KB049772

공공조달법의 이론과 실무

정무경 · 이응주 · 김태완 · 손금주 · 강경훈

박영사

머 리 말

21세기에 들어선 후 4차 산업혁명의 진전, 디지털 정보전환(Digital Transformation), 기후변화, 사회적 가치 확산 등 공공조달 시장을 둘러싼 대내외 정책환경이 급변하고 있다. 국내조달 시장규모는 약 200조 원을 돌파하여 GDP의 10% 수준에 달하고 공공조달 시장에 참여하는 기업의 수는 57만여 개에 이르는 등 공공조달 관련 법과 제도의 중요성은 점점 더해가고 있다. 또한 미국 · EU 등 OECD 국가들도 공공조달의 막대한 구매력과 혁신성에 주목하고 벤처기업 판로지원 등 산업정책과 연계를 강화하고 있다. 필자도 조달청장 재임 당시 이러한 국내외적 환경 변화를 직시하고 공공조달의 역할이 절차와 규정을 중시하는 '소극적 계약', 즉 전통적 조달 역할에서 약 200조 원에 달하는 정부의 막대한 공공 구매력을 활용하여 벤처기업 · 환경 · 노동 · 사회적 가치 등 국가의 다양한 정책을 지원하는 '적극적 · 전략적 조달'로 패러다임 대전환(paradigm shift)이 필요하다고 역설하였다. 실제로 중소기업과 벤처기업 육성 등을 지원하기 위해 '혁신조달(Innovative Procurement)'을 도입 · 적극 추진한 바 있다.

이러한 공공조달의 역할과 기능을 뒷받침하는 근거가 바로 공공조달법이다. 다만, 공공조달법은 단일법이 아니라, 국가나 지방자치단체를 당사자로 하는 계약에 관한 법률을 비롯해 조달사업에 관한 법률, 중소기업제품 구매촉진 및 판로지원에 관한 법률 등 공공조달 관련 법률관계를 규율하는 수많은 개별 법령의 체계를 의미하기도 한다. 국가는 이러한 개별 법령에 근거해 각종 조달제도를 규율하는 한편, 일방 당사자로서 거대한 시장을 운용한다. 한편, 공공조달법은 공법(公法)과 사법(私法)이 복잡하게 교차하는 특수성을 가지므로, 조달실무에 대한 충분한 이해와 함께 민법 등 사법(私法)과의 조화로운 해석이 필요하다. 공공계약 등 조달행정은 주로 사법(私法)상 계약의 성격을 지니지만 불공정 조달행위 조사 · 입찰참가자격제한 · 과징금 · 거래정지 등 공법(公法)상 행위도 다수 포함하며 점차 증가하는 추세이기 때문이다.

따라서 조달행정 주체는 사경제(私經濟) 주체로서 지위와 공권력 주체로서 지위를 모두 갖는다고 이해해야 하지만 최근에 출간된 많은 공공조달법 서적은 조달행정을 사법적 형식에 한정하고 조달행정기관을 사경제 활동 주체로만 기술하는 것이 사실이다. 필자는 조달청장 재직 당시 이러한 조달행정의 법적 인식과 지위에 많은 아쉬움을 느꼈고, 공공계약론을 중심으로 공공조달법을 살펴보되 아울러 공법상 행위로서 성질을 가지는 특수한 공공조달

영역까지도 확대하여 이를 종합적으로 기술하는 책이 있었으면 좋겠다는 생각을 갖게 되었다. 조달청장 퇴임 후 한동안 이러한 고민을 잊고 있다가 이러한 문제 인식에 생각을 같이 하는 조달청, 방위사업청 등 정부기관과 국회, 법원, 대형로펌, 기업 등 다양한 영역에서 공공조달 행정실무와 법률해석의 풍부한 경험을 쌓은 전문가들을 만나게 되었고 '실제로 조달업무를 한 이의 시각'에서 바라본 '공공조달법 기본서'를 집필하자는 데 뜻을 모았다.

그러나 이러한 공공조달법의 틀을 설정한 다음 여러 쟁점을 잘 아우르고 집약하여, 한 권의 책에 담기란 쉬운 일이 아니었다. 즉, 단순히 규정을 소개하고 판례를 나열하는 정도만으로는 이 책의 독자에게 수시로 변동하는 조달규제와 정책의 동선을 제대로 전달하기 어려웠다. 이에 개별 법령 등에 산재한 각종 조달제도를 정리된 이론체계에 맞추어 효과적으로 설명하는 일이 무엇보다 중요하다고 생각했다. 그렇게 하려면, 단순히 국가를 당사자로 하는 계약에 관한 법률 등 개별법 조항을 해설하는 데에만 그치지 말고, 민법, 상법, 행정법 등 기본법과의 관계에서 공공조달법이 차지하는 위치와 의미를 조망할 필요가 있었다. 다만, 이 분야의 선행 연구결과와 문헌이 턱없이 부족한 현실에서, 공저자들이 목표했던 자료정리와 집필 작업이 쉽지 않았고, 특히 현업 중에 틈틈이 연구하여 글을 써 나가는 일 역시 여간 힘든 일이 아니었다. 그렇게 우여곡절 끝에 2년여 만에 탈고(脫稿)했고, 이를 '공공조달법의 이론과 실무'라는 이름으로 세상에 내어놓으려 한다.

공저자가 이 책을 집필하며 특히 염두에 둔 사항은 다음과 같다.

첫째, 공공조달법 등에 있는 개별 조문의 해석에만 그치지 않고, "왜" 그렇게 해석해야 하는지를 설명하려고 노력했다. 이를 위해서 공공조달법은 물론 민법과 행정법 등 기본법의 이론과 판례도 함께 소개하고, 그와 관계에서 공공조달법의 개별 조문이 어떻게 해석 · 적용되는지를 이론과 실무의 관점에서 서술했다. 이는 법률지식이 다소 부족한 공공기관이나 기업의 실무자라도 이 책 한 권으로 기본법적 배경지식을 습득하고, 공공조달법을 쉽게 이해하게 하려는 시도이다.

둘째, 조달행위의 법적 성질, 절차규정을 나열하는 개론 수준을 넘어 조달사업에 관한 법률 등에 기초한 조달제도를 자세히 소개하고 공공조달의 실효성확보수단과 분쟁해결수단을 별도 주제로 다루는 등 새로운 체계 아래에서 공공조달법을 해설했다. 즉, 제1편은 공공조달법 전체를 관통하는 개념, 이론적 배경, 제2편은 공공조달법의 핵심인 공공계약법 이론과 실무, 제3편은 조달사업법 등에 근거한 조달유형, 제4편은 입찰참가자격제한 등 공공조달에서의 공권력 작용과 실효성확보수단, 제5편은 공공조달 분쟁유형과 해결 수단을 다루었다.

셋째, 공공조달법의 근간인 주요 법령은 물론 이른바 '실무자의 법'이라 일컫는 예규, 고시, 공고, 훈령, 지침 등 내부사무처리규정까지 소개하고자 했다. 내부사무처리규정은 공공조달 계약관계에서 당사자 간 합의에 따라 계약내용으로 편입되면 구속력을 갖는 등 매우 중요한 의미를 지니기 때문에 공공조달법 체계 아래에서 이러한 규정이 어떤 위치를 차지하고, 어떤 의미를 갖는지에 중점을 두어 설명했다.

마지막으로, 쟁점별로 중요한 대법원, 헌법재판소 판례는 되도록 많이 소개하고자 했고, 하급심 판결 중에도 중요한 의미를 갖는 내용은 함께 다루었다. 흔히 판례는 추상적인 법률이나 이론을 구체적 사실에 적용한 결론으로서, 현실과 실무를 반영하기 때문에 구체화(具體化)된 법이라고 부른다. 이는 공공조달법 분야에서도 예외일 수 없고, 때로는 판례가 제도개선을 유도하거나 실무방향을 결정하는 경우도 있다. 그런 의미에서 앞으로도 의미 있는 판결례는 계속 추가해 나가겠다.

공저자는 행정실무가뿐만 아니라 기업, 법조인, 연구자, 학생 등에게도 공공조달을 널리 알리고, 도움을 주기 위해 이 책을 썼다. 물론 완벽하다고 할 수는 없고, 부족한 부분도 너무 많다는 생각이 든다. 2년 가까이 논의를 거듭하여 다듬어 온 글이지만, 그 과정에서조차 거르지 못한 오류도 있을 것이다. 부디 독자들께 냉정한 질책과 비판을 구하며, 아울러 기회가 있을 때마다 부족한 부분을 보완해 나가겠다는 약속을 드린다.

이 책의 원고가 완성되기까지 많은 분의 역할이 컸다. 원고초안을 작성하는 과정에서 공공조달법 적용관련 이론과 실무, 판례 등에 대해 많은 조언과 큰 도움을 주신 조달청 선후배님들에게 감사를 드린다. 또한 집필여부를 고민할 때 큰 용기와 격려를 해주신 고려대학교 미래성장연구원 김동수 원장(전 공정거래위원회 위원장)께 특별한 감사를 드린다. 아울러, 이 책의 출간을 기꺼이 허락한 박영사와 번거로운 교정작업을 맡아 준 김선민 편집이사 등 관계자께 진심 어린 감사를 드린다. 무엇보다 오랜 집필기간 동안 공저자를 응원하고 지지해 준 가족들에게도 사랑하는 마음을 전한다.

2024. 4

공저자를 대표하여 안암동에서

정무경 전 조달청장

추 천 사

좋은 책이 한권 출간되었다. 참으로 반가운 소식이다. 꽃망울을 터트리는 화사한 봄꽃을 바라보는 것처럼 마음이 환해지고 답답했던 가슴이 뚫리는 느낌이다.

장님 코끼리 만지기라는 말이 있다. 열반경에 나오는 아주 유명한 불교 우화이다. 코끼리의 일부 부위만을 만져본 여러 사람들은 제각각 본인이 만져본 부위에 따라 코끼리에 대해 어떤 사람은 큰 무 뿌리와 같다고 말하고, 어떤 사람은 바위, 어떤 사람은 나무절구, 어떤 사람은 평상과 같다고 말했다고 한다. 각자는 코끼리를 파악하기 위해 최선을 다했으나 각자의 부분적인 이해만으로는 코끼리에 대한 설명이 완전하지 못한 것이 사실이다.

공공조달이 딱 그렇다. 각자의 머릿속에 어렴풋한 잔상은 있으나 전체를 체계적으로 이해하기 위한 조감도가 부재하다. 관련 내용들이 국가계약법, 지방계약법, 조달사업법, 전자조달법 등으로 나뉘어 규정되어 있을 뿐만 아니라 법률 · 제도 · 정책 등 다양한 형식으로 복잡하게 얽혀있기 때문이다. 또한, 공공조달의 내용들은 전문적이고 구체적이어서 일반인들이 다가서기도 쉽지 않다.

하지만, 공공조달은 중요하다. 정부와 공공기관이 필요로 하는 물품 · 서비스(용역)와 공공시설물을 공급할 뿐만 아니라 공급망 위기에 대응하기 위한 주요 원자재를 비축하기도 한다. 또한 조달 규모가 연간 GDP의 10%에 육박하는 200조원을 넘어섰으며, 57만 개의 조달기업과 7만 개의 정부 · 지자체 · 공공기관이 공공조달시장에 참여하고 있다.

더욱이, 최근에는 신성장산업 육성, 기후변화대응, 공급망 안정 등을 위한 전략적인 정책수단으로서의 공공조달의 가치가 더욱 높아지고 있으며, 이는 세계적인 흐름이다. 우리나라도 「중소 · 벤처 · 혁신 기업의 벗」이라는 기치 아래 공공조달시장을 활용한 혁신 벤처생태계 육성과 범정부 협업을 통한 글로벌 유니콘 기업 육성에 박차를 가하고 있다.

공공조달의 규모가 크게 성장하고 그 전략적 가치도 높아지는 상황에 비추어 볼 때, 공공조달 법규정과 제도 전반에 대한 체계적이고 균형 잡힌 이해가 절실한 시점이다. 이번에 출간된 「공공조달법의 이론과 실무」가 이러한 갈증을 해소하기에 안성맞춤이다.

이 책의 가장 큰 장점은 여러 법에 산재해 있는 공공조달관련 규정들을 공공계약 – 공공조달의 실효성 확보 – 공공조달 분쟁해결이라는 전반적인 계약절차의 큰 흐름에 따라 정리하고, 혁신제품 – 우수조달제품 – 비축 – 나라장터 등 공공조달 플랫폼 등 각종 조달관련 제도를 망라하고 있는 점이다.

이 책이 이론과 실무에 두루 도움이 될 수 있는 양수겸장이라는 점도 강조하고 싶다. 먼저, 공공조달 관련법의 법적이론, 해석론, 판례 등을 빠짐없이 수록하였고, 사법상의 법률행위 관점과 공법상의 법률행위 관점을 균형 있게 서술하였다. 민법 · 행정법 등 기본법의 배경이론 소개는 덤이다. 또한, 이 책은 다년간 이 분야에 종사하고 법적분쟁을 실제로 다룬 전문가들의 역작이다. 실무적인 관점에서 하위 규정이나 세부지침에 규정되어 있는 제도의 상세한 내용까지 기술하였고, 생생한 사례와 판례도 수록하였다.

아무쪼록 이 책이 공공조달의 전체 모습을 조망하고자 하는 분들에게는 든든한 길잡이가 되고, 조달기업, 정부 · 지자체 · 공공기관 관계자분들에게는 공공조달 과정에서 부딪히는 각종 상황에서 구체적인 행동지침과 대응책을 찾는 나침반이 되기를 기대해본다.

2024. 4

제39대 조달청장 임기근

차 례

제1편 / 공공조달법 서설

제1장 공공조달의 의의

제2장 공공조달법의 구조

제3장 공공조달법의 법원

제4장 공공조달법의 효력범위

제5장 공공조달법의 기본원리

제2편 / 공공계약법

제1장 총론

제2장 계약방법결정

제3장 추정가격과 예정가격

제4장 청렴계약

제5장 입찰절차

제6장 낙찰자 결정

제7장 계약체결과 성립

제8장 보증금제도와 보증제도

제9장 계약이행

제10장 공동계약

제11장 계약금액조정제도

제12장 계약상 장애

제13장 계약 관련 행정

제3편 / 조달사업법 등

제1장 개요

제2장 계약방법 특례

제3장 품질관리

제4장 특수한 물품조달제도

제5장 각종 공공조달플랫폼

제4편 / 공공조달의 실효성확보수단

제1장 개요

제2장 부정당업자 입찰참가자격제한제도

제3장 입찰참가자격제한에 갈음하는 과징금

제4장 거래정지

제5장 판매중지

제6장 불공정 조달행위 조사

제7장 담합에 대한 고발요청제도

제8장 공공조달에서 무분별한 중개·대리행위를 근절하는 방안 - 이른바 '브로커' 근절대책

제5편 / 공공조달과 분쟁해결수단

제1장 서론

제2장 민사상 분쟁해결수단

제3장 행정상 분쟁해결수단

제4장 헌법상 분쟁해결수단

제1편 / 공공조달법 서설

제1장 / 공공조달의 의의

제 1 절 공공조달의 개념

Ⅰ. 서론

공공조달(Public procurememnt)은 국가기관, 지방자치단체 그 밖에 공공 주체가 서비스를 제공하는 데 필요한 자원을 확보하는 행위를 말한다. 국방, 치안, 교육, 사회복지, SOC (Social Overhead Capital) 등 공공 영역의 활동을 뒷받침하기 위해서는 물적 자원과 인적 자원이 필요한데 이러한 자원의 많은 부분은 민간으로부터 구매하는 방법으로 확보된다. 그런 측면에서 공공조달은 ① 국가나 사회 구성원 전체의 운영·유지와 관련되었다는 의미로서 공공(公共)과 ② 공공이 필요한 물자·시설·용역 등을 다른 경제주체로부터 취득하거나 자기 스스로 생산하여 보유한다는 의미로서 조달(調達)을 결합한 용어다. 특히 공공은 공익(公益)이라는 요소를 수반하고, 공공을 위한 행정(공행정)은 공익실현을 주목적으로 수행하므로, 공공조달 역시 공익을 위한 물적·인적 자원 확보를 목표로 한다. 이처럼 공공조달은 국가 등이 공익을 실현하는 작용, 미래지향적인 사회형성작용이라는 측면에서 행정으로 분류할 수 있다.

한편 국가 등이 물자 등을 확보하기 위한 수단으로는 자급(自給)도 있지만, 화폐나 그에 상응하는 가치를 지불하고 그 대가로 물자 등을 취득하는 교환(交換)도 있다. 따라서 공공조달은 널리 자급과 교환을 포함하는데, 국가 등은 주로 공익에 필요한 물자 등을 직접 생산하여 마련하는 자급보다 다른 경제주체에게 대가를 지급하고 그로부터 물자 등을 취득하는 교환을 활용한다. 특히 후자를 구매, 용역, 공사로 세분하는데, 이를 실현하는 주된 수단이 바로 '계약'이다. 그리고 이러한 계약은 국가나 지방자치단체, 공공기관과 같은 공공주체가 한쪽 당사자로서 체결한다는 의미에서, 그 당사자가 누구인지에 따라 국가계약, 지방계약, 공공기관계약 등으로 일컫는다.

한편, 법률적 관점에서 공공조달은, 법체계에 중점을 두어 「공공조달법」으로 설명하기도 하고, 행정작용에 중점을 두어 「조달행정법」으로 설명하기도 하며, '계약'이라는 행위유형에 중점을 두어 「공공계약법」으로 설명하기도 한다. 그런데 공공조달법이든 조달행정법이든 공공계약법이든, 공공조달을 바라보는 관점에 따라 행정법 또는 민사법의 한 종류로 분류하거나, 공법과 사법의 경계에 있는 특수한 법 영역으로 이해할 뿐 공공조달 주체간 상호작용, 공공조달의 확장된 기능이라는 특수성에 주목하여 분석하는 견해는 많지 않다.

그러나 최근 4차산업혁명의 진전과 정부정책 구현수단으로서 지위 강화 등에 따라, 공공조달의 기능과 역할은 물품·용역·시설 등 재화를 확보하는 기존 '소극적 계약자'에서 막대한 공공구매력을 토대로 정부의 정책을 구현하는 '전략적·적극적 조달자'로 확장되었다. 이에 공공 영역에 필요한 시설, 물자, 용역을 계약 절차를 준수하면서 최적 가격으로 공급하는 계약으로서 조달은 '조달행정법'이나 '공공계약법'의 범주에 한정하여 논할 수 있으나, 2022년 기준 약 200조 원 규모에 달하는 공공구매력을 활용하여 전통적인 물품, 용역, 시설 외에 스타트업과 벤처기업 등이 생산한 혁신제품을 적극 구매하고, 중대재해예방, ESG(Environmental, Social and Governance) 등 사회적 가치를 실현하는 중요한 정책수단으로서 조달은 단순한 행정이나 계약이라는 편면적 시각이 아니라, 그 기능과 역할에 주목한 다면적 시각에서 다룰 필요성이 있다. 이는 공공계약의 성격을 국가 등이 사경제 주체로서 민간과 대등한 지위에서 체결하는 사법상 법률행위라고 인식해 온 주류적 관점에도 불구하고, 법원이 개별 행위의 성질과 상대방이 받는 침해 이익의 정도를 고려하여 국가 등이 우월적 지위에서 행하는 고권적 행위라고 이해하는 사례가 늘어가는 추세와도 궤를 같이한다.

그러므로 이 책은 공공조달을 '조달행정법'이나 '공공계약법'의 관점에서 다뤄온 종래 학계나 재판 실무의 태도를 유지하면서도, 최근 확장된 공공조달의 기능과 역할 등을 접목한다는 의미에서 '공공조달법의 이론과 실무'라는 넓은 시각에서 서술하고자 한다.

Ⅱ. 조달행정

먼저, 행정(行政)이란, 입법(立法)과 사법(司法)을 제외한 국가작용 중에서 법의 규제 아래 국가의 목적이나 공익을 실현하는 능동적인 작용을 말한다. 그리고 행정의 한 유형인 조달행정은 행정목적 수행에 필요한 인적·물적 수단을 취득하고 관리하는 행정을 널리 일컫는다.[1] 가령, 행정을 위한 물품, 용역, 시설 등 좁은 의미로서 물적 수단 확보는 물론 공무원 임용, 토지수용, 국유재산 관리 등까지도 폭넓게 포함하는 개념이다. 따라서 조달행정을 위한 행위형식은 매우 다양하다.

다만, 국가 등은 협약, 서약, 약정 등 그 용어를 불문하고 대체로 '계약'이라는 방법을 사용하여 조달행정을 수행한다. 여기서 계약은 주로 사법(私法)상 계약의 성격을 가진다고

1) 장태주, 행정법개론 (제5판), 현암사, 2007, 15쪽.

보지만,[1] 공법상 계약의 성격을 가지는 것도 있다. 공법상 계약은 경제행정상 일정한 목적을 달성하기 위해 대등한 당사자로서 체결하는 계약을 말하고, 급부행정이나 자금지원행정 등에서 주로 활용된다.[2]

원래 전통적인 행정은 국가 등 권력주체가 국민에게 명령하는 이른바 권력작용을 동원해 그 목적을 실현하는 공행정을 지칭했으나, 현대의 공행정은 위와 같은 권력작용뿐만 아니라 비권력작용까지도 포함하여 효율성과 민주성을 확보하려는 경향이다. 나아가 행정주체는 그 임무를 실현하기 위해 또는 그것과 관계없이, 사인(私人)과 같은 지위에서 그 상대방인 국민과 사법관계를 맺기도 하는데, 이를 사법형식의 행정작용, 즉 국고행정이라고 한다.

그런데 여기서 고찰하는 조달행정은 공법적 행정은 물론 사법적 성격과 형식을 띠는 국고행정을 모두 포함하는 영역이다. 과거에는 주로 조달행정을 사법적 형식에만 한정하고, 조달행정기관을 사경제 활동 주체로만 취급했지만, 그로 말미암아 생기는 다양한 문제, 가령, 사적 자치를 표방한 법치행정 잠탈이나 계약상대자의 실효적인 권리구제 곤란 등 문제점을 지적하는 견해가 늘어났으며, 그 결과 실무에서도 조달행정을 단순한 사법상 행위로만 보지 않고, 구체적인 형식이나 내용, 근거 등을 고려해 공권력의 작용으로까지 넓게 보려는 경향이 등장했다.[3]

그리하여 조달행정 주체인 행정기관은 사경제 주체로서 지위와 공권력 주체로서 지위를 모두 갖는다고 이해해야 한다. 그 영향으로, 공공조달은 사법 학계와 공법 학계 사이에서 그 법적 성격에 대해 치열하게 논쟁하는 영역으로 남아 있다.

그럼에도 아직까지 공공조달의 대표적인 수단은 계약이므로, 이 책에서도 공공계약론을 중심으로 공공조달법을 살펴보고, 아울러 공법상 행위로서 성질을 가지는 특수한 공공조달 영역까지도 함께 다루고자 한다.

〔조달행정을 공법행위로 파악한 판례〕

① 변상금부과 : 국유재산법에 근거한 국유재산의 무단점유자에 대한 변상금부과처분은 행정소송 대상인 행정처분이다(대법원 1988. 2. 23. 선고 87누1046, 1047 판결).

② 행정재산 사용허가 : 공유재산 관리청이 하는 행정재산 사용·수익 허가는 순전히 사경제 주체로서 하는 사법상 행위가 아니라 관리청이 공권력을 가진 우월적 지위에서 하는 행정처분으로서

---

1) 대법원 2016. 6. 10. 선고 2014다200763, 200770 판결 등 다수판례 참조.

2) 정부와 민간기업이 항공우주산업법 및 국가연구개발사업규정에 의하여 체결한 협약을 사법상 계약과 구별되는 공법상 계약으로 본 대법원 2017. 11. 9. 선고 2015다215526 판결 참조.

3) 예를 들어, 대등한 계약당사자 사이에 약정한 계약조건에 따라, 발주기관이 계약상대자에게 종합쇼핑몰 거래정지를 한 경우라도, 이는 행정처분에 해당하고, 그 결과 비례원칙 등 행정법의 일반원칙을 준수해야 해당 처분이 적법하다고 본 대법원 2018. 11. 29. 선고 2017두34940 판결 등 참조.

특정인에게 행정재산을 사용할 권리를 설정하는 강학상 특허에 해당한다(대법원 1998. 2. 27. 선고 97누1105 판결).

③ 지방자치단체 설립 무용단원 위촉·해촉 : 서울특별시립무용단 단원의 위촉은 공법상의 계약이므로, 그 해촉은 공법상의 당사자소송으로 그 무효확인을 청구할 수 있다(대법원 1995. 12. 22. 선고 95누4636 판결).

④ 입찰참가자격제한 : 공공기관의 운영에 관한 법률 제39조 제2항과 그 하위법령에 따른 입찰참가자격제한 조치는 행정처분에 해당한다(대법원 2020. 5. 28. 선고 2017두66541 판결).

⑤ 종합쇼핑몰 거래정지 : 거래정지 조치는 비록 추가특수조건이라는 사법상 계약에 근거한 것이기는 하지만 행정청이 하는 구체적 사실에 관한 법집행인 공권력의 행사로서 그 상대방의 권리·의무에 직접 영향을 미치므로 항고소송의 대상에 해당한다(대법원 2018. 11. 29. 선고 2015두52395 판결).

⑥ 국가연구개발사업규정에 근거한 협약 : 보증금의 국고귀속, 지체상금 등 국가계약법의 관련 조항을 준용하고 있다고 하더라도 항공우주산업법 및 국가연구개발사업규정에 근거하여 체결된 협약은 공법상 법률관계에 해당한다(대법원 2017. 11. 9. 선고 2015다215526 판결).

⑦ 종합쇼핑몰 판매중지 : 해당 품목의 수요기관 납품을 제한하는 것으로, 행정청이 행하는 구체적 사실에 관한 법집행으로서의 공권력 행사 또는 이에 준하는 행정작용으로서 항고소송의 대상인 처분에 해당한다(서울행정법원 2021. 10. 28. 선고 2021구합51263 판결).

⑧ 입찰참가자격등록말소 : 입찰참가자격의 등록은 단순히 사법상 계약의 상대방 선택에 그치는 것이 아니라 국민의 공공조달계약 입찰참가자격 부여라는 국민의 권리·의무에 직접적인 영향을 미치는 행위로서 항고소송의 대상이 되는 처분에 해당하므로 입찰참가자격 등록을 말소하는 것은 수익적 행정처분을 취소하는 것으로서 항고소송의 대상이 되는 행정처분에 해당한다(대전지방법원 2019. 1. 17. 선고 2017구합105844 판결).

〔조달행정을 사법행위로 파악한 판례〕

① 입찰보증금 귀속 : 국가계약법상 입찰보증금 국고귀속 조치와 같이 외관상 행정권의 일방적 조치라고 보이는 경우에도 그 실질이 행정주체가 사법상 재산권 관리주체로서 행위하는 경우라면 그 행위는 사법행위에 해당한다(대법원 1983. 12. 27. 선고 81누366 판결).

② 잡종재산 매각이나 대부 : 국유잡종재산을 대부하는 행위는 국가가 사경제 주체로서 상대방과 대등한 위치에서 하는 사법상 계약이고, 행정청이 공권력 주체로서 상대방의 의사와 관계없이 일방적으로 하는 행정처분이 아니며, 국유잡종재산의 대부료 납부고지 역시 사법상 이행청구에 해당하므로 이를 행정처분이라 할 수 없다(대법원 2000. 2. 11. 선고 99다61675 판결).

③ 국가 등이 한쪽 당사자인 계약의 기본 성격 : 국가를 당사자로 하는 계약이나 공공기관의 운영에 관한 법률의 적용 대상인 공기업이 한쪽 당사자인 계약은 국가나 공기업이 사경제의 주체로

서 상대방과 대등한 지위에서 체결하는 사법상 계약으로서 본질적인 내용은 사인 사이의 계약과 다를 바 없다(대법원 2017. 12. 21. 선고 2012다74076 전원합의체 판결).

Ⅲ. 공공계약

위에서 살펴본 바와 같이 조달행정 목적을 실현하는 가장 핵심적인 수단이 공공계약이다. 여기서 공공계약이란 국가, 지방자치단체, 공공기관, 지방공기업, 지방자치단체출자·출연기관 등 넓은 의미로서의 국가 등이 공익을 실현하기 위해 국민 등 계약상대자와 체결하는 계약을 말한다. 따라서 계약당사자 가운데 한쪽은 반드시 국가 등이어야 한다. 그리고 실무에서 운용하는 공공계약은 대체로 사법상 계약의 성질을 가진다고 본다.[1] 이에 따라 판례도 그동안 공공계약 관계에 사적 자치 등 사법상 원리를 그대로 적용해 왔다.[2]

한편, 공공계약 상대방은 대부분 국민, 즉 사인(私人)이지만, 지방자치단체나 공공기관 등 다른 공법인이 계약상대자인 경우도 있다(국가를 당사자로 하는 계약에 관한 법률[3] 시행령 제26조 제1항 제5호 바목 참조). 그리고 공공계약 체결과 이행에 따라 국가 등에게 예산지출이 발생하는 경우는 물론(세출), 수입이 발생하는 경우(세입) 모두 공공계약 범위에 포함된다(국가계약법 제2조 참조).

이처럼 국가 등은 강행법규를 위반하지 않는 범위에서 사법상 법률행위를 할 수 있고, 그 결과 국민과 대등한 지위에서 이른바 '합의'라는 형식으로 사법상 권리·의무를 형성하는 자유를 누린다(국가계약법 제5조 제1항 참조).

그러나 앞에서 언급했듯이, 사경제 주체이면서도 아울러 공권력 주체에도 해당하는 국가 등이 아무런 제한 없이 국민과 사법상 계약을 체결할 수 있다고 보면, 법치행정 등 공법상 제약을 회피하는 수단으로 악용될 우려가 있다. 이처럼 공법상 제약을 회피하기 위해 사법상 계약을 선택하는 현상을 '행정의 사법(私法)으로 도피'라고 표현하기도 한다.[4]

따라서 이러한 현상을 막기 위해, 행정기관의 사법상 행위라 하더라도 어느 정도 공법상 제한을 적용해야 한다는 이론, 즉 「행정사법이론」이 등장하기도 한다. 즉, 「행정사법이론」이란, 원칙적으로 행정기관이 사법 형식을 빌려 맺는 관계는 사법관계로 보고, 그 규율 역시 사법으

1) 우리 실무나 판례가 공공계약을 사법상 계약으로 보는 이유는 논리필연적인 것이라기보다 공공의 필요에 따른 계약변경 등 유연성을 고려한 연혁적 이유에서 기인한다고 보는 견해가 있다. 따라서 학설 가운데는 법치행정이 확립된 현대에서 공공계약을 공법상 계약으로 보고, 이에 공법규정과 원리를 적용해야 하며, 그에 따라 국민의 권리보호를 강화해야 한다는 견해도 있다. 공공계약의 법적 성격론에서 더욱 자세히 살펴본다.

2) 대법원 2006. 6. 19.자 2006마117 결정.

3) 이하 '국가계약법'이라고 한다.

4) 하명호, 행정법 (제2판), 박영사, 2020, 63쪽.

로 하되, 행정의 공공성을 최소한으로 보장하고, 국민의 기본권을 보장하기 위해, 평등원칙, 비례원칙 등과 같은 헌법상·행정법상 원리를 여기에 적용하여야 한다는 이론이다. 그리하여 국가 등은 국민과 맺은 공공계약 관계에서 직·간접으로 공법상 통제를 받을 수 있다.[1)]

결국, 공공계약은 대체로 사법상 계약의 성질을 갖지만, 공법상 제약을 함부로 회피하지 못한다는 이른바 내재적 한계를 갖는다고 이해해야 한다. 따라서 사법상 계약으로서 공공계약 관계라고 할지라도, 기본권 보장, 평등원칙, 비례원칙과 같은 공법원리에 따라 사법규정이나 사법원리 적용이 수정·배제될 수 있다.

다만, 이런 논의가 공공계약에 공법규정이나 공법원리를 전면적으로 적용해야 한다는 뜻은 아니라는 점을 유의해야 한다. 왜냐하면 행정주체가 사경제 주체로서 체결한 계약에까지 행정에 필요한 근거를 반드시 확보해야 한다고 보면 사적 자치의 주요 원리인 계약자유 원칙을 훼손할 위험이 있기 때문이다.[2)] 이에 공법규정이나 공법원리는 공공계약에 '직접' 적용하기 어렵고, 일반사법 조항(가령 민법 제2조, 제103조, 제104조 등)을 매개로 '간접' 적용될 뿐이라고 보아야 한다. 공공계약의 법적 성격과 이러한 담론의 의미는 제2편에서 자세히 다루기로 한다.

〔공법과 사법의 구별〕

1. 의미

공법과 사법은 선험적이거나 논리필연적으로 구별되는 개념이 아니라, 각 국가마다 채택한 실정법 태도에 따른 구별개념에 불과하다. 그럼에도 우리나라와 같이 국가 전체 법질서가 공법과 사법을 엄격히 구별하여 수용하고 운영되는 체계라면, 법이론과 해석도 마땅히 그를 따라야만 한다.

2. 차이

공법관계는 행정주체가 우월한 지위(공권력)를 갖고, 그 상대방이 개인에 불과하므로 불평등한 관계를 전제하지만, 사법관계는 각 당사자가 자율권을 가지고 이른바 사적 자치라는 기본원칙에 따라 법률관계를 형성하므로 대등한 관계를 전제한다.

3. 구별실익

가. 실체법 관점

공법관계에는 공법규정과 공법원리를 적용한다. 공법은 헌법, 행정법, 형법과 같은 규범을 말하고, 공법원리란 기본권 보장원칙, 평등원칙, 비례원칙과 같은 헌법상·행정법상 일반원리를 말한다. 반대

---

1) 법원이 공공계약을 사법상 계약으로 보면서도, 계약담당공무원이 법령이나 사무처리기준에 어긋나게 입찰절차를 진행한 '재량권 일탈·남용'이 있다면 입찰 등을 무효로 볼 수 있다고 판결하는 경우가 있다(가령 대전지방법원 2017. 11. 1.자 2017카합50324 관결). 여기서 '재량권 일탈·남용'은 행정행위의 위법성을 통제하기 위한 이론인데, 사법상 계약인 공공계약에 이를 적용하는 근저에도 행정이 사법으로 도피하는 현상을 견제하려는 취지가 있다.

2) 가령, 서울고등법원 2018. 5. 24. 선고 2018누30695 판결 참조.

로, 사법관계에는 사법규정과 사법원리를 적용한다. 사법은 민법, 상법과 같은 규범을 말하고, 사법원리란 사적 자치, 과실책임주의와 같은 사법상 일반원리를 말한다. 다만, 공법에 흠결이 있는 경우에는 사법규정을 직접 혹은 유추적용할 수 있으며, 사법관계라 하더라도 예외적으로 공법원리를 적용해야 할 때도 있다.

나. 절차법 관점

공법관계에서 발생한 분쟁은 헌법소송이나 행정소송, 형사소송 등 절차를, 사법관계에서 발생하는 분쟁은 민사소송 절차를 적용하여 해결한다. 다만, 행정소송에서는 특별한 규정이 없는 범위 안에서 민사소송법 규정을 준용하기도 한다(행정소송법 제8조 제2항).

제 2 절 공공조달 법률관계의 특수성

공공조달 영역에서 현재 주류적 관점은 계약당사자의 법률관계를 사법관계에 있다고 보지만, 개별 행위의 근거, 성격에 따라 공법관계로 보는 행위유형도 점차 증가하고 있으므로, 공공조달 법률관계의 성격은 일률적으로 사법관계라고 단정하기 조심스럽다. 예컨대, 조달사업에 관한 법률에 따른 불공정 조달행위 조사, 거래정지, 국가계약법상 부정당업자 입찰참가자격제한이나 과징금부과 등은 당사자 관계를 공법관계로 파악하지 않으면 제대로 설명하기 어려운 반면, 조달사업에 관한 법률상 불공정 조달행위를 이유로 한 부당이득환수, 계약해제·해지, 각종 보증금 몰수, 지체상금 부과 등은 당사자 관계를 사법관계로 이해하더라도 무리가 없다.

물론 공공조달도 사법관계에는 사법규정과 사법원리를, 공법관계에는 공법규정과 공법원리를 적용한다고 이해하면 간단한 일 같지만, 구체적인 사안에서 사법관계인지 공법관계인지를 명확히 구별하는 자체가 쉽지 않은 때가 많고,[1] 실정법에도 둘을 구별하는 명확한 기준을 따로 정하지 않는다. 따라서 공공조달 영역에서는 법적 분쟁이 발생해야만, 비로소 사법부 해석과 판결에 따라 그 법률관계의 성질이나 적용 법리가 드러나는 사례가 적지 않으며, 그 과정에서 생기는 혼란은 공공조달 수혜자인 국민에게 영향을 미친다.

이처럼 공공조달법은 여전히 그 법적 성격이 정립되지 않은 많은 절차와 제도를 포함하고, 지금도 그 성격을 명확히 규명하기 어려운 새로운 제도와 규정이 나오는 실정이다.

1) 가령, 일정한 불공정사유가 발생한 계약상대자에게 조달청이 운영하는 나라장터 종합쇼핑몰에서의 판매를 중지하는 조치가 행정처분에 해당하는지 논란이 있고, 아직 대법원 판례 등으로 확립되지 않아 실무 운영상 혼란이 있다.

따라서 공공조달법을 구성하는 여러 제도나 규정을 비교·분석하여 법적 성질을 고찰하고, 그에 맞는 규정 해석과 분쟁해결절차를 찾아가는 일이 중요한 과제이다.

〔공·사법 이원체계에 대한 고찰〕

1. 이론적 고찰

우리나라는 대륙법계 전통을 계승하여, 공법과 사법을 엄격히 구별하는 이른바 공·사법 이원체계를 유지한다. 그런데 앞에서 언급했듯, 현행 공공조달법에는 공법 요소와 사법 요소가 섞여 있어, 당사자가 적용 법리나 분쟁해결수단 등을 선택·결정하는 데에 곤란을 겪기도 한다. 그러한 이유로, 공공계약에는 공공성 등을 이유로 사법상 법리와 다른 독자적 법리가 적용되거나, 공법과 사법 구분이 불명확하여 공·사법 이원론이 점차 쇠퇴한 결과 공법과 사법이 혼용되거나 하나의 법률관계에 공법과 사법을 모두 적용하여 규율하는 상황도 발생한다는 견해가 등장한다.[1)]

그러나 이런 접근방법은 공법과 사법을 엄격히 구별하는 우리 법 현실에서 그대로 받아들이기 곤란하다. 공법인지 사법인지에 따라 구체적 법률관계에 적용할 법 조항이나 원리, 분쟁해결수단 등이 크게 다르기 때문이다. 공공성, 공익성 등 공공계약이 일반적인 사법계약과 달리 가지는 특수성은 공·사법 이원론을 부정하거나 공·사법을 혼용해야 할 근거가 아니라, 구체적인 법률관계를 해석할 때 고려해야 할 요소로서 볼 수 있다. 공공조달법에서 공·사법 이원론이 여전히 의미를 지니는 이유다.

다만, 공공조달법에서 규율하는 개개의 제도나 규정은 현실적으로 분쟁 과정에서 공법관계와 사법관계 중 어느 하나에 해당한다는 법원의 판단이 있기 전에는 일률적으로 말하기 어렵기 때문에, 개별 조항이나 입법취지, 행위형식, 절차, 내용, 당사자나 이해관계인에게 미치는 효과 등을 두루 고려하여, 공법과 사법 가운데 무엇에 해당하는지를 구체적으로 판단할 수밖에 없다.

2. 법적 고찰

국가 등 공공조달 주체는 공공계약 관계에서 주로 사경제 주체로 보지만, 형식적으로는 공권력 주체이기도 하다. 따라서 국가권력을 사경제 주체로 취급하는 '법적 의제'와는 별개로 그 속에 현실로 존재하는 권력관계적 구조나 요소를 무시한 채, 국가 등과 국민을 대등한 관계로만 이해한다면, 계약상대자인 국민의 기본권이나 그 밖에 권리를 소홀히 취급할 위험이 있다.

따라서 공공조달법이 규율하는 법률관계는 일단 실체법 관계와 절차법 관계로 나누고, 후자에 대해서는 기본적으로 국가 등의 우월적 지위를 인식하여 법적 통제를 강화하되, 전자에 대해서는 계약의 발생·변경·소멸 등과 같이 순전히 사법상 관계를 전제하는 부분과 국가 등의 행위로써 법규에 따른 권리설정, 의무부담을 명하거나 그 밖에 법률상 효과를 발생하게 하는 등 국민의 구체적 권리·의무에 직접 변동을 초래하는 부분을 나누어 그 성격에 맞게 법과 원리를 적용할 필요가 있다.

---

1) 김성근, 정부계약법 해설(Ⅰ), 건설경제, 2013, 4쪽.

제 3 절 공공조달의 기능

종래 공공조달은, 공적 주체에게 필요한 물품, 용역, 시설 등을 확보·공급하는 수단에 불과하다고 보아 소극적으로 파악했으나(소극적 계약자로서 기능), 근래에는 4차 산업혁명의 급속한 진전과 기후변화, 산업재해 등 사회적 가치의 중요성 확산에 따라 혁신, 산업경쟁력, 환경 등을 정책적으로 지원하는 역할과 기능을 강조한다(적극적 조달자로서 기능). 즉, 과거에는 최저가격과 투명하고 공정한 절차를 중시하고, 공공에 필요한 자원을 적시에 확보하는 등 예산을 절감하면서 필요 물자를 조달하는 데에 주된 기능이 있었다면, 현재는 민간이 기술력을 투입하여 개발한 혁신제품을 어떻게 도입하고 육성하느냐, 예산과 공공구매력을 어떻게 활용하여 환경, 재해방지 등 국가 정책을 민간에 투영하느냐와 같은 경제·사회적 정책 기능에 주목한다.

Ⅰ. 공공에 필요한 자원 적시 확보 기능

국가 등은 국민에게 각종 공공서비스를 제공하기 위해 존재하는데, 위와 같은 공적 주체가 부여받은 임무를 적절히 수행하려면, 인적·물적 자원이 필요하다. 따라서 공공조달은 공공에 필요한 자원을 확보하는 것이 1차적 목적이다. 가령, 공공조달은 물품, 용역, 시설 등의 자원 확보를 기본 목적으로 하고, 공무원 채용, 국·공유재산의 관리와 처분, 공공 R&D 수행 등 기능도 수행한다.

Ⅱ. 예산의 효율적 배분과 사용 기능

공공조달에 투입되는 자금은 모두 혈세에 해당한다. 따라서 국가 등은 공공조달 과정에서 발생하는 비용을 최소한으로 줄이고, 반대로 최고 품질의 제품이나 시설을 조달하여 예산을 절감해야 한다. 그리하여 국가 등은 조달행위로써 확보한 각종 자원을 적재적소에 배치하거나 사용·관리할 책무를 부담한다.

Ⅲ. 벤처기업 육성 등 경제정책적 기능

공공조달법은 경제행정법 분야 가운데 하나로 볼 수도 있다. 경제행정법이란 경제생활에 참여하는 자와 공행정 사이의 관계를 규율하고 경제의 감독·지도·조성 등을 위한 공행정기관 설치와 그 활동을 규율하는 규범을 뜻하고,[1] 이에 따라 국가나 지방자치단체는 경

1) 장태주, 앞의 책, 1240쪽.

제 발전을 이끌고 공공복리를 높이기 위해 특정한 경제활동을 지원하고 진흥한다. 이를 경제조성 혹은 경제촉진이라 부르기도 하는데, 가령, 기술개발, 생산성 향상, 수출증대, 특정 국내산업 보호, 지역간 경제불균형 해소, 고용증대, 중소기업 진흥과 보호, 창업지원 등이 그 목적에 해당한다.[1]

그리하여 공공조달은 경제조성을 추구하는 도구로서 경제정책 기능을 수행한다. 예를 들어, 국가는 특허기술 등을 적용하여 우수한 제품을 만드는 기업과 수의계약을 체결하고, 그 밖에 성능 등이 뛰어난 제품을 우수제품이나 혁신제품 등으로 지정하여 R&D를 기반으로 한 우수 기업이 더욱 원활하게 공공시장에 진출하도록 돕는다. 그에 따라 조달기업은 공공시장 진출을 위한 우수한 인재유치와 기술개발에 투자할 유인을 제공받고, 공공시장뿐만 아니라 민간시장에서도 통용되는 경쟁력을 확보할 수 있다. 결국 공공조달은 중소기업이나 사회적 기업 등이 제조하는 제품을 우선구매하는 제도 등을 활용하여, 기업으로 하여금 우수한 인재발굴이나 기술개발을 장려하거나 기업을 보호하거나 육성하는 경제정책을 실현한다.[2] 또한, 조달기업의 해외진출을 지원하는 등 우리나라 제품의 수출을 진흥한다.[3]

Ⅳ. 환경보호·사회적 약자 보호·재해안전강화 등 사회정책적 기능

공공조달은 국가나 사회 구성원 전체의 관심사나 문제점을 계약제도에 반영하고, 이를 준수한 국민이 공공시장에 더욱 원활히 진출하도록 돕는 역할을 맡는다. 특히 반사회적 범죄자나 중대한 법 위반행위자가 국가사업 수주로써 수익을 창출하는 폐해를 막고, 그 결과 건전한 기업환경 조성이라는 사회적 순기능을 수행하기도 한다. 가령, 국가 등은 탄소중립 등 환경보호, 건설안전이나 공정거래, 지역경제 기여도, 장애인·여성기업 우대 등 사회적 책임이라는 항목을 반영하여 중대재해 처벌 등에 관한 법률, 독점규제 및 공정거래에 관한 법률 등 다른 법령이 추구하는 정책적 목표를 간접 지원하고, 이를 준수한 모범 업체에게 입찰 평가에서 가점을 주며, 고용상태나 근로기준법 준수 여부를 평가항목에 반영한다.[4] 국가계약법은 국가가 계약을 체결할 때 계약상대자로 하여금 해당 계약을 이행하는 근로자의 근로조건이 근로기준법 등 근로관계 법령을 준수하도록 하는 내용을 계약서에 포함할 수 있다고 규정한다(국가계약법 제5조의4). 나아가 산업안전 등을 소홀히 하여 일정한 재해를 야기한 사업주에게는 일정기간 공공입찰·계약에 참가하지 못하도록 규제한다(국가계약법 시행령 제76조 제1항).

1) 장태주, 앞의 책, 1253쪽.
2) 중소기업제품 구매촉진 및 판로지원에 관한 법률 제4조, 제6조, 제7조, 제7조의2 등 참조.
3) 조달사업에 관한 법률 제28조 참조.
4) 공사계약 종합심사낙찰제 심사기준 등 참조.

제2장 / 공공조달법의 구조

제 1 절 공공조달법의 범위

공공조달과 관련한 법을 통틀어 공공조달법이라고 하면, 그 체계적·이론적 연구를 목적으로 하는 학문분야를 공공조달법학이라고 부를 수 있다. 그러나 아직까지 이런 용어를 사용하는 학자는 드물며, 대부분은 공공조달법을 행정계약법이나 정부계약법, 공공계약법으로 이해한다. 또한, 전통적인 국고(國庫)이론에 따르면, 공공조달에 필요한 여러 행위를 사법상 행위로 이해하고, 그 결과 공공조달의 수단 가운데 하나인 공공계약을 연구하는 것에 집중한다.

물론 공공조달법에서 공공계약이 차지하는 비중이 월등히 높고 중요하기 때문에 공공조달법과 공공계약법을 같은 개념으로 볼 수 있으나, 이러한 시각만으로는 국가 등이 공공조달 과정에서 발생한 부정행위나 법 위반 상태를 적발하고 위반자에게 가하는 여러 행정제재(입찰참가자격제한, 종합쇼핑몰 거래정지와 판매중지 등)와 이를 위한 각종 조사제도(불공정조달행위 조사), 그 밖에 조달기업에게 법률상 지위를 부여하는 각종 제도(우수제품지정 등) 등의 성격을 제대로 설명하기 어렵고, 공공조달법이 공무원이 따라야 하는 사무처리규정과 그 밖에 조직 규범도 정한다는 특수성을 파악하지 못할 우려가 있다.

나아가, 최근 하급심 판결을 중심으로, 국가 등이 계약상대자 등에게 가하는 각종 제재는 물론, 입찰 평가과정에서 적용하는 감점, 수의계약 체결 전 물량배정 감소 등을 행정처분으로 해석하려는 경향이 있는데, 이는 공공조달법을 단순히 사법으로만 이해하던 과거 시각만으로는 적절히 설명하기 곤란하다.

그렇다면, 공공조달법은 공공계약법만이 아니라 공공조달을 위한 국가 등 내부절차·조직법은 물론 대외적 행정작용법을 널리 포함하는 법률 체계로 이해할 필요가 있다.

제 2 절 본서의 체계

Ⅰ. 문제점

아직 공공조달법을 어떻게 다룰지에 대한 명확한 기준은 없다. 따라서 공공조달법을 체계적으로 분석하려는 다양한 시도가 있을 수 있다. 특히 실정법을 기준으로 보면, 국가계약법 등 계약법령과 조달사업에 관한 법률, 방위사업법, 물품관리법, 건설산업기본법, 중소기업제품 구매촉진 및 판로지원에 관한 법률, 국유재산법 등 수많은 개별 법률이 공공조달에 필요한 내용을 규정하며, 이러한 규정 하나하나를 추출하여 체계적으로 분석·분류하여 설명하는 일은 매우 어렵다.

현재로서는 필자를 포함한 학계·실무에서 선행된 연구가 부족하여 다른 교과서나 학술지에서 서술하는 체계를 넘어서기 곤란하고, 개별 법률이 정하는 수많은 공공조달 제도와 규정을, 예를 들면 총론과 각론 형태로 나누어 체계적으로 서술하기에는 시간적·지면적 한계가 있다. 향후 공공조달법 체계와 관련한 추가적인 연구가 필요한 이유이다.

그럼에도 이 책에서는 그동안 충분히 다루지 못한 특수한 조달제도와 실무를 적극적으로 기술하는 한편 법령은 물론 국가 내부의 사무처리규정 등까지 포함한 내용을 크게 5개 편으로 구성하여 기술하려고 한다. 따라서 제1편 공공조달법 서설을 시작으로, 2편에서 공공계약 전반을, 3편에서 조달사업에 관한 법률 등이 정하는 특수한 공공조달 제도를, 4편에서 공공조달 목적달성을 위한 실효성 확보수단을, 5편에서 공공조달 분쟁해결절차를 차례대로 설명한다.

Ⅱ. 각 편의 내용

1. 제1편 : 공공조달법 서설

공공조달법 서설에서는 공공조달의 의의와 특성, 기능, 공공조달법의 범위와 체계, 법원(法源), 효력범위, 기본원리 등 공공조달법 전체를 관통하는 기본문제를 다룬다.

2. 제2편 : 공공계약법

공공조달의 핵심으로서 공공계약을 규율하는 계약법을 살펴본다. 즉, 국가계약법과 같은 기본법령은 물론 각종 계약예규와 행정규칙에서 규정하는 계약당사자, 계약목적물, 계약절차, 계약상 권리의무 발생·소멸 등 일반적인 계약상 법률관계를 다룬다.

3. 제3편 : 조달사업법 등

조달사업에 관한 법률과 중소기업제품 구매촉진 및 판로지원에 관한 법률 등이 규정하는 특수한 공공조달 제도를 다룬다. 가령, 계약방법 특례(다수공급자계약, 카탈로그계약, 중소기업자간 경쟁제품계약, 비축물자계약), 품질관리(제조물품 직접생산확인, 납품검사와 품질점검, 하자처리 등 사후관리, 품질보증조달물품 지정·관리, 안전관리물자 품질관리, 군수품 정부품질보증), 특수한 물품조달제도(우수조달물품등 조달제도, 혁신제품 조달제도), 각종 공공조달플랫폼(전자조달시스템, 나라장터 종합쇼핑몰, 혁신장터, 벤처나라, 이음장터, 조달청 해외조달시장 진출지원시스템, 국방상용물자쇼핑몰, 누리장터) 등이 있다.

4. 제4편 : 공공조달의 실효성확보수단

공공조달의 목적 달성을 위한 실효성확보수단을 살펴본다. 실정법이 정한 실효성확보수단으로는 부정당업자 입찰참가자격제한, 과징금, 거래정지, 판매중지 등 제재적 행정처분과 행정조사의 성격을 갖는 불공정 조달행위 조사제도가 있고, 그 밖에 담합행위에 대한 고발요청제도와 공공조달 영역에서의 브로커 근절방안 등도 있다.

5. 제5편 : 공공조달과 분쟁해결절차

공공조달 과정에서 발생하는 분쟁유형과 절차를 다룬다. 특히 공공계약상 분쟁해결절차로 계약분쟁조정제도와 중재, 민사소송(보전, 본안) 절차가 있고, 실효성확보수단 등을 대상으로 하는 분쟁해결절차로 행정쟁송(행정심판과 행정소송)이 있다. 그 밖에 공공조달과 관련한 범죄처벌 절차로 형사소송과 위헌인 법률이나 공권력 행사를 대상으로 하는 헌법소송도 간략히 살펴본다.

제3장 / 공공조달법의 법원

제 1 절 법원의 의미

법원(法源)이란 법관이 재판하면서 적용하는 기준을 말하기도 하고, '법의 존재형식'이라거나 '법을 인식하는 근거자료'라고도 한다.[1] 가령, 민사(民事)에서는 법률, 관습법, 조리를 법원이라 하므로(민법 제1조 참조), 법관은 법률, 관습법, 조리를 차례로 적용하여 민사분쟁을 해결해야 한다. 한편, 행정에서는 헌법, 법률, 조약과 국제법규, 명령, 자치법규, 관습법 등을 법원이라 하고, 법관은 행정재판에서 행정법의 법원에 따라 공행정작용의 위법 여부를 판단한다.

제 2 절 공공조달법의 세부 법원

Ⅰ. 헌법

헌법은 국가 최고규범이므로 헌법을 위반한 법규나 행정행위는 무효이다. 또한, 헌법은 공법에 해당하지만, 사법상 법률관계에도 간접적으로 적용된다. 따라서 헌법은 최고 상위법으로서 공공조달법의 법원이 된다. 그러므로 국가 등은 국민의 재산권을 보장하고, 개인과 기업의 자유와 창의를 존중하는 전제 아래 공공조달을 수행해야만 한다(헌법 제23조, 제119조 참조). 특히 국가 등은 공공조달 절차에서 사법상 행위라는 미명 아래 개인이나 기업보다 우월한 지위를 이용하여 국민의 권리를 함부로 제한하지 않도록 유의해야 한다(헌법 제37조 참조). 그리고 국가 등이 공공조달 과정에서 공권력을 행사하는 경우에는 법률유보원칙이나 비례원칙 등 공법상 일반원리를 당연히 따라야 한다.

---

1) 지원림, 민법강의 (제18판), 홍문사, 2021, 9쪽.

Ⅱ. 법률

법률은 공공조달법의 중요한 법원이다. 공공조달에 직·간접으로 적용되는 개별 법률은 매우 많은데, 가령, 국가계약법, 지방자치단체를 당사자로 하는 계약에 관한 법률, 공공기관의 운영에 관한 법률, 지방공기업법, 지방자치단체 출자·출연 기관의 운영에 관한 법률, 조달사업에 관한 법률, 전자조달의 이용 및 촉진에 관한 법률, 방위사업법, 중소기업진흥에 관한 법률, 중소기업제품 구매촉진 및 판로지원에 관한 법률, 국유재산법, 공유재산 및 물품관리법, 물품관리법, 물품목록정보의 관리 및 이용에 관한 법률, 국가재정법, 국가회계법, 국고금관리법, 예산회계에 관한 특례법, 국세기본법, 국세징수법, 국가채권 관리법, 지방재정법, 지방회계법, 지방교부세법, 지방자치단체 기금관리 기본법, 지방자치법, 초·중등교육법, 지방교육재정교부금법, 지방교육지차에 관한 법률, 건설산업기본법, 하도급거래 공정화에 관한 법률, 건설기술 진흥법, 건축서비스산업 진흥법, 소프트웨어 진흥법, 엔지니어링산업 진흥법, 정보통신공사업법, 전기공사업법, 전기사업법, 소방시설공사업법, 폐기물관리법, 건설폐기물의 재활용촉진에 관한 법률, 녹색제품 구매촉진에 관한 법률, 공중위생관리법, 장애인복지법, 사회복지사업법, 문화재보호법, 문화재 수리등에 관한 법률, 국가균형발전 특별법, 보조금 관리에 관한 법률, 회계 관계 직원 등의 책임에 관한 법률, 정부기관 및 공공법인 등의 광고시행에 관한 법률, 민법, 상법, 행정기본법, 행정절차법 등을 들 수 있다.

특히 사법상 원리를 적용하는 공공계약 관계에서는 국가계약법이나 지방자치단체를 당사자로 하는 계약에 관한 법률이 기본법에 해당하고, 다른 법률에 특별한 규정이 있는 경우를 제외하고는 해당 법률에 따른다(국가계약법 제3조, 지방자치단체를 당사자로 하는 계약에 관한 법률 제4조). 그 밖에 공법과 공법원리가 적용되는 공공조달 관계에서는 개별법률에 특별한 규정이 있으면 그에 따르되, 특별한 규정이 없으면 행정기본법에 따라야 한다(행정기본법 제5조 제1항).

참고로, 이 책에서는 위와 같은 법률 가운데 주요 법률을 아래와 같이 약어로 표시하고자 한다.

〔주요 법률 약어〕

- 국가를 당사자로 하는 계약에 관한 법률 → 국가계약법
- 지방자치단체를 당사자로 하는 계약에 관한 법률 → 지방계약법
- 공공기관의 운영에 관한 법률 → 공공기관운영법
- 지방자치단체 출자·출연 기관의 운영에 관한 법률 → 지방자치단체출자기관법

- 조달사업에 관한 법률 → 조달사업법
- 전자조달의 이용 및 촉진에 관한 법률 → 전자조달법
- 중소기업제품 구매촉진 및 판로지원에 관한 법률 → 판로지원법
- 하도급거래 공정화에 관한 법률 → 하도급법

Ⅲ. 조약과 국제법규

헌법에 따라 체결·공포된 조약과 일반적으로 승인된 국제법규는 국내법과 같은 효력을 가진다(헌법 제5조 참조). 조약은 국가간 문서 합의를 말하며, 그 내용은 국제법이 된다. 그리고 협정, 협약, 의정서, 헌장 등도 조약에 포함된다.[1] 한편, 조약 등과 법률 사이에는 신법 우선의 원칙과 특별법 우선의 원칙을 적용하여 우위를 정한다. 따라서 조약 등이 공공조달 관련 사항을 규정한다면, 법률과 마찬가지로 공공조달법의 법원이 되며, WTO 정부조달에 관한 협정(GPA)은 공공조달에 적용되는 대표적인 국제법규에 해당한다.

Ⅳ. 명령

공공조달과 관련한 개별 법률은 그 하위규범으로 대통령령인 시행령과 부령인 시행규칙을 둔다. 이러한 시행령과 시행규칙을 통틀어 명령이라고 한다. 명령은 다시 법률이나 시행령을 시행하기 위한 집행명령과 법률 위임에 따라 법률이나 시행령을 보충하기 위한 위임명령으로 나누기도 한다. 이런 명령도 공공조달 관련 사항을 규정하면 역시 공공조달법의 법원이 된다. 다만, 대법원 판례는 국가계약법령 일부 규정을, 국가가 사인과 계약관계를 공정하고 합리적·효율적으로 처리하기 위해 관계 공무원이 지켜야 할 계약사무처리에 필요한 사항을 정한 국가의 내부규정에 불과하다[2]고 보아 법규성을 부정하는 경우도 있다.

Ⅴ. 조례·규칙

지방자치단체는 법령의 범위에서 그 사무를 처리하기 위한 조례를 제정할 수 있으며(지방자치법 제28조 제1항), 법령이나 조례의 범위에서 그 권한에 속하는 사무에 필요한 규칙을 제정할 수 있다(지방자치법 제29조). 따라서 지방자치단체는 법령을 위반하지 않는다는 한계

1) 곽윤직, 민법총칙 (제7판), 박영사, 2002, 17쪽.
2) 대법원 2017. 12. 21. 선고 2012다74076 전원합의체 판결 등 참조.

안에서 공공조달에 필요한 조례와 규칙을 제정할 수 있고, 이러한 조례와 규칙은 공공조달법의 법원에 해당한다.

Ⅵ. 관습법

관습법이란 어떤 사항과 관련해 반복된 관행이 사회 구성원으로부터 법적 확신에 따른 지지를 받아 법규범으로서 승인된 것을 말한다. 만약 공공조달법 가운데 계약법을 특별사법으로 이해한다면, 관습법도 법원에 해당한다(민법 제2조 참조). 다만, 공공조달을 수행하는 기관은 국가나 지방자치단체를 포함한 공공기관이고, 공공기관은 감사원과 내부 감사기관의 감사로부터 자유롭지 못하므로, 법률이나 명령 등에 근거하지 않은 업무처리는 쉽게 생각하기 곤란하다. 따라서 공공조달 영역에서 관습법으로 인정할 만한 반복적 관행은 찾기 어렵다.

Ⅶ. 계약예규 등 각종 행정규칙

공공조달 가운데 특히 계약상 법률관계를 규율하는 사항은 법에 전부 명시할 수 없으므로, 공공계약 사무를 관장하는 기획재정부나 행정안전부, 조달청, 방위사업청 등은 내부규정으로서 성질을 지니는 계약예규, 훈령, 고시 등을 발령한다. 이러한 계약예규 등은 국가 등 내부에서 해석기준이나 집행기준을 제시하는 행정규칙으로서 행정청 내부에서만 효력을 가질 뿐 국가와 국민 사이에 효력을 가지는 법규적 효력이 없으므로 법원이나 일반 국민에게 법적 구속력이 없어 공공조달법의 법원이라 볼 수 없다는 시각도 있다. 다만, 계약예규 등은 발주기관 내부에서 사실상 구속력을 지니고, 계약담당공무원의 업무를 통제하므로, 실제 공공조달 사무는 대체로 이러한 계약예규 등에 따라 처리된다.

주요한 계약예규 등의 예로, 정부 입찰·계약 집행기준, 예정가격 작성기준, 각 계약일반조건, 각 입찰유의서, 입찰참가자격사전심사요령, 적격심사기준, 협상에 의한 계약체결 기준, 공동계약 운용요령, 종합계약 집행요령, 일괄입찰 등에 의한 낙찰자 결정기준, 종합심사낙찰제 심사기준, 지방자치단체 입찰 및 계약집행기준, 기타공공기관 계약사무 운영규정, 지방자치단체 입찰시 낙찰자 결정기준 등이 있다.

Ⅷ. 판례

성문법주의를 취하는 대륙법계 국가는 판례의 법원성을 인정하지 않는다. 따라서 우리나라에서도 판례는 법원이 아니라고 이해하며, 이는 공공조달법 영역에서도 마찬가지다. 그러나 최고법원인 대법원 판례는 하급심에 대하여 '사실상' 구속력을 가지며,[1] 특히 공공조달법 영역에서는 분쟁유형이 다양하고, 이를 해결할 규정이 명확하지 않은 경우가 많으므로, 공공조달 실무에서는 상급심 판례뿐만 아니라 하급심 판결례도 중요한 업무처리 기준으로 삼는다.

Ⅸ. 조리

민법은 조리도 법원으로 인정하지만(민법 제1조), 조리는 법원이라기보다 법이 전제하는 일반원칙이나 기본원리로 표현하는 것이 바람직하다고 본다. 따라서 이 책은 본편 제5장에서 공공조달법의 기본원리라는 제목으로 해당 내용을 자세히 살펴보고자 한다.

1) 곽윤직, 앞의 민법총칙, 22쪽.

제4장 / 공공조달법의 효력범위

제 1 절 시적 범위

공공조달법도 다른 법과 마찬가지로 시행일부터 폐지일까지 효력을 갖고, 특별한 규정이 없다면 법률불소급 원칙을 적용받는다.

공공조달법의 시적 범위와 관련해서도, 다른 법과 마찬가지로 소급효 인정 여부가 문제된다. 그런데 공공조달 영역에서도 과거에 이미 완성된 사실이나 법률관계에서 사후에 국민에게 불리하게 작용하는 새로운 법규가 제정된 경우에는(진정소급입법), 국민이 소급입법을 예상할 수 있었거나 법적 상태가 불확실하거나 혼란스러워 보호할 만한 신뢰이익이 적다거나 신뢰보호 요청에 우선하는 중대한 공익상 사유가 소급입법을 정당하게 하는 경우 등과 같이 특별한 사정이 없다면,[1] 개정 전 법령(구법)을 적용해야 한다.

반대로 과거에 이미 시작했으나 아직 완성되지 않은 진행 중 사실이나 법률관계에서 국민에게 불리하게 작용하는 새로운 법규가 제정된 경우에는(부진정소급입법), 개정 전 법령의 존속을 당사자가 신뢰했고 그 신뢰가 합리적이고도 정당하며, 법령 개정으로 발생하는 당사자의 손해가 극심하여 새로운 법령으로 달성하고자 하는 공익이 그러한 신뢰 파괴를 정당화할 수 없는 등 특별한 사정이 없다면,[2] 개정 후 법령(신법)을 적용해야 한다.

제 2 절 물적 범위

공공조달법 가운데 계약법은 '국가 등이 한쪽 당사자로서 체결하는 계약'을 규율한다. 가령, 국가계약법은 국제입찰에 따른 정부조달계약과 국가가 대한민국 국민을 계약상대자로 하여 체결하는 계약, 그리고 세입의 원인이 되는 계약 등 국가를 당사자로 하는 계약에 적용하고(국가계약법 제2조), 지방계약법은 지방자치단체가 계약상대자와 체결하는 수입·지출의

---

1) 헌법재판소 2006. 4. 27.자 2005헌마406 결정 등 참조.
2) 헌법재판소 2002. 11. 28.자 2002헌바45 결정 등 참조.

원인이 되는 계약 등에 적용한다(지방계약법 제2조). 다만, 개별 공공조달법 중에는 공공입찰·계약과 관련한 사항이 아니라도 조달사업, 조직, 행정작용 등 공행정과 관련한 사항을 규율하는 것도 있다.

제 3 절 인적 범위

공공조달법은 국가 등과 그 소속 공무원, 그리고 상대방인 대한민국 국민에게 효력이 미친다. 그 밖에 국제입찰이나 외자계약 등에서는 국가 등과 법률관계를 형성한 외국인에게 직접 효력을 미칠 때도 있다.

제 4 절 장소적 범위

공공조달법은 원칙적으로 대한민국 영역 안에 있는 모든 사람과 국민에게 효력이 미친다. 다만, 국제입찰과 같이 대한민국 영역 밖에 있는 자에게 적용을 예정한 규정도 있다.

제5장 / 공공조달법의 기본원리

제 1 절 개요

공공조달법은 공법과 사법이 혼재한 법이므로, 개별규정 내용과 성질에 따라 법치행정, 평등원칙, 비례원칙 등과 같은 행정법상 기본원리나 사유재산 존중, 사적자치, 과실책임과 같은 사법상 기본원리를 담고 있다. 다만, 공공계약법에는 순수한 사법계약과 다른 특별한 지도원리를 따른 것도 있으므로, 아래에서는 공공계약의 기본원리를 설명하기로 한다.

제 2 절 공공계약의 기본원리

Ⅰ. 의의

공공계약의 기본원리란 공공계약을 체결하고자 하는 당사자 모두에게 적용되는 일반원칙을 말한다. 따라서 이러한 기본원리 중에는 계약담당공무원 등이 지켜야 할 준칙도 있다.[1] 이러한 공공계약의 기본원리로는 사적자치와 같은 일반 사법상 기본원리도 있지만, 그 밖에도 차별금지, 부당특약금지, 청렴, 경쟁, 공정 등과 같이 공공계약에 특수한 것도 포함한다.

Ⅱ. 사적자치 원칙

사적자치 원칙이란 법질서 안에서 자기 의사에 따라 법률관계를 형성할 자유를 누린다는 원칙이다. 즉, 법적 주체는 법질서 제한에 어긋나지 않는 범위에서 자유로운 자기결정에 따라 타인의 간섭이나 지원 없이 법률관계를 형성·규율할 수 있다. 따라서 사적자치는 헌법으로 보장된다(헌법 제10조. 제15조, 제21조, 제23조, 제37조, 제119조 참조). 민법 역시 사적자치를 전제한 여러 조항을 두고 있다(민법 제1조, 제103조, 제104조, 제105조).[2] 사적자치 내용

1) 계승균, 공공계약법의 기초이론, 박영사, 2021, 55쪽.
2) 사적 자치와 관련하여 헌법재판소 1991. 6. 3.자 89헌마204 결정 참조.

으로는 계약자유, 권리행사자유, 과실책임주의 등이 있고, 이는 계약관계에서 분명히 드러난다.

공공계약도 국가 등과 계약상대자가 서로 대등한 지위에서 합의하여 체결한다(국가계약법 제5조 제1항 참조). 이를 당사자 대등의 원칙이라고도 한다.[1] 즉, 국가 등은 계약관계에서 만큼은 우월한 공권력 주체가 아니라 계약상대자와 같은 지위에서 같은 권리·의무를 지니는 사경제 주체로 의제한다는 뜻이다. 그리하여 공공계약의 본질은 개인과 개인이 체결하는 사법상 계약과 다르지 않다고 보고, 법령에서 특별히 정한 사항이 없다면, 사적자치 등 사법상 원리를 그대로 적용한다.[2]

다만, 여기서 사적자치는 일정한 한계가 있다. 첫째, 계약 주체는 모두 법질서가 허용하는 범위에서만 사적자치를 누릴 수 있다.[3] 둘째, 공공계약이 가지는 공익성, 공공성을 고려하여, 일반 사법계약에서보다 더 많은 법적 제약이 필요하다. 가령, 공공계약법은 강행규정을 두어[4] 발주기관이 사적자치라는 미명 아래 국민의 권리를 함부로 제약하지 못하도록 막는 장치를 마련하고, 법원은 개별 소송절차에서 민법 제103조 등 일반조항을 적용하여 사적자치에 따른 불합리한 결과를 통제하기도 한다.

Ⅲ. 신의성실 원칙

신의성실 원칙이란 권리행사와 의무이행을 신의에 좇아 성실히 해야 한다는 원칙을 말한다(민법 제2조 제1항 참조). 여기서 '신의성실'이란 상대방이 갖는 신뢰를 저버리지 않도록 성의를 가지고 행동한다는 뜻이다. 따라서 신의성실 원칙은 앞에서 본 사적자치 원칙을 제한하는 예외 원리에 해당한다. 가령, 신의성실은 사적자치 내용 중 하나인 과실책임주의를 배제할 수 있으므로, 행위자는 고의·과실이 없더라도 신의성실 원칙 위반에 따라 권리행사를 제한받을 수 있다.

한편, 신의성실 원칙은 법관이 재판할 때 따라야 하는 재판규범이면서 아울러 일반인이 법률행위를 할 때 따라야 할 행위규범이기도 하다. 그리고 강행규정인 성질을 가지기 때문에 당사자 주장이 없더라도 법원이 직권으로 신의성실 원칙 위반 여부를 판단할 수 있다.[5]

그리하여 공공계약법은 명문으로 신의성실의 원칙을 규정하였다. 즉, 공공계약 당사자

1) 계승균, 앞의 책, 57쪽.
2) 대법원 2006. 6. 19.자 2006마117 결정.
3) 다만, 이러한 한계는 공공계약만이 아니라 일반 사법계약에서도 마찬가지로 적용된다.
4) 예를 들어, 국가계약법 제5조 제3항은 "각 중앙관서의 장 또는 계약담당공무원은 계약을 체결할 때 이 법 및 관계법령에 규정된 계약상대자의 계약상 이익을 부당하게 제한하는 특약 또는 조건을 정해서는 아니된다."면서, 같은 조 제4항은 "제3항에 따른 부당한 특약 등은 무효로 한다."고 규정한다.
5) 대법원 1998. 8. 21. 선고 97다37821 판결.

는 계약 내용을 신의성실 원칙에 따라 이행해야 한다(국가계약법 제5조 제1항, 지방계약법 제6조 제1항, 공기업·준정부기관 계약사무규칙 제5조 제1항 참조). 따라서 신의성실 원칙은 계약체결 전 입찰단계나 교섭과정에서는 물론 체결 후 이행과정과 이행 후에 이르기까지 공공입찰·계약 절차 전반에 걸쳐 적용된다. 가령, 발주기관이 계약상대자에게 계약이 체결되리라는 정당한 기대를 심어 주었다면, 신의성실 원칙에 따라 임의로 위 기대를 침해하지 못하며, 이를 위반하면 손해배상 책임을 부담할 수밖에 없다.[1] 다만, 신의성실 원칙은 계약당사자가 상대방의 이익을 배려하여 형평에 어긋나거나 신의를 저버리는 내용이나 방법으로 권리를 행사하거나 의무를 이행해선 안 된다는 추상적 규범이기 때문에, 신의성실 원칙 위반이라는 이유로 그 권리행사를 부정하기 위해서는 상대방에게 신의를 공여했거나 객관적으로 보아 상대방이 신의를 가지는 것이 정당한 상태여야 하고, 이러한 상대방의 신의를 저버리고 한 권리행사가 정의관념을 고려할 때 용인할 수 없는 정도에 이르러야 한다.[2]

〔신의성실 원칙과 관련한 판례〕

대법원은 수급인이 도급받은 아파트 신축공사 중 지붕 배수로 상부 부분을 시공하면서 설계도에 PC판으로 시공하게 했는데도 합판으로 시공하는 바람에 도급계약서에서 정한 하자담보책임기간 2년이 경과한 후 합판 부식으로 기와가 함몰되는 손해가 발생한 사안에서, "그와 같은 시공 하자는 외부에서 쉽게 발견할 수 없고, 하자에 따른 손해가 약정담보책임기간 경과 후에 발생한 사정을 고려하면, 도급인과 수급인 사이에 하자담보책임기간을 준공검사일부터 2년으로 약정했더라도 수급인이 그와 같은 시공 하자를 알고 도급인에게 고지하지 않은 만큼, 약정담보책임기간이 경과하였다는 이유만으로 수급인 담보책임이 면제된다고 하면 신의성실의 원칙에 위배되므로, 민법 제672조를 유추 적용하여 수급인은 담보책임을 진다."고 하였다.[3]

하급심 판결 중에는 "구 중소기업제품구매촉진법, 중소기업협동조합법 등 관련 규정에 따르면, 지방자치단체가 납품업자와 직접 계약을 맺을 수 없기 때문에 외형상 협동조합과 단체적 계약을 맺은 것처럼 형식만 갖추었을 뿐 그 협동조합이 실질적으로 계약 전후 과정에 관여하지 않았다면, 그 구매계약에 따른 모든 권리, 의무는 협동조합을 거치지 않고 바로 실질적인 계약당사자들에게 미치므로, 지방자치단체가 중소기업제품구매촉진법 등이 정한 절차를 따르지 않고 협동조합을 배제한 채 납품업자와 직접 모든 계약조건을 맺고도 나중에 그 계약상 물품구매계약 특수조건을 내세워 형식적 당사자에 불과한 협동조합에게 계약금액 감액이나 환수책임을 묻는다면 선행행위에 모순되어 신의칙상 허용할 수 없다."고 한 것도 있다.[4]

---

1) 대법원 2004. 5. 28. 선고 2002다32031 판결.
2) 대법원 2011. 2. 10. 선고 2009다6894 판결.
3) 대법원 1999. 9. 21. 선고 99다19032 판결.
4) 서울고등법원 1995. 3. 30. 선고 94나5108 판결, 대법원 1997. 6. 27. 선고 95다19959 판결.

한편, 대법원은 "지방자치단체가 사경제 주체로서 사인과 사법상 계약을 체결하면서 따라야 할 요건과 절차를 정한 법령 조항은 그 계약 내용을 명확히 하고, 적법한 절차를 담보하기 위한 것으로서 강행규정이므로, 이런 강행규정을 위반한 계약의 성립을 부정하거나 무효를 주장하더라도 신의칙 위반 등을 이유로 이를 배척한다면 그 입법취지를 몰각하는 것이기 때문에 특별한 사정이 없다면, 그런 주장이 신의칙에 위반된다고 볼 수 없다."고 하여, 강행규정을 신의성실 원칙보다 우선 적용해야 한다고 본다.[1)]

Ⅳ. 차별금지 원칙

1. 의의

차별금지 원칙이란 국가 등이 국제입찰을 실시하면서 국제법상 호혜의 원칙에 따라 정부조달협정 가입국의 국민이나 물품 등을 대한민국 국민이나 물품 등과 다르게 처우해서는 안 된다는 원칙을 말한다. 공공계약 가운데 국제입찰에서 주로 적용하는 원리다. 따라서 우리나라가 WTO협정 등에 가입하여 정부조달시장이 개방된 만큼, 국제입찰을 시행할 때는 차별금지 원칙에 따라 외국인과 외국물품 등을 내국인이나 내국물품 등과 차별해서는 안 된다.[2)] 즉, 국가 등은 국제입찰에 따른 정부조달계약을 체결하면서, 정부조달협정 가입국의 국민과 대한민국의 국민을, 그리고 정부조달협정 가입국에서 생산하는 물품·용역과 대한민국에서 생산하는 물품·용역을 각각 차별하는 특약이나 조건을 정할 수 없다(국가계약법 제5조 제2항, 지방계약법 제6조 제2항 참조). 이러한 차별금지원칙은 상대방 선택의 자유나 계약내용 결정의 자유 등 계약자유 원칙을 제한하는 예외 원리에 해당한다.

2. 내용

「특정조달을 위한 국가를 당사자로 하는 계약에 관한 법률 시행령 특례규정」(아래에서 '특례규정'이라 한다)에 따르면, 특정조달계약이란 국가가 국가계약법 제4조 제1항, 제2항 규정에 따라 국제입찰로 물품·공사·용역을 조달하기 위해 국가계약법, 같은 법 시행령, 특례규정에 따라 체결하는 계약을 말하고(특례규정 제2조 제2호), 국가 등은 특정조달계약을 하면서 계약상대자를 공정하게 선정해야 하며, 정부조달 관련 정보를 차별적으로 제공해서는 안 된다(특례규정 제4조 제1항). 여기서 계약상대자를 공정하게 선정했는지는 해당 사안의 내

1) 대법원 2004. 1. 27. 선고 2003다14812 판결.
2) 김성근, 앞의 책(Ⅰ), 68쪽.

용과 성격, 국제법 관행과 국내 입찰관행, 그 밖에 관련규정을 종합적으로 고려하여 판단한다.[1)]

따라서 국가 등은 ① 협정 적용을 회피할 목적으로 추정가격의 산정방법을 선택하거나 분할발주를 하지 않아야 하고, ② 협정가입국 계약상대자로부터 조달되는 물품·공사·용역에 대해 통상적인 무역 과정에서 적용되는 「대외무역법」이나 「관세법」 규정과 다른 원산지 규정을 적용하지 않아야 하며, ③ 입찰참가자격 심사과정이나 입찰서 평가, 낙찰자 결정과정 등에서 부품 등의 국산화율지정, 기술이전, 대응구매 등 수단으로 협정가입국 입찰참가자의 입찰참가나 조달조건 등을 제한하는 조치를 취하지 않아야 하고, ④ 입찰서를 접수, 개봉, 취급하는 과정에서 그 비밀이 보장되도록 해야 한다(특례규정 제4조 제2항).

그리하여 특정 지방자치단체의 초·중·고등학교에서 실시하는 학교급식을 위해 위 지방자치단체에서 생산되는 우수 농수축산물과 이를 재료로 사용하는 가공식품(이하 '우수농산물')을 우선 사용하도록 하고 그러한 우수농산물을 사용하는 자를 선별하여 식재료나 식재료 구입비 일부를 지원하며 지원을 받은 학교는 지원금을 반드시 우수농산물을 구입하는 데에 사용하도록 정한 지방자치단체의 조례안은 내국민대우원칙을 규정한 '1994년 관세 및 무역에 관한 일반협정'(General Agreement on Tariffs and Trade 1994)을 위반하여 효력이 없다고 본다.[2)]

한편, 국제입찰을 실시하면서 입찰참가자격을 지역업체로 제한한 경우, 해당 지역에 없는 업체는 입찰에 참가할 수 없기 때문에, 결국 외국업체도 입찰에 참가하지 못하는 결과 차별금지원칙 위반이 성립하나, 지역의무공동도급 방식으로 입찰참가자격을 제한한 경우라면, 외국업체도 해당 지역업체와 공동수급체를 구성하여 입찰에 참가할 수 있으므로, 차별금지 원칙에 어긋나지 않는다고 본다.[3)]

Ⅴ. 부당특약금지 원칙

1. 의의

부당특약금지 원칙이란 계약을 체결할 때 관련법령 등이 정한 계약상대자의 계약상 이익을 부당하게 제한하는 특약이나 조건('부당한 특약 등'이라 한다)을 정하지 못한다는 원칙을 말한다(국가계약법 제5조 제3항 참조). 부당특약금지 원칙을 위반한 계약조항은 효력이 없다(국가계약법 제5조 제4항 참조).[4)]

---

1) 김성근, 앞의 책(Ⅰ), 68쪽.
2) 대법원 2005. 9. 9. 선고 2004추10 판결.
3) 김성근, 앞의 책(Ⅰ), 69쪽.
4) 참고로, 과거 지방계약법 제6조에는 국가계약법 제5조 제4항과 같이 부당한 특약 등이 무효라고 선언한 규정이

예를 들면, 국가 등이 국가계약법과 관련법령, 계약일반조건에서 정한 일반조건 말고도 해당 계약의 적정한 이행을 위해 필요한 특수조건을 정하여 계약을 체결할 수 있는데, 이러한 특수조건에 국가계약법과 관련법령, 계약일반조건에서 정한 계약상대자의 계약상 이익을 제한하는 내용이 있다면, 해당 내용은 효력이 없다{물품구매(제조)계약일반조건 제3조 제2항, 제3항, 용역계약일반조건 제4조 제2항, 제3항, 공사계약일반조건 제3조 제3항, 제4항 참조}.

공공계약은 대체로 사법상 계약이기 때문에, 국가 등은 국민과 대등한 지위에서 계약을 체결해야 하지만, 경우에 따라서는 우월한 지위를 이용하여 국가 등에게 일방적으로 유리한 특약을 정하는 방법으로 국민에게 부당한 손해를 입힐 위험도 있다. 따라서 공공계약법은 이를 방지하기 위해 부당특약금지 원칙을 규정하였다.[1)]

2. 근거

국가계약법 제5조 제3항, 지방계약법 제6조 제3항, 물품구매(제조)계약일반조건 제3조 제3항, 용역계약일반조건 제4조 제3항, 공사계약일반조건 제3조 제4항 등은 위와 같은 부당특약금지원칙을 규정한다. 그리고 약관규제법 제6조, 건설산업기본법 제22조 제5항 등도 불공정한 계약 내용을 무효로 한다고 규정하는데, 이러한 개별법 규정도 공공계약 관계에 적용될 수 있다.

3. 적용요건

공공계약에서 부당특약금지 원칙을 적용하려면 다음과 같은 요건을 갖추어야 한다.

첫째, 공공계약 체결이 있어야 한다. 여기서 공공계약은 적법·유효하게 성립해야 한다. 예를 들어, 공공계약에 무효사유가 있거나 공공계약 자체를 취소한 때에는 부당특약금지 원칙이 문제되지 않는다.[2)]

둘째, 국가 등이 설정한 특약이나 조건이어야 한다. 명시적으로 '특약'이나 '조건'이라는 단어를 사용하지 않더라도, 국가 등이 설정한 모든 계약 내용은 부당한 특약이나 조건에 해당할 수 있다. 다만, 계약상대자가 설정한 특약이나 조건은 여기서 말하는 부당한 특약 등에 해당하지 않는다.

셋째, 특약 등이 계약상대자의 계약상 이익을 부당하게 제한해야 한다. 따라서 계약상 이익의 제한이 정당하다고 볼 수 있는 특약이나 조건은 유효하다. 예를 들어, 계약상대자의

없었지만, 실무적으로 부당한 특약 등의 효력을 국가계약과 지방계약에서 서로 다르다고 보진 않았다. 다만 입법의 명확성을 위해 2023. 4. 11. 제3항을 신설하여 부당특약금지 원칙을 분명히 하였다.

1) 김성근, 앞의 책(Ⅰ), 59쪽.

2) 김성근, 앞의 책(Ⅰ), 60쪽.

이익을 보호하기 위한 특약이나 조건은 여기서 말하는 부당한 특약이 아니다.[1] 부당한 특약인지는, 그 특약으로 계약상대자에게 생길 수 있는 불이익 내용과 정도, 불이익이 발생할 가능성, 전체 계약에 미치는 영향, 당사자 사이의 계약체결과정 그 밖에 관련법령 등 모든 사정을 종합하되, 계약체결 당시를 기준으로 판단해야 한다.[2]

넷째, 관련법령이 정한 계약상대자의 계약상 이익을 제한해야 한다. 여기서 관련법령이 정한 계약상 이익이 어떤 개념인지에 대하여는 다툼이 있다. 일부 견해는 공공계약법, 시행령 등이 정한 계약상 이익만 해당하고, 시행규칙이나 각종 고시, 예규, 지침 등에서 보호하는 이익은 여기서 말하는 관련법령이 정한 계약상 이익에 해당하지 않는다고 한다.[3] 그러나 그와 같이 좁게 해석할 이유가 없다. 공공계약법과 그 시행령과 같이 법규성을 갖는 법령에서 정한 계약상 이익뿐만 아니라, 계약당사자로서 누릴 수 있는 사법상 권리에 해당한다면 각종 고시, 예규, 지침 등에서 정한 계약상 이익이라 할지라도 관련법령이 정한 계약상 이익에 준한다고 보는 것이 제도 취지에 부합한다고 생각한다.

4. 적용사례

부당한 특약 등에 해당하는 사례로, ① 설계변경에서 적용단가를 국가계약법상 설계변경으로 인한 계약금액 조정 기준단가보다 불리하게 정한 경우, ② '설계변경시 협의단가 적용방안'이라는 내부지침을 마련하여 설계변경시 협의단가 적용대상을 축소 운영하는 경우, ③ 산업안전보건법령에서 정한 산업안전보건관리비 요율을 부당하게 낮게 책정하여 반영하는 경우, ④ 총공사기간 등이 변경되어도 간접공사비를 청구할 수 없도록 약정하는 경우,[4] ⑤ 계약기간 중에 일방적으로 휴지기를 지정하면서 휴지기를 공사기간에서 제외하고 휴지기 동안 간접공사비를 청구할 수 없게 하는 경우, ⑥ 공사계약 변경사유가 발생했을 때 발주기관이 임의로 정한 기간이 경과하면 계약내용 변경청구를 할 수 없도록 하는 경우, ⑦ 발주기관과 계약상대자 사이에서 분쟁이 발생하면 일체 이의제기나 소제기를 할 수 없도록 하는 경우,[5] ⑧ 관련법령에서 정한 범위를 벗어나 경쟁입찰 참가자격을 제한하는 경우, ⑨ 입찰참가자격제한처분을 받은 후 법원으로부터 집행정지 결정을 받은 자에게 계약상 불이익을

1) 김성근, 앞의 책(Ⅰ), 61쪽.
2) 대법원 2017. 12. 21. 선고 2012다74076 전원합의체 판결. 다만, 계약체결 이후에 발생할 수밖에 없는 예측하지 못한 사정에도 같은 기준을 적용하는 것은 바람직하지 못하다는 비판도 있다(김대인, 규범과 현실의 조화 -합리성과 실효성- 중 공공조달계약에서 부당특약 관련판례에 대한 고찰, 한국행정판례연구회, 박영사, 2020, 16쪽).
3) 김성근, 앞의 책(Ⅰ), 61쪽. 다만, 이 견해도 시행령에 주요내용을 규정하고 시행규칙이나 예규에 보완하는 규정을 두었다면, 해당 이익도 포함한다고 한다.
4) 그러나 대법원 2017. 12. 21. 선고 2012다74076 전원합의체 판결과 같이 계약금액 조정규정을 임의규정으로 보아야 하는 만큼, 이러한 약정을 일률적으로 무효라 할 수 없고, 부당한 특약 등에 해당할 때만 무효라 하겠다.
5) 정태학·오정한·장현철·유병수, 국가계약법, 박영사, 2020, 18쪽.

가하도록 규정한 경우,[1] ⑩ 물가변동에 따른 계약금액조정을 배제하는 특약을 정한 경우,[2] ⑪ 확정계약을 체결하면서 원가계산에서 단가, 물량 등을 잘못 계상하여 계약금액을 과다 계상한 사실이 사후 감사 등에 따라 확인되면 계약상대자에게 같은 차액을 환수한다는 특약을 정한 경우,[3] ⑫ 국가계약법 시행령을 위반하여 계약을 이행하는 데 필요한 경비 등을 예정가격 작성에 계상하지 않고 계약상대자로 하여금 부담하게 하는 특약을 정한 경우,[4] ⑬ 공사계약에서 대가지급 지연이자를 지급하지 않도록 특약을 정한 경우,[5] ⑭ 계약특수조건에 외산자재와 관련해 환율상승에 따른 계약금액 조정을 배제하는 특약을 정한 경우[6] 등이 있다.

대법원은 '계약체결 후 예정가격이나 계약금액 결정에 하자나 착오가 있다고 발견되거나 그 밖에 계약금액을 감액해야 할 사유가 발생하였을 때는 계약금액을 감액하거나 환수조치할 수 있다.'고 정한 계약특수조건과 관련하여, 계약상대자가 예정가격이나 계약금액을 높이기 위해 부정한 방법 등을 사용하거나 그 결과 계약담당공무원이 착오하여 예정가격이나 계약금액을 부당하게 높게 책정할 때를 대비하여 정상가격과 차액을 감액하거나 환수할 수 있다는 취지이므로, 위 규정에 따라 계약금액을 감액하거나 환수하려면, 계약담당공무원이 단순히 구매물품을 조달품목이 아니라고 잘못 파악하였다는 사실만으로는 부족하고, 그러한 착오를 일으킨 데에 계약상대자에게 책임 있는 사유가 있다거나 그 착오로 말미암아 계약금액이나 예정가격이 부당하게 높게 책정되었다고 볼만한 사정이 있어야 한다고 본다.[7] 또한, 차액보증금을 예금하여 생기는 이자를 지방자치단체에 귀속하기로 하는 약정은 구 예산회계법과 그 시행령, 정부보관금취급규칙에서 규정하는 계약상대자의 계약상 이익을 부당하게 제한하는 특약으로서 효력이 없다고 하였다.[8]

그러나 공사대금과 선부담금을 원칙적으로 현금으로 지급하되, 체비지 매각이 안 되면 대물로 지급할 수 있도록 한 공사계약특수조건과 관련하여, 발주기관이 입찰공고를 하면서 그 조건을 반영하였고, 계약상대자도 그 조건을 숙지한 채로 입찰에 참가하여 낙찰받았으며, 이를 다시 공사계약내용에 명시하였으므로, 부당특약금지 원칙 등에 반하지 않는다고

1) 가령, 입찰참가자격제한처분 예정자라는 이유만으로 계약 체결을 제한하거나 이러한 내용을 특약으로 정했다면 부당특약금지 원칙 위반이라고 보아야 한다.
2) 회제 45101-475, 1993. 5. 31. 그러나 대법원 2017. 12. 21. 선고 2012다74076 전원합의체 판결은 그러한 특약도 유효하고, 부당특약금지원칙 위반이 아니라고 보았다. 아래에서 자세히 살펴본다.
3) 회제 125-1663, 1991. 7. 5.
4) 회제 41301-336, 2003. 3. 26.
5) 회제 45101-1886, 1995. 10. 9.
6) 회계제도과-137, 2008. 6. 16. 이 역시 대법원 2017. 12. 21. 선고 2012다74076 전원합의체 판결에 따르면, 부당특약금지원칙 위반이 아닐 수 있다.
7) 대법원 1992. 4. 28. 선고 91다46885 판결.
8) 대법원 1998. 4. 28. 선고 97다51223 판결.

하는가 하면,[1] 용역계약 특수조건 제32조 제7항에서 최종 납기 지연에 따른 지체상금을 연도별 계약금액이 아닌 총계약금액을 기준으로 산정하도록 규정한 경우, 해당 계약은 성질상 분할할 수 없는 용역계약으로서 구 국가계약법 시행령 제74조 제2항에서 지체상금을 산정할 때 계약금액에서 기성부분이나 기납부분을 공제하도록 정한 경우에 해당하지 않기 때문에, 연도별 계약금액이 아닌 총계약금액을 기준으로 지체상금을 산정하기로 합의했다 하더라도, 그 합의를 부당특약금지 원칙을 위반한 무효라 할 수 없다고 하였다.[2]

한편, 최근에는 물가변동에 따른 계약금액 조정 조항을 배제한 이른바 '계약금액 고정 특약'이 유효한지와 관련하여, 국가계약법령상 물가변동으로 인한 계약금액 조정 규정 취지에 배치되지 않는 범위에서 개별 계약의 구체적 특성, 계약이행에 필요한 물품 가격 추이, 수급 상황, 환율변동의 위험성, 정책적 필요성, 경제적 변동에 따른 위험의 합리적 분배 등을 고려하여 계약상대자와 물가변동에 따른 계약금액 조정 조항의 적용을 배제하는 합의를 할 수 있고, 국가 등이 계약상대자와 합의에 기초하여 계약당사자 사이에만 효력이 있는 특수조건 등을 부가하더라도 사적자치와 계약자유의 원칙상 그러한 계약 내용이나 조치의 효력을 함부로 부인할 수 없다고 하여, 물가변동에 따른 계약금액 조정을 배제하는 특약이 당연히 부당한 특약에 해당하는 것은 아니라고 판결했다.[3]

〔부당한 특약등의 판단기준〕

국가계약법 시행령 제4조에 위배되어 효력이 없다고 하기 위해서는 그 특약이 계약상대자에게 다소 불이익하다는 점만으로는 부족하고, 국가 등이 계약상대자의 정당한 이익과 합리적인 기대에 반하여 형평에 어긋나는 특약을 정함으로써 계약상대자에게 부당하게 불이익을 주었다는 점이 인정되어야 한다. 그리고 계약상대자의 계약상 이익을 부당하게 제한하는 특약인지는 그 특약에 의하여 계약상대자에게 생길 수 있는 불이익의 내용과 정도, 불이익 발생의 가능성, 전체 계약에 미치는 영향, 당사자들 사이의 계약체결과정, 관계 법령의 규정 등 모든 사정을 종합하여 판단하여야 한다(대법원 2017. 12. 21. 선고 2012다74076 전원합의체 판결).

〔추가 지체상금 부과특약의 효력〕

구 국가를 당사자로 하는 계약에 관한 법률 시행령(2009. 5. 6. 대통령령 제21480호로 일부 개정되기 전의 것, 이하 '국가계약법 시행령'이라 한다) 제4조는 "각 중앙관서의 장 또는 그 위임·위탁을 받은 공무원(이하 "계약담당공무원"이라 한다)은 계약을 체결함에 있어서 법, 이 영 및 관계 법령에

1) 대법원 2003. 9. 26. 선고 2002다46805 판결.
2) 대법원 2011. 2. 10. 선고 2009다81906 판결.
3) 대법원 2017. 12. 21. 선고 2012다74076 전원합의체 판결.

규정된 계약상대자의 계약상 이익을 부당하게 제한하는 특약 또는 조건을 정하여서는 아니 된다."고 규정하고 있고, 물품구매계약 일반조건 제3조 제2항은 "계약담당공무원은 「국가를 당사자로 하는 계약에 관한 법령」, 물품관련 법령 및 이 조건에 정한 계약일반사항 외에 당해 계약의 적정한 이행을 위하여 필요한 경우 물품구매계약 특수조건을 정하여 계약을 체결할 수 있다."고, 제3항은 "제2항에 따라 물품구매계약 특수조건에 「국가를 당사자로 하는 계약에 관한 법령」, 물품관련 법령 및 이 조건에 의한 계약상대자의 계약상 이익을 제한하는 내용이 있는 경우 특수조건의 동 내용은 효력이 인정되지 아니한다."고 각 규정하고 있는바, 앞서 본 법리에 비추어 보면 물품구매계약 일반조건 제3조 제3항은 국가계약법 시행령 제4조를 배제하거나 그에 모순되게 규정된 것이 아니라 국가계약법 시행령 제4조를 구체화한 내용으로 보일 뿐이므로 이를 해석함에 있어서도 국가계약법 시행령 제4조의 입법 취지에 맞게 '계약상대자의 계약상 이익을 부당하게 제한하는 경우'에 한하여 물품구매계약 특수조건의 효력이 인정되지 않는다고 보아야 할 것이다. 따라서 원심으로서는 이 사건 특수조건 제7조 제3항이 부당하게 계약상대방의 계약상의 이익을 제한하는 것인지 여부에 대하여 심리·판단한 후 그 결과에 따라 피고의 주장을 배척할 것인지 여부를 판단하였어야 하는데도, 이에 대한 심리를 전혀 하지 아니한 채 특수조건 제7조 제3항이 무조건 일반조건 제3조 제3항에 위배되어 무효라고 판단한 것은 일반조건 제3조 제3항의 해석에 관한 법리를 오해한 위법이 있고, 이는 판결 결과에 영향을 미쳤음이 분명하다. 그리고 지체상금의 약정은 하나의 계약에 대하여도 여러 번 행하여질 수도 있으므로 지체상금이 부당하게 과다한 것인지 여부는 각 약정된 지체상금률에 의하여 계산된 총 지체상금을 기준으로 판단하여야 함을 지적해 둔다(대법원 2012. 12. 27. 선고 2012다15695 판결).

〔연도별 계약금액이 아닌 총계약금액을 기준으로 지체상금을 산정하도록 정한 특약의 효력〕

원심은, 그 판시와 같은 사실을 인정한 다음 그 판시와 같은 여러 사정들을 종합하면, 이 사건 계약의 '용역계약 특수조건' 제32조 제7항에서 최종 납기 지연으로 인한 지체상금에 관하여 연도별 계약금액이 아닌 총계약금액을 기준으로 산정하도록 규정한 것은, 원고와 피고가 이 사건 계약 내용의 불가분성을 전제로 하여 지체상금에 관하여 연도별 계약금액이 아닌 총계약금액을 기준으로 산정하기로 특별히 합의한 결과라고 봄이 상당하고, 따라서 이 사건 계약은 성질상 분할할 수 없는 용역계약으로서 구 국가를 당사자로 하는 계약에 관한 법률 시행령(2006. 5. 25. 대통령령 제19483호로 개정되기 전의 것) 제74조 제2항에서 지체상금 산정시 계약금액에서 기성부분 또는 기납부분을 공제하도록 정한 경우에 해당하지 않으므로, 원고와 피고가 이 사건 계약에서 연도별 계약금액이 아닌 총 계약금액을 기준으로 지체상금을 산정하기로 합의하였다고 하더라도, 그 합의가 국가를 당사자로 하는 계약에 관한 법률 시행령 등에서 보장한 원고의 계약상 이익을 부당하게 제한하는 특약에 해당하는 것으로 국가를 당사자로 하는 계약에 관한 법률 시행령 제4조에 위배되어 무효라고 할 수 없다고 판단하였다. 관계 법리와 기록에 비추어 살펴보면, 원심의 위와 같은 조치는 수긍할 수 있고,

거기에 상고이유 주장과 같은 장기계속계약에서 지체상금의 적용기준이 되는 금액 및 그 기준금액 산정시 기성·기납 부분 공제 등에 관한 법리오해나 판결 결과에 영향을 미친 판단유탈 등의 위법이 없다(대법원 2011. 2. 10. 선고 2009다81906 판결).

5. 효력

2019. 11. 26. 개정 전 국가계약법은 부당특약금지원칙을 법률이 아닌 시행령 제4조에 규정하고, 그 위반의 효과도 별도로 규정하지 않았으므로, 부당특약금지 원칙의 법적 성질과 그 위반효과와 관련한 논란이 있었다.[1] 그러나 개정 국가계약법 제5조 제3항은 부당특약금지 원칙 조항을 신설하였고, 같은 제5조 제4항에 "부당한 특약 등은 무효로 한다."규정하여, 부당특약금지 원칙 위반효과를 입법으로 해결했다. 따라서 과거 논란은 더 이상 의미가 없으며, 현행 국가계약법상 부당특약금지 조항은 강행규정으로, 이를 위반한 특약이나 조건은 무효이다.

다만, 공공계약 당사자간 약정이 부당한 특약 등으로서 무효라고 하려면, 그 특약이 계약상대자에게 다소 불이익하다는 점만으로는 부족하고, 국가 등이 계약상대자의 정당한 이익과 합리적인 기대를 저버리고 형평에 어긋나는 특약을 설정한 결과 계약상대자에게 부당하게 불이익을 주었다는 점까지 인정되어야 한다.[2]

Ⅵ. 청렴원칙

공공계약은 혈세로 운영되는 제도인 만큼 투명성과 공정성이 생명이다. 가령 계약담당 공무원이 금품 등을 수수하고 계약을 체결해 준다든지, 입찰에 참가하는 사람끼리 서로 협의하여 입찰가격을 써내는 등 불공정한 행위를 하면, 공공계약의 투명성과 공정성은 결코 담보될 수 없다. 이에 국가계약법은 청렴계약 제도를, 지방계약법은 청렴서약제를 각 도입하였다(국가계약법 제5조의2. 지방계약법 제6조의2 참조). 가령, 국가는 본 계약을 체결하기 전에 입찰자나 계약상대자와 반드시 청렴계약을 체결해야 하고, 지방자치단체는 본 계약을 체결하기 전에 입찰참가자나 계약상대자로부터 청렴서약서를 제출받아야 한다. 결국 청렴이란 공공계약 당사자 모두가 준수해야 할 주요원칙이다.

---

1) 예를 들어, 김성근, 앞의 책(Ⅰ), 65쪽 이하, 정태학 외 3명, 앞의 책, 제18쪽 이하 참조.

2) 대법원 2012. 12. 27. 선고 2012다15695 판결, 대법원 2015. 10. 15. 선고 2015다206270, 206287 판결, 대법원 2017. 12. 21. 선고 2012다74076 전원합의체 판결.

Ⅶ. 경쟁원칙

공공계약은 원칙적으로 일반경쟁입찰 방법으로 체결해야 한다(국가계약법 제7조 제1항 본문). 다만, 계약의 목적, 성질, 규모, 지역특수성 등을 고려하여 필요한 때에만 참가자격을 제한하거나 참가자를 지명하여 입찰에 부치거나 수의계약을 할 수 있다(국가계약법 제7조 제1항 단서). 이처럼 공공계약 제도는 원칙적으로 경쟁원칙을 채택하였는데, 이는 효율적이고 투명한 계약 체계를 확립하기 위해서이다.

Ⅷ. 공정원칙

공공계약은 공정성을 담보할 수 있어야 한다. 비록 국가 등이 공권력을 행사하지는 않지만, 법령에 근거하여 불특정 국민을 상대로 계약사무를 처리하는 일이기 때문에 계약담당공무원은 자의성을 배제하고 공정하게 업무를 집행해야 한다. 따라서 이미 살펴본 차별금지원칙, 부당특약금지 원칙, 청렴원칙 등 역시 종국적으로는 공공계약의 공정성을 확보하려는 원칙에도 해당한다.[1] 이런 공정원칙은 얼핏 보면 국가 등이 주로 준수해야 할 원칙 같지만, 입찰참가자도 경쟁의 공정한 집행을 해할 염려가 있는 행위를 하면 입찰참가자격제한을 받는 만큼 공공입찰이나 계약에 관여하는 모든 주체가 준수해야 할 원칙이라 하겠다.

---

1) 계승균, 앞의 책, 57쪽.

제2편 / **공공계약법**

제 1 장 총론
제 2 장 계약방법결정
제 3 장 추정가격과 예정가격
제 4 장 청렴계약
제 5 장 입찰절차
제 6 장 낙찰자 결정
제 7 장 계약체결과 성립
제 8 장 보증금제도와 보증제도
제 9 장 계약이행
제10장 공동계약
제11장 계약금액조정제도
제12장 계약상 장애
제13장 계약 관련 행정

제1장 / 총론

제 1 절 공공계약의 의의

Ⅰ. 의미

1. 정의

공공계약이란 국가기관, 지방자치단체, 공공기관, 지방공기업, 지방자치단체출자·출연기관 등 넓은 의미에서 발주기관[1]이 사경제 주체로서 계약당사자가 되어, 행정 목적을 위해 국민 등 상대방과 체결하는 계약을 말한다. 위와 같은 형태라면 예산지출이 수반되는 계약이든(국고에 부담이 되는 계약), 수입이 발생하는 계약이든(세입의 원인이 되는 계약) 모두 공공계약에 포함된다(국가계약법 제2조 참조).

다만, 여기서 '공공'계약이라는 용어가 적절한지 견해가 대립한다. 실무에서는 국가를 당사자로 하는 계약을 국가계약, 지방자치단체를 당사자로 하는 계약을 지방계약, 공공기관을 당사자로 하는 계약을 공공기관계약이라 부르고, 그 성질을 대체로 사법상 계약으로 이해하며, 계약 범위 역시 개별 법령에서 명확히 정하고 있으므로, 발주기관이 사경제 주체로서 체결하는 계약을 어떻게 부를지는 학술적 의미에 그친다. 그러므로 실정법을 떠난 이런 논의가 어떤 의미를 갖는지 의문이지만, 공공계약의 개념을 이해하는 차원에서 간략히 소개하기로 한다.

2. 용어

가. 학설

발주기관이 사경제 주체로서 그 상대방과 체결하는 계약을 어떻게 명칭할지와 관련해, 정부계약설,[2] 공공계약설,[3] 정부조달계약설,[4] 행정조달계약설,[5] 행정계약설[6] 등이 있다.

1) 이 편에서는 공공계약 주체인 국가 등과 그 피용자인 계약담당공무원을 통칭하여 발주기관이라 표현한다.
2) 이상도, 정부계약의 의의, 특색 및 종류, 군사법논집 제1집, 육군본부, 1994, 2002쪽.
3) 이영동, 공공계약을 둘러싼 몇 가지 문제, 사법논집 제44집 87-206, 법원도서관, 2007, 97쪽.
4) 정원, 공공조달계약법, 법률문화원, 2016, 61쪽.
5) 박정훈, 행정조달계약의 법적 성격, 국방조달계약연구논집, 국방조달본부, 2005, 4쪽.
6) 김동희, 행정법 Ⅰ (제19판), 박영사, 2013, 222쪽.

먼저, 정부계약설은 발주기관의 반대쪽 당사자, 즉 계약상대자가 반드시 사인일 때만 정부계약으로 부르자는 견해와 계약상대자가 반드시 사인일 필요는 없지만 발주기관을 통칭하는 의미로서 '정부'를 계약 앞에 붙여 정부계약으로 불러야 한다는 견해로 다시 구분한다.[1] 그러나 국가기관은 사인뿐만 아니라 다른 국가기관이나 지방지치단체와도 사법상 계약을 체결할 수 있으므로(국가계약법 시행령 제26조 제1항 제5호 바목 참조), 발주기관이 사인과 체결하는 계약만을 한정하여 정부계약이라 칭하는 견해는 받아들이기 어렵다. 또한, 정부계약에서 정부는 우리 언어 관용상 중앙정부나 지방정부만을 의미할 뿐, 그 밖에 공공기관이나 지방공기업, 지방자치단체출자·출연기관 등까지 두루 포괄하지 못한다는 한계가 있다. 따라서 정부계약, 정부조달계약[2]이라는 용어 역시 온전하지 못하다.

다음으로, 행정조달계약이나 행정계약은 국가계약 등의 법적 성질을 공법상 계약으로도 파악하는 관점에서 쓰는 용어로, 국가계약 등을 순수한 사법상 계약으로 파악하는 관점에서는 받아들이기 곤란하다.

나. 판례

대법원은 국가나 공공기관이 한쪽 당사자인 계약을 "공공계약"이라고 표현한다.[3]

다. 검토

국가나 지방자치단체를 제외한 공공기관이나 지방공기업, 지방자치단체출자·출연기관도 국가기관이나 지방자치단체 자체는 아닐지라도 국가나 사회에 관계되는 법인격에 해당하기 때문에 넓은 의미에서 공공(公共)기관이라 볼 수 있다. 따라서 국가계약, 지방계약, 공공기관계약 등을 통칭하는 의미로서, 공공계약이라는 용어가 가장 적절하다고 본다. 특히 공공이란 국가나 사회의 구성원에게 두루 관계되는 것을 뜻하기 때문에, 공공계약이라는 말은 국가 등 공법인에 해당하는 발주기관이 체결하는 공익성을 지닌 계약이라는 뜻을 담아내기에 충분하다.

3. 법적 성질

가. 문제점

우리나라는 공법과 사법을 엄격히 구별하는 공·사법 이원(구별)체계이다. 공법과 사법은 구체적인 법률관계에 적용하는 법규정이나 원리가 서로 다르고, 권리구제수단이나 재판

---

1) 김성근, 앞의 책(Ⅰ), 9쪽.

2) 국가계약법 제2조는 국제입찰에 따른 정부조달계약이라고 하여, 중앙정부가 체결하는 계약을 지칭하는 용어로서 '정부'조달계약을 사용한다. 아울러 지방계약법 제5조 제1항도 참조.

3) 대법원 2020. 5. 14. 선고 2018다298409 판결.

관할도 다르기 때문에 구별할 실익이 있다.

이에 공공계약은 계약당사자 가운데 적어도 한쪽이 국가 등 발주기관이고, 계약을 체결하는 목적도 사익(私益)이 아닌 공익(公益) 추구이므로 공법상 계약으로 파악해야 한다는 견해가 있는 한편, 계약체결과 이행절차, 법적 효과에 주목하여 단순한 사법상 계약으로 파악해야 한다는 견해도 있다.

만약 공공계약을 공법상 계약으로 보면 그 법률관계에는 공법규정과 공법원리를 적용하고, 관련 분쟁은 행정소송으로 해결한다. 그러나 사법상 계약으로 보면 그 법률관계에는 민사법규정과 민사원리를 적용하고, 관련 분쟁은 민사소송으로 해결한다.

나. 학설

1) 사법상 계약설

일단 실정법에 국가계약 등을 '사법상 계약'으로 전제한 조항이 있고(국가계약법 제5조 제1항, 지방계약법 제6조 제1항, 공기업·준정부기관 계약사무규칙 제5조 제1항 참조), 발주기관이 계약상대자와 공공계약을 체결하면서 의도하는 바는 사법상 권리·의무의 변동일 뿐, 공법상 법률관계의 변동이 아니라는 견해이다. 우리나라 통설이다.[1]

2) 공법상 계약설

공공계약 관계는 발주기관에게 특별한 권한과 의무를 부과하는 특별법령, 예를 들면 국가계약법, 국가재정법, 지방계약법, 지방재정법, 조달사업법, 방위사업법 등에 따라 별도로 규율되고, 가령 공물의 조달은 공적 역무를 집행하는 일과 직·간접으로 관계있을 뿐만 아니라, 공공계약 자체가 공익을 직·간접으로 실현하기 위한 수단[2]이자 중요한 정책수단이므로, 공공계약은 공법적 성격을 강하게 띤다고 한다. 특히 이 견해는 공공계약을 위한 재원이 대부분 세금으로 충당된다는 근거도 제시한다. 또한, 아무리 발주기관을 공권력 행사주체가 아닌 사경제 주체로 보더라도, 공권력이 계약과정에 아무 영향을 미치지 않으리라는 보장도 없다고 주장한다.[3] 따라서 국가계약법 제5조 제1항이 "서로 대등한 입장에서 당사자의 합의에 따라 계약을 체결하여야 한다."고 규정한 것은 현실이 그렇지 않기 때문에 규

---

1) 김성근, 앞의 책(Ⅰ), 23쪽, 계승균, 앞의 책, 49쪽, 정태학 외 3명, 앞의 책, 14쪽.

2) 박정훈, 앞의 행정조달계약의 법적 성격, 32쪽은 행정조달계약이 공익실현을 목적으로 한다는 점에 이론의 여지가 없기 때문에 그 공법적 성격을 긍정하는데 아무런 어려움이 없다고 한다. 특히 박정훈, 행정조달계약의 법적 성격, 민사판례연구 제25권, 박영사, 2003, 618쪽은 "…실질적인 관점에서 보면 행정조달계약에 있어 국가는 결코 사인과 동일한 입장일 수 없다. 그럼에도 국가가 사인과 동일한 지위에 선다고 하는 것은 계약자유 등 사적 자치를 빙자하여 법치주의를 회피하고 전횡을 정당화하고자 하는 허구적 논리에 지나지 않는다고 해도 과언이 아니다."라고 지적한다.

3) 전현철, 정부조달계약에 있어서 행정적 분쟁해결절차의 활성화를 위한 연구, 한양대학교 법학논총, 제32권 제4호, 2015, 102쪽도 비슷한 취지이다.

범적으로 그래야 한다는 당위를 반영한 취지일 뿐이라고 이해한다. 이에 사법상 계약설처럼 발주기관이 사인과 같은 지위에 있다고 보는 관점은 사적 자치를 빙자하여 법치주의를 회피하고 행정관료의 전횡을 정당화하려는 허구적 논리에 지나지 않는다고 한다.[1] 결국 공공계약은 사법상 계약과 다르다는 견해이다.[2]

참고로, 최근 대법원 2017. 12. 21. 선고 2012다74076 전원합의체 판결에서 반대의견은 "공공계약 자체는 사법 영역에 속하고, 그 성립, 이행과 소멸에는 원칙적으로 사법 규정이 적용된다."면서도, "공공계약이 사인간 계약과 실질적으로 같다거나 공공계약에서 국가 등이 사인과 같은 지위에 있다고 할 수는 없다."는 논리를 개진하여 주목받았다.

3) 개별설

발주기관이 체결하는 계약을 사법상 계약과 공법상 계약 중 어느 하나라고 단정하기 어렵고, 해당 계약에 포함된 요소가 공익적인지 사익적인지로 판단해야 한다는 견해,[3] 공공시설을 위한 시설공사계약과 같이 공익적 성격이 강한 계약에는 공법원리를 적용해야 한다는 견해, 국가계약법 규정에는 사법적 규정과 공법적 규정도 있으므로, 공공계약은 순수하게 사법상 계약이라기보다는 사법상 계약과 공법상 계약의 성질을 모두 가지는데, 계약체결 이전에는 공법적 성격이 강하지만, 계약체결 이후에는 사법성 성격이 강하다는 견해[4]도 있다. 이는 모두 공공계약의 법적 성질을 개별적으로 고찰해야 한다는 취지이다.

다. 판례

대법원은 "이른바 공공계약은 사경제 주체로서 상대방과 대등한 위치에서 체결하는 사법상 계약으로서 본질적인 내용은 사인 간의 계약과 다를 바가 없으므로, 그에 관한 법령에 특별한 정함이 있는 경우를 제외하고는 사적 자치와 계약자유의 원칙 등 사법의 원리가 그대로 적용된다."며 원칙적으로 사법상 계약설을 따른다.[5] 다만, 과학기술기본법, 항공우주산업개발 촉진법 같은 개별 법령이 국가계약법과 함께 적용되는 협약은 공법상 계약으로 파악하기도 한다.[6] 그러면서도 비슷한 성격을 가진 기술개발협약에서 특허권 귀속의무 불이행

---

1) 박정훈, 앞의 책, 618쪽.
2) 김대인, 앞의 논문, 550쪽 이하는 국가계약법에도 행정처분인 부정당업자제재 근거가 있고, 그 밖에 투명성과 재정효율성을 보호하기 위한 입·낙찰제도를 두고 있어 공익성이 매우 높기 때문에, 공공계약을 공법상 계약으로 파악해야 한다고 한다.
3) 한견우, 입찰참가자격제한 및 부정당업체 통보의 적법타당성, 연세법학 제6집 제1권, 연세대학교, 1999, 91쪽.
4) 이영동, 앞의 논문, 201쪽.
5) 대법원 2017. 12. 21. 선고 2012다74076 전원합의체 판결, 대법원 2020. 5. 14. 선고 2018다298409 판결 등 참조. 그 밖에 지방계약의 법적 성질을 사법상 계약으로 판단한 대법원 2018. 2. 13. 선고 2014두11328 판결, 구 정부투자기관 관리기본법 적용대상인 정부투자기관이 체결하는 계약을 사법상 계약으로 판단한 대법원 2014. 12. 24. 선고 2010다83182 판결도 참조.
6) 대법원 2017. 11. 9. 선고 2015다215526 판결.

에 따른 손해배상청구는 공법상 당사자소송이 아니라 민사소송으로 해결해야 한다고 본다.[1)]

이러한 대법원 판례를 두고, 국가계약법, 지방계약법 등만 적용되는 공공계약은 사법상 계약, 국가계약법 등과 과학기술기본법 등 다른 법령이 함께 적용되는 계약은 공법상 계약으로 나누어 파악하는 태도(이원론)로 보는 시각도 있다.[2)]

라. 검토

공공계약 실무는 대법원 판례가 견지하는 사법상 계약설을 따른다.

우선, 공법상 계약설은 공공계약이 공적 역무를 집행하는 일과 직·간접으로 관련 있다거나 공익을 실현하기 위한 수단이나 중요한 정책수단이라는 근거를 제시하지만, 이는 공공계약으로 직접 발생하는 '법률상' 효과가 아니라 공공계약의 동기에 불과하거나 공공계약에 따라 간접적·부수적으로 발생하는 '사실상' 효과에 불과하다. 따라서 법적 성질에 직접 영향을 미치지 못하는 요소이다. 오히려 발주기관은 계약상대자와 물건·용역 등을 거래하고 그 이행을 최종 확보·실현하는 경제활동을 목적으로 공공계약을 체결한다.

한편, 일부 견해는 법치주의가 일반적으로 관철되는 오늘날에는 국고이론을 따라야 할 이유가 없다고도 주장하지만, 과연 오늘날 법치주의가 모든 공행정 영역에서 완전히 관철된다는 전제가 맞는지부터 생각해 볼 문제고, 공법학계 통설도 국고이론을 받아들인다는 점 역시 함께 고려해야 한다. 특히 실정법(국가계약법 제5조 제1항, 지방계약법 제6조 제1항, 공기업·준정부기관 계약사무규칙 제5조 제1항 참조)과 대법원 판례가 공공계약을 사법상 계약으로 확고히 지지하는 점도 고려할 필요가 있다.

또한, 개별설은 어떤 공공계약이 공법상 계약인지, 사법상 계약인지를 명확히 구별할 기준을 제시하지 못한다는 단점이 있다. 특히 시설공사계약 등 공익적 성격이 강한 계약은 공법상 계약이라거나 계약체결 전 관계는 공법관계, 계약체결 후 관계는 사법관계로 파악해야 한다는 견해에 대해서는 공익적 성격이 강한 계약이 무엇인지가 분명하지 않고, 계약체결 전에도 사법관계가 있고 계약체결 후에도 공법관계가 있다는 비판을 제기할 수 있다.

결국 공공계약의 법적 성질을 이해하기 위해서는 해당 계약에 따라 발생하는 법률상 효과에 주목할 필요가 있다. 만약 공공계약이 공법상 계약으로서 성질을 갖는다면, 그에 따라 공법상 법률관계의 변동이 발생해야 한다. 다시 말하면, 발주기관에게만 권리·의무·권한

---

1) 대법원 2019. 4. 10.자 2017마6337 결정. 다만, 이 판례는 해당 사안에서 행정소송의 관할집중 필요성보다 특허권 등 지식재산권 소송의 관할집중 필요성이 더 크다고 보았을 뿐, 공법상 계약이 아니라고 판단하지 않았다는 견해도 있다. 즉, 하나의 계약에 공법적 요소와 사법적 요소가 혼재한 상황에서 계약의 법적 성격이 공법상 계약인지 사법상 계약인지 판단하지 않은 채, 해당 청구가 협약에 포함된 공법적 법률관계에 영향을 받지 않는다는 사정을 근거로 민사소송 대상으로 보았다고 평가한다(허이훈, 행정계약 관련 분쟁의 소송형식-공법상 당사자소송과 민사소송의 구별을 중심으로-, 강원법학 제59호, 2020, 381쪽).

2) 김대인, 앞의 논문, 550쪽.

을 준다든지, 발주기관이 우월한 지위에서 개인에게 공의무를 강제·명령한다든지, 발주기관 행위에 공정력이나 구속력 등이 발생한다든지 하는 공법상 법률효과가 발생한다면 공법상 계약으로 볼 수 있다. 그러나 대부분의 공공계약은 재화의 이전 등과 관련한 권리·의무 변동이 발생할 뿐이다. 따라서 공공계약은 원칙적으로 사법상 계약으로 이해해야 한다. 다만, 대법원 판례는 공공계약에서 나타나는 일부 관계에 공법규정이나 원리를 적용하기도 하는데,[1] 이러한 태도는 개별적·구체적 타당성을 고려하거나 발주기관보다 사실상 열위(劣位)에 있는 국민의 권리구제 범위를 넓히려는 취지라고 생각된다.

4. 구별개념

가. 공법상 계약

공법상 계약이란 여러 당사자 사이에 대립하는 의사표시가 합치하여 공법상 효과를 발생·변경·소멸하게 하는 공법행위를 말한다. 즉, 행정청은 행정목적을 달성하기 위해 필요하다면 법령 등을 위반하지 않는 범위에서 공법상 계약을 체결할 수 있다(행정기본법 제27조 제1항 본문). 공법상 계약은 사익을 도모하는 사법상 계약과 구별하기 위해 독일 등 일부 유럽 국가에서 고안한 개념이지만, 프랑스의 행정계약, 영미의 정부계약과 구별된다.[2]

나. 확약

확약이란 행정기관이 스스로를 구속할 목적으로 국민에게 '장래에 일정한 행정행위를 하거나 하지 않겠다.'고 표시한 의사를 말한다. 가령, 각종 인·허가 발급약속, 공무원 임용내정, 개발사업 약속 등이 확약이다.[3] 확약은 행정청이 '단독으로', 그리고 '자기 스스로 구속할 의도로' 하는 행위이므로, 두 당사자가 표시한 의사가 일치해야 비로소 성립하는 공공계약과 구별해야 한다.

다. 행정계약

행정계약은, 행정목적을 수행하기 위해 두 행정주체가 서로 체결하거나 한 행정주체와 일반 국민이 체결하는 계약을 말한다. 일부 학설은 행정계약이 공법상 효과 발생을 의도하는 공법상 계약과 사법상 효과 발생을 의도하는 사법상 계약을 모두 포함하는 개념이라고 한다.[4] 그러나 공법상 계약과 사법상 계약을 모두 포함하는 개념으로서 행정계약을 인정할

1) 판례는 확고하게 국가나 지방자치단체, 공기업·준정부기관이 하는 입찰참가자격제한처분을 사법상 조치가 아닌 행정처분으로 본다.
2) 계승균, 앞의 책, 11쪽.
3) 김동희, 앞의 책, 230쪽.
4) 김동희, 앞의 책, 222쪽.

실익은 크지 않다. 핵심은 행정주체가 체결한 계약이 공법상 계약으로서 성질을 가지는지, 아니면 사법상 계약으로서 성질을 가지는지이므로, 두 개념을 어떻게 구별할지가 더 중요한 문제다.

라. 국유재산 등의 관리·처분

국유재산이란 넓은 의미로는 국가가 공공목적을 수행하기 위해 사용하거나 보유하는 일체 재산을 말하고, 좁은 의미로는 위 재산 가운데 국유재산법 적용을 받는 재산을 말한다. 국유재산과 유사한 개념으로 공유재산이 있는데, 공유재산은 국가가 아닌 지방자치단체 소유 재산을 말하고, 공유재산 및 물품관리법의 규율을 받는 것을 제외하면 국유재산에 적용되는 법리가 대부분 그대로 적용된다. 따라서 아래에서는 국유재산과 공유재산을 통칭하여 국유재산 등이라고 표현한다.

위와 같은 국유재산 등은 다시 국가 등의 행정목적에 직접 공여하기 때문에 사권의 설정이 허용되지 않는 행정재산과 대부·처분이 가능한 일반재산으로 나누는데, 사권 설정은 일반재산에만 할 수 있다. 따라서 국가는 일반재산을 관리·취득하기 위한 수단으로 대부나 매매계약과 같은 공공계약을 선택할 수 있다. 그러나 행정재산은 처분이 금지되므로(국유재산법 제27조 제1항), 국가는 용도폐지 없이 행정재산을 처분할 수 없고, '계약'이라는 사법상 법률행위가 아닌 사용허가 등 행정처분으로써 이를 관리해야 한다.

마. 협약

국가는 계약이 아닌 협약을 체결하여 연구개발사업을 추진할 수 있다.[1] 실정법을 보면, 계약과 협약은 근거 법률이나 법적 성격이 다르다. 가령, 공공계약은 사법적 성질을 갖지만, 협약은 공법적 성질을 갖는다. 대법원은 국가연구개발사업규정 등에 근거해 '협약' 형태로 체결한 경우, 그 법률관계는 공법관계로 보아야 하고, 이는 협약 특수조건에서 협약보증금 반환, 국고귀속, 지체상금 등을 국가계약법 관련 조항을 준용하도록 하고, 분쟁해결 관할 법원을 서울중앙지방법원으로 약정했더라도 마찬가지라고 한다.[2]

공공계약과 협약은 다음과 같이 각기 다른 특성을 가진다.[3]

---

1) 국방과학기술혁신촉진법은 국방연구개발사업을 수행하기 위해 계약과 협약 가운데 하나를 선택할 수 있도록 규정한다(국방과학기술혁신 촉진법 제8조 제1항 참조).

2) 대법원 1997. 5. 30. 선고 95다28960 판결, 대법원 2014. 12. 11. 선고 2012두28704 판결, 대법원 2015. 12. 24. 선고 2015두264 판결, 대법원 2017. 11. 9. 선고 2015다215526 판결.

3) 윤대해, 쟁점별 판례로 이해하는 공공계약, 박영사, 2021, 11쪽.

《 공공계약과 협약의 비교 》

구분	공공계약	협약
의미	계약	협약
근거 법률	국가계약법 등	과학기술기본법 등
법적 성격	사법상 계약	공법상 계약
약정 수정	두 당사자 합의에 따른 수정	정부 등 요청에 따른 수정
약정위반 제재	선금반환, 계약보증금 몰수, 입찰참가자격제한, 지체상금 부과	사업비 환수, 국가연구개발사업참여제한
연구결과 공유	국가 등 소유 원칙	연구주관기관 소유 원칙
권리구제	민사소송	행정소송

〔협약에 따른 법률관계의 성질〕

방위사업청이 한국형 기동헬기를 국내 연구개발로 획득하려는 목표로 산업자원부와 공동 주관 아래 국책사업으로 추진하기로 결정하고, 민간업체와 '한국형 헬기 민군겸용 핵심구성품 개발 협약'을 체결한 사안에서, 원심은 국가연구개발사업규정 등에 근거한 협약 형태로 체결되었지만 실제로는 한국형 헬기의 민·군 겸용 핵심구성품을 연구·개발하여 납품하고, 피고가 원고에게 그 대가를 지급하는 사법상 계약의 성격을 지니고 있을 뿐만 아니라, 그 법률상 분쟁은 민사소송이라고 판단했으나, 대법원은 각 법령의 입법 취지나 규정 내용과 함께 이 사건 협약 제2조에서 정한 대가는 연구경비로 지급하는 출연금을 지칭하는 점, 협약금액 증액을 이유로 하는 협약변경 요구는 정부출연금 증액 요구로서 피고의 승인이 필요한 점, 이 사건 협약은 민·군 겸용 핵심구성품을 개발하여 그 기술권을 국가에 귀속하되, 장차 그 기술사용권을 원고에게 이전하여 민간 헬기의 독자적 생산기반을 확보하려는 데에 취지가 있는 점, 이 사건 사업 참여기업인 원고는 향후 군용 헬기 양산이나 민간 헬기 생산에서 유리한 지위를 확보할 수 있는 점 등을 종합하여 살펴보면, 국가연구개발사업규정에 근거하여 체결된 이 사건 협약의 법률관계는 공법관계라 보아야 하고, 이 사건 협약 특수조건에 협약보증금 반환, 국고귀속 등, 지체상금에 국가계약법 관련 조항을 준용하도록 정하였다거나 관할법원을 서울중앙지방법원으로 정했다 하여 달리 볼 수 없다고 하였다(대법원 2017. 11. 9. 선고 2015다215526 판결).

Ⅱ. 공공계약의 특징

1. 민사계약과의 비교

가. 차이점

공공계약은 일반 민사계약과 비슷하지만, 그와 구별되는 특수성이 몇 가지 있다. 가령, 대부분 민사계약은 불요식행위이지만, 공공계약은 원칙적으로 요식행위이다(국가계약법 제11조 참조). 따라서 공공계약에서는 계약목적 등 법이 정한 사항을 기재한 계약서 작성, 기명·날인 등 법이 정한 요건을 갖추지 못하면 계약이 성립하지 않는다.[1] 그 밖에 차이점을 간단히 살펴보면, 아래 표와 같다.

《 공공계약과 민사계약의 차이 》

	공공계약	민사계약
주요관점	계약목적 달성은 물론 계약과정과 절차가 중요 ☞ 법령 적합성 추구와 아울러 사회적·경제적 정책의 달성	계약과정이나 절차보다 계약목적 달성이 핵심 ☞ 당사자 의사(사익) 중심
접근기회	실질적 불평등과 불균형 해소 장치 마련 ☞ 중소기업과 사회적 약자 배려 등 정책 기반	형식적 평등 추구 실질적 불평등과 불균형 존재 ☞ 개인의 자유를 기반
추구이익	공익 ☞ 쌍방 협력관계	사익 ☞ 쌍방 경쟁관계
통제장치	당사자 외부 통제 가미 ☞ 법령, 외부기관	당사자 내부 통제 위주 ☞ 합의
자금출처	세금, 기금, 공적 자금 등	사유재산
시장변화 대응속도	둔감 ☞ 적법성·공익성 구축	민감 ☞ 경제성·효율성 추구

나. 공통점

위와 같은 차이에도 불구하고 공공계약은 일반 민사계약이 갖는 대부분 특성을 그대로 가진다. 공공계약과 일반 민사계약의 공통점은 아래와 같다.

첫째, 공공계약법이 정한 물품계약, 용역계약, 공사계약은 매매계약(민법 제563조), 위임

1) 대법원 2015. 1. 15. 선고 2013다215133 판결 등 참조. 대법원 2005. 5. 27. 선고 2004다30811 판결은 "… 위 법령상의 요건과 절차를 거치지 않은 계약은 그 효력이 없다."고 하여 계약서 작성 등을 효력요건처럼 판단했으나, 그 취지는 '계약이 성립하지 않는다.'와 같은 의미라고 생각한다. 국가계약법 제11조 제2항, 지방계약법 제14조 제3항 역시 "…계약의 효력이 있다."가 아니라 "…계약이 확정된다."라고 규정한다.

계약(민법 제680조), 도급계약(민법 제664조) 등에 해당하므로, 민법상 전형계약에 해당한다.

둘째, 공공계약은 대부분 쌍무계약이다. 다만, 입찰에 따른 낙찰자 결정은 입찰과 낙찰 행위 이후에 본 계약을 따로 체결한다는 취지로 계약의 편무예약에 해당한다.[1]

셋째, 공공계약은 대부분 유상계약이다. 다만, 공공계약을 무상으로 체결할 수 있는지는 견해 대립이 있다. 항을 바꾸어 자세히 살펴본다.

넷째, 공공계약은 원칙적으로 낙성계약이다. 계약체결 방식에는 일정한 제한이 따르지만, 합의 외에 물건 인도나 그 밖에 급부를 이행해야만 비로소 계약이 성립한다고 보지는 않기 때문이다.

다섯째, 공공계약은 일회적 계약이 원칙이지만, 장기계속계약, 다수공급자계약 등과 같은 계속적 계약도 있다.

2. 공공계약을 무상으로 체결할 수 있는지 : 0원 입찰의 유효성

공공계약은 대부분 유상계약이다. 그러나 공공계약법은 반드시 유상계약으로 체결해야 한다고 규정하지 않기 때문에, 국가가 계약상대자에게 일방적으로 급부를 하든지, 국가와 계약상대자가 서로 대가관계 없는 급부를 부담하는 이른바 무상계약을 체결할 수 있는지 문제된다. 이러한 문제는 특히 「0원 입찰」이 무효인지와 관련이 있다. 여기서 0원 입찰이란 말 그대로 입찰금액을 0원으로 기재하여 제출한 입찰을 뜻한다.

기획재정부는 일찌감치 "국가계약법령에 따른 경쟁입찰에서 0원 입찰은 국가를 당사자로 하는 계약에 관한 법률 시행규칙 제44조와 회계예규 용역입찰유의서 제12조가 정한 입찰무효 사유에 해당하지 않는다."고 하여 0원 입찰의 유효성을 인정했고,[2] 나아가 "0원 입찰에는 입찰보증금 규정을 적용할 수 없으므로, 계약담당공무원은 부정한 입찰을 방지하고 낙찰자의 계약체결을 담보하기 위해 입찰보증금에 상응하는 민법상 손해배상 가능성을 입찰공고에 기재하는 방법으로 계약체결을 위한 담보책임을 강구해야 한다."고 해석한다.[3] 법제처 역시 "국가계약법령이나 민법이 0원 입찰을 무효사유로 보지 않으므로 입찰서에 입찰금액을 0원으로 기재하였다는 이유만으로 입찰을 무효라 볼 수 없다."고 해석한다.[4]

검토해 보면, '0원'이란 법정화폐단위인 '원'을 사용하여 금액 크기를 나타낸 문구로서, 입찰에 참가한 자가 가격입찰서에 입찰금액을 0원으로 기재하여 제출하는 행위는 대가를 받지 않고 급부를 이행하겠다는 의사표시라고 볼 수 있으므로 입찰무효 사유인 입찰서에 입

1) 대법원 2006. 6. 29. 선고 2005다41603 판결.
2) 회계제도과-2185, 2007. 12. 11.
3) 회계제도과-1183, 2009. 7. 16.
4) 법제처, 07-0353, 2007. 11. 28.

찰금액 등 중요한 부분이 불분명하게 적은 경우에 해당하지 않고(국가계약법 시행규칙 제44조 참조), "최저가격으로 입찰한 자 순으로 … 낙찰자로 결정한다."는 국가계약법 시행령 제42조 제1항 등 법령 문언을 반드시 유상계약으로 체결해야 한다는 뜻으로만 해석하기 어려우며, 계약당사자가 자기 의사에 기초해 대가를 받지 않겠다고 표시한 의사를 민법 제104조 등에 반한다고 해석하기도 곤란하다. 따라서 0원 입찰은 무효라고 보기 어렵다. 다만, 0원 입찰을 일반적으로 허용할 경우, 계약관리 측면에서는 문제가 생긴다. 가령, 공공계약에서 입찰보증금, 계약보증금, 지체상금 제도는 적정한 공공계약 체결과 이행을 담보하기 위한 수단인데, 일반적으로 0원 입찰이나 무상계약을 허용한다면, 계약금액을 기초로 산정하는 입찰보증금, 계약보증금, 지체상금 역시 0원일 수밖에 없으므로, 발주기관은 계약상대자가 정당한 이유 없이 계약체결을 거절하거나 정당한 이유 없이 계약을 이행하지 않더라도 계약보증금 등을 몰수하지 못할 우려가 있다. 물론 기획재정부 해석처럼[1] 발주기관이 직접 손해를 증명하여 그 배상을 청구할 수도 있지만, 손해액 증명이 쉽지 않은 경우에는 그마저도 쉽지 않다. 이러한 문제 때문에, 실무에서는 0원 입찰에 따른 낙찰자 결정과 계약체결(무상계약)을 자제한다고 한다.[2]

3. 공공계약을 위한 각종 계약조건 등에도 약관규제법을 적용할지

가. 문제점

약관이란 그 명칭이나 형태, 범위와 관계없이 한쪽 계약당사자가 여러 상대방과 계약을 체결하기 위해 일정한 형식으로 미리 마련한 계약 내용을 말한다(약관규제법 제2조 제1호). 대법원은 개별 계약에서 계약당사자가 서로 교섭하여 계약 내용으로 삼은 조항이라면 한쪽이 일방적으로 작성한 내용으로 볼 수 없으므로 약관규제법 적용대상인 약관에 해당하지 않는다고 한다.[3]

이와 관련하여, 발주기관이 공공계약을 체결할 때 사용하려고 미리 마련하였다가 계약 내용으로 편입하는 입찰공고, 계약일반조건, 계약특수조건 그 밖에 계약예규나 지침 등을 약관규제법이 정한 약관으로 볼 수 있는지 문제된다. 만약 약관으로 볼 수 있다면, 해당 내용은 약관규제법을 적용하여 통제할 수 있다.

1) 회계제도과-1183, 2009. 7. 16.
2) 정원·정유철·이강만, 공공계약 판례여행, 건설경제, 2017, 33쪽.
3) 대법원 2000. 12. 22. 선고 99다4634 판결, 대법원 2001. 11. 27. 선고 99다8353 판결, 대법원 2008. 2. 1. 선고 2005다74863 판결 등.

나. 관련 판결·결정 소개

1) 약관에 해당하는지 여부

가) 약관이라고 본 판결

대법원은, 예정가격의 100분의 85 미만에 낙찰받는 자는 예정가격과 낙찰금액의 차액을 차액보증금으로서 현금으로 납부하게 하고 채무불이행이 발생하면 차액보증금을 귀속하게 하는 공사계약일반조건을, "경쟁입찰의 단순 최저가 낙찰제에 따른 낙찰자결정방식으로 체결한 시설공사 도급계약에서는 현저한 저가입찰을 억제하여 덤핑으로 인한 부실공사를 방지하고 계약의 이행을 담보할 필요성이 매우 강한 점에 비추어, 위 '약관조항'은 허용될 수 있으며, 이러한 '약관조항'이 약관규제법 제6조, 제8조에 저촉된다고 보기는 어렵다."는 이유로 약관으로 보았다.[1] 같은 취지로, 차액보증금을 현금에 갈음하여 건설공제조합 등이 발행하는 보증서로 납부하고자 할 때는 그 차액의 2배를 납부하게 하고 채무불이행이 발생하면 계약보증금과 차액보증금을 발주기관에게 귀속하게 하는 공사계약일반조건을 약관규제법 제6조 제2항 제1호, 제8조에 저촉되어 무효라고 하였다.[2] 그 밖에 도급계약 일반조건을 약관이라고 전제한 대법원 판결,[3] 청렴계약서를 약관이라고 전제한 하급심 결정,[4] 공사입찰유의서를 입찰절차를 진행하면서 준수해야 할 기본적인 원칙을 정해 둔 약관이라고 본 하급심 판결,[5] 입찰공고와 입찰설명서가 약관에 해당할 여지가 있다고 한 하급심 판결[6] 등도 참조할 필요가 있다.

나) 약관이 아니라고 본 판결

대법원은 지체상금 산정 기준금액을 계약의 총부기금액으로 하도록 정한 용역계약특수조건을, "구체적인 계약에서 일방 당사자와 상대방 사이에 교섭이 이루어져 계약의 내용으로 된 조항은 일방적으로 작성된 것이 아니므로 약관의 규제에 관한 법률의 규제 대상인 약관에는 해당하지 않는다. 따라서 계약당사자가 계약을 체결할 당시 계약의 특수성을 고려하여 서로 합의한 결과 성립된 조항은, 약관규제법 적용대상인 약관이 아니다."라고 하였고,[7] 공사대금과 선부담금을 원칙적으로 현금으로 지급하되, 체비지 매각이 안 될 경우 체비지를 대물로 지급할 수 있도록 정한 공사계약특수조건을, "계약당사자가 계약을 체결하면서 공사

---

1) 대법원 2002. 4. 23. 선고 2000다56976 판결.
2) 대법원 2000. 12. 8. 선고 99다53483 판결.
3) 대법원 2009. 12. 10. 선고 2007다13992 판결.
4) 대전지방법원 2006. 8. 11.자 2006카합744 결정.
5) 서울고등법원 1999. 11. 30. 선고 99나35432 판결.
6) 대전고등법원 2019. 7. 18. 선고 2019나10529 판결.
7) 대법원 2008. 2. 1. 선고 2005다74863 판결, 대법원 2011. 2. 10. 선고 2009다81906 판결.

계약일반조건을 보완하기 위해 특약사항을 덧붙인 것이기 때문에 약관으로 볼 수 없다."고 했다.[1]

2) 약관에 해당하는 계약조건의 효력

가) 유효라고 본 판결

대법원은 "지방자치단체가 시행하는 공업단지 조성사업에서 입주예정자가 입주를 포기하면 입주자 부담금의 10%를 지방자치단체에 귀속하도록 한 위약금 조항,"[2] "한국토지공사 개정 용지매매계약서에 있는 매매대금 잔액의 분할지급을 3개월 이상 지연하면 계약을 해제할 수 있고, 계약을 해제하면 매매대금의 10%에 해당하는 계약보증금을 한국토지공사에게 귀속하도록 한 손해배상액의 예정 조항,"[3] "한국토지개발공사의 상업용지공급 관련 제한경쟁입찰에서 계약체결 의무불이행이 발생하면 입찰보증금을 공사에 귀속하도록 한 약관조항"[4]은 각각 무효가 아니라고 보았다.

나) 무효라고 본 판결

대법원은 "한국토지공사가 공급하는 분양토지의 당첨자가 계약을 체결하지 않으면 공급가액의 10%에 상당하는 분양신청예약금을 한국토지공사에 귀속하도록 한 약관조항은 고객인 당첨자에게 부당하게 과중한 손해배상의무를 전가하여 무효이고, 위 약관조항을 개정약관과 같이 당첨자가 '정당한 사유 없이' 계약을 체결하지 않는 경우로 수정해석하였다 하더라도 마찬가지로 무효"라고 보았다.[5] 또한, 일부 하급심은 "건설공제조합이 보증채권자가에게 지급할 보증금 지급범위를 계약보증금액 한도 안에서 보증채권자가 입은 실제 손해금액으로 한정하다는 약관 조항은 상당한 이유 없이 사업자의 담보책임을 배제·제한하거나 그 담보책임에 따르는 고객의 권리행사 요건을 가중하여 약관규제법 제6조 제1항, 제7조 제3호에 따라 무효"라고 했다.[6]

다. 검토

1) 약관의 성질

공공계약의 내용인 입찰공고, 계약일반조건, 계약특수조건, 그 밖에 계약예규나 지침 등은 그 명칭이 어떠하든지, 발주기관이 공공계약을 체결하기 위해 미리 마련해 두고 계약을

1) 대법원 2003. 9. 26. 선고 2002다46805 판결.
2) 대법원 1997. 7. 22. 선고 97다13306 판결.
3) 대법원 1999. 9. 17. 선고 99다19926 판결.
4) 대법원 1997. 3. 28. 선고 95다48117 판결.
5) 대법원 1994. 5. 10. 선고 93다30082 판결, 대법원 1996. 9. 10. 선고 96다19758 판결.
6) 대구지방법원 2004. 10. 26. 선고 2003가단114306 판결.

체결할 때도 그대로 사용하는 내용에 해당한다면,[1] 약관으로 볼 여지도 있다. 왜냐하면, 공공계약을 '사법상 계약'으로 파악하면서도, 발주기관이 '일방적으로' 작성한 각종 계약조건, 예규, 지침 등을 통제하지 않는다면, 계약상대자가 갖는 계약의 자유, 특히 내용결정의 자유를 실질적으로 보장한다는 약관규제법의 취지를 잠탈하는 결과를 초래하기 때문이다. 따라서 법원은 약관규제법에 근거하여 계약조건이나 예규, 지침 등을 통제할 수 있다고 보아야 한다. 나아가 발주기관이 비록 서식(書式)이라는 명칭을 붙였더라도, 이를 단순히 모범이나 참고기준으로 삼지 않고 계약체결에 직접 이용했다면 약관으로 보아 약관규제법을 적용하는 것이 바람직하다.[2] 가령, 기획재정부가 계약예규, 지침 형식으로 마련한 '계약일반조건', '기준', '운용요령', '유의서' 등과 조달청이 공고 형식으로 마련한 '입찰공고', '특수조건', '추가특수조건' 등은 개별 공공계약의 내용으로 편입되는 만큼, 계약의 한쪽 당사자가 여러 상대방과 계약을 체결하기 위해 일정한 형식으로 미리 마련한 계약내용에 해당하는 약관으로 이해할 필요가 있다.

그러나 발주기관이 계약특수조건이라는 명칭을 사용했더라도, 개별 계약을 체결하면서 계약상대자와 별도로 합의한 내용을 작성하여 계약서에 첨부한 내용에 불과하다면, 이는 약관에 해당한다고 보기 어렵다.

2) 약관규제법에 근거한 통제

한편, 발주기관은 공공계약을 체결할 때 계약상대자에게 약관 내용을 계약 종류에 따라 일반적으로 예상되는 방법으로 분명히 밝히고, 중요한 내용을 계약상대자가 이해할 수 있도록 설명할 의무를 부담하며(약관규제법 제3조 참조), 계약상대자는 해당 내용에 동의해야 한다.

다만, 대법원은 상대방이 약관 내용을 충분히 잘 알고 있는 사항,[3] 약관에 정한 사항이라도 거래 관행을 고려하여 일반적이고 공통적이어서 계약상대자가 별도 설명을 받지 않더라도 충분히 예상할 수 있던 사항, 그 밖에 이미 법령에서 정한 내용을 되풀이하거나 부연하는 정도에 불과한 사항[4] 등은 설명의무 대상에서 제외된다고 하는데, 공공계약 내용으로 사용하는 각종 계약조건이나 계약예규, 지침, 고시 등은 대체로 국가법령정보센터 등에서 일반에게 공개되므로, 발주기관이 개별 계약을 체결할 때마다 계약상대자에게 별도로 설명할 필요가 없는 내용이 많다.

그 밖에도 약관과 다른 별도 합의가 있으면 그 합의사항이 약관보다 우선한다는 개별약정 우선원칙(약관규제법 제4조), 불명확한 규정은 계약상대자에게 유리하게 해석해야 한다

---

1) 대법원 2003. 9. 26. 선고 2002다46805 판결.
2) 비슷한 취지로, 송덕수, 신민법강의, 박영사, 2020, 1046쪽.
3) 대법원 2018. 6. 19. 선고 2018다201610 판결.
4) 대법원 2019. 5. 30. 선고 2016다276177 판결.

는 원칙(약관규제법 제5조 제2항) 등은 각종 계약조건이나 계약예규, 지침 등을 해석할 때도 그대로 적용해야 한다. 또한, 각종 계약조건이나 계약예규, 지침 등에 있는 조항 가운데 약관규제법이 정한 개별금지규정(약관규제법 제7조부터 제14조까지 참조)과 일반금지규정(약관규제법 제6조)을 위반한 내용이 있다면, 그것만 무효로 보되(약관규제법 제16조 본문), 나머지 부분만으로 계약목적을 달성할 수 없거나 나머지 부분이 한쪽 당사자에게 부당하게 불리한 경우에는 계약 전체를 무효로 보아야 한다(약관규제법 제16조 단서).

Ⅲ. 공공계약의 해석

1. 기본원칙

공공계약은 그 본질이 사인간 계약과 다를 바 없으므로, 그 법령에 특별한 규정이 있는 경우를 제외하고는 사법상 규정이나 사법상 원리를 그대로 적용해야 하므로,[1] 계약상대자가 상인에 해당하면 상법과 그 원리를 우선 적용한다.[2] 그런데 공공계약법에서 정한 대부분 규정은 계약내용에 그대로 들어가는 경우가 많기 때문에,[3] 계약내용에서 명시적으로 법령을 배제하려는 취지를 규정하거나 계약내용이 공공계약법과 모순되는 등 특별한 사정이 없으면, 되도록 공공계약법을 존중하는 방향, 즉 해당 계약조항을 관련 공공계약법 규정을 보충하거나 구체화하는 내용으로 해석하는 것이 바람직하다.[4]

2. 계약문서 해석방법

공공계약 내용으로 편입되는 각종 계약조건 등은 처분문서에 해당하는데, 처분문서는 그 성립의 진정이 인정된다는 전제 아래 법원이 그 기재 내용을 부인할 만한 분명하고도 수긍할 수 있는 반증이 없다면, 처분문서 기재 문언대로 의사표시 존재와 내용을 인정해야 하고, 당사자 사이에 계약의 해석을 둘러싼 분쟁이 있어 처분문서에 나타난 당사자 의사해석이 문제되면, 문언 내용, 약정이 있었던 동기와 경위, 약정으로 달성하려는 목적, 당사자의 진정한 의사 등을 종합적으로 고찰하여 논리와 경험칙에 따라 합리적으로 해석해야 한다.[5]

---

1) 대법원 1996. 4. 26. 선고 95다11436 판결.
2) 이 사건 계약은 상인인 원고가 영업으로 하는 상행위에 해당하므로, 피고가 원고의 채무불이행을 원인으로 손해배상청구권을 행사하는 경우, 그 지연손해금에는 상사 법정이율인 연 6%를 적용해야 한다는 대법원 2016. 6. 10. 선고 2014다200763, 200770 판결 등 참조.
3) 계승균, 앞의 책, 40쪽.
4) 대법원 2012. 12. 27. 선고 2012다15695 판결.
5) 대법원 2017. 2. 15. 선고 2014다19783 판결.

3. 보충적 해석

계약당사자 모두가 계약의 전제나 기초가 되는 사항에 똑같은 착오를 했고, 그에 따라 그와 관련한 구체적인 약정을 하지 않은 경우, 당사자가 착오하지 않았더라면 약정했으리라 보이는 내용으로 당사자 의사를 보충하여 계약을 해석할 수 있다. 여기서 보충되는 당사자 의사란 당사자의 실제 의사나 주관적 의사가 아니라 계약목적, 거래관행, 적용법규, 신의칙 등을 고려해 객관적으로 추인할 수 있는 정당한 이익조정 의사를 말한다.[1)]

제 2 절 공공계약의 구성요소

Ⅰ. 공공계약의 주체

1. 계약당사자

가. 개념

계약당사자는 법적으로 권리주체와 의무주체만이 될 수 있다. 권리주체란 권리를 가진 자를, 의무주체란 의무를 부담하는 자를 말하는데, 오늘날 권리주체는 의무주체를 당연히 포함하기 때문에, 둘을 합쳐 권리의무주체라거나 간단히 권리주체라고만 표현하기도 한다. 여기서 권리주체란 권리능력이 있는 자, 즉 권리의 주체가 될 수 있는 지위나 자격을 가진 자를 말하고, 이는 살아 있는 사람('자연인'이라고 한다)과 사람이 아니면서 법에 근거하여 권리능력을 인정받는 단체('법인'이라고 한다)를 일컫는다. 계약법에서는 자연인과 법인을 통칭하는 의미로서, '인(人)'이라는 용어를 사용한다.

한편, 사람은 생존하는 동안 권리와 의무의 주체가 되기 때문에(민법 제3조), 생존하기 시작하는 때, 즉 출생한 때부터 권리능력을 취득한다. 그리고 사망으로 권리능력을 잃는다. 그리하여 살아 있는 사람은 누구든지 권리능력자로서 계약당사자가 될 수 있으나, 다만, 특정 연령이나 정신적 제약 정도를 기준으로 유효한 계약을 체결할 수 없을 뿐이다(민법 제5조, 제10조, 제13조 참조).

한편, 법인은 권리주체로서 실질을 가지는 사회적 실체[2)]이므로, 대표자 등 기관의 결정과 행위로써 독자적인 행위를 할 수 있는 실재체(實在體)라 할 수 있다.[3)] 여기서 법인은 ① 공

1) 대법원 2006. 11. 23. 선고 2005다13288 판결.
2) 이른바 법인실재설이다.
3) 대법원 1978. 2. 28. 선고 77누155 판결 참조.

법인[1])과 사법인,[2]) ② 영리법인[3])과 비영리법인,[4]) ③ 사단법인[5])과 재단법인[6])으로 종류를 나눌 수 있다.

이와 같이 권리주체는 자연인이나 법인 그 자체만을 말하기 때문에, 예를 들어 자연인이 사업자등록을 하고 운영하는 사업체(가게, 영업소, 사무실 등), 대한민국 정부 내에 설치된 각 중앙부·처·청, 위원회나 해당 기관장, 회사 내부조직(각 부서)이나 기관(대표이사 등), 대리점, 지점 등은 원칙적으로 독자적인 법인격이 없으므로 계약당사자가 될 수 없다.[7])

〔사례〕

① 「계약자 : 조달청장 ○○○ (印), : 개발상사 대표 이갑동 (印)」이라고 계약서를 작성한 사례
② 「계약자 : 서울특별시장 ○○○ (印), 주식회사 개발 대표이사 김을동 (印)」이라고 계약서를 작성한 사례
③ 「계약자 : 한국도로공사 이사장 ○○○ (印), 박병동 (印)」이라고 계약서를 작성한 사례
④ 「계약자 : 대한민국 (印), 주식회사 개발 인천지사(지사장) (印)」이라고 계약서를 작성한 사례

위 각 사례에서 계약당사자는 각각 누구인가?

나. 발주기관

1) 의의

발주기관이란 물품·용역·공사를 조달하기 위해 상대방과 공공계약을 체결하는 기관을 말한다.

2) 구별개념 : 수요기관

발주기관은 수요기관과 구별해야 한다. 수요기관이란 조달물자나 공사계약의 체결, 시설물 관리가 필요한 기관으로서(조달사업법 제2조 제5호 참조), 계약상대자와 직접 공공계약을 체결하지 않고, 국가기관인 조달청장에게 계약체결을 요청하여 조달청장으로 하여금 계약사

1) 설립이나 관리에 국가 공권력이 개입하는 법인으로, 국가나 지방자치단체가 여기에 해당한다.
2) 공법인을 제외한 법인을 말한다. 다만, 한국은행, 한국토지주택공사, 농업협동조합과 같이 공법인과 사법인의 중간적 성질을 가지는 특수한 법인도 있다.
3) 영리를 목적으로 하는 사단법인으로, 상법상 주식회사, 유한회사, 합자회사, 합명회사 등을 말한다. 다만, 재단법인은 이익을 분배해 줄 사원이 없기 때문에 영리법인일 수 없다.
4) 학술, 종교, 자선, 기예, 사교 그 밖에 영리 아닌 사업을 목적으로 하는 사단법인이나 재단법인을 말한다.
5) 일정한 목적을 위해 결합한 사람의 단체를 말한다.
6) 일정한 목적을 위해 출연된 재산을 말한다.
7) 따라서 설령, 계약서 당사자란에 개인사업체 상호나 중앙관서나 그 기관장, 회사의 대리점, 지점 등 명칭을 기재했더라도, 계약상 효력이 미치는 계약당사자는 자연인이나 법인 그 자체로 해석해야 한다.

무를 대행하게 하면서도, 조달청장에게 일정한 수수료를 지급하는 주체를 말한다(조달사업법 제11조, 제16조 참조). 이처럼 수요기관 요청에 따라 조달청장이 계약상대자와 체결하는 계약을 실무상 요청조달계약이라 하는데, 이러한 요청조달계약 체결에 따라 조달청장-계약상대자-수요기관 사이에는 '제3자를 위한 계약관계'가 성립한다.[1] 그 밖에 요청조달계약 내용은 제3편 조달사업법 등에서 자세히 살펴본다.

3) 발주기관의 종류

가) 국가

국가계약에서 한쪽 당사자는 반드시 국가여야 한다(국가계약법 제1조, 제2조 참조). 그런데 국가계약법령 각 조항은 "각 중앙관서의 장 또는 계약담당공무원은 …"과 같이(국가계약법 제5조 제2항 참조), 중앙행정기관인 각 부·처·청(그 장이나 소속 계약담당공무원 포함) 등이 마치 계약당사자인 것처럼 규정한다. 그러나 각 중앙관서의 장이나 계약담당공무원 등은 어디까지나 대한민국이라는 공법인의 하부조직이나 기관, 피용자에 불과할 뿐이지 독자적인 권리주체로 볼 수 없으므로, 법적 의미에서 계약당사자가 아니다. 즉, 국가계약의 당사자는 어디까지나 대한민국이다.

위 ① 사례를 보면, 비록 계약자란에 조달청이나 조달청장을 기재하고 기명·날인이나 서명했지만, 조달청이나 조달청장은 대한민국이라는 공법인의 하부조직이나 기관에 불과하므로 법적인 의미에서 계약당사자라고 할 수 없다. 가령, 실무상 계약특수조건과 같은 문서에서 해당 계약사무를 수행하는 행정청인 '조달청장', '방위사업청장' 등을 주어로 표시하기도 하는데, 이 경우에도 법률효과가 미치는 계약당사자는 대한민국일 뿐이므로, 대한민국이 계약에 따른 모든 권리·의무를 갖는다.

나) 지방자치단체

지방계약에서 한쪽 당사자는 반드시 지방자치단체여야 한다(지방계약법 제1조, 제2조 참조). 그런데 지방계약법 각 조항은 "지방자치단체의 장 또는 계약담당자는 …"과 같이(지방계약법 제6조 제2항 참조), 지방자치단체의 장이나 계약담당자가 마치 계약당사자인 것처럼 규정한다. 그러나 지방자치단체의 장이나 계약담당자는 지방자치단체라는 공법인의 기관이거나 피용자에 불과하므로 계약당사자가 아니다. 따라서 어디까지나 지방계약의 당사자는 지방자치단체이다.

위 ② 사례에서 비록 계약자란에 서울특별시장 ○○○을 기재하고, 기명·날인이나 서명했지만, 서울특별시장은 서울특별시라는 공법인의 대표기관에 불과하므로 법적인 의미에서

1) 대법원 2022. 3. 31. 선고 2017다247145 판결.

계약당사자가 아니며, 따라서 계약당사자는 서울특별시라는 지방자치단체이다. 결국 계약에 따른 모든 권리·의무는 서울특별시가 가진다.

다) 공공기관

공공기관계약에서 한쪽 당사자는 반드시 공기업·준정부기관이거나(공기·준정부기관 계약사무규칙 제1조, 제2조 제5항 참조), 기타공공기관이어야 한다(기타공공기관 계약사무 운영규정 제1조, 제2조 제4항 참조). 즉, 국가계약이나 지방계약과 마찬가지로, 공공기관계약의 당사자는 기관장이나 계약담당자가 아닌 공공기관 그 자체이다. 공공기관의 장이나 계약담당자는 공공기관이라는 법인의 기관이거나 피용자에 불과하기 때문이다.

위 ③ 사례에서 비록 계약자란에 한국도로공사 이사장을 기재하고, 기명·날인이나 서명했지만, 한국도로공사 이사장은 한국도로공사라는 공법인의 기관에 불과하므로 법적인 의미에서 계약당사자라 할 수 없고, 한국도로공사라는 공공기관이 직접 계약당사자가 된다.

라) 지방공사

지방공사계약에서 한쪽 당사자는 반드시 지방공사여야 한다(지방공기업법 제64조의2 제3항, 제6항 참조). 지방공사의 사장이나 계약담당자는 지방공사이라는 법인의 기관이거나 피용자에 불과하기 때문이다.

마) 지방자치단체출자·출연기관

지방자치단체출자·출연기관계약에서 한쪽 당사자는 반드시 해당 기관이여야 한다(지방자치단체출자·출연기관운영법 제17조 제3항, 제6항 참조). 관련법 역시 기관의 장이나 소속 계약담당자가 아닌「출자·출연기관」그 자체를 계약의 주체로 명시한다(지방자치단체출자·출연기관운영법 제17조, 제17조의2, 제17조의3 참조).

바) 계약사무 위임·위탁

(1) 의의

발주기관은 소관하는 계약사무를 일정한 대상에게 위임·위탁할 수 있다. 이처럼 계약사무 위임·위탁을 인정한 이유는 각 중앙관서의 장 등이 직접 계약사무를 처리하는 방식이 현실에 맞지 않을 뿐만 아니라, 수임인·수탁자로 하여금 계약사무를 처리하도록 하여 계약의 효율성이나 전문성을 확보하고, 공정하고 투명하게 적정한 계약이행을 도모할 수 있기 때문이다.

(2) 법적 성질

공공계약을 사법상 계약으로 이해하는 만큼, 그 계약사무 위임·위탁 역시 행정권한의 위임·위탁이 아닌 사법상 법률행위의 위임·위탁이라고 이해해야 한다.[1] 따라서 계약사무 위임·위탁관계에 정부조직법이나 행정권한의 위임 및 위탁에 관한 규정은 적용하지 않는다. 다만, 대법원은 "수요기관인 공기업·준정부기관이 공공기관운영법 등에 따라 조달청장에게 계약체결을 요청하면, 그와 함께 행정처분 권한인 입찰참가자격제한처분 권한도 이전한다." 는 태도다.[2]

(3) 요건

첫째, 각 중앙관서의 장 등은 소관하는 계약사무를 처리하기 위해 계약관을 임명하여 그 사무를 위임하거나, 그 소속 공무원에게 계약관 사무를 대리하게 하거나 그 사무 일부를 분장하게 할 수 있다(국가계약법 제6조 제1항). 여기서 계약관 사무 전부를 대리하는 공무원은 대리계약관, 그 일부를 분장하는 공무원은 분임계약관, 분임계약관의 사무를 대리하는 공무원은 대리분임계약관이라 한다(국가계약법 시행령 제5조 제2항). 위탁자인 각 중앙관서의 장 등은 그 뜻을 감사원에 통지해야 한다(국가계약법 시행령 제5조 제3항).

둘째, 각 중앙관서의 장 등은 다른 중앙관서 소속 공무원에게 계약관 사무를 위탁할 수 있다(국가계약법 제6조 제2항). 이때, 위탁하는 기관의 장은 미리 위탁받는 기관의 장으로부터 위탁받을 공무원과 위탁하는 사무 범위와 관련한 동의를 얻어야 하고, 그 뜻을 감사원에 통지해야 한다(국가계약법 시행령 제5조 제3항).

셋째, 각 중앙관서의 장 등은 다른 관서의 장으로부터 동의를 얻어 계약사무를 위탁할 수 있고(국가계약법 제6조 제3항), 그 뜻을 감사원에 통지해야 한다(국가계약법 시행령 제5조 제4항).

계약관은 재정보증 없이는 그 직무를 담당할 수 없다(국가계약법 제6조 제5항). 각 중앙관서의 장 등은 소속 계약관의 재정보증 관련 사항을 정하여 운영해야 하며, 이에 필요한 공통 사항은 기획재정부령[3]으로 정한다(국가계약법 시행령 제6조 제1항, 제2항).

(4) 절차

계약사무의 위임·위탁, 대리, 일부 분장은 각 중앙관서 소속 기관에 설치한 관직을 지정하여 갈음할 수 있다(국가계약법 제6조 제4항). 번거로운 절차를 생략하고 업무의 효율성을 높이기 위한 규정이다.[4] 그리고 계약관을 임명했거나 계약사무를 대리, 일부 분장을 하게 한 때는 그 뜻을 국고금관리법 제22조에 따른 재무관이나 지출관과 감사원에 통지해야 한다(국가계약법 시행령 제5조 제1항).

---

1) 다만, 이와 달리 계약사무 위임·위탁은 공법인 내부 사이의 권한 이전 문제로 보아서, 행정권한 위임·위탁의 성질을 갖는다고 이해하는 견해가 있을 수도 있다.

2) 대법원 2017. 12. 28. 선고 2017두39433 판결.

3) 기획재정부 회계관계공무원 재정보증규정.

4) 김성근, 앞의 책(Ⅰ), 74쪽.

(5) 효과

계약사무 위임·위탁이 있으면, 수임자·수탁자는 적법한 절차에 따라 위임·위탁받은 범위에서 계약사무를 처리할 수 있고, 그 효과는 위임·위탁을 한 중앙관서의 장 등에게 직접 미친다. 다만, 아래에서 보는 바와 같이 수임자나 수탁자가 위임·위탁 범위를 벗어나 계약사무를 처리했다면 원칙적으로 그 효과는 위임·위탁을 한 중앙관서의 장 등에게 발생하지 않는다고 보나, 예외적으로 표현대리 법리가 적용될 수 있다.

한편, 수임인·수탁자는 위임 법리에 따라 위임인·위탁인과 관계에서 선관의무를 부담하지만(민법 제681조[1] 참조), 수임인·수탁자는 대체로 국가 등 기관이나 그 피용자에 해당하므로, 법령과 규정에 따라 계약사무를 처리했다면 선관주의의무 위반이 성립하지 않는다고 보아야 한다.

〔행정처분이 잘못된 법령해석에 근거한 경우, 공무원의 불법행위가 성립하는지〕

행정처분과 관련하여 국가나 지방자치단체의 손해배상책임이 성립하려면 행정처분을 담당한 공무원에게 직무집행상의 고의 또는 과실이 있어야 하고, 이때 공무원의 과실 유무는 보통 일반의 공무원에게 요구되는 객관적 주의의무를 기준으로 판단하여야 한다. 또한 어떠한 행정처분이 잘못된 법령해석에 근거한 것이라고 하더라도 행정처분이 곧바로 공무원의 고의 또는 과실로 인한 것으로서 불법행위를 구성한다고 단정할 수는 없고, 객관적 주의의무를 위반함으로써 행정처분이 객관적 정당성을 상실하였다고 인정될 수 있는 정도에 이르러야 국가배상법 제2조가 정한 국가배상책임의 요건을 충족한다. 이때 객관적 정당성을 상실하였는지는 침해행위가 되는 행정처분의 태양과 목적, 피해자의 관여 여부 및 관여의 정도, 침해된 이익의 종류와 손해의 정도 등 여러 사정을 종합하여 손해의 전보책임을 국가 또는 지방자치단체에 부담시킬 만한 실질적인 이유가 있는지에 따라 판단하여야 한다(대법원 2016. 6. 23. 선고 2015다205864 판결).

〔행청처분이 항고소송에서 위법하다고 판단되어 취소된 것만으로 행정처분이 공무원의 고의나 과실에 따른 불법행위를 구성한다고 볼 수 있는지〕

행정처분이 나중에 항고소송에서 위법하다고 판단되어 취소되더라도 그것만으로 행정처분이 공무원의 고의나 과실로 인한 불법행위를 구성한다고 단정할 수 없다. 보통 일반의 공무원을 표준으로 하여 볼 때 위법한 행정처분의 담당 공무원이 객관적 주의의무를 소홀히 하고 그로 인해 행정처분이 객관적 정당성을 잃었다고 볼 수 있는 경우에 국가배상법 제2조가 정한 국가배상책임이 성립할 수 있다. 이때 객관적 정당성을 잃었는지는 행위의 양태와 목적, 피해자의 관여 여부와 정도, 침해된 이

1) 수임인은 위임의 본지에 따라 선량한 관리자의 주의로써 위임사무를 처리하여야 한다.

익의 종류와 손해의 정도 등 여러 사정을 종합하여 판단하되, 손해의 전보책임을 국가 또는 지방자치단체가 부담할 만한 실질적 이유가 있는지도 살펴보아야 한다(대법원 2021. 6. 30. 선고 2017다249219 판결).

다. 계약상대자

1) 일반론

공공계약의 상대방은 대부분 대한민국 국민(사인)이지만, 국가기관이거나 지방자치단체를 포함한 발주기관도 계약상대자가 될 수 있다. 대한민국 국민은 자연인은 물론 법인을 포함하는 개념이다.

2) 개인사업자

실무에서는, 계약자란에 개인사업체의 상호를 기재하고 그 밑에 대표자로 개인사업자 이름을 기재하는 경우가 있다. 그런데 위 ① 사례에서 개발상사는 이갑동이라는 개인이 운영하는 가게나 영업소 이름에 불과하지, 독자적인 법인격이 없으므로 계약당사자가 될 수 없다. 따라서 이갑동 개인이 직접 계약당사자일 뿐이다. 이갑동이 개발상사의 대표자라는 직함을 병기했더라도 마찬가지다. 나아가 이갑동이 개발상사라는 상호로 체결한 공공계약과 별개로 개발엔진이라는 개인사업체를 꾸려 해당 상호로 발주기관과 별도 공공계약을 체결했다면, 이갑동이 발주기관과 공공계약 2건을 체결하였다고 보아야 하지, 개발상사와 개발엔진이 독자적인 지위에서 각각 계약을 체결하였다고 볼 수는 없다.

3) 조합

조합은 상호 출자하여 공동사업 경영을 약속한 2인 이상 사람의 결합체이다. 그러나 구성원 개개인이 뒤로 물러나고 독립된 단체만이 전면에 나서는 사단법인과 달리, 조합은 단체로서 성격보다 구성원의 개성이 더욱 드러난다.[1] 따라서 조합은 독자적인 법인격을 갖는 사단법인이나 사단법인으로서 실질을 갖는 비법인사단과도 엄격히 구별해야 하며, 독립된 권리주체가 아니기 때문에 조합 자체가 소송당사자가 될 수는 없다.[2] 이처럼 본래 의미로서 조합은 독자적인 법인격을 인정하기 어려우므로, 원칙적으로 조합 이름이 아닌 조합원 전원 이름으로 계약을 체결할 수 있을 뿐이다. 다만, 실무에서는 '대리' 법리를 적용하여, 어느 한 조합원(특히 업무집행조합원)이 계약을 체결하면서 나머지 조합원을 위한다는 뜻을 표시하고 계약당사자란에 조합의 이름을 기재했더라도 나머지 조합원 전원에게 법률효과가 미

1) 대법원 1999. 4. 23. 선고 99다4504 판결.
2) 대법원 1991. 6. 25. 선고 88다카6358 판결.

친다고 본다.[1]

그런데 공공계약의 상대자 중에는 비록 '조합'이라는 명칭을 사용하지만, 중소기업협동조합법 등 개별 법률에 근거해 법인격을 갖고 활동하는 단체가 많고(중소기업협동조합법 제4조 제1항 참조), 이때 조합은 그 자체가 독자적인 권리주체에 해당하기 때문에, 조합원 전원이 아닌 조합 그 자체가 계약당사자로 된다.

4) 공동수급체

공동수급체란 구성원을 2인 이상으로 하여 수급인이 해당 계약을 공동으로 수행하기 위해 잠정 결성한 실체를 말한다(공동계약운용요령 제2조 제2호). 발주기관이 공동수급체와 체결하는 계약을 공동계약이라 한다(국가계약법 제25조 제1항, 같은 법 시행령 제72조 제2항, 공동계약운용요령 제2조 제1호 참조). 대법원은 공동이행방식에 따르는 공동수급체(공동계약운용요령 제2조의2 제1호)를 민법상 조합으로 보면서, 그 구성원 가운데 하나가 공동수급체 대표자로서 업무집행자 지위에 있다면 그 구성원 사이에는 민법상 조합의 업무집행자와 조합원 관계에 있다고 한다.[2] 따라서 공동수급체는 원칙적으로 법인과 같은 독립적인 법인격을 갖지 못하고, 구성원 전원이 계약상대자 지위를 가질 뿐이다(국가계약법 제25조 제2항 참조).

5) 비법인사단·비법인재단

법인격 있는 사단법인이나 재단법인으로서 '실질'은 갖추고 있지만, 아직 권리능력(법인격)을 취득하지 못한 단체[3]도 있다. 이를 법인 아닌 사단, 법인 아닌 재단, 즉 비법인사단과 비법인재단이라 한다. 다시 말해, 비법인사단은 단체로서 조직을 갖추고 대표 방법, 총회 운영, 재산 관리 그 밖에 단체에 필요한 중요한 부분을 정관이나 규칙으로 정한 사람의 단체를 말하고,[4] 비법인재단은 일정한 목적을 위해 출연된 재산이 사회적으로 독립한 존재로 인정되며, 이를 관리하는 기구를 갖춘 것을 말한다. 가령, 종중[5]은 대표적인 비법인사단이고, 설립등기를 하지 않은 자선기금은 대표적인 비법인재단이다. 비법인사단이나 비법인재단은 소송상 당사자능력(민사소송법 제52조)이나 부동산등기능력(부동산등기법 제26조)을 갖지만, 원칙적으로 권리능력을 인정받지 못한다. 그러나 법인격을 전제한 규정을 제외하고는

---

1) 대법원 2009. 1. 30. 선고 2008다79340 판결.
2) 대법원 2000. 12. 12. 선고 99다49620 판결, 대법원 2016. 7. 14. 선고 2015다233098 판결.
3) 주무관청의 허가(민법 제32조)를 받지 못했거나 그 밖에 행정관청의 감독이나 규제를 피하려고 권리능력 없는 사단·재단이 생긴다고 한다(지원림, 앞의 책, 104쪽).
4) 대법원 1999. 4. 23. 선고 99다4504 판결.
5) 예를 들어, 비법인사단이 성립하려면, 사단의 실체가 있어야 하고, 별도 조직행위가 없더라도 대표자나 총회 등 사단으로서 조직을 갖추어야 하며, 구성원의 변경과 관계없이 단체가 존속해야 한다. 그 밖에 반드시 성문 규약이 아니더라도 사단법인의 정관에 상응하는 규약이 있어야 한다.

사단법인이나 재단법인 관련 규정을 유추적용할 수 있으므로,[1] 사실 계약관계에서는 사단법인이나 재단법인과 크게 다르지 않다. 따라서 그 대표자가 비법인사단이나 비법인재단을 계약당사자로 한다는 의사를 밝히면서 대표자 명의로 공공계약을 체결하고, 발주기관도 그 사람이 비법인사단이나 비법인재단의 대표자라고 인식·확인했다면, 두 계약당사자 사이에는 비법인사단·비법인재단을 계약당사자로 한다는 의사 합치가 있었다고 보아야 한다.[2] 그렇다면 이론상 비법인사단이나 비법인재단도 대한민국 국민으로서 공공계약의 상대자가 될 수 있다. 한편, 공공계약법에서는 입찰참가자격요건의 증명으로 관련법령에 따른 사업자등록이나 고유번호를 받도록 규정하므로(국가계약법 시행규칙 제14조 제1항 참조), 비법인사단이나 비법인재단은 고유번호를 부여받아 입찰참가자격을 갖춘 후 입찰에 참가해야 한다.

2. 계약담당공무원 등

가. 계약담당공무원

계약담당공무원이란 각 중앙관서의 장이나 그로부터 위임·위탁을 받아 계약사무를 담당하는 공무원이다(국가계약법 제4조 제3항 참조). 계약담당공무원은 권리주체로서 계약당사자가 아니라, 국가 등의 피용자에 불과하다. 그러나 아래에서 보는 바와 같이 계약담당공무원이 입찰이나 계약 절차에서 하는 행위는 원칙적으로 국가 등에게 그 효과가 미치기 때문에, 이 책에서는 국가 등과 계약담당공무원을 모두 포함하는 의미로, 발주기관이라는 표현을 사용한다.

나. 계약담당자

계약담당자란 지방자치단체의 장이나 계약사무를 처리하기 위해 지방자치단체의 장으로부터 위임·위탁을 받은 자이다(지방계약법 제5조 제3항 참조). 위에서 본 계약담당공무원과 개념이 다르지 않다.

다. 대리행위

대리란, 대리인이 본인의 이름으로 의사표시 등 법률행위를 하거나 법률행위를 수령하였을 때, 그 법률효과가 대리인이 아닌 본인에게 직접 생기는 제도이다. 즉, 대리인이 본인으로부터 받은 권한 범위 안에서 대리행위를 하였거나(임의대리) 법률이 정한 권한 범위 안에서 대리행위를 하였다면(법정대리), 그에게 대리권을 부여한 본인에게 직접 법률효과가 발생한다. 다만, 계약담당공무원이나 그 대리인이 국가 등으로부터 받은 권한을 넘어서 법률행위를 했다면 그 효력이 어떤지 생각해 볼 필요가 있는데, 이 경우 대법원은 표현대리 법

---

1) 대법원 2006. 2. 23. 선고 2005다19552, 19569 판결.
2) 대법원 2020. 12. 10. 선고 2019다267204 판결.

리를 적용한다.[1] 참고로, 외국의 적용례를 살펴보면, 계약담당공무원이 그 권한을 넘어서 계약을 체결한 경우, 영국과 미국에서는 그 계약을 무효로 취급하고, 프랑스에서는 국가 등에게 일방적인 해제·해지권을 인정한다고 한다.[2]

Ⅱ. 공공계약의 대상

1. 물품

공공계약법에는 물품을 정의한 규정이 없으므로, 다른 입법례를 참고할 필요가 있다. 우선, 민법을 살펴보면, 물품이라는 용어 대신 물건이라는 용어를 사용하는데, 물건이란 유체물과 전기 그 밖에 관리할 수 있는 자연력을 말하므로(민법 제98조 참조), 동산뿐만 아니라 부동산을 포함하는 개념이다. 반면, 물품관리법은 “물품이란 국가가 소유하는 동산과 국가가 사용하기 위해 보관하는 동산을 말한다.”고 규정하면서, “다만, 동산이라 하더라도 현금, 법령에 따라 한국은행에 기탁해야 할 유가증권, 부동산과 그 종물(從物), 선박, 부표(浮標), 부잔교(浮棧橋), 부선거(浮船渠), 항공기와 그 종물, 정부기업이나 정부시설에서 사용하는 기계와 기구 가운데 기관차, 전차, 객차(客車), 화차(貨車), 기동차(汽動車) 등 궤도차량(해당 기업이나 시설의 폐지와 함께 포괄적으로 용도폐지된 것도 포함)은 제외한다.”고 하여(물품관리법 제2조 제1항, 국유재산법 제5조 제1항 제1호부터 제3호, 제2항, 같은 법 시행령 제3조), 동산 중에서도 현금, 유가증권, 선박, 기관차 등을 물품의 범위에서 제외한다. 그리고 국유재산법은 부동산과 그 종물, 선박·부표·부잔교·부선거·항공기와 그 종물, 정부기업이나 정부시설에서 사용하는 중요한 기계와 기구, 지상권·지역권·광업권 그 밖에 이에 준하는 권리, 증권, 지식재산 등을 국유재산으로 다룬다. 이처럼 다른 법률에서는 그에 맞는 규율범위를 정하기 위해, 물건, 물품, 국유재산 등이라는 용어를 각각 달리 사용하기 때문에, 이를 공공계약법이 규정하는 물품의 개념에 그대로 차용하기는 곤란하다.

다만, 국어사전에서는 물품이란 일정하게 쓸 만한 값어치가 있는 물건이라거나 부동산을 제외한 모든 유체물(有體物)이라고 정의하고,[3] 공공계약의 목적물인 물품은 동산을 지칭하는 경우가 많기 때문에 공공계약법상 물품도 부동산을 제외한 동산만을 지칭한다고 해석할 여지가 있다. 가령, 물품제조(구매)계약일반조건이나 같은 특수조건에는 동산의 제조·구매를 전제한 조항이 대부분이다. 그러나 공공계약법이 명시적으로 물품을 동산만으로 한정하지 않은 점, 국유재산 중 일반재산을 관리·처분하려는 경우에는 국가계약법을 따라야 하

1) 대법원 1961. 12. 28. 선고 4294민상204 판결.
2) 계승균, 앞의 책, 63쪽.
3) https://dict.naver.com (네이버 어학사전).

므로 부동산도 목적물에 해당하는 점, 국가계약법 시행령에도 토지·건물 등 부동산을 매입하려는 경우를 수의계약 사유로 규정하는 점(국가계약법 시행령 제26조 제1항 제2호 카목) 등을 종합할 때, 공공계약의 대상인 물품에서 부동산을 배제할 이유가 없다.

2. 용역

용역이란 물적(物的) 재화의 형태를 갖지 않고 생산과 소비에 필요한 노무를 제공하는 일을 말한다. 공공계약 실무에서는 편의에 따라 기술용역과 일반용역으로 구분하는데, 기술용역은 건설기술진흥법 제2조 제3호, 엔지니어링기술진흥법 제2조 제1호, 건축사법 제2조 제3호, 제4호, 전력기술관리법 제2조 제3호, 제4호, 정보통신공사업법 제2조 제8호, 제9호, 소방시설공사업법 제2조 제1항 제1호 가목, 다목 등에 규정한 용역과 이에 준하는 용역을 말하며, 일반용역은 기술용역을 제외한 모든 용역을 말한다. 일반용역으로는 가령, 정보화사업용역, 폐기물처리 용역, 시설물 유지·관리 용역(건물 관리, 청소, 경비, 조경 등), 육상운송 용역, 학술연구용역, 전시·행사대행 용역, 광고·디자인 용역, 장비 유지보수 용역, 보험 용역 등이 있다.

3. 공사

공사란 건설기본법이 정한 건설공사, 전기공사법이 정한 전기공사, 정보통신공사법이 정한 정보통신공사, 소방시설공사업법이 정한 소방공사, 문화재보호법이 정한 문화재수리공사 등이 있다. 한편, 건설공사는 토목공사, 건축공사, 산업설비공사, 조경공사, 환경시설공사, 그 밖에 명칭과 관계없이 시설물을 설치·유지·보수하는 공사와 기계설비나 그 밖에 구조물 설치·해체공사 등을 포함한다(건설산업기본법 제2조 제4호). 그리고 건설공사는 업종에 따라 다시 종합공사와 전문공사로 나누는데, 종합공사는 종합적인 계획, 관리, 조정을 하면서 시설물을 시공하는 건설공사를(건설산업기본법 제2조 제5호), 전문공사는 시설물 일부나 전문 분야와 관련한 건설공사를(건설산업기본법 제2조 제6호) 각 말한다.

제 3 절 공공계약의 근거법령

Ⅰ. 개요

법령에 특별한 규정이 없으면, 공공계약을 체결하는 당사자 중 일방이 누구인지에 따라 해당 계약관계에 적용하는 기준과 근거인 법령도 달라진다. 다만, 지방자치단체의 장이 중앙행정기관의 장에게 계약사무를 위임·위탁하는 경우에는, 위임·위탁을 받는 기관이 중앙행정기관의 장이지만 국가계약법령이 아닌 지방계약법령에 따라 계약사무를 처리해야 한다(지방계약법 제7조 제2항). 계약당사자별로 계약사무에 적용해야 하는 법령은 다음 표와 같다.

일방 계약당사자	근거 법령 등
각 중앙관서	국가계약법, 시행령, 시행규칙
지방자치단체	지방계약법, 시행령, 시행규칙
공기업·준정부기관	공공기관운영법, 공기업·준정부기관 계약사무규칙
기타공공기관	기타공공기관 계약사무 운영규정
지방공기업	지방공기업법, 시행령, 시행규칙
지방자치단체 출자·출연기관	지방자치단체출자기관법, 시행령

그 밖에도 실질적으로 공공계약법을 구성하는 법률로, 조달사업법, 방위사업법, 판로지원법, 국유재산법, 공유재산 및 물품관리법, 국가재정법, 민법, 상법 등이 있으나, 아무래도 공공계약법의 기본법적 위치를 차지하는 법은 국가계약법이므로, 여러 공공계약법 중에서도 국가계약법이 주요 연구대상에 해당한다. 아래에서는 개별 공공계약법의 목적과 연혁을 살펴보고, 그 적용범위를 검토해 보고자 한다.

Ⅱ. 각 공공계약법의 목적과 연혁

1. 국가계약법

가. 목적

국가계약법은 '국가를 당사자로 하는 계약'에 적용한다. 즉, 국가계약법은 국가를 당사자로 하는 계약의 기본사항을 정하여 계약업무를 원활하게 수행하도록 할 목적으로 제정되었고(국가계약법 제1조), 여기서 국가를 당사자로 하는 계약이란 국제입찰에 따른 정부조달계약과 국가가 대한민국 국민을 계약상대자로 하여 체결하는 계약(세입의 원인이 되는 계약을 포함한다)을 말한다(국가계약법 제2조 참조). 이러한 국가계약법은 WTO 정부조달협정 타결에 따른 정부조달시장 개방에 대비하여 제정되었으며,[1] 정부조달협정을 차질 없이 이행하고 국가가 주체인 계약업무 전반을 원활히 수행하려는 목적을 가진다.[2]

1) 장훈기, 공공계약제도 해설, 도서출판 삼일, 2015, 85쪽.
2) 정태학 외 3인, 앞의 책, 1쪽.

나. 연혁

국가계약은 1951. 9. 24. 법률 제217호로 제정된 재정법에 따라 규율되었는데, 재정법은 예산, 결산, 수입, 지출, 계약 등을 규정한 국가재정과 회계 관련 기본법으로서, 제57조에 "각 중앙관서의 장은 매매, 대차, 청부 기타의 계약을 할 경우에 있어서는 모두 공고를 하여 경쟁에 부쳐야 한다. 단, 각 중앙관서의 장은 대통령령의 정하는 바에 의하여 지명경쟁 또는 수의계약에 의할 수 있다."라는 1개 조항만을 두었다.

그러나 위 재정법은 1961. 12. 19. 법률 제849호로 제정된 예산회계법이 1962. 1. 1. 시행되면서 폐지되었고, 그 후 예산회계법이 국가 재정과 회계의 기본법적 지위를 차지했다. 다만, 예산회계법도 제정 당시 재정법처럼 제70조 한 조항에서만 국가계약의 근거를 두었으나, 1975. 12. 31. 개정에 따라 제70조부터 제70조의18까지 조항을 추가했고, 1989. 3. 31. 전부개정으로 제73조부터 제95조까지 조항을 늘렸다.

한편, 1994. 4. 15. 모로코 마라케쉬에서 세계무역기구(WTO) 정부조달 협정 체결 이후, 우리나라도 위 협정에 서명하였는데, 위 협정은 1996. 1. 1.부터 효과가 발생하나, 우리나라는 1997. 1. 1.부터 조달시장을 개방하기로 하고, 이에 예산회계법에 있던 국가계약 조항을 별개 법률로 제정할 필요가 있어 1995. 1. 5. 법률 제4868호로 국가계약법을 제정했다.

현재 국가계약법은 법률과 시행령, 시행규칙은 물론 외국과 체결한 정부조달협정을 이행하기 위한 「특정조달을 위한 국가를 당사자로 하는 계약에 관한 법률 시행령 특례규정」과 그 시행규칙, 국제입찰에 따른 계약사무처리를 위한 「특정물품 등의 조달에 관한 국가를 당사자로 하는 계약에 관한 법률 시행령 특례규정」과 시행규칙 등으로 구성된다.

2. 지방계약법

가. 목적

지방계약법은 지방자치단체를 당사자로 하는 계약에 적용하는 일반규정으로, 계약당사자 한쪽이 지방자치단체일 때 그 상대방과 체결하는 수입·지출의 원인이 되는 계약에서 국가계약법과 같은 기능을 수행한다. 즉, 지방계약법은 지방자치단체를 당사자로 하는 계약의 기본사항을 정하여 계약업무를 원활하게 수행하도록 할 목적으로 제정되었고(지방계약법 제1조), 지방자치단체가 계약상대자와 체결하는 수입·지출 원인이 되는 계약 등에 적용된다(지방계약법 제2조 참조).

〔지방계약법의 특별규정〕

지방계약법에는 국가계약법에 없는 수의계약 내용 공개(지방계약법 제9조 제4항), 주민참여에 따른 계약감독제도(지방계약법 제16조), 재해복구계약에 대한 개산계약제도(지방계약법 제27조 제2항), 계약심의위원회 설치와 운영(지방계약법 제32조), 지방자치단체의 장 등에 대한 계약체결제한제도(지방계약법 제33조) 등 조항을 두어, 지방계약의 투명성과 실효성을 더욱 확보했다. 또한, 지방계약은 국가계약과 다른 특징도 가진다. 즉, 국가계약은 대규모인 반면 지방계약은 중소규모이고, 국가계약으로는 체결하지 않는 쓰레기처리, 상하수도, 거리환경조성, 지역축제행사, 광고물 정비 등을 위한 계약을 주로 지방계약으로 체결하는 경우가 많으며, 지역경제를 활성하기 위해 직·간접으로 지방건설업자를 지원하기도 한다. 그리하여 지방계약법은 지방계약의 특수성을 반영하여 국가계약법에서 정하지 않은 특별한 규정을 두기도 한다.

나. 연혁

지방재정법은 1963. 11. 11. 법률 제1443호로 제정되어 1964. 1. 1.부터 시행되었는데, 해당 법은 지방자치단체의 재정과 회계의 기본원칙을 정하여 지방재정의 건전한 운영과 엄정한 관리를 도모하였다(지방재정법 제1조). 특히 지방재정법은 위와 같이 재정과 회계의 통일 법률로서 당시 문란했던 재정질서를 바로잡아 지방자치의 건전한 발전을 기하려 했다.

당시 지방재정법은 계약의 원칙, 계약의 위임, 계약의 방법, 부정당업자의 입찰참가자격 제한, 지방자치단체 국제계약분쟁조정위원회의 설치 등만 규정하고, 같은 법과 관련 법률에서 정한 사항을 제외하고는 국가계약법을 준용하도록 하였다(지방재정법 제63조). 그러나 지방자치제도가 정착하면서 국가계약과 다른 특성을 가진 지방계약을 독자적인 법률로써 규율할 필요가 있다는 여론에 힘입어, 정부는 2005. 8. 4. 법률 제7672호로 지방자치단체를 당사자로 하는 계약의 기본사항을 정하고, 지방자치단체의 특성을 반영한 계약제도를 마련하여 지방계약의 투명성과 효율성을 높이기 위한 지방계약법을 제정했으며, 2006. 1. 1.부터 해당 법률을 시행했다. 이에 부정당업자 입찰참가자격제한 역시 지방재정법에서 간단히 규정했다가 지방계약법을 제정하면서 보다 자세한 규정을 두었다.

3. 공공기관운영법, 공기업·준정부기관 계약사무규칙

가. 목적

공공기관운영법은 공기업·준정부기관의 회계처리나 입찰참가자격 제한과 관련하여 필요한 사항을 기획재정부령으로 정하도록 위임하였고(공공기관운영법 제39조 제3항), 이에 따른 공기업·준정부기관 계약사무규칙은 계약당사자 한쪽이 공기업·준정부기관인 계약에 적용되는 기준과 절차, 입찰참가자격제한 등에 필요한 사항 등을 정한다. 따라서 공기업·준정부기관의 계약처리에서는 다른 법령에 특별한 규정이 없다면 공기업·준정부기관 계약사무규칙이 정하는 바에 따른다(공기업·준정부기관 계약사무규칙 제2조 제1항). 그리고 공기업·준정부기관 계약과 관련하여 공기업·준정부기관 계약사무규칙에서 정하지 않은 사항은 국가계약법령을 준용한다(공기업·준정부기관 계약사무규칙 제2조 제5항).

〔공공기관의 계약특례 근거〕

공기업·준정부기관 업무는 다양하므로, 국가기관과 다른 특성을 가진다. 따라서 공기업·준정부기관의 장은 해당 공기업·준정부기관 업무의 특성, 계약의 공정성과 투명성 확보 그 밖에 불가피한 사유가 있는 경우, 기획재정부장관 승인을 받아 공기업·준정부기관 계약사무규칙에서 정하는 내용과 다른 내용으로 계약의 기준·절차를 정할 수도 있다(공기업·준정부기관 계약사무규칙 제2조 제2항 본문).

나. 연혁

공공기관운영법 제정 이전에는 정부투자기관관리기본법이 1983. 12. 31. 법률 제3690호로 제정되어 1984. 3. 1. 시행되었다. 정부투자기관관리기본법은 국민경제의 운용에서 큰 비중을 차지하는 정부투자기관의 경영합리화를 촉진하기 위해 정부투자기관의 관리방식을 사전통제방식에서 사후평가방식으로 전환하고 그 운영의 자율성을 높이는 한편 정부투자기관의 경영층조직을 의결기능과 집행기능으로 분리하여 전문화하는 등 정부투자기관의 책임경영체계를 확립하기 위한 제도적 장치를 마련했다. 그런데 정부투자기관관리기본법에는 공기업과 같은 정부투자기관이 계약당사자인 계약에서 부정당업자 입찰참가자격제한할 수 있는 근거만 두었으나(정부투자기관관리기본법 제20조), 각종 법률에 산재하던 공기업, 준정부기관을 통폐합하여 2007. 1. 19. 공공기관운영법을 제정하고 같은 해 4. 1.부터 이를 시행했다.[1)]

4. 기타공공기관의 혁신에 관한 지침, 기타공공기관 계약사무 운영규정

공공기관운영법은 기타공공기관의 근거는 두었지만(공공기관운영법 제5조 제1항 제2호), 기타공공기관이 수행하는 계약사무나 입찰참가자격 제한의 근거를 별도로 규정하지 않았다(공공기관운영법 제39조 참조). 다만, 기획재정부장관은 공공기관운영법 제15조 제2항에 따라 공공기관의 혁신에 필요한 사항을 정하기 위한 공공기관의 경영혁신에 관한 지침을 마련했고, 해당 지침 제7조 제3항에 따라 기타공공기관 계약사무 운영규정을 두었다. 따라서 기타

1) 김성근, 앞의 책(Ⅰ), 43쪽.

공공기관은 법률상 위임 근거가 없는 기타공공기관 계약사무 운영규정에 따라 계약사무나 입찰참가자격제한 업무를 수행한다. 그런데 공공기관의 경영혁신에 관한 지침과 기타공공기관 계약사무 운영규정은 법규명령이 아닌 행정부 내부규정(훈령)에 불과하므로, 예를 들면, 공기업·준정부기관이 공공기관운영법에 따라 행정처분으로서 입찰참가자격제한을 할 수 있는 것과 달리 기타공공기관은 법률상 근거가 없기 때문에 행정처분이 아닌 사적 제재로서 입찰참가자격제한만 할 수 있다.[1)] 한편, 기타공공기관 역시 공기업·준정부기관과 마찬가지로 그 업무가 다양하다. 따라서 기타공공기관의 장은 해당 기관 업무의 특성, 계약의 공정성과 투명성 확보 그 밖에 불가피한 사유가 있는 경우, 기획재정부장관 승인을 받아 기타공공기관 계약사무 운영규정에서 정하는 내용과 다른 내용으로 계약의 기준·절차를 정할 수 있다(기타공공기관 계약사무운영규정 제2조 제2항 본문).

5. 지방공기업법

가. 목적

지방공기업법은 지방자치단체가 직접 설치·경영하거나, 법인을 설립하여 경영하는 기업의 운영에 필요한 사항을 정하여 그 경영을 합리화함으로써 지방자치의 발전과 주민복리의 증진에 이바지할 목적으로 시행 중이다(지방공기업법 제1조). 이에 따라 지방공사는 지방공단이 계약사무를 처리할 때 지방공기업법이 정하는 절차와 기준에 따라야 한다(지방공기업법 제64조의2, 제76조 참조). 그리하여 지방공기업법 제64조의2 제6항, 제76조 제2항에 따른 계약의 기준, 절차와 입찰참가자격제한 등과 관련해서는 그 성질에 반하지 않는 범위에서, 지방계약법 제31조, 제31조의5와 같은 법 시행령 제2조, 제6조, 제6조의2, 제7조부터 제32조까지, 제32조의2, 제33조부터 제42조까지, 제42조의3, 제42조의4, 제43조, 제44조, 제44조의2, 제45조부터 제49조까지, 제51조, 제52조, 제54조부터 제56조까지, 제64조, 제64조의2, 제66조부터 제71조까지, 제71조의2, 제71조의3, 제72조부터 제75조까지, 제75조의2, 제76조부터 제78조까지, 제78조의2, 제79조, 제81조부터 제86조까지, 제87조부터 제89조까지, 제89조의2, 제90조부터 제92조까지, 제93조, 제94조부터 제97조까지, 제97조의2, 제98조, 제98조의2, 제99조, 제100조, 제100조의2, 제101조, 제103조를 준용한다(지방공기업법 시행령 제57조의8 제1항).

나. 연혁

지방공기업법은 지방자치단체가 경영하는 기업의 조직, 재무, 경영 기준을 정하여 그 경영을 합리화하고, 지방자치 발전에 기여하려는 목적으로 1969. 1. 29. 제정되어 같은 해

---

1) 대법원 2017. 6. 29. 선고 2014두14389 판결.

7. 30. 시행되었다.[1)]

6. 지방자치단체출자기관법

가. 목적

지방자치단체출자기관법은 지방자치단체가 출자하거나 출연하여 설립한 기관의 운영에 필요한 사항을 정해 그 기관의 경영을 합리화하고 운영의 투명성을 높여 지역주민에 대한 서비스 증진에 이바지할 목적으로 시행 중이다(지방자치단체출자기관법 제1조). 지방자치단체출자기관법은 출자·출연기관에게 입찰참가자격제한 권한을 부여하고(지방자치단체출자기관법 제17조 제4항), 계약의 기준과 절차, 입찰참가자격 제한 등 그 밖에 필요한 사항을 시행령으로 정하도록 하였다(지방자치단체출자기관법 제17조 제6항). 그리하여 계약의 기준과 절차와 입찰참가자격의 제한 등은 그 성질에 반하지 않는 범위에서 지방계약법 제31조, 제31조의5와 같은 법 시행령 제2조, 제7조부터 제32조까지, 제32조의2, 제33조부터 제42조까지, 제42조의 3, 제42조의4, 제43조, 제44조, 제44조의2, 제45조부터 제49조까지, 제51조, 제52조, 제54조부터 제56조까지, 제64조, 제64조의2, 제66조부터 제71조까지, 제71조의2, 제71조의3, 제72조부터 제75조까지, 제75조의2, 제76조부터 제78조까지, 제78조의2, 제79조, 제81조부터 제86조까지, 제87조부터 제89조까지, 제89조의2, 제90조부터 제92조까지, 제93조, 제94조부터 제97조까지, 제97조의2, 제98조, 제98조의2, 제99조, 제100조, 제100조의2, 제101조, 제103조를 준용하도록 하여(지방자치단체출자기관법 시행령 제12조 제1항), 지방공기업법령과 비슷한 구조를 가진다. 그 밖에 청렴서약서의 내용(지방자치단체출자기관법 시행령 제12조의 2), 계약사무의 위탁(지방자치단체출자기관법 시행령 제13조) 등을 규정한다.

나. 연혁

지방자치단체출자기관법은 2014. 3. 24. 제정되어, 같은 해 9. 25. 시행되었다.

7. 조달사업법

가. 목적

조달사업법은 조달사업을 공정하고 효율적으로 수행하기 위해 조달사업의 범위와 운영, 관리에 필요한 사항을 규정한다(조달사업법 제1조). 정부가 수행하는 조달업무는 대부분 중앙조달기관인 조달청장이 소관하고, 조달청장이 수행하는 조달업무를 특히 조달사업이라고 한다. 즉, 조달사업이란 조달물자 구매, 물류관리, 공급과 그에 따른 사업, 수요기관의 공사계

---

1) 김성근, 앞의 책(Ⅰ), 44쪽.

약과 그에 따른 사업, 수요기관의 시설물 관리·운영과 그에 따른 사업, 조달물자와 안전관리물자의 품질관리, 국제조달협력과 해외 조달시장 진출 지원, 그 밖에 다른 법령에서 조달청이 할 수 있거나 하도록 정한 사업을 말한다(조달사업법 제3조 제1호부터 제6호). 이에 조달사업법은 계약체결 요청과 계약방법 특례를 정한 제11조부터 제14조, 대금지급 방법과 계약체결 요청에 따른 수수료, 연체료를 정한 제15조부터 제17조, 조달물자와 안전관리물자의 품질관리를 규정한 제18조부터 제20조 등 국가계약법 등이 정하지 않은 공공계약 제도와 내용과 관련한 특별규정을 둔다. 따라서 조달사업과 관련하여 다른 법률에 특별한 규정이 없다면, 위와 같은 특별규정을 따른다(조달사업법 제4조).[1] 자세한 내용은 제3편 조달사업법 등에서 다루기로 한다.

나. 연혁

조달사업법은 조달사업규모 증대에 따라 조달사업운영의 투명성을 높이기 위해 조달기금을 기업예산회계법에 따른 조달특별회계에 통합하고, 조달사업의 효율적인 수행을 위해 조달사업 운영과 관리에 필요한 사항을 정하려고 1994. 1. 5. 제정되어 1995. 1. 1. 시행된 이래 20차례 개정을 거쳐 현재에 이르렀다.

8. 방위사업법

가. 목적

방위사업법은 자주국방의 기반을 마련하기 위한 방위력 개선, 방위산업육성과 군수품조달 등 방위사업 수행에 필요한 사항을 규정하여 방위산업의 경쟁력 강화를 도모하려는 목적으로 제정·시행 중이다(방위사업법 제1조 참조). 다만, 방위사업법과 별도로 방위산업의 발전과 지원에 필요한 사항을 정한 방위산업 발전 및 지원에 관한 법률, 국방과학기술 혁신을 위한 사항을 정한 국방과학기술혁신 촉진법도 함께 시행 중이다. 방위사업청장은 방위사업 중 계약사무를 처리하기 위해 방위산업에 관한 계약사무 처리규칙을 마련하고, 착수금, 중도금 지급기준, 방법, 절차를 위해 필요한 사항을 정하기 위해 방위산업에 관한 착수금 및 중도금 지급규칙을 두었으며, 원가계산 기준과 방법을 정하기 위해 방산원가대상물자의 원가계산에 관한 규칙을 두었다.

나. 연혁

방위사업법은 방위사업을 전담하는 방위사업청이 2006. 1. 1. 개청하고, 그에 따라 방위사업 관련 기본적인 사항을 체계적으로 정할 필요가 있었으며, 방위산업에관한특별조치법 내

---

1) 조달사업법은 제3편에서 별도로 다루기로 한다.

용을 통합하는 한편, 방위사업 전반의 제도개선 내용을 반영하여 방위사업 추진에 투명성·전문성·효율성을 획기적으로 높이고, 방위산업의 경쟁력을 향상하여 자주국방의 기반을 마련하기 위해, 2006. 1. 2. 제정된 이래로, 총 30차례에 걸쳐 개정되어 현재에 이르렀다.

9. 판로지원법

가. 목적

판로지원법은 중소기업제품의 구매를 촉진하고 판로를 지원하여 중소기업의 경쟁력 향상과 경영안정에 이바지하기 위한 법이다(판로지원법 제1조). 따라서 발주기관이 중소기업제품의 조달계약을 체결하거나 판로를 지원하는 경우에는 다른 법률에 특별한 규정이 있는 경우를 제외하고 해당 법이 정하는 바에 따른다(판로지원법 제3조).

이에 판로지원법은 중소기업자간 경쟁제품 지정(판로지원법 제6조), 경쟁제품의 계약방법(판로지원법 제7조), 소기업이나 소상공인에 대한 경쟁제품 조달계약 특례(판로지원법 제7조의2), 경쟁입찰 참여자격(판로지원법 제8조), 중소기업자간 경쟁입찰 참여제한 등(판로지원법 제8조의2), 중견기업의 중소기업자간 경쟁입찰 참여의 특례(판로지원법 제8조의2), 직접생산의 확인 등(판로지원법 제9조, 제10조, 제11조)과 같은 공공계약의 특칙을 규정한다.

나. 연혁

판로지원법은 2009. 11. 22. 계약이행능력심사 등 다양한 방법으로 계약자를 결정할 수 있도록 하고, 시중 실례가격이 형성되어 있지 않아 공공기관이 구매하기에 부담이 되는 기술개발제품의 원가계산 비용 일부를 예산의 범위 내에서 지원하며, 공공구매제도의 이행력을 확보하고 중소기업의 수주기회를 확대하기 위하여 공공구매지원관제도를 도입하는 등 현행 중소기업 지원제도의 미비점을 보완하기 위해 제정·시행된 이래 총 32회 전·일부 개정을 걸쳐 현재에 이르렀다.

Ⅲ. 법적 성격

1. 내부규정과 법규

내부규정이란 국민과 법원 등 외부에 구속력을 갖지 않고, 단지 발주기관 내부에서만 효력을 갖는 법을 말한다. 반대로 법규란 일반적으로 국민과 법원 등 외부에도 구속력을 미치는 법을 말한다. 두 개념을 구별하는 이유는 가령, 내부규정을 위반한 행위라도 외부에서는 효력이 발생하고 그 위반자는 내부 징계 등을 받을 수 있을 뿐이지만, 법규를 위반한 행위는 외부 효력 자체가 생기지 않을 수 있기 때문이다.

원칙적으로 국회를 통과한 모든 법률이나 그 법률에 따른 시행령, 시행규칙 등 법규명령은 우리나라에 있는 모든 사람과 국민에게 직접 효력을 미치기 때문에 단순한 내부규정이 아니라 법규라고 보아야 한다. 그러므로 형식적으로는 공공계약법도 법규로 볼 수 있다. 그럼에도 대법원은 입찰절차나 낙찰자 결정기준 관련 규정을 '계약담당자가 지켜야 할 내부규정에 불과하다.'는 판례를 유지하여 법규성을 부정하는 듯하다.[1)]

이에 대하여 학설은, 공공계약법은 실체법으로서 규범력이 없기 때문에 내부규정에 불과하다는 견해,[2)] 공공계약법은 공법에 해당하기 때문에 당연히 법규성을 지닌다는 견해,[3)] 공공계약법 내용 중에는 내부규정과 법규가 모두 존재하므로, 모든 조항이 내부규정에 불과하다고 보기 어렵다는 견해[4)]가 대립한다.

그러나 공공계약법에는 그 성격상 계약담당공무원이 준수해야 할 절차나 기준에 불과한 이른바 내부규정도 있지만, 예를 들어 신의성실의 원칙, 부당특약금지 원칙과 같이 외부적 효력을 정한 조항도 분명히 있다. 또한, 공공계약법이 정한 각 조항의 개별 성격이나 취지를 고려하지 않고, 모든 사항을 단순히 내부규정으로만 이해한다면, 가령 계약담당공무원이 법률에 어긋나게 계약사무를 처리했더라도 그 사법상 효력을 거의 제한 없이 인정하는 결과를 초래하고, 자칫 사법부가 입법부의 법률제정권(헌법 제40조 참조)을 존중하지 않는다는 비판에 마주할 수 있다. 따라서 공공계약법을 내부규정에 불과하다고 이해하는 견해는 개별 조항의 취지 등을 고려하여 신중히 취할 필요가 있다.

2. 절차법과 실체법

공공계약법은 발주기관이 준수해야 하는 절차규정으로서 순수한 절차법에 해당한다는 견해도 있지만, 계약체결, 대금 지급, 계약해제·해지 등 권리·의무 사항을 직접 규정한 실체법 조항도 있으므로, 유력한 견해는 공공계약법이 절차법과 실체법의 성격을 모두 갖는다고 본다.[5)]

---

1) 대법원 2001. 12. 11. 선고 2001다33604 판결, 대법원 2006. 4. 28. 선고 2004다50129 판결, 대법원 2006. 6. 19. 자 2006마117 결정 등.
2) 정원, 앞의 책, 68쪽.
3) 박정훈, 행정법의 체계와 방법론, 박영사, 2005, 228쪽, 안철상, 공법상 당사자소송에 관한 연구, 건국대학교 박사논문, 2005, 103쪽, 김대인, 행정계약에 관한 연구, 서울대학교 대학원 박사학위논문, 2006, 22쪽.
4) 김성근, 앞의 책(Ⅰ), 28쪽.
5) 김성근, 앞의 책(Ⅰ), 29쪽.

3. 특별법과 일반법

공공계약법은 부정당업자제재 규정을 제외하면 순수한 사법이고, 절차법과 실체법 요소를 모두 갖기 때문에 민법의 특별법으로 파악해야 한다는 견해[1]와 공익을 실현하기 위한 법이라거나 공법·절차법에 해당하기 때문에 순수한 사법인 민법의 특별법으로 보기는 어렵다는 견해,[2] 공공계약법은 민법의 특별법이 아닌 순수한 공법이라는 견해가 대립한다. 대법원은 법령에 특별한 규정이 있는 경우를 제외하고는 사법상 규정이나 원리가 그대로 적용된다고 한다.[3]

이에 살펴보면, 공공계약법은 부정당업자제재나 과징금 등 규정을 제외하면 순수한 사법에 해당하기 때문에 민법의 특별법으로 파악해야 한다는 견해가 온전하지는 않다. 왜냐하면 공공계약법에는 부정당업자제재나 과징금 등 규정을 제외하고도 '각 중앙관서의 장 또는 계약담당공무원은 … 한다(할 수 있다).'라는 형식으로 발주기관의 계약사무처리 방법을 규율하는 규정이 대부분이기 때문이다. 다만, 민법에도 실체 규정만이 아니라 절차 규정이 있고(민법 제389조 참조), 나아가 사법관계뿐만 아니라 공법관계를 규율하는 조항도 있으므로(민법 제97조 참조), 공법규정이 포함된 법률이라는 이유만으로 만연히 민법의 특별법이 아니라고 이해해서는 곤란하다. 따라서 공공계약법은, 원칙적으로 일반사법인 민법과 관계에서 특별사법에 해당하면서도, 일부 공법규정을 포함하는 특별법이라고 이해해야 한다.

4. 일반법과 보충법

가. 일반법

국가계약은 다른 법률에 특별한 규정이 있는 경우를 제외하고 국가계약법의 적용을 받는다(국가계약법 제3조). 그리고 지방계약은 다른 법률에 특별한 규정이 있는 경우를 제외하고 지방계약법의 적용을 받는다(지방계약법 제4조). 공공기관운영법도 같은 취지로 규정한다(공공기관운영법 제2조 제2항).

그렇다면 위와 같은 규정이 각 법률의 일반법적 지위를 인정한 것인지 문제이다. 예를 들어 조달사업법은 공공계약을 포함한 조달사업의 범위와 운영, 관리에 필요한 사항을 규정한 법률로서(조달사업법 제1조, 제3조 제1호, 제2호 제3호 참조), 다른 법률에 특별한 규정이 있는 경우를 제외하고는 조달사업법에서 정하는 바에 따라야 하는데(조달사업법 제4조), 여기서

1) 김성근, 앞의 책(Ⅰ), 30쪽.
2) 김봉채, 國家를 當事者로 하는 契約에 관한 法律에 관한 硏究, 성균관대학교, 2006, 232쪽.
3) 대법원 2004. 12. 10. 선고 2002다73852 판결.

‘다른 법률’에는 당연히 국가계약법 등도 포함되기 때문에, 오히려 조달사업법이 국가계약법 등보다 일반법이 아닌가 하는 의문이 있을 수 있다. 그러나 국가계약법은 국가를 당사자로 하는 계약의 기본적인 사항을 정한 법률이고, 조달사업법에 규정한 각종 계약제도는 그 가운데 일부이거나 특수한 내용(예를 들어, 다수공급자계약 등)에 불과하기 때문에, 적어도 공공계약과 관련해서는 국가계약법이 일반법적 지위를 갖는다고 본다. 따라서 국가계약법상 계약규정과 조달사업법상 계약규정이 충돌하는 경우, 특별법 우선원칙에 따라 조달사업법상 계약규정을 먼저 적용해야 한다.

나. 보충법

한편, 국가를 당사자로 하는 계약에 관하여는 다른 법률에 특별한 규정이 있는 경우를 제외하고는 이 법에서 정하는 바에 따른다고 규정한 국가계약법 제3조가 보충성을 인정한 내용인지도 논란이 있다. 일부 견해는 보충성이란 계약에 관련 규정이 없을 때 계약 규정을 대신하여 법령을 계약 내용으로 적용한다는 의미인데 국가계약법 중 강행규정성이 인정되지 않는 조항은 그 자체로 계약을 보충하는 효력이 있다고 보기 어려우므로, 국가계약법 제3조는 국가계약법의 보충성을 인정한 내용이 아니라고 주장한다.[1] 그러나 공공계약을 사법상 계약으로 보는 만큼, 강행규정뿐만 아니라 임의규정도 당사자의 의사를 보충하는 의미로서 계약 내용이 될 수 있다(민법 제1조, 제105조). 따라서 국가계약법 제3조는 국가계약법의 일반법적 지위뿐만 아니라 보충법적 지위도 아울러 인정한 조항이라고 해석해야 한다.[2]

5. 강행규정과 임의규정

가. 개념

법률규정은 당사자 의사로 그 적용을 배제·변경할 수 있는지에 따라 강행규정과 임의규정으로 구분한다. 즉, 당사자의 의사로 법률규정 적용을 배제·변경할 수 있는 규정을 강행규정, 그렇지 않은 규정을 임의규정이라 하는데, 법령 중 ‘선량한 풍속 기타 사회질서와 관계없는 규정’은 대부분 임의규정에 해당한다.

한편, 강행규정은 다시 그 규정을 위반한 법률행위에 사법상 효과를 인정하지 않는 효력규정과 그 규정을 위반한 법률행위에 사법상 효과는 인정하되, 행정제재나 형사제재를 가하는 단속규정으로 나누기도 하는데, 다만, 단속규정이라 하더라도 당사자들이 통정하여 이를 위반한 법률행위를 한 경우, 선량한 풍속 기타 사회질서에 반하여 무효가 될 수 있다.[3]

---

1) 법무법인(유)태평양 건설부동산팀, 앞의 책, 9쪽, 정태학 외 3인, 앞의 책, 6쪽.
2) 같은 취지로 김성근, 앞의 책(Ⅰ), 48쪽.
3) 대법원 1993. 7. 27. 선고 93다2926 판결.

그런데 공공계약법은 당사자가 약정한 계약내용에 공백이 있을 경우, 그 공백을 메우는 해석기준이라는 의미에서 보충성을 갖는다고 보아야 한다.[1] 그럼에도 계약당사자가 공공계약법에 있는 규정과 다른 특약을 정한다고 할 때, 그 특약의 효력을 인정할 수 있겠는가 하는 문제가 생긴다. 만약, 공공계약법에 있는 규정이 강행규정, 특히 효력규정이라면 해당 특약은 효력이 없고, 임의규정이라면 해당 특약은 효력이 있다고 해석할 수 있다.

나. 판단기준

그렇다면 공공계약법에 있는 어떤 규정이 강행규정이고, 임의규정인지 문제된다. 대법원 판례는 공공계약법의 개별규정에 따라 강행규정 성격을 인정하는 조항[2]과 그렇지 않은 조항[3]을 구분하는데, 그 기준이 명확하지 못하다는 견해도 있다.[4] 그러나 공공계약법에 있는 개별 조항을 살펴보면, 그 효과를 직접 규정하거나 위반효력을 명문으로 부정하는 등 특별한 규정을 두지 않는 경우가 더욱 많으므로, 공공계약법 규정을 일률적으로 강행규정이나 임의규정 중 어느 하나라고 단정할 수는 없다. 따라서 대상 규정의 취지와 내용 등을 고려해 개별적으로 강행규정성 유무를 판단할 수밖에 없고, 그런 관점에서 대법원 판례를 이해해야 한다.

즉, 계약당사자에게 일정한 의무를 부과하거나 일정한 행위를 금지하는 법률에서 이를 위반한 법률행위 효력을 명시하고 있는 경우에는 그 규정에 따라 법률행위의 유·무효를 판단해야 하므로, 법률에서 해당 규정을 위반한 법률행위를 무효라고 정하였거나 해당 규정이 효력규정이나 강행규정이라고 명시했다면 그러한 규정을 위반한 법률행위는 무효로 보아야 한다. 이와 달리 법률에서 금지규정 등을 위반한 법률행위의 효력을 명시하지 않았다면, 그 규정의 입법배경과 취지, 보호법익, 위반의 중대성, 당사자에게 법규정을 위반하려는 의도가 있었는지, 규정 위반이 법률행위 당사자나 제3자에게 미치는 영향, 위반행위에 대한 사회적·경제적·윤리적 가치평가, 이와 유사하거나 밀접한 관련이 있는 행위를 평가하는 법의 태도 등 여러 사정을 종합적으로 고려하여 그 효력을 판단할 수밖에 없다.[5]

---

1) 정태학 외 3명, 앞의 책, 19쪽은 보충성을 부정한다.
2) 대법원 2015. 4. 23. 선고 2014다236625 판결.
3) 대법원 2017. 12. 21. 선고 2012다74076 전원합의체 판결은 개정 전 국가계약법 시행령 제4조는 계약담당공무원은 계약을 체결함에 있어서 국가계약법령 및 관계법령에 규정된 계약당사자의 계약상 이익을 부당하게 제한하는 특약 또는 조건을 정해서는 안 된다고 규정하므로 공공계약에서 계약상대자의 계약상 이익을 부당하게 제한하는 특약은 효력이 없다면서도 국가계약법상 물가변동에 따른 계약금액 조정규정은 국가 등이 사인과 계약관계를 공정하고 합리적·효율적으로 처리할 수 있도록 계약담당자 등이 지켜야 할 사항을 규정한 데에 그칠 뿐이고, 국가 등이 계약상대자와 합의에 기초하여 계약당사자 사이에만 효력이 있는 특수조건 등을 부가하는 것을 금지하거나 제한하는 것이라고 할 수 없으며, 사적 자치와 계약자유의 원칙상 그러한 계약 내용이나 조치의 효력을 함부로 부인할 것이 아니라고 보았다.
4) 김대인, 앞의 논문, 552쪽.
5) 대법원 2018. 10. 12. 선고 2015다256794 판결.

아래에서는 국가계약법을 중심으로, 법령 문언과 판례 태도를 고려하여 개별규정이 강행규정인지 아니면 임의규정인지를 나누어 검토하고자 한다.

다. 국가계약법상 강행규정

대법원은 "국가계약법 제11조 제1항, 제2항 취지에 따르면 국가가 사경제 주체로서 사인과 사법상 계약을 체결할 때는 위 법령에 따른 계약서를 따로 작성하는 등 그 요건과 절차를 이행해야 하므로, 설령 국가와 사인이 사법상 계약이나 예약을 체결했다 하더라도 위 법령상 요건과 절차를 거치지 않았다면 그 효력이 없다."고 하여,[1] 국가계약법 제11조를 강행규정, 특히 효력규정으로 보았다.

또한, 발주기관의 대가지급 지연에 따른 이자 비율을 정한 국가계약법 시행령 제59조도 효력규정으로 보았다.[2] 즉, 국가계약법 제15조 제2항은 국고의 부담이 되는 계약에 따른 대가를 기한까지 지급할 수 없는 경우 대통령령이 정하는 바에 따라 그 지연일수에 따른 이자를 지급해야 한다고 정하고, 같은 법 시행령 제59조는 대가지급 지연에 대한 이자의 비율을 구체적으로 정하였는데, 원래 '금융기관의 일반자금 대출 시 적용되는 연체이자율을 적용한 이자를 지급해야 한다'고 규정했으나, 2006. 5. 25. 대통령령 제19483호로 개정할 당시 '금융기관 대출평균금리(한국은행 통계월보상 대출평균금리)'를 적용한 이자를 지급해여야 한다고 변경되었고, 특히 2006. 5. 25. 개정된 국가계약법 시행령 부칙 제4조는 "이 영 시행 전에 체결된 계약에 대한 대가지급지연에 대한 이자의 지급에 관하여는 제59조의 개정규정에 불구하고 종전의 규정에 의한다."라고 정하므로, 위와 같은 국가계약법 제15조와 같은 법 시행령 제59조 개정 전·후 문언과 내용, 국가계약의 성격, 국가계약법령의 체계와 목적 등을 종합하면 대가지급 지연에 대한 이자 규정은 모든 공공계약에 적용되는 효력규정이라고 판단했다.

한편, 국가계약법 제5조 제3항은 이른바 부당한 특약 금지 원칙을 규정하면서, 같은 제5조 제4항에서 제3항을 위반한 부당한 특약을 무효라고 규정한다. 따라서 법률이 직접 그에 위반하는 행위는 효력이 없다고 규정한 내용이기 때문에, 이 역시 강행규정에 해당한다고 본다.[3]

그 밖에 대법원은 입찰참가자격이 없는 자가 참가한 입찰을 무효로 한다고 규정하는 지방계약법 시행령 제13조 제1항, 제39조 제4항을 수의계약에도 유추적용할 수 있다고 보

1) 대법원 2004. 1. 27. 선고 2003다14182 판결, 대법원 2009. 12. 24. 선고 2009다51288 판결, 대법원 2015. 1. 15. 선고 2013다215133 판결.
2) 대법원 2018. 10. 12. 선고 2015다256794 판결.
3) 다만, 단속규정에 해당한다는 견해로 정철민, 국가계약법령상 지체상금과는 별도로 특수조건에서 정한 손해배상액의 예정이 일반조건 제3조 제3항에 의하여 무효인지 여부, 대법원 판례해설 통권 제93호 (2012년 하반기), 2013, 503쪽.

고, 수의계약 사유가 없는 자가 체결한 수의계약은 무효라고 하는데,[1] 이런 판례는 입찰무효 규정을 강행규정으로 전제한 다음 그 유추적용까지 인정하여 계약절차에서 공정성을 확보한 취지라고 평가받는다.[2]

라. 국가계약법상 임의규정

한편, 대법원은 국가계약법 가운데 적격심사제 규정(국가계약법 제10조, 같은 법 시행령 제42조),[3] 지체상금 산정방법 규정(국가계약법 제26조, 같은 법 시행령 제74조),[4] 물가변동에 따른 계약금액 조정 규정(국가계약법 제19조, 같은 법 시행령 제64조)[5]을 국가 내부규정에 불과하다고 전제하여 효력규정이 아니라고 한다. 다만, 물가변동에 따른 계약금액조정 조항을 임의규정에 불과하다고 본 대법원 판례는 문제가 있다는 견해가 있는데, 이는 국가계약법은 물가변동이나 환율변동에 따른 계약금액 조정요건과 효과를 명확히 규정하는데, 이러한 규정은 물가상승이 있더라도 사업자로 하여금 계약을 원활히 이행하게 하고, 물가하락이 있더라도 재정낭비를 막는 역할을 수행하기 때문에, 계약의 공정성을 확보고자 하는 규정이므로 이러한 취지를 고려하면 해당 규정에 강행규정성을 인정하는 것이 바람직하다고 한다.[6] 나아가 이 견해는 기획재정부나 조달청 등도 계약금액 조정조항을 강행규정으로 해석해 왔다면서[7] 현재 대법원 판례에 반대한다.

그러나 공공계약법에는 계약금액조정을 배제하는 특약의 효력을 부정하는 규정이 없고, 계약의 성질이나 이행방법 등 특성을 고려해 물가변동에 따른 계약금액 조정을 달리 적용할 수 있어야 한다는 견해도 있다. 실무에서는 대법원 판례에 따라 임의규정성을 인정하는 방향으로 계약금액 조정제도를 운용하는 사례를 자주 볼 수 있다.

Ⅳ. 각 공공계약법의 적용범위

1. 국가계약법

국가계약법은 ① 국제입찰에 따른 정부조달계약과 ② 국가가 대한민국 국민을 계약상대자로 하여 체결하는 계약(세입의 원인이 되는 계약을 포함한)인 국가계약에 적용된다(국가계약

1) 대법원 2015. 4. 23. 선고 2014다236625 판결.
2) 김대인, 앞의 논문, 552쪽.
3) 대법원 2001. 12. 11. 선고 2001다33604 판결, 대법원 2006. 4. 28. 선고 2004다50129 판결.
4) 대법원 1996. 4. 26. 선고 95다11436 판결.
5) 대법원 2017. 12. 21. 선고 2012다74076 전원합의체 판결.
6) 김대인, 앞의 논문, 552쪽.
7) 기획재정부 2007. 6. 19. 회제41301-622, 2007. 61301-131.

법 제2조). 따라서 국가가 당사자인 계약이라면 국고의 부담이 되는 계약이든 세입의 원인이 되는 계약이든 모두 국가계약법을 적용해야 한다. 그리고 국가계약법 제2조는 명시적으로 공법상 계약과 사법상 계약을 구별하지는 않으나,[1] 국가계약법 적용대상은 대부분 앞에서 설명한 바와 같이 사법상 계약이다.

한편, 다른 법령에 특별한 규정이 있는 경우를 제외하고, 국가계약에서는 국가계약법과 그 시행령이 정하는 바에 따라야 하고(국가계약법 제3조, 국가계약법 시행령 제3조 제1항), 각 중앙관서의 장이나 계약담당공무원은 계약사무를 처리할 때 다른 법령에 특별한 규정이 있는 경우를 제외하고는 국가계약법 시행규칙이 정한 바에 따라야 한다(국가계약법 시행규칙 제3조). 그리하여 국제입찰에 따른 정부조달계약, 국가기관이 국민과 체결하는 계약은 물론 국가기관과 국가기관이 체결하는 계약, 국가기관이 공공기관과 체결하는 계약에도 모두 국가계약법령을 적용한다.[2]

이와 달리 국가기관이 지방자치단체와 체결하는 계약에 국가계약법과 지방계약법 중 어떤 법령을 적용해야 하는지 문제된다. 생각건대 국가계약법은 모든 공공계약법의 기본법이라고 해석해야 하고, 국가계약법 시행령에도 지방자치단체와 체결하는 계약에 국가계약법을 적용하는 규정이 있으며(국가계약법 시행령 제26조 제1항 제5호 바목), 그 밖에 지방계약법의 제정 경위, 두 법률의 규정 차이 등까지 고려하면, 국가와 지방자치단체 사이의 계약에도 원칙적으로 국가계약법을 적용하되, 지방계약법 자체에 국가계약법과 다른 특별한 규정을 둔 경우에는 이는 국가계약법 규정을 배제하는 특칙으로 이해하여 지방계약법 규정을 적용해야 한다고 본다.[3]

한편, 국가계약법은 국가가 대한민국 국민과 체결하는 계약에 적용하므로, 국가가 대한민국 밖에 있는 국민과 계약을 체결하는 때도 국가계약법을 적용한다.[4] 여기서 계약상대자인 대한민국 국민은 국가기관이나 지방자치단체, 공공기관 등을 포함하지만, 국가의 부속기관이나 하부기관, 소속 공무원[5]은 국가와 다르지 않으므로 계약상대자라고 할 수 없다. 예를 들어 조달청은 조달청 산하기관인 조달교육원이나 조달청 소속 공무원과 국가계약을 체결할 수 없다. 한편, 국가가 국외에서 외국인과 체결하는 계약이나 대한민국 국민이 국외에

1) 계승균, 앞의 책, 50쪽, 협약조건에서 계약보증금 반환, 국고귀속, 지체상금 관련 국가계약법 조항을 공법상 계약인 협약에 준용하도록 규정하더라도 법적 성격에 영향이 없다고 본 대법원 2017. 11. 9. 선고 2015다215526 판결 참조.

2) 김성근, 앞의 책(Ⅰ), 46쪽.

3) 김성근, 앞의 책(Ⅰ), 47쪽.

4) 다만, 현지 여건을 고려할 때 해당 계약목적 달성이 어렵다면, 발주기관은 입찰이나 계약절차의 공정성과 공공성, 경제성을 유지하고 계약상대자 이익을 과도하게 침해하지 않는 범위에서 특약을 정해 처리할 수도 있다(회계제도과-418, 2009. 3. 3.).

5) 그 밖에 공무원은 공무 외에 영리를 목적으로 하는 업무에 종사할 수 없으므로(국가공무원법 제64조), 계약상대자로서 일반 국민이라고 볼 수 없다.

서 다른 국가나 다른 국가의 국민과 체결하는 계약에는 국가계약법을 적용하지 않는다.[1) 또한, 국가계약을 체결한 계약상대자가 제3자에게 하도급을 하였다면, 그 하도급 관계에는 국가계약법을 적용할 수 없다.[2)

2. 지방계약법

지방계약법은 지방자치단체가 계약상대자와 체결하는 수입·지출의 원인이 되는 계약 등에 적용한다(지방계약법 제2조). 지방교육법에서 교육·과학·체육 관련 사항은 "지방자치단체의 장" 또는 "특별시장·광역시장·도지사"는 "교육감"으로, "행정안전부장관"은 "교육과학기술부장관"으로, "행정안전부"는 "교육과학기술부"로 각각 본다(지방계약법 제3조). 그리고 지방계약과 관련하여 다른 법률에 특별한 규정이 없다면, 지방계약법이 정한 바에 따른다(지방계약법 제4조).

3. 공공기관운영법

공공기관운영법은 제4조부터 제6조에 따라 지정·고시된 공공기관에게 적용하며, 다른 법률에 공공기관운영법과 다른 규정이 있더라도 공공기관운영법에서 그 법률을 따르도록 규정한 때를 제외하고는 공공기관운영법을 우선 적용한다(공공기관운영법 제2조 제1항, 제2항). 그리하여 공기업·준정부기관의 계약처리와 관련하여 다른 법령에 특별한 규정이 없다면 공기업·준정부기관 계약사무규칙에 따르고(공기업·준정부기관 계약사무규칙 제2조 제1항), 해당 연도 예산규모가 250억 원 이상인 기타공공기관의 계약처리와 관련하여 다른 법령에 특별한 규정이 없다면 기타공공기관 계약사무 운영규정에 따른다(기타공공기관 계약사무 운영규정 제2조 제1항).

다만, 공기업·준정부기관의 장이나 기타공공기관의 장은 해당 기관 업무의 특성, 계약의 공정성과 투명성 확보 그 밖에 불가피한 사유가 있는 경우, 기획재정부장관 승인을 받아 공기업·준정부기관 계약사무규칙 또는 기타 공공기관 계약사무 운영규정에서 정하는 내용과 다른 내용으로 계약의 기준·절차를 정할 수도 있다(공기업·준정부기관 계약사무규칙 제2조 제2항 본문, 기타공공기관 계약사무 운영규정 제2조 제3항 본문).

4. 지방공기업법, 지방자치단체출자기관법

위 각 법률이나 그 시행령은 계약의 기준, 절차 등과 관련하여 지방계약법을 일부 준용

---

1) 김성근, 앞의 책(Ⅰ), 47쪽.
2) 서울고등법원 1998. 5. 15. 선고 97나30754 판결.

하므로(지방공기업법 시행령 제57조의8, 지방자치단체출자기관법 시행령 제12조), 해당 규정에 대해서는 지방계약법 규정을 따르면 된다.

Ⅴ. 적용한계

1. 성질상 한계

발주기관은 재화 이전에 따른 공익실현을 위해 공공계약을 체결하고, 그 재원도 대부분 조세나 공과금 등으로 조성한다. 그리고 국가 등은 한쪽 계약당사자이기도 하지만, 법령에 근거하여 일정한 공적 권한과 역할을 가지므로, 합리적인 차별 근거가 없다면 헌법상 평등원칙을 준수하여 계약상대자를 선택해야 한다. 그 밖에 계약상대자 선정은 국가 전체 경제와 사회 전반에 영향을 미치는 중요한 정책 수단에도 해당하므로, 그 과정에서 계약담당자의 자의를 배제하고 공적 자원을 효율적으로 배분해야 한다. 그러한 이유로, 공공계약법은 위와 같은 공공계약의 공공성과 공정성을 반영한 법체계에 해당하고, 실제 해석·적용에서도 위와 같은 성질을 고려해야 한다.

2. 법률상 한계

국가계약법은 공공계약과 관련해 다른 법률에 특별한 규정이 없으면 적용하는 일반법에 해당하므로(국가계약법 제3조 참조), 다른 법령에 특별한 규정이 있는 공공계약에는 적용할 수 없다.[1] 위에서 본 바와 같이 지방계약법과 관계에서도 국가계약법은 일반법에 해당한다고 보아야 한다. 그러나 엄밀히 말하면, 이는 국가계약법의 국내법상 한계라기보다, 국가계약법이 다른 공공계약법의 일반법에 해당하여 특별법이 적용되는 범위에서만 적용이 배제될 뿐이라고 이해해야 한다.

제 4 절 공공계약절차 개관

공공계약은 크게 ① 정책결정 → ② 계약방법 결정 → ③ 입찰 → ④ 계약체결 → ⑤ 계약이행 → ⑥ 계약완료 순서로 진행된다. 다만, 정책결정은 행정기관 내부의 의사결정에 불과하므로 이 책에서 이를 논하기는 적절하지 않으므로, 아래 제2장부터는 계약방법결정부터 계약완료까지 각 절차에 따라서 세부 내용을 다루기로 한다.

1) 회계제도과-1006, 2009. 6. 10.

제2장 / 계약방법결정

제 1 절 개요

Ⅰ. 경쟁입찰원칙

1. 의미

발주기관은 공공계약을 체결하려면 일반경쟁에 부치되, 계약목적, 성질, 규모 등을 고려하여 필요하다고 인정하면 제한경쟁입찰이나 지명경쟁입찰, 수의계약을 할 수 있다(국가계약법 제7조 제1항). 이를 경쟁입찰 원칙이라 한다. 경쟁입찰은 경쟁을 활용해 최적의 계약상대자를 찾는 제도로, 가격이나 기술이전 등 계약목적 달성을 위한 이행조건을 서로 제시하게 하여 발주기관이 가장 유리한 조건을 제시한 자를 선택할 수 있다는 장점이 있다.[1)]

이처럼 공공계약법은 경쟁입찰을 원칙적인 계약방법으로 규정하여, 절차에서 효율성과 공정성, 투명성을 담보하고, 결과에서 정당성을 보장한다.

2. 종류

경쟁입찰은, 계약을 체결하고자 하는 한쪽 당사자가, 경쟁에 참가한 여럿 가운데 가장 유리한 내용을 표시한 자를 낙찰자로 결정한 다음 그 낙찰자와 체결하는 계약을 통칭하는데, 이는 다시 ① 각 경쟁자가 다른 경쟁자의 표시 내용을 알 수 없는 입찰과 ② 각 경쟁자가 다른 경쟁자의 표시 내용을 알 수 있는 경매로 나눌 수 있다. 공공계약법도 경쟁은 입찰방법이나 입찰방법에 준한 경매방법으로 해야 한다는 규정하므로(국가계약법 시행령 제10조 제1항 참조), 여기서 입찰방법과 입찰방법에 준하는 경매방법이 무엇인지 간략히 살펴볼 필요가 있다.

가. 입찰방법

입찰이란 입찰절차에 참가한 자가 각자 봉한 서면으로 가격을 써내고, 발주기관이 이를

1) 계승균, 앞의 책, 84쪽.

비교하여 낙찰자를 선정하는 방법을 말한다. 공공계약법이 정한 입찰방법은 일반경쟁입찰, 제한경쟁입찰, 지명경쟁입찰 등이 있다.

이와 관련하여, 대법원은 입찰이 실제로 있었는지를 판단할 경우 외형·형식보다는 내용·실질을 중요하게 보는 듯하다. 즉, 건설산업기본법 제95조 제3호에서 규정한 입찰방해 행위가 있다고 인정하려면 그 방해 대상인 입찰이 현실적으로 있어야 하는데, 실제로 실시한 입찰절차에서 실질적으로 단독입찰을 하면서도 마치 경쟁입찰을 한 듯이 가장하는 경우와는 달리 실제로 입찰절차를 실시하지 않고 수의계약을 체결하면서도 입찰절차를 거쳤다는 증빙만 남기기 위해 형식적인 입찰서류를 작성한 경우라면, 입찰이 실제로 있었다고 할 수 없으므로 입찰방해 행위에 해당하지 않는다고 판결했다.[1]

나. 경매방법

경매란 물품 등을 매도하려는 자가 여러 사람을 모아 놓고 구술로 매수 신청을 하게 한 다음 최고가액을 제시한 청약인에게 승낙하는 방법을 말한다. 특히, 경쟁은 입찰방법만이 아니라 입찰방법에 준한 경매 방법으로 할 수 있고(국가계약법 시행령 제10조 제1항 참조), 동산을 매각할 때도 필요한 경우에는 입찰방법에 준하여 경매에 부칠 수 있다(국가계약법 시행령 제10조 제2항 참조). 또한, 물품 구매에서도 필요하다고 인정하면 입찰방법에 준하여 역경매에 부칠 수도 있다(국가계약법 시행령 제10조 제3항 참조).

한편, 발주기관은 동산을 매각할 때 필요에 따라 경매를 실시하는 경우, 예정가격을 제시하여 입찰하게 하고, 최고입찰액을 발표한 후 다른 응찰자가 없을 때까지 다시 입찰하게 하여 최고가격을 제시한 입찰자를 낙찰자로 결정해야 하며(국가계약법 시행규칙 제22조 제1항 참조), 이때 입찰보증금은 예정가격 100분의 5 이상으로 한다(국가계약법 시행규칙 제22조 제2항).

Ⅱ. 국제입찰에 따른 공공계약

1. 조달시장 개방

국제무역 자유화 추세에 따라 정부조달 분야가 개방되면서 1979년 GATT 동경라운드 협상에 따라 다자간 무역협정 가운데 하나로 정부조달협정이 제정되어 1981. 1.부터 발효되었다. 그 후, 정부조달협정을 확대하기 위한 협상이 진행되었고 1993. 12. 15. WTO협정에 포함되어 새로운 정부조달협정이 성립하였다.[2] 우리나라는 1994. 4. 15. 마라케쉬에서 WTO 정부조달협정 가입을 확정짓고, 1997. 1. 1.부터 조달시장을 개방했다. 특히 우리 정부는 정

1) 대법원 2001. 2. 9. 선고 2000도4700 판결.
2) 이준기, WTO정부조달협정과 우리나라의 정부조달제도, 국방조달계약연구논집, 국방조달본부, 2005, 120쪽.

부조달협정 가입에 대비하여 국가계약법을 제정하였고, 1995. 7. 6. 해당 법을 시행했다.

2. 범위

이에 국가계약법 제4조는 국제입찰에 따른 정부조달계약의 범위를 규정한다. 즉, 국제입찰에 따른 정부조달계약은 정부기관이 체결하는 물품·공사·용역계약으로서 정부조달협정과 이에 근거한 국제규범에 따라 기획재정부장관이 정하여 고시하는 금액인 추정가액을 넘는 계약을 말한다(국가계약법 제4조 제1항 본문 참조). 이에 따라 기획재정부장관은 「국가를 당사자로 하는 계약에 관한 법률 등의 기획재정부 장관이 정하는 고시금액」에서 세계무역기구의 정부조달협정상 개방대상금액과 그 밖에 외국정부와 자유무역협정상 개방대상금액 등을 물품·용역 금액과 공사 금액으로 나누어 고시하였다(기획재정부 고시 제2022-32호).

다만, ① 재판매나 판매를 위한 생산에 필요한 물품이나 용역을 조달하는 경우, ② 「판로지원법」에 따라 중소기업제품을 제조·구매하는 경우, ③ 「양곡관리법」, 「농수산물 유통 및 가격안정에 관한 법률」, 「축산법」에 따른 농·수·축산물을 구매하는 경우, ④ 그 밖에 정부조달협정에 규정된 내용으로서 대통령령으로 정한 경우는 각각 제외한다(국가계약법 제4조 제1항 단서 제1호부터 제4호). 여기서 정부조달협정에 규정된 내용으로서 대통령령으로 정한 경우란 특정조달을 위한 국가를 당사자로 하는 계약에 관한 법률 시행령 특례규정(이하 '특례규정'이라 한다) 제3조 제2항 각호에 규정된 경우를 말한다.[1] 또한, 국제입찰에 따른 정

---

1) 특례규정 제3조(적용범위) ② 법 제4조제1항제4호에서 "대통령령으로 정한 경우"란 다음 각 호의 어느 하나에 해당하는 경우를 말한다.

1. 무기·탄약 또는 전쟁물자의 조달이나 국가안보 또는 국방목적수행과 관련된 조달로서 중대한 안보상의 이익을 보호하기 위하여 필요한 경우
2. 공공의 질서 및 안정을 유지하거나 인간 또는 동식물의 생명과 건강 및 지적소유권을 보호하기 위하여 필요한 경우
3. 자선단체·장애인 및 재소자가 생산한 물품과 용역 등을 조달하는 경우
6. 급식에 필요한 물품 등을 조달하는 경우
7. 재판매 또는 판매에 필요하거나 재판매 또는 판매를 위한 공급에 필요한 물품이나 용역을 조달하는 경우
8. 부동산을 취득하거나 임차하는 경우
9. 비계약적 합의 또는 지원을 위하여 조달하는 경우
10. 다음 각 목의 어느 하나를 위한 용역을 조달하는 경우
   가. 재무대리 또는 예탁
   나. 금융기관의 청산·관리
   다. 공적 부채의 판매, 상환 및 유통
11. 개발원조 등 국제원조를 위하여 조달하는 경우
12. 합작 프로젝트 체결국의 공동 이행과 관련된 국제협약의 절차 또는 조건에 따라 조달하는 경우
13. 다음 각 목의 어느 하나에 해당하는 경우로서 그 절차 또는 조건이 1994년 4월 15일 마라케쉬에서 작성된 정부조달협정(2012년 3월 30일에 채택된 정부조달에 관한 협정 개정 의정서를 포함하며, 이하 "마라케쉬 정부조달협정"이라 한다)과 불합치하는 경우
   가. 국제기구의 절차 또는 조건에 따라 조달하는 경우
   나. 국제적 공여 또는 차관 등을 재원으로 조달하는 경우

부조달계약 체결 주체인 정부기관과 물품·공사·용역 범위는 정부조달협정에 따라 특례규정 별표1, 별표2가 각 규정한다(국가계약법 제4조 제2항, 특례규정 제3조 제3항).

한편, 발주기관은 계약의 목적과 성질 등을 고려하여 필요하다고 인정하면 국가계약법 제4조 제1항의 국제입찰에 따른 정부조달계약 대상이 아닌 경우라 하더라도 특례규정에 따라 국제입찰로 조달할 수 있는데(국가계약법 제4조 제3항), 가령, ① 부실공사방지를 위해 필요하다고 인정하는 경우, ② 국내생산이 곤란하여 국내입찰로는 조달목적을 달성할 수 없는 경우, ③ 그 밖에 국제입찰로 조달하는 것이 해당 계약의 목적·성질상 효율적이라고 인정되는 경우가 여기에 해당한다(특례규정 제3조 제5항). 이에 따른 국제입찰인 경우, 그 성질에 반하지 않는 범위 안에서 특례규정 규정을 준용한다(특례규정 제3조 제6항).

〔지방계약법과 공공기관운영법〕

참고로, 지방계약법에도 국제입찰에 따른 지방자치단체 계약의 범위를 정한 규정이 있다(지방계약법 제5조). 행정안전부장관은 「국제입찰에 의하는 지방자치단체의 공사 및 물품·용역의 범위에 관한 고시」에서 국제입찰에 따른 지방자치단체 계약 적용 대상기관, 대상금액, 공사·물품·용역의 범위를 고시하였다(행정안전부 고시 제2022-84호). 그리고 지방계약법 제5조 제2항과 제3항에 따른 국제입찰 원칙, 입찰공고, 입찰방법, 낙찰자 결정 등은 특례규정 제1조, 제2조, 제4조부터 제25조까지, 제39조부터 제44조까지의 규정과 「특정물품 등의 조달에 관한 국가를 당사자로 하는 계약에 관한 법률 시행령 특례규정」 제1조부터 제11조까지, 제13조, 제14조, 제17조를 준용한다(지방계약법 제5조 제2항, 같은 법 시행령 제5조). 또한, 계약의 목적과 성질 등을 고려하여 필요하면 국제입찰 대상이 아니라도 국제입찰에 따라 계약을 체결할 수 있다(지방계약법 제5조 제3항).

한편, 공기업·준정부기관 계약사무규칙은 국제입찰에 따른 공기업·준정부기관 조달계약의 범위를 정하였다(공기업·준정부기관 계약사무규칙 제4조). 국제입찰 제외범위는 국가계약이나 지방계약과 차이가 있다(공기업·준정부기관 계약사무규칙 제4조 제1항 단서). 국제입찰 방법으로 계약을 체결할 때, 공기업·준정부기관 계약사무규칙에서 정한 별도 규정이 없다면, 계약 방법, 절차 등은 특례규정과 그 시행규칙을 준용한다(공기업·준정부기관 계약사무규칙 제4조 제2항). 국제입찰의 이행에 따른 공표사항은 정부조달협정 등에서 정한 출판물에 공고해야 한다(공기업·준정부기관 계약사무규칙 제4조 제3항). 물론 계약의 목적과 성질 등을 고려하여 필요하다고 인정할 때는 국제입찰대상이 아니라도 국제입찰 방법으로 조달할 수도 있다(공기업·준정부기관 계약사무규칙 제4조 제4항).

3. 특례규정의 내용

가. 의미

특례규정은 국제입찰에 따른 정부조달계약 범위와 아울러 국가기관이 국제입찰을 실시할 때 준수할 일반규정에 해당하므로, 여기서 간략히 살펴보고자 한다.

나. 예정가격 작성 예외

발주기관은 물품이나 용역 관련 특정조달계약에서 거래실례가격이 없어서 예정가격을 작성하기 곤란한 경우 등 기획재정부령이 정하는 사유가 있으면 예정가격을 작성하지 않을 수 있다(특례규정 제6조). 기획재정부령이 정하는 사유란, 용역과 기계·기재류, 철재류, 식료품류, 동물류, 화공품류(비료 제외), 약품류, 종이·판지류, 유제품류, 목재류 등 물품이 ① 지역이나 시기에 따라 가격 차이가 심한 경우, ② 특정 제작자만 제작할 수 있는 경우, ③ 국제 시세가 없는 경우, ④ 제작자 설계에 따라서 가격 차이가 심한 경우, ⑤ 공급자가 제시한 규격에 따라 물품을 구매하는 경우, ⑥ 긴급히 구매할 필요가 있어 예정가격을 작성할 시간적 여유가 없는 경우 중 어느 하나에 해당할 경우를 말한다(특례규정 시행규칙 제2조).

다. 계약방법

1) 일반경쟁입찰

발주기관은 특정조달계약에서 필요하다고 인정하면 국가계약법 시행령 제12조 제1항 제2호나 제3호에 따른 자격조건 말고도 계약의 종류나 규모 등에 따라 해당 계약과 같은 종류의 계약실적, 도급한도액, 시공능력, 기술능력, 경영상태 등 필요한 사항을 입찰참가자격으로 정할 수 있다(특례규정 제9조 제1항 본문). 이러한 입찰참가자격제한 허용에 따라 실제로는 제한경쟁입찰과 비슷하게 운용할 수도 있다. 다만, 국내 수주실적을 입찰참가자격으로 정하려면, 계약의 적절한 이행을 위해 필수라고 인정한 경우로 한정해야 한다(특례규정 제9조 제1항 단서). 국내 수주실적으로 입찰참가자격을 제한하면, 특정조달계약에서 경쟁을 지나치게 제한할 위험이 있기 때문이다.[1]

한편, 발주기관은 일반경쟁입찰에 참가하려는 자가 신청할 경우 입찰공고나 입찰 관련 서류에 사전에 명시한 바에 따라 입찰참가자격 유무를 심사하고, 그 결과를 신청자에게 통지해야 한다(특례규정 제9조 제2항, 제3항). 다만, 유자격자명부[2] 등록자에게는 입찰참가자격

---

1) 정태학 외 3명, 앞의 책, 10쪽.

2) 발주기관이 입찰참가자격 기준을 매 회계연도 초에 국가종합전자조달시스템에 공고하고 수시로 일반경쟁입찰에 참가하고자 하는 자의 신청을 받아 입찰참가자격을 심사하여, 그 결과 자격이 있는 자를 명부에 작성한 것이다(특례규정 제10조 제1항).

유무의 심사를 생략할 수 있다(특례규정 제9조 제4항).

2) 지명경쟁입찰

발주기관은 지명경쟁입찰을 실시할 경우 관련법령에 따른 자격요건, 계약실적, 도급한 도액, 시공능력, 기술능력, 경영상태 등을 고려하여 입찰참가자에게 필요한 자격이나 지명기준을 정해야 하고(특례규정 제18조), 그 지명기준에 적합한 자를 지명하면서 그에게 입찰공고와 관련 사항을 통지해야 한다(특례규정 제19조 제1항). 입찰공고는 일반경쟁입찰에 적용하는 특례규정 제11조와 제12조를 준용하지만(특례규정 제20조 제1항), 유자격자명부를 사용하지 않을 때는 입찰참가신청서 제출기간을 공고일 전부터 기산하여 25일 이상이 되도록 지정해야 한다(특례규정 제20조 제2항).

3) 수의계약

특정조달계약에서 수의계약 사유는, ① 경쟁입찰에 부쳤으나 응찰자가 없는 경우, 담합에 따른 입찰서가 제출되었거나 입찰공고 등에서 요구한 조건에 부합하는 입찰서가 없는 경우, ② 적절한 대용품이나 대체품이 없는 예술품·특허권·출판권 등 독점적 권리와 관련 있거나 기술적 이유로 특정공급자로부터 조달할 수 있는 경우, ③ 긴급한 사유로 경쟁입찰에 따라서는 필요한 기간 안에 조달할 수 없는 경우, ④ 이미 조달된 물품 등 부품교환이나 설비확충 등을 위해 조달하는 경우, ⑤ 이미 계약을 체결한 공사에서 추가 공사가 필요한 경우(공급자를 변경하면 호환성이 없는 등 기술적·경제적으로 곤란하고, 아울러 발주기관에게 중대한 불편을 초래하는 경우로 제한), ⑥ 발주기관 요구로 개발된 시제품 등을 조달하는 경우(해당 계약이행 완료 후 해당 제품을 계속해서 조달하는 경우 제외), ⑦ 원자재시장(상품거래소 등)에서 물품을 구매하는 경우, ⑧ 파산과 법정관리기업의 자산처분 등으로 현저하게 유리한 조건으로 조달하는 경우, ⑨ 기획재정부령이 정한 내용에 따른 디자인 공모 당선자와 계약을 체결하는 경우이다(특례규정 제23조). 이러한 수의계약 사유는 제한적 열거사유이다.[1]

라. 조달계획 공고

발주기관은 각 회계연도별로 특정조달계약에 따라 조달할 물품·공사·용역의 조달계획을 전자조달시스템에 공고할 수 있는데, 이러한 공고에는 계약목적물, 입찰서, 입찰참가신청서 제출마감일, 발주기관 명칭, 주소와 입찰공고 예정일을 포함해야 하며, 입찰공고에 포함해야 할 사항 역시 최대한 포함해야 한다(특례규정 제13조).

---

1) 정태학 외 3명, 앞의 책, 12쪽.

마. 기술규격

발주기관은 품질이나 성능 등 관련 기술규격을 성능 위주로 작성해야 하며, 불가피한 경우를 제외하고는 국제표준에 따라, 국제표준이 없다면 국내 관련법령이나 국내표준에 따라 작성해야 한다(특례규정 제14조 제1항). 만일 국제표준 등이 없다면 발주기관은 품질이나 성능시험 등을 거쳐 기술규격을 작성할 수 있다(특례규정 제14조 제2항).

만약 발주기관이 특정한 상표·규격 등을 제시하지 않고는 조달하고자 하는 물품이나 용역을 충분히 설명하기 곤란하여 입찰 관련 서류에 상표·규격 등을 특정할 경우, 그 특정 상표·규격 등과 동등이상인 물품이나 용역을 입찰에 부친다는 뜻을 기재해야 한다(특례규정 제14조 제4항). 이때, 특정 상표·규격 등과 동등 이상인 물품이나 용역을 허용하지 않으면 경쟁을 크게 제한할 위험이 있기 때문이다. 다만, 특정 상표·규격 등이 아닌 물품과 용역으로 입찰하려는 입찰참가자는 공급하려는 물품이나 용역의 규격·품질 등이 특정 조건보다 동등 이상이라는 사실을 증명해야 한다(특례규정 제14조 제5항).

발주기관은 공정한 경쟁 등을 위해 필요하면 기술규격을 입찰 전에 공개·열람하여 입찰참가자가 그에 대한 의견을 제시할 수 있도록 할 수 있다(특례규정 제14조 제7항).

바. 국가계약법 시행령 적용범위

특정조달계약에서 특례규정이 특별히 정하지 않은 사항은 국가계약법 시행령을 적용하지만, 국가계약법 시행령 규정 중에 제한경쟁입찰에 따르는 계약과 그 제한사항, 공사의 성질별·규모별 제한에 따른 입찰, 지역의무공동도급 규정은 특정조달계약에 적용하지 않는다(특례규정 제39조).

사. 국제상관례 적용

발주기관은 통화, 보증금납부 형태나 시기, 신용장 등을 이용한 대가지급 방법, 검사 등 조달절차 수행에서 불가피한 경우, 정부조달협정이나 특례규정, 그리고 그 성질에서 벗어나지 않는 범위에서 국제상관례에 따를 수 있고(특례규정 제40조 제1항), 특히 물품이나 용역의 특정조달계약에서 물가변동에 따른 계약금액 조정에서 국제상관례에 따르지 않는다면 조달절차 수행이 곤란한 경우, 국가계약법 시행령 제64조 제1항이 아닌 정부조달협정이나 특례규정, 그리고 그 성질에서 벗어나지 않는 범위에서 국제상관례에 따를 수 있다.

Ⅲ. 계약방법결정의 필요성

이처럼 발주기관은 원칙적으로 경쟁입찰을 거쳐 계약상대자를 결정하지만, 경쟁정도,

계약목적물, 계약체결형태 등에 따라 구체적인 계약방법을 먼저 결정해야만 그 절차에 따라 계약을 체결할 수 있다. 따라서 공공계약법이 정한 입찰·계약의 세부 종류를 이해해야 한다. 이에 제2절에서 입찰종류를, 제3절에서 계약종류를 각 살펴본다.

제 2 절 입찰종류

Ⅰ. 분류방식

입찰은 ① 그 대상을 기준으로 물품입찰, 용역입찰, 공사입찰로, ② 입찰 당시 제출하는 서류에 따라 총액입찰[1]과 내역입찰[2]로, ③ 입찰을 실시한 횟수에 따라 신규입찰, 재입찰, 재공고입찰로 각 분류한다. 또한, ④ 경쟁을 제한하는 정도에 따라 일반경쟁입찰, 제한경쟁입찰, 지명경쟁입찰, 수의계약으로 분류한다.[3]

그런데 ① 대상에 따른 분류는 목적물에 따른 계약의 종류와 다르지 않고, ② 제출서류에 따른 분류나 ③ 입찰실시 횟수에 따른 분류는 개별 입찰절차에서 해당 개념을 살펴보면 충분하다. 따라서 아래에서는 경쟁을 제한하는 정도에 따라 일반경쟁입찰, 제한경쟁입찰, 지명경쟁입찰, 수의계약로 구분하여 각 내용을 살펴보기로 한다.

그 밖에 국가계약법 시행령 제19조는 부대입찰을 규정하지만, 이는 대통령령 제17546호(2002. 3. 25.) 부칙 제2항에 따라 2003. 12. 31.까지만 유효하므로 별도로 살펴볼 실익은 없다.

〔일반경쟁입찰, 지명·제한경쟁입찰, 수의계약의 관계〕

구 예산회계법(1995. 1. 5. 법률 제4868호로 개정되기 전의 것)이나 같은법시행령(1995. 7. 6. 대통령령 제14710호로 개정되기 전의 것)이 계약의 공정 및 경제성의 확보, 참가의 기회균등을 도모하기 위하여 일반경쟁입찰을 원칙적인 것으로 하고, 지명·제한경쟁 입찰계약이나 수의계약을 예외적인 것으로 규정하고 있는 점에 비추어 볼 때, 일반경쟁입찰에 부쳐야 할 것을 지명·제한경쟁 입찰계약이나 수의계약에 부친 경우에는 절차의 위법성이 문제될 수 있어도, 반대로 지명·제한경쟁 입찰계약이나 수의계약에 부칠 수 있는 것을 일반경쟁입찰에 부친 경우에는 특별한 사정이 없는 한 위법성의 문제가 생길 여지는 없다(대법원 2000. 8. 22. 선고 99다35935 판결).

---

1) 입찰금액만 적은 입찰서를 제출하는 입찰.

2) 입찰금액을 적은 입찰서와 계약 내용을 구성하는 각종 품목이나 비목의 수량과 단가를 기재한 산출내역서를 함께 제출하는 입찰.

3) 일반경쟁입찰, 제한경쟁입찰, 지명경쟁입찰, 수의계약 순서로 경쟁하는 정도가 낮다.

Ⅱ. 경쟁입찰

1. 일반경쟁입찰

가. 의의

일반경쟁입찰은 발주기관이 입찰참가자격을 제한하지 않고 입찰참가자를 지명하지도 않은 채, 불특정 다수인으로 하여금 해당 입찰에 참가하게 하고, 발주기관이 그 가운데 가장 유리한 조건(가장 낮은 가격)을 제시한 자를 선정하여 그와 계약을 체결하는 방식을 말한다. 따라서 완전한 경쟁 아래 실시하는 입찰을 말한다.[1] 앞에서 본 바와 같이 공공계약법은 경쟁입찰 중에서도 일반경쟁입찰 방식을 원칙으로 정한다(국가계약법 제7조 제1항 참조).

다만, 공공계약법은 누구나 경쟁입찰에 참가하도록 허용하지 않고, 일정한 요건을 갖춘 자만 입찰에 참가하도록 하는데(국가계약법 시행령 제12조 제1항 참조), 이러한 규정이 입찰참가자격을 제한하지 않는다는 의미로서 일반경쟁입찰 원칙과 양립할 수 있는지 의문이 있을 수 있다. 그러나 위와 같은 경쟁입찰 참가자격 조항은 공공계약에 참가하려는 자가 갖추어야 할 최소 조건을 설정한 의미에 불과하므로, 참가자격을 '특별히' 제한한 규정으로 보기 곤란하다. 따라서 일반경쟁입찰에 참가하려는 자도 위 시행령에 따른 입찰참가자격 요건을 갖추어야 한다.

나. 특성

일반경쟁입찰은 차별금지원칙의 확립과 공공계약의 공정성, 투명성 확보를 도모한다. 이는 모든 입찰자에게 참가 기회를 공정하고 투명하게 제공하여 경쟁성을 확보하고, 경쟁을 활용한 가격형성으로써 예산 절감을 꾀하며, 발주기관에게 가장 유리한 조건을 제시한 자를 계약상대자로 선택할 수 있다는 장점이 있으나,[2] 입찰과 심사에 들어가는 비용과 시간을 고려하면 계약사무처리가 비효율적이고, 부적격업체가 입찰에 참가하여 낙찰받는 경우에는 장래 적정한 계약이행을 담보하기 곤란하다는 단점도 있다.

다. 관련문제 : 공급·기술지원협약

1) 의의와 취지

공급·기술지원협약이란 발주기관이 특정한 물품제조자나 기술보유자와 체결하는 협약으로, 해당 제조자 등이 공공계약을 이행하려는 낙찰자로부터 공급·기술지원 확약을 요청받으면 그에 응하겠다고 약속하는 문서를 말한다.

---

1) 김성근, 앞의 책(Ⅰ), 17쪽.
2) 계승균, 앞의 책, 84쪽.

일반경쟁입찰에서 낙찰받은 자는 원칙적으로 스스로 책임 아래 계약을 이행해야 한다. 가령, 물품구매계약의 상대자는 계약목적물을 생산하는 제조사로부터 물품을 공급받지 못하여, 결과적으로 발주기관에 해당 물품을 인도하지 못하는 상황이 발생하더라도, 그 책임을 부담해야 한다. 그러나 발주기관이 요청한 물품이 특수한 성능이나 품질, 기술을 포함하고 있어야 하고, 일부 제조자나 공급자만이 그 특수한 성능이나 품질, 기술을 독점하는 경우라면, 그러한 성능이나 품질, 기술을 스스로 보유하지 못한 계약상대자는 발주기관에게 계약물품을 납품할 수 없거나 어려울 수 있다. 따라서 이때는 발주기관이 일반경쟁입찰이 아니라 특수한 성능이나 품질, 기술을 보유한 자로 입찰참가자격을 제한하여 입찰에 부쳐야 한다. 그러나 입찰참가자격을 특수한 성능이나 품질, 기술을 보유한 자로만 제한하면, 특정 소수인에게 일감을 몰아주는 폐해가 발생할 수 있다. 그리하여 공공계약법은 일반경쟁입찰에 따라 낙찰받은 자라 하더라도 특수한 성능이나 품질, 기술 등을 보유한 제조자 등으로부터 물품을 공급받아 이를 발주기관에 납품하도록 공급·기술지원협약 제도를 두었다.

2) 내용

공급·기술지원협약 제도는 주로 물품구매(공급)계약에 적용된다. 즉, 발주기관은 물품구매(공급)계약에서 목적물에 특수한 성능이나 품질이 필요하더라도 특수한 성능이나 품질이 물품 전부가 아닌 '일부'에만 요구되는 경우, 원칙적으로 일반경쟁입찰에 부쳐야 하고, 국가계약법 시행령 제21조 제1항 제4호에 따른 사유로 제한경쟁입찰을 실시할 수 없다(정부 입찰·계약 집행기준 제5조의3 제1항 제2호). 이에 따라 물품구매계약에서 특수한 성능 등을 규격서(시방서)에 반영하려는 발주기관은 입찰공고를 하기 전에 규격서 작성단계에서 미리 제조사나 기술지원사와 물품공급협약·기술지원협약을 체결해야 한다. 협약금액은 해당 물품이나 기술부분에 대한 예정가격에 물품구매계약의 예상낙찰률을 곱한 금액을 기초로 하여 제조사 등과 합의한 금액으로 한다.[1] 다만, 공급·기술지원협약을 체결할 수 없을 경우에는 다른 물품으로 발주할 수 있다(정부 입찰·계약 집행기준 제5조의3 제2항).

그리고 발주기관이 공급·기술지원협약을 체결하는 경우에는, 해당 협약내용을 입찰공고에 명시해야 하며, 낙찰자 결정 후 낙찰자에게 그 사본을 제공하여 낙찰자가 제조자 등으로부터 물품공급확약서나 기술지원확약서를 발급받을 수 있도록 해야 한다(정부 입찰·계약 집행기준 제5조의3 제3항).

이처럼 정부 입찰·계약 집행기준 제5조의3은 특정물품의 제조사나 독점판매업자가 독점적 지위를 남용할 위험을 방지하고, 계약상대자의 계약체결이나 이행과정에서 생기는 문

1) 이처럼 협약금액 기준을 규정한 이유는, 일부 특수한 성능·품질이 포함된 물품과 관련하여 발주기관과 제조사 등이 불합리한 금액으로 협약을 체결하는 결과를 방지하려는 취지이다.

제를 개선하기 위한 규정을 두었다.

3) 적용범위

공급·기술지원협약 제도는 정부 입찰·계약 집행기준 등에서 물품구매계약에 적용하도록 하는데, 그 밖에 용역계약에도 적용할 수 있는지 문제이다. 가령, 발주기관이 PC 임차 용역사업을 발주하면서, 과업지시서에 특정 PC(특정규격)를 공급하라고 명시했다면, 위에서 본 물품계약에 준하여 입찰공고 전에 특정 PC 제조사 등과 공급·기술지원협약을 체결하고 이를 입찰공고에 명시해야 하는지 살펴보아야 한다.

그런데 정부 입찰·계약 집행기준에 있는 제한입찰 조항을 보면, 물품구매계약에서 공급·기술지원협약을 체결하도록 규정하는 한편, 정부 입찰·계약 집행기준 제2조의6 제3호는 발주기관이 입찰공고 등에 부당하게 특정 규격 등을 지정하여 입찰에 부치거나 계약을 체결한 후 계약상대자가 품질·성능 면에서 동등 이상의 물품을 납품하더라도 이를 인정하지 않는 것을 금지한다. 따라서 용역계약에도 그 대상에 특수한 성능이나 품질이 필요한 경우에는 공급·기술지원협약 규정을 유추적용할 수 있다고 보아야 한다.

4) 효과

발주기관이 일부에 특수한 성능 등이 필요한 물품을 구매하기 위해 일반경쟁입찰을 실시하면서도, 미리 공급·기술지원협약을 체결하지 않고 입찰을 실시하여 그대로 계약을 체결했다면, 계약상대자는 독점 제조자 등으로부터 물품을 공급받지 못하여 납품기일에 계약을 이행하지 못하더라도 정당한 이유 없는 채무불이행이라고 볼 수 없다. 하급심 판결 역시 조달청장이 일정한 물품을 일반경쟁입찰에 부치면서도 물품을 납품할 때 원제작사 생산증명서나 구매(거래)증명서를 제출하도록 계약특수조건에 기재하였는데, 제조사 등과 미리 물품공급협약을 체결하는 등으로 선행조치를 취하지 않았다면, 계약상대자가 납품기일까지 물품을 공급하지 못했다고 하더라도 '정당한 이유 없이 계약을 이행하지 아니한 경우'에 해당한다고 볼 수 없다고 보았다.[1)]

2. 제한경쟁입찰

가. 의의

제한경쟁입찰이란 입찰참가자격을 특별히 제한하여 그 요건을 갖춘 자만 공공입찰에 참가하게 하는 제도이다. 즉, 발주기관은 계약목적, 성질, 규모 등을 고려하여 필요하다고 인정하면, 시공능력, 공사액, 실적, 기술보유상황, 재무상태 등을 입찰참가자격을 제한할 수

---

1) 대구지방법원 2014. 7. 18. 선고 2013구합3469 판결.

있다(국가계약법 제7조 제1항 단서 참조). 이처럼 제한경쟁입찰은 법령 등이 정한 대상과 기준에 따라 입찰참가자격을 다시 제한하는 방법이다.

공공계약법 문언과 달리 오늘날 순수한 일반경쟁입찰은 적고, 대부분 실적 등에 따라 입찰참가자격을 제한하는 제한경쟁입찰이 실시되므로, 실무에서는 오히려 제한경쟁입찰을 원칙으로 운용한다고 보는 견해도 있다.[1)]

나. 특성

제한경쟁입찰은 효율적인 계약사무 처리나 적정한 계약이행을 확보하기에 부족한 일반경쟁입찰을 보완한다. 따라서 일반경쟁입찰에 따른 비용과 시간 낭비, 경쟁과열을 방지하고, 계약이행능력이 부족한 부적격업체가 입찰에 참가하지 못하도록 방지하여 계약이행에서 발생하는 부정이나 부실을 막는 장점이 있다. 그러나 입찰참가자격 제한범위가 지나치면 경쟁입찰이라는 본래 취지를 잠탈하는 단점도 있다. 나아가 발주기관이 정한 제한사유가 무엇인지에 따라 사실상 지명경쟁입찰으로 변질될 위험도 있다.

다. 제한사유

1) 의의

제한경쟁입찰은 가령 대규모 공사, 특수한 기술이나 공법이 필요한 공사, 특수한 설비나 기술이 필요한 물품제조, 특수한 성능이나 품질이 필요한 물품구매, 일정 금액 미만인 지역제한공사 등에서 허용된다(국가계약법 시행령 제21조 제1항, 같은 법 시행규칙 제24조, 제25조, 정부 입찰·계약 집행기준 제4조, 제5조 등 참조). 그리고 제한경쟁입찰의 취지나 법문 형식을 고려하면, 발주기관은 제한경쟁입찰에 부칠지 말지를 결정할 재량을 갖지만, 일단 제한경쟁입찰에 부치기로 결정한 경우에는 반드시 법이 정한 제한사유에 따라야 한다. 제한사유는 아래와 같다(국가계약법 시행령 제21조 제1항).

2) 구체적 제한사유

가) 기획재정부령이 정하는 금액의 공사계약

발주기관은 기획재정부령이 정하는 금액의 공사계약에서 시공능력이나 해당 공사와 같은 종류 공사실적을 기준으로 입찰참가자격을 제한할 수 있다(국가계약법 시행령 제21조 제1항 제1호). 즉, 추정가격이 ① 건설산업기본법에 따른 건설공사(전문공사를 제외)는 30억 원, ② 건설산업기본법에 따른 전문공사 그 밖에 공사 관련법령에 따른 공사(전기, 정보통신, 소방 등)는 3억 원 이상인 공사계약을 체결할 경우, 시공능력이나 해당 공사와 같은 종류의 공사실적을

1) 김성근, 앞의 책(Ⅰ), 197쪽.

기준으로 입찰참가자격을 제한할 수 있다(국가계약법 시행규칙 제24조 제1항 제1호, 제2호).

발주기관은 실적을 제한하여 입찰에 부치면서 계약목적 달성과 관계없는 실적을 요구할 수 없고, 이를 위반하여 사실상 수의계약을 체결하는 것과 같은 결과를 초래한다면, 해당 입찰 전체를 무효로 보아야 한다.

나) 특수한 기술이나 공법이 필요한 공사계약

(1) 의의

발주기관은 특수한 기술이나 공법이 필요한 공사계약에서 해당 공사수행에 필요한 기술 보유상황이나 해당 공사와 같은 종류의 공사실적을 기준으로 입찰참가자격을 제한할 수 있다(국가계약법 시행령 제21조 제1항 제2호).

특수기술이 필요한 공사는, 터널을 수반하는 공사, 활주로 공사, 지하철 공사, 저수·유조하천공사·수중작업을 수반하는 공사, 댐 축조공사, 취수장·정수장·유수지·오수처리장 공사로서 수중작업을 수반하는 공사, 송·배수관공사, 수중관·사이폰·저수지·제방공사, 매립지 등 연약지반에서 파일·우물통공사를 수반하는 공사, 독크 축조공사, 간척(방조제포함)·매립공사, 「항만법」 제2조 제5호에 따른 항만시설공사와 「어촌·어항법」 제2조 제3호에 따른 어항시설공사, 장대교(길이 100m 이상인 교량을 말한다) 제작·가설공사, 철도·철도궤도공사, 정밀한 시공이 필요하거나 위험을 수반하는 기계설치공사, 발전·변전·송전·배전설비공사, 전기철도·전차시설공사, 정밀시공·고위험 전기기계 설치공사, 신호집중제어·특수제어장치 설치공사, 자동신호·연동장치공사, 원형차량 감지기 설치공사, 문화재 보수공사, 차선도색공사, 도로봉합제를 사용한 신축이음·균열 보수공사, 상수도관 세척갱생공사, 하수도 흡입 준설공사, 심정공사, 산간벽지등 특수지역에서 시공하여야 하는 군사시설공사, 하천환경정비사업, 그 밖에 특수한 기술이 필요한 공사로 각 중앙관서의 장이 특별히 인정하는 공사를 말한다(정부 입찰·계약 집행기준 제4조 제1항 제1호). 다만, 위에서 열거한 공사는 예시에 불과하므로, 발주기관은 위 예시된 공사유형과 그 밖에 여러 사정을 고려해 특수기술이 필요한 공사를 별도로 인정할 수도 있다고 본다.

특수공법이 필요한 공사는 스폼공법·철골공법에 따른 공사, 피·시공법 등 중앙관서의 장이 특수공법으로 지정·고시한 공법에 따른 공사, 특수설계나 특수사양에 따른 선박 공사를 말한다(정부 입찰·계약 집행기준 제4조 제1항 제2호).

(2) 구체적인 집행방법

그런데 공사에 신기술이나 특허공법(이하 "신기술 등")이 포함된 경우에는 ① 신기술 등을 보유한 자(이하 "기술보유자")가 그 신기술 등을 보유한 때와 ② 신기술 등이 일부 포함된 때로 나누어 계약방법을 결정해야 한다(정부 입찰·계약 집행기준 제5조의2 제1항).

첫째, 기술보유자가 해당 공사계약을 직접 이행하는 것이 객관적으로 타당한 경우에는 수의계약이나 지명경쟁에 부칠 수 있다(정부 입찰·계약 집행기준 제5조의2 제1항 제1호 본문). 여기서 기술보유자가 해당 공사계약을 이행하는 것이 객관적으로 타당한 경우란 해당 신기술 등이 공사계약에서 본질적인 내용을 구성하는 경우를 말한다. 그런데 동일한 공종에 적용될 수 있는 신기술 등이 여럿 존재하는 경우로서 신기술 등을 설계에 포함하여 수의계약이나 경쟁입찰을 실시하고자 하는 때에는 계약심의회의 심의를 거쳐야 한다(정부 입찰·계약 집행기준 제5조의2 제2항 본문). 다만, 건설산업기본법에 따른 건설공사(같은 법에 따른 전문공사는 제외)로서 추정가격이 4억 원 이하인 공사, 같은 법에 따른 전문공사로서 추정가격이 2억 원 이하인 공사, 그 밖에 공사 관련법령에 따른 공사로서 추정가격이 1억 6천만 원 이하인 공사계약(재난 및 안전관리 기본법 제3조 제1호의 재난이나 경기침체, 대량실업 등으로 인한 국가의 경제위기를 극복하기 위해 기획재정부장관이 기간을 정하여 고시한 경우에는 같은 조 제6항을 포함)에 따른 공사는 예외이다(정부 입찰·계약 집행기준 제5조의2 제2항 단서). 그러나 기술보유자가 해당 공사계약을 이행하는 것이 객관적으로 타당한 경우라 하더라도 기술보유자가 여럿이어서, 경쟁성을 확보할 수 있다면 제한경쟁에 부칠 수 있고, 이때는 입찰공고에 입찰참가자격 제한 사유를 명시해야 한다(정부 입찰·계약 집행기준 제5조의2 제1항 제1호 단서).

둘째, 해당 공사에서 신기술 등이 일부 포함된 경우에는 일반경쟁을 원칙으로 하고, 일반경쟁에 따르지 않더라도 국가계약법 시행령 제21조 제1항 제2호의 사항으로 입찰참가자격을 제한할 수 없다(정부 입찰·계약 집행기준 제5조의2 제1항 제2호). 즉, 해당 공사에서 신기술 등이 일부 포함되었다 하더라도 발주기관이 해당 공사입찰에서 기술보유상황이나 동일 공사실적으로 입찰참가자격을 제한할 수 없다. 신기술 등을 일부 포함한 공사에서 신기술 등을 설계에 포함하고자 하는 경우, 발주기관은 설계반영단계에서 입찰공고 전에 기술보유자와 기술사용협약을 체결해야 한다(정부 입찰·계약 집행기준 제5조의2 제3항 본문). 다만, 기술사용협약을 하지 않거나 못한 경우에는 분리 발주하거나 다른 기술 등을 사용할 수 있다(정부 입찰·계약 집행기준 제5조의2 제3항 단서). 그리고 기술사용협약 관련 내용을 입찰공고에 명시해야 하고, 낙찰자 결정 후에 낙찰자에게 그 사본을 제공하여 낙찰자가 기술보유자로부터 기술사용협약에 따라 해당 기술을 원활히 제공받을 수 있도록 해야 한다. 또한, 하도급대금 결정은 하도급 부분에 해당하는 예정가격에 원도급공사의 낙찰률, 건설산업기본법 시행령 제34조에 따른 비율을 곱한 금액과 같은 금액에 건설기술진흥법 제14조에 따른 기술사용료를 더한 금액의 범위 안에서 낙찰자와 기술보유자가 서로 합의한 금액으로 한다(정부 입찰·계약 집행기준 제5조의2 제4항). 위 기술사용협약에 따라 기술을 제공하거나 시공에 참여하는 자에게 지급하는 기술사용료는 건설기술진흥법 시행령 제34조에 따라 국토교통부 장관이 정하는 건설신기술 기술사용료 적용기준을 적용해야 한다(정부 입찰·계약 집행기준 제5조의2 제5항). 발주기관은 원가계산에 반영된 기술사용료에서 위에 따라 지급한 기술사용료의 차액을 감액한다(정부 입찰·계약 집행기준 제5조의2 제7항).

다) 특수한 설비나 기술이 필요한 물품제조계약

(1) 의의

발주기관은 특수한 설비나 기술이 필요한 물품제조계약에서 해당 물품제조에 필요한 설비나 기술 보유상황, 해당 물품과 같은 종류의 물품제조 실적을 기준으로 입찰참가자격을 제한할 수 있다(국가계약법 시행령 제21조 제1항 제3호). 여기서 특수한 설비나 기술이 필요한 물품제조계약이란, 특수한 품질이나 성능 보장을 위해 특수한 설비와 기술이 필요한 경우, 산업표준화법 제15조에 따른 인증을 받은 제품이나 같은 법 제25조에 따른 우수한 단체표준제품 물품을 제조하는 경우를 말한다(정부 입찰·계약 집행기준 제4조 제2항 제1호, 제2호).

(2) 구체적인 집행방법

특수한 기술이나 공법이 필요한 공사계약에서 적용한 집행방법은 특수한 설비나 기술이 필요한 물품제조계약에 준용한다(정부 입찰·계약 집행기준 제5조의2 제6항).

라) 특수한 성능이나 품질이 필요한 물품구매계약

(1) 의의

발주기관은 특수한 성능이나 품질이 필요하여 일정한 품질 인증을 받은 물품을 구매하는 계약에서 해당 품질 인증을 기준으로 입찰참가자격을 제한할 수 있다(국가계약법 시행령 제21조 제1항 제4호). 즉, ① 산업표준화법 제15조에 따른 인증을 받은 제품이나 같은 법 제25조에 따른 우수한 단체표준제품(가목), ② 환경기술 및 환경산업 지원법 제17조에 따라 환경표지 인증을 받은 물품(나목), ③ 자원의 절약과 재활용촉진에 관한 법률 제33조에 따른 기준에 적합하고, 산업기술혁신 촉진법 시행령 제17조 제1항 제3호에 따른 품질인증을 받은 재활용제품(다목)을 각 구매하려는 경우, 해당 품질 인증을 기준으로 입찰참가자격을 제한할 수 있다.

(2) 구체적인 집행방법

물품구매계약에서 물품에 특수한 성능이나 품질(이하 "특수한 성능 등"이라 한다)이 필요한 경우는, ① 특수한 성능 등의 납품능력을 가진 자가 공급하는 것이 적합하다고 인정하는 때와 ② 해당 물품구매에서 특수한 성능 등이 일부만 포함되어 있는 때를 나누어 계약방법을 결정해야 한다(정부 입찰·계약 집행기준 제5조의3 제1항). 따라서 물품에 특수한 성능이나 품질이 필요하다는 이유만으로 모두 제한경쟁입찰에 부칠 수 있는 것은 아니다.

첫째, 특수한 성능 등의 납품능력을 가진 자가 직접 공급하는 것이 적합하다고 인정되는 때는 수의계약이나 지명경쟁 방법을 선택할 수 있다. 다만, 특수한 성능 등의 납품능력을 가진 자가 여럿인 경우로서 2인 이상 유효한 경쟁을 할 수 있는 때에는 제한경쟁을 선택할 수 있고, 제한경쟁입찰을 할 때는 입찰공고에 입찰참가자격제한 사유를 명시해야 한다(정부 입찰·계약 집행기준 제5조의3 제1항 제1호). 이처럼 국가계약법 시행령 제21조 제1항 제4호는 납품능력을 가진 자가 여럿인 경우로서 2인 이상 유효한 경쟁을 할 수 있는 때를 전제한 규정이라 하겠다. 따라서 제한경쟁을 실시할 때는, 기본적으로 납품능력을 가진 자만이 경쟁에 참여할 수 있고, 계약이행 과정에서 제조사나 독점판매업체의 독점 지위 남용에 따른 문제가 없으므로, 정부 입찰·계약 집행기준 제5조의3 제2항이 정한 물품공급·기술지원협약 등은 원칙적으로 필요하지 않다.

그러나 특수한 성능이나 품질이 필요한 물품구매계약인데도 계약담당공무원이 지명경쟁이나 수의계약, 제한경쟁이 아닌 일반경쟁에 부쳤다면, 정부 입찰·계약 집행기준 제5조의3 제1항 제1호, 제2항에 따라 제조사와 물품공급협약을 체결하는 등 선행조치를 취하여 계약상대자가 계약이행을 할 수 있도록 해야 한다. 그리하여 하급심 법원은 "계약담당공무원이 물품구매를 위해 일반경쟁입찰에 부치면서도 특정 제작사가 직접 제조한 제품으로 한정하여 입찰공고한 경우, 다른 제조사가 만든 그와 같거나 비슷한 성능을 가진 물품으로는 납품할 수 없어 해당 물품은 특정 제조사의 판매 정책에 따라 납품 여부가 좌우되므로, 그 납품 성격은 사실상 특수한 성능의 제품과 다를 바 없는데, 입찰공고 당시 특정 제조사가 계약상대자 아닌 다른 업체에게 국내 독점판매권한을 부여했다면, 계약상대자는 그 다른 업체가 아니면 독일에서 직접 수입하거나 제3국의 유통경로를 거쳐 물품을 구입하는 방법밖에 없었다."는 이유로, "(일반경쟁에 따른 물품구매에 적용되는 정부 입찰·계약 집행기준 제5조의3 제2항에 따라) 조달청이 미리 물품공급협약을 체결하는 등 선행조치를 취할 필요가 있었다."고 했다.[1)]

둘째, 해당 물품구매에서 특수한 성능 등이 일부만 포함된 경우에는 일반경쟁을 원칙으로 하고, 일반경쟁에 따르지 않더라도 국가계약법 시행령 제21조 제1항 제4호에 따른 사유로 제한경쟁을 실시할 수 없다(정부 입찰·계약 집행기준 제5조의3 제1항 제2호). 즉, 해당 물품구매에서 특수한 성능 등이 일부 포함되었다 하더라도 발주기관이 해당 물품구매 입찰에서 품질 인증 등으로 입찰참가자격을 제한할 수 없다.

위와 같은 특수한 성능 등이 일부만 포함된 물품구매에서 특수한 성능 등을 규격서(시

1) 대구지방법원 2014. 7. 18. 선고 2013구합3469 판결.

방서)에 반영하고자 할 경우, 발주기관은 규격서 작성단계에서 입찰공고 전에 제조사나 기술지원사와 물품공급이나 기술지원협약을 체결하여야 한다(정부 입찰·계약 집행기준 제5조의3 제2항 본문). 이때 협약내용을 입찰공고에 명시해야 하며, 낙찰자 결정 후 낙찰자에게 그 사본을 제공하여 낙찰자가 제조사 등으로부터 물품공급이나 기술지원확약서를 발급받을 수 있도록 해야 한다(정부 입찰·계약 집행기준 제5조의3 제3항). 다만, 물품공급이나 기술지원협약을 하지 않거나 못한 경우에는 다른 물품으로 발주할 수 있다(정부 입찰·계약 집행기준 제5조의3 제2항 단서).

마) 특수한 기술이 필요한 용역계약

발주기관은 특수한 기술이 필요한 용역계약에서 해당 용역수행에 필요한 기술 보유상황이나 해당 용역과 같은 종류의 용역수행실적을 기준으로 입찰참가자격을 제한할 수 있다(국가계약법 시행령 제21조 제1항 제5호). 특수한 기술이나 공법이 필요한 공사계약에서 적용한 집행방법은 특수한 기술이 필요한 용역계약에 준용한다(정부 입찰·계약 집행기준 제5조의2 제1항부터 제4항, 제6항).

바) 추정가격이 기획재정부령으로 정하는 금액 미만인 계약

발주기관은 추정가격이 기획재정부령이 정하는 금액 미만인 계약에서 그 주된 영업소 소재지를 기준으로 입찰참가자격을 제한할 수 있다(국가계약법 시행령 제21조 제1항 제6호). 이처럼 일정한 계약금액 미만인 경우 지역 소재지에 따라 입찰참가자격을 제한하는 것을 지역제한입찰이라 하는데, 지방 중소기업을 보호·육성하고 지역경제를 살리기 위해 도입되었다. 추정가격이, 건설산업기본법에 따른 건설공사(전문공사는 제외)는 고시금액 미만, 건설산업기본법에 따른 전문공사와 그 밖에 공사 관련법령에 따른 공사는 10억 원 미만, 물품제조·구매, 용역, 그 밖에 경우는 고시금액 미만인 각 계약을 말하고(국가계약법 시행규칙 제24조 제2항 제1호, 제2호), 고시금액이란 「국가를 당사자로 하는 계약에 관한 법률 등의 기획재정부장관이 정하는 고시금액」에서 정한 금액을 말한다. 이처럼 주된 영업소 소재지를 기준으로 입찰참가자격을 제한하는 이른바 지역제한입찰은 정부조달협정 등 위반에 해당할 수 있어, 고시금액 미만인 계약으로 한정했다.[1)]

사) 성질별·규모별 유형화한 공사계약

발주기관이 공사를 성질별·규모별로 유형화하여 이에 상응하는 경쟁제한기준을 정하고 그 제한기준을 미리 전자조달시스템에 공고하여 경쟁참가적격자로 하여금 등록신청하게 했

1) 김성근, 앞의 책(Ⅰ), 203쪽. 즉, WTO 협정 등에 따라 국내조달시장을 대외적으로 개방으므로, 지역제한입찰 대상을 고시금액 이상으로 확대하면 국제분쟁 발생 우려가 있어 주의해야 한다.

다면(국가계약법 시행령 제22조 제1항), 그 기준에 따라 공사계약의 입찰참가자격을 제한할 수 있다(국가계약법 시행령 제21조 제1항 제7호). 이때, 발주기관은 경쟁참가적격자로부터 등록신청을 받으면, 그 신청을 심사하여 유형별·등급별로 경쟁참가적격자를 선정하여 등록하고, 공사입찰을 할 때마다 해당 경쟁참가적격자에게 입찰공고 내용(국가계약법 시행령 제36조 각호)을 통지하여 입찰참가신청을 하게 할 수 있다(국가계약법 시행령 제22조 제2항). 공사의 성질별·규모별로 경쟁제한기준을 정할 때는 기획재정부장관과 협의해야 한다(국가계약법 시행령 제22조 제3항). 이처럼 공사를 성질별·규모별로 유형화하여 제한기준을 정할 때는 국가계약법 시행규칙 제25조 제2항이 정한 기준을 적용하지 않을 수 있다(국가계약법 시행규칙 제25조 제6항). 공사계약을 자주 체결하는 발주기관은 입찰마다 제한사유와 제한기준을 정하여 공고하는 방법이 비효율적이므로 공사의 성질이나 규모에 따라 유형화한 제한기준으로 입찰을 집행하게 하여 그 결과 편리성과 효율성을 도모하려는 취지이다. 가령, 조달청은 「조달청 등급별 유자격자명부 등록 및 운용기준」을 마련하여 위 제도를 시행한다.

아) 중소기업자간 경쟁제품 제조·구매계약

판로지원법 제6조에 따라 중소벤처기업부장관이 지정·공고한 물품, 즉 중소기업자간 경쟁제품을 제조·구매하는 계약에서는 중소기업기본법 제2조에 따른 중소기업자로 입찰참가자격을 제한할 수 있다(국가계약법 시행령 제21조 제1항 제8호).

자) 판로지원법 제7조의2 제2항 제1호에 따른 물품제조·구매, 용역계약

판로지원법 제7조의2 제1항 제1호에 따라, 중소기업자간 경쟁제품 중에서 중소벤처기업부장관이 지정한 물품이나 용역을 위한 계약을 체결하려는 경우, 같은 규정에 따라 공동사업에 참여한 소기업이나 소상공인으로 입찰참가자격을 제한할 수 있다(국가계약법 시행령 제21조 제1항 제8호의2).

차) 계약이행 부실을 방지하기 위해 특별히 인정한 계약

발주기관이 계약이행 부실을 방지하기 위해 필요하다고 판단하여 특별히 인정한 경우에는 경쟁참가자의 재무상태를 기준으로 입찰참가자격을 제한할 수 있다(국가계약법 시행령 제21조 제1항 제9호).

카) 추정가격이 고시금액 미만인 물품제조·구매·용역계약

발주기관은 추정가격이 고시금액 미만인 물품제조·구매·용역계약에서 중소기업자 등으로 입찰참가자격을 제한할 수 있다(국가계약법 시행령 제21조 제1항 제10호). 즉, 추정가격이 ① 1억 원 미만인 물품제조·구매계약, 용역계약은 중소기업기본법 제2조 제2항에 따른 소기업, 소상공인기본법 제2조에 따른 소상공인, 벤처기업육성에 관한 특별조치법 제2조 제1

항에 따른 벤처기업, 중소기업창업 지원법 제2조 제2호에 따른 창업자로(국가계약법 시행령 제21조 제1항 제10호 가목), ① 1억 원 이상인 물품제조·구매·계약, 용역계약은 중소기업기본법 제2조에 따른 중소기업자(국가계약법 시행령 제21조 제1항 제10호 나목)로, 각 입찰참가자격을 제한할 수 있다.

타) 특정지역에 소재하는 자가 생산한 물품구매계약

발주기관은 특정지역에 소재하는 자가 생산한 물품을 구매하려는 계약에서 일정한 지역에 입주한 자로 입찰참가자격을 제한할 수 있다(국가계약법 시행령 제21조 제1항 제11호). 즉, ① 지역중소기업 육성 및 혁신촉진에 관한 법률에 따른 중소기업특별지원지역에 입주한 자(입주는 같은 조 제2항에 따른 지정기간만 해당)(국가계약법 시행령 제21조 제1항 제11호 가목)나 ② 농어촌정비법에 따른 농공단지에 입주한 자(국가계약법 시행령 제21조 제1항 제11호 나목) 중 어느 하나에 해당하는 자로 입찰참가자격을 제한할 수 있다.

라. 제한기준

공공계약법은 제한경쟁입찰을 위한 제한기준으로 실적, 시공능력, 기술보유상황, 주된 영업소 소재지, 재무상태 등을 제시한다. 다만, 발주기관은 위 기준에 따라 자격을 제한할 때라도 이행의 난이도, 규모, 수급상황 등을 적절히 고려해야 한다(국가계약법 시행규칙 제25조 제1항, 정부 입찰·계약 집행기준 제5조 제4항 본문). 가령, 계약이행 난도가 높은 계약일수록 입찰에 참가할 자가 적은데, 입찰참가자격까지 엄격하게 제한하면 담합 등 불공정행위가 발생할 위험이 생기 때문에, 이행의 난이도, 규모, 수급상황 등 여러 사정을 고려해 입찰참가자격을 제한해야 한다는 취지이다.[1)]

아래 제한기준을 보면, 용역이나 공사계약에서는 일정 수준 이상 기업이나 계약이행능력을 갖춘 계약상대자를 선정하기 위한 것이 많고, 물품계약에서는 주로 품질을 보증하기 위한 것이 많으며, 그 밖에도 국가 정책에 따른 환경보호, 중소기업보호, 지역경제 기여 등을 위한 것도 있다.

1) 실적

가) 의의

실적이란 실제로 계약을 이행한 업적과 성과를 말한다. 입찰참가자격사전심사 기준에서 시공경험과 같은 개념이다. 즉, 현재 발주하려는 계약과 계약내용이 실질적으로 같은 것은 물론, 이와 유사하여 계약목적을 달성할 수 있다고 인정되는 과거 1건의 공사·제조·용역

1) 김성근, 앞의 책(Ⅰ), 208쪽.

등 실적(장기계속공사·제조·용역 등에서는 총공사·총제조·총용역 등을 실적으로 함)에 해당하는 금액이나 규모(양)를 말한다(정부 입찰·계약 집행기준 제5조 제1항). 이처럼 실적으로는 동일실적과 유사실적이 있다. 발주기관은 원칙적으로 동일실적과 유사실적 가운데 어디에 해당하는지를 판단할 재량을 가진다.[1)]

나) 내용

실적은 규모(양)나 금액을 기준으로 인정한다.

첫째, 공사·제조·용역 등에서 실적을 규모(양)로 인정하는 경우에는 해당 계약목적물의 규모(양)의 1배 이내로 한다. 그리고 계약목적 달성에 문제가 없다면 이 기준을 우선 적용해야 한다(국가계약법 시행규칙 제25조 제2항 제1호 가목). 공사를 예로 들면, 실적규모는 단위구조물 1건으로서 해당 공사의 인정기준 규모에 해당하는 경우만 인정하며, 여기서 1건이란 단위 계약건 중 시공실적 인정기준에 맞는 각 단위구조물을 말한다. 실적금액은 위와 같은 실적규모에 해당하는 공사금액을 인정하며, 여기에는 관급자재금액을 포함한다. 실적은 해당 공사 등을 발주한 자가 발급하는 실적증명서로 증명한다. 즉, 실적은 관계기관이 발생한 문서나 계약서 사본 등에 근거해 증명한다.

둘째, 공사·제조·용역 등에서 실적을 금액으로 제한하는 경우에는 해당 계약목적물의 추정가격(건설산업기본법 등 다른 법령에서 시공능력을 적용할 때 관급자재비를 포함하고 있는 경우에는 추정금액을 말한다)의 1배 이내로 한다(국가계약법 시행규칙 제25조 제2항 제1호 나목). 다만, 제조·용역은 해당 계약목적물의 3분의 1배 아래로 실적을 요구하되, 발주기관이 계약 특성, 난이도 등을 고려하여 필요하다고 인정하면 계약목적물의 최대 1배까지 실적을 요구할 수 있다. 또한, 추정가격이 고시금액 미만인 제조·용역계약은 경쟁참가자격을 실적으로 제한할 수 없다(국가계약법 시행규칙 제25조 제2항 제1호 가목, 나목, 정부 입찰·계약 집행기준 제5조 제1항 참조). 여기서 고시금액이란 「국가를 당사자로 하는 계약에 관한 법률 등의 기획재정부 장관이 정하는 고시금액」에서 정한 금액을 말한다.

다) 사례

계약상대자가 계약을 이행하던 중 부도가 나 연대보증인이 시공한 사안에서, 부도업체를 포괄승계한 업체는 종전 계약상대자나 연대보증인이 시공한 실적을 인정받을 수 있다.[2)] 계약상대자가 준공기한 내에 준공신고서를 제출하고 준공검사에 합격했다면 준공신고서 제출일자를 기준으로 해당 실적을 인정할 수 있다.[3)] 민자를 유치하여 시공한 실적도 해당 공

1) 비슷한 취지로, 대법원 2004. 8. 30. 선고 2002다73425 판결 참조.
2) 회제41301-902, 2003. 7. 30.
3) 회제 41301-243, 2002. 2. 26.

사의 유사실적으로 인정할 수 있다.[1)]

그러나 공사 관련 면허 등이 없는 자가 한 시공은 실적으로 인정받을 수 없다.[2)] 또한, 물품제조계약에서 계약상대자가 계약목적물 일부를 하도급으로 수행했다면, 계약상대자와 하수급인은 각자 제조한 부분만큼만 실적을 인정받을 뿐이다.[3)] 한편, 공동이행방식에 따른 공동계약에서 실적금액은 구성원별 출자비율에 따라 인정하나, 실적규모(양)는 공사의 성질상 구성원별로 실제 시공부분을 분리·구분할 수 있으면 실제 시공부분에 따라, 분리·구분할 수 없으면 출자비율에 따라, 각 인정한다.[4)]

〔건설업 면허가 취소된 건설업자가 구 건설업법 제10조 제1항 규정에 따라 시공을 계속하다가 신규로 면허를 취득하고 나머지 공사를 완공한 경우, 위 신규 면허 취득 후 시공한 부분을 건설업자의 실적으로 인정할 수 있는지〕

건설업자가 건설공사를 도급받아 시공하던 중에 건설업 면허 대여행위에 대한 제재로서 건설업 면허가 취소되고 등록이 말소되었으나 구 건설업법(1994. 1. 7. 법률 제4724호로 개정되기 전의 것) 제10조 제1항의 규정에 의해 시공을 계속하다가 신규로 면허를 취득하고 건설업 등록을 한 후 나머지 공사를 완공한 경우에, 그 나머지 공사 부분 중 단일구조물로서 독립하여 공사 실적으로 인정될 만한 것이 있다 하더라도 이를 신규 면허에 기하여 발주자로부터 새로이 도급을 받아 완공하였다든지 하는 특별한 사정이 없는 한, 위 신규 면허 취득 후 시공한 부분은 위 법 제10조 제1항에 의하여 계속 시공한 것일 뿐 신규 면허를 보유한 건설업자로서 시공한 것으로 볼 수 없고, 위 법 제10조가 발주자를 보호하기 위한 규정이라는 점에 비추어 볼 때 위 법 제10조 제3항이 제1항의 규정에 의해 건설공사를 계속하는 자를 당해 건설공사를 완성할 때까지 건설업자로 간주하도록 규정하고 있다고 하더라도 건설업자의 실적을 평가함에 있어서는 위 시공은 건설업자가 한 시공으로 볼 수는 없다(대법원 2008. 2. 28. 선고 2007다79282 판결).

2) 시공능력

시공능력이란 국토교통부장관이 건설사업자의 신청이 있는 경우 그 건설사업자의 건설공사 실적, 자본금, 건설공사의 안전·환경와 품질관리 수준 등에 따라 평가하여 공시한 것을 말한다(건결기본법 제23조 제1항). 시공능력은 해당 추정가격의 1배 이내로 제한한다(국가계약법 시행규칙 제25조 제2항 제2호). 따라서 입찰자가 해당 시공능력공시액을 초과하여 입찰에 참가했다면, 이는 입찰참가자격이 없는 자가 한 입찰로서 무효이다.

---

1) 회제 41301-762, 2000. 3. 29.
2) 회제 41301-660, 2000. 3. 17.
3) 회계제도과-784, 2009. 4. 28.
4) 회계제도과-1885, 2009. 11. 12.

3) 기술보유상황

기술보유상황이란 엔지니어링기술진흥법에 따른 엔지니어링 활동주체나 기술사법에 따른 기술사사무소로 개설등록한 기술사인 경우, 기술도입이나 외국업체와 기술제휴 방법으로 해당 공사수행·물품제조에 필요한 기술을 객관적으로 보유한 경우, 그 밖에 해당 공사수행에 필요한 기술·공법을 객관적으로 개발·보유한 경우 등을 말한다(정부 입찰·계약 집행기준 제5조 제2항 제1호부터 제3호).

4) 주된 영업소 소재지

가) 의의

주된 영업소 소재지란, 법인은 법인등기부에 있는 본점소재지를, 개인사업자는 사업자등록증이나 관련법령에 따른 허가·인가·면허·등록·신고 등 관련 서류에 있는 사업장소재지를 말한다(국가계약법 시행령 제21조 제1항 제6호). 그런데 사업장 소재지는 다르지만 사업종류가 같은 여러 사업자등록증 등을 보유한 개인사업자는 여러 사업장 소재지 중 한 곳을 지정할 수 있고, 이를 주된 영업소로 본다(정부 입찰·계약 집행기준 제4조 제6항). 일단 주된 사업장 소재지를 지정하면, 이를 취소할 때까지는 해당 소재지를 기준으로 입찰참가자격을 결정하므로, 개인사업자는 입찰할 때마다 사업장 소재지를 변경하여 입찰에 참가할 수 없다.

나) 기준

발주기관은 주된 영업소 소재지를 기준으로 입찰참가자격을 제한할 경우, 해당 공사 등의 현장·납품지 등이 있는 특별시·광역시·특별자치시·도, 특별자치도의 관할구역(이하 '시·도')(공공기관 지방이전에 따른 혁신도시 건설 및 지원에 관한 특별법 제31조에 따른 공동혁신도시의 경우에는 해당 공동혁신도시 건설 공동 주체의 관할구역 전체) 안에 있는 자로 자격을 제한해야 한다(국가계약법 시행규칙 제25조 제3항 본문). 이때, 해당 공사의 현장, 납품지 등에 없는 지역업체는 해당 입찰에 참가할 수 없다. 주된 영업소를 기준으로 하므로, 지점이나 대리점 그 밖에 부수적인 영업소는 여기에 해당하지 않는다. 또한, 특별시, 광역시, 특별자치시, 도, 특별자치도 관할구역을 기준으로 하므로, 시, 군·구 등 기초자치단체를 기준으로 제한할 수 없다.

구체적으로, 공사계약에서는 공사현장이 있는 시·도의 관할구역 안에 주된 영업소가 있는 자로, 물품계약 중 물품제조인 경우 납품지가 있는 시·도 관할구역 안에 주된 영업소가 있는 자로, 물품구매인 경우 납품지가 있는 시·도의 관할구역 안에 본점이 있는 자로 각 제한한다. 용역계약에서는 용역 결과물의 납품지(시공단계인 건설사업관리용역 등 현장과 밀접한 관련이 있는 용역은 해당 현장)가 있는 시·도 관할구역 안에 본점이 있는 자로 제한한다(정부 입찰·계약 집행기준 제4조 제4항 제1호부터 제3호).

다만, 공사 등의 현장·납품지 등이 인접 시·도에 걸쳐 있는 경우와 공사 등의 현장·납품지 등이 있는 시·도에 사업이행을 위해 필요한 자격을 갖춘 자가 10인 미만이 있는 경우 중 어느 하나에 해당하는 경우에는, 인접 시·도의 관할구역 안에 있는 자를 포함해 제한할 수 있다(국가계약법 시행규칙 제25조 제3항 단서 제1호, 제2호). 이를 적용할 때, 광역시·특별자치시나 도의 관할구역 안에서 특별시·광역시, 특별자치시가 신설(편입된 경우를 제외)되는 경우에는 그 신설된 날부터 3년 동안 종전 광역시·특별자치시, 도의 관할구역과 신설된 특별시·광역시, 특별자치시의 관할구역은 분리하지 않았다고 본다(국가계약법 시행규칙 제25조 제4항, 정부 입찰·계약 집행기준 제4조 제5항).

5) 재무상태

재무상태란 현재 부도상태이거나 파산 등이 아니어서 정상 영업활동이 곤란하지 않은 경우를 말한다(정부 입찰·계약 집행기준 제5조 제2항). 발주기관은 재무상태를 기준으로 입찰참가자격 제한하는 경우, 입찰자가 제출하는 서류를 근거로 부도, 파산, 해산 등 사유가 있는지, 그 밖에 회생절차 등으로 정상 영업이 곤란한지를 판단할 수밖에 없고, 그 판단에는 상당한 재량을 인정해야 한다. 다만, 지나친 재량을 인정하면 입찰의 공정성이나 투명성을 해하기 때문에, 객관적인 판단기준을 제시할 필요가 있다는 견해도 있다.[1)]

마. 절차

발주기관은 제한경쟁입찰을 실시할 경우 입찰공고에 그 제한사항과 제한기준을 명시해야 한다(국가계약법 시행령 제21조 제2항). 특히 공사입찰로서, 추정가격이 기획재정부령으로 정하는 금액 미만이라서 법인등기부 등에 있는 본점소재지를 기준으로 입찰참가자격을 제한하는 경우라면, 기획재정부령이 정하는 바에 따라 해당 입찰참가적격자에게 입찰공고서 내용을 통지하는 방법으로 입찰공고를 갈음할 수 있다(국가계약법 시행령 제21조 제3항). 그리고 입찰참가통지는 경쟁입찰참가통지서로 해야 한다(국가계약법 시행규칙 제26조 제1항). 입찰참가통지는 현장설명일 7일 전(현장설명을 하지 않는 경우에는 입찰서 제출마감일 7일 전)까지 해야 하나, 긴급한 경우에는 입찰서 제출마감일 5일 전까지 할 수 있다(국가계약법 시행규칙 제26조 제2항).

---

1) 김성근, 앞의 책(Ⅰ), 206쪽.

바. 제한경쟁입찰의 한계

1) 중복제한금지

발주기관은 제한경쟁입찰에 따라 참가자격을 제한하면서, 국가계약법 제21조 제1항 각 호 사항이나 각 호 안에 있는 사항을 중복제한할 수 없다(국가계약법 시행규칙 제25조 제5항 본문). 그리하여 추정가격이 30억 원 이상인 공사에서 시공능력이나 공사실적 중 하나만을 기준으로 제한하거나, 두 가지를 모두 제시한 다음 그 중 하나만 충족하면 참가하도록 할 수는 있지만, 시공능력과 공사실적을 모두 충족해야만 입찰참가하도록 제한하는 것은 중복제한 금지 위반이다.[1]

다만, 국가계약법 시행령 제21조 제1항 제6호에 따라 지역제한입찰을 실시할 때는 같은 항 제2호의 사항[2]과 중복하여 제한할 수 있으며, 국가계약법 시행령 제21조 제1항 제8호에 따라 중소벤처기업부장관이 지정·공고한 물품을 제조·구매할 경우로서 중소기업법 제2조에 따른 중소기업자로 제한하는 때에는 같은 항 각호의 사항과 중복하여 제한할 수 있다(국가계약법 시행규칙 제25조 제5항 단서).

2) 그 밖에 제한금지

발주기관은 그 밖에 다음과 같이 경쟁참가자의 자격을 과도하게 제한할 수 없다(정부 입찰·집행기준 제5조 제4항 단서).

첫째, 시공능력이나 실적, 기술보유상황 등을 중복으로 제한할 수 없으나, 지역제한을 한 때는 시공능력이나 실적, 기술보유상황 등과 함께 제한할 수 있다(정부 입찰·집행기준 제5조 제4항 단서 제1호).

둘째, 특정한 명칭을 실적으로 제한하여 비슷한 실적이 있는 자의 입찰참가기회를 제한할 수 없다. 예를 들어, 농공단지 조성공사에서 농공단지 조성실적만 인정한다고 하여 공사내용이 같은 공업단지나 주택단지 등 조성실적 있는 자의 입찰참가를 배제하거나, 종합문화예술회관 공사에서 종합문화회관 건립 단일공사 관람석 000석 이상 준공실적이 있는 업체로 제한하여 시민회관, 강당 등 내용이 비슷한 공사실적이 있는 자의 입찰참가를 배제할 수 없다(정부 입찰·집행기준 제5조 제4항 단서 제2호 가목, 나목). 반드시 같은 내용이 아니라도 비슷한 공사를 수행한 실적이 있다면 계약수행능력을 인정할 필요가 있기 때문이다.

셋째, 특정 기관이 발주한 준공실적만을 요구하고 다른 기관이나 민간이 발주한 실적은 인정하지 않는 방법으로 제한할 수 없다. 예를 들어, 국가기관, 지방자치단체, 공기업·준정

---

1) 김성근, 앞의 책(Ⅰ), 222쪽, 장훈기, 앞의 공공계약제도 해설, 249쪽.
2) 특수한 기술이나 공법이 필요한 공사계약에서 해당 공사수행에 필요한 기술 보유상황이나 해당 공사와 같은 종류의 공사실적에 따라 제한하는 경우.

부기관 등이 발주한 실적만을 인정하여 기타공공기관이나 민간실적을 배제하는 방법은 위법하다(정부 입찰·집행기준 제5조 제4항 단서 제3호). 따라서 해외공사를 준공했다면 해외공사실적도 국내공사실적과 같이 취급해야 한다.[1)]

넷째, 해당 공사이행에 필요한 수준 이상의 준공실적을 요구하는 방법으로 제한할 수 없다. 예를 들어, 같은 공사에서 교량이 2개 이상 있을 경우 합산한 규모의 실적업체로 제한하여 1개 규모의 실적보유업체를 배제하는 방법은 위법하다(정부 입찰·집행기준 제5조 제4항 단서 제4호).

다섯째, 물품제조·구매 입찰에서 부당하게 특정 상표나 특정 규격, 특정 모델을 지정하여 입찰에 부치는 경우와 입찰조건, 시방서, 규격서 등에서 정한 규격·품질·성능과 동등 이상의 물품을 납품하였는데도 특정 상표나 특정 모델이 아니라는 이유로 납품을 거부해서는 안 된다. 예를 들어, 특정 수입품목 모델을 내역서에 기재하여 품질이나 성능에서 동등이상인 국산품목 납품을 거부하면 위법하다(정부 입찰·집행기준 제5조 제4항 단서 제5호). 실무에서는 '동등 규격·품질·성능'인지와 관련해 분쟁이 빈번히 발생하는데, 개별 입찰공고나 시방서, 규격서 등을 참조하여, 사건마다 구체적으로 판단하는 방법밖에 없다.

여섯째, 지역제한입찰에서는 공사의 현장·납품지 등이 있는 시·도의 관할구역 안에 본점이 있는 자로 제한하여야 하는데, 그럼에도 시·군·자치구의 관할구역 안에 본점이 있는 자로 제한하면 위법하다(정부 입찰·집행기준 제5조 제4항 단서 제6호).

일곱째, 일반경쟁입찰을 할 수 있는데도, 과도하게 실적 등을 기준으로 입찰참가자격을 제한할 수 없다. 예를 들어, 빗물 펌프장(유수지) 공사에서 펌프 용량으로 실적을 제한하면 위법하다(정부 입찰·집행기준 제5조 제4항 단서 제7호). 발주기관이 특정 업체를 낙찰자로 선정하기 위해 과도한 실적으로 입찰참가자격을 제한하는 관행을 방지하기 위해서이다.

여덟째, 관련법령 등에 따라 1개 등록만으로 시공할 수 있는데도, 2개 이상 등록을 요구하는 등 등록요건을 엄격히 제한하면 위법하다(정부 입찰·집행기준 제5조 제4항 단서 제8호). 건설산업기본법이 정한 종합공사업 등록으로 시공할 수 있는 공사인데도, 종합공사업 등록과 함께 전문공사업 등록까지 함께 요구하면 과도한 제한이다.[2)]

아홉째, 교량이나 도로공사를 발주하면서, 공사실적을 평가하는데 주요한 기준에 해당하는 규모(양)로 제한하지 않고, 폭 등 독특한 실적만으로 제한하는 경우나 폭, 연장, 경간장, 공법 등을 모두 제한하는 경우는 위법하다(정부 입찰·집행기준 제5조 제4항 단서 제9호).

열 번째, 창의성이 필요한 건축설계 등 문화예술 관련 용역에서는 용역수행실적으로 제한할 수 없다(정부 입찰·집행기준 제5조 제4항 단서 제10호). 단순한 용역계약이 아닌 창의성이

---

1) 회계 41301-3253, 1997. 11. 25.
2) 회제 41301-276, 1998. 3. 26.

필요한 건축설계 등 용역에서 단순한 용역수행실적은 계약이행능력을 평가하는 기준이 될 수 없기 때문이다.

열한 번째, 건설사업관리용역 발주에서 시공단계 건설사업관리용역이 해당 용역의 주요 부분인데도, 건설사업관리 실적만을 요구하는 등 시공단계 건설사업관리 용역실적을 인정하지 않으면 위법하다(정부 입찰·집행기준 제5조 제4항 단서 제11호). 건설사업관리와 건설공사감리는 그 내용이 비슷하므로 감리용역 실적을 배제하지 말라는 취지이다.

3. 지명경쟁입찰

가. 의의

지명경쟁입찰은 발주기관이 지명한 입찰참가자격자가 입찰에 참가하게 하는 제도이다. 즉, 계약의 성질이나 목적, 규모 등을 고려할 때, 특수한 설비·기술·자재·물품이나 실적이 있는 자가 아니면 계약목적을 달성하기 곤란한 경우, 발주기관은 자력·신용 등에 있어서 적당하다고 인정하는 소수 경쟁참가자만 지명해 입찰에 참가하게 하고, 그 가운데 결정한 낙찰자와 계약을 체결하는 방법이다(국가계약법 제7조 제1항 단서 참조). 모든 공공계약을 일반경쟁이나 제한경쟁으로만 체결하게 한다면 불필요한 경쟁을 확대하고 행정 부담을 높이기 때문에,[1] 지명경쟁이라는 경쟁방법을 활용하여 효율성을 도모하려는 취지이다.

나. 특성

지명경쟁입찰은 계약을 이행할 만한 자력과 신용이 확실하고 성실한 자를 지명하여 그들끼리 경쟁하게 하는 제도이므로, 계약이행능력이 부족한 부적격자가 입찰에 참가하지 못하게 방지하여 공정한 경쟁, 계약의 적정한 이행을 확보하고, 일반경쟁입찰보다 시간과 비용을 절약하여 계약사무의 효율성을 높이는 장점이 있다. 그러나 특정 소수인에게만 입찰참가를 허용한 결과 담합의 유인을 제공하고, 지명과정에서 담당공무원의 부정이 개입할 위험이 있는 등 경쟁입찰제도 취지를 해칠 우려가 있다.[2]

다. 종류

지명경쟁입찰은 대체로 입찰에 참가할 대상자를 지명하는 형태이지만, 일정한 물품을 참가대상으로 지명하는 형태도 있다(국가계약법 시행령 제25조 참조). 국가계약법 시행령은 후자를 특히 '유사물품 복수경쟁'이라 한다. 후술한다.

---

1) 계승균, 앞의 책, 87쪽.
2) 이에 공무원이 지명경쟁입찰로 계약을 체결한 때는 소속 중앙관서의 장에게 그 내용을 보고해야 하며, 각 중앙관서의 장은 감사원에 이를 통지해야 한다(국가계약법 시행령 제23조 제2항).

라. 지명사유

공공계약법은 지명경쟁입찰에 부칠 사유를 정한다(국가계약법 시행령 제23조 제1항).

1) 계약목적, 성질을 고려한 사유

계약목적이나 성질을 고려할 때, 특수한 설비·기술·자재·물품·실적이 있는 자가 아니면 계약목적을 달성하기 곤란하여 입찰대상자가 10인 이내인 경우, 지명경쟁입찰에 부칠 수 있다(국가계약법 시행령 제23조 제1항 제1호). 발주기관은 특수한 설비 등을 갖춘 자가 아니면 계약목적을 달성하기 곤란한지 판단할 재량을 가진다. 그리고 입찰상대자는 10인 이내여야 하므로, 10인 이상이 있으면 지명경쟁입찰에 부칠 수 없다.

2) 계약규모를 고려한 사유

규모가 크지 않은 계약을 일반경쟁입찰이나 제한경쟁입찰에 부치면 계약사무를 효율적으로 처리할 수 없고, 그러한 계약은 지명경쟁입찰에 부치더라도 공정한 입찰이나 적정한 계약이행을 담보할 수 있으므로, 지명경쟁입찰을 허용한다는 취지이다.

예를 들어, ① 건설산업기본법에 따른 건설공사(전문공사를 제외)로서 추정가격이 4억 원 이하인 공사, 건설산업기본법에 따른 전문공사로서 추정가격이 2억 원 이하인 공사, 그 밖에 공사관련법령에 따른 공사로서 추정가격이 1억 6천만 원 이하인 공사, 추정가격이 1억 원 이하인 물품제조(국가계약법 시행령 제23조 제1항 제2호), ② 추정가격이 5천만 원 이하인 재산을 매각하거나 매입(국가계약법 시행령 제23조 제1항 제3호), ③ 예정임대·임차료의 총액이 5천만 원 이하인 물건을 임대·임차(국가계약법 시행령 제23조 제1항 제4호), ④ 공사나 제조 도급, 재산 매각이나 물건 임대·임차가 아닌 계약으로서 추정가격이 5천만원 이하인 경우(국가계약법 시행령 제23조 제1항 제5호), ⑤ 산업표준화법 제15조에 따른 인증을 받은 제품이나 같은 법 제25조에 따른 우수한 단체표준제품(국가계약법 시행령 제23조 제1항 제6호), ⑥ 수의계약할 수 있는 경우(국가계약법 시행령 제23조 제1항 제8호)가 있다.

3) 그 밖에 관련법령에서 정한 사유

관련법령에서 정한 특별한 요건과 절차를 갖추면 지명경쟁입찰을 부치더라도 계약목적을 쉽게 달성할 수 있고, 공정하고 투명한 입찰을 저해할 우려가 적기 때문에 지명경쟁입찰을 허용한 취지이다.[1)]

예를 들어, 자원의 절약과 재활용촉진에 관한 법률 제33조가 정한 기준에 적합하고 산업기술혁신 촉진법 시행령 제17조 제1항 제3호에 따른 품질인증을 받은 재활용제품, 환경기

1) 김성근, 앞의 책(Ⅰ), 232쪽.

술 및 환경산업 지원법 제17조의 환경표지 인증을 받은 제품을 제조하게 하거나 구매하는 경우(국가계약법 시행령 제23조 제1항 제9호), 판로지원법 시행령 제6조에 따라 중소벤처기업부 장관이 지정·공고한 물품을 중소기업기본법 제2조에 따른 중소기업자로부터 제조·구매할 경우(국가계약법 시행령 제23조 제1항 제10호), 판로지원법 제7조의2 제2항 제2호에 따라 각 중앙관서의 장 요청으로 중소기업협동조합법 제3조 제1항에 따른 중소기업협동조합이 추천하는 소기업이나 소상공인(해당 물품 등을 납품할 수 있는 소기업이나 소상공인을 말함)에게 물품을 제조하게 하거나 용역을 수행하게 하는 경우(국가계약법 시행령 제23조 제1항 제11호)가 있다.

라. 지명기준

발주기관은 지명경쟁입찰에 참가할 자를 지명할 때 적정하게 경쟁원리를 실현할 수 있도록 해야 한다(국가계약법 시행규칙 제27조 제1항).

1) 공사

발주기관은 시공능력을 기준으로 입찰참가자를 지명하는 경우, 해당 추정가격의 1배 이내에서 지명하고(국가계약법 시행규칙 제25조 제2항 제2호, 제27조 제1항 제1호), 신용과 실적, 경영상태를 기준으로 업체를 지명하되 특수한 기술 보유가 필요한 경우, 그 보유자를 지명해야 한다(국가계약법 시행규칙 제27조 제1항 제2호). 한편, 지명경쟁입찰에서도 입찰참가자격을 갖추어야 하므로, 가령 복합공종 공사를 지명경쟁입찰로 진행한다면, 각 공종별로 자격요건을 갖춘 자(공동계약은 공동수급체 중에서 그러한 자)를 지명해야 한다. 또한, 지명경쟁입찰은 계약의 목적, 성질을 고려해 특수한 실적 등이 있는 자가 아니면 계약목적을 달성하기 곤란한 경우로서 입찰대상자가 10인 이내인 경우에 할 수 있으므로, 단순히 공사규모나 금액만을 기준으로 실시할 수는 없다.[1)]

구체적으로는 다음 기준에 따라 지명업체를 선정해야 한다(정부 입찰·계약 집행기준 제6조 제1항). ① 시공능력을 기준으로 지명할 때는 시공능력 일련 순위에 따라 지명하고(정부 입찰·계약 집행기준 제6조 제1항 제1호), ② 특수기술이 필요한 공사로서 전문적인 기술 보유자가 아니면 계약목적 달성이 곤란한 때에는 그 기술보유자 중 시공능력 순위에 따라 지명하며(정부 입찰·계약 집행기준 제6조 제1항 제2호), ③ 특수공법이 필요한 공사로서 동종공사의 시공실적 보유자가 아니면 계약목적 달성이 곤란한 때에는 그 실적보유자 가운데 시공능력 순위에 따라 지명하고(정부 입찰·계약 집행기준 제6조 제1항 제3호), ④ 건설산업기본법에 따른 건설공사(전문공사를 제외)로서 4억 원 이하 공사나, 건설산업기본법에 따른 전문공사로서 추정가격이 2억 원 이하 공사, 그 밖에 공사 관련법령에 따른 공사로서 1억 6천만 원 이하 공

---

1) 회계제도과-1722, 2009. 10. 14.

사에서 시·도업체만을 지명하고자 할 경우에는 해당 시·도업체의 시공능력 순위에 따라 지명한다(정부 입찰·계약 집행기준 제6조 제1항 제4호).

2) 물품

물품 제조·구매, 수리·가공 등 계약의 성질이나 목적을 고려할 때, 특수한 기술, 기계·기구, 생산설비 등을 보유하고 있는 자가 이행하게 할 필요가 있으면 그 보유자를 지명한다(국가계약법 시행규칙 제27조 제2호).

마. 지명경쟁입찰 대상자 지명

발주기관이 지명경쟁입찰에 부치려면 5인 이상 입찰대상자를 지명하여 그 가운데 2인 이상이 입찰참가신청을 해야 한다. 다만, 지명대상자가 5인 미만이면 그 대상자를 모두 지명해야 한다(국가계약법 시행령 제24조 제1항). 이처럼 발주기관은 입찰대상자 지명을 통지한 다음 그들로부터 입찰참가 여부를 확인해야 한다(국가계약법 시행령 제24조 제3항). 왜냐하면 지명받은 업체는 반드시 경쟁입찰에 참여할 의무가 없고, 참가할 의사가 없는 업체가 있을 수 있기 때문이다.[1)]

한편, 입찰대상자에게 입찰공고 내용을 통지해야 하는데(국가계약법 시행령 제24조 제2항), 해당 통지는 보통 현장설명일 7일 전(현장설명을 하지 않은 경우에는 입찰서 제출마감일 7일 전)까지 경쟁입찰참가통지서로 한다, 다만, 긴급한 사정이 있으면 입찰서 제출마감일 5일 전까지 한다(국가계약법 시행령 제24조 제3항, 같은 법 시행규칙 제30조, 제26조 제1항, 제2항).

계약담당공무원이 지명경쟁입찰 방법으로 계약을 체결하였다면 소속 발주기관의 장에게 보고해야 하며, 발주기관은 감사원에 그 내용을 통지해야 한다(국가계약법 시행령 제23조 제2항). 따라서 계약담당공무원이 지명경쟁입찰에 따른 계약을 보고하고자 할 때는, 계약서(해당 계약서에 첨부해야 하는 서류를 포함) 사본과 계약목적, 예산과목, 적용법령조문과 구체적인 적용사유, 그 밖에 참고사항을 명백히 한 서류를 그 발주기관의 장에게 제출해야 한다(국가계약법 시행규칙 제29조 제1항 제1호부터 제6호). 또한, 발주기관이 감사원에 지명경쟁입찰에 따른 계약 내용을 통지하는 때는 위 계약서 사본과 서류를 함께 제출하여야 한다(국가계약법 시행규칙 제29조 제2항). 한편, 발주기관은 지명경쟁입찰 참가자로 지명된 자로부터 지명기준에 적합하다는 사실을 증명하는 서류를 제출받아 이를 비치해야 한다(국가계약법 시행규칙 제29조 제3항).

바. 유사물품 복수경쟁

발주기관은 품질·성능·효율 등에 차이가 있는 유사한 종류의 물품 가운데 품질·성능·

1) 계승균, 앞의 책, 89쪽.

효율 등이 일정 수준 이상인 물품을 지정하여 구매하려는 경우 복수경쟁에 부칠 수 있다. 이때는 유사한 종류의 물품별로 작성된 예정가격에 대한 입찰금액의 비율이 가장 낮은 입찰자를 낙찰자로 한다(국가계약법 시행령 제25조).

Ⅲ. 수의계약

1. 의의

수의계약이란 경쟁입찰 없이 발주기관이 법령이 정한 요건과 절차에 따라 특정 계약상대자를 선정하여 체결하는 계약이다. 발주기관은 계약의 목적, 성질, 규모 등을 고려해 필요하다고 인정하면 수의계약을 체결할 수 있다(국가계약법 제7조 제1항 단서). 수의계약은 경쟁원칙에서 벗어난 가장 큰 예외이기 때문에 법이 정한 엄격한 예외 사유가 있을 때만 체결할 수 있다. 수의계약 사유 중 일정한 유형은 「정부 입찰·계약 집행기준」 제4장과 제5장에서 각 정한 바에 따라 집행한다.

2. 특성

수의계약은 계약에 가장 적확한 상대방을 선택하여 그와 계약을 체결하는 방법이기 때문에 계약이행의 적정성을 확보할 수 있을 뿐만 아니라 입찰절차를 거치지 않기 때문에 시간과 비용을 절약하여 계약사무의 효율성을 높인다는 장점이 있다. 그러나 경쟁원칙을 따르지 않기 때문에 계약체결·이행 과정에서 뇌물 등 부정이나 비리가 개입할 수 있고, 계약금액 상승에 따라 예산 절감이 어렵다는 단점도 있다.

발주기관은 계약체결을 경쟁방법으로 할지, 수의계약으로 할지 결정할 재량이 가진다. 따라서 발주기관은 수의계약 사유가 있더라도 반드시 수의계약을 체결할 필요가 없고, 경쟁입찰에 따른 계약을 체결하더라도 적법하다. 그리하여 일반경쟁입찰에 부쳐야 할 사항을 지명·제한경쟁입찰이나 수의계약에 부쳤다면 위법한 절차지만, 반대로 지명·제한경쟁입찰이나 수의계약에 부쳐야 할 사항을 일반경쟁입찰에 부쳤더라도 특별한 사정이 없다면 위법하다고 할 수 없다.[1)]

3. 자격요건

수의계약에도 경쟁입찰 참가자격 규정인 국가계약법 시행령 제12조 제1항, 제3항부터

1) 대법원 2000. 8. 22. 선고 99다35935 판결.

제6항을 준용하기 때문에(국가계약법 시행령 제32조), 수의계약을 체결하려는 자도 경쟁입찰에 참가할 수 있는 자격을 갖추어야 한다. 특히 적합한 시공자, 제조자가 없는 등 부득이한 사유가 있을 때를 제외하고는 입찰참가자격을 제한받은 자는 수의계약을 체결할 수 없다(국가계약법 제27조 제3항 본문). 다만, 적격심사낙찰제와 같이 경쟁입찰을 전제한 규정은 수의계약에 적용할 수 없다.[1)]

〔입찰무효 규정을 수의계약에 유추적용할 수 있는지〕

지방계약법 시행령 제13조 제1항, 제39조 제4항은 입찰참가자격이 없는 자가 참가한 입찰을 무효로 한다고 규정하고, 같은 법 시행령 제32조는 입찰참가자격과 관련한 위 규정을 수의계약대상자의 자격에 준용하는데, 비록 위 시행령이 입찰무효 규정을 수의계약에 준용하지 않지만, 입찰과 수의계약 사이에 대상자의 자격 흠결에 따른 법률효과를 달리 보아야 할 만한 뚜렷한 이유가 없으므로, 입찰무효 규정을 수의계약에도 유추적용할 수 있다. … 수의계약대상자 자격이 없는 자와 체결한 용역계약은 무효이다(대법원 2015. 4. 23. 선고 2014다236625 판결).

4. 수의계약 사유

수의계약 사유는 크게 ① 경쟁 성립이 어렵거나 경쟁이 부적합한 경우 수의계약, ② 재공고입찰에 따른 수의계약, ③ 경쟁입찰에 따른 낙찰자가 계약을 체결하지 않은 경우의 수의계약, ④ 분할수의계약가 있다. 차례로 살펴본다.

가. 경쟁 성립이 어렵거나 경쟁이 부적합한 경우 수의계약

수의계약은 경쟁원칙의 예외이기 때문에, 경쟁이 성립하지 않거나 경쟁 절차가 적합하지 않은 때에 체결해야 한다. 이에 국가계약법 시행령은 그와 같은 사유를 유형별로 나누어 나열한다(국가계약법 시행령 제26조 제1항 제1호부터 제5호).

1) 경쟁에 부칠 여유가 없거나 경쟁에 부쳐서는 계약목적을 달성하기 곤란하다고 판단되는 경우

구체적인 사유로, ① 천재지변, 감염병 예방·확산 방지, 작전상 병력 이동, 긴급한 행사, 긴급복구가 필요한 수해 등 비상재해, 원자재 가격급등, 사고방지 등을 위한 긴급한 안전진단·시설물 개선, 그 밖에 이에 준하는 경우(국가계약법 시행령 제26조 제1항 제1호 가목), ② 국가안전보장, 국가의 방위계획·정보활동, 군사시설물 관리, 외교관계, 그 밖에 이에 준하는 경우로서 보안상 필요가 있거나 국가기관의 행위를 비밀리에 할 필요가 있는 경우(국가계약법 시행령 제26조 제1항 제1호 나목), ③ 방위사업청장이 군용규격물자를 연구개발한 업

1) 회계제도과-112, 2010. 1. 14.

체나 비상대비자원 관리법에 따른 중점관리대상업체로부터 군용규격물자(중점관리대상업체는 방위사업청장이 지정하는 품목에 한정)를 제조·구매하는 경우(국가계약법 시행령 제26조 제1항 제1호 다목), ④ 비상재해가 발생한 경우에 재해를 당한 자에게 국가가 소유하는 복구용 자재를 매각하는 경우(국가계약법 시행령 제26조 제1항 제1호 라목)가 있다. 따라서 경쟁에 부칠 여유가 없거나 경쟁에 부쳐서는 계약목적을 달성하기 곤란하다고 판단되면서도 아울러 ①, ②, ③, ④ 중 어느 하나에 해당해야만 수의계약을 체결할 수 있다.

특히 ①에서 긴급한 행사, 감염병 예방·확산 방지, 긴급복구가 필요한 수해 등 비상재해 그 밖에 이에 준하는 경우로서 경쟁에 부칠 여유가 없을 경우란 입찰서 제출마감일 전날부터 기산하여 5일 전까지 공고하는 긴급 입찰공고에 따라 경쟁입찰을 하더라도 계약목적을 달성하기 곤란한 경우를 말한다(정부 입찰·계약 집행기준 제7조의2). 가령, 코로나19와 같은 감염병 예방이나 확산 방지를 위해 백신을 긴급 구매할 때에는 위 사유로 수의계약을 체결할 수 있다. 그리고 ① 사유로 수의계약을 집행하려면 정부 입찰·계약 집행기준 제4장에서 정한 바에 따라야 한다(정부 입찰·계약 집행기준 제7조). ②에서 국가안전보장 등 이에 준하는 경우로서 보안상 필요가 있거나 국가기관의 행위를 비밀리에 할 필요가 있는 경우는 '국가안전보장', '외교관계', '보안상 필요', '비밀리'와 같이 불확정 개념을 그 사유로 규정하기 때문에, 발주기관은 위 사유를 해석·적용하면서 상당한 재량을 가진다고 보아야 한다.

2) 특정인의 기술이 필요하거나 해당 물품의 생산자가 1인뿐인 경우 등 경쟁이 성립할 수 없는 경우

구체적인 사유는 공사와 물품·용역 등에 각각 해당하는 사유로 나눈다.

가) 공사

① 공사와 관련하여 장래 시설물 하자의 책임을 구분하기 곤란한 경우로서 직전·현재 시공자와 계약을 하는 경우(국가계약법 시행령 제26조 제1항 제2호 가목), ② 작업상 혼란이 초래될 우려가 있는 등 동일현장에서 2인 이상 시공자가 공사를 할 수 없는 경우로서 현재 시공자와 계약을 체결하는 경우(국가계약법 시행령 제26조 제1항 제2호 나목), ③ 마감공사와 관련하여 직전·현재 시공자와 계약을 하는 경우(국가계약법 시행령 제26조 제1항 제2호 다목), ④ 접적지역 등 특수지역에서 시행하는 공사로서 사실상 경쟁이 불가능한 경우(국가계약법 시행령 제26조 제1항 제2호 라목), ⑤ 특허공법을 적용하는 공사나 건설기술진흥법 제14조에 따라 지정·고시된 신기술, 환경기술 및 환경산업 지원법 제7조에 따라 인증받은 신기술이나 검증받은 기술, 종전 전력기술관리법(법률 제13741호로 개정되기 전의 것) 제6조의2에 따라 지정 고시된 새로운 전력기술, 재난안전산업 진흥법 제14조에 따라 지정된 재난안전신기술(각 해

당 법률에 따라 지정된 보호기간이나 유효기간 내로 한정)을 적용하는 공사로서 사실상 경쟁이 불가능한 경우(국가계약법 시행령 제26조 제1항 제2호 마목)가 있다.

위 각 사유로 수의계약을 집행하려면 정부 입찰·계약 집행기준 제4장에서 정한 바에 따라야 한다(정부 입찰·계약 집행기준 제7조). 또한, 발주기관은 조달청장이 정한 세부평가기준에 따라 발주하고자 하는 공사가 위 수의계약 사유에 해당하는지를 결정할 수 있다(정부 입찰·계약 집행기준 제8조 제2항).

①, ②, ③에서 (직전·현재) 시공자란, 단독계약에서 계약상대자 1인을, 공동이행방식에 따른 공동계약에서 공동수급체를 구성하는 모든 구성원을 각 지칭한다. 다만, 분담이행방식에 따른 공동계약에서는 해당 분담부분을 이행한 시공사(공동수급체 구성원)를 말한다. 즉, 장기계속공사를 예로 들면, 전차수 시공자와 같다고 볼 수 있는 자만이 이번 차수를 공사를 위한 수의계약을 체결할 수 있다. 그리고 연대보증인은 계약상대자가 갖는 계약체결상 이익을 같이 가지므로 시공자로서 수의계약을 체결할 수 있다.[1] 한편, 전차수 공사계약과 이번 차수 공사계약의 발주기관이 각기 다를 경우라도 시공자가 같다면 위 수의계약 사유를 적용할 수 있으므로, 해당 시공자는 이번 차수 공사를 위한 수의계약을 체결할 수 있다.[2]

〔직전·현재 시공자 범위〕

(공동이행방식 공동계약의 경우) 전차수 공사계약을 공동이행방식에 따른 공동계약으로 체결했다면, 이번 차수 공사계약의 수의계약 대상자는 전차수 시공자인 공동수급체 자체이지, 그 구성원 일부나 대표자는 아니다(회제 125-810, 1988. 4. 4.). ☞ 공동수급체 구성원 1인만 제외하고 나머지 모두가 부도 등으로 탈퇴했다면 그 1인과 수의계약을 체결할 수 있지만(회제 41301-697, 2001. 4. 10.), 공동수급체 구성원 모두나 대부분이 잔존한다면 구성원 일부와 수의계약을 체결할 수 없다. 전차수 공사계약을 공동이행방식에 따른 공동계약을 체결한 시공자가 이번 차수 공사를 위해 공동수급체 구성원 출자비율을 변경하거나 새로운 구성원을 추가했다면, 이번 차수 공사계약을 체결하려는 공동수급체는 전차수 공사를 수행한 공동수급체와 같다고 볼 수 없기 때문에, 수의계약 대상자라 할 수 없다(회계제도과-2121, 2009. 12. 31.).
(분담이행방식 공동계약의 경우) 전차수 공사계약을 분담이행방식에 따른 공동계약으로 체결했다면, 이번 차수 공사계약의 수의계약 대상자는 전차수 공사의 분담부분을 시공한 공동수급체 구성원이다(회계 45101-772, 1995. 5. 27.).

1) 회제 125-75, 1984. 3. 9.
2) 회제 41301-312, 1998. 2. 9.

그리고 ①에서 하자책임 구분이 곤란한 경우란, 이번 차수 공사가 시공 중이거나 하자담보책임 기간 안에 있는 전차수 공사와 그 수직적 기초를 공통으로 할 경우와 전차수 시공물 일부를 해체·변경하여 이번 차수 시공물에 대어 접합하는 경우를 말한다(정부 입찰·계약 집행기준 제8조 제1항 제1호). ②에서 동일현장에 2인 이상 업자를 투입할 수 없는 경우란 이번 차수 공사가 시공 중인 전차수 공사와 시공 과정에서 시·공간적으로 중복되는 경우를 말한다(정부 입찰·계약 집행기준 제8조 제1항 제2호). 쉽게 말해, 전차수 공사와 이번 차수 공사를 같은 시기와 장소에서 해야 할 때를 뜻한다.

③에서 마감공사란 시공 중이거나 하자담보책임 기간 안에 있는 전차수 공사의 뒷마무리 공사와 성토, 옹벽, 포장 등 부대시설공사를 말한다(정부 입찰·계약 집행기준 제8조 제1항 제3호).

한편, ④에서 접적지역이란 적과 인접한 지역으로, 주로 북한과 남한의 경계선에 붙은 지역을 말하고, 특수지역은 이러한 접적지역은 물론 도서지역(연륙교로 육지와 연결된 지역 제외), 고산벽지 등 계약을 이행하기에 상당히 위험한 지역을 널리 포함한다.[1)]

④, ⑤에서 사실상 경쟁이 불가능한 경우란 이번 차수 공사가 위와 같은 특수지역에서 하는 공사이거나 특허공법에 따른 공사, 건설기술진흥법 제14조에 따라 지정·고시된 신기술, 환경기술 및 환경산업 지원법 제7조에 따라 인증받은 신기술이나 검증받은 기술, 종전 전력기술관리법(법률 제13741호로 개정되기 전의 것) 제6조의2에 따라 지정·고시된 새로운 전력기술, 재난안전산업 진흥법 제14조에 따라 지정된 재난안전신기술(각 해당 법률에 따라 지정된 보호기간이나 유효기간 내로 한정)을 적용하는 공사로서 입찰적격자가 한정되어 경쟁이 실질적으로 곤란한 경우를 말한다(정부 입찰·계약 집행기준 제8조 제1항 제4호). 특허공법 등을 적용하는 공사는 그 권리나 기술을 가진 자만이 계약을 이행할 수 있으므로, 경쟁 성립이 곤란하기 때문이다.[2)] 특히 건설기술진흥법 제14조 등에 따라 지정·고시된 신기술은 신규성, 진보성, 현장적용성 등을 인정받아 지정되는 것으로, 특허와 달리 포괄사용권이나 재산권이 아니기 때문에 기술개발자만 기술협약을 체결해야 한다. 따라서 신기술 보유자는 신기술 개발자에 한정된다. 이와 달리 특허는 신기술과 달리 전용실시권이나 통상실시권에 따른 권리승계를 인정하기 때문에, 특허기술 보유자란 특허권자는 물론 전용실시권자, 통상실시권자를 모두 포함하는 개념이다.

1) 김성근, 앞의 책(Ⅰ), 242쪽.
2) 다만, 신기술 등을 보유한 자만이 계약을 이행할 수 있는 경우라도, 그 기술을 보유한 자가 여럿이라면 경쟁이 성립할 수 있으므로, 수의계약이 아닌 제한경쟁입찰에 부칠 수 있다(정부 입찰·계약 집행기준 제5조의2 제1항 제1호 단서).

나) 물품·용역

① 해당 물품을 제조·공급한 자가 직접 그 물품을 설치·조립·정비하는 경우(국가계약법 시행령 제26조 제1항 제2호 바목), ② 이미 조달한 물품의 부품교환이나 설비확충 등을 위해 조달하는 경우로서 해당 물품을 제조·공급한 자가 아닌 자로부터 제조·공급을 받으면 호환할 수 없는 경우(국가계약법 시행령 제26조 제1항 제2호 사목), ③ 특허·실용신안등록·디자인등록 물품을 제조하게 하거나 구매하는 경우로서 적절한 대용품이나 대체품이 없는 경우(국가계약법 시행령 제26조 제1항 제2호 아목), ④ 해당 물품 생산자나 소지자가 1인뿐인 경우로서 다른 물품을 제조하게 하거나 구매해서는 사업목적을 달성할 수 없는 경우(국가계약법 시행령 제26조 제1항 제2호 자목), ⑤ 특정인의 기술·품질이나 경험·자격이 필요한 조사·설계·감리·특수측량·훈련 계약, 특정인과 학술연구 등을 위한 용역계약, 관련법령에 따라 디자인공모에 당선된 자와 체결하는 설계용역계약인 경우(국가계약법 시행령 제26조 제1항 제2호 차목), ⑥ 특정인으로부터 토지·건물 등 부동산을 매입하거나 재산을 임차하는 경우나 특정인에게 부동산이나 재산을 임대하는 경우(국가계약법 시행령 제26조 제1항 제2호 카목), ⑦ 매장문화재 보호 및 조사에 관한 법률 제11조에 따른 문화재 발굴 용역으로서 같은 법 시행령 제7조 제1항 제4호에 따른 시굴(試掘) 조사 후 정밀발굴조사로 전환되는 경우이다.

① 사유로 수의계약을 집행하려면 정부 입찰·계약 집행기준 제4장에서 정한 바에 따라야 한다(정부 입찰·계약 집행기준 제7조). 여기서 해당 물품을 제조·공급한 자가 직접 그 물품을 설치·조립·정비하는 경우란 해당 물품을 설치·조립·정비하는 공사를 제조·공급과 분리하여 시행하는 경우에 해당 물품을 제조·공급한 자가 직접 설치·조립·정비하는 것이 공사비나 공사기간 측면에서 국가기관에 유리한 경우를 말한다(정부 입찰·계약 집행기준 제8조 제1항 제5호). 해당 물품을 제조·공급한 자란 해당 물품을 제조하여 공급한 자는 물론 공급업자도 포함하는 개념이다.[1] 다만, 물품 설치·조립·정비는 내구연한 경과에 따른 해체까지 포함하는 개념이 아니다.[2] ④에서 해당 물품의 생산자나 소지자가 1인뿐인 경우란 국내에 1인뿐인 경우를 말한다.[3] ④, ⑤에서 특정인이란 법률, 제도, 능력을 고려할 때, 그 사람이 아니면 해당 기술이나 용역을 수행하기 곤란한 경우를 말한다.[4]

한편, ⑤에서 건설서비스산업진흥법 제21조에 따른 공모 당선자와 수의계약을 체결할 때, 공모 공고문에 결정된 대가를 감액하여 수의계약을 체결할 수 없다(정부 입찰·계약 집행기준 제8조의2).

---

1) 회제 125-1876, 1987. 9. 2.
2) 회제 125-3231, 1989. 8. 22.
3) 회계제도과-585, 2005. 3. 23.
4) 회제 41301-949, 2003. 8. 22.

⑦ 사유는 2023. 11. 16. 국가계약법 시행령 개정에 따라 추가된 사유로, 2024. 5. 17. 시행된다.

3) 중소기업자가 직접 생산한 일정한 제품을 해당 중소기업자로부터 제조·구매하는 경우

가) 의의

중소기업을 보호, 육성하여 국민경제의 균형 있는 발전을 도모하려는 취지에서, 중소기업자가 직접 생산한 일정한 제품은 '해당' 중소기업자와 수의계약을 체결하여 제조·구매할 수 있도록 규정했다(국가계약법 시행령 제26조 제1항 제3호).

나) 적용요건

첫째, 수의계약 대상자는 중소기업자이다. 여기서 중소기업자란 중소기업기본법 제2조에 따른 중소기업자, 중소기업협동조합법 제3조에 따른 중소기업협동조합, 산업기술연구조합 육성법에 따른 산업기술연구조합 중 그 조합원의 100분의 90 이상이 중소기업자로 구성된 조합, 산업발전법 제38조에 따른 사업자단체 중 그 구성원의 3분의 2 이상이 중소기업자로 구성된 사업자단체, 민법 제32조에 따라 설립된 법인 중 중소기업진흥에 관한 법률 제5조에 따른 다른 업종과 정보·기술교류사업을 추진하는 법인을 말한다(중소기업진흥에 관한 법률 제2조 제1호 가목부터 라목, 같은 법 시행령 제2조 제1항, 제2항 제1호, 제2호).

둘째, 해당 중소기업자가 직접 생산한 제품이어야 한다. 직접 생산하였는지는 판로지원법 제9조 등이나 조달사업법 제18조 등에 따른 별도 기준으로 확인할 수 있다.

셋째, 직접 생산한 제품 가운데 수의계약 대상은 일정한 제품으로 제한된다. 여기에는 ① 판로지원법 제15조에 따라 성능인증을 받은 제품(국가계약법 시행령 제26조 제1항 제3호 가목), ② 소프트웨어 진흥법 제20조에 따라 품질인증을 받은 제품(국가계약법 시행령 제26조 제1항 제3호 나목), ③ 중소기업 기술혁신 촉진법 제9조 제1항 제3호에 따른 지원을 받아 개발이 완료된 제품으로서 당초 수요와 연계된 자가 구매를 협약한 제품(국가계약법 시행령 제26조 제1항 제3호 다목), ④ 산업기술혁신 촉진법 제16조에 따라 신제품으로 인증받은 제품(국가계약법 시행령 제26조 제1항 제3호 라목), ⑤ 산업기술혁신 촉진법 제15조의2, 환경기술 및 환경산업 지원법 제7조, 건설기술 진흥법 제14조, 재난안전산업 진흥법 제14에 따라 인증받거나 지정·고시된 신기술을 이용하여 제조한 제품으로서 주무부장관이 상용화 단계에서 성능을 확인한 제품(국가계약법 시행령 제26조 제1항 제3호 마목), ⑥ 조달사업법 시행령 제30조에 따라 우수조달물품으로 지정·고시된 제품(국가계약법 시행령 제26조 제1항 제3호 바목), ⑦ 조달사업법 시행령 제31조에 따라 지정·고시된 우수조달 공동상표의 물품(기획재정부장관이 고시한 금액 미만 물품을 구매하는 경우에 한정)(국가계약법 시행령 제26조 제1항 제3호 사목), ⑧ 과학기술정보통신부장관이 지능정보화 기본법 제58조에 따른 정보보호시스템의 성능과 신뢰도 관련 기준에 합치한다고 확인한 제품으로서 전자정부법 시행령 제69조에 따라 국가정보원장이 정한 정보보호시스템 유형별 도입요건을 준수한 제품(국가계약법 시행령 제26조 제1항 제3호 자목), ⑨ 재난 및 안전관리 기본법 제73조의4 제1항에 따른 적합성 인증을 받은 재난안전제품(국가계약법 시행령 제26조 제1항 제3호 차목)을 말한다.

넷째, 위 제품을 직접 생산한 중소기업자로부터 제조·구매해야 한다. 즉, 해당 중소기업자만이 수의계약 상대방이기 때문에, 가령, 위 제품을 직접 생산한 중소기업자가 아니라 다른 중소기업자와 수의계약을 체결하여 위 제품을 구매하면 위법하다.

다) 기간제한

그런데 발주기관이 위 제품을 구매하려는 경우에는 주무부장관(주무부장관으로부터 위임받은 자 도포함)이 해당 제품에 한 인증이나 지정 등이 유효한 기간(연장된 유효기간 포함) 범위에서만 수의계약을 체결할 수 있다(국가계약법 시행령 제26조 제2항 본문). 다만, 인증이나 지정 등의 유효기간이 6년을 넘을 때는 6년까지만 수의계약을 체결할 수 있다(국가계약법 시행령 제26조 제2항 단서). 이 규정은 수의계약 혜택을 최소한으로 제한하려는 취지이다. 따라서 가령, 발주기관이 위 제품을 직접 생산한 중소기업자로부터 이를 구매하면서도, 같은 시행령 제26조 제2호 자목을 동시에 적용하여, 해당 제품의 인증이나 지정 등에 따른 유효기간을 초과한 사실상 기간 제한 없는 수의계약을 체결했다면, 국가계약법 시행령 제26조 제2항을 잠탈하는 결과를 초래하므로 위법하다고 보아야 한다.

4) 국가유공자나 장애인 등에게 일자리나 보훈·복지서비스 등을 제공하기 위해 설립된 단체 등과 물품제조·구매나 용역 계약(해당 단체가 직접 생산하는 물품이나 직접 수행하는 용역에 한정)을 체결하거나, 그 단체 등에 직접 물건을 매각·임대하는 경우

가) 의의

국가유공자나 장애인 등에게 일자리나 보훈·복지서비스 등을 제공하려고 설립한 단체 등에 수의계약 체결이라는 혜택을 주고, 국가유공자 예우나 장애인 보호 등 관련법령이 실현하려는 하는 공익을 간접적으로 지원하려는 취지이다.

나) 적용요건

첫째, 수의계약 대상자인 단체 등은 ① 국가보훈처장이 지정하는 국가유공자 자활집단촌의 복지공장, ② 국가유공자 등 단체설립에 관한 법률에 따라 설립된 단체 중 상이를 입은 자로 구성된 단체, ③ 중증장애인생산품 우선구매 특별법 제9조 제1항에 따라 지정받은 중증장애인생산품 생산시설, ④ 사회복지사업법 제16조에 따라 설립된 사회복지법인을 말한다(국가계약법 시행령 제26조 제1항 제4호 가목부터 라목). 위 네 단체 유형이 아니면, 그와 비슷한 단체라 하더라도 수의계약 상대방이 아니다.

둘째, 위 단체가 직접 생산하는 물품을 제조·구매하거나 해당 단체가 직접 수행하는 용역을 받는 계약이어야 한다. 법령이 정한 사유이기 때문에, 단체의 정관이나 등기부등본 목적란에 해당 물품 제조·구매나 용역이 없더라도 수의계약을 체결할 수 있다고 본다. 그러나 계약목적이 위 단체가 아닌 제3자가 제조하는 물품 제조·구매이거나 제3자가 제공하는 용역 제공에 해당한다면 수의계약을 체결할 수 없다. 한편, 발주기관이 위 단체에게 직접 물품을 매각, 임대할 때도 위 단체와 수의계약을 체결할 수 있다.

다) 확인사항

발주기관은 위 사유에 따라 수의계약을 체결할 경우, ① 수의계약 대상자의 자격요건, ② 수의계약 대상물품의 직접생산여부를 확인해야 하므로(국가계약법 시행령 제23조 제3항 제1호, 제2호), 수의계약 대상자를 감독하는 주무부처의 장에게 위 사항 확인에 필요한 협조를 요청할 수 있다(국가계약법 시행령 제23조 제4항).

5) 그 밖에 계약목적·성질 등을 고려할 때 경쟁계약 체결이 비효율적이라고 판단되는 경우

1)부터 4)까지 정한 사유를 제외하고도 경쟁입찰이 오히려 계약의 적정한 이행을 방해하고, 계약사무의 비효율을 초래하는 경우에는, 수의계약으로 진행하는 편이 낫다. 다만, 계약목적이나 성질 등을 고려할 때 경쟁계약 체결이 비효율적이라 하더라도, 법령에 나열한 구체적인 사유가 아니면 수의계약을 체결할 수 없다. 수의계약은 경쟁입찰 원칙의 예외이므로 엄격히 해석해야 하기 때문이다.[1] 국가계약법 시행령이 열거한 사유는 아래와 같다.

가) 소액수의계약

① 건설산업기본법에 따른 건설공사(같은 법에 따른 전문공사는 제외)로서 추정가격이 4억 원 이하인 공사, 같은 법에 따른 전문공사로서 추정가격이 2억 원 이하인 공사, 그 밖에 공사 관련법령에 따른 공사로서 추정가격이 1억 6천만 원 이하인 공사계약, ② 추정가격이 2천만 원 이하인 물품제조·구매계약, 용역계약, ③ 추정가격이 2천만 원 초과 1억 원 이하인 계약으로서 중소기업기본법 제2조 제2항에 따른 소기업이나 소상공인기본법 제2조에 따른 소상공인과 체결하는 물품 제조·구매계약, 용역계약(다만, 제30조 제1항 제3호나 같은 조 제2항 단서에 해당하는 경우에는 소기업이나 소상공인이 아닌 자와 체결하는 물품 제조·구매계약, 용역계약을 포함), ④ 추정가격이 2천만 원 초과 1억 원 이하인 계약 중 학술연구·원가계산·건설기술 등과 관련된 계약으로서 특수한 지식·기술이나 자격이 필요한 물품 제조·구매계약, 용

1) 김성근, 앞의 책(Ⅰ), 249쪽.

역계약, ⑤ 추정가격이 2천만 원 초과 1억 원 이하인 계약으로서 ㉮ 여성기업지원에 관한 법률 제2조 제1호에 따른 여성기업, ㉯ 장애인기업활동 촉진법 제2조 제2호에 따른 장애인기업, ㉰ 그리고 사회적기업 육성법 제2조 제1호에 따른 사회적기업, 협동조합 기본법 제2조 제3호에 따른 사회적협동조합, 국민기초생활 보장법 제18조에 따른 자활기업, 도시재생 활성화 및 지원에 관한 특별법 제2조 제1항 제9호에 따른 마을기업 가운데 기획재정부장관이 정하는 요건을 충족하는 자 중 어느 하나에 해당하는 자와 체결하는 물품제조·구매계약, 용역계약, ⑥ 추정가격이 5천만 원 이하인 임대차 계약(연액이나 총액을 기준으로 추정가격을 산정) 등으로서 공사계약, 물품 제조·구매계약, 용역계약이 아닌 계약을 말한다(국가계약법 시행령 제26조 제1항 제5호 가목). 위 각 사유로 수의계약을 집행하려면 정부 입찰·계약 집행기준 제4장에서 정한 바에 따라야 한다(정부 입찰·계약 집행기준 제7조).

④에서 특수한 지식·기술·자격을 요구하는 계약이란 학술연구, 원가계산, 타당성조사, 여론조사 용역, 건설기술진흥법에 따른 건설기술용역, 시설물의 안전관리에 관한 특별법에 따른 안전점검과 정밀안전진단 용역, 엔지니어링산업진흥법에 따른 엔지니어링활동을 목적으로 하는 용역, 건설폐기물의 재활용촉진에 관한 법률과 폐기물관리법에 따른 폐기물처리 용역, 법률자문·회계·감정평가 등 특정자격이 필요한 용역, 그 밖에 전문적인 지식이나 인력·설비 등이 필요한 용역을 말한다(정부 입찰·계약 집행기준 제10조 제5항 제1호부터 제7호).

⑤-㉰에서 기획재정부장관이 정하는 요건을 충족하는 자란 사회적기업 육성법 제2조 제2호의 취약계층을 전체 근로자의 100분의 30 이상 고용한 자를 말한다(정부 입찰·계약 집행기준 제6조). 그리고 발주기관은 해당 사유로 사회적기업 등과 수의계약을 체결할 경우, 수의계약을 체결하려는 자에게 일정한 자로부터 요건 충족을 증명하는 확인서 등(계약체결일로부터 6개월 안에 발급받은 서류에 한정)을 제출하게 해야 한다. 즉, 사회적기업 육성법 제2조 제1호에 따른 사회적기업, 협동조합 기본법 제2조 제3호에 따른 사회적협동조합은 사회적기업 육성법 제20조에 따른 한국사회적기업진흥원이, 국민기초생활보장법 제18조에 따른 자활기업은 국민기초생활 보장법 제15조의2에 따른 중앙자활센터가, 도시재생 활성화 및 지원에 관한 특별법 제2조 제1항 제9호에 따른 마을기업은 관할 지방자치단체가 각 발급한 요건 충족을 증명하는 확인서 등을 제출해야 한다(정부 입찰·계약 집행기준 제10조 제7항 제1호부터 제3호).

나) 그 밖에 특수한 계약

① 재외공관이 사용하는 물품을 현지에서 구매하는 경우, ② 물품을 가공·하역·운송·보관할 때 경쟁에 부치는 것이 불리하다고 인정되는 경우, ③ 방위사업법에 따른 방산물자를 방위산업체로부터 제조·구매하는 경우, ④ 다른 법령에 따라 국가사업을 위탁·대행할 수 있

는 자와 해당 사업을 위한 계약을 하는 경우, ⑤ 다른 국가기관이나 지방자치단체와 계약을 하는 경우, ⑥ 조달사업법 제27조 제1항에 따른 혁신제품을 구매하려는 경우,[1] ⑦ 클라우드 컴퓨팅 발전 및 이용자 보호에 관한 법률 시행령 제8조의2 제1항에 따라 선정된 디지털서비스 계약을 하는 경우가 여기에 해당한다(국가계약법 시행령 제26조 제1항 제5호 나목부터 아목까지).

④와 관련하여, 다른 법령에서 위탁·대행할 수 있는 사업으로 정하지 않은 사업을 포함하여 일괄입찰에 부치거나 다른 법령에 따라 국가사업을 위탁·대행할 수 있는 자가 아닌 자가 공동수급체 구성원으로 참여할 때는 수의계약을 체결할 수 있다.[2]

한편, ⑥과 관련하여 혁신제품은 그 성질상 경쟁성립이 어렵고, 조달사업법 등 관련법령에서 정한 공공구매 지원이라는 입법취지와 정책목표를 달성하기 위해 특별히 수의계약 사유로 규정했다.

나. 재공고입찰에 따른 수의계약

1) 의의

① 경쟁입찰을 실시한 결과 입찰자가 1인뿐인 경우로서 재공고입찰을 실시하더라도 입찰참가자격을 갖춘 자가 명백히 1인밖에 없는 경우, ② 재공고입찰에 부쳤으나 입찰자나 낙찰자가 없는 경우에는 수의계약을 체결할 수 있다(국가계약법 시행령 제27조 제1항 제1호, 제2호).

위 경우에는 다시 재입찰이나 재공고입찰에 부치더라도 유찰가능성이 높기 때문이다. 재공고입찰에 부쳤으나 입찰자가 낙찰자가 없는 경우는 입찰자나 낙찰자가 아예 없는 경우뿐만 아니라 입찰자가 1인뿐이라서 유효한 경쟁입찰이 성립하지 않는 경우까지도 포함한다고 해석해야 한다. 지방계약법 시행령 제26조 제1항은 이 부분을 명확히 했으므로, 국가계약법 시행령 제27조 제1항 제2호도 그와 같이 개정할 필요가 있다.

다만, 재난 및 안전관리 기본법 제3조 제1호의 재난이나 경기침체, 대량실업 등으로 국가의 경제위기를 극복하기 위해 기획재정부장관이 기간을 정하여 고시한 때에는, 경쟁입찰을 실시했으나 입찰자가 1인뿐인 경우에 해당하면 '비록 재공고입찰을 실시하더라도 입찰참가자격을 갖춘 자가 명백히 1인밖에 없다.'는 요건을 갖추지 못했다고 하더라도, 재공고입찰을 실시하지 않고 수의계약을 체결할 수 있다(국가계약법 시행령 제27조 제3항).

2) 제한

발주기관은 위 ①, ② 사유로 수의계약을 체결하더라도, 보증금이나 기한을 제외한 나

1) 이때는 계약상대자가 '직접 생산한' 제품이어야 할 필요가 없으므로, 혁신제품 구매를 위한 수의계약을 체결하려고 할 경우, 반드시 직접생산을 전제할 필요가 없다.

2) 회계제도과-772, 2010. 5. 14.

머지 최초 입찰에 부친 가격과 그 밖에 조건을 변경할 수 없다(국가계약법 시행령 제27조 제2항). 여기서 보증금은 입찰보증금을, 기한은 입찰참가나 계약체결·이행에 필요한 기한을 말한다. 위 사유에 따라 수의계약을 체결하면, 별도 입찰에 부치지 않으므로 상대방이 입찰보증금을 납부할 필요가 없고, 최초 입찰공고에서 정한 입찰일시나 계약기간 등은 변경할 수밖에 없기 때문이다.[1] 그리고 여기서 가격이란 예정가격을, 그 밖에 조건이란 입찰참가자격이나 계약이행을 위한 조건을, 각각 말한다고 본다.[2]

3) 효과

재공고입찰에 부쳤으나 입찰자나 낙찰자가 없는 경우에 수의계약을 체결하려면 국가에 가장 유리한 가격을 제시한 자를 계약상대자로 결정해야 한다(국가계약법 시행규칙 제32조). 따라서 최저가격을 투찰한 자가 아니라 계약이행능력 평가점수가 가장 높은 자를 계약상대자로 결정하면 위법하다.[3]

한편, 발주기관은 재공고입찰에서도 입찰자나 낙찰자가 없는 경우로서 당초 예정가격으로는 수의계약을 체결할 수 없는 경우, 당초 예정가격을 변경하여 새로운 절차에 따른 경쟁입찰에 부칠 수 있다(국가계약법 시행규칙 제13조). 따라서 이때 예정가격을 변경하여 새로운 경쟁입찰에 부치지 않고 그대로 수의계약을 체결하면 위법하다.

다. 낙찰자가 계약을 체결하지 않을 경우의 수의계약

1) 의의

발주기관은 경쟁입찰에 부쳐 낙찰자를 결정했는데, 해당 낙찰자가 계약을 체결하지 않으면, 그 낙찰금액보다 불리하지 않은 금액 범위에서 수의계약을 체결할 수 있다(국가계약법 시행령 제28조 제1항 본문). 나아가 낙찰자가 계약을 체결하고도 약정한 기일 안에 계약이행에 착수하지 않거나, 계약이행에 착수하더라도 계약상 의무를 이행하지 않아 발주기관이 계약을 해제·해지한 때에도 낙찰금액보다 불리하지 않은 금액 범위에서 수의계약을 체결할 수 있다(국가계약법 시행령 제28조 제3항).

최초 입찰에서 결정한 낙찰자가 계약을 체결하지 않거나 계약을 체결하고도 채무를 이행하지 않는 경우, 발주기관은 원칙적으로 다시 입찰에 부쳐 계약상대자를 결정해야 하지만, 그렇게 하면 시간과 비용이 과다하게 들어가기 때문에 바람직하지 않다. 따라서 그에 따른 비효율과 낭비를 막기 위해 위와 같은 규정을 두었다.

---

1) 김성근, 앞의 책(Ⅰ), 251쪽. 그러나 정원, 앞의 책, 145쪽은 여기서 보증금을 계약보증금이나 하자보수보증금으로, 기한을 납기로 각각 이해한다.
2) 회계 45101-2352, 1996. 10. 11.
3) 김성근, 앞의 책(Ⅰ), 251쪽.

2) 제한

첫째, 낙찰금액보다 불리하지 않은 금액으로만 수의계약을 체결할 수 있다(국가계약법 시행령 제28조 제1항 본문). 입찰의 공공성과 공정성을 고려한 규정이다.

둘째, 수의계약을 체결할 때는 기한을 제외하고 최초 입찰에 부칠 때 정한 가격이나 그 밖에 조건을 변경할 수 없다(국가계약법 시행령 제28조 제1항 단서). 여기서 기한이란 입찰참가와 계약체결·이행 기한을, 가격이란 예정가격을, 그 밖에 조건이란 입찰참가자격이나 계약이행을 위한 조건을 말한다.

3) 희망수량경쟁입찰에서 계약미체결에 준용

발주기관은 희망수량경쟁입찰의 낙찰자 중에 계약을 체결하지 않은 자가 있으면, 위 국가계약법 시행령 제28조에 따라 수의계약을 체결할 수 있다. 이 경우, 물품제조나 구매는 해당 낙찰자의 낙찰단가 이하로, 물품 매각은 해당 낙찰자의 낙찰단가 이상으로, 각각 계약을 체결해야 한다(국가계약법 시행규칙 제34조).

라. 분할수의계약

1) 사유

① 계약목적·성질 등에 따르면 경쟁계약을 체결하는 것이 비효율적인 경우로서 방위사업법에 따른 방산물자를 방위산업체로부터 제조·구매하는 경우(국가계약법 시행령 제26조 제1항 제5호 라목), ② 재공고입찰 관련 수의계약인 경우(국가계약법 시행령 제27조), ③ 낙찰자가 계약을 체결하지 않을 때 수의계약인 경우(국가계약법 시행령 제28조)에는 각각 예정가격이나 낙찰금액을 분할하여 계산할 수 있는 때에 한정하여 그 가격이나 금액보다 불리하지 않은 금액 범위에서 수인에게 분할하여 계약할 수 있다(국가계약법 시행령 제29조). 예정가격이나 낙찰금액을 분할하여 계산할 수 있는 경우는 개별 계약의 성격과 내용, 규모 등을 고려해 판단할 수밖에 없다.[1] 그리고 예정가격이나 낙찰금액보다 불리하지 않은 금액으로 체결해야 하므로, 수인에게 분할하여 체결한 계약금액 총액이 분할 전 계약의 예정가격이나 낙찰금액보다 적어야 한다.

2) 제한

발주기관은 동일구조물공사·단일공사로서 설계서 등에 따라 전체 사업내용이 확정된 공사를 시기에 따라 분할하거나 공사량을 구조별, 공종별로 분할하여 국가계약법 시행령 제26조 제1항 제5호 가목에 따른 공사를 수의계약으로 체결할 수 없다(정부 입찰·계약 집행기준

---

1) 김성근, 앞의 책(Ⅰ), 254쪽.

제10조의3 제1항 본문). 다만, 분할발주를 허용하는 공사, 즉 다른 법률에 따라 다른 업종의 공사와 분리 발주할 수 있도록 규정된 공사, 공사 성질이나 규모 등을 고려할 때 분할시공이 효율적인 공사, 하자책임 구분이 쉽고 공정관리에 지장이 없는 범위에서 설계서가 별도로 작성되는 공사나 그 성격상 공종간 시공 목적물, 시공 시기, 시공 장소 등이 명확히 구분되는 공사로서 분리시공이 효율적이라고 인정되는 공사는 분할하여 수의계약을 체결할 수 있다(정부 입찰·계약 집행기준 제10조의3 제1항 본문). 건설산업기본법에 따른 공사를 발주할 때는 같은 법 제16조, 같은 법 시행령 제21조에 따라 종합공사와 전문공사를 구분한다(정부 입찰·계약 집행기준 제10조의3 제2항).

5. 절차

가. 근거서류 비치

발주기관은 국가계약법 시행령 제26조 제1항 제1호 가목·다목, 제2호, 제3호 가목부터 마목까지, 제4호 가목부터 라목까지, 제5호 다목·라목에 따른 수의계약을 체결하려는 경우, 그 적용사유에 해당하는지를 증명할 근거서류를 비치해야 한다(국가계약법 시행규칙 제36조).

나. 예정가격 결정과 비치

발주기관은 경쟁입찰뿐만 아니라 수의계약에 부칠 때도 해당 규격서나 설계서 등에 따라 예정가격을 결정하고 미리 밀봉하여 개찰장소나 가격협상장소 등에 두어야 하며 예정가격이 누설되지 않도록 해야 한다(국가계약법 시행령 제7조의2 제1항).

물론 소액수의계약이나 다른 국가기관·지방자치단체와 수의계약을 체결할 때에는 예정가격 작성을 생략할 수 있지만(국가계약법 시행령 제7조의2 제2항 제2호, 제26조 제1항 제5호 가목, 바목), 국가계약법 시행령 제30조 제2항에 따라 전자조달시스템을 이용하여 견적서를 제출하도록 하는 소액수의계약{추정가격이 2천만 원을 초과하는 수의계약(여성기업이나 장애인기업과 계약을 체결할 경우는 5천만 원 초과)}에서는 예정가격을 작성해야 한다(국가계약법 시행령 제7조의2 제2항 제2호).

다. 자격요건·직접생산여부 확인과 협조요청

발주기관은 국가유공자나 장애인 등에게 일자리나 보훈·복지서비스 등을 제공하기 위한 목적으로 설립된 일정한 단체 등이 직접 생산하는 물품을 제조·구매하는 경우, 해당 단체 등이 직접 수행하는 용역을 제공받는 경우, 그 단체 등에게 직접 물건을 매각·임대하는 경우에, 해당 단체 등과 각각 수의계약을 체결할 수 있는데(국가계약법 시행령 제26조 제1항 제4호), 이때 수의계약 대상자 자격요건과 수의계약 대상물품 직접 생산 여부를 확인해야 한다(국가계약법 시행령 제26조 제3항 제1호, 제2호). 따라서 발주기관은 수의계약 대상자를 감독하는 주무부처의 장에게 수의계약 대상자 자격요건이나 수의계약 대상물품 직접생산여부를 확인하는데 필요한 협조를 요청할 수 있다(국가계약법 시행령 제26조 제4항).

라. 수의계약 체결보고와 통지

계약담당공무원은 국가계약법 시행령 제26조 제1항 제1호 다목, 라목, 제2호, 제4호 나목, 다목, 제5호 다목, 마목에 따른 수의계약을 체결할 때, 그 내용을 발주기관의 장에게 보고해야 하고, 발주기관은 보고받은 사항이 국가계약법 시행령 제26조 제1항 제2호에 따른 수의계약이면, 감사원에 이를 통지해야 한다(국가계약법 시행령 제26조 제5항).

계약담당공무원이 발주기관의 장에게 수의계약을 보고할 때는, 계약서와 그에 첨부해야 하는 서류 사본, 계약목적, 예산과목, 적용법령조문과 구체적인 적용사유, 그 밖에 참고사항을 명백히 기재한 서류를 제출해야 하고, 발주기관이 감사원에 수의계약 내용을 통지할 때는 계약서 사본과 서류를 함께 제출해야 한다(국가계약법 시행규칙 제35조).

마. 견적에 따른 가격결정

1) 의의

발주기관이 수의계약을 체결하기 위해 2인 이상으로부터 견적서를 제출받아 계약금액을 결정하는 절차를 말한다. 다만, 1인으로부터 견적서를 제출받거나 견적서 제출을 생략하는 경우도 있다.

여기서 견적서란 도급, 매매 등 계약에서 계약목적물 대가를 산정한 자료인데, 공사계약에서는 대가 산정 기초인 산출내역서를 첨부하고, 물품구매계약에서는 품목, 수량, 단가를 명확히 기재한 내역서를 첨부해야 한다. 이 규정은 비록 수의계약이라 하더라도 최소한 경쟁 구도를 형성해 계약절차의 공정성과 투명성을 확보하려는 장치이다.[1] 또한, 발주기관이 작성한 예정가격과 견적가격을 비교하여 계약금액의 적정성 여부를 검토하기 위한 취지로도 볼 수 있다.[2]

2) 안내공고와 재안내공고

발주기관은 전자조달시스템을 이용하여 견적서를 제출하게 하는 경우, 전자조달시스템에 그 견적서 제출 관련 사항을 안내공고해야 한다(국가계약법 시행령 제30조 제3항). 기획재정부장관은 전자조달시스템을 이용한 견적서 제출 기준, 세부절차, 안내공고 시기, 기간 등 필요한 사항을 정할 수 있고(국가계약법 시행령 제30조 제5항), 발주기관은 견적서 제출마감일 전

1) 계승균, 앞의 책, 94쪽.
2) 김성근, 앞의 책(Ⅰ), 259쪽.

일부터 기산하여 3일(공휴일과 토요일은 제외하고 산정) 전까지 전자조달시스템을 이용해 입찰공고 내용 가운데 필요한 사항을 안내공고 해야 한다(정부 입찰·계약 집행기준 제10조 제1항). 아래에서 보는 바와 같이 견적서 제출 자격을 제한한 경우에는 안내공고에 그 제한사항과 제한기준도 기재해야 한다(국가계약법 시행령 제30조 제4항 후문).

발주기관은 안내공고에도 불구하고, ① 입찰참가자격 요건을 갖춘 견적서 제출자가 2인 미만인 경우, ② 예정가격 이하로서, 공사에서 견적서가 적격심사기준에서 정한 추정가격이 10억 원 미만인 공사의 낙찰하한율 이상으로 견적서를 제출한 자 중 최저가격으로 견적서를 제출한 자가 없거나, 물품·용역에서 예정가격의 88% 이상(국가계약법 시행규칙 제23조의3 각 호에 따른 용역은 90% 이상)으로 견적서를 제출한 자 중 최저가격으로 견적서를 제출한 자가 없는 경우, ③ 견적서를 제출한 자가 1인 이하인 경우 등 계약상대자를 결정할 수 없는 경우(단, 재안내 공고를 실시하더라도 견적서 제출자가 1인밖에 없으리라고 명백히 예상되는 경우는 제외)에는 재안내공고를 해야 한다(정부 입찰·계약 집행기준 제10조 제2항 제1호, 제2호, 제4호).

3) 제출자격 제한

발주기관은 국가계약법 시행령 제26조 제1항 제5호에 따른 수의계약 가운데 추정가격이 2천만 원 이상인 수의계약에서 계약이행의 유용성, 효율성 등을 고려해 필요하면 견적서를 제출할 수 있는 자를 법인등기부상 본점소재지 기준으로 제한할 수 있다(국가계약법 시행령 제30조 제4항 전문). 이때 안내공고에 그 제한사항과 제한기준을 기재해야 한다(국가계약법 시행령 제30조 제4항 후문).

이처럼 법인등기부상 본점소재지를 기준으로 견적서 제출을 제한하는 경우에는 법인등기부상 본점소재지가 해당 공사현장, 물품 납품지 등이 있는 특별시·광역시·특별자치시·도·특별자치도의 관할구역 내에 있는 자로 제한해야 한다(국가계약법 시행규칙 제33조 제2항 본문). 다만, 공사현장, 물품 납품지 등이 있는 시(행정시를 포함)·군(도의 관할구역 안에 있는 군)에 해당 계약이행에 필요한 자격을 갖춘 자가 5인 이상인 경우에는 그 시·군의 관할구역 안에 있는 자로 제한할 수 있다(국가계약법 시행규칙 제33조 제2항 단서).

4) 견적서 제출

가) 제출 원칙과 예외

발주기관은 수의계약을 체결할 때 2인 이상으로부터 견적서를 받아야 한다(국가계약법 시행령 제30조 제1항). 그러나 ① 국가계약법 시행령 제26조 제1항 제2호, 제5호 마목, 제27조, 제28조에 따른 수의계약인 경우, ② 추정가격이 2천만 원 이하인 경우(다만, 여성지원기업에 관한 법률 제2조 제1호에 따른 여성기업이나 장애인기업활동 촉진법 제2조 제2호에 따른 장애인기업과 계약을 체결하는 때는 추정가격이 5천만 원 이하인 경우), ③ 전자조달시스템을 이용하여 견적서를 제출받았으나 견적서 제출자가 1인뿐이라서 다시 견적서를 제출받더라도 제출자가 1인밖에 없으리라고 명백히 예상되는 경우에는 1인으로부터 견적서를 제출받을 수 있다(국가계약법 시행령 제30조 제1항 단서).

나) 제출 생략

그러나 전기·가스·수도 등 공급계약, 추정가격이 100만 원 미만인 물품의 제조·구매·임차·용역계약에서는 견적서 제출을 생략하게 할 수 있다(국가계약법 시행령 제30조 제7항, 같은 법 시행규칙 제33조 제3항 제1호, 제2호). 이러한 계약유형에서는 견적서를 제출하게 하는 방법이 적절하지 않거나 견적에 따른 가격결정이 계약사무의 효율성을 떨어뜨리기 때문이다.

다) 제출 방법

(1) 전자조달시스템을 이용한 제출

발주기관은 국가계약법 시행령 제26조 제1항 제5호 가목에 따른 수의계약 가운데 추정가격이 2천만 원(여성지원기업에 관한 법률 제2조 제1호에 따른 여성기업이나 장애인기업활동 촉진법 제2조 제2호에 따른 장애인기업과 계약을 체결하는 경우 추정가격이 5천만 원)을 초과하는 수의계약인 경우, 전자조달시스템을 이용하여 견적서를 제출받아야 한다(국가계약법 시행령 제30조 제2항 본문, 정부 입찰·계약 집행기준 제10조 제1항 본문).

특히 전자조달시스템을 이용하여 견적서를 제출하게 하는 공사인 경우, 설계서, 공종별 목적물 물량내역서, 그 밖에 견적서 제출에 필요한 서류를 작성·비치해야 하고, 견적서제출 마감일까지 견적서를 제출하려는 자에게 열람하게 하고 교부해야 한다(정부 입찰·계약 집행기준 제10조 제3항 본문). 다만, 물량내역서, 견적서 제출에 필요한 서류를 전자조달시스템에 게재하는 방법으로 열람이나 교부를 갈음할 수 있다(정부 입찰·계약 집행기준 제10조 제3항 단서).

이 경우, 발주기관은 견적서를 제출하려는 자에게 견적금액을 적은 견적서를 제출하게 하고, 계약상대자로 결정된 자에게는 교부된 물량내역서에 단가를 적은 산출내역서를 착공신고서 제출 시점까지 제출하게 한다(정부 입찰·계약 집행기준 제10조 제4항).

(2) 전자조달시스템을 이용한 제출이 곤란한 경우

계약목적이나 특성상 전자조달시스템을 이용한 견적서 제출이 곤란한 경우는 다음을 말한다(국가계약법 시행령 제30조 제2항 단서). 가령, ① 전문적인 학술연구용역인 경우, ② 농·수산물과 음식물(그 재료를 포함) 구입 등 신선도와 품질을 우선 고려해야 하는 경우, ③ 기존 시설물을 계속 유지·보수하는 경우로서 전자조달시스템을 이용하여 견적서를 제출받으면 호환이 되지 않는 등 사실상 유지·보수가 곤란하거나 예산낭비가 우려되는 경우, ④ 건설기술진흥법에 따른 설계용역이나 타당성조사용역과 그 밖에 다른 법령에 따른 설계용역의 경우(지역경제활성화를 위하여 예산을 조기집행할 필요가 있는 때만 말하되, 추정가격 2천만 원 이상인 수의계약을 같은 사업체와 3회 이상 체결할 수 없다는 제한이 있음), ⑤ 재안내 공고를 실시한 결과 2인 이상으로부터 견적서를 받지 못한 경우, ⑥ 그 밖에 계약목적이나 특성상 전자조달시스템으로 견적서를 제출받아 수의계약을 체결하면 사실상 계약목적 달성이 어려운 경우를 말한다(국가계약법 시행규칙 제33조 제1항, 정부 입찰·계약 집행기준 제10조 제1항 단서 제1호부터 제4호).

5) 계약금액 결정

가) 예정가격 범위

발주기관은 제출받은 견적서 기재 견적가격이 예정가격(예정가격 작성을 생략한 경우에는 추정가격에 부가가치세를 포함한 금액) 범위에 포함되지 아니하는 경우 등 계약상대자를 결정할 수 없는 경우에 다시 견적서를 제출받아 계약금액을 결정하여야 한다(국가계약법 시행령 제30조 제6항).

나) 장기계속공사에서 수의계약금액

장기계속공사에서는 수의계약 상대방이 제출한 견적금액이 해당 예정가격에 제1차공사 낙찰률(예정가격에 대한 낙찰금액·계약금액 비율)을 곱한 금액 이하일 때만 계약을 체결할 수 있다(국가계약법 시행령 제26조 제1항 제2호 가목부터 다목, 제31조 본문, 정부 입찰·계약 집행기준 제9조 제1항). 다만, 제1차공사 낙찰률이 100분의 87.75 미만인 경우로서 계속공사의 추정가격이 10억 원(전문공사·전기·정보통신·소방·문화재공사 등은 3억 원) 미만인 공사는 해당 예정가격에 100분의 87.75를 곱한 금액, 제1차공사 낙찰률이 100분의 86.75미만인 경우로서 계속공사의 추정가격이 50억 원 미만 10억 원(전문공사·전기·정보통신·소방·문화재공사 등은 3억 원) 이상인 공사는 해당 예정가격에 100분의 86.75를 곱한 금액, 제1차공사 낙찰률이 100분의 85.5 미만인 경우로서 계속공사의 추정가격이 100억 원 미만 50억 원 이상인 공사는 해당 예정가격에 100분의 85.5를 곱한 금액으로 각각 한다(국가계약법 시행령 제31조 단서, 정부 입찰·계약 집행기준 제9조 제2항 제1호부터 제3호).

바. 계약상대자 결정

1) 최저가격 제출자

전자조달시스템을 이용하여 견적서를 제출받은 경우, ① 공사는 국가계약법 시행령 제7조의2 제1항에 따라 예정가격을 결정하였다면 계약예규 적격심사기준에서 정한 추정가격이

10억 원 미만인 공사의 낙찰하한율 이상으로 견적서를 제출한 자 가운데 최저가격으로 견적서를 제출한 자, ② 물품·용역은 예정가격의 88%(청소용역, 검침용역, 경비시스템 등을 이용하지 않는 단순경비·관리용역, 행사보조 등 인력지원용역 등 용역은 예정가격의 90%) 이상으로 견적서를 제출한 자를 각각 계약상대자로 결정한다(정부 입찰·계약 집행기준 제10조의2 제1항 제1호, 제2호).

2) 차순위자 결정

위와 같이 선정한 계약상대자가 ① 견적서 제출마감일 현재 부도·파산·해산·영업정지 등이 확정된 자, ② 견적서 제출마감일 현재 건설산업기본법 등 공사 관련법령에 정한 기술자 보유 현황이 해당 공사 시공에 필요한 업종등록 기준에 미달하는 자 ③ 국가계약법 제27조와 같은 법 시행령 제76조에 따라 입찰참가자격 제한 기간 중에 있는 자, ④ 수의계약 안내공고일 기준 최근 6개월 안에 국가계약법 제27조와 같은 법 시행령 제76조, 그 밖에 다른 법령에 따라 부실시공, 담합행위, 입찰·계약서류 위조나 허위제출, 입·낙찰, 계약이행 관련 뇌물제공자로서 부정당업자 제재처분을 받은 사실이 있는 자 ⑤ 계약체결 이전에 경쟁입찰 무효 사유에 준하는 등 부적격자로 판명되어 계약상대자 결정이 취소된 경우로서 해당 부적격자를 제외하고 비교 가능한 2개 이상 견적서가 확보되어 있는 경우, ⑥ 스스로 계약체결을 포기한 경우로서 포기한 자를 제외하고 비교가능한 2개 이상의 견적서가 확보된 경우, ⑦ 견적서 제출 마감일 기준 최근 3개월 안에 해당 중앙관서와 계약이나 그 이행과 관련하여 정당한 이유 없이 계약에 응하지 않거나 포기서를 제출한 사실이 있는 자 중 어느 하나에 해당하는 경우에는, 그보다 차순위자를 계약상대자로 결정한다(정부 입찰·계약 집행기준 제10조의2 제2항 제1호부터 제7호).

다만, 계약당사자가 정당한 이유 없이 계약을 포기한 경우에는, 차순위자를 계약상대자로 결정할 수 없다.[1] 이를 허용하면, 견적서 제출자끼리 담합이나 그 밖에 부정한 행위를 할 우려가 있기 때문이다.[2] 따라서 이 경우에는 재안내공고로 새로운 입찰을 실시할 수 있다.

3) 계약체결에서의 재량

발주기관은 견적서 제출자 가운데 최저가격 제출자와 반드시 계약을 체결해야 할 의무를 부담하지 않는다. 따라서 수의시담을 하면서 해당 업체에게 계약이행능력 등이 있는지 검증하여 발주기관에게 가장 유리한 자와 계약을 체결할 수도 있다. 따라서 예정가격 규모나 낙찰하한율 기준도 정하지 않고 오로지 부실시공을 방지할 목적으로 제한적 최저가낙찰

1) 회계제도과-247, 2009. 2. 2.
2) 김성근, 앞의 책(Ⅰ), 266쪽.

제에 따라 수의계약을 체결할 수는 없다.[1)]

사. 소액수의계약 절차 등 준용

국가계약법 시행령 제26조 제1항 제5호 가목에 따라 추정가격이 2천만 원 미만인 계약을 수의계약으로 체결할 때 필요하다고 인정하는 경우, 소액수의계약 체결절차 등, 소액수의계약의 계약상대자 결정, 소액수의계약 유의사항 규정을 준용할 수 있다(정부 입찰·계약 집행기준 제10조, 제10조의2, 제10조의3, 제10조의4).

6. 효과

가. 수의계약 사유가 없는데도 체결한 수의계약의 효력

발주기관이 법령이 정한 수의계약 사유가 없는데도 수의계약을 체결하였을 경우, 해당 계약이 유효한지 문제이다. 대법원은 계약담당공무원이 입찰절차에서 국가계약법령 등을 위반하였더라도 그 사유만으로 당연히 낙찰자 결정이나 그에 기초한 계약을 무효로 볼 수 없다고 하므로,[2)] 민법 제103조를 적용해야 하는 특별한 사정이 없다면, 수의계약 사유를 갖추지 못한 수의계약도 그 효력을 인정하는 듯하다. 다만, 위 대법원 판례는 일반경쟁입찰 관련 사안이기 때문에 더 엄격히 적용해야 할 수의계약 사유와 관련해 똑같은 논리를 적용한다고 단정하기는 어렵다.[3)]

이에 살펴보면, 발주기관이 수의계약 사유가 없는데도 경미한 과실이나 단순한 착오로 그 사유가 있다고 판단하여 수의계약을 체결한 경우까지 계약의 효력을 부정하기는 곤란하다. 비록 발주기관이 법령을 어긴 잘못이 있지만, 국가 내부규정을 위반한 것에 불과하므로,[4)] 사법상 효력까지 부정할 근거가 빈약하기 때문이다. 그러나 발주기관이 상대방으로부터 뇌물이나 청탁을 받고 일반경쟁입찰에 부쳐야 할 계약을 수의계약으로 체결한 경우와 같이 고의나 중대한 과실이 개입된 수의계약까지 그 효력을 인정할 필요는 없다. 이때는 그 하자가 입찰절차의 공공성과 공정성을 현저히 침해할 정도로 중대할 뿐 아니라 상대방도 그런 사정을 알았거나 알 수 있었으며, 누가 보더라도 선량한 풍속 기타 사회질서에 반하는 행위로 계약을 체결한 경우에 해당할 수 있으므로, 수의계약 효력을 부정해야 한다.

---

1) 회계제도과-941, 2010. 6. 17.
2) 대법원 2001. 12. 11. 선고 2001다33604 판결.
3) 계승균, 앞의 책, 95쪽.
4) 대법원 1996. 12. 20. 선고 96누14708 판결.

나. 변상책임

1) 의의

공무원이 직무를 집행하면서 경과실로 타인에게 손해를 입힌다면, 국가나 지방자치단체는 손해배상책임을 부담하지만(국가배상법 제2조 제1항), 해당 공무원은 불법행위에 따른 손해배상책임을 지지 않는다. 다만, 공무원에게 고의나 중과실이 있다면 그렇지 않다(국가배상법 제2조 제2항). 그런데 이러한 국가배상책임과 별개로 변상책임제도가 있다.

즉, 수의계약을 임의로 체결했거나 고가로 계약을 체결하여 국가나 지방자치단체 등에 손해를 끼친 계약담당공무원은 회계관계직원으로서[1] 회계관계직원 등의 책임에 관한 법률에 따라 변상책임을 진다. 따라서 회계관계직원이 고의나 중대한 과실로 법령 그 밖에 관계 규정과 예산에서 정한 바를 위반하여 국가나 지방자치단체 그 밖에 감사원 감사를 받는 단체 등의 재산에 손해를 끼치면 변상책임을 부담한다(회계관계직원 등의 책임에 관한 법률 제4조). 회계관계직원이 그 직무상 행위로 변상책임을 지는 때는 감사원의 변상판정[2]에 따르도록 하나,[3] 그 전이라도 소속 기관의 장은 해당 공무원에게 변상명령을 할 수 있다.

2) 성립요건

첫째, 회계관계직원이 그 직무를 수행해야 한다. 직무수행은 객관적으로 판단한다.

둘째, 회계관계직원이 고의나 중대한 과실로 법령이나 관계 규정, 예산이 정한 바를 위반하여야 한다. 여기서 고의는 위반사실을 인지했거나 용인한 내심상태를 말하며, 중대한 과실이란 보통인이 조금만 주의하였더라면 쉽게 결과 발생을 예견할 수 있었고 그 결과 발생을 충분히 방지할 수 있었는데도 이런 정도의 주의조차 현저히 기울이지 못한 경우를 말한다. 특히 중대한 과실이 있는지는 회계관계직원 등의 책임에 관한 법률 제1조 목적과 제3조 회계관계직원의 성실의무, 제4조가 변상책임에서 경과실을 제외한 취지 등을 고려하여, 회계관계직원의 성실의무 위반 정도가 회계관계직원으로서 갖추어야 할 지식과 능력, 업무내용에 비추어 중대하다고 평가할 수 있는지로 결정해야 한다. 따라서 업무내용을 단순히 구분하여 고도로 기능적·관리적 성격을 가지는지 아니면 기계적·사실적 성격을 가지는지에 따라 중대한 과실을 결정해서는 안 된다.[4]

셋째, 위반행위로 말미암아 국가나 지방자치단체 그 밖에 감사원 감사를 받는 단체 등

1) 회계관계직원 등의 책임에 관한 법률 제2조.
2) 감사원의 변상판정은 추상적인 변상의무 유무나 그 범위를 확정할 뿐이고, 구체적인 변상금 납부의무는 소속장관이 변상명령을 처분하여 발생하므로, 소속장관의 변상명령 자체에 위법사유가 있을 수 있고, 변상명령을 단순한 표시행위로 볼 수 없으므로, 이는 행정행위로서 행정소송 대상이다(대법원 1994. 12. 2. 선고 93누623 판결).
3) 대법원 1980. 2. 26. 선고 79다2241 판결.
4) 대법원 1994. 2. 13. 선고 93누98 판결, 대법원 2001. 2. 23. 선고 99두5498 판결, 대법원 2003. 6. 27. 선고 2001두9660 판결.

에게 재산상 손해가 발생해야 한다. 국가 등에게 현금·물품 횡령, 망실, 훼손 등 적극적으로 손해가 발생한 때만이 아니라 자산·자본 감소, 부채 증가 등 소극적으로 손해가 발생한 때도 포함한다.

넷째, 위반행위와 손해발생 사이에는 상당인과관계가 있어야 한다. 가령, 지방자치단체가 전세권을 설정했는데 전세금을 모두 회수하지 못하여 발생하는 손해액은 전체 전세금에서 실제 회수한 금액을 공제한 금액이라 한다.[1]

3) 효과

변상책임은 금전으로 부담한다. 그리고 구체적인 금액은 차액설에 따라 산정해야 한다. 예를 들어, 계약담당공무원이 요건을 갖추지 못한 수의계약을 체결한 사안이라면, 수의계약가격과 공개경쟁을 거친 가격 등 적정가격의 차이를 손해액으로 본다.[2] 그리고 만약 일반경쟁입찰에 따라 매각할 국유재산을 수의계약으로 매각하였다면 국가가 받은 손해범위와 배임범위는 총체적으로 판단해야 한다. 즉, 일반경쟁입찰로 매각할 은닉 신고된 국유부동산을 수의계약으로 매각했다고 하여 국가가 바로 그 부동산 자체를 상실한 손해를 입었다 할 수 없고, 수의계약 대가가 객관적 시가에 못 미치고, 일반경쟁입찰 방법으로 매각할 때 예상대금보다 저렴한 금액인 경우에만 국가에 손해가 발생했다고 본다.[3]

한편, 변상책임은 회계사무를 집행하는 회계관계직원에게 다른 공무원과 달리 그 책임을 엄중히 지도록 하려는 취지로, 국가배상법에 따른 공무원의 구상책임과 그 성립 기초를 달리하므로 그 제한 원리를 유추적용하여 변상금액을 감액할 수 없고, 회계관계직원 등의 책임에 관한 법률에서 변상금을 감액하도록 허용한 규정이 없는 만큼 변상금액 자체를 감액할 수 없다.[4] 그리고 변상책임은 특별권력관계에 기초한 법정책임으로 민법상 과실상계이론도 적용할 수 없다.[5]

다. 발주기관의 손해배상책임

법령 개정에 따라 수의계약을 체결할 수 없는 경우, 발주기관이 상대방과 수의계약을 체결할 의무는 이행불능이 된다. 따라서 계약상대자는 발주기관의 책임 있는 사유로 해당 채무불이행이 발생하였다는 이유로 발주기관에게 손해배상을 청구할 수 있다. 이때 손해액은 계약상대자가 수의계약을 체결하여 이행을 완료했더라면 얻었을 이윤 상당액이다. 그러나 현존하는 법적 불안, 위험을 해소할 유효·적절한 방법이라 볼 수 없는 수의계약체결 의

1) 계승균, 앞의 책, 97쪽.
2) 대법원 1977. 5. 24. 선고 76다3031 판결.
3) 대법원 1981. 6. 23. 선고 80도2934 판결.
4) 대법원 2002. 10. 11. 선고 2001두3297 판결.
5) 서울고등법원 1968. 1. 19. 선고 66나3639 판결.

무확인의 소는 확인의 이익이 없기 때문에 부적법하다.[1] 결국 발주기관이 책임 있는 사유로 수의계약 체결의무를 이행하지 못하면(이행불능), 계약상대자는 발주기관을 상대로 손해배상청구의 소만 제기할 수 있을 뿐이다.

라. 행정책임과 형사책임

대법원은 구청장이 부하직원으로부터 음식비, 양복비 등을 수수하고 청사수리공사를 실시하면서 위법한 수의계약을 체결하였는데도 경쟁입찰에 따라 낙찰된 허위문서를 작성하여 재정법을 위반한 행위는 성실의무위반이자 직무를 태만히하여 공무원의 체면과 위신을 손상한 것이므로 해당 구청장을 파면한 처분이 정당하다고 하였다.[2]

그 밖에 수의계약 업무를 담당하는 자가 업자로부터 관계 서류에 첨부할 인지 값을 현금으로 받고 이를 횡령했다면 횡령죄가 성립하고,[3] 납품업자와 공모하여 시가보다 높은 가격으로 수의계약을 체결하고 대금을 지급하면 업무상 배임죄가 성립하며,[4] 국·공유재산 관리직원이 적법한 매수대상자가 아닌 자와 수의계약을 체결하면서 국·공유재산을 감정가격보다 현저히 헐값에 매도하여, 상대방이 그 차액 상당의 이익을 취득하고 국가가 같은 액상당의 손해를 입었다면 업무상 배임죄가 성립한다.[5]

〔수의계약 배제〕

지방계약법이 적용되는 지방계약에는 일정한 사유가 있는 자를 '수의계약 체결에서 배제'하는 제도가 있다. 즉, 지방자치단체 입찰 및 계약집행기준의 수의계약운용요령은 수의계약 배제 사유에 해당하는 업체와 일정기간 동안 모든 수의계약을 체결하지 않도록 규정한다. 수의계약 배제 주체는 발주기관의 장이고, 수의계약 배제 범위는 해당 발주기관과 그 산하 기관이 발주한 계약에 한정한다. 제재기간은 3개월이다. 이러한 조치가 행정처분인지 문제될 수 있으나, 행정실무는 사법상 조치에 불과하다고 보고 별도로 행정절차법을 준수하지 않는다. 다만, 최근 처분성을 확대하여 인정하는 사법부의 판단 경향을 고려하면 의문이다.

---

1) 대법원 1996. 10. 11. 선고 95다12071 판결.
2) 대법원 1963. 1. 17. 선고 62누199 판결.
3) 대법원 1967. 2. 28. 선고 67도33 판결.
4) 대법원 1970. 1. 30. 선고 70도1263 판결.
5) 대법원 1986. 9. 23. 선고 86도618 판결.

제 3 절 계약종류

Ⅰ. 분류방식

공공계약은 ① 계약대상에 따라 물품계약, 용역계약, 공사계약으로 분류하고, ② 계약체결내용에 따라 확정계약과 개산계약, 사후원가검토조건부계약, 총액계약과 단가계약, 단년도계약과 장기계속계약과 계속비계약, 단독계약과 종합계약과 공동계약, 회계연도 개시 전 계약 등으로 나눈다. 그 밖에도 ③ 계약목적물의 생산·공급지에 따라 내자계약과 외자계약으로 나눌 수 있다.

Ⅱ. 계약대상에 따른 분류

1. 물품계약

가. 의의

물품계약은 계약대상이 물품인 계약이다. 물품의 개념은 이미 살펴보았다. 그리고 물품계약은 급부 내용이나 입찰참가자격 등록 분류에 따라 '물품제조계약', '물품구매계약'으로 구분한다. 물품제조계약은 계약상대자가 발주기관이 제시한 규격과 사양에 따라 물품을 생산하여 발주기관에게 납품하는 계약을 말하고, 물품구매계약은 계약상대자가 발주기관에게 이미 완성된 물품을 그대로 공급하는 계약을 말한다.

경쟁입찰에 참가하려는 자는 입찰참가자격을 등록할 수 있는데, 물품구매등록을 하려는 자는 등록신청서와 필요한 경우 각종 인·허가 등 증명서류를 제출해야 하지만(국가계약법 시행규칙 제15조 제2항 가목, 나목), 물품제조등록을 하려는 자는 위 서류와 아울러 ① 공장등록대장 등본(국가계약법 시행규칙 제15조 제2항 제2호 마목)이나 ② 공공기관의 장이 직접 생산을 확인하여 증명하는 서류(공공기관의 장이 직접 생산을 확인하지 않은 경우에는 조달청장이 직접 생산을 확인하여 증명하는 서류, 국가계약법 시행규칙 제15조 제2항 제2호 마목)를 추가로 제출해야 한다. 물품제조계약은 물품구매계약과 달리 '제조' 혹은 '직접생산' 사실을 확인할 서류가 필요하기 때문이다. 직접생산확인제도는 입찰참가자격, 계약이행조건, 계약상 의무와 관련하여 중요한 의미를 지니므로, 입찰참가자격에서 자세히 살펴보기로 한다.

나. 법적 성질

물품구매계약은 매매에 해당한다. 그러나 물품을 새로 만들어 납품해야 하는 물품제조계약은 민법상 매매계약인지 아니면 도급계약인지와 관련해 논란이 있다.[1] 이는 이른바 제작물공급계약의 법적 성질 문제와도 같은데, 제작물공급계약은 제작 측면에서 보면 도급이지만, 공급 측면에서 보면 매매이기 때문에, 두 유형 가운데 어디에 해당하는지 검토가 필요하다. 물품제조계약이 매매가 아닌 도급이라고 보면 인도, 담보책임, 계약해제 등과 관련하여 매매와 다른 특칙이 적용될 수 있기 때문이다(민법 제667조, 제669조, 제670조, 제673조, 제674조 참조).

이에 대하여, ① 물품제조계약은 도급과 매매를 모두 적용해야 하는 혼합계약이라는 견해, ② 제조물이 대체물이면 매매이고 제조물이 부대체물이면 도급이라는 견해, ③ 거래 성질에 따라 당사자 의사를 기준으로 도급이나 매매 가운데 어느 하나로 보아야 한다는 견해가 대립한다. 대법원은 계약에 따라 제작 공급해야 할 물건이 대체물이면 매매로 보아 매매 규정을 적용해야 하지만, 물건이 특정 주문자의 수요를 채우기 위한 부대체물이면 해당 물건의 공급과 함께 그 제작이 계약의 주목적인 도급으로서 성질을 띤다고 한다.[2]

이에 살펴보면, 물품제조계약의 법적 성질은 우선 계약당사자의 의사를 중심으로 판단해야 한다. 가령, 공공계약에서는 우선 입찰공고서나 계약서에 있는 목적물, 급부 내용 등을 고려해 매매인지 도급인지를 판단해야 한다. 다만, 해당 기재만으로 판단이 쉽지 않다면 대법원 판례와 같이 계약목적물이 대체물인지 아니면 부대체물인지에 따라 매매나 도급 중 어느 하나로 볼 수 있다.

〔현장설치를 위한 공사가 수반된 물품구매계약인 경우, 입찰방식, 계약문서 기재, 계약내용 등을 종합적으로 고려해 공사계약이 아니라고 판단한 사례〕

이 사건 입찰을 규격·가격 분리 입찰방식으로 하였는데, 이는 물품이나 용여계약에서 입찰참가자로 하여금 규격입찰서와 가격입찰서를 같이 제출하게 하여 규격입찰서를 먼저 평가한 후 규격 평가 적격자에 한정하여 가격을 개찰하여 낙찰자를 결정하는 방식으로 물품계약에만 존재하는 점, 공사입찰은 적격심사제에 따라 낙찰자를 결정하는 점, 인도조건으로 현장설치도로 정하였고 입찰자로 하여금 정보통신공사업법 제14조에 따른 정보통신공사업 면허 소지업체일 것으로 입찰요건으로 명시했다 하더라도, 공공계약에서는 물품구매계약이면서 인도조건이 현장설치도인 경우 입찰참가자격으로 관련 면허를 요구하는 경우가 있는 점, 수요기관이 조달청에 보낸 조달요청서에 '조달물품 구매요청서'라고 기재되어 있고, 물품구매, 품명 및 수량, 부속물 기본품목 내역 등을 기재한 점, 규격서 역시 규격이나 기능이 대부분이고 현장설치 부분은 낮은 비중이며, 구매계약조건, 장비공급, 납품기한, 인수검사 등 용어를 사용하는 점, 국민건강보험료, 국민연금보험료, 노인장기요양보험료 사후 정산 약

---

1) 김성근, 앞의 책(Ⅰ), 11쪽은 "특정 물건의 제조납품의 경우 이를 물품계약으로 볼 것인지 공사계약으로 볼 것인지 여부가 문제"라고 하지만, 정확히는 본문과 같이 매매계약인지 도급계약인지의 문제라고 해야 한다. 특정 물건의 제조납품을 위한 계약은 말 그대로 물품계약 혹은 제작물공급계약이지, 공사계약이 아니기 때문이다.
2) 대법원 1996. 6. 28. 선고 94다42976 판결.

정이 없는 점 등을 종합하면, 물품 납품을 위한 인도조건에 따라 현장설치를 위한 공사가 수반된다고 하여 시설공사계약이라 보기는 어렵다(서울고등법원 2016. 5. 26. 선고 2015누36739 판결).

2. 용역계약

용역계약은 계약대상이 용역인 계약이다. 용역의 개념은 이미 살펴보았다. 용역계약은 그 범위가 매우 넓고 급부 내용도 다양하므로 법적 성질을 일률적으로 말하기 어렵다. 즉, 민법상 전형계약인 고용, 도급, 여행, 위임, 임치는 물론 혼합계약(가령, 임대차와 위임을 결합한 계약) 등으로 다양하므로 개별 계약 내용에 따라 각기 다른 법적 성질을 가진다.

3. 공사계약

가. 의의

공사계약은 계약대상이 공사인 계약이다. 공사의 개념은 이미 살펴보았다. 공사를 수행하려는 자는 건설산업기본법 등이 정한 등록 등을 마쳐야 하므로, 발주기관은 경쟁입찰을 부칠 때 대부분 건설업 등록이나 면허 등을 입찰참가자격으로 정한다.

나. 법적 성질

공사계약은 기본적으로 일의 완성과 그 결과에 보수를 지급하는 도급계약이다(민법 제664조 참조). 다만, 개별 공사계약 내용에 따라 매매, 위임, 고용 등 다른 요소도 일부 포함할 수 있지만, 주목적과 성질이 도급이라는 점은 변하지 않는다.

다. 공공계약의 특성

1) 분리발주 금지와 예외

공공계약에서 공사계약은 원칙적으로 분할하여 체결하지 못한다. 즉, 발주기관은 동일구조물공사나 단일공사로서 설계서 등에 전체 사업내용이 확정된 공사를 시기로 분할하거나 공사량을 분할하여 계약할 수 없다. 여기서 동일구조물이란 천연·인조 재료를 사용하여 그 사용목적에 적합하도록 만든 기능이 서로 연결되는 일체식 구조물(그 부대공작물을 포함)로서, 같은 사람이 계속 시공하는 것이 적합한 시설물을 말하고(정부입찰·계약집행기준 제15조 제1호), 단일공사란 해당 연도 예산에서 책정한 공사와 그 시공지역에서 관련하여 시공하는 부대공사를 말하지만, 예산상 특정되지 않더라도 예산집행 과정에서 특정되는 공사도 포함한다. 면허나 자격요건 등으로 법령에 따라 공사를 분할 발주해야 하는 때에는 그 분할 발주하는 공사를 각각 단일공사로 본다. 다만 관계법령에서 정한 경미한 공사는 그렇지 않으므로, 분할계약을 엄격히 금지한다(정부입찰·계약집행기준 제15조 제2호). 이처럼 발주기관은 국가계약법 시행령 제68조에 따라 동일구조물공사와 단일공사로서 설계서 등에 따라 전체 사업내용이 확정된 공사는 시기로 분할하거나 공사량을 구조별, 공사 종류별로 분할하지 말고 일괄하여 계약을 체결해야 한다(정부입찰·계약집행기준 제16조 제1항).

다만, 다른 법률에서 다른 업종 공사와 분리 발주할 수 있도록 규정한 공사, 그 성질이나 규모 등에 비추어 분할시공이 효율적인 공사, 하자책임 구분이 쉽고 공정관리에 문제가 없는 공사로서, 설계서가 별도로 작성되는 공사, 그 성격상 공사 종류별로 시공 목적물, 시기, 장소 등을 명확히 구분할 수 있는 공사에 해당하는 공사 등 분리시공이 효율적이라고 인정되는 공사는 분리공사를 할 수 있으므로(국가계약법 시행령 제68조 제1항), 이때는 분할하여 발주할 수 있다(정부입찰·계약집행기준 제16조 제2항).

그러므로 발주기관은 공사 예산편성과 기본설계 등 사업 계획단계에서부터 분할·분리계약을 할 수 있는지를 검토해야 한다(정부입찰·계약집행기준 제16조 제3항).

2) 건설사업관리용역계약 체결

가) 의의

발주기관은 건설산업기본법에 따른 공사계약을 체결할 때, 계약목적물의 특성·규모, 이행기간 등을 고려하여 필요하다고 인정하면 건설산업기본법 제2조 제8호에 따른 건설사업관리 업무를 수행할 자와 건설사업관리용역계약을 체결할 수 있다(국가계약법 시행령 제73조의2). 건설산업의 특수성을 고려한 규정이다. 여기서 건설사업관리란 건설공사 관련 기획, 타당성조사, 분석, 설계, 조달, 계약, 시공관리, 감리, 평가, 사후관리 등 관리업무 전·일부를 수행하는 것을 말한다. 계약체결 방법과 그 밖에 필요한 사항은 기획재정부 장관이 정한다.

나) 요건

발주기관이 건설사업관리용역계약을 체결하려면 ① 건설산업기본법에 따른 공사계약을 체결하는 경우여야 하고, ② 계약목적물 특성 등을 고려해 필요성이 인정되어야 하며, ③ 그 상대방은 건설사업관리업무를 수행할 수 있는 자여야 한다.

첫째, 건설사업관리용역계약을 체결할 수 있는 대상은 건설산업기본법에 따른 공사이므로, 전기공사, 정보통신공사, 소방시설공사, 문화재수리공사처럼 건설공사에 포함되지 않는 공사는 건설사업관리용역계약을 체결할 수 없다.

둘째, 계약목적물 특성 등을 고려해 필요성이 있는지는 발주기관이 판단한다. 결국 건설사업관리용역계약을 체결할지는 발주기관 재량에 달려있으므로, 해당 계약을 체결하지 않았더라도 위법하다고 보긴 곤란하다.

셋째, 계약을 체결할 수 있는 상대방은 건설사업관리 업무를 수행할 수 있어야 하므로, 건설공사 조사, 설계, 감리, 사업관리, 유지관리 등 건설공사 관련 용역을 수행하는 업을 등록한 자만을 의미한다. 따라서 건설용역업을 등록하지 않은 자는 계약을 체결할 수 없다.

Ⅲ. 계약목적물의 생산·공급지에 따른 분류

국내에서 생산·공급되는 물품, 일반용역, 임대차를 대상으로 체결하는 계약을 내자계약이라 하고(조달청 내자업무처리규정 제3조 제1호), 국내에서 생산·공급하지 않거나 차관자금으로 구매하는 수요물자를 대상으로 체결하는 계약을 외자계약이라 한다(조달청 외자업무처리규정 제2조 제1호). 이중 외자계약을 자세히 살펴본다.

〔외자계약〕

1. 의의

외자계약이란 국내에서 생산·공급하지 않거나 차관자금으로 구매하는 물자, 용역 등을 대상으로 체결하는 계약이다.

2. 구분개념

실무에서는 공공계약 대상이 물품, 일반용역, 임대차인 경우, 내자와 외자로 구분한다. 내자란 국내에서 생산·공급하는 물품, 일반용역과 임대차를 말하는 반면, 외자란 국내에서 생산·공급하지 않거나 차관자금으로 구매하는 물자나 용역을 말한다.

조달청은 내자계약에 적용하는 내부규정이나 계약문서와 별도로 외자계약에 적용하는 내부규정이나 계약문서로 「외자입찰유의서」, 「외자계약일반조건」, 「조달청 외자구매업무 처리규정」, 「외자 다수공급자계약 업무처리기준」 등을 마련하여 활용한다.

3. 특징

외자구매는 국제무역을 이용한 외국산 물품, 용역을 직접 구매한다는 점에서 내자구매와 다르다. 따라서 그 주요한 특징을 살펴보면 다음과 같다.

첫째, 입찰서 기술(규격) 검토를 거쳐 낙찰자를 결정한다. 즉, 발주기관이 제시한 구매규격·조건과 입찰자가 제출한 입찰규격·조건이 맞는지를 검토하여 입찰자의 입찰규격·조건이 발주기관의 구매규격·조건을 갖추었다면 발주기관에게 가장 유리하게 입찰한 자를 낙찰자로 결정한다.

둘째, 외자 계약상대자는 입찰자(bidder)와 공급자(supplier) 모두를 말하며, 이에 따라 입찰자와 공급자는 계약 이행에서 연대책임을 부담한다. 다만, 공급자는 입찰자가 아니므로 공급자가 1인이고 그를 위한 입찰자가 여럿이라 하더라도 1인 1입찰 원칙에 어긋나지 않는다. 따라서 공급자 1인과 함께 다수 입찰자가 각 참가한 입찰은 모두 무효가 아니다.

셋째, 외자를 구매하기 위해 국제입찰에 부치려고 할 때는 적어도 입찰기일 40일 전에 공고해야 하며, 긴급하거나 그 밖에 외자 성질을 고려해 이에 따르기 곤란하면 그 기간을 24일 혹은 10일까지 단축할 수 있다.

넷째, 조달절차나 계약이행 과정에서 불가피한 경우에는 통화, 보증금 납부 형태와 시기, 신용장에 근거한 대가지급, 검사 등에 적용하는 국제상관례에 따를 수 있다.

다섯째, 국제무역은 신용상태 변화로 발생하는 신용위험(credit risk), 환율 변동에 따른 환위험(exchange risk), 국가 정책변화나 천재지변 등에서 비롯하는 불가항력위험(force majeure) 등 많은 위험을 내포한다.

여섯째, 외자는 국외에서 구매하는 것이므로, 오랜 기간 해상(항공)운송 과정에서 발생할지 모르는 일체 사고에 대비하기 위해 수입적하보험에 부보할 수 있다.

일곱째, 외자구매계약에서 사용하는 언어는 「특정조달을 위한 국가를 당사자로 하는 계약에 관한 법률 시행령 특례규정」 제8조에 따라 한국어가 원칙이나 영어를 병행하여 사용할 수 있다.

4. 종류

가. 외자구매

1) 구매자금

외자를 구매할 수 있는 자금으로, 국회로부터 승인을 얻은 세출예산과 외국 정부, 경제협력기구나 외국법인으로부터 도입하는 공공차관 자금이 있다. 우리나라는 현재 각종 차관자금 수혜대상에서 제외되었고, 1999년 집행이 완료되었으므로, 현재 차관자금을 이용한 외자구매는 하지 않는다.

2) 계약방법

외자구매도 경쟁정도를 기준으로 일반경쟁, 지명경쟁, 수의계약에 따라 계약을 체결할 수 있고, 총액계약이나 단가계약 방법으로 계약가격을 결정할 수 있다. 또한, 2단계 경쟁입찰이나 협상에 의한 계약으로 낙찰자를 결정할 수 있다.

한편, 해당 물품이 관련 기자재 등 수요목적에 따라 같은 제작자 제품으로 구매할 경우나 소액이지만 여러 종류 품목으로 같은 공급자로부터 모두 구매하는 것이 유리한 경우에는 일괄(All or None basis) 구매할 수 있다. 이 방법에 따르면, 구매대상 품목을 전부나 그룹별로 묶어서 한 공급자나 제작자로부터 구매하기 위해 입찰가격을 품목별로 대비하지 않고, 가령 철도차량 부품과 같이 모든 품목이나 그룹별로 대비하여 계약을 체결한다.

3) 가격조건

무역거래에서 적용되는 인도조건은 인도 장소나 포함 비용 종류에 따라 여러 가지로 구분할 수 있는데, 국제 물품구매에서 가장 많이 사용하는 인도조건은 지정장소 운송인인도(FCA), 지정 선적항 본선인도(FOB), 지정목적항 운임포함인도(CFR), 지정목적지 운송비지급인도(CPT), 지정목적항 운임·

보험료포함인도(CIF), 지정목적지 운송비·보험료지급인도(CIP), 지정목적지 도착지인도(DAP), 지정목적지 도착지양하인도(DPU), 지정목적지 관세지급인도(DDP)다. 따라서 조달청도 이러한 각 인도조건으로 대부분 외자를 구매한다.

또한, 조달청은 무역거래조건에 관한 국제규칙(인코텀즈 2020)에는 없으나 국내에서 공급되는 물품에만 적용하는 인도조건으로 수요기관 지정 장소도(DTE : Delivered To End-user's site)를 활용한다. 다만, 수요기관의 장은 외국으로부터 도입되는 물자를 지정 인수기간에 인수하지 않으면 인수기간 종료일 다음 날부터 보관료를 부담해야 한다(조달사업법 시행규칙 제3조 제2항).

《 인코텀즈(INCOTERMS) 2020 구조 》[1]

★INCOTERMS 2020의 구조

구분	운송방식	조건	코드	비용이전	위험이전
운송비 미지급 인도	복합운송	운송인인도	FCA(Free Camier)	운송인의 지정장소 인도이후 매수인 부담	지정장소 인도이후 매수인부담
	해상운송	본선인도	FOB(Free on Board)	본선상에 적재된 이후 매수인 부담	본선상에 적재된 이후 매수인 부담
운송비 지급 인도	해상운송	운임포함 인도	CFR(Cost and Freight)	목적항까지 매도인(수출자) 부담	본선상에 적재된 이후 매수인 부담
		운임·보험료 포함 인도	CIF(Cost, Insurance and Freight)	목적항까지 매도인(수출자) 부담	본선상에 적재된 이후 매수인 부담
	복합운송	운송비지급인도	CPT(Carriage Paid to)	목적항까지 매도인(수출자) 부담	지정적재지 인도이후 매수인 부담
		운송비, 보험료 지급인도	CIP(Carriage and Insurance Paid)	목적항까지 매도인(수출자) 부담	지정적재지 인도이후 매수인 부담
양륙지 인도	복합운송	도착장소인도	DAP(Delivered At Place)	매수인의 목적지점까지 매도인이 관세, 부가세, 제세 등을 제외한 제비용 부담	매수인의 목적지점까지 매도인 부담
		도착지양하인도	DPU(Delivered at Place Unloaded)	매수인의 목적지점까지 매도인이 관세, 부가세, 제세 등을 제외한 제비용 부담	매수인의 목적지점까지 매도인 부담
		관세지급인도	DDP(Delivered Duty Paid)	매수인의 목적지점까지 매도인이 관세 등을 포함하여 제비용 부담	매수인의 목적지점까지 매도인이 부담

1) 조달청 홈페이지(https://www.pps.go.kr/kor/content.do?key=00735) 참조.

4) 대금결제

조달청 외자구매 신용장 대금결제 경로[1]

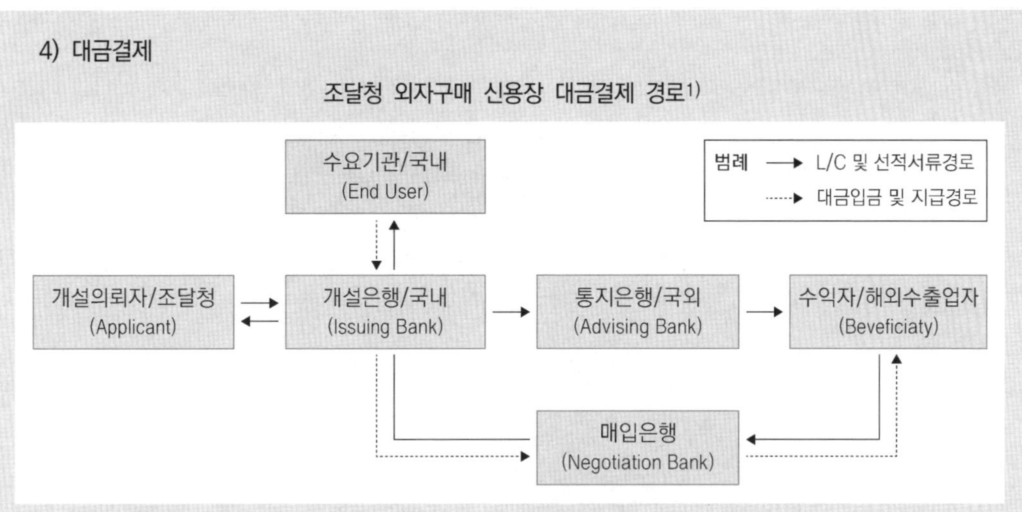

가) 외화(外貨)결제 계약

계약조건에 따라 개설의뢰인(Applicant)인 관련 외국환 은행에 국외 공급자를 수익자(Beneficiary)로 하는 상업신용장을 개설하여 외자구매계약 대금을 결제하는 방법이다.

즉, 개설된 신용장 내용대로 국외 공급자(수익자)가 계약물품을 선적 후 선하증권(또는 항공운송장), 상업송장, 포장명세서, 검수증명서 등을 갖추어 이를 거래은행(매입은행)을 이용해 신용장 개설은행에 송부하면, 개설은행은 신용장조건과 일치하는지를 검토한 다음 일치하면 국외 공급자에게 물품대금을 지급한다.

따라서 수요기관은 선적기한 이전 적절한 시기에 계약금액(외화)에 해당하는 원화를 신용장 개설은행에 적립한다. 신용장거래에는 국제상업회의소에서 제정한 신용장통일규칙(The Uniform Customs and Practice for Documentary Credits: 약칭 UCP600)을 적용한다.

나) 원화결제 계약

수요기관이 물품인수 후 계약자에게 직접 대금을 지급하는 방법이다.

다) 외화·원화 혼합결제 계약

외화와 원화를 혼합하여 대금을 지급하는 방법이다.

나. 시설대여(리스)구매

1) 정의

시설대여란 시설대여 이용자가 선정한 특정 물건을 시설대여자가 새롭게 취득하거나 제3자로부터 대여받아 시설대여 이용자에게 일정 기간 이상 사용하게 하고 시설대여 이용자가 그 기간 동안 정기로 일정 대가를 분할하여 지급하며 그 기간 종료 후 물건을 어떻게 처분할지는 당사자 사이 약정으로 정하는 금융제도이다. 다만, 짧은 기간 물품을 대여하는 임대차(렌탈)와 구분한다.

1) 조달청 홈페이지(https://www.pps.go.kr/kor/content.do?key=00738) 참조.

2) 용어

시설대여 물건은 여신전문금융업법 시행령 제2조에서 정한 시설, 설비, 기계나 기구, 건설기계(중기), 차량, 선박이나 항공기 그 밖에 위 물건과 직접 관련이 있는 부동산이나 재산권이다.

그리고 시설대여 이용자란 조달사업법 제2조 제4호에서 정한 수요기관을 말한다.

물품계약자란 조달청과 외자 구매계약을 체결한 국내계약자와 공급자로서 시설대여자를 말한다.

시설대여 입찰참가자격은 조달청에 입찰참가자격등록을 한 자이면서 금융위원회에 시설대여업등록을 한 자나 물품계약을 체결한 자로서, 해당 물품 임대업을 할 수 있는 자나 자본금 100억 원 이상인 물품 임대업자여야 한다.

시설대여료를 결정하는 구성요소로는 취득원가, 시설대여기간, 적용이자율, 시설대여료 지급방식이 있다. 우선, 취득원가는 물품대금과 일체 경비, 이자를 말하고, 시설대여기간은 시설대여 실행일부터 시설대여 계약에서 정한 종료 시점까지를 말하며, 적용이자율은 기준금리(원화는 입찰공고 전일 3년 만기 무보증회사채율, 외화는 통화별 3월물 런던은행간 금리)와 가산금리를 포함하고, 시설대여료는 매월, 3월, 6월 단위로 정하여 선·후불 조건으로 지급한다.

3) 구매절차[1)]

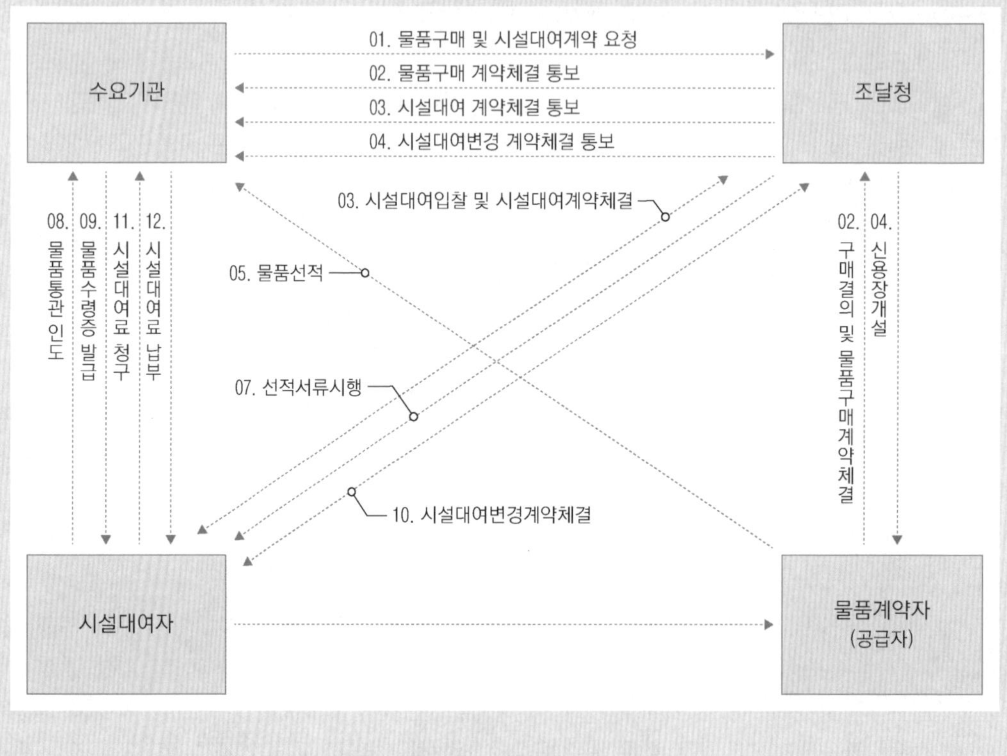

1) 조달청 홈페이지(https://www.pps.go.kr/kor/content.do?key=00739) 참조.

시설대여(리스)구매 절차는 물품구매 및 시설대여계약 요청 → 물품 구매결의 및 계약체결 → 시설대여 입찰 및 시설대여 계약 체결 → 신용장 개설 및 적하보험 부보 → 물품대금 적립 → 물품납품(선적), 운송, 통관 및 수요기관 인도 → 물품수령증 발급 → 시설대여변경계약체결 청구 → 시설대여료 청구 → 시설대여료 지급 순서로 진행된다.

구체적으로 살펴보면, 수요기관은 조달청에 시설대여에 따른 물품구매계약을 요청하며, 물품구매계약체결까지 절차는 외자 일반경쟁계약 절차와 같다.

물품구매계약이 체결되면 시설대여자를 상대로 시설대여 입찰을 실시하여 최저 시설대여료를 제시한 시설대여자와 시설대여계약을 체결한다.

그 후, 시설대여자가 물품대금을 지급하므로 대금지급자가 결정되는 시설대여계약 체결 후 신용장을 개설하고 적하보험을 부보한다. 물품대금 적립 일반 외자구매에서는 수요기관이 신용장 개설은행에 물품대금을 적립하지만 시설대여계약에서는 시설대여자가 적립한다.

한편, 물품납품(선적), 운송, 통관, 수요기관 인도까지 절차는 일반 외자물품구매와 같다.

그리고 수요기관은 계약물품이 이상 없이 도착하여 설치 완료되면 시설대여자에게 물품수령증을 발급한다.

또한, 시설대여 계약물품이 수요기관에 설치 완료된 후 물품수령증이 발급되면, 그때까지 물품대금, 제세공과금, 기간이자 등 취득원가를 계산하여 시설대여변경계약을 체결한다.

끝으로, 시설대여자는 시설대여계약조건에 따라 정기로 수요기관에게 시설대여료를 청구한다. 이에 수요기관은 시설대여자가 제시한 시설대여청구서를 시설대여계약조건과 검토하여 이상이 없으면 시설대여자에게 시설대여료를 지급한다.

Ⅳ. 계약체결내용에 따른 분류

1. 확정계약과 개산계약

가. 확정계약

확정계약이란 발주기관이 체결 당시 미리 계약금액이나 대금을 확정한 계약이다. 공공계약에서는 원칙적으로 계약체결 전에 예정가격을 작성하여 입찰에 부치고, 낙찰금액으로 계약을 체결하기 때문에, 확정계약이 원칙이다.[1] 일반 민사계약에서와 마찬가지로, 계약대금은 계약당사자의 주요 관심 사항이므로 사전에 이를 확정할 필요가 있고, 이에 따라 분쟁을 사전에 방지할 수 있기 때문이다.[2] 다만, 계약금액 사전확정주의의 예외로, 개산계약, 사후원가검토조건부계약, 계약금액조정제도가 있다.

1) 이를 계약금액 사전확정주의라고도 한다.
2) 계승균, 앞의 책, 74쪽.

나. 개산계약

반면, 개산계약이란 발주기관이 체결 당시 미리 가격을 확정할 수 없거나 곤란하여 잠정적으로 정한 대금으로 계약을 체결한 다음 계약이행이 완료되면 정산절차를 거치는 계약을 말한다. 국고금관리법은 "지출관은 운임, 용선료, 공사·제조·용역 계약의 대가, 그 밖에 대통령령으로 정하는 경우로서 그 성질상 미리 지급하지 않거나 개산하여 지급하지 않으면 해당 사무나 사업에 지장을 가져올 우려가 있는 경비는 미리 지급하거나 개산하여 지급할 수 있다."고 하여, 개산계약의 근거를 규정한다(국고금관리법 제26조). 그리하여 발주기관은 개발시제품 제조계약, 시험·조사·연구용역계약,[1] 공공기관운영법에 따른 공공기관과 관련법령에 따라 체결하는 위탁·대행 계약, 시간적 여유가 없는 긴급한 재해복구를 위한 계약 중 어느 하나에 해당하는 계약으로서 미리 가격을 정할 수 없을 경우에 개산계약을 체결할 수 있다(국가계약법 제23조 제1항).

발주기관은 개산계약을 체결하려고 할 때 미리 개산가격을 결정해야 하고(국가계약법 시행령 제70조 제1항), 입찰 전에 계약 목적물의 특성, 계약수량, 이행기간 등을 고려하여 원가검토에 필요한 기준이나 절차 등을 정해야 하며, 이를 입찰에 참가하고자 하는 자가 열람할 수 있도록 해야 한다(국가계약법 시행령 제70조 제2항). 그리고 발주기관은 개산계약을 체결한 후 감사원에 이를 통지해야 하며, 계약이행이 완료된 후에는 정산하여 소속 기관의 장으로부터 승인을 받아야 한다(국가계약법 시행령 제70조 제3항).

개산계약은 계약금액 사후정산이 핵심이므로, 반드시 정산 방법과 기준도 미리 명확하게 공지해야 한다. 계약상대자는 계약이행 완료 후 발주기관에게 '계약체결 시점'을 기준으로 산정한 가격으로 정산을 청구할 수 있다. 그런데 정산결과 최초 계약금액보다 정산금액이 높은 경우, 계약금액을 상한으로 한다는 이른바 상한가 특약이 유효한지 문제된다. 이러한 특약은 주로 발주기관이 예산을 절감하기 위해 정하므로, 발주기관에게 유리한 약정이라고 볼 수 있다. 이러한 특약이 약관에 있다면 약관규제법에 따라 유·무효를 가려야 하며, 설령 약관이 아닌 일반 계약서에 포함된 내용일지라도 부당특약이나 불공정 법률행위로서 무효로 해석될 가능성을 배제하기 어렵다.

2. 사후원가검토조건부계약

사후원가검토조건부계약이란 입찰 전에 예정가격을 구성하는 일부 비목별 금액을 결정할 수 없을 때 사후에 원가를 검토하는 조건으로 체결하는 계약이다.[2] 개산계약이 전체 계

---

1) 소프트웨어 개발공급계약도 개산계약 형태로 체결할 수 있다는 대법원 1998. 3. 13. 선고 97다45259 판결도 참조.
2) 계승균, 앞의 책, 77쪽.

약금액을 정할 수 없는 경우에 체결하는 계약이라면, 사후원가검토조건부계약은 일부 비목의 금액을 정할 수 없는 경우에 체결하는 계약이다.

공공계약은 원칙적으로 체결 전에 예정가격 작성기준에 따라 예정가격을 작성한 다음 입찰절차를 거쳐 낙찰자를 결정하고, 그 낙찰금액으로 계약을 체결해야 한다. 따라서 원칙적으로 사전에 모든 비목에 대응하는 금액을 결정해 놓아야 한다. 그러나 입찰 전에 예정가격을 구성하는 일부 비목별 금액을 결정할 수 없다면, 사후에 원가를 검토한다는 조건으로 계약을 체결하도록 허용한 것이다(국가계약법 시행령 제73조 제1항 참조).

이에 발주기관은 사후원가검토조건부계약을 체결하고자 할 경우, 입찰 전에 계약목적물 특성·계약수량, 이행기간 등을 고려하여 사후원가검토에 필요한 기준과 절차 등을 정해야 하며, 이를 입찰에 참가하고자 하는 자가 열람할 수 있도록 해야 한다. 그리고 계약이행 완료 후에는 원가를 검토하여 정산해야 한다(국가계약법 시행령 제73조 제2항, 제3항).

3. 총액계약과 단가계약

가. 총액계약

총액계약이란 계약당사자가 계약을 체결할 때 목적물 전체 비용이나 이행에 필요한 모든 비용을 총액으로 체결하는 계약이다. 가령, 발주기관이 물품구매계약을 체결할 당시 구매할 물품 단가에 납품 총량을 곱한 총금액을 계약금액으로 확정한 계약이 총액계약이다.

나. 단가계약

1) 의의

단가계약이란 일정 기간 계속 계약을 체결할 필요가 있어 목적물의 단가만 정하고 '수량을 확정하지 않은 채' 체결하는 계약을 말한다.[1] 특히 단가계약은 일정 기간 계속하여 필요하다고 추정되는 조달물자 수량의 단가만을 정하여 체결하는 것이므로, 계약체결 당시 계약서에 대략적인 추정 수량과 계약금액만을 기재하지만, 구체적인 수량은 계약체결 후 납품요구에 따라 발생하고 계약이행 완료 후에 그 대금을 정산한다. 가령, 발주기관이 계약체결 당시 물품 단가만 정하고 수량은 이행과정에서 결정하도록 약정하며, 이행이 완료된 시점에 미리 정한 물품 단가에 최종 납품 수량을 곱하여 정산하기로 했다면 단가계약이다. 이에 발

---

1) 조달청 실무에서는 단가계약을 체결하면서, 계약서에 수량을 기재하고, 그 수량에 단가를 곱한 총계약금액을 기재하기도 하는데, 여기서 수량은 어디까지나 구매예정수량으로서, '매회별 이행예정량 중 최대량' 혹은 '1회 최대납품요구금액'을 정하고, 계약보증금을 산정하기 위한 것일 뿐, 계약상대자가 이행해야 하는 '확정 수량'이 아니다. 즉, 단가계약에서 계약수량은 계약기간 동안의 구매예상량을 추정한 수량이며, 실제 납품요구량이 이보다 적거나 없어도 이에 대하여 조달청은 어떠한 책임도 지지 않는다{가령, 물품구매(제조)계약 특수조건 제22조 제2항 참조}.

주기관은 일정 기간 계속되는 제조, 수리, 가공, 매매, 공급, 사용 등을 위한 계약을 체결할 경우, 해당 연도 예산 범위에서 단가계약을 체결할 수 있다(국가계약법 제22조).

〔예외적으로 단가계약이 아니라고 판단한 사례〕

이 사건 물품공급계약은 비록 그 물품의 공급 시기와 장소, 각 공급할 수량 등을 납품지시서에 따르도록 하지만, 물품의 단가만을 미리 정해 놓고 자세한 구매수량을 추후 확정하기로 한 단가계약이 아니라 일정 수량 물품을 일정 금액에 공급하기로 하는 계약이기 때문에, 구매자인 발주기관은 계약의 일반조건에 따라 감축할 수 있는 수량을 제외한 나머지 수량과 관련하여 공급자인 계약상대자에게 납품지시서를 발급하여 계약상대자로 하여금 이를 인도할 수 있게 할 계약상 의무가 있다(대법원 2010. 3. 11. 선고 2009다76355 판결).

2) 특징

단가계약은 각종 사무용품 납품이나 도로 등 유지보수계약에서 주로 활용할 수 있고, 이로써 발주기관은 일정 기간 계속적·안정적으로 목적물을 확보할 할 수 있다는 장점이 있다.[1)]

3) 제3자를 위한 단가계약

가) 의의

단가계약의 특수한 형태로, 제3자를 위한 단가계약이 있다. 제3자를 위한 단가계약은 제3자를 위한 계약(민법 제539조 참조)과 단가계약을 결합한 형태로, 지방계약법 제26조과 조달사업법 제12조에서 규정할 뿐, 국가계약법에는 별도 근거를 두지 않는다.

제3자를 위한 단가계약은 물자가 필요한 기관(수요기관)으로부터 계약체결을 요청받은 기관이 수요기관에게 공통으로 필요한 물자의 제조·구매·가공 등을 목적으로 계약상대자와 미리 물자의 단가만을 정하여 계약을 체결한 다음, 수요기관이 그 계약상대자에게 납품요구를 하고 계약상대자가 수요기관에게 이를 납품하면, 수요기관 등이 대금을 정산하는 방식을 지칭한다.

나) 종류

(1) 지방계약법상 제3자를 위한 단가계약

특별시장·광역시장·도지사는 관할구역 안에 있는 시·군·구(자치구를 말한다. 이하 같다)에 공통적으로 필요한 물자로서 제조·구매·가공 등을 위한 계약과 관련하여 시·군·구의 요청이 있는 경우에 미리 단가만을 정하고 그 물자의 납품요구와 그 대금지급은 각 시·군·

1) 김성근, 앞의 책(Ⅰ), 13쪽.

구에서 직접 처리할 수 있도록 하는 제3자를 위한 단가계약을 체결할 수 있다(지방계약법 제25조 제1항). 다만, 조달사업법 제12조 제1항에 따라 조달청장이 이미 단가계약을 체결한 품목은 지방계약법에 따른 제3자 단가계약 대상에서 제외되므로, 시·도지사는 위 품목을 제외하고, 지방계약법 제26조에 따른 제3자를 위한 단가계약을 체결하려는 경우 그 관할구역에 있는 시·군·구에서 공통적으로 필요한 물품의 계약상대자를 선정한다(지방계약법 시행령 제80조 제1항).

(2) 조달사업법상 제3자를 위한 단가계약

조달청장은 수요기관이 필요로 하는 수요물자를 제조·구매·가공하는 등 계약을 할 때 미리 단가만을 정하여 계약을 체결할 수 있다(조달사업법 제12조 제1항). 그리고 조달청장은 수요기관으로부터 요청을 받아 제3자를 위한 단가계약을 체결한 경우 그 내용을 수요기관에 통보해야 한다. 일반적으로 제3자를 위한 단가계약을 체결한 경우, 전자조달법 제2조 제4호에 따른 국가종합전자조달시스템, 즉, 나라장터 종합쇼핑몰[1]에 계약상품을 등록하고, 각 수요기관이 종합쇼핑몰에 등록된 상품의 납품을 요구하면, 계약상대자가 이를 이행한다. 이에 수요기관의 장은 계약상대자에게 납품요구를 하거나 대금을 지급하였을 때, 그 내용을 조달청장에게 통보해야 한다(조달사업법 시행령 제12조 제4항, 제5항).

(3) 조달사업법상 다수공급자계약

제3자를 위한 단가계약의 특별한 유형으로 다수공급자계약도 있다. 다수공급자계약은 제3자를 위한 단가계약과 별도로 조달사업법 제13조 등에서 정하는 계약방식으로, 조달청장이 각 수요기관에서 공통적으로 필요로 하는 수요물자를 구매하기 위하여 품질·성능, 효율 등이 같거나 비슷한 종류의 수요물자를 수요기관이 선택할 수 있도록 2인 이상을 계약상대자로 하여 체결한 공급계약이다.

다수공급자계약은 제3자를 위한 단가계약과 유사하지만, 일반 제3자를 위한 단가계약과 달리 반드시 계약상대자가 2인 이상이어야 하며, 나아가 제3자를 위한 단가계약은 경쟁입찰은 물론 수의계약으로도 체결하나, 다수공급자계약은 경쟁원리에 따라 체결하여야 하는 점, 제3자 단가계약에는 2단계 경쟁절차 없지만, 다수공급자계약에는 2단계 경쟁절차가 있다는 점에서 차이가 있다. 다수공급자계약제도는 제3편에서 자세히 다루기로 한다.

---

1) 종합쇼핑몰이란 국가계약법 제22조 또는 조달사업법 시행령 제12조와 제13조에 따라 조달청이 단가계약을 체결한 계약상대자의 수요물자를 수요기관이 전자적으로 구매할 수 있도록 나라장터에 개설한 온라인 쇼핑몰(shopping.g2b.go.kr)을 말한다.

4. 장기계속계약과 계속비계약

가. 구분

단연도계약이란 단일 회계연도에 계약체결과 이행이 모두 끝나는 계약을 말하고, 다년도계약이란 여러 회계연도를 거쳐 계약체결과 이행이 있는 계약을 말한다. 여기서 '단연도', '다년도'란 해당 계약을 이행하는 기간을 지칭하는 것이 아니라 회계연도가 하나인지 둘 이상인지를 말한다. 즉, 계약을 이행하는 기간이 1년 이내라고 하더라도, 회계연도가 2년에 걸쳐 있다면 단연도계약이 아닌 다년도계약에 해당한다.[1] 다년도계약은 다시 장기계속계약과 계속비계약으로 구분하는데, 아래에서는 장기계속계약과 계속비계약을 살펴보도록 한다.

나. 장기계속계약

1) 의의

장기계속계약은 임차, 운송, 보관, 전기, 가스, 수도공급 그 밖에 그 성질상 여러 해 동안 계속하여 존속할 필요가 있거나 그 이행에 여러 해가 걸리는 계약이다. 물품제조, 용역, 공사는 모두 장기계속계약 형태로 체결할 수 있다. 발주기관은 장기계속계약을 체결하면 계약상대자로 하여금 각 회계연도 예산 범위에서 해당 계약을 이행하게 해야 한다(국가계약법 제21조 제2항). 보통 장기계속계약은 총액으로 입찰하여 각 회계연도 예산 범위에서 낙찰금액 일부씩을 연차별로 나누어 계약을 체결한다(지방계약법 제24조 제1항 제1호 참조).

장기계속계약에서 연차별 계약을 독립적으로 운영하는 데에는 장기계속계약이 갖는 예산확보의 불확실성을 고려하여 철저한 계약관리로 효율성과 형평성을 높이고, 관련 분쟁을 미리 방지하려는 목적이 있다.[2]

2) 특징

장기계속계약은 정부나 국회가 예산을 탄력적으로 운용할 수 있도록 하는 수단이지만, 정치적 사정에 따라 사업이 지연되거나 그에 따른 예산 낭비가 발생할 위험이 있다.

장기계속계약이 국회의 계속비의결권을 침해한다는 주장에 대하여, 대법원은 헌법 제55조 제1항의 계속비란 여러 해에 걸쳐 계속하여 예산을 지출할 필요가 있는 사업에 대하여 정부가 연한을 정하여 미리 국회의 의결을 얻고 이것을 변경할 경우 외에는 다시 의결을 얻을 필요가 없는 경비로서, 정부는 예산을 계속비로 지출하려면 그 경비총액과 연부액(年賦額)을 정하여 국회의 의결을 받아야 하는데(국가재정법 제23조 참조), 계속비 제도는 정부가 여러 해에 걸쳐 예산이 지출되는 사업에 대하여 미리 그 전체에 대하여 국회의 의결을 받아

1) 김성근, 앞의 책(Ⅰ), 14쪽.
2) 정원, 앞의 책, 115쪽.

놓음으로써 국회를 구속하는 데 그 의의가 있으므로, 정부는 계속비 대상 사업에 대하여 반드시 계속비 의결을 받아야 하는 것은 아니고, 예산일년주의의 원칙으로 돌아가 매년 필요한 예산을 편성하여 의결을 받을 수도 있으므로, 이 사건 사업에 대한 정부의 건설보조금에 관하여 국회의 계속비 의결이 없었다고 하여 이 사건 실시협약이 위법하다고 할 수 없다는 이유로 장기계속계약이 국회의 계속비의결권을 침해하지 않는다고 보았다.[1] 나아가 국회는 매년 장기계속계약 사업에 대하여 해당 연도 예산을 심의하므로, 오히려 단 한 번 심의로 끝내는 계속비계약보다 장기계속계약을 더욱 잘 통제할 수 있으므로, 장기계속계약은 헌법 제54조 제2항이 정한 국회의 예산심의권을 침해한다고 보기 어렵다.[2]

3) 유형

공공계약법이 정한 장기계속계약 유형으로는, 장기계속단가계약, 장기계속공사계약, 장기계속물품제조계약, 장기계속용역계약이 있다.

장기계속단가계약의 예로, ① 운송·보관·시험·조사·연구·측량·시설관리 등 용역계약이나 임차계약, ② 전기·가스·수도 등 공급계약, ③ 장비, 정보시스템, 소프트웨어 유지보수계약이 있고, 이는 각 소속 중앙관서의 장의 승인을 받아 체결할 수 있다(국가계약법 제69조 제1항).

장기계속공사계약은 낙찰 등에 따라 결정된 총공사금액을 부기하고 해당 연도 예산 범위 안에서 제1차 공사를 이행하도록 체결하며, 이 경우 제2차 공사 이후 계약은 부기된 총공사금액(국가계약법 시행령 제64조부터 제66조 규정에 따른 계약금액 조정이 있는 경우에는 조정된 총공사금액)에서 이미 계약된 금액을 공제한 금액 범위에서 계약을 체결할 것을 부관으로 약정한다(국가계약법 시행령 제69조 제2항).

그리고 장기물품제조등과 정보시스템 구축사업을 위한 장기계속계약은, 위 장기계속공사계약 체결방법을 준용한다(국가계약법 시행령 제69조 제3항). 또한, 제1차와 제2차 이후 계약금액은 총공사·총제조 등의 계약단가에 따라 결정해야 한다(국가계약법 시행령 제69조 제4항).

4) 관련문제 : 장기계속공사계약의 쟁점

가) 총괄계약의 구속력 유무

장기계속공사계약은 총공사금액과 총공사기간을 별개 계약으로 체결하고 다시 개개 사업연도별로 계약을 체결하는 형태가 아니라, 우선 1차년도 1차 공사계약을 체결하면서 총공사금액과 총공사기간을 부기하는 형태[3]로 체결한다. 1차 공사계약 체결 당시 부기된 총공

1) 대법원 2009. 4. 23. 선고 2007두13159 판결.
2) 김성근, 앞의 책(Ⅰ), 507쪽.
3) 즉, 실무상 장기공사계약의 경우 총괄계약서(총공사금액, 총공사기간 등을 정하는 계약서)를 별도로 작성하지 아니한 채 연차별계약서를 작성하면서 '총공사금액', '총공사기간' 등의 용어를 사용하여 그 내용을 부기한다.

사금액과 총공사기간의 합의를 보통 '총괄계약'이라 하고, 각 회계연도마다 예산 범위에서 총사업 가운데 일부를 위해 체결하는 계약을 '연차별 계약' 혹은 '차수별 계약'이라고 한다.

그런데 장기공사계약의 총괄계약이 그 자체로 독립성과 구속력을 가지는지 논란이 있었다. 총괄계약의 독립성과 구속력을 인정할지는 총공사기간이 최초 부기한 공사기간보다 연장된 경우, 공사기간이 변경되었다고 보아 계약금액 조정을 인정할 수 있는지, 계약금액 조정신청 기한이 언제까지인지 등과 관련 있는 문제이기 때문이다. 이에 대하여, 과거에는 상반된 하급심 판결이 함께 존재했으나, 최근 대법원 2018. 10. 30. 선고 2014다235189 전원합의체 판결[1)]은, "연차별 계약을 체결하면서 그에 부기하는 총공사금액과 총공사기간이 같이 변경되는 것일 뿐 연차별 계약과 별도로 총괄계약의 내용을 변경하는 계약이 따로 체결되는 것은 아니고 총괄계약은 그 자체로 총공사금액이나 총공사기간에 대한 확정적인 의사 합치에 따른 것이 아니라 각 연차별 계약의 체결에 따라 연동되는 것으로, 장기계속공사계약의 당사자는 총괄계약의 총공사금액과 총공사기간을 각 연차별 계약을 체결하는 데 잠정적 기준으로 활용할 의사를 가지고 있을 뿐 각 연차별 계약에 부기된 총공사금액과 총공사기간 그 자체를 근거로 공사금액과 공사기간에 확정적인 권리의무를 발생하게 하거나 구속력을 갖게 하려는 의사를 가진다고 보기 어렵다."는 이유로 총괄계약의 독립성과 구속력을 부정하였다. 또한, "총괄계약 효력은 계약상대방 결정, 계약이행 의사확정, 계약단가 등에만 미칠 뿐, 계약상대방이 이행할 급부의 구체적인 내용, 계약상대방에게 지급할 공사대금 범위, 계약 이행기간 등은 모두 연차별 계약으로 구체적으로 확정된다."며, 총괄계약은 제한된 범위에만 효력이 있다고 판결했다.

나) 연차별 계약의 성격

장기계속계약에서 연차별 계약이 독립된 계약으로서 총괄계약과 다른 별도 계약인지 논란이 있었다. 이에 장기계속계약은 연차별로 여러 번 체결되며, 제1차수 계약체결 이후

---

1) 총괄계약은 그 자체로 총공사금액이나 총공사기간에 대한 확정적인 의사의 합치에 따른 것이 아니라 각 연차별 계약의 체결에 따라 연동되는 것이다. 일반적으로 장기계속공사계약의 당사자들은 총괄계약의 총공사금액 및 총공사기간을 각 연차별 계약을 체결하는 데 잠정적 기준으로 활용할 의사를 가지고 있을 뿐이라고 보이고, 각 연차별 계약에 부기된 총공사금액 및 총공사기간 그 자체를 근거로 하여 공사금액과 공사기간에 관하여 확정적인 권리의무를 발생시키거나 구속력을 갖게 하려는 의사를 갖고 있다고 보기 어렵다. 즉, 장기계속공사계약에서 이른바 총괄계약은 전체적인 사업의 규모나 공사금액, 공사기간 등에 관하여 잠정적으로 활용하는 기준으로서 구체적으로는 계약상대방이 각 연차별 계약을 체결할 지위에 있다는 점과 계약의 전체 규모는 총괄계약을 기준으로 한다는 점에 관한 합의라고 보아야 한다. 따라서 총괄계약의 효력은 계약상대방의 결정(연차별 계약마다 경쟁입찰 등 계약상대방 결정 절차를 다시 밟을 필요가 없다), 계약이행의사의 확정(정당한 사유 없이 연차별 계약의 체결을 거절할 수 없고, 총공사내역에 포함된 것을 별도로 분리발주할 수 없다), 계약단가(연차별 계약 금액을 정할 때 총공사의 계약단가에 의해 결정한다) 등에만 미칠 뿐이고, 계약상대방이 이행할 급부의 구체적인 내용, 계약상대방에게 지급할 공사대금의 범위, 계약의 이행기간 등은 모두 연차별 계약을 통하여 구체적으로 확정된다고 보아야 한다(대법원 2018. 10. 30. 선고 2014다235189 전원합의체 판결).

각 연차별 계약을 체결할 때도 계약상대자가 허가·인가·면허 등 자격요건을 유지하는지 검토하고, 하자담보책임기간이나 하자보수보증금, 지체상금 등은 연차별 계약을 기준으로 정하므로, 연차별 계약은 독립된 계약이자 별개 계약이라고 파악하는 견해[1)]와 연차별 계약은 발주기관 내부 예산사정에 따라 체결되는 것에 불과하고, 최초 사업계획부터 입찰까지 장기계속계약은 한 사업으로 추진되고 한 설계서에 따라 확정되며, 예정가격도 총액계약을 기준으로 작성하고, 입찰이나 낙찰자 결정도 하나의 계약을 기준으로 하며, 입찰보증금이나 계약보증금도 총계약금액으로 기준으로 산정하는 등 특성을 고려하면 연차별 계약은 독립된 계약이자 별개 계약으로 보기 어렵다는 견해[2)]가 대립한다.

그러나 대법원은 위 2014다235189 전원합의체 판결 이후로 “계약상대방이 이행할 급부의 구체적 내용, 계약상대방에게 지급할 공사대금 범위, 계약 이행기간 등은 모두 연차별 계약에서 구체적으로 확정된다.”는 논리로 연차별 계약을 독립된 계약으로 본다.[3)]

다만, 연차별 계약을 독립된 계약으로 전제하면, 가령, 계약상대자가 제1차수 계약이행 이후 제2차수 계약을 체결하기 전에 부정당업자제재 처분을 받은 경우에 제2차수 계약은 체결하면 안 된다는 결론에 도달할 수 있다.[4)] 이에 국가계약법 시행령 제76조 제8항 단서는 “다만, 법 제21조에 따른 장기계속계약의 낙찰자가 최초로 계약을 체결한 이후 입찰참가자격 제한을 받은 경우로서 해당 장기계속계약에 대한 연차별 계약을 체결하는 경우에는 해당 계약상대자와 계약을 체결할 수 있다.”고 규정하여 해석상 발생할 수 있는 불필요한 논란을 입법으로 해소했다.

다) 예정가격 작성

예정가격은 총공사를 기준으로 작성한다. 연차별 계약에 따른 단가는 총공사를 대상으로 한 입찰의 최초 계약단가에 따라 산정하므로, 연차별 계약체결 당시 단가를 새롭게 산정하지 않는다. 간접노무비, 안전관리비, 산재보험료, 일반관리비, 이윤 등 승율은 총공사 산출내역서 가운데 총괄내역서의 승율, 연차별 계약의 산출내역서상 승율과 모두 같아야 한다.

라) 입찰

장기계속공사는 총공사를 대상으로 입찰에 부친다(국가계약법 시행령 제14조 제8항). 즉, 연차별 공사를 각각 입찰에 부치지 않는다.

한편, 계약이행보증서는 총공사금액을 기준으로 제출하는 반면, 착공신고서는 연차별

---

1) 법제처 08-0066, 2008. 5. 22.
2) 김성근, 앞의 책(Ⅰ), 509쪽.
3) 대법원 2018. 11. 29. 선고 2017다201699 판결, 대법원 2018. 12. 27. 선고 2016다264112 판결, 대법원 2018. 12. 28. 선고 2016다245098 판결 등 참조.
4) 법제처 08-0066, 2008. 5. 22.

계약마다 제출한다.

마) 실적

장기계속공사계약에서 공사실적 1건은 총공사 실적으로 한다. 연차별 공사실적은 기성실적으로 인정받을 수 있을 뿐이다.

바) 계약체결과 이행

장기계속공사계약은 총공사를 대상으로 체결한 것이므로 계약상대자는 연차별 공사뿐만 아니라 부기한 총공사를 이행해야 한다. 따라서 발주기관은 제2차 이후 공사를 별도로 분리발주 할 수 없다.

사) 계약보증금과 부정당업자제재

한편, 계약보증금은 총계약금액의 10% 이상으로 하고, 발주기관은 계약상대자가 연차별 계약을 이행 완료하면, 계약상대자에게 이행 완료된 연차별 계약금액에 해당하는 분을 반환해야 한다(국가계약법 시행령 제50조 제3항).

계약상대자가 정당한 이유 없이 제2차 공사계약을 체결하지 않거나 이를 이행하지 않으면 발주기관은 계약보증금을 몰수할 수 있고, 해당 계약상대자를 상대로 부정당업자 입찰참가자격제한을 할 수 있다. 그리고 연대보증인 역시 총공사를 대상으로 연대의무를 부담하므로 계약상대자가 이행하지 않은 계약을 이행해야 하며, 이를 거부하면 발주기관은 연대보증인에게 부정당업자 입찰참가자격제한을 할 수 있다.

아) 지체상금

발주기관은 계약상대자가 계약상 의무를 지체한 경우 연차별 계약금액에 지체상금율과 지체일수를 곱한 금액을 지체상금으로 부과한다(국가계약법 시행령 제74조 제1항 참조). 따라서 장기계속공사에서 총공사금액을 기준으로 지체상금을 산정하면 위법하다. 다만, 대법원은 발주기관이 계약의 특성 등을 고려하여 용역계약 특수조건에서 최종 납기 지연에 따른 지체상금을 연차별 계약금액이 아닌 총계약금액으로 산정하도록 규정했더라도, 계약상대자의 계약상 이익을 부당하게 제한하는 특약이 아니라고 보았다.[1)]

자) 하자담보책임

장기계속공사에서는 연차별 계약마다 하자담보책임기간을 정해야 한다. 다만, 연차별 계약마다 하자담보책임기간을 구분하기 어렵다면, 제1차 계약을 체결하면서 총공사를 대상으로 하자담보책임기간을 정해야 한다. 하자보수보증금도 연차별 계약마다 납부해야 하지만, 연차

1) 대법원 2011. 2. 10. 선고 2009다81906 판결.

별 계약마다 구분하기 어렵다면 총공사 준공검사 후 하자보수보증금을 납부해야 한다.

장기계속공사계약의 연차별 계약마다 공동수급인이 다르다면 각 수급인은 본인이 체결한 연차별 계약상 하자보수보증금 지급의무만 부담할 뿐이므로, 최종 공사수급인은 원칙적으로 해당 공사계약의 하자보수보증금만을 지급해야 하고, 그와 달리 최종 공사수급인에게 총공사에 대한 하자담보책임이나 하자보수보증금 납부의무를 부담하게 하려면 최종 수급인과 사이에 특약이 있어야 한다.[1]

차) 해지

지체상금이 연차별 계약의 계약보증금 상당액에 달한 경우, 발주기관은 계약을 해지할 수 있다. 또한, 발주기관은 계약상대자가 제2차 공사 이후 계약을 체결하지 않아도 계약을 해지할 수 있다.

한편, 공사정지기간이 50%를 초과하는 경우 계약상대자가 발주기관에게 해지권을 행사할 수 있는데, 여기서 공사기간은 총공사기간을 말하므로, 연차별 공사정지기간이 50%를 초과했다 하여도 여기서 말하는 해지사유에 해당하지 않는다.

다. 계속비계약

계속비계약은 여러 연도에 걸쳐 시행하는 사업경비 총액과 연부액을 정하여 사전에 편성받은 계속비 예산을 근거로 체결하는 계약을 말한다(국가계약법 제21조 제1항). 여기서 계속비란 미리 일괄하여 국회의 의결을 얻은 후 여러 해에 걸쳐 지출하는 경비를 말한다. 즉, 완성할 때까지 여러 해가 걸리는 공사나 제조, 연구개발사업을 위해, 경비의 총액과 연부액을 정하여 미리 국회의 의결을 얻은 범위에서 여러 해에 걸쳐 지출할 수 있는 것이다. 국가가 지출할 수 있는 연한은 그 회계연도부터 5년 이내여야 한다. 다만, 사업규모나 국가재원 여건을 고려하여 필요하면 10년 이내로 정할 수도 있다. 그리고 기획재정부장관은 필요하다고 인정할 경우, 국회 의결을 거쳐 위 지출연한을 연장할 수 있다(국가재정법 제23조). 참고로, 지방재정법 제42조 제3항에 따르면, 지방자치단체는 완성하기까지 여러 해가 걸리는 공사 중 시급하게 추진하여야 하는 사업으로서 재난 및 안전관리 기본법 제3조 제1호의 재난복구사업이나 중단 없이 이행하여야 하는 사업의 예산은 특별한 사유가 없으면 계속비로 편성하여야 하여야 한다고 규정하므로, 지방자치단체의 장은 특별한 사유가 없다면 위 사업을 위한 계약으로 계속비계약을 체결해야 한다.

계속비예산으로 집행하는 공사는 총공사와 연차별공사와 관련한 사항을 명백하게 기재하여 계약을 체결해야 한다(국가계약법 시행령 제69조 제5항). 여기서 연차별공사와 관련한 사

---

1) 대법원 2004. 1. 16. 선고 2003다19275 판결.

항을 명백하게 기재하여 계약을 체결하라는 취지는 매년 연차별 계약을 별도로 체결하라는 의미가 아니라, 총공사금액으로 계약을 체결하되 연부액을 계약서에 부기하라는 뜻이다.

이와 같은 계속비계약은 처음부터 사업예산을 확보하므로 사업을 일관성 있게 추진할 수 있다는 장점이 있으나, 예산을 탄력적으로 집행하기 곤란하다는 단점도 있다.

《 장기계속계약과 계속비계약 비교 》

	장기계속계약	계속비계약
공통점	• 여러 해에 걸쳐 계약이 이행됨 • 총계약금액으로 입찰하여 계약체결	
차이점	• 총계약금액 부기 • 총괄계약과 별도로 차수별 계약체결 ○ • 차수별 계약 때마다 예산 확보 • 차수별 계약금액으로 선금과 지체상금 산정 • 차수별 계약완료 때 계약보증금 반환	• 연부액 부기 • 차수별 계약체결 × • 최초 계약 당시 계약금액 전체 예산 확보 • 총 계약금액으로 선금과 지체상금 산정 • 전체 계약완료 때 계약보증금 반환

〔종전 장기계속계약을 계속비계약으로 변경하는 계약이 체결된 경우, 도급계약이 전체적으로 하나의 계속비계약으로 변경되는지〕

가. 「국가를 당사자로 하는 계약에 관한 법률」 제21조 제2항은 “각 중앙관서의 장 또는 계약담당 공무원은 임차, 운송, 보관, 전기·가스·수도의 공급, 그 밖에 그 성질상 수년간 계속하여 존속할 필요가 있거나 이행에 수년이 필요한 계약의 경우 대통령령으로 정하는 바에 따라 장기계속계약을 체결할 수 있다. 이 경우 각 회계연도 예산의 범위에서 해당 계약을 이행하게 하여야 한다.”라고 정하고 있다. 「국가를 당사자로 하는 계약에 관한 법률 시행령」 제69조 제2항은 “장기계속공사는 낙찰 등에 의하여 결정된 총공사금액을 부기하고 당해 연도의 예산의 범위 안에서 제1차 공사를 이행하도록 계약을 체결하여야 한다. 이 경우 제2차 공사 이후의 계약은 부기된 총공사금액(제64조 내지 제66조의 규정에 의한 계약금액의 조정이 있는 경우에는 조정된 총공사금액을 말한다)에서 이미 계약된 금액을 공제한 금액의 범위 안에서 계약을 체결할 것을 부관으로 약정하여야 한다.”라고 정하고 있다.

계속비계약은 사업의 경비 전체에 대하여 미리 국회의 의결을 얻어 여러 회계연도에 걸친 사업에 대하여 총액을 정하여 하나의 계약으로 이루어지고 연부액을 부기하여 회계연도에 따라 연부액이 집행되는 계약이다. 이와 달리 장기계속공사계약은 우선 1차년도의 제1차 공사에 관한 계약을 체결하면서 총공사금액과 총공사기간을 부기하는 형태로 이루어진다(제1차 공사에 관한 계약 체결 당시 부기된 총공사금액과 총공사기간에 관한 합의를 통상 ‘총괄계약’이라 칭한다).

대법원 2018. 10. 30. 선고 2014다235189 전원합의체 판결은 ‘장기계속공사계약에서 이른바 총괄계약의 효력은 계약상대방의 결정, 계약이행의사의 확정, 계약단가 등에만 미칠 뿐이고, 계약상대방이 이행할 급부의 구체적인 내용, 계약상대방에게 지급할 공사대금의 범위, 계약의 이행기간 등은 모두 연차별 계약을 통하여 구체적으로 확정된다.'고 판단하였다. 따라서 국가를 당사자로 하는 계약 가운데 1년 이상 진행되는 계약에서 총공사기간의 구속력은 계속비계약에 한하여 인정될 수 있을 뿐이다(위 전원합의체 판결 참조).

나. 원심판결 이유에 따르면 다음 사실을 알 수 있다.

원고들은 공동수급체를 결성하여 2004. 11. 18. 피고와 '경의선 가좌~운정 간 복선전철 궤도공사'(이하 '이 사건 공사'라 한다)에 관하여 장기계속계약의 형태로 총공사금액을 24,333,000,000원, 총공사기간을 착공일부터 48개월, 1차계약의 공사금액을 150,000,000원, 1차계약의 공사기간을 착공일부터 2004. 12. 31.로 정한 도급계약을 체결하였다.

그 후 원고들과 피고는 공사과정에서 발생한 설계변경이나 공사기간 변경 등을 반영하여 변경계약을 체결하다가 2012. 2. 22. 총공사금액과 준공기한을 그대로 유지하면서 종전의 장기계속계약을 계속비계약으로 변경하는 계약을 체결하였고(이하 '이 사건 계속비계약'이라 한다), 이 계약에 관해서도 여러 차례 변경계약을 체결하였다.

다. 원심은 원고들 주장의 간접공사비가 변경계약에 따른 총공사대금에 모두 반영되었거나 그렇지 않다고 하더라도 원고들이 위와 같이 변경된 총공사대금에 따라 이 사건 공사를 시행하기로 합의하였다고 봄이 타당하므로, 피고가 원고들에게 이미 지급한 공사대금 외에 원고들 주장의 간접공사비에 해당하는 공사대금을 추가로 지급할 의무가 없다고 판단하였다.

원심판결 이유를 관련 법리에 비추어 살펴보면, 장기계속계약의 방식으로 체결된 이 사건 도급계약이 이 사건 계속비계약을 통해 소급하여 전체적으로 하나의 계속비계약으로 변경되었다는 등의 사정이 인정되지 않는다. 원심판결 이유에 부적절한 부분이 있으나, 원고들의 청구를 배척한 원심의 결론에 상고이유 주장과 같이 계속비계약과 장기계속계약의 관계, 변경계약의 해석, 간접공사비 조정과 청구요건 등에 관한 법리를 오해하는 등의 잘못이 없다(대법원 2021. 1. 14. 선고 2016다215721 판결).

5. 종합계약과 공동계약

가. 구분

대립하는 두 계약당사자가 각 1명인 계약을 단독계약, 발주기관이 여럿인 계약을 종합계약, 계약상대자가 여럿인 계약을 공동계약이라 한다. 여기서 단독계약은 발주기관 1인과 계약상대자 1인이 서로 체결하는 계약을 말하고 일반적인 공공계약 형태이다. 이에 아래에서는 종합계약과 공동계약을 살펴보기로 한다.

나. 종합계약

종합계약은 같은 장소에서 시행되는 서로 다른 국가기관, 지방자치단체, 공기업·준정부기관이 관련되는 공사 등을 위해 기관협의체를 구성하여 공동으로 발주하여 체결하는 계약을 말한다(종합계약집행요령 제2조 제1호 참조). 즉, 발주기관은 다른 국가기관, 지방자치단체, 공기업·준정부기관과 관련되는 공사 등을 공동으로 발주하는 종합계약을 체결할 수 있다(국가계약법 제24조 제1항). 따라서 종합계약을 체결하는 관련 기관의 장은 서로 계약체결에 필요한 사항에 협조해야 한다(국가계약법 제24조 제2항).

종합계약은 2개 이상 기관이 관련되는 공사 등을 공동으로 수행하여 효율적인 사업추진, 예산절감, 국민불편 감소 등을 도모하도록 도입했다.[1)]

특히 같은 장소에서 시행되는 공사 등에 한정하여 종합계약을 인정하는 국가계약법과 달리, 지방계약법은 경비를 절약하고 사업을 효율적으로 추진하기 위해 필요하다고 인정하는 경우 공사·물품·용역 등 계약을 한꺼번에 발주하는 형태로 통합하여 계약을 체결하는 독특한 종합계약을 인정한다(지방계약법 제28조 제3항 참조). 기획재정부 계약예규 종합계약집행요령과 행정안전부 계약예규 지방자치단체 입찰 및 계약 집행기준 제9장 종합계약운영요령은 종합계약 체결방법과 그 밖에 필요한 사항을 정한다.

그러나 종합계약은 집행기관이 서로 다르고, 예산집행에서도 곤란한 부분이 있어 활용실적이 거의 없다고 한다.[2)]

다. 공동계약

공동계약은 공사계약, 물품제조계약, 그 밖에 계약에서 필요하다고 인정하는 경우 발주기관이 2명 이상 계약상대자와 체결하는 계약이다(국가계약법 제25조 제1항). 공동계약은 계약당사자 '모두가' 계약서에 기명·날인하거나 서명하여야 확정된다(국가계약법 제25조 제2항). 가령, 발주기관이 계약상대자 4명이 공동계약을 체결하면서, 그 가운데 3명만 계약서에 기명·날인하였다면, 계약의 효력을 인정하기 어렵다. 공동계약은 계약체결 단계부터 이행 후까지 중요한 쟁점을 많이 포함하므로, 이 편 제10장 공동계약 부분에서 별도로 살펴본다.

6. 회계연도 개시 전 계약

회계연도 개시 전 계약은 말 그대로 회계연도 개시 전에 해당 연도의 확정된 예산 범위에서 미리 체결하는 계약이다.[3)]

원래 공공계약은 회계연도 독립 원칙에 따라 회계연도 개시 후에 체결해야 한다. 따라서 국고금관리법도 지출원인행위는 중앙관서의 장이 법령이나 국가재정법 제43조에 따라

1) 윤대해, 앞의 책, 99쪽.
2) 계승균, 앞의 책, 77쪽.
3) 계승균, 앞의 책, 78쪽.

배정된 예산이나 기금운용계획 금액 범위에서 해야 한다고 규정한다(국고금관리법 제20조). 그러나 회계연도 개시 후에 계약을 체결할 수 없는 불가피한 사정이 있다면 예외적으로 회계연도 개시 전에 계약을 체결할 수 있다. 가령, 임차·운송·보관 등 그 성질상 중단할 수 없는 계약은 국고금관리법 제20조에도 불구하고, 회계연도 개시 전에 해당 연도의 확정된 예산 범위에서 미리 계약을 체결할 수 있다(국가계약법 제20조). 임차, 운송, 보관 등 계약은 성질상 중단할 수 없을 뿐만 아니라, 그 비용 역시 변동이 많지 않으므로 미리 계약을 체결했다 하여 예산 범위나 계약 효력에 중대한 영향을 미칠 우려가 적기 때문이다. 나아가 지방자치단체의 장은 긴급한 재해복구계약 등을 위해 회계연도 시작 전이나 예산배정 전에 그 회계연도에 확정된 예산 범위에서 미리 계약을 체결할 수도 있다(지방계약법 제23조).

다만, 회계연도 개시 전 계약이라 하더라도 계약의 효력은 해당 회계연도 개시 후에 발생하도록 해야 한다는 한계가 있다(국가계약법 시행령 제67조). 즉, 비록 계약은 해당 회계연도 이전에 체결했더라도 예산을 실제로 집행할 수 있는 해당 회계연도에 그 효력이 발생하게 하라는 취지이다.

제3장 / 추정가격과 예정가격

제 1 절 의의

계약체결을 위해서는 미리 계약대금을 확정해 두거나 적어도 이를 확정할 기준을 가지고 있어야 한다. 유상·쌍무계약을 전제할 때, 계약대금은 상대방 급부와 대가관계인 반대급부를 의미하므로 반드시 합의해야 할 핵심 내용에 해당하기 때문이다.

그런데 발주기관은 결국 예산 범위에서 공공계약을 체결할 수밖에 없으므로, 아무 제한 없이 계약대금을 확정하기는 곤란하다. 또한, 계약목적이 어떤 특성을 갖는지, 계약 여건이 어떤지 등을 고려하여 어느 선까지 계약대금을 지급할지를 미리 파악할 필요도 있다.

반대로, 계약상대자는 공공계약을 체결할 때 얼마만큼 이윤을 남길 수 있을지를 대략 계산하고, 향후 이행가능성을 따져보기 위해 계약대금을 어느 정도 예측할 수 있어야 공공계약에 참가할 수 있다.

이에 공공계약법은 추정가격과 예정가격 제도를 두고, 계약대금을 정하는 기준으로 삼도록 했다. 따라서 추정가격·예정가격 제도는 입찰·계약방법을 결정하거나 예산 범위를 준수하도록 하고, 최종 계약대금의 기준을 제시하는 중요한 기능을 수행한다.

제 2 절 추정가격

Ⅰ. 의의

1. 정의

추정가격은 물품·공사·용역 등 조달계약을 체결할 때, 국가계약법 제4조에 따른 국제입찰 대상인지를 판단하는 기준 등으로 삼기 위해, 예정가격 결정 전에 국가계약법 시행령 제7조에 따라 예산에 계상된 금액 등으로 추산하여 산정한 가격을 말한다(국가계약법 제4조 제1항, 국가계약법 시행령 제2조 제1호). 추정가격은 국제입찰 여부, 입찰공고방법, 입찰참가자격사전심사, 적격심사낙찰제, 대형공사, 내역입찰, 수의계약 등을 결정·판단하는 기준이다.

2. 구별개념

첫째, 추정가격은 예정가격과 구별해야 한다. 즉, 예정가격은 입찰방법을 결정한 다음 입찰이나 계약체결 전에 작성하여 계약상대자를 선정하는 기준으로 삼는 가격인 반면, 추정가격은 예정가격 작성 전이라도 국제입찰 대상이나 산출내역서 제출시기와 작성방법, 현장설명 시기, 입찰공고 시기 등을 판단하기 위해 미리 그 가액을 추산할 필요가 있어서 산정한 가격이다.[1]

둘째, 추정가격은 추정금액과 구별해야 한다. 즉, 추정금액이란 공사에서 추정가격에 부가가치세법에 따른 부가가치세와 관급재료로 공급될 부분의 가격을 합한 금액이므로(국가계약법 시행규칙 제2조 제2호), 추정가격보다 넓은 개념이다.[2]

Ⅱ. 적용범위

1. 국제입찰 대상을 판단하는 기준

추정가격을 기준으로, 물품·용역은 2억 1천만 원 이상, 공사는 81억 원 이상인 경우, 국제입찰에 부쳐야 한다(국가계약법 제4조 제1항, 국가를 당사자로 하는 계약에 관한 법률 등의 기획재정부 장관이 정하는 고시금액 참조). 그러므로 추정가격은 국제입찰 대상을 판단하는 기준이 된다.

참고로, 우리나라는 추정가격을 산정할 때 정책적 고려에 따라 부가가치세를 제외하도록 한다. 그 결과 대외개방 범위를 좁히는 효과가 있다. WTO협정 가입국 중 유럽국가 대부분은 개방대상 금액(추정가격)을 결정할 때 부가가치세를 제외하도록 하지만, 일본은 이를 포함한다.[3]

2. 산출내역서 제출시기와 작성방법을 정하는 기준

공사입찰에 참가하려는 자는 원래 입찰을 하면서 입찰서와 함께 산출내역서를 제출해야 하지만, 추정가격이 100억 원 미만인 공사에서는 낙찰자 결정 후 착공신고서를 제출할 때 산출내역서를 제출해야 한다(국가계약법 시행령 제14조 제6항).

---

1) 김성근, 앞의 책(Ⅰ), 79쪽.
2) 김성근, 앞의 책(Ⅰ), 79쪽.
3) 김성근, 앞의 책(Ⅰ), 80쪽.

한편, 산출내역서는 입찰자가 물량내역서에 단가를 적는 방법으로 작성해야 하는데(국가계약법 시행령 제14조 제7항), 추정가격이 300억 원 미만인 공사에서는 교부받은 물량내역서에 단가를 적고(내역입찰), 추정가격이 300억 원 이상인 공사에서는 교부받은 물량내역서를 참고하여 입찰참가자가 직접 물량내역서를 작성한 다음 거기에 단가를 적으며(순수내역입찰), 교부받은 물량내역서와 직접 작성한 물량내역서가 서로 다르면 공종별 입찰금액 사유서에 그 차이가 발생한 사유를 적는 방법으로 작성한다(물량내역수정입찰). 그러므로 추정가격은 산출내역서를 제출하는 시기와 그 작성방법을 결정하는 기준이 된다.

3. 현장설명 시기를 정하는 기준

발주기관은 공사계약에서 입찰서 제출 마감일 전일부터, 추정가격이 10억 원 미만이면 7일 전에, 추정가격이 10억 원이 이상 50억 원 미만이면 15일 전에, 추정가격이 50억 원 이상이면 33일 전에 각각 현장설명을 실시해야 한다. 다만, 재공고입찰, 예산의 조기집행, 다른 국가사업과 연계, 긴급한 행사나 재해예방·복구 등 가운데 어느 한 사유에 해당하면 그 기간을 5일로 단축할 수 있다(국가계약법 시행령 제14조의2 제3항, 제35조 제4항 각호). 그러므로 추정가격은 현장설명 시기를 결정하는 기준이 된다.

4. 제한경쟁입찰의 제한사유

추정가격이 30억 원 이상인 건설공사, 추정가격이 3억 원 이상인 전문공사 그 밖에 공사 관련법령에 따른 공사계약에서는 시공능력이나 해당 공사와 같은 종류의 공사실적으로 경쟁참가자 자격을 제한할 수 있고(국가계약법 시행령 제21조 제1항 제1호, 국가계약법 시행규칙 제24조 제1항 제1호, 제2호), 추정가격이 고시금액 미만인 건설공사, 추정가격이 10억 원 미만인 전문공사 그 밖에 공사 관련법령에 따른 공사계약에서는 법인등기부등본에 있는 본점소재지로 경쟁참가자의 자격을 제한할 수 있다(국가계약법 시행령 제21조 제1항 제6호, 국가계약법 시행규칙 제24조 제2항 제1호, 제2호). 그러므로 추정가격은 경쟁참가자의 자격을 제한하는 기준이 된다.

5. 지명경쟁입찰의 사유

① 건설산업기본법에 따른 건설공사(전문공사를 제외)로서 추정가격이 4억 원 이하인 공사, ② 건설산업기본법에 따른 전문공사로서 추정가격이 2억 원 이하인 공사나 그 밖에 공사 관련법령에 따른 공사로서 추정가격이 1억 6천만 원 이하인 공사, ③ 추정가격이 1억 원

이하인 물품제조, ④ 추정가격이 5천만 원 이하인 재산매각·매입, 공사나 제조도급, 재산매각이나 물건임대·임차가 아닌 계약으로서 추정가격이 5천만 원 이하인 경우에는 각각 지명경쟁입찰에 부칠 수 있다(국가계약법 시행령 제23조 제1항 제2호, 제3호, 제5호). 그러므로 추정가격은 지명경쟁입찰에 부치는 기준이 된다.

6. 수의계약 사유

계약목적·성질 등에 비추어 경쟁으로 계약을 체결하는 것이 비효율적인 경우로서, ① 건설산업기본법에 따른 건설공사(전문공사는 제외)로 추정가격이 4억 원 이하인 공사, 같은 법에 따른 전문공사로 추정가격이 2억 원 이하인 공사, 그 밖에 공사 관련법령에 따른 공사로 추정가격이 1억 6천만 원 이하인 공사, ② 추정가격이 2천만 원 이하인 물품 제조·구매계약이나 용역계약, ③ 추정가격이 2천만 원 초과 1억 원 이하인 계약으로 중소기업기본법 제2조 제2항에 따른 소기업이나 소상공인기본법 제2조에 따른 소상공인과 체결하는 물품 제조·구매계약이나 용역계약(다만, 국가계약법 시행령 제30조 제1항 제3호와 같은 조 제2항 단서에 해당하는 경우에는 소기업·소상공인이 아닌 자와 체결하는 물품 제조·구매계약이나 용역계약을 포함), ④ 추정가격이 2천만 원 초과 1억 원 이하인 계약 가운데 학술연구·원가계산·건설기술 등과 관련된 계약으로서 특수한 지식·기술, 자격을 요구하는 물품 제조·구매계약이나 용역계약, ⑤ 추정가격이 2천만 원 초과 1억 원 이하인 계약으로서 여성기업, 장애인기업, 사회적 기업, 사회적 협동조합, 자활기업, 일정한 마을기업과 체결하는 물품 제조·구매계약이나 용역계약, ⑥ 추정가격이 5천만 원 이하인 임대차 계약(연액이나 총액을 기준으로 추정가격을 산정) 등으로서 공사나 물품 제조·구매, 용역계약이 아닌 계약 중 어느 하나에 해당하는 경우에는 각각 수의계약을 체결할 수 있다(국가계약법 시행령 제26조 제1항 제5호 가목). 그러므로 추정가격은 수의계약 사유를 정하는 기준이 된다.

7. 견적에 의한 수의계약 요건

발주기관은 수의계약을 체결할 때 2인 이상으로부터 견적서를 받아야 하지만, 추정가격이 2천만 원 이하인 경우에는 1인으로부터 견적서를 받을 수 있다. 다만, 여성기업, 장애인기업, 사회적 기업, 사회적 협동조합, 자활기업, 일정한 마을기업과 체결하는 물품제조·구매나 용역계약에서는 추정가격이 5천만 원 이하인 경우에 1인으로부터 견적서를 받을 수 있다(국가계약법 시행령 제30조 제1항). 특히 수의계약 가운데 추정가격이 2천만 원(단, 여성기업, 장애인기업, 사회적 기업, 사회적 협동조합, 자활기업, 일정한 마을기업과 체결하는 물품 제조·구매나 용역계약에서는 추정가격이 5천만 원)을 초과하는 수의계약인 경우에는 전자조달시스템을 이용하여 견적서를 제출하도록 해야 하되(국가계약법 시행령 제30조 제2항), 추정가격이 100만 원 미만인 물품제조·구매·임차, 용역계약에서는 견적서 제출을 생략할 수 있다(국가계약법 시행규칙 제33조 제3항 제2호). 그러므로 추정가격은 수의계약에서 견적서 제출방법 등을 정하는 기준이 된다.

8. 입찰공고 시기를 정하는 기준

공사입찰에서 현장설명을 실시하지 않을 경우, 발주기관은 입찰서 제출마감일 전일부터 기산하여, 추정가격이 10억 원 미만인 경우 7일 전, 추정가격이 10억 원 이상 50억 원 미만인 경우 15일 전, 추정가격이 50억 원 이상인 경우 40일 전에 각각 입찰공고를 하여야 한다(국가계약법 시행령 제35조 제3항). 그러므로 추정가격은 입찰공고 시기를 정하는 기준이 된다.

9. 대형공사와 특정공사를 정하는 기준

대형공사란 총공사비 추정가격이 300억 원 이상인 신규복합공종공사를 말하고, 특정공사란 총공사비 추정가격이 300억 원 미만인 신규복합공종공사 가운데 발주기관이 대안입찰이나 일괄입찰로 집행하는 것이 유리하다고 인정하는 공사를 말한다(국가계약법 시행령 제79조 제1항 제1호, 제2호). 그러므로 추정가격은 대형공사나 특정공사를 정의하는 기준이 된다.

Ⅲ. 산정기준

추정가격은 예산에 계상된 금액 등을 기준으로 산정하되, 아래 각 기준에 따른 금액으로 한다(국가계약법 시행령 제7조).

1. 공사계약의 경우에는 관급자재로 공급될 부분의 가격을 제외한 금액
2. 단가계약의 경우에는 당해 물품의 추정단가에 조달예정수량을 곱한 금액
3. 개별적인 조달요구가 복수로 이루어지거나 분할되어 이루어지는 계약의 경우에는 다음 각 목의 어느 하나 중에서 선택한 금액
   가. 해당 계약의 직전 회계연도 또는 직전 12개월 동안 체결된 유사한 계약의 총액을 대상으로 직후 12개월 동안의 수량 및 금액의 예상변동분을 고려하여 조정한 금액
   나. 동일 회계연도 또는 직후 12월동안에 계약할 금액의 총액
4. 물품 또는 용역의 리스·임차·할부구매계약 및 총계약금액이 확정되지 아니한 계약의 경우에는 다음 각목의 1에 의한 금액

가. 계약기간이 정하여진 계약의 경우에는 총계약기간에 대하여 추정한 금액
나. 계약기간이 정하여지지 아니하거나 불분명한 계약의 경우에는 1월분의 추정지급액에 48을 곱한 금액
5. 조달하고자 하는 대상에 선택사항이 있는 경우에는 이를 포함하여 최대한 조달가능한 금액

제 3 절 예정가격

Ⅰ. 의의

1. 정의

예정가격은 발주기관이 경쟁입찰이나 수의계약 등에 부치기 전 낙찰자와 계약금액 결정기준으로 삼기 위해 미리 해당 규격서와 설계서 등에 따라 작성한 가격이다(국가계약법 제8조의2 제1항). 따라서 발주기관은 경쟁입찰에 부치거나 수의시담을 하기 전에 해당 계약목적물의 특성이나 계약여건 등을 고려해 예산 범위에서 경제적으로 계약할 수 있는 적정가격을 정해야 한다.

2. 기능

발주기관은 경쟁입찰로 계약을 체결할 때 예정가격 이하 최저가격으로 입찰한 자를 대상으로 순서대로 심사하여 낙찰자를 결정한다. 따라서 예정가격은 낙찰자를 결정하는 기준이자 아울러 계약금액의 최고 상한에 해당한다.[1)]

〔입찰금액 상한을 정하는 예정가격의 기능이 실시설계 기술제안입찰에서도 그대로 적용되는지〕

실시설계 기술제안입찰에도 예정가격을 작성하여 비치해야 할 의무가 있으나, 예정가격 작성의무가 있다고 하여 그것이 곧바로 입찰금액이 예정가격 이하여야만 낙찰자로 결정될 수 있다는 것을 의미한다고 보기는 어렵다. 또한, 다른 입찰절차에서의 낙찰자 결정의 경우에는 "예정가격 이하로서"라는 문구가 명시적으로 규정되어 있는 점, "예정가격을 낙찰자 및 계약금액의 결정기준으로 삼는다"

1) 다만, 2021. 7. 6. 개정 전 국가계약법 시행령 제104조를 해석할 때, 실시설계 기술제안입찰에서 예정가격은 입찰금액 상한에 해당하지 않는다고 본 서울중앙지방법원 2020. 2. 7. 선고 2019가합545145 판결이 있으나, 2021. 7. 6. 개정된 국가계약법 시행령 제104조은 실시설계 기술제안입찰의 낙찰자 결정에서 예정가격은 입찰금액의 상한이라고 규정했다.

는 것은 그것이 낙찰자 결정의 한 요소가 된다는 의미로 볼 수는 있으나, 그러한 의미를 넘어 예정가격 자체가 낙찰자와 계약금액의 상한 기준으로 된다는 의미로 보기는 어려운 점 등에 비추어 보면, 예정가격을 작성하여 비치할 의무가 있는 입찰이라고 하여 반드시 예정가격이 낙찰자 결정에 있어 절대적인 상한이라고 해석하기는 어렵다. … 따라서 실시설계 기술제안입찰에서 예정가격을 초과한 입찰자를 낙찰자로 결정하는 것을 금지하고 있다고 보기 어렵다(서울중앙지방법원 2020. 2. 7. 선고 2019가합545145 판결). ☞ 다만, 국가계약법 시행령 제104조는 2021. 7. 6. 개정에 따라 실시설계 기술제안입찰의 낙찰자 결정에서도 예정가격 이하라는 입찰금액 상한을 명시했다.

3. 구별개념

예정가격은 그 작성시점과 적용범위 등에서 앞에서 본 추정가격과 구별되고, 또한, 예정가격에 관급자재 비용을 포함한 예정금액과 구별된다.

Ⅱ. 적용범위

1. 손해배상액 산정기준이 되는지

예정가격은 낙찰금액이나 계약금액을 결정하는 기준으로서, 미리 작성한 예상 수치에 불과하므로 실제 거래가격을 정확히 반영하기 어려운 한계가 있다. 따라서 예정가격은 손해배상액 산정기준으로 사용할 수 없다. 이는 손해배상 청구권자가 발주기관이든 계약상대자든 마찬가지다.[1] 그리하여 계약상대자의 불법행위로 물건이 멸실·훼손된 경우, 실제 물건가액이 아닌 예정가격을 기준으로 손해액을 산정하여 청구하면, 해당 청구는 받아들이기 어렵다.[2]

2. 일반 민사계약에도 적용해야 하는지

기획재정부 예규인 예정가격작성기준이나 원가계산에 관한 지침 등은 공공계약에 적용하는 내부규정일 뿐, 일반 민사계약에는 적용되지 않는다.[3] 최근 하급심 판결도 예정가격작성기준에 해당하는 집행기준 예규나 계약예규는 국가계약법이나 지방계약법을 집행하기 위한 행정규칙이므로, 원칙적으로 위 법령을 준수할 의무가 있는 국가나 지방자치단체에 적용

1) 김성근, 앞의 책(Ⅰ), 86쪽.
2) 대법원 2010. 3. 25. 선고 2009다88617 판결.
3) 김성근, 앞의 책(Ⅰ), 86쪽.

해야 할 뿐, 민법상 재단법인에 불과한 학교법인이 공사입찰 기초금액을 산정하면서 위 기준을 준수하지 않았더라도 해당 도급계약은 무효로 볼 수 없다고 했다.[1)]

3. 담합 성립에 영향을 미치는지

입찰참가자끼리 예정가격에 영향을 미치지 않는 범위에서 무모한 경쟁을 피하고자 담합행위를 했다면, 불법행위나 불공정행위가 성립하는지 문제된다. 예정가격은 결국 낙찰금액이나 계약금액을 결정할 때 기준으로 삼는 최소한 적정가격에 불과하므로, 이를 넘지 않는 범위에서 낙찰금액 등이 결정되었다면, 결과적으로는 공정한 입찰이라는 논리가 있기 때문이다. 그러나 여러 입찰참가자가 서로 합의하여 예정가격 이하로 투찰한 다음에 낙찰받았더라도, 실질적인 경쟁입찰 절차를 거쳤다면 그 낙찰금액보다 낮은 가격으로 낙찰금액이 성립했을 수도 있으므로, 위와 같은 담합행위가 입찰의 공정성을 침해하지 않는다고 보기는 어렵다. 따라서 일반적인 실무는 예정가격에 미치지 않는 범위에서 투찰가격을 정하는 담합을 했더라도 불법행위나 불공정행위는 성립한다는 태도로 보인다.

Ⅲ. 예정가격 작성과 비치

1. 작성

가. 원칙

발주기관은 경쟁입찰이나 수의계약 등에 부칠 사항과 관련하여 낙찰자나 계약금액을 결정하는 기준으로 삼기 위해 미리 해당 규격서나 설계서 등에 따라 예정가격을 작성해야 한다(국가계약법 제8조의2 본문). 이처럼 예정가격은 경쟁입찰이나 수의계약 등에 부칠 사항과 관련하여 작성하므로, 계약 방법을 무엇으로 하느냐에 따라 예정가격을 작성하지 않을 수도 있다. 다만, 예정가격을 작성해야 하는 경우라면, 입찰공고 전에 미리 작성해야 하고, 해당 규격서나 설계서 등에 근거해 작성해야 한다.

나. 예외

발주기관은 계약 방법에 따라 예정가격을 작성하지 않거나 생략할 수도 있다(국가계약법 제8조의2 제1항 단서). 따라서 예정가격 작성이 곤란하거나 이를 작성할 필요가 없다면, 예정가격을 작성하지 않아도 된다. 가령, 일괄입찰이나 기본설계 기술제안입찰은 예정가격을 작성하지 않는 계약이고(국가계약법 시행령 제7조의2 제2항 제1호), 소액수의계약, 다른 국가기관·

1) 대구고등법원 2020. 7. 22. 선고 2019나20741 판결.

지방자치단체와 체결하는 수의계약(전자조달시스템을 이용해 견적서를 제출하는 수의계약은 제외), 협상에 의한 계약, 경쟁적 대화에 의한 계약, 개산계약은 예정가격 작성을 생략할 수 있는 계약이다(국가계약법 시행령 제7조의2 제2항 제2호). 그리고 특정조달계약으로서 거래실례가격이 없으므로 예정가격을 작성하기 곤란한 경우[1]에는 예정가격을 작성하지 않을 수 있다(특례규정 제6조 참조).

다. 절차

예정가격은 ① 예산 검토 → ② 추정가격 작성 → ③ 설계가격이나 조사가격 작성 → ④ 기초금액 작성 → ⑤ 복수예비가격 작성 → ⑥ 예정가격 조서 작성 순서에 따라 작성한다.

라. 작성

발주기관은 예정가격을 결정하기 전에 미리 예정가격 조서를 작성해야 한다(국가계약법 시행규칙 제4조). 그리고 예정가격을 작성할 때는 기획재정부 예규인 예정가격작성기준에서 정한 사항에 따라 업무를 처리해야 한다(예정가격작성기준 제2조 제1항). 또한, 예정가격 작성에서 표준품셈에 정한 물량, 관련법령에 따른 기준가격, 비용 등을 부당하게 감액하거나 과잉 계상하지 않도록 해야 하며, 불가피한 사유로 가격을 조정하였다면 그 사유를 조서에 기재해야 한다(예정가격작성기준 제2조 제2항).

한편, 부가가치세법에 따른 면세업자와 수의계약을 체결하는 경우, 부가가치세를 제외하고 예정가격을 작성할 수 있으며, 그 사유를 조서에 기재해야 한다(예정가격작성기준 제2조 제3항). 그리고 공사원가계산에서 공종의 단가를 세부내역별로 분류하여 작성하기 어려운 경우가 아니라면 총계방식으로 특정공종의 예정가격을 작성해서는 안 된다(예정가격작성기준 제2조 제4항).

마. 작성기준을 위반한 책임

발주기관은 예정가격을 작성하는 경우 예규인 예정가격작성기준을 따라야 한다. 만약 이를 위반하여 업무처리하여 계약상대자 등에게 손해가 발생했다면 발주기관이나 소속 공무원은 법적 책임을 부담한다.

가령, 대법원은, 계약약담당공무원이 예정가격작성기준을 준수하지 않고 표준품셈이 정한 기준에서 예측할 수 있는 합리적 조정 범위를 벗어난 방식으로 기초예비가격을 산정하였는데도 그 사정을 입찰공고에 전혀 표시하지 않았고, 그것이 경험칙상 낙찰자가 그런 사정

---

1) 용역과 기계·기재류, 철재류, 식료품류, 동물류, 화공품류(비료 제외), 약품류, 종이·판지류, 유제품류·목재류 등 물품이 ㉮ 지역이나 시기에 따라 가격차가 심한 경우, ㉯ 특정 제작자만이 제작할 수 있는 경우, ㉰ 국제 시세가 없는 경우, ㉱ 제작자의 설계에 따라서 가격차가 심한 경우, ㉲ 공급자가 제시한 규격에 따라 물품을 구매하는 경우, ㉳ 긴급히 구매할 필요가 있어서 예정가격을 작성할 시간적 여유가 없는 경우.

을 알았더라면 입찰참가를 결정할 때 중요하게 고려했으리라는 점이 명백하다면, 국가는 신의성실 원칙상 입찰공고 등에 입찰참가자에게 미리 그러한 사정을 고지할 의무가 있는데, 그럼에도 국가가 그런 고지의무를 위반한 채 계약조건을 제시하여 이를 통상과 다르지 않으리라고 오인한 나머지 제시 조건대로 공사계약을 체결한 낙찰자가 불가피하게 계약금액을 초과하는 공사비를 지출하는 등 손해를 입었다면, 계약상대자가 그러한 사정을 인식하고 그 위험을 인수하여 계약을 체결했다고 볼 수 있는 등 특별한 사정이 없는 만큼, 국가는 고지의무위반과 상당인과관계가 있는 손해를 배상할 책임이 있다고 보았다.[1)]

나아가 지방자치단체의 장은 경쟁입찰에 부칠 사항의 예정가격을 해당 규격서, 설계서 등으로 결정하고, 적정한 거래실례가격이 없는 공사계약의 경우 원가계산에 따른 가격을 예정가격으로 결정하며, 원가계산에 따른 가격은 계약목적인 공사를 구성하는 재료비, 노무비, 경비, 일반관리비, 이윤으로 계산하도록 규정하였고, 설계금액이란 재료비, 노무비, 경비, 일반관리비, 이윤 등 공사 원가를 의미하며, 구 예산회계법 제81조 제1항, 구 지방재정법 제63조에 따르면, 지방자치단체의 장이나 그 위임을 받은 공무원은 계약상대자가 계약이행을 완료한 때에는 계약서·설계서 그 밖에 관계 서류로 그 이행 완료를 검사하거나 소속 공무원에게 그 사무를 위임하여 필요한 검사를 하게 하도록 규정하고 있으므로, 설계에 대한 준공검사, 설계금액의 공고, 예정가격의 결정 등 사무를 담당한 피고 소속 공무원으로서는 ○○○이 설계용역계약 이행을 제대로 완료하였는지를 검사, 확인하면서 이 사건 공사 부분의 실제 원가를 산정하기 위해, 적어도 공사원가계산서는 공사비내역서 부분과, 공사비내역서 부분은 수량산출서 부분과 각각 대조하여 서로 다르지 않고 일치하는지를 확인해야 할 주의의무가 있는데, … 그럼에도 피고 소속 공무원이 앞서 본 바와 같이 수량산출서 부분을 공사비내역서 부분과 전혀 대조하지 않아 공사원가계산서가 축소·조작되었다는 사실을 간과하여 이 사건 공사 부분을 위한 입찰공고를 하면서 축소·조작된 공사원가계산서대로 설계금액을 공고했다면, 위 담당공무원에게는 사무집행상 과실이 있다고 보아야 한다고 했다.[2)]

특히 계약담당공무원이 예정가격 결정을 위한 거래실례가격이 적정하게 조사되었는지 지휘·감독할 의무를 중대하게 위반했다면, 업무상배임죄가 성립할 수 있다.[3)]

2. 예정가격의 비치

가. 밀봉과 누설금지 원칙

예정가격은 밀봉해 미리 개찰장소나 가격협상장소 등에 두어야 하며, 예정가격이 누설

1) 대법원 2016. 11. 10. 선고 2013다23617 판결.
2) 대법원 2003. 10. 9. 선고 2001다27722 판결.
3) 대법원 2004. 9. 13. 선고 2003도432 판결.

되지 않도록 해야 한다(국가계약법 시행령 제7조의2 제1항). 이를 예정가격 밀봉과 누설금지 원칙이라 한다. 밀봉한 예정가격은 원칙적으로 개찰장소나 가격협상장소 등에 두어야 하지만, 전자입찰에서는 개찰장소나 가격협상장소라는 개념이 불분명하므로 전자사이트에 특별한 방법으로 보관한다.

나. 밀봉·누설금지 위반 효과

만약, 예정가격을 밀봉하지 않으면 예정가격 결정절차에 하자가 있다고 보아야 하며, 마찬가지로 예정가격이 누설되었다면 그 입찰은 중대한 하자가 있으므로 무효이다. 왜냐하면 예정가격 누설에 따라 입찰자들이 제출한 입찰가격이 예정가격에 근접한 경우, 세입이나 지출계약의 취지를 달성하기 어렵기 때문이다. 가령, 전산을 조작하여 예정가격을 탐지하고 해당 입찰에 참가하여 낙찰받은 자는 다른 자의 경쟁참가를 방해하거나 관계공무원의 공무집행을 방해한 자에 해당하므로, 그 입찰을 무효로 본다(공사입찰유의서 제15조 제4호 참조).

나아가 계약담당공무원이 특정 업체에게 예정가격을 알려주었다면 형법 제127조 공무상 비밀누설죄가 성립하고,[1] 지명경쟁입찰 시행자인 법인의 대표자가 특정인과 공모하여 그 특정인이 낙찰자로 선정되도록 예정가격을 알려주고 그 특정인이 나머지 입찰참가자와 담합하여 입찰에 응했다면 아예 입찰을 실시하지 않고 서류로만 입찰 근거를 조작한 사안과는 달리 실제 입찰의 공정을 해하는 행위가 있었다고 평가할 수 있으므로, 입찰방해죄가 성립한다.[2]

다. 재밀봉

입찰이나 수의시담 결과, 유찰이 발생하거나 수의시담이 성립하지 않은 경우에는 예정가격 조서를 다시 밀봉해 보관한다.

Ⅳ. 예정가격 결정방법

1. 총액으로 결정하는 방법 : 세액합산

예정가격은 원칙적으로 계약을 체결하고자 하는 총액으로 결정한다. 다만, 예정가격에는 부가가치세, 개별소비세, 교육세, 관세, 농어촌특별세를 포함해야 하고(국가계약법 시행규칙 제11조 제1항), 특히 원가계산으로 예정가격을 결정하는 경우에는 원가계산한 금액에 위 각 세액을 합하여 계산하되, 원가계산의 비목별 원재료 단위당 가격은 위 각 세액을 뺀 공급가

1) 대법원 2008. 3. 14. 선고 2006도7171 판결.
2) 대법원 2007. 5. 31. 선고 2006도8070 판결.

액으로 하며, 부가가치세는 해당 계약목적물의 공급가액에 부가가치세율을 곱하여 산출한다(국가계약법 시행규칙 제11조 제2항). 가령, 공사계약을 위해 원가계산으로 예정가격을 작성하는 경우, 순공사비와 간접공사비를 합한 공사대금에 공사손해보험료와 부가가치세를 합하여 총 공사원가를 산정해야 하고, 부가가치세만이 아니라 개별소비세, 교육세 등도 포함해야 한다는 의미이다.

그런데 세액합산과 관련하여, 부가가치세법 제12조 제1항이나 조세제한특례법 제106조 제1항에 따라 부가가치세가 면제되는 재화나 용역을 공급하는 자와 계약을 체결하기 위해 예정가격을 결정하는 경우에는 해당 계약상대자가 부담할 비목별 원재료의 부가가치세 매입세액 해당액을 원가계산방식에 따라 계산한 금액에 합산한다(국가계약법 시행규칙 제11조 제3항). 가령, 발주기관이 원가계산으로 예정가격을 결정하는 경우 총공사원가에 부가가치세를 계상하고, 그와 별개로 재료비 가운데 수입물품의 부가가치세를 포함하여 계상하면 안 된다. 이중계상 문제가 발생하기 때문이다.

한편, 장기계속공사계약이나 물품제조계약 중 그 이행에 여러 해가 걸리면서도 설계서나 규격서 등에 따라 계약목적물 내용이 확정된 계약인 경우, 총공사·총제조 등과 관련한 예산상 총공사금액(관급자재금액 제외)·총제조등금액(관급자재금액 제외) 범위에서 예정가격을 결정해야 한다(국가계약법 시행령 제8조 제2항).

2. 단가로 결정하는 방법

일정한 기간 계속하여 제조·공사·수리·가공·매매·공급·임차 등을 하는 계약에서는 단가로 그 예정가격을 결정할 수 있다(국가계약법 시행령 제8조 제1항). 희망수량경쟁입찰을 위한 예정가격은 해당 물품 단가로 이를 정해야 하고, 희망수량경쟁입찰 가운데 국고의 부담이 되는 물품제조나 구매입찰인 경우에는 그 입찰에 부치고자 하는 물품 총수량을 기준으로 작성한 예정가격조서로써 해당 물품 단가를 정해야 한다(국가계약법 시행규칙 제12조).

3. 복수예비가격으로 결정하는 방법

가. 의의

복수예비가격 제도란 예정가격 누설을 막기 위해 예정가격을 여러 개 만들어 그 중 일부를 추첨한 후 선정된 예정가격에서 평균을 낸 다음 최종 예정가격을 결정하는 제도이다.

나. 적용기준

발주기관은 예정가격 유출이 우려되는 등 필요하다고 인정하면 복수예비가격 방식에 따라 예정가격을 결정할 수 있는데, 이 경우에도 예정가격작성기준이 정한 절차와 기준을 따라야 하고(예정가격작성기준 제44조의2), 예정가격작성기준에서 정하지 않은 사항이 있으면 세부기준과 절차를 정하여 운영할 수 있다(예정가격작성기준 제44조의4 제1항).

그러나 국가종합전자조달시스템이나 자체전자조달시스템을 이용해 실시하는 입찰에서는 위 규정을 적용하지 않고, 해당 시스템을 구축·운영 기관이 정하는 기준에 따라 예정가격을 결정할 수 있다(예정가격작성기준 제44조의4 제2항).

다. 일반입찰에서 복수예비가격 활용

1) 복수예비가격 작성

발주기관은 국가계약법 시행령 제42조 제1항에 따른 물품, 일반용역, 임대차 입찰을 위해 다음과 같이 기초금액과 복수예비가격을 작성하여야 한다(조달청 내자구매업무 처리규정 제30조).

가) 기초금액 작성과 공개

발주기관은 입찰서 제출 마감일 5일 전까지 기초금액(발주기관이 국가계약법 시행령 제9조 제1항에 따른 방식으로 조사한 가격으로서 예정가격으로 확정되기 전 단계 가격을 말하며, 출판문화산업진흥법 제22조에 해당하는 간행물을 구매하는 경우 간행물의 정가를 말함)을 작성해야 하고(예정가격작성기준 제44조의3 제1항), 작성한 기초금액(발주기관이 기초금액을 조정한 때는 조정한 금액)은 입찰일 5일 전까지 나라장터에 공개한다. 다만, 공고기간이 7일 이내이거나 관련 규정에 따른 긴급공고인 경우, 그 밖에 불가피한 사유가 있는 경우에는 입찰개시일 전날까지 공개할 수 있다. 그러나 협상에 의한 계약이나 경쟁적 대화에 의한 계약에서는 기초금액을 공개하지 않을 수 있다(조달청 내자구매업무 처리규정 제30조 제1항 제1호).

나) 복수예비가격 작성과 관리

위 기초금액의 ±2% 금액(단, 지방계약은 ±3% 금액) 범위에서 서로 다른 15개 예비가격을 작성하고, 복수예비가격조서 순서와 관계없이 임의로 1번에서 15번까지 기재한 후 복수예비가격조서 봉투에 밀봉하여 보관해야 한다(예정가격작성기준 제44조의3 제2항). 이때, 복수예비가격 사이의 폭은 가능하면 크게 해야 하며, 지방계약에서는 상위 7개, 하위 8개로 작성한다. 다만, 전자입찰인 경우 나라장터에서 복호화(複號化)하여 보관 관리하며, 복수예비가격은 공개하지 않는다(조달청 내자구매업무 처리규정 제30조 제1항 제2호).

2) 복수예비가격 추첨

복수예비가격은 다음 요령에 따라 공정성과 투명성을 확보하는 방법으로 추첨해야 한다(조달청 내자구매업무 처리규정 제37조 제1항).

먼저 추첨함(가로 30cm, 세로 30cm, 높이 25cm, 목재 연갈색: 기존 동가입찰 추첨함 겸용가)을 입찰실에 비치한다. 그리고 플라스틱 번호표(가로 3cm, 세로 3cm, 높이 0.3cm, 백색판에 흑색숫자)를 일련번호에 따라 15개 준비(계속사용)한다. 입찰을 집행할 때 플라스틱 번호표를 지참하여 입찰을 실시(1차 입찰서 접수)한다. 낙찰자를 선정하기 전에 번호표 15개를 추첨함에 넣고 여러 회 흔든 다음 입찰자 가운데 4인(우편입찰 등에 따라 개찰장소에 출석한 입찰자가 없을 때는 입찰사무와 관계없는 공무원 4인)을 선정하여 준비된 번호표(15개)와 빈 입찰함을 확인하게 한 후 같은 번호표(15개)를 추첨함에 넣고 여러 회 흔든 다음 1개씩 추첨하도록 한다. 추첨이 끝나면 추첨자 4인에게 추첨 현황을 확인(추첨번호 4개와 남은번호 11개)하고 개찰조서에 서명날인 하도록 한 후 제자리에 앉게 한다. 입찰집행관은 복수예비가격조서봉투를 개봉하여 추첨번호와 복수예비가격의 일련번호를 연계하여 추첨된 복수예비가격 4개를 개찰조서에 옮겨 적은 후 예정가격 범위 내의 투찰자 중 최저가 입찰자를 낙찰 예정자로 발표한다(조달청 내자구매업무 처리규정 제37조 제1항 제1호부터 제6호까지).

3) 예정가격 결정

발주기관은 입찰 당일 입찰현장에서 위 요령에 따라 추첨한 4개 예비가격을 산술평균하여 예정가격으로 결정한다(예정가격작성기준 제44조의3 제3항). 복수예비가격 4개를 평균하여 산출한 결과 1원 미만 금액이 있을 경우 단가입찰을 제외하고는 1원으로 처리한다(조달청 내자구매업무 처리규정 제37조 제2항).

4) 재작성

유찰 등이 발생하여 재공고 입찰에 부치는 경우에는 복수예비가격을 다시 작성해야 한다(예정가격작성기준 제44조의3 제4항).

라. 전자입찰에서 복수예비가격 활용

1) 구조

전자조달시스템은 재무관의 복수예비가격 생성과 저장, 단일예정가격의 저장 기능을 제공한다. 따라서 재무관은 이용자로 등록한 후 이 기능을 이용하여 예정가격을 작성해야 한다(국가종합전자조달시스템 이용약관 제10조 제1항). 복수예비가격은 입찰공고에서 지정한 총 예비가격의 개수, 추첨할 예비가격의 개수, 입찰 전에 입력된 기초금액을 기준으로, 재무관이 선정한 상하 범위에서 난수표발생방식으로 적정하게 배분하여 생성된다(국가종합전자조달시스템 이용약관 제10조 제3항). 이에 따라 생성된 복수예비가격의 배열은 전자조달시스템이 무작위로 저장한다(국가종합전자조달시스템 이용약관 제10조 제4항). 전자입찰에서는 복수예비가격을 복호화하여 보관·관리하며 공개하지 않는다.

예정가격은 입찰자가 입찰서를 송신할 때 추첨한 예비가격의 추첨 결과에 따라 결정되며, 무효인 입찰서를 제출한 입찰자나 입찰취소를 신청하여 승인받은 입찰자가 추첨한 번호도 예정가격 결정에 반영될 수 있다(국가종합전자조달시스템 이용약관 제22조).

2) 절차

전자입찰에서 예정가격을 결정하는 과정을 본다. 전자입찰의 예정가격 결정은 전자입찰유의서 제12조에 따른다(조달청 내자구매업무 처리규정 제37조 제3항).

우선, 전자입찰자는 복수예비가격 적용 전자입찰에서 복수예비가격 번호 가운데 2개 예비가격번호를 반드시 추첨해야 한다.

다음으로, 전자입찰자가 선택한 예비가격번호 가운데 가장 많이 추첨된 번호 순서대로 4개를 선정하여 해당 각 번호에 해당하는 예비가격을 산술평균하여 예정가격을 결정한다. 다만, 전자입찰과 일반입찰을 함께 실시하는 경우에는 일반입찰자 가운데 직접 입찰에 참가한 자가 선택한 예비가격 번호를 포함하여 예정가격을 결정한다. 그리고 전자입찰자가 선택한 번호 가운데 같은 빈도로 추첨된 예비가격 번호가 2개 이상이면 그 가운데 낮은 번호부터 선택한다. 추첨된 예비가격번호가 4개 미만인 때는 부족한 번호를 추첨되지 않은 번호 가운데 시스템의 난수표발생기로 선택한다(전자입찰특별유의서 제7조, 제12조).

그런데 산출평균한 결과 값에서 소수점이 나오면, 총액계약을 위한 입찰에서는 소수점 첫째자리에서 올림으로 처리하되, 단가계약을 위한 입찰에서는 소수점 셋째자리에서 올림으로 처리하고, 시설공사나 감리·설계용역을 위한 입찰에서는 10원 단위에서 올림으로 처리한다.

V. 예정가격 결정기준

1. 개요

발주기관은 ① 적정한 거래가 형성된 경우에는 그 거래실례가격(법령 규정에 가격이 결정된 경우에는 그 범위 안에서 거래실례가격)(제1호), ② 신규개발품이거나 특수규격품 등 특수한 물품·공사·용역 등 계약의 특수성으로 적정한 거래실례가격이 없는 경우에는 원가계약에 따른 가격(제2호), ③ 공사의 경우 이미 수행한 공사의 종류별 시장거래가격 등을 기초로 산정한 표준시장단가로서 중앙관서의 장이 인정한 가격(제3호), ④ 제1호부터 제3호의 가격을 따를 수 없는 경우에는 감정가격, 유사한 물품·공사·용역 등의 거래실례가, 견적가격을 각 순차로 적용하여 예정가격을 결정한다(국가계약법 시행령 제9조 제1항).[1)]

---

1) 즉, ① 법령에 따라 결정된 가격, ② 적정한 거래실례가격, ③ 원가계산가격, ④ 감정가격, ⑤ 유사한 거래실례가격, ⑥ 견적가격 순서로 적용한다.

그리고 예정가격을 결정할 때는 계약수량, 이행기간, 수급상황, 계약조건 그 밖에 제반 여건을 참작해야 한다(국가계약법 시행령 제9조 제3항). 다만, 해외로부터 수입하는 군용물자부품을 국산화한 업체와 계약을 체결하려는 경우에는 그 수입가격 등을 고려하여 방위사업청장이 인정한 가격을 기준으로 하여 예정가격을 정할 수 있다(국가계약법 시행령 제9조 제2항).

2. 기준가격

가. 거래실례가격

발주기관은 거래가 형성되었다면 그 거래실례가격을, 법령 규정에 따라 가격이 결정되었다면 그 결정가격 범위에 있는 거래실례가격을 기준으로 예정가격을 작성해야 한다(국가계약법 시행령 제9조 제1항 제1호).

여기서 거래실례가격이란 ① 조달청장이 조사하여 통보한 가격,[1] ② 기획재정부장관이 정하는 기준에 맞는 전문가격조사기관으로서 기획재정부장에게 등록한 기관이 조사하여 공표한 가격,[2] ③ 발주기관이 2인 이상 사업자[3]에게 해당 물품의 거래실례를 직접 조사하여 확인한 가격[4] 중 어느 하나에 해당하는 가격이며, 해당 거래실례가격에 일반관리비와 이윤은 따로 가산하지 않는다(국가계약법 시행규칙 제5조 제2항).

거래실례가격 사이에는 그 적용에 우선순위가 없으며, 개별 사안에서 계약담당자가 계약수량, 이행 전망, 이행기간 등 제반여건을 고려해 합리적으로 판단하여 적용한다. 그리고 발주기관이 2인 이상 사업자로부터 거래실례가격을 직접 조사할 때는 적정한 거래가 형성된 가격을 조사하여, 최빈치 가격을 적용하되, 최빈치 가격이 없다면 조사처의 거래비중을 고려한 가중평균 가격으로 적용할 수 있다.[5] 그러므로 단순히 관련 업체가 인터넷에 게재한 가격이나 홈쇼핑에서 판매하는 가격은 거래실례가격으로 보기 곤란하다.[6]

대법원 판례에 따르면, 해당 물품 거래실례를 직접 조사하여 확인하지 않고 단지 시중상인이 작성한 견적가격만 근거하여 거래실례가격을 조사하고 예정가격을 결정하였다면 위법하다고 하고,[7] 물가정보지 등에 따른 가격은 거래실례가격으로 볼 수 없다고 한다.[8] 특히 물품 실취득가액이나 수입원가 등을 확인하지 않고 정당한 가격보다 2배에 해당하는 고

---

1) 조달청 홈페이지 게재 가격.
2) 시중물가지 게재 가격. 시중물가지는 대한건설협회의 거래가격, 한국물가협회의 물가자료, 한국물가정보센타의 물가정보, 한국응용통계연구소의 유통물가, 한국경제조사연구원의 물가시세가 있다.
3) 2인 이상 사업자란 그 물품을 직접 제조, 생산하는 사업자를 말한다(회계 41301-3517, 1997. 12. 22.).
4) 세금계산서, 계약서, 매입매출대장 등으로 조사·확인한 가격.
5) 예정가격작성기준 [별첨] 표준가격조사요령 참조.
6) 회제 41301-253, 2003. 3. 6.
7) 대법원 1993. 2. 9. 선고 92누4055 판결.
8) 대법원 1985. 6. 11. 선고 83누363 판결.

가로 물품을 구입한 행위는 물품 수입원가나 거래실례가 조사를 소홀히 한 중대한 과실이 있으므로, 해당 공무원은 변상책임을 진다.[1)]

〔전문가격조사기관 등록제도〕

1) 의의와 취지

위에서 본 바와 같이, 국가계약법령은 예정가격의 근거인 거래실례가격 중 하나로 기획재정부장관이 정하는 기준에 적합한 전문가격조사기관으로서 기획재정부장관에게 등록한 기관이 조사하여 공표한 가격을 규정하였다(국가계약법 시행규칙 제5조 제1항 제2호). 이에 기획재정부는 등록한 기관에게 공신력을 부여하고, 그 기관이 조사한 가격의 객관성과 신뢰성을 확보하여 예정가격의 합리적 결정과 그에 따른 예산의 효율적 집행을 도모하도록 제도를 운영한다(예정가격작성기준 제45조 참조). 이처럼 일정한 자격요건을 갖추어 기획재정부장관에게 등록하고, 거래실례가격 조사와 공표 등을 수행하는 기관을 전문가격조사기관이라 한다. 이는 가격조사능력을 충분히 구비한 기관을 등록하게 하여 무자격자를 배제하고, 전문가격조사기관이 가격조사를 하게 하여 예정가격의 합리적 결정을 담보하려는 장치이다.

2) 등록자격요건

전문가격조사기관으로 등록하려는 자는 ① 정관상 사업목적에 가격조사업무가 포함된 비영리법인으로서, ② 표준가격조사요령에 따라 조사한 가격정보와 관련하여 정기간행물을 월 1회 이상 발행한 실적이라는 자격요건을 갖추어야 한다(예정가격작성기준 제46조 제1호, 제2호). 첫째, 정관 사업목적에 가격조사업무가 없으면 등록자격이 없고, 비영리법인이 아닌 영리법인 역시 등록자격이 없다. 둘째, 정기간행물이 아닌 비정기간행물을 발행한 실적은 인정할 수 없고, 정기간행물이라 하더라도 가격정보와 관련한 것이 아니면 인정할 수 없으며, 가격정보라 하더라도 표준가격조사요령이 아닌 임의 방법으로 조사한 가격정보 역시 인정할 수 없다. 또한, 가격정보 관련 정기간행물을 월 1회 미만 발행한 실적으로도 등록할 수 없다.

3) 등록신청

위 자격요건을 갖춘 자가 전문가격조사기관으로 등록하려면 등록신청서에 비영리법인의 설립허가서, 등기부등본, 정관 사본, 표준가격조사요령에 따라 조사한 가격정보와 관련하여 정기간행물을 월 1회 이상 발행한 실적을 증명할 수 있는 자료, 조사요원 재직증명서, 국가기술자격법 시행규칙 제4조 관련 별표5(기술·기능분야)에 따른 기계, 전기, 통신, 토목, 건축 직무분야 중 3개 이상 직무분야의 산업기사 이상인 자의 재직증명서를 각 첨부하여 기획재정부장관에게 제출해야 한다(예정가격작성기준 제47조).

4) 등록증교부

기획재정부장관은 신청자가 자격요건을 갖춘 경우 조사기관등록대장에 등재하고, 그 신청인에게

---

1) 대법원 1985. 5. 14. 선고 83누362 판결.

전문가격조사기관등록증을 교부한다(예정가격작성기준 제48조). 따라서 신청자가 등록자격요건을 갖추지 못하였거나 위에서 본 일정한 첨부서류를 제출하지 않았다면, 기획재정부장관은 신청인에게 등록증을 교부할 수 없다.

5) 가격정보 간행물

전문가격조사기관으로 등록한 기관은 매월 1회 이상 표준가격조사요령에 따라 조사한 가격의 정보와 관련하여 정기간행물을 발행해야 한다(예정가격작성기준 제49조 제1항). 위 정기간행물에는 조사기관의 등록번호와 등록 연월일을 기재해야 한다(예정가격작성기준 제49조 제2항).

6) 등록사항 변경신청

전문가격조사기관으로 등록한 자가 등록요건과 법인명, 대표자, 주소 등을 변경한 때에는 등록사항변경신고서를 작성하여 그 사유가 발생한 날로부터 60일 안에 기획재정부장관에게 신고해야 한다(예정가격작성기준 제50조 제1항). 다만, 변경내용이 정관 사업목적에서 가격조사업무를 제외한 것이거나 비영리법인을 영리법인으로 전환하였다는 것이라면, 등록자격요건을 상실하였다고 보아야 하므로, 아래에서 보는 등록취소 사유에 해당할 뿐 등록변경 사항은 아니다. 한편, 기획재정부장관은 위 등록사항 변경신고서 내용에 따라 조사기관등록증을 재발급한다. 다만, 등록번호와 등록년월일은 변경하지 않는다(예정가격작성기준 제50조 제2항).

7) 등록취소

기획재정부장관은 ① 등록자격요건에 미달할 때, ② 정당한 조사방법이 아닌 담합 등 허위로 가격을 게재하는 경우, ③ 자료제출요구를 받고도 정당한 사유 없이 이를 제출하지 않은 경우, ④ 3회 이상 시정조치를 받고도 이에 응하지 않은 경우, ⑤ 다른 조사원이 윤리강령 등에 위반하는 행동으로 사회적 물의를 야기한 경우 중 어느 하나에 해당하면, 전문가격조사기관 등록을 취소할 수 있다(예정가격작성기준 제51조 제1호부터 제5호).

이와 같은 등록취소는 제재적 처분인데, 등록취소 규정이 상위 법인 국가계약법령에서 위임하지 않은 사항이어서 법률유보원칙 위반이 아닌지 문제된다. 그런데 등록취소는 당사자에게 일정한 지위를 부여하는 수익적 처분(등록)을 한 후에 상대방에게 책임 있는 사유로 수익적 처분을 철회하는 의미를 지니므로, 처분상대방이 입는 불이익보다 처분으로 얻을 수 있는 공익상 이익이 더 크다면, 비록 법령에 근거를 두지 않더라도 위법하다고 단정하긴 어렵다고 보아야 한다(대법원 2012. 3. 15. 선고 2011두27322 판결 참조).

8) 등록기관에 대한 지도·감독

기획재정부장관은 그 목적 달성을 위해 필요하다고 인정할 경우 조사기관에게 가격조사에 필요한 지시나 시정조치를 명할 수 있다(예정가격작성기준 제52조 제1항). 또한, 연 1회 이상 조사기관을 감사할 수 있다(예정가격작성기준 제52조 제2항).

나. 원가계산가격

1) 의의

발주기관은 신규개발품이거나 특수규격품 등 특수한 물품·공사·용역 등 계약의 특수성으로 말미암아 거래실례가격이 없다면, 원가계약에 따른 예정가격을 기준으로 예정가격을 결정해야 한다. 이처럼 신규개발품이나 특수규격품에는 거래실례가격이 없고, 공사나 용역은 그 성격이나 내용을 고려할 때 일률적인 거래실례가격을 정하기 곤란하다는 이유로, 원가계산에 따른 방법으로 예정가격을 결정하게 하였다.

원가는 재료비, 노무비, 경비, 일반관리비, 이윤으로 구분하는데, 예정가격 조서에는 위 각 비목을 기재하여야 하고, 재료비, 노무비, 경비 비목은 기획재정부장관이 따로 정한다(국가계약법 시행규칙 제6조 제3항, 제4항). 이처럼 원가계산에 따른 예정가격은 계약목적인 물품·공사·용역 등을 구성하는 재료비·노무비·경비와 일반관리비, 이윤으로 계산한다(국가계약법 시행령 제9조 제1항 제2호).

한편, 발주기관은 표준품셈을 이용하여 원가계산을 할 경우, 가장 최근 표준품셈을 이용해야 하며(예정가격작성기준 제6조 제2항), 원가계산의 단위당 가격을 산정할 경우에는 소요물량·거래조건 등 제반사정을 고려해야 한다(예정가격작성기준 제6조 제3항).

2) 종류

원가계산은 제조원가계산, 공사원가계산, 용역원가계산으로 구분한다(예정가격작성기준 제3조). 자세한 내용은 아래 4) 종류별 원가계산에서 살펴본다.

3) 원가계산 일반

가) 비목별 가격결정 방법

원가는 재료비, 노무비, 경비, 일반관리비, 이윤으로 구분하여 작성한다(예정가격작성기준 제4조). 재료비, 노무비, 경비, 일반관리비, 이윤을 원가의 비목이라 한다.

위 비목별 내용을 보면, ① 재료비는 계약목적물 제조·시공·용역에 들어가는 규격별 재료량에 그 단위당 가격을 곱한 금액, ② 노무비는 계약목적물 제조·시공·용역에 들어가는 공종별 노무량에 그 노임단가를 곱한 금액, ③ 경비는 계약목적물 제조·시공·용역에 들어가는 비목별 경비 합계액, ④ 일반관리비[1]는 재료비·노무비, 경비의 합계액에 일반관리비율을 곱한 금액, ⑤ 이윤은 노무비·경비(기획재정부장관이 정하는 비목 제외), 일반관리비를

---

1) 일반관리비는 기업 유지를 위한 관리활동에서 발생하는 제비용으로서 제조원가에 속하지 않는 다음 비용을 말한다. ① 임원과 사무실 직원의 급료(일체 수당, 퇴직급여충당금 등 포함), ② 복리후생비, ③ 여비, 교통·통신비, ④ 수도광열비, ⑤ 세금과 공과, ⑥ 지급임차료, ⑦ 감가상각비, ⑧ 운반비, 차량비, ⑨ 경상시험연구개발비, ⑩ 보험료 등.

합한 금액에 이윤율을 곱한 금액을 말한다(국가계약법 시행규칙 제6조 제1항, 예정가격작성기준 제5조 제1항 참조). 특히 일반관리비는 직접비에 일반관리비율을 곱하여 산정하지만, 이윤은 직접비 가운데 재료비를 제외하는 대신에 일반관리비를 포함한 금액에 이윤율을 곱하여 산정한다는 차이가 있다.

위 비목 가운데 재료비, 노무비, 경비의 각 세비목과 그 물량(재료량, 노무량, 소비량)은 계약목적물의 규격서, 설계서 등 또는 예정가격작성기준 제34조에 따른 원가계산자료를 근거로 산출해야 하며, 일정률로 계상하는 일반관리비, 간접노무비 등은 사전 공고한 공사원가 제비율을 준수하여 산정해야 한다(예정가격작성기준 제5조 제3항). 또한, 재료비, 노무비, 경비의 각 세비목과 물량산출은 계약목적물의 내용이나 특성 등을 고려하여 그 완성에 적합한 합리적인 방법으로 작성해야 한다(예정가격작성기준 제5조 제4항).

한편, 수입물품 원가에는 ① 수입물품 외화표시원가, ② 통관료, ③ 보세창고료, ④ 하역료, ⑤ 국내운반비, ⑥ 신용개설수수료, ⑦ 일반관리비{위 ①부터 ⑥까지 합계액에 일반관리비율(100분의 8)을 곱한 금액}, ⑧ 이윤{위 ②부터 ⑦까지 합계액에 이윤율(100분의 10)을 곱한 금액}이라는 비목을 포함해야 한다(국가계약법 시행규칙 제6조 제2항).[1] 다만, 수입물품 구매계약에서는 수입가격에 통관비용 등을 합한 금액을 거래실례가격으로 산정할 수 있으므로 위와 같은 비목을 포함하지 않아도 된다.

나) 단위당 가격

재료비, 노무비, 경비를 산정하려면, 각 단위당 가격을 알아야 한다(예정가격작성기준 제5조 제1항, 제2항). 단위당 가격은 ① 거래실례가격이나 통계법 제15조에 따른 지정기관이 조사하여 공표한 가격(단, 기획재정부장관이 단위당 가격을 별도로 정한 경우나 각 중앙관서의 장이 별도로 기획재정부장관과 협의하여 단위당 가격을 조사·공표한 경우에는 해당 가격)으로 하되, 이와 같은 가격 확보가 어렵다면, ② 감정가격(감정평가법인이나 감정평가사가 감정평가한 가격), ③ 유사한 거래실례가격(기능과 용도가 유사한 물품의 거래실례가격), ④ 견적가격(계약상대자나 제3자로부터 직접 제출받은 가격) 순서와 기준으로 적용한다(국가계약법 시행규칙 제7조 제1항). 따라서 위 순서와 달리 단위당 가격을 산정했다면 위법하다. 다만, 발주기관은 소요물량, 거래조건 등 제반사정을 고려하여 객관적으로 단가를 산정해야 한다(예정가격작성기준 제6조 제3항 참조).

그리고 ① 국가기술자격법 제10조에 따른 국가기술자격 검정에 합격한 자로서 기능계 자격기술을 취득한 자를 특별히 사용하고자 하는 경우, ② 도서지역(제주특별자치도 포함)에서

1) 그 밖에 해당 계약이행을 위해 필수로 요구되는 추가비용이 있으면 그 비용을 예정가격 작성에 포함할 수 있으며(회제 41301-872, 1998. 4. 30.), 납품 후에 발생하는 사후관리비용도 예정가격에 계상해야 한다(회제 41301-507, 2002. 4. 15.).

하는 공사인 경우에는 각각 해당 노임단가에 그 노임단가의 100분의 15 이하에 상당한 금액을 가산할 수 있다(국가계약법 시행규칙 제7조 제2항). 국가기술자격을 소지한 자나 도서지역에서 하는 공사에도 똑같은 노임을 적용한다면 불합리하기 때문이다.[1]

다) 일반관리비율과 이윤율의 제한

일반관리비율[2]과 이윤율[3]은 일정한 비율을 초과하지 못한다(국가계약법 시행규칙 제8조 제1항과 제2항 참조). 다만, 이윤율은 위 제한에 따를 경우 계약목적 달성이 곤란한 특별한 사유가 있다면, 기획재정부장관과 협의하여 그 비율을 초과하여 정할 수 있다(국가계약법 시행규칙 제8조 제2항 단서).

다만, 일반관리비율나 이윤율의 제한은 발주기관이 예정가격을 작성할 때 따라야 할 기준에 불과하므로, 가령, '입찰자'가 산출내역서를 작성하면서 일반관리비율 제한을 넘어서 기재했더라도 아무런 문제가 없다.[4] 나아가 발주기관이 위 비율 제한을 위반하여 예정가격을 작성하였고, 그에 따른 낙찰자와 계약금액 결정, 계약체결이 있었더라도, 입찰이나 계약 그 자체 효력에는 아무 영향이 없고, 다만 계약담당공무원이 행정책임이나 형사책임 등을 질 뿐이다.

---

1) 김성근, 앞의 책(Ⅰ), 102쪽.

2) 일반관리비 상한은 다음과 같다.
   1. 공사 : 100분의 6
   2. 음·식료품의 제조·구매 : 100분의 14
   3. 섬유·의복·가죽제품의 제조·구매 : 100분의 8
   4. 나무·나무제품의 제조·구매 : 100분의 9
   5. 종이·종이제품·인쇄출판물의 제조·구매 : 100분의 14
   6. 화학·석유·석탄·고무·플라스틱 제품의 제조·구매 : 100분의 8
   7. 비금속광물제품의 제조·구매 : 100분의 12
   8. 제1차 금속제품의 제조·구매 : 100분의 6
   9. 조립금속제품·기계·장비의 제조·구매 : 100분의 7
   10. 수입물품의 구매 : 100분의 8
   11. 기타 물품의 제조·구매 : 100분의 11
   12. 폐기물 처리·재활용 용역 : 100분의 10
   13. 시설물 관리·경비 및 청소 용역 : 100분의 9
   14. 행사관리 및 그 밖의 사업지원 용역 : 100분의 8
   15. 여행, 숙박, 운송 및 보험 용역 : 100분의 5
   16. 장비 유지·보수 용역 : 100분의 10
   17. 기타 용역 : 100분의 6

3) 이윤율 상한은 다음과 같다.
   1. 공사 : 100분의 15
   2. 제조·구매(「소프트웨어산업 진흥법」 제22조 제1항에 따라 고시된 소프트웨어사업의 대가기준에 따른 소프트웨어 개발을 포함) : 25%
   3. 수입물품구매 : 10%
   4. 용역 : 10%

4) 김성근, 앞의 책(Ⅰ), 103쪽.

라) 세액합산

원가계산에 따른 가격으로 예정가격을 결정할 때에도 총원가를 산출하고, 이 금액에 관세, 특별소비세, 교육세, 농어촌 특별세액을 총원가에 합한 다음 부가가치세율을 곱하여 산출한다.[1] 이때 원가계산의 비목별 원재료의 단위당 가격은 위 세액을 뺀 금액으로 한다. 그리고 부가가치세가 면제되는 경우{부가가치세법 제26조, 제27조, 조세특례제한법 제106조 제1항}에는 총금액에 대한 부가가치세는 면제하되 원재료에 대한 부가가치세 매입세액만큼은 계상한다(국가계약법 시행규칙 제11조 제2항).

마) 원가계산서 작성

원가계산에 따라 예정가격을 결정할 때는 원가계산서를 작성하여야 하나, 발주기관이 직접 원가계산 방법으로 예정가격 조서를 작성하는 경우라면 원가계산서를 따로 작성하지 않을 수 있다(국가계약법 시행규칙 제9조 제1항).

다만, 계약목적물의 내용·성질 등 특수성으로 말미암아 발주기관이 스스로 원가계산을 하기 곤란하다면 ① 정부나 공공기관운영법상 공공기관이 자산의 100분의 50 이상을 출자하거나 출연한 연구기관, ② 고등교육법 제2호 각 호 규정에 따른 학교 연구소, ③ 민법 그 밖에 다른 법령 규정에 따라 주무관청의 허가 등을 받아 설립한 법인, ④ 공인회계사법 제23조에 따라 설립한 회계법인 중 어느 한 기관으로서 기획재정부장관이 정한 요건을 갖춘 원가계산용역기관에게 원가계산을 의뢰할 수 있다(국가계약법 시행규칙 제9조 제2항). 그리고 이 경우에도 원가계산 용역기관으로 하여금 국가계약법 시행규칙과 기획재정부장관이 정하는 바에 따라 원가계산서를 작성하게 해야 한다(국가계약법 시행규칙 제9조 제3항).

4) 종류별 원가계산

가) 제조원가계산

(1) 단위당 가격

비목별	내 용
재료비	• 직접재료비 : 해당 물품의 실체를 형성하는 재료나 부분품 가치 • 간접재료비 : 해당 물품 제조에 보조적으로 소비되는 물품의 가치 • 공제금액 : 재료가공과정에서 발생한 작업설, 부산물, 연산품 등으로 매각 가치가 있는 것
노무비	• 직접노무비 : 직접 작업에 종사하는 종업원이나 노무자 • 간접노무비 : 작업현장에서 보조작업하는 노무자나 현장감독자 등

1) 산출원가 총액={총원가(재료비+노무비+경비+일반관리비+이윤)+세액(관세, 개별소비세, 교육세, 농어촌특별세)} × 1.1(부가세율).

비목별	내 용
경비	해당 계약목적물을 제조하는데 소비되는 전력비, 운반비, 감가상각비 등 비용
일반관리비	기업 유지를 위한 관리 활동부문에서 발생하는 일체 비용
이윤	영업이익
세액	부가가치세, 관세, 특별소비세, 교육세, 농어촌특별세

(2) 재료비

재료비는 다음과 같이 구성된다(예정가격 작성기준 제9조).

비 목	세 비 목	내 용
직접재료비	주요 재료비	계약목적물의 기본형태를 구성하는 물품의 가치
	부분품비	계약목적물에 원형대로 부착되어 그 조성부분이 되는 매입부품, 수입부품, 외장재료, 외주품(주문제작품으로서 경비로 계상되는 외주가공비 제외)의 가치
	재료 부대비	재료구입과 직접 관련 있는 운임, 보험료, 보관비, 구입수수료
간접재료비	소모 재료비	기계오일, 접착제, 용접가스, 장갑, 연마재 등 소모성 물품
	소모공구·기구·비품비	내용연수 1년 미만으로서 구입단가가 법인세법이나 소득세법 규정에 따른 상당 금액 이하인 감가상각대상에서 제외되는 소모성공구·기구·비품(통상 구입단가가 100만 원 이하)
	포장 재료비	제품 포장에 들어가는 재료
공제금액	작업설	원재료 가공과정에서 발생한 폐품으로서 매각가치가 있는 것
	부산품	주제품 생산과 같은 공정에서 부수적으로 생산되는 2차 생산물품
	연산품	같은 공정에서 같은 원료를 사용하여 2가지 이상 다른 제품이 생산되는 것

첫째, 직접재료비는 소요량에 단위당 가격을 곱하여 계산한다. 여기서 소요량은 해당 계약목적물의 규격서나 설계서 등에 따라 산출하며, 정미량,[1] 여유량,[2] 공손량[3]으로 구성된다. 단위당 가격은 거래실례가격이나 통계법 제4조 규정에 따른 지정기관이 공표한 가격, 감정가격, 유사한 거래실례가격, 견적가격 순서로 적용한다(국가계약법 시행규칙 제7조 제1항). 그리고 재료비 단가는 다른 법령 등에 특별한 규정이 없다면 원가계산 당시 가격을 기준으로 한다.[4] 참고로, 외주품[5]의 가치나 재료의 구입과정에서 발생하는 운임·보험료·보관비

1) 제품의 실체를 형성한 정량.
2) 제조상 여유로 추가한 양.
3) 제조상 파손·불량 손실 양.
4) 회제 210-2068, 1981. 10. 26.
5) 특정업체에 제조의뢰하고 그 업체에서 원료나 원재료를 구입·가공하여 납품하는 주문부분품을 말하며, 재료비에 적용할 가격은 해당 부품 납품업체가 판매한 가격(원재료 구입비 포함)이다.

등 부대비용은 재료비로 계산하지만, 외주가공비[1]나 재료구입 후 발생하는 운임·보험료·보관비 등 부대비용은 경비로 계산한다.

둘째, 간접재료비는 소요량을 산출할 수 있는 경우와 산출할 수 없는 경우로 나눈다. 먼저 소요량을 산출할 수 있는 경우에는 소요량에 단위당 가격을 곱하여 간접재료비를 계산한다. 그러나 소요량을 산출할 수 없는 경우에는 계약상대자로 적당하다고 예상되는 2개 이상 대상자(수의계약에서는 해당 대상자)의 최근 연도 계산서를 분석하여 직접재료비의 평균비율만큼 배분하여 적용한다. 소모재료비는 경비비목에서 소모품비와 이중계상되지 않도록 유의한다.

셋째, 작업설·부산품·연산품 등은 그 매각액이나 이용가치를 추산하여 재료비에서 공제한다.

(3) 노무비

노무비는 직접노무비와 간접노무비로 구성된다(예정가격 작성기준 제10조).

첫째, 직접노무비는 제조공정별로 작업인원, 작업시간, 제조수량을 기준으로 계약목적물 제조에 필요한 노무량을 산정하고 노무비 단가를 곱하여 계산한다. 여기서 필요 노무량은 공정별로 작업인원, 작업시간,[2] 제조량을 기준으로 산정한다. 그리고 노무비 단가는 기본급[3]에 일체 수당(제수당),[4] 상여금,[5] 퇴직급여 충당금[6]을 더하여 계산한다. 한편, 국가기술자격법에 따라 국가기술자격 검정시험에 합격한 자로서 기능계 기술자격취득자를 사용하고자 하는 경우나 도서지역(제주도 포함)·오지지역에서 하는 공사인 경우에는 시중노임단가(기본급)의 15% 이하에 해당하는 금액을 가산할 수 있다(국가계약법 시행규칙 제7조 제2항). 또한, 시중노임 급등 등으로 시중노임단가를 적용하기 곤란하면, 기획재정부장관이 별도로 정한 단위당 가격이나 각 중앙관서의 장이 별도로 기획재정부장관과 협의하여 조사·공표한 단위당 가격을 적용할 수 있다(국가계약법 시행규칙 제7조 제1항 제1호 단서).

둘째, 간접노무비는 계약상대자로 적당하다고 예상되는 2개 이상 대상자(수의계약에서는

---

1) 계약상대자가 제조할 수 없거나 제조할 수 있더라도 경제성이나 성능을 고려할 때 직접 제조하는 것이 불리할 경우에 원료나 원재료를 특정업체에 제공하여 제품이나 공정 일부를 가공의뢰할 때 들어가는 비용을 말하며, 경비에 적용할 금액은 해당 외주가공업체에게 지급한 금액(원재료비 포함하지 않음)이다.
2) 정미작업시간(주작업시간), 여유시간(부수작업시간), 준비작업시간(기계가동준비 등), 간접작업시간(작업지시, 조례시간 등), 휴식시간으로 구성된다.
3) 통계법 제15조에 따라 지정한 기관(중소기업협동조합중앙회, 대한건설협회, 엔지니어링 진흥협회)에서 조사 공표한 단위당 가격이나 기획재정부장관이 결정·고시하는 단위당 가격으로서, 해당 단가에는 기본급 성격이 있는 정근수당, 가족수당, 위험수당 등을 포함한다.
4) 기본급 성격이 아닌 시간외수당, 야간수당, 휴일수당 등 작업상 통상 지급되는 금액으로, 필요 노무량, 단위당 기준노임, 상시종업원, 계약이행기간 등을 감안하여 적용한다(회계 1210-833, 1978. 5. 6.).
5) 기본급의 400% 내에서 전년도 지급실적, 이행기간 등을 참작한다.
6) 기본급, 제수당, 상여금 합계약의 연 30일분을 말한다.

해당 대상자)의 최근 연도 원가계산자료를 활용하여 직접노무비에 간접노무비율을 곱하여 계산한다. 여기서 간접노무비율은 계약상대자로 적당하다고 예상되는 2개 이상 대상자(수의계약에서는 해당 대상자)의 최근 연도 지불노임실적을 기준으로 직접노무비의 합계액에 간접노무비 합계액의 평균비율로 산정한다. 간접노무비는 직접노무비를 초과하여 계상할 수 없다(간접노무비=직접노무비×100% 이하). 다만, 작업현장의 기계화, 자동화 등으로 부득이 간접노무비가 직접노무비를 초과할 수밖에 없는 경우에는 증빙자료에 따라 직접노무비를 초과하여 계상할 수 있다(예정가격작성기준 제10조 제5항 단서).

(4) 경비

경비는 물품 제조를 위해 소비한 제조원가 중 재료비, 노무비를 제외한 원가를 말하며, 기업 유지를 위한 관리활동부문에서 발생하는 일반관리비와 구분해야 한다. 경비는 해당 계약목적물 제조기간의 소요(소비)량을 측정하거나 적당하다고 예상되는 2개 이상 대상자의 원가계산자료나 계약서, 영수증 등을 근거로 예정해야 한다(예정가격작성기준 제11조).

경비는 원칙적으로 소요량에 단위당 가격[1]을 곱하는 방법으로 직접 계산해야 하나, 직접 계산하기 곤란한 때는 계약상대자로 적당하다고 예상되는 2개 이상 대상자(수의계약에서는 해당 대상자)의 최근 연도 원가계산 자료 분석비율(경비비율)을 적용하여 배분 계산한다.

경비의 세부 비목을 살펴보면 다음과 같다.

비목	내 용
전력비, 수도광열비	계약목적물을 제조하는데 직접 필요한 해당 비용
운반비	재료비에 포함되지 않는 운반비[2]로서 원재료나 완제품의 운송비, 하역비, 상하차비, 조작비 등
감가상각비	제품생산에 직접 사용되는 건물, 기계장치 등 유형고정자산을 세법이 정한 감가상각방식에 따라 계산. 다만, 세법이 정한 내용연수의 적용이 불합리하다면 해당 계약목적물에 직접 사용되는 전용기기에 한정하여 그 내용연수를 별도로 정하거나 특별상각 할 수 있음
수리수선비	계약목적물을 제조하는데 직접 사용되거나 제공되는 건물, 기계장치, 구축물, 선박차량 등 운반구, 내구성공구, 기구제품의 수리수선비로서 해당 목적물 제조과정에서 그 원인이 발생되리라 예견되는 것에 한정. 다만, 자본적 지출에 해당하는 대수리 수선비는 제외.

1) 재료비 계산과 마찬가지로, 거래실례가격이나 통계법 제4조 규정에 따른 지정기관이 공표한 가격, 감정가격, 유사한 거래실례가격, 견적가격 순으로 적용한다.

2) 일반관리비인 운반비는 기업전체 관리운용에 필요하여 발생하는 인사·재무·회계·서무·판매 등에 지출된 경비 가운데 하나로서 직접 순제조원가 범위에 포함되지 않는 것인 반면, 경비인 운반비는 제품 제조를 위해 공장에서 발생하는 경비로서 원재료나 완제품 운송·하역·상하차·조작비용 등을 말한다(회계 1210-2361, 1983. 8. 4.).

비목	내 용
특허권사용료	계약목적물이 특허품이거나 그 제조과정 일부가 특허 대상인 때로서 특허권 사용계약에 따라 제조하는 경우 사용료로 그 사용비례에 따라 계산
기술료	계약목적물을 제조하는데 직접 필요한 노우-하우 비용과 그 부대비용으로서 외부에 지급되는 비용이며, 세법(법인세법상 시험연구비)에서 정한 바에 따라 계상하여 사업연도로부터 이연상각하되 그 적용비례를 기준하여 배분 계산
연구개발비	계약목적물을 제조하는데 직접 필요한 기술개발비와 연구비로서 시험·시범제작에 필요한 비용이거나 연구기관에 의뢰한 기술개발용역비와 법령에 따른 기술개발촉진비, 직업훈련비를 말하며, 세법(법인세법상 시험연구비)에서 정한 바에 따라 이연상각하되 그 생산수량에 비례하여 배분 계산. 다만, 연구개발비 가운데 장래 계속생산으로 연결이 불확실하여 미래수익 증가와 관련이 없는 비용은 특별상각 할 수 있음
시험검사비	계약 이행을 위한 직접 시험검사비로서 외부에 이를 의뢰하는 때 그 비용. 다만, 자체시험검사비는 법령이나 계약조건에 따라 내부검사가 필요한 경우에 계상할 수 있음
지급임차료	계약목적물을 제조하는데 직접 사용되거나 제공되는 토지, 건물, 기술, 기구 등 사용료로서 해당 계약목적물 생산기간에 따라 계산
보험료	산업재해보험[1], 고용보험, 국민건강보험, 국민연금보험 등 법령이나 계약조건에 따라 의무적으로 가입이 필요한 보험료를 말하며, 재료비에 계상하는 것은 제외
복리후생비	계약목적물 제조작업에 종사하는 노무자, 종업원 등의 의료 위생약품대, 공상치료비, 지급피복비, 건강진단비, 급식비(중식이나 간식제공을 위한 비용) 등 작업 조건유지에 직접 관련되는 복리후생비
보관비	계약목적물 제조에 필요한 재료, 기자재 등 창고사용료로서 외부에 지급되는 경우 그 비용만을 계상하여야 하며, 이 가운데 재료비에 계상하는 것은 제외
외주가공비	외부에 재료가공을 맡길 때 실가공비용을 말하며 부분품의 가치로서 재료비에 계상하는 것은 제외
산업안전보건관리비	작업현장에서 산업재해나 건강장해예방을 위해 법령에 근거하여 필요한 비용
소모품비	작업현장에서 발생하는 문방구, 장부대 등 소모품을 말하며 보조 재료로서 재료비에 계상하는 것은 제외
여비·교통비·통신비	작업현장에서 직접 필요한 여비나 차량 유지비와 전신전화 사용료, 우편료
세금과 공과	공장이 해당 제조와 직접 관련되어 부담해야 할 재산세, 차량세 등 세금이나 공공단체에 납부하는 공과금
폐기물처리비	계약목적물 제조에서 발생하는 오물, 잔배물, 폐유, 폐알칼리, 폐고므, 폐합성수지 등 공해유발물질을 법령에 근거하여 처리하기 위해 필요한 비용

1) 계약담당공무원이 예정가격을 산정하면서 산재보험료를 잘못 산정하였다는 이유로 계약금액을 증액하거나 감액할 수 없다(회제 125-1594, 1991. 6. 25.).

비목	내 용
도서인쇄비	계약목적물 제조를 위한 참고서적구입비, 각종 인쇄비, 사진제작비(VTR 제작비 포함) 등
지급수수료	법률로 정하거나 의무로 정한 것에 한정하며, 다른 비목에 계상되지 않은 것
기타 법정경비	위에서 열거한 이외 것으로서 법령으로 정하거나 의무로 정한 경비

나) 공사원가계산

(1) 개념

공사원가는 공사 시공과정에서 발생한 재료비, 노무비, 경비의 합계액을 말한다(예정가격작성기준 제15조). 따라서 공공계약에서 공사원가에는 일반관리비나 이윤, 부가세 등을 포함하지 않는다. 다만, 총 공사원가는 공사원가에 일반관리비와 이윤을 합한 금액을 말한다.

(2) 작성방법

발주기관은 공사원가계산을 할 때 공사원가계산서를 작성하고 비목별 산출근거를 기재한 기초계산서를 첨부해야 한다. 이때 재료비, 노무비, 경비 가운데 일부를 공사원가계산서에 있는 일반관리비나 이윤 다음 비목으로 계상해서는 안 된다(예정가격작성기준 제16조). 왜냐하면 일반관리비는 재료비, 노무비, 경비 등을 합산한 금액에 일정한 비율을 곱하여 산정하고, 이윤은 노무비와 경비, 일반관리비에 일정한 비율을 곱하여 산정하기 때문이다.

공사원가는 순공사비와 간접공사비로 구분한다. 순공사비는 다시 재료비, 노무비, 경비로 나누고, 간접공사비는 다시 일반관리비와 이윤으로 나눈다. 재료비는 직접재료비, 간접재료비, 간접실, 부산물 등으로, 노무비는 다시 직접노무비, 간접노무비로, 경비는 전력비, 수도광열비, 운반비, 기계경비, 특허사용료, 기술료, 연구개발비, 품질관리비, 가설비, 지급임차료, 보험료, 복리후생비, 보관비, 외주강고비, 산업안전보건관리비, 소모품비, 여비·교통비·통신비, 세금과공과, 폐기물처리비, 도서인쇄비, 지급수수료, 환경보전비, 보상비, 안전관리비, 건설근로자퇴직공제부금비, 그 밖에 법정경비로 나눈다. 일반관리비는 재료비, 노무비, 경비를 합한 금액에 일정한 비율을 곱하여 산정하고, 이윤은 재료비, 노무비, 경비와 일반관리비를 합한 금액에서 재료비를 공제한 금액에 일정한 비율을 곱하여 산정한다. 이처럼 산정한 공사원가에 손해보험료와 부가가치세 등을 합한 금액이 총공사대금으로 예정가격 기준이 된다. 즉, 예정가격에는 부가가치세, 개별소비세, 교육세, 관세, 농어촌특별세 등이 포함된다.

(3) 재료비

재료비는 공사원가를 구성하는 직접재료비와 간접재료비로 한다(예정가격작성기준 제17조 제1항).

먼저, 직접재료비는 공사목적물의 실체를 형성하는 물품의 가치로서, 주요재료비(공사목적물 기본형태를 구성하는 물품의 가치)와 부분 품비(공사목적물에 원형대로 부착되어 그 조성 부분이 되는 매입부품, 수입 부품, 외장재료, 재료를 외부에 가공하게 하는 실가공비 중 재료비에 계상되는 것을 제외한 외주품의 가치)를 말한다(예정가격작성기준 제17조 제1항 제1호, 제2호).

다음으로, 간접재료비는 공사목적물의 실체를 형성하지 않지만 공사에 보조적으로 소비되는 물품 가치로서, 소모재료비(기계오일·접착제·용접가스·장갑 등 소모성물품 가치), 소모공구·기구·비품비(내용연수 1년 미만으로서 구입단가가 법인세법이나 소득세법 규정에 따른 상당 금액 이하인 감가상각 대상에서 제외되는 소모성 공구·기구·비품 가치), 가설재료비(비계, 거푸집, 동바리 등 공사목적물의 실체를 형성하지 않으나 시공을 위해 필요한 가설재 가치)를 말한다(예정가격작성기준 제17조 제2항 제1호, 제2호, 제3호).

재료 구입과정에서 해당 재료와 직접 관련하여 발생하는 운임, 보험료, 보관비 등 부대비용도 재료비에 계상한다. 다만, 재료구입 후 발생하는 부대비용은 경비의 각 비목으로 계상한다(예정가격작성기준 제17조 제3항). 계약목적물 시공 중에 발생하는 작업설, 부산물 등은 그 매각액이나 이용가치를 추산하여 재료비에서 공제해야 한다. 다만, 기존 시설물 철거, 해체, 이설 등으로 발생하는 작업설, 부산물 등은 재료비에서 공제하지 않고, 매각비용 등에 별도 계상한다(예정가격작성기준 제17조 제4항).

(4) 노무비

노무비 내용이나 산정방식은 예정가격작성기준 제5조, 제10조를 준용하며, 간접노무비 계산방법 등은 예정가격작성기준 별표2의1에서 자세히 규정한다(예정가격작성기준 제18조).

한편, 수의계약에서는 노무비 세비목이나 노무량 산출을 목적물 설계서 등에 따르거나 원가계산자료에 근거하여 산정하도록 하고, 예정가격을 작성할 때 수의계약 대상업체의 최근 연도 원가계산자료나 공정확인 결과를 활용하도록 한다. 그러나 수의계약 대상업체의 최근 연도 원가계산자료는 해당 업체의 전년도 공사실적의 원가계산서를 말한다고 볼 수 없으므로 이를 직접노무비 산정에 직접 활용하는 것은 합리적인 산정방법이 아니다. 따라서 직접노무비는 계약목적물 설계서 등에 따르되, 공종별로 작업인원, 작업시간, 공사물량을 기준으로 계약목적물의 공사에 필요한 노무량을 산정한 후 노무비 단가를 곱하여 계산해야 한다.[1] 결국 수의계약 대상업체의 최근 연도 원가계산자료를 직접노무비 산정에 직접 활용하는 것은 곤란하다. 왜냐하면 발주기관과 수의계약 대상업체가 각각 수요나 공급독점 상태에서 계속 계약을 체결해야 할 때, 최근 연도 원가계산자료를 활용한다면 수의계약 대상업체는 매번 수의계약으로 말미암아 수의계약률 상당의 단가가 하락할 수밖에 없는데, 만일 원

1) 회계제도과-2087, 2009. 12. 24.

가절감 등 생산성 향상이 수의계약률 이상에 이르지 않는다면 계속하여 손해를 감수하면서 계약을 체결해야 하는 불합리가 있기 때문이다.[1)]

(5) 경비

경비는 공사 시공을 위해 필요한 공사원가 가운데 재료비, 노무비를 제외한 원가이며, 기업 유지를 위한 관리·활동 부문에서 발생하는 일반관리비와 구분해야 한다(예정가격작성기준 제19조 제1항). 경비는 해당 계약목적물을 시공기간 소요량을 측정하거나 원가계산자료 비치·활용 규정에 따른 원가계산 자료나 계약서, 영수증 등을 근거로 산정해야 한다(예정가격작성기준 제19조 제2항, 제34조).

경비의 세부 비목은 다음과 같다.

비목	내 용
전력비, 수도광열비	계약목적물을 시공하는데 직접 필요한 해당 비용
운반비	재료비에 포함되지 않는 운반비로서 원재료, 반재료나 기계기구의 운송비, 하역비, 상하차비, 조작비 등
기계경비	각 중앙관서의 장이나 그가 지정하는 단체에서 제정한 표준품셈상 건설기계 경비 산정기준에 따른 비용
특허권사용로	다른 사람 소유 특허권을 사용한 때 지급되는 사용료로서 그 사용비례에 따라 계산
기술료	해당 계약목적물을 시공하는데 직접 필요한 노하우(Know-how)와 그 부대비용으로서 외부에 지급되는 비용. 법인세법상 시험연구비 등에서 정한 바에 따라 계상하여 사업초년도부터 이연상각하되 그 사용비례를 기준으로 배분계산
연구개발비	계약목적물을 시공하는데 직접 필요한 기술개발비와 연구비로서 시험·시범제작에 필요한 비용이거나 연구기관에 의뢰한 기술개발 용역비와 법령에 따른 기술개발촉진비, 직업훈련비를 말하며, 세법상 시험연구비 등에서 정한 바에 따라 이연상각하되 그 사용비례를 기준하여 배분계산. 다만, 연구개발비 가운데 장래 계속 시공으로 연결이 불확실하여 미래 수익 증가와 관련이 없는 비용은 특별상각 할 수 있음
품질관리비	해당 계약목적물 품질관리를 위해 관련법령이나 계약조건에 근거하여 필요한 비용(품질시험 인건비 포함). 다만, 간접노무비에 계상(시험관리인)되는 것은 제외
가설비	공사목적물 실체를 형성하지 않으나 현장사무소, 창고, 식당, 숙사, 화장실 등 시공을 위해 필요한 가설물 설치에 필요한 비용(노무비, 재료비 포함)
지급임차료	계약목적물을 시공하는데 직접 사용되거나 제공되는 토지, 건물, 기계기구(건설기계 제외)의 사용료
보험료	산업재해보험, 고용보험, 국민건강보험, 국민연금보험 등 법령이나 계약조건에 따라 의무적으로 가입이 필요한 보험료를 말하며, 건설산업기본법 제22조 제7항

1) 김성근, 앞의 책(Ⅰ), 114쪽, 박성동 외 2인, 정부회계 원리와 이론, 원, 2011, 328쪽.

비목	내 용
	등 관련법령에 정한 바에 따라 계상하며, 재료비에 계상되는 것은 제외. 다만, 공사손해보험료는 별도로 계상
복리후생비	계약목적물 시공에 종사하는 노무자, 종업원, 현장사무소직원 등의 의료위생약품대, 공상치료비, 지급피복비, 건강진단비, 급식비 등 작업 조건유지에 직접 관련되는 복리후생비
보관비	계약목적물 시공에 필요한 재료, 기자재 등 창고사용료로서 외부에 지급되는 경우 그 비용만을 계상하여야 하며, 이 가운데 재료비에 계상하는 것은 제외
외주가공비	외부에 재료가공을 맡길 때 실가공비용을 말하며 외주가공품의 가치로서 재료비에 계상하는 것은 제외
산업안전보건관리비	작업현장에서 산업재해나 건강장해예방을 위해 법령에 근거하여 필요한 비용
소모품비	작업현장에서 발생하는 문방구, 장부대 등 소모품. 다만, 보조 재료로서 재료비에 계상하는 것은 제외
여비·교통비·통신비	시공현장에서 직접 필요한 여비나 차량 유지비와 전신전화사용료, 우편료
세금과 공과	시공현장에서 해당 공사와 직접 관련되어 부담해야 할 재산세, 차량세, 사업소세 등 세금이나 공공단체에 납부하는 공과금
폐기물처리비	계약목적물 시공에서 발생하는 오물, 잔배물, 폐유, 폐알칼리, 폐고무, 폐합성수지 등 공해유발물질을 법령에 근거하여 처리하기 위해 필요한 비용
도서인쇄비	계약목적물 시공을 위한 참고서적구입비, 각종 인쇄비, 사진제작비(VTR 제작비 포함) 등
지급수수료	공사이행보증서 발급수수료, 건설하도급대금 지급보증서 발급수수료, 건설기계 대여대금 지급보증 수수료 등 법령에서 의무 지급하도록 정한 수수료. 보증서 발급수수료는 보증서 발급기관이 최고 등급업체에게 적용하는 보증요율 가운데 최저요율을 적용하여 계상
환경보전비	계약목적물 시공을 위한 일체 환경오염 방지시설을 위한 것으로서, 관련법령에서 규정하거나 의무로 한 비용
보상비	해당 공사로 공사현장에 인접한 도로, 하천, 그 밖에 재산에 훼손을 가하거나 지장물을 철거하여 발생하는 보상·보수비. 다만, 해당 공사를 위한 용지보상비는 제외
안전관리비	건설공사 안전관리를 위해 관계법령에 근거하여 필요한 비용
건설근로자 퇴직공제부금비	건설근로자퇴직공제에 가입하는데 필요한 비용. 다만, 퇴직급여충당금을 산정하여 계상한 경우에는 해당 금액을 제외
관급자재 관리비	공사현장에서 사용되는 관급자재 보관, 관리 등 필요비용
법정부담금	관련법령에 따라 해당 공사와 직접 관련하여 의무로 부담해야 할 부담금
기타 법정경비	위에서 열거한 이외 것으로서 법령으로 정하거나 의무로 정한 경비

〔산업안전보건관리비를 계상하도록 한 취지〕

산업안전보건법 제30조 제1항은 건설공사를 타인에게 도급하는 경우 산업재해 예방을 위한 산업안전보건관리비를 도급금액에 계상하여야 한다고 규정하고, 같은 조 제3항은 수급인이 산업안전보건관리비를 다른 목적으로 사용하여서는 아니 된다고 규정한다. 또한, 같은 조 제2항은 고용노동부장관이 산업안전보건관리비 사용에 필요한 사항 등을 정할 수 있다고 규정하는데, 위 규정에 따라 발령된 건설업 산업안전보건관리비 계상 및 사용기준(2014. 10. 22. 고용노동부 고시 제2014-37호) 제8조는 수급인이 사용하지 않거나 다른 목적으로 사용한 산업안전보건관리비 상당액과 관련하여 도급인은 이를 계약금액에서 감액조정하거나 반환을 요구할 수 있다고 규정한다. 이처럼 산업안전보건관리비를 산업재해예방을 위해서만 사용하도록 규정한 법 취지는 도급금액에 계상된 산업안전보건관리비를 오직 산업재해 예방 목적으로만 사용하게 하여, 산업재해를 예방하고 쾌적한 작업환경을 조성하여 근로자의 안전과 보건을 유지·증진한다는 산업안전보건법의 입법목적을 달성하는 데 있다. 만약 수급인이 산업안전보건관리비를 다른 목적으로 사용할 수 있다거나 사용하지 않은 산업안전보건관리비를 수급인이 보유할 수 있다고 하면, 이는 수급인에게 산업안전보건관리비를 목적대로 사용하지 않을 경제적 유인을 제공하는 것이므로, 입법취지에 반한다. 산업안전보건법 제72조 제3항 제2호가 산업안전보건관리비를 다른 목적으로 사용한 경우 과태료를 부과하도록 규정하지만, 앞에서 본 경제적 유인이 있다면 위 과태료 규정만으로는 산업안전보건관리비 목적 범위 내 사용을 유도하는 데 한계가 있을 수밖에 없다. 이러한 사정에 더하여 위 고용노동부 고시 제8조가 산업안전보건관리법 제30조 제2항의 위임 범위 내에서 발령되어 대외적 구속력을 가지는 점(대법원 2012. 2. 9. 선고 2011두24101 판결 등 참조)을 함께 고려하면, 도급인은 수급인에게 사용하지 않았거나 다른 목적으로 사용한 산업안전보건관리비 상당액의 반환을 요구할 수 있다(대법원 2015. 10. 29. 선고 2015다214691, 214707 판결).

(6) 일반관리비

일반관리비는 기업유지를 위한 관리·활동 부문에서 발생하는 일체 비용으로서 공사원가에 속하지 않는 모든 영업비용 중 판매비 등을 제외한 비용, 즉 임원급료, 사무실직원 급료나 일체 수당, 퇴직급여충당금, 복리후생비, 여비, 교통통신비, 수도광열비, 세금과 공과, 지급입차료, 감가상각비, 운반비, 차량비, 경상시험연구개발비, 보험료 등을 말하며, 기업손익계산서를 기준으로 산정한다. 다만, 일반관리비는 예정가격작성기준 제12조와 별표3에서 정한 일반관리비율을 초과하여 계상할 수 없고, 다음과 같이 공사규모별로 체감 적용한다(예정가격작성기준 제20조).

종합공사		전문·전기·정보통신·소방·기타공사	
공사원가	일반관리비율(%)	공사원가	일반관리비율(%)
50억 원 미만	6.0	5억 원 미만	6.0
50억 원~ 300억 원 미만	5.5	5억 원~ 30억 원 미만	5.5
300억 원 이상	5.0	30억 원 이상	5.0

(7) 이윤

이윤은 영업이익을 말하며, 공사원가 중 노무비, 경비와 일반관리비 합계액(기술료나 외주가공비 제외)의 15%를 초과하여 계상할 수 없다(예정가격작성기준 제21조).

(8) 공사손해보험료

공사손해보험료는 공사손해보험에 가입할 때 지급하는 보험료를 말하며, 보험가입대상 공사부분의 총공사원가(재료비, 노무비, 경비, 일반관리비, 이윤의 합계액)에 공사손해보험료율을 곱하여 계상한다(예정가격작성기준 제22조 제1항). 발주기관이 지급하는 관급자재가 있으면 보험가입 대상 공사부분의 총 공사원가와 관급자재를 합한 금액에 공사손해보험료율을 곱하여 계상한다(예정가격작성기준 제22조 제2항). 공사손해보험료를 계상하기 위한 공사손해보험료율은 발주기관이 설계서와 보험개발원, 손해보험회사 등으로부터 제공받은 자료를 기초로 정한다(예정가격작성기준 제22조 제3항).

다) 용역원가계산

(1) 학술연구용역원가계산

(가) 학술연구용역의 의의와 유형

학술연구용역이란 학문분야의 기초과학과 응용과학 관련 연구용역이나 이에 준하는 용역을 말한다(예정가격작성기준 제23조 제1호). 발주기관은 학술연구용역을 의뢰할 때 해당 연구에 전문성이 있는 기관이나 전문가를 엄선하여 연구목적을 달성할 수 있도록 주의의무를 다해야 한다(예정가격작성기준 제29조 제1항).

학술연구용역은 그 이행방식에 따라 위탁형 용역, 공동연구형 용역, 자문형 용역으로 나눈다. 먼저, 위탁형 용역이란 용역계약을 체결한 계약상대자가 자기 책임 아래 연구를 수행하여 연구결과물을 용역결과보고서 형태로 제출하는 방식을 말한다(예정가격작성기준 제23조 제1호 가목). 다음으로, 공동연구형 용역은 용역계약을 체결한 계약상대자와 발주기관이 공동으로 연구를 수행하는 방식을 말한다(예정가격작성기준 제23조 제1호 나목). 끝으로, 자문형 용역이란 용역계약을 체결한 계약상대자가 발주기관의 특정 현안에 의견을 서면으로 제시하는 방식을 말한다(예정가격작성기준 제23조 제1호 다목).

(나) 용어정의

학술연구용역에서 원가를 차지하는 핵심은 인건비이기 때문에, 그 적용대상의 정의를 살펴보아야 한다.

첫째, 책임연구원은 해당 용역수행을 지휘·감독하고 결론을 도출하는 역할을 수행하는 자이며, 대학 부교수 수준의 기능을 보유해야 한다. 이때 책임연구원은 1인을 원칙으로 한다. 다만, 해당 용역의 성격을 고려하여 여러 책임자가 필요하면 예외적으로 1인을 초과할 수 있다(예정가격작성기준 제23조 제2호).

둘째, 연구원은 책임연구원을 보조하는 자로서 대학 조교수 수준의 기능을 보유해야 한다(예정가격작성기준 제23조 제3호).

셋째, 연구보조원은 통계처리·번역 등 역할을 수행하는 자로서 해당 연구 분야에 조교 정도의 전문지식을 가진 자를 말한다(예정가격작성기준 제23조 제4호).

다섯째, 보조원은 타자, 계산, 원고정리 등 단순한 업무처리를 수행하는 자를 말한다(예정가격작성기준 제23조 제5호).

(다) 원가계산비목

학술연구용역에서 원가계산은 노무비(인건비), 경비, 일반관리비 등으로 나누어 작성한다. 다만, 공동연구형 용역이나 자문형 용역은 경비 항목 중 최소한 필요 항목만 계상하고 일반관리비는 계상하지 않는다(예정가격작성기준 제24조).

먼저, 인건비는 해당 계약목적에 직접 종사하는 연구요원의 급료를 말한다. 이는 예정가격작성기준 별표5에서 정한 기준단가에 따르되, 근로기준법에서 규정한 상여금, 퇴직급여충당금의 합계액으로 한다. 다만, 상여금은 기준단가의 연 40%를 초과하여 계상할 수 없다(예정가격작성기준 제26조 제1항). 그리고 예정가격작성기준 시행일이 속하는 연도의 다음 연도부터는 매년 전년도 소비자물가 상승률만큼 인상한 단가를 기준으로 한다(예정가격작성기준 제26조 제2항).

(라) 경비

경비는 계약목적을 달성하기 위해 필요한 여비, 유인물비, 전산처리비, 시약이나 연구용재료비, 회의비, 임차료, 교통통신비, 감가상각비를 말한다(예정가격작성기준 제27조). 자세한 내용은 아래와 같다.

비목	내 용
여비	• 인정하지 않고는 계약목적을 달성하기 곤란한 경우에 제한하여 공무원여비규정에 따른 국내여비와 국외여비로 구분하여 계상. 다만, 관계공무원의 여비는 계상할 수 없음 • 국내여비는 시외여비만을 계상하되 연구상 필요불가피한 경우에는 월 15일을 초과할 수 없으며, 책임연구원은 공무원여비규정 제3조 관련 별표1 제1호 등급을 기준, 연구원, 연구보조원, 보조원은 같은 표 제2호 등급을 기준
유인물비	계약목적을 위해 직접 필요한 프린트, 인쇄, 문헌복사비(지대 포함)
전산처리비	해당 연구내용과 관련있는 자료처리를 위한 컴퓨터사용료나 그 부대비용
시약·연구용 재료비	실험실습에 필요한 비용
회의비	해당 연구내용과 직접 관련있는 자문회의, 토론회, 공청회 등을 위해 필요한 경비. 참석자 수당은 해당 연도 예산안 작성 세부지침상 위원회 참석비를 기준
임차료	연구내용에 따라 특수실험실습기구를 외부로부터 임차하거나 공청회 등을 위한 회의장 사용을 하지 않고는 계약목적을 달성할 수 없는 경우로 제한하여 계상
교통통신비	해당 연구내용과 직접 관련있는 시내교통비, 전신전화사용료, 우편료
감가상각비	해당 연구내용과 직접 관련있는 특수실험 실습기구·기계장치에 제조원가계산의 감가강각비 규정을 준용하여 계산. 다만, 임차료에 계상되는 것은 제외

(마) 일반관리비 등

일반관리비는 국가계약법 시행규칙 제8조가 정한 일반관리비율을 초과하여 계상할 수 없다(예정가격작성기준 제28조 제1항). 한편, 이윤은 영업이익을 말하며, 인건비, 경비, 일반관리비의 합계액에 국가계약법 시행규칙 제8조가 정한 이윤율을 초과하여 계상할 수 없다(예정가격작성기준 제28조 제2항).

참고로, 국가기관과 체결한 학술연구용역에서 계약상대자가 비영리법인인 경우에도 10%를 초과하지 않는 범위에서 이윤을 계상할 수 있다.[1] 예정가격은 계약상대자가 영리법인인지, 비영리법인인지에 따라 달리 작성될 성질이 아니기 때문이다.[2] 과거 예정가격작성기준은 계약상대자가 영리법인인 때만 이윤 계상을 인정했지만, 2008. 12. 29. 개정에 따라 비영리법인이 수익사업을 하는 때도 이윤 계상을 인정했다.[3]

(바) 예정가격 작성방법 등

학술연구용역의 원가계산을 할 때는 예정가격작성기준 별표4가 정한 학술용역원가계산서를 작성하고 비목별 산출근거를 명시한 기초계산서를 첨부해야 한다(예정가격작성기준 제25

1) 회계제도과-525, 2009. 3. 17.
2) 김성근, 앞의 책,(Ⅰ) 116쪽.
3) 박성동 외, 앞의 책, 304쪽.

조). 그리고 발주기관은 학술연구용역을 위한 수의계약을 체결할 때 해당 계약상대자의 최근 연도 원가계산자료(급여명세서, 손익계산서 등)를 활용하여 상여금, 퇴직금, 일반관리비 산정이 과다 계상되지 않도록 주의해야 한다(예정가격작성기준 제29조 제2항).

(2) 그 밖에 용역원가계산

엔지니어링사업, 측량용역, 소프트웨어 개발용역 등 다른 법령에서 원가계산기준을 정한 경우에는 해당 법령이 정하는 기준에 따라 원가계산을 할 수 있다(예정가격작성기준 제30조 제1항).

그러나 다른 법령에서 원가계산기준을 정하지 않은 그 밖에 용역에는 다른 법령에서 규정하는 용역대가기준이나 학술연구용역의 원가계산기준에 준하여 원가계산을 할 수 있다. 이때 국가계약법 시행규칙 제23조의3 각호 용역계약의 인건비 기준단가는 시설물관리용역인 경우, 통계법 제17조에 따라 중소기업중앙회가 발표하는 '중소제조업 직종별 임금조사 보고서'(이하 '임금조사 보고서'라 함, 최저임금 상승효과 등 적용시점의 임금상승 예측치를 반영한 통계가 있으면 그 통계를 적용)의 단순노무종사원 노임(다만, 임금조사 보고서에 해당 직종의 노임이 있는 종사원은 해당 직종의 노임을 적용)을, 그 밖에 용역인 경우, 임금조사 보고서의 단순노무종사원 노임을 각 따르되, 근로기준법이 정한 일체 수당, 상여금(기준단가의 연 400%를 초과하여 계상할 수 없다), 퇴직급여충당금을 합한 금액으로 한다(예정가격작성기준 제30조 제2항 제1호, 제2호). 그런데 이에 따른 인건비 기준단가에 0.87995를 곱한 금액이 최저임금에 미치지 못하는 경우에는 최저임금에 0.87995를 나눈 금액을 인건비 기준단가로 한다(예정가격작성기준 제30조 제3항).

그리고 노무비는 해당 계약목적에 직접 종사하는 자에게 지급하는 급여를 의미하므로, 임원, 대표이사라 하더라도 직접 용역에 참가했고, 그 사실을 객관적으로 인정할 수 있을 때만 직접인건비 대상에 포함된다고 보아야 한다.

5) 원가계산 의뢰

가) 의의

원가계산가격으로 예정가격을 결정할 때는 원가계산서를 작성해야 한다. 다만, 발주기관이 직접 원가계산 방법에 따라 예정가격조서를 작성할 경우에는 원가계산서 작성을 생략할 수 있다(국가계약법 시행규칙 제9조 제1항). 그러나 계약목적물 내용·성질 등이 특수하여 발주기관이 스스로 원가를 계산하기 곤란하면, 다음과 같은 원가계산용역기관에게 원가계산을 의뢰할 수 있다(국가계약법 시행규칙 제9조 제2항).

나) 원가계산용역기관의 요건

첫째, ① 정부나 공공기관운영법에 따른 공공기관이 자산 가운데 50% 이상을 출자하거나 출연한 연구기관, ② 고등교육법 제2조 각호 규정에 따른 학교 연구소나 산업교육진흥 및 산학연협력촉진에 관한 법률 제25조에 따른 산학협력단, ③ 민법 그 밖에 다른 법령 규정에 따라 주무관청 허가 등을 받아 설립된 법인, ④ 공인회계사법 제23조에 따라 설립된 회계법인 가운데 어느 한 기관에 해당해야 한다(국가계약법 시행규칙 제9조 제2항 제1호부터 제5호).

둘째, ① 정관이나 학칙의 설립목적에 원가계산 업무를 규정할 것, ② 원가계산 전문인력 10인 이상을 상시 고용하여야 하는데, 전문인력 10인 이상은 ⓐ 국가공인 원가분석사 자격증 소지자 6인 또는 원가계산업무에 종사(연구기간 포함)한 경력이 3년 이상인 자 4인, 5년 이상인 자 2인, ⓑ 이공계대학 학위소지자 또는 국가기술자격법에 따른 기술·기능분야 기사 이상인 자 2인, ⓒ 상경대학 학위소지자 2인이라는 요건을 갖춘 자일 것{단, 고등교육법 제2조 각호 규정에 따른 학교 연구소나 산업교육진흥 및 산학연협력촉진에 관한 법률 제25조에 따른 산학협력단은 상시고용인원이 대학(교) 직원이나 대학(교) 부설연구소 직원이어야 하며, 각 분야별 상시고용인원 가운데 교수(부교수, 조교수, 전임강사 포함)는 1인 이하여야 함}, ③ 기본재산(자본금이나 기금)이 2억 원 이상일 것[1](자본금은 최근 연도 결산재무제표에 있는 자산총액에서 부채총액을 뺀 금액으로 함)이라는 요건을 충족해야 한다(국가계약법 시행규칙 제9조 제3항 제1호부터 제3호, 예정가격작성기준 제31조 제1항 제1호부터 제3호, 제2항). 기본재산 요건 구비 여부를 판단할 때, 자본금은 최근 연도 결산재무제표(결산재무상태표)에 있는 자산총액에서 부채총액을 뺀 금액을 적용해야 한다(예정가격작성기준 제31조 제3항).

셋째, 용역기관은 본부가 아닌 별도 지사, 지부, 출장소, 연락사무소 등을 설치하여 용역을 수행할 수 없다(예정가격작성기준 제31조 제4항).

다) 절차

(1) 기관선정

원가계산용역은 원가계약용역기관의 요건을 갖춘 전문성 있는 기관에게 의뢰해야 한다. 다만, 원가계약용역기관의 요건을 갖춘 기관들의 단체로서 민법 제32조에 따라 설립된 법인(한국원가관리협회 등)에게 요건 충족 여부를 확인한 때는 별도로 요건심사를 하지 않을 수 있다(예정가격작성기준 제32조 제1항).

그리하여 발주기관은 용역을 의뢰할 때, 한국원가관리협회 등에게 용역기관의 자격요건

---

1) 단, 고등교육법 제2조 각호 규정에 따른 학교 연구소나 산업교육진흥 및 산학연협력촉진에 관한 법률 제25조에 따른 산학협력단은 1억 원 이상일 것.

심사를 의뢰하여 그 충족 여부를 확인해야 하나, 한국원가관리협회 등으로부터 이미 충족 여부를 확인한 기관은 이를 면제한다(예정가격작성기준 제32조 제2항).

(2) 서류제출요구

발주기관은 용역을 의뢰하려는 기관으로 하여금, 정관(학교의 연구소나 산합협력단은 학칙이나 연구소 규정), 설립허가서 등 적격기관을 증명하는 서류, 필요 인력의 학위, 자격증명서, 재직증명서 등 자격이나 재직 여부를 증명하는 서류, 재무제표 등 기본재산을 증명할 수 있는 서류, 그 밖에 자격요건 등 확인을 위해 필요하다고 인정하는 서류를 제출하도록 해야 한다(예정가격작성기준 제32조 제6항 제1호부터 제6호). 그리고 전자정부법 제36조 제1항에 따른 행정정보의 공동이용으로 원가계산용역기관의 법인등기부등본 서류를 확인해야 한다(예정가격작성기준 제32조 제7항).

(3) 용역계약 체결

원가계산 용역계약을 체결하려면 계약서에 ① 부실 원가계산시 그 책임 사항, ② 계약해지나 해지 사항, ③ 원가계산 내용의 보안유지 사항, ④ 그 밖에 발주기관의 장이 필요하다고 인정하는 사항을 분명히 기재해야 하며, 계약서 작성을 생략하는 때(계약금액이 3천만 원 이하인 경우)에도 이 내용을 준용하여 각서 등을 받아야 한다(예정가격 작성기준 제32조 제3항).

라) 관련 법규 준수 의무

원가계산용역전문기관에게 원가계산 작성을 의뢰한 때에는 원가계산용역기관으로 하여금 국가계약법 시행규칙과 예정가격작성기준에 따라 작성하게 해야 한다(국가계약법 시행규칙 제9조 제3항).

마) 용역원가계산서 검토

발주기관은 최종 원가계산서를 접수하면, ① 해당 용역기관의 장이나 책임연구원이 직접 확인·서명했는지, ② 원가계산서 내용이 국가계약법령, 예정가격 작성기준, 계약 등 용역조건에 부합하는지를 각각 확인해야 한다(예정가격작성기준 제32조 제4항, 제5항 전문). 이때 원가계산의 적정성을 위해 필요하다면 해당 원가계산서를 작성하지 않은 다른 용역기관에게 검토를 의뢰할 수 있다(예정가격작성기준 제32조 제5항 후문).

바) 제재

발주기관은 용역기관이 자격요건 심사에서 허위서류를 제출하는 등 관련 규정을 위반하거나 원가계산 용역을 부실하게 수행하면, 주무관청 등 감독기관에게 해당 용역기관이 국가기관의 원가계산 용역업무를 수행하지 못하게 하도록 요청할 수 있다(예정가격작성기준 제

31조의2).

6) 보칙

가) 특례설정

특수한 사유로 원가계산이 곤란하면 특례를 설정할 수 있다(예정가격작성기준 제33조 제1항). 그리고 반복적·계속적으로 발주하는 공사는 최근 발주된 같은 종류 공사의 원가계산서에 따라 예정가격을 작성할 수 있다(예정가격작성기준 제33조 제2항). 원가계산에 따른 시간과 비용을 절약하기 위한 규정이다.[1)]

나) 원가계산자료 비치·활용

원가계산에 따른 예정가격을 작성할 때는 계약상대방으로 적당하다고 예상되는 2개 이상 업체의 최근 연도 원가계산자료에 근거하여 계약목적물과 관련 있는 수치를 활용하거나(수의계약 대상업체에는 해당 업체의 최근 연도 원가계산자료), 같은 업체의 제조(공정)확인 결과를 활용하여 제조원가, 공사원가의 비목별 가격결정이나 일반관리비 계상을 위한 기초자료로 활용할 수 있다(예정가격작성기준 제34조 제1항). 공사원가계산을 위해 각 중앙관서의 장이나 그가 지정하는 단체에서 정한 표준품셈에 따라 공사원가의 비목별 가격을 산출할 수 있으며, 같은 품셈적용대상공사가 아닌 경우와 같은 품셈적용을 할 수 없는 비목계상의 경우에도 제1항을 준용한다(예정가격작성기준 제34조 제2항).

다) 외국통화로 표시된 재료비의 환율적용

외국통화로 표시된 재료비는 원가계산을 할 때 외국환거래법에 따른 기준환율이나 재정환율을 적용하여 환산한다(예정가격작성기준 제35조).

다. 표준시장단가

1) 의의와 작성방법

공사계약에서는 이미 수행한 공사의 종류별 시장거래가격 등을 기초로 산정한 표준시장단가로서 중앙관서의 장이 인정한 가격으로 예정가격을 결정해야 한다(국가계약법 시행령 제9조 제1항 제3호). 즉, 표준시장단가로 예정가격을 결정할 때에 이미 수행한 공사의 종류별 단가, 입찰단가, 시공단가 등을 기초로 시장상황과 시공상황을 고려하여 산정하되, 이에 필요한 사항은 기획재정부장관이 정한다(국가계약법 시행규칙 제5조 제2항).

그리하여 표준시장단가에 따른 예정가격은 직접공사비, 간접공사비, 일반관리비, 이윤, 공사손해보험료와 부가가치세의 합계액으로 한다(예정가격작성기준 제37조 제1항). 발주기관이

---

1) 김성근, 앞의 책(Ⅰ), 118쪽.

표준시장단가에 따라 예정가격을 작성하는 경우, 예정가격을 직접공사비, 간접공사비, 일반관리비, 이윤, 공사손해보험료, 부가가치세로 구분하여 총괄집계표를 작성하여야 한다(예정가격작성기준 제43조). 발주기관은 표준시장단가 운용에 필요한 세부사항을 정할 수 있다(예정가격작성기준 제44조).

2) 적용제외

다만, 국가계약법 시행령 제42조 제1항에 따라 낙찰자를 결정하는 경우로서 추정가격이 100억 원 미만인 공사에는 표준시장단가를 적용하지 않는다(예정가격작성기준 제37조 제2항).

3) 세부내용

가) 직접공사비

직접공사비란 계약목적물 시공에 직접 소요되는 비용을 말하며, 계약목적물을 세부 공종(정부 입찰·계약 집행기준 제19조 등 관련 규정에 따른 수량산출기준에 따라 공사를 작업단계별로 구분한 것)별로 구분하여 공종별 단가에 수량(계약목적물 설계서 등에 근거해 그 완성에 적합하다고 인정되는 합리적인 단위와 방법으로 산출한 공사량)을 곱하여 산정한다(예정가격작성기준 제38조 제1항). 직접공사비는 재료비(계약목적물의 실체를 형성하거나 보조적으로 소비되는 물품 가치), 직접노무비(공사현장에서 계약목적물을 완성하기 위해 직접 작업에 종사하는 종업원과 노무자의 기본급, 일체 수당, 상여금, 퇴직급여충당금을 합한 금액), 직접공사경비(공사 시공을 위해 소요되는 기계경비, 운반비, 전력비, 가설비, 지급임차료, 보관비, 외주가공비, 특허권 사용료, 기술료, 보상비, 연구개발비, 품질관리비, 폐기물처리비, 안전관리비를 말하며, 비용의 구체적인 정의는 예정가격작성기준 제19조를 준용)를 포함한다(예정가격작성기준 제38조 제2항).

위에서 말하는 공종별 단가를 산정할 때는 재료비나 직접공사경비 중 일부를 제외할 수 있다. 이때 제외할 수 있는 금액은 해당 계약목적물 시공 기간의 소비량을 측정하거나 계약서, 영수증 등을 근거로 산정해야 한다(예정가격작성기준 제38조 제3항). 각 중앙관서의 장이나 각 중앙관서의 장이 지정하는 기관은 직접공사비를 공종별로 직접 조사·집계하여 산정할 수 있다(예정가격작성기준 제38조 제4항).

나) 간접공사비

간접공사비란 공사의 시공을 위해 공통적으로 소요되는 법정경비나 그 밖에 부수적인 비용을 말하며, 직접공사비 총액에 비용별로 일정요율을 곱하여 산정한다(예정가격작성기준 제39조 제1항). 간접공사비는 간접노무비, 산재보험료, 고용보험료, 국민건강보험료, 국민연금보험료, 건설근로자퇴직공제부금비, 산업안전보건관리비, 환경보전비, 관련법령에서 규정하거나 의무로 정한 경비로서 공사원가계산에 반영하도록 명시된 법정경비, 그 밖에 수도광열비, 복리후생비, 소모품비, 여비, 교통비, 통신비, 세금과 공과, 도서인쇄비, 지급수수료와 같은 간접공사경비를 각 포함한다(예정가격작성기준 제39조 제2항 전문). 그 밖에 비용의 구체적 정의는 예정가격작성기준 제10조 제2항, 제19조를 준용한다(예정가격작성기준 제39조 제2항 후문). 일정요율이란 관련법령에 따라 각 중앙관서의 장이 정하는 법정요율을 말하고(예정가격작성기준 제39조 제3항 본문), 다만, 법정요율이 없을 경우 다수기업의 평균치를 나타내는 공신력 있는 기관의 통계자료를 기초로 각 중앙관서의 장이나 계약담당공무원이 정한다(예정가격작성기준 제39조 제3항 단서). 직접공사비 규정에 따라 산정되지 않은 공종도 간접공사비 산정을 할 때는 위 각 조항을 적용한다(예정가격작성기준 제39조 제4항).

다) 일반관리비

일반관리비는 기업유지를 위한 관리·활동 부문에서 발생하는 일체 비용으로서, 제조원가에 속하지 않은 모든 영업비용 가운데 판매비 등을 제외한 임원급료, 사무직원 급료, 일체 수당, 퇴직급여충당금, 복리후생비, 여비, 교통·통신비, 수도광열비, 세금과 공과, 지급임차료, 감가상각비, 운반비, 차량비, 경상시험연구개발비, 보험료 등을 말하며 기업손익계산서를 기준으로 산정한다(예정가격작성기준 제12조, 제40조 제1항). 이는 직접공사비와 간접공사비 합계액에 일반관리비율을 곱하여 계산한다(예정가격작성기준 제40조 제2항 본문). 다만, 일반관리비율은 공사규모별로 아래에서 정한 비율을 초과할 수 없다(예정가격작성기준 제40조 제2항 단서).

종합공사		전문·전기·정보통신·소방 및 기타공사	
직접공사비+간접공사비	일반관리비율(%)	직접공사비+간접공사비	일반관리비율(%)
50억 원 미만	6.0	5억 원 미만	6.0
50억 원~ 300억 원 미만	5.5	5억 원~ 30억 원 이상	5.5
300억 원 이상	5.0	30억 원 이상	5.0

라) 이윤

영업이익을 말하며, 직접공사비, 간접공사비, 일반관리비 합계액에 이윤율을 곱하여 계산한다(예정가격작성기준 제41조 전문). 다만, 이윤율은 국가계약법 시행규칙 제8조 제2항이 정한 기준에 따른다(예정가격작성기준 제41조 후문).

마) 공사손해보험료

정부 입찰·계약 집행기준 제14장에 따른 공사손해보험 가입비용을 말한다(예정가격작성기준 제42조).

라. 감정가격, 유사 거래실례가격, 견적가격

발주기관은 위에서 본 거래실례가격, 원가계산가격, 실적공사비(표준시장단가)로 예정가격을 결정할 수 없다면, 감정가격, 유사 거래실례가격, 견적가격을 기준으로 예정가격을 결정해야 한다(국가계약법 시행령 제9조 제1항 제4호).

여기서 감정가격은 부동산가격공시 및 감정평가에 관한 법률이 정한 감정평가법인이나 감정평가사(부가가치세법 제8조에 따라 평가업무 관련 사업자등록증을 교부받은 자로 한정한다)가 감정평가한 가격을, 유사한 거래실례가격은 기능과 용도가 비슷한 물품의 거래실례가격을, 견적가격은 계약상대자나 제3자로부터 직접 제출받은 가격을 각각 뜻하고, 감정가격, 유사 거래실례가격, 견적가격 순서에 따라 적용한다(국가계약법 시행규칙 제10조).

마. 예외 : 방위사업청장이 인정한 가격

위에서 살펴본 기준을 적용하지 않는 예외도 있다. 즉, 해외로부터 수입하는 군용물자부품을 국산화한 업체와 계약을 체결하려는 때에는 그 수입가격 등을 고려하여 방위사업청장이 인정한 가격을 기준으로 예정가격을 정할 수 있다(국가계약법 시행령 제9조 제2항). 군용물자부품의 특수성과 그 분야 산업의 발전, 국가안보 등을 고려해 특별히 방위사업청장이 인정한 가격을 기준으로 예정가격을 산정하도록 한 취지이다.[1)]

Ⅵ. 예정가격 변경

발주기관은 재공고입찰에도 입찰자나 낙찰자가 없는 경우로서 처음 예정가격으로는 수의계약을 체결할 수 없다면, 예정가격을 변경하여 새로운 절차에 따른 경쟁입찰에 부칠 수 있다(국가계약법 시행규칙 제13조).

즉, 예정가격을 변경하려면, ① 재공고입찰에 부쳤을 것, ② 입찰자나 낙찰자가 없을 것, ③ 처음 예정가격으로는 수의계약을 체결할 수 없을 것, ④ 변경 예정가격으로 새로운 절차에 따른 경쟁입찰을 부칠 것이라는 요건을 모두 갖추어야 한다. 따라서 재공고입찰이 아닌 재입찰은 여기에 해당하지 않는다. 또한, 재공고입찰에서 입찰자나 낙찰자가 없을 뿐만 아니라, 입찰자가 1명이라도 처음 예정가격으로 수의계약을 체결할 수 없어야 하므로, 상대방이 최초 예정가격으로 수의계약을 체결하는 데 동의하였다면 예정가격을 변경할 수 없다. 처음 결정한 예정가격을 변경한 다음에는 새로운 경쟁입찰에 부쳐야 하므로 새로운 입찰을 부치지 않은 채 재공고입찰에 참여한 입찰자와 변경된 예정가격으로 수의계약을 체결할 수도 없다.[2)]

---

1) 김성근, 앞의 책(Ⅰ), 108쪽.
2) 김성근, 앞의 책(Ⅰ), 108쪽.

Ⅶ. 예정가격 취소

예정가격은 해당 규격서나 설계서 등에 따라 결정해야 하므로, 착오로 해당 규격서나 설계서가 아닌 다른 규격서나 설계서에 따라 예정가격을 결정했다면, 이를 취소할 수도 있다. 그러나 발주기관이 예정가격에 따라 낙찰자 결정이나 계약체결을 한 후에 그러한 사실을 발견했다면, 계약상대자가 그 사실을 알았다는 등 특별한 사정이 없다면 예정가격 결정을 취소할 수 없다.[1]

1) 김성근, 앞의 책(Ⅰ), 90쪽.

제4장 / 청렴계약

제1절 의의

Ⅰ. 정의

발주기관은 국가계약의 투명성과 공정성을 높이기 위해 입찰자나 계약상대자로 하여금 입찰·낙찰, 계약체결, 계약이행 등 과정(준공·납품 이후를 포함한다)에서 직·간접으로 금품·향응 등을 주거나 받지 않겠다고 약정하게 하고, 이를 지키지 않을 때는 해당 입찰·낙찰을 취소하거나 계약을 해제·해지할 수 있다는 조건을 정한 계약을 체결해야 한다(국가계약법 제5조의2 제1항). 위와 같은 계약을 청렴계약이라 한다.

Ⅱ. 국가계약법과 지방계약법의 차이

국가계약법상 청렴계약과 유사하게 지방계약법 제6조의2, 같은 법 시행령 제5조의2에서 정한 청렴서약제가 있다. 국가계약법도 2012. 12. 18. 개정 전에는 지방계약법과 같이 청렴서약제만 규정했지만, 법률개정에 따라 위와 같이 청렴계약제도를 도입했다. 여기서 청렴서약제란 입찰자나 계약상대자로 하여금 청렴서약서를 제출하도록 하는 제도이다. 물론 청렴서약도 두 당사자가 청렴서약 내용을 본 계약으로 편입하겠다는 합의를 하면, 청렴계약과 특별히 다를 바 없다. 그러나 2012. 12. 18. 개정 전 국가계약법이나 현행 지방계약법에는 청렴서약 위반에 따른 효과를 별도로 규정하지 않아 실효성이 적다는 비판이 있었다. 그런 의미에서, 개정 국가계약법이 도입한 청렴계약제도는 법령에 그 내용과 위반 효과를 분명히 정하여 그 실효성을 담보하는 취지가 있다. 지방계약법에도 국가계약법과 같이 청렴서약 위반에 따른 효과를 규정할 필요가 제기된다.[1)]

---

1) 같은 취지로 정태학 외 3명, 앞의 책, 34쪽.

제 2 절 법적 성질

Ⅰ. 본계약의 종된계약

청렴계약이 본계약과 별개로 체결하는 독립계약인지, 아니면 본계약에 편입되는 종된계약에 불과한지 문제이다.

만약 전자로 보면, 가령 조달청장이 수요기관의 장으로부터 요청을 받아 조달계약을 체결하기 전에 계약상대자와 체결하는 청렴계약은 대한민국(조달청장)과 계약상대자 사이에서만 권리·의무가 생기기 때문에, 본계약과 구별되는 독립된 계약이라고 이해해야 하고, 그 결과 청렴계약 위반으로 발생하는 계약해제·해지권이나 손해배상청구권 등은 대한민국(조달청장)만 갖는다.

그러나 청렴계약은 본계약과 관련 없는 독자적인 내용이 아니라, 계약상대자가 본계약 체결 전·후, 그 이행과정, 이행완료 후까지 준수해야 할 부수적 채무를 약정한 것이라 볼 수 있으므로, 원칙적으로 본계약에 편입되는 종된 계약이라고 보는 것이 타당하다.[1)]

그러므로 계약당사자인 대한민국(조달청장)뿐만 아니라 수익자인 수요기관도 계약상대자에게 청렴계약에 근거한 권리를 행사할 수 있다고 보아야 한다. 다만, 본계약 체결 전에 입찰담합을 발견하여 입찰을 무효로 처리하는 때처럼 아직 본계약을 체결하기 전이라면, 계약당사자인 대한민국(조달청장)만이 그 상대방에게 청렴계약에 따른 손해배상예정액 청구권 등을 행사할 수 있을 뿐이다.

〔청렴특수조건이 본계약 내용으로 편입되는지〕

원고가 이 사건 각 계약 체결 당시 청렴특수조건에 동의하여 전자서명을 하였으므로, 이 사건 계약을 체결하기 위하여 그 부가된 청렴특수조건 역시 이 사건 계약의 일부라는 사실을 인지하고 이를 준수할 의사로 서명하였다고 볼 수 있다. 따라서 청렴특수조건은 계약당사자의 의사 합치에 따라 이 사건 각 계약 내용으로 편입되었다(서울고등법원 2013. 7. 10. 선고 2012나106357 판결).

Ⅱ. 유효성

발주기관은 계약상대자의 계약상 이익을 부당하게 제한하지 않는 범위에서 사적 자치와 계약상 자유에 따라 계약내용에 포함할 특약이나 조건 등을 자유로이 정할 수 있다. 따

1) 서울고등법원 2013. 7. 10. 선고 2012나106357 판결.

라서 계약상대자와 합의를 거쳐 계약내용으로 편입하는 청렴계약은 적법절차원칙에 위반한 탈법행위로서 무효라 볼 수 없다.[1]

Ⅲ. 약관성

기획재정부 계약예규인 정부 입찰·계약 집행기준 제98조의3 제2항은 계약목적물의 특성, 공급자의 수 등을 감안할 때 담합행위의 개연성이 있다고 판단될 경우 청렴계약서에 시행령 제4조의2 제1항 제2호를 위반한 입찰자나 계약상대자가 배상하여야 할 손해배상액의 예정을 포함할 수 있다고 규정하는 한편, 같은 조 제3항은 해당 계약의 발주방식, 난이도, 예상되는 입찰자의 수 등을 고려하여 적정한 손해배상액을 산정하도록 하되, 입찰자는 입찰금액의 100분의 5, 계약상대자는 계약금액의 100분의 10을 초과해서는 안 된다고 규정한다. 이처럼 국가계약법이 적용되는 청렴계약에는 담합위반에 따른 손해배상액의 예정을 규정[2]하는데, 이러한 규정이 약관규제법 적용을 받는 약관인지에 대하여 논란이 있고, 일부 하급심은 약관성을 인정하기도 한다. 발주기관이 계약상대자와 개별적인 합의 없이 사전에 일반적 사용을 위해 마련한 조항이라는 점에서 약관으로 볼 여지도 배제하기 어렵다.

제 3 절 청렴계약의 구조

Ⅰ. 계약상대방

청렴계약 상대방은 계약체결 전 입찰자뿐만 아니라 계약체결 후 계약상대자도 포함된다.

Ⅱ. 적용범위

계약상대자는 입찰단계부터 계약이행이 완료된 때까지만이 아니라 준공이나 납품 이후까지 계속해서 청렴계약을 준수해야 한다. 다만, 준공이나 납품 이후에는 청렴계약에 따라 해지할 본계약이 없으므로, 준공이나 납품 이후까지 청렴의무를 부담하게 하는 실익은 향후 입찰참가자격사전심사에서 계약이행 성실도 평가와 관련하여 불이익을 주는 것에 있다.[3]

1) 서울고등법원 2013. 7. 10. 선고 2012나106357 판결.
2) 그러나 지방계약법이 적용되는 계약에서는 청렴서약서에 손해배상액 예정을 별도로 규정하지 않는다.
3) 김성근, 앞의 책(Ⅰ), 70쪽.

Ⅲ. 내용

국가계약법상 청렴계약서에는 ① 금품, 향응, 취업제공, 알선 등 요구·약속과 수수 금지 등, ② 입찰가격 사전 협의나 특정인의 낙찰을 위한 담합 등 공정한 경쟁을 방해하는 행위 금지, ③ 공정한 직무수행을 방해하는 알선·청탁으로 입찰이나 계약과 관련된 특정 정보 제공을 요구하거나 받는 행위 금지를 포함해야 한다(국가계약법 제5조의2 제2항, 같은 법 시행령 제4조의2 제1항, 정부 입찰·계약 집행기준 제98조의3 제1항 제1호). 나아가 위 사항을 위반하였을 때 해당 입찰·낙찰을 취소하거나 계약을 해제·해지할 수 있다는 내용도 포함해야 한다(정부 입찰·계약 집행기준 제98조의3 제1항 제2호). 또한, 담합에 따른 손해배상의 예정도 규정한다(정부 입찰·계약 집행기준 제98조의3 제2항 참조). 조달청장이 사용하는 청렴계약서 양식은 아래와 같다.

청렴계약서(서약서)

「국가를 당사자로 하는 계약에 관한 법률」 제5조의 2 또는 「지방자치단체를 당사자로 하는 법률」 제6조의 2에 따라 본 입찰에 참여한 당사 대리인과 임직원은 입찰·낙찰, 계약체결 또는 계약이행 등의 과정(준공·납품 이후를 포함한다)에서 아래 각 호의 청렴계약 조건을 준수할 것이며, 이를 위반할 때에는 입찰·낙찰을 취소하거나 계약을 해제·해지하는 등의 불이익을 감수하고, 이에 민·형사상 이의를 제기하지 않을 것임을 약정합니다.

1. 금품·향응 등(친인척 등에 대한 부정한 취업 제공 포함)을 요구 또는 약속하거나 수수(授受)하지 않겠습니다.
2. 입찰가격의 사전 협의 또는 특정인의 낙찰을 위한 담합 등 공정한 경쟁을 방해하는 행위를 하지 않겠습니다.
3. 공정한 직무수행을 방해하는 알선·청탁을 통하여 입찰 또는 계약과 관련된 특정 정보의 제공을 요구하거나 받는 행위를 하지 않겠습니다.
4. 「국가를 당사자로 하는 계약에 관한 법률 시행령」 제4조의2 제1항 제2호 위반 시에 아래의 손해배상액을 납부토록 하겠습니다. (국가계약법 적용 조달청 입찰 및 계약 건에 한함)
   - 입찰자 : 입찰금액의 100분의 5
   - 계약상대자 : 계약금액의 100분의 10

2024. . .

서약자 ○○○회사 대표 ○○○(인)

조달청장 귀하

한편, 지방계약법상 청렴서약서 역시 ① 입찰, 낙찰, 계약 체결과 이행, 법 제16조에 따른 감독, 법 제17조에 따른 검사와 관련된 직·간접적인 사례, 증여, 금품·향응 제공 금지, ② 특정인의 낙찰을 위한 담합 등 입찰의 자유경쟁을 방해하는 행위나 불공정한 행위 금지, ③ 공정한 직무수행을 방해하는 알선·청탁으로 입찰이나 계약과 관련된 특정 정보제공을 요구하거나 받는 행위 금지를 포함하여(지방계약법 제6조의2 제1항 제1호부터 제3호, 같은 법 시행령 제5조의2 제1항), 국가계약법령이 정한 청렴계약서 내용과 비슷하다.

제 4 절 청렴계약 절차

발주기관은 입찰자나 계약상대자로 하여금 입찰서를 제출할 때나 계약을 체결할 때, 청렴계약서를 같이 제출하게 해야 한다(국가계약법 시행령 제4조의2 제2항, 정부 입찰·계약 집행기준 제98조의2 제1항). 또한, 발주기관은 계약을 체결할 때 계약상대자가 입찰 당시 제출한 청렴계약서 내용을 계약서에 포함하도록 해야 한다(정부 입찰·계약 집행기준 제98조의2 제2항).

그러나 수의계약인 경우에는 본계약을 체결할 때 비로소 청렴계약서를 제출받는다.

제 5 절 청렴계약 위반효과

Ⅰ. 제재수단

첫째, 입찰자나 계약상대자가 청렴계약을 위반한 경우, 민사상 제재와 형사상 제재, 행정상 제재를 각각 받을 수 있다. ① 민사상 제재로는 낙찰자 혹은 계약상대자 결정에 있어 평가상 불이익(감점), 입찰·낙찰 취소, 계약해제·해지, 손해배상책임 등이 있다. ② 형사상 제재로 입찰방해, 공무집행방해, 뇌물, 부정청탁및금품등수수의금지에관한법률위반, 독점규제및공정거래에관한법률위반 등으로 처벌받을 수 있다. ③ 행정상 제재로 위반행위 유형에 따라 입찰참가자격 제한처분을 받을 수 있다.

둘째, 계약담당공무원이 청렴계약을 위반한 경우에도 민사상 제재와 형사상 제재, 행정상 제재를 각각 받을 수 있다. ① 민사상 제재로 변상책임이나 구상책임을 부담할 수 있다. ② 형사상 제재로 뇌물, 부정청탁및금품등수수의금지에관한법률위반, 공무상비밀누설 등으로 처벌받을 수 있다. ③ 행정상 제재로 징계처분을 받을 수 있다.

아래에서는 위 다양한 제재 가운데 계약이행 성실도 평가상 불이익, 계약해제·해지 등,

손해배상액의 예정을 자세히 살펴본다.

Ⅱ. 계약이행 성실도 평가상 불이익

발주기관은 계약이행 성실도를 평가할 때 청렴계약 준수 정도를 고려해야 한다(국가계약법 시행규칙 제23조). 따라서 입찰자나 계약상대자가 청렴의무를 위반하면 계약이행 성실도 평가에서 불이익을 받는다. 입찰참가자격사전 심사점수 산정방식이나 현재 적격심사에서 낙찰자결정을 좌우하는 점수 차이가 근소하다는 점을 고려할 때, 청렴계약 위반자에게 계약이행 성실도 평가에서 불이익을 가하는 조치는 강력한 효력을 발휘한다.[1)]

Ⅲ. 입찰·낙찰의 취소와 계약의 해제·해지

1. 원칙

입찰자나 계약상대자가 청렴의무를 위반하면, 발주기관은 해당 입찰·낙찰을 취소하거나 계약을 해제·해지해야 한다.

〔입찰, 계약체결, 계약이행과 관련하여 관계공무원에게 뇌물을 제공한 경우 계약을 해제·해지하도록 규정한 취지〕

관계공무원에게 뇌물을 제공하고 입찰에서 낙찰자가 되어 계약을 체결하는 것은 계약의 공정과 경제성 확보, 참가의 기회균등을 도모하기 위하여 경쟁입찰을 원칙으로 하는 국가계약법 취지를 근본적으로 훼손할 수 있고, 뇌물을 제공하지 않고 경쟁입찰에 참여했으나 낙찰자가 되지 못한 업체에게 새로운 입찰기회를 부여할 필요가 있는 점, 뇌물을 제공한 업체는 뇌물 제공에 따른 비용 증가를 만회하고자 품질이 낮은 계약목적물을 납품하여 이윤을 추구할 우려가 큰 점, 입찰과 계약체결 단계에서 뇌물 제공이 계약이행 단계에서 뇌물 제공과 비교하여 불법성 정도가 약하다고 볼 수 없는 점, 입찰, 계약체결과 관련하여 뇌물을 제공한 경우는 계약체결 당시를 기준으로 과거 사실이기는 하지만, 뇌물 수수 당사자를 제외한 제3자는 계약체결 당시 뇌물 제공 사실을 알지 못하고 통상 사후에 그 사실을 인지하는 점, 뇌물 제공이 결부되어 체결된 계약은 당초 정당성과 공정성을 상실한 것이므로 뇌물 제공자를 행정제재만 하고 해당 계약 자체 효력을 존속하게 하여 이행이익을 누리게 하는 것은 결과적 타당성을 인정하기 어려운 점, 약정해지사유를 공공계약 내용으로 편입하여 납품업체가 관계공무원에게 뇌물을 제공하지 못하도록 억제하는 일반 예방적 효과도 있는 점 등을 두루 고려하면 … (서울고등법원 2013. 7. 10. 선고 2012나106357 판결).

---

1) 김성근, 앞의 책(Ⅰ), 72쪽.

2. 예외

다만, 금품·향응 제공 등 부정행위의 경중, 해당 계약의 이행 정도, 계약이행 중단으로 발생하는 국가 손실 규모 등 여러 사정을 고려하여 공익을 현저히 침해한다고 인정되는 경우에는 발주기관의 승인을 받아 청렴의무 위반자로 하여금 해당 계약을 계속 이행하게 할 수 있다(국가계약법 제5조의3). 특히 발주기관이 청렴의무 위반자에게 계약의 계속 이행을 승인할 때는 계약 대상물의 성격과 해당 계약의 이행 정도, 기간 등 기획재정부장관이 정하는 기준 등을 고려해야 한다(국가계약법 시행령 제4조의3).

참고로, 지방계약법은 입찰·낙찰취소나 계약해제·해지의 예외 사유를 구체적으로 규정하는데, 가령, ① 재난복구공사 등 긴급한 이행이 필요한 경우로서 새로운 계약을 체결하면 계약의 목적을 달성하기 곤란한 경우, ② 천재지변 등 부득이한 사유로 계약의 이행이 지연되는 경우로서 계약을 계속 유지할 필요성이 있다고 인정되는 경우, ③ 그 밖에 계약의 이행 정도 등을 고려하여 낙찰자 결정을 취소하거나 계약을 해제·해지하면 계약 목적을 달성하기 곤란하거나 지방자치단체에 상당한 손해가 발생할 것으로 판단되는 경우를 말한다(지방계약법 제30조의2 제2항, 지방계약법 시행규칙 제75조의2).

Ⅳ. 손해배상책임

1. 담합행위를 제외한 나머지 청렴의무위반 사유

가. 문제점

청렴의무위반 사유가 있더라도 여러 사정을 고려해 계약을 유지할 수는 있으나(국가계약법 제5조의3 단서 참조), 그럼에도 발주기관에게 손해가 발생한 경우, 발주기관은 위반행위자에게 손해배상을 청구할 수 있는지 문제된다. 아래와 같이 담합행위가 있는 경우에는 청렴계약에 손해배상의 예정을 규정하므로 발주기관은 그에 따라 예정액을 청구할 수 있다. 그러나 담합행위가 아닌 다른 청렴의무위반 사유가 있는 경우에는 손해배상 관련 조항이 없으므로, 발주기관이 위반행위자에게 손해배상을 청구할 수 있는지 논란이 있다.

〔다양한 논리 가능성〕

① 우선, 국가계약에서 청렴계약 내용은 본계약에 편입되므로(정부 입찰·계약 집행기준 제98조의2 제2항 참조), 청렴의무위반은 채무불이행이고, 그에 따라 입찰·낙찰을 취소하는 경우에는 입찰보증금을, 계약해제·해지를 하는 경우에는 계약보증금을 각 몰수할 수 있다는 논리가 가능하다(국

가계약법 제9조 제3항, 제12조 제3항, 같은 법 시행령 제38조 제1항, 제75조 제1항). 이에 따르면 입찰보증금이나 계약보증금을 몰수하여 해당 손해를 보전받을 수 있다.

② 다음으로, 국가계약에서 청렴의무는 급부의무(주된 급부의무와 부수적 급부의무를 포함)라 보기 어렵고, 단지 부수적 주의의무이거나 보호의무에 불과하다고 보는 논리가 가능하다. 이에 따르면 청렴의무위반은 채무불이행(계약상 부수적 주의의무 위반)이거나 불법행위(보호의무 위반)이고, 발주기관은 민법 제390조나 같은 법 제750조에 근거해 손해배상을 청구할 수 있다.

③ 끝으로, 국가계약법이나 청렴계약서, 그 밖에 관련규정은 담합행위를 제외한 다른 청렴의무 위반이 있는 경우, 국가가 입찰·낙찰의 취소나 계약의 해제·해지를 할 수 있다고 하였을 뿐, 별도로 손해배상을 청구할 수 있다고 규정하지 않았으므로, 담합행위를 제외한 청렴의무위반 행위자에게는 손해배상을 청구할 수 없다는 논리도 가능하다.

나. 판례

대법원 판례는 분명하지 않다. 다만, 최근 하급심은 허위 입찰서류를 제출했다는 이유로 국가가 계약상대자에게 계약을 해지한 사안에서, 입찰 관련 허위서류 제출은 계약체결 전 사유에 불과하고 계약상 의무를 이행하지 않은 경우라고 볼 수 없으므로, 구체적인 손해액을 증명하여 일반규정에 따른 손해배상을 청구할 수 있을 뿐, 국가계약법령에 따라 계약보증금을 귀속할 수 없다고 하였다.[1] 위 하급심 판결 논리대로라면 일부 청렴계약상 의무 위반행위는 계약체결 전에 발생한 사유에 불과하므로 적어도 계약보증금은 귀속할 수 없다. 다만, 발주기관은 불법행위책임을 물을 수 있으므로, 구체적인 손해액을 증명하여 그 배상을 청구할 수 있다.

다. 검토

생각건대 청렴계약 내용은 '금품제공 등 금지', '담합행위금지', '알선·청탁에 따른 정보제공 등 금지'와 같이 불법행위를 하지 않을 의무에 해당한다. 이처럼 불법행위를 하지 않을 의무는 어찌 보면 입찰자나 계약상대자만 부담하는 채무가 아니라 모든 계약 관여자가 지켜야 할 의무라고 할 수 있다.

따라서 비록 국가계약법이 청렴계약을 체결하도록 규정할지라도, 이를 단순히 계약상 의무라고 이해할지는 생각해 볼 문제다. 그럼에도 청렴의무란 공공입찰이나 계약에 관여한 각 주체가 공공계약 체결 전·후 과정에서 지켜야 할 의무에 해당하고, 그 위반은 계약관계에 직접 영향을 미치기 때문에, 청렴의무를 계약상 의무와 전혀 관계없는 것이라고 보기도 어렵다. 따라서 일단 청렴의무는 계약상 의무 가운데 하나인 '부수적 주의의무' 정도로 파악

1) 서울중앙지방법원 2021. 8. 30. 선고 2020가단5175243 판결.

할 필요가 있다.[1)] 그렇지 않더라도 금품제공 등이나 담합행위, 알선·청탁에 따른 정보제공 등은 '일반 불법행위'에 해당할 수 있으므로 '보호의무'로 파악할 여지도 있다.

다만, 청렴의무위반은 일반적인 채무불이행과는 차이가 있으므로, 계약체결 전 청렴의무위반을 이유로 계약을 해제·해지할 때는 계약보증금을 귀속할 수 없고, 국가가 구체적인 손해를 증명하는 방법으로 민법 제390조나 같은 법 제750조에 근거한 손해배상을 청구해야 한다고 본다.

2. 담합행위

가. 손해배상액의 예정

발주기관은 앞에서 본 세 가지 청렴의무 위반행위 유형 중 담합행위에 대해 손해배상의 예정을 할 수 있다. 이처럼 유독 담합행위에만 손해배상 예정을 허용한 이유는 담합행위가 다른 청렴의무 위반행위보다 해악성이 크기 때문이기도 하지만,[2)] 그보다는 발주기관이 담합행위로 입은 구체적 손해액을 증명하기 곤란할 때가 많으므로 그 증명이 없이도 손해를 보전받을 수 있게 하려는 목적 때문이다.

따라서 발주기관은 계약목적물의 특성, 공급자 수 등을 고려할 때 담합행위 개연성이 있다고 판단될 경우, 입찰가격의 사전 협의나 특정인의 낙찰을 위한 담합 등 공정한 경쟁을 방해하는 행위 금지를 위반하여 발생한 손해배상액의 예정을 청렴계약에 포함할 수 있고(정부 입찰·계약 집행기준 제98조의3 제2항), 해당 공사의 발주방식, 난이도, 예상되는 입찰자 수 등을 고려하여 적정한 손해배상액을 산정하되, 입찰자에게는 입찰금액의 100분의 5, 계약상대자에게는 계약금액의 100분의 10을 초과하여 예정액을 정할 수 없다는 제한을 받는다(정부 입찰·계약 집행기준 제98조의3 제3항). 참고로, 조달청이 사용하는 청렴계약서 양식에 따르면, 국가계약법 적용을 받는 조달청 입찰·계약과 관련하여 담합행위를 한 입찰자는 입찰금액의 100분의 5, 계약상대자는 계약금액의 100분의 10을 각각 손해배상액으로 예정한다.

이처럼 청렴계약서에 담합에 따른 손해배상의 예정액을 규정하는 경우, 발주기관은 담합행위의 발생사실만 증명하면 별도로 구체적인 손해액을 증명하지 않더라도 담합행위자에게 해당 예정액을 청구할 수 있다.

---

1) 다만, 민법상 '부수적 주의의무' 위반만으로 계약해제·해지를 할 수 없다고 하지만, 국가계약법은 입찰자나 계약상대자가 청렴의무를 위반하면 국가 등은 입찰·낙찰을 취소하거나 계약을 해제·해지할 수 있다고 규정하고(국가계약법 제5조의3 참조), 청렴계약서 자체에도 그 내용을 규정하기 때문에, 이에 따른 해제·해지권은 약정 해제·해지권에 해당한다.

2) 정태학 외 3명, 앞의 책, 35쪽.

나. 청구권자

1) 문제점

발주기관이 그 상대방과 직접 계약을 체결하는 이른바 자체조달계약에서는, 청렴계약을 체결한 발주기관이 상대방에게 직접 손해배상의 예정액을 청구하면 된다. 그러나 조달청장이 다른 수요기관의 장으로부터 요청받아 계약체결을 대행하는 이른바 요청조달계약에서는(조달사업법 제11조 참조), 대한민국(조달청장)과 수요기관의 장 가운데 누가 담합행위자에게 손해배상의 예정액을 청구할 수 있는지 문제된다. 물론 수요기관이 국가기관인 중앙관서라면, 법적 주체는 '대한민국'이기 때문에 내부적으로 조달청장과 수요기관의 장이 협의하여 누가 소관기관으로서 해당 업무를 처리할지만 정하면 충분하나, 만약 수요기관이 지방자치단체나 공기업·준정부기관·기타공공기관, 그 밖에 공공단체와 같이 국가와 별개인 법인이라면, 서로 법인격이 다르므로, 과연 대한민국(조달청장)과 수요기관 가운데 누구를 손해배상 예정액 청구권자로 보아야 하는지 검토할 필요가 있다.

〔다양한 논리 가능성〕

① 우선, 대한민국(조달청장)이 청구권자로 보는 논리가 가능하다. 즉, 요청조달계약은 이른바 제3자를 위한 계약이므로 계약당사자는 대한민국(조달청장)과 계약상대자이고, 수요기관은 수익자에 불과하기 때문에,[1] 청렴계약상 손해배상 예정액 청구권자는 '대한민국(조달청장)'이라 하고, 특히 청렴계약 당사자가 조달청장과 계약상대자일 뿐만 아니라, 그 내용은 본계약에 편입되므로(정부 입찰·계약 집행기준 제98조의2 제2항 참조), 결국 요청조달계약의 한쪽 당사자인 대한민국(조달청장)만이 담합행위자에게 손해배상 예정액을 청구할 수 있다는 것이다.

② 반대로, 수요기관이 청구권자라고 보는 논리도 가능하다. 즉, 요청조달계약이 제3자를 위한 계약이라 하더라도, 청렴계약이 본계약에 편입되는 만큼(정부 입찰·계약 집행기준 제98조의2 제2항 참조), 수익의 의사표시를 한 수요기관은 계약상대자에게 자기가 입은 손해를 직접 청구할 수 있고[2] 제3자를 위한 계약에서 수익자가 수익의 의사표시를 한 다음 낙약자의 채무불이행이 발생하면, 수익자만 손해배상을 청구할 수 있을 뿐 요약자는 자기에게 직접 배상하도록 청구할 수 없다는 논리[3]에 따라 수익자인 수요기관만 청구권을 갖고, 요약자인 대한민국(조달청장)은 청구권을 행사하지 못한다고 보는 것이다.

③ 끝으로, 대한민국(조달청장)과 수요기관 중 실제로 손해를 입은 주체가 청구권자라는 논리도 가능하다. 그런데 담합에 따른 손해는 대체로 실질적 대금지급 의무자인 수요기관에게 발생할 가

1) 대법원 2018. 11. 29. 선고 2018두49390 판결.
2) 대법원 1994. 8. 12. 선고 92다41559 판결.
3) 같은 취지로, 곽윤직, 채권각론 (제6판), 박영사, 2004, 79쪽, 지원림, 앞의 책, 1368쪽. 서울중앙지방법원 2021. 6. 4. 선고 2020가합558161 판결도 마찬가지이다.

능성이 높기 때문에, 결국 이 견해에 따르면 수요기관이 계약상대자에게 손해배상 예정액을 청구할 수 있다는 결론에 이른다.

2) 판례

판례는 제3자를 위한 계약의 성질을 갖는 다수공급자계약 체결·이행과정에서 손해가 발생한 경우, 손해배상채권을 갖는 주체는 대한민국(조달청장)이라고 하였다.[1] 그러나 이러한 판례 태도가 청렴계약에 근거한 예정 배상액의 청구에도 그대로 적용될지는 지켜볼 필요가 있다.

3) 검토

청렴계약에 따른 손해배상 예정액의 청구권원이 무엇인지를 따져서 청구권자를 결정해야 한다. 그런데 보통 담합행위가 있으면, 그 피해자는 불법행위를 이유로 한 손해배상을 청구하기 때문에(공정거래법 제56조, 민법 제750조 참조),[2] 공공입찰에서도 대한민국(조달청장)이든 수요기관이든 담합행위에 따른 피해자는 상대방에게 손해배상을 청구할 수 있다.

그러나 불법행위책임과 달리 계약상 의무 위반, 즉 채무불이행을 이유로 한 손해배상청구권 혹은 손해배상 예정액의 청구권은 계약당사자가 행사할 수 있다고 보아야 한다. 따라서 청렴계약서 자체에 청구권자를 분명히 기재했다면 그에 따르되, 미리 약정한 청구권자가 없다면 계약당사자인 대한민국(조달청장)이 손해배상 청구권 등을 갖는다고 해석해야 한다.

특히 수익자가 수익의 의사표시를 한 다음에는 수익자가 손해배상청구권을 갖기 때문에 요약자는 계약상대자로 하여금 자신에게 직접 손해배상을 하도록 청구할 수 없다는 논리는, 계약당사자인 요약자의 지위를 무색하게 하는 해석론이다. 또한, 청렴계약 내용 자체가 계약이행과 직접 관련된 것이 아니라 계약체결 절차와 관련된 것이므로, 그 위반으로 발생하는 손해는 계약체결 당사자인 대한민국(조달청장)에게 귀속된다고 볼 수도 있다. 따라서 계약당사자인 요약자, 즉 대한민국(조달청장)은 담합행위자에게 손해배상의 예정액을 직접 청구할 수 있다고 보아야 한다.

다. 손해배상제도와의 관계

과거 입찰담합이 발생하면, 발주기관은 공정거래법 등에 근거해 담합행위자를 상대로 손해배상청구권을 행사했다.

1) 대법원 2019. 10. 18. 선고 2019도8374 판결 참조.
2) 대법원 2016. 11. 24. 선고 2014다81528 판결도 공정거래법 제57조에 근거한 손해배상청구를 불법행위에 따른 손해배상청구로서의 성질이 있다고 보았다.

그런데 발주기관이 담합한 자를 상대로 손해배상을 청구하려면 구체적인 손해액을 증명해야 하는데, 여기서 손해는 담합행위로 형성된 낙찰가격과 담합행위가 없었더라면 형성되었을 가격, 즉 가상 경쟁가격의 차액을 말한다. 그리고 가상 경쟁가격은 담합행위가 발생한 해당 시장의 다른 가격형성 요인을 그대로 유지한 상태에서 담합행위로 말미암은 가격상승분만을 제외하는 방식으로 산정해야 한다. 그러나 이러한 방식으로 손해액을 산정하기란 쉽지 않다.

가령, 위법한 입찰담합 행위 전후로 특정 상품의 가격형성에 영향을 미치는 경제여건, 시장구조, 거래조건, 그 밖에 요인에 변동이 없다면 담합행위 종료 후 거래가격을 기준으로 가상 경쟁가격을 산정하더라도 합리적이지만, 담합행위 종료 후 가격형성에 영향을 미치는 요인이 현저하게 변동한 때는 그와 같이 볼 수 없다. 따라서 이때는 여러 변동 요인이 담합행위 후 가격형성에 미친 영향을 제외하고 가상 경쟁가격을 산정하여, 담합행위와 관련 없는 가격형성 요인에 따른 가격변동분이 손해범위에 포함되지 않도록 해야 한다. 이에 대법원은 발주기관이 연간 고정가 방식으로 계약을 체결하였고, 당초 예상과 달리 환율이나 국내 유가 하락이 발생하였는데도 연간고정가 방식 때문에 유류구매가격 전액을 내수가연동제 방식으로 감액조정할 수 없게 된 데에 따른 손해와 담합행위 사이에는 상당인과관계가 없다고 보았다.[1)]

이처럼 담합에 따른 구체적인 손해액을 산정하기 어려운 경우 발주기관이 손해배상청구소송을 제기하더라도 인용받기 곤란한 사례가 제법 발생한다. 민사소송법이 2016. 3. 29. “손해가 발생한 사실은 인정되나 구체적인 손해의 액수를 증명하는 것이 사안의 성질상 매우 어려운 경우에 법원은 변론 전체의 취지와 증거조사의 결과에 의하여 인정되는 모든 사정을 종합하여 상당하다고 인정되는 금액을 손해배상 액수로 정할 수 있다.”는 조항을 마련하여(민사소송법 제202조의2 참조), 피해자인 발주기관이 부담하는 손해액 증명책임을 어느 정도 덜어주긴 했으나, 이러한 민사소송법 규정이 담합에 따른 손해액 산정사례에 적용될지는 논란이 있다.

이에 국가계약법과 그에 따른 정부 입찰·계약 집행기준은 청렴계약서에 담합에 따른 손해배상액 예정을 하여, 손해액 증명이 어려운 때를 대비하였다. 따라서 현재는 입찰담합이 발생한 경우, 발주기관이 담합행위자를 상대로 불법행위에 따른 손해배상채권과 청렴계약 위반에 따른 손해배상예정액 채권을 모두 행사할 수 있고(별개 소송물), 다만, 두 권리는 한 권리가 만족을 얻으면 나머지 권리가 소멸하는 이른바 청구권 경합관계에 있다고 해석해야 한다.

---

1) 대법원 2011. 7. 28. 선고 2010다18850 판결.

제5장 / 입찰절차

제 1 절　서론

Ⅰ. 입찰절차 개관

발주기관은 공사, 용역, 물품계약을 체결하기 위한 입찰에 부치려면 입찰에 필요한 서류를 작성 후 비치하고, 입찰공고를 하거나 그 통지를 한다. 이에 따라 입찰참가자격을 갖춘 자는 입찰참가신청을 하고, 입찰참가자격사전심사 대상인 입찰에서는 해당 심사를 거쳐 입찰적격자로 선정된다. 그 후, 입찰참가자는 입찰서 작성에 필요한 사항을 검토하여 발주기관에게 입찰서를 제출하고, 발주기관이 정한 절차와 방법에 따라 입찰보증금을 납부한다.

한편, 입찰서를 제출받은 발주기관은 입찰방법에 따라 입찰서를 개찰하고 그 가운데 가장 낮은 입찰가격을 제시한 자, 일정한 계약이행능력평가 점수를 취득한 자, 설계점수와 가격점수 등을 종합평가하여 가장 높거나 낮은 점수를 취득한 자 등 발주기관에 가장 유리한 조건을 제시한 자를 미리 입찰공고 등에서 정한 기준과 방법에 따라 낙찰자로 선정하고, 그에게 낙찰자 결정을 통보한다. 이로써 입찰절차는 종료한다.

이와 같은 일련의 절차를 입찰절차라 하는데, 이번 제5장에서는 낙찰자 결정을 제외한 선행 입찰절차를 우선 살펴본다.

Ⅱ. 입찰서류 작성·열람

1. 입찰관련서류 작성·비치

발주기관이 물품제조·구매, 용역 등을 입찰에 부치고자 할 경우, 입찰공고문, 입찰참가통지서, 입찰유의서, 입찰참가신청서, 입찰서, 계약서 서식, 계약일반조건, 계약특수조건, 낙찰자 결정 관련 심사기준, 그 밖에 참고사항 등 입찰관련서류를 작성·비치하여야 해야 한다(국가계약법 시행령 제16조 제1항, 같은 법 시행규칙 제41조 제1항 각호). 작성·비치 서류에는 협상에 의한 계약체결기준, 용역과업내용서 등도 포함된다.

한편, 발주기관은 공사를 입찰에 부치려고 하는 경우, ① 설계서, ②공종별 목적물 물량내역서, ③ 입찰공고문, 입찰참가통지서, 입찰유의서, 입찰참가신청서, 입찰서, 계약서 서식, 계약일반조건, 계약특수조건, 낙찰자 결정 관련 심사기준, 대형공사나 기술제안입찰 공사의 경우 입찰안내서, 그 밖에 참고사항을 기재한 서류 등 입찰관련서류를 작성해야 한다(국가계약법 시행령 제14조 제1항 본문, 같은 법 시행규칙 제41조 제1항 각호). 다만, 추정가격이 100억원 이상 공사입찰이나 문화재수리 등에 관한 법률 제2조 제1호에 따른 문화재수리로서 문화재청장이 정하는 공사입찰의 경우에는 입찰에 참가하려는 자에게 물량내역서를 직접 작성(발주기관이 교부하는 물량내역 기초자료를 참고하여 작성하는 경우를 포함)하게 할 수 있다(국가계약법 시행령 제14조 제1항 단서). 특히 설계서와 물량내역서는 입찰참가자가 검토를 마쳐야 입찰가격을 산정할 수 있으므로, 사전에 작성하여 교부하도록 정하였다. 설계서는 설계도면, 공사시방서, 현장설명서를 말한다. 그리고 물량내역수정입찰, 일괄입찰, 대안입찰, 기술제안입찰 같은 입찰에서는 입찰참가자가 물량내역서를 직접 작성하거나 수정하여 제출할 경우도 있다.[1)]

2. 입찰관련서류 열람·교부

발주기관은 물품제조·구매, 용역 등 입찰에서 입찰공고일부터 입찰등록마감일까지 입찰에 참가하고자 하는 자의 요청이 있는 경우 입찰관련서류를 열람하게 해야 한다(국가계약법 시행령 제16조 제1항 본문). 다만, 추정가격이 고시금액 이상인 물품제조·구매, 용역 등 입찰에서는 입찰에 참가하고자 하는 자의 요구가 있는 경우 입찰관련서류를 교부해야 한다(국가계약법 시행령 제16조 제1항 단서). 그러나 발주기관이 입찰관련서류를 전자조달시스템에 게재했다면, 위와 같은 열람·교부를 갈음할 수 있다(국가계약법 시행령 제16조 제2항). 특히 품질 등에 따른 낙찰자결정 방식으로 물품제조·구매 입찰을 할 때는 품질 등 평가기준을 기획재정부장관이 정하는 바에 따라 입찰 전에 미리 결정하여 입찰자로 하여금 이를 열람하게 해야 한다{물품구매(제조)입찰유의서 제16조 제7항 후문 참조}.

한편, 발주기관은 공사입찰에 참가하려는 자에게 입찰관련서류를 열람하게 하고 교부해야 하는데(국가계약법 시행령 제14조 제2항 본문), 특히 '입찰공고할 때에' 입찰공고문과 아울러 각종 입찰 관련 서류를 열람하게 하고 교부해야 한다(공사입찰유의서 제4조 제1항 참조). 다만, 입찰에 참가하려는 자에게 물량내역서를 직접 작성하게 하는 때에는 물량내역서를 열람·교부하지 않을 수 있다(국가계약법 시행령 제14조 제2항 단서). 그러나 발주기관이 입찰관련서류를 전자조달시스템에 게재했다면, 위와 같은 열람·교부를 갈음할 수 있다(국가계약법 시행령

---

1) 김성근, 앞의 책(Ⅰ), 327쪽.

제14조 제3항). 그런데 설계서를 교부받은 자는 해당 입찰에 참가하거나 계약을 이행하는 용도가 아닌 목적으로 설계서를 무단복제, 배포, 개작, 전송 등을 해서는 안 된다(공사입찰유의서 제4조 제3항).

제 2 절 입찰공고

Ⅰ. 의의

입찰공고는 경쟁입찰을 실시하면서 입찰에 부친다는 사실과 입찰 내용을 일반에게 알리는 행위나 서류 그 자체를 말한다. 따라서 발주기관은 경쟁입찰을 실시하려면 입찰 관련 사항을 공고하거나 통지해야 한다(국가계약법 제8조 제1항). 즉, 입찰에 참가하려는 자는 계약 내용, 입찰참가자격, 입찰일시나 장소, 그 밖에 필요한 사항을 인식하여야만 입찰서를 작성·제출할 수 있으므로, 발주기관은 경쟁입찰에 따라 계약을 체결하려면 반드시 입찰을 공고하거나 통지해야 한다.

계약목적물, 계약금액, 이행기 등 주요한 계약 내용과 조건은 입찰공고와 입찰자의 입찰에 따라 당사자 의사의 합치가 있으면, 발주기관이 낙찰자를 결정할 때 확정되므로, 입찰공고 등은 약관에 해당할 여지가 있다.[1)]

Ⅱ. 법적 성질

1. 문제점

입찰공고의 법적 성질을 어떻게 보느냐에 따라, 청약설, 청약유인설, 개별판단설이 대립한다.

2. 견해 대립

가. 청약설

청약설은 입찰공고가 청약에 해당한다고 보는 견해이다. 이에 따르면, 입찰참가자는 청약에 응하여 입찰서를 체결하기 때문에, 입찰서 제출을 승낙으로 본다. 그리하여 입찰공고에는 철회하지 못한다는 구속력이 있다고 본다(민법 제527조 참조). 적격심사 품목이든 최저

1) 대전고등법원 2019. 7. 18. 선고 2019나10529 판결.

가 품목이든 법이 정한 요건을 갖추면 계약을 체결해야 하기 때문이라는 근거를 든다.[1)]

나. 청약유인설

청약유인설은 입찰공고가 청약의 유인에 해당한다고 보는 견해이다. 따라서 이 견해는 입찰공고에 응한 입찰참가자의 입찰서 제출이 계약을 위한 청약에 해당한다고 한다.

다. 개별판단설

개별판단설은, 입찰공고에서 정한 계약목적물이 적격심사 품목인 경우 청약의 유인으로, 최저가 품목인 경우 청약으로 본다.

3. 판례

판례는 청약유인설에 가깝다.[2)] 따라서 입찰공고는 원칙적으로 청약의 유인에 해당한다고 본다.

4. 검토

물론 계약조건을 구체적으로 정하여 입찰에 부친 때에 입찰공고는 청약으로 해석해야 할 경우도 있으나,[3)] 공공계약 실무상 발주기관은 입찰공고에 계약을 구성하는 주요 내용을 모두 기재하지 않고, 계약서 작성 당시 계약서나 계약조건에 자세한 내용을 정하여 계약상대자와 합의하기 때문에, 입찰공고 자체를 청약으로 해석해야 할 경우는 거의 없다. 또한, 입찰공고는 발주기관 사정에 따라 철회하거나 취소할 수 있으므로, 구속력이 있는 청약이라 보기 어렵다.

한편, 최저가 품목인 경우에도 최저가 입찰참가자의 입찰가격이 예정가격을 초과하는 경우, 발주기관은 계약체결을 거부할 수 있고, 공공계약은 입찰공고, 입찰, 개찰, 낙찰이라는 절차를 거친 후 계약서 작성과 계약당사자 서명·날인 등이 있어야 계약이 성립·확정되므로 개별판단설도 받아들이기 곤란하다.

결국 입찰공고는 청약의 유인에 해당하고, 입찰서 제출이 청약이라고 보는 청약유인설이 옳다. 다만, 입찰공고에 기재한 사항은 특별한 사정이 없다면 당사자 합의에 따라 본계약 내용에 편입되기 때문에, 입찰공고를 일반적인 청약의 유인과 똑같이 취급할 것은 아니다.

---

1) 계승균, 앞의 책 112쪽.

2) 대법원 1978. 4. 11. 선고 78다317 판결, 서울고등법원 1977. 10. 12. 선고 77나528 판결, 서울민사지방법원 1990. 8. 23. 선고 89가합20656 판결,

3) 계승균, 앞의 책, 112쪽.

Ⅲ. 방법

1. 국가종합전자조달시스템을 이용한 입찰공고

경쟁입찰에 부치고자 할 때는 특별한 규정이 있는 경우를 제외하고 국가종합전자조달시스템(www.g2b.go.kr)[1]을 이용하여 공고해야 한다(국가계약법 시행령 제33조 제1항 본문). 다만, 필요하다면 일간신문 등에 게재하는 방법을 병행할 수 있다(국가계약법 시행령 제33조 제1항 단서). 즉, 일간신문 등에 게재하는 방법을 병행할 수 있을 뿐이므로, 전자조달시스템에 게시하지 않고 일간신문 등에만 게재하면 적법한 입찰공고라 할 수 없다.[2]

전자조달시스템에 게시한 내용과 붙임 파일에 있는 입찰공고문 내용이 서로 다를 때는 입찰공고문이 우선하지만, 전자조달시스템에 게시한 입찰공고일과 입찰공고문에 기재한 입찰공고일이 서로 다를 때는 전자조달시스템에 게시한 날이 우선한다(전자조달법 시행령 제4조 제3항).

2. 입찰참가통지

발주기관은 국가의 보안유지를 위해 필요한 경우 입찰참가자적격자에게 입찰공고 관련 사항을 통지하여 입찰참가신청을 하게 할 수 있다(국가계약법 시행령 제34조).

이처럼 입찰참가통지란 발주기관이 해당 입찰에 참가할 수 있는 자, 즉 입찰참가적격자에게 입찰사실과 그 내용을 알리는 행위를 말한다. 입찰공고가 널리 일반인에게 입찰 사실 등을 알리는 것이라면, 입찰참가통지는 특정인인 입찰참가적격자에만 입찰 사실 등을 알리는 것이다. 입찰참가통지는 국가 보안유지를 위해 필요한 때만 할 수 있다. 국가 보안을 유지해야 할 때도 모든 사람이 알 수 있는 공고로 입찰을 진행해야 한다면 공익에 심각한 피해를 초래할 수 있으므로 입찰공고 절차를 생략하도록 했다.[3] 즉, 입찰참가통지는 국가 보안유지를 위해 필요한 때만 선택하는 방법이기 때문에, 그 밖에 다른 사유로 입찰공고를 입찰참가통지로 대체할 수는 없다.[4]

입찰참가통지는 '경쟁입찰참가통지서'라는 양식에 따라 한다(국가계약법 시행규칙 제39조). 그러므로 발주기관이 위와 같은 특정 문서가 아니라 구두로만 통지했다면 해당 입찰참가통지는 위법하다. 통지시기는 일반적인 입찰시기를 준용하여 입찰서 제출마감일 전일부터 기산하여 7일 전에 통지해야 한다(국가계약법 시행령 제34조).

---

1) 이하 "전자조달시스템"이라 한다.
2) 정택학 외 3명, 앞의 책, 101쪽.
3) 김성근, 앞의 책(Ⅰ), 282쪽.
4) 법무법인(유한)태평양 건설부동산팀, 앞의 책, 112-113쪽, 정태학 외 3명, 앞의 책, 102쪽.

3. 정정공고

발주기관은 입찰공고에 내용 오류나 법령위반 사항을 발견하여 정정이 필요하다고 인정하면, 남은 공고기간에 5일 이상을 더하여 정정공고를 해야 한다(국가계약법 시행령 제33조 제2항). 입찰참가자가 정정된 공고내용에 따라 입찰서를 작성할 수 있도록 기간을 연장해 주려는 취지이다. 다만, 정정공고는 입찰공고 내용에 단순한 법규위반 사항이 있거나 관련법령을 잘못 표기하는 등으로 경미한 하자가 있을 때만 할 수 있으므로, 사업내용, 예정가격, 입찰참가자격, 입찰·계약조건 등 입찰공고 내용에 중대한 하자가 있는 때에는 정정공고를 할 수 없고, 해당 입찰을 취소한 다음 새로운 입찰공고를 내야 한다. 기획재정부도 정정공고에서 최초 공고내용 중 입찰참가자격이나 가격 등 조건을 변경했다면, 아예 새로운 입찰공고에 해당한다고 본다.[1]

Ⅳ. 시기

1. 원칙

입찰공고는 원칙적으로 입찰서 제출마감일 전일부터 기산하여 7일 전에 해야 한다(국가계약법 시행령 제35조 제1항). 다만, 대규모 복합공종 공사나 특별한 공법이나 기술이 필요한 공사입찰은 위와 같은 기간 안에 입찰참가 여부 결정, 산출내역서 작성, 입찰금액 결정, 입찰서 작성 등 업무를 수행하기 곤란하므로, 계약종류에 따라 입찰공고 시기를 유연하게 운용해야 한다는 견해도 있다.[2]

2. 예외

가. 현장설명을 실시하는 공사입찰

공사입찰에서 현장설명을 실시할 때는 현장설명일 전일부터 기산하여 7일 전에 공고해야 한다. 다만, 입찰참가자격을 사전에 심사하려는 공사입찰에서는 현장설명일 전일부터 기산하여 30일 전에 공고해야 한다(국가계약법 시행령 제35조 제2항).

현장설명을 실시하는 경우에는, 입찰참자가가 현장설명에 참석해야 하는데, 이때 해당 공사내용을 대략 파악할 수 있어야 하므로 원칙적으로 현장설명일을 기준으로 7일 동안의 기간을 허용했다. 다만, 입찰참가자격사전심사 대상 공사입찰에서는 입찰참가자격 사전심사

1) 회계제도과-1448, 2008. 11. 14.
2) 김성근, 앞의 책(Ⅰ), 277쪽.

를 위한 상당한 기간이 필요하므로, 현장설명일 전일부터 30일 동안의 기간을 허용했다.

나. 현장설명을 실시하지 않는 공사입찰

공사입찰로서 현장설명을 실시하지 않을 때는 입찰서 제출 마감일 전날부터 기산하여 추정가격이 10억 원 미만인 경우 7일, 추정가격이 10억 원 이상 50억 원 미만인 경우 15일, 추정가격이 50억 원 이상인 경우 40일 전에 공고해야 한다(국가계약법 시행령 제35조 제3항). 공사규모에 따라 입찰준비에 필요한 시간을 달리 정하였다.

다. 공익을 위한 긴급한 입찰

재공고입찰인 경우, 국가 재정정책상 예산 조기집행을 위해 필요한 경우, 다른 국가사업과 연계하여 일정조정을 위해 불가피한 경우, 긴급한 행사나 긴급한 재해예방·복구 등을 위해 필요한 경우 등에는 입찰서 제출마감일 전날부터 기산하여 5일 전까지 공고할 수 있다(국가계약법 시행령 제35조 제4항). 재공고입찰에서는 이미 입찰공고 내용을 공지하였으므로 입찰공고 시기를 앞당겨도 무방하고, 그 밖에 긴급한 사유가 있는 입찰에서는 입찰서 작성에 필요한 최소한 기간만 허용한다는 취지이다.

라. 협상에 의한 계약이나 경쟁적 대화에 의한 계약을 위한 입찰공고

협상에 의한 계약이나 경쟁적 대화에 의한 계약을 위해 입찰공고를 할 때는 제안서 제출마감일 전날부터 기산하여 40일 전에 공고해야 한다. 협상에 의한 계약에서는 제안서 작성에 상당한 시간이 필요하다는 사정을 고려한 취지이다. 다만, 협상에 의한 계약이라 하더라도, 재공고입찰인 경우, 국가 재정정책상 예산 조기집행을 위해 필요한 경우, 다른 국가사업과 연계하여 일정조정을 위해 불가피한 경우, 긴급한 행사나 긴급한 재해예방·복구 등을 위해 필요한 경우, 추정가격이 고시금액 미만인 경우 등에는 제안서 제출마감일 전날부터 기산하여 10일 전까지 공고할 수 있다(국가계약법 시행령 제35조 제5항). 이때는 준비기간을 단축해도 문제가 없다는 고려 때문이다.

V. 내용

1. 일반

입찰공고에는 다음 사항을 명시해야 한다(국가계약법 시행령 제36조). 이는 필수로 공고해야 하는 사항이다.

1. 입찰에 부치는 사항
2. 입찰 또는 개찰의 장소와 일시
3. 공사입찰의 경우에는 현장설명의 장소·일시 및 참가자격에 관한 사항
3의2. 제43조에 따른 협상에 의한 계약체결의 경우로서 제안요청서에 대한 설명을 실시하는 경우에는 그 장소 및 일시에 관한 사항
4. 입찰참가자의 자격에 관한 사항
4의2. 입찰참가등록 및 입찰관련서류에 관한 사항
5. 입찰보증금과 국고귀속에 관한 사항
6. 낙찰자결정방법(제42조 제1항 또는 제4항에 따라 낙찰자를 결정하는 경우에는 낙찰자결정에 필요한 서류의 제출일 및 낙찰자통보예정일을 포함한다)
7. 계약의 착수일 및 완료일
8. 계약하고자 하는 조건을 공시하는 장소
9. 제39조 제4항의 규정에 의한 입찰무효에 관한 사항
10. 입찰에 관한 서류의 열람·교부장소 및 교부비용
11. 추가정보를 입수할 수 있는 기관의 주소등
12. 제39조 제1항에 따라 전자조달시스템 또는 각 중앙관서의 장이 지정·고시한 정보처리장치를 이용하여 입찰서를 제출하게 하는 경우에는 그 절차 및 방법
12의2. 제39조 제2항에 따라 입찰서를 우편으로 제출하게 하는 경우에는 그 취지와 입찰서를 송부할 주소
13. 제72조의 규정에 의한 공동계약을 허용하는 경우에는 공동계약이 가능하다는 뜻(제72조 제3항 및 제4항의 규정에 의한 공동계약인 경우에는 공동수급체구성원의 자격제한사항을 포함한다)과 공동계약의 이행방식
15. 제78조의 규정에 의한 입찰의 경우에는 대안입찰 또는 일괄입찰등에 관한 사항
15의2. 입찰 관련 비리 또는 불공정행위의 신고에 관한 사항
16. 제9조 제1항 제2호에 따른 예정가격 결정과 관련하여 계약의 목적이 되는 물품·공사·용역등을 구성하는 재료비·노무비·경비의 책정기준, 일반관리비율 및 이윤율 등 기획재정부장관이 정하는 기준 및 비율
17. 그 밖에 입찰에 관하여 필요한 사항

한편, 발주기관은 경쟁참가자의 자격을 제한하고자 하면 입찰공고에 그 제한사항과 제한기준을 명시해야 한다(국가계약법 시행령 제21조 제2항). 공사입찰로서 추정가격이 기획재정부령으로 정하는 금액 미만인 계약에서 법인등기부등본상 본점소재지(개인사업자는 사업자등록증이나 관련법령에 따른 허가 등 서류에 기재된 사업장 소재지)를 기준으로 경쟁참가자격을 제

한하려면 기획재정부령이 정하는 바에 따라 해당 입찰참가적격자에게 입찰공고 사항을 통지하는 방법으로 입찰공고에 갈음할 수 있다.

2. 물품용역일괄입찰

물품입찰과 용역입찰은 일괄하여 부칠 수 있는데, 이를 물품용역일괄입찰이라 한다. 즉, 발주기관은 소프트웨어산업 진흥법 제2조 제3호에 따른 소프트웨어사업을 할 때 계약 특성상 필요하다고 인정하면 물품과 용역을 일괄하여 입찰에 부칠 수 있고, 물품과 용역을 일괄하여 입찰에 부치는 경우 낙찰자 결정방법 중 계약목적물 특성에 적합하다고 판단하는 방법을 선택하여 입찰공고 당시에 명시해야 한다(국가계약법 시행령 제16조 제3항, 제4항). 소프트웨어사업 관련 입찰에서는 물품과 용역이 섞인 소프트웨어사업 특성을 고려할 때 일괄하여 입찰에 부쳐야 효율적이기 때문이다.

Ⅵ. 효과

1. 관련규정 숙지책임

입찰에 참가하려는 자는 입찰 전에 법령 등이 정한 규정과 입찰관련서류에서 정한 내용을 완전히 숙지해야 하며, 이를 숙지하지 못한 책임을 부담한다{물품구매(제조)입찰유의서 제5조 제1항, 용역입찰유의서 제5조 제1항, 공사입찰유의서 제5조 제1항 참조}. 다만, 입찰에 참가하려는 자는 입찰서 제출마감일 전일까지 발주기관에게 입찰관련서류 검토과정에서 발견한 서류상 오류, 누락사항, 설명이 필요한 사항을 설명하도록 요구하는 방법으로{물품구매(제조)입찰유의서 제5조 제2항, 용역입찰유의서 제5조 제2항, 공사입찰유의서 제5조 제2항 참조}, 관련규정을 충분히 숙지하지 못한 데에 따른 책임을 피할 수 있다.

한편, 발주기관은 공사계약 입찰공고에 정부 입찰·계약 집행기준 제17장에서 정한 국민건강보험료, 국민연금보험료 등을 사후정산 한다는 내용, 예정가격 작성에서 계상된 국민건강보험료 등 금액, 입찰참가자는 예정가격에 계상된 국민건강보험료 등을 조정하지 말고 입찰금액에 반영해야 한다는 내용, 기성대가나 준공대가를 지급할 때 이를 정산한다는 내용 등을 기재하여 입찰에 참가하려는 자가 열람하도록 해야 하며, 입찰에 참가하려는 자는 해당 내용을 숙지하여 입찰서나 산출내역서 등에 반영해야 한다(공사입찰유의서 제4조의2 참조).

2. 손해배상책임

발주기관이 법령이나 사실을 오인하여 입찰공고를 하고, 해당 공고를 신뢰한 입찰참가자가 그에 따라 손해를 입었다면 발주자에게 손해배상을 청구할 수 있는지 문제된다. 이에 공공계약법 조항이 대부분 재량규정이기 때문에 손해배상청구는 쉽지 않으나, 재량규정이 아닌 의무규정인데도 발주기관이 고의나 과실로 법령이 정한 의무를 위반하여 입찰공고를 하였다면 그에 따라 손해를 입은 입찰참가자는 발주자에게 손해배상을 청구할 수 있다는 견해가 있다.[1] 그러나 법 문언이 재량형식이든 기속형식이든 계약담당공무원이 고의나 중대한 과실로 법령을 위반하여 위법하게 입찰공고를 냈고, 그 결과 입찰참가자가 상당인과관계 있는 손해를 입었다면, 해당 입찰참가자는 발주기관에게 손해배상을 청구할 수 있다고 해석해야 한다.

다만, 대법원은 자연석 채취허가 당시에 채취허가지역 내에 허가량 상당 자연석 등이 부존하지 않았다면 허가량에서 부족한 부분은 원시적으로 채취할 수 없던 것이어서 군의 담당공무원이 부존량을 제대로 잘 조사하여 정확한 부존량을 반영하여 입찰공고를 하고 이에 기초하여 점용료를 징수했다 하더라도 허가받은 자는 부족분에 해당하는 점용료를 초과 부담했을 뿐이지 허가량에 부족한 자연석 등을 채취, 판매할 수 있었던 것은 아니므로, 군 소속 담당공무원의 불법행위와 허가받은 자가 허가량에 부족한 자연석 등을 채취, 판매하지 못하여 입은 손해 사이에 상당인과관계를 인정하기 어렵다고 한다.[2]

3. 하자 있는 입찰공고 효력

발주기관이 내용상·절차상 하자 있는 입찰공고를 한 경우, 해당 입찰공고의 효력이 문제된다. 물론 입찰공고 내용이 강행규정이나 선량한 풍속 기타 사회질서에 반하는 경우에는 당연무효에 해당한다. 따라서 해당 입찰공고에 이은 입찰과 낙찰, 계약체결도 특별한 사정이 없다면 무효로 보아야 한다. 그러나 입찰공고 내용상 하자가 경미하고, 입찰의 공공성이나 공정성에 영향을 미치는 사항이 아니라면 당연무효로 보기는 어렵고, 다만, 해당 입찰공고에 기초한 후속 절차가 진행되었고 해당 입찰공고 내용이 본계약 내용으로 편입된 경우에는 구체적인 내용을 고려해 계약의 효력 여하를 따져야 한다. 절차상 하자 있는 입찰공고 역시 마찬가지로 본다.

---

1) 김성근, 앞의 책(Ⅰ), 280쪽.
2) 대법원 1994. 1. 11. 선고 92다29528 판결.

제 3 절 입찰참가자격

Ⅰ. 입찰참가자격제도

1. 의의

입찰참가자격이란 경쟁입찰에 참가할 수 있는 자격을 말한다. 공공입찰에 참가하려는 자는 해당 계약이행을 위한 일정한 자격을 갖추어야 한다. 이처럼 계약을 이행하기 위해 관계법령에 따른 일정한 자격이 필요한 경우, 입찰참가자가 입찰에 참가하면서 갖추어야 할 자격을 입찰참가자격이라고 한다. 따라서 입찰참가자격은 단순히 행정편의에 따라 필요한 것이 아니라, 공공계약의 적정한 이행을 확보하기 위한 제도이다.

2. 취지

본래 공공계약은 경쟁에 따른 계약체결이 원칙이고, 특별한 사유가 없다면 일반경쟁입찰에 부쳐야 하므로(국가계약법 제7조 제1항 참조), 누구든지 경쟁입찰에 참가할 수 있도록 해야 한다. 그러나 모든 국민이 아무런 제한 없이 입찰참가를 할 수 있다면, 입찰절차의 비효율을 초래할 뿐만 아니라, 계약체결 후에 적정한 이행을 담보하기 곤란하다. 그리하여 공공계약법은 입찰참가자격요건을 규정하여, 해당 요건을 충족하는 자만 공공입찰에 참가할 수 있도록 규정한다.

3. 자격요건

가. 적극적 요건

발주기관은 ① 다른 법령 규정에 따라 허가·인가·면허·등록·신고 등이 필요하거나 자격요건을 갖추어야 할 경우, 해당 허가·인가·면허·등록·신고 등을 받았거나 해당 자격요건에 적합할 것, ② 보안측정 등 조사가 필요한 경우, 관계기관으로부터 적합판정을 받을 것, ③ 그 밖에 소득세법 제168조, 법인세법 제111조, 부가가치세법 제8조에 따라 해당 사업의 사업자등록증을 교부받거나 고유번호를 받았을 것이라는 각 요건을 갖춘 자에게만 경쟁입찰 참가를 허용한다(국가계약법 시행령 제12조 제1항 제2호부터 제4호, 국가계약법 시행규칙 제14조 제1항).

그런데 중소기업협동조합법에 따른 중소기업협동조합은 물품제조·구매, 용역을 위한 경쟁입찰에 참가하는 경우, 다른 법령 규정에 따른 허가 등이 있는 조합원으로 하여금 해당 물품을 제조·구매하게 하거나 용역을 수행하게 한다면, 직접 허가 등 요건을 갖추지 않아도 된다(국가계약법 시행령 제12조 제2항).

한편, 부가가치세법에 따른 사업자등록증은 세원 관리를 위한 제도이므로 사업자가 업태 및 종목란에 기재된 사업만 영위할 수 있는 것은 아니고, 그 밖에 다른 사업도 영위할 수 있다.[1] 사업자등록증은 특정 사업자가 사업을 영위한다는 사실만 증명하는 서류일 뿐이기 때문이다. 따라서 입찰에 참가하려는 자는 사업자등록증이 있으면, 업태 및 종목란에 기재된 사업이 아니더라도 입찰에 참가할 수 있다. 또한, 부가가치세 면세사업자는 소득세법이나 법인세법에 따른 사업자등록증을 교부받았다면 입찰참가자격을 인정받을 수 있다.[2] 그러나 세입의 원인이 되는 계약에는 위 규정을 적용하지 않으므로 해당 입찰에 참가하는 자는 사업자등록증을 교부받거나 납세번호를 받을 필요가 없다.[3] 그리고 발주기관이 건설산업기본법이 정한 토목건축공사업으로 입찰참가자격을 제한했다면 토목공사업자와 건축공사업자는 입찰참가자격이 있다.[4]

끝으로, 사업장 소재지나 법인으로 보는 단체가 아닌 사단·재단 그 밖에 단체의 소재지 관할 세무서장은 ① 종합소득이 있는 자로서 사업자가 아닌 자, ② 비영리민간단체 지원법에 따라 등록된 단체 등 과세자료의 효율적 처리와 소득공제 사후 검증 등을 위하여 필요하다고 인정되는 자 중 어느 하나에 해당하는 자에게 고유번호를 매길 수 있으므로(소득세법 제168조 제5항 참조), 예를 들어, 비법인사단이나 비법인재단은 고유번호를 받아서 입찰참가자격을 갖출 수 있다. 그러나 그러한 단체가 아닌 개인은 고유번호를 받을 수 있는 대상이 아니므로 사업자등록을 해야 한다.

나. 소극적 요건

당연하게도 입찰참가자격 제한처분을 받은 자는 공공입찰에 참가하지 못한다(국가계약법 제27조, 같은 법 시행령 제76조 참조). 또한, 일정한 조세포탈을 한 자로서 유죄 확정판결을 받고 2년이 지나지 않은 자도 입찰에 참가하지 못한다(국가계약법 제27조의5 참조).

그런데 국가계약법 제27조의5 제1항에서 "대통령령으로 정하는 조세포탈 등을 한 자"란, ① 조세범 처벌법 제3조에 따른 조세 포탈세액이나 환급·공제받은 세액이 5억 원 이상인 자, ② 관세법 제270조에 따른 부정한 방법으로 관세를 감면받거나 면탈하거나 환급받은 세액이 5억 원 이상인 자, ③ 지방세기본법 제102조에 따른 지방세 포탈세액이나 환급·공제세액이 5억 원 이상인 자, ④ 국제조세조정에 관한 법률 제53조에 따른 해외금융계좌의 신고

1) 회계제도과-555, 2004. 4. 16.
2) 회제 41301-2189, 2000. 8. 26.
3) 기획재정부, 공개번호 2006121369, 2006. 9. 12.
4) 회계 45107-252, 1997. 2. 5.

의무를 위반하고, 그 신고의무 위반금액이 조세범 처벌법 제16조 제1항에 따른 금액을 초과하는 자, ⑤ 외국환거래법 제18조에 따른 자본거래의 신고의무를 위반하고, 그 신고의무 위반금액이 같은 법 제29조 제1항 제3호에 해당하는 자 중 어느 하나에 해당하는 자를 말한다(국가계약법 시행령 제12조 제3항 제1호부터 제5호). 따라서 발주기관은 형의 실효 등에 관한 법률 제2조 제5호에 따른 범죄경력자료 회보서나 판결문 등 입증서류를 제출하게 하는 등 방법으로 계약상대방이 위 어느 하나에 해당하는지를 계약체결 전까지 확인해야 한다(국가계약법 시행령 제12조 제4항). 다만, 계약상대자가 입찰에 참가할 때 위 입증서류를 제출하기 어려운 경우에는 계약상대자로부터 조세포탈 등을 한 자에 해당하지 않는다는 사실을 적은 서약서를 제출받을 수 있다. 이 서약서에는 서약서에 적은 내용과 다른 사실이 발견된 때에는 계약을 해제·해지할 수 있고, 부정당업자 제재처분을 받을 수 있다는 내용을 포함해야 한다(국가계약법 시행령 제12조 제5항). 조세포탈 등을 한 자에 대한 입찰참가자격제한과 관련해서는 국가계약법 시행령 제76조 제5항, 제6항, 제8항, 제9항을 준용한다(국가계약법 시행령 제12조 제6항).

다. 특별요건

건설산업기본법령 적용을 받는 공사로서 추정가격이 50억 원 이상인 종합공사나 추정가격이 5억 원 이상인 전문공사에서 입찰자의 시공능력공시액은 해당 업종의 추정금액을 초과해야 한다. 여기서 추정가격은 발주기관이 설치하지 않는 관급자재대를 제외한다. 전기공사업법, 정보통신공사업법, 소방시설공사업법 등의 적용을 받는 추정가격 5억 원 이상인 공사에서 입찰자의 시공능력공시액은 해당 업종의 입찰금액을 초과해야 한다. 다만, 총액입찰로 집행한 공사나 업종별 입찰금액이 명시되지 않은 경우에 업종별 입찰금액은 입찰공고서에 명시한 총추정금액 대비 해당 업종의 추정금액 구성비율을 입찰금액에 곱하여 산정한 금액에 따른다(공사입찰특별유의서 제4조).

4. 입찰참가자격의 증명

첫째, 적극적 요건은 다음과 같이 증명한다. 즉, 발주기관은 경쟁입찰에 참가하고자 하는 자에게, 사업자등록이나 고유번호를 확인할 수 있는 서류 사본으로, 다른 법령 규정에 따라 허가·인가·등록·신고 등이나 보안측정 적합판정을 받았는지를 관계기관(법령에 따라 설립된 관련협회 등 단체를 포함)에서 발행한 문서로, 각 증명하게 해야 한다(국가계약법 시행규칙 제14조 제2항). 다만 경쟁입찰참가자격등록을 한 자는 등록한 종목이나 품목에 한정하여 교부받은 경쟁입찰참가자격등록증으로 자격요건을 증명할 수 있다(국가계약법 시행규칙 제14조 제3항).

둘째, 소극적 요건은 다음과 같이 증명한다. 즉, 발주기관은 전자조달시스템에서 입찰에 참가하려는 자가 입찰참가자격 제한처분을 받았는지를 확인할 수 있다(국가계약법 제27조 제5항, 같은 법 시행령 제76조 제10항, 제11항). 그리고 발주기관은 계약체결 전까지 경쟁입찰에 참가하고자 하는 자에게, 범죄경력자료 회보서나 판결문 등 증명서류를 제출하게 하는 등으로 조세포탈 요건을 확인해야 하고, 해당 증명서류 제출이 어려운 경우라면 위와 같은 사유가 없다는 사실을 적은 서약서를 제출하게 할 수 있다(국가계약법 시행령 제12조 제4항, 제5항 전문). 다만, 해당 서약서에는 기재 내용과 다른 사실이 발견되면, 발주기관이 계약을 해제·해지할 수 있고, 부정당업자제재처분을 할 수 있다는 내용을 포함해야 한다(국가계약법 시행령 제12조 제5항 후문).

5. 입찰참가자격 확인

가. 의의

발주기관은 입찰참자가의 입찰참가자격 유무나 입찰참가자격 제한 여부를 확인해야 한다(국가계약법 시행규칙 제16조 제1항). 확인 결과, 자격서류 내용과 사실이 다른 때는 그 사실을 해당 서류 제출자에게 통지하고, 서류보완 등에 필요한 적절한 조치를 해야 한다(국가계약법 시행규칙 제16조 제2항). 즉, 발주기관은 입찰참가자격 유무가 불명확하면 그 보완서류를 제출하라고 지시하고, 보완할 수 없거나 보완 결과 입찰참가자격이 없다고 판단한 경우, 대상자를 입찰에서 배제해야 한다.

나. 입찰참가자격 판단기준일

1) 입찰참가신청서류접수마감일(입찰참가등록마감일)

가) 의미

등록·시공능력·실적 등에 따른 입찰참가자격은 입찰참가신청서류접수마감일(이하 '입찰참가등록마감일')을 기준으로 판단하며, 입찰참가자는 그 다음날인 입찰서제출마감일까지 해당 입찰참가자격을 계속 유지해야 한다{공사입찰유의서 제3조의2 제1항, 용역입찰유의서 제3조의2 제1항, 물품구매(제조)입찰유의서 제3조의2 제1항 참조}. 따라서 입찰에 참가하려는 자는 해당 입찰참가등록마감일까지 관련법령에 따른 등록, 시공능력, 실적을 갖추어야 한다.

그런데 위와 같은 내용은 조달청 입찰참가자격사전심사 세부기준 제5조에서 경영상태 입찰참가적격이나 같은 별표2, 별표3의 각 심사항목별 심사기준일을 입찰공고 등에 따로 정한 경우를 제외하고는 입찰공고일로 규정한 것과 구별해야 한다. 즉, 입찰참가자격사전심사에서 각 평가항목의 심사기준일은 입찰공고일이 되지만, 입찰참가자격사전심사 적용대상이 아닌 입찰에서의 참가자격 판단기준일은 입찰참가등록마감일이 된다.

나) 지역제한입찰인 경우

지역제한입찰에서 주된 영업소 소재지 기준일은 입찰공고일 전일로 하며, 이는 계약체결일까지 계속 유지해야 한다(공사입찰유의서 제3조의2 제2항). 다만, 지역의무공동도급에 따른 사업은 입찰공고일 전일 현재 해당 업체의 전입일 다음날부터 기산하여 90일 이상이 경과해야 한다. 지역업체가 긴급한 수해복구 공사입찰에 공동으로 참여하기 위해 주된 영업소 소재지를 자주 옮기는 것을 방지하려는 취지이다.

따라서 사업장 소재지는 다르나 사업 종류가 같은 여러 사업자등록증을 보유한 개인사업자에게 각 사업장 소재지별로 입찰참가자격 등록증을 모두 발급해 주는 것은 지역제한입찰제도 취지에 맞지 않는다.[1] 이 경우에는 해당 개인사업자가 지정한 사업장 소재지를 주된 영업소로 하므로 입찰참가자격 유무는 그 주된 영업소 소재지가 입찰서제출마감일까지 해당 계약의 현장·납품지 등에 계속 유지하는지를 확인해 처리한다.[2] 또한, 개인사업자가 사전에 발주기관에게 주된 영업소 소재지를 지정·등록하여 입찰에 참가했는데 적격심사를 받다가 등록을 취소했다면, 계약을 체결할 때까지 경쟁입찰 참가등록을 유지하지 못한 것으로, 입찰참가자격을 갖추었다고 볼 수 없다.[3]

다) 입찰과정에서 입찰참가자격이 제한된 경우

입찰참가자가 영업정지처분을 받은 경우, 건설산업기본법 등 관련법령상 처리기준에 따라 입찰참가자격을 판단하고, 부정당업자제재를 받았다면 입찰참가자격등록마감일 전일까지 그 기간이 만료되어야 입찰에 참가할 수 있다{공사입찰유의서 제3조의2 제3항, 용역입찰유의서 제3조의2 제3항, 물품구매(제조)입찰유의서 제3조의2 제3항}. 건설업자로서 건설산업기본법에 따른 영업정지를 받은 자는 영업활동 자체를 할 수 없으므로 공사입찰에 참가하거나 계약을 체결할 수 없고, 입찰참가자격제한처분을 받은 부정당업자 역시 마찬가지라는 취지이다.

다만, 입찰참가자격사전심사요령 제10조 제2항 단서는 "공동수급체 대표자가 입찰적격자 선정 이후 낙찰자 결정 이전에 부도, 부정당업자제재, 영업정지 등 결격사유가 발생한 경우에는 해당 공동수급체를 입찰에 참가하게 해서는 안 된다."고 규정하는데, 공동수급체 대표자가 입찰적격자 선정 이후 부정당업자제재를 받았지만, 입찰참가등록마감일 전에 제재기간이 경과했거나 제재효력이 정지되었다면 해당 공동수급체의 입찰참가를 허용할지 문제된다. 입찰참가자격사전심사 대상 공사에서 공동수급체를 구성하여 입찰에 참가했다면 특별히 입찰참가자격을 엄격하게 제한할 이유도 없을 뿐만 아니라, 입찰참가자격사전심사에 따른 입찰참가자격을 제한할 경우 입찰참가자격사전심사 대상 공사에서는 입찰참가자격의 판

1) 회제-1378, 2005. 7. 7.
2) 회계제도과-1807, 2006. 8. 21.
3) 회계제도과-438, 2010. 3. 15.

단시점을 입찰적격자 선정시점까지 앞당기게 되어, 입찰참가 기회를 확대하려는 본래 취지에도 어긋나는 결과가 발생한다. 따라서 이 경우에도 입찰참가등록마감일을 기준으로 입찰참가자격 유무를 판단해야 한다. 결국 결격사유가 입찰참가등록 마감일 이전에 소멸되는 경우에는 입찰참가를 허용해야 한다(입찰참가자격사전심사요령 제10조 제2항 본문 참조).

라) 입찰자 상호 등 변경

입찰 전에 상호, 법인 명칭이나 대표자 성명이 변경된 자는 변경등록 후 변경된 상호, 법인 명칭이나 대표자 명의로 입찰에 참가해야 한다{공사입찰유의서 제3조의2 제4항, 용역입찰유의서 제3조의2 제4항, 물품구매(제조)입찰유의서 제3조의2 제4항}. 따라서 입찰참가등록마감일 전에 상호, 법인 명칭이나 대표자 명의 변경이 있었는데도, 이를 변경하지 않고 입찰서를 제출한 자의 입찰은 무효이다(국가계약법 시행규칙 제44조 제1항 제6호의3). 여기서 상호나 대표자 명의 변경이 있는지는 법인등기부를 기준으로 판단한다.

그런데 입찰참가등록마감일 전에 등기관청에 변경등기를 신청했으나 아직 변경등기가 완료되지 않아서 부득이 변경등록을 하지 않은 채 입찰에 참가한 자인 경우, 변경 전 상호, 법인 명칭이나 대표자 명의로 참가한 입찰이라는 이유로 해당 입찰을 무효라고 해석해야 하는지 문제된다. 그러나 이런 경우까지 입찰을 무효로 볼 수는 없다. 등기관청에서 아직 변경등기를 기재하지 않은 상태에서는, 입찰참가자가 변경등록을 하려고 해도 할 수가 없기 때문이다(국가계약법 시행규칙 제15조 제3항 참조). 따라서 등기관청에 상호 등 변경등기 신청 후 변경사항이 확정되지 않아 변경등록을 할 수 없는 경우에는 변경 전 상호 등으로 제출한 입찰도 유효하다고 보아야 한다.[1)]

2) 특별재난 선포지역의 지역제한경쟁입찰에서 입찰참가자격의 판단기준일 관련 특례

재난 및 안전관리 기본법 제60조에 따라 특별재난지역으로 선포된 지역의 재난복구를 위하여 발주하는 공사를 지역제한경쟁입찰에 부치는 경우, 법인등기부상 본점소재지 기준일(본점소재지가 변경된 경우 법인등기부상 본점소재지 변경일)은 다음 기준에 따라야 한다(공사입찰유의서 제3조의3 제1항). 첫째, 특별재난지역 선포 원인인 재난 발생일 전에 소재지를 이전한 업체는 법인등기부상 본점소재지 기준일(본점소재지가 변경된 경우 법인등기부상 본점소재지 변경일)을 입찰공고일 전일(지역의무공동도급에 따른 사업에서는 입찰공고일 전일 현재 해당 업체의 전입일 다음날부터 기산하여 90일 이상이 경과해야 한다)로 하여, 계약체결일까지 계속 유지해야 한다(공사입찰유의서 제3조의3 제1항 제1호). 둘째, 특별재난지역 선포 원인인 재난 발생일 후에 소재지를 이전한 업체는 입찰공고일 전일 현재 해당 업체의 변경일 다음날부터 기산하여

1) 계약제도과-44, 2014. 1. 10., (계약예규) 「지방자치단체 입찰·계약 집행기준」 제11장 입찰유의서 제2절 입찰참가 제2장 입찰참가자격의 판단기준일 라목 단서 참조.

90일 이상이 경과하여야 하며, 계약체결일까지 계속 유지해야 한다(공사입찰유의서 제3조의3 제1항 제2호). 그리고 재난 및 안전관리 기본법 제60조에 따라 특별재난지역으로 선포된 지역의 재난복구를 위하여 발주하는 공사를 법인등기부상 본점소재지로 견적서 제출을 제한하려는 경우에도 위 규정을 준용한다(공사입찰유의서 제3조의3 제2항).

위와 같은 규정은 특별재난지역에 필요한 긴급한 복구공사를 수주할 목적으로 소재지를 이전하는 이른바 철새 업체가 늘자, 이런 업체의 수주를 제한하기 위해 마련한 것이다.

발주기관은 위에 따라 특례를 적용하려면, 입찰공고나 견적서제출 안내공고 등에 명시해야 한다(공사입찰유의서 제3조의3 제3항).

3) 입찰참가자격 유지

입찰에 참가하려는 자는 입찰공고나 입찰설명서에 정한 바에 따라 자격요건을 갖추어야 하며, 입찰서제출마감일까지 계속 유지해야 한다(공사입찰특별유의서 제4조 제1항). 통상 입찰서제출마감일은 입찰참가등록마감일 다음 날 일정 시각이다.

6. 입찰참가자격요건 증명 등 배제

발주기관은 국가나 지방자치단체, 공공기관이 경쟁입찰에 참가하려는 경우나 세입의 원인이 되는 계약을 하려는 경우, 입찰참가자격요건 증명, 입찰참가자격등록, 입찰참가자격 서류확인 등 규정을 적용하지 않는다. 다만, 부정당업자의 입찰참가자격 제한 여부는 확인해야 한다(국가계약법 시행규칙 제18조 제1호, 제2호).

7. 관련제도 : 직접생산확인제도

입찰참가자격과 관련하여 직접생산확인제도를 살펴볼 필요가 있다. 아래에서 자세히 서술한다.

〔직접생산확인제도〕

Ⅰ. 의의

1. 의미

발주기관이 입찰공고를 내면서 참가자격을 제조업체로 지정했거나 미리 물품제조등록을 한 업체로 정한 경우 혹은 중소기업자간 경쟁제품 조달을 위해 입찰에 부친 경우, 해당 입찰에 참가하려는 자는 직접생산에 필요한 요건을 갖추어야 하고, 그에 따라 계약을 체결한 상대자는 제품을 직접 생산할 의무를 부담한다. 이처럼 직접생산확인제도란 계약상대자가 법령이나 발주기관이 정한 기준에 따라 생산설비나 인력 등 물적·인적 여건을 갖추어 목적물을 직접 생산하도록 하고, 국가 등이 이를 확인하는 제도를 말한다.

2. 취지

직접생산확인제도는 계약상대자로 하여금 직접생산의무를 부담하게 하여, 발주기관에게 대기업제품이나 하청업체 제품 등을 납품하지 못하도록 막고, 아울러 제품을 직접 생산하는 중소업체를 보호하는 제도이다. 특히 판로지원법이 정한 직접생산확인은 중소기업자가 중소기업자간 경쟁입찰에 참여하기 위해 갖추어야 할 기본적·필수적 요건이므로, 중소기업자간에 공정한 경쟁을 담보할 수 있는 근간에 해당한다.[1] 따라서 직접생산확인제도는 입찰참가자격에서부터 계약이행에 이르기까지 공공계약 전체를 관통하는 중요한 제도이다.

이에 공공계약법은 계약상대자가 직접생산을 조건으로 계약을 체결하고서도, 대기업이나 외국산 완제품을 납품하거나 하청생산한 제품을 납품하는 등 직접생산의무를 위반한 경우, 해당 위반자에게 계약해제·해지, 계약보증금 몰수, 부정당업자 입찰참가자격제한처분, 직접생산확인취소, 환수, 거래정지 등을 부과하도록 하여 제도의 실효성을 도모한다.

Ⅱ. 법적 근거

1. 규율체계

공공계약제도에서 직접생산확인은 목적물에 따라서 크게, ① 중소기업자간 경쟁제품에 대한 직접생산확인과 ② 일반제품에 대한 직접생산확인으로 구분한다. 전자는 판로지원법이 규율하고, 후자는 조달사업법이 규율한다.

한편, 국가계약법은 직접생산이라는 용어 대신에 물품제조라는 용어를 주로 사용하지만, 물품제조계약은 그 개념상 계약상대자가 당연히 직접생산의무를 부담한다고 보아야 하므로, 결국 국가계약법에도 직접생산제도의 일반적인 근거가 있다고 본다. 특히 국가계약법은 중소기업자가 직접 생산한 제품을 해당 중소기업자로부터 제조·구매하는 경우를 수의계약 사유로 규정하여(국가계약법 시행령 제26조 제1항 제3호), 직접생산제도를 직접 명시한다. 그 밖에 중소기업자제품을 제조·구매하는 경우 국제입찰에 따른 정부조달계약의 대상에서 제외하고(국가계약법 제4조 제1항 제2호), 중소기업자간 경쟁제품 등에 대하여 제한·지명경쟁입찰을 실시하도록 한 내용(국가계약법 시행령 제21조 제1항 제8호, 제8호의2, 제23조 제1항 제10호, 제11호)은 모두 직접생산제도를 전제한 규정이다. 그리하여 미리 경쟁입찰참가자격을 등록하려는 자 중에 물품제조등록을 하려는 자는 공공기관의 장이나 조달청장이 직접생산을 확인하여 증명하는 서류를 제출해야 한다(국가계약법 시행규칙 제15조 제2항 제2호 마목).

2. 구분실익

중소기업자간 경쟁제품의 직접생산확인제도와 일반제품의 직접생산확인제도는 규율하는 법령과 직접생산 여부를 확인하는 기준이 서로 다르므로, 구분해야 한다.

---

1) 헌법재판소 2015. 9. 24.자 2013헌바393 결정.

Ⅲ. 내용

1. 중소기업자간 경쟁제품의 직접생산확인제도

판로지원법 제6조 제1항은 중소기업벤처기업부장관이 중소기업자가 직접 생산·제공하는 제품으로서 판로 확대가 필요하다고 인정되는 제품을 중소기업자간 경쟁제품(이하 '중기간 경쟁제품')으로 지정할 수 있도록 정한다. 이에 따라 중소벤처기업부장관은 중기간 경쟁제품을 지정하려는 경우에는 경쟁제품의 유효기간이 끝나는 연도의 다음 회계연도가 시작되기 전에 중소기업중앙회의 회장의 추천을 받아 관계 중앙행정기관의 장과의 협의를 거쳐 경쟁제품을 지정하고 고시해야 한다(판로지원법 시행령 제6조 제1항). 그리고 공공기관의 장은 위와 같이 중기간 경쟁제품으로 지정된 제품에 대해서는 대통령령으로 정하는 특별한 사유가 없는 한 중소기업자만을 대상으로 하는 제한경쟁이나 중소기업자 중에서 지명하는 지명경쟁입찰에 따라 계약을 체결해야 한다(판로지원법 제7조 제1항). 그리고 공공기관의 장은 중기간 경쟁제품을 대상으로 중소기업자간 경쟁의 방법으로 제품조달계약을 체결하는 등 아래 어느 하나에 해당하면, 그 중소기업자의 직접생산 여부를 확인해야 한다(판로지원법 제9조 제1항, 시행령 제10조 제1항, 제2항, 제3항).

1. 중소기업자간 경쟁의 방법으로 제품조달계약을 체결하는 경우
2. 국가계약법 제7조 단서 또는 지방계약법 제9조제1항 단서에 따라 경쟁제품에 대하여 수의계약의 방법으로 추정가격 1천만원 이상의 계약을 체결하는 경우로서 다음 각호의 경우
   가. 국가계약법 시행령 제26조 제1항 제5호 가목에 따른 수의계약을 체결하는 경우
   나. 지방계약법 시행령 제25조 제1항 제5호에 따른 수의계약을 체결하는 경우
3. 그 밖에 다음 각 호의 자와 경쟁제품에 대하여 수의계약의 방법으로 계약을 체결하는 경우
   가. 판로지원법 제33조 제1항 제1호부터 제3호까지의 법인 또는 단체
   나. 국가계약법 시행령 제26조 제1항 제4호 가목·다목 및 라목의 경우에 해당하는 수의계약 대상자

다만, 위 경우에도 중소기업자가 사전에 중소기업벤처기업부장관으로부터 직접생산능력 보유 여부를 심사받고 발급받은 직접생산확인증명서를 제출했다면, 공공기관의 장은 별도로 직접생산 여부를 확인할 필요 없이 직접생산확인증명서 기재만으로 참가자격을 확인할 수 있으므로, 입찰과 계약체결 절차에서 직접생산확인이 안정적·효율적으로 진행되도록 한다(판로지원법 제9조 제1항 단서, 제4항, 제34조 제2항, 같은 법 시행령 제27조 제1항 제2호).

한편, 중소기업벤처부장관은 직접생산확인을 받은 중소기업자를 대상으로 직접생산확인기준의 충족 여부와 직접생산이행여부에 필요한 조사를 할 수 있다(판로지원법 제11조). 이때, 중소기업자의 생산설비 등 직접생산능력 보유 여부와 직접생산 이행 여부를 확인하는 기준은 판로지원법 제9조 제2항, 같은 법 시행령 제10조 제4항에 근거해 중소기업벤처기업부장관이 고시하는 「중소기업자간 경쟁제품 직접생산 확인기준」에 따르는데, 각 경쟁제품별 직접생산을 확인하는 기준은 위 확인기준상 별표2 '경쟁제품별 세부 직접생산 확인기준'에서 정한다.

2. 일반제품의 직접생산확인제도

조달청은 중기간 경쟁제품이 아닌 일반제품을 대상으로 계약상대자에게 직접생산의무를 부여하는 계약을 체결할 수 있다. 실무에서는 조달청장이 직접생산 여부를 확인하여 제조공급계약을 체결하는 제품을 중기간 경쟁제품과 구분하기 위해 '일반제품'이라고 표현한다(조달청 제조물품 직접생산확인 기준 제2조 제2호, 제3호[1]). 즉, 일반제품이란 중기간경쟁제품으로 지정된 세부품명을 제외한 물품을 말한다.

조달청장은 일반제품을 대상으로 제조공급계약을 체결하고자 하는 자로 하여금 미리 국가계약법 시행규칙 제14조, 제15조와 국가종합전자조달시스템 입찰참가자격등록규정에 따른 제조등록을 하도록 하고, 입찰이나 계약체결 절차에서 조달청장이 발급한 경쟁입찰참가자격등록증에 표기된 해당 제품의 '제조등록'을 확인하도록 하여, 제조공급계약을 체결하려는 자의 직접생산능력 보유 여부를 효율적으로 확인한다.

조달청장은 국가계약법 시행규칙 제15조 제2항에 따른 제조등록을 하려는 자, 이미 제조등록을 한 자나 직접생산을 전제로 한 제조공급계약을 체결한 자를 대상으로 생산설비 등 제조능력 보유 여부와 직접생산의무 준수 여부를 수시로 확인할 수 있는데, 이때 조달청장이 고시한 「조달청 제조물품 직접생산확인 기준」을 기준으로 확인한다. 그리고 각 품명별 직접생산 여부 확인은 조달품질원장이 각 품명별 구체적인 직접생산확인기준을 정하여 공고한 '품명별 세부 직접생산확인기준'에 따른다.

Ⅳ. 직접생산의무위반의 효과

1. 의의

위와 같이 직접생산확인제도는 국내 제조업체의 경쟁력 향상에 이바지하기 위한 정책적 목적에서 제조업체만을 대상으로 한 제한경쟁입찰, 지명경쟁입찰에 부치거나 수의계약, 다수공급자계약 등을 체결할 수 있는 자격을 부여하여, 공공계약상 원칙적 계약방식인 일반경쟁입찰 대신 의도적으로 경쟁을 제한하고 제조업체에게 공공계약 체결과 판로지원 등 혜택을 주는 제도이다. 따라서 이러한 혜택을 받고도 그 의무를 위반한 자에게는 일정한 제재를 가하여 제도 취지를 살릴 필요가 있다.

2. 민사상 제재

가. 계약해제·해지

1) 취지

발주기관은 계약체결을 위한 전제 요건이자 계약의 주된 급부의무 가운데 하나인 직접생산의무를

---

1) **조달청 제조물품 직접생산확인 기준**

제2조(용어의 정의) 이 기준에서 사용하는 용어의 뜻은 다음과 같다.

2. "중소기업자간경쟁제품(이하 "중기간경쟁제품"이라고 한다)"이란 「중소기업제품 구매촉진 및 판로지원에 관한 법률」 제6조에 따라 중소기업자가 직접 생산·제공하는 제품으로서 중소벤처기업부장관이 지정·고시한 제품을 말한다.
3. "일반제품"이란 제2호의 중기간경쟁제품으로 지정된 세부품명을 제외한 물품을 말한다.

위반한 계약당사자에게 계약을 해제·해지할 수 있다. 계약해제·해지는 저가 수입제품이나 하청생산 제품 등이 공공에 납품되어 조달물자 품질저하를 막고, 직접생산 설비를 갖추어 직접생산의무를 성실하게 이행하는 다른 제조업체에게 제품판매 기회를 보장해 주려는 취지이다.

2) 중기간경쟁제품

우선, 중기간경쟁제품인 경우, 공공기관의 장은 조달계약을 체결한 중소기업자의 직접생산 확인이 취소되면, 그 중소기업자와 체결한 계약 전부나 일부를 해제하거나 해지해야 한다(판로지원법 제11조 제6항 본문). 따라서 직접생산확인이 취소된 중소기업자는, 계약 제품 특성, 계약이행 진도, 구매일정 등 특별한 사유로 계약상대자 변경이 불가능한 경우가 없으면(판로지원법 제11조 제6항 단서), 더 이상 계약을 이행할 수 없다.

3) 일반제품

한편, 일반제품인 경우, 판로지원법 제11조 제6항이 적용되지 않으므로, 발주기관은 "기타 계약조건을 위반하고 그 위반으로 인하여 계약의 목적을 달성할 수 없다고 인정될 경우"에 계약을 해제·해지할 수 있도록 정한 물품구매(제조)계약일반조건 제26조 제1항 제7호나 용역계약일반조건 제29조 제1항 제8호에 따라 계약 전·일부를 해제·해지할 수 있다. 그 밖에도 계약유형에 따라 물품 다수공급자계약 특수조건 제12조의4 제2항, 제3항이나 물품구매(제조)계약추가특수조건 제8조의3 제2항에 근거해 계약 전·일부를 해제·해지할 수 있다.

나. 계약보증금 귀속

위와 같이 계약을 해제·해지하는 경우에는 대부분 국가계약법 제12조 제3항, 지방계약법 제15조 제3항에 따라 계약보증금도 함께 몰수한다.

다. 부당이득환수

만일 계약상대자가 직접생산의무 위반행위로 부정한 이득을 취득했다면, 조달청장은 조달사업법 제21조 제6항이나 물품 다수공급자계약 특수조건 제19조 제1항 제2호, 물품구매(제조)계약 특수조건 제12조 제1항 제2호 등에 근거하여 계약상대자로부터 부당이득을 환수할 수 있다.

3. 행정상 제재

가. 직접생산확인취소

중소벤처기업부장관은 직접생산확인을 받은 중소기업자를 대상으로 직접생산확인기준 충족 여부와 직접생산 이행 여부를 조사할 수 있고(판로지원법 제11조 제1항), 다음 중 어느 하나에 해당하는 경우에는 그 중소기업자가 받은 직접생산확인을 취소해야 한다(판로지원법 제11조 제2항).

1. 거짓이나 그 밖의 부정한 방법으로 직접생산 확인을 받은 경우
2. 생산설비의 임대, 매각 등으로 제9조 제2항에 따른 확인기준을 충족하지 아니하게 된 경우
3. 공공기관의 장과 납품 계약을 체결한 후 하청생산 납품, 다른 회사 완제품 구매 납품 등 직접생

산하지 아니한 제품을 납품하거나 직접생산한 완제품에 다른 회사 상표를 부착하여 납품한 경우
4. 정당한 사유 없이 확인기준 충족 여부 확인 및 직접생산 이행 여부 확인을 위한 조사를 거부한 경우
5. 제9조 제5항 각 호의 어느 하나에 해당하는 경우

나. 입찰참가자격제한처분

1) 제재사유

발주기관의 장은 계약상대자의 직접생산의무 위반행위가 부정당제재 처분요건을 충족하면 즉시 부정당제재처분을 해야 한다. 처분사유는 ① 계약을 이행할 때에 부실·조잡 또는 부당하게 하거나 부정한 행위를 한 자(국가계약법 제27조 제1항 제1호), ② 계약의 적정한 이행을 해칠 염려가 있는 자로서 정당한 이유 없이 입찰공고와 계약서에 명시된 계약의 주요조건(입찰공고와 계약서에 이행을 하지 아니하였을 경우 입찰참가자격 제한을 받을 수 있음을 명시한 경우에 한정한다)을 위반한 자(국가계약법 제27조 제1항 제9호 나목, 같은 법 시행령 제76조 제2항 제2호 가목) 모두에 해당하고, 제재기간은 그 중 제재기간이 더 긴 ① 계약을 이행할 때에 부실·조잡 또는 부당하게 하거나 부정한 행위를 한 자(국가계약법 제27조 제1항 제1호)에 따른 제재기간을 적용한다(국가계약법 시행규칙 제76조 별표2 1 일반기준 나목). 다만, 일부 실무 사례에서는 직접생산위반 정도가 중하고, 국가에 손해가 발생한 경우에는 ③ 사기, 그 밖의 부정한 행위로 입찰·낙찰 또는 계약의 체결·이행 과정에서 국가에 손해를 끼친 자(국가계약법 제27조 제1항 제4호)를 제재사유로 삼기도 한다.

2) 관련문제

일반제품인 경우에는 조달청장이 직접생산기준을 정하고, 그에 따라 위반 여부를 확인하면 되므로, 입찰참가자격제한을 하는 데에 특별한 문제가 없다. 나아가, 직접생산확인취소가 입찰참가자격제한처분의 전제요건이라 볼 수 없고, 국가계약법·지방계약법과 판로지원법은 그 목적, 취지, 효과가 다르며, 부정당업자 입찰참가자격제한과 직접생산확인취소도 서로 다른 제도이므로, 중소기업자간 경쟁제품이라 하더라도 중소기업벤처부장관의 직접생산확인취소가 없더라도 각 중앙관서의 장은 입찰참가자격제한처분을 할 수 있다.

다. 판매중지

한편, 조달청장은 계약상대자의 직접생산 위반행위를 추정할 신빙성 있는 근거자료가 있어 사실 여부를 조사중인 경우 계약담당공무원이 조사 결과를 통보받을 때까지 종합쇼핑몰 판매중지를 할 수 있다(물품 다수공급자계약 특수조건 제16조 제12호 참조).

Ⅱ. 입찰참가자격등록

1. 의의와 취지

발주기관은 입찰업무를 효율적으로 집행하기 위해 미리 입찰참가자격의 등록을 하게 할 수 있고, 이는 등록사항이 변경된 때도 같다(국가계약법 시행규칙 제15조 제1항).

입찰참가자가 매번 입찰에 참가할 때마다 입찰참가자격을 증명해야 한다면, 입찰참가자는 물론 발주기관도 업무처리에 상당한 시간과 비용을 들여야 한다. 따라서 그러한 업무 효율성 저하를 막기 위해 입찰참가자격등록제도를 두었다. 이에 입찰참가자가 특정 발주기관에게 입찰참가자격을 등록하면 향후 입찰에서는 해당 등록증으로 입찰참가자격증명을 갈음할 수 있게 하여, 입찰참가절차를 간이화하였다.[1] 다만, 등록한 입찰참가자격이 변경되면 변경사항을 등록해야 한다.

조달청장은 경쟁입찰참가자격 등록에 필요한 사항을 정하기 위해 국가종합전자조달시스템 입찰참가자격등록규정을 마련하여 시행한다.

2. 법적 성격

국가계약법 시행규칙 제15조 제1항에 따른 입찰참가자격등록이 사법상 조치에 불과한지, 아니면 행정처분에 해당하는지 논란이 있었다. 그러나 판례는 행정처분으로 보아 위와 같은 논란을 잠재웠고, 현재 실무도 입찰참가자격등록을 행정처분으로 이해한다. 관련 판례를 살펴보면 다음과 같다.

〔입찰참가자격등록이 행정처분인지〕

조달청장은 국가계약법 시행규칙 제15조 제1항에서 규정하는 경쟁입찰참가자격등록과 관련하여, 국가종합전자조달시스템 입찰참가자격등록규정이라는 조달청 고시를 제정하여 위 입찰참가자격등록의 절차, 요건, 기준, 효과 등을 상세히 규정하고, 입찰참가자격 등록제도를 운영한다. 또한, 다수공급자계약을 비롯한 물품, 공사, 용역, 외자 등 공공계약을 위한 입찰공고에서 해당 수요물자와 관련한 입찰참가자격등록에 따라 입찰참가자격을 등록한 자를 입찰참가자격으로 요구하며, 계약서에 수요물자 등록번호를 기재하고, 계약물품명세서에 입찰참가자격등록규정에 따라 부여받은 물품등록번호를 기재한다. 나아가 국가와 계약을 체결하는 상대방은 원칙적으로 경쟁입찰을 거쳐 결정되고, 이러한 경쟁입찰에 참가하기 위하여서는 국가계약법이 정한 일정한 자격을 갖추어야 하는데, 경쟁입찰에 참가하여 국가와 계약을 체결하고자 하는 자는 사전에 피고가 운영하는 입찰참가자격 등록제도에 따라

---

1) 서울행정법원 2020. 9. 18. 선고 2019구합77576 판결.

미리 입찰참가자격 등록을 하여야만 매 입찰마다 입찰참가자격을 증명할 필요 없이 입찰에 참가할 수 있는 지위를 취득하는 점, 조달청장도 등록을 마친 경우에만 공공조달계약을 위한 입찰에 참가할 자격을 인정하여 입찰참자 기회를 부여하고, 위와 같은 등록을 마치지 않고 입찰참가단계에서 비로소 경쟁입찰참가자격을 증명하여 입찰에 참여하는 방법은 사실상 허용하고 있지 않기 때문에, 국가계약법 시행규칙 제15조 제2항에 따른 입찰참가자격등록이란 국가와 계약을 체결하기 위하여 입찰참가마다 자격을 증명하여야 하는 법령상 의무를 갈음할 수 있도록 하는 제도이고, 아울러 실제로 입찰에 참여할 자격을 부여하는 수단이다. 따라서 이러한 입찰참가자격등록은 그 상대방으로 하여금 입찰에 참가할 수 있는 일정한 권익을 부여하는 것으로서 그 법적 성격은 수익적 행정처분이다(대전지방법원 2019. 1. 17. 선고 2017구합105844 판결, 대전고등법원 2020. 1. 30. 선고 2019누10410 판결, 대법원 2020. 5. 28. 선고 2020두34575 판결).

3. 일반

가. 등록구분

경쟁입찰참가자격 등록은 등록 분야에 따라 공사등록, 물품제조등록, 물품구매등록, 용역등록, 외자물품등록으로 구분한다(국가계약법 시행규칙 제15조 제2항, 국가종합전자조달시스템 입찰참가자격등록규정 제4조 제1항).

또한, 등록시기나 사유에 따라 처음 등록하는 신규등록, 1년마다 등록내용을 스스로 확인·정비하는 자기정보확인등록, 등록사항 일제정비나 유효기간 경과에 따른 갱신등록, 등록내용을 변경·추가·삭제하는 변경등록, 등록취소사유 발생에 따른 말소등록으로 구분한다(국가종합전자조달시스템 입찰참가자격등록규정 제4조 제2항).

그리고 등록확인을 받은 자(등록자)의 국내 사업자등록 여부에 따라 국내소재업체입찰참가자격등록과 국외소재업체입찰참가자격등록으로 구분한다(국가종합전자조달시스템 입찰참가자격등록규정 제4조 제3항).

나. 등록요건과 결격사유

1) 등록요건

국내소재업체로서 입찰참가자격 등록을 하고자 하는 자는 국가계약법 시행규칙 제18조의 예외규정을 제외하고 다음 자격요건을 갖춘 자여야 한다. 즉, 다른 법령의 규정에 따라 허가, 인가, 면허, 등록, 신고 등을 필요로 할 경우에는 해당 허가, 인가, 면허, 등록, 신고 등이 되어 있거나 그 밖에 필요한 자격요건에 적합할 것, 보안측정 등의 조사가 필요한 경우에는 관계기관으로부터 적합판정을 받았을 것, 소득세법 제168조, 법인세법 제111조, 부가

가치세법 제8조에 따라 해당 사업에 관한 사업자등록증을 교부받았거나 부가가치세법 시행령 제12조 제2항에 따라 고유번호증을 부여받았을 것을 갖추어야 한다(국가종합전자조달시스템 입찰참가자격등록규정 제5조 제1항 제1호부터 제3호).

한편, 국외소재업체로서 입찰참가자격 등록을 하고자 하는 자는 다음 자격요건을 갖추어야 한다. 즉, 보안측정 등의 조사가 필요한 경우에는 관계기관으로부터 적합 판정을 받았을 것, 소속국가의 사업자등록증이나 점포소유증명서를 교부받았을 것(소속국가에서 두 개를 모두 취급하지 않을 경우, 이와 유사한 것으로서 소속국가로부터 적법한 사업자임을 증명하는 인증서를 교부받았을 것)을 갖추어야 한다(국가종합전자조달시스템 입찰참가자격등록규정 제5조 제2항 제1호, 제2호).

2) 결격사유

등록에 필요한 제출서류내용(대표자 성명, 상호, 법인 명칭 등)이 서로 다르면 등록을 할 수 없다. 다만 관련법령에 따라 불가피하게 다른 경우에는 적용하지 않는다(국가종합전자조달시스템 입찰참가자격등록규정 제6조 제2항).

다. 등록번호

국외소재업체입찰참가자격등록을 제외한 등록은 별도 등록번호를 부여하지 않고 본사의 사업자등록번호로 관리한다. 다만, 법인은 본사의 법인등록번호와 사업자등록번호로 관리하되, 지사는 법인의 입찰참가자격등록증에 지사의 사업자등록번호를 기재하여 관리한다(국가종합전자조달시스템 입찰참가자격등록규정 제7조).

〔법인의 지점(지사) 등록 문제〕

법인의 지점(지사)은 권리능력이 있는 법인의 하부기관에 불과하므로 독자적인 법인격을 갖지 못하고, 그 명의로 입찰에 참가하거나 계약을 체결하더라도 본인인 법인에게 그 효과가 미칠 뿐이다. 그러나 공공계약 실무는 일정한 요건 아래 법인 본사에 부기하여 법인의 지점(지사)도 입찰참가등록을 할 수 있게 한다. 이와 달리 개인사업자는 지사등록을 할 수 없다.[1)]

법인의 지점(지사)는 법인등기부등본과 사업자등록 기재로 판단하고 법인등기부등본이 없는 비영리법인 등은 정관을 기준으로 판단한다. 또한, 그 명칭이 지사나 지점이 아니더라도, 영업소, 지회, 지부, 연구소 등 법인 본사의 하부조직에 해당한다면 같은 성격으로 본다.

법인의 지점(지사)를 등록하기 위해서는 본사 대표자나 입찰대리인이 지사등록(변경등록)을 신청해

1) 법인 지사는 법인 본사와 별개로 독립적인 입찰참가자격등록을 받는 것이 아니라 본사의 입찰참가자격등록 안에 지사를 등록하는 것이다.

야 하며, 이 경우 반드시 지사등록 이행각서를 원본으로 제출해야 한다.

법인의 지점(지사)는 법인 본사가 입찰등록한 물품(제조, 공급), 용역, 공사 등 입찰참가등록을 받은 업종과 관련한 입찰에 참가할 수 있으나, 특별히 입찰공고에서 본사와 별개로 지사도 다른 법령에서 정한 인·허가 등 요건을 갖추어야 한다고 정했다면, 그 요건을 갖춘 지사만이 입찰에 참가할 수 있다.

법인의 지사는 독자적인 법인격을 갖는 법인 본사의 하부기관에 불과하므로, 본사를 위한 입찰참가등록에 부기(附記)하여 등록하는 개념이며, 별도로 독립한 입찰참가등록증을 발급받지 못한다.

한편, 법인의 지점(지사)도 입찰대리인을 등록할 수 있지만, 반드시 법인 본사에서 지사등록이행각서를 제출하고 지점(지사)의 임직원이라는 사실을 증명하는 서류를 제출한 다음에 등록해야 한다.

라. 등록정보 이용

조달사업법 제2조 제5호에 따른 수요기관은 조달업무를 수행하기 위해 전자조달시스템에 등록할 수 있고, 이처럼 전자조달시스템에 등록한 수요기관을 이용기관이라 한다(국가종합전자조달시스템 입찰참가자격등록규정 제2조 제1항 제5호 참조). 그런데 등록하려는 자가 전자조달시스템에 게재한 등록정보는 각 이용기관의 장이나 계약담당공무원에게도 등록하였다고 보므로, 각 이용기관의 장이나 계약담당공무원은 시스템을 이용해 입찰참가자격을 확인할 수 있으며, 입찰참가자가 고의나 과실로 시스템에 변경등록 등을 하지 않은 경우에 대비하여 낙찰자 선정과정에서 낙찰대상자의 입찰참가자격을 별도로 확인해야 한다(국가종합전자조달시스템 입찰참가자격등록규정 제8조 제1항). 각 이용기관의 장이나 계약담당공무원이 해당 기관의 경쟁입찰업무에만 활용하기 위해 등록을 받는 경우에는 입찰참가희망자가 해당 기관에 별도로 등록해야 한다(국가종합전자조달시스템 입찰참가자격등록규정 제8조 제2항).

마. 등록시기와 유효기간

등록담당공무원은 연중 수시로 등록 신청을 접수·처리하며 등록 유효기간은 ① 제조물품인 경우에는 등록일부터 3년으로, ② 허가, 인가, 면허, 등록, 신고 등에 유효기간이 있는 경우나 제출서류에 유효기간이 있는 경우에는 그 기간으로 하되, 각 유효기간이 두 가지 이상 적용될 경우에는 그 중 먼저 도래하는 시점을 만료일로 한다(국가종합전자조달시스템 입찰참가자격등록규정 제9조 제1항).

제조물품에 대한 입찰참가자격을 등록한 업체는 해당 유효기간이 경과하기 전에 갱신등록을 해야 하며, 유효기간이 경과하면 등록효력은 소멸한다. 갱신등록은 유효기간 만료 20일 전까지 신청을 완료해야 한다(국가종합전자조달시스템 입찰참가자격등록규정 제9조 제2항). 그리고 허가 등에 유효기간이 있는 경우나 제출서류에 유효기간이 있는 등록업체는 유효기간이 경과하기 전에 관련법령에 따라 유효기간을 갱신하고 등록을 갱신해야 한다. 다만, 등록을 갱신하지 않고 입찰에 참가했더라도 관련법령에 따라 유효기간을 갱신한 경우에는 입찰서제출마감일 이후 보완할 수 있다(국가종합전자조달시스템 입찰참가자격등록규정 제9조 제3항).

등록된 제조물품 중 판로지원법 제6조 제1항에 따른 중소기업자간 경쟁제품 지정공고에서 제외된 제품은 조달청장이 별도 신청 없이 일반 제조물품으로 일괄 전환할 수 있으며, 이 경우 해당 물품의 등록 유효기간은 등록 당시에 확인한 유효기간을 적용한다(국가종합전자조달시스템 입찰참가자격등록규정 제9조 제4항).

한편, 운영자는 등록정보를 정비하기 위해 필요한 경우, 모든 등록자로 하여금 등록 내용의 전부나 일부를 갱신등록하게 할 수 있다(국가종합전자조달시스템 입찰참가자격등록규정 제9조 제5항). 등록된 제조물품의 물품분류번호나 세부품명의 명칭 등이 단순 변경되는 경우로서 등록자의 입찰 편의 등을 위해 필요하다고 판단하는 경우, 조달청장은 등록자의 신청이 없어도 나라장터(www.g2b.go.kr)에 사전 고지한 후 물품정보를 일괄 변경할 수 있다(국가종합전자조달시스템 입찰참가자격등록규정 제9조 제6항).

바. 자기정보확인등록

등록자는 신규등록, 변경등록, 갱신등록, 자기정보확인등록을 해야 하고 입찰에 참가하고자 하는 자는 반드시 입찰서 제출 전까지 자기정보를 확인하고 입찰에 참가해야 한다. 이를 따르지 않아 발생하는 불이익에 대한 책임은 등록자에게 있다(국가종합전자조달시스템 입찰참가자격등록규정 제9조의2 제1항). 등록자는 시스템에 등록된 자기정보가 사실과 다를 경우, 사실과 다른 정보를 제공한 기관에 증빙자료 등을 제출하여 해당 기관으로 하여금 시스템에 등록된 자기정보를 수정·보완할 수 있도록 조치해야 한다(국가종합전자조달시스템 입찰참가자격등록규정 제9조의2 제2항).

사. 등록증 발급

국가계약법 시행규칙 제15조 제1항에 따라 입찰참가자격을 등록한 자에게 경쟁입찰참가자격등록증을 발급해야 하며, 등록증 발급은 등록자가 시스템에 접속하여 출력하는 방식으로 한다(국가종합전자조달시스템 입찰참가자격등록규정 제10조 제1항). 이에 따라 출력된 등록증은 계약담당공무원이 시스템을 이용해 입찰참가자격을 확인할 수 있는 경우에 한정하여 등록증으로서 효력을 갖는다(국가종합전자조달시스템 입찰참가자격등록규정 제10조 제2항).

아. 입찰참가 범위

등록자가 참여하는 입찰 범위는 물품인 경우 등록증에 등재된 세부품명 또는 품명, 품류의 입찰, 용역인 경우에 등록증에 등재된 업종의 입찰, 공사인 경우 등록증에 등재된 업종이나 주력분야의 입찰을 말한다(국가종합전자조달시스템 입찰참가자격등록규정 제11조 제1항). 그리고 외자물품으로 등재되지 않은 경우에도 물품등록자는 외자물품입찰 대상과 같은 물품이 등재되어 있고 국내에서 납품이 가능하면 해당 외자물품입찰에 참가할 수 있다(국가종합전자조달시스템 입찰참가자격등록규정 제11조 제2항).

한편, 입찰에 참가하려는 등록자는 자기정보가 입찰공고문에서 정한 자격요건과 일치하는지 미리 확인하여 필요하면 변경등록 등 조치를 해야 한다(국가종합전자조달시스템 입찰참가자격등록규정 제11조 제3항).

4. 등록절차와 기준

가. 등록안내

운영자는 등록에 필요한 사항, 즉 등록신청자격, 등록신청에 따른 증빙서류, 등록방법과 등록신청서 접수기간, 등록의 유효기간, 해당 등록공고가 정부조달협정의 적용을 받는다는 사실, 등록사항에 대한 문의처, 국가계약법 시행규칙 제15조 제6항에 따른 사항 등 그 밖에 필요한 사항을 시스템에서 안내해야 한다(국가종합전자조달시스템 입찰참가자격등록규정 제12조 제1항 제1호부터 제7호). 운영자는 필요하면 위 안내내용을 안내서로 발행하여 관련 업계에 배포할 수 있다(국가종합전자조달시스템 입찰참가자격등록규정 제12조 제2항).

나. 등록신청

1) 국내소재업체의 입찰참가자격 등록신청

등록하려는 자는 “나라장터”의 신규이용자등록에서 조달업체이용자로 등록 후 입찰참가자격등록신청을 해야 하며, 등록신청 증빙서류는 신청자가 선택한 조달청 본청이나 지방조달청으로 송부해야 한다(국가종합전자조달시스템 입찰참가자격등록규정 제13조 제1항). 그리고 운영자가 지정한 공인인증기관이 발급한 공인 인증서를 이용하여 등록을 신청해야 하고(국가종합전자조달시스템 입찰참가자격등록규정 제13조 제2항), 본사의 사업자등록번호, 대표자의 성명(회생절차개시결정이 있는 업체인 경우는 관리인의 성명을 포함해야 하며, 대표자나 관리인이 여러 명인 경우는 모두를 포함), 주소로 등록을 신청해야 한다(국가종합전자조달시스템 입찰참가자격등록규정 제13조 제3항).

한편, 등록하려는 자는 입찰과 계약 등과 관련한 법률적 행위에 대표권을 행사하기 위해 반드시 “대표대표자” 1인을 선정해야 한다. 또한, 대표자가 여러 명인 경우에는 각자대표인지 공동대표인지 여부를 구분하여 등록해야 한다(국가종합전자조달시스템 입찰참가자격등록규정 제13조 제4항).

〔대표대표자, 각자대표, 공동대표의 의미〕

대표대표자란 입찰과 계약 등과 관련하여 법률적 행위에 대표권을 행사하기 위해 법인등기부등본이나 사업자등록증상 유효한 대표자가 대리인으로 선정한 자나 관리인을 말하므로(국가종합전자조달시스템 입찰참가자격등록규정 제2조 제1항 제8호), 본인이 참여하는 입찰이나 계약과 관련한 법률행위를 대리할 권한을 가진 대리인을 지칭한다. 따라서 대표대표자가 입찰이나 계약과 관련한 법률행위를 하면, 그 효과는 본인(법인 혹은 개인사업자)에게 직접 미친다. 다만, 대표대표자는 대표기관이 선정한 대리인일 뿐, 곧바로 본인을 대표할 자격을 갖춘 자라고 볼 수는 없으므로 부정당업자 입찰참가자격제한 대상인 대표자(국가계약법 시행령 제76조 제16항 제1호)와는 같은 개념이라고 단정할 수 없다.

각자대표란 법인의 사무와 관련하여 법인을 대표하는 여러 대표자를 의미한다(민법 제59조 제1항 참조). 그러나 공동대표란 여러 대표자가 반드시 공동으로 대표권을 행사해야 하는 경우, 그 여러 명의 대표자를 지칭한다(상법 제208조 제1항 참조).

등록하려는 자는 시스템에 해당 업체에 재직 중인 임·직원에 한정하여 입찰대리인을 등록할 수 있고, 입찰대리인의 자격확인을 위해 재직증명서와 아울러 4대 보험 중 어느 한 가입 증명자료(최근 3개월 이내), 소속사에서 받은 급여와 관련, 해당 소속사에서 발급받은 근로소득세 납부증명자료, 법인등기사항증명서 중 어느 하나에 해당하는 자료를 제출하거나 인터넷정보망을 이용한 조달청 승인자의 관련 자료 열람에 동의해야 한다. 법인이 지사의 입찰대리인을 등록하고자 할 때도 같다. 다만, 부정당업자로 입찰참가자격을 제한받고 있는 자는 대리인으로 등록할 수 없으며, 1인이 중복하여 2개 이상의 회사를 위한 입찰대리인으로 등록할 수 없다(국가종합전자조달시스템 입찰참가자격등록규정 제13조 제5항).

그리고 본사 외에 지사를 등록한 법인인 경우에 같은 입찰 건에 대하여는 본사나 지사 중 1개사만 입찰에 참가할 수 있다(국가종합전자조달시스템 입찰참가자격등록규정 제13조 제6항).

지문인식 신원확인 입찰이 적용되는 공고에 참가하려는 전자입찰자는 사전에 조달청이 정한 절차에 따라 지문보안기기에 전자입찰자의 지문정보를 등록해야 하며, 입찰서를 작성하여 전송할 때 지문보안기기를 이용해 전자입찰자의 신원을 확인한 후 입찰에 참가해야 한다. 지문정보는 조달청 등록담당공무원이나 조달청과 협약된 기관의 개인정보보호법에 따른 개인정보처리자의 참여 아래 대표자나 입찰대리인의 신원확인을 거친 후 인증기관을 통해 등록해야 한다. 전자입찰에 참가하려는 자는 반드시 지문보안기기에 전자입찰자의 지문정보를 등록한 후 전자입찰에 참가해야 한다(국가종합전자조달시스템 입찰참가자격등록규정 제13조 제7항).

한편, 법인이 등록하려는 경우, 법인등기사항증명서에 표기된 상호로 등록신청해야 하되, 괄호 안에 추가 등기된 영문이나 한자 표기는 생략할 수 있다. 그리고 본사가 아닌 지사를 등록하려는 자는 법인등기사항증명서의 지점(분사무소)과 관련한 사항에 해당 지사가 등재되어 있거나 정관에 지사에 대한 상호, 소재지가 등재되었어야 한다. 다만 비영리법인(대학 등)은 직제, 학칙 등의 규정에 따라 지사관계를 확인할 수 있다. 이 경우 본사 대표(회생절차개시결정이 있는 업체의 경우는 관리인) 명의의 지사등록이행각서를 제출하고 등록해야 한다. 특히 지사가 입찰이나 계약과 관련한 입찰참가자격 제한사유에 해당 경우에는 해당 법인을 대상으로 입찰참가자격을 제한한다(국가종합전자조달시스템 입찰참가자격등록규정 제13조 제9항).

한편, 개인사업자는 보유한 여러 사업장을 등록할 수 있다. 다만 사업종류가 같은 여러 업체가 있는 경우 한 곳을 지정하여 등록해야 한다. 등재된 세부품명번호나 업종코드가 한 개 이상 중복되는 경우에는 사업종류가 같다고 본다(국가종합전자조달시스템 입찰참가자격등록규정 제13조 제10항).

2) 국외소재업체의 입찰참가자격 등록신청

국외소재업체로서 입찰참가자격 등록신청자는 등록신청내용을 확인할 수 있도록 국외소재업체 등록신청서, 소속국가의 사업자등록증이나 점포소유증명서(소속국가에서 두 개를 모두 취급하지 않을 경우, 이와 유사한 것으로서 소속국가로부터 적법한 사업자임을 증명하는 인증서)[1]를 조달청 본청이나 지방조달청에 우편으로 또는 직접 방문하여 제출해야 한다(국가종합전자조달시스템 입찰참가자격등록규정 제13조의2 제1항). 그리고 외자·비축물자 입찰에 대하여 국외에서 전자입찰을 하려는 자는 국외소재업체 인증서 신청서를 추가로 작성하여 조달청 본청이나 지방조달청에 우편으로 또는 직접 방문하여 제출해야 한다(국가종합전자조달시스템 입찰참가자격등록규정 제13조의2 제2항).

한편, 등록신청서류는 한국어로 작성해야 하되, 한국어로 작성할 수 없는 경우에는 원본과 함께 한국어 번역문을 공증을 받아 첨부해야 한다(국가종합전자조달시스템 입찰참가자격등록규정 제13조의2 제3항).

그리고 등록하려는 자는 시스템에 해당 업체에 재직 중인 임·직원에 한정하여 입찰대리인을 등록할 수 있고, 입찰대리인의 자격확인을 위하여 재직증명서와 대표자의 위임장을 제출해야 한다(국가종합전자조달시스템 입찰참가자격등록규정 제13조의2 제5항).

지문인식 신원확인 입찰이 적용되는 공고에 참가하려는 전자입찰자는 사전에 조달청이 정한 절차에 따라 지문보안기기에 전자입찰자의 지문정보를 등록해야 하며, 입찰서를 작성

1) 해당 서류는 신청자 소속국가의 유관 사업당국이나 관할 행정관서에서 발행한 것이어야 한다(국가종합전자조달시스템 입찰참가자격등록규정 제13조의2 제4항).

하여 전송할 때 지문보안기기를 이용해 전자입찰자의 신원을 확인한 후 입찰에 참가해야 한다(국가종합전자조달시스템 입찰참가자격등록규정 제13조의2 제6항). 지문정보는 조달청 등록담당 공무원이나 조달청과 협약된 기관의 개인정보보호법에 따른 개인정보처리자의 참여 아래 대표자나 입찰대리인의 신원확인을 거친 후 인증기관을 통하여 등록해야 한다. 지문인식 신원확인 입찰이 적용되는 전자입찰에 참가하려는 자는 반드시 지문보안기기에 전자입찰자의 지문정보를 등록한 후 전자입찰에 참가해야 한다.

다. 신청서류

첫째 공사등록을 하려는 자는 등록신청서, 관련있는 허가·인가·면허·등록·신고 등을 증명하는 서류(필요한 경우에 한정), 인감증명서나 본인서명사실확인서를 제출해야 한다(국가계약법 시행규칙 제15조 제2항 제1호 가, 나, 마목).

둘째, 물품제조등록을 하려는 자는 등록신청서, 관련있는 허가·인가·면허·등록·신고 등을 증명하는 서류(필요한 경우에 한정), 산업집적활성화 및 공장설립에 관한 법률 시행규칙에 따른 공장등록대장 등본이나 판로지원법에 따른 공공기관의 장이 직접 생산을 확인하여 증명하는 서류(공공기관의 장이 직접 생산을 확인하지 않으면 조달청장이 직접 생산을 확인하여 증명하는 서류), 인감증명서나 본인서명사실확인서를 제출해야 한다(국가계약법 시행규칙 제15조 제2항 제2호 가, 나, 마, 바목).

셋째, 물품구매등록을 하려는 자는 등록신청서, 관련있는 허가·인가·면허·등록·신고 등을 증명하는 서류(필요한 경우에 한정), 인감증명서나 본인서명사실확인서를 제출해야 한다(국가계약법 시행규칙 제15조 제2항 제2호 가, 나, 바목).

넷째, 용역등록을 하려는 자는 등록신청서, 관련있는 허가·인가·면허·등록·신고 등을 증명하는 서류(필요한 경우에 한정), 인감증명서나 본인서명사실확인서를 제출해야 한다(국가계약법 시행규칙 제15조 제2항 제3호 가, 나, 마목).

라. 처리기간

등록담당공무원은 등록신청서류가 접수되면 8근무시간 이내에 처리하되 제23조의2 제3항에 따라 공장실사를 하는 경우에는 접수 후 10일 이내에 처리한다. 다만, 등록신청내용의 보완, 확인이 필요하거나 전산장애 등 예상하지 못한 사유로 등록업무 지체가 불가피한 경우에는 그 사유와 등록 예정 일자를 신청인에게 통보해야 한다(국가종합전자조달시스템 입찰참가자격등록규정 제18조 제1항). 근무시간 이후에 신청된 등록서류는 다음 근무일 09:00에 접수되었다고 본다(국가종합전자조달시스템 입찰참가자격등록규정 제18조 제2항).

마. 등록확인

입찰참가자격 등록신청을 받은 발주기관은 전자정부법 제21조 제1항에 따른 행정정보의 공동이용을 활용하여 사업자등록증, 고유번호를 확인하는 서류나 사업자등록증명원, 법인의 법인등기부등본, 개인의 주민등록표 등본, 공장등록증명서나 공장등록대장 등본(제조등록의 경우)을 확인해야 한다. 다만, 입찰참가자격 등록을 신청하려는 자가 사업자등록증, 고유번호를 확인하는 서류나 사업자등록증명원, 주민등록표 등본(개인)과 같은 서류 확인에 동의하지 않으면 그 서류(사업자등록증인 경우는 그 사본)를 방문 또는 우편 등 방법으로 제출하거나 직접 전자조달시스템에 게재해야 한다(국가계약법 시행규칙 제15조 제3항, 국가종합전자조달시스템 입찰참가자격등록규정 제14조 제1항, 제2항). 다만, 전자적으로 확인할 수 있는 서류도 등록담당공무원이 전산장애 등의 사유로 확인할 수 없을 때에는 등록신청자에게 관련 서류의 제출을 요청할 수 있으며, 원본을 제출해야 하는 서류는 방문 또는 우편으로 제출해야 한다(국가종합전자조달시스템 입찰참가자격등록규정 제14조 제3항).

한편, 등록담당공무원은 등록신청내용이나 증빙서류의 일부, 전부가 등록요건에 적합하지 않을 경우, 등록확인을 보류하고 전자우편, 우편, 전화 등으로 등록신청자에게 보완을 요청하거나 반려하고 다시 등록신청을 하도록 안내할 수 있다. 등록담당공무원의 보완요청 후 20일이 경과하도록 등록신청자로부터 회신이 없으면, 등록의사가 없다고 보고 반려 처리한다(국가종합전자조달시스템 입찰참가자격등록규정 제14조 제4항).

등록담당공무원은 등록하려는 자가 법인인 경우에는 법인등기사항증명서에 표기된 상호로 신청하였는지를 확인해야 한다(국가종합전자조달시스템 입찰참가자격등록규정 제14조 제5항).

바. 등록증 교부

등록서류 확인을 종료한 발주기관은 입찰참가자격을 등록한 자에게 입찰참가자격 등록증을 교부해야 한다(국가계약법 시행규칙 제15조 제4항, 국가종합전자조달시스템 입찰참가자격등록규정 제10조 참조).

사. 전자조달시스템 게재

발주기관은 위와 같이 입찰참가자격등록을 받으면 전자조달법 제2조 제4호에 따른 전자조달시스템에 게재해야 하며, 이때 기재된 등록사항은 다른 발주기관에게도 등록하였다고 본다(국가계약법 시행규칙 제15조 제5항). 수많은 발주기관이 일일이 등록하기보다 이미 게재된 전자조달시스템으로 입찰참가자격을 확인하면 충분하기 때문이다. 다만, 발주기관이 자체 입찰업무에만 활용하기 위해 입찰참가하려는 자로 하여금 입찰참가자격등록을 하게 할 수 있고, 이때는 전자조달시스템에 게재할 필요가 없다(국가계약법 시행규칙 제15조 제6항).

그리고 발주기관은 입찰참가자격 등록과 관련있는 사항, 즉 입찰참가자격을 미리 등록할 수 있다는 뜻, 등록에 필요한 서류, 경쟁입찰참가자격 등록사항에 변동이 있는 경우에는 입찰참가 전에 미리 변경 등록하여야 한다는 뜻을 전자조달시스템에 게재해야 하고, 조달청장은 전자조달시스템에 게재된 등록사항에 별도 유효기간을 둘 수 있다(국가계약법 시행규칙 제15조 제7항, 제8항).

5. 등록효과

가. 효력발생

등록은 등록담당공무원이 등록확인을 하면 효력이 발생한다. 다만, 정보 제공기관으로부터 자동으로 연계되어 제공받는 정보와 행정처분기관이 전자조달시스템에 직접 입력한 정보는 별도 확인절차 없이 효력이 발생한다(국가종합전자조달시스템 입찰참가자격등록규정 제15조 제1항). 등록신청자는 전자조달시스템을 이요해 등록내용을 확인해야 하며, 증빙서류가 미비하거나 공장실사를 거부하여 등록확인이 되지 않은 책임은 등록신청자에게 있다(국가종합전자조달시스템 입찰참가자격등록규정 제15조 제2항). 신용정보기관 등으로부터 휴업이나 폐업 통보를 접수한 경우, 운영자는 휴·폐업 업체 소속 입찰대리인의 등록을 취소할 수 있다(국가종합전자조달시스템 입찰참가자격등록규정 제15조 제3항).

나. 변경등록

등록자는 등록정보가 변경되면 즉시 필요한 증빙서류를 첨부하여 변경등록신청을 해야 하며, 변경등록에는 등록절차를 준용한다. 다만, 공급물품, 사용인감, 전화번호, 전자우편주소, 홈페이지 주소의 변경사항은 등록자가 시스템에 접속하여 변경내용을 입력하여야 변경등록이 되며, 국외소재업체의 경우 국외소재업체 등록사항변경 신청서와 변경내용의 증빙서류를 조달청 본청이나 지방조달청에 우편으로 또는 직접 방문하여 제출해야 한다(국가종합전자조달시스템 입찰참가자격등록규정 제16조 제1항).

특히 등록자가 상호나 법인 명칭, 대표자 성명(대표자가 여러 명이면 그 모두)이 변경되었는데도 변경등록 없이 입찰에 참가하면 해당 입찰은 무효이다(국가계약법 시행규칙 제44조 제6호의3, 국가종합전자조달시스템 입찰참가자격등록규정 제16조 제2항).

등록자 중 개인에서 법인으로 전환되거나 그 반대인 경우에는 해당 등록자는 등록을 말소하고 신규등록을 해야 한다. 다른 법인에 합병되거나 다른 법인을 합병한 경우, 합병된 자는 말소등록을, 합병한 자는 변경등록을 해야 한다(국가종합전자조달시스템 입찰참가자격등록규정 제16조 제3항, 제4항). 등록사항이 말소된 자가 재등록할 때는 제1항 규정을 준용한다(국가종합전자조달시스템 입찰참가자격등록규정 제16조 제5항). 행정처분 정보는 행정처분기관에서 시스템에 직접 입력하면 변경등록 되었다고 본다(국가종합전자조달시스템 입찰참가자격등록규정 제16조 제6항). 등록자 중 채무자회생 및 파산에 관한 법률에 따라 회생절차개시결정이 있는 경우에는 관리인을 대표자 정보에 추가등록하고 대표대표자로 변경등록을 해야 한다(국가종합전자조달시스템 입찰참가자격등록규정 제16조 제7항).

등록자는 변경등록을 신청할 때 등록정보(사업자등록증, 법인등기사항증명서, 인·허가증, 면허수첩 등)를 모두 변경해야 한다(국가종합전자조달시스템 입찰참가자격등록규정 제16조 제8항).

다. 사용인감 등록

운영자는 전자적인 업무처리가 아닌 수기로 진행되는 입찰, 계약업무 등에 사용하기 위해 등록자의 사용인감을 시스템에 등록받아 관리할 수 있다(국가종합전자조달시스템 입찰참가자격등록규정 제17조 제1항). 사용인감 등록은 등록자가 직접 전자조달시스템에 게재하여 등록하는 방법과 등록담당공무원에게 사용인감계를 제출하여 등록하는 방법 중에서 선택할 수 있다(국가종합전자조달시스템 입찰참가자격등록규정 제17조 제2항). 이용기관은 전자조달시스템에 사용인감을 등록한 자의 경우 입찰, 계약업무 등에 필요한 인감증명서와 사용인감계를 제출하였다고 본다(국가종합전자조달시스템 입찰참가자격등록규정 제17조 제3항).

라. 등록자의 불공정행위 금지

등록자는 다른 전자입찰자나 계약상대자로 결정된 자와 관계에서 일정한 불공정행위에 개입하거나 교사, 공모 등을 해서는 안 된다(국가종합전자조달시스템 입찰참가자격등록규정 제18조의2 제1항). 다만, 이 규정은 조달청이 입찰공고한 물품 공급입찰에 한정하여 적용한다(국가종합전자조달시스템 입찰참가자격등록규정 제18조의2 제2항).

불공정행위 유형은 다음과 같다. 즉, 낙찰에 따른 계약금액 일부 지급을 조건으로 입찰참여를 교사하는 행위, 특정 제조사·공급사와의 계약이나 협약서 체결 등을 교사하여 계약상대자로 하여금 직접이행의무의 전부나 일부를 회피하게 하거나 제3자에게 전가하도록 하는 행위, 계약상대자로 하여금 조달청 사전 승인 없이 채권양도 승인규정(조달청 훈령)에 반하여 계약이행을 완료하지 않은 채권을 지정계좌 등에 지급하게 하거나 이를 위한 사전배분약정을 체결하도록 하는 행위, 조달청장이 계약상대자에게 직접이행의무 준수 여부 등을 확인하기 위해 자료 제출 등을 요구한 것에 대하여 허위서류 제출이나 허위진술, 조사 및 참석에 응하지 않도록 교사하는 등 계약상대자의 협조를 방해하는 행위, 그 밖에 계약상대자의 입찰·계약체결·계약이행 등의 과정에 부당하게 개입하여 공정한 조달질서를 저해하는 행위 등을 말한다.

마. 등록말소

등록담당공무원은 다음 어느 하나에 해당하면, 등록을 말소할 수 있다(국가종합전자조달시스템 입찰참가자격등록규정 제19조 제1항). 즉, ① 등록자가 말소등록을 신청한 경우(제1호), ② 갱신등록이나 변경등록을 하지 않은 경우(제2호), ③ 등록신청내용이 사실과 다르다고 판명된 경우(제3호), ④ 이중 등록된 경우(제4호), ⑤ 등록요건의 유효기간이 경과한 경우(제5호), ⑥ 사업자등록이 취소·철회되거나 폐업한 경우(제6호), ⑦ 법인등록자 중 다른 법인으로 합병된 자인 경우(제7호), ⑧ 등록된 제조물품에 직접생산확인 결과 직접생산확인하지 않는다고 판정한 경우(등록담당공무원이 제조등록 요건 충족 여부를 재확인하여 요건을 충족하지 못한다고 확인한 자에 한정)(제9호), ⑨ 제조등록 요건 충족 여부 확인을 위한 조사를 정당한 사유없이 거부할 경우(제10호), ⑩ 계약담당공무원이나 조사담당공무원이 등록자의 불공정행위 여부를 조사하여 이를 위반하였다고 확인한 경우(제11호)에는 등록을 말소할 수 있다.

그런데 제1, 4, 6, 7, 11호 중 어느 하나에 해당하는 사유가 있으면 등록 전부를 말소할 수 있고, 나머지 제2, 3, 9, 10호 중 어느 하나에 해당하는 사유가 있으면 해당 일부 등록을 말소할 수 있다(국가종합전자조달시스템 입찰참가자격등록규정 제19조 제2항). 그리고 제2호부터 제5호, 제7호부터 제11호 사유가 있는 경우에는 사전에 등록말소 의사를 통지하여 의견제출 기회를 부여해야 하고, 통지 후 15일 이내에 별도 의사표시가 없으면 해당 등록을 말소할 수 있다(국가종합전자조달시스템 입찰참가자격등록규정 제19조 제3항). 등록담당공무원은 등록말소 의사를 문서로 통지하고, 문서 확인이 곤란한 경우를 위해 전자조달시스템에 공지할 수 있다(국가종합전자조달시스템 입찰참가자격등록규정 제19조 제4항).

최근 대법원은 입찰참가자격 등록과 마찬가지로 입찰참가자격 등록말소 역시 행정처분에 해당한다고 보면서도, 등록말소는 법령상 근거가 없는 조치이지만 입찰참가자격 등록이라는 수익적 행정처분을 직권으로 철회·취소하는 것에 불과하므로, 더 이상 등록을 유지할 필요가 없거나 등록을 말소해야 할 중대한 공익이 발생했다면, 조달청장이 해당 등록을 말소하더라도 법률유보금지원칙 위반에 해당하지 않는다고 본 하급심 판결을 그대로 확정했다.[1)]

6. 물품·공사·용역의 등록

가. 물품등록

1) 물품등록 구분

물품등록은 제조와 공급으로 구분하여 등록한다(국가종합전자조달시스템 입찰참가자격등록

1) 대법원 2020. 5. 28. 선고 2020두34575 판결.

규정 제20조).

2) 물품등록 대상

물품을 등록하려는 자는 등록자격을 갖춘 자로서, ① 소득세법 제168조, 법인세법 제111조, 부가가치세법 제8조에 따라 세무서장이 발행한 사업자등록증을 발급받았고 등록하는 물품의 제조나 공급이 가능한 국내소재업체, ② 외국에서 사업자등록증(점포소유증명서 포함)으로 확인되는 물품의 제조나 도·소매업을 영위하는 국외소재업체 중 어느 하나에 해당하는 자여야 한다(국가종합전자조달시스템 입찰참가자격등록규정 제21조 제1호, 제2호).

3) 물품등록 신청서류

물품입찰참가자격등록(변경과 갱신등록 포함) 신청자는 등록신청내용을 확인할 수 있도록 사업자등록증, 고유번호를 확인하는 서류, 사업자등록증명원, 법인인 경우 법인등기사항증명서, 개인인 경우 주민등록표 등본, 등록할 물품이 관련법령에서 형식승인을 받도록 되어있는 경우 형식승인을 증명하는 서류, 창업벤처기업인 경우 이 사실을 증명하는 서류, 인감증명서나 본인서명사실 확인 등에 관한 법률 제2조 제3호에 따른 본인서명사실확인서, 국외소재업체인 경우 소속국가의 사업자등록증나 점포소유증명서, 고유번호증으로 등록하는 경우에는 등록하고자 하는 물품에 대한 증명서류(인가, 승인, 허가증 등)를 제출해야 한다(국가종합전자조달시스템 입찰참가자격등록규정 제22조 제1항).

그리고 판로지원법에 따른 중소기업자간 경쟁제품을 제조로 등록하는 경우에는 같은 법 제9조 제4항에 따라 중소벤처기업부장관이 직접생산을 확인하여 증명한 서류를 추가로 제출(중소벤처기업부와 연계된 정보통신망으로 그 정보를 확인할 수 있으면 제출을 생략)해야 한다(국가종합전자조달시스템 입찰참가자격등록규정 제22조 제4항). 다만, 중소기업자간 경쟁제품을 등록하려는 자가 판로지원법 제9조 제1항 등 관련법령에 따른 직접생산 확인이 필요한 경우가 아닌 입찰·계약에 참여하려는 경우에는 일반제품 제조등록 규정에 따라 등록할 수 있다(국가종합전자조달시스템 입찰참가자격등록규정 제22조 제7항).

한편, 조달청 제조물품 직접생산확인 기준 제2조 제3호에 따른 일반제품을 제조로 등록하는 경우에는 공장등록증명서, 관련법령에 따라 받아야 하는 생산(제조) 인가·허가·등록증 등을 추가로 제출해야 한다(국가종합전자조달시스템 입찰참가자격등록규정 제22조 제5항). 다만, 조달품질원장으로부터 창업·벤처기업 협업 승인을 받은 업체는 협업 승인 공문을 제출하면 위 서류를 제출할 필요가 없다(국가종합전자조달시스템 입찰참가자격등록규정 제22조 제6항).

4) 세부품명 등재

제조등록인 경우 등록담당공무원은 신청자가 제출한 서류를 확인하여 제조물품의 세부품명을 등재해야 하며, 공급등록인 경우 신청자가 신청한 세부품명을 그대로 등재한다(국가종합전자조달시스템 입찰참가자격등록규정 제23조 제1항). 물품입찰참가자격등록 신청자는 등록신청서에 등재할 물품의 세부품명번호(10자리 분류번호)를 시스템에서 검색·입력해야 하며, 해당 세부품명번호가 시스템에 등록되어 있지 않을 경우에는 시스템 등을 이용하여 목록화를 요청하고 해당 세부품명번호를 부여받아 입력해야 한다(국가종합전자조달시스템 입찰참가자격등록규정 제23조 제2항). 사업자등록증의 종목란에 무역업, 수(출)입업, 무역대리업, 물품매도확약서 발행업, 오퍼업, 수입대행 등으로 기재된 자가 외자물품등록을 하고자 하는 경우에는 세부품명란에 "외자물품"으로 기재해야 하며 외자물품의 세부품명번호는 0000000000로 표기한다(국가종합전자조달시스템 입찰참가자격등록규정 제23조 제3항).

나. 공사·용역등록

1) 공사·용역등록 대상

공사등록을 하려는 자는 등록요건을 갖추고 해당하는 업의 등록수첩 등을 소지해야 한다(국가종합전자조달시스템 입찰참가자격등록규정 제24조 제1항). 용역등록을 하려는 자는 등록요건을 갖추고 해당하는 업의 등록증 등을 소지해야 한다(국가종합전자조달시스템 입찰참가자격등록규정 제24조 제2항).

2) 공사·용역등록 신청서류

공사나 용역등록(변경과 갱신등록 포함)을 하려는 자는 등록신청내용을 확인할 수 있도록 사업자등록증, 고유번호를 확인하는 서류, 사업자등록증명원, 법인인 경우 법인등기사항증명서, 개인인 경우 주민등록표 등본, 인감증명서나 본인서명사실확인서, 공사인 경우 해당 업종등록수첩, 용역인 경우 허가, 인가, 면허, 등록, 신고증 그 밖에 필요한 자격의 해당 업 등록증, 고유번호증으로 등록하는 경우에는 등록하려는 업종에 대한 증명서류(인가, 승인, 허가증 등)을 제출해야 한다(국가종합전자조달시스템 입찰참가자격등록규정 제25조 제1호부터 제6호).

3) 업종 등 등재

공사분야 등록신청자는 등록신청서에 등재할 업종의 업종코드(4자리)를 시스템에서 검색·입력해야 하며, 업종 중 주력분야가 구분된 경우는 추가로 주력분야 코드(3자리)를 시스템에서 검색·입력해야 한다(국가종합전자조달시스템 입찰참가자격등록규정 제25조의2 제1항). 용역분야 등록신청자는 등록신청서에 등재할 업종의 업종코드(4자리)를 시스템에서 검색·입력해야 한다(국가종합전자조달시스템 입찰참가자격등록규정 제25조의2 제2항).

그리고 등록신청자는 업종이나 주력분야에 대한 코드가 시스템에 등록되어 있지 않을 경우에는 운영자에게 해당 업종코드나 주력분야코드를 부여받아 입력해야 한다(국가종합전자조달시스템 입찰참가자격등록규정 제25조의2 제3항).

Ⅲ. 입찰참가자격사전심사

1. 의의와 근거

입찰참가자격사전심사(이하 '사전심사')는, 발주기관이 입찰 전에 미리 입찰에 참가하려는 자의 이행실적, 계약수행능력 등 자격을 심사하는 제도이다. PQ(Pre-Qualification)라고도 한다. 따라서 발주기관은 경쟁입찰에 부치면서, 계약이행 난이도, 이행실적, 기술능력, 재무상태, 사회적 신인도, 계약이행 성실도 등 계약수행능력평가에 필요한 사전심사기준과 절차 그 밖에 대통령령이 정하는 바에 따라 입찰참가자격을 사전심사하고 적격자만을 입찰에 참가하게 할 수 있고(국가계약법 제7조 제2항), 해당 적격자에게 그 결과를 통지해야 한다(국가계약법 시행령 제13조 제1항).

이처럼 발주기관이 사전심사를 하려면, 계약이행 난이도, 이행실적, 기술능력, 재무상태, 사회적 신인도, 계약이행 성실도 등 계약수행능력 평가에 필요한 요소를 종합적으로 고려하여 심사기준을 정해야 하지만(국가계약법 시행령 제13조 제2항), 용역 등과 관련하여 관계법령에서 사업자 선정절차 등을 별도로 규정한 경우에는 그 절차 등에 따라 경쟁입찰에 참가할 수 있는 적격자를 선정할 수 있다(국가계약법 시행령 제13조 제3항).

현재 국가계약법 시행령 제13조와 같은 법 시행규칙 제23조, 제23조의2에 사전심사제도의 근거가 있으며, 기획재정부는 발주기관이 그 심사기준을 정할 때 고려해야 하는 사항과 사전심사절차, 방법, 그 밖에 필요한 사항을 정하기 위해 계약예규인 입찰참가자격사전심사요령을 마련했다(이하 "사전심사요령"이라 한다). 다만, 발주기관은 사전심사요령에서 정하지 않은 사항과 그 시행에 필요한 사항을 세부기준으로 작성해 집행할 수 있고(사전심사요령 제16조), 이에 따라 국방부, 조달청 등은 사전심사기준을 별도로 제정·시행 중이다(조달청 입찰참가자격사전심사기준 참조).

2. 입찰참가자격사전심사제도의 연혁[1)]

우리나라 경제는 1960년 이후 20세기 말까지 계속 성장했고, 성장산업 가운데 토목이나 건설산업도 크게 발전했다. 건설경기가 더욱 활발히 살아나면서 건설업체 규모도 점차

---

1) 계승균, 앞의 책, 113쪽 참조.

확장되었고, 신규업체가 본격적으로 시장에 진출하기 시작했으며, 특히 국내 건설시장 개방 이후 건설산업은 국내는 물론 국외로부터 시장구조 조정을 요구받는 상황에 이르렀다. 그리하여 우리나라는 1992년도에 면허발급체계 개선, 계약제도 개편, 부실업체 제재강화 등 넓은 범위에서 제도개선에 착수했고, 부실공사를 방지하고 품질제고를 위한 평가방법 도입을 모색했다.

이에 공공에 필요한 공사입찰제도를 저가 심의제에서 최저가제로 전환하기 위한 제도개선작업이 시작되면서 부실공사를 방지하기 위한 수단으로 입찰 전에 미리 공사수행능력 등을 심사하여 일정 수준 이상의 능력을 갖춘 자만 입찰에 참가하도록 자격을 주는 입찰참가자격사전심사제도 도입을 검토했고, 1992년 신행주대교와 남해 창선대교 붕괴사고 발생을 계기로 제도 도입이 촉진되었다.

1993. 2. 22. 예산회계법 시행령 개정(대통령령 제13853호, 1993. 2. 22. 일부개정)에 따라 사전심사제도를 전격 도입하였고, 그 후, 국가계약법령은 2006. 5. 25. 개정 전까지 발주기관이 사전심사 적용을 재량으로 결정하도록 규정했으나, 2006. 5. 25. 국가계약법 시행령 개정(대통령령 제19483호, 2006. 5. 25. 일부개정)에 따라 사전심사제 적용을 의무로 규정했다. 그러나 2010. 7. 21. 국가계약법 시행령 개정으로 다시 발주기관이 사전심사 적용을 재량으로 결정하도록 바꾸었는데, 그 후, 2015. 12. 31. 시행령 개정(대통령령 제26829호 2015. 12. 31. 일부개정)에 따라 제42조 제4항 제1호에 해당하는 공사, 즉 추정가격이 300억 원 이상인 공사계약의 경우에는 입찰참가자의 자격을 미리 심사하여 적격자를 선정하여야 한다는 의무규정을 제13조 제1항 단서로 두었다가, 2019. 12. 18. 시행령 개정(대통령령 제30078호 2019. 9. 17. 일부개정) 이후 현재까지 모든 입찰에서 발주기관이 사전심사 적용을 재량으로 결정할 수 있도록 규정한다(국가계약법 시행령 제13조 제1항 참조).

3. 적용범위

국가계약법 시행령 제13조 제1항 문언을 보면, 입찰참가자격사전심사는 반드시 공사입찰에 한정하지 않지만, 현재 구체적인 심사기준이 없기 때문에, 발주기관이 공사입찰이 아닌 나머지 입찰에서 입찰참가자격사전심사를 적용하기란 현실적으로 어렵다고 본다.[1)]

1) 법무법인(유한)태평양 건설부동산팀, 앞의 책, 118쪽.

4. 심사절차

가. 입찰공고

발주기관은 사전심사를 집행하려면 심사기준의 열람·교부 관련 사항, 심사에 필요한 서류, 제출기한 등을 공고해야 하고(사전심사요령 제2조 제1항), 이러한 공고는 현장설명일 전일부터 기산하여 최소한 30일 전에 해야 한다(사전심사요령 제2조 제2항). 만약 입찰공고에 위 사항을 고지하지 않으면, 입찰에 참가하려는 자는 사전심사를 실시하는지 알 길이 없으므로, 발주기관으로 하여금 반드시 공고하도록 규정했다. 따라서 공고없이 실시한 사전심사는 위법하다고 본다.[1] 그리고 사전심사를 적용하여 발주하는 공사라 하더라도 가능하다면 공동계약으로 체결해야 하므로(사전심사요령 제14조 제1항), 이러한 내용도 공고에 반영해야 한다.

나. 심사기준의 열람·교부

발주기관은 사전심사에 참가하고자 하는 자가 열람할 수 있도록 ① 심사기준, ② 심사에 필요한 증빙서류의 작성요령, 제출방법, ③ 그 밖에 필요한 사항 등을 비치하여야 하며, 사전심사에 참가하고자 하는 자가 신청하면 이를 교부해야 한다(국가계약법 시행령 제13조 제4항 본문, 사전심사요령 제3조 제1항). 열람·교부기간은 입찰공고일로부터 사전심사 신청 마감일까지 하되, 입찰공고일부터 적어도 7일 이상이어야 한다(국가계약법 시행규칙 제23조의2 제1항, 사전심사요령 제3조 제2항). 다만, 전자조달시스템에 위 각 서류를 게재하는 방법으로 심사기준 열람·교부를 갈음할 수도 있는데, 이때에도 입찰에 참가하고자 하는 자가 서류로 교부해 달라고 신청하면 서류로 교부해야 한다(국가계약법 시행령 제13조 제4항 단서, 사전심사요령 제3조 제3항).

다. 심사신청

사전심사를 신청하고자 하는 자는 입찰공고일로부터 7일 이상이 지난 날부터 사전심사에 필요한 증빙서류 등을 갖추어 신청해야 한다. 다만, 사전심사를 신청하고자 하는 자가 공정거래위원회에서 보급한 표준계약서를 사용하고자 할 때는 그 사용계획을 포함해야 한다(국가계약법 시행규칙 제23조의2 제2항, 사전심사요령 제4조 제1항). 발주기관은 사전심사 신청기간을 10일 이상으로 하되, 입찰공고에 그 신청기간을 명시해야 한다. 다만, 제출서류 등이 미비하거나 불명확하면, 사전심사를 신청한 자에게 3일 이내 기간을 정하여 보완을 요구할 수 있다(국가계약법 시행규칙 제23조의2 제2항, 제3항, 사전심사요령 제4조 제2항). 그리고 신청기간이나 보완기간이 끝난 날부터 10일 이내에 입찰참가자격을 사전심사하여 그 결과를 전자

---

1) 김성근, 앞의 책(Ⅰ), 287쪽.

조달시스템에 게재해야 한다(국가계약법 시행규칙 제23조의2 제4항).

라. 심사신청 자격제한

발주기관은 사전심사 신청자의 자격을 국가계약법 시행령 제21조(제한경쟁입찰에 따를 계약과 제한사항 등), 제22조(공사의 성질별·규모별 제한에 따른 입찰)에 따라 제한할 수 있으나, 추정가격이 200억 원 이상인 교량건설공사, 공항건설공사, 댐축조공사, 철도공사, 지하철공사, 터널공사가 포함된 공사, 발전소 건설공사, 쓰레기 소각로 건설공사, 폐수처리장 건설공사, 하수종말처리공사, 관람집회시설공사는 국가계약법 시행령 제22조에 따라 신청자격을 제한할 수 없다(사전심사요령 제5조 제1호부터 제12호).

마. 심사결과통보

발주기관은 적격자를 선정하면 지체없이 해당자에게 통보하고 해당 사실을 전자조달시스템, 게시판이나 일간건설지 등에 게재해야 하며, 공사종류별로 입찰적격자명부를 작성·비치해야 한다(사전심사요령 제9조 제1항). 그리고 사전심사를 신청한 자가 심사 관련 서류의 열람을 신청한 때는 위 게재일로부터 3일까지 열람을 허용해야 한다(사전심사요령 제9조 제2항).

한편, 발주기관은 사전심사를 신청한 자가 표준계약서를 사용하지 않은 경우에 해당 업체명, 부여한 가점과 그에 따른 감점, 표준계약서 사용계획 대비 미사용 비율(계약금액 기준)을 전자조달시스템에 게재하고 해당 사실을 당사자에게 통보해야 한다(공사계약일반조건 제53조 제5항).

사전심사를 신청한 자는 사전심사 결과에 이의가 있는 경우, 현장설명일 3일 전까지 재심사를 요청할 수 있다(국가계약법 시행규칙 제23조의2 제5항).

바. 재심사

1) 이의에 따른 재심사

심사결과 통보를 받은 자가 현장설명일부터 3일 이전까지 심사결과에 이의를 주장하며 재심사를 요청할 경우, 발주기관은 재심사를 실시하고 재심사 요청을 받은 날부터 3일 안에 그 결과를 통지해야 한다(국가계약법 시행규칙 제23조의2 제5항, 사전심사요령 제10조 제1항). 재심사 대상은 이미 제출한 서류에 있는 오류·중대한 착오는 물론 해당 심사에 필요하여 추가로 제출한 서류와 관련한 사항도 포함한다.

2) 적격자 선정 후 결격사유 발생에 따른 재심사

공동수급체를 구성하여 입찰에 참가하려는 자의 경우, 적격자 선정 이후 낙찰자 결정 이전에 공동수급체 구성원 가운데 일부 구성원에게 부도, 부정당업자제재, 영업정지, 입찰무효 등 결격사유가 발생하면, 발주기관은 잔존 구성원의 출자비율, 분담내용을 변경하게 하거나 결격사유가 발생한 구성원을 대신할 새로운 구성원을 추가하게 하여 적격자 선정범위에 해당하는지를 재심사해야 하고, 잔존 구성원만으로나 새로운 구성원을 추가하도록 하여 적격자 선정범위에 해당하면 해당 공동수급체를 입찰에 참가하게 해야 한다. 다만, 공동수급체 대표자에게 부도, 부정당업자제재, 영업정지, 입찰무효 등의 결격사유가 발생한 경우에는 해당 공동수급체를 입찰에 참가하게 해서는 안 되며, 입찰 이후에는 낙찰자 결정대상에서 제외해야 한다(사전심사요령 제10조 제2항).

3) 통보

발주기관은 재심사 결과를 지체 없이 해당자에게 통보하고 해당 사실을 전자조달시스템, 게시판이나 일반건설지 등에 게재해야 하고, 재심사를 신청한 자가 심사 관련 서류의 열람을 신청하면 위 게재일로부터 3일까지 열람을 허용해야 한다(사전심사요령 제9조, 제10조 제3항).

5. 심사기준과 방법

가. 심사기준

1) 개요

발주기관은 사전심사를 하려면, 계약이행 난이도, 이행실적, 기술능력, 재무상태, 사회적 신인도와 계약이행 성실도 등 계약수행능력 평가에 필요한 요소를 종합적으로 고려하여 심사기준을 정해야 하고(국가계약법 시행령 제13조 제2항), 계약이행 성실도 평가에서 국가계약법 제5조의2 제1항에 따른 청렴계약 준수정도, 건설기술관리법 제21조의4에 따른 부실벌점, 같은 법 제36조에 따른 평가결과 등을 고려해야 한다(국가계약법 시행규칙 제23조). 따라서 발주기관은 심사기준을 정하면서 사전심사요령 제6조, 제7조, 별표2, 별표3을 고려해 해당 공사의 성질·내용 등에 따라 적격업체가 선정되도록 해야 한다(사전심사요령 제6조 제1항).

한편, 공동계약의 공동수급체 사전심사에서 그 구성원 사이의 시공능력, 실적, 기술보유상황 등 보완을 위해 공동계약을 할 때는 이를 우대하여 사전심사요령 제6조에 따른 심사기준을 작성할 수 있다(사전심사요령 제14조 제2항).

2) 심사기준일

입찰공고 등에서 따로 정한 내용이 없다면, 심사항목별 심사기준일은 '입찰공고일'로 한다(사전심사요령 제6조 제6항, 조달청 입찰참가자격사전심사기준 제5조 제1항 참조). 입찰참가신청서류 접수마감일을 입찰서제출마감일 전일로 하고(국가계약법 시행규칙 제40조 제4항 참조), 입찰참가자격 판단기준일은 '입찰참가신청서류 접수마감일'로 규정한 것과 비교해야 한다(공사입찰유의서 제3조의2 제1항 참조).

3) 심사항목

사전심사는 경영상태부문과 기술적 공사이행능력부문으로 구분하여 심사하며, 경영상태부분 적격요건을 갖춘 자를 대상으로 기술적 공사이행능력부분을 심사한다(사전심사요령 제6조 제2항).

가) 경영상태부문

경영상태부문은 신용정보의 이용 및 보호에 관한 법률 제4조 제1항 제1호나 자본시장과 금융투자업에 관한 법률 제9조 제26항 업무를 영위하는 신용정보업자가 평가한 회사채, 기업어음이나 기업신용평가등급으로 심사한다(사전심사요령 제6조 제3항). 한편, 공동계약에서 공동수급체는 구성원별 각각 신용평가등급으로 심사하되(사전심사요령 제14조 제2항 제1호), 심사 후 적격요건을 충족하지 못하는 구성원이 있는 공동수급체는 적격자 선정에서 제외한다(사전심사요령 제14조 제3항).

같은 신청자에게 서로 다른 신용평가등급이 있으면, 가장 낮은 신용평가등급을 적용해야 한다. 합병업체도 합병 후 새로운 신용평가등급이 나올 때까지 합병대상업체 가운데 가장 낮은 신용평가등급을 적용하기 때문이다.[1)]

신용평가등급은 입찰공고일 이전 가장 최근에 평가한 유효기간내 신용평가등급으로 한다(사전심사요령 제6조 제6항 전문).

참고로, 입찰에 참가하려는 자는 신용정보업자로부터 평가받은 모든 공공기관 입찰용 신용평가등급을 해당 신용업자를 통해 평가완료 후 3일 안에 조달청 나라장터에 전송해야 하고(공사입찰유의서 제10조의2 제1항), 조달청장은 분기별로 신용정보업자로부터 평가명세서를 제출받아 미전송 여부를 확인하여 해당 업체를 나라장터에 게재하며, 발주기관은 해당 업체를 부정한 방법으로 심사서류를 제출한 자로 보아, 계약체결 전이면 낙찰자 결정대상에서 제외하거나 낙찰자 결정통보를 취소하고, 계약체결 후면 해당 계약을 해제·해지할 수 있고, 나아가 1년 동안 사전심사와 적격심사에서 감점할 수 있다(공사입찰유의서 제10조의2 제2항).

나) 기술적 공사이행능력부문

기술적 공사이행능력부문은 시공경험분야, 기술능력분야, 시공평가결과분야, 지역업체참여도분야, 신인도분야를 종합적으로 심사하며, 적격요건은 평점 90점 이상으로 한다(사전심사요령 제6조 제4항). 특히 계약이행성실도 평가를 위해 「건설기술진흥법」 제53조에 따른 부실

1) 계약제도과-314, 2012. 3. 23.

벌점, 「건설기술진흥법」 제50조에 따른 평가결과, 일자리창출을 평가하기 위한 일자리창출 실적을 분야별 심사항목에 반드시 포함해야 한다(사전심사요령 제6조 제7항 제1호부터 제3호). 한편, 공동계약에서 공동수급체는 ① 시공경험, 기술능력, 시공평가결과를, 공동수급체 구성원별 각각 시공경험, 기술능력, 시공평가결과에 공사참여 지분율(시공비율)을 곱하여 산정한 후 이를 합산하여 산정한 평점으로 심사하고, ② 신인도를, 공동수급체 구성원별 각각 산출한 점수에 시공비율을 곱하여 이를 합산하여 심사한다(사전심사요령 제14조 제2항 제2호 가, 나목). 다만, 발주기관은 해당 공사 성질, 내용 등을 고려해 필요하다고 인정하면, 공동수급체 구성원의 기술적 공사이행능력부문 심사방법을 따로 정할 수 있다(사전심사요령 제14조 제4항).

다) 심사기준 조정

발주기관은 심사기준을 정할 때 해당 공사의 성질, 내용 등을 고려해 필요하면 적격요건을 상향 조정할 수 있다(사전심사요령 제7조 제2항). 따라서 사전심사요령 별표2, 별표3에 있는 분야별·항목별 배점한도를 가·감 조정하거나 항목별 세부사항을 추가·제외할 수 있다. 다만, 신인도 항목을 추가·제외하려면 기획재정부장관과 협의를 해야 한다(사전심사요령 제7조 제3항).

한편, 건설산업기본법에 따른 건설공사가 아닌 공사는 신인도분야 각 항목을 해당 공사 관련법령 규정에 따라 조정한다(사전심사요령 제7조 제4항).

나. 심사방법

발주기관은 심사기준에 따라 신청마감일이나 보완일로부터 10일 안에 사전심사를 신청한 자가 제출한 서류를 심사해야 하나, 부득이하면 3일 범위에서 그 기간을 연장할 수 있다(사전심사요령 제8조 제1항). 또한, 심사를 위해 필요하면, 계약심의회 심의를 거쳐 심사할 수도 있다(사전심사요령 제8조 제5항).

경영상태 평가는 심사기준일 전에 평가한 유효기간 내에 있는 회사채, 기업어음, 기업의 신용평가등급 가운데 가장 최근 등급으로 심사하고, 합병한 업체는 합병 후 새로운 신용평가등급으로 심사해야 하며, 그 전이라면 합병대상업체 가운데 가장 낮은 신용평가등급을 받은 업체의 신용평가등급으로 심사한다(사전심사요령 제8조 제3항).

6. 심사효과

가. 입찰적격자 선정

발주기관은 경영상태부문 적격요건과 기술적 공사이행능력부문 적격요건을 모두 갖춘 자를 입찰적격자로 선정한다(사전심사요령 제8조 제4항).

〔부적격판정의 법적 성질〕

사전심사결과에 따른 부적격 판정에 대해서는 아직 행정처분성을 인정한 판례 등이 없다. 따라서 발주기관의 부적격판정을 다투려면, 민사상 가처분이나 본안소송을 제기할 수밖에 없고, 사전심사결과가 진행 중이면 입찰절차의 속행금지와 함께 입찰참가자격을 임시로 정하는 가처분을, 부적격판정을 받은 자를 제외한 채 입찰절차가 진행되어 낙찰자가 선정되었다면 그 입찰결과 자체를 다투는 소송이나 가처분을 제기해야 한다고 본다.

〔부정당업자 입찰참가자격제한 관련 규정을 유추적용하여 특별신인도 항목에서 감점한 조치가 적법한지〕

입찰자의 적격심사를 담당하는 국가의 계약담당공무원이 전년도에 하자보수를 지체한 자에 대하여 감점하도록 정한 심사기준의 특별신인도 항목을 해석·적용함에 있어서, 부정당업자에 대한 입찰참가자격을 제한한 국가계약법 시행령 제76조 제4항, 제5항을 유추적용하여, 하자보수를 지체하였던 법인의 변경 전 상호를 사용하고 그 법인의 대표자를 대표이사로 선임하여 입찰한 법인에 대하여 하자보수를 지체하였던 법인과 마찬가지로 특별신인도 항목에 관한 심사기준을 적용하여 감점조치를 한 것이 같은 법상 적격심사 관련 규정의 해석 적용에 관한 정당한 결정 범위 내에서 이루어진 것으로서 위법하다고 할 수 없다(대법원 2006. 4. 28. 선고 2004다50129 판결).

나. 부정한 방법으로 신청한 자에 대한 처리

발주기관은 사전심사를 신청한 자가 부정하게 작성한 서류를 제출하였다고 판명한 경우, 적격자 선정 전이라면 적격자 선정대상에서 제외하고, 입찰실시 전이라면 입찰참가자격을 박탈해야 한다(사전심사요령 제11조 제1호, 제2호). 다만, 단순한 착오나 과실로 다른 서류를 제출한 경우는 적격자 선정대상에서 제외하거나 입찰참가자격을 박탈해야 할 사유로 보기 어렵다. 이때는 사전심사요령 제10조에 따라 재심사를 해야 한다고 본다.[1)]

다. 현장설명참가자격

발주기관은 적격자로 통보받은 자만 현장설명에 참가하게 할 수 있다(사전심사요령 제12조).

라. 입찰가격공개와 관리

발주기관은 사전심사 방법으로 발주하는 공사 가운데 종합심사낙찰제 대상공사인 경우, 입찰실시 후 입찰자의 입찰가격을 전자조달시스템에 등재하고, 입찰자별 입찰가격과 낙찰상황 등을 지속 관리해야 한다(사전심사요령 제15조).

---

1) 법무법인(유한)태평양 건설부통산팀, 앞의 책, 120쪽.

7. 심사면제

발주기관은 해당 공사와 같은 종류의 공사를 이미 심사한 경우로서 신청자 가운데 적격자로 선정된 자(사전심사요령 제7조 제2항에 따라 적격요건을 상향 조정한 때에는 상향 조정된 요건에 해당하는 자)를 대상으로 공사의 특성 등을 고려해 1년 범위에서 사전심사를 면제할 수 있다(사전심사요령 제13조 제1항). 그리고 매 자격심사마다 입찰적격자 명부에 등재된 자에게 사전심사를 면제할지 결정하여, 그 자가 심사기준 등 열람 방법에 따라 열람할 수 있게 해야 한다(사전심사요령 제13조 제2항).

Ⅳ. 입찰참가자격의 부당제한금지

1. 의의

발주기관은 국가계약법, 같은 법 시행령이나 시행규칙, 그 밖에 다른 법령에 특별한 규정이 있는 경우를 제외하고 국가계약법 시행령 제12조에 따른 경쟁입찰참가자격이 아닌 다른 요건을 정하여 입찰참가를 제한해서는 안 된다(국가계약법 시행규칙 제17조). 이를 입찰참가자격의 부당제한금지 원칙이라 한다.

2. 위반효과

가. 문제점

발주기관이 위 규정을 위반하여 국가계약법 시행령 제12조 등과 다른 요건으로 입찰참가자격을 제한했다면, 그 효력을 인정할 수 있을지 문제된다.

나. 관련 견해

우선, 입찰참가자격 부당제한금지 규정은 시행규칙에 있고, 해당 규정은 계약사무처리준칙으로서 대외적 효력이 없으며, 발주기관이 입찰에서 상당한 재량권을 가지고 있다는 근거로 제한효력 자체를 부정하기 어렵다는 견해가 있다.[1] 그러나 이 견해도 사실상 특정한 입찰자만 통과할 수 있도록 여러 자격요건을 제한하여 그 특정 입찰자와 수의계약을 체결하는 것과 같은 결과가 발생한다면 경쟁입찰 취지를 완전히 침해하므로, 그러한 입찰참가자격 제한은 무효라고 이해한다.

반면, 국가계약법 시행규칙 제17조는 부령으로서 법규명령에 해당한다거나 국가계약법 시행령 제12조 제1항을 보충하거나 그와 결합하여 대외적 구속력을 갖기 때문에, 발주기관

---

1) 김성근, 앞의 책(Ⅰ), 140쪽.

이 해당 규정을 위반하여 입찰참가자격을 제한하는 행위는 무효라는 견해도 있다.[1)]

다. 기획재정부 해석

기획재정부는 입찰공고에 '국가기술자격을 취득하고 실무경력 5년 이상 경력자를 3명 이상 보유한 업체'로 입찰참가자격을 제한했다면 중복제한금지규정 위반에 해당하므로 허용할 수 없다고 본다.[2)]

라. 검토

국가계약법 시행규칙 제17조를 위반한 입찰참가자격의 부당한 제한은 무효라고 보는 두 번째 견해가 타당하다. 왜냐하면 국가계약법 시행규칙 제17조는 "… 아니 된다."고 규정하여 입찰참가자격의 부당한 제한금지를 선언했고, 이러한 규정 형식은 행정처분이나 그 밖에 법률행위 발동 여부와 관련된 기속·재량규정과는 달리 볼 필요가 있기 때문이다. 입법론으로는 법률에 위 원칙을 명시하고, 그 위반효과 역시 함께 규정할 필요가 있다고 본다(국가계약법 제5조 제4항 참조).

Ⅴ. 입찰참가자격 없는 자가 참가한 입찰의 효력

기획재정부는 공공계약법이 정한 입찰참가자격 요건을 갖추지 못한 자는 공공입찰에 참가할 수 없다고 해석한다.[3)] 이에 대해, 입찰참가자격을 정한 국가계약법 시행령 제12조 제1항은 임의규정에 불과하기 때문에, 그 내용을 입찰공고 등에 기재하여 입찰참가자에게 분명히 알린 때만 그 효과를 주장할 수 있다는 견해도 있다. 그러나 국가계약법 시행령 제12조 제1항은 "요건을 갖춘 자에 한하여" 경쟁입찰에 참가하게 해야 한다고 규정하고, 같은 법 시행규칙 제44조 제1항 제1호 역시 "입찰참가자격이 없는 자가 한 입찰은 무효"라고 규정하므로, 입찰참가자격 요건을 갖추지 못한 자는 입찰에 참가할 수 없다고 이해해야 한다. 따라서 설령 입찰참가자격이 없는 자가 입찰에 참가했다 하더라도 해당 입찰은 무효라고 보아야 한다. 즉, 국가계약법 시행령 제12조 제1항을 단순한 임의규정으로 보는 견해에는 동의하기 어렵다.

---

1) 비슷한 취지로, 정태학 외 3명, 앞의 책, 55쪽.
2) 회계제도과-569, 2010. 4. 6.
3) 김성근, 앞의 책, 136쪽, 회제 41301-232, 2002. 2. 22.

제 4 절 현장설명

Ⅰ. 의의

발주기관은 공사입찰에서 그 공사의 성질, 규모 등을 고려해 실제 공사현장에서 입찰참가자의 적정한 시공을 위한 현장설명을 실시할 수 있다(국가계약법 시행령 제14조의2 제1항). 현장설명은 공사현장을 실제로 관찰하게 하여 입찰참가자가 견적능력이나 기술시공을 높여 계약이행의 적정성을 확보하려는 제도이다.[1)]

Ⅱ. 대상

발주기관은 현장설명을 실시할지 결정할 재량을 가진다. 다만, 공사입찰에서만 실시할 수 있으므로, 물품 혹은 용역입찰에서는 현장설명을 실시하지 않는다. 2019. 9. 17. 국가계약법 시행령 개정 전에는 현장설명을 반드시 실시해야 하는 공사입찰을 규정했으나, 현재는 해당 규정을 삭제했다.

Ⅲ. 실시시기

현장설명은 공사 규모에 따라 해당 입찰서 제출마감일 전일부터 기산하여 ① 추정가격이 10억 원 미만인 경우 7일 전, ② 추정가격이 10억 원 이상 50억 원 미만인 경우 15일 전, ③ 추정가격이 50억 원 이상인 경우 33일 전에 실시해야 한다(국가계약법 시행령 제14조의2 제3항 본문 제1호부터 제3호). 다만, 재공고입찰인 경우, 국가 재정정책상 예산 조기집행을 위해 필요한 경우, 다른 국가사업과 연계되어 일정조정을 위하여 불가피한 경우, 긴급한 행사나 긴급한 재해예방·복구 등을 위하여 필요한 경우 그 밖에 이에 준하는 경우에는 그 기간을 단축할 수 있다(국가계약법 시행령 제14조의2 제3항 단서).

Ⅳ. 현장설명 참가자격

현장설명에 참가하려는 자는 국가기술자격을 취득하거나 건설기술관리법 등 관련법령에 따라 해당 기술자로 인정되는 자여야 하며, 국가기술자격수첩이나 건설기술자경력수첩을 제시해야 한다. 다만, 건설산업기본법 시행령 제8조, 전기공사업법 시행령 제5조, 전기통신

1) 김성근, 앞의 책(Ⅰ), 321쪽.

공사업법 시행령 제4조에 따른 경미한 공사는 그렇지 않다(공사입찰유의서 제6조 제1항).

Ⅴ. 현장설명 참가효력

발주기관은 현장설명을 할 때 현장설명서를 교부한다. 현장설명서란 시공에 필요한 현장상태 등 관련 정보나 단가 설명서 등을 포함한 입찰가격 결정에 필요한 사정을 제공하는 도서를 말하고, 설계서로서 입찰 관련 서류에 포함된다. 따라서 현장설명서를 위조, 변조하거나 부정하게 행사하면 입찰참가자격제한 처분을 받을 수 있다.[1)]

제 5 절 입찰참가

Ⅰ. 입찰참가신청

1. 의의

입찰에 참가하려는 자는 입찰공고나 입찰참가자격통지에 기재된 입찰참가신청 마감일까지 입찰참가신청서와 입찰참가자격을 증명하는 서류, 인감증명서나 본인서명사실확인서, 그 밖에 공고나 통지에서 요구한 서류를 제출하여 입찰참가신청을 하여야 한다(국가계약법 시행규칙 제40조 제1항). 여기서 입찰참가신청서는 입찰에 참가하려는 자가 인적사항, 입찰개요, 입찰보증금, 대리인·사용인감 등을 기재하여 발주기관에게 제출하는 문서로, 국가계약법 시행규칙 별지 제3호 서식을 사용해야 한다. 공동계약을 허용한 입찰이라면 공동수급체는 입찰참가신청서와 함께 공동수급협정서도 제출해야 한다(공사입찰유의서 제3조 제3항).

2. 구별개념

입찰참가신청서는 입찰에 참가하려는 자가 입찰서 제출마감일 전일까지 발주기관에게 제출해야 하는 서류이므로(국가계약법 시행규칙 제40조 제4항 참조), 입찰금액을 기재한 입찰서와는 구별해야 한다.

3. 절차

입찰에 참가하려는 자는 입찰 전에 관련법령이나 입찰유의서에서 정한 입찰 관련 서류

1) 김성근, 앞의 책(Ⅰ), 325쪽.

를 완전히 파악하고 이해한 후에 입찰참가신청을 해야 한다. 다만, 미리 입찰참가자격등록을 한 자는 입찰보증금을 납부하는 방법으로 위 서류 제출에 갈음할 수 있다. 입찰참가자격등록 제도 취지를 고려할 때 다시 입찰참가신청서를 제출할 필요가 없기 때문이다.

발주기관은 위 서류를 제출받고, 해당 내용을 검토하여 접수한 다음 필요한 사항과 관련한 사실조사를 할 수 있으며, 그 후 제출자에게 입찰참가신청증을 교부한다. 다만, 우편입찰인 경우나 그 밖에 필요하지 않는 경우에는 입찰참가신청증 교부를 생략한다.

4. 취소

입찰참가신청서를 제출한 자는 입찰등록마감일까지 입찰참가신청을 취소할 수 있다.

Ⅱ. 입찰보증금

1. 의의

입찰보증금이란 낙찰자가 계약을 체결하지 않을 경우 발주기관에게 발생하는 손해를 담보하기 위해 입찰참가자로부터 납부받는 보증금을 말한다. 즉, 입찰에 참가한 자가 낙찰자로 선정되었는데도 계약을 체결하지 않으면 발주기관은 어쩔 수 없이 다시 입찰절차를 진행할 수밖에 없고, 이때 발생하는 손해를 담보할 필요가 있다. 따라서 발주기관은 원칙적으로 경쟁입찰에 참가하려는 자로부터 입찰보증금을 받아야 한다(국가계약법 제9조 제1항). 다만, 입찰보증금은 입찰절차를 거칠 때 납부받는 금액이므로, 수의계약을 체결할 때는 납부받을 필요가 없다.[1)]

2. 법적 성질

입찰보증금은 입찰과정에서 발주기관이 입을 손해를 담보하는 위약금이므로, 손해배상액의 예정으로 추정된다(민법 제398조 제4항). 대법원도 국가나 공공기관이 실시하는 입찰에서 그 상대방이 납부하는 입찰보증금을 손해배상액의 예정으로 본다.[2)]

---

1) 김성근, 앞의 책(Ⅰ), 331쪽.
2) 가령 대법원 2004. 4. 16. 선고 2003다63661 판결. 다만, 위약벌로서 성질을 가질 수 있다는 대법원 1979. 9. 11. 선고 79다1270 판결도 있으나, 위약금은 특별한 사정이 없다면 손해배상의 예정으로 보아야 하고, 입찰보증금 납부와 몰수 규정을 고려할 수 있다.

3. 납부

가. 납부금액

입찰보증금은 입찰금액(단가로 실시하는 입찰에서는 그 단가에 매회별 이행예정량 가운데 최대량을 곱한 금액)의 100분의 5 이상으로 해야 한다(국가계약법 시행령 제37조 제1항 본문). 따라서 발주기관은 재량에 따라 100분의 5보다 높은 금액을 입찰보증금으로 정할 수 있으나[1], 지나치게 높은 입찰보증금 약정은 부당한 특약에 해당할 수 있다.[2] 다만, 재난 및 안전관리기본법 제3조 제1호에서 정한 재난이나 경기침체, 대량실업 등으로 국가의 경제위기를 극복하기 위해 기획재정부장관이 기간을 정하여 고시한 경우에는 입찰금액의 1,000분의 25 이상으로 입찰보증금을 정할 수 있다(국가계약법 시행령 제37조 제1항 단서).

〔입찰보증금 약정과 약관규제법 적용〕

1) 입찰보증금 국고귀속 규정이 약관규제법 위반인지

경쟁입찰은 비록 정식계약 체결 전 예약단계이지만, 그 당시 낙찰자로 하여금 계약체결의무 불이행에 따른 손해배상액으로 입찰가액의 5% 이상을 예정하였다 하여 그 자체만으로 거래관행상 부당하게 과중하다 보기 어려운 점, 이 사건 경쟁입찰에서 1순위자가 입찰에 참가하면 2, 3순위자는 입찰기회를 박탈당하여 재입찰을 해야 하는 점, 주택과는 달리 계약을 체결하지 않으면 그 후 분양기회를 박탈하는 등 제재수단이 없는 점을 고려하면, 계약체결의무 불이행이 발생했을 때 입찰보증금을 귀속하는 약관조항은 약관규제법 제6조, 제8조에 위반하지 않는다(대법원 1997. 3. 28. 선고 95다48117 판결).

2) 과도한 입찰보증금 약정이 약관규제법 위반인지

한국토지공사가 공급하는 분양용지의 당첨자가 계약을 체결하지 않으면 공급가액의 10%에 상당하는 분양신청예약금을 한국토지공사에 귀속하도록 정한 약관조항은 고객인 당첨자에게 부당하게 과중한 손해배상의무를 부담하게 하는 것으로서 무효이고, 한국토지공사가 위 약관조항을 그 후 개정한 약관과 같이 당첨자가 '정당한 사유 없이' 계약을 체결하지 않은 경우로 수정 해석하였다 하더라도 역시 무효이다(대법원 1996. 9. 10. 선고 96다19758 판결).

나. 납부시기

입찰참가자는 입찰신청마감일까지 입찰참가신청서와 함께 입찰보증금을 납부해야 한다(국가계약법 시행규칙 제43조 제1항 본문). 다만, 일정한 기관이 발행한 채무액 등 지급을 보증

1) 김성근, 앞의 책(Ⅰ), 333쪽도 같은 취지.
2) 대법원 1996. 9. 10. 선고 96다19758 판결.

하는 보증서 중 1회계연도 안의 모든 입찰(공사에 한정)에 대한 입찰보증금으로 납부할 수 있는 보증서는 기획재정부장관이 정하는 바에 따라 매 회계연도 초에 이를 제출할 수 있다(국가계약법 시행규칙 제43조 제1항 단서).

한편, 발주기관은 입찰보증금 전부나 일부 납부를 면제받은 자로 하여금 국고귀속 사유가 발생하면 입찰보증금에 해당하는 금액을 납입한다는 것을 보장하기 위해 그 지급을 확약하는 문서를 제출하게 해야 하는데(국가계약법 시행령 제37조 제4항), 해당 문서는 입찰참가신청을 하거나 입찰서를 제출하는 때에 이를 제출하여야 한다(국가계약법 시행규칙 제43조 제2항).

다. 납부방법

아래 납부방법은 모두 계약보증금, 하자보수보증금 등 납부방법에 그대로 준용된다.

1) 원칙

입찰보증금은 현금, 체신관서나 은행법 적용을 받는 은행이 발행한 자기앞수표, 일정한 보증서 등으로 납부해야 한다(국가계약법 시행령 제37조 제2항).

2) 현금

현금이란 정부나 중앙은행에서 발행하는 지폐나 주화를 말한다. 아울러 체신관서나 은행법 적용을 받는 은행이 발행한 자기앞수표도 포함한다(국가계약법 시행령 제37조 제2항). 발주기관은 입찰참가자가 입찰보증금을 현금으로 납부할 경우, 세입세출외 현금출납공무원으로 하여금 정부보관금취급규칙에 따라 수령하게 한다(국가계약법 시행규칙 제53조).

3) 유가증권

유가증권이란 자본시장과 금융투자업에 관한 법률 시행령 제192조에 따른 증권을 말한다(국가계약법 시행령 제37조 제2항 제2호). 발주기관은 입찰참가자가 증권으로 입찰보증금을 납부할 경우 유가증권취급공무원으로 하여금 정부유가증권취급규정에 따라 수령하게 한다(국가계약법 시행규칙 제54조 제1항). 입찰보증금을 국채 중 등록국채로 납부하는 때는 국채등록필통지서와 함께 질권설정동의서를 제출해야 하며, 발주기관은 유가증권취급공무원으로 하여금 정부유가증권취급규정에 따라 이를 보관하게 한다(국가계약법 시행규칙 제54조 제2항). 유가증권취급공무원은 국채등록필통지서와 질권설정동의서를 제출받은 경우, 부득이한 사유가 없다면 지체없이 자신을 질권자로 하는 질권설정조치를 해야 한다(국가계약법 시행규칙 제54조 제3항).

4) 보증보험증권

가) 범위

국가재정법 시행령 제46조 제4항에 따른 금융기관이나 은행법에 따른 외국은행이 발행한 지급보증서, 보험업법에 따른 보험회사가 발행한 보증보험증권, 건설산업기본법에 따른 공제조합, 전기공사공제조합법에 따른 전기공사공제조합, 신용보증기금법에 따른 신용보증기금, 기술보증기금법에 따른 기술보증기금, 정보통신공사업법에 따른 정보통신공제조합, 엔지니어링산업 진흥법에 따른 엔지니어링공제조합, 산업발전법에 따른 공제조합, 소프트웨어 진흥법에 따른 소프트웨어공제조합, 전력기술관리법에 따른 전력기술인단체(산업통상자원부장관이 기획재정부장관과 협의하여 고시하는 단체에 한정), 건설폐기물의 재활용촉진에 관한 법률에 따른 공제조합, 골재채취법에 따른 공제조합, 지역신용보증재단법에 따른 신용보증재단, 관광진흥법에 따른 한국관광협회중앙회, 방위사업법 제43조에 따라 보증업무를 수행하는 기관으로 지정받은 자, 건설기술 진흥법에 따른 공제조합, 소방산업의 진흥에 관한 법률에 따른 소방산업공제조합, 문화재수리 등에 관한 법률에 따른 문화재수리협회, 건축사법에 따른 건축사공제조합, 중소기업협동조합법에 따른 중소기업중앙회, 콘텐츠산업 진흥법 제20조의2에 따른 콘텐츠공제조합, 폐기물관리법 제41조에 따른 폐기물 처리 공제조합, 공간정보산업 진흥법 제24조에 따른 공간정보산업협회, 한국해양진흥공사법에 따른 한국해양진흥공사 등이 발행하는 채무액 등 지급을 보증하는 보증서를 말한다(국가계약법 시행령 제37조 제2항 제1호, 제3호, 제4호).

〔2024. 1. 2. 개정 조달사업법에 근거한 조달기업공제조합〕

① 의의

2024. 1. 2. 개정 조달사업법은 제32조의2부터 제32조의5까지 조달기업공제조합의 근거를 규정하여, 조달기업이 상호간 협동조직을 구성하여 자율적인 경제활동을 도모하고, 조달사업과 관련한 각종 보증과 자금 융자 등사업을 적법하게 수행할 수 있도록, 조달청장으로부터 인가를 받는 조달기업협동조합 설립 근거를 마련했다.

따라서 위 개정법률이 시행되는 2024. 7. 3. 이후부터 조달사업법에 따른 조달공제조합이 발행하는 보증서도 위에서 말하는 보증보험증권에 포함된다. 개정 조달사업법이 시행되면 국가계약법 시행령에 추가될 사항으로 보인다.

② 취지

조달청과 계약을 체결하는 기업은 일정한 보증금을 납부해야 하고, 보증금 납부를 대신하는 보증서를 제출하기 위해 조달기업은 그동안 민간 보증회사에 높은 수수료를 납부할 수밖에 없었다. 특히 실적이 없거나 담보가 부족한 영세 중소기업이나 벤처기업에게는 이러한 부담이 더 컸다. 이에 조달기업이 상호간 협동조직을 구성할 수 있도록 근거를 마련하고 조달기업공제조합으로 하여금 보증사업과 자금 융자 등을 수행하도록 하여, 조달기업에게는 금융 부담을 덜어주고, 조달청에게는 금융적 수단을 이용해 조달시장을 더 혁신적으로 관리할 수 있도록 했다. 결국 조달기업공제조합은 공공조달시장 진입 문턱을 낮추고 발전적인 경쟁을 강화하는 역할을 수행한다.[1)]

③ 공제조합의 설립

조달청과 조달계약을 체결한 사업자는 사업자 상호 간의 협동조직을 통하여 자율적인 경제활동을 도모하고, 조달사업과 관련된 각종 보증과 자금 융자 등을 위해 조달청장의 인가를 받아 조달기업공제조합(이하 "공제조합"이라 한다)을 설립할 수 있다(조달사업법 제32조의2 제1항). 그 법적 성격은 비영리법인으로서 사단법인에 해당한다고 본다.

따라서 공제조합은 법인으로 하며, 주된 사무소의 소재지에서 설립등기를 하면 성립한다(조달사업법 제32조의2 제2항). 그 기본재산은 조합원의 출자금과 수익금 그 밖에 대통령령으로 정하는 재원으로 조성한다(조달사업법 제32조의2 제3항). 공제조합의 설립인가 기준과 절차, 정관의 기재사항, 운영과 감독 등에 필요한 사항은 대통령령으로 정한다(조달사업법 제32조의2 제4항). 조합원 자격, 임원과 관련한 사항, 출자금 부담기준에 필요한 사항은 정관으로 정한다(조달사업법 제32조의2 제5항).

특히 조달사업법 제32조의2 제4항에 따라 정관으로 정하는 조합원 자격과 관련하여, 조달사업법 제32조의2 제1항 규정대로 "조달청과 조달계약을 체결한 사업자"로만 제한해야 하는지 문제되나, 제1항은 공제조합을 설립하는 주체를 명시했을 뿐 조합원 자격을 제한한 규정으로 보기 곤란하므로, 같은 법 제32조의2 제4항에 따라 정관으로 조합원 자격을 확장할 수 있다고 본다. 다만, 입법취지를 고려하면, 조합원 자격은 적어도 "조달청에 조달기업으로 입찰참가등록을 한 자"로서 기본적으로 국가 발주 입찰에 참가할 요건을 갖추어야 한다고 본다.

④ 공제조합 사업 등

공제조합은 조달사업과 관련하여, ㉮ 조합원의 업무수행에 따른 입찰, 계약, 하도급 이행, 하자보수 등의 보증, ㉯ 조합원에 대한 자금의 융자, ㉰ 조합원의 업무수행에 따른 손해배상책임을 보장하는 공제사업, ㉱ 조합원에 고용된 사람의 복지향상과 업무상 재해로 인한 손실을 보상하는 공제사업, ㉲ 조합원에 대한 경영 상담·진단·지도, 교육훈련과 관련한 사업, ㉳ 국가, 지방자치단체, 공공기관 등이 위탁하는 업무, ㉴ 그 밖에 조달계약 관련 거래질서 확립 등을 위하여 필요한 사업으로서 대통령령으로 정하는 사업을 수행한다(조달사업법 제32조의3 제1항 제1호부터 제7호).

특히 공제조합이 ㉮ 보증사업과 ㉰, ㉱ 에 따른 공제사업을 하려면 첫째, 보증규정(보증사업 범위, 계약 내용, 수수료, 책임준비금 등 보증사업의 운영에 필요한 사항)과 둘째, 공제규정(공제사업 범위, 공제계약 내용, 공제료, 공제금, 공제금에 충당하기 위한 책임준비금 등 공제사업의 운영에 필요한 사항)을 정하여 조달청장의 승인을 얻어야 한다. 승인받은 사항을 변경하는 경우에도 같다(조달사업법 제32조의3 제2항 제1호, 제2호).

⑤ 보고·조사 등

조달청장은 공제조합의 재무건전성 유지 등을 위해 필요하다고 판단하면 공제조합에게 그 업무사항을 보고하게 하거나 자료 제출을 요구할 수 있으며, 소속 공무원에게 공제조합 업무나 회계 상황을 조사하게 하거나 장부나 그 밖에 서류를 검사하게 할 수 있다. 조사나 검사를 수행하는 공무원은 그 원한을 표시하는 증표를 지니고 관계인에게 이를 보여주어야 한다(조달사업법 제32조의4 제1항). 이는 비영리법인에 대한 관리·감독을 위한 실효성확보수단으로서 행정조사의 성질을 갖는다.

조달청장은 ㉮ 보증사업의 건전한 육성와 계약자 보호를 위해 보증사업의 감독에 필요한 기준을 정하여 고시해야 한다(조달사업법 제32조의4 제2항). 그리고 ㉰, ㉱ 에 따른 공제사업과 관련해서는 대통령령으로 정하는 바에 따라 조달청장이 아닌 금융위원회가 조사나 검사할 수 있다(조달사업법 제32조의4 제3항). 따라서 조달청장은 위 공제사업의 건전한 육성과 계약자 보호를 위해 금융위원회 위원장과 협의하여 감독에 필요한 기준을 정한 후 고시해야 한다(조달사업법 제32조의4 제4항).

⑥ 다른 법률 준용

공제조합과 관련하여 이 법에서 정하지 않은 사항은 민법 중 사단법인 규정과 상법 중 주식회사 회계와 관련한 규정을 준용한다(조달사업법 제32조의5).

나) 요건

① 피보증인 명의가 대한민국 정부일 것, ② 보증금액이 납부하여야 할 보증금액 이상일 것, ③ 보증기간 초일은 입찰서 제출마감일 이전이고, 보증기간 만료일은 입찰서 제출마감일 다음날부터 30일 이후일 것(다만, 대형공사 입찰인 경우 입찰서 제출마감일 다음날부터 90일 이후일 것), ④ 보증보험증권에 기재된 보증내용이 입찰참가자의 의무이행과 같은 내용을 보증할 것, ⑤ 보증보험보통보험약관에 규정된 면책사유에 불구하고 국고에 귀속해야 할 금액을 보증하는 특약조항이 있을 것이라는 각 요건을 모두 갖추어야 한다.

다) 절차

발주기관은 입찰참가자가 입찰보증금을 보증보험증권으로 납부하고자 할 때, 위에서 본 요건을 모두 충족한 것으로 유가증권취급공무원에게 제출하게 하여야 한다(국가계약법 시행규칙 제55조 제1항 제1호부터 제5호). 그리고 유가증권취급공무원은 보증보험증권등을 제출받으면, 위 각 요건과 그 밖에 필요한 사항을 확인한 후 이를 정부유가증권취급규정에 따라 보관해야 한다(국가계약법 시행규칙 제55조 제2항).

1) 강경훈, 조달기업공제조합 출범, 혁신적 시장 변화 기대, 머니투데이 2024. 1. 15.자 기고 참조.

라) 보증기간 중 발주기관 의무

발주기관은 보증기간 중 해당 보증보험계약의 약관·특약, 상법이 피보험자에게 지운 일정한 의무를 성실히 이행해야 한다(국가계약법 시행규칙 제60조). 가령, 상법 제652조에 따른 위험변경·증가통지의무, ② 상법 제657조에 따른 보험사고발생의 통지의무, ③ 상법 제680조에 따른 손해방지의무, ④ 약관에 따른 조사승낙의무, ⑤ 그 밖에 약관이나 특약에서 정한 의무를 성실히 이행해야 하고, 발주기관이 위 각종 의무를 소홀히 하면 보증회사는 그러한 사정을 기초로 면책을 주장할 수 있다.

마) 보증기간 연장

발주기관은 계약체결일을 연기하고자 할 경우, 계약상대자로 하여금 유가증권취급공무원에게 당초 보증기간 내에 그 연장하고자 하는 기간을 가산한 기간을 보증기간으로 하여 국가계약법 시행규칙 제55조에 적합하게 보증보험증권을 제출하게 해야 한다(국가계약법 시행규칙 제61조). 따라서 발주기관 측 사정에 따라 계약체결이 지연된 경우라도 입찰보증서 보증기간 연장을 해야 하지만, 그로 말미암아 발생한 비용은 발주기관이 부담해야 한다고 본다.[1)]

바) 일괄보증

일괄보증이란 공사입찰에서 국가계약법 시행령 제37조 제2항 제4호에 따른 보증서 중 1회계연도 내의 모든 입찰에 입찰보증금을 납부할 수 있는 보증을 말하고(정부 입찰·계약 집행기준 제24조), 매 회계연도 초에 입찰자에게 해당 보증서를 제출하게 할 수 있다(국가계약법 시행규칙 제43조 제1항).

일괄보증에서 입찰보증금 납부방법, 국고귀속 등 필요한 사항은 정부 입찰·계약 집행기준 제10장 '일괄입찰보증제도의 운영'에 따른다(공사입찰유의서 제7조 제4항). 발주기관은 보증서 납부를 희망하는 자로 하여금 매 회계연도초나 최초 입찰참가등록 마감일까지 정한 절차에 따라 이를 납부하게 하여야 한다(정부 입찰·계약 집행기준 제25조). 발주기관은 보증서를 납부한 자 중에 입찰참가등록을 한 자가 입찰에 참가하고자 할 경우, 해당 입찰신청마감일까지 입찰참가신청서(첨부서류 제외)를 제출하게 해야 한다(정부 입찰·계약 집행기준 제26조). 보증서에는 일괄입찰보증금액, 보증기간, 피보증기관, 입찰참가자, 발급일자, 보증기관 등이 있어야 한다(정부 입찰·계약 집행기준 제27조). 보증서 보증기간 종료일은 다음 연도 1. 30. 이후여야 한다(정부 입찰·계약 집행기준 제28조). 발주기관은 보증서를 납부한 자가 입찰참가신청을 한 경우, 그 보증서의 납부나 적정 여부 등을 확인해야 한다(정부 입찰·계약 집행기준 제29조). 보증금을 국고귀속할 경우, 그 금액은 입찰보증금의 최저금액인 입찰금액의 5%로 한

---

1) 기획재정부, 공개번호 2007011721, 2006. 9. 20.

다(정부 입찰·계약 집행기준 제30조). 발주기관은 보증기관 요청이 있으면, 매월별로 입찰참가자, 공사명, 입찰금액, 입찰일자 등 사항을 다음 월 10일까지 통보해야 한다(정부 입찰·계약 집행기준 제31조).

5) 정기예금증서

정기예금증서란 금융기관이나 외국금융기관과 체신관서가 발행한 정기예금증서를 말한다(국가계약법 시행령 제37조 제2항 제5호). 발주기관은 입찰참가자가 입찰보증금을 정기예금증서로 납부하고자 하는 경우 유가증권취급공무원으로 하여금 정부유가증권취급규정에 따라 수령하게 한다(국가계약법 시행규칙 제56조 제1항). 증권으로 보증금을 납부할 때 적용하는 질권설정 동의서 제출, 등록국채 보관, 질권설정 규정은 여기에 준용된다(국가계약법 시행규칙 제56조 제2항).

6) 수익증권

수익증권이란 자본시장과 금융투자업에 관한 법률에 따라 신탁업자가 발행하는 수익증권과 같은 법에 따라 집합투자업자가 발행하는 수익증권을 말한다(국가계약법 시행령 제37조 제2항 제6호, 제7호). 발주기관은 입찰참가자가 입찰보증금을 수익증권으로 납부하고자 하는 경우 유가증권취급공무원으로 하여금 정부유가증권취급규정에 따라 수령하게 한다(국가계약법 시행규칙 제56조 제1항). 증권으로 보증금을 납부할 때 적용하는 질권설정 동의서 제출, 등록국채 보관, 질권설정 규정은 여기에도 준용된다(국가계약법 시행규칙 제56조 제2항).

7) 주식

발주기관은 입찰참가자가 입찰보증금을 주식(자본시장과 금융투자업에 관한 법률 제171조 제4항에 따른 예탁증명서로 갈음하는 경우, 예탁증명서를 말함)으로 납부하고자 할 때, 입찰참가자로 하여금 미리 정부유가증권취급규에 따른 유가증권취급점에 납입하게 하여 한국은행 정부유가증권취급규칙에 따라 발행한 정부보관유가증권납입확인통지서와 함께 해당 주식에 대한 양도증서와 각서를 유가증권취급공무원에게 제출하게 해야 한다(국가계약법 시행규칙 제57조 제1항).

위에 따라 정부보관유가증권납입서와 주식을 제출받은 유가증권취급점은 주식의 종류·권면액·기호·번호·장수등과 상장증권인지 여부를 확인하고 한국은행 정부유가증권취급규칙에 따라 발행하는 정부보관유가증권납입확인통지서 비고란에 해당 주식의 소유자(기명식 주식의 경우에는 최후의 양수인)의 성명을 주식별로 기재하고 해당 주식을 제출한 자에게 교부해야 한다(국가계약법 시행규칙 제57조 제2항).

주식의 양도증서는 ① 양수인의 성명과 양도일자를 기재하지 않아야 하고, ② 양도인 인감과 관련하여 해당 주식발행회사의 대조확인필인이 있어야 하며, ③ 발행회사가 서로 다른 여러 종류의 주식을 제출한 경우에는 주식발행회사별 주식양도증서라야 한다(국가계약법 시행규칙 제58조).

라. 납부면제

발주기관은 '모든' 입찰참가자로부터 입찰보증금을 받을 필요가 없다. 입찰보증금이란 원래 낙찰자로 하여금 계약을 체결하도록 강제하고 만약 이를 이행하지 않으면 그에 따른 손해를 담보하려는 제도이므로, 계약체결을 거부할 이유가 없는 입찰참가자에게는 굳이 입찰보증금을 받을 필요가 없기 때문이다. 그리하여 국가계약법과 시행령은 입찰보증금 납부면제를 인정한다(국가계약법 제9조 제2항, 같은 법 시행령 제37조 제3항).

즉, 입찰참가자가 다음 중 어느 하나에 해당하는 경우에는 입찰보증금 전부나 일부의 납부를 면제할 수 있다(국가계약법 시행령 제37조 제3항 제1호부터 제6호).

① 국가기관과 지방자치단체
② 공공기관운영법에 따른 공공기관
③ 국가 또는 지방자치단체가 기본재산의 100분의 50 이상을 출연·출자(법률 규정에 따라 귀속한 경우를 포함한다. 이하 같다)한 법인
④ 농업협동조합법에 따른 조합·조합공동사업법인과 그 중앙회(농협경제지주회사나 그 자회사를 포함), 수산업협동조합법에 따른 어촌계·수산업협동조합과 그 중앙회, 산림조합법에 따른 산림조합과 그 중앙회, 중소기업협동조합법에 따른 중소기업협동조합과 그 중앙회
⑤ 건설산업기본법·전기공사업법·정보통신공사업법·건설폐기물의 재활용촉진에 관한 법률·골재채취법이나 문화재수리 등에 관한 법률 등 법령에 따라 허가·인가·면허를 받았거나 등록·신고 등을 한 자로서 입찰공고일 현재 관련 법령에 따라 사업을 영위하고 있는 자. 다만, 다음 중 어느 하나에 해당하는 자는 제외한다.
  ㉮ 입찰공고일 이전 1년 안에 국가계약법 시행령 제76조 제2항 제2호 가목 사유[1]로 입찰참가자격제한을 받은 자(입찰참가자격 제한 기간 중인 경우를 포함)
  ㉯ 계약체결을 기피할 우려가 있어 발주기관이 입찰공고에 명시한 요건에 해당하는 자
⑥ 저탄소 녹색성장 기본법 제32조 제2항에 따라 녹색기술·녹색사업에 대한 적합성 인증을 받거나 녹색전문기업으로 확인을 받은 자 중 기획재정부장관이 정하는 기준에 해당하는 자
⑦ 그 밖에 경쟁입찰에서 낙찰자로 결정된 후 계약체결을 기피할 우려가 없다고 인정되는 자

1) 적정한 계약이행을 해칠 염려가 있는 자로서, 정당한 이유 없이 계약을 체결 또는 이행(제42조 제5항에 따른 계약이행능력심사를 위하여 제출한 하도급관리계획, 외주근로자 근로조건 이행계획에 관한 사항의 이행과 제72조 및 제72조의2에 따른 공동계약에 관한 사항의 이행을 포함한다)하지 않거나 입찰공고와 계약서에 명시된 계약의 주요조건(입찰공고와 계약서에 이행을 하지 아니하였을 경우 입찰참가자격 제한을 받을 수 있음을 명시한 경우에 한정한다)을 위반한 자.

위 ①, ②, ③, ④는 기본적으로 공익을 추구하는 주체이므로, 국가와 계약체결을 거부할 가능성이 희박하여 입찰보증금 납부면제 대상으로 규정했다.

한편, ⑤ 중 건설산업기본법에 따라 등록한 법인은 종합공사업자만으로 제한하지 않으므로, 가령 전문공사업자도 입찰보증금 납부를 면제받을 수 있다.[1)]

그러나 ⑤ 건설산업기본법 등 법령에 따라 허가 등을 받은 자로서 입찰공고일 관련법령에 따라 사업을 영위하는 자라 하더라도, ㉮, ㉯와 같은 사유가 있으면 입찰보증금 납부면제를 적용받지 못하는데, 여기서 ㉮ '계약불이행 등을 사유로 입찰참가자격제한을 받은 자이거나 제재기간 중인 자'는 제재처분을 받은 직접 당사자(본인)만을 의미하므로, 가령 위반행위를 한 법인의 대표자로서 양벌규정에 따라 해당 법인과 함께 제재받은 자(국가계약법 시행령 제76조 제6항 제1호 참조)는 여기서 '입찰참가자격제한을 받은 자나 제재기간 중인 자'에 포함되지 않는다고 해석해야 한다. 입찰보증금 납부면제의 예외는 수익적 행위를 다시 제한하는 규정이므로 문언대로 엄격히 해석할 필요가 있기 때문이다.

〔행정소송법 제23조 제2항에 따라 입찰참가자격제한에 대한 집행정지 결정을 받은 자도 입찰보증금 납부면제 예외에 해당하는지〕

"입찰참가자격제한을 받은 자", "입찰참가자격 제한 기간 중인 경우"는 당연히 "유효한" 처분을 전제하므로, 가령 입찰참가자격제한을 받은 자가 그 처분의 효력이 발생하기 전에 법원에 항고소송을 제기하여 집행정지 결정을 받은 경우에는 여기서 말하는 입찰보증금 납부면제 예외에 해당하지 않는다고 해석해야 한다.

더욱이 입찰참가자격제한 효력이 발생하기 전에 법원으로부터 집행정지를 받았다면 처분이 없었던 것과 같은 상태가 되는데(형성력), 이를 간과한 채 입찰참가자격제한 효력이 있는 것처럼 취급하여 해당 입찰참가자에게 입찰보증금을 납부하게 하면, 집행정지 결정의 기속력에 반하는 결과를 초래한다.

다만, 입찰보증금 납부면제를 받은 자라도 계약체결을 거부하거나 정당한 이유 없이 계약을 체결하지 않으면, 실제로 입찰보증금에 해당하는 금액을 납부해야 한다. 그러므로 입찰보증금의 전부나 일부를 면제받은 자라도 입찰보증금 귀속사유가 발생하면 입찰보증금에 해당하는 금액을 지급하겠다는 확약서를 제출해야 한다(국가계약법 시행령 제37조 제4항 참조). 입찰보증금 지급확약서는 입찰참가신청을 하거나 입찰서를 제출하는 때에 제출해야 한다(국가계약법 시행규칙 제43조 제2항).

---

1) 회제 41301-849, 1998. 4. 29.

〔입찰보증금 납부면제 대상자가 지급확약서를 제출하면서 납부면제 금액을 잘못 기재한 경우, 입찰보증금을 납부하지 않은 자에 해당하여 입찰무효로 보아야 하는지〕

입찰참가자가 이러한 지급확약서에 면제되는 입찰보증금액을 잘못 기재하여 제출했더라도, 입찰보증금을 납부하지 않은 입찰로서 입찰무효 사유를 구성한다고 보기는 어렵다(국가계약법 시행규칙 제44조 제2호). 발주기관이 입찰보증금 납부를 면제해 준 만큼, 입찰참가자가 제출하는 지급확약서를 입찰보증금과 똑같이 취급할 수는 없고, 단순히 면제되는 입찰보증금액을 잘못 기재했다고 하여 무효인 입찰로 취급하는 것은 지나치기 때문이다.[1] 따라서 잘못 기재한 납부면제 금액은 사후에 보완하면 충분하다고 본다.

마. 납부확인

세입세출외 현금출납공무원이나 유가증권취급공무원은 입찰보증금을 절차에 따라 납부받은 경우 그 보증금 납부서에 납부확인인을 찍어서 이를 지체없이 발주기관에게 송부해야 한다(국가계약법 시행규칙 제59조).

4. 국고귀속

가. 요건

발주기관은 낙찰자가 계약을 체결하지 않으면, 입찰보증금을 국고에 귀속할 수 있다. 다만, 입찰보증금 전부나 일부의 납부를 면제한 경우에는 지급확약서에 기초해 해당 입찰참가자로부터 입찰보증금에 해당하는 금액을 지급받아 국고에 귀속해야 한다(국가계약법 제9조 제3항).

1) 낙찰자일 것

입찰보증금 국고귀속 대상자는 '낙찰자'로 한정한다. 따라서 낙찰자 선정 전에 낙찰 적격자 지위나 계약체결을 포기한 자는 낙찰자가 아니기 때문에, 그로부터 입찰보증금을 몰수할 수는 없다. 가령, 적격심사대상자가 정당한 이유없이 적격심사서류를 제출하지 않는다는 이유로 입찰보증금을 몰수할 수는 없다.[2] 한편, 입찰참가자격이 없는 자가 낙찰자로 선정되었다가 계약을 체결하지 않더라도, 입찰참가자격이 없는 자가 참가한 입찰은 무효이기 때문에(국가계약법 시행령 제39조 제4항 참조), 그에 따른 낙찰자 결정 역시 무효이므로, 입찰참가자격이 없는 자로부터 입찰보증금을 몰수할 수 없다.

---

1) 김성근, 앞의 책(Ⅰ), 338쪽, 회제 41301-818, 1998. 4. 28.
2) 김성근, 앞의 책(Ⅰ), 340쪽.

2) 계약을 체결하지 않을 것

낙찰자가 발주기관과 계약을 체결하지 않아야 한다. 따라서 낙찰자가 일단 계약을 체결했다면, 그 이행에 착수한 후에 어떠한 사유로 해지 통보를 받았더라도, 발주기관은 해당 계약상대자로부터 입찰보증금을 몰수할 수 없다.

3) 낙찰자에게 책임 있는 사유가 있을 것

가) 문제점

낙찰자가 계약을 체결하지 않은 데에 고의·과실과 같은 책임 있는 사유가 있어야 하는지 문제된다.

나) 견해 대립

이에 대하여 국가계약법 제9조 제3항 등에는 "낙찰자가 계약을 체결하지 아니하였을 때에"라는 문언 앞에 "정당한 이유 없이"라는 문언이 없으므로, 발주기관은 낙찰자가 계약을 체결하지 않기만 하면 그에게 책임 있는 사유가 있는지와 관계 없이 입찰보증금을 국고귀속할 수 있다는 견해가 있다. 반대로, 자기책임원칙에 따라 낙찰자에게 책임 있는 사유가 있을 때만 그 책임을 물을 수 있다고 보아야 하며, 입찰보증금은 손해배상액의 예정에 해당하므로 책임 있는 사유를 요구하는 채무불이행(혹은 불법행위)[1]을 당연히 전제해야 한다는 견해도 있다.

다) 판례

대법원은 특별한 사정이 없다면 입찰보증금은 손해배상액의 예정이라고 이해하는 한편, 채권자는 채무자의 채무불이행 사실만 증명하면 손해발생과 그 구체적인 액수를 증명하지 않더라도 예정액을 청구할 수 있지만, 그와 별도로 채무자에게 책임 있는 사유를 묻지 않는다는 특약을 하지 않았다면, 채무자 스스로 책임 있는 사유가 없다고 주장·증명하지 못하는 한, 예정액 지급 책임을 면할 수 없다고 한다.[2] 이러한 판례는 채무자의 고의·과실이 필요하다는 태도이다.

라) 검토

국가계약법에는 명시하지 않았지만, 공사입찰유의서 등 계약예규는 입찰보증금을 국고귀속 하려면, 낙찰자가 '정당한 이유없이' 계약을 체결하지 않아야 한다고 명시하므로(공사입찰유의서 제7조 제2항 참조), 계약을 체결하지 않는 낙찰자에게 책임 있는 사유가 있어야 한다

1) 다만, 불법행위에 대비한 손해배상액의 예정을 인정할지에 대해서는 견해 대립이 있다. 불법행위를 이유로 한 손해배상액의 예정에 민법 제398조 제2항을 유추적용해야 한다는 견해로, 양창수, 주해(9), 641쪽.

2) 대법원 2007. 12. 27. 선고 2006다9408 판결.

는 결론에는 큰 이견(異見)이 없다고 본다.

다만, 여기서 '정당한 이유'란 천재지변과 같은 불가항력 사유나 발주기관에게만 존재하는 책임 있는 사유 등을 의미하므로, 예를 들어, 낙찰자가 발주기관과 합의하여 계약을 체결하지 않았다면, 당연히 계약을 체결하지 않은 것에 정당한 이유가 있다고 보아야 하므로, 발주기관은 해당 낙찰자로부터 입찰보증금을 몰수할 수 없다. 결국 발주기관이 입찰보증금을 국고귀속하려면 낙찰자가 고의·과실로 계약을 체결하지 않아야 한다고 본다.[1] 입법론으로, 국가계약법 제9조 제3항에 '정당한 이유 없이'라는 문구을 추가하는 것이 바람직하다.

나. 처리방법

1) 현금

입찰보증금을 현금으로 납부받은 발주기관은 세입세출외현금출납공무원과 관계수입징수관에게 그 뜻을 통지하여 수입금으로 징수하도록 요청해야 한다(국가계약법 시행규칙 제64조 제1항 제1호).

2) 유가증권

입찰보증금을 유가증권으로 납부받은 발주기관은 유가증권취급공무원에게 그 뜻을 통지하여 정부유가증권취급규정에 따라 정부소유유가증권으로 처리하도록 요청해야 한다. 납부받은 유가증권이 등록국채라면, 그 뜻을 유가증권취급점과 유가증권취급공무원에게 통지해야 한다(국가계약법 시행규칙 제64조 제1항 제2호).

3) 보증보험금

입찰보증금을 보증보험증권 등으로 납부받은 발주기관은 입찰보증금 국고귀속 사유가 발생한 때 지체없이 해당 금융기관이나 보증기관의 관계수입징수관 혹은 유가증권취급공무원 등에게 통지하고, 기획재정부령이 정하는 바에 따라 해당 입찰보증금을 현금으로 징수하게 하거나 정부 소유 유가증권으로 전환하게 해야 한다(국가계약법 시행령 제38조 제1항). 즉, 관계수입징수관·유가증권취급공무원, 관계보증기관에게 그 뜻을 통지하고 해당 보증금을 수입금으로 징수하면서 필요한 조치를 하게 하여야 한다(국가계약법 시행규칙 제64조 제1항 제3호).

4) 정기예금증서

입찰보증금을 정기예금증서로 납부받은 발주기관은 관계수입징수관·유가증권취급공무원, 해당 금융기관에게 그 뜻을 통지하고 해당 보증금을 수입으로 징수하면서 필요한 조치를 하도록 해야 한다(국가계약법 시행규칙 제64조 제1항 제4호).

---

1) 정태학 외 3명, 앞의 책, 125쪽도 같은 취지.

5) 납부면제자에 대한 청구

낙찰자가 입찰보증금 전부나 일부의 납부를 면제받은 후 계약을 체결하지 않은 경우, 발주기관은 관계수입징수관으로 하여금 낙찰자에게 그 작성 지급확약문서를 갖추어 국고귀속 사유 발생사실을 통지하도록 하고, 해당 낙찰자로부터 입찰보증금에 상당하는 금액을 현금으로 징수받게 한다(국가계약법 시행령 제38조 제2항).

6) 희망수량경쟁입찰에서 입찰보증금 국고귀속

희망수량경쟁입찰에서 최후순위 낙찰자가 계약체결 의무를 이행하지 않아 입찰보증금을 국고귀속하는 경우, 해당 낙찰자의 낙찰수량이 다른 낙찰자의 수량과 합산하여 수요량이나 매각량을 초과한다면, 그 초과하는 수량은 낙찰되지 않았다고 보므로 낙찰된 수량에 비례한 입찰보증금만을 국고에 귀속해야 한다(국가계약법 시행규칙 제65조).

5. 입찰보증금 반환

가. 의의

발주기관은 납부받은 입찰보증금의 보증목적이 달성된 경우, 상대방 요청에 따라 이를 즉시 반환해야 한다(국가계약법 시행규칙 제63조 제1항).

나. 요건

첫째, '입찰보증금의 보증목적 달성'이란 계약체결을 의미하기 때문에, 발주기관이 낙찰자와 일단 계약을 체결했다면 계약상대자 요청에 따라 즉시 입찰보증금을 반환할 필요가 있다. 그리고 낙찰받지 못한 입찰자가 납부한 입찰보증금 역시 입찰 종료에 따라 더 이상 담보할 대상이 없는 만큼, 발주기관은 그 납부자의 요청에 따라 이를 즉시 반환해야 한다.

둘째, '즉시'란 통상 사무를 처리하는 데에 필요한 기간을 말하므로, 발주기관이 상대방으로부터 요청받은 후 입찰보증금 반환사무를 처리하는 데에 필요한 통상의 기간이라면 '즉시'에 해당한다. 나아가 입찰보증금 반환사무를 처리하는 데에 필요한 통상의 기간이 어느 정도인지는 거래관행과 실무례 등을 종합적으로 고려하여 판단할 수밖에 없다. 따라서 발주기관이 즉시 입찰보증금을 반환했다면 상대방에게 지연책임을 부담하지 않는다.

셋째, 입찰보증금은 '상대방의 요청'이 있어야 발주기관에게 반환의무가 발생하므로 그런 요청이 없다면 상당한 기간 입찰보증금을 반환하지 않더라도 발주기관에게 그 책임이 없다는 견해도 있다.[1] 생각건대 이러한 해석은 국가계약법 시행규칙 제63조 제1항 문언만 보

---

1) 김성근, 앞의 책(Ⅰ), 344쪽.

면 불가피하지만, 자칫 발주기관의 부당이득을 용인하는 문제가 발생한다. 따라서 상대방 요청이 없는 동안 발주기간이 오랜 기간 입찰보증금을 보유하여 부당이득을 취했다면, 향후 상대방에게 입찰보증금을 반환할 때 해당 부분도 함께 반환하는 것이 형평에 부합한다. 입법론으로, 보증목적이 달성되면 상대방 요청과 관계없이 발주기관이 즉시 상대방에게 입찰보증금을 반환하도록 시행규칙을 개정하는 방향이 바람직하다.

6. 계약보증금으로 대체

발주기관은 낙찰자가 계약을 체결한 후에 납부한 입찰보증금을 계약보증금으로 대체해 달라고 신청하면, 해당 입찰보증금을 계약보증금으로 대체해야 한다(국가계약법 시행규칙 제51조 제2항).

7. 관련문제

가. 입찰보증금 관련 소송의 법적 성질

입찰보증금 국고귀속 조치를 행정소송으로 다툴 수 있는지 문제된다. 대법원은 예산회계법에 따라 체결하는 계약은 사법상 계약이고, 같은 법 제70조의5가 정한 입찰보증금은 낙찰자의 계약체결의무이행을 확보하기 위한 목적으로 그 불이행이 있으면 국고에 귀속하여 국가손해를 전보하는 사법상 손해배상 예정으로 성질을 갖기 때문에, 입찰보증금 국고귀속 조치는 국가가 사법상 재산권 주체로 하는 행위이지 공권력 행사라거나 공권력작용과 일체성을 가진 행위가 아니므로, 그 분쟁은 행정소송이 아닌 민사소송 대상일 수밖에 없다고 한다.[1] 공공입찰에서 납부하는 입찰보증금은 손해배상의 예정으로서 사법상 금전채권이고, 국고귀속 조치는 손해배상 예정액의 지급방법에 불과하므로, 행정소송이 아닌 민사소송절차에서 분쟁을 해결해야 한다는 판례가 타당하다.

나. 항고소송과 병합청구 가능성

한편, 민사소송 대상인 입찰보증금반환청구소송을 행정소송인 입찰참가자격제한처분취소소송과 병합하여 같은 법원에 제기할 수 있는지도 문제된다. 대법원은, 행정소송법 제7조에 따르면 같은 법 제3조 소송에는 그 청구와 관련 있는 원상회복 손해배상 그 밖에 소송을 병합할 수 있다고 규정하는데, 이러한 청구의 병합은 행정소송의 특수성과 어긋나지 않는 범위에서만 할 수 있고, 병합 여부 역시 법원이 재량으로 결정하며, 관련청구라는 소송요건 역시 해당 처분과 관련이 있는 원상회복이나 손해배상청구, 해당 처분과 같이 하나의

1) 대법원 1983. 12. 27. 선고 81누366 판결, 대법원 1996. 12. 20. 선고 96누14708 판결.

절차로 진행되는 다른 처분 취소청구 등으로 극히 제한하여 해석해야 하므로, 낙찰자가 계약체결에 응하지 않았다는 이유로 입찰보증금 국고귀속 조치를 받고, 바로 이어 입찰참가자격제한처분을 받았다면, 입찰보증금 국고귀속 조치에 대한 취소를 구하는 소송은 입찰참가자격제한처분에 대한 취소청구와 병합요건을 갖추지 못했다고 했다.[1] 이러한 판례에 따르면, 입찰보증금 국고귀속을 다투는 소송과 입찰참가자격제한처분 취소를 구하는 소송은 관련 있는 소송이라고 보기 어렵기 때문에, 행정소송법 제7조에 따라 청구를 병합할 수 없다고 본다.

Ⅲ. 입찰참가

1. 의의

입찰행위는 사법상 행위로, 원칙적으로 권리주체인 당사자가 직접 해야 하지만, 사자(使者)를 활용한 입찰[2]이나, 대리제도를 활용한 입찰도 가능하다. 한편, 입찰에 참가하려는 자는 법령이나 관련규정, 입찰유의서 등에 따른 입찰 관련 서류를 미리 파악하고 이해한 후에 입찰에 참가해야 한다는 점은 앞에서 언급했다.

입찰참가는 입찰서 작성·제출, 입찰보증금 납부 등 절차로 진행되는데, 법령이나 입찰공고 등에서 정한 형식이나 내용에 어긋난 입찰은 무효일 수 있으므로, 주의가 필요하다. 다만, 입찰서 제출 과정에 일부 하자가 있더라도 다른 서류로 입찰참가자의 의사를 명백히 확인할 수 있다면, 위와 같은 하자가 있다는 이유만으로 해당 입찰을 무효로 볼 수는 없다.[3]

2. 입찰주체

가. 1인 1통

입찰자 1인은 입찰서 1통만 제출할 수 있다(국가계약법 시행규칙 제42조 제2항). 즉, 입찰서는 1인 1통을 원칙으로 한다. 여기서 1인은 원칙적으로 법인격을 갖는 권리주체(자연인, 법인)를 뜻한다.

나. 대리인의 입찰

입찰참가는 원칙적으로 본인이 직접 해야 하지만, 대리인을 지정하여 그로 하여금 입찰

1) 대법원 1982. 9. 28. 선고 82누144 판결.
2) 대법원 1996. 2. 23. 선고 95다5196 판결.
3) 계승균, 앞의 책, 119쪽.

행위를 하게 할 수 있다. 입찰행위도 '청약'이라는 의사표시인 만큼, 민법상 대리 법리를 그대로 적용할 수 있기 때문이다. 여기서 대리란 대리인이 본인에 갈음하여 법률행위, 즉 의사표시를 하거나 의사표시를 수령하면, 본인이 직접 그 의사표시의 법률효과를 취득하는 제도이다.[1)]

즉, 발주기관은 입찰에 참가하려는 자가 입찰참가신청서를 제출한 때부터 입찰 개시 시각 전까지 입찰대리인을 지정하거나 지정된 입찰대리인을 변경하는 경우, 그 대리인을 해당 입찰에 참가하게 할 수 있다(국가계약법 시행규칙 제42조 제3항).

다. 법인의 지사·지점의 입찰

입찰주체와 관련하여, 법인의 본사가 아닌 지사·지점이 별도로 사업자등록을 하고, 법인 본사와 별개 주체로서 입찰에 참가할 수 있는지 문제된다. 입찰참가자격을 법인 본사로 제한하는 지역제한 입찰에는 법인 본사만 참가할 수 있으므로 법인의 지사·지점은 입찰에 참가할 수 없다. 다만, 법인의 지사·지점도 입찰에 참가할 수 있도록 공고한 소액수의입찰이나 지역제한이 없는 일반경쟁 입찰에는 법인의 지사·지점도 해당 입찰에 참가할 수 있다. 다만, 법인 지사·지점은 법인과 별개로 독립된 법인격을 갖지 않으므로, 당연히도 법인의 본사와 지사·지점이 같은 입찰절차에 함께 참가할 수는 없다.

3. 입찰서 작성·제출

가. 입찰서의 의의

경쟁입찰에 참가하려는 자는 발주기관에게 입찰서를 제출해야 한다(국가계약법 시행규칙 제42조 제1항 참조).

여기서 입찰서는 입찰참가자가 입찰금액 등 입찰내용과 인적사항 등을 기재하여 발주기관에게 제출하는 문서로, 국가계약법 시행규칙 별지 제5호, 제6호 서식을 지칭한다(국가계약법 시행규칙 제42조 제1항). 만약 입찰자가 위 양식에 따라 입찰서를 작성·제출하지 않으면, 발주기관은 입찰자에게 해당 양식에 맞게 입찰서를 작성·제출하라고 요구할 수 있고, 그럼에도 입찰자가 이에 맞게 입찰서를 제출하지 않으면, 그 입찰을 무효로 처리할 수 있다(국가계약법 시행규칙 제44조 제1항 제7호의2 참조).

이러한 입찰서는 입찰서 제출마감일 전일까지 제출해야 하는 입찰참가신청서류(입찰참가신청서, 입찰참가자격 증명서류, 그 밖에 입찰공고나 지명통지에서 요구한 서류)와는 구별해야 한다(국가계약법 시행규칙 제40조 제4항, 제41조 제1항 제3호 참조).

---

1) 곽윤직, 민법개설(개정수정판), 박영사, 2007, 111쪽.

나. 입찰서 작성

1) 양식

입찰자는 미리 마련된 서식(국가계약법 시행규칙 별지 제5호, 제6호)에 따른 입찰서를 제출해야 한다(국가계약법 시행령 제14조 제6항, 제16조 제5항). 이를 위반한 입찰은 무효이다(국가계약법 시행규칙 제44조 제1항 제7호의2). 그리고 입찰서는 입찰공고나 입찰참가통지서 등에 별도로 규정한 경우를 제외하고는 한글로 작성해야 한다(공사입찰유의서 제9조 제3항).

2) 입찰금액

입찰금액은, 총액으로 실시하는 입찰인 경우 총액을, 단가로 실시하는 입찰인 경우 단가를 각각 표시해야 한다(국가계약법 시행령 제16조 제5항). 그리고 장기계속계약에서는 총공사, 총물품제조·구매, 총용역을 대상으로 입찰해야 한다(국가계약법 시행령 제14조 제8항, 제16조 제6항).

한편, 입찰금액은 원화로 표기해야 한다(공사입찰유의서 제9조 제3항 참조). 따라서 입찰자는 입찰서 금액표시를 한글이나 한자로 기재해야 하며, 아라비아숫자를 아울러 기재할 수 있다. 만약 한글이나 한자로 기재한 금액과 아라비아숫자가 다르다면, 한글이나 한자로 기재한 금액에 따라야 한다. 다만, 전산서식을 이용한 입찰에서는 지정된 표기방법으로 기재해야 한다(공사입찰유의서 제9조 제4항).

그리고 입찰서의 입찰금액이 불분명한 경우에는 입찰무효 사유에 해당한다(공사입찰유의서 제15조 제3호 전문).

3) 인적사항

입찰자는 입찰서에 기명·날인을 할 때 반드시 입찰자 성명(법인이라면 대표자 성명 포함)을 기재하고, 입찰참가신청서 제출 당시 신고한 인감으로 날인해야 한다. 따라서 입찰서에 사용하는 인감은 입찰참가신청을 할 때 신고한 인감과 같아야 한다(국가계약법 시행규칙 제42조 제5항 참조).

만약 입찰자가 기명·날인하지 않았거나, 그 성명이나 대표자 성명을 기재하지 않고 대리인 성명이나 회사명을 기재한 경우, 입찰참가신청서 제출 당시 신고한 인감과 다른 인감으로 날인한 경우, 해당 입찰은 무효로 본다(공사입찰유의서 제15조 제5호 참조). 또한, 법인은 대표기관을 통해 법률행위를 하므로, 법인이 입찰에 참가하면서 법인명과 아울러 대표자 성명을 기재하지 않거나, 법인 인감을 날인하지 않았다면 그 입찰도 무효로 본다.

4) 정정

입찰자는 입찰서나 산출내역서의 기재사항 중 삭제나 정정한 곳이 있으면 입찰에 사용하는 인감으로 날인해야 하는데(공사입찰유의서 제9조 제2항 참조), 이러한 날인을 누락한 입찰은 무효이다(공사입찰유의서 제15조 제3호 후문).[1)]

다. 입찰서 제출

경쟁입찰에 참가하려는 자는 발주기관에게 형식에 맞는 입찰서를 제출해야 한다(국가계약법 시행규칙 제42조 제1항 참조).

1) 전자입찰서 제출

입찰자는 원칙적으로 전자조달시스템 등을 이용해 입찰서를 제출해야 한다. 전자입찰서 양식은 국가계약법 시행규칙 별지 제6호 서식을 사용한다(국가계약법 시행규칙 제42조 제1항 참조). 다만, 발주기관은 미리 기획재정부장관과 협의한 경우, 전자조달시스템이 아닌 발주기관이 지정·고시한 정보처리장치를 이용하여 입찰서를 제출받을 수 있다(국가계약법 시행령 제39조 제1항).

한편, 전자입찰자는 입찰공고에서 지정한 기간 안에 전자조달시스템에서 전자입찰서를 제출해야 하고, 동일 사항에 대하여는 동일 PC에서 입찰서 1통만 제출할 수 있다. 그리고 복수 예비가격을 적용하는 전자입찰인 경우, 전자입찰자는 입찰서를 제출할 때 복수예비가격 번호 가운데 2개 예비가격 번호를 반드시 추첨해야 한다.

입찰자가 전자조달시스템에서 입찰서를 송신하면 입찰서 제출이 완료되지만, 입찰자는 보낸 문서함에서 입찰서 제출에 문제가 없는지 확인해야 한다. 입찰자가 지정 공인인증기관에서 발행한 전자인증서를 교부받아 입찰에 참가했다면, 정당한 권한을 가진 자가 기명날인한 전자입찰서를 제출하였다고 본다. 또한, 내역입찰에서는, 입찰자가 전자조달시스템 안내에 따라 산출내역서 등을 첨부파일로 제출해야 하며, 위 첨부파일로 제출한 산출내역서 등은 정당한 권한을 가진 자가 기명·날인했다고 본다.

한편, 공동수급체를 구성하여 전자입찰에 참가하려는 자는 해당 공동수급체 대표자여야 하며, 이때 공동수급체 구성원은 그 대표자에게 전자입찰에 필요한 일체 권한을 위임했다고

---

1) 다만, 비록 입찰서에 첨부한 산출내역서 기재를 정정하면서 정정할 곳에 횡선을 긋고 정정인을 찍는 방법을 사용하지 않고, 입찰서 기재 투찰금액과 다른 금액을 기재한 산출내역서 1페이지 총괄집계표에 있는 기재금액을 산출내역서 끝장에 별도 총괄집계표를 첨부하고 거기에 위 1페이지 총괄집계표는 계산착오로 무효이고 이를 총괄집계표로 한다는 취지로 정정한 후 그곳에 정정인을 찍는 방법으로 정정했어도 전체로는 입찰서상 투찰금액에 맞추어 제대로 정정한 만큼, 입찰내역서 작성이 정정방법과 맞지 않다거나 그에 따라 입찰서 금액과 산출내역서 금액이 일치하지 않는 입찰이거나, 입찰서의 입찰금액 등 중요한 부분이 불분명하거나 정정한 후 정정날인을 누락한 입찰로서 무효사유에 해당한다고 볼 수 없다(대법원 1994. 12. 2. 선고 94다41454 판결).

본다. 따라서 공동수급체 구성원 전원이 전자조달시스템에 접속하여 각각 입찰서를 제출할 수 없고, 인증체계 역시 공동수급체 아닌 구성원을 전제하므로, 각 구성원이 대표자에게 전자입찰 권한을 위임했다고 볼 필요가 있기 때문이다.[1)]

2) 입찰서 직접·우편제출

발주기관은 국제입찰 대상 계약인 경우, 전자조달시스템을 이용하기 어려운 경우 등 필요하다고 인정한 경우 중 어느 하나에 해당하면, 입찰공고에 기재한 장소와 일시에 직접 또는 우편으로 입찰서를 제출하게 할 수 있다(국가계약법 시행령 제39조 제2항 제1호, 제2호). 이때 입찰서 양식은 국가계약법 시행규칙 별지 제5호 서식이다(국가계약법 시행규칙 제42조 제1항). 특히 국제입찰 대상 계약에서는 전자조달시스템을 이용한 입찰서 제출이 곤란하므로, 전자입찰서 제출의 예외를 인정한 취지이다.

한편, 우편으로 제출한 입찰서는 '입찰서 제출마감일전일까지' 발주기관에 도착하여야만 효력이 있으며, 송달 과정에서 발생하는 분실, 훼손, 지연 등에 따른 위험은 입찰자가 부담하므로, 발주기관은 책임지지 않는다(공사입찰유의서 제10조 제2항 참조). 발주기관은 입찰의 공정성과 투명성을 확보하고 분쟁을 예방하기 위해 우편으로 제출받은 입찰서 봉투표면에 접수일시를 기재하고 확인인을 날인하여, 개찰할 때까지 개봉하지 않고 보관해야 한다(국가계약법 시행규칙 제42조 제4항).

3) 첨부서류 제출

가) 물품제조·구매입찰에서 품질 등 표시서

물품제조·구매입찰인 경우, 입찰자는 입찰서와 함께 해당 물품의 품질·성능·효율 등을 표시한 '품질 등 표시서'를 제출해야 한다(국가계약법 시행규칙 제42조 제6항). 이를 제출하지 않은 입찰은 무효이다{물품구매(제조)입찰유의서 제12조 제7호, 제16조 제8항}.

나) 공사입찰에서 산출내역서

공사입찰인 경우, 입찰자는 입찰서와 함께 산출내역서를 제출해야 한다. 즉, 추정가격이 100억 원 이상인 공사입찰에서는 입찰서에 산출내역서를 첨부하여 제출하고(공사입찰유의서 제11조 제1항), 추정가격이 100억 원 미만인 공사와 국가계약법 시행령 제20조 제1항에 따라 재입찰에 부치는 공사입찰에서는 입찰서를 먼저 제출하고, 낙찰자 결정 후 착공신고서를 제출할 때까지 산출내역서를 제출한다(국가계약법 시행령 제14조 제6항 참조).

산출내역서 모든 면에는 입찰참가신청서 제출 당시 신고한 인감으로 간인해야 하거나

1) 김성근, 앞의 책(Ⅰ), 347쪽.

모든 면 하단에 약식서명이나 천공해야 한다(공사입찰유의서 제11조 제3항). 참고로, 공사입찰에선 입찰자가 입찰서와 함께 산출내역서 등을 포함하여 첨부서류를 제출해야 할 경우가 많은데, 해당 첨부서류가 무엇인지에 따라 아래 표와 같이 입찰종류를 다시 구분할 수 있으므로, 그 내용을 자세히 살펴본다.

① 총액입찰

총액입찰이란 입찰자가 입찰금액을 기재한 '입찰서만' 제출하는 입찰을 말한다. 따라서 입찰서와 함께 내역서를 제출하는 내역입찰과 구별해야 한다.

② 내역입찰

㉮ 의의

내역입찰이란 입찰자가 입찰할 때 입찰금액을 기재한 입찰서와 함께 계약내용을 구성하는 각종 품목이나 비목의 수량과 단가를 기재한 내역서를 제출하는 입찰을 말한다.

그리하여 발주기관은 공사를 입찰에 부치려고 할 때, 설계서, 공종별 목적물 물량내역서, 그 밖에 기획재정부령으로 정하는 서류를 작성해야 하는데(국가계약법 시행령 제14조 제1항 본문 제1호부터 제3호), 이처럼 발주기관이 입찰에 부치면서 교부한 물량내역서에 입찰자는 단가를 적는 방법으로 문서를 작성하는데(국가계약법 제14조 제7항 본문 참조), 이처럼 입찰자가 물량내역서에 단가를 적은 문서를 산출내역서 혹은 내역서라 한다. 다만, 입찰자가 물량내역서를 직접 작성(발주기관이 교부한 물량내역 기초자료를 참고하여 작성하는 경우 포함)하는 경우에는 직접 작성한 물량내역서에 단가를 적는다(국가계약법 시행령 제14조 제1항 단서, 제7항 단서).

다시 말하면, 산출내역서는 입찰금액이나 계약금액을 구성하는 물량, 규격, 단위, 단가 등이 기재된 것이고, 국가계약법 시행령 제14조 제6항과 제7항에 따라 제출한 내역서, 같은 시행령 제85조 제2항과 제3항에 따라 제출한 내역서, 같은 시행령 제103조 제1항과 제105조 제3항에 따라 제출한 내역서, 수의계약으로 체결한 공사인 경우 착공신고서를 제출할 때 제출한 내역서로 구분한다(공사계약일반조건 제2조 제9호).

발주기관은 내역입찰을 실시할 경우, 정부 입찰·계약 집행기준 제9장에서 정한 바에 따라 집행한다(정부 입찰·계약 집행기준 제17조).

㉯ 특징

내역입찰을 실시하려는 발주기관은 미리 물량과 공법 등을 확정하므로, 대상시설물과 관련한 경험과 지식 등이 있어야 하는 한편, 입찰자는 단지 발주기관이 제시한 물량에 단가만을 기재하면 되기 때문에 입찰에 들어가는 비용이 낮은 편이어서 대부분 공사입찰은 내역입찰로 실시한다. 이처럼 내역입찰은 입찰자가 입찰가격만 결정하여 입찰서를 제출하기 때문에 시간이나 비용을 절약한다는 장점이 있다. 그러나 계약이행 과정에서 발주기관이 확정한 물량과 공법 등이 실제와 다를 경우, 설계변경 등을 해야 하므로 예상보다 공사기간이나 공사대금이 늘어난다는 단점도 있다.

㉰ 대상

추정가격이 100억 원 이상인 공사는 내역입찰로 집행해야 한다(정부 입찰·계약 집행기준 제18조). 다만, 추정가격이 100억 원 미만인 공사와 100억 원 이상인 공사로서 국가계약법 시행령 제20조 제1항에 따라 재입찰에 부치는 공사입찰에서는 낙찰자가 착공신고서를 제출할 때에 산출내역서를 제출하면 된다. 따라서 추정가격이 100억 원 미만인 공사라도 산출내역서는 작성·제출하지만, 그 시기만 입찰서 제출 당시가 아니라 착공신고서를 제출할 때까지로 늦춘다.

한편, 발주기관이 대안입찰을 실시하더라도 원안입찰에 따라 낙찰자를 결정하는 경우라면, 내역입찰에 해당한다고 볼 수 있다. 대안이 채택되지 않으면 대형공사가 아니라 일반적인 내역입찰에 불과하기 때문이다.[1] 대안입찰은 뒤에서 자세히 살펴본다.

㉱ 산출내역서 작성과 제출

산출내역서는 물량내역서에 단가를 적는 방법으로 작성해야 한다(국가계약법 시행령 제14조 제7항 본문). 즉, 발주기관은 입찰자로 하여금 단가 등 필요한 사항을 기입한 산출내역서를 제출하게 하여야 한다. 이 경우 발주기관은 각 중앙관서의 장이 제정한 수량산출기준을 물량내역서 작성의 기초자료로 할 수 있다(정부 입찰·계약 집행기준 제19조). 입찰자는 산출내역서 모든 면에입찰참가신청서 제출 당시 신고한 인감(서명을 포함)으로 간인하거나, 모든 면 하단에 약식서명이나 천공해야 한다(공사입찰유의서 제11조 제3항).

한편, 발주기관은 입찰참가자로 하여금 산출내역서 작성에 참여한 전원의 직책과 성명을 기재한 다음 날인하게 하고(정부 입찰·계약 집행기준 제22조 제2항), 산출내역서를 제출받은 다음에 이런 내용이 있는지 확인해야 한다. 또한, 낙찰자로 하여금 준공 후 1년까지 같은 산출내역서 부본을 보관하게 해야 한다(정부 입찰·계약 집행기준 제22조 제3항).

㉲ 낙찰자의 산출내역서 조정

무효인 입찰에는 해당하지 않지만, 입찰서 제출 당시 함께 제출한 산출내역서상 세부비목이나 부가가치세법 등 다른 법령에서 요구하는 비용의 금액산정에 착오가 있는 경우, 낙찰자는 이를 바르게 정정하고 이에 따라 비목별·항목별 금액을 수정할 수 있다(정부 입찰·계약 집행기준 제21조 제1항). 즉, 증감된 차액 부분은 간접노무비, 일반관리비, 이윤에 우선 균등 배분하되, 같은 비목의 금액이 관련 규정상 기준 한도율을 초과하면, 초과하는 금액을 다른 비목에 균등 배분한다(정부 입찰·계약 집행기준 제21조 제2항). 여기에는 순공사비도 포함된다.[2] 산출내역서상 단가표기금액을 재료비, 노무비, 경비, 합계금액 등으로 구분하여 작성하였기 때문에 단가나 합계금액 등을 고려할 때 단가가 잘못 표기된 것이 명백한 경우에는 입찰금액 범위 안에서 단가를 수정할 수 있다(정부 입찰·계약 집행기준 제21조 제3항).

이처럼 산출내역서를 수정할 경우, 발주기관과 낙찰자는 각각 정정인을 날인해야 한다(정부 입찰·

1) 김성근, 앞의 책(Ⅰ), 151쪽.
2) 회제 41301-652, 2003. 5. 27.

계약 집행기준 제21조 제4항). 한편, 발주기관이 배부한 공종별 목적물 물량내역서 중에 누락·변경된 공종·수량에 대한 예정가격 조서상 금액이 예정가격의 100분의 5 이상이 아닌 경우로서, 일부 공종이나 수량이 누락된 경우에는 그에 따른 산출내역서는 누락된 공종이나 수량을 표기하고 그 금액을 "0"으로 표기한다(정부 입찰·계약 집행기준 제21조 제5항).

③ 순수내역입찰

순수내역입찰이란 발주기관이 교부한 설계서를 기초로 입찰자가 직접 물량내역서를 작성하여 입찰서와 함께 제출하는 입찰을 말한다(국가계약법 시행령 제14조 제1항 단서). 즉, 발주기관은 공사의 특성을 고려하여 필요하다고 인정하는 경우, 입찰에 참가하려는 자에게 물량내역서를 직접 작성하게 할 수 있다(국가계약법 시행령 제14조 제1항 단서). 입찰자는 물량내역서를 직접 작성하는 경우, 직접 작성한 물량내역서에 단가를 적어야 한다(국가계약법 시행령 제14조 제7항 단서).

내역입찰에서는 입찰자가 발주기관이 교부한 물량내역서에 단가만 기재한 산출내역서를 제출하도록 하는데, 이때는 입찰자가 해당 계약이행에 필요한 물량을 정확히 파악하기 어렵기 때문에 가격경쟁만 유도하는 결과를 초래한다.[1] 따라서 공공계약법은 기존 내역입찰과 별개로 위와 같은 순수내역입찰을 도입했다.

다) 경영상태 심사서류

한편, 입찰에 참여하고자 하는 자는 신용정보의 이용 및 보호에 관한 법률제4조 제1항 제1호나 자본시장과 금융투자업에 관한 법률 제9조 제26항 업무를 영위하는 신용정보업자로부터 평가받은 모든 공공기관 입찰용 신용평가등급을 해당 신용정보업자로 하여금 평가완료 후 3일 이내에 조달청 나라장터에 전송하게 해야 한다{물품구매(제조)입찰유의서 제9조의2 제1항, 용역입찰유의서 제9조의2 제1항, 공사입찰유의서 제10조의2 제1항}. 조달청장은 분기별로 신용정보업자로부터 평가명세서를 제출받아 미전송 여부를 확인하여 해당 업체를 나라장터에 게재하고, 그 밖에 발주기관은 절차 진행 정도에 따라 계약체결 전이면 해당 업체에게 낙찰자 결정 제외, 결정취소를 하고, 계약체결 후면 계약해제·해지 등을 하며, 향후 1년 동안 입찰참가자격사전심사와 적격심사를 할 때 감점할 수 있다{물품구매(제조)입찰유의서 제9조의2 제2항, 용역입찰유의서 제9조의2 제2항, 공사입찰유의서 제10조의2 제2항}.

4) 견품 제출

물품구매(제조)입찰을 실시하는 발주기관은 입찰공고 등에서 견품 제출을 요구할 수 있는데, 입찰공고에서 입찰서 제출과 함께 견품을 제출하라고 요구하는 경우, 입찰자는 견품에 품명, 입찰자의 주소, 성명(상호), 입찰공고번호 등 필요한 사항을 기재하여 입찰서와 함

---

1) 김성근, 앞의 책(Ⅰ), 162쪽.

께 제출한다{물품구매(제조)입찰유의서 제13조 제1항 참조}. 발주기관은, 낙찰자가 입찰 당시 제출한 견품은 계약이행 후로부터 1개월 안에, 낙찰자가 아닌 입찰자가 제출한 견품은 낙찰자 결정 후로부터 1개월 안에, 제출한 자의 요구에 따라 반환한다. 낙찰자나 입찰자는 견품 반환에 따른 경비를 부담하고{물품구매(제조)입찰유의서 제13조 제2항}, 발주기관은 그 책임 없는 사유로 견품의 멸실, 훼손이 발생한 경우 이에 대한 책임을 지지 않는다. 견품 제출, 반환, 멸실 등에 따른 비용이나 손해는 입찰자가 입찰에 참가하면서 지출하는 신뢰비용으로 보고, 특별한 사정이 없으면 낙찰자나 입찰자가 전적으로 부담한다는 취지이다.[1]

5) 청렴계약서 제출

입찰자는 입찰서를 제출할 때 국가계약법 시행령 제4조의2, 정부입찰·계약집행기준 제98조의3에 따른 청렴계약서를 같이 제출해야 한다(공사입찰유의서 제10조의3).

라. 접수

입찰서를 접수한 발주기관은 해당 입찰서에 확인인을 날인하고 개찰을 할 때까지 개봉하지 않고 보관해야 한다(국가계약법 시행규칙 제42조 제4항). 입찰서 개봉에 따른 부정의 개입을 차단하려는 취지이다.[2]

마. 교환·변경·취소

입찰자는 제출한 입찰서를 교환, 변경, 취소할 수 없다(국가계약법 시행령 제39조 제3항 본문). 입찰서 제출은 의사표시(청약)로서 성격을 가지므로, 그 교환, 변경, 취소를 함부로 허용하는 경우, 상대방 지위를 불안하게 하기 때문이다. 그러한 이유로 민법도 계약의 청약은 이를 철회하지 못한다는 청약의 구속력을 규정한다(민법 제527조 참조). 이는 전자입찰에서도 마찬가지인데, 전자조달이용자는 전자조달시스템으로 제출한 전자입찰서를 교환·변경하거나 취소할 수 없다(전자조달법 시행령 제5조 제3항).

다만, 입찰서에 기재한 입찰금액 등 중요부분에 오기가 있는 경우, 입찰자가 일정한 장소 혹은 기한까지 입찰 취소의사를 표시하고, 계약담당공무원이 이를 인정하면 예외적으로 입찰서 교환, 변경, 취소를 인정할 수 있다(공사입찰유의서 제10조 제4항 단서, 전자조달법 시행령 제5조 제4항, 같은 법 시행규칙 제4조 제1항 참조). 이것은 민법상 착오에 따른 의사표시 취소와 유사한 내용이지만(민법 제109조 참조), 입찰서 취소 등 의사표시를 해야 하는 장소(개찰현장)나 일시(개찰 전)를 특정하고, 취소 등 의사를 수령하는 계약담당공무원이 이를 인정해야만 그 효력이 발생한다고 규정한 점에서 다소 차이가 있다.

---

1) 김성근, 앞의 책(Ⅰ), 195쪽.
2) 정태학 외 3명, 앞의 책, 128쪽.

나아가, 발주기관은 2단계 경쟁 등 입찰에서 규격입찰을 개찰한 결과 적격자가 없거나 일부 경미한 규격 보완을 조건으로 규격적합 판정을 하는 경우에 입찰자로 하여금 규격입찰서를 변경하여 제출하게 할 수도 있다{물품구매(입찰)유의서 제9조 제4항 단서, 용역입찰유의서 제9조 제4항 단서}.

제6절 입찰의 성립과 하자

Ⅰ. 입찰의 성립

1. 원칙과 예외

경쟁입찰은 2인 이상 유효한 입찰로 성립한다(국가계약법 시행령 제11조). 따라서 2인만 참가한 입찰도 유효하다. 다만, 공기업·준정부기관 계약사무규칙 제6조의2 제2항 본문은 경쟁입찰은 2인 이상의 유효한 입찰로 성립하되, 기관장이나 계약담당자가 국유재산법 제31조 제2호에 따른 정보처리장치를 이용하여 재산을 경쟁입찰로 매각하는 경우, 1인 이상의 유효한 입찰로도 입찰이 성립한다는 특칙을 규정한다. 다만, 이때도 기관장이 매각재산의 특성을 고려할 때 입찰 담합 소지가 있다고 판단하면 원칙에 따라 2인 이상의 유효한 입찰로 성립하도록 할 수 있다(공기업·준정부기관 계약사무규칙 제6조의2 제2항 단서).

2. 강행규정 여부

2인 이상의 유효한 입찰로 경쟁입찰이 성립한다고 규정한 국가계약법 시행령 제11조가 강행규정인지 문제된다. 대법원은 입찰공고나 입찰유의서에서 응찰자가 단 1인이라도 있으면 입찰이 유효하다고 미리 명확히 기재한 사안에서, 국가계약법 시행령 제11조 문언과 달리 단독입찰도 유효한 입찰로 성립하도록 처리했더라도, 그 자체만으로 입찰 자체를 무효로 할 정도로 입찰절차의 공공성과 공정성이 현저히 침해되었다거나 선량한 풍속 기타 사회질서에 한다고 볼 수 없다고 한다.[1] 그러나 국가계약법 시행령 제11조는 입찰의 공정성과 투명성을 확보하려는 규정인 점, 1인 입찰만으로도 경쟁이 유효하게 성립했다고 보는 것은 부당한 공동행위를 유인하거나 사실상 수의계약을 용인하는 결과를 초래하는 점을 고려할 때, 국가계약법령에 공기업·준정부기관 계약사무규칙 제6조의2 제2항 본문과 같은 특칙이 없다면, 1인만 참여한 입찰은 경쟁이 성립하지 않는다고 보아야 한다.

---

1) 대법원 2004. 4. 16. 선고 2003다63661 판결.

3. 입찰무효·취소, 낙찰 등 부적격과 관계

2인 이상이 입찰에 참가했지만, 그 중 1인에게 입찰무효 사유가 있는 경우, 유효한 입찰자가 1명밖에 남지 않는다. 따라서 해당 입찰은 경쟁이 성립하지 않는다. 또한, 2인 이상이 입찰에 참가했지만, 그 중 1인을 제외한 나머지 입찰자가 모두 입찰을 취소했고 그 입찰취소가 적법한 요건을 갖추었다면 이 역시 경쟁이 성립하지 않는다.

반대로 2인 이상이 입찰에 참가했으나, 그 중 1인에게 낙찰부적격, 적격심사대상 부적격, 협상대상 부적격 등 사유가 있는 경우에는 경쟁이 성립한다고 보아야 한다. 왜냐하면 경쟁은 2인 이상 유효한 입찰이 있기만 하면 성립하는 것이지, 2인 이상이 낙찰자 등 자격까지 갖추어야만 한다고 해석하기는 어렵기 때문이다.[1] 그렇다면 입찰무효나 취소사유가 있을 때와 낙찰 등 부적격사유가 있을 때는 경쟁이 성립하는지를 판단할 때 달리 보아야 한다.

Ⅱ. 입찰의 하자

1. 개념

가. 의의

입찰의 하자란 입찰절차나 내용에 문제가 있어 발주기관이나 입찰참가자가 원래 의도한 입찰효력이 생기지 않는 결과를 통칭한다. 예를 들어, 입찰참가자가 입찰서를 제출했지만 입찰금액 등 중요부분을 착오로 잘못 기재한 경우, 발주기관이 입찰 관련법령이나 사무준칙, 내부규정 등을 위반하여 입찰절차를 진행한 경우, 그 밖에 입찰의 공공성이나 공정성을 침해할 우려가 있는 경우 등이 있다.

나. 구분

입찰의 하자는 다시 입찰취소와 입찰무효로 나눌 수 있다. 원래 취소는 일단 유효하게 성립한 의사표시나 법률행위의 효력을 당사자가 일방적 의사로 소급하여 소멸하게 하는 개념인 반면, 무효는 일정한 사유가 있으면 당사자가 별도로 무효를 주장하지 않더라도 의사표시나 법률행위의 효력이 처음부터 발생하지 않는 개념이다.

한편, 입찰취소 사유나 입찰무효 사유는 아래와 같이 국가계약법령, 전자조달법령, 계약예규 등에서 자세히 규정한다.

---

1) 김성근, 앞의 책(Ⅰ), 133쪽.

입찰취소	입찰무효
• 국가계약법 시행령 제39조 제3항 • 전자조달법 시행령 제12조 제3항, 같은 법 시행규칙 제4조 제1항, 제2항 • 물품구매(제조)입찰유의서 제9조 제4항 • 용역입찰유의서 제9조 제4항 • 공사입찰유의서 제10조 제4항 • 국가종합전자조달시스템 전자입찰특별유의서 제13조	• 국가계약법 시행규칙 제44조 • 물품구매(제조)입찰유의서 제12조 • 용역입찰유의서 제12조 • 공사입찰유의서 제15조

입찰취소나 무효와 관련해서는 그 성질에 반하지 않는 범위에서 민법총칙에서 정한 법률행위의 취소·무효 규정도 적용할 수 있다.[1] 따라서 미성년자 등 제한능력자가 한 입찰, 선량한 풍속 기타 사회질서에 반하는 입찰, 불공정한 입찰, 진의 아닌 입찰, 통정 허위 입찰, 착오에 따른 입찰, 사기·강박에 따른 입찰 등은 민법(민법 제5조 제2항, 제10조 제1항, 제13조 제4항, 제103조, 제104조, 제107조, 제108조, 제109조, 제110조 참조)에 따라 취소나 무효로 취급할 수 있다. 또한, 개별 법령에 있는 강행규정, 특히 효력규정을 위반한 입찰도 그 효력을 인정할 수 없으므로 무효로 보아야 한다. 다만, 입찰무효는 당사자를 포함한 제3자에게도 일반적으로 효력이 생기지 않는 절대적 무효(가령 민법 제103조, 제104조 참조)와 당사자가 아닌 제3자 가운데 선의의 제3자에게 무효를 주장할 수 없는 상대적 무효(가령 민법 제107조 제2항, 제108조 제2항 참조)로 나눌 수 있다. 그 밖에 자세한 내용은 민법상 해석론을 그대로 따르면 된다.

2. 입찰취소

가. 의의와 법적 성질

입찰취소는 당사자의 의사에 따라 입찰행위 효력을 소급하여 소멸하게 하는 의사표시 중 하나다.

원래 민법상 취소는 장래를 향해 입찰행위 효력 발생을 저지하는 철회와 구별하지만, 취소나 철회 모두 '형성권'에 해당하기 때문에, 법이나 약정에 근거가 있을 때만 행사할 수 있다는 공통점이 있다. 여기서 형성권이란 권리자가 일방적인 의사표시로 법률관계의 발생, 변경, 소멸을 일어나게 하는 권리를 뜻하므로,[2] 다른 사람에게 일정한 행위를 요구하는 청구권과는 구별해야 한다.

---

1) 대법원 2000. 5. 12. 선고 2000다2429 판결 원심인 서울고등법원 1999. 11. 30. 선고 99나35432 판결은 입찰취소에서 민법 제109조에 따른 취소가능성을 판단했다.

2) 곽윤직, 앞의 민법개설, 36쪽.

그런데 공공계약법상 입찰취소가 민법상 의사표시 취소와 같은 성질을 지니는지 문제된다. 공사입찰유의서 등에서 규정한 입찰자의 입찰서 취소는 입찰자의 취소 의사표시와 아울러 그 상대방인 '계약담당공무원이 인정'하는 경우에 취소할 수 있다고 규정하기 때문이다(공사입찰유의서 제10조 제4항 참조). 다만, 국가종합전자조달시스템 전자입찰특별유의서는 일정한 요건을 충족하면 발주기관이 일방적인 의사표시로 전체 입찰을 취소할 수 있다고 규정한다(국가종합전자조달시스템 전자입찰특별유의서 제13조 제1항, 제2항). 생각건대, 공공계약법상 입찰취소는 입찰자의 입찰서 취소와 발주기관의 입찰취소로 구분할 수 있고, 입찰자의 입찰서 취소는 민법과 달리 형성권이 아니지만 발주기관의 입찰취소는 민법과 같이 형성권에 해당한다고 본다.

나. 구분

입찰취소는 다시 그 행사 주체가 누구인지에 따라, ① 입찰자의 입찰서 취소와 ② 발주기관의 입찰취소로 구분한다.

다. 입찰자의 입찰서 취소

1) 의의

입찰자는 법령이나 계약예규 등에서 정한 일정한 요건에 따라 입찰서 제출을 취소할 수 있다. 즉, 입찰자의 입찰서 취소란, 입찰자가 개찰현장에서 혹은 개찰 전에 입찰서에 기재한 입찰금액 등 중요 부분에 오기가 있다는 이유로 입찰서를 취소한다는 의사표시를 하고, 계약담당공무원이 이를 인정 혹은 처리하여 해당 입찰서를 무효로 하는 제도를 말한다.

2) 취지

앞에서 언급했듯이, 입찰은 계약의 청약에 해당하기 때문에, 상대방에게 도달하여 그 효력이 발생하면 청약자가 마음대로 이를 철회하지 못한다고 보아야 한다(민법 제527조 참조). 따라서 입찰자는 원칙적으로 제출한 입찰서를 교환·변경·취소하지 못한다(국가계약법 시행령 제39조 제3항 본문, 전자조달법 시행령 제5조 제3항 본문). 입찰서를 제출한 입찰자가 마음대로 입찰서를 교환·변경·취소할 수 있다면, 입찰절차의 공정성과 투명성을 해칠 우려가 있기 때문이다.[1)]

그러나 입찰자가 개찰일시 이전이나 개찰현장에서 입찰서에 기재한 입찰금액 등 중요 부분에 오기를 발견한 경우까지 취소할 수 없도록 막는다면, 입찰자가 가진 진의와 관계 없이 낙찰받을 우려가 있고, 그에 따라 입찰자에게 과다한 손해를 감수하도록 강요하는 결과

---

1) 김성근, 앞의 책(Ⅰ), 355쪽.

를 초래할 수 있으므로, 결국 적정한 계약이행을 담보하지 못할 수 있다. 이에 공공계약법은 계약담당공무원이 취소사유를 인정하거나 취소신청을 처리한다는 요건 아래 입찰자의 입찰취소를 인정했다{국가계약법 시행령 제39조 제3항 단서, 전자조달법 시행령 제5조 제3항 단서, 제4항, 공사입찰유의서 제10조 제4항, 물품구매(제조)입찰유의서 제9조 제4항, 용역입찰유의서 제9조 제4항 참조}.

이처럼 계약담당공무원이 취소사유를 판단하여 인정할 때만 취소할 수 있도록 했기 때문에 입찰절차의 공정성이나 투명성을 훼손할 가능성이 낮으므로, 예외적으로 입찰자의 입찰취소를 허용했다고 보아야 한다.[1)]

3) 요건

입찰자가 제출한 입찰서를 취소하려면, ① 입찰서에 기재한 입찰금액 등 중요 부분에 오기가 있어야 하고, ② 개찰현장에서 입찰서를 취소한다는 의사표시를 해야 하며, ③ 계약담당공무원이 이를 인정해야 한다.

가) 입찰서에 기재한 입찰금액 등 중요 부분에 오기

첫째, 입찰서에 기재한 입찰금액 등 중요 부분에 오기가 있어야 한다. 여기서 '오기'란 잘못된 기재를 말한다. 그리고 '중요 부분'이 무엇인지를 정의하는 규정은 없지만, 입찰자가 입찰서를 제출한 목적과 경위가 무엇인지, 해당 입찰행위에 이른 기초 사정에 착오가 있었는지, 그 사정이 입찰행위에 중대한 영향을 미쳤는지, 잘못 기재한 내용에 따르면 입찰자가 원래 의도한 내용보다 현저히 과도한 의무를 부담하는지, 발주기관 측이 입찰자에게 오기를 유발했는지 등을 종합적으로 고려하여 판단할 수밖에 없다. 특히 '중요 부분'은 민법 제109조가 정한 '법률행위의 중요 부분'과 유사한 개념인데, 중요 부분에 착오가 있었다고 하려면 입찰자가 착오하지 않았더라면 그와 같은 오기를 하지 않았을 것이고, 일반인도 그렇게 하지 않았을 것이라고 인정될 정도여야 하므로, 이에 따르더라도 착오에 따른 오기 내용이 해당 행위에서 지니는 중요성, 착오에 따른 오기가 상대방으로부터 유발되었는지, 상대방이 착오에 따른 오기를 알았거나 특히 알 수 있었는지 등을 두루 고려하여 판단해야 한다. 특히 전자조달법 시행령 제5조 제3항 단서는 "입찰금액"을 중요한 입력사항의 한 예로 규정한다.

나) 개찰 이전 또는 개찰현장에서 입찰취소의 의사표시

둘째, 입찰자는 전자입찰에서는 개찰일시 이전에(전자조달법 시행규칙 제4조 제1항 참조), 일반입찰에서는 개찰현장에서 입찰서를 취소한다는 의사표시를 해야 한다. 다만, 전자입찰

1) 정태학 외 3명, 앞의 책, 129쪽. 참고로, 김성근, 앞의 책(Ⅰ), 355쪽은 국가계약법 시행령 제39조 제3항 단서에 근거한 입찰취소를 민법 제109조 제1항 착오를 이유로 한 취소와 같다고 본다. 그러나 국가계약법 시행령 제39조 제3항 단서와 민법 제109조 제1항은 요건이 서로 다르다.

은 개찰현장이라는 개념을 상정하기 어렵기 때문에, 전자조달법령은 취소 시점을 개찰일시 이전으로 규정했다. 그런데 전자입찰에서의 개찰은 입찰공고에 명시한 입찰장소에서 지정 일시에 전자입찰 집행자가 집행하며, 전자입찰자나 그 대리인은 개찰에 참관할 수 있으므로(국가종합전자조달시스템 전자입찰특별유의서 제11조 제1항 참조), 전자입찰자나 그 대리인은 그 이전에 입찰취소를 할 수 있다고 해석된다.

다) 계약담당공무원의 인정 혹은 무효처리

셋째, 계약담당공무원이 입찰서 취소 사유를 인정해야 한다{물품구매(제조)입찰유의서 제9조 제4항, 용역입찰유의서 제9조 제4항, 공사입찰유의서 제10조 제4항 참조}. 전자입찰에서도 발주기관은 전자조달이용자로부터 취소 신청을 받으면 해당 전자입찰을 취소하고, 무효로 처리하므로(전자조달법 시행령 제5조 제4항), 발주기관이 취소사유 인정해야 한다는 위 요건은 여기에도 적용된다.

그런데 만약 입찰자가 입찰서의 중요부분에 오기가 있다는 이유로 적법하게 입찰서 취소의사를 표시했는데도 계약담당공무원이 이를 인정하지 않거나 취소로 처리하지 않은 경우에도 입찰서 취소 효력이 발생하지 않는다고 보아야 하는지 문제된다. 생각건대 계약담당공무원은 입찰서 취소의 의사표시가 법령이나 계약예규가 정한 요건에 부합하는지를 판단할 재량을 갖지만, 명백히 취소사유가 있는데도 임의로 입찰서 취소를 인정하지 않는다면, 이러한 처리는 위법하여 효력이 없다고 본다.

대법원 역시 입찰자가 착오로 입찰서에 입찰금액을 잘못 기재(60,780,000원을 착오로 6,780,000원이라고 기재)하였다는 이유로 개찰현장에서 취소의사를 표시했으나, 계약담당공무원이 그러한 착오를 인정하지 않고 그대로 낙찰자 결정을 하는 바람에 결국 해당 입찰자가 계약체결을 거부한 사안에서, 위 입찰금액 기재는 입찰서에 기재한 중요부분의 착오가 있는 경우에 해당하여 원고가 이를 이유로 즉시 입찰취소 의사표시를 한 만큼 피고는 입찰무효를 선언하였어야 마땅하므로, 원고가 그 후 계약체결에 응하지 않았다 하더라도 정당한 이유가 있기 때문에 피고가 원고에게 한 부정당업자제재처분은 위법하다고 했다.[1)]

4) 효과

입찰자가 취소를 표시하면, 입찰서 제출행위, 즉 청약은 처음부터 소급하여 효력이 발생하지 않았다고 본다(민법 제141조 본문 참조). 따라서 입찰참가신청, 입찰참가자격사전심사, 입찰서 제출 등은 모두 소급하여 효력을 상실한다. 나아가 발주기관은 적법하게 입찰서의 취소표시를 한 입찰자를 낙찰자로 결정하더라도 그 낙찰자 결정은 효력이 없으므로, 해당 입

1) 대법원 1983. 12. 27. 선고 81누366 판결.

찰자가 계약을 체결하지 않더라도 그로부터 입찰보증금을 국고귀속할 수 없으며, 나아가 정당한 이유 없이 계약을 체결하지 않았다는 이유로 입찰참가자격제한 처분을 할 수도 없다.

라. 발주기관의 입찰취소

1) 의의

발주기관도 일정한 사유가 있으면 일방적 의사에 따라 입찰을 취소할 수 있다. 즉, 국가종합전자조달시스템 전자입찰특별유의서는, 낙찰자 선정통보 이전에 수요기관의 예산사정, 공공사업계획의 변경 등 불가피한 사유가 있을 때 해당 입찰을 취소할 수 있도록 규정하는 한편(국가종합전자조달시스템 전자입찰특별유의서 제13조 제1항), 전자입찰자가 정상적으로 전자입찰서를 제출하였으나 PC나 전자조달시스템의 오류 등으로 인하여 공정한 입찰의 집행이 곤란하다고 판단될 경우 해당 입찰 전체를 취소할 수 있다고 규정한다(국가종합전자조달시스템 전자입찰특별유의서 제13조 제2항).

2) 취지

발주기관의 입찰취소는 입찰의 법적 성질과 관련이 있다. 앞에서 본 대로 입찰공고는 청약의 유인에 불과하고, 입찰자의 입찰서 제출행위는 청약에 해당한다. 그렇다면 입찰서를 제출받은 발주기관은 계약상대방 선택의 자유에 따라 입찰자의 청약에 응할지 말지를 선택할 수 있으므로, 더 이상 개찰과 낙찰을 진행하지 않고 자유롭게 입찰절차를 취소할 수도 있어야 한다.

그러나 발주기관이 아무런 제한 없이 입찰을 취소할 수 있다고 보면, 입찰절차가 적법하게 진행되리라고 믿은 입찰자의 신뢰를 침해할 수 있다.[1] 그리하여 발주기관의 입찰취소는 어느 정도 제한할 필요가 있으므로 계약예규는 발주기관이 전체 입찰절차를 취소할 수 있는 사유를 규정했다.

이러한 취지를 고려하면, 계약예규나 민법이 정한 취소사유에 해당하지 않는 입찰취소는 원칙적으로 위법하고, 효력이 없다고 보아야 한다.[2] 다만, 일부 하급심 판결은 발주기관의 입찰취소 사유인 '수요기관의 예산사정, 공공사업계획의 변경 등 불가피한 사유'를 넓게 인정하기도 하고,[3] 대법원도 '관계법령에 어긋난 하자가 입찰의 공정성과 투명성에 영향을 미칠 우려'가 있다면, 발주기관이 전체 입찰을 취소할 수 있다고 본다.[4]

---

1) 서울고등법원 1999. 11. 30. 선고 99나35432 판결.
2) 대법원 2000. 5. 12. 선고 2000다2429 판결.
3) 서울중앙지방법원 2021. 1. 18.자 2020카합22321 결정.
4) 대법원 2010. 4. 8.자 2009마1 결정.

3) 입찰취소 사유

가) 낙찰자 선정통보 전에 수요기관의 예산사정, 공공사업계획의 변경 등 불가피한 사유가 있을 때

우선, 수요기관의 예산사정, 공공사업계획의 변경 등 불가피한 사유가 있어야 한다. 위 사유가 발생한 시점은 낙찰자 선정통보 이전이다(국가종합전자조달시스템 전자입찰특별유의서 제13조 제1항 참조). 따라서 발주기관이 낙찰자 결정을 한 후라면 위 사유로 더 이상 입찰을 취소할 수 없다. 이처럼 낙찰자 선정통보를 취소사유 발생 시점으로 정한 이유는 낙찰자 선정통보가 있으면 원칙적으로 해당 입찰절차가 종료하기 때문에, 그 이후 입찰취소는 논리적으로 성립하기 어렵기 때문이다.[1]

입찰취소 사유로서 수요기관의 예산사정, 공공사업계획의 변경이란 그 뒤에 규정한 '불가피한 사유'의 예시이다. '수요기관의 예산사정'을 입찰취소 사유로 정한 것은 부실 발주를 면책하면서 그 피해를 입찰자에게 전가한다는 이유로 부당하다는 견해가 있지만,[2] 공공계약은 혈세로 운영되므로, 입찰자에게 낙찰자 결정이나 계약체결과 관련한 상당한 신뢰이익이 발생했다는 특별한 사정이 없으면, 낙찰자 선정통보 전에 수요기관의 예산사정을 이유로 입찰취소를 허용할 수 있다고 본다.

한편, '불가피한 사유'가 무엇인지에 대하여, 대법원은 수요기관의 예산사정, 수요기관의 공공사업계획 변경과 같이 객관적으로 해당 계약을 진행할 수 없는 중대한 사유를 의미한다고 보았다.[3] 하급심 판결은 협상에 의한 계약에서 협상 지연에 대한 책임이 오로지 발주기관 측에 있다거나 그 과정에서 발주기관이 재량권을 일탈·남용하였다고 단정하기 어렵다면, 협상 지연 결과 수요기관 측이 사업을 추진할 여건이나 필요성을 상실한 경우, 위 조항에 근거해 입찰을 취소하더라도 위법하지 않다고 보았다.[4]

일부 견해[5]는 '불가피한 사유'라는 개념에 관련법령을 위반하여 입찰절차를 진행한 결과 입찰의 공정성과 중립성이 현저히 침해될 우려가 있는 경우를 포함한다고 보지만, 입찰의 공정성과 중립성이 현저히 침해될 우려가 있는 경우는 입찰무효 사유에 해당할 뿐 발주기관의 입찰취소 사유로 보기 어렵다. 왜냐하면 계약담당공무원이 고의나 과실로 절차 규정을 위반하여 입찰절차를 진행한 경우까지도 '불가피한 사유'에 포함하면, 문언에 정면으로 반하는 해석이기 때문이다. 따라서 계약담당공무원이 고의나 과실로 관계법령을 위반하여

1) 김성근, 앞의 책(Ⅰ), 359쪽.
2) 김성근, 앞의 책(Ⅰ), 359쪽.
3) 대법원 2000. 5. 12. 선고 2000다2429 판결.
4) 서울중앙지방법원 2021. 1. 18.자 2020카합22321 결정.
5) 김성근, 앞의 책(Ⅰ), 360쪽.

입찰절차를 진행하였다면, 발주기관은 그로 말미암아 입찰의 공정성과 중립성이 현저히 침해될 우려가 있는 경우에만 입찰무효를 선언할 수 있을 뿐이고,[1] 이때는 국가종합전자조달시스템 전자입찰특별유의서 제13조 제3항이 적용되지 않는다고 보아야 하므로, 발주기관은 입찰참가자에게 손해배상 등 책임을 부담할 수 있다고 해석해야 한다(다만, 입찰참가자가 실제 손해액을 증명하여 배상받기는 쉽지 않다).

나) 전자입찰자가 정상적으로 입찰서를 제출했으나 PC나 전자조달시스템 오류 등으로 공정한 입찰의 집행이 곤란하다고 판단될 때

위 사유는 전자입찰의 특수성을 반영한 내용이다. 즉, 전자입찰에서는 입찰자가 전산으로 입찰서를 제출하기 때문에, 전자조달시스템 자체나 매개체인 PC에 전자적 오류가 발생할 수 있다. 특히, 입찰절차를 주관하는 발주기관 측 시스템이나 PC에도 마찬가지 문제가 생길 수 있는데, 이런 문제를 고려하지 않고 입찰절차를 그대로 진행하면 정상적으로 입찰서를 제출한 선의의 입찰자까지도 예측하지 못한 피해를 입거나 입찰참가 기회를 부당하게 박탈당할 우려가 있다.

이에 발주기관은 비록 전자입찰자가 정상적으로 전자입찰서를 제출했으나 PC나 전자조달시스템의 오류 등으로 공정한 입찰 집행이 곤란하다고 판단할 경우, 해당 입찰절차 전체를 취소할 수 있다(국가종합전자조달시스템 전자입찰특별유의서 제13조 제3항 참조). 다만, PC나 전자조달시스템 오류 등으로 공정한 입찰의 집행이 곤란하다고 판단되어야 하므로, 해당 오류 등이 경미하여 공정한 입찰의 집행에 아무런 영향이 없다면 전체 입찰을 취소할 수 없다.

한편, PC나 전자조달시스템 오류 등이 전자입찰자나 발주기관에게 책임 있는 사유로 발생했더라도, 발주기관이 일방적으로 입찰절차 전체를 취소할 수 있는지 문제된다. 우선 전자입찰자에게 책임 있는 사유로 PC나 전자조달시스템 오류 등이 발생했다면, 당연히 발주기관은 당연히 입찰절차 전체를 취소할 수 있다. 그리고 전자입찰자는 해당 조치에 이의제기를 하거나 손해배상을 청구할 수 없다(국가종합전자조달시스템 전자입찰특별유의서 제13조 제3항).

반대로, 발주기관 측에게 책임 있는 사유로 PC나 전자조달시스템 오류 등이 발생한 경우까지, 발주기관이 일방적으로 입찰절차 전체를 취소할 수 있다고 보면, 선의의 전자입찰자 전원에게 예측하지 못한 불이익을 줄 수 있다. 따라서 이때는 발주기관이 위 사유에 근거해 입찰절차 전체를 취소할 수 없고, 아래 다)에서 보는 입찰무효 사유에 준하는 경우에만 입찰무효를 선언하거나 이를 확인하는 의미로서 입찰취소를 할 수 있을 뿐이고 해석해야

---

1) 이때 발주기관이 형식적으로 입찰취소로 처리하더라도 그 실질은 입찰무효를 확인하는 의미에 불과하다고 보아야 한다.

한다. 그리고 이 경우에는 국가종합전자조달시스템 전자입찰특별유의서 제13조 제3항이 적용되지 않으므로, 발주기관은 전자입찰자에게 손해배상 등 책임을 부담할 수도 있다(다만, 입찰자가 실제 손해액을 증명하여 배상받기는 쉽지 않다).

다) 그 밖에 입찰절차에 관련법령 규정이나 입찰공고에 어긋나는 하자가 있고 그 하자로 말미암아 다른 입찰자의 정당한 이익을 해하거나 입찰의 공정성과 투명성에 영향을 미칠 우려가 있는 경우

대법원은 입찰절차에 관련법령의 규정이나 입찰공고에 어긋나는 하자가 있고 그 하자로 인하여 다른 입찰자의 정당한 이익을 해하거나 입찰의 공정성과 투명성에 영향을 미칠 우려가 있다고 인정되면 입찰을 취소하거나 무효로 할 수 있다고 본다.[1] 공공계약은 공공성과 공정성, 중립성과 투명성을 전제하기 때문에, 이러한 가치를 침해하는 절차상 하자가 있다면 당연히 입찰을 취소할 수 있어야 하기 때문이다. 기획재정부 역시 제한경쟁입찰과정에서 입찰참가자격 제한사항과 관련한 예규를 위반한 중대한 하자가 있다면 공정한 입찰을 위해 낙찰자 결정 전에 해당 입찰을 취소하는 것이 타당하다고 해석했다.[2]

나아가 위 판례는 이미 개찰이 있었고 최저가입찰자를 가린 상태라 하더라도 아직 낙찰자를 결정하거나 계약을 체결하지 않은 만큼, 반드시 그 하자가 입찰절차의 공공성과 공정성을 현저히 침해할 정도로 중대하고 입찰자가 그러한 사정을 알았거나 알 수 있었던 경우 또는 누가 보더라도 선량한 풍속 기타 사회질서에 반하는 행위에서 비롯된 것이 분명한 경우여야만 입찰절차를 취소하거나 무효로 할 수 있는 것은 아니라고 한다.[3]

그런데 위 판례는 입찰취소 사유와 입찰무효 사유를 명확히 구분하지 않았다는 문제가 있고, 특히 발주기관이 고의나 과실로 관련법령이나 입찰공고에 위반하여 입찰절차를 진행한 하자가 있는 경우까지도 일방적인 입찰취소를 인정할 수 있다는 취지인지 명확하지 않다. 따라서 대법원 판례가 말하는 "입찰절차에 관련법령의 규정이나 입찰공고에 어긋나는 하자가 있고 그 하자로 인하여 다른 입찰자의 정당한 이익을 해하거나 입찰의 공정성과 투명성에 영향을 미칠 우려가 있다고 인정되면 입찰을 취소하거나 무효로 할 수 있다."라는 뜻은 발주기관에게 입찰취소를 폭넓게 인정한 취지가 아니라, 입찰무효 사유나 그에 준하는 사유가 있을 경우에는 입찰을 무효로 돌리는 형식을 입찰취소나 입찰무효로 처리할 수 있다는 취지에 불과하다고 해석해야 한다. 다만, 낙찰자 결정이나 계약체결 전에 해당 사유를 발견한 경우에는 원래의 입찰무효 요건보다는 완화하여 입찰무효를 인정하겠다는 뜻으로 이해해야 한다.

---

1) 대법원 2010. 4. 8. 선고 2009마1 결정.
2) 회계제도과-1109, 2009. 7. 2.
3) 대법원 2010. 4. 8.자 2009마1 결정.

결국 위 대법원 판례가 말하는 사유는 엄밀히 말하면 입찰무효 사유나 그에 준하는 사유에 해당하므로, 위 가), 나)에서 본 입찰취소 사유와는 구별할 필요가 있다.

4) 효과

입찰취소 사유가 있으면, 발주기관은 '입찰(공고 포함)절차 전체'를 취소할 수 있다. 따라서 국가종합전자조달시스템 전자입찰특별유의서 제13조 등 계약예규 문언을 고려할 때, 입찰취소 사유가 발생한 특정인의 입찰만 취소해야 한다고 볼 근거가 부족하다.

발주기관이 입찰 전체를 취소하면 새로운 입찰에 부쳐야 하므로, 재입찰이나 재공고입찰에 부칠 수 없다. 그 결과, 입찰참가자격 등 입찰조건은 새롭게 정할 수 있다.[1]

한편, 발주기관이 가), 나)의 사유로 입찰을 취소했다면, 입찰참가자는 설령 자신에게 그 입찰취소에 책임이 없다 하더라도 발주기관에게 이의를 제기하거나 손해배상을 청구할 수 없지만(국가종합전자조달시스템 전자입찰특별유의서 제13조 제3항), 반대로 발주기관이 위 다)의 사유로 입찰을 취소했고, 발주기관 측에게 책임 있는 사유가 있다면, 입찰자는 발주기관에게 이의를 제기하거나 손해배상을 청구할 수 있다고 해석해야 한다. 다만, 입찰자가 입찰취소로 입은 실제 손해액을 증명하기 매우 어렵고, 설령 증명하더라도 그 범위는 신뢰이익에 그친다는 한계가 있다(민법 제535조 제1항 참조).

3. 입찰무효

가. 의의

① 경쟁참가 자격이 없는 자가 한 입찰과 ② 그 밖에 기획재정부령이 정하는 일정한 사유가 있는 입찰은 무효이다(국가계약법 시행령 제39조 제4항). 이에 국가계약법 시행규칙 제44조 등과 각종 입찰유의서에는 입찰무효 사유를 규정한다.

이와 관련하여, 국가계약법 시행규칙 제44조와 각종 입찰유의서에 기재된 입찰무효 사유가 제한적 열거사유인지, 예시에 불과한지 논란이 있으나, 제한적 열거사유로 보되 그 밖에 법령에 어긋나는 하자가 있고, 그 하자가 입찰절차의 공공성과 공정성을 현저히 침해할 정도로 중대하며 상대방도 이런 사정을 알았거나 알 수 있었을 경우 또는 낙찰자 결정이나 계약체결이 선량한 풍속 기타 사회질서에 반하는 행위로 비롯된 것이 분명한 정도에 이른 경우 등도 입찰무효 사유에 해당한다고 본다.

---

1) 김성근, 앞의 책(Ⅰ), 361쪽.

나. 입찰무효 사유

1) 입찰참가자격이 없는 자가 한 입찰

경쟁참가 자격이 없는 자가 한 입찰은 무효이다(국가계약법 시행령 제39조 제4항, 국가계약법 시행규칙 제44조 제1항 제1호 참조). 여기서 경쟁참가자격이란 다른 법령에 따른 허가, 인가, 면허, 등록 등 자격요건을 말하고(국가계약법 시행령 제12조 참조), 제한경쟁입찰일 경우 그 제한사유 등을 충족한 것을 말한다(국가계약법 시행령 제21조 참조).

가령, ① 공사입찰에서 건설산업기본법 등에 따른 등록 등 자격을 갖추지 못한 경우, ② 지역제한입찰로서 현장 소재지에 주사무소를 둔 업체만 입찰에 참가하도록 허용했는데 다른 지역업체가 참가한 경우, ③ 입찰참가자격을 건설산업기본법이 정한 시공능력공시액으로 제한했으나 입찰자가 해당 요건을 충족하지 못한 경우, ④ 입찰참가자격사전심사 대상 공사입찰에서 입찰자가 허위 시공실적 서류를 제출하여 사전심사를 통과한 경우, ⑤ 실적제한 용역입찰에서 입찰자가 실적 서류를 위·변조하거나 허위실적을 제출하는 경우 등이 있다.

2) 입찰참가자격 제한기간 중인 대표자가 한 입찰

입찰참가자격 제한기간 중인 대표자가 한 입찰은 무효이다(국가계약법 시행규칙 제44조 제1항 제1호의2). 국가계약법 시행령 제76조 제6항은 “법인 등 단체나 중소기업협동조합이 입찰참가자격제한을 받을 때, 해당 입찰·계약업무를 소관하는 대표자, 원인을 제공한 조합원도 각 입찰참가자격제한을 적용”하도록 규정하는데, 이는 양벌규정으로서 성질을 가지므로, 법인 등 단체의 대표자나 처분원인을 제공한 조합원도 입찰참가자격제한 처분대상인 부정당업자에 해당한다.[1] 따라서 입찰참가자격제한을 받는 본인(법인 등 단체, 중소기업협동조합)뿐만 아니라 그 기관이나 구성원인 대표자, 원인을 제공한 조합원도 처분대상자에 해당하기 때문에, 해당 대표자가 한 입찰은 당연히 입찰참가자격이 없는 자(입찰참가자격이 제한된 자)가 한 입찰로서 무효라 하겠다.

3) 입찰보증금 납부일시까지 입찰보증금을 납부하지 않고 한 입찰

입찰보증금 납부일시까지 입찰보증금을 납부하지 않고 한 입찰은 무효이다(국가계약법 시행규칙 제44조 제1항 제2호). 즉, 입찰참가자는 일정한 기한 안에 입찰참가신청서 등을 제출하면서 아울러 입찰보증금을 현금이나 보증서 등으로 납부해야 하는데(국가계약법 시행규칙 제43조 제1항), 이를 이행하지 않은 입찰은 무효라는 것이다.

우선, 입찰보증금은 입찰신청마감일까지 납부해야 하므로, 입찰보증금 납부일시란 입찰신청서마감일을 뜻한다. 따라서 입찰신청마감일 이후에 입찰보증금을 납부하더라도 해당 입

---

1) 최근 대법원 2022. 7. 14. 선고 2022두37141 판결도 법인의 대표자를 “부정당업자”에 해당한다고 판결했다.

찰은 무효로 본다.

또한, 입찰보증금은 예외 사유에 해당하지 않는 한, 입찰금액의 100분의 5 이상을 납부해야 하므로(국가계약법 시행령 제37조 제1항), 그에 미치지 못하는 금액을 입찰보증금으로 납부하였다면 해당 입찰은 무효로 본다. 이와 관련하여, 입찰보증금 납부면제자가 입찰보증금을 납부했는데, 그 금액이 입찰금액의 100분의 5에 미치지 못한다면 해당 입찰을 무효로 보아야 한다는 견해가 있다.[1] 그러나 입찰보증금 납부면제자는 납부의무 자체를 부담하지 않는데, 그럼에도 납부면제가 납부한 금액이 법령이 정한 비율에 미치지 못한다는 이유만으로 해당 입찰을 무효로 보아야 하는지 의문이다.

한편, 입찰보증금 납부면제자는 입찰서를 제출할 때 국고귀속 사유가 발생하면 입찰보증금에 해당하는 금액을 납입하겠다는 지급확약서를 제출해야 하는데(국가계약법 시행령 제37조 제4항, 같은 법 시행규칙 제43조 제2항 참조), 이러한 지급확약서를 제출하지 않은 경우도 위 입찰무효 사유에 해당한다고 보아야 하는지 논란이 있으나, 부정해야 할 것이다.

4) 입찰서가 그 도착일시까지 입찰장소에 도착하지 않은 입찰

입찰서가 그 도착일시까지 미리 정한 입찰장소에 도착하지 않은 입찰은 무효이다(국가계약법 시행규칙 제44조 제3호). 입찰공고에 기재한 장소와 일시에 입찰서를 제출하지 않은 자는 곧 입찰에 응하지 않은 자에 준하고, 그러한 입찰까지 유효하다고 본다면 입찰에 응하지 않은 자를 낙찰자로 선정하는 결과와 같으므로, 결국 다른 입찰자와 관계에서 입찰의 공공성과 공정성을 현저히 침해하는 결과를 초래한다.[2] 그러므로 입찰서가 그 도착일시까지 입찰장소에 도착하지 않은 입찰은 무효로 본다.

여기서 입찰장소에 도착하지 않은 것은 입찰서이므로, 원칙적으로 입찰서에 첨부하는 산출내역서 등이 도착하지 않았을 뿐이라면 입찰무효로 처리할 수 없다. 그리고 도착일시까지 도착했는지는 송달일자를 기준으로 판단하므로, 반드시 입찰공고에서 정한 일시에 발주기관에 도달해야만 한다.

다만, 대법원은 협상에 의한 계약에서 제출된 입찰서는 단순한 입찰의사를 표시하는 것에 불과하다면서, 입찰서 양식 누락 말고는 다른 서류에 하자가 없고, 가격제안서와 금액산출 근거 등 제출서류로 사전 공고 기준에 따라 심사를 하는데 아무런 문제가 없었으며, 입찰서 약식 제출 누락에 따라 입찰절차의 공공성과 공정성이 침해되었거나 그 목적이 훼손되었다고 보기 어려우므로, 입찰서류 제출 과정에서 단지 입찰서 양식을 누락한 정도만 가지고 중대한 하자로서 입찰무효 사유라고 보기 어렵다고 한다.[3] 그러나 위 판례 이유에서도

1) 김성근, 앞의 책(Ⅰ), 366쪽.
2) 부산고등법원 2006. 1. 10.자 2005라146 결정.
3) 대법원 2006. 6. 19.자 2006마117 결정.

알 수 있듯이, 협상에 의한 계약은 입찰서에 기재한 입찰금액을 단순히 비교하여 낙찰자를 결정하는 일반 경쟁입찰과 달리 입찰공고 등에 기재한 평가기준에 따라 심사와 협상을 거쳐 낙찰자를 결정하기 때문에, 입찰자로 하여금 입찰서뿐만 아니라 입찰금액의 세부 산출근거가 기재된 문서를 필수로 제출하게 한다는 특성이 있다. 따라서 협상에 의한 계약에서 제출된 입찰서는 일반 경쟁입찰에서 제출하는 입찰서와 차이가 있으므로, 위 판례를 입찰서 미제출 사안에 일반적으로 적용하기는 곤란하다.[1)]

5) 같은 사항에 같은 사람(1인이 여러 개 법인의 대표자라면 해당 여러개 법인도 1인으로 봄)이 입찰서를 2통 이상 제출한 입찰

1인이 같은 사항에서 2통 이상의 입찰서를 제출하면, 해당 입찰은 무효이다(국가계약법 시행규칙 제44조 제1항 제4호). 이것은 중복입찰 금지의 원칙을 위반한 경우다. 1인이 2통 이상 입찰서를 제출할 수 있도록 허용하면, 입찰의 공정성이나 투명성을 확보하기 어렵기 때문이다.

한편, 1인이 여러 법인의 대표자를 겸직한다면, 여러 법인은 통틀어 1인으로 본다(국가계약법 시행규칙 제44조 제1항 제4호 참조). 여기서 법인의 대표자인지는 원칙적으로 법인등기부등본을 기준으로 판단해야 한다.[2)] 원래 같은 사람이 여러 법인의 대표자를 겸직하더라도 법인은 독립하여 법인격을 가지고, 법인과 자연인인 그 대표기관은 별개이기 때문에, 원칙적으로 여러 법인을 1인이라고 볼 수는 없다. 그러나 같은 사람을 대표자로 둔 여러 법인이 법인격이 다르다는 이유만으로 같은 입찰에 참가하도록 허용하면, 법인격을 남용하여 공정한 경쟁을 침해할 수 있다. 그리하여 1인이 여러 법인의 대표자 지위를 겸하는 경우, 그 여러 법인을 1인으로 '의제'하는 특별규정을 둔 것이다. 이런 취지를 고려하면, 법인의 대표이사가 법인을 위해 입찰서를 제출하고 아울러 개인 자격으로나 제3자를 대리인으로 내세워 별도 입찰서를 제출한 경우에도 그러한 입찰은 무효로 보아야 한다. 그러나 입찰에 참가한 두 개 법인의 대표이사가 각각 다르다면, 한 개 법인의 대표이사가 다른 한 개 법인의 임원이나 주주로서 지위를 겸하더라도, 해당 입찰을 무효라 볼 수는 없다.

---

1) 김성근, 앞의 책(Ⅰ), 366쪽.
2) 다만, 법인등기부에 기재된 형식적 대표자 외에 실질적 대표자가 따로 있는 경우, 실질적 대표자도 '1인'에 해당한다고 볼지 문제이다. 예를 들어, A, B 회사의 각 실질적 대표자 甲이 다른 사람인 乙, 丙으로부터 명의를 빌려 A 대표자 乙, B 대표자 丙으로 등기부에 올리고, A, B회사가 같은 입찰에서 입찰서를 제출했을 때, A, B의 형식적 대표자가 다르므로 입찰을 유효로 볼지, 아니면 A, B의 실질적 대표자가 같으므로 입찰을 무효로 볼지이다. 생각건대 실질적 대표자인지는 계약담당공무원이 쉽게 판단하기 어렵고, 입찰업무를 일률적으로 신속히 처리할 필요가 있으므로, 대표자가 같은 사람인지는 법인등기부에 근거해 판단할 수밖에 없다고 본다. 따라서 위 사례에서 해당 입찰을 무효로 처리하기는 현실적으로 어렵다고 본다.

6) 내역입찰로서, 입찰서와 함께 산출내역서를 제출하지 않은 입찰과 입찰서상 금액과 산출내역서상 금액이 일치하지 않은 입찰 등

내역입찰인 경우, 입찰서와 함께 산출내역서를 제출하지 않은 입찰과 입찰서상 금액과 산출내역서상 금액이 일치하지 않은 입찰을 각각 무효로 본다(국가계약법 시행령 제14조 제6항, 국가계약법 시행규칙 제44조 제1항 제6호).

이와 관련하여, 산출내역서상 금액을 정정하면서, 정정날인 등을 하지 않고 임의적인 방법으로 정정했더라도, 입찰서상 금액과 산출내역서상 금액이 일치하지 않은 입찰이라고 보기는 곤란하다. 즉, 입찰유의서 등 관련 규정에 말소나 정정한 곳 자체에 정정인을 날인해야 한다는 규정이 없을 뿐만 아니라 정정한 곳이 있으면 반드시 정정날인을 하도록 요구하는 취지는 입찰자의 의사에 따르지 않고 제3자가 임의로 권한 없이 정정하지 못하게 하려는 것에 불과하므로, 비록 입찰서에 첨부한 산출내역서 기재를 정정하면서 정정할 곳에 횡선을 긋고 정정인을 찍는 방법을 사용하지 않고, 입찰서 투찰금액과 다른 금액을 기재한 산출내역서 1페이지 총괄집계표상 기재금액을 산출내역서 끝장에 별도 총괄집계표를 첨부하고 거기에 '위 1페이지 총괄집계표는 계산착오로 무효이고 이를 총괄집계표로 한다.'는 취지로 정정한 후 그곳에 정정인을 찍는 방법으로 정정한 경우라면, 전체적으로 입찰서상 투찰금액에 맞추어 제대로 정정되었다고 보아야 하는 만큼 입찰내역서 작성이 정정 방법을 위반했다거나, 그에 따라 입찰서 금액과 산출내역서 금액이 일치하지 않는 입찰이라거나, 그 밖에 입찰서의 입찰금액 등 중요한 부분이 불분명한 입찰이라거나, 정정한 후 정정날인을 누락한 입찰로서 무효사유에 해당한다고 볼 수 없다.[1)]

그 밖에 정부 입찰·계약 집행기준 제9장 제20조에 따르면, ① 입찰서상 금액과 산출내역서상 총계금액이 일치하지 않는 입찰, ② 산출내역서 각 항목(각 공종, 경비, 일반관리비, 이윤, 부가가치세 등을 포함)별로 금액을 합산한 금액이 총계금액과 일치하지 않는 입찰, ③ 발주기관이 배부한 내역서상 공종별 목적물 물량 중 누락·변경된 공종이나 수량의 예정가격조서상 금액이 예정가격의 5% 이상인 입찰, ④ 입찰서 금액이나 산출내역서 총계금액, 항목(각 공종, 경비, 일반관리비, 이윤, 부가가치세 등을 포함)별 금액을 정정하고 정정인을 누락한 입찰을 각 무효로 본다(정부 입찰·계약 집행기준 제20조 제1호부터 제4호). 내역입찰에서는 입찰금액과 산출내역서 총액 그리고 내역서 각 항목별 금액, 물량 등이 모두 일치해야 하기 때문이다. 구체적으로 살펴보면 다음과 같다.

첫째, 입찰서 금액과 산출내역서 총계금액이 일치하지 않은 입찰은 무효로 한다. 다만, 10원 미만 차이가 있는 경우에는 차상위 입찰자의 입찰금액이 10원 이상 높은 경우에만 유

1) 대법원 1994. 12. 2 선고 94다41454 판결.

효한 입찰로 한다(정부 입찰·계약 집행기준 제20조 제1호 전문). 이 경우에는 입찰서상 금액을 입찰금액으로 하며, 차상위자와 10원 미만 차이가 있어 입찰무효로 볼 때는 상위금액 입찰자 가운데 입찰서 금액과 산출내역서 총계금액이 일치한 입찰자를 낙찰자로 한다(정부 입찰·계약 집행기준 제20조 제1호 후문).

둘째, 산출내역서 각 항목(각 공종, 경비, 일반관리비, 이윤, 부가가치세 등을 포함)별로 금액을 합산한 금액이 총계금액과 일치하지 않은 입찰은 무효이다(정부 입찰·계약 집행기준 제20조 제2호 전문). 이 경우에는 입찰서상 금액을 입찰금액으로 하며, 차상위자와 10원 미만 차이가 있어 입찰무효로 볼 때는 상위금액 입찰자 가운데 입찰서 금액과 산출내역서 총계금액이 일치한 입찰자를 낙찰자로 한다(정부 입찰·계약 집행기준 제20조 제1호 후문, 같은 조 제2호 후문). 여기서 공종이란 공사 특성에 따라 작업단계(예 : 가설공사, 기초공사, 토공, 철근콘크리트, 마감공사 등)별로 구분되는 것을 의미하며, 공종별 합계금액을 표기하지 아니한 경우에는 공종 안에 세부비목 가격을 합산한 금액을 해당 공종의 금액으로 한다(정부 입찰·계약 집행기준 제20조 제2호 가목). 공종 금액을 재료비, 노무비, 경비를 구분하여 기재한 때에는 재료비, 노무비, 경비를 합산한 금액이 공종 금액과 일치하지 않은 경우, 공종 금액을 기준으로 한다(정부 입찰·계약 집행기준 제20조 제2호 나목).

셋째, 발주기관이 배부한 내역서상 공종별 목적물 물량 가운데 누락·변경된 공종·수량에 대한 예정가격 조서상 금액이 예정가격의 100분의 5 이상인 경우, 입찰무효로 한다(정부 입찰·계약 집행기준 제20조 제3호).

넷째, 입찰서 금액, 산출내역서 총계금액, 항목(각 공종, 경비, 일반관리비, 이윤, 부가가치세 등을 포함)별 금액을 정정하고 정정인을 누락한 입찰도 무효로 한다(정부 입찰·계약 집행기준 제20조 제4호).

7) 입찰참가자격등록사항 중 상호나 법인 명칭, 대표자 성명을 변경등록하지 않고 입찰서를 제출한 입찰

입찰참가자격등록사항 중 상호, 법인 명칭, 대표자 성명(대표자가 여럿이면 대표자 전원 성명)을 변경등록하지 않고 입찰서를 제출한 입찰은 무효이다(국가계약법 시행규칙 제44조 제1항 제6호의3 가, 나목). 발주기관은 입찰업무를 효율적으로 처리하기 위해 미리 입찰참가자격을 등록하게 할 수 있고, 등록사항이 변경될 때도 미리 등록하게 할 수 있다(국가계약법 시행규칙 제15조 제1항). 그런데 등록사항 중 상호, 법인 명칭, 대표자 성명은 입찰행위 효력을 판단하는데 중요한 내용이기 때문에, 이를 변경한 경우에 변경등록 없이 변경 전 상호, 변경 전 법인 명칭, 변경 전 대표자 성명으로 입찰서를 제출하였다면 해당 입찰을 무효로 본다는 취지이다.

변경등록은 입찰서를 제출하기 전까지 해야 하므로, 입찰공고에 기재한 입찰서제출마감일 전까지 변경등록을 한 다음 변경 후 상호나 법인 명칭, 변경 후 대표자 성명으로 입찰서를 제출해야 한다. 따라서 입찰서제출마감일 이후 상호, 법인 명칭, 대표자를 변경했다면, 변경 전 상호 등으로 한 입찰은 유효하다고 보아야 한다.[1)]

한편, 각종 입찰유의서는 입찰 전에 상호나 대표자 변경이 있는 경우에는 변경신고를 한 후 변경된 상호나 대표자 명의로 입찰에 참가해야 한다면서, 법인인 경우에는 법인등기사항증명서를 기준으로 이를 판단한다고 규정한다{물품구매(제조)입찰유의서 제3조의2 제4항, 용역입찰유의서 제3조의2 제4항, 공사입찰유의서 제3조의2 제4항}. 따라서 가령 법인이 그 명칭이나 대표자를 변경하기로 결정한 다음 등기관청에 법인 명칭이나 대표자 성명을 위한 변경등기를 신청했으나 등기관청이 아직 변경등기를 기재[2)]하지 않은 동안 입찰서제출마감일이 도래하여 부득이 변경 전 상호 등으로 입찰서를 제출하였다면, 해당 입찰은 유효로 보아야 한다.[3)] 이러한 경우에는 상호나 법인 명칭, 대표자 성명을 변경등록한 다음 입찰서를 제출하려고 해도 아직 변경등기가 완료되기 전이라서 변경신고를 할 수가 없으므로, 입찰자에게 변경등록 해태에 따른 책임을 묻기 어렵기 때문이다. 특히, 지방계약법은 국가계약법과 달리 입찰자에게 책임이 없는 사유로 변경등록이 불가능한 경우에는 그러하지 아니한다고 명시하므로(지방계약법 시행규칙 제42조 제5호 단서), 국가계약법도 같은 취지로 해석하는 것이 타당하다.

나아가 법인 본사의 대표자와 별도로 지점(지사) 대표자로 표시한 자가 있는 경우, 지점(지사)의 대표자는 법인의 대표자가 아니라 단순한 피용인(사용인)에 불과하기 때문에 법인 지점(지사)의 대표자를 변경하지 않고 입찰에 참가했다 하더라도 해당 입찰을 무효로 볼 수 없다.

〔대표자 성명 등록해태를 입찰무효로 정한 취지와 해당 입찰무효 사유를 공동수급체에 적용하는 방법〕

[1] 국가계약법 시행령 제39조 제4항은 '경쟁참가의 자격이 없는 자가 행한 입찰 기타 기획재정부령이 정하는 사유에 해당하는 입찰은 무효로 한다'고 규정하고 있고, 국가계약법 시행규칙 제44조 제6호의3 (나)목은 '입찰 등록 사항 중 대표자(수인의 대표자가 있는 경우에는 대표자 전원)

1) 회계제도과-28, 2005. 1. 5.도 같은 취지.
2) 실무상 교합이라고 한다.
3) 서울중앙지방법원 2022. 6. 14.자 2022카합20241 결정, 기획재정부 계약제도과-44, 2014. 1. 10., 나아가 행정안전부 계약예규 「지방자치단체 입찰·계약 집행기준」은 "입찰전에 상호 또는 대표자의 변경(법인의 경우에는 법인등기부를 기준으로 한다)이 있는 경우에는 변경신고를 한 후 변경된 상호 또는 대표자 명의로 입찰에 참가하여야 한다. 다만, 상호 또는 대표자 변경신고 후 등기관청으로부터 변경이 확정되지 않아 시행규칙 제15조 제1항에 의한 입찰참가자격 등록을 할 수 없을 경우에는 그러하지 아니한다."고 규정한다.

의 성명을 변경등록하지 아니하고 입찰서를 제출한 입찰을 무효로 한다'고 규정하고 있다. 이처럼 대표자 변경등록 해태를 입찰무효 사유로 규정한 것은 대표자를 정확히 등록함으로써 입찰 이후의 후속 절차에서 대표자 권한의 적법한 행사나 그 효력 등에 관한 다툼이 발생할 위험을 차단하고, 국가계약법 시행령 제76조에 따른 부정당업자의 입찰참가를 막는 한편 대표자가 같은 여러 법인의 중복 또는 사위(詐僞) 입찰을 방지하는 데 목적이 있다. 따라서 국가계약법 시행규칙 제44조 제6호의3 (나)목은 입찰의 공공성과 공정성을 현저히 침해한다고 볼 만한 정형적 사항을 규정한 것으로, 공동수급체를 구성하여 입찰에 참가하는 경우 구성원의 대표자가 변경된 경우에도 그 구성원은 이를 변경등록하여야 한다.

[2] 국가를 당사자로 하는 계약에 관한 법률 시행규칙 제44조 제6호의3 (나)목이 계약담당 공무원이 입찰절차에서 지켜야 할 내부규정이라고 하더라도 대표자 변경등록을 해태한 경우 입찰무효가 될 수 있다는 점을 입찰공고 등을 통해 입찰 참가자들에게 고지하거나 제시함으로써 이를 숙지하도록 하고 입찰 참가자들도 이를 전제로 입찰에 참가한 경우에는 위와 같은 사유가 있는 참가자의 입찰은 무효가 되어 해당 참가자는 입찰절차에서 배제된다.

[3] 국가계약법에 따라 국가가 당사자가 되는 이른바 공공계약은 사경제 주체로서 상대방과 대등한 위치에서 체결하는 사법상 계약으로서 본질적인 내용은 사인 간의 계약과 다를 바가 없으므로, 그에 관한 법령에 특별한 정함이 있는 경우를 제외하고는 사적 자치와 계약자유의 원칙 등 사법의 원리가 그대로 적용된다. 따라서 계약 체결을 위한 입찰절차에서 입찰서 제출에 하자가 있다 하여도 그것만으로 해당 입찰이 무효가 되는 것은 아니고, 그 하자가 입찰절차의 공공성과 공정성이 현저히 침해될 정도로 중대할 뿐 아니라 상대방도 그러한 사정을 알았거나 알 수 있었을 경우 또는 그러한 하자를 묵인한 낙찰자의 결정 및 계약 체결이 선량한 풍속 기타 사회질서에 반하는 결과가 될 것임이 분명한 경우 등 이를 무효로 하지 않으면 그 절차에 관하여 규정한 국가계약법의 취지를 몰각하는 결과가 되는 특별한 사정이 있는 경우에 한하여 무효가 된다고 해석함이 타당하다. 이와 같은 취지에서 공동수급체 구성원 중 일부에 입찰참가 무효사유가 있어 그 구성원이 입찰절차에서 배제된다고 하여 그러한 사유가 없는 나머지 구성원의 입찰참가가 당연히 무효가 된다고 볼 수는 없고, 나머지 구성원만으로 입찰적격을 갖출 수 있는지 등 일부 구성원의 입찰참가 무효사유가 공동수급체 입찰에 미치는 영향을 고려하여 나머지 구성원들 입찰의 효력 유무를 판단하여야 한다(대법원 2012. 9. 20.자 2012마1097 결정).

8) 전자조달시스템이나 각 중앙관서의 장이 지정·고시한 정보처리장치를 이용하여 입찰서를 제출하면서 해당 규정에서 정한 방식에 따르지 않고 입찰서를 제출한 입찰

입찰자가 전자조달시스템 등을 이용하여 입찰서를 제출하면서 해당 규정에서 정한 방식에 따르지 않으면, 해당 입찰을 무효로 본다(국가계약법 시행규칙 제44조 제1항 제7호의2).

전자입찰에 참가하려는 자는 전자입찰서 제출마감일 전일까지 국가종합전자조달시스템 입찰참가자격 등록규정에 따라 조달청에 입찰참가자격을 등록해야 하고, 입찰공고에서 정한 기간 안에 시스템을 이용해 전자입찰서를 제출해야 한다. 전자입찰자는 지문보안토근에 저정된 지문정보와 지정공인인증기관에서 발급받은 사업자인증서를 이용하여 시스템에 접속해야 하며, 접속 중 시스템 안내에 따라야 한다. 그리고 복수예비가격을 적용하는 전자입찰에서 복수예비가격 번호 가운데 2개 예비가격 번호를 반드시 추첨해야 하고, 입찰서를 작성하여 전송할 때 지문보안토큰에 저장된 지문정보를 이용해 신원을 확인받아야 한다. 전자입찰서 제출은 시스템에 따라 입찰서를 송신하면 완료되고, 입찰자는 입찰서 제출 후 보낸 문서함에서 제출을 확인하여야 한다. 지문인식 신원확인이 적용되는 입찰에 참가하려는 자는 조달청이 정한 절차에 따라 지문보안토큰에 전자입찰자 지문정보를 등록해야 한다. 따라서 입찰자가 이러한 절차와 방식을 따르지 않고 전자입찰서를 제출했다면 해당 입찰은 무효로 본다.

9) 종합낙찰제입찰로서 입찰서와 함께 제출해야 하는 품질등 표시서를 제출하지 않은 입찰

종합낙찰제입찰로서 입찰서와 함께 제출해야 하는 품질등 표시서를 제출하지 않은 입찰은 무효이다(국가계약법 시행규칙 제44조 제1항 제8호). 발주기관은 물품 제조나 구매계약에서 필요하다고 인정할 경우, 해당 물품의 입찰가격과 아울러 품질등을 종합적으로 참작하여 예정가격 이하로서 가장 경제성이 있는 가격으로 입찰한 자를 낙찰자로 선정할 수 있고(국가계약법 시행령 제44조 제1항), 이런 입찰제도에서는 입찰자로 하여금 입찰서와 함께 물품의 품질·성능·효율 등을 표시한 품질등 표시서를 제출하게 하는데, 입찰자가 품질등 표시서를 제출하지 않으면 해당 입찰은 무효로 본다는 취지이다. 종합낙찰제입찰은 입찰가격뿐만 아니라 품질등을 종합적으로 심사하므로, 품질등 표시서가 입찰서 못지않게 중요하기 때문이다. 따라서 입찰서를 제출한 이후에 품질등 표시서를 제출해 보완했더라도, 입찰서와 함께 제출하였다고 볼 수 없기 때문에 해당 입찰은 무효라고 보아야 한다.

10) 지역의무 공동계약의 방법에 위반한 입찰

지역의무 공동계약 방법에 위반한 입찰은 무효이다(국가계약법 시행규칙 제44조 제1항 제9호). 즉, 발주기관은 추정가격이 고시금액 미만이고 건설업 등 균형발전을 위해 필요하다고 인정되는 사업이나 저탄소·녹색성장의 효과적인 추진, 국토의 지속가능한 발전, 지역경제 활성화 등을 위해 특별히 필요하다고 인정하여 기획재정부장관이 고시하는 사업{단, 외국건설사업자(건설산업기본법 제9조 제1항에 따라 건설업 등록을 한 외국인이나 외국법인)가 계약상대자에 포함된 경우는 제외}인 경우, 공사현장을 관할하는 특별시·광역시·특별자치시·도·특별자치도에 법인등기부상 본점소재지가 있는 자 중 1인 이상을 공동수급체 구성원으로 해야 한다(국가계약법 시행령 제72조 제3항 본문). 따라서 이를 위반한 공동수급체 입찰은 무효로 한다.

또한, 공동수급체 구성원 중 해당 지역업체와 그 밖에 지역업체 사이에는 독점규제 및 공정거래에 관한 법률에서 정한 계열회사가 아니어야 하므로(국가계약법 시행령 제72조 제4항), 이를 위반한 공동수급체 입찰 역시 무효로 보아야 한다.

다만, 해당 지역에 공사이행에 필요한 자격을 갖춘 자가 10인 미만인 경우에는 예외이므로(국가계약법 시행령 제72조 제3항 단서), 해당 지역에 공사이행 자격을 갖춘 업체가 10인 미만이면 비록 지역의무공동도급으로 공고했더라도, 해당 지역업체를 포함하지 않은 공동수급체 입찰도 유효로 본다.

11) 대안입찰에서 원안을 설계한 자나 원안을 감리한 자가 공동으로 참여한 입찰

대안입찰에서 원안을 설계한 자나 원안을 감리한 자가 공동으로 참여한 입찰은 무효이다(국가계약법 시행규칙 제44조 제1항 제10호). 대안입찰이란 원안입찰과 같이 또는 따로 입찰자의 의사에 따른 대안입찰을 하도록 허용한 제도인데, 원안을 설계하거나 감리한 자가 막상 대안입찰에 참가하여 원안보다 더 뛰어난 대안을 제출한다면, 처음부터 원안 설계나 감리를 부실하게 하였다는 뜻이고,[1] 그에 따라 공정한 경쟁을 저해할 수 있으므로,[2] 원안 설계자나 감리자가 공동수급체 구성원으로서 참여한 입찰을 무효로 본 것이다. 물론 기본설계를 한 자도 여기서 말하는 원안을 설계한 자에 해당한다.[3]

12) 실시설계 기술제안입찰이나 기본설계 기술제안입찰에서 원안을 설계한 자나 원안을 감리한 자가 공동으로 참여한 입찰

실시설계 기술제안입찰이나 기본설계 기술제안입찰에서 원안을 설계한 자나 원안을 감리한 자가 공동으로 참여한 입찰도 무효이다(국가계약법 시행규칙 제44조 제1항 제11호). 자세한 내용이나 취지는 바로 앞에서 본 바와 같다.

13) 기획재정부장관이 정한 입찰유의서에 위반한 입찰

가) 무권대리인 입찰

입찰참가자는 입찰참가신청서를 제출하는 때부터 입찰 개시시각 전까지 입찰대리인을 지정하거나 이미 지정한 입찰대리인을 변경할 경우, 그 대리인에게 해당 입찰에 참가하게 할 수 있는데(국가계약법 시행규칙 제42조 제3항), 입찰대리권을 받지 못한 자나 입찰대리권이 없는 자가 한 입찰은 무효이다(공사입찰유의서 제15조 제1호). 대리권이 없는 자가 다른 사람의 대리인으로 한 법률행위는 본인이 추인하지 않는다면 본인에게 효력이 없으므로(민법 제130조

1) 김성근, 앞의 책(Ⅰ), 375쪽.
2) 정태학 외 3인, 앞의 책, 113쪽.
3) 회계제도과-945, 2010. 6. 18.

참조), 사법상 법률행위 혹은 의사표시인 입찰행위에도 마찬가지 법리를 적용해야 한다.

입찰참가자가 법인이면, 그 대리인은 해당 법인의 임·직원만 될 수 있으며, 발주기관은 재직증명서, 4대보험 중 어느 한 가입 증명자료로서 최근 3개월 이내 자료, 소속 법인에서 받은 급여와 관련하여 해당 법인에서 발급받은 소득세 납부 증명자료, 법인등기사항증명서, 그 밖에 임·직원을 확인할 수 있는 자료에 따라 임·직원 여부를 확인해야 한다(공사입찰유의서 제8조 제3항 제1호부터 제4호). 또한, 국가계약법 시행령 제76조에 따라 부정당업자로 입찰참자 자격 제한을 받고 있는 자는 대리인으로서 입찰을 할 수 없다(공사입찰유의서 제8조 제4항).

나아가 2개 이상 법인의 임·직원은 1개 법인을 위해서만 대리입찰 할 수 있다. 따라서 이와 같은 요건을 갖추지 못한 자가 법인의 대리인으로 입찰했다면, 대리인이 아닌 자가 한 입찰에 해당하므로 무효이다. 다만, 대리인이 위조한 증명자료를 제시하는 등으로 발주기관이 대리인 아닌 자를 본인의 대리인이라고 믿을만한 정당한 이유가 있는 경우에는 표현대리 법리를 유추적용하여 본인에게도 입찰의 효력이 미친다고 해석하야 한다(민법 제125조, 제126조 참조).

한편, 법인이 입찰참가 당시 특정인을 대리인으로 지정했다가 입찰 전에 대리인을 변경했는데, 변경 전 대리인이 그대로 입찰했다면, 변경 전 대리인은 이미 대리권이 소멸하였으므로, 대리권이 없는 자에 해당한다. 다만, 표현대리 법리에 따라, 발주기관이 본인에게 입찰효력이 미친다고 주장할 수 있는지 문제이나, 법인이 입찰대리인 변경등록을 마쳤다면 변경등록을 받은 발주기관은 선의·무과실인 제3자라 볼 수 없으므로, 입찰효력을 주장할 수 없다고 본다(민법 제129조 참조).

나) 같은 입찰절차에서 다른 주체의 대리를 겸하거나 2인 이상을 대리한 입찰

입찰자가 같은 입찰절차에서 다른 주체의 대리를 겸하거나, 2인 이상을 대리한 입찰은 무효이다(공사입찰유의서 제15조 제2호). 예를 들어, A가 같은 입찰절차에서 다른 사람 대리인으로서 입찰에 참가하면서 자기 이름으로도 참가한 경우, A가 같은 입찰절차에서 B, C의 각 대리인으로 참가한 경우를 말한다.

다) 입찰서상 입찰금액 등 중요한 부분이 불분명하거나 정정한 후 정정날인을 누락한 입찰

입찰서상 입찰금액 등 중요한 부분이 불분명하거나 정정한 후 정정날인을 누락한 입찰은 무효이다(공사입찰유의서 제15조 제3호).

첫째, 입찰서상 입찰금액 등 중요한 부분이 불분명하면, 청약에 해당하는 입찰의사를 확인하기 곤란하므로, 이를 입찰무효로 본 취지이다. 다만, 입찰서에 기재한 사항 중 입찰금액 말고도 중요한 부분이 무엇인지 문제이다.

이에 대하여 입찰서는 입찰내용란에 공고번호, 입찰일자, 건명, 금액, 준공(납품)연월일과, 입찰자란에 상호 또는 법인명칭, 법인등록번호, 주소, 전화번호, 대표자, 주민등록번호, 그 밖에 입찰자 서명·기명날인란으로 나누는데, 이중 주소, 상호, 대표자 이름은 중요한 부분이고, 입찰공고 번호나 공사이름, 입찰일자, 준공연월일 등은 중요한 부분이 아니라는 견해가 있다.[1)]

그러나 주소, 상호, 대표자 이름은 법인등기사항증명서나 그 밖에 서류로 확인할 수 있는 내용이기 때문에, 다른 자료를 대조하여 보충·확정할 수 있는 때까지도, 입찰무효 사유로 보아야 하는지 의문이다. 따라서 입찰의사의 핵심인 입찰금액과 입찰자 서명·기명날인은 중요한 부분이라고 보되, 나머지 사항은 다른 자료로 보충·확정할 수 있을 경우라면 입찰서상 기재가 불분명하더라도 입찰무효로 처리하지 말아야 한다. 한편, 입찰금액을 0원으로 기재한 입찰을 입찰금액이 불분명한 입찰로서 무효로 보아야 하는지 문제이나, 이른바 0원 입찰은 무효로 보기 어렵다.

둘째, 정정한 후 정정날인을 누락한 입찰은 제3자가 임의로 입찰서 내용을 정정하지 못하게 하여 입찰의 공정성을 확보하려는 취지를 위반한 것이므로 무효사유로 규정했다. 여기서 정정하는 대상이 무엇인지 문제이다. 일부 견해는 '입찰금액 등 중요한 부분'이 정정 대상이라고 해석한다.[2)] 그러나 공사입찰유의서 제15조 제3호를 보면, "입찰금액 등 중요한 부분" 바로 다음에는 주격 조사인 '이'가 있고 곧바로 "불분명하거나"와 ","가 나오므로 여기서 문구는 끝나므로, 그 뒤에 나오는 "정정한 후 정정날인을 누락한 입찰"은 별개 의미 단위로 보아야 한다. 만약 "입찰금액 등 중요한 부분"과 "정정한 후…"가 호응하려면, "입찰금액 등 중요한 부분" 바로 다음에 주격 조사인 "이"가 아니라 목적격 조사인 "을"을 붙여야 한다. 따라서 입찰금액 등 중요한 사항이든 아니든, 입찰서 기재 사항을 정정하면서 정정날인을 누락한 입찰은 무효라고 해석해야 한다. 이 조항이 입찰서 위·변조를 방지하여 입찰의 공정성을 확보하려는 취지라고 보면 더욱 그러하다.

다만, 대법원은 입찰유의서 등 관련 규정에 말소나 정정한 곳 자체에 정정인을 날인해야 한다는 규정이 없을 뿐만 아니라 정정한 곳이 있으면 반드시 정정날인을 하도록 요구하는 취지는 입찰자의 의사에 따르지 않고 제3자가 임의로 권한 없이 정정하지 못하게 하려는 것이므로, 비록 입찰서에 첨부한 산출내역서 기재를 정정하면서 정정할 곳에 횡선을 긋고 정정인을 찍는 방법을 사용하지 않고, 입찰서 투찰금액과 다른 금액을 기재한 산출내역서 1페이지 총괄집계표상 기재금액을, 산출내역서 끝장에 별도 총괄집계표를 첨부하고 거기에 '위 1페이지 총괄집계표는 계산착오로 무효이고 이를 총괄집계표로 한다.'는 취지로 정정

1) 김성근, 앞의 책(Ⅰ), 377쪽.
2) 김성근, 앞의 책(Ⅰ), 378쪽.

한 후 그곳에 정정인을 찍는 방법으로 정정하였어도 전체로 보면, 입찰서상 투찰금액에 맞추어 제대로 정정되었다고 보아야 하는 만큼 입찰내역서 작성이 정정 방법을 위반했다거나, 그에 따라 입찰서 금액과 산출내역서 금액이 일치하지 않는 입찰이라거나, 그 밖에 입찰서의 입찰금액 등 중요한 부분이 불분명한 입찰이라거나, 정정한 후 정정날인을 누락한 입찰로서 무효사유에 해당한다고 볼 수 없다고 했다.[1)]

라) 담합하거나 다른 주체의 경쟁참가·관계공무원의 공무집행을 방해한 자가 한 입찰

담합한 자, 타인의 경쟁참가를 방해한 자, 관계공무원의 공무집행을 방해한 자가 한 각 입찰은 무효이다(공사입찰유의서 제15조 제4호).

우선, 담합의 의미를 살펴본다. 국가계약법은 담합의 개념을 별도로 정의하지 않지만, 담합이란 입찰자가 입찰을 할 즈음에 실제로는 단독입찰을 하면서 그에 따른 유찰을 방지하기 위해 경쟁자가 있는 것처럼 제3자로 하여금 형식적으로 입찰을 하게 하는 이른바 들러리를 세우거나, 입찰자끼리 특정한 입찰자로 하여금 낙찰받게 하거나 해당 입찰에서 입찰자가 서로 가격경쟁을 거친 적정가격 형성을 저지하는 등 사전협정을 하는 행위를 말한다.[2)]

특히 국가계약법은 입찰유의서와 별도로 입찰참가자격제한 사유로도 '담합'을 규정하는데(국가계약법 제27조 제1항 제2호), 이러한 담합이 독점규제 및 공정거래에 관한 법률이 정한 '부당한 공동행위'와 똑같은 개념인지 논란이 있다. 그런데 독점규제 및 공정거래에 관한 법률에서는 부당한 공동행위를, 계약·협정·결의 그 밖에 어떠한 방법으로도 다른 사업자와 공동으로 부당하게 경쟁을 제한하는 가격을 결정·유지·변경하는 행위 등을 합의하는 것이라고 보지만(공정거래법 제40조 제1항 참조), 국가계약법에서는 담합을, 경쟁입찰, 계약체결·이행 과정에서 여러 입찰자나 계약상대자가 서로 상의하여 미리 입찰가격, 수주물량, 계약내용 등을 협정하거나 특정인의 낙찰, 납품대상자 선정을 위해 합의하는 것이라고 보기 때문이다. 이에 대하여 독점규제 및 공정거래에 관한 법률상 부당한 공동행위와 공공계약법상 담합은 같은 개념이라고 보는 견해도 있지만,[3)] 경쟁제한성 요부 등 관점에서 두 개념이 반드시 같다고 볼 수 없고, 최근 판결례는 공정거래법상 부당한 공동행위 성립요건과 공공계약법상 담합 성립요건을 구분하려는 경향이다.[4)]

---

1) 대법원 1994. 12. 2 선고 94다41454 판결.
2) 대법원 1994. 12. 2. 선고 94다41454 판결.
3) 양창호, 부정당업자 입찰참가자격 제한 해설, 한국학술정보, 2017, 83쪽.
4) 공정거래법에 따른 과징금은 제재와 부당이득환수 성질을 아울러 갖는 반면, 공공계약법에 따른 부정당업자제재는 부정당업자의 입찰참가를 배제하여 공공계약 업무를 원활히 수행하게 하고 부정당업자 낙찰에 따라 국가가 입을 불이익을 사전에 방지하려는 목적을 가지므로, 부정당업자제재를 하면서 담합행위자가 반드시 경제적 이익을 취득하였는지를 고려할 필요가 없다는 서울고등법원 2021. 1. 7. 선고 2020누46426 판결과 공정거래법과 국가계약법은 그 목적이 서로 다르고, 주체도 다르므로, 국가계약법상 담합 성립에서 공정거래법상 부당한 공동행위의 성립요건인 경쟁제한성이 필요없다는 서울고등법원 2021. 1. 29. 선고 2020누49784 판결 참조.

〔담합·입찰방해 관련 판결례〕

① (입찰유의서상 담합의 개념) 담합이란 입찰자가 입찰을 할 즈음에 실제로는 단독입찰을 하면서 그에 따른 유찰을 방지하기 위해 경쟁자가 있는 것처럼 제3자로 하여금 형식적으로 입찰을 하게 하는 이른바 들러리를 세우거나, 입찰자끼리 특정한 입찰자로 하여금 낙찰받게 하거나 해당 입찰에서 입찰자가 서로 가격경쟁을 거친 적정가격 형성을 저지하고, 특정 입찰자에게 부당한 이익을 주며 발주기관에게 그에 상당한 손해를 입힐 정도로 싼 가격으로 낙찰받기 위한 사전협정으로서, 그 어떤 경우든 최저가 낙찰자에게 책임이 있는 경우를 말하고, 단지 기업이윤을 고려한 적정선에서 무모한 출혈경쟁을 방지하기 위해 일반거래 통념상 인정되는 범위에서 입찰자가 서로 의사 타진과 절충을 한 것에 불과하다면 담합이 아니다(대법원 1994. 12. 2. 선고 94다41454 판결, 대법원 1994. 12. 2. 선고 96다41461 판결).

② (공동수급체를 구성하는 행위가 담합행위인지) 국가계약에서 공동수급체를 구성하는 행위 그 자체는 담합행위로서 위법하다고 볼 수 없다(대법원 2011. 5. 26. 선고 2008도6341 판결).

③ (입찰방해죄 성립요건) 입찰방해죄는 위계나 위력 그 밖에 방법으로 입찰의 공정을 해하는 경우에 성립하는 위태범으로, 불공정한 결과가 현실로 나타나지 않더라도 성립하기 때문에, 입찰의 공정을 해하는 행위란 공정한 자유경쟁을 방해할 염려가 있는 상태를 야기하는 것, 즉 공정한 자유경쟁으로 적정한 가격을 형성하지 못하도록 부당한 영향을 주는 상태를 발생하게 하는 것으로서, 그 행위는 가격 결정뿐만 아니라 적법하고 공정한 경쟁방법을 해하는 것도 포함한다. 따라서 가격경쟁자를 조작하거나 입찰자의 경쟁에 참가하는 자가 서로 공모하여 그 가운데 특정인을 낙찰자로 선정되게 하려고 일정한 가격 이하나 이상으로 입찰하지 않도록 협정하고, 입찰을 포기하게 하는 등 담합행위가 입찰방해죄로 성립하기 위해서는 반드시 입찰참가자 전원이 담합하지 않더라도 입찰참가자 가운데 일부끼리 담합이 있었다 하더라도 그것이 입찰의 공정을 해한다고 평가할 수 있다면, 입찰방해죄는 성립한다(대법원 2006. 6. 9. 선고 2005도8498 판결).

④ (무모한 출혈경쟁을 방지하기 위해 실제로 단독입찰을 하면서 경쟁입찰처럼 가장한 경우) 설령 동종업자 사이에 무모한 출혈경쟁을 방지하기 위한 수단에 불과하여 발주기관의 이익을 해하거나 입찰자에게 부당한 이익을 얻게 하는 입찰가격을 제출한 것이 아니라 하더라도, 실제로는 단독입찰을 하면서 경쟁입찰처럼 가장하였다면 그 입찰가격으로 낙찰하게 한 만큼 경쟁입찰 방법을 해하였다고 평가해야 한다. 다만, 담합을 시도했으나 실제 담합에 이르지 못했고, 위계나 위력 그 밖에 방법으로 담합을 한 것과 같은 결과를 얻어내거나 다른 입찰자의 응찰이나 투찰행위를 저지할 정도에 이르지 못했으며, 실제 방해하지도 못했다면, 공정한 자유경쟁을 방해할 염려가 있는 상태를 야기하여 입찰의 공정을 해하였다고 볼 수는 없다(대법원 2003. 9. 26. 선고 2002도3924 판결).

⑤ (입찰자 가운데 누군가가 낙찰받으면 모두 동업하기로 합의하고 각자 입찰에 참가한 경우) 고속도로 휴게소 운영권 입찰에서 여러 회사가 각자 입찰에 참가하되 누구라도 낙찰받을 경우 동업

하여 새로운 회사를 설립하고 그 회사로 하여금 휴게소를 운영하기로 합의한 후 입찰에 참가하면 입찰방해죄가 성립한다(대법원 2006. 12. 22. 선고 2004도2581 판결). 이는 적법하고 공정한 경쟁방법을 해하는 행위로서, 입찰의 공정을 해하는 경우에 해당하며, 실제 위 투찰에 참여한 업체 수가 많아서 실제로 가격형성에 영향을 주지 않았더라도 입찰방해죄가 성립한다(대법원 2009. 5. 31. 선고 2008도11361 판결).

⑥ (발주가로부터 예정가격 정보를 받아 입찰하면서 나머지 입찰자와 담합한 경우) 지명경쟁입찰 시행자인 법인 대표자가 특정인과 공모하여 그 특정인이 낙찰자로 선정되도록 예정가격을 알려주고, 그 특정인은 나머지 입찰자와 담합한 후 입찰에 응했다면 입찰의 실시 없이 서류만으로 입찰 근거를 조작한 때와 달리 현실로 실시한 입찰의 공정을 해한 것으로 입찰방해죄가 성립한다(대법원 2007. 5. 31. 선고 2006도8070 판결).

⑦ (건설산업기본법이 정한 입찰방해의 의미) 건설산업기본법이 규정하는 입찰방해 행위가 있다고 보려면, 그 방해 대상인 입찰이 현실로 존재해야 하므로, 실제 실시한 입찰절차에서 실제로는 단독입찰을 하면서 마치 경쟁입찰을 한 것처럼 가장한 경우와 달리, 실제로는 수의계약을 체결하면서 입찰절차를 거쳤다는 증빙을 남기기 위해 입찰을 전혀 실시하지 않은 채 형식적인 입찰서류만을 작성하여 입찰이 있었던 것처럼 조작한 행위는 위에서 말하는 입찰방해에 해당하지 않는다(대법원 2001. 2. 9. 선고 2000도4700 판결).

⑧ (담합한 자가 합의에 따르지 않은 채 낙찰받기로 한 업체보다 저가로 입찰한 경우) 이러한 일부 입찰자의 행위는 위와 같은 담합을 이용하여 낙찰을 받았다는 점에서 적법하고 공정한 경쟁방법을 해한 것이므로, 이러한 입찰행위 역시 입찰방해죄에 해당한다(대법원 2010. 10. 14. 선고 2010도4940 판결).

⑨ (예정가격 안에서 무모한 경쟁을 방지하고자 담합한 때 입찰의 공정을 해하였다고 볼 수 있는지) 예정가격 안에서 무모한 경쟁을 방지하고자 담합한 때는 담합한 자끼리 금품을 수수했더라도 입찰 자체의 공정을 해하였다고 볼 수 없다(대법원 1971. 4. 20. 선고 70도2241 판결).

⑩ (담합이 있고 그에 따른 담합금 수수가 있었다 하더라도 입찰시행사의 이익을 해하지 않고 자유로운 경쟁을 한 것과 같은 결과가 발생한 경우) 입찰참가자 가운데 일부끼리 담합을 하였으나 나머지 입찰자와 담합을 하지 못한 결과 그 투찰가격이 모두 입찰예정가격을 넘었으며, 담합을 제안한 자 역시 담합을 하지 못하여 불안한 나머지 애초에 예정한 가격보다 훨씬 높은 가격으로 응찰했고, 담합을 하지 못한 자가 들러리로 다른 자를 세웠다는 사실을 알지 못했다면, 담합을 받아들이지 않은 자가 형식적으로 입찰에 참가하여 실제로 단독입찰인 것을 경쟁입찰인 것처럼 가장하였다고 볼 수 없고, 결국 자유경쟁을 한 것과 같은 결과가 발생했으므로, 일부 입찰참가자가 담합에 따른 금품을 수수하여 부당한 이익을 얻었다 하더라도 그것만으로 입찰방해죄가 성립하지 않는다(대법원 1983. 1. 18. 선고 81도824 판결).

⑪ (국가계약법 제27조 제1항 제2호 특정인의 낙찰이나 납품대상자 선정을 위하여 담합한 자의 의

미) 이는 해당 입찰에 참가한 사람이어야 하므로, 해당 경쟁입찰에 참가하지 않아 경쟁입찰의 성립 자체를 방해한 자는 특정인의 낙찰을 위하여 담합한 자에 해당하지 않는다. 따라서 수의계약을 체결하기 위해 입찰에 참가하지 않은 행위는 위 개념에 포함되지 않는다(대법원 2008. 2. 28. 선고 2007두13791 판결).

⑫ (건설산업기본법이 정한 공모에 따른 가격조작 입찰의 의미) 건설산업자로서 경쟁입찰에 있어서 입찰자간에 공모하여 미리 조작한 가격으로 입찰한 자를 처벌하도록 한 규정 취지는 공정한 자유경쟁으로 건설공사의 적정시공과 건설업의 건전한 발전을 도모하기 위해 건설공사 수주를 둘러싸고 일어나는 담합행위를 근절하려는 것이므로, 입찰의 공정을 해하여야 한다는 요건이 없어, 설령 동업자 사이에 무모한 출혈경쟁을 방지하려는 목적으로 담합행위를 했다 하더라도 건설업자로서 경쟁입찰에 있어서 입찰자간에 공모하여 미리 조작한 가격으로 입찰한 만큼, 건설산업기본법위반죄를 면할 수 없다(대법원 1995. 5. 9. 선고 94도2131 판결, 대법원 1999. 10. 12. 선고 99도2309 판결). 다만, 일부 입찰자가 단순히 정보를 교환하여 응찰가격을 조정하는 행위는 위에서 말하는 담합행위에 해당하지 않는다(대법원 1997. 3. 28. 선고 95도1199 판결).

다음으로, 다른 사람의 경쟁참가를 방해하거나 관계공무원의 공무집행을 방해한 자가 한 입찰도 무효인데, 방해행위가 어떤 유형이어야 하는지는 제한하지 않았으므로, 폭행이나 협상, 위계, 위력 등 일체 행위를 포함한다고 본다. 다만, 일정한 행위로 다른 사람의 경쟁참가나 관계공무원의 공무집행을 실제로 방해하는 결과가 발생해야 하므로, 업무나 공무집행 등을 방해할 우려가 있을 때도 성립하는 형법상 업무방해죄나 공무집행방해죄와는 구별해야 한다. 대법원은 건설회사 임직원이 관계공무원이 공모하여 최종 낙찰 예정가격을 사전에 알아 내 그에 근접한 금액으로 낙찰받은 경우, 해당 입찰은 위 사유에 해당하여 무효라고 한다.[1)]

마) 입찰자 기명날인이 없는 입찰

입찰자 기명날인이 없는 입찰은 무효이다. 입찰자가 성명을 기재하지 않고 대리인 성명이나 회사명을 기재한 경우, 입찰참가신청서 제출을 할 때 신고한 인감과 다른 인감으로 날인한 경우도 포함한다(공사입찰유의서 제15조 제5호). 가령, 대리인이 본인을 대리하여 입찰하면서, 본인 명의를 기재하지 않고 대리인 이름만 기재했다면, 이는 대리인 자신을 위한 입찰이지, 본인의 입찰로 보기 어렵기 때문이다(민법 제115조 전문). 그러나 법인이 입찰하면서 법인인감이 아닌 사용인감으로 날인한 경우라도, 입찰참가신청서 제출 당시 사용인감을 신고했다면 입찰무효라고 볼 수 없다.[2)]

---

1) 대법원 1997. 7. 25. 선고 97다15852 판결.
2) 회제 41301-516, 1998. 4. 10.

한편, 일부 견해는 법인의 대표자나 대리인이 그 이름을 기재하지 않고 본인인 법인(회사)명만 기재하였을 때도 무효인 입찰이라 해석한다.[1] 아마도 입찰유의서에 '입찰자가 성명을 기재하지 않고 회사명을 기재한 경우'라고 규정했기 때문이라고 생각한다. 물론 원칙적으로 대표자나 대리인은 본인(법인)을 위한 것이라는 표시를 해야 하지만(현명주의), 이러한 대리의사는 해석으로써 인정할 수 있으면 충분하다. 즉, 대리인이 반드시 대리인이라는 자격표시를 명시하지 않았더라도, 여러 사정을 종합하여 대리행위로 볼 수 있다면 대리효과를 긍정해야 한다.[2] 따라서 법인의 대표자나 대리인이 그 이름을 기재하지 않고 본인인 법인명만 기재했더라도, 다른 제출자료를 기초로 대리행위를 인정할 수 있다면, 이른바 서명대리(署名代理)로서 유효하다고 보아야 한다.[3]

바) 입찰서에 기재한 중요부분에 착오가 있다는 이유로 개찰현장에서 입찰자가 입찰 취소 의사를 표시하고 계약담당공무원이 이를 인정한 입찰

위 무효사유는 입찰취소에서 본 취소사유와도 같다{국가계약법 시행령 제39조 제3항 단서, 물품구매(제조)입찰유의서 제9조 제4항, 용역입찰유의서 제9조 제4항, 공사입찰유의서 제10조 제4항 참조}. 입찰취소는 취소권을 행사하면 소급하여 비로소 입찰이 효력을 상실하는 개념이고, 입찰무효는 형성권 행사와 관계없이 일정한 사유가 있으면 소급하여 효력이 없는 개념이기 때문에 같다고 보기 어려운데도 똑같은 사유를 취소사유이면서 아울러 무효사유에도 해당한다고 규정한 취지는 이해하기 어렵다.[4] 따라서 위 사유는 입찰무효 사유에서 삭제하는 것이 바람직하다.

사) 내역입찰에서 복사 등 방법으로 다른 주체의 산출내역서와 같게 작성한 산출내역서를 첨부한 입찰

내역입찰에서 복사 등 방법으로 타인의 산출내역서와 같게 작성한 산출내역서를 첨부한 입찰이나 정부 입찰·계약 집행기준 제9장[5]에서 정한 무효입찰로 규정한 입찰은 무효이다(공사입찰유의서 제15조 제7호). 내역입찰에서 산출내역서가 다른 주체의 산출내역서와 같다면, 입찰의 공정성과 투명성을 심하게 훼손하기 때문이다. 따라서 같은 내용으로 산출내역서를 제출한 자는 모두 입찰무효 사유에 해당한다. 단순히 복사 등으로 다른 주체가 낸 것과 똑같은 산출내역서를 생산한 자뿐만 아니라 해당 산출내역서를 직접 작성한 자까지도 입

---

1) 김성근, 앞의 책(Ⅰ), 387쪽, 대법원 2006. 12. 21. 선고 2006다69141 판결.
2) 지원림, 앞의 책, 304쪽.
3) 대법원 1987. 6. 23. 선고 86다카1411 판결.
4) 김성근, 앞의 책(Ⅰ), 388쪽.
5) 공사입찰유의서 등에는 제7장이라고 규정하나, 정부 입찰·계약 집행기준 개정사항을 반영하지 못하였기 때문으로 보인다.

찰무효로 정한 취지는, 산출내역서 복사 등은 대부분 작성자와 복사자가 공모하여 실행하고, 그렇지 않더라도 산출내역서를 작성한 자는 다른 주체가 베낄 수 있도록 산출내역서를 방치한 책임을 져야 하기 때문이다.[1] 그 밖에 정부 입찰·계약 집행기준 제9장 제20조에서 정한 내용은 앞에서 자세히 살펴보았다.

아) 종합공사를 시공하는 업종을 등록한 건설업자가 도급받으면 안 되는 공사금액 하한을 위반한 입찰

건설산업기본법에 따라 종합공사를 시공하는 업종을 등록한 건설업자가 도급받아서는 안 되는 공사금액의 하한을 위반하여 참가한 입찰은 무효이다(공사입찰유의서 제15조 제9호). 국토교통부장관은 중소건설업자를 지원하기 위해 필요하다고 인정하면 대기업인 건설업자가 도급받을 수 있는 건설공사의 공사급액 하한을 정할 수 있고(건설산업기본법 제47조 제2항), 여기서 공사금액 하한을 정할 수 있는 건설업자는 공시한 시공능력이 종합공사를 시공하는 업종을 등록한 건설사업자 중 100분의 3 이내에 해당하는 건설사업자로 하며(같은 법 시행령 제39조 제2항), 위에 따른 공사금액의 하한은 종합공사를 시공하는 업종을 등록한 건설사업자가 도급받아서는 안 되는 1건 공사의 공사예정금액으로 한다(같은 법 시행령 제39조 제3항). 그리고 건설공사금액 하한은 국토교통부고시 제2016-210호에서 정한다. 따라서 종합공사를 시공하는 업종을 등록한 건설업자가 위 하한금액을 위반하여 입찰에 참가하면, 해당 입찰은 무효로 본다.

자) 대기업인 전기공사업자가 도급받아서는 안 되는 공사금액 하한을 위반한 입찰

산업통상자원부장관은 국가·지방자치단체, 공공기관이 발주하는 공사에 중소공사업자가 참가할 수 있는 기회를 확대하기 위하여 대기업인 공사업자의 기준과 대기업인 공사업자가 도급받을 수 있는 공사금액 하한을 정할 수 있고(전기공사업법 제39조 제3항), 대기업인 공사업자가 도급받을 수 있는 공사금액 하한은 10억 원으로 한다(같은 법 시행령 제16조의2 제2항 본문). 다만, 국가·지방자치단체나 공공기관을 당사자로 하는 계약법에 따라 수의계약을 하는 경우에는 공사금액 하한을 적용하지 않을 수 있다(같은 법 시행령 제16조의2 제2항 단서). 결국 대기업인 전기공사업자가 위 하한금액을 위반하여 입찰에 참가하면, 해당 입찰은 무효로 본다.

차) 입찰서 양식을 사용하지 않거나 입찰서 금액을 아라비아 숫자로만 기재한 입찰, 전산서식에 따른 입찰서를 훼손하거나 전산표기방법과 다르게 작성·기재하여 전산처리 되지 않은 입찰

입찰자는 입찰서를 양식에 맞게 작성해야 하고(공사입찰유의서 제9조 제1항), 입찰서에 금

1) 김성근, 앞의 책(Ⅰ), 389쪽.

액을 표시할 때는 한글이나 한자로 기재해야 하며, 아라비아 숫자를 병기할 수 있다. 아라비아 숫자로 기재한 금액과 한글이나 한자로 기재한 금액과 차이가 있으면 한글이나 한자로 기재한 금액에 따른다. 다만, 전자서식에 따른 입찰에서는 지정된 표기방법으로 기재해야 한다(공사입찰유의서 제9조 제4항). 이처럼 입찰자는 입찰서를 작성·제출할 때, 미리 정한 양식과 작성기준을 따라야 하므로, 임의로 마련한 양식으로 입찰서를 작성·제출하거나 미리 정한 방법에 따르지 않고 입찰서를 작성·제출하면, 해당 입찰은 무효이다(공사입찰유의서 제15조 제10호). 그리하여 입찰서 양식을 사용하지 않은 입찰, 입찰서 금액란을 한글이나 한자로 기재하지 않고 아라비아숫자로만 기재한 입찰, 전산서식에 따른 입찰서를 훼손하거나 전산표기 방법과 달리 작성·기재하여 전산처리 되지 않은 입찰은 무효로 본다.

카) 공동계약의 공동수급체 구성원이 같은 입찰건에 공동수급체를 중복결성하여 참여한 입찰, 입찰등록 당시 공동수급협정서를 제출하지 않은 입찰, 그 밖에 공동계약운용요령 제9조를 위반한 입찰

공동계약의 공동수급체 구성원이 같은 입찰절차에서 공동수급체를 중복결성하여 참여한 입찰, 입찰등록 당시 공동수급협정서를 제출하지 않은 입찰, 공동수급체 구성원이 5인을 초과하거나 공동이행방식에서 구성원별 계약참여 최소지분율이 10% 미만으로 공동수급체를 구성하여 한 입찰(다만, 대형공사 중 추정가격이 1,000억 원 이상인 공사는 5% 미만, 공동수급체 구성원이 10인을 초과한 입찰), 입찰공고에 명시한 지역업체 최소지분율 미만으로 공동수급체를 구성한 입찰은 각 무효이다(공사입찰유의서 제15조 제11호).

공동수급체 구성원이 같은 입찰건에서 공동수급체를 중복결성하여 참여하면, 1인 1입찰 원칙에 어긋나기 때문에 무효로 본다. 입찰에 참가하려는 공동수급체 구성원은 공동수급협정서를 작성하고 그 대표자는 입찰참가신청서류를 제출할 때 위 공동수급협정서를 함께 제출해야 하는데(공사입찰유의서 제3조 제3항), 이를 제출하지 않으면 공동수급체가 입찰에 참가했다고 볼 수 없으므로 무효로 본다. 일반공사에서 공동이행방식인 경우 구성원 수는 5인 이하여야 하고, 구성원 최소지분율은 10% 이상이어야 하는데(공동계약운용요령 제9조 제5항 나목), 이를 위반한 입찰은 무효이다. 단, 대형공사 중 추정가격이 1,000억 원 이상인 공사는 구성원수 10인 이하, 최초지분율 5% 이상어야 하므로, 이를 위반한 입찰이 무효이다. 한편, 지역의무 공동계약에서는 입찰공고에 지역업체의 최소지분율을 명시해야 하는데(공동계약운용요령 제9조 제6항), 추정가격이 고시금액 미만이고, 건설업 등 균형발전을 위해 지역의무공동계약으로 발주하는 때에는 지역업체 최소지분율이 30% 이상이어야 하므로(공동계약운용요령 제9조 제6항 제1호), 30% 미만으로 지역업체 지분율을 약정하면 해당 입찰을 무효로 본다.

다. 입찰무효 요건

공공계약법이나 계약예규 등에서 열거한 무효사유가 있다면 해당 입찰은 당연히 무효로 보아야 하는지 문제된다.

그러나 대법원은 계약담당공무원이 입찰절차에서 관련법령이나 그 세부심사기준에 어긋나게 업무처리를 하였다 하더라도 그 사유만으로 당연히 낙찰자 결정이나 그에 기초한 계약이 무효가 되는 것은 아니고, 이를 위배한 하자가 입찰절차의 공공성과 공정성을 현저히 침해할 정도로 중대하고 상대방도 이런 사정을 알았거나 알 수 있었을 경우, 낙찰자 결정과 계약체결이 선량한 풍속 기타 사회질서에 반하는 행위로부터 비롯된 것이 분명한 정도에 이른 경우에 한정하여 낙찰자 결정이나 계약이 무효라고 하여,[1] 별도 요건을 제시한다.

따라서 발주기관은 입찰절차에서 발생하는 하자의 경중을 묻지 않고 입찰무효로 처리할 수 없고, 해당 입찰의 목적과 성격, 입찰의 공정성과 투명성 확보, 해당 계약의 적정성 확보 등을 고루 고려하여, 해당 입찰을 무효로 하지 않으면 발주기관이나 다른 입찰자가 중대한 피해를 입을 수 있고, 해당 입찰절차의 공정성, 투명성을 침해할 수 있을 정도로 중대한 사정이 있는 때만 입찰무효로 처리하는 것이 타당하다.[2]

라. 입찰무효 절차

입찰자에게 입찰무효 사유가 있는 경우, 발주기관은 무효 여부를 확인하는데 오랜 기간이 걸리는 경우 등 부득이한 사유가 없다면, 개찰장소에서 개찰에 참가한 입찰자에게 입찰무효의 이유를 명시하고 그 뜻을 알려야 한다(국가계약법 시행규칙 제45조 전문). 다만, 전자조달시스템이나 발주기관이 지정·고시한 정보처리장치를 이용하여 입찰서를 제출하게 한 입찰에서는 입찰공고에서 표시한 절차와 방법으로 입찰자에게 입찰무효의 이유를 명시하고 그 뜻을 알려야 한다(국가계약법 시행규칙 제45조 단서).

입찰자는 입찰 후 신속히 입찰무효 여부를 알 필요가 있고, 그에 따라 즉시 필요한 대응을 해야 하므로, 발주기관으로 하여금 최대한 빨리 입찰자에게 그 사실을 알리도록 규정한 취지이다. 물론, 입찰무효가 명확하지 않아서 법률검토나 사실확인이 필요한 경우 등 부득이한 사유가 있다면, 발주기관은 해당 검토 절차를 마친 후에 해당 입찰자에게 입찰무효 이유 등을 알릴 수 있다고 본다.

---

1) 대법원 2001. 12. 11. 선고 2001다33604 판결. 해당 판결은 송원백화점 내 일반음식점, 관람집회시설, 운동시설이 판매시설 자체에 해당하지 않더라도, 판매시설에 부속된 소비자 편익시설로서 주된 용도인 판매시설과 일체를 이루어 1건의 단위구조물로서 백화점을 구성하는 한편, 판매시설 공사가 백화점 내 일반음식점, 관람집회시설, 운동시설과 비교하여 특히 어렵다고 단정할 자료가 없기 때문에, 국가가 적격심사에서 백화점을 위 소비자 편익시설까지 포함하여 공사실적으로 인정한 것을 가리켜 입찰절차의 공공성과 공정성을 현저히 침해할 정도로 중대한 하자라고 보기 어렵다고 판단했다.

2) 김성근, 앞의 책(Ⅰ), 364쪽.

마. 입찰무효 효과

1) 소급효

입찰무효 사유가 있으면, 처음부터 입찰참가의 효력이 없다고 본다. 따라서 발주기관은 입찰무효 사유가 있는 입찰자로부터 입찰보증금을 몰수할 수 없다.[1] 입찰보증금은 유효한 입찰을 전제하여 낙찰받은 자가 계약을 체결하지 않을 때 몰수하는 것이기 때문이다.

2) 당연무효와 구별

가) 입찰무효 요건 필요성

원래 법률행위의 무효란 법률행위가 성립한 때부터 법률상 당연히 그 효력이 없다는 의미로서 당연무효를 말한다.[2] 따라서 의사무능력, 강행규정 위반, 선량한 풍속 기타 사회질서 위반(민법 제103조), 불공정한 법률행위(민법 제104조), 진의 아닌 의사표시(민법 제107조 제1항 단서), 허위표시(민법 제108조 제1항), 무권대리행위(민법 제130조) 등 사유가 있을 때에는 해당 법률행위를 무효로 취급한다. 입찰무효도 마찬가지로 보아야 한다.

다만, 대법원은 발주기관이 관련법령이나 규정, 입찰공고를 위반한 사례든,[3] 법령 등에서 정한 입찰무효 사유가 있는 사례든,[4] 입찰의 하자가 입찰절차의 공공성과 공정성을 현저히 침해할 정도로 중대하고 상대방도 이런 사정을 알았거나 알 수 있었을 경우, 또는 낙찰자 결정이나 계약체결이 선량한 풍속 기타 사회질서에 반하는 행위로 비롯된 것이 분명한 정도에 이른 경우에 해당 입찰을 무효로 본다. 따라서 비록 법령 등은 입찰무효 사유를 열거하여 규정하지만, 발주기관은 법령이나 입찰유의서 등이 정한 사유가 발생했다는 이유만으로 바로 입찰을 무효로 처리할 것이 아니라, 판례가 제시하는 입찰무효 요건을 검토하여 이를 충족하는 경우에만 입찰무효로 처리하는 것이 타당하다고 본다.

나) 입찰무효에 따른 계약의 효력

입찰무효 사유가 있는데도 발주기관이 미처 이를 발견하지 못하고 그대로 낙찰자 결정을 하고 계약을 체결했다면, 해당 계약도 무효인지 문제이다. 즉, 입찰무효 사유가 있으면 그 입찰이 무효인 것은 분명한데, 후속 절차인 계약체결까지도 무효인지 검토가 필요하다.

일부 견해는 대법원 1997. 7. 25. 선고 97다15852 판결을 근거로 입찰 무효를 간과한 계약이 무효라거나,[5] 이른바 하자승계 이론을 유추하여 선행 입찰이 무효면 후행 계약도

---

1) 김성근, 앞의 책(Ⅰ), 394쪽.
2) 지원림, 앞의 책, 359쪽.
3) 대법원 2001. 12. 11. 선고 2001다33604 판결.
4) 대법원 2006. 6. 19.자 2006마117 결정, 대법원 2012. 9. 20.자 2012마1097 결정, 대법원 2014. 1. 23.자 2013마2088 결정 등.
5) 김성근, 앞의 책(Ⅰ), 394쪽, 양창호, 앞의 책, 125쪽.

당연히 무효라고 본다.

그러나 이러한 해석은 다시 생각해 볼 필요가 있다. 우선, 대법원 1997. 7. 25. 선고 97다15852 판결은, 건설회사의 임직원과 관계 공무원이 사전에 공모하여 최종 낙찰 예정가를 알아내고 해당 건설회사가 그에 근접한 금액으로 낙찰을 받은 사실관계 아래, 해당 입찰이 공무집행방해 등 범죄행위에 따라 선량한 풍속 기타 사회질서에 어긋나기 때문에 그 후속 절차로서 계약의 효력을 인정할 수 없을 정도에 이른 사안이다. 따라서 대법원 판례가 일반적으로 입찰무효가 있다는 이유만으로 그 후속 계약도 당연히 무효라고 본 것인지는 다소 의문이다. 또한, 하자승계 이론은 본래 선행 행정행위의 하자를 이유로 후행 행정행위의 하자를 다툴 수 있는지와 관련한 행정법 이론이기 때문에, 사법상 계약인 공공계약에 차용하기는 적절하지 않다.

결국 입찰무효 사유가 있는데도 이를 간과하고 체결한 계약의 효력이 어떠한지는 이미 살펴본 대법원 판례 법리에 따르는 게 옳다. 즉, 입찰무효 사유가 있다고 하여 당연히 그 후속 계약 역시 무효라고 단정하지 말고, 입찰무효 사유에도 불구하고 계약 효력을 인정하는 경우, 공공계약의 공공성과 공정성을 현저히 침해할 정도에 이르고 계약상대자도 이런 사정을 알았거나 알 수 있었을 경우 또는 해당 계약체결이 선량한 풍속 기타 사회질서에 어긋나는 경우에 한정하여 계약효력도 부정해야 한다고 본다.

일부 하급심도 발주기관이 입찰과정에서 담합이 있었다는 이유로 계약상대자에게 입찰무효를 주장하며 설계보상비 반환을 청구한 사건에서, "입찰이 당연무효가 된다면 그에 따라 체결된 계약 역시 무효에 이르게 되어…"라는 표현을 사용하면서도, 이어 "입찰의 무효사유가 존재하는 경우 그에 따른 입찰이 당연무효가 되는 것이 아니라, 계약체결 전이라면 입찰무효를 선언하고 재입찰을 공고할 수 있고, 계약체결 후라면 약정해제권이 유보된 것으로서 계약을 해제할 수 있는 것으로 해석해야 한다."고 하여,[1] 무효인 입찰에 기초하여 체결한 계약을 당연무효라고 보지는 않았다. 즉, 비록 입찰무효 사유가 있더라도 계약을 체결한 후라면 계약을 해제할 수 있을 뿐 당연무효로 볼 수 없다는 취지이다. 다만, 공사계약은 해제에 따른 소급효가 제한되고,[2] 공사가 완성된 후에는 계약해제마저도 제한되기 때문에(민법 제668조 참조), 공사계약을 위한 입찰에서 입찰자에게 무효사유가 있더라도 해당 입찰자가 낙찰받고 공사계약 체결한 후에 이행을 완료하거나 상당한 이행을 마쳤다면, 발주기관은 해당 계약을 해제하기 어려울 수 있다.[3]

1) 서울중앙지방법원 2016. 1. 15. 선고 2015가합553575 판결.
2) 대법원 1995. 3. 31. 선고 91다42630 판결.
3) 정태학 외 3명, 앞의 책, 118쪽.

3) 상대효

원칙적으로 입찰무효 사유가 있는 입찰자의 해당 입찰만 무효로 처리한다. 따라서 입찰무효는 다른 입찰자의 입찰이나 그 밖에 입찰절차에 직접 영향을 미치지 않는다. 다만, 2인이 입찰에 참가했으나 1인에게 입찰무효 사유가 있는 경우에는 경쟁입찰이 유효하게 성립하였다고 볼 수 없으므로(국가계약법 시행령 제11조 참조), 해당 입찰절차 전체를 무효로 볼 수밖에 없다. 이를 유찰이라 한다. 이처럼 예외적으로 1인에게 발생한 입찰무효가 다른 입찰자에게 영향을 미치는 경우도 있다.

한편, 입찰자가 공동수급체인 경우, 그 대표자에게 입찰무효 사유가 있는 때와 공동수급체의 대표자가 아닌 나머지 구성원에게 입찰무효 사유가 있는 때로 나눌 수 있는데, 공동수급체의 대표자가 아닌 나머지 구성원에게만 입찰무효 사유가 있는 때는 무효사유가 있는 해당 구성원의 입찰만 무효로 한다(국가계약법 시행규칙 제44조 제2항). 대법원도 공동수급체 중 일부에게 입찰무효 사유가 있어 그 구성원이 입찰절차에서 배제된다고 하더라도 그러한 사유가 없는 나머지 구성원의 입찰참가도 당연히 무효가 된다고 볼 수 없고, 나머지 구성원만으로 입찰적격을 갖출 수 있는지 등 일부 구성원의 입찰무효 사유가 공동수급체의 입찰에 미치는 영향을 고려하여 나머지 구성원의 입찰효력 유무를 판단해야 한다고 했다.[1]

4) 낙찰자의 입찰무효와 차순위 낙찰자 결정

발주기관이 낙찰자로 결정한 후에 해당 낙찰자의 입찰무효 사유를 알았다면, 그 차순위자를 상대로 심사를 진행해야 하는지, 아니면 새로운 입찰에 부쳐야 하는지 문제이다. 과거 실무는 낙찰자 결정이 있으면 입찰절차는 종료되기 때문에, 설령 발주기관이 낙찰자 결정 후에 낙찰자의 입찰무효 사유를 알았다 하더라도, 차순위자를 낙찰자로 선정할 수 없고, 새로운 입찰에 부쳐야 한다는 태도였다.[2] 다만, 계약담당공무원이 실수로 낙찰자를 잘못 결정했다면, 낙찰자 결정을 취소하고 정당한 입찰자를 낙찰자로 결정할 수 있다고 본 사례도 있다.[3]

이에 학설은 입찰무효로 입찰참가는 소급하여 무효이기 때문에, 그를 대상으로 한 낙찰자 결정 역시 효력을 상실한다면서, 새로운 입찰을 진행할 필요 없이 차순위자 심사절차를 진행하여 적격자를 낙찰자로 결정해야 한다고 주장했다.[4]

이러한 논란에 따라 기획재정부는 계약예규인 입찰유의서에 낙찰자 결정 후 계약체결 전에 입찰무효 사유를 발견했더라도, 해당 부적격자를 제외하고도 2인 이상의 입찰자가 남아 있으면, 차순위 심사를 진행하도록 하는 조항을 넣었다. 이에 따르면, 발주기관이 낙찰자

1) 대법원 2012. 9. 20.자 2012마1097 결정.
2) 회제 45107-1013, 1993. 9. 17., 회계제도과-679, 2004. 5. 11.
3) 회제 41301-1273, 1998. 5. 29.
4) 김성근, 앞의 책(Ⅰ), 396쪽.

를 결정한 후 해당 낙찰자와 계약을 체결하기 전에 입찰무효 사유를 발견했다면 그 낙찰자를 부적격자로 보고 제외해야 하며, 이를 제외하고도 2인 이상의 입찰자가 있는 경우에는 그 다음 순위자 순서대로 필요한 심사 등을 진행하여 낙찰자를 결정한다(공사입찰유의서 제18조 제6항 참조). 그러나 해당 부적격자를 제외하고 2인 이상의 입찰자가 남지 않는다면, 애당초 유효한 경쟁이 성립하지 않는 경우에 해당하므로 발주기관은 새로운 입찰 등을 진행할 수밖에 없다.

바. 입찰무효 처리

입찰무효 사유가 있는 경우, 그에 따른 입찰은 당연무효가 되지 않고, 발주기관은 계약체결 전이라면 입찰무효를 선언하고 새로운 입찰을 공고할 수 있고, 계약체결 후라면 유보된 약정해제권에 기초해 계약을 해제할 수 있다고 보아야 한다.

4. 위법한 입찰취소·입찰무효 처리의 효과

발주기관이 한 입찰취소나 입찰무효 처리가 위법하다면 해당 입찰의 효력은 어떠한지 문제된다. 특히 입찰취소나 입찰무효의 요건을 충족하지 못했는데도, 발주기관이 입찰을 취소하거나 무효로 처리했다면, 입찰자는 어떻게 대응해야 할지를 검토해야 한다.

우선, 입찰취소란 민법상 법률행위의 취소와 그 법적 성질이 크게 다르지 않기 때문에 입찰취소 사유나 요건을 갖추지 못했는데도 발주기관이 입찰취소를 하였다면 그 의사표시의 효력을 인정하기 어렵다.[1] 따라서 발주기관의 입찰취소가 관련법령이나 입찰특별유의서 등을 위반한 경우에는 해당 의사표시는 효력이 없으므로, 이미 진행한 입찰절차는 그대로 효력이 있다. 즉, 입찰취소가 위법하면 적법한 입찰취소를 전제한 새로운 입찰공고 역시 효력을 인정할 수 없고, 나아가 해당 입찰취소가 무효인 만큼 발주기관은 종전 입찰공고에 따른 절차를 계속 진행해야 한다.[2] 그러나 최근 대법원 2022. 6. 30. 선고 2022다209383 판결은 종전 입찰 취소가 위법하여 효력이 없더라도 이와 별개로 진행된 새로운 입찰이 그 하자를 승계한다고 볼 수 없어 새로운 입찰공고와 이에 따른 낙찰자 결정, 계약체결은 당연무효라 볼 수 없다고 한다.

그리고 이런 법리는 입찰무효에서도 마찬가지인데, 발주기관이 입찰무효 사유나 요건을 충족하지 못한 상황에서 입찰을 무효처리하였더라도, 해당 입찰은 무효로 보기 어렵다.

그리하여 발주기관이 적법한 요건을 갖추지 못한 채 입찰을 취소하거나 무효처리했다면, 입찰자는 위법한 입찰취소·입찰무효 처리에 대응하여 발주기관를 상대로 낙찰자지위확

---

1) 대법원 1994. 7. 29. 선고 93다58431 판결.
2) 같은 취지로, 대법원 2000. 5. 12. 선고 2000다2429 판결, 서울고등법원 1999. 11. 30. 선고 99나35432 판결.

인이나 계약체결을 구하는 가처분 신청과 본안소송을 제기할 수 있다. 나아가 발주기관이 위법하게 입찰취소나 입찰무효로 처리하고 새로운 입찰을 진행하는 경우에, 입찰자는 해당 발주기관을 상대로 새로운 입찰절차를 중지하라는 가처분을 신청할 수 있으며, 그와 별도로 위법한 입찰취소나 입찰무효 처리로 말미암아 손해를 입었고, 그 액수를 증명할 수 있는 경우에는 손해배상을 청구하는 방안도 고려해 볼 수 있다.

제 7 절 입찰연기와 재입찰·재공고입찰

Ⅰ. 입찰연기

입찰에 참가하려는 자는 입찰관련서류를 검토하다가 발견한 착오, 누락사항, 그 밖에 설명이 필요한 사항과 관련하여 발주기관에게 그 설명을 요구할 수 있다(공사입찰유의서 제5조 제2항). 이때, 입찰참가자가 발주기관에게 설명을 요구하는 사항이 중대한 경우에는, 발주기관이 그 설명에 필요한 사항을 검토하고 서류에 있는 착오나 누락사항을 수정하는 과정에서 상당한 기간이 필요할 수 있다. 따라서 원래 입찰공고대로 입찰절차를 진행하기 곤란한 경우가 발생한다. 한편, 입찰의 성격과 규모, 예산사정 등으로 발주기관이 부득이 입찰을 연기해야 할 경우도 있다.

이에 입찰유의서에는 입찰참가자가 설명을 요구한 내용이 중대하여 입찰 연기가 불가피하다고 판단하는 경우나 그 밖에 불가피한 사유로 지정 일시에 현장설명이나 입찰을 실시하지 못할 경우에는 입찰공고나 입찰참가통지서에 기재한 현장설명 일시나 입찰서제출 마감일을 연기할 수 있다고 규정한다(공사입찰유의서 제16조 제1항 제1호, 제2호). 다만, 발주기관이 입찰연기를 할 때는 그 사유와 기간을 처음 공고한 방법과 같은 방법으로 공고하거나 통지해야 한다(공사입찰유의서 제16조 제2항).

Ⅱ. 재입찰

1. 의의

재입찰이란 최초에 부친 입찰이 유찰된 경우 다시 공고절차를 거치지 않고 같은 장소에서 다시 입찰에 부치는 제도이다. 이처럼 경쟁입찰에서 2인 이상 유효한 입찰자가 없거나 낙찰자가 없는 경우에 같은 장소에서 다시 부치는 입찰을 재입찰이라 한다. 따라서 재입찰은 새로운 입찰이 아니다. 그러나 입찰자나 입찰 횟수의 제한을 받지 않지 않기 때문에(국가계약법 시행령 제20조 제1항 참조), 최초 입찰에 참가하지 않은 자도 재입찰에 참가할 수 있다.

2. 요건

재입찰을 하려면, ① 2인 이상 유효한 입찰자가 없거나 낙찰자가 없는 경우라는 재입찰 사유가 있어야 하고, ② 가격이나 기타조건을 변경하지 않아야 하며, ③ 별도 입찰공고 없이 같은 장소에서 다시 입찰에 부쳐야 한다.

우선, 2인 이상 유효한 입찰이 없으면 유효한 경쟁입찰이 성립하지 않기 때문에 유찰이 발생하므로 재입찰에 부칠 수 있도록 했고, 낙찰자가 없는 경우도 마찬가지로 보았다.

다음으로, 재입찰에서는 기한을 제외하고 최초 입찰에 부칠 때 정한 가격이나 기타조건을 변경할 수 없다(국가계약법 시행령 제20조 제3항, 공사입찰유의서 제17조 제3항 참조). 여기서 기타조건이란 최초 입찰에 부칠 때 정한 입찰참가자격 등 해당 입찰참가에 필요한 자격과 조건 등을 말하므로, 이와 같은 조건 등을 변경하려는 발주기관은 재입찰이 아니라 다시 입찰공고를 하는 새로운 입찰에 부쳐야 한다. 가령, 발주기관이 예정가격을 잘못 기재하여 입찰공고를 냈다면, 낙찰자 결정 전에 해당 입찰을 취소하고, 올바른 예정가격을 기재한 새로운 입찰공고를 내야 하지, 임의로 예정가격을 변경하여 재입찰에 부치면 해당 절차는 위법하다고 본다.

끝으로, 같은 장소에서 다시 입찰에 부쳐야 한다. 따라서 장소를 변경하여 다시 부치는 입찰은 재입찰이 아니다.

3. 효과

발주기관은 재입찰에 부쳤으나 2인 이상 유효한 경쟁입찰이 성립하지 않거나 낙찰자가 없는 경우라도 바로 수의계약을 체결할 수 없다.

Ⅲ. 재공고입찰

1. 의의

재공고입찰은 입찰자나 낙찰자가 없거나 낙찰자가 계약을 체결하지 않는 경우에 가격이나 기타조건을 변경하지 않고 다시 공고하여 부치는 입찰을 말한다. 따라서 재공고입찰에서는 재입찰과 달리 다시 입찰공고를 해야 한다(국가계약법 시행령 제35조 제4항 제1호).

2. 요건

재공고입찰을 하려면, ① 입찰자나 낙찰자가 없거나 낙찰자가 계약을 체결하지 않는 경우라는 재공고입찰 사유가 있어야 하고, ② 가격이나 기타조건을 변경하지 않아야 하며, ③ 다시 입찰공고를 해야 한다.

우선, 재공고입찰 사유로서 '낙찰자가 계약을 체결하지 않는 경우'는 그 뜻이 비교적 명확하지만, '입찰자나 낙찰자가 없는 경우'가 어디까지인지 논란이 있다. 물론 입찰자가 전혀 없는 무응찰이나 2인 이상의 유효한 입찰자가 있더라도 낙찰자로 선정될 자가 없는 경우는 여기에 해당한다고 본다. 다만, 입찰자가 1인만 있는 경우도 입찰자나 낙찰자가 없는 경우로 볼 수 있는지 문제인데, 경쟁입찰은 2인 이상의 유효한 입찰로 성립하기 때문에(국가계약법 시행령 제11조), 입찰자가 1인만 있으면 유효한 경쟁입찰이 성립할 수 없으므로, 결국 입찰자나 낙찰자가 없는 경우는 2인 이상의 유효한 입찰자가 없어서 경쟁입찰이 유효하게 성립하지 않는 경우까지도 포함하는 의미로 이해해야 한다. 그리하여 국가계약법과 달리 지방계약법은 "입찰자가 없는 경우" 대신 "입찰이 성립하지 아니하는 경우"를 재입찰과 재공고입찰 사유로 규정하였다(지방계약법 시행령 제19조 제1항, 제2항 참조). 따라서 입법론으로는 국가계약법 시행령 제20조 제2항도 그 의미를 명확히 하려면 지방계약법 시행령 제19조 제2항과 같이 개정할 필요가 있다.

다음으로, 재공고입찰에서는 최초 입찰에 부칠 때 정한 가격과 그 밖에 조건을 변경할 수 없다(국가계약법 시행령 제20조 제3항, 공사입찰유의서 제17조 제3항 참조). 따라서 가격이나 기타조건을 변경하려면 재공고입찰이 아닌 새로운 입찰에 부쳐야 한다. 가령, 낙찰자 결정에 영향을 미치는 적격심사기준은 변경할 수 없는 '그 밖에 조건'에 해당하므로, 적격심사기준을 변경하려면 재공고입찰이 아니라 아예 새로운 입찰에 부쳐야 한다. 또한, 최초 입찰에 취소사유가 발생하여 해당 입찰을 취소했다면, 재입찰과 마찬가지로 재공고입찰이 아닌 새로운 입찰에 부쳐야 한다.

3. 효과

발주기관은 재공고입찰를 부쳤으나 입찰자나 낙찰자가 없는 경우 바로 수의계약을 체결할 수 있다(국가계약법 시행령 제27조 제1항 제2호). 따라서 입찰자나 낙찰자가 없더라도 바로 수의계약을 체결할 수 없는 재입찰과 구별해야 한다.

《 재입찰과 재공고입찰의 비교 》

	재입찰	재공고입찰
사유	2인 이상 유효한 입찰자가 없거나 낙찰자가 없음	입찰자·낙찰자가 없거나 낙찰자가 계약을 체결하지 않음
재공고 요부	필요	불필요
공고기간	기간 없음 (즉시 가능)	5일
최초 입찰 참가 요부	불필요 (최초 입찰에 참가하지 않은 자도 재입찰 참가 가능)	불필요 (최초 입찰에 참가하지 않은 자도 재공고입찰 참가 가능)
수의계약 체결 가부	불가능	가능
적격심사 기준일	최초 입찰공고일	재공고입찰일

제 8 절 개찰

Ⅰ. 의의

발주기관은 지정 시간까지 입찰서를 접수하면 입찰서 접수마감을 선언하고, 입찰공고에 표시한 장소와 일시에 입찰자가 참석한 자리에서 개찰해야 한다(국가계약법 시행령 제40조 제1항 전문, 같은 법 시행규칙 제48조 제1항 본문). 다만, 입찰자가 참석하지 않았다면, 입찰사무와 관계없는 공무원을 개찰에 참여하게 할 수 있다(같은 법 시행령 제40조 제1항 후문).

Ⅱ. 전자입찰의 개찰

발주기관은 전자조달시스템이나 각 중앙관서의 장이 지정·고시한 정보처리장치를 이용하여 입찰서를 제출받은 경우, 입찰공고에서 표시한 절차와 방법에 따라 입찰서 접수를 마감하고 입찰서를 개봉한다(국가계약법 시행규칙 제48조 제1항 단서). 이처럼 전자입찰의 개찰은 입찰공고에 명시한 장소에서 지정 일시에 전자입찰 집행자가 집행하며, 전자입찰자나 그 대리인은 개찰에 참관할 수 있다. 이때 전자입찰 집행자는 개찰에 참관하려는 자에게 신분증이나 입찰참가등록증을 제시해 달라고 요구할 수 있다.

전자입찰의 개찰은 전자입찰 집행자가 개찰용 컴퓨터로 지정공인인증기관이 발급한 전자인증서로 시스템에 접속하여 집행하며, 전자입찰과 일반입찰을 병행하여 실시할 때는 전자입찰과 일반입찰을 동시에 개찰한다(국가종합전자조달시스템 전자입찰특별유의서 제11조 제3항).

Ⅲ. 규격(기술)·가격 동시입찰의 개찰

규격(기술)입찰과 가격입찰을 동시에 실시할 경우에는 2인 이상의 유효한 입찰로 성립한 규격(기술)입찰의 개찰 결과 적격자로 확정된 자가 1인인 경우라도 가격입찰서를 개봉할 수 있다(국가계약법 시행규칙 제48조 제2항). 규격(기술)입찰의 적격자가 1인에 불과하면, 가격경쟁입찰이 2인 이상 입찰로 유효하게 성립하지 않기 때문에 재입찰이나 재공고입찰에 부쳐야 하는지 논란이 있을 수 있는데, 시행규칙은 이러한 경우에도 가격입찰서를 개봉할 수 있도록 특별한 규정을 두었다. 이러한 취지를 고려할 때, 규격(기술)입찰과 가격입찰을 동시에 하지 않고, 따로 실시할 때는 규격(기술)입찰의 적격자가 1인에 불과하다면 가격입찰서는 개봉할 수 없다고 보아야 한다.

제6장 / 낙찰자 결정

제 1 절 서론

Ⅰ. 의의

1. 개념

낙찰자 결정은 발주기관이 입찰절차에서 입찰기준과 방법에 따라 입찰참가자를 심사하여 낙찰자를 결정하는 것을 말하고, 낙찰자는 해당 계약을 체결하기에 가장 적합한 자로 선정된 자를 뜻한다.

세입의 원인이 되는 경쟁입찰에서는 최고가격 입찰자를 낙찰자로 한다. 다만, 계약목적, 입찰가격과 수량 등을 고려하여 대통령령으로 기준을 정한 경우에는 그렇지 않다(국가계약법 제10조 제1항).

그러나 국고의 부담이 되는 경쟁입찰에서는 충분한 계약이행 능력이 있다고 인정되는 자로서 최저가격으로 입찰한 자, 입찰공고나 입찰설명서에 명기된 평가기준에 따라 국가에 가장 유리하게 입찰한 자, 그 밖에 계약의 성질, 규모 등을 고려하여 대통령령으로 특별히 기준을 정한 경우에는 그 기준에 가장 적합하게 입찰한 자 중 어느 하나에 해당하는 입찰자를 낙찰자로 한다(국가계약법 제10조 제2항).

공공입찰은 국고의 부담이 되는 것이 대부분이다. 이 때문에 일반경쟁입찰과 최저가낙찰자 결정이 공공계약법상 원칙이라는 견해도 있다.[1] 그러나 실무에서는 일반경쟁입찰보다 제한경쟁입찰을 더 많이 활용하고, 국가계약법 제10조 제2항은 제1호부터 제3호까지 정한 낙찰자 결정방법을 대등한 관계로 설정해 놓았으므로 현재도 최저가낙찰자 결정을 원칙으로 볼 수 있는지 의문이다.

1) 계승균, 앞의 책, 126쪽.

2. 개관

발주기관은 제출받은 입찰서를 확인하고 유효한 입찰서의 입찰금액과 예정가격을 대조하여 적격자를 낙찰자로 결정한 때에는 지체없이 낙찰선언을 해야 한다(국가계약법 시행령 제40조 제2항 본문). 다만, 계약이행능력을 심사하여 낙찰자를 결정하거나 입찰가격, 공사수행능력, 사회적 책임 등을 종합 심사하여 낙찰자를 결정하는 등 낙찰자 결정에 오랜 시간이 걸리는 때에는 그 절차를 거친 후 낙찰선언을 할 수 있다(국가계약법 시행령 제40조 제2항 단서). 또한, 전자조달시스템이나 발주기관이 지정·고시한 정보처리장치를 이용하여 입찰서를 제출하는 방식에서는 입찰공고에 표시한 절차와 방법에 따라 개찰과 낙찰선언을 하여야 한다(국가계약법 시행령 제40조 제3항).

Ⅱ. 법적 성질

1. 편무예약

일반적으로 입찰공고는 청약의 유인, 입찰서 제출은 청약으로 보는데, 개찰 이후 입찰서 등 심사에 따른 낙찰자 결정이 어떤 성질을 갖는지 문제된다. 이에 낙찰자 결정은 청약에 대한 승낙이라고 보는 견해와 본계약의 예약에 불과하다고 보는 견해가 대립한다.

그런데 발주기관은 계약을 체결하려면 계약서를 작성해야 하고, 계약담당공무원과 계약상대자가 계약서에 기명날인이나 서명해야 비로소 계약이 확정된다(국가계약법 제11조 참조). 따라서 공공계약은 계약서 작성이 있을 때 비로소 성립하는 요식행위이다.[1] 그러므로 발주기관이 낙찰자 결정을 했다고 곧바로 계약이 성립한다고 해석할 수는 없고, 낙찰자가 발주기관에게 본계약을 체결해 달라고 요구할 '청구권'을 가질 뿐이다.[2] 따라서 낙찰자에게는 '형성권'에 해당하는 예약완결권이 없다.[3] 결국 공공계약법에 따른 낙찰자 결정은 발주기관이 낙찰자와 본계약을 따로 체결하겠다는 의사표시로서, 계약의 편무예약에 해당한다.[4]

편무예약이란 쌍무계약에 대응하는 개념으로 한쪽 당사자만 채무를 부담하거나, 두 당사자 모두 채무를 부담하더라도 두 채무가 서로 대가관계 없는 경우를 뜻하기 때문에, 발주기관은 낙찰자의 계약체결 청구에 응하여 계약을 체결해 줄 의무를 부담할 뿐이고, 낙찰자에게 동시이행항변권을 행사할 수는 없다.[5] 그리고 낙찰자가 발주기관에 계약체결을 청구

1) 대법원 2006. 6. 29. 선고 2005다41603 판결.
2) 대법원 1994. 12. 2. 선고 94다41454 판결, 대전고등법원 2000. 5. 29.자 2000라88 결정.
3) 대법원 2012. 2. 16. 선고 2010다82530 판결.
4) 대법원 2004. 5. 27. 선고 2002다46829, 46836 판결, 대법원 2006. 6. 29. 선고 2005다41603 판결.
5) 계승균, 앞의 책, 128쪽.

하더라도 그 자체만으로 계약이 성립하는 게 아니라, 발주기관이 낙찰자 계약체결 청구에 응하여 계약서에 기명날인이나 서명해야만 비로소 계약이 성립한다. 다만, 낙찰자 역시 입찰유의서에 근거하여 발주기관으로부터 낙찰통지를 받은 후 10일 내에 계약을 체결해야 하는 의무를 부담한다{물품구매(제조)입찰유의서 제17조 제1항, 용역입찰유의서 제16조 제1항, 공사입찰유의서 제19조 제1항}.

[낙찰자 결정의 법적 성질]

구 지방재정법(2005. 8. 4. 법률 제7663호로 전문 개정되기 전의 것) 제63조가 준용하는 국가를 당사자로 하는 계약에 관한 법률 제11조는 지방자치단체가 당사자로서 계약을 체결하고자 할 때에는 계약서를 작성하여야 하고 그 경우 담당공무원과 계약당사자가 계약서에 기명날인 또는 서명함으로써 계약이 확정된다고 규정함으로써, 지방자치단체가 당사자가 되는 계약의 체결은 계약서의 작성을 성립요건으로 하는 요식행위로 정하고 있으므로, 이 경우 낙찰자의 결정으로 바로 계약이 성립된다고 볼 수는 없어 낙찰자는 지방자치단체에 대하여 계약을 체결하여 줄 것을 청구할 수 있는 권리를 갖는 데 그치고, 이러한 점에서 위 법률에 따른 낙찰자 결정의 법적 성질은 입찰과 낙찰행위가 있은 후에 더 나아가 본계약을 따로 체결한다는 취지로서 계약의 편무예약에 해당한다(대법원 2006. 6. 29. 선고 2005다41603 판결).

2. 사법상 행위

낙찰자 결정을 항고소송 대상인 행정처분으로 이해하는 견해도 있다. 이 견해는 공공계약을 공법상 계약으로 파악하면서, 발주기관을 공권력 행사 주체인 행정주체로 이해하고, 낙찰자 결정과 같이 행정주체 내부에서 내린 결정이라 하더라도 입찰자의 이익에 중대한 영향을 미치는 것이라면 처분성을 인정해야 한다는 근거를 든다.[1)]

그러나 앞에서 살펴본 바와 같이 공공계약은 사법상 계약의 성질을 갖는다고 이해하는 만큼, 그 절차 중 하나인 낙찰자 결정을 공권력 그 밖에 이에 준하는 작용으로 보기는 어렵다.[2)] 재판 실무도 낙찰자 결정 관련 분쟁은 민사소송절차(낙찰자지위확인 등)로 다루며, 대법원 판례 역시 마찬가지다.[3)]

---

1) 김봉채, 앞의 논문, 245쪽, 조태제, 공공조달행정에서의 공정성확보를 위한 사법심사제도의 도입방안, 한국토지공법학회, 2001, 58쪽.
2) 계승균, 앞의 책, 128쪽.
3) 대법원 2001. 12. 11. 선고 2001다33604 판결.

Ⅲ. 유형

낙찰자 결정의 유형은 크게 ① 예산지출 유무와 ② 입찰 대상으로 나눌 수 있다. 이는 다시 예산지출 유무에 따라 ㉮ 세입의 원인이 되는 입찰에서 낙찰자 결정, ㉯ 국고의 부담이 되는 입찰에서 낙찰자 결정으로, 입찰 대상에 따라, ㉮ 공사입찰에서 낙찰자 결정, ㉯ 물품입찰에서 낙찰자 결정, ㉰ 용역입찰에서 낙찰자 결정으로 나눌 수 있다. 나아가 ㉮ 공사입찰에서 낙찰자 결정은 Ⓐ 적격심사낙찰제, Ⓑ 종합심사낙찰제, Ⓒ 일괄입찰, Ⓓ 대안입찰, Ⓔ 기술제안입찰로, ㉯ 물품입찰에서 낙찰자 결정은 Ⓐ 적격심사낙찰제, Ⓑ 희망수량경쟁입찰, Ⓒ 2단계 경쟁입찰, Ⓓ 규격·가격 동시입찰, Ⓔ 협상에 의한 계약, Ⓕ 종합낙찰제, Ⓖ 유사물품복수경쟁(물품구매만 해당)으로, 용역입찰에서 낙찰자 결정은 Ⓐ 적격심사 낙찰, Ⓑ 종합심사낙찰제, Ⓒ 2단계 경쟁입찰, Ⓓ 협상에 의한 계약, Ⓔ 설계공모로 나눌 수 있다.

제2절 낙찰자 결정의 절차

Ⅰ. 무효입찰 확인

발주기관은 낙찰자를 결정하기 전에 입찰서, 법인등기부등본(본사, 대표자, 상호 등 변경여부 확인), 공동수급표준협정서 등 관계서류를 검토하여 해당 낙찰예정자의 입찰이 무효입찰에 해당하는지를 확인해야 한다. 특히 일괄입찰, 대안입찰, 기술제안입찰인 경우에는 입찰자 전원을 대상으로 무효입찰 여부를 확인해야 한다(공사입찰유의서 제18조 제3항 참조). 입찰무효는 위와 같은 서류뿐만 아니라 차순위자 이의신청에 따라서도 그 내용을 면밀히 조사·확인 후 판단해야 한다.[1)]

Ⅱ. 낙찰선언

발주기관은 개봉된 입찰서를 확인하고 유효한 입찰서의 입찰금액과 예정가격을 대조하여 적격자를 낙찰자로 결정하면, 지체없이 낙찰선언을 해야 한다(국가계약법 시행령 제40조 제2항 본문).

그런데 전자입찰에서 낙찰선언은 최종낙찰자를 전자조달시스템에 공고하는 방법으로 한다(국가계약법 시행령 제40조 제3항, 국가종합전자조달시스템을 이용한 계약사무처리요령 제20조).

---

1) 김성근, 앞의 책(Ⅰ), 411쪽. 실무에서도 차순위자의 이의제기에 따라 선순위자의 입찰무효 사유가 드러나는 경우가 매우 빈번하다.

반면, 일반입찰에서의 낙찰선언은 개찰현장에서 입찰서를 개봉한 경우면 그 자리에서 입찰서 유효 여부를 확인한 후 입찰금액과 예정가격을 대조하여 예정가격 이상으로 투찰한 자를 배제하고, 예정가격 이하로서 최저가격 제출자를 낙찰자로 선정하고 공표하는 절차를 거치지만, 계약이행능력, 일자리 창출실적 등을 심사하여 낙찰자를 결정하거나 입찰가격, 공사수행능력, 사회적 책임 등을 종합적으로 심사하여 낙찰자를 결정하는 등 낙찰자 결정에 오랜 시간이 걸리는 경우면 그 절차를 거친 후 할 수 있다(국가계약법 시행령 제40조 제2항 단서).

대법원은 과거 낙찰선언을 계약의 승낙으로 보기도 했지만,[1] 앞에서 보았듯이 현재는 계약의 편무예약으로 이해한다.[2] 또한, 발주기관이 낙찰선언을 하면 입찰절차가 종료된다.[3]

Ⅲ. 낙찰자 선정통보 또는 낙찰통보

가령, 공사입찰이나 기술용역입찰에서 낙찰예정자는 서면으로 낙찰자 선정통보를 받기 전까지 낙찰자로서 지위를 인정받지 못한다(공사입찰특별유의서 제15조 제2항, 기술용역입찰특별유의서 제13조 제2항). 따라서 낙찰자 선정통보 이전이라면, 발주기관은 수요기관의 예산사정, 공공사업계획의 변경 등 불가피한 사유를 이유로 해당 입찰을 취소할 수도 있다(공사입찰특별유의서 제16조 제1항, 기술용역입찰특별유의서 제14조 제1항). 그런데 이는 적격심사제나 종합심사낙찰제 등과 같이 낙찰자를 결정하는 데에 오랜 기간이 걸리는 입찰에 적용되는 규정이다(국가계약법 시행령 제40조 제2항 단서 참조).

한편, 낙찰자는 서면으로 낙찰통지(통보)를 받은 때에 비로소 발주기관을 상대로 계약체결을 청구할 권리를 갖는데, 낙찰장소에서 바로 낙찰선언을 하는 일반입찰이나 전자조달시스템에 공고하는 방법으로 낙찰선언하는 전자입찰인 경우, 낙찰선언 그 자체가 낙찰자 선정통보와 같은 개념으로 이해해야 한다.

낙찰자는 발주기관으로부터 낙찰통지를 받은 후 10일 내에 계약을 체결할 의무도 부담하므로{물품구매(제조)입찰유의서 제17조 제1항, 용역입찰유의서 제16조 제1항, 공사입찰유의서 제19조 제1항}, 낙찰통지를 받고도 정당한 이유 없이 계약을 체결하지 않은 자는 부정당업자제재를 받을 수 있다(국가계약법 제27조 제1항 제9호 나목 참조).

1) 대법원 1978. 4. 11. 선고 78다317 판결.
2) 대법원 2006. 6. 29. 선고 2005다41603 판결.
3) 강인옥·최두선·최기웅, 공공계약 법규 및 실무 (최신개정3판), 광문각, 2019, 319쪽.

〔낙찰선언과 낙찰자 선정통보의 관계〕

낙찰선언과 낙찰자 선정통보가 같은 개념인지 문제된다. 가령, 국가계약법과 기획재정부 계약예규, 조달청 훈령은 낙찰선언, 낙찰통보, 낙찰자 선정통보 등 각각 다른 용어를 사용하기 때문이다. 그런데 낙찰선언이란 원칙적으로 발주기관이 개찰과 아울러 낙찰자 결정을 마치고 해당 입찰절차를 종료한다는 외부적 표시에 해당하기 때문에, 이것이 상대방에게 도달했을 때만 비로소 낙찰자 결정이라는 법률효과가 발생한다(민법 제111조 제1항 참조).

그러나 전자문서는 전자조달시스템에 입력된 때에 송·수신되었다고 보기 때문에(전자조달법 제11조 제2항 참조), 전자입찰에서는 발주기관이 전자조달시스템에 낙찰선언을 공고하면 낙찰자 결정의 효력이 발생한다고 본다. 가령, 전자입찰에서는 발주기관이 낙찰선언을 한 후에 별도로 낙찰자에게 낙찰자 선정통보를 하더라도, 이는 낙찰선언을 다시 확인하는 취지에 불과하다고 보아야 한다.

이렇게 보면, 법령이나 계약예규 등에서 각기 달리 표현하는 낙찰선언과 낙찰자 선정통보가 서로 다른 개념이라고 보기는 어렵다. 특히 앞에서 살펴본 바와 같이, 낙찰자 선정통보는 적격심사제나 종합심사낙찰제와 같이 개찰 후 곧바로 낙찰선언을 할 수 없을 때 사용하는 용어에 불과하다.

다만, 발주기관의 낙찰선언이 낙찰자에게 객관적으로 도달하지 않았다고 볼만한 특별한 사정이 있다면, 발주기관은 낙찰선언과는 별개로 낙찰자에게 낙찰통보를 해야 하고, 이것이 상대방에게 도달하여야 비로소 낙찰자 결정이라는 효과가 발생한다고 이해해야 한다.

제 3 절 낙찰자 결정의 방법

Ⅰ. 원칙

세입의 원인이 되는 경쟁입찰에서는 최고가격을 제시한 입찰자를 낙찰자로 하되, 계약목적, 입찰가격, 수량 등을 고려하여 대통령령으로 기준을 정한 경우에는 그렇지 않다(국가계약법 제10조 제1항). 국고의 부담이 되는 경쟁입찰에서는 충분한 계약이행능력이 있다고 인정되는 자로서 최저가격으로 입찰한 자, 입찰공고나 입찰설명서 명기된 평가기준에 따라 국가에 가장 유리하게 입찰한 자, 그 밖에 계약의 성질·규모 등을 감안하여 대통령령으로 특별히 정한 기준에 가장 적합하게 입찰한 자 중 어느 한 기준에 해당하는 입찰자를 낙찰자로 한다(국가계약법 제10조 제2항). 다만, 공사입찰로서 예정가격이 100억 원 미만인 공사는 재료비·노무비·경비와 각 비용에 대한 부가가치세 합계액의 100분의 98 미만으로 입찰한 자를 낙찰자로 해서는 안 된다(국가계약법 제10조 제3항).

Ⅱ. 낙찰적격심사의 정당성 판단기준

국고의 부담이 되는 입찰에서 최저가격 입찰자를 대상으로 적격심사를 했을 때, 그 심사가 정당하게 진행되었는지는 적격심사 당시 법령과 사실관계를 기준으로 판단해야 하고, 그 후 발생한 사정변경은 고려하지 않는다. 따라서 채무초과상태에 있는 주식회사에게 채무자회생법에 따른 보전처분결정이 있었다 하더라도, 그 후 회생절차개시신청기각, 회생절차폐지, 회생계획불인가결정이 확정되면 그 회사에 파산선고를 할 수 있으므로 보전처분결정 사실만을 이유로 그 회사가 파산 우려가 있는 상태에서 회복되었다고 할 수는 없고, 해당 회사는 계속 채무초과 상태에 있었던 만큼, 채무자회생법에 따른 보전처분결정이 있었더라도 여전히 파산 우려가 있는 상태로 보아야 한다. 결국 국가가 낙찰부적격 판정 당시 객관적인 사실관계에 따라 정당하게 부도·파산이 우려되는 상태에 있다고 판단했다면, 그 후 사정변경으로 업체가 부도·파산이 우려되는 상태에서 벗어났다 하더라도, 종전 낙찰부적격판정이 새삼스럽게 부당하다고 평가받지는 않는다.[1)]

Ⅲ. 낙찰자 결정을 위한 심사기준의 해석·적용

적격심사낙찰제에서 심사기준 항목을 해석·적용하면서, 행정처분에 해당하는 부정당업자 입찰참가자격제한 규정을 유추적용할 수 있는지 문제된다. 이에 대하여 대법원은 국가계약법 법 시행령 제76조 제4항은 같은 조 제1항부터 제3항의 규정에 따라 부정당업자로서 입찰참가자격의 제한을 받은 자가 법인 그 밖에 단체인 경우에는 그 대표자에게도 일정 기간 입찰참가자격을 제한하고, 같은 조 제5항은 같은 조 제1항부터 제4항의 규정에 따라 자격이 제한된 자를 대표자로 사용하여 그 대표자가 입찰에 관여하는 경우에는 그 사용자에게도 일정 기간 입찰참가자격을 제한한다고 규정하고 있으므로, 적격심사제도의 내용과 관련법령 규정의 취지에 비추어 보면, 입찰자의 적격심사를 담당하는 계약담당공무원이 전년도에 하자보수를 지체한 자에게 감점하도록 정한 심사기준의 특별신인도 항목을 해석·적용할 경우에는 부정당업자에 대한 입찰참가자격을 제한한 같은 법 시행령 제76조 제4항과 제5항을 유추적용하여, 하자보수를 지체하였던 법인의 변경 전 상호를 사용하고 그 법인의 대표자를 대표이사로 선임하여 입찰한 법인에게 하자보수를 지체하였던 법인과 마찬가지로 특별신인도 항목의 심사기준을 적용하여 감점조치한 것은 국가계약법상 적격심사 관련 규정의 해석·적용에서 정당한 결정의 범위 내에서 한 것이므로 위법하지 않다면서 유추적용을 인정한다.[2)] 그러

1) 대법원 1999. 6. 25. 선고 99다5767 판결.
2) 대법원 2006. 4. 28. 선고 2004다50129 판결.

나 적격심사낙찰제는 부정당업자제재 제도와 전혀 별개이므로, 위와 같은 해석은 책임주의와 엄격해석금지 원칙에 어긋나기 때문에 부당하다는 반대견해도 있다.[1)]

한편, 건설업자가 건설공사를 도급받아 시공하던 중 건설업 면허 대여행위에 대한 제재로서 건설업 면허가 취소되고 등록이 말소되었으나, 구 건설업법(1994. 1. 7. 법률 제4724호로 개정되기 전의 것) 제10조 제1항에 따라 시공을 계속하다가 신규로 면허를 취득하고 건설업 등록 후 나머지 공사를 완공한 경우, 그 나머지 공사 부분 가운데 단일구조물로서 독립하여 공사실적으로 인정될 만한 것이 있다 하더라도, 이를 신규 면허에 기초해 발주자로부터 새롭게 도급을 받아 완공하였다는 등 특별한 사정이 없다면, 위 신규 면허 취득 후 시공한 부분은 위 법 제10조 제1항에 따라 계속 시공한 것일 뿐 신규 면허를 보유한 건설업자로서 시공한 것이라 볼 수 없고, 위 법 제10조가 발주자를 보호하기 위한 규정이라는 점을 고려할 때, 위 법 제10조 제3항이 제1항 규정에 따라 건설공사를 계속하는 자를 해당 건설공사를 완성할 때까지 건설업자로 의제한다 하더라도, 위 시공은 건설업자의 실적 평가에서 건설업자가 한 시공으로 볼 수 없다.[2)]

Ⅳ. 2인 이상 같은 입찰가격 제출자 중 낙찰자를 결정하는 방법

같은 가격으로 입찰한 2인(종합심사낙찰제에 따른 공사·용역입찰에서는 합산점수가 동점인 상위 2인) 이상이 낙찰요건을 모두 갖추었다면, 어떤 자를 최종 낙찰자로 결정할지 문제된다(국가계약법 시행령 제47조 제1항 참조).

이에 살펴보면, ① 희망수량에 의한 입찰에서는 입찰수량이 많은 입찰자를 낙찰자로 결정하되, 입찰수량도 같으면 추첨으로 낙찰자를 결정한다(제1호). ② 계약이행능력을 심사하여 낙찰자를 결정하는 적격심사낙찰제에서는 계약이행능력과 일자리창출 실적 등 심사결과 최고점수인 자를 낙찰자로 결정하되, 해당 점수도 같으면 추첨으로 낙찰자를 결정한다(제2호). ③ 규격(기술)·가격분리 입찰에서는 규격·기술 우위자를 낙찰자로 결정하되, 규격이나 기술평가 결과도 같으면 추첨으로 낙찰자를 결정한다(제4호). ④ 종합심사낙찰제에서는 공사수행능력과 사회적 책임을 합산한 점수가 높은 자를 낙찰자로 결정하되, 해당 점수도 같으면 공사·용역의 규모나 특성 등을 반영하여 공사계약 종합심사낙찰제 심사기준 제13조 제2항이 정한 기준에 따라 낙찰자를 결정한다(제5호).

이 경우, 입찰자 중 출석하지 않은 자나 추첨하지 않은 자가 있으면, 입찰사무와 관계없는 공무원이 그를 대신하여 추첨할 수 있다(국가계약법 시행령 제47조 제2항). 다만, 입찰사

1) 김성근, 앞의 책(Ⅰ), 429쪽.
2) 대법원 2008. 2. 28. 선고 2007다79282 판결.

무와 관계없는 공무원이 아닌데도 불참자 등을 대신하여 해당 회사명을 기재하고 기명·날인이나 서명을 한 다음 입찰장소에 있는 다른 입찰자로부터 서명을 받아 이의없이 추첨한다고 확인받은 자 역시 추첨할 수 있고, 그 행위를 당연무효라고 보기는 어렵다.[1)]

제 4 절 낙찰자 결정의 효과

Ⅰ. 낙찰자의 지위

1. 일반론

발주기관이 낙찰자 결정을 하면, 이를 통보받은 상대방은 낙찰자 지위를 취득한다. 그런데 낙찰자는 계약상대자로 결정되어 계약체결을 청구할 수 있는 자[2)]에 불과하므로 계약상 권리·의무를 직접 갖는 계약당사자와 다르다. 따라서 낙찰자는 형성권인 예약완결권을 갖지 못한다. 다만, 발주기관은 낙찰자의 계약체결 청구권에 대응한 승낙의무를 부담한다. 그런데 현장에서 바로 낙찰자를 결정하는 입찰을 제외하고, 공사입찰이나 기술용역입찰 등과 같이 낙찰자 결정에 오랜 시간이 걸리는 경우에는 낙찰자 지위가 낙찰자 통보를 받은 때부터 발생하므로, 낙찰예정자는 서면으로 낙찰자 선정통보를 받기 전까지 낙찰자로서 지위를 인정받지 못한다(기술용역입찰특별유의서 제13조 제2항, 공사입찰특별유의서 제15조 제2항 참조).

한편, 낙찰자가 장래에 계약을 이행한 다음에 발주기관에게 청구할 수 있는 대금채권은 그 발생 기초가 확정되어 있어서 채권을 특정할 수 있을 뿐 아니라, 대금 권면액도 있으며, 가까운 장래에 채권이 발생하리라는 점도 상당히 확실하므로, 압류 및 전부명령 대상인 금전채권에 해당한다.[3)]

〔낙찰자 지위〕

낙찰자의 지위는 계약상대자로 결정되어 계약을 체결할 수 있는 지위에 불과하고 계약을 체결하여 계약상의 권리의무가 발생한 계약당사자의 지위와는 다르다고 보이므로, 최초 입찰에서 낙찰자지위 확인을 구하는 소에서 원고가 승소하더라도 원고는 계약당사자와 같이 공사대금 청구권 등 계약상 권리를 취득하는 것이 아니라 단순히 원고가 유효한 낙찰자 지위에 있다는 확인을 받아 그에 따른 계약을 체결하여 달라고 청구할 권리를 취득하는 것이므로, 이는 결국 금전으로 가액을 산출하기 어

---

1) 회제 41301-2009, 1999. 7. 1.
2) 대법원 1994. 12. 2. 선고 94다41454 판결.
3) 대법원 2002. 11. 8. 선고 2002다7527 판결.

려운 경제적 이익을 얻는 데 불과하므로 낙찰자지위확인을 구하는 소는 재산권상의 소로서 그 소가를 산출할 수 없는 경우에 해당한다(대법원 1994. 12. 2. 선고 94다41454 판결).

2. 낙찰자지위확인의 이익

실무에서는 적격심사대상자, 우선협상대상자, 낙찰자의 각 지위 확인을 구하는 소송이 많다. 가령, 낙찰자 결정에 탈락한 자가 발주기관을 상대로 낙찰자지위확인을 구하는 형태를 말한다. 이때 낙찰자로 선정된 자는 발주기관의 보조참가인으로서 소송에 참가하기도 한다.

대법원도 국가가 적격심사제를 적용한 입찰을 취소하자 2순위 적격심사대상자가 국가를 상대로 지위확인을 구한 사건에서, 이 사건 입찰취소가 효력이 없다고 할 경우, 2순위 적격심사대상자는 추후 진행되는 제1순위 적격심사대상자가 부적격판정을 받거나 계약을 체결하지 않으면 적격심사를 받아 낙찰자 지위를 취득할 수도 있으므로 2순위 적격심사대상자 지위확인과 입찰절차 취소, 입찰공고 무효확인을 구하는 이 사건 소는 단순한 사실관계나 과거의 법률관계 존부 확인에 불과하다 할 수 없고, 확인의 소로써 위험·불안을 제거하려는 법률상 지위는 반드시 구체적 권리로 뒷받침되지 않더라도 그 법률상 지위에 기초한 구체적 권리 발생이 조건이나 기한에 걸려 있거나 법률관계가 형성 과정에 있는 등 불확정적이라 하더라도 보호할 가치 있는 법적 이익에 해당하면 확인의 이익을 인정할 수 있다고 하였다.[1] 그러나 무효인 낙찰자 결정에 기초하여 계약을 체결한 자가 그 이행을 모두 마친 사건에서, 낙찰자지위를 확인할 이익은 더 이상 없다고 하였다. 즉, 국가나 지방자치단체가 실시하는 공사입찰에서 적격심사절차에 있는 하자로 낙찰자 결정이 무효인 경우, 하자 없는 적격심사에 따르면 정당한 낙찰자로 선정될 수 있다고 주장하는 자는 낙찰자지위 확인을 구할 수 있고, 이러한 법리는 위 입찰에 기초해 낙찰자와 계약을 체결한 이후에도 마찬가지이지만, 낙찰자가 해당 계약에 따라 이행까지 완료한 경우라면 더 이상 낙찰자 결정이 무효라고 주장하여 낙찰자지위확인을 구할 이익이 없다고 하였다.[2]

3. 이행이익

입찰자는 발주기관의 잘못으로 위법하게 낙찰자로 선정되지 못하였거나 계약을 체결하지 못한 경우, 그로 말미암아 입은 손해배상을 발주기관에게 청구할 수 있다. 가령, 발주기관이 입찰절차를 거쳐 낙찰자 결정을 하고도 정당한 이유 없이 본계약 체결을 거절한 경우,

1) 대법원 2000. 5. 12. 선고 2000다2429 판결.
2) 대법원 2004. 9. 13. 선고 2002다50057 판결.

낙찰자는 발주기관을 상대로 손해배상을 청구할 수 있다. 이때 손해배상범위는 원칙적으로 예약채무불이행에 따른 통상의 손해를 한도로 하므로, 낙찰자가 본계약 체결과 이행으로 얻을 수 있었던 이익, 즉 이행이익 상실에 따른 손해가 통상손해에 해당한다. 그리고 이러한 이익은 일단 본계약에 따라 상대방으로부터 지급받을 수 있는 급부인 낙찰금액이지만, 본계약 체결과 이행을 하지 않기 때문에 지출하지 않은 직·간접 비용은 당연히 배상액에서 공제해야 하고, 나아가 법원은 손해액의 공평·타당한 분담을 지도원리로 하는 손해배상제도 취지를 고려하여 본계약 체결 거절로 낙찰자가 이행과정에서 기울여야 할 노력이나 이에 수반하여 인수해야 할 사업상 위험을 면한 사정 등을 두루 고려해 객관적으로 수긍할 만한 손해액을 산정해야 한다.[1)]

Ⅱ. 발주기관의 승낙의무

계약목적물, 계약금액, 이행기 등과 같은 계약조건은 입찰공고와 입찰서를 매개한 당사자 합의로서, 발주기관이 낙찰자를 결정할 때에 해당 내용 등이 이미 확정된다고 보아야 한다. 따라서 발주기관은 계약 세부사항을 조정하는 정도를 넘어서 입찰공고와 달리 주요내용과 조건을 변경하거나 새로운 조건을 추가하지 못하며, 그렇지 않고 주요내용과 조건을 변경하거나 새로운 조건을 추가한다면, 이는 이미 성립한 예약에 따라 부담하는 승낙의무를 위반하는 행위에 해당한다.[2)]

Ⅲ. 이의제기

낙찰자로 선정되지 못한 자는 발주기관에게 이의를 제기할 수 있다(국가계약법 제28조 제1항 제4호). 특히 적격심사 대상자로 통보받아 전자입찰 집행자에게 적격심사신청서를 송신한 전자입찰자는 전자조달시스템에서 그 심사결과를 확인할 수 있고, 위 심사결과에 이의가 있으면, 심사결과 공개 당시에 정한 기간 안에 그 사유를 기재하여 전자조달시스템을 이용해 이의신청을 할 수 있다(국가종합전자조달시스템 전자입찰특별유의서 제14조 제2항 참조).

1) 대법원 2011. 11. 10. 선고 2011다41659 판결.
2) 대법원 2006. 6. 29. 선고 2005다41603 판결.

Ⅳ. 하자 있는 낙찰자 결정

1. 무효 사유 있는 낙찰자 결정

가. 낙찰자 결정의 무효요건

낙찰자 결정의 근거는 결국 국가계약법을 포함한 다양한 입찰집행기준(계약예규, 고시 등)이다. 그런데 발주기관이 위 규정을 위반하여 낙찰자를 결정했다면, 그 낙찰자 결정을 무효로 보아야 하는지 문제된다.

대법원은 일찌감치 이러한 입찰집행기준이 국가가 사인과 사이에서 계약관계를 공정하고 합리적·효율적으로 처리하도록 관계 공무원이 지켜야 할 계약사무처리에 필요한 사항을 규정한 것으로서, 국가 내부규정에 불과하다고 했다.[1] 따라서 이러한 입찰집행기준을 위반하여 낙찰자 결정을 했다 하더라도 그 자체만으로 사법상 효력까지 부정할 수 없으므로, 해당 낙찰자 결정을 당연무효나 취소 대상으로 보긴 어렵다.

다만, 위 하자가 입찰절차의 공공성과 공정성을 현저히 침해할 정도로 중대할 뿐만 아니라 상대방도 이러한 사정을 알았거나 알 수 있었을 경우, 그 밖에 누가 보더라도 낙찰자 결정이나 계약체결이 선량한 풍속 기타 사회질서에 반하는 행위에 따른 것이 분명한 경우 등 이를 무효로 하지 않으면 그 절차를 규정한 국가계약법 취지를 몰각하는 결과에 이르는 등 특별한 사정이 있다면, 해당 낙찰자 결정은 무효로 보아야 한다.[2][3]

나. 무효인 낙찰자 결정과 계약의 효력

한편, 낙찰자 결정에 무효사유에 해당하는 하자가 있는 경우, 발주기관이 그 낙찰자와 체결한 계약도 무효인지 문제이다. 이에 대하여 ① 입찰무효에서 살펴본 바와 같이, 낙찰자 결정이 무효면 당연히 뒤따르는 계약도 무효라고 보는 견해, ② 이미 체결한 계약을 무효로 보면, 법적 안정성을 해친다는 근거로 계약을 유효로 보는 견해, ③ 무효인 낙찰자 결정에 따른 계약은 당연히 무효지만, 계약체결 이후 상당한 이행이 있었던 때는 예외적으로 유효로 보는 견해가 대립한다.

그러나 이 문제 역시 대법원 판례 법리에 따라 해결하면 된다. 즉, 낙찰자 결정에 무효사유가 있다고 하여 당연히 후속 계약까지도 무효라고 단정할 수 없으나, 계약의 효력을 인정하는 결과가 공공계약의 공공성과 공정성을 현저히 침해할 정도에 이르고 계약상대자도

---

1) 대법원 2001. 12. 11. 선고 2001다33604 판결.
2) 대법원 2001. 9. 19.자 2000마5084 결정, 대법원 2001. 11. 15.자 2001마3373 결정, 대법원 2001. 12. 11. 선고 2001다33604 판결.
3) 이와 같은 대법원 판례를 비판한 견해로, 김성근, 앞의 책(Ⅰ), 416-423쪽도 참조.

이런 사정을 알았거나 알 수 있었을 경우, 해당 계약체결이 선량한 풍속 기타 사회질서에 어긋나는 경우에 해당한다면 무효인 낙찰자 결정에 따른 계약도 무효로 보아야 한다.

나아가 계약체결 후 그 이행이 상당히 진행되었다면, 계약 효력을 부정할 경우 공익에 막대한 손해가 발생할 수 있으므로, 그러한 특별한 사정이 있다면 계약무효확인을 구할 이익을 인정하기 어려울 것이다.

2. 취소사유 있는 낙찰자 결정

낙찰자 결정은 사법상 행위인 만큼, 민법에 따른 취소사유가 있으면 취소할 수 있다. 따라서 발주기관이 착오나 사기·강박으로 말미암아 낙찰자를 선정하고, 이를 입찰자에게 통지했다면, 해당 낙찰자 결정을 취소할 수 있다(민법 제109조, 제108조 참조). 가령, 세입의 원인이 되는 경쟁입찰에서 예정가격 이상으로 최고가격을 제출한 입찰자를 낙찰자로 결정해야 하는데, 착오로 최고가격이 아닌 입찰자를 낙찰자로 결정했다면, 해당 입찰이나 개찰상황 등을 고려할 때 중대한 과실이 있다고 평가되지 않는 한, 낙찰자결정을 취소할 수 있으며, 적법한 취소가 있으면 정당한 입찰자를 새로운 낙찰자로 선정해야 한다.[1]

한편, 계약예규에도 낙찰자 결정 후 낙찰부적격 사유를 발생한 경우, 해당 낙찰자 결정을 취소하고 후속 조치를 하도록 규정한다. 가령, 발주기관은 낙찰자로 결정된 자가 계약체결 이전에 입찰무효 등 부적격자로 판명된 경우 낙찰자 결정을 취소하고, 그 부적격자를 제외하고도 2인 이상 유효한 입찰이 성립하였다면 차순위자 순으로 필요한 심사 등을 실시하여 낙찰자를 결정한다(공사입찰유의서 제18조 제6항). 여기서 부적격자란 발주기관이 착오로 잘못 결정한 낙찰자, 허위서류 제출 등에 따른 입찰무효 사유가 있는 낙찰자와 같이 원래대로라면 낙찰받지 못했을 자를 말한다. 따라서 원래 낙찰받지 못했을 자가 아니라면, 설령 낙찰을 받고 공사이행보증서를 발급받지 못했다 하더라도 부적격자라 할 수는 없다.[2]

〔적격심사기준 위반으로 낙찰자 결정을 취소한 후 차순위자를 낙찰자로 선정한 것이 무효인지〕

① 채무자가 나라장터 시스템에 등록된 11명 이상의 기술자를 보유하고 있어야 한다는 적격심사 세부기준을 입찰공고 등을 통해 입찰참가자들에게 고지하거나 제시함으로써 입찰참가업체인 채권자도 이를 용인하고 입찰에 참가하였고, 입찰절차에서의 무효·취소사유 및 그 불이익에 관한 내용은 채무자 및 채권자 양자에게 모두 적용되어야 하는 점, ② 공사입찰유의서 제18조 제6항에는 '계약담당공무원은 낙찰자로 결정된 자가 계약체결 이전에 입찰무효 등 부적격자로 판명되어 낙찰자 결정

1) 회제 2210-2988, 1991. 12. 4.
2) 회계제도과-705, 2009. 4. 15.

이 취소된 경우로서 동 부적격자를 제외하고 2인 이상 유효한 입찰이 성립되어 있는 때에는 차순위자 순으로 필요한 심사 등을 실시하여 낙찰자를 결정한다'고 되어 있는 점, ③ 채권자는 나라장터 시스템에 10명의 기술자만 보유한 것으로 등록되어 있었으므로 적격심사 세부기준 3. '다'호의 조건을 갖추지 못한 결격자로서 감점을 받을 대상자에 해당하는 점, ④ 채무자가 적격심사 세부기준을 잘못 적용하여 채권자를 낙찰자로 선정한 이 사건 낙찰자 선정결정을 곧바로 취소하고 새로운 적격심사를 통하여 선봉종합건설을 낙찰자로 결정한 조치에 별다른 하자가 있어 보이지 않을 뿐 아니라, 설령 선봉종합건설을 낙찰자로 결정한 조치에 일부 하자가 있더라도 그러한 하자가 입찰절차의 공공성과 공정성이 현저히 침해될 정도로 중대하고 누가 보더라도 낙찰자의 결정 및 계약체결이 선량한 풍속 기타 사회질서에 반하는 행위에 의하여 이루어진 것임이 분명하여 위 조치를 무효로 하지 않으면 그 절차에 관하여 규정한 관계법령 및 심사기준의 취지를 몰각하는 결과가 되는 특별한 사정이 있는 경우에 해당한다고 볼 자료도 없는 점 등을 종합하여 보면, 채무자가 채권자에 대한 이 사건 낙찰자 취소결정을 하고 새로운 적격심사를 통하여 차순위자인 선봉종합건설을 낙찰자로 결정한 조치가 위법하거나 당연 무효라고 볼 수 없고, 오히려 이 사건 낙찰자 취소결정은 적격심사 세부기준을 잘못 적용하여 채권자를 낙찰자로 선정한 낙찰자 선정결정의 잘못을 바로잡은 정당한 조치라고 봄이 상당하다(대법원 2014. 1. 23.자 2013마2088 결정).

제5절 낙찰자 결정의 유형별 고찰

Ⅰ. 개관

세입의 원인이 되는 경쟁입찰에서는 예정가격 이상으로서 최고가격으로 입찰한 자를 낙찰자로 한다(국가계약법 시행령 제41조). 반대로, 국고의 부담이 되는 경쟁입찰과 관련하여, 법은 입찰유형에 따라 다양한 낙찰자 결정방법을 규정한다. 자세히 살펴보면, ① 물품입찰, 용역입찰, 공사입찰에서 공통으로 적용되는 적격심사낙찰제, ② 용역입찰, 공사입찰에 공통으로 적용되는 종합심사(평가)낙찰제, ③ 물품입찰과 용역입찰에 공통으로 적용되는 2단계 경쟁입찰, 협상에 의한 계약, 경쟁적 대화에 의한 계약, ④ 물품입찰에만 적용되는 희망수량 경쟁입찰, 종합낙찰제(품질 등에 의한 낙찰자 결정), 유사 물품의 복수경쟁입찰, ⑤ 용역입찰에만 적용되는 설계공모, ⑥ 공사입찰에만 적용되는 일괄입찰, 대안입찰, 기본설계입찰, 기술제안입찰 등 있다. 도표로 나타내면 아래와 같다.

낙찰자 결정방법	구분	설명	근거
적격심사	물품 용역 공사	예정가격 이하로서 최저가격으로 입찰한 자 순으로 계약이행능력을 심사하여 일정 수준 이상 점수를 받은 우량업체를 낙찰자로 결정하는 제도	국가계약법 시행령 제42조 지방계약법 시행령 제42조
종합심사(평가)	용역 공사	예정가격 이하로서 이행실적, 기술능력, 재무상태, 과거 계약이행 성실도, 자재와 인력조달가격·하도급관리계획·외주근로자 근로조건 이행계획 적정성, 계약질서 준수정도, 과거공사 품질정도, 입찰가격 등을 종합 심사하여 합산 점수가 가장 높은 자를 낙찰자로 결정하는 제도	국가계약법 시행령 제42조 지방계약법 시행령 제42조의3
2단계 경쟁	물품 용역	미리 적절한 규격 등 작성이 곤란하거나 그 밖에 계약특성상 필요하다고 인정하여 먼저 규격이나 기술입찰을 실시한 후 적격자만 가격입찰을 실시하여 예정가격 이하로서 최저가격으로 입찰한 자를 낙찰자로 결정하는 제도	국가계약법 시행령 제18조 지방계약법 시행령 제18조
협상에 의한 계약	물품 용역	계약이행 과정에서 전문성, 기술성, 긴급성, 공공시설물 안정성, 그 밖에 국가안보 등이 필요한 경우 다수 입찰자로부터 제안서와 가격입찰서를 제출받아 평가한 후, 우선협상대상자를 선정하고 협상절차를 거쳐 국가에 가장 유리하다고 인정되는 자를 낙찰자로 선정하는 제도	국가계약법 시행령 제43조 지방계약법 시행령 제43조
경쟁적 대화에 의한 계약	물품 용역	제안업체와 대화를 하여 발주기관 요구를 충족하는 대안을 찾아 과업 등을 확정한 후 이를 바탕으로 최적의 제안업체를 낙찰자로 선정하는 제도	국가계약법 시행령 제43조의3 지방계약법 시행령 제44조의2
희망수량경쟁	물품	1인 계약상대자가 단독으로 수행하기 어려운 다량 물품을 예정가격 이하로서 최저가격(단가)으로 입찰한 자 순으로 수요물량에 도달할 때까지 입찰자를 낙찰자로 선정하는 제도	국가계약법 시행령 제17조 지방계약법 시행령 제17조
품질등에 의한 낙찰자 결정	물품	입찰가격 외에 품질 등을 종합적으로 고려하여 예정가격 이하로서 가장 경제성이 있는 가격으로 입찰한 자를 낙찰자로 선정하는 제도	국가계약법 시행령 제44조 지방계약법 시행령 제45조
유사 물품 복수경쟁	물품	품질·성능·효율 등에 차이가 있는 비슷한 종류의 물품 가운데 품질·성능·효율 등이 일정 수준 이상인 물품을 지정하여 구매할 때 비슷한 종류의 물품별로 작성된 예정가격에 대한 입찰금액 비율이 가장 낮은 입찰자를 낙찰자로 결정하는 제도	국가계약법 시행령 제25조 지방계약법 시행령 제24조
시범특례에 따른 계약체결	물품 용역 공사	기획재정부장관이 해당 계약체결과 관련하여 한시적으로 정하는 기준·절차에 따라 국가에 가장 유리하다고 인정되는 자를 낙찰자로 결정하는 제도	국가계약법 시행령 제47조의2

낙찰자 결정방법	구분	설명	근거
중소기업자간 경쟁제품계약 이행능력심사	물품	중소기업자간 경쟁입찰에서 적정한 품질과 납품 가격의 안정을 위해 중소기업자의 계약이행능력을 심사하여 계약상대자를 결정하는 제도	판로지원법 제7조
설계공모	용역	상징성, 기념성, 예술성 등 창의성이 필요한 용역을 할 때 설계공모에 당선된 자를 낙찰자로 결정하는 제도(해당 건축물의 정체성을 확보할 수 있는 우수한 설계작품을 선정하여 계약상대자를 결정하는 제도)	건축서비스산업 진흥법 시행령 제17조 지방계약법 시행령 제42조의4
대안입찰	대형 공사	대안입찰서의 대안입찰가격이 일정한 요건을 모두 충족하는 낙찰적격입찰을 선정하고, 낙찰적격입찰의 대안입찰서에 대한 적격 통지가 있으면, 그 중 설계점수가 높은 순으로 최대 6개 대안을 선정한 후 대안설계점수가 원안설계점수보다 높은 것을 대안으로 채택하고, 채택된 대안을 제출한 자 중 해당 공사에 가장 적합하다고 심의한 방법으로 낙찰자를 결정	국가계약법 시행령 제86조 지방계약법 시행령 제99조
일괄입찰	대형 공사	기본설계입찰에서 적격 통지받은 설계를 제출한 입찰자 중 설계점수가 높은 순으로 최대 6인을 선정한 후 해당 공사에 가장 적합하다고 심의한 방법으로 실시설계적격자를 결정하고, 해당 실시설계의 적격 통지가 있으면 그 실시설계를 제출한 자를 낙찰자로 결정	국가계약법 시행령 제87조 지방계약법 시행령 제100조
실시설계 기술제안입찰	공사	기술제안서 적격을 받은 자로서 예정가격 이하로 입찰한 자 중 기술제안점수가 높은 순으로 최대 6명을 선정하고, 그 중 해당 공사에 가장 적합하다고 심의한 방법으로 낙찰자를 결정	국가계약법 시행령 제104조 지방계약법 시행령 제133조
기본설계 기술제안입찰	공사	기술제안서 또는 실시설계서 적격을 받은 자로서 기술제안점수가 높은 순으로 최대 6명을 선정하고, 그 중 해당 공사에 가장 적합하다고 심의한 방법으로 실시설계적격자를 선정한 다음, 실시설계 적격을 받은 자를 낙찰자로 선정	국가계약법 시행령 제106조 지방계약법 시행령 제135조

〔참고〕 최저가격낙찰제

최저가격낙찰제란 예정가격 이하로서 최저가격으로 입찰한 자를 낙찰자로 결정하는 제도를 말한다. 과거 국가계약법 시행령 제42조 제4항(2015. 12. 31. 대통령령 제26829호로 개정되기 전의 것)은 일정한 공사입찰에서 최저가낙찰제를 규정했다. 즉, 발주기관은 추정가격이 100억 원 이상인 공사입찰의 경우에는 예정가격 이하로서 최저가격으로 입찰한 자부터 입찰금액의 적정성을 심사하여 낙찰자를 결정하도록 했다.

그러나 2015. 12. 31. 국가계약법 시행령 개정에 따라 같은 조항이 이른바 종합심사낙찰제로 변경되면서, 사실상 최저가낙찰제는 폐지되었다.

Ⅱ. 내용

1. 적격심사낙찰제

가. 개념

적격심사낙찰제란 국고의 부담이 되는 입찰에서 최저가 입찰자부터 계약이행능력을 심사하여 가격점수와 계약이행능력 점수가 일정 점수보다 높은 자를 낙찰자로 결정하는 제도이다. 적격심사낙찰제는 국고의 부담이 되는 경쟁입찰에서 여러 입찰자 중 낙찰적격자를 결정하는 제도이므로, 특정인과 수의시담을 거쳐 체결하는 수의계약에는 적용하지 않는다.

그런데 적격심사낙찰제에서는 입찰가격을 평가할 때 입찰가격이 낮다고 하여 무조건 높은 점수를 주지 않고, 일정한 가격까지 점수를 점차 높게 주되, 그보다 더 낮은 가격부터는 감점하도록 하여 저가경쟁에 따른 부실 이행을 방지하는 장치를 둔다. 따라서 적격심사낙찰제를 적용하기 위해서는 입찰참가자격사전심사의 변별력이 명확해야 하고, 입찰자가 예정가격을 알지 못해야 한다는 전제가 더욱 필요하다.[1]

적격심사낙찰제는 최저가로 입찰한 자를 바로 낙찰자로 결정하는 최저가낙찰제와 구별해야 한다. 최저가낙찰제는 가격 위주로 평가하는 방식이지만, 적격심사낙찰제는 가격과 아울러 계약이행능력까지 종합평가하는 방식이기 때문이다.[2] 최저가낙찰제는 입찰금액이 낮은 자가 곧 낙찰자이므로 발주기관이 낙찰자 결정을 위한 재량을 거의 갖지 못하나, 적격심사낙찰제는 입찰금액과 별도로 계약이행능력 심사가 있으므로, 발주기관이 낙찰자 결정을 위한 재량을 갖는다.

나. 도입배경

과거 낙찰제도는 최저가낙찰제 등 주로 가격경쟁 원리에 따라 운영되었고, 그 결과 계약이행능력이 부족한 자가 낙찰자로 선정되는 바람에 부실시공 등이 발생하기도 했다. 한편, 우리나라는 정부조달협정 가입에 따른 대외개방으로 말미암아 낙찰제도 역시 위 협정에 부합해야 한다는 문제에 직면했다. 이에 공공계약법은 가격경쟁뿐만 아니라 공사수행실적, 기술능력, 재무상태, 신인도 등 계약이행능력을 평가하는 적격심사낙찰제를 도입하였다.[3]

다. 특성

적격심사낙찰제는 입찰가격만이 아니라 계약이행능력 심사를 거쳐 부적격자를 배제할

---

1) 김성근, 앞의 책(Ⅰ), 435쪽.
2) 김성근, 앞의 책(Ⅰ), 435쪽.
3) 김성근, 앞의 책(Ⅰ), 434쪽.

수 있다는 장점이 있다.[1] 또한, 최저가낙찰제의 가장 큰 단점인 무리한 저가경쟁과 입찰담합을 방지하면서도 입찰금액이 적정한지까지도 심사하여 발주기관에게 가장 적합한 낙찰자를 선정할 수 있다는 장점도 있다.

그럼에도 현실은 대부분 입찰자가 계약이행능력, 특히 공사수행능력 부분에서 만점에 가까운 점수를 받는 경향이고, 그에 따라 낙찰하한율에 가깝게 입찰가격을 제시한 자가 낙찰자로 선정된다. 가령, 적격심사낙찰제로 발주하는 공사에서는 발주기관이 미리 물량내역서를 작성·배포하므로, 입찰참가자가 이런 물량내역서에 표준품셈 등을 적용하여 예정가격을 정확히 산정할 수 있으면, 모든 입찰참가자는 낙찰 가능한 최저금액으로 입찰에 참가할 수 있다. 물론 이러한 부작용을 막기 위해 복수예비가격제도를 적용하지만,[2] 복수예비가격제도 아래에서는 운 좋게 실제 예정가격을 정확히 맞춘 자가 낙찰자로 선정되므로 '운찰제'라는 비판을 받기도 한다.[3]

라. 법적 근거

발주기관은 국고의 부담이 되는 경쟁입찰에서 예정가격 이하로서 최저가격으로 입찰한 자 순서로 계약이행능력이나 일자리창출 실적 등을 심사하여 낙찰자를 결정한다(국가계약법 시행령 제42조 제1항). 이 중 계약이행능력은 해당 입찰자의 이행실적, 기술능력, 재무상태, 과거 계약이행 성실도, 자재와 인력조달가격·하도급관리계획·외주근로자 근로조건 이행계획의 적정성, 계약질서 준수정도, 과거 공사의 품질정도나 입찰가격 등을 종합적으로 고려하여 장관이 정하는 심사기준에 따라 세부심사기준을 정하여 적격여부를 심사하며, 발주기관은 그 심사 결과 적격하다고 인정하는 입찰자를 낙찰자로 결정한다(국가계약법 시행령 제42조 제2항). 다만, 공사나 물품 등의 특성상 필요하다고 인정할 때는 기획재정부장관과 협의를 거쳐 직접 심사기준을 정할 수 있다(국가계약법 시행령 제42조 제5항).

기획재정부 계약예규인 적격심사기준이 있고, 행정안전부 예규인 지방자치단체 입찰 및 계약 집행기준이 있으며, 그 밖에 중소벤처기업부, 조달청, 방위사업청, 국방부, 국토지리정보원, 산업자원부, 문화재청 등은 적격심사 세부기준을 제정하여 시행하고 있다. 다만, 아래에서는 기획재정부 계약예규인 적격심사기준을 중심으로 살펴본다.

마. 절차

1) 낙찰자결정방법 등 공고

발주기관은 적격심사낙찰제에 따라 공사, 물품, 용역을 집행할 경우, 낙찰자 결정방법,

---

1) 정태학 외 3인, 앞의 책, 132쪽.
2) 복수예비가격제도는 이 책 167쪽 참조.
3) 정태학 외 3명, 앞의 책, 137쪽.

적격심사기준 열람 관련 사항, 심사에 필요한 서류와 그 제출기한, 낙찰자 통보 예정일 등을 입찰공고와 함께 공고해야 한다(적격심사기준 제2조).

2) 세부심사기준 등 열람·교부

발주기관은 입찰에 참가하려는 자가 열람하도록 ① 세부심사기준, ② 심사에 필요한 증빙서류의 작성요령과 제출방법, ③ 그 밖에 심사에 필요한 사항 등 서류를 비치해야 하며, 입찰에 참가하고자 하는 자의 요구가 있으면 입찰관련서류와 함께 이를 교부해야 한다(적격심사기준 제3조 제1항). 세부심사기준 등 열람·교부기간은 입찰공고일부터 입찰등록마감일까지로 한다(적격심사기준 제3조 제2항). 발주기관은 필요하다고 인정하면 전자조달시스템에 위에서 말한 각 서류를 게재하는 방법으로 서류 교부를 갈음할 수 있다. 다만, 입찰에 참가하고자 하는 자가 문서로 교부를 요구하면, 해당 서류를 교부해야 한다(적격심사기준 제3조 제3항).

3) 심사자료요구

발주기관은 개찰 후 예정가격 이하로서 최저가 입찰자에게 적격심사에 필요한 서류를 제출하라고 요구해야 한다. 다만, 그 제출기한을 분명히 해야 하며, 제출기한은 요구 통보를 받은 날부터 5일 이상으로 하여야 한다(적격심사기준 제4조 제1항).

한편, 발주기관은 적격심사대상자로부터 제출받은 적격심사 서류 중 첨부목록에는 있지만 실제 첨부되지 않은 서류가 있거나, 제출된 서류가 불명확하여 인지할 수 없는 경우, 적격심사대상자에게 기한을 정하여 보완을 요구할 수 있다. 보완기간은 요구 통보를 받은 날부터 3일 이상으로 하여야 한다(적격심사기준 제4조 제2항). 여기서 '첨부목록에 있는 서류가 첨부되어 있지 않은 경우'는 비교적 쉽게 판단할 수 있지만, '제출된 서류가 불명확하여 인지할 수 없는 경우'가 정확히 어떤 경우인지 문제인데, 가령 제출된 서류의 인쇄상태가 나빠서 발주기관이 그 내용을 확인하기 어려운 경우, 필요하지 않은 서류를 잘못 제출한 경우, 필요서류가 아예 제출되지 않은 경우를 모두 포함한다고 본다. 그런데 적격심사대상자가 지정 기한까지 발주기관이 보완 요구한 서류를 제출하지 않는다면, 발주기관은 처음에 제출받은 서류만으로 심사하되, 처음에 제출받은 서류가 불명확하여 심사하기 곤란하다면 심사에서 제외한다(적격심사기준 제4조 제3항).

바. 심사

1) 심사기준

가) 심사항목과 배점한도

공사를 위한 적격심사 항목이나 배점한도는 별표로 정한다(적격심사기준 제5조 제1항). 그러나 공사의 특성상 필요하다고 인정할 때는 발주기관이 기획재정부장관과 협의를 거쳐 직접 심사기준을 정할 수 있다(국가계약법 시행령 제42조 제5항, 적격심사기준 제5조 제2항). 그러나 물품·용역을 위한 적격심사 항목이나 배점한도는 발주기관이 적격심사기준 별표에서 정한 적격심사 항목과 배점한도를 준용하여 기획재정부장관과 협의를 거쳐 결정한다(적격심사기준 제5조 제1항). 물품·용역은 공사와 달리 적격심사 항목이나 배점기준을 발주기관마다 달리 정할 수 있다는 뜻이다. 다만, 발주기관은 물품이나 용역의 특성상 필요하다고 인정할 경우 기획재정부장관과 협의를 거쳐 직접 심사기준을 정할 수 있다(국가계약법 시행령 제42조 제5항, 적격심사기준 제5조 제2항).

한편, 발주기관은, 계약상대자가 정당한 이유 없이 매 분기별로 외주근로자에 대한 근로조건의 이행 여부 확인에 필요한 임금지급 명세서, 보험료 납입증명서 등 관련 서류를 제출하지 않거나 외주근로자에 대한 근로조건을 이행하지 않은 경우, 해당 계약상대자를 전자조달시스템에 게재하고 그 사실을 계약상대자에게 통보해야 하는데(용역계약일반조건 제38조 제4항), 이에 따라 전자조달시스템에 제재된 업체는 게재일로부터 1년 동안 적격심사 신인도 평가에서 감점을 받을 수 있고, 입찰공고일 기준으로 과거 1년 내에 미이행 횟수가 2건 이상이라면 추가로 감점받을 수 있다(적격심사기준 제5조 제4항).

나) 심사기준일

심사항목별 심사기준일은 입찰공고일이다(적격심사기준 제5조 제5항). 따라서 입찰공고를 하지 않는 재입찰에서는 최초 입찰공고일이, 입찰공고를 하는 재공고입찰에서는 재공고입찰일이 각 심사기준일이다. 한편, 입찰공고 중 명백한 착오나 오류가 있으면 정정공고를 할 수도 있는데, 정정공고는 새로운 입찰공고가 아니기 때문에 정정공고가 있는 경우에도 심사기준일은 최초 입찰공고일이다.

다) 세부심사기준

세부심사기준은 적격심사기준이 정한 바에 따라 적격업체가 선정되도록 정해야 한다(적격심사기준 제6조 제1항). 공사를 위한 세부심사기준에는 교량, 터널, 지하철, 전기, 정보통신 등 각 공사 종류별로 그 공사의 특성·목적, 내용 등을 종합 고려하여 적격심사기준 별표에 있는 분야별 배점한도(입찰가격 제외)를 20% 범위에서 가·감 조정할 수 있고, 항목별(신인도 제외) 세부사항을 추가하거나 제외할 수 있다(적격심사기준 제6조 제2항).

다만, 대법원은 세부심사기준에 있는 규정은 법규가 아니어서 법원이나 국민을 구속하는 효력이 없으므로, 그 규정에 맞지 않은 방법으로 적격심사 대상자에게 시공실적을 인정했더라도, 실제로 그와 같은 시공실적이 있다는 사실이 분명하다면, 적격심사 결과에는 영향이 없으며, 비록 전기공사업법에서 원칙적으로 하도급을 금지하였더라도 그 공사실적을 고려한 적격심사 자체를 위법하다고 평가할 수 없다고 본다.[1)]

2) 심사방법

가) 심사대상자

발주기관은 예정가격 이하로서 최저가로 입찰한 자 순으로 심사해야 한다. 다만, 예정가격이 100억 원 미만인 공사에서 예정가격 가운데 재료비·노무비·경비와 각 부가가치세를 모두 합한 금액의 100분의 98 미만으로 입찰한 자는 심사대상에서 제외한다(적격심사기준 제7조 제1항 제1호, 제2호).

나) 심사기한

발주기관은 적격심사에 필요한 서류 등을 제출 마감일이나 보완일로부터 7일 안에 심사해야 한다. 다만, 불가피한 사유가 있으면 3일 범위에서 그 기간을 연장할 수 있다(적격심사기준 제7조 제2항).

그러나 재난 및 안전관리 기본법 제3조 제1호의 재난이나 경기침체, 대량실업 등으로 말미암은 국가 경제위기를 극복하기 위해 기획재정부 장관이 기간을 정하여 고시한 경우, 추정가격이 10억 원 미만인 공사계약이나 추정가격 2억 원 미만인 물품·용역계약에서는 심사서류 제출마감일이나 보완일로부터 4일 안에 심사해야 한다. 다만, 불가피한 사유가 있으면 2일 범위에서 그 기간을 연장할 수 있다(적격심사기준 제7조 제5항 제1호, 제2호).

다) 공동수급체 심사

공동수급체는 분야별·항목별로 다음과 같이 심사한다. 즉, 시공경험·기술능력은 공동수급체 구성원별로 각각 시공경험, 기술능력에 공사참여 지분율(시공비율)을 곱하여 산정한 다음 이를 합산하여 산정하고, 경영상태·신인도는 공동수급체 구성원별로 각각 산출한 점수에 시공비율을 곱하여 이를 합산한다(적격심사기준 제7조 제3항 전문 제1호, 제2호). 이때, 공동수급체 구성원 사이에 시공능력공시액, 실적, 기술보유상황 등 보완을 위해 공동계약을 하는 경우라면 세부심사기준 작성에서 이를 우대할 수 있다(적격심사기준 제7조 제3항 후문).

한편, 발주기관이 공사를 성질별·규모별로 유형화하여 이에 상응하는 경쟁제한기준을

1) 대법원 2003. 4. 25. 선고 2003다5870 판결.

정하고 이를 미리 전자조달시스템에 공고하여 경쟁참가적격자로 하여금 등록신청하게 한 경우에는, 공동수급체 구성원의 공사수행능력 심사방법을 세부심사기준에 따로 정할 수 있다(적격심사기준 제7조 제4항).

라) 공사계약 특칙

건설산업기본법에 따라 종합공사 건설업종을 등록한 건설사업자(종합건설사업자)와 전문공사 건설업종을 등록한 건설사업자(전문건설사업자)가 모두 참여하는 입찰의 시공경험, 경험상태(경영상태 심사방법 중 최근 연도 부채비율과 유동비율, 영업기간), 하도급관리계획의 적정성 심사, 그 밖에 심사분야와 심사항목은 별표에 따르되, 다음 방법을 적용한다(적격심사기준 제7조 제6항).

첫째, 시공경험은 국토교통부 고시 종합·전문업종간 상호시장 진출을 위한 건설공사실적 인정기준을 기준으로 한다. ① 전문건설사업자가 전문공사로 구성된 추정가격 10억 원 이상인 종합공사에 참여하는 경우에는, 입찰공고에 명시한 추정금액 기준 전문업종별 구성비율로 배점을 구분하고 각 전문업종별로 평가해 합산한다. ② 2026. 12. 31.까지 입찰공고한 공사로서 전문건설사업자가 전문공사로 구성된 추정가격 10억 원 미만 3억 원 이상인 종합공사에 참여하는 경우에는, 각 전문업종별 실적을 합산해 평가한다. 다만, 입찰공고에 명시한 각 전문업종별 추정금액(공동수급체 구성원은 추정금액에 공사참여 지분율을 곱한 값) 대비 1/5 미만인 업종이 있으면, 입찰공고에 명시한 추정금액 기준 전문업종별 구성비율로 배점을 구분하고 각 전문업종별로 평가해 합산한다. ③ 전문건설사업자가 전문공사로 구성된 종합공사에 참여하는 경우로서 2021. 1. 1. 이후 전문걸선사업자의 자격으로 취득한 종합공사 실적을 보유한 경우에는 해당 종합공사 실적을 우선 평가(종합건설사업자의 종합공사 평가방법과 같음)하고 배점한도를 충족하지 못할 경우 잔여 배점을 기준으로 ①, ②에 따라 전문업종별 실적을 평가하여 합산한다.

둘째, 경영상태(최근 연도 부채비율과 유동비율)은 관련 협회가 조사·통보한 종합건설사업자와 전문건설사업자 가중평균비율을 기준으로 한다. ① 종합건설사업자의 부채비율과 유동비율은 종합건설사업자가 가중평균비율을 기준으로 등급을 정해 평가한다. ② 전문건설사업자의 부채비율과 유동비율은 전문건설사업자 가중평균비율을 기준으로 등급을 정해 평가한다. 다만, 전문건설사업자가 전문공사에 참여하는 경우 전문건설사업자의 부채비율과 유동비율은 해당 전문공사 업종의 가중평균비율을 기준으로 등급을 정해 평가한다.

셋째, 경영상태(영업기간)는 별표에 따라 산정하되, ① 종합공사에 전문건설사업자가 참여하는 경우에는 해당 종합공사를 구성하는 전문공사 참여 업종 등록일 가운데 가장 빠른 날부터 심사기준일까지 기간을 기준으로 하고, ② 전문공사에 종합건설사업자가 참여하는 경우에는 입찰공고에 입찰참가자격으로 명시한 종합공사 참여 업종 등록일 가운데 가장 빠른 날부터 심사기준일까지 기간을 기준으로 한다.

셋째, 하도급관리계획의 적정성은 별표에도 불구하고, 직접 시공하는 경우에는 배점한도를 부여한다.

한편, 발주기관은 국토교통부 고시 건설공사 발주 세부기준 제8조의2에 따라 (주력)업무분야를 시공자격으로 발주한 전문공사 입찰의 시공경험을 (주력)업무분야 실적으로 평가하며, 그 밖에 심사분야와 심사항목은 별표를 따른다(적격심사기준 제7조 제7항).

마) 부정당업자제재에 따른 불이익 삭제

과거에는 부정당업자 입찰참가자격제한을 받은 자에게 적격심사에서 감점을 부과하여 불이익을 주었으나(2019. 12. 18. 개정 전 입찰참가자격심사요령, 2020. 7. 9. 개정 전 조달청 용역적격심사기준, 2020. 10. 1. 개정 전 물품구매적격심사기준, 조달청 군수품 구매 적격심사 세부기준, 조달청 군수품 중소기업자간 경쟁물품에 대한 계약이행능력심사 세부기준), 입찰참가자격제한처분에 이은 중복제재에 해당하거나 과도한 규제라는 지적이 있어, 현재는 적격심사기준에서 부정당업자제재에 따른 감점 규정을 전부 삭제했다.

사. 낙찰자 결격제도

1) 의의

입찰자가 공동수급체인 경우, 입찰서제출마감일 이후 낙찰자 결정 전에 그 구성원 가운데 대표자에게 부도, 부정당업자 입찰참가자격제한,[1] 영업정지, 입찰무효 등 결격사유가 발생한 경우, 해당 공동수급체는 낙찰자 결정 대상자에서 제외해야 한다(적격심사기준 제9조의2 단서). 이처럼 일정한 결격사유가 발생한 입찰자를 낙찰자 결정 대상자에서 배제하는 것을 낙찰자 결격제도라 한다.

낙찰자 결격제도는 공동수급체 대표자에게 부도 등 결격사유가 있다면, 그 공동수급체를 낙찰자로 결정하더라도 계약을 체결하고 이행할 능력이 없거나 부족하므로, 해당 공동수급체를 제외하여 적정한 계약이행을 확보하기 위한 제도이다.

2) 요건

첫째, 입찰공고에서 공동계약을 허용한 입찰이어야 한다. 공동계약을 허용하지 않은 입찰에 공동수급체가 참여했다면 낙찰자 결격을 논할 것도 없이 해당 입찰이 무효이기 때문이다.

둘째, 공동수급체 대표자에게 부도 등 결격사유가 발생해야 한다. 따라서 공동수급체

---

1) 부정당업자로 입찰참가자격제한을 받은 자는 해당 제한기간 안에 낙찰자로 결정될 수 없다(공사입찰특별유의서 제15조 제6항).

일부 구성원에게 결격사유가 발생했을 뿐이면 낙찰자 결정대상에서 제외할 수 없고, 해당 구성원을 제외하고 남은 구성원의 출자비율이나 분담내용을 변경하게 하여 재심사를 한 다음에 낙찰자 여부를 결정해야 한다(적격심사기준 제9조의2 본문, 단서).

셋째, 입찰서제출마감일 후 낙찰자 결정 전에 결격사유가 발생해야 한다. 따라서 낙찰자 결정 후에 결격사유가 발생했다면, 낙찰자 결정에는 아무 영향을 미칠 수 없다. 그리고 비록 입찰서제출마감일 후에 결격사유가 발생했지만 낙찰자 결정 전에 결격사유가 해소되었다면 부적격자로 볼 수 없다.

넷째, 부도, 부정당업자 입찰참가자격제한, 영업정지, 입찰무효 등 결격사유가 발생해야 한다. 다만, 부정당업자 입찰참가자격제한이나 영업정지를 받은 자가 법원으로부터 집행정지 결정을 받았다면, 결격사유 없는 자와 마찬가지로 취급해야 한다. 그리고 부도, 부정당업자 입찰참가자격제한, 영업정지, 입찰무효는 결격사유의 예시에 불과하므로, 이에 준하는 파산, 업무정지 등 역시 결격사유에 포함된다.

3) 효과

낙찰자 결격이 있는 자는 낙찰자가 될 수 없다. 따라서 발주기관은 결격자를 낙찰자로 결정해서는 안 되며, 해당 공동수급체를 낙찰자 결정 대상자에서 제외해야 한다(적격심사기준 제9조의2 단서). 그럼에도 발주기관이 결격자를 낙찰자로 결정했다면, 차순위 적격심사대상자는 해당 발주기관을 상대로 이의신청이나 재심사를 요청할 수 있고, 아니면 적격심사대상자 지위보전이나 낙찰자지위확인 등 민사소송 절차로 다툴 수 있다.

아. 낙찰자 결정

1) 결정방법

발주기관은 예정가격 이하로서 최저가로 입찰한 자 순으로 심사하여 종합평점이 95점 이상인 자를 낙찰자로 결정해야 한다(적격심사기준 제8조 제1항). 최저가 입찰자의 종합평점이 낙찰자 결정에 필요한 점수에 미치지 못하면, 차순위 최저가 입찰자를 심사하여 종합평점이 95점 이상이면 해당 차순위 최저가 입찰자를 낙찰자로 결정한다(적격심사기준 제8조 제2항). 이러한 결정방법은 공사입찰에 적용하고, 물품이나 용역입찰에서는 각 중앙관서의 장이 낙찰자 결정방법을 별도로 정할 수 있다(적격심사기준 제8조 제3항).

2) 결정통보

발주기관은 지체없이 낙찰자와 부적격자에게 각각 그 결과를 통보해야 한다(적격심사기준 제8조 제4항). 이러한 결정통보에 따라 입찰절차는 원칙적으로 모두 종료한다.

이에 과거에는 낙찰자 결정 이후 무효·취소사유를 발견하고 낙찰자 결정을 무효·취소 처리했더라도 낙찰자 결정통보에 따라 입찰절차가 종료되기 때문에 발주기관은 새로운 입찰절차를 진행하였다. 즉, 기존 입찰절차가 그대로 유효하다는 전제 아래 차순위자에게 적격심사를 실시하거나 그를 낙찰자로 결정할 수 없다고 보았다.[1)]

그러나 하자 있는 낙찰자 결정을 배제한 나머지 입찰절차는 여전히 유효하므로, 새로운 입찰절차 없이 차순위자를 상대로 적격심사를 진행한 다음 낙찰자 결정을 해야 한다는 견해가 있었고,[2)] 대법원도 선순위 낙찰자 결정이 무효라고 주장하는 차순위 적격심사 대상자는 낙찰자지위 확인을 구할 수 있고, 이는 선순위 낙찰자가 이미 계약을 체결하였더라도 마찬가지라고 하여 같은 태도를 보였다.[3)]

그 후, 기획재정부는 계약예규 입찰유의서에 낙찰자로 결정된 자가 계약체결 이전에 입찰무효 등 부적격자로 판명되어 낙찰자 결정이 취소된 경우로서 같은 부적격자를 제외하고 2인 이상 유효한 입찰이 성립되어 있다면 차순위자 순으로 필요한 심사 등을 실시하여 낙찰자를 결정한다는 특별규정을 두었고(물품구매(제조)입찰유의서 제16조 제11항, 용역입찰유의서 제15조 제6항, 공사입찰유의서 제18조 제6항), 이에 따라 발주기관은 낙찰자 결정통보 이후에도 부적격을 사유로 낙찰자 결정을 취소한 경우, 해당 부적격자를 배제하고 2인 이상 유효한 입찰자가 남았다면, 차순위자를 대상으로 적격심사를 진행하여 낙찰자를 결정할 수 있다.

자. 재심사

1) 낙찰 부적격자의 요청에 따른 재심사

낙찰자 부적격 통보를 받은 자는 통보일로부터 3일 안에 재심사를 요청할 수 있고, 발주기관은 특별한 사유가 없다면 위 요청서 접수일부터 3일 안에 재심사해야 한다(적격심사기준 제9조 제1항). 다만, 부적격자는 재심사를 요청하면서 적격심사에 필요한 추가서류를 제출할 수 없으므로(적격심사기준 제9조 제3항), 발주기관은 원칙적으로 이미 제출받은 서류로만 재심사를 진행한다. 재심사결과 통보는 낙찰자 결정 규정을 준용한다(적격심사기준 제9조 제2항).

2) 공동수급체 구성원의 결격사유 발생에 따른 재심사

공동계약을 허용한 경우로서, 공동수급체의 대표자가 아닌 구성원에게 입찰서제출마감일 이후 낙찰자결정 이전 부도, 부정당업자제재, 영업정지, 입찰무효 등 결격사유가 발생하였다면, 발주기관은 해당 구성원을 제외한 나머지 구성원의 출자비율이나 분담내용을 변경하게 하여 재심사를 해야 한다(적격심사기준 제9조의2 본문).

---

1) 회계 45101-2466, 1995. 12. 12.
2) 김성근, 앞의 책(Ⅰ), 456쪽.
3) 대법원 2004. 9. 13. 선고 2002다50057 판결, 대법원 2005. 5. 12. 선고 2000다2429 판결.

차. 부정·허위 적격심사 서류제출의 처리

적격심사 대상자가 부정 또는 허위로 작성된 서류를 제출한 경우, 발주기관은 위반행위자를 적격자 통보대상에서 제외하는 등 필요한 조치를 해야 한다.

여기서 '부정(하게) 작성된 서류'란 권한 없이 작성된 서류 등 정당하게 성립하지 않은 문서이다(유형위조). 가령, 다른 국가기관이 발급한 증명서를 위조·변조한 경우를 말한다. 반면, '허위로 작성된 서류'란 객관적인 사실, 즉 진실과 다른 내용을 기재한 문서이다(무형위조). 예를 들어, 공사실적이나 인력 따위를 실제와 달리 과다하게 부풀려 작성한 경우를 말한다.

발주기관은 부정·허위 심사서류 제출 사실을 판명한 시점을 기준으로, ① 계약체결 전이면 해당 행위자를 적격낙찰 결정대상에서 제외하거나 결정통보를 취소해야 하고, ② 계약체결 후면 해당 계약을 해제나 해지할 수 있다(적격심사기준 제10조 제1항 제1호, 제2호). 적격낙찰 결정대상에서 제외한다는 말은 적격자 통보대상에서 제외한다는 뜻이고, 적격낙찰 결정통보를 취소한다는 말은 적격자 통보를 취소한다는 뜻이다. 그리고 발주기관이 부정·허위 서류 제출자와 이미 계약을 체결했다면, 해당 계약을 해제·해지할 수 있다. 이러한 계약해제·해지는 약정해제·해지권 행사에 해당한다.

그런데 부정·허위 심사서류를 제출했다는 이유로 계약을 해제·해지하는 경우, 발주기관이 계약상대자로부터 계약보증금을 몰수할 수 있는지 문제된다. 이에 대하여 기획재정부는 계약상대자가 부정·허위 적격심사 서류를 제출하였다는 이유로 계약을 해제하였다면 '계약상' 의무불이행으로 보기 어렵기 때문에 계약보증금 귀속이 어렵고, 다만, 민법상 손해배상책임을 물을 수 있다고 해석했고,[1] 최근 하급심도 입찰과정에서 허위서류를 제출하였다는 이유로 계약을 해지했다면 계약보증금을 국고귀속할 수 없다고 보았다.[2] 이와 반대로 계약보증금 국고귀속 사유에 해당한다는 하급심 판결도 있다.[3] 다만, 발주기관은 위와 같은 민사상 조치와는 별개로 부정·허위 적격심사 서류를 제출한 자를 대상으로 입찰참가자격제한 처분을 해야 한다(적격심사기준 제10조 제2항, 국가계약법 시행령 제76조 제2항 제1호 가목).

2. 종합심사낙찰제

가. 의의

종합심사낙찰제는 일정한 공사나 용역입찰과 관련하여, 입찰가격과 공사수행능력, 사회적 책임 등을 종합적으로 평가하여 낙찰자를 결정하는 제도이다(국가계약법 시행령 제42조 제4

---

1) 계약제도과-394, 2012. 4. 4.
2) 서울중앙지방법원 2021. 8. 30. 선고 2020가단5175243 판결.
3) 전주지방법원 2013. 4. 3. 선고 2012가합4595 판결.

항 참조). 참고로, 지방계약법은 '지방자치단체에게 가장 유리하게 입찰한 자에 대한 낙찰자 결정'이라는 표제 아래, 이른바 종합평가낙찰제를 규정하는데(지방계약법 시행령 제42조의3 제1항 참조), 국가계약법상 종합심사낙찰제와 비교할 때 적용범위나 평가요소가 약간 다르긴 해도, 기본구조에서 큰 차이가 없다. 아래에서는 국가계약법상 종합심사낙찰제를 위주로 살펴본다.

〔간이형 종합심사낙찰제〕

1) 의의

간이형 종합심사낙찰제란 추정가격이 100억 원 이상 300억 원 미만으로 적격심사 평가 구간이 있던 공사를 대상으로 하여 종합심사낙찰제의 수행능력과 입찰가격 평가 기준을 완화하여 기존 적격심사낙찰제가 지니는 낮은 변별력을 보완하기 위해 도입한 입찰제도를 말한다. 따라서 이는 적격심사제와 비교할 때 기술력 중심의 사업자를 선정하고 적정공비를 확보하려는 취지로 기술력과 가격을 균형 있게 평가는 제도이다. 또한 종합심사제와 적격심사제의 단점을 보완하고자 2019. 12.부터 시행되었다. 추정가격이 300억 원 이상 공사에 적용되는 종합심사낙찰제와 구별된다.

2) 특징

평가항목 가운데 수행능력 배점을 축소하고, 시공실적을 완화했으며, 배치기술자 6개월 보유요건을 적용하지 않고, 매출액 비중과 시공평가점수 등을 배제하고, 단가 심사기준상 예정가격의 비중을 90~100%로 높였다. 또한, 단가 심사에서 감점기준을 ±18%에서 ±15%로 조정하는 등 낙찰률을 높여 과거 적격심사 대상인 공사에 적용했다.

나. 도입배경

종합심사낙찰제는 입찰가격을 중심으로 낙찰자를 결정하는 기존 방식을 벗어나기 위해 도입되었다. 과거 최저가낙찰제는 가격 위주 입찰방법이므로 가격경쟁을 유도해 국가 예산을 절감한다는 장점도 있지만, 지나친 저가입찰에 따른 폐해, 즉, 덤핑입찰이나 품질 저하 등을 촉진한다는 단점도 있었다. 그 후 입찰금액 적정성 심사, 2단계 심사 도입 등에 따라 제도개선을 꾀했으나, 모두 가격을 기준으로 낙찰자를 결정하는 제도여서 비슷한 문제가 있었다. 따라서 국가계약법은 일정한 범위의 공사입찰과 용역입찰에서 종합심사낙찰제를 적용하도록 했다.[1)]

다. 특성

종합심사낙찰제를 적용하면 공사수행능력(용역수행능력)이 우수한 업체를 낙찰자로 선정

1) 정태학 외 3명, 앞의 책, 141-142쪽.

할 수 있으므로, 낙찰자는 적정가격으로 공사나 용역을 수행할 수 있다. 이처럼 종합심사낙찰제는 입찰가격과 수행능력, 즉 품질을 함께 고려하는 낙찰제도이다. 그러나 종합심사낙찰제에서 품질을 평가하려는 항목이 과연 적정한지, 그에 따라 높은 품질을 보장할 수 있는지도 함께 생각해 볼 필요가 있다.[1] 특히 평가항목 중 공사수행능력과 사회적 책임 부문에 변별력이 없다면 입찰가격과 품질을 함께 고려한다는 제도의 취지를 충분히 살리지 못할 위험이 있고, 아래에서 자세히 볼 가격점수 산정방법의 특성을 고려하면 담합의 유인을 제공할 수도 있다.[2]

라. 운영방향

종합심사낙찰제는, 첫째, 정량적·객관적으로 평가항목별(공사수행능력 부문, 입찰가격 부문, 사회적 책임 부문) 점수를 산출하고, 둘째, 발주기관이 사업목적, 공사여건 등을 고려하여 항목별 배점을 선택하는 등 사업 특성을 반영하며, 셋째, 공공성을 높이기 위해 공정거래기업, 성실 업체에게 수주 기회를 더 부여하고, 세계적 기준에 맞추어 업체의 경쟁력을 높이도록 운영해야 한다.[3]

마. 법적 근거

발주기관은 추정가격이 100억 원 이상인 공사, 문화재수리 등에 관한 법률 제2조 제1호에 따른 문화재수리로서 문화재청장이 정하는 공사, 건설기술 진흥법 제39조 제2항에 따른 건설사업관리 용역으로서 추정가격이 50억 원 이상인 용역, 건설기술 진흥법 시행령 제69조에 따른 건설공사기본계획 용역이나 같은 시행령 제71조에 따른 기본설계 용역으로서 추정가격이 30억 원 이상인 용역, 건설기술 진흥법 시행령 제73조에 따른 실시설계 용역으로서 추정가격이 40억 원 이상인 용역입찰에서 예정가격 이하로 입찰한 자 중에 입찰가격, 공사수행능력(용역수행능력), 사회적 책임 등을 종합 심사하여 합산점수가 가장 높은 자를 낙찰자로 결정한다(국가계약법 제42조 제4항 제1호부터 제5호). 단, 지방계약법이 정한 종합심사낙찰제는 추정가격이 300억 원 이상인 공사, 추정가격이 10억 원 이상인 물품제조·용역, 문화재수리 등에 관한 법률 제2조 제1호에 따른 문화재수리로서 문화재청장이 정하여 고시하는 문화재수리에 적용하고(지방계약법 시행령 제42조의3 제1항 제1호부터 제3호), 그에 따른 입찰은 시공품질 평가결과, 기술인력, 제안서내용, 계약이행기간, 입찰가격, 공사수행능력, 사회적 책임 등을 종합적으로 평가하여 가장 높은 합산점수를 받은 자를 낙찰자로 결정한다(지방계약법 시행령 제42조의3 제2항).

---

1) 정태학 외 3명, 앞의 책, 146쪽.
2) 강희우, 종합심사낙찰제에 관한 소고, 조세 재정 브리프, 2016, 12쪽.
3) 정태학 외 3명, 앞의 책, 142쪽.

기획재정부는 계약예규인 공사계약 종합심사낙찰제 심사기준과 용역계약 종합심사낙찰제 심사기준을 마련하였고, 행정안전부, 국토교통부, 문화재청, 국방부, 조달청 등도 종합심사낙찰제 관련 훈령을 별도로 마련하였다. 아래에서는 공사계약 종합심사낙찰제 심사기준을 중심으로 내용을 살펴본다.

바. 절차

1) 심사기준

발주기관은 종합심사를 실시하려는 경우, 입찰자의 계약이행실적, 인력배치계획, 사회적 책임 이행 노력, 입찰가격 등을 종합적으로 고려하여 기획재정부장관이 정하는 심사기준에 따라 세부심사기준을 정하고, 입찰 전에 입찰에 참가하려는 자가 그 기준을 열람할 수 있도록 해야 한다(국가계약법 시행령 제42조 제6항). 이에 따라 조달청은 건설기술용역 종합심사낙찰제 세부심사기준, 조달청 공사계약 종합심사낙찰제 심사세부기준을 마련하여 고시했다.[1] 공사계약에서는 공사 규모, 난이도에 따라 각기 달리 정한 심사기준을 적용한다(공사계약 종합심사낙찰제 심사기준 제3조 참조).

2) 입찰공고

발주기관은 입찰공고에 종합심사낙찰제 적용 대상이라는 점, 종합심사기준 열람에 필요한 사항, 심사에 필요한 서류와 제출기한 등, 하도급계획서를 작성하여 제출한 경우에는 하도급계획서에 따라 하도급계약을 체결할 의무가 있고 만약 이를 이행하지 않으면 차기 입찰에서 불이익을 받는다는 점, 배치기술자 시공경력 평가에서 제출한 계획서(배치 예정 기술자 목록 등)에 따라 이행할 의무가 있고 만약 이를 이행하지 않으면 차기 입찰에서 불이익을 받는다는 점, 시공계획 심사에서 제출한 계획서에 따라 이행할 의무가 있고 아울러 이를 이행하지 않으면 차기 입찰에서 불이익을 받을 수 있는 점, 우선순위 시공계획이나 물량심사대상자의 수, 심사절차(다만, 고난이도 공사에 한정), 국가계약법 제5조의2에 따른 청렴계약서 내용과 그 위반에 따른 계약해제·해지, 입찰참가자격제한 등, 법령, 행정규칙 등에서 입찰공고에 명시하도록 정한 사항을 명시해야 한다(공사계약 종합심사낙찰제 심사기준 제5조 제1호부터 제8호).

3) 현장설명시 교부서류

발주기관은 산출내역서 작성방법, 하도급계획서 작성방법, 물량산출근거, 시공계획서 작성방법(다만 고난이도 공사에 한정), 설계도면, 물량내역서(다만, 순수내역입찰로 발주하는 공사는

---

1) 세부심사기준 작성은 공사계약 종합심사낙찰제 심사기준 제4조에 따른다.

물량내역서 교부하지 않음), 입찰금액 산정에 참고할 자료, 표준시장단가를 적용한 세부공종과 표준시장단가, 세부심사기준, 그 밖에 참고사항을 적은 서류를 해당 공사 현장설명에 참가하는 자에게 교부해야 한다(공사계약 종합심사낙찰제 심사기준 제6조 제1항 제1호부터 제7호). 그러나 현장설명을 실시하지 않거나 현장설명을 실시하더라도 필요하다고 인정하면, 전자조달시스템에게 위 서류를 게재하는 방법으로 입찰에 참가하려는 자에 대한 교부를 갈음할 수 있다(공사계약 종합심사낙찰제 심사기준 제6조 제2항).

4) 입찰서 등 제출

발주기관은 입찰자로 하여금 입찰할 때 입찰서, 산출내역서, 하도급계획서, 입찰공고에서 발주기관이 요구한 자료(다만, 간이형 공사는 배치 기술자 심사관련 서류 제출일은 최초 종합심사서류 제출요구일로부터 15일 이후로서 발주기관이 별도로 지정한 날까지 제출하도록 함), 물량 및 시공계획 심사를 위해 발주기관이 요구한 자료를 제출하게 해야 한다(공사계약 종합심사낙찰제 심사기준 제7조 제1항 제1호부터 제5호).

한편, 물량산출서나 시공계획서는 물량·시공계획 심사대상자만 한정하여 제출하므로, 입찰자는 해당 선정 통보를 받은 날부터 7일 안에 발주기관에게 물량산출서와 시공계획서를 제출해야 한다(공사계약 종합심사낙찰제 심사기준 제7조 제2항).

5) 균형가격 산정

균형가격이란 입찰금액을 평가하기 위한 기준으로, 입찰금액의 상위 100분의 20 이상과 하위 100분의 20 이하에 해당하는 입찰금액을 제외한 입찰금액을 산술평균하여 산정한 금액이다(공사계약 종합심사낙찰제 심사기준 제2조 제4호, 제8조 제2항 본문).

발주기관은 균형가격을 산정할 때, ① 입찰서상 금액과 산출내역서상 금액이 일치하지 않은 입찰, ② 입찰금액이 예정가격보다 높거나 예정가격의 100분의 70 미만인 경우, ③ 이윤 또는 세부공종[1]에 음(-)의 입찰금액이 있는 경우(다만, 발주기관의 금액이 음(-)의 금액인 경우는 제외), ④ 항목별 입찰금액 합계가 발주기관이 지정하여 투찰하도록 하거나 해당 법령에서 정한 금액이나 비율에 따라 산출한 금액 합계의 1000분의 997 미만인 경우(다만, 국민건강보험료, 국민연금보험료, 노인장기요양보험료는 발주기관이 반영하도록 한 금액보다 낮은 경우), ⑤ 발주기관이 작성한 내역서상 세부공종에 표준시장단가가 적용된 경우로서 세부공종별 입찰금액이 발주기관 내역서상 세부공종별 금액의 1000분의 997 미만인 경우, ⑥ 입찰자 산출내역서상 직접노무비가 발주기관이 작성한 내역서상 직접노무비의 100분의 80 미만인 경우,

---

1) 물량내역서와 산출내역서에 물량과 단위가 표시된 최소단위 공종을 말한다(공사계약 종합심사낙찰제 심사기준 제2조 제3호).

⑦ 그 밖에 발주기관 세부심사기준에서 제외하도록 명시한 경우 가운데 어느 하나에 해당하는 입찰금액을 제외한다(공사계약 종합심사낙찰제 심사기준 제8조 제1항 제1호부터 제7호). 다만, 이와 같은 입찰금액을 제외한 입찰금액이 10개 미만이면, 상위 100분의 50 이상과 최하위 1개 입찰서를 제외하고, 위와 같은 입찰금액을 제외한 입찰금액이 10개 이상 20개 이내이면 상위 100분의 40 이상과 하위 100분의 10 이하를 제외한다(공사계약 종합심사낙찰제 심사기준 제8조 제2항 단서).

6) 종합심사 방법

가) 심사서류 보완

발주기관은 입찰 당시 제출받은 산출내역서, 하도급계획서 등 내용이 불명확하여 인지할 수 없는 경우, 기한을 정하여 보완을 요구할 수 있다(공사계약 종합심사낙찰제 심사기준 제9조 제1항 본문). 가령, 입찰자가 산출내역서, 하도급계획서 등을 제출하긴 했으나 그 내용을 확인하기 어려운 때만 보완을 요구할 수 있고, 해당 서류를 아예 제출하지 않았다면 보완 요구하지 않아도 된다. 더욱이 발주기관은 불명확한 서류의 보완을 요구할지 말지 결정할 재량이 있으므로, 산출내역서, 하도급계획서 등 내용이 불명확하더라도 입찰자에게 보완 기회를 주지 않았다고 하여 위법하다고 볼 수 없다.

다만, 간이형 공사에서는 하도급계획서 등 서류 미비나 오류에도 1회에 한정하여 보완하게 할 수 있다(공사계약 종합심사낙찰제 심사기준 제9조 제1항 단서). 즉, 간이형 공사에서는 서류가 제출되지 않았거나 제출된 서류에 명백한 오류가 있더라도 1회 보완할 기회를 줄 수 있다. 그러나 이 역시 발주기관 재량에 해당한다.

만약 발주기관이 입찰자에게 기한을 정하여 보완을 요구했는데, 입찰자가 그 기한까지 보완하지 않았다면, 당초 제출받은 서류만으로 심사를 진행하되, 당초 제출받은 서류가 불명확하여 심사하기 곤란하다면 이는 심사에서 제외할 수 있다(공사계약 종합심사낙찰제 심사기준 제9조 제2항).

나) 종합심사 점수 산정

일반공사나 간이형 공사는 수행능력점수(경영상태점수 포함), 사회적 책임점수(공사수행능력점수의 배점한도 내에서 가산), 입찰금액점수(단가심사점수와 하도급계획 심사점수 포함), 계약신뢰도 점수를 합산하여 종합심사 점수를 산정한다(공사계약 종합심사낙찰제 심사기준 제10조 제1항, 제2항). 다만, 고난이도 공사는 입찰금액점수에서 단가심사점수와 하도급계획 심사점수뿐만 아니라 물량심사점수와 시공계획 심사점수를 포함한다는 차이가 있다(공사계약 종합심사낙찰제 심사기준 제10조 제3항).

발주기관은 하도급계획을 제외한 종합심사점수가 최고점인 자부터 순으로 하도급계획을 심사할 수 있고(공사계약 종합심사낙찰제 심사기준 제10조 제5항), 한편, 종합심사점수를 산정할 경우, 균형가격 산정에서 제외되는 입찰금액을 제출한 입찰자(공사계약 종합심사낙찰제 심사기준 제8조 제1항)에게는 종합심사 점수를 산정하지 않으며 이를 낙찰자 선정에서 배제한다(공사계약 종합심사낙찰제 심사기준 제10조 제4항).

다) 물량·시공계획 심사대상자 선정과 그 심사

고난이도 공사인 경우, 발주기관은 위에 따른 종합심사 점수를 산정한 후 물량·시공계획 점수를 제외한 점수가 최고점인 순으로 입찰공고에서 정하는 일정한 수의 업체를 우선순위 물량심사·시공계획심사 대상자로 선정한다(공사계약 종합심사낙찰제 심사기준 제11조).

이에 발주기관은 우선순위 물량·시공계획 심사대상자로 선정받은 자에 한정하여 물량·시공계획을 심사한다(공사계약 종합심사낙찰제 심사기준 제12조 제1항). 물량심사를 할 때는 세부공종별로 물량의 적정성을 심사해야 하며, 심사할 세부공종을 ① 해당 공사의 규모나 중요도 등에 따라 물량심사 대상으로 입찰공고에 명시한 세부공종, ② 동일한 세부공종에서 발주기관이 작성한 추정물량, 심사대상자가 작성한 입찰물량과 다른 입찰참가자가 작성한 입찰물량 사이에 격차가 큰 세부공종, ③ 그 밖에 입찰공고에 명시한 기준에 해당하는 세부공종으로 정할 수 있으며, 심사할 세부공종을 정할 경우에는 ①을 반드시 포함해야 한다(공사계약 종합심사낙찰제 심사기준 제12조 제2항 제1호부터 제3호). 발주기관은 종합심사낙찰제심사위원회에서 물량·시공계획을 심사해야 한다(국가계약법 시행령 제47조 제2항, 공사계약 종합심사낙찰제 심사기준 제12조 제2항).

7) 낙찰자 결정

가) 종합심사낙찰제심사위원회 심의

발주기관은 입찰가격, 공사수행능력, 사회적 책임 등을 종합 심사하기 위해 종합심사낙찰제심사위원회를 둘 수 있다(국가계약법 시행령 제42조 제7항, 공사계약 종합심사낙찰제 심사기준 제2조 제2호). 종합심사낙찰제심사위원회는 각 발주기관별로 그 소속 공무원(수요기관이 조달청장에게 공사계약 체결을 요청한 경우에는 수요기관의 소속 공무원을 포함), 계약과 관련한 학식과 경험이 풍부한 자 등으로 구성하며, 위원회 구성과 운영에 필요한 세부사항은 각 발주기관이 정한다(국가계약법 시행령 제42조 제8항). 이에 조달청은 조달청 평가위원 통합관리 규정과 조달청 종합심사낙찰제 물량·시공계획 심사위원회 설치 및 운영규정을 마련했다.

나) 결정방법

발주기관은 종합심사 점수가 최고점인 자를 낙찰자로 결정해야 한다. 다만, 고난이도 공사인 경우, 우선순위 물량·시공계획 심사대상자 가운데 1인 이상의 종합심사점수가 차순위 물량·시공계획 심사대상자의 종합심사점수를 초과할 때 차순위자의 물량·시공계획 심사 없이도 우선순위 물량·시공계획 심사대상자를 낙찰자로 결정할 수 있다(종합심사낙찰제 심사기준 제13조 제1항).

한편, 종합심사점수 최고점인 자가 2인 이상인 경우, 발주기관은 ① 공사수행능력점수와 사회적 책임 점수의 합산점수(사회적책임점수는 공사수행능력점수의 배점한도 안에서 가산)가 높은 자, ② 입찰금액이 균형가격에 근접한 자(다만, 일반공사, 고난이도 공사, 간이형 공사 가운데 균형가격이 예정가격의 100분의 88 이상인 경우에는 입찰금액에 낮은 자), ③ 입찰공고일 기준 최근 1년 동안 종합심사낙찰제로 낙찰받은 계약금액(공동수급체로 낙찰받았다면 전체 공사의 지분율을 적용한 금액)이 적은 자 순으로 낙찰자를 결정하고, 이에 따라서도 결정할 수 없다면 추첨으로 결정한다(종합심사낙찰제 심사기준 제13조 제2항 제1호부터 제4호). 그러나 예정가격이 100억 원 미만인 공사에서는 입찰가격을 예정가격 가운데 재료비·노무비·경비와 각 부가가치세를 모두 합한 금액의 100분의 98 미만으로 입찰한 자를 낙찰자에서 제외한다(공사계약 종합심사낙찰제 심사기준 제13조 제3항 제1호, 제2호).

그리고 물량·시공계획 심사를 실시하는 공사는 위 위원회 심의를 거쳐 낙찰자를 결정해야 한다(공사계약 종합심사낙찰제 심사기준 제14조 제1항).

다) 낙찰자 결정통보

발주기관은 낙찰자를 결정하면 대상자에게 지체없이 통보해야 한다(공사계약 종합심사낙찰제 심사기준 제13조 제4항).

라) 낙찰자 결격사유

입찰자가 부도, 파산, 해산, 부정당업자제재, 영업정지(건설업 등 등록말소·취소 포함), 입찰무효 등 상태에 있는 경우에는 심사대상에서 제외한다(공사계약 종합심사낙찰제 심사기준 제15조 제1항). 공동수급체를 구성하여 입찰에 참가한 자 가운데 일부 구성원에게 결격사유가 있다면, 해당 구성원을 제외한 나머지 구성원의 시공비율이나 분담내용을 변경하게 하여 재심사한다. 다만, 공동수급체 대표자에게 결격사유가 있다면 해당 공동수급체 전체를 심사대상에서 제외한다(공사계약 종합심사낙찰제 심사기준 제15조 제2항).

그러나 부도나 파산이 있더라도 채무자회생 및 파산에 관한 법률에 따라 법원으로부터 기업회생절차개시결정을 받고 정상적인 금융거래의 재개를 확인할 수 있는 서류를 제출하는 경우에는 결격사유로 보지 않는다(공사계약 종합심사낙찰제 심사기준 제15조 제3항).

마) 부정한 방법으로 심사서류를 제출한 자 등의 처리

발주기관은 입찰서 등과 함께 제출받은 서류가 위조, 변조, 부정, 허위로 작성되었다고 판명한 경우, ① 계약체결 이전이면 해당 입찰자를 낙찰자 결정 대상에서 제외하거나 그에게 한 낙찰자 결정 통보를 취소하며, ② 계약체결 이후라면 해당 계약을 해제·해지할 수 있다(공사계약 종합심사낙찰제 심사기준 제16조 제1항 제1호, 제2호). 계약해제·해지의 법적 성격과 계약보증금 몰수, 여부는 적격심사낙찰제에서 살펴본 바와 같다. 또한, 발주기관은 해당 위반자에게 국가계약법 시행령 제76조 제2항 제1호 가목에 따라 입찰참가자격제한처분을 하여야 한다(공사계약 종합심사낙찰제 심사기준 제16조 제2항).

8) 입찰결과 공개

발주기관은 개찰 후 즉시 입찰참가업체별 입찰금액을 전자조달시스템이나 발주기관의 정보처리장치를 이용해 공개해야 하며, 독점규제 및 공정거래에 관한 법률 제19조의2에 따라 입찰관련정보를 공정거래위원회에 제출해야 한다(공사계약 종합심사낙찰제 심사기준 제17조). 부당한 공동행위 여부를 검토하기 위해서이다.

9) 설계변경에 따른 계약금액 조정 제한

발주기관은 고난이도 공사(발주기관이 물량내역 수정을 허용한 공정에 한정)에서 물량내역서 누락사항이나 오류 등으로 설계를 변경하는 경우에는 그 계약금액을 증액할 수 없다(공사계약 종합심사낙찰제 심사기준 제18조).

《 적격심사제, 종합심사낙찰제, 간이형 종합심사낙찰제제 비교 》

차이점	적격심사제	종합심사낙찰제	간이형 종합심사낙찰제
대상공사	추정가격 100억 원 미만	추정가격 300억 이상	추정가격 100억~300억
낙찰자 선정	입찰금액이 가장 낮은 자를 대상으로 한 적격심사에서 합격한 자	공사 수행능력 점수 (사회적 책임 점수 포함) +입찰금액 점수 가장 높은 자	공사 수행능력 점수 (사회적 책임 점수 포함) +입찰금액 점수 가장 높은 자
공사수행능력	시공경험, 기술능력, 시공평가, 경영상태(신인도)	시공실적, 매출액 비중, 배치기술자, 시공평가점수, 규모별 시공역량, 공동수급체 구성, 사회적 책임(건설안전, 공정거래, 건설인력고용, 지역경제 기여도)	경영상태 전문성(시공실적, 배치기술자) 역량(규모별 시공역량, 공동수급체 구성) 사회적 책임(건설안전, 공정거래, 건설인력고용, 지역경제 기여도)

3. 2단계 경쟁입찰

가. 의의

원래 2단계 경쟁입찰이란, 규격(기술)입찰을 먼저 실시한 후에 가격입찰을 실시하는 입찰을 말한다. 2단계에 걸친 입찰을 진행한다는 의미이다. 또한, 규격(기술)입찰과 별도로 가격입찰을 진행한다는 의미에서 규격(기술)·가격 분리 입찰이라고도 부른다.

공공계약에서는 원칙적으로 입찰자로 하여금 입찰금액을 기재한 입찰서를 제출하게 하고 그 입찰가격을 기준으로 낙찰자를 결정하지만, 계약목적이 특정한 규격이나 기술을 요구하는 경우에는 그 기술이나 규격을 충족한 자에게만 가격입찰을 허용하여, 규격(또는 기술)입찰과 가격입찰이라는 2단계 입찰절차를 거쳐 낙찰자를 선정할 수 있다. 이에 발주기관은 물품제조·구매나 일정한 용역계약을 체결할 경우, 미리 적절한 규격 등 작성이 곤란하거나 그 밖에 계약 특성을 고려하여 필요하다고 인정하면, 먼저 규격이나 기술입찰을 실시한 후 가격입찰을 실시할 수 있다(국가계약법 시행령 제18조 제1항).

그런데 2단계 입찰도 2인 이상 유효한 입찰로 경쟁이 성립하기 때문에, 규격(기술)입찰에서 2인 이상 유효한 입찰이 있어야 하고, 나아가 규격(기술)입찰 후 가격입찰에서도 규격(기술) 적격자가 2인 이상일 때에만 유효한 경쟁이 성립했다고 본다.

나. 적용제외

단순 노무에 해당하는 용역계약에서는 위 입찰방법을 배제한다(국가계약법 시행령 제18조 제1항 참조). 여기서 단순 노무 용역이란 청소용역, 검침(檢針)용역, 경비시스템 등을 이용하지 않는 단순경비나 관리용역, 행사보조 등 인력지원용역, 그 밖에 위와 유사한 용역으로서 기획재정부장관이 정하는 용역을 말한다(국가계약법 시행규칙 제23조의3 제1호부터 제5호). 간단한 용역까지 2단계 입찰이라는 복잡한 절차를 거칠 필요가 없기 때문이다.[1]

다. 절차

발주기관은 2단계 경쟁입찰을 실시하려면, 입찰 전에 평가기준과 절차 등을 정하여 입찰에 참가하려는 자가 이를 열람할 수 있도록 해야 한다(국가계약법 시행령 제18조 제4항).

그리고 2단계 경쟁입찰에서는 규격(기술) 입찰을 개찰한 결과 적격자로 확정된 자만이 가격입찰에 참가할 자격이 있다(국가계약법 시행령 제18조 제2항). 따라서 발주기관은 규격(기술) 입찰을 먼저 집행한 후 적격자가 2인 이상인 때에 한정하여 가격입찰도 집행해야 하며, 규격(기술)입찰에서 적격자로 선정된 자만이 가격입찰에 참가할 자격을 가지기 때문에, 규격

1) 김성근, 앞의 책(Ⅰ), 156쪽.

(기술)입찰서류와 가격입찰서류를 동시에 개찰하는 방법으로 입찰을 집행하면, 이는 위법하다.

그러나 가격입찰서를 개찰한 결과 낙찰자를 결정할 수 없는 경우로서 규격(기술)적격자가 2인 이상인 때에는 그 규격(기술)적격자에게 가격입찰서를 다시 제출하게 할 수 있다(국가계약법 시행령 제18조 제5항). 따라서 규격(기술)적격자가 1인에 불과하면 가격입찰서를 제출하게 할 수 없으므로, 1인 적격자의 가격입찰서를 개봉할 필요가 없으며, 해당 적격자와 수의계약을 체결할 수도 없다. 왜냐하면 이 경우에는 그 자리에서 재입찰에 부치지 않고 재공고입찰에 부쳐야 하기 때문이다.[1] 다만, 규격(기술) 부적격자라 하더라도 재공고입찰에 참가할 수는 있다.[2] 재공고입찰에서 규격이나 기술을 보완하여 입찰에 참가하는 자를 막을 이유가 없기 때문이다.

라. 규격(기술)·가격 동시입찰

2단계 경쟁입찰은 규격(기술)입찰과 가격입찰을 분리하는 것이 원칙이나, 예외적으로 규격(기술)입찰과 가격입찰을 동시에 실시할 수도 있다. 이를 규격(기술)·가격 동시입찰이라 부른다. 물품제조·구매나 용역계약의 특성 등을 고려할 때 필요하다고 인정되는 경우에는 규격(기술)입찰과 가격입찰을 같이 실시하는 것이 효율적이기 때문이다. 규격(기술)입찰과 가격입찰을 동시에 실시하는 발주기관은 입찰자로 하여금 규격입찰서와 가격입찰서를 2개 봉투에 각각 넣어 함께 제출하게 하여, 그 중 적격자를 선정할 수 있다. 이때는 규격(기술)입찰을 개찰한 결과 적격자로 확정된 자에 한정하여 가격입찰을 개찰해야 한다(국가계약법 시행령 제18조 제3항). 다만, 규격(기술)·가격 동시입찰에서는 규격(기술)·가격 분리입찰과 달리 규격(기술) 적격자가 1인뿐이라도 가격입찰을 개찰할 수 있고, 그에 따라 낙찰자를 결정할 수 있다는 차이가 있다.[3]

4. 협상에 의한 계약

가. 의의

발주기관은 입찰자로부터 입찰서뿐만 아니라 제안서를 함께 제출받아 그 제안서를 평가한 후에 협상적격자를 선정하고, 그 협상적격자와 협상절차를 거친 다음에 낙찰자를 결정하기도 한다. 이를 협상에 의한 계약이라고 한다. 이에 발주기관은 물품·용역계약과 관련하여, 계약이행의 전문성·기술성·긴급성, 공공시설물의 안전성과 그 밖에 국가안보 목적 등을 이유로 필요한 경우, 여러 공급자로부터 제출받은 제안서를 평가하여 그 중 선정한 협상적

1) 회계 45101-1598, 1995. 8. 30.
2) 회제 41301-67, 1998. 3. 6.
3) 강인옥 외 2명, 앞의 책, 118쪽.

격자와 협상을 진행하여 국가에게 가장 유리한 자와 계약을 체결할 수 있다. 다만, 예정가격을 작성한 경우에는 예정가격 이하로 입찰한 자 중에서 협상적격자를 선정해야 한다(국가계약법 시행령 제43조 제1항).

참고로, 지방계약법은 계약이행의 전문성·기술성·긴급성과 함께 창의성, 예술성을 이유로 필요한 경우에도 협상에 의한 계약을 체결할 수 있는데(지방계약법 시행령 제43조 제1항 참조), 위 창의성이나 예술성은 전문성에 포함되는 개념이기 때문에, 창의성, 예술성이라는 문언을 별도로 규정하지 않은 국가계법령에서도 창의성, 예술성을 이유로 필요하다면 협상에 의한 계약을 체결할 수 있다고 본다.

〔지식기반사업에 우선적용〕

정보과학기술 등 집약도가 높은 지식을 활용하여 고부가가치를 창출하는 사업인 지식기반사업 관련 계약을 체결할 때는 협상에 의한 계약체결방법을 우선 적용할 수 있다(국가계약법 시행령 제43조의2 제1항).

지식기반사업은 엔지니어링 사업(엔지니어링산업 진흥법 제2조 제3호, 다만 건설기술 진흥법 제2조 제3호에 따른 건설엔지니어링은 고난도나 고기술이 필요한 경우에 한정), 정보통신산업(정보통신산업 진흥법 제2조 제호), 정보화 사업(지능정보화 기본법 제3조 제2호), 산업디자인 사업(산업디자인진흥법 제2조), 문화산업(문화산업진흥 기본법 제2조 제1호), 온라인디지털콘텐츠산업(온라인 디지털콘텐츠산업 발전법 제2조 제3호), 기초과학 및 응용과학 관련 학술연구용역, 그 밖에 각 발주기관이 이에 해당한다고 인정하는 사업 중 어느 하나에 해당하는 사업을 말한다(국가계약법 시행령 제43조의2 제1항 제1호부터 제8호).

발주기관은 지식기반사업을 위해 협상에 의한 계약을 적용하는 경우에도, 협상에 의한 계약체결기준이 정한 제안서 평가방법, 협상절차 등에 따른 세부기준을 정하여, 그에 따라 계약을 체결해야 한다(국가계약법 시행령 제43조의2 제2항).

나. 법적 근거

협상에 의한 계약에 필요한 사항을 규율하기 위해, 기획재정부는 계약예규인 협상에 의한 계약체결기준을, 행정안전부는 계약예규인 지방자치단체 입찰 및 계약집행기준 안에 협상에 의한 계약체결기준을 따로 마련하였다.

한편, 발주기관은 협상에 의한 계약을 체결하려는 경우, 해당 계약을 체결하려는 자의 이행실적, 기술능력, 사업수행계획, 재무상태, 입찰가격 등을 종합적으로 고려하여 기획재정부장관이 정하는 계약체결기준에 따라 세부기준을 정하고, 계약을 체결하려는 자가 그 기준을 열람할 수 있도록 해야 한다. 다만, 방위사업법에 따른 방위력개선사업 수행을 위해 협상에 의한 계약을 체결하려는 경우에는 그 계약체결기준과 절차는 방위사업청장이 정한다(국가계약법 시행령 제43조 제7항).

이에 발주기관은 협상에 의한 계약체결기준에 근거해 필요한 세부기준을 정하여 운용할 수 있고, 이때 기술능력평가는 정량적 평가항목과 정성적 평가항목으로 구분하여 정해야 한다(협상에 의한 계약체결기준 제16조 제1항, 제2항). 이에 조달청은 조달청 협상에 의한 계약 제안서평가 세부기준을 마련하였다.

다. 특성

협상에 의한 계약은 가격입찰 종료 후에 협상이라는 별도 절차를 거쳐 낙찰자를 결정하는 방법으로서, 경쟁입찰에서 낙찰자 결정에 적용하는 국가계약법 시행령 제42조를 예외적으로 배제할 뿐이고, 입찰서 제출·접수와 입찰무효에 적용하는 국가계약법 시행령 제39조, 같은 법 시행규칙 제44조는 배제하지 않는다.[1]

라. 절차

1) 예정가격 작성 생략

발주기관은 협상에 의한 계약을 추진할 경우, 예정가격 작성을 생략할 수 있다(국가계약법 시행령 제7조의2 제2호). 따라서 협상에 의한 계약에서는 예정가격을 작성할 수도 있고, 작성하지 않을 수도 있다. 다만, 예정가격을 작성한 경우에는 예정가격 이하로 입찰한 자 중에서 협상적격자를 선정해야 한다(국가계약법 시행령 제43조 제1항 후문).

2) 입찰공고

발주기관은 협상에 의한 계약을 체결할 때 입찰공고서에 협상에 의한 계약이라는 뜻을 분명히 기재해야 한다(국가계약법 시행령 제43조 제2항). 나아가 ① 사업명, 사업내용, 사업기간, 사업예산, ② 제안요청서[2] 요청기한과 요청에 필요한 서류, ③ 제안요청서 설명을 실시하는 경우에는 그 장소, 일시, 참가의무 등 필요한 사항, ④ 협상에 의한 계약에 필요한 기준과 절차, ⑤ 제안서[3] 제출기간과 내용, ⑥ 제안서 평가요소와 평가방법, ⑦ 기술능력평가를 실시하는지와 평가점수 기준, ⑧ 가격의 적정성 평가를 실시하는지와 적정성 평가대상 기준금액, ⑨ 제안서 평가에서 제안서 설명을 실시하는 경우에는 그 장소(화상평가 등 전자방식에 따른 평가는 해당 정보처리장치에 접속하는 방법)와 일시, ⑩ 그 밖에 계약담당공무원이 필

---

1) 부산고등법원 2006. 1. 10.자 2005라146 결정.
2) 계약요청서란 계약담당공무원이 협상에 의한 계약 입찰에 참가하고자 하는 자에게 제안서 제출을 요청하기 위해 교부하거나 열람하게 하는 서류를 말한다(협상에 의한 계약 체결기준 제2조 제1호).
3) 제안서란 협상에 의한 계약 입찰에 참가하고자 하는 자가 제안요청서나 입찰공고에 따라 작성하여 계약담당공무원에게 제출하는 서류를 말한다(협상에 의한 계약 체결기준 제2조 제2호).

요하다고 인정하는 사항을 입찰공고에 분명히 기재해야 한다(협상에 의한 계약체결기준 제4조 제2항 제1호부터 제12호). 입찰공고는 제안서 제출마감일 전일부터 기산하여 40일 전까지 해야 하지만, 긴급한 경우나 추정가격이 고시금액 미만인 경우, 재입찰공고를 하는 경우에는 제안서 제출마감일 전일부터 기산하여 10일 전까지 고시할 수 있다(협상에 의한 계약체결기준 제4조 제1항).

3) 제안요청서 등 교부·열람

발주기관은 협상에 의한 계약의 입찰에 참가하려는 자에게 제안요청서 등 필요한 서류를 교부해야 하는데, 이를 전자조달시스템에 게재하는 방법으로 교부를 갈음할 수 있다(국가계약법 시행령 제43조 제3항, 제4항, 협상에 의한 계약체결기준 제5조 제1항, 제2항). 제안요청서에는 과업내용, 요구사항, 계약조건, 평가요소와 평가방법, 제안서 규격, 그 밖에 필요한 사항을 명시해야 한다(협상에 의한 계약체결기준 제5조 제5항 제1호부터 제6호).

발주기관은 사업내용이 비교적 단순하여 제안요청서 교부나 열람이 필요하지 않다고 인정하면, 제안요청서 교부나 열람을 생략하고 바로 제안서를 제출하게 할 수 있으나, 이때는 입찰공고에 사업내용 등 제안서 작성에 필요한 사항을 명시해야 한다(협상에 의한 계약체결기준 제5조 제3항).

4) 제안요청서 등 설명

발주기관은 계약성질, 규모 등을 고려해 필요하다고 인정하면 제안요청서 등을 설명할 수 있다(국가계약법 시행령 제43조 제5항, 협상에 의한 계약체결기준 제5조 제4항).

5) 제안서·입찰서 제출

협상에 의한 계약에 참가하려는 자는 입찰공고와 제안요청서에서 정한 제안서(기준금액 미만으로 입찰하려는 자는 원가절감 제안을 포함)와 가격입찰서를 별도로 작성하여 발주기관에게 제출해야 하고, 발주기관은 제출받은 가격입찰서를 봉함하여 개봉할 때까지 보관해야 한다(협상에 의한 계약체결기준 제6조 제1항, 제2항).

〔가격제안서만 제출하고, 가격입찰서를 별도로 제출하지 않은 입찰이 입찰서가 입찰장소에 도착하지 않은 경우에 해당하여 무효인지〕

제안서 중에는 가격제안서도 있는데, 이러한 가격제안서만 제출하고 가격입찰서를 별도로 제출하지 않은 입찰을 무효로 보아야 하는지 문제된다. 이와 관련하여, 하급심 판결은 가격제안서와 입찰서는 다른 서류이므로 가격제안서는 입찰서를 대체할 수 없고, 따라서 만약 입찰자가 입찰서 제출

없이 가격제안서만 제출했다면, 해당 입찰은 무효라고 했다(부산고등법원 2006. 1. 10.자 2005라 146 결정).

그러나 대법원은 다음과 같은 이유로, 해당 입찰은 입찰서가 입찰 장소에 도착하지 않은 것으로 볼 만큼 중대한 하자라고 보기 어려우므로 유효라고 판단했다. 즉, 제안요청서에 게시된 입찰서와 가격제안서의 각 양식은 그 주요 내용이 거의 중복되고, 다만 입찰서에는 입찰의 의사를 나타내는 문장이 부동문자로 인쇄되어 있고 입찰금액을 개괄적으로 기재하게 되어 있는데 비하여 가격제안서에는 인쇄된 위 부동문자가 없고 입찰금액을 각 부문별로 구분 기재하도록 되어 있는 정도의 차이가 있을 뿐이며, 이 사건 입찰의 방식은 협상에 의한 방식, 즉 입찰서에 기재된 입찰금액의 단순 비교에 의해 낙찰자가 결정되는 일반 경쟁심사방식과는 달리 입찰공고 등에 명기된 평가기준에 따라 심사와 협상을 거쳐 낙찰자를 선정하게 되어 있어 그 평가 자료로서 입찰을 할 때에 입찰금액의 세부적 산출근거가 담긴 문서의 제출이 필수적으로 요구된다는 점에서 보면, 결국 위 입찰서 양식의 문서는 입찰의 의사를 요식의 문서로 명시하는 외에는 이 사건 입찰에서 별다른 의미를 찾아 볼 수 없는 것이라 하겠다. 나아가 비록 참가인수급체가 입찰의 의사가 인쇄된 문서를 제출하지 않았다 하여도 입찰공고에 의하면 제안서 제출을 함에 있어 반드시 입찰등록을 하도록 규정되어 있으므로(입찰공고 6.) 참가인수급체도 그에 따른 입찰등록을 한 것으로 보이는 점, 위 입찰서 양식의 문서를 제외한 나머지 구비 서류를 빠짐없이 제출한 점, 개찰장소에 출석하여 그 절차에 참여한 점 등에서 입찰의 의사를 명시 또는 묵시적으로 표시한 것으로 얼마든지 볼 수 있고, 기록에 의하면, 위 입찰서 양식의 문서를 누락한 외에는 참가인수급체가 제출한 서류 중에 다른 하자는 없었으며 가격제안서와 금액산출 근거 기타 참가인수급체가 제출한 서류만으로 사전 공고된 기준에 따라 심사를 함에 아무런 지장이 없었고, 특별히 이로 인해 입찰절차의 공공성과 공정성이 침해되었거나 입찰서를 제출하게 한 목적이 훼손되었다고 볼 사유도 발견할 수 없다. 따라서 참가인수급체가 입찰서류를 제출함에 있어 단지 입찰서 양식의 문서를 누락한 정도의 하자를 가지고 국가계약법 시행규칙 제44조 제3호의 '입찰서가 입찰 장소에 도착하지 아니한' 것으로 볼만큼 중대한 하자라고 보기는 어렵다 할 것이다(대법원 2006. 6. 19.자 2006마117 결정 참조).

발주기관은 전자조달시스템이나 발주기관의 정보처리장치를 이용하여 입찰자로부터 제안서를 제출받으나, 제안서 용량·형태 등으로 위 방법을 이용하기 곤란한 경우 입찰자로 하여금 전자우편이나 우편·인편으로 제출하게 할 수 있다(협상에 의한 계약체결기준 제6조 제3항).

한편, 중소기업협동조합법에 따른 중소기업협동조합이 입찰에 참가하는 경우(조합원은 해당 입찰참가자격을 구비해야 함)에는 해당 계약을 이행할 조합원과 그 분담내용에 따른 출자비율·분담비율을 입찰서 제출 마감일 전일까지 확정하여 제출해야 한다(조달청 협상에 의한 계약 제안서평가 세부기준 제10조 제9항). 이때 조합이 확정한 계약이행업체는 부도·파산 그 밖에 이에 준하는 사유로 해당 업체의 계약이행이 불가능한 경우를 제외하고는 계약이행을 완료할 때까지 다른 조합원으로 변경할 수 없다(조달청 협상에 의한 계약 제안서평가 세부기준 제10조 제10항).

6) 제안서 평가

가) 평가항목과 배점한도

제안서는 기술능력과 입찰가격을 종합적으로 평가하고, 구체적인 평가항목이나 배점한도는 협상에 의한 계약체결기준 별표로 규정한다(협상에 의한 계약체결기준 제7조 제1항). 발주기관은 평가항목과 배점한도를 기준으로 세부평가기준을 정할 수 있고, 사업의 특성, 목적, 내용 등을 고려하여 필요하면 별표의 분야별 배점한도를 10점 범위에서 가·감 조정할 수 있다. 그리고 평가항목을 추가하거나 제외할 수도 있다. 다만, 발주기관이 배점한도를 10점 범위를 넘어 가·감 조정할 경우에는 기획재정부장관과 협의해야 한다(협상에 의한 계약체결기준 제7조 제2항).

나) 서류 등 보완요구

발주기관은 제안서 평가에 필요한 서류가 첨부되지 않았거나 제출 서류가 불명확하여 인지할 수 없다면, 제안서 내용에 변경이 없는 경미한 사항에 한정하여 기한을 정해 보완을 요구해야 하는데, 보완요구 받은 자가 해당 기한까지 보완요구한 서류를 제출하지 않으면, 당초 제출받은 서류만으로 평가하고, 당초 제출받은 서류가 불명확하여 심사할 수 없다면 평가에서 제외한다(협상에 의한 계약체결기준 제7조 제3항, 제4항).

다) 제안서 평가위원회

발주기관은 제안서 평가위원회 심의를 거쳐 제안서를 평가해야 한다. 다만, 기술능력평가 중 수행실적, 경영평가 등 '정량적' 평가항목은 계약담당공무원이 세부기준에 따라 평가한다(협상에 의한 계약체결기준 제7조 제5항). 그리고 발주기관은 제안서 평가위원회로 하여금 화상평가 등 전자적 방식에 따라 제안서를 평가하게 할 수 있다(협상에 의한 계약체결기준 제7조 제12항). 한편, 방위사업법에 따른 방위력개선사업과 관련하여 협상에 의한 계약을 체결하려는 경우에는 국방과학기술혁신 촉진법 시행령 제3조 제6항에 따른 연구개발사업제안서 평가팀의 심의로 제안서 평가위원회 심의를 갈음할 수 있다(국가계약법 시행령 제43조 제8항, 협상에 의한 계약체결기준 제7조 제5항).

제안서 평가위원회는 발주기관 소속 공무원, 해당 사업과 계약에 대한 학식이나 경험이 풍부한 자 등으로 구성하며, 그 구성과 운영에 필요한 세부사항은 발주기관이 정한다(협상에 의한 계약체결기준 제7조 제8항). 제안서 평가위원회는 발주기관에게 제안서를 제출한 자로부터 보완자료 등 평가에 필요한 자료를 제출받게 하고, 이를 평가위원회에 전달하도록 요청할 수 있다(협상에 의한 계약체결기준 제7조 제9항).

〔제안서 평가위원회 구성·운영〕

평가위원회 구성, 대형소프트웨어사업 등의 평가위원회 구성, 정족수, 평가위원 자격, 평가위원 해촉, 평가위원 준수사항, 입찰공고 명시 내용, 제안서 제출, 평가대상, 제안서 평가항목과 배점한도, 평가방법, 대형사업의 필수 제안 등 평가방법, 소프트웨어개발 등 정보기술 심사분야 투입인력 등 적정성 평가, 온라인 평가시 유의사항, 상용소프트웨어 유지관리 하도급금액 적정성 평가, 제안서 평가과정 공개, 제안서 사전배포, 평가점수 산출, 평가점수 통보, 협상 내용과 범위, 평가위원 관리, 평가위원 사전접촉 입찰자에 대한 감점, 제안서 평가수당 지급, 제안서 평가결과 공개, 수요기관 협조사항 등 제안서 평가위원회 구성과 운영에 필요한 자세한 사항은 조달청 협상에 의한 계약 제안서 평가세부기준을 참조.

라) 차등점수제

발주기관은 제안서 평가에서 해당 산업의 특성, 최근 동종사업의 낙찰률, 제안서 평가점수 분포 등을 고려해, 기술능력평가의 변별력을 확보하기 어려운 계약이라고 보면 제안서 평가점수에 따라 입찰자 순위를 정하고, 입찰자 순위에 따라 고정점수를 부여하는 차등점수제를 적용해야 한다(협상에 의한 계약체결기준 제7조 제6항). 발주기관은 순위별 점수부여 기준 등 차등점수제의 세부절차와 기준을 정하여 운용할 수 있다(협상에 의한 계약체결기준 제7조 제7항).

마) 제안서 평가결과 공개

발주기관은 제안서 평가 종료 후 전자조달시스템이나 발주기관 정보처리장치를 이용하여 평가위원 명단과 위원별·항목별 평가점수를 공개해야 한다(협상에 의한 계약체결기준 제7조 제10항 본문). 다만, 평가 공정성 확보를 위하여 필요하면 평가위원 실명은 공개하지 않을 수 있다(협상에 의한 계약체결기준 제7조 제10항 단서).

그런데 발주기관은 제안서 평가결과에 개인정보, 영업비밀, 다른 법령에 따라 공개 제한되는 정보가 포함되어 있다면, 평가결과 일부나 전부를 공개하지 않을 수 있고, 이 경우에는 전자조달시스템이나 발주기관 정보처리장치에 제안서 평가결과를 공개하지 않는다는 취지와 그 사유를 게재해야 한다(협상에 의한 계약체결기준 제7조 제11항).

〔제안서 평가 등에서 계약담당공무원의 재량〕

국가계약법 시행령 제43조 제1항에 따른 협상에 의한 계약에서 계약담당공무원은 입찰의 구체적인 요건과 절차, 해당 입찰 목적사업에 적합한 낙찰자 선정 기준, 그 기준의 해석, 적용, 입찰에 따른 계약체결 여부 등에 상당한 재량을 갖는다(서울중앙지방법원 2015. 12. 24.자 2015카합81404 결정, 서울중앙지방법원 2019. 7. 18.자 2019카합21060 결정 참조).

바) 결격자 처리

(1) 공동수급체

(가) 결격사유

공동수급체 대표자가 부도, 부정당업자제재, 영업정지 등 상태인 경우에는 해당 공동수급체의 결격사유로 평가하지만(제안서 평가를 종료한 후 평가 당시 결격사유가 있었던 사실이 확인된 경우이거나 제안서 평가 종료 후 계약체결 전까지 결격사유가 발생하고 해소되지 않은 경우도 같음), 공동수급체 구성원 중 부도, 부정당업자제재, 영업정지, 입찰무효 등 상태인 자가 있는 경우에는 제안서 평가를 할 수 있다(조달청 협상에 의한 계약 제안서평가 세부기준 제10조 제11항 전문).

(나) 제안서 평가방법

위와 같이 공동수급체 구성원에게 결격사유가 있는 경우, 출자비율이나 분담비율은 입찰서 제출 마감일 전날까지 확정·제출된 비율로 하며, 결격사유가 있는 구성원의 출자비율이나 분담비율을 남은 구성원에게 배분하지 않는다(조달청 협상에 의한 계약 제안서평가 세부기준 제10조 제11항 후문). 이에 따라 공동수급체를 평가할 경우 결격사유 있는 구성원의 출자비율이나 분담비율을 전체 사업에 대한 비율로 환산하여 기술능력평가점수에서 환산 비율에 해당하는 점수(소수점 다섯째자리에서 반올림하여 산출)만큼 감점한다. 다만, 제안서 평가를 종료 후 평가당시 그 결격사유가 있었던 사실이 확인된 경우에는 계약담당공무원이 감점처리 후 재산정한 점수로 평가 절차를 다시 진행한다(조달청 협상에 의한 계약 제안서평가 세부기준 제10조 제12항).

(2) 허위·부정하게 작성한 서류를 제출한 자

(가) 의의

제안서 등을 부정하게 허위로 작성하여 제출한 자는 결격사유가 있는 자에 해당한다. 즉, 발주기관은 제출된 서류가 부정 또는 허위로 작성된 것으로 판명된 경우, 협상적격자 제외 등 조치를 해야 한다(조달청 협상에 의한 제10조 제13항). 여기서 제출된 서류는 제안서 그 자체뿐만 아니라 제안서에 준하는 제안서 발표자료나 증명서류 등을 포함한다. 허위란 객관적 진실에 반하는 거짓사실을 말하고, 부정이란 정당하지 않은 것을 통칭하므로, 가령 서류 작성권한이 없는 경우를 들 수 있다.

〔제출된 서류가 부정 또는 허위로 작성된 것으로 판명된 때의 의미〕

입찰자가 제출한 서류에 단순히 사실과 다른 기재내용이 있는 모든 경우를 의미하는 것이 아니라, 진실에 부합하지 않는 내용으로 인하여 제안서 평가자로 하여금 입찰자에 대한 정확한 판단을 그르치게 하는 것을 의미하고, 이를 판단하기 위해서는 입찰자가 사실과 다른 기재내용을 작성하여 제출한 경위, 그것이 입찰자의 의도에 기한 것인지 단순한 착오나 실수로 인한 것인지, 사실과 다르게 작성된 부분이 전체 서류에서 차지하는 비중, 그러한 서류의 제출로 인하여 입찰에 미치는 영향 등을 종합적으로 고려해야 하며, 이에 대한 계약담당공무원의 판단에는 상당한 재량이 인정된다(대법원 2016. 8. 18. 선고 2016다216342 판결, 서울중앙지방법원 2021. 6. 29.자 2021카합20368 결정).

(나) 결격처리

제출된 서류가 부정하게 혹은 허위로 작성된 경우, 계약체결 전이라면 위반자를 협상적격자에서 제외하거나 낙찰자 결정통보를 취소해야 한다(조달청 협상에 의한 계약 제안서평가 세부기준 제10조 제13항 제1호). 그러나 계약체결 후라면 해당 계약을 해제·해지할 수 있다(조달청 협상에 의한 계약 제안서평가 세부기준 제10조 제13항 제2호).

(다) 예외

위와 같이 부정하게 혹은 허위로 작성된 서류가 제출되었더라도, 허위서류 제출을 입찰자 탓으로 돌리가 어려운 사유가 있는 경우, 평가위원 모두가 허위내용이 평가에 영향을 미치지 않았다고 응답하거나 허위내용이 평가항목에 해당하지 않는 등 허위 정도가 경미하여 입찰결과에 끼친 영향이 없음이 명백한 경우, 그 밖에 위 각 사유에 준하는 경우에는 결격처리를 하지 않을 수 있다(조달청 협상에 의한 계약 제안서평가 세부기준 제10조 제14항 제1호부터 제3호).

7) 입찰가격 개봉과 평가

발주기관은 제안서 평가 후 지체없이 입찰참가자가 참석한 자리에서 입찰서를 개봉하고, 입찰가격 평가를 실시해야 한다(협상에 의한 계약체결기준 제7조의2 제1항). 그럼에도 기술평가의 변별력을 확보할 필요가 높은 계약인 경우, 발주기관은 그 특성과 사업내용 등을 고려하여 입찰공고에서 명시한 기준금액 미만의 입찰자를 대상으로 원가절감 적정성을 심사할 수 있다(협상에 의한 계약체결기준 제7조의2 제2항).

8) 유찰과 수의계약 추진

수요기관 요청에 따라 협상에 의한 계약을 진행하는 조달청장은 재공고입찰을 했으나 유찰된 경우에는 제안서가 적합한 자를 대상으로 수의계약을 추진할 수 있고, 이때 제안서 적합 여부 판단은 수요기관의 장이 한다(조달청 협상에 의한 계약 제안서평가 세부기준 제10조 제8항).

9) 협상

가) 협상적격자와 협상순위 선정

발주기관은 제안서를 평가 후 입찰가격이 해당 사업예산(예정가격을 작성하였다면 예정가격) 이하인 자로서 기술능력평가 점수가 기술능력평가분야 배점한도의 85% 이상인 자를 협상적격자로 선정한다(협상에 의한 계약체결기준 제8조 제1항). 협상순서는 협상적격자의 기술능력평가 점수와 입찰가격평가 점수를 합산한 점수가 높은 순서로 결정한다. 다만, 합산점수가 같은 제안자가 2인 이상이면 기술능력평가 점수가 높은 제안자를 우선순위자로 하고, 기술능력평가 점수까지 같다면 기술능력의 세부평가항목 가운데 배점이 큰 항목에서 높은 점수를 얻은 자를 우선순위자로 한다(협상에 의한 계약체결기준 제8조 제2항).

나) 협상적격자 통지

발주기관은 협상적격자와 협상순위자를 결정한 후 지체없이 협상적격자에게 협상순위, 협상적격자 전원의 기술능력과 입찰가격평가 점수와 합산점수, 협상일정을 통보해야 한다(협상에 의한 계약체결기준 제9조).

다) 협상절차

발주기관은 우선순위 협상대상자와 협상을 진행하며, 선순위자와 협상이 성립되면 다른 협상적격자와는 협상을 실시하지 않는다(협상에 의한 계약체결기준 제10조 제1항). 만일 선순위 협상적격자와 협상이 성립되지 않으면 같은 기준과 절차에 따라 순서대로 차순위 협상적격자와 협상을 실시하고, 모든 협상적격자와 협상이 결렬되면 재공고입찰에 부칠 수 있다(협상에 의한 계약체결기준 제10조 제2항, 제3항).

이처럼 발주기관은 우선순위 협상대상자와 협상이 결렬되면 차순위 협상대상자와 협상할 의무를 부담한다.[1] 다만, 우선순위 협상대상자와 협상이 결렬되었더라도 그 사실을 다른 협상적격자에게 통보할 의무가 없으므로, 발주기관이 다른 협상적격자에게 그 사실을 통보하지 않았더라도 이러한 절차를 위법하다고 볼 수는 없다. 즉, 발주기관은 차순위 협상적격

1) 인천지방법원 2021. 10. 14.자 2021카합10401 결정.

자와 협상을 개시할 시기와 기간, 그 대상 등을 결정할 재량을 갖는다.[1)]

라) 협상내용과 범위

발주기관은 협상대상자가 제안한 사업내용, 이행방법, 이행일정 등 제안서 내용을 대상으로 협상을 실시하며 협상 과정에서 그 내용 가운데 일부를 조정할 수 있으나, 협상대상자에게 해당 사업과 관계없는 요구사항을 추가하거나 기술 이전 요구 등 불공정한 요구를 할 수 없다(협상에 의한 계약체결기준 제11조).

발주기관이 협상대상자와 가격협상을 하는 경우, 기준가격은 해당 사업예산(예정가격을 작성했다면 예정가격) 이하로서 협상대상자가 제안한 가격이다(협상에 의한 계약체결기준 제12조 제1항). 물론 협상대상자가 제안한 내용을 가·감하는 경우에는 그 금액을 해당 사업예산(예정가격을 작성했다면 예정가격) 범위에서 조정할 수 있지만, 제안한 내용을 가·감 조정하지 않는다면 협상대상자가 제안한 가격을 증감 조정할 수 없다(협상에 의한 계약체결기준 제12조 제2항).

발주기관이 가격협상을 위해 예정가격을 작성하는 경우에는 제안서 제출 전까지 국가계약법 시행령 제9조(예정가격 결정기준)에 따라 작성해야 하고, 이때 입찰에 참가한 자의 제안가격 등을 기준으로 작성할 수 없다(협상에 의한 계약체결기준 제12조 제3항). 발주기관이 사후에 예정가격을 작성하여 부당하게 가격협상을 진행하지 못하도록 방지하기 위한 규정이다.

마) 협상기간

발주기관은 협상기간과 대상 등을 협상대상자에게 통보하고, 협상대상자가 위 통보받은 날부터 15일 범위에서 협상을 진행하되, 해당 사업의 규모, 특수성, 난이도 등에 따라 협상대상자와 협의하여 5일 범위에서 협상기간을 조정할 수 있고, 그 기간 안에 협상되지 않으면 10일 범위에서 연장할 수 있다(협상에 의한 계약체결기준 제13조 제1항, 제2항). 그러나 위와 같은 협상기간은 훈시규정에 불과하고, 설령 위 기간을 위반하여 협상을 진행했다 하더라도 그 자체만으로는 협상에 의한 계약이 위법하다고 할 수 없다. 따라서 발주기관이 협상을 진행하다가 우선순위 협상적격자에게 허위서류 등 위법사항 의심정황을 발견한 경우, 협상절차를 중지할 수도 있고, 그 결과 협상기간을 도과하더라도 위법이라 보기 어렵다.

바) 협상결과 통보

발주기관은 협상이 성립되면 그 결과를 해당 협상대상자와 다른 협상적격자에게 서면으로 통보해야 한다(협상에 의한 계약체결기준 제14조). 협상이 결렬된 경우에는 그 결과를 별도로 통지해야 할 의무가 없다.

---

1) 인천지방법원 2021. 10. 14.자 2021카합10401 결정.

만약 협상이 성립하지 않은 경우에는 순차적으로 차순위 협상적격자와 협상을 실시해야 한다(조달청 협상에 의한 계약 제안서평가 세부기준 제13조 제4항).[1)]

〔협상결렬이 있더라도 우선협상자 선정을 무효로 해야 하는 경우〕

협상에 의한 계약체결기준에 따라 결정된 우선협상자와 협상을 하고 그 협상이 결렬된 때에만 차순위 협상적격자와 협상을 실시하는 방식을 통해 계약을 체결하는 경우에 있어서도, 우선협상대상자의 선정에 이를 무효로 하지 않으면 그 절차에 관하여 규정한 관계법령의 취지를 몰각하는 결과가 되는 특별한 사정이 있다면 이는 무효라고 보아야 한다(수원지방법원 2017. 1. 6.자 2016카합10338 결정).

10) 계약체결과 이행

발주기관은 협상 성립 후 10일 안에 계약을 체결해야 하고, 발주기관이나 계약상대자는 협상결과서, 그 밖에 공공계약법, 계약일반조건이나 특수조건, 입찰유의서와 일반원칙 등에 따라 계약을 체결하고 이행한다(협상에 의한 계약체결기준 제15조 제1항, 제2항).

5. 경쟁적 대화에 의한 계약

가. 의의

경쟁적 대화에 의한 계약이란, 전문성·기술성이 필요한 물품·용역계약으로서 ① 기술적 요구사항이나 최종 계약목적물의 세부내용을 미리 정하기 어려운 경우, ② 물품·용역 등의 대안이 다양하여 최적의 대안을 선정하기 어려운 경우, ③ 상용되지 않는 물품을 구매하려는 경우, ④ 그 밖에 계약목적물 내용이 복잡하거나 난이도가 높은 경우 등으로서 발주기관이 필요하다고 인정하는 경우 중 어느 하나에 해당하여, 발주기관이 입찰대상자와 계약목적물의 세부내용 등과 관련한 경쟁적·기술적 대화를 진행하여 계약목적물의 세부내용이나 계약이행방안 등을 조정·확정한 후 제안서를 제출받고 이를 평가하여 국가 등에게 가장 유리하다고 인정되는 자와 계약을 체결하는 방법을 말한다(국가계약법 시행령 제43조의3 제1항). 경쟁적 대화에 의한 계약은 협상에 의한 계약과 유사하여, 제안요청서 등 설명, 세부적인 계약체결기준, 제안서 평가 등 협상에 의한 계약 관련 규정을 준용한다(국가계약법 시행령 제43조의3 제6항).

---

1) 수요기관 요청에 따라 조달청장이 협상에 의한 계약을 진행하는 경우, 조달청장은 수요기관과 협상적격사 사이의 협상이 성립되지 않은 사유가 경미하다고 판단하는 경우 수요기관의 장과 협상대상자에게 재협상을 요구할 수 있다(조달청 협상에 의한 계약 제안서평가 세부기준 제13조 제4항).

발주기관은 경쟁적 대화에 의한 계약을 체결하려면, 해당 계약을 체결하려는 자의 이행실적, 기술능력, 사업수행계획, 재무상태, 입찰가격 등을 종합적으로 고려하여 경쟁적대화에 의한 계약체결기준에 따라 세부기준을 정하고, 계약을 체결하려는 자가 그 기준을 열람할 수 있도록 해야 한다. 다만, 방위사업법에 따른 방위력개선사업 수행을 위해 계약을 체결하려는 경우에는 방위사업청장이 그 계약체결기준이나 절차를 정한다(국가계약법 시행령 제43조 제7항, 제43조의3 제6항).

나. 법적 근거

경쟁적 대화의 방법, 절차, 참여비용 지급 등에 필요한 사항은 경쟁적대화에 의한 계약체결기준이 정하고(국가계약법 시행령 제43조의3 제7항), 이에 따라 기획재정부는 계약예규인 경쟁적대화에 의한 계약체결기준을 마련했다. 그 밖에 발주기관도 경쟁적대화에 의한 계약체결기준에 근거하여 세부기준을 정하여 운용할 수 있고(경쟁적대화에 의한 계약체결기준 제17조), 이에 조달청은 조달청 경쟁적 대화에 의한 계약체결 세부기준을 정하여 시행 중이다.

다. 절차

1) 예정가격 작성

발주기관은 경쟁적 대화에 의한 계약을 추진할 경우, 예정가격 작성을 생략할 수 있다(국가계약법 시행령 제7조의2 제2호). 따라서 경쟁적 대화에 의한 계약에서는 예정가격을 작성할 수도 있고, 작성하지 않을 수도 있다. 다만, 예정가격을 작성한 경우에는 예정가격 이하로 계약을 체결해야 한다(국가계약법 시행령 제43조의3 제1항 후문).

2) 입찰공고

발주기관은 경쟁적 대화에 의한 계약을 체결하려면, 입찰공고에 경쟁적 대화에 의한 계약이라는 뜻을 명시해야 한다(국가계약법 시행령 제43조의3 제2항). 그 밖에 ① 사업명, 사업내용, 사업기간, 사업예산, ② 기본 제안요청서 요청기한과 요청에 필요한 서류, ③ 기본 제안요청서 설명을 실시하는 경우 그 장소와 일시, ④ 경쟁적 대화에 의한 계약체결에 필요한 기준과 절차, ⑤ 기본 제안서 제출기한, ⑥ 기본 제안서 내용, ⑦ 기본 제안서 평가요소와 평가방법, ⑧ 기본 제안서 평가를 거쳐 경쟁적 대화에 참여할 수 있는 참여자 수, ⑨ 그 밖에 계약담당공무원이 필요하다고 인정하는 사항을 명시해야 한다(경쟁적대화에 의한 계약체결기준 제4조 제2항 제1호부터 제10호). 그 밖에 입찰공고 기간은 협상에 의한 계약에서 본 바와 같다.

3) 기본 제안요청서 교부·열람과 설명

기본 제안요청서란 발주기관이 경쟁적 대화에 의한 계약의 입찰에 참가하고자 하는 자에게 기본 제안서 제출을 요청하기 위해 교부·열람하게 하는 서류를 말한다(경쟁적대화에 의한 계약체결기준 제2조 제1호). 발주기관은 입찰에 참가하려는 자에게 기본 제안요청서를 교부해야 하고(국가계약법 시행령 제43조의3 제4항, 경쟁적대화에 의한 계약체결기준 제5조 제1항), 전자조달시스템에 기본 제안요청서 등 필요한 서류를 게재하는 방법으로 위 교부를 갈음할 수 있다(국가계약법 시행령 제43조 제4항, 제43조의3 제6항, 경쟁적대화에 의한 계약체결기준 제5조 제2항). 기본 제안요청서에는 과업내용, 요구사항, 경쟁적 대화 참여적격자 선정을 위한 평가요소와 평가방법, 기본 제안서 규격, 그 밖에 필요한 사항을 명시해야 한다(경쟁적대화에 의한 계약체결기준 제5조 제4항). 발주기관은 계약 성질·규모 등을 고려해 필요하면 기본 제안요청서 등을 설명할 수 있다(국가계약법 시행령 제43조 제5항, 제43조의3 제6항, 경쟁적대화에 의한 계약체결기준 제5조 제3항).

4) 경쟁적 대화 참가신청

발주기관은 경쟁적 대화를 하기 전에 입찰대상자의 제안 내용 등을 심사하여 경쟁적 대화에 참여할 입찰대상자를 선정해야 한다(국가계약법 시행령 제43조의3 제3항). 따라서 경쟁적 대화에 의한 계약에 참가하려는 자는 입찰공고나 기본 제안요청에 정한 바에 따라 기본 제안서를 작성하여 발주기관에게 제출하여 경쟁적 대화에 참가 신청을 갈음한다(경쟁적대화에 의한 계약체결기준 제6조). 여기서 기본 제안서란 경쟁적 대화에 의한 계약의 입찰에 참가하려는 자가 기본 제안요청서나 입찰공고에 따라 작성하여 발주기관에게 제출하는 서류를 말한다(경쟁적대화에 의한 계약체결기준 제2조 제3호).

5) 참여적격자 선정

발주기관은 기본 제안요청서에 기재한 평가요소와 평가방법에 따라 기본 제안서를 평가하여 경쟁적 대화과정에 참여할 자를 2인 이상 선정하고, 선정된 자에게 이를 통보해야 한다(경쟁적대화에 의한 계약체결기준 제7조). 이처럼 기본 제안서 평가결과에 따라 경쟁적 대화에 참여할 대상자로 선정된 자를 참여적격자라 한다(경쟁적대화에 의한 계약체결기준 제2조 제5호).

6) 경쟁적 대화

발주기관은 경쟁적 대화과정에 참여한 자와 각각 2회 이상 과업 관련 기술적·재무적 요구내용을 대화해야 한다(경쟁적대화에 의한 계약체결기준 제8조 제1항). 또한, 발주기관은 대화참여자가 경쟁적 대화 과정에서 제시한 기술적 사항을 확인하기 위해 대화참여자의 사업지 현장을 점검할 수 있고, 현장점검 내용을 최종제안서 평가에 반영할 수 있다(경쟁적대화에 의한 계약체결기준 제8조 제2항). 그리고 발주기관은 대화참여자와 한 대화내용 중 대화참여자가 요구하여 비공개하기로 합의한 사항을 다른 참여자나 제3자에게 누설해서는 안 된다(경쟁적대화에 의한 계약체결기준 제8조 제3항).

7) 최종 제안요청서 교부·열람

최종 제안요청서란 경쟁적 대화 참여적격자로 선정되어 경쟁적 대화과정에 참여한 자에게 최종 제안서의 제출을 요청하기 위해 교부·열람하게 하는 서류를 말한다(경쟁적대화에 의한 계약체결기준 제2조 제2호). 최종 제안요청서에는 최종 과업내용, 최종 요구사항, 낙찰자 선정을 위한 평가요소와 평가방법, 최종 제안서 규격, 그 밖에 필요한 사항을 명시해야 한다(경쟁적대화에 의한 계약체결기준 제9조 제3항 제1호부터 제5호).

발주기관은 경쟁적 대화과정에 참여한 자를 대상으로 최종 제안요청서를 교부할 수 있고(경쟁적대화에 의한 계약체결기준 제9조 제1항), 전자조달시스템에 해당 서류 등 필요서류를 게재하여 위 교부를 갈음할 수 있다(경쟁적대화에 의한 계약체결기준 제9조 제2항).

8) 최종제안서 등 제출

최종제안서란 경쟁적 대화과정에 참여한 자가 최종제안요청서에 따라 작성하여 발주기관에게 제출하는 서류를 말한다(경쟁적대화에 의한 계약체결기준 제2조 제4호). 따라서 경쟁적 대화 참여적격자로 선정되어 최종제안서를 제출하고자 하는 자는 최종 제안요청서에서 정한 바에 따라 최종 제안서를 작성하여 가격입찰서와 함께 제출해야 한다(경쟁적대화에 의한 계약체결기준 제10조 제1항). 발주기관은 입찰참가자의 가격입찰서 모두를 함께 봉함하여 개봉할 때까지 보관해야 한다(경쟁적대화에 의한 계약체결기준 제10조 제2항).

9) 최종제안서 평가

가) 평가항목과 배점한도

최종제안서는 기술능력과 입찰가격을 종합적으로 평가하며, 평가항목과 배점한도는 별표로 정한다(경쟁적대화에 의한 계약체결기준 제11조 제1항). 발주기관은 위 평가항목과 배점한도를 기준으로 세부평가기준을 정할 수 있고, 이때 사업의 특성, 목적과 내용 등을 고려해 필요하면 분야별 배점한도를 5점 범위에서 가·감 조정할 수 있고, 평가항목을 추가하거나 제외할 수도 있다(경쟁적대화에 의한 계약체결기준 제11조 제2항 본문). 다만, 배점한도를 5점 범위를 초과하여 가·감 조정할 때는 기획재정부장관과 협의해야 한다(경쟁적대화에 의한 계약체결기준 제11조 제2항 단서).

나) 서류 등 보완요구

발주기관은 최종제안서 평가에서 필요한 서류가 첨부되지 않았거나 제출된 서류가 불명확하여 인지할 수 없는 경우에는 제안서 내용에 변경이 없는 경미한 사항에 한정하여 기한을 정해 보완을 요구해야 한다(경쟁적대화에 의한 계약체결기준 제11조 제3항). '제안서 내용에 변경이 없는 경미한 사항'은 불확정개념으로 발주기관이 재량으로 판단할 사항이지만, 그러한 사항이 있으면 '발주기관이 … 보완을 요구해야 한다.'는 의무규정을 두었다. 경미한 사항인지, 발주기관이 경미한 사항이 아니라고 판단하여 보완을 요구하지 않은 경우 그 효력 등과 관련하여 분쟁이 발생할 수 있다.

한편, 보완 요구받은 자가 해당 서류를 기한까지 제출하지 않았다면, 발주기관은 처음 제출받은 서류만으로 평가하고, 처음 제출받은 서류가 불명확하여 심사가 불가능하다면 평가에서 제외한다(경쟁적대화에 의한 계약체결기준 제11조 제4항).

다) 제안서평가위원회

발주기관은 제안서를 평가하는 경우 제안서평가위원회 심의를 거쳐야 한다(경쟁적대화에 의한 계약체결기준 제12조 제1항). 다만, 방위사업법에 따른 방위력개선사업과 관련한 계약을 체결하려는 경우에는 국방과학기술혁신 촉진법 시행령 제3조 제6항에 따른 연구개발사업제안서 평가팀의 심의로 위원회 심의를 갈음할 수 있다(국가계약법 시행령 제43조의3 제6항, 국가계약법 시행령 제43조 제8항). 제안서평가위원회는 발주기관 소속 공무원, 계약 관련 학식과 경험이 풍부한 자 등으로 구성하며, 위원회 구성이나 운영에 필요한 세부사항은 발주기관이 정한다(국가계약법 시행령 제43조의3 제6항, 국가계약법 시행령 제43조 제9항, 경쟁적대화에 의한 계약체결기준 제12조 제2항).

평가위원회는 발주기관에게 제안서를 제출한 자로부터 보완자료 등 평가에 필요한 자료를 제출받아 이를 평가위원회에 전달하도록 요청할 수 있다(경쟁적대화에 의한 계약체결기준 제12조 제3항).

라) 평가결과 공개

발주기관은 전자조달시스템이나 발주기관 정보처리장치를 이용하여 제안서평가위원회 위원별 제안서 평가결과를 공개해야 한다. 다만, 위원의 실명은 공개하지 않을 수 있다(경쟁적대화에 의한 계약체결기준 제12조 제4항). 평가절차와 결과의 공정을 아울러 담보하기 위한 규정이다. 다만, 제안서 평가결과에 개인정보나 영업비밀, 다른 법령에 따라 공개가 제한되는 정보가 있다면, 발주기관은 평가결과의 일부나 전부를 공개하지 않을 수 있고, 전자조달시스템이나 발주기관 정보처리장치에 그 취지와 사유를 게재해야 한다(경쟁적대화에 의한 계약체결기준 제12조 제5항).

10) 낙찰자 선정과 통보

발주기관은 최종제안서 제출자 가운데 제안서 평가결과 기술능력평가와 입찰가격 평가를 합산한 점수가 가장 높은 자를 낙찰자로 선정한다(경쟁적대화에 의한 계약체결기준 제13조 제1항). 그럼에도 입찰금액이 총사업예산(예정가격을 작성하였으면 예정가격)을 초과하면, 예산범위에서 가격을 조정하기 위해 그 입찰자와 협의해야 하며, 협의가 성립하지 않으면 차순위자를 낙찰자로 결정한다(경쟁적대화에 의한 계약체결기준 제13조 제2항). 발주기관은 낙찰자 결정 후 지체없이 낙찰자에게 낙찰사실을 통보해야 한다(경쟁적대화에 의한 계약체결기준 제14조).

11) 계약체결과 이행

발주기관은 낙찰 후 10일 안에 계약을 체결해야 한다(경쟁적대화에 의한 계약체결기준 제15조 제1항). 계약체결과 이행은 최종 제안요청서, 낙찰자가 제출한 최종제안서와 관련법령, 이에 근거한 계약일반조건이나 특수조건, 입찰유의서 그 밖에 일반원칙에 따른다(경쟁적대화에 의한 계약체결기준 제15조 제2항).

라. 경쟁적 대화 참여비용 지급

경쟁적 대화에 참여하고 제안서를 제출한 자 가운데 낙찰자로 선정되지 않은 참여자에게는 예산 범위에서 경쟁적 대화 참여비용 전부나 일부를 지급할 수 있다(국가계약법 시행령 제43조의3 제5항). 즉, 발주기관은 ① 최종제안서를 제출한 최종 낙찰에 탈락한 자로서 제안서 평가 가운데 기술능력평가점수가 발주기관이 정한 점수를 초과하는 자, ② 발주기관 유책사유에 따라 경쟁적 대화에 따른 계약 절차가 중단된 경우로서 2회 이상 경쟁적 대화에 참여한 자 가운데 어느 하나에 해당하는 자에게 전체 사업예산의 1000분의 15에 해당하는 금액 범위에서 평가 순위에 따라 배분하여 보상할 수 있다. 다만, ②의 경우, 평가가 없었다면 균분하여 보상할 수 있다(경쟁적대화에 의한 계약체결기준 제16조 제1항 제1호, 제2호). 발주기관은 보상을 위한 세부기준을 정하여 운용할 수 있다(경쟁적대화에 의한 계약체결기준 제16조 제2항).

6. 희망수량경쟁입찰

가. 의의와 취지

발주기관은 입찰절차에서 필요한 물품의 총수량을 제시한 다음 여러 입찰자가 각자 원하는 수량만큼만 기재하여 입찰에 참가하도록 허용하고, 당초 제시한 총수량에 이를 때까지 최저가격 입찰자부터 희망수량을 적어 낸 낙찰자를 순서대로 선정할 수 있다. 이를 희망수량 경쟁입찰이라 한다. 희망수량 경쟁입찰은 낙찰자 1명만을 선정하는 제도가 아니고 낙찰자 여러 명을 선정하는 특수한 제도지만, 그 실질은 일반경쟁입찰과 다르지 않다.

따라서 발주기관은 많은 물품 수량을 매각하기 위한 입찰에서 입찰자로 하여금 그 매각수량 범위에서 매수 희망수량과 그 단가를 기재하여 입찰하게 할 수 있고, 반대로 많은 물품 수량을 제조·구매하기 위한 입찰에서 입찰자로 하여금 필요한 수량 범위에서 제조·공급할 희망수량과 그 단가를 기재하여 입찰하게 할 수 있다(국가계약법 시행령 제17조, 지방계약법 시행령 제17조).

나. 범위

희망수량경쟁입찰은 ① 1인이 가진 능력이나 생산시설만으로는 공급이 불가능하거나 곤란할 정도로 많은 수량의 같은 물품을 제조하게 하거나 구매할 경우, ② 1인이 가진 능력만으로는 매수가 불가능하거나 곤란할 정도로 많은 수량의 같은 물품을 매각할 경우, ③ 여러 공급자나 매수자와 분할하여 계약하는 것이 가격·품질 그 밖에 조건에서 국가에게 유리하다고 인정되는 많은 수량의 같은 물품을 제조·구매, 매각할 경우에 실시할 수 있다(국가계약법 시행령 제17조 제3항, 같은 법 시행규칙 제19조 제1호부터 제3호까지).

다. 절차

1) 예정가격 작성

희망수량경쟁입찰에서 예정가격은 해당 물품의 단가로 정해야 한다(국가계약법 시행규칙 제12조 제1항). 그리고 국고의 부담이 되는 물품제조·구매계약인 경우, 그 입찰에 부치고자 하는 물품의 총수량을 기준으로 한 예정가격조서에 따라 해당 물품의 단가를 정해야 한다(국가계약법 시행규칙 제12조 제2항).

2) 입찰공고

희망수량경쟁입찰에서 입찰공고에는 ① 희망수량에 따른 일반경쟁입찰이라는 사항, ② 국가계약법 시행령 제36조 각호가 정한 사항, ③ 낙찰자 결정에서 최후순위 낙찰자의 수량이 다른 낙찰자의 수량과 합산하여 수요량이나 매각량을 초과하면 그 초과하는 수량은 낙찰되지 않았다고 볼 경우, 입찰수량과 낙찰수량 조정사항, 그 밖에 희망수량경쟁입찰에서 필요한 사항을 기재해야 한다(국가계약법 시행규칙 제20조 제1호부터 제4호).

3) 2종류 이상 물품을 희망수량경쟁입찰로 부칠 때

발주기관은 2종류 이상의 물품을 희망수량경쟁입찰에 부치고자 할 경우, 물품의 종류별로 단가와 수량에 따라 입찰하게 해야 한다(국가계약법 시행규칙 제21조).

4) 입찰서 제출

입찰자는 단가를 한 개만 기재하여 입찰해야 하므로, 가령, 총수량의 30%라면 5만 원, 40%라면 4만 8천 원, … 100%라면 4만 원과 같이 여러 입찰가격을 기재한 입찰서를 제출할 수 없다.[1)]

5) 입찰보증금과 계약보증금

희망수량경쟁입찰에서는 입찰자별로 입찰보증금이나 계약보증금은 각각 다르다. 각 입찰자가 기재한 입찰금액이나 최종 낙찰받은 금액(계약금액)이 각기 다르기 때문이다. 따라서 발주기관은 낙찰 수량과 낙찰자 단가를 기준으로 산정한 보증금을 국고에 귀속해야 한다.[2)] 즉, 최후순위 낙찰자의 낙찰수량이 다른 낙찰자의 수량과 합산하여 수요량이나 매각량을 초과할 때에는 그 초과하는 수량은 낙찰되지 않았다고 보는데, 해당 낙찰자가 그 의무를 이행하지 않아서 입찰보증금을 국고귀속하는 경우에는 그 낙찰된 수량에 비례한 입찰보증금만을 국고에 귀속해야 한다(국가계약법 시행규칙 제65조).

6) 낙찰자 결정

가) 다량 물품매각

많은 수량의 물품을 희망수량에 따라 분할하여 매각하고자 할 때는 예정가격 이상의 단가로 입찰한 자 가운데 최고가격으로 입찰한 자 순으로 매각수량에 도달할 때까지 입찰자를 낙찰자로 한다(국가계약법 시행령 제45조). 이처럼 최고가격으로 입찰한 자 순서대로 매각수량에 도달할 때까지 입찰자를 낙찰자로 선정하기 때문에, 최고가격으로 입찰한 자의 희망수량이 매각수량에 도달하였다면 차순위자는 더 이상 낙찰자가 될 수 없다. 2인 이상이 같은 가격으로 입찰했고, 그들만으로도 최종 매각수량에 도달한다면, 그 가운데 입찰수량이 더 많은 자를 우선순위 낙찰자로 결정한다. 그러나 2인 이상 같은 가격으로 입찰한 자가 입찰수량도 똑같이 제출했다면 추첨으로써 낙찰자를 결정한다. 최후순위 낙찰자의 수량과 다른 낙찰자의 수량을 합한 수량이 매각수량을 넘으면, 매각수량을 넘는 최후순위 낙찰자의 수량 부분은 낙찰되지 않았다고 보아야 한다(국가계약법 시행규칙 제47조).

---

1) 회제 41301-649, 2003. 5. 26.
2) 회계제도과-81, 2004. 1. 20.

나) 다량 물품제조·구매

많은 수량의 물품을 희망수량에 따라 분할하여 제조·구매하고자 할 때는 예정가격 이하 단가로 입찰한 자 가운데 최저가격으로 입찰한 자 순으로 필요수량에 도달할 때까지 입찰자를 낙찰자로 한다(국가계약법 시행령 제46조). 최고가격이 아닌 최저가격으로 입찰한 자 순으로 필요수량에 도달할 때까지 입찰자를 낙찰자로 한다는 점을 제외하고는 다량물품을 희망수량에 따라 분할하여 매각하는 경우와 구조가 같다.

라. 한계

발주기관은 희망수량경쟁입찰을 적용하면서 입찰자별로 수량을 제한하여 입찰에 부칠 수 없다.

마. 희망수량경쟁입찰과 수의계약

발주기관은 희망수량경쟁입찰에서 낙찰자 중 계약을 체결하지 않은 자가 있는 경우, 국가계약법 시행령 제28조에 따라 수의계약을 체결할 수 있는데, 이때 물품제조나 구매계약일 경우에는 해당 낙찰자의 낙찰단가 이하로, 물품매각계약일 경우에는 해당 낙찰자의 낙찰단가 이상으로 각 계약을 체결해야 한다(국가계약법 시행규칙 제34조).

〔희망수량경쟁입찰과 담합〕

지금은 다수공급자계약 대상으로 전환했지만, 조달청은 과거 레미콘·아스콘 구매를 위해, 최근 철근 구매를 위해 희망수량경쟁입찰을 활용한 바 있다. 그런데 앞에서 본 바와 같이, 희망수량경쟁입찰에 참가하는 자는 제시된 총 물품수량 중에 원하는 수량만큼만 기재하여 입찰에 참가할 수 있고, 발주기관은 당초 제시한 총수량에 이를 때까지 최저가격 입찰자부터 희망수량을 적어 낸 낙찰자를 순서대로 선정할 수 있으므로, 각 입찰자마다 적어내는 입찰가격이 다를 수밖에 없다. 그럼에도 조달청은 그동안 각 낙찰자로부터 동의를 받아 최저가격 입찰자가 제시한 가격으로 계약을 체결했다. 이러한 방식 때문에, 희망수량경쟁입찰에 참가하는 업체는 어떤 입찰가격을 적어 내든 최저가격으로 계약을 체결하리라는 점을 예상하여, 가격담합을 하기도 했다. 조달청이 희망수량경쟁입찰을 운영하는 이른바 1물(物) 1가(價) 방식은 감사 등과 관련하여 불가피한 측면이 있지만, 법률상 근거가 없고, 담합을 유인하는 요소에 해당하므로, 실무상 대안을 마련할 필요가 있다.

7. 품질 등에 따른 낙찰자 결정

발주기관은 물품제조·구매계약에서 필요하다고 인정하는 경우, 해당 물품의 입찰가격과 아울러 품질, 규격 등을 종합적으로 고려하여 예정가격 이하로서 가장 경제성이 있는 가격으로 입찰한 자를 낙찰자로 결정한다(국가계약법 시행령 제44조 제1항). 이 경우, 입찰 전에 품질 등 평가기준을 결정하여 입찰참가자가 열람할 수 있게 해야 한다(국가계약법 시행령 제44조 제2항).

입찰참가자는 발주기관이 품질 등을 평가할 수 있도록 그 평가에 필요한 서류를 제출해야 한다. 즉, 입찰서와 품질 등 표시서를 함께 제출해야 하므로, 오로지 입찰서만 제출한 입찰은 무효사유에 해당한다(국가계약법 시행규칙 제44조 제8호).

발주기관은 입찰서와 함께 제출된 품질 등 표시서를 평가기준에 따라 평가하고 특별한 사유가 없다면 입찰일이나 개찰일로부터 10일 안에 낙찰자를 결정해야 한다(국가계약법 시행규칙 제46조). 다만, 위 기간규정은 훈시규정에 불과하기 때문에, 낙찰자 결정을 입찰일이나 개찰일로부터 10일 이후에 하였다 하더라도 위법하다고 할 수 없다.[1)]

8. 유사물품 복수경쟁입찰

가. 의의와 취지

발주기관은 품질·성능·효율 등에 차이가 있는 비슷한 종류의 물품 가운데 품질·성능·효율 등이 일정 수준보다 높은 물품을 지정하여 구매하기 위한 입찰에 부칠 수 있다(국가계약법 시행령 제25조). 이를 유사물품 복수경쟁입찰이라고 부른다. 유사물품 복수경쟁입찰은 특정한 생산품이라도 경쟁절차를 거쳐 물품을 구매하도록 하여 수의계약에 따른 고가구매를 방지하고, 국가 등에 유리한 가격으로 계약목적을 달성하면서도 제품성능과 기술개발을 촉진할 수 있게 하는 제도이다.[2)]

다만, 발주기관은 유사물품 복수경쟁에 부칠지 결정할 재량이 있으므로, 위와 같은 요건을 갖추었더라도, 유사물품 복수경쟁입찰이 아닌 일반경쟁입찰에 부칠 수 있다.

나. 적용범위

첫째, 유사물품 복수경쟁입찰은 물품구매계약을 위해 진행하므로, 공사·용역계약이나 물품제조계약에는 적용하지 않는다. 둘째, 품질·성능·효율 등이 다른 물건을 구매할 때에 적용하되, 그 종류가 유사해야 한다. 유사한 종류인지는 물품의 특성이나 사양, 용도 등을 고려하여 판단한다. 셋째. 복수경쟁에 부치기 위해 지정하는 물품은 품질·성능·효율 등이 일정 수준보다 높아야 한다.

---

1) 김성근, 앞의 책(Ⅰ), 498쪽.
2) 김성근, 앞의 책(Ⅰ), 236쪽, 장훈기, 앞의 공공계약제도 해설, 270쪽.

다. 낙찰자 결정

입찰자 가운데 유사한 종류의 물품별로 작성된 예정가격과 비교하여 입찰금액 비율이 가장 낮은 자를 낙찰자로 결정한다(국가계약법 시행령 제25조 후문, 지방계약법 시행령 제24조 후문).

9. 설계공모

가. 의의와 법적 근거

설계공모는 발주기관이 설계자 2인 이상으로부터 각기 공모안을 제출받아 그 우열을 심사·결정하는 방법과 절차를 말한다. 국가계약법은 별도로 설계공모 근거를 규정하지 않지만, 지방계약법에는 제13조 제2항 제3호에서 상징성, 기념성, 예술성 등 창의성이 필요한 설계용역을 할 때 당선자를 낙찰자로 결정하는 제도로서 설계공모를 규정한다. 그리하여 지방자치단체 입찰시 낙찰자 결정기준에는 설계공모에 필요한 사항을 자세히 규정한다(제8장 설계공모 운영요령 참조).

그러나 건축서비스산업 진흥법 제21조 제2항은 공공기관이 일정한 공공건축물 등 설계를 발주할 때 공모방식을 우선 적용하도록 규정하고, 이에 따라 국토교통부는 건축 설계공모 운영지침을, 조달청은 조달청 건축 설계공모 운영기준을 둔다. 따라서 공공기관이 발주하는 특정 범위 건축물등의 설계공모는 위 규칙에서 정한 심사기준, 심사방법, 절차 등에 따른다.

나. 적용범위

건축서비스산업 진흥법 제2조 제1항 제5호에 따르면, 공공기관은 국가기관, 지방자치단체, 공공기관, 지방공기업을 포함하는 의미이다. 따라서 지방자치단체가 발주하는 일정한 설계용역에도 건축서비스산업 진흥법이 적용된다. 즉, 지방계약과 관련하여 다른 법령에 특별한 규정이 있으면 그 법령에 따라야 하므로(지방계약법 제4조 참조), 결국 지방자치단체가 발주하는 설계용역 가운데 공공건축과 관련한 것은 건축서비스산업 진흥법을 먼저 적용하고, 그 밖에 물품제조 디자인용역 등 건축서비스산업 진흥법이 규율하지 않는 사항에는 지방계약법과 지방자치단체 입찰 및 계약집행기준을 적용한다.

다. 법적 성격

대법원은 설계공모를 민법상 전형계약 중 하나인 우수현상광고로 이해한다.[1] 다만, 실무는 설계공모를 경쟁입찰과 유사하게 취급하고, 지방계약법 등의 관련 규정 역시 입찰절차

---

1) 대법원 2002. 1. 25. 선고 99다63169 판결.

에 준하는 여러 규정을 둔다. 판례처럼 우수현상광고로 이해하면 민법 제678조 등도 적용되기 때문에, 단순한 경쟁입찰과는 구별할 실익이 있으나, 지방계약법은 설계공모를 입찰에 따른 낙찰자 결정과 같이 규율하고, 건축서비스산업 진흥법에 따른 건축 설계공모 운영지침 등도 입찰을 전제한 조항을 다수 규정하므로(가령 건축 설계공모 운영지침 제9조 제6항 참조), 설계공모는 입찰에 따른 낙찰자 결정 유형 중 특수한 형태로 이해할 필요가 있다.

라. 건축서비스산업 진흥법상 설계공모

1) 개요

발주기관은 우수한 건축물 등을 조성하기 위해 설계비 추정가격이 1억 원 이상인 건축물(다만, 건축법 시행령 별표1 제17호부터 제26호까지, 제28호에 해당하는 건축물 제외), 건축법 시행령 별표1 제3호 바목에 따른 지역자치센터, 같은 별표 제10호 가목에 따른 유치원, 같은 별표 제11호에 따른 노유자시설 등 다수 주민이 이용하는 시설로서 설계에 특별히 고려가 필요해 국토교통부장관이 정하여 고시하는 용도의 건축물등 설계를 발주하는 경우, 공모방식을 우선 적용해야 한다(건축서비스산업 진흥법 제21조 제2항 참조). 따라서 공모방식을 우선 적용해야 하는 건축물등 설계는 다른 건설공사 설계에 포함하여 설계공모가 아닌 방식으로 발주할 수 없다(같은 법 시행령 제17조 제3항 참조).

건축물등 설계를 발주하는 기관이 공공건축 사업계획 사전검토를 거쳐 공모방식을 우선 적용하지 않는 경우, 건축법 제4조에 따라 국토교통부장관이 설치하는 건축위원회 심의를 받아야 한다(같은 법 시행령 제17조 제2항).

발주기관은 공공건축지원센터나 지역 공공건축지원센터, 그 밖에 해당 공공기관이 설계공모 관련 업무에 전문성이 있다고 인정하는 기관에게 설계공모 관련 업무를 의뢰할 수 있다(같은 법 시행령 제17조 제4항 제1호부터 제3호). 다만, 공모심사를 전문기관에게 의뢰하지 않는 경우에 자체 심의위원회를 구성하여 심사해야 한다(같은 법 시행령 제17조 제5항). 자체 심사위원회 구성과 운영, 공모심사 기준과 절차 등 필요한 사항은 국토부장관이 고시하는 건축 설계공모 운영지침에서 정한다(같은 법 시행령 제17조 제8항). 건축 설계공모 운영지침은 공공기관에서 건축물이나 공간환경을 건축하거나 조성하기 위해 설계안이나 설계자를 설계공모 방식으로 결정할 때 적용하며, 다른 설계공모 지침보다도 우선 적용된다(건축 설계공모 운영지침 제3조 제1항, 제2항).

2) 종류

설계공모는 일반 설계공모, 2단계 설계공모, 제안공모, 간이공모, 제한공모, 지명공모가 있다. 이에 공공기관 사업 규모와 특성 등에 따라 해당 설계공모를 일반 설계공모, 2단계

설계공모, 제안공모, 간이공고 등으로 구분하여 시행할 수 있다(건축 설계공모 운영지침 제4조 제1항).

일반 설계공모는 공모작 모두를 심사하여 건축물이나 공간환경을 건축하거나 조성하기 위한 설계안을 선정하는 방식을, 2단계 설계공모는 아이디어 등을 1차로 심사하여 2차 심사에 참여할 설계자를 선정하고, 2차 심사로 건축물이나 공간환경을 건축하거나 조성하기 위한 설계안을 선정하는 방식을, 제안공모는 설계자의 경험과 역량, 수행계획과 방법 등을 심사하여 건축물이나 공간환경을 건축하거나 조성하기 위한 설계자를 선정하는 방식을, 간이공모는 소규모 사업을 대상으로 제출도서를 간소하게 하여 시행하는 방식을, 제한공모는 발주기관 등이 정하는 일정 기준에 따라 설계공모에 참여하는 설계자를 제한하는 방식을, 지명공모는 발주기관 등이 설계자를 지명하여 설계공모에 참여하도록 하는 방식을 각각 의미한다(건축 설계공모 운영지침 제2조 제5호부터 제10호, 제4조 제1항).

특히 발주기관은 특정한 기술 보유나 실적이 있는 자가 아니면 설계를 수행하기 곤란한 경우, 신진건축사를 발굴·육성하기 위해 필요한 경우, 건축기본법 제22조에서 정한 디자인 시범사업으로서 디자인 경쟁력 확보가 중요한 사업인 경우에, 제안공모나 지명공모를 시행할 수 있다(건축 설계공모 운영지침 제4조 제2항 제1호부터 제3호). 위와 같이 제안공모나 지명공모를 하고자 하면 설계공모 시행 전에 그 기관에 설치한 공공건축심의위원회로부터 적용의 타당성이나 범위, 내용의 적정성, 절차 등을 심의받아야 하나, 해당 위원회가 설치되지 않았다면 건축서비스산업 진흥법이 정한 위원회가 이를 대신할 수 있다(건축 설계공모 운영지침 제4조 제3항 제1호, 제2호). 발주기관이 지방자치단체의 장인 경우, 해당 지역에 있는 업체로만 제한해야 할 특별한 사유가 있을 때를 제외하고는 지역을 제한하여 공모하지 않도록 주의해야 한다(건축 설계공모 운영지침 제4조 제4항).

《 설계공모 종류별 비교표 》

	일반	2단계	제안	간이
적용대상	-	대규모사업, 국가중요사업, 구체적인 설계안 제출받아 심사할 필요, 소규모 업체나 신진의 참여 확대, 2단계 설계공모 적용이 적절한 경우	리모델링, 특화설계 등 디자인 우수성보다 설계자의 기술제안이나 대응능력이 필요, 사용자 등 관계자, 다른 공종 전문가, 주민 등과 협의를 거쳐 계획을 구체화할 필요, 제안공모 적용이 적절한 경우	추정가격이 2억 원 미만인 소규모사업

	일반	2단계	제안	간이
일정	• 공고일~공모안 제출마감일 : 90일 이상 • 공고일~등록마감일 : 7일 이상 • 단, 사업 특성, 시급성, 법률에 따라 예외 인정	• 공고일~공모안 제출마감일 : 90일 이상 • 공고일~등록마감일 : 7일 이상 • 1차 공모기간은 30일, 2차 공모기간은 60일 이상으로 하되, 필요한 경우 예외 인정	• 공고일~공모안 제출마감일 : 20일 이상 • 공고일~등록마감일 : 5일 이상	• 공고일~공모안 제출마감일 : 30일 이상 • 공고일~등록마감일 : 5일 이상
제출도서	설계도면, 설계설명서 한정	• 1차 : 표지, 계획개념(계획방향과 기본개념, 주변환경 분석, 동선과 배치개념, 콘셉트 디자인과 스케치 등), 추가 제안사항(특화사항) • 2차 : 설계도판, 조감도 등	이미지, 다이어그램, 유사사례 사진, 렌더링하지 않은 3차원 이미지 등	전체 분량은 A3용지 4매나 A4용지 8매 이내
평가	• 투표제 원칙 • 사업 특성 고려해, 채점제나 투표제와 채점자를 혼합한 방식 적용 가능 • 심사위원회 의결로 평가방식 변경 가능	• 1차 : 5인 이내 설계자 선정. 일반 설계공모와 같음 • 2차 : 일반 설계공모와 같음	일반 설계공모와 같음	일반 설계공모와 같음
비용보상	• 4인 이내 기타 입상자 • 최대 1억 범위에서 예정설계비의 10%에 해당하는 예산으로 지급 • 4인 : 점수 높은 자순으로 예산의 10분의4, 10분의3, 10분의2, 10분의1 • 3인 : 점수 높은 자순으로 예산의 10분의4, 10분의3, 10분의2 • 2인 : 점수 높은 자순으로 10분의4, 10분의3 • 1인 : 예산의 3분의1	일반 설계공모와 같음	공고한 내용에따라 지급	공고한 내용에따라 지급

3) 절차

가) 설계공모 등 시행공고

발주기관은 설계공모를 하려면, 총공사비나 설계비를 포함해, 설계공모 목적과 방식, 응모자격(자격제한 근거와 내용), 설계공모 단계와 등록절차, 일정, 설계에 고려할 조건, 질의응답 기간과 절차, 공개방법, 제출도서 등의 종류와 규격, 작성기준, 심사위원과 심사방법, 평가 주안점(투표제)이나 평가항목과 배점기준(채점제) 등, 입상의 종류와 그 권리·보상 내용, 응모작 등 공모작 전시대상 범위, 전시기준과 반환 요령, 그 밖에 설계공모 시행에 특별히 필요하다고 인정하는 사항, 실격기준과 설계지침서 미준수에 대한 조치사항 등, 설계공모 결과 공개방법 등을 공고해야 한다(건축 설계공모 운영지침 제5조 제1항 가목부터 하목).

특히 총공사비는 설계용역 대상인 공사에 들어가는 모든 경비로서 발주기관등이 입찰공고에 명시한 금액(부가가치세 포함)을 말하고(건축 설계공모 운영지침 제2조 제13호), 설계비는 발주기관이 계약상대자인 공모 당선자에게 지급하기로 결정하여 시행 공고에 명시한 대가를 말하는데(건축 설계공모 운영지침 제2조 제13호), 발주기관은 총공사비를 기준으로 관련법령에 따라 설계금액을 산정하고 산정된 설계금액 범위에서 설계비를 결정하여 공모공고에 명시해야 한다(건축 설계공모 운영지침 제5조 제2항).

나) 등록

설계자는 발주기관이 공고한 절차에 따라 등록하여, 해당 설계공모에 공모안을 제출할 수 있다(건축 설계공모 운영지침 제6조 제1항). 발주기관은 우편이나 온라인을 이용한 비대면 등록절차를 적극 활용해야 하며, 등록한 자에게 구체적인 설계공모안 작성지침서(이하 '설계지침서'라 한다)와 설계에 필요한 자료 등을 교부해야 하고, 그에 과도한 비용이 들면 그 상당한 금액을 등록비로 징수할 수 있다(건축 설계공모 운영지침 제6조 제2항, 제3항).

다) 설계지침서

설계지침서는 사업목적과 일정, 사업과 설계 기본방향, 대지조건과 건물규모, 관련 법규 적용기준, 토지이용과 외부공간 계획, 배치계획, 평면계획, 입면계획, 단면계획, 구조계획, 설비계획, 조경계획, 토목계획 등 주요 사항, 시설별 면적, 주요 시설과 기능별 세부설계지침, 에너지 절감, 장애인 고려 등 시설기능과 관련한 주요 사항 등을 구체적으로 빠짐없이 기술한 서류를 말한다(건축 설계공모 운영지침 제7조 제1항 가목부터 아목).

그런데 제안공모 방식을 적용하는 경우, 설계지침서에는 사업목적과 일정, 사업의 기본방향, 대지의 조건과 건물의 규모, 토지이용, 배치계획, 시설기능 등과 관련한 주요 사항, 주요 기능별 면적, 담당건축사의 경력, 실적 등 설계자의 경험과 역량 작성요령, 업무에 대한 이해도, 제안요청 과제, 수행계획 등 수행계획과 방법 작성요령, 그 밖에 필요한 사항 등 정보를 제공해야 한다(건축 설계공모 운영지침 제7조 제1항 단서, 제31조 제1호부터 제8호).

제출도서의 종류나 규격은 심사위원이 해당 공모안의 내용을 이해하고 평가하는데 필요 최소한으로 적정하게 정해야 한다(건축 설계공모 운영지침 제7조 제2항). 참가자는 설계지침서 등에서 제시한 공모안 작성요건을 따라야 하며, 이를 지키지 않았다면 설계공모 등 시행공고에서 정한 조치를 받는다(건축 설계공모 운영지침 제7조 제3항).

라) 질의응답

등록한 자는 설계지침서 등 해당 공고내용 가운데 모호한 부분이나 그 밖에 필요한 사항 등을 발주기관에게 서면으로 질의할 수 있다(건축 설계공모 운영지침 제8조 제1항). 발주기관은 그 응답 내용을 공고 일정에 따라 모든 등록자에게 서면으로 통보해야 하나, 공고에서 별도로 통보방법을 정했다면 그에 따를 수 있다(건축 설계공모 운영지침 제8조 제2항).

발주기관은 질의내용이 복합적이거나 사업이 복잡한 경우 등 필요하다고 판단하는 경우, 심사위원과 발주기관등이 참여하는 공개설명회를 개최하여 질의답변을 할 수 있고, 이때 답변한 사항은 설계지침서 등과 같은 효력을 갖는다(건축 설계공모 운영지침 제8조 제3항). 다만, 설계지침서에서 이미 명확히 기재한 사항이라면 설령 그 사항을 질의응답 했더라도, 질의응답에 별다른 효력이 없다고 본다.

마) 공모안 제출

설계공모에 참여하는 설계자는 공고된 제출도서를 모두 제출해야 한다(건축 설계공모 운영지침 제9조 제1항). 발주기관은 우편이나 온라인 등 비대면 방식을 적극적으로 활용해 이를 제출받아야 하고, 디지털 심사방법에 따른 공모안을 별도로 제출받을 수 있으며, 그 세부기준을 별도로 정할 수도 있다(건축 설계공모 운영지침 제9조 제3항, 제4항). 설계자는 발주기관등이 익명성 확보를 위해 요구하는 방법에 따라 제출도서를 작성해야 한다(건축 설계공모 운영지침 제9조 제2항).

한편, 발주기관은 제출받은 공모안이 설계지침서 등에서 요구하는 조건에 맞는지 확인해야 하며, 건축법 등 관련법령을 중대하게 위반한 경우, 건축규모, 총공사비, 주요 기능별 면적 등 설계지침에서 요구한 사항을 과도하게 초과하거나 미달한 경우, 제출도서의 규격을 현저히 위반한 경우, 제출도서에 해당업체를 특정할 수 있는 문구나 이미지 등이 포함된 경우 등 심사에 영향을 미칠 수 있는 중대한 조건을 위배하여 심사대상으로 적절하지 않다고 판단하면, 설계공모심사위원회 의결을 거쳐 해당 공모안을 심사대상에서 제외할 수 있다(건축 설계공모 운영지침 제9조 제5항 가목부터 라목).

발주기관은 심사대상이 없거나 1개뿐인 경우, 재공모를 하거나 설계공모가 아닌 다른 입찰방법을 적용할 수 있다(건축 설계공모 운영지침 제9조 제6항).

바) 공모안 평가

(1) 심사위원

심사위원은 건축도서를 해독할 수 있는 자로서, 국내외 건축사 자격을 소지하고 자격취득 후 건축설계 분야에서 5년 이상 실무경험이 있는 사람, 대학의 건축계획이나 설계 분야에서 조교수급 이상으로 5년 이상 경험이 있는 사람, 해당 설계공모로 조성하려는 건축물이나 공간환경 특성을 고려해 관련 분야의 전문지식과 실무경험이 있다고 발주기관이 인정한 사람 중 어느 하나에 해당하는 자가 그 자격을 가진다(건축 설계공모 운영지침 제10조 본문 제1호부터 제3호). 그러나 다른 사업의 설계공모 심사위원으로 참여 중 심사와 관련하여 금품을 수수하거나 부정한 청탁에 따라 권한을 행사하는 등 비위사실이 있는 자는 자격이 없다(건축 설계공모 운영지침 제10조 단서).

(2) 심사위원회

발주기관은 공모안을 심사하기 위해 설계공모심사위원회를 설치·운영해야 한다(건축 설계공모 운영지침 제11조 제1항). 설계공모심사위원회는 발주기관이 추천받은 자 가운데 위촉한 심사위원 5~9인으로 구성하며 발주기관 소속 임·직원은 심사위원으로 위촉해서는 안 된다(건축 설계공모 운영지침 제11조 제2항 본문). 그러나 심사위원 자격을 갖춘 소속 임·직원은 예외이다(건축 설계공모 운영지침 제11조 제3항). 다만, 발주기관에게 특별한 사유가 있으면 심사위원을 10인 이상으로 구성할 수 있다(건축 설계공모 운영지침 제11조 제2항 단서). 그런데 발주기관이 관련 분야의 전문지식과 실무경험이 있다고 인정한 사람이나 소속 임·직원 가운데 심사위원 자격을 갖춘 사람의 총 인원수는 전체 인원수의 30%를 초과할 수 없다(건축 설계공모 운영지침 제11조 제4항). 이른바 셀프(self) 심사를 방지하고, 전문성 있는 실질적 심사를 도모하려는 취지이다.

발주기관은 필요하다고 인정하는 경우, 심사의 전문성을 높이기 위해 건축구조, 시공, 설비 등 기술분야 검토를 위해 관련 분야별 전문가 등으로 구성된 전문위원회를 둘 수 있다(건축 설계공모 운영지침 제11조 제5항). 이 전문위원회는 공모안에 대한 전문적 의견을 심사위원회 개최 전에 서면으로 심사위원회에 제출해야 하며, 심사위원회에서 요청하면 심사에 참석하여 검토결과를 설명해야 한다(건축 설계공모 운영지침 제11조 제6항). 전문위원회 전문가는, 해당 분야 기술사 자격을 소지한 자로서 자격취득 후 5년 이상 실무경험이 있는 사람, 대학의 해당 분야에서 조교수급 이상으로서 해당 분야의 5년 이상 경험이 있는 사람, 그 밖에 건축 관련 분야에서 같은 전문지식과 실무경험이 있다고 발주기관이 인정한 사람 가운데 어느 하나에 해당하는 자이다(건축 설계공모 운영지침 제11조 제7항 제1호부터 제3호).

발주기관은 설계공모 시행과 관련하여 설계공모 방식, 일정, 지침(안), 심사위원, 심사방식 등 심사위원회 운영, 그 밖에 필요한 사항의 검토와 결정을 위해 필요하다고 인정하면, 별도 운영위원회를 둘 수 있다(건축 설계공모 운영지침 제11조 제8항 제1호부터 제5호).

발주기관은 심사위원회, 전문위원회, 운영위원회 위원에게 예산의 범위에서 수당과 여비, 그 밖에 필요한 경비를 지급할 수 있다(건축 설계공모 운영지침 제11조 제9항).

심사위원회 의결이 필요한 사항은 출석위원 과반의 동의를 얻어 결정한다(건축 설계공모 운영지침 제11조 제10항). 그 밖에도 발주기관은 심사위원회 의결을 거쳐 공고에 제시한 사항 이외에 추가로 심사위원회 운영에 필요한 세부기준을 정할 수 있다(건축 설계공모 운영지침 제11조 제11항).

(3) 심사위원회 개최

발주기관은 심사대상인 공모안을 심사위원회 개최일로부터 최소 5일 전까지 심사위원에게 미리 교부하여 사전에 검토하게 해야 한다. 다만, 해당 사업의 특성이나 시급성 등을 고려해 심사기간을 단축할 필요가 있으면, 공모안의 교부기간을 단축하거나 심사위원회 개최 당일 공모안을 교부할 수 있다(건축 설계공모 운영지침 제13조 제1항). 심사위원회는 정수의 과반수가 참석해야 하며, 참석 심사위원이 과반수 미만이면 심사위원회를 다시 개최해야 한다(건축 설계공모 운영지침 제13조 제8항).

발주기관은 지역적 특성, 부지조건 등을 설명하기 위해 심사위원에게 대상자 자료를 제공하거나 심사위원으로 하여금 대상자를 사전에 답사하게 해야 한다(건축 설계공모 운영지침 제13조 제2항). 발주기관은 심사 전 심사위원에게 해당 사업의 목적과 특성, 평가기준, 설계지침서 등 심사에 필요한 사항을 충분히 설명해야 하며, 심사위원은 이를 숙지한 후 심사에 참여해야 한다(건축 설계공모 운영지침 제13조 제3항).

심사위원회 진행은 공개해야 하며, 심사내용을 녹화나 녹음해야 한다(건축 설계공모 운영지침 제13조 제4항). 발주기관은 공모안에 대한 심사위원 심사의견, 심사과정에서 공모안이 심사에서 제외된 경우 그 사유, 그 밖에 필요한 사항 등을 서면으로 작성해야 하며, 이에 대하여 심사에 참여한 심사위원 전원으로부터 서명을 받아야 한다(건축 설계공모 운영지침 제13조 제5항). 발주기관(발주기관이 대리인을 지명하였다면 그 대리인)은 심사위원회에 참여하여 심사위원의 질의에 답변할 수 있다(건축 설계공모 운영지침 제13조 제6항). 심사위원회는 해당 설계공모 특성에 따라 필요하다면 설계공모 참가자에게 공모안에 대한 설명을 요구할 수 있고, 참가자는 이에 응해야 한다(건축 설계공모 운영지침 제13조 제7항).

사) 심사결과 발표와 공개

발주기관은 심사일로부터 7일 안에 참석 심사위원과 입상자 명단, 심사위원별 투표결과와 평가점수, 심사위원별 평가사유서, 입상작 이미지, 그 밖에 공개가 필요한 사항을 포함한 심사결과를 건축법 제32조에 따른 전자정보처리 시스템(세움터)에 공개해야 한다(건축 설계공모 운영지침 제14조 제1항 제1호부터 제5호). 다만, 필요하다고 인정하는 경우, 서면이나 인터넷 홈페이지를 이용해 공개를 병행할 수 있다(건축 설계공모 운영지침 제14조 제1항 단서). 그러므로 오로지 서면이나 인터넷 홈페이지에만 심사결과를 공개하는 것은 위법하다.

한편, 참가자가 자세한 심사결과를 열람하려면 심사결과 공개 후 7일 안에 발주기관에게 이를 요청해야 한다. 발주기관은 참가자가 요청하면 심사과정의 녹취록과 동영상을 열람할 수 있도록 해야 한다(건축 설계공모 운영지침 제14조 제2항). 심사절차와 결과의 공개로 투명성을 담보하려는 취지이다.

아) 당선작 등 입상작 선정

입상작은 당선작과 기타 입상작으로 구분하고, 당선작은 심사위원회에서 충분한 토론을 거쳐 입상작 중 최다 득표나 가장 높은 점수를 받은 작품으로 결정한다(건축 설계공모 운영지침 제15조 제1항). 다만, 발주기관은 심사위원회에서 입상작 가운데 해당 설계공모 목적과 내용에 적합한 당선작이 없다고 결정하면, 당선작 없이 기타 입상작만 선정할 수 있다(건축 설계공모 운영지침 제15조 제2항). 그리고 발주기관은 빠른 시일 내에 참가자에게 심사결과를 서면으로 통지하거나 공고에서 별도로 정한 통지방법으로 알려주어야 한다(건축 설계공모 운영지침 제15조 제3항).

한편, 발주기관은 당선작 선정 이후 당사자가 금품·향응 등 제공·수수, 담합, 알선·청탁 등 불공정행위를 했다고 볼만한 근거가 있다면 경우, 선정한 당선작을 취소할 수 있다(건축 설계공모 운영지침 제15조 제4항).

자) 사후활용 등

입상작의 저작권은 원칙적으로 설계자에게 있으며, 저작권의 귀속 등 저작권과 관련한 일체 사항은 저작권법령이 정하는 바에 따른다(건축 설계공모 운영지침 제16조 제1항). 발주기관은 심사결과를 발표한 후 공고한 대로 일정기간 입상작 등 공모안을 전시할 수 있다(건축 설계공모 운영지침 제16조 제2항). 발주기관은 전시가 끝나면 미리 공고한 요령에 따라 각 공모안을 해당 참가자에게 반환해야 한다(건축 설계공모 운영지침 제16조 제3항). 전시대상에 포함되지 않은 공모안은 심사결과 발표일부터 7일 안에 반출해야 하며, 이에 따른 비용은 참가자가 부담하고, 기간 안에 반출되지 않은 공모안은 발주기관등이 임의 처리할 수 있다(건축 설계공모 운영지침 제16조 제4항).

4) 계약상대자 결정과 계약체결

발주기관은 당선작으로 선정된 공모안을 제출한 자를 계약상대자로 결정한다(건축 설계공모 운영지침 제41조 제1항). 그리고 계약상대자에게 그 서면으로 그 사실을 통지해야 한다(건축 설계공모 운영지침 제41조 제2항).

발주기관은 계약상대자가 계약체결 전에 부적격자로 판명되어 계약상대자 결정이 취소되거나 부도 등 불가피한 사유로 해당 계약을 이행할 수 없는 경우 또는 계약상대자가 포기서를 제출한 경우, 심사위원회 결정에 따라 기타 입상자 중에서 계약상대자를 선정하거나 계약상대자를 선정하지 않을 수도 있다(건축 설계공모 운영지침 제41조 제3항).

발주기관은 계약상대자 결정 후 특별한 사유가 없으면 10일 안에 계약을 체결해야 한다. 다만, 발주기관 사정, 사업 추진여건에 따라 계약상대자와 협의하여 계약체결 기한을 조정할 수 있다(건축 설계공모 운영지침 제41조 제4항).

5) 설계비 감액 제한

발주기관은 공모안 작성비용 보상을 이유로 해당 사업 설계비를 감액해서는 안 된다(건축 설계공모 운영지침 제21조 제4항).

10. 대안입찰·일괄입찰

가. 개요

대안입찰이나 일괄입찰은 대형공사계약이나 특정공사계약을 체결하기 위한 입찰절차를 말한다. 대형공사는 총공사비 추정가격이 300억 원 이상인 신규복합공종공사를 말하고(국가계약법 시행령 제79조 제1항 제1호), 특정공사는 총공사비 추정가격이 300억 원 미만인 신규복합공종공사 가운데 발주기관이 대안입찰이나 일괄입찰로 집행하는 것이 유리하다고 인정하는 공사를 말한다(국가계약법 시행령 제79조 제1항 제2호).

나. 정의

대안입찰이란 원안입찰과 함께 따로 입찰자의 의사에 따라 대안을 허용한 공사입찰을 말한다(국가계약법 시행령 제79조 제1항 제4호).

일괄입찰이란 발주기관이 제시하는 공사입찰기본계획·지침에 따라 입찰 당시 그 공사의 설계서 그 밖에 시공에 필요한 도면이나 서류를 작성하여 입찰서와 함께 제출하는 설계·시공 일괄입찰을 말한다(국가계약법 시행령 제79조 제1항 제5호). 특히 일괄입찰의 기본계획과 지침에 따라 실시설계에 앞서 기본설계와 그에 따른 도서를 작성하여 입찰서와 함께 제출하는 기본설계입찰이라 한다(국가계약법 시행령 제79조 제1항 제6호).

〔설계·시공일괄입찰의 특징〕

실무에서는 설계·시공일괄입찰을 턴키(Turn key)라 부른다. 턴키는 열쇠(key)만 돌리면(turn) 모든 설비가 가동되는 상태로 인도한다는 뜻이기 때문에, 수주업체가 도면설계와 생산라인설계부터 공장건설을 자신이 하고 발주업체의 요구에 맞춰서 생산설비와 생산라인을 완성하여 시연운전까지 끝낸 다음 완성된 생산시설을 발주업체에 인도하는 계약방식을 말한다.

이처럼 턴키는 건설업자가 금융, 토지조달, 설계, 시공, 기계설치, 시운전까지 책임을 지고 건축물을 완공하여 인도하는 계약 방식이기 때문에 수급인에게 책임 없는 사유로 공사기간 변경, 설계변경이 발생하더라도 계약금액 조정을 허용하지 않는다. 다만, 대법원은 국가계약법에 따른 설계·시공일괄계약은 원래 의미의 턴키가 아니라 내역입찰방식에 따른 계약 요소를 혼합한 중간적 성격을 가진 계약이라고 본다.[1)]

이와 관련하여 일부 견해는 일괄입찰 방식으로 공사를 발주하면서 계약금액 조정을 허용하지 않는 조항을 특수조건에 넣는 경우, 이는 계약상대자에게 불리한 특약이기 때문에 그 효력을 인정하기 어렵다고 하는데,[2)] 대법원 2017. 12. 21. 선고 2012다74076 전원합의체 판결에 비추어 다시 생각해 볼 문제다.

다. 절차

1) 예정가격 작성

발주기관은 일괄입찰을 집행할 경우 예정가격을 작성하지 않는다(국가계약법 시행령 제7조의2 제2항 제1호). 따라서 일괄입찰이 아닌 대안입찰을 집행할 경우에는 예정자격을 작성하여 비치해야 한다.

2) 집행기본계획서 심의와 결과공고

가) 집행기본계획서 제출

발주기관은 대형공사나 특정공사를 위한 계약을 하려면, 입찰방법, 실시설계적격자의 결정방법, 낙찰자 결정방법 등을 정하기 위해 중앙건설기술심의위원회 심의를 거쳐야 한다(국가계약법 시행령 제80조 제1항 제1호부터 제3호). 발주기관이 위 심의를 받을 때는 해당 연도 이후에 집행할 대형공사 등 집행기본계획서를 국토부장관에게 제출하되, ① 기본설계서 작

1) 대법원 2002. 8. 23. 선고 99다52879 판결.
2) 정택학 외 3명, 앞의 책 150쪽.

성 전에 일괄입찰로 발주할 공사와 그 밖에 공사로 구분하여 제출하고, ② 일괄입찰로 발주하지 않기로 결정한 공사인 경우, 실시설계서를 작성한 후 대안입찰로 발주하려는 공사에 대하여 제출하는 순서에 따른다(국가계약법 시행령 제80조 제2항 제1호, 제2호). 따라서 발주기관은 공사명, 공사 개요, 공사추정금액, 공사기간, 공사장 위치, 입찰예정시기, 입찰방법, 사업효과, 그 밖에 참고사항을 포함한 집행기본계획서를 작성하여 해당 연도 1월 15일까지 국토교통부장관에게 제출한다(국가계약법 시행령 제80조 제2항, 국가계약법 시행규칙 제78조 제1항 본문 제1호부터 제10호). 다만, 공사 미확정 등 그 기한 안에 제출할 수 없는 특별한 사유가 있으면, 그 사유가 소멸한 후 지체 없이 집행기본계획서를 작성하여 국토교통부장관에게 제출해야 한다(국가계약법 시행규칙 제78조 제1항 단서). 다만, 국방부장관은 국방부에 건설기술진흥법 제5조 제2항에 따른 특별건설기술심의위원회가 설치된 경우 집행기본계획서를 국토부장관에게 제출하지 않을 수 있다(국가계약법 시행규칙 제78조 제3항).

한편, 발주기관은 국가계약법 시행령 제80조 제2항 제1호에 따라 기본설계서를 작성하기 전에 일괄입찰로 발주할 공사와 일괄입찰로 발주하지 않을 공사로 구분하여 집행기본계획서를 작성해야 하며, 같은 시행령 제80조 제3항에 따라 기타공사로 심의된 공사 중 실시설계서를 작성한 후 대안입찰로 발주할 필요가 있는 공사는 국토부장관에 심의의뢰를 위해 집행기본기획서를 작성해야 한다(국가계약법 시행규칙 제78조 제2항).

나) 집행기본계획서 심의

국토교통부장관은 집행기본계획서를 제출받은 경우 건설기술진흥법 제5조 제2항에 따른 중앙건설기술심의위원회로 하여금 집행기본계획서에 포함된 공사의 입찰방법을 심의하게 한다. 다만, 기타공사인 경우에는 심의를 생략할 수 있다(국가계약법 시행규칙 제79조 제1항).

국토부장관은 중앙건설기술심의회 심의가 완료된 경우 ① 매년 1월 15일까지 제출된 집행기본계획서라면 매년 2월 20일까지, ② 매년 1월 16일 이후에 제출된 집행기본계획서라면 심의를 완료한 후 10일 안에 각 해당 발주기관에게 공사별로 심의결과를 통보해야 한다. 그리고 발주기관은 특별한 사유가 없으면 통보받은 심의결과에 따라 집행기본계획서를 조정해야 한다(국가계약법 시행규칙 제79조 제2항, 제3항).

다만, 국방부장관은 국방부에 건설기술진흥법 제5조 제2항에 따른 특별건설기술심의회가 설추된 경우, 특별건설기술심의위원회로 하여금 집행기본계획서에 명시된 모든 공사의 입찰방법과 관련하여 심의하게 한다(국가계약법 시행규칙 제79조의2).

다) 심의결과공고

국토교통부장관은 제출받은 대형공사 등 집행기본계획서를 대상으로 중앙건설기술심의위원회 심의를 거친 뒤 그 심의결과에 따라 대안입찰이나 일괄입찰 방법에 따라 집행할 대형공사 등과 그 실시설계적격자·낙찰자 결정방법을 신문이나 전자조달시스템에 공고하고(국가계약법 시행령 제80조 제3항, 제85조의2 제3항, 국가계약법 시행규칙 제81조), 발주기관은 특별한 사유가 없다면 위에 따라 공고된 입찰방법과 그 실시설계적격자·낙찰자 결정방법에 따라 입찰해야 한다(국가계약법 시행령 제80조 제5항, 제85조의2 제3항). 대형공사나 특정공사는 그 규모가 크기 때문에 발주기관이 사전에 공사내용, 입찰방법 등을 임의로 정하지 않고 중앙건설기술심의위원회 심의를 받게 하였고, 일반 국민에게도 사전에 심의 결과를 공고하여 미리 준비하도록 한 취지이다.[1)]

3) 입찰참가자격

대안입찰이나 일괄입찰에 참가하려는 자는 ① 건설산업기본법 제9조에 따라 해당 공사 시공에 필요한 건설업 등록을 한 자, ② 건설기술 진흥법 제26조에 따른 건설엔지니어링사업자나 건축사법 제23조에 따라 건축사업무신고를 한 자라는 요건을 모두 갖추어야 한다(국가계약법 시행령 제84조 제1항 본문 제1호, 제2호). 건설업 등록과 건설기술용역업자나 건축사업무신고 요건을 갖추어야 하는 이유는 입찰참가자가 직접 설계를 하기 때문이다.[2)] 다만, 위 요건 중 일부만 갖춘 자들이 공동으로 모든 요건을 갖추어 일괄입찰이나 대안입찰에 참고하려는 경우에는, 그 입찰참가를 허용해야 한다(국가계약법 시행령 제84조 제1항 단서).

그리고 대안입찰인 경우에도, 대안을 제출하지 않고 원안에 따라 입찰하는 자는 건설산업기본법 제9조에 따른 해당 공사 시공에 필요한 건설업 등록만 했더라도 입찰에 참가할 수 있다(국가계약법 시행령 제84조 제2항). 이때는 입찰참가자가 별도로 설계서를 작성하여 제출하지 않으므로 건설기술용역업자이거나 건축사업무신고를 한 자일 필요가 없기 때문이다.

4) 건설폐기물처리비 공제

대안입찰이나 일괄입찰에서 입찰에 참가하려는 자는 발주기관이 건설폐기물의 재활용촉진에 관한 법률 제15조에 따라 건설폐기물처리용역을 해당 건설공사와 분리발주할 수 있도록 폐기물량을 적정하게 산출해야 한다(공사입찰유의서 제11조의2 제1항). 이에 따라 산출한 폐기물량이 분리발주 대상인 경우, 그 처리비용은 한국건설자원협회에서 산출한 최근 연도 건설폐기물처리단가를 기준으로 산정하여 입찰금액에 계상하되, 계약을 체결할 때는 해당 비용을 계약금액에서 공제한다(공사입찰유의서 제11조의2 제2항). 위와 같이 산출한 폐기물량 말고도 추가로 발생하는 폐기물은 계약상대자가 그 처리비용을 부담한다(공사입찰유의서 제11

1) 정태학 외 3명, 앞의 책, 151쪽.
2) 김성근, 앞의 책(Ⅰ), 683쪽, 정택학 외 3명, 앞의 책, 151쪽.

조의2 제3항). 대형공사는 시공과정에서 많은 폐기물이 발생하는데, 이러한 폐기물 처리는 건설업자가 처리해야 할 업무가 아니기 때문에, 공사계약을 체결할 때 폐기물처리비용을 계약금액에서 공제하려는 취지이다.[1]

5) 기본설계입찰

일괄입찰인 경우, 기본설계입찰을 실시하여 실시설계적격자로 선정된 자에게만 실시설계서를 제출하게 한다(국가계약법 시행령 제85조 제1항).

일괄입찰자는 기본설계입찰서에 기본설계 설명서, 건설기술심의요청에 첨부한 관계서류, 그 밖에 공고에서 요구한 사항 관련 도서를 첨부하여 제출해야 한다(국가계약법 시행령 제85조 제3항 제1호). 그 후 실시설계적격자로 선정되어 실시설계서를 제출할 경우에는 실시설계서와 함께 실시설계의 구체적인 설명서, 건설기술심의요청에 첨부한 관계서류, 산출내역서, 그 밖에 참고사항을 기재한 서류를 함께 제출해야 한다(국가계약법 시행령 제85조 제3항 제2호). 실제 시공은 실시설계서에 따르므로 기본설계서를 제출할 때와 달리 실시설계서를 제출할 때는 산출내역서를 제출해야 한다.

6) 대안제출

대안입찰인 경우, 대안입찰자가 원안입찰과 함께 대안을 제출할 때는 대안설계의 구체적인 설명서, 건설기술심의요청에 첨부한 관계서류, 원안입찰과 대안입찰 관련 단가와 수량을 명백히 기재한 산출내역서, 대안 채택에 따른 이(利)점 그 밖에 참고사항을 기재한 서류를 입찰서에 첨부해야 한다(국가계약법 시행령 제85조 제2항). 그러나 대안 제출을 하지 않고 원안에 따라 입찰을 하는 자는 위와 같은 서류를 제출할 필요가 없다.

7) 설계서 등 심의절차

발주기관은 ① 대안입찰에서 대안입찰서를 제출받은 때, ② 일괄입찰에서 기본설계입찰서나 실시설계서를 제출받은 때, ③ 일괄입찰에서 재공고입찰 결과 입찰자가 1인뿐인 경우로서 그 입찰자로부터 기본설계입찰서나 실시설계서를 제출받은 때 중에 어느 하나에 해당하는 때에는 중앙건설기술심의위원회에 해당 설계의 적격여부와 관련하여 심의·설계점수 평가를 의뢰해야 한다(국가계약법 시행령 제85조 제5항 제1호부터 제3호). 다만, 기술자문위원회가 설치된 경우라면, 위 설계심의는 기술자문위원회 심의로 갈음할 수 있되, 기술자문위원회가 설치되지 않았다면 그렇지 않다(국가계약법 시행령 제85조 제6항).

이때 중앙건설기술심의위원회는 기술적 타당성을 검토하고 설계의 적격 여부를 명백히 기재한 서류나 설계점수를 해당 발주기관에게 통지해야 한다(국가계약법 시행령 제85조 제5항

1) 김성근, 앞의 책(Ⅰ), 177쪽.

후문). 중앙건설기술심의위원회나 기술자문위원회는 심의 과정에서 대안입찰서, 기본설계입찰서, 실시설계서나 첨부 도서 내용이 미비하거나 불분명하면 그 보완을 요구할 수 있다(국가계약법 시행령 제85조 제7항).

8) 낙찰자 결정

가) 대안입찰

(1) 낙찰적격입찰 선정

발주기관은 제출받은 대안입찰서상 대안입찰가격이 입찰자의 원안입찰보다 낮고, 총공사 예정가격 이하로서 대안공종의 입찰가격이 예정가격 이하일 경우, 이를 낙찰적격입찰로 선정한다(국가계약법 시행령 제86조 제1항).

(2) 대안 채택·대안입찰가격 조정

발주기관은 중앙건설기술심의위원회나 기술자문위원회로부터 설계적격 여부와 설계점수 통지를 받은 때에 적격으로 통지된 대안입찰서 중 설계점수가 높은 순으로 최대 6개 대안(적격으로 통지된 대안이 6개 미만이면 적격으로 통지된 모든 대안)을 선정한 후, 대안설계점수가 원안설계점수보다 높은 것을 대안으로 선택하되, 여러 개 대안공종 중 일부 공종의 대안설계점수가 원안설계점수보다 낮다면 해당 공종의 대안공종은 채택하지 않는다(국가계약법 시행령 제86조 제2항).

발주기관은 위 대안으로 채택되지 않은 공종이 있는 경우 대안입찰자의 대안입찰서에 있는 해당 공종의 입찰가격을 원안입찰에서 제출한 산출내역서에 있는 해당 공종의 입찰가격으로 대체하여 전체 대안입찰가격을 조정해야 하고(국가계약법 시행령 제86조 제3항), 대안으로 채택되지 않은 공종으로 불가피하게 채택된 공종의 설계 일부를 수정해야 할 때는 수정할 수 있으나 수정하는 공종의 입찰가격을 증액할 수 없다(국가계약법 시행령 제86조 제4항). 다만, 발주기관은 임의로 대안입찰가격을 조정하거나 수정할 수 없고, 조정과 수정을 위해서는 사전에 중앙건설기술심의위원회나 기술자문위원회 심의를 거쳐야 한다(국가계약법 시행령 제86조 제8항).

(3) 낙찰자 결정

발주기관은 원안입찰자와 채택된 대안을 제출한 자 중에서 ① 최저가격으로 입찰한 자를 낙찰자로 결정하는 방법, ② 입찰가격을 설계점수로 나누어 조정한 수치가 가장 낮은 자나 설계점수를 입찰가격으로 나누어 조정한 수치가 가장 높은 자를 낙찰자로 결정하는 방법, ③ 설계점수와 가격점수에 가중치를 부여하여 각 평가한 결과를 합산한 점수가 가장 높은 자를 낙찰자로 결정하는 방법 중 어느 한 방법으로 낙찰자를 결정해야 하는데, 어떤 방법을 채택할지는 중앙건설기술심의위원회 심의 결과에 따라 결정한다(국가계약법 시행령 제85조의2 제2항, 제86조 제5항). 만일 대안을 제출한 자가 없거나 입찰공고에 명시한 낙찰자 결정방법에 따른 낙찰자가 없다면, 원안입찰이 예정가격 이하로서 최저가격인 입찰을 제출한 자부터 순차적으로, ① 추정가격 100억 원 이사인 공사인 경우 입찰자의 입찰가격, 공사수행능력, 사회적 책임 등을 종합적으로 심사하여 낙찰자를 결정하고, ② 그 밖에 공사인 경우 계약이행능력 등을 심사하여 낙찰자를 결정한다(국가계약법 시행령 제86조 제6항). 그리고 발주기관은 부득이한 사유가 없으면 입찰일로부터 80일 안에 낙찰자 결정을 해야 한다(국가계약법 시행령 제86조 제7항). 대안입찰에서 낙찰자 결정방법에 필요한 실시점수·가격점수 산출방법과 가중치, 설계와 가격 조정을 위한 산식 등은 일괄입찰 등에 의한 낙찰자 결정기준에서 자세히 정한다.

나) 일괄입찰

(1) 실시설계적격자 결정방법

발주기관은 중앙건설기술심의위원회나 기술자문위원회로부터 받은 기본설계입찰서 심사결과에 따라 설계점수가 높은 순으로 최대 6인(적격으로 통지받은 입찰자가 6인 미만이면 적격으로 통지받은 입찰자 모두)을 선정한 후, 중앙건설기술심의위원회가 공사목적과 특성 등을 고려하여 다음 방법 중 해당 공사에 가장 적합하다고 심의한 방법으로 실시설계적격자를 결정해야 한다. 따라서 중앙건설기술심의위원회는 ① 설계점수가 기획재정부장관이 정하는 범위에서 발주기관이 정한 기준을 초과한 자로서 최저가격으로 입찰한 자를 실시설계적격자로 결정하는 방법, ② 입찰가격을 설계점수로 나누어 조정된 수치가 가장 낮은 자나 설계점수를 입찰가격으로 나누어 조정된 점수가 가장 높은 자를 실시설계적격자로 결정하는 방법, ③ 설계점수와 가격점수에 가중치를 부여하여 각 평가한 결과를 합산한 점수가 가장 높은 자를 실시설계적격자로 결정하는 방법, ④ 계약금액을 확정하고 기본설계서만 제출하도록 한 경우 설계점수가 가장 높은 자를 실시설계적격자로 결정하는 방법 중에 해당 공사에 가장 적합한 방법을 심의할 수 있다(국가계약법 시행령 제85조의2 제1항 제1호부터 제4호). 특히 ④에 따라 실시설계적격자를 결정할 때는 기본설계입찰 당시 입찰서를 제출하게 하지 않는다(국가계약법 시행령 제85조의2 제4항). 실시설계적격자나 낙찰자 결정방법에 필요한 설계점수 가격점수 산출방법과 가중치, 설계와 가격 조정을 위한 산식, 그 밖에 필요한 사항은 일괄입찰 등에 의한 낙찰자 결정기준에서 정한다(국가계약법 시행령 제85조의2 제5항).

(2) 낙찰자 결정

실시설계적격자가 실시설계서를 제출하고 중앙건설기술심의위원회나 기술자문위원회가 해당 실시설계서를 심의하여 적격하다고 통지했다면, 발주기관은 해당 실시설계서를 제출한 자를 낙찰자로 결정한다(국가계약법 시행령 제87조 제2항). 그리고 발주기관은 부득이한 사유가 없다면 실시설계서 제출일로부터 60일 안에 낙찰자 결정을 해야 한다(국가계약법 시행령 제87조 제4항).

다만, 발주기관은 실시설계적격자로 결정된 입찰자의 입찰금액이 계속비대형공사의 계속비예산, 일반대형공사의 총공사예산을 넘을 경우, 예산 범위내로 조정하기 위해 해당 입찰자와 협의해야 하는데, 만일 협의가 성립하지 않으면 재공고입찰을 실시할 수밖에 없다(국가계약법 시행령 제87조 제3항).

한편, 발주기관은 공사의 시급성이나 그 밖에 특수한 사정으로 필요하다고 인정할 경우 실시설계적격자로 하여금 해당 공사를 공정별 우선순위에 따라 구분하여 실시설계서를 작성하게 할 수 있고, 중앙건설기술심의위원회나 기술자문위원회가 해당 실시설계서를 심의하여 적격하다고 통지했다면, 그 실시설계적격자를 낙찰자로 결정하고 우선순위에 따라 공사를 시행하게 할 수 있다(국가계약법 시행령 제87조 제5항). 다만, 이처럼 낙찰자를 결정하더라도 공사 시행 전에 총공사와 실시설계적격통지를 받은 공사에 대한 산출내역서를 제출하게 하여 이에 따라 계약을 체결해야 하고(국가계약법 시행령 제87조 제6항), 중앙건설기술심의위원회나 기술자문위원회로부터 총공사에 대한 최종실시설계적격통지가 있는 때는 계약을 체결한 자로 하여금 산출내역서를 다시 작성하여 당초의 산출내역서와 대체하게 하며, 이때 당초의 계약금액은 증액할 수 없다(국가계약법 시행령 제87조 제7항).

발주기관은 이와 같은 방식으로 낙찰자를 결정하거나 계약을 체결하고자 하는 경우, 실시설계서를 우선 제출해야 하는 공종 범위와 제출기간, 산출내역서 작성·제출 관련 사항을 입찰안내서 등에 기재하여 입찰에 참가하려는 자가 입찰 전에 알게 해야 한다(국가계약법 시행령 제87조 제8항).

라. 설계비 보상

1) 의의

대안입찰이나 일괄입찰에 참가하는 자는 직접 설계서를 작성해야 한다. 따라서 입찰에 참가했다가 낙찰을 받지 못하면, 설계서 작성에 따른 비용을 입찰참가자가 그대로 부담할 수밖에 없다. 그런데 대형공사에 필요한 설계비용이 적지 않으므로 자칫 중소건설업체의 입찰참가를 막는 요소가 될 수 있다. 이에 공공계약법은 발주기관이 예산 범위 안에서 일정한 사유가 있는 입찰참가자에게 설계비 중 일부를 보상할 수 있도록 하였다. 설계보상비 지급기준이나 절차 등에 필요한 사항은 기획재정부장관이 정하고(국가계약법 시행규칙 제89조 제2항), 이에 따라 정부 계약·입찰 집행기준은 설계보상비 지급을 위한 세부규정을 둔다.

2) 설계보상비 지급대상자

설계보상비 지급대상자는 ① 적격으로 통지된 낙찰적격입찰 대안입찰서 중 설계점수가 높은 순으로 선정된 (최대) 6개의 대안을 제출한 자 또는 일괄입찰 입찰자가 중 설계점수가 높은 순으로 (최대) 6인에 선정된 자로서 낙찰자로 선정되지 않은 자, ② 발주기관의 귀책사유로 취소된 대안입찰이나 일괄입찰에 참여한 자이다(국가계약법 시행령 제89조 제1항 제1호, 제2호).

3) 설계비 보상기준

가) 대안입찰

국가계약법 시행령 제86조 제2항에 따라 선정된 자 중 낙찰자로 결정되지 않은 자는 낙찰탈락자 인원수에 따라 달리 지급한다(정부 입찰·계약 집행기준 제87조 제1항). 즉, 낙찰탈락자가 5인이면, 공사예산 1,000분의 20에 해당하는 금액을 설계점수가 높은 자 순으로 20분의 7, 20분의 5, 20분의 4, 20분의 2, 20분의 2를, 낙찰탈락자가 4인이면, 공사예산 1,000분의 20에 해당하는 금액을 설계점수가 높은 자 순으로 20분의 7, 20분의 5, 20분의 4, 20분의 2를, 낙찰탈락자가 3인이면, 공사예산 1,000분의 20에 해당하는 금액을 설계점수가 높은 자 순으로 20분의 7, 20분의 5, 20분의 4를, 낙찰탈락자가 2인이면, 공사예산 1,000분의 20에 해당하는 금액을 설계점수가 높은 자 순으로 20분의 7, 20분의 5를, 낙찰탈락자가 1인이면, 공사예산 1,000분의 20에 해당하는 금액 4분의 1을 각 지급한다.

적격으로 통지된 낙찰적격입찰의 대안입찰서를 설계점수가 높은 순으로 선정한 후 발주기관의 귀책사유로 입찰이 취소되었다면, 선정된 대안이 6개인 경우, 해당 공사 설계보상비로 책정된 예산(해당 공사예산 1,000분의 20)을 설계점수가 높은 자 순으로 20분의 7, 20분의 5, 20분의 4, 20분의 2, 20분의 1, 20분의 1을 지급하고, 선정된 대안이 5개 이하인 경우는 위에서 본 바와 같다. 즉, 선정된 대안이 5개면, 공사예산 1,000분의 20에 해당하는 금액을 설계점수가 높은 자 순으로 20분의 7, 20분의 5, 20분의 4, 20분의 2, 20분의 2를, 선정된 대안이 4개면, 공사예산 1,000분의 20에 해당하는 금액을 설계점수가 높은 자 순으로 20분의 7, 20분의 5, 20분의 4, 20분의 2를, 선정된 대안이 3개면, 공사예산 1,000분의 20에 해당하는 금액을 설계점수가 높은 자 순으로 20분의 7, 20분의 5, 20분의 4를, 선정된 대안이 2개면, 공사예산 1,000분의 20에 해당하는 금액을 설계점수가 높은 자 순으로 20분의 7, 20분의 5를, 선정된 대안이 1개면, 공사예산 1,000분의 20에 해당하는 금액 4분의 1을 각 지급한다(정부 입찰·계약 집행기준 제87조 제2항).

설계점수가 높은 순으로 대안입찰서를 선정하기 전에 발주기관의 귀책사유로 입찰이 취소되었다면, 모든 입찰참여자에게 해당 공사 설계보상비로 책정된 예산(해당 공사예산 1,000분의 20)에 해당하는 금액을 균분하여 지급하되, 입찰참가자 각 1인에게 해당 금액의 4분의 1을 초과하여 지급할 수 없다(정부 입찰·계약 집행기준 제87조 제3항).

나) 일괄입찰

국가계약법 시행령 제87조에 따라 선정된 자 가운데 낙찰자로 결정되지 않은 자로서 설계점수가 입찰공고에 기재한 일정 점수를 초과하는 자, 설계점수가 높은 순으로 입찰자를 선정한 이후 발주기관 귀책사유로 입찰이 취소된 경우에 설계점수가 입찰공고에 기재한 일정 점수를 초과하는 자에게 [2%×설계점수 / 보상대상자점수 합계]라는 산식에 따라 계산한 설계보상비를 지급한다(정부 입찰·계약 집행기준 제87조의2 제1항, 제2항). 그러나 발주기관은 보상대상자 각 1인에게 공사예산 1,000분의 14를 초과하는 금액을 지급할 수 없다.

한편, 설계점수에 따라 입찰자를 선정하기 전에 발주기관의 귀책사유로 입찰이 취소된 경우, 발주기관은 모든 입찰참가자에게 설계보상비로 책정한 공사예산 1,000분의 20에 해당하는 금액을 균분하여 지급한다. 이때, 참가자 각 1인에게 설계보상비 책정 예산 4분의 1을 초과하여 지급할 수 없다(정부 입찰·계약 집행기준 제87조의2 제4항).

4) 설계보상비 지급

발주기관은 예산 범위에서 설계비 일부를 보상할 수 있다(국가계약법 시행령 제89조 제1항). 따라서 설계보상비는 예산 범위라는 한계가 있고, 그리고 지급하더라도 그 전부가 아닌 일부만을 지급할 수 있다.

한편, 법령은 '보상할 수 있다.'고 규정하므로, 그 지급 여부가 발주기관의 재량에 달린 것인지 논란이 있다. 그러나 정부 입찰·계약 집행기준 제86조, 제87조, 제88조, 제90조는 법과 달리 설계보상비 지급을 의무·기속으로 규정하므로, 발주기관은 해당 요건을 충족하는 자에게 반드시 설계보상비를 지급해야 한다고 본다.

5) 설계보상비반환청구

가) 입찰무효와 설계보상비반환청구

발주기관으로부터 설계보상비를 받은 자가 입찰과정에서 담합을 했거나 그에게 입찰무효 사유가 있는 경우, 발주기관이 해당 입찰을 무효로 처리하지 않더라도 '담합한 입찰은 무효로 한다.'는 공사입찰유의서 규정과 '입찰 무효에 해당하거나 무효에 해당하는 사실이 사후에 발견된 자 등은 설계보상비 대상자에서 제외하며, 입찰무효 사실이 발견되기 전 설계비를 보상받은 자는 반환한다.'는 특별유의서 규정에 근거해 입찰무효 사유가 있는 자에게 그 반환을 청구할 수 있는지 문제된다.

이와 관련하여, 하급심은 “입찰무효 사유가 있다고 하여 해당 입찰을 당연무효라 볼 수 없고, 계약체결 전이면 입찰무효를 선언하고 재입찰공고를, 계약체결 후라면 유보된 약정해제권으로 계약해제를 각 할 수 있다고 해석해야 하는데, 발주기관이 입찰을 무효로 보아 재입찰공고를 한 적 없고 공사가 완성되어 더 이상 계약을 해제할 수 없다면 해당 입찰을 무효로 보기 어려우므로, 설계보상비는 부당이득이라 보기 어렵고, 공사입찰특별유의서 ‘입찰의 무효에 해당하거나 무효에 해당하는 사실이 사후에 발견된 경우 설계비를 보상받은 자는 현금으로 즉시 반환한다.’는 규정 역시 입찰이 무효여야만 설계보상비반환의무가 성립한다는 취지이므로 입찰무효를 전제한 처리절차가 없으면 설계보상비반환을 청구할 수 없다고 보았다.[1]

이에 대하여 대법원은 “입찰무효 사유에 해당하는 공동행위가 사후에 드러난 만큼 입찰무효 여부와 관계없이 국가는 특별유의서 규정에 근거하여 설계보상비 반환을 청구할 수 있다.”며 위 하급심 판결을 파기환송 했다.[2] 따라서 현재 판례에 따르면, 발주기관은 설계보상비를 지급받은 자가 담합한 사실을 사후에 발견했거나 설계보상비를 지급받은 자에게 입찰무효 사유가 있는 경우라 하더라도, 그에 해당하는 자로부터 설계보상비를 반환받을 수 있다고 본다.

〔담합 등 입찰무효 사유가 있는 경우 설계보상비 반환청구 가능성〕

국가의 요청에 따라 조달청장이 공고한 장기계속공사에 관한 입찰에 갑 주식회사 공동수급체와 을 주식회사 등이 투찰하여 갑 회사 공동수급체가 낙찰자로 선정되자, ‘낙찰자로 결정되지 아니한 자는 설계비의 일부를 보상받을 수 있다’는 입찰공고 규정에 따라 을 회사 등이 국가로부터 설계보상비를 지급받았는데, 위 공사 완성 후 갑 회사 공동수급체와 을 회사 등이 담합행위를 한 사실이 밝혀지자, 국가가 ‘담합한 입찰은 무효로 한다’는 공사입찰유의서 규정과 ‘입찰 무효에 해당하거나 무효에 해당하는 사실이 사후에 발견된 자 등은 설계보상비 대상자에서 제외되며, 입찰 무효사실이 발견되기 전 설계비를 보상받은 자는 반환한다’는 특별유의서 규정에 근거하여 설계보상비의 반환을 구한 사안에서, 특별유의서에서 설계비 보상이 배제되는 경우로 ‘입찰이 무효에 해당하는 경우’와 ‘입찰의 무효에 해당하는 사실이 사후에 발견된 경우’를 구별하여 규정하고 있는 점과 그 규정의 문언을 주목하면, 입찰 무효의 근거가 될 사실이 나중에 밝혀지는 등 입찰 무효에 해당하는 사유가 존재하는 이상 비록 다른 사정 등에 의하여 입찰이 무효로 되지 않았더라도 위 사실관계가 밝혀지기 전에 설계비를 보상받은 자는 이를 반환하여야 한다고 해석함이 타당하고, 설계보상비 반환 규정의 취지는 공공 공사 입찰에 참여하는 자의 수를 많게 함으로써 그들의 진정한 경쟁을 통하여 국가계약

1) 서울고등법원 2017. 10. 11. 선고 2016다2083748 판결.
2) 대법원 2019. 8. 29. 선고 2017다276679 판결.

사무의 공정성과 공공성을 강화하기 위한 것이므로 이러한 취지에 반하여 서로 담합하는 등 경쟁을 제한하는 행위를 한 자에게 애초부터 설계비 상당액을 보상할 이유가 없으며, 이는 정당한 보상대상자가 될 수 없는 자에게 설계보상비가 지급되었다는 사정이 나중에 밝혀진 경우도 마찬가지이므로, 을 회사 등에 대하여 입찰 무효사유에 해당하는 공동행위가 사후에 밝혀진 이상 입찰 무효 여부와 관계없이 국가는 특별유의서 규정에 근거하여 을 회사 등을 상대로 설계보상비의 반환을 구할 수 있다(대법원 2019. 8. 29. 선고 2017다276679 판결).

나) 설계보상비반환 청구권자

설계보상비반환 청구권자는 원칙적으로 해당 발주기관이다. 그런데 조달청장이 수요기관으로부터 요청받은 공사계약을 체결하기 위해 국가계약법에 근거하여 설계·시공일괄입찰을 실시하면서 입찰에 참가한 자와 사이에서 입찰에 참가한 자가 낙찰자로 결정되지 않으면 수요기관으로부터 설계비 일부를 보상받도록 약정하고, 이에 따라 수요기관이 자기 명의와 출연으로 그에게 설계보상비를 지급한 경우, 향후 반환사유가 생겼을 때 조달청장과 수요기관의 장 가운데 누가 반환청구를 할 수 있는지 문제된다. 최근 대법원은 "수요기관은 계약당사자가 아닐지라도 수익자로서 조달청장과는 독립된 지위에서 설계보상비를 지급하였고, 이에 따라 수요기관에 손해가 발생하였다면 수요기관은 불법행위자에게 그 손해배상을 청구할 수 있다."고 하여, 수요기관의 장이 반환청구를 할 수 있다고 보았다.[1)]

〔요청조달계약에서 설계보상비반환 청구권자〕

조달사업에 관한 법령은, 이 사건 입찰이 실시될 당시인 2008년에는 수요기관이 계약상대자에게 그 대금을 직접 지급하는 것을 원칙으로 규정하였다가, 2009년에 이르러서야 조달청장이 수요기관을 대신하여 지급하는 것을 원칙으로 규정하였다. 구 「조달사업에 관한 법률 시행령」(2009. 8. 25. 대통령령 제21593호로 개정되기 전의 것) 제12조 제1항은 "수요기관의 장은 조달청장이 체결한 계약에 의하여 수요물자의 납품이 정상적으로 이행된 경우에는 계약상대자에게 수요물자의 대금을 직접 지급하여야 한다. 이 경우 수요기관의 장은 그 대금지급을 완료한 후 그 내용을 조달청장에게 통보하여야 한다."라고 규정하고, 제2항은 "제1항의 규정에 불구하고 수요기관이 자금사정 등의 사유로 조달청장에게 물자대금을 대지급하도록 요청하는 경우에는 조달청장이 동 대금을 계약상대자에게 지급할 수 있다."라고 규정하고 있었다. 그러다가 구 「조달사업에 관한 법률」(2009. 5. 27. 법률 제9714호로 개정되고 2009. 8. 28. 시행된 것) 제5조의2를 신설하여 그 제1항에서 "조달청장은 체결한 계약이 정상적으로 이행된 경우로서 납품업체의 규모, 계약 방법, 자체 자금 사정 등을 고려하여

1) 대법원 2022. 3. 31. 선고 2017다247145 판결.

계약 이행의 대금을 수요기관의 장을 대신하여 지급(이하 '대지급'이라 한다)하는 것이 효율적이라고 대통령령으로 정하는 경우에는 그 대금을 대지급하여야 한다."라고 규정하고, 제2항은 "수요기관의 장은 제1항에 해당하지 아니하여 조달청장이 대지급하지 아니하는 경우에는 그 대금을 계약상대자에게 직접 지급하여야 하며 대금을 지급한 후 즉시 그 내용을 조달청장에게 알려야 한다."라고 규정하였으며, 현행「조달사업에 관한 법률」제15조 제1항, 제2항도 같은 내용을 규정하고 있다. 위와 같은 요청조달계약에서의 수요기관의 지위, 관련 법령 규정의 문언과 내용, 체계 등에 비추어 볼 때, 조달청장이 수요기관으로부터 요청받은 공사계약을 체결하기 위해「국가를 당사자로 하는 계약에 관한 법률」에 근거하여 설계·시공일괄입찰을 실시하면서 입찰에 참가한 자와 사이에서 입찰에 참가한 자가 낙찰자로 결정되지 않으면 수요기관으로 하여금 설계비 일부를 보상하도록 하는 약정을 하고, 이에 따라 수요기관이 자신의 명의와 출연으로 그들에게 설계보상비를 지급하였다면, 특별한 사정이 없는 한 수요기관은 공사계약의 당사자는 아니지만 수익자로서 조달청장과는 독립된 지위에서 설계보상비를 지급하였다고 할 것이고, 이로 인하여 수요기관에 손해가 발생하였다면 수요기관은 불법행위자들에게 그 손해배상을 청구할 수 있다(대법원 2022. 3. 31. 선고 2017다247145 판결).

마. 설계변경에 따른 계약금액 조정 제한

대안입찰이나 일괄입찰에 대한 설계변경으로 대형공사의 계약내용을 변경하는 경우에도 정부에 책임있는 사유나 천재·지변 등 불가항력 사유로 인한 경우를 제외하면 그 계약금액을 증액할 수 없다(국가계약법 시행령 제91조 제1항).

발주기관은 일괄입찰인 경우, 계약체결 전에 실시설계적격자에게 책임 없는 사유, 가령 민원이나 환경, 교통영향평가나 관련법령에 따른 인허가 조건 등과 관련하여 실시설계 변경이 필요한 경우나 발주기관이 제시하 기본계획서·입찰안내서, 기본설계서에 명시·반영되지 않은 사항에 대해 발주기관이 변경을 요구한 경우, 중앙건설기술심의회나 기술자문위원회가 실시설계 심의과정에서 변경을 요구한 경우 중 어느 하나에 해당하는 사유로 실시설계를 변경했다면 계약체결 후 즉시 설계변경에 따른 계약금액 조정을 해야 한다(국가계약법 시행령 제91조 제2항).

위 각 규정에 따라 계약금액을 조정할 경우, ① 감소된 공사량 단가는 국가계약법 시행령 제85조 제2항, 제3항에 따라 제출한 산출내역서상 단가에, ② 증가된 공사량 단가는 설계변경 당시를 기준으로 산정한 단가와 위 ①에 따른 산출내역서상 단가의 범위 안에서 계약당사자가 협의하여 결정한 단가(다만, 계약당사자 사이에 협의되지 않는 경우에는 설계변경 당시를 기준으로 산정한 단가와 위 ①에 따른 산출내역서상 단가를 합한 금액의 50%)에, ③ 위 ①에 따른 산출내역서상 단가가 없는 신규비목 단가는 설계변경 당시를 기준으로 산정한 단가에 각 따른다(국가계약법 시행령 제91조 제3항 제1호부터 제3호).

바. 평가

발주기관은 대형공사의 준공검사를 한 후에 평가단을 구성하여 해당 공사의 사업계획·시공과정·실적과 효과 등을 평가할 수 있다(국가계약법 시행령 제92조).

11. 기술제안입찰

가. 의의

기술제안입찰은 상징성, 기념성, 예술성 등이 필요하거나 난이도가 높은 기술이 필요한 시설물 공사를 위해 실시하는 입찰이다. 따라서 기술제안입찰에서는 입찰자가 발주기관이 교부한 기본설계서·실시설계서와 입찰안내서에 따라 공사비 절감방안, 공기단축방안, 공사관리방안 등을 제안하는 문서인 기술제안서(국가계약법 시행령 제98조 제1호)를 작성하여 입찰서와 함께 제출한다.

이는 다시 실시설계 기술제안입찰과 기본설계 기술제안입찰로 나눈다(국가계약법 시행령 제97조 참조). 실시설계 기술제안입찰이란 발주기관이 교부한 실시설계서와 입찰안내서에 따라 입찰자가 기술제안서를 작성하여 입찰서와 함께 제출하는 입찰을 말하고, 기본설계 기술제안입찰이란 발주기관이 작성하여 교부한 기본설계서와 입찰안내서에 따라 입찰자가 기술제안서를 작성하여 입찰서와 함께 제출하는 입찰을 말한다(국가계약법 시행령 제98조 제2호, 제3호).

이에 이와 같은 기술제안입찰은 최고가치낙찰제나 최적가치낙찰제라고 표현하기도 한다.[1]

나. 도입배경

공사입찰에서 낙찰자를 결정하는 방법으로는 최저가낙찰제나 적격심사낙찰제, 일괄입찰제 등이 있는데, 최저가낙찰제는 과도한 가격경쟁에 따른 부실시공 초래하는 문제, 적격심사낙찰제는 기술경쟁 변별력이 낮고 낙찰하한율만 보장하여 능력과 관계없이 낙찰자를 결정하는 문제, 일괄입찰제는 대형업체의 담합에 따른 막대한 예산낭비, 중소업체의 참여한계 등 문제가 있다. 따라서 공공계약법은 위와 같은 다른 낙찰자 결정방법이 가지는 문제점을 보완하기 위해 기술제안입찰제도를 도입했다고 한다.[2]

다. 절차

1) 예정가격 작성

발주기관은 기본설계 기술제안입찰을 집행할 경우, 예정가격을 작성하지 않는다(국가계

1) 김성근, 앞의 책(Ⅰ), 480쪽.
2) 김성근, 앞의 책(Ⅰ), 480쪽.

약법 시행령 제7조의2 제1호). 따라서 실시설계 기술제안입찰인 경우에는 예정가격을 작성하여 비치해야 한다.[1)]

〔실시설계 기술제안입찰에서 예정가격이 낙찰자 결정의 상한 기준으로 작용하는지〕

{저자 註 : 다만, 아래 판결 이후, 국가계약법 시행령은 2021. 7. 6. 개정에 따라, 실시설계 기술제안입찰에서도 예정가격 이하로 입찰한 자 중에 낙찰자를 결정해야 한다고 명시했다(제104조 참조)}

1. … 예정가격 작성의무가 있다고 하여 그것이 곧바로 "입찰금액이 예정가격 이하여야만 낙찰자로 결정될 수 있다."는 것을 의미한다고 보기는 어렵다. ① 다른 입찰절차에서의 낙찰자 결정의 경우에는 "예정가격 이하로서"라는 문구가 명시적으로 규정되어 있는 점, ② "예정가격을 낙찰자 및 계약금액의 결정기준으로 삼는다."는 것은 그것이 낙찰자 결정의 한 요소가 된다는 의미로 볼 수는 있으나, 그러한 의미를 넘어 예정가격 자체가 낙찰자 및 계약금액의 상한 기준으로 된다는 의미로 보기는 어려운 점(국가계약법 시행령 제42조 제1항에 따른 경쟁입찰에서 낙찰자를 결정하는 경우에도 '입착금액이 예정가격 이하일 것' 이외에 계약이행능력 및 기획재정부장관이 정하는 일자리창출 실적 등 심사기준에 적합할 것이라는 요건이 필요하다) 등에 비추어 보면, 예정가격을 작성하여 비치할 의무가 있는 입찰이라고 하여 반드시 예정가격이 낙찰자 결정에 있어 절대적인 상한이라고 해석하기는 어렵다.

2. 국가계약법 시행령 제40조 제2항 본문은 "각 중앙관서의 장 또는 계약담당공무원은 제출된 입찰서를 확인하고 유효한 입찰서의 입찰금액과 예정가격을 대조하여 적격자를 낙찰자로 결정한 때에는 지체 없이 낙찰선언을 하여야 한다."라고 규정하고 있는데, ① 곧이어 같은 항 단서에서 "다만, 제42조 제1항에 따라 계약이행능력 및 일자리창출 실적 등을 심사하여 낙찰자를 결정하거나 제42조 제4항에 따라 각 입찰자의 입찰가격, 공사수행능력 및 사회적 책임 등을 종합적으로 심사하여 낙찰자를 결정하는 등 낙찰자 결정에 장시간이 소요되는 때에는 그 절차를 거친 후 낙찰선언을 할 수 있다."라고 규정한 점, ② 위 규정은 입찰절차 중 각 중앙관서의 장 또는 계약담당공무원의 개찰 및 낙찰선언에 관한 일반적 절차를 규정한 것으로 모든 입찰 과정에 적용되는 규정인데, 예정가격 작성의무가 없는 입찰에 관하는 '예정금액과 예정가격을 대조하여'라는 문구는 아무런 의미를 가질 수 없는 점 등에 비추어 보면, 위 본문 규정은 입찰금액과 예정가격의 대조만으로 낙찰자 결정이 가능한 경우에 한하여 특별한 절차 없이 낙찰선언을 하여야 한다는 취지의 규정으로 보일 뿐이다.

3. 국가계약법 시행령 제42조 제4항에서는 "각 중앙관서의 장 또는 계약담당공무원은 '제1항에도 불구하고' 다음 각 호의 공사 또는 용역입찰에 대해서는 각 입찰자의 입찰가격, 공사수행능력(용역입찰의 경우에는 용역수행능력을 말하며, 제40조 제2항 단서 및 이하에서 같다) 및 사회적 책임 등을 종합 심사하여 합산점수가 가장 높은 자를 낙찰자로 결정한다."고 규정(이른바 '종합심사낙찰제') 하면서, 추정가격이 100억 원 이상인 공사나 다른 법령에 따른 일정한 공사나 용역에 한하여는 명

---

1) 서울중앙지방법원 2020. 2. 7. 선고 2019가합545145 판결.

시적으로 '예정가격 이하로서'라는 문구를 의도적으로 배제하고 있다. 더군다나 실시설계 기술제안입찰에서는 종합심사낙찰제와 달리 내부규칙이나 지침을 통해 입찰금액을 예정가격 이내로 제한하고 있는 규정을 찾아볼 수 없다.

4. 위와 같은 낙찰자 결정에 '입찰가격이 예정가격 이하일 것'이라는 요건을 규정하지 않은바, 여기에는 현행 기술제안입찰 등에 의한 계약에도 해당 요건을 적용하지 않으려는 입법자의 의도가 여전히 반영되어 있다고 보아야 한다.

5. 기술제안입찰제도는 그 제도 도입 당시의 개정이유 및 기술제안서에 포함되어야 하는 내용(공사비 절감, 생애주기비용 개선, 공기 단축 등) 등에 비추어 볼 때, 입찰자들이 창의적인 기술제안을 유도하여 견고하고 질적으로 우수한 시설물을 조성하기 위한 취지도 포함되어 있다. 이처럼 창의적인 기술제안을 위해서는 입찰자가 당초 예정되어 있는 관급자재 부분에 대해서도 기술제안을 할 수 있는 여지를 두는 것이 더 효과적일 수 있는데, 그 과정에서 관급자재 금액의 감소는 자연스럽게 도급금액(입찰금액)의 상승을 초래할 수 있는바, 이러한 사정을 고려하지 않고 입찰금액을 반드시 예정가격의 범위 내로 제한하게 된다면 위와 같은 기술제안입찰제도의 취지가 반감될 수 있다. 그리고 입찰금액이 예정가격을 초과한다고 하더라도, 그로 인한 관급자재비 절감 등의 측면도 있으므로 그것이 반드시 계약금액의 상승을 주도한다고 보기는 어렵고, 공사비 절감, 생애주기비용 개선, 공기 단축 등 기술제안입찰제도의 목표가 달성될 수 있다면, 장기적 측면에서는 국가에 가장 유리한 입찰이 될 수 있으므로 국가계약법 제10조 제2항 제2호의 취지에도 부합할 수 있다.

6. … 국가계약법 시행령 제8장에서 낙찰자 결정방법에 있어 다른 장의 규정을 적용할 필요 없이 매우 구체적으로 규정하고 있는 한편, '기술제안입찰 등에 대한 낙찰자 결정 세부기준'을 통해 구체적인 배점기준과 가격점수 산정방식까지 규정하고 있으므로, 낙찰자 결정방법에 관하여는 동 시행령 다른 장의 규정(제42조)이 적용될 여지는 없다고 봄이 타당하다.

7. 국고의 부담이 되는 어느 계약이든 '계약금액이 사업범위 내일 것'이라는 현실적 요건은 모두 적용되어야 하는 것이고, 예정가격이 아니라도 입찰공고 등을 통하여 계약금액의 상한은 설정될 수 있는 것이며(실제 이 사건 입찰공고는 "입찰금액에 관급자재 금액을 더한 금액이 예정가격에 관급자재 금액을 더한 금액 이하일 것"을 낙찰자 결정방법으로 명시하였다), 앞에서 본바와 같이 '실시설계 기술제안입찰'의 도입취지상 계약금액이 증가하였다고 하여 반드시 그것이 국가에 불리한 계약이라고 볼 수는 없다.

8. 대법원 2010. 3. 25. 선고 2009다88617 판결 사건은 '국가계약법 시행령에서 정한 예정가격이 불법행위로 물건이 멸실·훼손된 경우의 손해액 산정에 일반적으로 통용될 수 있는 기준이 되는지 여부'에 관한 것으로서 이 사건 쟁점이나 사실관계가 동일한 사안이라고 할 수 없을 뿐만 아니라, 그 내용도 예정가격의 일반적인 기능 및 특성을 설명한 것으로, 낙찰자 결정에 '입찰금액이 예정가격 이하일 것'이라는 요건이 규정되지 않은 '실시설계 기술제안입찰'에까지 일률적으로 적용하여야 한다는 판단이라고 보기도 어렵다(서울중앙지방법원 2020. 2. 7. 선고 2019가합545145 판결 참조).

2) 입찰방법 심의와 입찰공고

발주기관은 상징성 등이 필요한 시설물 공사를 위해 실시설계 기술제안입찰이나 기본설계 기술제안입찰(이하 '실시설계 기술제안입찰 등')을 실시하려면, ① 입찰방법, ② 낙찰자 결정방법, ③ 실시설계적격자 결정방법과 관련하여 중앙건설기술심의위원회 심의를 거쳐야 한다(국가계약법 시행령 제99조 제1항 제1호부터 제3호). 발주기관이 위 심의를 받으려는 경우 해당 연도 이후에 집행할 공사의 집행기본계획서를, 기본설계서를 작성한 후 기본설계 기술제안입찰로 발주하려는 공사 → 기본설계 기술제안입찰로 발주하지 않기로 결정된 공사인 경우 실시설계서를 작성한 후 실시설계 기술제안입찰로 발주하려는 공사 순으로, 국토교통부장관에게 제출해야 한다(국가계약법 시행령 제99조 제2항 제1호, 제2호).

그리고 실시설계 기술제안입찰등의 집행기본계획서 작성방법과 제출시기 등은 대형공사계약에 적용하는 집행기본계획서 제출, 중앙건설기술심의위원회 심의, 특별건설기술심의위원회 심의 등을 준용한다(국가계약법 시행령 제99조 제2항, 같은 법 시행규칙 제78조, 제79조, 제79조의2, 제81조, 제81조의2).

한편, 발주기관은 위 심의를 거친 다음 심의결과에 따라 실시설계 기술제안입찰등에 따라 집행할 공사와 그 적격자, 낙찰자 결정방법을 공고해야 하고(국가계약법 시행령 제80조 제3항, 제99조 제3항), 그 공고에서 정한 입찰방법과 적격자, 낙찰자 결정방법에 따라 입찰해야 한다(국가계약법 시행령 제80조 제5항, 제99조 제3항). 또한, 발주기관은 입찰공고에 낙찰자·실시설계적격자 결정방법을 명시해야 한다(국가계약법 시행령 제102조 제3항 참조).

3) 입찰참가자격

실시설계 기술제안입찰의 입찰자는 일반 경쟁입찰 참가자격을 갖추어야 하고, 기본설계 기술제안입찰의 입찰자는 일괄입찰 등에 필요한 입찰참가자격을 갖추어야 한다(국가계약법 시행령 제12조 제1항, 제84조 제1항, 제100조).

4) 낙찰자 등 결정방법 선택

가) 실시설계 기술제안입찰

발주기관은 적격으로 통지된 입찰자로서 예정가격 이하로 입찰한 입찰자 가운데 기술제안점수가 높은 순으로 최대 6명(적격으로 통지된 입찰자가 6명 미만이면 적격으로 통지된 모든 입찰자)을 대상으로, ① 최저가격으로 입찰한 자를 낙찰자로 결정하는 방법, ② 입찰자격을 기술제안점수로 나누어 조정된 수치가 가장 낮은 자나 기술제안점수를 입찰가격으로 나누어 조정 점수가 가장 높은 자를 낙찰자로 결정하는 방법, ③ 기술제안점수와 가격점수에 가중치를 부여하여 각각 평가한 결과를 합산한 점수가 가장 높은 자를 낙찰자로 결정하는 방법 중에 중앙건설기술심의위원회에서 공사목적과 특성 등을 고려해 해당 공사에 가장 적합하다고 심의한 방법으로 낙찰자를 결정한다(국가계약법 시행령 제102조 제1항 제1호부터 제3호, 제104조 본문).

발주기관은 위에 따른 낙찰자나 실시설계적격자 결정방법에 필요한 기술제안점수·가격점수 산출방법과 가중치, 기술과 가격 조정을 위한 산식, 그 밖에 필요한 사항을 정하여 입찰에 참가하려는 자가 열람할 수 있도록 해야 한다(국가계약법 시행령 제102조 제4항).

나) 기본설계 기술제안입찰

발주기관은 적격으로 통지된 입찰자 가운데 기술제안점수가 높은 순으로 최대 6명(적격으로 통지된 입찰자가 6명 미만이면 적격으로 통지된 모든 입찰자)을 대상으로, ① 최저가격으로 입찰한 자를 실시설계적격자로 결정하는 방법, ② 입찰가격을 기술제안점수로 나누어 조정된 수치가 가장 낮은 자나 기술제안점수를 입찰가격으로 나누어 조정 점수가 가장 높은 자를 실시설계적격자로 결정하는 방법, ③ 기술제안점수와 가격점수에 가중치를 부여하여 각각 평가한 결과를 합산한 점수가 가장 높은 자를 실시설계적격자로 결정하는 방법 중에 중앙건설기술심의위원회에서 공사목적과 특성 등을 고려해 해당 공사에 가장 적합하다고 심의한 방법으로 실시설계적격자를 결정해야 한다(국가계약법 시행령 제102조 제2항 제1호부터 제3호, 제106조 제1항).

발주기관은 위에 따른 낙찰자나 실시설계적격자 결정방법에 필요한 기술제안점수·가격점수 산출방법과 가중치, 기술과 가격 조정을 위한 산식, 그 밖에 필요한 사항을 정하여 입찰에 참가하려는 자가 열람할 수 있도록 해야 한다(국가계약법 시행령 제102조 제4항).

5) 기술제안서 제출

가) 실시설계 기술제안입찰

입찰자는 시공 효율성 검토 등에 따른 공사비 절감방안, 생애주기비용 개선방안, 공기단축방안, 공사관리방안, 발주기관이 교부한 설계서와 입찰자가 제출하는 기술제안서 내용을 반영하여 물량과 단가를 명백히 한 산출내역서, 그 밖에 입찰공고에서 요구한 사항을 포함한 기술제안서를 제출해야 한다. 다만, 발주기관은 공사 특성 등을 고려해 필요하면 그 내용 일부를 변경할 수 있다(국가계약법 시행령 제103조 제1항 제1호부터 제6호).

발주기관은 제출받은 기술제안서 평가를 위한 세부심사기준을 정하고 입찰에 참가하려는 자가 열람할 수 있도록 해야 한다(국가계약법 시행령 제103조 제2항).

나) 기술설계 기술제안입찰

입찰자는 시공 효율성 검토 등에 따른 공사비 절감방안, 생애주기비용 개선방안, 공기

단축방안, 공사관리방안, 그 밖에 입찰공고에서 요구한 사항을 포함한 기술제안서를 제출해야 한다. 다만, 발주기관은 공사 특성 등을 고려해 필요하면 그 내용 일부를 변경할 수 있다(국가계약법 시행령 제105조 제1항 제1호부터 제5호).

발주기관은 제출받은 기술제안서 평가를 위한 세부심사기준을 정하고 입찰에 참가하려는 자가 열람할 수 있도록 해야 한다(국가계약법 시행령 제105조 제2항).

6) 실시설계서 제출

기본설계 기술제안입찰인 경우, 발주기관은 실시설계적격자로 선정된 자에게만 실시설계서를 제출하게 해야 하며, 실시설계에 구체적인 설명서, 건설기술 진흥법 시행령 제11조에 따른 관계 서류, 단가와 수량을 명백히 기재한 산출내역서, 그 밖에 참고사항을 적은 서류를 첨부하게 해야 한다(국가계약법 시행령 제105조 제3항 제1호부터 제4호).

7) 기술제안서 등 평가

가) 실시설계 기술제안입찰

발주기관은 기술제안서를 제출받으면 중앙건설기술심의위원회에 해당 기술제안서 적격 여부 심의와 점수평가를 의뢰하고, 중앙건설기술심의위원회는 의뢰받은 기술제안서의 타당성을 검토하여 기술제안서 적격 여부와 평가점수를 명백히 한 서류를 발주기관에게 통지해야 한다(국가계약법 시행령 제103조 제3항). 다만, 발주기관은 기술자문위원회의 심의와 점수평가로 위 중앙건설기술심의위원회 심의와 점수평가를 갈음할 수 있다(국가계약법 시행령 제103조 제4항).

중앙건설기술심의위원회나 기술자문위원회는 기술제안서를 심의하는 경우, 기술제안서가 입찰의 기본계획이나 지침 내용이나 설계서 내용에 비추어 미비하거나 그 내용이 분명하지 않으면, 입찰자에게 그 보완을 요구할 수 있다(국가계약법 시행령 제103조 제5항).

나) 기본설계 기술제안입찰

발주기관은 ① 기술제안서를 제출받거나 실시설계서를 제출받은 경우, ② 기본설계 기술제안입찰로 발주된 공사에서 재공고입찰 결과 입찰자가 1인뿐이어서 그 입찰자의 기술제안서나 실시설계서를 제출받은 경우 중 어느 하나에 해당하면, 중앙건설기술심의위원회에 해당 기술제안서나 실시설계서 적격 여부 심의와 점수평가를 의뢰하고, 중앙건설기술심의위원회는 의뢰받은 기술제안서나 실시설계서의 타당성을 검토하여 기술제안서나 실시설계서의 적격 여부와 평가점수를 명백히 기재한 서류를 발주기관에게 통지해야 한다(국가계약법 시행령 제105조 제4항 제1호, 제2호). 다만, 발주기관은 기술자문위원회의 심의와 점수평가로 위 중앙건설기술심의위원회 심의와 점수평가를 갈음할 수 있다(국가계약법 시행령 제105조 5항).

중앙건설기술심의위원회나 기술자문위원회는 기술제안서나 실시설계서를 심의하는 경우, 기술제안서나 실시설계서 첨부 도서가 입찰의 기본계획이나 지침 내용, 기본설계(실시설계 심의에서는 기술제안서 포함) 내용에 비추어 미비하거나 그 내용이 분명하지 않으면, 입찰자에게 그 보완을 요구할 수 있다(국가계약법 시행령 제105조 제6항).

8) 낙찰자 결정

가) 실시설계 기술제안입찰

발주기관은 중앙건설기술심의위원회 등으로부터 기술제안서 적격 여부와 평가점수를 통지받은 경우, 예정가격 이하로 입찰한 자 가운데 기술제안점수가 가장 높은 순으로 최대 6명(적격으로 통지된 입찰자가 6명 미만이면 적격으로 통지된 모든 입찰자)을 선정한 후, 미리 선택한 낙찰자 결정방법을 적용하여 낙찰자를 결정한다. 다만, 기술제안적격자가 1인 이하면 재공고입찰에 따라야 한다(국가계약법 시행령 제104조).

나) 기본설계 기술제안입찰

발주기관은 중앙건설기술심의위원회 등으로부터 기술제안서 적격 여부와 평가점수를 통지받은 경우, 입찰한 자 가운데 기술제안점수가 가장 높은 순으로 최대 6명(적격으로 통지된 입찰자가 6명 미만이면 적격으로 통지된 모든 입찰자)을 선정한 후, 미리 선택한 낙찰자 결정방법을 적용하여 실시설계적격자를 결정한다. 다만, 기술제안적격자가 1인 이하면 재공고입찰에 따라야 한다(국가계약법 시행령 제106조 제1항). 또한, 중앙건설기술심의원회 등으로부터 실시설계 적격 통지를 받으면, 그 실시설계서를 제출한 자를 낙찰자로 선정한다(국가계약법 시행령 제106조 제2항). 그 밖에 일괄입찰에서 낙찰자 선정 규정을 준용한다(국가계약법 시행령 제87조 제3항부터 제8항, 제106조 제3항).

라. 제안서 작성비용 보상

발주기관은 ① 6인에 선정된 자 가운데 낙찰자로 결정되지 않은 자,② 발주기관 귀책사유로 취소된 기술제안입찰에 참가한 자 중 어느 하나에 해당하는 전부나 일부에게 예산 범위에서 제안서 작성비용 일부를 보상할 수 있다(국가계약법 시행령 제107조 제1항 제1호, 제2호). 그 밖에 보상비 지급 기준과 절차 등은 정부 입찰·계약집행기준에서 자세히 정한다(국가계약법 시행령 제107조 제2항, 정부 입찰·계약집행기준 제84조부터 제90조 참조).

마. 설계변경에 따른 계약금액 조정

설계변경에 따른 계약금액 조정과 관련하여, 실시설계 기술제안입찰에 따른 공사계약인 경우에는 국가계약법 시행령 제65조를, 기본설계 기술제안입찰에 따른 공사계약인 경우에는 국가계약법 시행령 제91조를 각 준용한다(국가계약법 시행령 제108조).

바. 평가

발주기관은 공사의 준공검사를 한 후에 평가단을 구성하여 해당 공사 발주방식의 적정성, 시공과정·실적, 효과 등을 평가할 수 있다. 평가단의 구성·운영, 그 밖에 평가에 필요한 사항은 각 발주기관이 정한다(국가계약법 시행령 제109조).

12. 시범특례에 따른 계약체결

가. 의의

발주기관은 계약의 종류, 목적물, 대상 사업의 혁신성·특수성 등을 고려할 때, 국가계약법 시행령 제41조부터 제43조까지, 제43조의2, 제43조의3, 제44조부터 제47조까지 규정에 따른 계약체결 방법으로는 계약 목적을 달성하기 곤란하다고 인정되는 경우, 기획재정부장관이 해당 계약 체결과 관련하여 한시적으로 정하는 기준·절차에 따라 국가에 가장 유리하다고 인정되는 자와 계약을 체결할 수 있는데(국가계약법 시행령 제47조의2 제1항), 이를 시범특례에 따른 계약체결이라고 한다.

기획재정부는 시범특례 제도 운영에 필요한 세부사항을 정하기 위해(국가계약법 시행령 제47조의2 제9항), 2022. 6. 28. 국가계약 시범특례 운영 지침을 마련했다.

나. 취지

시범특례에 따른 계약체결 제도는 2022. 6. 14. 개정 국가계약법 시행령에 처음 도입되어, 2022. 9. 15.부터 시행 중이다. 국가계약법령에서 정하는 일반적인 계약 방법에 따를 경우, 계약목적을 달성하기 곤란한 혁신적인 물품·사업 등을 대상으로 계약을 체결할 때에 한시적으로 기획재정부장관이 정하는 별도 기준·절차에 따라 계약을 체결할 수 있게 하여 혁신적인 신기술·신산업의 조달시장 진출을 지원하고 국가계약 제도의 유연성을 높이려는 취지이다.

다. 절차

1) 입찰공고

발주기관은 시범특례에 따른 계약을 체결하려는 경우, 입찰공고를 할 때에 시범특례에 따른 계약이라는 뜻을 명시해야 하고, 계약을 체결하려는 자가 그 시범특례를 열람할 수 있도록 해야 한다(국가계약법 시행령 제47조의2 제2항).

2) 시범특례 제정요청

발주기관은 시범특례에 따른 계약체결이 필요하다고 인정하면, 기획재정부장관에게 해당 계약에 적용될 시범특례를 정해달라고 요청해야 한다(국가계약법 시행령 제47조의2 제3항). 이때, ① 계약목적물이나 계약으로 추진하려는 사업내용, ② 국가계약법 시행령 제41조부터 제43조까지, 제43조의2, 제43조의3, 제44조부터 제47조까지 규정에 따른 계약체결 방법으로는 계약 목적을 달성하기 곤란한 사유 등 시범특례 적용의 필요성, ③ 해당 계약 체결과 관련한 기준·절차로 정할 필요가 있는 사항, ④ 해당 계약 체결을 위해 필요한 시범특례 유효기간, ⑤ 시범특례 적용에 따른 기대효과, ⑥ 그 밖에 시범특례와 관련하여 필요한 사항으로서 기획재정부장관이 정하는 사항 등을 포함한 시범특례요청서를 제출해야 한다(국가계약법 시행령 제47조의2 제4항 제1호부터 제6호).

3) 시범특례 제정

위와 같은 시범특례 제정을 요청받은 기획재정부장관은 계약의 종류, 목적물, 대상 사업의 혁신성·특수성 등을 고려할 때 시범특례 적용이 필요하고, 해당 계약 체결의 공정성과 투명성 등을 확보하기 위해 별도 계약체결 기준이나 절차를 마련할 필요가 있다고 인정하면, 조달사업법 시행령 제7조 제1항에 따른 공공조달제도개선위원회 심의를 거쳐 시범특례를 정할 수 있다. 단, 해당 심의를 거치기 전에 관계 발주기관과 협의할 수 있다(국가계약법 시행령 제47조의2 제5항).

라. 효과

1) 유효기간

시범특례 유효기간은 시범특례를 정한 날부터 2년 범위에서 기획재정부장관이 정하는 기간으로 하며, 기획재장부장관은 필요하다고 인정하면 2년 범위에서 한 차례 이상 유효기간을 연장할 수 있다(국가계약법 시행령 제47조의2 제6항).

2) 낙찰자·계약상대자 결정

발주기관은 기획재정부장관이 해당 계약 체결과 관련하여 한시적으로 정하는 기준·절차, 즉 시범특례에 따라 국가에 가장 유리하다고 인정되는 자와 계약을 체결할 수 있다(국가계약법 시행령 제47조의2 제1항 참조).

예를 들어, 조달청은 복권발행 수탁사업자인 수요기관의 요청으로 즉석식·추첨식 인쇄복권 인쇄업체 선정을 위한 입찰을 진행하면서, 위 시범특례에 근거해 2인 이상 낙찰자를 결정한 바 있다.

3) 성과평가 등

기획재정부장관은 시범특례에 따라 체결한 계약이나 사업 등을 대상으로 성과평가를 실시한 후 그 결과를 바탕으로 해당 시범특례를 국가계약법령에 반영할 필요가 있는지를 검토해야 한다. 이 경우 국가계약법령에 반영할지 여부는 조달사업법 시행령 제7조 제1항에 따른 공공조달제도개선위원회 심의를 거쳐야 한다(국가계약법 시행령 제47조의2 제7항).

4) 효과적인 제도운영을 위한 조사·연구 등 의뢰

기획재정부장관은 시범특례 제도의 효과적인 운영을 위해 관련 전문기관이나 단체에 ① 시범특례와 관련한 국내외 사례 조사·연구, ② 시범특례 제도 운영과 관련한 지침 마련에 필요한 조사·연구, ③ 성과평가에 필요한 조사·연구, ④ 그 밖에 시범특례 제도의 효과적인 운영을 위해 기획재정부장관이 필요하다고 인정하는 업무 등을 의뢰할 수 있다(국가계약법 시행령 제47조의2 제8항 제1호부터 제4호).

〔참고〕 분류별 입찰에 따른 낙찰자 결정

국가계약법령에서 명시하지 않지만, 실무상 활용되는 입찰방법 중 분류별 입찰이 있다. 분류별 입찰이란, 원칙적으로 입찰공고를 한 개만 내되, 그 하나의 입찰에서 여러 분류를 나누어 각 분류별로 입찰서를 제출받고 낙찰자를 결정하는 방식이다.

예를 들어, A라는 사업을 발주하면서 A 사업을 구성하는 과업을 a1, a2, a3로 나눌 수 있는 경우, A 사업 발주 입찰공고 한 개에, a1 입찰, a2 입찰, a3 입찰로 분류하여 입찰절차를 실시하겠다는 뜻을 명시하고, 분류별로 입찰과 낙찰을 실시하는 것이다.

여기서 a1 입찰, a2 입찰, a3 입찰은 형식상 한 개 입찰공고에 표시되지만, 실질상 별개 입찰을 하나로 묶은 것에 불과하다. 다만, 실무에서는 동일인이 a1 입찰에서 낙찰받은 경우, a2 입찰, a3 입찰에서 낙찰받지 못하게 제한하고, 여기서 동일인에는 공동수급체 구성원도 포함한다.

이와 같은 입찰절차 혹은 낙찰자 결정방법은 명시적 규정 없이 실무상 활용되나, 입법론으로는 법령에 근거를 갖출 필요가 있다고 본다.

제7장 / 계약체결과 성립

제 1 절 계약서 작성

Ⅰ. 원칙 : 요식행위

발주기관은 공공계약을 체결할 경우 원칙적으로 계약목적, 계약금액, 이행기간, 계약보증금, 위험부담, 지체상금, 그 밖의 필요한 사항을 명백하게 기재한 계약서를 작성해야 한다(국가계약법 제11조 제1항 본문). 계약서는 국가계약법 시행규칙 별지 제7, 8, 9호 서식(표준계약서)을 사용하므로, 발주기관은 계약상대자를 결정한 경우 지체 없이 해당 표준계약서에 따라 계약을 체결해야 한다(국가계약법 시행령 제48조 제1항, 같은 법 시행규칙 제49조 제1항). 다만, 위와 같은 서식에 따르기 곤란한 경우에는 다른 양식의 계약서로 계약을 체결할 수 있다(국가계약법 시행규칙 제49조 제3항). 또한, 발주기관은 표준계약서에 정한 일반사항 외에 해당 계약에 필요한 특약사항을 명시하여 계약을 체결할 수도 있다(국가계약법 시행규칙 제49조 제2항).

한편, 계약담당공무원과 계약상대자가 해당 계약서에 기명·날인하거나 서명하여야 비로소 계약은 확정된다(국가계약법 제11조 제2항). 다만, 외국인과 계약을 체결하는 경우 그 밖에 특별한 사유가 있다면 서명으로 이를 갈음할 수 있다(국가계약법 시행령 제48조 제2항 단서). 여기서 '확정'이 무엇을 뜻하는지 분명하지 않지만, 성립과 확정은 크게 다르지 않은 의미로 보인다.

본래 사법상 계약은 두 당사자 사이에 서로 대립하는 의사표시의 합치만 있으면 성립하므로, 별도로 계약서를 작성하지 않더라도 무방하다. 따라서 사법상 계약의 성질을 가지는 공공계약도 다르지 않아야 하겠지만, 국가계약법은 계약내용을 명확히 하고 계약체결 당시 적법한 절차를 준수하게 하려는 취지에서 반드시 계약서를 작성하도록 하여 적법절차를 담보하려는 특별규정을 두었다. 결국 공공계약은 계약서 작성이 필수인 요식행위에 해당한다.

이에 대법원은 국가가 국민과 계약을 체결할 경우 국가계약법에 따른 계약서를 따로 작성하는 등 그 요건과 절차를 이행해야 하고, 설령 국가와 국민 사이에 계약이 체결되었더

라도 이러한 요건과 절차를 따르지 않은 계약은 그 효력이 없다고 한다.[1)]

〔계약서를 작성하지 않은 공공계약의 효력〕

① 국가계약법 제11조 제1항은 "각 중앙관서의 장 또는 계약담당공무원은 계약을 체결하고자 할 때에는 계약의 목적·계약금액·이행기간·계약보증금·위험부담·지체상금 기타 필요한 사항을 명백히 기재한 계약서를 작성하여야 한다. 다만 대통령령이 정하는 경우에는 이의 작성을 생략할 수 있다."고 규정하고, 같은 조 제2항은 "제1항의 규정에 의하여 계약서를 작성하는 경우에는 그 담당공무원과 계약상대자가 계약서에 기명·날인 또는 서명함으로써 계약이 확정된다."고 규정하고 있다. 국가계약법의 이러한 규정 내용과 국가가 일방당사자가 되어 체결하는 계약의 내용을 명확히 하고 국가가 사인과 계약을 체결할 때 적법한 절차에 따를 것을 담보하려는 규정의 취지 등에 비추어 보면, 국가가 사인과 계약을 체결할 때에는 국가계약법령에 따른 계약서를 따로 작성하는 등 그 요건과 절차를 이행하여야 할 것이고, 설령 국가와 사인 사이에 계약이 체결되었더라도 이러한 법령상 요건과 절차를 거치지 아니한 계약은 그 효력이 없다고 할 것이다(대법원 2005. 5. 27. 선고 2004다30811, 30828 판결, 대법원 2009. 12. 24. 선고 2009다51288 판결, 대법원 2015. 1. 15. 선고 2013다215133 판결 등 참조).

② 구 지방재정법 제63조는 지방계약법 및 다른 법령에서 정한 것을 제외하고는 국가계약법의 규정을 준용한다고 규정하고 있고, 이에 따른 준용조문인 국가계약법 제11조 제1항, 제2항에 의하면 지방자치단체가 계약을 체결하고자 할 때에는 계약의 목적, 계약금액, 이행기간, 계약보증금, 위험부담, 지체상금 기타 필요한 사항을 명백히 기재한 계약서를 작성하여야 하고, 그 담당공무원과 계약상대자가 계약서에 기명·날인 또는 서명함으로써 계약이 확정된다고 규정하고 있는바, 위 각 규정의 취지에 의하면 지방자치단체가 사경제의 주체로서 사인과 사법상의 계약을 체결함에 있어서는 위 법령에 따른 계약서를 따로 작성하는 등 그 요건과 절차를 이행하여야 할 것이고, 설사 지방자치단체와 사인 사이에 사법상의 계약 또는 예약이 체결되었다 하더라도 위 법령상의 요건과 절차를 거치지 아니한 계약 또는 예약은 그 효력이 없다고 할 것이다(대법원 2004. 1. 27. 선고 2003다14812 판결, 대법원 2005. 5. 27. 선고 2004다30811, 30828 판결, 대법원 2009. 12. 24. 선고 2009다51288 판결 등 참조).

〔낙찰자가 계약체결에 필요한 산출내역서, 공사이행보증서, 계약보증서 등 서류를 제출한 것만으로 계약이 성립하는지〕

원심판결 이유에 의하면, 원심은, 그 채택한 증거들을 종합하여 판시사실을 인정한 다음, 원고의 채무불이행으로 인한 손해배상청구에 관하여는 원심의 인정 사실에 기초하여, 이 사건과 같이 공사금

1) 대법원 2015. 1. 15. 선고 2013다215133 판결.

액이 거액이고 공사기간도 장기간에 걸친 대규모의 관급공사에 있어서는 공사금액 외에 구체적인 공사시행 방법과 준비, 공사비 지급방법 등과 관련된 제반 조건도 중요한 사항이라 할 것이므로 공사금액은 물론 공사조건에 관한 합의까지 이루어져야 계약이 체결되었다고 볼 것인바, 피고가 원고들에게 견적서를 수차례 제출하고 그 후 원고들이 조달청 입찰에 참가하거나 하도급계약서를 작성·날인하여 피고에게 송부하였다는 사정 만으로는 계약이 성립되었다고 볼 수 없다고 판단하였다. 기록에 비추어 살펴보면 원심의 그와 같은 사실인정은 정당하고, 거기에 필요한 심리를 다하지 아니하였거나 채증법칙을 위반하는 등으로 사실을 오인한 위법이 없다. 또 원심이 적법하게 인정하고 있는 사실에 비추어 보면, 문제가 된 건설하도급공사는 공사금액이 수백억에 달하는데다가 공사기간도 14개월이나 되는 장기간에 걸친 대규모의 공사이므로 특별한 사정이 없는 한 공사금액 외에 구체적인 공사시행 방법과 준비, 공사비 지급방법 등과 관련된 제반 조건 등 그 부분에 대한 합의가 없다면 계약을 체결하지 않았으리라고 보이는 중요한 사항에 관한 합의까지 이루어져야 비로소 그 합의에 구속되겠다는 의사의 합치가 있었다고 보는 것이 당사자의 실제의 의사와 부합하는 해석이라 할 것이고, 한편 하도급계약을 체결하려는 교섭당사자가 견적서를 제출하는 행위는 통상 주문자의 발주를 권유하는 영업행위의 수단으로서 계약체결의 준비·교섭행위 즉 청약의 유인에 해당한다고 할 것이고, 이 사건에서 피고가 견적서와 함께 제출한 이행각서는 그 문면에 의하더라도 하도급계약이 성립될 경우 최초 견적서 기재 금액 범위 내에서 공사를 수행하겠다는 취지에 불과한 것이고, 하도급보증서 또한 앞으로 하도급계약이 성립되면 그 이행을 담보하려는 목적으로 청약 유인의 차원에서 교부된 것에 불과하므로, 피고가 견적서, 이행각서 등의 서류를 제출하였다는 사정만으로 원고들과 피고 사이에 하도급계약이 성립되었다고 볼 수 없다(대법원 2001. 6. 15. 선고 99다40418 판결).

Ⅱ. 예외 : 계약서 작성 생략

공공계약도 예외적으로 계약서 작성을 생략할 수 있는 경우가 있다(국가계약법 제11조 제1항 단서). 즉, ① 계약금액이 3천만 원 이하인 계약을 체결하는 경우, ② 경매에 부치는 경우, ③ 물품을 매각할 때 매수인이 즉시 대금을 납부하고 그 물품을 인수하는 경우, ④ 각 국가기관이나 지방자치단체가 서로 계약을 체결하는 경우, ⑤ 전기·가스·수도 공급계약 등 성질상 계약서 작성이 필요하지 않은 경우에는 계약서 작성을 생략할 수 있다(국가계약법 시행령 제49조 참조).

이처럼 공공계약법이 계약서 작성의 예외를 규정한 이유는 계약금액이 소액이거나 즉시 계약이행이 완료되거나 신뢰할 수 있는 기관과 계약을 체결하는 경우, 기계적으로 부과되는 실비 등과 관련한 계약에서까지 계약서 작성을 요구하면, 시간과 비용 낭비를 초래하기 때문이다.

다만, 위에 따라 계약서 작성을 생략하는 경우에는 계약상대자로부터 청구서·각서·협정서·승낙사항 등 계약성립을 증명할 수 있는 서류를 제출받아 비치해야 한다(국가계약법 시행규칙 제50조 본문). 그러나 이때에도 기획재정부장관이 따로 정하는 회계경리 관련 서식에 따른 경우에는 그렇지 않다(국가계약법 시행규칙 제50조 단서).

〔계약서 작성 생략의 의미〕

[1] 국가를 당사자로 하는 계약에 관한 법률(이하 '국가계약법'이라 한다) 제11조 제1항 단서 등에서 일정한 경우 계약서의 작성을 생략할 수 있다고 규정하고 있는 것은, 계약금액이나 거래의 형태 및 계약의 성질 등을 고려하여 일정한 경우에는 국가계약법 제11조 등에서 정한 요건과 절차에 따라 계약서를 작성하는 것이 불필요하거나 적합하지 않다는 정책적 판단에 따른 것이므로, 국가계약법 제11조 제1항 단서에 의하여 계약서의 작성을 생략할 수 있는 때에는 국가계약법에서 정한 요건과 절차에 따라 계약서가 작성되지 아니하였다고 하더라도 계약의 주요내용에 대해 당사자 사이에 의사합치가 있다면 계약의 효력을 인정하는 것이 타당하다. [2] 갑이 국가에 토지의 대부를 요청하는 신청서를 보낼 무렵 1차 연도의 대부료를 납부하였고, 이에 국가가 갑에게 국유재산 대부계약 체결 안내문과 함께 '국유재산 대부계약서'를 송부하였으며, 다음 해 갑이 2차 연도의 대부료를 납부하였는데, 갑이 대부계약을 체결한 사실이 없다고 주장하며 국가를 상대로 대부료 상당의 부당이득반환을 구한 사안에서, 갑과 국가 사이에 체결하고자 한 대부계약은 국가를 당사자로 하는 계약에 관한 법률 시행령 제49조 제1호에서 정한 '계약금액이 3,000만 원 이하인 계약'으로서 계약서의 작성을 생략할 수 있는 경우에 해당하므로, 계약서가 작성되지 아니하였다고 하더라도 대부계약의 주요내용에 대해 당사자 사이에 의사합치가 있는 때에는 계약의 효력이 있는데, 갑이 국가에 토지에 관한 대부신청서를 보냈고, 이를 받은 국가 또한 갑에게 대부계약의 목적물, 대부기간, 대부료 등이 상세하게 기재된 안내문을 발송한 점, 갑이 안내문에 기재된 바에 따라 국가에 대부료를 납부한 점 등에 비추어 보면, 갑과 국가 사이에 토지의 대부에 관한 의사합치가 있었다고 볼 여지가 큰데도, 대부계약서에 갑의 기명이나 서명이 되어 있지 아니한 이상 계약으로서의 효력이 없다고 본 원심판단에 법리오해의 잘못이 있다(대법원 2018. 9. 13. 선고 2017다252314 판결).

제 2 절 계약문서

Ⅰ. 의의

발주기관은 표준계약서에 따라 계약을 체결한다. 가령, 공사계약은 공사도급표준계약서, 물품구매계약은 물품구매표준계약서, 용역계약은 용역표준계약서를 이용하여 지체없이 계약을 체결하도록 한다(국가계약법 시행규칙 제49조 제1항). 그러나 표준계약서에 따르기 곤란한 경우에는 다른 양식으로 마련한 계약서로 계약을 체결할 수 있다(국가계약법 시행규칙 제49조 제3항).

한편, 계약서를 작성한 경우라도 계약담당공무원과 계약상대자가 서명·날인한 계약문서뿐만 아니라, 설계서, 입찰유의서, 계약일반조건, 계약특수조건, 산출내역서 등도 함께 첨부되어 계약서 일부를 구성하고, 이러한 계약문서는 서로 내용을 보완하는 기능을 하므로, 해석자료로 활용된다.

Ⅱ. 계약조건

발주기관은 계약서에 계약에 필요한 모든 사항을 정할 수 없으므로 계약에 필요한 특약사항을 정한 계약조건을 넣어 계약을 체결할 수 있다. 계약조건으로는 공사계약일반조건, 물품구매(제조)계약일반조건, 용역계약일반조건이 있으며, 위와 같은 계약일반조건을 제외하고도 각종 조달청훈령, 고시, 공고, 지침으로 각 유형별 계약의 특수조건, 추가특수조건 등을 정한다.

그런데 계약일반조건, 계약특수조건, 계약추가특수조건 등은 예규, 훈령, 고시, 공고, 지침 등 다양한 형태로 마련되며, 법령정보센터 등에서 일반인에게 공개되는 것이라 하더라도, 법령과 달리 그 효력이 당연히 계약상대자에게 미친다고 할 수는 없다. 따라서 발주기관이든 계약상대자든 각종 계약조건을 계약 내용으로 주장하기 위해서는 계약 내용에 편입하는 절차, 즉 합의를 거쳐야 한다.

〔계약일반조건과 계약특수조건의 관계〕

국가를 당사자로 하는 계약은 그 본질적인 내용이 사인 간의 계약과 다를 바가 없으므로 그 법령에 특별한 규정이 있는 경우를 제외하고는 사법의 규정 내지 법원리가 그대로 적용되고, 계약 내용이 국가계약법령의 규정을 배제하려는 것이 뚜렷하게 드러나거나 그에 모순되지 않는다면 가능한 국가계약법령이 규정하는 바를 존중하는 방향, 즉 해당 계약 조항을 관련 국가계약법령의 규정 내용을 보충 내지 구체화하는 내용으로 해석되어야 한다. 그런데 구 국가를 당사자로 하는 계약에 관한 법률 시행령(2009. 5. 6. 대통령령 제21480호로 일부 개정되기 전의 것, 이하 '국가계약법 시행령'이라 한다) 제4조는 "각 중앙관서의 장 또는 그 위임·위탁을 받은 공무원(이하 "계약담당공무원"이라 한다)은 계약을 체결함에 있어서 법, 이 영 및 관계 법령에 규정된 계약상대자의 계약상 이익을 부당하게 제한하는 특약 또는 조건을 정하여서는 아니 된다."고 규정하고 있고, 물품구매계약 일반조건 제3조 제2항은 "계약담당공무원은 「국가를 당사자로 하는 계약에 관한 법령」, 물품관련 법령 및 이 조건에 정한 계약일반사항 외에 당해 계약의 적정한 이행을 위하여 필요한 경우 물품구매계약 특수조건을 정하여 계약을 체결할 수 있다."고, 제3항은 "제2항에 따라 물품구매계약 특수조건에 「국가를 당사자로 하는 계약에 관한 법령」, 물품관련 법령 및 이 조건에 의한 계약상대자의 계약상 이익을 제한하는 내용이 있는 경우 특수조건의 동 내용은 효력이 인정되지 아니한다."고 각 규정하고 있는바, 앞서 본 법리에 비추어 보면 물품구매계약 일반조건 제3조 제3항은 국가계약법 시행령 제4조를 배제하거나 그에 모순되게 규정된 것이 아니라 국가계약법 시행령 제4조를 구체화한 내용으로 보일 뿐이므로 이를 해석함에 있어서도 국가계약법 시행령 제4조의 입법 취지에 맞게 '계약상대자의 계약상 이익을 부당하게 제한하는 경우'에 한하여 물품구매계약 특수조건의 효력이 인정되지 않는다고 보아야 할 것이다. 한편 물품구매계약 특수조건은 물품구매계약 일반조건 제3조 제2항에 의하여 관계 법령이나 물품구매계약 일반조건에 정한 계약일반사항 외에 당해 계약의 적정한 이행을 위하여 체결된 것이므로, 물품구매계약 특수조건 제3조 제1항의 '다른 계약문서'에서 '일반조건'을 제외하는 것으로 해석한다면 물품구매계약 특수조건을 규정한 취지를 몰각시키게 될 위험이 있는 점, 국가를 당사자로 하는 계약의 본질은 사인 간의 계약과 다를 바 없는 점 등을 참작하면 특수조건 제3조 제1항의 '다른 계약문서'에 '물품구매계약 일반조건'을 제외할 이유가 없다(대법원 2012. 12. 27. 선고 2012다15695 판결).

한편, 계약조건을 약관으로 볼 수 있는지 논란이 있는데, 이는 일률적으로 판단하기 곤란하고 개별 사안에 따라 계약조건에 일방성,[1] 일반성,[2] 사전성[3]이 있는지를 따져서 판단할 수밖에 없다. 가령, 개별 계약건에서 당사자 사이에 교섭을 거쳐 마련한 계약내용은 약관이라 보기 어렵지만,[4] 훈령이나 고시 등으로 정해 놓고 모든 계약건에 들어가는 계약일반조건이나 계약특수조건은 약관에 해당할 여지도 있다.[5]

〔계약특수조건을 약관으로 보지 않은 사례〕

약관의 규제에 관한 법률의 규제 대상인 '약관'이라 함은 그 명칭이나 형태 또는 범위를 불문하고 계약의 일방 당사자가 다수의 상대방과 계약을 체결하기 위하여 일정한 형식에 의하여 미리 마련한 계약의 내용이 되는 것을 말하고, 구체적인 계약에서 일방 당사자와 상대방 사이에 교섭이 이루어져 계약의 내용으로 된 조항은 일방적으로 작성된 것이 아니므로 약관의 규제에 관한 법률의 규제 대

1) 한 쪽 당사자가 상대방 동의 없이 일방적으로 작성.
2) 불특정 다수와 계약을 체결한다는 전제.
3) 계약체결 전에 미리 정함.
4) 대법원 2001. 11. 27. 선고 99다8353 판결 등.
5) 김성근, 앞의 책(Ⅰ), 534쪽도 같은 취지.

상인 약관에는 해당하지 않는다(대법원 2008. 2. 1. 선고 2005다74863 판결 등 참조). 원심은, 이 사건 지체상금 산정의 기준금액을 이 사건 계약의 총 부기금액으로 하도록 정한 이 사건 계약의 '용역계약 특수조건' 제32조 제7항은, 원·피고가 이 사건 계약을 체결할 당시 계약의 특수성을 고려하여 쌍방의 합의에 의하여 성립된 것이어서, 위 조항은 약관의 규제에 관한 법률의 적용대상인 '약관'에 해당하지 않는다고 판단하였다. 앞서 본 법리와 기록에 비추어 살펴보면, 원심의 위와 같은 판단은 옳고, 거기에 상고이유 주장과 같은 약관의 규제에 관한 법률에 관한 법리오해 등의 위법이 없다(대법원 2011. 2. 10. 선고 2009다81906 판결).

Ⅲ. 종류

1. 물품계약문서

물품계약서는 계약서, 규격서, 유의서, 물품구매계약일반조건, 물품구매계약특수조건, 산출내역서 등으로 구성되며, 상호보완적인 효력을 가진다. 다만, 산출내역서는 계약금액 조정과 기성부분 대가 지급에 적용할 기준으로서 효력을 가진다[물품구매(제조)계약일반조건 제3조 제1항]. 그 밖에 발주기관은 물품계약 특수조건을 정하여 계약을 체결할 수 있으나[물품구매(제조)계약일반조건 제3조 제2항], 그 특수조건에 법령이나 계약일반조건에 반하여 계약상대자의 계약상 이익을 제한하는 내용이 있으면, 그 내용은 효력이 없다[물품구매(제조)계약일반조건 제3조 제3항]. 나아가 계약일반조건이 정한 바에 따라 계약당사자 사이에 보낸 통지문서 등도 계약문서로서 효력이 있다[물품구매(제조)계약일반조건 제3조 제4항].

2. 용역계약문서

발주기관은 용역계약을 체결할 때 일반용역계약조건에 세부용역별 계약조건 가운데 해당 용역조건을 조합하여 계약서에 첨부해야 한다. 이때 일반용역계약조건과 세부용역별 계약조건 가운데 상충하는 사항이 있으면, 세부용역별 계약조건을 우선 적용한다(용역계약일반조건 제2조 제1항). 발주기관은 용역의 특성을 반영하여 다르게 정할 필요가 있으면, 기획재정부장관과 협의하여 계약조건을 따로 정할 수 있고, 일반용역계약조건이나 세부용역별 계약조건에서 정하지 않은 사항은 유사한 용역의 계약조건을 준용할 수 있다(용역계약일반조건 제2조 제2항).

3. 공사계약문서

공사계약서는 계약서, 설계서, 유의서, 공사계약일반조건, 공사계약특수조건, 산출내역서로 구성되며 상호보완적 효력을 가진다. 다만, 산출내역서는 공사계약일반조건에서 정하는 계약금액 조정, 기성부분 대가 지급에 적용할 기준으로서 효력을 가진다(공사계약일반조건 제3조 제1항). 구두를 이용한 통지, 신청, 청구, 요구, 회신, 승인, 지시는 문서로 보완되어야 효력이 있고, 통지 등은 계약문서에서 따로 정한 바 없다면 계약당사자에게 도달해야 효력이 발생한다. 이 경우 도달일이 공휴일인 경우, 그 다음날부터 효력이 발생한다(공사계약일반조건 제5조).

Ⅳ. 방법

1. 사용언어

계약에 사용하는 언어는 한국어가 원칙이다. 그러나 발주기관은 계약체결 당시 필요하다고 인정하면, 계약상대자가 외국어를 사용하거나 외국어와 한국어를 병행하여 사용할 수 있도록 필요한 조치를 할 수 있다. 다만, 외국어와 한국어를 병행하여 사용한 경우, 외국어로 기재한 사항이 한국어와 다르면, 한국어로 기재한 사항을 우선한다[물품구매(제조)계약일반조건 제4조, 용역계약일반조건 제5조, 공사계약일반조건 제4조].

2. 통지 등

구두에 따른 통지, 신청, 청구, 요구, 회신, 승인, 지시 등(이하 '통지 등'이라 한다)은 문서로 보완되어야 효력이 있다. 통지 등을 위한 장소는 계약서에 기재된 주소로 하며, 주소를 변경한 계약당사자는 이를 즉시 상대방에게 통지해야 한다. 통지 등은 계약문서에서 따로 정한 경우를 제외하고 계약당사자에게 도달한 날부터 효력이 발생한다. 다만, 해당 도달일이 공휴일이면 그 다음날부터 효력이 발생한다. 또한, 계약상대자는 계약이행 중 발주기관으로부터 관계법령이나 계약일반조건 등에 정한 바에 따라 서면으로 정당한 요구를 받은 경우, 이를 성실히 검토하여 회신해야 한다[물품구매(제조)계약일반조건 제5조, 용역계약일반조건 제6조, 공사계약일반조건 제5조].

제 3 절 계약의 해석

Ⅰ. 계약문서 해석

계약서를 포함한 계약문서를 해석할 때는 법률행위 해석과 관련한 일반 법리를 그대로 적용하면 된다. 즉, 법률행위 해석은 당사자가 그 표시행위에 부여한 객관적인 의미를 명백하게 확정하는 것으로서 당사자 사이에 계약의 해석을 둘러싼 이견이 있어서 계약문서에 나타난 당사자의 의사해석이 문제되는 경우, 문언의 내용, 그와 같은 약정이 있던 동기와 경위, 약정으로 달성하려는 목적, 당사자의 진정한 의사 등을 종합적으로 고찰하여 논리와 경험칙에 따라 합리적으로 해석해야 한다.[1)]

Ⅱ. 계약당사자 확정

1. 행위자와 명의자가 다른 경우 당사자 확정

계약을 체결하는 자가 다른 사람의 이름으로 법률행위를 한 경우에 행위자와 명의자 가운데 누구를 계약당사자로 보아야 하는지 문제된다. 우선, 행위자와 그 상대방 사이에 의사가 일치하면 그 일치한 의사대로 행위자 또는 명의자를 계약당사자로 확정해야 하고, 행위자와 그 상대방 사이에 의사가 일치하지 않는다면 계약의 성질·내용·목적·체결 경위 등 해당 계약체결 전후에 있는 구체적인 제반 사정을 고려해, 상대방이 합리적인 사람이라면 행위자와 명의자 가운데 누구를 계약당사자로 이해할지에 따라 당사자를 결정해야 한다.[2)] 가령, 한쪽 당사자의 대리인과 계약을 체결하는 계약상대방은 행위자와 사이에 대리인이 아닌 본인과 계약을 체결한다는 데에 의사를 같이 하므로, 대리인이 적법·유효한 대리권을 가졌는지와는 관계없이 해당 상대방과 본인이 계약의 당사자이다. 그런데 합리적인 사람이라면 행위자와 통정했다는 등 특별한 사정이 없으면, 행위자는 명의자와 같은 자라는 전제 아래 계약을 체결하기 때문에, 행위자와 명의자가 다른 경우에는 대체로 명의자를 계약당사자로 보아야 한다.

2. 요청조달계약에서 당사자 확정

수요기관의 장이 조달청장에게 계약체결을 요청하여 조달청장이 계약상대자와 계약을

1) 대법원 2005. 1. 27. 선고 2004다50877 판결, 대법원 2005. 6. 24. 선고 2005다17501 판결.
2) 대법원 2001. 5. 29. 선고 2000다3897 판결, 대법원 2003. 12. 12. 선고 2003다44059 판결.

체결하는 경우, 계약당사자는 조달청장과 계약상대자이고, 수요기관의 장은 수익자에 불과하다.

〔요청조달계약의 당사자〕

① 지방자치단체의 구매요청에 따라 조달청이 갑 회사와 조달물자구매계약을 체결하면서 지급방법을 '대지급'으로 정한 사안에서, 위 조달계약은 그 당사자가 조달청과 갑 회사이고 수요기관인 지방자치단체는 그 계약상 수익자에 불과한 '제3자를 위한 계약'이므로 갑 회사에 대해 조달계약의 당사자로서 그 대금지급의무를 부담하는 자는 조달청일 뿐이고, 조달계약에서 계약금액의 지급방법을 '대지급'으로 약정한 이상, 수요기관인 지방자치단체를 제3채무자로 하여 채권압류 및 전부명령을 받은 갑 회사의 채권자가 위 지방자치단체에 대하여 전부금을 청구할 수 없다(대법원 2010. 1. 28. 선고 2009다56160 판결).

② 대한민국이 서울특별시를 위하여 건설회사와의 사이에 난지도 쓰레기처리장 건설공사계약을 체결한 이상 그 계약의 당사자는 대한민국과 건설회사이고 서울특별시는 위 계약상의 수익자이며, 난지도 쓰레기처리시설의 건설이 서울특별시의 사업으로서 그 기본계획의 입안, 부지의 선정 및 제공, 입찰안내서의 작성, 공사비의 지출, 관리비의 지출 등 계약체결을 제외한 모든 것이 실질적으로 서울특별시에 의하여 이루어졌을 뿐 아니라 완성된 시설 또한 서울특별시에 귀속된다고 하여 서울특별시가 쓰레기처리장 건설공사계약의 당사자가 되는 것은 아니다(대법원 1994. 8. 12. 선고 92다41559 판결).

제 4 절 계약체결 관련 특별규정

Ⅰ. 근로관계법령 준수

발주기관은 계약을 체결할 때 계약상대자로 하여금 해당 계약을 이행하는 근로자(하도급거래 공정화에 관한 법률에 따른 수급사업자가 고용한 근로자 포함)의 근로조건이 근로기준법 등 근로관계 법령을 준수하도록 하는 내용을 계약서에 포함할 수 있다(국가계약법 제5조의4).

Ⅱ. 공사의 분할계약 금지

발주기관은 기획재정부장관이 정하는 동일 구조물공사와 단일공사로서 설계서 등에 따라 전체 사업내용이 확정된 공사는 이를 시기적으로 분할하거나 공사량을 분할하여 계약할 수 없다(국가계약법 시행령 제68조 제1항 본문). 불필요한 분리발주를 지양하여 계약의 효율성을 확보하기 위한 것으로, 실무상 분리발주금지라고도 한다. 자세한 내용은 이미 살펴본 바와 같다.

Ⅲ. 국외공사계약 특례

발주기관은 국외공사계약을 체결할 때 원칙적으로 현지통화로 계약을 체결해야 하지만, 그것이 곤란하면 계약상대자와 협의하여 원화나 미화로 계약할 수 있다(국가계약법 시행령 제48조의2 제1항). 그리고 환율이나 국제상관례 등을 고려하여 계약금액 조정 특례를 설정할 수도 있다(국가계약법 시행령 제48조의2 제2항). 따라서 발주기관이 국외공사계약을 체결하면서 환율의 인상, 인하에 따른 물가변동을 이유로 한 계약금액조정을 허용하지 않는다고 하여 부당한 특약이라 보기 곤란하다.

제 5 절 계약무효와 취소

Ⅰ. 서론

계약은 당사자가 원하는 바에 따라 효과가 발생하면 유효라고 하지만, 일단 성립한 계약이라도 법에 따라 효력이 부여되지 않으면 무효라고 한다. 무효인 계약은 특정인이 주장하지 않더라도 당연히 처음부터 효력이 없지만, 취소할 수 있는 계약은 처음부터 효력이 발생하지만 취소권자가 취소권을 행사해야 비로소 무효가 된다. 무효인 계약은 시간이 경과하더라도 그 효력에 변동이 생기지 않지만, 취소할 수 있는 계약은 그 존속기간 안에 취소권을 행사하지 않으면 더 이상 취소할 수 없다. 그런데 어떤 계약에 무효사유와 취소사유가 모두 있는 경우, 무효인 계약이라 하더라도 아무것도 없는 상태는 아니므로, 당사자는 무효주장에 갈음하여 무효인 법률행위를 취소할 수도 있는데, 이를 무효와 취소의 이중효라고 한다.

공공계약도 사법상 계약인 만큼, 사법상 원리와 규정이 그대로 적용되기 때문에,[1] 민법에서 논하는 계약무효나 취소와 관련한 법리를 그대로 적용할 수 있다. 다만, 민법이 정한 무효나 취소사유 말고도 공공계약법은 직접 계약의 효력과 관련한 내용을 규정하기도 하고, 특히 대법원 판례는 공공계약의 무효 판단기준을 제시하므로, 이러한 내용을 살펴볼 필요가 있다.

---

1) 대법원 2012. 9. 20.자 2012마1097 결정.

Ⅱ. 계약무효

1. 의의

계약무효란 계약이 성립한 때부터 법률상 당연히 그 효력이 없다고 확정된 상태를 말한다.

2. 민법상 무효사유

민법상 법률행위나 의사표시의 무효 규정은 공공계약상 법률관계에도 적용된다. 즉, 의사무능력, 강행규정 위반, 사회질서 위반(제103조), 불공정한 법률행위(제104조), 진의 아닌 의사표시(제107조 제1항), 허위표시(제108조), 무권대리행위 등이 있으면 해당 계약은 무효이다.

3. 공공계약법상 무효사유

가. 계약서 작성 등 요건과 절차위반

공공계약은 계약의 성립요건으로 계약서 작성 등 형식을 갖추어야 하므로(국가계약법 제11조 제1항, 제2항), 국가계약법이나 지방계약법에서 정한 요건과 절차를 준수하지 않은 계약은 무효이다. 따라서 국가가 사인과 계약을 체결할 때, 국가계약법에 따른 계약서를 따로 작성하는 등 그 요건과 절차를 이행해야 하고, 설령 국가와 사인 사이에 계약이 체결되었더라도 이러한 법령상 요건과 절차를 거치지 않은 계약은 그 효력이 없다.[1)]

나. 부당한 특약등

발주기관은 계약을 체결할 때 이 법과 관계법령에서 정한 계약상대자의 계약상 이익을 부당하게 제한하는 특약이나 조건을 정해서는 안 되고(국가계약법 제5조 제3항), 위와 같은 부당한 특약등은 무효이다(국가계약법 제5조 제4항). 여기서 어떠한 특약이 계약상대자의 계약상 이익을 부당하게 제한하는 것으로서 효력이 없다고 하기 위해서는 그 특약이 계약상대자에게 다소 불이익하다는 점만으로는 부족하고, 국가 등이 계약상대자의 정당한 이익과 합리적인 기대에 반하여 형평에 어긋나는 특약을 정한 결과 계약상대자에게 부당하게 불이익을 주었다는 점이 인정되어야 하고, 계약상대자의 계약상 이익을 부당하게 제한하는 특약인지는 그 특약에 따라 계약상대자에게 생길 수 있는 불이익 내용과 정도, 불이익 발생가능성, 전체 계약에 미치는 영향, 당사자 사이 계약체결과정, 관계법령 규정 등 모든 사정을 종합하

1) 대법원 1989. 4. 25. 선고 86다카2329 판결, 대법원 1993. 6. 8. 선고 92다49447 판결, 대법원 1993. 11. 9. 선고 93다18990 판결, 대법원 2004. 1. 27. 선고 2003다14812 판결, 대법원 2015. 1. 15. 선고 2013다215133 판결.

여 판단해야 한다.[1)]

다. 입찰절차의 무효사유 승계가능성

계약이 성립하기 전 단계인 입찰절차 등에 무효사유가 있는 경우, 이를 전제로 성립된 계약을 당연히 무효로 볼 수 있는지 논란이 있다. 이에 대해, 계약이 성립하기 전 단계에서 무효사유가 발생하였으나 발주기관이 미처 무효사유를 확인하지 못한 채 계약을 체결한 경우, 무효인 입찰 등에 근거한 낙찰자 결정과 그에 따른 계약은 모두 무효라고 보는 견해가 다수지만, 앞에서 언급한 대로 선행 입찰절차 등이 무효라는 이유만으로 후속 계약 역시 당연무효라고 단정할 수는 없고, 계약을 무효로 돌리지 않으면 계약의 공공성과 공정성이 현저히 침해될 정도이고, 상대방도 이러한 사정을 알았거나 알 수 있었을 경우 또는 누가 보더라도 낙찰자 결정과 계약체결이 선량한 풍속 기타 사회질서에 반하는 행위에 따른 것이어서 이를 무효로 하지 않으면 국가계약법 취지를 몰각하게 되는지를 검토해서 계약무효 여부를 결정해야 한다고 본다.

라. 판례가 제시한 계약무효 기준

대법원은 발주기관이 입찰절차에서 법령이나 그 세부심사기준에 어긋나게 적격심사를 하였다는 사유만으로 당연히 낙찰자 결정이나 그에 기초한 계약이 무효가 되는 것은 아니고, 이를 위배한 하자가 입찰절차의 공공성과 공정성이 현저히 침해될 정도로 중대할 뿐만 아니라 상대방도 이러한 사정을 알았거나 알 수 있었을 경우 또는 누가 보더라도 낙찰자의 결정 및 계약체결이 선량한 풍속 기타 사회질서에 반하는 행위에 따른 것임이 분명한 경우 등 이를 무효로 하지 않으면 그 절차에 관하여 규정한 국가계약법의 취지를 몰각하는 결과가 되는 특별한 사정이 있는 경우에만 계약을 무효로 본다.[2)]

4. 적용법리

가. 일부무효

계약의 일부분이 무효인 경우, 그 전부를 무효로 한다. 그러나 그 무효부분이 없더라도 계약을 하였을 것이라고 인정되는 경우에는 나머지 부분은 무효로 보지 않는다(민법 제137조).

---

1) 대법원 2017. 12. 21. 선고 2012다74076 전원합의체 판결.
2) 대법원 2001. 12. 11. 선고 2001다33604 판결, 대법원 2002. 2. 8. 선고 2001다67270 판결, 대법원 2003. 12. 12. 선고 2002다24553 판결, 대법원 2004. 8. 30. 선고 2002다73425 판결, 대법원 2006. 4. 28. 선고 2004다50129 판결.

나. 무효행위 전환

무효인 계약이 다른 법률행위 요건을 갖추고 당사자가 그 무효를 알았더라도 다른 법률행위를 하는 것을 의욕하였으리라 인정되면, 다른 법률행위로서 효력을 가진다(민법 제138조).

다. 무효행위 추인

무효인 계약은 추인하여도 그 효력이 생기지 않지만, 당사자가 무효를 알고 추인하면 새로운 법률행위로 본다(민법 제139조).

Ⅲ. 계약취소

1. 의의

계약취소란 일단 유효하게 성립한 계약의 효력을 취소권자의 의사표시로써 계약 당시로 소급하여 무효로 돌리는 것이다. 여기서 취소권자의 의사표시를 취소권이라 하는데, 취소권은 형성권이기 때문에 법률이나 계약에서 정한 사유가 있는 때에만 행사할 수 있다.

〔철회와 구별〕

취소는 이미 발생한 계약효력을 소급하여 상실하게 한다는 점에서, 계약효력이 발생하기 전에 그 발생을 저지하는 철회와 구별하기도 한다. 그러나 철회는 다양한 의미로 사용하는 용어이므로, 반드시 의사표시가 상대방에게 도달한 후에 그것을 제거하는 의미로만 한정하지 않고, 의사표시가 아직 상대방에게 도달하기 전에 그것을 제거하는 의미(회수)로도 사용한다. 따라서 철회는 계약효력이 발생하기 전에만 행사할 수 있는 형성권은 아니다. 다만, 철회권 역시 취소권과 마찬가지로 형성권에 해당하기 때문에 법이나 계약에서 정한 사유가 있는 때만 이를 행사할 수 있다.

2. 취소사유

공공계약법은 취소사유를 별도로 규정하지 않지만, 민법상 착오, 사기·강박에 따른 의사표시 취소규정이 그대로 적용된다(민법 제109조, 제110조 참조).

따라서 공공계약에서도 법률행위 내용상 중요부분에 착오가 있으면, 그 의사표시를 취소할 수 있되, 그 착오가 표의자의 중대한 과실로 인한 때에는 취소하지 못하며, 의사표시의 취소로 선의의 제3자에게 대항하지 못한다(민법 제109조). 또한, 사기나 강박에 따른 의사표시 역시 취소할 수 있으나, 제3자가 사기나 강박을 한 경우에는 상대방이 그 사실을 알았거나 알 수 있었을 때에만 그 의사표시를 취소할 수 있고, 이와 같은 의사표시의 취소로 선의의 제3자에게 대항하지 못한다(민법 제110조).

3. 취소효력

상대방이 있는 의사표시는 상대방에게 도달한 때에만 그 효력이 생기는데(민법 제111조 제1항), 취소의사표시 역시 상대방 있는 의사표시에 해당하므로, 취소표시가 상대방에게 도달한 때에만 취소효력이 발생한다. 계약의 취소가 있으면, 해당 계약은 소급하여 효력을 상실한다.

제8장 / 보증금제도와 보증제도

Ⅰ. 개요

보증금이란 장래 발생할지도 모르는 채무를 담보하기 위해 계약당사자 사이에 교부되는 금전을 말한다. 국가계약법도 입찰, 계약체결, 계약이행, 계약종료에 이르기까지 각 단계별로 입찰자나 계약상대자의 책임 있는 사유로 발주기관에게 손해가 발생했을 경우, 발주기관이 계약상대자에게 가지는 금전채권을 담보하기 위한 각종 보증금제도를 운용한다. 가령, 입찰보증금(국가계약법 제9조), 계약보증금(국가계약법 제12조), 하자보수보증금(제18조), 공사·용역계약 이행보증금(국가계약법 시행령 제52조)이 그것이다. 각종 보증금은 계약상대자가 직접 지급하기도 하지만, 보증회사와 같은 제3기관이 발급하는 보증서로 대체하기도 한다. 즉, 계약상대자는 장래 발주기관에게 지급할지 모를 보증금을 보증하기 위해 공제조합과 같은 보증기관으로부터 보증보험증권을 발급받아 발주기관에게 이를 제출하는 방식으로 보증금 납부를 대신하기도 하는데, 이를 보증제도 혹은 보증보험제도라 한다(아래에서는 보증제도라 한다). 이는 일정한 기관이 주채무자의 채무를 보증한다는 뜻으로서 기관보증이라고도 하는데, 입찰보증, 계약보증, 하자보수보증, 공사·용역계약 이행보증(국가계약법 시행령 제52조), 선금반환보증 등을 예로 들 수 있다. 특히 국가계약법령상 보증은 일반적인 보증계약이 아니라 보증과 보험을 혼합한 성질도 띠기 때문에, 법률관계를 파악할 때는 이런 특성을 고려해야 한다.

각종 보증금(입찰보증금, 계약보증금, 하자보수보증금, 공사·용역계약 이행보증금)채무는 계약상대자가 발주기관에게 부담하는 주채무를 전제하는 반면, 기관보증은 보증기관이 발주기관에게 보증채무를 부담하므로, 주채무의 변형인 손해배상채무의 종된 채무로서 성질을 가진다(부종성). 따라서 주채무가 존재하지 않으면 보증채무도 성립하지 않고, 주채무가 변제·대물변제·경개·면제 등으로 소멸하면 보증채무도 소멸한다. 아래에서는 주채무의 변형인 각종 보증금제도를 먼저 기술하고, 이어 보증제도를 살펴보기로 한다.

Ⅱ. 보증금제도

1. 입찰보증금

입찰보증금이란 입찰에 참가한 자의 책임 있는 사유로 발주기관이 입을 손해를 담보하기 위한 제도를 말한다. 발주기관은 경쟁입찰에 참가하고자 하는 자로 하여금 입찰등록 마감일까지 현금이나 보증서로 입찰보증금을 납부하게 해야 하며, 낙찰자가 정당한 이유 없이 계약을 체결하지 않으면 입찰보증금을 국고에 귀속한다(국가계약법 제9조, 같은 법 시행령 제38조, 같은 법 시행규칙 제64조 참조). 입찰보증금 제도는 앞에서 자세히 살펴보았다.[1]

2. 계약보증금

가. 의의와 기능

계약보증금은 매매계약이나 공사도급계약을 체결할 때 계약이행보증금 명목으로 일정한 금원을 교부받고, 교부자가 채무를 이행하지 않으면 수령자가 그 보증금을 몰취하도록 약정하는 것이다. 계약보증금은 보증금, 체약금, 증거금품, 착수금, 약조금, 해약금, 계약금 등 다양한 명칭으로 불린다.[2]

국가계약법령상 계약보증금 역시 발주기관이 계약을 체결하려는 자로부터 납부받고, 계약상대자가 계약상 의무를 이행하지 않으면 국고귀속하는 금원을 말한다. 대법원도 계약보증이란 공사도급계약의 수급인이 도급계약을 약정대로 이행하도록 보증하고, 만약 수급인 책임 있는 사유로 도급계약을 이행하지 않은 경우, 그에 따라 수급인이 도급인에게 부담하는 손해배상채무 이행을 계약보증금 한도에서 보증하는 것이라고 한다.[3] 따라서 계약보증금 제도는 계약상대자에게 심리적 압박을 가하여 성실한 계약이행을 확보하는 한편, 계약상대자의 채무불이행으로 말미암아 발주기관이 입을 손해를 담보하는 장치다. 또한, 일반적으로 채권자가 채무자에게 채무불이행을 이유로 손해배상을 청구하려면 손해발생 사실과 구체적인 손해액을 증명해야 하는데, 계약보증금 약정으로써 채권자가 부담하는 증명 곤란을 배제하여 법률관계를 쉽고 빠르게 해결하는 기능도 수행한다.

나. 본질

계약보증금은 원칙적으로 위약금의 성질을 가진다. 위약금이란 채무자가 채무를 이행하지 않으면, 채권자에게 지급하기로 약속한 금전을 말하기 때문에, 채권자가 채무자에게 가

1) 이 책 259쪽부터 274쪽까지 참조.
2) 계승균, 앞의 책, 147쪽.
3) 대법원 1999. 10. 12. 선고 99다14846 판결.

지는 급부이행 청구권과는 별개인 권리이다. 그리하여 계약보증금 약정은 주채무를 위한 본 계약과는 독립된 성질을 가진다. 다만, 채무자가 원래 부담하는 주채무에 종속된다는 의미에서 종된 계약에 해당한다. 이러한 계약보증금 약정은 사적자치와 계약자유 원칙에 따라 원칙적으로 유효하다.

다. 법적 성격

1) 위약금

위와 같이 계약보증금은 위약금으로서 성질을 가지므로, 계약당사자의 구체적인 약정 내용에 따라 손해배상의 예정이나 위약벌 중 어느 하나로 평가받을 수 있다. 여기서 손해배상의 예정이란 채무불이행이 발생하면 채무자가 지급해야 할 손해배상액을 계약당사자 사이에 미리 약정한 것이고, 위약벌이란 계약 이행을 확보하거나 강제할 목적으로 채무불이행이 발생하면 손해발생과 관계없이 채무자로부터 금전을 몰수하겠다고 약정한 것을 말한다.

2) 위약벌과 손해배상 예정의 구별실익

계약보증금을 위약벌로 해석한다면 그 약정이 사회질서에 반하여 무효로 평가되지 않는 범위에서 법관이 직권으로 이를 감액할 수 없지만, 손해배상의 예정으로 해석한다면 그 액수가 과다한 경우 법관이 직권으로 이를 감액할 수 있다. 또한, 위약벌은 손해배상과는 관계없이 계약위반 자체에 대한 제재금이기 때문에, 채권자는 채무불이행이 발생하면 제재금 몰수와 별개로 손해배상을 청구할 수 있으나, 손해배상의 예정이라면 채권자는 원칙적으로 예정한 배상액만 받을 수 있고, 별도로 손해배상을 청구할 수 없다. 따라서 배상액을 예정하지 않았다면 실손해만 배상받을 수 있을 뿐이다.

〔위약벌에 대한 제한〕

위약벌의 약정은 채무의 이행을 확보하기 위하여 정해지는 것으로서 손해배상의 예정과는 그 내용이 다르므로 손해배상의 예정에 관한 민법 제398조 제2항을 유추 적용하여 그 액을 감액할 수는 없고 다만 그 의무의 강제에 의하여 얻어지는 채권자의 이익에 비하여 약정된 벌이 과도하게 무거울 때에는 그 일부 또는 전부가 공서양속에 반하여 무효로 된다(대법원 1993. 3. 23. 선고 92다46905 판결).

3) 손해배상의 예정으로 추정

그런데 위약금은 특별한 사정이 없다면 손해배상의 예정으로 추정되므로(민법 제398조 제4항 참조), 계약보증금 역시 손해배상의 예정으로 추정되며, 이를 위약벌이라고 주장하는 자는 손해배상의 예정이 아니라 위약벌로 보아야 할 특별한 사정을 증명해야만 한다. 대법원 역시 계약보증금은 일반적으로 손해배상액의 예정으로 추정되므로 특별한 사정이 주장·증명되는 경우에만 이를 위약벌로 볼 수 있다고 한다.[1] 따라서 국가계약법이 정한 계약보증금 역시 손해배상액의 예정으로 이해해야 한다. 다만, 계약특수조건 등에 "계약상대자가 계약상 의무를 이행하지 않으면 계약보증금 국고귀속과 별개로 추가 손해배상을 청구할 수 있다."는 내용이 있다면, 이때 계약보증금은 단순한 손해배상의 예정이 아니라 위약벌로 해석될 여지가 있다.[2]

〔위약금의 법적 성격을 판단하는 기준〕

당사자 사이에 채무불이행이 있으면 위약금을 지급하기로 약정한 경우에 위약금 약정이 손해배상액의 예정인지 위약벌인지는 구체적인 사건에서 개별적으로 판단해야 할 의사해석의 문제이다. 그런데 위약금은 손해배상액의 예정으로 추정되므로(민법 제398조 제4항), 위약금을 위약벌로 해석하기 위해서는 이를 위약벌로 인정할 만한 특별한 사정이 있어야 한다. 위약금의 법적 성격을 판단할 때에는 계약을 체결할 당시 위약금과 관련하여 사용하고 있는 명칭이나 문구뿐만 아니라 계약 당사자의 경제적 지위, 계약 체결의 경위와 내용, 위약금 약정을 하게 된 경위와 그 교섭 과정, 당사자가 위약금을 약정한 주된 목적, 위약금을 통해 그 이행을 담보하려는 의무의 성격, 채무불이행이 발생한 경우에 위약금 이외에 별도로 손해배상을 청구할 수 있는지 여부, 위약금액의 규모나 전체 채무액에 대한 위약금액의 비율, 채무불이행으로 발생할 것으로 예상되는 손해액의 크기, 그 당시의 거래관행 등 여러 사정을 종합적으로 고려하여 합리적으로 판단하여야 한다(대법원 2016. 7. 14. 선고 2012다65973 판결 등 참조).

〔계약보증금과 별도로 지체상금 약정이 있다는 이유만으로 계약보증금을 위약벌로 볼 수 있는지〕

도급계약서 및 그 계약내용에 편입된 약관에 수급인의 귀책사유로 인하여 계약이 해제된 경우에는 계약보증금이 도급인에게 귀속한다는 조항이 있을 때 이 계약보증금이 손해배상액의 예정인지 위약벌인지는 도급계약서 및 위 약관 등을 종합하여 구체적 사건에서 개별적으로 결정할 의사해석의 문제이고, 위약금은 민법 제398조 제4항에 의하여 손해배상액의 예정으로 추정되므로 위약금이 위약벌로 해석되기 위하여는 특별한 사정이 주장·입증되어야 하는바, 당사자 사이의 도급계약서에 계약보증금 외에 지체상금도 규정되어 있다는 점만을 이유로 하여 계약보증금을 위약벌로 보기는 어렵다(대법원 2000. 12. 8. 선고 2000다35771 판결).

---

1) 대법원 2000. 12. 8. 선고 2000다35771 판결, 대법원 2009. 12. 10. 선고 2007다13992 판결, 대법원 2016. 7. 14. 선고 2012다65973 판결 등.

2) 같은 취지로, 김성근, 앞의 책(Ⅰ), 579쪽.

〔계약보증금을 손해배상액의 예정으로 판단한 판례〕

① 국가계약법의 규정은 국가와 사인 간의 계약관계에서 관계 공무원이 지켜야 할 계약사무 처리에 관한 필요한 사항을 정한 국가의 내부규정에 불과할 뿐만 아니라 국가계약법이 적용되는 계약도 그 본질은 사인간의 계약과 다를 바가 없으므로, 그 법령에 특별한 규정이 있는 경우를 제외하고는 사법의 규정 내지 법 원리가 그대로 적용된다고 할 것이므로, 매매계약에 의하여 지급된 계약금에 관하여 위약금 약정이 있어 그 계약금이 국가계약법 제12조가 규정한 계약보증금의 성질을 갖는다고 하더라도, 당연히 위약벌의 성질을 갖는 것은 아니라 할 것이다. 한편, 채무불이행에 대한 위약금 약정은 민법 제398조 제4항에 의하여 손해배상액의 예정으로 추정된다고 할 것이므로, 이를 위약벌로 해석하기 위해서는 특별한 사정이 주장·입증되어야 할 것이다. 위와 같은 법리 및 기록에 의하면, 이 사건 위약금 약정이 매수인인 원고의 채무불이행에 대한 손해배상액의 예정이라고 본 원심의 판단은 정당하다고 할 것이고, 거기에 상고이유로 주장하는 바와 같은 국가계약법 제12조 소정의 계약보증금의 성질에 관한 법리오해나 위약벌과 손해배상액의 예정의 구분에 관한 법리오해 등의 위법이 있다고 할 수 없다(대법원 2004. 12. 10. 선고 2002다73852 판결).

② 도급계약서 및 그 계약내용에 편입된 약관에 수급인의 귀책사유로 인하여 계약이 해제된 경우에는 계약보증금이 도급인에게 귀속한다는 조항이 있을 때 이 계약보증금이 손해배상액의 예정인지 위약벌인지는 도급계약서 및 위 약관 등을 종합하여 구체적 사건에서 개별적으로 결정할 의사해석의 문제이고, 위약금은 민법 제398조 제4항에 의하여 손해배상액의 예정으로 추정되므로, 위약금이 위약벌로 해석되기 위하여는 특별한 사정이 주장·입증되어야 한다. 그런데 이 사건 하도급계약의 내용으로 되어 있는 건설공사 하도급계약조건(기록 62면)에 의하면, 을(하수급인)이 계약서에서 정한 준공기한 내에 공사를 완성하지 못하였을 때에는 매 지체일수마다 계약서에서 정한 지체상금률을 계약금액에 곱하여 산출한 금액(지체상금)을 갑(발주자)에게 현금으로 납부한다고 규정하고(제25조 제1항), 이와 별도로 갑은 제26조 제1항 각 호의 사유로 계약을 해제 또는 해지한 경우에 계약보증금은 갑에게 귀속한다고 규정하여(제26조 제2항), 계약보증금과 별도로 지체상금의 약정을 두고 있으나, 한편 위 건설공사 하도급계약조건은, 갑은 제25조 제1항의 지체상금이 계약보증금 상당액에 달할 때에는 특별한 사유가 없는 한 당해 계약을 해제 또는 해지하고 계약보증금을 갑에게 귀속할 수 있고(제25조 제5항), 또 갑은 제26조 제1항에 따라 계약을 해제 또는 해지함으로써 발생한 손해금액이 제2항에 의한 계약보증금액을 초과할 경우에 을에게 그 초과분에 대한 손해의 배상을 청구할 수 있다고 규정하고 있는 점(제26조 제3항) 등을 참작하여 보면, 이 사건 계약보증금 몰취규정은 ○○의 귀책사유로 이 사건 하도급계약이 해제 또는 해지될 경우 그로 인하여 피고가 입은 손해 중 계약보증금 범위 내의 손해는 계약보증금의 몰취로써 그 배상에 갈음하고 이를 초과하는 손해가 있으면 그에 대하여 ○○가 배상책임을 진다는 취지로서, 계약보증금은 손해배상액의 예정으로서의 성질을 가지되, 다만 ○○가 배상할 손해

액이 이를 초과하는 경우에는 단순한 손해담보로서의 성질을 갖는다고 보아야 할 것이므로, 이 사건 하도급계약서에 계약보증금 외에 지체상금도 규정되어 있다는 점만을 이유로 하여 이 사건 계약보증금을 위약벌로 보기는 어렵다고 할 것이다(대법원 2001. 1. 19. 선고 2000다42632 판결).

〔계약보증금을 위약벌로 판단한 판례〕

원심판결 이유에 의하면 원심은, 원, 피고 사이의 이 사건 토지분양계약이 해제되었을 때에는 원고가 지급한 계약보증금이 피고에게 귀속될 뿐만 아니라, 원고는 계약 해제로 인하여 피고가 입은 손해에 대하여도 배상의무를 면하지 못하는 것으로 정하고 있으므로, 위 계약보증금의 몰취는 계약 해제로 인한 손해배상과는 별도의 성격을 가지는 것이라 할 것이고, 따라서 위 계약보증금 몰취 규정을 단순히 통상 매매계약에 있어서의 손해배상의 예정으로 보기는 어려우며, 원고가 계약 위반시 피고에게 손해배상책임을 지는 것과는 별도로 이를 피고에게 귀속시킴으로써 원고에게 제재를 가함과 동시에 원고의 계약이행을 간접적으로 강제하는 작용을 하는 이른바 위약벌의 성질을 가진 것이라고 봄이 상당하다고 판단하였는바, 이를 기록에 비추어 살펴보면, 수긍이 가고, 거기에 상고이유 주장과 같은 위약벌 내지 손해배상액의 예정 등에 관한 법리오해의 위법이 있다고 할 수 없다. 이 점에 관한 상고이유의 주장은 받아들일 수 없다(대법원 1999. 3. 26. 선고 98다33260 판결).

4) 계약보증금 감액 가능성

계약보증금이 손해배상의 예정에 해당한다면, 예정액이 부당히 과다한 경우 법원이 직권으로 이를 감액할 수 있다(민법 제398조 제2항 참조). 여기서 부당히 과다한 경우란 손해가 없다든가 손해액이 예정액보다 적다는 사정만으로는 부족하고, 채권자와 채무자의 각 지위, 계약의 목적과 내용, 위약금 약정을 한 동기와 경위, 계약위반 과정, 채무액에 대한 위약금의 비율, 예상 손해액의 크기, 의무 강제에 따라 채권자가 얻는 이익, 그 당시 거래관행 등 모든 사정을 고려하여, 일반 사회관념으로 볼 때 위약금 지급이 채무자에게 부당한 압박을 가하여 공정성을 잃는 결과를 초래한다고 볼 수 있는지를 판단해야 한다.[1] 한편, 채무불이행이 발생하면 위약금에 지연손해금을 가산하여 지급하기로 정한 약정은 공서양속에 반하거나 불공정한 법률행위가 아니므로 무효라 볼 수 없지만, 예정액을 감액할 때는 위약금과 지연손해금을 별개로 판단하지 말고 두 금액을 합한 전체 금액이 과다한지를 따져서 감액 여부를 결정해야 한다.[2]

1) 대법원 2002. 12. 24. 선고 2000다54536 판결, 대법원 2016. 1. 28. 선고 2015다239324 판결 등.
2) 대법원 2000. 7. 28. 선고 99다38637 판결.

5) 계약보증금 청구·증명범위

계약보증금이 손해배상의 예정이라고 보면, 발주기관은 채무불이행 사실만 증명하면 충분하고, 그 밖에 손해발생 사실이나 구체적인 손해액을 증명하지 않더라도 계약보증금을 청구할 수 있다.[1] 즉, 채무자는 채권자가 실제로 입은 손해액이 예정액보다 적다는 사실을 증명하더라도 예정액을 지급해야 하며, 채권자 역시 다른 특약이 없다면 실제 손해액이 예정액보다 많다는 사실을 증명하더라도 예정액 이상을 청구하지 못한다.[2]

〔예정액을 초과한 손해액 청구 가능성〕

계약 당시 손해배상액을 예정한 경우에는 다른 특약이 없는 한 채무불이행으로 인하여 입은 통상손해는 물론 특별손해까지도 예정액에 포함되고 채권자의 손해가 예정액을 초과한다 하더라도 초과부분을 따로 청구할 수 없다(대법원 1993. 4. 23. 선고 92다41719 판결).

라. 납부

1) 납부금액

가) 총액계약

발주기관은 계약을 체결할 때 계약상대자로부터 계약금액의 100분의 10 이상을 계약보증금으로 납부받아야 한다(국가계약법 시행령 제50조 제1항 본문). 다만, 재난 및 안전관리 기본법 제3조 제1호의 재난이나 경기침체, 대량실업 등으로 인한 국가의 경제위기를 극복하기 위해 기획재정부장관이 기간을 정하여 고시한 경우에는 계약보증금을 계약금액의 100분의 5 이상으로 할 수 있다(국가계약법 시행령 제50조 제1항 단서).

나) 단가계약

단가계약으로서 여러 차례로 분할하여 계약을 이행하게 하는 때에는 매회별 이행예정량 중 최대량에 계약단가를 곱한 금액의 100분의 10 이상을 계약보증금으로 납부받는다(국가계약법 시행령 제50조 제2항). 여기서 매회별 이행정량 중 최대량이란 1회에 납품할 수 있는 최대 예정수량을 말하며, capacity의 의미에 가까우므로, 계약상대자가 실제 납품할 최대수량 또는 확정수량을 지칭하지 않는다.

---

1) 대법원 1975. 3. 25. 선고 74다296 판결, 대법원 2000. 12. 8. 선고 2000다50350 판결.
2) 대법원 1993. 4. 23. 선고 92다41719 판결.

〔단가계약에서 총액계약 형식으로 변경된 경우 계약보증금 납부방법〕

물품구매를 단가계약에 의하는 경우로서 여러 차례로 분할하여 계약을 이행하게 하는 때에는 국가계약법 시행령 제50조 제2항에 따라 매회별 이행예정량 중 최대량에 계약단가를 곱한 금액의 10% 이상을 계약보증금으로 납부하게 하여야 하는바, 당초 매회별 이행예정량 중 최대량(15,000개)에 대한 계약보증금을 징구한 후, 계약이행 중 최대량을 초과하여 일시에 100,000개를 납품하는 경우라면, 이는 단가계약이 아닌 총액계약의 성격으로 보아 총액에 대한 계약보증금(100,000개*계약단가*10%)에서 당초 최대량에 대한 계약보증금(15,000개*계약단가*10%)을 감한 금액을 추가 계약보증금으로 징구하여야 할 것으로 봄(회계제도과-2205, '06. 9. 27.).

다) 제3자를 위한 단가계약 등

조달청장은 제3자를 위한 단가계약이나 다수공급자계약을 체결하는 경우로서 여러 차례 분할하여 계약을 이행하게 하는 경우, 국가계약법 시행령 제50조 제2항에도 불구하고, 다음 계산식에 따라 산출한 금액의 100분의 10 이상을 계약보증금으로 납부받을 수 있다(조달사업법 시행령 제13조의2). 2023. 5. 9. 개정 시행령에 새롭게 규정한 내용으로, 국가기관 등에 물자를 공급하는 업체의 계약보증금 납부 부담을 경감하려는 취지이다. 다만, 해당 규정은 시행일인 2023. 7. 1. 이후 체결한 제3자를 위한 단가계약이나 다수공급자계약부터 적용하므로 소급효가 없다(부칙 제2조 참조). 계산식은 아래 표와 같다.

A × B × C

A : 매회별 이행예정량 중 최대량
B : 계약단가
C : 수요물자의 납품이행실적을 고려하여 조달청장이 기획재정부장관과 협의하여 정한 수 고시하는 비율

라) 장기계속계약

장기계속계약에서는 제1차 계약체결 당시 부기한 총공사나 총제조 등 금액을 기준으로 100분의 10 이상을 계약보증금으로 납부받지만(국가계약법 시행령 제50조 제3항 전문), 이는 총공사나 총제조 등의 계약보증금으로 보므로, 연차별 계약이 완료되면, 계약보증금 중 이행이 완료된 연차별 계약금액에 상응하는 계약보증금을 계약상대자에게 반환해야 한다(국가계약법 시행령 제50조 제3항 후문).

2) 납부시기

계약보증금은 계약체결 당시, 정확히는 계약서 작성 전에 납부해야 한다. 즉, 발주기관은 계약체결 전까지 낙찰자나 계약상대자로 하여금 일정한 서식에 따른 계약보증금 납부서와 함께 미리 정한 절차에 따라 계약보증금을 납부하게 해야 한다(국가계약법 시행규칙 제51조 제1항).

3) 납부방법

계약상대자는 현금이나 보증서 등으로 계약보증금을 납부해야 한다[국가계약법 시행령 제50조 제7항, 물품구매(제조)계약일반조건 제7조 제1항, 용역계약일반조건 제8조 제1항]. 한편, 발주기관은 계약상대자가 특별한 사유로 유가증권이나 현금으로 납부한 계약보증금을 보증서 등으로 대체하게 해달라고 요청하는 경우, 같은 가치 상당액 이상으로 대체하게 할 수도 있다[물품구매(제조)계약일반조건 제7조 제4항, 용역계약일반조건 제8조 제4항, 공사계약일반조건 제7조 제3항]. 그리고 발주기관은 계약상대자가 계약보증금을 현금으로 납부하면 세입세출외 현금출납공무원으로 하여금 정부보관금취급규칙에 따라 수령하게 해야 한다(국가계약법 시행규칙 제53조).

그리고 발주기관은 계약상대자가 입찰보증금의 계약보증금 대체납부신청서로 이미 납부한 입찰보증금을 계약보증금으로 대체해 달라고 요청하면, 계약보증금으로 대체정리해야 한다(국가계약법 시행령 제51조 제2항). 그리고 계약상대자가 특별한 사유로 자본시장과 금융투자업에 관한 법률 시행령 제192조에 따른 증권이나 현금으로 납부된 계약보증금을 보증서 등을 대체납부할 것을 요청한 경우, 같은 가치 상당액 이상으로 대체납부하게 할 수 있다(국가계약법 시행령 제51조 제8항).

4) 납부면제

가) 면제대상

발주기관은 원치적으로 계약을 체결하려는 자로부터 계약보증금을 납부받아야 하나, 예외적으로 계약보증금 전부·일부의 납부를 면제할 수 있다(국가계약법 제12조 제1항 단서, 국가계약법 시행령 제50조 제6항). 납부면제 대상은 다음과 같다.

① 국가계약법 시행령 제37조 제3항 제1호부터 제4호까지, 제5호의2에 규정한 자와 계약을 체결하는 경우(국가기관, 지방자치단체, 공공기관, 국가나 지방자치단체가 기본재산의 100분의 50 이상을 출연·출자한 법인, 농업협동조합법에 근거한 조합·조합공동사업법인과 그 중앙회, 수산업협동조합법에 따른 어촌계·수산업협동조합과 그 중앙회, 산림조합법에 따른 산림조합과 그 중앙

회, 중소기업협동조합법에 따른 중소기업협동조합과 그 중앙회, 저탄소 녹색성장 기본법 제32조 제2항에 따라 녹색기술·녹색사업에 대한 적합성 인증을 받거나 녹색전문기업으로 확인을 받은 자 중 기획재정부장관이 정하는 기준에 해당하는 자)

② 계약금액이 5천만 원 이하인 계약을 체결하는 경우

③ 일반적으로 공정·타당하다고 인정되는 계약의 관습에 따라 계약보증금 징수가 적합하지 않은 경우

④ 이미 도입된 외자시설·기계·장비의 부분품을 구매하는 경우로서 해당 공급자가 아니면 해당 부분품의 구입이 곤란한 경우

나) 지급각서 제출

다만, 발주기관은 계약보증금 전부·일부의 납부를 면제받은 자로부터 계약보증금 귀속사유가 발생하면 계약보증금을 현금으로 납부하겠다는 보장을 받기 위해 그 지급을 확약하는 문서(계약보증금지급각서)를 제출받아야 한다[국가계약법 시행령 제37조 제4항, 제50조 제10항, 물품구매(제조)계약일반조건 제7조 제2항, 용역계약일반조건 제8조 제2항].

마. 변경

발주기관은 계약이행 과정에서 물가변동, 설계변경, 그 밖에 계약내용 변경으로 계약금액을 증액하거나 감액할 경우, 이에 상응하는 보증금을 계약상대자로부터 추가로 납부받거나 계약상대자 요청에 따라 계약상대자에게 반환해야 한다(국가계약법 시행규칙 제62조 참조). 다만, 계약금액 감액에 따라 계약보증금을 반환해야 할 경우, 계약상대자의 요청이 있어야 한다고 규정하므로, 그러한 요청이 없었다면 발주기관이 계약상대자에게 계약보증금을 반환하지 않더라도 위법하지 않다는 견해가 있지만,[1] 이러한 해석이 타당한지 의문이다. 따라서 특별한 사정이 없다면, 발주기관은 계약상대자에게 보증금 반환을 요청하게 안내한 다음 보증금을 반환해야 한다고 본다.

바. 담보범위

계약보증금은 계약상 의무불이행과 상당인과관계에 있는 일체 손해를 담보한다. 그런데 발주기관이 계약상대자의 채무불이행을 이유로 계약을 해지하는 경우를 가정하면, 새로운 입찰을 시행하여 낙찰자를 결정한 후 공사를 완성해야 하므로, 이를 위해 추가로 투입하는 비용, 공사준공 지연에 따른 손해를 입는다. 이때 계약보증금이 담보하는 손해범위가 어디까지인지 문제된다.

---

1) 김성근, 앞의 책(Ⅰ), 548쪽.

우선, 계약해지에 따른 원상회복의무는 당연히 계약보증금 담보범위에 포함된다.[1] 또한, 선급금을 지급받은 수급인이 그 책임 있는 사유로 계약상 의무를 이행하지 못하는 경우, 도급인이 해당 계약을 해지한 후 수급인에게 가지는 선급금 반환의무도 계약보증금 담보범위에 포함된다.[2] 그리고 발주기관은 지체상금이 계약보증금에 달했다면 해당 계약을 해제할 수 있으므로, 지체상금 역시 계약보증금 담보범위에 포함된다고 해석해야 한다. 대법원도 지체상금 약정이 있다면 그 약정에 따라 산정되는 지체상금액이 계약보증 대상이 된다고 한다.[3] 그러나 계약상대자가 공사를 중단하여 연대보증인이 준공기한을 지나 공사를 완성한 경우라면, 발주기관은 계약상대자 등에게 지체상금을 청구할 수 있을 뿐, 계약보증금을 몰수할 수 없다.[4]

〔계약상 공사대금과 실제 공사대금이 다른 경우 계약보증금 범위〕

도급인과 수급인 사이에서 계약상 공사대금의 10%에 해당하는 금액을 계약보증금으로 정했으나, 실제로는 공사대금을 이보다 낮은 금액으로 정했다면 보증인이 부담하는 보증금은 계약상 이행보증금이 아니라 실제 공사대금의 10%에 상당하는 금액이다(대법원 1996. 6. 28. 선고 96다2453 판결).

사. 계약보증금의 반환

발주기관은 납부된 보증금의 보증목적이 달성되면 계약상대자 요청에 따라 즉시 계약상대자에게 반환해야 한다(국가계약법 시행규칙 제63조 제1항). 여기서 보증목적 달성이란 계약이행 완료를 뜻한다[물품구매(제조)계약일반조건 제8조 제5항, 용역계약일반조건 제9조 제5항, 공사계약일반조건 제8조 제5항]. 시행규칙은 계약상대자의 요청에 따라 반환하도록 규정하였으므로 그러한 요청이 없다면 발주기관이 임의로 이를 반환할 필요가 없다는 견해가 있으나,[5] 이러한 해석이 타당한지 의문이다. 물품구매(제조)계약일반조건 제8조 제5항을 제외하면, 용역계약일반조건 제9조 제5항이나 공사계약일반조건 제8조 제5항도 발주기관이 계약이행 완료 후 지체없이 계약상대자에게 계약보증금을 반환해야 한다고 하여, 계약상대자의 요청을 반환요건으로 규정하지 않는다.

---

1) 대법원 1999. 3. 26. 선고 96다23306 판결.
2) 대법원 2000. 6. 13. 선고 2000다13016 판결.
3) 대법원 2006. 4. 28. 선고 2004다39511 판결.
4) 대법원 2009. 12. 10. 선고 2007다13992 판결.
5) 김성근, 앞의 책(Ⅰ), 585쪽.

아. 효과

1) 국고귀속

가) 의의

발주기관은 계약상대자가 계약상 의무를 이행하지 아니한 때에는 계약보증금을 귀속한다(국가계약법 제12조 제3항). 이처럼 계약상대자가 계약상 의무를 이행하지 않으면 발주기관이 납부된 계약보증금을 몰취하는 행위를 국고귀속이라 한다.

나) 특징

(1) 유효한 계약관계 전제

계약보증금은 유효한 계약관계를 전제한다. 따라서 계약이 무효라면 계약보증금 약정 역시 무효이다.[1] 가령, 처음부터 입찰참가자격이 없는 자가 참가한 입찰은 무효이고, 그에 따른 낙찰자 결정과 계약체결이 무효인 경우라면, 유효한 계약관계가 전제되지 않으므로, 발주기관은 계약보증금을 귀속할 수 없다.

(2) 계약해제·해지와 관계

발주기관은 계약보증금을 국고귀속하는 경우, 계약에서 특별히 정한 바 없다면, 해당 계약을 해제·해지하고 계약상대자에게 그 사유를 통지해야 한다(국가계약법 시행령 제75조 제1항). 계약보증금과 계약해제·해지는 서로 다른 제도라는 점에서(민법 제551조 참조), 계약보증금을 귀속하는 경우 계약을 해제·해지하도록 한 국가계약법 시행령 제75조 제1항이 생소할 수 있지만, 발주기관은 계약보증금이 없으면 더 이상 계약상대자의 계약 이행을 담보할 수 없으므로 규정한 내용이라고 이해하면 쉽다. 참고로, 계약보증금 납부에 갈음하여 제출하는 보증보험약관에는, 계약해제·해지를 보증사고로 정의하고, 발주기관이 보증기관에게 보증금을 청구하기 위해서는 주계약을 해제·해지하도록 한 조항이 있으므로, 보증기관으로부터 계약보증금을 받으려는 발주기관은 계약을 해제·해지하고, 보증사고를 증명하는 자료로써 이를 제출한다.

한편, 대법원은 계약상대자가 계약에서 정한 약정해지권 조항에 근거하여 해지권을 행사한 경우라도, 계약이 계약기간까지 존속하지 못한 책임이 계약상대자에게 있다면, 발주기관은 계약보증금을 국고귀속할 수 있다고 본다.[2]

1) 대법원 1993. 7. 27. 선고 92누15673 판결도 같은 취지.
2) 대법원 2007. 4. 26. 선고 2006다87040 판결.

〔계약상대자의 약정해지권 행사와 계약보증금 귀속〕

원심판결에서 판시한 바와 같이 계약서 18조 제4항은 원고에게 계약해지권을 보장한 것이기는 하나, 이와 별도로 계약보증금에 관한 기본적 내용은 계약서 5조에서 정하고 있는데, 그 조항에서 계약보증금의 예치 목적에 관하여 "이 계약의 이행보증을 위하여"로 명시하고 있는 점과 원심판결에서 판시한 관련 조항의 규정체계와 내용 등을 종합하면, 이 사건 계약보증금은 공개경쟁입찰의 절차를 거쳐 3년의 장기간으로 체결된 계약의 특수성을 감안하여 그 약정된 계약기간 동안 계약의 계속적 이행 내지 존속을 보증 내지 담보하기 위한 목적에서 예치된 것으로서, 계약기간 도중에 계약관계가 종료하게 되면 피고로서는 다시 공개경쟁입찰의 절차를 밟아 새로이 계약을 체결하여야 하므로 이에 소요되는 최소한도의 기간으로 보이는 2개월분의 광고요금 등에 해당하는 금액을 원고로 하여금 미리 납부하게 하고 원고의 귀책사유로 약정된 계약기간까지 계약이 계속적으로 이행 내지 존속되지 못한 경우에는 피고가 이를 몰취하여 그가 입은 손해에 전보하려는 취지의 손해배상금 예정으로 해석함이 상당하므로, 비록 원고가 제18조 제4항에 의하여 해지권을 행사함으로써 장래를 향하여 이 사건 계약상의 의무에서 벗어날 수 있다고 하더라도, 그와 같은 해지권을 행사하면서 원고가 든 사유, 즉 매출부진과 원고의 내부사정 등으로 인하여 막대한 금융적 손실을 입고 있다는 점이 원고에게 책임 있는 사유라고 평가되는 이상, 이 사건 계약이 당초의 계약기간까지 계속적으로 존속되지 못한 것은 결국 원고의 귀책사유로 인한 것이고, 따라서 피고로서는 계약서 제5조 3항에 따라 계약보증금을 자신에게 귀속시킬 수 있다(대법원 2007. 4. 26. 선고 2006다87040 판결).

다) 국고귀속 사유

(1) 근거

발주기관은 계약상대자가 정당한 이유 없이 계약상의 의무를 이행하지 않은 경우 그 계약보증금을 귀속한다(국가계약법 시행령 제51조 제1항). 그리고 장기계속계약의 계약상대자가 2차 이후 공사나 물품제조등 계약을 체결하지 않은 경우에도 계약보증금을 귀속해야 한다(국가계약법 시행령 제51조 제3항). 이때, 발주기관은 계약에서 특별히 정한 것이 없다면 계약을 해제·해지해야 하고, 계약상대자에게 그 사유를 통지해야 한다(국가계약법 시행령 제51조 제1항, 제75조 제1항).

(2) 정당한 이유 없는 계약상 의무불이행

국가계약법은 '계약상 의무를 이행하지 아니한 때'라고만 하여 계약상대자의 책임 있는 사유를 요건으로 규정하지 않지만(국가계약법 제12조 제3항), 계약보증금 국고귀속은 채무불이행을 전제하므로 당연히 계약상대자에게 고의·과실이 있어야 한다. 이에 따라 같은 법 시행령도 '계약상대자가 정당한 이유 없이 계약상의 의무를 이행하지 아니한 때'라고 하여, 계약상대자가 고의·과실로 계약상 의무를 이행하지 않는 경우에 계약보증금을 귀속하도록 규정한다(국가계약법 시행령 제51조 제1항 참조).

다만, 여기서 불이행한 '계약상 의무'가 계약목적 달성을 위해 필요불가결한 주된 의무로 제한되는지 논란이 있으나, 반드시 그렇게 해석할 근거가 없다고 본다.

(3) 이행지체에 따른 지체상금 발생

계약상대자가 정당한 이유 없이 계약이행을 지체한 경우, 발주기관이 계약상대자에게 지체상금 부과와 함께 계약보증금도 국고귀속할 수 있는지 문제된다. 공사계약에서는 계약상대자가 결국 공사를 완성하여 의무를 이행했다면 비록 이행지체가 생겼더라도 지체상금을 부과하는 것을 별론으로 하고, 발주기관이 공사지체를 이유로 계약보증금을 몰수할 수는 없으며, 이는 계약상대자가 공사를 중단한 후 연대보증인이 약정 준공기한을 넘겨 공사를 완성한 때도 마찬가지다. 따라서 발주기관은 공사를 완성한 계약상대자나 연대보증인에게 지체상금과 별개로 계약보증금을 국고귀속할 수는 없다.[1] 다만, 지체상금이 계약보증금액에 달하면, 계약을 해제·해지하고 계약보증금을 국고귀속해야 한다.

〔지체상금과 계약보증금 병과가능성〕

지체상금과 계약보증금을 병과할 수 있는지 문제되나, 이론상 계약보증금을 위약벌로 본다면 지체상금을 병과하여 청구할 수도 있겠지만, 계약보증금을 손해배상 예정으로 해석하는 만큼, 지체상금이 계약보증금에 달하면 계약을 해지할 수 있다고 정한 계약일반조건 등 취지를 고려하여, 계약보증금을 국고귀속하면서 아울러 지체상금까지 추가로 부과할 수는 없다고 본다. 다만 국가계약법 시행령 제51조 제2항이 적용되는 경우에는 달리 해석할 여지가 있다.

(4) 계약체결 전 위반행위의 경우

(가) 쟁점

국가계약법 제12조 제3항 등은 계약상대자가 계약상 의무를 이행하지 않은 경우에 그 계약보증금을 귀속한다고 규정하는데, 여기서 '계약상 의무'에 계약체결 전 의무도 포함되는지 문제된다. 가령, 계약상대자가 입찰절차에서 담합하거나, 공무원에게 뇌물을 공여하거나, 허위서류를 제출한 후, 이를 인지하지 못한 발주기관과 계약을 체결한 다음, 발주기관이 사후에 이를 인지하여 계약상대자에게 해제·해지권을 행사하는 경우, 계약보증금 국고귀속을 할 수 있는지가 문제이다.

---

1) 대법원 2009. 12. 10. 선고 2007다13992 판결.

(나) 학설

계약보증금은 계약체결 후 계약이행이 완료될 때까지 계약이행을 담보하기 위한 것이지만, 계약상대자의 책임 있는 사유가 계약체결 이전에 발생했더라도 발주기관이 당시에는 이를 확인하지 못하고 계약을 체결하였다가 계약체결 이후에 이를 확인하여 계약을 해지했다면 결국 계약상대자에게 책임 있는 사유로 계약이 해지되어 계약상 의무를 이행하지 못하는 결과가 발생하기 때문에, 이 경우에는 계약보증금 귀속사유로서 정당한 이유 없는 계약상 의무불이행에 해당한다고 보는 견해[1]와 계약체결 전에 발생한 사유를 계약상 의무불이행이라고 보기 곤란하고, 허위서류를 제출하지 않을 의무나 뇌물을 제공하지 않을 의무, 담합하지 않을 의무 등은 불법행위를 하지 않을 의무와 같은 일반사항에 불과하므로, 계약에서 특별히 정한 계약상 의무라고 보기 어려우므로, 결국 계약체결 전 의무의 불이행은 계약보증금 국고귀속 사유에 해당하지 않는다고 보는 견해가 대립한다.

(다) 행정해석

이에 대해 행정부 내부의 유권해석은 각기 다르다. 즉, 기획재정부는 계약체결 전 적격심사에서 허위서류를 제출했다는 이유로 계약이 해제된 경우 계약상 의무를 이행하지 않았다고 보기 어려워 국고귀속 사유에 해당하지 않는다고 하나, 행정안전부는 계약이 중도에 해지되면 그 사유가 계약체결 전 허위서류 제출일지라라도 국고귀속 사유에 해당한다고 한다.

〔적격심사서류를 허위로 제출하여 계약을 해지한 경우 계약보증금 국고귀속 사유에 해당하지 않는다고 본 행정해석〕

[기획재정부 계약제도과-394, 2012. 4. 4.]

질의 : 적격심사를 통과한 업체와 계약을 체결한 후 계약상대자가 적격심사 서류로 제출한 시공실적이 부정, 허위서류로 판명되어 계약을 해지한 경우 계약보증금 국고귀속 여부

답변 : 국가계약법 제12조는 계약상대자가 계약상의 의무를 이행하지 아니한 때 계약보증금을 국고에 귀속시키도록 하고 있습니다. 이는 계약상의 의무 불이행에 따른 손해를 배상받기 위한 규정으로 계약상대자가 부정 또는 허위의 적격심사서류를 제출한 것을 원인으로 하여 계약을 해제하였다면 이를 계약상의 의무 불이행으로 보기는 어려울 것이므로 국가계약법 제12조에 따른 계약보증금의 국고귀속은 가능하지 않다고 보는 것이 타당할 것입니다.

[회계제도과-515, 2006. 3. 7.]

국가기관이 체결한 물품구매계약에 있어 계약상대자가 정당한 이유없이 계약을 이행하지 아니하는 경우에는 「국가를 당사자로 하는 계약에 관한 법률」 제12조 및 동법 시행령 제51조의 규정에 의하

---

1) 김성근, 앞의 책(Ⅰ), 588쪽.

여 계약보증금을 국고에 귀속시켜야 하는 바, 계약체결이전 적격심사시 계약상대자가 제출한 서류가 부정 또는 허위로 작성된 것이 판명되어 계약담당공무원이 회계예규 “적격심사기준” 제10조 제1항 제2호의 규정에 의하여 당해 계약을 해제한 때에는 계약상의 의무 불이행으로 볼 수 없으므로 계약보증금을 국고에 귀속할 사유는 없다고 할 것임

[회제 41301-3672, 1998. 11. 18.]

물품구매계약에서 계약상대자가 정당한 이유없이 계약을 이행하지 아니하는 경우에는 법제12조 및 영 제51조의 규정에 의하여 계약보증금을 국고에 귀속시켜야 하는 바, 계약상대자가 적격심사시 제출한 서류가 허위임이 판명되어 기 체결된 계약을 발주기관이 직권으로 해제하는 경우라면 위의 규정에 의한 계약불이행으로 볼 수 없으므로 계약보증금 국고귀속 대상에는 해당되지 않음

[회제 41301-435, 1999. 2. 9.]

국가기관이 입찰 후 적격심사를 실시하여 체결한 계약에 있어서 적격심사시 제출된 서류가 부정 또는 허위로 작성된 것으로 판명되어 적격심사기준 제10조 제2호의 규정에 의하여 당해 계약을 해제 또는 해지한 경우에는 당해 입찰절차가 종료되었기 때문에 차순위자를 대상으로 적격심사를 실시할 수 없고 새로운 입찰절차등을 밟아야 되는 것이며, 계약체결 후 입찰무효사유가 있어 발주기관이 당해 계약을 해제 또는 해지한 경우에는 계약보증금을 국고에 귀속시킬 수 없는 것임

〔적격심사서류를 허위로 제출하여 계약을 해지한 경우 계약보증금 국고귀속 사유에 해당한다고 본 행정해석〕

[행정안전부 재정관리과-631호, 2012. 3. 2.]

질의 : 시설공사 입찰에서 적격심사로 낙찰된 업체와 계약체결 후 계약상대자가 적격심사 서류로 제출한 시공실적이 부정, 허위서류로 판명되어 계약을 해제한 경우 계약보증금 세입조치사유에 해당되는지 여부

회신 : 계약상대자의 책임있는 사유로 계약이 해제되어 계약상의 의무를 이행하지 못하였다면 계약보증금을 발주기관에 귀속시키는 것이 타당하다.

(라) 판결례

위 내용은 소송실무에서도 치열하게 대립하는 쟁점이며, 대법원 판례가 확립되지 않은 채, 하급심은 오랫동안 엇갈린 판결을 해 왔다.

〔계약보증금 국고귀속 사유에 해당하지 않는다고 본 판결례〕

① 피고 회사는 이 사건 계약 체결 전 적격심사를 위하여 원고에게 실적 증명을 부정한 방법으로 발급받아 제출한 사실을 인정할 수 있다. 위 인정사실에 의하면, 이 사건 계약보증금은 피고 회사가 계약상 의무를 이행하지 못한 경우에 원고가 청구할 수 있는바, 위 계약상 의무는 이 사건 계약의 내용 중 피고 회사가 이행할 구체적 의무로 해석함이 상당하고 피고 회사의 위와 같은 실적 증명을 부정한 방법으로 발급받아 제출한 행위가 이 사건 계약의 내용 중 피고 회사가 이행할 구체적 의무를 이행하지 않은 것으로 볼 증거가 없다(제주지방법원 2009. 7. 17. 선고 2008가단24134 판결).

② 국가를 당사자로 하는 계약에 관한 법률 제12조 제3항은 '각 중앙관서의 장 또는 계약담당공무원은 계약상대자가 계약상의 의무를 이행하지 아니하였을 때에는 해당 계약보증금을 국고에 귀속시켜야 한다.'고 규정하고 있고, 같은 법 시행령 제51조 제1항은 '각 중앙관서의 장 또는 계약담당공무원은 계약상대자가 정당한 이유 없이 계약상의 의무를 이행하지 아니한 때에는 제50조의 규정에 의한 계약보증금(제52조 제1항 제1호 및 제3호의 규정에 의한 보증금액을 포함한다. 이하 같다)을 법 제12조 제3항의 규정에 의하여 국고에 귀속시켜야 한다. 이 경우 제75조 제1항의 규정을 준용한다.'고 규정하고 있다. 위 법령 규정에 의하면, 피고가 계약보증금을 국고에 귀속시키기 위해서는 원고가 '계약상의 의무를 불이행'하여야 한다. 원고와 피고 사이의 이 사건 계약에 따른 계약서를 아무리 찾아보아도 피고가 해지 사유로 삼은 '입찰에 관하여 허위서류를 제출하지 말아야 할 의무'를 원고가 부담한다는 기재가 없다. 원고가 입찰에 관하여 허위서류를 제출하였다는 것은 이 사건 계약 체결 전에 발생한 사정일 뿐이어서 이를 이유로 계약을 취소하거나, 계약을 해지하여 그 손해가 있는 경우 그 손해를 증명하여 손해배상을 구하는 것은 별론으로 하고, 위와 같은 사유만으로 계약보증금을 국가를 당사자로 하는 계약에 관한 법률에 따라 국고에 귀속시킬 수는 없다. 피고는 이 사건 계약에서 '입찰에 관한 허위 서류를 제출한 경우'를 해지 사유로 규정하고 있으므로, 위 규정에서 피고의 입찰에 관한 허위 서류를 제출하지 않을 계약상 의무가 도출된다고 주장한다. 그러나 원고가 입찰에 관하여 허위 서류를 제출하였는지 여부는 계약 체결 전의 사유에 해당함은 명백하다. 계약 체결 전에 발생한 사정을 해지 사유로 규정한다고 하여 과거에 발생한 사실에 관하여 새로운 의무가 발생한다고 볼 수는 없다. 피고 주장과 같이 이 사건 통지에 의하여 적법하게 이 사건 계약이 해지되었다고 하더라도 위와 같이 피고가 주장하는 사유만으로는 계약보증금이 국고에 귀속된다고 볼 수 없다(서울중앙지방법원 2021. 8. 30. 선고 2020가단5175243 판결).

〔계약보증금 귀속사유에 해당한다고 본 판결례〕

① 피고가 한 이행보증의 범위는 수급인인 ○○이 그의 귀책사유로 공사를 이행하지 않은 좁은 의미의 경우뿐만 아니라 ○○의 책임있는 사유로 공사도급계약이 해지됨에 따라 결국 공사를 이행할 수 없게 됨으로써 도급인인 원고에게 손해가 발생한 경우도 포함된다고 봄이 상당하다. (중략) 비록 허위서류를 제출하여 낙찰을 받았다 하더라도 이를 기초로 이미 계약이 체결된 이상 그 계약의 해지 또는 해제될 수 있을 뿐이지 당연히 무효가 된다고 할 수는 없다. (중략) 피고가 한 보증의 범위에 관한 ○○의 "정당한 이유 없이 이 사건 도급계약상의 의무를 이행하지 아니한 때"의 의미를 넓게 ○○의 책임있는 사유로 공사도급계약이 해지됨에 따라 결국 공사를 이행할 수 없게 되어 도급인인 원고의 손해가 발생한 경우도 포함하는 것으로 해석하는 한, 그 책임있는 사유가 이 사건 도급계약체결과정에서 발생하였다고 하더라도 공사도급계약시 통산 수급인이 도급인에 지급하는 계약보증금 또는 계약이행보증금을 대신하는 계약보증서 제도의 취지 내지 성격상 이를 보증사고에서 제외시킬 것은 아니라고 해석함이 상당하다(전주지방법원 2013. 4. 3. 선고 2012가합4595 판결).

② 계약 체결시 제출한 제안서에 대표자 소속 직원의 허위 이력에 관한 사항을 기재한 경우, 조달청 협상에 의한 계약 제안서평가 세부기준 제10조 제11항에 '계약담당공무원은 제출된 서류가 부정 또는 허위로 작성된 것으로 밝혀진 때에는 다음 각 호와 같이 처리하여야 한다. 1. 계약체결 이전인 경우에는 협상적격자에서 제외하거나 낙찰자 결정통보를 취소 2. 계약체결 이후인 경우에는 해당 계약을 해제 또는 해지할 수 있음'이라고 규정된 사실, 이 사건 계약에 적용되는 용역계약일반조건 제29조 제1항 제7호에 '계약담당공무원은 계약상대자가 입찰에 관한 서류 등을 허위 또는 부정한 방법으로 제출하여 계약이 체결된 경우에는 해당 계약의 전부 또는 일부를 해제 또는 해지할 수 있다.'고 규정된 사실, 이 사건 계약 체결을 위한 피고의 제안요청서 중 4. 제안 조건에는 '제안서의 모든 내용은 객관적으로 입증할 수 있는 관련 증빙서류를 첨부하여야 하고, 제출된 자료 중 일부라도 허위가 있을 경우에는 평가대상에서 제외됨은 물론 계약체결 후라도 계약 해지와 함께 민·형사상 책임을 짐'이라는 내용이 포함되어 있는 사실이 인정는데, 원고들을 포함한 이 사건 공동수급체가 이 사건 계약에 따라 이행하여야 할 계약상 의무에는 허위의 서류를 제출하지 않을 의무도 포함되고, 이 사건 계약보증금은 계약기간 동안 계약의 계속적 이행 내지 존속을 보증 내지 담보하기 위한 목적으로 예치한 것이다. 따라서 원고들이 허위의 서류를 제출하지 않을 계약상 의무를 위반하였음을 이유로 피고는 이 사건 계약보증금을 귀속할 수 있다고 봄이 상당하다. 설령 피고가 계약상의 약정해지권을 행사하여 해지권을 행사한 것이더라도 계약이 당초의 계약기간까지 존속하지 못한 것은 원고들을 포함한 이 사건 공동수급체의 귀책사유 때문이므로, 피고로서는 원고들에게 귀책사유 있는 계약해지로 인한 장래의 채무불이행을 이유로 이 사건 계약보증금을 자신에게 귀속시킬 수 있다. 원고들의 이 부분 주장은 이유 없다. 한편, 원고들은 피고가 그동안 유권해석 등을 통하여 이 사건과 비슷한 유형의 다른 사건

들에 관하여 취하여 왔던 종전 입장과 달리 이 사건에 있어서 계약보증금을 국고귀속하겠다고 하는 것은 신뢰보호의 원칙 내지 신의칙에 반한다고 주장한다. 원고들이 제출한 증거들만으로는 피고가 원고들에게 이 사건 계약상의 의무 위반 또는 계약해지를 이유로 계약보증금을 국고로 귀속하지 않겠다는 구체적인 신뢰를 부여하였다고 인정하기에 부족하고, 설령 피고가 과거 비슷한 유형의 사건들에 대하여 유권해석 등을 통하여 취하여 온 입장을 번복하였다고 하더라도 이러한 사정만으로는 이 사건 계약보증금을 국고귀속하는 것이 신뢰보호의 원칙이나 신의칙에 반한다고 볼 수 없다(서울중앙지방법원 2022. 6. 10. 선고 2021가단5241383 판결).

(마) 검토

일부 견해는 발주기관이 약정해제권 유보에 따라 계약체결 전 위반행위를 이유로 계약을 해제·해지하는 경우, 계약상대자가 해제·해지에 따라 계약을 이행할 수 없는 것은 결국 계약상대자의 책임 있는 사유 때문이므로, 계약보증금 귀속사유에 해당할 수 있다고 주장하지만, '계약상의 의무를 이행하지 아니하였을 때'라는 문언을 지나치게 확장한 해석이다(국가계약법 제12조 제3항 참조). 즉, 계약체결 전 위반행위는 '계약상' 의무를 이행하지 않은 것이라고 볼 수 없고, 설령, 청렴계약이나 특수조건 등 계약문서에서 계약체결 전 위반행위를 계약해제·해지 사유(약정해제·해지 사유)로 규정한다고 하더라도 그것만으로 당연히 계약보증금 국고귀속 사유에 해당한다고 보기 어렵다.

(5) 제3자를 위한 계약에서 계약보증금 국고귀속 여부

(가) 쟁점

다수공급자계약과 같은 제3자를 위한 계약에서, 조달청장이 계약상대자의 책임 있는 사유로 계약을 해지한 경우, 비록 계약상대자가 수요기관의 구체적인 납품요구에 불이행한 사실이 없을지라도 계약보증금을 국고귀속할 수 있는지 문제된다.

(나) 판결례

중소기업자간 경쟁제품을 대상으로 한 다수공급자계약에서 계약기간 중에 직접생산확인이 취소되자, 발주기관이 계약상대자에게 계약을 해지하고 계약보증금을 청구했는데, 계약상대자가 수요기관의 납품요구에 불이행한 사실이 없다는 이유로 계약보증금 채무부존재확인의 소를 제기한 사안에서, 하급심 판결은 계약보증금 국고귀속을 인정했고, 이는 대법원 심리불속행 판결로 확정되었다.[1] 따라서 현재 판례는 위와 같은 경우에도 계약보증금 국고귀속을 인정하는 태도로 보인다.

---

1) 서울중앙지방법원 2013. 10. 1. 선고 2013가합22138 판결, 서울고등법원 2014. 6. 12. 선고 2013나2024946 판결, 대법원 2014. 10. 15. 선고 2014다215734 판결.

① 이 사건 공급계약이 조달사업법 시행령 제7조 제1항이 정한 제3자를 위한 단가계약에 해당한다고 하더라도, 이 사건 공급계약의 당사자는 원고와 피고이지 수익자인 수요기관이 아니고, 원고와 피고 사이의 기본관계인 이 사건 공급계약상 원고로서는 이 사건 공급계약의 계약기간 만료일까지 언제라도 수요기관에 물품을 공급할 수 있도록 물품에 관한 직접생산확인을 유지하여야 할 의무가 있는데 원고가 위와 같은 계약상 의무를 위반하여 이 사건 공급계약이 해지된 이상 수익자인 수요기관의 구체적인 납품요구가 있었는지 여부를 불문하고 계약상대방인 피고로서는 원고의 채무불이행으로 인한 손해배상으로 이 사건 계약보증금을 취득할 권리가 있다(서울중앙지방법원 2013. 10. 1. 선고 2013가합22138 판결).

② 이 사건 공급계약의 다수공급자계약으로서의 성격상, 계약기간 중에는 원고의 상품정보가 나라장터 종합쇼핑몰에 등록되어 있으므로 상시 여러 수요기관으로부터 납품요구를 받을 가능성이 있으며, 다수공급자계약을 체결한 원고는 계약기간 만료일까지 상시 있을 수 있는 수요기관의 제안서 제출 요구에 응할 의무가 있다. 그러므로 원고의 직접생산 확인이 2013. 1. 28. 중소기업청장의 이 사건 취소처분에 의하여 그 효력을 상실함으로써 원고는 '계약당사자가 정당한 이유 없이 계약상의 의무를 이행하지 아니한 때'보증금을 귀속한다고 명시된 국가계약법 제12조 제3항 및 이 사건 일반조건 제8조 제1항에 해당하게 되었음이 명백하다(서울고등법원 2014. 6. 12. 선고 2013나2024946 판결). (저자 註 : 다만, 원고가 각 수요기관에 납품을 완료한 것으로 보이고 피고나 수요기관에 구체적인 손해가 발생하지는 않은 점을 국고귀속 대상이 되는 계약보증금이 부당히 과다한지 여부를 판단하는 사유 중 하나로 고려하여 계약보증금의 일부를 직권으로 감액했다)

(다) 검토

제3자를 위한 계약에서 계약당사자는 국가와 계약상대자이고 수요기관은 수익자에 불과하므로, 수요기관의 납품요구에 응하는 것은 기본계약에서 정한 이행일 뿐 수요기관의 납품요구에 따라 각각 독립적인 납품계약이 체결되거나 비로소 계약상대자의 납품의무가 발생한다고 볼 수 없다. 즉, 제3자를 위한 단가계약의 특성상 계약상대자는 계약기간 동안 언제든지 수요기관의 납품요구에 응할 의무가 있으므로, 다수공급자계약기간 중에 계약상대자의 책임 있는 사유로 계약이 해지되었다면 수요기관의 납품요구에 불이행했는지와는 관계 없이 정당한 이유 없는 계약 불이행으로 보아야 한다. 따라서 이 경우에도 계약보증금 국고귀속 사유에 해당한다고 본다.

라) 범위

(1) 성질상 분할할 수 있는 공사·물품·용역계약인 경우

성질상 분할할 수 있는 공사·물품·용역계약에서 기성부분이나 기납부분을 검사를 거쳐

인수(인수하지 않고 관리·사용하는 경우 포함)한 경우, 계약보증금 중 기성부분이나 기납부분에 해당하는 계약보증금을 제외하고 국고에 귀속한다(국가계약법 시행령 제51조 제2항 제1호).

원래는 계약상대자가 계약상 의무 중 일부만 불이행하였다고 하더라도 발주기관은 원칙적으로 약정한 계약보증금 전액을 귀속해야 한다. 가령, 물품계약의 계약상대자가 주문량 중에 일부를 납품하지 못했다면, 계약 내용에 좇은 이행이 있다고 볼 수 없으므로, 계약서에서 특별히 정한 바가 없다면, 납부한 계약보증금 전액을 국고귀속한다. 이처럼 종전 공공계약법과 실무는, 단가계약으로서 여러 차례로 분할하여 계약을 이행하는 경우를 제외하고는, 비록 계약상대자가 일부 이행을 완료했더라도 원칙적으로 계약보증금 전액을 국고귀속하도록 했다.

그러나 단가계약이 아니더라도 1개 계약을 분할하여 이행하도록 약정한 경우에는 그 중 일부를 이행완료하고 나머지를 불이행했다고 하여, 이미 이행 완료된 부분에 해당하는 계약보증금까지 전부 국고귀속하도록 하는 것은 지나치게 과도하다는 지적이 있었다. 그리하여 국가계약법 시행령은 2022. 6. 14. 개정에 따라, 성질상 분할할 수 있는 공사·물품·용역 등 계약으로서 기성부분이나 기납부분 검사를 거쳐 인수(인수하지 않고 관리·사용하는 경우 포함)한 경우에는 당초 계약보증금 중 기성부분이나 기납부분에 해당하는 계약보증금을 제외한 나머지만 귀속하도록 명시했다(국가계약법 시행령 제51조 제2항 제1호). 바람직한 입법으로 보인다.

〔계약보증금의 일부에 대한 국고귀속 가능성〕

[계약제도과-1629, 2016. 12. 1.]

「국가를 당사자로 하는 계약에 관한 법률(이하 국가계약법)」 제12조 제3항에 따라 계약담당공무원은 계약상대자가 계약상의 의무를 이행하지 아니한 때에는 당해 계약보증금을 국고에 귀속하여야 합니다. 원칙적으로 계약의 일부라 하더라도 다른 부분과 상호 관련성이 있으므로 일부에 대해 해제·해지 하는 것은 곤란하며, 계약보증금은 전액 국고귀속 하여야 할 것입니다. 다만, 국가계약법 시행령 제51조 제5항에서 규정하고 있는 단가계약의 경우와 같이, 계약 불이행 부분이 없더라도 전체 계약목적을 달성하는데 지장이 없으며 잔여 이행부분과 구조적·기능적으로 독립적이어서 분리가 가능한 경우라고 발주기관이 판단하였다면, 계약보증금의 일부에 대한 국고귀속 여부를 검토할 수 있을 것입니다.

〔계약의 일부 해제에 따른 계약보증금 전부 국고귀속 후 잔여부분에 대한 계약보증금 설정〕

[계약제도과-749, 2017. 6. 20.]

「국가를 당사자로 하는 계약에 관한 법률(이하 국가계약법)」 제12조 제3항에 따라 계약담당공무원은 계약상대자가 계약상의 의무를 이행하지 아니한 때에는 당해 계약보증금을 국고에 귀속하여야 하며, 원칙적으로 계약의 일부라 하더라도 다른 부분과 상호 관련성이 있으므로 계약 일부에 대해 해제·해지하는 것은 곤란하며 계약보증금은 전액 국고귀속 하여야 할 것입니다. 다만, 계약 불이행 부분이 없더라도 전체 계약목적을 달성하는데 지장이 없으며 잔여 이행부분과 구조적·기능적으로 독립적이어서 분리가 가능하여 예외적으로 계약의 일부만 해제된 경우라면, 해제된 부분에 대한 계약보증금을 국고에 귀속할 수 있을 것입니다.

[계약제도과-873, 2018. 6. 15.]

질의 가.와 관련하여 「국가를 당사자로 하는 계약에 관한 법률 시행령」 제51조는 "각 중앙관서의 장 또는 계약담당공무원은 계약상대자가 정당한 이유 없이 계약상의 의무를 이행하지 아니한 때에는 제50조의 규정에 의한 계약보증금을 법 제12조 제3항의 규정에 의하여 국고에 귀속시켜야 한다."고 규정하고 있습니다. 이 때의 '정당한 이유'라 함은 천재지변 또는 예기치 못한 돌발사태 등을 포함하여 명백한 객관적인 사유로 인하여 부득이 계약이행을 하지 못해 계약상대자에게 해당 책임을 물을 수 없는 사유를 의미한다고 보아야 하며 구체적인 사안에 관하여는 발주기관이 제반사항을 종합적으로 고려하여 판단하여야 할 것입니다.

질의 나. 와 관련하여 「국가를 당사자로 하는 계약에 관한 법률」 제12조 제3항에 따라 계약담당공무원은 계약상대자가 계약상의 의무를 이행하지 아니한 때에는 당해 계약보증금을 국고에 귀속하여야 합니다. 원칙적으로 계약의 일부라 하더라도 다른 부분과 상호 관련성이 있으므로 일부에 대해 해제·해지 하는 것은 곤란하며, 계약보증금은 전액 국고귀속하여야 할 것입니다. 다만, 국가계약법 시행령 제51조 제5항에서 규정하고 있는 단가계약의 경우와 같이, 계약 불이행 부분이 없더라도 전체 계약목적을 달성하는데 지장이 없으며 잔여 이행부분과 구조적·기능적으로 독립적이어서 분리가 가능한 경우라고 발주기관이 판단하였다면, 계약보증금의 일부에 대한 국고귀속 여부를 검토할 수 있을 것입니다.

(2) 단가계약인 경우

(가) 규정

단가계약으로서 여러 차례로 분할하여 계약을 이행하는 경우, 당초 계약보증금 중 이행이 완료된 분에 해당하는 계약보증금은 제외하고 귀속한다(국가계약법 시행령 제51조 제2항 제2호).

(나) 쟁점

여기서 '이행이 완료된 분'이라는 의미를 해석할 때, '계약해지 이후에 이행이 완료된 분'까지도 포함해야 하는지 문제된다. 기획재정부는 이행이 완료된 분을 판단하는 시점은 계약보증금의 국고귀속을 위해 '계약을 해지한 시점'이라 하여,[1] 설령 계약상대자가 계약해지 이후에 계약을 이행했더라도 그 부분은 여기서 말하는 이행이 완료된 분이 아니므로, 계약보증금 국고귀속 대상에 해당한다는 태도였다.

(다) 판결례

이에 대하여 하급심 판결은 다음과 같이 두 가지 태도로 엇갈린다. 즉, 계약이 해지된 이후에는 더 이상 이행의 문제가 남지 않으므로 결국 이행이 완료된 분은 계약해지 당시를 기준으로 판단할 수밖에 없으며, 계약해지 후에 원고가 각 수요기관에 기존에 납품요구를 받은 상품을 납품했다 하더라도 이는 계약해지 후의 사정에 해당할 뿐이라고 하여, 해지 후 이행이 완료된 분에 해당하는 계약보증금도 귀속해야 한다는 판결[2]과 구 국가계약법 시행령(2022. 6. 14. 개정되기 전의 것) 제51조 제5항은 단가계약으로서 여러 차례로 분할하여 계약을 이행하는 경우에는 당초의 계약보증금 중 이행이 완료된 분에 해당하는 계약보증금은 국고에 귀속하지 않는다고 규정하였을 뿐, 계약해지 시점을 기준으로 이행이 완료되었는지를 판단해야 한다고 명시하지 않았고, 계약해지 후 물품을 납품하고 대금을 지급받은 것 역시 해당 계약에 근거한 것이라고 볼 수밖에 없으며, 발주기관이 해당 계약을 해지하면서도 계약상대자가 해지 후에 납품의무를 이행하는 것에 아무런 이의를 제기하지 않았으며 수요기관 역시 계약상대자로부터 물품을 납품받아 반환 없이 사용 중인 만큼, 계약당사자 사이에는 해지 후 이행완료한 분을 귀속하는 계약보증금 범위에서 제외한다는 묵시적 의사가 있었다는 이유로, 이에 해당하는 계약보증금은 귀속하지 않아야 한다는 판결[3]이 그것이다.

〔해지 이후 이행완료분도 계약보증금 귀속범위에 포함된다는 판결례〕

① 조달청장의 원고에 대한 2017. 3. 15.자 해지의 의사표시 및 그 도달로 인하여 이 사건 제2차 계약 전체가 장래를 향하여 효력이 소멸하였다고 할 것이고, 계약이 해지된 이후에는 더 이상 이행의 문제가 남아 있지 않으므로 결국 '이행이 완료된 분'은 계약 해지 시를 기준으로 판단할 수밖에 없으며, 계약 해지 후에 원고가 각 수요기관에 기존에 납품요구를 받은 상품을 납품하였

1) 계약제도과-704, 2015. 6. 5.
2) 서울중앙지방법원 2018. 9. 7. 선고 2017가합564708 판결(대법원 2020. 1. 30. 선고 2019다278495 심리불속행기각 판결로 확정).
3) 대전지방법원 2021. 11. 26. 선고 2020나107016 판결.

다 하더라도 이는 계약 해지 후의 사정에 해당할 뿐이다(서울중앙지방법원 2018. 9. 7. 선고 2017가합564708 판결).

② 원고들은 해지 이후의 납품 건도 이행완료된 부분에 포함되어야 한다고 주장하나, 해지권은 장래를 향하여 계약의 효력을 소멸시키는 형성권으로서 상대방에 대한 일방적인 의사표시로써 그 효력이 발생하므로 조달청장의 원고들에 대한 2008. 1. 3. 및 2018. 2. 7.자 해지의 의사표시 및 그 도달로 인하여 이 사건 각 공급계약 전체가 장래를 향하여 효력이 소멸하였다고 할 것인데, 계약이 해지된 이후에는 더 이상 이행의 문제가 남아 있지 않아 결국 이행이 완료된 부분은 계약 해지 시를 기준으로 판단할 수밖에 없고, 또는 이 사건 각 공급계약은 수요기관을 위한 제3자 계약이자 단가계약이므로 원고들이 해지 이후에 수요기관에 물품을 납품을 하였다 하더라도 이는 계약 해지 이후의 사정에 불과하다(서울중앙지방법원 2019. 11. 12. 선고 2019가합504625 판결[4]).

〔해지 이후 이행완료분은 계약보증금 귀속범위에서 제외된다는 판결례〕

아래와 같은 이유로 계약이 해지된 이후 이행을 완료한 부분에 해당하는 계약보증금도 국가계약법 시행령 제51조 제5항에 따라 국고에 귀속될 계약보증금에서 공제되어야 함이 타당하다. 국가계약법 시행령 제51조 제5항은 계약보증금 중 이행이 완료된 부분에 해당하는 계약보증금은 국고에 귀속하지 않는다고 정하고 있는데, 이행이 완료되었는지 여부를 계약해지 시점을 기준으로 판단해야 한다고 명시하고 있지 않다. 해지권은 장래를 향하여 계약의 효력을 소멸시키는 형성권으로서 상대방에 대한 일방적인 의사표시로써 그 효력이 발생하고, 이 사건 공급계약은 제3자를 위한 단가계약으로 계약의 당사자는 원고와 피고이며 수요기관은 수익자에 불과하기는 하다. 그러나 원고가 수요기관으로부터 납품요구를 받아 계약해지 이후 물품을 납품하고 대금을 지급받은 것 역시 이 사건 공급계약에 근거한 것이라 볼 수밖에 없고, 피고는 이 사건 공급계약을 해지하고서도 원고가 그 이후에 납품의무를 이행하는 것에 대하여 아무런 이의를 제기하지 않았으며 수요기관 역시 원고로부터 물품을 납품받아 반환 없이 사용 중이다. 이러한 사정을 고려하면, 피고의 이 사건 공급계약 해지의 의사표시는 해지 이전에 납품요구를 받은 물품에 관하여는 그 효력을 제한하는 의사를 묵시적으로 포함하고 있다고 할 것이고, 이러한 해석은 판로지원법 제11조 제6항 단서, 즉 계약상대자의 변경이 불가능한 경우에는 계약을 해지하지 않을 수 있도록 한 규정에도 부합한다(대전지방법원 2021. 11. 26. 선고 2020나107016 판결).

(라) 검토

비록 발주기관이 계약해지를 했더라도, 그 전에 계약상대자에게 이행을 청구했고(납품요구), 이에 응하여 계약상대자가 납품을 했다면, 이는 계약상 의무의 연장과 다르지 않다. 또

---

4) 서울고등법원 2020. 4. 22. 선고 2019나2063427 항소기각 판결로 확정.

한, 위 부분에 해당하는 계약보증금까지 귀속한다면, 가령, 계약해지 통보를 받고서도 성실히 납품을 완료한 자와 그렇지 않은 자를 똑같이 취급하여 계약보증금을 귀속하는 문제가 있다. 따라서 계약해지 후 이행이 완료된 분에 해당하는 계약보증금도 국고귀속 대상에서 제외해야 한다고 본다. 다만, 최근 판례 경향은 그렇지 않다.

마) 절차

계약보증금 국고귀속 절차는 입찰보증금 국고귀속 절차를 준용한다(국가계약법 시행령 제38조 제1항, 제2항, 제51조 제5항, 국가계약법 시행규칙 제64조). 한편, 계약보증금지급각서를 제출한 계약상대자는 발주기관이 국고귀속 사유 발생을 이유로 납입을 요청하면, 지체없이 발주기관에게 해당 계약보증금을 현금으로 납입해야 한다[물품구매(제조)계약일반조건 제8조 제3항, 용역계약일반조건 제9조 제3항, 공사계약일반조건 제8조 제3항].

2) 상계제한

발주기관은 계약보증금을 귀속할 경우, 그 계약보증금을 미지급 기성금액과 상계처리해서는 안 된다(국가계약법 시행령 제51조 제4항 본문). 다만, 계약보증금 전부나 일부를 면제한 경우에는 국고귀속해야 하는 계약보증금을 미지급 기성금액과 상계처리할 수 있다(국가계약법 시행령 제51조 제4항 단서). 이처럼 계약보증금은 원칙적으로 계약상대자에게 아직 지급하지 않은 계약대금과 상계하지 못한다는 제한이 있다. 따라서 계약상대자에게 지급하지 않은 대금과 상계할 수 있는 선금반환채권과 구별해야 한다.

3. 하자보수보증금

가. 의의

하자보수보증금은 계약상대자가 목적물의 하자보수를 보증하기 위해 납부하는 돈이다. 따라서 발주기관은 계약상대자가 계약목적물의 하자보수의무를 이행하지 않으면 해당 하자보수보증금을 몰수하고, 이로써 직접 하자보수를 하면서 들인 비용에 충당한다. 이처럼 하자보수보증은 계약상대자에게 하자보수 이행을 강제하고, 만약 계약상대자가 하자보수를 이행하지 않았을 때 발주기관이 입을 손해를 담보하려는 제도이다.

나. 본질

하자보수보증금은 하자담보책임 중 하나인 손해배상책임에 해당한다. 원래 하자담보책임에는 하자보수(추완), 계약해제, 대금감액, 손해배상, 완전물급부 등을 포함하는데, 하자보수보증금은 계약상대자가 하자를 보수하지 않을 때 그에 따른 손해를 보전하기 위한 돈이기 때문이다.

보통 매도인이 부담하는 담보책임은 계약목적물이 불특정물이면 채무불이행책임, 특정물이면 법정책임으로 이해한다.[1] 채무불이행책임이라면 고의·과실이라는 요건이 필요하지만, 법정책임이라면 고의·과실이라는 요건이 필요하지 않은 무과실책임에 해당하므로, 구별 실익이 있다. 특히 계약목적물이 특정물인 계약에서 하자담보책임을 법정책임으로 인정한다면, 그에 따른 손해배상은 신뢰이익 배상에 한정된다.

한편, 하자담보책임과 채무불이행책임은 경합할 수 있으므로,[2] 매수인은 매도인이 담보책임을 지더라도 그 밖에 일반적인 채무불이행책임을 물을 수 있다.

다. 법적 성격

대법원은 과거 수급인에게 하자보수책임 이행을 간접 강제하고 수급인이 그 책임을 이행하지 않으면 그 제재로서 금원을 발주기관에 귀속하는 이른바 위약벌이나 제재금으로 해석하기도 했으나,[3] 하자보수보증금이 위약벌인지, 손해배상의 예정인지는 도급계약서나 약관 등을 종합하여 구체적 사건에서 개별적으로 결정할 의사해석의 문제라고 전제한 뒤, 위약금은 민법 제398조 제4항에 따라 손해배상의 예정으로 추정되기 때문에, 위약금이 위약벌로 해석되기 위해서는 특별한 사정이 주장·증명되어야 하므로, 하자보수보증금 국고귀속과 별도로 손해배상을 따로 청구할 수 있다는 규정을 두지 않았고, 하자보수를 위해 실제로 지출한 비용이 하자보수보증금을 초과하더라도 초과분의 책임을 수급인에게 물을 수 없다면, 해당 하자보수보증금 약정은 손해배상액의 예정으로서 성질을 가진다고 보기도 했다.[4] 다만, 현재는 하자보수보증금의 특성상 실손해가 하자보수보증금을 초과하는 경우에는 그 초과액을 손해배상으로 청구할 수 있는 명시 규정이 없더라도 도급인이 수급인의 하자보수의무 불이행을 이유로 하자보수보증금 몰취와 아울러 실손해액을 증명하여 수급인으로부터 그 초과액 상당 손해배상을 받을 수 있는 특수한 손해배상의 예정이라는 태도로 보인다.[5]

라. 납부

1) 규정

국가계약법은 공사도급계약과 관련하여 하자담보책임과 하자보수보증금 납부를 규정하지만(국가계약법 제17조, 제18조 제1항 본문), 지방계약법은 공사도급계약은 물론 물품계약이나 용역계약도 그 성질상 필요한 경우로서 하자담보책임의 존속기간을 정한 경우에 하자보수보

1) 대법원 1995. 6. 30. 선고 94다23920 판결.
2) 대법원 1993. 11. 23. 선고 93다37328 판결, 대법원 2004. 7. 22. 선고 2002다51586 판결.
3) 대법원 1998. 1. 23. 선고 97다38329 판결.
4) 대법원 2001. 9. 28. 선고 2001다14689 판결.
5) 대법원 2002. 7. 12. 선고 99다68652 판결, 대법원 2002. 7. 12. 선고 2000다17810 판결.

증금 납부를 규정한다(지방계약법 제20조 제2항, 제21조 제1항 본문).

2) 납부조건

첫째, 발주기관이 계약상대자와 공사 등 계약을 체결하는 경우여야 한다. 그런데 계약은 체결했지만, 이행과정에서 부정당업자 입찰참가자격제한을 받는 바람에 계약관계에서 탈퇴한 자는 나머지 계약이행과 관련한 의무나 하자보수의무가 있다고 보기 어려우므로, 하자보수보증금 역시 납부할 의무가 없다. 한편, 국가계약법에는 공사계약상 하자보수보증금 제도만 규정할 뿐이기 때문에, 발주기관이 임의로 물품이나 용역계약에서 계약상대자에게 하자보수보증금을 납부하도록 한다면, 이러한 특약은 무효라고 보아야 한다는 견해가 있으나,[1] 지방계약법도 물품이나 용역계약의 특성을 고려해 필요한 경우 하자보수보증금을 납부하게 할 수 있도록 규정하고, 국가계약법상 하자보수보증금 규정 역시 국가 내부규정에 불과하므로, 위와 같은 특약을 무효라고 해석할 근거가 부족하다. 실제로 물품구매계약 품질관리 특수조건 제19조 제1항, 일반용역계약 특수조건 제15조 제3항과 같은 개별 특수조건에도 하자보수보증금 조항이 있다.

둘째, 하자보수보증금은 하자보수를 보증하기 위해 계약상대자로부터 납부받는 돈이기 때문에, 하자가 아닌 다른 계약상 의무불이행에 대비할 목적으로 납부받을 수 없다.

3) 납부시기

발주기관은 공사의 준공검사를 마친 때에 그 공사대가의 최종지출시까지 하자보수보증금납부서와 함께 하자보수보증금을 납부받아야 한다(국가계약법 시행규칙 제52조).

4) 납부방법

공사계약인 경우, 발주기관은 해당 공사의 준공검사 후 그 공사 대가를 지급하기 전까지 계약상대자로부터 하자보수보증금을 납부받고 하자담보책임기간 동안 이를 보관해야 한다(국가계약법 시행령 제62조 제2항). 따라서 계약담당공무원이 계약상대자로부터 하자보수보증금을 납부받지 않은 채로 대가를 지급하고, 그후 계약상대자가 하자보수를 이행하지 않았다면, 계약담당자는 발주기관에게 손해배상책임을 부담할 수 있다.

그리고 발주기관은 계약상대자가 하자보수보증금을 현금으로 납부하면 세입세출외 현금출납공무원으로 하여금 정부보관금취급규칙에 따라 수령하게 해야 한다(국가계약법 시행규칙 제53조).

---

1) 김성근, 앞의 책(Ⅱ), 38쪽.

〔타절준공에 따른 준공금에서 하자보수보증금 공제 가능성〕

위와 같이 발주기관은 준공검사 후 공사 대가를 지급하기 전까지 계약상대자로부터 하자보수보증금을 납부받아야 하므로, 계약상대자가 해당 기한까지 하자보수보증금을 납부하지 않은 경우, 준공대가에서 하자보수보증금을 공제하여 예치할 수 있다. 그런데 계약상대자가 공사를 지연하다가 해당 계약을 포기하는 바람에 발주기관이 이른바 타절준공 처리를 하는 경우에도 같은 논리가 적용되는지 문제된다. 이에 대해 타절준공금에서 하자보수보증금을 공제하여 예치해야 한다는 견해가 있지만[1], 발주기관은 위 경우에 계약보증금을 귀속할 것이므로, 계약이행을 전제하는 하자보수책임을 계약상대자에게 전가할 수 없고, 결국 계약상대자의 계약불이행을 이유로 계약보증금을 몰취하는 외에 하자보수보증금을 별도로 납부받는 것은 부당하다.[2]

한편, 장기계속계약인 경우, 발주기관은 연차계약별로 하자보수보증금을 납부받아야 한다. 다만, 연차계약별로 하자담보책임을 구분할 수 없는 공사에서는 총공사의 준공검사 후 하자보수보증금을 납부받는다(국가계약법 시행령 제62조 제3항). 그리고 입찰보증금 납부방법을 정한 규정은 하자보수보증금 납부에도 준용되므로(국가계약법 시행령 제62조 제5항, 지방계약법 시행령 제71조 제5항), 하자보수보증금도 현금이나 보증서 등으로 납부받을 수 있다.

〔장기계속계약에서 연차계약별로 수급인이 다른 경우, 최종 수급인에게 총계약대금에 대한 하자보수보증금의 납부의무를 부과할 수 있는지〕

장기계속공사에 있어서 연차계약별로 그 공사수급인이 다른 경우에도 그 공사계약의 성격상 연차계약별로 하자담보책임을 구분할 수 없다는 사정만으로 그 최종 공사수급인에 대하여 특별한 약정 없이 무조건 총공사금액에 대한 하자보수보증금을 납입토록 강제하는 규정으로 해석되지 않는바, 장기계속공사의 연차계약별로 공사수급인이 다른 경우에 그 최종공사수급인은 원칙적으로 그 해당 공사계약에 대한 하자보수보증금을 지급할 의무가 있을 뿐이고 이와 달리 국가가 최종 공사의 수급인에게 총공사에 대한 하자담보책임 또는 하자보수보증금 납부의무를 지우기 위하여는 그에 관하여 최종 공사수급인과 사이에 특약이 있어야 한다(대법원 2004. 1. 16. 선고 2003다19725 판결).

5) 납부면제

성질상 하자보수가 필요하지 않은 공사계약이나 발주기관이 국가기관 등과 체결하는 계약에서는, 하자보수보증금의 전부나 일부의 납부를 면제할 수 있다(국가계약법 제18조 제1항 단서).

성질상 하자보수가 필요하지 않은 공사란, 건설산업기본법 시행령 별표1이 정한 건설업

1) 회제 41301-768, 1998. 4. 28.
2) 김성근, 앞의 책(Ⅱ), 102쪽.

종의 업무내용 중 구조물 등을 해체하는 공사, 단순암반절취공사, 모래·자갈채취공사 등 그 성질상 객관적으로 하자보수가 필요하지 않은 공사, 계약금액이 3천만 원을 초과하지 않는 공사(조경공사를 제외)를 말한다. 한편, 발주기관은 국가기관이나 지방자치단체, 공공기관, 국가나 지방자치단체가 기본재산의 100분의 50 이상을 출연하거나 출자(법률규정에 따라 귀속한 경우 포함)한 법인, 농업협동조합법에 따른 조합, 조합공동사업법인과 그 중앙회(농협경제지주회사와 그 자회사를 포함), 수산업협동조합에 따른 어촌계, 수산업협동조합과 그 중앙회, 산림조합법에 따른 산림조합과 그 중앙회, 중소기업협동조합법에 따른 중소기업협동조합과 그 중앙회와 계약을 체결하는 경우 하자보수보증금의 전·일부 납부를 면제할 수 있다(국가계약법 시행령 제37조 제3항 제1호부터 제4호, 제62조 제4항 제2호). 참고로, 지방계약법 시행령 제71조 제4항은 하자보수보증금 납부를 면제할 수 있는 계약상대자 범위를 국가계약법 시행령보다 더욱 넓게 규정한다.

발주기관은 하자보수보증금 전부나 일부 납부를 면제받은 자로 하여금 국고귀속사유가 발생하면 하자보수보증금에 해당하는 금액을 납입할 것으로 보장하기 위해 그 지급을 확약하는 문서를 제출하게 해야 한다(국가계약법 시행령 제37조 제4항, 제62조 제5항).

6) 하자보수보증금률

공사도급계약에서 하자보수보증금은 기획재정부령이 정하는 바에 따라 계약금액의 100분의 2 이상 100분의 10 이하로 하여야 한다(국가계약법 시행령 제62조 제1항). 구체적으로, 아래와 같은 공종(각 공종 사이에 하자책임을 구분할 수 없는 복합공사는 주된 공종)의 구분에 따라 계약금액에 대한 하자보수보증금률을 정해야 한다(국가계약법 시행령 제62조 제1항, 같은 법 시행규칙 제72조).

① 철도·댐·터널·철강교설치·발전설비·교량·상하수도구조물등 중요구조물공사 및 조경공사 : 100분의 5
② 공항·항만·삭도설치·방파제·사방·간척등 공사 : 100분의 4
③ 관개수로·도로(포장공사를 포함한다)·매립·상하수도관로·하천·일반건축등 공사 : 100분의 3
④ ①부터 ③을 제외한 공사 : 100분의 2

그런데 국가계약법이 적용되는 물품이나 용역계약인 경우, 법령에서 하자보수보증금률을 별도로 정하지는 않으나, 가령, 물품구매계약 품질관리 특수조건에서 하자보수보증금률을 계약금액의 100분의 5로 정하며(물품구매계약 품질관리 특수조건 제19조 제1항), 일반용역계약 특수조건에서 하자보수보증금률을 계약금액의 100분의 2로 정한다(일반용역계약 특수조건

제15조 제3항).

한편, 지방계약법이 적용되는 공사, 물품, 용역계약인 경우에는 하자보수보증금률을 아래와 같이 정하되, 국가계약과 마찬가지로 각 공종 간의 하자책임을 구분할 수 없는 복합공사는 주된 공종을 기준으로 한다(지방계약법 시행규칙 제70조 제1항).

① 철도, 댐, 터널, 철강교설치, 발전설비, 교량, 상하수도구조물 등 중요 구조물공사 및 조경공사 : 100분의 5
② 공항, 항만, 삭도설치, 방파제, 사방, 간척 등 공사 : 100분의 4
③ 관개수로, 도로(포장공사를 포함한다), 매립, 상하수도관로, 하천, 일반건축 등 공사 : 100분의 3
④ 제1호부터 제3호까지의 공사 외의 공사 : 100분의 2
⑤ 물품의 제조 : 100분의 3
⑥ 수리, 가공, 구매, 용역 : 100분의 2

7) 납부의무 미이행에 따른 효과

발주기관은 특별한 약정이 없으면 수급인이 하자보수보증금을 납부하지 않았다는 이유만으로 해당 계약을 해제·해지할 수 없다. 다만, 이러한 수급인 행위는 정당한 이유 없이 하자보수의무를 이행하지 않은 것과 같이 취급할 수 있으므로, 국가계약법 시행령 제76조 제2항 제2호 가목, 같은 법 시행규칙 제76조 별표2 제2항 제13호 가목에 따라 부정당업자 입찰참가자격제한 사유에 해당한다.

마. 하자보수보증금의 국고귀속

입찰보증금 국고귀속 규정은 하자보수보증금 국고귀속에 준용한다(국가계약법 시행령 제38조 제4항, 제62조 제5항). 발주기관은 특별한 약정이 없으면 하자담보책임기간 혹은 하자보수책임기간 안에서만 하자보수와 관련한 권리를 행사할 수 있다. 이러한 하자보수책임기간은 제척기간에 해당하므로, 계약상대자가 하자보수책임기간 중 하자보수 요청을 받고 하자보수를 하지 않는다고 하여 연장되지는 않는다.

한편, 발주기관은 계약상대자가 단순히 하자보수의무 이행을 지체했다는 이유만으로 곧바로 하자보수보증금을 국고귀속할 수 없고, 그 하자가 상당한 중요하고 보수의무 이행지체에 따라 계약목적물을 원래 용도로 사용하지 못할 정도에 이르러야 하자보수보증금을 국고귀속할 수 있다고 본다.

그 밖에 하자보수보증금의 국고귀속 처리방법은 입찰보증금, 계약보증금 처리방법과 같다(국가계약법 시행규칙 제64조 참조).

바. 직접사용

1) 의의

발주기관은 하자보수를 위한 예산이 없거나 부족한 경우 하자보수보증금을 하자보수에 직접 사용할 수 있다(국가계약법 제18조 제3항). 이를 하자보수보증금 직접 사용이라 한다.

하자보수보증금 직접 사용은 납부받은 하자보수보증금을 하자담보책임기간 동안 보관해야 한다는 규정의 예외에 해당하는데(국가계약법 시행령 제62조 제2항 참조), 계약상대자가 하자보수 요청에 응하여 하자보수를 이행하면 발주기관이 별도로 하자보수보증금을 직접 사용할 필요가 없지만, 만약 계약상대자가 하자보수의무를 이행하지 않을 때를 대비하여 발주기관으로 하여금 하자보수를 위해 하자보수보증금을 직접 사용할 수 있게 한다는 취지이다.

한편, 발주기관은 하자보수보증금을 하자보수에 직접 사용하고자 할 경우, 해당 하자보수보증금을 세입으로 납입하지 않고 세입·세출 외로 구분하여 회계처리한다(국가계약법 시행령 제63조 제1항). 하자보수보증금은 발주기관의 세입이나 세출이 아니고 단지 보관하는 돈이기 때문에, 하자보수보증금을 사용하더라도 계약상대자로부터 받은 보관금을 사용하는 것에 해당하므로, 세입·세출외로 구분하여 처리하라는 취지이다.

2) 절차

가) 관계기관에 통보

발주기관은 하자보수보증금을 직접 사용하고자 하는 경우 세입·세출외 현금출납공무원이나 유가증권취급공무원에게 그 뜻을 통지하고 해당 하자보수에 필요한 조치를 해야 한다(국가계약법 시행규칙 제73조 제1항). 발주기관이 하자보수보증금을 보증보험증권 등으로 제출받은 경우면, 위 통지와 함께 해당 보증기관에게 보증한 금액을 납부하라고 통지해야 한다(국가계약법 시행규칙 제73조 제2항).

나) 관계기관의 조치

발주기관으로부터 하자보수보증금 직접 사용 통지를 받은 유가증권취급공무원은 그가 보관하는 유가증권등에 다음 각 조치를 해야 한다(국가계약법 시행규칙 73조 제3항). 즉, 하자보수보증금을 보증보험증권으로 보관하는 경우에는 즉시 해당 보증기관에게 보증채무 이행을 청구해야 하고(제1호), 하자보수보증금을 상장증권인 주식으로 보관하는 경우에는 국유재산법령에서 정하는 바에 따라 매각해야 하며, 그 매각수수료는 매각대금 중에서 지급하되, 다만, 해당 상장증권의 매각대금이 하자보수보증금액에 미달한다고 판단되면 이를 매각할 수 없으며(제2호), 하자보수보증금을 상장증권인 국채, 지방채, 국가가 지급보증한 채권이나 사채 등 원리금의 상환기일이 확정된 채권으로 보관하는 경우에는 국유재산법에서 정하는 바에 따라 매각해야 하고, 그 매각수수료는 매각대금 중에서 지급하되, 해당 상장증권의 매각대금이 하자보수보증금상당액에 미달한다고 판단되는 경우나 해당 상장증권의 최종원리금 상환기일이 매각하고자 하는 날부터 30일 안에 도래하는 경우에는 이를 매각할 수 없으며(제3호), 하자보수보증금을 정기예금증서로 보관하는 경우에는 즉시 해당 금융기관에 현금지급을 청구해야 한다(제4호).

한편, 유가증권취급공무원은 보관하는 유가증권등을 위 규정에 따라 매각하거나 해당 보증채무 이행을 받은 경우, 보증기관등으로 하여금 그 대금을 직접 세입세출외현금출납공무원에게 납입하도록 해야 한다(국가계약법 시행규칙 제73조 제4항).

다) 발주기관 처리

발주기관은 하자보수보증금 직접 사용을 위해 지출원인행위를 한 경우, 그 지출원인행위 관계서류를 세입세출외현금출납공무원에게 송부하되, 하자보수보증금으로 제출된 상장유가증권이 제2호나 제3호가 정한 방법에 따라 매각되지 않으면 지출원인행위를 할 수 없다(국가계약법 시행규칙 제73조 제5항). 세입세출외현금출납공무원은 지출원인행위 관계서류를 송부받으면 해당 하자보수보증금 중에서 그 하자보수 대가를 지급해야 한다(국가계약법 시행규칙 제73조 제6항).

한편, 발주기관은 하자담보책임기간 동안 위 하자보수 대가를 지급하고도 잔액이 있으면, 보증금 귀속절차에 따라 처리한다(국가계약법 시행규칙 제64조 제1항 제1호부터 제4호, 제73조 제7항).

사. 하자보수보증금의 반환

발주기관은 하자보수보증금 예치 목적을 달성하면 계약상대자 요청에 따라 즉시 계약상대자에게 이를 반환해야 한다(국가계약법 시행규칙 제63조 제1항). 또한, 하자담보책임기간이 서로 다른 공종이 복합된 건설공사에서 공종별 하자담보책임기간이 만료되어 보증목적이 달성된 공종의 하자보수보증금은 계약상대자 요청에 따라 즉시 이를 반환해야 한다(국가계약법 시행규칙 제63조 제2항).

4. 공사·용역계약 이행보증금

가. 의의

발주기관은 공사계약을 체결하고자 하는 경우, 계약상대자로부터 ① 계약보증금을 계약금액의 100분의 15(재난 및 안전관리 기본법 제3조 제1호의 재난이나 경기침체, 대량실업 등으로 인한 국가의 경제위기를 극복하기 위해 기획재정부장관이 기간을 정하여 고시한 경우에는 1천분의 75) 이상 납부받는 방법, ② 계약보증금을 납부받지 않고 공사이행보증서[해당 공사의 계약상의 의무를 이행할 것을 보증한 기관이 계약상대자가 계약상의 의무를 이행하지 않는 경우 계약상대자를 대신하여 계약금액의 100분의 40(예정가격의 100분의 70 미만으로 낙찰된 공사계약의 경우에는 100분의 50) 이상을 납부하는 것을 보증한 것]를 제출받는 방법[1] 중 어느 하나를 선택하여, 계약상대자로 하여금 계약이행을 보증하게 해야 한다(국가계약법 시행령 제52조 제1항). 다만, 발주기관은 계약상대자가 계약이행보증방법의 변경을 요청한 경우, 1회에 한정하여 변경하게 할 수 있다(국가계약법 시행령 제52조 제2항, 공사계약일반조건 제7조 제2항). 그러나 발주기관은 공사계약의 특성상 필요하다고 인정하는 경우, 계약이행보증 방법을 공사이행보증서 제출만으로 한정할 수 있다(국가계약법 시행령 제52조 제1항 단서). 위와 같은 내용은 용역계약에 준용한다(국가계약법 시행령 제52조 제5항).

한편, 지방계약법은 국가계약법과 달리 입찰금액의 적정성 심사에 의한 공사계약, 대형공사계약, 기술제안입찰, 설계공모·기술제한입찰에 따른 계약인 경우, 반드시 공사이행보증서를 제출하는 방법으로 계약이행을 보증해야 한다는 규정을 둔다(지방계약법 시행령 제51조 제1항 단서 후단).

〔국가계약법 시행령 제52조 제1항 개정 취지〕

과거에는 국가계약법 시행령 제52조 제1항 단서도 지방계약법 시행령 제51조 제1항 단서와 마찬가지로 대형공사계약이나 기술제안입찰 등에 따른 계약 등에서 반드시 계약이행을 보증하는 방법으로 공사이행보증서를 제출하도록 규정했으나, 입찰참가업체의 부담을 경감하는 취지에서 2019. 9. 17. 개정에 따라 대형공사계약이나 기술제안입찰 등에 따른 계약 등에서도 계약상대자가 공사이행보증서 제출뿐만 아니라 계약보증금을 납부하는 방법을 선택할 수 있도록 했다.

나. 법적 성격

계약이행보증금 외에 지체상금도 규정되어 있는 경우라 하더라도, 해당 계약이행보증금 국고귀속 규정은 하수급인의 책임 있는 사유로 하도급 계약이 해제·해지될 경우 그에 따라 도급인이 입은 손해 중 계약보증금 범위 내 손해는 계약보증금 국고귀속으로써 그 배상에 갈음하고, 이를 초과하는 손해가 있으면 그에 대하여 수급인이 배상책임을 진다는 취지로

1) 다만, 지방계약법 시행령 제51조 제1항 제2호 단서는 재난 및 안전관리 기본법 제3조 제1호에 따른 재난이나 경기침체, 대량실업 등으로 인한 국가 또는 해당 지역의 경제위기를 극복하기 위해 행정안전부장관이 기간을 정하여 고시한 경우에는 100분의 20(예정가격의 100분의 70 미만으로 낙찰된 공사계약의 경우에는 계약금액의 100분의 30) 이상을 낼 것을 보증하는 공사이행보증서를 제출하는 방법도 정한다.

서, 계약이행보증금은 손해배상의 예정으로서 성질을 가지되, 다만 수급인이 배상할 손해액이 이를 초과하는 경우에는 단순한 손해담보로서 성질을 가지므로, 계약이행보증금 외에 지체상금도 규정되어 있다는 이유만으로 계약이행보증금을 위약벌로 해석하기는 어렵다.[1] 즉, 계약이행보증금은 공사나 용역계약 등에서 계약보증금을 대체하여, 계약불이행에 따른 손해를 담보하는 기능을 수행하고, 다만, 계약보증금과 달리 역무적 기능만 추가한 것이기 때문에, 손해배상의 예정으로 이해해도 특별히 부당하지 않다. 그런데 공사도급계약에서 계약보증금 몰취나 귀속을 정하지 않았다면, 그 공사도급계약과 관련한 이행보증서가 발급되었고 그 후 도급인의 지위를 인수하기로 하는 공사도급계약 승계계약에서 보증금 국고귀속 규정을 포함했다 하더라도, 계약이행보증금을 손해배상 예정액으로 볼 수는 없다.[2]

Ⅲ. 보증제도

1. 개요

가. 의의와 특성

발주기관은 각종 보증금채권이나 그 밖에 금전채권을 담보하기 위해 계약상대자로부터 보증금 등을 납부받는 대신에 일정한 기관이 발급한 보증서 제출로 갈음하는 경우가 있는데, 실무에서는 이를 기관보증이라 한다.

이처럼 기관보증은 민법상 일반적인 보증과 달리 전문적인 보증기관이 일정한 목적을 위해 주채무자인 계약상대자로부터 위탁 수수료를 받고 채권자인 발주기관을 위해 보증하는 것을 말한다. 이러한 보증은 일반 보증계약과 달리 공공성이 강하고, 유상성, 약관성, 대량거래성을 가지며, 보증인이 단순한 사인이 아니라 전문기관이라는 특성이 있다. 특히 기관보증에서는 보증을 위탁하는 계약상대자가 해당 보증기관의 조합원 등 일정한 지위를 가지는 경우가 많다.

나. 법적 성격

1) 문제점

계약상대자의 채무를 담보하기 위해 보증서를 발급하는 기관으로는 보험업법상 보험사업자, 건걸산업기본법에 따른 공제조합, 전기공사공제조합법에 따른 전기공사공제조합, 그 밖에 신용보증기금, 주택법에 따른 대한주택보증주식회사 등이 있다. 그런데 계약상대자가 보증기관으로부터 발급받은 보증보험증권을 발주기관에 제출하는 방식으로 운영되는 보증이

1) 대법원 2009. 7. 9. 선고 2009다9034 판결.
2) 대법원 2000. 10. 27. 선고 99다17357 판결.

일반적인 보증계약인지, 아니면 보험계약인지 논란이 있다.

2) 판례 변천

과거 대법원 판례는 건설산업기본법에 따라 건설공제조합이 조합원으로부터 보증수수료를 받고 조합원이 다른 조합원이나 제3자와 도급계약을 체결하여 부담하는 계약보증금 지급채무를 보증하는 보증계약은 그 성질이 조합원 상호 이익을 위해 영위하는 상호보험으로서 보증보험과 비슷하므로, 여기에는 보험의 법리가 적용되고, 따라서 보증채권자가 조합원에게 그 이행기를 보증기간 이후로 연기하여 준 경우라도 건설공제조합의 보증계약상 보증기간도 당연히 변경된다 보기 어려우며, 연기된 이행기일이 보증기간 이후인 만큼, 비록 조합원이 변경된 주계약상 이행기일에 이행을 하지 않았더라도 보증사고가 보증기간 이후에 발생하여서 보증금 지급사유에 해당하지 않는다고 한 것[1]과 건설공제조합이 하는 보증에서 보증관계는 조합과 조합원 사이에 체결되는 보증위탁계약 효력이 제3자에게 미치는 것으로 성립하지 않고, 조합원 신청에 따라 보증채권자를 위해 보증서를 발급하는 방식으로 조합이 보증채권자에게 직접 보증 의사표시를 하여 성립하므로, 그 보증관계 해소를 위한 보증취소 의사표시는 보증 신청자인 조합원이 아니라 보증계약 상대방인 보증채권자에게 해야 한다고 한 것[2]이 있었다.

그러나 그 후 대법원 전원합의체는 건설공제조합이 조합원으로부터 보증수수료를 받고 그 조합원이 다른 조합원이나 제3자와 도급계약에 따라 부담하는 하자보수의무를 보증하기로 하는 보증계약은 그 계약 구조와 목적, 기능 등을 고려할 때 보증으로서 성격을 가지므로, 민법의 보증 규정, 특히 보증인의 구상권(민법 제441조 이하) 규정이 준용되며, 따라서 건설공제조합과 주계약상 연대보증인은 채권자하고 관계에서 채무자의 채무이행과 관련한 공동보증인 관계에 있으므로, 그 중 어느 일방이 변제나 자기 출재로 채무를 소멸하게 했다면 특별한 약정이 없더라도 민법 제448조에 따라 상대방에게 구상권을 행사할 수 있다고 보았다.[3] 나아가 건설공제조합뿐만 아니라 서울보증보험의 보증보험계약 역시 그 실질은 보증계약에 해당한다.[4]

3) 검토

보증보험계약을 제3자를 위한 보험계약으로 파악해야 한다는 견해도 있으나,[5] 실무는 대체로 기관보증을 보증계약으로 이해하여 운용하므로, 기관보증과 관련된 법률관계는 보증

1) 대법원 2003. 11. 13. 선고 2001다33000 판결, 대법원 2005. 8. 19. 선고 2002다59764 판결.
2) 대법원 1999. 11. 26. 선고 99다36617 판결, 대법원 2002. 11. 26. 선고 2002다34727 판결.
3) 대법원 2008. 6. 19. 선고 2005다37154 전원합의체 판결.
4) 대법원 2000. 12. 8. 선고 99다53483 판결.
5) 김성근, 앞의 책(Ⅰ), 572쪽.

계약 법리에 따라 해석해야 한다고 본다. 가령, 보증기관이 주채무를 소멸하게 하는 행위는 주채무를 전제하기 때문에, 비록 보증기관이 출연할 당시 주채무가 있었더라도 그 후 주계약이 해제되어 소급하여 소멸하였다면 보증기관은 변제를 수령한 발주기관에게 부당이득반환을 청구할 수 있다.[1)]

다. 보증사고와 보증기간

1) 의의

보증사고란 보증기관의 보증금지급책임이 현실적으로 발생하는 요건을 말하며, 보증기간은 채무불이행 등 보증약관에서 정한 보증사고가 발생한 때 보증인의 책임이 존재하는 기간을 말한다.

따라서 보증기관은 보증계약이 존속하더라도 보증기간이 경과한 후에 발생한 보증사고에는 책임을 부담하지 않는다. 그런데 보증기간 내에 발생하는 보증사고란 보증인의 책임을 구체적으로 정하는 불확정한 사고를 뜻하므로 당사자 사이 약정, 약관 내용, 보증서, 주계약의 구체적 내용 등을 종합하여 결정해야 한다.[2)]

2) 보증사고와 계약해제·해지

가령, 보증기간 안에 채무불이행 등 보증사고가 발생했으나, 발주기관이 공사기간이 경과한 후 주계약을 해지했다면, 발주기관이 보증기관에게 계약보증금을 청구할 수 있는지 문제된다. 물론 이 문제는 보증약관 등 개별 계약에서 정한 바에 따라 결정[3)]해야 하므로, 보험약관에서 보증금을 청구하기 전에 주계약을 해지해야 하고, 해지하지 않으면 손해를 보상하지 않는다고 규정한 경우라면, 채무불이행 사실 자체만으로는 보증사고가 발생하였다 볼 수 없고, 발주기관이 계약을 해제한 결과 계약보증금 반환채권을 가진 때에 비로소 보증사고가 발생한다고 본다. 다만, 국가계약법은 계약보증금 귀속사유로 정당한 이유 없는 계약불이행만 규정할 뿐 계약해제·해지를 규정하지 않으며, 기본적으로 계약해제·해지권 행사는 발주기관의 재량에 달린 것인데, 이와 달리 보증기관이 일방적으로 마련한 약관에서 주계약 해제·해지를 보증사고 필수요건으로 규정하는 것은 보증채권자의 정당한 이익을 침해할 우려가 있다.

3) 보증기간과 하자담보책임기간

가령, 주택사업공제조합과 사업주체가 보증계약을 체결하면서 보증하려는 하자 내용을

---

1) 대법원 2004. 12. 24. 선고 2004다20265 판결.
2) 대법원 2007. 2. 9. 선고 2006다28533 판결.
3) 대법원 2010. 3. 11. 선고 2009다41366 판결.

정하지 않고 단지 보증기간만 약정한 사안에서, 보증계약에서 정한 보증기간이 구 공동주택관리령 제16조에서 정한 하자보수책임기간으로 제한되지 않으므로, 보증계약에서 보증하려는 하자 내용을 정하지 않고 단지 보증기간만을 정한 경우에는 그 보증계약상 보증금액에 따라 보증되는 하자는 그 보증기간 내에 발생한 하자보수책임기간 내 모든 하자를 의미하고, 해당 보증계약이 보증기간으로 정한 기간 내에 속하는 단기인 다른 보증계약의 보증기간을 제외한 나머지 기간 중 하자만을 보증하는 것은 아니다.[1)]

그러나 사업주체가 공동주택의 사용검사권자에게 사용검사신청서를 제출하면서 건설공제조합이나 주택사업공제조합으로부터 하자보수보증서를 발급받아 이를 예치한 경우, 그 하자보수보증서에 따라 보증대상이 되는 하자보수책임기간도 사용검사일로부터 구 공동주택관리규칙 제11조 제1항 별표3에 정한 바와 같이 각 세부항목별로 1년, 2년, 3년으로 한정된다고 보아야 하며, 설령 하자보수보증서에 구 공동주택관리규칙 제11조 제1항 별표3에서 정한 1년, 2년, 3년의 하자보수책임기간에 관계 없이 모든 하자에 대한 보증기간이 3년으로 기재되어 있더라도, 보증대상이 되는 하자는 구 공동주택관리규칙 별표3에 정한 하자보수책임기간을 도과하기 전에 발생한 것이어야 하고, 그 후에 발생한 하자는 비록 그것이 하자보수보증서에 기재된 보증기간 내에 발생했다 할지라도 그 보증대상이 아니다.[2)] 보증인의 채무범위가 주채무범위를 넘을 수 없기 때문이다.

4) 보증기간 연장

발주기관은 계약체결일을 연기하거나 계약이행기간, 하자담보책임기간을 연장하고자 할 때, 계약상대자로부터 기존 보증기간 내에 그 연장하고자 하는 기간을 가산한 기간을 보증기간으로 정한 보증보험증권 등을 제출받아야 한다(국가계약법 시행규칙 제61조). 따라서 발주기관이 계약상대자에게 그 이행기를 보증기간 이후로 연기해 주었다 할지라도 이에 따라 건설공제조합의 보증기간이 당연히 변경된다고 볼 수 없으며, 연기된 이행기일이 보증기간 이후인 만큼 비록 계약상대자가 변경된 이행기일까지 이행하지 못했더라도, 이 경우에는 보증기간 이후에 보증사고가 발생했다고 보아야 하므로 건설공제조합이 발주기관에게 보증금을 지급할 필요가 없다.[3)]

5) 보증기간 중 의무

발주기관은 보증기간 중 해당 보증계약 등 약관이나 특약, 상법이 따라 피보험자가 부담하는 일정한 의무를 성실히 이행해야 한다. 가령, 위험변경·증가의 통지의무(상법 제652

1) 대법원 2009. 3. 12. 선고 2008다76020 판결.
2) 대법원 2002. 2. 8. 선고 99다69662 판결.
3) 대법원 2005. 8. 19. 선고 2002다59764 판결.

조), 보험사고발생 통지의무(상법 제657조), 손해방지의무(상법 제680조), 약관규정에 따른 조사 승낙의무, 그 밖에 약관이나 특약에서 정한 의무 등이 있다(국가계약법 시행규칙 제60조 제1호부터 제5호). 그런데 보증보험은 피보험자와 어떠한 법률관계를 가진 보험계약자의 채무불이행으로 피보험자가 입는 손해전보를 보험자가 인수하는 손해보험이므로, 보험계약자의 고의나 중과실로 발생한 보험사고에서 보험자 면책을 규정한 상법 제659조 제1항이 적용되지 않는다.[1)]

라. 보증범위

보증인은 주채무자가 이행하지 않은 채무를 이행할 의무가 있고(민법 제428조 제1항), 보증채무는 주채무의 이자, 위약금, 손해배상 그 밖에 주채무에 종속한 채무를 포함한다(민법 제429조 제1항). 다만, 보증채무는 목적, 형태상 부종성을 가지기 때문에 보증인의 부담이 주채무의 목적이나 형태보다 중하다면 주채무 한도로 감축된다(민법 제430조).

따라서 계약보증금 지급을 보증한 기관은 채무불이행으로 채무자가 부담할 손해배상책임을 초과하지 않는 범위에서만 보증책임을 부담하고,[2)] 계약해지 이후에 수급인이 부담하는 원상회복의무에 대해서도 책임을 진다. 따라서 수급인이 그 책임 있는 사유로 계약이 해지되어 도급인으로부터 받은 선급금을 반환할 의무가 발생했다면, 선급금 반환의무는 건설공제조합이 한 계약보증 대상에 포함된다.[3)] 그러나 계약이행보증인은 피보증인인 계약상대자가 완료하지 못한 공사를 마무리할 의무만 부담할 뿐 피보증인이 부담하는 선급금 반환채무까지 부담하지 않으므로, 계약상대자가 공사를 중단한 후 발주기관이 계약이행보증인과 미시공 부분에 대한 공사도급계약을 체결하고 나머지 공사를 시행하여 결국 완성했다 하더라도, 계약보증인이 부담하는 계약보증금 지급채무는 소멸하지 않는다.[4)]

마. 보증계약 취소

대법원은 전문건설공조합이 도급금액이 허위로 기재된 계약보증신청서를 믿고 조합원이 수급할 공사의 도급금액이 조합원의 도급 한도액 내인 것으로 잘못 알고 계약보증서를 발급했다면 법률행위 중요 부분 착오에 해당하고, 조합원이 제출한 계약보증신청서만 믿고 계약보증서를 발급했다 하더라도 건설공제조합에게 중대한 과실이 있다 할 수 없으므로, 보증기관은 보증계약을 취소할 수 있다고 본다.[5)] 또한, 보증보험계약에서 공사계약 체결일이나 실제 착공일, 공사기간도 공사대금 등과 함께 중요한 사항에 해당하기 때문에, 수급인이

1) 대법원 1997. 1. 24. 선고 95다12613 판결.
2) 대법원 1996. 2. 9. 선고 94다38250 판결.
3) 대법원 2000. 6. 13. 선고 2000다13016 판결.
4) 대법원 2000. 6. 13. 선고 2000다13016 판결.
5) 대법원 1997. 8. 22. 선고 97다13023 판결.

이를 허위로 고지하여 보험자가 실제 공사 진행상황을 알지 못한 채 보증보험계약을 체결했다면, 보험자는 착오에 따른 의사표시 취소를 할 수 있다.[1] 나아가, 수급인이 선급금 액수, 지급시기, 지급방법 등을 고지하지 않거나 부실하게 고지하는 것은 기망행위에 해당하고, 그에 따라 보증기관이 착오에 빠졌다면, 보증기관은 그 보증계약을 취소할 수 있다.[2] 마찬가지로 선급금 액수와 그 지급방법, 선급금이 원래 용도로 실제 사용되는지 등은 보증사고에 해당하는 수급인의 채무불이행 여부를 판정하는 기준인 계약상 중요 사항이므로, 조합원이 이를 거짓으로 고지했다면 공제조합을 기망한 것이다.[3]

그런데 보증기관이 이러한 의사표시 취소권을 가지더라도, 발주기관은 보증계약 체결을 전제로 채무자와 계약을 체결하거나 보증인이 교부한 보증서를 수령한 후 이를 기초로 새로운 계약을 체결하며, 이미 체결한 계약에 따라 의무를 이행하는 등 보증계약의 채권담보 기능을 신뢰하여 새로운 이해관계를 가진 자이고, 이러한 보증채권자의 신뢰를 보호할 필요가 있으므로, 보증기관은 보증계약 취소를 이유로 보증채권자에게 대항할 수 없다고 본다.[4] 다만, 보증채권자가 그와 같은 기망행위가 있었던 사실을 알았거나 알 수 있었다면 그 취소를 가지고 보증채권자에게 대항할 수 있다.[5]

2. 공사등 계약이행보증

가. 의의와 취지

발주기관은 공사·용역계약을 체결하고자 할 경우, 계약상대자로부터 계약보증금 납부 대신 공사 또는 용역이행보증서를 제출받을 수 있다(국가계약법 시행령 제52조 제1항 제3호, 제5항). 이행보증서는 계약상 의무이행을 보증한 기관이 계약상대자를 대신하여 계약상 의무를 이행하지 않은 경우, 계약금액의 100분의 40, 예정가격의 100분의 70 미만으로 낙찰된 공사라면 100분의 50 이상 납부를 보증하는 것이어야 한다. 또한, 발주기관은 계약의 특성을 고려해 필요하다고 인정할 경우, 계약이행보증 방법을 계약보증금 납부가 아닌 이행보증서를 제출하는 방법만으로 한정할 수 있다(국가계약법 시행령 제52조 제1항 단서).

이와 같은 계약이행보증제도는 계약보증금의 금전적 보증과 연대보증의 역무적 보증을 겸하는 제도로, 1차적으로 보증기관으로 하여금 나머지 계약을 이행하도록 요청하고, 보증기관이 나머지 계약을 이행하지 못하면 2차적으로 보증서 기재 금액을 몰취하여 계약불이

1) 대법원 2002. 7. 26. 선고 2001다36450 판결.
2) 대법원 2003. 11. 13. 선고 2001다33000 판결.
3) 대법원 2002. 11. 26. 선고 2002다34727 판결.
4) 대법원 2002. 11. 26. 선고 2002다19674 판결.
5) 대법원 2003. 11. 13. 선고 2001다33000 판결.

행에 따른 손해를 담보하는 기능을 수행한다.

한편, 국가계약법 시행령 제52조 제5항은 용역계약에도 공사이행보증 규정을 준용하고[1], 지방계약법 시행규칙 제64조 제4항은 물품제조·구매, 용역, 그 밖에 계약에도 시행규칙 제64조 제1항부터 제3항까지 정한 공사이행보증 규정을 준용하므로, 계약이행보증제도는 공사계약만이 아니라 물품, 용역계약에도 적용되지만, 보통은 계약상대자의 채무불이행이 빈번히 발생하고 그 불이행에 따른 손해가 큰 공사계약에 주로 활용된다. 따라서 아래에서는 공사계약에 적용되는 공사이행보증을 중심으로 살펴본다.

나. 납부

공사이행보증서란 공사계약의 상대자가 계약상 의무를 이행하지 못하는 경우 계약상대자를 대신하여 계약상 의무를 이행할 것을 보증하되, 해당 의무를 이행하지 않는 경우 일정 금액을 납부하겠다고 보증하는 보증기관의 발급증서를 말한다.

발주기관은 공사계약을 체결하는 경우 계약상대자로 하여금 ① 계약보증금을 원칙적으로 계약금액의 100분의 15 이상 납부하는 방법 또는 ② 계약보증금을 납부하지 않고 공사이행보증서[해당공사의 계약상의 의무를 이행할 것을 보증한 기관이 계약상대자를 대신하여 계약상의 의무를 이행하지 않는 경우에는 계약금액의 100분의 40(예정가격의 100분의 70미만으로 낙찰된 공사계약의 경우에는 100분의 50) 이상을 납부할 것을 보증하는 것이어야 한다]를 제출하는 방법 중 어느 하나를 선택하여 계약이행보증을 하게 해야 한다(국가계약법 시행령 제52조 제1항 본문, 지방계약법 시행령 제51조 제1항 본문). 다만, 발주기관은 공사계약의 특성상 필요하다고 인정되는 경우에는 계약이행보증의 방법을 위 ② 공사이행보증서를 제출하는 방법으로 한정할 수 있고(국가계약법 시행령 제52조 제1항 단서, 지방계약법 시행령 제51조 제1항 단서 전단), 지방계약법령에 따른 최저가 낙찰제, 대형공사계약 및 기술제안입찰에 의한 공사계약의 경우에는 반드시 계약이행보증을 위 ② 공사이행보증서를 제출하는 방법으로 해야 한다(지방계약법 시행령 제51조 제1항 후단).[2] 기획재정부장관은 공사이행보증서 제출 등에 필요한 사항을 정할 수 있으므로(국가계약법 시행령 제52조 제4항), 가령, 기획재정부 계약예규 정부 입찰·계약 집행기준에서는 제13장 제40조에서부터 제53조까지 공사이행보증제도 운용에 필요한 사항을 규정한다.

---

1) 용역계약일반조건 제10조도 참조.

2) 과거에는 구 국가계약법 시행령 제52조 제1항 단서에서도 최저가 낙찰제, 대형공사계약 및 기술제안입찰에 의한 공사계약의 경우 반드시 계약이행보증방법으로 공사이행보증서를 제출하도록 규정하였으나, 국가계약법 시행령 제52조 제1항 단서 조항이 시행일 2019. 9. 17.자 대통령령 제30078호 일부개정으로 삭제되면서, 현재는 국가계약법상 최저가 낙찰제, 대형공사계약 및 기술제안입찰에 의한 공사계약의 경우 계약이행 보증방법으로 공사이행보증서를 제출하는 방법뿐 아니라 계약보증금을 납부하는 방법도 선택할 수 있게 되어 입찰참가업체의 부담이 완화되었다.

다. 담보범위

1) 내용

계약이행보증채무는 하자담보채무나 선금반환채무까지 포함하지 않는다. 다만, 계약체결 당시 하자담보채무까지 포함하기로 약정했다면 예외이다(정부 입찰·계약 집행기준 제43조 제1항, 제2항). 따라서 원칙적으로 하자담보채무와 선금반환채무까지 포함하여 담보하는 계약보증금채무와 구별해야 한다.[1]

2) 기간

발주기관은 공사이행보증서에 기재한 보증기간 말일 다음날부터 기산하여 6월 안에 보증기관에게 보증채무 이행을 청구해야 하며, 보증기관은 그 청구기간이 지난 후에는 보증책임을 지지 않는다(정부 입찰·계약 집행기준 제47조). 주계약에서 정한 채무불이행 자체만으로는 아직 보험사고가 발생했다고 볼 수 없고, 피보험자가 보험기간 안에 채무불이행을 이유로 보험계약자에게 주계약을 해제하여 계약이행보증금 반환채권을 가진 때에야 비로소 보험사고가 발생하였다 보아야 한다.[2] 물론 주계약상 이행기간이 보증기관의 동의 없이 연장되었더라도 약정한 보험기간 안에 보험사고가 발생했다면, 보증기관이 보증책임을 부담한다.[3]

한편, 발주기관이 계약상 준공기한 도래 전에 미리 준공기한을 보험기간 이후로 연장해 주었다면, 계약상대자가 연장된 준공기한 안에 공사를 완료하지 못했더라도 보험기간 안에 보험사고가 발생했다 볼 수 없으나, 계약상대자가 공사를 완료하지 못한 채로 계약상 준공기한이 도래한 후에 발주기관이 준공기한을 연장해 주었다면 준공기한이 보험기간 이후로 연장되었다는 사정만으로 보험기간 안에 보험사고가 발생하지 않았다고 보기 곤란하다.[4]

라. 보증이행

1) 이행청구

발주기관은 공사이행보증서를 제출한 경우로서 계약상대자가 계약상 의무를 이행하지 않으면, 지체없이 공사이행보증서 발급기관에게 그 의무를 이행하도록 청구해야 한다(국가계약법 시행규칙 제66조 제2항). 물론 계약상대자가 계약상 의무를 이행하지 않는 데에는 정당한 이유가 없어야 한다. 보증기관이 보증금지급금지 가처분 결정을 송달받았더라도, 보증기관은 발주기관에게 이행을 거절할 수 없으며, 실제로 보증금지급의무가 발생하여 그 이행기가 도래하면, 보증기관은 발주기관에게 이를 이행해야 하고, 만약 그렇게 하지 않으면 그에 따

1) 김성근, 앞의 책(Ⅰ), 617쪽.
2) 대법원 2006. 4. 28. 선고 2004다16976 판결.
3) 대법원 2006. 4. 28. 선고 2004다16976 판결.
4) 대법원 2010. 3. 11. 선고 2009다41366 판결.

른 지체책임을 면하지 못한다. 다만, 보증기관은 변제공탁으로써 해당 보증채무를 벗어날 수 있고, 그에 따라 지체책임도 면한다.[1)]

2) 보증이행업체 지정

보증기관은 발주기관으로부터 이행청구를 받으면, 보증이행업체를 지정하여 해당 계약을 이행하게 해야 한다(정부 입찰·계약 집행기준 제46조 제1항). 물론 계약상대자가 공사이행보증서상 보증금을 현금으로 납부한 경우에는, 발주기관이 보증기관에게 보증채무를 이행하도록 청구할 필요가 없고, 보증기관 역시 보증이행업체를 지정하여 해당 계약을 이행하게 할 필요가 없다.

보증기관은 일정한 자격을 갖추고 있는 자를 보증이행업체로 지정해야 하며, 계약담당자에게 보증이행업체지정 관련 서류를 제출하여 승인받아야 한다. 이는 지정된 보증이행업체를 변경할 때도 같으므로(정부 입찰·계약 집행기준 제45조 제1항), 보증기관이 보증이행업체 변경을 요청하면 발주기관은 이를 승인할 수 있다(정부 입찰·계약 집행기준 제45조 제2항).

보증이행업체는, 독점규제 및 공정거래에 관한 법률에 따른 계열회사가 아닌 자, 국가계약법 시행령 제76조에 따른 입찰참가자격제한을 받고 그 제한 기간 중이 아닌 자, 국가계약법 시행령 제36조에 따른 입찰공고에서 정한 입찰참가자격과 동등이상의 자격을 갖춘 자, 국가계약법 시행령 제13조에 따른 입찰에서는 입찰참가자격사전심사기준에 따른 심사 종합평점이 입찰적격 기준점수 이상인 자라는 자격요건을 갖추어야 한다(공사계약일반조건 제9조 제1항 제1호부터 제4호).

발주기관은 보증이행업체의 적격여부를 심사하기 위해 계약상대자에게 관련자료를 제출하도록 요구할 수 있는데(공사계약일반조건 제9조 제1항), 보증이행업체로 지정된 자가 부적격하다고 인정되는 경우, 보증기관에게 보증이행업체 변경을 요구할 수 있다(국가계약법 시행규칙 제4항, 공사계약일반조건 제9조 제2항).

한편, 발주기관은 공사이행보증서 발급기관이 지정한 보증이행업체가 그 의무를 이행하면 계약금액 중 보증이행업체가 이행한 부분에 상당하는 금액을 공사이행보증서 발급기관에게 지급할 수 있도록 계약을 체결할 때 미리 필요한 조치를 해야 한다(국가계약법 시행규칙 제66조 제3항).

3) 이행방법

가) 단독계약인 경우

발주기관은 계약상대자가 계약상 의무를 이행하지 않으면 지체없이 보증기관에 보증채

---

1) 대법원 2010. 2. 25. 선고 2009다22778 판결.

무 이행을 청구해야 하며, 이때 공사현장(기성부분, 가설물, 기계·기구, 자재 등)의 보존과 손해 발생을 방지해야 하고, 보증기관이 보증이행업체를 지정하여 보증채무를 이행하게 하였다면 그 보증이행업체에게 이를 인도해야 한다(정부 입찰·계약 집행기준 제46조 제1항). 그리고 발주기관은 보증이행업체가 공사계약을 이행하여 그에게 대가를 지급해야 할 때, 보증기관이 지급할 수 있도록 필요한 조치를 해야 한다. 그리고 보증기관은 계약보증금 가운데 보증이행부분에 상당하는 금액을 발주기관에게 직접 청구할 권리를 가지며, 계약상대자는 보증이행업체의 보증이행 부분에 상당하는 금액을 청구할 권리를 상실한다(정부 입찰·계약 집행기준 제46조 제3항).

한편, 공사보증이행의무를 완수한 보증기관은 계속 공사에서 계약상대자가 가지는 계약체결상 이익을 가지므로(정부 입찰·계약 집행기준 제46조 제2항), 장래 시설물의 하자책임을 구분하기 곤란한 경우, 작업상 혼란이 발생할 우려가 있는 등 같은 현장에서 2인 이상의 시공자가 공사할 수 없는 경우, 마감공사에서 발주기관이 수의계약을 체결하려고 할 때 직전이나 현재 시공자인 보증기관을 수의계약 대상으로 할 수 있다(국가계약법 시행령 제15조, 제26조 제1항 제2호 가목부터 다목).

그러나 보증기관이 정당한 이유 없이 계약상 보증채무를 이행하지 않으면, 발주기관은 보증기관으로 하여금 공사이행보증서상 보증금을 현금으로 납부하게 해야 한다(정부 입찰·계약 집행기준 제46조 제4항). 명시적인 규정은 없지만, 계약보증금에 준하여 계약이행보증금 역시 미지급 기성 공사대금과 상계할 수 없다고 해석해야 한다.

나) 공동계약인 경우

발주기관은 공동이행방식으로 체결된 공동계약에서 공동수급체 구성원 가운데 일부가 부도·파산·해산 등 사유로 계약을 이행할 수 없으면서도 잔존구성원이 면허, 시공능력 평가액 등 해당 계약이행요건을 갖추지 못한 경우로서, 새로운 구성원을 추가하지 않은 때 또는 해당 계약이행요건을 갖추었더라도 계약을 이행하지 않는 때에 해당하면, 보증기관에게 보증채무 이행을 청구해야 한다(정부 입찰·계약 집행기준 제50조 제1항). 공동이행방식으로 체결된 공동계약에서는 구성원 가운에 일부가 부도·파산·해산 등 사유로 이행하지 못해도 나머지 구성원이 구성원 탈퇴, 변경, 지분율 조정 등을 거쳐 해당 계약을 이행할 수 있으므로, 발주기관은 원칙적으로 계약이행보증을 실행할 필요가 없으나, 나머지 구성원마저도 계약이행요건을 갖추지 못했다면, 계약이행보증을 청구할 수 있도록 규정한 취지이다.

그러나 분담이행방식으로 체결된 공동계약에서는 각 구성원별로 분담내용에 따라 각자 책임을 부담할 뿐이고, 해당 계약 전부를 연대하여 이행할 책임을 부담하지 않으므로, 공동수급체 구성원 가운데 일부가 부도·파산·해산 등 사유로 계약을 이행할 수 없는 경우라도 잔존구성원의 자격요건 구비여부와 관계없이 보증기관에 보증채무 이행을 청구해야 한다(정부 입찰·계약 집행기준 제50조 제2항).

4) 이행개시기한

발주기관은 보증기관으로 하여금 이행청구서가 접수된 날부터 30일 안에 보증채무이행을 개시하게 해야 한다. 다만, 보증기관의 보증이행업체 선정 지연 등 불가피한 사유가 있다면 30일 범위에서 보증채무 이행개시일을 연장할 수 있다(정부 입찰·계약 집행기준 제51조).

5) 지체상금

발주기관은 보증기관이 위와 같은 보증채무이행개시 기한(연장된 경우는 연장된 기한) 안에 보증채무 이행을 개시하는 경우, 그 이행청구서가 접수된 날부터 보증채무이행개시일 전일까지 기간에 대해 지체상금을 부과해서는 안 된다(정부 입찰·계약 집행기준 제52조).

마. 보증기관에 통지와 협조

발주기관은 공사의 전부나 일부 시공을 중지하였을 경우, 국가계약법 시행령 제64조부터 제66조까지에 따라 물가변동, 설계변경, 그 밖에 계약내용변경에 따라 계약금액을 조정하였을 경우, 공사계약기간을 연장하거나 단축하고자 할 경우, 계약상대자의 채권자 등이 계약상대자가 발주기관에게 공사계약에 따라 가지는 채권(공사대금청구권)을 압류·가압류, 가처분 등 강제집행한 경우 가운데 어느 하나에 해당하면, 지체없이 보증기관에게 그 사실을 통지해야 한다(정부 입찰·계약 집행기준 제48조 제1항 제1호부터 제4호).

또한, 발주기관은 보증기관이 보증채무 이행을 위해 설계도서나 이미 공급한 지급자재내역의 자료를 요청하는 경우, 공사진행 상황을 조사하고자 하는 경우, 하도급 자료를 요청하는 경우에 보증기관에게 협조해야 한다(정부 입찰·계약 집행기준 제48조 제2항 제1호부터 제3호).

바. 공사대금청구권의 양도제한

발주기관은 계약상대자가 보증기관의 동의 없이 제3자에게 공사대금청구권을 양도하고자 하는 경우, 이를 승인해서는 안 된다(정부 입찰·계약 집행기준 제49조 본문). 공사이행보증의 보증기관은 계약상대자의 신용상태 변동에 따라 상당한 위험을 부담하는데, 계약상대자가 자기 재산을 임의 처분하도록 허용하면, 보증기관이 그 위험을 그대로 승계할 가능성이 있기 때문이다. 만약 발주기관이 계약상대자 등에게 보증기관 동의 없는 채권양도를 승인했다면, 발주기관은 보증기관에게 손해배상책임을 부담할 수 있다.

다만, 사회기반시설에 대한 민간투자법 제2조 제5호 단서에 정한 초과시공을 수행한 자가 해당 초과시공 부분의 공사대금청구권을 제3자에게 양도하면서 사회기반시설에 대한 민간투자법 제34조 제1항에 따른 신용보증을 받고자 할 경우라면, 발주기관은 보증기관의 동의 없는 채권양도도 승인할 수 있다(정부 입찰·계약 집행기준 제49조 단서).

3. 선금반환보증

가. 의의

선금이란 계약상대자가 전부나 일부의 계약을 이행한 후 계약조건이 정한 바에 따라 청구하는 기성대가가 아니라, 발주기관이 계약체결 후 계약이행 여부를 묻지 않고 계약상대자에게 계약금 중 일부를 미리 지급하는 금원이다. 이처럼 선금은 계약을 이행하지 않은 계약상대자에게 지급하는 금원이기 때문에, 계약상대자가 향후 채무를 이행하지 않을 경우, 발주기관은 계약상대자로부터 다시 선금을 반환받아야 하고, 이를 담보할 장치가 필요하다. 이처럼 발주기관이 계약상대자에게 가지는 선금반환채권을 담보하기 위한 수단을 선금반환보증이라 한다.

나. 보증서 제출

발주기관은 선금을 지급하고자 할 경우, 계약상대자로부터 국가계약법 시행령 제37조 제2항에 따른 증권이나 보증서를 제출받아야 한다. 다만, 계약을 체결하려는 자가 국가, 지방자치단체, 공기업과 준정부기관 등 정부 입찰·계약 집행기준 제35조 제1항 단서에서 정한 자이면 위 제출의무가 없다. 그러나 이 경우에도 선금반환 사유가 발생할 때를 대비하여, 계약상대자로부터 선금 잔액에 해당하는 금액을 현금(체신관서나 은행법의 적용을 받는 금융기관이 발행한 자기앞수표를 포함)으로 반납할 것을 보장받기 위해 그 지급을 확약하는 문서를 제출받아야 한다(정부 입찰·계약 집행기준 제35조 제1항).

다. 보증금액

채권확보조치를 하는 보증 또는 보험금액은 선금액에 그 금액에 대한 보증 또는 보험기간에 해당하는 약정이자상당액[사유발생 시점의 금융기관 대출평균금리(한국은행 통계월보상의 대출평균금리)에 의하여 산출한 금액]을 가산한 금액 이상으로 하여야 한다(정부 입찰·계약 집행기준 제35조 제2항). 다만, 선금을 정산하였을 때는, 계약상대자의 요청에 따라 해당 선금잔액(선금액에서 선금정산액을 공제한 금액)에 해당 약정이자상당액을 가산한 금액을 기준으로 채권확보조치를 할 수 있다(정부 입찰·계약 집행기준 제35조 제3항).

라. 보증범위

선금반환보증계약의 보증기관은 주채무자의 선급금 반환채무 이행을 보증하므로, 그 보증금 지급사유 발생과 범위는 주계약 내용을 기준으로 판단해야 한다. 따라서 선급금 충당 대상인 기성공사대금의 내역을 어떻게 정할지는 주계약 당사자 사이의 약정에 따라야 한다.[1] 또한, 보증기간 안에 지급된 선금은 비록 보증기간이 종료된 후 보험사고가 발생했다 하더라도 보험자가 부담하는 책임 범위에 포함된다고 본다.[2]

한편, 보증기관이 발주기관에게 지급할 보증금에 약정이자가 포함되는지 문제이다. 물론 선금반환 범위에 약정이자도 당연히 포함되므로, 선금지급일부터 선금반환사유가 발생할 때까지 발생한 약정이자는 보험금에 포함된다. 그러나 선금반환사유가 발생한 이후 보증기관이 발주기관에게 실제로 금원을 지급할 때까지 발생한 약정이자도 보험금에 포함해야 하는지가 논란이다. 생각건대 선금반환보증계약 역시 보증의 실질을 가지므로, 보증금액 한도에서 주채무자와 같은 채무를 부담해야 하고, 보증기관이 정당한 이유 없이 보증금 지급을 지체하는 폐혜를 방지하기 위해서라도 위와 같은 약정이자는 보증금 범위에 포함되어야 한다고 본다.

마. 보증기간

보증 또는 보험기간의 개시일은 선금지급일 이전이어야 하고, 그 종료일은 이행기간의 종료일 다음날부터 60일 이상으로 하되, 이행기간이 60일 이내이면 30일 이상으로 해야 한다. 다만, 발주기관이 그 이행기간을 연장하고자 할 경우, 계약상대자로 하여금 기존 보증 또는 보험기간에 그 연장하고자 하는 기간을 가산한 기간을 보증 또는 보험기간으로 하는 증권이나 보증서를 추가로 제출하게 해야 한다(정부 입찰·계약 집행기준 제35조 제4항). 그리고 계속비계약이나 장기계속계약에서 이행종료일은 각 연차별 계약을 기준으로 한다.

한편, 보증보험에서 피보험자와 보험계약자가 보험기간 안에 있는 주계약 이행기간을 보험자 동의 없이 보험기간 이후로 연장했다 하더라도, 연장된 주계약 이행기간에 따라 보험기간이 연장된다고 볼 수 없으므로, 보험자는 처음 정한 보험기간 안에 발생한 보험사고만 책임을 부담한다. 따라서 보험자 동의 없이 주계약 이행기간을 연장했다 하더라도, 보험계약 효력이 당연히 소멸한다고 볼 수는 없다.[3]

바. 보증금 지급

1) 선금반환보증이 여러 개 체결된 경우

선급금을 수령한 수급인이 어느 보증인과 해당 선급금 반환채무를 위한 보증계약을 체결하고, 그와 별도로 다른 보험자와 해당 선급금 반환채무를 위한 보증보험계약을 체결했다 하더라도, 특별한 약정이 없다면 그러한 사정만으로 보증인이 보증채권자에게 지급해야 할

1) 대법원 2004. 11. 26. 선고 2002다68362 판결.
2) 같은 취지로, 대법원 2001. 5. 29. 선고 2000다3897 판결.
3) 대법원 2006. 4. 28. 선고 2004다16976 판결.

보증금이 다른 보험자의 보험계약상 보험금지급의무에 따라 제한되지 않는다.[1)]

2) 보증사고 발생시점

대법원은 선금반환보증에서 보증사고가 무엇인지는 당사자 사이의 약정으로 계약내용에 편입된 보증약관과 보증서, 주계약의 구체적 내용 등을 종합하여 결정해야 하는데, 공사기간과 보증기간의 종기가 일치하는 선금반환보증에서 보증사고 발생시점은 주계약이 해지된 때가 아니라 주계약에서 정한 채무불이행이 발생한 때라고 본다.[2)]

3) 면책

발주기관이 계약상대자에게 기성대가를 적법하게 지급한 경우, 선금반환사유 발생에 따라 반환받을 선금에서 미지급 대가를 공제할 수 있었는데, 본래 약정과 달리 기성대가를 너무 많이 지급하여 미지급 대가가 더 이상 남지 않은 결과 선금반환채권에 충당할 수 없게 된 것이므로, 발주기관이 선금을 반환받지 못한 손해는 발주기관 스스로 책임 있는 사유에 따른 손해에 해당한다. 따라서 보증기관은 그 책임을 면한다.[3)]

사. 보증취소

선급금 액수, 지급시기, 지급방법은 선급금이 본래 용도로 실제 사용될지 여부와 장래 선급금 반환채무 이행가능성, 보증사고 발생과 그에 따른 책임부담 개연율 측정으로 보증계약 체결 여부나 그 내용을 결정하기 위한 표준사항에 해당하므로 선금반환보증계약을 체결할 때 고지해야 할 중요한 사항이고, 만약 계약상대자가 이를 부실하게 고지하거나 고지하지 않았다면 보증기관에 대한 기망행위라 볼 수 있으며, 그 결과 보증기관이 착오에 빠져 보증계약을 체결했다면, 보증기관은 민법 일반원칙에 따라 해당 보증계약을 취소할 수 있다.[4)]

4. 손해보험

가. 의의와 취지

발주기관은 계약을 체결하면서 필요하다고 인정할 경우 해당 계약의 목적물 등에 손해보험(건설산업기본법 제56조 제1항 제5호에 따른 손해공제를 포함)에 가입하거나 계약상대자로 하여금 손해보험에 가입하게 할 수 있다(국가계약법 시행령 제53조 제1항). 손해보험과 관련한 구체적인 사항은 기획재정부 계약예규 정부 입찰·계약 집행기준 제14장에서 정한다. 그리하

---

1) 대법원 2004. 11. 26. 선고 2002다68362 판결.
2) 대법원 2003. 1. 24. 선고 2002다55199 판결.
3) 대법원 1999. 6. 22. 선고 99다3693 판결.
4) 대법원 2002. 11. 26. 선고 2002다34727 판결, 대법원 2003. 11. 13. 선고 2001다33000 판결.

여 발주기관은 공사손해보험 가입 업무를 수행할 때 정부 입찰·계약 집행기준 제14장에서 정한 바에 따라야 한다(정부 입찰·계약 집행기준 제54조). 위와 같은 손해보험제도는 발주기관이나 계약상대자가 계약을 이행하는 과정에서 예상하지 못한 사정으로 손해가 발생할 경우를 대비해, 그 손해를 담보하기 위한 제도이다.

나. 보험가입

1) 대상계약

발주기관은 국가계약법 시행령 제78조에 따른 대형공사계약 중 대안입찰이나 일괄입찰계약과 특정공사계약, 같은 시행령 제97조에 따른 실시설계 기술제안입찰이나 기본설계 기술제안입찰 계약과 추정가격 200억 원 이상인 공사로서 입찰참가자격사전심사요령 제6조 제5항 제1호에서 정한 공사에 대하여 특별한 사정이 없다면, 계약목적물과 제3자 배상책임을 담보할 수 있는 공사손해보험에 가입하거나 계약상대자로 하여금 그 보험에 가입하게 해야 하며, 필요한 경우 보험가입 등과 관련하여 전문가로부터 자문을 받을 수 있다(정부 입찰·계약 집행기준 제55조, 공사계약일반조건 제10조 제1항). 이러한 시설공사는 주로 대규모 복합공종 공사로서 공사수행이 어렵고, 시공과정에서 문제가 발생하면 그 피해규모나 범위가 넓어 미리 손해보험에 가입하게 하려는 취지이다.

2) 피보험자

발주기관이나 계약상대자는 공사손해보험 가입 당시 발주기관, 계약상대자, 하수급인, 해당 공사의 이해관계인을 피보험자로 해야 하며, 계약상대자가 가입하는 경우로서 보험사고 발생으로 발주기관이 아닌 제3자가 보험금을 수령할 경우에는 발주기관으로부터 사전동의를 받도록 약정해야 한다(정부 입찰·계약 집행기준 제58조, 공사계약일반조건 제10조 제2항).

3) 가입내용

위 공사손해보험은 계약목적물에 대한 손해담보와 제3자에 대한 손해배상책임을 담보할 수 있는 보험이어야 한다. 다만, 필요한 경우, 계약상대자의 부담으로 추가로 담보하는 보험에 가입하게 할 수 있다(정부 입찰·계약 집행기준 제56조). 손해보험 약관으로는 영국식 약관과 독일식 약관이 있고, 발주기관은 보험가입대상 공사에서 계약상대자가 가입하는 경우, 보험약관 형식을 정하여 계약상대자에게 통보해야 한다(정부 입찰·계약 집행기준 제61조).

4) 가입금액

계약목적물에 대한 손해보험가입금액은 공사의 보험가입 대상부분의 계약금액에서 부가가치세와 손해보험료를 제외한 순계약금액을 기준으로 하며(정부 입찰·계약 집행기준 제57

조 제1항, 공사계약일반조건 제10조 제3항), 순계약금액에 관급자재가 있을 경우에는 이를 포함하고, 장기계속공사계약인 경우에는 총공사 부기금액을 기준으로 순계약금액을 산정한다(정부 입찰·계약 집행기준 제57조 제2항). 제3자에 대한 손해배상책임과 관련하여, 매사고당 보상한도는 제1항과 제2항에서 정한 보험가입 금액의 100분의 1과 5억 원 중에 많은 금액을 기준으로 한다(정부 입찰·계약 집행기준 제57조 제3항).

발주기관은 계약금액이 증감(국가계약법 시행령 제64조부터 제66조까지에 따른 계약금액의 증감)된 경우, 증감된 순계약금액 만큼 공사손해보험가입금액을 증액·감액하거나 계약상대자에게 증액·감액하게 하여야 한다. 다만, 계약금액이 증가되는 경우, 증가된 순계약금액이 당초 보험가입금액의 100분의 10을 초과하지 않으면 증액이나 감액이 필요없다(정부 입찰·계약 집행기준 제57조 제4항).

5) 가입시기와 보험기간

발주기관은 공사착공일 이전까지 손해보험에 가입하거나 계약상대자에게 가입하게 하여야 하고, 계약상대자가 가입한 경우에는 착공신고서를 제출할 때 발주기관에게 그 증서를 제출해야 한다(정부 입찰·계약 집행기준 제59조 제1항, 공사계약일반조건 제10조 제4항). 따라서 발주기관은 계약상대자가 착공신고서에 보험가입증서를 첨부하지 않으면 착공을 승인하지 않을 수 있고, 이에 따라 공사지연이 발생하면 계약상대자가 그 책임을 부담한다.

한편, 보험기간은 해당 공사에 착공할 때(손해보험가입 비대상공사가 포함된 공사의 경우에는 손해보험가입대상공사 착공일을 말함)부터 발주기관이 목적물을 인수할 때(시운전이 필요한 공사인 경우에는 시운전 시기까지 포함)까지로 해야 한다(정부 입찰·계약 집행기준 제59조 제2항, 공사계약일반조건 제10조 제4항).

다. 보험료 계상

발주기관은 보험가입대상 공사로서 계약상대자로 하여금 가입하게 하는 경우, 예정가격을 작성할 때 예정가격작성기준 제2장 원가계산에 따른 예정가격 작성에서 정한 내용에 따라 예정가격에 보험료를 계상해야 한다. 다만, 국가계약법 시행령 제7조의2 제2항에 따라 예정가격을 작성하지 않을 때는 공사예산에 보험료를 계상해야 한다(정부 입찰·계약 집행기준 제60조 제1항). 이처럼 손해보험을 위한 보험료는 법정 경비에 해당한다. 다만, 보험가입대상 공사가 아닌 공사에서는 보험료 상당을 공사대금에 반영할 필요가 없다.

한편, 발주기관은 보험개발원, 손해보험회사 등으로부터 보험료 계상을 위한 보험료율을 제공받아 이를 기초로 산정하고(정부 입찰·계약 집행기준 제60조 제2항), 계약상대자는 예정가격조서상 보험료나 계약상대자가 제출한 입찰금액 산출내역서상 보험료와 손해보험회사에 실제 납입한 보험료 사이에 차이가 있다는 이유로 보험가입을 거절하거나 해당 차액을 정산해 달라고 요구하지 않아야 한다(정부 입찰·계약 집행기준 제60조 제4항, 공사계약일반조건 제10조 제6항).

또한, 발주기관은 공사손해보험료 산정근거인 보험가입대상 공사부분의 항목 등을 설계서에 명시해야 한다(정부 입찰·계약 집행기준 제60조 제3항).

라. 관련 권리의무

1) 계약상대자의 의무

발주기관은 공사손해보험에 가입하거나 계약상대자에게 가입하게 하는 경우, 계약상대자로 하여금 다음 사항을 성실히 이행하게 해야 한다(정부 입찰·계약 집행기준 제62조).

① 보험에 가입한 공사의 손해방지를 위한 위험관리에 있어 신의와 성실의 원칙에 입각한 선량한 관리자로서의 주의의무

② 보험가입과 관련하여 피보험자가 이행하여야 할 보험회사에 대한 고지 또는 통지의무

③ 보험에 가입한 공사의 시공기간 중 보험회사의 위험도 조사에 대한 협조 및 보험회사로부터 제출된 위험도 조사 보고서(Risk Survey Report)에 따른 적절한 위험방지 조치

④ 보험사고 발생 시에 구체적인 사고 경위 등을 지체없이 계약담당공무원에게 통보할 의무

한편, 계약상대자는 보험 계약상 권리를 제3자에게 양도·이전·질권 설정·그 밖에 담보 제공해서는 안 되고, 어떠한 형태로든지 피보험자의 권리를 제한하는 행위를 하게 해서도 안 된다(정부 입찰·계약 집행기준 제64조).

2) 보험금 지급과 사용

계약상대자는 보험가입 목적물에 발생한 보험사고로 보험금이 지급되는 경우 보험금을 해당 공사복구에 우선 사용해야 한다(정부 입찰·계약 집행기준 제65조 제1항, 공사계약일반조건 제10조 제7항). 그리고 계약상대자는 위 보험금 지급 지연이나 부족을 이유로 피해복구를 지연하거나 거절할 수 없다(정부 입찰·계약 집행기준 제65조 제2항, 공사계약일반조건 제10조 제7항).

3) 이행보증기관의 계약상대자 권리·의무 승계

발주기관은 손해보험계약을 체결한 뒤에 공사이행보증서 발급기관이 보증시공을 할 경우, 공사이행보증서 발급기관으로 하여금 계약상대자의 보험계약상 권리와 의무를 승계하게 하고, 이는 보험가입 공사계약이 해제·해지되어 새로운 계약상대자가 선정되는 경우에도 같다(정부 입찰·계약 집행기준 제63조, 공사계약일반조건 제10조 제5항).

제9장 / 계약이행

제 1 절 선금지급

Ⅰ. 서론

1. 의의

선금지급 혹은 선급이란 계약상대자가 계약을 이행하기 전이나 대가 지급시기가 도래하기 전에 발주기관이 계약상대자에게 미리 대금의 전·일부를 지급하는 것을 말한다. 따라서 발주기관이 계약이행 전에 계약상대자에게 미리 지급하는 돈을 선금이라고 한다. 이에 발주기관은 공사, 물품제조, 용역계약에서 계약상대자에게 계약금액의 100분의 70을 초과하지 않은 금액을 선금으로 지급할 수 있다(국고금관리법 시행령 제40조 제1항 제15호).

2. 취지

계약이행 대가는 원칙적으로 이행완료 후에 지급되나, 가령 자금 사정이 좋지 않거나 초기자금을 확보하기 곤란한 계약상대자도 원활히 계약을 이행하게 할 필요가 있다. 따라서 선급제도는 계약상대자의 계약이행을 위한 자금난 해소, 건설노동자 고용이나 건설에 필요한 자재를 구입하는 등 공공계약 이행을 원활히 하도록 돕는 제도이다. 특히 사회부조적인 효과뿐만 아니라 경제활성화라는 부수적인 효과도 있다고 한다.[1] 특히 공사, 물품제조, 용역계약상 노임이나 자재구입비, 보험료 등에 대한 우선 충당을 위해, 발주기관은 계약체결 후 즉시 계약상대자에게 선금을 지급해야 하며, 계약금액 규모별로 일정률을 지급해야 한다.

3. 법적 성격

원칙적으로 선금은 계약대금의 전·일부로 본다. 그러나 해약금으로서 '계약금'이라고 이해하기는 어려우므로(민법 제565조 제1항 참조), 설령 계약해제가 있더라도 계약상대자는 발

---

1) 계승균, 앞의 책, 165쪽.

주기관에게 그 배액을 상환할 필요가 없다고 본다.[1] 대법원은 공사도급계약에서 선금은 자금 사정이 좋지 않은 수급인으로 하여금 자재 확보, 노임 지급 등에 곤란 없이 공사를 원활하게 진행할 수 있게 하려고 도급인이 장차 지급할 공사대금을 수급인에게 미리 지급하는 공사대금인데, 만약 선금을 수급인이 지급받을 기성고 해당 중도금 중 최초분부터 전액 우선 충당하게 되면 위와 같은 선금 지급 목적을 달성하기 어려우므로, 선금이 지급된 경우에는 특별한 사정이 없으면 기성 부분 대가가 지급될 때마다 계약대금에 대한 기성부분 대가 상당액의 비율에 따라 안분 정산하여 그 금액 상당을 선금 중 일부로 충당하고 나머지 공사대금을 지급받도록 해야 한다고 본다.[2] 따라서 선금은 기성고 비율에 따른 안분 정산을 해야 한다. 또한, 선금은 도급인이 수급인에게 미리 지급하는 공사대금 중 일부이므로 하도급거래 공정화에 관한 법률 제14조에서 정한 하도급대금에도 해당한다.[3]

4. 법적 근거

선금지급은 국고금 관리법과 정부 입찰·계약 집행기준에 근거한다. 즉, 지출관은 운임, 용선료, 공사·제조·용역계약의 대가, 그 밖에 대통령령으로 정하는 경비로서 그 성질상 미리 지급하지 않거나 개산하여 지급하지 않으면 해당 사무나 사업에 지장을 가져올 우려가 있는 경비는 이를 미리 지급하거나 개산하여 지급할 수 있고(국고금 관리법 제26조), 미리 지급할 수 있는 경비란 공사, 제조, 용역계약의 대가로서 계약금액의 100분의 70(원활한 공사 진행 등에 필요한 경우에는 100분의 80)을 초과하지 않는 금액을 말한다(국고금 관리법 시행령 제40조 제1항 제15호).

한편, 발주기관은 위와 같은 국고금 관리법령에 따라 선금을 지급하고자 할 경우, 정부 입찰·계약 집행기준 제12장 선금의 지급 등이 정한 바에 따라야 하되, 특수한 사유로 해당 예규를 따르기 곤란한 경우에는 기획재정부장관과 협의하여 특례를 정할 수도 있다(정부 입찰·계약 집행기준 제33조).

---

1) 김성근, 앞의 책(Ⅰ), 644쪽.
2) 대법원 2002. 9. 4. 선고 2001다1386 판결.
3) 대법원 2003. 5. 16. 선고 2001다27470 판결.

Ⅱ. 적용

1. 지급요건

가. 내용

발주기관은 공사, 물품제조, 용역계약(발주기관이 시스템 특성 등에 맞게 소프트웨어 일부에 수정·변경을 요구하여 체결한 소프트웨어사업을 포함)을 체결한 자가 국가계약법 시행령 제76조에 따른 입찰참가자격제한을 받고 그 제한기간 중이 아니라면, 그로부터 선금지급 요청을 받은 경우, 해당 계약상대자에게 선금을 지급할 수 있다(정부 입찰·계약 집행기준 제34조 제1항 제1호, 제2호).

기획재정부는 발주기관이 계약체결 당시 계약서 등에 선금지급 조건 등을 명시하지 않았더라도 자체적인 판단 아래 계약상대자에게 선금을 지급할 수 있다고 해석하지만,[1] 정부 입찰·계약 집행기준은 발주기관이 선금을 지급하려는 경우, 계약체결 당시 채권확보조치, 선금의 사용, 정산·반환청구 등 그 밖에 필요한 사항을 선금지급 조건으로 명시해야 한다고 규정한다(정부 입찰·계약 집행기준 제39조).

나. 공사, 물품제조, 용역계약을 체결한 자

선금지급 대상인 계약은 공사, 물품제조, 용역계약이다. 따라서 물품구매(공급)계약에서는 선금을 지급하지 않는다.

다. 입찰참가자격제한을 받고 그 제한기간 중이 아닌 자

입찰참가자격제한을 받지 않았거나 받았더라도 제한기간 중이 아닌 자만이 발주기관에게 선금지급을 요청할 수 있다. 반드시 계약체결 후에 입찰참가자격제한을 받은 자만 지칭하는지 문제되는데, 선금지급 요건으로 '입찰참가자격제한을 받고 그 제한기간 중에 있지 아니한 경우'라고 명시했을 뿐이므로, 제재받은 시점이 계약체결 전이든 그 후든 제재기간 중에 있는 자는 선금을 지급받을 수 없다고 해석해야 한다.

라. 계약상대자 요청

계약상대자는 선금을 지급받으려면 발주기관에게 선금지급을 요청해야 한다. 따라서 계약상대자가 계약체결 후 계약목적 달성을 위한 용도로 선금지급을 요청하였다면, 발주기관은 사전제작도면 승인여부와 관계없이 이를 지급할 수 있으며, 나아가 공사이행이 상당기간 지연되리라는 사정이 명백하지 않다면 일부 공사가 중지된 기간이라 하더라도 해당 계약목

---

1) 회계제도과-709, 2009. 4. 15.

적 달성을 위해 필요한 자재확보, 노임지급 등을 위해 선금을 지급할 수도 있다.

한편, 공동계약인 경우, 공동수급체 대표자는 발주기관에게 공동수급체 구성원별로 구분 기재된 신청서를 제출해야 한다. 다만, 공동수급체 구성원 사이에 일부 구성원이 불가피한 사정으로 추후 선금을 청구하기로 합의하고 그 구성원을 제외한 나머지 구성원의 신청내용을 구분 기재한 신청서를 제출했다면, 발주기관은 신청한 구성원의 신청금액에 따라 선금을 지급할 수 있다.

마. 발주기관 지급

선금지급을 요청받은 발주기관은 지급요건을 검토한 후 계약상대자에게 선금을 지급한다. 이와 관련하여, 발주기관이 계약상대자에게 선금을 지급하기 전에 제3자가 계약상대자의 공사대금채권을 대상으로 압류 및 추심명령을 받았다면, 발주기관이 그 제3자에게 선금 상당 금원을 지급해야 하는지 문제된다. 기획재정부는 계약상대자가 아닌 자에게 이를 지급할 수 없다고 해석하지만,[1] 이러한 해석은 근거가 없다. 즉, 선금을 공사대금 일부로 보는 만큼 위 압류 효력은 선금에도 미치기 때문에, 발주기관은 계약상대자에게 선금을 지급할 수 없고, 압류채권자에게 이를 지급해야 한다고 본다. 비록 위 기획재정부 해석은 선금이 해당 계약과 관계없는 자에게 지급되는 결과를 방지하려는 취지로 보이지만, 이러한 문제는 해석론이 아니라 입법론으로 해결할 문제다.[2]

2. 지급범위

가. 지급비율

1) 원칙

선금지급 조건을 충족하는 경우, 발주기관은 계약금액의 100분의 70을 초과하지 않는 범위에서 선금을 지급할 수 있다. 다만, 계약상대자가 선금의무지급률 이하로 신청한 경우에는 신청한 내용에 따라 지급한다(정부 입찰·계약 집행기준 제34조 제1항). 이에 발주기관은 계약상대자의 청구를 받은 날부터 14일 안에 다음 비율에 해당하는 선금을 지급해야 한다(정부 입찰·계약 집행기준 제34조 제3항).

---

1) 회제 41301-3158, 1997. 11. 18.
2) 같은 취지로, 김성근, 앞의 책(Ⅰ), 647쪽.

① 공사
가. 계약금액이 100억원이상인 경우 : 100분의 30
나. 계약금액이 20억원이상 100억원 미만인 경우 : 100분의 40
다. 계약금액이 20억원 미만인 경우 : 100분의 50
② 물품의 제조 및 용역
가. 계약금액이 10억원이상인 경우 : 100분의 30
나. 계약금액이 3억원이상 10억원 미만인 경우 : 100분의 40
다. 계약금액이 3억원 미만인 경우 : 100분의 50
③ 수해복구공사
가. 계약금액이 20억원미만인 경우 : 100분의 70
나. 계약금액이 20억원이상인 경우 : 100분의 50

2) 예외

발주기관은 계약이행에 필요한 기간 등을 고려해, 계약을 체결한 연도 안에 해당 예산을 전액 집행할 수 없는 경우로서 해당 예산의 사고이월이 불가피하다고 인정되는 경우, 위와 같은 선금지급률에도 계약을 체결한 연도 안에 집행할 수 있는 금액을 한도로 선금을 지급해야 한다. 위 선금지급률에 따라 지급해야 할 선금 중 지급되지 않은 금액은 예산이 이월된 연도에 지급해야 한다(정부 입찰·계약 집행기준 제34조 제11항).

나. 추가지급

발주기관은 다음 어느 하나에 해당하는 경우, 계약상대자의 청구에 따라 앞의 금액과 아울러 해당 계약금액의 100분의 10 범위에서 추가 지급해야 한다(정부 입찰·계약 집행기준 제34조 제4항).

① 정부 입찰·계약 집행기준 제70조4 제1항 각호에 따른 원자재 가격이 급등한 경우
② 신기술을 사용하는 물품 및 용역계약에 있어서 기술개발투자를 위한 자금이 계약이행초기에 집중적으로 소요되는 경우
③ 계약상대방이 저탄소 녹색성장 기본법 제32조 제2항에 따라 녹색기술·녹색사업에 대한 적합성 인증을 받거나 녹색전문기업으로 확인받은 경우(제32조 제2항 각호에 해당하는 자 제외)

한편, 설계변경 등으로 계약금액이 조정된 경우 선금은 조정된 계약금액을 기준으로 산정해야 하므로, 선금지급 이후에 설계변경 등으로 계약금액이 증액되었다면, 발주기관은 계약상대자에게 증액된 계약금액에 상응하는 비율만큼 선금을 추가 지급해야 한다.[1)]

다. 기성대가 공제

발주기관은 국가계약법 제15조에 따라 기성부분이나 기납부분에 대가를 지급한 경우, 2)에서 본 각 선금을 산정할 때 계약금액(단가계약의 경우에는 발주금액)에서 기성대가를 공제한 금액을 기준으로 한다(정부 입찰·계약 집행기준 제34조 제5항).

라. 계속비·장기계속계약

발주기관은 계속비와 장기계속계약에서 선금을 지급하는 경우, 계속비계약은 해당 연도 이행금액, 즉 계약체결 당시 부기한 연부액을 기준으로 선금을 산정하고, 장기계속계약은 연차별계약금액을 기준으로 선금을 산정한다(정부 입찰·계약 집행기준 제34조 제6항).

마. 국고채무부담행위 예산과 세출예산에 따른 계약

발주기관은 국고채무부담행위 예산에 따른 계약에서 국고채무부담행위액의 상환을 위한 세출예산이 계상된 연도에만 선금을 지급할 수 있다(정부 입찰·계약 집행기준 제34조 제7항). 세출예산과 국고채무부담행위 예산이 복합된 경우, 계약금액은 세출예산을 우선 배정하고, 나머지 금액은 국고채무부담행위 예산으로 충당해야 하며, 선금은 세출예산부분에만 의무적 지급률을 적용하여 지급해야 한다.[2)]

3. 지급제한

발주기관은 자금사정 등 불가피한 사유로 선금지급이 불가능할 경우, 지체없이 계약상대자에게 그 사유를 서면으로 통지해야 한다(정부 입찰·계약 집행기준 제34조 제8항). 여기서 선금지급이 불가능한 경우란, 자금배정이 지연될 경우(단, 자금배정이 있으면 즉시 선금을 지급), 계약체결 후 불가피한 사유로 이행착수가 상당기간 지연될 것이 명백한 경우(단, 해당 사유 해제가 있으면 즉시 선금을 지급), 계약상대자로부터 선금지급 요청이 없거나 지급유예 신청이 있는 경우를 각 말한다(정부 입찰·계약 집행기준 제34조 제9항 제1호부터 제3호).

---

1) 회제 41301-808, 1998. 4. 28.
2) 회계 45101-742, 1996. 4. 12., 회계 41301-668, 1997. 3. 21.

4. 하수급인 보호

발주기관은 계약상대자가 선금지급을 요청하는 경우, 계약상대자로부터 하수급인에 대한 선금지급계획을 제출받아야 한다(정부 입찰·계약 집행기준 제34조 제2항). 또한, 계약상대자는 선금을 지급받은 날로부터 5일 안에 하수급인에게 선금수령 사실을 서면으로 통지해야 한다(정부 입찰·계약 집행기준 제34조 제12항).

5. 채권확보

발주기관은 계약상대자에게 선금을 지급하면서, 향후 발생할지 모를 반환채권을 확보하기 위한 담보수단으로 계약상대자로부터 증권이나 보증서를 제출받아야 한다(정부 입찰·계약 집행기준 35조 제1항). 이를 선금반환보증제도라 하는데, 그 내용은 앞에서 자세히 살펴보았다.

Ⅲ. 선금사용

1. 사용용도

계약상대자는 계약목적 달성을 위한 용도와 수급인의 하수급인에 대한 선금배분 이외에 다른 목적으로 선금을 사용할 수 없으며, 특히 노임지급(공사계약이나 국가계약법 시행규칙 제23조의3 각호 용역계약은 제외)과 자재확보에 우선 사용하도록 해야 한다(정부 입찰·계약 집행기준 제36조 제1항). 또한, 발주기관은 계약상대자로 하여금 국민건강보험료 등을 납부하는 용도로 선금을 우선 사용하게 할 수 있다(정부 입찰·계약 집행기준 제95조). 또한 계약상대자는 하수급인에게 선금을 현금으로 지급해야 한다(정부 입찰·계약 집행기준 제36조 제5항).

2. 양도제한

계약상대자는 선금 '전액'을 정산하기 전에 계약에 따라 발생한 계약상 권리의무를 제3자에게 양도할 수 없다. 다만, 선금지급을 보증한 기관으로부터 동의를 얻어 공사대금청구권을 양도하고자 하는 경우는 예외이다(정부 입찰·계약 집행기준 제36조 제3항).

3. 선금배분·수령내역 확인

발주기관은 수급인에게 선금을 지급한 경우, 지급일로부터 20일 안에 계약상대자와 하수급인으로부터 증빙서류를 제출받고, 선금배분·수령내역을 비교·확인해야 한다(정부 입찰·

계약 집행기준 제36조 제4항).

Ⅳ. 선금정산

선금은 기성부분이나 기납부분의 대가를 지급할 때마다 다음 같은 방식에 따라 산출한 선금정산액 이상을 정산해야 한다(정부 입찰·계약 집행기준 제37조 제1항).

선금정산액 = 선금액 × [기성(또는 기납) 부분의 대가상당액 / 계약금액]

발주기관은 계약기간 종료일 전에 선금 전액 정산이 완료된 경우, 계약상대자 신청에 따라 계약상대자에게 선금 정산이 완료되었다는 증명서류를 발급해야 한다(정부 입찰·계약 집행기준 제37조 제2항).

Ⅴ. 선금반환청구

1. 사유

발주기관은 선금을 지급한 후에 일정한 사유가 발생하면, 지체없이 계약상대자에게 선금(잔액)을 반환청구해야 한다(정부 입찰·계약 집행기준 제38조 제1항). 일정한 사유란 계약을 해제·해지하는 경우, 선금지급조건을 위반한 경우, 정당한 사유 없이 선금 수령일로부터 15일 안에 하수급인에게 선금을 배분하지 않은 경우, 계약변경으로 계약금액이 감액되었을 경우를 말한다. 또한, 발주기관은 공사기간 연장에 따라 계약상대자에게 선금보증서의 보증기간 연장을 요청했으나, 계약상대자가 보증기간을 연장한 선금보증서를 제출하지 못한 경우에도 선금반환을 청구할 수 있다.[1)]

2. 법적 성격

이와 같은 선금반환의무는 계약상대자의 채무불이행에 따른 계약해제로 발생하는 원상회복의무로서 성질을 가진다. 따라서 계약상대자의 보증인은 특별한 사정이 없다면 선금반환의무에도 보증책임을 부담한다.[2)]

---

1) 회계 41301-2946, 1997. 10. 23.
2) 대법원 2012. 5. 24. 선고 2011다109586 판결.

3. 약정이자 가산

가. 의의

선금반환 사유가 발생하면, 계약상대자는 원칙적으로 선금잔액인 원금만 반환하면 되나, 계약상대자의 책임 있는 사유로 선금을 반환해야 하는 경우에는 해당 선금잔액에 약정이자 상당액을 가산하여 반환해야 한다(정부 입찰·계약 집행기준 제38조 제1항). 이때 약정이자율은 선금을 지급한 시점을 기준으로 하며(정부 입찰·계약 집행기준 제38조 제1항), 이자상당액의 계산방법은 매일 선금잔액에 대한 일변계산에 따르고, 계산기간은 반환할 때까지로 한다(정부 입찰·계약 집행기준 제38조 제2항).

나. 법적 성격

위와 같은 선금이자 약정은 원칙적으로 손해배상의 예정으로 보아야 하고, 선금이자 약정과 지체상금 약정이 함께 있다고 하더라도, 그러한 이유만으로 선금이자를 위약벌로 해석하기 곤란하다.[1)]

4. 공제

지급된 선금에 부가가치세가 포함되어 있어서, 그 세금계산서를 발행받아 위 부가가치세 상당액을 매입세액으로 환급받았다면, 이 환급세액은 그 실질이 선금 중 부가가치세 상당액을 반환받은 결과와 같으므로, 계약상대자가 반환해야 할 금액에서 공제해야 한다.[2)]

5. 미지급 공사대금에 충당

발주기관은 선금반환청구 당시 기성부분에 대한 미지급액이 있는 경우, 선금잔액을 그 미지급액에 우선 충당해야 한다(정부입찰·계약 집행기준 제38조 제4항 본문). 발주기관이 계약상대방에게 가지는 선금반환채권과 계약상대방이 발주기관에게 가지는 미지급 공사대금채권은, 상계를 금지하는 특별한 사정이 없다면, 상계하는 것이 당연하기 때문이다.

또한, 선금의 충당범위와 관련하여 예외적 정산약정을 한 경우 등 특별한 사정이 없다면, 별도 상계 의사표시 없이 그때까지 기성고에 해당하는 공사대금 가운데 미지급액이 당연히 선금으로 충당되고, 선금이 미지급 공사대금에 충당되고 남으면 비로소 계약상대자가 발주기관에게 이를 반환해야 한다.[3)]

---

1) 대법원 2006. 10. 26. 선고 2004다65282 판결.
2) 대법원 2006. 4. 28. 선고 2004다16976 판결.
3) 대법원 2010. 5. 13. 선고 2007다31211 판결, 대법원 2017. 1. 12. 선고 2014다11574, 11581 판결.

한편, 발주기관이 미지급 공사대금에 충당하고도 반환받을 선금이 남은 경우, 계약상대자가 발주기관에게 반환해야 할 정산금 채무는 선금반환채무 그 자체와는 다른 성질이라고 본다. 따라서 A와 B가 공동수급체를 구성하여 도급받은 공사에서, B가 주관사로서 선급금 등을 지급받고 진행하다가 포기하는 바람에 A가 B의 탈퇴 뒤 나머지 공사를 시행하기로 도급인과 약정했고, 그 약정 당시 B의 도급인에 대한 미정산 선금 액수를 확정하고 그 반환채무를 A가 승계하기로 했다면, 도급인이 A에게 가지는 미정산 선금반환채권과 A가 도급인에게 가지는 공사대금채권은 상계, 공제하는 등 별도 정산을 거쳐야 비로소 A의 위 미정산 선금반환채무가 소멸할 뿐, 위 미정산 선금이 B의 미지급 공사대금채권에 당연히 충당되었다고 볼 수 없다.[1)]

그런데 선금반환 사유가 발생한 후에 미지급 기성금에 가압류가 있었던 경우, 가압류 이전에 발생한 미지급 기성금은 이미 선금반환금액에 당연히 충당되므로[2)] 이때 발주기관의 선금반환채권 충당이 가압류결정보다 우선한다고 보아야 한다.

6. 공동수급체와 선금반환

가. 공동수급체가 선금보증서를 일괄납부한 경우

공동수급체가 선금보증서를 일괄 납부했는데, 공동수급체 가운데 부도 등을 이유로 협정서대로 계약 이행을 하지 못하는 구성원이 발생해 발주기관의 승인을 받아 출자비율을 변경하고, 그 구성원이 지급 받은 선금까지 선금보증서로 일괄하여 책임지는 경우라면, 보증기관과 탈퇴한 구성원 사이의 구상관계는 별론으로 하더라도, 공동수급체나 보증기관이 발주기관에게 선금반환의무를 부담하지 않는다. 그러나 구성원 각자 자기 지분율에 따라 선금을 받은 다음 각자 선금보증서를 제출했는데, 위와 같은 선금반환 사유가 발생했다면 그 사유를 야기한 구성원이 선금반환의무를 부담한다.

나. 공동수급체 구성원의 선금반환채무 연대책임 여부

공동수급체가 발주기관에게 계약상 의무이행을 연대하여 책임진다는 규정이 있더라도, 선금반환채무 등과 관련하여 다른 규정이 없고, 선금 규정은 별도로 두어 그 반환채무 담보방법으로 수급인이 제출해야 할 문서로서 보험사업자의 보증보험증권이나 건설공제조합의 지급보증서 등 그 담보력이 충분한 것으로 제한했다면, 공동수급체의 각 구성원이 부담하는 연대책임 범위는 선금반환채무에까지 미치지 않는다고 보아야 하므로, 공동수급체의 구성원은 특별한 사정이 없으면 다른 구성원의 선금반환채무에 연대책임을 지지 않는다.[3)]

---

1) 대법원 2004. 11. 26. 선고 2002다68362 판결.
2) 대법원 1999. 12. 7. 선고 99다55519 판결.
3) 대법원 2004. 11. 26. 선고 2002다68362 판결.

다. 선금반환채무부담 구성원 이외에 다른 구성원의 공사대금에 충당 여부

발주기관이 기성공사대금을 가지고 선금반환채무를 부담하는 구성원의 선금채권에 충당할 때는 그 공사대금 중 해당 구성원의 지분비율에 해당하는 공사대금으로만 충당할 수 있고, 다른 구성원의 몫까지 포함한 총공사대금으로 충당할 수는 없다.[1)]

7. 하수급인에 대한 직접지급

계약상대자가 하수급인에게 정당한 사유 없이 선금을 적정하게 배분하지 않으면 발주기관에게 선금을 반환해야 하고, 발주기관은 이때 반환받은 선금을 하수급인에게 직접 지급할 수 있다(정부 입찰·계약 집행기준 제38조 제3항). 발주기관은 반환받은 선금을 하수급인에게 지급하고자 하는 경우로서 계약상대자가 요구할 경우에는 해당 하수급인으로 하여금 계약상대자에게 보증서를 제출하게 해야 한다(정부 입찰·계약 집행기준 제35조 제5항). 그리고 발주기관이 하수급인에게 선금을 지급하는 경우에는 계약상대자가 제출한 보증서의 보증금액을 감액하지 않는다(정부 입찰·계약 집행기준 제35조 제6항). 한편, 발주기관은 건설산업기본법과 하도급 거래공정화에 관한 법률에 따라 하도급대금 지급보증이 없는 경우로서 공사계약일반조건 제43조 제1항에 따라 하도급대가를 직접 지급하는 경우, 우선 하도급대가를 지급한 후에 기성부분에 대한 미지급액 잔액이 있으면 이를 선금잔액과 상계할 수 있는데(정부입찰·계약 집행기준 제38조 제4항 단서, 공사계약일반조건 제44조 제6항 단서), 이에 따르면 도급인이 하도급대금을 직접 지급하는 사유가 발생하면 이에 해당하는 금원은 선금 충당 대상인 기성공사대금에서 제외하기로 한 예외적 정산약정을 하였다고 보아야 하고, 위와 같이 하수급인에게 하도급대금을 직접 지급할 사유가 인정되는 범위에서 도급인은 미정산 선급금이 기성공사대금에 충당되었다는 이유로 하수급인에게 부담하는 하도급대금 지급의무를 면할 수 없다.[2)] 그리고 위 공사계약일반조건 제44조 제6항 단서는 계약해제·해지라는 명시적 의사표시가 있는 경우뿐만 아니라 출자비율 조정으로 형식적으로 계약관계에 남아 있을 뿐 공사포기원을 제출하여 계약관계가 사실상 종료되어 미지급 정산금 반환사유가 발생한 경우에도 적용된다.[3)]

---

1) 대법원 2001. 7. 13. 선고 99다68584 판결.
2) 대법원 2010. 5. 13. 선고 2007다31211 판결.
3) 대법원 2010. 5. 13. 선고 2007다31211 판결.

제 2 절 계약이행의 선결조건

Ⅰ. 공사용지 확보

발주기관은 공사계약의 상대자가 공사를 수행할 수 있도록 그 용지를 확보하여 계약상대자에게 제공해야 한다. 그리하여 발주기관은 계약문서에서 따로 정한 경우를 제외하고는 계약상대자가 공사수행에 필요한 날까지 공사용지를 확보하여 계약상대자에게 인도해야 하고(공사계약일반조건 제11조 제1항), 계약상대자는 현장에 인력, 장비, 자재를 투입하기 전에 발주기관에게 공사용지 확보 여부를 확인해야 하며(공사계약일반조건 제11조 제2항), 발주기관은 계약상대자에게 공사용지 확보나 민원 대응 등 공사용지 확보와 직접 관련되는 업무를 전가해서는 안 된다(공사계약일반조건 제11조 제3항). 만약, 발주기관이 이러한 전제조건을 계약상대자에게 먼저 제공하지 않는다면, 계약당사자는 계약에서 정한 시기에 이행에 착수하지 못하거나 계약기간 안에 이행을 완료하지 못하더라도, 그 책임을 면할 수 있다(민법 제400조 이하 참조).

Ⅱ. 공사자재 검사

1. 공사자재의 특성

공사에 사용할 자재는 신품이어야 하며, 품질·규격 등은 반드시 설계서와 일치되어야 한다. 다만, 설계서에 명확히 기재되지 않은 것은 표준품 이상으로서 계약목적 달성에 적합한 것이어야 한다(공사계약일반조건 제12조 제1항).

2. 공사자재의 사용 전 검사

계약상대자는 자재를 사용하기 전에 공사감독관으로부터 검사를 받아야 하며, 불합격된 자재는 즉시 대체하여 다시 검사받아야 한다. 검사 결과에 이의가 있는 계약상대자는 발주기관에게 재검사를 청구할 수 있으며, 재검사가 필요하다고 인정하는 발주기관은 지체없이 재검사하도록 조치해야 한다. 발주기관은 자재 검사를 요청받거나 재검사 요청을 받으면 정당한 이유 없이 검사를 지체할 수 없다. 계약상대자가 불합격된 자재를 즉시 이송하지 않거나 대체하지 않으면, 발주기관이 일방적으로 불합격된 자재를 제거하거나 대체할 수 있다(공사계약일반조건 제12조 제2항, 제3항, 제4항, 제5항).

참고로, 기성검사에서 검사에 합격한 자재라도 단순히 공사현장에 반입하였다는 이유만으로는 기성부분으로 인정되지 않는다. 다만, 자재의 특성, 용도, 시장거래상황 등을 고려해, 강교 등 해당 공사의 기술적·구조적 특성에 따라 가공·조립·제작된 자재로서, 다른 공사에 그대로 사용하기 곤란한 자재는 자재의 100분의 100 범위에서 기성부분으로 인정할 수 있고, 그 밖에 계약당대자가 직접 혹은 제3자에게 위탁하여 가공·조립·제작한 자재는 자재의 100분의 50 범위에서 기성부분으로 인정할 수 있다(공사계약일반조건 제27조 제9항 제1호, 제2호).

3. 공사자재의 시험·조합·시공

계약상대자는 시험·조합이 필요한 자재가 있으면, 공사감독관 참여 아래 그 시험이나 조합을 해야 하며, 수중이나 지하에 매몰하는 공작물 그 밖에 준공 후 외부로부터 검사할 수 없는 공작물 공사인 경우에는 공사감독관 참여 아래 시공해야 한다(공사계약일반조건 제12조 제6항, 제7항). 만약 계약상대자가 위 조건을 위반하거나 설계서와 맞지 않는 시공을 했을 경우, 발주기관은 공작물의 대체나 개조를 명할 수 있고, 불합격된 자재에 대한 재검사나 조건을 위반한 공작물의 대체·개조가 있을 경우 계약금액을 증감하거나 계약기간을 연장할 수 없다. 다만, 재검사 결과 적합한 자재로 판명될 경우, 재검사에 들어간 기간만큼은 계약기간을 연장할 수 있을 뿐이다(공사계약일반조건 제12조 제8항, 제9항).

Ⅲ. 관급자재와 대여품

1. 공사계약

가. 최초 공급

발주기관은 공사를 발주하면서 자재의 품질·수급상황·공사현장 등을 종합적으로 참작하여 효율적이라고 판단하는 경우, 주무부장관(그 수임자 포함)이 인정하거나 지정하는 신기술 인증제품으로서 다른 공사 부분과 하자책임구분이 쉽고, 공정관리에 문제가 없는 경우 중 어느 하나에 해당하면, 그 공사에 필요한 자재를 직접 공급할 수 있다(국가계약법 시행규칙 제83조 제1항 제1호, 제2호). 그리고 직접 공급하는 자재의 운용과 관리에 필요한 사항은 기획재정부 장관이 정한다(국가계약법 시행규칙 제84조 제2항).

이에 따라 발주기관은 계약상대자에게 공사수행에 필요한 특정 자재나 기계·기구 등을 공급하거나 대여할 수 있고, 이러한 관급자재나 대여품(관급자재 등)은 설계서에 명시되어야 한다(공사계약일반조건 제13조 제1항). 다만, 관급자재 등은 공사공정예정표에 따라 적기에 공급되어야 하며, 인도일시나 장소는 계약당사자가 협의하여 정한다(공사계약일반조건 제13조 제

2항). 물론 발주기관은 필요하다고 인정하면 관급자재 등의 수량·품질·규격·인도시기·인도장소 등을 변경할 수 있지만, 이 경우 설계변경이나 그 밖에 계약내용 변경에 따른 계약금액 조정 규정을 준용한다(공사계약일반조건 제13조 제7항, 제20조, 제23조).

나. 소유권과 관리책임

관급자재 등의 소유권은 발주기관에 있으며, 잉여분이 있으면 계약상대자는 이를 발주기관에게 통지하여 계약담당자의 지시에 따라 이를 반환해야 한다(공사계약일반조건 제13조 제3항).

한편, 관급자재 등 인도 후 관리책임은 계약상대자에게 있으며, 계약상대자가 이를 멸실하거나 훼손하였으면 발주기관에게 변상해야 한다(공사계약일반조건 제13조 제4항). 계약상대자는 관급자재 등을 계약 수행이 아닌 목적으로 사용할 수 없고, 공사감독관의 서면승인 없이 현장외부로 반출해서는 안 된다(공사계약일반조건 제13조 제5항). 만약 계약상대자가 이를 위반하면, 계약해제·해지 사유가 될 수 있고(공사계약일반조건 제44조 제1항 제8호), 업무상 횡령죄로 처벌받을 수 있다(형법 제356조 참조).

다. 검수

계약상대자는 관급자재 등을 인수하면 이를 검수해야 하며, 그 품질이나 규격이 시공에 적당하지 않다고 인정되는 경우 발주기관에게 이를 통지하여 대체를 요구해야 한다(공사계약일반조건 제13조 제6항).

라. 자재 수급방법 변경

발주기관은, 발주기관의 사정으로 계약상대자와 협의하여 기존 관급자재로 정한 품목을 계약상대자가 직접 구입하여 투입하는 자재(사급자재)로 변경하려는 경우나 관급자재 등의 공급지체로 말미암아 공사가 상당기간 지연되리라 예상되어 계약상대자로부터 대체사용 승인 신청을 받고 이를 승인한 경우에는, 이러한 내용을 서면으로 계약상대자에게 통보해야 한다(공사계약일반조건 제19조의6 제1항). 이처럼 자재 수급방법을 변경한 경우, 발주기관은 해당 통보 당시 가격에 따라 그 대가(기성부분에 실제 투입된 자재 대가)를 기성대가나 준공대가에 합산하여 지급해야 한다. 다만, 계약상대자의 대체사용 승인신청에 따라 자재가 대체사용된 경우라면, 발주기관은 계약상대자와 합의한 장소와 일시에 현품으로 반환할 수 있다(공사계약일반조건 제19조의6 제3항).

한편, 발주기관은 기존 계약 당시 정한 사급자재를 관급자재로 변경할 수는 없다. 그러나 원자재 수급 불균형에 따른 원자재가격 급등 등 사급자재를 관급자재로 변경하지 않으면 계약 목적을 이행할 수 없다고 인정하는 경우, 계약당사자가 협의하여 변경할 수 있다(공사계약일반조건 제19조의6 제4항). 이처럼 예외적으로 사급자재를 관급자재로 변경한 경우라도 계약금액을 조정해야 하며, 자재 수급방법 변경에 따른 대가를 지급할 때는 계약금액의 증감분에 대한 간접노무비, 산재보험료, 산업안전보건관리비 등 승율비용과 일반관리비·이윤율에 따르되 설계변경 당시 관계법령과 기획재정부장관 등이 정한 율을 초과할 수 없다(공사계약일반조건 제19조의6 제5항, 제25조 제5항).

2. 소프트웨어사업

발주기관은 소프트웨어산업 진흥법 제2조 제3호에 따른 소프트웨어사업을 발주하는 경우, 주무부장관이 고시하는 소프트웨어 제품을 직접 구매하여 공급해야 한다(국가계약법 시행규칙 제84조 제1항). 다만, 소프트웨어 제품이 기존 정보시스템이나 새롭게 구축하는 정보시스템과 통합될 수 없거나 그 통합을 위해서 현저한 비용상승이 발생하는 경우, 소프트웨어 제품을 직접 공급하면 해당 사업이 기간 안에 완성될 수 없을 정도로 현저히 지연될 우려가 있는 경우, 그 밖에 분리발주에 따른 행정업무 증가를 제외하고 소프트웨어 제품을 직접 구매하여 공급하는 것이 현저하게 비효율적이라고 판단되는 경우 중 어느 하나에 해당하면 소프트웨어 제품을 직접 구매하여 공급하지는 않되(국가계약법 시행규칙 제84조 제2항 제1호부터 제3호), 그 사유를 발주계획서와 입찰공고문에 명시해야 한다(국가계약법 시행규칙 제84조 제3항).

제 3 절 이행착수와 계약관리

Ⅰ. 이행착수

1. 용역계약

용역계약의 상대자는 계약문서에서 정하는 바에 따라 용역을 착수해야 하며, 발주기관이 관련법령에서 정하는 서류와 용역공정예정표, 인력·장비투입계획서, 그 밖에 계약담당공무원이 지정한 사항이 포함된 착수신고서 제출을 요구하면 이를 제출해야 한다(용역계약일반조건 제13조 제1항 제1호부터 제3호). 그리고 계약이행 중에 과업내용 변경 등으로 이미 제출한 서류를 변경할 필요가 있으면, 관련서류를 변경하여 제출해야 한다(용역계약일반조건 제13조 제2항). 다만, 발주기관은 제출받은 서류 내용을 조정할 필요가 있다고 인정하면, 계약상대자에게 그 조정을 요구할 수 있다(용역계약일반조건 제13조 제3항).

한편, 발주기관은 용역의 전·일부 진행이 지연되어 미리 정한 기간 안에 수행할 수 없다고 인정하는 경우, 주간공정현황을 제출하게 하는 등 계약상대자에게 필요한 조치를 할 수 있다(용역계약일반조건 제13조 제4항).

2. 공사계약

공사계약의 상대자는 착공하기 전에 발주기관에게 착공신고서를 제출해야 한다. 다만, 발주기관은 공사기간이 30일 미만이면 계약상대자에게 착공신고서를 제출하지 않도록 할 수 있다(공사계약일반조건 제17조 제1항). 착공신고서는 건설기술진흥법 등 관련법령에 따른 현장기술자 지정신고서, 공사공정예정표, 안전·환경·품질관리계획서, 공정별 인력과 장비투입계획서, 착공 전 현장사진, 그 밖에 계약담당공무원이 지정한 사항를 포함해야 한다. 계약상대자는 계약을 이행하던 중 설계변경 그 밖에 계약내용 변경으로 제출된 서류를 변경해야 할 필요가 있으면 관련서류를 변경하여 제출해야 한다. 그리고 발주기관은 제출 서류 내용을 조정할 필요가 있다고 판단하면, 계약상대자에게 그 조정을 요구할 수 있다(공사계약일반조건 제17조 제3항, 제4항).

공사감독관은 계약상대자로부터 공사계약일반조건 제43조의2 제1항에 따른 하도급대금 등 지급 내역을 통보받은 경우, 하수급인이나 계약상대자와 직접 계약을 체결한 건설공사용 부품제작납품업자, 건설기계대여업자로부터 대금 수령내역과 증빙서류를 제출받아 대금 지급내역과 수령내역이 일치하는지 확인해야 한다(공사계약일반조건 제16조 제6항).

한편, 발주기관은 공사의 규모·난이도·성격을 고려해 착공일을 결정하되, 추정가격이 10억 원 미만인 경우에는 계약체결일부터 10일 이전, 추정가격이 10억 원 이상인 경우에는 계약체결일부터 20일 이전의 날짜로 정해서는 안 된다(공사계약일반조건 제17조 제2항 본문 제1호, 제2호). 다만, 재해복구 등 긴급하게 착공할 필요가 있는 공사계약이나 장기계속공사 1차 계약 이후 연차계약에서는 계약상대자와 협의하여 위에서 정한 일자 전 시점으로 착공일을 결정할 수 있다(공사계약일반조건 제17조 제2항 단서).

또한, 발주기관은 착공신고서를 제출한 공사에서 계약상대자에게 월별로 수행한 공사의 월별 공정률과 수행공사금액, 인력·장비·자재현황, 계약사항 변경과 계약금액 조정내용, 공정상황을 나타내는 현장사진을 명백히 하여 다음 달 14일까지 발주기관에 제출하게 할 수 있으며, 계약상대자는 이에 응해야 한다(공사계약일반조건 제17조 제5항 제1호부터 제4호). 제출 방법은 전자조달법 제2조 제4호, 같은 법 제14조에 따른 시스템을 이용한 것을 포함한다. 발주기관은 공정이 지연되어 미리 정한 기한 안에 공사가 준공될 수 없는 경우, 위 월별 현황과 별도로 주관공정현황 제출 등 공사추진에 필요한 조치를 계약상대자에게 지시할 수 있다(공사계약일반조건 제17조 제6항).

Ⅱ. 계약관리

1. 의의

계약관리란 적정한 계약 이행을 위해 계약 이행 전체 과정에서 계약당사자가 법령이나 계약조건에 근거해 개입하는 절차나 업무를 말한다. 따라서 계약 이행 과정에서 발생하는 계약내용변경도 넓은 의미에서 계약관리에 포함되고, 그에 따른 계약금액조정도 계약관리에 해당한다. 그러나 계약금액조정은 많은 쟁점을 포함하는 만큼 자세한 내용을 별도 장에서 따로 서술하기로 하고, 아래에서는 계약관리와 관련한 내용 중 계약 이행 관련자, 계약내용 변경 제도, 그 밖에 계약관리제도를 각각 살펴본다.

2. 계약이행 관련자

가. 공사감독관

공사감독관은 공사의 수행과 품질 확보, 향상을 위해 건설기술진흥법 제39조 제6항과 같은 법 시행령 제59조, 전력기술관리법 제12조, 그 밖에 공사 관련법령에 따른 건설사업관리기술자나 감리원의 업무범위에서 정한 내용, 공사계약일반조건에서 정한 업무를 수행한다(공사계약일반조건 제16조 제1항). 그리고 공사감독관은 발주기관의 승인 없이 계약상대자에게 그 의무와 책임을 면제하거나 증감하게 할 수 없다(공사계약일반조건 제16조 제2항). 계약상대자는 발주기관에게 제출하는 모든 문서의 사본을 공사감독관에게 제출해야 하는데(공사계약일반조건 제16조 제5항), 가령, 공사감독관은 계약상대자로부터 공사계약일반조건 제43조의2 제1항에 따른 하도급대금 등 지급 내역을 통보받은 경우, 하수급인이나 계약상대자와 직접 계약을 체결한 건설공사용부품제작납품업자, 건설기계대여업자로부터 대금 수령내역과 증빙서류를 제출받아 대금 지급내역과 수령내역이 일치하는지 확인한다(공사계약일반조건 제16조 제6항).

한편, 계약상대자는 공사감독관의 지시나 결정이 공사계약일반조건에서 정한 사항에 위반하거나 계약이행에 적합하지 않다고 판단하면, 즉시 발주기관에게 그 시정을 요구해야 하고(공사계약일반조건 제16조 제3항), 발주기관은 시정요구를 받은 날부터 7일 안에 필요한 조치를 해야 한다(공사계약일반조건 제16조 제4항).

나. 공사현장대리인

공사계약의 상대자는 공사에 적격한 공사현장대리인(건설산업기본법 시행령 제35조 별표5 등 공사 관련법령에 따른 기술자 배치기준에 적합한 자)을 지명하여 발주기관에게 통지해야 한다

(공사계약일반조건 제14조 제1항). 여기서 공사현장대리인은 국가기술자격취득자나 건설기술기본법 등 관계법령에 따라 기술자로 인정된 자로, 공사현장에 상주하면서 계약문서와 공사감독관 지시에 따라 공사현장 관리나 공사와 관련한 모든 사항을 처리한다. 다만, 공사가 일정기간 중단된 경우로서 발주기관의 승인을 얻은 경우에는 그렇지 않다(공사계약일반조건 제14조 제2항).

공사현장대리인은 보통 건설현장에서 시공만 담당하는 자이므로 특별한 사정이 없다면 상법 제14조가 정한 표현지배인이라고 볼 수 없고, 같은 법 제15조가 정한 부분적 포괄대리권을 가진 사용인에 해당할 뿐이다. 따라서 공사현장대리인은 회사에 부담이 되는 채무보증이나 채무인수 등과 같은 행위를 할 권한이 없다.[1] 다만, 회사가 공사현장대리인에게 특별한 수권을 하였다면, 표현대리책임이 성립할 수는 있다.[2] 그러나 공사현장대리인이 하도급업자와 공모하여 수급 공사와 관련한 편의를 부탁하며 관계공무원(공사감독관)에게 돈을 제공했다면, 해당 행위는 공사계약상대자의 사용인이 그 계약이행과 관련하여 관계공무원에게 뇌물을 제공한 경우에 해당한다.[3]

다. 용역계약상대자의 근로자

용역계약의 상대자는 용역수행에 필요한 기술과 경험을 가진 근로자를 채용해야 하며, 근로자의 행위에 책임을 진다. 다만, 계약상대자가 근로자에 대한 관리·감독에 상당한 주의와 의무를 다한 경우에는 그렇지 않다(용역계약일반조건 제11조 제1항). 이에 발주기관은 계약상대자가 채용한 근로자에게 일정한 사유가 있는 경우, 즉, 입찰공고나 계약문서에서 특정한 기준을 갖춘 자를 근로자로 배치하도록 명시했는데도 계약상대자가 해당 기준에 미달한 경우, 고의나 중대한 과실로 업무수행하면서 준수해야 할 법령이나 기준으로 위반한 경우, 뇌물·사기 등 부정행위를 한 경우, 그 밖에 이에 준하는 사유로서 계약의 적정성·공정성을 저해한 경우 중 어느 하나에 해당하는 경우에 계약상대자에게 해당 근로자의 교체를 요구할 수 있다(용역계약일반조건 제11조 제2항 제1호부터 제4호). 위 요청을 받은 계약상대자는 발주기관과 협의하여 해당 근로자의 교체 여부를 결정해야 한다(용역계약일반조건 제11조 제3항). 그 밖에도 계약상대자는 해당 계약이행을 위해 채용한 근로자에게 최저임금법 제6조 제1항, 제2항과 근로기본법 제43조를 준수해야 한다(용역계약일반조건 제11조 제4항).

라. 공사계약상대자의 근로자

공사계약의 상대자는 해당 계약 시공이나 관리에 필요한 기술과 경험을 가진 근로자를

1) 대법원 1999. 5. 28. 선고 98다34515 판결.
2) 대법원 1994. 9. 30. 선고 94다20884 판결.
3) 대법원 1984. 4. 24. 선고 83누574 판결.

채용해야 하며, 근로자의 행위에 책임을 진다. 다만, 계약상대자가 근로자의 관리·감독에 상당한 주의와 의무를 다했다면 그렇지 않다(공사계약일반조건 제15조 제1항). 계약상대자는 발주기관으로부터 해당 계약 시공이나 관리상 적당하지 않다는 이유로 채용 근로자의 교체를 요구받으면, 즉시 교체해야 하며, 발주기관 승인 없이는 교체된 근로자를 해당 계약 시공이나 관리를 위해 다시 채용할 수 없다(공사계약일반조건 제15조 제2항). 다만, 공사계약은 도급계약이고, 수급인은 계약이행의 자유로서 어떤 직원을 채용하여 공사를 실시할지 결정할 수 있는데, 계약상대방에 불과한 발주기관이 그 채용에까지 관여하고, 채용 근로자의 교체를 요구할 수 있도록 정한 것은 계약법리에 맞지 않다는 비판이 있다.[1] 타당한 지적이라고 본다.

3. 계약내용변경제도

공공계약법상 계약내용변경제도 가운데 가장 중요한 것은 계약금액조정제도이다. 다만, 계약금액조정제도는 제11장에서 별도로 다루기로 한다.

가. 물품계약의 수량변경

발주기관은 물품계약에서 필요하면, 물품 수량을 100분의 10 범위에서 변경할 수 있다. 다만, 발주기관이 해당 물품의 수급상황 등을 고려해 부득이하다고 판단하는 경우 계약상대자의 동의를 얻어 100분의 10 범위를 초과하여 계약수량을 변경할 수 있다[물품구매(제조)계약일반조건 제9조]. 원래 계약내용은 당사자 사이에 구속력을 가지기 때문에, 한쪽 당사자가 일방적으로 그 내용을 변경할 수는 없다. 그러나 계약조건에 수량 변경을 위한 특약을 규정하여, 발주기관이 일방적으로 계약 물품 수량을 변경할 수 있도록 하되, 100분의 10 범위를 초과하는 수량 변경을 하고자 할 때만 계약상대자로부터 동의를 얻도록 하였다.

나. 용역계약의 과업내용변경

발주기관은 용역계약의 목적상 필요하면, 추가업무와 특별업무 수행, 용역공정계획 변경, 특정용역항목 삭제나 감소와 같은 과업내용을 계약상대자에게 지시할 수 있다. 다만, 과업내용을 추가할 경우에는 계약상대자와 사전에 협의해야 한다(용역계약일반조건 제16조 제1항). 이러한 과업내용변경은 그 변경이 필요한 부분의 이행 전에 완료해야 한다. 다만, 발주기관은 계약이행 지연으로 품질저하가 우려되는 등 긴급하게 용역을 수행해야 할 필요가 있으면 계약상대자와 협의하여 그 변경시기 등을 명확히 정하고, 과업내용변경을 완료하기 전에 계약상대자로 하여금 우선 과업내용을 이행하게 할 수 있다(용역계약일반조건 제16조 제2항).

---
1) 김성근, 앞의 책(Ⅰ), 684쪽.

한편, 계약상대자는 계약의 기본방침을 변동하지 않는 범위에서 과업내용서상 용역항목을 변경하는 것이 발주기관에 유리하다고 판단하는 경우, 발주기관에게 과업내용변경을 제안할 수 있다. 위 요청을 받은 발주기관은 그로부터 14일 안에 계약상대자에게 승인 여부를 통지해야 한다(용역계약일반조건 제16조 제3항).

다. 공사계약의 설계변경

1) 의의

설계변경은 설계서 내용이 불분명하거나 누락·오류, 상호 모순이 있을 경우, 지질, 용수 등 공사현장 상태가 설계서와 다를 경우, 새로운 기술·공법사용으로 공사비 절감이나 시공기간 단축 등 효과가 현저할 경우, 그 밖에 발주기관이 설계서를 변경할 필요가 있다고 인정할 경우 중 어느 하나에 해당하여, 기존 설계를 변경하는 것을 말한다(공사계약일반조건 제19조 제1항 제1호부터 제4호). 설계변경은 그 설계변경이 필요한 부분을 시공하기 전에 완료해야 하지만, 발주기관은 공정이행 지연으로 품질저하가 우려되는 등 긴급하게 공사를 수행할 필요가 있으면, 계약상대자와 협의하여 설계변경 시기 등을 명확히 정하고, 설계변경을 완료하기 전에 계약상대자로 하여금 우선 시공하게 할 수 있다(공사계약일반조건 제19조 제2항).

한편, 발주기관은 설계변경을 하는 경우에 그 변경사항이 목적물 구조변경 등에 따라 안전과 관련이 있으면 하자발생에 따른 책임관계를 명확히 하기 위한 기존 설계자의 의견을 들어야 한다(공사계약일반조건 제19조의7 제1항).

2) 종류

가) 설계서 불분명·누락·오류, 상호 모순 등에 따른 설계변경

계약상대자는 공사계약 이행 중에 설계서 내용이 불분명하거나 설계서에 누락·오류가 있거나 설계서 상호 모순 등이 있다는 사실을 발견하면, 설계변경이 필요한 부분을 시공하기 전에 해당 사항을 분명히 기재한 서류를 작성하여 발주기관과 공사감독관에게 동시에 이를 통지해야 한다(공사계약일반조건 제19조의2 제1항). 위 통지를 받은 발주기관은 즉시 공사가 적절히 이행될 수 있도록 그 유형에 따라 설계변경 등 필요한 조치를 하여야 한다. 우선, 설계서 내용이 불분명한 경우(설계서만으로는 시공방법, 투입자재 등을 확정할 수 없는 경우)에는 설계자의 의견과 발주기관이 작성한 단가산출서나 수량산출서 등을 검토하여 기존 설계서에 따른 시공방법·투입자재 등을 확인한 후에 확인된 사항대로 시공하여야 한다면 설계서를 보완하되 계약금액을 조정하지 않으며, 확인된 사항과 다르게 시공해야 한다면 설계서를 보완한 다음 계약금액을 조정해야 한다(제1호). 설계서에 누락·오류가 있는 경우에는 그 사실을 조사 확인하고 계약목적물의 기능과 안전을 확보할 수 있도록 설계서를 보완해야 한다

(제2호). 설계도면이 공사시방서와 서로 일치하나 물량내역서와 다른 경우에는 물량내역서를 설계도면, 공사시방서에 맞춘다(제3호). 설계도면과 공사시방서가 서로 다른 경우로서 물량내역서가 설계도면이나 공사시방서와 다른 경우에는 설계도면과 공사시방서 중에 최선의 공사시공을 위해 우선해야 할 내용으로 설계도면이나 공사시방서를 확정한 후 그 확정내용에 따라 물량내역서를 맞춘다(제4호)(공사계약일반조건 제19조의2 제2항 제1호부터 제4호). 그런데 제3호와 제4호는 제4호에서 정한 공사에 적용하지 않으며, 제4호에서 정한 공사는 설계도면과 공사시방서가 상호 모순되는 경우 관련법령과 입찰 관련 서류 등에서 정한 내용에 따라 우선 여부를 결정해야 한다(공사계약일반조건 제19조의2 제3항).

한편, 발주기관이 위에 따라 설계변경을 하는 경우, 계약상대자에게, 해당 공종의 수정공정예정표, 해당 공정의 수정도면과 수정상세도면, 조정이 필요한 계약금액과 기간, 그 밖에 다른 공정에 미치는 영향을 발주기관과 공사감독관에게 동시에 제출하게 할 수 있고, 계약상대자는 이에 응해야 한다(공사계약일반조건 제19조의7 제2항 제1호부터 제4호). 특히 계약상대자가 기존 설계도면과 시공상세도면을 수정하여 제출하게 하는 경우, 발주기관은 계약상대자에게 그 수정에 필요한 비용을 계약내용 변경에 따른 계약금액 조정 규정에 따라 지급해야 한다(공사계약일반조건 제19조의7 제3항).

나) 현장상태가 설계와 다른 경우에 따른 설계변경

계약상대자는 공사이행 중에 지질, 용수, 지하매설물 등 공사현장 상태가 설계서와 다른 사실을 발견했을 경우 지체없이 설계서에 명시된 현장상태와 다르게 나타난 현장상태를 기재한 서류를 작성하여 발주기관과 공사감독관에게 동시에 이를 통지해야 한다(공사계약일반조건 제19조의3 제1항). 위 통지를 받은 발주기관은 즉시 현장을 확인하여 현장상태에 따라 설계서를 변경해야 한다(공사계약일반조건 제19조의3 제2항).

한편, 발주기관이 위에 따라 설계변경을 하는 경우, 계약상대자에게, 해당 공종의 수정공정예정표, 해당 공정의 수정도면과 수정상세도면, 조정이 필요한 계약금액과 기간, 그 밖에 다른 공정에 미치는 영향을 발주기관과 공사감독관에게 동시에 제출하게 할 수 있고, 계약상대자는 이에 응해야 한다(공사계약일반조건 제19조의7 제2항 제1호부터 제4호). 특히 계약상대자가 기존 설계도면과 시공상세도면을 수정하여 제출하게 하는 경우, 발주기관은 계약상대자에게 그 수정에 필요한 비용을 계약내용 변경에 따른 계약금액 조정 규정에 따라 지급해야 한다(공사계약일반조건 제19조의7 제3항).

다) 새로운 기술이나 공법사용에 따른 설계변경

계약상대자는 새로운 기술·공법(발주기관의 설계와 동등 이상의 기능·효과를 가진 기술·공법과 기자재 등을 포함)을 사용하여 공사비 절감과 시공기간 단축 등에 효과가 현저할 것으로 인정하는 경우, 일정한 서류를 첨부하여 공사감독관을 경유해 발주기관에게 서면으로 설계변경을 요청할 수 있다. 요청서류에는 제안사항의 구체적인 설명서, 제안사항의 산출내역서, 착공신고서에 포함한 공사공정예정표를 수정한 것, 공사비 절감과 시공기간 단축효과, 그 밖에 참고사항을 첨부한다(공사계약일반조건 제19조의4 제1항 제1호부터 제5호). 설계변경을 요청받은 발주기관은 이를 검토하여 계약상대자에게 그 결과를 통지하여야 하는데, 이의가 있는 계약상대자는 건설기술 진흥법 시행령 제19조에 따른 기술자문위원회에 청구하여 심의를 받되, 기술자문위원회가 설치되지 않은 경우에는 건설기술 진흥법 제5조에 따른 건설기술심의위원회의 심의를 받아야 한다(공사계약일반조건 제19조의4 제2항). 계약상대자는 위 심의를 거친 발주기관의 결정에 이의를 제기할 수 없다(공사계약일반조건 제19조의4 제4항 전문).

만약 발주기관이 설계변경 요청을 승인했다면, 계약상대자는 지체없이 새로운 기술·공법으로 수행할 공사의 시공상세도면을 공사감독관을 경유해 발주기관에 제출해야 한다(공사계약일반조건 제19조의4 제3항). 계약상대자는 새로운 기술·공법 개발에 필요한 비용에 따른 시공이나 새로운 기술·공법에 따라 설계변경한 후에 해당 기술·공법에 따른 시공이 불가능하다고 판명되면, 시공에 들어간 비용을 발주기관에게 청구할 수 없다(공사계약일반조건 제19조의4 제4항).

라) 발주기관 필요에 따른 설계변경

발주기관은 해당 공사의 일부 변경이 따르는 추가공사 발생, 특정공종 삭제, 공정계획 변경, 시공방법 변경, 그 밖에 공사의 적정한 이행을 위한 변경 중 어느 한 사유로 설계서를 변경할 필요가 있다고 인정하는 경우, 계약상대자에게 이를 서면으로 통보할 수 있다(공사계약일반조건 제19조의5 제1항 제1호부터 제5호). 발주기관이 위에 따른 설계변경을 통보할 경우, 설계변경개요서, 수정설계도면과 공사시방서, 그 밖에 필요한 서류를 첨부해야 한다. 다만, 발주기관이 설계서를 변경 작성할 수 없다면, 설계변경 개요서만을 첨부하여 설계변경을 계약상대자에게 통보할 수 있다(공사계약일반조건 제19조의3 제2항 제1호부터 제3호). 위 통보를 받은 계약상대자는 즉시 공사이행상황과 자재수급 상황 등을 검토하여 발주기관과 공사감독관에게 동시에 설계변경 통보내용의 이행가능 여부(이행이 불가능하다면 그 사유와 근거자료를 첨부)를 서면으로 통보해야 한다(공사계약일반조건 제19조의5 제3항).

한편, 발주기관이 위에 따라 설계변경을 하는 경우, 계약상대자에게, 해당 공종의 수정공정예정표, 해당 공정의 수정도면과 수정상세도면, 조정이 필요한 계약금액과 기간, 그 밖에 다른 공정에 미치는 영향을 발주기관과 공사감독관에게 동시에 제출하게 할 수 있고, 계약상대자는 이에 응해야 한다(공사계약일반조건 제19조의7 제2항 제1호부터 제4호). 특히 계약상대자가 기존 설계도면과 시공상세도면을 수정하여 제출하게 하는 경우, 발주기관은 계약상대자에게 그 수정에 필요한 비용을 계약내용변경에 따른 계약금액 조정 규정에 따라 지급해야 한다(공사계약일반조건 제19조의7 제3항).

3) 설계변경에 따른 영향

발주기관은 공사이행 중에 설계변경 등으로 기존 관급자재 수량이 증가되는 경우로서 적기에 수량을 제공할 수 없어서 공사이행이 지연되리라고 예상되는 등 필요하다고 인정하는 경우에, 계약상대자와 협의하여 계약상대자로 하여금 증가된 수량을 직접 구입하여 투입하도록 서면통보할 수 있다(공사계약일반조건 제19조의6 제2항). 다만, 추가되는 관급자재를 사급자재로 변경한 경우에는 계약금액을 조정해야 한다(공사계약일반조건 제19조의6 제5항 본문).

라. 계약기간 연장

1) 연장신청

계약상대자는 계약기간 안에 불가항력 사유 등 자신에게 책임을 돌릴 수 없는 사유가 발생한 경우, 지체없이 계약기간 종료 전에 발주기관에게 서면으로 계약기간 연장을 신청해야 하고, 해당 연장으로 말미암아 추가비용이 발생하면 계약금액 조정을 함께 신청해야 한다. 다만, 연장사유가 계약기간 안에 발생하여 계약기간 경과 후 종료된 경우에는 해당 사유가 종료된 후 즉시 계약기간 연장신청과 계약금액 조정신청을 함께 해야 한다[물품구매(제조)계약일반조건 제25조 제1항, 용역계약일반조건 제19조 제1항]. 특히 공사계약에서는 수정공종표를 첨부하여 발주기관과 공사감독관에게 연장신청을 해야 한다(공사계약일반조건 제26조 제1항).

2) 사실조사와 연장조치

발주기관은 계약기간 연장신청을 접수하면 즉시 그 사실을 조사 확인하고 해당 계약이 적절히 이행될 수 있도록 계약기간 연장 등 필요한 조치를 해야 한다[물품구매(제조)계약일반조건 제25조 제2항, 용역계약일반조건 제19조 제2항, 공사계약일반조건 제26조 제2항].

3) 계약금액 조정

발주기관이 위 규정에 따라 계약기간을 연장했다면, 그 변경 내용에 따라 실비를 초과하지 않는 범위에서 계약금액을 조정한다[물품구매(제조)계약일반조건 제25조 제4항, 용역계약일반조건 제19조 제4항 본문, 공사계약일반조건 제26조 제4항 본문]. 다만, 계약상대자는 대가 수령 전까지 계약금액 조정을 신청해야 한다(공사계약일반조건 제26조 제4항). 그러나 용역이나 공사계약의 상대자가 부도 등으로 계약을 이행할 수 없어, 보증기관이 보증이행업체를 지정하여 보증이행할 경우에 해당하여 기간을 연장할 때는 계약금액을 조정하지 않는다(용역계약일반조건 제19조 제4항 단서, 공사계약일반조건 제26조 제4항 단서).

4) 지체상금 부과제한

발주기관은 위 계약기간 연장신청을 승인한 경우에 그 연장기간에 해당하는 지체상금을 부과해서는 안 된다[물품구매(제조)계약일반조건 제25조 제3항, 용역계약일반조건 제19조 제3항, 공사계약일반조건 제26조 제3항]. 또한, 계약상대자의 의무불이행으로 발생한 지체상금이 계약보증금 상당액에 달한 경우라도, 계약목적물이 국가정책사업 대상에 해당하거나 노사분규 등 불가피한 사유로 계약이행이 지연된 경우에 해당한다면, 발주기관은 계약기간을 연장할 수 있고, 이때 계약기간 연장은 지체상금이 계약보증금 상당액에 달한 때에 하되, 연장된 계약기간에 상당하는 지체상금은 부과해서는 안 된다[물품구매(제조)계약일반조건 제25조 제5항, 제6항, 용역계약일반조건 제19조 제5항, 제6항, 공사계약일반조건 제26조 제6항, 제7항].

5) 보증서 제출

계약상대자는 계약기간 연장계약 체결 전까지 발주기관에게 계약기간 연장이 표시된 보증서 등을 제출해야 한다. 다만, 보증서 등에 보증기간이 해당 계약의 실제 완료일까지 유효하다고 기재되어 있다면 그럴 필요가 없다(용역계약일반조건 제19조 제7항).

6) 계약기간 연장 회피 제한

발주기관은 장기계속공사의 연차별 계약기간 중에 계약상대자로부터 계약기간 연장신청이 있는 경우, 해당 연차별 계약기간 연장을 회피하기 위한 목적으로 해당 차수 계약을 해지해서는 안 된다(공사계약일반조건 제26조 제8항).

4. 그 밖에 계약관리제도

가. 휴일·야간작업

계약상대자는 발주기관의 계약기간 단축지시, 발주기관이 부득이한 사유로 휴일이나 야간작업을 지시했을 경우, 발주기관에게 추가비용을 청구할 수 있다(용역계약일반조건 제14조 제1항, 공사계약일반조건 제18조 제1항). 이때는 계약내용 변경에 따른 계약금액 조정 규정을 준용한다(용역계약일반조건 제14조 제2항, 제17조, 공사계약일반조건 제18조 제2항, 제23조).

나. 응급조치

공사계약의 상대자는 시공기간 중 재해방지를 위해 필요하다고 인정하면 미리 공사감독관의 의견을 들어 필요한 조치를 해야 한다(공사계약일반조건 제24조 제1항). 그리고 공사감독관은 재해방지 그 밖에 시공상 부득이한 경우 계약상대자에게 필요한 응급조치를 하도록 구두나 서면으로 요구할 수 있고, 응급조치를 구두로 요구한 때에는 추후 서면으로 보완해야 한다(공사계약일반조건 제24조 제2항). 계약상대자는 위 요구를 받은 즉시 이에 응해야 하고, 계약상대자가 응하지 않으면, 발주기관은 일방적으로 계약상대자의 부담으로 제3자로 하여금 응급조치하게 할 수 있다(공사계약일반조건 제24조 제3항).

계약상대자로 하여금 계약금액 범위에서 부담하게 하는 것이 부당한 응급조치 비용은 실비 범위에서 계약내용변경에 따른 계약금액조정을 할 수 있다(공사계약일반조건 제24조 제4항).

다. 일반적 손해

계약상대자는 계약이행 과정에서 목적물 등(관급자재, 대여품 포함)이나 제3자에게 발생한 손해를 부담해야 하지만, 그에게 책임 없는 사유로 발생한 손해는 발주기관이 부담한다(용역계약일반조건 제23조 제1항, 공사계약일반조건 제31조 제1항). 단, 손해보험에 가입한 공사계약인 경우, 계약상대자와 발주기관이 부담하는 범위는 보험으로 보전되는 금액을 초과하는 부분으로 한다(공사계약일반조건 제31조 제2항). 물론, 인수한 목적물에 발생한 손해는 발주기관이 부담해야 한다(용역계약일반조건 제23조 제2항, 공사계약일반조건 제31조 제3항).

라. 불가항력

불가항력이란 태풍·홍수 그 밖에 악천후, 전쟁, 사변, 지진, 화재, 전염병, 폭동 그 밖에 계약상대자의 통제범위를 벗어나는 사태가 발생하여 계약이행에 직접 영향을 미친 경우로서 계약당사자 누구의 책임에도 속하지 않는 경우를 말한다(용역계약일반조건 제24조 제1항, 공사계약일반조건 제32조 제1항).

불가항력 사유로 말미암아 검사를 완료한 기성부분에 발생한 손해, 검사를 완료하지 않은 부분 가운데 객관적인 자료(감독일지, 사진, 비디오테이프 등)로써 이미 수행되었다고 판명된 부분에 발생한 손해, 계약상대자에게 책임 없는 사유로 발생한 손해나 발주기관이 이미 인수한 계약목적물에 발생한 손해는 발주기관이 부담한다(용역계약일반조건 제24조 제2항 제1호부터 제3호, 공사계약일반조건 제31조 제2항 제1호부터 제3호). 계약상대자는 불가항력 사유나 그에 따른 손해가 발생하면 지체없이 그 사실을 발주기관에게 통지해야 하며, 발주기관은 즉시 그 사실을 조사하고 그 손해 상황을 확인한 후 그 결과를 계약상대자에게 통지해야 한다(용역계약일반조건 제24조 제3항, 공사계약일반조건 제32조 제3항 전문). 단, 공사계약에서는 손해상황 결과 통지를 할 때 공사감독관의 의견을 고려할 수 있다(공사계약일반조건 제32조 제3항 후문). 손해 상황을 확인한 발주기관은 별도 약정이 없다면 계약상대자와 계약금액 변경이나 손해액 부담 등 필요한 조치를 협의해야 하고, 협의가 성립되지 않으면 특약에 따른 분쟁해결방법, 분쟁협의, 중재, 국가계약분쟁조정 등에 따라 이를 해결한다(용역계약일반조건

제24조 제4항, 공사계약일반조건 제32조 제4항).

마. 특허권 등 사용

계약상대자는 계약을 이행하면서 제3자의 권리대상인 특허권 등을 사용하는 경우 그 사용과 관련한 일체의 책임을 진다. 다만, 발주기관이 계약문서에서 지정하지 않은 특허권 등을 사용하도록 요구하였다면, 발주기관은 물품계약 상대자에게 특허권 등 사용을 위해 들인 비용을 지급해야 하고, 용역이나 공사계약의 상대자에게는 일체 편의를 제공·알선하거나 들어간 비용을 지급할 수 있다[물품구매(제조)계약일반조건 제20조, 용역계약일반조건 제25조, 공사계약일반조건 제37조].

바. 발굴물 처리

공사현장에서 발견된 모든 가치 있는 화석·금전·보물 그 밖에 지질학, 고고학상 유물이나 물품은 관계법규에서 정한 바에 따라 처리한다(공사계약일반조건 제38조 제1항). 따라서 계약상대자는 위 물품이나 유물을 발견하는 즉시 발주기관에게 통지하고 그 지시에 따라야 하며, 이를 취급할 때는 파손이 없도록 적절한 예방조치를 하여야 한다(공사계약일반조건 제38조 제2항).

사. 하도급 통보·심사

공사계약의 상대자가 공사 일부를 제3자에게 하도급하고자 하는 경우, 건설산업기본법 등 관련법령이 정한 바에 따라야 한다(공사계약일반조건 제42조 제1항). 발주기관은 계약상대자로부터 하도급계약을 통보받은 경우, 국토교통부장관이 고시한 건설공사하도급심사기준에 정한 바에 따라 하도급금액의 적정성을 심사해야 한다(공사계약일반조건 제42조 제2항).

아. 계약정지

1) 발주기관의 정지요청

가) 사유

용역이나 공사계약에서 발주기관은 계약이행이 계약내용과 일치하지 않은 경우나 안전을 위해 계약이행의 전부나 일부 정지가 필요한 경우(공사계약에서 응급조치를 하는 경우 포함), 그 밖에 발주기관의 필요로 계약담당공무원이 지시한 경우 중 어느 하나에 해당하면, 계약상대자에게 계약이행의 전부나 일부의 수행을 정지하도록 할 수 있다(용역계약일반조건 제32조 제1항 제1호부터 제3호, 공사계약일반조건 제47조 제1항 본문 제1호부터 제4호). 다만, 계약상대자는 정지기간 중에도 선량한 관리자의 주의의무를 게을리해서는 안 된다(공사계약일반조건 제47조 제1항 후문).

나) 통지

발주기관(공사계약인 경우 공사감독관)은 지체없이 계약상대자(공사계약인 경우 발주기관 포함)에게 그 사유와 기간을 통지해야 한다(용역계약일반조건 제32조 제2항, 공사계약일반조건 제47조 제2항). 정지 사유가 있었음에도 공사감독관이 위 통지를 하지 않은 경우, 계약상대자는 서면으로 공사감독관이나 발주기관에게 공사의 일시정지 여부를 확인요청할 수 있고(공사계약일반조건 제47조 제3항), 공사감독관이나 발주기관은 요청받은 날부터 10일 안에 계약상대자에게 서면으로 회신을 발송해야 한다(공사계약일반조건 제47조 제4항).

다) 계약기간 연장등 제한

위 요건에 따라 계약이행을 정지한 계약상대자는 계약기간 연장이나 추가금액을 청구할 수 없으나, 계약상대자에게 책임 있는 사유에 따른 정지가 아니면 그렇지 않다(용역계약일반조건 제32조 제3항, 공사계약일반조건 제47조 제5항).

라) 이자

발주기관의 책임 있는 사유에 따른 정지기간(각 사유에 따른 정지기간을 합산하며, 장기계속계약에서는 해당 차수 내 정지기간을 말함)이 60일을 초과하면, 발주기관은 준공대가를 지급할 때 그 초과 기간에 대하여 잔여계약금액(중지기간이 60일을 초과하는 날 현재 잔여계약금액을 말하며, 장기계속계약에서는 차수별 계약금액을 기준으로 함)에 초과일수 매 1일마다 지연발생시점의 금융기관 대출평균금리(한국은행 통계월보상의 금융기관 대출평균금리를 말함)를 곱하여 산출한 금액을 계약상대자에게 지급해야 한다(용역계약일반조건 제32조 제4항, 공사계약일반조건 제47조 제6항). 여기서 발주기관의 책임 있는 사유란, 부지제공·보상업무·지장물처리의 지연, 공사이행에 필요한 인·허가 등 행정처리 지연과 계약서·관련법령에서 정한 발주기관의 명시적 의무사항을 정당한 이유 없이 불이행하거나 위반하는 경우를 말하며, 그 밖에 계약상대자의 책임 있는 사유나 천재·지변 등 불가항력에 따른 사유를 제외한다(공사계약일반조건 제47조 제7항).

2) 계약상대자의 정지권

용역이나 공사계약의 상대자는 발주기관이 공공계약법령과 계약문서 등에서 정한 계약상 의무를 이행하지 않으면, 발주기관에게 계약상 의무이행을 서면으로 요청할 수 있고, 발주기관은 위 요청을 받은 날부터 14일 안에 계약상대자에게 이행계획을 서면으로 통지해야 하는데(용역계약일반조건 제32조의2 제1항, 제2항, 공사계약일반조건 제47조의2 제1항, 제2항), 발주기관이 위 기간 안에 통지하지 않거나 계약상 의무이행을 거부하면, 계약상대자는 해당 기간이 경과한 날이나 의무이행을 거부한 날부터 계약 전·일부 이행을 정지할 수 있다(용역계약일반조건 제32조의2 제3항, 공사계약일반조건 제47조의2 제3항). 계약상대자는 위 정지기간을 반영하여 계약기간 연장을 신청한다(용역계약일반조건 제32조의2 제4항, 공사계약일반조건 제47조의2 제3항).

자. 공정지연

공사계약상대자는 그 책임 있는 사유로, 실행공정률이 계획공정률에 비해 10%p 이상 지연된 경우나 골조공사 등 주된 공사 시공이 1개월 이상 중단된 경우 중 어느 하나에 해당하면, 즉시 이를 해소하기 위한 시공계획서를 제출해야 한다(공사계약일반조건 제47조의3 제1항 제1호, 제2호). 이때, 발주기관은 계약상대자가 제출한 위 시공계획서를 검토하고 필요하면 보완을 요구할 수 있고(공사계약일반조건 제47조의3 제3항), 계약상대자와 상호협의하여 공사 규모나 종류, 특성 등에 따라 계약상대자의 책임 있는 사유로 발생한 내용을 조정하거나 새로운 내용을 추가할 수 있다(공사계약일반조건 제47조의3 제2항).

제 4 절 감독과 검사

Ⅰ. 감독

1. 의의

감독이란 감독기관이 계약상대자로 하여금 계약을 적절히 이행하도록 하기 위해 계약서, 설계서, 그 밖에 서류에 따라 살피고 지휘하는 것을 말한다(국가계약법 제13조 제1항 참조). 발주기관은 필요하다고 인정하면 감독에 필요한 세부요령을 정할 수 있다(국가계약법 시행령 제68조).

2. 종류

감독주체가 누구인지에 따라 발주기관이 하는 감독, 전문기관이 하는 감독이 있으며, 이 밖에도 지방계약법에는 그 공사와 관련이 있는 주민대표자 등이 하는 주민참여감독이 있다.

3. 내용

가. 발주기관 감독

발주기관은 공사, 제조, 용역 등 계약을 체결한 경우, 그 계약을 적절하게 이행하도록 하기 위해 필요하다고 인정하면 계약서, 설계서, 그 밖에 관계 서류에 따라 직접 감독하거나 소속 공무원에게 그 사무를 위임하여 필요한 감독을 하게 한다(국가계약법 제13조 제1항 본문).

나. 전문기관 감독

발주기관은 ① 건설기술 진흥법 제39조 제2항, 전력기술관리법 제12조, 문화재수리 등에 관한 법률 제38조, 그 밖에 관련법령상 의무적으로 건설사업관리나 감리를 해야 하는 공사계약과, ② 전문적인 지식이나 기술을 필요로 하거나 그 밖에 부득이한 사유로 발주기관이 감독을 할 수 없는 제조나 도급계약에서, 전문기관을 따로 지정하여 필요한 감독을 하게 할 수 있다(국가계약법 제13조 제1항 단서, 국가계약법 시행령 제54조 제1항).

다. 주민참여감독

주민생활과 밀접한 관련이 있는 공사를 위한 지방계약인 경우, 이해관계인인 주민이 공사감독에 참여할 수도 있다. 지방자치단체의 장인 발주기관은 상·하수도 사업, 마을 진입로 개설 등 주민생활과 관련이 있는 공사에서 발주기관이나 전문기관의 감독과 아울러 그 공사와 관련이 있는 주민대표자나 주민대표자가 추천하는 자를 감독자(이하 “주민참여감독자”라 한다)로 위촉하여 감독하게 한다(지방계약법 제16조 제2항). 주민참여감독자의 감독 대상 공사, 감독범위, 자격기준, 그 밖에 필요한 사항은 별도로 정한다(지방계약법 시행령 제57조부터 제62조까지). 주민참여감독자는 공사계약 이행과정에서 그 공사와 관련한 지역 주민들의 건의사항을 발주기관에게 전달하거나 공사계약이행상 불법·부당행위 등에 시정을 요구할 수 있다(지방계약법 제16조 제3항).

4. 방법

가. 물품제조 재료와 공정 감독

발주기관은 물품계약의 적정한 이행을 확보하기 위해 물품제조를 위해 사용하는 재료나 그 밖에 제조공정에 대해 감독할 수 있고, 계약상대자에게 필요한 조치를 요구할 수 있다[물품구매(제조)계약일반조건 제10조 제1항]. 이 경우, 계약상대자는 발주기관의 감독업무수행에 협력해야 하지만, 그렇다고 하여 발주기관이 감독업무를 수행하면서 계약상대자의 업무를 부당하게 방해해서도 안 된다[물품구매(제조)계약일반조건 제10조 제2항].

나. 계약이행상황 감독

발주기관은 용역계약의 적정한 이행을 확보하기 위 계약문서에 따라 스스로 감독하거나 소속 공무원에게 그 사무를 위임하여 감독해야 한다. 다만, 전문적인 지식이나 기술이 필요하거나 그 밖에 부득이한 사유로 감독할 수 없는 경우에는 전문기관을 따로 지정하여 필요한 감독을 할 수 있다(용역계약일반조건 제12조 제1항).

5. 감독조서 작성

감독자는 감독조서를 작성하여야 한다(국가계약법 제13조 제2항). 즉, 감독한 자는 감독 결과 계약 이행 내용이 원래 계약내용에 적합하지 않을 경우 그 사실과 조치에 필요한 의견을 감독조서에 기재하여 발주기관에게 발주기관에게 문서로 제출하게 해야 한다(국가계약법 시행령 제67조, 용역계약일반조건 제12조 제2항). 아래에서 보는 바와 같이, 검사조서는 작성을 생략할 수 있으나, 감독조서는 작성을 생략할 수 없다(국가계약법 제14조 제2항 참조). 한편, 공사계약에서는 발주기관이 계약상대자에게 기성대가를 지급하기 위해 기성검사를 해야 하는데, 공사감독관이 작성한 감독조서를 확인하는 방법으로 기성검사를 갈음할 수 있다(공사계약일반조건 제27조 제7항).

6. 감독위탁에 따른 확인

발주기관은 건설기술 진흥법 제39조 제2항, 전력기술관리법 제12조, 문화재수리 등에 관한 법률 제38조, 그 밖에 관련법령상 의무적으로 건설사업관리나 감리를 해야 하는 공사계약인 경우, 전문적인 지식이나 기술이 필요하거나 그 밖에 부득이한 사유로 국가계약법 제13조 제1항 본문에 따른 감독을 할 수 없는 제조 그 밖에 도급계약인 경우에, 전문기관을 따로 지정하여 필요한 감독을 하게 할 수 있다(국가계약법 제13조 제1항 단서, 같은 법 시행령 제54조 제1항 제1호, 제2호). 그리고 발주기관은 예정가격의 100분의 70 미만으로 낙찰되어 체결된 공사계약인 경우, 부실시공을 방지하기 위해 감독공무원의 수(국가계약법 시행령 제54조 제1항 제1항에 따른 계약 중 공사계약인 경우에는 건설기술 진흥법 등에서 정한 건설사업관리기술인이나 감리원의 수를 말함)를 그 배치기준의 100분의 50 범위 안에서 추가 배치할 수 있고(국가계약법 시행령 제54조 제2항), 추가로 들어가는 감독·감리비용은 해당 공사예산 중 낙찰차액(예정가격과 낙찰금액의 차액을 말함)으로 충당할 수 있다(국가계약법 시행령 제54조 제3항).

발주기관은 위에 따라 전문기관으로 하여금 감독을 수행하게 할 경우, 그 결과를 문서로 통보받아 이를 확인해야 한다(국가계약법 시행규칙 제69조).

Ⅱ. 검사

1. 의의

검사란 계약상대자가 계약의 전부나 일부를 이행하면 검사기관이 이를 확인하기 위해 계약서, 설계서, 그 밖에 관계 서류에 따라 조사하여 확인·판단하는 것을 말한다(국가계약법 제14조 제1항 참조). 계약이행상황 등을 살피고 지휘하는 감독과 달리, 검사는 계약이행 결과를 조사·확인한다는 차이가 있다. 따라서 검사는 계약이행 완료를 확인하는 마지막 단계에 해당한다. 발주기관은 필요하다고 인정하면 검사에 필요한 세부요령을 정할 수 있다(국가계약법 시행령 제67조).

감독과 검사의 겸직가능성

감독직무와 검사직무는 원칙적으로 겸할 수 없으나, 예외적으로 아래에 해당하는 경우에는 감독과 검사를 겸할 수 있다(국가계약법 시행령 제57조).

① 특별한 기술을 요하는 검사에 있어서 감독을 행하는 자외의 자로 하여금 검사를 행하게 하는 것이 현저하게 곤란한 경우

② 유지·보수에 관한 공사 등 당해 계약의 이행 후 지체없이 검사를 하지 아니하면 그 이행의 확인이 곤란한 경우

③ 계약금액이 3억원 이하인 물품의 제조 또는 공사계약의 경우

④ 국가계약법 시행령 제54조 제1항 제1호에 규정한 공사계약의 경우(지방계약법 시행령 제56조 제1항 제1호에 규정된 공사계약의 경우)

⑤ 국가계약법 시행령 제55조 제7항 본문의 규정에 의하여 감독조서의 확인으로 기성검사를 갈음하는 경우(지방계약법 시행령 제64조 제6항 본문에 따라 감독조서의 확인으로 기성검사를 갈음하는 경우)

실무상 검사와 인수를 합하여 '검수'라는 용어를 사용하기도 하는데, 가령, 도급계약에서 목적물 인도는 완성 목적물의 단순한 점유 이전만을 의미하지 않고, 도급인이 목적물을 검사한 후 그 목적물이 계약내용대로 완성되었다는 명시적·묵시적 시인까지 포함하는 의미이다.[1)]

1) 대법원 2006. 10. 13. 선고 2004다21862 판결.

2. 종류

검사기관이 누구인지에 따라 발주기관이 하는 검사, 전문기관이 하는 검사가 있다.

3. 내용

가. 발주기관 검사

발주기관은 계약상대자가 계약 전·일부를 이행하면 이를 확인하기 위해 계약서, 설계서, 그 밖의 관계 서류에 근거해 검사하거나 소속 공무원에게 그 사무를 위임하여 필요한 검사를 하게 한다(국가계약법 제14조 제1항 본문). 따라서 계약상대자는 계약이행을 완료한 때 발주기관에게 그 사실을 서면으로 통지하고 필요한 검사를 받아야 하고, 기성고 전·일부를 지급받고자 할 때도 마찬가지다[물품구매(제조)계약일반조건 제19조 제1항, 용역계약일반조건 제20조 제1항, 공사계약일반조건 제27조 제1항].

나. 전문기관 검사

발주기관은 건설기술 진흥법 제39조 제2항에 따라 건설사업관리를 하게 하는 공사계약과 재질·성능·규격 등을 검사하기 위해 전문적인 지식이나 기술이 필요하다고 인정되는 계약에서 전문기관을 따로 지정하여 필요한 검사를 하게 할 수 있다(국가계약법 제14조 제1항 단서). 이에 따라 건설기술 진흥법 제39조 제2항의 건설사업관리나 감리를 하는 공사계약의 상대자는 발주기관이 아닌 건설기술용역업자에게 준공신고서 등 서면으로 공사 완성 사실을 통지하고 위 건설기술용역업자로부터 필요한 검사를 받아야 한다(공사계약일반조건 제27조 제1항).

4. 기간

검사기관은 계약상대자로부터 계약이행완료 사실을 통지받은 날부터 14일 안에 검사를 완료해야 한다. 다만, 재난 및 안전관리 기본법 제3조 제1호의 재난이나 경기침체, 대량실업 등으로 발생한 국가나 해당 지역의 경제위기를 극복하기 위해 주무부장관이 기간을 정하여 고시한 경우에는 계약상대자로부터 해당 계약이행완료 사실을 통지받은 날부터 7일 안에 완료하여야 한다. 그리고 주무부장관이 정한 경우에는 7일(7일 안에 검사를 완료해야 하는 경우에는 3일) 범위에서 그 검사기간을 연장할 수 있다(국가계약법 시행령 제55조 제1항). 검사기관이 천재·지변 등 불가항력 사유로 위 기간 안에 검사를 완료하지 못한 경우에는 당해 사유가 소멸한 날부터 3일 안에 검사를 완료해야 한다(국가계약법 시행령 제55조 제5항).

5. 방법

가. 물품계약

발주기관은 검사 관련 규정과 다음 요령에 따라 계약서 그 밖에 관계 서류에 따라 검사를 해야 한다. 즉, 발주기관은 품질, 수량, 포장, 표기상태, 포장명세서, 품질식별기호 등을 검사하고, 물품을 새롭게 제조할 필요가 있거나 그 성질상 제조과정이 중요하면 제조과정에서 검사할 수 있다. 한편, 계약상대자는 검사를 위해 발주기관이 지정한 장소에 물품을 반입하면 즉시 발주기관에게 반입통지를 해야 한다[물품구매(제조)계약일반조건 제19조 제3항 본문 제1호부터 제3호]. 계약상대자는 검사에 입회·협력해야 한다[물품구매(제조)계약일반조건 제19조 제6항 전문].

나. 공사계약

계약상대자는 공사를 완성하면 그 사실을 준공신고서서 등 서면으로 발주기관이나 건설기술용역업자에게 통지하고 필요한 검사를 받아야 한다(공사계약일반조건 제27조 제1항). 위 통지를 받은 발주기관은 14일 안에 계약서, 설계서, 준공신고서 그 밖에 관계 서류에 따라 계약상대자 입회 아래 그 이행을 확인하기 위한 검사를 해야 하고, 다만, 천재·지변 등 불가항력적인 사유로 검사를 완료하지 못한 경우에는 해당 사유가 존속되는 기간과 해당 사유가 소멸된 날부터 3일까지는 이를 연장할 수 있으며, 공사계약금액(관급자재 대가 포함)이 100억원 이상이거나 기술적 특수성 등으로 14일 안에 검사를 완료할 수 없는 특별한 사유가 있는 경우에는 7일 범위에서 검사기간을 연장할 수 있다(공사계약일반조건 제27조 제2항). 공사계약의 상대자는 검사에 입회·협력해야 하고, 입회를 거부하거나 검사에 협력하지 않아서 지체가 발생하면 시정조치나 지체상금 부과 등 불이익을 받는다(공사입찰유의서 제27조 제5항).

공사계약의 발주기관이 계약상대자에게 기성대가를 지급하기 위해 기성검사를 하는 경우, 공사감독관이 작성한 감독조서를 확인하는 방법으로 기성검사를 갈음할 수도 있지만, 기성검사 3회마다 1회는 원래 검사방법에 따라야 한다(공사계약일반조건 제27조 제7항). 기성검사에서는 검사에 합격된 자재라도 단순히 공사현장에 반입하였다는 이유만으로 기성부분으로 인정되지 않는다. 다만, 자재 특성, 용도, 시장거래상황 등을 고려해, 강교 등 해당 공사의 기술적·구조적 특성을 반영해 가공·조립·제작한 자재로서, 다른 공사에 그대로 사용하기 곤란한 자재는 자재의 100분의 100 범위에서 기성부분으로 인정할 수 있고, 그 밖에 계약당대자가 직접 혹은 제3자에게 위탁하여 가공·조립·제작한 자재는 자재의 100분의 50 범위에서 기성부분으로 인정할 수 있다(공사계약일반조건 제27조 제9항 제1호, 제2호).

다. 용역계약

계약상대자는 용역을 완성하였을 때 그 사실을 발주기관에게 서면으로 통지하고 필요한 검사를 받아야 한다. 기성고 전·일부를 지급받고자 할 때도 같다(용여계약일반조건 제20조 제1항). 발주기관은 위 통지를 받으면 그로부터 14일 안에 계약서 그 밖에 관계 서류에 따라 이행을 확인하기 위한 검사를 하여야 한다. 다만, 관련법령이나 특수조건으로 정한 경우나 필요하다고 인정하여 미리 서면으로 요청한 경우에만 계약상대자가 입회한다(용역계약일반조건 제20조 제2항 본문). 다만, 천재·지변 등 불가항력적인 사유로 검사를 완료하지 못한 경우에는 해당 사유가 존속되는 기간과 소멸된 날부터 3일까지는 이를 연장할 수 있다(용역계약일반조건 제20조 제2항). 계약상대자가 입회해야 하는 경우에는 이에 따라야 하고, 입회를 거부하거나 검사에 협력하지 않아서 지체가 발생하면 시정조치나 지체상금 부과와 같은 불이익을 받는다(용역계약일반조건 제20조 제5항).

라. 총사업비 산정의 적정성 검사

조사설계용역계약에서는 해당 용역계약의 상대자가 조사설계대상사업의 총사업비를 적정하게 산정하였는지도 함께 검사해야 한다(국가계약법 시행령 제55조 제2항). 기본설계(타당성 조사 관련 내용을 포함)와 실시설계를 구분하여 계약을 체결한 경우에는 실시설계용역의 이행검사를 할 때 실시설계대상사업의 총사업비 산정이 적정한지에 대하여 기본설계서상 총사업비와 실시설계서상 총사업비를 비교하여 검사해야 한다. 만약 기본설계서상 총사업비와 실시설계서상 총사업비에 차이가 있다면, 실시설계용역계약 상대자에게 그 사유를 설명하는 자료를 제출하게 해야 한다(국가계약법 시행령 제55조 제4항).

6. 결과

가. 통지

발주기관은 검사를 완료한 경우 그 결과를 계약상대자에게 서면으로 통지해야 한다. 이때 계약상대자는 그 결과에 이의가 있으면 재검사를 요청할 수 있고, 발주기관은 필요한 조치를 해야 한다. 즉, 발주기관은 지체없이 재검사를 해야 한다[물품구매(제조)계약일반조건 제19조 제7항, 제8항, 용역계약일반조건 제20조 제6항, 공사계약일반조건 제27조 제6항]. 그리고 공사계약의 상대자는 검사완료 통지를 받는 즉시 공사장에서 모든 공사시설, 잉여자재, 폐기물, 가설물을 철거·반출해야 하며, 공사장을 정돈해야 한다(공사계약일반조건 제27조 제7항).

나. 시정조치

발주기관은 계약상대자의 계약이행 내용 전·일부가 계약에 위반되거나 부당함을 발견한 경우 지체없이 필요한 시정조치를 해야 한다(국가계약법 시행령 제55조 제6항 전단, 지방계약법 시행령 제64조 제5항 전단). 이 경우 검사기간은 계약상대자로부터 그 시정을 완료한 사실을 통지받은 날로부터 계산한다[물품구매(제조)계약일반조건 제19조 제4항 후문, 용역계약일반조건 제20조 제3항 후문, 공사계약일반조건 제27조 제3항 후문]. 그리고 시정조치가 완료된 경우, 발주기관은 계약상대자로부터 그 시정을 완료한 사실을 통지받은 날부터 검사기간 내에 검사를 완료해야 한다(국가계약법 시행령 제55조 제6항 후단).

다. 지체상금 부과

계약상대자가 검사에 합격하지 못하여 계약기간이 연장되면, 발주기관은 계약상대자에게 지체상금을 부과한다[물품구매(제조)계약일반조건 제19조 제5항, 용역계약일반조건 제20조 제4항, 공사계약일반조건 제27조 제4항].

한편, 계약상대자는 검사에 입회·협력해야 하는데, 만약 입회나 협력을 거부하여 검사 지체가 발생하면, 그 기간 역시 검사기간에 포함되지 않으므로, 발주기관은 검사 지체에 따라 연장된 계약기간만큼 계약상대자에게 지체상금을 부과한다[물품구매(제조)계약일반조건 제19조 제6항, 용역계약일반조건 제20조 제5항, 공사계약일반조건 제27조 제5항].

라. 비용부담

물품계약인 경우, 물품의 특성상 필요한 시험 등의 검사에 드는 비용과 검사로 인하여 생기는 변형, 파손 등의 손상은 계약상대자가 부담한다[국가계약법 제14조 제4항, 지방계약법 제17조 제4항, 물품구매(제조)계약일반조건 제19조 제3항 본문 제4호].

7. 검사조서작성과 생략

검사를 하는 발주기관, 그 사무를 위임받은 소속 공무원, 전문기관은 검사조서를 작성해야 한다(국가계약법 제14조 제2항 본문). 다만, ① 계약금액이 3천만 원 이하인 계약인 경우, ② 매각계약인 경우, ③ 전기·가스·수도의 공급계약등 그 성질상 검사조서 작성이 필요하지 않은 계약인 경우에는 검사조서 작성을 생략할 수 있다(국가계약법 제14조 제2항 단서, 국가계약법 시행령 제56조).

8. 면제

발주기관은 다른 법령에 따른 품질인증을 받은 물품이나 품질관리능력을 인증받은 자가 제조한 물품[1) 등은 검사하지 않을 수 있다[국가계약법 제14조 제3항, 국가계약법 시행령 제56조의2 본문, 지방계약법 시행령 제64조의2 본문, 물품구매(제조)계약일반조건 제19조 제2항 본문]. 다만, 해당 물품이 국민의 생명 보호, 안전, 보건위생 등을 위해 검사가 필요하거나, 불량자재의 사용, 다수의 하자 발생, 관계기관의 결함보상명령 등으로 품질확인이 필요하여 계약내용에 검사를 실시한다는 사항을 포함한 경우에는 검사를 해야 한다[국가계약법 시행령 제56조의2 단서, 물품구매(제조)계약일반조건 제19조 제2항 단서].

9. 검사위탁에 따른 확인

발주기관은 건설기술 진흥법 제39조 제2항, 전력기술관리법 제12조, 문화재수리 등에 관한 법률 제38조, 그 밖에 관련법령상 의무적으로 건설사업관리나 감리를 해야 하는 공사계약인 경우, 전문적인 지식이나 기술이 필요하거나 그 밖에 부득이한 사유로 국가계약법 제13조 제1항 본문에 따른 감독을 할 수 없는 제조 그 밖에 도급계약인 경우에, 전문기관을 따로 지정하여 필요한 검사를 하게 할 수 있다(국가계약법 제14조 제1항 단서, 같은 법 시행령 제54조 제1항 제1호, 제2호, 제55조 제3항).

발주기관은 위에 따라 전문기관으로 하여금 검사를 수행하게 할 경우, 그 결과를 문서로 통보받아 이를 확인해야 한다(국가계약법 시행규칙 제69조).

제 5 절 계약내용 이행

Ⅰ. 인수

1. 의의

인수(引受)란 발주기관이 계약상대자으로부터 물건이나 권리를 이전받는 것을 말한다. 이에 따라 계약상대자에서 발주기관으로 목적물 점유나 필요한 권리가 이전(사실적 지배가 이전)한다. 나아가 인수는 발주기관이 계약상대자의 이행결과가 계약내용에 부합한다는 점을

---

1) 1. 「산업표준화법」 제15조에 따라 인증을 받은 제품
2. 「산업표준화법」 제31조의4 제2항에 따라 수상자로 선정된 기업등 및 개인이 제조한 제품
3. 「조달사업에 관한 법률」 제18조에 따라 조달청장이 고시한 품질관리능력 평가기준에 적합한 자가 제조한 물품

시인하는 것까지 포함하는 개념이다.

2. 내용

가. 물품계약

1) 납품기일과 장소

계약상대자는 계약서에 정한 납품기일까지 해당물품(검사에 필요한 서류 등을 포함)을 계약담당공무원이 지정한 장소에 납품하여야 한다[물품구매(제조)계약일반조건 제12조 제1항].

2) 분할납품 제한

계약상대자는 발주기관이 필요에 따라 분할납품을 요구하거나, 계약상 분할납품을 허용한 경우를 제외하고는 분할납품을 할 수 없다[물품구매(제조)계약일반조건 제12조 제3항].

3) 납품규격 준수

납품된 물품규격은 계약상 명시된 규격명세, 규격번호와 발주기관이 제시한 견품의 규격을 충족해야 하고, 구매목적에 맞는 신품이어야 한다. 만약 계약상 규격이 명시되어 있지 않으면, 상관습과 기술적 타당성, 구매규격 등에 맞는 물품이어야 한다[물품구매(제조)계약일반조건 제13조 제1항, 제2항].

물품포장은 계약조건과 계약규격서에 규정된 포장조건에 따라야 하며 내용물의 보전에 충분해야 한다[물품구매(제조)계약일반조건 제14조 제1항]. 계약상 모체와 분리하여 부속품이나 예비부속품을 포장할 때는 관련 참조번호와 기호 등을 명기한 꼬리표를 붙여야 한다[물품구매(제조)계약일반조건 제14조 제2항].

4) 조립비 청구제한

예비부속품으로서 기계나 기구를 완성하는데 필요한 조립비는 물품가격에 포함되기 때문에[물품구매(제조)계약일반조건 제13조 제3항 본문], 계약상대자는 발주기관에게 조립비를 별도로 청구하지 못하지만, 계약내용에 부속품으로서 기계, 기구를 완성하는데 필요한 조립비가 별도로 표시되어 있다면 이를 청구할 수 있다[물품구매(제조)계약일반조건 제13조 제3항 단서]. 가령, 침대 구매계약인 경우, 프레임과 매트리스 조립비용은 계약대금에 이미 포함되기 때문에, 계약에서 달리 정한 바가 없다면, 판매자가 소비자에게 별도로 청구하지 않는 것과 같다.

5) 원산지 등 표기

계약상대자는 해외에서 제조된 계약물품을 납품하고자 할 경우 관세청장이 고시한 원산지제도 운영에 관한 고시와 산업통상자원부장관이 고시한 대외무역관리규정에 따라 원산지를 해당 물품에 표시해야 한다[물품구매(제조)계약일반조건 제14조 제3항]. 그리고 물품 포장면에는 제작자 상호와 계약상대자 상호, 계약번호, 품명과 물품저장번호, 포장내용물의 일련번호와 수량, 순무게, 총무게, 부피, 취급주의사항, 그 밖에 계약상 필요한 표기를 해야 한다[물품구매(제조)계약일반조건 제15조 제1호부터 제7호].

나아가, 계약상대자는 납품한 물품에 규격서에서 정한 포장 외에 제작자명이나 상표와 발주기관이 정한 관수품 표시를 해야 한다[물품구매(제조)계약일반조건 제16조 제1항]. 표지는 물품 형태나 성질에 따라 인쇄, 금속판 첩찰, 꼬리표나 그 밖에 방법에 따라 표시해야 한다[물품구매(제조)계약일반조건 제16조 제2항]. 물품에 표기해야 할 표지는 그 물품의 지구성과 같아야 하며, 포장의 표지는 목적장소에 도착할 때까지 선명해야 한다[물품구매(제조)계약일반조건 제16조 제3항].

6) 포장명세서 등 제출

계약상대자는 물품을 납품할 때 발주기관에게 포장내용물을 상세히 기재한 포장명세서를 제출해야 한다[물품구매(제조)계약일반조건 제17조 제1항]. 포장명세서에는 포장번호, 포장수, 포장품명, 수량, 순무게, 부피 등을 기명한다[물품구매(제조)계약일반조건 제17조 제2항]. 그리고 포장에 포장명세서 1통을 첨부하되, 드럼통 등 명세서를 첨부하기 어려운 물품은 용기에 기명해야 한다[물품구매(제조)계약일반조건 제17조 제3항]. 나아가 물품 사용이나 취급상 주의가 필요한 경우에는 발주기관에게 그 물품의 사용, 보관, 수리 등 요령과 주의사항을 명기한 주의서를 제출해야 한다[물품구매(제조)계약일반조건 제18조].

7) 품질보증

물품구매(제조)계약일반조건은 계약상대자에게 물품의 품질 보증의무를 부과하고, 납품된 물품의 규격이나 품질이 계약내용과 다를 때 대체납품을 하도록 규정한다. 이는 종류매매와 매도인의 하자담보책임을 다시 명시한 것으로 보인다(민법 제581조 참조).

우선, 계약상대자는 납품 후 1년 동안 납품한 물품의 규격과 품질이 계약내용과 같다는 점을 보증해야 한다[물품구매(제조)계약일반조건 제21조 제1항]. 따라서 발주기관은 납품 후 1년 안에 납품한 물품의 규격과 품질이 계약내용과 다르다는 사실을 확인했을 때 그 사실을 계약상대자에게 통지하고, 해당 물품의 대체납품이나 해당 물품대금을 반환하도록 청구할 수 있다[물품구매(제조)계약일반조건 제21조 제2항]. 대체납품을 요구받은 계약상대자는 조속히 이를 이행하고, 그에 들어가는 경비까지 모두 부담해야 한다[물품구매(제조)계약일반조건 제21조 제3항]. 아울러 대체납품된 물품의 품질까지도 납품 후 1년 동안 보증해야 한다[물품구매(제조)계약일반조건 제21조 제4항]. 만약 계약상대자가 대체납품을 거부하거나, 통지받은 때부터 미리 정한 기간 안에 대체납품을 하지 못하면, 발주기관은 계약상대자에게 물품가격 반환을 청구해야 한다[물품구매(제조)계약일반조건 제21조 제5항]. 따라서 발주기관은 물품가격 반환청구보다 먼저 대체납품을 요구해야 하고, 계약상대자가 대체납품을 이행하지 못했을 경우에만 비로소 물품가격 반환청구를 할 수 있다.

나. 용역계약

계약상대자는 계약서에 정한 용역수행기한까지 계약문서(계약서, 유의서, 일반조건, 용역계약특수조건, 과업내용서 및 산출내역서 등)에서 정한 내용대로 용역을 이행하여야 한다.

용역의 특성상 계약목적물 인수가 필요한 경우, 발주기관은 계약상대자가 서면으로 인수를 요청했을 때 검사를 실시한 다음 용역완성을 확인하고, 즉시 해당 용역목적물을 인수해야 한다(용역계약일반조건 제21조 제1항). 발주기관은 계약상대자가 서면으로 인수를 요청하지 않으면, 계약상대자에게 용역대가 수령과 상환하여 해당 용역목적물을 인도하라고 요구할 수 있고, 이러한 요구를 받은 계약상대자는 지체없이 발주기관에게 목적물을 인도해야 한다(용역계약일반조건 제21조 제2항). 한편, 전체 완성물이 아닌 기성부분(성질상 분할할 수 있는 용역에서 완성된 부분에 한정)도 인수 대상에 해당하고, 기성부분을 인수할 때도 전체 목적물을 인수할 때과 같은 절차를 준용한다(용역계약일반조건 제22조 제1항, 제2항).

다. 공사계약

계약상대자는 계약서에 정한 준공기한 내에 계약문서(계약서, 설계서, 유의서, 공사계약일반조건, 공사계약특수조건 및 산출내역서 등)에서 정한 내용대로 공사를 이행하여야 한다. 발주기관은 검사완료를 통지한 후에 계약상대자가 서면으로 인수를 요청하면, 즉시 현장인수증명서를 발급하고, 완성물을 인수해야 한다(공사계약일반조건 제28조 제1항). 인수를 요청받은 발주기관은 공사규모 등을 고려해 필요하다고 인정하면, 계약상대자에게 준공명세서를 제출하게 해야 하는데, 준공명세서에는 완성물의 전면·후면·측면사진(10″×15″) 각 5매와 사진원본파일, 주요검사과정을 촬영한 동영상물(CD 등) 5본, 착공에서 준공까지 행정처리과정, 참여기술자, 관련참여업체 등 내용을 포함하는 건설기술진흥법 시행령 제78조상 준공보고서를 각 첨부한다(공사계약일반조건 제28조 제2항 제1호부터 제3호).

만약 계약상대자가 검사완료통지를 받은 날부터 7일 안에 인수요청을 하지 않으면, 발주기관은 계약상대자에게 현장인수증명서를 발급하고 완성물을 인수할 수 있다. 이때 계약상대자는 지체없이 발주기관에게 위에서 본 준공명세서를 제출해야 한다(공사계약일반조건 제28조 제3항). 이에 따라 인수받은 발주기관은 계약상대자에게 해당 공사목적 유지관리를 요구할 경우, 이에 필요한 비용을 지급해야 한다(공사계약일반조건 제28조 제5항). 완성물을 인수한 발주기관은 일정한 사항을 기재한 표찰을 부착해 공시해야 한다. 표찰에 기재할 사항은 공사명과 발주기관(관리청), 착공과 준공년월일, 공사금액, 계약상대자, 공사감독관과 검사관, 하자발생 신고처, 그 밖에 필요한 사항이다(공사계약일반조건 제28조 제4항 제1호부터 제7호).

한편, 발주기관은 전체 완성물이 아닌 기성부분만을 인수할 수 있는데, 기성부분 인수는 전체 완성물 인수에 필요한 절차를 준용한다(공사계약일반조건 제29조).

〔인수 전 부분사용과 부가공사〕

발주기관은 완성물 인수 전에 기성부분이나 미완성 부분을 사용할 수 있고, 사용부분에 해당 구조물 안전에 지장을 주지 않는 부가공사를 할 수 있는데(공사계약일반조건 제30조 제1항), 이를 부분사용과 부가공사라 한다. 부분사용과 부가공사를 하는 경우, 계약상대자나 부분공사를 위한 계약상대자는 발주기관의 지시에 따라 공사를 진행해야 한다(공사계약일반조건 제30조 제2항). 발주기관은 부분사용이나 부가공사로 말미암아 계약상대자에게 손해가 발생한 경우나 추가공사비가 필요하여 계약상대자로부터 청구를 받은 경우, 각각 실비 범위에서 이를 보상하거나 계약금액을 조정해야 한다. 실비 보상이나 계약금액 조정은 계약내용 변경에 따른 계약금액 조정 규정을 준용한다(공사계약일반조건 제23조, 제30조 제3항).

Ⅱ. 대가지급

1. 서론

가. 의의

발주기관은 공사, 물품제조·구매, 용역, 그 밖에 국고부담의 원인이 되는 계약에서 계약상대자로부터 받은 결과물을 검사하거나 그에 대한 검사조서를 작성한 후에 계약상대자에게 대가를 지급해야 한다(국가계약법 제15조 제1항 본문). 다만, 재산매각·대부, 용역 제공, 그 밖에 수입의 원인이 되는 계약인 경우에는 다른 법령에 특별한 규정이 없으면 계약상대자에게 그 대가를 미리 내도록 해야 한다(국가계약법 제16조).

나. 지급기한

발주기관은 검사를 완료한 후 계약상대자의 청구를 받은 날부터 5일 안에 대가를 지급해야 한다(국가계약법 제15조 제2항, 국가계약법 시행령 제58조 제1항). 다만, 재난 및 안전관리 기본법 제3조 제1호의 재난이나 경기침체, 대량실업 등으로 국가나 해당 지역의 경제위기를 극복하기 위해 고시한 경우에는 계약상대자의 청구를 받은 날부터 3일 안에 지급해야 한다. 이때, 계약당사자는 서로 합의하여 5일을 초과하지 않는 범위에서 대가 지급기한을 연장할 수 있다(국가계약법 시행령 제58조 제1항). 또한, 발주기관이 천재·지변 등 불가항력적 사유로 지급기한 안에 대가를 지급할 수 없는 경우에는 해당 사유가 소멸된 날부터 3일 안에 계약상대자에게 대가를 지급해야 한다(국가계약법 시행령 제58조 제2항). 대가지급 기간을 산정할 때는 공휴일이나 토요일을 제외한다(국가계약법 시행령 제58조 제6항).

한편, 발주기관은 계약상대자로부터 대가지급 청구를 받은 후 그 청구내용의 전부나 일부가 부당하다는 사실을 발견한 경우, 그 사유를 명시하여 계약상대자에게 해당 청구서를 반송할 수 있다. 그리고 청구서를 반송한 날부터 재청구를 받은 날까지 기간은 대가 지급기간에 산입하지 않는다(국가계약법 시행령 제58조 제5항, 지방계약법 시행령 제67조 제5항).

다. 지급유형

대가는 원칙적으로 계약상대자가 계약 전부를 이행완료하면, 그와 상환하여 지급해야 하지만, 가령 공사나 용역계약에서 최종 이행까지 비교적 오랜 기간이 걸리거나 물품계약에서 단계별 혹은 분할하여 이행해야 하는 경우에는 총계약대금 가운데 기성부분에 상응하는 금액을 지급하기도 한다. 이를 총계약대금 가운데 일부 이행된 부분에 상당한 대금이라는 의미로 기성대가 또는 기성고라 부른다. 기성대가는 아래에서 자세히 살펴본다.

라. 대가의 지연이자

발주기관은 계약상대자로부터 대금지급청구를 받고 법령에서 정한 대가 지급기한(채무부담 원인이 되는 계약은 다음 회계연도 개시 후 해당 예산이 배정된 날부터 20일)까지 대가를 지급해야 하며, 그 기한까지 지급할 수 없으면 다음 계산식으로 산출한 금액을 이자로 지급해야 한다(국가계약법 제15조 제2항).

| 국가계약 |

지급기한의 다음날부터 지급하는 날까지의 일수×해당 미지급금액×지연발생 시점의 금융기관 대출평균금리(한국은행 통계월보상의 대출평균금리를 말한다)(국가계약법 시행령 제59조)

| 지방계약 |

지급기한의 다음 날부터 지급하는 날까지의 일수×해당 미지급금액×「지방회계법」 제38조에 따라 지방자치단체의 장이 지정한 금고의 일반자금 대출 시 적용되는 연체이자율(지방계약법 시행령 제68조)

공공계약은 쌍무계약이면서 유상계약인 경우가 대부분이기 때문에, 계약상대자가 부담하는 계약상 의무에 직접 의존·대응하여 발주기관은 그 대가를 지급할 의무를 부담하고, 계약상대자가 계약을 이행하지 못하거나 지체하면 계약보증금이나 지체상금을 납부하는 것과 마찬가지로, 발주기관이 대가지급을 지체하는 경우, 계약상대자에게 지연이자를 지급하도록 하여 형평을 갖추었다. 물론 계약상대자는 대가의 지연이자 채권으로 발주기관에게 부담하는 지체상금과 상계할 수 있다(국가계약법 제15조 제3항).

〔대가의 지연이자율을 그 밖에 추가비용에도 적용할 수 있는지〕

은행의 일반자금 대출 시 적용되는 연체이자율에 의한 지연손해금의 지급을 규정한 공사계약일반조건 제21조 제1항, 제2항, 제21조의2 제1항 등 규정은 공사계약일반조건의 전체적인 규정내용과 위 지연손해금 지급규정의 취지를 고려할 때, 공사가 완성되어 목적물이 인도되었음에도 피고가 지급하기로 확정된 기성대가나 준공대가의 지급을 지체할 경우 특히 고율의 지연손해금을 지급한다는 취지에 지나지 않고, 원고가 피고와의 사이에 처음에 약정한 계약상의 공사대금 이외에 그 지급의무의 존부 자체가 불명확하여 다툼이 있는 사안에서는 추가비용에 대하여서까지도 일률적으로 적용한다는 취지는 아니다(대법원 2009. 11. 12. 선고 2008다41451 판결).

마. 대가채권과 강제집행

1) 노임의 압류 등

건설산업기본법 제88조는 건설업자가 도급받은 건설공사의 도급금액 중에 해당 공사의 근로자에게 지급해야 할 노임 상당한 금액을 압류하지 못하도록 한다. 이는 근로자의 생존권을 보장하려는 헌법상 사회보장적 요구에 따른 것이다. 이처럼 압류가 금지된 채권을 대상으로 한 압류명령은 강행법규 위반이므로 무효이고, 무효인 압류에 기초한 전부명령 역시 절차법상 당연무효는 아니지만 실체법상 그 효력이 발생하지 않는 무효이므로, 제3채무자는 압류채권자의 전부금 지급청구에 실체법상 무효를 들어 항변할 수 있다.[1)]

공공계약의 공사대금 역시 재료비, 노무비, 경비, 일반관리비, 이윤 등으로 구성되므로, 발주기관이 지급하는 공사대금 중에는 근로자 노임이 계상된다. 따라서 발주기관은 계약상대자의 채권자가 공사대금채권을 대상으로 압류·전부명령을 받는 경우, 그 채권자에게 해당 공사대금 중 노무비를 대상으로 한 압류가 금지되므로 무효라고 주장할 수 있다. 다만, 건설산업기본법령이 압류가 금지되는 노임채권의 범위를 산출내역서에 기재된 노임을 합산한 것으로서 발주기관이 계약서에 명시한 노임에 한정하기 때문에, 계약서에서 노임액과 그 밖

---

1) 대법원 2000. 7. 4. 선고 2000다2148 판결.

에 공사비를 명확히 구분하지 않아 압류명령 발령 당시 압류대상인 공사대금채권 중 압류금지채권액이 얼마인지 형식적·획일적으로 구분할 수 없다면, 공사대금채권 전액에 압류효력이 미친다.[1)]

한편, 위와 같이 공사대금 중 노임액을 압류하지 못하게 한 취지는 수급인이 해당 공사를 위해 고용한 근로자의 노임을 확보하려는 것이지 하도급공사를 위해 고용한 근로자의 노임을 확보하기 위한 것은 아니므로, 수급인의 채권자가 수급인이 발주기관에게 가지는 공사대금채권 중에 수급인이 해당 공사를 위해 고용한 근로자의 노임을 압류하지 못하고, 하수급인의 채권자가 하수급인이 수급인에게 가지는 하도급대금채권 중에 하수급인이 해당 공사를 위해 고용한 근로자의 노임을 압류하지 못할 뿐, 수급인의 채권자가 수급인이 발주기관에게 가지는 공사대금채권 중에 하수급인이 해당 하도급공사를 위해 고용한 근로자에게 지급할 노임까지 압류하지 못한다고 할 수 없다.[2)]

2) 장래 대가채권의 압류 등

건설업자가 공공계약법에 근거한 공사의 경쟁입찰에 참가하여 낙찰자로 결정된 후에 낙찰자의 채권자가 낙찰자를 채무자로, 공공기관을 제3채무자로 하여, 낙찰자가 장차 공사를 시공하고 공공기관으로부터 지급받을 공사대금채권을 대상으로 압류·전부명령을 받았다면, 피압류·전부채권인 공사대금채권은 그 발생 기초가 확정되어 있어 특정할 수 있을 뿐만 아니라, 공사대금이 확정되어 있어 권면액도 있으며, 가까운 장래에 발생하리라고 상당한 정도로 확실시되므로 그 공사대금채권에 대한 압류·전부명령은 유효하다.[3)] 그러나 채권 압류명령은 압류목적채권이 현실로 존재하는 경우에만 효력이 발생하고, 그 효력이 발생한 후에 새롭게 발생한 채권에까지 효력이 미치지는 않으므로, 특정 공사대금채권에 압류·전부명령이 있은 후에 추가계약 체결에 따라 추가공사금이 발생했다 하더라도, 기존 압류·전부명령 효력은 추가공사금에까지 미치지는 않는다.[4)]

3) 강제집행 대상채권

채권자가, 채무자가 제3채무자에게 가지는 계약이행보증금채권을 대상으로 압류·전부명령을 받았다면, 위 계약이행보증금은 지체상금과 마찬가지로 손해배상의 예정으로서 성질을 가지고, 정리채권확정소송에서 계약이행보증을 초과하는 지체상금이 손해배상액으로 인정되었다 하더라도, 집행대상을 명확히 해야 하는 전부명령의 본질을 고려할 때, 위 압류·전부명령에서 집행대상 채권으로 기재한 계약이행보증금채권을 지체상금채권과 같다고 볼 수 없을

---

1) 대법원 2005. 6. 24. 선고 2005다10173 판결.
2) 대법원 1997. 10. 28. 선고 97다34716 판결.
3) 대법원 2002. 11. 8. 선고 2002다7527 판결.
4) 대법원 2001. 12. 24. 선고 2001다62640 판결.

뿐만 아니라 이를 지체상금채권의 압류·전부명령으로서 효력이 있다고 볼 수도 없다.[1]

바. 대가지급과 관련한 항변 등

1) 대가지급청구에 필요한 납세증명서 등 제출

가) 의의

납세자는 국가, 지방자치단체, 그 밖에 정부 관리기관으로부터 대금을 지급받을 경우 납세증명서를 제출해야 한다(국세징수법 제107조 제1항 제1호). 여기서 납세증명서란 발급일 현재 법이 정한 일정한 금액을 제외고하고 체납액이 없다는 사실을 증명하는 문서를 말하며, 지정납부기한이 연장된 경우에는 그 사실도 기재되어야 한다(국세징수법 제107조 제2항). 나아가 국민연금법도 마찬가지 취지에서 국가나 지방자치단체, 공공기관이 계약대가를 지급할 때 국민보험료 납부사실을 확인하도록 규정한다(국민연금법 제95조의2, 같은 법 시행령 제70조의2, 제70조의3, 제70조의4).

따라서 발주기관은 계약상대자가 대금지급을 청구하면서 납세증명서 등을 첨부하여 제출하지 않으면 대가를 지급하지 않는다. 공동이행방식에 따른 공동계약에서도 공동수급체 구성원은 각자 대가지급을 신청할 때 납세증명서를 제출해야 한다.

다만, 대가를 지급받는 자가 원래 계약상대자가 아닌 경우, 발주기관은 누구로부터 납세증명서를 제출받아야 하는지 문제되므로, 아래에서 살펴보기로 한다.

나) 납세증명서 제출자

(1) 채권양도가 있는 경우

대가채권 양도가 있는 경우, 발주기관은 채권양도인과 채권양수인 모두가 납세증명서를 제출해야만 채권양수인에게 대가를 지급한다(국세징수법 시행령 제90조 제1호).

(2) 전부명령이 있는 경우

계약상대자의 채권자가 대가채권을 대상으로 압류·전부명령을 받은 경우, 발주기관은 압류채권자가 납세증명서를 제출해야만 전부명령에 따른 대가를 지급한다(국세징수법 시행령 제90조 제2호).

(3) 추심명령이 있는 경우

국세징수법에는 별도로 규정이 없지만, 실무는 계약상대자의 채권자가 대가채권을 대상으로 압류·추심명령을 받은 경우, 발주기관은 계약상대자와 압류채권자 모두가 납세증명서를 제출해야만 압류채권자에게 추심금을 지급하도록 운영한다.

---

1) 대법원 2010. 6. 24. 선고 2007다63997 판결.

(4) 하도급대금 직접지급의 경우

발주기관이 계약상대자의 하수급인에게 하도급대금을 직접지급하는 경우, 대금을 지급받는 하수급인이 납세증명서를 제출해야만 대가를 지급받을 수 있다(국세징수법 시행령 제90조 제3호).

다) 납세증명서 미제출 효력

대법원은 국세징수법에서 납세자가 국가로부터 대금을 지급받을 때 납세증명서를 제출하도록 규정하더라도, 국가는 계약상대자로부터 납세증명서를 제출받을 때까지 그 대금지급채무의 지체책임을 부담하지 않는다고 볼 수 없다고 하며,[1] 계약상대자가 국가로부터 납세증명서 제출을 요구받고도 이에 응하지 않으면, 국가가 계약체결이나 금원 지급을 현실적으로 거절할 수 있는 사유에 불과하고, 이러한 납세증명서 제출이 계약이나 채권행사를 위한 유효요건이라 볼 수 없다고 본다.[2] 따라서 납세증명서 미제출은 발주기관이 대금지급을 거절할 수 있는 실체법상 항변사유가 아니라 현실적 지급을 거절할 사유에 불과하므로, 계약상대자가 발주기관을 상대로 대금지급 청구의 소를 제기하면, 발주기관은 계약상대자 등의 납세증명서 미제출을 주장하더라도 패소할 수밖에 없고, 설령 납세증명서 미제출을 이유로 대가지급을 지연했더라도 발주기관이 지연이자를 부담한다.

2) 목적물 하자와 대가지급의 관계

목적물에 하자가 있다는 이유로 도급인이 하자 보수에 갈음하여 손해배상을 청구한 경우, 도급인은 수급인이 그 손해배상청구에 따른 채무를 이행할 때까지 그 손해배상액에 상응하는 보수액에 한정해 채무이행을 거절할 수 있으나, 나머지 보수액은 지급을 거절할 수 없으므로, 도급인의 손해배상채권과 동시이행관계인 수급인의 공사대금채권은 공사잔대금채권 중 위 손해배상채권액과 대등한 채권액에 한정하고, 그 나머지 공사잔대금채권은 위 손해배상채권과 동시이행관계라 할 수 없다.[3]

3) 소멸시효

가) 국가재정법·지방재정법상 시효기간

공공계약법은 별도로 소멸시효를 규정하지 않으나, 대신 국가재정법이나 지방재정법에 금전채권과 관련한 소멸시효 규정을 둔다. 즉, 국가나 지방자치단체가 가지는 금전채권, 국가나 지방자치단체가 부담하는 금전채무는 다른 법률에 규정이 없으면 원칙적으로 5년의 소멸시효가 적용된다(국가재정법 제96조, 지방재정법 제82조). 여기서 금전급부 발생원인은 공법

1) 대법원 1999. 2. 12. 선고 98다49937 판결.
2) 대법원 1980. 6. 24. 선고 80다622 판결.
3) 대법원 1996. 6. 11. 선고 95다12798 판결.

상 행위는 물론 사법상 행위도 포함된다.[1] 헌법재판소는 국가채무를 5년으로 규정한 구 예산회계법 제96조가 합헌이라고 보았다.[2]

〔공공기관, 지방공기업, 지방자치단체출자·출연기관 등의 금전채권·채무에 적용되는 소멸시효 규정〕

공공기관운영법이나 지방공기업법, 지방자치단체출자·출연기관법에는 금전채권·채무 관련 소멸시효를 규정하지 않고, 국가재정법 제96조나 지방재정법 제82조를 준용하는 규정도 없으므로, 결국 공공기관, 지방공기업, 지방자치단체출자·출연기관이 공공계약에 따라 가지는 금전채권이나 부담하는 금전채무는 민법에 따른 소멸시효를 적용할 수밖에 없다.

나) 다른 법률에서 정한 단기시효 적용

(1) 공사대금 소멸시효

다만, 국가나 지방자치단체가 가지는 금전채권이나 국가나 지방자치단체가 부담하는 금전채무라도 다른 법률에서 5년보다 단기 소멸시효 기간을 정하였으면 그 단기 소멸시효를 적용해야 한다(국가재정법 제96조 제1항, 제2항).

가령, 민법 제163조 제3호는 도급받은 자, 기사 기타 공사의 설계 또는 감독에 종사하는 자의 공사에 관한 채권은 3년간 행사하지 않으면 소멸시효가 완성한다고 규정하므로, 수급인이 발주기관에게 가지는 공사대금채권은 5년이 아니라 3년의 단기시효가 적용된다. 여기서 공사에 관한 채권이란 공사대금채권 그 자체뿐만 아니라 그 공사에 부수되는 채권도 포함하므로, 공사를 시행하다가 폭우로 침수된 지하 공사장과 붕괴된 토류벽을 복구하는 데 들어간 복구 공사대금 채권도 3년의 단기시효 적용을 받는 채권에 해당한다.[3] 또한, 공사대금채권이 시효로 소멸하면, 공사대금채권의 이행불능에 따른 손해배상청구권도 공사대금채권의 변형에 해당하기 때문에 함께 소멸한다고 보아야 한다.[4]

〔홍수피해 복구공사비채권 소멸시효 기산점〕

원고는 제1차 홍수피해 복구공사를 1995. 7. 29.경에, 제3차 홍수피해 복구공사를 1995. 9. 16.경에 완료하였는데, 원고가 피고에게 가지는 복구공사비 청구채권은 공사도급 계약에 부수하는 채권이고, 그 채권의 행사에 법률상 장애가 있다고 보이지 않으므로, 그 복구공사를 완료한 때부터 그 채

---

1) 대법원 1962. 12. 27. 선고 62다700 판결, 대법원 1977. 12. 13. 선고 77다1048 판결.
2) 헌법재판소 2001. 4. 26.자 99헌바37 결정.
3) 대법원 1994. 10. 14. 선고 94다17185 판결, 대법원 2010. 11. 25. 선고 2010다56685 판결, 대법원 2009. 11. 12. 선고 2008다41451 판결.
4) 대법원 1987. 6. 23. 선고 86다카2549 판결.

권을 행사할 수 있으므로, 소멸시효도 그때부터 진행한다. 따라서 위 청구채권의 소멸시효 기산점은 각 복구공사가 완료된 시점이지 도급공사가 모두 완료된 다음 날이라 할 수 없다(대법원 2009. 11. 12. 선고 2008다41451 판결).

(2) 불법행위에 따른 손해배상금 소멸시효

한편, 민법 제766조 제1항과 제2항은 불법행위에 따른 손해배상청구권은 피해자나 그 법정대리인이 그 손해와 가해자를 안 날로부터 3년, 불법행위를 한 날로부터 10년간 이를 행사하지 아니하면 시효로 소멸한다고 규정하는데, 국가재정법 제96조는 국가의 금전채권 또는 국가에 대한 금전채권의 경우, 다른 법률에 그보다 짧은 기간의 소멸시효기간을 정하고 있는 경우 외에는 소멸시효기간을 5년으로 한다는 취지이므로, 국가가 행사할 수 있는 불법행위로 인한 손해배상청구권은 민법 제766조 제2항에도 불구하고, 불법행위를 한날로부터 10년의 소멸시효기간이 적용되지 않고 국가재정법 제96조에서 정한 5년의 소멸시효기간이 적용된다. 따라서 불법행위를 이유로 국가가 행사할 수 있는 손해배상청구권의 소멸시효기간은 손해와 가해자를 안 날로부터 3년, 불법행위를 한 날로부터 5년이다.

(3) 장기계속계약상 금전채권 소멸시효

(가) 장기계속물품공급계약상 외상대금

계속적 물품공급계약에서 발생한 외상대금채권은 특별한 사정이 없으면 개별 거래에 따라 각 외상대금채권이 발생한 때부터 각각 소멸시효가 진행하지, 거래종료일부터 외상대금채권 총액의 소멸시효가 한꺼번에 진행한다고 볼 수 없고,[1] 개별 거래마다 서로 미변제 외상대금을 확인하거나 확인된 대금 일부를 변제하는 등 행위가 없었다면, 새롭게 같은 물품을 주문하고 공급받았다는 사실만으로는 미변제 채무를 승인했다고 볼 수 없다.[2]

(나) 장기계속공사계약상 손해배상금

장기계속공사계약에서는 각 연차별 계약으로 공사대금이 구체적으로 확정되므로, 연차별 계약마다 손해배상채권의 소멸시효 기산일을 각각 판단해야 한다.[3][4]

---

1) 대법원 1992. 1. 21. 선고 91다10152 판결.
2) 대법원 2007. 1. 25. 선고 2006다68940 판결.
3) 대법원 2018. 12. 27. 선고 2016다43872 판결. 원심인 서울고등법원 2016. 9. 8. 선고 2014나9467 판결은, 각 1차 계약을 체결할 때 총공사준공일 및 총공사금액이 기재된 계약서가 작성됨으로써 공사 전체에 관한 총괄계약과 1차분 연차별 계약이 동시에 성립하였고, 위 각 계약을 통하여 각 해당 공구별로 피고들의 총공사금액에 대한 권리의무가 확정됨으로써 원고가 각 계약서에 부기된 총공사금액을 피고들에게 지급할 법적 구속력이 있는 의무가 발생하였으므로, 그때 총공사금액 전부에 관한 손해가 원고에게 현실적으로 발생되었다고 판단한 후, 소가 1차 계약 체결일부터 5년이 경과하여 제기되었으므로 원고의 손해배상채권의 소멸시효가 모두 완성되었다고 판단하였다.
4) 파기환송심인 서울고등법원 2019나151호 사건은 2021. 3. 3. 강제조정으로 확정되었다.

〔장기계속계약에서 소멸시효 기산일〕

불법행위에 기한 손해배상채권에서 민법 제766조 제2항의 소멸시효의 기산점이 되는 '불법행위를 한 날'이란 가해행위가 있었던 날이 아니라 현실적으로 손해의 결과가 발생한 날을 의미하나, 그 손해의 결과발생이 현실적인 것으로 되었다면 그 소멸시효는 피해자가 손해의 결과발생을 알았거나 예상할 수 있는지 여부에 관계없이 가해행위로 인한 손해가 현실적인 것으로 되었다고 볼 수 있는 때부터 진행한다(대법원 2005. 5. 13. 선고 2004다71881 판결 참조). 한편 구 국가를 당사자로 하는 계약에 관한 법률(2012. 3. 21. 법률 제11377호로 개정되기 전의 것) 제21조, 국가를 당사자로 하는 계약에 관한 법률 시행령 제69조 제2항에 규정된 장기계속공사계약은 총공사금액 및 총공사기간에 관하여 별도의 계약을 체결하고 다시 개개의 사업연도별로 계약을 체결하는 형태가 아니라, 우선 1차년도의 제1차공사에 관한 계약을 체결하면서 총공사금액과 총공사기간을 부기하는 형태로 이루어진다. 제1차공사에 관한 계약 체결 당시 부기된 총공사금액 및 총공사기간에 관한 합의를 통상 '총괄계약'이라 칭하고 있는데, 이러한 총괄계약은 그 자체로 총공사금액이나 총공사기간에 대한 확정적인 의사의 합치에 따른 것이 아니라 각 연차별 계약의 체결에 따라 연동된다. 즉, 총괄계약은 전체적인 사업의 규모나 공사금액, 공사기간 등에 관하여 잠정적으로 활용하는 기준으로서 구체적으로는 계약상대방이 각 연차별 계약을 체결할 지위에 있다는 점과 계약의 전체 규모는 총괄계약을 기준으로 한다는 점에 관한 합의라고 보아야 한다. 따라서 총괄계약의 효력은 계약상대방의 결정, 계약이행의사의 확정, 계약단가 등에만 미칠 뿐이고, 계약상대방이 이행할 급부의 구체적인 내용, 계약상대방에게 지급할 공사대금의 범위, 계약의 이행기간 등은 모두 연차별 계약을 통하여 구체적으로 확정된다고 보아야 한다(대법원 2018. 10. 30. 선고 2014다235189 전원합의체 판결 참조)

(중략)

4. 그러나 원심의 판단 중 소멸시효 기산일에 관한 판단 부분은 다음과 같은 이유로 받아들이기 어렵다.

만약 원심판단과 같이 이 사건 각 1차 계약이 체결됨으로써 피고들의 불법행위가 종료되고 원고가 피고들에게 지급할 총공사대금이 구체적으로 확정되었다면, 그때 총공사금액 전부에 관한 손해가 원고에게 현실적으로 발생되어 그때부터 손해배상채권 전부에 대한 소멸시효가 진행한다고 볼 수 있다. 그러나 앞에서 본 법리에 따라 살펴보면, 이 사건 각 1차 계약 체결 시 그 계약서에 총공사준공일 및 총공사금액을 부기함으로써 총괄계약도 함께 체결하였다고 볼 수 있으나, 위 총괄계약의 효력은 계약상대방의 결정, 계약이행의사의 확정, 계약단가 등에만 미칠 뿐이고, 계약상대방이 이행할 급부의 구체적인 내용, 계약상대방에게 지급할 공사대금의 범위, 계약의 이행기간 등은 모두 연차별 계약을 통하여 구체적으로 확정된다. 따라서 이 사건 각 1차 계약과 동시에 총괄계약이 체결된 사정만으로는 원고가 피고들에게 지급할 총공사대금이 구체적으로 확정되었다고 볼 수 없다. 원심으로서는 이 사건 각 연차별 계약을 통해 원고가 피고들에게 지급할 각 공사대금이 구체적으로 확정되었는지를 추가로 심리한 후 연차별 계약별로 원고의 손해배상채권의 소멸시효 기산일을 각각 판단하였어야 한다. 그런데도 원심이 이 사건 각 1차 계약과 동시에 총괄계약이 체결되었다는 사정만으로 곧바로 그때 피고들의 총공사금액에 대한 권리의무가 확정되었다고 보아 원고의 손해배상채권 전부의 소멸시효가 그때부터 진행한다고 판단한 데에는, 장기계속공사계약에서 총괄계약과 연차별 계약의 관계 및 총괄계약의 효력에 관한 법리를 오해하여 필요한 심리를 다하지 아니한 잘못이 있다(대법원 2018. 12. 27. 선고 2016다43872 판결).

다) 시효중단

(1) 민법상 시효 중단·정지 적용

국가·지방자치단체의 금전채권이나 금전채무에는 소멸시효 중단·정지 그 밖에 사항과 관련하여 다른 법률에 규정이 없으면 민법을 적용한다(국가재정법 제96조 제3항, 지방재정법 제83조 제1항, 제2항). 따라서 공공계약에서 발생한 금전채권도 소멸시효 중단·정지 그 밖에 사항과 관련하여 다른 법률에 규정이 없다면, 민법 제168조부터 제178조까지 정한 시효중단 규정, 민법 제187조이 정한 시효정지 규정이 적용된다.

(2) 납입고지에 따른 시효중단

한편, 국가재정법이나 지방재정법에서는 특별히 '납입고지'에 따른 시효중단을 인정한다. 즉, 법령의 규정에 따라 국가 등이 하는 납입고지는 시효중단의 효력이 있다(국가재정법 제96조 제4항, 지방재정법 제84조). 이처럼 법령이나 조례에 따른 국가나 지방자치단체의 납입고지는 법령 등에 근거한 공적 절차로서 명확한 형식을 갖추어야 하므로, 일정한 형식에 제한이 없는 사인의 최고와는 달리 강력한 시효중단의 효력을 인정하였다. 대법원은 국가가 금전급부를 목적으로 하는 채권을 위해, 관련법령에서 정한 형식과 절차를 거쳐 납입고지를 했다면, 그 채권의 발생원인이 공법상의 것이든 사법상의 것이든 관계없이 시효중단 효력이 생긴다고 하였다.[1]

(납입고지의 효력)

그러나 예산회계법 제73조에 의하면 법령의 규정에 의하여 국가가 행하는 납입의 고지는 시효중단의 효력이 있다고 규정하여 민법의 시효중단에 대한 예외규정을 하고 있으며, 동법 제71조, 72조 규정의 금전의 급부를 목적으로 하는 국가의 권리 가운데에는 국가의 공권력 발동으로 하는 행위는 물론이고 국가의 사법상 행위에서 발생하는 국가에 대한 금전채무도 포함한다 할 것인바(대법원 1962.12.27. 선고 62다700 판결, 1967.7.4. 선고 67다751 판결 참조), 위 법조의 금전의 급부를 목적으로 하는 국가의 권리로서 동법 제49조 및 동법시행령 제36조의 규정에 의거한 납입의 고지

1) 대법원 1977. 2. 8. 선고 76다1720 전원합의체 판결, 대법원 2001. 12. 14. 선고 2001다45539 판결.

는 동법 제73조소정의 납입의 고지에 해당한다고 봄이 상당하고, 그 법조에 의한 시효중단의 효력이 있다 해석함이 타당하다 할 것이다. 왜냐하면 예산회계법 제73조소정의 법령의 규정에 의하여 국가가 행하는 납입의 고지라 함은 국가가 조세 기타의 세입의 징수를 하기 위하여 동법 제49조 및 동법 시행령제36조 등의 규정에 의거하여 하는 공적인 절차를 말하며 이 절차는 법규에 의거한 공적인 절차로서 명확한 형식이 정해져 있고, 이 형식적 정확성에 의하여 일반사인(私人)이 하는 일정한 형식에 제한이 없는 최고와는 다른 시효중단의 효력을 인정하고 있다 할 것이므로 위 법조의 형식과 절차를 거쳐서 한 납입의 고지는 그 권리의 발생원인이 공법상의 것이거나 사법상의 것이건 시효중단의 효력이 있다 해석함이 상당하다 할 것이고, 이는 동법 제73조에서 동조 소정의 납입의 고지는 시효중단의 효력이 있다고 규정하여 민법의 시효중단의 규정에 대한 예외규정을 하고 있는 점으로 미루어 보아서도 그러하다 할 것이다(대법원 1977. 2. 8. 선고 76다1720 전원합의체 판결).

〔납입고지 대상인 채권의 발생원인〕

예산회계법 제98조(아래에서는 '법'이라고 한다)는 법령의 규정에 의하여 국가가 행하는 납입의 고지는 시효중단의 효력이 있다고 규정하여 민법의 시효중단의 효력에 대한 예외를 두고 있는바, 금전의 급부를 목적으로 하는 국가의 채권에 대하여 법 제51조와 법시행령 제26조 등의 규정이 정한 형식과 절차를 거쳐 납입의 고지가 이루어진 경우에는 그 채권의 발생원인이 공법상의 것이건 사법상의 것이건 간에 시효중단의 효력이 생기는 것이다(대법원 1977. 2. 8. 선고 76다1720 전원합의체 판결 참조). 왜냐하면, 법 제98조가 규정한 '법령의 규정에 의하여 국가가 행하는 납입의 고지'라 함은 국가가 조세 기타의 세입의 징수를 하기 위하여 법 제51조 및 법시행령 제26조 등의 규정에 의하여 행하는 공적인 절차를 말하는데 그 절차는 법규에 의한 공적인 절차로서 법과 법시행령 등에 명확한 절차와 형식이 정하여져 있으므로 그 형식적 정확성에 의하여 국가가 하는 납입의 고지에 일반 사인이 하는 일정한 형식에 제한이 없는 최고와는 다른 시효중단의 효력을 인정한 것이며, 국가가 하는 납입의 고지에 시효중단의 효력을 인정하는 이유가 그와 같은 이상 금전의 급부를 목적으로 하는 국가의 채권에 관하여 위의 형식과 절차를 거쳐서 한 납입의 고지는 그 권리의 발생원인이 공법상의 것이건 사법상의 것이건 시효중단의 효력이 있다고 해석함이 상당할 뿐만 아니라, 법 제98조가 법령의 의한 납입의 고지는 시효중단의 효력이 있다고 명백하게 규정하여 민법의 시효중단의 규정에 대한 예외규정이 되고 있는 점으로 미루어 보아서도 그러하기 때문이다(대법원 2001. 12. 14. 선고 2001다45539 판결).

2. 기성대가

가. 의의

기성대가란 총계약대금 가운데 일부 이행된 부분에 상당한 대금을 말한다. 기성고라고도 한다. 발주기관은 기성부분이나 기납부분의 대가를 지급하는 경우, 계약수량, 이행 전망, 이행기간 등을 참작하여 적어도 30일마다 지급해야 한다(국가계약법 시행령 제58조 제3항 참조). 기성대가는 공사나 용역계약에 주로 적용된다.

나. 취지

공사나 용역계약은 대체로 도급으로서 성질을 가지는데, 도급은 노무공급계약으로서 '일의 완성'을 목적으로 하고, 수급인이 일을 완성하면 그 대가로 도급인에게 보수를 청구하는 계약이다. 따라서 수급인이 일을 완성하지 못하면 원칙적으로 도급인에게 보수를 청구할 수 없다. 그러나 비록 수급인이 일을 전부 완성하지 못하고 일부만 이행하더라도 해당 부분이 도급인에게 사회적·경제적으로 이익이 되는 경우가 있으므로, 도급인이 이를 취득하되, 수급인에게 그 부분에 상당하는 보수를 지급할 필요가 있다. 이에 대법원은 일찍부터 설령 수급인에게 책임 있는 사유로 도급계약이 중도에 해제되더라도 수급인이 기성고 상당의 보수청구권을 가진다고 하였다.

다. 절차

1) 청구

계약상대자는 적어도 30일마다 검사를 완료하는 날 전까지 기성부분에 대한 대가지급 청구서를 발주기관과 공사감독관에게 동시에 제출할 수 있다(공사계약일반조건 제39조 제1항). 대금지급청구서에는 하수급인, 자재·장비업자에 대한 대금지급 계획과 하수급인과 직접 계약을 체결한 자재·장비업자에 대한 대금지급계획을 첨부해야 한다. 그리고 발주기관이 계약상대자에게 대가와 별도로 부가가치세를 지급하기로 약정했다면, 계약상대자는 발주기관에게 부가가치세도 청구할 수 있다.[1)]

2) 지급방법

발주기관은 검사완료일부터 5일 안에 검사 내용에 따라 기성대가를 확정하여 계약상대자에게 이를 지급해야 한다. 다만, 계약상대자가 검사완료일 후에 대가지급을 청구한 때에는 그 청구를 받은 날부터 5일 안에 지급해야 한다(국가계약법 시행령 제58조 제4항).

3) 자료제출

발주기관은 기성대가 지급을 하려면, 대금지급계획에 있는 하수급인, 자재·장비업자와, 하수급인의 자재·장비업자에게 기성대가지급 사실을 통보하고, 통보받은 이로부터 대금 수령내역(수령자, 수령액, 수령일 등)과 증빙서류를 제출받아야 한다(공사계약일반조건 제39조 제3항).

---

1) 대법원 1997. 3. 28. 선고 96다48930, 48947 판결.

한편, 발주기관은 자재의 특성, 용도, 시장거래상황 등을 고려해 반입된 자재를 기성부분으로 인정할 수 있어서(공사계약일반조건 제27조 제9항 단서 제1호, 제2호 참조) 그에 대한 기성대가를 지급할 경우, 계약상대자로부터 그 지급대가에 상당하는 증권이나 보증서를 제출받아야 한다(공사계약일반조건 제39조 제4항). 자재반입만으로 기성부분을 인정하되, 그 자재가 실제 기성에 반영되지 않을 위험에 대비하기 위해 보증서 등으로 담보하려는 취지이다.

〔하수급인이 시공한 부분이 기성고에 해당하는지〕

건설산업기본법 제35조 제1항, 하도급거래공정화에 관한 법률 제14조 제1항 등에서 하도급대금의 직접지급에 관하여 규정을 두고 있는 것은 수급인이 파산하거나 그 외 사유로 하도급업자들에게 하도급대금을 지급하지 않거나 지급할 수 없는 사유가 생길 경우 약자의 지위에 있는 하도급업자들을 보호하고 공사 수행에 대한 대가를 실질적으로 보장하기 위함에 그 취지와 목적이 있는 것일 뿐이지 도급인과 하수급인과의 직접적인 도급계약관계의 설정을 전제로 한 것은 아니므로, 결국 하수급인이 시공한 부분은 수급인의 기성고로 볼 수밖에 없다. 또한, 하수급인은 수급인의 이행보조자에 불과하므로 수급인의 기성공사금액에는 그 이행보조자인 하수급인의 기성공사 부분이 당연히 포함된다. 따라서 선급금을 지급한 후 계약의 해제 또는 해지 등의 사유가 발생한 경우에는 하수급인의 기성공사부분에 대한 공사대금도 포함한 수급인의 기성고를 선급금에서 공제하여야 하고, 그래도 남는 공사대금이 있는 경우에 한하여 하도급대금을 하수급인에게 직접 지급해야 한다(대법원 2007. 9. 20. 선고 2007다40109 판결).

〔도급인과 수급인이 수급인의 기성금청구채권을 하수급인에게 양도할 때 수급인의 보증인으로부터 동의를 얻어야 하는지〕

공사도급계약을 해지하면서 그 동안의 기성고액을 수급인이 모두 수령한 것으로 하고, 그 대신 도급인이 수급인의 하수급인들에 대한 채무를 직접 지급하기로 정산합의를 한 경우, 당사자의 의사는 정산합의 시점에서 확정적으로 수급인의 기성금청구채권 포기의 효력이 생기도록 하고, 다만, 도급인이 하수급인들에 대한 채무의 이행을 하지 아니하는 것을 해제조건으로 하였다고 보는 것이 합당하다 할 것이므로, 일단 정산합의 시점부터 권리포기의 효과는 발생하였다고 봄이 상당하다. 공사도급계약에서 “이 계약으로부터 발생하는 권리 또는 의무는 제3자에게 양도하거나 승계할 수 없다. 다만, 상대방의 서면승낙과 보증인의 동의를 얻었을 때에는 그러하지 아니하다.”고 규정하고 있다 할지라도, 원칙적으로 의무의 승계에 있어서는 의무이행자가 누구인가 하는 것이 보증에 있어서 중대한 요소이므로 보증인의 동의를 요한다고 봄이 상당할 것이나, 권리의 양도로 인하여 보증인에게 어떠한 책임이 가중되거나 하는 일은 없으므로, 권리의 양도에 보증인의 동의를 요한다고 보기는 어렵다 할 것이어서, 도급인과 수급인이 수급인의 기성금청구채권을 하수급인들에게 양도함에 있어 위도급계약조항에 의하여 수급인의 보증인의 동의를 요한다고 할 수는 없다. 공사도급계약을 해지하면서 그 동안의 기성고액을 수급인이 모두 수령한 것으로 하고, 그 대신 도급인이 수급인의 하수급인들에 대한 채무를 직접 지급하기로 정산합의를 함으로써 수급인의 도급인에 대한 기성금청구채권이 소멸하여 수급인의 보증인이 민법 제434조에 따른 주채무자의 채권에 기한 상계권을 행사하지 못하게 된 경우, 비록 상계가 담보적 기능을 가지고 있다 할지라도 그것만으로 위와 같은 결과를 신의칙에 반하는 것으로 볼 수는 없다(대법원 2001. 10. 26. 선고 2000다61435 판결).

4) 시정요구

발주기관은 기성고 청구서 기재사항이 검사 내용과 일치하지 않으면, 그 사유를 명시하여 계약상대자에게 그 시정을 요구해야 하고, 이에 따른 시정에 필요한 기간은 기성고 지급기간에 산입하지 않는다(공사계약일반조건 제39조 제5항). 또한, 발주기관은 계약상대자로부터 청구를 받은 후 그 청구내용 중 전·일부가 부당한 사실을 발견한 경우 그 사유를 명시하여 계약상대자에게 해당 청구서를 반송할 수 있고, 반송한 날부터 재청구를 받은날까지 기간은 기성고 지급기간에 산입하지 않는다(국가계약법 시행령 제58조 제5항, 공사계약일반조건 제39조 제7항, 제40조 제5항).

5) 기성대가 산정

기성대가는 계약단가에 따라 산정·지급한다. 다만, 계약단가가 없으면 다음 기준에 따라 산정한 단가로 한다(공사계약일반조건 제39조 제6항). 즉, 산출내역서에 없는 품목이나 비목(같은 품목이라도 성능, 규격 등이 다른 경우 포함. 이하 신규비목)의 단가는 설계변경 당시(설계도면 변경이 필요한 때는 발주기관이 변경도면을 확정한 때, 설계도면 변경이 필요하지 않은 때는 계약당사자 사이에 설계변경 문서로 합의한 때, 우선시공을 한 때는 그 우선시공을 하게 한 때)를 기준으로 산정한 단가에 낙찰률(예정가격에 대한 낙찰금액 또는 계약금액의 비율)을 곱한 금액으로 한다. 그리고 발주기관이 설계변경을 요구한 경우에는 증가된 물량이나 신규미목의 단가는 설계변경 당시를 기준으로 산정한 단가와 같은 단가에 낙찰률을 곱한 금액의 범위 안에서 발주기관과 계약상대자가 서로 주장하는 각각 단가기준에 대한 근거자료 제시 등으로 성실히 협의하여 결정한다. 다만, 계약당사자가 협의에 이르지 못한 경우에는 설계변경 당시를 기준으로 산정한 단가와 같은 단가에 낙찰률을 곱한 금액을 합한 금액의 100분의 50으로 한다(공사계약일반조건 제20조 제1항 제2호, 제2항).

〔기성고 비율에 따라 공사대금을 지급하기로 한 경우, 기성고 비율 산정 방법〕

수급인이 공사를 완성하지 못한 채 공사도급계약이 해제되어 기성고에 따른 공사비를 정산해야 할 경우에 특별한 사정이 없는 한 그 공사비는 약정총공사비에서 막바로 미시공부분의 완성에 실제로 소요될 공사비를 공제하여 산정할 것이 아니라 기성부분과 미시공부분에 실제로 소요되거나 소요될 공사비를 기초로 산출한 기성고비율을 약정공사비에 적용하여 산정하여야 한다(대법원 1991. 4. 23. 선고 90다카26232 판결). 또한, 도급인이 지급해야 할 공사대금은 약정된 도급금액을 기준으로 하여 여기에 기성고 비율을 곱하는 방식으로 산정해야 하고, 그 기성고 비율은 우선 약정된 공사의 내역과 그 중 이미 완성된 부분의 공사 내용과 아직 완성되지 아니한 공사 내용을 확정한 뒤, 공사대금 지급의무가 발생한 시점을 기준으로 이미 완성된 부분에 관한 공사비와 미완성된 부분을 완성하는 데 소요될 공사비를 평가하여 그 전체 공사비 가운데 이미 완성된 부분에 소요된 비용이 차지하는 비율을 산정하여 확정해야 한다(대법원 1996. 1. 23. 선고 94다31631, 31648 판결).

〔설계변경에 따라 공사대금을 변경하기로 특약한 경우 기성고에 따른 공사비 산정방법〕

공사도급계약에서 설계 및 사양의 변경이 있는 때에는 그 설계 및 사양의 변경에 따라 공사대금이 변경되는 것으로 특약하고, 그 변경된 설계 및 사양에 따라 공사가 진행되다가 중단되었다면 설계 및 사양의 변경에 따라 변경된 공사대금에 기성고 비율을 적용하는 방법으로 기성고에 따른 공사비를 산정해야 한다(대법원 2003. 2. 26. 선고 2000다40995 판결).

6) 계약금액 조정 전 기성대가 지급

발주기관은 물가변동, 설계변경, 그 밖에 계약내용 변경에 따라 계약금액이 증감되리라고 예상되는 경우 기성대가를 지급하려고 하면, 국고금관리법 시행규칙 제72조에 따라 기존 산출내역서를 기준으로 산출한 기성대가를 개산급으로 지급할 수 있다. 다만, 감액이 예상되는 경우에는 예상되는 감액 금액을 제외하고 지급해야 한다(공사계약일반조건 제39조의2 제1항). 이에 따라 계약상대자가 기성대가를 개산급으로 지급받고자 하려는 경우, 기성대가를 신청할 때 발주기관에게 개산급신청사유를 서면으로 작성해 제출해야 한다(공사계약일반조건 제39조의2 제2항).

3. 준공대가

가. 준공대가 청구

계약상대자는 공사를 완성한 후 검사에 합격한 때에 대가지급청구서를 제출하는 등 절차에 따라 대가지급을 청구할 수 있다(공사계약일반조건 제40조 제1항). 기성대가 청구와 내용은 거의 같다.

다만, 계약상대자가 준공대가를 청구하려면, 공사의 완성이 있어야 하는데, 공사의 완성은 공사공정예정표를 참조하되, 하자 상태 유무나 계약목적달성 여부 등을 고려해 객관적으로 판단해야 한다.[1]

나. 준공대가 지급방법

기성대가 지급방법에서 본 내용과 같다. 즉, 기급기간, 자료제출, 시정요구 등은 기성대가에 준한다(공사계약일반조건 제40조 제2항부터 제6항까지 참조). 한편, 발주기관은 완성된 목적물에 하자가 있으면 하자보수에 갈음한 손해배상을 청구할 수 있고, 계약상대자가 그 손해배상금 지급의무를 이행할 때까지 그 손해배상액에 상응하는 보수액 지급을 거절할 수 있으나, 손해배상액을 초과하는 나머지 보수액은 지급을 거절할 수 없다. 따라서 공사대금채권 중에 위 손해배상액에 상응하는 금액은 손해배상금과 동시이행관계이지만, 손해배상액을 초과하는 나머지 공사대금은 손해배상금과 동시이행관계가 아니다.[2] 다만, 하자보수에 갈음한 손해배상액이 경미하다면, 신의칙에 따라 발주기관의 동시이행항변이 허용되지 않을 수도 있다.

〔불완전이행책임과 하자담보책임〕

계약상대자가 일단 이행하긴 했지만 계약내용대로 공사를 시공하지 못한 경우, 채무불이행책임과 하자담보책임 중 무엇이 성립하는지 문제된다. 최후 공정 기일을 기준으로 이날까지 모든 공사를 마치지 않았으면 미완성이므로 채무불이행책임이 성립하지만, 최종 기일까지 일단 공사를 마쳤지만 단지 보수가 필요한 경우에는 하자담보책임이 성립한다. 그러나 하자 정도에 따라 채무불이행 중 불완전이행이 성립할 수 있고, 이때는 채무불이행책임과 하자담보책임이 경합할 수 있다.

계약상대자가 하자담보책임을 부담하는 경우, 발주기관은 계약상대자에게 하자보수나 그에 갈음하는 손해배상을 청구할 수 있고, 계약상대자가 이를 제공할 때까지 그에 상응하는 공사대금 지급을 거절할 수 있다(대법원 1990. 5. 22. 선고 90다카230 판결). 계약상대자가 채무불이행책임을 부담하는 경우, 발주기관은 계약상대자에게 계약을 해제하고 별도로 손해배상을 청구할 수 있는 한편, 계약상대자는 완성 부분의 대가(기성대가)를 청구할 수 있다.

다. 보험료 사후정산

1) 의의

발주기관은 정부 입찰·계약 집행기준 제93조에 따라 국민건강보험료, 노인장기요양보험료, 국민연금보험료를 사후정산 하기로 한 계약에서 기성대가와 준공대가를 지급할 때 정부

---

1) 김성근, 앞의 책(Ⅰ), 730쪽.
2) 대법원 1996. 6. 11. 선고 95다12798 판결.

입찰·계약 집행기준 제94조에서 정한 바에 따라 정산해야 한다(공사계약일반조건 제40조의2). 가령, 건설공사기본법 제22조 제7항과 같은 법 시행령 제26조의2 제1항, 제3항에 따르면, 건설공사도급계약의 당사자는 고용보험료, 국민연금보험료, 건강보험료, 노인장기요양보험료 등 그 건설공사와 관련하여 건설사업자가 의무적으로 부담해야 하는 비용을 도급금액 산출내역서와 하도급금액 산출내역서에 분명하게 적어야 하고, 산출내역서에 있는 금액이 실제 지출된 보험료 등보다 많다면 그 초과하는 금액을 정산할 수 있다. 이에 발주기관은 공사·용역·물품제조계약에서 예정가격 작성을 할 때 국민건강보험료, 노인장기요양보험료, 국민연금보험료를 계상해야 하고, 입찰참가자는 입찰금액에 이를 반영해야 하며, 발주기관은 계약이행완료 후 계약상대자와 위 보험료를 정산해야 하는데, 이를 보험료 사후정산이라고 한다.

2) 예정가격 계상

발주기관은 예정자격을 작성할 때 국민건강보험료 등을 관련법령이 정하는 기준에 따라 각각 계상한다(정부 입찰·계약 집행기준 제92조).

3) 입찰공고 안내

발주기관은 입찰공고 등에 국민건강보험료 등을 사후정산 한다는 사항, 예정가격 작성에서 계상된 국민건강보험료 등, 입찰참가자가 입찰금액 산정에서 국민건강보험료 등을 예정가격에 계상된 금액을 조정 없이 반영해야 한다는 사항(다만, 청소용역, 검침용역, 경비시스템 등을 이용하지 않는 단순경비나 관리용역, 행사보조 등 인력지원용역, 그 밖에 이와 유사한 용역에서는 예장가격상 보험료에 낙찰률을 곱한 금액을 반영), 기성대가나 준공대가를 지급할 때 보험료를 정산한다는 사항을 명시하여 입찰에 참가하려는 자로 하여금 미리 열람할 수 있도록 해야 한다(정부 입찰·계약 집행기준 제93조 제1호부터 제4호).

4) 정산절차

발주기관은 계약상대자에게, 기성부분에 대한 대가지급 청구를 할 때 국민건강보험료 등과 관련하여 국민건강보험료 등 납입확인서(하수급인 보험료 납입확인서 포함), 전회분 기성대가에 포함되어 지급된 국민건강보험료 등 지급액 중 해당 부분을 하수급인에게 지급했다는 증빙서류를 첨부하게 해야 한다(정부 입찰·계약 집행기준 제94조 제1항 제1호, 제2호). 그리고 계약대가지급 청구를 받은 때에는 하도급계약을 포함하여 해당 계약 전체의 보험료 납부여부를 최종 확인해야 하며, 그 확인 후 입찰공도 등에 고지된 국민건강보험료 등 범위에서 최종 정산해야 한다. 다만, 최종보험료 납입확인서가 준공대가 신청 이후에 발급가능하면, 해당 보험료를 준공대가와 별도로 정산해야 한다(정부 입찰·계약 집행기준 제94조 제2항).

발주기관은 위 절차에 따라 사업자 부담분의 국민건강보험료 등에 대한 납입확인서 금액을 정산하되, 다음과 같은 기준에 따라 정산한다. 첫째, 일용직근로자는 해당 사업장단위로 기재된 납입확인서의 납입금액으로 정산한다. 둘째, 생산식 상용근로자(직접노무비 대상으로 한정)는 소속회사에서 납입한 납입확인서에 따라 정산하되 현장인 명부 등을 확인하여 해당 사업장 계약이행기간 대비 해당 사업장에 실제로 투입된 일자를 계산(현장명부 등 발주기관이나 감리가 확인한 서류에 따름)하여 보험료를 일할 정산한다. 다만, 해당 사업장단위로 보험료를 별도 분리하여 납입한 경우에는 일용직근로자에서 적용한 기준을 준용한다. 셋째, 퇴직급여충당금은 계약체결 후 발주기관이 승인한 산출내역서 금액과 계약상대자가 실제 지급한 금액을 비교하여 정산한다(정부 입찰·계약 집행기준 제94조 제3항 제1호부터 제3호).

4. 하도급대금 직접지급

가. 의의와 취지

도급인은 원칙적으로 수급인에게만 일의 완성에 따른 대가지급 의무를 부담할 뿐이고, 하수급인에게 직접 하도급대금을 지급할 의무를 부담하지 않는다. 계약은 기본적으로 계약당사자에게만 구속력이 미치기 때문이다. 그러나 모든 계약에서 이런 결론을 유지한다면, 사회적 약자인 하수급인을 보호하지 못하는 문제와 아울러 일의 완성이라는 계약목적도 제대로 달성하지 못하는 문제가 생긴다. 이에 공공계약법은 개별 법률이나 계약조건 등에 근거해, 도급인이 하수급인에게 하도급대금을 직접 지급하도록 제도를 마련하였다. 이를 하도급대금 직접지급 제도라 한다.

하수급인은 자기 상대방인 수급인이 아니라 그 수급인의 계약상대방인 도급인에게 직접 권리를 행사하기 때문에, 직접지급청구권을 가진다. 이처럼 직접지급청구권은 계약관계가 없는 자에게 행사하는 권리이므로, 계약의 상대효를 벗어난 예외에 해당한다. 따라서 법률이 인정하는 예외적인 경우에만 허용되며, 제3자를 위한 계약에서 수익자가 낙약자에게 직접 취득하는 계약상 권리와 구별해야 한다.

이러한 하도급대금 직접지급 제도는 수급인이 부도, 파산 등 사유로 하수급인에게 하도급대금을 지급할 수 없는 경우에 하수급인이 수급인의 채무자인 도급인에게 하도급대금을 직접 지급받도록 허용한 것으로, 중소기업인 수급사업자를 보호하여 국민경제의 균형있는 발전을 도모하려는 취지가 있다.[1)]

나. 법적 근거

발주기관은 계약상대자가 건설산업기본법 제34조 제1항이나 하도급거래 공정화에 관한

---

1) 헌법재판소 2003. 5. 15.자 2001헌바98 결정.

법률 제13조 제1항, 제3항을 위반한 사실을 확인하면 해당 계약상대자와 위반행위를 다른 발주기관에게 지체없이 통보해야 한다(국가계약법 제27조의4 제1항). 위 통보를 받은 발주기관은 같은 계약상대자가 통보일부터 1년 안에 입찰공고일이 도래하는 입찰에 참가하고자 할 때, 해당 계약상대자로부터 법 제15조 제1항에 따른 대가에서 하도급 대금은 발주기관이 하수급인에게 직접 지급한다는 내용에 합의한다는 확약서를 제출받아야 입찰참가를 허용한다(국가계약법 제27조의4 제2항). 그 밖에도 개별 법률이 정한 일정한 사유가 있다는 전제 아래, 발주자는 수급업자가 제조, 수리, 시공, 용역수행을 한 부분에 상당하는 하도급대금을 그 수급업자에게 직접 지급해야 한다(하도급거래 공정화에 관한 법률 제13조 제1항). 계약예규인 공사계약일반조건 제43조 제1항 역시 하도급대가의 직접지급 근거를 두고, 도급인과 수급인이 계약을 체결하면서 계약내용으로 편입하게 하였다. 이처럼 하도급대금 직접지급과 관련하여서는 여러 개별 법률이나 행정규칙에 근거가 있으나, 아래에서는 하도급거래 공정화에 관한 법률을 중심으로 그 내용을 살펴본다.

다. 법적 성격

1) 문제점

하도급거래 공정화에 관한 법률 제14조 제2항에 따르면, 하도급대금 직접지급 사유가 발생한 경우, 발주자가 원사업자에게 부담하는 대금지급채무와 원사업자가 하수급사업자에게 부담하는 하도급대금지급채무는 그 범위에서 소멸하였다고 본다. 여기서 소멸의 의미가 무엇인지 논란이 있는데, 단순한 채권채무 정산에 따른 소멸이라고 보는 정산소멸설과 원수급인이 발주기관에게 가지는 채권이 하수급인이 원수급인에게 가지는 채권 범위에서 하수급인에게 이전한다고 보는 채권양도설이 대립한다. 정산소멸설에 따르면 관련법령이 정한 요건을 갖추면 계약상대자의 공사대금채권과 하도급대금채권이 소멸하는 효과가 발생한다고 보지만, 채권양도설에 따르면 계약상대자의 하도급대금채권이 하수급인에게 이전하는 효과가 발생한다고 본다.

2) 견해

우선, 정산소멸설은 하도급대금 직접지급 합의는 하수급인이 하도금대금에 상당한 공사대금 직접지급청구권을 갖는다는 취지일 뿐, 계약상대자가 가지는 공사대금채권 자체가 곧바로 하수급인에게 이전되고, 계약상대자는 그 채권을 상실한다는 의미가 아니라고 본다. 이 견해에 따르면, 하수급인에게 하도급대금 직접지급청구권이 발생했더라도 수급인의 채권자는 위 채권에 압류 등 강제집행할 수 있다.

그러나 채권양도설은 이른바 직접지급 합의라는 채권양도 약정에 따라, 수급인의 채권이 하수급인에게 이전한다고 보며, 직접지급 합의와 함께 민법 제450조 제2항이 정한 요건을 갖추어야 비로소 대항력이 생긴다고 본다.

3) 판례

대법원은 하수급인에게 하도급대금 직접지급청구권이 있다는 이유만으로 그 하도급대금에 상당하는 공사대금채권의 양도가 있다고 보거나 제3자의 그 공사대금채권을 대상으로 한 압류 등 강제집행이 제한된다고 볼 수 없다고 한다.[1] 그러나 별도로 3자 직불합의를 한 경우[2], 계약을 해지하면서 수급인이 기성고를 모두 수령했다고 보고, 그 대신 도급인이 하수급인에게 수급인의 채무를 직접 지급하기로 정산합의한 경우[3] 등에는 채권양도로 이해한다.

〔발주자가 수급인 등에 대하여 공사대금지급채무를 부담하지 않고 있음에도 이를 부담하는 것으로 잘못 알고 하도급대금을 하수급인에게 직접 지급한 경우, 발주자가 하수급인에 대하여 부당이득반환청구를 할 수 있는지 여부〕

건설산업기본법 제35조 제1항은 "발주자는 다음 각 호의 1에 해당하는 경우에는 하수급인이 시공한 분에 해당하는 하도급대금을 하수급인에게 직접 지급할 수 있다. 이 경우 발주자의 수급인에 대한 대금지급채무는 하수급인에게 지급한 한도 안에서 소멸한 것으로 본다."고 규정하고 있고, 구 하도급거래 공정화에 관한 법률(1999. 2. 5. 법률 5816호로 개정되기 전의 것, 이하 같다) 제14조는 "발주자는 수급사업자가 제조·수리 또는 시공한 분에 해당되는 하도급대금을 대통령령이 정하는 바에 의하여 직접 수급사업자에게 지급할 수 있다. 이 경우 발주자의 원사업자에 대한 대금지급채무와 원사업자의 수급사업자에 대한 하도급대금지급채무는 그 지급한 한도에서 소멸한 것으로 본다."고 규정하고 있는바, 발주자가 위 규정들에 의하여 하도급대금을 직접 하수급인 또는 수급사업자(이하 '하수급인 등'이라 한다)에게 지급하게 되면 발주자의 수급인 또는 원사업자(이하 '수급인 등'이라 한다)에 대한 공사대금지급채무와 수급인 등의 하수급인 등에 대한 하도급대금지급채무가 발주자가 하수급인 등에게 지급한 한도에서 함께 소멸하게 되는 점에 비추어 볼 때, 발주자의 하수급인 등에 대한 하도급대금의 지급으로써 발주자의 수급인 등에 대한 공사대금지급과 수급인 등의 하수급인 등에 대한 하도급대금지급이 함께 이루어지는 것으로 볼 수 있다. 따라서 발주자가 수급인 등에 대하여 공사대금지급채무를 부담하지 않고 있음에도 이를 부담하고 있는 것으로 잘못 알고 위 규정들에 의하여 하도급대금을 직접 하수급인 등에게 지급하였다고 하더라도, 하수급인 등이 발주자로부터 하도급대금을 지급받은 것은 수급인 등과의 하도급계약에 의한 것이어서 이를 법률상 원인 없이 하도급대금을 수령한 것이라고 볼 수 없으므로 발주자는 수급인 등에 대하여 부당이득반환청구를 할 수 있을 뿐 하수급인 등을 상대로 부당이득반환청구를 할 수는 없다(대법원 2008. 6. 26. 선고 2006다63884 판결).

---

1) 대법원 2002. 11. 22. 선고 2001다35785 판결, 대법원 2003. 4. 22. 선고 2001다20363 판결.
2) 대법원 2000. 6. 23. 선고 98다34812 판결.
3) 대법원 2001. 10. 26. 선고 2000다61435 판결.

4) 검토

채권양도설은 3자 사이에 직불합의가 있을 때는 유용한 이론이지만, 그러한 합의가 없는, 단지 하도급거래 공정화에 관한 법률 등 개별 법률에 따라 하수급인이 도급인에게 직접 지급청구권을 갖는 경우를 설명하기 곤란하다. 따라서 원칙적으로는 정산소멸설이 타당하되, 구체적인 법률관계나 계약내용을 고려해 채권양도로서 성질을 갖는지, 그러한 법리를 적용할 수 있는지를 살펴보아야 한다고 본다.

라. 요건

1) 하도급관계

하도급관계는 제조위탁, 수리위탁, 건설위탁을 하거나 재위탁하는 관계를 말하고, 나아가 하수급인이 원수급인보다 상시종업원수, 매출액, 자산규모 등에서 법이 정한 기준을 초과해서는 안 된다(하도급거래 공정화에 관한 법률 제1조, 제2조). 이처럼 하도급관계는 공사뿐만 아니라 제조, 수리, 용역에서도 발생할 수 있다.[1] 다만, 하도급거래 공정화에 관한 법률이 적용되지 않는 공사에서 하도급대금 직접지급은 건설산업기본법이나 공사계약일반조건에 따라 처리되지만, 하도급거래 공정화에 관한 법률이 적용되지 않는 제조, 수리, 용역에서는 다른 법률이나 계약조건에 근거가 있는 때만 하도급대금 직접지급청구권이 인정된다.

2) 지급주체

하도급대금을 직접 지급하는 주체는 발주기관이다. 다만, 하수급인과 재하수급인 사이에 직불합의가 있는 등 직접 지급 요건을 갖추었다면, 이 경우 하도급대금을 직접 지급하는 주체는 발주기관이 아니라 원수급인이다.

3) 원도급대금과 하도급대금 채권

원도급대금 채권과 하도급대금 채권이 모두 있어야 한다. 따라서 그 전제로, 원도급대금 채권의 기초적인 법률관계와 하도급대금 채권의 기초적인 법률관계가 당연히 유효해야 한다. 그리고 도급인은 수급인에게 지급할 원도급대금을 대신해 하수급인에게 하도급대금을 지급하기 때문에, 하도급대금 한도는 원도급대금으로 한정된다. 또한, 하도급대금은 하수급인이 직접 수행한 기성금액 상당만으로 한정된다.

---

1) 대법원 1997. 12. 12. 선고 97다20083 판결.

4) 직접지급 사유

가) 원사업자의 지급정지·파산 그 밖에 이와 유사한 사유가 있거나 사업허가·인가·면허·등록 등이 취소되어 원사업자가 하도급대금을 지급할 수 없는 경우

하도급거래 공정화에 관한 법률 제14조 제1항 제1호, 건설산업기본법 제35조 제1항 제4호에서 정한 사유에 해당한다. 여기서 원사업자가 하도급대금을 지급할 수 없는 경우란 채무자가 변제능력이 부족하여 즉시 변제해야 할 채무를 일반적·계속적으로 변제할 수 없는 객관적 상태를 말한다.[1] 위에서 열거하지 않았지만, 회생절차진행, 당좌거래중지, 어음부도 등도 지급정지 등과 유사한 사유에 해당한다.[2] 그러나 지급정지 등 사유뿐만 아니라 그 결과 원사업자가 하도급대금을 지급할 수 없는 결과가 발생해야 하므로, 지급정지 등 사유와 하도급대금 지급할 수 없는 결과 사이에 상당인과관계가 있어야 한다. 또한 원사업자 파산으로 발생한 발주자의 하도급대금 직접지급의무는 파산폐지결정으로 소멸하지 않는다.[3]

〔원사업자에 대하여 회사정리절차가 개시된 경우, 채무자 회생 및 파산에 관한 법률 제131조에 의해 하도급거래 공정화에 관한 법률 제14조의 적용이 배제된다거나 그 조항에 따른 수급사업자의 발주자에 대한 하도급 대금채권의 직접청구가 채무자 회생 및 파산에 관한 법률 제58조 제1항 제2호에서 금지하는 '회사재산에 대한 강제집행'에 해당한다고 볼 수 있는지 여부〕

하도급거래 공정화에 관한 법률 제14조 제1항 제1호 및 제2항은 원사업자의 지급정지나 파산 등으로 인해 영세한 수급사업자가 하도급대금을 지급받지 못함으로써 연쇄부도에 이르는 것을 방지하기 위한 것으로서, 수급사업자의 자재와 비용으로 완성된 완성품에 대한 궁극적인 이익을 발주자가 보유하게 된다는 점에서 원사업자의 발주자에 대한 도급대금채권은 수급사업자의 원사업자에 대한 하도급대금채권과 밀접한 상호관련성이 있다는 점에 근거하여, 원사업자의 발주자에 대한 도급대금채권 중 수급사업자의 원사업자에 대한 하도급대금채권액에 상당하는 부분에 관해서는 수급사업자가 일반채권자들에 비하여 사실상 우월한 지위를 갖도록 배려한다는 의미를 갖는 것인바, 영세한 수급사업자의 보호를 위해 원사업자가 파산한 경우 등에 인정되는 이러한 직접청구제도가 원사업자에 대하여 회생절차가 개시된 경우라 하여 배제될 이유는 없는 것이므로, 원사업자에 대하여 회생절차가 개시된 경우 '회생채권에 관하여는 회생절차가 개시된 후에는 이 법에 특별한 규정이 있는 경우를 제외하고는 회생계획에 규정한 바에 따르지 아니하고는 변제하거나 변제받는 등 이를 소멸하게 하는 행위(면제를 제외한다)를 하지 못한다'고 정한 채무자 회생 및 파산에 관한 법률 제131조에 의하여 하도급거래 공정화에 관한 법률 제14조의 적용이 배제되어야 한다거나, 수급사업자의 발주자에 대한 하도급 대금채권의 직

---

1) 대법원 2009. 3. 12. 선고 2008다65839 판결.
2) 김성근, 앞의 책(Ⅰ), 811쪽.
3) 대법원 2005. 7. 28. 선고 2004다64050 판결.

접청구가 채무자 회생 및 파산에 관한 법률 제58조 제1항 제2호에서 금지하는 '회사재산에 대한 강제집행'에 해당한다고 볼 수 없다(서울중앙지방법원 2010. 7. 7. 선고 2009가합37669 판결).

나) 발주자가 수급사업자에게 하도급대금을 직접 지급하기로 발주자·원사업자·수급자가 3자 합의를 한 때

하도급거래 공정화에 관한 법률 제14조 제1항 제2호, 건설산업기본법 제35조 제2항 제1호에서 정한 사유에 해당한다. 합의는 3자가 동시에 하는 방법뿐만 아니라 원사업자와 수급자가 먼저 합의한 후 발주자가 이를 승인하는 방법으로도 할 수 있다. 또한, 명시적 합의뿐만 아니라 묵시적 합의도 포함된다.

문언을 보면, 발주자·원사업자·수급사업자 3자 사이에 하도급대금 직접지급 합의가 있었던 경우라도 수급사업자가 하도급계약에 따른 공사를 시행하고 발주자에게 그 시공한 분에 상당하는 하도급대금 직접지급을 요청하여야 비로소 수급사업자가 발주자에게 가지는 직접지급청구권이 발생하고 아울러 발주자가 원사업자에게 지급해야 할 대금채무가 하도급대금 범위에서 소멸한다고 해석해야 하므로, 이와 달리 수급사업자가 하도급공사를 시행한 다음 발주자에게 직접지급을 청구하기 전에 3자 사이의 직불합의만으로 즉시 발주자가 원수급인에게 부담하는 대금지급채무가 하도급대금 범위에서 소멸한다 볼 수 없고, 수급사업자가 하도급공사를 시행하기 전에 3자 사이의 직불합의가 먼저 있었던 경우 그 직불합의 속에 아직 시공하지도 않은 부분에 상당하는 하도급대금의 직접지급청구 의사표시가 미리 포함돼 있다고 보기도 어렵다.[1)]

이처럼 수급사업자가 아직 공사를 시공하기 전이라면 그 공사부분에 상당하는 하도급대금 직접지급청구권이 발생하지 않기 때문에, 이에 대한 직접지급효력이 발생하게 하려면, 위와 같은 3자 사이 직불합의만으로는 부족하고, 민법에 따른 채권양도 합의와 대항력(확정일자있는 증서와 통보·승인)을 갖추어, 수급사업자가 장래 시공하고 받을 하도급대금채권을 원사업자로부터 양수하는 방안을 취해야 한다.

〔직불합의 요건 구비 여부에 대하여 적용되어야 할 법률〕

수급사업자와 원사업자 사이의 하도급계약이 구 하도급거래 공정화에 관한 법률(2004. 1. 20. 법률 제7107호로 개정되기 전의 것) 시행 당시에 체결되었다 하더라도 수급사업자로 하여금 발주자에 대하여 하도급대금을 직접 청구할 수 있게 하는 직불합의가 2004. 1. 20. 법률 제7107호로 개정된

1) 대법원 2012. 5. 10. 선고 2010다24176 판결.

하도급거래 공정화에 관한 법률(2004. 12. 31. 법률 제7315호로 개정되기 전의 것) 시행 당시에 성립되었다면, 그 직불합의가 하도급공사계약상의 공사대금 지급에 관한 것이기는 하나, 수급사업자가 발주자에 대해 하도급공사대금의 직접 지급을 구할 수 있는 권리관계는 직불합의라는 별개의 법률행위에 의해 발생하는 것이므로 특별한 규정이 없는 한 직불합의의 요건이 구비되었는지 여부에 대해서는 행위시의 법률인 신 하도급거래 공정화에 관한 법률이 적용되어야 한다(대법원 2006. 3. 23. 선고 2005다69199 판결).

〔발주자·원사업자 및 수급사업자 사이에 발주자가 하도급대금을 직접 수급사업자에게 지급하기로 합의가 있었던 경우, 발주자가 수급사업자에 대한 직접지급채무가 발생한 후에 생긴 원사업자의 수급사업자에 대한 사유로 수급사업자에게 대항할 수 있는지 여부〕

「하도급거래 공정화에 관한 법률」(이하 '하도급법'이라고 한다)에 의하면, 발주자가 하도급대금을 수급사업자에게 직접 지급하기로 발주자·원사업자 및 수급사업자 사이에 합의한 때에는, 수급사업자가 제조·수리·시공 또는 용역수행을 한 부분에 상당하는 하도급대금은 발주자가 직접 수급사업자에게 지급하여야 한다(제14조 제1항 제2호). 그리고 그러한 사유가 발생한 경우 발주자의 원사업자에 대한 대금지급채무와 원사업자의 수급사업자에 대한 하도급대금지급채무는 그 범위에서 소멸한 것으로 간주된다(제14조 제2항).

발주자·원사업자 및 수급사업자 사이에 위와 같은 직접지급의 합의가 있었던 경우에도, 발주자는 바로 하도급대금 전액을 지급하여야 하는 것은 아니고 수급사업자가 실제 공사 등을 시행한 범위 내에서 그에 상당하는 하도급대금을 지급할 의무를 부담한다(대법원 2008. 2. 29. 선고 2007다54108 판결 등 참조). 이 경우 직접지급의무가 생긴 하도급대금의 범위 안에서 발주자의 원사업자에 대한 대금지급채무와 원사업자의 수급사업자에 대한 하도급대금지급채무는 모두 소멸하므로, 발주자는 수급사업자에 대한 직접지급채무가 발생한 후에 생긴 원사업자의 수급사업자에 대한 사유로 수급사업자에게 대항할 수 없다(대법원 2017. 5. 30. 선고 2015다25570).

다) 원사업자가 하도급대금의 2회분 이상을 해당 수급자업자에게 지급하지 않은 경우

하도급거래 공정화에 관한 법률 제14조 제1항 제3호, 건설산업기본법 제35조 제2항 제3호에서 정한 사유에 해당한다. 즉, 원사업자가 수급사업자에게 제조등을 위탁하는 경우, 목적물등 수령일(건설위탁에서는 인수일, 용역위탁에서는 수급업자가 위탁용역 수행을 마친 날, 납품등이 잦아 원사업자와 수급사업자가 월 1회 이상 세금계산서 발행일을 정했다면 그 정한 날)로부터 60일 안에서 가능한 짧은 기한으로 정한 지급기일까지 하도급대금을 지급해야 하고, 원사업자는 수급사업자에게 제조등을 위탁한 경우, 원사업자가 발주자로부터 제조·수리·시공·용역수행행위 완료에 따라 준공금 등을 받았을 때는 하도급대금을, 제조·수리·시공·용역수행을 위한 부분에 상당하는 금액을 그 준공금이나 기성금 등을 지급받은 날부터 15일(하도급대금 지급기일이 그 전에 도래하면 그 지급기일) 안에 수급사업자에게 지급해야 하는데(하도급거래 공정화에 관한 법률 제13조 제1항, 제3항), 원사업자가 해당 수급사업자에게 이러한 하도급대금 2회분 이상을 지급하지 않을 때 직접지급 사유가 발생한다.

〔수급인이 하도급대금을 2회 이상 지체함으로써 하수급인이 발주자에게 하도급대금의 직접 지급을 요청한 경우, 발주자, 수급인, 하수급인 사이에 직접 지급에 관한 합의가 있어야 하는지 여부(소극) 및 이때 하수급인의 직접 청구권이 인정되는 범위(=발주자가 수급인에게 도급을 준 부분 중에서 하수급인이 시공한 부분)〕

수급인은 도급받은 건설공사에 대한 준공금 또는 기성금을 받으면 그 준공금 또는 기성금을 받은 날부터 15일 이내에 하수급인에게 하도급대금을 지급해야 한다(건설산업기본법 제34조 제1항). 수급인이 위와 같은 하도급대금 지급을 2회 이상 지체하여 하수급인이 발주자에게 하도급대금의 직접 지급을 요청한 경우 발주자는 하수급인이 시공한 부분에 해당하는 하도급대금을 하수급인에게 직접 지급해야 한다(건설산업기본법 제35조 제2항 제3호, 하도급거래 공정화에 관한 법률 제14조 제1항 제3호도 거의 같은 내용으로 정하고 있다). 이와 같이 수급인이 하도급대금을 2회 이상 지체함으로써 하수급인이 발주자에게 하도급대금의 직접 지급을 요청한 경우에는 발주자, 수급인, 하수급인 사이에 직접 지급에 관한 합의가 있을 것을 필요로 하지 않는다. 이에 따른 하수급인의 직접 청구권은 수급인이 하수급인에게 하도급을 준 범위와 구체적 내용을 발주자가 알았는지 여부와 관계없이 인정되는 것이므로, 발주자가 수급인에게 도급을 준 부분 중에서 하수급인이 시공한 부분에 해당하면 된다(대법원 2018. 6. 15. 선고 2016다229478 판결).

라) 원사업자가 하도급대금 지급보증의무를 이행하지 않은 경우

하도급거래 공정화에 관한 법률 제14조 제1항 제4호, 건설산업기본법 제35조 제2항 제5호에서 정한 사유에 해당한다. 건설위탁에서 원사업자는 공사기간이 4개월 이하이면 수급사업자에게 계약금액에서 선급금을 뺀 금액 등 하도급거래 공정화에 관한 법률 제13조의2 제1항 각 호 방식에 따라 산정한 해당 공사대금 지급을 보증해야 하는데, 원사업자가 이러한 지급보증의무를 이행하지 않은 경우를 말한다. 다만, 원사업자가 지급보증의무를 이행했다는 이유만으로, 하수급인의 직접지급청구권이 소멸한다고 볼 수 없으므로, 하수급인이 반드시 원사업자의 보증기관에게 보증금을 먼저 청구한 후에야 직접지급청구권을 행사할 수 있다고 해석할 근거가 없다.[1)]

---

1) 서울고등법원 2007. 1. 24. 선고 2006나55403 판결.

마) 하수급인이 시공한 부분의 하도급 대금지급을 명하는 확정판결을 받은 경우

건설산업기본법 제35조 제2항 제2호가 정한 사유이다. 하수급인이 원수급인을 상대로 하도급 대금지급을 명하는 확정판결을 받았다면, 그 기판력은 하수급인과 원수급인에게만 미치지만, 확정판결에 기초한 복잡한 집행절차를 생략하고, 하수급인의 권리실현을 신속히 도모하고자, 이러한 확정판결이 있는 경우, 하수급인이 발주자에게 하도급대금 직접지급청구권을 가진다고 규정한 것이다.

바) 국가, 지방자치단체, 일정한 공공기관 등이 발주한 건설공사에서 공사 예정가격에 대비해 국토교통부령으로 정하는 비율에 미달하는 금액으로 도급계약을 체결한 경우

건설산업기본법 제35조 제2항 제6호가 정한 사유이다. 이러한 사유가 있으면, 공사가 정상적으로 이행되기 어렵고, 그에 따라 하도급대가 역시 정상 지급이 어렵기 때문에, 하수급인을 보호하는 차원에서 발주자가 하도급대금을 직접지급하도록 정하였다.

5) 요건충족 판단시기

수급사업자가 발주자에게 하도급대금 직접지급을 청구하고, 그 의사표시가 발주자에게 도달한 시점을 기준으로 직접지급 사유가 발생했는지를 판단한다.[1)]

〔(1) 수급사업자가 발주자에 대하여 하도급대금의 직접지급을 구할 수 있는 권리가 발생하였는지 판단하는 기준 시기(=수급사업자의 직접지급 요청의 의사표시가 발주자에게 도달한 시점) 및 원사업자가 하도급대금을 '지급할 수 없게 된 경우'의 의미
(2) 원사업자가 수급사업자의 위임을 받아 발주자에게 한 직접지급 요청이 하도급거래 공정화에 관한 법령에 따른 직접지급 요청으로서 효력이 발생하기 위한 요건(=발주자가 직접지급 요청이 수급업자의 요청에 따른 것임을 알았거나 알 수 있었을 것)〕

하도급거래 공정화에 관한 법률(이하 '하도급법'이라 한다) 제14조 제1항은 "발주자는 다음 각 호의 어느 하나에 해당하는 사유가 발생한 때에는 수급사업자가 제조·수리·시공 또는 용역수행을 한 부분에 상당하는 하도급대금을 그 수급사업자에게 직접 지급하여야 한다."라고 규정하고, 제1호에서 그 사유의 하나로 '원사업자의 지급정지·파산, 그 밖에 이와 유사한 사유가 있거나 사업에 관한 허가·인가·면허·등록 등이 취소되어 원사업자가 하도급대금을 지급할 수 없게 된 경우로서 수급사업자가 하도급대금의 직접지급을 요청한 때'를 들고 있다.

하도급법 제14조 제2항은 "제1항에 따른 사유가 발생한 경우 원사업자에 대한 발주자의 대금지급채무와 수급사업자에 대한 원사업자의 하도급대금 지급채무는 그 범위에서 소멸한 것으로 본다." 라고 규정하고 있으며, 하도급법 시행령 제9조 제1항에서는 "법 제14조 제1항에 따른 수급사업자의

1) 대법원 2009. 3. 12. 선고 2008다65839 판결.

직접지급 요청은 그 의사표시가 발주자에게 도달한 때부터 효력이 발생하며, 그 의사표시가 도달되었다는 사실은 수급사업자가 증명하여야 한다."라고 규정하고 있다.

그러므로 수급사업자가 하도급계약에 따른 공사를 시행하고, 발주자에게 그 시공한 분에 상당하는 하도급대금의 직접지급을 요청한 때에, 수급사업자의 발주자에 대한 하도급대금 직접지급청구권이 발생함과 아울러 발주자의 원사업자에 대한 대금지급채무가 하도급대금의 범위 안에서 소멸하게 된다 할 것이다.

따라서 수급사업자가 발주자에 대하여 하도급대금의 직접지급을 구할 수 있는 권리가 발생하는지 여부, 즉 원사업자가 지급정지·파산, 그 밖에 이와 유사한 사유 등으로 인하여 하도급대금을 지급할 수 없게 되었는지 여부 등에 관하여는 수급사업자의 직접지급 요청의 의사표시가 발주자에게 도달한 시점을 기준으로 판단하여야 한다. 여기서 '지급할 수 없게 된 경우' 즉 지급불능이라 함은 채무자가 변제능력이 부족하여 즉시 변제하여야 할 채무를 일반적·계속적으로 변제할 수 없는 객관적 상태를 말한다(대법원 2009. 3. 12. 선고 2008다65839 판결 등 참조).

또한 하도급법 및 그 시행령은 직접지급 요청을 수급사업자가 하여야 하는 것으로 규정하고 있으므로, 수급사업자의 위임을 받아 원사업자가 발주자에게 직접지급을 요청하는 경우라면, 그 의사표시의 상대방인 발주자가 그 직접지급 요청이 수급사업자의 직접지급 요청에 따른 것임을 알았거나 알 수 있었어야 위 하도급법령에 따른 수급사업자의 직접지급 요청으로서의 효력이 발생한다고 할 것이다(대법원 2018. 8. 1. 선고 2018다23278 판결).

〔발주자가 하도급거래 공정화에 관한 법률 제14조 제1항 제3호 또는 건설산업기본법 제35조 제2항 제3호에 따라 하수급인으로부터 하도급대금의 직접 지급을 요청받을 당시 수급인에 대한 대금지급채무가 이미 변제로 소멸한 경우, 발주자의 하수급인에 대한 직접지급의무가 발생하는지 여부〕

하도급거래 공정화에 관한 법률(이하 '하도급법'이라 한다) 제14조 제4항은 "제1항에 따라 발주자가 해당 수급사업자에게 하도급대금을 직접 지급할 때에 발주자가 원사업자에게 이미 지급한 하도급금액은 빼고 지급한다."라고 정하고, 하도급거래 공정화에 관한 법률 시행령(이하 '하도급법 시행령'이라 한다) 제9조 제3항은 "발주자는 원사업자에 대한 대금지급의무의 범위에서 하도급대금 직접지급의무를 부담한다."라고 정하고 있다. 건설산업기본법 제35조 제7항, 건설산업기본법 시행규칙 제29조 제3항에 따르면, 발주자가 건설산업기본법 제35조 제2항 제3호에 따라 하수급인에게 공사대금을 직접 지급하는 경우에도 하도급법 시행령 제9조 제3항이 준용되므로, 특별한 사정이 없는 한 발주자로서는 수급인에 대한 대금지급의무를 한도로 하여 직접지급의무를 부담한다고 보아야 한다. 따라서 발주자가 하도급법 제14조 제1항 제3호 또는 건설산업기본법 제35조 제2항 제3호에 따라 하수급인으로부터 하도급대금의 직접 지급을 요청받을 당시 수급인에 대한 대금지급채무가 이미 변제로 소멸한 경우 발주자의 하수급인에 대한 직접지급의무는 발생하지 않는다(대법원 2017. 12. 13. 선고 2017다242300 판결, 대법원 2018. 6. 15. 선고 2016다229478 판결).

마. 절차

1) 수급사업자의 직접지급 요청

근거 법률이 무엇인지에 따라 하도급대금 직접지급 요건은 다르지만, 대체로 합의에 따른 하도급대금 직접지급 사유를 제외하면, 하수급인이 도급인에게 직접지급을 요청해야만 직접지급청구권이 발생한다. 하수급인에게 직접지급청구권을 행사할지와 관련한 선택권을 주려는 취지이다. 물론 위와 같은 직접지급요청은 그 의사표시가 발주자에게 도달했을 때 효력이 생기고, 그 의사표시가 도달했다는 사실은 수급사업자가 증명해야 한다(하도급거래 공정화에 관한 법률 시행령 제9조 제1항).

2) 기성부분 등 확인

수급사업자가 발주자로부터 하도급대금을 직접 받기 위해 기성부분 확인 등이 필요한 경우, 원사업자는 지체없이 이에 필요한 조치를 해야 한다(하도급거래 공정화에 관한 법률 제14조 제5항).

3) 원사업자의 직접지급 중지요청

원사업자가 발주자에게 해당 하도급 계약 관련 수급사업자의 임금, 자재대금 등 지급 지체 사실(원사업자의 책임 있는 사유로 그 지급 지체가 발생한 경우는 제외)을 증명할 수 있는 서류를 첨부하여 해당 하도급대금 직접지급 중지를 요청하였다면, 발주자는 하도급대금을 직접 지급해서는 안 된다(하도급거래 공정화에 관한 법률 제14조 제3항). 따라서 원사업자가 위 요건을 갖추어 발주자에게 직접지급 중지를 요청했는데도, 발주자가 정당한 이유 없이 수급사업자에게 임의로 하도급대금을 지급했다면, 원사업자는 발주자에게 그에 따른 손해배상을 청구할 수 있다.

바. 효과

1) 하도급대금 직접지급과 공사대금채무의 소멸

가) 일반

위와 같이 하도급대금 직접지급 요건이 충족되고, 절차에 따라 하도급대금을 확정하였다면, 발주기관은 도급계약 내용에 따라 하수급인에게 하도급대금을 직접 지급해야 한다(하도급거래 공정화에 관한 법률 시행령 제9조 제4항). 이로써 발주기관이 계약상대자에게 부담하는 공사대금채무도 하도급대금 범위에서 소멸한다.

그런데 만약 발주자가 수급인에게 공사대금채무를 부담하지 않는데도 이를 부담한다고 잘못 알고 하수급인에게 하도급대금을 직접 지급한 경우에는, 하수급인이 도급인으로부터 지급받은 하도급대금은 수급인과 체결한 하도급계약에 따른 것이어서 법률상 원인없이 수령하였다고 볼 수 없고, 결국 발주자는 수급인에게 부당이득반환을 청구할 수 있을 뿐 하수급인을 상대로 부당이득반환을 청구할 수 없다.[1] 또한, 여러 하수급인 중 어느 한 하수급인이 발주자에게 직접지급을 요청한 경우, 그보다 먼저 직접지급 요건을 갖춘 다른 하수급인이 있다면, 원사업자는 그 다른 하수급인에게 지급한 하도급대금 상당액 채무가 소멸하였다고 주장할 수 있다.[2] 한편, 발주기관은 하수급인으로부터 직접지급 요청을 받더라도, 그 이전에 원수급인에게 대항할 수 있는 사유로, 하수급인에게 대항할 수 있다.[3]

나) 공탁

발주자는 수급사업자에게 하도급대금을 직접 지급하는 경우 민사집행법에 따른 공탁사유가 있으면 이에 따라 공탁할 수 있다(하도급거래 공정화에 관한 법률 시행령 제9조 제2항).

2) 공사대금채권과 하도급대금채권의 소멸시점

하도급대금 직접지급 사유가 발생한 경우, 발주자가 원사업자에게 가지는 대금지급채무와 원사업자가 수급사업자에게 가지는 하도급대금 지급채무가 그 범위에서 소멸하였다고 본다(하도급거래 공정화에 관한 법률 제14조 제2항). 따라서 이러한 공사대금채권과 하도급대금채권이 언제 소멸하는지 문제되나, 직불합의로 하수급인이 직접지급청구권을 갖는 경우에는 그 합의에서 정한 때 각 채권이 소멸하고, 그 밖에 나머지 사유로 하수급인이 직접지급청구권을 갖는 경우에는 하수급인이 발주기관에게 하도급대금 직접지급을 요청한 때 각 채권이 소멸한다고 본다. 대법원도 마찬가지로 본다.[4]

3) 직접지급 범위

첫째, 원수급인이 도급인에게 가지는 공사대금채권 범위에서만 하도급대금채권도 인정된다(하도급거래 공정화에 관한 법률 시행령 제9조 제3항).[5]

둘째, 원칙적으로 하수급인이 시공한 부분(기성부분)에 상당하는 대금만 직접지급 범위에 포함된다.[6] 따라서 아직 시공되지 않은 부분에 상당하는 하도급대금의 직접지급청구권은 발생하지 않고, 이 범위에서는 발주자가 원수급인에게 부담하는 공사대금채무 역시 소멸하지 않는다.[7] 다만, 채권양도 합의와 대항력을 갖추어, 원수급인이 하수급인에게 미시공

1) 대법원 2008. 6. 26. 선고 2006다63884 판결.
2) 대법원 2010. 6. 10. 선고 2009다19574 판결, 대법원 2012. 5. 10. 선고 2010다24176 판결.
3) 대법원 2010. 5. 13. 선고 2007다31211 판결, 대법원 2010. 6. 10. 선고 2009다19574 판결.
4) 대법원 2009. 3. 12. 선고 2008다65839 판결.
5) 대법원 2005. 7. 28. 선고 2004다64050 판결, 대법원 2008. 2. 29. 선고 2007다54108 판결.
6) 대법원 2007. 11. 29. 선고 2007다50717 판결.
7) 대법원 2012. 5. 10. 선고 2010다24176 판결.

부분의 장래 발생할 하도급대금채권을 양도하였다면, 발주기관은 하수급인에게 해당 양수금 채무를 지급해야 할 의무가 있다.

셋째, 발주자가 해당 수급사업자에게 하도급대금을 직접 지급할 때 원사업자에게 이미 지급한 하도급 금액은 빼고 지급한다(하도급거래 공정화에 관한 법률 제14조 제4항). 따라서 발주자가 수급사업자로부터 하도급대금 직접지급 요청을 받을 당시 이미 원사업자에게 그 부분에 상당하는 하도급대금 지급을 완료했다면, 발주자는 수급사업자에게 위 하도급대금을 직접 지급할 의무가 없다.[1] 또한, 발주기관은 계약상대자로부터 하자보수보증금을 받거나 보증기관으로부터 보증서를 교부받을 때까지 공사대금 지급을 거절할 수 있으므로, 하수급인에게도 위 사유로 대항할 수 있다.[2]

넷째, 발주기관이 하수급인에게 하도급대금을 지급할 때 계약상대자가 납부하지 않은 하자보수보증금을 공제할 수 있는지 문제된다. 기획재정부는 이를 부정하지만,[3] 발주기관은 계약상대자에게 대항할 수 있는 사유를 하수급인에게 주장할 수 있다고 보아야 하고, 하도급대금은 원도급대금 범위에서 지급하는 것에 불과하므로 직접지급할 하도급대금에서 미납부 하자보수보증금을 공제할 수 있다고 보아야 한다.

다섯째, 하도급거래 공정화에 관한 법률 제13조 제7항은 일정한 경우 적용되는 하도급대금의 이자율을 규정하나, 대법원은 위 규정은 원사업자가 수급사업자에게 하도급대금을 지급할 때 적용되는 규정이어서, 발주자가 수급사업자에게 직접 하도급대금을 지급할 때는 적용되지 않는다고 본다.[4]

〔발주자가 수급사업자에게 대항할 수 있는 범위〕

건축사업의 시행사인 갑 주식회사와 시공사인 을 주식회사가 공사도급계약을 체결한 다음, 신탁업자인 병 주식회사와 토지신탁사업약정, 관리형토지신탁계약, 위 공사도급계약의 승계계약을 체결하면서 위 공사도급계약에 관하여 '수탁자의 자금집행순서상 공사비의 90%는 7순위로 하여 매 2개월 단위로 지급하고, 잔여공사비는 13순위로 하여 1, 2, 3순위 우선수익자의 대출원리금이 모두 상환되고 수탁자의 신탁사무처리비용 정산이 완료된 이후 신탁재산의 범위 내에서 지급하며, 토지신탁사업약정서와 관리형토지신탁계약서는 승계계약서보다 우선 적용한다.'고 정하였고, 그 후 도급공사 중 일부 공사를 정 회사에 하도급한 을 회사가 병 회사 및 정 회사와 하도급대금 직불합의를 하면서, '병 회사가 부담하게 되는 공사대금의 범위는 병 회사와 을 회사 사이의 공사도급계약에 따라

1) 대법원 2011. 4. 28. 선고 2011다2029 판결, 대법원 2011. 7. 14. 선고 2011다12194 판결.
2) 대법원 2012. 5. 10. 선고 2010다24176 판결.
3) 회계 41301-1156, 1998. 5. 21.
4) 대법원 2005. 7. 28. 선고 2004다64050 판결.

병 회사가 을 회사에 지급해야 할 공사대금채무의 범위를 초과하지 않고, 병 회사는 정 회사의 직접 지급 요청이 있기 전에 을 회사에 대하여 대항할 수 있는 사유 등으로 정 회사에 대항할 수 있다.' 고 약정하였는데, 공사비의 90% 이상이 지급된 상태에서 정 회사가 건물 완공 후 일정 기간이 지났다며 병 회사를 상대로 하도급대금 직접 지급을 요청한 사안에서, 하도급거래 공정화에 관한 법률(이하 '하도급법'이라 한다)상 원사업자이자 위 신탁약정, 신탁계약, 승계계약 등을 체결한 당사자인 을 회사가 병 회사 등과 사이에 신탁사업약정 등에 따른 자금집행순서에 따라 공사대금을 청구하기로 합의한 이상 병 회사는 을 회사가 공사대금을 청구할 경우 자금집행순서 약정을 이유로 지급을 거절할 수 있고, 발주자인 병 회사가 하도급법상 직접지급의무를 부담하는 공사대금 채권은 동일성을 유지한 채 수급사업자인 정 회사에 이전되고 병 회사는 새로운 부담을 지지 않는 범위 내에서 직접지급의무를 부담하므로, 정 회사의 직접청구에 대해서도 동일한 사유로 대항할 수 있는데도, 병 회사가 정 회사에 신탁자금 집행순서를 이유로 대항할 수 없다고 본 원심판단에는 하도급법상 직접지급청구권의 범위 또는 발주자의 대항사유에 관한 법리오해 등의 잘못이 있고, 자금집행순서 관련 약정의 문언, 동기와 목적 등 제반 사정을 고려하면 위 자금집행순서의 성격은 정지조건으로 보는 것이 타당하고 그 정지조건이 성취되었다는 사실에 관한 증명책임은 정 회사 측이 부담한다고 보아야 하는데도, 자금집행순서의 성격을 불확정기한으로 본 다음 지급순서가 도래하지 않았다는 병 회사의 증명이 부족하다는 등의 이유로 병 회사의 공사대금 직접지급의무의 이행기가 도래하였다고 본 원심판단에는 조건과 기한, 정지조건 성취의 증명책임 등에 관한 법리오해 등의 잘못이 있다(대법원 2023. 6. 29. 선고 2023다221830 판결).

4) 납세증명서와 세금계산서

발주기관이 하수급인에게 하도급대금을 지급하면, 그 납세증명서는 계약상대자가 아닌 하수급인으로부터 받아야 하고, 세금계산서 역시 하수급인이 발행한 세금계산서를 받아야 한다.

바. 관련문제

1) 압류와 직접지급채권

하도급대금 직접지급제도 취지는 하수급인의 직접 지급청구권의 행사로 도급인이 하수급인에게 하도급대금을 지급하여 원수급인이 도급인에게 가지는 공사대금채권과 하수급인이 원수급인에게 가지는 하도급대금채권이 함께 정산·소멸되는 효과가 생긴다는 것이지, 원수급인이 공사대금채권 자체가 하수급인에게 이전하는 것은 아니므로, 하수급인에게 하도급대금 직접청구권이 있다는 이유만으로 제3자가 그 하도급대금에 상당하는 원수급인의 공사대금채권을 압류하지 못한다고 볼 수 없다.[1) 만약 공사대금채권을 대상으로 한 압류 등 효력이 먼저 발생하고, 나중에 직접지급요건을 갖추었다면, 발주자는 하수급인에게 하도급대금을 지급할 수 없고, 하도급대금 지급으로 압류채권자에게 대항할 수 없다고 보아야 한다.[1] 그러나 발주기관과 계약상대자 사이에서, 발주기관이 계약상대자에게 가지는 공사대금 범위에서 계약상대자 대신에 하수급인에게 직접 대금을 지급하기로 합의하였고, 이에 따른 하도급 시공이 있었다면, 발주기관은 하수급인에게 대금을 직접 지급하기 전이라도 위 합의를 이유로 계약상대자에게 공사대금 지급을 거절할 수 있으므로, 계약상대자의 채권자가 위 공사대금에 압류·전부명령을 받아 전부명령이 발주기관에게 송달 전에 위와 같은 하도급 시공이 있었다면, 발주기관은 비록 하수급인에게 하도급대금을 직접 지급하기 전이라도 위 전부채권자에게 대항할 수 있다.[2]

〔전부명령을 받은 제3채무자가 채권압류 전 피전부채권자에 대한 항변사유(노임직접지급합의)로서 전부채권자에게 대항할 수 있는지〕

전부명령에 의하여 피전부 채권은 동일성을 유지한 채로 집행채무자로부터 집행채권자에게 이전되고 제3채무자는 채권압류 전에 피전부채권자에 대하여 가지고 있었던 항변사유로서 전부채권자에게 대항할 수 있다 할 것이므로 공사도급계약시 수급인의 종업원들에 대한 노임체불로 공사가 지연되는 경우 도급인이 그 노임을 수급인에게 지급할 공사대금 중에서 종업원들에게 직접 지급하기로 약정하였다면 도급인은 체불노임상당의 공사 대금에 대하여는 수급인에게 그 지급을 거부할 수 있고 따라서 전부채권자에 대해서도 위와 같은 항변사유를 가지고 대항할 수 있다(대법원 1984. 8. 14. 선고 84다카545 판결).

〔제3채무자(공사도급인)가 피전부채권인 공사금채권 범위내에서 공사에 필요한 물품의 납품대금의 집행채무자(공사수급인) 대신 직접 납품업자에게 지급하기로 한 집행채무자와 사이의 약정에 따라 전부명령의 송달전에 납품이 이루어진 경우 그 사유로써 전부채권자에게 대항할 수 있는지 여부〕

제3채무자(공사도급인) 갑과 집행채무자(공사수급인) 을사이에 갑의 을에 대한 공사금채무의 범위 내에서 공사에 필요한 물품의 납품대금을 을대신 납품업자인 병에게 직접 지급하기로 합의하고 이에 따른 납품이 이루어진 경우 갑은 그 물품대금을 지급하기 전이라 해도 위 합의를 이유로 공사금의 지급을 거절할 수 있다고 할 것이고, 그 납품이 집행채권자 정의 신청에 의한 을의 갑에 대한 위 공사금채권에 관한 전부명령의 송달전에 이루어진 경우 갑이 그 대금을 지급하기 전이라도 전부채권자인 정에게 대항할 수 있다(대법원 1990. 4. 27. 선고 89다카2049 판결).

---

1) 대법원 1997. 12. 12. 선고 97다20083 판결.
1) 대법원 2003. 9. 5. 선고 2001다64769 판결.
2) 대법원 1990. 4. 27. 선고 89다카2049 판결, 대법원 2000. 5. 30. 선고 2000다2443 판결.

〔공사도급계약 및 하도급계약을 함께 체결하면서 도급인, 원수급인과 하수급인이 '공사대금은 도급인이 원수급인의 입회하에 하수급인에게 직접 지급하고, 원수급인에게는 지급하지 않는 것'으로 약정한 경우, 이로써 도급인이 원수급인의 공사대금채권에 대한 압류채권자에게 대항할 수 있는지 여부〕

공사도급계약 및 하도급계약을 함께 체결하면서 도급인, 원수급인과 하수급인이 '공사대금은 도급인이 원수급인의 입회하에 하수급인에게 직접 지급하고, 원수급인에게는 지급하지 않는 것'으로 약정한 경우, 당사자들의 의사가 위 도급계약 및 하도급계약에 따른 공사가 실제로 시행 내지 완료되었는지 여부와 상관없이 원수급인의 도급인에 대한 공사대금채권 자체를 하수급인에게 이전하여 하수급인이 도급인에게 직접 그 공사대금을 청구하고 원수급인은 공사대금 청구를 하지 않기로 하는 취지라면 이는 실질적으로 원수급인이 도급인에 대한 공사대금채권을 하수급인에게 양도하고 그 채무자인 도급인이 이를 승낙한 것이라고 봄이 상당하다. 이러한 경우 위와 같은 채권양도에 대한 도급인의 승낙이 확정일자 있는 증서에 의하여 이루어지지 않는 이상, 도급인은 위와 같은 채권양도와 그에 기한 채무의 변제를 들어서 원수급인의 위 공사대금채권에 대한 압류채권자에게 대항할 수 없다. 반면, 당사자들의 의사가 하수급인이 위 각 하도급계약에 기하여 실제로 공사를 시행 내지 완료한 범위 내에서는 도급인은 하수급인에게 그 공사대금을 직접 지급하기로 하고 원수급인에게 그 공사대금을 지급하지 않기로 하는 취지라면, 압류명령의 통지가 도급인에게 도달하기 전에 하수급인이 위 공사를 실제로 시행 내지 완료하였는지 여부나 그 기성고 정도 등에 따라 도급인이 원수급인의 위 공사대금채권에 대한 압류채권자에게 하수급인의 시공 부분에 상당하는 하도급대금의 범위 내에서 대항할 수 있는지 여부 및 그 범위가 달라진다(대법원 2008. 2. 29. 선고 2007다54108 판결).

한편, 직불합의를 한 당사자 의사가 하수급인이 실제 공사를 완료한 범위에서만 도급인이 하수급인에게 공사대금을 직접 지급하기로 하고 원수급인에게 그 공사대금을 지급하지 않기로 한 취지라면, 압류명령 통지가 도급인에게 도달하기 전에 하수급인이 위 공사를 실제로 완료했는지, 기성고 정도 등에 따라 도급인이 공사대금채권의 압류채권자에게 하수급인의 시공부분에 상당하는 하도급대금 범위에서 대항할 수 있는지가 달라진다.[1)]

2) 보증관계와 직접지급채권

계약이행보증인이 계약상대자가 이행하지 못한 나머지 공사를 이행한다고 가정할 때, 계약이행보증인은 어디까지나 보증이행한 부분에 한정하여 대가지급을 청구할 수 있을 뿐, 그 이전에 하수급인이 시공한 부분에까지 대가지급 청구를 결정할 권한이 없으므로, 하수급인은 원수급인이 시공을 담당하던 동안 시공한 부분의 하도급대금을 계약이행보증인의 의사와 관계없이 발주자에게 청구할 수 있다고 해석해야 한다.[2)]

---

1) 대법원 2008. 2. 29. 선고 2007다54108 판결.
2) 같은 취지로, 부산고등법원 1998. 8. 28. 선고 98나2617 판결.

한편, 만약 계약조건에서 계약상 권리의무 양도·승계를 제한하고, 다만, 보증인의 동의가 있을 때만 그 예외를 인정하는 특약을 정했다면, 보증인 동의 없는 하도급대금 직불합의가 유효한지 문제된다. 그러나 의무이행자가 누구인지는 보증에서 중요한 요소이므로 의무승계를 위해 보증인 동의가 필요하나, 수급인이 도급인에게 가지는 하도급채권이 하수급인에게 이전되는 것은 보증인에게 책임을 가중하지 않으므로, 위와 같이 하도급대금 직불합의에 보증인 동의가 필요하다고 보기 어렵다.[1)]

3) 회생채권과 직접지급채권

발주자가 하수급인에게 부담하는 하도급대금 직접지급의무가 발생한 이후 하수급인의 회생채권신고는 이미 소멸한 권리를 신고한 것이어서 무효이고, 하수급업자가 발주자에게 직접지급청구권을 행사하여 원사업사의 도급대금채권이 소멸된다 하여도 그와 아울러 원사업자가 하수급인에게 가지는 하도급대금채무도 소멸되므로, 실질적으로 채권, 채무의 법률상 이전과 같은 효과가 생기는 데 불과하다.[2)]

한편, 하수급인이 발주자에게 하도급대금 직접지급 요청을 하여 발주자의 직접지급의무가 발생하면서 하수급인이 원수급인에게 가지는 하도급대금채권은 그 범위에서 이미 소멸하였으므로, 그 후 원수급인에 대한 회생계획이 인가되었다 하더라도 그 회생계획은 하수급인에게 효력이 없고, 하도급법 제14조에 따른 직접지급청구가 채무자의 재산에 대한 강제집행에 해당한다고 볼 수 없다.[3)]

4) 선금반환채권과 직접지급채권

계약상대자가 발주기관에게 선금잔액 반환채무를 부담할 경우, 발주기관은 해당 선금잔액과 기성부분 미지급액을 상계해야 하는데(공사계약일반조건 제44조 제5항, 제6항 본문), 하도급거래 공정화에 관한 법률이나 건설산업기본법에 따른 하도급대금 지급보증이 없는 경우로서 하수급인에게 하도급대가를 직접 지급해야 하는 경우에는 우선 하도급대가를 지급하고서도 기성부분의 미지급금액이 남으면 이를 선금잔액과 상계할 수 있다(공사계약입발조건 제44조 제6항 단서). 즉, 선금반환채권보다 하도급대금 직접지급채권이 우선한다. 대법원도 위 규정에 따르면 도급인이 하도급대금을 직접 지급하는 사유가 발생한 경우, 이에 해당하는 금원은 선급금 충당 대상인 기성공사대금 내역에서 제외하기로 하는 예외적 정산약정을 하였다고 보아야 하고, 하도급거래 공정화에 관한 법률 제14조에 따라 하수급인에게 하도급대금을 직접 지급할 사유가 인정되는 범위에서는 도급인이 미정산 선급금이 기성공사대금에 충

1) 같은 취지로, 대법원 2001. 10. 26. 선고 2000다61435 판결.
2) 서울고등법원 2007. 1. 24. 선고 2006나55403 판결.
3) 대법원 2007. 6. 28. 선고 2007다17758 판결.

당되었다는 이유로 하수급인에게 부담하는 하도급대금 지급의무를 면할 수 없다고 본다.[1)]

〔미정산 선급금이 기성공사대금에 충당되었다는 이유로 하도급대금 지급의무를 면할 수 없는 경우〕

공사도급계약에서 수수되는 이른바 선급금은 자금 사정이 좋지 않은 수급인으로 하여금 자재 확보·노임 지급 등에 어려움 없이 공사를 원활하게 진행할 수 있도록 하기 위하여 도급인이 장차 지급할 공사대금을 수급인에게 미리 지급하여 주는 것으로서, 구체적인 기성고와 관련하여 지급된 공사대금이 아니라 전체 공사와 관련하여 지급된 공사대금이다. 이러한 점에 비추어 선급금을 지급한 후 계약이 해제 또는 해지되는 등의 사유로 수급인이 도중에 선급금을 반환하여야 할 사유가 발생하였다면, 특별한 사정이 없는 한 별도의 상계 의사표시 없이도 그때까지의 기성고에 해당하는 공사대금 중 미지급액은 선급금으로 충당되고 도급인은 나머지 공사대금이 있는 경우 그 금액에 한하여 지급할 의무를 부담하게 된다. 이때 선급금의 충당 대상이 되는 기성공사대금의 내역을 어떻게 정할 것인지는 도급계약 당사자의 약정에 따라야 하고, 도급인이 수급인이 사용한 근로자에게 노임을 직접 지급하거나 하수급인에게 하도급대금을 직접 지급하는 사유가 발생한 경우에 이에 해당하는 금원을 선급금 충당의 대상이 되는 기성공사대금의 내역에서 제외하기로 하는 예외적 정산약정을 한 때에는 도급인은 미정산 선급금이 기성공사대금에 충당되었음을 이유로 수급인이 사용한 근로자에게 부담하는 임금이나 하수급인에게 부담하는 하도급대금의 지급의무를 면할 수 없다(대법원 2013. 8. 22. 선고 2012다94278 판결, 대법원 2014. 1. 23. 선고 2013다214437 판결, 대법원 2019. 12. 27. 선고 2017다245613 판결).

5) 직접지급채권의 포기

하수급인은 직접지급채권을 포기할 수 있으나, 해당 제도를 인정한 법 취지를 고려할 때, 하수급인이 직접지급채권을 포기했다고 보려면, 포기 의사가 명확히 표시되어야 하고, 이는 엄격히 해석해야 한다.[2)]

6) 공동수급체 하수급인의 직접지급채권

공동이행방식의 공동수급체를 민법상 조합으로 이해하면, 공동수급체는 공사대금채권을 합유나 준합유하므로, 발주기관이 공동수급체에게 지급할 공사대금을 각 지분율에 따라 분리할 수 없다. 따라서 발주기관은 공동수급체 일부 구성원의 하수급인에게 하도급대금을 직접지급할 수 없다는 결론에 이른다. 그러나 공동수급체를 민법상 조합으로 보더라도 대금지급 방법은 특약으로 달리 정할 수 있으므로, 발주기관이 공동수급체 각 구성원에게 지분비율에 따라 대금을 지급하기로 약정한 경우라면, 각 구성원의 하수급인도 하도급대금 직접지

1) 대법원 2010. 5. 13. 선고 2007다31211 판결.
2) 서울고등법원 2007. 1. 24. 선고 2006나55403 판결.

급채권을 가질 수 있다고 본다.

7) 직접지급 합의와 상계

발주기관과 계약상대자 사이에, 계약상대자가 그 근로자에게 노임지급을 지체하는 경우, 발주기관이 기성공사대금에서 노임 상당액을 공제한 다음 해당 근로자에게 직접 지급할 수 있다고 약정한 경우, 계약상대자가 발주기관에게 가지는 공사대금채권은 항변권이 붙은 채권이기 때문에, 이를 자동채권으로 하여 상계할 수 없다.[1)]

Ⅲ. 채권양도와 채무인수

1. 채권양도

가. 의의

1) 민법상 채권양도

채권양도란 채권자가 채무자에게 가지는 채권을 그 동일성을 유지한 채로 새로운 채권자에게 이전하는, 원래 채권자(양도인)와 새로운 채권자(양수인) 사이의 계약을 말한다. 즉, 채권양도는 채권의 귀속 주체를 변경하는 계약이고, 그 결과 채권이 이전되는 처분행위에 해당한다. 또한, 채권이 동일성을 유지하면서 양도인에서 양수인에게 이전하므로, 변제기 미도래 이자채권 등 그 채권에 종속된 권리와 동시이행의 항변권 등 그 채권에 부착된 항변권도 그대로 이전된다. 채권양도에 따라 개개 채권만 이전할 뿐이고, 계약당사자 지위는 이전하지 않는다. 채권이 아닌 계약상 지위 이전은 계약인수가 있어야 한다.

민법은 "채권은 양도할 수 있다. 그러나 채권의 성질이 양도를 허용하지 않은 때는 그렇지 않다.", "채권은 당사가가 반대 의사를 표시한 경우에는 양도하지 못한다. 그러나 그 의사표시로써 선의의 제3자에게 대항하지 못한다.", "지명채권의 양도는 양도인이 채무자에게 통지하거나 채무자가 승낙하지 않으면 채무자 그 밖에 제3자에게 대항하지 못한다.", "전항의 통지와 승낙은 확정일자 있는 증서에 의하지 않으면 채무자 이외의 제3자에게 대항하지 못한다."고 각 규정한다(민법 제449조, 제450조 참조).

이와 같은 채권양도는 양도인과 양수인 사이 합의로 발생하기 때문에, 특별한 사정이 없으면, 채무자의 의사는 크게 중요하지 않다. 특히 지명채권은 채무자 의사에 반해서도 양도될 수 있다(민법 제449조 제2항).

한편, 민법은 지명채권의 양도와 증권적 채권(지시채권과 무기명채권)의 양도를 달리 규정

1) 대법원 2002. 8. 23. 선고 2002다25242 판결.

한다. 지명채권의 양도는 당사자인 채권자와 양수인 사이의 합의만으로 효력이 발생하되, 통지·승낙 등 대항요건을 갖추지 못하면 채무자나 제3자에게 대항하지 못할 뿐이나, 증권적 채권의 양도는 당사자 사이의 양도합의와 아울러 증서의 배서·교부나 증권의 교부가 있어야만 효력이 발생하는 차이가 있다.

2) 공공계약법상 채권양도

공공계약에서도 법령상 양도가 금지되는 채권을 제외하고, 원칙적으로 계약에 따라 발생한 채권을 양도할 수 있다. 다만, 적정한 계약이행 목적 등 필요한 경우에는 채권양도를 제한하는 특약을 정하여 운용할 수 있다. 즉, 공공계약도 사법상 원리가 그대로 적용되므로 채권양도는 원칙적으로 허용되나 그렇다고 아무 제한없이 채권양도를 허용하는 것은 계약의 적정한 이행이나 계약의 공공성을 해할 염려가 있어 바람직하지 않으므로 필요한 경우에는 채권양도를 제한하는 특약을 둘 수 있다.

따라서 기획재정부 계약예규인 물품구매(제조)계약일반조건, 용역계약일반조건, 공사계약일반조건에서는, 계약상대자는 해당 계약에서 발생한 채권(대금채권)을 제3자에게 양도할 수 있되, 발주기관은 적정한 계약이행목적 등 필요한 경우에는 채권양도를 제한하는 특약을 정하여 운용할 수 있다고 규정한다[물품구매(제조)계약일반조건 제6조, 용역계약일반조건 제7조, 공사계약일반조건 제6조]. 이처럼 공공계약법상 채권도 사법상 채권이고, 공공계약법령에서 민법상 채권양도 규정의 적용을 배제하지 않으므로, 계약조건이나 공공계약법령에서 정하지 않은 사항은 민법을 적용한다.

〔채권양도금지특약을 위반한 채권양도의 효력〕

채권양도금지특약에 반하여 채권양도가 이루어진 경우, 그 양수인이 양도금지특약이 있음을 알았거나 중대한 과실로 알지 못하였던 경우에는 채권양도는 효력이 없게 되고, 반대로 양수인이 중대한 과실 없이 양도금지특약의 존재를 알지 못하였다면 채권양도는 유효하게 되어 채무자로서는 양수인에게 양도금지특약을 가지고 그 채무이행을 거절할 수 없게 되어 양수인의 선의, 악의 등에 따라 양수채권의 채권자가 결정되는바, 이와 같이 양도금지의 특약이 붙은 채권이 양도된 경우에 양수인의 악의 또는 중과실에 관한 입증책임은 채무자가 부담하지만, 그러한 경우에도 채무자로서는 양수인의 선의 등의 여부를 알 수 없어 과연 채권이 적법하게 양도된 것인지에 관하여 의문이 제기될 여지가 충분히 있으므로 특별한 사정이 없는 한 민법 제487조 후단의 채권자 불확지를 원인으로 하여 변제공탁을 할 수 있다(대법원 2000. 12. 22. 선고 2000다55904 판결).

나. 요건

1) 민법상 요건

가) 유효요건

채권양도 유효요건은 ① 양도계약, ② 채권의 존재, ③ 채권의 양도성, ④ 채권의 특정 가능성이다.

첫째, 원래 채권자와 새로운 채권자 사이에 채권을 새로운 채권자에게 이전하기로 하는 양도계약이 있어야 한다.

둘째, 양도대상인 채권이 있어야 하고, 양도인은 채권자로서 처분권을 가져야 한다.

셋째, 채권은 양도성을 가져야 한다. 대표적으로 금전채권은 양도성이 있다. 다만, 채권의 성질이 양도를 허용하지 않는 경우(민법 제449조 제1항 단서), 계약당사자가 양도금지특약을 한 경우(민법 제449조 제2항 본문), 법률이 양도를 금지하는 경우에는 채권에 양도성이 없다. 다만, 양도금지특약은 선의의 제3자에게 대항할 수 없는데(민법 제449조 제2항 단서), 제3자의 중대한 과실은 악의와 같이 취급해야 하므로, 양수인이 양도금지특약 사실을 몰랐지만(선의), 중대한 과실로 몰랐다면 양도채권을 취득할 수 없다.[1] 여기서 중과실이란 통상인에게 요구되는 정도의 상당한 주의를 하지 않더라도 약간의 주의를 기울인다면 손쉽게 그 특약의 존재를 알 수 있었는데도 그러한 주의조차 기울이지 않아 특약의 존재를 알지 못한 것을 말하고, 악의나 중과실은 채권양도금지 특약으로 양수인에게 대항하려는 자가 주장·증명해야 한다.[2]

넷째, 양도채권은 특정되어야 한다. 다만, 채권양도 당시 특정할 수 있거나 가까운 장래에 발생할 가능성을 상당한 정도로 기대할 수 있는 장래 채권도 양도할 수 있다고 본다.[3]

나) 대항요건

나아가 민법은 채권양도 대항요건을 별도로 규정한다. 즉, 채권양도 당사자인 양도인과 양수인은 위에서 본 유효요건을 갖추어 채권양도를 하면, 일단 그 효력이 발생하지만, 이러한 채권양도로 채무자나 제3자에게 대항하려면 별도 요건을 갖추어야 한다. 즉, 양도인이 채무자에게 통지하거나 채무자가 채권양도를 승낙하지 않으면, 양수인은 채권양수를 채무자나 제3자에게 대항할 수 없다(민법 제450조 제1항). 여기서 채무자에게 대항한다는 말은 양수인이 자신이 채권자라 주장할 수 있다는 뜻이고, 제3자에게 대항한다는 말은 같은 채권을 이중으로 양수하거나 압류한 자와 우열을 가리는 표준이라는 뜻이다. 대항요건으로서 통지

---

1) 대법원 1996. 6. 28. 선고 96다18281 판결.
2) 대법원 2010. 5. 13. 선고 2010다8310 판결, 대법원 2014. 1. 23. 선고 2011다102066 판결.
3) 대법원 1997. 7. 25. 선고 95다21624 판결.

는 반드시 양도인이 채무자에게 해야 하지만, 양수인이 양도인의 대리인으로 채무자에게 통지할 수도 있다. 반대로 승낙은 채무자가 양도인이나 양수인 그 누구에게든 하면 충분하다.

우선, 대항요건 가운데 채권양도 통지만 있는 경우, 채무자는 통지 전에 양도인에게 주장할 수 있었던 사유를 양수인에게도 주장할 수 있고(민법 제451조 제2항), 아직 양도하지 않았거나 그 양도가 무효라 하더라도 선의인 채무자는 양수인에게 대항할 수 있는 사유로 양도인에게 대항할 수 있다(민법 제452조 제1항). 양도통지는 양수인의 동의가 없으면 철회하지 못한다(민법 제452조 제2항).

〔사전통지가 유효한지〕

채권양도가 있기 전에 미리 하는 채권양도통지는 채무자로 하여금 양도의 시기를 확정할 수 없는 불안한 상태에 있게 하는 결과가 되어 원칙으로 허용될 수 없다 할 것이지만 이는 채무자를 보호하기 위하여 요구되는 것이므로 사전통지가 있더라도 채무자에게 법적으로 아무런 불안정한 상황이 발생하지 않는 경우에까지 그 효력을 부인할 것은 아니라 할 것이다. 원심은 채택 증거를 종합하여 그 판시와 같은 사실을 인정한 다음, 채권양도인인 OO의 2003. 4. 22.자 확정일자부 채권양도통지와 채무자인 ㅁㅁ의 2003. 4. 22.자 확정일자부 채권양도승낙이 모두 있었고 그 직후인 2003. 5. 6. OO이 피고에게 이 사건 공사대금채권을 양도하였으므로, 채무자인 ㅁㅁ로 하여금 양도의 시기를 확정할 수 없는 불안한 상태에 있게 하는 결과가 발생할 우려가 없었고, 따라서 실제로 채권양도계약이 체결된 2003. 5. 6. 이 사건 공사대금채권 양도의 제3자에 대한 대항력이 발생하였다(대법원 2010. 2. 11. 선고 2009다90740 판결).

한편, 대항요건 중 채권양도 승낙이 있는 경우, 채무자가 승낙하면서 이의를 보류하지 않았다면, 양도인에게 주장할 수 있는 사유로 양수인에게 대항할 수 없다(민법 제451조 제1항 본문).

나아가 양도인이나 양수인은 채무자 이외의 제3자에게 채권양도로 대항하기 위해, 확정일자 있는 증서로 통지나 승낙을 해야 한다(민법 제450조 제2항). 여기서 확정일자란 당사자가 나중에 변경하지 못하는 확정일자를 말하고,[1] 채무자 이외의 제3자란 양수인 지위와 양립하지 않는 법률상 지위를 취득한 자나 그 채권에 법률상 이익을 가지는 자를 말한다.

〔확정일자 있는 증서의 의미〕

지명채권의 양도는 이를 채무자에게 통지하거나 채무자의 승낙이 없으면 채무자 기타 제3자에 대항하지 못하고, 이 통지와 승낙은 확정일자 있는 증서에 의하지 아니하면 채무자 이외의 제3자에게

1) 대법원 2000. 4. 11. 선고 2000다2627 판결.

대항할 수 없다(민법 제450조). 여기서 '확정일자'란 증서에 대하여 그 작성한 일자에 관한 완전한 증거가 될 수 있는 것으로 법률상 인정되는 일자를 말하며 당사자가 나중에 변경하는 것이 불가능한 확정된 일자를 가리키고, '확정일자 있는 증서'란 위와 같은 일자가 있는 증서로서 민법 부칙(1958. 2. 22.) 제3조에 정한 증서를 말하며, 지명채권의 양도통지가 확정일자 없는 증서에 의하여 이루어짐으로써 제3자에 대한 대항력을 갖추지 못하였으나 그 후 그 증서에 확정일자를 얻은 경우에는 그 일자 이후에는 제3자에 대한 대항력을 취득한다(대법원 2010. 5. 13. 선고 2010다8310 판결).

〔사본에 확정일자 얻은 경우의 효력〕

양도통지가 확정일자 없는 증서에 의하여 이루어짐으로써 제3자에 대한 대항력을 갖추지 못하였더라도 확정일자 없는 증서에 의한 양도통지나 승낙 후에 그 증서에 확정일자를 얻은 경우 그 일자 이후에는 제3자에 대한 대항력을 취득하는 것인바, 확정일자 제도의 취지에 비추어 볼 때 원본이 아닌 사본에 확정일자를 갖추었다 하더라도 대항력의 판단에 있어서는 아무런 차이가 없다(대법원 2006. 9. 14. 선고 2005다45537 판결).

〔구체적인 날짜를 기재하지 않은 경우에도 확정일자에 해당하는지〕

甲이 한국토지공사와 분양계약을 체결한 乙에게 분양중도금을 대출하면서 대출금채권의 담보를 위하여 장차 분양계약이 해제되는 경우 乙이 한국토지공사에게서 돌려받게 될 분양대금반환채권 중 일부를 乙한테서 양수하는 내용의 채권양도계약을 체결하였고, 분양대금반환채권의 채무자인 한국토지공사 지사장이 위 채권양도계약으로 양도된 채권 중 일부에 관하여 채권양도를 승낙하는 취지의 승낙서를 작성하였는데, 승낙서의 승낙일자란에 연월의 기재만 있고 구체적인 날짜는 공란인 채 "2004년 8월 일"로 기재되어 있는 사안에서, 한국토지공사 지사장의 명의로 작성한 위 승낙서에 기재된 승낙일자는 민법 부칙(1958. 2. 22.) 제3조 제4항에서 정한 '공정증서에 기입한 일자 또는 공무소에서 사문서에 어느 사항을 증명하고 기입한 일자'에 해당하므로 이를 확정일자로 보아야 하고, 구체적인 날짜가 공란이라 하더라도 당사자가 그 일자를 당해 연월 이전으로 임의로 소급시키는 것이 원칙적으로 불가능하므로 그와 같은 승낙일자의 기재만으로도 채무자 등의 통모에 의한 승낙일자 소급을 방지하고자 하는 취지를 상당 부분 달성할 수 있는 점, 한국토지공사의 문서작성대장에 의하여 구체적인 날짜를 특정할 수 있는 경우에는 통상의 확정일자 일반과 마찬가지로 취급할 수 있는 점, 구체적인 날짜를 특정할 수 없는 경우에도 늦어도 당해 연월의 말일에는 확정일자가 구비된 것으로 볼 수 있어 법률관계가 불확실해질 우려는 없는 점 등의 사정을 종합하면, 위 승낙일자는 확정일자로서 효력이 있다고 보아야 하므로, 위 승낙서는 민법 제450조 제2항에서 정한 '확정일자 있는 증서'에 해당한다(대법원 2011. 7. 14. 선고 2009다49469 판결).

2) 공공계약법상 요건

계약상대자는 이 계약에 따라 발생한 채권(공사대금청구권)을 제3자에게 양도하고자 하는 경우, 미리 연대보증인이나 공사이행보증서 발급기관의 동의를 얻어 계약담당공무원의 서면승인을 받아야 한다(공사계약특수조건 제20조). 따라서 계약상대자가 공사계약에서 발생한 대금채권을 양도하려면, 미리 연대보증인이나 공사이행보증서 발급기관의 동의와 발주기관의 서면승인을 받아야 한다. 민법상 채권양도는 양도인의 채무자에 대한 통지도 그 대항요건으로 규정하고 있으나, 공공계약에서는 계약의 적정한 이행을 해할 염려가 있는 채권양도는 제한할 필요가 있으므로 채권양도를 할 때 발주기관으로부터 승인을 받도록 정했다. 그리고, 승인 방식은 구두가 아닌 서면으로 받도록 했다.

〔도급인과 수급인이 기성금청구채권을 하수급인에게 양도할 때도 수급인의 보증인으로부터 동의를 얻어야 하는지〕

공사도급계약에서 "이 계약으로부터 발생하는 권리 또는 의무는 제3자에게 양도하거나 승계할 수 없다. 다만, 상대방의 서면승낙과 보증인의 동의를 얻었을 때에는 그러하지 아니하다."고 규정하고 있다 할지라도, 원칙적으로 의무의 승계에 있어서는 의무이행자가 누구인가 하는 것이 보증에 있어서 중대한 요소이므로 보증인의 동의를 요한다고 봄이 상당할 것이나, 권리의 양도로 인하여 보증인에게 어떠한 책임이 가중되거나 하는 일은 없으므로, 권리의 양도에 보증인의 동의를 요한다고 보기는 어렵다 할 것이어서, 도급인과 수급인이 수급인의 기성금청구채권을 하수급인들에게 양도함에 있어 위 도급계약조항에 의하여 수급인의 보증인의 동의를 요한다고 할 수는 없다(대법원 2001. 10. 26. 선고 2000다61435 판결).

〔하도급대금 직접지급 합의와 채권양도 통지〕

계약상대자가 발주기관에게 가지는 공사대금 채권 가운데 일부를 하수급인에게 직접 지급하는 것에 동의한다는 '하도급대금 직불동의서'를 작성하여 하수급인에게 교부하고 하수급인이 이를 발주기관에 내용증명으로 발송하여 발주기관이 이를 수령한 사안에서, 그 서면에 "발주기관 귀하"라고 기재된 것은 적어도 일차적으로는 하도급거래의 공정화에 관한 법률 제14조 제1항 제2호에 정한 하도급대금 직접지급의 요건을 갖추기 위하여 서면을 발주기관에 보내어 발주기관의 동의를 얻으려는 취지이므로 그 문서가 채권양도의 합의를 포함하고 있다 하더라도 그와 같은 취지로 작성된 계약상대자 명의의 문서가 하수급인에게 교부되었다는 것만으로 계약상대자가 하수급인에게 채권양도의 통지까지 대리할 권한을 수여하였다고 볼 수 없고, 나아가 그 문서를 발주기관에 우송하는 것이 채권양도의 통지에 해당한다 하더라도, 그 서면 하단에 컴퓨터로 작성된 "하수급인"이라는 기재 바로 앞에 "발신"이라는 수기가 있는 점은 그 문서의 작성 목적 등에 비추어 보면 오히려 그 발신이 하수급인을 당사자로 하여 행해지는 것임을 추단하게 하고 그것이 계약상대자를 대리하는 의사로 행하였다 보기 어려우므로 대리인이 대리행위를 할 의사를 가지고 행위한 경우에만 적용되는 민법 제115조 단서는 그 발신에 적용될 여지가 없다(대법원 2011. 2. 24. 선고 2010다96911 판결).

한편, 조달청지침 물품구매(제조)계약특수조건에서는 일정한 경우 채권의 양도가 제한되는 특약을 두고 있다. 즉, 위 특수조건이 적용되는 계약에서 계약의 이행이 완료되지 않은 미확정 채권은 제3자에게 양도할 수 없다. 그리고 계약상대자는 제3자에게 채권을 양도하는 때에는 채권양도 통지는 인정하지 않으며, 반드시 조달청으로부터 승인을 얻어야 하고, ① 채권의 원인이 되는 계약과 납품요구의 이행이 완료되지 않은 경우(분할하여 납품한 경우로서 이행이 완료된 채권은 양도가능), ② 채권양도를 악용하였거나 악용의 우려가 있다고 인정되는 경우, ③ 선금 지급 후 선금 정산이 완료되지 않아 선금 지급을 보증한 기관의 동의가 필요한 경우, ④ 그 밖에 양도승인이 적당하지 않다고 인정되는 경우 중 어느 하나에 해당하면, 채권의 양도를 승인하지 않을 수 있다고 규정한다(물품구매(제조)계약 특수조건 제15조의2). 이러한 각 조항 역시 채권양도 제한 특약에 해당한다.

나아가, 조달청훈령인 채권양도 승인규정은 조달청의 채권양도 승인기준과 절차 등을 정하므로, 위에서 살펴 본 각종 특수조건에서 별도로 규정하지 않은 사항은 위 채권양도 승인규정에 따른다.

이처럼 채권양도 제한 특약이 있는 경우, 양수인이 그러한 특약을 몰랐거나(선의) 경미한 과실로 몰랐다면 발주기관은 양수인에게 양수금을 지급해야 하나, 만약 양수인이 그러한 특약을 알았거나 중대한 과실로 몰랐다면 발주기관은 채권양도 제한 특약으로써 양수인에게 대항할 수 있다(민법 제449조 제2항).[1] 다만, 양수인에게 악의나 중대한 과실이 있다는 점은 발주기관이 주장·증명해야 한다.[2] 따라서 설령 계약상대자가 발주기관의 승인 없이 채권을 양도했더라도, 발주기관은 선의의 양수인에게 대항할 수 없어 양도채권액을 지급해야 하나, 양수인에게 악의나 중과실이 있다는 점을 주장·증명하여 양도채권액 지급을 거절할 수 있다. 그러나 이때에도, 발주기관은 양수인이 선의인지 악의인지, 과실이 있는지, 과실 정도가 어떤지를 정확히 알기 어렵기 때문에, 변제자 과실 없이 채권자를 알지 못하는 경우(채권자 불확지)로 보아(민법 제487조 후단), 변제공탁하여는 방법으로 해당 채무를 면할 수 있다.[3]

1) 대법원 1996. 6. 28. 선고 96다18281 판결, 대법원 1999. 2. 12. 선고 98다49937 판결.
2) 대법원 2010. 5. 13. 선고 2010다8310 판결.
3) 대법원 2000. 12. 22. 선고 2000다55904 판결, 대법원 2001. 2. 9. 선고 2000다10079 판결.

다. 효과

계약상대자가 공공계약상 발생한 대금채권을 민법이나 공공계약상 채권양도 요건을 갖추어 양수인에게 양도하면, 계약상대자이 발주기관에게 가지는 대금채권은 소멸하고 양수인이 그 대금채권을 취득한다. 따라서 계약상대자는 더 이상 발주기관에게 양도채권을 청구할 수 없고, 발주기관 역시 양수인에게만 양수금 지급의무를 부담한다.

한편, 대금채권에 대하여 채권양도와 채권압류·가압류가 경합하는 경우 압류명령이나 가압류명령이 채무자인 발주기관에 송달된 시점과 채권양도와 관련한 확정일자 있는 증서에 따른 통지도달이나 승낙시점을 비교해 우열을 결정한다.[1] 계약상대자가 발주기관에게 가지는 대금채권을 양수인에게 양도하고 그 동일한 채권을 계약상대자의 다른 채권자가 압류나 가압류한 경우, 채권양도와 관련한 확정일자 있는 통지의 도달이나 승낙이 먼저 있으면 그 후 계약상대자의 채권자가 양도된 채권을 압류·가압류하더라도 그 압류나 가압류 당시 피압류채권은 이미 소멸하였으므로 압류·가압류는 효력이 없다. 반대로, 대금채권에 대한 가압류명령이 먼저 발주기관에 송달된 때에는 가압류된 채권도 이를 양도하는데 아무런 제한이 없으나, 다만 가압류된 채권을 양수받은 양수인은 가압류로 권리가 제한된 상태의 채권을 양수받는 것이며, 후에 가압류결정의 채권자가 본안소송에서 승소하는 등으로 집행권원을 얻으면 가압류로 권리가 제한된 상태의 채권을 양수받는 양수인에게 있었던 채권양도는 무효로 된다.

채권압류·전부명령 송달 당시 피전부채권이 이미 대항요건을 갖추어 양도되었다가, 그 후 채권양도 계약이 해제되어 채권양도인에게 채권이 다시 복귀한다 하더라도 그 채권은 위 압류채권자에게 전부되지 않는다.[2] 왜냐하면 이미 소멸한 채권에 전부명령이 있더라도 그 효력이 없으므로, 사후에 채권양도계약이 해제된다 하더라도 무효인 전부명령 효력이 다시 부활하지는 않기 때문이다.

한편, 계약금액 조정기준일 이후 계약상대자의 채권자가 공사대금에 압류·전부명령을 받은 다음 계약상대자가 계약금액 조정을 신청하여 공사대금이 증액된 경우, 그 증액 부분은 계약상대자의 채권자가 전부받은 공사대금에 포함되고, 설령 그 공사대금이 양도금지 특약부 채권이라 하더라도, 집행채권자가 양도금지 특약 사실을 알았는지 몰랐는지, 중대한

---

1) 채권이 이중으로 양도된 경우의 양수인 상호간의 우열은 통지 또는 승낙에 붙여진 확정일자의 선후에 의하여 결정할 것이 아니라, 채권양도에 대한 채무자의 인식, 즉 확정일자 있는 양도통지가 채무자에게 도달한 일시 또는 확정일자 있는 승낙의 일시의 선후에 의하여 결정하여야 할 것이고, 이러한 법리는 채권양수인과 동일 채권에 대하여 가압류명령을 집행한 자 사이의 우열을 결정하는 경우에 있어서도 마찬가지이므로, 확정일자 있는 채권양도 통지와 가압류결정 정본의 제3채무자(채권양도의 경우는 채무자)에 대한 도달의 선후에 의하여 그 우열을 결정하여야 한다(대법원 1994. 4. 26. 선고 93다24223).

2) 대법원 1981. 9. 22. 선고 80누484 판결.

과실로 몰랐는지와 관계없이, 전부명령에 따라 집행채권자에게 전부될 수 있다.[1)]

〔채권양도와 공탁〕

① 민법 제487조 후단의 '변제자가 과실 없이 채권자를 알 수 없는 경우'라 함은 객관적으로 채권자 또는 변제수령권자가 존재하고 있으나 채무자가 선량한 관리자의 주의를 다하여도 채권자가 누구인지 알 수 없는 경우를 말하므로, 양도금지 또는 제한의 특약이 있는 채권에 관하여 채권양도통지가 있었으나 그 후 양도통지의 철회 내지 무효의 주장이 있는 경우 제3채무자로서는 그 채권양도의 효력에 관하여 의문이 있어 민법 제487조 후단의 채권자 불확지를 원인으로 한 변제공탁사유가 생긴다고 할 것이고, 그 채권양도 후에 그 채권에 관하여 다수의 채권가압류 또는 압류결정이 순차 내려짐으로써 그 채권양도의 대항력이 발생하지 아니한다면 압류경합으로 인하여 민사소송법 제581조 제1항 소정의 집행공탁의 사유가 생기는 경우에 채무자는 민법 제487조 후단 및 민사소송법 제581조 제1항을 근거로 채권자 불확지를 원인으로 하는 변제공탁과 압류경합 등을 이유로 하는 집행공탁을 아울러 할 수 있고, 이러한 공탁은 변제공탁에 관련된 채권양수인에 대하여는 변제공탁으로서의 효력이 있고 집행공탁에 관련된 압류채권자 등에 대하여는 집행공탁으로서의 효력이 있다고 할 것인바, 이와 같은 경우에 채무자가 선행의 채권양도의 효력에 의문이 있고, 그 후 압류의 경합이 발생하였다는 것을 공탁원인사실로 하여 채무액을 공탁하면서 공탁서에 민사소송법 제581조 제1항만을 근거법령으로 기재하였다 하더라도, 변제공탁으로서의 효력이 발생하지 않음이 확정되지 아니하는 이상 이로써 바로 민사소송법 제581조 제1항에 의한 집행공탁으로서의 효력이 발생한다고 할 수 없으므로, 집행법원은 집행공탁으로서의 공탁사유신고를 각하하거나 채무자로 하여금 민법 제487조 후단을 근거법령으로 추가하도록 공탁서를 정정하게 하고, 채권양도인과 양수인 사이에 채권양도의 효력에 관한 다툼이 확정된 후 공탁금을 출급하도록 하거나 배당절차를 실시할 수 있을 뿐, 바로 배당절차를 실시할 수는 없다(대법원 2001. 2. 9. 선고 2000다10079 판결).

② 특정 채권에 대하여 채권양도의 통지가 있었으나 그 후 통지가 철회되는 등으로 채권이 적법하게 양도되었는지 여부에 관하여 의문이 있어 민법 제487조 후단의 채권자불확지를 원인으로 하는 변제공탁 사유가 생기고, 그 채권양도 통지 후에 그 채권에 대하여 채권가압류 또는 채권압류 결정이 내려짐으로써 민사집행법 제248조 제1항의 집행공탁의 사유가 생긴 경우에, 채무자는 민법 제487조 후단 및 민사집행법 제248조 제1항을 근거로 하여 채권자불확지를 원인으로 하는 변제공탁과 압류 등을 이유로 하는 집행공탁을 아울러 할 수 있고, 이러한 공탁은 변제공탁에 관련된 채권양수인에 대하여는 변제공탁으로서의 효력이 있고, 집행공탁에 관련된 압류채권자 등에 대하여는 집행공탁으로서의 효력이 있다. 민법 제487조 후단의 채권자불확지 변제공탁 사유와 민사집행법 제248조 제1항의 집행공탁 사유가 함께 발생하여 채무자가 혼합공탁을

1) 대법원 2003. 12. 11. 선고 2001다3771 판결.

한 경우, 집행법원으로서는 채권자불확지의 변제공탁 사유, 예컨대 채권양도의 유·무효 등의 확정을 통하여 공탁된 금액을 수령할 본래의 채권자가 확정되지 않는 이상 배당절차를 진행할 수 없어 그 때까지는 사실상 절차를 정지하여야 하므로, 집행채권자가 위 공탁금에서 그 채권액을 배당받기 위하여는 압류의 대상이 된 채권이 집행채무자에게 귀속하는 것을 증명하는 문서, 예컨대 채무자에게 공탁금출급청구권이 있다는 것을 증명하는 확인판결의 정본과 그 판결의 확정증명서나 그와 동일한 내용의 화해조서등본, 양수인의 인감증명서를 붙인 동의서 등을 집행법원에 제출하여야 한다(대법원 2008. 1. 17. 선고 2006다56015 판결).

2. 채무인수

가. 민법상 채무인수

채무인수는 ① 채무가 동일성을 유지하면서 원래 채무자로부터 제3자인 인수인에게 이전하는 면책적 채무인수와 ② 원래 채무자가 그대로 채무자로 남으면서도 새로운 채무자가 원래 채무자와 나란히 연대채무자가 되는 중첩적 채무인수가 있다.

제3자는 채권자와 계약하여 채무를 인수하고 채무자의 채무를 면하게 할 수 있으나, 채무 성질이 인수를 허용하지 않는 때는 그렇지 않다(민법 제453조 제1항). 그러나 이해관계 없는 제3자는 채무자의 의사에 반하여 채무를 인수하지 못한다(민법 제453조 제2항).

한편, 제3자가 채무자와 계약하여 채무를 인수할 수도 있으나, 이때는 채권자가 승낙하여야 그 효력이 발생한다(민법 제454조 제1항). 채권자가 승낙하거나 거절할 상대방은 채무자나 제3자이다(민법 제454조 제2항).

채무를 인수한 자는 원래 채무자의 항변사유로 채권자에게 대항할 수 있다(민법 제458조). 원래 채무자의 채무에 보증이 있거나 해당 채무를 위해 제3자가 제공한 담보가 있다면, 채무인수에 따라 보증이나 담보가 소멸한다. 그러나 보증인이나 제3자가 채무인수에 동의한 때는 그렇지 않다(민법 제459조).

나. 공공계약법상 채무인수

공공계약 관계에서 발주기관이 자기 채무를 제3자에게 이전하는 경우란 생각하기 곤란하다. 다만, 이를 금지하는 규정이 없기 때문에, 민법 규정에 따른 채무인수가 가능하다고 본다.

한편, 계약상대자가 자기가 부담하는 채무를 제3자에게 이전할 수 있는지 문제된다. 예를 들어, 물품공급계약에 따라 납품의무를 부담하는 계약상대자가 제3자에게 해당 채무를 이전하여, 제3자로 하여금 발주기관에게 납품의무를 이행하게 할 수 있는지이다. 이 경우에도 제3자가 계약상대자와 나란히 연대채무자가 되는 중첩적 채무인수 형태라면 특별히 문제가 없겠지만, 계약상대자가 계약상 지위에서 빠져나가고, 제3자가 새로운 채무자로 들어오는 면책적 채무인수 형태라면, 반드시 발주기관으로부터 동의를 받아야 그 효력을 인정할 수 있다고 본다.

3. 계약인수

계약인수란 계약이나 법률규정에 따라 계약당사자 한쪽이 계약관계에서 완전히 탈퇴하고 대신 제3자가 계약당사자 지위로 들어서는 것을 말한다. 탈퇴하는 계약당사자가 가지던 계약상 모든 권리 의무를 계약인수인이 인수하기 때문에, 새로운 채무자가 채무만을 인수할 뿐 계약당사자 지위까지 이전받지 않는 면책적 채무인수와 구별해야 한다. 채무인수는 대체로 양도인과 양수인 나머지 계약당사자, 이렇게 3자가 합의하는 방법으로 하지만, 위 3자 가운데 2인이 합의하고 나머지 관련자가 동의·승낙하는 방법으로도 할 수 있다.[1)]

공공계약에서는 발주기관이 계약상 지위를 이전하는 경우는 생각하기 어렵지만, 실제 필요하다면 발주자 지위를 이전하는 계약인수를 부정할 이유가 없다. 다만, 계약상대자 지위를 이전하는 계약인수를 허용할지는 논란이 있는데, 발주기관은 보통 입찰절차를 거쳐 선정한 낙찰자와 계약을 체결하고, 그 계약상대자가 누구인지에 따라 계약이행에 상당한 영향을 받기 때문에, 계약상대자의 지위를 이전하려면, 반드시 발주기관과 보증기관의 승인이 있어야 한다(계약변경업무 처리지침 제5조 참조).

다만, 회사합병이나 상속과 같은 포괄적 승계가 발생하는 원인관계에 따라 계약상대자의 지위가 이전되는 경우에는 민법이나 상법이 정한 조항에 따라 그 효과가 당연히 발생하는데, 이때도 발주기관의 승인이 필요한지 문제이다. 조달청 실무에서는 계약상대자가 포괄승계 원인을 증명할 서류를 제출하면, 계약상대자 명칭을 변경하는 수정계약서를 작성하여 포괄승계인에게 이를 송부하므로, 승인이라는 절차가 별도로 없다.

다만, 방위사업청은 계약변경업무 처리지침을 마련하여, 합병·포괄 영업양도 그 밖에 계약인수업체와 수의계약이 불가피한 경우라 하더라도, 기존 계약상대자에게 계약이행을 계속할 수 없는 부득이한 사유가 존재하고, 기존 계약상대자가 일부이행한 부분을 일관성 있게 이어 나갈 분명한 필요가 있어야 하며, 계약인수업체는 국가계약법시행령 제12조의 경쟁입찰 참가자격은 물론, 계약이행을 수행할 여건을 갖추어야 하고, 사전 법무검토 결과 계약인수가 가능하다는 판단을 받아야 한다는 요건을 모두 충족한 때에만 계약인수를 허용한다(계약변경업무 처리지침 제4조 제1호부터 제4호).

---

1) 대법원 1992. 3. 13. 선고 91다32534 판결.

제10장 / 공동계약

제1절 서론

Ⅰ. 의미

공동계약이란 발주기관이 둘 이상의 계약상대자와 체결하는 계약을 말한다. 한편, 공동계약을 체결하려는 둘 이상의 계약상대자는 일정한 실체를 구성하는데, 이를 공동수급체라고 표현한다. 결국 공동계약이란 발주기관과 공동수급체가 체결하는 계약이다(공동계약운용요령 제2조 제1호). 이처럼 공동계약은 계약상대자가 둘 이상인 계약을 말하므로, 발주기관이 둘 이상인 종합계약과는 구별해야 하는 개념이다.

발주기관은 공사계약·제조계약 그 밖에 계약에서 필요하다고 인정하면 계약상대자를 둘 이상으로 하는 공동계약을 체결할 수 있다(국가계약법 제25조 제1항). 또한, 경쟁에 의하여 계약을 체결하고자 할 경우라면 계약 목적과 성질상 공동계약을 체결하는 것이 부적절한 때를 제외하고는 가능하다면 공동계약을 체결해야 한다(국가계약법 시행령 제72조 제2항). 한편, 공동계약 체결을 위해 계약서를 작성하는 경우, 담당 공무원과 계약상대자 모두가 계약서에 기명·날인하거나 서명하여야 계약이 확정된다(국가계약법 제25조 제2항).

위와 같은 공동계약의 체결방법과 그에 필요한 사항은 공동계약운용요령으로 자세히 정한다(국가계약법 시행령 제72조 제1항).

Ⅱ. 기능

공공계약 내용 가운데는 사업이 대규모이거나 여러 전문분야를 복합적으로 요구하여 1인 계약상대자가 이행하기 부적합한 경우가 많다. 그런데 계약상대자를 2인 이상 요구하는 공동계약은, 계약상대자로서는 여러 전문분야를 요구하는 계약을 수주할 수 있고 발주기관으로서는 여러 계약상대자로 하여금 공동으로 이행을 책임지게 하여 확실한 계약이행을 담보하는 장점이 있으므로, 시설공사계약뿐 아니라 물품제조구매계약, 용역계약 등에서 널리 활용된다.

Ⅲ. 개념정리

1. 공동수급체

앞에서 보았듯이 2인 이상인 계약상대자는 계약을 공동으로 수행하기 위해 잠정적인 실체를 결성하는데, 이를 공동수급체라 부른다(공동계약운용요령 제2조 제2호). 공동수급체와 관련한 법률관계는 아래 5항에서 자세히 살펴본다.

2. 공동수급체 대표자

공동수급체 구성원 가운데 대표자로 선정된 자를 말한다(공동계약운용요령 제2조 제3호). 따라서 공동수급체 대표자는 반드시 공동수급체 구성원이어야 한다. 대표자는 구성원이 동의한 자로 선정되기 때문에, 구성원 가운데 지분율이 많은 자라 하여 당연히 대표자가 되지는 않는다. 공동수급체를 민법상 조합이라고 이해한다면, 공동수급체 대표자는 업무집행자에 해당한다(민법 제706조 참조).

3. 공동수급협정서

공동수급협정서란 공동수급체 구성원 상호간의 권리·의무 등 공동계약 수행에 중요사항을 정한 계약서를 말한다(공동계약운용요령 제2조 제4호). 공동계약운용요령은 공동이행방식, 분담이행방식, 주계약자관리방식에 따라 각 공동수급표준협정서를 별첨한다. 공동수급협정서는 공동수급체 구성원에게 구속력이 있는데, 나아가 발주기관에게도 구속력을 미치는지에 대한 논란이 있다.

4. 주계약자

주계약자란 주계약자관리방식의 공동계약에서 공동수급체 구성원 가운데 전체 건설공사 이행과 관련하여 종합적인 계획·관리·조정을 하는 자를 말한다(공동계약운용요령 제2조 제5호).

Ⅳ. 유형

1. 공동이행방식

공동이행방식이란 공동수급체 구성원이 일정 출자비율에 따라 연대하여 공동으로 계약을 이행하는 공동계약을 말한다(공동계약운용요령 제2조의2 제1호). 즉, 공동수급체 구성원이 공종별로 분할하여 시공하거나 공사구간을 나누어 시공하지 않고, 각 구성원이 가진 기술능력, 인원, 자재 등을 일정한 출자비율에 따라 투입하여 시공하는 방식을 말한다. 따라서 공동이행방식인 경우, 반드시 출자비율과 손익 배분 규정이 있어야 하여, 공동수급체 구성원 역시 각자 출자비율에 따라 출자의무를 부담한다. 공동수급체 구성원은 계약이행의 연대의무를 부담한다.

2. 분담이행방식

분담이행방식이란 공동수급체 구성원이 일정 분담내용에 따라 나누어 공동으로 계약을 이행하는 공동계약을 말한다(공동계약운용요령 제2조의2 제2호). 즉, 공동수급체 구성원이 각자 출자의무를 부담하지 않고, 출자비율에 따라 계약을 이행할 필요가 없다. 그리고 공동수급체 구성원은 처음 약정한대로 각자 맡은 부분만 분담하여 이행하면 충분하므로, 공동이행방식과 달리 연대의무를 부담하지도 않는다.

3. 혼합이행방식

공동이행방식과 분담이행방식을 혼합한 형태를 말한다.

4. 주계약자 관리방식

주계약자 관리방식이란 건설산업기본법에 따른 건설공사를 시행하기 위한 공동수급체 구성원 가운데 주계약자를 선정하고, 주계약자가 전체 건설공사 계약의 수행과 관련하여 종합적인 계획을 관리하고 조정하는 공동계약을 말한다(공동계약운용요령 제2조의2 제3호). 주계약자 관리방식은 무분별한 다단계 하도급을 방지하여 영세한 중소업체나 건설근로자를 보호하고, 적정한 계약이행을 담보하기 위해 마련한 제도라 한다.[1]

---

1) 김성근, 앞의 책(Ⅱ), 334쪽.

5. 유형 변경 가능성

발주기관은 사업을 발주하면서 공동계약이 가능한지와 함께 이행방식을 결정하여 입찰공고로 명시한다. 이에 따라 입찰참가자는 공동수급표준협정서를 작성·제출한다. 이와 같이 계약체결 당시 이미 정한 공동계약 유형을 사후적으로 변경할 수 있는지 논란이 있다.

공동수급체 구성원 전원이 합의하여 이행방식을 변경하고, 발주기관도 이에 동의한다면, 그 효력을 인정하는 데에 별다른 문제가 없다는 견해도 있지만, 이를 허용하는 별도 규정이 없고, 이행방식 변경을 함부로 허용하면 적정한 계약이행을 확보하지 못할 위험이 있으므로 그와 같은 이행방식 변경은 위법하다는 견해가 대립한다. 다만, 어떤 견해에 따르든, 공동수급체 구성원 전원 합의와 발주기관 동의가 있는 이행방식 변경이 있었다면, 그 사법상 효력까지 부정하기는 어렵다고 본다.

한편, 공동수급체 내부적 합의만으로 공동계약 유형을 변경할 수 있는지, 가령, 공동이행방식으로 이행하겠다고 계약을 체결해 놓고, 공동수급체 구성원 내부적 합의로 분담이행방식으로 변경하는 경우, 그 효력을 인정할 수 있는지가 문제된다. 생각건대 공동계약 유형은 계약내용 중 하나라고 보아야 하므로, 계약당사자가 계약체결 당시 합의하여 미리 정한 이행방식을 한쪽 당사자에 불과한 공동수급체가 임의로 변경할 수는 없다고 보아야 한다. 결국, 공동수급체가 내부적으로 이행방식을 변경하거나 그에 따라 계약을 이행하더라도, 발주기관에게 그 효력을 주장할 수는 없다고 보아야 한다.

Ⅴ. 적용범위

경쟁입찰에 따른 계약은 당연히 공동계약 형태로 체결할 수 있다. 다만, 수의계약도 공동계약 형태로 체결할 수 있는지 문제되는데, 부정할 이유가 없다고 본다. 따라서 계약목적이나 성질을 고려하여 공동계약을 하는 것이 부적절한 경우가 아니라면, 공동수급체와 수의계약도 체결할 수 있다.

제 2 절 공동수급체와 법률관계

Ⅰ. 공동수급체의 의미

공동수급체란 2인 이상 구성원이 계약을 공동으로 수행하기 위해 잠정적으로 결성한 실체이다. 공동수급체는 그 구성원이 공동수급협정서를 작성하면서 성립하고, 계약이행을 완료하면서 소멸한다. 다만, 계약이행 완료 후에도 그에 따른 채권채무관계가 완전히 소멸하기 전까지는 그 필요한 범위에서 법적 지위를 인정받는다.

Ⅱ. 공동수급체의 법적 성격

1. 논점

앞에서 살펴 본 바와 같이, 공동수급체는 공동이행방식과 분담이행방식으로 구분하는데, 이 가운데 분담이행방식인 경우, 각 구성원은 담당하는 계약 내용이 서로 다르고 계약을 연대하여 이행하지 않으므로, 민법상 조합으로 보기 곤란하다. 따라서 분담이행방식의 공동수급체는 발주기관과 각 구성원이 각각 개별 계약을 체결하는 관계로 이해해야 한다.[1] 주계약자관리방식 공동수급체도 그 내용상 민법상 조합으로 보기는 곤란하다.[2] 문제는 공동이행방식 공동수급체인데, 공동이행방식의 공동수급체가 어떤 성격을 가지는지 견해가 대립한다.

2. 학설과 판례

이에 대하여 민법상 조합으로 보는 견해, 지분적 조합으로 보는 견해, 비법인사단으로 보는 견해, 구체적인 사정에 따라 개별적으로 판단해야 한다는 견해 등이 대립한다. 대법원은 공동이행방식 공동수급체를 민법상 조합으로 이해한다.[3] 다만, 민법상 조합에 해당하더라도, 공동수급체가 도급인에게 가지는 모든 채권이 공동수급체 구성원에게 합유적으로 귀속되어야 하는 것은 아니며, 계약내용에 따라 공동수급체 구성원 각자에게 지분비율에 따라 구분하여 귀속될 수 있다고 판결하기도 하는데,[4] 이러한 대법원 판례를 지분적 조합설으로 해석하는 시각도 있다.[5]

---

1) 이완수, 공동수급체의 법적 성질에 관한 판례 소고, 건설재판실무논단, 2006, 367쪽, 대법원 1998. 10. 2. 선고 98다33888 판결 참조.
2) 다만, 명확한 판례는 없다.
3) 대법원 2000. 12. 12. 선고 99다49620 판결, 대법원 2001. 2. 23. 선고 2000다68924 판결.
4) 대법원 2012. 5. 17. 선고 2009다105406 전원합의체 판결.
5) 김성근, 앞의 책(Ⅱ), 358쪽.

〔공동수급체 대표자와 다른 구성원 사이의 관계〕

공동수급체는 기본적으로 민법상 조합의 성질을 가지므로 그 구성원 일방이 공동수급체 대표자로서 업무집행자 지위에 있었다면 그 구성원 사이에는 조합의 업무집행자와 조합원의 관계가 있었다고 보아야 한다(대법원 2000. 12. 12. 선고 99다49620 판결).

〔업무집행조합원이 조합재산과 관련하여 소송을 수행할 수 있는지〕

조합 업무를 집행할 권한을 부여받은 업무집행조합원은 조합재산과 관련하여 조합원으로부터 임의적 소송신탁을 받아 자기 이름으로 소송을 수행할 수 있다(대법원 1997. 11. 28. 선고 95다35302 판결).

〔선급금 반환채무 범위〕

공공계약에서 선급금과 공사대금은 각 구성원별로 따로 따로 정산되는 것으로 보이고, 이에 따라 공동수급체 구성원은 다른 구성원이 반환해야 할 선급금에 아무런 책임을 부담하지 않고, 다른 구성원의 지분비율에 해당하는 공사대금 지급을 구할 아무런 권리가 없으므로, 기성공사대금을 가지고 선급금을 반환해야 할 구성원의 선급금을 충당할 때는 그 공사대금 가운데 해당 구성원의 지분비율에 해당하는 금액에만 충당된다고 보아야지, 이와 달리 다른 구성원의 몫까지 포함한 총 공사대금에서 충당할 수 없다(대법원 2001. 7. 13. 선고 99다68584 판결). 즉, 도급계약 내용에 선급금 반환채무 등과 관련하여 다른 구성원의 의무는 명시적으로 규정하지 않고, 선급금과 관련한 별도 규정을 두어 그 반환채무의 담보방법으로 수급인이 제출해야 할 문서로 보증보험증권 등 그 담보력이 충분한 것으로 제한한다면, 공동수급체 각 구성원의 연대책임 범위는 선급금 반환채무에까지 미치지 않고, 공동수급체 구성원은 특별한 사정이 없다면 다른 구성원의 선급금 반환채무에 책임을 부담하지 않는다(대법원 2002. 1. 25. 선고 2001다61623 판결, 대법원 2004. 11. 26. 선고 2002다68362 판결).

〔공동수급체와 도급인 사이에 공동수급체 개별 구성원이 출자지분 비율에 따라 공사대금채권을 직접 취득하도록 하는 묵시적 약정이 성립할 수 있는지〕

(가) 공동이행방식의 공동수급체는 기본적으로 민법상 조합의 성질을 가지는 것이므로, 공동수급체가 공사를 시행함으로 인하여 도급인에 대하여 가지는 채권은 원칙적으로 공동수급체 구성원에게 합유적으로 귀속하는 것이어서 특별한 사정이 없는 한 구성원 중 1인이 임의로 도급인에 대하여 출자지분 비율에 따른 급부를 청구할 수 없고, 구성원 중 1인에 대한 채권으로써 그 구성원 개인을 집행채무자로 하여 공동수급체의 도급인에 대한 채권에 대하여 강제집행을 할 수 없다. 그러나 공동이행방식의 공동수급체와 도급인이 공사도급계약에서 발생한 채권과 관련하여 공동수급체가 아닌 개별 구성원으로 하여금 지분비율에 따라 직접 도급인에 대하여 권리를 취득하게 하는 약정을 하는 경우와 같이 공사도급계약의 내용에 따라서는 공사도급계약과 관련하

여 도급인에 대하여 가지는 채권이 공동수급체 구성원 각자에게 지분비율에 따라 구분하여 귀속될 수도 있고, 위와 같은 약정은 명시적으로는 물론 묵시적으로도 할 수 있다.

(나) 공동이행방식의 공동수급체 구성원들이 기성대가나 준공대가를 공동수급체 구성원별로 직접 지급받기로 하는 공동수급협정은 특별한 사정이 없는 한 도급인에 대한 관계에서 공사대금채권을 공동수급체 구성원 각자가 출자지분 비율에 따라 구분하여 취득하기로 하는 구성원 상호 간의 합의라고 보는 것이 타당하고, 나아가 공동수급체 대표자가 1996. 1. 8. 개정된 공동도급계약운용요령 제11조에 따라 공동수급체 구성원 각자에게 공사대금채권을 지급할 것을 예정하고 있는 도급인에게 위와 같은 공사대금채권의 구분 귀속에 관한 공동수급체 구성원들의 합의가 담긴 공동수급협정서를 입찰참가 신청서류와 함께 제출하고 도급인이 별다른 이의를 유보하지 않은 채 이를 수령한 다음 공동도급계약을 체결하게 되면 공동수급체와 도급인 사이에서 공동수급체의 개별 구성원으로 하여금 공사대금채권에 관하여 출자지분 비율에 따라 직접 도급인에 대하여 권리를 취득하게 하는 묵시적인 약정이 있었다고 보는 것이 타당하다. 이는 공동도급계약운용요령과 공동수급협정서에서 공동이행방식의 공동수급체 대표자가 부도 등 부득이한 사유로 신청서를 제출할 수 없는 경우 공동수급체의 다른 모든 구성원의 연명으로 이를 제출하게 할 수 있다고 규정하고 있거나, 공동수급체 구성원들의 각 출자비율과 실제 시공비율이 일치하지 않더라도 달리 볼 것이 아니다(대법원 2012. 5. 17. 선고 2009다105406 전원합의체 판결).

〔공동수급체 구성원이 각 출자지분별로 직접 도급인에게 채권을 갖는 약정이 있었는데, 일부 구성원의 출자비율과 실제 공사비율이 다른 경우, 실제 공사비율에 따른 공사대금 채권이 귀속되는지〕

공동이행방식의 공동수급체와 도급인 사이의 공사도급계약에서 공동수급체의 개별 구성원으로 하여금 공사대금채권에 관하여 지분비율에 따라 직접 도급인에 대하여 권리를 취득하게 하는 약정이 이루어진 경우, 공사도급계약 자체에서 개별 구성원의 실제 공사수행 여부나 정도를 지분비율에 의한 공사대금채권 취득의 조건으로 약정하거나 일부 구성원의 공사 미이행을 이유로 공동수급체로부터 탈퇴·제명하도록 하여 그 구성원으로서의 자격이 아예 상실되는 것으로 약정하는 등의 특별한 사정이 없는 한, 개별 구성원들은 실제 공사를 누가 어느 정도 수행하였는지에 상관없이 도급인에 대한 관계에서 공사대금채권 중 각자의 지분비율에 해당하는 부분을 취득하고, 공사도급계약의 이행에 있어서의 실질적 기여비율에 따른 공사대금의 최종적 귀속 여부는 도급인과는 무관한 공동수급체 구성원들 내부의 정산문제일 뿐이라고 할 것이다. 따라서 공동이행방식의 공동수급체와 도급인 사이에서 공동수급체의 개별 구성원으로 하여금 공사대금채권에 관하여 지분비율에 따라 직접 도급인에 대하여 권리를 취득하게 하는 약정이 이루어진 경우에 있어서는 일부 구성원만이 실제로 공사를 수행하거나 일부 구성원이 그 공사대금채권에 관한 자신의 지분비율을 넘어서 수행하였다고 하더라도 이를 이유로 도급인에 대한 공사대금채권 자체가 그 실제의 공사비율에 따라 그에게 귀속한다고 할 수는 없다(대법원 2013. 2. 28. 선고 2012다107532 판결).

〔공동수급체 구성원 중 일부가 의무를 이행하지 않아 다른 구성원이 해당 의무를 이행하기 위해 손해가 발생한 경우, 손해배상책임〕

당사자들이 공동이행방식의 공동수급체를 구성하여 도급인으로부터 공사를 수급받는 경우 공동수급체는 원칙적으로 민법상 조합에 해당한다. 조합계약에도 계약자유의 원칙이 적용되므로, 구성원들은 자유로운 의사에 따라 조합계약의 내용을 정할 수 있다. 조합의 구성원들 사이에 내부적인 법률관계를 규율하기 위한 약정이 있는 경우에, 그들 사이의 권리와 의무는 원칙적으로 약정에 따라 정해진다. 이 경우 한쪽 당사자가 약정에 따른 의무를 이행하지 않아 상대방이 도급인에 대한 의무를 이행하기 위하여 손해가 발생하였다면, 상대방에게 채무불이행에 기한 손해배상책임을 진다(대법원 2017. 1. 12. 선고 2014다11574, 11581 판결).

〔공동수급체 구성원 출자의무와 이익분배청구권의 관계〕

[1] 당사자들이 공동이행방식의 공동수급체를 구성하여 도급인으로부터 공사를 수급받는 경우 공동수급체는 원칙적으로 민법상 조합에 해당한다. 건설공동수급체 구성원은 공동수급체에 출자의무를 지는 반면 공동수급체에 대한 이익분배청구권을 가지는데, 이익분배청구권과 출자의무는 별개의 권리·의무이다. 따라서 공동수급체의 구성원이 출자의무를 이행하지 않더라도, 공동수급체가 출자의무의 불이행을 이유로 이익분배 자체를 거부할 수도 없고, 그 구성원에게 지급할 이익분배금에서 출자금이나 그 연체이자를 당연히 공제할 수도 없다. 다만 구성원에 대한 공동수급체의 출자금 채권과 공동수급체에 대한 구성원의 이익분배청구권이 상계적상에 있으면 상계에 관한 민법 규정에 따라 두 채권을 대등액에서 상계할 수 있을 따름이다. [2] 공동수급체의 구성원들 사이에 '출자의무와 이익분배를 직접 연계시키는 특약'을 하는 것도 계약자유의 원칙상 허용된다. 따라서 구성원들이 출자의무를 먼저 이행한 경우에 한하여 이익분배를 받을 수 있다고 약정하거나 출자의무의 불이행 정도에 따라 이익분배금을 전부 또는 일부 삭감하기로 약정할 수도 있다. 나아가 금전을 출자하기로 한 구성원이 출자를 지연하는 경우 그 구성원이 지급받을 이익분배금에서 출자금과 그 연체이자를 '공제'하기로 하는 약정을 할 수도 있다. 이러한 약정이 있으면 공동수급체는 그 특약에 따라 출자의무를 불이행한 구성원에 대한 이익분배를 거부하거나 구성원에게 지급할 이익분배금에서 출자금과 그 연체이자를 공제할 수 있다. 이러한 '공제'는 특별한 약정이 없는 한 당사자 쌍방의 채권이 서로 상계적상에 있는지 여부와 관계없이 가능하고 별도의 의사표시도 필요하지 않다. 이 점에서 상계적상에 있는 채권을 가진 채권자가 별도로 의사표시를 하여야 하는 상계(민법 제493조 제1항)와는 구별된다. 물론 상계의 경우에도 쌍방의 채무가 상계적상에 이르면 별도의 의사표시 없이도 상계된 것으로 한다는 특약을 할 수 있다. 그러나 공제 약정이 있으면 별도의 의사표시 없이도 당연히 공제되는 것이 원칙이다. [3] 공동수급체의 구성원들 사이에 작성된 공동수급협정서 등 처분문서에 상계적상 여부나 상계의 의사표시와 관계없이 당연히 이익분배금에서 미지급 출자금 등을 공제할 수 있도록

기재하고 있고 그 처분문서의 진정성립이 인정된다면, 특별한 사정이 없는 한 처분문서에 기재되어 있는 문언대로 공제 약정이 있었던 것으로 보아야 한다. [4] 출자의무를 이행하지 않은 구성원에 대하여 회생절차가 개시되었더라도 그 개시 이전에 이익분배금에서 미지급 출자금을 공제하기로 하는 특약을 하였다면 특별한 사정이 없는 한 그에 따른 공제의 법적 효과가 발생함에는 아무런 영향이 없다(대법원 2018. 1. 24. 선고 2015다69990 판결).

3. 검토

가령, 공동계약운용요령 제11조 제2항은 발주기관이 공동수급체 구성원 각자에게 대가를 지급해야 한다고 규정하고, 대법원 판례는 공동수급체 구성원이 발주기관에게 부담하는 선금반환채무를 각 지분비율에 따라 제한하기도 하는데, 이러한 내용은 구성원 개별 지분에 따른 권리행사나 의무부담을 인정하지 않는 민법상 조합설로는 정확히 설명하기 어렵다. 이에 공동이행방식 공동수급체를 민법상 조합이라고 판시하는 대법원 태도가 타당하지 않다고 보는 시각도 있다.

그러나 공동수급체가 민법상 조합에 해당하더라도, 계약당사자는 민법상 조합과 다른 권리의무 약정을 할 수 있다. 즉, 공동계약운용요령 제11조 제2항은 공동수급체 대표자가 수령한 대금을 구성원에게 제대로 지급하지 않는 등 문제를 해결하기 위해 대금채권 보유형태를 수정한 특약에 불과하므로, 이 때문에 민법상 조합설을 부정할 이유가 없다. 또한, 공동이행방식의 공동수급체 구성원은 연대책임을 부담한다고 규정한 공동계약운용요령 제7조 제1항 제1호 취지를 고려하더라도 민법상 조합설은 포기하기 어렵다.

더욱이 공동수급체 각 구성원은 동업 약정에 해당하는 공동수급표준협정서를 작성할 뿐 별도로 정관을 작성하지 않고 기관을 두지 않기 때문에 비법인사단설은 지지하기 어렵고, 민법상 조합과 달리 이른바 지분적 조합이라는 개념을 차용할 실익도 그다지 크지 않아 보인다. 결국 대법원 판례에 따라 공동이행방식 공동수급체를 민법상 조합으로 이해하면서도, 개별 특약의 유효성을 인정하는 견해가 가장 타당하다고 본다.

Ⅲ. 공동수급체의 법률관계

1. 계약이행 원칙

공동수급체 구성원은 공동계약운용요령과 공동수급협정서에서 정하는 바에 따라 신의와 성실 원칙에 근거해 이행해야 한다(공동계약운용요령 제3조).

2. 공동수급체의 재산관계

공동이행방식 공동수급체를 민법상 조합으로 보는 만큼, 해당 공동수급체 재산은 합유나 준합유로 한다(민법 제704조 참조). 따라서 공동수급체 구성원은 각자 지분을 가지나, 이를 임의로 처분할 수 없고, 외부적으로 연대책임을 부담한다. 그리고 원칙적으로 구성원 중 1인이 임의로 채무자에게 출자지분 비율에 따른 급부를 청구할 수 없고, 그 채권자가 해당 1인을 집행채무자로 하여 공동수급체 재산에 강제집행할 경우, 다른 구성원은 보존행위로서 제3자 이의의 소를 제기할 수 있다.[1] 다만, 앞에서 살펴 본 바와 같이, 공동계약운용요령 제11조 제2항은 공동수급체 구성원이 각 지분에 따라 발주기관에게 대금을 청구할 수 있도록 규정하는 등 일부 내용은 일반적인 조합의 재산관계와 다른 경우도 있다.

3. 대외적 법률관계

가. 발주기관과 관계

1) 공동이행방식

민법상 조합에서는 조합원 가운데 변제할 자력이 없는 자가 있으면, 그 변제할 수 없는 부분은 다른 조합원이 균분하여 변제할 책임이 있다(민법 제713조). 그러나 해당 규정은 공동이행방식 공동수급체에 그대로 적용되지 않는다. 특히 주된 급부의무인 시공, 제조, 용역의 무이행은 구성원이 연대책임을 부담한다.

즉, 구성원은 연대하여 발주기관에게 계약상 시공, 제조, 용역의무이행 책임을 진다(공동계약운용요령 제7조 제1항 제1호 본문). 다만, 공사이행보증서가 제출된 공사로서 계약이행요건을 갖추지 못하는 구성원은 출자비율에 따라 책임을 진다(공동계약운용요령 제7조 제1항 제1호 단서).

이에 따르면 구성원은 발주기관에게 연대책임을 진다. 따라서 발주기관을 제외한 하수급인, 납품업자 등은 상대방에 포함되지 않는다. 또한, 구성원은 계약상 시공, 제조, 용역의무를 연대하여 이행한다. 그러므로 시공, 제조, 용역의무를 제외한 다른 계약상 의무는 연대책임 대상이 아니다.

2) 분담이행방식

구성원은 분담내용에 따라 각자 발주기관에게 책임을 진다(공동계약운용요령 제7조 제1항 제2호).

---

1) 대법원 1997. 8. 26. 선고 97다4401 판결.

3) 주계약자관리방식

구성원은 각자 자신이 분담한 부분에만 책임을 지되, 이를 불이행하면 그 구성원의 보증기관이 책임을 지며, 주계약자는 최종적으로 전체계약의 책임을 지고, 이를 불이행하면 주계약자의 보증기관이 책임을 진다(공동계약운용요령 제7조 제1항 제3호 본문). 다만, 주계약자가 탈퇴한 후에 주계약자의 계약이행의무 대행이 되지 않으면, 주계약자를 제외한 구성원은 자기 분담부분의 계약이행이 되지 않았다고 본다(공동계약운용요령 제7조 제1항 제3호 단서).

이처럼 주계약자는 해당 공사계약 전체를 이행할 책임을 부담하고, 주계약자를 제외한 구성원은 자기가 분담한 부분만 책임을 부담하므로, 주계약자를 제외한 구성원이 분담하는 부분은 시공자와 나머지 구성원이 중복하여 이행책임을 부담한다. 그러므로 발주기관은 주계약자 아닌 구성원이 시공하지 않으면, 주계약자에게 이를 시공하도록 요구할 수 있다.

다만, 주계약자가 구성원의 분담부분 이행책임을 부담한다고 보면, 구성원의 보증기관과 주계약자 가운데 누가 우선 구성원의 분담부분에 대한 책임을 지는지가 문제이다. 그런데 공동계약운용요령 제7조 제1항 제3호 본문에 따르면, 주계약자는 '최종적'으로 책임을 지므로, 구성원의 보증기관이 주계약자보다 우선 구성원의 분담부분에 대한 책임을 지고, 구성원의 보증기관이 이를 불이행하면, 비로소 주계약자가 이행책임을 부담한다고 해석해야 한다.

한편, 주계약자가 탈퇴하여 계약을 이행하지 못하면 그 보증기관이 이를 대행해야 하는데, 보증기관이 대행을 하지 않은 경우, 나머지 구성원이 자신이 분담하는 부분을 이행해야 하는지 문제되는데, 공동계약운용요령 제7조 제1항 제3호 단서에 따라, 주계약자의 보증기관이 대행을 하지 않으면, 나머지 구성원은 자기 분담부분을 이행할 책임을 부담한다. 참고로, 국가계약에서는 주계약자가 탈퇴한 경우, 그 보증기관이 주계약자를 대행하지 않았을 때 주계약자를 새롭게 선정한다는 근거가 없지만, 지방계약에서는 구성원이 연명으로 발주기관에게 요청하여 새로운 주계약자를 선정할 수 있는 근거를 마련하였다(지방자치단체 입찰 및 계약집행기준 제8장 주계약자 공동도급 운용요령 등 참조).

나. 그 밖에 제3자와 관계

1) 공동이행방식

공동수급체의 채권자는 그 채권발생 당시 구성원의 손실부담 비율을 알지 못하면 각 구성원에게 균분하여 그 권리를 행사할 수 있다(민법 제712조). 한편, 구성원 지분에 대한 압류는 구성원이 장래 받을 이익배당이나 지분반환권리에도 효력이 미친다(민법 제714조). 그리고 공동수급체의 채무자는 그 채무와 구성원에 대한 채권으로 상계하지 못한다(민법 제715조).

그 밖에 각 구성원은 계약이행 과정에서 제3자에게 손해를 끼친 경우 연대하여 책임을 부담하나, 특정 구성원이 불법행위로 제3자에게 손해를 입혔다면 구체적인 사실관계에 따라 행위자만 단독으로 책임을 지거나, 모든 구성원이 연대하여 책임을 질 수도 있다.

이와 관련하여, 일부 구성원에게 채권을 가지는 자가 공동수급체가 발주기관에게 가지는 공사대금 채권을 압류하거나 강제집행할 경우, 그 효력을 인정할지 문제된다. 그런데 공동수급체는 민법상 조합이므로, 공동수급체가 발주기관에게 가지는 공사대금 채권은 합유재산이고(준합유), 구성원 개인은 발주기관에게 자기 출자비율에 상당하는 공사대금 채권밖에 갖지 못하므로, 결국 구성원 개인의 채권자는 공동수급체가 발주기관에게 가지는 공사대금 채권에게 가압류, 압류, 추심이나 전부명령, 체납처분을 할 수 없다. 따라서 이에 반한 압류 등은 당연무효이다.[1] 그리하여 다른 구성원은 제3자 이의의 소를 제기하여 강제집행 불허를 구할 수도 있다.[2] 다만, 공동수급체 구성원별로 출자지분 비율에 따라 공사대금 채권을 취득한다는 최근 대법원 2012. 5. 17. 선고 2009다105406 전원합의체 판결에 따르면, 구성원 개인의 채권자는 해당 구성원이 지분비율에 따라 발주기관에게 가지는 공사대금 채권을 압류할 수 있다고 본다.[3]

2) 분담이행방식

어떤 구성원이 분담이행 과정에서 제3자에게 손해를 입혔다면, 해당 구성원만 책임을 부담한다(공동수급표준협정서-분담이행방식 제11조 제1항). 즉, 분담이행방식에서 각 구성원은 각자 분담내용에 따라 대외적·대내적으로 책임을 분담하기 때문에, 구성원 가운데 일부가 제3자에게 손해를 입힌 경우에도, 손해를 가한 해당 구성원만 책임을 진다. 다만, 각 구성원이 공동으로 사용하는 공사현장에서 사고가 발생하는 등 특별한 사정으로 각 구성원에게 공동불법행위가 성립할 때는, 구성원 모두 부진정연대책임을 부담할 수 있다.

3) 주계약자관리방식

어떤 구성원이 분담공사와 관련하여 제3자에게 손해를 끼쳤다면, 그 구성원만 책임을 진다(공동수급표준협정서-주계약자관리방식 제11조 제1항). 다만, 주계약자가 나머지 구성원의 행위와 관련하여 제3자에게 책임을 부담하는지, 부담한다면 어느 정도를 부담하는지 문제된다. 물론 주계약자가 발주기관에게 전체 계약상 의무이행 책임을 부담하지만, 이러한 내용이 제3자에게도 그대로 적용된다고 볼 근거가 없다. 따라서 주계약자 아닌 구성원이 제3자에게 손해를 가했다면, 특별한 사정이 없는 한, 해당 구성원만 제3자에게 책임을 부담하고, 주계약자는 책임을 부담하지 않는다고 보아야 한다.

---

1) 대법원 2001. 2. 23. 선고 2000다68924 판결.
2) 대법원 1997. 8. 26. 선고 97다4401 판결.
3) 대법원 2010. 5. 13. 선고 2010두2456 판결도 참조.

4. 대내적 법률관계

가. 업무·재산상태 감독

공동수급체 각 구성원은 언제든지 업무와 재산상태를 검사할 수 있다(민법 제710조). 그런데 이러한 규정은 공동이행방식에 적용되고, 특별한 약정이 없다면 분담이행방식이나 주계약자관리방식에 일반적으로 적용하기는 곤란하다.

나. 손익분배

1) 공동이행방식

구성원은 계약을 이행한 후 이익이나 손실이 발생할 경우 미리 약정한 출자비율에 따라 배당하거나 분담한다(공동수급표준협정서-공동이행방식 제10조). 그러나 구성원이 손익분배 비율을 미리 약정하지 않은 경우, 각 구성원의 출자비율에 따라 손익분배 비율을 정한다(민법 제711조 제1항). 그리고 이익이나 손실 분배비율을 정한 때에는 그 비율은 이익과 손실에 공통된 것으로 추정한다(민법 제711조 제2항). 일부 구성원이 다른 구성원에게 가지는 정산금 채권은 민법 제163조 제3호의 단기소멸시효 채권이 아니다.[1)]

한편, 공동이행방식 공동수급체는 민법상 조합이므로, 구성원인 조합원이 그 출자의무를 이행하지 않는 경우, 해당 조합원을 조합에서 제명했다는 등 특별한 사정이 없으면, 공동수급체는 조합원을 상대로 출자금 채권과 그 지연이자 채권, 그 밖에 손해배상채권을 가지고, 이를 기초로 조합원의 이익분배청구권과 상계할 수 있을 뿐, 조합계약에서 출자의무 이행과 이익분배를 직접 연결하는 특약도 없이, 출자의무 불이행을 이유로 이익분배 자체를 거부할 수 없다.[2)]

2) 분담이행방식

구성원은 계약이행을 위해 발생한 공동경비 등을 분담공사금액 비율에 따라 분담한다(공동수급표준협정서-분담이행방식 제10조). 분담이행방식에서는 당연히 각 구성원이 수행하는 계약내용이 서로 다르기 때문에 출자비율이라는 개념이 없고, 손익분배 역시 각자 분담부분 수행결과에 따라 부담하거나 배당받으면 된다. 다만, 분담부분 시공 과정에서 각 구성원이 함께 투입해야 할 비용, 즉 공동경비 등이 발생했다면, 이것을 어떻게 부담할지 문제될 수 있다. 이에 공동수급표준협정서는 각 구성원으로 하여금 분담공사금액 비율에 따라 분배하도록 규정하였다.

한편, 甲, 乙, 丙이 지분비율을 정하여 공동으로 도급받은 공사에서, 乙이 甲에게 시공

1) 대법원 2013. 2. 28. 선고 2011다79838 판결.
2) 대법원 2006. 8. 25. 선고 2005다16959 판결.

권 일체를 위임하면서 그 공사대금 정산방법 약정을 위하여 甲과 시공협약서를 작성했으나 그 후 甲과 丙이 공사수행 편의를 위해 그 공사의 수행방식을 공동이행방식에서 공종별 분할이행방식으로 변경하기로 약정하고 공동도급세부운영협약서를 작성하여 乙로부터 날인을 받은 받았다면, 위 공동도급세부운영협약서 작성 경위 등을 고려할 때, 공동도급세부운영협약서가 그에 앞서 작성된 시공협약서보다 우선 적용되고, 乙이 甲에게 시공권 일체를 위임하였을 뿐만 아니라 甲과 丙이 공사수행방식 변경에 동의했으므로, 공사대금 정산에서도 처음 약정한 도급지분 비율이 아니라 실시공지분 비율에 따라 공사대금을 해야 한다.[1)]

3) 주계약자관리방식

주계약자관리방식에서도 분담이행방식과 마찬가지로, 구성원은 계약이행을 위해 발생한 공동경비 등을 원칙적으로 분담내용의 금액비율에 따라 분담하되, 전체계약 보증금 등 일괄납부에 들어가는 비용은 구성원이 합의하여 별도로 정할 수 있다(공동수급표준협정서-주계약자관리방식 제10조 제1항). 그리고 구성원은 각 구성원이 분담할 주계약자의 계획·관리·조정업무에 대한 대가와 지급시기, 지급방법 등을 서로 협의하여 별도로 정할 수 있다(공동수급표준협정서-주계약자관리방식 제10조 제2항). 주계약자관리방식인 경우에도 주계약자와 나머지 구성원, 그리고 나머지 구성원끼리도 분담하는 부분이 서로 다르기 때문에 출자비율에 따른 손익분배가 어렵다. 또한, 주계약자는 전체 계약이행 책임을 부담하므로, 분담부분이 없다. 따라서 모든 구성원이 분담부분을 협의하여 정할 수밖에 없다. 이에 주계약자를 제외한 나머지 구성원은 자신이 분담할 주계약자의 계획·관리·조정업무에 대한 대가와 지급시기, 지급방법 등을 서로 협의하여 정하고, 해당 계약이행을 위해 발생한 공동경비 등은 각 구성원이 분담내용의 금액비율에 따라 분담하며, 전체계약 보증금 등은 모든 구성원이 합의하여 별도로 정하도록 규정하였다.

다. 손해배상, 구상 등

1) 공동이행방식

모든 구성원이 발주기관이나 제3자에게 연대책임을 부담하는 경우, 특정 구성원이 해당 책임을 이행했다면, 나머지 구성원에게 출자비율에 따라 구상권을 취득한다. 즉, 구성원이 연대책임을 부담하는 사안에서, 특정 구성원이 발주기관이나 제3자에게 모든 책임을 이행했다면, 나머지 구성원에게 각 출자비율에 따라 이를 구상할 수 있다.

---

1) 대법원 2010. 7. 8. 선고 2010다21696 판결.

2) 분담이행방식

구성원이 다른 구성원에게 손해를 끼친 경우, 서로 협의하여 처리하되, 협의가 성립되지 않으면 운영위원회 결정에 따른다(공동수급표준협정서-분담이행방식 제11조 제2항).

3) 주계약자관리방식

구성원이 다른 구성원에게 손해를 끼친 경우, 서로 협의하여 처리하되, 협의가 성립되지 않으면 운영위원회 결정에 따른다(공동수급표준협정서-주계약자관리방식 제11조 제2항).

5. 공동계약내용 변경

가. 구성원 지위 양도·상속·승계

공동이행방식 공동수급체는 민법상 조합에 해당하므로, 구성원 지위는 양도나 상속, 승계가 되지 않는다. 일신전속적 성격을 가지기 때문이다.[1] 따라서 구성원 사이에 구성원 지위를 제3자에게 양도할 수 있도록 약정한 바 없다면, 구성원 지위는 상속대상이 아니며, 다른 구성원 동의가 없다면 이전할 수 없는 일신전속적 권리의무에 해당하므로, 회사 분할합병에 따른 포괄승계 대상에도 해당하지 않는다.[2] 그러나 분담이행방식이나 주계약자관리방식 공동수급체는 민법상 조합이 아니기 때문에, 구성원 지위의 양도, 상속, 승계를 인정할 수 있다고 본다.

나. 구성원 권리의무 양도제한

구성원은 공동수급표준협정서에 따른 권리·의무를 제3자에게 양도할 수 없다. 공동이행방식이든, 분담이행방식이든, 주계약자관리방식이든 마찬가지다(공동수급표준협정서-공동이행방식 제11조 등 참조). 권리의무 양도는 합의에 따른 것만을 의미하므로, 법률 규정 등에 따른 전부명령 등은 여기에 포함되지 않는다. 특히 공동수급표준협정서에 따른 권리의무 양도제한은 '채권양도 제한 특약'에 해당하므로, 이러한 양도제한 특약으로써 선의의 제3자에게 대항하지 못한다(민법 제449조 제2항 참조). 다만, 양도제한 특약을 몰랐던 데에 중대한 과실이 있는 자는 선의의 제3자라 볼 수 없다.[3] 가령, 일부 구성원이 공동수급표준협정을 위반하여 그 권리를 제3자에게 양도한 경우, 해당 구성원은 나머지 구성원에게 양도행위의 유효성을 주장하지 못하지만, 선의로 채권을 양수한 제3자는 양수채권을 행사할 수 있고, 다만, 악의이거나 중대한 과실이 있는 양수인은 양수행위의 유효성을 주장하지 못한다.

---

1) 대법원 1981. 7. 28. 선고 81다145 판결, 대법원 1994. 2. 25. 선고 93다39225 판결.
2) 대법원 2011. 8. 25. 선고 2010다44002 판결.
3) 대법원 1996. 6. 28. 선고 96다18281 판결.

다. 출자비율·분담내용 변경제한

1) 의미

발주기관은 공동계약을 체결한 후 공동수급체 구성원의 출자비율이나 분담내용을 변경하게 할 수 없다(공동계약운용요령 제12조 제1항 본문). 다만, 물가변동, 설계변경, 그 밖에 사유에 따른 계약내용 변경이나 파산, 해산, 부도, 법정관리, 워크아웃(기업구조조정촉진법에 따라 채권단이 구조조정 대상으로 결정하여 구조조정 중인 업체), 중도탈퇴 사유로 기존 협정서 내용대로 계약을 이행하기 곤란한 구성원이 발생하여 공동수급체 구성원 연명으로 출자비율이나 분담내용 변경을 요청한 경우 또는 주계약자관리방식에서 구성원이 정당한 사유 없이 계약을 이행하지 않거나(이행지체 포함) 주계약자의 계획·관리·조정 등에 협조하지 않아 주계약자가 계약이행이 곤란하다고 판단한 경우에는 각각 출자비율이나 분담내용을 변경하게 할 수 있다(공동계약운용요령 제12조 제1항 단서). 공동계약 체결 후 임의로 출자비율이나 분담내용 변경을 허용할 경우, 중소기업 수주기회 확대, 공동수급체 구성 우대에 따른 공정성과 투명성 확보, 적정한 계약이행 담보 등 공동수급체 제도 취지를 몰각할 수 있기 때문이다. 다만, 엄격한 요건 아래 예외를 인정하여 원만한 계약이행을 도모한다.

2) 공동수급체 구성원 연명에 따른 출자비율 등 변경과 발주기관 승인

가) 의의

발주기관은, 물가변동, 설계변경 그 밖에 사유에 따른 계약내용 변경, 파산, 해산, 부도, 법정관리, 워크아웃, 중도탈퇴 사유로 당초 협정서 내용대로 계약이행이 곤란한 구성원이 발생하여 공동수급체가 구성원 연명으로 출자비율이나 분담내용 변경을 요청하면, 공동수급체의 출자비율 등을 변경하게 할 수 있다(공동계약운용요령 제12조 제1항 단서).

나) 적용범위

공동이행방식이나 분담이행방식뿐만 아니라 주계약자관리방식에도 적용된다(공동수급표준협정서-주계약자관리방식 제9조 제2항 제1호 참조).

다) 요건

첫째, 물가변동 등에 따른 계약내용은 물론 파산 등 사유가 있어야 한다. 파산, 해산, 부도, 법정관리, 워크아웃, 중도탈퇴가 열거사유인지, 예시사유인지 논란이 있으나, 중도탈퇴 다음에 "등"이 없으므로 열거사유라고 본다. 따라서 회생절차개시신청은 위 사유에 해당하지 않는다.[1)]

---

1) 반대견해로, 김성근, 앞의 책(Ⅱ), 396쪽.

둘째, 위 사유로 말미암아 당초 협정서 내용대로 계약이행이 곤란한 구성원이 발생해야 한다.

셋째, 위 사유와 계약이행이 곤란한 구성원 발생 사이에 상당인과관계가 있어야 한다.

라) 절차

공동수급체 구성원은 연명으로 발주기관에게 출자비율이나 분담내용 변경을 요청할 수 있고, 발주기관은 위 요건을 충족하는지 검토한 다음 출자비율 등 변경을 승인할 수 있다. 다만, 발주기관이 위 승인을 할 경우에는 각 구성원의 출자지분이나 분담내용 전부를 다른 구성원에게 이전하게 할 수 없다(공동계약운용요령 제12조 제2항 본문). 즉, 구성원이 탈퇴 당시까지 이행한 결과는 그때까지 출자지분이나 분담내용을 인정하고, 남은 이행부분만 다른 구성원에게 이전하게 한다는 뜻이다. 그러나 주계약자관리방식에서 공동수급체 구성원 가운데 일부가 파산, 해산, 부도 등으로 계약을 이행할 수 없는 사유로 공동수급체 구성원의 출자비율이나 분담내용 변경을 승인할 때는 그러하지 않으므로(공동계약운용요령 제12조 제2항 단서), 탈퇴한 구성원의 원래 출자지분이나 분담내용을 다른 구성원에게 이전하게 할 수 있다.

3) 주계약자 판단에 따른 출자비율 등 변경과 승인

가) 의의

주계약자관리방식에서 주계약자는 구성원이 정당한 사유 없이 계약을 이행하지 않거나(이행지체 포함) 주계약자의 계획·관리·조정 등에 협조하지 않아 계약이행이 곤란하다고 판단하는 경우 구성원의 출자비율이나 분담내용을 변경할 수 있고, 나아가 해당 구성원을 변경할 수도 있다(공동계약운용요령 제12조 제1항 단서, 제4항 후문 참조). 이때 주계약자는 발주기관에게 변경사유와 변경내용 등을 통보해야 하며, 발주기관은 주계약자의 변경내용이 원활한 계약이행을 저해하지 않는다면 이를 승인해야 한다(공동계약운용요령 제12조 제1항 단서, 제4항 후문 참조).

주계약자는 공동계약 수행을 위한 종합적인 계획, 관리, 조정을 하는 자로서 계약이행을 분담하는 나머지 구성원과 지위가 다르다. 즉, 주계약자는 전체 계약을 이행하는 자이므로 나머지 구성원보다 더 강한 책임을 진다. 이에 공동계약운용요령은 위와 같이 주계약자에게 발주기관과 비슷한 지위를 인정하여 공동수급체 협정 내용을 변경할 권한을 부여했다.

나) 적용범위

규정 취지를 고려할 때, 주계약자관리방식에만 적용된다.

다) 요건

구성원이 정당한 사유 없이 계약을 이행하지 않거나 이행을 지체해야 한다. 그 밖에도 구성원이 주계약자의 계획·관리·조정 등에 협조하지 않아 계약이행이 곤란해야 한다. 계약불이행이나 주계약자의 계획·관리·조정 등에 비협조는 구성원의 책임 있는 사유로 발생해야 한다. 즉, 구성원이 계약을 이행하지 않은 데에 정당한 이유가 있다거나, 책임 없는 사유로 주계약자의 계획·관리·조정 등에 협조하지 못했다면, 주계약자는 출자비율이나 분담내용, 해당 구성원을 변경할 수 없다고 보아야 한다. 특히 구성원이 주계약자의 계획·관리·조정 등에 협조하지 않는 경우에는 그에 따라 계약이행이 곤란하다는 결과까지 발생해야 한다. 이에 주계약자의 계획·관리·조정 등에 비협조와 계약이행 곤란 사이에는 상당인과관계가 있어야 한다.

라) 절차

위와 같은 요건을 충족한다면, 주계약자는 변경사유와 변경내용 등을 발주기관에게 통보하고, 발주기관은 변경내용이 원활한 계약이행을 저해하지 않는다면 이를 승인한다(공동계약운용요령 제12조 제4항 후문).

라. 구성원 추가

1) 의의

공동수급체는 구성원을 추가할 수 없다(공동계약운용요령 제12조 제3항 본문). 다만, 계약내용 변경이나 공동수급체 구성원의 파산, 해산, 부도, 법정관리, 워크아웃(기업구조조정촉진법에 따라 채권단이 구조조정 대상으로 결정하여 구조조정 중인 업체), 중도탈퇴 사유로 나머지 구성원만으로는 면허, 시공능력과 실적 등 계약이행에 필요한 요건을 갖추지 못할 경우로서 공동수급체 구성원 연명으로 구성원 추가를 요청한 경우에는 예외이다(공동계약운용요령 제12조 제3항 단서).

가령, 공동수급체 가운데 일부 구성원이 탈퇴하였다면, 구성원을 별도로 추가하지 않고 나머지 구성원이 해당 계약을 이행하면 되지만, 나머지 구성원만으로는 면허, 실적, 시공능력과 실적 등 계약이행에 필요한 요건을 갖추지 못한 경우에는 발주기관으로부터 승인을 얻어 새로운 구성원을 추가하여 해당 요건을 갖출 수밖에 없다는 취지에서, 공동계약운용요령은 일정한 요건 아래 예외적으로 구성원 추가를 허용하였다.

2) 요건

첫째, 계약내용 변경이나 공동수급체 구성원 가운데 일부 구성원에게 파산, 해산, 부도,

법정관리, 워크아웃, 중도탈퇴 사유가 발생해야 한다. 특히 계약내용 변경은 계약이행 요건과 관련이 있어야 한다. 가령, 새로운 공종이 추가되는 경우 추가 공종을 이행하기 위한 면허 등 요건이 추가로 필요하여, 이를 위해 구성원을 추가하는 경우를 말한다.

둘째, 해당 사유가 발생한 구성원을 제외한 나머지 구성원만으로는 면허, 시공능력과 실적 등 계약이행에 필요한 요건을 갖추지 못해야 한다. 여기서 면허란 등록, 허가, 인가, 신고 등을 포함한다.

셋째, 계약내용 변경, 일부 구성원의 파산 등과 나머지 구성원만의 면허 등 요건 미비 사이에 상당인과관계가 있어야 한다.

3) 절차

공동수급체 구성원이 연명으로 발주기관에 구성원 추가를 요청해야 한다. 그런데 만약 일부 구성원에게 파산 등 사유가 있는 경우라면, 해당 사유가 있는 구성원을 제외한 나머지 구성원이 연명하면 충분하다고 본다.

한편, 위와 같은 구성원 추가 요청이 있는 경우 발주기관에게 승인권이 있는지와 관련한 명확한 규정은 없다. 그러나 출자비율 등 변경과 달리 발주기관의 승인권을 배제할 이유가 없다. 따라서 발주기관은 공동수급체 구성원 연명으로 구성원 추가를 요청받았다면, 요건 충족 여부를 검토한 다음 특별한 문제가 없으면 승인해야 한다고 본다. 다만, 나머지 구성원의 분담부분이 극히 적거나 구성원을 추가하더라도 계약이행이 곤란한 경우 등 특별한 사정이 있다면, 발주기관은 공동수급체의 구성원 추가 요청을 거부할 수 있다고 해석해야 한다.

4) 관련문제

주계약자관리방식에서 주계약자가 파산 등으로 탈퇴한 경우, 나머지 구성원 연명으로 주계약자를 추가할 수 있는지 문제된다. 공동수급표준협정서 제13조 제2항은 주계약자가 이행할 수 없는 경우에는 다른 구성원에게 재분배하거나 보증기관으로 하여금 이행하도록 해야 한다고 규정하고, 같은 조 제3항은 주계약자가 탈퇴한 경우에는 보증기관이 해당 계약을 이행해야 한다고 규정하여, 주계약자 추가를 허용하지 않는다고 해석할 여지가 있다. 그러나 공동계약운용요령 제12조 제3항이 주계약자관리방식을 배제하지 않는 만큼, 주계약자 추가도 가능하다고 해석해야 한다. 관련하여, 지방계약에서는 주계약자가 탈퇴한 경우 공동수급체 연명으로 새로운 주계약자를 선정하도록 허용한다.

마. 구성원 탈퇴

1) 공동이행방식

가) 탈퇴 제한원칙

공동이행방식 공동수급체를 민법상 조합이라고 이해하면 다음과 같이 보아야 한다. 조합의 존속기간을 정하지 않거나 조합원의 종신까지 존속할 것이라 정하지 않은 때에는 각 구성원은 언제든지 탈퇴할 수 있다고 보아야 하고, 다만, 부득이한 사유 없이 조합에게 불리한 시기에 탈퇴하지 못한다고 보아야 한다. 나아가 조합의 존속기간을 정한 경우라도 조합원은 부득이한 사유가 있으면 탈퇴할 수 있다고 이해해야 한다(민법 제716조 참조). 또한, 조합원은 사망, 파산, 성년후견 개시, 제명 가운데 어느 하나에 해당하는 사유가 있으면 탈퇴하고(민법 제717조 제1호부터 제4호), 조합원의 제명은 정당한 사유 있는 때에 한하여 다른 조합원의 일치로써 이를 결정하되, 위 제명결정은 제명된 조합원에게 통지하지 않으면 그 조합원에게 대항하지 못한다(민법 제718조). 탈퇴한 조합원과 다른 조합원간의 계산은 탈퇴당시의 조합재산상태에 따라서 하고, 탈퇴한 조합원의 지분은 그 출자의 종류여하에 불구하고 금전으로 반환할 수 있으며, 탈퇴당시에 완결되지 아니한 사항에 대하여는 완결 후에 계산할 수 있다(민법 제719조).

그러나 위와 같은 민법상 조합 관련 견해와 규정은 공동이행방식 공동수급체에 그대로 적용되지 않는다. 왜냐하면 공동수급체는 잠정적으로만 존재하는 실체이며, 구성원이 언제든지 공동수급체를 탈퇴할 수 있다고 해석하면 공동수급체를 인정하여 공공계약 목적을 원활히 달성하려는 취지를 몰각할 수 있기 때문이다. 이에 공동수급표준협정서는 공동수급체 구성원은 특별한 사유가 없다면 입찰과 해당 계약 이행을 완료하는 날까지 탈퇴할 수 없다고 규정하였다(공동수급표준협정서-공동이행방식 제12조 제1항 참조).

이와 관련하여, 공동수급체 구성원이 파산한 경우에도 탈퇴할 수 없다고 약정했다면, 이러한 약정이 유효인지 문제된다. 민법 제717조는 조합원이 사망, 파산, 금치산, 제명된 경우 조합으로부터 탈퇴된다고 규정하여 조합원 중 파산한 조합원을 조합으로부터 탈퇴조치하여 그 지분을 변제에 충당해야 하는데, 만일 조합원들이 조합계약 당시 민법규정과 달리 파산한 조합원이 있더라도 조합에서 탈퇴하지 않기로 약정한다면, 이러한 약정은 민법규정과 달리 장래 불특정 다수 파산채권자의 이해에 관련된 것을 임의로 정한 것이어서 원칙적으로 허용되지 않지만, 파산한 조합원이 제3자와 공동사업을 계속하기 위해 조합에 잔류하는 것이 파산한 조합원의 채권자에게 불리하지 않아 파산한 조합원의 채권자로부터 동의를 얻어 파산관재인이 조합 잔류를 선택한 경우에까지도 위 탈퇴 금지 약정을 무효라 볼 수 없다.[1]

---

1) 대법원 2004. 9. 13. 선고 2003다26020 판결.

나) 탈퇴 허용예외

(1) 발주기관과 구성원 전원이 동의한 경우

다만, 구성원은 발주기관과 나머지 구성원 전원이 동의하면 탈퇴할 수 있다(공동수급표준협정서-공동이행방식 제12조 제1항 제1호). 이때 탈퇴한 구성원은 임의 탈퇴에 해당하기 때문에 정당한 이유 없이 계약을 이행하지 않은 자로서 부정당업자제재 대상에 해당한다는 견해도 있으나, 발주기관도 탈퇴에 동의한 만큼 위와 같은 견해는 지나치게 기계적인 해석이다. 따라서 발주기관과 구성원 전원으로부터 동의를 얻어 탈퇴한 구성원에게는 계약불이행에 정당한 이유가 있다고 해석해야 한다.

(2) 구성원 일부가 파산 등으로 계약을 이행하지 않거나 분담비용을 납부하지 않는 경우

파산, 해산, 부도 그 밖에 정당한 이유 없이 계약을 이행하지 않거나 분담비용을 납부하지 않은 구성원이 있다면, 해당 구성원을 제외한 나머지 구성원은 발주기관으로부터 동의를 얻어 해당 구성원을 탈퇴조치할 수 있다(공동수급표준협정서-공동이행방식 제12조 제1항 제2호). 민법상 조합관계에서 다른 조합원의 일치로써 일부 조합원을 제명하는 규정과 비슷하다(민법 제718조 제1항 참조).

(3) 구성원 일부가 파산, 해산, 부도 그 밖에 정당한 이유 없이 해당 계약을 이행하지 않아 입찰참가자격제한조치를 받은 경우

구성원 일부가 파산, 해산, 부도 그 밖에 정당한 이유 없이 해당 계약을 이행하지 않아 입찰참가자격제한조치를 받았다면, 발주기관은 해당 구성원에게 반드시 탈퇴조치를 해야 한다(공동수급표준협정서-공동이행방식 제12조 제1항 단서). 발주기관 동의를 받아 다른 구성원이 파산 등 사유가 있는 구성원에게 탈퇴조치를 하는 경우와 달리, 발주기관이 입찰참가자격제한을 받은 구성원에게 일방적으로 탈퇴조치를 하는 경우이다. 다만, 입찰참가자격제한을 받은 구성원이 행정소송을 제기하여 집행정지 결정을 받았다면, 여기서 말하는 입찰참가자격제한조치를 받은 경우에 해당하지 않는다. 집행정지 결정이 있으면, 처분이 없는 상태가 되기 때문이다.[1]

다) 탈퇴 후 효과

구성원 중 일부가 탈퇴한 경우, 나머지 구성원은 공동 연대하여 해당 계약을 이행한다(공동수급표준협정서-공동이행방식 제12조 제2항 본문). 따라서 2인 공동수급체에서 1인이 탈퇴한 경우라면 내부적으로 조합관계가 소멸할지언정, 나머지 1인은 여전히 계약이행 책임을 부담한다.[2] 그리고 탈퇴자의 출자비율은 나머지 구성원 출자비율에 따라 분할하여 각 구성

1) 대법원 1992. 2. 13. 선고 91두47 판결.
2) 대법원 1999. 5. 11. 선고 99다1284 판결도 같은 취지.

원의 당초 출자비율에 이를 가산한다(공동수급표준협정서-공동이행방식 제12조 제3항). 그리고 탈퇴자의 출자금은 계약이행 완료 후에 손실을 공제한 잔액을 반환한다(공동수급표준협정서-공동이행방식 제12조 제4항).

한편, 탈퇴자를 제외한 나머지 구성원만으로 면허, 실적, 시공능력공시액 등 남은 계약이행에 필요한 요건을 갖추지 못할 경우에는 나머지 구성원이 발주기관 승인을 얻어 새로운 구성원을 추가하는 등 방법으로 해당 요건을 충족해야 한다(공동수급표준협정서-공동이행방식 제12조 제2항 단서).

2) 분담이행방식

분담이행방식 공동수급체도 발주기관과 구성원 전원이 동의하는 경우나 파산, 해산, 부도 그 밖에 정당한 이유 없이 해당 계약을 이행하지 않아 해당 구성원을 제외한 나머지 구성원이 발주기관 동의를 얻어 탈퇴조치를 하는 경우에는 구성원 탈퇴가 가능하다(공동수급표준협정서-분담이행방식 제13조 제1항 제1호, 제2호 참조).

그러나 공동이행방식과 달리 발주기관이 입찰참가자격제한을 받은 구성원을 탈퇴조치 할 근거가 없다. 일부 구성원이 자기 출자비율에 따른 계약을 이행하지 않는 경우, 공동이행방식에서는 나머지 구성원이 연대책임을 부담하기 때문에 계약을 이행하지 않는 구성원을 탈퇴조치 할 필요가 크나, 분담이행방식에서는 나머지 구성원이 연대책임을 부담하지 않기 때문에 구성원을 강제탈퇴 조치할 필요가 작기 때문이다.

한편, 구성원 중 일부가 파산, 해산, 부도 등으로 계약을 이행할 수 없는 경우에는 나머지 구성원이 이를 이행한다(공동수급표준협정서-분담이행방식 제13조 제2항 본문). 그런데 이 규정은 분담이행방식의 각 구성원에게 연대책임이 없다는 점에서 타당한지 의문이다. 어쨌든, 나머지 구성원이 탈퇴 구성원을 위해 계약을 이행한 결과 손해를 입었다면 상호협의하여 처리하되, 협의가 성립하지 않으면 운영위원회 결정에 따른다(공동수급표준협정서-분담이행방식 제13조 제2항 본문). 그리고 나머지 구성원만으로는 면허, 실적, 시공능력공시액 등 나머지 계약이행에 필요한 요건을 갖추지 못할 경우에는 발주기관 승인을 얻어 새로운 구성원을 추가하는 등 방법으로 해당 요건을 충족해야 한다(공동수급표준협정서-분담이행방식 제13조 제2항 단서).

다만 분담이행방식 공동수급체는 구성원 각자가 분담한 부분만 이행하면 되므로 탈퇴자가 있더라도, 공동이행방식에서 발생하는 탈퇴자의 출자비율 가산이나 출자금 반환 등은 별도로 규율할 필요가 없다.

3) 주계약자관리방식

탈퇴 사유나 효과 등은 분담이행방식과 거의 같다. 다만, 앞에서 살펴본 바와 같이 주계약자관리방식에서는 공동수급체 구성원이 정당한 이유 없이 계약을 이행하지 않거나 지체하여 이행하는 경우 또는 주계약자의 계획·관리·조정 등에 협조하지 않아 계약이행이 곤란하다고 판단되는 경우, 주계약자가 해당 구성원을 탈퇴조치를 할 수 있다는 특칙이 있다(공동계약운용요령 제12조 제4항 참조). 한편, 공동수급체 구성원 일부가 파산, 해산, 부도 등으로 계약을 이행할 수 없다면 그 구성원의 보증기관이 해당 분담부분을 이행해야 하며, 주계약자가 탈퇴한 경우에는 주계약자의 보증기관이 해당 계약을 이행해야 한다.

4) 관련문제 : 계약보증금 몰수·반환

공동이행방식에서 일부 구성원이 탈퇴하더라도 나머지 구성원이 연대책임을 부담하여 해당 계약을 모두 이행했다면, 계약불이행이라 볼 수 없으므로 계약보증금은 몰수할 수 없다. 다만, 탈퇴한 구성원에게 책임 있는 사유가 있다면, 발주기관이 탈퇴구성원에게 보증금을 반환할 필요는 없다.[1]

분담이행방식에서 일부 구성원이 탈퇴하면, 나머지 구성원이 연대책임을 부담하지 않고 각자 자신이 분담한 부분만 이행하면 되므로, 탈퇴구성원의 계약보증금을 몰수해야 한다. 다만, 분담이행방식 공동수급표준협정서 제13조 제2항은 일부 구성원이 파산 등으로 계약을 이행할 수 없을 경우 나머지 구성원이 이를 이행한다고 규정하므로, 이에 따라 나머지 구성원이 탈퇴구성원 분담부분을 이행했다면, 발주기관이 탈퇴구성원의 계약보증금을 몰수해야 하는지 의문이다.

6. 공동수급체 대표자

가. 조합의 업무집행자

민법상 조합인 경우, 조합계약으로 업무집행자를 정하지 않았다면 조합원 3분의 2 이상 찬성으로 업무집행자를 선임한다. 업무집행자는 조합원의 과반수로써 결정하며, 업무집행자가 여러 명 있을 경우에는 그 과반수로써 결정한다. 그리고 조합의 통상 사무는 각 조합원이나 각 업무집행자가 진행할 수 있지만, 그 사무 완료 전에 다른 조합원이나 다른 업무집행자가 이의를 하면, 즉시 중지해야 한다(민법 제706조 제1항부터 제3항 참조). 조합업무를 집행하는 조합원에게는 민법 제681조부터 제688조가 정한 위임 규정을 준용한다(민법 제707조). 업무집행자인 조합원은 정당한 사유 없이 사임하지 못하며 다른 조합원의 일치가 아니면 해임하지 못한다(민법 제708조). 그리고 업무를 집행하는 조합원은 그 업무집행의 대리권이 있다고 추정한다(민법 제709조).

---

1) 같은 취지로 김성근, 앞의 책(Ⅱ), 413쪽.

다만, 공공계약에서는 공동계약운용요령에 공동수급체 대표자 선임이라는 별도 규정이 있으므로, 민법 규정보다 해당 공동계약운용요령 규정을 먼저 적용한다. 아래에서 차례로 살펴본다.

나. 선임방법

공동수급체 구성원은 서로 협의하여 대표자를 선임하되, 입찰공고 등에서 요구한 자격을 갖춘 업체를 우선 선임해야 한다(공동계약운용요령 제4조 제1항 본문).

다. 자격

주계약자관리방식에 따른 공동계약에서는 주계약자가 대표자이다(공동계약운용요령 제4조 제1항 단서). 그리고 종합심사 낙찰제 대상공사 입찰에서는 공동수급체 대표자의 출자비율이나 분담내용이 100분의 50 이상이어야 하지만, 주계약자관리방식에 따른 공동계약에서는 공사내용과 특성에 따라 분담내용을 정한다(공동계약운용요령 제4조 제5항).

라. 권한

1) 일반

공동수급체 대표자는 발주기관이나 그 밖에 제3자와 관계에서 공동수급체를 대표한다(공동계약운용요령 제4조 제2항). 가령, 공동수급체를 대표하여 입찰서류 제출, 현장설명 참가, 입찰등록, 계약금액 조정신청 그 밖에 서류 작성·제출행위를 할 수 있다. 그러나 계약서 작성행위는 대표로 할 수 없다. 공동계약을 체결할 때는 구성원 전원이 기명·날인이나 서명을 해야 하기 때문이다(공동계약운용요령 제6조 참조).

한편, 주계약자관리방식에서 대표자는 공사시방서·설계도면·계약서·예정공정표·품질보증계획·품질시험계획·안전 및 환경관리계획·산출내역서 등에 따라 품질이나 시공을 확인하고, 적절하지 못하다고 인정하면 재시공지시 등 필요한 조치를 할 수 있다(공동계약운용요령 제4조 제3항). 그리고 공사 진행의 경제성이나 효율성 등을 고려해, 공동수급체 구성원과 협의를 거쳐 자재와 장비 등 조달을 일원화하여 관리해야 한다(공동계약운용요령 제4조 제4항).

2) 관련문제

공동수급체 대표자는 원칙적으로 공동수급체를 대표하여 발주기관에게 계약대금을 청구할 수 있다. 업무집행자에 해당하기 때문이다. 그러나 공동계약운용요령 제11조 제2항에 따라 지분비율에 따라 구성원이 각자 발주기관에게 대금을 청구하도록 약정한 경우라면, 계약대금청구권은 대표자가 아닌 구성원이 각자 가진다. 다만, 공동수급표준협정서 제3조 제3항은 여전히 대표자가 대금청구 등 권한을 가진다고 규정한다.

한편, 공동수급체는 민법상 조합이기 때문에 발주기관을 상대로 소송을 제기하려면, 원칙적으로 구성원 전원이 소송을 제기해야 하지만, 업무집행 권한을 수여받은 업무집행 조합원은 조합원으로부터 임의적 소송신탁을 받아 자기 이름으로 소송을 수행할 수 있기 때문에, 공동수급체 대표자는 임의적 소송신탁에 따라 공동수급체를 대표하여 발주기관을 상대로 소송을 제기할 수 있다.[1)]

마. 변경

공동수급체 대표자를 선임한 후에 변경할 수 있는지 문제된다. 공동계약운용요령 등에는 이와 관련한 별도 규정이 없기 때문이다. 그런데 공동계약운용요령에 다른 규정이 없다면 민법상 조합규정을 보충 적용할 수 있고, 민법 제706조 제1항과 제708조 등에서 업무집행자 선임, 사임, 해임을 규정하므로, 공동수급체 전원 합의로써 대표자를 변경할 수 있다고 본다.

7. 공동수급체 구성

가. 공동수급협정서 작성·제출

공동수급체 구성원은 입찰공고 내용에 명시된 공동계약 이행방식에 따라 각 공동수급표준협정서를 참고하여 공동수급협정서를 작성해야 한다(공동계약운용요령 제5조 제1항). 공동수급체 대표자는 입찰참가 신청서류를 제출하면서 위 공동수급협정서를 함께 제출해야 하고, 발주기관은 이를 보관해야 한다(공동계약운용요령 제5조 제2항).

이러한 공동수급협정서가 발주기관을 구속하는 계약문서에 해당하는지 문제된다. 그런데 공동수급협정서는 2인 이상이 공동수급체를 구성하면서 작성하는 문서로, 계약상대자인 공동수급체 내부관계를 규율하는 내용에 불과하기 때문에, 발주기관에게 직접 구속력을 미치는 계약문서로 보기는 곤란하다. 더욱이 공동수급협정서에는 발주기관이 기명·날인이나 서명을 하지 않기 때문에, 발주기관과 계약상대자 사이에서 해당 계약이 성립한다고 보기도 어렵다(국가계약법 제11조 제2항 참조). 그렇다면 공동수급협정서 내용은 공동계약 체결조건에 불과할 뿐, 공동계약 내용을 구성한다고 보기는 어렵다.[2)]

나. 자격요건

공동수급체 구성원은 해당 계약을 이행하는 데에 필요한 면허·허가·등록 등의 자격요건을 갖추어야 한다(공동계약운용요령 제9조 제1항). 구체적으로, ① 분담이행방식에서는 구성

---

1) 대법원 1997. 11. 28. 선고 95다35302 판결.
2) 대법원 2000. 9. 26. 선고 99다52077 판결.

원이 공동으로 자격요건을 갖추어야 하고, ② 공동이행방식에서는 구성원이 각각 자격요건을 갖추어야 하며, ③ 주계약자방식에서는 주계약자가 전체공사를 이행하는 데에 필요한 자격요건을, 구성원이 분담공사를 이행하는 데에 필요한 자격요건을 갖추어야 한다(공동계약운용요령 제9조 제2항 제1호부터 제3호).

분담이행방식인 경우, 구성원이 각자 책임을 지기 때문에 구성원이 공동으로 면허등을 보완하여 계약이행에 필요한 자격요건을 갖추면 되나, 공동이행방식인 경우, 구성원이 연대하여 책임을 지기 때문에 각각 해당 계약이행에 필요한 자격요건을 갖추어야 한다는 취지이다. 또한, 주계약자방식인 경우, 주계약자는 부계약자가 부도 등 계약이행과정에서 탈퇴하더라도 책임지고 해당 공사를 이행해야 하므로, 그 공사를 이행하는데 필요한 모든 자격을 갖추어야 한다는 의미이다.

다. 시공능력 등 적용방법

발주기관은 시공능력, 공사실적, 기술보유상황 등이 건설산업기본법 등 관련법령에서 규정하는 면허와 같은 경우, 공동수급체 구성원 모두의 것을 합산하여 적용한다(공동계약운용요령 제9조 제2항). 이처럼 구성원의 시공능력 등을 모두 합산하기 위해서는 각 구성원이 보유하는 면허가 같다는 것을 전제하므로, 각 구성원이 서로 다른 면허를 보유한 경우라면 그 실적을 합산할 수 없다.

라. 이행실적 인정범위

공동계약에 따른 이행실적 인정범위는 이행방식에 따라 달리 배분한다. 즉, ① 분담이행방식에서는 공동수급체 구성원별 분담부분에 따라 배분하고, ② 공동이행방식인 경우, 금액은 공동수급체 구성원별 출자비율에 해당하는 금액을, 규모나 양은 실적증명 발급기관에서 공사의 성질상 공동수급체 구성원별 실제 시공부분을 분리하여 구분할 수 있다면 실제 시공한 부분으로 하되, 분리·구분할 수 없다면 출자비율에 따라 배분하며, ③ 주계약자관리방식인 경우, 구성원은 분담부분을, 주계약자는 건설산업기본법 시행규칙 제23조 제6항에 따른다(공동계약운용요령 제9조 제3항 제1호부터 제3호).

분담이행방식에서는 분담구성원이 자신이 이행한 부분의 실적을 인정받아야 하므로, 당연히 분담부분에 따라 실적을 배분해야 한다. 그러나 공동이행방식에서는 금액의 경우 구성원별 출자비율에 따라 명확히 분리할 수 있으므로 출자비율에 해당하는 금액을 실적으로 인정받을 수 있으나, 규모나 양의 경우 실제 시공부분을 분리하여 구분할 수 없다면 출자비율에 따라 배분할 수밖에 없다. 주계약자관리방식에서는 주계약자가 해당 공사 전체에 대하여 실적으로 배분받고, 부계약자가 자신이 분담한 부분에 대하여 실적으로 배분받는다.

마. 중복결성 금지와 계열회사 제한

공동수급체 구성원은 같은 입찰에서 공동수급체를 중복 결성하여 입찰에 참가해서는 안 되며, 지역의무공동계약이나 주계약관리방식에 따른 공동계약인 경우에 독점규제 및 공정거래에 관한 법률이 정한 계열회사끼리 공동수급체를 구성해서는 안 된다(공동계약운용요령 제9조 제4항). 입찰의 경쟁성, 중립성, 공정성을 확보하고, 중소업체의 입찰참가확대를 보장하기 위한 규정이다. 만약 공동수급체 구성원이 위와 같은 금지나 제한사항을 위반하면, 입찰참가자격 없는 자가 참가한 입찰 등으로 무효사유에 해당한다고 본다(국가계약법 시행규칙 제44조 제1항 제1호, 공사입찰유의서 제15조 제11호 참조).

바. 구성원 수

공동수급체의 구성원 수가 너무 많으면 계약이행에 오히려 장애가 있을 수 있고, 일부 구성원의 지분율을 1%로 하고 다른 구성원의 지분율을 99%로 하는 등 사실상 단독계약과 다르지 않게 운영할 경우, 공동계약의 원래 취지에서 벗어날 수 있다. 이에 공동계약의 유형별로 최대 구성원의 수나 개별 구성원의 최소지분율을 제한할 필요가 있다. 따라서 공동수급체 구성원은 ① 분담이행방식인 경우 5인 이하, ② 공동이행방식인 경우, 5인 이하로 하되 추정가격이 1,000억 원 이상인 공사에서는 10인 이하, ③ 주계약자관리방식인 경우 10인 이하로 각각 제한한다(공동계약운용요령 제9조 제5항 본문 가목부터 다목). 이러한 공동수급체 구성원 수는 입찰공고문에 명시하며, 이에 위반하여 공동수급체를 구성하면 입찰무효 사유에 해당한다(공사입찰유의서 제15조 제11호). 다만, 발주기관은 공사 특성이나 규모를 고려하여 필요하다고 인정하면 공동계약 유형별 구성원 수를 20% 범위에서 가감할 수 있다(공동계약운용요령 제9조 제5항 단서).

사. 최소지분율

공동수급체 구성원의 최소지분율은 ① 공동이행방식인 경우 10% 이상으로 하되, 추정가격이 1,000억 원 이상인 공사에서는 5% 이상이어야 하고, ② 주계약자관리방식인 경우 5% 이상으로 한다(공동계약운용요령 제9조 제5항 본문 나목, 다목). 반면, 분담이행방식인 경우에는 '분담'이라는 특성에 따라 최소지분율을 별도로 정하지 않는다. 그러나 발주기관은 공사 특성이나 규모를 고려하여 필요하다고 인정하면 공동계약구성원별 계약참여 최소지분율을 20% 범위에서 가감할 수 있다(공동계약운용요령 제9조 제5항 단서).

위와 같은 최소지분율 규정과 달리, 발주기관은 지역의무공동계약에서 공사 특성 등을 고려해 지역업체 최소지분율을 다음 기준에 따라 정할 수 있다(공동계약운용요령 제9조 제6항). 즉, ① 추정가격이 고시금액 미만이고 건설업 등의 균형발전을 위하여 필요하다고 인정되는 사업에서는 30% 이상으로, ② 저탄소·녹색성장의 효과적인 추진, 국토의 지속가능한 발전, 지역경제 활성화 등을 위해 특별히 필요하다고 인정하여 기획재정부장관이 고시하는 사업(다만, 외국건설사업자가 계약상대자에 포함된 경우는 제외) 가운데 기획재정부 고시 국가를 당사자로 하는 계약에 관한 법률 시행령 제72조 제3항 제2호에 따른 공동계약 대상사업 제1호에 따른 사업에서는 40% 이상으로, 위 고시 제2호에 따른 사업에서는 20% 이상으로, 각각 지역업체 최소지분율을 정할 수 있다(공동계약운용요령 제9조 제6항 제1호, 제2호 가목, 나목). 특히 ②에 참가하는 공동수급체의 구성원인 지역업체는 입찰공고일 현재 법인등기부상 90일 이상 해당 공사현장을 관할하는 특별시, 광역시, 도에 본점소재지를 둔 업체여야 한다(공동계약운용요령 제9조 제7항).

끝으로, 발주기관은 입찰공고에 위와 같은 최소지분율을 명시해야 하며(공동계약운용요령 제9조 제6항 참조), 이와 다른 지분율로 공동수급체를 구성했다면 입찰참가자격을 갖추지 못한 자가 참가한 입찰 등으로 무효사유에 해당한다(국가계약법 시행규칙 제44조 제1항 제1호, 공사입찰유의서 제15조 제11호 참조).

8. 공동수급체 하부조직

공동수급체는 공동수급체 구성원이 위원인 운영위원회를 설치하여 계약이행과 관련한 일체 사항을 협의한다(공동수급표준협정서 제14조 제1항). 그리고 협정서에서 정하지 않은 사항을 위 운영위원회에서 정한다(공동수급표준협정서 제14조 제2항).

제 3 절 공동계약을 위한 입찰과 낙찰

Ⅰ. 입찰

1. 입찰공고

가. 의의

발주기관은 입찰공고를 할 때, 같은 현장에 2인 이상 수급인을 투입하기 곤란하거나 긴급한 이행이 필요한 경우 등 계약 목적·성질상 공동계약이 곤란한 경우를 제외하고는, 가능하다면 공동계약이 가능하다는 뜻을 명시해야 한다(공동계약운용요령 제8조 제1항). 그리고 발주기관은 공동계약으로 발주하려는 경우 공동계약이행방식과 공동수급체 구성원 자격제한 사항을 입찰공고에 각 명시해야 한다(공동계약운용요령 제8조 제2항).

그런데 공동계약이 가능하다는 뜻을 입찰공고에 명시하지 않은 입찰에서, 입찰참가자가 공동수급체를 구성하여 해당 입찰에 참가한 경우, 그 이유만으로 입찰을 무효라 볼 수 없고, 계약 목적이나 성질을 고려하여 공동수급체 입찰참가를 허용할지 판단해야 한다.

나. 이행방식

발주기관은 공동계약 이행방식, 즉 공동이행방식, 분담이행방식, 공동이행방식과 분담이행방식을 혼합한 이행방식 중 어느 하나를 명시해야 한다(공동계약운용요령 제8조 제2항 제1호 가목부터 다목). 특히 분담이행방식을 채택했다면 면허 등 요건 중 주공사 부분과 면허보완이 가능한 부분을 구분하여 명시해야 분쟁 발생을 줄일 수 있다고 한다.[1] 다만, 입찰참가자는 입찰공고상 공동이행방식이나 공동이행방식과 분담이행방식을 혼합한 이행방식에서 공동이행방식을 대신하여 주계약자이행방식으로 공동수급체를 구성하여 입찰에 참여할 수 있다(공동계약운용요령 제8조 제3항).

다. 구성원의 자격제한 사항

발주기관은 구성원 자격제한 사항을 입찰공고에 명시할 수 있다. 가령, 지역의무공동계약을 입찰에 부치는 경우, 그 뜻과 구성원 자격제한사항을 입찰공고에 명시해야 한다. 이때 공동수급체 가운에 해당 지역업체와 그 지역 아닌 업체 사이에 독점규제 및 공정거래에 관한 법률상 계열회사가 아니어야 한다는 사항과 지역업체가 가져야 할 면허 등 요건을 명시한다. 그리고 지역업체 최소지분율을 정한 경우, 그 비율을 입찰공고에 명시해야 한다.

라. 구성원 수와 지분 등

발주기관은 공동계약 유형에 따라 구성원 수와 구성원 별로 계약참여 최소지분율을 입찰공고에 명시할 수 있다.

2. 현장설명

조달청 입찰참가자격사전심사기준 제8조 제1항에 따르면, 공동수급체 대표자는 입찰참가자격사전심사 신청서류를 제출할 때 대표자와 출자비율 등을 기재한 공동수급체 현황표를 제출해야 하므로, 입찰참가자격사전심사를 실시하는 입찰에서는 현장설명 전까지 공동수급체를 구성해야 한다.

한편, 공동수급체 대표자가 단독으로 현장설명에 참가할 수 있다는 점에는 의문이 없지만, 대표자가 아닌 다른 구성원도 현장설명에 참가할 수 있는지 문제되나, 구성원 전원이

---

1) 김성근, 앞의 책(Ⅱ), 418쪽.

일부 구성원에게 현장설명 참가 권한을 위임했다면 가능하다고 본다.

현장설명 이후 현장설명에 참가한 대표자나 다른 구성원이 영업정지, 부정당업자제재 등을 받은 경우, 나머지 구성원만으로도 해당 입찰에 참가할 자격요건을 갖추었거나 적격심사 선정기준을 넘는다면, 나머지 구성원에게 입찰참가나 적격자 선정을 허용해야 한다.

3. 입찰참가신청

공동수급체 대표자는 공동수급협정서를 작성하여 입찰참가신청서류 제출할 때 함께 제출해야 한다(공동계약운용요령 제5조 제2항). 다만, 앞에서 본 바와 같이, 입찰참가자격사전심사를 실시하는 입찰에서는 공동수급체 대표자가 사전심사 신청서류를 제출할 때 대표자와 출자비율 등을 기재한 공동수급체 현황표를 제출해야 하므로, 그 후에 공동수급협정서를 다시 제출할 필요가 없다.

특히 공동수급체 대표자는 다른 구성원으로부터 입찰에 필요한 일체 권한을 위임받았다고 보므로, 결국 입찰자는 공동수급체 대표자이다. 따라서 공동수급체 대표자가 입찰참가신청서류에 서명 또는 기명·날인했다면 해당 입찰참가신청은 적법·유효하다(공사입찰특별유의서 제9조 제6항 참조).

4. 입찰보증금

가. 납부방법

공동수급체 구성원은 공동수급협정서에서 정한 구성원의 출자비율이나 분담내용에 따라 각종 보증금을 분할 납부해야 한다. 다만, 공동이행방식이나 주계약자관리방식에 따른 공동계약에서는 공동수급체 대표자나 공동수급체 구성원 중 1인이 일괄 납부할 수 있다(공동계약운용요령 제10조).

나. 납부면제

공동수급체 대표자가 납부면제 대상자이면 해당 공동수급체의 입찰보증금 납부도 면제된다. 다만, 대표자가 아닌 구성원이 납부면제 대상자면 해당 공동수급체는 입찰보증금을 납부해야 한다.

다. 몰수

입찰에 참가한 공동수급체가 낙찰받은 후 일부 구성원이 계약체결에 응하지 않은 경우, 입찰보증금을 몰수할 수 있는지 문제된다. 공동계약운용요령이나 공동수급표준협정서가 예외적으로 구성원 추가·변경을 허용하고(공동계약운용요령 제12조 제1항 단서, 공동수급표준협정서-공동이행방식 제12조 제1항 참조), 공동수급체 구성원 일부가 계약체결을 거부하였다는 이유로 다시 입찰을 실시하는 것은 비경제적이라는 이유로 입찰·낙찰단계에서 공동수급체 추가·변경을 허용하고, 이 경우 입찰보증금을 몰수할 수 없다는 견해가 있다.[1] 물론 나머지 구성원이 납부한 입찰보증금을 몰수하지 않는다는 결론에는 동의하나, 계약체결을 거절한 구성원의 출자비율이나 분담내용에 해당하는 보증금은 몰수할 필요가 있고, 아울러 해당 구성원에게는 입찰참가자격제한 처분도 해야 한다.

5. 입찰서 제출

가. 입찰참가자격사전심사

1) 적용

발주기관은 사전심사 방법으로 발주하는 공사인 경우, 가능하다면 공동계약을 적용해야 한다(입찰참가자격사전심사요령 제14조 제1항).

2) 공동계약 우대

공동수급체에 대한 심사는 분야별·항목별로 실시하되, 공동수급체 구성원 사이에 시공능력, 실적, 기술보유상황 등 보완을 위하여 공동계약을 할 때에는 이를 우대하여 심사기준을 작성할 수 있다. 구체적으로 경영상태부문은 공동수급체 구성원별로 각각 신용평가등급으로 심사하고, 기술적 공사이행능력부문 가운데 시공경험, 기술능력, 시공평가결과는 공동수급체 구성원별로 각각 시공경험, 기술능력과 시공평가결과에 공사참여 지분율(이하 "시공비율"이라 한다)을 곱하여 산정한 후 이를 합산하여 산정한 평점으로 심사하며, 기술적 공사이행능력부문 가운데 신인도는 공동수급체 구성원별로 각각 산출한 점수에 시공비율을 곱하여 이를 합산한다(입찰참가자격사전심사요령 제14조 제2항). 특히, 경영상태부문 평가를 할 때 구성원별로 각각 심사 후 적격요건을 충족하지 못하는 구성원이 있는 공동수급체는 입찰적격자 선정에서 제외한다(입찰참가자격사전심사요령 제14조 제3항). 그리고 발주기관은 해당 공사의 성질, 내용 등을 고려하여 필요하다고 인정하면, 공동수급체 구성원에 대한 기술적 공사이행능력부문 심사방법을 따로 정할 수 있다(입찰참가자격사전심사요령 제14조 제4항).

3) 재심사

발주기관은 공동계약을 허용한 경우로서 공동수급체를 구성하여 입찰에 참가하고자 하

---

1) 김성근, 앞의 책(Ⅱ), 424쪽.

는 자가 사전심사에 따른 입찰적격자 선정 후 낙찰자 결정 전에 공동수급체구성원 가운데 일부 구성원이 부도, 부정당업자제재, 영업정지, 입찰무효 등 결격사유가 발생한 경우, 나머지 구성원의 출자비율이나 분담내용을 변경하거나 결격사유가 발생한 구성원을 대신할 새로운 구성원을 추가하도록 하여 입찰적격자 선정범위에 해당되는지 여부를 재심사해야 하며, 나머지 구성원만으로 혹은 새로운 구성원을 추가하도록 하여 입찰적격자 선정범위에 해당한다면 해당 공동수급체를 입찰에 참가하게 해야 한다. 그러나 위 결격사유가 입찰참가등록마감일 전에 소멸되었다면, 재심사 규정을 적용하지 않는다. 입찰참가자격은 입찰참가등록마감일을 기준으로 판단하면 충분하기 때문이다.

그런데 공동수급체 구성원이 아니라 그 대표자에게 부도, 부정당업자제재, 영업정지, 입찰무효 등 결격사유가 발생하면, 해당 공동수급체는 입찰에 참가할 수 없다. 만약 입찰 후에 공동수급체 대표자에게 결격사유가 발생하면 그 공동수급체를 낙찰자 결정대상에서 제외해야 한다(입찰참가자격사전심사요령 제11조 제2항).

4) 평가방법 유의사항

발주기관은 추정가격이 200억 원 이상인 공사로서 교량건설, 공항건설 등 기술능력이 필요한 공사에서 기술적 공사이행능력부문 심사를 할 때, 공동수급체를 대상으로 다음 평가방법을 적용한다.

첫째, 심사항목 가운데 시공평가결과분야는 해당 입찰참가자가 제출한 시공경험평가자료를 대상으로 건설기술 진흥법 제50조에 따른 평가결과에 따르되, 해당 시공경험이 공동수급체 구성원(공동이행방식)으로 참여했을 경우에는 공동수급체 대표자가 받은 시공평가결과를 적용한다(입찰참가자격사전심사요령 제6조 제1항 제5호 별표2 참조).

둘째, 심사항목 가운데 지역업체참여도분야는 공동수급체 구성원 가운데 해당 공사현장을 관할하는 특별시, 광역시, 도에 법인등기부상 본점 소재지가 있는 업체의 지분율을 기준으로 평가하고, 지역업체는 입찰공고일 현재 90일 이상 해당 공사현장을 관할하는 특별시, 광역시, 도에 주된 영업소가 있는 업체여야 한다. 단, 계약이행능력을 심사하는 공사, 지역의무공동계약을 적용한 공사, 대형공사나 기술제안입찰 등에 따른 공사, 주계약자관리방식 공동계약에 따른 공사, 해당 지역에 공사이행에 필요한 자격을 갖춘 자가 10인 미만인 경우에는 지엽업체참여도분야를 심사에서 제외한다(입찰참가자격사전심사요령 제6조 제1항 제5호 별표2 참조).

나. 입찰서 작성·제출

1) 작성·제출 주체

공동수급체를 구성하여 입찰에 참가하는 입찰자는 해당 공동수급체 대표자여야 한다. 공동수급체 구성원은 공동수급체 대표자에게 입찰에 필요한 일체 권한을 위임했다고 본다(공사입찰특별유의서 제9조 제6항, 국가종합전자조달시스템 전자입찰특별유의서 제7조 제3항). 이에 공동수급체 대표자는 입찰내용란에 법인명, 그 대표기관 성명 등을, 입찰자란에 법인과 그 대표기관 성명을 각 기재하고, 입찰참가신청서에 날인한 사용인감을 사용하여 날인해야 한다.

이와 관련하여, A라는 자연인이 甲회사와 乙회사의 대표이사를 겸직하는 경우, 甲회와 乙회사가 서로 다른 공동수급체를 구성하여 같은 입찰절차에서 입찰서를 제출했다면, 공동수급체 구성원이 같은 입찰절차에서 공동수급체를 중복 결정하여 입찰에 참가한 경우와 유사하므로, 동일인이 동일입찰에 2통 이상의 입찰서를 제출한 입찰무효 사유에 해당한다고 본다.

2) 산출내역서 제출

산출내역서를 첨부하여 제출하는 입찰에서, 분담이행방식 공동수급체는 구성원 각자가 분담하는 부분의 입찰가격을 기재한 산출내역서를 첨부한다.

Ⅱ. 낙찰자 결정방법

1. 적격심사낙찰제

가. 심사기준

공동수급체에 대한 심사는 분야별·항목별로 실시하되, 구체적으로 시공경험·기술능력은 공동수급체 구성원별로 각각 시공경험과 기술능력에 공사참여 지분율(이하 “시공비율”이라 한다)을 곱하여 산정한 후 이를 합산하여 산정하고, 경영상태·신인도는 공동수급체 구성원별로 각각 산출한 점수에 시공비율을 곱하여 이를 합산한다(적격심사기준 제7조 제3항 제1호, 제2호). 그리고 발주기관은 공동수급체 구성원 사이에 시공능력공시액, 실적, 기술보유상황 등의 보완을 위해 공동계약을 하는 경우 세부심사기준 작성에서 이를 우대할 수 있다(적격심사기준 제7조 제3항). 또한, 국가계약법 시행령 제22조 등에 따라 입찰참가자격을 제한하는 경우에는 공동수급체 구성원에 대한 해당 공사수행능력 심사방법을 세부심사기준에 따로 정할 수 있다(적격심사기준 제7조 제4항).

나. 심사항목 · 배점한도

적격심사기준 제5조 별표는 추정가격이 50억 원 미만 10억 원 이상인 공사(전기 · 정보통신 · 소방공사 · 문화재공사 등은 50억 원 미만 3억 원 이상)에서 다음과 같이 정한다.

첫째, 해당 공사수행능력 중 시공경험은 배점한도 15점으로 하여 해당 공사 추정금액 대비 최근 5년 동안 해당 업종 실적누계액 비율을 심사하는데, 1배 이상 실적을 만점으로 하되 신설업체가 공동수급체를 구성하여 참가하는 경우에는 1/2배 이상 실적을 보유하면 만점에 해당하는 실적으로 인정한다. 그리고 이러한 기준은 추정가격이 10억 원 미만 3억 원 이상인 공사(건설산업기본법에 따른 건설공사에 해당)나 추정가격이 3억 원 미만 2억원이상인 공사(전기 · 정보통신 · 소방공사 · 문화재공사 등은 3억 원 미만 8천만 원 이상)에서도 같이 적용한다(적격심사기준 제5조 별표).

둘째, 해당 공사 수행 관련 결격여부에서 관계법령에 따른 해당 업종등록기준상 기술자 보유 미달여부는 입찰공고일 현재를 기준으로 공사 관련법령에 따라 공사업체의 기술자정보를 관리하는 협회 등에서 직접 발급받거나 발주기관이 같은 협회의 전산망으로 제공받은 기술자 보유 확인서로 판단하는데, 이때 공동수급체를 대상으로는 구성원 각자의 기술자 보유현황을 확인해야 한다(적격심사기준 제5조 별표).

셋째, 등록기간(양수도에 따른 영엽기간 합산) 3년 미만인 신설업체의 시공경험 평가에서, 개별 신설업체가 공동수급체에서 가지는 각자 지분율은 20% 이하여야 하고, 이런 신설업체의 지분율 합은 40% 이하여야 한다(적격심사기준 제5조 별표).

다. 평가방법

사전심사 대상공사는 조달청 입찰참가자격사전심사기준에 따라 평가하고, 그 밖에 공사는 조달청 시설공사 적격심사세부기준에 따라 평가한다. 사전심사 대상공사는 국가계약법 시행령 제42조 제4항제 1호에 따라 낙찰자를 결정하는 공사로서 추정가격 300억 원 이상인 공사, 같은 법 시행령 제6장과 제8장에 따른 공사, 고난도 공종이 포함된 공사를 말한다.

2. 종합심사낙찰제

공사계약 종합심사낙찰제에는 조달청 공사계약 종합심사낙찰제 심사세부기준을 적용한다.

3. 협상에 의한 계약

협상에 의한 계약에서 공동수급체에 대한 제안서 평가방법은 다음과 같다(조달청 협상에 의한 계약 제안서평가 세부기준 제10조 제11항, 제12항 참조).

〔공동수급체 제안서 평가방법〕

① 공동수급체의 대표자가 부도, 부정당업자제재, 영업정지 등의 상태인 경우에는 해당 공동수급체의 결격사유로 평가하며(제안서 평가를 종료 후 평가당시 그 결격사유가 있었던 사실이 확인된 경우이거나 제안서 평가 종료 후부터 계약체결 전까지 결격사유가 발생하고 해소되지 않은 경우에도 같다), 공동수급체 구성원 중 부도, 부정당업자제재, 영업정지, 입찰무효 등의 상태인 자가 있는 경우에는 제안서평가를 할 수 있다. 이 경우 출자비율 또는 분담비율은 입찰서 제출 마감일 전날까지 확정·제출된 비율로 하며, 결격사유가 있는 구성원의 출자비율 또는 분담비율을 남은 구성원에게 배분하지 않는다.

② 위에 따라 공동수급체를 평가할 경우 결격사유 있는 구성원의 출자비율 또는 분담비율을 전체 사업에 대한 비율로 환산하여 기술능력평가점수에서 환산 비율에 해당하는 점수(소수점 다섯째 자리에서 반올림하여 산출)만큼 감점한다. 다만, 제안서 평가를 종료 후 평가당시 그 결격사유가 있었던 사실이 확인된 경우에는 계약담당공무원이 감점처리한 후 재산정한 점수로 평가 절차를 다시 진행한다.

Ⅲ. 낙찰자결정

1. 문제점

공동수급체 낙찰자결정과 관련하여, 특히 공동수급체 구성원 중 일부가 부도, 파산, 해산, 영업정지, 부정당업자제재 등 결격사유가 발생했을 때, 어떻게 처리해야 하는지 문제된다. 다만, 낙찰자결정은 아니더라도 입찰참가자격사전심사에 따른 입찰적격사 선정에서도 비슷한 문제가 있으므로 함께 살펴본다.

2. 낙찰자 선정 전 결격사유가 발생한 경우

가. 입찰참가자격사전심사

사전심사 대상공사에서 입찰적격자 선정 후 낙찰자 선정 전에 공동수급체 구성원 중 일부 구성원에게 부도 등 결격사유가 발생한 경우(결격사유가 입찰등록 마감일 이전에 소멸되는 경우에는 제외) 입찰적격자로 선정된 자는 나머지 구성원만으로 출자비율이나 분담내용을 변경하거나 결격사유가 발생한 구성원을 대신할 새로운 구성원을 추가하여 입찰적격자 선정범위에 해당되는지의 여부를 재심사 신청해야 한다. 이때 발주기관은 당초 입찰적격자 선정기준과 같은 방법으로 심사하여 입찰적격자 선정범위에 해당되는 경우 해당 공동수급체를 입찰에 참가하게 해야 한다. 다만, 공동수급체 대표자가 부도 등의 결격사유가 발생한 경우에는 해당 공동수급체를 입찰에 참가하게 하여서는 안 되며, 입찰 이후에는 낙찰자 결정대상에서 제외해야 한다(조달청 입찰참가자격사전심사기준 제12조 제4항).

나. 적격심사낙찰제

적격심사낙찰제에서 적격심사대상자가 낙찰자 선정 전에 부도(부도업체에 대한 법원의 회생절차개시결정이 있는 경우에는 제외), 파산, 해산, 부정당업자 제재, 영업정지, 입찰무효 등 상태에 있으면 해당 공사 수행능력 결격사유로 보고, 적격심사대상자가 입찰공고일 현재 공사 관련법령이 정하는 업종 등록기준의 기술자 보유기준에 미달하면 해당 공사 수행능력 결격사유로 보는데(조달청 시설공사 적격심사세부기준 제6조 제1항, 제2항), 공동수급체 구성원 가운데 대표자가 위에 해당하는 경우에는 해당 공동수급체의 결격사유로 보며, 대표자가 아닌 구성원이 위에 해당하는 경우에는 해당 구성원을 제외하고 나머지 구성원의 출자비율이나 분담내용을 변경하게 하여 재심사한다(조달청 적격심사계부기준 제6조 제5항).

다. 종합심사낙찰제

종합심사낙찰제에서 입찰자가 부도, 파산, 해산, 부정당업자 제재, 영업정지(건설업 등의 등록말소·취소 포함), 입찰무효 등 상태에 있는 경우, 이를 결격사유라 하고, 해당 입찰자를 심사대상에서 제외하는데(공사계약 종합심사낙찰제 심사기준 제15조 제1항), 공동수급체 일부 구성원에 결격사유가 있는 경우에는 해당 구성원을 제외하고 나머지 구성원의 시공비율이나 분담내용을 변경하게 하여 재심사하되, 공동수급체 대표자에게 결격사유가 있는 경우에는 해당 공동수급체 전체를 심사대상에서 제외한다(공사계약 종합심사낙찰제 심사기준 제15조 제2항). 다만, 결격사유가 부도나 파산인 경우로서 채무자회생 및 파산에 관한 법률에 따라 법원으로부터 기업회생절차개시결정을 받고 정상적인 금융거래 재개를 확인할 수 있는 서류를 제출하는 경우에는 결격사유로 보지 않는다(공사계약 종합심사낙찰제 심사기준 제15조 제3항).

라. 협상에 의한 계약

협상에 의한 계약에서 공동수급체 대표자가 부도, 부정당업자제재, 영업정지 등 상태인 경우에는 해당 공동수급체의 결격사유로 평가하는 반면(제안서 평가를 종료 후 평가 당시 그 결격사유가 있었던 사실이 확인된 경우거나 제안서 평가 종료 후부터 계약체결 전까지 결격사유가 발생하고 해소되지 않은 경우에도 같다), 공동수급체 구성원 가운데 부도, 부정당업자제재, 영업정지, 입찰무효 등 상태인 자가 있는 경우에는 제안서평가를 할 수 있다. 이때 출자비율이나 분담비율은 입찰서 제출 마감일 전날까지 확정·제출된 비율로 하며, 결격사유가 있는 구성원의 출자비율이나 분담비율을 남은 구성원에게 배분하지 않는다(조달청 협상에 의한 계약 제안서평가 세부기준 제10조 제11항). 위에 따라 공동수급체를 평가할 경우, 결격사유 있는 구성원의 출자비율이나 분담비율을 전체 사업에 대한 비율로 환산하여 기술능력평가점수에서 환산 비율에 해당하는 점수(소수점 다섯째자리에서 반올림하여 산출)만큼 감점한다. 다만, 제안서평가를 종료 후 평가당시 그 결격사유가 있었던 사실이 확인된 경우에는 계약담당공무원이 감점처리한 후 재산정한 점수로 평가 절차를 다시 진행한다(조달청 협상에 의한 계약 제안서평가 세부기준 제10조 제12항).

마. 검토

정리하면, 낙찰자 결정방법에 따라 내용에 다소 차이는 있지만, 조달청 실무는 낙찰자 선정 전 공동수급체 대표자에게 결격사유가 발생하면 공동수급체 전체를 결격으로 보아 평가나 낙찰자 선정에서 배제하지만, 공동수급체 대표자가 아닌 구성원에게 결격사유가 발생하면 해당 구성원을 제외한 나머지 구성원만으로 재심사나 재평가를 진행하여 최종 낙찰자를 선정한다. 다만, 공사가 아닌 건설기술용역을 위한 종합심사낙찰제인 경우, 정량평가는 공동수급체 구성원에게 결격사유가 발생하면 결격사유 있는 구성원을 제외한 다음 나머지 구성원만으로 평가할 근거가 있지만(조달청 건설기술용역 종합심사낙찰제 세부심사기준 제7조 제3항, 제4항 참조), 정성평가는 별도 규정이 없어 결격사유 있는 구성원을 제외한 나머지 구성원만으로 평가할 근거가 없으며, 더욱이 건설기술용역 종합심사제 입찰에 참가하려는 공동수급체 구성원은 각자 1인 이상 평가대상 참여기술인을 배치해야 하므로, 만약 일부 구성원에게 결격사유가 발생하면, 그 구성원이 배치한 평가대상 참여기술인도 배제되어, 공동수급체 전체가 결격자에 해당하는 결론에 이른다(조달청 건설기술용역 종합심사낙찰제 세부심사기준 제17조 제5호, 제6호 참조). 즉, 건설기술용역을 위한 종합심사낙찰제에서는 다른 낙찰자 결정방법에서와 달리 대표자 아닌 구성원에게 결격사유가 생기면 공동수급체 전체에 결격사유가 있는 것으로 처리할 수밖에 없다. 건설기술용역 종합심사낙찰제에서도 다른 낙찰자 결정방법과 같이 결격사유 있는 구성원을 제외한 나머지 구성원만으로 평가할 수 있도록 규정을 개정하는 것이 바람직하다.

3. 낙찰자 선정 후 결격사유가 발생한 경우

공동수급체 구성원 중 일부가 낙찰자 선정 후 결격사유가 발생한 경우는 결격사유에 따라 나누어 살펴보아야 한다. 결격사유가 부도, 파산, 해산인 경우, 발주기관은 해당 구성원이 계약에 참여하겠다고 하면 그 구성원을 포함한 공동수급체와 계약을 체결하고, 해당 구성원이 계약에 참여하지 않겠다고 하면 나머지 구성원만으로 면허 등 요건을 충족했는지 검토하여 이를 만족한다는 전제 아래 그 공동수급체로 하여금 출자비율 등을 변경한 공동수급협정서를 보완하게 한 다음 해당 공동수급체와 계약을 체결할 수 있다. 그러나 결격사유가 영업정지나 부정당업자제재인 경우, 해당 구성원은 반드시 계약체결에서 제외되어야 하며(국가계약법 시행령 제76조 제8항 유추해석), 발주기관은 나머지 구성원만으로 면허 등 요건을 충족한 경우에 한정하여 공동수급체로부터 공동수급협정서를 보완 받아 계약을 체결할 수 있다고 보아야 한다.

Ⅳ. 입찰하자

입찰취소나 무효사유는 다른 계약유형에서와 똑같이 적용된다. 다만, 국가계약법 시행규칙 제44조 제9호는 지역의무공동계약 또는 지역업체간 계열회사 제한 관련 공동계약 방법을 위반한 입찰을 무효사유로 규정한다. 따라서 지역의무공동계약으로 발주한 공사에서 해당 지역에 주된 영업소가 있는 업체와 공동수급체를 구성하지 않거나 공동수급체를 구성한 지역업체 사이에 계역회사 관계가 있는 입찰은 무효이다.

한편, 공사입찰유의서 제15조 제11호도 공동수급체 구성원이 같은 입찰건에서 공동수급체를 중복으로 결성하여 참여한 입찰, 입찰등록 당시 공동수급표준협정서를 제출하지 않은 입찰, 공동계약운용요령 제9조를 위반한 입찰을 무효로 규정한다. 이에 따르면 공동수급체 구성원이 5인을 초과하거나 공동이행방식에서 구성원별 계약참여 최소지분율을 10% 미만으로 구성한 공동수급체 입찰, 입찰공고에 명시한 지역업체 최소지분율 미만으로 구성한 공동수급체 입찰은 무효이다. 또한, 입찰공고에서 정한 자격을 갖추지 못한 업체가 대표자인 경우 등에도 해당 입찰은 무효이다.

주의할 것은, 공동수급체 일부 구성원에게 입찰무효 사유가 있어 해당 구성원을 입찰절차에서 배제하더라도 그러한 사유가 없는 나머지 구성원의 입찰참가까지 무효로 볼 수 없고, 나머지 구성원만으로 입찰참가자격을 갖추었는지 등 일부 구성원의 입찰무효 사유가 공동수급체 입찰에 미치는 영향을 고려해 나머지 구성원의 입찰이 유효인지 판단해야 한다.[1]

---

1) 대법원 2012. 9. 20.자 2012마1097 결정.

제 4 절 공동계약 체결과 그 이행

Ⅰ. 계약체결

공동수급체는 발주기관과 계약을 체결하려는 경우 구성원 모두가 연명으로 계약서에 기명·날인이나 서명해야 한다(공동계약운용요령 제6조). 따라서 공동수급체 구성원 가운데 일부라도 기명·날인이나 서명을 하지 않았다면, 해당 계약은 무효이다.

Ⅱ. 계약보증

1. 보증금 납부방법

공동수급체 구성원은 공동수급협정서에서 정한 구성원의 출자비율이나 분담내용에 따라 계약보증금을 분할 납부해야 한다. 다만, 공동이행방식이나 주계약자관리방식에 따른 공동계약에서는 공동수급체 대표자나 공동수급체 구성원 가운데 1인이 일괄 납부할 수 있다(공동계약운용요령 제10조).

따라서 보증서 제출로 보증금 납부를 갈음하는 경우, 공동이행방식에서 각 구성원은 자기 출자비율에 따른 계약보증서를 발급받아 발주기관에게 제출하고, 분담이행방식에서 각 구성원은 자기 분담부분에 해당하는 계약보증서를 발급받아 발주기관에 제출한다.

2. 보증금 국고귀속

공동수급체 구성원이 모두 정당한 이유 없이 계약을 이행하지 않으면, 발주기관은 당연히 전체 계약보증금을 몰수해야 한다.

공동이행방식에서 일부 구성원이 정당한 이유 없이 계약을 이행하지 않더라도 나머지 구성원이 연대책임을 지기 때문에 전체 계약보증금을 몰수할 수 없다.

그러나 분담이행방식에서 일부 구성원이 정당한 이유 없이 계약을 이행하지 않으면 그 구성원의 분담부분에 해당하는 계약보증금을 몰수할 수 있다. 다만, 분담부분을 불이행한 구성원을 대신하여 나머지 구성원이 해당 분담부분을 이행했다면, 계약보증금을 몰수할 수 없다고 보아야 한다(공동수급표준협정서-분담이행방식 제12조 제2항 본문 참조). 이때 나머지 구성원은 분담부분을 불이행한 구성원에게 손해배상이나 부당이득반환을 청구할 수 있다.

3. 보증금 반환

발주기관은 공동수급체가 계약이행을 완료하면 공동수급체에게 계약보증금을 반환해야 한다. 특히 공동수급체는 공동수급협정서에서 정한 출자비율이나 분담내용에 따라 계약보증금을 납부하기 때문에, 발주기관은 출자비율 등에 따라 공동수급체 구성원 각자에게 계약보증금을 반환해야 할 필요가 있다. 또한, 공동이행방식의 공동수급체인 경우 대표자나 구성원 일부가 계약보증금을 일괄 납부할 수 있는데, 이때도 특별한 사정이 없다면 각 구성원에게 출자비율 등에 따라 반환해야 한다고 본다.

한편, 분담이행방식에서 일부 구성원이 분담부분을 완성했더라도 아직 분담부분을 완성하지 못한 구성원이 있다면, 분담부분을 완성한 구성원도 전체 계약이행이 완료될 때까지 계약보증금을 반환받지 못한다고 해석해야 한다. 비록 분담이행방식일지라도 계약이행 완료 여부는 분담부분 별로 판단하는 것이 아니라 발주계약 전체를 대상으로 판단해야 하기 때문이다.

Ⅲ. 이행착수

1. 계약이행계획서 제출·승인·변경

가. 제출

발주기관은 공사를 착공할 때까지 공동수급체 구성원별 출자비율이나 분담내용에 따른 공동계약이행계획서(계약이행계획서)를 제출받아 승인해야 한다(공동계약운용요령 제13조 제1항). 계약이행계획서에는 구성원별 이행부분과 내역서(이행부분을 구분하지 아니하는 경우에는 제외), 구성원별 투입 인원·장비 등 목록과 투입시기, 그 밖에 발주기관이 요구하는 사항을 포함해야 한다.

나. 승인

발주기관은 계약이행계획서를 검토하여 관련법령이나 공동계약운용요령을 위반한 사항이 있으면 공동수급체에게 그 시정이나 보완을 요구하고, 공동수급체는 그 취지에 따라 발주기관에게 계약이행계획서를 다시 제출해야 한다. 따라서 발주기관은 계약이행계획서에 법령 위반 등 특별한 문제가 없을 때만 이를 승인한다.

한편, 공동수급체는 구성원 연명으로 출자비율이나 분담내용을 준수하는 범위 안에서 발주기관에게 계약이행계획서 변경을 위한 승인을 요청할 수 있고, 발주기관은 공사의 적정한 이행을 위해 필요하다고 인정하는 경우에 한정하여 이를 승인할 수 있다(공동계약운용요령 제13조 제2항).

다. 변경

공동수급체 구성원끼리 당초 이행방식을 변경하기로 합의했다면 그런 합의가 유효한지 문제이나, 공동수급체 내부적으로 이행방식을 변경하기로 한 약정을 무효라고 볼 이유는 없다. 다만, 발주기관이 그러한 내부적 합의에 동의하지 않는다면, 공동수급체는 발주기관에게 이행방식 변경이나 그에 따른 계약이행 결과를 주장할 수 없다. 따라서 내부적 이행방식 변경 합의에 따라 당초 제출한 계약이행계획서와 달리 시공하는 공동수급체 혹은 그 구성원은 정당한 이유 없이 계약이행계획서에 따라 계약이행에 참여하지 않거나 출자비율·분담내용과 다르게 이행하였다는 이유로 부정당업자제재를 받을 수 있으므로, 이에 해당하지 않도록 주의해야 한다.

2. 이행방법

가. 원칙

공동이행방식 공동수급체 구성원은 출자지분율에 따라 계약을 이행하고, 분담이행방식 공동수급체 구성원은 각자 맡은 내용을 이행한다.

한편, 주계약자관리방식에서 주계약자는 원래 계약의 종합적인 계획, 관리, 조정업무를 담당하므로 직접 계약이행을 하지 않는다. 따라서 주계약자는 직접 시공에 참여하지 않더라도 시공관리, 품질관리, 하자관리, 공정관리, 안전관리, 환경관리 등 시공의 종합적인 계획·관리, 조정에만 참여하더라도 이를 계약이행으로 본다(공동계약운용요령 제13조 제4항). 주계약자는 공사기방서, 설계도면, 계약서, 예정공정표, 품질보증계획이나 품질시험계획, 안전·환경관리계획, 산출내역서 등에 따라 품질이나 시공을 확인하고 적정하지 못하다고 판단하면 재시공지시 등 필요한 조치를 할 수 있으며, 경제적이고 효율적인 공사진행을 위해 공동수급체 구성원과 협의를 거쳐 자재나 장비 등 조달을 일원화하여 관리할 수 있다. 따라서 주계약자가 아닌 구성원이 이러한 주계약자 이행방법에 협조하지 않으면, 주계약자는 해당 구성원을 탈퇴조치할 수 있다.

나. 하도급

공동이행방식에서 하도급을 하려는 구성원은 다른 구성원으로부터 동의를 받아야 하지만, 분담이행방식에서 하조급을 하려는 구성원은 자기 책임 아래 분담부분 일부를 하도급할 수 있다.

그리고 주계약자관리방식에서 주계약자가 아닌 구성원은 자신이 분담한 부분을 직접 시공해야 한다. 다만, 공동수급체 구성원이 종합건설업자라면 다른 법령이나 시공품질의 향상, 현장사정 등 불가피한 사유가 있는 경우에는 주계약자와 합의하고 발주기관으로부터 승인을 얻어 하도급할 수 있다(공동계약운용요령 제13조 제3항).

Ⅳ. 대가지급

1. 선금지급

가. 선금지급 신청

공동수급체 대표자는 선금을 청구하기 위해 발주기관에게 공동수급체 구성원별로 구분 기재된 신청서를 제출해야 한다. 다만, 공동수급체 대표자가 부도, 파산 등의 부득이한 사유로 신청서를 제출할 수 없다면, 공동수급체의 다른 모든 구성원이 연명으로 이를 제출할 수 있다(공동계약운용요령 제11조 제1항). 공동수급체 대표자가 아닌 구성원이 선금을 지급받을 수 없다면, 발주기관은 해당 구성원을 제외한 나머지 구성원에게 출자지분이나 분담내용에 따른 선금을 지급한다.

나. 선금지급

발주기관은 선금지급 신청이 있으면, 신청 금액을 공동수급체 구성원 각자에게 지급해야 한다. 다만, 주계약자관리방식에서는 주계약자가 부도, 파산 등 부득이한 사유로 신청서를 제출할 수 없는 경우를 제외하고는 공동수급체 대표자에게 지급해야 한다(공동계약운용요령 제11조 제2항). 이러한 규정 때문에, 공동이행방식 공동수급체를 민법상 조합이라 보기 어렵다는 견해도 있지만,[1] 계약상대자인 공동수급체를 민법상 조합으로 파악하더라도, 별도 규정이나 특약(가령, 각 구성원이 가지는 선금 지급채권을 지분별로 분할하여 취득하기로 하는 약정 등)으로 선금 지급방법 등은 얼마든지 변경할 수 있으므로, 위 견해에 찬성하기 곤란하다.

다. 선금반환

공동이행방식 공동수급체의 일부 구성원이 부도 등으로 발주기관에 선금을 반환해야 할 경우, 나머지 구성원도 연대하여 선금반환채무를 부담하는지 문제된다. 물론 공동이행방식 공동수급체를 민법상 조합으로 보면, 나머지 구성원도 연대책임을 부담해야 한다고 해석해야 한다. 그러나 앞에서 살펴 본 바와 같이, 각 구성원이 선금반환채권을 분할하여 취득한다고

---

1) 김성근, 앞의 책(Ⅱ), 449쪽.

규정한 취지를 고려하면, 공동수급체 각 구성원의 연대책임 범위는 선금반환채무에까지는 미치지 않는다고 이해할 수도 있다.[1] 또한, 공동계약운용요령 제7조 제1항은 계약상의 시공, 제조, 용역의무 이행만 연대책임을 부담한다고 규정하지, 그 밖에 선금반환과 같은 금전채무는 포함하지 않는다고 이해할 수도 있다. 따라서 부도 등이 발생한 구성원만 발주기관에게 선금반환의무를 부담할 뿐 나머지 구성원은 연대책임을 부담하지 않는다고 본다.

〔선금반환의 연대책임 여부〕

① 국가를당사자로하는계약에관한법률시행령 및 시행규칙의 관계 규정이 연대보증의 자격을 당해 공사에 관하여 입찰참가 자격이 있는 자로 제한하고 있고, 보증의무를 이행한 연대보증인에게 대금청구권이 있음을 전제로 하고 있으며, 공사도급계약과 그에 관한 연대보증계약 내용의 일부로 된 공사계약 일반조건 및 공사계약 특수조건도 계약상대자가 불이행한 공사의 완성을 연대보증인에게 청구할 수 있고 연대보증인은 그에 대한 대금을 청구할 수 있다고 규정하고 있을 뿐 선급금 반환채무 등에 관한 연대보증인의 의무에 관하여는 아무런 규정이 없고, 선급금에 관하여는 별도의 규정을 두어 그 반환채무의 담보방법으로서 금융기관의 보증 등 그 담보력이 충분한 것으로 제한하고 있는 점 등에 비추어 볼 때, 지방자치단체와 건설업체 사이에 체결된 공사도급계약에 관하여 수급인과 연대하여 도급계약상의 의무를 이행하기로 한 연대보증인의 보증책임의 범위는 수급인의 공사 시행에 관한 의무의 보증에 한정되고, 수급인의 선급금 반환채무에까지는 미치지 아니한다고 봄이 상당하다(대법원 1999. 10. 8. 선고 99다20773 판결).

② 먼저 선급금과 관련하여 보면, 재정경제부 회계예규(2200.04-136-4)인 공동도급계약운용요령(기록 160정) 제11조 등에 의하면 선급금은 공동수급체 구성원별로 금액을 구분하여 신청하도록 하고 있고(다만 선급금의 지급은 공동수급체 대표자에게 지급할 수 있도록 되어 있다), 선급금 지급 당시 각 구성원별로 각 신청금액에 해당하는 선급금 보증서와 세금계산서를 따로 받도록 되어 있다(이 사건에서도 그와 같은 절차와 방법에 따라 선금이 지급되었다). 그리고 그와 같은 사정에 비추어 보면 공동수급체의 각 구성원은 다른 구성원이 지급받은 선급금에 대하여까지 연대하여 반환의무를 부담하지는 않는 것으로 보인다(재정경제부 질의회신 회계 41301-1869에 의하여도 그렇다). 그러므로 이에 따르면 선급금 반환의무는 각 구성원별로 부담하는 것이고, 다른 구성원이 받은 선급금에 대하여는 반환책임을 부담하지 않는다. 따라서 선급금 반환채무는 공동수급체 전체의 채무라고 보기 어렵다(대법원 2001. 7. 13. 선고 99다68584 판결).

③ 공동수급체의 구성원이 발주자에 대한 계약상의 의무이행에 대하여 연대하여 책임을 진다고 규정되어 있다고 하더라도, 도급계약의 내용에 선급금 반환채무 등에 관한 다른 구성원의 의무에 관하여는 명시적인 규정이 없고, 선급금에 관하여는 별도의 규정을 두어 그 반환채무의 담보방법으로 수급인이 제출하여야 할 문서로서 보험사업자의 보증보험증권이나 건설공제조합의 지급보증서 등

1) 대법원 2004. 11. 26. 선고 2002다68362 판결 등 참조.

그 담보력이 충분한 것으로 제한하고 있다면, 공동수급체의 각 구성원의 연대책임의 범위는 선급금 반환채무에까지는 미치지 아니한다고 봄이 상당하므로, 공동수급체의 구성원으로서는 특별한 사정이 없는 한 다른 구성원의 선급금 반환채무에 관하여는 책임을 부담하지 않는다고 할 것이다(대법원 2002. 1. 25. 선고 2001다61623 판결, 대법원 2004. 11. 26. 선고 2002다68362 판결).

라. 선금반환과 상계

발주기관은 선금반환채권으로 미지급 공사대금 채무에 대하여 상계[1]할 수 있는데, 이때 공동수급체 전체에게 지급할 공사대금으로 선금을 충당할지, 선금 반환사유가 있는 구성원 출자비율에 상당하는 공사대금으로 선금을 충당할지 문제된다. 그런데 앞에서 보았듯이, 공동계약운용요령이 정한 특별 규정에 따라 공동이행방식에서도 선금과 공사대금은 각 구성원별로 정산해야 하고, 선금반환채무를 부담하는 구성원을 제외한 나머지 구성원은 그 책임을 부담하지 않는다고 이해해야 하므로, 결국 선금을 충당할 공사대금은 선금 반환사유가 있는 구성원의 지분비율에 해당하는 금액만을 의미한다.[2]

2. 기성대가 지급

가. 기성대가지급 신청

선금지급 신청과 마찬가지로, 공동수급체 대표자는 기성대가를 청구하기 위해 발주기관에게 공동수급체 구성원별로 구분 기재된 신청서를 제출해야 한다. 다만, 공동수급체 대표자가 부도, 파산 등의 부득이한 사유로 신청서를 제출할 수 없다면, 공동수급체의 다른 모든 구성원이 연명으로 이를 제출할 수 있다(공동계약운용요령 제11조 제1항). 발주기관은 공동수급체 구성원 각자에게 신청금액을 지급해야 한다.

공동이행방식 공동수급체는 민법상 조합에 해당하므로, 본래 구성원 각자가 발주기관에게 기성대가를 청구할 수 없으나, 공동계약운용요령 제11조 등을 고려하면 공동수급체 구성원이 출자지분율에 따라 발주기관에게 직접 권리를 취득하는 묵시적 약정이 있었다고 볼 수 있으므로, 이때에는 구성원별로 대가를 청구할 수 있다고 본다.[3] 다만, 명시적·묵시적 약정이 있었는지 개별 공사계약 내용에 따라 달리 해석할 수 있으며, 만약 그러한 약정이 부정되는 경우에는 공동수급체 구성원이 각 지분비율에 따라 공사대금청구를 할 수 없다.[4]

---

1) 여기서 상계는 특별한 의사표시 없이도 그때까지 기성 공사대금 가운데 미지급금에서 선금반환채권액을 공제하는 당연충당을 말한다.
2) 대법원 2001. 7. 13. 선고 99다68584 판결.
3) 대법원 2012. 5. 17. 선고 2009다105406 전원합의체 판결.
4) 대법원 2013. 7. 11. 선고 2011다60759 판결.

〔공동이행방식 공동수급체의 구성원이 지분비율에 따라 공사대금을 청구할 수 있는지〕

원심이 확정한 사실관계 및 원심이 적법하게 채택한 증거에 의하면, 이 사건 도급계약에는 공사계약일반조건, 공사계약특수조건, 공동수급협정서 등이 편입되어 있는데, 공사계약일반조건 제35조에는 공동수급체의 구성원은 구성원별로 구분 기재된 기성신청서를 공동수급체의 대표자 혹은 부득이한 사유가 있을 경우 공동수급체의 운영위원회에서 정한 대표자에게 제출하고, 그 대표자가 사업시행자에게 기성대가를 청구하며, 사업시행자는 이 사건 도급계약에서 달리 정하지 않는 한, 공사비 지급기일에 검사된 내용에 따라 기성대가를 확정하여 공동수급체 구성원 각자에게 지급하거나 대표자에게 지급하는 것으로 정해져 있고, 공동수급협정서 제8조에는 공동수급체의 대표가 공동도급공사의 대가 등을 수령한 후 각 구성원의 계좌로 송금한다고 규정되어 있는 사실을 알 수 있다. 이러한 사실관계에 나타난 약정 내용에 의하면, 도급인인 피고 휴먼에듀 주식회와 이 사건 공동수급체 사이에 체결된 이 사건 도급계약은 공동수급체가 조합체로서 공사대금채권을 가지는 것으로 약정하였다고 보일 뿐, 그 공사대금채권을 공동수급체의 구성원 각자가 출자지분의 비율에 따라 도급인에게 직접 청구할 수 있는 권리를 취득하게 하는 특약을 한 것이라고는 할 수 없다(대법원 2013. 7. 11. 선고 2011다60759 판결).

한편, 분담이행방식에서 일부 구성원이 자기 분담부분을 시공한 후 기성대가를 수령한 후에 일부 구성원이 자기 분담부분을 시공하여 발주기관에 기성대가를 청구하는 경우, 이미 기성대가를 수령한 구성원은 기성대가지급신청서에 기명·날인하거나 서명할 필요가 없다. 분담이행방식에서 각 구성원은 각자 권리를 행사할 수 있기 때문이다.

나. 기성대가 지급

발주기관은 공동수급체 대표자와 각 구성원의 이행내용에 따라 기성대가를 지급해야 한다. 특히 준공대가를 지급할 때는 구성원별 총 지급금액이 준공 당시 공동수급체 구성원의 출자비율이나 분담내용과 일치해야 한다(공동계약운용요령 제11조 제3항). 따라서 가령, 공동이행방식 공동수급체 구성원이 시공한 부분과 당초 출자비율이 일치하지 않는 경우에는, 출자비율에 따라 시공하지 않았다는 계약불이행을 사유로 부정당업자제재 대상에 해당한다. 그리고 발주기관과 공동이행방식 공동수급체 사이에 공동수급체 개별 구성원이 지분비율에 따라 발주기관에게 직접 공사대금채권을 취득하기로 하는 약정을 한 경우, 일부 구성원만이 실제로 공사를 수행했거나 일부 구성원이 지분비율을 넘어서 공사를 수행했더라도, 발주기관에게 당초 지분비율을 넘은 실제 공사비율에 따라 공사대금채권을 취득한다고 볼 수는 없다. 다만, 공사계약 자체에서 개별 구성원의 실제 공사수행 여부나 정도를 지분비율에 따른 공사대금채권 취득 조건으로 약정했거나 일부 구성원의 공사 미이행을 이유로 공동수급체로부터 탈퇴·제명하도록 하여 그 구성원의 자격이 아예 상실된다고 약정하는 등 특별한 사정이 있으면 그렇지 않을 뿐이다.[1)]

정리하면, 기성대가는 각 구성원이 이행한 결과에 따라 지급되어야 하므로, 발주기관은 실제 시공한 부분을 대상으로 공동수급체 구성원 각자에게 기성대가를 지급해야 하나, 준공대가를 지급하면서는 전체적으로 당초 약정한 출자비율이나 분담내용에 맞게 대가를 지급해야 한다.

한편, 공동수급체가 기성대가를 청구할 때 일부 구성원이 납세증명서를 제출하지 않는 경우, 해당 구성원에게만 기성대가 지급을 거절할 수 있고, 나머지 구성원에게는 기성대가를 지급해야 한다고 본다.

다. 선금정산

발주기관은 기성대가를 지급할 때마다 선금액 × 기성 부분 대가상당액 / 계약금액으로 산정한 선금정산액 이상을 정산해야 한다.

3. 채권양도

계약상대자는 제3자에게 대금채권을 양도하고자 하는 경우 미리 연대보증인이나 공사이행보증서 발급기관의 동의를 얻어 발주기관으로부터 서면승인을 받아야 한다(공사계약특수조건 제20조). 그런데 공동이행방식 공동수급체는 민법상 조합에 해당하지만, 발주기관과 공동수급체 사이에 개별 구성원이 지분비율에 따라 대금채권을 행사하기로 하는 묵시적 약정이 있었다고 보아야 하므로, 개별 구성원은 공사계약특수조건에서 정한 요건을 갖추어 대금채권을 양도할 수 있다고 본다. 분담이행방식이나 주계약자관리방식의 공동수급체도 각 구성원이 분담부분에 상당하는 대금채권을 가지기 때문에, 당연히 이를 양도할 수 있다고 보아야 한다.

한편, 공동수급체 구성원끼리 서로 채권을 양도하는 경우에는 제3자가 아니기 때문에 발주기관으로부터 별도로 승인을 받을 필요가 없다.

---

1) 대법원 2013. 2. 28. 선고 2012다107532 판결.

제 5 절 공동계약 효과

Ⅰ. 지체상금

1. 공동이행방식

공동이행방식 공동수급체는 연대하여 발주기관에게 계약상 의무를 이행해야 하므로 그 구성원 중 일부가 계약상 의무를 이행하지 않았다면 나머지 구성원이 해당 의무를 보완해야 하는데, 그럼에도 나머지 구성원이 계약상 의무를 이행하지 않은 채로 이행기가 경과하였다면, 발주기관은 공동수급체에게 지체상금을 부과해야 한다. 결과적으로, 일부 구성원의 계약상 의무불이행이 있고, 나머지 구성원도 해당 이행을 보완하지 않아 이행지체가 발생했다면, 공동수급체 전체가 지체상금 지급 의무를 부담한다. 이때 지체상금을 지급한 구성원은 해당 사유를 야기한 구성원에게 구상권을 행사할 수 있다.[1)]

반대로 일부 구성원이 계약상 의무를 이행하지 않자, 다른 구성원이 자기 자본이나 인력 등을 투입하여 계약을 이행했다면, 발주기관은 공동수급체나 일부 구성원에게 지체상금을 청구할 수 없다. 물론 자기 자본이나 인력 등을 투입하여 계약을 대신 이행한 구성원은 해당 계약을 이행하지 않은 구성원을 상대로 손해배상이나 부당이득반환을 청구할 수 있다.[2)]

2. 분담이행방식

분담이행방식 공동수급체는 각자 분담부분을 독립하여 이행할 의무를 부담하기 때문에, 어느 구성원이 분담한 부분을 지연한 결과 다른 구성원의 분담부분이 지연되더라도, 특별한 사정이 없다면, 이행지체를 야기한 구성원만 분담부분에 한정하여 지체상금을 부담한다고 본다.[3)] 다른 구성원이 분담부분을 이행하지 않아서 자기 분담부분을 이행하지 못한 구성원에게는 책임 있는 사유가 있다고 보기 어렵기 때문이다. 다만, 계약내용상 일부 구성원이 자기 분담부분을 이행하지 못하면 당연히 다른 구성원도 분담부분을 이행하지 못하는 구조이고, 분담이행방식 구성원 사이에 그 이행을 위한 상호연대보증을 했으며, 계약상 전체 준공기한을 이행기한을 정한 경우와 같은 특별한 사정이 있다면, 분담부분을 이행하지 못한 구성원이 지급할 지체상금은 분담부분에 한정한 계약금액이 아니라 전체 계약대금을 기준으로 산정해야 한다.[4)]

---

1) 참고로, 발주기관은 이행지체를 야기한 구성원에게만 부정당업자 입찰참가자격제한 처분을 한다.
2) 참고로, 발주기관은 공동수급체 누구에게도 부정당업자 입찰참가자격제한 처분을 할 수 없다.
3) 대법원 1998. 10. 2. 선고 98다33888 판결.
4) 대법원 1994. 3. 25. 선고 93다42887 판결.

Ⅱ. 하자담보책임

1. 하자담보책임 기간

하자담보책임 기간은 발주기관이 계약상대자로부터 전체 이행결과물을 인수한 때부터 기산한다. 이는 공동계약에서도 마찬가지다. 다만, 복합공종 공사에서 분담이행방식 공동수급체가 공사를 이행한 경우, 하자담보책임 기간은 분담된 공사 내용에 따라 구성원별로 적용된다.

2. 하자보증금 납부

하자보증금 납부도 계약보증금 납부와 다르지 않다. 즉, 공동수급체 구성원은 공동수급협정서에서 정한 구성원의 출자비율이나 분담내용에 따라 분할납부해야 한다. 다만, 공동이행방식이나 주계약자관리방식 공동계약인 때에는 공동수급체대표자나 공동수급체 구성원 가운데 1인이 일괄 납부할 수 있다(공동계약운용요령 제10조).

3. 하자담보책임 주체

가. 공동이행방식

공동이행방식 공동수급체는 민법상 조합에 해당하므로 하자담보책임도 연대하여 부담한다고 본다. 즉, 공동수급체 구성원은 연대하여 계약상 의무를 부담하되, 그 계약상 의무에는 하자보수책임도 포함한다. 그리하여 공동수급체를 해산한 후에 하자가 발생하면, 공동수급체는 연대하여 책임을 진다. 다만, 공사이행보증서가 제출된 공사로서 계약이행요건을 갖추지 못한 업체는 출자비율에 따라 책임을 진다(공동수급표준협정서-공동이행방식 제13조).

나. 분담이행방식

분담이행방식 공동수급체 구성원은 각자 분담부분에 따라 계약상 의무를 부담하므로, 하자담보책임 역시 분담부분에 한정하여 부담한다. 그리하여 공동수급체를 해산한 후에 하자가 발생하면, 공동수급체 구성원은 각자 분담내용에 따라 그 책임을 진다(공동수급표준협정서-분담이행방식 제14조).

다. 주계약자관리방식

주계약자관리방식 공동수급체에서도 각 구성원은 각자 분담내용에 따라 하자보수책임을 지나, 해당 구성원이 하자담보책임을 이행하지 않는 경우(부도, 파산 등으로 이행하지 못하는 경우 포함) 해당 구성원의 보증기관이 이를 이행해야 한다(공동수급표준협정서-주계약자관리방식 제14조 제1항, 제2항). 결국 이행결과물에 하자가 발생하면 그 부분을 분담한 구성원이 1차 책임을, 해당 구성원이 하자를 보수하지 않은 경우에는 보증기관이 2차 책임을, 보증기관마저 하자를 보수하지 않은 경우에는 주계약자가 최종 책임을 부담하는 구조다(공동계약운용요령 제7조 제2항 참조). 그리고 주계약자마저 하자보수책임을 이행하지 않으면, 주계약자의 보증기관이 하자보수책임을 부담한다.

한편, 주계약자를 포함한 구성원 사이에 하자책임 구분이 곤란하다면, 주계약자가 하자책임 구분을 조정할 수 있으며, 조정하기 불가능한 경우에는 하자와 관련이 있는 구성원이 공동으로 하자담보책임을 이행한다(공동수급표준협정서-주계약자관리방식 제14조 제3항).

4. 하자보수불이행과 부정당업자제재

공동수급체가 하자보수 등을 이행하지 않으면 부정당업자 입찰참가자격제한 처분을 받을 수 있고(국가계약법 시행규칙 제76조 별표2 2 개별기준 제13호 가목 참조), 제재상대방은 하자보수의무를 이행하지 않은 구성원에 한정한다(국가계약법 시행령 제76조 제5항). 참고로, 하자보수의무를 이행하지 않은 자를 '계약을 체결한 후 계약을 이행하지 아니한 자'로 볼 수 있는지 문제되나, 대법원은 하자보수의무를 이행하지 않은 자도 계약을 체결한 후 계약을 이행하지 아니한 자에 포함된다고 판결하여 논란을 종식했다.[1] 현행 국가계약법 시행규칙 제76조 별표2 2 개별기준 제13호 가목은 계약을 이행하지 않은 자에 하자보수의무를 이행하지 않은 자를 포함한다고 명시한다.

Ⅲ. 계약해제·해지

공동이행방식 공동수급체인 경우에는, 구성원 일부가 정당한 이유 없이 계약을 이행하지 않아 계약목적을 달성할 수 없는 경우라도 나머지 구성원이 연대하여 계약상 의무를 이행해야 하므로, 일부 구성원이 아닌 전체를 상대로 계약을 해제·해지한다. 정당한 이유 없이 계약을 이행하지 않아 계약목적을 달성할 수 없게 한 구성원은 부정당업자제재 대상에 해당한다(국가계약법 시행령 제76조 제1항 제2호 가목).

1) 대법원 2012. 2. 23. 선고 2011두16117 판결.

제 6 절 공동계약과 관련문제

Ⅰ. 공동계약과 부정당업자제재

발주기관은 공동수급체 구성원 가운데 정당한 이유없이 계약이행계획서에 따라 실제 계약이행에 참여하지 않는 구성원(단순히 자본참여만을 한 경우 등을 포함)과 출자비율이나 분담내용과 다르게 시공하는 구성원, 주계약자관리방식에서 주계약자가 아닌 구성원이 발주기관의 사전서면 승인없이 직접 시공하지 않고 하도급한 경우, '정당한 이유 없이 계약을 이행하지 아니한 자'를 사유로 제재해야 한다(공동계약운용요령 제13조 제5항). 다만, 책임주의 원칙을 고려해, 공동수급체 전체가 아니라 제재원인을 야기한 구성원만이 제재상대방이 된다(국가계약법 시행령 제76조 제5항).

Ⅱ. 보증이행과 구상관계

공동수급체 구성원 일부가 부도 등으로 계약을 이행할 수 없어, 발주기관 보증이행 요청에 따라 보증기관이 해당 구성원을 대신 이행한 경우, 보증기관은 그 과정에서 발생한 손해를 다른 구성원에게 구상할 수 있는지 문제된다. 공동이행방식 공동수급체는 출자비율에 따라 각자 이행보증서를 발급받았다면, 보증기관은 각자 보증책임을 부담하고, 분담이행방식 공동수급체 구성원을 위한 보증기관도 분담내용에 따라 각자 보증책임을 부담하면 충분하지만, 만약 대표사 등이 일괄하여 이행보증서를 발급받았다면 보증기관과 공동수급체가 보증계약을 체결했다고 하겠으므로, 나머지 구성원도 연대하여 보증기관에게 구상책임을 부담한다고 보아야 한다.

Ⅲ. 공동계약과 하도급

1. 하도급 방법

가. 공동이행방식

공동수급체 구성원 가운데 일부가 단독으로 하도급계약을 체결하려면, 다른 구성원으로부터 동의를 받아야 한다(공동수급표준협정서-공동이행방식 제7조). 따라서 공동수급체 구성원 전원이 하도급을 할 때는 동의 절차가 필요 없다.

위와 같은 공동수급표준협정서 규정은 조합의 업무집행에 조합원 전원의 동의를 얻도록 하는 특약이므로, 만약 일부 구성원이 단독으로 하도급계약을 체결하면서 다른 구성원으로부터 동의를 받지 않은 경우, 해당 하도급계약은 원칙적으로 효력이 없다고 보아야 한다. 따라서 다른 구성원은, 특별한 사정이 없다면, 하수급인에게 하도급대금 지급의무를 부담하지 않는다. 그리하여 일부 구성원과 하도급계약을 체결한 상대방은 나머지 구성원에게 그 유효성을 주장하기 위해(가령, 하도급대금 청구를 위해) 나머지 구성원의 동의가 있었다는 사실을 스스로 주장·증명해야 한다.[1]

나. 분담이행방식

공동수급체 구성원은 자기 책임 아래 분담부분 일부를 하도급할 수 있다(공동수급표준협정서-분담이행방식 제7조). 따라서 각 구성원은 각자 분담부분의 하도급을 결정할 수 있고, 다른 구성원으로부터 별도 동의를 받을 필요가 없으며, 다른 구성원이 이에 관여한다거나 그 책임을 부담하지도 않는다.

다. 주계약자관리방식

주계약자가 아닌 구성원은 자기가 분담한 부분을 직접 이행해야 하지만, 가령 종합건설업자라면 다른 법령이나 시공품질 향상, 현장사정 등 불가피한 사유가 있는 경우, 주계약자와 합의하여 발주기관 승인을 얻어 하도급을 할 수 있다. 그리고 주계약자는 공사진행의 경제성과 효율성 등을 감안하여 공동수급체 구성원과 협의를 거쳐 자재와 장비 등 조달을 일원화하여 관리할 수 있다(공동수급표준협정서-주계약자관리방식 제7조).

라. 구성원간 재하도급 가부

공동수급체가 그 구성원에게 다시 하도급하는 것을 허용할 수 있는지 문제된다. 그러나 이를 허용할 경우 하도급받은 구성원이 계약이행을 전담하고 나머지 구성원은 전혀 계약에 관하여지 않는 것도 용인하는 결과를 초래하므로, 출자비율이나 분담부분에 따라 계약을 이행해야 한다는 공동계약운용요령 규정 취지를 잠탈한다. 그러므로 공동이행방식이든 분담이행방식이든 공동수급체 내부 구성원 사이에는 하도급을 허용할 수 없다고 보아야 한다.

2. 공동수급체 구성원이 하수급인에게 부담하는 책임

분담이행방식이나 주계약자관리방식인 경우, 각 구성원은 각자 자신이 분담한 부분을 직접 시공해야 하고, 분담부분 일부를 임의로 하도급할 수 있기 때문에 특별한 사정이 없다면 하도급자인 구성원을 제외한 나머지 구성원이 하수급인에게 연대책임을 부담하지 않는

---

1) 대법원 1998. 3. 13. 선고 95다30345 판결.

다. 그러나 공동이행방식인 경우, 민법상 조합으로 보아야 하기 때문에 하도급을 한 구성원이 아닌 나머지 구성원도 하수급인에게 연대책임을 부담한다.

한편, 공동수급체 구성원 전원이 하도급 계약서에 서명, 기명·날인한 경우나 공동수급체 대표자가 하도급 계약서에 대표자 현명을 한 경우라면, 구성원 전원이 연대책임을 부담한다고 본다.[1] 따라서 공동수급체 대표자가 하도급대금 지급보증계약을 체결하였고, 현명이나 상법 제48조 유추적용에 따라 공동수급체 전체에 그 계약효력이 미치는 경우, 나머지 구성원도 연대책임을 부담하기 때문에, 대표자가 부도 등으로 지급불능 상태에 빠졌더라도 나머지 구성원 역시 지급불능에 빠졌다는 주장·증명이 없다면, 보증사고가 발생했다고 볼 수 없다.[2] 대법원은 구성원 1과 2가 공동수급체를 결성하여 공사를 수주할 때부터 1은 공사에 전혀 관여하지 않고 수익금만 받고, 2가 전적으로 공사를 이행하기로 내부 약정을 한 이른바 가장 공동수급체인 경우, 1은 공사에 필요한 일체 권리를 포괄하여 2에게 위임했다고 보아야 하고, 이러한 포괄 위임 안에서는 위 하도급계약 체결 대리권도 포함하므로, 1은 2와 함께 하수급인에게 연대책임을 부담한다고 판결했다.[3] 그러나 하도급계약서 자체에 지분율이나 하도급금액이 표시되고, 하수급인이 지분율에 따라 계약보증서 등을 각 구성원에게 교부하며, 공동수급체 구성원 역시 각자 지분율에 따라 하수급인에게 하도급대금 지급보증서를 각자 교부했으며, 선급금 역시 각 구성원 지분율에 따라 교부한 후 그 지분율에 따른 선급금보증서를 수령하거나 계약이행과정에서 기성금을 지분율에 따라 신청하고 세금계산서 역시 지분율에 따라 발급하며, 준공시 지분율에 따라 하자보증서를 발급하는 등 특별한 사정이 있다면, 공동수급체 구성원은 각자 하수급인에게 지분율에 따른 분할책임을 부담할 뿐이다.[4]

제 7 절 특수한 공동계약

Ⅰ. 지역의무공동계약

발주기관은 공동계약을 체결할 때 추정가격이 고시금액 미만이고 건설업 등의 균형발전을 위해 필요하다고 인정하는 사업과 저탄소·녹색성장의 효과적인 추진, 국토의 지속가능한 발전, 지역경제 활성화 등을 위해 특별히 필요하다고 인정하여 기획재정부장관이 고시하

1) 대법원 2006. 6. 16. 선고 2004다7019 판결, 대법원 2009. 10. 29. 선고 2009다46750 판결. 다만, 대법원 2000. 12. 12. 선고 99다49620 판결은 공동수급체 대표자가 하수급인에게 공사대금을 지급하고 그에 따른 세금계산서 등을 수령한 행위를 대리권 없는 행위로 본다.
2) 대법원 2010. 8. 19. 선고 2010다36599 판결.
3) 대법원 2002. 1. 25. 선고 99다62838 판결.
4) 대법원 2013. 3. 28. 선고 2011다97898 판결 참조.

는 사업(다만, 외국건설사업자, 즉 건설산업기본법 제9조 제1항에따라 건설업 등록을 한 외국인이나 외국법인이 계약상대자에 포함된 경우를 제외) 가운데 어느 하나에 해당하면, 공사현장을 관할하는 특별시·광역시·특별자치시·도·특별자치도에 법인등기부상 본점소재지가 있는 자 중 1인 이상을 공동수급체 구성원으로 해야 한다(국가계약법 시행령 제72조 제3항 본문). 다만, 해당 지역에 공사 이행에 필요한 자격을 갖춘 자가 10인 미만이면 그렇지 않다(국가계약법 시행령 제72조 제3항 단서). 이때 공동수급체 구성원 가운데 해당 지역 업체와 그 밖에 지역 업체 사이에는 독점규제 및 공정거래에 관한 법률에 따른 계열회사가 아니어야 한다(국가계약법 시행령 제72조 제4항).

Ⅱ. 지식기반사업 공동계약

발주기관은 지식기반사업 가운데 여러 전문분야가 요구되는 복합사업에 입찰참가자가 공동으로 참가하려는 경우, 특별한 사유가 없다면 이를 허용해야 한다(국가계약법 시행령 제72조의2). 지식기반사업이란 엔지니어링사업, 정보통신사업, 정보화사업, 산업디자인사업, 문화산업, 온라인디지털콘텐츠산업, 기초과학과 응용과학 관련 학술연구용역, 그 밖에 발주기관이 여기에 해당한다고 인정하는 사업을 말한다(국가계약법 시행령 제43조의2 제1항 제1호부터 제8호 참조). 이러한 지식기반사업은 협상에 의한 계약체결방법을 우선 적용할 수 있는데, 특별히 여러 전문분야가 요구되는 복합사업에 입찰참가자가 공동으로 참가하려는 경우에 공동수급체 구성을 허용하여 원활한 계약이행을 도모하려는 취지이다.

제11장 / 계약금액조정제도

제1절 서론

Ⅰ. 의의

1. 의미

발주기관은 공사, 물품, 용역 그 밖에 지출의 원인이 되는 계약을 체결한 후 물가변동, 설계변경, 그 밖에 계약내용 변경으로 계약금액을 조정할 필요가 있을 때 일정한 기준에 따라 계약금액을 조정할 수 있는데, 이러한 제도를 계약금액조정제도라 한다(국가계약법 제19조).

그런데 계약금액은 중요한 계약내용일 뿐만 아니라, 계약당사자의 이해관계에 큰 영향을 미치기 때문에, 공공계약법은 계약금액조정 대상을 3가지 유형으로 제한했다. 이에 계약금액조정은 그 원인에 따라 물가변동으로 인한 계약금액 조정, 설계변경으로 인한 계약금액 조정, 그 밖에 계약내용 변경으로 인한 계약금액 조정으로 구분한다.

2. 취지

공공계약법은 순수한 사법상 계약과 달리 일정 부분 공공성도 가지므로, 적정하고도 안정적인 계약이행을 도모해야 한다. 따라서 계약체결 당시 계약금액을 확정하는 방식(확정계약)을 일반으로 하고, 일단 계약을 체결한 후에는 함부로 그 내용을 변경하지 못한다고 보아야 한다. 계약당사자가 계약의 확실성을 담보하고 이행을 예측할 수 있어야 거래질서의 안정성이 확보되기 때문이다.[1] 그러나 계약이행에 상당한 기간이 필요한 계속적 계약과 같이, 그 체결 당시 예상하지 못한 사정이 사후에 발생할 가능성이 높은 계약관계에서, 당사자 한쪽에게만 그 위험을 부담하게 한다면 불공평한 결과가 발생할 수 있다. 그리하여 공공계약법은 계약체결 이후 발생하는 물가변동, 설계변경, 그 밖에 계약내용 변경에 따른 이해관계를 조절하기 위해 계약금액조정제도를 인정한다. 따라서 계약금액조정제도는 입찰 등에 따

1) 계승균, 앞의 책, 224쪽.

라 계약금액을 사전에 확정하는 사전확정주의의 예외에 해당한다.

Ⅱ. 근거

1. 실정법상 근거

계약금액은 계약내용 가운데 중요한 요소에 해당하므로, 이를 변경, 조정하기 위한 요건과 절차는 법과 계약조건 등에 명확히 규정할 필요가 있다. 따라서 공공계약법은 물가변동, 설계변경, 그 밖에 계약내용의 변경을 계약금액조정 사유로 규정한다(국가계약법 제19조). 아울러 시행령에서 물가변동, 설계변동, 그 밖의 계약내용 변경으로 인한 계약금액조정에 필요한 요건과 절차를 규정한다(국가계약법 시행령 제64조부터 제66조). 나아가 기획재정부 계약예규인 정부 입찰·계약 집행기준은 제67조부터 제70조의5까지, 기획재정부 계약예규인 공사계약일반조건은 제20조부터 23조의3까지, 물품구매(제조)계약일반조건은 제11조, 제11조의2에서, 용역계약일반조건은 제15조부터 제17조까지 각 계약금액 조정 관련 세부사항을 정한다.

2. 이론상 근거

계약금액조정제도는, 공공계약 체결 후 발생하는 물가변동, 설계변경, 그 밖에 계약내용 변경에 따라 한쪽 당사자가 부담할 손실 위험을 공정하고 형평에 맞게 배분하여 불공평한 결과를 방지하려는 것으로, 적정하고도 원만한 계약이행을 담보하는 민법상 신의칙과 그 파생원칙인 사정변경 원칙에 기초한다고 보아야 한다.[1)]

대법원은 일정한 요건 아래 계약준수 원칙의 예외로서 사정변경을 이유로 계약을 해제하거나 해지할 수 있다고 말한다.[2)] 민법도 비록 명시적으로 "사정변경"이라는 용어를 사용하지는 않지만, 곳곳에서 사정변경원칙을 반영한 제도를 규정하는데, 그 예로 지상권에서 지료증감청구권(민법 제286조), 임대차에서 차임감액청구권(민법 제628조) 등이 있다.

이러한 사정을 고려할 때, 공공계약 영역에서도 계약관계를 해소하지 않고 변경된 사정에 맞게 계약내용 특히 계약금액을 수정한 다음 계속하여 계약을 유지할 수 있다면 계약당사자의 의사에 더욱 부합하는 결과를 도출할 수 있을 것이다. 이에 계약금액조정제도는 사정변경원칙에 기초하는 한편, 계약을 계속 유지하려는 당사자의 가정적 의사를 반영한 제도라고 이해해야 한다.

---

1) 같은 취지로, 김성근, 앞의 책(Ⅱ), 129쪽.
2) 대법원 2007. 3. 29. 선고 2004다31302 판결.

〔사정변경원칙의 의미〕

민법 제2조 제1항은 신의성실의 원칙에 관하여 "권리의 행사와 의무의 이행은 신의에 좇아 성실히 하여야 한다."라고 정하고 있다. 이 원칙은 법률관계의 당사자가 상대방의 이익을 배려하여 형평에 어긋나거나 신의를 저버리는 내용 또는 방법으로 권리를 행사하거나 의무를 이행해서는 안 된다는 추상적 규범으로서 법질서 전체를 관통하는 일반원칙으로 작용하고 있다. 판례는 계약을 체결할 때 예견할 수 없었던 사정이 발생함으로써 야기된 불균형을 해소하고자 신의성실 원칙의 파생원칙으로서 사정변경의 원칙을 인정하고 있다. 즉, 계약 성립의 기초가 된 사정이 현저히 변경되고 당사자가 계약의 성립 당시 이를 예견할 수 없었으며, 그로 인하여 계약을 그대로 유지하는 것이 당사자의 이해에 중대한 불균형을 초래하거나 계약을 체결한 목적을 달성할 수 없는 경우에는 계약준수 원칙의 예외로서 사정변경을 이유로 계약을 해제하거나 해지할 수 있다. 여기에서 말하는 사정이란 당사자들에게 계약 성립의 기초가 된 사정을 가리키고, 당사자들이 계약의 기초로 삼지 않은 사정이나 어느 일방당사자가 변경에 따른 불이익이나 위험을 떠안기로 한 사정은 포함되지 않는다. 사정변경에 대한 예견가능성이 있었는지는 추상적·일반적으로 판단할 것이 아니라, 구체적인 사안에서 계약의 유형과 내용, 당사자의 지위, 거래경험과 인식가능성, 사정변경의 위험이 크고 구체적인지 등 여러 사정을 종합적으로 고려하여 개별적으로 판단하여야 한다. 이때 합리적인 사람의 입장에서 볼 때 당사자들이 사정변경을 예견했다면 계약을 체결하지 않거나 다른 내용으로 체결했을 것이라고 기대되는 경우 특별한 사정이 없는 한 예견가능성이 없다고 볼 수 있다. 경제상황 등의 변동으로 당사자에게 손해가 생기더라도 합리적인 사람의 입장에서 사정변경을 예견할 수 있었다면 사정변경을 이유로 계약을 해제하거나 해지할 수 없다. 특히 계속적 계약에서는 계약의 체결 시와 이행 시 사이에 간극이 크기 때문에 당사자들이 예상할 수 없었던 사정변경이 발생할 가능성이 높지만, 이러한 경우에도 계약을 해지하려면 경제상황 등의 변동으로 당사자에게 불이익이 발생했다는 것만으로는 부족하고 위에서 본 요건을 충족하여야 한다(대법원 2021. 6. 30. 선고 2019다276338 판결).

Ⅲ. 법적 성격

1. 임의규정 여부

가. 문제점

계약금액조정제도를 정한 국가계약법 제19조가 어떤 성격을 갖는 규정인지 문제되고, 특히 계약금액조정 조항을 배제하는 특약이 유효한지를 검토할 필요가 있다. 즉, 계약당사자가 계약을 체결하면서 국가계약법 제19조를 적용하지 않는다는 별도 약정을 한 경우, 그러한 약정이 무효라면 국가계약법 제19조 등은 강행규정에 해당하고, 그러한 약정이 유효라면 계약금액조정 규정은 임의규정에 해당한다.

나. 학설

이에 대하여 공공계약법은 특별사법에 지나지 않고, 원칙적으로 당사자의 합의가 그보다 우선할 수 있으므로, 국가계약법 제19조와 같은 계약금액조정 조항을 배제하는 특약도 유효하다는 견해(임의규정설), 공공계약법에 있는 모든 규정을 임의·내부규정으로만 취급할 수 없을 뿐 아니라, 계약금액조정 조항은 계약상대자를 보호하려는 취지도 포함하는데, 실질적으로 계약상대자보다 우월한 지위에 있는 발주기관이 그 지위를 이용해 계약상대자에게 계약금액조정 금지 특약을 강요할 위험도 배제하기 어려우므로, 계약금액조정 조항을 배제하는 특약은 국가계약법 제19조나 지방계약법 제22조에 반하여 그 자체로 무효라는 견해(강행규정설), 계약금액조정 조항이 강행규정은 아니지만, 이를 배제하는 특약은 개별 사안에서 여러 사정을 고려해 부당특약금지원칙 위반으로서 무효라고 볼 수 있다는 견해(부당특약금지설) 등이 대립한다.

다. 판례

대법원은 최근 물가변동에 따른 계약금액조정 조항이 강행규정은 아니므로 당사자간 특약으로써 배제할 수도 있지만, 그러한 특약이 계약상대자의 정당한 이익과 합리적인 기대에 반하여 형평에 어긋난다는 사정을 이전할 수 있으면 부당특약금지원칙에 반하여 무효라고 보았다(대법원 2017. 12. 21. 선고 2012다74076 전원합의체 판결). 즉, 대법원 전원합의체 판결의 다수의견은, 물가변동으로 인한 계약금액조정 조항은 국가 등이 사인과의 계약관계를 공정하고 합리적·효율적으로 처리할 수 있도록 계약담당자 등이 지켜야 할 사항을 규정한 데에 그칠 뿐이고, 국가 등이 계약상대자와의 합의에 기초하여 계약당사자 사이에만 효력이 있는 특수조건 등을 부가하는 것을 금지하거나 제한하는 것이라고 할 수 없으며, 계약담당자 등은 위 규정의 취지에 배치되지 않는 한 개별 계약의 구체적 특성, 계약이행에 필요한 물품의 가격 추이 및 수급 상황, 환율변동의 위험성, 정책적 필요성, 경제적 변동에 따른 위험의 합리적 분배 등을 고려하여 계약상대자와 물가변동에 따른 계약금액 조정 조항의 적용을 배제하는 합의를 할 수 있고, 다만, 이러한 합의가 국가 등이 계약상대자의 정당한 이익과 합리적인 기대에 반하여 형평에 어긋나는 특약을 정함으로써 계약상대자에게 부당하게 불이익을 주었다는 점이 인정되는 경우에 한하여 국가계약법 시행령 제4조의 부당특약금지 조항에 위배되어 효력이 없다고 판단했다.

〔물가변동으로 인한 계약금액조정 조항을 배제하는 특약의 효력〕

[다수의견] 국가를 당사자로 하는 계약이나 공공기관의 운영에 관한 법률의 적용 대상인 공기업이 일방 당사자가 되는 계약(이하 편의상 '공공계약'이라 한다)은 국가 또는 공기업(이하 '국가 등'이라 한다)이 사경제의 주체로서 상대방과 대등한 지위에서 체결하는 사법(私法)상의 계약으로서 본질적인 내용은 사인 간의 계약과 다를 바가 없으므로, 법령에 특별한 정함이 있는 경우를 제외하고는 서로 대등한 입장에서 당사자의 합의에 따라 계약을 체결하여야 하고 당사자는 계약의 내용을 신의성실의 원칙에 따라 이행하여야 하는 등[구 국가를 당사자로 하는 계약에 관한 법률(2012. 12. 18. 법률 제11547호로 개정되기 전의 것, 이하 '국가계약법'이라 한다) 제5조 제1항] 사적 자치와 계약자유의 원칙을 비롯한 사법의 원리가 원칙적으로 적용된다.

한편 국가계약법상 물가의 변동으로 인한 계약금액 조정 규정은 계약상대자가 계약 당시에 예측하지 못한 물가의 변동으로 계약이행을 포기하거나 그 내용에 따른 의무를 제대로 이행하지 못하여 공공계약의 목적 달성에 지장이 초래되는 것을 막기 위한 것이다. 이와 더불어 세금을 재원으로 하는 공공계약의 특성상 계약 체결 후 일정 기간이 지난 시점에서 계약금액을 구성하는 각종 품목 또는 비목의 가격이 급격하게 상승하거나 하락한 경우 계약담당자 등으로 하여금 계약금액을 조정하는 내용을 공공계약에 반영하게 함으로써 예산 낭비를 방지하고 계약상대자에게 부당하게 이익이나 불이익을 주지 않으려는 뜻도 있다.

따라서 계약담당자 등은 위 규정의 취지에 배치되지 않는 한 개별 계약의 구체적 특성, 계약이행에 필요한 물품의 가격 추이 및 수급 상황, 환율 변동의 위험성, 정책적 필요성, 경제적 변동에 따른 위험의 합리적 분배 등을 고려하여 계약상대자와 물가변동에 따른 계약금액 조정 조항의 적용을 배제하는 합의를 할 수 있다. 계약금액을 구성하는 각종 품목 등의 가격은 상승할 수도 있지만 하락할 수도 있는데, 공공계약에서 위 조항의 적용을 배제하는 특약을 한 후 계약상대자가 이를 신뢰하고 환헤징(hedging) 등 물가변동의 위험을 회피하려고 조치하였음에도 이후 물가 하락을 이유로 국가 등이 계약금액의 감액조정을 요구한다면 오히려 계약상대자가 예상하지 못한 손실을 입을 수 있는 점에 비추어도 그러하다.

위와 같은 공공계약의 성격, 국가계약법령상 물가변동으로 인한 계약금액 조정 규정의 내용과 입법 취지 등을 고려할 때, 위 규정은 국가 등이 사인과의 계약관계를 공정하고 합리적·효율적으로 처리할 수 있도록 계약담당자 등이 지켜야 할 사항을 규정한 데에 그칠 뿐이고, 국가 등이 계약상대자와의 합의에 기초하여 계약당사자 사이에만 효력이 있는 특수조건 등을 부가하는 것을 금지하거나 제한하는 것이라고 할 수 없으며, 사적 자치와 계약자유의 원칙상 그러한 계약 내용이나 조치의 효력을 함부로 부인할 것이 아니다.

다만 국가를 당사자로 하는 계약에 관한 법률 시행령(이하 '국가계약법 시행령'이라 한다) 제4조는 '계약담당공무원은 계약을 체결함에 있어서 국가계약법령 및 관계 법령에 규정된 계약상대자의 계약상 이익을 부당하게 제한하는 특약 또는 조건을 정하여서는 아니 된다'고 규정하고 있으므로,

공공계약에서 계약상대자의 계약상 이익을 부당하게 제한하는 특약은 효력이 없다. 여기서 어떠한 특약이 계약상대자의 계약상 이익을 부당하게 제한하는 것으로서 국가계약법 시행령 제4조에 위배되어 효력이 없다고 하기 위해서는 그 특약이 계약상대자에게 다소 불이익하다는 점만으로는 부족하고, 국가 등이 계약상대자의 정당한 이익과 합리적인 기대에 반하여 형평에 어긋나는 특약을 정함으로써 계약상대자에게 부당하게 불이익을 주었다는 점이 인정되어야 한다. 그리고 계약상대자의 계약상 이익을 부당하게 제한하는 특약인지는 그 특약에 의하여 계약상대자에게 생길 수 있는 불이익의 내용과 정도, 불이익 발생의 가능성, 전체 계약에 미치는 영향, 당사자들 사이의 계약체결과정, 관계 법령의 규정 등 모든 사정을 종합하여 판단하여야 한다.

[대법관 고영한, 대법관 김재형의 반대의견] 국가계약법령은 물가변동이나 환율변동에 따른 계약금액 조정의 요건과 효과에 관하여 명확한 규정을 두고 있다. 공공계약 체결 후 계약금액을 구성하는 각종 품목 등의 가격이 물가변동이나 환율변동으로 급격하게 상승하면, 상대방이 경제적 어려움으로 계약의 이행을 중단·포기하여 계약의 목적을 달성할 수 없거나 계약을 부실하게 이행할 우려가 있다. 반면 물가변동이나 환율변동으로 위와 같은 품목 등의 가격이 급격하게 하락하면, 세금을 재원으로 하는 공공계약의 특성상 국가나 공공기관의 예산이 불필요하게 과다 집행될 수 있다. 물가변동이나 환율변동으로 인해 계약을 통해서 달성하고자 하는 목적이 좌절되거나 더 큰 사회적 비용이 들지 않도록 하고 적정 예산이 집행되도록 하려는 공익적 목적을 달성하기 위하여 계약담당공무원에게 계약 체결 후 일정 기간이 지난 시점에서 계약금액을 구성하는 각종 품목 등의 가격 변동을 반영하여 계약금액을 조정하는 의무를 부과하는 규정이 도입된 것이다.

공공계약을 체결할 당시에 약정으로 물가변동이나 환율변동으로 인한 위험을 미리 배분하는 것이 효율적인 경우도 있을 수 있다. 그러나 국가계약법 제19조는 그러한 약정을 허용하는 것보다 조정을 강제하는 것이 바람직하다는 입법적 선택을 한 것이다. 이러한 입법이 헌법에 반한다거나 감당할 수 없이 부당한 극히 예외적인 상황이 아니라면 국가와 그 상대방은 이에 따라야 한다.

이 규정에 따른 계약금액 조정은 '물가의 변동이나 환율변동으로 인하여 계약금액을 조정할 필요가 있을 때'라는 법률요건을 충족한 경우에 한하여 적용되고 그 요건에 관해서는 법률의 위임에 따라 시행령과 시행규칙에서 구체적으로 명확하게 규정하고 있다. 따라서 위 요건의 해석·적용과 시행령과 시행규칙에 있는 세부적인 규율을 통하여 계약금액 조정을 둘러싼 부당한 결과를 회피할 수 있는 장치가 마련되어 있다.

이러한 규정은 공공계약에 대하여 사적 자치와 계약 자유의 원칙을 제한하는 것으로서 강행규정 또는 효력규정에 해당한다. 따라서 공공계약의 당사자인 국가와 그 상대방은 공공계약 체결 이후 물가변동이나 환율변동에 따른 손실의 위험을 공정하고 형평에 맞게 배분하기 위하여 계약금액을 조정하여야 하고, 이를 배제하는 약정은 효력이 없다.

이러한 결론은 법 규정의 문언에서 명백하게 드러나 있을 뿐만 아니라, 공공계약과 국가계약법의 성격, 입법 경위에서 알 수 있는 입법자의 의사, 법 규정의 체계와 목적 등에 비추어 보아도 타당하다(대법원 2017. 12. 21. 선고 2012다74076 전원합의체 판결).

라. 검토

국가계약법은 대부분 사법상 계약관계를 규율하는 규정인데, 법령 문언이 "조정한다."는 기속형식이라는 이유만으로 강행규정이라고 해석하기는 어렵다. 왜냐하면 기속규정과 강행규정은 같은 개념이 아니기 때문이다. 가령, 기속규정은 행정법 영역에서 사용하는 개념이지만, 강행규정은 사법(私法) 영역에서도 사용하는 개념이고, 기속규정을 위반한 행정행위는 위법하나 당연무효라 할 수 없지만, 강행규정을 위반한 사법상 법률행위는 무효이다. 따라서 공공조달법상 계약금액조정 조항이 "계약담당공무원은 … 조정한다."는 형식이므로 이를 공법적 관점에서 기속규정이라고 해석할 수도 있겠지만, 그렇다고 하여 곧바로 강행규정이라고 단정할 수는 없다. 국가계약법에는 계약금액조정 조항을 위반한 사법상 법률행위의 효력을 부정하는 규정이 없을 뿐만 아니라, 공공계약 관계에 그대로 적용되는 사적자치원칙을 고려하면, 계약당사자가 자유로운 의사의 합치에 따라 계약금액조정 조항과 다른 약정을 하는 것까지 무효로 보아야 할 당위가 없기 때문이다. 그렇다면 대법원 판례와 같이 계약금액조정 조항은 임의규정이라고 해석할 필요가 있다. 다만, 계약금액조정제도를 배제하는 특약이 계약상대자의 계약상 이익을 부당하게 제한하는 특약이나 조건에 해당하면, 다른 법률 조항인 부당특약 금지 조항에 따라 무효가 될 수 있다고 본다(국가계약법 제5조 제3항, 제4항 참조).

2. 보충규정

발주기관이 개별 계약조건에 물가변동으로 인한 계약금액조정 조항을 반영하지 않고, 계약상대자도 이러한 사실을 알지 못한 채 계약을 체결할 경우, 계약상대자가 사후에 발주기관에게 물가변동으로 인한 계약금액 조정을 요청할 수 있는지 문제된다. 그런데 국가계약법에 있는 실체법 조항은 특별사법에 해당하고, 이는 다름 아닌 당사자의 의사를 보충하는 규정에 해당하기 때문에(민법 제105조 참조), 만약 개별 계약조건에 특별한 약정이 없다면, 국가계약법을 적용하여 계약금액을 조정할 수 있다. 즉, 국가계약법상 물가변동으로 인한 계약금액 조정 조항을 임의규정으로 보든 강행규정으로 보든 관계없이, 개별 계약조건에 계약금액 조정을 반영하지 않았으면서도 그 적용을 배제하는 특약도 하지 않았다면, 계약당사자는 국가계약법에 직접 근거해 계약금액조정을 요청할 수 있다고 보아야 한다.

3. 신의칙과 관계

계약금액조정 조항을 신의칙을 적용하여 제한할 수 있는지 문제된다. 대법원은 계약당사자가 계약금액 감액을 특약한 사안에서, 발주기관이 계약체결 당시를 기준으로 계약금액을 결정하면서 하자나 착오가 있었는지를 판단해야 하고, 신의칙과 형평의 원칙을 고려할 때 최소한 발주기관에게 악의나 중과실이 있었다면 감액 특약을 이유로 계약금액을 감액할 수 없다[1]며, 신의칙을 적용해 계약금액 감액 특약을 제한하기도 한다. 다만, 발주기관이 내·외자를 구별하지 않고 원화에 따른 총액확정계약을 체결했고, 계약체결 당시 외화가액이 문제되지 않았다면 환율은 계약금액을 결정하는 동기에 지나지 않으므로, 계약체결 이후 환율변동은 계약금액 결정의 하자나 착오에 해당하지 않는다고 한다.[2]

Ⅳ. 계약금액조정 방법

계약금액조정은 계약 단위를 기준으로 전체 금액을 조정하는 것이므로, 가령 2개 현장에서 시공하는 공사라 하더라도 계약 1건으로 일괄하여 체결했다면 전체 계약을 기준으로 계약금액을 조정하며, 분담이행방식에 따른 공공계약이라 하더라도 개별 구성원이 아닌 전체 구성원을 대상으로 계약금액을 조정해야 한다.

〔전체금액조정방법과 개별품목조정방법〕

계약체결 후 사정변경을 반영하는 방법은 그 반영폭에 따라 2가지 방식으로 구별하는데, 계약금액을 기준으로 이를 구성하는 모든 품목의 가격변동을 반영하는 전체금액 조정방법이 있고, 주요 건설자재 등 일부 특정품목의 가격변동만을 반영하는 개별품목 조정방법이 있다. 전자는 장기에 걸친 통상적인 물가변동을 반영하는 보편적 조정방법이고, 후자는 유가인상과 같이 급격한 인플레로 자개가격 등이 폭등한 경우에 이를 반영하는 예외적인 조정방식이다. 우리나라는 1983. 3.까지 전체금액 조정방법과 개별품목 조정방법 2가지 모두를 병행 시행했으나 현재 전체금액 조정방법만 시행 중이다(원정연, 물가변동으로 인한 계약금액조정제도의 개선방안에 관한 연구, 경제연구 제13권 제1호, 1992, 246쪽 참조).

1) 대법원 1990. 11. 23. 선고 90다카3659 판결.
2) 대법원 1990. 11. 23. 선고 90다카3659 판결.

제 2 절 물가변동으로 인한 계약금액조정

Ⅰ. 의의

1. 의미

물가변동으로 인한 계약금액조정제도는 계약체결 후 일정 기간이 지난 다음 계약금액을 구성하는 각종 품목이나 비목 가격이 급격히 상승하거나 하락한 경우에 계약금액을 조정하는 제도이다. 계약금액을 조정하는 방식은 증액과 감액이 있고, 실무상 증액은 Escalation, 감액은 De-escalation이라고 표현한다.[1)]

2. 취지

앞에서 살핀 바와 같이 공공계약이 유효하게 성립하면 계약당사자는 서로 계약내용에 따라 성실하게 계약을 이행하고, 계약금액도 당초 정한대로 지급하는 것이 원칙이다. 그러나 계약체결 후 이행과정에서 계약체결 당시 예측하지 못한 물가상승으로 계약이행이 어려운 정도에 이른 경우 또는 물가하락으로 발주기관에게 예산을 과잉 집행해야 하는 경우까지도 위 원칙을 관철한다면, 계약상대자에게 예측하지 못한 부담이 혹은 발주기관에게 예산낭비가 각 발생할 수 있다. 이런 경우에도 계약금액 조정을 허용하지 않는다면 계약상대자로 하여금 부실납품이나 부실시공을 하도록 조장하거나 발주기관으로 하여금 과다한 대금을 지출하도록 할 우려가 있다. 따라서 물가변동으로 인한 계약금액조정제도는 계약체결 당시 예상하지 못한 물가변동으로 말미암아 계약당사자가 부담하거나 입을지 모를 위험이나 손해를 줄여, 적정하고 원활한 계약이행을 확보하려는 제도이다.

Ⅱ. 법적 근거

국가계약법 제19조, 같은 법 시행령 제64조, 같은 법 시행규칙 제74조와 정부 입찰·계약 집행기준 제15장 제67부터 제70조의5, 그 밖에 물품구매(제조)계약일반조건 제11조, 용역계약일반조건 제15조, 공사계약일반조건 제22조에서 물가변동으로 인한 계약금액의 조정 필요한 사항을 정한다.

---

1) 계약금액을 조정하는 계약조항을 Escalator Clause나 Escalation Clause, Rise and Fall Clause라고 한다(원정연, 앞의 논문, 227쪽 참조).

Ⅲ. 조정절차

1. 계약금액 조정신청

가. 의의

계약상대자는 준공대가 수령 전(장기계속계약에서는 각 차수별 준공대가 수령 전)까지 발주기관에게 계약금액 증액조정을 청구해야 하고(국가계약법 시행규칙 제74조 제9항), 발주기관은 계약상대자에게 통보[1]하여 계약금액을 감액조정한다(정부 입찰·계약 집행기준 제70조의5 제1항). 대법원 역시 물가변동에 따른 조정사유가 발생했더라도 계약금액이 자동으로 조정되지 않고, 계약당사자가 발주기관에게 적법하게 계약금액 증액조정을 신청해야 한다고 해석한다.[2]

나. 시기

계약금액을 증액하려는 계약상대자는 준공대가를 수령하기 전까지 계약금액 조정을 신청해야 한다. 따라서 조정신청 기한은 '준공대가 수령 전'이다.

계약상대자가 계약금액 증액조정 전에 당초 금액으로 준공대가를 신청했다면, 설령 증액조정 신청 전에 물가변동으로 인한 계약금액 조정요건이 충족되었더라도, 물가변동분의 수령을 포기했다고 보아 계약금액 증액을 허용하지 않을 수도 있다. 왜냐하면 계약금액을 증액받으려는 당사자라면 대체로 준공대가 청구 전에 먼저 계약금액 증액을 신청한 다음에 증액된 금액으로 대가를 받을 것이기 때문에, 그렇지 않고 증액조정 전에 당초 금액으로 청구했다면 계약금액 증액을 포기했다고 볼 여지가 크기 때문이다. 그럼에도 공공계약법은 계약상대자가 '준공대가를 수령하기 전'까지 계약금액 증액을 신청하기만 하면, 증액된 금액을 지급받을 수 있도록 하여 계약상대자의 권리를 더욱 충실히 보장했다. 따라서 발주기관은 계약상대자로부터 당초 금액에 따른 준공대가 지급신청을 받은 후에야 계약금액 조정신청을 받았더라도, 계약상대자에게 증액조정된 금액을 지급해야 한다.

다. 형식

계약금액 증액을 신청하려는 계약상대자는 계약금액조정내역서를 첨부해야 한다[물품구매(제조)계약일반조건 제11조 제4항, 용역계약일반조건 제15조 제4항, 공사계약일반조건 제22조 제4항]. 따라서 위 내역서 등을 첨부하지 않고 단순히 계약금액 조정을 요청한다는 문서만 제출한 경우에는 적법한 신청으로 보기 어렵다. 다만, 반드시 법령이 정한 방식에 따라 구체적인 조정금액을 산출하여 제출할 필요가 없다고 본다.[3]

---

1) '통보'라고 하지만, 감액신청의 의미도 함께 가진다고 보아야 한다.
2) 대법원 2006. 9. 14. 선고 2004다28825 판결.
3) 서울고등법원 2004. 5. 12. 선고 2003나72988 판결.

라. 신청대상자

계약금액 조정신청은 계약당사자 중 한쪽이 그 상대방에게 해야 한다. 따라서 계약금액 증액을 신청하려는 계약상대자는 발주기관에게 조정신청서를 제출해야 한다. 가령, 계약상대자는 공사계약의 책임감리현장이라 하더라도 반드시 발주기관에게 조정신청서를 제출해야 하므로, 책임감리원은 조정을 신청받을 수 있는 적법한 상대방이라 할 수 없다. 따라서 계약상대자가 책임감리원에게 조정신청서를 제출했다면, 조정신청일은 책임감리원이 해당 신청서를 받은 때가 아니라, 책임감리원이 발주기관에게 이를 통보하여, 발주기관이 이를 접수한 때라고 보아야 한다. 그러나 이른바 요청조달계약에서 계약상대자가 조달청 소속 계약담당공무원의 안내에 따라 수요기관에게 계약금액 조정신청서를 제출했다면, 수요기관이 해당 신청서를 접수한 때를 조정신청일로 보아야 한다. 한편, 계약금액을 감액하려는 발주기관은 계약상대자에게 이를 통보한다.

2. 발주기관 조치

가. 원가계산용역기관 위탁

계약금액을 감액조정하려는 발주기관은 감액조정 요건 충족 여부 등을 확인해야 하는데 이를 스스로 확인하기 곤란하면, 예정가격작성기준 제31조에 따른 원가계산용역기관에 위탁하여 확인할 수 있다. 다만, 계약금액 감액조정금액이 원가계산기관 위탁수수료보다 낮을 것으로 예상되는 경우에는 감액조정을 생략할 수 있다(정부 입찰·계약 집행기준 제70조의5 제1항 후문과 단서).

나. 보완요구

발주기관은 계약상대자의 계약금액 조정신청 내용이 일부 미비하거나 분명하지 않으면 지체없이 필요한 보완요구를 해야 하며, 계약상대자가 위 보완요구를 통보받은 날부터 발주기관이 그 보완을 완료한 사실을 통지받은 날까지 기간은 조정기한에 산입하지 않는다. 다만, 계약상대자의 계약금액 조정신청 내용이, 조정요건을 충족하지 못했다거나 관련 증빙서류가 첨부되지 않은 경우, 발주기관은 계약상대자에게 그 사유를 명시하여 해당 신청서를 반송해야 하며, 계약상대자는 반송사유를 충족한 후에 다시 계약금액조정을 신청해야 한다[물품구매(제조)계약일반조건 제11조 제6항, 용역계약일반조건 제15조 제6항, 공사계약일반조건 제22조 제6항].

다 하수급인 통지에 따른 증액신청 요구

한편, 공사계약에서는 계약금액 조정요건을 충족했으나 계약상대자가 계약금액 조정을 신청하지 않을 경우, 하수급인이 직접 발주기관에게 이러한 사실을 통보할 수 있으며, 통보받은 발주기관은 확인 후 계약상대자로 하여금 계약금액 조정신청 등 필요한 조치를 하도록 해야 한다(공사계약일반조건 제22조 제7항).

3. 조정기한

발주기관은 계약상대자로부터 조정신청을 받은 날부터 30일 안에 계약금액을 조정해야 한다(국가계약법 시행규칙 제74조 제9항 전문). 다만, 물품계약이나 용역계약에서는 신청일부터 20일 안에 계약금액을 조정한다[물품구매(제조)계약일반조건 제11조 제5항 본문, 용역계약일반조건 제15조 제5항 본문]. 다만, 예산배정 지연 등 불가피한 사유가 있는 때에는 계약상대자와 협의하여 위에서 정한 각 조정기한을 연장할 수 있고, 증액할 수 있는 예산이 없다면 계약이행량(공사량, 제조량) 등을 조정하여 그 대가를 지급할 수 있다[국가계약법 시행규칙 제74조 제9항 후문, 물품구매(제조)계약일반조건 제11조 제5항 단서, 용역계약일반조건 제15조 제5항 단서, 공사계약일반조건 제22조 제5항 단서].

Ⅳ. 조정요건

1. 개요

발주기관은 ① 국고의 부담이 되는 계약을 체결(장기계속공사나 장기물품제조 등인 경우에는 제1차 계약 체결)한 날부터 ② 90일 이상 경과하고 아울러 ③ 입찰일(수의계약인 경우에는 계약체결일을, 2차 이후 계약금액 조정은 직전 조정기준일)을 기준일로 하여 기획재정부령이 정하는 바에 따라 산출된 품목조정률이 100분의 3 이상 증감된 때와 입찰일을 기준일로 하여 기획재정부령이 정하는 바에 따라 산출된 지수조정률이 100분의 3 이상 증감된 때 중 어느 하나에 해당하는 경우에, 계약금액(장기계속공사나 장기물품제조등인 경우에는 제1차 계약체결 당시 부기한 총공사나 총제조등 금액을 말하고, 이하 같음)을 조정한다. ④ 다만, 조정기준일(조정사유가 발생한 날)부터 90일 안에는 계액금액을 다시 조정하지 못한다.

그런데 ③과 관련하여, 발주기관은 한 계약에서 품목조정률과 지수조정률 중 하나만 적용할 수 있고, 계약을 체결할 당시 계약상대자가 지수조정률을 원하는 경우를 제외하고는 계약서에 품목조정률로 계약금액을 조정한다는 뜻을 명시해야 한다(국가계약법 시행령 제64조 제1항, 제2항 참조).

2. 국고의 부담이 되는 계약

물가변동으로 인한 계약금액조정은 국고의 부담이 되는 계약(지출의 원인이 되는 계약)에 적용된다. 장기계속공사계약이나 장기물품제조계약 등인 경우에는 제1차 계약을 체결하는 것을 말한다(국가계약법 시행령 제64조 제1항). 국고의 부담이 되는 계약이라면 물품, 용역, 공사계약 중 어떤 것이라도 물가변동으로 인한 계약금액 조정을 할 수 있다. 다만, 관련법령에 따라 최고판매가격이 고시되는 물품을 구매하려는 경우나 그 밖에 물가변동으로 인한 계약금액 조정규정을 적용해서는 물품을 조달하기 곤란할 경우, 발주기관은 계약체결 당시 계약금액 조정과 관련하여 다른 특약을 할 수 있다(국가계약법 시행령 제64조 제4항).

3. 90일 경과

가. 기산일

1) 원칙

물가변동으로 인한 계약금액을 조정하기 위해서는, 계약을 체결한 날(장기계속공사나 장기물품제조계약 등은 제1차 계약을 체결한 날)부터 90일 이상 경과해야 한다(국가계약법 시행령 제64조 제1항 본문). 여기서 계약을 체결한 날이란 계약당사자가 계약서에 서명하거나 기명날인한 날을 의미한다. 따라서 입찰일을 기준으로 90일 이상 경과를 판단해서는 안 된다. 다만, 과거에 물가변동으로 인한 계약금액 조정을 한 이후에 다시 계약금액을 조정하는 경우라면, 그 기산일은 직전 조정기준일이다.

2) 설계변경에 따른 변경계약체결이 있는 경우

한편, 설계변경으로 인한 계약금액조정 이후, 물가변동으로 인한 계약금액을 조정하려면, 90일 이상 경과 기산일을 최초 계약체결일과 설계변경에 따른 변경계약일 중 언제를 기산일로 보아야 하는지 문제되는데, 설계변경으로 인해 계약금액을 조정했더라도 종전 비목의 단가는 여전히 최초 계약 당시 단가에 따를 뿐 설계변경 당시 단가로 조정되지 않으므로, 최초 계약체결일을 기산일로 보는 것이 타당하다.[1] 다만, 신규 비목 등 설계변경 당시를 기준으로 단가를 산정한 품목은 설계변경에 따른 변경계약일을 기산일로 본다. 그리고 설계변경으로 삭제된 품목이 있다면, 설계변경을 고려하지 않고 물가변동으로 인한 계약금액 조정을 하되, 설계변경으로 감액된 금액은 계약금액 조정에 반영하여 추가로 감액해야 한다.

---

1) 기획재정부 회제 125-84, 1992. 2. 22.

3) 보증시공을 하는 경우

그리고 계약상대자가 계약을 이행하지 못하여 보증기관에서 보증시공을 이행하는 경우, 물가변동으로 인한 계약금액 조정의 기산일인 계약체결일은 보증시공에 착수한 날이 아니라 최초 계약체결일로 보아야 한다. 보증시공자는 별도 계약에 따른 계약상대자가 아니라 원래 계약상대자의 지위를 승계하는 자에 불과하기 때문이다.

나. 기간계산

90일 이상이라는 기간을 계산하는 방법은 국가계약법에서 별도로 정하지 않으므로, 결국 민법에 따를 수밖에 없다. 따라서 초입불산입 원칙에 따라 시기(始期)는 계약체결일 다음날이고, 종기(終期)는 계약체결일로부터 90일이다. 결국 '90일 이상'이므로, 계약체결일 다음날부터 91일째 되는 날이 90일을 경과한 날이다.

한편, 계약기간 중 이행이 중지된 기간도 위 90일 이상이라는 기간 안에 포함할지 문제된다. 그런데 앞에서 언급했듯이 물가변동으로 인한 계약금액 조정은 사정변경의 원칙을 반영한 제도인 만큼, 원칙적으로 계약이행이 중지된 기간도 위 기간에 포함되어야 한다. 따라서 불가항력 그 밖에 이에 준하는 사유로 계약이행이 중지된 기간이 90일을 경과하더라도 계약금액 조정은 허용된다고 본다. 그러나 계약당사자에게 책임 있는 사유로 계약이행이 중지된 기간까지 포함하여 90일을 경과한 경우에도 계약금액 조정을 허용할 수는 없다. 이는 책임주의 원칙에 어긋나기 때문이다. 따라서 계약상대자 측의 책임 있는 사유로 이행이 중지된 기간을 포함해 90일을 경과했다면, 계약상대자의 신청에 따른 계약금액 증액은 허용할 수 없고, 발주기관의 통지에 따른 계약금액 감액만 허용할 수 있는 한편, 발주기관 측 책임 있는 사유로 이행이 중지된 기간을 포함해 90일을 경과했다면, 계약상대자의 신청에 따른 계약금액 증액을 허용할 수 있고, 발주기관의 통지에 따른 감액은 허용할 수 없다고 보아야 한다.

다. 조정기준일부터 90일 경과

1) 조정기준일의 뜻

조정기준일이란 물가변동으로 인한 계약금액 조정요건이 최초로 충족된 날, 즉 조정사유가 발생한 날을 의미한다(국가계약법 시행령 제64조 제1항 후문). 구체적으로, ① 계약체결 후 90일 이상 경과라는 요건과 ② 품목조정률 또는 지수조정률 100분의 3 이상 증감이라는 요건을 모두 갖춘 날을 말한다.[1)]

따라서 조정기준일이란 물가변동 사유가 발생한 이후에 계약상대자나 발주기관이 그 상대방에게 계약금액 조정을 신청한 날이나 상대방이 신청을 승인한 날, 그에 따라 변경계

1) 서울고등법원 2004. 5. 12. 선고 2003나72988 판결.

약을 체결한 날이 아니고, 발주기관이나 계약상대자가 임의로 정하는 날도 아니다.

그러므로 조정기준일은 원칙적으로 계약체결일을 기준으로 정하고, 장기계속계약인 경우에는 제1차 계약을 체결한 날을 기준으로 정한다. 다만, 과거에 이미 물가변동으로 인한 계약금액 조정이 있었고 2차로 물가변동으로 인한 계약금액 조정을 하는 경우라면, 조정기준일은 직전 조정기준일을 기준으로 정한다.

2) 취지

물가변동으로 인한 계약금액조정은 조정기준일(조정사유가 발생한 날)부터 90일 안에 다시 하지 못한다(국가계약법 시행령 제64조 제1항 단서). 이것은 물가변동으로 인한 계약금액조정제도를 악용하지 못하도록 마련한 시간적 제한조치에 해당한다.[1] 따라서 계약체결일부터 90일 이상 경과해야 하면서도 이미 계약금액 조정을 했던 경우라면 그 후에는 직전 조정기준일부터 90일을 경과해야 한다.

라. 90일 경과의 예외

계약체결일이나 직전 조정기준일로부터 90일 경과라는 요건의 예외로, 천재·지변, 원자재 가격급등으로 위 조정제한기간 내에 계약금액을 조정하지 않고서는 계약이행이 곤란하다고 인정되는 경우에는 계약을 체결한 날이나 직전 조정기준일부터 90일 이내라도 계약금액을 조정할 수 있다(국가계약법 시행령 제64조 제5항, 공사계약일반조건 제22조 제3항 단서). 천재· 지변, 원자재 가격급등이라고 예외 사유를 열거했으므로, 그 밖에 사유로는 예외를 인정할 수 없다는 견해가 있으나,[2] 그렇게 엄격하게 해석해야 하는지 의문이다. 천재·지변까지는 아니더라도 그에 준하는 사유가 있다면 90일 이상 경과의 예외를 인정할 수 있어야 한다. 다만, 계약이행이 곤란하다고 인정되는 경우라는 의미는 발주기관이 여러 사정을 고려하여 판단할 문제이다. 물론 천재·지변, 원자재 가격급등과 계약금액 조정 없이는 계약이행이 곤란하다고 인정되는 경우 사이에는 상당인과관계가 있어야 한다.

따라서 계약체결일이나 직전 조정기준일 이후 원자재 가격급등이 있어서 공사, 용역, 물품제조계약에서 품목조정률이나 지수조정률이 5% 이상 상승한 경우나 물품구매계약에서 품목조정률이 10% 이상 상승한 경우, 공사, 용역, 물품제조계약에서 품목조정률 또는 지수조정률이 3%(물품구매계약은 6%) 이상 상승하고 그 밖에 객관적인 사유로 조정제한기간 안에 계약금액을 조정하지 않고는 계약이행이 곤란한 경우에는 '90일 경과'라는 요건을 충족하지 않더라도 계약금액을 조정할 수 있다(정부 입찰·계약 집행기준 제70조의4 제1항). 위 사유

1) 장훈기, 공공계약제도 해설, 도서출판 삼일, 2015, 912쪽.
2) 김성근, 앞의 책(Ⅱ), 154쪽.

로 계약금액을 조정하려는 계약상대자는 발주기관에게 원자재 가격급등이나 이에 따라 계약금액에 미치는 영향, 계약이행이 곤란한 객관적 사유 등과 관련한 증빙서류를 제출해야 한다(정부 입찰·계약 집행기준 제70조의4 제3항, 제4항 참조). 특히, 계약이행이 곤란한 객관적인 사유의 증빙서류 내용으로는, 계약가격과 시중거래가격의 현저한 차이 존재, 환율급등, 하도급자의 파업 등 입찰 당시나 계약체결 당시 예상할 수 없던 사유로 계약금액을 조정하지 않고서는 계약수행이 곤란한 상황, 계약을 이행하는 것보다 납품지연, 납품거부, 계약포기로 제재조치를 받는 것이 비용상 더 유리한 상황, 주요 원자재 가격급등에 따른 조달곤란으로 계약목적물을 적기에 이행할 수 없고 과도한 추가비용이 들어가는 상황, 그 밖에 계약상대자에게 책임없는 사유로 계약금액을 조정하지 않고서는 계약이행이 곤란한 상황 등을 들 수 있다(정부 입찰·계약 집행기준 제70조의4 제5항).

4. 물가변동

가. 의의

물가변동으로 인한 계약금액 조정사유는 물가변동이다. 여기서 물가변동이란 채권과 채무의 실질가치가 변동되면서 아울러 명목화폐량의 실질가치가 변동되었다는 의미이다.

〔물가변동의 의미〕

물가변동의 의미를 정확히 알기 위해서는 물가변동의 유형을 파악하여야 하고, 물가변동의 유형을 파악하기 위해서는 물가지수와 물가수준의 의미를 알아야 한다. 물가수준이라고 하는 것은 수요와 공급에 의해 결정되거나 변동되는 주요 재화의 개별 가격을 하나로 종합하여 평균한 것을 말한다. 일반적인 재화의 평균을 일반물가수준이라 한다. 이와 같은 물가수준을 기간별로 비교하기 위하여 기준이 되는 연도의 물가수준을 100으로 하고 현재의 물가수준을 지수의 형태로 표시한 것을 일반물가지수라고 한다. 일반물가지수는 재화일반의 평균가격과 그 변동을 기준연도와 비교연도에 있어서 지수로서 나타내주는 것이기 때문에 이것은 곧 화폐의 일반구매력의 변화를 나타내주는 것이다. 그런데 일반물가수준과 그 지수는 재화 일반의 평균가격을 나타낸 것이므로, 일반물가수준 또는 일반물가지수는 개별상품의 가격 변동을 나타내는 개별가격수준과 개별물가지수와는 반드시 일치하는 것은 아니다. 개별가격은 일반물가와는 다르게 변동할 수 있다. 그런데 현행 기업회계원칙은 역사적 원가인 취득원가로 모든 회계현상을 측정 및 기록·보고하도록 하고 있다. 따라서 물가변동이 발생하면 과거정보인 역사적 원가를 기초로 하는 현재의 의사결정은 부적절할 수 있다. 따라서 측정시스템을 개선하기 위하여 역사적 원가 이외에 대체적인 평균방법이 필요한데 이를 위하여 도입된 것이 물가변동회계제도이고, 이를 계약금액조정제도에 반영하고 있다(원정연, 앞의 논문, 227-229쪽).

나. 유형

물가변동의 유형은 여러 가지가 있을 수 있는데, 공공계약법은 원자재 가격급등 등(국가계약법 시행령 제64조 제5항), 특정규격 자재별 가격변동(국가계약법 시행령 제64조 제6항), 환율변동(국가계약법 시행령 제64조 제7항)을 규정한다.

다. 책정기준

1) 조정률

물가변동을 책정하기 위한 기준은 '품목조정률'과 '지수조정률'이 있다. 이를 통칭하여 조정률이라 한다. 따라서 물가변동을 이유로 계약금액을 조정하기 위해서는 ① 입찰일(수의계약의 경우에는 계약체결일, 2차 이후의 계약금액 조정에 있어서는 직전 조정기준일)을 기준으로 기획재정부령이 정하는 바에 따라 산출된 품목조정률이 100분의 3 이상 증감되거나, ② 입찰일을 기준으로 기획재정부령이 정하는 바에 따라 산출된 지수조정률이 100분의 3 이상 증감되어야 한다(국가계약법 시행령 제64조 제1항).

2) 입찰일 기준

조정률을 산정하는 기준일은 계약체결일이 아니라 입찰일이다. 따라서 조정기준일을 판단하는 기준인 계약체결일과 구별해야 한다. 이처럼 조정률 산정 기준일을 입찰일로 정한 이유는 입찰일부터 계약체결일까지 상당한 기간이 경과하는 설계시공일괄입찰, 대안입찰 등 대형공사계약에서 계약체결일을 기준으로 조정률을 산정하면 계약상대자만 그 상당한 기간 동안 발생한 물가변동 위험을 부담하는 불합리가 생기기 때문이다.[1]

3) 조정률 선택

발주기관은 계약금액을 조정할 경우 같은 계약에서 위 품목조정률과 지수조정률 중 어느 하나의 방법에 따라야 하며, 계약상대자가 계약체결 당시 계약서에 지수조정률 방법을 원한다고 표시한 경우가 아니라면 품목조정률 방법으로 계약금액을 조정한다는 뜻을 명시해야 한다(국가계약법 시행령 제64조 제2항). 발주기관이 우월한 지위를 이용해 조정률을 선택하는 부작용을 막기 위해, 계약상대자에게 그 선택권을 준 취지로 보인다. 따라서 하나의 계약에서 품목조정률과 지수조정률을 모두 적용할 수는 없다. 다만, 계약상대자가 자신에게 불리한 지수조정률을 선택하는 등 특별한 사정이 없다면 품목조정률을 따라야 한다. 그리고 한 번 선택한 계약금액 조정방법은, 발주기관이든 계약상대자든 임의로 변경할 수 없다.

---

1) 김성근, 앞의 책(Ⅱ), 2013. 157쪽.

4) 내용

가) 품목조정방법

(1) 의의와 특징

품목조정방법이란 계약금액을 구성하는 품목이나 비목의 가격 등락폭을 직접 계산하여 조정률을 산출하는 방법이다. 이 방법은 거래실례가격이나 원가계약에 따른 예정가격을 기준으로 체결한 계약에 적용한다. 실제 물가변동 내용대로 계약금액을 조정할 수 있다는 장점이 있으나, 조정률 산출이 복잡하여 많은 시간과 노력이 필요하다는 단점이 있다. 따라서 계약금액 구성품목이 적고 조정회수가 많을 때 적합한 방법이므로, 계약기간이 단기간이고, 단순한 소규모 공사에 적합하다.[1)]

(2) 품목조정률

(가) 산정방식

품목조정률과 이에 관련된 등락폭, 등락률은 아래와 같은 산식에 따라 산정한다(국가계약법 시행규칙 제74조 제1항).

1. 품목조정률 = $\dfrac{\text{각 품목 또는 비목의 수량에 등락폭을 곱하여 산출한 금액의 합계액}}{\text{계약금액}}$

2. 등락폭 = 계약단가 × 등락률

3. 등락률 = $\dfrac{\text{물가변동당시가격} - \text{입찰당시가격}}{\text{입찰당시가격}}$

(나) 등락률

등락률은 ① 물가변동당시가격에서 ② 입찰당시가격을 뺀 값을 입찰당시가격으로 나누어 산정한다. 따라서 물가변동당시가격과 입찰당시가격을 먼저 산정해야 하는데, 그보다 먼저 계약금액을 구성하는 품목이나 비목을 찾아야 품목이나 비목별로 등락률을 산정할 수 있으므로, 결국 조정기준일 이후 이행될 부분의 품목이나 비목을 찾아야 한다.

따라서 물가변동당시가격이란 물가변동 당시 산정한 각 품목이나 비목의 가격을, 입찰당시가격이란 입찰서 제출마감일 당시 산정한 각 품목이나 비목의 가격을 말한다. 특히 물가변동당시가격과 계약체결당시가격은 별개 개념이라는 것을 알아야 한다. 즉, 물가변동당시가격은 물가변동 당시 객관적인 거래가격을, 계약체결당시가격은 계약체결 당시 객관적인 거래가격을 말하므로(국가계약법 시행령 제74조 제1항 참조), 혼동하지 않아야 한다. 다만, 객관

1) 원정연, 앞의 논문, 248쪽.

적인 거래가격이 없는 품목은 실제 계약단가나 구입가격 그 자체를 물가변동당시가격으로 인정할 수 있다.[1]

물가변동당시가격을 산정할 때는 입찰당시가격을 산정한 때에 적용한 기준과 방법을 똑같이 적용해야 하며, 다만, 천재·지변, 원자재 가격급등 등 불가피한 사유가 있는 경우라면 입찰당시가격을 산정한 때에 적용한 방법을 달리할 수 있다(국가계약법 시행령 제74조 제7항). 등락률은 일정기간 객관적인 가격 변동이 있었는지를 나타내는 수치일 뿐 가격결정 방법과 직접 관련이 있다고 보기 어려우므로, 등락률을 산출하기 위해 물가변동당시가격과 입찰당시가격을 산정할 때 두 기준, 방법 사이에 일관성만 유지되면 충분하기 때문에, 물가변동당시가격을 산정하면서 입찰당시가격을 산정한 기준과 방법을 그대로 적용하기 어려운 사정이 있다면, 실질적으로 그와 같거나 비슷한 기준과 방법을 적용할 수밖에 없기 때문이다.

그 밖에 표준시장단가가 적용된 공종인 경우, 입찰당시(또는 직전조정기준일당시)의 표준시장단가와 물가변동당시의 표준시장단가를 비교하여 등락률을 산출하되(정부 입찰·계약 집행기준 제67조 제1항 후문), 발주기관이나 그가 지정한 단체에서 제정한 "표준품셈"상 건설기계는 입찰당시 건설기계의 시간당 손료와 물가변동당시 건설기계의 시간당 손료를 비교하여 등락률을 산출한다(정부 입찰·계약 집행기준 제67조 제2항).

(다) 등락폭

등락폭은 계약금액 중 조정기준일 이후 이행될 금액을 구성하는 모든 품목이나 비목의 계약단가에 위에서 산정한 등락률을 곱하여 산정한다. 여기서 계약단가란 산출내역서에 기재된 각 항목별 단가를 말하는데, 다만, 계약단가가 예정가격 단가보다 높은 경우로서 물량이 증가하게 되는 경우에는 그 증가된 물량에 대한 적용단가는 예정가격 단가로 한다(국가계약법 시행령 제65조 제3항 제1호).

등락폭을 산정함에 있어서, ① 물가변동당시가격이 계약단가보다 높고 계약단가가 입찰당시가격보다 높을 경우, 등락폭은 물가변동당시가격에서 계약단가를 뺀 금액으로 하고, ② 물가변동당시가격이 입찰당시가격보다 높고 계약단가보다 낮을 경우, 등락폭은 0으로 한다(국가계약법 시행규칙 제74조 제3항). 계약단가가 입찰당시가격이나 물품변동당시가격보다 비정상으로 높게 책정된 경우 등락폭 산식에 따른 결과를 그대로 인정하면 시장의 물가상승률보다 더 높게 조정하는 결과를 초래하기 때문에, 이를 방지하기 위해서이다.

(라) 품목조정률 산출

품목조정률은 각 품목이나 비목의 수량에 등록폭을 곱하여 산출한 금액의 합계액에 계약금액을 나누어 산정하므로, 우선 각 품목이나 비목의 수량을 산출해야 한다. 다음으로 산

---

1) 대법원 2003. 10. 24. 선고 2002다4948 판결.

출한 수량에 각 품목 등의 등락폭을 곱하여 각 품목 등의 금액을 산정하고, 모든 품목 등의 금액을 합산한 금액을 계약금액으로 나누면 결국 품목조정률을 산정할 수 있다(정부 입찰·계약 집행기준 제67조 제1항 전문). 한편, 예정가격을 기준으로 체결한 계약인 경우, 각 품목이나 비목의 수량에 등락폭을 곱하여 산출한 금액의 합계액에는 같은 합계액에 비례하여 증감되는 일반관리비 이윤 등을 포함해야 하는데(국가계약법 시행령 제74조 제2항), 계약상대자가 산출내역서에 기재한 일반관리비나 이윤율이 국가계약법상 법정요율보다 높은 경우에도 이를 그대로 인정할지 문제되나, 국가계약법 시행규칙이나 예정가격 작성기준에서 정한 일반관리비와 이윤의 비율 제한은 발주기관이 예정가격을 작성할 때 따라야 할 기준일 뿐이지, 계약상대자가 입찰가격을 정할 때 따라야 할 기준은 아니므로, 계약상대자가 산출내역서에 기재한 일반관리비나 이윤율을 그대로 적용할 수 있다고 본다.

나) 지수조정방법

(1) 의의와 특징

지수조정방법은 해당 계약금액 산출내역을 구성하는 비목군별로 물가지수 변동을 파악하여 간접적인 계산으로 조정률을 산출하는 방법이다. 이 방법은 원가계산에 따른 예정가격을 기준으로 체결한 계약에 적용한다. 조정률 산출이 간편하여 업무처리가 간편하다는 장점이 있으나, 평균가격개념인 지수를 이용하기 때문에 물가변동 내용대로 계약금액을 조정하기 곤란하다는 단점이 있다. 따라서 계약금액 구성품목 수가 많고 조정회수가 많을 때 적합한 방법이므로, 계약기간이 장기간이고, 복합공종인 대규모 공사에 적합하다.[1]

(2) 지수조정률

(가) 산정방식

지수조정률은 계약금액(조정기준일 이후에 이행될 부분)의 산출내역을 구성하는 비목군과 한국은행이 조사하여 공표하는 생산자물가기본분류지수 또는 수입물가지수, 정부, 지방자치단체나 공공기관운영법에 따른 공공기관이 결정·허가·인가하는 노임·가격, 요금의 평균지수, 국가계약법 시행규칙 제7조 제1항 제1호[2]에 따라 조사·공표된 가격의 평균지수, 위와 유사한 지수로서 기획재정부장관이 정하는 지수 등의 변동률에 따라 산출한다(국가계약법 시행규칙 제74조 제4항). 기획재정부장관은 지수조정률 산출요령 등 물가변동으로 인한 계약금

1) 원정연, 앞의 논문, 248쪽.

2) 국가계약법 시행규칙 제7조(원가계산을 할 때 단위당 가격의 기준) ①제6조제1항에 따른 원가계산을 할 때 단위당 가격은 다음 각 호의 어느 하나에 해당하는 가격을 말하며, 그 적용순서는 다음 각 호의 순서에 의한다.
1. 거래실례가격 또는 「통계법」 제15조에 따른 지정기관이 조사하여 공표한 가격. 다만, 기획재정부장관이 단위당 가격을 별도로 정한 경우 또는 각 중앙관서의 장이 별도로 기획재정부장관과 협의하여 단위당 가격을 조사·공표한 경우에는 해당 가격

액 조정에 필요한 세부사항을 정할 수 있고(국가계약법 시행규칙 제74조 제10항), 정부 입찰·계약 집행기준은 제68조부터 제70조의2까지 지수조정률과 관련한 상세한 내용을 규정한다.

지수조정률은 비목군 분류, 비목군별 계수산정, 비목군별 지수산출, 지수변동률 산정, 비목군별 조정계수 산정을 거쳐 최종 산정한다.

(나) 비목군 분류

비목군이란 계약담당공무원이 입찰시점(수의계약인 경우에는 계약체결시점)에 노무비, 기계경비, 표준시장단가 또는 한국은행이 조사 발표하는 생산자물가기본분류지수나 수입물가지수표상 품류에 따라 계약금액 산출내역 중 재료비, 노무비, 경비를 구성하는 제비목을 다음 각목에서 정한 예와 같이 분류한 비목을 말하며, 아래에서 "A, B, C, D, E, F, G, H, I, J, K, L, M, …… Z"로 한다(정부 입찰·계약 집행기준 제68조 제1항 제1호).

가. A : 노무비(공사와 제조로 구분하며 간접노무비 포함)
나. B : 기계경비(공사에 한함)
다. C : 광산품
라. D : 공산품
마. E : 전력·수도· 도시가스 및 폐기물
바. F : 농림·수산품
사. G : 표준시장단가{공사에 한하며, G1 : 토목부문, G2 : 건축부문, G3 : 기계설비부문, G4 : 전기부문, G5 : 정보통신부문으로 구분하며, 일부공종에 대하여 재료비·노무비·경비 중 2개 이상 비목의 합계액을 견적받아 공사비에 반영한 경우에는 이를 해당 부분(G1, G2, G3, G4, G5)의 표준시장단가에 포함한다. 이하 같다.}
아. H : 산재보험료
자. I : 산업안전보건관리비
차. J : 고용보험료
카. K : 건설근로자 퇴직공제부금비
타. L : 국민건강보험료
파. M : 국민연금보험료
하. N : 노인장기요양보험료
거. Z : 기타 비목군

이처럼 비목군은 발주기관이 입찰시점이나 계약체결시점에 분류해야 하므로, 이후 설계변경 등으로 인해 계약금액이 변경된 경우에는 비목군을 재편성해야 한다.

(다) 비목군별 계수산정

계수란 "A, B, C, D, E, F, G, H, J, J, K, L, M, …… Z"의 각 비목군에 해당하는 산출내역서상 금액(예정조정기준일전에 이행이 완료되어야 할 부분에 해당하는 금액은 제외)이 같은 내역서상 재료비, 노무비, 경비의 합계액(예정조정기준일전에 이행이 완료되어야 할 부분에 해당하는 금액은 제외)에서 각각 차지하는 비율(이하 "가중치"라 한다)로서, 아래에서 "a, b, c, d, e, f, g, h, i, j, k, l, m, …… z"로 표시한다(정부 입찰·계약 집행기준 제68조 제1항 제2호).

(라) 비목군별 지수산출

지수란 각 비목과 관련하여 다음 각 목과 같이 산출한 수치를 말한다(정부 입찰·계약 집행기준 제68조 제1항 제3호).

가. A에 대하여는 시행규칙 제7조제1항에 의하여 조사·공표된 해당직종의 평균치를, B에 대하여는 각 중앙관서의 장 또는 그가 지정하는 단체에서 제정한 "표준품셈"의 건설기계 가격표상의 전체 기종에 대한 시간당 손료의 평균치(해당공사에 투입된 기종을 의미하는 것은 아님)를, "C, D, E, F"에 대하여는 생산자물가기본분류지수표 및 수입물가지수표상 해당 품류에 해당하는 지수를, G에 대하여는 시행령 제9조 제1항 제3호에 의하여 각 중앙관서의 장이 발표한 공종별(G1, G2, G3, G4, G5) 표준시장단가의 전체 평균치를 말하며, 이하 기준시점인 입찰시점의 지수 등은 각각 "A0, B0, C0, D0, E0, F0, G0"로, 비교시점인 물가변동시점의 지수 등은 각각 "A1, B1, C1, D1, E1, F1, G1"으로 표시하되 통계월보상의 지수는 매월말에 해당하는 것으로 보고 각 비목군의 지수상승율을 산출한다.

나. "H, I"에 대하여는 다음 공식에 의하여 산출하며, "J, K, L, M"에 대하여는 "H" 산출방식을 준용한다.

H0 = A0×입찰시 산재보험료율

H1 = A1×조정기준일 당시 산재보험료율

I0 = 변동전(직접노무비계수 + 재료비계수 + 표준시장단가계수)×입찰시 산업안전보건관리비율

* 변동전 재료비계수 = c + d + e + f

I1 = 변동후(직접노무비계수 + 재료비계수 + 표준시장단가계수)×조정기준일당시 산업안전보건관리비율

* 변동후 계수 = 변동전계수×지수변동률

다. Z0 또는 Z1의 경우에는 A0부터 G0까지 또는 A1부터 G1까지 각 비목의 지수를 해당비목의 가중치에 곱하여 산출한 수치의 합계를 비목군수로 나눈 수치로 하여 아래 공식에 의하여 산출한다. 단, 노무비(A)는 지수화(100%)하여 적용한다.

Z0 = (aA0 + cC0 + dD0 + eE0 + fF0 + gG0) / 비목군수

Z1 = (aA1 + cC1 + dD1 + eE1 + fF1 + gG1) / 비목군수

(마) 지수조정률 산출

위와 같이 산출한 계수, 지수 등을 기초로 다음과 같은 산식으로 지수조정률(아래에서 "K"라 표시)을 산출한다(정부 입찰·계약 집행기준 제69조 제1항).

$$K=(a\frac{A_1}{A_0}+b\frac{B_1}{B_0}+c\frac{C_1}{C_0}+d\frac{D_1}{D_0}+e\frac{E_1}{E_0}+f\frac{F_1}{F_0}+g\frac{G_1}{G_0}+h\frac{H_1}{H_0}+i\frac{I_1}{I_0}+j\frac{J_1}{J_0}+k\frac{K_1}{K_0}+l\frac{L_1}{L_0}+m\frac{M_1}{M_0}\cdots\cdots+z\frac{Z_1}{Z_0})-1$$

단, $z=1-(a+b+c+d+e+f+g+h+i+j+k+l+m\cdots)$

여기서 A1(물가변동 당시 지수)/A0(입찰당시 지수)를 지수변동률이라 하고, 여기에 계수 a를 곱한 a * A1/A0을 변동후 계수라 한다. 따라서 각 비목군의 변동 후 계수를 합산한 금액에서 1을 공제한 금액이 지수조정률이다. 각 비목군의 지수는 입찰시점과 조정기준일 시점의 지수("C, D, E, F"에 대하여는 각각의 전월지수, 다만, 월말인 경우에는 해당 월의 지수를 말함)를 각각 적용한다(정부 입찰·계약 집행기준 제69조 제2항). 비목군은 계약이행기간 중 설계변경, 비목군 분류기준 변경, 비목군 분류과정에서 착오나 고의 등으로 비목군 분류가 잘못 적용된 경우를 제외하고는 변경하지 못한다(정부 입찰·계약 집행기준 제69조 제3항).

발주기관은 계약체결 후 90일 이상이 경과(계약체결일을 산입하지 않고 그 다음날부터 기산하여 91일이 되는 날)하고, 위에 따라 산출한 K가 100분의 3 이상인 경우로서 계약상대자가 청구한 때에는 계약금액을 조정하되, 청구금액의 적정성을 직접 심사하기 곤란하면 예정가격작성기준 제31조에 따른 원가계산용역기관에 위탁할 수 있다(정부 입찰·계약 집행기준 제70조 제1항). 위에 따라 계약금액조정에 사용된 K는 90일 동안 변경하지 못한다(정부 입찰·계약 집행기준 제70조 제2항).

한편, 제2차 이후 계약금액조정률은 지수조정률 산식 가운데 "A_0, B_0, C_0, D_0, E_0, F_0, G_0, H_0, I_0, J_0, K_0, L_0, M_0, …… Z_0"에는 직전조정시점의 "A_1, B_1, C_1, D_1, E_1, F1, G_1, H_1, I_1, J_1, K_1, L_1, M_1, …… Z_1"을, "A_1, B_1, C_1, D_1, E_1, F_1, G_1, H_1, I_1, J_1, K_1, L_1, M_1, …… Z_1"에는 비교시점인 물가변동시점의 지수등을 각각 대입하여 산출한다(정부 입찰·계약 집행기준 제70조 제4항).

끝으로, 지수조정률 등을 산정하면서, 소수점 이하 숫자가 있는 경우에는 ① 지수, 지수변동률(입찰시점의 지수대비 물가변동시점의 지수)과 지수조정률(K)은 소수점 다섯째자리 이하는 절사하고 소수점 넷째자리까지 산정하며, ② 각 비목군의 계수는 계수 합이 1이 되어야 한다는 전제로 계약당사자가 협의(가령, 일부는 절상하고 일부는 절사하여 계수 합이 1이 되도록 하는 방법)하여 결정한다(정부 입찰·계약 집행기준 제70조의2).

Ⅴ. 조정방법

최종 조정금액은 물가변동적용대가에 품목조정률이나 지수조정률 중 어느 하나를 곱하여 산출한다(국가계약법 시행규칙 제74조 제5항). 품목조정률과 지수조정률 산정은 위에서 보았으므로, 아래에서는 물가변동적용대가와 각 조정률을 적용한 결과를 살펴본다.

1. 물가변동적용대가

가. 의의

조정대상인 계약금액은 계약체결 당시 정한 계약금액 일체가 아니라, 조정기준일 이후 이행되는 부분의 대가만을 말한다. 따라서 공공계약법은 계약금액 중 조정기준일 이후 이행되는 부분의 대가라는 의미로, 물가변동적용대가라고 표현한다(국가계약법 시행규칙 제74조 제5항 본문 참조).

나. 적용범위

계약내용에 따라 조정기준일 전에 이행완료 되었거나 이행되었어야 할 부분의 대가는 물가변동조정대가가 아니다(국가계약법 시행규칙 제74조 제5항 본문). 여기서 조정기준일 이전에 이행이 완료되었어야 할 부분인지는 공사공정예정표와 산출내역서 등에 따라 판단할 수 있다. 다만, 발주기관의 책임 있는 사유나 천재·지변 등 불가항력으로 계약이행이 지연되었다면, 원래 이행되었어야 할 부분의 대가도 물가변동적용대가로 포함해야 한다(국가계약법 시행규칙 제74조 제5항 단서). 계약상대자가 아무런 잘못 없이 계약을 이행하지 못했을 뿐인 경우에까지 조정대상에서 배제하면 형평에 맞지 않기 때문이다. 이는 발주기관도 마찬가지이므로, 계약상대자의 책임 있는 사유나 천재·지변 등 불가항력으로 계약이행이 지연되었다면, 원래 이행되었어야 할 부분의 대가도 감액대상에 포함해야 한다(국가계약법 시행규칙 제74조 제5항 단서 유추적용).

한편, 공사계약의 상대자가 자기 비용으로 구입하여 투입하는 이른바 사급자재 비용을, 원가계산서상 재료비 항목으로 반영하지 않고 일반관리비, 이윤 등과 아울러 간접비 일부인 '사급자재대'라는 항목으로 반영한 경우, 사급자재대는 원가계산서상 간접비 항목에 반영했더라도 공사 수행에 필요한 자재비용에 해당하여 재료비에 계상해야 할 것이기 때문에, 계약금액 조정에서는 재료비로 보아 물가변동적용대가에 포함해야 한다.[1)]

---

1) 김성근, 앞의 책(Ⅱ), 174쪽.

다. 총액조정과 단품조정

물가변동으로 인한 계약금액은 원칙적으로 전체 계약을 구성하는 모든 품목이나 비목을 그 대상으로 한다. 이를 총액조정이라 한다. 다만, 공사계약의 발주기관은 특정규격 자재(해당 공사비를 구성하는 재료비·노무비·경비 합계액의 1,000분의 5을 초과하는 자재만 해당)별 가격변동으로 인하여 입찰일을 기준일로 산정한 해당 자재의 가격증감률이 100분의 15 이상인 때에는 예외적으로 그 자재만으로 한정하여 계약금액을 조정하는데(국가계약법 시행령 제64조 제6항 참조), 이를 단품조정이라 한다. 단품조정은 일부 품목의 물가가 현저히 변동된 경우에도 예외적으로 계약금액 조정을 허용하기 위한 것으로서, 특정 품목의 가격변동이 15% 이상인 경우, 계약체결일로부터 90일 이상 경과하지 않고 전체 품목 등 가격증감이 3%에 이르지 않더라도, 적정한 계약이행을 확보하고 계약당사자가 예측하지 못한 손실을 입지 않도록 배려하는 차원에서 계약금액 조정을 인정하려는 취지이다. 이처럼 특정규격 자재별 가격변동에 따라 계약금액을 조정하는 경우에는 품목조정률에 따라야 한다(정부 입찰·계약 집행기준 제70조의3 제1항).

그런데 총액증액조정요건과 단품증액조정요건이 모두 충족되는 경우에는 경우에 어떤 것을 우선 적용해야 하는지 문제된다. 정부 입찰·계약 집행기준에 따르면, 총액증액조정을 우선 적용해야 하지만, 단품증액조정이 총액증액조정보다 하수급업체에게 유리하거나 그 밖에 발주기관의 계약관리 효율성을 높이기 위하는 등 단품증액조정을 적용할 필요가 있는 경우에만 단품증액조정을 우선 적용할 수 있다(정부 입찰·계약 집행기준 제70조의3 제3항). 마찬가지로 총액감액조정요건과 단품감액조정요건이 모두 충족되는 경우에도 총액감액조정을 우선 적용한다(정부 입찰·계약 집행기준 제70조의5 제2항).

라. 개별 고찰

1) 장기계속계약

장기계속계약에서는 제1차계약 체결 당시 부기한 총계약금액을 기준으로 조정한다(국가계약법 시행령 제64조 제1항). 따라서 공사공정예정표 역시 차수별 계약의 공사공정예정표가 아닌 총공사계약상 공사공정예정표를 기준으로 물가변동적용대가를 산정한다.

2) 연간단가계약

연간단가계약 방식으로 체결한 물품구매계약에서는 원칙적으로 발주기관의 납품요구서에 따라 조정기준일 이후에 납품될 물량을 기준으로 물가변동적용대가를 산정해야 한다.[1]

1) 회계제도과-996, 2009. 6. 2.

3) 변경계약

최초 계약을 체결한 후에 변경계약을 체결한 경우, 처음 계약금액과 변경 계약금액 중 어떤 것을 기준으로 물가변동적용대가를 산정해야 하는지 문제되나, 가령, 설계변경으로 인한 계약금액 조정 후 다시 물가변동으로 인한 계약금액 조정요건을 충족한 경우에는 변경계약을 기준으로 물가변동적용대가를 산정해야 한다. 따라서 물가변동으로 인한 계약금액 조정기준일 전에 설계변경으로 인하여 계약금액을 조정했다면 조정된 계약금액을 기준으로 물가변동적용대가를 산정한다.[1]

2. 적용결과

가. 품목조정률을 적용한 경우

품목조정률의 경우, 각 품목이나 비목 수량에 등락폭을 곱하여 산출한 금액의 합계액에는 해당 합계액에 비례하여 증감되는 일반관리비와 이윤 등을 포함해야 하므로(국가계약법 시행령 제74조 제2항), 조정금액을 품목조정률을 적용하여 산정하면, 일반관리비와 이윤 등 간접비가 거의 반영된다.

나. 지수조정률을 적용한 경우

지수조정률의 경우, 계약금액 산출내역 중 재료비, 노무비, 경비, 즉 순공사비를 대상으로 조정률을 산출하므로, 조정률 산출과정에서 일반관리비와 이윤 등 간접비가 그대로 반영되지 않고, 그에 따라 지수조정률을 곱하여 조정금액을 산정하면 일반관리비와 이윤 등 간접비 가운데 상당한 금액이 제외된다. 결국 계약금액 증액에 있어서는 품목조정률보다 지수조정률을 곱하여 조정금액을 산정하는 방식이 계약상대자에게 불리하다.

Ⅵ. 관련문제

1. 증가액에서 선금공제

가. 의의와 취지

국고금관리법령에 따라 발주기관이 계약상대자에게 선금을 지급한 경우, 물가변동을 반영하여 산정한 계약금액 증가액에서 아래 산식에 따라 산출한 금액을 공제한다(국가계약법 시행령 제64조 제3항, 같은 법 시행규칙 제74조 제6항).

---

1) 회계 45107-236, 1997. 2. 4.

공제금액 = 물가변동적용대가×(품목조정률 또는 지수조정률)×선금급률

발주기관이 계약을 체결한 후 계약상대자에게 선금을 지급했다면 계약상대자는 자재 등의 물가가 변동되기 전에 그 자재 등을 구입했다고 볼 수 있으므로, 선금으로 구비한 자재 등의 물가변동분을 제외하려는 취지이다.[1] 쉽게 말해, 계약금액 조정 결과에 따라 계약상대자가 얻는 이익을 공제하기 위한 규정이다. 그런데 장기계속공사계약이나 장기물품제조계약, 계속비계약에서 위에서 말하는 물가변동적용대가는 해당 연도 계약체결분이나 해당 연도 이행금액을 기준으로 한다(국가계약법 시행령 제74조 제6항 후문). 따라서 총계약금액이 아닌 차수별 계약금액을 기준으로 한다.

나. 요건

1) 선금 지급

선금을 공제하기 위해서는 당연하게도, 발주기관이 계약상대자에게 선금을 지급했어야 한다. 또한, 선금은 조정기준일 이전에 지급되어야 하므로, 조정기준일 이후 지급된 선금은 공제하지 않는다.

2) 계약금액 증액

증액조정한 경우에만 선금을 공제하므로, 감액조정한 경우에는 선금을 공제하지 않는다(정부 입찰·계약 집행기준 제70조의5 제6항). 감액조정한 경우는 증액조정한 경우와 달리 선금으로 물가하락 전에 높은 가격으로 자재를 확보했다고 보아야 하므로, 조정금액에서 다시 감액하는 것은 부당하기 때문이라고 한다.[2]

3) 선금급율

선금급율의 의미와 관련하여, 물가변동적용대가에 대한 선금지급비율을 의미한다는 견해와 계약금액에 대한 선금지급비율을 의미한다는 견해가 대립하는데, 법문은 단지 선금급률이라고만 규정하므로, 조정기준일 이전에 지급된 선금총액이 계약금액에서 차지하는 비율을 말한다고 본다. 한편, 조정기준일 전에 설계변경으로 계약금액이 변경되었다면, 변경된 계약금액을 기준으로 선금급률을 정한다.

---

1) 김성근, 앞의 책(Ⅱ), 193면.
2) 김성근, 앞의 책(Ⅱ), 194쪽.

다. 적용범위

1) 선금이 반환된 경우

계약상대자가 조정기준일 이전에 발주기관에게 선금을 반환했다면, 물가변동적용대가 산정에 영향을 미치지 않기 때문에 이를 공제하지 않는다. 다만, 조정기준일 이후에 선금을 반환했다면 이를 공제한다.

2) 선금공제 방식

선금을 지급한 후 기성대가를 지급할 때 선금공제산식에 따라 선금을 공제하고 기성대가를 지급했다 하더라도, 선금잔액을 기준으로 선금공제액을 산정하는 것이 아니라, 선금으로 지급한 금액 전체를 대상으로 선금공제액을 산정하는 것이 타당하다.[1]

2. 물가변동적용대가에서 기성대가 공제 여부

계약당사자가 조정기준일 이후에 계약금액 조정을 신청하지 않고 조정기준일 이후 이행되어야 할 부분을 이행한 다음 기성대가를 신청하여 수령했다면, 계약금액 조정을 포기하였다고 이해해야 한다.[2] 계약금액 조정을 신청할 수 있는데도 이를 하지 않은 채 기성대가를 청구하여 지급받은 계약당사자가 다시 그 기성대가 부분을 포함하여 조정을 신청한다면 모순된 거동이며, 그러한 선행 행위를 믿은 상대방의 신뢰를 침해할 위험이 있다. 이는 증액조정이든 감액조정이든 같다(정부 입찰·계약 집행기준 제70조의5 제7항 참조).

그런데 위와 같은 논리는 계약당사자 사이에 계약금액 조정을 염두하지 않고 확정적으로 기성대가를 주고받은 경우에만 적용되며, 만약 계약당사자가 계약금액 조정을 신청한 후에 기성대가를 받은 경우나 계약금액 조정을 조건으로 우선 대가를 지급하는 의미로서 개산급을 지급받은 경우(국고금관리법 제26조 참조)에는, 향후 계약금액 조정을 염두하고 기존 계약내용에 따라 계약금액을 잠정적으로 받은 것에 불과하므로, 조정대상에 해당한다.[3] 이에 따르면, 조정기준일 이후에 이행된 부분의 대가를 개산급으로 지급받았고, 그 개산급 지급시기가 조정기준일 이후라 해더라도, 이를 물가변동적용대가 산정에서 공제하면 안 된다. 이처럼 개산급 지급은 조정대금 지급과 다르므로, 개산급 지급신청을 계약금액 조정신청으로 볼 수는 없다.

1) 김성근, 앞의 책(Ⅱ), 196쪽.
2) 회계제도과-944, 2009. 6. 2.
3) 대법원 2006. 9. 14. 선고 2004다28825 판결.

3. 특정규격 자재 가격변동에 따른 계약금액조정 후 다시 물가변동에 따른 계약금액을 조정하는 경우

특정규격 자재별 가격변동에 따른 계약금액을 조정한 후(국가계약법 시행령 제64조 제6항 참조) 다시 물가변동으로 인한 계약금액을 조정하려면 다음 기준에 따른다. 우선, 품목조정률에 따라 계약금액을 조정하려면, 품목조정률을 산출할 때 특정규격 자재의 가격상승률을 감산(하락률은 합산)한다. 그리고 지수조정률에 따라 계약금액을 조정하려면, 지수조정률은 비목군 분류를 할 때 특정규격 자재가 속한 비목군에서 특정규격 자재 비목군을 따로 분류하고, 계수를 산출할 때 특정규격 자재의 가격변동에 따라 조정된 금액을 제외하여 산출하며, 특정자재 비목군와 특정규격 자재를 제외한 비목군에 해당하는 금액이 차지하는 비율에 따라 각각 계수를 산출한다. 또한, 조정률 산출에서 특정규격 자재 비목군의 지수변동률은 특정규격 자재의 등락폭에 해당하는 지수상승률을 감산(하락률은 합산)하고, 특정규격 자재의 조정기준일부터 물가변동으로 인한 계약금액 조정기순일까지 지수상승률은 합산하여 산출한다. 다만, 2차 이후 계약금액 조정에서는 다시 보통 물가변동으로 인한 계약금액 조정요건이나 절차에 따른다(정부 입찰·계약 집행기준 제70조의3 제2항).

4. 단품·총액감액조정과 단품·총액증액조정의 관계

한편, 발주기관은 직전 계약금액조정 당시 단품증액조정을 한 경우 단품감액조정요건이 충족되면 원칙적으로 단품감액조정을 하여야 한다. 다만, 단품감액조정을 적용한 결과 총액증액조정의 등락요건이 입찰일이나 직전조정기준일로부터 조기에 충족되어 추가적인 계약금액 조정이 예상되는 경우에는 해당 단품감액조정을 생략할 수 있다(정부 입찰·계약 집행기준 제70조의5 제3항). 그리고 발주기관은 직전 계약금액조정 당시 단품증액조정요건과 총액증액조정요건이 동시에 충족하여 단품증액조정을 적용하지 못했다면, 단품감액조정을 적용하지 않는다(정부 입찰·계약 집행기준 제70조의5 제4항). 끝으로 발주기관은 단품감액조정을 할 때 그 대상인 특정규격 자재(부산물이나 작업설은 제외)는 산출내역서상 재료비 항목 자재로 하되, 산출내역서만으로 재료비 항목을 구분하기 어렵다면 산출내역서 작성 당시 제출한 기초자료(일위대가 등)을 활용하여 재료비 항목으로 구분해 단품감액조정을 적용할 수 있다(정부 입찰·계약 집행기준 제70조의5 제5항).

발주기관은 단품감액조정이나 총액감액조정을 할 경우 계약상대자가 직전 계약금액조정 당시 단품증액조정이나 총액증액조정에 따라 조정받은 금액을 하수급인 등에게 배분한 것과 같은 방식으로 회수·관리하도록 해야 한다(정부 입찰·계약 집행기준 제70조의5 제8항). 그리고 2006. 12. 29. 이전 계약으로서 계약상대자가 단품증액조정을 받지 않은 경우에는 단품감액조정을 적용하지 않되, 단품증액조정을 받았다면 단품증액조정된 증액범위를 초과하여 단품감액조정을 할 수 없다(정부 입찰·계약 집행기준 제70조의5 제9항).

5. 환율변동에 따라 계약금액을 조정하는 경우

계약금액을 구성하는 품목이나 비목의 가격이 환율변동을 원인으로 직접 변동하는 경우(국가계약법 시행령 제64조 제7항 참조), 위에서 살펴본 물가변동 요건과 절차를 적용하여 계약금액을 조정한다. 다만, 이미 국내에 수입되어 다른 국내업체가 판매한 품목이나 비목이라면 환율변동을 원인으로 직접 그 가격이 변동되는 것은 아니기 때문에, 설령 환율변동이 있다 하더라도 계약금액 조정대상에 해당하지 않는다. 환율변동으로 총액조정요건이 성립된 경우에는 총액물가조정을 할 수 있고, 단품조정요건이 성립된 경우에는 단품물가조정을 할 수 있다. 환율변동에 따른 등락률은 계약체결 당시 환율과 계약상대자가 수입계약에 따라 해외공급자에게 실제 대금을 지급한 당시 환율을 비교한다. 기간요건을 충족하는 날이 공휴일이면 다음 날의 환율을 적용해야 한다.

6. 노무비 한정 조정

발주기관은 단순한 노무용역으로서 청소용역, 검침(檢針)용역, 경비시스템 등을 이용하지 않는 단순경비나 관리용역, 행사보조 등 인력지원용역과 같은 용역인 경우, 예정가격 작성 이후 노임단가가 변동되면 노무비에 한정하여 계약금액을 조정한다(국가계약법 시행령 제64조 제8항, 같은 법 시행규칙 제23조의3).

제 3 절 설계변경으로 인한 계약금액조정

Ⅰ. 의의

1. 의미

설계변경으로 인한 계약금액조정은 계약체결 후 설계변경으로 공사량이나 과업량, 제조량의 증감이 발생했을 때 계약금액을 조정하는 제도이다. 설계변경은 계약을 이행하던 중 계약체결 당시 미처 예상하지 못한 사정이 발생하거나 이행량이 증감하거나 계획을 변경해야 할 때 필요하다. 다만, 계약의 본질을 변경하지 않는 범위에서 계약내용 일부만 변경하는 것이므로, 계약의 본질을 변경하는 설계변경은 허용할 수 없다. 따라서 설계변경에 따라 계약의 본질이 변경되는 경우라면, 수정계약이 아닌 새로운 별도 계약을 체결하여야 한다.

〔추가공사와 설계변경의 구별〕

추가공사와 설계변경은 구별해야 한다. 설계변경과 달리 추가공사는 기존 설계에 보태어 새로운 공사를 추가하는 것이기 때문이다. 다만, 추가공사에도 설계변경을 수반할 수 있으므로 두 개념을 명확히 구별하기 쉽지 않을 때도 있다. 따라서 추가공사와 설계변경은 계약목적이나 특성, 주위 환경 등을 종합적으로 검토하여 구분할 수밖에 없다.

2. 적용범위

가. 공사·용역·물품제조

설계변경으로 인한 계약금액 조정은 원칙적으로 공사계약에서 적용되나(국가계약법 시행령 제65조 제1항), 물품제조계약이나 용역 등 계약에도 해당 규정을 준용할 수 있다(국가계약법 시행령 제65조 제7항). 공사계약일반조건은 제19조부터 제20조에서, 용역계약일반조건은 제16조에서 각각 설계변경 혹은 과업내용 변경에 따른 계약금액 조정을 규정하나, 물품구매(제조)계약일반조건에는 관련 규정이 없다.

설계변경으로 인한 계약금액조정제도는 설계변경과 관련하여 발주기관에 책임이 있거나 천재지변 등 사유가 있는 때, 즉 계약상대자에게 책임 없는 경우에만 적용한다.[1)]

나. 혼합계약

설계용역과 공사가 혼합된 계약인 경우, 공사 부분에는 공사계약 설계변경 규정이, 용역 부분에는 용역계약 과업내용 변경 규정을 각각 적용하면 되기 때문에 별다른 문제가 없지만, 공사와 물품제조, 공사와 물품구매가 혼합된 계약에 설계변경으로 이한 계약금액조정 규정을 적용할지 논란이 있을 수 있다. 이때는 공사계약과 물품계약 중 어떤 부분이 해당 계약의 주된 내용인지, 본질적인 부분인지를 고려해, 공사계약이 본체라면 해당 규정을 적용하고, 물품계약이 본체라면 설계변경으로 인한 계약금액조정 특약을 한 경우만 이를 적용할 수 있다고 본다.

다. 대형공사계약

한편, 설계변경으로 인한 계약금액조정은 원칙적으로 대형공사에 적용되지 않는다. 설

---

1) 계승균, 앞의 책, 231쪽.

계, 시공 일괄입찰 방식으로 실시하는 대형공사에서는 설계도면을 작성하고 그에 따라 시공하는 책임을 모두 계약상대자가 부담하기 때문이다. 다만, 발주기관에게 책임 있는 사유나 천재·지변 등 불가항력 사유에 따라 설계변경이 수반되면 계약금액조정을 할 수 있다(공사계약일반조건 제21조 제1항).

Ⅱ. 계약금액조정 요건

1. 공사·용역계약

공사계약일반조건은 설계변경에 따른 계약금액조정을, 용역계약일반조건은 과업내용 변경에 따른 계약금액조정을 각 규정하므로, 특별한 사정이 없으면, 공사·용역계약에서는 설계변경으로 인한 계약금액조정을 할 수 있다. 다만, 물품제조계약도 계약조건에 설계변경으로 인한 계약금액조정을 준용하도록 규정한다면, 설계변경으로 인한 계약금액조정을 할 수 있다. 아래에서는 공사계약을 중심으로 설명한다.

2. 설계변경에 따른 공사량 증감

가. 설계변경

1) 의의

설계변경은 공사를 시행하던 중 계약체결 당시 미처 예상하지 못한 사정발생, 공사량 증감, 계획변경을 이유로 당초 설계내용을 변경하는 것을 말한다.

2) 설계내용

가) 설계서

설계서란 공사시방서, 설계도면, 현장설명서, 공사기간 산정근거와 공종별 목적물 물량내역서(가설물 설치에 필요한 물량을 포함)를 말한다. 그러나 일괄입찰과 대안입찰을 실시하여 체결한 공사의 산출내역서, 수의계약으로 체결한 공사의 산출내역서는 설계서에 포함하지 않는다. 다만, 견적서 제출에 따른 수의계약으로 체결한 공사의 산출내역서는 설계서에 포함한다(공사계약일반조건 제2조 제4호 본문).

우선, 공사시방서는 공사에 사용하는 재료, 설비, 시공체계, 시공기준, 시공기술의 기술설명서와 이에 적용되는 행정명세서로서, 설계도면에 대한 설명이나 설계도면에 기재하기 어려운 기술적 사항을 표시한 도서를 말한다(공사계약일반조건 제2조 제5호). 설계도면은 시공될 공사의 성격과 범위를 표시하고 설계자의 의사를 일정한 약속에 근거해 그림으로 표현한 도서로서 공사목적물 내용을 구체적인 그림으로 표시한 도서를 말한다(공사계약일반조건 제2조 제6호). 현장설명서는 현장설명 당시 교부하는 도서로서 시공에 필요한 현장상태 등과 관련한 정보나 단가와 관련한 설명서 등을 포함한 입찰가격 결정에 필요한 사항을 제공하는 도서를 말한다(공사계약일반조건 제2조 제7호). 물량내역서는 공종별 목적물을 구성하는 품목이나 비목과 같은 품목이나 비목의 규격·수량·단위 등이 표시된 내역서를 말한다(공사계약일반조건 제2조 제8호 가, 나목).[1] 산출내역서란 입찰금액이나 계약금액을 구성하는 물량, 규격, 단위, 단가 등을 기재한 내역서를 말한다(공사계약일반조건 제2조 제9호 가목에서 라목).

나) 설계관련서류

설계관련서류로 수량산출서, 단가산출서, 일위대가표, 입찰안내서 등이 있다.[2] 수량산출서는 발주기관이 설계내역서를 작성하기 위해 각 공종별로 설계도면 등을 기준으로 수량을 산출하고, 단위당 투입되어야 하는 재료와 노무의 수량을 표준품셈을 적용하여 산출하는데, 이러한 과정에서 작성된 도서를 말한다. 단가산출서는 공종별 재료비, 노무비 직종과 투입량을 정하면 공인가격인 조달청 가격정보, 물가정보지상 거래실례가격, 대한건설협회가 발표하는 건설공사 시중노임 등을 적용하여 단가와 금액을 산출하는데, 이러한 과정을 거쳐 작성된 도서를 말한다. 일위대가표는 세부공종에 포함된 세부품목별로 투입되는 재료의 규격, 단위, 수량과 설치에 들어가는 노무량 등을 산출하고, 이에 대한 단가를 적용하여 세부공종 이행에 들어가는 금액을 산출한 표를 말한다. 입찰안내서는 대안입찰, 일괄입찰, 기술제안입찰에 각 참가하려는 자가 해당 공사 입찰에 참가하기 전에 숙지해야 하는 공사의 범위·규모, 설계·시공기준, 품질, 공정관리 그 밖에 입찰이나 계약이행과 관련한 기본계획과 지침 등을 포함한 문서이다(국가계약법 시행령 제79조 제1항 제7호 참조).

수량산출서, 단가산출서, 일위대가표, 입찰안내서는 설계서가 아니므로, 이러한 설계관련서류 내용이 불분명하거나 누락·오류, 상호 모순 등이 있더라도 그 자체만으로는 설계변경 사유나 그에 따른 계약금액 조정 원인에 해당하지 않는다. 다만, 설계서 내용을 보충하거나 보완하는 기초자료이기 때문에 위와 같은 서류는 중요한 의미를 지닌다.

1) 물량내역서는 발주기관이 설계서를 작성하여 입찰에 부치거나 견적서 제출에 따른 수의계약을 체결하는 공사에서만 사용하는 용어다. 특히 물량내역서를 설계서로 인정하는 공사는 내역입찰공사, 총액입찰공사, 대안입찰공사인 경우로서 대안이 채택되지 않은 공사부분(원안부분)과 소액수의계약 대상 공사이면서 추정가격이 2천만원 이상인 경우로서 전자조달시스템으로 안내공고 후 견적제출을 받아 계약상대자를 선정하는 경우이다.
2) 김성근, 앞의 책(Ⅱ), 224쪽.

3) 설계변경 사유

가) 설계서 내용 불분명, 누락·오류, 상호모순

설계서 내용이 불분명한 경우란 설계서 내용이 명확하지 않아 설계서만으로는 시공방법이나 투입재료 등을 확정할 수 없고, 설계서 기초자료인 단가산출서, 수량산출서, 일위대가표를 검토하거나 설계자의 의견을 들어 확인해야 하는 경우를 말한다.

설계서에 누락이 있는 경우란 해당 공사 목적달성을 위해 필수로 이행되어야 할 사항이 설계서에 없는 경우를 말한다.

설계서에 오류가 있는 경우란 설계기준인 관련법령, 표준시방서, 전문시방서, 설계지침 등이 정한 준수사항을 위반한 내용이 있는 경우를 말한다.

설계서에 상호모순이 있는 경우란 여러 설계서 내용이 서로 다른 정도를 넘어서 계약상대자가 그 설계서 내용에 따르면 시공할 수 없는 상태를 각각 의미한다.

나) 공사현장 상태가 설계서와 다른 경우

지질상태, 용수, 지장물 등 공사현장 상태가 설계서에 기재된 내용과 다른 경우를 말한다. 지질상태, 용수, 지장물 등은 공사현장 상태의 예시이므로, 공사현장 상태란 물리적·사실적 상태를 지칭한다.

다) 새로운 기술·공법사용으로 공사비 절감과 시공기간 단축 등 효과가 현저한 경우

새로운 기술·공법이란 주로 건설기술진흥법, 환경기술 및 환경산업 지원법, 특허법 등 관련법령에 따른 새로운 기술이나 특허공법을 말한다. 그러나 관련법령에 따른 새로운 기술이나 특허공법이라 하더라도, 발주기관의 설계와 동등 이상의 기능·효과를 가진 것이 아니라면 여기서 말하는 새로운 기술·공법에 해당하지 않는다. 같은 맥락에서, 새로운 기술·공법이 기존 기술이나 공법과 완전히 다른 새로운 기술이나 공법만 의미하는지 문제되나, 새로운 기술·공법은 발주기관의 설계와 동등이상 기능과 효과를 가진 기술이나 공법, 기자재 등을 포함하므로, 해당 요건을 갖추었다면 기존 기술이나 공법도 새로운 기술·공법에 해당할 수 있다(공사계약일반조건 제19조의4 제1항 참조). 새로운 기술·공법에 해당하는지는 기술자문위원회 심의를 거쳐 판단할 수 있다(국가계약법 시행령 제65조 제5항).

그리고 새로운 기술·공법사용으로 공사비 절감, 시공기간 단축 등 효과가 현저할 것으로 예상되어야 하는데, 이를 판단하는 별도 기준이 없는 만큼, 발주기관이 여러 사정을 고려하여 재량으로 판단할 수밖에 없다. 그리고 그 효과가 현저한지 역시 기술자문위원회 심의를 거쳐 판단할 수 있다고 본다(국가계약법 시행령 제65조 제5항 참조).

라) 발주기관이 설계서 변경 필요가 있다고 인정한 경우

발주기관은 해당 공사의 일부변경이 수반되는 추가공사 발생, 특정공종 삭제, 공정계획 변경, 시공방법 변경, 그 밖에 적정한 공사이행을 위한 변경 중 어느 하나에 해당하여 필요하다고 인정하면 설계서 변경을 요청할 수 있다(공사계약일반조건 제19조의5 제1항).

첫째, 해당 공사의 일부변경이 수반되는 추가공사 발생이란 해당 공사의 전부변경이 수반되지 않는 범위에서 해당 공사와 관련이 있는 추가공사가 필요한 경우를 말한다. 이러한 경우에는 설계변경 후 계약금액을 조정하는 방법이 추가공사를 분리 발주하여 시공하는 방법보다 효율적이기 때문에 계약금액 조정을 인정한 것이다.

둘째, 특정공종 삭제는 추가공사와 달리 해당 공사 범위에 포함된 공사를 발주기관 측 사정에 따라 축소하는 경우를 말한다.

셋째, 공정계획 변경은 예정된 공정대로 공사를 진행하다가 불가피한 사정이 발생한 경우 예정된 공정을 변경하는 것을 말한다. 본래 공정계획 변경은 공사수행계획 변경에 불과하므로 설계변경으로 보기 곤란하지만, 설계변경에 따른 공정변경과 형태가 유사하므로, 발주기관의 필요에 따른 설계변경 사유 중 하나로 규정하였다.

넷째, 시공방법 변경은 발주기관이 계약상대자에게 기존 설계서에서 정한 시공방법이 아닌 다른 시공방법을 적용하여 계약을 이행하도록 하는 것을 말한다.

다섯째, 그 밖에 적정한 공사이행을 위한 변경이란 위 네 가지 사유에 준하거나 가령, 인허가 요구, 천재지변 등 불가항력, 관련법령 제·개정 등으로 발주기관이 설계변경 필요성을 인정한 경우를 말한다.

마) 필요자재 수급방법 변경

필요자재 수급방법 변경이란 자재 수급방법을 미리 정한 다음, 계약이행 과정에서 그 방법을 변경하는 것을 말한다. 보통 공사에서 자재수급 방법은 관급자재와 수급자재로 구분하는데, 여기서 관급자재란 공사이행을 위해 투입해야 할 재료 중 발주기관이 직접 구입하여 계약상대자에게 지급하는 자재를, 사급자재란 계약상대자가 직접 구입하여 공사에 투입하는 자재를 말한다. 그리고 발주기관은 공사를 발주할 때 자재 품질, 수급상황, 공사현장 등을 종합적으로 참작하여 효율적이라고 판단하는 경우 등에 그 공사에 필요한 자재를 직접 공급할 수 있다(국가계약법 시행규칙 제83조 제1항 참조). 따라서 관급자재를 수급자재로 혹은 수급자재를 관급자재로 변경하는 절차가 바로 필요자재 수급방법 변경에 해당한다.

공사계약일반조건에서 인정하는 필요자재 수급방법 변경이란 발주기관이 그 사정으로 처음 관급자재로 정한 품목을 계약상대자와 협의하여 계약상대자로 하여금 직접 구입하게 하여 투입하는 자재, 즉 사급자재로 변경하고자 하는 경우나 관급자재 등 공급지체로 말미

암아 공사가 상당기간 지연되리라 예상되어 계약상대자가 대체사용 승인을 신청하고 발주기관이 이를 승인한 경우를 말한다(공사계약일반조건 제19조의6 제1항 전문).

4) 설계변경 방법

가) 설계서 내용 불분명, 누락·오류, 상호모순에 따른 설계변경 방법

계약상대자는 공사계약 이행과정에서 설계서 내용이 불분명하거나 설계서에 누락·오류, 설계서 사이에 모순 등이 있는 사실을 발견하면 설계변경이 필요한 부분을 이행하기 전에 해당 사항을 분명히 기재한 서류를 발주기관과 공사감독관에게 동시에 통지해야 한다(공사계약일반조건 제19조의2 제1항).

위 통지를 받은 발주기관은 즉시 공사가 적절히 이행되도록 아래 4가지 방법 가운데 어느 한 방법으로 설계변경 등 필요한 조치를 해야 한다(공사계약일반조건 제19조의2 제2항).

첫째, 설계서 내용이 불분명한 경우, 발주기관은 설계자 의견, 발주기관이 작성한 단가산출서나 수량산출서 등을 검토하여 처음 설계서에 따라 시공방법·투입자재 등을 확인한 후 ① 확인된 사항대로 시공해야 하면 설계서를 보완하되 계약금액 조정을 하지 않고, ② 확인된 사항과 다르게 시공해야 하면 설계서를 보완하고 아울러 계약금액을 조정해야 한다(공사계약일반조건 제19조의2 제2항 제1호).

둘째, 설계서에 누락·오류가 있는 경우, 발주기관은 그 사실을 조사·확인하고 계약목적물 기능과 안전을 확보할 수 있도록 설계서를 보완해야 한다(공사계약일반조건 제19조의2 제2항 제2호).

셋째, 설계도면과 공사시방서는 서로 일치하나 물량내역서와 다른 경우에는 설계도면과 공사시방서에 물량내역서를 맞춘다(공사계약일반조건 제19조의2 제2항 제3호). 다만, 일괄입찰, 대안입찰, 실시설계 기술제안입찰, 기본설계 기술제안입찰수의계약을 거쳐 각 체결한 공사에는 위 내용을 적용하지 않는다(공사계약일반조건 제19조의2 제3항 본문).

넷째, 설계도면과 공사시방서가 서로 다른 경우로서 물량내역서가 설계도면과 다르거나 공사시방서와 다른 경우에는 설계도면과 공사시방서 가운데 공사를 최선으로 시행하기 위해 우선해야 할 내용이 있는 설계도면이나 공사시방서를 확정한 다음 그 확정 내용에 따라 물량내역서를 맞춘다(공사계약일반조건 제19조의2 제2항 제4호). 다만, 일괄입찰, 대안입찰, 실시설계 기술제안입찰, 기본설계 기술제안입찰수의계약을 거쳐 각 체결한 공사에는 위 내용을 적용하지 않되(공사계약일반조건 제19조의2 제3항 본문), 설계도면과 공사시방서가 서로 모순되는 경우에는 관련법령과 입찰 관련 서류 등에서 정한 내용에 따라 우선 여부를 결정해야 한다(공사계약일반조건 제19조의2 제3항 단서).

나) 현상상태와 설계서가 다른 경우에 설계변경 방법

계약상대자는 공사계약 이행 중에 지질, 용수, 지하매설물 등 공사현장 상태가 설계서와 다른 사실을 발견하면, 지체없이 발주기관과 공사감독관에게 동시에 통지해야 한다(공사계약일반조건 제19조의3 제1항). 계약상대자가 공사계약 이행 중에 공사현장 상태가 설계서와 다른 사실을 발견해야 한다고 규정하나, 공사계약 이행 전에 우연히 그러한 사실을 발견한 경우도 포함해야 한다. 그리고 '지체없이'란 계약상대자가 공사현장 상태가 설계서와 다른 사실을 발견한 다음 아래에서 보는 실정보고서를 작성하는 데에 필요한 기간을 말한다. 계약상대자가 발주기관과 공사감독관 모두에게 통지해야 하므로, 공사감독관에게만 통지하였다면 적법한 절차로 보기 어렵다.

한편, 계약상대자는 설계서에 명시된 현장상태와 다르게 나타난 현장상태를 기재한 서류를 작성하여, 이를 발주기관과 공사감독관에게 통지한다(공사계약일반조건 제19조의3 제1항). 이를 실정보고서라 한다.[1]

끝으로, 위 통지를 받은 발주기관은 그 즉시 현장을 확인하고 현장상태에 따라 설계서를 변경해야 한다(공사계약일반조건 제19조의3 제2항).

다) 새로운 기술·공법에 따른 설계변경 방법

계약상대자는 제안사항에 대한 구체적인 설명서, 제안사항에 대한 산출내역서, 수정공정예정표, 공사비 절감과 시공기간 단축효과, 그 밖에 참고사항과 같은 서류를 첨부하여 공사감독관을 경유해 발주기관에게 서면으로 설계변경을 요청할 수 있다(공사계약일반조건 제19조의4 제1항 제1호부터 제5호까지).

위 요청을 받은 발주기관은 이를 검토하여 계약상대자에게 그 결과를 통보해야 하는데(공사계약일반조건 제19조의4 제2항 전문), 그 이전에 계약상대자의 설계변경 요청에 이의가 있으면 건설기술 진흥법 시행령 제19조에 따른 기술자문위원회에 청구하여 심의를 받아야 하고, 만약 기술자문위원회가 설치되어 않았다면 건설기술 진흥법 제5조에 따른 건설기술심의위원회 심의를 받아야 한다(공사계약일반조건 제19조의4 제2항 후문). 계약상대자는 기술자문위원회 등 심의를 거친 계약담당공무원 결정에 이의를 제기할 수 없다. 또한, 새로운 기술·공법의 개발에 들어간 비용과 새로운 기술·공법에 따른 설계변경 후 해당 기술·공법에 따른 시공이 불가능하다고 판명된 경우에 시공에 들어간 비용은 각각 발주기관에게 청구할 수 없다(공사계약일반조건 제19조의4 제4항).

한편, 계약상대자는 발주기관으로부터 설계변경 요청에 대한 승인을 받은 경우, 지체없이 새로운 기술·공법으로 수행할 공사의 시공상세도면을 공사감독관을 경유해 발주기관에

---

1) 김성근, 앞의 책(Ⅱ), 253쪽.

게 제출해야 한다(공사계약일반조건 제19조의4 제3항).

라) 발주기관 필요에 따른 설계변경 방법

발주기관은 계약상대자에게 서면으로 그 사유를 통보할 수 있다(공사계약일반조건 제19조의5 제1항 참조). 이때, 설계변경개요서, 수정설계도면·공사시방서, 그 밖에 필요한 서류를 첨부해야 하나, 다만 발주기관이 설계서를 변경 작성할 수 없으면 설계변경 개요서만을 첨부하여 설계변경을 통보할 수 있다(공사계약일반조건 제19조의5 제2항 제1호부터 제3호). 이와 관련하여, 발주기관이 아닌 책임감리원이 작업지시를 한 때에도 발주기관이 설계변경을 통보하였다고 볼 수 있는지 문제된다. 대법원은 건설공사의 시공관리와 기술관리를 위해 건설현장에 배치된 건설기술자는 반드시 적법하게 작성된 설계도면에 따라 시공해야 하고, 설계변경이 필요하면 법령이나 감리업무지침서가 정하는 절차를 밟은 다음에 시공할 수 있으므로, 책임감리원이 지시했다 하여 그와 달리 시공할 수 없다[1]고 본다. 따라서 특별한 사정이 없다면, 책임감리원의 작업지시만으로 발주기관의 설계변경 통보를 갈음할 수 없다.

한편, 계약상대자는 발주기관으로부터 설계변경 통보를 받는 즉시 공사이행상황과 자재수급상황 등을 검토하여 설계변경 통보내용의 이행가능 여부(이행이 불가능하다고 판단되면 그 사유와 근거서류를 첨부)를 발주기관과 공사감독관에게 동시에 통지해야 한다(공사계약일반조건 제19조의5 제3항).

마) 필요자재 수급방법 변경 방법

발주기관은 그 사정으로 기존에 관급자재로 정한 품목을, 계약상대자와 협의하여 계약상대자가 직접 구입하여 투입하는 자재인 사급자재로 변경하고자 하는 경우나 관급자재 등의 공급지체로 말미암아 상당기간 공사 지연이 예상되어 계약상대자가 대체사용 승인을 신청하여 이를 승인한 경우, 계약상대자에게 이를 서면으로 통보해야 한다(공사계약일반조건 제19조의6 제1항 전문). 그런데 계약상대자와 협의하여 변경된 방법으로 일괄하여 자재를 구입할 수 없는 경우가 발생하면, 발주기관은 계약상대자로 하여금 이를 분할하여 구입하게 할 수 있고, 이때는 구입시기별로 계약상대자에게 서면 통보해야 한다(공사계약일반조건 제19조의6 제1항 후문).

위와 같이 계약일반조건은 관급자재로 정한 품목을 사급자재로 변경할 수 있는 근거만 규정할 뿐, 사급자재로 정한 품목을 관급자재로 변경할 수 없도록 규정한다. 즉, 발주기관은 처음 계약 당시 사급자재를 관급자재로 변경할 수 없다(공사계약일반조건 제19조의6 제4항 본문). 발주기관이 그 필요에 따라 언제든지 사급자재를 관급자재로 변경할 수 있다면, 계약상

1) 대법원 2000. 8. 22. 선고 98도4468 판결.

대자가 불측의 손해를 입을 우려가 있으므로 이를 막기 위한 취지이다. 다만, 원자재 수급 불균형에 따른 원자재가격 급등 등 사급자재를 관급자재로 변경하지 않으면 계약목적을 이행할 수 없으면, 계약당사자가 협의하여 변경할 수 있다(공사계약일반조건 제19조의6 제4항 단서). 사급자재를 관급자재로 변경하지 않으면 계약목적을 달성하지 못하는 경우까지 자재 수급방법 변경을 허용하지 않으면, 발주기관이든 계약상대자든 누구에게도 이익이 되지 않으므로, 당사자 협의를 전제로 이를 허용했다.

한편, 발주기관은 공사계약 이행 중 설계변경 등으로 처음 관급자재 수량이 증가되는 경우로서 증가되는 수량을 적기(適期)에 지급할 수 없어 공사이행 지연이 예상되는 등 필요하다고 인정하면, 계약상대자와 협의한 후에 증가되는 수량을 직접 구입하여 투입하도록 계약상대자에게 서면 통보할 수 있다(공사계약일반조건 제19조의6 제2항).

5) 설계변경에 따른 추가조치

발주기관은 설계변경을 할 때 그 변경사항이 목적물의 구조변경 등으로 안전과 관련이 있으면 하자발생에 따른 책임 한계를 명확히 설정하기 위해 처음 설계자의 의견을 들어야 한다(공사계약일반조건 제19조의7 제1항).

그리고 발주기관은 설계서 불분명·누락·오류, 설계서 상호모순, 현장상태와 설계서 상이, 발주기관 필요에 따라 각각 설계변경을 하려면, 계약상대자로 하여금 발주기관과 공사감독관에게 동시에, 해당 공종의 수정공정예정표, 해당 공종의 수정도면과 수정상세도면, 조정이 필요한 계약금액과 기간, 그 밖에 공정에 미치는 영향과 같은 사항을 제출하게 할 수 있고, 계약상대자는 이에 응해야 한다(공사계약일반조건 제19조의7 제2항 제1호부터 제4호). 발주기관은 계약상대자가 기존 설계도면과 시공상세도면을 수정하여 제출하는 경우, 그 수정에 들어간 비용을 계약상대자에게 지급해야 한다(공사계약일반조건 제19조의7 제3항).

〔설계변경심사제도〕

국가계약과 달리 지방계약에서는, 지방자치단체 입찰 및 계약집행기준 제3장 계약심사 운영요령 제5절 설계변경 심사에 따라 설계변경심사제도를 별도로 운영한다. 즉, 설계변경심사란 사업부서에서 공사 시공 중에 예측하지 못한 사태 발생이나 계획 변경 등으로 설계변경을 하고자 하는 경우 설계변경 전에 계약심사부서에서 그 적정성을 검토하는 제도이다. 그 밖에 계약심사 운용요령 해당 부분에서 심사대상, 절차, 심사요청, 주요 검토사항, 결과통보, 실적 관리 등을 규정하므로, 자세한 내용은 이를 참조하기 바란다.

나. 공사량 증감 발생

설계변경으로 공사량 증감이 발생해야 계약금액을 조정할 수 있다(국가계약법 시행령 제65조 제1항 참조). 따라서 설계변경이 있었더라도 공사량 증감이 발생하지 않으면 계약금액을 조정할 수 없다. 예를 들어, 단순히 계약금액이 적다는 이유만으로 설계변경을 요구할 수 없고, 설계변경에 따른 공사량 증감이 발생해야 계약금액 조정이 가능하다.

다만, 입찰에 참가하려는 자가 물량내역서를 직접 작성하고 단가를 적은 산출내역서를 제출하는 경우로서 그 물량내역서상 누락사항이나 오류 등으로 설계변경을 할 때에는 계약금액을 조정할 수 없다.

다. 상당인과관계

설계변경의 결과 공사량 증감이 발생해야 한다. 즉, 설계변경과 공사량 증감 사이에 상당인과관계가 있어야 한다.[1] 상당인과관계가 유무는 일반 평균인이라면 알 수 있는 사정(객관설)과 함께 계약당사자가 특별히 알 수 있는 사정(주관설)을 함께 고려하여 판단해야 한다(절충설).

Ⅲ. 계약금액조정 절차

1. 조정신청과 그 기한

설계변경이 있더라도 당연히 계약금액이 조정되지는 않고, 계약당사자 신청에 따라 계약금액이 조정된다고 본다. 가령, 공사계약일반조건 제20조 제9항, 제10항은 설계변경에 따른 계약금액조정은 그 신청이 있어야 한다고 전제한 규정이다. 그리하여 계약상대자는 준공대가 수령 전까지 조정신청을 해야 하고, 장기계속계약인 경우에는 각 차수별 준공대가 수령 전까지 조정신청을 해야 한다(공사계약일반조건 제20조 제10항 참조).

2. 조정기한

발주기관은 계약금액을 조정하려는 경우, 계약상대자로부터 조정신청을 받은 날부터 30일 안에 계약금액을 조정해야 한다(공사계약일반조건 제20조 제8항 전문). 다만, 예산배정 지연 등 불가피한 경우에는 계약상대자와 협의하여 그 조정기한을 연장할 수 있고, 계약금액을 조정할 수 있는 예산이 없으면 공사량 등을 조정하여 그 대가를 지급할 수 있다(공사계약일반조건 제20조 제8항 후문).

---

1) 대법원 1995. 4. 28. 선고 93다26397 판결 등.

한편, 발주기관은 계약상대자의 신청내용이 부당한 경우 지체없이 필요한 보완요구 등 조치를 해야 하고, 계약상대자가 보완요구 등 조치를 통보받은 날부터 발주기관이 그 보완을 완료한 사실을 통지받은 날까지 기간은 위에서 본 조정기한에 산입하지 않는다(공사계약일반조건 제20조 제9항).

3. 설계변경 시기

설계변경은 그 설계변경이 필요한 부분의 시공 전에 완료해야 한다(국가계약법 시행규칙 제74조의2 제1항 본문, 공사계약일반조건 제19조 제2항 본문). 그 취지를 고려하면, 시공 전에 완료해야 하는 설계변경이란 설계서 변경을 말한다. 그리고 여기서 시공은 시공완료가 아니라 시공착수를 의미하므로, 결국 설계변경은 시공착수 전에 완료되어야 한다고 본다.

4. 우선시공

이처럼 설계변경은 그 설계변경이 필요한 부분의 시공착수 전에 완료되어야 하지만, 일정한 사유가 있을 때는 설계변경을 완료하기 전에 우선시공을 할 수 있다. 즉, 발주기관은 공정이행 지연으로 품질저하가 우려되는 등 긴급하게 공사를 수행하게 할 필요가 있으면 계약상대자와 협의하여 설계변경 시기 등을 명확히 정하고, 설계변경을 완료하기 전에 우선시공을 하게 할 수 있다(국가계약법 시행규칙 제74조의2 제1항 단서, 공사계약일반조건 제19조 제2항 단서). 원래대로 설계변경을 하면, 계약목적을 달성할 수 없거나 적정한 계약이행을 담보하기 어려운 경우에 발주기관이 계약상대자와 협의하여 우선시공하도록 하는 것이 합리적이기 때문이다.

5. 발주기관장의 승인

발주기관은 예정가격의 100분의 86 미만으로 낙찰된 공사계약 금액을 증액조정하려는 경우로서 해당 조정금액(2차 이후 계약금액 조정은 그 전에 설계변경으로 인하여 감액 또는 증액조정된 금액과 증액조정하려는 금액을 모두 합한 금액을 말함)이 당초 계약서상 계약금액(장기계속공사는 총공사금액)의 100분의 10 이상인 경우에는 계약심의위원회(국가계약법 시행령 제94조 제1항), 예산집행심의회(국가재정법 시행령 제49조), 기술자문위원회(건설기술 진흥법 시행령 제19조)의 심의를 거쳐 발주기관장의 승인을 얻어야 한다. 낮은 금액으로 낙찰받은 후 시공과정에서 부당하게 설계변경을 하여 공사비를 전보받는 편법을 예방하려는 취지이다.

6. 하수급인에 대한 통보

설계변경에 따른 계약금액을 조정한 경우, 발주기관은 건설산업기본법 관련 규정에 따라 계약금액 조정사유와 내용을 하수급인에게 통보해야 한다(공사계약일반조건 제23조의2). 즉, 발주자는 발주한 건설공사 금액을 설계변경에 따라 수급인에게 조정하여 지급한 경우에는 지급한 날부터 15일 안에 공사금액의 조정사유와 내용을 하수급인(하수급인으로부터 다시 하도급받은 자를 포함)에게 문서(전자문서 포함)로 통보하여야 한다. 통보내용에는 공사금액 조정시기, 조정사유, 조정률, 금액 등을 포함해야 하며, 발주기관은 하수급인으로부터 설계변경 등에 따른 해당 하수급대금 조정내용의 열람을 요청받은 경우, 특별한 사정이 없다면 이에 응해야 한다(건설산업기본법 제36조 제2항, 같은 법 시행령 제34조의5, 같은 법 시행규칙 제30조 참조). 그리고 수급인은 하도급을 한 후 설계변경에 따라 발주자로부터 공사금액을 늘려 지급받은 경우에 같은 사유로 목적물 준공에 비용이 추가될 때에는 그가 금액을 늘려 받은 공사금액 내용과 비율에 따라 하수급인에게 비용을 늘려 지급해야 하고, 공사금액을 줄여 지급받은 때에는 이에 준하여 금액을 줄여 지급한다(건설산업기본법 제36조 제1항).

다만, 계약상대자가 하수급인과 합의하여 발주기관으로부터 받은 설계변경에 따른 증액분을 하도급계약에 반영하지 않더라도, 관련법령에 따라 형사처벌 받는 것은 별론하고, 하도급인과 하수급인 사이 계약의 사법상 효력까지 부인할 수 없다고 본다.[1]

Ⅳ. 계약금액조정기준

1. 일반공사 계약금액조정기준

일반공사는 내역입찰공사, 총액입찰공사, 수의계약공사, 대안입찰(원안입찰)공사 등이 있고, 일반공사에 적용되는 계약금액조정기준은 아래와 같은데, 해당 내용은 실시설계 기술제안입찰 공사계약에도 준용된다(국가계약법 시행령 제108조 참조).

가. 계약단가

1) 계약상대자의 설계변경 요구에 따른 경우

가) 기존 비목 단가

계약상대자가 설계변경을 요구한 경우, 증감된 공사량 단가는 계약상대자가 작성하여 발주기관에 제출한 산출내역서상 단가로 한다. 다만, 계약단가가 예정가격단가보다 높은 경

---

1) 대법원 2003. 5. 16. 선고 2001다27470 판결.

우로서 물량이 증가하게 되는 경우에는 그 증가된 물량에 적용하는 단가는 예정가격단가로 한다(국가계약법 시행령 제65조 제3항 제1호). 여기서 예정가격단가란 발주기관이 예정가격을 산출하기 위해 작성한 설계내역서상 각 항목별 단가를 말한다.

나) 신규비목 단가

한편, 계약단가가 없는 신규비목 단가는 설계변경 당시를 기준으로 산정한 단가에 낙찰률을 곱한 금액으로 한다(국가계약법 시행령 제65조 제3항 제2호). 산출내역서에 있는 품목과 같은 품목이라도 성능, 규격 등이 다르면 신규비목에 해당한다. 설계변경 당시란 설계도면 변경이 필요한 경우에는 발주기관이 변경도면을 확정한 때, 설계도면 변경이 필요하지 않는 경우에는 계약당사자 사이에 설계변경을 문서로 합의한 때, 우선시공을 한 경우에는 그 우선시공을 하게 한 때를 말한다. 낙찰률이란 예정가격에 대한 낙찰금액이나 계약금액 비율을 말한다.

이와 관련하여, 신규비목이 아닌데도 신규비목으로 보아 계약금액을 감액한 경우, 도급인은 수급인에게 감액한 부분에 해당하는 금전을 지급해야 하고, 해당 금전지급채무는 부당이득반환채무가 아닌 공사대금채무이므로, 공사대금 지급기한이 도래한 다음날부터 약정 지연이자도 지급해야 한다.[1)]

2) 발주기관의 설계변경 요구에 따른 경우

발주기관이 설계변경을 요구한 경우(계약상대자의 책임 없는 사유로 인한 경우를 포함), 증가된 물량이나 신규비목의 단가는 설계변경 당시를 기준으로 산정한 단가와 같은 단가에 낙찰률을 곱한 금액의 범위 안에서 계약당사자가 협의하여 결정한다. 다만, 계약당사자가 협의에 이르지 못한 경우에는 설계변경 당시를 기준으로 산정한 단가와 같은 단가에 낙찰률을 곱한 금액을 합한 금액의 100분의 50으로 한다(국가계약법 시행령 제65조 제3항 제3호). 발주기관과 계약상대자는 협의를 할 때 서로 주장하는 각 단가기준의 근거자료를 제시하는 등 성실히 협의할 필요가 있다(공사계약일반조건 제20조 제2항 참조).

나. 순공사비·일반관리비·이윤 등

계약금액 증감분에 대한 간접노무비, 산재보험료와 산업안전보건관리비 등 승율비용, 일반관리비와 이윤은 산출내역서상 간접노무비율, 산재보험료율과 산업안전보건관리비율 등 승율비용, 일반관리비율과 이윤율에 따르되, 설계변경 당시 관계법령과 기획재정부장관 등이 정한 율을 초과할 수 없다(국가계약법 시행령 제65조 제6항, 공사계약일반조건 제20조 제5항).

공사금액은 원가계산작성기준에 따라 노무비, 재료비, 경비를 합한 순공사비에 일정한

---

1) 대법원 2009. 9. 10. 선고 2009다34665 판결.

비용을 곱하여 산정하는 일반관리비, 이윤과 그 밖에 손해보험료 등을 모두 포함하여 산정하므로, 일반관리비 등이 순공사비와 연동된다. 따라서 순공사비가 증감하면 당연히 일반관리비와 이윤 등도 따라서 증감하므로, 계약금액 조정에서 순공사비뿐만 아니라 일반관리비와 이윤 등도 반영하도록 했다.

한편, 발주기관은 예정가격을 작성할 때 국민건강보험료, 노인장기보험료, 국민연금보험료, 퇴직급여충당금, 퇴직공제부금을 관련법령에서 정하는 기준에 따라 각각 계상하고(정부 입찰·계약 집행기준 제91조, 제92조 참조), 입찰공고시 안내, 대가지급시 정산절차 등을 따라야 한다(정부 입찰·계약 집행기준 제93조, 제94조). 그리하여 설계변경에 따라 계약금액이 증감되면 그에 따라 국민건강보험료 등도 증감되므로, 발주기관과 계약상대자는 그 비용을 사후 정산해야 한다.

다. 총계방식(1식) 공종의 계약금액 조정

일부 공종 단가가 세부공종별로 분류되어 작성되지 않고, 총계방식으로 작성(1식 단가)되어 있는 경우에도, 설계도면이나 공사시방서가 변경되어 1식 단가 구성내용이 변경되면, 앞에서 본 기준에 따라 계약금액을 조정해야 한다(공사계약일반조건 제20조 제7항). 여기서 1식이란 품셈 등에 물량산출 기준이 없어 세부적으로 단위당 투입물량을 산출할 수 없는 경우에 사용하는 개념이다.

2. 대형공사 계약금액조정기준

대형공사는 설계시공일괄입찰공사, 대안이 채택된 대안입찰공사 등이 있다. 대형공사에 적용되는 계약금액조정기준은 아래와 같은데, 해당 사항은 기본설계 기술제안입찰에 따른 공사계약에 준용된다(국가계약법 시행령 제108조).

가. 계약금액증액 제한

대안입찰이나 일괄입찰에 따른 공사와 같은 대형공사의 계약내용을 변경하는 설계변경이 있는 경우에도, 발주기관에게 책임 있는 사유나 천재·지변 등 불가항력 사유에 따른 경우를 제외하면 계약금액을 증액할 수 없다(국가계약법 시행령 제91조 제1항).

나. 예외적 조정

발주기관은 일괄입찰에서 계약체결 이전에 실시설계적격자에게 책임 없는 일정한 사유로 실시설계를 변경한 경우, 계약체결 이후 즉시 설계변경에 따른 계약금액 조정을 해야 한다(국가계약법 시행령 제91조 제2항). 실시설계적격자에게 책임이 없는 일정한 사유란, ① 민원이나 환경·교통영향평가 또는 관련법령에 따른 인허가 조건 등과 관련하여 실시설계의 변경이 필요한 경우, ② 발주기관이 자신이 제시한 기본계획서·입찰안내서 또는 기본설계서에 명시·반영되어 있지 않은 사항의 변경을 요구한 경우, ③ 중앙건설기술심의위원회 또는 기술자문위원회가 실시설계 심의과정에서 변경을 요구한 경우를 말한다(국가계약법 시행령 제91조 제2항 제1호부터 제3호).

위에 따른 계약금액을 조정하고자 하면, ① 감소된 공사량 단가는 입찰자가 제출한 산출내역서상 단가, ② 증가된 공사량 단가는 설계변경 당시 기준으로 산정한 단가와 입찰자가 제출한 산출내역서상 단가의 범위 안에서 계약당사자가 협의하여 결정한 단가로 하되, 다만 계약당사자 사이에 협의에 이르지 못하면 설계변경 당시를 기준으로 산정한 단가와 입찰자가 제출한 산출내역서상 단가를 합한 금액의 100분의 50, ③ 입찰자가 제출한 산출내역서상 단가가 없는 신규비목 단가는 설계변경 당시를 기준으로 산정한 단가라는 각 기준에 따른다(국가계약법 시행령 제91조 제3항 제1호부터 제3호).

3. 그 밖에 검토

가. 새로운 기술·공법에 따른 계약금액 조정

발주기관은 새로운 기술·공법 등을 사용하면 공사비 절감, 시공기간 단축 등 효과가 현저하리라고 인정하여 계약상대자의 요청에 따라 필요한 설계변경을 하는 경우, 해당 절감액의 100분의 30에 해당하는 금액을 감액한다(국가계약법 시행령 제65조 제4항). 여기서 절감액은 기존 계약금액에서 변경된 계약금액을 공제한 금액을 말한다.

이처럼 절감액의 30%만을 계약금액에서 감액하여, 나머지 70%를 계약상대자 이익으로 보장해 주는 취지이다. 다만, 설계변경 후 그 기술이나 공법에 따른 시공이 불가능하다고 판단된 경우, 계약상대자는 시공에 들어가 비용을 스스로 부담해야 하므로, 발주기관에게 이를 청구할 수 없다고 보아야 한다.

나. 필요자재 수급방법 변경에 따른 계약금액 조정

필요자재 수급방법을 변경하였다면, 발주기관은 변경 통보 당시 가격에 따라 그 대가(기성부분에 실제 투입된 자재 대가)를 기성대가나 준공대가에 따라 합산하여 지급해야 한다. 다만, 계약상대자의 대체사용 승인신청에 따라 자재가 대체사용된 경우에는 계약상대자와 협의된 장소와 일시에 현품으로 반환할 수도 있다(공사계약일반조건 제19조의6 제3항).

설계변경 등으로 추가되는 수량의 관급자재를 사급자재로 변경하거나 예외적으로 사급자재를 관급자재로 변경한 경우에는 설계변경으로 인한 계약금액 조정 규정에 따라 계약금액을 조정해야 한다. 또한, 발주기관 사정을 이유로 당초 관급자재로 정한 품목을 계약상대자와 협의하여 사급자재로 변경한 경우 그 사급자재비는 자재의 수급방법 변경통보 당시 가격에 따라 준공대가에 합산하여 지급해야 하며, 간접노무비 등 승율비용과 일반관리비, 이윤은 산출내역서상 비율에 따르되, 기획재정부령이 정하는 비율을 초과할 수 없다(공사계약 반조건 제19조의6 제5항).

다. 건설폐기물량 초과발생에 따른 계약금액 조정

대형공사계약와 관련하여, 건설폐기물의 재활용 촉진에 관한 법률 제15조에 따라 건설공사와 건설폐기물처리용역을 분리발주한 경우로서 계약상대자가 설계 당시 산출한 물량보다 공사수행과정에서 발생한 건설폐기물이 초과한 경우에는, 발주기관이 해당 초과물량 처리를 위해 실제 폐기물처리업체에 지급한 처리비용만큼 계약금액에서 감액조정한다(공사계약 일반조건 제23조의3). 여기서 감액하는 비용은 실제 지출한 비용, 즉 실비를 말하기 때문에, 원가계산방식이나 실적단가 등에 따라 산정한 금액을 감액할 수는 없다.

Ⅴ. 관련문제

1. 계약금액 조정과 대가지급

가. 기성대가의 개산급 지급

발주기관은 설계변경으로 인하여 계약금액이 기존 계약금액보다 증감되리라 예상되는 경우로서 기성대가를 지급하고자 하는 경우에는 국고금관리법 시행규칙 제72조에 따라 기존 산출내역서를 기준으로 산출한 기성대가를 개산급으로 지급할 수 있다. 다만, 감액이 예상되는 경우에는 예상되는 감액금액을 제외하고 지급해야 한다(공사계약일반조건 제39조의2 제1항). 계약상대자가 설계변경으로 인한 계약금액 조정 전이라도 기성대가를 청구하여 개산급으로 지급받을 수 있도록 마련한 근거다. 따라서 기성대가를 개산급으로 지급받고자 하는 계약상대자는 기성대가 신청 당시 개산급 신청사유를 서면으로 작성하여 첨부해야 한다(공사계약일반조건 제39조의2 제2항).

나. 준공대가 지급

계약상대자는 설계변경으로 인한 계약금액 조정을 받으려면 반드시 준공대가를 수령하기 전에 조정신청을 해야 하고, 그때까지 조정신청할 수 없는 불가피한 사정이 있어 준공대가를 수령하더라도 계약금액 조정신청을 포기하지 않는다는 취지로 이의를 유보한 다음 준

공대가를 수령해야 한다.[1]

〔설계변경 후 계약해지가 있는 경우 기성대금 산정방법〕

수급인이 공사를 완공하지 못한 채 도급계약이 해제되어 기성고에 따른 공사비를 정산해야 하는 경우, 기성 부분과 미시공 부분에 실제로 들어가거나 들어갈 공사비를 기초로 산출한 기성고비율을 약정 공사비에 적용하여 해당 기성대금을 산정해야 하고, 기성고 비율은 이미 완성된 부분에 들어간 공사비에 미시공 부분을 완성하는 데 들어갈 공사비를 합한 전체 공사비 가운데 이미 완성된 부분에 들어간 공사비가 차지하는 비율을 말한다. 그런데 도급계약에서 설계변경이 있으면, 설계변경에 따른 공사대금 변경을 특약하고, 변경된 설계에 따라 공사가 진행되다가 중단되었다면 설계변경에 따라 변경된 공사대금에 기성고 비율을 적용하는 방법으로 기성대금을 산정해야 한다(대법원 2003. 2. 26. 선고 2000다40995 판결).

2. 설계변경에서 조정률 산정

설계변경으로 증가되는 물량을 대상으로 계약금액을 조정할 경우 적용되는 단가는 두 가지로 구분한다. 즉, 계약상대자 요구로 설계변경을 하는 경우 기존 산출내역서상 품목이나 비목에 증가되는 물량이 있으면 기존 산출내역서상 단가 즉 계약단가를 적용하여 조정금액을 산정한다. 이때는 입찰일을 기준으로 등락률이나 지수변동률을 산출해야 한다. 그러나 설계변경 당시 거래실례가격, 시중노임단가 등을 적용하여 산정한 단가인 설계변경 당시 단가는 설계변경 당시와 조정기준일 당시 가격·지수를 비교하여 등락률이나 지수변동률을 산출한다.

3. 설계변경과 공사기간 연장의 관계

설계변경으로 인해 공사량이 증가하는 경우 수정계약을 체결할 때 계약금액은 물론 계약기간도 변경하면 문제가 없다. 특히 공사량 증가로 계약기간이 더 필요한 경우에는 수정계약을 체결할 때 계약금액은 물론 계약기간 변경이 필요하다. 그런데 설계변경에 따른 수정계약을 체결하면서 계약금액만 조정하고 계약기간을 연장하지 않았다면, 계약상대자가 해당 기간을 준수하지 못하였다는 이유로 지체상금 등을 부과할 수 있는지 문제된다. 대법원은 계약서에 기재된 계약기간을 그대로 인정해야 하므로, 설계변경을 했다는 이유만으로 당연히 계약기간까지 연장되지 않으므로, 지체상금을 부과하더라도 위법하지 않다고 해석한다.[2] 물론

1) 김성근, 앞의 책(Ⅱ), 291쪽.
2) 대법원 2005. 11. 25. 선고 2003다60136 판결.

대법원 판례처럼 설계변경에 따른 공사량이 증가되었다 하여 일률적으로 계약기간이 늘어난다고 해석하기는 어렵다. 다만, 보통은 공사량이 증가하면 공사기간도 늘어나므로, 수정계약에서 설계변경에 따른 계약금액만 조정하고 계약기간은 별도로 연장하지 않았더라도, 계약상대자가 기존 계약기간 내에 계약을 이행하지 못한 경우에 구체적인 사정을 고려하여 (정당한 이유 있는 이행지체로서) 지체상금 부과나 그 밖에 입찰참가자격제한 등 제재를 제한할 필요가 있다.

제 4 절 기타 계약내용 변경으로 인한 계약금액조정

Ⅰ. 의의

1. 의미

발주기관은 공사, 제조, 용역계약과 그 밖에 지출 원인이 되는 계약을 체결한 다음 물가변동, 설계변경이 아닌 공사기간·운반거리 변경, 천재지변·전쟁 등 불가항력적 사유 등에 따른 계약내용 변경으로 인해 계약금액을 조정할 필요가 있으면, 변경내용에 따라 실비를 초과하지 않는 범위에서 계약금액을 조정한다(국가계약법 제19조, 같은 법 시행령 제66조 제1항). 물가변동이나 설계변경을 제외한 계약내용 변경은 가령, 토사장 위치변경에 따른 토사운반거리나 운반방법 변경, 발주기과의 책임 있는 사유로 인한 공사기간 연장, 우천으로 인한 공사기간 연장, 관급자재 규격변경 등이 있다.

2. 적용범위

계약내용 변경으로 인한 계약금액조정제도는 다른 계약금액조정 유형과 마찬가지로 계약체결 당시 예상하지 못한 사정으로 말미암아 계약금액을 조정하는 경우에 적용되는 것이다. 다만, 대법원은 계약내용 변경에 따른 계약금액조정을 정한 국가계약법 제19조, 같은 법 시행령 제66조는 신의칙이나 사정변경원칙에 따른 계약금액조정을 일반화한 규정이라 할 수 없으므로, 위 규정을 내용과 성질이 전혀 다른 '계약체결 후 부가가치세법령이 변경된 경우'에까지 유추적용 할 수 없다고 보았다.[1] 물론 국가계약법 제19조와 같은 법 시행령 제66조 등은 계약내용 변경에 따른 계약금액 조정을 위한 요건과 기준, 방법 등을 자세히 규정하고, 그에 따라야만 계약금액을 조정할 수 있으므로, 해당 규정을 사정변경원칙의 일반규

1) 대법원 2014. 11. 13. 선고 2009다91811 판결.

정으로 단정하기 곤란하지만, 계약금액조정 원인인 계약내용 변경사유는 모두 계약체결 당시에 예상하지 못한 것이기 때문에 사정변경원칙을 완전히 배제한 규정이라고 할 수는 없다. 위 대법원 판례도 계약체결 후 부가가치세법령이 변경된 경우는 계약내용 변경에 해당하지 않는다는 취지로 볼 여지가 있고, 국가계약법 제19조 등이 사정변경원칙을 완전히 배제한 규정이라고 보았다고 단정하기는 어렵다.

Ⅱ. 계약금액조정 요건

1. 공사, 제조, 용역계약 그 밖에 지출 원인이 되는 계약체결

기타 계약내용 변경으로 인한 계약금액조정제도는 공사, 제조, 용역계약 등 지출 원인이 되는 일체 계약에 적용된다.

2. 기타 계약내용 변경

가. 의의

물가변동이나 설계변경을 제외한 그 밖에 계약내용 변경으로, 공사기간이나 운반거리 변경을 예로 들 수 있다(국가계약법 시행령 제66조 제1항 참조). 다만, 공사기간이나 운반거리 변경은 기타 계약내용 변경의 예시에 불과하다.

한편, 발주기관은 단순 노무에 따른 용역에서 최저임금법에 따른 최저임금액이 변동되어 당초 계약금액으로는 최저임금 지급이 곤란한 경우 계약금액을 조정한다(국가계약법 시행령 제66조 제2항).

나. 공사기간 연장

1) 의의

공사기간 연장이란 계약상대자가 발주기관에게 제출한 공사공정예정표상 일정에 따른 공사가 진행되지 않아 그 기간을 연장하는 것을 말한다. 그 원인은 공사량 증가, 선행공정 지연, 착공 지연, 공사중단, 공사용지 제공 지연, 관급자재 공급지연, 인허가 지연 등 다양하지만, 공사기간 연장에 따른 계약금액조정은 계약상대자에게 책임 없이 공사기간이 연장된 경우에만 인정할 수 있다. 즉, 발주기관에게 책임 있는 사유로 혹은 불가항력 등 계약당사자 누구에게도 책임을 묻기 어려운 사유로 공사기간이 연장된 경우를 말한다.

2) 장기계속공사의 공사기간 연장 – 간접비 청구가능성

실무에서는 장기계속공사계약의 공사기간이 연장된 경우에 계약금액 조정과 관련한 분쟁이 빈번히 발생한다. 관련 내용은 장기계속계약 부분에서 살펴보았으므로, 여기서는 판례를 중심으로 핵심 쟁점만 살펴본다.

첫째, 장기계속공사계약은 우선 1차년도에 제1차 공사계약을 체결하면서 총공사금액과 총공사기간을 부기하는 형태로 한다(제1차 공사계약 체결 당시 부기한 총공사금액과 총공사기간의 합의를 보통 '총괄계약'이라 말한다). 그리고 장기계속공사계약에서 이른바 총괄계약의 효력은 계약상대방 결정, 계약이행의사 확정, 계약단가 등에만 미칠 뿐이고, 계약상대방이 이행할 급부의 구체적인 내용, 계약상대방에게 지급할 공사대금 범위, 계약이행기간 등은 모두 연차별 계약에서 구체적으로 확정된다.[1] 따라서 총괄계약이 정한 총공사기간이 연장되었다는 이유만으로 계약금액을 조정할 수 없고, 연차별 계약에서 정한 차수별 공사기간이 연장된 경우에만 계약금액을 조정한다. 그러므로 총괄계약상 총공사기간 연장을 이유로 한 계약금액 조정신청은 적법한 계약금액 조정신청이라고 볼 수 없다.[2]

둘째, 차수별 계약 사이에 발생하는 공백기간에 대해서도 간접비를 청구할 수 있는지 논란이 있었으나,[3] 총괄계약상 총공사기간이 계약당사자를 구속하지 않는 점, 발주기관이 각 차수별 계약을 공백기간 없이 진행할 계약상 의무를 부담한다고 볼 수 없는 점 등을 고려할 때, 특별한 약정이 없다면, 계약상대자는 차수별 계약 사이의 공백기간에 대한 간접비를 청구할 수 없다고 본다.[4] 같은 맥락에서, 계약상대자가 연차별 공사계약 사이에 발생하는 공백기에 공사현장 유지·관리에 필요한 비용을 지출했다 하더라도, 이로써 발주기관이 법률상 원인 없이 이익을 얻었다거나 계약상대자가 발주기관을 위하여 사무를 처리했다고 해석할 수는 없다.[5]

〔총괄계약의 독립성·구속력 유무와 관련한 판결례 변천〕

장기공사계약의 총괄계약에 독립성과 구속력을 인정할 수 있는지와 관련하여, 하급심 판결은 과거 엇갈렸다. 이에 다수 하급심 판결은 총괄계약의 독립성과 구속력을 인정하면서 총괄계약상 총공사기간이 연장된 경우 총공사기간 연장에 따른 총공사금액을 조정할 수 있다고 보았다(서울중앙지방법원 2013. 8. 23. 선고 2012가합22179 판결,[6] 서울고등법원 2015. 11. 27. 선고 2014나2033107 판

1) 대법원 2018. 10. 30. 선고 2014다235189 전원합의체 판결, 대법원 2021. 1. 14. 선고 2016다215721 판결.
2) 대법원 2020. 10. 29. 선고 2019다267679 판결.
3) 가능하다는 견해로 김성근, 앞의 책(Ⅱ), 306쪽.
4) 서울고등법원 2019. 8. 16. 선고 2017나2012996 판결, 대법원 2020. 10. 29. 선고 2019다267679 판결.
5) 대법원 2021. 7. 8. 선고 2020다221747 판결.
6) 위 관련 규정들의 취지, 목적, 장기계속계약의 특성 등을 종합적으로 살펴볼 때, 조달청이 공사에 관하여 총공사기간, 총공사예산액을 정하여 입찰을 실시하면, 입찰참가자들이 총공사기간 안에 공사가 완료될 것을 전제로

결[1] 등 참조). 이와 달리 일부 하급심 판례는 장기계속계약에서 총괄계약의 독립성과 구속력을 부정하는 전제에서 각 차수별 계약의 공사기간 연장에 따른 간접비 청구와 별도로 총괄계약상 총공사기간 연장에 따른 간접비 청구는 허용되지 않는다고 판시하였다(서울중앙지방법원 2014. 11. 28. 선고 2012가합80465 판결[2] 등 참조).

그러나 대법원은 전원합의체 판결에서, 연차별 계약을 체결하면서 그에 부기하는 총공사금액과 총공사기간이 같이 변경되는 것일 뿐 연차별 계약과 별도로 총괄계약의 내용을 변경하는 계약이 따로 체결되는 것은 아니고 총괄계약은 그 자체로 총공사금액이나 총공사기간에 대한 확정적인 의사의 합치에 따른 것이 아니라 각 연차별 계약의 체결에 따라 연동되는 것으로, 장기계속공사계약의 당사자들은 총괄계약의 총공사금액 및 총공사기간을 각 연차별 계약을 체결하는 데 잠정적 기준으로 활용할 의사를 가지고 있을 뿐 각 연차별 계약에 부기된 총공사금액 및 총공사기간 그 자체를 근거로 하여 공사금액과 공사기간에 관하여 확정적인 권리의무를 발생시키거나 구속력을 갖게 하려는 의사를 갖고 있다고 보기 어렵다고 보아 총괄계약의 독립성과 구속력을 부정했다(대법원 2018. 10. 30. 선고 2014다235189 전원합의체 판결). 또한 총괄계약의 효력은 계약상대방의 결정, 계약이

입찰금액을 정하여 입찰에 참가하고, 실시설계적격자로 선정되면 조달청과 사이에 총공사기간, 총공사금액을 부기한 1차 계약 및 총괄계약을 체결하고, 2차 계약부터는 회계연도마다 부기된 총공사금액에서 이미 계약된 금액을 공제한 금액의 범위에서 계약을 체결하는바, 총공사기간 및 총공사대금에 관하여 체결된 총괄계약은 계약당사자 사이에 구속력이 있고, 차수별 계약은 총괄계약에 구속되어 각 회계연도 예산범위 안에서 이행할 공사에 관하여 계약이 체결된다. 총괄계약에서 총공사금액은 총공사기간 동안의 간접공사비 등을 포함한 전제 공사인바, 차수별 계약의 공사기간이 증감되더라도 총 공사기간 내에 공사를 완료한 경우에는 차수별 계약에서 연장된 공사기간에 대해서는 계약금액 조정 사유에 해당되지 않는다. 장기계속공사계약에서 통상 물가변동, 설계변경으로 인한 계약금액의 조정은 차수별 계약금액 변경에 수반하여 총공사금액이 변경될 것이지만 예산부족 등을 이유로 총공사기간이 연장되는 경우는 차수 계약이 늘어나는 형태로써 차수별 계약 내에서 공사기간의 연장과 별개로 계약금액의 조정이 되어야 하고, 이는 공사가 중단되었는지와 관련이 없으므로, 공사의 중단없이 차수별 계약이 체결되고 그에 따라 공사가 진행되었다고 하더라도 연장된 공사기간에 대하여 총공사금액 조정을 할 수 있으며, 이 경우 계약상대자들의 총공사기간 연장에 대한 공사금액 조정신청은 차수별 계약과 상관없이 1회로 충분하다(서울중앙지방법원 2013. 8. 23. 선고 2012가합22179 판결).

1) ① 장기계속계약에서 총 공사기간과 총 공사대금을 정하여 체결된 총괄계약은 차수별계약과 별도로 계약당사자 사이에 구속력이 있고, 총괄계약에서 총 공사금액은 총 공사기간에 관하 간접공사비 등을 포함한 전체 공사비이므로, 차수별 계약과 별도로 총 공사기간의 연장이 있는 경우 총 공사금액이 조정되어야 하는 점, ② 만일 차수별 계약만을 독립된 계약으로 보아 차수별 계약의 변경에 따른 공사기간 연장의 경우에만 계약금액 조정신청이 가능하다고 한다면 계약상대방으로서는 총 공사기간의 연장에 따른 계약금액 조정의 기회 자체를 박탈당하게 되어 부당한 점 등을 종합하면, 장기계속계약에서 총 공사기간이 연장된 경우 계약상대방은 이를 원인으로 하여 총 공사금액의 조정을 신청할 수 있다고 봄이 타당하다(서울고등법원 2015. 11. 27. 선고 2014나2033107 판결).

2) (생략) 장기계속공사계약에 있어서 공사기간의 연장으로 인한 수급인의 간접비 청구가 가능한지 여부는 도급인이 우월적 지위를 이용하여 상대방의 조정신청을 방해하는 등의 특별한 사정이 없는 한, 총괄계약이 아니라 각 차수별 계약을 기준으로 하여 판단하여야 하고, 각 차수별 계약의 공사기간 연장에 따른 간접비 청구와 별도로 총괄 계약의 공사기간 연장에 따른 간접비 청구는 허용되지 않는다고 봄이 타당하다.(중략). 장기계속공사계약의 경우 공사기간의 장기화로 인하여 차수별로 계약을 체결하게 되고, 총괄계약은 총 공사금액이나 총 공사기간이 나중에 변경될 가능성이 매우 크므로, 각 차수별 계약체결시 총 공사대금과 총 공사기간이 부기되기는 하지만 총괄계약이 부기퀸 내용대로 확정적으로 체결되었다고 보기 어려우며, 계약당사자들도 부기된 총 공사금액과 총 공사기간을 차수별 계약을 체결하는데 있어 잠정적 기준으로만 활용할 의사를 가지고 있다고 봄이 상당하다(서울중앙지방법원 2014. 11. 28. 선고 2012가합80465 판결).

행의사의 확정, 계약단가 등에만 미칠 뿐, 계약상대방이 이행할 급부의 구체적인 내용, 계약상대방에게 지급할 공사대금의 범위, 계약의 이행기간 등은 모두 연차별 계약을 통하여 구체적으로 확정된다고 보아 총괄계약의 효력이 극히 제한된 범위에만 미친다고 판단하였다.

이러한 법리를 전제로 위 전원합의체 판결은 "그런데도 원심은 이와 달리 총괄계약에서 정한 총공사기간에 법적 구속력이 있다는 전제하에, 그 판시와 같은 이유로, 총괄계약에서의 총공사금액은 총공사기간 동안의 간접공사비 등을 포함한 전체 공사비이므로 공사의 중단 없이 연차별 계약이 체결되고 그에 따라 공사가 진행되었다고 하더라도 연장된 총공사기간에 대하여 총공사금액 조정을 할 수 있다고 보아 이 사건 총공사기간이 21개월 연장되었음을 이유로 한 원고들의 간접공사비 증액청구를 일부 인용하였다. 이러한 원심의 판단에는, 앞서 본 장기계속공사계약에서 총괄계약과 연차별 계약의 관계 및 총괄계약에서 정한 총공사기간의 효력 등에 관한 법리를 오해하여 판결에 영향을 미친 잘못이 있다."면서, 총괄계약상 총공사기간 연장을 이유로 계약금액을 조정할 수 없다고 보았다.

[대법원 2018. 10. 30. 선고 2014다235189 전원합의체 판결 다수의견]

장기계속공사계약에서 총괄계약과 연차별 계약의 관계 등에 관하여(피고 서울시와 보조참가인의 상고이유 제1점)

가. (1) 구 국가를 당사자로 하는 계약에 관한 법률(2012. 3. 21. 법률 제11377호로 개정되기 전의 것, 이하 개정 전, 후에 관계없이 '국가계약법'이라 한다) 제21조는 "각 중앙관서의 장 또는 계약담당공무원은 임차·운송·보관·전기·가스·수도의 공급 기타 그 성질상 수년간 계속하여 존속할 필요가 있거나 이행에 수년을 요하는 계약에 있어서는 대통령령이 정하는 바에 의하여 장기계속계약을 체결할 수 있다. 이 경우에는 각 회계연도 예산의 범위 안에서 당해 계약을 이행하게 하여야 한다."라고 규정하고 있다. 그리고 국가계약법 시행령 제69조 제2항은 "장기계속공사는 낙찰등에 의하여 결정된 총공사금액을 부기하고 당해 연도의 예산의 범위 안에서 제1차공사를 이행하도록 계약을 체결하여야 한다. 이 경우 제2차공사 이후의 계약은 부기된 총공사금액(제64조 내지 제66조의 규정에 의한 계약금액의 조정이 있는 경우에는 조정된 총공사금액을 말한다)에서 이미 계약된 금액을 공제한 금액의 범위 안에서 계약을 체결할 것을 부관으로 약정하여야 한다."라고 규정하고 있다.

(2) 이처럼 장기계속공사계약은 총공사금액 및 총공사기간에 관하여 별도의 계약을 체결하고 다시 개개의 사업연도별로 계약을 체결하는 형태가 아니라, 우선 1차년도의 제1차공사에 관한 계약을 체결하면서 총공사금액과 총공사기간을 부기하는 형태로 이루어진다. 제1차공사에 관한 계약 체결 당시 부기된 총공사금액 및 총공사기간에 관한 합의를 통상 '총괄계약'이라 칭하고 있는데, 이러한 총괄계약에서 정한 총공사금액 및 총공사기간은 국가 등이 입찰 당시 예정하였던 사업의 규모에 따른 것이다. 사업연도가 경과함에 따라 총공사기간이 연장되는 경우 추가로 연차별 계약을 체결하면서 그에 부기하는 총공사금액과 총공사기간이 같이 변경되는 것일 뿐 연차별 계약과 별도로 총괄계약(총공사금액과 총공사기간)의 내용을 변경하는 계약이 따로 체결되는 것은 아니다.

(3) 따라서 위와 같은 총괄계약은 그 자체로 총공사금액이나 총공사기간에 대한 확정적인 의사의 합치에 따른 것이 아니라 각 연차별 계약의 체결에 따라 연동되는 것이다. 일반적으로 장기계속공사계약의 당사자들은 총괄계약의 총공사금액 및 총공사기간을 각 연차별 계약을 체결하는 데 잠정적 기준으로 활용할 의사를 가지고 있을 뿐이라고 보이고, 각 연차별 계약에 부기된 총공사금액

및 총공사기간 그 자체를 근거로 하여 공사금액과 공사기간에 관하여 확정적인 권리의무를 발생시키거나 구속력을 갖게 하려는 의사를 갖고 있다고 보기 어렵다.

즉, 장기계속공사계약에서 이른바 총괄계약은 전체적인 사업의 규모나 공사금액, 공사기간 등에 관하여 잠정적으로 활용하는 기준으로서 구체적으로는 계약상대방이 각 연차별 계약을 체결할 지위에 있다는 점과 계약의 전체 규모는 총괄계약을 기준으로 한다는 점에 관한 합의라고 보아야 한다. 따라서 총괄계약의 효력은 계약상대방의 결정(연차별 계약마다 경쟁입찰 등 계약상대방 결정절차를 다시 밟을 필요가 없다), 계약이행의사의 확정(정당한 사유 없이 연차별 계약의 체결을 거절할 수 없고, 총공사내역에 포함된 것을 별도로 분리발주할 수 없다), 계약단가(연차별 계약금액을 정할 때 총공사의 계약단가에 의해 결정한다) 등에만 미칠 뿐이고, 계약상대방이 이행할 급부의 구체적인 내용, 계약상대방에게 지급할 공사대금의 범위, 계약의 이행기간 등은 모두 연차별 계약을 통하여 구체적으로 확정된다고 보아야 한다.

(4) 아래와 같은 사정도 이러한 해석을 뒷받침한다.

(가) 장기계속공사계약의 총괄계약에서 정한 총공사기간의 구속력을 인정하는 것은 결국 1년 이상 진행되는 계약의 효력을 인정하는 것이 되어 예산일년주의에 반하거나 국회의 예산심의·확정권 내지 의결권을 침해할 여지가 있다는 점에서도 위와 같은 해석이 타당하다. 1년 이상 진행되는 계약에서 총공사기간의 구속력은 계속비계약에 한하여 인정될 수 있을 뿐이다.

(나) 개정된 공사계약 일반조건 제20조 제9항은 장기계속공사계약의 경우에 계약상대자의 계약금액조정 청구는 각 차수별 준공대가 수령 전까지 하여야 조정금액을 지급받을 수 있다고 정하고 있다. 이러한 규정은 연차별 계약을 기준으로 공사대금 조정을 인정하는 것으로 총괄계약에서 정한 총공사기간의 구속력을 인정하지 아니하는 취지로 보아야 한다. 위 개정된 일반조건은 2006. 5. 25.부터 시행되었으나 이는 새로운 내용을 정한 것이 아니라 해석상 적용되어야 할 내용을 확인적으로 명시한 것에 불과하다. 따라서 설령 그 이전의 장기계속공사계약에 위 개정된 일반조건이 직접 적용되지는 않는다 하더라도 그와 동일하게 해석하는 것이 타당하다.

(다) 국가계약법 시행령은 연차별 계약 완료 시 계약보증금 중 이행이 완료된 부분에 해당하는 부분을 반환하도록 하고 있고(제50조 제3항), 하자담보책임기간이나 하자보수보증금 및 지체상금 등도 모두 연차별 계약을 기준으로 산정하고 있다(제60조, 제62조, 제74조). 이는 연차별 계약을 기준으로 장기계속공사계약이 실행된다는 점을 보여준다.

(라) 계약상대방이 아무런 이의 없이 연차별 계약을 체결하고 공사를 수행하여 공사대금까지 모두 수령한 후 최초 준공예정기한으로부터 상당한 기간이 지나서 그 기간 동안의 추가공사비를 한꺼번에 청구하는 것을 허용할 경우, 예산의 편성 및 집행에 큰 부담을 주게 되고, 각 회계연도 예산의 범위 내에서 장기계속공사계약의 집행을 하도록 규정하고 있는 법의 취지에도 반한다.

(마) 장기계속공사에서는 연차별 공사가 완료될 때마다 공사대금의 정산을 하며, 계약금액의 조정이 필요한 경우에도 연차별 준공대가 수령 전까지 실비를 초과하지 않는 범위 안에서 산출근거를 첨부한 신청서를 제출해야만 한다. 그런데도 전체 공사가 완료된 후 한꺼번에 공기연장에 따른 추가공사비의 청구를 허용하게 되면 이는 연차별 공사대금정산 원칙에 반할 뿐 아니라, 기간의 경과에 따라 정확한 실비 산정도 쉽지 않게 되어 불필요한 법적 분쟁을 야기하게 되는 등의 문제가 생긴다.

다만, 위 전원합의체 판결 반대의견은 ① 다수의견은 연차별 계약에 중점을 두고 있으나 장기계속공사계약 이행의 실제 모습은 총괄계약에서 정한 총공사기간이 연장되면 연장된 기간 내에 연차별 계약이 추가로 체결되는 것인 점, ② 다수의견은 총괄계약의 성립을 인정하면서도 그 효력이나 구속력을 제한하는 근거를 제시하지 못하고 있고, 효력을 전부 제한하는 것이 아니라 공사계약에서 가장 중요한 사항이라고 할 수 있는 공사대금과 공사기간에 관한 효력을 제한하고 있는 점, ③ 다수의견은 법률행위의 성립은 인정하면서도 아무런 근거 없이 그 효력을 제한하는 것으로서 법률행위의 성립과 효력에 관한 법리를 위반한 것이며, 국가계약법 등이 추구하는 이념인 신의성실의 원칙에도 반하고, 구체적 관련 규정에도 반하는 점, ④ 다수의견은 총공사기간에 대하여 구속력을 인정하는 것이 계속비계약이 아니면서도 1년 이상 진행되는 계약의 효력을 인정하는 것으로 예산일년주의에 반하거나 국회의 예산심의 확정권 또는 의결권을 침해한다고 하나 장기계속공사계약은 국회가 스스로 입법한 국가계약법에 따라 인정되는 것인데 이러한 경우까지 예산일년주의에 반한다거나 국회의 예산심의 확정권 또는 의결권을 침해한다고 볼 수 있는지 의문인 점, ⑤ 장기계속공사계약에 적용되는 관련법령이나 계약조건의 해석이 불분명하다면 이러한 법령과 계약조건을 정한 국가가 이로 인한 불이익을 받는 것이 타당하므로, 부기한 총공사기간에 구속력이 있는지 여부가 관련법령과 계약조건에 명확하지 않다면 계약상대방인 공사업체들에게 유리하게 해석하여 구속력을 인정하여야 하는 점을 논거로 다수의견에 반대하면서 총괄계약의 독립성과 구속력을 인정하는 의견을 제시하였다. 위 전원합의체판결 이후 같은 취지 판결이 계속 나오고 있다(대법원 2018. 11. 29. 선고 2017다201699 판결,[1] 대법원 2018. 12. 28. 선고 2016다245098 판결,[2] 서울고등법원 2019. 8. 16. 선고 2017나2012996 판결,[3] 대법원 2021. 7. 8. 선고 2020다221747 판결[4] 등).

---

1) 그런데도 원심은 이와 달리 총괄계약에서 정한 총공사기간에 법적 구속력이 있다는 전제하에, 총괄계약에서의 총공사금액은 총공사기간 동안의 간접공사비 등을 포함한 전체 공사비이므로 연장된 총공사기간에 대하여 총공사금액 조정을 할 수 있다고 보아 이 사건 총공사기간이 816일 연장되었음을 이유로 한 원고의 간접공사비 증액청구를 일부 인용하였다. 이러한 원심의 판단에는, 앞서 본 장기계속공사계약에서 총괄계약과 연차별 계약의 관계 및 총괄계약에서 정한 총공사기간의 효력 등에 관한 법리를 오해하여 판결에 영향을 미친 잘못이 있다(대법원 2018. 11. 29. 선고 2017다201699 판결).

2) 그런데도 원심은 이와 달리 총괄계약에 정한 총공사기간 및 총공사대금이 계약당사자 사이에 법적 구속력이 있다는 전제하에, 연차별 계약에 정한 공사기간 연장 없이 총괄공사에서 정한 총공사기간만 연장된 경우에도 국가계약법 시행령 제66조 제1항에서 정한 공사기간 변경에 따른 계약금액 조정이 가능하다고 보아 원고들의 총공사기간 연장에 따른 간접공사비 증액청구를 일부 인용하였다. 이러한 원심판단에는 앞서 본 장기공사계약에서 총괄계약과 연차별 계약의 관계 및 총괄계약에서 정한 총 공사기간의 효력 등에 관한 법리를 오해하여 판결에 영향을 미친 잘못이 있다(대법원 2018. 12. 28. 선고 2016다245098 판결).

3) 이 사건 공사계약이 장기계속공사계약이라는 사실은 앞서 인정한 바와 같고, 위 법리에 따르면 총괄계약에서 정한 총공사기간에는 법적 구속력이 없고 그 총공사기간 또는 그 총공사기간에 근거하여 산정한 견적 또는 물량내역서가 차수별 계약의 계약내용에 포함된다고 볼 수도 없으며, 결국 장기계속계약에서 공사기간의 연장 여부는 각 차수별 계약의 공사기간을 기준으로 판단하여야 하므로, 이 사건 도급계약의 총괄계약에서 정한 총 공사기간이 최초로 부기한 공사기간보다 연장되었다고 하더라도, 이는 공사기간의 변경 또는 기타 계약내용의 변경으로 보아 계약금액 조정을 인정할 수 없다(서울고등법원 2019. 8. 16. 선고 2017나2012996 판결).

4) 장기계속공사계약에서 공사기간의 연장으로 인한 계약금액의 조정 사유가 발생하였다고 하더라도 그 자체로 계약금액 조정이 자동적으로 이루어지는 것이 아니라, 계약당사자의 상대방에 대한 적법한 계약금액 조정신청에 의하여 비로소 이루어지므로, 연차별 계약에서 정한 공사기간이 아니라 총괄계약에서 정한 총공사기간의 연장을 이유로 한 계약금액 조정신청은 적법한 계약금액 조정신청이라고 보기 어렵다(대법원 2021. 7. 8. 선고 2020다221747 판결).

〔계약금액 조정신청 기한〕

하급심은 차수별계약의 연장된 공사기간만이 계약금액조정 대상이므로, 각 차수별 준공대가 수령 전까지 차수별 계약상 연장된 기간에 대한 계약금액조정신청을 마쳐야 한다는 판결(광주고등법원 2010. 6. 23. 선고 2009나5420 판결[1]) 등 참조)과 총괄계약의 독립성과 구속력을 전제로 총괄계약상 연장된 총공사기간도 계약금액 조정대상이 될 수 있으므로 최종 준공대가 수령 전까지 계약금액조정을 신청할 수 있다는 판결(서울고등법원 2014. 11. 5. 선고 2013나2020067 판결[2]) 등 참조)이 엇갈렸다. 그런데 위 대법원 전원합의체 판결의 보충의견은 "장기계속공사계약에서 수급인은 각 연차별 준공대가 수령 전까지 계약금액 조정신청을 하여야만 조정금액을 지급받을 수 있다."고 했고, 이후 판례도 "공사기간 연장으로 인한 계약금액의 조정 사유가 발생하였다고 하더라도 그 자체로 계약금액 조정이 자동적으로 이루어지는 것이 아니라, 계약당사자의 상대방에 대한 적법한 계약금액 조정신청에 의하여 비로소 이루어지므로(대법원 2006. 9. 14. 선고 2004다28825 판결 등 참조), 차수별 계약에서 정한 공사기간이 아니라 총괄계약에서 정한 총공사기간의 연장을 이유로 한 계약금액 조정

1) 또한 계약금액조정을 위한 조정신청을 아무런 기간의 제한 없이 할 수 있다고 한다면 거래상대방의 신뢰보호 및 거래안전에 커다란 지장을 초래할 우려가 있으므로 조정신청기간을 합리적으로 제한하여야 할 필요성이 있는 점, 이 사건 도급계약의 내용이 되는 공사계약일반조건에도 공사기간의 변경 등 계약내용의 변경으로 계약금액을 조정하여야 할 필요가 있는 경우 변경되는 부분의 이행에 착수하기 전에 계약내용의 변경을 완료하여야 한다고 정하고 있는 점(제23조 제2항), (중략) 특히 장기계속공사계약의 경우 공사기간의 장기화로 인하여 통상 차수별로 계약을 체결하게 되는데 각 차수별 계약은 하나의 독립된 계약이라고 보아야 하고, 동일 차수에서도 여러 차례 변경계약을 체결하는 동안 공사기간의 변경으로 인한 공사금액의 증액 또는 감액이 각 차수별 계약내용에 반영된다고 봄이 상당한 점,(중략), 장기계속공사로서 각 차수별로 계약이 체결되어 당해 공사의 완공에 따라 대금이 지급되는 경우에는 공사기간의 연장으로 인한 계약금액 조정신청은 일방 당사자가 우월한 지위를 이용하여 상대방의 조정신청을 방해하는 등의 특별한 사정이 없다면, 당해 차수별 공사의 기성금액 지급 전에 하여야 하는 것으로 봄이 거래안전 및 신뢰보호원칙상 타당하다고 할 것이다(따라서 장기계속계약에 있어 계약금액의 조정신청을 차수별 계약이 아닌 전체분 계약의 준공대가 완료 전에 하여야 한다는 원고들의 주장이나, 차수별 계약의 이행에 착수하기 전에 하여야 한다는 피고의 주장 모두 이유 없다)(광주고등법원 2010. 6. 23. 선고 2009나5420 판결).

2) 그러나 총괄계약도 전체 공사계약에 관하여 당사자 사이의 합의에 따라 총 공사대금 및 공사기간 등을 정하는 독립성을 가진 계약인 점, 원고들은 총 공사기간이 연장되었음을 이유로 그 기간 동안 추가 지출한 간접공사비에 관해 계약금액 조정신청을 한 것인 점, 위 기초사실에서 본 바와 같이 당초 총 공사준공일 무렵의 각 공구별 차수별 계약의 공사기간이 1회 연장된 바 있으나, 이는 차수별 계약 고유의 사유가 아니라 총 공사기간 연장에 그 원인이 있는 것으로 보이는 점, 피고측의 주장과 같이 총괄계약만에 대해서 별도로 계약금액 조정신청을 하는 것이 불가능하다고 볼 경우, 계약상대자는 총 공사기간의 연장에 따른 계약금액의 조정을 받을 수 있는 기회 자체를 박탈당하게 되는 결과가 발생할 수도 있는 점(중략), 피고측은 위 주장의 근거로 계약금액 조정신청은 각 차수별 준공대가 수령 전까지 하여야 한다는 취지의 2006. 6. 25. 개정 공사계약일반조건 제20조 제9항도 들고 있으나, 이는 각 차수별 계약에서 공사기간의 연장이 있고 그로 인한 계약금액 조정신청이 있을 경우를 상정한 규정으로 총 공사기간이 연장되었음을 이유로 그 기간 동안 추가 지출한 간접공사비를 구하는 이 사건에도 그대로 적용될 수 있는지는 의문이고, 그에 따른다 하더라도 원고들의 계약금액 조정신청은 앞서 본 바와 같이 총 공사기간을 연장하는 계약을 체결할 무렵 이루어졌고, 이는 당시 차수별 계약의 대가를 수령하기 전인 것으로 보이는 점 등을 종합해 보면, 총괄계약에 대해서 독자적인 계약금액 조정신청은 불가능하다는 전제하에 계약금액 조정신청의 적법 여부를 각 차수별 계약을 기준으로 판단하여야 한다는 취지의 피고측의 위 주장은 받아들일 수 없다(서울고등법원 2014. 11. 5. 선고 2013나2020067 판결).

신청은 적법한 계약금액 조정신청이라 보기 어렵다."면서, "공사기간 연장을 이유로 한 조정신청을 당해 차수별 공사기간의 연장에 대한 공사금액 조정신청으로 인정할 수 있으려면, 차수별 계약의 최종 기성대가 또는 준공대가의 지급이 이루어지기 전에 계약금액 조정신청을 마치는 등 당해 차수별 신청의 요건을 갖추어야 하고, 조정신청서에 기재된 공사 연장기간이 당해 차수로 특정되는 등 조정신청의 형식과 내용, 조정신청의 시기, 조정금액 산정 방식 등을 종합하여 볼 때 객관적으로 차수별 공사기간 연장에 대한 조정신청 의사가 명시되었다고 볼 수 있을 정도에 이르러야 한다."(대법원 2020. 10. 29. 선고 2019다267679 판결 참조)고 하였다. 따라서 현재 대법원 판례는 총공사기간 연장에 따른 계약금액조정 신청은 인정하지 않고, 차수별 공사기간 연장에 따른 계약금액조정은 각 차수별 준공대가 수령 전까지 신청해야 적법하다고 본다.

3) 공사의 일시정지

공사감독관은 공사이행이 계약내용과 일치하지 않는 경우, 안전을 위해 필요한 경우, 응급조치의 경우, 발주기관 필요에 따른 경우에 공사 전부나 일부 이행을 정지하게 할 수 있다(공사계약일반조건 제47조 제1항 제1호부터 제4호). 이와 같은 사유로 공사를 일시 정지한 경우에도 계약상대자의 책임 없는 사유로 공사기간이 연장되었다면 계약금액을 조정할 수 있다.

다. 운반거리 변경

가령, 건설공사에서 단지 내 잔토운반과 되메우기 토량운반 등 운반거리가 계약내용에 편입되어 있다면, 단지 내 잔토운반과 되메우기 토량운반의 운반거리 증가는 계약금액조정 사유에 해당한다.[1] 그러나 이른바 턴키공사, 즉 설계시공일괄입찰방식에 따른 도급계약에서는 입찰자가 제시하는 지역을 사토장소로 정한 질의답변서 문언의 형식과 내용, 해당 내용이 계약으로 편입된 동기와 경위, 해당 계약이 달성하려는 목적과 주된 관심사항, 입찰안내서 규정취지, 사토처리비용 단가의 책정경위 등 일체 사정에 보태어, 사토처리비용을 결정하는 과정에서 공사장으로부터 매립지까지 거리가 중요한 요소가 되었다거나 거리 장단에 따라 비용 증감을 예정한다는 당사자 사이의 명·묵시적 의사합치가 있었다고 볼만한 정황이 없다는 점까지 고려해 보면, 계약상대자가 실제 사토를 처리한 장소가 매립지보다 거래가 가깝다는 이유만으로 언제나 그 사토처리비용을 감액 조정할 수 있다고 보기는 어렵다.[2]

---

1) 대법원 2005. 7. 28. 선고 2004다64050 판결.
2) 대법원 2002. 8. 23. 선고 99다52879 판결.

3. 계약금액조정 필요성

기타 계약내용 변경에 따라 계약금액을 조정할 필요가 있어야 한다. 계약금액 조정 필요성 유무는 변경된 계약내용의 성격과 범위, 비용 증감 여부, 계약이행 가능성 등 여러 요소를 고려하여 판단해야 한다.

4. 계약상대자의 책임 있는 사유 부존재

법문에는 없지만, 계약상대자의 책임 있는 사유로 계약내용이 변경된 경우에는 계약금액을 조정할 수 없다고 본다. 가령, 계약상대자가 책임 있는 사유로 계약을 이행하지 못하여 기간이 연장된 경우까지 계약금액을 조정해 줄 수 없기 때문이다. 대법원은 합리적인 사람을 전제한 계약당사자가 사정변경을 충분히 예견했다면, 특별한 사정이 없는 이상, 이른바 사정변경 원칙을 적용하지 못한다고 하는데[1], 같은 맥락에서 책임 있는 당사자는 계약내용 변경을 충분히 예견할 수 있었다는 점을 고려하더라도 위와 같은 결론은 당연하다.

Ⅲ. 계약금액조정 절차

1. 계약상대자의 신청

가. 의의

기타 계약내용 변경으로 계약금액을 증액할 경우에는, 계약상대자의 신청이 있어야 한다(공사계약일반조건 제23조 제4항). 따라서 계약금액을 감액할 경우에는 계약상대자 신청이 없더라도 발주기관이 계약상대자에게 계약금액조정을 요청할 수 있다.

나. 방법

특히 장기계속계약에서는 공사기간 연장으로 인한 계약금액조정 사유가 발생했다 하더라도 그 자체로 계약금액이 조정되지는 않고 계약상대자가 적법하게 계약금액조정을 신청해야 하는데, 연차별 계약에서 정한 공사기간이 아니라 총괄계약에서 정한 총공사기간의 연장을 이유로 한 계약금액 조정신청은 적법한 계약금액 조정신청이라 보기 어렵다. 그리고 공사기간 연장을 이유로 한 조정신청을 해당 연차별 공사기간 연장에 대한 공사금액 조정신청으로 인정하려면, 연차별 계약의 최종 기성대가나 준공대가 수령 전에 계약금액 조정신청을 마치는 등 해당 연차별 신청요건을 갖추어야 하고, 조정신청서에 기재된 공사 연장기간이

1) 대법원 2021. 6. 30. 선고 2019다276338 판결.

해당 차수로 특정되는 등 조정신청의 형식과 내용, 조정신청 시기, 조정금액 산정 방식 등을 종합해 볼 때 객관적으로 연차별 공사기간 연장에 대한 조정신청 의사가 명시되었다고 볼 수 있는 정도에 이르러야 한다.[1)]

다. 시기

계약상대자가 언제까지 계약금액조정을 신청해야 하는지 문제되는데, 계약내용 변경을 신청할 때 계약금액 조정까지 함께 신청해야 한다는 규정이 없으므로, 원칙적으로 계약금액 조정은 계약내용 변경 후에도 신청할 수 있으나, 확정적으로 지급으로 완료한 기성대가는 당사자의 신뢰보호를 위해 계약금액 조정대상에 해당하지 않으므로, 계약상대자는 늦어도 최종 기성대가나 준공대가 수령 전까지 계약금액 조정을 신청해야 한다(공사계약일반조건 제20조 제10항, 제23조 제5항 참조). 따라서 계약상대자는 공사기간의 변경으로 계약금액을 조정하여야 할 필요가 있는 경우에는 연장되는 공사기간의 개시 전에 발주기관의 승인을 받는 등으로 발주기관과의 공사기간 연장에 관한 합의가 있으면 충분하고, 계약금액의 조정신청이나 그에 따른 조정까지 반드시 변경된 공사기간의 개시 전에 완료될 필요는 없으며, 다만 확정적으로 지급을 마친 기성대가는 당사자의 신뢰보호 견지에서 계약금액조정의 대상이 되지 아니하므로 계약상대자는 늦어도 최종 기성대가(또는 준공대가)의 지급이 이루어지기 전에 계약내용의 변경으로 인한 계약금액 조정신청을 마쳐야 한다.[2)]

2. 계약내용 변경시기

계약내용 변경은 변경되는 부분의 이행착수 전에 완료되어야 한다. 다만, 발주기관은 계약이행 지연으로 품질저하가 우려되는 등 긴급하게 계약을 이행하게 할 필요가 있는 경우에는 계약상대자와 협의하여 계약내용 변경시기 등을 명확히 정하고, 계약내용을 변경하기 전에 계약을 이행하게 할 수 있다(국가계약법 시행규칙 제74조의3 제1항, 공사계약일반조건 제23조 제2항).

3. 계약금액 조정기한

발주기관은 계약금액을 증액하고자 할 경우, 계약상대자로부터 계약금액 조정청구를 받은 날부터 30일 안에 계약금액을 조정해야 한다. 다만, 예산배정 지연 등 불가피한 사유가 있으면 계약상대자와 협의하여 조정기한을 연장할 수 있으며, 계약금액을 증액할 예산이 없

1) 대법원 2020. 10. 29. 선고 2019다267279 판결, 대법원 2021. 7. 8. 선고 2020다221747 판결.
2) 대법원 2012. 6. 28. 선고 2011다45989 판결.

다면 공사량이나 제조량 등을 조정하여 그 대가를 지급할 수 있다(국가계약법 시행규칙 제74조의3 제2항).

4. 발주기관 조치

만약 계약상대자의 조정신청 내용이 부당하다면, 발주기관은 지체없이 필요한 보완요구 등 조치를 하여야 한다. 계약상대자가 발주기관으로부터 보완요구 등 조치를 통보받은 날부터 발주기관이 계약상대자로부터 보완 완료를 통보받은 날까지 기간은 위에서 본 계약금액 조정기간인 30일에 산입하지 않는다(공사계약일반조건 제20조 제9항, 제23조 제5항 참조).

5. 하수급인에 대한 통보

기타 계약내용 변경에 따라 계약금액을 조정한 경우, 발주기관은 하수급인에게 건설산업기본법 관련 규정에 따라 계약금액 조정사유와 내용을 통보해야 한다(공사계약일반조건 제23조의2). 자세한 내용은 설계변경에 따른 계약금액 조정에서 살펴본 바와 같다.

Ⅳ. 계약금액조정 기준

1. 실비산정

기타 계약내용 변경이 있으면, 그 변경된 내용에 따라 실비를 초과하지 않는 범위 안에서 계약금액을 조정한다(국가계약법 시행령 제66조 제1항 참조). 따라서 기타 계약내용 변경에 따른 계약금액을 조정하려면 실비를 산정해야 하는데, 실비는 정부 입찰·계약 집행기준 제16장에서 정한 바에 따라 산정한다(정부 입찰·계약 집행기준 제71조). 여기서 실비란 실제로 들어가는 금액을 의미하지만, 실제 사용개념인 실비는 이행 후에나 산정할 수 있는 것이므로, 사전원가개념으로서 실비로 예상되는 금액이라고 이해하는 것이 타당하다.[1]

우선, 발주기관은 실제 사용된 비용 등을 객관적으로 인정할 수 있는 자료와 거래실례가격이나 통계법 제15조에 따른 지정기관이 조사하여 공표한 가격, 감정가격, 유사한 거래실례가격, 견적가격의 순서에 따른 단위당 가격을 활용하여 실비를 산출해야 한다(정부 입찰·계약 집행기준 제72조 제1항, 국가계약법 시행규칙 제7조).

또한, 발주기관은 간접노무비 산출을 위해 계약상대자로부터 급여 연말정산서류, 임금지급대장, 공사감독의 현장확인복명서 등 간접노무비 지급 관련 서류를 제출받아, 이를 활

---

1) 장훈기, 앞의 공공계약제도 해설, 1113쪽.

용할 수 있다(정부 입찰·계약 집행기준 제72조 제2항). 같은 취지로, 발주기관은 경비 산출을 위해 계약상대자로부터 경비지출 관련 계약서, 요금고지서, 영수증 등 객관적인 자료를 제출받아, 이를 활용할 수 있다(정부 입찰·계약 집행기준 제72조 제3항).

2. 공사이행기간 변경에 따른 실비산정

가. 개요

보통 공사이행기간이 연장되면 공사 시공에 들어가는 직접 공사비가 아니라 간접 공사비가 늘어난다. 여기서 간접비란 공사에 직접 소비하지 않지만 공사와 관련하여 발생하는 비용으로, 현장유지를 위한 필요비용이다. 이러한 간접비는 총공사금액에서 직접비를 제외한 나머지 금액으로, 간접노무비, 경비, 각종 보증수수료, 장비 유휴비용 등을 말한다.

그런데 실제로 투입되는 비용이라 하더라도 모두 실비로 인정받기는 곤란하고, 객관적인 산정기준에 맞는 비용만 실비로 인정할 수 있다. 가령, 위에서 언급한 간접노무비, 경비, 보증수수료, 장비 유후비용은 산정기준에 부합하는 범위에서 실비로 인정받는다. 그러나 위에서 나열한 비용에 한정하지 않고, 실제로 공사이행기간 연장에 따라 발생한 비용이라면, 계약상대자는 이를 증명하여 발주기관에 청구할 수 있다고 본다. 가령, 소모재료비, 소모공구·기구·비품비, 가설재료비 등 간접재료비가 있다.

나. 간접노무비

간접노무비는 연장·단축된 기간 중 해당 현장에서 직접 공사 시공에 종사하지 않으나 작업현장의 보조작업에 종사하는 노무자, 종업원과 현장감독자가 수행해야 할 노무량을 산출하고, 같은 노무량에 급여 연말정산서, 임금지급대장, 공사감독의 현장확인복명서 등 객관적인 자료에 따라 지급이 확인된 임금을 곱하여 산정하되, 정상적인 공사기간 중에 실제 지급된 임금 수준을 초과할 수 없다(정부 입찰·계약 집행기준 제73조 제1항, 예정가격작성기준 제10조 제2항, 제18조 참조). 노무량을 산출하는 경우, 발주기관은 계약상대자로 하여금 공사이행기간의 변경사유가 발생하는 즉시 현장유지·관리에 들어가는 인력투입계획을 제출하게 하고, 공사 규모, 내용 기간 등을 고려하여 해당 인력투입계획을 조정할 필요가 있다고 인정하면 계약상대자와 협의하여 조정한다(정부 입찰·계약 집행기준 제73조 제2항).

다. 경비

발주기관은, 경비 가운데 지급임차료, 보관비, 가설비, 유휴장비비 등 직접 계상할 수 있는 비목의 실비는 계약상대자로부터 제출받은 경비지출 관련 계약서, 요금고지서, 영수증 등 객관적인 자료에 따라 확인된 금액을 기준으로 변경되는 공사기간에 상당하는 금액을 산출하며, 수도광열비, 복리후생, 소모품비, 여비·교통비·통신비, 세금과공과, 도서인쇄비, 지급수수료(이상 기타 경비)와 산재보험료, 고용보험료 등은 그 기준이 되는 비목의 합계액에 계약상대자가 제출한 산출내역서상 해당 비목의 비율을 곱하여 산출한 금액과 기존 산출내역서상 금액과 차액으로 한다(정부 입찰·계약 집행기준 제73조 제3항).

라. 보증수수료

계약상대자의 책임 없는 사유로 공사기간이 연장되어 당초 제출받은 계약보증서·공사이행보증서·하도급지급보증서·공사손해보험 등 보증기간이 연장된 결과 여기에 들어가는 추가비용인 경우, 발주기관은 계약상대자로부터 제출받은 보증수수료 영수증 등 객관적인 자료에 따라 확인된 금액을 기준으로 금액을 산출한다(정부 입찰·계약 집행기준 제73조 제4항).

마. 장비 유휴비용

계약상대자는 건설장비 유휴가 발생하는 경우 즉시 발생사유 등 사실관계를 발주기관과 공사감독관에게 통지해야 하며, 발주기관은 장비 유휴가 계약이행 여건을 고려할 때 타당하다고 인정하는 경우 유휴비용을 일정한 기준에 따라 계산한다. 즉, 임대장비는 유휴 기간 중 실제로 부담한 장비임대료로, 보유장비는 (장비가격×시간당 장비손료계소)×(연간표준가동기간÷365일)×(유휴일수)×1/2에 따라 산정한다(정부 입찰·계약 집행기준 제73조 제5항 제1호, 제2호).

3. 운반거리 변경에 따른 실비산정

가. 설계서 작성에서 주의사항

발주기관은 해당 공사의 설계서를 작성할 때 운반비 산정의 기준이 되는 토사채취, 사토와 폐기물처리 등을 위한 위치, 공사현장과 위 위치 사이의 운반거리, 운반로, 운반속도 등, 그 밖에 운반비 산정에 필요한 사항을 구체적으로 명기하여 불가피한 경우를 제외하고는 계약체결 후 운반거리 변경이 발생하지 않도록 해야 한다(정부 입찰·계약 집행기준 제74조 제1항 제1호부터 제3호).

나. 계약금액조정기준

발주기관은 토사채취 사토나 폐기물처리 등과 관련하여 당초 설계서에 정한 운반거리가 증·감되는 경우에 다음 기준에 따라 계약금액을 조정한다(정부 입찰·계약 집행기준 제74조 제2항).

① 당초 운반로 전부가 남아 있는 경우로서 운반거리가 변경되는 경우, 조정금액은 당초 계약단가에 추가된 운반거리를 변경당시 품셈을 기준으로 산정한 단가와 같은 단가에 낙

찰률을 곱한 단가의 범위 안에서 계약당사자 사이에 서로 주장하는 각각 단가기준에 대한 근거자료 제시 등으로 성실히 협의하여 결정한 단가를 더한다.

② 당초 운반로 일부가 남아 있는 경우로서 운반거리가 변경되는 경우, 조정금액은 당초 계약단가에서 당초 운반로 중 축소되는 부분의 계약단가를 빼고, 여기에 대체된 운반거리를 변경당시 품셈을 기준으로 산정한 단가와 같은 단가에 낙찰률을 곱한 단가의 범위 안에서 계약당사자 사이에 협의하여 결정한 단가를 더한다.

③ 당초 운반로 전부가 변경되는 경우, 조정금액은 계약단가에 변경된 운반거리를 변경당시 품셈을 기준으로 산정한 단가와 같은 단가에 낙찰률을 곱한 단가의 범위 안에서 계약당사자 사이에 협의하여 결정한 단가를 더한 다음 그 값에서 계약단가를 뺀다.

다만, 위 산식 가운데 협의 단가를 결정할 때 계약당사자 사이에 협의가 되지 않는다면, 그 중간금액으로 한다(정부 입찰·계약 집행기준 제74조 제3항).

4. 그 밖에 실비산정

공사기간 연장과 토사채취 등을 제외한 경우 실비산정은 변경된 내용을 기준으로 산정한 단가와 당초 단가의 차액 범위 안에서 계약당사자 사이에 협의하여 결정한다. 다만, 계약당사자 사이에 협의가 되지 않는 경우에는 변경된 내용을 기준으로 산정한 단가와 당초 단가를 합한 금액의 100분의 50으로 한다(정부 입찰·계약 집행기준 제75조).

5. 일반관리비·이윤

일반관리비와 이윤은 위에서 살핀 실비산정 기준에 따라 산출한 금액에 대하여 계약문서상 일반관리비율과 이윤율에 따르며, 예를 들어 공사인 경우, 일반관리비율은 6%, 이윤율은 15%를 초과할 수 없다(정부 입찰·계약 집행기준 제75조, 국가계약법 시행규칙 제8조 제1항 제1호, 제2항 제1호 참조).

제12장 / 계약상 장애

제 1 절　위험부담과 불가항력

Ⅰ. 개념

쌍무계약에서 한쪽 당사자의 채무가 그에게 책임 없는 사유로 이행불능이 되어 소멸하는 경우, 그 상대방이 부담하는 반대급부의무는 어떻게 되는지 문제된다. 이를 위험부담 문제라 한다. 보통 위험부담 문제는 급부불능 발생 자체에 당사자의 책임 있는 사유가 개입하지 않는다는 측면에서 담보책임이나 채무불이행과 같은 성질로 보기 곤란하지만, 한쪽 당사자의 채무소멸로 인해 계약목적 달성에 일정한 장애가 발생한다는 특징을 고려하여, 이 책에서는 계약상 장애 영역에서 다루기로 한다.

그런데 위험부담은 채무의 이행불능과 관련하여 당사자의 책임 없는 사유를 전제하는데, 공공계약에서는 책임 없는 사유를 불가항력이라고 표현하므로, 먼저 판례를 중심으로 불가항력의 개념과 범위를 간단히 살펴보기로 한다.

〔불가항력의 개념과 범위〕

1. 불가항력의 의미

불가항력을 명확히 정의한 규정은 없지만, 행정심판법 등 여러 법령에서는 천재지변, 전쟁 등과 병렬적 개념으로 사용한다. 사전적 의미로 불가항력은 사람의 힘으로는 저항할 수 없는 힘이나 외부 사건에서 거래 관념상의 가능한 주의와 예방으로도 막을 수 없는 일을 뜻한다.

2. 불가항력의 요건

불가항력에 해당하기 위해서는 ① 그 원인이 당사자의 지배영역 밖에서 발생한 것으로, ② 사업자가 통상의 수단을 다했어도 이를 예상하거나 방지하는 것이 불가능하였어야 한다(대법원 2008. 7. 10. 선고 2008다15940, 15957 판결). 따라서 불가항력을 판단할 때는 그 원인이 당사자의 지배영역 밖에서 발생했는지, 예견가능성이나 회피가능성이 있는지를 검토해야 한다.

3. 불가항력의 효과

불가항력은 무과실보다 좁은 개념으로서 무과실책임이 인정되는 경우에 그 책임이 지나치게 가혹하므로 이를 제한하기 위해 사용하는 개념이다. 가령, 계약에서 당사자의 책임 없는 사유로 발생한 위반도 책임을 부담하기로 정한 경우라도 불가항력이 인정되는 경우에는 예외적으로 면책이 인정될 수 있다.

4. 판결례 분석

호텔 객실 사용계약과 관련하여 메르스 여파로 중국 관광객이 감소했다는 사정만으로 객실이용대금채무가 이행불능되었다고 보기 어렵다는 판결(제주지방법원 2016. 7. 21. 선고 2016가합192 판결), 시행사가 시공사의 부도로 공사를 중단한 경우라도 면책사유에 해당하지 않는다는 판결(대법원 2007. 8. 23. 선고 2005다59475, 59482, 59499 판결), 레미콘 등 자재 공급업체의 파업 때문에 공사지연과 그에 따른 입주지연이 발생한 경우라도, 해당 준공지연은 시행사 등이 부담할 위험에 포함되는 사유일 뿐이라는 판결(서울중앙지방법원 2019. 5. 22. 선고 2018가합529238 판결), IMF 사태나 그에 따른 자재 수급 차질 등은 불가항력적인 사정이라고 볼 수 없다고 본 판결(대법원 2002. 9. 4. 선고 2001다1386 판결), 신종플루 사태 당시 위기경보 단계가 주의에서 경계로 상향 조정된 후 마스크 공급계약이 체결된 사안에서 채무자가 마스크 품귀 현상으로 납품하지 못했다고 하더라도 계약체결 당시 마스크 수요증가를 충분히 예측할 수 있었다는 이유로 불가항력을 부정한 판결(서울중앙지방법원 2010. 6. 16. 선고 2009가합145966 판결) 등이 있다. 이러한 판결례를 분석해 보면, 법원은 계약위반에 따른 책임을 면제하고 그 손해를 상대방에게 전가하는 불가항력을 매우 엄격하게 심사하는 것으로 보인다.

Ⅱ. 적용요건

첫째, 쌍무계약 관계에서 발생하므로, 특별한 규정이 없으면, 편무계약 관계에서는 위험부담 문제가 생기지 않는다. 쌍무계약이란 계약당사자가 서로 대가적 의미를 가지는 채무를 부담하는 계약이다. 따라서 쌍무계약이 무효이거나 취소되어 계약당사자가 서로 반환의무를 부담하는 경우에도, 그 반환의무는 본래 채무의 변형에 해당하므로 위험부담 법리를 적용할 수 있다.

둘째, 계약체결 이후 발생한 후발적 불능인 때에 적용된다. 따라서 계약체결 이전에 발생한 원시적 불능인 경우에는 계약체결상 과실책임이나(민법 제535조), 담보책임(민법 제570조)만 문제된다.

셋째, 한쪽 당사자가 부담하는 채무가 불능이 되어야 한다.

넷째, 위와 같은 후발적 불능이 그 채무를 부담하는 당사자의 책임 없는 사유로 발생해야 한다. 왜냐하면 채무자의 책임 있는 사유로 그러한 불능이 발생했다면, 그 상대방인 채권자는 본래 급부의 변형물인 손해배상채권을 가지기 때문에 위험부담 문제가 생기지 않기 때문이다.

다섯째, 위험부담 문제를 규정한 민법 제537조와 제538조는 임의규정이기 때문에, 당사자 합의로 그 적용을 배제할 수 있다.

Ⅲ. 효과

1. 원칙 : 채무자 위험부담

급부불능이 발생한 채무자는 해당 채무를 면하지만, 그 반대급부 청구권도 상실하므로(민법 제537조), 결국 계약당사자는 모두 채무에서 벗어난다. 이처럼 채무자만 급부불능에 따른 위험(급부불능에 따른 아무런 보상이나 대가를 받지 못함)을 부담하기 때문에, 이를 채무자주의라고 부른다.

만약 전부불능이 아닌 일부불능이라면, 채무자는 일부불능인 범위에서만 급부의무를 면하고, 가능인 나머지 급부의무는 여전히 부담한다. 따라서 채권자가 부담하는 채무도 이에 대응하여 감축된다. 또한, 채무자가 이미 채권자로부터 반대급부를 수령했는데, 자신의 채무가 불능으로 소멸한 경우라면, 채무자는 채권자에게 이미 받은 반대급부를 부당이득으로 반환해야 한다.[1)]

다만, 채무자가 급부불능을 원인으로 급부에 갈음하는 이익을 얻었다면, 채권자는 그 이익을 청구하면서 자기 반대급부를 이행할 수 있는데, 이를 대상청구권이라 한다.

2. 예외 : 채권자 위험부담

급부의 후발적 불능이 비록 채무자에게 책임 없는 사유로 발생했지만, 채권자의 책임 있는 사유로 발생했거나 채권자지체 중 당사자 모두에게 책임 없는 사유로 발생한 경우에는, 채무자는 채권자에게 반대급부를 청구할 수 있다(민법 제538조). 즉, 채무자는 자기 채무를 면하면서도, 채권자에게 반대급부를 청구할 수 있다.

여기서 채권자의 책임 있는 사유란 채권자의 작위나 부작위가 채무자의 이행 실현을 방해하고, 채권자 스스로도 이를 피할 수 있다는 측면에서 신의칙상 비난받을 수 있는 경우를 말한다.[2)] 다만, 그 사유를 증명할 책임은 반대급부를 청구하려는 채무자가 부담한다. 한편, 채권자지체란 채권자가 급부를 수령하지 않거나 채무자의 이행을 위해 필요한 협력행위

1) 대법원 2009. 5. 28. 선고 2008다98655, 98662 판결.
2) 대법원 2004. 3. 12. 선고 2001다79013 판결.

를 하지 않는 경우를 말하고, 채권자지체 중에는 채무자가 고의·중과실이 없다면 모든 책임을 지지 않으므로(민법 제401조), 채무자의 경미한 과실로 후발적 불능이 발생했다면, 채무자는 채권자에게 반대급부를 청구할 수 있다.

끝으로, 채권자가 여전히 채무자에게 반대채무를 부담하더라도, 채무자는 급부불능에 따라 채무를 면하면서 얻은 이익을 채권자에게 상환해야 한다(민법 제538조 제2항).

Ⅳ. 공공계약상 위험부담

가령, 물품계약의 상대방은 발주기관이 납품받은 물품을 검사·수령할 때까지 발주기관의 책임 없는 사유로 발생한 물품의 망실·파손 등을 부담한다[물품구매(제조)계약일반조건 제12조 제2항]. 발주기관이 납품된 물품을 검사·수령(인수)해야 비로소 계약상대자가 급부의무를 이행했다고 볼 수 있으므로, 그 이전에 당사자 책임 없는 사유로 발생한 위험은 채무자인 계약상대자에게 부담하도록 한 취지이다. 따라서 위 물품구매(제조)계약일반조건 규정은 민법 제537조의 채무자 위험부담 원칙을 다시 확인한 것이다.

제 2 절 담보책임

Ⅰ. 의의

1. 민법상 담보책임

민법은 매매목적인 재산권이나 목적물에 하자나 불완전한 점이 있는 경우 매도인이 매수인에게 부담하는 일정한 담보책임을 규정한다(민법 제570조부터 584조까지 참조). 즉, 매도인의 담보책임이란 매매계약에 따라 매수인이 취득하는 권리나 물권에 하자가 있는 경우에 매도인이 매수인에게 부담하는 책임이다. 그 가운데, 물건에 하자가 있는 경우 담보책임을 하자담보책임, 권리에 흠결이 있는 경우 담보책임을 추탈담보책임이라고도 한다. 그리고 매도인의 담보책임 규정은 매매가 아닌 다른 유상계약에도 준용된다(민법 제567조 참조).

한편, 도급은 유상계약이므로 매도인의 담보책임에 관한 규정이 준용되지만, 민법은 완성된 일의 하자가 재료뿐만 아니라 수급인이 일을 완성하는 과정에서 발생한 잘못에 따라서 생길 수도 있다는 점을 고려해, 수급인의 담보책임 규정을 별도로 두었다(민법 제667조부터 제671조까지). 따라서 수급인의 담보책임을 정한 민법 제667조 등은 그 범위에서만 매도인의

담보책임 규정보다 우선 적용된다.[1)]

2. 공공계약법상 담보책임

공공계약도 사법상 계약이므로, 공공계약법이나 계약조건에서 특별히 달리 정하지 않았다면, 민법 규정이 보충 적용된다. 다만, 국가계약법령에도 담보책임 조항이 있다.

우선, 발주기관은 공사 도급계약을 체결할 때 담보책임의 존속기간을 정해야 하며, 그 기간은 민법 제671조에서 정한 기간을 초과할 수 없다(국가계약법 제17조). 또한, 발주기관은 공사 도급계약에서 계약상대자로 하여금 그 공사의 하자보수보증을 위해 하자보수보증금을 내도록 해야 한다(국가계약법 제18조). 공사계약에서는 하자 발생 사례가 빈번하고 그 하자로 말미암은 피해가 크므로 국가계약법은 특별히 공사계약에서 담보책임의 존속기간을 설정하도록 하고, 아울러 하자보수보증금을 지급받도록 규정하였다고 본다.

특히 이와 관련한 자세한 내용은 공사계약일반조건에서 정한다(공사계약일반조건 제33조부터 제36조까지). 이처럼 법령에서는 공사계약의 담보책임만 규정했으나, 각종 계약조건에는 국가가 체결하는 물품계약이나 용역계약에서 계약상대방에게 담보책임을 부과하는 규정이 있다. 가령, 물품구매계약 품질관리 특수조건을 보면, 하자담보책임과 하자보수보증금의 납부를 규정하며(물품구매계약 품질관리 특수조건 제18조, 제19조, 제19조의2), 물품구매(제조)계약일반조건에서도 납품 후 1년 동안 납품한 물품의 규격과 품질이 계약내용과 동일함을 보증해야 하고 상이함이 발견될 때에는 대체납품이나 물품대금 반환을 청구할 수 있도록 규정하였다(물품구매(제조)계약일반조건 제21조). 마찬가지로, 용역계약일반조건에서도 검사로써 사업완성을 확인한 후 1년 동안 하자보수책임 있다는 규정과 하자보수보증금 납부 규정을 두었다(용역계약일반조건 제58조, 제59조).[2)]

Ⅱ. 법적 성질

매매목적인 권리에 흠결이 있는 경우나 불특정물에 하자가 있는 경우에 매도인이 부담하는 담보책임은 흠결 없는 완전한 재산권이나 하자 없는 완전한 물건을 인도하지 않은 채무불이행책임으로서 성질을 가진다.[3)] 다만, 특정물 매매에서 물건에 하자가 있는 경우(하자

1) 이 밖에 건설공사의 하자담보책임에 관하여, 건설산업기본법 제28조, 집합건물의 소유 및 관리에 관한 법률 제9조, 공동주택관리법 제36조 등에서 특칙을 정하고 있다.
2) 다만, 국가계약법령에는 위 내용을 제외한 하자담보책임과 관련한 고유 내용을 규정하지 않으므로, 아래에서는 민법상 하자담보책임을 중심으로 살펴보고자 한다.
3) 대법원 1967. 5. 18. 선고 66다2618 판결.

담보책임)에는 법정책임으로서 성질을 가진다고 보아야 한다.[1] 즉, 담보책임 중 특히 하자담보책임은 채무불이행책임과 구별되는 법정 무과실책임이고, 특정물의 하자란 원시적 일부불능을 말하며, 매도인은 원시적 하자로 발생한 신뢰이익만을 배상한다. 따라서 매수인은 과실이 없더라도 책임을 부담한다. 다만, 하자담보책임도 채무불이행책임으로 이해하면서, 하자담보책임에 따른 손해배상은 대금감액에 불과할 뿐이라는 견해도 유력하다.[2]

이처럼 담보책임을 채무불이행책임의 하나로 이해하는 견해 중에는 담보책임 규정을 채무불이행책임 규정보다 우선 적용하거나, 담보책임이 문제되는 사안에서는 채무불이행책임을 적용하지 않는다는 견해도 있지만, 담보책임을 채무불이행책임으로 보든 법정책임으로 보든, 담보책임과 채무불이행책임은 경합할 수 있고, 매수인은 그 선택에 따라 권리를 행사할 수 있다고 해석해야 한다. 대법원도 불완전이행에 따른 손해배상책임과 하자담보책임이 경합할 수 있다고 한다.[3]

한편, 대법원은 담보책임과 불법행위책임 중 어떤 권리를 우선 행사해야 하는지와 관련하여, 소속 공무원의 과실로 허위로 이전된 소유권등기를 믿고 부동산을 취득한 자가 그에 따른 손해를 입었다면, 국가도 피해자에게 불법행위에 따른 손해배상책임을 부담하는데, 이 경우 피해자가 반드시 그 부동산의 양도인을 상대로 담보책임에 따른 손해배상청구를 먼저 혹은 동시에 해야 할 필요가 없다고 보았다.[4]

Ⅲ. 내용

1. 물품계약상 담보책임

가. 의의

물품계약에서 목적인 권리나 물건에 하자가 있는 경우에 매도인이 매수인에게 부담하는 책임을 말한다. 민법상 매도인의 담보책임 유형에는 권리 흠결에 대한 매도인의 담보책임, 물건 하자에 대한 매도인의 담보책임, 채권양도인의 담보책임, 경매에서 담보책임이 있으나, 아래에서는 공공계약상 물품공급계약에서 발생 빈도가 높은 물건 하자에 대한 매도인의 담보책임을 중심으로 살펴본다.

---

1) 대법원 1995. 6. 30. 선고 94다23920 판결.
2) 지원림, 앞의 책, 1424쪽.
3) 대법원 1993. 11. 23. 선고 93다37328 판결, 대법원 2004. 7. 22. 선고 2002다51586 판결.
4) 대법원 2000. 9. 5. 선고 99다40302 판결.

나. 요건

1) 하자의 존재

매도인의 하자담보책임은 보통 매도인이 납품한 물품(매매의 목적물)에 물질적인 결함(품질, 성능, 내력, 안전성 등 물건의 교환가치나 사용가치를 낮게 하는 일체 불완전성)이 있는 경우에 발생한다. 즉, 하자란 실제 있는 상태와 있어야 하는 상태의 불일치를 말한다. 이에 대법원은 매매 목적물이 거래 통념상 기대되는 객관적 성질·성능을 결여하거나, 당사자가 예정하거나 보증한 성질을 결여한 경우를 뜻한다고 한다.[1] 다만, 매도인이 매수인에게 기계를 공급하면서 해당 기계의 카탈로그와 검사성적서를 제시했다면 매도인은 그 기계가 카탈로그와 검사성적서에 기재된 바와 같은 품질과 성능을 갖춘 제품이라고 보증했으므로, 매도인이 공급한 기계가 매도인이 카탈로그와 검사성적서로 보증한 일정 품질과 성능을 갖추지 못했다면, 그 기계에 하자가 있다고 보아야 한다.[2]

한편, 물건 자체에 하자가 아니라 법률상 장애가 있는 경우에도 그에 따라 물건의 사용수익을 제한받는다면, 물건에 하자가 있다고 보아야 한다. 가령, 건축을 목적으로 매매한 토지 위에 건축허가를 받을 수 없어서 더 이상 건축을 하지 못하는 경우에는 그 법률상 제한이나 장애 역시 목적물의 하자에 해당하고, 이러한 하자가 있는지는 계약 성립 당시를 기준으로 판단해야 한다.[3]

2) 매도인의 책임 있는 사유가 필요한지

채무불이행책임은 채무자에게 고의, 과실이 필요한 과실책임이다. 그러나 매도인의 담보책임은 무과실책임이며, 대법원도 민법 제581조, 제580조에 따른 매도인의 하자담보책임은 법이 특별히 인정한 무과실책임이라고 한다.[4] 따라서 매도인의 책임 있는 사유는 요건이 아니다.

〔매도인의 하자담보책임 성격〕

민법 제581조, 제580조에 기한 매도인의 하자담보책임은 법이 특별히 인정한 무과실책임으로서 여기에 민법 제396조의 과실상계 규정이 준용될 수는 없다 하더라도, 담보책임이 민법의 지도이념인 공평의 원칙에 입각한 것인 이상 하자 발생 및 그 확대에 가공한 매수인의 잘못을 참작하여 손해배상의 범위를 정함이 상당하다(대법원 1995. 6. 30. 선고 94다23920 판결).

---

1) 대법원 2020. 4. 29. 선고 2007다9139 판결.
2) 대법원 2000. 10. 27. 선고 2000다30561 판결.
3) 대법원 2000. 1. 18. 선고 98다18506 판결.
4) 대법원 1995. 6. 30. 선고 94다23920 판결.

3) 매수인의 선의·무과실

매수인은 하자 존재를 과실 없이 알지 못해야 한다(민법 제580조 제1항 단서). 다만, 매도인이 매수인에게 악의나 과실이 있다는 점을 증명해야 한다.

4) 담보책임의 존속기간

매수인은 하자를 안 날부터 6월 내에 담보책임 관련 권리를 행사해야 한다(민법 제582조).[1] 이는 재판상 또는 재판 외에서의 권리행사기간이다.[2] 다만, 이러한 민법상 하자담보책임의 존속기간 규정은 임의규정이므로 공공계약에서는 계약당사자 합의로써 하자담보책임의 존속기간을 별도로 정할 수 있다. 물론 국가계약법 자체에는 물품계약의 담보책임 조항이 없으나, 가령 물품구매(제조)계약일반조건은 납품 후 1년 동안 납품한 물품의 규격과 품질이 계약내용과 동일함을 보증하도록 규정하고(물품구매(제조)계약일반조건 제21조), 그 밖에도 계약당사자가 하자담보책임 기간을 정하여 이를 계약서 특기사항에 명시할 수 있다.

다. 효과

위 요건을 모두 갖추면, 매수인은 계약해제, 손해배상청구, 대금감액청구, 완전물급부청구 등을 행사할 수 있다.

1) 대금감액청구권

일부 타인권리의 매매, 수량지정매매에서 수량부족·일부 멸실의 경우와 같이 분량적 하자가 있는 경우에는 매수인이 대금감액청구권을 가진다.

2) 손해배상청구권

매수인은 하자에 따른 손해배상을 청구할 수 있다. 물론 다른 권리와 중첩하여 손해배상을 청구할 수도 있으나 불특정물매매에서 완전물급부를 청구하는 경우에는 손해배상을 청구할 수 없다(민법 제581조 제2항). 이중(二重)배상을 방지하기 위한 규정이다.

3) 계약해제권

매수인은 목적물 하자로 계약의 목적 달성이 불가능한 경우에 한정하여 계약을 해제할 수 있다.

---

1) 권리 일부가 타인에게 속한 경우 권리행사기간(민법 제573조), 제한물권 있는 경우 권리행사기간(민법 제575조 제3항)도 참조.

2) 대법원 2003. 6. 27. 선고 2003다20190 판결.

4) 완전물급부청구권

종류물매매와 같이 하자 없는 물품납품이 가능한 경우라면, 매수인은 계약해제나 손해배상을 청구하지 않고, 하자 없는 물건을 납품하도록 청구할 수 있다(민법 제581조 제2항). 이를 대체납품청구권이라고도 한다.

2. 공사·용역계약상 하자담보책임

가. 의의

공사나 용역 등 도급계약에서 목적물이나 결과물에 하자가 있는 경우에 수급인이 부담하는 담보책임이다. 아래에서는 공사를 중심으로 살펴본다. 공사목적물의 하자는 그 형태에 따라 물리적 하자(균열, 누수 등), 법률적 하자(법령위반에 따른 사용곤란 등), 환경적 하자(일조권 침해 등), 특약위반 하자(계약조건 위반)로, 원인에 따라 설계상 하자, 시공상 하자, 감리상 하자, 사용상 하자 등으로 구분할 수 있다.[1)]

나. 법적 근거

도급인의 담보책임을 정한 규정으로, 민법 제667조, 집합건물의 소유 및 관리에 관한 법률 제9조, 공동주택관리법 제36조, 건설산업기본법 제28조, 국가계약법 제17조, 지방계약법 제20조가 있다.

다. 법적 성격

앞에서 보았듯이, 민법상 수급인의 담보책임은 무과실책임이다. 대법원 역시 민법 제667조는 법이 특별히 인정한 무과실책임으로서 여기에 민법 제386조 과실상계 규정이 준용될 수 없다고 한다. 다만, 담보책임이 민법의 지도이념인 공평의 원칙에 따른 만큼, 하자발생과 그 확대에 가공한 도급인의 잘못을 참작하여 손해배상 범위를 정해야 한다고 했다.[2)]

그러나 하자담보책임을 정한 규정은 강행규정이 아닌 임의규정에 불과하여, 계약당사자는 법령이 정한 바와 달리 하자담보책임 약정을 할 수 있으며, 그 약정은 법령보다 우선 적용된다. 가령, 공사계약일반조건에는 "계약상대자의 시공상의 잘못으로 인하여 발생한 하자에 한함"이라 하여 하자보수책임을 과실책임으로 전환한 계약조건이 있다(공사계약일반조건 제33조 제1항 참조). 따라서 계약상대자는 시공상 잘못이 아니라 설계상 잘못이나 감리상 잘못이 있다면, 하자담보책임을 부담하지 않는다. 그러나 건설공사 특성을 고려할 때, 발주기관이 하자 원인을 정확히 규명하기 곤란하고, 일반적인 공사계약에서 하자담보책임을 무과

---

1) 김성근, 앞의 책(Ⅱ), 4쪽.
2) 대법원 1987. 7. 21. 선고 87다카2446 판결, 대법원 1990. 3. 9. 선고 88다카31866 판결.

실책임으로 이해하는 만큼, 발주기관이 계약상대자에게 담보책임을 추궁하면서, 시공상 과실이라는 점을 엄격하게 증명해야 한다고 보기는 어렵다는 견해도 있다.[1)]

라. 요건

1) 하자의 발생

공사도급계약에서 수급인에게 하자담보책임을 물으려면 완성된 목적물이나 완성 전의 성취된 부분에 '하자'가 있어야 한다(민법 제667조 제1항). 여기서 '하자'란 일반적으로 완성된 건축물에 공사계약에서 정한 내용과 다른 구조적·기능적 결함이 있거나, 거래관념상 통상 갖추어야 할 품질을 제대로 갖추고 있지 않은 것으로, 하자 여부는 당사자 사이 계약 내용, 해당 건축물이 설계도대로 건축되었는지 여부, 건축 관련법령에서 정한 기준에 적합한지 여부 등 여러 사정을 종합적으로 고려하여 판단해야 한다.[2)]

그런데 당초 설계를 변경하는 데에 도급인이 동의하고 수급인이 그 변경된 설계에 기초해 건축 설계변경 허가절차까지 마친 사안에서, 다른 특별한 사정이 없다면 그 동의의 효력은 변경된 설계 전체에 미치고, 그 결과 적어도 설계변경 이후 공사에서 유효한 설계는 원래 설계가 아닌 나중에 변경된 설계이므로, 수급인이 변경된 설계에 맞추어 시공했다면 도급인은 그 시공 부분이 원래 설계와 다르다는 이유만으로 하자라고 주장하거나 시공비용과 당초 설계에 따른 시공비용 차액을 손해라고 하여 도급인에게 그 배상을 청구할 수는 없다.[3)]

〔하자와 미완성의 구별〕

하자와 미완성은 구별해야 하는데, 계약상대자가 공사공정예정표에 기재한 모든 업무를 수행했는데도 계약조건이나 통상적인 성능을 갖추지 못했다면 하자로 보아야 하겠으나, 공사공정예정표에 기재한 모든 업무를 수행하지 못하여 시공 상태가 불완전하다면 그 부분은 미완성이라고 보아야 한다.[4)] 대법원도 건물 신축공사 미완성과 하자를 구별하는 기준으로, 공사가 중간에 멈춰 예정된 최후 공정을 종료하지 못했다면 공사 미완성으로 보아야 하지만, 처음에 예정한 최후 공정까지 일단 종료하고 그 주요 구조 부분이 약정대로 사회통념상 건물로서 완성되었으나 다만 그것이 불완전하여 보수를 해야 할 경우라면 하자가 있다고 해석해야 하고, 개별 사건에서 예정된 최후 공정이 일단 종료하였는지는 해당 건물 신축공사 도급계약의 구체적 내용과 신의성실 원칙을 고려해 객관적으로 판단할 수밖에 없다고 본다(대법원 1997. 12. 23. 선고 97다44768 판결 참조).

---

1) 김성근, 앞의 책(Ⅱ), 24쪽.
2) 대법원 2010. 12. 9. 선고 2008다16851 판결.
3) 대법원 1999. 7. 13. 선고 99다12888 판결.
4) 김성근, 앞의 책(Ⅱ), 11쪽.

2) 수급인의 책임 있는 사유 필요 여부

대법원은 민법상 수급인의 하자담보책임을 법이 특별히 인정한 무과실책임으로 본다.[1] 그리하여 완성된 목적물에 하자가 있는 경우, 수급인은 설령 과실이 없더라도 담보책임을 부담한다.

그러나 앞에서 보았듯이, 공공계약상 공사에서는 수급인의 담보책임을 과실책임으로 규정한다. 즉, 기획재정부 계약예규 공사계약일반조건 제33조 제1항,[2] 행정안전부 예규 지방단체 입찰 및 계약 집행기준 공사계약일반조건 제10절 1-가[3]를 보면, 계약상대자는 하자담보책임기간 동안 '계약상대자의 시공상의 잘못으로 인하여 발생한 하자에 한하여' 하자보수책임이 있다고 규정한다. 위 규정에 따르면 공공계약상 공사 계약의 상대자는 하자 발생에 과실이 없다면, 하자담보책임을 부담하지 않는다. 결국, 발주기관은 하자보수를 청구하려면, 하자 발생 사실과 아울러 계약상대자에게 책임 있는 사유가 있다는 사정까지 증명해야 한다.

3) 담보책임 존속기간

가) 의미

민법은 수급인의 담보책임 존속기간을 목적물을 인도받은 날이나 일을 종료한 날로부터 1년으로 정하고(민법 제670조), 특칙으로 토지, 건물 그 밖에 공작물의 수급인은 목적물이나 지반공사 하자에 대해서 인도 후 5년으로, 석조, 석회조, 연와조, 금속 그 밖에 이와 유사한 재료로 조성된 목적물의 수급인은 그 하자에 대하여 인도 후 10년으로 정한다(민법 제671조). 그러나 위와 같은 민법상 하자담보책임의 존속기간에 관한 규정은 임의규정으로, 공공계약에서는 개별 계약내용에 하자담보책임의 존속기간을 별도로 정하도록 한다. 그리고 하자담보책임 존속기한을 단축하는 특약도 책임감경을 위한 약정으로서 유효하다.[4]

그리하여 국가계약법은 별도로 공사계약의 담보책임을 규정하는데, 발주기관은 공사의 도급계약을 체결할 경우 그 담보책임의 존속기간을 정하여야 하고, 그 존속기간은 민법 제

---

1) 대법원 1980. 11. 11. 선고 80다923, 924 판결, 대법원 1990. 3. 9. 선고 88다카31866 판결, 대법원 2004. 8. 20. 선고 2001다70337 판결.

2) 제33조(하자보수) ① 계약상대자는 전체목적물을 인수한 날과 준공검사를 완료한 날 중에서 먼저 도래한 날(공사계약의 부분 완료로 관리·사용이 이루어지고 있는 경우에는 부분 목적물을 인수한 날과 공고에 따라 관리·사용을 개시한 날 중에서 먼저 도래한 날을 말한다)부터 시행령 제60조에 의하여 계약서에 정한 기간(이하 "하자담보책임기간"이라 한다) 동안에 공사목적물의 하자(계약상대자의 시공상의 잘못으로 인하여 발생한 하자에 한함)에 대한 보수책임이 있다.

3) 지방단체 입찰 및 계약 집행기준 공사계약일반조건 제10절
   1. 하자보수
      가. 계약상대자는 전체목적물을 인수한 날과 시행령 제64조 제1항에 따른 검사를 완료한 날 중에서 먼저 도래한 날부터 시행령 제69조에 따라 계약서에 정한 기간(이하 "하자담보책임기간"이라 한다) 동안 공사목적물의 하자(계약상대자의 시공 잘못으로 인하여 발생한 하자에 한함)에 대한 보수책임이 있다.

4) 대법원 1967. 6. 27. 선고 66다1346 판결.

671조에서 규정한 기간을 초과할 수 없다(국가계약법 제17조). 따라서 민법 제671조 기간을 초과한 존속기간 약정이 무효인지 문제인데, 이러한 약정은 관계법령에 규정된 계약상대자의 계약상 이익을 부당하게 제한하는 특약이나 조건이므로 무효라고 보아야 한다(국가계약법 제5조 제3항, 제4항 참조).

참고로, 지방계약법도 공사계약에서 담보책임 존속기간은 민법에서 정한 기간을 초과할 수 없도록 정하고(지방계약법 제20조 제4항), 구체적인 존속기간은 전체 목적물을 인수한 날과 검사를 완료한 날 중에서 먼저 도래한 날(공사계약의 부분 완료로 관리·사용이 있는 경우에는 부분 목적물을 인수한 날과 공고에 따라 관리·사용을 개시한 날 중에서 먼저 도래한 날)부터 1년 이상 10년 이하 범위에서 행정안전부령으로 정하는 기간으로 정하도록 규정한다(지방계약법 시행령 제69조 제1항).

나) 성질

한편, 담보책임 존속기간은 제척기간이지만, 재판상 또는 재판외 권리행사기간이지 재판상 청구를 위한 제소기간은 아니기 때문에, 발주기관은 위 존속기간이 경과하기 전에 적어도 계약상대자에게 하자담보청구권을 행사하면 충분하다.[1] 따라서 발주기관이 하자담보기간 안에 권리를 행사했다면, 그 권리는 시효로 소멸하지 않는 한 소멸하지 않는다.

다) 시기와 종기

한편, 발주기관은 공사 도급계약을 체결할 때 전체 목적물을 인수한 날과 검사를 완료한 날 중에서 먼저 도래한 날(공사계약의 부분 완료로 관리·사용이 있는 경우에는 부분 목적물을 인수한 날과 공고에 따라 관리·사용을 개시한 날 중에서 먼저 도래한 날)부터 1년 이상 10년 이하 범위에서 기획재정부령으로 정하는 기간으로 정한다(국가계약법 시행령 제60조 제1항 본문). 이에 따라 국가계약법 시행규칙 제70조 제1항 본문은 다음과 같이 공사의 종류별 구분에 따라 하자담보책임 기간을 정한다. 다만, 제7호를 제외한 각 공사 종류 사이에 하자책임을 구분할 수 없는 복합공사에서는 주된 공사의 종류를 기준으로 하자담보책임기간을 정해야 한다(국가계약법 시행규칙 제70조 제1항 단서).

① 건설산업기본법에 따른 건설공사(제2호의 공사는 제외한다): 건설산업기본법 시행령 제30조 및 [별표4]에 따른 기간
② 건설산업기본법에 따른 건설공사 중 자갈도상 철도공사(궤도공사 부분으로 한정한다) : 1년
③ 공동주택관리법에 따른 공동주택건설공사 : 공동주택관리법 시행령 제36조 제1항 및 별표4에

---

1) 대법원 1990. 3. 9. 선고 88다카31866 판결, 대법원 2000. 6. 9. 선고 2000다15371 판결.

따른 기간
④ 전기공사업법에 따른 전기공사 : 전기공사업법 시행령 제11조의2 및 [별표3의2]에 따른 기간
⑤ 정보통신공사업법에 따른 정보통신공사 : 정보통신공사업법 시행령 제37조에 따른 기간
⑥ 소방시설공사업법에 따른 소방시설공사 : 소방시설공사업법 시행령 제6조에 따른 기간
⑦ 문화재수리 등에 관한 법률에 따른 문화재 수리공사 : 문화재수리 등에 관한 법률 시행령 제19조 및 [별표9]에 따른 기간
⑧ 지하수법에 따른 지하수개발·이용시설공사나 그 밖의 공사와 관련한 법령에 따른 공사 : 1년

라) 하자담보책임기간을 정하지 않는 공사

그러나 공사의 성질상 하자보수가 필요하지 않은 경우로서 하자담보책임기간을 정하지 않는 공사가 있는데, 여기에는 건설산업기본법 시행령 별표1에 따른 건설업종의 업무내용 가운데 구조물 등을 해제하는 공사, 단순암반절취공사, 모래·자갈채취공사 등 그 공사의 성질상 객관적으로 하자보수가 필요하지 않은 공사, 계약금액이 3천만 원을 초과하지 않는 공사(조경공사를 제외)가 있다(국가계약법 시행령 제60조 제1항 단서, 같은 법 시행규칙 제70조 제2항, 제72조 제2항 제1호부터 제3호).

마) 장기계속공사에서 하자담보책임기간

장기계속공사에서는 연차별로 하자담보책임기간을 정한다. 다만, 연차계약별로 하자담보책임을 구분할 수 없는 공사에서는 제1차 계약을 체결할 때에 총공사에 대하여 하자담보책임기간을 정해야 한다(국가계약법 시행령 제60조 제2항).

4) 과다한 보수비용이 들어가지 않을 것

하자보수는 하자가 중요하지 않은 경우로서 보수에 과다한 비용이 들어가는 경우에는 제한된다(민법 제667조 제1항 단서). 제한 없는 하자보수로 말미암은 사회경제적 손실을 방지하고 수급인에게 과도한 책임을 부담하지 않게 하려는 취지이다.

5) 면책사유

가) 하자가 도급인이 제공한 재료나 도급인의 지시에 따른 경우

민법은 목적물 하자가 도급인이 제공한 재료의 성질이나 도급인의 지시에 따른 때에는 수급인이 담보책임을 지지 않는다고 규정하여(민법 제669조), 수급인의 담보책임이 면제되는 특칙을 둔다. 하자가 도급인의 사정으로 발생한 경우까지도 수급인이 그 책임을 부담한다면 형평에 맞지 않고, 책임주의 원칙에도 어긋나기 때문이다. 다만, 수급인이 도급인이 제공한 재료나 도급인의 지시가 부적당함을 알고도 도급인에게 고지하지 않은 경우라면, 수급인이

담보책임을 진다(민법 제669조 단서).

따라서 수급인이 설계도면 기재대로 시공했다면, 이는 도급인 지시에 따른 결과와 같아서 수급인이 그 설계도면이 부당함을 알고도 도급인에게 고지하지 않았다는 특별한 사정이 없다면, 그에 따라 목적물에 하자가 발생했다 하여 수급인에게 하자담보책임을 물을 수 없고[1], 수급인이 공사 중간에 발생한 사정을 감리인에게 보고하고 그 지시에 따라 원래 설계도서대로 공사를 계속하였다면 설계도서의 결함에 따라 건물에 하자가 발생했더라도 수급인이 설계도서의 부당함을 알고도 이를 고지하지 않았다고 볼 수 없으므로, 수급인은 담보책임을 면한다.[2]

나) 당사자간 면책특약의 부존재

민법상 하자담보책임 규정은 강행규정이 아니므로 계약당사자 합의로 담보책임을 묻지 않기로 약정을 할 수 있다. 계약당사자 사이에 이와 같은 담보책임 면제특약이 있는 경우에는 완성된 일에 하자가 있는 경우에도 그 약정에 따라 담보책임을 물을 수 없다. 다만, 담보책임 면제특약이 있는 경우라도 수급인이 알고도 고지하지 않은 사실에는 그 책임을 면하지 못한다(민법 제672조).[3]

마. 하자검사

발주기관은 하자담보책임 기간 중 연 2회 이상 정기적으로 하자를 검사하거나 소속 공무원에게 그 사무를 위임하여 검사하게 해야 한다(국가계약법 시행령 제61조 제1항). 나아가 하자를 검사하는 자는 하자담보책임기간이 만료하는 때에 지체없이 따로 검사를 해야 한다(국가계약법 시행규칙 제71조 제1항).

위에서 본 하자검사에 특히 전문적인 지식이나 기술이 필요한 경우나 예정가격의 100분의 86 미만으로 낙찰된 공사로서 시설물 안전 및 유지관리에 관한 특별법 제2조 제1호에 따른 시설물의 하자검사인 경우, 발주기관은 전문기관에 의뢰하여 필요한 검사를 해야 하고(국가계약법 시행령 제61조 제2항), 그 결과를 문서로 통보받아 확인한다(국가계약법 시행규칙 제71조 제2항).

발주기관은 하자검사결과 하자를 발견한 경우 지체없이 필요한 조치를 해야 한다(국가계약법 시행규칙 제71조 제3항). 그리고 해당 공사의 하자보수관리부를 비치하고 공사명과 계약금액, 계약상대자, 준공연월일, 하자발생내용과 처리사항, 그 밖에 참고사항을 기록·유지해야 한다(국가계약법 시행규칙 제71조 제4항 제1호부터 제5호).

---

1) 대법원 1996. 5. 14. 선고 95다24975 판결.
2) 대법원 1995. 10. 13. 선고 94다31747 판결.
3) 대법원 1999. 9. 21. 선고 99다19032 판결.

하자를 검사하는 자는 하자검사조서를 작성해야 한다. 다만, 계약금액이 3천만 원 이하인 공사계약에서는 하자검사조서 작성을 생략할 수 있다(국가계약법 시행령 제61조 제3항).

바. 효과

발주기관은 하자가 있는 경우 계약상대자에게 하자보수청구, 손해배상청구, 계약해제·해지 등을 행사할 수 있다.

1) 하자보수청구권

가) 의의

도급인은 하자가 발생하면, 수급인에게 상당한 기간을 정하여 그 하자의 보수를 청구할 있고(민법 제667조 제1항 본문), 하자보수청구권과 하자보수를 갈음하는 손해배상청구권을 선택하여 행사할 수 있다. 다만, 이미 계약이행을 완료한 후에 하자보수를 청구받은 수급인이 하자보수를 이행하지 않는 경우, 도급인은 더 이상 계약을 해제할 수 없다.[1)]

나) 하자보수보증금

공공계약법은 민법상 하자보수청구나 그에 갈음한 손해배상청구제도와 별도로 하자보수보증금제도를 규정한다. 자세한 내용은 이미 살펴본 바와 같다.

다) 효력

수급인의 공사대금채권과 도급인의 하자보수채권은 동시이행관계이므로(민법 제667조 제3항), 하자보수청구권을 행사한 도급인은 이행지체에 빠지지 않는다. 다만, 수급인의 공사대금채권 변제기는 건물 준공일이나 인도일인 반면 도급인의 하자보수채권 변제기는 도급인이 그 권리를 행사한 때이다.[2)] 나아가 수급인이 하수급인에게 부담하는 하도급 공사대금채무를 인수한 도급인은 수급인이 하수급인에게 가지는 하자보수청구권이나 하자보수를 갈음하는 손해배상채권 등에 기초한 동시이행항변으로써 하수급인에게 대항할 수 있다.[3)] 그러나 동시이행 범위는 하자보수채권과 같은 금액에 해당하는 공사대금채권일 뿐이므로, 도급인은 그 나머지 공사대금채권에 동시이행항변을 할 수 없다.[4)] 그러나 기성고에 따라 공사대금을 분할하여 지급하기로 특약한 경우라도 하자보수의무와 동시이행관계에 있는 공사대금채무는 해당 하자가 발생한 부분의 기성공사 대금에 한정하지 않는다.[5)]

---

1) 다만, 상당기간이 지나도록 하자보수이행을 하지 않는 경우에는 신의칙이나 형평의 원칙상 하자보수불이행으로 이유로 계약을 해제할 수 있다는 인천지방법원 1992. 10. 23. 선고 90가합21137 판결도 참조.
2) 대법원 1989. 12. 12. 선고 88다카18788 판결.
3) 대법원 2007. 10. 11. 선고 2007다31914 판결.
4) 대법원 1994. 10. 11. 선고 94다26011 판결.
5) 대법원 2001. 9. 18. 선고 2001다9304 판결.

2) 손해배상청구권

가) 의의

도급인은 하자보수가 가능하더라도 하자보수를 청구하지 않고 그것에 갈음하는 손해배상을 청구할 수 있고, 하자보수와 함께 손해배상을 청구할 수도 있다(민법 제667조 제2항). 그리고 수급인의 하자담보책임과 채무불이행책임은 경합할 수 있는데, 여기서 목적물 하자를 보수하기 위한 비용은 수급인의 하자담보책임과 채무불이행책임에서 말하는 손해에 해당한다. 따라서 도급인은 하자보수비용을 민법 제667조 제2항에 따라 하자담보책임의 손해배상으로 청구할 수도 있고, 민법 제390조에 따라 채무불이행의 손해배상으로 청구할 수도 있다.[1)]

나) 범위

한편, 공사 준공 지연이나 확대손해 발생 등 하자를 보수하더라도 도급인이 전보(塡補) 받지 못한 손해가 있다면, 도급인은 하자보수와 함께 손해배상을 청구할 수 있다. 하자에 따른 사용가치, 즉 임료상당 수입이나 영업손실 등 감소도 일정한 요건 아래 특별손해로 인정되며, 도급인이 하자 보수나 손해배상으로 회복할 수 없는 정신적 고통을 입었다는 특별한 사정이 있고, 수급인도 그러한 사실을 알았거나 알 수 있었다면 위자료도 인정된다.[2)]

다) 제한

한편, 하자가 중요하지 않고 보수에 과다한 비용이 들어가는 경우에는 손해배상만 청구할 수 있고(민법 제667조 제1항 단서), 이때 하자에 따른 손해는 수급인이 하자 없이 시공했다면 존재했을 목적물의 교환가치와 하자가 있는 현재 상태의 교환가치 차액이다.[3)] 다만, 교환가치 차액 산정이 곤란하다면 하자 없이 시공한 시공비용과 하자 있는 상태의 시공비용 차액을 통상손해로 본다.[4)] 그리고 수급인의 하자담보책임에 도급인에게 책임 있는 사유가 있으면, 신의칙에 따라 수급인의 책임을 제한할 수 있다.[5)]

라) 효과

수급인의 공사대금채권과 하자에 따른 도급인의 손해배상채권은 동시이행관계이므로(민법 제667조 제3항 참조), 손해배상청구권을 행사한 도급인은 이행지체에 빠지지 않는다. 다만, 수급인의 공사대금채권 변제기는 건물 준공일이나 인도일인 반면 도급인의 손해배상채권 변

1) 대법원 2020. 6. 11. 선고 2020다201156 판결.
2) 대법원 1996. 6. 11. 선고 95다12798 판결.
3) 대법원 1998. 3. 13. 선고 95다30345 판결.
4) 대법원 1998. 3. 13. 선고 97다54376 판결.
5) 대법원 1999. 7. 13. 선고 99다12888 판결.

제기는 도급인이 그 권리를 행사한 때이다.[1] 또한, 하자확대 손해에 따른 도급인의 손해배상채권과 수급인의 공사대금채권도 동시이행관계이다.[2] 나아가 수급인이 하수급인에게 부담하는 하도급 공사대금채무를 인수한 도급인은 수급인이 하수급인에게 가지는 하자보수청구권이나 하자보수를 갈음하는 손해배상채권 등에 기초한 동시이행항변으로써 하수급인에게 대항할 수 있다.[3] 그러나 동시이행 범위는 손해배상채권과 같은 금액에 해당하는 공사대금채권일 뿐이므로, 도급인은 그 나머지 공사대금채권에 동시이행항변을 할 수 없다.[4] 그러나 기성고에 따라 공사대금을 분할하여 지급하기로 특약한 경우라도 하자보수의무와 동시이행관계에 있는 공사대금채무는 해당 하자가 발생한 부분의 기성공사 대금에 한정되지 않는다.[5]

3) 계약해제·해지

도급인은 완성된 목적물의 하자로 계약목적을 달성할 수 없는 경우, 계약을 해제할 수 있지만, 건물 그 밖에 공작물을 위한 계약이라면 중요한 하자가 있더라도 해제할 수 없다(민법 제668조). 한편, 수급인이 공사를 완성하지 못했다면, 도급인은 그 손해를 배상하고 계약을 해제할 수 있다(민법 제673조). 다만, 공사가 상당한 정도로 진행되어 그 원상회복이 중대한 사회적, 경제적 손실을 초래하고 완성 부분이 도급인에게 이익이 된다면, 도급인이 계약을 해제하는 때에도 미완성 부분에만 그 효력이 미치고, 수급인은 해제한 때 상태 그대로 도급인에게 이를 인도하고, 도급인은 완성 부분에 상당한 보수를 지급해야 한다.[6]

제 3 절 채무불이행책임

Ⅰ. 의의

1. 의미

채무불이행이란 채무자의 책임 있는 사유로 채무 내용에 좇은 이행이 정상적으로 실현되지 않은 상태를 통칭한다. 민법은 채무자의 고의나 과실로 '채무의 내용에 좇은 이행을 하지 아니한 때'를 채무불이행이라고 규정하고(민법 제390조), 국가계약법령도 계약상대자가 정

1) 대법원 1989. 12. 12. 선고 88다카18788 판결.
2) 대법원 2005. 11. 10. 선고 2004다37676 판결.
3) 대법원 2007. 10. 11. 선고 2007다31914 판결.
4) 대법원 1994. 10. 11. 선고 94다26011 판결.
5) 대법원 2001. 9. 18. 선고 2001다9304 판결.
6) 대법원 1996. 7. 30. 선고 95다7932 판결.

당한 이유 없이 계약상 의무를 이행하지 않으면 계약보증금을 국고귀속하고, 특별한 약정이 없는 한 해당 계약을 해제·해지하도록 규정하여 채무불이행책임과 관련한 규정을 둔다(국가계약법 제12조 제3항, 같은 법 시행령 제75조 제1항 참조).

〔채무불이행 범위를 확장한 사례〕

대법원 판례에 따르면 숙박업자,[1] 도급인,[2] 병원,[3] 사용자[4]의 보호의무 혹은 안전배려의무를 인정하고, 채무자가 그것을 위반한 경우 채무불이행책임(불완전이행)이 성립한다고 본다(대법원 2000. 11. 24. 선고 2000다38718·38725 판결). 원칙적으로 채무불이행에서 채무란 계약이 정한 급부의무를 지칭하지만, 예외적으로 채무자가 부수적 의무나 보호의무를 부담한다고 해석되는 계약에서는 그러한 행위의무도 채무에 포함된다는 취지라고 보인다.

2. 유형

채무불이행은 일반적으로 급부장애 유형에 따라 이행지체, 이행불능, 불완전이행, 이행거절로 나눈다.

가. 이행지체

이행지체란 채무의 이행기가 도래했고, 그 이행이 객관적으로 가능한데도 채무자가 책임 있는 사유로 이행하지 않는 것을 말한다. 공공계약에서 이행지체가 발생하면 발주기관은 계약상대자에게 지체상금을 부과한다. 지체상금제도는 아래 제4절에서 별도로 살펴본다.

나. 이행불능

이행불능은 채권이 성립 후에 채무자의 책임 있는 사유로 채무내용을 실현하는 것이 종국적으로 불가능하거나 그 실현을 기대할 수 없는 것을 말한다. 공공계약에서 이행불능이 발생하면 발주기관은 계약을 해제·해지하고, 계약보증금을 몰수한다.

다. 불완전이행

불완전이행은 채무자가 일단 채무를 이행했으나 그 내용이 완전하지 못한 것을 말한다. 공공계약에서도 불완전이행 혹은 불완전급부는 매우 빈번히 발생하는데, 가령 채무자가 일단 이행을 완료했으나 그 급부가 채무내용에 좇은 것이 아니면 추완청구를 포함하는 하자담

1) 대법원 2000. 11. 24. 선고 2000다38718, 38725 판결.
2) 대법원 1997. 4. 25. 선고 96다53086 판결.
3) 대법원 2003. 4. 11. 선고 2002다63275 판결.
4) 대법원 2001. 7. 27. 선고 99다53086 판결.

보책임과 계약해제·해지와 손해배상을 포함하는 채무불이행책임이 경합적으로 성립할 수 있다.

라. 이행거절

이행거절이란 채무자가 채무이행이 가능한데도 채권자에게 이행할 의사가 없다고 진지하고 종국적으로 표시하여 채권자로 하여금 채무자의 임의이행을 더 이상 기대할 수 없는 객관적인 상태를 말한다. 학자에 따라서는 이행거절을 이행지체의 한 종류로 분류하기도 한다.

〔이행거절의 성격〕

채무자가 채무를 이행하지 아니할 의사를 명백히 표시한 경우에 채권자는 신의성실의 원칙상 이행기 전이라도 이행의 최고 없이 채무자의 이행거절을 이유로 계약을 해제하거나 채무자를 상대로 손해배상을 청구할 수 있고, 채무자가 채무를 이행하지 아니할 의사를 명백히 표시하였는지 여부는 채무 이행에 관한 당사자의 행동과 계약 전후의 구체적인 사정 등을 종합적으로 살펴서 판단하여야 한다(대법원 2007. 9. 20. 선고 2005다63337 판결).

Ⅱ. 요건

1. 공통요건

채무불이행 요건은 각 유형별로 보아야 하나, 공통적으로 다음과 같은 요건이 필요하다. 즉, 채무자가 채무내용에 좇은 이행을 하지 않았다는 객관적인 상태가 있어야 하고(위법성), 그 채무불이행에 채무자의 고의나 과실이라는 책임 있는 사유가 있어야 한다(고의·과실). 채무자의 고의·과실에는 채무자의 법정대리인이나 이행보조자의 고의·과실도 포함된다(민법 제391조 참조).

2. 개별요건

가. 이행지체

이행지체가 성립하려면 이행기가 도래하고, 채무자가 채무이행을 할 수 있는데도 이행을 하지 않아야 한다. 특히, 민법은 채무이행의 기한에 따라 지체책임이 발생하는 때를 달리 규정하고 있다. 즉, 채무이행기한을 확정한 경우에는 채무자는 그 기한이 도래한 때로부터 지체책임을 지나(민법 제387조 제1항 전문), 불확정한 기한이 있는 경우에는 채무자가 기한

이 도래한 사실을 안 때로부터 지체책임을 진다(민법 제387조 제1항 후문). 그리고 채무이행기한을 정하지 않은 경우에는 채무자가 채권자로부터 이행청구를 받은 날로부터 지체책임을 진다(민법 제387조 제2항).

나. 이행불능

이행불능이 성립하려면 채권 성립 후에 이행이 불능으로 되어야 하고, 이행불능이 채무자의 책임 있는 사유로 발생해야 한다. 여기서 이행불능은 절대적·물리적 불능만 아니라 사회관념상·거래관념상 불능을 포함한다.[1] 사회통념상 이행불능이라고 보기 위해서는 이행의 실현을 기대할 수 없는 객관적 사정이 인정되어야 하고, 특히 계약은 어디까지나 그 내용대로 준수되어야 한다는 원칙이 있으므로, 채권자가 굳이 채무의 본래 내용대로 이행을 구하는 경우에는 그 채무이행이 불능으로 되었다고 쉽게 단정해서는 안 된다.

다. 불완전이행

불완전이행이 성립하려면, 채무자가 채무를 이행했지만, 그 이행이 계약내용에 부합하지 않는 등으로 불완전해야 한다.

라. 이행거절

이행거절이 성립하려면, 채무를 이행할 수 있는 채무자 채권자에게 이행하지 않겠다는 의사를 진지하고 종국적으로 표시해야 한다.

Ⅲ. 효과

1. 강제이행청구

채무자가 이행을 지체하는 경우 채권자는 채무의 성질상 강제이행을 하지 못하는 경우를 제외하고 법원에 강제이행을 청구할 수 있다(민법 제389조).

2. 손해배상청구

채무자가 채무 내용에 좇은 이행을 하지 않는 경우, 채권자는 손해배상을 청구할 수 있다(민법 제390조). 다만, 국가계약법은 계약보증금제도와 아울러(국가계약법 제12조), 이행지체에 따른 지체상금제도를 두고(국가계약법 제26조), 그 밖에 조달사업법은 불공정조달행위에 따른 부당이득환수제도도 규정하는데(조달사업법 제21조 제6항), 이러한 제도는 모두 채무불이

1) 대법원 2016. 5. 12. 선고 2016다200729 판결.

행을 이유로 한 손해배상으로서 성격을 갖는다.[1] 계약보증금은 앞에서 자세히 살펴보았고, 부당이득환수제도는 제3편에서 다룰 예정이므로, 이 장에서는 제4절에서 지체상금제도를 설명하기로 한다.

3. 계약의 해제·해지

이행지체가 발생한 경우, 채권자는 상당한 기간을 정하여 그 이행을 최고하고 그 기간 안에 채무자가 이행하지 않으면 해당 계약을 해제·해지할 수 있다. 그러나 채무자가 미리 이행하지 않을 의사를 표시한 경우에는 최고 없이도 해제·해지할 수 있다(민법 제544조, 제550조). 계약의 성질이나 당사자의 의사표시에 따라 일정한 시일이나 일정한 기간내에 이행하지 않으면 계약목적을 달성할 수 없을 경우에 당사자 일방이 그 시기에 이행하지 않은 때에는 채권자는 최고를 하지 않고서도 계약을 해제·해지할 수 있다(민법 제545조, 제550조). 그리고 채무자의 책임 있는 사유로 이행불능이 발생한 경우에도 채권자는 해당 계약을 해제·해지할 수 있다(민법 제546조, 제550조). 다만, 계약해제나 해지는 손해배상청구에 영향을 미치지 않는다(민법 제551조). 공공계약법상 계약해제·해지제도는 아래 제5절에서 별도로 다룬다.

제 4 절 지체상금

Ⅰ. 의의

1. 의미와 특징

지체상금이란 계약상대자가 정당한 이유 없이 계약이행을 지체한 경우에 지급해야 할 손해배상액을 미리 계약에서 정한 것을 말한다. 쉽게 말해, 이행지체를 한 계약상대자가 발주기관에게 지급해야 하는 손해배상액이다(국가계약법 제26조 제1항 참조). 참고로, 국가계약법은 지체상금이라는 용어를, 지방계약법은 지연배상금이라는 용어를 사용한다. 정확한 의미 전달을 위해서는 지방계약법상 지연배상금이라는 용어가 더 적절하다고 생각되지만, 이 책에서는 국가계약법에 따라 지체상금이라는 표현을 그대로 사용하기로 한다. 한편, 국가계약의 발주기관은 하자보수를 위한 예산이 없거나 부족한 경우 지체상금을 해당 하자보수를 위해 직접 사용할 수도 있다(국가계약법 제18조 제3항, 제26조 제3항).

국가계약법은 발주기관이 대가지급을 지체한 경우, 지연일수에 따라 이자를 지급하도록

---

1) 다만, 조달사업법령에 따른 부당이득환수는 최근 계약조건을 개정하여 위약금 제도로 운영한다.

규정하는 한편, 계약상대자가 급부의무 이행을 지체한 경우, 지체상금을 지급하도록 규정하여, 당사자 대등과 형평을 고려한다(국가계약법 시행령 제59조). 지체상금은 물품제조·구매, 용역계약, 공사계약 모두에 적용된다.

2. 기능

지체상금 약정이 없는 경우, 발주기관은 정당한 이유 없이 이행을 지체한 계약상대자로 인해 실제로 손해가 발생했다는 사실은 물론 구체적인 손해액까지 주장·증명해야 지연배상금을 지급받을 수 있다. 그러나 이행지체에 따른 손해액을 증명하는 일이 언제나 쉽지만은 않고, 오히려 증명할 수 없는 때도 있다. 이때, 발주기관은 지체일수마다 일정한 비율에 따른 손해액을 의제하여 손해발생과 손해액 증명책임에서 벗어날 필요가 있다. 이처럼 지체상금 제도는 계약상대자의 이행지체에 따른 손해배상액을 미리 정해두는 제도로서, 손해발생 사실과 손해액을 증명해야 하는 발주기관의 증명책임을 덜어주고, 분쟁을 사전에 방지하여 법률관계를 쉽게 해결하는 기능을 수행한다. 아울러 계약상대자에게 심리적 경고를 가하여 간접적으로 채무이행을 확보하는 역할도 수행한다.

3. 법적 성격

지체상금 약정은 계약상대자가 계약에서 정한 기한에 계약을 이행하지 못할 것을 정지조건으로 효력이 발생하는 정지조건부 계약이고, 원래 급부의무를 발생하게 하는 기본계약에 부수한 종된 계약으로 본다.[1] 한편, 대법원은 지체상금도 계약보증금이나 하자보수보증금 등과 마찬가지로 계약당사자 사이에 체결한 구체적인 계약내용에 따라 손해배상의 예정과 위약벌[2] 중 어느 하나에 해당한다고 보나, 이를 위약벌로 해석할 만한 특별한 사정이 없다면 민법 제398조 제4항에 따른 손해배상의 예정으로 추정할 수밖에 없다.

〔지체상금 약정의 법적 성질〕

물품제조·납품 계약에 있어서 지체상금 약정을 한 경우, 민법 제398조 제4항에 의하여 이는 손해배상의 예정으로 추정된다 할 것이므로, 이를 위약벌로 해석하기 위해서는 특별한 사정이 주장·입증되어야 할 것이고(대법원 2000. 12. 8. 선고 2000다35771 판결, 2001. 9. 28. 선고 2001다14689 판결 등 참조), 그 지체상금 약정이 구 예산회계법(1995. 1. 5. 법률 제4868호로 개정되기 전의 것) 제94조, 같은법시행령(1995. 7. 6. 대통령령 제14710호로 개정되기 전의 것) 제129조, 구

1) 김성근, 앞의 책(Ⅰ), 52쪽, 계승균, 앞의 책, 186쪽.
2) 지체상금을 위약벌로 본 대법원 1986. 2. 25. 선고 85다카2025, 2026 판결 참조.

계약사무처리규칙(1995. 7. 6. 총리령 제511호로 폐지되기 전의 것) 제75조 제1호의 규정에 근거한 것이라고 하여 이를 당연히 위약벌로 보아야 할 것은 아니라 하겠으며(대법원 1996. 4. 26. 선고 95다11436 판결 참조), 지체상금 약정에서 그 면제만이 예정되어 있다고 하여도 마찬가지라 하겠다(대법원 2002. 1. 25. 선고 99다57126 판결). 따라서 물품제조·납품 계약에서 지체상금 약정은 민법 제398조 제4항에 의하여 손해배상의 예정으로 추정되므로, 이를 위약벌로 해석하기 위해서는 특별한 사정이 주장·증명되어야 한다(대법원 2018. 10. 25. 선고 2015다221958 판결).

이처럼 법원은 원칙적으로 지체상금을 손해배상의 예정으로 이해하는 만큼, 당사자의 지위, 계약의 목적과 내용, 지체상금을 예정한 동기, 계약금액에 대한 지체상금 비율, 지체상금액, 지체 사유, 그 당시 거래관행 등 여러 사정을 고려해, 지체상금이 부당히 과다하다고 인정하면, 재량으로 감액할 수 있다(민법 제398조 제2항 참조).

〔지체상금 감액기준〕

지체상금이 당사자의 지위, 계약의 목적 및 내용, 지체상금을 예정한 동기, 공사도급액에 대한 지체상금의 비율, 지체상금의 수액, 지체의 사유, 그 당시의 거래관행 등 여러 사정에 비추어 부당히 과다하다고 인정되는 경우에는 법원이 이를 감액할 수 있다(대법원 1999. 3. 26. 선고 96다23306 판결, 대법원 2005. 4. 28. 선고 2003다6705, 6712 판결 등 참조, 대법원 2018. 10. 25. 선고 2015다221958 판결).

다만, 이행지체에 따라 발주기관에게 실제로 손해가 발생했는지는 지체상금 부과에 아무런 영향을 미치지 않으며,[1)] 계약상대자 역시 발주기관에게 손해가 발생하지 않았다는 사실을 증명하더라도 그 책임을 면하지 못한다. 반대로, 발주기관 역시 지체상금보다 더 많은 손해가 발생했다는 이유로, 계약상대자에게 실제 손해액을 청구할 수 없다. 결국 민법 제398조 제2항에 따라 법원이 예정액을 감액할 수 있는 '부당히 과다한 경우'란 발생한 손해가 없다든지, 아니면 손해액이 예정액보다 적다는 것만으로는 부족하고, 계약자의 경제적 지위, 계약목적과 내용, 손해배상액의 예정 경위, 거래관행 그 밖에 여러 사정을 고려해 예정액 지급이 경제적 약자인 계약상대자에게 부당한 압박을 가하여 공정성을 잃는 결과를 초래하는 경우를 말한다.[2)]

1) 대법원 1975. 3. 25. 선고 74다296 판결.
2) 대법원 2008. 11. 13. 선고 2008다46906 판결.

Ⅱ. 요건

1. 개요

지체상금이 발생하기 위해서는 ① 지체상금 약정, ② 청구 상대방, ③ 이행지체, ④ 정당한 이유 부존재라는 요건을 모두 갖추어야 한다.

2. 지체상금 약정

발주기관과 계약상대자가 지체상금 약정을 해야 한다. 따라서 지체상금은 계약당사자 사이에 별도 약정이 없으면, 발주기관이 임의로 부과할 수 없다. 즉, 국가계약법령이 규정하는 지체상금은 민법상 이행지체에 따른 손해배상청구와 달리 계약당사자 사이에 체결한 '지체상금 약정'에 따라 부과하는 것이기 때문에, 지체상금 청구자인 발주기관이 지체상금 약정 사실을 주장·증명해야만 한다. 따라서 별도로 지체상금 약정이 없으면, 발주기관은 민법에 근거해 계약상대자에게 일반 지연배상금을 청구할 수 있을 뿐이다. 지체상금은 손해배상액의 예정에 해당하기 때문이다. 다만, 국가계약법은 물론 각종 계약조건에도 지체상금 조항이 있으므로[물품구매(제조)계약일반조건 제24조, 용역계약일반조건 제18조, 공사계약일반조건 제25조], 대부분 공공계약에는 지체상금 약정이 존재한다고 본다.

3. 지체상금 부과 대상자

지체상금을 납부해야 하는 당사자는 계약상대자이다. 다만, 계약상대자가 국가나 지방자치단체이면 지체상금을 부과하지 않으나(국가계약법 시행령 제74조 제1항 참조), 그 밖에 공공기관 등은 지체상금 부과 대상자에 해당한다. 계약상대자가 부도 등으로 계약을 이행할 수 없어 보증기관이 선정한 보증시공사가 나머지 계약을 이행하는 과정에서 이행지체가 발생했다면, 보증기관은 자신의 사정으로 발생한 지체상금은 물론 피보증인인 계약상대자의 사정으로 발생한 지체상금까지 부담해야 한다.

4. 이행지체

계약상대자가 이행을 지체해야 한다. 이행지체란 계약에서 정한 기한 안에 이행하지 않은 것을 말한다. 가령, 공사계약에서는 준공기한 안에 공사를 완성하지 않은 경우, 물품계약에서는 납품기한 안에 납품하지 않은 경우, 용역계약에서는 약정기한까지 일을 완성하거나 그 성과물을 인도하지 않은 경우를 말한다.

물품계약의 상대자는 납품기한 안에 납품장소에 계약물품을 현실로 반입해야 하고, 단지 물품 반입을 위한 준비를 완료하고 검사를 요청했다는 이유만으로 물품반입의무를 이행하였다고 볼 수 없다. 그리고 검사요청이 유효하기 위해서는 검사장소로 물품을 현실로 반입했거나 적어도 검사요청과 함께 물품을 반입해야 하고, 그러한 전제를 충족하지 않고 검사요청만 했다면, 그 후 현실로 물품반입이 있었던 때에 유효한 검사요청이 있었다고 보아야 한다. 그리하여 이 경우에는 납품검사에 들어간 기간을 지체일수에서 공제할 수 없다.[1)]

한편, 도급계약에서 목적물 인도는 단순한 점유 이전만을 의미하지 않고, 도급인이 목적물을 검사한 후 해당 목적물이 계약 내용대로 완성되었다고 명시적·묵시적으로 시인하는 것까지 포함하는 의미이므로[2)], 목적물이 계약 내용대로 완성되었는지가 수급인에게 이행지체가 성립하는지에 직접 영향을 미치며, 이에 따라 일을 최종 완성했다는 점의 증명책임을 수급인이 부담한다.[3)]

〔공사계약상 이행지체 성립문제〕

① 일반 공사계약상 준공기한

일반 공사계약에서 준공기한은 사실상 공사를 완성한 때, 준공검사를 신청한 때, 준공검사가 완료된 때, 준공검사 승인 이후 목적물을 인도한 때 중 어느 한 시점을 생각해 볼 수 있다. 그런데 보통은 사실상 공사를 완성한 때를 준공일로 보며, 사실상 공사를 완성한 때란 예정공정표를 고려하여 최후 공정까지 완료하고 주요 구조부분을 약정대로 시공했을 때를 의미한다.[4)] 그리하여 수급인이 사실상 공사를 완성하였다면, 설령 그 목적물에 하자가 있는 경우라도 하자담보책임 성립은 별도로 논하더라도, 이행지체는 성립하지 않는다.[5)]

② 공공계약상 준공기한 특약

공사계약일반조건을 보면, 지체상금 성립기준으로서 준공기한을 계약서상 준공신고서 제출일이라고 규정한다(공사계약일반조건 제25조 제1항). 이는 앞에서 본 준공기한과 차이가 있는데, 대법원은 준공검사 합격일을 준공기한으로 정한 특약도 유효하다고 보면서,[6)] 공사완성 후에도 부실공사와 하자보수를 둘러싼 분쟁이 발생할 수 있으므로, 그런 분쟁을 사전에 방지할 의도로 보통 공사도급계약과 달리 도급인의 준공검사 통과를 대금지급 요건으로 삼고, 아울러 하자보수 공사 후 다시 합격을 받을 때까지 지체상금을 부담하게 하여 완전한 공사이행을 담보하기 위해 지체상금 종기를 도급인

1) 대법원 2011. 5. 13. 선고 2010다16458 판결.
2) 대법원 2019. 9. 10. 선고 2017다272486, 272493 판결.
3) 대법원 2006. 10. 13. 선고 2004다21862 판결.
4) 대법원 1997. 10. 10. 선고 97다23150 판결.
5) 대법원 1998. 8. 21. 선고 96다41564, 41571 판결.
6) 대법원 1996. 7. 12. 선고 94다58230 판결.

의 준공검사 통과일로 약정한 특별한 사정이 있다면 그에 따라야 한다고 본다.[1)]

여기서 준공신고서 제출일은 의사표시 효력발생 시점인 도달주의 원칙에 따라 계약상대자에게 해당 문서가 도달한 날을 의미한다(공사계약일반조건 제5조 제3항 참조). 따라서 계약상대자가 준공신고서를 발송했으나 계약서상 준공기한을 도과한 후에 발주기관에게 해당 문서가 도달했다면, 그 준공기한을 도과한 기간에 상당하는 지체상금이 발생한다.

한편, 계약상대자가 계약서상 준공기한 안에 준공신고서를 제출했다면 준공검사에 들어간 기간은 지체일수에 포함되지 않지만, 준공기간을 지나 준공검사를 신청했다면 그 검사에 들어가는 기간도 지체일수에 포함된다. 나아가 준공기한 안에 준공검사를 신청했지만 준공검사에 불합격하여 발주기관으로부터 시정지시를 받았다면 재검사 신청을 거쳐 재검사에 합격한 날까지 기간을 지체일수에 포함한다.

③ 공사 중도해지와 지체일수

공사계약이 중도해지된 경우에도 지체상금 발생시점은 약정준공일 다음날이지만, 그 종료시점이 언제인지 문제된다. 대법원은 수급인이 공사를 중단하거나 그 밖에 해제사유가 있어서 도급인이 도급계약을 현실로 해제한 때가 아니라 도급인이 이를 해제할 수 있었던 때를 기준으로 도급인이 다른 업자에게 의뢰하여 같은 건물을 완공할 수 있었던 시점까지로 지체상금 종료기한을 제한한다.[2)] 다만, 공사완공이 지연되어 지체상금이 증가하더라도 계약상대자 자신에게 유리하다고 판단하여 계속 준공기한 연기를 요청했고, 보증시공을 방해하면서까지 자신이 완공하려 했으며, 결국 뒤늦게나마 스스로 공사를 완공한 계약상대자는 이제와서 지체상금을 다투면서 발주기관이 해제를 할 수 있었는데 하지 않았다고 발주기관을 탓하고, 발주기관이 계약을 해제하여 다른 업자로 하여금 공사를 완성하게 했더라면 지체일수가 줄어들 수 있었다고 주장하더라도, 이는 받아들이기 곤란하다.[3)] 따라서 대법원 판례는 과도한 지체상금으로부터 수급인을 보호할 필요성이 있다면 규범적으로 지체일수를 제한하지만, 그렇지 않다면 실제 완성시점까지 지체상금이 계속 발생한다는 태도이다.

5. 정당한 이유 부존재

지체상금은 채무불이행에 따른 손해배상액의 예정이므로, 계약상대자의 책임 있는 사유가 전제되어야 한다. 국가계약법 제26조 제1항은 “정당한 이유 없이”, 같은 법 시행령 제74조 제1항 후문은 “계약상대자의 책임 없는 사유”라는 표현을 사용하여, 기본적으로 이행지체 성립에 계약상대자의 고의·과실이 있어야 지체상금이 발생한다고 규정한다. 따라서 이행지체가 발생했더라도, 그럴만한 정당한 이유가 있다면, 발주기관은 계약상대자에게 지체상

1) 대법원 2010. 1. 14. 선고 2009다7212, 7229 판결.
2) 대법원 1999. 10. 12. 선고 99다14846 판결.
3) 대법원 1994. 3. 25. 선고 93다42887 판결.

금을 부과할 수 없다.[1] 다만, 지체상금 약정은 계약상대자가 계약기한보다 늦게 이행한 경우나 그 책임 있는 사유로 계약이 해제된 경우뿐만 아니라, 발주기관의 책임 있는 사유로 계약이 해제된 경우에도 적용되므로, 이때는 발주기관의 책임 있는 사유가 없이 계약상대자가 계약을 이행했더라면 그 이행을 완료했을 시점을 설정하고, 계약상 이행기한으로부터 그 시점까지를 지체일수로 본다.[2]

이처럼 정당한 이유는 지체상금 면책사유에 해당하므로, 이를 주장하는 계약상대자가 그 사유를 증명할 책임을 부담한다. 지체일수에 산입할 수 없는 사유는 채무자가 항변해야 할 것이기 때문이다. 그리고 어떤 사유가 계약상대자의 책임 있는 사유와 경합하는 바람에 이행지체가 발생했다면, 이는 계약상대자의 지체상금 감액을 위해 고려할 수 있을 뿐, 지체상금 자체를 면제하는 정당한 이유로 보기 어렵다.[3]

〔정당한 이유와 유형별 고찰〕

① 불가항력

천재지변이나 그 밖에 이에 준하는 경제사정의 급격한 변동 등 불가항력으로 이행지체가 발생했다면, 지체상금은 발생하지 않는다. 여기서 불가항력이란 태풍·홍수 그 밖에 악천후, 전쟁, 사변, 지진, 화재, 전염병, 폭동 그 밖에 계약상대자의 통제범위를 벗어난 사태 등으로 계약당사자 누구에게도 책임을 물을 수 없는 경우를 말한다. 기획재정부는 원인불명 화재가 발생하여 이행지체가 발생한 경우, 불가항력 사유로 보아 지체상금을 부과할 수 없다고 해석하지만,[4] 천재지변이나 이에 준할 정도에 따른 화재(가령 번개로 말미암은 공장 화재)가 아니라 인간의 지배력이 미치는 범위에서 발생한 화재(시설물 관리소홀 등에 따른 공장 화재)라면 불가항력적 사유로 보기 곤란하다고 보아야 한다. 마찬가지로 폭발사고가 단순히 원인불명이라는 이유만으로 불가항력에 해당한다고 보기 어렵다.[5] 나아가 부도·파산·폐업 등도 여기서 말하는 불가항력 사유로 보기 어렵다. 대법원은 이른바 IMF 사태와 그에 따른 자재 수급 차질도 불가항력 사유로 보기 어렵다고 보았으며, 천재지변에 준하는 이례적인 강우가 아니라면 단순히 비가 많이 왔다는 사정이나 장마철이라는 이유만으로 지체상금을 면책할 수 없다고 한다.[6]

② 발주기관의 무리한 이행기한 단축

발주기관이 계약상대방이 예상하지 못할 정도로 상당한 기간 단축을 요구하여 계약상대자가 부득

---

1) 대법원 1998. 2. 24. 선고 95다38066, 38073 판결, 대법원 1999. 3. 26. 선고 96다23306 판결.
2) 대법원 2012. 10. 11. 선고 2010다34043, 34050 판결.
3) 대법원 2005. 11. 25. 선고 2003다60136 판결.
4) 회계제도과-1556, 2009. 9. 16.
5) 김성근, 앞의 책(Ⅱ), 77쪽.
6) 대법원 2002. 9. 4. 선고 2001다1386 판결.

이 이에 응한 경우, 그 단축 기간 안에 이행이 물리적으로 불가능하거나 부실 이행을 강요하는 것과 같다면, 기존 지체상금 약정을 그대로 적용하여 그와 같이 이행이 불가능할 정도로 단축된 이행기한을 기준으로 일률적으로 계산한 지체일수 전부에 산정한 지체상금은 선량한 풍속 기타 사회질서에 비추어 허용할 수 없고, 이행기한을 무리하게 앞당기기로 하는 그 합의는 이행에 필요한 절대 기간에 해당하는 부분에 한정하여 무효이다.[1)]

③ 선이행의무 불이행

발주기관이 계약상대자보다 먼저 이행할 어떤 의무를 부담하면서도 이를 이행하지 않았다면 그 기간만큼은 이행지체가 성립하지 않는다고 보아야 한다. 가령, 건축물 신축공사계약인 경우 발주기관은 공사용지를 미리 확보하여 계약상대자에게 제공할 의무를 부담하는데, 이를 제때 이행하지 않아 공사가 지연되거나 시공이 중단되었다면 계약상대자에게 책임 없는 사유로 이행지체가 발생했다고 해석해야 한다.

④ 기성고 미지급

공사계약상 공사대금지급의무와 공사완성의무는 항상 동시이행관계에 있다 할 수 없지만, 발주기관이 기성대가 지급의무를 지체했고, 계약상대자가 공사를 완성하더라도 도급인이 해당 대가지급의무를 이행하기 곤란하다고 볼 현저한 사유가 있다면(특별한 사정), 계약상대자는 그러한 사유가 해소될 때까지 공사완성을 거절할 수 있다고 본다.[2)] 즉, 계약상대자는 단순히 발주기관의 기성고 미지급이 있었다는 이유만으로 계약이행을 중단할 수 없고, 만약 이런 경우 계약이행을 중단하여 이행지체가 발생했다면 계약상대자는 지체상금 부과를 피할 수 없지만, 발주기관의 기성고 미지급과 아울러 일체 주변사정을 고려해 볼 때, 계약상대자가 계약이행을 완료한 후에라도 발주기관이 대금을 지급하지 않으리라고 인정될 만한 특별한 사정이 있는 경우라면, 예외적으로 계약상대자는 계약이행 중단에 따른 이행지체가 발생했더라도 지체상금 부과를 면할 수 있다.

⑤ 이행지체 기간 중 정당한 이유 발생

채무자는 자기에게 과실이 없는 경우에도 그 이행지체 중에 생긴 손해를 배상하여야 한다(민법 제392조 본문). 따라서 일단 계약상대자의 책임 있는 사유로 이행지체가 성립했다면, 설령 그 지체기간 중에 불가항력적 사유가 발생했더라도, 해당 기간을 지체일수에서 공제할 수 없다. 그러나 어차피 채무자가 이행기에 이행했더라도 손해를 면할 수 없었다는 사정이 인정된다면, 즉, 이행지체가 없었더라도 정당한 이유가 있었으리라고 인정되는 경우에는 그 범위만큼 지체상금이 발생하지 않는다고 본다(민법 제392조 단서).

---

1) 대법원 1997. 6. 24. 선고 97다2221 판결.
2) 대법원 2005. 11. 25. 선고 2003다60136 판결.

Ⅲ. 효과

1. 일반론

지체상금은 위약벌이라고 볼만한 특별한 사정이 없다면 손해배상의 예정으로 보아야 하므로, 계약상대자는 발주기관에게 실제 손해가 전혀 발생하지 않았거나 실제 발생한 손해액이 지체상금보다 적다는 사실을 증명하더라도 지체상금 납부를 면할 수 없고, 발주기관 역시 실제 손해가 지체상금보다 많다는 이유만으로 계약상대자에게 추가 손해를 청구할 수 없다.

2. 지체상금 산정과 납부

가. 의의

지체상금은 계약금액(장기계속계약은 연차별 계약금액)에 일정한 지체상금율에 매 지체일수를 곱한 금액으로 산정하며, 계약상대자는 해당 금액을 현금으로 납부해야 한다(국가계약법 시행령 제74조 제1항). 따라서 지체상금 산정에 필요한 요소인 계약금액, 지체상금율, 지체일수라는 개념을 각각 살펴보기로 한다.

나. 계약금액

1) 원칙

계약금액은 당초 계약서에 기재한 계약금액을 말한다. 그러나 물가변동, 설계변경, 기타 계약내용 변경에 따라 계약금액을 조정했다면, 변경계약서상 조정된 금액이 위에서 말하는 계약금액이다. 그런데 장기계속계약은 연차별 계약금액을 기준으로 산정하는 반면, 계속비계약은 총공사금액(연부액 부기)을 계약을 체결하고 전체 공가 완료 후에 준공처리를 하므로 총공사 이행이 지연되었을 경우에만 지체상금을 부과하며, 계약금액 역시 총공사금액을 말한다. 따라서 계속비계약에서는 개별 공종별로 지체상금을 부과해서는 안 된다. 계속비계약은 장기계속계약과 달리 전체가 한 개 계약이기 때문이다.

2) 공제

한편, 계약당사자가 지체상금 산정을 할 때 계약금액에서 기성고를 공제한다는 특약을 했다면 그러한 특약은 유효하며 그에 따라 지체상금을 산정할 수 있지만, 그러한 특약이 없다면 기성고가 있더라도 기성고를 제외하지 않은 전체 계약금액을 기준으로 지체상금을 산정해야 한다. 그러나 기성부분이나 기납부분을 검사한 다음에 이를 인수한 경우(인수하지 않고 관리·사용하는 경우를 포함)에는 그 부분에 상당하는 금액을 계약금액에서 공제한 금액으로 지체상금을 산정해야 한다. 이 경우 기성부분이나 기납부분 인수는 성질상 분할할 수 있는 공사·물품·용역 등에 대한 완성부분으로서 인수하는 것에 한정한다(국가계약법 시행령 제74조 제2항). 성질상 분할할 수 있는 공사 등에 대한 완성부분이란 계약이행 물량 가운데 지연되는 부분과 관계없이 인수하여 관리·사용한 결과 계약목적에 부합하는 부분을 의미한다. 따라서 물품제조·구매계약에서 애초에 분할납품을 예정하지 않았지만, 계약이행 기간 중 발주기관이 사실상 분할납품을 받아 해당 물품을 본래 목적대로 사용해 왔다면, 그 납품부분에는 지체상금을 부과할 수 없다고 해야 한다. 나아가, 발주기관이 기성부분 등을 정상적으로 인수한 때뿐만 아니라 인수 절차 없이 임의로 관리·사용하는 경우라도 해당 관리·사용부분은 지체상금 산정에서 공제해야 한다.

다. 지체상금률

공공계약법이 정한 지체상금률은 아래와 같다(국가계약법 시행규칙 제75조).

① 공사 : 1천분의 0.5
② 물품의 제조·구매(영 제16조제3항에 따라 소프트웨어사업시 물품과 용역을 일괄하여 입찰에 부치는 경우를 포함한다. 이하 이 호에서 같다) : 1천분의 0.75. 다만, 계약 이후 설계와 제조가 일괄하여 이루어지고, 그 설계에 대하여 발주한 중앙관서의 장의 승인이 필요한 물품의 제조·구매의 경우에는 1천분의 0.5로 한다.
③ 물품의 수리·가공·대여, 용역(영 제16조제3항에 따라 소프트웨어사업시 물품과 용역을 일괄하여 입찰에 부치는 경우의 그 용역을 제외한다) 및 기타 : 1천분의 1.25
④ 군용 음·식료품 제조·구매 : 1천분의 1.5
⑤ 운송·보관 및 양곡가공 : 1천분의 2.5

참고로, 2018. 12. 4, 일부 개정된 국가계약법 시행령 제74조 제3항과 2019. 6. 25, 일부 개정된 지방계약법 시행령 제90조 제3항은 계약상대자가 납부할 지체상금이 계약금액의 100분의 30을 초과하는 경우에는 계약금액의 100분의 30을 한도로 지체상금을 제한하도록 했다. 과거에는 공공계약법에 별도로 지체상금 제한이 없었으므로 계약상대자에게 과도한 지체상금이 부과될 수 있었으나 위 개정에 따라 계약상대자에게 부과되는 지체상금의 상한이 설정되었다.

라. 지체일수

공사계약을 예로 들면, 지체일수는 준공기한 다음날부터 기산하여 실제 공사를 완성한 때이다. 다만, 공사계약일반조건은 준공검사에 필요한 기간을 지체일수에서 제외한다. 즉,

공사계약에서 준공절차는 공사의 완성, 준공검사 신청, 준공검사 실시, 준공승인 등 순서로 진행되는데, 준공시점을 공사의 완성이나 준공승인 시점이 아니라 준공신공서 제출시점으로 보는 것이다(공사계약발조건 제25조 제6항).

한편, 계약상대자의 책임 없는 사유로 계약이행이 지체되었다면 그 해당 일수는 지체일수에 산입하지 않는다(국가계약법 시행령 제74조 제1항).

지체일수 미산입 사유 – 공사계약일반조건 제25조 제3항

① 불가항력에 따른 사유
② 계약상대자가 대체 사용할 수 없는 중요 관급자재 등의 공급이 지연되어 공사의 진행이 불가능하였을 경우
③ 발주기관의 책임으로 착공이 지연되거나 시공이 중단되었을 경우
④ 계약상대자의 부도 등으로 보증기관이 보증이행업체를 지정하여 보증시공할 경우
⑤ 계약상대자의 책임없는 사유로 인한 설계변경으로 준공기한 안에 계약을 이행할 수 없을 경우
⑥ 발주기관이 조달사업법 제27조 제1항에 따른 혁신제품을 자재로 사용하도록 한 경우로서 혁신제품의 하자가 직접적인 원인이 되어 준공기한내에 계약을 이행할 수 없을 경우
⑦ 원자재의 수급 불균형이나 정부 입찰·계약집행기준 제70조의4 제1항 제1호에 따른 가격급등으로 인하여 해당 관급자재의 조달지연이나 사급자재(관급자재에서 전환된 사급자재를 포함)의 구입곤란 등 계약상대자의 책임에 속하지 아니하는 사유로 지체된 경우[1]

3. 지체상금 사용과 반환

발주기관은 해당 하자보수를 위한 예산이 없거나 부족하다면 지체상금을 하자보수를 위해 직접 사용할 수 있고(국가계약법 제18조 제3항 단서, 제26조 제3항), 지체상금으로 계약상대자에게 지급할 대가, 그 지연이자 그 밖에 예치금 등과 상계할 수도 있다. 발주기관은 계약상대자에게 지체상금을 부과, 징수한 후라도 계약상대방이 이의를 제기하여 지체일수 중 일부에 면제사유가 있다는 사실을 증명하면, 해당 면제사유가 있는 일수에 상당하는 금액을 계약상대자에게 반환해야 한다.

4. 지체상금 감액

손해배상의 예정으로 해석되는 지체상금이 부당히 과다한 경우, 법원은 적당히 감액할

1) 공사계약일반조건은 2024. 1. 1. 개정에 따라 계약상대자의 지체상금 부담을 완화하기 위해 원자재 가격 급등으로 자재 수급이 곤란한 경우를 지체일수 미산입 사유에 추가했다.

수 있다(민법 제398조 제2항 참조).[1] 그러나 지체상금이 위약벌로 해석되는 경우라면, 아무리 지체상금이 과도하더라도 법원이 임의로 이를 감액할 수 없고, 다만, 지체상금이라는 의무강제로써 얻는 채권자가 얻는 이익과 비교하여 약정벌이 과도하게 무겁다고 인정될 때에만 그 일부·전부를 공서양속에 반한다는 이유로 무효로 돌릴 수 있다.[2]

법원은 손해배상의 예정인 지체상금이 부당하게 과다하다고 보면, 당사자 주장이 없더라도 직권으로 이를 감액할 수 있고[3], 지체상금이 부당하게 과다한지는 계약당사자 지위, 계약 목적과 내용, 손해배상액을 예정한 동기, 실제 손해와 그 예정액의 비교, 그 당시 거래관행이나 경제상태 등 일체 사정을 감안하여 일반 사회인이나 경제적 약자로서 채무자가 납득할 수 있는 범위를 넘는지 등을 고려해 판단한다.[4] 그리고 지체상금이 부당하게 과다한지나 그 적정한 감액범위 등은 사실심 변론종결 당시에 나타난 모든 사정을 종합적으로 고려하여 판단한다.[5] 물론 지체상금이 과다한지는 지체상금율이 아니라 실제로 산정된 지체상금 총액을 기준으로 판단한다.[6] 다만, 보통 계약상 지체상금률보다 3배나 높게 약정한 경우라면, 그 자체만으로 지체상금이 부당하게 과다하다고 볼 수는 없지만, 그러한 약정에 이른 구체적인 동기나 사정을 심리하여 지체상금이 부당하게 과다한지를 판단할 수 있다.[7]

법원이 지체상금이 지나치게 과다하다는 이유로 감액하면, 그 부분은 처음부터 무효로 본다.[8] 그리고 지체상금 감액에는 채무자가 계약을 위반한 경위 등 일체 사정을 고려하기 때문에, 채권자 과실 등을 별도로 고려해 감경할 필요는 없다.[9]

Ⅳ. 다른 제도와의 관계

1. 지체상금과 계약보증금

가. 문제점

지체상금이 계약보증금에 달한 경우, 발주기관은 계약상대자에게 계약을 해지할 수 있

1) 대법원 1996. 4. 26. 선고 95다11436 판결.
2) 대법원 2002. 4. 23. 선고 2000다56976 판결.
3) 그러나 지체상금이 부당하게 과다하지 않은 데다가 당사자가 주장하지 않는 경우라면, 법원은 직권으로 지체상금이 부당하게 과다하지 않다고 판단할 필요까지는 없다는 대법원 2002. 12. 24. 선고 2000다54536 판결.
4) 대법원 1995. 9. 5. 선고 95다18376 판결, 대법원 1995. 12. 12. 선고 95다28526 판결, 대법원 1996. 5. 14. 선고 95다24975 판결, 대법원 1999. 3. 26. 선고 98다26590 판결.
5) 대법원 2002. 12. 24. 선고 2000다54536 판결.
6) 대법원 1996. 4. 26. 선고 95다11436 판결.
7) 대법원 2001. 1. 30. 선고 2000다56112 판결.
8) 대법원 2004. 12. 10. 선고 2002다73852 판결.
9) 대법원 2002. 1. 25. 선고 99다57126 판결.

지만(공사계약일반조건 제44조 제1항 제3호), 그와 달리 계약상대자에게 계약기간을 연장해 주되, 계약상대자로부터 계약기간 연장에 따른 계약보증금을 추가로 납부받아, 계약을 해지하지 않을 수도 있다. 이처럼 지체상금과 계약보증금은 일정한 관계를 갖는다.

그런데 가령, 하나의 계약관계에서 계약보증금 약정과 지체상금 약정이 모두 있는 경우, 계약보증금과 지체상금 국고귀속 요건을 모두 충족하였다면 어떻게 처리할지 문제된다.

나. 법적 성격에 따른 병과가능성

우선, 계약보증금과 지체상금을 병과할 수 있는지는 그 법적 성격이 위약벌인지, 아니면 손해배상액의 예정인지에 따라 다르다. 왜냐하면 계약보증금과 지체상금이 손해배상의 예정에 해당한다면, 계약보증금은 채무불이행에 따른 손해배상금으로서 성격을 가지므로, 이행지체에 따른 지연배상 역시 전보배상 범위에 흡수되므로 계약보증금을 부과하면서 별도로 지체상금을 부과하는 것은 이중(二重)배상이 되나, 계약보증금과 지체상금이 위약벌에 해당한다면 모두 제재금으로서 성격을 가지므로, 병과하거나 별도 손해배상청구를 할 수도 있다.

한편, 하도급계약에서 하수급인의 책임 있는 사유로 계약이 해제·해지되면 하도급인에게 계약보증금을 국고귀속하도록 약정하면서도 하도급인이 입은 실제 손해가 계약보증금을 초과하면 그 초과분을 손해배상으로 청구할 수 있다고 약정하는 경우가 있는데, 이때는 하도급인이 하수급인에게 계약보증금과 별개로 지체상금을 청구할 수 있다고 보아야 한다.[1]

다. 국가계약법 시행령 제51조 제1항에 따른 계약보증금 국고귀속인 경우

그런데 국가계약법상 계약보증금과 지체상금은 특별한 사정이 없다면 손해배상의 예정으로 추정되고, 계약보증금은 계약상대자가 결국 계약상 의무를 이행하지 못해 계약을 해지할 단계에 이르러 귀속하는 반면, 지체상금은 계약상대자가 계약상 의무를 이행했으나 지체한 때에 귀속하므로, 결국 두 제도는 귀속요건을 달리하며, 지체상금은 계약보증금의 보증대상에 포함된다고 볼 수 있다.[2]

〔기획재정부 해석례〕

[계약제도과-48, 2014. 1. 10.]

계약보증금의 국고귀속은 계약상의 의무자체가 이행되지 않았음을 전제로 한 것이므로, 계약보증금은 계약이행은 되었으나 기한 경과 후에 이행되었음을 전제로 하는 지체상금과는 병과할 수 없다고 할 것입니다.

---

1) 대법원 1999. 8. 20. 선고 98다28886 판결.
2) 대법원 2006. 4. 28. 선고 2004다39511 판결.

[계약제도과-127, 2015. 9. 9.]

「국가를 당사자로 하는 계약에 관한 법률 시행령」 제75조 제2항 제2호에 따라 계약을 유지하기 위해 계약보증금을 추가 납부하여야 하는 시점은 아래의 이유 등으로 납품 지체 이후 납품 완료·인수된 물량에 대한 지체상금과 잔여 물량에 대한 지체상금을 합산한 금액이 계약보증금상당액에 달하는 시점이라고 판단됩니다.

가. (지체상금의 정의) 「국가를 당사자로 하는 계약에 관한 법률 시행령」 제75조 제2항의 지체상금은 지체상금 전체를 의미
  - 동 시행령 제74조 제2항은 지체상금 계산시 기성부분 또는 기납부분을 계약금액에서 공제한 금액을 기준으로 하라는 규정으로 납품완료·인수된 물량이라 하더라도 납품이 지체되었을 경우는 지체상금 부과 대상이며 이는 전체 지체상금에 포함됨

나. (지체상금과 계약보증금의 관계) 1건의 계약에 대해 계약보증금의 국고 귀속조치와 지체상금 부과조치는 병과할 수 없음
  - 계약이행을 지연한 경우는 지체상금을 부과하며 계약을 불이행한 경우는 계약을 해제·해지하고 계약보증금을 국고귀속함
  - 계약을 불이행한 경우는 지체상금을 부과하지 못하고 계약보증금만을 국고귀속하므로, 질의 상황과 같이 납품지체 후 납품완료·인수된 물량에 대한 지체상금을 납품대금과 상계 처리한 경우는 계약해지시 지체상금을 환급해야 함

다. 따라서 동 시행령 제75조 제2항에 따라 계약의 해제·해지 또는 유지 여부를 결정할 때 그 시점은 전체 지체상금이 계약보증금과 같아지는 시점이 되어야 계약의 성실한 이행을 담보할 수 있음
  - 동 조항의 지체상금을 잔여물량에 대한 지체상금으로 한정한다면 계약 해제·해지시, 납품지체 후 납품완료·인수된 물량에 대한 지체상금 부분을 회수하지 못하게 되는 결과 초래

[계약제도과-282, 2016. 2. 25.]

지체상금은 지체가 되었더라도 이행이 완료된 것을 전제로 부과하는 것입니다. 계약상대자가 계약상의 의무를 이행하지 아니하여 계약을 해지한 경우 계약보증금을 국고에 귀속시키는 것이며, 지체상금을 부과할 수는 없습니다.

라. 국가계약법 시행령 제51조 제2항에 따른 계약보증금 국고귀속인 경우

그러나 현행 국가계약법 시행령 제51조 제2항은 성질상 분할할 수 있는 공사·물품·용역계약이나, 단가계약인 경우, 일정한 요건에 따라 기성(기납)부분 또는 이행완료 부분에 해당하는 금액을 제외한 계약보증금을 국고에 귀속하도록 규정하므로, 이에 따라 계약보증금 국고귀속 범위를 정한 경우에는 과거 발생한 지체상금을 별도로 몰수할 수 있다고 해석해야 한다.

2. 지체상금과 손해배상청구

지체상금 약정은 채무자가 이행기간 안에 채무를 이행하지 못한 경우, 그 지체에 따른 손해배상책임을 위해 손해배상액을 예정한 것으로, 이행지체가 아니라 불완전급부로 말미암아 발생한 손해는 그것이 상당인과관계 있는 이행지체로 발생한 것이 아니면, 지체상금으로 처리되지 않고, 채권자는 별로로 그 배상을 청구할 수 있다.[1)]

〔공사도급계약을 체결하면서 지체상금약정과 별도로 손해배상약정을 한 경우, 부실공사와 같은 불완전급부 등으로 발생한 손해에 대하여 위 손해배상약정에 기하여 별도로 그 배상을 청구할 수 있는지 여부와 이 경우 손해배상의 범위가 지체상금약정에 기한 지체상금액을 초과할 수 없는지 여부〕

공사도급계약을 체결하면서 건설교통부 고시 '민간건설공사 표준도급계약 일반조건'을 계약의 일부로 편입하기로 합의하였고, 위 일반조건에서 지체상금에 관한 규정과 별도로 계약의 해제·해지로 인한 손해배상청구에 관한 규정을 두고 있는 경우, 채무불이행에 관한 손해배상액의 예정은 당사자의 합의로 행하여지는 것으로서, 그 내용이 어떠한가, 특히 어떠한 유형의 채무불이행에 관한 손해배상을 예정한 것인가는 무엇보다도 당해 약정의 해석에 의하여 정하여지는바, 위 일반조건의 지체상금약정은 수급인이 공사완성의 기한 내에 공사를 완성하지 못한 경우에 완공의 지체로 인한 손해배상책임에 관하여 손해배상액을 예정하였다고 해석할 것이고, 수급인이 완공의 지체가 아니라 그 공사를 부실하게 한 것과 같은 불완전급부 등으로 인하여 발생한 손해는 그것이 그 부실공사 등과 상당인과관계가 있는 완공의 지체로 인하여 발생한 것이 아닌 한 위 지체상금약정에 의하여 처리되지 아니하고 도급인은 위 일반조건의 손해배상약정에 기하여 별도로 그 배상을 청구할 수 있다. 이 경우 손해배상의 범위는 민법 제393조 등과 같은 그 범위획정에 관한 일반법리에 의하여 정하여지고, 그것이 위 지체상금약정에 기하여 산정되는 지체상금액에 제한되어 이를 넘지 못한다고 볼 것이 아니다(대법원 2010. 1. 28 선고 2009다41137, 41144 판결).

3. 지체상금과 계약해제·해지

계약기간 중에 계약이 해제되는 바람에 계약상대자가 이행을 완료하지 않은 경우에는 지체상금이 발생하지 않는다는 견해도 있지만,[2)] 지체상금 약정이 약정기한 안에 계약을 이행하지 않은 경우는 물론이고 계약상대자의 책임 있는 사유로 계약이 해제되고 그에 따라 발주기관이 다시 계약상대자를 선정하여 계약을 이행하게 하느라 지연된 경우까지도 적용된다고 보아야 한다. 대법원 판례도 마찬가지 태도다.[3)] 그리고 여기서 계약해제·해지는 법정

1) 대법원 2010. 1. 28. 선고 2009다41137, 41144 판결.
2) 대법원 1989. 9. 12. 선고 88다카15091, 15918 판결.
3) 대법원 1999. 10. 12. 선고 99다14846 판결, 대법원 2002. 9. 4. 선고 2001다1386 판결.

해제·해지뿐만 아니라 약정해제·해지까지 포함된다.[1] 다만, 앞에서 본 바와 같이, 이행지체를 이유로 계약을 해제·해지하는 경우, 발주기관은 계약보증금을 국고귀속할 수 있는데, 이러한 계약보증금 국고귀속과 아울러 지체상금까지 부과하면 이중(二重)배상 문제가 발생하므로, 결국 계약 해제·해지로 계약보증금을 국고귀속 하는 경우에는 지체상금을 부과할 수 없다고 보지만, 국가계약법 시행령 제51조 제2항이 적용되는 때에는 달리 볼 수 있다.

제 5 절 계약해제·해지

Ⅰ. 의의

1. 계약해제

계약해제란 한쪽 당사자가 그 의사표시로써 유효하게 성립한 계약의 효력을 소급적으로 소멸하게 하여, 계약이 처음부터 성립하지 않은 상태로 돌아가게 하는 행위를 말한다. 원래 계약은 일단 성립하면 구속력이 발생하기 때문에 계약당사자 중 누구든 함부로 해제하지 못하는 것이 원칙이지만, 법이나 계약이 정한 사유로 해제권을 가지는 당사자는 일방적으로 계약을 해제할 수 있다. 다만, 이러한 해제권은 계약에 종속된 권리이기 때문에, 계약당사자만 가질 수 있다.

한편, 해제는 한쪽 당사자의 의사표시로써 법률행위 효력을 소급적으로 소멸하게 하는 행위이므로 의사표시의 취소와 비슷하다. 다만, 취소는 단독행위, 계약, 합동행위 등 모든 법률행위 영역에서 인정되지만, 해제는 법률행위 중에서도 계약 영역에서만 인정되는 점에서 서로 다르다.

2. 계약해지

계약해지란 임대차, 고용, 위임, 도급 등 계속적 계약관계에서 한쪽 당사자가 그 의사표시로써 계약의 효력을 장래를 향하여 소멸하게 하는 행위이다. 해지는 형성권[2]이라는 점에서 해제와 같으나, 장래효를 가진다는 점에서 소급효가 있는 해제와는 다르다.

1) 김성근, 앞의 책(Ⅱ), 75쪽.
2) 권리자의 일방적인 의사표시에 의하여 법률행위의 발생·변경·소멸을 일어나게 하는 권리를 말한다(곽윤직, 앞의 민법총칙, 53쪽).

3. 공공계약에서 해제·해지

공공계약에는 사법상 계약의 법리가 적용되므로 민법상 계약해제·해지 규정이나 법리가 그대로 적용된다. 가령, 공공계약 유형 중 공사계약이나 용역계약은 민법상 도급계약에 해당하는 경우가 많으므로, 법이나 계약에서 달리 정한 바 없다면, 민법 제668조, 제673조, 제674조를 적용한다. 다만, 민법 외에도 국가계약법이 계약해제·해지 사유와 절차 등을 규정하고, 각종 계약조건 역시 구체적인 해제·해지 사유와 절차, 효과 등을 규정하므로, 이러한 각 규정은 경합할 수 있다.

Ⅱ. 종류

1. 법정해제·해지권과 약정해제·해지권

계약해제·해지권은 계약이나 법률 규정에 따라 발생하는데(민법 제543조 제1항), 당사자 사이 계약으로 발생하는 해제, 해지권을 약정해제·해지권이라고 하고, 법률 규정에 따라 당연히 발생하는 해제권을 법정해제·해지권이라고 부른다. 그런데 개별 계약서에서 법정해제·해지권을 포기하거나 배제한다는 약정이 별도로 없다면, 계약당사자 중 어느 한쪽에게만 약정해제·해지권을 보유하게 한다든지 위약벌을 적용하게 하는 특약을 정했더라도, 계약당사자는 채무불이행에 따른 법정해제·해지권을 가진다.[1] 따라서 약정해제·해지권이 존재한다는 이유만으로 법정해제·해지권이 배제된다고 볼 근거가 없다.

계약당사자 중 한쪽이 법정해제·해지권을 행사하는 경우에는 특별한 사정이 없다면 그와 별개로 손해배상청구권을 행사할 수 있지만(민법 제551조[2] 참조), 약정해제·해지권을 행사하는 경우에는 반드시 손해배상청구권이 함께 발생한다고 볼 수 없다.[3]

〔약정해제·해지권과 손해배상청구권의 관계〕

① 원·피고 사이의 계약조항상의 부수적 의무위반을 이유로 한 약정해제권의 행사의 경우에는 법정해제의 경우와는 달리 그 해제의 효과로서 손해배상의 청구는 할 수 없다(대법원 1983. 1. 18. 선고 81다89 판결).

---

1) 대법원 1990. 3. 27.자 89다카14110 결정. 계약서상에 명문으로 위약시의 법정해제권의 포기 또는 배제를 규정하지 아니한 이상 채무불이행의 당연한 효과인 손해배상의 조항이나 위약벌에 관한 조항만이 계약서상 기재되어 있다 하여 계약해제권을 배제한 취지라고는 볼 수 없다(대법원 1983. 8. 23. 선고 82다카1366 판결).

2) 계약의 해지 또는 해제는 손해배상의 청구에 영향을 미치지 아니한다(민법 제551조).

3) 대법원 1983. 1. 18. 선고 81다89 판결.

② 계약상대방의 채무불이행을 이유로 한 계약의 해지 또는 해제는 손해배상의 청구에 영향을 미치지 아니하지만(민법 제551조), 다른 특별한 사정이 없는 한 그 손해배상책임 역시 채무불이행으로 인한 손해배상책임과 다를 것이 없으므로, 상대방에게 고의 또는 과실이 없을 때에는 배상책임을 지지 아니한다(민법 제390조). 이는 상대방의 채무불이행과 상관없이 일정한 사유가 발생하면 계약을 해지 또는 해제할 수 있도록 하는 약정해지·해제권을 유보한 경우에도 마찬가지이고 그것이 자기책임의 원칙에 부합한다(대법원 2016. 4. 15. 선고 2015다59115 판결).

2. 합의해제·해지

계약당사자는 계약의 효력을 소급적으로 혹은 장래를 향하여 소멸하게 하는 새로운 계약을 체결할 수도 있는데, 이를 합의해제·해지 또는 해제·해지계약이라고 한다. 여기서 합의는 명시적으로 뿐만 아니라 묵시적으로도 할 수 있는데, 이러한 묵시적 합의해제·해지는 채무이행이 시작된 후에 계약당사자 두 쪽이 모두 계약을 실현하려는 의사가 전혀 없거나 그들 사이에 계약을 실현하지 않을 의사가 일치해야 한다.[1]

Ⅲ. 사유

1. 법정해제·해지

가. 민법

한편, 민법은 모든 계약에 공통으로 적용되는 해제사유로 이행지체와 이행불능을 규정하면서(민법 제544조, 제545조, 제546조), 해제·해지 행사방법과 효과를 규정한다(민법 제543조, 제547조, 제548조, 제549조, 제550조, 제551조, 제552조, 제553조). 나아가 증여, 사용대차, 임대차, 고용, 도급, 위임, 임치 등 개별 전형계약마다 해제·해지 사유를 별도로 규정한다(민법 제555조, 제556조, 제557조, 제558조, 제565조, 제570조, 제571조, 제572조, 제575조, 제576조, 제578조, 제581조, 제601조, 제610조, 제614조, 제625조, 제627조, 제629조, 제635조, 제636조, 제637조, 제638조, 제640조, 제642조, 제658조, 제659조, 제660조, 제661조, 제663조, 제668조, 제670조, 제673조, 제674조, 제674조의3, 제674조의4, 제674조의7, 제689조, 제698조, 제699조 등).

1) 대법원 2007. 6. 15. 선고 2004다37904, 37911 판결.

나. 공공계약법

1) 청렴계약 위반

발주기관은 계약상대자가 청렴계약을 위반한 경우, 해당 계약을 해제·해지하여야 한다(국가계약법 제5조의3 본문). 여기서 "해당 계약"이란 청렴계약서를 첨부하여 본계약 내용으로 편입한 그 계약을 의미하므로, 예를 들어 금품·향응 제공 등 부정행위가 해당 계약이 아닌 다른 계약관계에서 발생했다면, 해당 계약을 해제·해지할 수 없다고 보아야 한다.

다만, 금품·향응 제공 등 부정행위의 경중, 해당 계약의 이행 정도, 계약이행 중단으로 인한 국가의 손실 규모 등 제반사정을 고려하여 해당 계약을 해제·해지하는 것이 공익을 현저히 해한다고 인정되는 경우에는 각 발주기관의 승인을 받아 계약을 해제·해지하지 않을 수 있다(국가계약법 제5조의3 단서).

이처럼 국가계약법은 청렴계약 위반에 따른 해제·해지 사유를 규정하면서, 해당 사유가 발생하면 반드시 해제·해지를 하도록 하고, 예외적으로 공익을 고려해 해제·해지를 하지 않도록 규정하여, 공공계약의 청렴성, 공공성과 공익성을 담보한다. 구체적인 내용은 앞에서 자세히 살펴보았다.

2) 정당한 이유 없는 계약불이행

발주기관은 계약상대자가 계약상 의무를 이행하지 않았을 때 계약보증금을 귀속해야 하고(국가계약법 제12조 제3항), 이때 계약에서 특별히 정한 것이 없다면 해당 계약을 해제·해지하고 계약상대자에게 그 사유를 통지해야 한다(국가계약법 시행령 제75조 제1항). 그런데 실무에서는 이러한 규정을 해석하면서, 계약보증금 국고귀속 그 자체를 계약해제·해지 사유로 이해하는 경향이 있다. 따라서 계약보증금을 국고귀속할 때는 거의 대부분 계약을 해제·해지한다.

그러나 본래 계약보증금은 손해배상액의 예정에 불과하고, 손해배상과 계약해제·해지는 서로 다른 제도이므로(민법 제551조), 위와 같이 해석하는 것은 타당하다고 볼 수 없다. 굳이 국가계약법 시행령 제75조 제1항을 선해하면, 발주기관이 계약상대자의 정당한 이유 없는 채무불이행을 이유로 계약보증금을 국고귀속 한 후에는, 더 이상 계약이행을 담보하기 곤란하므로, '계약서에서 달리 정한 바 없다면', 계약을 해제·해지하게 한 취지라고 이해할 수 있다.

결국, "계약보증금을 귀속시키는 경우에는 계약에 특별히 정한 것이 없는 한 당해 계약을 해제 또는 해지해야 한다."는 법문은 계약보증금 귀속사유인 채무불이행, 즉 "계약상대자가 정당한 이유 없이 계약상 의무를 이행하지 않는 경우" 발주기관이 계약상대자가 이행하지 않은 채무의 성질을 고려해, 계약을 해제·해지할 수 있다는 일반조항에 불과하다. 즉, 계약보증금 국고귀속 사유가 있다고 하여 무조건 계약을 해제·해지할 수 있다는 의미가 아니라, 계약상대자가 이행하지 않은 채무가 계약 목적달성에 필요불가결하고 이를 이행하지 않으면 계약목적이 달성되지 않아 발주기관이 계약을 체결하지 않았을 것이라고 여길 정도로 주된 채무인 때에만 계약을 해제·해지할 수 있다는 의미로 해석해야 한다.[1] 다만, 최근 하급심은 계약보증금 국고귀속 사유로서 국가계약법 시행령 제51조 제1항의 '정당한 이유없이 계약상의 의무를 이행하지 않은 때'를 해석하면서, 계약목적을 달성하는 못하는 경우로 한정하여 해석할 근거가 없다고 보았다.[2]

3) 지체상금이 계약보증금 상당액에 달한 경우

지체상금이 계약보증금에 달한 경우, 발주기관은 다음과 같은 기준에 따라 계약을 해제·해지하거나 계약을 유지할 수 있다(국가계약법 시행령 제75조 제2항). 즉, ① 계약상대자의 책임 있는 사유로 계약을 수행할 가능성이 없음이 명백하다고 인정되는 경우에는 계약보증금을 귀속하고, 해당 계약을 해제·해지한다(제1호). 그러나 ② 계약상대자가 계약을 이행할 가능성이 있고 계약을 유지할 필요가 있다고 인정되는 경우에는 계약상대자로부터 계약이행이 완료되지 않은 부분에 상당하는 계약보증금(당초 계약보증금에 제74조 제3항에 따른 지체상금 최대금액을 더한 금액을 한도)을 추가로 납부 받은 다음 계약을 유지한다(제2호). 다만, 계약보증금을 추가로 납부받고 계약을 유지하는 경우에는 계약기간을 연장해야 하는데, 발주기관은 연장된 계약기간에 해당하는 지체상금을 계약상대자에게 부과해선 안 된다.

다. 채무자 회생 및 파산에 관한 법률

쌍무계약에서 채무자와 그 상대방이 모두 회생절차개시 당시에 아직 그 이행을 완료하지 않은 경우, 관리인은 계약을 해제·해지하거나 채무자의 채무를 이행하고 상대방의 채무이행을 청구할 수 있다(채무자 회생 및 파산에 관한 법률 제119조 제1항 본문). 따라서 계약상대자가 이미 계약이행을 완료하였다면, 계약상대자의 관리인은 더 이상 계약을 해제할 수 없고, 이때는 쌍방 미이행의 쌍무계약이라 볼 수 없으므로, 채무자 회생 및 파산에 관한 법률 제119조를 적용할 수 없다.[3]

---

1) 대법원 1997. 4. 7.자 97마575 결정.
2) 대전지방법원 2023. 10. 25. 선고 2019가합103816 판결.
3) 대법원 2001. 10. 9. 선고 2001다24174, 24181 판결.

2. 약정해제·해지

가. 개요

계약서에서 정한 해제·해지사유가 발생한 경우, 계약당사자는 약정해제·해지권을 행사할 수 있다. 그런데 공공계약에서는 계약서와 함께 각종 계약일반조건이나 특수조건에서 정한 사항이 계약내용에 편입되므로, 각종 계약조건에서 정한 해제·해지 사유를 살펴볼 필요가 있다. 보통 해제·해지 사유는 물품·공사·용역계약의 일반조건에서 정하며, 그 밖에 특수조건 등에도 특정한 의무위반 사항과 관련한 해제·해지 사유를 정할 수 있다.

나. 약정 사유와 법정 사유의 관계

그런데 법령이 아닌 계약일반조건이나 계약특수조건에서 정한 사유가 모두 약정해제·해지권을 유보한 조항은 아니다. 가령, 민법이나 국가계약법 등이 정하는 채무불이행에 따른 일반적인 해제·해지 규정을 계약일반조건이나 계약특수조건에서 다시 나열한 것에 불과한 규정도 있기 때문이다. 따라서 계약일반조건이나 계약특수조건에서 계약해제·해지 사유를 정하더라도, 그 법적 성질이 약정해제·해지에 해당하는지는 별도로 검토할 필요가 있다. 왜냐하면 법정해제·해지권 행사는 법이 정한 절차(최고 등)를 거쳐야 적법하지만, 약정해제·해지권 행사는 반드시 법정해제·해지에 필요한 절차를 거치지 않더라도 적법한 경우가 있기 때문이다.

〔계약에 특별히 해제권 관련 조항을 둔 경우, 당사자 의사 해석방법과 이때 고려해야 할 사항〕

계약에 특별히 해제권 관련 조항을 둔 경우 이는 법정해제권을 주의적으로 규정한 것이거나 약정해제권을 유보한 것 등 다양한 의미가 있을 수 있다. 약정해제권을 유보한 경우에도 계약목적 등을 고려하여 특별한 해제사유를 정해 두고자 하는 경우가 있고, 해제절차에 관하여 상당한 기간을 정한 최고 없이 해제할 수 있도록 한 경우 등도 있다. 당사자가 어떤 의사로 해제권 조항을 둔 것인지는 결국 의사해석의 문제로서, 계약체결의 목적, 해제권 조항을 둔 경위, 조항 자체의 문언 등을 종합적으로 고려하여 논리와 경험법칙에 따라 합리적으로 해석하여야 한다. 다만 해제사유로서 계약당사자 일방의 채무불이행이 있으면 상대방은 계약을 해제할 수 있다는 것과 같은 일반적인 내용이 아니라 계약에 특유한 해제사유를 명시하여 정해 두고 있고, 더구나 해제사유가 당사자 쌍방에 적용될 수 있는 것이 아니라 일방의 채무이행에만 관련된 것이라거나 최고가 무의미한 해제사유가 포함되어 있는 등의 사정이 있는 경우에는 이를 당사자의 진정한 의사를 판단할 때 고려할 필요가 있다(대법원 2016. 12. 15. 선고 2014다14429, 14436 판결). ☞ 갑 주식회사와 을이 금형 제작에 관한 도급계약을 체결하면서 작성한 도급계약서에 '갑 회사는 을이 계약을 위반하여 기간 내에 제작을 완료할 수 없는 경우에 계약을 해제할 수 있다'는 조항을 두었는데, 을이 납품기한이 지나도록 납품을 하지 못하자 갑 회사가 이행 최고 없이 곧바로 계약해제를 통보한 사안에서, 제반 사정에 비추어 위 조항은 단순히 채무불이행으로 인한 법정해제권을 주의적으로 규정한 것이 아니라 특유한 해제사유를 정하고 해제절차에서도 최고 등 법정해제권 행사의 경우와 달리 정하고자 하는 당사자의 의사가 반영된 것이라고 볼 여지가 있는데도, 갑 회사의 계약해제가 법정해제권의 행사요건을 갖추지 못하여 효력이 없다고 본 원심판단에 법리오해 등의 잘못이 있다고 한 사례.

다. 유형별 사유

약정해제·해지사유는 다시 그 발생원인에 따라, 계약상대자의 책임 있는 사유, 발주기관 측 사정변경, 발주기관의 책임 있는 사유로 구분한다.

1) 계약상대자 책임 있는 사유

가) 이행기한 안에 이행을 거부하거나 완료하지 못한 경우 또는 착수기한까지 이행에 착수하지 못한 경우

민법상 이행지체(이행거절 포함)와 유사하므로, 법정해제·해지권을 주의적으로 규정한 조항으로 볼 수 있다(민법 제544조 참조). 실무에서도 위 사유가 발생하면, 보통은 발주기관이 바로 해제·해지권을 행사하지 않고, 상당한 기간을 정하여 최고한 다음에 그 기한 내에 계약상대자가 이행하지 않았을 때 비로소 해제·해지권을 행사한다. 다만, 위 사유가 법정해제·해지사유와 별개로 정한 약정해제·해지사유에 해당한다고 해석하는 견해에 따르면, 최고 절차 없이 행사한 해제·해지도 유효할 것이다.

(1) 물품계약

발주기관은 계약상대자가 그 책임 있는 사유로 계약서상 납품기한(연장된 납품기한 포함) 내에 계약규격 등과 같은 물품납품을 거부하거나 완료하지 못한 경우에, 해당 계약의 전부나 일부를 해제·해지할 수 있다[물품구매(제조)계약일반조건 제26조 제1항 본문 제1호].

(2) 공사·용역계약

발주기관은 계약상대자가 정당한 이유 없이 약정한 착공시일이나 착수기일을 경과하고도 공사나 용역수행에 착수하지 않으면, 해당 계약의 전부나 일부를 해제·해지할 수 있다(공사계약일반조건 제44조 제1항 본문 제1호, 용역계약일반조건 제29조 제1항 본문 제1호). 여기서 정당한 이유가 있는지는 이행지체 등이 발생할 당시 일체 객관적·주관적 사정을 종합하여 판단해야 하고, 계약상대자에게 이행에 착수하지 못한 책임을 묻기 어렵다면 정당한 사유가 있다고 보아야 한다.

나) 이행기한까지 이행할 가능성이 없는 경우

이 역시 민법상 이행불능과 유사하므로, 법정해제·해지권을 주의적으로 규정한 조항으로 볼 수 있다(민법 제546조 참조).

(1) 물품계약

발주기관은 계약상대자에게 책임 있는 사유로 납품기일 안에 납품 가능성이 없음이 명백하다고 인정될 경우, 해당 계약의 전부나 일부를 해제·해지할 수 있다[물품구매(제조)계약일반조건 제26조 제1항 본문 제2호].

위에서 본 제1호와 관계를 고려할 때, 납품기일 안에 납품가능성이 없음이 명백하다고 인정될 경우란 객관적·주관적 이행불능을 뜻한다고 해석되며, 원시적 불능이 아닌 후발적 이행불능인 경우에만 해당 조항을 적용하여야 한다. 그리고 이행불능이 발생한 데에는 계약상대자에게 책임 있는 사유가 있어야 하므로, 불가항력이 있었거나 발주기관에게 책임이 있는 경우에는 위 사유로 해제·해지할 수 없다. 여기서도 납품기일은 원래 계약에서 정한 납품기일을 말하지만, 계약체결 이후에 이행과정에서 계약기간을 변경했다면 변경된 납품기일을 뜻한다.

그런데 계약당사자가 부도나 폐업 등으로 계약을 이행하지 못하는 경우도 여기에 해당하는지 문제된다. 대법원은 계약기간 안에 계약상대자에게 부도 등이 발생했다는 사정만으로는 그 책임 있는 사유로 해당 계약이행이 불능에 이르렀다고 단정할 수 없고, 그 부도 발생 전·후의 계약이행 정도, 부도에 이른 원인, 부도발생 후 영업을 계속하거나 재개했는지 여부, 해당 계약을 이행할 자금사정 그 밖에 여건 등 기초사정을 종합하여 이행불능 여부를 판단해야 한다고 본다.[1]

(2) 공사·용역계약

발주기관은 계약상대자가 그 책임 있는 사유로 준공기한이나 용역수행기한까지 공사나 용역수행을 완성하지 못하거나 완성할 가능성이 없다고 인정될 경우, 해당 계약의 전부나 일부를 해제·해지할 수 있다(공사계약일반조건 제44조 제1항 본문 제2호, 용역계약일반조건 제29조 제1항 본문 제2호). 자세한 내용은 물품계약에서 본 바와 같다. 다만, 설계변경 등으로 계약금액을 증액한 경우에는 준공기한을 변경하는 계약을 체결하지 못했다 하더라도, 실질적으로는 계약기간을 변경했다고 볼 수밖에 없으므로, 이행완료는 실질적인 준공기한을 기준으로 판단해야 한다.[2] 공동이행방식의 공동계약에서 공동수급체 구성원은 계약상 의무를 연대하여 이행해야 하므로, 일부 구성원이 이행불능에 빠졌더라도 그 구성원만을 대상으로 계약을 해제·

---

1) 대법원 2006. 4. 28. 선고 2004다16976 판결.
2) 김성근, 앞의 책(Ⅱ), 102쪽.

해지할 수는 없으나, 탈퇴요건을 충족했다면 해등 구성원을 탈퇴조치해야 한다.[1]

한편, 공사계약의 상대자가 부정당업자 입찰참가자격제한, 영업정지, 건설업등록말소 등을 받은 경우에도 이행불능이 발생했다고 볼 수 있는지 문제된다. 그러나 계약서 등에서 별도로 정한 바 없다면, 부정당업자제재는 장래 입찰참가를 제한하는 효력만 있을 뿐 이미 체결된 계약에 영향을 미친다고 볼 수 없고, 건설기본법에 따른 행정처분의 상대방도 그 처분 전에 체결한 공사계약을 계속 수행할 수 있으므로(건설산업기본법 제14조 제1항), 결국 위에서 나열한 사유는 이행불능이라 볼 수 없다.

다) 지체상금이 해당 계약의 계약보증금상당액에 달한 경우

국가계약법이 정한 해제·해지사유(국가계약법 시행령 제75조 제2항 참조)를 계약일반조건에서 다시 정한 것이며, 물품, 공사, 용역계약에 똑같이 적용된다[물품구매(제조)계약일반조건 제26조 제1항 본문 제3호, 공사계약일반조건 제44조 제1항 본문 제3호, 용역계약일반조건 제29조 제1항 본문 제3호].

라) 장기계속계약에서 제2차 이후 계약을 체결하지 아니하는 경우

장기계속계약에서 당사자는 총괄계약과 제1차수 계약을 체결한 이후 차수별 계약을 체결할 의무를 부담한다. 그럼에도 계약상대자가 정당한 이유 없이 제2차 이후 계약을 체결하지 않은 경우에는 발주기관으로 하여금 계약을 해제·해지할 수 있도록 정하였다. 물품, 공사, 용역계약에 똑같이 적용되는 사유이다[물품구매(제조)계약일반조건 제26조 제1항 본문 제4호, 공사계약일반조건 제44조 제1항 본문 제4호, 용역계약일반조건 제29조 제1항 본문 제4호].

마) 계약 수행 중 뇌물수수나 정상적인 계약관리를 방해하는 불법·부정행위가 있는 경우

원래 뇌물수수하지 않을 의무나 정상적인 계약관리를 방해하지 않을 의무는 보통 사법상 계약에서는 채무라고 보기 어렵지만, 공공계약이 지니는 공정성과 투명성, 청렴성을 반영해 부수적 의무로 구성하고, 이를 위반한 자에게 계약을 해제·해지도록 한 취지로 이해해야 한다. 물품, 공사, 용역계약에 똑같이 적용되는 약정해제·해지 사유에 해당한다[물품구매(제조)계약일반조건 제26조 제1항 본문 제5호, 공사계약일반조건 제44조 제1항 본문 제5호, 용역계약일반조건 제29조 제1항 본문 제5호]. 문언상 계약수행 중에 뇌물수수나 불법·부정행위가 발생해야 한다고 규정하나, 가령, 계약체결 전에 뇌물을 공여하고 계약을 체결한 경우에도 해제·해지할 수 있다고 해석해야 한다. 위에서 본 취지를 고려해야 하기 때문이다.

여기서 뇌물은 직무와 관련된 불법한 이익을 말하고, 뇌물수수는 직무관련성이나 대가성을 전제해야 한다. 부정청탁 및 금품등 수수의 금지에 관한 법률 위반으로 규율한 사안이

---

1) 회계제도과-1165, 2009. 7. 14.

라도, 수수된 금품등이 뇌물로서 성질을 갖는다면, 여기서 말하는 뇌물수수에 해당한다고 본다. 한편, 발주기관이 공기업이나 준정부기관이고 관련법률에 공무원 의제규정 적용을 받지 않는 임·직원이 계약상대자로부터 금품등을 수수했을 경우, 여기서 말하는 뇌물수수는 아니더라도 정상적인 계약관리를 방해하는 불법·부정행위에는 해당할 수 있다.

〔뇌물수수가 있는 경우, 계약상대자가 계약상 의무를 이행했더라도 계약을 해지할 수 있는지〕

위 약정해지 사유가 원고에게 귀책사유 있는 뇌물공여행위라는 점을 고려하면 이 사건 각 계약의 당초의 계약기간까지 존속되지 못한 것은 결국 원고의 귀책사유 때문이라고 볼 수밖에 없다. 따라서 원고가 계약해지 전까지 이 사건 계약의 식품류 납품의무를 아무런 하자 없이 이행하였는지 여부와는 무관하게, 피고로서는 원고에게 귀색사유 있는 계약해지로 인한 장래의 채무불이행을 이유로 이 사건 계약보증금을 자신에게 귀속시킬 수 있다고 봄이 타당하다(서울고등법원 2015. 10. 2. 선고 2015나202197 판결).

한편, 정상적인 계약관리를 방해하는 불법·부정행위란 가령, 관급자재를 횡령하거나 검사·검수 그 밖에 품질관리 업무를 수행하는 공무원을 폭행·협박하는 것과 같이 불법·부정하게 정상적인 계약관리를 방해하는 결과를 초래하는 행위를 말한다. '정상적인 계약관리를 방해'한다는 의미는 일반조항에 해당하므로, 발주기관이 개개 행위마다 개별적·구체적으로 판단해야 하겠으나, 그와 같은 행위가 계약목적 달성을 어렵게 하는 주된 급부의무 위반에 준해야 한다고 해석할 이유는 없다.

나아가 용역계약일반조건에서는 불법·부정행위에 해당하는 개별 사유를 추가로 규정하였다(용역계약일반조건 제29조 제1항 본문 제6호). 즉, 해당 계약이행과 관련하여 계약상대자가 최저임금법 제6조 제1항과 제2항, 근로기준법 제43조를 위반하여 최저임금법 제28조나 근로기준법 제109조에 따라 처벌을 받은 경우를 해제·해지 사유로 규정하는데, 이는 '정상적인 계약관리를 방해'할 정도에 이르지 않아도 성립한다. 다만, 계약상대자가 지체없이 위반사항을 시정했다면, 해제·해지를 하지 않는다.

바) 시공계획서를 제출·보완하지 않거나 정당한 이유 없이 계획서대로 이행하지 않을 경우

공사계약에 적용되는 약정해제·해지사유이다. 즉, 공사계약의 상대자는 자신에게 책임있는 사유로 실행공정률이 계획공정률과 비교하여 10%p 이상 지연된 경우, 골조공사 등 주된 공사시공이 1개월 이상 중단된 경우에 즉시 이를 해소하기 위한 시공계획서를 제출해야 하고(공사계약일반조건 제47조의3 제1항 제1호, 제2호), 발주기관은 계약상대자가 제출한 계획서를 검토하고 필요한 경우 보완을 요구할 수 있는데(공사계약일반조건 제47조의3 제3항), 만약 계약상대자가 이에 따르지 않는 경우, 발주기관은 해당 계약을 해제·해지할 수 있다(공사계약일반조건 제44조 제1항 본문 제6호). 시공계획서 제출의무나 보완의무 그 자체는 계약상 주된 급부의무라기보다는 부수적 의무에 가깝지만, 적정한 급부의무 이행을 확보하기 위한 의무에 해당하므로, 그 위반을 해제·해지사유로 정한 취지이다.

사) 입찰에 관한 서류 등을 허위나 부정한 방법으로 제출하여 계약이 체결된 경우

물품, 공사, 용역계약에 똑같이 적용되는 약정해제·해지사유이다[물품구매(제조)계약일반조건 제26조 제1항 본문 제6호, 공사계약일반조건 제44조 제1항 본문 제7호, 용역계약일반조건 제29조 제1항 본문 제7호]. 여기서 입찰에 관한 서류란 입찰 당시 제출하는 필요서류나 각종 증명서류를 지칭하고, 입찰에 관한 서류 '등'이라고 규정하여, 입찰에 관한 서류뿐만 아니라 계약에 관한 서류도 포함한다. 물론 계약에 관한 서류는 계약체결을 위한 서류뿐만 아니라 적정한 계약이행을 확보하기 위한 서류까지 포함하는 의미이다. 한편, 허위란 그 내용이 진실에 반하는 본래 의미로서 허위, 즉, 무형위조뿐만 아니라, 다른 사람의 명의나 자격을 모용, 도용하여 작성하는 유형위조까지 포함하는 의미로 이해해야 한다. 부정한 방법이란 위·변조, 허위를 제외한 일체 정당하지 못한 방법을 뜻하고, 가령, 문서를 권한없이 사용하거나 권한 밖으로 혹은 권한을 초월하여 사용하는 것을 말한다.

본래 대부분 계약해제·해지 사유는 계약이 유효하게 성립한 후에 발생한 사유이지만, 위 사유는 계약체결 전에 발생한 행위(허위 입찰서류 제출)로 계약을 해제·해지하도록 했다는 점에서, 공정한 경쟁을 기본원칙으로 삼는 국가계약의 특성을 반영한 취지로 볼 것이다. 다만, 앞에서 이미 살펴본 바와 같이, 발주기관이 위 사유로 해제·해지한 경우에는 구체적인 손해액을 증명하여 손해배상을 청구할 수 있을지언정, 계약보증금을 귀속하기는 어렵다고 해석해야 한다.

아) 그 밖에 계약조건을 위반하고 그 위반으로 계약목적을 달성할 수 없다고 인정될 경우

물품, 공사, 용역계약에 똑같이 적용되는 사유이다[물품구매(제조)계약일반조건 제26조 제1항 본문 제7호, 공사계약일반조건 제44조 제1항 본문 제8호, 용역계약일반조건 제29조 제1항 본문 제8호].

발주기관은 계약상대자가 계약조건에서 정한 사항을 위반하였고, 나아가 그 위반으로 말미암아 계약목적을 달성할 수 없을 정도에 이르렀다면, 계약을 해제·해지할 수 있다. 즉, 계약조건 위반, 계약목적 달성 불능, 계약조건 위반과 계약목적 달성 불능 사이의 상당인과관계라는 요건을 충족해야 한다.

여기서 계약조건이란 입찰공고문, 현장설명서, 계약서, 계약일반조건이나 특수조건 등 계약문서에서 정한 조건이나 특약을 말한다.

그리고 계약목적 달성 불능은 해당 계약 규모와 성격, 계약상대자의 이행능력, 계약이행 시기 등을 고려해 판단한다. 가령, 계약기간 중에 계약상대자에게 부도가 발생했다는 사유만으로 해당 계약이행이 계약상대자의 책임 있는 사유로 불능에 이르렀다 할 수 없고, 그 부도 발생 전후 계약이행 정도, 부도에 이른 원인, 부도 발생 후 영업계속·재개 여부, 해당 계약을 이행할 자금사정 그 밖에 여건 등 제반 사정을 종합하여 이행불능을 판단해야 한다.[1]

〔그 밖에 계약상대자의 사정에 따른 약정해제·해지사유〕

① 불공정행위에 따른 해제·해지{물품구매(제조)계약 특수조건 제26조의3 제2항}, ② 계약상대자의 요청 등에 따른 해지{물품 다수공급자계약 특수조건 제6조의2 제1항, 제2항, 물품구매(제조)계약추가특수조건 제15조의2 제1항}, ③ 우대가격유지의무위반에 따른 해지(물품 다수공급자계약 특수조건 제13조의2 제4항), ④ 입찰참가자격유지의무위반에 따른 해지(물품 다수공급자계약 특수조건 제13조의3 제2항), ⑤ 직접생산의무위반에 따른 해지(물품 다수공급자계약 특수조건 제13조의4 제2항), ⑥ 가격 및 실태조사 불응에 따른 해지(물품 다수공급자계약 특수조건 제15조 제3항), ⑦ 허위서류 또는 부정한 방법으로 서류제출 등에 따른 해지(물품 다수공급자계약 특수조건 제18조 제3항), ⑧ 불공정한 공동행위에 따른 해지(물품 다수공급자계약 특수조건 제19조 제1항), ⑨ 우수제품 지정취소에 따른 해제·해지{물품구매(제조)계약추가특수조건 제15조 제1항 제7호, 제2항} 등.

2) 발주기관 측 사정변경 등 불가피한 사정

발주기관은 객관적으로 명백한 발주기관의 불가피한 사정이 발생한 경우 계약을 해제·해지할 수 있다. 이는 민법상 사정변경에 따른 해제·해지를 약정해제·해지 사유로 규정한 것으로 보아야 한다. 그러므로 "사정변경을 이유로 한 계약해제는 계약성립 당시 당사자가 예견할 수 없었던 현저한 사정의 변경이 발생하였고 그러한 사정의 변경이 해제권을 취득하는 당사자에게 책임 없는 사유로 생긴 것으로서, 계약 내용대로의 구속력을 인정한다면 신의칙에 현저히 반하는 결과가 생기는 경우에 계약준수 원칙의 예외로서 인정된다."는 대법원 판례 법리[2]는 위 사유에도 그대로 적용된다.[3]

객관적으로 명백한 발주기관의 불가피한 사정이란 정부정책 변화 등에 따른 불가피한 사업취소, 관계법령의 제·개정으로 인한 사업취소, 과다한 지역 민원 제기로 인한 사업취소, 그 밖에 공공복리에 따른 사업변경 등을 말한다(공사계약일반조건 제45조 제1항 제1호부터

1) 대법원 2006. 4. 28. 선고 2004다16976 판결.
2) 대법원 2013. 9. 26. 선고 2012다13637 전원합의체 판결.
3) 서울고등법원 2011. 6. 8. 선고 2010나47355 판결.

제4호).

위와 같은 사유는 물품, 공사, 용역계약에 똑같이 적용된다[물품구매(제조)계약일반조건 제27조 제1항, 공사계약일반조건 제45조 제1항, 용역계약일반조건 제30조 제1항]. 그런데 객관적으로 명백한 발주기관의 불가피한 사정에 따른 해제·해지는, 계약상대자에게 예측하지 못하는 손해를 입힐 수 있는 만큼, 그 의미를 엄격히 해석해야 하며, 공익과 사익을 비교형량하여 공익이 사익보다 현저히 우월하여 반드시 해제·해지해야 할 필요성이 인정되는 경우로 한정해야 한다.[1] 가령, 공사지역이 공사도급계약 체결 후에 택지개발사업 예정지로 발표되었고 그에 따라 당해 공사를 계속 시행하여 도로를 준공한다고 하더라도 택지개발사업이 시행될 경우에는 도로가 쓸모없게 되거나 이를 폐지하여야 할 경우까지 발생할 수 있다는 점 등을 이유로 이는 계약 성립의 기초를 이루던 사정이 객관적으로 명백하게 변경된 경우에 해당하지만, 해당 공사도급계약이 체결되기 전에 택지개발예정지구 지정 제안이 이루어진 점 등에 비추어 볼 때 발주기관이 머지않은 장래에 해당 택지개발사업이 시행될 가능성을 충분히 알았거나 알 수 있었으므로, 위 사정변경은 계약 성립 당시 발주기관이 예견할 수 없었던 사정변경이라고 할 수 없고, 그 결과 발주기관의 계약해지는 부적법하여 무효이다.[2]

〔계약상대자에 대한 손실보전〕

발주기관은 위 사유로 계약을 해제·해지하는 경우, 시공부분 대가 중 지급하지 아니한 금액, 전체공사 완성을 위해 계약해제나 해지일 이전에 투입된 계약상대자의 인력·자재, 장비 철수비용 등 금액을 계약상대자가 계약해제·해지에 따른 원상회복 등을 수행완료한 날부터 14일 이내에 계약상대자에게 지급해야 한다. 이 경우에 계약보증금도 같이 반환해야 한다(공사계약일반조건 제45조 제3항).

3) 발주기관의 책임 있는 사유

가) 의의

발주기관의 책임 있는 사유로 계약목적을 달성할 수 없는 결과가 발생했다면, 계약상대자 역시 발주기관에게 계약 해제·해지권을 행사할 수 있다고 보아야 형평의 원칙에 부합한다.

나) 사유

공사계약일반조건과 용역계약일반조건은 다음 중 어느 하나에 해당하는 사유가 발생하면, 계약상대자가 해당 계약을 해제·해지할 수 있다고 규정한다.

---

1) 같은 취지로, 김성근, 앞의 책(Ⅱ), 108쪽.
2) 서울고등법원 2011. 6. 8. 선고 2010나47355 판결.

(1) 계약금액 감소

공사계약의 상대자는 설계변경 등에 따른 공사내용 변경으로 계약금액이 100분의 40 이상 감소된 경우, 계약을 해제·해지할 수 있다(공사계약일반조건 제19조, 제46조 제1항). 공사내용 변경 원인은 설계변경만이 아니라, 물가변동, 그 밖에 계약내용 변경도 포함된다. 즉, 공사기간 연장, 운반거리 변경 등에 따른 계약내용 변경도 포함하며, 위에서 열거한 여러 사유가 경합한 계약내용 변경도 포함한다. 그리고 계약내용 변경에 따라 처음에 정한 계약금액보다 변경된 계약금액이 40% 이상 감소되어야 한다. 장기계속계약이나 계속비계약은 총계약금액을 기준으로 계약금액 감소 비율을 판단한다. 용역계약 상대자 역시 계약내용 변경으로 계약금액이 100분의 40 이상 감소된 경우, 계약을 해제·해지할 수 있다(용역계약일반조건 제16조, 제31조 제1항).

(2) 공사정지기간 지연

공사계약의 상대자는 공사정지기간이 전체 공사기간의 100분의 50을 초과한 경우, 계약을 해제·해지할 수 있다(공사계약일반조건 제47조, 제46조 제2항). 공사감독관은 공사이행이 계약내용과 일치하지 않는 경우, 공사 전부·일부 안전을 위해 공사 정지가 필요한 경우, 응급조치의 경우, 그 밖에 발주기관 필요에 따라 계약담당자가 지시한 경우에 공사의 전부·일부 이행을 정지하게 할 수 있는데, 위 공사정지기간이 전체 공사기간의 100분의 50을 초과하면 계약상대자가 해제·해지권을 행사할 수 있도록 규정했다. 문언만 보면, 계약상대자의 책임 있는 사유로 공사정지가 있었던 경우도 적용된다고 해석할 수 있으나, 발주기관의 책임 있는 사유가 아닌 계약상대자의 책임 있는 사유로 말미암은 공사정지에도 계약상대자에게 해제·해지권을 부여할 수는 없다. 결국, 계약상대자 측 사정으로 공사가 정지된 경우에는 계약상대자가 이 조항에 근거하여 해제·해지권을 행사할 수 없다. 용역계약의 상대자 역시 용역수행정지기간이 계약기간의 100분의 50을 초과한 경우, 계약을 해제·해지할 수 있다(용역계약일반조건 제32조, 제31조 제2항).

3. 합의해제·해지

합의해제·해지란 계약당사자 합의로 계약 효력을 소급하여 혹은 장래를 향하여 실효하게 하는 것을 말한다. 공사계약 실무에서는 타절이나 타절정산이라 부르기도 한다. 합의해제·해지 사유는 해당 합의 내용에 따라 결정된다. 그리고 민법 제543조 이하 규정이 적용되지 않지만[1], 민법 제548조 제1항 단서에 따른 제3자 보호 규정은 적용된다.[2] 공공계약에

1) 대법원 1997. 11. 14. 선고 97다6193 판결.
2) 대법원 2005. 6. 9. 선고 2005다6341 판결.

서도 발주기관과 계약상대자가 합의하여 계약을 해제·해지할 수 있는지 논란이 있으나, 공공계약을 사법상 계약으로 보는 만큼, 두 당사자 합의에 따른 해제·해지 효력을 부정할 이유가 전혀 없다. 방위사업청예규인 물품 제조·구매 계약특수조건 표준(일반 및 방산) 제44조 제1항도 합의해제·해지를 명시적으로 인정한다.

Ⅳ. 절차

1. 법정해제·해지

가. 최고

최고란 채무자에게 계약을 이행하라고 요구하는 행위를 말한다. 상당한 기간을 정한 최고가 적법하지만, 설령 상당한 기간을 정하지 않았더라도 그 최고 자체는 유효하고, 다만 객관적으로 상당한 기간이 경과한 후에 해제·해지권이 발생한다고 본다.[1]

보통 계약을 해제·해지하려는 자는 상대방에게 상당한 기간을 정하여 이행을 최고해야 하지만(민법 제544조), 급부행위가 정기행위이거나 급부가 이행불능에 이른 경우, 채무자가 미리 이행하지 않을 의사를 표시한 경우에는 위와 같은 최고가 필요없다(민법 제544조 단서, 제545조). 나아가 채무자가 미리 이행하지 않을 의사를 표시하지 않았더라도 채무자에게 이행의사가 없음이 명백하다면 채권자는 이행기가 지난 후 상당한 기간이 지난 후에 최고 없이 계약을 해제할 수 있다.[2] 가령, 계약상 의무 없는 과다한 채무이행을 요구하거나 계약에서 정하지 않은 조건을 제시하는 자는 자기채무를 이행하지 않겠다는 의사를 묵시적으로 표시했다고 이해해야 하며, 그 상대방은 최고 없이도 계약을 해제할 수 있다고 본다. 판례도 마찬가지로 이해한다.[3]

나. 해제·해지 의사표시

법정해제·해지권이 발생하였더라도 이를 행사하지 않으면 해제·해지효과는 발생하지 않으며, 해지·해제권 행사는 상대방에게 그 의사를 표시하는 방법으로 한다(민법 제543조 제1항). 발주기관은 계약을 해제·해지할 경우 그 사실을 해당 계약상대자와 하수급인에게 통지해야 한다(공사계약 일반조건 제44조 제2항). 계약상대자가 계약을 해제·해지할 경우에도 발주기관과 하수급인에게 그 사실을 통지해야 한다(공사계약 일반조건 제46조 제2항). 이와 같은 의사표시는 철회하지 못한다(민법 제543조 제2항).

1) 대법원 1990. 3. 27.자 89다카14110 결정.
2) 대법원 1990. 3. 27.자 89다카14110 결정.
3) 대법원 1992. 9. 14. 선고 92다9463 판결.

2. 약정해제·해지

약정해제·해지사유가 발생한 경우, 계약당사자는 해당 계약에서 정한 절차가 있으면 그 절차에 따라, 별도 절차 규정이 없다면, 상대방에 대한 해지 의사표시로써 해제·해지권을 행사한다. 물론 해지·해지 의사표시는 상대방에게 도달해야만 효력이 발생한다.

3. 합의해제·해지

합의해제·해지는 두 당사자가 명시적·묵시적으로 합의하는 방법으로 한다. 묵시적 합의란 두 당사자 모두 계약을 실현할 의사가 없거나 계약을 포기할 의사가 있다고 볼 사정이 있어야 한다.[1])

Ⅴ. 효과

1. 법정 또는 약정해제·해지인 경우

계약해제·해지는 형성권으로서, 일방적 의사표시만으로 그 효력이 발생한다. 다만, 해제·해지권자는 위에서 본 사유나 절차를 갖추었다고 하더라도 특별한 규정이 없으면 반드시 해제·해지권을 행사해야 할 의무를 부담한다고 보기는 어렵다. 해제·해지권은 권리이지 의무가 아니기 때문이다.

가. 원상회복

1) 원칙

당사자 일방이 계약을 해제하면, 계약효력은 소급하여 소멸하므로, 각 당사자는 그 상대방에게 원상회복의무를 부담한다(민법 제548조 제1항). 이는 법정해제든 약정해제든 마찬가지다. 한편, 당사자 일방이 계약을 해지했다면, 계약효력은 장래를 향해 소멸하므로(민법 제550조) 기왕에 이행된 부분은 유효하고, 각 당사자는 이미 이행된 급부를 원상회복하지 않아도 된다.

가령, 공사계약에서 발주기관으로부터 해제·해지 통지를 받은 계약상대자는 해당 공사를 즉시 중지하고 모든 공사자재와 기구 등을 공사장으로부터 철거해야 한다. 발주기관으로부터 공사수행에 필요한 특정자재나 기계·기구 등을 빌린 계약상대자는 지체없이 발주기관에 이를 반환해야 하며, 해당 대여품이 계약상대자의 고의나 과실로 멸실·파손되었다면, 원상회복하거나 그 손해를 배상해야 한다. 또한, 관급재료 가운데 공사의 기성부분으로서 인

---

1) 대법원 1996. 6. 25. 선고 95다12682, 12699 판결.

수된 부분에 사용한 것을 제외한 잔여재료는 발주기관에게 반환해야 하며, 이 역시 계약상대자의 고의나 과실로 멸실·파손되었거나 공사의 기성부분으로서 인수되지 아니하는 부분에 사용되었다면 원상회복하거나 그 손해를 배상해야 한다. 아울러 계약상대자는 발주기관이 요구하는 공사장의 모든 재료와 정보, 편의를 발주기관에게 제공해야 한다(공사계약 일반조건 제44조 제3항).

또한, 후속공사를 완료할 때까지 공사현장 붕괴를 막을 용도로 사용하는 공사자재를 후속공사 완료 후 수급인이 공사현장에서 회수해 갈 수 있도록 한 경우, 도급계약 해지 후 후속공사를 속행하지 않은 채 공사현장을 그대로 방치한 도급인은 수급인이 위 용도로 사용한 공사자재를 회수해 갈수 없도록 하여 법률상 원인 없이 해당 공사자재를 점유·사용하는 임료상당 이득을 얻었다 하겠으므로, 그러한 부당이득금을 수급인에게 반환할 의무를 부담한다.[1]

2) 제한

도급계약의 도급인이 수급인의 채무불이행으로 계약을 해제한 경우, 해제 당시 일이 상당 정도 완성되어 이를 원상회복하는 것이 중대한 사회적·경제적 손실을 초래하고, 완성 부분이 도급인에게 이익이 된다면, 해당 도급계약은 미완성 부분에서만 실효된다고 본다. 따라서 수급인은 도급인에게 해제 상태 그대로를 인도하고, 도급인은 특별한 사정이 없다면 인도받은 미완성 부분에 대응하는 보수를 지급해야 한다.[2]

〔기성고 산정〕

위와 같이 원상회복이 제한되는 도급계약 중도해제 사안에서, 도급인이 수급인에게 지급해야 보수는 특별한 사정이 없다면 계약으로 정한 총계약대금을 기준으로 일을 중단할 당시 기성고 비율을 곱하여 산정한 금액이다. 따라서 수급인이 실제로 지출한 비용은 아니다.[3] 따라서 공사계약에서 설계와 사양 변경이 있는 경우, 그 설계와 사양 변경에 따라 공사대금 변경 특약을 하고, 변경된 설계와 사양에 따라 공사를 진행하다가 해제되었다면, 변경 공사대금에 기성고 비율을 곱하는 방법으로 기성고를 산정해야 한다.[4]

다만, 위와 같은 기성고 산정방법은 특약으로 얼마든지 달리 정할 수 있는데, 가령, 공사계약에서 기성대가는 계약단가를 기준으로 산정하나, 계약단가가 없다면 설계변경 당시 단가에 낙찰률을 곱한 금액이나 협의단, 중간단가에 따라 산정하도록 정한다(공사계약일반조건 제39조 제6항). 또한, 공사

---

1) 김성근, 앞의 책(Ⅱ), 116쪽.
2) 대법원 1989. 2. 14. 선고 88다카4819 판결, 대법원 1992. 3. 31. 선고 91다42630 판결, 대법원 1994. 8. 12. 선고 92다41559 판결.
3) 대법원 1993. 11. 23. 선고 93다25080 판결.
4) 대법원 2003. 2. 26. 선고 2000다40995 판결.

중단 당시 당사자가 미완성 건물의 미시공 공사비를 예정하여 약정했다면, 도급인이 지급해야 할 기성고는 처음 약정 총공사비에서 위에서 예정한 미시공 공사비를 공제한 금액으로 볼 수도 있다.[1]

나. 대금정산

발주기관은 계약을 해제·해지하거나 보증기관이 보증이행을 하여 기성부분을 검사하여 인수한 때에는 해당 부분에 상당하는 대가를 계약상대자에게 지급해야 한다(공사계약일반조건 제44조 제4항).

계약상대자는 지급받은 선금 가운데 미정산 잔액이 있는 경우에 그 책임 있는 사유로 발주기관으로부터 계약 해제·해지 통보를 받았다면, 위 잔액의 약정이자상당액[사유발생 시점의 금융기관 대출평균금리(한국은행 통계월보상 대출평균금리)에 따라 산출한 금액]을 가산하여 발주기관에게 이를 상환해야 하고, 발주기관은 선금잔액과 기성부분 미지급액을 상계해야 한다. 다만, 건설산업기본법과 하도급거래 공정화에 관한 법률에 따른 하도급대금 지급보증이 없는 경우로서 하도급대가를 직접 지급해야 하는 때에는 우선 하도급대가를 지급한 후, 남은 기성부분 미지급액 잔액으로 선금잔액과 상계할 수 있다(공사계약일반조건 제44조 제5항, 제6항). 그러나 발주기관 측 사정변경이나 그 책임 있는 사유로 계약해제·해지가 있었던 경우라면, 계약상대자는 발주기관에게 선금 미정산 잔액을 상환해야 하되, 여기에 이자를 가산하지 않아도 된다(공사계약 일반조건 제45조 제4항 후문).

다. 손해배상

1) 성질

계약해제·해지는 손해배상청구에 영향을 미치지 않으므로(민법 제551조), 계약을 해제·해지한 자는 그 상대방에게 손해배상을 청구할 수 있다. 이와 같은 손해배상 규정은 법정해제·해지를 전제하지만, 약정해제·해지라 하더라도, 그 사유가 법정해제·해지사유를 보다 구체적으로 정한 것에 불과하다면, 법정해제·해지사유와 같다고 보아 손해배상청구를 할 수 있다. 대법원 역시 일정한 계약조항이 채무불이행 이외에 별도로 해제권을 유보한 특약이 아니라 채무불이행에 따른 법정해제권을 구체적으로 정한 것에 불과하다면, 그 계약조항에 근거한 해제는 별도로 유보된 약정해제권 행사가 아니라 채무불이행에 따른 법정해제권 행사로 이해해야 한다고 보고, 해당 해제권 행사와 아울러 채무불이행을 이유로 한 손해배상을 청구할 수 있다고 한다.[2] 그러나 상대방의 채무불이행과 관계없이 일정한 사유가 발생

1) 대법원 1993. 11. 23. 선고 93다25080 판결.
2) 대법원 1994. 12. 22. 선고 93다60632, 93다60649(반소) 판결.

하기만 하면 계약을 해지·해제할 수 있도록 약정해지·해제권을 유보한 경우라면, 손해배상을 청구할 수 없다고 보아야 한다.[1)]

2) 계약상대자의 손해배상

발주기관이 계약상대자의 책임 있는 사유로 계약을 해제·해지를 했다면, 당연히 계약상대자에게 손해배상을 청구할 수 있다. 다만, 공공계약법이나 각종 계약조건에는 손해배상 예정으로 추정되는 계약보증금, 지체상금 등을 규정하므로, 발주기관은 이를 몰수하는 방법으로 손해배상청구를 갈음한다.

3) 발주기관의 손해배상

발주기관은 사정변경을 이유로 계약을 해제·해지하는 경우 또는 공사내용 변경으로 계약금액이 100분의 40 이상 감소되거나 공사정지기간이 공기의 100분의 50을 초과했다는 이유로 계약상대자로부터 계약해제·해지를 통보받은 경우에, ① 검사를 필한 기성부분과 검사를 필하지 않은 부분 중 객관적 자료로 이미 수행되었다고 판명된 부분에 해당하는 시공대가 중 미지급 금액, ② 전체 공사 완성을 위해 계약해제·해지일 이전에 투입된 계약상대자의 인력·자재, 장비 철수비용을 공사계약일반조건 제44조 제3항 각호 수행을 완료한 날부터 14일 안에 계약상대자에게 지급해야 하고, 그와 아울러 계약보증금을 반환해야 한다(공사계약일반조건 제45조 제3항). 따라서 계약상대자는 발주기관 측 사정변경 등에 따라 계약을 해제·해지하면서, 위에서 정한 비용청구를 제외하고 별도로 손해배상을 청구할 수는 없다.

다만, 위에서 한정한 사유를 제외하면, 계약상대자는 발주기관의 책임 있는 사유를 이유로 계약을 해제·해지하는 경우 일반 원칙에 따라 당연히 발주기관에게 손해배상을 청구할 수 있는데, 계약상대자가 발주기관에게 청구할 수 있는 손해배상 범위는 해지할 때까지 발생한 기성금 상당과 계약을 이행했었더라면 얻을 수 있는 이익, 즉 이행이익 상당에 해당한다. 다시 말하면, 도급계약 해지에 따른 손해는 해지로 말미암아 상실된 이행이익으로, 도급계약 해지가 없었더라면 수급인이 도급계약을 성실히 이행하여 얻는 이윤 상당 금원이라 하겠고, 공사 도중에 해지가 있었던 경우라면 이행이익은 산출내역서상 이윤에 잔여공정률을 곱하여 산정한다.

한편, 공사도급계약에서 발주기관은 자유롭게 해제권을 행사할 수도 있는데, 이때는 수급인에게 손해를 배상해야 한다(민법 673조). 여기서 수급인이 입을 손해란 이미 지출한 비용과 일을 완성했더라면 얻었을 이익을 합한 금액 전부를 의미하므로, 발주기관은 과실상계나 손해배상 예정액의 감액을 주장할 수 없다. 다만, 위 규정에 따른 해제라 하더라도, 그 해제로 수

1) 대법원 2016. 4. 15. 선고 2015다59115 판결.

급인이 일의 완성을 위해 들이지 않은 자신의 노력을 다른 곳에 사용하여 얻은 소득이나 얻을 수 있었는데도 태만이나 과실로 얻지 못한 소득, 일의 완성을 위해 준비한 자료를 사용하지 않은 결과 다른 곳에 사용·얻은 대가 상당액은 당연히 손해액에서 공제해야 한다.[1]

2. 합의해제·해지인 경우

가. 정산

합의해제·해지에 따른 정산은 원칙적으로 합의내용에 따른다. 즉, 합의해제 혹은 합의계약이란 해제권 유무와 관계없이 두 계약당사자가 합의하여 기존 계약 효력을 소멸하게 하고, 처음부터 계약이 체결되지 않은 상태로 복구하기로 하는 새로운 계약에 해당하므로, 그 효력은 합의 내용에 따라 결정해야 하고, 여기에는 해제와 관련한 민법 제548조 제2항 규정을 적용할 수 없다.[2] 따라서 계약당사자는 별도 약정이 없다면 합의해제 이후 반환할 금전에 그 받은 날부터 이자를 가산해야 할 의무를 부담하지 않는다. 다만, 합의해제·해지 내용에 정산합의가 별도로 없는 경우, 일을 일부 완성한 계약상대자가 발주기관에게 기성고를 청구할 수 있는지 문제인데, 계약상대자가 명·묵시적으로 기성고 청구를 포기했다는 등 특별한 사정이 없다면, 청구할 수 있다고 보아야 한다.[3]

나. 손해배상

합의해제·해지에서는 법정해제·해지와 달리 두 당사자 사이에 한쪽 당사자가 상대방에게 손해를 배상하기로 했거나 손해배상청구를 유보하는 등 특별히 약정한 바 없다면, 계약당사자 모두 채무불이행에 따른 손해배상을 청구할 수 없다고 보아야 한다.

1) 대법원 2002. 5. 10. 선고 2000다37296, 37302 판결.
2) 대법원 1996. 7. 30. 선고 95다16011 판결.
3) 대법원 1997. 2. 25. 선고 96다43454 판결.

제13장 / 계약 관련 행정

Ⅰ. 계약담당공무원 교육

정부는 계약담당공무원의 자질향상을 위해 교육을 할 수 있다(국가계약법 제32조). 가령, 조달청은 매년 공공조달역량개발원에서 계약담당공무원을 위한 강의를 개설하여 교육한다.

Ⅱ. 계약실적보고서 제출

각 중앙관서의 장은 기획재정부장관에게 계약실적보고서를 제출해야 한다(국가계약법 제33조). 이에 계약변경 후 30일 이내에 계약체결, 계약변경과 관련하여 기획재정부령이 정하는 사항을 기획재정부 장관에게 제출해야 한다(국가계약법 시행령 제93조 본문). 기획재정부령이 정하는 사항이란, ① 입찰에 부칠 계약목적물의 규격과 관련한 사항으로서 물품제조·구매계약인 경우에는 과업내용 등 계약상대자가 이행할 용역의 세부사항과 ② 계약체결과 관련한 사항으로서 계약목적, 입찰일, 계약체결일, 추정가격이나 예정가격, 계약체결 방법, 계약상대자 성명, 계약물량이나 규모, 계약금액, 지명쟁이나 수의계약인 경우에는 그 사유, 국가계약법 시행령 제42조 제4항에 따라 낙찰자를 결정한 공사인 경우에는 입찰자별 입찰금액을 말한다(국가계약법 시행규칙 제82조의2, 제82조 제2호, 제3호).

그러나 작전상 병력 이동과 관련 있는 경우, 국가안전보장, 국가의 방위계획과 정보활동, 군사시설물 관리, 외교관계, 그 밖에 이에 준하는 경우로서 보안상 필요나 국가기관의 행위를 비밀리에 할 필요가 있는 경우, 방위사업법에 따른 방산물자를 방위산업체로부터 제조·구매하기 위해 체결한 수의계약인 경우에는 계약실적보고를 제출할 의무가 없다(국가계약법 시행령 제93조).

Ⅲ. 계약 법령 협의

각 중앙관서의 장은 계약 관련법령을 입안할 경우 기획재정부장관과 미리 협의해야 한다(국가계약법 제34조). 국가계약법령 소관부처인 기획재정부가 다른 부·처·청의 법령 입안에 관여하여, 법령이 정하는 국가계약 전체 체계에 모순이 생기지 않도록 하려는 취지이다.

Ⅳ. 벌칙 적용에서 공무원 의제

과징금부과심의위원회, 국가계약분쟁조정위원회, 입찰·낙찰이나 계약체결·이행과 관련한 사전심사, 자문업무를 수행하는 위원회로서 종합심사낙찰제심사위원회, 제안서평가위원회, 계약심의위원회의 위원 중 공무원이 아닌 위원은 형법 제129조부터 제132조까지 규정을 적용할 때 공무원으로 본다(국가계약법 제35조, 같은 법 시행령 제118조). 위원회 위원이 공무원이면 형법상 뇌물죄 등을 직접 적용받을 수 있으나, 공무원이 아닌 위원은 형법상 공무원이 아니기 때문에 곧바로 형법을 적용할 수 없다. 그러나 공무원이 아닌 위원이 형법상 뇌물죄 등 책임지지 않는다면 계약업무의 공정성과 투명성, 청렴성을 담보하기 곤란하다. 이에 직무집행의 공정과 이에 대한 사회적 신뢰, 직무의 불가매수성을 보호하기 위해 공무원이 아닌 위원도 형법상 뇌물죄 등 적용에서 공무원으로 의제하는 규정을 두었다.[1)]

Ⅴ. 계약정보 공개 등

발주기관은 분기별 발주계획, 입찰에 부칠 계약목적물 규격, 계약체결, 계약변경, 계약이행과 관련하여 아래와 같은 사항을 전자조달시스템 혹은 각 발주기관이 지정·고시한 정보처리장치에 공개해야 한다(국가계약법 시행령 제92조의2 제1항 본문). 그리고 공개내용에 변경이 있는 때에도 변경된 사실을 지체 없이 공개해야 한다(국가계약법 시행령 제92조의2 제2항).

① 해당 연도에 경쟁입찰이나 수의계약에 따라 계약을 체결하고자 하는 물품·공사·용역 등에 대한 분기별 발주계획
  ㉮ 계약의 목적
  ㉯ 계약 물량 또는 규모
  ㉰ 예산액
② 입찰에 부칠 계약목적물의 규격과 관련한 사항
  ㉮ 물품 제조·구매계약 : 성능, 재질 및 제원 등 계약목적물에 요구되는 조건
  ㉯ 용역계약 : 과업 내용 등 계약상대자가 이행할 용역의 세부사항

1) 정태학 외 3인, 앞의 책, 471쪽.

③ 계약체결과 관련한 사항
㉮ 계약의 목적
㉯ 입찰일과 계약체결일
㉰ 추정가격, 예정가격
㉱ 계약체결방법(일반경쟁·제한경쟁·지명경쟁·수의계약, 지역제한 여부, 국가계약법 시행령 제72조 제3항 적용 여부)
㉲ 계약상대자의 성명(법인인 경우에는 법인명)
㉳ 계약 물량이나 규모
㉴ 계약금액(장기계속공사의 경우 총공사금액을 말함)
㉵ 지명경쟁이나 수의계약인 경우에는 그 사유
㉶ 국가계약법 시행령 제42조 제4항에 따라 낙찰자를 결정한 공사인 경우에는 입찰자별 입찰금액
④ 계약변경과 관련한 사항
㉮ 계약의 목적
㉯ 계약변경 전 계약내용(계약 물량이나 규모, 계약금액)
㉰ 계약의 변경내용
㉱ 계약변경의 사유
⑤ 계약이행과 관련한 사항
㉮ 검사·검수 결과
㉯ 계약이행 완료일

다만, 작전상 병력 이동에 따른 사유(국가계약법 시행령 제26조 제1항 제1호 가목 중), 국가안전보장, 국가의 방위계획과 정보활동, 군시설물의 관리, 외교관계, 그 밖에 이에 준하는 경우로서 보안상 필요하거나 국가기관의 행위를 비밀리에 할 필요가 있는 경우(국가계약 시행령 제26조 제1항 제1호 나목), 방위사업법에 따른 방산물자를 방위산업체로부터 제조·구매하는 경우(국가계약법 시행령 제26조 제1항 제5호 라목)를 이유로 수의계약을 체결할 때에는 계약 관련 정보를 공개하지 않는다(국가계약법 시행령 제92조의2 제1항 단서).

Ⅵ. 계약심의위원회 설치

발주기관(소속 기관 포함)은 물품·공사·용역 등 일정한 사항과 관련한 자문에 응하도록 하기 위해 계약심의위원회를 설치·운영해야 한다(국가계약법 시행령 제94조 제1항). 계약심의위원회 구성과 운영에 필요한 세부사항은 발주기관이 정하며(국가계약법 시행령 제94조 제3항),

이에 따라 조달청은 계약심사협의회 운영규정을 마련하여, 계약심사협의회를 설치·운영한다.

계약심의위원회가 단순한 자문기관에 불과한지 문제되나, 심의란 심사와 토의를 포함한 개념이고, 심사는 자세하게 조사하여 결정한다는 뜻도 가지므로 계약심의위원회는 의결 기능까지도 수행한다. 다만, 그 심의결과는 법적 구속력을 갖는다고 보기 어려우므로, 결국 발주기관의 장은 해당 결과를 고려해 결정할 최종 권한을 갖는다.

계약심의위원회는 ① 발주기관이 입찰참가자격요건, 부정당업자의 입찰참가자격제한 그 밖에 계약과 관련하여 질의한 사항, ② 입찰참가자나 계약상대자가 입찰, 계약체결, 계약이행과 관련하여 질의하거나 시정을 요구한 사항, ③ 국가계약분쟁조정위원회 조정에 대한 이의제기와 관련한 사항 등을 대상으로 한 자문에 응한다(국가계약법 시행령 제94조 제1항 제1호부터 제3호).

Ⅶ. 고유식별정보 처리

발주기관은 경쟁입찰 참가자격, 입찰참가자격 사전심사, 제한경쟁입찰 참가자격, 지명경쟁입찰 참가자격, 계약보증금, 하자보수보증금, 부정당업자 입찰참가자격제한 등과 관련한 사무를 수행하기 위해 불가피한 경우 개인정보 보호법 시행령 제19조 제1호에 따른 주민등록번호가 포함된 자료를 처리할 수 있다(국가계약법 시행령 제116조 제1호부터 제7호).

제3편 / **조달사업법 등**

제1장 / 개요

제 1 절 서론

Ⅰ. 의의

제2편 공공계약법에서 다룬 일반적인 공공계약의 절차·내용 외에, 조달사업법은 조달청이라는 단일한 중앙행정기관이 수행하는 중앙조달 절차와 계약방법 특례, 공공조달정책, 조달물자·안전관리물자 등에 대한 품질관리, 공공조달의 공정성 확보수단, 수요기관과 조달기업 지원, 비축사업 등을 규율한다. 물론 넓은 의미의 조달사업에는 방위사업청이 수행하는 사업 중 군수품 조달과 품질보증업무 등도 포함할 수 있겠지만,[1] 이번 제3편에서는 중앙조달 소관 부처인 조달청이 조달사업법에 근거해 수행하는 사업과 그 내용을 중심으로 다루고자 한다. 다만, 판로지원법이 정하는 중소기업자간 경쟁제품, 직접생산확인증명 제도도 조달사업과 밀접한 관련이 있으므로, 필요한 범위에서 함께 소개한다.

조달사업법은 국가계약법과 관계에서 특별법에 해당하므로, 특별한 규정이 없으면 우선 적용된다고 본다(조달사업법 제4조 참조).

Ⅱ. 조달사업 주체

1. 조달청장

조달청은 정부가 행하는 물자(군수품 제외) 구매·공급·관리사무와 정부의 주요시설 공사계약 사무를 관장하는 기관이다(정부조직법 제27조 제7항 참조). 따라서 공공계약 등을 소관하는 주무부처로서 일반적인 조달사업을 수행한다. 한편, 방위사업청장은 법령이 정한 범위에서 조달청장에게 일부 군수품 조달을 위탁할 수 있으므로(방위사업법 제25조 제2항, 같은 법 시행령 제29조 제4항), 조달청장은 방위사업청장으로부터 위탁받은 일부 군수품 조달사무도 수행한다.

---

1) 방위사업청은 방위사업법령에 따라 일부 군수품 조달업무를 조달청장에게 위탁한다(방위사업법 제25조 제2항 단서, 같은 법 시행령 제29조 제3항, 제4항, 제5항 참조).

〔군수품 조달의 조달청 위탁〕

가. 공동훈령

군수품 조달위탁에 따른 업무처리 범위, 처리 절차 등 필요한 사항은 국방부, 조달청, 방위사업청 공동훈령인 군수품 조달의 조달청 위탁에 관한 공동훈령에서 정한다. 아래에서는 '공동훈령'이라고만 표시한다.

나. 위탁업무 범위

조달청에 위탁하는 조달업무는 조달청 조달로 분류된 물품의 조달판단, 가격산정(계획생산품목[1] 포함), 계약체결, 계약이행 관리, 대금 지급(국방예산 위탁집행 포함), 회계업무, 품질보증업무로 한다(공동훈령 제4조 제1항). 다만, 위탁일 이전에 방위사업청이 계약 체결했거나 입찰공고 등 계약절차가 진행 중인 건의 조달업무는 방위사업청이 수행하며, 조달청이 체결한 단가계약(제3자단가, 다수공급자계약 포함) 물품의 납품요구 업무는 소요군이 수행한다(공동훈령 제4조 제2항). 나아가 품질보증업무의 위탁일인 2022. 7. 1. 이전에 조달청이 계약 체결했거나 입찰공고 등 계약절차가 진행 중인 건의 품질보증업무는 방위사업청이 수행한다(공동훈령 제4조 제3항).

다. 위탁 대상 군수품

군수품 종별·품류별 조달기관 분류 기준은 공동훈령 별표1로 정한다. 따라서 조달청은 해당 분류 기준에 따라 조달기관이 조달청으로 분류된 전력지원체계 품목 중 ① 국방조달계획서상 연간 조달계획금액이 3천만 원 이상인 품목, ② 국방조달계획서상 3군 통합조달, 묶음조달이 가능한 품목의 연간 조달계획금액 합산액이 3천만 원 이상인 품목, ③ 국방조달계획서상 연간 조달계획금액이 3천만 원 미만이나, 조달청이나 방위사업청 조달실적이 있는 품목, ④ 국방조달계획서 협의 과정에서 국방부(각군), 방위사업청, 조달청이 합의한 품목을 조달한다(공동훈령 제6조 제1항 제1호부터 제4호). 국방조달계획서는 품종, 군급분류, 재고번호, 품명, 단위, 단가, 납기, 납지, 예산금액, 예산과목, 총액계약과 단가계약 구분, 묶음조달 요구 여부 등을 명시하는 문서를 말한다. 국방조달계획서에 포함된 품목의 연간 계약 요구금액이 증가되거나, 새로운 품목이 추가되는 경우에도 위 ①부터 ③까지 기준을 적용한다(공동훈령 제6조 제2항). 조달청은 상용품목 조달기관으로서 별표1에 따른 조달품목의 상용품목 해당 여부를 판단한다. 다만, 상용품 여부에 대한 이견이 발생하면, 국방부 군수관리관, 방위사업청 방위사업정책국장, 조달청 신성장조달기획관을 공동위원장으로 하는 실무위원회 심의를 거쳐 확정하며, 상용품목의 증명자료는 방위사업청과 소요군이 제출한다(공동훈령 제6조 제3항). 그런데 국외조달품목은 조달위탁 대상에서 제외한다. 다만, 조달청 국외조달 실적이 있는 군수품의 조달은 예외로 한다(공동훈령 제6조 제4항).

---

1) 계획생산품목이란 소요군(수요기관)의 연간 급식계획에 따라 농·수협이 계획적으로 공급하는 농·수·축산물로서 군 급식품목 계획생사 및 조달에 관한 협정에서 정한 품목을 말한다.

라. 업체 생산능력 확인

조달청은 군수품의 품질유지나 안정적 공급을 위해 필요하면 업체 생산능력을 확인하여 낙찰자 결정이나 입찰참가자격 자료로 활용할 수 있다(공동훈령 제9조 제1항). 업체 생산능력 확인과 관련된 세부사항은 업체 생산 및 정비능력 확인지침이라는 방위사업청 예규를 준용하여 조달청장이 정한다(공동훈령 제9조 제3항).

마. 계약체결 등 통보와 계약변경 방법

업체와 계약을 체결한 조달청은 계약체결일로부터 3일 안에 전자계약서를 군수통합정보체계로 해당 소요군에게 통보해야 하며, 해당 계약건의 품질보증기관이 국방기술품질원인 경우에는 국방기술품질원에도 품질정보서비스로 통보해야 한다(공동훈령 제10조 제2항). 그리고 소요군은 계약 체결 후 납품기한 연기, 설계변경, 기타 계약 변경 사유가 발생하면 조달청에 계약변경을 공문으로 요청해야 한다(공동훈령 제11조).

바. 계약이행실태 확인

조달청은 품질보증기관에 계약이행 관리를 위해 업체의 생산 진도 조사, 신규 업체나 저가 계약품목에 대한 품질보증활동 강화를 요청할 수 있다(공동훈령 제14조 제1항). 품질보증기관이란 국가계약법령에 따라 감독, 검사 등 품질보증업무를 수행하는 기관으로서 조달청이 계약특수조건에 명시하는 국방기술품질원, 조달품질원, 소요군을 말한다. 위 요청을 받은 품질보증기관은 생산진도현황과 적발한 품질 관련 계약위반사항을 조달청에 통보해야 한다(공동훈령 제14조 제2항). 조달청은 이를 기초로 사후관리나 계약이행에 필요한 조치를 해야 한다(공동훈령 제14조 제4항). 한편, 품질보증기관은 자체능력으로 감독이나 검사가 불가능하여 제3자에게 위탁하려면 그 내용을 조달청에 통보해야 한다(공동훈령 제14조 제3항).

사. 납품이행정보 제공

품질보증기관이나 형상관리책임기관은 ① 품질보증기관이 계약상대자에게 계약물품에 대해 검사 불합격을 결정, 통보한 경우, ② 형상관리책임기관이 계약상대자로부터 감액조건부로 납품받는 것을 승인한 경우, ③ 품질보증기관이 계약상대자에게 하자조치를 요구한 경우, ④ 형상관리책임기관이 규격완화를 승인하는 경우, 그 발생일로부터 10일 안에 조달청에 관련 사실을 통보해야 한다(공동훈령 제15조 제1항 제1호부터 제4호).

아. 계약기간 연장과 지체상금 면제 등

조달청은 계약상대자의 책임없는 사유로 납품이 지체되거나, 지체가 예상되는 경우에 객관적인 증명 서류를 제출받고, 해당 증명 서류와 관련한 소요군의 검토의견 등을 반영하여 그 해당 일수만큼 계약기간을 연장하거나 지체상금의 전부나 일부를 면제할 수 있다(공동훈령 제17조 제1항).

또한, 조달청은 지체상금 면제 여부 결정 전까지 지체상금 부과를 유과할 수 있으며, 필요한 사항은 군수품조달관리규정 제40조를 준용하여 계약특수조건에 반영한다(공동훈령 제18조).

자. 품질보증

조달청은 구매계약을 체결할 때 품질보증 형태와 필요사항을 군수품조달관리규정 제98조를 준용하여 계약특수조건에 반영한다(공동훈령 제21조 제3항). 조달청 위탁조달 품목의 품질에 대한 책임은 계약업체에게 있으며, 품질보증기관은 계약업체가 계약요구조건을 성실히 이행하는지를 감독·확인한다(공동훈령 제21조 제4항).

차. 선납품 후검사

조달청은 계약체결 후 국가재난, 천재지변 등 불가항력적인 경우와 해외파병 지원, 재난지원 등 긴급한 소요로 인해 소요군으로부터 선납품 후검사가 필요하다고 요청받은 경우, 선납품 후검사 여부를 결정하고, 이를 품질보증기관에게 통보하여 조치하게 한다(공동훈령 제22조 제1항). 이에 따라 선납품 후검사를 하는 경우에는 ① 선납품 후 검사결과 불합격한 품목은 업체비용으로 전량교체 한다는 내용, ② 선납품 후 계약상대자가 검사를 거부하는 경우 계약해제·해지한다는 내용을 계약특수조건에 반영해야 한다(공동훈령 제22조 제2항).

그리고 선납품 후검사를 하는 경우에는 품질보증기관이 계약품목의 성능을 증명할 수 있는 시험성적서(품질보증서 포함), 후검사 계획서와 후검사 확약서를 계약상대자로부터 받아야 한다. 이 경우 품질보증기관은 납기 내 품질보증활동이 가능한 품목에 대해 품질보증활동을 수행하며, 납기 내 품질보증활동이 불가한 품목에 대해서는 후검사 후 조달청에 그 결과를 통보해야 한다(공동훈령 제22조 제3항).

조달청은 품질보증기관으로부터 선납품 후검사 품목이라는 사실이 명시된 선납후검조서를 받으면 확인 후 계약업체에게 선납된 물품의 대금 중 계약보증금 상당액을 제외한 금액을 지급하도록 조치하고 잔금 지급을 보류한다(공동훈령 제22조 제4항). 그리고 품질보증기관으로부터 선납품 후검사 품목의 납품 후 검사가 종료되어 그 결과를 접수하면 해당 업체에게 보류된 잔금이 지급될 수 있도록 조치한다(공동훈령 제22조 제5항).

카. 하자처리

품질보증기관은 발생된 하자품에 대해 자체규정에 따라 조치하고, 그 결과를 조달청에 통보한다. 다만, 계약업체의 책임 있는 사유로 발생한 자로서, ① 계약업체나 보증업체가 현물 보상할 수 없어 현금으로 변제하려는 경우, ② 계약업체나 보증업체가 하자처리를 거부하여 법에 따른 조치를 피하기 어려운 경우, ③ 계약업체나 보증업체가 도산, 폐업 등으로 사실상 하자처리를 할 수 없는 경우 중 어느 하나에 해당하면, 조달청에 별도 조치를 요청한다(공동훈령 제23조 제1항 제1호부터 제3호). 이때 조달청은 소요군이나 업체에게 업체 재산명세서, 소요군의 자체보수 가능 여부 판단서, 현금변제 약정서 등을 요구하여 제출받을 수 있다(공동훈령 제23조 제2항 제1호부터 제3호).

한편, 품질보증기관은 자체규정에 따라 하자원인을 규명하기 위한 기술조사를 실시하고, 조달청에 그 결과를 통보해야 한다(공동훈령 제24조 제1항). 각군은 소요군 검사품목으로 하자원인규명을 위한 기술지원이 필요하다고 판단하면 조달청에 기술지원을 요청하고, 조달청은 필요하면 국방기술품질원에 기술지원을 요청할 수 있다. 이때 국방기술품질원은 가능한 범위에서 하자원인규명을 위한 기술을 지원하고 그 결과를 조달청에 통보해야 한다(공동훈령 제24조 제2항). 기술조사결과 계약상대자의 책임있는 사유로 발생한 하자라고 통보받은 경우에는 그 결과를 계약상대자나 소요군에 통보하고 하자구상 조치를 한다(공동훈령 제24조 제3항).

조달청은 위와 같은 하자 발생이 부정당업자 입찰참가자격제한 사유에 해당하면 필요한 조치를 해야 한다(공동훈령 제25조 제1항). 다만, 계약상대자가 이의를 제기하고 조달청도 필요하다고 판단하면, 품질보증기관에게 하자 유무, 하자 경중 등과 관련한 재조사를 의뢰할 수 있고, 그 결과에 따라 조치할 수 있다(공동훈령 제25조 제2항).

2. 기획재정부장관

기획재정부는 중장기 발전전략수립, 경제·재정정책의 수립·총괄·조정, 예산·기금의 편성·집행·성과관리, 화폐·외환·국고·정부회계·내국세제·관세·국제금융, 공공기관 관리, 경제협력, 국유재산·민간투자 및 국가채무 관련 사무를 관장하는 중앙행정기관으로서(정부조직법 제27조 제1항), 조달청 사무를 통할하고, 직·간접으로 조달사업에 관여한다. 가령, 기획재정부장관은 공공조달 정책 등을 심의하기 위해 조달정책심의위원회를 두고(조달사업법 제5조 참조), 조달사업에 필요한 각종 행정규칙 등 제정을 위해 조달청장과 협의할 권한을 가진다(조달사업법 시행령 제13조 제3항, 제5항 등 참조).

Ⅲ. 조달사업 범위

조달청장이 수행하는 조달사업 범위는 다음과 같다.

1. 조달물자 구매, 물류관리, 공급과 그에 따른 사업

조달청장은 조달물자 구매, 물류관리, 공급과 그에 따른 사업을 수행하고, 수요기관의 장이 요청하는 경우 소프트웨어 진흥법 제2조 제3호에 따른 소프트웨어사업 관련 수요물자 구매와 그에 따른 사업을 수행한다(조달사업법 제3조 제1호, 제24조 제1호, 같은 법 시행령 제27조 제1호). 조달물자는 수요물자와 비축물자로 구분하는데, 수요물자란 수요기관에 필요한 물자로서 조달청장이 국내·외에서 구매·공급(임차나 대여를 포함)하는 물품·용역을, 비축물자란 장단기의 원활한 물자수급과 물가안정, 재난·국가위기 등 비상시 대비를 위하여 정부가 단독으로 또는 민간과 협력하여 비축하거나 공급하는 원자재, 시설자재, 생활필수품으로서 해외 의존도가 높은 물자, 국민생활 안정에 매우 중요한 물자, 방위산업물자의 안정적 생산을 위해 필요한 물자, 그 밖에 물가안정과 수급조절, 재난·국가위기 등 비상시 대비를 위해 긴급히 대처할 필요가 있는 물자를 말한다(조달사업법 제2조 제1호부터 제3호, 같은 법 시행령 제2조, 제3조 제1호부터 제4호).

2. 수요기관의 공사계약과 그에 따른 사업

조달청장은 수요기관의 공사계약과 그에 따른 사업을 수행하고, 수요기관의 장이 요청하는 경우, 공사계약이나 그에 따른 사업을 지원하거나 대행할 수 있다(조달사업법 제3조, 제2호, 제24조 제2호). 여기에는 공사 등 계약추진 관련 심의·평가와 사업자 선정, 공사 등의 설계용역 관리, 공사 등의 시공관리, 공사 등의 사후관리, 공사 등의 공사원가 검토, 그 밖에 수요기관의 장이 공사 등과 관련하여 조달청장의 지원이나 대행이 필요하다고 결정한 업무가 포함된다(조달사업법 시행령 제27조 제2호, 조달사업법 시행규칙 제5조 제3항 참조).

이에 조달청은 시설분야 전문인력이 없거나 시설공사 수행경험이 없어서 사업추진이 어려운 기관을 대상으로 그 요청에 따라 건설사업 추진과정(기획, 설계관리, 심의대행, 공사관리, 사후관리 등)의 전체나 일부를 대행하는 전문 건설사업관리 서비스를 시행한다. 이를 맞춤형 서비스라 하고, 그 시행에 필요한 세부사항을 정하기 위해 조달청 시설공사 관리업무처리규정을 별도로 둔다.

3. 수요기관의 시설물 관리·운영과 그에 따른 사업

조달청장은 수요기관의 시설물 관리·운영과 그에 따른 사업을 수행한다(조달사업법 제3조 제3호). 가령, 조달청장은 기획재정부장관으로부터 위임을 받아 국유재산 관리 등의 총괄 사무 일부를 수행한다(국유재산법 제25조).

4. 조달물자와 안전관리물자의 품질관리

조달청장은 조달물자와 안전관리물자의 품질관리를 수행한다(조달사업법 제3조 제4호). 조달물자의 개념은 이미 살펴보았다. 다만, 안전관리물자란 국민의 생활안전, 생명보호, 보건위생과 관련한 조달물자로서 조달청장이 지정·고시하는 물자를 말한다(조달사업 제2조 제4호). 이에 조달청장은 '조달청 안전관리물자 품질관리 업무규정'을 별도로 마련했다. 조달물자나 안전관리물자의 품질관리업무는 직접생산 여부 확인을 위한 생산시설, 인력 등 점검, 계약규격에 맞는 제품생산이나 납품확인을 위한 품질점검과 납품검사, 납품물품의 사후관리, 조달물자 표준규격 개발과 검토, 그 밖에 조달물자 품질관리를 위해 필요한 업무를 포함한다(조달사업법 제18조 제1항 제1호부터 제5호, 제19조 제1항). 한편, 조달청장은 공공기관을 포함한 국가기관, 지방자치단체, 방위사업청이 자체 조달한 물품·용역과 관련하여 해당 기관의 장이 납품검사를 요청한 경우, 그를 대신하여 납품검사를 실시할 수도 있고(조달사업법 제20조 참조), 나아가 방위사업청으로부터 위탁받은 군수품 조달과 관련한 품질보증업무도 수행한다(구 방위사업법 시행령 부칙 제3조 참조).

5. 국제조달 협력과 해외 조달시장 지출 지원

조달청장은 국제조달 협력과 해외 조달시장 진출을 지원한다(조달사업법 제3조 제5호). 가령, 조달시장의 공정한 경쟁 환경 조성을 위해 국내 관련 기관과 각 국가 조달기관과 교류·협력을 확대하고, 국내기업의 해외 조달시장 진출을 지원할 수 있다(조달사업법 제28조 제1항). 구체적으로, 해외 조달시장과 공공입찰 관련 정보 제공, 국내기업의 해외 조달시장 진출 역량을 강화하기 위한 교육훈련, 조달 물품·용역 관련 기술과 인력의 국제교류 등에 필요한 사업지원 등을 할 수 있다(조달사업법 시행령 제34조 제1항 제1호부터 제4호). 그리고 위 지원 업무를 수행할 때는 지원 대상·내용과 신청방법 등을 미리 공고해야 하고, 필요한 예산을 확보하기 위해 노력해야 한다(조달사업법 시행령 제34조 제2항, 제3항).

〔참고〕 해외조달시장 진출유망기업 지정·관리제도

가. 의의

조달청장은 해외조달시장 진출을 지원하기 위해 국내 기업을 선정하는데, 이를 해외조달시장 진출유망기업 지정·관리제도라고 하고, 선정된 국내 기업을 해외조달시장 진출유망기업(G-PASS기업)이라고 부른다. 이에 조달청장은 해외조달시장 진출을 지원하기 위해 선정하는 국내 기업의 지정, 관리, 지원에 필요한 사항을 정한 해외조달시장 진출유망기업 지정·관리 규정을 별도로 고시한다. 그 내용은 아래와 같다.

나. G-PASS기업 지정

1) 지정대상

G-PASS기업 지정대상은 국가종합전자조달시스템에 경쟁입찰참가자격을 등록한 중견·중소기업으로 한다(해외조달시장 진출유망기업 지정·관리규정 제3조).

2) 지정신청

조달청장은 G-PASS기업을 지정하려는 경우 공고해야 한다. 그리고 G-PASS기업 지정을 신청하려는 기업(이하 '신청기업')은 제출서류와 지정신청서를 조달청장이나 조달청장이 지정하는 자에게 제출해야 한다(해외조달시장 진출유망기업 지정·관리규정 제4조 제1항, 제2항).

3) 지정제외

조달청장은 ① 신청 서류를 위조·변조하거나 허위서류를 제출한 경우, ② 부도, 파산 등이 확인된 경우, ③ 판로지원법 제8조의2 제1항에 해당하는 기업인 경우, ④ 부정당업자 제재기간 중에 있는 경우, ⑤ 그 밖에 G-PASS기업 지정이나 재지정이 곤란하다고 조달청장이 인정하는 경우 중 어느 하나에 해당하는 신청기업을 G-PASS기업 지정 대상에서 제외할 수 있다(해외조달시장 진출유망기업 지정·관리규정 제5조 제1호부터 제5호).

4) 심사절차

가) 구분

지정심사는 해외조달시장 진출 노력, 진출 의지와 가능성 등을 심사하는 1차 심사와 G-PASS기업으로서의 적합성 등을 심사하는 2차 심사로 구분한다(해외조달시장 진출유망기업 지정·관리규정 제6조).

나) 1차 심사

조달청장은 1차 심사를 위해 3명 이상 5명 이하의 심사위원을 위촉할 수 있다(해외조달시장 진출유망기업 지정·관리규정 제7조 제1항).

심사위원은 내부 심사위원 1명 이상(국제협력담당관이나 5급 이상 소속 공무원)과 외부 심사위원 2명 이상으로 한다. 이때 외부심사위원 위촉은 조달청 평가위원 통합관리규정을 따른다(해외조달시장 진출유망기업 지정·관리규정 제7조 제2항, 제10조의3).

심사위원은 신청서류와 현장실태조사서를 심사한다. 다만, 각 심사항목의 심사기준일은 공고 등에서 따로 정한 경우를 제외하고는 신청일로 한다(해외조달시장 진출유망기업 지정·관리규정 제7조 제4항).

각 심사위원이 부여한 총점의 산출평균이 60점 이상이고, 비계량 항목에서 만점의 60퍼센트 이상을 득점한 기업을 2차 심사 대상으로 한다(해외조달시장 진출유망기업 지정·관리규정 제7조 제5항 제1호, 제2호).

다) 2차 심사

계약심사협의회는 심사대상의 1차 심사결과를 종합적으로 고려하여 G-PASS기업 지정여부를 최종 결정한다(해외조달시장 진출유망기업 지정·관리규정 제8조).

5) 지정증서와 등급화

조달청장은 G-PASS기업에게 지정증서를 교부해야 한다. 또한, G-PASS기업 지정을 할 때에는 아래 기준에 따라 등급을 부여·관리한다(해외조달시장 진출유망기업 지정·관리규정 제9조 제1항, 제2항).

〈별표3〉 G-PASS기업 등급별 명부 기준

[G-PASS기업 등급별 명부기준]

1. 명부 등록 기준
   - '수출실적'과 '해외조달시장 진출 노력' 중 유리한 기준을 적용
   - 등급 판단 기준이 중복 적용되는 경우 유리한 등급으로 등록

     ※ (예) 수출실적 20만불(B등급) 및 수출전략기업 육성사업에 참여(A등급)한 경우 A 부여
   - <삭 제>
2. 등급 유지 및 관리
   - 해외조달정보센터(http://www.pps.go.kr/gpass)의 내 정보 화면에서 상시 확인
   - 유효기간 : 제9조제4항에 따라 등급부여 월로부터 1년간 유효

     ※ (예) '20.3.15. 지정기업 → '21.6.30.까지 유효, '20.9.8 지정기업 → '21.12.31.까지 유효
3. 시행일 : 규정 개정 시행일부터

등 급	등급 판단 기준	
	수출 실적	해외조달시장 진출 노력
A 등급	• 최근 3년간 수출 누계액 500만불 이상	• GSA MAS 계약납품 • 10만불 이상의 해외 조달계약 체결 • 수출전략기업 육성사업 참여
B 등급	• 최근 3년간 수출 누계액 10만불 이상 500만불 미만	• GSA MAS 등록 • 해외입찰 제안서 관련 사업 참가 • 해외조달시장 벤더 등록, 해외 전시회, 바이어 상담회, 수출컨소시엄 등 관련 사업 참가가 최근 3년 이내 3회 이상 또는 최근 1년 이내 1회 이상
C 등급	• 최근 3년간 수출 누계액 10만불 미만	–

※ [주]

① 기준별 인정범위 : 등급부여 '월'기준 최근 3년간의 실적(수출 누계액도 동일)

② 단, B등급의 '해외조달시장 벤더등록'은 등록된 연도에 한해 인정

- (예) 2021년 유엔조달시장 벤더 등록 시, 2021년 등급 산정 시에만 인정

③ 해외조달계약 체결 : 수출계약서상 해외조달시장에 직접 입찰·낙찰한 건만 인정

④ 해외조달시장 진출노력의 각 항목 중 하나 이상의 조건 충족 시 해당 등급으로 인정

등급의 유효기간은 등급이 부여된 날이 포함된 해당월로부터 1년으로 한다. 다만, 최초로 부여된 등급의 유효기간은, 상반기 지정기업인 경우 다음 연도 6월 말일로, 하반기 지정기업인 경우 다음 연도 12월 말일로 한다(해외조달시장 진출유망기업 지정·관리규정 제9조 제4항 제1호, 제2호).

G-PASS기업은 수시로 등급 조정신청을 할 수 있으며, 조정신청에 따른 갱신일은 신청일로부터 30일 이내로 한다. 이때 실적인정기간은 조정신청 전 정기등급 평가 당시 실적인정기간으로 한다(해외조달시장 진출유망기업 지정·관리규정 제9조 제5항). 조정된 등급의 유효기간은 조정 전 등급의

남은 기간으로 한다(해외조달시장 진출유망기업 지정·관리규정 제9조 제6항).

6) 지정기간

지정기간은 지정일로부터 5년으로 한다. 다만, 기업의 신청이 있을 경우 수출실적, 해외조달시장 진출사업 참여 실적 등을 고려하여 2회에 한하여 재지정할 수 있다(해외조달시장 진출유망기업 지정·관리규정 제10조 제1항). 재지정 절차 등은 제10조의2에 따른다(해외조달시장 진출유망기업 지정·관리규정 제10조 제2항).

7) 재지정

G-PASS기업으로 재지정을 희망하는 기업은 지정기간 만료일 90일 전부터 만료일전까지 신청서를 조달청장이나 조달청장이 지정하는 자에게 제출해야 한다(해외조달시장 진출유망기업 지정·관리규정 제10조의2 제1항). 재지정 절차와 단계별 심사에 필요한 사항은 제6조부터 제7조 제4항, 제8조를 따른다(해외조달시장 진출유망기업 지정·관리규정 제10조의2 제2항).

1차 심사에서 심사위원이 부여한 총점의 산술평균이 60점 이상인 기업은 2차 심사대상에 해당한다(해외조달시장 진출유망기업 지정·관리규정 제10조의2 제3항). 재지정 신청 기업의 현장실태조사는 직전 지정기간과 비교하여, 주사업장 소재지 등 변경이 있는 경우와 직전 지정기간 동안 수출건이 없는 경우 중 어느 하나에 해당하는 때에만 실시한다(해외조달시장 진출유망기업 지정·관리규정 제10조의2 제4항 제3호, 제4호).

한편, 재지정 신청기한 안에 신청서를 제출하지 않는 경우, 지정제외 사유에 해당하는 경우 중 어느 하나에 해당하는 경우에는 재지정 대상에서 제외할 수 있다(해외조달시장 진출유망기업 지정·관리규정 제10조의2 제5항 제1호, 제2호). 그리고 재지정 탈락 기업은 1회에 한정하여 재지정을 신청할 수 있다(해외조달시장 진출유망기업 지정·관리규정 제10조의2 제6항).

8) 외부 심사위원 위촉과 관리

G-PASS기업 지정심사와 관련 사업수행을 위한 외부 심사위원의 모집·선발·자격, 임기와 해촉과 관련한 규정은 조달청 평가위원 통합관리규정을 따른다(해외조달시장 진출유망기업 지정·관리규정 제10조의3).

9) 외부 심사위원의 회피 등

평가위원은 회피사유가 있으면 평가회 개최 전에 평가 회피를 신청해야 한다(해외조달시장 진출유망기업 지정·관리규정 제10조의4 제1항). 회피사유는 ① 평가위원이 평가대상자로부터 전년도 1월 1일부터 현재까지 하도급을 포함하여 용역, 자문, 연구 등을 수행한 경우, ② 평가위원이나 소속단체가 해당 사업의 시행으로 인하여 이해당사자가 되는 경우, ③ 평가위원이 최근 3년 이내 해당 평가대상자 소속으로 재직한 경력이 있는 경우, ④ 평가위원이 속한 단체나 학회 등이 평가대상자로부터 지원받은 후원금이 해당 사업과 직접 관련이 있는 경우, ⑤ 그 밖에 ①부터 ④에 준하는 경우로서 공정한 심사를 수행할 수 없다고 판단되는 경우 중 어느 하나를 말한다.

국제협력담당관은 회피 사유가 있는 평가위원을 해당 평가회의 구성에서 제척하고 그 사실을 조달청 평가위원 통합관리규정 제17조 제2항에 따라 평가위원관리부서의 장에게 통보해야 한다(해외조달시장 진출유망기업 지정·관리규정 제10조의4 제2항)

다. 지원

1) 지원사업

조달청장은 기업의 해외조달시장진출 지원을 위해 다음 사업을 지원할 수 있다(해외조달시장 진출유망기업 지정·관리규정 제11조).

① 해외전시회 참가 지원과 수출컨소시엄 파견 등 신규시장 진출

② 해외 공공입찰과 계약 관련 정보 수집·제공

③ 해외 조달제도와 주요 공공 기관에 납품하는 현지 기업의 정보 수집·제공

④ 해외 발주처와 주요 바이어 초청 상담회, 설명회 개최

⑤ 통·번역 지원, 카탈로그 제작 등 해외 마케팅 지원

⑥ 해외조달과 수출관련 세미나, 수출실무강의 등 교육지원

⑦ 그 밖에 해외조달시장 진출에 필요하다고 인정되는 사업

2) 모집공고와 신청

조달청장은 해외조달시장진출 지원사업의 참여기업을 모집하기 위해 '해외조달정보센터', '나라장터' 등에 공고할 수 있다(해외조달시장 진출유망기업 지정·관리규정 제12조 제1항). 참가를 희망하는 기업은 공고내용에 따라 신청서를 제출해야 한다(해외조달시장 진출유망기업 지정·관리규정 제12조 제2항).

3) 심사와 선정

조달청장은 지원사업의 참가기업 선정을 위해 2명 이상 5명 이하의 심사위원을 위촉할 수 있다(해외조달시장 진출유망기업 지정·관리규정 제13조 제1항). 심사위원은 국제협력담당관을 포함한 5급 이상 조달청 소속 공무원으로 하며 필요하면 외부 심사위원을 포함하여 심사할 수 있다. 이때 외부 심사위원의 위촉은 조달청 평가위원 통합관리규정을 따른다(해외조달시장 진출유망기업 지정·관리규정 제10조의3, 제13조 제2항).

한편, 심사에 필요한 상세 기준, 절차, 지원대상, 선정기준 등은 사업공고 내용에 따른다. 다만, 신청기업 수가 모집기업 수에 미달하면 심사를 생략할 수 있다(해외조달시장 진출유망기업 지정·관리규정 제13조 제3항).

조달청장은 ① 해외전시회 사업 신청기업이 다른 기관에서 시행하는 같은 해외전시회의 지원기업으로 선정된 경우, ② 해외전시 사업 신청기업이 직전연도 기준으로 4년 연속으로 조달청 해외전시회 참가 지원을 받은 경우, ③ 해외전시회 사업 신청기업이 직전연도 기준으로 해외전시회 참가 지원기업으로 선정된 후 정당한 이유 없이 2회 이상 중도 포기한 경우, ④ 그 밖에 선정을 배제할 만

한 상당한 사유가 있는 경우 중 어느 하나에 해당하는 기업을 지원사업에서 배제할 수 있다(해외조달시장 진출유망기업 지정·관리규정 제13조 제4항 제1호부터 제4호).

4) 지원사업 수행대행

조달청장은 해외수출 지원업무 수행을 위한 사업수행자 등을 선정할 수 있다(해외조달시장 진출유망기업 지정·관리규정 제14조 제1항). 이는 행정권한 위임·위탁에 해당한다고 본다.

이에 조달청장은 사업수행자에게 해외전시회, 수출전략기업 육성사업, 수출컨소시엄과 수출상단회 관리·운영, G-PASS기업 지정 현장실태 조사업무, 해외정부조달 입찰 지원사업 등, 해외 현지 시장조사와 홍보, G-PASS기업의 중간점검, 등급화 등 사후관리, 그 밖에 해외수출 지원업무에 필요하다고 인정되는 업무 중 일부를 대행하게 할 수 있다(해외조달시장 진출유망기업 지정·관리규정 제14조 제2항 제1호부터 제5호). 조달청장은 지원사업수행자에게 업무를 수행하는 데 필요한 경비의 전부나 일부를 예산의 범위에서 지급할 수 있다(해외조달시장 진출유망기업 지정·관리규정 제14조 제3항).

라. 사후관리

1) 교육

G-PASS기업 중 ① 지정 직전 3년 동안 수출실적이 없는 기업, ② 지정 이후 C등급을 받은 기업은 각각 교육프로그램을 이수해야 하고(해외조달시장 진출유망기업 지정·관리규정 제15조 제1항 제1호, 제2호), 교육사유가 발생한 후 1년 안에 아래 교육·설명회를 2회 이상 이수하고 해당 교육의 증빙(수료증 사본 등)을 조달청에 제출해야 한다(해외조달시장 진출유망기업 지정·관리규정 제15조 제3항).

이수대상 교육은 조달청, 대한무역투자진흥공사(KOTRA), 사단법인 한국 G-PASS기업 수출진흥협회, 한국무역협회(KITA), 한국국제협력단(KOICA), 그 밖에 해외조달시장 수출 관련 교육 등을 주관하는 공공기관으로서 조달청장이 인정하는 기관 중 어느 하나가 주관하는 해외조달시장이나 수출 관련 교육, 설명회로 제한한다(해외조달시장 진출유망기업 지정·관리규정 제15조 제2항 제1호부터 제6호).

조달청장은 교육 대상 기업이 교육을 이수하지 않으면, 조달청 주관 수출지원사업에 참여를 제한할 수 있다(해외조달시장 진출유망기업 지정·관리규정 제15조 제4항).

2) 지정취소

조달청장은 ① 허위나 부정한 방법으로 지정받은 기업, ② 그 밖에 G-PASS기업의 지정을 유지할 수 없는 사유가 발생한 기업 중 어느 하나에 해당하는 G-PASS기업에게 지정을 취소할 수 있다(해외조달시장 진출유망기업 지정·관리규정 제16조 제1항 제1호, 제2호).

G-PASS기업은 지정취소 사유가 발생하면 조달청장에게 통보해야 한다(해외조달시장 진출유망기업 지정·관리규정 제16조 제2항). 조달청장은 지정취소를 하면 지체없이 조달청 인터넷 홈페이지

등에 공고해야 한다(해외조달시장 진출유망기업 지정·관리규정 제16조 제3항).

3) 자료수집 등

G-PASS기업은 조달청장의 요청이 있는 경우 ① 지정 직전 3개년과 지정 유지기간 동안의 월별 수출실적, ② 기업의 대표자, 수출담당직원 등의 기본·변경사항, ③ 그 밖에 제도 운영상 필요한 요구자료를 제출해야 한다(해외조달시장 진출유망기업 지정·관리규정 제17조 제1호부터 제3호).

4) 수당 등 지급

조달청장은 지정심사 등에 참석한 외부 심사위원에게 예산의 범위에서 수당 등을 지급할 수 있다(해외조달시장 진출유망기업 지정·관리규정 제18조).

5) 상표

G-PASS기업은 지정마크를 사용할 수 있다. 지정마크는 해당 기업의 제품(용기, 포장을 포함)이나 홍보물에 한정하여 사용할 수 있다(해외조달시장 진출유망기업 지정·관리규정 제19호 제1항, 제2항).

그러나 지정이 취소되거나 지정기간이 만료된 경우 지정마크를 사용할 수 없다. 다만, C등급을 받은 기업은 나라장터 종합쇼핑몰에 한정하여 지정마크를 사용할 수 없다(해외조달시장 진출유망기업 지정·관리규정 제19조 제3항).

6) 비밀유지

해외조달시장 지원업무를 수행하는 조달청 공무원과 지원관, 외부 심사위원, 지원사업 수행대행자, 그 밖에 각 직위에 있던 자는 직무상 알게 된 비밀을 다른 사람에게 누설하거나 직무상 목적이 아닌 용도로 이용해서는 안 된다(해외조달시장 진출유망기업 지정·관리규정 제20조 제1호부터 제3호).

6. 그 밖에 다른 법령에서 조달청장이 할 수 있거나 하도록 규정한 사업

조달청장이 사업을 수행할 수 있거나 하도록 규정한 다른 법률로는 국유재산법, 물품관리법, 전자조달법 등이 있다.

Ⅳ. 조달사업의 상대방

조달사업의 상대방으로는 ① 조달청과 계약을 체결한 계약상대자, ② 조달물자 등이 필요한 수요기관, ③ 공공조달정책의 수혜자인 조달기업 등이 있다. 여기서 계약상대자는 제2편 공공계약법에서 설명한 개념과 다르지 않으므로 아래에서는 수요기관과 조달기업의 개념을 차례로 살펴본다.

1. 수요기관

우선, 수요기관이란 조달물자, 공사계약의 체결, 시설물 관리가 필요한 국가기관과 그 소속기관, 지방자치단체와 그 소속 기관, 그 밖에 국가나 지방자치단체가 투자·출연한 기관과 이에 준하는 기관으로서 해당 기관이 수요기관 지정을 요청하여 조달청장이 수요기관으로 지정하는 기관을 말한다(조달사업법 제2조 제5호 가목부터 다목, 같은 법 시행령 제4조 제1항 제1호부터 제3호). 조달청장은 수요기관 지정에 필요한 사항을 정하기 위해 조달사업 수요기관 지정에 관한 고시를 별도로 둔다. 참고로, 2022. 8.을 기준으로 조달청에 등록한 수요기관은 65,548개이다.

조달청장이 수행하는 조달사업 중 가장 큰 비중을 차지하는 것은 역시 수요기관 요청에 따른 계약체결 대행이다. 나아가 조달청장은 수요기관의 재산을 관리하거나, 그 요청에 따라 납품검사를 대행하기도 한다. 따라서 수요기관은 조달청이 제공하는 공동조달 서비스의 주요 고객에 해당한다.

2. 조달기업

조달기업은 조달사업법에서 사용하는 용어지만(조달사업법 제25조 참조), 별도 정의 규정은 없다. 다만, 공공조달 시장에 진출했거나 진출하려는 기업을 통칭하는 의미로 이해하면 쉽다. 따라서 공공조달 시장에 진출했거나 진출하려는 기업이라면 기업집단, 상호출자제한기업, 중견기업, 중소기업은 물론, 비영리법인 등을 모두 포함된다. 실무에서는 조달업체라고도 부른다.

공공조달통계시스템인 온통조달(https://ppstat.g2b.go.kr)에 따르면(조달사업법 제9조, 같은 법 시행령 제9조 참조), 공공조달시장 규모는 2018년 기준 약 141조 원에서 2021년 기준 약 184조 원으로 증가했고, 그에 따라 조달청에 등록한 조달기업도 2018년을 기준으로 40만 915개에서 2022. 8.을 기준으로 52만 5,551개로 증가했다.

조달기업은 조달청 시행 입찰이나 계약에 직접 참여하여 사업을 수주하기도 하지만, 조달청이 운영하는 지원센터나 온라인 상품몰 등의 지원, 해외조달시장 진출유망기업(G-PASS 기업) 선정 등에 따라 공공조달정책의 수혜자가 되기도 한다(조달사업법 제25조, 제28조 참조).

Ⅴ. 공공조달 정책 기반

1. 조달정책심의위원회

가. 의의

기획재정부장관은 그 소속으로 조달정책심의위원회를 둔다. 조달정책심의위원회는 ① 공공조달과 관련된 중장기적인 정책과 제도의 마련, ② 공공서비스 향상과 기술혁신을 위한 공공수요 발굴과 구매 대상 선정과 관련한 사항, ③ 공공조달과 관련된 성과관리와 평가 등 사항, ④ 혁신제품 지원센터 운영 등과 관련한 사항, ⑤ 그 밖에 조달정책 업무를 원활하게 수행하기 위해 위원장이 위원회 회의에 부치는 사항을 심의한다(조달사업법 제5조 제1항).

나. 구성

위원회는 위원장을 포함한 20명 이내의 위원으로 구성한다(조달사업법 제5조 제2항). 위원장은 기획재정부장관이, 위원은 관계 중앙행정기관 소속 공무원과 공공조달, 경제·과학, 기술혁신 등 분야에서 학식과 경험이 풍부한 사람 중에서 기획재정부장관이 임명·위촉한다(조달사업법 제5조 제3항). 기획재정부장관은 관계 중앙행정기관 소속 공무원 중에서 기획재정부차관 중 1명, 과학기술정보통신부차관 중 과학기술정보통신부장관이 지명하는 1명, 행정안전부차관, 산업통상자원부차관 중 산업통상자원부장관이 지명하는 1명, 중소벤처기업부차관, 조달청장, 그 밖에 기획재정부장관이 정하는 관계 중앙행저익관의 차관급 공무원(차관급 공무원이 2명 이상이면 해당 기관의 장이 지명하는 1명) 등을 위원으로 임명·위촉한다(조달사업법 시행령 제5조 제1항 제1호부터 제7호).

조달정책심의위원회의 공무원이 아닌 위원은 성별을 고려하여 구성하며, 임기는 2년으로 정하되, 한 차례만 연임할 수 있다(조달사업법 시행령 제5조 제2항).

다. 운영

조달정책심의위원회에 간사 1명을 두며, 간사는 기획재정부의 고위공무원단에 속하는 일반공무원 중에서 기획재정부장관이 지명한다(조달사업법 시행령 제5조 제3항). 위원장은 회의를 소집하고, 업무를 총괄한다(조달사업법 시행령 제5조 제4항). 다만, 위원장이 부득이한 사유로 직무를 수행할 수 없을 경우 위원장이 미리 지명한 위원이 그 직무를 대행한다(조달사업법 시행령 제5조 제5항).

라. 회의

조달정책심의위원회 회의는 위원 과반수의 출석으로 개의하고, 출석위원 과반수 찬성으로 의결한다(조달사업법 시행령 제5조 제6항). 다만, 소집할 시간적 여유가 없거나 그 밖에 위원장이 특별히 필요하다고 인정하면 서면으로 의결할 수 있다(조달사업법 시행령 제5조 제7항).

위원장은 심의를 위해 필요하면 안건과 관련된 관계 행정기관, 공공단체나 그 밖에 기관·단체의 장, 관계자나 민간전문가를 회의에 참석하게 하여 의견을 들을 수 있다(조달사업법 시행령 제5조 제8항). 회의에 출석한 위원, 관계자, 전문자에게는 예산의 범위에서 수당과 여비를 지급할 수 있다. 다만, 공무원이 그 소관 업무와 직접 관련되어 출석하는 경우에는 수당과 여비를 지급하지 않는다(조달사업법 시행령 제5조 제9항).

마. 제척·기피·회피와 해촉

1) 제척

위원이 심의·의결에서 제척되는 사유는 다음과 같다. 즉, ① 위원이나 그 배우자, 배우자였던 사람이 해당 안건의 당사자(당사자가 법인 단체 등인 경우에는 그 임원을 포함)가 되거나 그 안건의 당사자와 공동권리자나 공동의무자인 경우, ② 위원이 해당 안건의 당사자와 친족이거나 친족이었던 경우, ③ 위원이 해당 안건에 대하여 자문, 연구, 용역(하도급 포함), 감정, 조사를 한 경우, ④ 위원이나 위원이 속한 법인 단체 등이 해당 안건의 당사자의 대리인이거나 대리인이었던 경우, ⑤ 위원이 임원이나 직원으로 재직하고 있거나 최근 3년 안에 재직했던 기업 등이 해당 안건에 관하여 자문, 연구, 용역(하도급 포함), 감정, 조사를 한 경우(조달사업법 시행령 제6조 제1항 제1호부터 제5호).

2) 기피

해당 안건의 당사자는 위원에게 공정한 심의·의결을 기대하기 어려운 사정이 있는 경우, 위원회에 기피 신청을 할 수 있고, 위원회는 의결로 기피 여부를 결정한다. 그리고 기피 신청 대상인 위원은 그 의결에 참여하지 못한다(조달사업법 시행령 제6조 제2항).

3) 회피

위원이 제척 사유에 해당하는 경우 스스로 해당 안건의 심의·의결에서 회피해야 한다(조달사업법 시행령 제6조 제3항).

4) 해촉

기획재정부장관은 위원회의 공무원이 아닌 위촉위원이 심신장애로 직무를 수행할 수 없는 경우, 직무와 관련된 비위사실이 있는 경우, 직무태만, 품위손상이나 그 밖에 사유로 위원으로 적합하지 않은 경우, 제척 사유가 있는데도 회피하지 않은 경우, 위원 스스로 직무를 수행하는 것이 곤란하다고 의사를 밝히는 경우 중 어느 하나에 해당하면 해당 위원을 해촉할 수 있다(조달사업법 시행령 제6조 제4항 제1호부터 제5호).

바. 분과위원회

1) 의의

분과위원회는 위원회를 효율적으로 운영하기 위한 전문 분야별로 나눈 위원회를 말한다. 분과위원회 심의는 조달정책심의위원회 심의로 본다(조달사업법 제5조 제4항).

2) 종류

분과위원회는 분야별로 공공수요발굴위원회, 공공조달제도개선위원회가 있다(조달사업법 시행령 제7조 제1항).

3) 심의사항

공공수요발굴위원회는 공공수요 발굴 체계와 절체와 관련한 사항, 혁신제품 지정과 관련한 사항, 공공구매 목표 설정과 그 평가와 관련한 사항, 그 밖에 위원장이 공공수요 발굴과 혁신제품 지정 업무와 관련하여 공공수요발굴위원회 심의가 필요하다고 인정하는 사항을 심의한다(조달사업법 시행령 제7조 제2항 제1호 가목부터 라목).

공공조달제도개선위원회는 공공조달과 관련된 중장기 정책과 제도 마련과 관련한 사항, 공공조달의 성과관리와 평가와 관련한 사항, 주요 정책 현안과 제도 개선과 관련한 사항, 그 밖에 위원장이 조달정책과 관련하여 공공조달제도개선위원회 심의가 필요하다고 인정하는 사항을 심의한다(조달사업법 시행령 제7조 제2항 제3호 가목부터 라목).

4) 구성

각 분과위원회는 위원장 1명을 포함하여 15명 이내로 구성하며, 분과위원회 위원장과 위원은 조달정책심의위원회 위원장이 그 위원 중에서 임명·위촉한다. 이때 관계 중앙행정기관 소속 공무원을 각 분과위원회 위원으로 중복하여 임명할 수 있다(조달사업법 시행령 제7조 제3항).

기획재정부장관이 정하는 관계 중앙행정기관의 차관급 공무원(차관급 공무원이 2명 이상인 경우에는 해당 기관의 장이 지명하는 1명)은 분과위원회 위원 수 산정에 포함하지 않는다(조달사업법 시행령 제7조 제4항).

5) 운영

분과위원회 위원장은 분과위원회를 대표하고, 분과위원회 업무를 총괄한다(조달사업법 시행령 제7조 제5항). 그 밖에 분과위원회 운영은 조달정책심의위원회 운영규정을 준용한다(조달사업법 시행령 제5조 제4항부터 제9항, 제7조 제6항).

사. 실무위원회

1) 의의

실무위원회는 조달정책심의위원회나 분과위원회 업무를 지원하기 위한 위원회이다(조달사업법 제5조 제5항). 따라서 실무위원회는 조달정책심의위원회나 분과위원회의 심의 안건을 미리 검토하고, 그로부터 위임받은 사항 등을 처리한다(조달사업법 시행령 제8조 제1항).

2) 구성

실무위원회 위원장은 기획재정부 소속 고위공무원 중 조달정책심의위원회 위원장이 지명하는 사람이 된다(조달사업법 시행령 제8조 제2항). 실무위원회 위원은 관계 행정기관의 공무원과 민간전문가 중에서 실무위원회 위원장이 임명·위촉한다(조달사업법 시행령 제8조 제3항).

3) 운영

실무위원회는 심의를 위해 필요하다면 안건과 관련된 관계 행정기관, 공공단체나 그 밖에 기관·단체의 장, 관계자나 민간전문가를 참석하게 하여 의견을 들을 수 있다(조달사업법 시행령 제8조 제4항). 실무위원회에 출석한 위원, 관계자, 전문가에게는 예산의 범위에서 수당과 여비를 지급할 수 있지만, 공무원이 그 소관 업무와 직접 관련되어 출석하는 경우에는 수당과 여비를 지급하지 않는다(조달사업법 시행령 제8조 제5항).

2. 사회적 책임 장려

조달청장은 기업의 사회적 책임을 장려하기 위해 조달절차에서 환경, 인권, 노동, 고용, 공정거래, 소비자 보호 등 사회적·환경적 가치를 반영할 수 있다(조달사업법 제6조).

3. 조달교육

조달청장은 조달청, 수요기관, 민간업체의 조달업무나 납품업무 종사자의 전문성과 자질 향상을 위한 조달교육을 할 수 있다(조달사업법 제7조).

4. 조달의 날

공공조달의 중요성에 대한 사회적 인식과 관심을 높이고, 공공조달 발전을 도모하기 위해 매년 9월 30일을 조달의 날로 정하여 기념행사를 한다(조달사업법 제8조 제1항). 조달의 날 행사와 관련하여 필요한 사항은 조달청장이 정하여 시행할 수 있다(조달사업법 제8조 제2항).

5. 조달통계

가. 의의

조달청장은 공공조달의 현황을 파악하고 효과적인 조달정책을 수립·시행하기 위해 국가기관, 지방자치단체, 공공기관운영법 제4조부터 제6에 따라 지정·고시된 공공기관, 지방공기업법에 따른 지방직영기업, 지방공사, 지방공단, 지방의료원의 설립 및 운영에 관한 법률에 따른 지방의료원, 지방자치단체출연 연구원의 설립 및 운영에 관한 법률에 따른 지방자치단체출연 연구원, 그 밖에 공공조달의 현황 파악과 효과적인 조달정책의 수립·시행을 위해 계약 관련 통계 작성·관리가 필요하다고 인정하여 고시하는 기관(이하 "국가기관 등"이라 한다)의 입찰·계약·대금지급 등(하도급 사항을 포함)과 관련한 통계를 작성해야 한다(조달사업법 제9조 제1항, 같은 법 시행령 제9조 제1항 제1호부터 제6호). 이를 조달통계라 한다.

이에 조달청장은 조달통계 작성을 위해 위임된 사항과 그 시행에 필요한 세부사항, 가령 통계작성 대상과 방법, 절차에 필요한 사항을 규정할 목적으로 조달통계 작성 세부기준을 마련하여 시행 중이다.

나. 통계작성

조달청장은 국가기관 등이 체결한 계약과 관련하여, 전체 공공조달의 현황과 관련한 사항, 기관별·기업별·계약방법별 조달 현황과 관련한 사항, 그 밖에 조달정책 수립·시행을 위해 필요한 사항을 매월 통계로 작성해야 한다(조달사업법 시행령 제9조 제2항 제1호부터 제3호).

다. 자료요구

조달청장은 조달통계를 작성하기 위해 국가기관 등에게 필요한 자료를 요구할 수 있다(조달사업법 제9조 제2항). 이에 따라 조달청장은 국가기관 등(조달청장이 수요기관을 위해 체결한 계약인 경우에는 해당 수요기관을 말함)의 장이 체결한 물품·공사, 용역계약과 관련한 계약금액 총액 등 전체실적을 확인할 수 있는 자료, 계약체결과 변경과 관련한 사항을 포함한 계약 건별 자료, 그 밖에 조달청장이 공공조달의 현황 파악과 효과적인 조달정책 수립·시행을 위해 필요하다고 인정하여 고시하는 사항과 관련한 자료를 요구할 수 있다(조달사업법 시행령 제9조 제3항 제1호부터 제3호). 그리고 자료제출을 요구받은 국가기관 등을 위해 표준화된 자료작성 기준과 서식 등을 정하여 고시해야 한다(조달사업법 시행령 제9조 제4항).

한편, 조달청장으로부터 자료제출을 요청받은 국가기관 등은 정당한 사유가 없으면 이에 따라야 하므로(조달사업법 제9조 제3항), 그 요구를 받은 날이 속하는 달의 다음 달 말일까지 해당 자료를 조달청장이 지정하는 정보처리장치를 이용하여 작성·제출해야 한다(조달사업법 시행령 제9조 제5항).

라. 전자조달시스템과 연계

조달청장은 조달통계 집계를 위해 국가기관등에게 재정 관련 정보시스템과 자체전자조달시스템을 전자조달시스템과 연계하도록 요구할 수 있으며, 국가기관등은 특별한 사유가 없으면 이에 협조해야 한다(국가계약법 제9조 제4항).

6. 자료제공 요청 등

조달청장은 조달사업 중 외국산 조달물자의 구매사업과 비축계획 수립을 효율적으로 추진하고 해외 조달시장 진출 지원 사업을 효과적으로 운영하기 위해 필요한 경우, 관계 행정기관의 장에게 물품 등 통관기록 등 수출입 거래와 관련한 자료제공을 요청할 수 있다. 이때 관계 행정기관의 장은 특별한 사유가 없으면 이에 협조해야 한다(조달사업법 제10조 제2항). 이에 따라 조달청장은 관세청장에게 관세법 시행령 제246조 제2항에 따른 수출·수입, 반송 신고서 제공을 요청할 수 있다(조달사업법 시행령 제10조).

한편, 조달청장은 위에 따라 제공받은 자료를 처리할 때 개인정보 보호법에 따라 보호해야 한다(조달사업법 제10조 제2항).

제 2 절 조달사업법의 내용

Ⅰ. 계약방법 특례

조달사업법은 제3자를 위한 단가계약(조달사업법 제12조), 다수공급자계약(조달사업법 제13조), 카탈로그계약(조달사업법 시행령 제14조 제1호), 비축물자 계약(조달사업법 시행령 제14조 제2호, 제35조) 등을 별도로 규정하여, 계약방법의 특례를 둔다. 이는 국가계약법이나 지방계약법이 정한 계약방법의 특칙에 해당한다. 다만, 제3자를 위한 단가계약은 지방계약법 제26조에서 정한 내용이고, 이 책 제2편 공공계약법 부분에서 자세히 살펴보았으므로, 이 편에서 다루는 계약방법 특례에서는 제외한다. 따라서 제2장 계약방법 특례에서는 ① 계약체결 요청과 법률관계, ② 다수공급자계약제도, ③ 카탈로그계약제도, ④ 중소기업제품 계약제도, ⑤ 비축물자계약제도를 차례로 살펴본다.

Ⅱ. 품질관리

조달사업법은 조달물자와 안전관리물자를 대상으로 한 품질관리를 규정한다. 특히 조달청은 그 소속 기관으로 조달품질원을 두어 품질관리 업무를 전담하게 한다. 이에 조달청은 품질관리에 필요한 다양한 내부규정, 가령, 조달물자 전문기관검사 업무규정, 조달청 검사 및 이화학시험 업무규정, 조달물자의 하자처리 등 사후관리에 관한 규정, 물품구매계약 품질관리 특수조건 등을 마련하여 시행 중이다. 나아가 조달청은 방위사업청으로부터 위탁받은 군수품 품질보증에 필요한 규정으로 조달청 군수품 정부품질보증 업무규정도 제정·시행한다. 따라서 제3장 품질관리에서는 ① 조달물자 품질관리, ② 안전관리물자 품질관리, ③ 군수품 정부품질보증을 차례로 살펴본다.

Ⅲ. 특수한 물품조달제도

조달사업법은 조달기업 지원을 위한 물품조달제도로, 우수제품 지원(조달사업법 제26조)과 혁신제품의 공공구매 지원(조달사업법 제27조)을 규정한다. 우수제품이나 혁신제품은 국가계약법에 따라 수의계약 대상에 해당하기 때문에(국가계약법 시행령 제26조 제1항 제3호 바목, 사목, 제5호 사목 참조), 그 지정을 받은 자는 일반물품 제조·공급업체와 비교하여 유리한 지위에서 공공조달시장 진출의 기회를 얻는다. 실무에서는 우수제품의 지정이나 취소, 효력 등과 관련한 법적 문제가 많이 발생하고, 그와 관련한 계약체결·유지·종료, 부정당업자 입찰참가자격제한 등 분쟁도 많다. 혁신제품과 관련한 분쟁은 비교적 적지만, 우수제품과 마찬가지로 그 지정이나 취소, 효력 등과 관련한 법적 문제가 있을 수 있다. 이에 제4장 특수한 물품조달제도에서는 ① 우수제품제도와 ② 혁신제품제도 전반을 살펴본다.

Ⅳ. 전자조달시스템을 이용한 공공조달플랫폼

공공조달업무는 믿을만한 전자시스템을 구축하여 처리할 때 비로소 안정성과 신뢰성, 공정성을 확보하고 그 원활한 수행과 촉진을 도모할 수 있다(전자조달법 제1조). 이에 조달청장은 국가종합전자조달시스템을 구축·운용하는 등 전자조달시스템 관련 업무를 관장하고(전자조달법 제12조 제1항 참조), 수요기관의 장은 전자조달시스템을 이용·활용하여 조달업무를 전자적으로 처리하도록 노력해야 한다(전자조달시스템 제5조 제1항). 전자조달법과 국가계약법은 위와 같은 국가종합전자조달시스템을 전자조달시스템이라고 약칭하고(전자조달법 제3조, 국가계약법 시행령 제13조 제4항 등 참조), 이러한 전자조달시스템은 나라장터(http://www.g2b.go.kr)로 불린다. 따라서 아래에서는 필요에 따라 전자조달시스템 혹은 나라장터라고 지칭한다.

나아가 조달청장은 조달기업 지원을 위한 온라인 상품몰 운영을 할 수 있고(조달사업법 제25조), 창업·벤처기업 등 조달기업의 상품을 홍보하고 판매할 수 있는 온라인 상품몰을 운영할 수 있다(조달사업법 시행령 제29조 제1항 제2호). 이처럼 조달청장은 나라장터와 연계하여 종합쇼핑몰, 혁신장터, 벤처나라, 하도급지킴이, 누리장터, 디지털서비스몰, 이음장터 등 수요기관이나 조달기업이 이용할 수 있는 다양한 공공조달플랫폼 사이트를 구축한다. 따라서 제5장 전자조달시스템을 이용한 공공조달플랫폼에서는 ① 전자조달시스템과 관련한 법적 규율을 살펴보고, 그 밖에 개별 공공조달플랫폼 사이트인 ② 나라장터, 종합쇼핑몰, 혁신장터, 벤처나라, 하도급지킴이, 누리장터, 디지털서비스몰, 이음장터 등의 특성을 소개한다.

제2장 / 계약방법 특례

제 1 절 계약체결 요청과 법률관계

Ⅰ. 계약체결 요청

1. 의의

조달청장은 조달물자 구매와 수요기관의 공사계약 등 사업을 수행하므로, 수요기관의 장으로부터 요청을 받아 물품·용역·공사계약을 체결한다. 이처럼 조달청장이 수요기관의 장으로부터 요청받아 체결하는 계약을 요청조달계약이라고 한다.[1] 그리고 요청조달계약은 수요기관이 의무적으로 요청해야 하는 의무요청조달계약과 임의로 요청할 수 있는 임의요청조달계약으로 나눈다. 한편, 조달청장은 수요물자 구매·공급절차에 필요한 세부기준을 정하여 시행할 수 있고(조달사업법 시행규칙 제2조 제4항), 이에 따라 조달청 내자구매업무 처리규정을 별도로 제정·시행한다. 다만, 외국산제품등 구매절차에 필요한 세부기준은 조달청 외자구매업무 처리규정을 마련하여 별도로 규정한다(조달사업법 시행규칙 제3조 제3항).

〔계약체결 요청의 의미와 적용법률〕

공공기관이 일정한 규모 이상의 공사계약을 체결하는 경우 해당 공공기관의 계약담당자는 통상 계약업무에 관한 전문지식이나 경험이 부족할 뿐만 아니라 계약 관계자들에 의한 여러 부정행위 시도에 대한 저항력도 상대적으로 부족한 결과 부적정하고 불리한 내용의 계약을 체결함으로써 해당 공공기관에 손해를 끼칠 위험이 있다. 여기에서 구 조달사업법 제5조의2 제1항은 위와 같은 경우에 공공기관의 장으로 하여금 원칙적으로 조달청장에게 계약체결을 요청하도록 강제하고 있는데, 이는 계약체결에 관한 전문지식·경험과 업무수행의 공정성을 담보할 업무체계 등을 구비하고 있는 국가기관인 조달청장으로 하여금 수요기관인 공공기관의 요청에 따라 그를 대신하여 계약을 체결하게 함으로써 위와 같은 위험을 방지하고자 함에 입법목적이 있다. 그런데 이와 같이 계약체결을 요청받

1) 대법원 2017. 6. 29. 선고 2014두14389 판결.

는 조달청장은 원래 국가계약법을 적용하여 계약을 체결하는 기관이고 그의 전문성과 공정성을 담보할 모든 업무방식과 업무체계는 그가 체결하는 계약에 대하여 국가계약법을 적용함을 전제로 점차적으로 구축해 온 것으로 보인다. 따라서 구 조달사업법 제5조의2 제1항에 의하여 조달청장에게 그 체결을 요청하게 한다는 것은 단지 해당 요청조달계약 체결의 주체가 조달청장이 되게 함에 그치는 것이 아니라 국가계약법의 적용을 전제로 완비된 조달청의 업무방식과 업무체계까지도 빌린다는 것이므로, 요청조달계약에 대하여는 입법목적 달성에 필요한 범위 내에서 국가계약법이 적용되어야 한다(서울고등법원 2014. 10. 28. 선고 2013누31549 판결 참조).

2. 요청조달계약 절차

가. 구매계약

1) 조달요청서 제출

수요기관의 장은 조달청장에게 수요물자 구매계약 체결을 요청(납품요구를 포함)하려는 경우, 조달청장이 미리 정하여 통보하는 기한까지 조달청장에게 조달요청서를 제출해야 한다(조달사업법 시행규칙 제2조 제1항).

다만, 국내에서 생산·공급되지 않거나 차관자금으로 구매하는 외국산제품등 구매계약 체결을 요청(납품요구를 포함한다)하려는 경우에는 조달청장이 미리 정하여 통보하는 기한까지 조달청장에게 외자조달요청서와 함께 품목명세서 등을 첨부하여 제출해야 한다(조달사업법 시행규칙 제3조 제1항).

2) 계약체결 방법 등 협의

계약체결 요청을 받은 조달청장은 수요기관이 계약체결에 적용해야 할 법령에 따라 계약체결의 방법 등을 수요기관과 협의하여 결정해야 한다. 다만, 계약 목적이나 특성상 협의가 필요 없으면 협의를 생략할 수 있다(조달사업법 제11조 제3항). 위 조항은 원래 수요기관의 계약체결에 적용할 법령에 따라 계약체결 방법 등을 결정하고, 수요기관의 장과 협의해야 한다는 의미라고 해석하는 견해도 있지만,[1] 원래 수요기관의 계약체결에 적용될 법령을 반드시 적용해야 한다는 의미는 아니라고 본다. 따라서 원래 계약체결에 적용해야 할 법령에 따를지를 수요기관의 장과 협의하여 결정하고, 특별히 그 법령에 따르기로 결정하지 않는 한, 원칙적으로 국가계약법이 적용된다고 보아야 한다.[2]

1) 박정훈, 요청조달계약과 입찰참가자격제한처분 권한 -요청조달계약의 법적 성질, 사법적 관점과 공법적 관점-, 행정판례연구 XXIV-2, 2019, 19쪽.

2) 서울고등법원 2014. 10. 28. 선고 2013누31549 판결은 "요청조달계약에서는 계약체결 방법 등 일부 사항에 대하여 조달청장이 협의로 수용하지 않는다면 원칙적으로 국가계약법이 적용된다는 해석이 타당하다."고 한다.

위와 같은 협의가 결렬되면, 조달청장은 수요기관에게 직접 계약을 체결하게 할 수 있다(조달사업법 제11조 제4항).

3) 입찰서 기술검토

조달청장은 수요물자의 품질이나 성능 등을 검토하기 위해 필요하다고 인정할 경우, 수요기관의 장에게 해당 수요물자의 입찰서에 대한 기술검토를 요청할 수 있다(조달사업법 시행규칙 제4조).

4) 분할납품 요구서 제출

수요기관의 장은 제3자를 위한 단가계약을 체결한 계약상대자에게 납품을 요구하려는 경우, 제3자 단가계약 분할납품 요구서를 계약상대자와 조달청장에게 각각 보내야 한다(조달사업법 시행규칙 제2조 제2항).

5) 물품납품 및 영수증

수요기관의 장은 수요물자를 공급받았을 경우 물품납품 및 영수증을 조달청장에게 제출해야 한다(조달사업법 시행규칙 제2조 제3항).

나. 공사계약

1) 집행계획 제출

수요기관의 장은 그 소관 공사 중 해당 회계연도에 조달청장에게 계약체결을 요청할 공사가 있으면, 매년 1월 20일까지 조달청장에게 그 집행계획을 제출해야 한다. 다만, 예산이 총액으로 편성되어 단위사업별 집행계획을 별도로 수립해야 하는 사업은 단위사업별 집행계획을 집행계획 확정 후 20일 안에 조달청장에게 제출해야 한다(조달사업법 시행령 제11조 제3항, 조달사업법 시행규칙 제7조).

2) 공사계약요청서 제출

수요기관의 장은 조달청장에게 공사의 계약체결을 요청하려는 경우, 조달청장이 미리 정하여 통보하는 기한까지 공사계약요청서에 공사개요서, 설계서, 현장설명서, 계약특수조건, 건설기술 진흥법 시행령 제9조에 따른 설계심의분과위원회 등 심사결과서, 그 밖에 참고서류 등을 첨부하여 조달청장에게 제출해야 한다(조달사업법 시행규칙 제5조 제1항 제1호부터 제6호).

3) 계약체결 통지

조달청장은 공사계약체결을 요청받으면, 공사 예정가격을 결정하여 계약을 체결하고,

계약체결 통지서에 계약서와 계약특수조건, 예정가격조서와 그 산출근거, 그 밖에 관련 참고서류 등을 첨부하여 수요기관의 장에게 보내야 한다(조달사업법 시행규칙 제5조 제2항 제1호부터 제3호).

4) 공사계약 사후관리

가) 설계변경 등 계약내용 변경절차

수요기관의 장은 계약체결의 통지를 받은 공사와 관련하여 설계변경 등으로 계약내용을 변경하려는 경우, 변경계약 체결에 필요한 조치를 한 후 이를 조달청장에게 통보해야 한다. 다만, 변경계약 체결에 필요한 조치를 하기 곤란하면 지체없이 공사계약내용 변경요청서에 설계변경 신청서 등을 첨부하여 조달청장에게 변경계약 체결을 요청해야 하고(조달사업법 시행규칙 제8조 제1항), 조달청장은 변경계약 체결 등 필요한 조치를 해야 한다(조달사업법 시행규칙 제8조 제2항).

나) 미착공 통보

수요기관의 장은 계약서에 정한 기한까지 공사가 착공되지 않은 경우, 조달청장에게 그 내용을 통보해야 한다(조달사업법 시행규칙 제8조 제3항).

다) 공사감독·검사

수요기관의 장은 공사가 착공되면, 공사감독과 검사에 필요한 조치를 해야 하지만, 수요기관의 장이 요청하는 경우에는 조달청장이 이를 대행할 수 있다(조달사업법 시행규칙 제8조 제4항).

라) 준공통지서 제출

수요기관의 장은 공사완료 후 공사대금을 지급한 경우, 준공통지서에 준공신고서 사본(시공업자 작성), 준공검사 조사서 사본(준공검사관 작성), 지체상금 부과 사유서(산출근거와 징수 연월일 포함) 등을 첨부하여 조달청장에게 제출해야 한다(조달사업법 시행규칙 제8조 제5항).

마) 계약해제나 보증기관이행 요청

수요기관의 장은 계약자의 계약불이행, 그 밖에 부득이한 사유로 공사계약을 해제하거나 공사계약 전부나 일부를 공사이행보증서 발급기관으로 하여금 이행하게 할 필요가 있을 경우에, 조달청장에게 공사계약 해제나 공사이행보증서 발급기관이 하는 계약이행을 요청해야 한다. 특히 공사계약 해제를 요청할 때에는 공사계약 해제요청서에 구체적인 해제 사유와 그 증명서류, 공사계약 해제 당시 구체적인 공사 공정표, 그 밖에 공사계약 집행상황 등과 관련한 참고서류를 첨부하여 조달청장에게 제출해야 한다(조달사업법 시행규칙 제9조 제1

항). 또한, 조달청장은 수요기관의 장으로부터 위 요청을 받은 경우 이에 필요한 조치를 하고, 그 내용을 해당 수요기관의 장에게 통보해야 한다(조달사업법 시행규칙 제9조 제2항).

3. 의무요청조달계약

수요기관의 장은 수요물자나 공사 관련 계약을 체결할 때 계약요청 금액이나 계약 성격 등이 일정한 기준에 해당하면, 조달청장에게 계약체결을 요청해야 한다(조달사업법 제11조 제1항 본문). 이처럼 수요기관이 반드시 조달청에게 요청하여 계약을 체결하는 제도를 의무요청조달계약이라 부른다. 그 대상은 다음과 같다(조달사업법 시행령 제11조 제1항 제1호부터 제5호).

① 국가기관과 그 소속 기관이 수요물자를 구매하는 계약인 경우에는 추정가격이 1억 원(외국산 물품은 미합중국화폐 20만 달러) 이상인 것
② 국가기관과 그 소속 기관 또는 지방자치단체와 그 소속 기관이 구매하려는 수요물자로서 조달청장과 계약상대자 사이에 이미 체결된 제3자를 위한 단가계약, 다수공급자계약, 일반 단가계약
③ 국가기관과 그 소속 기관이 체결하는 종합공사 계약으로서 추정가격이 30억 원 이상인 것. 다만, 전문공사, 전기공사, 정보통신공사, 소방시설공사는 추정가격이 3억 원 이상인 것
④ 수요기관의 장의 요청에 따라 조달청장이 체결한 수요물자 또는 공사 관련 장기계속계약으로서 제2차 이후 계약인 것
⑤ 그 밖에 다른 법령에서 조달청장에게 수요물자 구매 또는 공사계약 체결을 위탁하고 있는 것

4. 임의요청조달계약

수요기관의 장은 의무요청계약 기준에 해당하지 않는 경우에도 조달청장에게 수요물자 구매나 공사계약 체결을 요청할 수 있다(조달사업법 제11조 제2항). 이를 임의요청조달계약이라 한다. 이때도 조달청장은 수요기관과 계약체결에 적용해야 할 법령에 따라 계약체결 방법 등을 협의하여 결정해야 하고, 협의가 결렬되면 수요기관에게 직접 계약을 체결하게 할 수 있다(조달사업법 제11조 제4항).

5. 요청조달계약의 예외

가. 의무요청조달계약 대상이 아닌 경우

의무요청조달계약 대상이 아닌 경우, 수요기관의 장은 그 선택에 따라 조달청장에게 계

약체결을 요청하거나 직접 계약을 체결할 수 있다(조달사업법 제11조 제2항 참조).

나. 의무요청조달계약의 예외

의무요청조달계약 대상에 해당하더라도, 계약체결 요청이 부적절한 경우, 가령, ① 천재지변, 긴급한 행사 그 밖에 이에 준하는 사유가 있는 경우, ② 국방과 관련이 있거나 국가기관의 행위를 비밀리에 해야 하는 경우, ③ 재해나 사고로 긴급 복구공사를 하는 경우, ④ 시공·감독, 하자보수 등에 필요한 기술의 특수성을 고려할 때 수요기관의 장이 직접 공사계약을 체결할 필요가 있다고 인정되는 특수공사를 하는 경우로서 조달청장과 미리 협의한 경우, ⑤ 조달사업법 시행규칙 제6조에 따라 조달청장이 수요기관에 수요물자 구매와 공사의 계약체결을 위임하는 경우 등에는 수요기관의 장이 직접 계약을 체결한다(조달사업법 제11조 제1항 단서, 같은 법 시행령 제11조 제2항 제1호부터 제5호, 같은 법 시행규칙 제6조).

다. 조달청장의 수요물자 구매·공사계약체결 위임

1) 의의

조달청장은 의무요청조달계약 대상이라도 수요기관에게 이를 위임할 수 있다(조달사업법 제11조 제1항 단서, 같은 법 시행령 제11조 제2항 제5호). 실무에서는 목적에 따라 구매위임, 공사계약위임 등으로 부른다.

2) 사유

구매·공사계약체결 위임 사유로는 중앙조달이 부적합한 수요물자나 공사로서 조달청장이 미리 그 범위를 정하여 수요기관에 통보한 경우, 신규개발품의 조달이나 납품기일 촉박 등 사유로 수요기관의 장이 수요물자를 직접 구매할 수 있도록 조달청장에게 구매위임을 요청한 경우, 수요물자나 공사의 특성, 수요시기, 국내외 시장여건이나 국제관계 등을 고려하여 수요기관의 장이 수요물자를 직접 구매하거나 직접 공사 계약체결을 할 수 있도록 조달청장에게 위임을 요청한 경우 등이 있다(조달사업법 시행규칙 제6조 제1항 제1호부터 제3호).

3) 절차

수요기관의 장은 구매나 공사계약체결 위임을 요청하려면, 해당 물품의 품명·규격·수량·단가·수요시기, 수요기관의 직접 구매나 공사계약체결이 필요한 사유를 구체적으로 적어서 조달청장에게 요청해야 한다(조달사업법 시행규칙 제6조 제2항). 구매위임 요청을 받은 조달청장은 요청받은 날부터 10일 안에 수요기관에게 그 결과를 통보해야 한다(조달사업법 시행규칙 제6조 제3항).

Ⅱ. 요청조달계약의 법률관계

1. 적용법률

국가계약법 제2조는 국가가 대한민국 국민을 계약상대자로 체결하는 계약 등 국가를 당사자로 하는 계약에 위 법을 적용한다고 규정하고, 제3조는 국가계약에는 다른 법률에 특별한 규정이 있는 경우를 제외하고는 이 법에서 정한 바에 따른다고 규정하므로, 국가가 수익자인 수요기관을 위해 조달청장이 국민을 계약상대자로 체결하는 요청조달계약에는 다른 법률에 특별한 규정이 없다면, 당연히 국가계약법이 적용된다.[1] 다만, 수요기관이 지방자치단체인 요청조달계약에는 지방계약법이 적용된다(지방계약법 제4조, 제7조 제1항, 제2항 참조).

그런데 요청조달계약에 적용되는 국가계약법 조항은 국가가 사경제 주체로서 국민과 대등한 관계에 있다는 점을 전제하는 사법상 법률관계와 관련한 규정에 한정하고, 고권적 지위에서 국민에게 침익적 효과를 발생하게 하는 행정처분 관련 규정까지 당연히 적용된다고 할 수는 없다.[2]

2. 법적 성질

가. 문제점

요청조달계약의 법적 성질을 어떻게 파악할지 견해가 대립한다. 이는 수요기관이 조달청장에게 계약사무를 위탁하면, 그 법률관계를 어떻게 파악할지와 직접 관련된 문제이다.

나. 학설

1) 제3자를 위한 계약설

요청조달계약이 체결되면, ① 조달청과 계약상대자, ② 조달청과 수요기관, ③ 수요기관과 계약상대자, 이렇게 삼면관계가 성립하는데, 위와 같은 법률관계를 '제3자를 위한 계약'으로 파악하는 견해이다. 우리나라 다수설이다.

2) 행정권한 위탁설

수요기관이 조달청장에게 계약사무를 위탁하는 관계를 행정권한 위탁으로 이해하는 견해이다. 행정권한의 위탁이 있으면 '수탁자 명의'로 수탁사무를 처리하기 때문에(행정권한의 위임 및 위탁에 관한 규정 제8조 제2항), 조달청장은 '명의상' 계약당사자이지만, 국가의 기관으로서 지위가 아니라 수요기관의 '수탁기관'으로서 수요기관의 행정권한을 위탁받아 행사하는

---

1) 대법원 2017. 6. 29. 선고 2014두14389 판결.
2) 대법원 2017. 6. 29. 선고 2014두14389 판결.

주체로 보므로 요청조달계약에는 수요기관에 적용되는 법령이 적용된다고 한다.[1)]

다. 판례

판례는 요청조달계약에 따른 법률관계를 '제3자를 위한 계약'으로 설명한다.[2)] 따라서 수요기관은 계약당사자는 아니더라도 계약에 따른 수익을 얻는 지위에 있는 반면, 조달청장은 수요기관으로부터 수수료를 지급받고 요청받은 계약업무를 이행하는 지위에 있다고 본다.[3)]

〔요청조달계약과 제3자를 위한 계약의 법리〕

① 국가가 지방자치단체(서울특별시)의 조달요청을 받아 체결한 공사계약 관련 손해배상청구소송에서 국가가 서울특별시를 위하여 건설회사와의 사이에 난지도 쓰레기처리장 건설공사계약을 체결한 이상 그 계약의 당사자는 국가와 건설회사이고 서울특별시는 위 계약상의 수익자이며, 난지도 쓰레기처리시설의 건설이 서울특별시의 사업으로서 그 기본계획의 입안, 부지의 선정 및 제공, 입찰안내서의 작성, 공사비의 지출, 관리비의 지출 등 계약체결을 제외한 모든 것이 실질적으로 서울특별시에 의하여 이루어졌을 뿐 아니라 완성된 시설 또한 서울특별시에 귀속된다고 하여 서울특별시가 건설공사계약의 당사자가 되는 것은 아니다(대법원 1994. 8. 12. 선고 92다41559 판결).

② 조달청장이 조달사업법 제5조의2 제1항 또는 제2항에 따라 수요기관으로부터 계약체결을 요청받아 그에 따라 체결하는 계약은, 국가가 당사자가 되고 수요기관은 수익자에 불과한 제3자를 위한 계약에 해당한다(대법원 2005. 1. 28. 선고 2002다74947 판결, 대법원 2010. 1. 28. 선고 2009다56160 판결,[4)] 대법원 2017. 6. 29. 선고 2014두14389 판결, 대법원 2017. 12. 28. 선고 2017두39433 판결 등).

〔요청조달계약에서 계약체결을 제외한 공사집행이나 계약내용 변경 등 사항을 수요기관이 수행한 경우〕

계약체결만 조달청장이 하고, 그 밖에 공사집행이나 계약내용 변경 등 제반 사항을 수요기관이 수행했다고 하더라도 대한민국(조달청장)은 여전히 계약당사자 지위를 유지한다(대법원 2019. 12. 27. 선고 2017두48307 판결 참조).

---

1) 박정훈, 앞의 요청조달계약과 입찰참가자격제한처분 권한, 19쪽.
2) 대법원 2019. 12. 27. 선고 2017두48307 판결 등 다수판례 참조.
3) 대법원 2022. 3. 31. 선고 2017다247145 판결.
4) 지방자치단체의 구매요청에 따라 조달청이 甲 회사와 조달물자구매계약을 체결하면서 지급방법을 '대지급'으로 정한 사안에서, 위 조달계약은 그 당사자가 조달청과 甲 회사이고 수요기관인 지방자치단체는 그 계약상 수익자에 불과한 '제3자를 위한 계약'이므로 甲 회사에 대해 조달계약의 당사자로서 그 대금지급의무를 부담하는 자는 조달청일 뿐이고, 조달계약에서 계약금액의 지급방법을 '대지급'으로 약정한 이상, 수요기관인 지방자치단체를 제3채무자로 하여 채권압류 및 전부명령을 받은 甲 회사의 채권자가 위 지방자치단체에 대하여 전부금을 청구할 수 없다고 본 원심의 판단을 수긍한 사례(대법원 2010. 1. 28. 선고 2009다56160 판결).

라. 검토

공공계약을 사법상 계약으로 이해한다면, 요청조달계약관계 역시 사법상 원리를 적용해야 한다. 행정권한 위탁설은 계약체결 요청에 따라 입찰참가자격제한 권한이 위탁되는 논리를 제3자를 위한 계약설보다 자연스럽게 설명할 수 있지만, 단지 그런 이유만으로 실무와 대법원 판례가 확고히 지지하는 제3자를 위한 계약설을 배제할 이유가 없다. 계약체결 요청에 따른 행정권한 수권 문제는 법률에서 근거를 찾는 대법원 판례 법리로 충분히 설명할 수 있다고 본다.

다만, 요청조달계약에서 수요기관은 민법상 제3자를 위한 계약의 수익자와 완전히 같다고 보기 곤란한 점은 인정할 수밖에 없다. 왜냐하면 수요기관은 법령상 혹은 약정상 계약상대자에게 직접 대금지급의무를 부담하기도 하고(조달사업법 제15조 제2항, 공사계약특수조건 제2조 제2항 참조), 감독·검사 권한을 갖기도 하며(조달사업법 시행규칙 제8조 제4항, 공사계약특수조건 제2조 제2항 참조), 계약내용 변경권한을 일부 가지며(조달사업법 시행규칙 제8조 제1항, 공사계약특수조건 제2조 제2항 참조), 계약해제 요구권(조달사업법 시행규칙 제9조 제1항 참조)도 있기 때문이다.[1)]

3. 구체적 모습

가. 조달청·수요기관과 계약상대자 사이의 법률관계

1) 대금지급

가) 조달사업법 제15조의 법적 성격

조달사업법 제15조는 요청조달계약에서 대금 지급방법을 규정한다. 이러한 규정은 임의규정에 해당하므로, 당사자 사이 약정으로 배제할 수 있다고 해석해야 한다(물품 다수공급자계약 특수조건 제34조 제1항 참조). 즉, 위와 같은 규정을 위반한 대금지급이라 하더라도 강행규정 위반이라고 볼 수 없는 만큼 그 효력을 부정할 수 없다.

〔대지급 사안에서 수요기관이 직접 대금을 지급한 경우 그 효력〕

수요기관은 계약당사자가 아니지만 수익자에 해당하고, 조달청이 수요기관을 대신하여 대금을 지급하는 경우 조달사업법령에 따라 그 대금을 상환할 의무를 부담하는 계약상 대금의 최종 부담주체로서 이해관계 있는 제3자이므로, 대지급 방식에서 계약당사자인 조달청이 아니라 수요기관이 한 번

---

1) 이에, 박정훈, 앞의 요청조달계약과 입찰참가자격제한처분 권한, 18쪽은 판례가 조달청장은 '명의상' 계약당사자지만, '실질적' 계약당사자는 수요기관으로 보고, '비현명대리' 관계로 파악하는 것이라 한다.

제는 이해관계 있는 제3자의 변제로 유효하다(수원지방법원 2022. 2. 10. 선고 2021가단532471 판결).

나) 대지급

(1) 의의

조달청장은 체결한 계약이 정상적으로 이행된 경우로서 납품업체의 규모, 계약방법, 자체 자금 사정 등을 고려하여 계약 이행 대금을 수요기관의 장을 대신하여 지급하는 것이 효율적인 경우 그 대금을 대지급해야 한다(조달사업법 제15조 제1항). 이처럼 대지급이란 조달청장이 수요기관의 장을 대신하여 계약상대자에게 계약대금을 지급하는 제도이다.

(2) 대상

대지급 대상은 수요물자 중 조달청장이 국내에서 구매·공급하는 물품대금으로서, ① 국가계약법이나 지방계약법상 단가계약에 따른 납품대금, ② 제3자를 위한 단가계약에 따른 납품대금, ③ 다수공급자계약에 따른 납품대금, ④ 계약금액 총액이 조달청장과 기획재정부장관이 협의하여 정한 일정 금액 이하인 계약에 따른 납품대금, ⑤ 교통이 불편한 지역에 있는 군부대 등 조달업체 접근이 제한되는 수요기관의 납품대금으로서 조달청지침인 수요물자 대지급 대상이 정한 납품대금, ⑥ 천재지변 그 밖에 이에 준하는 사유가 있는 경우나 재해나 사고로 복구공사를 하는 경우로서 수요기관의 장이 지급을 요청한 납품대금, ⑦ 그 밖에 조달청장이 민간 납품업체에게 유동성을 지원하기 위해 조달청지침인 수요물자 대지급 대상으로 정한 납품대금을 말한다(조달사업법 시행령 제18조 제1항 제1호부터 제7호).

(3) 예외

수요기관의 장이 국고금 관리법 제46조에 따른 정보통신매체 및 프로그램 등을 사용하여 대금을 직접 지급하는 경우에는 대지급 대상에서 제외한다(조달사업법 시행령 제18조 제2항).

다) 직접지급(직불)

수요기관의 장은 대지급 대상에 해당하지 않아 조달청장이 대지급하지 않는 경우, 그 대금을 계약상대자에게 직접 지급해야 하며 대금을 지급한 후 즉시 조달청장에게 그 내용을 알려야 한다(조달사업법 제15조 제2항). 또한, 수요기관의 장은 국고금관리법 제46조에 따라 정보통신매체 및 프로그램 등을 사용하여 대금을 직접 지급한다(조달사업법 시행령 제18조 제2항 참조).

2) 급부이행청구

제3자를 위한 계약에서 수익의 의사표시를 한 수익자는 낙약자에게 직접 그 이행을 청구할 수 있으므로(민법 제539조 참조), 요청조달계약에서 수요기관 역시 국가와 계약을 체결한 계약상대방에게 직접 급부이행을 청구할 수 있다.

3) 계약해제

제3자를 위한 계약에서 계약해제권이나 해제를 원인으로 한 원상회복청구권은 계약당사자에게 있고, 계약당사자가 아닌 수익자는 계약해제권이나 해제를 원인으로 한 원상회복청구권을 행사할 수 없다.[1] 따라서 요청조달계약에서도 계약당사자인 조달청장이 계약해제권이나 해제를 원인으로 한 원상회복청구권을 가지고, 수요기관은 계약해제권이나 해제를 원인으로 한 원상회복청구권을 행사할 수 없다고 보아야 한다.

4) 손해배상청구

요청조달계약을 위와 같이 제3자를 위한 계약이라고 볼 때, 특히 실무에서는 조달청과 수요기관 중 누가 계약상대자에게 손해배상청구권을 행사할 수 있는지 문제된다. 법령이나 계약조건에서 청구권 주체를 명시했다면 문제가 없지만, '계약담당공무원', '발주기관' 등으로만 규정하여 조달청과 수요기관 중 누가 손해배상청구권을 보유하는지 분명하지 않은 때가 많기 때문이다.

학설 중에는 제3자를 위한 계약이 성립하면 채무불이행을 이유로 한 손해배상청구권은 수익자만 가질 뿐 요약자는 갖지 못한다는 견해가 있고,[2] 이에 따르면 조달청장은 계약상대자에게 채무불이행을 이유로 한 손해배상청구권을 행사하지 못한다는 결론에 이른다. 대법원 역시 제3자를 위한 계약이 해제되면 수익자가 낙약자에게 직접 손해배상을 청구할 수 있다는 전제 아래, 수요기관이 완성된 목적물의 하자로 말미암아 손해를 입었다면 수급인인 계약상대방은 그 손해를 배상할 의무가 있다고 한다.[3]

〔제3자를 위한 계약에서 수익자의 손해배상채권을 인정한 사례〕

원고 대한민국(이 뒤에서는 원고 나라라고 한다)이 원고 서울특별시(이 뒤에서는 원고 시라고 한다)를 위하여 피고 A주식회사(이 뒤에서는 피고 A라고 한다)와의 사이에 체결한 이 사건 쓰레기처리장 건설공사계약의 당사자는 원고 나라와 피고 A이고, 원고 시는 위 계약상의 수익자라는 원심의 판단은 정당한 것으로 수긍이 가고, 거기에 조달기금법이나 민법 제539조의 법리를 오해한 위법이 있다

1) 대법원 1994. 8. 12. 선고 92다41559 판결.
2) 지원림, 앞의 책, 1368쪽.
3) 대법원 1994. 8. 12. 선고 92다41559 판결.

고 볼 수 없다. 위 쓰레기처리시설의 건설이 원고 시의 사업으로서 그 기본계획의 입안, 부지의 선정 및 제공, 입찰안내서의 작성, 공사비의 지출, 관리비의 지출 등 계약체결을 제외한 모든 것이 실질적으로 원고 시에 의하여 이루어졌을 뿐 아니라 완성된 시설 또한 원고 시에 귀속된다고 하여 원고 시가 이 사건 쓰레기처리장 건설공사계약의 당사자가 되는 것은 아니라고 할 것이다. (중략) 원고 시는 이 사건 공사현장에 난지도쓰레기종합처리사업소를 설치하여 그 인적, 물적 설비의 유지관리비로 금 1,302,862,170원을 지출하였는데 완성된 목적물의 하자로 인하여 위와 같이 지출한 유지관리비 금 1,302,862,170원의 손해를 입었으므로 피고들에게 그 손해의 배상을 구한다는 주장을 하고 있는 것으로 볼 수 있는바, 수급인은 하자담보책임이 있고, 이른바 제3자를 위한 계약에 있어서 수익의 의사표시를 한 수익자는 낙약자에게 직접 그 이행을 청구할 수 있을 뿐만 아니라 요약자가 계약을 해제한 경우에는 낙약자에게 자기가 입은 손해의 배상을 청구할 수 있는 것이므로 원고 시가 완성된 목적물의 하자로 인하여 그 주장과 같이 손해를 입었다면 수급인인 피고 A는 그 손해를 배상할 의무가 있다고 할 것이다(대법원 1994. 8. 12. 선고 92다41559 판결).

그러나 이는 계약당사자로서 요약자, 즉 조달청장의 지위를 무색하게 하는 해석이다. 특히 법령이나 계약특수조건에는 조달청장이 채무불이행에 따른 손해배상청구권 주체라고 명시한 경우도 있기 때문에(조달사업법 제21조 제6항, 물품 다수공급자계약 특수조건 제19조 제1항 참조), 적어도 요청조달계약에는 위 해석론을 온전히 받아들이기 곤란하다. 즉, 조달청장은 계약당사자에 해당하므로, 계약상대자에게 채무불이행에 따른 손해배상청구권을 행사할 수 있다고 해석해야 한다. 다만, 계약상대자의 행위가 담합과 같이 불법행위를 구성하는 경우에는, 수요기관이 그 요건사실을 주장·증명하여 계약상대자에게 직접 손해배상을 청구할 수도 있다고 본다.

〔계약당사자가 아닌 수요기관에게도 독립된 지위를 인정하여 손해배상청구권을 인정한 사례〕

조달청장이 조달사업법에 따라 수요기관으로부터 계약 체결을 요청받아 그에 따라 체결하는 계약에서 수요기관의 지위, 관련법령 규정의 문언과 내용, 체계 등에 비추어 볼 때, 조달청장이 수요기관으로부터 요청받은 공사계약을 체결하기 위해 국가계약법에 근거하여 설계·시공일괄입찰을 실시하면서 입찰에 참가한 자와 사이에서 입찰에 참가한 자가 낙찰자로 결정되지 않으면 수요기관으로 하여금 설계비 일부를 보상하도록 하는 약정을 하고, 이에 따라 수요기관이 자신의 명의와 출연으로 그들에게 설계보상비를 지급했다면, 특별한 사정이 없는 한 수요기관은 공사계약의 당사자는 아니지만 수익자로서 조달청장과는 독립된 지위에서 설계보상비를 지급하였으므로, 그에 따라 수요기관에게 손해가 발생했다면 수요기관은 불법행위자에게 그 손해배상을 청구할 수 있다고 본다(대법원 2022. 3. 31. 선고 2017다247145 판결).

5) 입찰참가자격제한처분 권한

가) 문제점

요청조달계약이 국가를 당사자로 하는 계약에 해당하고, 그 계약관계에 국가계약법이 적용된다고 하여, 행정처분인 입찰참가자격제한을 규정한 국가계약법 제27조도 당연히 적용된다고 해석하기는 곤란하다. 즉, 요청조달계약관계에는 국가계약법 중에서도 계약체결과 이행과 같은 사법상 법률관계와 관련한 규정만 적용될 뿐, 제재처분 규정인 제27조가 당연히 적용되지는 않는다. 이에 대법원 판례는 요청조달계약에서 조달청장은 수요기관으로부터 요청받은 계약업무를 이행하는 것에 불과하므로, 조달청장이 수요기관을 대신하여 입찰참가자격제한을 할 수 있으려면 그와 관련한 수권의 근거나 수권의 취지가 포함된 업무위탁 근거가 법률에 별도로 마련되어 있어야 한다고 본다.[1)]

나) 수요기관이 국가기관인 경우

수요기관이 중앙관서의 장인 경우, 국가계약법 제6조 제3항 '계약에 관한 사무 위탁'에 국가계약법에서 정한 중앙관서 장의 입찰참가자격제한 처분 권한 수권도 당연히 포함되기 때문에, 중앙관서의 장으로부터 계약사무를 위탁받은 조달청장은 국가계약법 제27조 제1항에 따라 입찰참가자격제한 처분을 할 수 있다.[2)]

다) 수요기관이 지방자치단체인 경우

수요기관이 지방자치단체인 경우, 2013. 3. 6. 일부개정 전 지방계약법은 처분 주체로 지방자치단체의 장이라고만 규정하였으므로, 지방자치단체의 장이 조달청장에게 수요물자 구매계약 체결을 요청한 경우라도 입찰참가자격제한 권한은 지방계약법 제31조 제1항에 따라 지방자치단체의 장에게만 있다고 보았다.[3)] 그러나 현행 지방계약법 제31조 제1항은 처분권자를 지방자치단체의 장뿐만 아니라 계약사무를 위탁받은 중앙행정기관의 장도 포함하도록 추가했으므로, 조달청장 역시 법률에 근거하여 처분권한을 가진다.

라) 수요기관이 공공기관인 경우

수요기관이 공기업·준정부기관인 경우, 공공기관운영법 제44조 제2항에서 "공기업·준정부기관은 필요하다고 인정하는 때에는 수요물자 구매나 시설공사계약의 체결을 조달청장에게 위탁할 수 있다."고 규정하여 입찰참가자격 제한 처분의 수권 취지가 포함된 업무위탁 근거 규정이 있으므로, 조달청장은 국가계약법 제27조 제1항에 따라 입찰참가자격제한 권한

---

1) 대법원 2017. 6. 29. 선고 2014두14389 판결.
2) 대법원 2019. 12. 27. 선고 2017두48307 판결.
3) 대법원 2012. 11. 15. 선고 2011두31635 판결.

을 갖는다.[1)]

그러나 수요기관이 기타공공기관인 경우, 공공기관운영법 제44조 제2항은 조달청장에게 계약업무를 위탁할 수 있는 기관에서 기타공공기관을 제외했으므로, 조달청장은 기타공공기관으로부터 입찰참가자격제한 권한을 수권 받지 못하므로, 계약상대자에게 입찰참가자격제한을 할 수 없다.[2)] 다만, 조달청장이 수임인으로서 위임인인 기타공공기관으로부터 사법상 성질을 갖는 입찰참가자격제한 조치를 대신 행사할 수 있는지 논란이 있지만, 실무상 선례나 관련 판례를 찾기는 어렵다.

마) 수요기관이 그 밖에 특수법인 등인 경우

수권의 근거나 수권의 취지가 포함된 업무위탁과 관련한 근거가 법률에 별도로 마련되어 있지 않다면, 조달청장이 해당 법인으로부터 계약체결을 요청받아 계약을 체결했다 하더라도, 행정처분인 입찰참가자격제한을 할 수 없다고 본다. 다만, 수요기관은 계약상대자에게 사법상 통지행위로서 입찰참가자격제한을 할 수 있으므로, 조달청장이 수요기관을 대리하여 사법상 통지행위로서 입찰참가자격제한 통지를 할 수 있다고 보되, 이러한 통지는 해당 수요기관이 발주하는 입찰에 참가하지 못하도록 제한하는 효력만 가질 뿐이라고 이해해야 한다.

〔요청조달계약에서 입찰참가자격제한 처분권한을 조달청장에게 부여하는 이론적 근거를 제시한 하급심 판결〕

제3자를 위한 계약은 그 법률효과가 수익자인 제3자에게 귀속될 부분과 계약당사자에 귀속될 부분으로 분리되는데, 이 사건 제재권한은 계약체결 과정에서 부정행위로 인한 공정성 훼손을 방지하기 위한 것으로서 계약체결을 요청한 수익자에게 귀속될 실질적 이익과는 관련성이 희박하다는 점에서 수익자가 아니라 계약당사자에게 귀속되어야 할 부분이고, 이렇게 본다고 하여 수요기관에게 불이익이 발생하지도 않는다(서울고등법원 2014. 10. 28. 선고 2013누31549 판결). ☞ 다만, 위 판결은 "공공기관운영법에는 공기업·준정부기관의 장을 제외한 기타공공기관 장의 처분권한을 규정하지 않는다."는 이유로 상급심에서 파기환송되었다(대법원 2017. 6. 29. 선고 2014두14389 판결 참조).

---

1) 대법원 2017. 6. 29. 선고 2014두14389 판결.

2) 대법원 2017. 6. 29. 선고 2014두14389 판결. 따라서 기타공공기관은 기타공공기관 계약사무 운영규정 제14조에 따라 계약상대자에게 직접 입찰참가자격제한 조치를 할 수밖에 없고, 이러한 조치는 행정처분이 아닌 사법상 조치에 불과하다.

나. 조달청·수요기관 사이의 법률관계

1) 법적 성격

조달청이 계약상대자와 체결한 조달계약은 사법상 계약과 다르지 않은데, 그 원인관계인 조달청과 수요기관 사이의 관계가 어떤 성질을 가지는지 의문이 있다. 이에 대해 수요기관은 대부분 국가기관, 지방자치단체, 공공기관 등이므로 계약상대자와 맺는 법률관계와 달리 반드시 사법상 관계로 볼 필요가 없다는 견해가 있을 수 있다. 이러한 견해는 수요기관이 조달청에게 계약사무를 위임·위탁하는 것은 행정권한 위임·위탁에 준한다는 인식에 기초한다. 그러나 계약사무 자체가 사법성을 띠고, 계약사무를 정하는 절차 자체가 국고작용 중 하나에 불과하므로, 조달사업법 등 법률에 특별한 규정이 없으면 조달청과 수요기관 사이의 내부관계 역시 사법에 따라 규율해야 한다. 따라서 요청조달계약에서 조달청과 수요기관 사이에는 민법 제680조 이하 위임규정이 유추적용된다고 보아야 한다.

2) 수수료

가) 의의

수수료란 조달청장이 수요기관으로부터 조달사업을 위탁받아 처리하고 수요기관으로 받는 대가를 말한다. 따라서 조달청장은 수요기관으로부터 조달사업과 관련한 수수료를 받을 수 있다(조달사업법 제16조 제1항). 수수료는 조달특별회계 세입으로 한다(조달사업법 제16조 제2항).

나) 감경·면제

조달청장은 수요기관의 장으로부터 미리 대금을 지급받는 경우, 수요기관의 책임이 아닌 사유로 수요물자나 공사 계약체결 등이 지연되는 경우, 그 밖에 조달청장이 중소기업제품 구매촉진, 기술개발·향상, 조달사업 확대 등을 위해 수수료 감면이 필요한 경우 등에 수수료를 감경·면제할 수 있다(조달사업법 제16조 제3항, 같은 법 시행령 제20조 제2항). 다만, 수수료를 감면할 경우, 그 감경률(수수료에서 감면하려는 액수가 차지하는 비중)은 100분의 20을 초과할 수 없다(조달사업법 시행령 제20조 제3항).

다) 결정

조달청장은 기획재정부장관과 협의하여 조달사업별로 계약금액 등을 고려해 수수료를 결정·고시한다(조달사업법 시행령 제20조 제1항). 이에 조달수수료 고시가 시행 중이다.

라) 절차

조달청장은 수요기관으로부터 수수료를 징수하려는 경우, 수요기관의 장에게 미리 납입고지를 해야 한다(조달사업법 시행령 제19조 제2항). 그리고 수요기관의 장은 위 납입고지를 받은 날부터, 대지급 대금에 따른 수수료인 경우 5일 안에, 그 밖에 수수료인 경우 15일 안에 조달청장에게 내야 하는데, 기간을 계산할 때는 공휴일과 토요일을 제외한다(조달사업법 시행령 제19조 제3항 제1호, 제3호). 다만, 조달청장은 수요기관이 자금 사정 등으로 각 수수료 납입기간 연장을 요청하면, 그 기간을 연장할 수 있다(조달사업법 시행령 제19조 제4항).

마) 연체료

조달청장은 납부기한까지 수수료를 납부하지 않은 수요기관의 장에게 연체금액에 1,000분의 10을 넘지 않는 범위에서 정한 연체료율을 곱한 금액(연체료)를 부과할 수 있다(조달사업법 제17조, 조달사업법 시행령 제21조). 연체료율은 납입기한이 지난 날부터 10일 이내에 납입하는 경우 1,000분의 1, 납입기한이 지난 날부터 10일을 초과하고 30일 이내에 납입하는 경우 1,000분의 5, 납입기한이 지난 날부터 30일을 초과하여 납입하는 경우 1,000분의 10을 말한다(조달사업법 시행규칙 제10조 제1호부터 제3호).

3) 선급

수요기관의 장은 그 성질상 미리 지급하지 않으면 해당 사무나 사업에 지장을 가져올 우려가 있는 계약대금을 조달청장에게 미리 지급할 수 있다(조달사업법 제15조 제3항, 국고금관리법 제26조, 지방회계법 제35조). 이를 선급이라 한다. 따라서 수요기관의 장은 선급하려는 경우 조달청장에게 수요물자 구매나 공급을 요청하면서 함께 그 선급 의사를 통보해야 한다(조달사업법 시행령 제19조 제1항).

4) 그 밖에 정산

조달청장은 대지급 대금 등을 수요기관의 장으로부터 회수할 수 있다. 즉, 조달청장은 수요기관의 장이 검사를 완료한 수요물자 대금으로서 대지급했거나 대지급할 대금 또는 선급 대금을 수요기관으로부터 징수하려면 수요기관의 장에게 미리 납입고지를 해야 하고(조달사업법 시행령 제19조 제2항 제1호, 제2호), 납입고지를 받은 수요기관의 장은 그 날부터 대지급 대금과 그에 따른 수수료인 경우 5일 안에, 선급 대금인 경우 14일 안에, 대지급 대금 관련 수수료가 아닌 수수료인 경우 15일 안에 조달청장에게 내야 하는데, 기간을 계산할 때는 공휴일과 토요일을 제외한다(조달사업법 시행령 제19조 제3항 제1호, 제2호).

제 2 절 다수공급자계약 제도

Ⅰ. 서론

1. 의의

가. 정의와 도입취지

다수공급자계약(Multiple Award Schedule: MAS)이란, 조달청장이 각 수요기관에서 공통으로 필요한 물품을 구매하면서 수요기관의 다양한 수요를 충족하기 위해 필요하다고 인정할 경우 품질·성능·효율 등이 같거나 비슷한 종류의 수요물자를 수요기관이 직접 선택할 수 있도록, 계약상대자의 경영상태 등을 평가하여 일정한 기준에 적합한 자를 대상으로 가격협상을 거친 후 2인 이상의 계약상대자와 체결하는 계약을 말한다(조달사업법 제13조 제1항 참조).

공공계약법은 원칙적인 계약방법으로 일반경쟁입찰에 따른 낙찰자 선정을 채택했지만, 이러한 방식만으로는 다양하고 우수한 물품을 신속하게 공급하기 어려웠고, 한편 고객의 다양한 욕구를 채우고 공급구매 투명성을 확보하며, 기업의 고품격·고품질 상품개발을 촉진하기 위해서는 새로운 계약제도가 필요했다. 그리하여 미국,[1] 영국, 캐나다[2] 등 선진국형 구매제도인 다수공급자계약제도를 도입하기로 결정하고, 2004. 12. 31. 시행한 구 조달사업법 시행령(대통령령 제18634호) 제7조의2에 "다수공급자 물품계약"이라는 표제를 처음 규정했다. 그 후, 조달청은 2005년 다수공급자계약 업무처리규정 등 내부규정을 마련하는 한편, 2006년 나라장터 종합쇼핑몰 개설과 함께 물품과 용역 분야에 해당 제도를 본격적으로 적용한 이래 현재까지 그 범위나 규모를 점차 확대해 왔다.

나. 주요특징

다수공급자계약은 계약체결 전에 사전 경쟁을 거치는 일반적인 경쟁방법과 달리 일정한 요건을 갖춘 여러 적격자(적격성평가 결과 적격자로 통보받은 자)와 계약을 체결하고, 계약체결 후에 경쟁을 거치는 방식으로서 계약의 효율성과 경제성을 높인 제도이다. 따라서 적격성평가와 가격협상 절차 없이 계약상대자 1인만을 선정하여 체결하는 일반 조달물자 구매계약과는 다르다. 현행 조달사업법에 따르면, 조달청장은 수요물자의 단가만을 정하여 계약을 체결하고, 수요기관의 장이 직접 계약상대자에게 수요물자 납품을 요구하여 이를 공급받는 '제3자를 위한 단가계약'방법을 적용한다(조달사업법 제12조, 제13조 제1항 참조). 그 결과,

1) Multiple Award Schedule(MAS).
2) Standing Offer.

수요기관은 별도 계약절차 없이 민간 인터넷 쇼핑몰에서 상품을 구매하듯이, 나라장터 종합쇼핑몰에 등록된 다양한 수요물자를 비교·선택하여 계약상대자로부터 납품받을 수 있으므로, 빠르고 손쉽게 수요물자를 취득할 수 있다. 이처럼 다수공급자계약제도는 공급자 중심인 단일업체 조달이 아니라 수요자 중심인 다수업체 조달을 지향하고, 조달물자를 다양하게 구매할 수 있게 하여 수요기관의 선택권을 확대하는 기능을 수행한다.

한편, 조달업체는 일정한 요건을 통과하면 누구나 계약을 체결할 수 있으나, 다만 계약체결 후에는 계약단가 인하, 다량납품에 따른 할인율 설정, 할인행사에 따른 가격경쟁, 2단계 경쟁에 따른 가격과 품질경쟁 등 다양한 경쟁요소를 거친다. 이를 '선진입 후경쟁'이라고 표현하기도 한다.

이러한 특성 때문에, 다수공급자계약 대상인 물품은 상용화된 것이어야 하고, 경쟁성이 있어야 한다. 그리하여 업계에 공통으로 적용되는 상용규격과 시험기준이 존재한다.

《 일반계약과 다수공급자계약 절차 비교 》[1)]

일반계약	다수공급자계약
구매계획 수립	구매계획 수립
구매결의와 입찰공고	구매결의와 입찰공고
예정가격 작성(1개)	적격성평가신청서 접수
입찰·개찰	적격성 평가(결격사유만 확인)
	가격자료 접수와 검토
	협상기준가격 작성(모델별)
	가격협상(업체별, 모델별)
낙찰자 선정(1인)	계약상대자 선정(다수 적격업체)
계약체결	계약체결
	납품요구(2단계경쟁 포함)
계약관리	계약관리

다. 구성요소

따라서 다수공급자계약을 구성하는 요소로 ① 조달청장, ② 수요기관, ③ 2인 이상 계약상대자, ④ 품질·성능·효율 등이 같거나 비슷한 종류의 수요물자가 있다. 따라서 이러한 요소를 갖추지 못한 계약은 다수공급자계약으로 인정하기 곤란하다.

1) 조달청, 내자구매 업무 가이드, 2017. 11., 285쪽.

1) 조달청장

조달사업법 제13조 제1항에 따라, 현행 다수공급자계약은 조달청만이 운용하는 제도이다. 따라서 계약당사자 가운데 한쪽은 반드시 조달청장이다. 그런데 조달청장은 행정관청일 뿐 독립적인 권리주체로 보기 어렵다. 따라서 조달사업법에서 계약당사자를 '조달청장'이라고 규정했더라도, 법 기술상 편의에 따른 것에 불과하므로, 다수공급자계약도 다른 공공계약과 마찬가지로 대한민국이 계약당사자에 해당한다.

2) 수요기관

수요기관은 조달사업법 제2조 제5호에 따른 수요기관으로서 조달업무를 수행하기 위해 전자조달법 제12조에 따라 국가종합전자조달시스템(나라장터)에 등록한 기관이다(물품 다수공급자계약 특수조건 제2조 제2호).

3) 2인 이상 계약상대자

계약상대자는 국가종합전자조달시스템(나라장터)에 이용자 등록을 한 자로서 조달청장과 다수공급자계약을 체결하고 나라장터 종합쇼핑몰[1]에 계약물품을 등록한 자를 말한다(물품 다수공급자계약 특수조건 제2조 제4호). 그리고 다수공급자계약을 체결하려는 상대방은 반드시 2인 이상이 있어야 한다. 계약명만 보더라도, '다수'는 곧 '2인 이상'을 전제한 개념이기 때문이다.

한편, 계약상대자는 하나의 개인·법인일 수 있지만, 여러 법인이 구성하여 결합한 단체형태도 있다. 특히 다수공급자계약에서는 계약상대자로 조합을 인정한다. 그런데 여기서 말하는 조합은 민법상 조합이 아니라, 중소기업협동조합법이라는 특별법에 근거해 법인격이 인정되는 것을 말한다(중소기업협동조합법 제4조 제1항 참조).

즉, 다수공급자계약에서 조합이란 중소기업협동조합법 제3조에 따른 중소기업협동조합으로서 판로지원법 제9조 제2항에 따른 중소기업자간 경쟁입찰 참여자격을 갖추었다고 확인된 적격 조합을 말하며, 다만, 수요물자별 조합의 범위를 조정해야 하는 불가피한 사유가 있는 경우에는 구매업무심의회 승인을 거쳐 구매입찰공고에서 조합 범위를 별도로 정할 수 있다(물품 다수공급자계약 특수조건 제2조 제6호). 비록 한 개 조합을 구성하는 법인이 여럿이라도, 조합은 그 자체로 1개 법인이기 때문에 다수공급자계약 상대자로는 1개 주체로 취급한다.

---

1) 종합쇼핑몰이란 국가계약법 제22조나 조달사업법 시행령 제12조, 제13조에 따라 조달청이 단가계약을 체결한 계약상대자의 수요물자를 수요기관이 전자적으로 구매할 수 있도록 나라장터에 개설한 온라인 쇼핑몰을 말한다(물품 다수공급자계약 특수조건 제2조 제7호).

4) 품질·성능·효율 등이 같거나 비슷한 종류의 수요물자

수요물자란 조달사업법 시행령 제2조에서 정한 물자로서, 조달청장이 국내·외에서 구매·공급(임차나 대여를 포함)하는 물품과 용역이다(조달사업법 시행령 제2조, 물품 다수공급자계약 특수조건 제2조 제3호). 그런데 다수공급자계약을 위한 목적물은 품질·성능·효율 등이 같거나 비슷한 종류의 물자여야만 한다(물품 다수공급자계약 특수조건 제2조 제1호 참조). 따라서 특정인만 생산할 수 있는 특정물을 대상으로 다수공급자계약을 체결할 수 없다. 가령, 규격(모델)이 확정되고 상용화된 물품, 제3자를 위한 계약을 포함한 단가계약을 체결할 수 있는 물품, 그 밖에 조달청장이 필요하다고 판단하는 물품만이 다수공급자계약 목적물에 해당한다(물품 다수공급자계약 업무처리규정 제4조 제1항 참조).

라. 적용범위 : 군수품 조달방법으로 확장

위와 같이 다수공급자계약은 조달사업법에 근거해 조달청장이 운영하는 계약방법이다. 따라서 조달청장은 조달사업 수행을 위해 다수공급자계약에 따라 수요물자를 조달할 수 있다(조달사업법 제3조 제1호부터 제6호 참조).

그런데 방위사업법은 과거 방위사업청이나 각 군이 직접 조달하던 군수품 중 일부(전투지원장비 중 상용품목, 전투지원물자, 의무지원물품)[1]를 조달청장에게 위탁하여 조달할 수 있도록 했고(방위사업법 제25조 제2항 단서, 같은 법 시행령 제29조 제4항 제1호부터 제3호), 이를 위해 조달청, 방위사업청 등은 '군수품 조달의 조달청 위탁에 관한 공동훈령'을 마련하여 시행 중이다. 이에 따라 조달청은 조달 위탁받은 군수품 중 품질·성능 등이 같거나 비슷한 것을 다수공급자계약 방법으로 조달할 수 있는 근거를 마련했고(조달청 군수품 선택계약 업무처리규정 제2조 제2호, 제3조 참조), 이를 '조달청 군수품 선택계약'이라 부른다. 일부 군수품 조달업무가 방위사업청에서 조달청으로 이관되어 다수공급자계약 적용범위가 확장된 경우다.

---

1) 군수품 조달의 조달청 위탁에 관한 공동훈령 제6조(위탁 대상 군수품) ① 조달청은 군수품 종별·품류별 조달기관 분류기준(별표1)에 따라 조달기관이 조달청으로 분류된 전력지원체계 품목 중 다음 각 호의 품목을 조달한다.
1. 국방조달계획서상 연간 조달계획금액이 3천만원 이상인 품목
2. 국방조달계획서상 3군 통합조달, 묶음조달이 가능한 품목의 연간 조달계획금액 합산액이 3천만원 이상인 품목
3. 국방조달계획서상 연간 조달계획금액이 3천만원 미만이나, 조달청 또는 방위사업청 조달실적이 있는 품목
4. 국방조달계획서 협의 과정에서 국방부(각군), 방위사업청, 조달청간 합의한 품목
② 국방조달계획서에 포함된 품목의 연간 계약 요구금액이 증가되거나, 새로운 품목이 추가되는 경우에도 제1항 제1호부터 제3호까지 기준을 적용한다.
③ 조달청은 상용품목 조달기관으로서 별표1에 따른 조달품목의 상용품목 해당 여부를 판단한다. 다만, 상용품 여부에 대한 이견 발생 시 제29조에 따른 실무협의회의 심의를 통해 확정하며, 상용품의 입증자료는 방위사업청과 소요군이 제출한다.
④ 국외조달품목은 조달위탁 대상에서 제외한다. 다만, 조달청 국외조달 실적이 있는 군수품의 조달은 그러하지 않다.

2. 법적 성질

가. 경쟁입찰

다수공급자계약 체결과정을 보면, 계약상대자나 가격 등을 결정하는 방법이 국가계약법령이 정한 경쟁입찰과는 다소 차이가 있다. 그러나 조달사업법 시행령 제13조 제1항이 '입찰'과 '낙찰자'라는 용어를 사용하고, 수요기관 납품요구 과정에서 필요한 2단계 경쟁제도를 도입한 취지 등을 고려하면, 경쟁입찰에는 해당하지만 일반경쟁입찰, 제한경쟁입찰, 지명경쟁입찰과는 구별되는 특수한 유형에 해당한다고 본다.

나. 제3자를 위한 계약

다수공급자계약은 조달청장이 '수요기관에게 필요한 수요물자 구매'라는 필요에 따라서 자기 명의로 계약상대자와 체결한 계약으로서, 제3자인 수요기관이 계약상대자에게 직접 이행청구권을 갖게 하는 계약이므로, 제3자를 위한 계약에 해당한다.[1)]

다. 단가계약

다수공급자계약은 계약체결 당시 미리 단가만을 정하여 체결하는 계약이므로 단가계약의 한 종류이고(국가계약법 제22조 참조), 위에서 본 바와 같이 수요기관을 위해 체결하는 계약이므로 제3자를 위한 계약에 해당한다(조달사업법 제13조 제1항). 다만, 보통 단가계약이나 제3자를 위한 단가계약과 달리 계약상대자가 2인 이상이어야 한다는 특징이 있다.

3. 종류

위와 같이 다수공급자계약 목적물은 수요물자이고, 여기서 수요물자는 조달청이 국내·외에서 구매·공급하는 물품과 용역을 말한다(조달사업법 시행령 제2조 참조). 따라서 다수공급자계약은 그 목적에 따라 크게 물품 다수공급자계약과 용역 다수공급자계약으로 나눌 수 있다. 또한, 물품과 용역은 다시 국내에서 생산·공급하는 내자와 외국산 등 국제상관례에 따라 구매·공급하는 외자로 구분하므로, 내자 다수공급자계약과 외자 다수공급자계약으로 나눌 수도 있다. 조달청장은 외자에 적용하는 '외자 다수공급자계약 업무처리기준'을 별도로 고시하므로, 둘을 구별할 실익이 있다.

4. 관련규정

조달사업법은 다수공급자계약 체결, 차액 감액이나 청구 등에 필요한 사항을 대통령령

---

1) 대법원 2019. 10. 18. 선고 2019도8374 판결.

에서 정하도록 위임하고(조달사업법 제13조 제4항), 조달사업법 시행령은 조달청장이 기획재정부장관과 협의하여 다수공급자계약 체결 등에 필요한 사항을 정하도록 위임한다(조달사업법 시행령 제13조 제5항).

이에 따라 조달청장은 훈령인 '물품 다수공급자계약 업무처리규정'과 '레미콘·아스콘 다수공급자계약 업무처리규정', '외자 다수공급자계약 업무처리기준', '용역 다수공급자계약 업무처리규정'를 포함해 고시, 공고로 물품·용역에 따른 특수조건과 추가특수조건을 별도로 마련하여, 개별 다수공급자계약의 문서로 활용하는 실정이다.

〔물품·용역에 따른 각 계약특수조건〕

물품 다수공급자계약 특수조건, 레이콘·아스콘 다수공급자계약 특수조건, 용역 다수공급자계약 특수조건, 다수공급자계약 추가특수조건, 소방용특수방화복 다수공급자계약 추가특수조건, 인조잔디 다수공급자계약 추가특수조건, 차량 다수공급자계약 추가특수조건 등.

5. 해석순위

계약당사자는 다수공급자계약 내용을 해석할 때, ① 계약서, ② 수요물자별로 별도로 정한 다수공급자계약 추가특수조건, ③ 물품구매계약 품질관리 특수조건, ④ 물품 다수공급자계약 특수조건, ⑤ 물품구매 규격서(시방서·보완규격 포함), ⑥ 물품구매(제조)계약일반조건 순서에 따른다. 다만, 계약서류에 명시되지 않거나 국가계약법과 같은 법 시행령, 시행규칙, 특례규정, 특정조달을위한국가를당사자로하는계약에관한법률시행령특례규칙 등 관계법령 규정에 저촉되는 사항이 있으면 그 규정을 적용한다(물품 다수공급자계약 특수조건 제38조 제1호부터 제6호 참조).

6. 다수공급자계약 절차 개관[1)]

① 구매계획 수립	시장조사 등을 기초로 계획 수립
② 구매결의·입찰공고	구매결의 전산입력, 나라장터 종합쇼핑몰에 입찰공고
③ 적격성평가신청서 접수	납품실적, 신용평가등급확인서(온라인시스템 조회로 제출 생략)
④ 적격성 평가	결격사유만 평가(협상품목등록과 함께 진행)
⑤ 협상품목등록·승인	조달업체에 나라장터 종합쇼핑몰을 이용해 협상희망 품목 등록(계약담당자는 규격확인과 승인)

1) 조달청, 내자구매 업무 가이드, 2017. 11., 284쪽.

⑥ 가격자료 접수	해당 계약부서에 접수
⑦ 협상기준가격 작성	계약부서에서 적격자가 제출하는 가격자료를 기초로 작성
⑧ 가격협상	계약부서에서 적격자와 가격협상을 하여 계약상대자 선정 통보
⑨ 계약체결	나라장터 종합쇼핑몰을 이용하여 체결
⑩ 납품요구(2단계 경쟁)	수요기관이 나라장터 종합쇼핑몰을 이용해 직접 납품요구 (2단계경쟁 : 수요물자가 중소기업자간 경쟁제품이거나 중소기업자가 공급하는 용역은 1억 원 이상, 수요물자가 중소기업자간 경쟁제품이 아니거나 중소기업자가 아닌 자가 공급하는 용역은 5천만 원 이상이 대상)
⑪ 납품과 대금지급	납품완료와 대금의 전자지급(조달청이나 수요기관)
⑫ 가격인하 등 가격조정	계약자 요청에 따라 수정계약 체결

Ⅱ. 다수공급자계약 체결

1. 신규 수요물자 다수공급자계약 추진

계약담당공무원은 수요물자에 대한 다수공급자계약 추진 여부를 결정하기 위해 상용화 여부와 관련 시험기준, 거래실례가격 형성 여부와 가격 추이, 시장에서의 경쟁성 여부, 전년도 구매수량과 수요기관 예산 수요량, 관련 업체의 현황 등 그 밖에 필요한 사항을 조사할 수 있다(물품 다수공급자계약 업무처리규정 제4조 제2항 제1호부터 제5호).

한편, 계약담당공무원은 대상 수요물자와 관련하여, ① 해당 수요물자를 제조·공급하고, 연간 거래실적이 3천만 원 이상인 업체가 세부품명 기준으로 3개사 이상일 것. 다만, 산업기술혁신 촉진법에 따라 주무부장관(주무부장관으로부터 위임받은 자를 포함)이 인증한 신제품(NEP)이나 신제품(NEP)을 포함한 제품, 산업기술혁신 촉진법 등에 따라 주무부장관이 인증한 신기술(NET 등)이 적용된 제품인 경우 연간 거래실적이 2천만 원 이상인 업체가 2개사 이상일 것, ② 업계 공통의 상용규격과 시험기준이 있을 것이라는 요건을 모두 충족하면, 구매업무심의회[1] 심의를 거쳐 다수공급자계약을 추진할 수 있다(물품 다수공급자계약 업무처리규정 제4조 제3항 제1호, 제2호). 다만, ③ 품명 기준으로 위 ①, ② 요건을 충족하는 경우로서 하위 세부품명 사이에 용도·기능 등이 유사하여 대체·대용이 가능한 경우나 ④ 그 밖에 다수공급자계약 추진이 필요하다고 판단되는 경우로서 계약체결 가능한 업체가 2개사 이상인 경우 중 어느 하나에 해당하면, 구매업무심의회 심의를 거쳐 다수공급자계약을 추진

1) 구매업무 전반에 대한 의사결정의 합의체로 조달청 구매사업국에 설치된 심의회를 말한다(물품 다수공급자계약 업무처리규정 제3조 제7호).

할 수 있다(물품 다수공급자계약 업무처리규정 제4조 제4항 제1호, 제2호).

계약담당공무원은 신규 수요물자의 다수공급자계약을 추진하기 위해 수요기관 등을 대상으로 모집공고를 할 수 있다(물품 다수공급자계약 업무처리규정 제4조 제5항).

2. 공통상용규격과 시험기준

계약담당공무원은 다수공급자계약 대상 수요물자에 대하여 시중에서 거래되는 규격 등을 고려해 업계 공통상용규격과 시험기준, 업체별 계약 규격수 등을 정하여 운영할 수 있고, 이때 구매입찰공고서에 해당 내용을 명시해야 한다(물품 다수공급자계약 업무처리규정 제5조 제1항). 위 공통상용규격 등을 정할 때는 수요기관, 관계업계, 공인시험기관 등으로부터 의견을 수렴할 수 있고(물품 다수공급자계약 업무처리규정 제5조 제2항), 기술개발촉진, 중소기업 지원, 벤처나 창업기업 지원 등 정부정책을 효과적으로 지원하기 위해 필요하다고 판단하는 경우에는 구매업무심의회 심의를 거쳐 업계 공통상용규격 등을 조정할 수 있다(물품 다수공급자계약 업무처리규정 제5조 제3항).

3. 구매입찰공고

가. 공고방법

계약담당공무원은 다수공급자계약에 따라 수요물자를 구매할 경우, 나라장터를 이용해 구매입찰공고를 해야 하며, 필요하면 일간신문 등에 게재하는 방법을 병행할 수도 있다(물품 다수공급자계약 업무처리규정 제6조 제1항).

다만, 차기 구매입찰공고에서 체결하는 계약을 차기계약이라 하는데(물품 다수공급자계약 특수조건 제3조 제29호), 이러한 차기계약을 위해서는 공고종료일 기준 6개월 전에 차기 구매입찰공고를 게시해야 하되, 해당 기간 안에 공고를 게시할 수 없는 부득이한 사유가 있으면 관련 내용을 종합쇼핑몰에 공지하고 이를 공고하지 않을 수 있다(물품 다수공급자계약 업무처리규정 제6조 제3항).

나. 공고기간

입찰공고기간은 원칙적으로 공고일로부터 10년으로 한다. 다만, 계약담당공무원은 필요하다고 인정하면 구매업무심의회 심의를 거쳐 공고기간을 조정할 수 있다(물품 다수공급자계약 업무처리규정 제6조 제2항).

다. 공고내용

입찰공고에는 구매에 부치는 사항, 구매 참가신청에 관한 사항, 가격협상시 계약상대자 유의사항, 입찰보증금 납부, 종합쇼핑몰 운영관련 유의사항, 기타 유의사항 등과 함께, 청렴계약서와 부당이득환수 관련 확약서가 첨부된다. 특히 구매에 부치는 사항 가운데 세부품명, 구매예정 수량, 추정가격, 계약기간 등이 들어가고, 여기서 추정가격이나 계약기간의 개념은 특별하지 않지만, 세부품명과 구매예정수량의 개념은 살펴볼 필요가 있다.

우선, 품명이란 물품목록정보의 관리 및 이용에 관한 법률에 따라 물품을 기능, 용도, 성질에 따라 대, 중, 소 세 분류로 나누어 체계화한 물품분류번호 8자리에 대응하는 분류명을 말하고, 세부품명이란 품명의 하위개념으로 물품분류번호 8자리를 용도, 재질, 형태 등에 따라 세부적으로 추가 분류한 세부품명번호 10자리에 대응하는 분류명을 말한다(물품 다수공급자계약 업무처리규정 제3조 제8호, 제9호). 그리고 구매예정수량이란 계약담당공무원이 세부품명별로 구매입찰공고기간 동안 수요기관의 예상 수요량을 고려하여 정한 수량을 말한다(물품 다수공급자계약 업무처리규정 제3조 제13호).

라. 참가자격

참가자격 역시 공고내용에 들어간다. 즉, 계약담당공무원은 다수공급자계약 참가자격을 국가종합전자조달시스템입찰참가자격등록규정에 따라 등록된 자로 제한해야 한다(물품 다수공급자계약 업무처리규정 제7조 제1항).

한편, 계약담당공무원은 중소기업 지원, 국내 제조업체 지원, 건전한 조달시장 조성 등을 위해 필요하다고 판단하면, 다수공급자계약의 참가자격을 중소기업자, 국내 제조업체, 관련 면허·인증을 구비한 업체 등으로 제한할 수 있다(물품 다수공급자계약 업무처리규정 제7조 제2항).

마. 공고수정

계약담당공무원은 공고사항을 변경할 필요가 있으면 정정공고를 할 수 있다. 정정공고는 원래 공고방법에 따른다(물품 다수공급자계약 업무처리규정 제6조 제6항).

바. 공고취소와 차기공고 배제

계약담당공무원은 입찰공고일 기준으로 3년이 경과할 때마다 해당 세부품명에 대해 다수공급자계약 수요물자의 적합성을 검토해야 하되, 다수공급자계약의 입찰·계약체결·계약이행 등 과정에서 계약상대자가 허위 서류나 부정한 방법으로 서류를 제출하거나 담합, 안전도 위해 물품을 납품하는 등 계약담당공무원의 계약관리가 곤란하다고 판단되는 경우, 업계 공통상용규격(KS규격, 단체표준규격, 그 밖에 조달청장이 정하는 규격 등)이 존재하지 않거나 해당 수요물자가 다수공급자계약에 적합하지 않다고 판단되는 경우에는 해당 사유가 발생한 때에 이를 검토할 수 있는데(물품 다수공급자계약 업무처리규정 제6조 제4항, 제5항 제2호, 제3호 참조), 검토 결과 다음 ①, ②, ③과 같은 사유가 있으면 구매업무심의회 심의를 거쳐 해당 세부품명의 구매입찰공고를 취소할 수 있다(물품 다수공급자계약 업무처리규정 제6조 제5항).

즉, 계약담당공무원은 ① 적합성 검토일 기준으로 해당 세부품명 계약상대자 전체의 최근 3년 동안 다수공급자계약에 따른 납품실적이 10건 미만인 경우, ② 다수공급자계약 입찰·계약체결·계약이행 등 과정에서 허위나 부정한 방법에 따른 서류제출, 담합, 안전도 위해 물품납품 등 사유가 발생하여 계약담당공무원의 계약관리가 곤란하다고 판단되는 경우, ③ 업체 공통상용규격(KS규격, 단체표준규격, 그 밖에 조달청장이 정하는 규격 등)이 존재하지 않거나, 해당 수요물자가 다수공급자계약에 적합하지 않다고 판단하는 경우 중 어느 하나에 해당하면, 해당 세부품명의 다수공급자계약 구매입찰공고를 취소할 수 있다(물품 다수공급자계약 업무처리규정 제6조 제5항 제1호부터 제3호). 다수공급자계약의 적정한 관리와 품질유지, 효율적인 행정인력 사용 등을 위한 규정으로 보인다.

그리고 위에 따라 구매입찰공고를 취소한 세부품명이면, 계약담당공무원은 그 세부품명을 대상으로 차기 입찰공고를 하지 않을 수 있다(물품 다수공급자계약 업무처리규정 제39조 제1항 참고).

4. 적격성 평가와 사전심사

가. 적격성 평가

1) 적격성 평가를 위한 서류제출

계약담당공무원은 다수공급자계약에 참가하려는 자로부터 적격성 평가자료, 즉, 적격성 평가 신청서, 적격성 자기평가 및 심사표, 신용평가등급확인서, 구매입찰공고에서 정한 입찰참가자격 관련 서류, 조합의 조합원사 적격확인서, 규격서, 구매입찰공고에서 정한 시험성적서 등을 제출받는다(물품 다수공급자계약 업무처리규정 제8조 제1항 제1호부터 제7호). 이러한 절차를 적격성 평가라 하며, 해당 절차에서는 결격사유만 판단한다. 그리고 적격성 평가 신청자가 조합인 경우에는, 조합원사가 아닌 해당 조합을 기준으로 적격 여부를 평가해야 한다(물품 다수공급자계약 업무처리규정 제8조 제9항). 구체적인 적격성 평가 결격사유는 업무처리규정 별표1에서 정한다.

[별표1] 적격성 평가 세부기준

《 적격성 평가 결격 사유 》

구 분	결 격 내 용
경영상태	신용평가등급* B- 미만 (창업 3년 이내의 제조 또는 서비스업체는 면제)
업체상태	부도 또는 파산상태로 당해 계약 이행이 어렵다고 판단되는 경우 (단, 법정관리·화의인가 결정 등 법원의 정상화 판결을 받은 경우는 제외)

*** 신용평가등급에 의한 경영상태 평가** (단위 : 점)

신용평가등급			평가
회사채	기업어음	기업신용평가	
B+, B0, B- 이상	B- 이상	B+, B0, B- 이상 (회사채에 대한 신용평가등급 B+, B0, B-에 준하는 등급)	통과
CCC+ 이하	C 이하	CCC+ 이하 (회사채에 대한 신용평가등급 CCC+에 준하는 등급)	결격

※ [주]

① 신용평가등급은 「신용정보의 이용 및 보호에 관한 법률」 제4조제1항제1호에 따른 신용조회사 또는 「자본시장과 금융투자업에 관한 법률」 제335조의3에 의거 업무를 영위하는 신용평가사가 작성한 '신용평가등급 확인서'(이하 "등급확인서"라 함)을 기준으로 평가한다. 등급확인서는 구매입찰공고서에서 정한 적격성 평가신청서 제출일까지 작성되고, 같은 날까지 유효한 것이어야 한다.

② 평가대상자의 회사채(또는 기업어음)에 대한 신용평가등급 및 기업신용평가등급 중에서 가장 최근의 신용평가등급으로 평가하되, 동일 날짜에 다수의 신용평가 등급이 있는 경우에는 가장 낮은 평가 등급을 적용한다. '등급확인서'를 제출하지 않은 경우에는 최저등급으로 평가한다.

③ 합병한 업체에 대하여는 합병후 새로운 신용평가등급으로 심사하여야 하며, 합병후의 새로운 신용평가등급이 없는 경우에는 합병대상 업체 중 가장 낮은 신용평가등급으로 받은 업체의 신용평가등급으로 심사한다.

④ 창업 3년 이내의 기업여부 확인 시 창업일은 "중소기업제품공공구매종합정보망(SMPP)"에 등재된 자료를 기준으로 한다. 다만 정보망에서 기업 확인이 되지 않을 시 법인인 경우 법인등기부등본상 법인설립등기일, 개인사업자인 경우 사업자등록증명서상 사업자등록일을 기준으로 한다.

《 적격성 평가 결격 사유 》

구 분	결 격 내 용
경영상태	신용평가등급* B- 미만 (창업 3년 이내의 제조 또는 서비스업체는 면제)
업체상태	부도 또는 파산상태로 당해 계약 이행이 어렵다고 판단되는 경우 (단, 법정관리·화의인가 결정 등 법원의 정상화 판결을 받은 경우는 제외)

*** 신용평가등급에 의한 경영상태 평가**

(단위 : 점)

신용평가등급			평가
회사채	기업어음	기업신용평가	
B+, B0, B- 이상	B- 이상	B+, B0, B- 이상 (회사채에 대한 신용평가등급 B+, B0, B-에 준하는 등급)	통과
CCC+ 이하	C 이하	CCC+ 이하 (회사채에 대한 신용평가등급 CCC+에 준하는 등급)	결격

※ [주]

① 신용평가등급은 「신용정보의 이용 및 보호에 관한 법률」 제4조제1항제1호에 따른 신용조회사 또는 「자본시장과 금융투자업에 관한 법률」 제335조의3에 의거 업무를 영위하는 신용평가사가 작성한 '신용평가등급확인서'(이하 "등급확인서"라 함)을 기준으로 평가한다.
 등급확인서는 구매입찰공고서에서 정한 적격성 평가신청서 제출일까지 작성되고, 같은 날까지 유효한 것이어야 한다.

② 평가대상자의 회사채(또는 기업어음)에 대한 신용평가등급 및 기업신용평가등급 중에서 가장 최근의 신용평가등급으로 평가하되, 동일 날짜에 다수의 신용평가 등급이 있는 경우에는 가장 낮은 평가 등급을 적용한다. '등급확인서'를 제출하지 않은 경우에는 최저등급으로 평가한다.

③ 합병한 업체에 대하여는 합병후 새로운 신용평가등급으로 심사하여야 하며, 합병후의 새로운 신용평가등급이 없는 경우에는 합병대상 업체 중 가장 낮은 신용평가등급으로 받은 업체의 신용평가등급으로 심사한다.

④ 창업 3년 이내의 기업여부 확인 시 창업일은 "중소기업제품공공구매종합정보망(SMPP)"에 등재된 자료를 기준으로 한다. 다만 정보망에서 기업 확인이 되지 않을 시 법인인 경우 법인등기부등본상 법인설립등기일, 개인사업자인 경우 사업자등록증명서상 사업자등록일을 기준으로 한다.

계약담당공무원은 제출받은 서류가 불명확하여 인지할 수 없는 경우, 기한을 정하여 보완을 요구할 수 있고, 보완 요구기한까지 서류가 제출되지 않거나 보완되지 않을 경우에는 해당 업체를 적격자로 선정하지 않을 수 있다(물품 다수공급자계약 업무처리규정 제8조 제2항). 다만, 신용정보 온라인 조회시스템에서 신용평가등급이 조회되는 업체는 신용평가등급확인서 제출을 생략할 수 있다(물품 다수공급자계약 업무처리규정 제8조 제3항).

한편, 시험성적서 제출을 면제할 경우도 있다. 즉, ① 산업표준화법 제15조, 제16조, 제27조에 따라 인증 받은 제품이 이 규정 제5조에 따라 정한 시험기준을 충족하는 경우(다만, 적격성 평가 신청서 제출일이나 사전심사 신청서 제출일 기준 과거 1년 이내에 납품검사나 품질점검 결과 불합격이 확정 통보된 품목은 제외), ② 최근 1년 이내에 해당 세부품명에 대하여 공인기관(조달청 조달품질원 포함)에서 실시한 납품검사나 품질점검에 합격한 사실이 있고, 납품검사나 품질점검에서 불합격 받은 사실이 없는 업체인 경우, ③ 계약담당공무원이 구매입찰공고 당시 수요물자의 특성상 시험검사를 할 수 없는 세부품명으로 판단되어 시험성적서 제출을 요구하지 않은 경우, ④ 입찰참가자격이나 계약조건으로 법정의무인증, 법정임의인증을 제출해야하면서, 해당 인증을 받은 제품이 시험기준을 충족하는 경우(다만, 적격성 평가 신청서 제출일이나 사전심사 신청서 제출일 기준 과거 1년 이내에 납품검사나 품질점검 결과 불합격이 확정

통보된 품목은 제외), ⑤ 품질보증조달물품 지정 및 관리규정에 따라 조달청장이 지정한 품질보증조달물품인 경우 중 어느 하나에 해당하면, 시험성적서 제출을 면제할 수 있다(물품 다수공급자계약 업무처리규정 제8조 제4항 제1호부터 제5호). 나아가 계약담당공무원은 재난 및 안전관리 기본법 제3조 제1호에 따른 재난 등 발생에 따라 수요물자에 대한 긴급한 계약이 필요한 경우, 적격성 평가에 필요한 각 서류 제출을 면제하거나 사후에 보완하도록 허용할 수 있다. 다만, 다른 법령에서 해당 수요물자의 계약을 위해 필수적으로 제출을 요구하는 서류는 예외로 한다(물품 다수공급자계약 업무처리규정 제8조 제8항).

2) 적격자 선정

계약담당공무원은 적격성 평가 신청서 제출일 기준으로 해당 참가자에게 일정한 결격사유가 없고, 구매입찰공고상 입찰참가자격 요건을 충족한다면 적격자로 선정할 수 있다(물품 다수공급자계약 업무처리규정 제8조 제5항). 다만, 조달사업법 시행령 제13조 제1항에 따라 품질확보를 위해 일부 수요물자에 대해서는 적격성 평가를 대신하여 별도로 입찰참가자격 심사기준을 정하여 적격자로 선정할 수 있으며, 이러한 내용은 구매입찰공고에 명시해야 한다(물품 다수공급자계약 업무처리규정 제8조 제6항).

한편, 참가자는 비록 위와 같은 적격성 평가 결격사유가 없더라도, 사전에 종합쇼핑몰에서 제공하는 다수공급자계약 기본교육을 이수해야만 아래 적격자로 선정될 수 있다(물품 다수공급자계약 업무처리규정 제8조 제7항).

나. 사전심사

1) 대상

체육시설탄성포장재 등 사전심사가 필요하여 공고한 세부품명과 관련해서는, 적격성 평가를 대신하여 입찰참가자격을 사전심사하여 다수공급자계약 적격자를 선정할 수 있다(물품 다수공급자계약 업무처리규정 제9조 제1호, 제2호 참조).

2) 자료제출

사전심사에 필요한 서류는 사전심사 신청서, 사전심사 자기평가 및 심사표, 수요물자납품(판매)실적증명원 또는 수요물자납품(판매)실적확인서, 기술능력 평가 대상 인증서 사본 등 증빙서류, 신용평가등급확인서, 구매입찰공고에서 정한 입찰참가자격 관련 서류, 조합의 조합원사 적격확인서, 제출서류 목록표 등이다(물품 다수공급자계약 업무처리규정 제10조 제1항 제1호부터 제8호).

한편, 계약담당공무원은 위 서류 중 제출서류 목록표에 기재된 서류가 누락되거나 제출된 서류가 불명확하여 인지할 수 없는 경우, 기한을 정하여 보완을 요구할 수 있으며, 보완요구기한까지 서류가 제출되지 않거나 보완되지 않을 경우에는 당초 제출된 서류만으로 심사하거나 해당 업체를 사전심사에서 배제할 수 있다. 다만, 신용정보 온라인 조회시스템에서 신용평가등급이 조회되는 업체는 신용평가등급확인서 제출을 생략할 수 있다(물품 다수공급자계약 업무처리규정 제10조 제2항).

나아가 계약담당공무원은 재난 및 안전관리 기본법 제3조 제1호의 재난 등의 발생에 따라 수요물자에 대한 긴급한 계약이 필요한 경우, 위 각 서류제출을 면제하거나 사후에 보완하도록 허용할 수 있나. 다만, 다른 법령에서 해당 수요물자의 계약을 위해 필수로 요구하는 서류는 제외한다(물품 다수공급자계약 업무처리규정 제10조 제3항).

3) 심사항목과 평가방법

가) 심사항목

사전심사는 납품실적, 기술능력, 경영상태, 품질관리, 사후관리, 신인도로 항목을 나누어 심사한다(물품 다수공급자계약 업무처리규정 제12조 제1항). 사전심사항목과 배점한도는 다음과 같다.

(단위 : 점)

구분	배점	세부심사항목	배점	심사지표	배점
1. 납품실적	20	납품실적수준	20	납품실적	20
2. 기술능력	25	기술 수준	15	기술 인증	15
		생산역량수준	10	기술인력 보유	5
				생산기술 축적	5
3. 경영상태	20	경영상태수준	20	신용평가등급	20
4. 품질관리	25	품질검사 결과	25	조달청·전문기관 검사 및 품질점검 결과	25
5. 사후관리	10	사후관리 신뢰수준	10	계약이행실적평가 등급	10
6. 신인도	0~-55	계약이행 신뢰수준*	-55	평균 납기지체	-10
				부정당업자 제재	-15
				종합쇼핑몰 거래정지	-15
				불공정행위 누적 점수	-15
계	100	계	100	계	100

* 계약이행 신뢰수준은 조건에 따른 감점처리

(1) 납품실적 심사

계약담당공무원이 구매입찰공고서에 명시한 납품실적 심사기준을 적용하되, 세부적용 내용은 별표2 1 납품실적을 따른다.

1. 납품실적 (배점한도 20점)

(단위 : 점)

세부심사항목	심사지표	평점	심사기준
납품실적 수준	납품실적 (구매입찰공고서에서 요구하는 수요물자)	20	10건 이상
		17.5	6건 이상~10건 미만
		15	3건 이상~6건 미만
		0	3건 미만

※ [주]

① 구매입찰공고서에서 요구하는 수요물자란 구매입찰공고에서 명시한 성능, 품질 등이 조건에 부합되는 수요물자를 말하며 납품실적의 심사는 사전심사 신청일 기준 과거 1년이내 납품실적(계약일자와 관계없이 납품 완료된 시점이 1년 이내)을 기준으로 평가한다. 다만, 계약담당공무원이 납품실적 적용기간 등 납품실적 심사기준을 별도로 정하여 구매입찰공고서에 명시한 경우에는 이에 따라 평가한다.

② 국내소재업체의 납품실적은 당해 수요물자를 「국가계약법 시행령」 제42조제2항 단서의 수요기관에 납품한 실적확인서[별지 제3-3호서식]를 제출하여야 한다. 다만 수요기관 이외의 납품실적은 원본 확인된 당해 수요물자의 계약서, 세금계산서, 거래명세표 등을 실적증명원[별지 제3-2호서식]에 첨부한 경우에 평가하고, 특히 필요한 경우 거래사실 확인서를 제출하게 할 수 있으며, 실적에 대한 입증책임은 사전심사 대상자가 부담하며 의무를 다하지 않아 실적확인이 어려운 경우에는 실적을 인정하지 아니한다.

③ 국외소재업체의 납품실적은 국내소재업체에 준하여 실적증명원[별지 제3-2호서식]을 제출하여야 한다. 단, 실적증명원을 공증받거나 현지 상공회의소의 확인을 받은 경우에는 세금계산서 등 증빙자료 첨부를 생략할 수 있다.

④ 특정 행정기관에서만 사용하는 수요물자로서 단가계약을 할 필요가 있는 경우에는 계약대상자가 당해수요물자를 제조하여 당해 행정기관 또는 위임받은 기관으로부터 받은 인증서를 납품실적으로 갈음할 수 있다.

⑤ 합병의 경우 존속되거나 신설된 업체의 실적은 소멸된 자의 실적을 승계한 것으로 합산하여 평가하며, 분할의 경우에는 권리·의무를 승계 받은 업체의 실적으로 본다. 또한 사업양수도의 경우에는 해당 업종을 양수한 자의 실적으로 평가하며, 합병·분할·사업양수도와 관련한 업체의 실적증빙서류를 제출하여야 한다(단, 분할 및 사업양수도의 경우 실적 이행을 위하여 분할 및 사업양수도시에 권리 이외 시설, 기술자 등의 요건이 필요할 때에는 이를 갖춘 경우에만 실적으로 인정한다).

(2) 기술능력 심사

기술능력 심사는 기술수준과 생산역량수준을 종합적으로 심사하는데, 이 중 기술수준 심사는 해당 세부품명 관련 고도기술, 일반기술, 녹색기술 인증 보유여부로 평가하고, 생산역량수준 심사는 기술인력 보유, 생산기술 축적 수준으로 평가한다. 세부적용 내용은 별표2 2 기술능력을 따른다.

2. 기술능력 (배점한도 25점) (단위 : 점)

세부심사항목	심사지표	평점	심사기준
기술수준	대표규격의 기술인증 보유 ① 고도기술 : 우수조달물품, 신제품(NEP), 신기술(NET), 녹색기술인증, 성능인증) ② 일반·녹색기술 : GS, 특허제품, KS, 단체표준인증, 에너지효율1등급, 우수재활용, 품질보증조달물품 (GS인증은 소프트웨어 또는 GS인증 발급시 시험평가에 사용된 하드웨어에 대해서만 인정) (특허제품은 특허권자, 전용실시권자의 등록이 확인되고(통상실시권은 불인정), 특허기술과 제품의 연관성을 검토하되 필요시 제품에 특허가 반영되었다는 한국특허기술진흥원의 특허기술 적용확인서 또는 변리사의 감정서가 있을 경우 인정)	15	고도기술 인증 1개 이상 보유
		13	일반·녹색기술 인증 1개 보유
		0	인증 미보유
생산역량수준	기술인력 보유 (기술사 또는 기능장, 기사 또는 산업기사, 기능사 인력의 보유수)	5.0	기술사 또는 기능장 3인 이상 보유
		4.5	기술사 또는 기능장 1인이상~3인미만 보유
		4.0	기사 또는 산업기사 3인 이상 보유
		3.5	기사 또는 산업기사 1인이상~3인 미만 보유
		3.0	기능사 3인이상 보유
		2.5	기능사 1인인상 3인미만 보유
		2.0	미보유
	생산기술 축적 (생산공장의 등록 년수 또는 최근 5년이내 해당 물품 납품 년수)	5.0	3년 이상
		3.5	2년 이상~3년 미만
		2.0	1년 이상~2년 미만
		0.5	1년 미만

※ [주]

① 기술수준의 심사는 심사대상업체가 다수공급자계약을 체결하고자 하는 세부품명을 기준으로 대표규격의 기술 인증 보유 여부로 평가한다.

② 기술수준 평가대상 인증은 사전심사 신청서 제출일 기준으로 유효한 것이어야 한다.

③ 기술인력 보유의 심사는 해당 세부품명과 관련된 기술자격을 취득한 인력의 보유를 기준으로 심사하며, 필요한 경우 대상 자격의 범위를 구매입찰공고서에서 별도로 정할 수 있다.

(3) 경영상태 심사

경영상태는 신용평가등급으로 심사하되, 세부적용 내용은 별표2 3 경영상태를 따른다.

3. 경영상태 (배점한도 20점)

(단위 : 점)

신용평가등급			평점
회사채	기업어음	기업신용평가	
AAA		AAA (회사채에 대한 신용평가등급 AAA에 준하는 등급)	
AA+, AA0, AA-	A1	AA+, AA0, AA- (회사채에 대한 신용평가등급 AA+, AA0, AA-에 준하는 등급)	
A+	A2+	A+ (회사채에 대한 신용평가등급 A+에 준하는 등급)	20
A0	A20	A0 (회사채에 대한 신용평가등급 A0에 준하는 등급)	
A-	A2-	A- (회사채에 대한 신용평가등급 A-에 준하는 등급)	
BBB+	A3+	BBB+ (회사채에 대한 신용평가등급 BBB+에 준하는 등급)	
BBB0	A30	BBB0 (회사채에 대한 신용평가등급 BBB0에 준하는 등급)	
BBB-	A3-	BBB- (회사채에 대한 신용평가등급 BBB-에 준하는 등급)	18
BB+, BB0	B+	BB+, BB0 (회사채에 대한 신용평가등급 BB+, BB0에 준하는 등급)	
BB-	B0	BB- (회사채에 대한 신용평가등급 BB-에 준하는 등급)	
B+, B0, B-	B-	B+, B0, B- (회사채에 대한 신용평가등급 B+, B0, B-에 준하는 등급)	16
CCC+ 이하	C 이하	CCC+ 이하 (회사채에 대한 신용평가등급 CCC+에 준하는 등급)	결격

※ [주]

① 신용평가등급은 「신용정보의 이용 및 보호에 관한 법률」 제4조제1항제1호에 따른 신용조회사 또는 「자본시장과 금융투자업에 관한 법률」 제335조의3에 의거 업무를 영위하는 신용평가사가 작성한 '신용평가등급확인서'(이하 '등급확인서'라 함)을 기준으로 평가한다.
등급확인서는 구매입찰공고서에서 정한 사전심사 신청서 제출일까지 작성되고, 같은 날까지 유효한 것이어야 한다.

② 심사대상자의 회사채(또는 기업어음)에 대한 신용평가등급 및 기업신용평가등급 중에서 가장 최근의 신용평가등급으로 평가하되, 동일 날짜에 다수의 신용평가등급이 있는 경우에는 가장 낮은 평가등급을 적용한다. '등급확인서'를 제출하지 않은 경우에는 최저등급으로 평가한다.

③ 합병한 업체에 대하여는 합병후 새로운 신용평가등급으로 심사하여야 하며, 합병 후의 새로운 신용평가등급이 없는 경우에는 합병대상 업체 중 가장 낮은 신용평가등급으로 받은 업체의 신용평가등급으로 평가한다.

(4) 품질관리 심사

품질관리 심사는 물품구매계약 품질관리 특수조건에 따른 조달청 검사, 전문기관 검사, 품질점검 결과를 기준으로 평가하며, 세부적용 내용은 별표2 4 품질관리를 따른다.

4. 품질관리 (배점한도 25점)

세부 심사항목	심사지표	심사기준	평점
품질검사 결과	조달청검사, 전문기관검사 및 품질점검 결과	불합격 사실이 없거나 경결함 1회	25점
		경결함 2회 또는 중결함 1회	20점
		경결함 3회 또는 중결함 2회 또는 치명결함 1회	15점
		경결함 4회 또는 중결함 3회 또는 치명결함 2회	10점
		경결함 5회 이상 또는 중결함 4회 이상 또는 치명결함 3회 이상	5점

※ [주]

① 품질관리 항목은 세부품명에 대한 「물품구매계약 품질관리특수조건」에 따른 조달청 검사, 전문기관검사 및 품질점검 결과를 기준으로 평가한다.

② 평가 대상 검사 또는 품질점검 결과는 검사 또는 품질점검 완료일이 사전심사 신청서 제출일 기준 과거 2년 이내인 것으로 하며, 2종류 이상의 결함이 발생한 경우에는 가장 낮은 평점을 적용한다.

(5) 사후관리 심사

사후관리 심사는 계약이행실적평가 등급으로 평가하며 세부적용 내용은 별표2 5 사후관리를 따른다.

5. 사후관리 (배점한도 10점)

세부 심사항목	심사지표	심사기준	평점
사후관리 신뢰수준	계약이행실적 평가 등급	최우수	10점
		우수	8점
		보통	6점
		미흡	4점

※ [주]

① 사후관리 심사는 사전심사 신청서 제출일 기준 과거 1년 이내에 사전심사 신청자가 제44조에 따라 평가받은 계약이행실적평가 등급을 기준으로 적용한다. 다만, 평가결과가 다수인 경우에는 가장 최근의 계약이행실적평가 등급을 적용하며, 평가결과가 없는 경우에는 '보통' 등급으로 처리한다.

(6) 신인도 심사

신인도 심사는 계약이행 신뢰수준을 종합적으로 심사하며, 세부적용 내용은 별표2 6 신인도를 따른다.

6. 신인도 (배점한도 0~-55점) (단위 : 점)

세부심사항목	심사지표	평점	심사기준
계약이행 신뢰수준	평균 납기지체 (다수공급자계약 품목에 대한 납기지체 일수의 합계/전체 납기지체 건수)	0	없음
		-1	1일 이상 ~ 10일 미만
		-2	10일 이상 ~ 20일 미만
		-5	20일 이상 ~ 30일 미만
		-10	30일 이상
	부정당업자 제재 (나라장터에 등록된 모든 부정당업자 제재 일수의 합계)	0	없음
		-5	30일 이상 ~ 90일 미만
		-10	90일 이상 ~ 180일 미만
		-15	180일 이상
	종합쇼핑몰 거래정지 (다수공급자계약 품목에 대한 종합쇼핑몰 거래정지 일수의 합계)	0	없음
		-5	30일 이상 ~ 90일 미만
		-10	90일 이상 ~ 180일 미만
		-15	180일 이상
	불공정행위 누적 점수	0	10점 미만
		-10	10점 이상 ~ 20점 미만
		-15	20점 이상

※ [주]

① 계약이행 신뢰수준의 심사는 사전심사 신청서 제출일 기준 최근 1년간을 기준으로 한다. 단, 불공정행위 누적점수 심사는 사전심사 신청일 기준 최근 2년간의 불공정행위 이력 평가 결과를 기준으로 한다.

② 불공정행위 누적 점수 기준은 [별표3]을 따른다.

나) 평가방법

계약담당공무원은 사전심사를 할 때 다음과 같은 방법을 적용해야 한다.

첫째, 심사항목별 심사기준일은 구매입찰공고나 추가특수조건 등에서 별도로 정한 경우를 제외하고는 사점심사 신청서 제출일로 한다. 둘째, 납품(판매)실적 등 외화표시 금액은 원화로 환산하여 적용하며, 적용환율은 입찰공고일의 외국환거래법에 따른 기준환율이나 재정환율(매매기준율)을 적용하되, 외화와 원화가 같이 표시된 경우에는 원화를 적용한다. 셋째, 비율, 평점 등을 계산한 결과 소수점 이하 숫자가 있으면 소수점 다섯째 자리에서 반올림한다(물품 다수공급자계약 업무처리규정 제11조 제2항 제1호부터 제3호).

한편, 사전심사 신청자가 조합인 경우에는, 각 심사항목별로 해당 조합을 기준으로 평가하되, 납품실적 심사는 조합계약에 참여하는 조합원사의 납품실적을 포함하여 평가할 수 있다(물품 다수공급자계약 업무처리규정 제11조 제4항).

4) 적격자 선정

별표1 적격성 평가 세부기준의 결격사유가 없고, 구매입찰공고상 입찰참가자격 요건을 충족하며, 사전심사 결과 종합평점 70점 이상이라면, 계약담당공무원은 사전심사 신청자를 적격자로 선정할 수 있다. 다만, 사전심사 대상으로서 최초 공고된 세부품명을 대상으로 최초로 계약을 체결하는 계약상대자라면, 종합평점이 65점 이상인 업체를 적격자로 선정할 수 있다(물품 다수공급자계약 업무처리규정 제12조 제1항 제1호, 제2호). 만약 사전심사 신청자가 조합인 경우에는 해당 조합을 기준으로 결격사유 해당 여부를 평가해야 한다(물품 다수공급자계약 업무처리규정 제12조 제2항).

한편, 계약담당공무원은 적격자로 선정되지 못한 자에게 심사결과 통지 후 90일 이후에 사전심사 신청서를 보완하여 다시 제출하도록 할 수 있다(물품 다수공급자계약 업무처리규정 제12조 제3항).

5) 사전심사 결과 통지와 이의절차

계약담당공무원은 사전심사를 완료한 후 그 적격 여부와 이의신청 접수기한을 사전심사 신청자에게 통보해야 하되, 이의신청 접수기한은 심사 결과 통보일로부터 3일 안으로 정하고, 필요하다면 이를 연장할 수 있다(물품 다수공급자계약 업무처리규정 제13조 제1항, 제2항).

사전심사 신청자는 이의신청 접수기한 안에 해당 업체 심사관련 서류와 평가점수의 열람을 요구할 있고, 심사 오류나 중대한 착오 등으로 평가점수에 이의가 있는 경우에는 이의신청 접수기한 3일 안에 시스템을 이용해 이의를 신청할 수 있다. 다만, 입찰공고에 이의신청 방법을 달리 정했다면 그에 따라야 한다(물품 다수공급자계약 업무처리규정 제13조 제3항).

6) 규격서 제출

사전심사 적격자로 선정된 자는 계약담당공무원에게 규격서와 구매입찰공고서에서 정한 시험성적서를 제출해야 한다(물품 다수공급자계약 업무처리규정 제14조 제1항 제1호, 제2호). 여기서 규격서란 적격자가 작성·제출하는 공급물품 설명서를 말한다(물품 다수공급자계약 업무처리규정 제3조 제17호). 만약, 규격서 등이 불명확하여 인지할 수 없는 경우에는 적격자가 이를 보완할 수 있으나, 적격자가 보완 요구기한까지 서류를 제출하지 않거나 제출하더라도 보완되지 않으면, 계약담당공무원이 해당 적격자를 대상으로 사전심사 적격자 지위를 해제[1)]

1) 물품 다수공급자계약 업무처리규정 제14조 제4항은 "계약담당공무원은 … 적격자의 지위를 해제할 수 있다."고

할 수 있다(물품 다수공급자계약 업무처리규정 제14조 제2항).

다. 가격협상 대상 품목 선정

1) 선정절차

계약담당공무원은 적격자로부터 제출받은 서류를 검토한 다음 가격협상 대상 품목을 선정할 수 있다(물품 다수공급자계약 업무처리규정 제15조 제1항). 여기서 적격자는 적격성 평가를 통과한 자와 사전심사를 통과한 자를 모두 포함한다(물품 다수공급자계약 업무처리규정 제3조 제15호).

한편, 적격자는 납품실적 증빙자료를 가격자료에 포함하여 제출할 수 있는데, 납품실적 증빙자료는 수요물자 최종 수요자와 직접 거래한 자료를 말한다. 다만, 구매하려는 물품과 동일한 세부품명을 제조하거나 공급하는 자와 거래한 내역은, 적격자가 금융거래 확인서, 납품사실 확인서 등 해당 거래와 관련한 대금 지급, 납품, 설치 관련 증빙자료를 제출하는 방법으로 최종 수요자와 거래를 증명하는 범위에서 예외적으로 인정할 수 있다(물품 다수공급자계약 업무처리규정 제15조 제5항, 제6항).

2) 선정배제

가) 강제배제

계약담당공무원은 제출된 시험성적서가 구매입찰공고에 명시한 시험기준에 미달하는 품목, 제출된 규격서가 구매입찰공고에 명시한 공통상용규격과 다른 품목은 각각 가격협상 대상에서 배제해야 한다(물품 다수공급자계약 업무처리규정 제15조 제2항, 제3항). 또한, 업체별 계약 규격수를 초과하였다면 이를 초과하지 않는 범위 안에서 적격자와 협의하여 일부 규격을 가격협상대상에서 배제하되, 기술개발 등으로 신규 규격(모델)을 추가하고자 하는 경우에는 구매업무심의회 심의를 거쳐 이를 허용할 수 있다(물품 다수공급자계약 업무처리규정 제15조 제3항).

나) 임의배제

그 밖에도 계약담당공무원은 ① 특허 관련 분쟁이 있는 경우, ② 가격, 규격, 공급지역 등이 다른 적격자나 계약상대자의 계약품목과 크게 달라 다수공급자계약을 체결하더라도 다른 업체 계약품목과 경쟁이 성립하기 어려운 경우, ③ 적격성 평가 신청서 제출일이나 사전심사 신청서 제출일 기준(이하 적격성 평가 등 신청서 제출일)으로 과거 2년 동안 다수공급자계약을 체결한 적 없는 신규 등록 품목과 관련하여 계약담당공무원이 구매입찰공고에서 과

규정하는데, 적격자 선정 그 자체는 계약이 아니므로, 여기서 말하는 해제는 법률상 '취소'와 비슷한 의미라고 이해해야 한다.

거 납품실적을 제출하도록 요구한 수요물자로서, ㉮ 적격성 평가 등 신청서 제출일 기준 창업 3년 초과 7년 이내 중소기업이나 사회적 기업, 사회적협동조합, 중증장애인생산시설, 장애인기업, 장애인표준사업장이 제조·서비스한 품목인 경우 적격성 평가 등 신청서 제출일 기준 과거 3년 이내 납품실적 2건 이상, ㉯ 물품 다수공급자계약 업무처리규정 제16조 제4항 제3호 단서나 위 ㉮에 해당하지 않는 품목인 경우 적격성 평가 등 신청서 제출일 기준 과거 3년 이내 납품실적 3건 이상이라는 납품실적 요건을 충족하지 못하는 경우에는, 해당 품목을 가격협상 대상에서 배제할 수 있다(물품 다수공급자계약 업무처리규정 제15조 제4항 제1호부터 제3호 본문).

다만, 적격성 평가 등 신청서 제출일 기준으로 창업 2년 이내인 중소기업이 제조하거나 서비스한 품목, 우수조달물품 지정관리 규정에 따른 우수조달물품 지정기간이 만료되기 전 1개월 이내부터 만료 이후 1년 이내인 중소기업이 종전에 지정받은 품목, 조달사업법 제27조에 따른 혁신제품 지정기간이 만료되기 전 1개월 이내부터 만료된 후 1년 이내인 중소기업의 종전 지정 품목은 납품실적 요건을 충족하지 못하는 경우에도 가격협상 대상 품목으로 선정할 수 있다(물품 다수공급자계약 업무처리규정 제16조 제4항 제3호 단서).

5. 협상기준가격 작성과 가격협상

가. 협상기준가격과 가격자료의 의미

협상기준가격이란 아래에서 볼 가격협상의 기준이 되는 가격을 말하고(물품 다수공급자계약 업무처리규정 제3조 제23호), 계약담당공무원이 위와 같은 협상기준가격을 작성하기 위해 적격자로부터 제출받는 자료를 가격자료라고 한다(물품 다수공급자계약 업무처리규정 제3조 제18호).

자세히 살펴보면, 계약담당공무원은 가격협상 전에 그 기준이 되는 협상기준가격을 작성해야 하고, 이를 위해 적격자로부터 전자세금계산서를 제출받는다(물품 다수공급자계약 업무처리규정 제16조 제1항). 해당 전자세금계산서는 협상기준가격 작성을 위한 가격자료로 활용하는데, 그것만으로 협상기준가격 작성이 곤란한 경우, 계약담당공무원은 적격자에게 구매입찰공고에 명시한 기간 안에 가격자료 제출서, 가격 총괄표, 규격별 거래내역, 가격증빙자료(세금계산서 사본, 계약서 사본, 거래명세표 사본, 원가계산서, 공표가격표나 카탈로그 가격표, 매출원장 사본 등)를 제출하도록 요청할 수 있다(물품 다수공급자계약 업무처리규정 제16조 제2항 제1호부터 제4호). 이를 가격자료라 한다. 가격자료는 원칙적으로 적격성 평가나 사전심사 결과통보일 전월일을 기준으로 최근 1년간의 거래자료를 규격(모델)별로 제출해야 한다. 다만, 계약담당공무원은 수요물자의 수명주기나 거래빈도 등을 고려해 이를 조정할 필요가 있다고 판단하면 구매입찰공고서에 별도로 기준을 명시하여 이에 따라 가격자료를 제출받을 수 있다(물품 다수공급자계약 업무처리규정 제16조 제3항). 이와 같은 가격자료는 다수공급자계약을 체결 여부나 협상기준가격 결정과 그에 따른 대금지급 과정에서 단순한 참고자료에 그치지 않고, 가장 핵심적인 역할을 한다.[1)]

그런데 계약담당공무원은 구매업무심의회 심의를 거쳐 일부 세부품명에 대해서는 적격자에게 가격자료 제출을 요구하지 않을 수 있고, 사전에 구매입찰공고서에 이를 명시해야 한다(물품 다수공급자계약 업무처리규정 제16조 제6항).

〔가격자료로서 전자세금계산서의 활용〕

전자세금계산서는 다수공급자계약에서 협상기준가격 작성을 위한 근거자료만이 아니라 그 이전인 적격성평가나 사전심사 단계에서 납품실적을 확인하기 위한 자료나 그 밖에 우대가격유지의무에 따른 가격관리 자료 등으로 활용되기 때문에(다수공급자계약 전자세금계산서 관리기준 제6조 제1항 제1호부터 제3호), 이를 제출하는 업체는 실거래내역을 누락하거나 전자세금계산서를 허위로 작성하거나 위·변조, 그 밖에 부정한 방법으로 발급해서는 안 된다(다수공급자계약 전자세금계산서 관리기준 제7조 제1항). 따라서 전자세금계산서를 위·변조하거나 허위로 또는 부정하게 제출한 자는 형사처벌은 물론 행정제재인 입찰참가자격제한을 받을 수 있다(국가계약법 시행령 제76조 제2항 제1호 가목 참조).

〔가격자료의 진실성 담보장치〕

적격자가 가격협상 단계에서 제공한 가격자료가 진실할 때만 다수공급자계약 제도가 예상하는 합리적, 합법적 가격협상이 타결된다. 그런데 가격자료 진위를 강제로 조사할 권한이 없는 조달청 계약담당공무원은 제출받은 가격자료가 진실한 자료라고 전제하고 가격협상에 임할 수밖에 없다. 따라서 적격자가 진실한 가격자료를 제출하도록 담보하기 위해 다양한 제도적 장치를 두는데, 가령, 계약담당공무원은 적격자로부터 허위서류가 아니라는 확약서를 받고, 허위서류 등을 제출한 적격자를 계약상대자 선정에서 제외하며, 허위서류 등을 제출한 계약상대자에게 계약해제·해지와 부정당업자제재, 거래정지를 할 수 있고, 그 밖에 부당이득환수, 형사고발[2)] 등을 할 수도 있다.

---

1) 대법원 2013. 6. 27. 선고 2010도7949 판결 등 참조.
2) 허위 가격자료를 제출하여 가격협상을 거쳐 고가로 구매계약을 체결하고, 그에 기초하여 물품을 납품한 다음 위와 같은 불법적 계약체결 사실을 숨긴 채 대금을 청구하여 받은 자는 위계에 의한 공무집행방해죄와 사기죄로 처벌할 수 있고, 사기범행의 피해자는 수요기관이 아닌 조달청(대한민국)이라는 부산지방법원 2019. 6. 28. 선고 2018고합79 판결 참조.

나. 가격자료 보완과 조치

계약담당공무원은, 적격자가 제출한 가격자료가 불명확하거나 불충분하여 협상기준가격 작성이 곤란한 경우 적격자에게 기한을 정하여 보완을 요구할 수 있고, 적격자가 요구를 받은 날부터 15일 안에 보완 서류를 제출하지 않으면 불가피한 사유가 있는 등 특별한 사유를 제외하고 해당 품목을 가격협상 대상에서 배제할 수 있다(물품 다수공급자계약 업무처리규정 제16조 제5항). 또한, 계약담당공무원은 서류조사와 현장조사 등 방법으로 가격조사를 할 수 있고, 이에 협조하지 않거나 응하지 않는 적격자를 상대로 적격자 지위를 해제할 수도 있다(물품 다수공급자계약 업무처리규정 제16조 제4항).

다. 협상기준가격 결정

계약담당공무원은 가격협상을 위해 적격자가 제출한 가격자료를 검토하여 협상기준가격을 결정한다(물품 다수공급자계약 업무처리규정 제17조 제1항). 협상기준가격은 규격(모델)별로 가중평균가격,[1] 최빈가격[2] 중 낮은 가격을 기준으로 결정한다(물품 다수공급자계약 업무처리규정 제17조 제2항 본문).

다만, ① 해당 협상기준가격이 거래(구매)실례가격이나 다른 업체 가격보다 현저히 높은 경우, ② 거래(구매)실례가격이 없는 경우, ③ 유통구조를 고려할 때 적격자의 거래실례가격으로 협상하기 어렵다고 판단하는 경우에는 합리적인 구매를 위해 거래(구매)실례가격, 원가계산가격, 업체제시가격,[3] 유사거래(구매)실례가격, 경쟁입찰 형성 가격, 2단계경쟁에 따른 형성 가격, 외국산 수입가격 등을 참고하여 협상기준가격을 정할 수 있다(물품 다수공급자계약 업무처리규정 제17조 제2항 단서).

그리고 가격자료 제출을 요구하지 않은 수요물자인 경우에는 적격자가 제시하는 금액으로 협상기준가격을 정할 수 있다(물품 다수공급자계약 업무처리규정 제17조 제3항).

한편, 계약담당공무원은 이전 계약에서 우대가격유지의무 위반에 따라 계약단가 인하 조치를 받았거나 해당 조치가 필요한 품목인 경우라면, 재계약이나 차기계약을 체결하면서 해당 인하 기준을 적용한 가격을 협상기준가격으로 정할 수 있다(물품 다수공급자계약 업무처리규정 제17조 제4항).

그럼에도 계약담당공무원은 세부품명별 다수공급자계약 가격의 상한선과 하한선 등 일정한 지침을 마련하여 협상기준가격 결정에 반영할 수 있고(물품 다수공급자계약 업무처리규정 제17조 제5항), 구매업무심의회 심의를 거쳐 협상기준가격을 정할 수도 있다(물품 다수공급자

1) 적격자가 동일 규격(모델)을 대상으로 거래한 총금액을 총수량으로 나누어 산출한 가격을 말한다.
2) 적격자가 동일 규격(모델)을 대상으로 거래한 가격 중 거래빈도수가 가장 높은 가격을 말한다.
3) 적격자가 다수공급자계약을 위해 계약담당공무원에게 제시하는 가격을 말한다.

계약 업무처리규정 제17조 제5항).

라. 가격협상

1) 일반

가격협상이란 협상기준가격을 기준으로 적격자가 제출한 가격제안서에 따라 적격자별, 규격(모델)별 가격을 협상하는 절차이다. 따라서 계약담당공무원은 협상기준가격을 기준으로 적격자가 제출한 가격제안서에 따라 규격(모델)별로 가격협상을 하되, 수요물자 특성에 따라 규격(모델)별로 구성요소별 단가의 합계액으로 가격협상을 할 수 있다(물품 다수공급자계약 업무처리규정 제18조 제1항). 그리고 적격자는 계약하려는 규격(모델)별로 계약수량을 제시해야 한다(물품 다수공급자계약 업무처리규정 제18조 제2항). 적격자는 나라장터를 이용해 가격제안을 할 수 있고, 제안가격이 협상기준가격보다 낮으면 가격협상은 타결된다.

여기서 적격자가 조합이라면 가격협상 주체는 해당 조합이지만, 필요한 경우에는 계약담당공무원이 조합계약에 참여하는 조합원사를 배석하게 할 수 있다(물품 다수공급자계약 업무처리규정 제18조 제3항).

2) 1회 최대납품요구금액과 할인율

가) 개념

가격협상에서 계약상대자가 정할 사항으로 1회 최대납품요구금액과 할인율이 있다.

(1) 1회 최대납품요구금액

여기서 1회 최대납품요구금액이란 계약상대자가 수요기관으로부터 납품요구 받을 수 있는 최대 수량에 대한 대가를 말한다. 다시 말하면, 계약상대자가 납품기간[1] 동안 '동시에' 수요기관에게 납품할 수 있는 최대량(capacity)을 뜻한다. 다만, 국가계약법 시행령에서는 '매회별 이행예정량 중 최대량에 계약단가를 곱한 금액'이라고 규정한다(국가계약법 시행령 제50조 제2항 참고).[2]

예를 들어, A가 조달청과 다수공급자계약을 체결하면서 1회 최대납품요구금액을 100으로 정했다면, 각 수요기관으로부터 납품요구를 받은 후 아직 납품완료하지 못한 총수량의 대가가 100을 넘을 수 없다는 뜻으로, 1회 최대납품요구금액이 100에 달하면 계약상대자는

---

1) 계약기간이 아니다.

2) 다만, '1회 최대납품요구금액'이나 '매회별 이행예정량 중 최대량에 계약단가를 곱한 금액'이라는 용어는 매우 혼란스러운 표현이다. '1회' 혹은 '매회별'이라는 용어를 사용하여, 마치 1개 수요기관으로부터 1회에 납품요구 받을 수 있는 최대수량 상당 금액이라거나 1개 수요기관으로부터 1회에 납품완료 할 수 있는 최대수량 상당액으로 오해할 여지를 주기 때문이다. 그러나 필자 역시 법령이나 실무에서 사용하는 위 용어 외에 대체할 용어를 찾기 어렵기 때문에 '1회 최대납품요구금액'을 그대로 사용하기로 한다.

더 이상 다른 수요기관으로부터 납품요구를 받을 수 없다.

이는 계약상대자가 이익을 위해 자기 이행능력보다 과도한 납품요구를 받고도 납품을 완료하지 못하여 결국 적정한 계약이행을 해치는 결과를 방지하기 위한 개념이다. 특히 1회 최대납품요구금액은 계약보증금을 정하는 기준이므로, 계약상대자는 계약체결 당시 1회 최대납품요구금액의 100분의 10 이상을 계약보증금으로 납부해야 한다(국가계약법 시행령 제50조 제2항, 물품 다수공급자계약 특수조건 제3조 제1항 참조). 다만, 계약상대자는 계약이행능력 여하에 따라 계약담당공무원에게 1회 최대납품요구금액 조정을 요청할 수 있고, 만약 1회 최대납품요구금액을 증액하려는 경우에는 이에 상응하는 계약보증금을 추가로 납부하면 된다(물품 다수공급자계약 특수조건 제11조 제1항 참조).

〔참고〕 사례로 보는 1회 최대납품요구금액의 개념

A가 2023. 1. 1. 조달청과 다수공급자계약을 체결하면서 1회 최대납품요구금액을 100으로 정했는데, 수요기관 甲이 납품기한을 2023. 5. 13.으로 정하여 납품을 요구하고, 그 후, 수요기관 乙이 납품기한을 2023. 8. 16.로 정하여 납품요구한 사례를 가정한다.

① 수요기관 甲이 납품요구한 수량 상당 금액이 30이고, 아직 납품기한 2023. 5. 13.이 도래하지 않거나 해당 기한이 도래했더라도 납품하지 못하는 상황에서, A가 수요기관 乙로부터 납품요구를 받는 경우, 합계액 70에 상당하는 수량 이하로만 납품요구를 받을 수 있다. 왜냐하면 A가 기존에 수요기관 甲으로부터 납품요구를 받고 납품완료 하지 않은 수량 상당 금액이 30이기 때문에, 1회 최대납품요구금액 100에서 위 30을 제외하면 합계액 70에 상당하는 만큼만 추가로 납품요구 받을 수 있기 때문이다.

② 수요기관 甲이 납품요구한 수량 상당 금액이 50이고, 이어 수요기관 乙이 합계액 50에 상당한 수량을 납품요구한 상황에서, 수요기관 甲과 관련한 납품기한 2023. 5. 13.이 도래하여 A가 수요기관 甲에게 합계액 50에 상당하는 수량을 모두 납품했다면, 또 다른 수요기관 丙은 A에게 합계액 50을 초과하지 않는 범위에서 납품요구 할 수 있다. 수요기관 甲과 수요기관 乙의 납품요구로 말미암아 1회 최대납품요구금액 100이 모두 찼으나, 그 후 A가 수요기관 甲에게 납품을 완료하였으므로 다시 1회 최대납품요구금액 50만큼을 회복되었기 때문이다.

③ 수요기관 甲이 합계액 50, 수요기관 乙이 합계액 50에 각 상당하는 수량을 납품요구하고, A가 2023. 5. 13. 수요기관 甲에게, 2023. 8. 16. 수요기관 乙에게 각 납품을 완료했다면, 이제 A는 다른 수요기관 丙으로부터 1회 최대납품요구금액 100 범위에서 납품요구를 받을 수 있다.

(2) 할인율

한편, 할인율이란 적격자가 수요기관의 납품요구 총금액에서 할인하는 비율을 말한다(물품 다수공급자계약 업무처리규정 제3조 제24호). 할인율은 2단계 경쟁 등 절차에서 활용된다.

나) 1회 최대납품요구금액 설정

계약담당공무원은 적격자별 1회 최대납품요구금액을 과거 납품실적 등을 고려해 적격자와 협의하여 정할 수 있다(물품 다수공급자계약 업무처리규정 제19조 제1항).

다) 할인율 설정

계약담당공무원은 적격자로 하여금 가격제안서에 납품요구금액별로 적용할 할인율을 최대 5단계까지 설정하도록 할 수 있으며, 물품 다수공급자계약 업무처리규정 제49조 제1항에 따른 2단계경쟁 대상금액 이내에서는 필수적으로 2단계 이상 제시하도록 하여야 한다. 다만, 적격자가 제안한 규격(모델)별 평균단가가 2단계경쟁 대상금액의 100분의 10을 초과하는 경우에는 1회 최대납품요구금액 이내에서 2단계 이상 제시하도록 하여야 한다(물품 다수공급자계약 업무처리규정 제19조 제2항).

6. 계약체결

가. 계약상대자 결정

위와 같이, 구매입찰공고→적격성 평가 혹은 사전심사→적격자 선정→가격협상을 거쳐, 계약상대자가 결정된다. 즉, 조달청장은 다수공급자계약 입찰에 참가한 입찰자의 재무상태와 납품실적 등을 평가하여 적합한 자를 선정하고, 그 선정된 자를 대상으로 가격협상을 진행하여 낙찰자로 결정한 2인 이상을 계약상대자로 정한다(조달사업법 시행령 제13조 제1항). 다만, 계약 특성에 따라 필요한 경우에는 수요물자별로 작성(공통규격인 경우에는 1개만 작성)된 예정가격과 비교하여 입찰금액 비율이 낮은 입찰자 순으로 낙찰자를 결정하여 2인 이상의 계약상대자를 정할 수 있다(조달사업법 시행령 제13조 제2항). 그리고 적격자 선정 후 가격협상을 마친 적격자가 조합이라면, 해당 조합이 계약상대자가 된다(물품 다수공급자계약 업무처리규정 제20조 제2항).

나. 계약서 작성

계약담당공무원은 가격협상을 완료한 적격자를 계약상대자로 결정하고 지체없이 표준계약서에 따르거나 그것이 곤란하다면 다른 양식으로 정한 계약서로 계약을 체결해야 한다(물품 다수공급자계약 업무처리규정 제21조 제1항, 국가계약법 시행규칙 제49조 제1항, 제3항). 물론 일반 계약사항을 포함하여 해당 계약에 필요한 특약사항을 명시하여 계약을 체결할 수도 있다(국가계약법 시행규칙 제49조 제2항). 계약담당공무원은 계약보증금 전·일부 납부를 면제하려면 계약서에 그 사유와 면제금액을 기재하고, 계약상대자로부터 계약보증금지급각서를 제출받아 계약서에 첨부해야 한다(국가계약법 시행규칙 제49조 제4항). 이로써 계약은 성립한다.

다. 추가선택계약

계약담당공무원은 계약을 체결하면서 본체에 더하여 추가적인 예비품이나 부속품, 운반거리에 따르는 운반비, 특수조건 아래 설치비, 그 밖에 부대비용 등 특수한 사항을 추가한 계약을 체결할 수도 있다(물품 다수공급자계약 업무처리규정 제20조 제3항). 이처럼 물품 본체에 더하여 예비품, 추가 부속품, 일부 기능 추가에 따른 특별한 부속품 구매, 특수한 설치, 유지관리 등을 위해 본계약에 추가로 체결하는 계약을 추가선택계약이라 한다(물품 다수공급자계약 업무처리규정 제3조 제25호). 추가선택계약은 본계약과 구분하기 위한 상대적 호칭이다. 그런데 추가선택계약 체결 대상인 품목에는 아래에서 보는 종합쇼핑몰 물품등록 규정을 적용하지 않는다(물품 다수공급자계약 업무처리규정 제20조 제3항 후문).

라. 계약기간

1) 원칙

계약기간은 3년을 원칙으로 구매입찰공고서와 계약서에 명시한 기간을 따르되(물품 다수공급자계약 특수조건 제5조 제1항), 계약종료일이 구매입찰공고 종료일을 초과하지 않아야 한다. 다만, 계약담당공무원이 필요하다고 인정하는 세부품명은 계약기간을 3년 미만으로 정할 수 있다(물품 다수공급자계약 업무처리규정 제22조 제1항).

2) 연장

계약담당공무원은 ① 차기계약 체결이 지연되는 경우에는 기존 구매입찰공고 종료일 내에서, ② 계약상대자가 계약기간 동안 부정당업자제재, 거래정지를 받거나 납품을 지연하거나 규격을 미달하여 납품한 사실이 없고, 구매입찰공고에서 요구한 자격을 충족하면서 계약체결한 수요물자의 가격 변동이 없는 경우에는 구매입찰공고에서 명시한 계약기간 범위나 구매입찰공고 종료일 내에서 각 계약기간을 연장할 수 있다(물품 다수공급자계약 업무처리규정 제22조 제2항 제1호, 제2호).

다만, 계약담당공무원은 계약상대자가 계약기간 동안 납품을 지연하거나 규격을 미달하여 납품한 사실이 있더라도 그 정도가 경미하고, 만약 계약기간을 연장하지 않으면 수요기관 사업에 차질이 생기는 등 불가피한 사유가 있다면, 구매업무심의회 심의를 거쳐 구매입찰공고에서 명시한 계약기간 범위나 구매입찰공고 종료일 내에서 계약기간을 연장할 수 있다(물품 다수공급자계약 업무처리규정 제22조 제3항).

계약담당공무원은 계약기간 연장을 위한 요건을 충족하는지를 점검하기 위해 계약상대자에게 시험성적서, 입찰참가자격, 가격 관련 자료 등 점검에 필요한 자료를 요구할 수 있으며, 사전에 구매입찰공고에 이를 명시해야 한다(물품 다수공급자계약 업무처리규정 제22조 제4항). 그리고 계약상대자는 위 요구에 응해야 한다(물품 다수공급자계약 특수조건 제5조 제4항).

마. 종합쇼핑몰 물품등록

물품등록이란 계약담당공무원이 다수공급자계약 대상 물품을 전자적으로 거래할 수 있도록 종합쇼핑몰에 등록하는 행위를 말한다(물품 다수공급자계약 업무처리규정 제3조 제28호). 계약담당공무원은 세부품명 기준으로 계약상대자가 3인 이상(단, 제조사가 같다면 1인으로 본다)인 경우에 한정하여 계약 체결한 물품을 종합쇼핑몰에 등록해야 한다(물품 다수공급자계약 업무처리규정 제21조 제1항 본문). 다만, ① 참여 가능한 계약상대자가 2인뿐인 경우나 ② 계약상대자가 1인 뿐으로서 경쟁업체가 경쟁을 회피할 목적으로 다수공급자계약에 참여하지 않는 것이 명백하고, 계약상대자가 할인율 적용 조건에 동의하는 경우 중 어느 하나에 해당하면, 계약상대자가 3인 미만이라도 구매업무심의회 심의를 거쳐 등록할 수 있다(물품 다수공급자계약 업무처리규정 제22조 제1항 단서 제1호, 제2호).

위 ②인 경우, 계약담당공무원은 수요기관 납품요구금액이 2단계 경쟁 대상금액에 해당하면, 계약상대자가 제시한 납품요구금액별 할인율과 중소기업간 경쟁물품인 경우 10% 할인율(납품단가가 계약단가의 90%)과 비교하여, 그리고 중소기업간 경쟁물품이 아닌 물품인 경우 19.505% 할인율(납품단가가 계약단가의 80.495%)과 비교하여 그 중 더 높은 할인율을 적용하여 계약상대자로 하여금 납품하도록 해야 하고(물품 다수공급자계약 업무처리규정 제21조 제2항 제1호, 제2호), 계약상대자는 위 조건에 동의해야 한다(물품 다수공급자계약 특수조건 제4조 제2항).

한편, 계약담당공무원은 종합쇼핑몰 등록 계약상대자가 세부품명 기준으로 3인 이상이었으나 계약해지, 거래정지 등에 따라 2인만 남는 경우 종합쇼핑몰 등록을 유지하되, 1인만 남는 경우에는 종합쇼핑몰상 판매를 중지해야 한다(물품 다수공급자계약 업무처리규정 제22조 제3항). 이러한 규정과 관련하여, 판매중지를 받는 1인은 자기책임과 관계없이 불이익 조치를 받기 때문에 자기책임원칙에 반하여 위법하다는 견해가 있는가 하면, 다수공급자계약제도의 취지를 고려할 때 계약상대자가 1인만 남은 경우에는 판매중지 조치가 불가피하다는 견해도 있다.

그런데 계약담당공무원은 물품 다수공급자계약 업무처리규정 제4조 제4항 제1호에 해당하는 경우, 종합쇼핑몰 등록기준을 품명 기준으로 운영할 수 있다(물품 다수공급자계약 업무처리규정 제21조 제4항).

바. 계약보증금 납부

계약상대자는 계약을 체결하면서, 납부면제를 받은 경우를 제외하고, 매회별 이행예정량 중 최대량×계약단가×수요물자의 납품이행실적을 고려하여 조달청장이 기획재정부장관과 협의하여 정한 후 고시하는 비율[1]에 따라 계산한 금액을 계약보증금으로 납부해야 한다(조달사업법 시행령 제13조의2). 이는 2023. 5. 9. 신설된 규정으로, 국가계약법 시행령 제50조 제2항에 따라 계약보증금을 산정하면 지나치게 과도하다는 문제를 해결했다. 따라서 일반적인 단가계약과 구별하여 제3자를 위한 단가계약과 다수공급자계약에서는 그 특성을 반영하여 합리적인 계약보증금을 산정하려는 취지이다. 다만, 조합은 국가계약법 시행령 제50조 제6항에 근거해 계약보증금 납부를 면제받는 대신, 계약보증금 국고귀속 사유가 발생하면 해당 계약보증금을 현금으로 납입하겠다는 계약보증금지급각서를 제출해야 한다(물품 다수공급자계약 업무처리규정 제23조 제2항).

계약담당공무원은 계약상대자가 계약상 의무를 이행하지 않는 등 계약보증금 국고귀속 사유가 발생하면, 국가계약법 제12조 제3항, 같은 법 시행령 제51조 제2항 제2호에 따라 해당 계약보증금을 국고귀속해야 하고(물품 다수공급자계약 업무처리규정 제23조 제1항 후문), 계약상대자는 이의를 제기하지 않아야 한다(물품 다수공급자계약 특수조건 제3조 제1항 후문).

사. 계약수량

계약수량이란 계약상대자가 계약기간 동안 수요기관에게 납품할 수 있는 수량을 말한다(물품 다수공급자계약 특수조건 제5조 제5항). 다만, 여기서 말하는 계약수량은 확정수량이 아닌 예정수량에 불과하므로, 계약상대자가 계약기간 안에 아예 납품요구를 받지 못했거나 계약수량보다 적게 납품요구를 받았더라도, 조달청장과 계약담당공무원은 이에 대해 어떠한 책임도 부담하지 않는다(물품 다수공급자계약 특수조건 제5조 제5항).

---

1) 제3자를 위한 단가계약 등의 계약보증금 산출 시 납품이행실적을 고려하여 정한 비율 고시

Ⅰ. 납품이행실적을 고려하여 정한 비율

「조달사업에 관한 법률 시행령」 제13조의2에 따른 납품이행실적을 고려하여 정한 비율은 100분의 50으로 한다.

Ⅲ. 다수공급자계약 변경

1. 계약연장

가. 의의

계약연장이란 같은 구매입찰공고 안에서 다른 계약조건을 변동하지 않고 계약기간만 연장하는 것을 말한다(물품 다수공급자계약 업무처리규정 제3조 제29호). 계약연장은 수정계약 유형에 속한다(물품 다수공급자계약 업무처리규정 제25조 제1항 참조).

나. 계약연장 배제

계약담당공무원은 계약상대자가 다음 어느 하나에 해당하는 경우, 각 사유별로 정한 범위에서, 해당 계약종료일 이후 1년 동안 계약연장을 하지 않아야 한다(물품다수공급자계약 특수조건 제39조 제2항 제1호부터 제12호 참조). 특히 아래 ① 사유에 해당하면 3년 동안 계약연장을 하지 않는다(물품다수공급자계약 특수조건 제39조 제2항 단서). 이러한 계약연장 배제사유와 범위는 아래 재계약과 차기계약 배제에 그대로 적용된다.

① 품목 기준으로 계약종료일 기준 과거 3년 이내에 다수공급자계약에 따라 종결된 납품실적이 없는 경우 : 해당 품목. 다만 어느 하나에 해당할 경우에는 예외로 한다.
  ㉮ 품목 기준으로 최근 3년 동안 종전계약을 포함한 총 다수공급자계약 기간이 1년 6개월 미만인 경우
  ㉯ 다수 품목이 배제되어 경쟁이 성립되지 않거나 수요기관의 구매 차질이 예상되는 물품으로 구매업무심의회 심의를 거쳐 배제에 필요한 사항을 별도로 정하여 구매입찰공고에 명시한 경우
② 세부품명 기준으로 계약종료일 기준 과거 1년 이내에 거래정지를 2회 이상 받았거나 2년 이내에 거래정지를 4회 이상 받은 경우 : 해당 세부품명
③ 세부품명 기준으로 계약종료일 기준 과거 2년 이내에 누적 거래정지기간이 6개월을 초과한 경우 : 해당 세부품명
④ 계약종료일 기준 직전 계약이행실적평가에서 2회 이상 연속 총점기준으로 ‘미흡’ 등급을 받은 경우 : 해당 업체
⑤ 우대가격 유지의무를 위반하고도, 계약담당공무원의 계약단가 인하 요구에 정당한 이유 없이 해당 계약종료일까지 응하지 않은 경우 : 해당 세부품명
⑥ 품질관리 통보의무를 위반하고도, 조달청의 검사요구에 정당한 이유 없이 해당 계약종료일까지 응하지 아니한 경우 : 해당 세부품명
⑦ 가격 및 실태조사에 고의로 불성실하게 응하거나 협조하지 않은 경우 : 해당 업체

⑧ 계약종료일 기준 최근 2년 동안 불공정행위 이력 평가에 따른 불공정 행위 누적점수가 20점 이상인 경우 : 해당 업체
⑨ 품질, 가격, 안전성 등과 관련하여 조달물자 신뢰를 훼손한 경우 : 해당 세부품명
⑩ 계약상대자 요청 등에 따라 계약을 해지한 경우 : 해당 세부품명
⑪ 일부 계약품목에서 생산이나 판매 중단을 사유로 입찰참가자격 요건으로 정한 인증의 유효기간이 만료되어 계약상대자가 해당 품목 삭제를 요청하여 이에 따라 품목을 삭제한 경우 : 해당 품목
⑫ 우대가격유지의무 위반이 3차례 이상 적발된 경우 : 해당 세부품명(다만, 3차 이상 적발 횟수만큼 배제기간을 1년씩 추가)

2. 재계약

가. 의의

재계약이란 같은 구매입찰공고 안에서 계약조건을 변경하여 체결하는 새로운 계약을 말한다(물품 다수공급자계약 업무처리규정 제3조 제29호). 재계약은 같은 구매입찰공고 아래 체결하기 때문에 계약연장과 유사하지만, 계약기간이 아닌 계약조건 변경을 수반하기 때문에 '새로운 계약'이라고 정의한다.

나. 재계약 배제

계약담당공무원은 위에서 본 계약연장 배제사유가 있는 경우, 종전 계약종료일 이후 1년 동안 재계약을 체결하지 않아야 한다(물품 다수공급자계약 특수조건 제20조 제2항 제1호부터 제12호 참조). 특히 위와 같은 배제사유 중 ①에 해당하면 종전 계약종료일 이후 3년 동안 재계약을 체결하지 않는다(물품 다수공급자계약 업무처리규정 제39조 제2항 단서).

3. 차기계약

가. 의의

차기계약이란 차기 구매입찰공고에 따라 체결하는 새로운 계약을 말한다(물품 다수공급자계약 업무처리규정 제3조 제29호). 종전 계약과 구매입찰공고 차수가 다르므로 위에서 본 계약연장이나 재계약과는 구별해야 한다. 이 역시 '새로운 계약'이라고 정의한다.

나. 차기계약 배제

계약담당공무원은 ① 적합성 검토 기준 해당 세부품명 계약상대자 전체의 최근 3년간 다수공급자계약에 따른 납품실적이 10건 미만인 경우, ② 다수공급자계약의 입찰·계약체결·

계약이행 등 과정에서 계약상대자의 허위서류나 부정한 방법으로 서류 제출, 담합, 안전도 위해 물품의 납품 등으로 계약담당공무원의 계약관리가 곤란하다고 판단되는 경우, ③ 업계 공통의 상용규격(KS규격, 단체표준규격, 그 밖에 조달청장이 정하는 규격 등)이 존재하지 않거나 해당 수요물자가 다수공급자계약에 적합하지 않다고 판단하는 경우 중 어느 하나에 해당하는 사유로 구매입찰공고를 취소했다면, 차기 구매입찰공고를 하지 않고, 해당 세부품명의 계약상대자와는 차기계약을 체결하지 않을 수 있다(물품 다수공급자계약 업무처리규정 제6조 제5항 제1호부터 제3호, 제39조 제1항, 물품 다수공급자계약 특수조건 제20조 제1항 제1호부터 제3호).

또한, 위에서 본 계약연장 배제사유가 있는 경우, 종전 계약종료일 이후 1년 동안 차기계약을 체결하지 않아야 한다(물품 다수공급자계약 특수조건 제20조 제2항 제1호부터 제11호, 제32조 제3항 참조). 특히 위와 같은 배제사유 중 ①에 해당하면 종전 계약종료일 이후 3년 동안 차기계약을 체결하지 않는다(물품 다수공급자계약 업무처리규정 제39조 제2항 단서).

4. 수정계약

가. 의의

일반적으로 수정계약이란 기존 계약과 기본적 동일성을 유지하는 범위에서 계약내용을 구성하는 납품장소, 납품기한, 납품수량, 계약금액 등 계약내용이나 계약조건을 일부 변경하는 계약을 말한다(방위사업청예규 계약변경업무 처리지침 제2조 제2호 참조). 따라서 기존 계약과 동일성을 잃을 정도로 계약내용이나 계약조건을 변경하는 경우는 수정계약이 아니다.

그런데 물품 다수공급자계약 업무처리규정 제25조 제1항은 계약상대자가 계약기간 중 일정한 계약내용 수정을 요청하는 경우 계약상대자와 협의하여 체결하는 계약을 수정계약이라고 규정한다.

나. 사유

1) 개관

물품 다수공급자계약에서 수정계약 사유로는 ① 계약품목별 계약수량이나 계약단가 조정, ② 계약품목 추가나 삭제, ③ 1회 최대납품요구금액 조정, ④ 납품요구금액별 할인율 조정, ⑤ 계약기간 변경, ⑥ 공급지역 변경, ⑦ 그 밖에 계약조건 변경 등이 있다(물품 다수공급자계약 업무처리규정 제25조 제1항).

다만, 계약상대자가 품목별 계약수량 감소, 계약단가 인하, 계약품목 삭제 등에 따라 계약금액을 낮추려는 수정계약을 요청한 경우, 계약담당공무원은 수정 계약금액이 기존 계약의 누적된 납품요구금액 이상인 경우에만 수정계약을 체결해야 한다(물품 다수공급자계약 업무처리규정 제25조 제3항).

2) 개별사유

가) 조합계약 수정

(1) 의의

조합계약을 체결하여 종합쇼핑몰에 계약품목을 등록한 조합원사는 계약기간 동안 임의로 조합을 탈퇴할 수 있다(물품 다수공급자계약 특수조건 제7조 제4항 본문). 다만, 그 계약품목과 관련하여 종결되지 않은 납품요구 건이 있다면, 해당 조합원사는 조합을 탈퇴할 수 없고, 그 결과 납품요구에 따른 계약을 이행하지 못하면 입찰참가자격제한을 받을 수 있다(물품 다수공급자계약 특수조건 제7조 제4항 단서). 이처럼 조합을 탈퇴하고자 하는 조합원사는 해당 조합에 탈퇴를 신청하고, 해당 조합은 조합원사 탈퇴를 이유로 계약담당공무원에게 수정계약을 요청할 수 있다(물품 다수공급자계약 특수조건 제7조 제4항 본문). 이때 계약담당공무원은 해당 조합원사의 계약품목에 종결되지 않은 납품요구 건이 있는 경우를 제외하고는 수정계약을 허용할 수 있는데(물품 다수공급자계약 특수조건 제7조 제5항 단서), 이를 조합계약 수정이라 한다.

(2) 제한

첫째, 조합원사는 조합을 탈퇴하지 않은 상태에서 같은 세부품명에 대하여 개별업체 자격(해당 조합원사와 대표자가 같으면 같은 주체로 봄)으로 다수공급자계약을 체결할 수 없다(물품 다수공급자계약 특수조건 제7조 제6항).

둘째, 조합원사가 수요기관으로부터 납품요구를 받은 후 이를 종결하지 않은 상황에서 조합을 탈퇴하거나 계약담당공무원이 이를 허용하는 수정계약을 체결해 줄 경우, 자칫 조합원사의 채무불이행을 면제해 주는 결과가 발생할 수 있다. 그리하여 탈퇴하려는 조합원사가 계약된 품목과 관련하여 납품요구를 받고 아직 종결하지 않은 건이 있으면 조합원사의 조합탈퇴와 관련한 수정계약을 허용하지 않는다(물품 다수공급자계약 특수조건 제7조 제4항 단서).

셋째, 개별업체 자격으로 다수공급자계약을 체결한 계약상대자는 그 계약을 해지하고 그로부터 1년이 지난 후가 아니면 같은 세부품명을 가지고 조합계약에 참여할 수 없으므로, 계약담당공무원은 개별업체 자격으로 다수공급자계약을 체결한 계약상대자가 같은 세부품명에 대하여 조합계약에 참여하기 위한 수정계약 체결을 요청하는 경우, 이를 허용하지 않아야 한다(물품 다수공급자계약 특수조건 제7조 제7항). 다만, ① 개별업체 자격으로 다수공급자계약을 체결한 계약상대자가 조합의 다수공급자계약을 체결한 소속 조합 이사장으로 취임하는 경우, ② 개별업체 자격으로 다수공급자계약을 체결한 계약상대자가 조합의 다수공급자계약건이 없는 세부품명이나 지역에서 해당 조합이나 지역조합의 이사장으로서 조합계약을 새롭게 추진하는 경우, ③ 그 밖에 구매업무심의회 심의를 거쳐 필요하다고 인정하는 경우에는 예외적으로 조합계약 수정을 허용한다.

나) 계약단가 조정

(1) 계약상대자의 우대가격유지의무 위반

계약담당공무원은 계약상대자가 우대가격유지의무를 위반한 경우, 위반내용을 고려하여 계약단가를 인하해야 한다(물품 다수공급자계약 특수조건 제8조 제1항). 우대가격유지의무는 해당 부분에서 자세히 살펴본다.

(2) 물가변동

계약담당공무원은 국가계약법 시행령 제64조, 같은 법 시행규칙 제74조, 물품구매(제조)계약일반조건 제11조에 따른 물가변동을 사유로 계약단가를 조정할 수 있다. 다만, 계약단가를 증액하기 위해서는 계약상대자 요청이 있어야만 한다(물품 다수공급자계약 업무처리규정 제26조 제1항).

한편, 물가변동에 따라 계약단가를 인하하는 경우에도 계약상대자 요청이 있어야 하는지 문제인데, 계약담당공무원이 물가변동에 따른 계약단가 하락을 일일이 파악하기 곤란하므로 현실적으로는 계약상대자 요청 없이 일방적으로 계약단가를 인하하기란 어렵다.

(3) 계약상대자의 임의적 요청

우대가격유지의무위반이나 물가변동 사유가 없더라도, 그 밖에 다른 이유로 계약단가를 인하하려는 계약상대자는 계약담당공무원에게 이를 요청할 수 있고, 계약담당공무원은 계약단가 인하를 승인할 수 있다(물품 다수공급자계약 특수조건 제8조 제3항, 물품 다수공급자계약 업무처리규정 제26조 제2항). 다만, 이때에도 해당 수요물자가 중소기업자간 경쟁제품인 경우에는 최초 계약단가를 기준으로 100분의 10을 초과하여 인하할 수 없다(물품 다수공급자계약 업무처리규정 제26조 제3항 본문). 그러나 공정하게 가격경쟁을 하기 어려운 수요물자로서 계약단가 조정이 필요하다면 예외적으로 계약상대자의 요청에 따라 최초 계약단가 기준으로 100분의 10을 초과하여 인하할 수 있다(물품 다수공급자계약 업무처리규정 제26조 제3항 단서).

계약상대자는 임의적 요청에 따라 계약단가를 인하한 경우 수정계약 체결일부터 3일 안에(기간을 산정할 때 수정계약일, 토요일과 공휴일은 제외) 계약단가 조정을 요청할 수 없다(물품 다수공급자계약 특수조건 제8조 제5항).

(4) 조정단가 적용시점

위 (1)부터 (3)까지 사유로 각 계약단가를 조정한 경우, 조정단가는 수정계약 체결 이후 납품요구분부터 적용한다(물품 다수공급자계약 특수조건 제8조 제6항). 그런데 이 규정은 특히 (2) 사유와 관련하여 논란이 있다.

첫째, 국가계약법 시행령 제64조 제1항, 같은 법 시행규칙 제74조 제5항은 물가변동에 따른 계약금액 조정이 있는 경우, 조정금액은 조정사유가 발생한 날이라는 의미인 조정기준일 이후 이행되는 부분의 대가에 품목조정률 등을 곱하여 산출하되, 조정기준일 전에 이행되어야 할 부분을 물가변동적용대가에서 제외한다고 규정하나, 물품 다수공급자계약에서는 조정사유가 발생한 날이 아니라 수정계약체결일을 조정금액 적용기준일로 보는 문제가 있다. 따라서 계약상대자가 조정사유 발생일 이후에 납품요구를 받았고, 그 후에 계약단가를 조정한 수정계약을 체결한 경우, 해당 납품분에는 조정단가를 적용받지 못한다.

둘째, 같은 다수공급자계약이라도, 일반 물품은 위에서 보는 바와 같이 수정계약체결 이후 납품요구분부터 조정단가를 적용하는 반면, 레미콘·아스콘은 조정기준일 이후 납품분부터 적용하도록 하여(레미콘·아스콘 다수공급자계약 특수조건 제8조 제2항), 서로 조정금액 적용시점을 달리 정한다.

그렇다면 물품 다수공급자계약 특수조건 제8조 제6항의 효력이 어떠한지 살펴볼 필요가 있다. 국가계약법 제5조 제3항과 제4항에 따르면, 법령에 규정된 계약상대자의 계약상 이익을 부당하게 제한하는 조건은 부당한 특약에 해당하므로 무효라고 규정하는데, 물품 다수공급자계약 특수조건 제8조 제6항은 국가계약법 시행령 제64조 제1항 등과 비교할 때 계약상대자에게 불리하기 때문이다. 그러나 국가계약법 시행령 제64조와 같은 법 시행규칙 제74조는 국가 등이 계약상대자와 합의하여 그와 다른 특약을 하지 못하도록 제한하는 규정이라 보기는 곤란하다.[1] 따라서 계약담당공무원은 계약의 특성, 정책적 필요성, 경제적 변동에 따른 위험의 합리적 분배 등을 고려해 별도 특약을 정할 수도 있다. 그런데 다수공급자계약에서는 필히 수요기관의 납품요구와 계약상대자의 납품 사이에 상당한 기간이 있는 경우가 많고, 납품요구 시점이 언제인지와 관계없이 일률적으로 조정기준일 이후 납품분부터 조정단가를 적용할 수 있다면 사안에 따라 최종 대금을 지급해야 하는 수요기관에 과도한 부담이 발생할 수 있다. 결국 위 특수조건 제8조 제6항은 다수공급자계약 특성을 반영한 특약에 해당하므로, 부당한 특약이라 보기 어렵다.[2]

---

1) 대법원 2017. 12. 21. 선고 2012다74076 전원합의체 판결.
2) 다만, 이렇게 해석하더라도, 물품 다수공급자계약 특수조건 제38조는 특수조건 등에 있는 규정이 관계법령상 규정에 저촉되면 관계법령상 규정을 적용하도록 하였으므로, 이에 따라 특수조건 제8조 제6항보다 국가계약법 시행령 제64조나 시행규칙 제74조를 우선 적용할 수 있다는 반론도 가능하다.

다) 계약품목 추가·삭제

(1) 계약품목 추가

계약담당공무원은 세부품명을 기준으로 당초 계약체결일이나 품목추가일로부터 50일이 경과한 후 계약상대자로부터 품목추가를 요청받은 경우, 해당 계약상대자로부터 해당 품목을 위한 규격서, 시험성적서, 가격자료를 제출받고, 가격협상을 거친 다음 수정계약을 체결할 수 있다(물품 다수공급자계약 업무처리규정 제27조 제1항). 다만, 그 특성을 고려할 때, 품목추가를 빈번하게 해야 하는 수요물자인 경우에는 당초 계약체결일이나 품목추가일로부터 50일이 경과하지 않아도 품목추가 수정계약을 체결할 수 있고, 이는 사전에 구매입찰공고에 명시한다(물품 다수공급자계약 업무처리규정 제27조 제2항).

(2) 계약품목 삭제

한편, 계약상대자는 생산중단 등 사유로 계약품목 중 일부 삭제를 희망하는 경우, 사전에 계약담당공무원에게 이를 통보해야 하는데(물품 다수공급자계약 업무처리규정 제27조 제3항), 이에 따라 생산중단 계획을 통보받은 계약담당공무원은 그 내용을 검토하여 수정계약을 체결할 수 있다. 다만, 계약상대자는 공장이전 등을 이유로 일시적으로 생산을 중단한 경우, 수정계약 대신에 종합쇼핑몰에서의 해당 품목 판매중지를 요청할 수 있다(물품 다수공급자계약 업무처리규정 제27조 제3항, 물품 다수공급자계약 특수조건 제9조 제3항). 다만, 계약담당공무원이 생산중단 계획 통보를 받은 경우에도 수정계약 체결 전이나 일시 판매중지 전에 납품요구를 받은 계약상대자는 기존 계약조건대로 수요기관에게 이를 이행해야 한다(물품 다수공급자계약 업무처리규정 제27조 제3항, 물품 다수공급자계약 특수조건 제9조 제4항). 수정계약 체결 전이면 기존 계약이 그대로 유효하므로, 계약상대자는 그에 따라야 한다는 당연한 규정이다.

라) 1회 최대납품요구금액·할인율 조정

계약상대자는 계약담당공무원에게 1회 최대납품요구금액 조정을 요청할 수 있고, 계약담당공무원은 계약상대자와 협의하여 수정계약을 체결할 수 있다. 다만, 1회 최대납품요구금액 증액을 요청하는 계약상대자는 그에 상응하는 계약보증금을 추가로 납부해야 한다(물품 다수공급자계약 업무처리규정 제28조 제1항). 1회 최대납품요구금액 조정 요청에 따라 수정계약을 체결하는 계약상대자는 당초 계약체결일이나 할인율의 수정계약일로부터 60일이 경과한 후에 계약담당공무원에게 납품요구금액별 할인율 조정을 요청할 수 있다(물품 다수공급자계약 업무처리규정 제30조 제2항, 물품 다수공급자계약 특수조건 제10조 제2항).

다. 요건

계약상대자는 계약기간 중 계약담당공무원에게 계약내용 수정을 요청해야 한다. 이에 따라 계약담당공무원은 계약상대자와 변경할 계약내용을 협의한다. 그 후, 계약담당공무원과 계약상대자는 변경내용을 반영하여 수정계약을 체결한다.

〔수정계약을 위해서도 계약서 작성이 필요한지〕

계약담당공무원이 계약상대자와 수정계약을 체결하면서 별도로 계약서를 작성하지 않은 경우에도 수정계약이 성립하였는지 문제된다. 물론 반대견해도 있지만, 국가계약법 제11조는 계약담당공무원이 계약을 체결할 때 일정한 사항을 명백하게 기재한 계약서를 작성하도록 하고, 담당 공무원과 계약상대자가 계약서에 기명·날인하거나 서명해야 해당 계약이 확정된다고 규정하는데, 여기서 '계약'은 최초 계약뿐만 아니라 수정계약도 포함하는 의미라고 이해해야 한다. 따라서 수정계약을 체결하면서 계약서 작성을 생략한 경우에는 원칙적으로 해당 수정계약의 성립·확정을 인정하기 곤란하다고 본다. 이와 달리 수정계약 체결에는 국가계약법 제11조 적용이 배제된다고 해석하더라도, 변경내용을 명확히 하고, 향후 분쟁을 예방하기 위해서라도 수정계약은 법령이 정한 방식에 따라 체결하는 것이 바람직하다.

라. 수정계약 요청반려

계약담당공무원은 종합쇼핑몰 거래정지나 부정당업자제재 사유가 발생한 경우 등 다수공급자계약 제도의 적절한 운영을 해칠 염려가 있는 계약상대자가 수정계약을 요청한 경우, 이를 반려할 수 있다(물품 다수공급자계약 업무처리규정 제25조 제2항 본문). 다만, 필요한 경우 구매업무심의회 심의에 따라 예외적으로 수정계약을 체결할 수도 있다(물품 다수공급자계약 업무처리규정 제25조 제2항 단서).

여기서 '종합쇼핑몰 거래정지 또는 부정당업자제재 사유가 발생한 경우'란 이어 나오는 '다수공급자계약 제도의 적절한 운영을 해칠 염려가 있는 경우'를 꾸미는 예시에 불과하고, 구체적으로 어떤 사유가 그에 해당하는지는 계약담당공무원에게 판단여지가 있다. 그런데 '종합쇼핑몰 거래정지 또는 부정당업자제재 사유가 발생한 경우'라는 말이 행정처분 사유가 발생하기만 하면 충분하다는 뜻인지, 아니면 그에 따른 처분이 적법하게 집행되어야 한다는 뜻인지 분명하지 않다. 특히 거래정지나 부정당업자제재를 받은 다음 법원으로부터 집행정지 결정을 받은 계약상대자도 수정계약에서 배제되는지가 문제이다.

살펴보면, 위 규정에 따른 수정계약 요청반려 행위는 행정처분이 아닌 계약당사자의 사법상 조치에 불과하지만, 이미 계약상 이익을 가지는 계약상대자에게는 불이익한 조치에 해당한다. 그럼에도 위 규정을 '계약담당공무원이 스스로 행정처분 사유 유무를 판단하고 별다른 통제장치 없이 수정계약 요청을 반려할 근거'로 해석한다면, 행정의 사법(私法)으로 도피를 방관하는 결과를 초래한다. 따라서 위 규정은 단순히 행정처분 사유가 발생한 경우라는 뜻이 아니라 행정청이 해당 사유에 따라 적법하게 처분을 부과했고, 그 처분이 현재 유효하게 존속하는 경우라는 뜻으로 제한해석해야 한다.[1] 그렇게 해야만 집행정지 결정의 기속력을 규정한 행정소송법 제23조 제2항, 제6항, 제30조 제1항 취지에도 부합한다고 본다.

Ⅳ. 다수공급자계약상 법률관계

1. 법률관계 구조

다수공급자계약은 요약자인 조달청장과 낙약자인 계약상대자가 계약당사자고, 수요기관은 수익자에 해당하는 제3자를 위한 계약에 해당한다. 따라서 다수공급계약에 따른 권리의무관계도 ① 조달청장과 계약상대자 관계, ② 계약상대자와 수요기관 관계, ③ 조달청장과 수요기관 관계와 같은 '3면 관계'로 나눌 수 있다. ①을 기본관계, ②를 실행관계, ③을 출연관계라 부른다.

아래에서는 위 3면 관계를 중심으로, 각 관계인이 상대방에게 가지는 권리·의무 내용을 자세히 살펴본다.

2. 조달청장과 계약상대자 관계 : 기본관계

가. 의의

조달청장과 계약상대자는 계약당사자로, 두 당사자가 서로 체결한 계약이 바로 다수공급자계약의 내용을 구성한다. 따라서 조달청장과 계약상대자 관계에 하자가 있다면 이는 계약 효력에 직접 영향을 미친다.

〔제3자를 위한 계약에서 계약관계 청산 주체〕

제3자를 위한 계약에서 낙약자와 요약자 사이의 계약이 무효이거나 해제된 경우, 그 계약관계 청산은 계약당사자인 낙약자와 요약자가 해야 하므로, 특별한 사정이 없다면 낙약자가 이미 제3자에게 급부했더라도 낙약자는 계약해제 등에 기초한 원상회복이나 부당이득으로 제3자를 상대로 그 반환을 구할 수 없다(대법원 2010. 8. 19. 선고 2010다31860, 31877 판결).

이에 아래에서는 다수공급자계약의 기본관계로서 조달청장과 계약상대자가 서로 상대방에게 가지는 권리·의무 내용과 그 효과를 살펴보기로 한다.

---

1) 관련 규정도 위와 같은 해석 취지에 맞게 문언을 개정할 필요가 있다.

나. 계약상대자의 권리

계약상대자는 일정한 요건 아래 조달청이나 수요기관에게 선금과 대금 지급을 신청할 수 있다(물품 다수공급자계약 특수조건 제32조 제1항, 제33조 제1항 참조). 선금지급이나 대금지급과 관련한 자세한 내용은 아래 마항에서 살펴본다.

다. 계약상대자의 의무

1) 급부의무

가) 의의

계약상대자는 계약기간 동안 관련 규정이나 구매입찰공고 등에서 정한 계약상 의무를 이행해야 한다(물품 다수공급자계약 특수조건 제12조 제1항). 따라서 계약상대자는 조달청과의 관계에서, 수요기관의 납품요구에 따라 수요기관에게 계약목적물을 직접 납품할 의무를 부담한다. 이러한 급부의무를 위반한 계약상대자는 계약보증금 국고귀속, 계약해제·해지, 입찰참가자격제한, 거래정지 등 사법상·공법상 조치를 받을 수 있다(물품 다수공급자계약 특수조건 제12조 제2항 참조).

나) 내용

(1) 인도

당연하게도, 계약상대자는 다수공급자계약에 따라 수요기관의 납품요구가 있으면, 그에 응하여 수요기관에게 납품의무를 부담한다. 인도란 물건 점유의 이전, 즉 사실적 지배 이전을 말하고, 인도에는 현실인도(민법 제188조 제1항)뿐만 아니라 간이인도(민법 제188조 제2항), 점유개정(민법 제189조), 반환청구권의 양도에 따른 인도(민법 제190조)가 있으나, 다수공급자계약에서 정한 인도는 현실인도이다.[1)]

인도가 있었는지 여부는 사회관념상 양도인의 목적물 점유가 동일성을 유지하면서 양수인의 지배로 확고하게 넘어갔다고 평가할 수 있는지, 그에 따라 양도인이 점유를 완전히 종결했는지로 판단한다.[2)] 특히 다수공급자계약에서 인도는 단순한 점유 이전만이 아니라 담당자가 목적물과 계약내용이 서로 부합한다고 시인하는 이른바 검수까지 포함하는 개념으로 이해한다(물품구매계약 품질관리 특수조건 제11조 참조).[3)]

다수공급자계약에서 검수란 계약목적물이 관련법령에 적합하고 구매규격·시방서대로

---

1) 물론 물품 다수공급자계약 특수조건 제29조 제1항에서 '타소보관' 특약을 정하지만, 이 역시 보관비용을 수요기관이 부담할 뿐, 계약상대자가 다른 장소에 보관하고 있다가 수요기관이 요청하면 지정장소로 가서 인도를 마쳐야 한다는 점에서 현실인도와 다르지 않다. 타소보관과 관련한 자세한 내용은 아래에서 살펴본다.
2) 대법원 2003. 2. 11. 선고 2000다66454 판결.
3) 대법원 2019. 9. 10. 선고 2017다272486, 272493 판결도 참조.

제조·설치되었는지를 검사공무원이 확인하는 절차인 검사에서 합격한 계약목적물이 손상·훼손되지 않고 계약서나 납품서류상 수량대로 납품되었다는 사실을 물품출납공무원이 확인한 것을 말한다(물품 다수공급자계약 특수조건 제2조 제17호, 제19호). 따라서 검사와 검수를 구별한다.

(2) 포장

계약상대자는 납품할 수요물자를 보전에 충분하도록 포장해야 하며, 골판지 상자를 사용하여 포장할 경우에는 재활용할 수 있도록 포장상자를 평철사 대신 강력접착제로 접합해야 한다(물품 다수공급자계약 특수조건 제30조 제1항). 또한, 단위당 포장이 필요하여 소단위 포장을 하는 경우에도 위에 준하여 재활용이 가능하도록 포장상자를 풀, 종이테이프, 강력접착제 등으로 접합해야 한다(물품 다수공급자계약 특수조건 제30조 제2항). 그런데 이러한 포장의무는 주된 급부의무가 아닌 부수적 의무에 불과하므로, 수요기관은 계약상대자가 이를 이행하지 않았다는 이유만으로 수령을 거절할 수 없다고 해석해야 한다.

(3) 설치 등

구매입찰공고에서 수요물자 설치를 위해 관련법령에서 정한 공사업 등록·면허 등을 갖추도록 요구한 경우, 계약상대자는 계약기간 중 해당 등록이나 면허를 소지하고, 직접 수요물자를 설치해야 한다(물품 다수공급자계약 특수조건 제31조 제1항). 그러나 구매입찰공고에서 계약상대자에게 직접 설치의무를 부과하지 않았다면, 계약상대자는 관련 공사업 등록·면허를 소지한 자에게 설치를 맡길 수 있다(물품 다수공급자계약 특수조건 제31조 제2항).

따라서 수요기관은 납품요구한 물품이 현장설치도 조건인 경우, 위 각 사항을 확인해야 하며, 계약상대자가 해당 사항을 위반했다면, 조달청 계약담당공무원에게 통보해야 한다(물품 다수공급자계약 특수조건 제31조 제3항).

2) 우대가격유지의무

가) 개념과 범위

계약상대자는 다수공급자계약을 체결하는 경우 계약가격을 계약상품의 시장거래가격과 같거나 시장거래가격보다 낮게 유지해야 한다(조달사업법 제13조 제2항). 이러한 계약상 의무를 우대가격유지의무라 한다. 조달사업법령과 별도로 물품 다수공급자계약 특수조건에서도 우대가격유지의무를 규정하는데, 이러한 특수조건은 유효하다.[1]

여기서 계약상품이란 계약목적물과 완전히 같은 상품뿐만 아니라 성능·사양이 동등 이상인 상품까지 포함한다. 또한, 시장거래가격이란 계약상대자가 수요기관과 직접 계약을 체

1) 대법원 2021. 1. 14. 선고 2020다269817 판결.

결하는 가격이나 계약상대자가 직접 판매한 가격, 총판에 공급한 가격 등 시장에 공급한 가격을 뜻한다(물품 다수공급자계약 특수조건 제12조의2 제1항 본문).

〔우대가격유지의무를 정한 특수조건이 무효인지〕

다수공급자계약 특수조건상의 우대가격 유지의무를 둔 것이 불공정한 법률행위나 강행법규 위반의 법률행위 등으로 위법하다고 할 수 없다(대법원 2021. 1. 14. 선고 2020다269817 판결).

〔시장거래가격의 범위〕

시장거래가격 가운데 하나로 타인에게 직접 판매한 가격이라고 할 때, 여기서 타인이 최종소비자만 의미하고, 중간유통업체에 해당하는 일반대리점을 위 타인에서 제외할 근거가 부족하므로, 계약상대자가 중간유통업체나 일반대리점에게 공급한 가격도 시장거래가격에 포함된다(대법원 2022. 9. 16. 선고 2022다249107 판결).

나) 예외

계약상대자가 ① 할인행사나 할인상품기획전에 참여하는 기간 중에 수요기관이나 시장에 계약단가보다 낮은 가격이지만 할인행사나 할인상품기획전 가격보다 높은 가격으로 공급한 경우, ② 다수공급자계약 2단계경쟁을 거쳐 계약단가보다 낮은 가격으로 공급한 경우 등에는 우대가격유지의무 대상에서 제외한다(물품 다수공급자계약 특수조건 제12조의2 제1항 단서).

다) 불이행 효과

(1) 계약단가 인하

계약담당공무원은 계약상대자가 우대가격유지의무를 위반하면, 납품조건 등을 고려해 계약단가를 시장거래가격 이하로 인하한다(물품 다수공급자계약 특수조건 제8조 제1항, 제12조의2 제2항). 우대가격유지의무 위반에 따른 계약단가 인하는 조달청이 하는 일방적 조치이지만, 행정처분이 아닌 계약상 조치에 불과하다고 본다. 따라서 관련 분쟁은 항고소송 대상이 아니라고 보아야 한다.

(2) 부당이득 환수

계약담당공무원은 위반내용을 고려하여 계약상대자로부터 부당이득을 환수할 수 있다(조달사업법 제21조 제6항, 물품 다수공급자계약 특수조건 제12조의2 제2항 본문).

다만, 시장거래가격이 ① 다수공급자계약 단가와 100분의 3 이내 차이만 있는 경우로서, ② 계약기간 동안 우대가격유지의무를 세부품명 기준 최초로 적발된 경우에 해당하면,

환수를 면제할 수 있고, 우대가격유지위반 횟수 산정에서는 제외한다(물품 다수공급자계약 특수조건 제12조의2 제3항 제1호부터 제3호).

(3) 계약해지와 계약보증금 국고귀속

계약상대자가 우대가격유지의무위반에 따른 환수 요구에 응하지 않을 경우, 계약담당공무원은 계약해지와 아울러 계약보증금까지 국고귀속할 수 있다(물품 다수공급자계약 특수조건 제12조의2 제4항).

여기서 '환수 요구에 응하지 않을 경우'가 단순히 환수금을 납부하지 않는 경우까지 포함하는지는 명확하지는 않지만, 계약해지와 계약보증금 제도의 취지를 고려할 때 "정당한 이유 없이" 환수 요구에 응하지 않은 경우로 축소하여 해석해야 한다. 정당한 이유는 구체적 사정에 따라 다르겠지만, 계약상대자에게 고의·과실이 없다면 정당한 이유가 있다고 본다. 그 이유는 다음과 같다.

첫째, 환수 요청에 따른 환수금 납부의무는 그 성질이 손해배상액 또는 그 예정액의 납부의무에 불과하기 때문에, 계약상대자가 이를 이행하지 않으면, 조달청은 계약상대자를 상대로 소송을 제기한 다음 강제집행 등 절차에 따라 환수금을 확보할 수 있다. 따라서 환수금 납부의무 불이행을 계약해지 사유로 규정하여, 계약상대자에게 환수금 납부를 간접적으로 압박하는 것은 지나치게 행정편의적 방법이다.

둘째, 채무불이행을 이유로 계약을 해지하려면 해당 채무가 계약목적 달성에 필요불가결하고 이를 이행하지 않으면 계약 목적이 달성되지 않아서 채권자가 그 계약을 체결하지 않았으리라고 여길 정도로 주된 채무여야 하는데,[1] 환수금 납부의무가 계약목적 달성에 필요불가결한 주된 채무인지 의문이다.

셋째, 조달청이 계약상대자에게 요구하는 환수금은 조달청이 일방적으로 정한 금액이기 때문에, 계약상대자로서는 환수사유나 환수금의 적정성에 의문을 제기할 수 있고, 결국 소송 등을 거쳐 이를 다툴 여지가 있어야만 한다. 그럼에도 계약상대자가 환수 요청에 바로 응하지 않고 소송을 제기하는 경우까지도 환수 불응으로서 계약해지 사유로 본다면, 헌법상 재판청구권을 침해하는 조치로 볼 여지가 있다(헌법 제27조 제1항 참조).

그렇다면 환수 요구에 응하지 않았다는 이유로 계약해지나 계약보증금 몰수 등을 허용한 물품 다수공급자계약 특수조건 제12조의2 제4항은 다시 검토해 볼 조항이라고 생각된다.

(4) 거래정지

계약담당공무원은 위반내용을 고려해 계약상대자에게 종합쇼핑몰 거래정지를 할 수 있다(조달사업법 제22조 제1항 제1호 참조). 다만, 다수공급자계약 단가와 비교할 때 시장거래가

---

1) 대법원 2005. 11. 25. 선고 2005다53750 판결.

격의 차이가 100분의 3 이내이고, 계약기간 동안 우대가격유지의무를 세부품명 기준 최초로 적발된 경우에는 거래정지를 면제할 수 있고, 우대가격유지의무위반 횟수 산정에서 제외한다(물품 다수공급자계약 특수조건 제12조의2 제3항 제1호부터 제3호).

(5) 입찰참가자격제한

앞에서 본 바와 같이 물품 다수공급자계약 특수조건 제12조의2 제4항은 만약 계약상대자가 우대가격유지의무위반에 따른 환수 요구에 응하지 않은 경우, 계약담당공무원은 다수공급자계약를 해지할 수 있고, 나아가 부정당업자 입찰참가자격제한까지 할 수 있다고 규정한다. 그러나 환수 요구에 응하지 않은 행위에 부정당업자 입찰참가자격제한까지 가하도록 정한 것은 과도한 규제라 생각된다.[1)]

3) 입찰참가자격유지의무

가) 의의와 취지

입찰참가자격유지의무란 계약상대자가 계약기간 동안 구매입찰공고에서 정한 입찰참가자격 요건을 유지해야 하는 의무이다(물품 다수공급자계약 특수조건 제12조의3 제1항). 계속적 계약이라는 다수공급자계약의 특성을 고려하면, 구매입찰공고에서 참가자격으로 요구한 직접생산확인증명, 제조등록, 각종 인증 등은 단지 입찰참가자격에 그치지 않고, 계약이행과정에서 유지해야 할 계약조건이기 때문에, 계약상대자는 계약기간 동안 이를 유지할 의무를 부담한다.[2)] 따라서 계약특수조건에 입찰참가자격유지의무를 정하였다고 하여, 해당 조항을 무효라고 볼 수 없다.[3)]

〔입찰참가자격유지의무의 성격〕

관련법령의 입법 취지와 원고와 피고의 이 사건 계약체결 경위, 다수공급자계약의 계속적 계약으로서의 특성 등에 비추어 보면, 이 사건 입찰공고에 참가자격으로 명시한 '중소기업청장의 직접생산확인증명'은 입찰참가자격에 그치는 것이 아니라 계약이행 과정에서 반드시 유지되어야 하는 계약조건이라 할 것이다(서울고등법원 2015. 1. 23. 선고 2014나2020910 판결).

---

1) 참고로, 실무는 입찰공고와 계약서에 "환수 요구에 응하지 않으면 입찰참가자격제한을 받을 수 있다."는 내용을 명시한다.
2) 서울고등법원 2015. 1. 23. 선고 2014나2020910 판결.
3) 서울중앙지방법원 2019. 11. 22. 선고 2019가합518761 판결.

〔입찰참가자격유지의무 조항이 무효인지〕

이 사건 규정은 다수공급자계약의 목적을 달성하기 위하여 필요한 내용으로서 원고에게 부당하지 않다고 봄이 타당하므로, 국가계약법 시행령 제4조에 위반된다고 볼 수 없다(서울중앙지방법원 2019. 11. 22. 선고 2019가합518761 판결).

나) 범위

구매입찰공고에서 정한 입찰참가자격으로는, 가령 직접생산확인증명, 관계법령에 따른 면허, 인증 등이 있다. 예를 들어, 구매입찰공고 참가자격에서 법정인증을 요구했고, 해당 인증을 가진 업체가 다수공급자계약을 체결했는데, 계약기간 중 일정 사유로 인증효력이 소멸한 경우, 해당 계약상대자는 입찰참가자격유지의무를 위반한 것으로 평가받는다. 다만, 여기서 말하는 입찰참가자격은 '구매입찰공고에서 정한 입찰참가자격요건'이기 때문에, 계약기간 중 부정당업자 입찰참가자격제한 처분을 받은 자라 하더라도 위 의무위반이 성립하지 않는다고 해석해야 한다.

다) 불이행 효과

계약담당공무원은 계약상대자가 입찰참가자격 유지의무를 위반한 경우 해당 계약을 해지하고, 계약보증금을 국고귀속 할 수 있다.[1] 나아가 해당 계약상대자를 상대로 부정당업자 입찰참가자격제한도 할 수 있다(물품 다수공급자계약 특수조건 제12조의3 제2항 본문). 다만, 계약상대자가 입찰참가자격을 상실한 후 납품한 건이 없고, 향후 입찰참가자격 회복이 가능하다고 판단되면, 위 각 조치를 하지 않을 수 있다(물품 다수공급자계약 특수조건 제12조의3 제2항 단서).

나아가, 계약상대자가 일부 계약품목의 생산이나 판매 중단을 사유로 입찰참가자격 요건으로 정한 인증 유효기간이 만료되어 해당 품목 삭제를 요청한 경우, 해당 품목을 대상으로 한 종결되지 않은 납품요구 건이 없고 거래정지나 부정당업자제재 사유가 없는 때에는, 구매업무심의회 심의를 거쳐, 계약상대자 과실이 경미하고 품목 삭제나 계약해지 필요성 등이 인정된다는 전제 아래 해당 품목을 삭제하거나 계약해지할 수 있되, 해당 품목의 삭제일

1) 이 사건 공급계약의 다수공급자계약으로서의 성격상, 계약기간 중에는 원고의 상품정보가 나라장터 종합쇼핑몰에 등록되어 있으므로 상시 여러 수요기관으로부터 납품요구를 받을 가능성이 있으며, 다수공급자계약을 체결한 원고는 계약기간 만료일까지 상시 있을 수 있는 수요기관의 제안서 제출 요구에 응할 의무가 있다. 그러므로 원고의 직접생산 확인이 2013. 1. 28. 중소기업청장의 이 사건 취소처분에 의하여 그 효력을 상실함으로써 원고는 '계약상대자가 정당한 이유 없이 계약상의 의무를 이행하지 아니한 때' 보증금을 귀속한다고 명시된 국가계약법 제12조 제3항 및 이 사건 일반조건 제8조 제1항에 해당하게 되었음이 명백한다고 본 대법원 2014. 10. 15. 선고 2014다215734 판결 참조.

이나 계약해지일로부터 1년 동안 다수공급자계약을 체결할 수 없다(물품 다수공급자계약 특수조건 제12조의3 제3항).

4) 직접생산의무

가) 의의

직접생산의무란 구매입찰공고상 입찰참가자격 요건 중 제조업체 조건으로 계약을 체결한 계약상대자가 계약기간 동안 물품을 직접 생산하여 납품해야 하는 의무다(물품 다수공급자계약 특수조건 제12조의4 제1항).

나) 기준

계약상대자는, 계약물품을 기준으로, 일반물품이면 조달청 제조물품 직접생산확인 기준에 따라, 중소기업자간 경쟁제품이면 중소기업자간 경쟁제품 직접생산 확인기준에 따라, 직접 생산할 의무를 부담한다(물품 다수공급자계약 특수조건 제12조의4 제1항).

또한, 계약물품을 기준으로, 일반물품이면 조사담당공무원이 위 기준에 따라 위반을 판정한 때, 중소기업자간 경쟁제품이면 관련법령에 따라 직접생산 확인이 취소된 때에, 의무위반에 따른 조치를 할 수 있다(물품 다수공급자계약 특수조건 제12조의4 제2항).

그런데 중소기업자간 경쟁제품이더라도 계약상대자가 직접생산의무를 위반한 사실이 명백하다고 구매업무심의회 심의에서 인정되는 경우에는 중소벤처기업부장관의 직접생산확인취소 전이라도 계약해지, 계약보증금 국고귀속, 부정당업자 입찰참가자격제한을 할 수 있다(물품 다수공급자계약 특수조건 제12조의4 제3항). 판로지원법에 따른 직접생산확인취소와 공공계약 관계에 따른 계약해지, 계약보증금 국고귀속, 부정당업자 입찰참가자격제한은 서로 다른 제도이므로, 직접생산의무위반 사실이 명백한 경우까지도 직접생산확인취소가 있어야만 계약해지 등을 할 수 있다는 논리는 타당하지도 않을뿐더러, 법적 근거도 없다. 그런 관점에서 물품 다수공급자계약 특수조건 제12조의4 제3항은 당연한 규정이다.

다) 불이행 효과

계약담당공무원은 계약상대자가 직접생산의무를 위반한 경우 해당 계약을 해지하고, 계약보증금을 국고귀속 할 수 있다. 특히 계약물품을 기준으로, 일반물품이면 해당 계약을, 중소기업자간 경쟁제품이면 해당 세부품명에 대한 계약을 해지한다(물품 다수공급자계약 특수조건 제12조의4 제2항). 이와 별개로 부정당업자 입찰참가자격제한도 할 수 있다(물품 다수공급자계약 특수조건 제12조의4 제2항).

5) 상품정보등록의무

가) 의의

상품정보등록의무란 계약상대자가 수요기관 구매의사결정에 필요한 일정한 상품정보를 나라장터 종합쇼핑몰에 등록할 의무이다. 여기서 상품정보란 계약상대자가 목록정보시스템에 등록한 상품일반정보와 그 밖에 상품상세정보, 인증정보, 유의어 정보, 원산지 정보 등 수요기관 구매의사 결정에 필요한 정보로서, 종합쇼핑몰에서 수요기관에게 제공하는 정보를 말한다(물품 다수공급자계약 업무처리규정 제3조 제30호).

따라서 계약담당공무원은 '국가종합전자조달시스템 종합쇼핑몰 운영규정'에 따라 수요기관의 구매의사결정에 필요한 정보를 정하여 운영할 수 있다(물품 다수공급자계약 업무처리규정 제30조의5 제1항).

나) 내용

계약상대자는 상품정보를 등록해야 하며, 조합은 조합원사의 상품정보를 등록하고 이를 적정하게 유지·관리해야 한다(물품 다수공급자계약 특수조건 제12조의5 제2항). 상품정보를 등록한 계약상대자는 조달청장이 종합쇼핑몰에 등록된 이미지 등 상품정보로 종합쇼핑몰 내 화면콘텐츠 제작, 기획전 홍보물 제작 등에 사용하는 것에 동의했다고 보므로(물품 다수공급자계약 특수조건 제12조의5 제3항, 국가종합전자조달시스템 종합쇼핑몰 운영규정 제17조 참조), 조달청장이 해당 상품정보를 사용하여 홍보물과 콘텐츠 제작하더라도 이의할 수 없다.

다) 불이행 효과

계약담당공무원은 ① 계약상대자가 상품정보를 등록하지 않거나 조합인 계약상대자가 조합원사의 상품정보를 등록하고 이를 적정하게 유지·관리하지 못하는 경우, ② 상품정보를 등록했더라도 허위로 기재하거나 과장한 경우를 상품정보등록의무 위반으로 보고, 해당 계약상대자에게 거래정지를 할 수 있다(조달사업법 시행령 제25조 제1항 제3호, 물품 다수공급자계약 특수조건 제12조의5 제2항).

6) 변동사항통보의무

가) 의의

변동사항통보의무란 다수공급자계약 품목에 권리관계, 관련 인·허가, 인증정보 등 변동사항이 있는 경우, 계약상대자가 계약담당공무원에게 해당 변동사항을 통보해야 하는 의무이다.

나) 대상

다수공급자계약 품목에 일정한 변동사항이 생겨야 한다. 변동사항은 권리관계나 관련 인·허가, 인증정보의 변동과 아울러 조합인 계약상대자의 조합원사가 조합을 탈퇴하는 경우도 포함한다(물품 다수공급자계약 특수조건 제12조의6 제1항, 제2항).

다) 기간

일반적인 변동사항은 그 발생일로부터 7일 이내에 통보해야 하지만(물품 다수공급자계약 특수조건 제12조의6 제1항), 조합인 계약상대자는 품목에 대한 권리관계, 관련 인·헌가, 인증정보 변동은 물론 조합원사 탈퇴를 '즉시' 통보해야 한다(물품 다수공급자계약 특수조건 제12조의6 제2항).

라) 불이행 효과

계약담당공무원은 변동사항통보의무를 위반한 계약상대자에게 그 위반내용을 고려하여 거래정지를 할 수 있다(조달사업법 시행령 제25조 제1항 제4호, 물품 다수공급자계약 특수조건 제12조의6 제3항).

7) 품질관리통보의무

가) 의의

품질관리통보의무란 계약상대자가 다수공급자계약 품목을 다수공급자계약이 아닌 방법으로 수요기관에게 납품하는 과정(수요기관과 직접 계약한 경우를 포함)의 공인기관 검사에서 불합격이나 규격미달 판정을 받고 이를 통보받은 경우, 그로부터 7일 이내에 계약담당공무원에게 해당 사실을 통보하고, 다시 그로부터 7일 이내에 스스로 비용을 부담하여 해당 품목에 대한 조달청 검사나 전문기관 검사를 받아야 할 의무이다(물품 다수공급자계약 특수조건 제12조의7 제1항). 여기서 검사란 계약목적물이 관련법령에 적합하고 구매규격·시방서대로 제조·설치되었는지를 검사공무원이 확인하는 행위를 말한다(물품 다수공급자계약 특수조건 제2조 제17호).

다수공급자계약 대상 품목이 다른 계약의 목적물에도 해당하는 경우, 계약상대자가 다른 계약을 이행하는 과정에서 해당 물품에 하자 등이 발견되었다면 다수공급자계약 이행 과정에서도 똑같은 하자가 있을 개연성이 있으므로, 계약상대자에게 품질관리통보의무를 부과하여 하자 있는 물품 납품을 예방하려는 취지이다.

위와 같은 품질관리통보의무는 통보의무와 검사의무로 다시 나눌 수 있다.

나) 통보의무

계약상대자는 다수공급자계약 품목이 다른 계약방법으로 수요기관에 납품되는 과정 중 공인기관 검사에서 불합격이나 규격미달되는 경우, 공인기관으로부터 통보받은 후 7일 안에 계약담당공무원에게 해당 사실을 통보해야 한다(물품 다수공급자계약 특수조건 제12조의7 제1항).

다) 검사의무

계약상대자는 위와 같이 계약담당공무원에게 통보한 날로부터 7일 안에 누적된 납품요구금액과 관계없이 해당 품목을 대상으로 조달청 검사나 전문기관검사를 받아야 하고, 검사에 필요한 일체 비용을 스스로 부담한다(물품 다수공급자계약 특수조건 제12조의7 제2항).

라) 불이행 효과

계약담당공무원은 품질관리통보의무를 위반한 계약상대자에게 그 위반내용을 고려하여 거래정지를 할 수 있다(조달사업법 시행령 제25조 제1항 제1호, 물품 다수공급자계약 특수조건 제12조의7 제2항).

8) 허위·부정한 방법으로 서류를 제출하지 않을 의무 등

가) 허위 서류 등 제출금지 의무

계약상대자는 다수공급자계약 입찰·계약체결·계약이행 등 과정에서 허위 서류, 위조·변조 그 밖에 부정한 방법으로 관련서류를 제출하면 안 된다(물품 다수공급자계약 특수조건 제17조 제1항). 이는 허위 서류 등을 제출하지 않을 의무에 해당한다.

계약체결이나 이행 등 과정에서 허위 서류 등을 제출한 경우뿐만 아니라 입찰단계에서 허위 서류 등을 제출한 경우라도 의무위반에 해당한다는 점을 주의해야 한다. 입찰단계는 계약체결 이전이기 때문에, 입찰절차에 발생한 행위를 '계약상' 의무위반으로 볼 수 있는지 논란이 있지만, 입찰은 계약과 전혀 별개의 절차가 아니라 계약체결을 위한 전 단계이므로, 넓은 의미의 계약절차로 보고, 특수조건에 이를 명확히 한 취지로 이해된다.

계약담당공무원은 위 의무를 위반한 계약상대자에게 계약을 해지하고, 계약보증금을 국고귀속 해야 한다. 나아가 부정당업자 입찰참가자격제한을 하여야 한다(물품 다수공급자계약 특수조건 제17조 제3항). 문언대로면, 재량이 없는 기속행위이다.

나) 허위 서류제출 등 가담금지 의무

한편, 계약상대자는 다른 계약상대자의 다수공급자계약 입찰·계약체결·계약이행 등 과정에서 전자세금계산서 등 계약관련 서류를 허위 작성, 위조·변조, 그 밖에 부정한 행사에 협조하거나, 관련 서류를 발급해서는 안 된다(물품 다수공급자계약 특수조건 제17조 제2항). 계

약상대자가 다른 계약상대자의 허위 서류 등 제출에 가담하지 않을 의무에 해당한다.

자기 계약관계가 아니라 다른 사람의 계약관계에 영향을 미치는 위법행위를 했다면, 이는 계약상 의무위반이라고 볼 수 없다. 채권채무관계는 계약당사자 사이만 구속력이 있는 상대적 효력을 가지기 때문이다. 이에 물품 다수공급자계약 특수조건은 계약상대자가 위 의무를 위반한 경우, 계약해지나 계약보증금 국고귀속을 하도록 규정하지 않고, 해당 계약상대자를 상대로 종합쇼핑몰 거래정지 조치를 하고, 불공정행위 이력 평가에 반영할 수 있다고만 규정했다(물품 다수공급자계약 특수조건 제17조 제4항).

9) 불공정한 공동행위 금지의무

가) 의의

계약상대자는 입찰·낙찰, 계약체결·이행 등(다수공급자계약 2단계경쟁 포함) 과정에서 입찰과 계약의 공정한 질서를 저해하는 일정한 행위를 하지 않을 의무를 부담한다(물품 다수공급자계약 특수조건 제18조 제2항 참조). 원래 불공정한 공동행위 등은 불법행위를 구성하지만, 이러한 행위도 계약상 의무위반으로 규정하여 계약해지, 계약보증금 국고귀속 등 조치를 하도록 정한 특별규정이다.

나) 불공정한 공동행위 유형

불공정한 공동행위는 다음과 같이 네 가지 유형으로 나눈다.

첫째, 금품·향응 등 공여·약속·공여의 의사를 표시하는 행위는 불공정한 공동행위이다(물품 다수공급자계약 특수조건 제18조 제2항 제1호). 형사상 뇌물죄나 부정청탁금지법위반죄가 여기에 해당한다.

둘째, 입찰가격의 사전 협의나 특정인의 낙찰을 위한 담합 등 공정한 경쟁을 방해하는 행위는 불공정한 공동행위이다(물품 다수공급자계약 특수조건 제18조 제2항 제2호).

셋째, 공정한 직무수행을 방해하는 알선·청탁을 하여 입찰이나 계약과 관련된 특정 정보 제공을 요구하는 행위는 불공정한 공동행위이다(물품 다수공급자계약 특수조건 제18조 제2항 제3호).

넷째, 하수급인이나 자재·장비업자의 계약상 이익을 부당하게 제한하는 행위 역시 불공정한 공동행위이다(물품 다수공급자계약 특수조건 제18조 제2항 제4호).

다섯째, 입찰이나 계약 등(물품 다수공급자계약 2단계경쟁 포함) 과정에서 공정한 경쟁을 저해하는 행위도 불공정한 공동행위이다(물품 다수공급자계약 특수조건 제18조 제2항 제5호).

다) 위반효과

계약담당공무원은 가격협상이나 계약체결 결과 계약상대자 사이에 담합이 있었다고 판단하는 경우 해당 계약을 해제·해지할 수 있으며, 아울러 공정거래위원회에 해당 사실을 통보할 수 있다(물품 다수공급자계약 특수조건 제18조 제1항). 또한, 위에서 본 각 불공정한 공동행위가 청렴계약 등이나 관계법령 위반에 해당하는 경우에는 해당 입찰·낙찰을 취소(물품 다수공급자계약 2단계경쟁인 경우 해당 납품대상업체 선정이나 납품요구를 취소)하거나 계약을 해제·해지해야 하며, 계약을 해지할 때는 계약보증금을 국고귀속 해야 하고, 아울러 입찰참가자격제한 사유에 해당하면 부정당업자제재를 해야 한다(물품 다수공급자계약 특수조건 제18조 제3항).

라) 자료제출협조의무 등

계약상대자는 계약담당공무원이 위 불공정한 공동행위를 확인하기 위해 관련 자료를 제출하라고 요청하면, 특별한 사정이 없는 이상 적극 협조해야 하고, 이에 협조하지 않으면 거래정지 조치를 받을 수 있다(물품 다수공급자계약 특수조건 제18조 제4항). 한편, 수요기관의 장은 제안요청 대상 계약상대자나 제안공고에 참여할 수 있는 계약상대자에게 제안요청 관련 정보를 누설하는 등 계약의 공정한 질서를 저해하는 행위를 해서도 안 된다(물품 다수공급자계약 업무처리규정 제37조 제5항).

10) 제3자의 산업재산권을 침해하지 않을 의무

계약상대자는 다수공급자계약과 관련한 산업재산권(특허권, 실용신안권, 디자인권, 상표권) 침해분쟁에 따른 민·형사 책임을 부담한다(물품 다수공급자계약 특수조건 제36조). 가령, 계약상대자가 납품한 물품이 다른 사람의 디자인권을 침해하여 생산한 것이라면, 디자인권자에게 민사상 손해배상책임이나 형사처벌을 받을 수 있고, 그로 말미암아 조달청이나 수요기관에게 손해를 가했다면 그 배상책임을 부담할 수 있다.

라. 조달청장의 권리

1) 의의

조달청장은 계약상대자에게 계약상 의무를 이행하라고 청구할 권리를 가지며, 이를 위반한 계약상대자에게 계약보증금 국고귀속(국가계약법 제12조 참조), 계약해제·해지(국가계약법 시행령 제75조), 부당이득환수(조달사업법 제21조), 입찰참가자격제한(국가계약법 제27조), 거래정지(조달사업법 제22조) 등 각종 공법상·사법상 조치를 할 수 있다.

이 중 계약해제·해지는 아래 Ⅷ 다수공급자계약 종료에서, 입찰참가자격제한과 거래정지는 제4편 공공조달의 실효성확보수단에서 살펴보고, 여기에서는 다수공급자계약에서 계약보증금 몰수와 부당이득환수 제도를 차례로 살펴본다.

2) 계약보증금 몰수

가) 사유

계약담당공무원은 계약상대자가 급부의무위반, 우대가격유지의무위반에 따른 환수요구 불응, 입찰참가자격유지의무위반, 직접생산의무위반, 허위서류 등 제출금지 의무위반, 불공정한 공동행위 금지의무위반 등을 한 경우, 계약보증금을 몰수할 수 있다.

나) 범위

다수공급자계약의 계약보증금은 매회별 이행예정량 중 최대량(A)과 계약단가(B), 수요물자의 납품이행실적으로 고려하여 조달청장이 기획재정부장관과 협의하여 정한 후 고시하는 비율을 곱하여 산출한 금액의 100분의 10 이상 금액을 말한다(조달사업법 시행령 제13조의2). 다만, 다수공급자계약은 단가계약으로서 여러 차례로 분할하여 이행하는 계약에 해당하므로, 계약상 의무위반이 발생했다고 하여 전체 계약보증금을 몰수하지 않고, 그 중 이행이 완료된 부분에 해당하는 계약보증금은 제외하고 나머지만을 몰수한다(국가계약법 시행령 제51조 제2항 제2호 참조).

실무에서는 위 규정에 따라 실제로 몰수해야 하는 계약보증금 범위가 문제되는데, 특히 전체 계약보증금에서 공제해야 하는 '이행이 완료된 부분'을 어디까지로 볼지 논란이 있다. 가령, 계약상대자가 수요기관으로부터 납품요구를 받고 아직 납품하지 않은 상황에서 조달청으로부터 계약해지 통보를 받고 후에 납품을 완료했다면, 계약해지 이후에 납품완료 한 부분도 이행이 완료된 부분으로 보아 그에 상당하는 금액을 국고귀속 할 계약보증금에서 공제해야 하는지를 살펴보아야 한다.

〔공제해야 한다는 판결〕

해지 이전에 납품요구 받은 물품에는 해지효력을 제한하는 의사를 묵시적으로 포함하였다고 보아야 한다(대전지방법원 2021. 11. 26. 선고 2020나107016 판결).

〔공제하지 않아야 한다는 판결〕

이행이 완료된 부분은 계약해지 당시를 기준으로 판단할 수밖에 없으며, 계약상대자가 계약해지 후에 기존 납품요구에 따라 납품하였다 하더라도, 이는 계약해지 후 사정에 불과하다(서울중앙지방법원 2018. 7. 19. 선고 2017가합578141 판결, 서울중앙지방법원 2018. 9. 7. 선고 2017가합564708 판결, 서울중앙지방법원 2022. 8. 19. 선고 2020가합574972 판결 등).

생각건대 국가계약법 시행령 제51조 제2항 제2호는 계약해지 당시를 기준으로 '이행이 완료된 부분'을 판단하라고 규정하지 않는다. 더군다나 계약해지 이후에 납품한 부분을 몰수할 계약보증금에서 공제하지 않겠다는 견해는 계약해지 이후라도 나머지 급부의무를 이행한 계약상대자와 전혀 이행하지 않은 계약상대자를 똑같이 취급하는 것으로서 형평에 반한다. 따라서 계약해지 전 납품요구에 따라 계약해지 후 납품완료 한 부분은 '이행이 완료된 부분'으로 보아 몰수할 계약보증금에서 공제하는 것이 타당하다고 본다. 다만, 최근 판례 경향은 이와 반대로 보인다.[1]

다) 처리

조달청장이 몰수한 계약보증금은 해당 수요기관의 수입으로 한다(조달사업법 시행령 제22조).

3) 부당이득금 환수

가) 법적 성격

대법원은 대체로 계약특수조건에서 정한 환수조항을 채무불이행에 따른 손해배상채권으로 이해한다.[2] 따라서 환수금을 청구하는 국가는 그 발생과 범위를 증명할 책임을 부담하므로, 손해범위를 제대로 증명하지 못한 경우에 환수금 청구를 인용받지 못했다.[3] 다만, 최근 일부 하급심 판결이 부당이득금 환수조항을 일종의 위약금이라고 해석했고,[4] 상급심은 이를 그대로 인용하여,[5] 과거 판례와는 다소 차이를 보였다.[6]

그러나 조달청은 물품 다수공급자계약 특수조건 제20조를 개정하면서 별표3에 불공정행위 유형별 환수금 산정방식을 추가하였으므로, 조달사업법 제21조 제6항에 따른 현행 물품 다수공급자계약 특수조건 제20조 환수조항은 손해배상액 예정의 성질을 가진다고 보아야 한다. 따라서 현행 특수조건에 근거하여 환수금을 청구하는 경우, 조달청은 불공정 조달행위 사실만 증명하면 되고,[7] 그와 별도로 손해발생 사실이나 실제 손해액을 증명할 필요가 없다.[8]

나) 사유

조달청장은 계약상대자가 우대가격유지의무위반, 허위서류 등 제출금지 의무위반, 직

1) 대법원 2020. 1. 30. 선고 2019다278495 판결 참조.
2) 대법원 1997. 6. 27. 선고 95다19959 판결, 대법원 2008. 5. 15. 선고 2007다88644 판결, 대법원 2016. 7. 14. 선고 2013다82944, 82951 판결, 대법원 2020. 1. 30. 선고 2019다278495 판결.
3) 대전고등법원 2021. 4. 7. 선고 2020나12408 판결.
4) 대전지방법원 2021. 1. 14. 선고 2019나101371 판결.
5) 대법원 2022. 4. 28. 선고 2021다212177 판결.
6) 다만, 대법원 2022. 4. 28. 선고 2021다212177 판결은 대법원 2016. 7. 14. 선고 2013다82944, 82951 판결이 해당 사건과 서로 달리하므로 그대로 적용하지 않을 뿐이라고 판시했다.
7) 대법원 2009. 2. 26. 선고 2007다19051 판결.
8) 대법원 2000. 12. 8. 선고 2000다50350 판결.

접생산의무위반, 원산지거짓표시, 계약규격과 다른 규격 납품, 그 밖에 관계법령, 계약규정이나 계약조건 위반 등으로 공정한 조달질서를 훼손한 경우, 일정한 금액을 환수할 수 있다(조달사업법 제13조 제3항, 제21조 제6항, 물품 다수공급자계약 특수조건 제19조 제1항 제1호부터 제6호). 이러한 위반행위 유형을 통틀어 불공정 조달행위라고 지칭한다(조달사업법 제21조 제1항 참조).

다) 절차

(1) 의견제출 · 서면통지

계약담당공무원이나 조사담당공무원은 환수금액을 산정하려면 계약상대자에게 의견제출 · 소명기회를 주어야 하고(물품 다수공급자계약 특수조건 제19조 제2항, 제37조 제1항), 서면으로 결과를 통보해야 한다. 가령, 우대가격유지의무위반을 이유로 계약금액과 시장거래가격의 차액을 납품금액에서 감액하거나 청구하려는 경우, 계약상대자에게 그 사유와 차액, 의견제출 기한 등을 미리 서면으로 통지해야 하고, 차액 감액이나 청구액를 확정한 때에는 계약상대자에게 그 사유와 금액을 서면으로 통지한다(조달사업법 시행령 제13조 제4항).

앞에서 본 바와 같이, 환수는 그 본질이 채무불이행에 따른 손해배상청구이고, 계약특수조건 등에 구체적인 산정기준을 반영하여 손해배상액 예정의 성격을 갖추었다고 볼 수 있지만, 위와 같이 사전통지나 의견제출 기회 서면 통지 등을 규정한 이유는 환수청구 주체인 조달청장은 단순한 사경제 주체가 아니라 국가기관이라는 지위도 겸한다는 특성을 반영했기 때문이라고 본다.

(2) 이의신청

계약상대자는 환수금액이나 산정방법에 이의가 있으면, 환수 통보를 받은 날로부터 7일 안에 신뢰할 만한 증빙서류를 첨부하여 이의를 신청할 수 있다(물품 다수공급자계약 특수조건 제19조 제4항).

라) 청구권자

다수공급자계약에 따라 납품을 받는 수요기관은 주로 지방자치단체나 그 밖에 공공기관이긴 하다. 그러나 다수공급자계약의 당사자는 수요기관이 아닌 조달청장이고, 그에 따라 조달청장은 계약상대자에게 대금지급의무를 부담하며(조달사업법 제15조 제1항, 같은 법 시행령 제18조 제1항 제3호 참조), 수요기관의 납품요구에 따라 계약상대자가 수요기관에게 납품한다고 하여 수요기관과 계약상대자 사이에 별도 계약이 체결된다고 보기 어렵다. 따라서 계약체결 · 이행과정에서 발생한 손해는 조달청장에 귀속한다고 보아야 하므로,[1] 결국 환수금 청

---

1) 대법원 2019. 10. 18. 선고 2019도8374 판결.

구 주체도 수요기관이 아닌 조달청장, 정확히는 대한민국이라 하겠다. 그리하여 조달사업법 제21조 제6항과 물품 다수공급자계약 특수조건 제19조 제1항 등은 “조달청장”, “조달청”, “계약담당공무원”, “조사담당공무원”을 환수청구권자로 규정한다.1)

마) 청구범위

(1) 예정배상액

환수 사유별로 예정된 배상액은 다음 표와 같다(물품 다수공급자계약 제19조 제1항 별표3).

부정한 행위의 유형	산정기준
1. 허위 서류, 위조·변조 또는 기타 부정한 방법으로 서류를 제출하는 행위	다음의 금액 중 가장 높은 금액. 가. 이행이 완료된 물품대금에 평균 영업이익률*을 곱한 금액 * 평균 영업이익률 : 납품을 개시한 년도부터 납품이 종료한 년도까지 연도별 손익계산서 영업이익률의 평균 나. 이행이 완료된 물품대금에 100분의 10을 곱한 금액 다. 허위 가격자료 등을 제출하여 고가로 계약한 경우에는 납품금액과 실제거래금액과의 차액
2. 직접생산기준을 위반하여 납품하는 행위	직접생산기준을 위반하여 납품한 수량에 상응하는 물품대금에 100분의 15를 곱한 금액. 단, 계약상대자가 그 물품대금에서 직접생산기준을 위반하여 납품한 물품을 위한 비용(이윤을 제외한다)을 공제한 금액이 그 물품대금에 100분의 15를 곱한 금액보다 더 적다는 증빙자료를 제출한 경우에는 이를 반영하여 그 금액으로 감액할 수 있다.
3. 원산지를 거짓으로 표시하여 납품하는 행위	원산지를 거짓으로 표시하여 납품한 수량에 상응하는 물품대금에 100분의 15를 곱한 금액. 단, 계약상대자가 그 물품대금에서 원산지를 거짓으로 표시하여 납품한 물품을 위한 비용(이윤을 제외한다)을 공제한 금액이 그 물품대금에 100분의 15를 곱한 금액보다 더 적다는 증빙자료를 제출한 경우에는 이를 반영하여 그 금액으로 감액할 수 있다.
4. 계약규격과 상이한 제품을 납품하는 행위	계약규격과 상이한 제품에 대한 물품대금. 단, 계약의 목적달성에 영향이 없고, 계약상대자가 계약을 위반하여 납품한 물품의 공급비용(이윤을 포함한다)에 대한 증빙자료를 제출한 경우에는 이를 반영하여 그 해당 공급비용을 공제할 수 있다.
5. 우대가격 유지의무를 위반하는 행위	계약단가*에서 시장공급 물품단가를 공제한 금액에 이행이 완료된 수량을 곱한 금액. 단, 우대가격 유지의무를 위반하기 이전에 이행이 완료된 수량과 제13조의2 제5항에 따라 계약단가를 인하한 이후에 이행이 완료된 수량은 산정에서 제외한다. * 2단계경쟁 또는 할인행사, 기획전 등을 실시하여 할인된 단가가 시장공급 물품단가를 초과한 경우, 해당 계약단가는 할인단가를 적용

1) 서울중앙지방법원 2021. 6. 4. 선고 2020가합558161 판결.

부정한 행위의 유형	산정기준
6. 기타 관련법령, 계약규정 또는 계약조건 위반 등으로 인해 공정한 조달질서를 훼손한 행위	이행이 완료된 물품대금에 평균 영업이익률*을 곱한 금액 또는 이행이 완료된 물품대금에 100분의 10을 곱한 금액 중 더 높은 금액 * 평균 영업이익률 : 납품을 개시한 년도부터 납품이 종료한 년도까지 연도별 손익계산서 영업이익률의 평균

(2) 초과손해 청구가능성

위에서 본 바와 같이 현행 부당이득금 환수는 손해배상액의 예정이기 때문에, 청구권자는 예정된 배상액만 청구할 수 있을 뿐, 실제 입은 손해가 예정된 배상액을 초과한다는 이유만으로 초과 손해액을 당연히 청구할 수는 없다.[1] 그러나 대법원 판례는 초과액 상당의 손해배상을 받을 수도 있는 특수한 손해배상액의 예정도 인정하므로,[2] 이를 인정하는 특약을 배제할 이유가 없다. 그리하여 물품 다수공급자계약 특수조건 제19조 제5항은 초과 손해배상청구를 인정한다. 즉, 계약상 의무 위반으로 위에서 정한 금액을 초과하는 손해가 발생하였을 경우, 조달청장은 예정배상액을 초과하는 손해를 추가로 청구할 수 있다.

(3) 과실상계

손해배상의 예정은 채무자가 계약을 위반한 경위 등 일체 사정을 참작하여 감액할 수 있으므로(민법 398조 제2항 참조), 과실상계는 적용하지 않는다.[3] 따라서 조달청 측에 과실이 있다는 사유로 환수금을 따로 감경할 필요는 없다. 다만, 채권자와 채무자 지위, 계약 목적과 내용, 손해배상액을 예정한 동기, 채무액과 예정액 차이, 예상손해액 크기, 당시 거래관행, 실제 손해액 등 모든 사정을 참작하여 예정액이 부당히 과다하다고 판단하는 경우, 법원은 이를 직권 감액할 수 있다.[4] 그리고 감액된 부분은 처음부터 무효로 본다.[5]

(4) 관련문제

부당이득금 환수는 계약상 채무불이행에 따른 손해액을 예정한 것이고, 그 계약관련 불법행위에 따른 손해까지 예정한 것은 아니다.[6] 또한, 채무불이행에 따른 손해배상 예정액 청구와 채무불이행에 따른 손해배상청구는 서로 청구원인을 달리하는 별개 청구이므로, 손해배상 예정액 청구 중에 채무불이행에 따른 손해배상청구까지도 포함된다고 해석할 수

1) 대법원 1993. 4. 23. 선고 92다41719 판결.
2) 대법원 2002. 7. 12. 선고 2000다17810 판결.
3) 대법원 2002. 1. 25. 선고 99다57126 판결.
4) 대법원 2008. 11. 13. 선고 2008다46906 판결.
5) 대법원 1991. 7. 9. 선고 91다11490 판결.
6) 대법원 1999. 1. 15. 선고 98다48033 판결.

는 없다.[1)]

바) 상계·납부

조달청장은 최종 환수금을 결정한 경우, 계약상대자에게 지급할 다수공급자계약대금이나 다른 계약대금을 해당 환수금으로 상계할 수 있으며, 그와 달리 별도로 지급할 금액이 없으면 계약상대자로부터 환수금을 현금으로 납부받는다(물품 다수공급자계약 특수조건 제19조 제3항).

사) 계약보증금과 관계

계약보증금과 환수금은 모두 손해배상의 예정에 해당한다. 그러나 국가계약법 시행령 제51조에 따라 국고귀속 한 계약보증금은 계약상대자가 조달청에 지급하여야 하는 환수금액에 영향을 미치지 않는다(물품 다수공급자계약 특수조건 제19조 제5항). 조달청장이 계약을 해지하고 국고귀속 한 계약보증금은 그때까지 납품되지 않은 부분에 해당하는 금액이므로, 이미 납품을 완료한 물품과 관련한 손해액은 위 계약보증금과 발생원인을 달리한다. 따라서 둘은 별개 손해에 해당하기 때문에, 계약보증금은 환수금에 영향을 미치지 못한다.[2)]

4) 지체상금 청구

가) 의의

계약담당공무원은 계약상대자가 납품기한을 경과하여 납품한 경우, 매 지체일수마다 계약서에서 정한 지체상금율을 납품요구금액에 곱하여 산출한 금액을 지체상금으로 결정하고, 이를 계약상대자에게 지급할 대가에서 상계해야 한다. 그런데 납품기한 마지막 날이 공휴일(관련법령에 따라 발주기관 휴무일인 경우를 포함)인 때에는 공휴일 다음날(2일 이상 연속 공휴일인 경우에는 마지막 공휴일 다음날)을 납품기한으로 한다(물품 다수공급자계약 특수조건 제35조 제1항).

나) 산정방법

지체일수 산정방법은 다음과 같다(물품 다수공급자계약 특수조건 제35조 제2항 제1호부터 제4호 참조).

---

1) 대법원 2000. 2. 11. 선고 99다49644 판결.
2) 서울중앙지방법원 2021. 7. 23. 선고 2020가합558161 판결.

| 계약상대자가 납품이행을 완료하고 검사공무원에게 검사를 요청한 경우(물품구매계약 품질관리 특수조건 제11조 제1항, 제5항) |

① 검사요청일을 납품일자로 보는 경우[1)]

- 검사요청일이 납품기한 이전 : 지체일수 없음

② 검사합격일을 납품일자로 보는 경우[2)]

- 검사 불합격에 따른 시정통보일이 납품기한 이전 : 납품기한 다음날부터 최종 검사합격일까지
- 검사 불합격에 따른 시정통보일이 납품기한 이후 : 시정통보일부터 최종 검사합격일까지
- 검사요청일이 납품기한을 경과 : 납품기한 다음날부터 최종 검사 합격일까지

| 계약상대자가 지정된 납품장소가 아닌 생산공장이나 그 밖에 장소에서 검사를 요청하거나 여러 개 수요기관에 분할 납품하여 검사공무원에게 일괄하여 검사를 요청하고 개별 수요기관이 지정한 납품장소에서 검수를 요청하는 경우(물품구매계약 품질관리 특수조건 제11조 제2항, 제4항, 제6항) |

- 검수요청일이 납품기한 이전 : 지체일수 없음
- 검사 불합격에 따른 시정통보일이 납품기한 이후 : 시정통보일부터 검수 요청일까지
- 납품기한 경과 후 검수요청 : 납품기한 다음 날부터 검수요청일까지

다) 공제

실제 검사나 검수가 지연되어 납품기한을 경과한 경우에는, 보통 검사나 검수에 필요한 기간을 초과한 일수는 지체일수에 포함하지 않아야 하며, 납품기한을 경과하여 검사요청을 한 경우라도 계약상대자의 책임이 아닌 사유로 검사나 검수가 지연되었다면 그 일수 역시 지체일수에 포함하지 않는다. 다만, 검사나 검수 지연이 계약상대자의 책임 있는 사유로 발생하면, 그 초과일수나 지연일수를 지체일수에 포함한다(물품 다수공급자계약 특수조건 제35조 제2항 제3호).

나아가 천재·지변 등 불가항력 사유가 있는 경우, 계약상대자가 대체사용할 수 없는 중요 관급재료의 공급이 지연되어 제조공정 지행이 불가능한 경우, 물품제작을 위한 설계도서 승인이 계획된 일정보다 지연된 경우, 시험기관이나 검사기관의 책임으로 시험·검사가 지연된 경우, 설계도서 승인 후 발주기관 요구에 따른 설계변경으로 제작기간이 지연된 경우, 발주기관 책임으로 제조 착수가 지연·중단된 경우와 같이 계약상대자 책임에 속하지 않은 사유로 지체되었다면, 그 일수를 지체일수에서 차감한다{물품 다수공급자계약 특수조건 제33조 제2항 제4호, 물품구매(제조)계약일반조건 제24조 제3항 제1호부터 제4호까지}.

1) 납품기한 내에 검사요청을 하고 검사에 합격한 경우.
2) ① 납품기한 내에 검사요청을 했으나 납품기한 이후에 검사 불합격 등에 따른 시정조치를 한 경우와 ② 납품기한을 경과하여 검사요청을 한 경우.

예시

구분	"물품구매계약 품질관리 특수조건" 제11조제5항 규정	"물품구매계약 품질관리 특수조건" 제11조제6항 규정
지체일수 산정	(1) 납품기한이 10일인 계약에서 10일 이전에 검사를 요청한 경우 : 지체 없음 (2) 납품기한이 10일인 계약에서 10일 이전에 검사요청을 하고, 12일에 검사에 불합격하여 시정통보를 받고 17일에 최종 검사에 합격한 경우 : 6일 지체	(1) 납품기한이 10일이고 검사소요기간이 3일인 계약에서 실제 9일에 검사요청하여 14일에 검사완료하고 17일에 검수요청한 경우 : 5일 지체(7일 지체에서 감사지체일수 2일 공제) (2) 납품기한이 10일인 계약에서 10일 이전에 검사요청을 하고, 12일에 검사에 불합격하여 시정통보를 받고 17일에 최종 검사에 합격하고 19일에 검수를 요청한 경우 : 8일 지체
	(3) 납품기한이 10일인 계약에서 실제 17일에 검사를 요청하여 20일에 완료한 경우 : 10일 지체 (4) 납품기한이 10일인 계약에서 실제 12일에 검사요청을 하고, 15일에 검사불합격하여 시정통보를 받고 20일에 최종 검사에 합격한 경우 : 10일 지체	(3) 납품기한이 10일인 계약에서 실제 11일에 검사요청하여 16일에 검사완료하고 20일에 검수요청한 경우 : 10일 지체 (4) 납품기한이 10일인 계약에서 실제 12일에 검사요청을 하고, 15일에 검사불합격하여 시정통보를 받고 20일에 최종 검사에 합격하고 22일에 검수요청한 경우 : 12일 지체

라) 처리

조달청장이 받은 지체상금은 해당 수요기관의 수입으로 한다(조달사업법 시행령 제22조).

마. 조달청장의 의무

1) 선금지급

가) 지급방법

계약담당공무원은 납품요구를 받은 계약상대자로부터 계약대금의 70%를 초과하지 않는 범위에서 선금지급 신청이 있을 경우, 계약상대자에게 선금을 지급해야 한다(국고금관리법 시행령 제40조 제1항 제15호, 물품 다수공급자계약 특수조건 제32조 제1항 본문). 다만, 자금배정이 지연된 경우, 계약체결 후 불가피한 사유로 이행착수가 상당기간 지연될 것이 명백한 경우, 계약상대자로부터 선금지급 요청이 없거나 유예신청이 있는 경우와 같이 선금 지급이 불가능한 경우에는 그렇지 않다(정부 입찰·계약 집행기준 제34조 제9항 제1호부터 제3호, 물품 다수공급자계약 특수조건 제32조 제1항 단서).

그리하여 계약담당공무원은 계약상대자가 선금지급을 신청한 당시 정부 입찰·계약 집행기준에 따라 선금을 지급한다(물품 다수공급자계약 특수조건 제32조 제2항).

나) 확약서·지급각서·보증서 요구

계약담당공무원은 선금을 지급할 때 계약상대자(조합 포함)로부터 채권을 확보하고 선금사용과 반환조건을 이행한다는 확약서를 받아야 한다(물품 다수공급자계약 특수조건 제32조 제2항). 다만, 국가계약법 시행령 제37조 제3항 각 호에 해당하는 계약상대자에게는 채권확보를 면제하는데, 이때 해당 계약상대자(조합 제외)로부터 선금반환 사유가 발생하면 선금잔액과 그에 붙는 약정이자 상당액을 현금으로 반환하겠다고 확약하는 지급각서를 받아야 한다(물품 다수공급자계약 특수조건 제32조 제5항).

한편, 계약담당공무원은 선금지급 후 납품기한이 연장되는 경우 계약상대자로부터 채권의 보증기간 연장과 추가 발생할 이자에 대한 보증금액이 증액된 보증서 등을 제출받아야 한다(물품 다수공급자계약 특수조건 제32조 제3항).

다) 반환

계약담당공무원은 선금을 지급한 후 계약상대자의 책임 있는 사유로 선금을 반환받아야 하는 경우, 계약상대자에게 선금잔액과 선금잔액에 발생한 약정이자 상당액을 모두 청구해야 한다(물품 다수공급자계약 특수조건 제32조 제4항 제1호, 제2호). 약정이자 상당액은 한국은행 통계월보상 대출평균금리 수준에 따라 산출한 금액을 말한다.

라) 선금사용

계약상대자는 선금을 수령한 후 중소기업으로부터 원자재, 부품, 반제품, 금형 등을 구입하거나 외주가공 등을 한 경우, 현금으로 그 대금을 지급해야 한다(물품 다수공급자계약 특수조건 제32조 제6항).

2) 대가지급

가) 의의

조달청장은 다수공급자계약인 경우 원칙적으로 수요기관을 대신하여 계약상대자에게 대금을 지급한다(조달사업법 제15조 제1항, 같은 법 시행령 제18조 제1항 제3호). 즉, 조달청장은 계약상대자에게 대가지급 의무를 부담한다.

나) 기한

계약담당공무원은 검사 완료 후 계약상대자의 청구를 받은 날부터 5일(재난 및 안전관리 기본법 제3조 제1호 재난이나 경기침체, 대량실업 등으로 국가의 경제위기를 극복하기 위해 기획재정부장관이 기간을 정하여 고시한 경우에는 3일) 안에 계약상대자에게 대가를 지급해야 한다(국가계약법 시행령 제58조 제1항 본문). 다만, 계약담당공무원은 위 기간 안에 대가를 지급할 수 없는 경우 그 사유를 계약상대자에게 통지한 후 5일을 초과하지 않는 범위에서 지급기한을 연장할 수 있다(국가계약법 시행령 제58조 제1항 단서, 물품 다수공급자계약 특수조건 제33조 제1항). 이때, 계약상대자는 그 이자를 청구할 수 없다(물품 다수공급자계약 특수조건 제33조 제3항).

다) 지급방법

계약담당공무원은 계약금액에 계약물품 관련 교육훈련비 등이 포함된 경우, 해당 교육이나 훈련 등이 완료되었다는 수요기관 확인문서에 따라 계약상대자에게 해당 금액을 지급한다(물품 다수공급자계약 특수조건 제33조 제2항). 물론 계약상대자는 그에 대한 이자를 청구할 수 없다(물품 다수공급자계약 특수조건 제33조 제3항).

다만, 시운전조건부계약 대가는 별도로 정한 지급방법에 따라 지급한다(물품 다수공급자계약 특수조건 제33조 제4항).

바. 의견제출과 이의신청

계약담당공무원은 거래정지, 계약해지, 입찰참가자격제한, 환수 등 조치를 하려는 경우, 해당 계약상대자에 의견제출 기회를 주어야 한다(물품 다수공급자계약 특수조건 제37조 제1항). 그리고 계약상대자는 각 조치에 따른 결과를 통보받은 날로부터 10일 이내에 이의를 신청할 수 있다. 다만, 관련 조항에서 이의 신청기간을 별도로 정한 경우에는 해당 조항을 따른다(물품 다수공급자계약 특수조건 제37조 제2항). 계약담당공무원은 계약상대자로부터 위 이의신청을 받으면 '구매업무심의회', '계약심사협의회' 등 심의를 거쳐 7일 이내에 심사하고 그 결과를 해당 계약상대자에게 통보해야 한다(물품 다수공급자계약 특수조건 제37조 제3항).

3. 계약상대자와 수요기관 관계 : 실행관계

가. 의의

수요기관은 수익자로서 계약상대자에게 급부청구권을 가진다. 수요기관이 수익자에게 가지는 급부청구권은 다수공급자계약에 기초한 것이므로, 그에 따라야 한다. 제3자를 위한 계약에서 수익자는 계약 당시 현존하거나 특정될 필요가 없기 때문에,[1] 수요기관은 다수공급자계약 체결 당시 특정될 필요가 없고, 계약체결 후 계약기간 중에 종합쇼핑몰에서 납품요구를 하면 수익자로서 계약상대자에게 직접 권리를 취득한다.

---

1) 지원림, 앞의 책, 1366쪽.

나. 수요기관의 권리

1) 납품요구권

가) 의의

납품요구란, 수요기관이 나라장터 종합쇼핑몰에 등록된 다수공급자계약 품목을 구매하려는 경우, 종합쇼핑몰을 이용해 계약상대자에게 그 납품을 요구하는 행위를 말한다(물품 다수공급자계약 업무처리규정 제57조 제1항 전문).

나) 법적 성격

(1) 수익의 의사표시

다수공급자계약은 제3자를 위한 계약의 하나이므로, 수요기관이 직접 급부청구권을 취득하려면 계약상대자에게 수익의 의사표시를 해야 한다(민법 제539조 제2항 참조). 따라서 납품요구는 수요기관이 계약상대자에게 다수공급자계약에 따른 급부청구권을 직접 취득하겠다고 하는 수익의 의사표시에 해당한다. 다시 말하면, 수요기관은 계약상대자에게 납품요구를 하여야 비로소 직접 급부청구권을 취득한다.

(2) 이행청구

납품요구는 위와 같은 수익의 의사표시와 아울러 이행청구에도 해당한다고 보아야 한다. 이행청구는 준법률행위로서 의사의 통지에 해당한다. 이에 따라 계약상대자는 납품요구에서 정한 조건에 따라 계약상 의무를 이행하여야만 한다(물품 다수공급자계약 특수조건 제12조 제1항, 제26조 제1항 본문 참조).

(3) 별도 계약체결을 위한 의사표시인지

일부 견해는 다수공급자계약 체결과 별개로 수요기관 납품요구에 따라 계약상대자와 수요기관 사이에 별도 계약이 성립한다고 주장한다. 그러나 수요기관의 납품요구에 따라 새로운 계약이 체결된다고 해석할 근거가 없다.[1]

다) 납품요구 내용

수요기관의 장은 계약조건에 따라 납품수량, 납품기한, 납품장소, 인도조건, 분할납품 여부 그 밖에 필요한 사항 등을 분할납품요구 및 통지서(납품요구서)에 명시해야 하며, 계약상대자는 이에 따라 납품해야 한다(물품 다수공급자계약 특수조건 제26조 제1항 본문). 다만, 수요기관의 장은 최초 납품요구를 할 때 계약상대자와 협의하여 계약상대자가 동의한 경우 계약기간 안에서 희망하는 납품기한을 별도로 설정할 수 있다(물품 다수공급자계약 특수조건 제26조

---

1) 서울행정법원 2016. 1. 14. 선고 2015구합3508 판결, 대법원 2019. 10. 18. 선고 2019도8374 판결.

제1항 단서). 이에 따른 납품요구서상 납품기한은 계약기간 종료일부터 240일과 계약상 납품기한 중 더 긴 기한을 초과하여 설정하지 못한다(물품 다수공급자계약 특수조건 제26조 제2항).

라) 납품요구 취소·변경

(1) 의의

납품요구 취소·변경이란, 수요기관의 장이 기존 납품요구를 취소하거나 납품요구 내용을 변경하는 일체 절차를 말한다.

(2) 유형

납품요구 취소·변경은 ① 협의에 따른 납품요구 취소·변경과 ② 일방적 납품요구 취소·변경이 있다.

(가) 협의 취소·변경

수요기관의 장은 납품요구를 취소하거나 납품요구 수량을 변경하고자 하는 경우 계약상대자와 협의하여 기존 납품요구서를 취소·변경할 수 있다(물품 다수공급자계약 특수조건 제27조 제2항). 따라서 계약상대자 협의 없는 일방적인 납품요구 취소나 변경은 원칙적으로 인정되지 않는다.

그러나 계약상대자가 입찰참가자격유지의무나 직접생산의무를 위반하거나 그 밖에 계약상대자에게 책임 있는 사유가 발생하여, 수요기관의 장이 납품요구를 취소를 요청하는 경우, 계약상대자는 반드시 이에 응해야 한다(물품 다수공급자계약 특수조건 제27조 제6항).

(나) 일방적 취소·변경

수요기관의 장은 그 주문에 따라 생산되는 제품이라도 불가피한 사정이 있으면 계약상대자와 협의를 거치지 않고 일방적으로 납품요구를 취소할 수 있다(물품 다수공급자계약 특수조건 제27조 제4항). 이때는 사정변경에 따른 계약해제·해지 조항을 준용하여 계약상대자에게 투입 인력, 재료 등에 들어간 비용을 지급해야 한다{물품 다수공급자계약 특수조건 제27조 제4항, 물품구매(제조)계약일반조건 제27조 제2항}. 계약상대자가 납품요구를 신뢰하여 지출한 비용을 보상해 주기 위해서이다. 다만, 수요기관의 장과 계약상대자가 관련 비용 지급 등을 합의하지 못한 경우에는 조달청 구매업무심의회에 분쟁조정을 요청할 수 있다(물품 다수공급자계약 특수조건 제27조 제5항).

그러나 계약상대자가 입찰참가자격유지의무나 직접생산의무를 위반하거나 그 밖에 계약상대자에게 책임 있는 사유가 발생하여, 수요기관의 장이 납품요구를 취소를 요청하는 경우, 계약상대자는 반드시 이에 응해야 한다(물품 다수공급자계약 특수조건 제27조 제6항).

(3) 사유별 검토

(가) 규격변경

① 원칙

수요기관의 장은 납품요구를 할 때 계약조건이 아닌 추가적·변경된 계약조건을 제시할 수 없고, 계약상대자 역시 원래 계약조건이 아닌 추가적·변경된 계약조건으로 납품할 수 없다(물품 다수공급자계약 특수조건 제27조 제1항). 그런데 실무에서는 소비자인 수요기관 장의 요청에 따라 계약상대자가 계약규격과 다른 물품을 납품하는 사례가 빈번하다. 그러나 다수공급자계약에서 당사자는 조달청장이지 수요기관의 장이 아니므로, 계약상대자는 조달청장 승인이나 동의 없이 함부로 계약규격을 변경하여 납품할 수 없으며, 이를 위반한 경우에는 거래정지나 부정당업자 입찰참가자격제한 등과 아울러 부당이득 환수까지 받을 수 있다.

한편, 조달사업법 제21조 제1항 제4호는 "수요기관 등의 사전 승인 없이 계약규격과 다른 제품을 납품하는 행위"를 불공정 조달행위 가운데 하나로 규정하므로, '수요기관의 사전 승인'만 있으면 계약규격과 다른 제품을 납품하더라도 문제가 없다는 견해가 있을 수도 있으나, 이는 수요기관 등에게 규격변경과 관련한 사전 승인 권한을 부여한 규정이 아니라 수요기관 등에게 사전 승인 권한이 있는 경우를 전제한 것에 불과하고, 수요기관에게 규격변경과 관련한 사전 승인 권한이 없는 경우에는 설령 수요기관 요청에 따라 계약상대자가 계약규격과 상이한 제품을 납품했더라도 허용되지 않는다.[1)]

결국 특별한 규정이 없다면, 조달청장 승인 없이 수요기관의 장이 임의로 계약조건을 변경하여 납품요구 하더라도 계약상대자는 이에 응하면 안 된다 하겠다.

② 예외

그러나 위와 같이 모든 계약규격 변경에 조달청장 승인이나 동의가 필요하다고 이해하면, 수요기관이 적시에 현장에 맞는 적합한 수요물자를 취득할 수 있게 하려는 다수공급자계약 취지를 살리기 어려우므로, 물품 다수공급자계약 특수조건 제27조 제1항은 경미한 규격변경 등 엄격한 요건 아래 조달청장 승인이나 동의가 없더라도 규격변경 납품을 허용한다.

즉, 수요목적 달성을 위해 계약규격 본질을 훼손하지 않고(규격서 시험항목 유지 등), 납품요구금액 변동이 없으며, 변경규격이 다른 계약규격과 같지 않은 범위에서 ㉮ 현장 특성을 반영한 외형 변경이 필요한 경우, ㉯ 안전을 위해 재질 등을 동등 이상으로 변경이 필요한 경우, ㉰ 그 밖에 경미한 계약규격 변경이 필요한 경우 중 어느 한 사유가 있으면, 계약상대자는 수요기관과 협의하여 변경된 계약규격을 납품할 수 있다(물품 다수공급자계약 특수조건 제27조 제1항 단서 제1호부터 제3호).

---

1) 대전고등법원 2021. 12. 9. 선고 2020누13088 판결.

(나) 수량변경

납품요구 수량을 증가할 때는 ① 납품요구수량 증가에 따른 총 납품요구금액이 해당 계약내역의 1회 최대납품요구금액을 초과할 수 없고, ② 다수공급자계약 2단계경쟁을 실시하지 않고 구매한 경우로서 납품요구 수량 증가에 따른 총 납품요구금액이 물품 다수공급자계약 특수조건 제23조에 따른 2단계경쟁 대상 기준금액을 초과하는 때에는 당초 납품요구금액의 100분의 10을 초과하여 증량할 수 없다는 기준을 각각 따라야 한다(물품 다수공급자계약 특수조건 제27조 제2항 단서 제1호, 제2호).

그리고 수요기관의 사정에 따라 납품요구 수량을 증가하는 경우에는 해당 증량분에 수정 납품요구 당시 변동된 가격을 적용한다. 다만, 다수공급자계약 2단계경쟁을 거쳐 납품요구를 한 후 같은 품목의 납품요구 수량이 증가하는 경우에는 해당 증량분의 납품가격은 ① 2단계경쟁 제안가격과 ② 납품요구 수량 변경이 발생한 시점을 기준으로 전체 납품요구 수량에 대한 다량납품할인율 또는 행사할인에 따른 할인율이 적용되는 경우 할인 후 낮은 가격을 비교하여 더 낮은 가격 이하로 해야 한다(물품 다수공급자계약 특수조건 제27조 제3항 제1호, 제2호).

(다) 납품기한변경

① 계약상대자에게 책임 없는 사유

계약상대자는 ㉮ 천재·지변 등 불가항력 사유가 있는 경우, ㉯ 계약상대자가 대체할 수 없는 중요 관급재료 공급이 지연되어 제조공정 진행이 불가능한 경우, ㉰ 계약상대자 책임 없이 납품이 지연된 경우로서 발주기관의 물품제작을 위한 설계도서 승인이 계획된 일정보다 지연된 경우나 계약상대자가 시험기관이나 검사기관의 시험·검사를 위해 필요한 준비를 완료했으나 시험기관·검사기관 책임으로 시험·검사가 지연된 경우나 설계도서 승인 후 발주기관 요구에 따른 설계변경으로 제작기간이 지연된 경우나 발주기관 책임으로 제조 착수가 지연되거나 중단된 경우, ㉱ 그 밖에 계약상대자 책임에 속하지 않은 사유로 지체된 경우 중 어느 하나에 해당하는 사유가 있으면 수요기관의 장에게 납품기한 연기를 요청할 수 있고, 수요기관의 장과 협의하여 상호 동의 아래 납품기한을 연기(납품기한 연장기간은 희망하는 납품기한을 별도로 설정 가능)할 수 있다{물품 다수공급자계약 특수조건 제28조 제1항 본문, 물품구매(제조)계약일반조건 제26조 제3항 제1호부터 제4호}. 다만, 계약상대자가 제조에 착수한 경우에는 원칙적으로 납품기한을 연기하지 않는다(물품 다수공급자계약 특수조건 제28조 제1항 단서). 수요기관은 위에 따라 납품기한을 조정하려면, 계약상대자와 협의한 납품기한 연기 협정서를 첨부하여 조달청 계약담당공무원에게 납품기한 변경을 요청해야 한다(물품 다수공급자계약 특수조건 제28조 제2항).

② 수요기관에게 책임 있는 사유

수요기관 책임으로 착수 지연이나 중단, 그 밖에 수요기관에게 불가피한 사정이 있는 경우, 수요기관의 장은 계약상대자와 협의하여 상호 동의 아래 납품기한을 연기(품기한 연장기간은 희망하는 납품기한을 별도로 설정 가능)할 수 있다(물품 다수공급자계약 특수조건 제28조 제1항 본문). 다만, 계약상대자가 제조에 착수한 후에는 원칙적으로 납품기한을 연기할 수 없다(물품 다수공급자계약 특수조건 제28조 제1항 단서). 수요기관은 위에 따라 납품기한을 조정하려면, 계약상대자와 협의한 납품기한 연기 협정서를 첨부하여 조달청 계약담당공무원에게 납품기한 변경을 요청해야 한다(물품 다수공급자계약 특수조건 제28조 제2항).

한편, 수요기관의 불가피한 사정으로 납품기한을 연기하고자 했으나, 계약상대자는 납품요구 취소 후 새로운 납품요구를 희망하는 경우, 수요기관의 장은 계약상대자와 협의하여 해당 납품요구를 취소하고, 추후 납품을 희망하는 때에 해당 계약상대자에게 새로운 납품요구를 지시할 수도 있다(물품 다수공급자계약 특수조건 제28조 제3항). 이에 따라 새로운 납품요구를 할 경우 납품단가는 해당 시점의 변동된 가격을 적용하되, 기존 납품요구가 다수공급자계약 2단계경쟁을 거친 경우에는 변동된 계약단가에 기존 2단계경쟁 제안율을 적용한 금액으로 한다(물품 다수공급자계약 특수조건 제28조 제4항).

③ 한계

납품기한변경 사유를 불문하고 납품기한을 변경할 경우, 수요기관의 납품요구서상 최종 납품기한은 계약기간 종료일부터 240일과 계약상 납품기한 중 더 긴 기한을 초과하여 설정할 수 없다(물품 다수공급자계약 특수조건 제28조 제5항).

④ 계약금액 조정

계약상대자는 납품기한 연기로 발생한 추가 비용이 발생하면 계약담당공무원에게 계약금액 조정을 요청할 수 있고, 계약담당공무원은 계약기간 연장에 따른 계약금액조정 규정을 준용하여 이를 조정할 수 있다{물품 다수공급자계약 특수조건 제28조 제6항, 물품구매(제조)계약일반조건 제25조 제4항}.

(라) 납품장소변경(타소보관)

수요기관의 장은 원칙적으로 납품요구서에 정한 장소에서 계약상대자가 물품을 납품하면, 이를 인수해야 한다. 그러나 수요기관의 불가피한 사정으로 당초 납품기한 이후에도 인수할 수 없는 경우, 수요기관의 장은 계약상대자의 책임 아래 물품을 보관·관리하게 하고 물품납품 및 영수증을 발행한다(물품 다수공급자계약 특수조건 제29조 제1항 참조). 이처럼 수요기관의 장이 불가피한 사유로 물품을 인수할 수 없어서 계약상대자의 책임 아래 보관·관리하게 하는 것을 타소보관이라 한다. 그리고 수요기관의 장은 계약상대자에게 타소보관으로 발생하는 비용을 직접 지급해야 한다(물품 다수공급자계약 특수조건 제29조 제1항). 해당 비용은 계약상대자 요청에 따라 국가계약법 시행령 제66조를 준용하여 결정한다(물품 다수공급자계약 특수조건 제29조 제2항).

한편, 계약상대자는 타소보관을 할 때 수요기관의 장에게 ① 납품할 물품대가의 100분의 110에 해당하는 동산종합보험증권 또는 이행(지급)보증보험증권(피보험자를 수요기관으로 하고 보험기간은 수요기관과 협의하여 결정하되 해당 기간을 연장할 때는 계약상대자가 기간이 만료되기 전에 조치해야 함), ② 물품보관 중 발생하는 망실·훼손에 따른 책임과 수요기관에서 인도조건대로 인수할 때까지 계약규격에서 정하는 성능을 유지하겠다는 확약 각서를 제출해야 한다(물품 다수공급자계약 특수조건 제29조 제1항 후문 제1호, 제2호). 그리고 계약상대자는 수요기관의 장이 타소보관 물품을 인수하고자 하는 경우 지체없이 인도조건대로 인도해야 하며, 수요기관의 장은 계약상대자가 이에 응하지 않으면 위 보험금을 청구하고 조달청 계약담당공무원에게 그 내용을 통보해야 한다(물품 다수공급자계약 특수조건 제29조 제3항).

2) 2단계경쟁

가) 의의와 도입취지

2단계경쟁이란 2인 이상의 다수공급자계약 상대자로부터 제안서를 제출받고, 그 제안서 심사 결과에 따라 해당 수요물자를 납품할 자를 결정하는 절차이다. 따라서 수요기관의 장은 다수공급자계약이 체결된 물품에 대한 수요기관의 1회 납품요구대상금액이 2단계경쟁 기준금액에 해당하는 경우 2단계경쟁을 거쳐 납품대상업체를 선정한 다음, 해당 업체에게 납품요구를 해야 한다(물품 다수공급자계약 특수조건 제23조 제1항).

앞에서 본 바와 같이 다수공급자계약은 기본적으로 여러 계약상대자의 경쟁을 전제한 계약방식인데도, 2단계경쟁을 도입하기 전까지는 일부 수요기관이 특정 업체만을 선정하여 납품요구 하는 등 본래 제도 취지를 벗어나 수의계약과 비슷하게 운용되는 탈법적 사례가 발생했다. 그리하여 조달청은 2008. 6. 9.부터 계약상대자별로 일정금액을 초과하는 납품요구건인 경우 5인 이상 계약상대자를 상대로 다시 한번 경쟁절차를 거치도록 하여 납품대상자를 선정하는 2단계경쟁 제도를 시행했다. 따라서 2단계경쟁은 납품요구 과정에서 공정성과 투명성을 높이고, 아울러 계약상대자로부터 품질경쟁을 유도하는 기능을 수행한다.

나) 적용범위

(1) 대상

수요기관의 장은 1회 납품요구대상 구매예산(한 번에 다수의 세부품명·품목에 해당하는 물품을 구매할 경우 각 물품별 금액을 모두 포함)이 ① 중소기업자간 경쟁제품인 수요물자는 1억

원 이상, ② 중소기업자간 경쟁제품이 아닌 수요물자는 5천만 원 이상에 해당하는 경우, 2단계경쟁을 거쳐 납품대상업체를 선정해야 한다. 다만, 다수의 물품을 구매하려는 경우, 수요기관의 구매 희망 규격을 모두 취급하는 계약상대자가 2인 미만일 때는 2단계경쟁이 가능한 범위로 구매 희망 물품을 분할하여 구매할 수 있다(물품 다수공급자계약 업무처리규정 제49조 제1항 제1호, 제2호).

1회 납품요구대상 구매예산은 수요기관별 일정한 예산과목을 기준으로 산정하는데, 가령 국가기관, 교육기관, 공기업, 준정부기관, 지방공기업은 예산체계상 '세목'을 기준으로, 지방자치단체는 예산체계상 '통계목'을 기준으로, 그 밖에 수요기관은 예산체계상 '세목'이나 '통계목'에 대응하는 과목을 기준으로 산정하되, 각 예산과목 미만의 세부예산과목 기준으로도 2단계경쟁이 가능할 경우에는 그 세부예산과목 기준으로 구매할 수 있다(물품 다수공급자계약 업무처리규정 제49조 제2항 제1호부터 제3호).

다만, 계약담당공무원은 계약물품 특성, 단가 등을 고려해 구매업무심의회 심의를 거쳐 세부품명별 2단계경쟁 기준금액을 달리 정하여 나라장터에 공고할 수 있다(물품 다수공급자계약 업무처리규정 제49조 제3항). 그런데 설치비로 계약 체결된 추가선택품목은 2단계경쟁 대상에서 제외해야 한다(물품 다수공급자계약 업무처리규정 제49조 제5항). 그리고 다수 물품을 구매할 경우, 물품별 2단계경쟁 기준금액이 다르다면 가장 낮은 기준금액을 적용한다(물품 다수공급자계약 업무처리규정 제49조 제6항).

한편, 수요기관의 장은 중소기업자간 경쟁제품이 아닌 수요물자에 대하여 중소기업이 제조하는 품목인 경우(계약상대자가 해당 계약품목 제조자면서도 중소기업인 경우), 예외적으로 1회 납품요구대상 구매예산이 5천만 원 이상에서 1억 원 미만까지 2단계경쟁을 거치지 않고 납품대상업체를 선정할 수 있다(물품 다수공급자계약 업무처리규정 제49조 제4항).

(2) 예외

조달청장은 수요기관의 장이 다음 어느 한 사유로 2단계경쟁 예외를 요청하면 이를 허용할 수 있다(물품 다수공급자계약 업무처리규정 제50조 제1항). 즉, ① 재해복구나 방역사업에 필요한 물자를 긴급하게 구매하는 경우, ② 농기계 임대사업에 따라 농기계를 구매하는 경우, ③ 이미 설치된 물품과 호환이 필요한 설비확충과 부품교환을 위해 구매하는 경우, ④ 그 밖에 다수공급자계약 2단계경쟁 회피가 아닌 명백한 사유가 있어 구매업무심의회에서 2단계경쟁 예외를 인정하는 경우.

또한, 일반차량(소방차 제외)를 구매하거나 백신을 구매하거나 소방용특수방화복을 구매하는 경우, 수요기관 선호도를 우선해야 하거나 국민 생명과 안전에 직접 연결된 물품으로서 구매업무심의회를 거쳐 2단계 경쟁 예외로 승인한 사항은 2단계경쟁을 하지 않으나, 수요기관의 장이 요청할 때는 이를 허용할 수 있다(물품 다수공급자계약 업무처리규정 제50조 제2항).

(3) 회피금지

수요기관의 장은 2단계경쟁 회피를 목적으로 1회 납품요구대상 구매예산을 2단계경쟁 대상 기준금액 미만으로 분할하여 납품요구해서는 안 된다(물품 다수공급자계약 업무처리규정 제51조 제1항). 조달청장은 수요기관의 2단계경쟁 회피를 방지하기 위한 최소 조치로서 수요기관의 납품요구대상금액이 2단계경쟁 대상 기준금액 미만이더라도 납품요구일 기준 최근 30일 이내 같은 업체(조합계약인 경우 각 조합원사)의 같은 세부품명을 대상으로 2단계경쟁을 거치지 않고 납품요구한 합계금액이 해당 기준금액을 초과하는 경우, 2단계경쟁 회피로 구분하여 해당 납품요구를 차단할 수 있다(물품 다수공급자계약 업무처리규정 제51조 제2항 본문). 다만, 해당 납품요구건과 이전 납품요구건의 예산비목이 다르거나 예산회계연도가 달라 한 번에 예산지출을 할 수 없는 경우에는 예외로 하며, 예외사유와 증빙자료(각목명세서 등)를 종합쇼핑몰에 등록해야 하되(물품 다수공급자계약 업무처리규정 제51조 제2항 단서), 이에 따라 차단되지 않는 납품요구건도 2단계경쟁 회피금지 원칙은 적용된다(물품 다수공급자계약 업무처리규정 제51조 제3항).

다) 절차

2단계경쟁 절차는 수요기관 제안요청 → 계약상대자 제안서 제출 → 수요기관 제안서 평가와 납품업체 선정 → 수요기관 납품요구 순서로 진행된다.

절차	내용	비고
2단계경쟁 제안요청	• 수요기관의 장이 종합쇼핑몰에서 일정한 계약상대자를 선정하여 2단계경쟁 참여요청 • 계약상대자가 공동수급체를 구성하여 제안하는 방식도 허용	업무처리규정 제52조, 제52조의2
2단계경쟁 제안공고	• 별도로 계약상대자 선정 없이 공고 실시 • 다수공급자계약 2단계경쟁 제안공고 운용요령	업무처리규정 제52조의3
제안서 제출	• 계약상대자가 나라장터 시스템 이용하여 제출 • 제안서 유효기간, 취소, 보완 등 규정 • 제안서 제출기한 이전에는 수요기관의 장과 계약상대자 모두 제안요청, 제안 취소 가능	업무처리규정 제54조, 제54조의2, 제56조
가격 제안	• 제안요청서 생성시점을 기준으로 종합쇼핑몰 등록 계약가격(할인율이 적용된 경우 할인 후 낮은 가격) 이하로 제안. 단, 중소기업자간 경쟁제품은 100분의 90 미만으로 제안 불가.	업무처리규정 제54조의2

절차	내용	비고
제안서 평가	• 제안요청서나 공고서에 명시한 방법에 따라 평가 • 부정한 방법(위조, 변조, 허위 등)으로 서류제출한 자는 평가대상 제외	업무처리규정 제55조
납품대상업체 선정	• 평가결과 합산점수가 가장 높은 계약상대자를 납품대상업체로 선정 • 가격, 적기납품, 품질관리, 신인도, 선호도, 지역업체, 납품기일, 사후관리, 납품실적, 경영상태, 약자지원, 수출기업지원 등 종합평가	업무처리규정 제55조
납품요구	• 선정된 납품대상업체가 설정한 제안서 유효기간 안에 해당 납품대상업체에게 납품요구 • 대상 품목 외에 품목 추가 불허(추가선택품목 예외) • 부정한 방법(위조, 변조, 허위 등)으로 서류제출한 자는 납품요구 취소 가능	업무처리규정 제57조의2

(1) 2단계경쟁 제안요청

수요기관의 장은 납품요구다생금액이 수요기관의 구매예산 범위를 초과하지 않는 범위에서 5인 이상의 계약상대자를 대상으로 2단계경쟁에 참여하도록 종합쇼핑몰에서 제안요청해야 하고, 이때 종합쇼핑몰 시스템에 따라 자동으로 추천된 2인을 제안요청 대상자로 추가할 수 있다(물품 다수공급자계약 업무처리규정 제52조 제1항). 다만, 구매희망 규격을 충족하면서도 예산범위 이내인 계약상대자가 2인 이상 5인 미만인 경우 등 불가피한 사유가 있는 경우에는 2인 이상 5인 미만으로도 제안요청 대상자를 선정할 수 있되, 종합쇼핑몰에 그와 같은 사유를 입력해야 한다(물품 다수공급자계약 업무처리규정 제52조 제2항). 그러나 구매희망 규격을 충족하면서도 예산범위 이내인 계약상대자가 2인 미만인 경우로서, ① 구매 희망 규격 내 세부품명이 2개 이상이면서 해당 세부품명의 물품분류번호 상위 2자리(대분류번호)가 모두 같은 경우에는 업무처리규정 제52조의2에 따른 공동수급체 구성 또는 제52조의3에 따른 제안공고 방식을 활용하고, ② 그 밖의 경우에는 업무처리규정 제52조의3에 따른 제안공고 방식을 활용하여 2단계경쟁을 실시한다(물품 다수공급자계약 업무처리규정 제52조 제7항 제1호, 제2호). 이때도 신청한 공동수급체나 계약상대자가 2인 미만인 경우에는 세부품명별로 분할하여 구매할 수 있고, 그 사유와 구매계획을 종합쇼핑몰에 입력해야 하며, 세부품명별 구매예산에 따른 2단계경쟁 대상여부는 업무처리규정 제49조에 따른다(물품 다수공급자계약 업무처리규정 제52조 제8항).

한편, 수요기관의 장이 업무처리규정 제52조 제1항, 제2항에 따라 제안요청을 할 경우, 제안요청 대상 계약상대자에게 같은 세부풍명으로 제안요청해야 하며, 수요물자가 복수로서 해당 세부품명이 복수인 경우에도 마찬가지다. 다만, 추가선택품목을 대상으로 2단계경쟁 제안요청으로 하는 경우에는 예외적으로 제안요청 대상 계약상대자별로 다른 세부품명의 추가선택품목으로 제안요청 할 수 있다(물품 다수공급자계약 업무처리규정 제52조 제3항).

그런데 수요기관의 장이 구매하고자 하는 수요물자에 대하여 세부품명 기준 계약상대자가 15인 이상인 경우에는 해당 세부품명에 대하여 종합쇼핑몰 시스템이 무작위로 추천한 10인 중에서 수요기관의 장이 제안요청 대상자를 선정할 수 있다(물품 다수공급자계약 업무처리규정 제52조 제4항). 수요기관의 장은 자동선정방식을 활용하여 제안요청 대상자를 선정하는 경우 구매 희망 규격이나 예산범위 등을 기초로 5인 이상의 계약상대자에게 제안요청을 해야 하며, 5인 미만인 계약상대자에게 제안요청할 수 없다(물품 다수공급자계약 업무처리규정 제52조 제5항).

또한, 수요기관의 장은 같은 제조사 품목에 대한 계약상대자(제조업체나 공급업체)만을 대상으로 제안요청 해서는 안 된다(물품 다수공급자계약 업무처리규정 제52조 제6항).

수요기관의 장은 2단계경쟁 제안요청에서 조달청과 체결된 다수공급자계약조건이 아닌 조건을 요구할 수 없다(물품 다수공급자계약 업무처리규정 제52조 제9항).

(2) 2단계경쟁 공동수급체 구성

조달청장은 계약상대자가 2단계경쟁에 참여할 때 수요기관의 제안요청에 효과적으로 대응할 수 있도록 필요한 경우 복수의 계약상대자가 공동수급체를 구성하여 제안하는 방식을 허용할 수 있다(물품 다수공급자계약 업무처리규정 제52조의2 제1항). 그 구성과 운영에 필요한 사항은 별첨1 다수공급자계약 2단계경쟁 공동수급체 운용요령에 따른다(물품 다수공급자계약 업무처리규정 제52조의2 제2항).

공동수급체 구성원은 2단계경쟁 공동수급체 등록 공고 대상 세부품명에 대하여 다수공급자계약을 체결하고, 종합쇼핑몰에 등록되어 계약이행이 가능해야 하며, 공동수급체는 구성원만으로 수요기관에서 공고한 모든 세부품명의 수요물자를 납품할 수 있어야 한다(물품 다수공급자계약 특수조건 제24조의2 제1항). 공동수급체 구성원은 상호 협의하여 그 구성원 중에서 대표자를 선임해야 하며, 대표자는 수요기관이나 제3자와 관계에서 공동수급체를 대표한다(물품 다수공급자계약 특수조건 제24조의2 제2항). 대표자는 종합쇼핑몰 시스템에 공동수급체 정보를 등록하고, 구성원은 공동수급체 등록 마감일까지 공동수급체 구성에 동의하며, 공동수급체 등록 공고에서 요구하는 규격을 충족하는 품목을 등록해야 한다(물품 다수공급자계약 특수조건 제24조의2 제3항). 공동수급체의 구성원은 구성원별로 1개 세부품명 이상의 수요물자를 등록하되 공동수급체 내 구성원 사이에 같은 세부품명을 중복하여 등록할 수 없다. 이때, 공동수급체 대표자는 공동수급체 구성원이 일정 분담내용에 따라 나누어 공동으로 납품이행을 약속하는 공동수급협정서(분담이행방식)를 작성하여 공동수급체 등록마감일까지 종합쇼핑몰 시스템에 등록해야 한다(물품 다수공급자계약 특수조건 제24조의2 제4항). 공동수급체 구성원은 공동수급협정서 분담내용에 따라 개별적으로 납품을 이행하고, 계약상 의무이행에 대한 책임을 부담해야 한다. 이때, 계약상 의무불이행이나 계약조건 위반 등에 따른 계약해지, 계약보증금 국고귀속, 부정당업자 입찰참가자격제한, 거래정지, 단가계약 납품중지 등 조치는 해당 원인을 야기한 공동수급체 구성원에게만 적용한다(물품 다수공급자계약 특수조건 제24조의2 제6항). 그리고 공동수급체는 공동수급체 등록 후 공동수급체 구성원의 분담내용을 변경할 수 없다(물품 다수공급자계약 특수조건 제24조의2 제7항).

한편, 제안요청을 받은 공동수급체의 대표자는 공동수급체 구성원별로 제안가격 등을 취합하여 제안서를 제출해야 하며, 제안서 제출기한까지 제안서를 제출하지 않은 경우에는 공동수급체 구성원별 종합쇼핑몰에 등록된 계약가격으로 제안했다고 본다(물품 다수공급자계약 특수조건 제24조의2 제5항).

(3) 2단계경쟁 제안공고

수요기관의 장은 1회 납품요구대상 구매예산이 5억 원 이상인 경우 2단계경쟁에 참여할 제안요청 대상자를 별도로 선정하지 않고, 2단계경쟁 제안공고를 거쳐 제안서를 제출받아야 한다(물품 다수공급자계약 업무처리규정 제52조의3 제1항 본문). 나아가 수요기관의 장은 1회 납품요구대상 구매계산이 5억 원 미만인 경우에도 제안공고를 거쳐 2단계경쟁을 실시할 수 있다(물품 다수공급자계약 업무처리규정 제52조의3 제3항). 1회 납품요구대상 구매예산이 5억 원 이상으로 높은 경우에는 원칙적으로 제안공고를 거치도록 하여, 경쟁을 더욱 강화하는 한편, 구매예산이 그에 미치지 못하더라도 수요기관의 재량에 따라 제안공고를 실시할 수 있도록 허용한 취지이다.

다만, 제안공고를 실시하는 것이 부적절한 경우, 즉, ① 공동수급체 구성을 허용하는 물품을 구매하고자 하는 경우, ② 수요기관의 구매희망규격을 충족하는 계약상대자가 2인 미만인 경우, ③ 구매대상 세부품명의 일부나 전체 계약상대자의 인도조건상 운반비용이 계약금액에 포함되지 않은 경우, ④ 수요기관의 장이 종합쇼핑몰의 산출 프로그램을 활용하여 가격산정 후 구매해야 하는 물품인 경우, ⑤ 수요목적상 특수한 성능이 요구되거나 사업추진의 시급성 등으로 제안공고를 할 수 없는 불가피한 사유가 있는 경우 중 어느 하나에 해당하면, 설령 1회 납품요구대상 구매예산이 5억 원 이상이라도 앞에서 본 제안요청이나 공동수급체 구성을 할 수 있다(물품 다수공급자계약 업무처리규정 제52조의3 제1항 단서 제1호부터 제5호).

그 밖에 제안공고와 납품대상업체 선정 등에 필요한 사항은 별첨2 다수공급자계약 2단계경쟁 제안공고 운용요령에 따른다(물품 다수공급자계약 업무처리규정 제52조의3 제3항).

(4) 납품대상업체 선정기준

(가) 원칙

수요기관의 장은 별표 다수공급자계약 2단계경쟁 종합평가방식 또는 표준평가방식에 따라 평가한 결과 합산점수가 가장 높은 계약상대자를 납품대상업체로 선정해야 한다. 다만, 수요물자별 다수공급자계약 추가특수조건, 그 밖에 수요물자별 별도 업무처리기준에서 2단계경쟁 평가 방식 및 평가항목별 세부 평가기준을 달리 정한 경우에는 해당 규정을 따라야 한다(물품 다수공급자계약 업무처리규정 제53조 제1항).

(나) 동점자 처리기준

다만, 제안서 평가결과 합산점수가 같은 경우에는 품질관리 평가항목 점수가 자장 높은 자를 우선 납품대상업체로 선정해야 한다(물품 다수공급자계약 업무처리규정 제53조 제2항). 이 경우에도 품질관리 평가항목 점수가 가장 높은 자가 여럿이라면, 별표5 A형으로 제안가격 적정성 평가를 한 경우에는 제안가격이 낮은 자를, 별표5 B형으로 제안가격 적정성 평가를 한 경우에는 제안율(소수점 이하 숫자가 있으면 소수점 다섯째 자리에서 반올림)이 낮은 자를 각각 납품대상업체로 선정한다(물품 다수공급자계약 업무처리규정 제53조 제3항 제1호, 제2호). 그러나 제안가격이 낮은 자나 제안율이 낮은 자도 여럿이라면 추첨으로 납품대상업체를 선정해야 하며, 나라장터 시스템을 이용해 자동으로 추첨하는 방식을 선택할 수 있다(물품 다수공급자계약 업무처리규정 제53조 제4항). 그런데 수요기관의 장은 동점자 처리기준을 사전에 별도로 정하여 제안요청서나 제안공고서에 명시하고, 이에 따라 납품대상업체를 선정할 수도 있다(물품 다수공급자계약 업무처리규정 제53조 제5항). 이에 수요기관의 장은 제안요청서나 제안공고서에 해당 제안요청건이나 제안공고건에 적용할 납품대상업체 선정을 위한 평가방식, 동점자 처리기준을 명시해야 한다(물품 다수공급자계약 업무처리규정 제53조 제6항).

(5) 제안서 제출 등

(가) 수요기관의 장의 제안서 접수방법

수요기관의 장은 제안요청이나 제안공고를 하는 때 제안서 제출기한을 제안요청일자나 제안공고일자 기준 만 5일 이후로 정해야 하며, 제안서 제출기한을 산정할 때 공휴일(근로자의 날 포함)과 토요일을 포함해서는 안 된다. 다만, 제안서 제출기한 중에 전산장애가 발생한 경우에는 국가종합전자조달시스템 이용약관 제25조를 준용하여 자동연기 처리할 수 있다(물품 다수공급자계약 업무처리규정 제54조 제1항).

한편, 수요기관의 장은 제안서 평가에 필요한 서류 일부가 누락되었거나 불명확한 경우 제안서 제출기한 이후 3일 안에 계약상대자에게 보완을 요구할 수 있다(물품 다수공급자계약 업무처리규정 제54조 제2항). 그러나 물품 다수공급자계약 업무처리규정 제54조 제1항에서 정한 기한까지 계약상대자의 서류보완이 없다면, 수요기관의 장은 기존에 제출받은 서류와 종합쇼핑몰 계약조건만으로 평가해야 한다(물품 다수공급자계약 업무처리규정 제54조 제3항).

(나) 계약상대자의 제안서 제출방법

계약상대자는 나라장터 시스템을 이용하여 제안서를 제출해야 한다. 다만, 전자적으로 제안서 제출이 곤란한 경우에는 제안 마감일시까지 직접 또는 우편 등 방법으로 제안서를 수요기관에 제출해야 한다(물품 다수공급자계약 업무처리규정 제54조의2 제1항). 그 밖에 제안서 전자제출과 관련한 사항은 전자조달법, 국가종합전자조달시스템 이용약관, 국가종합전자조달시스템 전자입찰특별유의서 등에서 정하는 바에 따른다(물품 다수공급자계약 업무처리규정 제54조의2 제3항).

그리고 제안서 내용 중 검증되지 않는 내용으로 발생하는 불이익 등 책임은 계약상대자에게 있고, 계약상대자는 이를 인지하고 제안서를 제출해야 한다(물품 다수공급자계약 업무처리규정 제54조의2 제2항). 또한, 계약상대자는 제안서를 제출할 때 제안서의 유효기간을 설정하여 제안해야 하므로 유효기간이 만료된 제안서는 효력이 없다(물품 다수공급자계약 업무처리규정 제54조의2 제7항).

한편, 계약상대자는 제안서를 제출하는 경우, 수요기관이 제안요청서를 생성한 시점을 기준으로 종합쇼핑몰에 등록된 계약가격(다량납품할인율이나 할인행사에 따른 할인율이 적용된 경우에는 할인 후 낮은 가격) 이하로 제안해야 한다. 다만, 수요물자가 중소기업자간 경쟁제품인 경우에는 제안요청서를 생성한 시점 기준 계약가격의 100분의 90 미만으로 제안할 수 없다(물품 다수공급자계약 업무처리규정 제54조의2 제4항). 그럼에도 제안요청 대상 계약상대자가 제안서 제출기한까지 제안을 하지 않은 경우에는 해당 계약상대자가 수요기관이 제안요청서를 생성한 시점을 기준으로 종합쇼핑몰에 등록된 계약가격(다량납품할인율이나 할인행사에 따른 할인율이 적용된 경우에는 할인 후 낮은 가격)으로 제안했다고 본다(물품 다수공급자계약 업무처리규정 제54조의2 제5항). 그러나 수요물자가 중소기업자간 경쟁제품이고, 계약상대자의 다량납품할인율이나 할인행사에 의한 할인율이 계약가격의 100분의 10을 초과하는 경우, 수요기관의 장은 해당 계약상대자의 가격 평가를 할 때 제안가격을 계약가격의 100분의 90(제안율을 100분의 90)으로 평가해야 한다(물품 다수공급자계약 업무처리규정 제54조의2 제6항).

한편, 계약상대자는 제출한 제안을 제안서 제출기한 전에 전자적으로 취소할 수 있으나 제안서 제출기한이 경과한 후에는 취소할 수 없다. 만약 제안을 취소한 경우에는 같은 제안요청 건에서 다시 제안할 수 없으며, 이때는 위 제54조의2 제5항에 따라 처리한다(물품 다수공급자계약 업무처리규정 제54조의2 제8항 참조).

(6) 제안서 평가와 납품대상업체 선정

(가) 제안서 평가와 납품대상업체 선정방법

수요기관의 장은 제안요성서나 제안공고서에 명시한 방법에 따라 제안서를 평가하여 납품대상업체를 선정해야 한다(물품 다수공급자계약 업무처리규정 제55조 제1항). 따라서 제안서를 평가할 때 계약조건이 아닌 변경된 조건을 제시하여 평가에 반영해서는 안 된다(물품 다수공급자계약 업무처리규정 제55조 제2항). 수요기관의 장은 공동수급체에 대한 제안서 평가나 제안공고 방식의 제안서 평가, 납품대상업체 선정과 관련하여 별첨1이나 별첨2에서 별도로 정한 경우 해당 규정에 따라야 한다(물품 다수공급자계약 업무처리규정 제55조 제3항).

〔2단계경쟁 납품대상업체 선정과정에서 결함판정을 근거로 감점하는 행위의 성격〕

평가항목 중 품질관리 부분은 검사(조달청검사, 전문기관검사)나 품질점검 결과에 나타난 결함 정도에 따라, 감점하는 방식으로 평가한다. 가령, 종합평가방식을 기준으로 보면, 결함이 없으면 배점 만점, 경결함 1회는 배점의 80%, 중·치명결함 1회는 배점의 60%, 경결함 또는 중·치명결함 2회는 배점의 40%, 경결함 또는 중·치명결함 3회 이상은 배점의 20%를 부여한다. 이때 검사나 품질점검 결과는 그 완료일이 2단계경쟁 제안서 제출 마감일 전일 기준 과거 2년 이내인 것으로 한다.

이때, 검사나 품질점검 결과인 경결함, 중결함, 치명결함 판정 자체가 행정소송 대상인 처분에 해당하는지 문제이나, 이는 불합격 판정에 따른 조치인 경고, 거래정지, 배정중지 처분(물품구매계약 품질관리 특수조건 제14조의2 제1항 참조)을 하기 위한 중간 판정에 불과하고, 특히 전문기관검사인 경우 행정청인 조달청장이 하는 처분이 아니라는 점에서 처분으로 해석하기 곤란하다. 따라서 경결함, 중결함, 치명결함 판정을 대상으로 제기한 취소소송 등 항고소송은 부적법하다고 본다. 결국 경결함, 중결함, 치명결함 판정 자체를 대상으로 취소소송 등 항고소송을 제기할 수는 없고, 경고, 거래정지, 배정중지를 대상으로 행정소송을 제기할 수밖에 없다.

한편, 수요기관의 장이 다수공급자계약 2단계경쟁 납품대상업체 선정과정에서 결함판정을 근거로 감점하는 행위의 위법성을 다투는 방법이 있는지 문제된다. 생각건대 수요기관의 장은 조달청장이 품질관리업무에 따라 전자조달시스템으로 관리하는 검사·품질점검 결과에 기초하여 점수를 산정하는 것에 불과하기 때문에, 공권력을 행사하는 주체라고 볼 수 없다. 또한, 검사나 품질점검 결과에 따라 납품대상업체를 선정하는 행위 주체는 수요기관의 장이기 때문에 조달청장 역시 해당 감점조치를 하는 주체로 보기 곤란하다. 결국, 품질관리 부분에서 처리하는 감점조치는 행정처분에 해당하지 않으므로, 이를 대상으로 한 취소소송 등 항고소송은 부적법하다고 본다.

(나) 평가대상 제외

수요기관의 장은 제안요청 대상 계약상대자의 계약품목이 제안요청시점 이후 계약종료, 수정계약, 거래정지 등으로 평가기간 중 종합쇼핑몰에 등재되지 않은 경우, 제안서를 평가하기 전에 사전판정하여 해당 계약상대자를 평가대상에서 제외할 수 있다(물품 다수공급자계약 업무처리규정 제55조 제4항). 그리고 계약상대자가 부정한 방법(위조, 변조, 허위 등)으로 서류를 제출한 경우에는 해당 계약상대자를 평가대상에서 제외할 수 있다(물품 다수공급자계약 업무처리규정 제55조 제5항).

(7) 제안요청 취소 등

수요기관의 장은 제안서 제출기한 이전이나 제안서 평가 완료 이전에 제안요청을 취소할 수 있는데(물품 다수공급자계약 업무처리규정 제56조 제1항), 이때 제안요청 대상 계약상대자에게 해당 제안요청 취소사유를 통보하고, 나라장터에 이를 등록해야 한다(물품 다수공급자계약 업무처리규정 제56조 제2항). 그러나 ① 제안요청서 입력 오류 등 제안요청 자체에 과실이 있는 경우, ② 사업변경 등으로 현재 제안요청 결과로는 사업목적을 달성할 수 없는 경우, ③ 그 밖에 제안요청 건을 계속 진행하는 것이 구매업무처리에 불합리하다고 판단되는 경우(다만, 예산감소로 인한 제안요청 취소는 당초 예산이 변경된 경우에 한정함) 중 어느 하나에 해당하는 경우에는 제안서 평가 완료 이후라도 제안요청을 취소할 수 있다(물품 다수공급자계약 업무처리규정 제56조 제4항 제1호부터 제3호).

한편, 수요기관의 장은 제안서 평가과정에서 평가 오류가 발생하는 경우 조달청장에게 이를 통보하고, 재평가를 실시할 수 있다(물품 다수공급자계약 업무처리규정 제56조 제3항).

(8) 2단계경쟁을 활용한 납품요구

수요기관의 장은 납품대상업체를 선정한 경우, 특별한 사유가 없으면 물품 다수공급자계약 특수조건 제24조의3 제6항에 따라 해당 납품대상업체가 설정한 제안서 유효기간 내에 납품요구를 해야 하며, 유효기간이 경과한 이후에는 납품요구를 할 수 없다(물품 다수공급자계약 업무처리규정 제57조의2 제1항). 위에 따른 납품요구가 당초 제안서 유효기간을 경과하여 지연되는 경우에는 계약상대자의 동의를 얻어 제안서 유효기간을 연장 후 납품요구를 할 수 있다(물품 다수공급자계약 업무처리규정 제57조의2 제2항). 그러나 납품대상업체의 계약품목이 계약종료, 거래정지, 수정계약 등으로 종합쇼핑몰에 등재되어 있지 않은 경우에는 납품요구를 할 수 없으며, 새로운 제안요청 절차를 거쳐 납품대상업체를 선정해야 한다(물품 다수공급자계약 업무처리규정 제57조의2 제3항).

한편, 수요기관의 장은 2단계경쟁을 거친 계약품목을 납품요구 하는 경우, 다른 계약품목을 추가하여 납품요구할 수 없다. 다만, '설치비' 등 2단계경쟁 대상에서 제외할 수 있는 추가선택품목은 예외로 한다(물품 다수공급자계약 업무처리규정 제57조의2 제4항). 그리고 수요기관의 장은 2단계경쟁을 거쳐 납품요구를 한 후 같은 품목을 대상으로 납품요구 수량 조정을 원하는 경우, 납품대상업체와 협의해야 하며, 납품가격은 서로 협의한 가격으로 한다. 다만, 납품요구 수량이 증가하는 경우 해당 증량분의 납품가격은 ① 2단계경쟁 제안가격과 ② 납품요구 수량의 변경이 발생한 시점 기준 전체 납품요구 수량에 대한 다량납품할인율이나 할인행사에 따른 할인율이 적용되는 경우 할인 후 낮은 가격을 비교하여 더 낮은 가격 이하로 해야 한다(물품 다수공급자계약 업무처리규정 제57조의2 제5항).

수요기관의 장은 2단계경쟁 종합평가방식의 평가항목 중 '납품기일'을 평가하여 납품기일을 단축한 경우 납품대상업체가 제시한 납품기일을 적용하여 납품요구해야 한다(물품 다수공급자계약 업무처리규정 제57조의2 제6항). 그리고 계약상대자가 부정한 방법(위조, 변조, 허위 등)으로 서류를 제출한 경우에는 납품요구 이후라도 해당 납품요구를 취소할 수 있다(물품 다수공급자계약 업무처리규정 제57조의2 제7항).

3) 손해배상청구권

제3자를 위한 계약에서 수익의 의사표시를 한 수익자는 낙약자에게 직접 그 이행을 청구할 수 있을 뿐만 아니라 요약자가 계약을 해제한 경우에는 낙약자에게 자기가 입은 손해의 배상을 청구할 수 있다.[1] 따라서 수요기관은 납품요구 후에 조달청이 계약상대자의 책임을 이유로 계약을 해제·해지한 경우, 그로 말미암아 입은 손해의 배상을 계약상대자에게 청구할 수 있다고 보아야 한다.

한편, 계약상대자의 채무불이행이 성립한 경우, 조달청장과 수요기관 가운데 누가 손해배상청구권을 가지는지 논란이 있으나, 앞에서 보았듯이 불공정 조달행위에 따른 손해배상청구권은 조달청장이 가지고, 그 밖에 채무불이행인 경우에는 수요기관도 손해배상청구권을 행사할 수 있다고 보아야 한다.

4) 계약해제·해지권

당연하게도, 수요기관은 다수공급자계약의 당사자가 아니기 때문에 계약상대자의 채무불이행 등 해제·해지사유가 발생하더라도 다수공급자계약 자체를 해제·해지할 수 없다. 즉, 계약해제·해지권은 계약당사자인 조달청장만이 행사할 수 있고, 그에 따른 원상회복이나 손해배상 관계도 조달청장에게 귀속된다.

다. 수요기관의 의무

수요기관의 장은 계약상대자에게 선금이나 대가를 직접 지급할 수 있다(물품 다수공급자

---

1) 대법원 1994. 8. 12. 선고 92다41559 판결.

계약 특수조건 제34조 제1항). 원래 다수공급자계약에서는 조달청장이 수요기관의 장을 대신하여 대금을 지급하는 이른바 대지급이 원칙이지만(조달사업법 제15조 제1항, 제2항, 같은 법 시행령 제18조 제1항 제3호), 물품 다수공급자계약 특수조건 제32조 제1항은 수요기관의 장이 계약상대자에게 선금이나 대가를 직접 지급할 수 있도록 규정했다. 따라서 수요기관의 장이 계약상대자에게 선금·대가지급의무를 직접 부담한다고 해석하기는 곤란하고, 그 선택에 따라 임의로 지급할 권리 혹은 권한을 갖는 정도로 이해해야 한다.

수요기관의 장은 위에 따라 직접 대금을 지급하는 경우, 지급완료 후 조달청 계약담당공무원에게 그 내용을 통보해야 한다. 다만, 수요기관이 자금사정 등 사유로 조달청 계약담당공무원에게 물품대금을 우선 지급하도록 요청했다면, 원칙으로 돌아가 조달청 계약담당공무원이 계약상대자에게 그 대금을 지급할 수 있다(물품 다수공급자계약 특수조건 제34조 제2항). 수요기관의 장으로부터 직접 대금을 지급받은 계약상대자는 법령이나 지방자치단체 조례 등에서 정한 바에 따라 국·공채 매입필증을 수요기관의 장에게 제출해야 한다(물품 다수공급자계약 특수조건 제34조 제3항).

라. 계약상대자의 권리·의무

계약상대자는 다수공급자계약에 기초한 항변으로 수요기관에게 대항할 수 있다(민법 제542조 참조). 여기서 항변은 본래 의미로서 항변권뿐만 아니라 권리 불발생이나 소멸 항변을 포함한다. 다만, 조달청장에게만 대항할 수 있는 사유로 수요기관에게 대항하지는 못한다.

한편, 계약상대자는 수요기관의 장이 나라장터 종합쇼핑몰에 등록된 계약품목의 납품을 요구하는 경우, 이에 응하여야 한다(물품 다수공급자계약 특수조건 제26조 제1항). 따라서 계약상대자가 수요기관의 장의 납품요구에 응하지 않으면 채무불이행책임은 물론 정당한 이유 없이 계약을 이행하지 않았다는 사유로 부정당업자제재처분을 받을 수 있다.

4. 조달청장과 수요기관 관계 : 출연관계

가. 의의

조달청장과 수요기관 사이에는 조달청장이 다수공급자계약에 따라 계약상대자에게 취득하는 권리를 수요기관에게 귀속하게 하는 원인관계가 성립한다. 그러나 이는 내부관계에 불과하므로 다수공급자계약 내용이 아니다. 따라서 설령 조달청장과 수요기관 사이에 아무 관계가 없거나 유효한 법률관계가 성립하지 않더라도 조달청장이 계약상대자와 체결한 다수공급자계약 효력은 영향을 받지 않는다. 다만, 실제로는 조달사업법령에 따라 조달청장과 수요기관 사이에 계약사무 위임(위탁)관계가 성립하므로 별로 문제될 것이 없다.

낙약자는 요약자와 수익자 사이 법률관계에 기초한 항변으로 수익자에게 대항하지 못하고, 요약자 역시 수익자와의 관계가 존재하지 않거나 효력을 상실했다는 이유로 낙약자와의 법률관계에 기초해 낙약자에게 부담하는 채무이행을 거부할 수 없다(대법원 2003. 12. 11. 선고 2003다49711 판결).

나. 대금지급 등

1) 조달청의 대금지급

조달청장은 체결한 계약이 정상적으로 이행된 경우로서 납품업체 규모, 계약 방법, 자체 자금 사정 등을 고려해 수요기관의 장을 대신하여 계약대금을 지급하는 것이 효율적인 경우, 그 대금을 대지급해야 하는데(조달사업법 제15조 제1항), 다수공급자계약에 따른 납품대금 역시 위와 같은 대지급이 원칙이다(조달사업법 시행령 제18조 제1항 제3호). 다만, 수요기관의 장이 국고금관리법 제46조에 따른 정보통신매체나 프로그램 등을 사용하여 대금을 직접 지급하는 경우, 대지급 대상에서 제외한다(조달사업법 시행령 제18조 제2항).

이와 같은 내용을 고려할 때, 조달청은 특별한 규정이나 약정이 없다면 수요기관과 내부관계에서 수요기관을 대신하여 계약상대자에게 대금을 지급하여야 하는 의무를 부담한다.

2) 수요기관의 대금지급

수요기관의 장은 국고금 관리법 제26조나 지방회계법 제35조에 따라 대금을 미리 지급하려는 경우, 조달청장에게 미리 대금을 지급할 수 있다(조달사업법 제15조 제3항). 이를 선급금이라 한다. 다만, 선급금지급은 수요기관의 장이 계약 목적이나 성질 등을 고려해 결정하는 권한 사항이지 의무라고 보기는 어렵다. 어쨌든 수요기관의 장이 조달청장에게 선급하려는 경우에는 수요물자 구매나 공급을 조달청장에게 요청할 때 그 선급 의사를 조달청장에게 함께 통보해야 한다(조달사업법 시행령 제19조 제1항).

나아가 앞에서 살펴본 바와 같이 물품 다수공급자계약 특수조건 제34조 제1항은 수요기관의 장이 조달청장이 대지급하기 전에 계약상대자에게 선금이나 대가를 직접 지급할 수 있는 특약을 규정한다.

3) 내부정산

조달청장은 수요기관으로부터 대지급 상당 금액을 회수할 수 있다(조달사업법 제15조 제4항 참조). 즉, 조달청장은 대지급했거나 대지급할 대금, 그리고 선급 대금을 수요기관으로부터 징수할 수 있고, 이를 위해 수요기관의 장에게 미리 납입고지를 해야 한다(조달사업법 시행령 제19조 제2항 제1호, 제2호). 수요기관의 장은 위 납입고지를 받은 날부터 대지급 대금은 5일 안에, 선급 대금은 14일 안에, 조달청장에게 해당 금액을 내야 한다(조달사업법 시행령 제

19조 제3항 제1호, 제2호). 물론 기간을 계산할 때는 공휴일과 토요일을 제외한다(조달사업법 시행령 제19조 제3항 단서). 그리고 수요기관의 장이 납부기한까지 수수료를 납부하지 않으면, 조달청장은 수요기관의 장에게 일정한 연체료를 부과할 수 있다(조달사업법 제17조 참조).

다. 수수료

조달청장은 수요기관으로부터 조달사업 관련 수수료를 받을 수 있다(조달사업법 제16조 제1항 참조). 따라서 다수공급자계약에 따라 납품받는 수요기관도 조달청에 수수료를 납부해야 한다. 이에 조달청장은 미리 수요기관의 장에게 징수할 수수료 납입고지를 하고(조달사업법 시행령 제19조 제2항), 수요기관의 장은 납입고지를 받은 날부터 대지급 대금에 따른 수수료는 5일, 그 밖에 수수료는 15일 안에, 조달청장에게 해당 금액을 내야 한다(조달사업법 시행령 제19조 제3항 제1호, 제3호). 물론 기간을 계산할 때는 공휴일과 토요일을 제외한다(조달사업법 시행령 제19조 제3항 단서). 다만, 조달청장은 수요기관 장의 자금 사정 등을 이유로 한 수수료 납입기간 연장요청에 따라 그 기간을 연장할 수 있다(조달사업법 시행령 제19조 제4항). 그리고 수요기관의 장이 납부기한까지 수수료를 납부하지 않으면, 조달청장은 수요기관의 장에게 일정한 연체료를 부과할 수 있다(조달사업법 제17조).

5. 다수공급자계약의 채권변동

가. 미확정 채권양도 제한특약

1) 의의

계약상대자는 제3자에게 이행이 완료되지 않은 미확정 채권을 양도할 수 없다(물품 다수공급자계약 특수조건 제33조의2 제1항). 이를 미확정 채권양도 제한특약이라 한다.

채권은 원칙적으로 양도 당시 특정할 수 있거나 가까운 장래에 발생할 가능성을 상당한 정도로 기대할 수 있으면 양도를 할 수 있다(민법 제449조 제1항 참조).[1] 따라서 장래채권, 즉 이행이 완료되지 않은 미확정 채권도 본래 양도성을 갖는다. 그럼에도 물품 다수공급자계약 특수조건 제33조의2 제1항은 미확정 채권의 양도를 제한하는데, 이는 민법 제449조 제2항에 따른 '양도금지특약'에 해당한다.[2]

2) 취지

이러한 특약은 가령, 계약상대자가 제3자와 공모하여, 제3자가 향후 수요기관 납품요구

---

1) 대법원 1996. 7. 30. 선고 95다7932 판결.
2) 민법 제449조(채권의 양도성) ② 채권은 당사자가 반대의 의사를 표시한 경우에는 양도하지 못한다. 그러나 그 의사표시로써 선의의 제삼자에게 대항하지 못한다.

에 따른 계약이행을 하는 조건으로, 조달청장 등에 대한 대가채권을 제3자에게 넘기고, 제3자로부터 일정한 수수료를 지급받는 편법을 방지하려는 취지이다. 즉 계약상대자로서 의무를 이행하지 않으면서도 부정한 이익을 취득하는 결과와, 계약상대자가 아닌 제3자가 계약을 이행하여 발생하는 여러 문제를 방지하려는 취지이다.

3) 유효성

채권은 당사자가 반대 의사를 표시한 경우에는 양도하지 못한다(민법 제449조 제2항 본문). 따라서 위 미확정 채권양도 제한특약도 '양도금지특약'으로서 유효하다.

4) 요건

양도를 제한하는 채권은 이행이 완료되지 않은 미확정 채권이어야 한다. 여기서 이행이 완료되지 않은 미확정 채권이란 계약상대자가 조달청 등에게 가지는 선금채권은 물론 수요기관으로부터 납품요구를 받고 아직 납품을 완료하지 못한 상황에서 계약상대자가 조달청장 등에 가지는 장래 대가채권을 포함한다.

5) 한계

그러나 양도금지특약은 선의의 제3자에게 대항하지 못한다(민법 제449조 제2항 단서 참조). 여기서 선의란 양도금지특약이 존재하는 사실을 모른다는 뜻이다. 그런데 양도금지특약이 존재하는 사실은 몰랐지만, 과실로 알지 못하는 경우에도 선의로 볼 수 있는지 문제이다. 판례는 양도금지특약 존재를 알지 못하는 데에 중대한 과실[1]이 있는 경우를 악의와 같이 취급하므로,[2] 결국 제3자가 중대한 과실로 양도금지특약 존재사실을 몰랐던 경우에는 채권양도의 유효성을 주장할 수 없다고 본다. 특히 양도금지특약의 존재나 제3자가 그에 악의라는 사실은 채무자, 즉 조달청장 등이 부담한다.[3]

결국 조달청장은 양도금지특약의 존재를 모르는 미확정 채권양수인에게 그 무효를 주장할 수 없다는 한계를 가진다. 다만, 미확정 채권을 양수하는 제3자는 2) 취지에서 살펴본 바와 같이 계약상대자와 편법을 공모한 자로서 악의일 가능성이 높은 점, 물품 다수공급자계약 특수조건은 계약문서이긴 하지만 국가법령정보센터 등에서 쉽게 확인할 수 있는 조달청지침이기도 한 점 등을 고려할 때, 조달청장이 미확정 채권을 양수한 제3자의 악의나 중과실을 증명하기는 수월해 보인다.

---

1) 여기서 중과실이란 보통 사람에게 요구되는 상당한 주의를 하지 않더라도 약간만 주의를 기울였다면 손쉽게 그 특약의 존재를 알 수 있었는데도, 그러한 주의조차 기울이지 않아서 특약의 존재를 알지 못한 경우를 말한다.
2) 대법원 1996. 6. 28. 선고 96다18281 판결.
3) 대법원 2003. 1. 24. 선고 2000다5336, 5343 판결.

나. 채권양도 대항요건 특약

1) 의의

제3자에게 채권을 양도하려는 계약상대자는 조달청으로부터 승인을 얻어야 하고(물품 다수공급자계약 특수조건 제33조의2 제2항), 이러한 승인을 얻지 못한 채권양도 통지는 인정하지 않는다(물품 다수공급자계약 특수조건 제33조의2 제5항).

원래 채권양도는 양도인과 양수인 사이의 합의만으로 성립하지만, 양수인이 채무자 등에게 양도채권을 행사하려면 별도로 대항요건을 갖추어야 한다. 민법은 양도인이 채무자에게 채권양도를 통지하거나 채무자가 양도인이나 양수인에게 채권양도를 승낙하는 것을 대항요건으로 규정한다(민법 제450조 제1항, 제2항 참조). 따라서 채권양도 대항요건으로는 양도인의 통지와 채무자의 승낙(승인)이 있다. 그러나 물품 다수공급자계약 특수조건은 민법과 달리 채무자인 조달청장의 승인만을 채권양도 대항요건으로 인정하고, 채권자인 계약상대자의 일방적인 채권양도 통지는 대항요건으로 인정하지 않는다.

2) 취지

계약상대자가 조달청장에게 가지는 채권을 함부로 양도하지 못하게 제한하여, 다수공급자계약 이행의 적정성을 꾀하고 채권양도 악용가능성 등을 차단하려는 취지이다.

3) 유효성

통설[1])과 판례[2])에 따르면 민법 제450조 제1항이 정한 대항요건, 즉, 양도인의 통지와 채무자의 승낙 중 양도인의 통지를 배제하는 특약은 유효하다고 본다.

4) 승인방법

채권양도와 관련하여 물품 다수공급자계약 특수조건에 명시하지 않은 사항은 조달청훈령인 '채권양도 승인규정'을 따른다(물품 다수공급자계약 특수조건 제33조의2 제6항).

5) 승인제한

조달청장은 다음 어느 하나에 해당하는 경우 채권양도를 승인하지 않을 수 있다(물품 다수공급자계약 특수조건 제33조의2 제3항). ① 채권의 원인인 납품요구에 따른 이행이 완료되지 않은 경우(분할하여 납품한 경우로서 이행이 완료된 채권은 제외), ② 채권양도를 악용하였거나 악용 우려가 있다고 인정하는 경우, ③ 선금 지급 후 선금 정산이 완료되지 않아 선금 지급을 보증한 기관의 동의가 필요한 경우, ④ 그 밖에 양도승인이 적당하지 않다고 인정하

1) 가령 지원림, 앞의 책, 1255쪽.
2) 대법원 1987. 3. 24. 선고 86다카908 판결.

는 경우.

6) 승인취소

가) 의의

조달청장은 계약상대자나 양수인이 조달청으로부터 적법하게 양도승인을 받은 경우에도 사후에 그 양수채권의 원인인 납품요구의 이행이 완료되지 않으면, 채권 양도승인을 취소할 수 있다(물품 다수공급자계약 특수조건 제33조의2 제4항).

나) 문제점

채권 양도승인은 조달청이 채권양도 사실을 알고 있다고 알리는 의미로서 준법률행위 중 하나인 관념의 통지에 해당한다. 따라서 양도승인은 당사자 의사가 아닌 법률규정에 따라 효과가 발생하는데, 조달청이 이미 효과가 발생한 양도승인을 일방적으로 취소하는 권한을 가질 수 있는지, 그러한 특약이 유효한지 문제된다.

다) 유효성

그런데 채무자는 채권양도를 승낙하면서 이의를 유보할 수 있을 뿐만 아니라 그러한 승낙에 조건을 붙일 수도 있다.[1] 따라서 채무자가 이의를 보류한 채로 채권양도 승낙을 했다면 양도인에게 대항할 수 있는 사유로써 양수인에게도 대항할 수 있다(민법 제451조 제1항 전문 참조).

결국 채권양도를 승인한 이후라도 계약상대자가 납품요구 이행을 완료하지 않은 경우, 조달청장이 일방적으로 승인을 취소할 수 있도록 한 물품 다수공급자계약 특수조건 제33조의2 제4항은 이의유보나 승낙조건이라 해석할 수 있으므로, 사후에 이의나 조건사유가 발생하면 조달청장은 이의나 조건에 따라 승인을 취소할 수 있다고 본다.

〔조달청 외에 제3자에 대한 대항요건〕

위에서 본 승인은 양도인이나 양수인이 조달청에게 채권양도의 효력을 주장하는 요건이다. 여기에 나아가 양도인이나 양수인이 조달청 외에 제3자에게까지 채권양도의 유효성을 주장하려면, 확정일자 있는 증서에 따라 승인을 받아야 한다(민법 제451조 제2항). 확정일자 있는 증서에 따라 대항요건을 갖추도록 한 민법 제451조 제2항은 강행규정이므로, 특약으로 이를 배제할 수 없다고 본다.[2] 따라서 조달청 승인이 확정일자 있는 증서에 따른 승인인지를 살펴볼 필요가 있다.

그런데 구 민법(법률 제471호, 1958. 2. 22.) 부칙 제3조 제4항는 공무소에서 사문서에 어느 사

1) 대법원 1989. 7. 11. 선고 88다카20866 판결.
2) 지원림, 앞의 책, 1255쪽.

항을 증명하고 기입한 일자는 확정일자로 한다고 규정한다. 그리고 조달청은 대체로 양도인이나 양수인에게 채권양도를 승인할 경우 전자적으로 공문을 시행하는데, 해당 공문 말미에는 자동으로 그 날짜가 기입된다. 따라서 조달청이 채권양도 승인을 위해 발급하는 문서는 확정일자 있는 증서에 해당한다. 그러므로 계약상대자나 양수인은 조달청으로부터 적법·유효하게 채권양도 승인을 받았다면, 조달청 외에 제3자에게도 채권양도의 유효성을 주장할 수 있다.

Ⅴ. 다수공급자계약 사후 점검

1. 개념

사후 점검이란 계약담당공무원이나 조사담당공무원이 계약체결 후 계약실태 등을 검사하는 것이다. 가령, 중간점검, 가격·실태조사, 품질관리 의뢰, 브로커의 불공정행위 방지, 불공정행위 이력관리, 계약이행실적평가를 포함하는 개념이다.

사후 점검에 따라 위반사항을 발견한 계약담당공무원이나 조사담당공무원은 그 사유에 따라 계약상대자에게 거래정지, 판매중지, 부정당업자 입찰참가자격제한 등 일정한 조치를 할 수 있는데, 사후 점검에 따른 조치의 자세한 내용은 제4편 공공조달의 실효성확보수단에서 자세히 살펴보고, 여기서는 사후 점검 내용만을 기술한다.

2. 계약의 중간점검[1)]

계약담당공무원은 계약기간이 1년을 초과하는 경우, 구매입찰공고 게시일로부터 매 1년이 되는 날을 기준으로 30일 이내로 중간점검 기간을 설정하여 계약 변동사항이나 계약가격의 적정 여부를 점검할 수 있다. 다만, 계약체결일이나 계약연장일이 중간점검 기간 시작일 이전 6개월 이내인 경우에는 예외적으로 중간점검을 하지 않을 수 있다(물품 다수공급자계약 업무처리규정 제31조 제1항). 이에 따라 계약상대자는 구매입찰공고에 정한 중간점검 기간에 중간점검을 신청해야 하고, 이를 위반하면 거래정지 조치를 받을 수 있다(물품 다수공급자계약 특수조건 제13조 제1항, 제2항, 조달사업법 시행령 제25조 제1항 제4호).

1) 점검공무원이 제조현장, 수요기관 납품장소 등을 방문하여 표본·전수를 대상으로 관능검사를 실시하고, 계약상대자와 서로 협의한 기준에 따라 시료를 채취하여 그 시료를 대상으로 한 시험결과에 따라 적·부를 판정하는 것을 말한다.

3. 가격·실태조사

계약담당공무원이나 조사담당공무원은 조달사업법 제21조에 따라 다수공급자계약물품의 우대가격유지의무위반, 직접생산의무위반, 원산지위반, 허위서류·부정한 방법으로 서류제출 여부, 수요기관 등의 사전승인 없이 계약규격과 다른제품을 납품하는지 여부, 부정한 행위로 얻은 이득 등을 파악하기 위해 가격·실태조사를 할 수 있으며, 계약상대자는 이에 성실히 응해야 한다(물품 다수공급자계약 업무처리규정 제32조 제1항, 물품 다수공급자계약 특수조건 제14조 제1항 참조). 또한, 협상기준가격 작성을 위해 제출받은 전자세금계산서 등 가격자료가 허위나 부정한 방법으로 제출되었는지 여부 등을 파악하기 위해 거래내역의 진위여부 등을 조사, 확인할 수 있다(물품 다수공급자계약 업무처리규정 제32조 제2항).

그리하여 계약상대자가 위 조사에 불성실하게 응하거나 협조하지 않으면, 고의·과실 경중에 따라 거래정지, 계약보증금 국고귀속, 계약해제·해지, 차기계약 배제 등 불이익한 조치를 할 수 있다(물품 다수공급자계약 업무처리규정 제32조 제3항).

4. 품질관리 의뢰

계약담당공무원은 언론 등 보도에 따라 품질관리가 필요한 물자, 품질에 문제가 제기된 수요물자, 그 밖에 품질점검이나 물품검사가 필요하다고 인정되는 수요물자를 대상으로 조달청 조달품질원에 품질점검·물품검사 등 품질관리를 의뢰할 수 있다(물품 다수공급자계약 업무처리규정 제32조 제4항 제1호부터 제3호).

5. 브로커의 불공정행위 방지

가. 개념

계약담당공무원이나 조사담당공무원은 다수공급자계약의 입찰·계약체결·계약이행 등 과정, 수요기관의 납품대상업체 선정 등에 브로커가 부당하게 개입하여 공정한 조달질서를 저해하는 행위를 하는 경우, 해당 브로커를 형사고발할 수 있다(물품 다수공급자계약 업무처리규정 제17조의2 제1항). 여기서 브로커란 계약상대자가 아닌데도 다수공급자계약의 입찰·계약체결·계약이행 등 과정, 수요기관의 납품대상업체 선정 등에 개입하여 직접 이익을 얻거나 계약상대자나 제3자로 하여금 이익을 얻게 하는 자를 말한다(물품 다수공급자계약 업무처리규정 제3조 제33호).

나. 유형

브로커의 불공정행위는 ① 특정업체 물품을 납품대상으로 선정하기 위해 담합을 유도하거나 주도한 행위, ② 납품대상업체 선정 등에 부당하게 관여하여 계약상대자 등에게 그 대가를 받거나 요구한 행위, ③ 납품대상업체 선정 등에 영향력을 미칠 수 있다고 암시하는 등 부정한 방법으로 사례를 받고 알선한 행위, ④ 그 밖에 계약상대자의 다수공급자계약 입찰·계약체결·계약이행 등 과정, 수요기관의 납품대상업체 선정 등에 부당하게 개입하여 공정한 조달질서를 저해한 행위를 포함한다(물품 다수공급자계약 업무처리규정 제37조의2 제1항 제1호부터 제4호).

한편, 계약상대자 역시 위와 같은 브로커의 불공정행위에 관여하거나 협조하지 않아야 한다(물품 다수공급자계약 특수조건 제18조의2 제2항).

다. 자료제출 요청 등

또한, 계약담당공무원이나 조사담당공무원은 브로커의 불공정행위를 확인하기 위하여 계약상대자에게 관련 자료제출을 요청할 수 있고, 계약상대자는 이에 협조해야 한다(물품 다수공급자계약 특수조건 제18조의2 제3항).

라. 조치

수요기관의 장은 2단계경쟁 등 수요기관의 납품대상업체 선정과정에서 브로커가 부당하게 개입하여 위와 같은 위반행위를 하는 경우 조달청장에게 해당 브로커를 신고해야 한다(물품 다수공급자계약 업무처리규정 제37조의2 제2항). 그리고 조달청장은 수요기관이 신고한 위반행위 확인을 위해 계약상대자에게 관련 자료제출을 요구할 수 있고, 위반행위를 확인하면 해당 브로커를 형사고발할 수 있다(물품 다수공급자계약 업무처리규정 제37조의2 제1항). 해당 브로커는 그 행위 유형에 따라 독점규제및공정거래에관한법률위반, 입찰방해, 위계에 의한 공무집행방해, 뇌물 등으로 처벌받을 수 있다.

6. 불공정행위 이력평가

계약담당공무원은 계약상대자가 입찰·낙찰, 계약체결, 계약이행 등 과정에서 뇌물, 담합, 허위나 부정한 방법으로 서류 발급·제출, 안전사고 등 불법·불공정행위를 한 이력이 있는 경우에는 불공정행위 이력을 평가할 수 있다(물품 다수공급자계약 업무처리규정 제40조 제1항). 그리고 불공정행위 누적점수가 일정 점수 이상인 계약상대자에게는 계약연장, 재계약, 차기계약, 입찰참가자격사전심사, 다수공급자계약 2단계경쟁 평가 등에서 불이익 조치를 할 수 있다(물품 다수공급자계약 업무처리규정 제40조 제2항).

이러한 불이익 조치는 사법상 조치에 불과하다고 보아야 하나, 행정처분 범위를 점점 더 확장하는 판례 경향을 고려할 때, 향후 행정소송 대상이 될 가능성을 배제하기 어렵다.

[별표2] 불공정행위 이력 평가 기준

불공정행위	세부 위반 내용	부과점수
뇌물	관계 공무원에게 뇌물을 준 자 가. 2억원 이상의 뇌물 나. 1억원 이상 2억원 미만의 뇌물 다. 1천만원 이상 1억원 미만의 뇌물 라. 1천만원 미만의 뇌물	 10 5 3 2
담합	가. 담합하여 낙찰을 받은 자 나. 담합에 참여한 자	10 5
허위서류 등	가. 허위 서류, 위조·변조, 기타 부정한 방법으로 서류를 제출하여 낙찰을 받은 자 나. 허위 서류, 위조·변조, 기타 부정한 방법으로 서류를 제출한자 다. 다른 계약상대자의 계약관련 서류의 허위 작성 또는 위조·변조, 기타 부정한 행사에 협조하거나 관련 서류를 발급해준 자	5 3 3
안전사고	가. 안전대책을 소홀히 하여 공중에게 생명, 신체상의 위해를 가한 자 나. 안전대책을 소홀히 하여 공중에게 재산상의 위해를 가한 자 다. 안전, 보건조치를 소홀히 하여 근로자가 사망하는 재해를 발생시킨 자 (1) 동시에 사망한 근로자 수가 10명 이상 (2) 동시에 사망한 근로자 수가 6명 이상 10명 미만 (3) 동시에 사망한 근로자 수가 2명 이상 6명 미만	5 3 8 5 3

※ [주]

① 불공정행위 이력 평가 기준일은 다음 각 목에 따른다.

가. 계약연장, 재계약, 또는 차기계약에서 배제 : 계약종료일 기준

나. 입찰참가자격 사전심사 신인도 감점 : 사전심사 신청일 기준

다. 다수공급자계약 2단계경쟁 평가 신인도 감점 : 제안서 제출 마감일 전일 기준

② 상기 불공정행위로 각 중앙관서의 장(지방자치단체의 장, 공공기관의 장을 포함한다)으로부터 부정당업자 입찰참가자격 제한 처분을 받아 나라장터에 그 사실이 등록·확인된 경우 또는 종합쇼핑몰 거래정지 조치를 받은 경우로서, 해당 처분 또는 조치 종료일이 제1항에 따른 기준일 기준 과거 2년 이내에 있는 경우 평가에 반영한다.

7. 계약이행실적평가

가. 의의

계약이행실적평가란 평가담당공무원[1]이 다수공급자계약 상대자별로 납기, 품질, 수요기

관 만족도, 서비스, 계약이행성실도 등 계약이행실적을 평가하여 등급을 매기하는 행위를 말한다(물품 다수공급자계약 업무처리규정 제3조 제34호). 이러한 계약이행실적평가 결과는 수요기관 구매의사결정을 지원하고, 그 밖에 계약연장, 재계약, 차기계약, 입찰참가자격 사전심사, 2단계경쟁 평가 등에 활용된다(물품 다수공급자계약 업무처리규정 제41조 제1항, 제2항).

나. 대상

평가담당공무원은 반기별로 평가대상기간 동안 다수공급자계약에 따른 종결된 납품실적이 있는 계약상대자에게 계약이행실적을 평가할 수 있다(물품 다수공급자계약 업무처리규정 제42조 제1항). 계약상대자가 조합이면, 해당 조합을 기준으로 평가한다(물품 다수공급자계약 업무처리규정 제42조 제2항).

다. 평가기준

평가담당공무원은 납기, 품질, 수요기관 만족도, 서비스, 계약이행성실도로 평가항목을 구분하여 평가하되, 평가항목별 지표, 배점, 평가방법 등 계약이행실적평가와 등급화에 필요한 세부평가기준을 운영할 수 있다(물품 다수공급자계약 업무처리규정 제43조 제1항 별표4). 위 평가를 실시할 때는 나라장터 종합쇼핑몰 시스템에 저장된 계약 관련 자료를 활용해야 한다(물품 다수공급자계약 업무처리규정 제43조 제2항). 평가담당공무원은 계약이행실적평가 지표 중 수요기관의 장이 관련 정보를 직접 입력하고 평가해야 하는 지표(품질 항목 중 품질만족도 지표, 수요기관 만족도 항목의 가격만족도, 서비스만족도, 사후만족도 지표)에 대해서는 해당 계약상대자의 계약품목을 납품받은 수요기관의 장으로 하여금 나라장터에 접속하여 공정하고 정확한 평가를 수행하도록 해야 한다(물품 다수공급자계약 업무처리규정 제43조 제3항).

라. 평가결과

평가담당공무원은 계약상대자별로 계약이행실적을 평가한 결과를 전체 총점(100점)과 총점, 평가항목별 평가등급으로 산출해야 한다. 그리고 평가등급을 최우수, 우수, 보통, 미흡 4단계로 구성하여 운영한다(물품 다수공급자계약 업무처리규정 제44조 제1항, 제2항).

마. 공개·열람

평가담당공무원은 업체별 계약이행실적 총점 5개, 평가항목별 점수, 평가등급으로 평가결과를 공개하고, 가점 대상인 계약상대자 정보를 공개할 수 있다(물품 다수공급자계약 업무처리규정 제45조 제1항). 계약상대자는 나라장터 종합쇼핑몰에 로그인하여 마이페이지란에서 위

1) 다수공급자계약을 체결한 계약상대자에게 계약이행실적평가나 등급화 업무를 담당하는 자로서, 조달청장으로부터 권한을 위임받은 부서장이나 그 부서장으로부터 해당 업무 일부를 위임받은 자를 말한다.

결과를 열람할 수 있다(물품 다수공급자계약 업무처리규정 제45조 제1항). 위 평가결과나 가점 대상자 정보에 이의가 있는 계약상대자는 이의제기를 할 수 있고(물품 다수공급자계약 업무처리규정 제45조 제2항), 평가담당공무원은 가점이나 이의제기 심사 결과를 반영한 최종 평가결과를 각 계약상대자로 하여금 종합쇼핑몰 마이페이지에서 열람하게 할 수 있다(물품 다수공급자계약 업무처리규정 제45조 제3항).

수요기관의 장도 나라장터 종합쇼핑몰에 로그인하여 제품 상세정보 화면에서 해당 계약상대자의 평가항목별 납기, 품질, 서비스, 수요기관 만족도의 평가등급에 한정하여 열람할 수 있다(물품 다수공급자계약 업무처리규정 제45조 제4항). 수요기관용 열람 평가등급은 최우수 파란색, 우수 초록색, 보통 황색, 미흡 빨간색으로 표시한다(물품 다수공급자계약 업무처리규정 제45조 제5항).

바. 이의제기와 심사

평가결과나 가점 대상자 정보에 이의가 있는 계약상대자는 신청서와 증빙자료를 첨부하여 평가담당공무원이 정한 기간 안에 이의를 제기할 수 있다(물품 다수공급자계약 업무처리규정 제46조 제1항). 계약상대자는 특별한 사정이 없으면 이의신청서를 보완·변경할 수 있고, 평가담당공무원도 필요하다면 계약상대자에게 추가 자료 제출을 요구할 수 있다(물품 다수공급자계약 업무처리규정 제46조 제2항, 제3항).

평가담당공무원은 평가 근거자료나 명백한 사실오류로 평가결과 보정이 필요하여 계약상대자 이의를 신청한 때에만 심사해야 한다(물품 다수공급자계약 업무처리규정 제46조 제4항). 그리고 이의신청 접수 후 14일 이내에 심사신청자에게 처리결과를 통보하고 최종 평가결과를 확정해야 하지만, 불가피한 사유가 있으면 7일 범위에서 그 기간을 연장할 수 있다(물품 다수공급자계약 업무처리규정 제46조 제5항).

평가담당공무원은 계약상대자가 이의제기 처리결과에 불복하면 계약심사협의회에 분쟁조정안을 상정할 수 있다(물품 다수공급자계약 업무처리규정 제46조 제6항).

사. 평가결과 이관

합병, 분할, 사업양수도 등에 따라 계약상대자 변경이 필요하면, 각 사유에 따라 기존 계약상대자의 계약이행실적은 변경된 계약상대자에게 이관된다(물품 다수공급자계약 업무처리규정 제47조 제1항). 즉, 합병인 경우 존속하거나 신설하는 자에게 기존 계약상대자의 계약이행실적을, 분할인 경우 승계자에게 분할 양도 대상 세부품명 관련 계약이행실적을, 사업양수도인 경우 양수인에게 양도 대상 세부품명 관련 계약이행실적을 각 이관한다.

평가담당공무원은 평가결과를 이관한 경우, 기존 계약상대자와 변경된 계약상대자를 평가기준에 따라 평가나 재평가할 수 있다(물품 다수공급자계약 업무처리규정 제47조 제2항).

아. 비밀준수의무

계약이행실적평가 관련정보는 누설하거나 권한 없이 다른 사람 이용에 제공하는 등 부당한 목적으로 사용할 수 없지만, 조달업체 금융지원 등을 위해 계약상대자가 동의하는 경우에는 제3자에게 제공할 수 있다(물품 다수공급자계약 업무처리규정 제48조 제1항, 제2항).

Ⅵ. 다수공급자계약 일반관리

1. 할인행사

계약상대자는 각 세부품명을 대상으로 계약시작일 기준 1년마다 최대 3회 이내, 1회당 7일부터 15일까지 범위에서 계약담당공무원에게 할인행사 실시를 요청할 수 있다. 다만, 할인행사 요청은 할인행사 시작일 3일 이전에 해야 한다(물품 다수공급자계약 특수조건 제11조 제1항). 그러나 할인행사 기간이 지나거나, 할인행사 수량이 소진된 경우 해당 할인행사를 종료해야 하며, 종료 후 20일 안에는 해당 계약상대자의 같은 세부품명을 대상으로 할인행사를 요청할 수 없다(물품 다수공급자계약 특수조건 제11조 제2항).

그리고 계약담당공무원은 계약상대자가 할인행사 기간 중에 같은 세부품명을 대상으로 중복하여 할인행사를 요청하면 허용하지 않으며, 할인행사 취소나 행사내용 변경 역시 허용하지 않는다. 다만, 할인행사 수량을 늘리는 변경은 허용할 수 있다(물품 다수공급자계약 업무처리규정 제29조 제3항).

할인행사는 수요물자 특성, 시장 상황 등을 고려해 해당 수요물자의 다수공급자계약 추가특수조건에 명시하여 별도 기준을 운영할 수 있다(물품 다수공급자계약 업무처리규정 제29조 제4항).

2. 기획전

조달청장은 그 주관으로 별도 기간을 정하여 계약단가 할인, 상품 홍보 등을 위한 기획전을 실시할 수 있고, 계약상대자는 해당 기획전에 참여할 수 있다(물품 다수공급자계약 업무처리규정 제29조 제1항, 국가종합전자조달시스템 종합쇼핑몰 운영규정 제16조 제1항, 물품 다수공급자계약 특수조건 제11조 제4항). 기획전 기간은 조달청장이 종합쇼핑몰 게시판 등에 공고하는 바에 따르며, 가격 할인을 포함한 기획전(할인상품기획전)을 실시할 경우 참여할 계약상대자로부터 신청받는 기간을 종합쇼핑몰 게시판 등에 별도로 공고한다(국가종합전자조달시스템 종합쇼핑몰 운영규정 제16조 제2항).

계약상대자는 할인상품기획전 기간 중 같은 세부품명을 대상으로 중복하여 기획전 참여를 신청하지 않아야 하며, 기획전 참여를 취소하거나 참여내용을 변경할 수 없다. 다만, 할인 대상 수량을 늘리는 경우에는 행사내용을 변경할 수 있다(물품 다수공급자계약 특수조건 제11조 제7항).

계약담당공무원은 위 기획전 중 할인상품기획전에 참여한 계약상대자에게 같은 기획전 참여횟수를 앞서 본 할인행사 횟수에 포함해서는 안 되며, 할인상품기획전 참여 기간 중 할인행사를 중복하여 실시하지 않아야 한다(물품 다수공급자계약 업무처리규정 제29조 제6항 단서, 국가종합전자조달시스템 종합쇼핑몰 운영규정 제16조 제3항, 제5항).

한편, 할인상품기획전에 참가한 계약상품에는 각 수요물자별 계약규정에 따른 우대가격 유지의무를 적용하지 않는다(국가종합전자조달시스템 종합쇼핑몰 운영규정 제16조 제6항).

계약상대자는 할인상품기획전 기간이 지나거나, 할인 대상 상품 수량이 소진된 경우 판매를 종료해야 한다(물품 다수공급자계약 특수조건 제11조 제6항).

3. 대행서비스

조달청장은 수요기관의 장이 요청하면, 다수공급자계약 물품 검색과 납품업체 선정, 다수공급자계약 2단계경쟁의 제안대상 업체나 납품업체 선정 등 업무 전·일부를 대행할 수 있다(물품 다수공급자계약 업무처리규정 제68조).

4. 교육이수

조달청장은 다수공급자계약 관련 교육 프로그램을 운영할 수 있고, 참여자의 교육이수 실적을 계약이행실적평가에 반영할 수 있다. 다만, 조달청에서 제공하는 사이버 강의인 다수공급자계약 기본교육은 제외한다(물품 다수공급자계약 업무처리규정 제69조).

5. 협의체 구성

조달청장은 다수공급자계약 제도 발전과 연구, 수요물자 계약단가의 적정성에 대한 의견 청취 등을 위해 민관공동협의체를 구성할 수 있다(물품 다수공급자계약 업무처리규정 제70조).

6. 업무위탁

조달청장은 다수공급자계약 제도를 효율적으로 운영하기 위해 다른 행정기관이나 법인·단체·개인에게 다수공급자계약 관련 업무 가운데 일부를 위탁할 수 있다. 위탁업무로는 다수공급자계약 처리과정의 단순 반복 업무, 물품 공통규격 작성, 물품가격이나 업체 실태조사 업무, 그 밖에 조달청장이 필요하다고 인정하는 업무가 있다(물품 다수공급자계약 업무처리규정 제71조 제1호부터 제4호).

〔다수공급자계약 업무위탁의 법적 근거〕

조달청장은 조달사업을 수행하는 데 필요하다고 인정할 경우 제3조 각 호 사업 중 일부를 다른 행정기관이나 법인·단체·개인에게 위탁할 수 있고(조달사업법 제33조 제1항), 전문성이나 수행능력 등을 고려할 때 다수공급자계약 업무 중 입찰자의 재무 상태와 납품실적 조사, 수요품질·성능·효율 등 조사를 수행하기에 적합하다고 인정하는 자에게 위탁한다(조달사업법 시행령 제43조 제2항 제1호). 이에 따라 업무를 위탁받은 자를 고시해야 한다(조달사업법 시행령 제43조 제4항).

7. 신고센터 설치와 운영

조달청장은 다수공급자계약과 관련한 불공정 행위와 조달질서 훼손행위 등을 방지하기 위해 종합쇼핑몰에 불공정 조달행위와 조달가격 신고센터를 설치하여 운영할 수 있다(물품 다수공급자계약 업무처리규정 제72조).

Ⅶ. 다수공급자계약 종료

1. 계약상대자에게 책임 있는 사유에 따른 해제·해지

가. 의의와 법적 성격

계약담당공무원은 계약상대자가 정당한 이유 없이 계약상 의무를 이행하지 않는 경우 계약을 해제·해지한다. 이를 계약상대자의 책임 있는 사유에 따른 해제·해지라 한다.

또한, 계약조건에서 정한 해제·해지사유는 대부분 법정해제·해지권을 주의적으로 규정한 것에 불과하지만, 민법계약과 달리 공공계약에 특유한 해제·해지사유를 명시한 것도 있으므로, 일괄하여 법정해제·해지권과 약정해제·해지권 중 어느 하나에 해당한다고 단정하기 어렵고, 각 사유별로 법적 성격을 판단할 필요가 있다. 이는 법정해제·해지권 행사요건과 약정해제·해지권 행사요건이 다른 경우 해제·해지의 효력을 판단하기 위해 구별할 실익이 있다.[1] 다만, 물품 다수공급자계약 특수조건 제6조가 정한 해제·해지 사유는 대체로 법정해제·해지권을 주의적으로 규정한 것으로 보인다.

1) 대법원 2016. 12. 15. 선고 2014다14429, 14436 판결 참조.

나. 해제·해지사유

계약담당공무원은 계약상대자가 정당한 이유 없이 계약상 의무를 이행하지 않는 경우 계약보증금을 국고에 귀속해야 하는데(국가계약법 제12조 제3항 참조), 이때 특약이 없다면 국가계약법 시행령 제75조에 따라 계약을 해제·해지하면서 계약상대자에게 그 사유를 통지해야 한다(물품 다수공급자계약 업무처리규정 제24조 제1항). 물론 해제는 계약을 소급하여 소멸하게 하는 의사표시고, 해지는 계약을 장래를 향해 소멸하게 하는 의사표시이다.

그 밖에 물품구매(제조)계약일반조건에서 정한 계약해제·해지 사유도 물품 다수공급자계약에 적용되는데, 구체적인 사유는 다음과 같다{물품 다수공급자계약 업무처리규정 제24조 제2항, 물품구매(제조)계약일반조건 제26조 참조}.

① 계약서상 납품기한(또는 연장된 납품기한) 내에 계약상대자가 계약된 규격 등과 같은 물품납품을 거부하거나 완료하지 못한 때
② 계약상대자의 귀책사유로 인하여 납품기일 내에 납품할 가능성이 없음이 명백하다고 인정될 경우
③ 지체상금이 계약보증금상당액에 달한 경우(단, 계약이행 가능성이 있고 계약을 유지할 필요가 있어 계약상대자가 계약이행이 완료되지 않은 부분에 상당하는 계약보증금을 추가 납부하는 때는 예외)
④ 장기물품제조 등 계약에서 제2차 이후 계약을 체결하지 않는 경우
⑤ 계약수행 중 뇌물수수 또는 정상적인 계약관리를 방해하는 불법·부정행위가 있는 경우
⑥ 입찰에 관한 서류 등을 허위 또는 부정한 방법으로 제출하여 계약이 체결된 경우
⑦ 그 밖에 계약조건을 위반하고 그 위반으로 인하여 계약의 목적을 달성할 수 없다고 인정될 경우

또한, 계약조건에 따라 계약을 해제·해지할 수도 있는데, 환수요구 불응에 따른 해지(물품 다수공급자계약 특수조건 제12조의2 제4항), 입찰참가자격유지의무위반에 따른 해지(물품 다수공급자계약 특수조건 제12조의3 제2항), 직접생산의무위반에 따른 해지(물품 다수공급자계약 특수조건 제12조의4 제2항, 제3항), 가격·실태조사에 불성실하게 응하거나 협조하지 않은 데에 따른 해지(물품 다수공급자계약 특수조건 제14조 제3항), 허위서류·부정한 방법으로 서류를 제출한 데에 따른 해지(물품 다수공급자계약 특수조건 제17조 제3항), 불공정한 공동행위에 따른 해지(물품 다수공급자계약 특수조건 제18조 제3항) 등이 그 예이다.

다. 해제·해지범위

계약담당공무원은 계약상대자에게 책임 있는 사유가 있을 때 계약 전부를 해제·해지할 수 있을 뿐만 아니라, 그 일부를 해제·해지할 수도 있다(물품 다수공급자계약 업무처리규정 제25조 제2항, 물품 다수공급자계약 특수조건 제6조 제2항 참조). 그런데 다수공급자계약에서도 문

언대로 일부 해제·해지가 가능한지, 가능하다면 과연 일부 해제·해지가 무엇을 뜻하는지 검토할 필요가 있다. 가령, 계약서 하나로 다수공급자계약을 체결하면서, 목적물로 4개 품목을 넣은 경우를 생각해 보자. 이때, 4개 품목을 일괄하여 1개 계약으로 체결했다고 해석하는 견해가 있을 수 있고, 4개 품목마다 별개 계약이 성립하지만 편의에 따라 하나의 계약서에 묶어서 체결했을 뿐이라고 해석하는 견해가 있을 수 있다. 전자에 따르면, 4개 품목 가운데 1개 품목과 관련한 채무불이행이 발생하면, 4개 품목을 대상으로 한 계약 전체를 해지해야 하지만, 후자에 따르면, 채무불이행이 성립하는 관련 품목을 대상으로 한 계약만 일부 해지할 수 있다. 생각건대 위 사안에서 계약상대자는 편의상 4개 품목을 일괄하여 한 개 계약으로 체결했지만, 품목별로 나누어 개별적으로 계약을 체결할 수도 있었다. 그런데 편의상 하나의 계약서에 묶어서 체결했다는 이유만으로 채무불이행 사유와 관련 없는 다른 품목까지도 모두 해지할 수 있다고 해석하는 첫 번째 견해는 과도하다. 또한, 계약상 일부 의무에 불능이 발생했더라도 나머지 의무이행으로도 계약 목적을 달성할 수 있다면 일부 해제·해지를 허용해야 하므로,[1] 위 사안에서는 일부 해지를 인정하는 편이 바람직하다. 만약 일부 해지를 허용한다면, 위반 관련 품목 계약금액에서 그 품목의 계약해지일까지 이행완료분을 공제한 다음 여기에 계약보증금 비율을 곱하여 산정한다. 다만, 최근 하급심은 일부 해지가 아닌 전부 해지도 적법하다고 보는 듯하다.[2]

라. 해제·해지효과

해제권 행사에 따라 계약은 소급적으로 그 효력을 상실하며, 계약에 기초한 채권관계도 소급적으로 소멸한다. 따라서 각 당사자는 그 상대방에게 원상회복의무를 부담한다. 다만, 제3자의 권리를 해하지 못한다(민법 제548조 제1항 참조). 이러한 해제효과는 다수공급자계약에도 그대로 적용된다. 다만, 실무는 대부분 해지권을 행사할 뿐, 해제권을 행사하는 경우는 거의 없다. 왜냐하면 다수공급자계약은 일정 기간 급부가 연속되는 이른바 계속적 계약이므로, 계약효력이 소급하여 소멸하는 해제권을 행사할 경우 복잡한 원상회복 문제가 생길 수 있기 때문이다.[3] 결국 해지에 따라 다수공급자계약은 장래를 향해 효력을 잃는다(민법 제550조 참조). 그러나 손해배상청구에 영향을 미치지 않는다(민법 제551조 참조).

한편, 해지권 행사가 있더라도 계약당사자는 지금까지 계속되던 관계를 청산할 의무를 부담하는데, 이러한 청산의무는 계약해제에 따른 원상회복의무와는 다른 계약상 의무의 연

1) 대법원 1995. 7. 25. 선고 95다5929 판결.
2) 서울고등법원 2023. 6. 22. 선고 2022나2035504 판결.
3) 계속적 계약은 당사자 상호간의 신뢰관계를 그 기초로 하는 것이므로, 해당 계약의 존속 중에 당사자 일방이 그 계약상 의무를 위반한 결과 계약의 기초인 신뢰관계가 파괴되어 계약관계를 유지하기 어려운 정도에 이르렀다면 상대방은 그 계약관계를 곧바로 해지하여 그 효력을 장래를 행해 소멸하게 할 수 있다는 대법원 2002. 11. 26. 선고 2002두5948 판결도 참조.

장으로 보아야 한다. 따라서 이미 납품요구를 받은 계약상대자는 그에 따른 납품완료를 하지 못한 상황에서 계약담당공무원으로부터 계약해지 통보를 받더라도, 수요기관이 납품요구를 취소하지 않는 한, 납품을 이행한다.

2. 계약상대자 요청 등에 따른 해지

가. 계약상대자 요청에 따른 해지

1) 의의와 법적 성격

계약상대자는 경영악화로 폐업, 원자재 수급 곤란, 자연재난이나 사회재난 등 재난에 따른 업종변경이나 경영포기, 수요급감 등 계약상대자에게 책임 없는 사유로 계약을 지속하기 곤란한 경우 중 어느 하나에 해당하는 사유로 계약기간 중 계약해지를 요청할 수 있고, 계약담당공무원은 종결되지 않은 납품 건이 없고, 거래정지나 부정당업자제재 사유가 발생하지 않은 경우 등 다수공급자계약 제도의 적절한 운영을 해칠 염려가 없는 경우에 이를 허용할 수 있다(물품 다수공급자계약 특수조건 제6조 제4항 본문, 물품 다수공급자계약 업무처리규정 제24조 제4항 본문).

위 조항은 계약상대자 해지요청에 따라 계약담당공무원이 그 요청을 수용·허용한 경우에만 해지효력이 발생한다고 규정했으므로 약정해지 사유에 해당하고, 그 중에서도 계약당사자 사이의 합의해지를 인정한 규정이다.

2) 해지사유

첫째, 경영악화에 따른 폐업이 모두 계약상대자에게 책임 없는 사유라고 단정하기는 어렵지만, 조달사업법령 등은 이를 계약상대자의 책임 없는 사유에 준한다고 보고, 채무불이행에 따른 계약상대자의 부담을 경감해 주었다.

둘째, 원자재 수급 곤란은 단순히 계약상대자의 주관적 사정이 아니라 국내·외 정세나 경제상황 급변 등 객관적 사정으로 발생해야 한다. 따라서 계약상대자의 주관적 사정에 따른 원자재 수급 곤란은 위에서 언급하는 해지사유에 해당하지 않는다.

셋째, 자연재난과 사회재난 등 재난을 사유로 업종을 변경하거나 경영을 포기하는 경우도 계약상대자의 책임을 묻기 어려운 사유로 보는데, 여기서 재난이란 국민의 생명·신체·재산과 국가에 피해를 주거나 줄 수 있는 것을 말한다. 재난에는 자연재난[1]과 사회재난[2],

1) 태풍, 홍수, 호우(豪雨), 강풍, 풍랑, 해일(海溢), 대설, 한파, 낙뢰, 가뭄, 폭염, 지진, 황사(黃砂), 조류(藻類) 대발생, 조수(潮水), 화산활동, 소행성·유성체 등 자연우주물체의 추락·충돌, 그 밖에 이에 준하는 자연현상으로 인하여 발생하는 재해.

2) 화재·붕괴·폭발·교통사고(항공사고 및 해상사고를 포함한다)·화생방사고·환경오염사고 등으로 인하여 발생하는 대통령령으로 정하는 규모 이상의 피해와 국가핵심기반의 마비, 「감염병의 예방 및 관리에 관한 법률」에 따

해외재난[1] 등이 있다(재난 및 안전관리 기본법 제3조 제1호 가목, 나목, 제2호 참조).

넷째, 수요급감 등 계약상대자의 책임 없는 사유로 계약을 지속하기 곤란한 경우인데, 여기서 수요급감은 계약상대자 책임 없는 사유의 예시에 불과하다. 다만, 수요급감 등 계약상대자에게 책임 없는 사유와 계약 지속 곤란이라는 결과 사이에는 상당인과관계가 있어야 한다.

3) 해지요건

계약상대자 요청에 따라 계약을 해지하려면, 첫째, 위 각 사유 중 어느 하나가 발생했고, 둘째, 계약상대자가 해지사유 발생을 이유로 계약담당공무원에게 해지를 요청해야 하며, 셋째, 해지요청은 계약기간 중에 해야 하고, 넷째, 현재 납품을 진행하는 중이 아니어야 한다.

따라서 계약기간 중 해지사유가 발생했더라도 계약상대자가 별도로 해지를 요청하지 않으면 계약담당공무원은 계약을 해지할 의무가 없다. 그리고 계약기간 중이 아니라 계약기간이 이미 종료했다면 계약기간 중에 위와 같은 해지사유가 발생한 경우라도 해지를 요청할 수 없다.

또한, 계약상대자가 해지요청 전·후로 수요기관으로부터 납품요구를 받고 납품을 완료하지 않은 상황이라면, 아래에서 보는 바와 같이 해지가 제한되므로, 현재 납품을 진행하는 중이 아니라는 소극적 요건도 충족해야 한다.

〔계약상대자가 해지를 요청했으나, 계약담당공무원이 해당 요청을 승인하여 해지하지 않는 동안에 채무불이행이 발생한 경우, 계약상대자가 그 책임을 부담하는지〕

계약상대자가 위 해지사유로 계약담당공무원에게 해지를 요청했으나, 계약담당공무원이 해당 요청을 수용하여 해지를 하지 않는 동안에 채무불이행이 발생한 경우, 계약담당공무원이 해당 계약상대자에게 계약해지, 계약보증금 국고귀속, 부정당업자제재 등 불이익을 가할 수 있는지 문제된다. 생각건대 조달사업법 제12조 제2항과 물품 다수공급자계약 특수조건 제6조 제4항 본문은 "해지할 수 있다."고 하여 계약담당공무원에게 재량을 부여했으므로, 계약담당공무원이 해지요청을 수용하여 해지처리를 하지 않았으면 계약상대자는 채무불이행 책임을 면할 수 없다. 다만, 계약상대자에게 책임을 묻기 어려운 사유를 인정할 수 있는 때에만 그 책임을 면할 수 있다고 본다.

그런데 물품 다수공급자계약 특수조건 제6조 제7항에 따르면, 계약상대자가 계약해지 요청을 하면, 계약담당공무원이 1개월 동안 판매중지를 한 후에 승인할 수 있으므로, 특별한 사정이 없으면 해지요청 후 요청승인 전에 채무불이행이 발생할 경우가 많지는 않다.

른 감염병 또는 「가축전염병예방법」에 따른 가축전염병의 확산, 「미세먼지 저감 및 관리에 관한 특별법」에 따른 미세먼지 등으로 인한 피해.

1) 대한민국의 영역 밖에서 대한민국 국민의 생명·신체 및 재산에 피해를 주거나 줄 수 있는 재난으로서 정부차원에서 대처할 필요가 있는 재난.

4) 제한

다만, 위와 같은 해지요건을 충족하더라도, 다음 사유 중 어느 하나에 해당하면 계약상대자 요청에 따른 해지를 할 수 없다(조달사업법 제12조 제2항). 즉, 계약담당공무원은 ① 계약상대자가 현재 납품을 진행하는 중인 경우, ② 우대가격유지의무위반, 원산지 허위등록, 허위서류 작성·위·변조 등 부정행위 가담, 계약규격 미달, 불공정 조달행위 조사불응, 거짓정보 등록·유포, 품목 관련 권리관계 등에 대한 점검불능과 변동사항 미통보, 계약품목으로 인한 인명사고 발생, 그 밖에 계약조건 위반 등과 같은 거래정지 처분사유가 있는 경우, ③ 계약상대자에게 부정당업자제재 사유가 발생한 경우, ④ 계약상대자의 계약 관련 부정행위 등에 대한 조사가 진행 중인 경우, ⑤ 계약을 해지하면 공익을 현저히 해친다고 인정되는 경우 중 어느 하나에 해당하는 사유가 있으면, 계약담당공무원은 계약상대자의 해지 요청을 수용하지 않을 수 있다(조달사업법 제12조 제2항 제1호부터 제3호, 제22조 제1항 제1호부터 제4호, 같은 법 시행령 제12조 제3항 제1호부터 제4호, 제25조 제1항 제1호부터 제6호, 물품 다수공급자계약 특수조건 제6조 제4항 단서 참조).

나. 부도 등 상태를 이유로 한 재량해지

1) 의의와 법적 성격

계약담당공무원은 종결되지 않은 납품요구 건이 없고, 부도나 파산, 폐업 등 상태로 해당 계약이행이 어려운 계약상대자에게는 그 요청이 없더라도 계약을 해지할 수 있다(물품 다수공급자계약 특수조건 제6조 제5항). 이 조항은 계약상대자 요청이 없더라도 계약담당공무원이 재량으로 해지할 수 있다는 규정으로, 물품 다수공급자계약 특수조건 제6조 제4항이 정한 해지와는 구별되고, 약정해지권을 유보한 내용이다.

2) 해지사유

첫째, 계약상대자가 부도나 파산, 폐업 등 상태에 있어야 한다. 부도나 파산, 폐업 등 상태에 이른 원인에 계약상대자의 방만한 경영과 같은 책임 있는 사유가 있을 때도 포함되는지 문제되나, 현실적으로 계약담당공무원이 계약상대자가 부도 등에 이른 데에 책임이 있는지를 확인하여 판단할 권한이나 수단이 부족하고, 물품 다수공급자계약 특수조건 제6조 제5항도 '부도 또는 파산, 폐업 등 상태로'라고만 규정했지, 그 앞에 '계약상대자 책임 없는 사유로 인한'이라는 문구를 별도로 규정하지 않기 때문에, 부도 등 발생에 계약상대자의 책임이 있는지는 불문한다고 해석해야 한다. 따라서 '부도 또는 파산, 폐업 등 상태' 그 자체는 모두 계약상대자에게 책임 없는 사유라 단정하기 어렵지만, 이를 계약상대자의 책임 없는 사유로 보고 채무불이행에 따른 책임을 면책해 준 취지로 이해된다.

둘째, 해당 계약이행이 어렵다고 판단되어야 한다. 즉, 계약목적 달성이 불가능하거나 현저히 곤란하다는 사정을 인정할 수 있어야 하고, 그러한 사정이 있는지는 계약담당공무원이 판단할 재량을 갖는다.

셋째, 부도 등 상태와 계약이행 곤란 사이에는 상당인과관계가 있어야 한다.

3) 해지요건

부도 등 상태로 계약이행이 어렵다는 이유로 계약을 해지하려면, 첫째, 위 사유가 발생해야 하고, 둘째, 종결되지 않은 납품요구 건이 없어야 한다. 종결되지 않은 납품요구 건이 없다는 것은 계약상대자가 수요기관으로부터 납품요구를 받고 아직 납품완료하지 않은 사실이 없다는 의미이다. 따라서 계약상대자가 수요기관으로부터 납품요구를 받고 아직 납품을 완료하지 않은 상황에서 부도 등 상태에 이른 경우에는, 계약담당공무원이 위 사유에 따라 해지할 수 없다.

다. 해지효과

1) 계약보증금 국고귀속, 부정당업자제재 제한

계약상대자 요청에 따라 또는 부도 등 상태를 이유로 각각 해지하는 경우, 조달청장은 해당 계약상대자로부터 계약보증금을 국고귀속 하지 않고, 해당 계약상대자에게 부정당업자제재도 하지 않는다(물품 다수공급자계약 특수조건 제6조 제6항).

2) 계약체결 제한

다만, 계약담당공무원은 해당 계약상대자와는 해당 구매입찰공고에 포함된 세부품명을 대상으로 해지일로부터 1년 동안 다수공급자계약을 체결하지 않을 수 있다(물품 다수공급자계약 특수조건 제6조 제6항). 따라서 다수공급자계약을 체결할지 하지 않을지는 계약담당공무원이 재량으로 결정할 수 있다. 다만, 해지일로부터 1년 동안만 다수공급자계약 체결이 제한되므로, 해지통보를 받은 계약상대자는 해지일로부터 1년이 지난 후에 해당 구매입찰공고에 포함된 세부품명으로 다수공급자계약을 체결할 수 있고, 해지일로부터 1년이 지나지 않았더라도 다수공급자계약이 아닌 총액계약이나 제3자를 위한 단가계약은 체결할 수 있다.

3) 판매중지

계약담당공무원은 계약상대자 요청에 따라 계약을 해지할 경우, 요청받은 날부터 1개월 동안 판매중지를 한 다음에 해당 요청을 승인할 수 있다(물품 다수공급자계약 특수조건 제6조 제7항). 계약상대자 요청에 따른 해지를 하려면, 계약담당공무원이 해지사유와 요건을 검토하고 해지요청을 승인하기까지 상당한 기간이 걸리는데, 그 기간 사이에 수요기관이 납품요구를 할 경우 계약상대자가 이에 응하지 못하는 문제가 생기면, 수요기관과 계약상대자 모두에게 예측하지 못한 피해가 발생할 우려가 있다. 이를 방지하기 위해 판매중지를 규정했다.

제 3 절 카탈로그계약제도

Ⅰ. 개념

카탈로그계약이란 조달청장이 각 수요기관의 다양한 필요를 반영하기 위해 상품의 기능이나 특징·조건·가격 등을 설명한 카탈로그를 제시하는 계약상대자와 체결하는 공급계약을 말한다(조달사업법 제14조 제1항, 같은 법 시행령 제16조 제1항). 카탈로그란 수요기관의 다양한 수요를 반영하여 목적물 상세 설명, 가격, 납품기한, 계약업체 정보, 인증 보유현황 등 상품정보를 수요기관이 쉽게 파악하도록 일정한 서식에 따라 업체가 제공하는 상품설명서를 말한다.

Ⅱ. 종류

조달청은 ① 용역 카탈로그 계약과 ② 디지털서비스 카탈로그 계약을 운영한다. 용역은 상용화되어 있으나 업계 공통 규격 확정이 곤란한 용역, 그 밖에 조달청장이 필요하다고 판단하는 용역을 말한다. 디지털서비스란 클라우드컴퓨팅 발전 및 이용자 보호에 관한 법률 시행령 제8조의2 제1항 각호 서비스를 말하고(디지털서비스 카탈로그계약 특수조건 제2조 제1호 참조), 이에는 클라우드컴퓨팅서비스, 클라우드컴퓨팅서비스를 지원하는 서비스, 지능정보기술 등 다른 기술·서비스와 클라우딩컴퓨팅기술을 융합한 서비스가 있다.

Ⅲ. 업무처리규정과 계약특수조건

조달청장은 용역 카탈로그 계약을 규율하기 위해 용역 카탈로그 계약 업무처리규정과 용역 카탈로그 계약 특수조건을, 디지털서비스 카탈로그 계약을 규율하기 위해 디지털서비스 카탈로그 계약 업무처리규정과 디지털 카탈로그 계약 특수조건을 각 공고한다.

따라서 카탈로그 계약체결, 납품대상업체 선정, 계약관리, 제안서 평가와 협상 등과 관련한 자세한 사항은 위 업무처리규정과 계약특수조건에서 정한다(조달사업법 시행령 제16조 제5항).

Ⅳ. 계약상대자 결정

조달청장은 카탈로그 계약을 체결하려는 경우 카탈로그를 제시한 자의 재무상태, 납품실적, 카탈로그 내용의 적정성 등을 심사하여 2인 이상의 계약상대자를 결정한다(조달사업법 시행령 제16조 제2항). 다만, 계약목적이나 성질 등을 고려할 때 경쟁에 따라 계약을 체결하는 것이 비효율적이라고 판단되는 경우로서, 클라우드컴퓨팅 발전 및 이용자 보호에 관한 법률 제20조 제3항에 따라 선정된 디지털서비스는 심사를 거쳐 1인을 계약상대자로 결정할 수 있다(조달사업법 시행령 제16조 제3항, 국가계약법 시행령 제26조 제1항 제5호 아목).

Ⅴ. 납품대상업체 선정

수요기관의 장은 조달청장과 카탈로그 계약을 체결한 계약상대자에게 제안서를 제출하도록 하고, 그 제안서 평가와 협상 결과에 따라 수요물자를 납품할 자를 결정한다(조달사업법 시행령 제16조 제4항).

제 4 절 중소기업제품 계약제도

Ⅰ. 중소기업자간 경쟁제도 일반

1. 의의

가. 의미와 취지

중소기업제품은 중소기업자(중소기업기본법 제2조에 따른 중소기업자와 중소기업협동조합법 제3조에 따른 중소기업협동조합)가 생산하는 물품·용역·공사를 통칭한다. 공공기관의 장이 중소기업제품 관련 조달계약을 체결하거나 판로를 지원하는 경우, 다른 법률에 특별한 규정이 없다면, 판로지원법을 적용해야 한다(판로지원법 제3조).

중소기업은 생산과 고용의 증대에 기여하고 새로운 기술개발을 기대하게 할 뿐만 아니라 사회적 분업과 기업간 경쟁을 촉진하여 전체 국민경제에 크게 기여하는 주체인데도, 대기업과 비교하여 자금력, 기술수준, 경영능력 등에서 열세하기 때문에 자력으로 경영의 합리화와 경쟁력 향상을 도모하기 어려울 경우가 많다. 이에 우리 헌법은 중소기업이 국민경제에서 차지하는 중요성 때문에 중소기업보호를 국가 정책적 목표로 규정하고, 대기업과 경쟁에서 불리한 위치인 중소기업을 지원하여 경쟁에서 발생하는 불합리를 조정하도록 국가에게 과제를 부과한다. 판로지원법은 바로 위와 같은 헌법적 요청을 반영한 법률이고, 판로지원법이 정하는 중소기업자간 경쟁제도란 공공기관 조달시장에서 우선하여 중소기업제품시장을 확보하고, 중소기업자간에는 일정한 기술과 가격경쟁을 거쳐 경쟁력 확보를 유도하는 제도이다.[1]

나. 중소기업 보호·육성제도 운영

1) 중소기업 수주 기회 확대

공공기관의 장은 중소기업의 경쟁력 향상과 경영안전에 이바지하기 위해 중소기업제품 구매를 촉진하고 판로를 지원하고, 특히 물품·용역·공사(아래에서 '제품'이라 한다) 관련 조달계약을 체결하려는 경우 중소기업자의 수주 기회를 늘려야 한다(판로지원법 제4조 제1항). 공공기관의 장은 국가계약법 제4조 제1항에 따라 기획재정부장관이 고시한 금액 미만의 물품, 용역(중소기업자간 경쟁 제품은 제외)인 경우, 중소기업자와 우선적으로 조달계약을 체결하여야 하고(판로지원법 제4조 제2항), 정부의 국고보조금을 100억 원 이상 수령한 기관이나 법인이 보조사업과 관련하여 제품을 구매하려는 경우, 중소기업제품을 우선적으로 구매하도록 권고할 수 있다(판로지원법 제4조 제3항, 같은 법 시행령 제2조의2 제4항).

〔중소기업자 우선조달계약〕

가) 의의

판로지원법은 공공기관의 장이 중소기업자와 우선적으로 체결해야 하는 계약을 우선조달계약이라 한다(판로지원법 시행령 제2조의2 제1항). 그런데 법은 제4조 제2항 이외에도 곳곳에 '우선적으로 체결해야 하는 계약'을 규정하므로, 아래에서는 편의상 그 내용을 한꺼번에 살펴보기로 한다.

나) 내용

(1) 중소기업자와의 우선조달계약

(가) 의미

공공기관의 장은 중소기업자간 경쟁제품을 제외한 국가계약법 제4조 제1항에 따라 기획재정부장관이 고시한 금액 미만의 물품·용역인 경우, 중소기업자와 우선적으로 조달계약을 체결해야 하는데(판로지원법 제4조 제2항), 이때 중소기업제품 공공구매 종합정보망에서 상대방이 중소기업자인지 여부를 확인해야 한다(판로지원법 시행령 제2조의2 제1항).

(나) 계약방법

우선조달계약은 아래와 같은 방법에 따라서 한다.

---

1) 헌법재판소 2015. 9. 24.자 2013헌바393 결정.

첫째, 추정가격이 1억 원 미만인 물품·용역을 조달하려는 경우에는 중소기업기본법 제2조 제2항에 따른 소기업이나 소상공인기본법 제2조에 따른 소상공인(법 제33조 제1항에 따라 중소기업자로 보는 법인 또는 단체 중 중소벤처기업부장관이 정하여 고시하는 기준에 해당하는 법인 또는 단체를 포함하며, 아래에서 "소기업 또는 소상공인"이라 함) 간 제한경쟁입찰에 따라 조달계약을 체결해야 한다. 다만, 입찰참가자격을 갖춘 소기업 또는 소상공인이 3인 이하임이 명백하다고 인정되는 경우와 입찰에 참가한 소기업 또는 소상공인이 2인 미만이거나 2인 이상이더라도 적격자가 없는 등의 사유로 유찰(流札)된 경우 중 어느 하나에 해당하면, 중소기업자(중소기업협동조합 제외) 간 제한경쟁입찰에 따라 조달계약을 체결할 수 있다(판로지원법 시행령 제2조의2 제2항 제1호).

둘째, 추정가격이 1억 원 이상으로서 국가계약법 제4조 제1항에 따라 기획재정부장관이 고시하는 금액 미만인 물품·용역을 조달하려는 경우에는 중소기업자 간 제한경쟁입찰에 따라 조달계약을 체결해야 한다(판로지원법 시행령 제2조의2 제2항 제2호).

셋째, 3인 이상의 제조 소기업 또는 소상공인(물품을 직접 제조하거나 용역을 직접 제공하는 소기업 또는 소상공인)이 중소기업협동조합법 제3조에 따른 중소기업협동조합(조합)과 함께 중소벤처기업부령으로 정하는 공동사업을 활용하여 제품화한 물품·용역을 조달하려는 경우에는 해당 제조 소기업 또는 소상공인을 대상으로 제한경쟁입찰에 따라 조달계약을 체결할 수 있다. 다만, 공공기관의 장이 해당 조합에 요청하여 공동사업의 주체인 3인 이상 제조 소기업 또는 소상공인을 추천받은 경우에는 추천받은 제조 소기업 또는 소상공인 중에서 지명경쟁입찰에 따라 조달계약을 체결해야 한다. 이때 추천받을 수 있는 연간횟수, 연간 계약 한도, 추천방법 등 필요한 사항은 중소벤처기업부장관이 조달청장과 협의하여 정한다(판로지원법 시행령 제2조의2 제2항 제3호, 제3항).

(다) 계약상대자 결정

계약상대자 결정은 법 제7조 제2항, 같은 법 시행령 제7조 제3항, 제4항을 준용하고, 다만, 공공기관의 장이 조합에 요청하여 공동사업의 주체인 3인 이상 제조 소기업 또는 소상공인을 추천받아 계약을 체결할 때는 같은 법 시행령 제8조 제4항을 준용한다(판로지원법 제2조의2 제2항).

(라) 예외

공공기관의 장은 다음 어느 하나에 해당하면, 우선조달계약을 체결하지 않을 수 있고(판로지원법 시행령 제2조의3 제1항), 그 사유를 입찰공고문에 기재하거나 국가종합전자조달시스템이나 지정정보처리장치에 입력해야 한다(판로지원법 시행령 제2조의3 제2항).

1. 제2조의2 제1항 제1호 단서 또는 같은 항 제2호에 따른 입찰에 참가한 중소기업자가 2인 미만이거나 2인 이상인 경우에도 적격자가 없는 등의 사유로 유찰된 경우
2. 다음 각 목의 어느 하나에 해당하는 용역계약에 대해 비영리법인의 경쟁입찰 참가가 필요하다고 인정되는 경우
   가. 학술, 연구, 조사, 검사, 평가, 개발 등 지적 활동을 통해 정책이나 시책 등의 자문에 제공되

는 용역
나. 「초·중등교육법」 제23조 제1항에 따른 교육과정 외의 학교 교육활동 위탁용역
다. 「국민건강보험법」 제41조에 따른 요양급여와 관련된 검체검사 위탁용역
라. 「보조금 관리에 관한 법률」에 따른 보조사업자가 보조사업 수행을 위해 위탁하는 용역
마. 그 밖에 중소벤처기업부장관이 계약 목적을 달성하기 위해 비영리법인의 입찰참가가 필요하다고 인정하여 고시하는 용역

3. 다른 법령에서 우선구매대상으로 규정하였거나 수의계약 또는 지명경쟁입찰에 따라 계약할 수 있도록 규정한 물품 또는 용역을 조달하려는 경우
4. 특정한 성능, 기술, 품질 등이 필요한 경우로서 제2조의2에 따른 우선조달계약의 방법으로는 해당 조달계약의 목적 달성이 불가능한 경우
5. 제4호에 준하는 경우로서 중소벤처기업부장관이 정하여 고시하는 경우에 해당하는 경우

(2) 공사용 자재 직접구매 증대

중소벤처기업부장관은 경쟁제품으로 지정된 공사용 자재의 구매를 늘리기 위해 필요한 조치를 할 수 있고(판로지원법 제12조 제1항), 경쟁제품 중에서 공공기관이 발주하는 공사에 필요한 자재로서 공사의 품질과 효율성을 해치지 않는 범위에서 공공기관이 직접 구매하여 제공하기에 적합한 제품을 관계 중앙행정기관의 장과 협의하여 선정하고 고시해야 한다(판로지원법 제12조 제2항). 이에 중소벤처기업부장관은 고시로 중소기업자간 경쟁제품 및 공사용자재 직접구매 대상 품목 지정 내역을 둔다.

한편, 대통령령으로 정하는 규모 이상의 공사를 발주하려는 공공기관의 장은 중소벤처기업부장관이 고시한 제품의 직접구매 여부를 검토하여 직접구매를 할 수 있도록 필요한 조치를 해야 한다. 다만, 중소벤처기업부장관이 관계 중앙행정기관의 장과 협의하여 직접구매를 이행할 수 없는 사유로 고시한 경우에는 그렇지 않다(판로지원법 제12조 제3항).

(3) 기술개발제품 우선구매 지원

정부는 중소기업자가 개발한 기술개발제품의 수요를 창출하기 위해 해당 제품을 우선적으로 구매하는 등 필요한 지원시책을 마련해야 한다(판로지원법 제13조 제1항). 이에 판로지원법은 우선구매대상 기술개발제품 지정 등(제14조), 기술개발제품 시범구매제도(제14조의2), 기술개발제품 시범구매제도 활성화 지원(제14조의3), 현장검증형 기술개발제품 구매 지원(제14조의4), 중소기업제품 성능인증(제15조) 등을 규정한다. 다만, 중소기업 기술개발 우선구매는 중소기업 개발 장려를 위해 도입한 제도인데, 중소기업은 도전적인 기술혁신보다는 인증취득을 위한 부분 개량에 집중한다는 측면에서 제도 취지를 고려해 볼 때 일부 미흡하다는 평가가 있다. 왜냐하면 공공기관은 구매목표 비율 달성이 쉬운 제품 구매를 선호하고 중소기업 기술개발제품도 데스크톱 컴퓨터 등 특정 제품군에 편중되며, 우선구매대상 기술개발제품 인증은 부분적 성능 개량이나 특정 품질을 증명하는 정도에 그쳤기 때문이라고 한다.[1)]

1) 허라윤·박인환, 혁신조달의 현황과 개선과제, 국회입법조사처, 2022, 3쪽.

(4) 중소 소모성 자재 납품업 지원

공공기관의 장은 소모성 자재를 구입할 때 대규모 자재구매대행업자와 중소 소모성 자재 납품업자 간에 경쟁이 있는 경우 중소 소모성 자재 납품업자와 우선 계약을 체결해야 한다(판로지원법 제31조의2). 이와 관련하여, 판로지원법은 중소 소모성 자재 납품업 종합지원센터 설치(제31조의3), 실태조사(제31조의4) 등을 규정한다.

2) 공공조달 상생협력 지원

중소벤처기업부장관은 중소기업자의 혁신역량 강화와 소재·부품 산업 육성, 국내 생산 중소기업제품에 대한 공공구매 확대 등을 위하여 대기업 등이 중소기업자의 조달시장 납품을 지원하는 공공조달 상생협력 지원제도(상생협력 지원제도)를 운영할 수 있다(판로지원법 제20조의2 제1항).

3) 구매효율성 제고와 이행력 확보

판로지원법은 구매효율성 제고를 위해 공공구매지원관리자 지정제도를 두는 한편(판로지원법 제21조), 하도급 중소기업 보호(제22조), 중소기업자 품질보장(제23조), 원자재 확보와 품질 향상을 위한 사업 지원(제24조), 중소기업자 등과 관련한 정보제공(제25조) 등을 규정한다.

4) 중소기업 판로지원

중소벤처기업부장관은 중소기업을 위한 다양한 판로지원 사업을 실시할 수 있고(판로지원법 제26조 제1항 각호), 판로지원법은 구체적으로 중소기업제품전용판매장 설치(제26조의2), 중소기업 국외 판로지원계획 수립·시행(제27조), 연계생산지원사업(제28조), 물류현대화사업 지원(제29조), 수출중소기업과 유망품목 지정·지원(제30조), 중소기업 수출입동향 분석·공표 등을 규정한다(제31조).

2. 중소기업자간 경쟁제품 지정제도

가. 의의

중소벤처기업부장관은 중소기업자가 직접 생산·제공하는 제품으로서 판로 확대가 필요하다고 인정되는 제품을 중소기업자간 경쟁 제품(이하 경쟁제품)으로 지정할 수 있다(판로지원법 제6조 제1항). 이에 중소벤처기업부는 중소기업자간 경쟁제품 및 공사용자재 직접구매 대상 품목 지정 내역을 고시한다.

나. 지정절차

1) 개요

중소벤처기업부장관은 경쟁제품을 지정하고자 하는 경우, 미리 관계 중앙행정기관의 장과 협의해야 한다. 이 경우 중소벤처기업부장관은 특별한 사유가 없으면 관계 중앙행정기관의 장이 지정 제외를 요청한 제품을 경쟁제품으로 지정하여서는 안 된다(판로지원법 제6조 제2항). 이에 관계 중앙행정기관의 장은 경쟁제품 지정 제외를 요청하려는 경우, 해당 제품이 중소기업자간 경쟁입찰이 가능한지, 해당 제품과 관련하여 중소기업자의 육성이 필요한지 등을 고려해, 그 제외 사유와 제외 필요성 등을 적은 서면으로 요청해야 한다(판로지원법 시행령 제6조 제5항 제1호, 제2호).

2) 추천

중소벤처기업부장관은 경쟁제품을 지정하려는 경우, 경쟁제품 지정 유효기간이 끝나는 연도의 다음 회계연도가 시작되기 전에 중소기업중앙회 회장(중앙회장)으로부터 추천을 받아 관계 중앙행정기관의 장과의 협의를 거쳐 경쟁제품을 지정하고 고시해야 한다(판로지원법 시행령 제6조 제1항). 중앙회장은 추천하려는 제품의 추천 사유와 지정 필요성, 추천하려는 제품의 제조·생산·판매 현황과 전망, 추천하려는 제품이 중소기업자간 경쟁입찰이 가능한지 여부, 추천하려는 제품이 경쟁제품으로 지정되는 경우 관련 산업과 기업에 미치는 영향, 그 밖에 경쟁제품의 추천을 위하여 필요하다고 중소벤처기업부장관이 정하여 고시하는 사항을 포함한 추천서를 제출해야 한다(판로지원법 시행령 제6조 제2항 제1호부터 제5호). 중소벤처기업부장관은 제출받은 추천서 내용이나 추천된 제품과 관련한 서류가 부실하거나 미흡한 경우에 보완을 요구할 수 있다(판로지원법 시행령 제6조 제3항).

3) 지정타당성 검토

중소벤처기업부장관은 경쟁제품 지정이나 지정 제외 등 요청을 받은 경우에는 전문기관에 지정타당성 검토를 요청할 수 있고, 검토요청을 받은 기관의 장은 요청받은 날부터 90일 이내에 필요한 사항을 검토한 검토보고서를 중소벤처기업부장관에게 제출해야 한다(중소기업제품 공공구매제도 운영요령 제4조 제5항).

4) 지정

중소벤처기업부장관은 중앙회장이 추천한 제품을 대상으로 경쟁제품 지정 타당성 등을 관계 중앙행정기관의 장과 협의하고 중소기업자간경쟁제도 운영위원회 심의를 거쳐 경쟁제품으로 지정해야 한다(중소기업제품 공공구매제도 운영요령 제4조 제1항).

5) 추가지정 · 지정제외

가) 의의

중소벤처기업부장관은 경쟁제품 지정을 추가하거나 제외하는 것이 특히 필요하다고 인정하면 관계 중앙행정기관의 장과 협의하여 추가되거나 제외되는 경쟁제품을 따로 지정하여 고시할 수 있다(판로지원법 시행령 제6조 제4항).

나) 추가지정

중소벤처기업부장관은 물품목록정보의 관리 및 이용에 관한 법률과 하위 법령에 따른 물품정보의 변경이 있는 경우, 중소기업의 신산업 제품 개발 촉진을 위해 특히 필요하다고 인정하는 경우, 그 밖에 경쟁제품으로 지정하지 않으면 중소기업의 판로 확보에 심각한 피해가 예상되는 경우, 경쟁제품을 추가로 지정할 수 있다(중소기업제품 공공구매제도 운영요령 제4조 제3항 제1호부터 제3호).

다) 지정제외

(1) 사유

중소벤처기업부장관은 해당 지정기간 내에 입찰에서 물량 · 가격담합, 고의적 유찰 등 부당행위로 공정거래위원회, 수사기관, 중앙행정기관의 조사 · 수사결과 부당행위가 인정되어 관련기관이 지정 제외를 요청한 세부품목, 지정추천서 신청 당시 중소기업자간 경쟁제품 지정사유 등을 허위로 또는 과장하여 제출하여 지정된 사실이 확인된 제품, 세부품목과 관련하여 유효한 중소기업자간 경쟁입찰이 어려운 제품, 해당 경쟁제품 지정추천신청을 한 관련단체 또는 중소기업자가 지정 제외를 요청하여 검토한 결과 지정 제외가 타당하다고 판단되는 제품, 직접생산 확인을 받은 업체 중 2분의 1 이상이 물량 · 가격담합, 고의적 유찰 등 부당행위 또는 직접생산을 위반하였다고 확인된 제품, 사회 · 경제 상황 등에 대응하기 위해 중앙행정기관이 지정 제외를 요청한 제품을 대상으로 지정을 제외할 수 있다(중소기업제품 공공구매제도 운영요령 제10조 제1항 제1호부터 제6호).

(2) 절차

중소벤처기업부장관은 해당 제품이나 세부품목을 지정 제외하려는 경우 행정절차법령이 정하는 절차에 따라 의견제출, 청문 등을 실시해야 한다(중소기업제품 공공구매제도 운영요령 제10조 제2항).

(3) 재심청구

해당 지정기간 내에 지정 제외된 제품의 관련단체는 지정 제외를 통보받은 날부터 10

일 이내에 중앙회장에게 지정 제외 조치에 대한 재심을 청구할 수 있다. 중소기업자가 10인 이상이 연명하여 지정된 제품은 해당 중소기업자 10인 이상이 연명하여 재심을 청구할 수 있다(중소기업제품 공공구매제도 운영요령 제11조 제1항). 중앙회장은 재심청구서 접수일부터 15일 이내에 재심청구 사유와 재심청구의 타당성 등을 검토하여 중소벤처기업부장관에게 재심사를 요청해야 한다(중소기업제품 공공구매제도 운영요령 제11조 제2항). 중소벤처기업부장관은 중앙회장으로부터 재심청구서를 접수한 날부터 20일 이내에 재심사 결정을 해야 한다(중소기업제품 공공구매제도 운영요령 제11조 제3항).

6) 유효기간

일반적인 절차에 따라 지정·고시된 경쟁제품인 경우, 고시에 따라 효력이 발생하며, 그 날부터 3년 동안 지정효력이 있으나, 중소벤처기업부장관이 별도 공고로 한시적으로 효력을 부여한 경우는 예외로 한다(중소기업제품 공공구매제도 운영요령 제4조 제2항).

한편, 추가·제외 경쟁제품으로 지정·고시된 경쟁제품은 지정 효력이 발생하는 날부터 위 유효기간이 종료되는 날까지 기간 동안 지정효력이 있다(판로지원법 시행령 제6조 제6항 제1호, 제2호). 구체적으로, 추가로 지정되는 경쟁제품의 효력이 종료되는 날은 위와 같이 지정된 경쟁제품의 효력이 종료되는 날과 같다(중소기업제품 공공구매제도 운영요령 제4조 제3항). 그리고 물품목록정보의 관리 및 이용에 관한 법률과 하위 법령에 따른 물품정보의 변경이 있는 경우에 추가지정 신청된 품목이 물품정보 변경으로 인하여 경쟁제품 지정 효력에 변동이 없고, 물품정보 변경된 세부품목이 추천요건을 모두 갖추었다면, 중소벤처기업부장관은 신청일로부터 6개월 이내 범위에서 한시적으로 해당 제품을 대상으로 경쟁제품으로 효력을 부여할 수 있다(중소기업제품 공공구매제도 운영요령 제4조 제4항 제1호, 제2호).

3. 중소기업자간 경쟁제품 계약방법

가. 제한·지명경쟁

1) 원칙

공공기관의 장은 경쟁제품을 대상으로 계약을 체결할 경우, 특별한 사유가 없으면 중소기업자만을 대상으로 하는 제한경쟁이나 중소기업자 중에서 지명경쟁(이하 중소기업자간 경쟁) 입찰에 따라 조달계약을 체결해야 한다(판로지원법 제7조 제1항).

2) 예외

위에서 특별한 사유란 판로지원법과 다른 법률에서 우선구매 대상으로 정한 중소기업제품이나 수의계약에 따라 구매할 수 있도록 규정한 중소기업제품을 구매하는 경우, 공공기관의 장이 조합이 추천한 소기업 또는 소상공인과 수의계약을 체결하는 경우, 중소기업자간 경쟁입찰에 참가한 중소기업자 중 적격자가 없는 등의 사유로 유찰되어 중소기업자간 경쟁입찰 외의 경쟁입찰 방법으로 새로 입찰을 진행하려는 경우, 특정한 기술·용역이 필요한 경우 등 공공기관의 특별한 사정으로 중소기업자간 경쟁입찰 외의 방법으로 구매하려는 경우를 말한다(판로지원법 시행령 제7조 제1항 제1호부터 제4호). 자세한 내용은 중소기업제품 공공구매제도 운영요령 제12조가 정한다.

한편, 공공기관의 장은 중소기업자간 경쟁입찰이 아닌 방법으로 조달계약을 체결하려는 경우, 그 사유를 입찰공고문에 기재하거나 국가종합전자조달시스템, 지정정보처리장치에 입력해야 한다(판로지원법 시행령 제7조 제2항).

나. 특례

공공기관의 장은 경쟁제품 중에서도 중소벤처기업부장관이 지정한 물품이나 용역은 소기업이나 소상공인만을 대상으로 하는 제한경쟁입찰에 따라 조달계약을 체결할 수 있다(판로지원법 제7조의2 제1항).

다만, 셋 이상의 소기업이나 소상공인이 조합과 함께 공동사업을 하여 경쟁제품에 해당하는 물품이나 용역을 제품화한 경우, ① 해당 물품등은 해당 공동사업에 참여한 소기업·소상공인만을 대상으로 하는 제한경쟁입찰, ② 공공기관의 장이 요청하여 조합이 추천하는 소기업·소상공인(해당 물품등을 납품할 수 있는 소기업·소상공인)만을 대상으로 하는 지명경쟁입찰 중 어느 하나에 해당하는 입찰 방법에 따라 조달계약을 체결할 수 있다(판로지원법 제7조의2 제2항 제1호, 제2호). 여기서 공동사업이란 중소기업진흥에 관한 법률 제39조에 따른 협업지원사업의 대상 사업, 중소기업협동조합법 제3조에 따른 조합이 3인 이상의 소기업·소상공인과 공동상표를 활용하는 사업, 조합이 보유하거나 3인 이상의 소기업·소상공인이 공동으로 보유한 특허권을 활용하는 사업, 조합 또는 3인 이상의 소기업·소상공인이 공동으로 참여하는 사업으로서 중소기업 기술혁신 촉진법 제9조 제1항에 따른 기술혁신 촉진 지원사업의 대상 사업, 산업표준화법 제27조 제2항에 따른 단체표준인증을 받은 물품 또는 용역의 생산·제공 사업을 말한다(판로지원법 시행규칙 제1조의2 제1호부터 제5호).

다. 경쟁입찰 참여자격

1) 의미

공공기관의 장은 중소기업자간 경쟁입찰 방법으로 경쟁제품을 구매하려는 경우, 참여자격 여부를 확인해야 하며, 참여자격을 갖추지 않은 자를 낙찰자로 선정해서는 안 된다(중소기업제품 공공구매제도 운영요령 제13조 제1항). 여기서 참여자격은 판로지원법 제8조 제1항 ‘규

모와 경영실적 등을 고려하여 대통령령으로 정하는 중소기업자의 자격'을 말한다.[1)]

2) 내용

가) 조합이 아닌 중소기업자

중소기업자간 경쟁입찰에 참여할 수 중소기업자의 자격은 규모와 경영실적 등을 고려해 정하는데(판로지원법 제8조 제1항), 구체적으로, ① 중소기업에 해당해야 하고, ② 경쟁제품을 직접 생산·제공할 수 있는 설비를 갖추어야 하며, ③ (필요한 경우) 해당 허가·인가·면허·등록·신고등을 받았거나 해당 자격요건에 적합해야 하고, ④ (필요한 경우) 관계기관으로부터 적합판정을 받아야 하며, ⑤ 해당 사업에 필요한 사업자등록증을 교부받거나 고유번호를 부여받아야 한다(판로지원법 시행령 제9조 제1항 제1호, 제2호).[2)]

나) 조합

(1) 적격조합 확인

중소기업자간 경쟁입찰에 참여하려는 조합은 중소벤처기업부장관에게 참여자격 확인을 신청해야 하며, 중소벤처기업부장관은 이를 확인해야 한다(판로지원법 제8조 제2항). 중소벤처기업부장관은 중소기업자간 경쟁입찰 참여자격의 확인업무를 중소기업중앙회, 중소기업진흥에 관한 법률 제69조 제1항에 따른 중소기업제품·벤처기업제품 판매회사에게 위탁할 수 있다(판로지원법 제34조 제2항, 판로지원법 시행령 제27조 제1항 제1호).

이에 따라 중소벤처기업부장관은 공공기관의 장의 구매업무의 효율적 운영을 위해 조합의 중소기업자간 경쟁입찰 참여자격 여부를 검토하여 적격조합을 확인할 수 있다(중소기업제품 공공구매제도 운영요령 제16조 제1항). 그리고 공공기관의 장은 중소기업자간 경쟁입찰에 따라 조합을 낙찰자로 결정하기 전에 해당 조합이 중소기업자간 경쟁입찰 참여자격을 가지는지 확인해야 한다. 물론 구매정보망이나 지정정보처리장치에 공개된 적격조합 확인서로 갈음할 수 있다(중소기업제품 공공구매제도 운영요령 제16조 제2항). 그 밖에 적격조합 확인신청과 판정, 사후관리 등은 중소기업제품 공공구매제도 운영요령 제17조, 제18조에서 정한다.

(2) 참여요건

조합이 중소기업자간 경쟁입찰에 참여하려는 경우에는 ① 해당 조합 조합원의 2분의 1 이상이 판로지원법 시행령 제9조 제1항 각 호 요건을 모두 갖춘 중소기업자(중소기업기본법 제2조에 따른 중소기업자로 한정)로 구성되어 있되, 다만, 제조공법이나 원자재를 기준으로 구성된 조합 등 중소벤처기업부장관이 고시한 제조공법이나 원자재를 기준으로 구성된 조합

1) 서울행정법원 2020. 7. 3. 선고 2019구합57589 판결 참조.
2) 서울행정법원 2020. 7. 3. 선고 2019구합57589 판결.

등의 범위에 속하는 조합으로서 경쟁제품을 생산하는 조합원이 전체 조합원의 2분의 1 미만인 경우에는 해당 경쟁제품을 생산하는 조합원의 2분의 1 이상이 판로지원법 시행령 제1항 각 호 요건을 모두 갖춘 중소기업자로 구성될 것, ② 경쟁제품의 품질관리와 사후관리 기준을 마련하여 운영하고 있을 것, ③ 조합이 중소기업자간 경쟁입찰에 참여하는 것을 허용한다고 정관에 명시되어 있을 것, ④ 중소벤처기업부장관이 공공구매 업무와 관련된다고 인정하는 교육을 연간 10시간 이상 이수한 상근임직원을 2명 이상 두고 있을 것, ⑤ 그 밖에 입찰에 참여하는 조합이 중소기업자간 경쟁입찰을 하는 시장에서 차지하는 시장점유율 기준 등 경쟁입찰의 실효성을 높이기 위해, 공정거래위원회와의 협의를 거쳐 중소기업자간 경쟁입찰에 참여하는 조합이 중소기업자간 경쟁입찰을 하는 제품시장에서 차지하는 시장점유율이 100분의 50 이하(판로지원법 제6조 제1항에 따른 중소기업자간 경쟁 제품 중 레미콘·아스팔트콘크리트인 경우에는 100분의 45 이하)인 것에 적합하다는 요건을 모두 갖추고, 위 조합이 생산하거나 제공하는 제품과 관련해서만 중소기업자간 경쟁입찰에 참여할 수 있다(판로지원법 시행령 제9조 제2항 본문 제1호부터 제5호, 판로지원법 시행규칙 제3조 제1항).

다만, 공정한 경쟁을 위해 중소기업자간 경쟁입찰에 2개 이상 조합이 참여할 필요가 있다고 판단되는 경우에는 중소벤처기업부장관은 해당 제품을 따로 고시할 수 있고, 이는 중소기업제품 공공구매제도 운영요령에서 정한다(판로지원법 시행령 제9조 제2항 단서).

(3) 참여방법

적격조합은 소속 조합원사 중 2개 이상 조합원사를 대표하여 중소기업자간 경쟁입찰에 참여할 수 있다(중소기업제품 공공구매제도 운영요령 제20조 제1항). 지역을 제한하여 경쟁입찰을 하는 경우, 전국을 업무구역으로 하는 적격조합은 참여 지역 수에 제한 없이 조합원사 중 해당 지역제한 경쟁입찰에 참여할 수 있는 조합원사만을 대표하여 참여할 수 있다(중소기업제품 공공구매제도 운영요령 제20조 제2항). 적격조합을 이용해 중소기업자간 경쟁입찰에 참여하기로 한 조합원사는 같은 경쟁입찰에 독립하여 별도로 입찰에 참여할 수 없다(중소기업제품 공공구매제도 운영요령 제20조 제3항).

3) 중소기업 확인서 발급

중소벤처기업부장관은 참여자격을 확인하고 중소기업 확인서를 발급한다. 중소기업 확인서를 발급하려는 경우, 중소기업 여부 확인이나 확인서 발급 등 업무는 중소기업제품·벤처기업제품 판매회사에게 위탁하여 수행할 수 있다(중소기업제품 공공구매제도 운영요령 제13조 제3항).

한편, 중소벤처기업부장관은 중소기업자간 경쟁입찰 참여자격 확인을 위해 중소기업 확인서를 구매정보망에 등록하여 확인서 발급을 갈음할 수 있다(중소기업제품 공공구매제도 운영요령 제13조 제2항).

4) 참여자격 취소·정지

가) 의의

중소벤처기업부장관이 일정한 사유가 있는 경우, 참여자격을 확인받은 중소기업자에게 참여자격을 취소하거나 일정기간 동안 정지하는 제도이다.

나) 종류

(1) 임의적 취소·정지

중소벤처기업부장관은 중소기업자간 경쟁입찰 참여가 부적당한 경우 참여자격을 취소하거나 1년 이내 범위에서 정지할 수 있다(판로지원법 제8조 제3항 본문 제4호). 여기서 중소기업자간 경쟁입찰 참여가 부적당한 경우란 중소기업자간 경쟁입찰에 참여하는 중소기업자가 ① 판로지원법 시행령 제9조 제2항 각호 요건을 모두 갖춘 조합(이하 적격조합)이 중소기업자간 경쟁입찰에 참여하는 소속 조합원에게 하도급 행위를 하도록 조장하거나, 소속 조합원이 하도급 행위를 하는 것을 알면서도 적절한 조치를 하지 않은 경우, ② 적격조합이 중소기업자간 경쟁입찰에 참여할 때 판로지원법 시행령 제9조 제1항 각호 요건을 갖추지 못한 소속 조합원을 포함한 사실이 적발된 경우, ③ 국가계약법 시행령 제76조 제2항 각호나 지방계약법 시행령 제31조 제1항 각호에 해당하는 행위를 하여 중앙관서의 장이나 지방자치단체의 장으로부터 입찰참가자격 제한을 받은 경우 중 어느 하나에 해당하는 경우를 말한다(판로지원법 시행령 제9조의2 제1항 제1호부터 제3호). 공공기관의 장은 위 각 사유에 해당하는 사실이 있으면 중소벤처기업부장관에게 그 사실을 통보해야 한다(판로지원법 시행령 제9조의2 제2항).

(2) 필요적 취소

중소벤처기업부장관은 ① 거짓이나 그 밖에 부정한 방법으로 참여자격을 취득한 경우, ② 참여자격을 상실한 경우, ③ 담합 등 부당한 행위를 한 경우에 참여자격을 취소해야 한다(판로지원법 제8조 제3항 단서 제1호부터 제3호). 공공기관의 장은 위 각 사유에 해당하는 사실이 있으면 중소벤처기업부장관에게 그 사실을 통보해야 한다(판로지원법 시행령 제9조의2 제2항).

〔중소기업자간 경쟁입찰 참여제한 여부 확인서 신청을 하면서, 참여제한 사유가 있는데도 없다고 허위로 기재하여 신청한 후 해당 확인서를 발급받은 경우, 참여자격 취소사유가 있는지〕

판로지원법은 제8조 제2항에서 중소기업자간 경쟁입찰에 참여하려는 조합에 대해서만 일정 절차에 따라 중소벤처기업부장관으로부터 참여자격의 확인을 받도록 하고 있고, 조합이 아닌 중소기업자에 대하여는 별도의 확인 규정을 두고 있지 아니하며, 다만 제8조의2 제2항에서 '중소기업자간 경쟁입찰에 참여하려는 중소기업자(조합은 제외한다)는 중소벤처기업부장관이 정하여 고시하는 절차에 따라 중소벤처기업부장관에게 중소기업자간 경쟁입찰 참여제한 대상에 해당하는지 여부의 확인을 신청하여야 하며, 중소벤처기업부장관은 이를 확인하여야 한다'는 규정을 두고 있다. 따라서 원고의 이 사건 확인신청 과정에서 '중소기업자간 경쟁입찰 참여제한 여부 확인서'의 판로지원법 제8조의2, 같은 법 시행령 제9조의3 각 호의 해당 여부 항목 부분에 모두 '해당하지 않음'으로 표시하여 신청서를 제출한 행위는 판로지원법 제8조의2의 '참여제한 대상에 해당하지 아니함을 확인받은 행위'라고 보아야 한다. 따라서 이와 다른 전제에서 원고의 행위, 즉 이 사건 확인신청 과정에서 '중소기업자간 경쟁입찰 참여제한 여부 확인서'의 판로지원법 제8조의2, 같은 법 시행령 제9조의3 각 호의 해당 여부 항목 부분에 모두 '해당하지 않음'으로 표시하여 신청서를 제출한 행위가 판로지원법 제8조의 '참여자격 취득'한 행위임을 전제로 원고에 대하여 판로지원법 제8조 제3항 제1호, 같은 조 제5항에 따라 중소기업자간 경쟁입찰 참가자격을 취소하고, 원고의 참여자격 취득을 제한하는 처분을 한 것은 위법하다(서울행정법원 2020. 7. 30. 선고 2019구합57589 판결).

다) 절차

중소벤처기업부장관은 참여자격을 취소 또는 정지하려면 청문을 해야 한다(판로지원법 제8조 제4항). 그 밖에 자세한 청문절차는 중소기업제품 공공구매제도 운영요령 제13조의2에서 정한다.

라) 효과

참여자격 취소·정지처분을 받은 자는 중소기업자간 경쟁입찰에 참여하지 못한다.

(1) 정지기간

적격조합이 중소기업자간 경쟁입찰에 참여하는 소속 조합원에게 하도급 행위를 하도록 조장한 경우에는 참여자격 정지 6개월, 적격조합이 소속 조합원이 하도급 행위를 하는 것을 알면서도 적절한 조치를 하지 않은 경우에는 참여자격 정지 3개월, 적격조합이 중소기업자간 경쟁입찰에 참여할 때 판로지원법 시행령 제9조 제1항 각호 요건을 갖추지 못한 소속 조합원을 포함한 사실이 적발된 경우에는 참여자격 정지 6개월, 국가계약법 시행령 제76조 제2항 각호나 지방계약법 시행령 제31조 제1항 각호에 해당하는 행위를 하여 중앙관서의 장이나 지방자치단체의 장으로부터 입찰참가자격 제한을 받은 경우에는 참여자격 정지 1년 이내(중앙관서의 장이나 지방자치단체의 장으로부터 입찰참가자격 제한을 받은 기간으로 하되, 하도급등과 관련하여 입찰참가자격 제한을 받은 경우에는 각 유형에 맞게 6개월 또는 3개월을 적용)를 적용한다. 만약 위반행위가 2 이상인 경우로서 그에 해당하는 각각의 처분기준이 다른 경우에는 그 중 무거운 처분기준에 따른다(판로지원법 제8조 제6항, 판로지원법 시행규칙 제4조 별표1).

(2) 참여자격 취득 제한

중소벤처기업부장관은 참여자격을 취소한 경우, 취소한 날부터 1년 이내 범위에서 참여자격 취득을 제한할 수 있다(판로지원법 제8조 제5항). 따라서 참여자격을 정지한 경우에는 참여자격 취득 제한이 적용되지 않는다.

한편, 거짓이나 그 밖에 부정한 방법으로 참여자격을 취득한 경우에는 1년, 담합 등 당한 행위를 한 경우에는 6개월을 적용한다. 위반행위가 2 이상인 경우로서 그에 해당하는 각각의 처분기준이 다른 경우에는 그 중 무거운 처분기준에 따른다(판로지원법 제8조 제6항, 판로지원법 시행규칙 제4조 별표1).

라. 중소기업자간 경쟁입찰 참여제한 등

1) 의의

공공기관의 장은 중소기업자간 경쟁입찰의 공정한 경쟁을 위해 일정한 범위에서 중소기업을 영위하는 자를 대상으로 참여를 제한해야 한다(판로지원법 제8조의2 제1항). 참여제한은 앞에서 본 참여자격과 구별해야 할 개념이다.[1)]

〔판로지원법 제8조가 정한 참여자격과 제8조의2가 정한 참여제한의 관계〕

① 판로지원법 제8조 2011. 3. 30. 법률 제10504호로 개정되면서 제1항에서 제8조에서 적용되는 '참여자격'의 정의에 대한 약칭을 두고 현재에 이르고 있는바, 제1항에서 정의한 '참여자격'은 같은 조 제3항, 제5항에서 정한 취소·정지·취득제한의 대상인 '참여자격'과 동일한 개념임은 물론, 제3항 제1호의 '거짓이나 그 밖에 부정한 방법으로 참여자격을 취득한 경우'에서 말하는 '참여자격' 역시 이와 동일하다고 해석하여야 하는 점, ② 판로지원법 제8조가 제정될 당시는 물론 2011. 3. 30. 위 ①항과 같이 개정될 당시에도 특정 중소기업의 중소기업자간 경쟁입찰 '참여제한'에 관한 판로지원법 제8조의2 조문은 신설되기 전이었는바, 판로지원법 제8조에서 말하는 '참여자격'의 의미가 제8조의2가 신설되면서 비로소 도입된 제8조의2에서 정한 '참여제한의 대상이 되는 경우'가 포함된다거나 영향을 미쳤다고 볼만한 특별한 사정이 없는 점, ③ 2012. 6. 1. 신설된 판로지원법 제8조의2

1) 서울행정법원 2020. 7. 3. 선고 2019구합57589 판결.

조문에는 제8조의 '참여자격'에 대해 직접적으로 규정하고 있지 아니하고, 그 개정이유를 살펴보더라도 이는 각 호에서 정하고 있는 경우에 해당하는 특정 중소기업자에게 제8조에서 정한 '참여자격' 자체를 박탈하거나 제한하는 것이 아니라, '참여자격' 자체는 있음을 전제로 일정한 경우 중소기업자간 경쟁입찰에 실제로 참여하는 것을 제한하는 취지로 이해되는 점, ④ 판로지원법 제8조의2의 신설에도 불구하고, '참여자격'의 취소·정지·취득제한에 관한 근거 규정은 여전히 제8조 제3항, 제5항에서 유지되고 있고, 판로지원법 제8조의2의 신설과 동시에 또는 그 이후에 만들어진 제재 조치(벌칙, 과징금)의 처분 요건은 모두 '거짓이나 그 밖에 부정한 방법으로 제8조의2 제1항 제1호 및 제2호에 따른 중소기업자간 경쟁입찰 참여제한 대상에 해당하지 아니함을 중소기업청장으로부터 확인받은 자'라고 규정하고 있어서 참여자격의 취소·정지·취득제한에 관한 처분요건인 제8조 제3항 제1호의 '거짓이나 그 밖에 부정한 방법으로 참여자격을 취득한 경우'와는 그 행위태양이 '거짓이나 그 밖에 부정한 방법'으로 동일할 뿐 정작 처분요건을 구성하는 행위 자체는 구분됨을 분명히 하고 있는 점 등을 종합하여 보면, 판로지원법 제8조 소정의 '참여자격'과 제8조의2 소정의 '참여제한'은 서로 구분되는 개념이라고 봄이 합당하고, 따라서 중소기업자간 경쟁입찰에 참여하는 중소기업의 행위가 판로지원법 제8조의 '참여자격을 취득한 행위'인지, 판로지원법 제8조의2의 '참여제한 대상에 해당하지 아니함을 확인받은 행위'인지를 구분하여 해당 행위를 처분요건으로 하는 제재 처분을 하여야 할 것이다(서울행정법원 2020. 7. 3. 선고 2019구합57589 판결).

2) 법적 성격

중소기업자간 경쟁입찰 참여제한제도는 침익적 행정처분에 해당한다. 아울러 공공기관의 장은 위 요건에 해당하면 반드시 그 중소기업자에게 중소기업자간 경쟁입찰 참여를 제한해야 하는 기속행위이다. 그러나 중소기업자간 경쟁입찰 참여제한제도는 그 내용과 성격을 달리하는 직접생산확인취소제도와 구별해야 한다.[1)]

〔직접생산확인취소제도와 구별〕

직접생산확인취소 중에서도 모든 제품에 대한 취소 조항은 해당 중소기업자가 생산하는 모든 제품에 대하여 직접생산확인을 취소하여, 중소기업자간 경쟁입찰등 참여하지 못하는 결과가 발생하지만, 이는 직접생산의무를 위반한 중소기업자에 대한 제재 결과일 뿐이고, 담합 등 부당한 행위를 하였다 하여 경쟁입찰 참여자격을 제한받는 업체나 기업분할을 통해 설립된 중소기업이나 대기업의 실질적인 지배를 받은 중소기업에 대하여 경쟁입찰 참여를 제한하는 중소기업자간 경쟁입찰 참여제한제도(판로지원법 제8조 제3항, 제8조의2)와는 그 내용과 성격을 달리한다(헌법재판소 2018. 11. 29.자 2016헌바353 결정).

---

1) 헌법재판소 2018. 11. 29.자 2016헌바353 결정.

3) 참여제한 사유

공공기관의 장은 다음 중 어느 하나에 해당하는 중소기업을 영위하는 자는 중소기업자간 경쟁입찰 참여를 제한해야 한다(판로지원법 제8조의2).

가) ① 대기업(분할등으로 설립되는 기업과 존속하는 기업 중 어느 하나가 분할일·분할합병일 또는 물적분할일이 속하는 연도의 다음 연도부터 4년 이내에 대기업이 되는 경우도 포함)이나 ② 중소기업자간 경쟁입찰 참여자격 유지 또는 공공조달시장의 점유율 확대 등을 목적으로 분할등을 하였다고 중소벤처기업부장관이 인정한 중소기업으로부터 상법 제530조의2와 제530조의12에 따른 분할·분할합병, 물적분할(분할등)에 따라 설립되는 기업과 존속하는 기업이 같은 종류의 사업을 영위하는 경우(판로지원법 제8조의2 제1항 제1호 가목, 나목).

여기서 같은 종류의 사업이란 경쟁제품을 생산하는 사업에 한정한다(판로지원법 제8조의2 제5항). 그리고 같은 종류의 사업범위는 중소벤처기업부장관이 지정하는 경쟁제품을 생산하는지를 기준으로 한다(판로지원법 시행령 제9조의4).

한편, 중소벤처기업부장관이 해당 중소기업을 영위하는 자가 중소기업자간 경쟁입찰 참여자격 유지 또는 공공조달시장의 점유율 확대 등을 목적으로 분할 등을 하였다고 인정할지를 결정하는 경우, 상속, 법원 판결 등 불가피한 사유로 인한 분할등을 종합적으로 고려해야 한다(판로지원법 제8조의2 제6항). 구체적으로, 상속, 법원 판결 등 불가피한 사유로 분할등을 하였는지 여부, 분할등에 따라 설립되는 기업과 존속하는 기업이 같은 법 시행령 제9조의3 제1호에 따른 지배 또는 종속의 관계에 있는 기업들의 집단에 포함되는지 여부, 분할등이 되는 기업이 분할일, 분할합병일 또는 물적분할일 이전에 중소기업자간 경쟁입찰에 참여하였는지 여부, 분할등에 따라 설립되는 기업이 존속하는 기업으로부터 생산공장, 생산시설 등을 임차하거나 존속하는 기업과 공동으로 소유하고 있는지 여부, 분할등에 따라 설립되는 기업 또는 존속하는 기업이 중소기업자간 경쟁입찰에 참여하여 공정한 경쟁을 해칠 우려가 있는지 여부를 종합적으로 고려해야 한다(판로지원법 시행령 제9조의5 제1호부터 제5호). 이 경우 중소벤처기업부장관은 관계 공무원과 전문가 등으로부터 의견을 들을 수 있는데(판로지원법 제8조의2 제6항), 이를 위해 중소벤처기업부에 중소기업자간 경쟁입찰심의위원회를 둔다(판로지원법 제8조의2 제7항, 판로지원법 시행규칙 제4조의2 제1항). 경쟁입찰심의위원회 구성, 운영, 위원임기, 의결방법 등은 판로지원법 시행규칙 제4조의2 제2항부터 제7항까지에서 정한다.

나) 대기업과 지배 또는 종속관계에 있는 기업들의 집단에 포함되는 중소기업(판로지원법 제8조의2 제1항 제2호).

여기서 지배 또는 종속관계란 ① 중소기업기본법 시행령 제3조의2에 따른 지배·종속관계나 ② 일정한 대기업과 중소기업의 관계 중 어느 하나를 말한다. ②에서 일정한 대기업은, 대·중소기업 상생협력 촉진에 관한 법률 제2조 제2호에 따른 대기업의 대표·최대주주 또는 최다지분 소유자나 그 대기업의 임원(독점규제 및 공정거래에 관한 법률 제2조 제5호에 따른 임원)이 중소기업의 임원을 겸임하고 있거나 중소기업의 임원으로 파견되어 있는 경우, 대기업이 중소기업으로부터 그 중소기업의 주된 사업, 영업활동 또는 거래의 주된 부분을 위임받아 수행하고 있는 경우, 대기업이 중소기업에 그 중소기업의 발행주식총수 또는 출자총액(개인사업자의 경우에는 자산총액)을 초과하는 금액에 해당하는 자산을 대여하거나 채무를 보증하고 있는 경우,[1] 대기업 또는 대기업과의 관계가 중소기업기본법 시행령 제3조의2 제1항 제1호 가목에 해당하는 자가 중소기업의 다른 주요 주주(누구의 명의로 하든지 자기의 계산으로 의결권 있는 발행주식총수의 100분의 10 이상의 주식을 소유하거나 임원의 임면 등 해당 중소기업의 주요 경영사항에 대하여 사실상 지배력을 행사하고 있는 주주)와의 계약 또는 합의에 따라 중소기업의 대표이사를 임면하거나 임원의 100분의 50 이상을 선임하거나 선임할 수 있는 경우, 대기업이 중소기업에 경쟁제품을 생산하는 사업을 시작하는 데 드는 공장설립비(임차하는 경우 임차료), 생산설비 설치비 등 총비용의 100분의 51 이상을 투자, 대여 또는 보증한 경우를 말한다(판로지원법 시행령 제9조의3 제2호 가목부터 마목).

1. 중소기업자간 경쟁입찰 참여제한 대상기업에 해당하는 경우 물량 배정을 중지하겠다는 통보의 법적 성격

조달청장이 '중소기업제품 구매촉진 및 판로지원에 관한 법률 제8조의2 제1항에 해당하는 자는 입찰 참여를 제한하고, 계약체결 후 해당 기업으로 확인될 경우 계약해지 및 기 배정한 물량을 회수한다'는 내용의 레미콘 연간 단가계약을 위한 입찰공고를 하고 입찰에 참가하여 낙찰받은 甲 주식회사 등과 레미콘 연간 단가계약을 각 체결하였는데, 甲 회사 등으로부터 중소기업청장이 발행한 참여제한 문구가 기재된 중소기업 확인서를 제출받고 甲 회사 등에 '중소기업자 간 경쟁입찰 참여제한 대상기업에 해당하는 경우 물량 배정을 중지하겠다'는 내용의 통보를 한 사안에서, 중소기업제품 구매촉진 및 판로지원에 관한 법률 제6조 제1항, 제7조 제1항, 구 중소기업제품 구매촉진 및 판로지원에 관한 법률(2014. 3. 18. 법률 제12499호로 개정되기 전의 것, 이하 '구 판로지원법'이라 한다) 제8조의2 제1항 제2호, 중소기업제품 구매촉진 및 판로지원에 관한 법률 시행령 제9조의3 제2

---

1) 그 의미는 대법원 2019. 5. 10. 선고 2015두46987 판결 참조.

호 (다)목의 규정 체계 및 내용, 입찰공고 및 '물품구매계약 추가 특수조건'의 내용과 구 판로지원법 제8조의2 제1항은 조달청장과 같은 '공공기관의 장'이 경쟁입찰 참여제한 처분의 주체임을 명시하고 있고, 조달청장은 甲 회사 등이 대기업과 지배 또는 종속의 관계에 있다고 최종적으로 판단하여, 위 법률 조항에 의한 집행행위로서 통보를 한 점, 甲 회사 등은 위 통보로 구 판로지원법 제8조의2 제1항, 같은 법 시행령 제9조의3에 따라 중소기업자 간 경쟁입찰에 참여할 수 있는 자격을 획득할 때까지 물량 배정을 받을 수 없게 되고 이는 甲 회사 등의 권리·의무에 직접적인 영향을 미치는 법적 불이익에 해당하는 점 등을 종합하면, 위 통보가 중소기업청장의 확인처분과 구 판로지원법 제8조의2 제1항 등에 근거한 후속 집행행위로서 상대방인 甲 회사 등의 권리·의무에도 직접 영향을 미치므로, 행정청인 조달청장이 행하는 구체적 사실에 관한 법 집행으로서의 공권력의 행사이고 따라서 항고소송의 대상이 된다(대법원 2019. 5. 10. 선고 2015두46987 판결).

☞ 이 사건 통보는 피고 중소기업청장의 이 사건 확인처분과 구 판로지원법 제8조의2 제1항 등에 근거한 후속 집행행위로서 상대방인 원고들의 권리·의무에도 직접 영향을 미치므로, 행정청인 피고 조달청장이 행하는 구체적 사실에 관한 법 집행으로서의 공권력의 행사이고, 따라서 항고소송의 대상이 될 수 있다.

1) 구 판로지원법 제8조의2 제1항은 피고 조달청장과 같은 '공공기관의 장'이 경쟁입찰 참여제한 처분의 주체임을 명시하고 있고, 피고 조달청장은 원고들이 대기업과 지배 또는 종속의 관계에 있다고 최종적으로 판단하여, 위 법률 조항에 의한 집행행위로서 이 사건 통보를 하였다.

2) 원고들은 이 사건 통보로 인하여 구 판로지원법 제8조의2 제1항, 같은 법 시행령 제9조의3에 따라 중소기업자 간 경쟁입찰에 참여할 수 있는 자격을 획득할 때까지 물량 배정을 받을 수 없게 된다. 이는 원고들의 권리·의무에 직접적인 영향을 미치는 법적 불이익에 해당한다.

3) 피고 조달청장이 이 사건 통보를 하면서 추가특수조건을 근거로 들기는 하였으나, 추가특수조건은 구 판로지원법 제8조의2 제1항, 같은 법 시행령 제9조의3의 내용을 확인하는 의미이고, 이 사건 통보는 그에 따라 물량 배정이 중지되도록 하는 데 주안점을 둔 후속 집행행위에 해당한다. 따라서 이 사건 통보를 순수한 사경제적 지위에서 행한 조치로 보기는 어렵고, 오히려 피고 조달청장이 공익실현이라는 행정 목적을 달성하기 위하여 우월적 지위에서 행한 조치라고 봄이 타당하다.

4) 피고 조달청장은 이 사건 통보 시 '처분'이라는 표현을 사용하지 않았고, 행정소송 등 불복방법도 안내하지 아니하는 등 이 사건 통보서가 행정처분의 외형을 갖춘 것으로 보기 어려운 측면이 있다. 그러나 피고 조달청장은 이 사건 통보에 앞서 이 사건 입찰공고에서 미리 "판로지원법 제8조의2 제1항에 해당하는 자는 본 입찰에 참여할 수 없으며, 계약체결 후에 해당 기업으로 확인될 경우 계약해지 및 기 배정한 물량을 회수하니 착오 없기 바랍니다."라는 내용을 고지한 바 있고, 이 사건 통보서에는 원고들이 위 구 판로지원법 조항에 따라 입찰참가자격 제한 대상에 해당하기 때문에 물량 배정을 중지한다는 취지가 나타나 있다. 원고들 역시 이 사건 통보를 행정처분으로 인식하고 그에 대하여 항고소송을 제기하였다. 이러한 점에서 보면, 이 사건 통보는 행정처분으로서의 외

관을 갖추었다고 볼 수 있다.

2. 대기업이 중소기업에 그 중소기업의 발행주식총수 또는 출자총액(개인사업자의 경우에는 자산총액)을 초과하는 금액에 해당하는 자산을 대여하거나 채무를 보증하고 있는 경우를 대기업과 지배·종속관계에 있다고 규정한 것이 헌법상 영업의 자유와 평등권을 침해하는지

가. 이 사건 시행령 조항이 원고들의 영업의 자유를 침해하여 위헌인지

이 사건 확인처분 등의 근거가 된 이 사건 시행령 조항은, 구 판로지원법 제8조의2 제1항 제2호와 결합하여 피고 조달청장으로 하여금, 중소기업이 대기업으로부터 발행주식총수 또는 출자총액을 초과하는 금액에 해당하는 자산을 대여받은 경우 그 중소기업의 중소기업자 간 경쟁입찰 참여를 제한하도록 하고 있고, 이에 따라 원고들의 영업의 자유가 제한될 여지가 있다. 그러나 이 사건 시행령 조항은 헌법 제37조 제2항의 과잉금지원칙을 준수하였다 할 것이므로, 원고들의 영업의 자유를 침해하여 위헌·무효라고 볼 수 없다. 그 이유는 다음과 같다.

1) 우리 헌법은 중소기업이 국민경제에서 차지하는 중요성을 고려하여 중소기업에 대한 보호·육성을 국가의 과제로 명문화하고(제123조 제3항 참조), 이에 따라 중소기업기본법은 창의적이고 자주적인 중소기업의 성장을 지원하고 나아가 산업구조를 고도화하고 국민경제를 균형 있게 발전시키는 것을 목적으로 정부 등에 중소기업시책을 세워 실시하여야 할 책무를 부과하고 있다(제1조, 제3조 등 참조).

2) 중소기업자 간 경쟁입찰 제도는 공공기관 조달시장에 중소기업자만 참여하도록 하여 중소기업 제품의 판로를 확보하고 중소기업자 간 경쟁력 향상을 유도하기 위한 것임과 동시에 대기업의 위장 중소기업 설립 방지에도 그 취지가 있다. 중소기업자 간 경쟁입찰의 공정한 경쟁을 통해 중소기업의 경쟁력 향상과 경영 합리화를 도모함은 보호해야 할 중요한 공익이다.

3) 구 판로지원법 제8조의2 제1항 제2호는 대기업과 '지배 또는 종속의 관계'에 있는 중소기업의 경쟁입찰 참여를 제한하고 있는바, 일반적으로 기업 간의 지배·종속 관계는 해당 기업의 소유 또는 경영에 영향력을 미칠 수 있는 지위에 있는지를 기준으로 판단할 수 있고, 기업 간의 인적·물적 결합관계나 사업 관련성 등이 그 영향력을 판단하는 징표가 될 수 있다(헌법재판소 2016. 12. 29.자 2014헌바419 전원재판부 결정 참조). 즉 대기업과 중소기업이 '지배 또는 종속의 관계'에 있다고 함은 기업 간의 인적·물적 결합관계나 사업 관련성, 관련시장의 현황, 대기업이 우회적으로 공공조달시장에 진출하는 형태, 거래관계의 이상성(異常性) 등 여러 가지 요소를 종합적으로 고려하여 볼 때, 대기업이 중소기업의 소유 또는 경영에 영향력을 미칠 수 있는 지위를 이용하여 중소기업자 간 경쟁입찰의 공정한 경쟁을 저해할 우려가 있는 경우를 의미한다.

4) 이 사건 시행령 조항은 대기업이 중소기업에 그 중소기업의 발행주식총수 또는 출자총액을 초과하는 금액에 해당하는 자산을 대여하는 편법을 통해 우회적으로 중소기업 지위를 유지하려는 사례가 다수 발생함에 따라 위와 같은 수단을 통해 대기업과 유사한 경쟁력을 가진 중소기업이 중소기업자 간 경쟁입찰 시장에 진입하는 것을 차단하여 중소기업자 간 경쟁입찰의 공정한 경쟁을 보장

하고자 도입되었다.

5) 중소기업자 간 경쟁입찰에 참여하는 중소기업은 경쟁제품을 직접 생산·제공할 수 있는 설비를 갖추어야 한다(판로지원법 시행령 제9조 제1항). 그런데 중소기업이 대기업으로부터 중소기업 자신의 발행주식총수 또는 출자총액을 초과하는 금액에 해당하는 자산을 대여받게 되면 위 요건을 손쉽게 충족할 수 있을 뿐만 아니라 그에 따라 대기업에 의존하거나 지배·종속될 가능성이 매우 커지게 된다. 또한 다른 중소기업의 수주기회를 현저하게 축소하는 불공정한 결과를 초래하여 중소기업자 간 경쟁입찰 제도가 형해화될 수 있다. 그러므로 적정한 임대료 지급 여부를 불문하고 '대기업으로부터 발행주식총수 또는 출자총액을 초과하는 금액에 해당하는 자산을 대여받은 중소기업'을 대기업과 지배 또는 종속의 관계에 있다고 보아 중소기업자 간 경쟁입찰 참여를 제한하는 것은 위와 같은 입법 목적을 달성하기 위한 적정한 수단 중 하나가 될 수 있다.

6) 중소기업이 이 사건 시행령 조항에 해당하더라도 해당 중소기업은 공공기관의 장이 발주하는 중소기업자 간 경쟁입찰에만 참여할 수 없을 뿐, 이에 해당하지 않는 공공부문 조달계약이나 민간부문의 사경제 활동을 영위하는 데에는 아무런 지장이 없다. 나아가 그 중소기업은 발행주식총수 또는 출자총액을 늘리는 등으로 재정건전성을 확보하여 이 사건 시행령의 제한을 벗어남으로써 중소기업자 간 경쟁입찰에 참여하는 것도 가능하다. 또한 이 사건 시행령 조항은 대기업과 같은 종류의 사업을 영위하는 중소기업만을 그 대상으로 하고 있다(구 판로지원법 제8조의2 제1항 제2호 참조). 위 입법 목적을 달성하면서 원고들의 영업의 자유 등 기본권을 보다 덜 침해하는 다른 수단이 명백히 존재한다고 보이지도 않는다. 따라서 이 사건 시행령 조항은 기본권 침해의 최소성 요건을 갖추었다.

나. 이 사건 시행령 조항이 원고들의 평등권을 침해하여 위헌인지

헌법 제11조 제1항에 근거를 둔 평등원칙은 본질적으로 같은 것을 자의적으로 다르게 취급함을 금지하는 것으로서, 법령을 적용할 때뿐만 아니라 입법을 할 때에도 불합리한 차별취급을 하여서는 안 된다는 것을 뜻한다(대법원 2007. 10. 29. 선고 2005두14417 전원합의체 판결 등 참조). 이 사건 시행령 조항이 '대기업으로부터 발행주식총수 또는 출자총액을 초과하는 금액에 해당하는 자산을 대여받은 중소기업'을 '대기업으로부터 자산을 대여받지 않았거나 대기업으로부터 발행주식총수 또는 출자총액을 초과하지 않는 금액에 해당하는 자산을 대여받은 중소기업'과 달리 취급하는 데에는 다음과 같이 합리적인 이유가 있으므로, 원고들의 평등권을 자의적으로 침해한다고 볼 수 없다.

1) 이 사건 시행령 조항에 해당하는 중소기업과 그렇지 아니한 중소기업은 재정건전성 면에서 유의미한 차이가 있다. 대기업으로부터 발행주식총수 또는 출자총액을 초과하는 금액에 해당하는 자산을 대여받은 중소기업은 그 자본의 규모에 비하여 대여받은 자산의 규모가 커서 경제적·실질적으로 대기업과 지배 또는 종속의 관계에 있게 될 가능성이 매우 크다.

2) 특히 원고들이 종사하는 레미콘 생산업은 생산시설을 설치하기 위한 초기 투자비용이 많이 드는 장치산업에 해당한다. 이러한 상황에서 중소기업이 대기업으로부터 자신의 발행주식총수 또는 출자총액을 초과하는 금액에 해당하는 자산을 대여받으면 중소기업 경쟁제품을 직접 생산·제공할 수

있는 설비요건을 손쉽게 충족할 수 있고, 실질적으로 대기업의 자산을 그대로 이용하여 그 대기업과 유사한 역량을 갖춤으로써 다른 중소기업에 비해 우월한 경쟁력을 보유하게 된다. 이와 같이 그 사업의 물적 기반이 대기업과의 자산 대여 관계에 전적으로 의존함으로써 경제적·실질적으로 대기업과 지배 또는 종속의 관계에 있는 중소기업과 그렇지 아니한 중소기업을 달리 취급하는 데에는 합리적인 이유가 있다 할 것이다.

3) 행정입법자는 위임의 범위 내에서 대기업과 중소기업의 물적 관련성, 인적 관련성, 사업의 위·수탁 관계 등 여러 요소를 고려하여 어떤 중소기업을 '대기업과 지배 또는 종속의 관계에 있는 기업'으로 취급할지를 결정할 일정한 재량을 가진다. 이 사건 시행령 조항의 기준이 현저히 불합리하여 헌법상 용인될 수 있는 재량의 범위를 명백히 일탈한 것으로 보기도 어렵다(대법원 2019. 5. 10. 선고 2015두46987 판결).

다) 정당한 사유 없이 중소벤처기업부장관의 조사를 거부한 중소기업(판로지원법 제8조의2 제1항 제2호).

중소벤처기업부장관은 중소기업자간 경쟁입찰에 참여하려는 중소기업자(조합은 제외)가 참여제한 대상에 해당하는 여부를 확인하기 위해 중소기업자로부터 중소기업 자산 현황과 경영상태 등 필요한 자료 제출을 요구할 수 있는데(판로지원법 제8조의2 제3항), 만약 해당 중소기업자가 정당한 이유 없이 그 조사를 거부하면, 그의 참여를 제한해야 한다는 취지이다.

4) 참여제한 대상 여부 확인

중소기업자간 경쟁입찰에 참여하려는 중소기업자(조합은 제외)는 중소벤처기업부장관이 정하여 고시하는 절차에 따라 중소벤처기업부장관에게 중소기업자간 경쟁입찰 참여제한 대상에 해당하는지 여부의 확인을 신청해야 하며, 중소벤처기업부장관은 이를 확인해야 한다(판로지원법 제8조의2 제2항). 이러한 확인행위는 항고소송 대상인 처분에 해당한다.[1)]

〔경쟁입찰 참여제한 대상 여부 확인이 행정처분인지〕

판로지원법 제7조 제1항, 제8조 제2항, 제8조의2 제2항에 따르면, 공공기관의 장이 발주하는 것으로서 중소기업자가 직접 생산·제공함으로써 판매확대가 필요하다고 인정되는 제품에 관하여 중소기업자간 경쟁입찰에 참여하고자 하는 중소기업자는 반드시 매년 피고 중소기업청장(현 중소벤처기업부장관)으로부터 참여자격 또는 경쟁입찰 참여제한 대상에 해당하는지의 확인을 받아야 하고, 피고 중소기업청장은 매년 실질적 심사를 거쳐 새로 처분을 한다. 만약 위 확인을 받지 못하거나, 그로부

1) 서울고등법원 2015. 6. 12. 선고 2014누65174 판결, 대법원 2019. 5. 10. 선고 2015두46987 판결 참조.

터 경쟁입찰 참여제한 대상이라는 내용의 확인을 받게 되면 사실상 공공기관이 발주하는 경쟁제품에 관한 입찰에 참가할 수 없게 된다. 따라서 피고 중소기업청장의 위와 같은 확인행위는 그에 따른 경쟁입찰 참여제한과 독립하여 그 자체로 중소기업자의 권리·이익을 제한하는 행정처분에 해당한다(서울고등법원 2015. 6. 12. 선고 2014누65174 판결 참조).

한편, 중소벤처기업부장관은 위에 따른 확인을 신청한 중소기업자에게 해당 중소기업의 자산 현황과 경영상태 등 필요한 자료 제출을 요구할 수 있다. 이 경우 자료제출을 요구받은 중소기업자는 특별한 사유가 없으면 이에 협조해야 한다(판로지원법 제8조의2 제3항). 그리고 중소벤처기업부장관은 중소기업자간 경쟁입찰 참여제한 대상에 해당하지 않는다고 확인받은 중소기업자를 대상으로 거짓이나 그 밖에 부정한 방법으로 확인을 받았는지 여부를 조사할 수 있다(판로지원법 제8조의2 제4항).

5) 거짓이나 그 밖에 부정한 방법으로 확인받은 자에 대한 행정·형사처분

거짓이나 그 밖에 부정한 방법으로 제8조의2 제1항 제1호나 제2호에 따른 중소기업자간 경쟁입찰 참여제한 대상에 해당하지 아니함을 중소벤처기업부장관으로부터 확인받은 자에게는 위반행위와 관련된 매출액의 100분의 30을 넘지 않는 범위에서 과징금을 부과할 수 있고(판로지원법 제11조의2 제1항), 3년 이사의 징역 또는 3천만 원 이하의 벌금에 처한다(판로지원법 제35조 제1항 제1호).

〔거짓이나 그 밖에 부정한 방법의 의미〕

판로지원법 제35조 제1항 제1호에서 정한 '거짓이나 그 밖에 부정한 방법'이라 함은 정상적인 절차에 의해서는 피고로부터 중소기업자간 경쟁입찰 참여제한 대상에 해당하지 않음을 확인받을 수 없는데도, 위계, 기만, 은폐 등 사회통념상 부정이라고 인정되는 행위로서 피고의 위 확인 결정에 영향을 미칠 수 있는 적극적 및 소극적 행위를 의미한다(대법원 2017. 9. 7. 선고 2017도6871 판결 참조).

마. 중견기업의 중소기업자간 경쟁입찰 참여 특례

1) 의의

공공기관의 장은 일정한 요건을 모두 충족하는 중견기업(중견기업 성장촉진 및 경쟁력 강화에 관한 특별법 제2조제1호에 따른 중견기업)을 대상으로 중소기업기본법 제2조 제3항에서 정한 기간이 종료된 연도의 다음 연도부터 3년 동안 중소기업자간 경쟁입찰에 참여하도록 인정해야 한다(판로지원법 제8조의3 제1항).

2) 참여범위

중견기업 참여는 그 규모나 횟수 등 기준에 따라 제한할 수 있다(판로지원법 제8조의3 제1항). 해당 기준은 다음과 같다(판로지원법 시행령 제9조의6).

중소기업제품 구매촉진 및 판로지원에 관한 법률 시행령 [별표1]

중견기업의 중소기업자간 경쟁입찰에의 참여 제한기준(제9조의6 관련)

기준연도	연간 중소기업자간 경쟁입찰에 참여할 수 있는 금액 규모
1년차	기준금액의 100분의 75
2년차	기준금액의 100분의 50
3년차	기준금액의 100분의 25

비고

1. "기준연도"란 종전의 연차(1년차의 경우에는 「중소기업기본법」 제2조 제3항에서 정한 기간)가 종료된 날의 다음 날부터 1년이 지난 날까지를 말한다.
2. "기준금액"이란 해당 중견기업이 「중소기업기본법」 제2조 제3항에서 정한 기간이 종료된 연도까지 연속하여 3년간 중소기업자간 경쟁입찰에 참여하여 공공기관에 경쟁제품을 납품한 금액을 3으로 나눈 금액을 말한다.

3) 요건

중견기업이 중소기업자간 경쟁입찰에 참여하려면, 중소기업기본법 제2조 제3항에서 정한 기간이 종료된 연도까지 연속하여 3년 이상 중소기업자간 경쟁입찰에 참여하여 납품한 실적이 있을 것, 중소기업기본법 제2조 제3항에서 정한 기간이 종료된 연도의 매출액이 2천억 원 미만일 것이라는 요건을 모두 충족해야 한다(판로지원법 제8조의3 제1항 제1호, 제2호).

4) 확인·조사절차

중소기업자간 경쟁입찰에 참여하려는 중견기업은 요건에 해당한다는 사실을 증명하는 자료를 첨부하여 중소벤처기업부장관에게 참여자격 확인을 신청해야 한다(판로지원법 제8조의3 제2항). 중소벤처기업부장관은 위에 따라 참여자격을 확인받은 중견기업을 대상으로 거짓이나 그 밖에 부정한 방법으로 참여자격 확인을 받았는지 여부와 참여자격을 부여받은 기간 동안 참여범위를 위반하여 중소기업자간 경쟁입찰에 참여했는지 여부를 조사할 수 있다(판로지원법 제8조의3 제3항). 중소벤처기업부장관은 그 밖에 확인·조사 등에 필요한 사항을 정하여 고시한다(판로지원법 제8조의3 제5항).

5) 참여자격 취소

중소벤처기업부장관은 참여자격을 확인받은 중견기업이 참여범위를 위반하여 중소기업자간 경쟁입찰에 참여하였거나 판로지원법 제8조 제3항 각호 중 어느 하나에 해당하는 경우, 그 참여자격을 취소해야 한다(판로지원법 제8조의3 제4항). 중소벤처기업부장관은 확인취소 등에 필요한 사항을 정하여 고시한다(판로지원법 제8조의3 제5항).

6) 관련규정 준용

중견기업의 중소기업자간 경쟁입찰 참여와 관련하여 판로지원법 제7조 제2항, 제4항, 제5항, 제8조의2 제1항, 제3항, 제5항부터 제7항까지, 제9조부터 제11조까지, 제23조, 제25조, 제35조, 제36조를 준용한다(판로지원법 제8조의3 제6항).

바. 계약상대자 결정방법

1) 원칙

공공기관의 장은 중소기업자간 경쟁입찰에서 적정한 품질과 납품 가격의 안정을 위해 중소기업자의 계약이행능력을 심사하여 계약상대자를 결정해야 한다(판로지원법 제7조 제2항 본문). 중소벤처기업부장관은 관계 중앙행정기관의 장과 협의하여 계약이행능력에 대한 세부심사기준을 정하여 고시하여야 한다. 이 경우 중소기업협동조합 등 대통령령으로 정하는 자는 계약이행능력에 대한 세부심사기준을 따로 정해야 한다(판로지원법 제7조 제4항). 세부심사기준을 정할 때는 중소기업자의 계약이행실적, 기술력, 재무상태 등을 종합적으로 고려해야 한다(판로지원법 제7조 제5항).

이에 따라 공공기관의 장은 중소기업자간 경쟁입찰에서 세부심사기준에 따라 예정가격 이하의 최저가격으로 입찰한 자의 순서대로 중소기업자의 계약이행능력을 심사하여 최종 낙찰자를 결정해야 한다. 이 경우 중소벤처기업부장관은 공동 수주(受注)기회를 확대하기 위한 사항을 세부심사기준에 반영해야 한다(판로지원법 시행령 제7조 제6항).

2) 예외

공공기관의 장은 구매의 효율성을 높이거나, 중소기업제품의 구매를 늘리기 위하여 필요한 경우, 다른 방법으로 계약상대자를 결정할 수 있다(판로지원법 제7조 제2항). 다른 방법이란 다수공급자계약, 희망수량경쟁입찰, 2단계경쟁 등 입찰, 그 밖에 국가계약법 등 계약 관련법령에서 정한 계약이행능력심사 외 낙찰자 결정방법을 말한다(판로지원법 시행령 제7조 제3항 제1호부터 제4호). 이처럼 계약이행능력심사가 아닌 방법으로 낙찰자를 결정하는 등 사유로 말미암아 경쟁제품의 납품 가격이 현저하게 낮아지는 등 중소기업에 미치는 영향이 매우 큰 경우에는, 중소벤처기업부장관은 해당 공공기관의 장에게 낙찰자 결정방법 등과 관련한 협의를 요청할 수 있으며, 협의를 요청받은 공공기관의 장은 특별한 사유가 없으면 협의

결과를 반영해야 한다(판로지원법 시행령 제7조 제4항).

3) 공동수급체 우대

한편, 공공기관의 장은 계약상대자를 결정할 때 중소기업기본법 제2조 제2항에 따른 소기업과 소상공인기본법 제2조에 따른 소상공인의 공동 수주기회를 확대하기 위해 5인 이상 중소기업자로 구성된 공동수급체 중 대통령령으로 정하는 요건에 해당하는 공동수급체를 우대할 수 있다(판로지원법 제7조 제3항). 대통령령으로 정한 요건에 해당하는 공동수급체란 소기업 또는 소상공인이 3인 이상 포함되어 있을 것, 공동수급체를 구성하는 모든 중소기업자가 직접생산확인을 받은 기업일 것이라는 요건을 모두 갖춘 공동수급체를 말한다(판로지원법 시행령 제7조 제5항 제1호, 제2호).

4) 조합 추천 수의계약

공공기관의 장은 국가계약법 시행령 제26조 제1항 제5호 가목, 지방계약법 시행령 제25조 제1항 제5호나 같은 조 제3항에 따라 경쟁제품을 대상으로 수의계약을 체결하려는 경우, 해당 조합에 계약이행능력이 있고, 구매조건에 맞는 소기업 또는 소상공인의 추천을 요청할 수 있다. 이 경우 공공기관은 조합이 추천한 자 중에서 국가계약법 시행령 제30조 제2항이나 지방계약법 시행령 제30조 제2항에 따라 가격을 결정하여 계약을 체결해야 한다(판로지원법 시행령 제8조 제2항 제1호, 제2호). 공공기관의 장은 조합이 추천하는 소기업 또는 소상공인과 수의계약을 체결할 수 있다(판로지원법 시행령 제8조 제1항).

공공기관의 장으로부터 추천을 요청받은 조합은 신청을 받아 5인 이상 소기업 또는 소상공인을 추천해야 한다. 다만, 추천을 신청하는 소기업 또는 소상공인이 3인 또는 4인인 경우에는 신청인 수에 해당하는 소기업 또는 소상공인을 추천할 수 있으며, 추정가격이 2천만 원 미만인 경우에는 2인 이상의 소기업 또는 소상공인을 추천할 수 있다(판로지원법 시행령 제8조 제3항). 추천을 요청하는 공공기관, 추천을 하는 조합, 추천을 신청하는 소기업 또는 소상공인은 구매정보망을 이용해야 한다(판로지원법 시행령 제8조 제4항).

이와 관련한 연간 계약한도, 소기업 또는 소상공인이 조합으로부터 받을 수 있는 연간 추천한도, 추천방법과 구매정보망 이용방법 등 세부사항은 중소기업제품 공공구매제도 운영요령에서 정한다(판로지원법 시행령 제8조 제5항).

4. 직접생산확인제도

가. 의의와 취지

판로지원법상 직접생산확인은 공공기관의 장이 중소기업자간 경쟁방법 등에 따라 조달계약을 체결하려는 경우, 그 중소기업자의 직접생산 여부를 확인하는 제도이다(판로지원법 제9조 제1항 본문). 이처럼 직접생산확인제도는 중소기업자가 중소기업자간 경쟁입찰에 참여하기 위해 제품을 직접 생산한다는 확인을 받는 것으로, 중소기업자가 대기업 제품이나 하청업체 제품 등을 공공기관에 납품하지 못하도록 하고, 직접 제품을 생산하는 중소기업을 보호하려는 제도이다. 따라서 중소기업자의 직접생산확인은 중소기업자간 경쟁입찰에 참여하기 위한 기본적이고 필수적인 요건으로 중소기업자간 공정한 경쟁을 담보하는 근간이다.[1] 결국 직접생산확인제도는 일정한 요건을 충족한 중소기업자가 조달계약에 따른 물품을 직접 생산하여 납품하도록 하여 경쟁력 있는 중소기업을 보호하고 육성하려는 제도이다.[2]

나. 연혁

직접생산확인제도는 2004. 12. 31. 법률 제7285호로 개정된 구 중소기업진흥및제품구매촉진에관한법률 제9조의7에 처음 규정되어 2007. 1. 1. 시행되었고, 그 후 2009. 5. 21. 법률 제9685호로 제정된 판로지원법 제9조에 규정된 이래, 현재에 이른다.

다. 범위

공공기관의 장이 직접생산 여부를 확인해야 하는 경우는 다음과 같다.

첫째, 공공기관의 장은 중소기업자간 경쟁방법으로 제품조달계약을 체결하려는 경우 직접생산 여부를 확인해야 한다(판로지원법 제9조 제1항 본문).

둘째, 공공기관의 장은 경쟁제품을 대상으로 국가계약법 제26조 제1항 제5호 가목, 지방계약법 제25조 제1항 제5호에 따른 수의계약을 체결하려는 경우 직접생산 여부를 확인해야 한다(판로지원법 제9조 제1항 제1호, 같은 법 시행령 제10조 제2항 제1호, 제2호).

셋째, 공공기관의 장은, 농업협동조합 등 특별법에 따라 설립된 법인, 국가유공자 등 단체설립에 관한 법률에 따라 설립된 단체 중 상이를 입은 자들로 구성된 단체, 고엽제후유증 등 환자지원 및 단체설립에 관한 법률에 따라 설립된 단체, 국가보훈처장이 지정하는 국가유공자 자활집단촌의 복지공장, 중증장애인생산품 우선구매 특별법 제9조 제1항에 따라 지정받은 중증장애인생산품 생산시설, 사회복지사업법 제16조에 따라 설립된 사회복지법인 등에 해당하는 수의계약 대상자와 경쟁제품을 대상으로 수의계약을 체결하는 경우에 직접생산 여부를 확인해야 한다(판로지원법 제9조, 제1항 제2호, 제33조 제1항 제1호부터 제3호, 같은 법 시행령 제10조 제3항 제1호, 제2호)

1) 헌법재판소 2015. 9. 24.자 2013헌바393 결정.
2) 헌법재판소 2018. 11. 29.자 2016헌바353 결정.

라. 절차

1) 업무위탁

중소벤처기업부장관은 직접생산 여부 확인의 신청 접수, 그 확인과 직접생산확인증명서 발급 업무를 중소기업중앙회, 중소기업진흥에 관한 법률 제69조 제1항에 따른 중소기업제품·벤처기업제품 판매회사에게 위탁할 수 있다(판로지원법 제34조 제2항, 판로지원법 시행령 제27조 제1항 제2호).

2) 신청

공공기관의 장이나 공공기관에 제품을 납품하려는 중소기업자는 필요한 경우 중소기업제품 공공구매 종합정보망(구매정보망)을 이용하여 중소벤처기업부장관에게 해당 제품의 생산공장별로 직접생산 여부 확인을 신청할 수 있다(판로지원법 제9조 제3항, 판로지원법 시행규칙 제5조 제1항, 중소기업제품 공공구매제도 운영요령 제28조 제3항).

3) 직접생산 여부 확인

가) 의의

중소벤처기업부장관은 위 신청을 받은 경우, 직접생산 여부를 확인하고 그 결과를 해당 중소기업자에게 통보해야 한다. 다만, 해당 중소기업자를 대상으로 직접생산 확인취소를 위한 조사가 진행 중인 경우에는 직접생산 여부 확인을 보류할 수 있다(판로지원법 제9조 제4항).

나) 방법

경쟁제품의 직접생산 여부를 확인할 경우에는 중소벤처기업부장관이 고시한 직접생산 확인기준에 따라 확인해야 한다(중소기업제품 공공구매제도 운영요령 제29조 제1항). 그리고 공공기관의 장이나 수탁기관의 장은 중소벤처기업부장관이 관계기관의 인가·허가·신고·인증 등 관련 서류만으로 직접생산 확인기준을 충족한다고 인정하는 경우, 직접생산확인 증명서 발급일로부터 90일이 경과하기 전에 동일한 직접생산확인기준이 적용되는 제품(세부품목)을 대상으로 직접생산확인을 신청한 경우를 제외하고, 현장심사를 위한 실태조사를 거쳐 직접생산 여부를 확인해야 한다(중소기업제품 공공구매제도 운영요령 제29조 제2항 제1호, 제2호).

4) 확인 기간

수탁기관의 장은 위 신청을 받으면 해당 중소기업자가 직접생산 확인기준을 충족했는지를 현장심사하여 신청일부터 14일(토요일과 공휴일 제외) 이내에 확인해야 한다(판로지원법 제9조 제4항, 판로지원법 시행령 제27조 제1항 제2호, 판로지원법 시행규칙 제5조 제2항). 위 14일을 산정할 때 서류 미비에 따라 확인이 지연된 기간과 수수료 납부에 소요되는 기간은 제외한다(중소기업제품 공공구매제도 운영요령 제29조 제3항).

5) 비용부담

중소벤처기업부장관은 신청한 중소기업자로 하여금 직접생산 여부 확인에 들어가는 비용의 일부나 전부를 부담하게 할 수 있다(판로지원법 시행규칙 제5조 제5항).

6) 직접생산확인증명서

가) 발급

중소벤처기업부장관은 직접생산을 한다고 확인된 중소기업자에게 유효기간을 명시하여 이를 증명하는 서류인 직접생산확인증명서를 발급할 수 있다(판로지원법 제9조 제4항).

한편, 수탁기관의 장도 현장심사 결과 해당 중소기업자가 직접생산 확인기준을 충족하면 직접생산확인증명서를 발급해야 한다(판로지원법 시행규칙 제5조 제3항). 직접생산 여부 정보를 확인한 후 구매정보망에 게재하여야 하면, 증명서를 발급하였다고 본다(중소기업제품 공공구매제도 운영요령 제29조 제7항).

직접생산확인증명서의 유효기간은 발급일부터 2년으로 한다(판로지원법 시행규칙 제5조 제4항).

〔직접생산확인증명서의 확인대상인 제품 범위〕

중소기업자의 직접생산 의무는 경쟁제품으로 지정된 제품 범위에 상응하여 부과되는 것이고, 직접생산 확인증명서는 특정한 조달계약을 전제로 하여 그 조달계약의 대상이 된 특정한 제품에 대하여 발급되는 것이 아니라 조달계약이 발주되기 이전에 발급되는 것이며, 공공기관의 장은 제품조달계약 체결 시 직접생산 여부를 확인할 필요 없이 직접생산 확인증명서의 기재만으로 입찰자격을 부여하게 된다. 이와 같은 중소기업자 직접생산 확인 및 확인증명서 제도의 입법 목적, 직접생산 확인증명서의 발급 시기, 용도나 기능 등에 비추어 보면, 직접생산 확인증명서에서 확인의 대상이 된 제품의 범위는 이를 이용하는 공공기관의 관점에서 그 중소기업자가 직접생산 확인을 받았다고 인식되는 범위, 즉 그 확인증명서에 기재된 제품명이 포괄하는 모든 제품이라고 보아야 하고, 이 중에서 그 중소기업자가 실제 생산하고 있는 제품에 한정된다고 볼 것은 아니다. 나아가 중소기업청장이 「물품목록정보의 관리 및 이용에 관한 법률」(이하 '물품목록법'이라 한다) 제8조 제1항, 제2항, 같은 법 시행령 제9조 제1항, 제2항 등에 따라 조달청이 목록화한 품명(물품분류번호)과 세부품명(세부품명번호) 체계를 이용하여 경쟁제품을 지정하고, 이를 직접생산 확인증명서의 확인대상이 된 제품을 특정하는 데 사용한 경우 직접생산 확인의 대상이 된 제품이 포괄하는 범위는 물품목록법령의 해석상 품명과 세부품명의 포괄범위와 일치한다고 봄이 타당하다(대법원 2015. 6. 24. 선고 2015두35741 판결). ☞ 직접생산 확인의 취소를 규정한 판로지원법 제11조 제2항 제3호는 중소기업자가 납품계약의 대상이 된 제품에 관하여 직접생산 확인증명을 받아 중소기업자 간 경쟁입찰을 거쳐 위 납품계약을 체결한 다음 자신이 직접생산하지 아니한 타사 제품을 납품하는 경우에 비로소 적용되는 규정인데, 원고가 중소기업청장으로부터 직접생산 확인증명서의 발급 및 그 취소 등에 관한 사항을 위임받은 피고로부터 직접생산 확인을 받은 제품은 무선송수신기와 양방향라디오이고, 여기에는 아날로그 변조 방식의 무선통신기기만이 포함될 뿐 원고가 한국공항공사 부산지역본부와 대구광역시에 납품한 디지털 무전기는 포함되지 않는다고 본 뒤, 디지털 무전기에 대한 직접생산 확인증명을 받지 않은 원고가 비록 다른 회사로부터 완성된 디지털 무전기를 구입하여 이를 공공기관에 납품하였다 하더라도 위 규정에 따라 직접생산 확인을 취소할 수는 없다고 판단한 원심에 대하여, 무선송수신기와 양방향라디오를 포함한 무선통신장치에 대한 직접생산 확인기준이 마련될 당시에는 국내에 디지털 무전기가 상용화되지 않았거나 디지털 변조방식에 높은 수준의 기술이 요구되어 국내 중소기업자 중에는 이를 직접 생산할 능력이 있는 회사가 없었다고 하더라도, 물품목록법령이 품명 및 세부품명을 세분하여 물품을 목록화하는 것은 국가와 지방자치단체가 보유하는 물품과 소요 예상 물품을 경제적·효율적으로 생산, 수급, 관리 및 운용하기 위함이고(물품목록법 제1조, 제3조), 물품의 목록화에는 기존의 제품뿐 아니라 새롭게 등장하는 제품도 포괄할 수 있도록 설계되어야 할 필요가 있으므로, 물품의 상용화 정도나 국내 중소기업자의 생산가능 여부는 물품을 분류하는 결정적인 기준이 될 수 없고, 판로지원법은 중소기업자 간 경쟁입찰이라는 국가 및 지방자치단체의 물품 조달방법에 관하여 규정한 것이므로, 그 바탕이 되는 물품의 분류 및 관리 등에 관해서는 물품의 분류체계를 통일하고 물품정보에 관한 자료를 수집·분석·정리하여 목록화, 전산화함을 목적으로 하는 물품목록법령에서 마련한 기본 틀을 따라야 한다는 전제 아래, 이와 달리 판단한 원심의 판단에는 판로지원법에 따른 직접생산확인의 대상인 제품 범위 해석과 관련한 법리 오해 등 위법이 있다고 지적한 사례

나) 직접생산확인 재신청

직접생산확인증명서를 발급받은 중소기업자는 다음 어느 하나에 해당하면 직접생산 여부의 확인을 재신청하여야 한다(판로지원법 제9조 제5항). 즉, 개인사업자의 대표자가 변경된 경우(포괄 양도·양수는 제외), 직접생산 여부 확인을 받은 공장을 이전한 경우, 영위 사업의 양도, 양수, 합병의 경우(포괄 양도·양수는 제외), 그 밖에 중소벤처기업부장관이 필요하다고 인정하는 경우에는 직접생산확인을 재신청해야 한다(판로지원법 제9조 제5항 제1호부터 제4호). 직접생산 여부의 확인을 재신청하려는 중소기업자는 해당 사유가 발생한 날부터 30일 이내에 발급받은 직접생산확인증명서를 수탁기관의 장에게 반납하고, 신청해야 한다(판로지원법 시행규칙 제7조 제1항).

다) 재발급

직접생산확인증명서를 발급받은 중소기업자가 다음 어느 하나에 해당하면 직접생산확

인증명서를 재발급받아야 한다(판로지원법 제9조 제6항). 즉, 상호가 변경된 경우, 법인의 대표자가 변경된 경우, 영위 사업을 포괄 양도·양수한 경우에는 직접생산확인증명서를 재발급받아야 한다(판로지원법 제9조 제6항 제1호부터 제3호).

라) 반납

직접생산확인을 받은 중소기업자는 직접생산 확인기준을 충족하지 않게 된 경우, 그 사유가 발생한 날부터 30일 이내에 중소벤처기업부장관이나 수탁기관의 장에게 직접생산 확인을 받은 제품명(세부품명과 물품분류번호를 함께 표기), 반납 사유와 반납 사유 발생일을 적은 문서를 제출해야 하고, 해당 제품에 대한 직접생산확인증명서를 반납해야 한다(판로지원법 제11조 제4항, 판로지원법 시행규칙 제7조 제2항 제1호, 제2호).

7) 공공기관장의 확인

중소벤처기업부장관이 직접생산을 확인한 서류를 발급한 경우에는, 공공기관의 장은 직접생산 확인서류로써 직접생산 여부 확인을 갈음할 수 있고(판로지원법 제9조 제1항 단서), 제품조달계약 전후로 구매정보망에 등록된 정보에 따라 직접생산 여부를 확인할 수 있다(판로지원법 시행령 제10조 제5항). 즉, 공공기관의 장은 해당 입찰 건별로 직접생산 여부를 확인하되(중소기업자간 경쟁제품 직접생산 확인기준 제21조), 입찰 마감일 전일 또는 견적서 제출마감일 전일 이전에 구매정보망에 등재된 정보를 기초로 직접생산 여부를 확인할 수 있다(중소기업제품 공공구매제도 운영요령 제29조 제8항).

마. 직접생산 확인기준

1) 의의

중소벤처기업부장관은 생산설비 기준 등 직접생산 확인기준을 정하여 고시해야 한다(판로지원법 제9조 제2항). 그런데 직접생산 확인기준을 정할 때는 주요 설비·장비, 최소 공장면적, 최소 필요 인원, 필수자격, 그 밖에 필수 원자재 등 제품별 특성을 고려해야 한다(판로지원법 제10조 제4항 제1호부터 제5호). 이에 중소벤처기업부는 고시로 중소기업자간 경쟁제품 직접생산 확인기준을 둔다.

〔중소기업자간 경쟁제품 직접생산 확인기준의 성질〕

판로지원법은 무분별한 하도급으로 인한 폐해를 방지하고 직접생산 활동에 종사하는 중소기업자에게 판로지원법에 규정된 혜택을 주기 위하여 그 전제조건으로 경쟁제품에 관한 직접생산 확인을 받을 의무를 부담시키고 있는바, 판로지원법에 규정된 각종 혜택은 중소기업자에 대한 수익적 행정에 해당하는 한편, 직접생산 여부의 확인기준이 되는 '중소기업자간 경쟁제품 직접생산 확인기준'의 내용은 기술적이고 전문적인 영역에 속하는 사항으로, 직접생산 확인기준의 내용을 정함에 있어서는 행정청에 비교적 폭넓은 재량이 인정된다. 따라서 하위법령인 중소기업청장 고시 직접생산 확인기준의 충족 여부에 대한 조사결과에 따라 직접생산확인을 취소하도록 규정하고 있는 데에는 그 정당성과 합리성, 위임의 불가피성이 인정된다. 만일 직접생산 확인기준이 그 위임법령 등에 부합하지 않는 경우에는 해당 직접생산 확인기준에 대한 사법심사 등도 가능하다(서울고등법원 2021. 1. 22. 선고 2019누36072 판결).

2) 경쟁제품별 직접생산 확인기준

중소기업자간 경쟁제품 직접생산 확인기준에서는 별표2에 경쟁제품별 세부 직접생산 확인기준(경쟁제품별 세부기준)을 둔다(중소기업자간 경쟁제품 직접생산 확인기준 제17조). 2023. 5. 23. 기준으로, 총 212개 제품별로 확인기준이 있다. 특히 경쟁제품별 세부기준 중 직접생산 정의는 해당 제품에 대한 직접생산 여부를 확인하는 참고기준으로 적용한다(중소기업자간 경쟁제품 직접생산 확인기준 제2조).

3) 세부내용

가) 생산공장

(1) 사업자등록증명

사업자등록은 조사일 기준 최근 3개월 이내에 해당품목(세부품명) 관련 업종에 대하여 발급한 사업자등록증명 등으로 확인해야 한다. 다만, 생산공장에 별도의 사업자등록증명이 없는 경우에는 해당 생산공장의 공장등록증명서(최근 3개월 이내에 발급한 경우에 한정함)와 해당 공장 외 다른 지역(본사 등)의 사업자등록증명으로 이를 갈음할 수 있다(중소기업자간 경쟁제품 직접생산 확인기준 제4조).

(2) 공장등록증명

공장보유 여부는 조사일 기준 최근 3개월 이내에 발급한 공장등록증명서에 의하여 확인하되 공장등록증명서에 기재된 경쟁제품별 관련 업종(한국표준산업분류 세세분류코드 기준)을 확인해야 한다. 다만, 관련 업종에 대한 통계청 고시 한국표준산업분류 세세분류코드가 명확하지 않거나 변경 또는 추가된 경우에는 해당 업계의 의견을 수렴하여 예외로 할 수 있다(중소기업자간 경쟁제품 직접생산 확인기준 제5조).

(3) 임차공장

임차(전대차 포함)공장에 대하여는 임차계약서와 임차보증금 납부 증빙자료 또는 조사일 기준 최근 3개월간의 임차료 납부 증빙자료(납부통장, 금융권이체확인증, 무통장입금확인서, 세금계산서 등 증빙서류 중 1종 이상, 단, 임차보증금 증빙자료가 없는 경우 재무제표 등에 임차료가 계상된 경우에 한하여 인정하고, 무상임차의 경우 수도광열비, 전기료, 관리비 등 증빙 서류 중 1종 이상)를 추가로 확인하여야 한다. 단, 임차계약일이 신청일 기준 3개월 미만인 임차공장은 임차계약서의 계약일로부터 조사일까지의 임차료 납부 증빙자료를 확인하여야 한다(중소기업자간 경쟁제품 직접생산 확인기준 제6조).

(4) 동일 소재지 복수공장

동일 소재지에 복수 기업체가 생산공장(사업장)을 운영하는 경우, 경쟁제품별 세부기준에서 인정하는 경우를 제외하고는 각각 생산공장이 격벽으로 분리되어 있어야 하고, 각각 출입구가 있어야 하며, 생산시설과 생산인력이 독립적으로 운영되어야 한다(중소기업자간 경쟁제품 직접생산 확인기준 제7조).

(5) 소기업 공장등록

중소기업진흥에 관한 법률에 따른 공장면적이 500㎡미만인 소기업이 공장을 미등록한 경우에는 건축물관리대장을 징구하여 건축물관리대장에 해당 면적의 용도가 '공장(지식산업센터를 포함)' 용도 또는 제1종, 제2종 근린생활시설 용도로 기재된 경우에 한하여 해당 생산공장의 사업자등록증과 제조업소 여부를 현장에서 확인한다(중소기업자간 경쟁제품 직접생산 확인기준 제8조).

(6) 장애인 직업재활시설 등

장애인복지법 제58조 제1항 제3호에 따른 장애인 직업재활시설인 경우 공장등록증명서에 갈음하여 같은 법 시행규칙 제43조 제5항에 따른 장애인복지시설신고증(시설의 종류가 '장애인직업재활시설'), 해당 건축물의 건축물 관리대장 등본을 제출받아 해당 건축물이 '노유자시설' 용도로 허가 또는 신고된 건축물인지 확인하여야 한다. 한편, 형의 집행 및 수용자의 처우에 관한 법률 제68조 제1항에 따른 외부 기업체로서 법무부 예규 교도작업운영지침 제3조 제4호의 구외작업장 입주 외부기업체와 구내작업장 입주 외부기업체에 해당하는 경우에는 공장등록증명서에 갈음하여 같은 운영지침 제96조에 따른 개방지역작업장통근작업계약서(구외작업장 입주 외부기업체), 제42조에 따른 위탁작업계약서(구내작업장 입주 외부기업체)를 확인하여야 한다(중소기업자간 경쟁제품 직접생산 확인기준 제9조 제1항 제2항).

나) 생산시설

(1) 확인 원칙

생산시설은 직접생산 여부 확인을 신청한 생산공장(또는 사업자등록상 사업장소)의 설비에 한하여 인정하며, 경쟁제품별 세부기준에 세부품명별로 제시된 시설(생산·검사설비) 보유 여부를 확인해야 하며, 경쟁제품별 세부기준에서 임차 보유를 인정하지 않는 경우를 제외하고는 임차 보유를 인정할 수 있다. 다만, 임차공장에 설치된 천장크레인 등 고정시설물은 임차 보유를 인정한다(중소기업자간 경쟁제품 직접생산 확인기준 제10조).

(2) 확인 방법

(가) 자가보유와 임차보유

생산시설(생산설비, 검사설비)을 자가 보유한 경우에는 구매 또는 설치 증빙서류(계약서, 세금계산서, 유형자산감가상각비명세서 등에서 1종)를 제출받고, 임차보유한 경우에는 임차 증빙서류[임차계약서, 임차세금계산서, 임차료 지급 통장사본(또는 금융권이체확인증 또는 무통장입금확인서)]를 제출받는다. 다만, 설비 설치 이후 장기간 경과 등으로 관련 증빙서류 확인이 불가능한 일부 생산시설의 경우에만 제한적으로 조사 당일 생산시설 가동을 시연한 사진으로 대신할 수 있다(중소기업자간 경쟁제품 직접생산 확인기준 제11조 제1항).

(나) 확인대조 등

생산시설 확인은 위 증빙서류를 현장 설치설비와 대조 확인하고, 규격, 모델명, 모델번호 등 생산시설의 상세정보가 기재된 '생산시설보유목록확인서'를 제출받으며, 직접생산 여부 확인을 위해 필요한 경우 해당 업체 상시근로자로 하여금 생산시설을 시연하도록 하여 실제 작동여부를 확인할 수 있다(중소기업자간 경쟁제품 직접생산 확인기준 제11조 제2항).

(다) 참고기준

해당 품목별 생산시설의 규격이나 사양, 생산시설 세부설명 등은 참고기준으로 적용한다(중소기업자간 경쟁제품 직접생산 확인기준 제11조 제3항).

(3) 판단

첫째, 동일 설비를 사용하여 다수 품목을 생산할 때는 해당 설비의 연간 생산능력과 수주실적을 감안하여 생산시설 보유 여부를 판단할 수 있다(중소기업자간 경쟁제품 직접생산 확인기준 제11조 제4항).

둘째, 중소기업진흥공단 기업간협력사업(협동화사업) 중 공동화사업 승인을 받은 기업과 창업보육센터 입주기업 또는 지방자치단체가 시행하는 공동사업시설에 입주한 기업이 공동으로 사용하는 시설은 해당기업이 보유한 것으로 인정한다(중소기업자간 경쟁제품 직접생산 확인기준 제11조 제5항).

셋째, 중소벤처기업부 연구장비 공동이용 클러스터 사업에 참여하여 바우처(장비이용 쿠폰)를 구입하거나, 지방중소벤처기업청과 시험연구설비 사용계약을 체결하여 보유하고 있지 않은 설비를 사용할 수 있는 여건을 구비한 경우 해당기업이 해당 설비를 보유한 것으로 인정한다(중소기업자간 경쟁제품 직접생산 확인기준 제11조 제6항).

넷째, 생산시설 중 검사설비는 공인교정기관의 교정성적서로 확인하는 경우, 교정성적서의 유효기간은 교정일로부터 1년(생산공장 이전에 따른 교정성적서는 유효기간까지 효력 인정)으로 하되 별도로 유효기간이 명시된 경우에는 이에 따른다. 다만, 국가표준기본법 제14조과 같은 법 시행령 제12조 제2항, 교정대상 및 주기설정을 위한 지침 제4조에 따라 측정기를 직접 보유하여 사용하는 업체의 경우 자체규정에서 정한 교정주기 내에서 유효한 것으로 인정(교정성적서와 사규 등 자체규정 확인)하며, 경쟁제품별 세부기준에 의한 해당 품목별로 자체 사규에 의한 교정주기 허용 한도를 별도로 정한 경우에는 이에 따른다(중소기업자간 경쟁제품 직접생산 확인기준 제11조 제7항).

다섯째, 하나의 검사설비가 여러 검사를 할 수 있는 기능을 갖고 있을 경우 해당 검사설비가 검사할 수 있는 모든 검사설비를 보유한 것으로 인정한다. 단, 경쟁제품별 세부기준에서 각각 검사설비를 개별 보유하도록 정한 경우에는 이에 따른다(중소기업자간 경쟁제품 직접생산 확인기준 제11조 제8항).

다) 생산인력

첫째, 생산인력은 경쟁제품별 세부기준에 따라 세부품명별로 제시된 생산인력 기준을 확인하되, 해당 생산공장별로 인원을 확인하여 산정해야 한다(중소기업자간 경쟁제품 직접생산 확인기준 제12조 제1항).

둘째, 생산인력 확인은 4대 보험 가입자 명부에 확인된 인원을 대상으로 조사일 기준 최근 3개월 평균인원(소수점 첫째자리에서 올림)을 확인해야 한다(직접생산 확인 신청일 이후 발급된 사업장별 가입자 명부 등 1개 이상 보험가입 증빙자료 확보). 다만, 본사에서 일괄 신고하여 생산공장별 보험가입 증빙자료가 없는 경우에는 인사명령서나 인사조직도, 생산공장별 임금대장 등 증빙자료를 추가로 징구하여 생산인력을 확인해야 한다(중소기업자간 경쟁제품 직접생산 확인기준 제12조 제2항).

셋째, 직접생산 확인 신청일 기준 해당 공장의 공장등록일(공장을 등록하지 않은 경우 사업자등록일)로부터 3개월 미만인 신규기업은 사업영위기간(해당 생산공장의 공장등록일 또는 사업자등록일로부터 조사일까지)의 평균인원을 확인해야 하며, 해당기업 대표자의 가족으로만 운영되는 가족형 기업 등 4대 보험 납부증명으로 확인이 불가능하다고 판단되는 영세 소상공인으로부터는 가족의 상시 근로를 증빙하는 자료로서 대표자의 가족관계증명서(본인, 배우자, 본인 부모, 자녀에 한함)와 국민건강보험가입 증빙자료(동일한 국민건강보험에 가입한 경우에 한함)를 제출받아 생산인력을 확인해야 한다(중소기업자간 경쟁제품 직접생산 확인기준 제12조 제3항).

넷째, 동일 생산인력이 복수의 사업장에서 4대 보험에 동시에 가입한 경우, 고용보험을 가입한 사업장(주된 사업장으로 보는 곳)의 생산인력으로 본다. 다만, 제7조에 해당하는 경우는 해당 규정을 적용하지 않는다(중소기업자간 경쟁제품 직접생산 확인기준 제12조 제4항).

다섯째, 경쟁제품별 세부기준에서 자격증 보유를 명시한 경우 위에서 살펴 본 인력산정 기준을 적용하며, 국내에서 발급된 자격증에 한하여 인정한다(중소기업자간 경쟁제품 직접생산 확인기준 제12조 제5항).

라) 생산공정

생산공정은 경쟁제품별 세부기준에 따라 세부품목별로 제시된 생산공정 기준을 확인해야 한다. 그리고 해당 기업체의 작업공정도 또는 작업표준 등을 제출받아 확인하고, 전체 공정 중 필수 공정은 작업공정에 대한 설명과 시연을 요구하여 확인할 수 있다. 경쟁제품별 세부기준에 따른 각 경쟁제품별 '생산공정 세부설명'은 참고기준으로 적용한다(중소기업자간 경쟁제품 직접생산 확인기준 제13조 제1항, 제2항, 제3항).

마) 기타

전기 사용실적(제12조 제3항의 사업영위기간의 실적을 확인), 원부자재 구입내역, 그 밖에 인증사항 등을 경쟁제품별 세부기준에 따라 확인한다. 다만, 사업자등록일 기준 2년 이내인 창업초기 기업(생산공장에 별도 사업자등록증명이 없는 경우에는 해당 생산공장의 공장등록증명 발급일 기준)에 대해서는 경쟁제품별 세부기준에서 정하는 전기 사용실적의 50%를 적용한다(중소기업자간 경쟁제품 직접생산 확인기준 제14조).

4) 적용

가) 1개 공장에서 여러 세부품명을 신청할 때 기준 적용

1개 공장에서 여러 세부품명을 대상으로 직접생산확인을 신청하는 경우, 생산공장 면적, 생산시설, 생산인력은 다음 각 호의 기준을 적용한다. 즉, 첫째, 신청한 세부품명이 별표1 경쟁제품별 제품군에서 정한 동일한 제품군에 속하는 경우 제품별 직접생산 확인기준에서 별도로 정하는 경우를 제외하고는 생산공장의 면적, 보유 생산시설, 생산인력의 공유를 허용하여 세부 직접생산 확인기준을 충족하는지 여부를 확인한다. 둘째, 신청한 세부품명이 별표1의 같은 제품군에 속하지 아니하더라도 2개 이상의 세부품명이 결합하여 하나의 기능이나 새로운 기능을 구현할 경우 중소벤처기업부장관은 현장심사를 거쳐 생산공장 면적, 보유 생산시설, 생산인력의 공유를 허용할 수 있으며 세부 직접생산 확인기준 충족하는지 여부를 확인한다. 셋째, 신청한 세부품명이 서로 다른 제품군에 속하는 경우 다른 제품군간 생산공장 면적, 생산시설, 생산인력의 공유를 허용하지 않으며, 각각 생산공장이 구분되어 있는지와 세부 직접생산 확인기준을 각각 충족하는지를 확인한다. 다만, 생산시설 중 설계프로그램인 경우 공유를 허용한다(중소기업자간 경쟁제품 직접생산 확인기준 제15조 제1호부터 제3호).

나) 2개 공장에서 생산공정을 나누어 이행할 때 기준 적용

동일 기업 소속 2개 공장에서 해당 제품 생산을 위한 필수공정을 나누어 생산하는 경우 최종공정을 이행하는 공장에 한하여 직접생산 확인기준을 갖춘 것으로 인정할 수 있다. 이 경우 공장의 면적, 시설, 인원은 합산하여 기준 충족여부를 판단할 수 있다(중소기업자간 경쟁제품 직접생산 확인기준 제16조).

5) 특례

가) 신기술 등 인증제품

신기술(공법)을 개발하여 기존 생산시설이나 공정이 필요하지 않은 경우, 상이한 생산시설이나 공정이 수반되는 특허 등 공인기관의 인증을 받은 제품의 경우에는, 중소벤처기업부 장관이 현장심사를 거쳐 직접생산이 가능하다고 판단하면, 직접생산 확인기준을 충족하였다고 인정할 수 있다(중소기업자간 경쟁제품 직접생산 확인기준 제18조).

나) 협업에 따른 생산품

판로지원법 시행령 제13조가 정한 우선구매대상 기술개발제품으로서 중소기업진흥에 관한 법률 제39조의 2에 따른 협업 승인을 받은 제품인 경우, 협업체가 직접생산 확인기준을 충족하는 경우로서 우선구매대상 기술개발제품을 개발하여 해당제품에 대한 권리를 보유한 기업체, 최종제품을 생산하는 기업체 중 어느 1개 기업체만 한정하여 직접생산 확인기준을 갖추었다고 인정할 수 있다(중소기업자간 경쟁제품 직접생산 확인기준 제19조 제1항).

한편, 협동조합 공동사업의 일환으로 협동조합이 보유(소유하거나 임차)한 생산시설(생산설비, 검사설비)인 경우, 협동조합과 시설 사용계약을 체결한 기업체만 한정하여 제한적으로 해당 생산시설을 보유했다고 인정한다(중소기업자간 경쟁제품 직접생산 확인기준 제19조 제2항).

공공조달 상생협력 지원제도의 '혁신성장과제' 지원대상으로 선정된 제품인 경우, 주관기업과 직접생산확인 기준을 갖춘 협력기업이 협약하여 생산하였다면 직접생산 확인기준을 충족했다고 인정한다(중소기업자간 경쟁제품 직접생산 확인기준 제19조 제3항).

다) 개성공업지구 투자기업의 생산품 등

개성공업지구 지원에 관한 법률 제2조 제4의2항에서 규정하는 '개성공업지구 투자기업'인 경우, 경쟁제품별 세부기준에 대한 충족 여부를 개성공업지구 관리를 담당하는 기관의 확인으로써 사전 실태조사를 생략하고 직접생산 확인기준을 갖추었다고 인정할 수 있다(중

소기업자간 경쟁제품 직접생산 확인기준 제20조).

바. 이의절차

직접생산확인 통보를 받은 자가 그 결과에 불복하는 경우에는 통보를 받은 날부터 30일 내에 중소벤처기업부장관에게 문서나 전자 문서로 이의신청을 할 수 있다(판로지원법 제10조 제1항). 이의신청서에는 이의신청 사유와 세부 설명자료·증거자료를 첨부하여야 한다(판로지원법 시행규칙 제6조 제1항 제1호, 제2호). 이의신청을 받은 수탁기관의 장은 해당 중소기업자를 대상으로 다시 현장심사로 재확인 한 후, 결정해야 한다(판로지원법 시행규칙 제6조 제2항, 중소기업제품 공공구매제도 운영요령 제30조 제2항). 그리고 중소벤처기업부장관은 이의신청을 받은 날부터 10일 내에 이의신청인에게 심사결과를 통보해야 한다(판로지원법 제10조 제2항).

중소벤처기업부장관은 이의신청 접수, 이의신청에 대한 결정과 통보 업무를 중소기업중앙회, 중소기업진흥에 관한 법률 제69조 제1항에 따른 중소기업제품·벤처기업제품 판매회사에게 위탁할 수 있다(판로지원법 제34조 제2항, 판로지원법 시행령 제27조 제1항 제3호).

사. 효과

1) 유효기간

직접생산확인 유효기간은 구매정보망 게재일로부터 2년으로 한다. 다만, 직접생산확인 증명서 발급일부터 90일이 경과되기 전에 동일한 직접생산확인기준이 적용되는 제품(세부품목)에 대한 직접생산확인을 신청하여 직접생산확인을 받은 제품은 신청한 날부터 최근 확인한 동일기준 제품의 유효기간 만료일까지 유효하다(중소기업제품 공공구매제도 운영요령 제32조 제1항). 위 증명서의 유효기간 만료일 이전 30일 이내에 다시 직접생산확인을 신청하는 경우 새로운 증명서의 유효기간은 해당 유효기간 만료일 다음날부터 기산한다(중소기업제품 공공구매제도 운영요령 제32조 제2항).

2) 수정게시

수탁기간의 장은 유효기간 만료 전이라도 경쟁제품 지정이 제외되거나, 직접생산 확인기준의 변경 또는 직접생산확인이 취소되는 등 직접생산관련 정보의 수정이 필요한 경우, 즉시 그 사항을 구매정보망에 게시해야 한다(중소기업제품 공공구매제도 운영요령 제32조 제3항).

3) 사후관리

수탁기관의 장은 매년 정기적으로 직접생산확인을 받은 자에게 사후관리를 실시하여 직접생산 이행여부 등을 확인할 수 있다(중소기업제품 공공구매제도 운영요령 제32조의2 제1항). 다만, ① 거짓이나 그 밖의 부정한 방법으로 직접생산 확인을 받은 경우, ② 생산설비의 임대, 매각 등으로 중소벤처기업부장관이 고시한 직접생산 확인기준에 충족하지 않게 된 경우, ③ 공공기관의 장과 납품계약을 체결한 후 하도급생산 납품, 완제품에 대한 타사상표 부착 납품(대기업제품 또는 해외수입 완제품 납품을 포함) 등 부당한 방법으로 직접생산하지 않은 제품을 납품한 경우, ④ 그 밖에 직접생산을 이행하지 않는다고 의심되어 확인이 필요하다고 수탁기관의 장이 인정한 경우 중 어느 하나에 해당하는 것으로 보이거나, 관계 중앙행정기관의 장이 직접생산 사후관리 조사를 요청하는 경우에는 수시로 직접생산 확인기준 충족여부와 직접생산 이행여부 등을 조사할 수 있다. 특히 ③, ④에 해당하는 경우에는 해당 계약과 관련된 제품의 생산과 납품 과정에서 직접생산 확인기준에 따른 필수 생산공정을 이행하였는지 여부를 추가로 확인해야 한다(중소기업제품 공공구매제도 운영요령 제32조의2 제2항). 직접생산 이행 여부를 조사할 때에는 조사일로부터 최근 5년 이내에 공공기관과 납품(대금지급일 기준)한 제품조달계약을 대상으로 하며, 판로지원법 제11조 제2항 각 호에 따른 직접생산확인 취소 이후에는 처분일 이전동일 조항 건을 조사 대상으로 하지 않는다(중소기업제품 공공구매제도 운영요령 제32조의2 제3항).

한편, 직접생산 여부의 확인을 받은 자는 공공기관의 장과 중소기업자간 경쟁제품의 납품계약을 체결한 경우, 해당 계약과 관련된 제품의 생산을 위한 원부자재 구매내역과 필수 생산공정을 이행하는 사진, 동영상 등 수탁기관의 장이 요구하는 자료를 납품일 이전에 구매정보망에 제출해야 한다(중소기업제품 공공구매제도 운영요령 제32조의2 제4항). 관계중앙행정기관의 장은 위 조사를 요청하려면 조사의 필요성을 기재한 서면과 그 증빙자료를 수탁기관의 장에게 제출해야 한다(중소기업제품 공공구매제도 운영요령 제32조의2 제5항). 수탁기관의 장은 위와 같이 관계중앙행정기관의 장의 요청에 따라 조사를 한 경우 그 결과를 관계 중앙행정기관의 장에게 통보해야 하고(중소기업제품 공공구매제도 운영요령 제33조 제3항), 그 결과에 이의가 있는 관계 중앙행정기관의 장은 결과를 통보 받은 날부터 7일 이내에 수탁기관의 장에게 그 사유를 기재한 이의신청서를 제출해야 한다(중소기업제품 공공구매제도 운영요령 제33조 제4항). 이의신청서를 접수한 수탁기관의 장은 이의신청 기관 소속 직원, 해당 제품의 전문가, 법률전문가를 포함한 협의체를 구성하여 관계 중앙행정기관의 장과 협의한 후 직접생산 확인 취소 여부를 결정할 수 있다(중소기업제품 공공구매제도 운영요령 제33조 제5항).

아. 직접생산확인취소

1) 의의와 취지

직접생산확인취소란 중소벤처기업부장관이 직접생산 확인기준 충족 여부나 직접생산 이행 여부를 조사하여, 이를 위반한 중소기업자를 상대로 그 중소기업자가 받은 직접생산 확인을 취소하는 처분을 말한다(판로지원법 제11조 제2항).

공공조달 시장에서 제품 구매는 국민의 세금으로 집행되는 것이고, 일반적인 사적 계약 등에서 의무위반과 비교할 때 직접생산확인제도 관련 의무위반은 공익에 대한 침해 정도가 크기 때문에 공정성과 신뢰성을 확보하는 방향이 중요하다.[1] 따라서 직접생산확인취소는 직접 제품을 생산하는 중소기업을 보호하고, 중소기업자간 경쟁제도의 실효성을 확보하여 중소기업의 경쟁력을 확보하려는 정당한 입법목적을 달성하기 위해 사용한 적합한 수단에 해당한다.

2) 법적 성격

문언상 기속행위이고, 중소기업자간 경쟁입찰 참여요건인 직접생산확인을 박탈하는 행위이므로, 수익적 행정행위의 철회로서 침익적 처분에 해당한다.[2]

〔필요적 취소의 의미〕

일률적인 필요적 취소가 불합리하다는 비판이 있을 수 있으나, 중소기업청장(현 중소벤처기업부장관)으로 하여금 그 취소 여부를 재량에 따라 판단하도록 한다면, 법집행자의 자의성을 배제하기 어려울 뿐만 아니라 이는 곧바로 공정성의 시비를 불러와 이 제도의 실효성을 담보하기 어렵게 한다(헌법재판소 2015. 9. 24.자 2013헌바393 결정). 또한, 동일한 하청생산 납품의 경우에도 그 내용과 범위를 개별적으로 검토하여 향후 중소기업자간 경쟁입찰에 지속적으로 참여하는 것에 문제가 있다고 판단되는 자에 대해서만 직접생산확인을 취소하는 경우, 현실적으로 매우 번잡한 절차가 필요할 뿐만 아니라, 그 행위에 내포된 사회적 비난가능성의 내용과 정도를 일일이 가려 판단하기가 쉽지 않고, 직접생산확인제도에 의한 일률적 관리에 비하여 운영의 투명성을 기하기도 어렵다(헌법재판소 2008. 9. 25.자 2007헌마419 결정 참조).

〔수익적 행정행위의 철회〕

직접생산확인취소가 수익적 행정행위의 철회의 성격을 가지고, 수익적 행정행위에 대한 철회권의 행사는 기득권의 침해를 정당화할 만한 중대한 공익상의 필요 등이 있는 경우에 가능한 것으로 보는 것이 일반적이지만, 직접생산확인제도가 가지는 공익적 목적을 위하여 중소기업자가 납품 계약 체결 후 하청생산 납품 등 직접 생산하지 않은 물품을 납품한 경우 일률적으로 직접생산 확인을 취소해야 할 필요가 있고, 보다 완화된 수단인 임의적 취소와 같은 방법으로는 그와 같은 목적을 충분히 달성하기에 미흡하며, 필요적 취소 조항으로 인하여 중소기업자가 받는 불이익이 위 조항을 통하여 달성하려는 공익에 비하여 더 중하다고 할 수 없으므로, 위 조항은 과잉금지원칙에 위반하여 중소기업자의 직업의 자유를 침해한다고 할 수 없다(헌법재판소 2018. 11. 29.자 2016헌바353 결정).

---

1) 헌법재판소 2015. 9. 24.자 2013헌바393 결정.
2) 헌법재판소 2018. 11. 29.자 2016헌바353 결정.

3) 사유

중소벤처기업부장관은 ① 거짓이나 그 밖에 부정한 방법으로 직접생산확인을 받은 경우[1], ② 생산설비의 임대, 매각 등으로 확인기준을 충족하지 않게 된 경우, ③ 공공기관의 장과 납품 계약을 체결한 후 하도급생산 납품, 다른 회사 완제품 구매 납품 등 직접생산하지 아니한 제품을 납품하거나 직접생산한 완제품에 다른 회사 상표를 부착하여 납품한 경우, ④ 정당한 사유 없이 확인기준 충족 여부 확인이나 직접생산 이행 여부 확인을 위한 조사를 거부한 경우, ⑤ 직접생산확인 재신청 사유 중 하나에 해당하는 경우에 그 중소기업자가 받은 직접생산 확인을 취소해야 한다(판로지원법 제11조 제2항 제1호부터 제5호).

〔하청생산 납품 등 직접생산하지 않은 제품을 납품한 경우의 의미〕

하청생산 납품을 하였다는 것은 곧 그 중소기업자가 직접생산 확인의 기준이 되는 필수공정마저 직접 수행하지 않았다는 것이므로, 그 자체를 '부당한 방법으로 직접 생산하지 아니한 제품을 납품한 경우'로 보아 직접생산 확인을 취소할 필요가 있으며, 이를 지나친 제약이라고 보기는 어렵다(필요적 취소 조항이 2015. 1. 28. 법률 제13094호로 개정되면서 '부당한 방법으로' 부분이 삭제되고 하청생산 납품 그 자체가 직접생산확인의 취소 사유임이 분명하게 되었다)(헌법재판소 2018. 11. 29. 자 2016헌바353 결정).

〔하청생산 납품의 의미〕

판로지원법 제11조 제2항 제3호의 하청생산 납품이란 이 사건 고시 [별표2]에서 제시한 직접생산의 정의 및 확인기준에 따라 중소기업자가 직접 수행하여야 하는 것으로 규정한 직접생산 대상 공정 중 일부라도 직접수행하지 않고 하청한 경우를 의미한다고 봄이 상당하고, 제품의 전체 내지 대부분을 하청하는 등 제3자로부터 완제품을 납품받는 것에 준하는 경우로 한정하여 해석해야 한다고 볼 수 없다(서울행정법원 2019. 5. 23. 선고 2018구합75429 판결).

4) 절차

가) 업무위탁

중소벤처기업부장관은 직접생산 확인취소와 이를 위한 청문 시행 업무를 중소기업중앙회, 중소기업진흥에 관한 법률 제69조 제1항에 따른 중소기업제품·벤처기업제품 판매회사

---

1) 참고로, 구 중소기업진흥 및 제품구매촉진에 관한 법률은 "거짓이나 그 밖에 부정한 방법으로 직접생산증명서를 발급받은 자는 3년 이하의 징역 또는 1천만 원 이하의 벌금에 처한다."는 벌칙 규정만 두었을 뿐, 현행 판로지원법 제11조 제2항 제1호, 제3항, 제5항 등 규정이 없었으므로, 대법원은 "중소기업자가 거짓이나 그 밖에 부정한 방법으로 직접생산확인을 받았다고 하더라도, 그 유효기간이 끝난 후 그와 별도로 받은 다른 직접생산확인을 취소할 수는 없다."고 보았었다(대법원 2014. 7. 10. 선고 2012두13795 판결).

에게 위탁할 수 있다(판로지원법 제34조 제2항, 판로지원법 시행령 제27조 제1항 제4호). 현행 직접생산 확인취소와 이를 위한 청문 등 업무는 중소벤처기업부 산하 공공기관인 중소기업유통센터가 수행한다.

나) 조사

중소벤처기업부장관은 직접생산확인을 받은 중소기업자를 대상으로 직접생산 확인기준 충족 여부와 직접생산 이행 여부를 조사할 수 있다(판로지원법 제11조 제1항).

다) 청문·문서통지

중소벤처기업부장관은 직접생산확인을 취소하고자 할 경우 청문을 하여야 한다(판로지원법 제11조 제8항). 그리고 직접생산 확인이 취소되는 제품, 취소사유, 취소일 등을 명확하게 적어 해당 중소기업자에게 문서로 알려야 한다(판로지원법 시행규칙 제8조). 불이익을 받을 중소기업자에게 적절한 절차적 기회를 보장하기 위한 규정이다.

5) 효과

가) 일반

중소벤처기업부장관은 취소사유가 있으면 필요적으로 직접생산확인을 취소해야 한다.[1] 직접생산확인취소를 받은 중소기업자는 판로지원법상 경쟁제품을 대상으로 하는 공공기관 조달계약에서 중소기업자간 경쟁입찰 등에 참여할 수 없다.[2]

나) 구매정보망 등록

수탁기관의 장은 직접생산확인을 취소한 경우, 그 취소 사실을 구매정보망에 등록해야 한다(중소기업제품 공공구매제도 운영요령 제33조 제2항).

다) 취소범위

(1) 모든 제품

중소벤처기업부장관은 ① 거짓이나 그 밖에 부정한 방법으로 직접생산 확인을 받은 경우, ③ 공공기관의 장과 납품 계약을 체결한 후 하도급생산 납품, 다른 회사 완제품 구매 납품 등 직접생산하지 아니한 제품을 납품하거나 직접생산한 완제품에 다른 회사 상표를 부착하여 납품한 경우, ④ 정당한 사유 없이 확인기준 충족 여부 확인이나 직접생산 이행 여부 확인을 위한 조사를 거부한 경우에 해당하면, 그 중소기업자가 받은 모든 제품에 대한 직접생산확인을 취소해야 한다(판로지원법 제11조 제3항 전단).

---

1) 필요적 취소가 과잉금지원칙에 위배되지 않는다는 헌법재판소 2018. 11. 29.자 2016헌바353 결정 참조.
2) 헌법재판소 2015. 9. 24.자 2013헌바393 결정, 헌법재판소 2017. 7. 27.자 2016헌가9 결정.

헌법재판소는 여러 제품에 대한 직접생산 확인을 받은 중소기업자가 어느 한 제품에만 하청생산 납품 등 취소사유가 있었다는 이유로 그 밖에 다른 제품에 대한 직접생산확인을 그대로 유지할 수 있다면, 부당한 행위를 한 중소기업자의 직접생산확인을 취소하여 중소기업자간 경쟁입찰에 참여하지 못하게 하여 달성하려는 직접생산확인제도의 신뢰성과 중소기업자간 공정한 경쟁을 기대하기 어렵고, 중소기업제품 공공구매제도 자체의 공익성이나 공공성에 대한 신뢰가 크게 실추될 것이기 때문에, 모든 제품에 대한 직접생산확인취소의 정당성이 인정된다고 본다.[1] 특히 여러 제품에 대하여 직접생산확을 받은 주체는 하나의 중소기업자이므로, 여러 제품 중 일부 제품을 하청생산하여 납품했다 하더라도 반드시 해당 제품에 한정하여 제재할 필연적 이유가 없고, 부당한 행위에 대한 책임이나 비난가능성이 미치는 중소기업자에게 그가 받은 모든 제품의 직접생산확인을 취소하도록 정한 것이다. 따라서 헌법재판소는 직접생산확인을 받은 제품을 하청생산하는 경우 그 중소기업자가 확인받은 모든 제품을 대상으로 반드시 직접생산확인을 취소하도록 규정했더라도, 해당 규정은 중소기업자가 가지는 직업수행의 자유를 침해하지 않는다고 본다.[2]

이와 관련하여 관할 행정청이 유효기간이 남은 중소기업자의 모든 제품을 대상으로 직접생산확인을 취소하는 1차 취소처분을 한 뒤, 중소기업자가 1차 취소처분의 취소를 구하는 소송을 제기했고, 그에 따른 집행정지 결정이 있었는데, 결국 해당 중소기업자의 패소판결이 확정되어 집행정지가 실효되고 취소처분을 집행할 수 있게 된 경우, 1차 취소처분 당시 유효기간이 남았던 직접생산확인의 전부나 일부는 집행정지기간 중 유효기간이 모두 만료되었고, 1차 취소처분 당시 유효기간이 남은 직접생산확인 제품 목록과 취소처분을 집행할 수 있게 된 시점에 유효기간이 남은 직접생산확인 제품 목록이 서로 다르다면, 관할 행정청은 1차 취소처분을 집행할 수 있게 된 시점으로부터 상당한 기간 내에 직접생산확인 취소 대상을 1차 취소처분 당시 유효기간이 남아 있던 모든 제품에서 1차 취소처분을 집행할 수 있게 된 시점이나 그와 가까운 시점을 기준으로 유효기간이 남은 모든 제품으로 변경하는 처분을 할 수 있고, 이러한 변경처분은 처분하려는 원인사실과 법적 근거가 1차 취소처분과 같으며, 제재의 실효성을 확보하기 위하여 직접생산확인 취소 대상만을 변경한 것이므로 적법하다고 본다.[3]

---

1) 헌법재판소 2012. 10. 25.자 2011헌바99 결정.
2) 헌법재판소 2015. 9. 24.자 2013헌마393 결정.
3) 대법원 2020. 9. 3. 선고 2020두34070 판결.

〔하청생산이 있는 경우, 직접생산확인 받은 모든 제품을 대상으로 반드시 직접생산확인을 취소하도록 규정한 취지〕

심판대상조항은 직접 제품을 생산하는 중소기업을 보호하고, 중소기업자간 경쟁제도의 실효성을 확보하여 종국에는 중소기업의 경쟁력을 확보하기 위한 것이다. 중소기업자가 직접생산하지 않은 제품을 부당한 방법으로 직접생산한 것처럼 납품하는 것은 직접생산 확인제도의 근간을 흔드는 것이고, 직접생산확인은 중소기업자간 경쟁입찰에 참여할 수 있는 혜택을 받기 위한 조건이므로 입법자는 정책적 목표 내에서 그 제재의 범위를 선택할 수 있다. 또한, 직접생산확인이 취소되더라도 중소기업자는 중소기업자간 경쟁입찰이 아닌 다른 방법으로 제품을 판매하는 데에는 아무런 제한이 없고, 직접생산확인 신청이 제한되는 기간이 6개월로서 길지 않으며, 그 기간이 경과하면 다시 직접생산확인을 신청할 수 있으므로 심판대상조항은 과잉금지원칙에 위반하여 직접수행의 자유를 침해하지 않는다(헌법재판소 2015. 9. 24.자 2013헌바393 결정).

〔처분 당시 유효기간이 남았던 모든 제품을 대상으로 1차 취소처분을 했는데, 그에 대한 집행정지가 있었고, 그 후 패소확정판결이 있는 경우, 관할 행정청이 다시 1차 취소처분 당시 유효기간이 남았던 모든 제품에서 1차 취소처분을 집행할 수 있게 된 시점이나 그와 가까운 시점을 기준으로 유효기간이 남은 모든 제품으로 변경하는 처분을 할 수 있는지〕

직접생산확인을 받은 중소기업자가 공공기관의 장과 납품 계약을 체결한 후 직접생산하지 않은 제품을 납품하였다. 관할 행정청은 중소기업제품 구매촉진 및 판로지원에 관한 법률 제11조 제3항에 따라 당시 유효기간이 남아 있는 중소기업자의 모든 제품에 대한 직접생산확인을 취소하는 1차 취소처분을 하였다. 중소기업자는 1차 취소처분에 대하여 취소소송을 제기하였고, 집행정지결정이 이루어졌다. 그러나 결국 중소기업자의 패소판결이 확정되어 집행정지가 실효되고, 취소처분을 집행할 수 있게 되었다. 그런데 1차 취소처분 당시 유효기간이 남아 있었던 직접생산확인의 전부 또는 일부는 집행정지기간 중 유효기간이 모두 만료되었고, 1차 취소처분 당시 유효기간이 남아 있었던 직접생산확인 제품 목록과 취소처분을 집행할 수 있게 된 시점에 유효기간이 남아 있는 직접생산확인 제품 목록은 다르다. 위와 같은 경우 관할 행정청은 1차 취소처분을 집행할 수 있게 된 시점으로부터 상당한 기간 내에 직접생산확인 취소 대상을 '1차 취소처분 당시' 유효기간이 남아 있었던 모든 제품에서 '1차 취소처분을 집행할 수 있게 된 시점 또는 그와 가까운 시점'을 기준으로 유효기간이 남아 있는 모든 제품으로 변경하는 처분을 할 수 있다. 이러한 변경처분은 중소기업자가 직접생산하지 않은 제품을 납품하였다는 점과 중소기업제품 구매촉진 및 판로지원에 관한 법률 제11조 제3항 중 제2항 제3호에 관한 부분을 각각 궁극적인 '처분하려는 원인이 되는 사실'과 '법적 근거'로 한다는 점에서 1차 취소처분과 동일하고, 제재의 실효성을 확보하기 위하여 직접생산확인 취소 대상만을 변경한 것이다(대법원 2020. 9. 3. 선고 2020두34070 판결).

(2) 해당 제품 한정

중소벤처기업부장관은 ② 생산설비의 임대, 매각 등으로 확인기준을 충족하지 않게 된 경우, ⑤ 직접생산확인 재신청 사유 중 하나에 해당하는 경우에 해당하면, 해당 제품에 대해서만 직접생산 확인을 취소해야 한다(판로지원법 제11조 제3항).

라) 직접생산확인 신청제한

(1) 의의와 취지

직접생산확인 신청제한이란 중소기업자가 직접생산확인이 취소된 날부터 직접생산 여부의 확인을 신청하지 못하는 것을 말한다(판로지원법 제11조 제5항 전문). 다만, 직접생산확인증명서 유효기간이 만료된 자는 그 취소사유에 해당함을 확인한 날부터 직접생산 여부의 확인신청을 제한한다(판로지원법 제11조 제5항 후문).

중소기업자가 직접생산확인을 취소받았다고 하여 영원히 중소기업자간 경쟁입찰에 참여하지 못하는 것이 아니라 다시 요건을 갖추어 직접생산 확인을 받을 수 있지만, 취소사유에 따라 일정기간 직접생산확인 신청을 하지 못하도록 제한한 규정이다. 직접생산확인 신청제한 규정 역시 과잉금지원칙에 반하지 않는다고 본다.[1)]

(2) 대상과 기간

① 거짓이나 그 밖에 부정한 방법으로 직접생산 확인을 받은 경우에는 모든 제품에 대하여 1년 동안 신청을 제한한다.

② 생산설비의 임대, 매각 등으로 확인기준을 충족하지 않게 된 경우로서 중소기업자간 경쟁입찰에 참여하거나 반납사유가 발생한 날부터 30일 이내에 직접생산확인증명서를 반납하지 않은 경우에는 직접생산확인이 취소된 제품에 대하여 6개월 동안 신청을 제한한다.

③ 공공기관의 장과 납품 계약을 체결한 후 하도급생산 납품, 다른 회사 완제품 구매 납품 등 직접생산하지 아니한 제품을 납품하거나 직접생산한 완제품에 다른 회사 상표를 부착하여 납품한 경우, ④ 정당한 사유 없이 확인기준 충족 여부 확인이나 직접생산 이행 여부 확인을 위한 조사를 거부한 경우에는 모든 제품에 대하여 6개월 동안 신청을 제한한다.

⑤ 직접생산확인 재신청 사유 중 하나에 해당하는 경우로서 재신청 사유가 발생한 날부터 30일 이내에 재신청을 하지 않은 경우에는 직접생산 확인이 취소된 제품에 대하여 3개월 이내에서 신청을 제한한다.

마) 과징금

거짓이나 그 밖에 부정한 방법으로 직접생산확인을 받은 자나 공공기관의 장과 납품

1) 헌법재판소 2015. 9. 24.자 2013헌마393 결정.

계약을 체결한 후 하도급생산 납품, 다른 회사 완제품 구매 납품 등 직접생산하지 않은 제품을 납품하거나 직접생산한 완제품에 다른 회사 상표를 부착하여 납품한 자에게는 위반행위와 관련된 매출액의 100분의 30을 넘지 않는 범위에서 과징금을 부과할 수 있다(판로지원법 제11조의2 제1항 제2호).

바) 계약해제·해지

공공기관의 장은 조달계약을 체결한 중소기업자의 직접생산 확인이 취소된 때에는 그 중소기업자와 체결한 계약의 전부나 일부를 해제하거나 해지해야 한다(판로지원법 제11조 제6항 본문). 다만, 계약의 특성, 계약이행 진도와 구매 일정 등 특별한 사유로 계약상대자 변경이 불가능한 경우에는 그렇지 않다(판로지원법 제11조 제6항). 따라서 직접생산확인이 취소되더라도 계약이행을 둘러싼 구체적인 사정을 고려하여 이미 체결된 납품계약 유지 여부를 결정할 여지를 남겨두었다.[1)]

Ⅱ. 중소기업자간 경쟁제품 계약특례

1. 의의

조달청장은 중소기업기본법 제2조 제2항에 따른 소기업과 소상공인 보호 및 지원에 관한 법률 제2조에 따른 소상공인의 수주기회를 확대하기 위해 판로지원법 제6조에 따른 중소기업자간 경쟁제품 중 일정 규모 이상 표준제품을 구매하는 경우에 중소기업기본법 제2조에 따른 중소기업자로 구성된 공동수급체간 경쟁입찰(공동수급체간 경쟁입찰)에 따라 조달계약을 체결할 수 있는데, 이를 중소기업자간 경쟁제품 계약특례라 부른다(조달사업법 제14조 제2항).

2. 구별개념

중소기업자간 경쟁제품 계약특례는 중소기업 중에서도 소기업과 소상공인의 수주기회 확대를 목적으로, 중소기업자간 경쟁제품 중에서도 일정 규모 이상 표준제품을 대상으로 하여, 공동수급체간 경쟁입찰 방법으로 계약을 체결하므로, 앞에서 본 일반적인 중소기업자간 경쟁제도와 차이가 있다.

1) 서울고등법원 2021. 1. 22. 선고 2019누36072 판결.

3. 표준제품

가. 개념

표준제품이란 다음 요건을 모두 갖춘 제품으로서 조달청장이 기획재정부장관과 협의하여 지정·고시하는 제품을 뜻한다(조달사업법 시행령 제17조 제2항). 즉, ① 산업표준화법 제4조에 따라 산업표준심의회 심의를 거쳐 지정된 광공업품을 대상으로 같은 법 제15조에 따라 인증을 받은 경우 등 법률에 따라 규격과 품질 기준이 정해진 제품일 것, ② 기업 간 기술이나 품질의 차별성이 적은 제품일 것, ③ 해당 제품을 생산하는 중소기업의 수 등을 고려할 때 공동수급체간 경쟁입찰이 가능한 제품일 것, ④ 담합 등 불공정행위로 인해 공동수급체간 경쟁입찰의 적절한 이행을 해칠 우려가 있는 제품이 아닐 것이라는 요건을 모두 갖춘 제품으로서 조달청 고시인 '중소기업자로 구성된 공동수급체간 경쟁입찰 운영요령'에서 정하는 제품을 말한다.

나. 범위

중소기업자간 경쟁제품 계약특례가 적용되려면, 일정 규모 이상 표준제품을 구매하는 경우여야 하는데, 여기서 일정 규모는 표준제품 구매금액이 추정가격 기준으로 20억 원 이상으로서 조달청장이 제품별로 단가 등을 고려하여 정하는 기준 금액 이상인 경우를 말한다(조달사업법 제14조 제5항, 같은 법 시행령 제17조 제1항).

다. 지정

1) 지정요건

표준제품은 ① 산업표준화법 제4조에 따라 산업표준심의회 심의를 거쳐 지정된 광공업품에 같은 법 제15조에 따른 인증을 받은 경우 등 법률에 규격과 품질 기준이 규정된 제품일 것, ② 기업 사이에 기술이나 품질의 차별성이 적은 제품일 것, ③ 해당 제품을 생산하는 중소기업의 수 등을 고려할 때 공동수급체간 경쟁입찰이 가능한 제품일 것, ④ 담합 등 불공정행위로 공동수급체간 경쟁입찰의 적절한 이행을 해칠 우려가 있는 제품이 아닐 것이라는 각 요건을 모두 갖춘 제품으로서 조달청장이 기획재정부장관과 협의하여 지정·고시하는 제품이다(조달사업법 시행령 제17조 제2항 제1호부터 제4호). 조달청은 '중소기업자로 구성된 공동수급체간 경쟁입찰 운영요령' 별표로 표준제품을 고시한다(중소기업자로 구성된 공동수급체간 경쟁입찰 운영요령 제3조 참조).

2) 지정기간

표준제품 지정 유효기간은 지정·고시한 날부터 2년으로 한다(조달사업법 시행령 제17조

제3항).

3) 지정취소

조달청장은 지정받은 표준제품이 ① 지정요건을 갖추지 못한 경우, ② 중소기업자간 경쟁제품에서 제외된 경우 중 어느 하나에 해당하면, 그 지정을 취소해야 한다(조달사업법 시행령 제17조 제4항 제1호, 제2호). 원래 지정요건을 갖추지 못했는데도 지정된 경우는 물론 지정요건을 갖추어 지정된 이후에 지정요건을 상실한 경우에도 지정취소 사유이다. 또한, 표준제품은 중소기업자간 경쟁제품이 전제이므로, 경쟁제품에서 제외되면 당연히 표준제품이라 할 수 없기 때문에 지정취소 사유로 규정하였다. 그리고 지정취소는 재량이 없는 기속행위이다.

조달청장은 표준제품 지정을 취소하면, 해당 제품별로 지정 취소사유를 기재하여 전자조달시스템에 공고해야 한다(중소기업자로 구성된 공동수급체간 경쟁입찰 운영요령 제4조).

4. 계약방법

가. 공동수급체간 경쟁입찰

1) 의의

조달청장은 중소기업기본법 제2조 제2항에 따른 소기업과 소상공인 보호 및 지원에 관한 법률 제2조에 따른 소상공인의 수주기회를 확대하기 위하여 판로지원법 제6조에 따른 중소기업자간 경쟁제품 중 일정 규모 이상의 표준제품을 구매하는 경우, 중소기업기본법 제2조에 따른 중소기업자로 구성된 공동수급체끼리 하는 경쟁입찰에 따라 조달계약을 체결할 수 있다(조달사업법 제14조 제2항).

2) 공동수급체 요건

이처럼 공동수급체간 경쟁입찰에 참여하려는 공동수급체는 ① 중소기업기본법 제2조 제2항에 따른 소기업이나 소상공인기본법 제2조에 따른 소상공인 1인 이상을 포함하고, ② 공동수급체 모든 구성원이 판로지원법 제9조 제4항에 따라 해당 제품을 직접생산한다고 확인된 중소기업자여야 한다는 요건을 모두 갖추어야 한다(조달사업법 제14조 제5항, 같은 법 시행령 제17조 제5항 제1호, 제2호).

한편, 공동수급체 구성원은 중소기업 범위 및 확인에 관한 규정(중소벤처기업부 고시)에 따른 유효기간에도 반드시 입찰일 전일까지 중·소기업·소상공인 확인을 받아야 하고(중소기업자로 구성된 공동수급체간 경쟁입찰 운영요령 제5조 제1항), 해당 계약을 이행하는데 필요한 면허·허가·등록 등 요건을 갖추어야 한다(중소기업자로 구성된 공동수급체간 경쟁입찰 운영요령

제5조 제2항). 또한, 공동수급체에 참여하는 소기업이나 소상공인 지분율은 100분의 20 이상이어야 한다(중소기업자로 구성된 공동수급체간 경쟁입찰 운영요령 제5조 제3항).

다만, 판로지원법 시행령 제9조 제2항에 따라 중소기업자간 경쟁입찰 참여자격을 갖춘 조합이 공동수급체간 경쟁입찰에 참여하려는 경우에는 계약을 이행할 조합원만을 구성원으로 보아 해당 조합이 위 요건을 모두 갖추었는지 판단한다(조달사업법 시행령 제17조 제6항).

3) 공동수급체 구성

조달청장은 다량 표준제품을 제조·구매하면서 특정 시기 수요량과 시장의 공급능력 등을 고려해 계약의 원활한 이행이나 가격·품질 그 밖에 조건에서 유리하다고 인정하면, 해당 입찰에 참가할 수 있는 최소 공동수급체 수나 최소·최대 구성원 수를 정할 수 있다(중소기업자로 구성된 공동수급체간 경쟁입찰 운영요령 제6조 제1항).

한편, 위에 해당하지 않는 표준제품으로서 제품특성, 생산자 수와 지역별 분포 등을 고려하여 해당 입찰에 참가할 수 있는 공동수급체 최대 구성원 수를 정하지 않고서는 공동수급체간 경쟁을 확보하기 곤란한 경우에는, 공동수급체 최대 구성원 수를 정할 수 있다(중소기업자로 구성된 공동수급체간 경쟁입찰 운영요령 제6조 제2항).

조달청장은 위에 따라 공동수급체 구성원 수를 정한 경우, 해당 입찰공고에 이를 명시하여야 한다(중소기업자로 구성된 공동수급체간 경쟁입찰 운영요령 제6조 제3항).

4) 공동수급체 우대

조달청장은 5인 이상 중소기업자로 구성한 공동수급체로서 소기업이나 소상공인이 3인 이상 포함된 공동수급체를 우대하려는 경우, 소기업이나 소상공인의 참여자 수, 지분율 등을 반영할 수 있다(중소기업자로 구성된 공동수급체간 경쟁입찰 운영요령 제7조).

5) 공동도급 내용변경

계약상대자는 공동계약을 체결한 후 공동수급체 구성원의 지분율을 변경할 수 없다(중소기업자로 구성된 공동수급체간 경쟁입찰 운영요령 제8조 제1항 본문). 다만, 국가계약법 시행령 제64조와 제66조에 따른 계약내용 변경이나 파산, 해산, 부도 등 사유로 처음 공동수급협정서 내용대로 계약이행이 곤란한 구성원이 발생하여 공동수급체 구성원의 연명으로 조달청장에게 지분율 변경을 요청한 경우는 예외이다(중소기업자로 구성된 공동수급체간 경쟁입찰 운영요령 제8조 제1항 단서). 공동수급체가 구성원 지분율 변경을 요청하는 경우, 구성원 각각 지분율 전부를 다른 구성원에게 이전하거나 구성원을 추가해서는 안 된다(중소기업자로 구성된 공동수급체간 경쟁입찰 운영요령 제8조 제2항).

6) 책임과 제재

공동수급체는 계약상 의무이행에서 구성원 전원이 연대하여 책임을 져야 한다(중소기업자로 구성된 공동수급체간 경쟁입찰 운영요령 제9조 제1항). 그럼에도 각종 계약조건 위반 등 계약상 의무위반에 따라 부과받는 부정당업자제재, 종합쇼핑몰 거래정지, 단가계약 납품중지 등 제재는 해당 제재 원인을 야기한 공동수급체 구성원에게만 적용하며, 제재기간에는 그 구성원의 지분율을 나머지 구성원이 분담하여 이행한다(중소기업자로 구성된 공동수급체간 경쟁입찰 운영요령 제9조 제2항).

공동수급체는 납품검사, 기동샘플링점검 등 품질검사에 들어가는 비용을 부담해야 한다(중소기업자로 구성된 공동수급체간 경쟁입찰 운영요령 제9조 제3항). 공동수급체 구성원에 포함되었으나 실제 계약이행에 참여하지 않은 구성원(단순히 자본참여만을 한 경우 등을 포함)은 국가계약법 시행령 제76조에 따른 입찰참가자격 제한처분을 받는다(중소기업자로 구성된 공동수급체간 경쟁입찰 운영요령 제9조 제4항).

7) 준용규정

이 운영요령에서 정하지 않은 사항은 공동계약 운영요령(기획재정부 계약예규)에 있는 물품제조·구매계약 규정을 준용한다(중소기업자로 구성된 공동수급체간 경쟁입찰 운영요령 제10조).

나. 낙찰자 결정방법

1) 적격심사낙찰제 원칙

조달청장은 공동수급체간 경쟁입찰에서 적정한 품질 확보와 납품가격 안정을 위해 기획재정부장관과 협의하여 정한 심사기준에 따라 공동수급체 계약이행능력을 심사하여 계약상대자를 결정해야 한다(조달사업법 시행령 제17조 제7항 본문).

2) 그 밖에 낙찰자 결정방법

그러나 조달청장은 구매 효율성 등을 위해 필요하면, ① 다수공급자계약, ② 희망수량경쟁입찰, ③ 2단계 경쟁 등 입찰, ④ 국가계약법 등에서 정한 적격심사가 아닌 낙찰자 결정방법에 따라 계약상대자를 결정할 수 있다(조달사업법 시행령 제17조 제7항 제1호부터 제4호).

5. 담합에 따른 제재조치

가. 민사제재

조달청장은 공동수급체간 경쟁입찰 과정에서 서로 상의하여 미리 입찰가격을 협정했거나 특정인이 낙찰을 받도록 담합한 공동수급체에게 낙찰자 결정취소, 계약해제·해지 등의 필요한 조치를 하여야 한다(조달사업법 제14조 제3항 본문). 다만, 낙찰자 결정 취소, 계약해제·해지 등 필요한 조치를 받는 자를 제외하고는 적합한 시공자나 제조자가 없는 등 부득이한 경우에는 예외이다(조달사업법 제14조 제3항 단서). 여기서 낙찰자 결정 취소, 계약해제·해지 등 필요한 조치를 받는 자 제외하고는 적합한 시공자, 제조자가 없는 등 부득이한 경우란 ① 낙찰자 결정 취소, 계약해제·해지 등 조치를 받는 자를 제외하면 적합한 시공자, 제조자가 없는 경우, ② 천재·지변, 재해나 사고로 말미암아 긴급 복구공사를 하는 경우, ③ 그 밖에 이에 준하는 사유가 있는 경우 중 어느 하나를 말한다(조달사업법 시행령 제17조 제8항 제1호부터 제3호).

나. 행정제재

조달청장은 담합한 공동수급체 구성원에게 국가계약법 제27조 등에 따라 입찰참가자격을 제한하여야 한다(조달사업법 제14조 제4항).

제 5 절 비축물자계약제도

Ⅰ. 비축물자

1. 정의

비축물자란 장·단기에 원활한 물자수급과 물가안정, 재난·국가위기 등 비상상황을 대비하기 위해 정부가 단독으로 혹은 정부와 민간이 협력하여 비축하거나 공급하는 원자재, 시설자재, 생활필수품 등 물자를 말한다(조달사업법 제2조 제3호). 즉, 비축이란 전쟁, 대규모 재난, 경제위기 등 비상시에 환율 급등, 국가신용 급락, 공급장애 등 위기상황을 대비하고 장·단기 원활한 물자수급과 물자안정을 위해 사전에 물자를 구입하여 보관하는 것을 말한다(조달청 비축사업 운영규정 제3조 제1호).

따라서 비축물자는 장기는 물론 단기에 필요한 물자까지도 포함한다. 또한 비축물자는 비상상황 혹은 비상시에 대비한 것이기 때문에, 가령, 물자의 수요와 공급 차질, 물가 폭등이나 급감과 같은 불안정, 천재지변이나 환경오염, 폭발, 사회기반시설 마비, 전염병 확산과 같은 재난, 전쟁과 같은 국가위기에 대비하기 위한 물자이다. 특히 조달사업법이 정한 비축물자는 국가가 단독으로 비축하거나 공급하는 물자뿐만 아니라 국가와 민간이 협력하여 비축하거나 공급하는 물자까지 포함한다. 여기에는 원자재, 시설자재, 생활필수품 등이 있다.

2. 범위

비축물자는 원자재, 시설자재, 생활필수품 중에서도 해외 의존도가 높은 물자, 국민생활 안정에 매우 중요한 물자, 방위사업법 제3조 제7호에 따른 방위산업물자의 안정적 생산을 위해 필요한 물자, 그 밖에 물가안정과 수급조절, 재난·국가위기 등 비상시 대비를 위해 긴급히 대처할 필요가 있는 물자를 말한다(조달사업법 시행령 제3조 제1호부터 제4호). 특히 긴급수급조달물자란 비축물자 중 기획재정부장관이 긴급히 비축할 필요가 있다고 인정하여 지정하는 물자를 말한다(조달청 비축사업 운영규정 제3조 제3호). 기획재정부는 비축대상물자를 다음과 같이 고시한다(기획재정부고시 제2014-6호, 2014. 4. 15. 제정).

비축물자의 범위

1	알루미늄류	8	방상물자용 원자재[2]
2	구리류	9	재활용원자재[3]
3	아연류	10	긴급수급조절 물자[4]
4	연류		
5	주석류		
6	니켈류		
7	희소금속류[1]		

1) 희소금속류는 실리콘, 망간, 코발트, 바나듐, 인듐, 리튬, 탄탈럼, 스트론튬, 비스무스 등이 포함됨.
2) 방산물자용 원재자는 방위사업법 제34조에 의한 방산물자 중 동법 13조에 따라 국방중기계획에 포함된 무기체계의 생산을 위한 원자재로서 구체적인 비축품목은 조달청장과 방위사업청장이 협의하여 정함.
3) 재활용원자재는 금속 스크랩 등 원자재로서 재활용이 가능한 물자를 말함.
4) 긴급수급조절물자는 기획재정부장관이 긴급히 비축할 필요가 있다고 인정하여 지정하는 물자를 말함.
(시행일) 이 고시는 고시한 날부터 시행한다.

Ⅱ. 비축사업

1. 의의

비축사업이란 비축물자 구매·공급, 재고관리·방출과 원활한 물자수급과 물가안정을 위해 운영하는 부수업무를 말한다(조달청 비축사업 운영규정 제3조 제4호).

2. 비축대상물자와 비축사업계획

가. 비축대상물자

조달청장은 조달사업법 제2조 제3호와 같은 법 시행령 제3조에 해당하는 물자를 비축물자로 선정하여 기획재정부장관에게 비축대상물자 지정 고시를 요청할 수 있고, 기존 비축대상물자 변경·삭제도 마찬가지 방법으로 요청할 수 있다(조달청 비축사업 운영규정 제5조 제1항). 위 요청할 때는 사전에 관계기관의 의견을 수렴해야 한다(조달청 비축사업 운영규정 제5조 제3항).

한편, 비축대상물자 선정을 위해서는 공급국과 과점도, 국내 공급기업 과점도, 공급장애 가능성 등 공급 측면과 세계수요 변화, 산업영향 정도, 물가안정 기여도, 중소기업 수요비중 등 수요 측면, 장기보관성, 환경오염 발생도 등 관리환경 측면을 종합적으로 고려하여 모니터링 후 시범비축을 실시하고, 비축 타당성 등을 검토하여 비축 지속 여부를 결정하되, 긴급수급조절물자는 이를 생략할 수 있다(조달청 비축사업 운영규정 제5조 제2항 제1호부터 제3호). 비축지속 품목은 주기적으로 비축 적정성 평가를 실시하여 비축 지속 여부를 결정할 수 있다(조달청 비축사업 운영규정 제5조 제4항).

나. 비축목표 설정

조달청장은 국제 원자재 수급 파동이 발생하면 국내 수급안정을 유지할 수 있도록 비축목표 수준을 충분한 규모로 설정해야 하고, 이때 품목별 비축목표량은 수급상황, 비축자금 조성 등을 고려하여 품목별로 차등화하여 설정할 수 있다(조달청 비축사업 운영규정 제6조 제1항). 비축목표를 설정할 때는 사전에 관계기관의 의견을 들어야 한다(조달청 비축사업 운영규정 제6조 제2항).

다. 비축사업계획

조달청장은 비축목표량[1], 구매·방출 실적, 국내외 가격동향, 품목별 수급상황과 그 밖에 필요한 사항을 종합하여 연초에 해당 연도 비축사업계획을 수립해야 하되(조달청 비축사업 운영규정 제7조 제1항), 관계부처, 원자재 관련 업체, 중소기업 단체, 관련 전문가 등을 대상으로 의견을 수렴해야 한다(조달청 비축사업 운영규정 제7조 제2항). 다만, 국제 원자재시장 동향, 국내외 수급 변화 등으로 사업계획의 수정이 필요할 경우에는 위 비축사업계획을 조정할 수 있고, 해당 연도 비축사업계획이 확정되지 못한 경우에는 전년도 사업계획에 준하여 비축사업을 집행할 수 있다(조달청 비축사업 운영규정 제7조 제3항, 제4항).

---

1) 원자재 위기 발생에 대비하여 미래 일정 시점까지 확보해야 하는 비축 물량을 말한다.

Ⅲ. 비축물자 계약방법

1. 의의

조달청장은 각 수요기관에 필요한 조달물자를 구매·공급하기 위해 필요한 경우 별도로 정한 계약방법으로 계약을 체결할 수 있으므로(조달사업법 제14조 제1항), 비축물자를 대상으로 특례에 따라 계약을 체결할 수 있다(조달사업법 시행령 제14조 제2호).

2. 종류

가. 수의계약

우선, 조달청장은 비축물자를 구매·물류관리, 공급하는 경우로서 아래와 같은 사유가 있으면 수의계약을 체결할 수 있다(조달사업법 시행령 제14조 제2호, 제35조 제1항). 비축물자를 대상으로 수의계약을 체결할 수 있는 사유는 아래와 같다.

1. 경쟁이 성립되지 않는 물자를 소유 또는 제조하는 자와 구매 및 공급 계약을 체결하는 경우
2. 지역별·품질별 가격의 차이 또는 가격의 변동이 극심한 물자를 소유 또는 제조하는 자와 구매 및 공급 계약을 체결하는 경우
3. 특별한 시설 또는 장비를 갖춘 자와 물류관리 및 공급에 관한 계약을 체결하는 경우
4. 경쟁이 성립되지 않는 물자, 지역별·품질별 가격의 차이 또는 가격의 변동이 극심한 물자의 구매 및 공급 업무를 위탁하는 계약을 체결하는 경우

다만, 조달청장은 위와 같이 수의계약을 체결한 경우 감사원에 그 사실을 통보해야 한다(조달사업법 시행령 제35조 제3항).

나. 일반·지명경쟁입찰에 따른 분할계약

조달청장은 비축물자를 구매·물류관리, 공급하는 경우에 대량 물자를 분할하여 일정한 자격이 있는 2인 이상 상대방과 계약을 체결할 필요가 있다고 인정하면, 수량을 제한하여 일반경쟁이나 지명경쟁 방법으로 분할계약을 체결할 수 있다(조달사업법 시행령 제35조 제2항).

3. 비축물자 구매

가. 구매시기와 수량

조달청장은 비축물자의 국내 수급상황 등을 고려하여 품목별로 비축물자 구매 시기와

수량을 결정할 수 있다(조달사업법 제29조 제1항). 즉, 비축사업계획, 가격 수준, 방출량, 국내 수급상황 등을 고려하여 품목별로 구체적인 비축물자 구매 시기와 수량을 결정하되, 효율적인 비축사업을 운영하기 위해 필요하면 증량구매, 구매보류, 파생상품거래 등으로 이를 조절할 수 있다(조달청 비축사업 운영규정 제10조).

나. 구매방법

비축물자 구매는 일반경쟁을 원칙으로 하되, 수의계약, 제한경쟁, 지명경쟁 방법으로 계약을 체결할 수 있으며, 신속한 구매 등을 위하여 해외 현지구매를 할 수 있다(조달청 비축사업 운영규정 제11조 제1항 제1호). 런던금속거래소 등과 같은 거래시장에서 국제가격이 공시되는 품목인 경우에는 프리미엄만을 대상으로 경쟁입찰을 실시하여 최저가격으로 입찰한 자를 낙찰자로 결정할 수 있다(조달청 비축사업 운영규정 제11조 제1항 제2호). 여기서 프리미엄이란 운반비, 보험료, 이윤, 기타비용을 말한다(조달청 비축사업 운영규정 제3조 제10호 참조). 그리고 보관성이 없거나 물류비용이 과다한 품목 또는 직접 비축하기에 적절하지 않은 품목은 공동구매 또는 환매조건부로 구매할 수 있고, 비축물자를 사용하는 중소기업 단체 또는 3개 이상 이용업체가 원자재 구매를 공동으로 요청하는 경우에는 공동구매 또는 환매조건부로 구매할 수 있다(조달청 비축사업 운영규정 제11조 제1항 제3호, 제4호). 그러나 긴급수급조절물자로 지정 공고한 비축대상물자는 별도로 정한 방법으로 구매할 수 있다(조달청 비축사업 운영규정 제11조 제1항 제5호).

한편, 조달청장은 환율변동 위험을 최소화하고 비축자금을 효율적으로 활용하기 위해 연지급거래 등 통상적인 국제거래기법을 도입하여 운영할 수 있다(조달청 비축사업 운영규정 제11조 제2항).

다. 입찰보증금

조달청장은 경쟁입찰에 참가하려는 자로부터 입찰보증금을 납부받아야 한다. 입찰보증금은 보증기간 초일을 입찰서 제출마감일 이전으로 보증기간 만료일을 입찰서 제출마감일 다음날부터 30일 이후로 하여 입찰서 제출마감일 1근무일전까지 납부해야 한다(조달청 비축사업 운영규정 제12조 제1항). 다만, 입찰서 제출마감일부터 최근 3년 이내에 조달청과 비축물자 구매계약 체결 실적이 있는 자는 입찰보증금 대신 입찰보증금 지급각서로 대체할 수 있되, 가격등락이 심하거나 불안정한 품목 그 밖에 계약체결을 기피할 우려가 있는 품목의 입찰인 경우로서 입찰보증금 납부 필요성이 있는 경우에는 입찰보증금을 납부해야 한다(조달청 비축사업 운영규정 제12조 제2항). 국외업체의 입찰보증금 납부방법은 조달청 외자구매 업무 처리규정을 준용한다(조달청 비축사업 운영규정 제12조 제3항). 그러나 긴급수급조절물자로 지정 공고한 비축대상물자는 입찰보증금 납부방법을 별도로 정한다(조달청 비축사업 운영규정 제12조 제4항).

라. 신용장

조달청장은 비축물자 계약상대자가 국외업체이면 외환은행에 신용장을 개설할 수 있다(조달청 비축사업 운영규정 제14조 제1항). 특히 계약조건상 인도조건이 지정선적항 본선인도조건, 지정장소 운송인 인도조건, 지정목적항 운임포함 인도조건, 지정목적지 운송비지급 인도조건인 경우 계약체결과 동시에 해당 적하보험을 부보해야 한다(조달청 비축사업 운영규정 제14조 제2항). 조달청장은 신용장 개설은행에 선적대금을 지급해야 한다(조달청 비축사업 운영규정 제14조 제3항).

마. 대금납부

한편, 조달청장이 비축물자를 구매할 경우에는 비축물자대금 납부대행기관을 이용하여 신용카드나 직불카드 등(신용카드등)으로 구매대금을 납부할 수 있다(조달사업법 제30조 제4항 참조). 여기서 비축물자대금 납부대행기관이란 조달청장이 비축물자 구매대금 납부를 대행할 수 있도록 지정한 기관이고, 구체적으로 정보통신망을 이용하여 신용카드등을 매개로 결제를 수행하는 기관으로서, 민법 제32조에 따라 금융위원회의 허가를 받아 설립된 금융결제원, 시설, 업무수행능력과 자본금 규모 등을 고려해 조달청장이 비축물자대금 납부대행기관으로 지정될 필요가 있다고 인정한 기관을 말한다(조달사업법 제30조 제7항, 같은 법 시행령 제37조 제1항, 같은 법 시행규칙 제13조 제1항 제1호, 제2호).

4. 비축물자 방출

가. 방출시기와 수량

방출시기는 긴급시, 수급불안시, 평상시로 구분한다(조달청 비축사업 운영규정 제24조 제1항 제1호부터 제3호, 제2항 별표1). 긴급시란 전쟁, 대규모 재난, 경제위기와 같은 국민경제에 중대한 장애가 발생한 경우, 주요 생산국의 파업 등에 따른 국제 자원파동 등으로 심각한 공급장애가 발생한 경우, 관계 행정기관의 장이 참여하는 장관급 회의체에서 긴급히 방출할 필요를 인정한 경우를 말하고, 이때는 안전재고를 포함한 비축재고 전량을 총방출한도로 한다. 수급불안시란 가격이 일정기간 이상 급등하거나 그러한 우려가 있는 경우, 국내외 수급상황과 전망에 대한 계량·비계량적 요소 평가결과 수급불안이 있거나 그러한 우려가 있는 경우, 관계중앙행정기관의 요청이나 특이 징후 발생 등에 따라 조달청장이 방출필요성을 인정한 경우를 말하고, 이때는 수급불안 단계에 따라 운영재고의 일부나 전부를 총방출한도로 한다. 평상시란 긴급시나 수급불인시에 해당하는 않는 일반상황을 말하며, 이때는 상시 방출(국내시장의 물자수급 원활과 가격안정을 위해 비축물자를 상시 공급하는 것), 재고 순환과 재정부담 경감 등 목적달성을 위해 필요한 한도를 총방출한도로 한다. 구체적인 방출량과 한도량은 국내외 수급과 가격동향 전망, 비축물자 방출이 국내시장에 미치는 영향, 실수요자의 연간 소비량, 관계부처와 산업계의 요구사항을 고려하여 결정·조정한다(조달청 비축사업 운영규정 제18조 제4항 제1호부터 제4호). 한도량을 정하여 방출한 때는 주기적으로 방출가격을 조정하여 게시해야 한다(조달청 비축사업 운영규정 제25조 제4항).

다만, 안전재고 일부를 사용한 경우에는 구매시기를 고려해 신속하게 안전재고 물량을 충당해야 한다(조달청 비축사업 운영규정 제18조 제5항).

나. 방출가격

조달청장은 국내외 가격, 시장동향, 수급상황 등과 물품대금, 프리미엄, 입항료 등 부대비용과 같은 비목을 포함해 산출된 구매원가를 고려하여 방출가격을 정하되, 긴급수급조절물자는 품목 특성에 따른 구매방법, 운용방식 등을 고려해 별도로 정할 수 있다(조달청 비축사업 운영규정 제25조 제1항). 다만, 가격동향과 방출량을 고려해 방출가격을 조정할 수 있다(조달청 비축사업 운영규정 제25조 제3항). 그런데 원자재시장 가격과 환율 변화 정도, 수급상황 재고현황 등을 고려해 방출가격의 일정비율을 할인하여 방출할 수 있고, 이때는 품목별 할인율 기준, 할인기간 등을 별도로 정하여 운영할 수 있다(조달청 비축사업 운영규정 제25조 제5항). 그리고 전쟁 등 일정한 경우에는 구매원가 이하로도 방출가격을 적용할 수 있다(조달청 비축사업 운영규정 제25조 제6항).

한편, 구매원가 산정에서 일반재고는 이동평균법을 적용하며, 선물연계재고는 일반재고와 별도로 개별법을 적용한다(조달청 비축사업 운영규정 제25조 제2항). 여기서 일반재고란 선물과 연계하지 않고 구매한 원자재로 일반방출에 사용되는 재고를 말하고(조달청 비축사업 운영규정 제3조 제15호), 선물연계재고란 가격변동 위험에 대비하기 위해 선물과 연계하여 구매한 원자재로 선물연계방출에 사용되는 재고를 말한다(조달청 비축사업 운영규정 제3조 제18호).

다. 방출대상

조달청장은 중소기업, 중소기업 단체, 중견기업에게 비축물자를 방출하고, 판매 공고를 하였으나 구매자가 없을 때, 보관관리상 필요한 때, 비축자금 운용상 필요한 때, 방출한도에 여유가 있을 때, 비축대상물자로 지정 고시한 방산물자용 원자재를 방출할 때, 그 밖에 기획재정부장관이나 조달청장이 필요하다고 인정할 때 중 어느 하나에 해당하는 사유가 있으면 방출대상이 아닌 이용업체에게도 비축물자를 방출할 수 있다(조달청 비축사업 운영규정 제

26조 제1항, 제2항). 다만, 긴급수급조절물자는 수요기관에도 방출할 수 있다(조달청 비축사업 운영규정 제26조 제3항).

라. 방출방법

비축물자는 판매나 대여의 방법으로 방출할 수 있다(조달청 비축사업 운영규정 제27조 제1항).

1) 판매

가) 가격결정

조달청장은 구매원가(물품대금, 물류관리비 등 관리에 직접 드는 경비 포함), 해당 물자의 수급과 가격의 동향 등을 고려해서 판매가격을 정한다(조달사업법 제30조 제1항). 만약 비축물자 판매가격이 구매원가를 넘는 경우, 그 초과분은 조달특별회계의 세입으로 한다(조달사업법 제30조 제2항).

나) 대금납입

(1) 현금판매와 외상판매

(가) 의의

조달청장은 수요기관이나 민간업체에게 비축물자를 인도하기 전에 판매대금을 납입받아야 한다(현금판매). 다만, 수요기관이나 민간업체가 요청하는 경우로서 비축사업의 원활한 수행을 위해 필요한 경우에는 비축물자 인도 후에 판매대금을 납입받을 수 있다(외상판매)(조달사업법 제30조 제3항).

외상판매인 경우 외상기간과 연간 외상판매 한도액은 조달청 비축사업 운영규정 별표 2로 정하며, 이때 적용하는 이자율은 매년 2분기 말에 조달청장이 별도로 고시한다(조달청 비축사업 운영규정 제27조 제3항). 조달청장은 외상판매를 할 때 보증서 등을 제출받아야 한다(조달청 비축사업 운영규정 제27조 제6항).

(나) 납기연장

외상판매 이용업체가 판매대금 납기연장을 요청할 경우 조달청장은 별표2 조건에 따라 1차 납기 연장조치를 할 수 있으며, 해당 이용업체가 중소기업과 중견기업인 경우에 한하여 추가로 납기연장을 요청한 경우 2차 납기 연장조치를 할 수 있다. 다만, 재난 및 안전관리 기본 제3조 제1호의 재난, 경기침체 등으로 국가의 경제위기를 극복하기 위해 한시적으로 별표2-1의 조건에 따라 업체별 연간 외상판매 한도액 적용 및 3차 납기 연장조치를 할 수 있으며, 연장방법은 2차 납기 연장조치와 동일하게 적용한다(조달청 비축사업 운영규정 제27조 제4항). 조달청장은 이용업체가 판매대금의 납기연장을 요청하여 납기 연장조치를 한 경우에는 별표2, 별표2-1에 해당하는 연장이자율을, 이용업체가 약정된 납기 내에 대금을 납입하지 않을 경우에는 별표2, 별표2-1에 해당하는 연체이자율을 적용하여 해당 이용업체로부터 이자를 징수하여야 한다(조달청 비축사업 운영규정 제27조 제5항).

(2) 신용카드등으로 납부

(가) 의의

한편, 비축물자를 구매하려는 자는 비축물자대금 납부대행기관을 이용하여 신용카드등으로 비축물자 구매대금을 납부할 수 있다(조달사업법 제30조 제4항). 이 경우, 비축물자대금 납부대행기관이 승인한 날을 구매대금 납부일로 본다(조달사업법 제30조 제5항).

(나) 수수료

비축물자대금 납부대행기관은 비축물자를 구매하려는 자로부터 구매대금 납부를 대행하는 대가로 수수료를 받을 수 있다(조달사업법 제30조 제6항). 수수료는 납부대금의 1000분의 10 이내에서 납부대행기관의 운영경비 등을 종합적으로 고려하여 정한 금액을 말한다(조달사업법 시행령 제37조 제2항, 같은 법 시행규칙 제13조 제2항). 이에 조달청은 비축물자대금 신용카드 납부대행기관 및 납부대행수수료에 관한 고시로 납부대행수수료를 정한다.

2) 대여

조달청장은 시장동향, 수급상황 개선, 비축물자 재고관리 효율화, 민관 공동 비축사업 지원, 국내기업 조업지원 등을 위해 비축물자를 대여할 수 있다. 이 경우 현물상환을 원칙으로 하되, 상환시의 방출가격을 기준으로 현금상환도 할 수 있다(조달청 비축사업 운영규정 제27조 제7항). 대여기간, 대여 이자율, 보증서 종류, 보증기간, 보증금액, 상환방법 등은 비축물자 대여·상환 계약서에 정한대로 한다(조달청 비축사업 운영규정 제27조 제8항). 다만, 긴급수급조절물자는 별도로 정할 수 있다(조달청 비축사업 운영규정 제27조 제9항).

마. 특별방출

특별방출이란 원자재 시장 변화에 대한 대응능력이 부족한 중소기업과 중견기업 지원을 위한 방출제도이다(조달청 비축사업 운영규정 제28조 제1항). 특별방출은 긴급배정과 추가배정이 있다. 특별방출의 업무처리절차도 일반방출절차를 준용하지만, 방출한도량, 방출가격 등에서 특칙이 적용된다(조달청 비축사업 운영규정 제28조 제2항부터 제6항 참조).

바. 출고

조달청장은 양도금지 창고증권을 발행하여 비축물자를 구매한 업체가 실물 대신 인수하게 하여 실물을 최대 60일 안에 조달청 비축기지에 보관하고 원하는 시기에 인출하게 할 수 있다(조달청 비축사업 운영규정 제30조 제6항).

5. 이용제도

가. 이용등록

1) 의의

조달청장이 공급하는 비축물자를 이용하려는 자(이용업체)는 나라장터에 등록해야 한다(조달사업법 제29조 제2항). 다만, 같은 법인의 본사와 지사는 같은 품목을 중복하여 등록하지 못한다(조달청 비축사업 운영규정 제21조). 조달청장은 비축물자 이용업체와 민간비축사업자 등록, 변경등록, 일제정비 등록, 갱신등록, 말소등록 등 업무를 처리하고, 특별한 규정이 없으면 등록약관에 따라 조치한다(조달청 비축사업 운영규정 제20조).

2) 법적 성격

조달청이 이용업체로 등록하는 자의 신청에 따라 등록처리를 하면, 등록한 업체는 이용업체로서 비축물자를 이용할 수 있는 지위를 취득하므로, 수익적 행정처분에 해당한다.

3) 종류

이용업체로 처음 등록하는 자는 사업자등록번호에 따라 시스템에 등록해야 한다(조달청 비축물자 이용업체와 민간 비축 사업자 등록·이용약관 제7조 제1항). 그 밖에 등록 종류로는 등록한 내용을 변경하는 변경등록, 등록사항 정비를 위해 필요한 때에 일제히 재등록하는 일제정비 등록, 등록 유효기간 경과에 따른 갱신등록, 취소사유 발생에 따른 말소등록이 있다(조달청 비축물자 이용업체와 민간 비축 사업자 등록·이용약관 제7조 제2항).

4) 요건

이용업체로 등록하려는 자는 사업자등록을 교부받은 자, 비축물자를 원자재로 하여 제조업을 영위하는 자이거나 같은 단체, 그 밖에 법령에 따라 허가, 인가, 면허, 등록, 신고 등이 필요한 때에는 이에 필요한 자격요건을 갖춘 자라는 자격요건을 갖추어야 한다(조달청 비축물자 이용업체와 민간 비축 사업자 등록·이용약관 제8조 제1항). 제조업 영위 사실을 확인하는 서류로는 제무제표와 공장등록증명서 등이고, 제조 여부를 증명하는 서류는 생산품 성분분석표이다(조달청 비축물자 이용업체와 민간 비축 사업자 등록·이용약관 제8조 제2항, 제3항).

5) 시기와 유효기간

이용업체의 등록유효기간은 등록일로부터 3년으로 하고, 이용업체는 유효기간이 경과하기 전에 갱신등록을 해야 한다. 또한, 제조업 영위사실을 확인하는 등록서류에 유효기간(또는 계약기간)이 있는 경우에는 그 기간(또는 만료일)을 이용업체 등록유효기간으로 한다. 다만, 유효기간이 없거나 계약기간 만료일이 3년을 초과하는 경우에는 등록일부터 3년 동안으로 한다(조달청 비축물자 이용업체와 민간 비축 사업자 등록·이용약관 제9조 제1항 제1호, 제2호).

위와 같은 유효기간이 경과하면 등록효력은 소멸하되, 갱신등록을 하려는 이용업체가 유효기간 만료 5일 전에 신청한 경우에는 갱신등록 확인일까지 등록효력이 있다고 본다(조달청 비축물자 이용업체와 민간 비축 사업자 등록·이용약관 제9조 제2항). 그런데 갱신등록을 하지 않은 자는 등록말소 대상에 해당한다(조달청 비축물자 이용업체와 민간 비축 사업자 등록·이용약관 제9조 제3항).

이용업체는 시스템에 접속하여 등록사항을 확인해야 한다(조달청 비축물자 이용업체와 민간 비축 사업자 등록·이용약관 제10조).

6) 절차

가) 등록안내

조달청은 등록신청자격 등 등록에 필요한 사항을 시스템으로 안내해야 하고, 필요하면 해당 내용을 안내서로 발행하여 관련 업계에 배포할 수 있다(조달청 비축물자 이용업체와 민간 비축 사업자 등록·이용약관 제11조 제1항 제1호부터 제5호, 제2항).

나) 등록신청

이용업체로 등록하고자 하는 자는 공인인증기관이 발급한 공인인증서를 시스템에 등록한 후 시스템을 이용하여 이용업체 등록을 신청해야 하고, 이때 등록신청서를 작성한다(조달청 비축물자 이용업체와 민간 비축 사업자 등록·이용약관 제12조 제1항, 제2항).

다) 등록신청 처리

등록담당공무원은 행정안전부 행정정보망을 활용해 법인등기부등본, 사업자등록증, 공장등록증명서, 건축물관리대장, 직접생산증명서를 직접 확인하고, 그 밖에 서류는 등록신청자로부터 제출받아 확인한다(조달청 비축물자 이용업체와 민간 비축 사업자 등록·이용약관 제12조 제3항).

등록신청서를 접수한 등록담당공무원은 처리결과를 시스템에 등록하고, 증명서류 등 등록요건 미비가 있으면 보완을 요청하거나 반려하고 다시 등록을 신청하도록 안내할 수 있다(조달청 비축물자 이용업체와 민간 비축 사업자 등록·이용약관 제13조 제1항, 제2항). 특히 제출받은 재무제표에 제품매출이 없거나 제조원가 명세서가 없으면 반려할 수도 있다(조달청 비축물자 이용업체와 민간 비축 사업자 등록·이용약관 제13조 제3항).

등록담당공무원은 필요한 경우 등록신청이나 등록내용 사실확인을 위해 현장조사를 할 수 있고, 등록신청자는 이에 협조해야 한다(조달청 비축물자 이용업체와 민간 비축 사업자 등록·이용약관 제13조 제4항). 현장확인에 2회 이상 불응하거나 제출서류 보완요청을 받은 후 20일이 경과한 등록신청자는 등록신청이나 등록을 유지할 의사가 없다고 본다(조달청 비축물자 이용업체와 민간 비축 사업자 등록·이용약관 제13조 제5항).

7) 내용

가) 갱신등록

조달청장은 갱신등록 신청서를 접수한 경우 이용업체가 유효기간 안에 증빙서류를 제출하도록 해야 한다(조달청 비축사업 운영규정 제22조 제1항). 만약 이용업체가 유효기간까지 증빙서류를 제출하지 않거나 유효기간 안에 보완요청받은 보완서류를 제출하지 않은 경우, 신청서상 연락처로 연락이 불가능한 경우에는 갱신등록신청서를 반려한다(조달청 비축사업 운영규정 제22조 제2항).

갱신등록은 유효기간 만료 5일 전까지 신청을 완료해야 하고, 그렇지 않아서 유효기간이 경과하면 등록은 소멸한다(조달청 비축물자 이용업체와 민간 비축 사업자 등록·이용약관 제14조 제1항, 제2항).

나) 변경등록

이용업체는 등록정보가 변경되면 즉시 필요한 증빙서류를 첨부하여 변경등록을 신청해야 한다. 사업자등록번호, 상호, 대표자, 공장등록증, 건축물관리대장, 공장임대계약서 등 제조시설 소재지나 임대, 계약기간, 이용품목 등 사항이 변경되었는데도 변경등록을 하지 않고 비축물자배정신청서를 제출한 자는 비축물자 배정에서 제외한다(조달청 비축물자 이용업체와 민간 비축 사업자 등록·이용약관 제15조 제1항, 제2항). 휴업한 이용업체는 조달청에 이를 통보해야 한다(조달청 비축물자 이용업체와 민간 비축 사업자 등록·이용약관 제15조 제3항).

다) 말소등록

(1) 의의

말소등록은 일정한 사유가 있으면 비축물자 이용업체나 민간 비축 사업자의 등록지위를 박탈하는 행위로서, 원칙적으로 침익적 처분에 해당한다.

(2) 사유

등록담당공무원은 ① 등록자가 말소를 요청한 경우, ② 갱신등록, 변경등록을 해야 하는데도 하지 않은 경우, ③ 등록신청 내용이 사실과 다르다고 판명된 경우, ④ 이중 등록한 경우, ⑤ 등록 유효기간이 경과한 경우, ⑥ 사업자등록이 취소·철회된 경우, ⑦ 법인등록자 중 다른 법인으로 합병된 자, ⑧ 배정 비축물자를 전매한 사실이 발견된 경우, ⑨ 등록담당 공무원의 현장 확인에 2회 이상 불응하거나 등록담당공무원의 서류보완 요청 후 20일이 경과하여도 회신이 없는 경우, ⑩ 현장 확인이나 자료제출 요청을 거부한 경우, ⑪ 폐업한 경우에 각 등록을 말소한다(조달청 비축물자 이용업체와 민간 비축 사업자 등록·이용약관 제16조 제1항 제1호부터 제11호).

(3) 절차

등록담당공무원은 등록말소 의사를 시스템에서 사용하는 전자문서함으로 통지하고, 전자문서 확인이 곤란한 경우에는 문서로 통지할 수 있다(조달청 비축물자 이용업체와 민간 비축 사업자 등록·이용약관 제16조 제3항). 처분은 원칙적으로 문서로 해야 하나, 그 예외를 정한 것이다.[1] 따라서 그 밖에 사전통지, 의견제출, 불복절차 고지 등 행정절차법이 정한 절차규정은 준수해야 한다고 본다.

(4) 효력

(가) 일반

등록사항이 말소된 자도 원칙적으로 재등록을 할 수 있다. 이때는 신규등록 절차를 준용한다(조달청 비축물자 이용업체와 민간 비축 사업자 등록·이용약관 제16조 제4항).

(나) 재등록 제한

등록담당공무원이 등록신청 내용이 사실과 다르다고 판명된 경우를 이유로 등록을 말소했다면, 해당 법인과 대표자는 2년 동안 비축물자 이용업체 등록에서 배제되고, 배정 비축물자를 조달청 승인 없이 전매한 사실이 발견된 경우를 이유로 등록을 말소했다면, 해당 법인과 대표자는 ① 전매차익이 1천만 원 이하이면 6개월, ② 전매차익이 1천만 원 초과 5천만 원 이하이면 12개월, ③ 전매차익이 5천만 원 초과 또는 최근 1년간 전매 횟수 2회 이상이면 24개월 동안 비축물자 이용업체 등록이 제한된다(조달청 비축물자 이용업체와 민간 비축 사업자 등록·이용약관 제16조 제2항 본문 제1호부터 제3호).

---

1) **행정절차법** 제24조(처분의 방식) ① 행정청이 처분을 할 때에는 다른 법령등에 특별한 규정이 있는 경우를 제외하고는 문서로 하여야 하며, 다음 각 호의 어느 하나에 해당하는 경우에는 전자문서로 할 수 있다.
1. 당사자등의 동의가 있는 경우
2. 당사자가 전자문서로 처분을 신청한 경우
② 제1항에도 불구하고 공공의 안전 또는 복리를 위하여 긴급히 처분을 할 필요가 있거나 사안이 경미한 경우에는 말, 전화, 휴대전화를 이용한 문자 전송, 팩스 또는 전자우편 등 문서가 아닌 방법으로 처분을 할 수 있다. 이 경우 당사자가 요청하면 지체 없이 처분에 관한 문서를 주어야 한다.
③ 처분을 하는 문서에는 그 처분 행정청과 담당자의 소속·성명 및 연락처(전화번호, 팩스번호, 전자우편주소 등을 말한다)를 적어야 한다.

다만, 현장 확인이나 자료제출 요청에 협조하는 경우에는 등록 배제기간을 2분의 1 범위에서 감경할 수 있고, 전매행위를 자진신고할 경우에는 등록배제기간을 1개월 이상으로 감경할 수 있다(조달청 비축물자 이용업체와 민간 비축 사업자 등록·이용약관 제16조 제2항 단서).

나. 이용범위

1) 비축물자 배정신청

조달청이 시스템에 비축물자 판매공고를 하면, 이용업체는 조달청에서 공고한 조건에 따라 시스템에 등록한 품목의 배정(구입)을 신청할 수 있다(조달청 비축물자 이용업체와 민간 비축 사업자 등록·이용약관 제2조 제2호, 제6조 제1항). 다만, 조달청은 이용업체가 배정을 신청해도, 비축량 등을 고려해 반려할 수 있다(조달청 비축물자 이용업체와 민간 비축 사업자 등록·이용약관 제6조 제2항). 그리고 단체가 배정받은 비축물자를 이용업체에 재배정하는 경우에는 시스템에 이용품목으로 등록한 이용업체 외의 업체에게는 배정할 수 없다(조달청 비축물자 이용업체와 민간 비축 사업자 등록·이용약관 제6조 제3항).

2) 비축물자 배정결정

조달청이 시스템에서 배정신청을 한 이용업체에게 비축물자 배정결정을 통지하면, 이용업체는 원활한 비축물자 출고를 위해 시스템에 사용인감을 등록하고, 시스템을 이용하여 비축물자 인수증, 위임장을 제출할 수 있다. 다만, 시스템에 사용인감을 이미 등록한 업체는 별도로 사용인감을 등록할 필요가 없다(조달청 비축물자 이용업체와 민간 비축 사업자 등록·이용약관 제6조 제4항).

다. 이용업체 관리

조달청장은 비축물자 이용업체의 제조 여부를 수시로 혹은 주기적으로 확인해야 한다(조달청 비축사업 운영규정 제23조).

라. 재판매(전매)제한

1) 원칙

이용업체는 조달청장이 공급하는 비축물자를 제조·가공하지 않은 상태로 제3자에게 재판매할 수 없다(조달사업법 제29조 제3항). 이처럼 배정받은 비축물자를 제조활동 없이 제3자에게 판매하는 행위를 전매행위라 하고, 조달사업법 등은 이러한 전매행위를 제한한다. 재판매제한 혹은 전매제한이라고 부른다.

2) 예외

그러나 부도, 파산, 생산중단 등 불기피한 사유가 있어서 조달청장의 승인을 받은 경우에는 재판매를 허용한다(조달청 비축물자 이용업체와 민간 비축 사업자 등록·이용약관 제17조 제1항 단서).

3) 위반효과

가) 등록말소

조달청장은 재판매제한을 위반한 법인과 그 대표자에게 이용업체 등록을 말소해야 한다(조달사업법 제29조 제4항 전단). 기속행위이다.

나) 이용업체 등록제한

조달청장은 재판매제한을 위반한 법인과 그 대표자에게 2년 이내 범위에서 이용업체 등록을 제한할 수 있다(조달사업법 제29조 제4항 후단). 재량행위이다.

다) 전매차익 환수

(1) 의의

조달청장은 재판매제한을 위반한 이용업체가 비축물자를 공급받을 당시 지급한 금액과 재판매하여 얻은 금액의 차액을 환수할 수 있다(조달사업법 제29조 제5항). 전매차익은 제3자에게 판매한 판매단가에서 조달청으로부터 매입한 매입단가를 뺀 금액에 판매수량을 곱하여 계산한 금액으로 하되, 그 금액이 10,000원 이하인 경우에는 전매차익이 없다고 본다(조달청 비축물자 이용업체와 민간 비축 사업자 등록·이용약관 제17조 제2항 본문).

위와 같은 전매차익은 법률상·계약상 의무위반행위를 이유로 한 손해배상으로 보아야 한다.

(2) 예외

고의성 없이 폐업한 업체는 전매행위를 하더라도 그로부터 차익을 환수하지 않는다(조달청 비축물자 이용업체와 민간 비축 사업자 등록·이용약관 제17조 제2항 단서).

(3) 절차

조달청장은 전매행위 발생사실을 알거나 전매행위를 한 정황이 있다고 인정할 경우, 해당 이용업체를 대상으로 현장 확인을 하거나 필요한 자료제출을 요구할 수 있다(조달청 비축물자 이용업체와 민간 비축 사업자 등록·이용약관 제17조 제3항).

이에 따라 조달청장은 전매사실을 발견한 경우 지체없이 전매차익을 산정하여 해당 업체에게 서면으로 전매차익 반환을 통지한다(조달청 비축물자 이용업체와 민간 비축 사업자 등록·

이용약관 제17조 제4항).

(4) 이의

전매차익 반환을 통지받은 업체는 이의가 있는 경우 통지받은 날부터 10일 이내에 조달청장에게 이의를 제기할 수 있다(조달청 비축물자 이용업체와 민간 비축 사업자 등록·이용약관 제17조 제5항). 조달청장은 위 신청일로부터 7일 이내에 이를 심사하여 그 결과를 서면으로 통지한다(조달청 비축물자 이용업체와 민간 비축 사업자 등록·이용약관 제17조 제6항). 위 기간은 모두 훈시규정에 불과하다.

(5) 전매차익 반환

전매차익 반환을 통지받은 업체는 원칙적으로 통지받은 날부터 30일 이내에 전매차익을 반환해야 하지만, 이의신청에 따른 심사결과를 통지받은 업체는 그 통지받은 날부터 15일 이내에 전매차익을 반환해야 한다(조달청 비축물자 이용업체와 민간 비축 사업자 등록·이용약관 제17조 제7항).

만약 해당 업체가 위 기간 내에 전매차익을 반환하지 않으면, 조달청장은 반환기간 경과 후 7일 이내에 반환독촉을 통지하고(조달청 비축물자 이용업체와 민간 비축 사업자 등록·이용약관 제17조 제8항), 해당 업체가 반환독촉을 통지받은 날부터 15일이 경과하도록 전매차익을 반환하지 않으면 관할 법원에 전매차익 반환소송을 청구하고, 비축물자 이용업체 등록말소를 위한 일체 조치를 할 수 있다(조달청 비축물자 이용업체와 민간 비축 사업자 등록·이용약관 제17조 제9항).

(6) 세금계산서 제출

조달청으로부터 비축물자를 배정받은 실적이 있는 이용업체는 차년도 4월 30일까지 배정 실적이 있는 해의 과세자료(매입매출장, 매출세금계산서)를 제출해야 한다. 만약 관련 자료를 제출하지 않으면, 자료 제출 마감일 다음날부터 자료 제출일까지 배정이 중지될 수 있다(조달청 비축물자 이용업체와 민간 비축 사업자 등록·이용약관 제18조). 전매제한 위반사실을 적발하기 위해서는 과세정보 확보가 필수지만, 종전에는 마땅한 수단이 없었다. 그러나 2023. 4. 1. 고시 개정에 따라 이용업체에게 세금계산서 제출 의무를 부과하고, 이를 이행하지 않을 경우 배정중지 조치를 할 수 있도록 근거를 마련하여, 전매행위 방지를 위한 실효성확보수단을 강구했다.

(7) 위약금

조달청이 공급하는 비축물자를 제조, 가공하지 않은 상태로 조달청 승인 없이 제3자에게 재판매하는 자는 전매금액의 5% 범위에서 위약금을 부과받을 수 있다(조달청 비축물자 이용업체와 민간 비축 사업자 등록·이용약관 제19조). 앞에서 본 전매차익 환수와 별도의 금전 제재이므로, 위약벌로서 성격을 갖는다.

Ⅳ. 비축물자 관리

1. 비축재고 관리

가. 재고구분

비축물자는 안전재고, 운영재고, 탄력재고로 분리하여 운영한다(조달청 비축사업 운영규정 제16조 제1항). 여기서 안전재고란 전쟁, 대규모 재난, 국내 경제위기와 국제 자원파동 등 위기에 대비하기 위해 긴급시 이외에는 시중가격에 관계없이 일정량을 유지하는 재고를, 운영재고란 원자재 수급관리와 가격안정을 위해 시장동향, 수급상황 등에 따라 유동적으로 운영가능한 재고를, 탄력재고란 운영재고 부족상황에 대비하여 안전재고 일부를 지정하여 운영가능한 재고를 각각 의미한다(조달청 비축사업 운영규정 제3조 제12호, 제13호, 제14호). 따라서 조달청장은 품목별 특성, 시장동향, 수급상황 등을 고려해 품목별로 적정 수준의 안전재고를 유지해야 하지만(조달청 비축사업 운영규정 제16조 제2항), 운영재고가 부족할 경우, 예상하지 못한 원자재 수급불안 해소를 위해 품목별 안전재고 비축목표량의 4분의 1 범위에서 탄력재고를 지정하여 사용할 수 있다(조달청 비축사업 운영규정 제16조 제3항).

나. 보관관리

1) 의의

조달청장은 지역별 수요량과 비축기지 상황 등을 고려해 소관 지방조달청장으로 하여금 비축물자를 보관하게 한다. 이처럼 조달청에서 비축물자 비축을 위해 건립한 창고와 조성한 야적장을 비축기지라 한다(조달청 비축사업 운영규정 제3조 제6호). 특히 민관 공동 비축사업을 할 경우에는 조달청 비축기지 중 여유면적에 민간기업이 구매한 비철금속 등을 보관관리할 수 있다(비축물자 보관관리 규정 제6조 제1항).

다만, 비축기지 장소가 부족하거나 장기보관에 따른 훼손등 우려가 있는 경우, 비축기지보다 비축여건이 유리할 경우와 같이 보관관리의 효율성을 높이기 위해 필요하다면, 다른 정부기관(지방자치단체, 공공기관을 포함)이나 민간의 물류기지에 보관을 의뢰할 수 있다(조달청 비축사업 운영규정 제17조 제1항, 비축물자 보관관리 규정 제8조).

조달청은 비축물자 보관관리에 필요한 일반적인 사항을 정하기 위해 비축물자 보관관리 규정을 둔다(비축물자 보관관리 규정 제2조).

2) 위탁관리

조달청장은 필요한 경우 비축물자를 위탁 관리할 수 있다(조달사업법 제33조, 같은 법 시행령 제43조 참조). 비축물자를 조달청 비축기지가 아닌 장소에 보관하는 경우에는 채권확보를 위해 보관자로부터 보증서 등을 제출받아야 하며, 보증서의 종류, 보증기간, 보증금액은 별도로 정하여 운영한다. 다만, 정부기관의 물류기지에 보관을 의뢰할 경우에는 지급각서로 보증서 등을 대체할 수 있다(조달청 비축사업 운영규정 제17조 제2항).

다. 필요조치

조달청장은 비축물자 중 품질유지기간이 있거나, 장기보관에 따른 품질의 저하가 예상되는 물자를 대상으로 교체, 방출, 품질개선 조치 등을 할 수 있다(조달청 비축사업 운영규정 제17조 제3항).

라. 폐기

조달청장은 비축대상물자 중 품목 특성상 유통기한 등으로 방출이 곤란한 경우에 이를 폐기할 수 있다(조달청 비축사업 운영규정 제18조 제1항). 폐기에 따른 손실은 조달청장이 관계행정기관의 장과 협의하여 처리한다(조달청 비축사업 운영규정 제18조 제2항).

2. 파생상품거래

가. 의의

조달청장은 비축물자의 가격변동이나 수급불안정에 따른 위험을 피하기 위해 필요하면 파생상품을 거래할 수 있다(조달사업법 제31조 제1항). 여기서 파생상품이란 기초자산이나 기초자산의 가격·이자율·지표·단위, 이를 기초로 하는 지수 등에 따라 산출된 금전등을 장래 특정 시점에 인도할 것을 약정하는 계약상 권리, 당사자 중 어느 한쪽의 의사표시로 기초자산이나 기초자산의 가격·이자율·지표·단위, 이를 기초로 하는 지수 등에 따라 산출된 금전등을 수수하는 거래를 성립하게 할 수 있는 권리를 부여하는 것을 약정하는 계약상 권리를 말한다(자본시장과 금융투자업에 관한 법률 제5조 제1항 제1호, 제2호).

한편, 조달청장은 비축물자의 환율변동에 따른 위험을 관리하기 위해 외환거래법에 따라 외국환업무를 취급하는 금융회사로부터 외국환을 매입하거나 매입한 외국환을 매각할 수 있다(조달청 비축물자 운영규정 제31조 제2항).

파생상품거래나 외국환거래에 따라 발생하는 손익은 해당 품목 구매원가에 산입할 수 있다(조달청 비축사업 운영규정 제31조 제3항). 품목별 파생상품 매수량은 연간 구매계획량을 초과할 수 없고, 파생상품 매도량은 재고수량과 구매계약수량을 합한 수량을 초과할 수 없다(조달청 비축사업 운영규정 제33조).

나. 거래종류

조달청장은 비축물자의 안정적 확보와 효율적 관리를 위해 필요하다고 인정하는 경우 장내파생상품을 거래할 수 있다(조달사업법 제31조 제2항, 같은 법 시행령 제38조). 여기서 장내파생상품이란 파생상품시장에서 거래되는 파생상품, 해외 파생상품시장에서 거래되는 파생상품, 그 밖에 금융투자상품시장을 개설하여 운영하는 자가 정하는 기준과 방법에 따라 금융투자상품시장에서 거래되는 파생상품을 말한다(자본시장과 금융투자업에 관한 법률 제5조 제2항). 이에 따라서 시장동향과 수급상황을 고려해, 장래에 재고보충이 필요한 경우로서 가격 상승 위험에 대비하기 위해 거래하는 파생상품거래, 비축물자를 구매 후 방출할 때까지 기간 동안 가격 하락 위험, 품질 저하 등 재고가치 하락에 따른 위험에 대비하기 위해 거래하는 파생상품거래, 위 거래의 청산과 이월거래를 각각 할 수 있다(조달청 비축사업 운영규정 제32조).

다. 내용

1) 거래내역관리

조달청장은 파생상품거래 내역을 관리해야 하고, 소속 공무원을 지정하여 관리업무를 위임할 수 있다(조달청 비축사업 운영규정 제34조).

2) 중개계약체결과 중개업자 관리

조달청장은 파생상품거래를 개시하려고 할 때 파생상품투자 중개업자와 파생상품거래 중개계약을 체결해야 하고, 파생상품투자 중개업자와 파생상품거래 중개계약을 위한 계좌를 개설해야 한다(조달청 비축사업 운영규정 제35조). 그리고 중개업자별 거래 내역을 관리해야 하고, 정기적으로 중개업자별로 평가를 실시하여 평가결과에 따라 거래위탁주문량에 차등을 둘 수 있다(조달청 비축사업 운영규정 제37조).

3) 파생상품거래 위탁과 주문

조달청장은 거래하려는 거래소, 품목, 수량, 만기, 가격, 거래방법 등을 정하여 중개업자에게 거래 위탁주문을 해야 한다. 위탁주문은 원칙적으로 런던금속거래소에서 고시되는 공식가격을 거래가격으로 하고, 헷지거래는 리스크를 최소화할 수 있도록 하며, 거래기간은 3개월을 기본으로 하되 비축물자 방출량과 재고수량을 고려해 기간을 변경할 수 있다는 기준에 따라 결정한다(조달청 비축사업 운영규정 제36조 제1항, 제4항).

4) 파생상품거래자금 관리

조달청장은 외국환은행에 파생상품거래자금 외화거주자 계정을 설치하고 일정 금액을 예치하여 사용할 수 있으며, 계정별 자금을 총괄적으로 관리해야 한다(조달청 비축사업 운영규정 제38조 제1항). 중개업자로부터 자금예치 요청이 있으면 요청내역을 확인한 후 자금예치를 한다(조달청 비축사업 운영규정 제38조 제2항). 다만, 거래자금 규모가 과다하다고 판단하면 자금 일부를 회수할 수 있다(조달청 비축사업 운영규정 제38조 제3항).

Ⅴ. 민관 공동 비축사업

1. 의의

조달청장은 비축사업을 활성화하기 위하여 필요한 경우 민간과 협력하여 민관 공동 비축사업을 할 수 있다(조달사업법 제32조 제1항). 이처럼 민관 공동 비축사업이란 조달청장이 민간사업자와 함께 수행하는 비축사업을 말한다.

2. 참여대상

민관 공동비축사업에 참여할 수 있는 자는 국내외 원자재 공급업체나 생산업체, 국내외 원자재 수요업체, 공공기관운영법 제4조에 따른 공공기관, 예금자보호법 제2조 제1호에 따른 부보금융회사 중 어느 하나에 해당하는 자이다(조달사업법 제32조 제4항, 같은 법 시행령 제39조 제1항 제1호부터 제4호).

3. 참여방법

가. 비축사업신청

민관 공동 비축사업에 참여하려는 자는 조달청장에게 비축사업신청서에 비축품목, 비축기간 및 비축물량 등을 적은 비축사업계획서를 첨부하여 제출해야 한다(조달사업법 시행령 제39조 제2항, 조달청 비축사업 운영규정 제39조).

나. 민간비축사업자 선정(승인)

조달청장은 위 신청서를 제출받으면 제출서류를 검토하여 민관 공동 비축사업을 수행하기에 적합하다고 인정하는 신청인을 민관 공동 비축사업에 참여하는 민간사업자(민간비축사업자)로 선정할 수 있다(조달사업법 시행령 제39조 제3항, 조달청 비축사업 운영규정 제40조 제1

항). 민간비축사업자를 선정할 때는 참여대상자로서 적절한지, 비축품목의 적합성, 비축기간과 그 물량(가액), 보관요청 장소, 제출된 사업계획서의 실현가능성, 정부정책 수행에 적합성 등을 고려해야 한다(조달청 비축사업 운영규정 제40조 제2항 제1호부터 제7호). 민간비축사업자 선정은 조달청장이 민간사업자에게 비축사업을 수행할 수 있는 지위를 부여하는 조치로서 수익적 행정행위에 해당한다.

다. 민관 공동 비축협약

조달청장은 민간비축사업자로 선정한 자와 비축사업 범위, 방법, 비축물자 우선매각 대상물량, 매각가격과 조건 등을 포함한 민관 공동 비축협약을 체결해야 한다(조달사업법 시행령 제40조 제1항, 조달청 비축사업 운영규정 제41조).

라. 절차

1) 시스템 서비스 이용

민간 비축 사업자는 시스템을 이용하여, 조달청 비축물자 배정요청, 민간 비축물자 입고와 출고요청, 임치인(조달사업법 시행령 제39조 제1항 각호에 해당하는 자로서 같은 시행령 제3조에 따라 기획재정부장관이 고시한 물자를 조달청 창고에 보관하기로 조달청과 임치계약을 체결한 자) 변경요청, 실물인수(조달청이 발행한 창고증권을 제시하고 그 증권이 기재된 실물을 인출하는 것) 요청, 고지서 수령, 매출세금계산서 발급·신고 등 민관 공동 비축사업과 관련된 업무를 수행할 수 있다(조달청 비축물자 이용업체와 민간 비축 사업자 등록·이용약관 제20조).

2) 등록

가) 의미

민간 비축 사업자는 시스템에 등록해야 하고, 변경등록, 일제정비 등록, 갱신등록, 말소등록을 할 수 있다(조달청 비축물자 이용업체와 민간 비축 사업자 등록·이용약관 제21조 제1항, 제2항). 신규등록, 변경등록, 일제정비 등록, 갱신등록, 말소등록의 개념은 이용업체와 관련하여 살펴본 바와 같다.

나) 요건

민간 비축 사업자로 등록하려는 자는 세법에 따라 사업자등록을 교부받고, 그 밖에 법령에 따라 허가, 인가, 면허, 등록, 신고 등 필요한 자격을 갖춘 자로서 조달청장으로부터 민간 비축 사업자로 선정된 자여야 한다(조달청 비축물자 이용업체와 민간 비축 사업자 등록·이용약관 제22조 제1항 제1호부터 제3호).

다) 제출서류

민간 비축 사업자로 등록하려는 자는 위 요건을 증명하는 서류, 등록신청서와 함께 민관 공동 비축사업 협약서 사본, 집합투자기구의 구성원임을 증빙하는 서류, 조달청 창고 임치 계약서 사본을 제출해야 한다(조달청 비축물자 이용업체와 민간 비축 사업자 등록·이용약관 제22조 제2항 제1호부터 제3호).

마. 내용

1) 비축시설 이용

민간비축사업자는 민관 공동 비축협약에 따라 구매한 비축물자를 보관하기 위해 조달청장이 관리하는 비축시설을 사용할 수 있다(조달사업법 제40조 제2항).

2) 비축물자 구매·판매 등 대행

조달청장은 민간비축사업자가 요청하는 경우 비축물자의 구매·판매 등을 대행할 수 있다(조달사업법 시행령 제40조 제3항).

3) 비축시설 사용료 감면 등 지원

조달청장은 민관 공동 비축사업에 참여하는 민간사업자가 비축하는 물자에 필요한 지원을 할 수 있으며, 국유재산법 제32조와 제34조에도 불구하고 비축물자의 특성, 물량, 비축기간 등이 일정한 기준에 해당하면 비축시설의 사용료를 감면할 수 있다(조달사업법 제32조 제2항). 비축시설 사용료 감면은 비축하는 물자를 조달청에 우선적으로 매각할 것을 약속한 물량이 전체 비축물량의 100분의 10 이상일 것, 비축기간이 2개월 이상일 것, 비축기간 중 평균 비축물량이 국내 비축물자 수요 등을 고려하여 조달청장이 정하는 비축계획물량의 일정 비율 이상일 것이라는 요건을 모두 갖추어야 한다(조달사업법 시행령 제41조 제1항 제1호부터 제3호). 이 경우, 조달청장은 비축시설 사용료(비축시설 관리비를 포함)를 100분의 50 범위에서 감면할 수 있되, 구체적인 감면비율은 우선매각의 대상 물량, 비축기간, 비축물량, 비축물자의 가액 등을 고려하여 조달청장이 정하여 고시한다(조달사업법 시행령 제41조 제2항). 이에 조달청장은 조달청 민관공동 비축물자 보관관리비 및 시설사용료 요율을 고시로 정한다.

4) 우선매각

가) 의의

조달청장은 비축물자에 지원을 받거나 사용료를 감면받은 민간사업자에게 비축물자를 조달청에 우선매각하도록 요청할 수 있다(조달사업법 제32조 제3항). 위 요청을 받은 사업자는 민관 공동비축 협약에서 정한 가격과 조건으로 조달청장에게 해당 비축물자를 매각해야 한다(조달사업법 시행령 제42조 제1항).

나) 위반효과

(1) 민간비축사업자 선정취소

민간사업자가 정당한 사유 없이 우선매각 요청에 따르지 않으면, 조달청장은 해당 사업자를 대상으로 사업자선정을 취소할 수 있다(조달사업법 제32조 제3항, 같은 법 시행령 제42조 제2항 제1호).

(2) 감면사용료 환수

민간사업자가 정당한 사유 없이 우선매각 요청에 따르지 않으면, 조달청장은 해당 사업자로부터 감면사용료를 환수할 수 있다(조달사업법 제32조 제3항, 같은 법 시행령 제42조 제2항 제2호).

제3장 / 품질관리

제 1 절 서론

Ⅰ. 의의

1. 정의

품질관리란 조달물자나 안전관리물자의 품질향상을 위해 조달청장이 수행하는 업무로서, 계약상대자의 생산공정 점검, 물품검사, 품질점검과 사후관리(A/S) 등 품질확보를 위해 필요한 일체 활동을 말한다(물품구매계약 품질관리 특수조건 제2조 제1호).

2. 대상

품질관리 대상은 조달물자와 안전관리물자로 구분한다. 여기서 조달물자란 수요물자와 비축물자를(조달사업법 제2조 제1호, 제3조 제4호), 안전관리물자는 국민의 생활안전, 생명보호, 보건위생과 관련된 물자로서 조달청장이 지정·고시하는 물자를 말한다(조달사업법 제2조 제4호). 그리고 수요물자는 중소기업자간 경쟁제품과 일반제품을 모두 포함한다.

한편, 조달청장은 방위사업청장으로부터 요청받아 군수품을 구매하는 경우, 군수품 정부품질보증을 수행하는데, 이때 품질관리 대상은 전투지원장비 중 상용품목, 전투지원물자, 의무지원물품과 같은 군수품이다(방위사업법 시행령 제29조 제3항, 제4항).

3. 관련규정

조달청은 여러 훈령과 고시 등에서 품질관리업무에 필요한 세부사항을 산재하여 규정하는데, 가령, 물품구매계약 품질관리 특수조건, 산불진화용 항공기 임대서비스 품질관리 특수조건, 수학여행·수련활동·체험활동 서비스 품질관리 특수조건, 자동차 임대서비스 품질관리 특수조건, 조달물자의 하자처리 등 사후관리에 관한 규정, 감가규정, 조달물자 검사 대상물품 감액업무 처리기준, 품질보증조달물품 지정 및 관리 규정, 조달청 제조물품 직접생산

확인 기준, 조달물자 품질점검 업무규정, 국민안전 조달물자 품질관리 업무규정, 조달청 군수품 정부품질보증 업무규정, 조달청 검사 및 이화학시험 업무규정, 조달물자 전문기관검사 업무규정, 조달물자 전문기관검사 세부업무 처리기준, 조달물자 검사 대상물품 및 검사기준, 조달물자 납품검사 면제 처리기준 등이 그것이다. 그러나 너무 많은 행정규칙을 두고 있어, 각 규정 사이에 관계가 어떠한지 파악하기 혼란스럽다. 품질관리 규정을 통합하여 체계적으로 규율할 필요가 있다.

Ⅱ. 내용과 체계

품질관리 내용으로는 ① 제조업체의 직접생산 여부 확인을 위한 생산시설, 인력 등 점검, ② 계약규격에 맞는 제품생산과 납품확인을 위한 품질점검·납품검사, ③ 납품 물품 사후관리, ④ 조달물자 표준규격 개발과 검토, ⑤ 그 밖에 조달물자 품질관리를 위해 필요한 업무 등이 있다(조달사업법 제18조 제1항 제1호부터 제5호).

이 책은 위와 같은 내용 구분에 따라, 제2절 제조물품 직접생산확인, 제3절 납품검사등과 품질점검, 제4절 하자처리 등 사후관리, 제5절 품질보증조달물품 지정·관리, 제6절 안전관리물자 품질관리, 제7절 군수품 정부품질보증 순으로 체계를 구성했다.

Ⅲ. 계약상대자의 품질관리의무

1. 서론

품질관리는 대부분 발주기관 측인 조달청장과 수요기관 등이 수행하는 업무 범위에 속하지만, 물품구매계약 품질관리 특수조건은 계약상대자의 품질관리의무를 별도로 정한다. 물품구매계약 품질관리 특수조건은 당사자 합의에 따라 물품계약(제조·공급계약, 다수공급자계약 등) 내용에 편입되므로, 당연히 계약상대자를 구속한다. 따라서 계약상대자는 조달물자의 품질을 확보하고 계약상 품질조건을 충족하는 물품을 납품할 의무를 이행해야 한다(물품구매계약 품질관리 특수조건 제3조 제1항 참조). 아래에서는 계약상대자가 준수해야 하는 품질관리의무 내용을 살펴보기로 한다.

2. 품질확보의무와 품질조건충족물품납품의무

가. 일반

다수공급자 등 계약상대자는 직접 규격을 제시하는 경우, 한국산업표준, 국제표준 등에 적합하도록 정해야 하고, 관계법령, 공고서, 구매계약서, 납품요구서 등에 따라 정한 규격에 일치하는 물품을 납품하고 계약 체결 대상인 물품의 품질관리를 성실히 해야 한다. 그리고 수요기관에게 계약의 일체조건을 충족하는 제품만을 인수 요청해야 하고, 원재료, 부품, 구성품, 반조립품 등 공급자가 기준에 맞게 품질관리를 한다는 사실을 확인한 다음 확인된 제품만을 사용해야 하며, 계약에 따라 필요하다면 공급물품이 계약의 일체조건에 일치한다는 것을 증명하는 서류를 보관하고, 조달청장이 요구하면 이를 제출하여야 한다(물품구매계약 품질관리 특수조건 제3조 제1항 제1호부터 제5호).

나. 안전인증, 적합성평가 등

계약상대자는 가스나 스팀기구를 납품할 때 수요기관에게 가스안전공사에서 발행하는 제품검사확인증, 에너지관리공단에서 발생하는 구조 및 용접 검사확인증, 설치완성 검사확인증을 제출해야 하고(물품구매계약 품질관리 특수조건 제23조의2 제1항), 전기용품은 전기용품 및 생활용품 안전관리법 제3조에 따른 안전인증 제품을 납품해야 한다(물품구매계약 품질관리 특수조건 제23조의2 제2항). 그리고 방송통신기자재와 전자파 장해를 주거나 전자파로부터 영향을 받는 기재자는 전파법 제58조의2에 따라 방송통신위원회로부터 적합성평가(적합인증, 적합등록, 잠정인증)를 받은 방송통신기자재를 납품해야 한다(물품구매계약 품질관리 특수조건 제23조의2 제3항). 또한, 계약상대자는 전기용품 및 생활용품 안전관리법 등 관련법령에서 안전검사, 적합성평가, 인증 등을 받도록 한 경우, 납품할 때 합격증서, 인증서 등 사본을 제출해야 한다(물품구매계약 품질관리 특수조건 제23조의2 제4항).

다. 종합낙찰된 물품

국가계약법 시행령 제44조에 따른 종합낙찰제에 따라 계약을 체결한 계약상대자는 계약물품을 납품할 때 수요기관에게 대한민국 소재 국가공인 시험기관이나 수요기관이 인정하는 국제공인 시험기관의 시험에서 합격하였다는 사실을 증명하는 시험성적서나 증명서류를 제출해야 한다(물품구매계약 품질관리 특수조건 제21조 제1항).

3. 시정요구사항 성실이행의무 등

조달청장은 계약상대자와 수요기관이나 전문기관 사이에 분쟁이 발생하면, 계약상대자에게 조정결정을 권고할 수 있으며, 계약상대자는 나라장터 조달품질신문고나 고객평가결과에 따른 조달청장의 시정요구사항을 성실히 이행해야 한다(물품구매계약 품질관리 특수조건 제3조 제2항).

4. 검사와 품질관리체계 유지의무

조달청장은 계약상대자에게 계약이행에 필요한 검사나 품질관리체계를 유지하도록 요구할 수 있고, 계약상대자는 특별한 사유가 없으면 이에 응해야 한다(물품구매계약 품질관리 특수조건 제3조 제3항).

5. 원산지 표시의무

계약상대자는 계약물품이 수입물품이라면, 대외무역법 제3장의2에서 정한 방법에 따라 원산지 표시를 해야 하며, 수요기관이 요청하면 납품할 때 원산지증명서를 제출해야 한다(물품구매계약 품질관리 특수조건 제3조의2).

제 2 절 제조물품 직접생산확인

Ⅰ. 서론

1. 의의

조달청장은 조달물자의 품질향상을 위해 제조업체의 직접생산 여부 확인을 위한 생산시설, 인력 등을 점검할 수 있고(조달사업법 제18조 제1항 제1호), 그에 필요한 기준·절차 등 사항은 고시로 정한다(조달사업법 제18조 제3항). 특히 국가계약법 시행규칙 제15조 제2항 제2호는 물품제조등록을 경쟁입찰참가자격의 등록사항으로 규정하므로, 조달청장은 입찰에 참가한 자가 자격을 갖추었는지를 확인하기 위해 직접생산 여부를 확인해야 할 필요도 있다. 따라서 조달청장은 제조업체가 해당 제조물품을 직접 제조·납품하는지 여부를 확인하는 방법으로, 제조능력 부적격이나 부당납품 업체를 차단하고, 기술력 있는 건전·성실한 국내 제조업체를 보호·지원하여 조달물자의 품질을 높이고, 건실한 조달환경을 조성할 수 있다. 그리하여 조달사업법 제18조 제3항과 국가계약법 시행규칙 제15조 제2항에 근거한 조달청 제조물품 직접생산확인 기준을 마련하였다.

여기서 제조물품 직접생산확인이란 국가계약법 시행규칙 제15조 제2항에 따라 물품 제조로 입찰참가자격을 등록(물품 제조등록)하고자 하는 자와 이미 물품 제조등록을 한 자, 제조등록을 하여 수요기관에 납품한 실적이 있는 자가 해당 물품의 제조등록 요건을 갖추었는지를 확인하거나 직접생산 이행 여부를 정기·수시로 확인하는 것이다(조달청 제조물품 직접생산확인 기준 제1조).

2. 중소기업자간 경쟁제품 직접생산확인제도와의 비교

앞에서 자세히 살펴보았지만, 중소기업자간 경쟁제품에 대한 직접생산확인제도는 판로지원법과 중소기업자간 경쟁제품 직접생산 확인기준에 따라 규율된다. 따라서 여기서 살펴보는 제조물품 직접생산확인 기준은 중소기업자간 경쟁제품을 제외한 나머지 물품, 즉 일반제품에 적용된다(조달청 제조물품 직접생산확인 기준 제2조 제2호, 제3호, 제3조 제2항).

일반제품에 대한 직접생산확인기준과 중소기업자간 경쟁제품에 대한 직접생산확인기준 비교

	중기간경쟁제품 직생기준	일반제품 직생기준
적용대상	중기간경쟁제품	일반제품
조사대상·기간	조사일로부터 최근 3년 이내 납품한 제품조달계약	조사안내 통지일로부터 최근 3년 이내 납품완료한 세부품명
조사방법	정기사후관리·수시조사	현장조사
확인기준	경쟁제품별 세부 직접생산 확인기준	제조공정표 등 업체 제출자료
확인내용	생산공장, 생산시설, 생산인력, 생산공정, 전기 사용실적 등	허위서류 여부, 타사완제품 여부, 수입완제품 여부, 전체 하청 여부
협업	우선구매대상 기술개발제품에 대한 협업체, 협동조합, 혁신성장과제 지원대상 제품의 주관기업과 협력기업	기술개발제품을 개발한 창업·벤처기업·창업보육센터 입주기업의 협업체
자진신고·감경	X	O
위반효과	직접생산확인취소, 해제·해지, 부정당업자제재	제조등록·직접생산 하지 않는 것으로 판단, 입찰참가자격등록말소, 해제·해지, 부정당업자제재

3. 적용대상

① 물품 제조등록을 하여 조사안내 통지일로부터 최근 3년 이내에 수요기관에 납품한 실적이 있는 자, ② 중소기업자간 경쟁제품을 제외한 일반제품, ③ 중소기업자간 경쟁제품이지만 국가종합전자조달시스템 입찰참가자격등록규정 제22조 제7항에 따라 중소벤처기업부장관의 직접생산확인증명서가 아닌 제조증명서류로 물품 제조등록하여 계약체결한 자가

적용대상이다(달청 제조물품 직접생산확인 기준 제3조 제1항부터 제3항).

Ⅱ. 직접생산 여부 조사

1. 조사기간과 대상

가. 조사기간

직접생산 여부 조사는 조사안내 통지일로부터 최근 3년 이내를 기준으로 실시한다. 다만, 일반제품과 중소기업자간 경쟁제품의 지정이 서로 변경된 경우에는 조사대상기간 내에 일반제품에 해당하는 기간만 이 기준을 적용한다(조달청 제조물품 직접생산확인 기준 제4조).

나. 조사대상

대상업체가 수요기관에 납품을 완료(대금지급일 기준)한 세부품명(세부품명번호 10자리)을 대상으로 한다(조달청 제조물품 직접생산확인 기준 제4조).

2. 담당공무원 준수사항

가. 증표패용 등

담당공무원은 직접생산확인을 위한 현장조사를 할 때 공무원증 등 그 권한을 표시하는 증표를 패용하여 책임감 있고 효율적인 조사를 하도록 한다(조달청 제조물품 직접생산확인 기준 제6조 제1항).

나. 모욕적 언사 금지 등

담당공무원은 대상업체에게 위압적이거나 모욕적인 언사를 사용해서는 안 된다(조달청 제조물품 직접생산확인 기준 제6조 제2항).

다. 권한남용 금지 등

담당공무원은 조사목적 달성을 위해 최소한 범위에서 조사해야 하며, 다른 목적 등을 위해 조사권을 남용해서는 안 된다(조달청 제조물품 직접생산확인 기준 제6조 제3항).

3. 조사방법

가. 현장조사

직접생산확인은 원칙적으로 현장조사로 한다(조달청 제조물품 직접생산확인 기준 제7조 제1

항). 여기서 현장조사란 해당 업체의 직접생산확인에 필요한 관련 서류점검과 생산현장을 직접 방문하여 조사 업무를 수행하는 것을 말한다(조달청 제조물품 직접생산확인 기준 제2조 제12호).

나. 자료제출요청 등

담당공무원은 대상업체로부터 직접생산확인을 위한 자료를 제출받아 직접생산 여부를 확인한다. 다만, 필요한 경우 현장조사 전에 대상업체에게 자료 등 제출을 요청할 수 있다(조달청 제조물품 직접생산확인 기준 제7조 제2항).

다. 현장조사 갈음

천재지변, 사회재난(감염병 등), 그 밖에 필요하다고 인정하는 경우 현장조사를 유예하거나 대상업체로 하여금 직접생산 과정을 촬영한 동영상(대상업체의 공장, 시설 등 증명)을 제출하게 하는 방법으로 현장조사를 갈음할 수 있다(조달청 제조물품 직접생산확인 기준 제7조 제3항).

4. 확인자료 제출요청

계약담당공무원은 직접생산확인을 위해 자료제출을 요청할 수 있는데, 해당 서류는 다음과 같다(조달청 제조물품 직접생산확인 기준 제8조 제1항 제1호부터 제10호).

① 사업자등록증명원(조사일 기준 최근 3개월 이내 발급분)
② 공장등록증명서(「중소기업진흥에 관한 법률」에 따라 공장면적이 500㎡미만으로 공장을 미등록한 소기업 제외)
③ 건축물대장(임차일 경우 임대차계약서 사본 및 임차료 지급 내역 포함)
④ 관련 법령에 따른 허가·인가·면허·등록·신고 등 증명 서류(필요한 경우에 한함)
⑤ 제조공정표(세부품명별)
⑥ 4대 보험 가입자 명부(가입자별 취득 또는 상실 여부 명기)
⑦ 전기 사용실적
⑧ 원료·원부자재·부품 구입내역(수입 관련 서류, 운송서류 등을 포함)
⑨ ③, ⑤(해당작업 보유설비), ⑦, ⑧ 등에 대한 구입·지급내역을 확인할 수 있는 최근연도 결산서류나 그 부속서류
⑩ 납품현장 대지사진

담당공무원은 위 제출서류 중 전자정부법에 따라 행정정보의 공동이용을 활용하여 전자적으로 확인할 수 있는 서류는 직접 확인하고, 전자적으로 확인하기 곤란한 서류는 대상업체에게 제출요청할 수 있다(조달청 제조물품 직접생산확인 기준 제8조 제2항).

〔직접생산확인 자체기준표 제도 폐지〕

2023. 12. 15. 개정 전 조달청 제조물품 직접생산확인 기준에 따르면, 제조등록하려는 조달업체는 직접생산확인 자체기준표를 작성하여 제출해야 했고, 담당공무원은 해당 자료를 기초로 직접생산 여부를 확인했다. 그러나 업체가 사전에 자체기준표를 제출하도록 하는 것은 기업에게 부담으로 작용하고, 직접생산확인 기준에서 요구하는 여러 조건(생산시설, 인력, 공정 등)은 급격히 변하는 산업환경을 반영하기에 곤란했으며, 융복합, 신기술제품 등 다양한 제품의 제조특성을 반영하지 못하는 문제가 있었다. 그리하여 2023. 12. 15. 개정 조달청 제조물품 직접생산확인 기준은 제조등록 당시 제출 받는 직접생산확인 자제기준표 제출을 폐지하고, 대신 사후에 업체로부터 제조공정표를 제출받아 하청생산 등을 확인하여 직접생산 위반 여부를 판단하는 이른바 '네거티브 방식'을 수용했다.

5. 직접생산 여부 판정

가. 직접생산 위반 판정

1) 의의

직접생산 위반 판정이란 담당공무원이 일정한 사유가 있으면 직접생산을 하지 않는 것으로 판정하는 절차를 말한다(조달청 제조물품 직접생산확인 기준 제9조 제1항 참조).

2) 사유

담당공무원은 다음 중 어느 하나에 해당하면, 직접생산을 하지 않는 것으로 판정한다(조달청 제조물품 직접생산확인 기준 제9조 제1항 제1호부터 제4호). 즉, ① 확인자료를 허위나 거짓으로 제출한 경우, ② 다른 업체의 완제품 납품 또는 다른 업체가 생산한 완제품에 자신의 상표를 부착하거나 포장만 하여 전부나 일부를 납품하는 경우, ③ 수입완제품이나 수입한 제품에 미세한 가공을 하여 납품하는 경우, ④ 전 과정(제조 또는 가공, 조립 등 제조활동에 한정) 하청생산하여 납품하는 경우에는 각각 직접생산의무 위반으로 판정한다.

3) 절차

담당공무원은 직접생산을 하지 않는 것으로 판정하는 경우에는 대상업체로부터 의견을 수렴할 수 있다. 다만, 대상업체가 자진신고를 한 경우에는 별도 통지 없이 직접생산을 하지 않는 것으로 판정한다(조달청 제조물품 직접생산확인 기준 제9조 제2항).

4) 판정

담당공무원은 의견수렴 등을 하고서도 직접생산 여부를 판정하기 곤란할 경우 품질관리업무심의회에 상정하여 결정할 수 있으며, 사안이 중대하여 품질관리업무심의회에서 결정하기가 곤란한 경우에는 조달청 계약심사협의회에 상정하여 결정할 수 있다(조달청 제조물품 직접생산확인 기준 제9조 제3항).

5) 통보

담당공무원은 직접생산을 하지 않은 것으로 판정하면, 그 결과를 계약부서와 등록부서에게 통보한다(조달청 제조물품 직접생산확인 기준 제9조 제1항).

나. 직접생산 확인 특례

첫째, 조달청 제조물품 직접생산확인 기준 제9조에도 불구하고 다음 중 어느 하나에 해당하는 경우에는 직접 생산하는 것으로 본다(조달청 제조물품 직접생산확인 기준 제10조 제1항 제1호부터 제4호). 즉, ① 판로지원법 시행령 제13조 우선구매 대상 기술개발제품으로서 자체 수립된 제품 생산공정에 따라 제품의 기획·설계, 자재구매, 생산관리, 품질관리 등 제품생산 전반을 관장하면서, 제조·가공, 조립 등을 국내 제조업체에 위탁한 것으로 증명된 경우, ② 학습교재·교구, 창작도서 개발, 독창적인 기념품 제작 등 지적활동이나 창작, 연구활동의 결과가 제품의 가치를 결정하는 것으로 인정되거나 이에 준하는 경우로서 제조공장, 생산시설 등을 보유하지 않더라도 생산할 제품을 직접 기획 또는 설계(고안 및 디자인, 견본제작 등을 포함한다)할 것, 그 제품을 자기명의로 제조하도록 할 것, 그 제품을 인수하여 자기 책임하에 직접 판매할 것이라는 요건을 모두 충족하면서 국내 제조업체에 의뢰하여 제조하게 하고 이를 판매하는 경우, ③ 국가계약법 시행령 제26조 제1항 제3호나 지방계약법 시행령 제25조 제1항 제6호 라목에 해당하는 중소기업자간 경쟁제품의 수의계약 요건으로서 직접생산확인은 판로지원법과 중소기업자간 경쟁제품 직접생산 확인기준을 적용하되, 제품 특성상 원거리 운송을 하면 제품 품질에 심각한 영향을 미치는 등 직접생산을 해서는 기술개발제품의 보급·확대가 원천적으로 불가능할 것, 제품의 전체 제조공정 중 인증 취득의 주요한 원인이 된 중요 공정을 제외한 일부 공정을 위탁한 경우일 것, 위탁자(인증 업체)와 수탁자 모두 해당 제품에 대한 전체 제조공정을 직접 수행할 수 있는 제조업체일 것이라는 요건을 모두 충족하는 위탁생산인 경우, ④ 그 밖에 생산기술 변화, 품명별 세부기준 설정 오류 등으로 품명별 세부기준을 적용하는 것이 부적합하다고 조달품질원장이 인정한 경우 중 어느 하나에 해당하면 직접 생산하는 것으로 본다.

둘째, 우수조달물품 지정관리규정 제5조나 혁신제품 구매운영규정 제12조에 따라 협업승인을 받은 협업체가 직접생산확인 기준을 충족하는 경우 협업승인을 받은 추진기업의 제품에 한정하여 협업기간 동안 직접 생산하는 것으로 본다(조달청 제조물품 직접생산확인 기준

제10조 제2항).

셋째, 조달청 제조물품 직접생산확인 기준 제11조에 따라 협업승인을 받은 협업체가 직접생산확인 기준을 충족하는 경우 협업승인을 받은 기술개발업체의 제품에 한정하여 협업기간 동안 직접 생산하는 것으로 본다(조달청 제조물품 직접생산확인 기준 제10조 제3항).

다. 타사제품 납품 등 확인

1) 자료협조

담당공무원은 수입 완제품 납품이나 그 밖에 원산지를 확인할 필요가 있는 경우, 관세청과 관계기관에게 수입원장 등(수입물자와 수입산 원료 구매내역 등을 포함) 자료를 협조 받아 조사에 활용할 수 있다(조달청 제조물품 직접생산확인 기준 제12조 제1항).

2) 방문조사

담당공무원은 직접생산확인을 할 때 필요하면 해당 제품이 납품된 수요기관이나 납품현장을 직접 방문하여 조사할 수 있다(조달청 제조물품 직접생산확인 기준 제12조 제2항).

3) 확인서 요구

담당공무원은 직접생산 위반사실을 확인한 경우 대상업체에게 확인서(진술서)를 요구할 수 있으며, 대상업체는 이에 응해야 한다(조달청 제조물품 직접생산확인 기준 제12조 제3항).

Ⅲ. 창업·벤처기업 협업승인

1. 의의

창업·벤처기업 협업승인이란 기술개발업체인 창업기업이나 벤처기업, 창업보육센터 입주기업이 협업체를 구성하여 품명별 세부기준이나 자체기준표를 충족하는 경우, 기술개발제품이나 입주신청 제품을 대상으로 협업승인을 신청하여, 그에 따라 승인을 받는 것을 말한다. 여기서 창업기업이란 중소기업창업지원법 제2조에 따라 중소기업을 창업하는 자와 중소기업을 창업하여 사업을 개시한 날로부터 7년이 지나지 않은 자를 말하고, 벤처기업이란 벤처기업 육성에 관한 특별조치법 제2조의2 요건을 갖춘 자를 말하며, 창업보육센터 입주기업이란 창업보육센터 운영요령 제2조 제7호에 따른 입주자를 말한다(조달청 제조물품 직접생산확인 기준 제2조 제4호, 제5호, 제6호).

2. 협업승인 신청

가. 신청자

협업신청자는 기술개발업체이다. 기술개발업체란 판로지원법 시행령 제13조 각 호 제품을 개발한 창업·벤처기업과 창업보육센터 입주기업을 말한다(조달청 제조물품 직접생산확인 기준 제2조 제10호). 이에 따라 기술개발업체는 제조기업과 구성한 협업체를 대표하여 신규, 갱신, 변경등록을 하면서 창업·벤처기업 협업(연장)승인 신청서나 창업·벤처기업 협업 변경 신청서를 갖추어 신청해야 한다(조달청 제조물품 직접생산확인 기준 제11조 제2항 본문).

나. 협업대상자

협업대상은 중소기업법 제2조 제1항에 해당하는 중소기업, 중견기업 성장촉진 및 경쟁력 강화에 관한 특별법 제2조 제1호에 해당하는 중견기업과 같은 제조기업이다(조달청 제조물품 직접생산확인 기준 제11조 제1항 제1호, 제2호).

다. 협업체

협업체란 협업을 수행하기 위하 2개 이상 기업이 협업계약을 체결하여 결성한 기업군을 말한다(조달청 제조물품 직접생산확인 기준 제2조 제7호). 구체적으로, 기술개발업체와 제조기업인 중소기업·중견기업이 구성한 단체이다. 다만, 협업체는 기술개발업체를 포함하여 3개사 이하로 구성해야 하며, 구성원 전체는 국가종합전자조달시스템 입찰참가자격등록규정 제14조에 따라 등록이 확인된 업체여야 한다(조달청 제조물품 직접생산확인 기준 제11조 제2항 단서).

라. 협업대상

판로지원법 제13조 각호의 기술개발제품이나 창업보육센터 입주신청 제품 직접생산을 대상으로 한다(조달청 제조물품 직접생산확인 기준 제11조 제1항).

마. 조달품질원장에 제출

등록담당공무원은 기술개발업체로부터 협업승인 신청서나 협업변경 신청서를 제출받으면, 벤처기업인 경우 벤처기업확인서와 벤처인에 공시된 업체정보, 창업보육센터 입주기업인 경우 창업보육센터 입주계약서 사본, 기술개발제품을 확인할 수 있는 증명서, 창업보육센터 입주기업인 경우 입주신청서(사업계획서 포함) 사본, 협업승인 신청 제품에 대한 협업체간 물품공급계약서, 협업체의 제조사실 확인 서류 등을 첨부하여 조달품질원장에게 협업승인 신청서를 제출해야 한다. 창업기업, 벤처기업, 창업보육센터 입주기업인 경우 협업기간 내에 연장신청을 할 수 있으며, 신청절차는 최초 승인 신청과 같다(조달청 제조물품 직접생산

확인 기준 제11조 제3항).

참고로, 벤처기업은 벤처기업확인요령 제7조에 따른 벤처기업확인서와 벤처인(www.venturein.or.kr)에 공시된 업체정보로 확인하고, 창업기업은 중소기업제품공공구매 종합정보망(www.smpp.go.kr)에 등재된 자료로 확인하며, 창업보육센터 입주기업은 창업보육센터 입주계약서 사본으로 확인한다(조달청 제조물품 직접생산확인 기준 제11조 제4항).

3. 협업승인

가. 원칙

조달품질원장은 협업승인 신청을 한 협업체에게 직접생산 확인 등을 거쳐 협업승인을 할 수 있다(조달청 제조물품 직접생산확인 기준 제11조 제5항 본문).

나. 제외

다만, ① 협업승인 신청 관련서류를 위·변조하거나 허위로 제출한 경우, ② 휴·폐업, 부도, 파산 상태에 있는 업체인 경우, ③ 부정당업자 제재 중인 업체인 경우, ④ 판로지원법 제8조의2 제1항에 해당하는 업체인 경우, ⑤ 그 밖에 조달품질원장이 협업승인 제외 대상으로 판단하는 경우, 협업승인 대상에서 제외해야 한다(조달청 제조물품 직접생산확인 기준 제11조 제5항 단서 제1호부터 제5호).

다. 협업기간

협업기간은 벤처기업인 경우 벤처기업 확인서 유효기간 이내로 하되, 최초 승인시점으로부터 최대 7년 이내로 적용한다. 창업기업(창업보육센터 입주기업 포함)인 경우에는 사업을 개시한 날로부터 7년이 지나지 않은 시점으로 한다(조달청 제조물품 직접생산확인 기준 제11조 제6항). 위 협업기간 중 제조물품의 입찰참가자격등록 유효기간은 국가종합전자조달시스템 입찰참가자격등록규정 제9조에 따르며, 협업기간이 경과하면 협업승인 효력은 소멸된다(조달청 제조물품 직접생산확인 기준 제11조 제7항).

4. 협업변경승인

가. 의의

협업승인을 받은 기술개발업체는 창업·벤처기업 협업 변경 신청서에 따라 협업변경 승인을 신청할 수 있으며, 조달품질원장은 협업변경 필요성과 제조업체의 생산능력 등을 검토하여 승인 여부를 결정해야 한다(조달청 제조물품 직접생산확인 기준 제11조 제8항).

나. 사유

협업변경승인 신청사유로는, ① 폐업·부도, 부정당업자제재 등으로 제조업체가 기술개발제품 생산·공급을 지속할 수 없는 경우, ② 협업체 사이 협업계약서 내용에 변경 등이 있는 경우, ③ 그 밖에 기술개발제품 생산 등과 관련하여 협업체 유지가 곤란한 경우가 있다(조달청 제조물품 직접생산확인 기준 제11조 제8항 제1호부터 제3호).

Ⅳ. 자진신고

1. 의의

대상업체는 직접생산하지 않는다고 판정하는 사유, 즉 제9조 제1항 제2호부터 제4호까지 중 어느 하나에 해당하는 경우에, 조사안내 통지를 받은 날부터 직접생산 여부를 판정하기 전까지 담당공무원에게 해당 위반내용을 자진신고 할 수 있다(조달청 제조물품 직접생산확인 기준 제13조 제1항).

2. 방법

대상업체는 자진신고를 할 때 위반사실을 증명할 수 있는 증빙자료와 확인서(진술서)를 담당공무원에게 제출해야 하되, 수요기관에 납품한 사실이 있는데도 해당 자료를 임의로 누락해서는 안 된다(조달청 제조물품 직접생산확인 기준 제13조 제2항).

3. 효과

담당공무원은 직접생산 확인결과 위반으로 판정하는 경우로서 대상업체가 자진신고를 한 경우, 부정당업자제재 등 감경처분을 검토할 수 있도록 자진신고 내용을 계약부서의 장이나 계약담당공무원에게 통지할 수 있다(조달청 제조물품 직접생산확인 기준 제13조 제3항).

제3절 납품검사등과 품질점검

Ⅰ. 납품검사등

1. 의의

납품검사등이란 검사, 시험, 검수를 말한다.

우선, 검사란 계약목적물이 관련법령에 적합하고, 구매규격·시방서대로 제조·설치되었는지 여부를 검사공무원이 확인하는 것이고(물품구매계약 품질관리 특수조건 제2조 제2호), 여기서 검사공무원이란 조달물자 구매계약서(계약조건, 규격서, 시방서, 도면 등을 포함)와 납품요구서에서 정한 바에 따라 물품을 검사하는 공무원을 말한다. 다만, 조달청장이 지정하여 해당 계약건의 검사를 시행하는 검사기관에서 검사담당자로 지정한 임직원 역시 검사공무원으로 본다(물품구매계약 품질관리 특수조건 제2조 제5호).

한편, 시험이란 시험기관이 계약목적물의 물리적인 기능·성능·특성·화확적인 변화·반응 등을 측정·분석하는 것이며, 그 시험성적은 검사에 활용한다(물품구매계약 품질관리 특수조건 제2조 제3호).

끝으로, 검수란 물품출납공무원이 검사에 합격한 계약목적물이 손상·훼손이 없는지, 납품서류상 수량대로 납품되었는지를 확인하는 것이다(물품구매계약 품질관리 특수조건 제2조 제4호).

2. 구별개념

검사·시험·검수는 납품단계에서 실시하는 절차이므로, 납품단계가 아니라 제조현장이나 수요기관 납품장소 등에 방문하여 실시하는 품질점검과는 구별된다.

3. 내용

가. 정부의 물품검사 권한

검사공무원은 계약상 모든 물품을 인수하기 전에 시험하고 검사할 권한을 가진다(물품구매계약 품질관리 특수조건 제5조 제1항). 계약상대자는 검사공무원이 위 시험이나 검사를 할 때 그 임무를 안전하고 쉽게 수행하도록 필요한 시설제공 등 모든 지원을 해야 한다(물품구매계약 품질관리 특수조건 제5조 제2항). 국가가 물품을 인수하기 전에 시험하고 검사할 권리가 있다는 내용은 계약 내용의 하나로 이해할 수 있겠으나, 계약상대자로 하여금 시험·검사에 필요한 시설제공 등 모든 지원을 하도록 의무를 부과한 것은 자칫 공법상 수인의무로 보일 우려가 있다. 계약당사자 지위에 대응한 사법상 계약관계에서는 찾아보기 어려운 내용이기 때문이다.

나. 납품검사 면제

1) 의의

품질보증조달물품이나 납품검사 면제 처리기준에 따라 선정된 납품검사 면제 대상물품은 그 유효기간 동안 조달청검사나 전문기관검사를 면제할 수 있다(물품구매계약 품질관리 특수조건 제11조의2). 품질보증조달물품은 별도로 살펴보고, 여기서는 납품검사 면제 처리기준에 따라 선정된 납품검사 면제 대상물품을 살펴본다.

2) 규정

국가계약법 시행령 제56조의2와 지방계약법 시행령 제64조의2에 따라 KS인증제품과 품질경영에 우수한 성과를 거둔 기업으로 선정된 자가 제조한 제품 중에서 납품검사 면제 대상품목으로 선정·시행하기 위해 필요한 기준과 절차 등을 정한 규정으로 '조달물자 납품검사 면제 처리기준'이 있다.

3) 면제신청

가) 대상품목

면제신청 대상품목은 조달청 입찰참가자격등록증에 제조물품으로 등록된 품명으로써 조달청과 단가계약을 체결하여 나라장터 종합쇼핑몰에 등재된 품목 중 산업표준화법 제15조에 따라 인증받은 제품, 산업표준화법 제31조의4와 같은 법 시행령 제30조의4에 따라 국가품질대상, 국가품질경영상, 국가품질혁신상을 수상한지 2년 이내인 기업 등이 제조한 제품이다(조달물자 납품검사 면제 처리기준 제3조 제1호, 제2호).

나) 제외품명

국민안전 조달물자 품질관리 업무규정 제4조에 따라 안전관리물자로 선정된 품명은 면제신청이나 선정에서 제외한다(조달물자 납품검사 면제 처리기준 제4조).

다) 신청결격

면제신청 대상품목이나 면제신청 업체가 다음 중 하나에 해당하면, 신청이나 선정에서 제외한다(조달물자 납품검사 면제 처리기준 제5조 제1항 제1호부터 제5호). 즉, ① 최근 3년 동안 조달계약 납품실적이 5건 미만인 품목, ② 최근 3년 동안 매년 1건 이상 조달계약 납품실적이 없는 품목, ③ 최근 3년 동안 조달청의 납품검사나 품질점검에서 불합격을 1건 이상 통보받은 업체, ④ 최근 3년 동안 국가계약법령이나 지방계약법령, 공공기관의 운영에 관한 법률에 따라 부정당업자제재를 받은 업체, ⑤ 최근 3년 동안 조달물자의 하자처리 등 사후관리에 관한 규정 제5조에 따라 조달품질신문고에 접수된 하자 처리를 이행하지 않았거나 이행을 지체했다고 조달품질원장이 인정한 업체 중 어느 하나는 신청·선정에서 제외한다.

위 기간을 계산하는 기산일은 해당 연도 납품검사 면제 대상물품 선정공고에 따른 신청서 접수 마감일을 기준으로 한다(조달물자 납품검사 면제 처리기준 제5조 제2항).

4) 선정절차

가) 선정공고

조달품질원장은 납품검사 면제를 위한 선정기준, 심사일정, 제출서류 등을 조달청 홈페이지(www.pps.go.kr)와 국가종합전자조달시스템(www.g2b.go.kr)에 공고해야 한다. 선정공고는 연 2회 실시하되, 필요하다고 판단하면 추가공고를 할 수 있다(조달물자 납품검사 면제 처리기준 제6조 제1항, 제2항).

나) 선정횟수

산업표준화법 제15조에 따라 인증받은 제품은 연 2회 심사하여 선정하나, 산업표준화법 제31조의4와 같은 법 시행령 제30조의4에 따라 품질경영 우수기업이 제조한 제품은 연 1회 심사하여 선정한다(조달물자 납품검사 면제 처리기준 제7조 제1항, 제2항).

다) 제출서류

납품검사를 면제받고자 하는 자는 납품검사 면제신청서, KS제품인증서 사본이나 품질경영 관련 포상 상장 사본, 조달계약 납품실적 내역, 부정당업자제재 내역, 불합격(부적합) 처분 내역, 조달신문고 접수 하자 처리 이행 현황 등 서류를 제출해야 한다. 다만, 조달계약 납품실적 내역, 부정당업자제재 내역, 불합격(부적합) 처분 내역, 조달신문고 접수 하자처리 이행 현황과 이를 증빙하기 위해 필요한 서류(세금계산서, 거래명세표 등)은 필요한 경우에 요청할 수 있다(조달물자 납품검사 면제 처리기준 제8조 제1항 제1호부터 제7호). 그리고 신청업체가 포괄적 사업양수도 등을 한 경우에는 그 계약서를 제출해야 하고, 양도인이 KS제품인증이나 품질경영 관련 포상 상장을 보유하는지를 확인할 수 있는 서류를 제출해야 한다(조달물자 납품검사 면제 처리기준 제8조 제3항).

납품검사를 면제받고자 하는 자는 국가종합전자조달시스템으로 위 각 서류를 제출해야 한다(조달물자 납품검사 면제 처리기준 제8조 제2항).

신청업체는 제출서류 중 일부가 누락되거나 미흡한 경우 납품검사면제심사위원회의 심사일 전일까지 이를 보완하여 제출할 수 있으며, 보완서류 등을 제출하지 않아 납품검사 면제대상 선정에서 탈락하더라도 이의를 제기할 수 없다(조달물자 납품검사 면제 처리기준 제8조 제4항).

라) 납품검사 면제품목 선정

납품검사면제심사위원회는 제출서류 등을 검토하여 신청품목의 적정성 여부를 심사하고, 품질관리업무심의회에 납품검사 면제 승인여부 심의를 요청해야 한다(조달물자 납품검사 면제 처리기준 제9조 제1항). 납품검사면제위원회 구성과 운영은 조달물자 납품검사 면제 처리기준 제11조부터 제13조에서 정한다.

한편, 품질관리업무심의회는 납품검사면제심사위원회에서 승인 요청한 면제대상 품목의 면제 승인 여부를 심의한다(조달물자 납품검사 면제 처리기준 제9조 제2항). 이에 따라 조달품질원장은 심의한 날로부터 5일 안에 신청업체에게 납품검사 면제대상 품목의 선정결과를 통보해야 한다(조달물자 납품검사 면제 처리기준 제9조 제3항).

한편, 납품검사 면제대상으로 선정되었다고 통보받은 자는 미리 정한 기한 내에 품질보증각서를 제출해야 한다. 다만, 그 기한 내에 품질보증각서를 제출하지 않은 경우에는 납품검사면제 대상품목 선정에서 제외한다(조달물자 납품검사 면제 처리기준 제9조 제4항).

품질관리업무심의회에서 납품검사 면제대상으로 선정한 품목은 조달청 홈페이지와 국가종합전자조달시스템에 공개하며, 명부를 작성하여 조달청 본청과 각 지방청 계약담당 부서에 통보한다(조달물자 납품검사 면제 처리기준 제9조 제5항).

마) 이의신청

납품검사 면제 선정 결과에 이의가 있는 자는 선정결과를 통보받은 날로부터 10일 안에 서면으로 이의를 제기할 수 있다. 이의신청을 받은 납품검사과장은 이의에 상당한 이유가 있는 경우 납품검사면제심사위원회에 재심사를 요청하고, 면제대상으로 선정이 필요한 경우라면 품질관리업무심의회에 재심의를 요청하여 그 결과에 따라 처리한다(조달물자 납품검사 면제 처리기준 제10조 제1항, 제2항). 납품검사면제심사위원회 재심사나 품질관리업무심의회 재심의는 서면으로 대체할 수 있다(조달물자 납품검사 면제 처리기준 제10조 제3항).

5) 납품검사 면제

가) 범위

납품검사가 면제되는 검사는 조달청검사나 전문기관검사로 한정한다(조달물자 납품검사 면제 처리기준 제14조 제1항). 따라서 조달품질원장은 납품검사면제 대상으로 선정된 품목의 품질유지를 위해 품질점검을 실시할 수 있다(조달물자 납품검사 면제 처리기준 제18조 제1항). 납품검사가 면제되는 물품은 목록정보시스템에 등록된 물품목록번호(16자리)를 기준으로 면제한다(조달물자 납품검사 면제 처리기준 제14조 제2항).

나) 기간

납품검사 면제대상으로 선정된 품목은 선정결과 공고일로부터 2년 동안 납품검사를 면제한다(조달물자 납품검사 면제 처리기준 제15조).

다) 교육

조달품질원장은 납품검사 면제품목을 선정받은 업체를 대상으로 품질관리 방법과 납품검사 등에 필요한 교육을 할 수 있다(조달물자 납품검사 면제 처리기준 제18조 제3항).

라) 납품검사 면제품목 선정취소

(1) 임의적 취소

조달품질원장은 납품검사 면제품목 선정 후 다음 중 어느 하나에 해당하는 사유가 있으면, 선정업체로부터 의견을 청취한 후 품질관리업무심의회 심의를 거쳐 납품검사 면제를 취소할 수 있다(조달물자 납품검사 면제 처리기준 제16조 제1항). 즉, ① KS인증 취소·반납·자격정지 등으로 KS인증이 유효하지 않은 품목, ② 납품검사 면제품목이 포함된 품명을 대상으로 한 조달품질원의 품질점검이나 납품검사에서 중결함(2회 이상)이나 치명결함으로 불합격 판정을 받은 해당 품명, ③ 조달품질신문고에 하자치유를 요구한 납품검사 면제품목이 포함된 품명의 하자처리 불이행이 확정된 해당 품명, ④ 부정당업자 제재를 받은 업체, ⑤ 면제 신청서류를 허위로 제출하거나 부정·부당한 방법으로 선정된 업체, ⑥ 그 밖에 품질과 관련하여 사회적 물의를 야기하는 등 면제를 지속하는 것이 조달물자의 신뢰를 떨어뜨린다고 인정되는 업체 중 어느 하나에 해당하면 납품검사 면제를 취소할 수 있다.

선정업체는 위 ①부터 ④ 사유가 발생하면, 반드시 해당 사유 발생일로부터 5 근무일 안에 조달품질원장에게 서면으로 통보해야 하고(조달물자 납품검사 면제 처리기준 제16조 제2항), 만약 그렇지 않으면, 조달품질원장이 이를 안 날로부터 2년 동안 납품면제 대상품목 선정을 다시 신청하지 못한다(조달물자 납품검사 면제 처리기준 제17조 제2항).

한편, 위 면제취소 사유가 해소되어 납품검사 면제를 재개하더라도 면제기간을 추가, 연장하지 않는다(조달물자 납품검사 면제 처리기준 제16조 제3항).

(2) 필요적 취소

조달품질원장은 납품검사면제 대상으로 선정된 품목의 해당 품명을 안전관리물자로 추가하는 경우, 해당 품명에 대한 납품검사면제를 취소해야 한다. 다만, KS인증제품으로서 납품검사를 면제받고 그 면제기간이 1년을 경과하지 않은 경우에는 1년이 경과한 날부터 납품검사 면제를 취소한다(조달물자 납품검사 면제 처리기준 제18조 제2항).

마) 재신청 제한

납품검사 면제대상으로 선정된 품목은 그 면제기간이 종료한지 2년이 경과하지 않으면 납품검사 면제대상으로 다시 신청할 수 없다(조달물자 납품검사 면제 처리기준 제17조 제1항). 납품검사 면제 대상품목 선정업체가 조달품질원장에게 취소사유를 통보하지 않거나 1개월 이상 지연하여 통보한 경우에는 이를 안 날로부터 2년 동안 재신청을 허용하지 않는다(조달물자 납품검사 면제 처리기준 제17조 제2항).

4. 절차

가. 일반 검사·검수

1) 검사요청

가) 장소

(1) 구매계약서나 납품요구서 지정 장소

계약상대자는 납품이행을 완료한 경우 납품하는 물품이 관련법령, 구매규격·시방서 등에 적합하다는 것을 확인하기 위해 검사담당공무원에게 검사를 요청해야 하고, 검사 요청일은 계약상대자가 검사를 받고자 하는 날로 한다(물품구매계약 품질관리 특수조건 제11조 제1항).

(2) 그 밖에 장소

계약상대자는 구매계약서나 납품요구서에서 지정한 납품장소가 아닌 장소(계약상대자의 생산공장이나 그 밖에 장소)에서도 검사에 필요한 일체 사항을 준비 완료한 후 검사 요청할 수 있다(물품구매계약 품질관리 특수조건 제11조 제2항 본문).

나) 일괄요청

계약상대자는 여러 수요기관에 분할 납품하는 조건으로 계약하거나 여러 수요기관으로부터 분할 납품요구를 받았을 경우 검사공무원에게 일괄하여 검사를 요청할 수 있다(물품구매계약 품질관리 특수조건 제11조 제4항 전문).

다) 검정, 승인, 인증서 등 제출

계약상대자는 관련법령, 계약서, 납품요구서에 따라 검정, 승인, 인증 등을 거쳐야 하는 물품인 경우 물품납품 당시 검사기관에게 해당 서류나 자료 등을 제출해야 한다(물품구매계약 품질관리 특수조건 제12조).

2) 검수요청

가) 장소

계약상대자는 구매계약서나 납품요구서에서 정한 장소에서 검수를 요청해야 한다(물품구매계약 품질관리 특수조건 제11조 제2항 단서). 생산공장이나 그 밖에 장소에서도 검사요청을 할 수 있도록 정한 것과 비교해야 한다.

나) 개별요청

계약상대자는 여러 수요기관에 분할 납품하는 조건으로 계약하거나 여러 수요기관으로부터 분할 납품요구를 받았을 경우 납품기한 안에 각 수요기관이 지정한 개별 납품장소에서 검수를 요청해야 한다(물품구매계약 품질관리 특수조건 제11조 제4항 후문).

다) 납품일자

(1) 계약상대자가 구매계약서나 납품요구서에서 지정한 장소에서 검사를 요청한 경우

① 납품기한 내에 검사요청을 하고 검사에 합격한 경우에는 검사요청일을, ② 납품기한 내에 검사요청을 했으나 납품기한 이후에 검사 불합격 등에 따른 시정조치를 한 경우에는 검사에 최종 합격한 날을, ③ 납품기한을 경과하여 검사요청을 한 경우에는 검사에 최종 합격한 날을 각 납품일자로 본다(물품구매계약 품질관리 특수조건 제11조 제5항 제1호 가목부터 다목).

(2) 계약상대자가 구매계약서나 납품요구서에서 지정한 장소 아닌 생산공장 그 밖에 장소에서 검사를 요청한 경우 또는 여러 수요기관에 분할 납품하는 조건으로 계약하거나 여러 수요기관으로부터 분할 납품요구를 받아서 검사당공무원에게 일괄로 검사요청하고 개별 납품장소에서 검수를 요청한 경우

계약상대자가 검수를 요청할 날을 납품일자로 본다(물품구매계약 품질관리 특수조건 제11조 제6항).

나. 시운전조건부계약상 검사·검수

1) 의의

시운전조건부계약이란 계약물품을 인도조건대로 납품하고, 시운전을 실시하여 성능을 증명하는 물품구매(제조)계약이다. 따라서 시운전조건부계약 검사는 물품구매계약 품질관리 특수조건 제11조 제3항에 따른 검사와 아울러 성능을 증명하는 시운전 실시로 구성된다(시운전조건부계약 추가특수조건 제2조 제2조 제1항).

2) 시운전

가) 방법

계약상대자는 계약물품을 납품하기 전에 수요기관과 납품예정일, 시운전 계획 등을 협의해야 한다(시운전조건부계약 추가특수조건 제4조 제1항).

계약상대자가 시운전에 필요한 자재, 인력, 경비 등을 부담하고, 검사공무원 참여 아래 그 책임으로 시운전을 실시한다(시운전조건부계약 추가특수조건 제2조 제2항).

나) 기간

시운전 기간은 시방서에서 정한 기간을 말하므로, 계약물품을 납품장소에 납품하는 기한인 계약서상 납품기한과 구별된다. 다만, 계약서에 별도로 기재한 경우에는 그 기간을 시운전 기간으로 한다(시운전조건부계약 추가특수조건 제3조).

다) 절차

계약상대자는 납품한 물품의 성능을 시운전으로 증명하며, 시운전은 납품검사 완료 후 실시한다(시운전조건부계약 추가특수조건 제5조 제1항). 다만, 수요기관의 불가피한 사정으로 연기되는 경우에는 수요기관과 계약상대자가 협의하여 정한 날에 실시한다(시운전조건부계약 추가특수조건 제5조 제2항)

라) 성능이행보증

계약상대자는 시운전을 합격할 때까지 납품한 물품의 성능이행을 보증해야 하되, 시운전 기간이 1월 미만으로서 검사와 함께 시운전을 실시하는 경우에는 예외로 한다(시운전조건부계약 추가특수조건 제6조 제1항). 따라서 성능이행 보증기간은 납품검사 완료일부터 시운전 기간 만료일까지로 한다(시운전조건부계약 추가특수조건 제6조 제3항). 또한 계약상대자는 성능이행을 보증하기 위해 계약금액의 15% 범위에 해당하는 금액의 증권이나 보증서를 납품영수증 발행일까지 수요기관에게 제출해야 하되, 계약상대자가 원하면 현금으로 제출할 수 있다(시운전조건부계약 추가특수조건 제6조 제2항). 성능이행보증금은 계약상대자와 수요기관이 협의하여 정한다(시운전조건부계약 추가특수조건 제6조 제4항).

수요기관은 계약상대자가, 부도나 파산 등으로 시운전이 불가능한 경우, 시운전 요구에 불응하거나 완료하지 않을 경우, 시운전이 연기되었지만 보증기간 연장요청에 불응할 경우, 시운전 결과 성능이 미달하였는데도 그 조치를 하지 않을 경우 중 어느 하나에 해당하면 성능이행보증금을 귀속조치 해야 하고, 계약상대자는 이에 이의를 제기할 수 없다(성능이행보증금은 계약상대자와 수요기관이 협의하여 정한다(시운전조건부계약 추가특수조건 제6조 제5항).

마) 결과

시운전 결과 성능이 미달되는 경우, 계약상대자는 시운전에 합격할 때까지 이에 따른 조치를 해야 한다(시운전조건부계약 추가특수조건 제5조 제2항).

3) 납품영수

수요기관은 검사에 합격한 경우 물품과 납품영수증을 발행한다. 다만, 시운전 기간이 1월 미만으로서 검사와 함께 시운전을 실시하는 경우에는 시운전을 완료할 때 이를 발행한다(시운전조건부계약 추가특수조건 제4조 제2항).

다. 시제품 교정

시제품제출 조건으로 계약을 체결한 계약상대자는 시제품을 제작하여 수요기관과 검사기관으로부터 사전 교정을 받은 후 제조에 착수해야 한다(물품구매계약 품질관리 특수조건 제13조).

5. 종류

계약물품 인수를 위한 검사는 조달청검사, 전문기관검사, 수요기관검사 등으로 구분한다(물품구매계약 품질관리 특수조건 제7조). 특히 조달청검사와 전문기관검사를 통틀어 조달물자 검사라고 한다(조달물자 검사 대상물품 및 검사기준 제2조 제1호). 조달청검사, 전문기관검사의 자세한 내용은 별도로 서술한다.

6. 방법

가. 검사기준

검사나 시험방법 등에 필요한 사항은 구매계약서나 납품요구서에 따른다. 다만, 구매계약서나 납품요구서에 검사나 시험방법 등 사항이 명시되지 않았거나 명시되었더라도 한국산업표준, 국제표준 등에 적합하지 않은 경우에는 한국산업표준이나 국제표준 등을 적용하여 검사할 수 있다(물품구매계약 품질관리 특수조건 제11조 제7항).

나. 비용부담

조달물자 검사에 들어가는 비용은 국가계약법 제14조 제4항, 지방계약법 제17조 제4항, 조달사업법 제18조 제2항에 따라 계약상대자가 부담한다(조달물자 검사 대상물품 및 검사기준 제11조). 나아가 계약상대자는 계약이행 과정에서 시행되는 모든 시험, 검사에 들어가는 일체 비용을 부담한다(물품구매계약 품질관리 특수조건 제6조).

다. 계약유형별 적용

1) 총액계약

계약목적물 전체 총액을 계약금액으로 정하여 체결하는 총액계약은 원칙적으로 수요기관 검사로 진행한다(조달물자 검사 대상물품 및 검사기준 제4조 본문). 따라서 수요기관이 검사와 검수를 진행한다.

그러나 수요기관이 조달물자 검사, 즉 조달청검사나 검사기관검사로 요청하고 ① 입찰(시담)공고일 기준, 총액계약 물품의 대표품명(8자리)이 조달물자 검사 대상품명일 것, ② 조달요청금액(예산액) 합계가 일정 기준금액 이상일 것, ③ 계약상 검사기관이 조달청검사 또는 전문기관검사일 것이라는 요건을 모두 충족하면 조달물자 검사 대상물품 및 검사기준을 적용한다(조달물자 검사 대상물품 및 검사기준 제3조 제2항 별표1, 제3항 별표2, 제4조 단서 제1호부터 제3호 참조).

2) 단가계약

가) 범위

여기서 단가계약은 국가계약법 제22조, 지방계약법 제25조, 조달사업법 제12조, 제13조에 따른 계약을 포함한다(조달물자 검사 대상물품 및 검사기준 제2조 제5호). 그리고 ① 납품요구일 기준으로 단가계약 물품의 대표품명(8자리)이 조달물자 검사 대상 품명일 것, ② 계약(갱신·수정계약 포함)상 검사기관이 조달청검사 또는 전문기관검사일 것이라는 요건을 모두 충족하는 단가계약에 조달물자 검사 대상물품 및 검사기준을 적용한다(조달물자 검사 대상물품 및 검사기준 제5조 제1항 제1호, 제2호).

나) 납품요구금액 누적

단가계약으로 체결된 물품은 동일계약번호(수정계약 포함)에서 동일한 품명(8자리)의 납품요구금액을 누적하여 다음에 따라 검사를 실시하되, 계약상대자가 조합이면 조합원사별로 위 금액을 누적한다(조달물자 검사 대상물품 및 검사기준 제5조 제2항 제1호부터 제4호).

첫째, 최초검사는 납품요구금액을 누적하여 별표2의 그룹별 최초검사 기준금액 이상일 때 실시한다.

둘째 차기검사는 가장 최근 조달물자 검사 조건 납품요구 건의 납품요구일(이전검사 납품요구일)을 기준으로 60일을 경과했고, 이전검사 납품요구일 이후 납품요구금액을 다시 누적하여 누계금액 3억 원 이상(조달청검사 종이류는 2억 원 이상)일 것이라는 요건을 모두 충족하면 실시한다.

셋째, 추가선택품목은 검사대상에서 제외한다.

넷째, 조달청 안전관리물자 품질관리 업무규정에 따라 선정된 안전관리물자는 누계금액 2억 원 이상으로 한다.

다만, 조달물자 검사 완료 후 추가 납품요구(동일 납품요구번호)가 발생하면 납품요구금액의 30% 이내로 한정하여 최초 납품검사 결과로 갈음할 수 있다(조달물자 검사 대상물품 및 검사기준 제5조 제3항). 그리고 조달물자 검사 완료 후 납품요구가 취소된 경우에는 취소와 관계없이 해당 검사는 유효하며, 해당 납품요구금액은 위 누계금액에 포함된다. 다만, 조달물자 검사 완료 전 납품요구가 취소된 경우에는 그렇지 않다(조달물자 검사 대상물품 및 검사기준 제10조).

다) 기준금액 조정

매년 1월 말까지 전년도 검사건수가 30건 이상인 품명을 대상으로 전년도 품명별 불합격률을 분석하여 기준금액 상향·하향 품목을 확정한다. 이에 따라 불합격률이 1.5%를 초과하거나 0.5% 미만인 경우에는 별표4에 따라 차기검사 기준금액을 달리 적용한다. 조정 기준금액은 매년 2월 1일 이후 납품요구 건부터 적용한다(조달물자 검사 대상물품 및 검사기준 제6조 제1항부터 제3항).

라) 검사주기 연장

납품요구일 기준으로 같은 계약번호 안에서 조달물자 검사를 2회 이상 연속 합격한 품명(물품분류번호 8자리 기준)은 차기검사 실시 기산점인 이전 납품요구일에서 경과해야 하는 일수를 60일에서 180일로 연장하여 적용한다. 다만, 중간검사 합격과 불합격 이후 재검사 합격, 감가조건부 합격은 합격 횟수로 산정하지 않는다(조달물자 검사 대상물품 및 검사기준 제7조).

마) 검사주기 단축

조달물자 검사 불합격이 발생하면, 해당 품명(동일한 계약번호와 동일 품명)은 불합격된 납품요구 건의 납품요구일(불합격검사 납품요구일)부터 ① 이전검사 납품요구일(단, 최초라면 불합격검사 납품요구일) 기준으로 30일을 경과하고, ② 이전검사 납품요구일(단, 최초라면 불합격검사 납품요구일) 이후 납품요구금액을 다시 누적하여 누계금액이 1억 원(조달청검사 종이류는 5천만 원) 이상일 것이라는 요건을 모두 충족할 때마다 검사를 실시한다(조달물자 검사 대상물품 및 검사기준 제8조 제1항 제1호, 제2호).

이에 따른 검사주기 단축은 납품요구일 기준 1년 이내에 1회 불합격인 경우 불합격 통보일로부터 180일, 2회 이상 불합격인 경우 최근 불합격 통보일로부터 360일 동안 적용한다(조달물자 검사 대상물품 및 검사기준 제8조 제2항). 그리고 이 검사주기 단축기간 경과 후에는 납품요구금액 누적, 기준금액 조정, 검사주기 연장 등 규정을 그대로 적용한다(조달물자 검사 대상물품 및 검사기준 제5조 제2항, 제6조, 제7조, 제8조 제3항).

바) 단체표준 인증제품

단체표준 인증제품이란 산업표준화법 제27조에 따른 인증제품을 말하는데(조달물자 검사 대상물품 및 검사기준 제2조 제8호, 산업표준화법 제27조), 납품요구일 기준으로 2년 이내에 단체표준인증을 최초로 발급받은 세부품명(10자리)은 조달물자 검사에서 2회 연속 합격하면, 계약상대자 요청에 따라 180일로 연장된 차기검사(3차)를 수요기관 검사로 대체할 수 있다. 계약상대자는 이때 단체표준 인증제품 확인서를 제출해야 한다(조달물자 검사 대상물품 및 검사기준 제9조).

7. 조달청검사

가. 의의

조달청검사는 조달청 공무원이 검사현장을 방문하여 표본이나 전수를 대상으로 관능검사를 실시하고, 표본채취기준에 따라 표본(시료)을 채취하여 그 표본(시료)를 대상으로 시험을 자체적으로 하거나 외부 전문시험기관에게 의뢰하여 그 결과에 따라 조달청장이 합격이나 불합격 여부를 판정한 것을 말한다(조달물자 검사 대상물품 및 검사기준 제2조 제2호). 이에 따라 계약상대자는 계약체결 당시 조달청검사를 실시하도록 정한 경우, 조달품질원이나 지방조달청에 검사를 요청하고, 검사완료 후 납품기한 안에 지정된 납품장소에서 수요기관에게 검수요청을 해야 한다(물품구매계약 품질관리 특수조건 제8조 제1항). 조달청검사 대상품명은 조달물자 검사 대상물품 및 검사기준 별표1에서 정한 바에 따른다(조달물자 검사 대상물품 및 검사기준 제3조 제2항 별표1).

나. 적용범위

조달청검사는, 조달청장(지방조달청장 포함)이 구매·공급하는 물자이거나 조달사업법 제18조에 따라 수요기관의 장이 자체조달한 물자를 조달청장에게 검사·시험의뢰 요청하면 실시한다(조달청 검사 및 이화학시험 업무규정 제2조 참조).

다. 조달청검사 담당자

1) 조달품질원장

조달품질원장은 검사와 시험업무를 종합 조정하고 필요하면 업무처리 기준을 수립하여 시행할 수 있다(조달청 검사 및 이화학시험 업무규정 제3조).

2) 검사공무원

가) 의의

검사공무원은 검사업무를 수행하는 공무원을 말한다(조달청 검사 및 이화학시험 업무규정 제4조 제9호). 검사공무원은 조달품질원 납품검사과장이나 지방조달청장이 소속 직원 중에서 임명한다(조달청 검사 및 이화학시험 업무규정 제5조 제1항).

나) 권한과 책임

검사공무원은 검사업무를 수행하면서 그 책임을 다하기 위해 자주성을 보장받는다(조달청 검사 및 이화학시험 업무규정 제7조). 검사공무원은 ① 검사업무를 신속·정확히 수행해야 하며, ② 공정을 기하여 부당한 검사로 인해 수요기관이나 계약상대자가 손실을 입지 않게 해야 하며, ③ 계약내용이나 규정과 다른 사항을 발견하면 지체 없이 시정조치 해야 하고, ④ 그 밖에 고의로 수요기관이나 계약상대자에게 불리한 검사를 해서는 안 되므로, 이를 위반한 책임을 부담한다(조달청 검사 및 이화학시험 업무규정 제6조 제1호부터 제4호).

라. 검사면제

산업표준화법 제15조, 제16조에 따라 인증을 받은 제품, 품질경영 및 공산품안전관리법 제7조에 따라 품질경영체제인증을 받은 자가 제조한 물품, 조달사업법 제18조에 따라 조달청장이 정하여 고시한 품질관리능력 평가기준에 적합한 자가 제조한 물품 중 어느 하나에 해당하는 물품을 대상으로 검사를 면제할 수 있다(조달청 검사 및 이화학시험 업무규정 제27조 제1항 제1호부터 제3호). 조달품질원장은 검사면제 대상에 해당하는 물품과 관련하여 과거 검사 불합격이나 하자 발생빈도, 생명보호·보건·안전의 필요성 등을 고려하여 검사를 하지 않을 기준이나 범위 등을 정할 수 있다(조달청 검사 및 이화학시험 업무규정 제27조 제2항).

한편, 검사공무원은 검사를 면제할 경우 매년 면제품목의 최초 납품을 받을 때 계약상대자로부터 해당 품목의 품질보증확약서를 제출받아야 하며, 만약 계약상대자와 물품 제작자가 다르다면 제작자가 연서한 확약서를 제출받아야 한다(조달청 검사 및 이화학시험 업무규정 제27조 제4항).

마. 검사준비

1) 검사요청서 제출

계약상대자가 계약서에서 정하는 바에 따라 검사요청서를 제출하거나, 계약규격의 본질을 훼손하지 않는 범위에서(규격서 시험항목 등 유지) 계약규격변경이 있는 경우 규격변경 검사요청서를 제출하면, 검사공무원은 따로 통지를 하지 않는 한 검사요청서대로 검사를 실시한다. 다만, 납품검사과장이나 지방청장은 계약서에서 정한 기일이 아닌 날에 검사요청서를 제출받으면 검사일자를 조정할 수 있다(조달청 검사 및 이화학시험 업무규정 제8조 제1항, 제2항). 또한, 계약상대자는 다수공급자계약 특수조건 제6조의3(납품요구)에 따라 계약규격 변경이 있는 경우에도 계약담당공무원에게 규격변경 검사요청서를 제출(나라장터 확인)해야 한다(조달청 검사 및 이화학시험 업무규정 제8조 제3항).

2) 검사계획서

검사공무원은 계약서나 납품요구서를 접수한 후 검사계획서를 작성하여 납품검사과장이나 지방청장으로부터 결재를 받는다(조달청 검사 및 이화학시험 업무규정 제9조).

3) 검사장소

검사공무원은 검사요청서 기재 장소에서 검사를 실시한다. 다만, 검사요청서상 검사장소가 협소하여 수량파악이 곤란할 때, 물품 이동, 운반이 곤란하거나 시간을 절약하기 위해 필요한 때, 그 밖에 사정으로 검사업무 수행에 지장을 초래할 우려가 있을 때 중 어느 하나에 해당하는 경우에는 다른 장소를 지정할 수 있는데(조달청 검사 및 이화학시험 업무규정 제10조 제1항 제1호부터 제3호), 이는 사전에 계약상대자에게 구두 또는 미리 정한 서식에 따라 통보해야 한다(조달청 검사 및 이화학시험 업무규정 제10조 제2항).

4) 검사준비

검사공무원은 검사업무에 착수하기 전에 계약서 내용 확인 등을 해야 하는데, 검사업무 수행에 필요하면 계약상대자에게 자료를 요청하거나 검사물품의 취급요원과 기구 등을 준비하도록 요청할 수 있다(조달청 검사 및 이화학시험 업무규정 제11조 제1항, 제2항).

5) 로트 구성

로트(lot)란 1회에 생산되는 특정수의 제품단위를 말한다. 즉, 한 개가 아닌 여러 개 또는 상당한 수량을 한 덩어리로 생산하는 경우, 이 한 덩어리 수량을 로트라 부르고, 조달청 검사에서 로트는 제품 품질을 관리하기 위해 동일 원료·동일 공정에서 생산되는 그룹을 나타내는 번호를 지칭한다.

검사업무 수행에 필요한 로트는 동일한 조건 아래 제조된 동일한 형태, 등급, 크기의 아이템으로 균일성 있게 구성한다(조달청 검사 및 이화학시험 업무규정 제13조 제1항). 그리고 검사공무원은 필요하다고 인정하면 계약상대자에게 로트 구성 방법을 지정하여 로트를 구성하게 할 수 있다(조달청 검사 및 이화학시험 업무규정 제13조 제2항). 검사공무원은 검사물품이 로트별로 적재될 경우, 계약상대자에게 로트별 표지를 하게 해야 한다(조달청 검사 및 이화학시험 업무규정 제13조 제3항).

바. 검사실시

1) 개요

검사공무원은 ① 물품별 검사순위의 결정 → ② 검사물품 수량, 포장, 표기상태 등 표지 점검 → ③ 검사로트 구성 또는 확인 → ④ 샘플 채취와 조사처리 → ⑤ 검사(견본품 대조 포함)와 시험 → ⑥ 합격, 불합격 판정과 로트 처리 → ⑦ 봉인이나 검인과 보조표지 등 처리 → ⑧ 검사기록과 검사업무 결과 정리 → ⑨ 검사증 발행 순서로 검사를 수행한다(조달청 검사 및 이화학시험 업무규정 제12조 제1호부터 제9호).

납품검사과장이나 지방청장은 업무량 폭주로 미리 정한 기일 안에 검사를 완료하지 못하거나 그 밖에 특수한 사정으로 검사가 지연된 경우 그 경위서를 작성하여 계약담당공무원에게 통지해야 한다(조달청 검사 및 이화학시험 업무규정 제39조).

2) 원칙

첫째, 검사공무원은 계약내용, 검사계획서, 검사요청서나 규격변경 검사요청서 등에 따라 검사를 실시한다(조달청 검사 및 이화학시험 업무규정 제14조 제1항).

둘째, 검사공무원은 시험을 할 때를 제외하고는 검사를 할 때 계약상대자를 참여하게 한다(조달청 검사 및 이화학시험 업무규정 제14조 제2항).

셋째, 검사공무원은 검사를 실시할 때 계약내용에 불명확한 사항이 있을 경우 미리 계약담당공무원으로부터 확인을 받아 검사를 실시한다(조달청 검사 및 이화학시험 업무규정 제14조 제3항).

넷째, 검사공무원은 검사를 실시할 때 계약상대자로부터 납품검사확약서를 제출받아야 한다(조달청 검사 및 이화학시험 업무규정 제14조 제4항).

3) 검사기관 변경

조달청검사는 조달품질원이나 지방청이 소관한다. 그러나 조달청검사로 지정하여 체결한 계약인 경우나 납품요구 중 수요기관의 장이 직접 검사하고자 요청할 경우, 다음 사유가 있으면 검사기관을 변경할 수 있다(조달청 검사 및 이화학시험 업무규정 제14조의2 제1항). ① 천재지변, 긴급한 행사, 수요시기 도래, 그 밖에 이에 준하는 경우, ② 국방 또는 비밀, 보안상 필요한 경우, ③ 재해, 사고, 예방 등을 위해 긴급한 공사(납품)가 필요한 경우, ④ 수요기관이 검사물품의 시험, 검사에 필요한 장비, 기술을 보유한 경우, ⑤ 감리계약이 체결되어 감리가 검사를 수행하는 경우, ⑥ 납품지연 등으로 공사의 차질발생, 후속공정의 지장, 민원이 발생된 경우, ⑦ 하나의 납품요구에 따라 다수 현장으로 납품되거나 장기간에 걸쳐 분할되어 납품되는 경우, ⑧ 그 밖에 검사조건의 특수성 등을 이유로 수요기관 검사가 필요하다고 조달품질원장이 인정한 경우이다.

따라서 조달품질원장은 수요기관의 검사기관 변경요청 사유가 위 사유 중 어느 하나에 해당되지 않으면 변경요청을 반려할 수 있고, 위 사유에 해당하는지를 확인하기 위해 해당 수요기관에게 관련 자료(내부결재 문서, 검사일정표, 검사계획서 등)을 요청할 수 있다(조달청 검사 및 이화학시험 업무규정 제14조의2 제2항, 제3항).

4) 검사방법

검사공무원은 물품의 중요도, 검사 난이도, 검사비용, 인력 등을 고려해 검사방법을 선택해야 한다(조달청 검사 및 이화학시험 업무규정 제15조). 한편, 계약서에 허용공차를 명시하지 않은 경우에는 공인된 규정이나 문헌에서 인정하는 허용공차를 준용할 수 있으며, 이때 검사공무원은 계약상대자에게 필요한 자료제공을 요구할 수 있다(조달청 검사 및 이화학시험 업무규정 제40조).

가) 관능검사

관능검사란 오관의 작용으로 물품을 검사하는 것이다(조달청 검사 및 이화학시험 업무규정 제4조 제1호). 오관이란 시각·청각·후각·미각·촉각을 말한다. 제일 단순하고 쉬운 검사방법에 해당한다.

나) 이화학시험

(1) 의의

이화학시험이란 물품의 물리적 성질과 화학적 성분을 분석·시험하는 것이다(조달청 검사 및 이화학시험 업무규정 제4조 제2호).

(2) 시험장소

이화학시험은 원칙적으로 조달품질원 조사분석과에서 실시한다. 다만, 시험능력이 부족하거나 필요한 시험기기가 없을 때, 그 밖에 특수한 사정이 있으면 다른 국가공인시험기관 등에 의뢰할 수 있다(조달청 검사 및 이화학시험 업무규정 제25조 제1항). 다만, 위 방법으로도 시험 목적을 달성할 수 없으면, 검사공무원은 납품검사과장이나 지방청장으로부터 승인을 받아 정부기관이 아닌 특정시설에서 시험할 수 있다(조달청 검사 및 이화학시험 업무규정 제25조 제2항).

(3) 시험담당공무원

시험담당공무원은 양식(良識)에 따른 시험업무를 성실하고 정확하게 수행해야 하며, 계약상대자나 시험의뢰자에게 부당한 이익이나 손해를 주는 시험, 고의적인 시험업무 태만, 고의적인 위배사항 묵인, 부당한 시험수치 교정, 시험성적서 교부 전 성적 외부 누설 등을 하면 그 책임을 진다(조달청 검사 및 이화학시험 업무규정 제30조 제1호부터 제5호). 또한, 시험담당공무원은 시험결과에 책임을 진다(조달청 검사 및 이화학시험 업무규정 제31조).

(4) 시험의뢰서 접수와 시험순서

시험담당공무원은 시험의뢰서를 접수하면 시험항목과 샘플 수량 등을 검토한 후 지체 없이 시험에 착수해야 한다(조달청 검사 및 이화학시험 업무규정 제32조). 시험은 시험의뢰서 접수 순위대로 하지만, 긴급하게 필요한 물품은 우선하여 시험할 수 있다(조달청 검사 및 이화학시험 업무규정 제33조).

(5) 1차 시험과 재차 시험

재검사를 제외하면, 일단 시험을 한 물품은 원칙적으로 재차 시험을 하지 않지 않는다(조달청 검사 및 이화학시험 업무규정 제25조 제3항). 반면, 재검사에 따라 재차 시험을 했을 때는 재차 시험결과를 적용한다(조달청 검사 및 이화학시험 업무규정 제25조 제4항).

(6) 확인시험

검사공무원은 계약상대자나 수요기관의 장이 시험결과에 이의를 제기하는 경우, 시험방법과 절차 등을 고려해 확인시험이 필요하다고 판단하면 확인시험을 실시하고, 그 시험결과를 적용한다(조달청 검사 및 이화학시험 업무규정 제25조 제4항 본문). 여기서 확인시험이란 계약상대자나 수요기관의 장이 시험결과에 이의를 제기하여 다시 하는 시험을 말한다(조달청 검사 및 이화학시험 업무규정 제4조 제10호). 다만, 시험수수료는 확인시험을 요청한 자, 즉, 계약상대자 또는 수요기관이 부담한다(조달청 검사 및 이화학시험 업무규정 제25조 제4항 단서).

(7) 이화학시험의 생략

검사공무원은 시험대상 물품이 ① 국가공인시험기관의 검사합격품목일 때, ② 수입물품으로서 국제검정에 합격한 제품일 때, ③ 국내에서 이화학시험을 할 수 없다고 인정될 때, ④ 시험용 샘플량이 해당 납품물량의 1% 이상일 때, ⑤ 이화학시험을 의뢰하는 경우로서 시험수수료가 해당 납품금액의 2% 이상일 때, ⑥ 관련법령에 따라 제조허가를 받은 품목이거나 신기술개발 등으로 국가나 공인기관의 인증을 받은 품목으로서 자체 이화학분석 결과 합격한 물품 중 어느 하나에 해당하면, 전체나 일부 시험 항목을 생략하고, 이미 발급된 시험성적서 결과로 대체할 수 있고, 이를 미리 검사계획서에 명시해야 한다(조달청 검사 및 이화학시험 업무규정 제26조 제1항). 여기서 이미 발급된 시험성적서란 국가표준기본법 제23조나 다른 법률에 따라 인정된 공인시험 검사기관이 발급한 것으로 검사일로부터 2년 이내 최초(재발행 제외) 발급받은 유효한 것을 말하며, 위 시험성적서 자체로 계약상대자의 물품이라는 사실을 확인할 수 있어야 한다(조달청 검사 및 이화학시험 업무규정 제26조 제4항). 검사공무원은 이화학시험을 생략한 경우 계약상대자로부터 품질보증확약서를 제출받아야 한다(조달청 검사 및 이화학시험 업무규정 제26조 제3항).

그러나 납품검사과장이나 지방청장은 이화학시험을 생략한 품목이라도 품질점검이 필요하다고 인정하면, 별도 계획을 수립하여 품질점검을 실시할 수 있다(조달청 검사 및 이화학시험 업무규정 제26조 제2항).

(8) 시험결과

시험담당공무원은 시험을 완료하면 시험분석결과서나 시험성적서를 작성하여 조달품질원 조사분석과장에게 보고하고 그 결과를 의뢰자에게 통보한다(조달청 검사 및 이화학시험 업무규정 제34조).

5) 검사범위

가) 전수검사

전수검사란 물품을 일일이 조사·측정하여 개개 물품을 적합품이나 부적합품으로 판정하는 것이다(조달청 검사 및 이화학시험 업무규정 제4조 제3호). 검사공무원은 손쉽게 검사할 수 있을 때, 로트 크기가 적을 때, 부적합품의 혼입이 전혀 허용되지 않을 때, 고가품일 때, 그 밖에 필요하다고 인정할 때 중 어느 하나에 해당하면 원칙적으로 전수량을 대상으로 전수검사를 한다(조달청 검사 및 이화학시험 업무규정 제16조 제1호부터 제5호).

나) 샘플링검사

(1) 의의

샘플링검사란 로트마다 샘플을 임의로 뽑아 그 채취된 물품을 조사하여 로프의 합격이나 불합격을 판정하는 것이다(조달청 검사 및 이화학시험 업무규정 제4조 제4호). 검사공무원은 검사항목이 많거나 검사비용이 과다하게 들어가 전수검사가 곤란할 때, 연속체이거나 대량품일 때, 파괴시험을 해야 할 때, 그 밖에 전수검사를 할 수 없을 때 중 어느 하나에 해당하면 샘플링검사를 할 수 있다(조달청 검사 및 이화학시험 업무규정 제17조 제1항 제1호부터 제4호). 그리고 계약서에서 따로 정하지 않았다면, 샘플링검사 방식과 실시절차 기준은 한국산업규격(K.S)에서 정한 방법을 따라야 하고, 다만, 한국산업규격으로 정하지 않은 사항은 조달청 검사 및 이화학시험 업무규정 별표1 샘플링검사 실시기준이나 국제표준방법에 따를 수 있다(조달청 검사 및 이화학시험 업무규정 제17조 제2항).

(2) 시험용샘플 채취와 취급

시험용샘플은 규격서나 한국산업규격 KSQISO-2859-1에서 정한 수량을 채취한다. 다만, 이 수량 전량을 시험할 필요가 없다고 인정되거나 시험기관이 시험과 보관에 필요한 수량을 요청하는 경우에는 샘플수량을 조정하여 채취할 수 있다(조달청 검사 및 이화학시험 업무규정 제22조 제1항). 검사담당공무원은 시험용 샘플에 샘플번호를 부여하고 해당 샘플에 서명해야 한다(조달청 검사 및 이화학시험 업무규정 제22조 제2항). 검사공무원은 시험용 샘플의 계약상대자 참여 아래 시험용 샘플을 채취하여, 포장 봉합한 후 봉인해야 한다(조달청 검사 및 이화학시험 업무규정 제22조 제3항). 검사공무원은 시험용 샘플의 계약상대자와 제작자를 식별할 수 없도록 처리하여 지체없이 관계 시험기관에게 시험을 의뢰해야 한다. 다만, 계약상대자와 제작자 표지를 삭제하면 물품 성능이나 구조상 이상이 있으리라 판단되는 경우에는 예외로 한다(조달청 검사 및 이화학시험 업무규정 제22조 제4항).

(3) 시험용샘플훼손 등 부정행위에 대한 조치

계약담당공무원이나 검사(점검)공무원은 계약상대자(대리인, 지배인 등을 포함)가 물품검사나 품질점검에 따라 채취된 시료를 검사(점검)공무원의 승인 없이 교체하거나 시료에 표기된 서명이나 도장을 위조하는 등 부정행위 사실을 확인한 경우 해당 세부품명을 대상으로 12개월 이내 종합쇼핑몰 거래정지나 배정중지 조치를 한다(물품구매계약 품질관리 특수조건 제17조의3 제1항). 종전계약에서 위 거래정지나 배정중지 조치를 받은 해당 세부품명은 계약기간 만료로 거래정지나 배정중지 기간이 남는 경우 종전계약의 조치사항(거래정지나 배정중지)을 해당 계약에도 연속하여 적용한다(물품구매계약 품질관리 특수조건 제17조의3 제2항).

다) 수입물품 검사

검사공무원은 계약물품이 수입품이면, 계약상대자에게 검사에 필요한 자료로서 수입신고필증이나 선적서류 등 정상수입품이라는 사실을 증명할 수 있는 문서를 제출하게 해야 한다(조달청 검사 및 이화학시험 업무규정 제20조 제1항). 검사공무원은 계약상대자에게 원본을 제시한 후에 그 사본 1통을 제출하게 할 수 있다(조달청 검사 및 이화학시험 업무규정 제20조 제2항). 만약 계약상대자가 문서 제출을 거부하거나 제출하지 못하면, 검사공무원은 검사를 하지 않으며 미리 정한 서식에 따라 계약담당공무원에게 그 뜻을 통지해야 한다(조달청 검사 및 이화학시험 업무규정 제20조 제3항).

6) 검사유형

가) 중간검사

중간검사란 물품 생산과정에서 재료나 가공과정, 조립과정 등을 검사하는 것이다(조달청 검사 및 이화학시험 업무규정 제4조 제5호). 납품검사과장이나 지방청장은 계약서에서 정하지 않더라도 품질확보상 사용재료, 원료 배합 등 주요 제조과정 확인이 필요하면 검사공무원에게 중간검사를 하도록 할 수 있다(조달청 검사 및 이화학시험 업무규정 제18조 제1항). 이에 따라 검사공무원이 사용재료를 검사할 때는 필요 원재료 전량이 확보된 후에 검사해야 하되, 기계를 사용하여 일괄작업으로 생산되는 물품 검사는 예외로 한다(조달청 검사 및 이화학시험 업무규정 제18조 제2항).

검사공무원은 구술, 전화, 별도 서식에 따라 미리 계약상대자에게 중간검사계획을 통보해야 하지만, 필요하다면 불시에 중간검사를 실시할 수도 있다(조달청 검사 및 이화학시험 업무규정 제18조 제3항). 검사공무원은 중간검사계획을 통보했는데도 계약상대자가 중간검사에 불응하면 지체없이 계약담당공무원에게 이를 통지해야 한다(조달청 검사 및 이화학시험 업무규정 제18조 제4항).

검사공무원은 구두, 별도 서식에 따라 계약상대자에게 중간검사결과를 통보해야 한다. 다만, 계약상대자에게 계약내용에 위반한 사항을 시정하도록 요구할 때는 계약담당공무원에게 이를 통지해야 한다(조달청 검사 및 이화학시험 업무규정 제18조 제5항). 그 밖에 중간검사에는 납품검사 규정을 준용한다(조달청 검사 및 이화학시험 업무규정 제18조 제6항).

나) 납품검사

납품검사란 납품단계에서 하는 검사이다(조달청 검사 및 이화학시험 업무규정 제4조 제6호). 검사공무원은 납품될 물품이 계약내용과 일치하는지 여부를 납품 전에 관능검사와 시험기관 시험결과를 종합하여 판정한다. 그리고 중간검사를 실시한 물품이면 중간검사에서 지적된 사항 등을 유의해야 한다(조달청 검사 및 이화학시험 업무규정 제19조).

다) 합동검사

합동검사란 조달청과 수요기관이 원·부자재를 대상으로 한 중간검사와 완제품을 대상으로 한 납품검사를 분담하는 것이다(조달청 검사 및 이화학시험 업무규정 제4조 제11호). 즉, 원·부자재를 대상으로 한 중간검사(납품요구 이전에 신청 가능)는 조달청이, 완제품을 대상으로 한 납품검사는 수요기관이 실시한다(조달청 검사 및 이화학시험 업무규정 제19조2 제2항).

합동검사는 ① 납품검사 이전 원자재나 부자재를 대상으로 이화학시험이 필수적인 경우(섬유류 한정), ② 계약서상 합동검사로 지정한 경우를 모두 충족해야만 실시할 수 있다(조달청 검사 및 이화학시험 업무규정 제19조의2 제1항 제1호, 제2호).

검사공무원은 구두나 미리 정한 서식에 따라 중간검사 결과를 통보해야 하고, 계약상대자에게 계약내용에 위반한 사항을 시정하도록 요구할 경우에는 계약담당공무원에게 이를 통지해야 한다(조달청 검사 및 이화학시험 업무규정 제19조의2 제3항). 그 밖에 중간검사와 납품검사 규정을 준용하여 검사업무를 처리한다(조달청 검사 및 이화학시험 업무규정 제19조의2 제4항).

검사공무원은 계약업체의 합동검사 신청수량과 실제 납품요구수량이 다를 때 계약담당공무원에게 이를 통지해야 한다(조달청 검사 및 이화학시험 업무규정 제19조의2 제5항).

라) 선납품 검사

선납품이란 수요기관 사정 등 특별한 사정으로 검사 합격 통보 전에 납품받을 필요가 있을 때 계약상대자가 사전에 납품하는 것을 말한다(조달청 검사 및 이화학시험 업무규정 제4조 제12호).

조달품질원장은 가구류, 섬유류 등을 대상으로 한 조달청 검사와 관련하여 수요기관이 일정한 사유로 미리 정한 서식에 따라 선납품을 요청할 경우, 요청내용을 검토한 후 이를 승인할 수 있으며, 이때 선납품 일자는 검사완료(합격)일자로 한다. 다만, 선납허용물품은 이동이 가능한 물품으로 한정하며, 고정설치물품 등 철거나 설치비용이 들어가는 물품은 허용하지 않는다. 가령, 금속제울타리, 이동식서가 등이 여기에 해당한다(조달청 검사 및 이화학시험 업무규정 제19조의3 제1항). 선납품 사유로는 ① 신학기, 교실증(개)축, 직제개편 등에 따라 긴급히 납품을 해야 하거나 이에 준하는 경우, ② 재해, 사고와 이에 준하는 예측 불가능한 사유로 조달품질원장이 선납 필요성을 인정한 경우가 있다. 수요기관은 선납품을 요청할 때 관련 내용의 증빙서류와 납품업체의 대체납품확약서를 첨부해야 한다(조달청 검사 및 이화학시험 업무규정 제19조의3 제2항).

검사공무원은 중간검사와 납품검사 규정을 준용하여 선납품 검사업무를 처리한다(조달청 검사 및 이화학시험 업무규정 제19조의3 제3항). 선납품 대상 업체는 불합격을 받으면 불합격 물품을 회수한 뒤 신규 물품을 제작하여 해당 물품을 대상으로 재검사 받은 후 납품해야 하며, 불합격 처리는 물품구매계약 품질관리 특수조건에 따라 처리한다(조달청 검사 및 이화학시험 업무규정 제19조의3 제4항).

마) 재검사

재검사란 검사결과 확정 후 다시 받는 검사를 말한다(조달청 검사 및 이화학시험 업무규정 제4조 제7호). 재검사 다음 사유가 있을 때 실시한다(조달청 검사 및 이화학시험 업무규정 제21조 제1항). ① 불합격된 물품을 보수, 개조, 선별하여 납품할 때, ② 검사완료 후 납품 전에 합격품에 이상이 있다는 사실을 발견했을 때, ③ 봉인, 검인 등 표지가 파괴, 개조되었거나 식별이 곤란할 때, ④ 계약상대자의 고의나 과실로 판정에 영향을 준 사실이 발견되었을 때, ⑤ 그 밖에 특수한 사유로 재검사가 필요하다고 인정될 때.

특히 검사공무원은 검사증이 발급된 이후라도 위 ②부터 ⑤까지 사유를 발견한 경우 납품검사과장이나 지방청장 승인을 받아 재검사를 실시할 수 있다(조달청 검사 및 이화학시험 업무규정 제21조 제2항). 재검사를 실시할 때는 당초 검사수준 이상을 적용해야 하며, 필요에 따라서는 전수검사도 할 수 있다(조달청 검사 및 이화학시험 업무규정 제21조 제3항). 그리고 납품검사과장이나 지방청장은 검사공무원을 따로 지명하여 재검사를 하거나 합동검사를 실시하도록 할 수 있다(조달청 검사 및 이화학시험 업무규정 제21조 제4항).

바) 사후검사

사후검사란 조달품질원장이나 지방청장이 필요에 따라 이화학시험을 생략하거나 검사를 면제한 물품을 대상으로 실시하는 검사를 말한다(조달청 검사 및 이화학시험 업무규정 제28조 제1항). 사후검사는 계약상대자 참여 아래 실시해야 하며, 검사방법은 사전검사와 같은 절차에 따르며, 샘플과 검사비용은 계약상대자가 부담한다(조달청 검사 및 이화학시험 업무규정 제28조 제2항).

사후검사 결과 불합격 판정을 받은 물품은 계약상대자 비용부담으로 검사에 합격된 물품으로 대체납품 하도록 한 후 불합격품을 회수해야 하며, 계약상대자가 대체납품하지 못하면, 그로부터 이미 영수한 납품대금 전액을 환불받아야 한다(조달청 검사 및 이화학시험 업무규정 제28조 제3항). 불합격 통보를 받은 계약담당부서는 계약상대자가 대체납품이나 납품대금 전액 환불 등을 이행하도록 필요한 조치를 해야 한다(조달청 검사 및 이화학시험 업무규정 제28조 제4항).

사후검사에서 불합격 판정을 받은 물품은 품질인증을 취소하고 일정기간 납품대상에서 제외할 수 있다(조달청 검사 및 이화학시험 업무규정 제28조 제5항).

7) 검사결과

가) 봉인·검인 등 표지

(1) 의의

검사공무원이 물품을 검사하면 검사한 물품을 식별·확인하기 위해 봉인이나 검인 표지를 해야 한다. 봉인이란 밀봉한 자리에 도장을 찍는 행위나 찍힌 도장형태 자체를 말하며, 검인이란 물품을 검토한 표시로 도장을 찍는 행위나 찍힌 도장형태 자체를 말한다. 다만, 검사공무원은 필요하다고 인정하면 봉인이나 검인과 함께 보조표지를 할 수도 있다(조달청

검사 및 이화학시험 업무규정 제23조 제1항).

(2) 방법

봉인이나 검인의 기본형태는 물품 형태, 성질, 포장 상태 등에 따라 필요한 조치를 위해 적합한 표시 방법을 선택하여 시행할 수 있다(조달청 검사 및 이화학시험 업무규정 제23조 제3항). 관능검사만으로 검사를 완료한 때에는 검인을 사용하며, 시험분석이 필요한 물품은 샘플을 채취한 직후 봉인을 사용하되 검인을 사용할 수 있다(조달청 검사 및 이화학시험 업무규정 제23조 제2항).

한편, 검사공무원이 물품의 포장면에 봉인이나 검인과 보조표지 등 표시를 할 경우 포장의 개폐와 더불어 해당 표지기 파괴되거나 손상되는 위치에 표시해야 한다(조달청 검사 및 이화학시험 업무규정 제23조 제4항). 그러나 봉인이나 검인 등 표시가 물품 품질에 손상을 주거나 검수 후 물품 사용에 지장을 주어서는 안 된다(조달청 검사 및 이화학시험 업무규정 제23조 제5항).

(3) 등록·통보

검사공무원은 봉인이나 검인을 등록해야 하며, 등록된 봉인이나 검인을 검사 당시 표시했을 때는 검사증에 봉인이나 검인을 명시해야 한다(조달청 검사 및 이화학시험 업무규정 제23조 제6항).

한편, 검수기관이 따로 지정된 물품에 봉인을 시행한 경우에는 검사 완료와 함께 검수기관에게 그 물품의 소재지와 봉인 형태를 통보해야 한다(조달청 검사 및 이화학시험 업무규정 제23조 제7항).

(4) 표지의 생략

그러나 물품 성질상 표시가 곤란하거나 불가능할 때, 수요기관의 관리 아래 있는 계약상 납품장소에 입고 후 검사를 실시할 때, 공인검사기관의 검사 합격품으로서 같은 기관에서 시행한 봉인이나 검인 등 표시가 있는 물품일 때, 검사물품 자체에 고유 일련번호나 로트번호가 있어서 그 번호를 검사보고서와 검사증에 명시할 때, 검사 후 검수까지 사이에 검사한 물품의 위법·부당한 대체의 우려가 없을 것이 명백할 때 중 어느 하나에 해당하면, 봉인이나 검인 등 표지를 생략할 수 있다(조달청 검사 및 이화학시험 업무규정 제24조 제1호부터 제5호).

나) 수치 맺음법

계약서에 수치 맺음법을 규정하지 않았으면, 검사결과 수치 맺음은 한국산업규격 KSQ 5002 "데이타의 통계적 해석 방법" 규정에 따른다(조달청 검사 및 이화학시험 업무규정 제41조).

다) 검사결과 보고

검사공무원은 검사가 끝난 후 지체 없이 검사결과 보고서를 작성하고 필요하면 로트검사 결과표, 시료채취 확인서를 첨부하여 납품검사과장이나 지방청장에게 보고해야 한다(조달청 검사 및 이화학시험 업무규정 제29조).

사. 판정

1) 의의와 법적 성격

판정은 합격 판정과 불합격 판정으로 나누고, 이 중 불합격 판정은 다시 경결함, 중결함, 치명결함으로 구분할 수 있다. 특히 불합격 판정은 경고, 거래정지·배정중지 등을 위한 중간 판단에 불과하므로, 독립적인 처분에 해당한다고 보기는 어렵다.[1] 해당 부분에서 자세히 살펴본다.

2) 내용

가) 합격 판정

합격 판정이란 검사결과, 검사물품이 계약 내용과 일치하고, 검사에 적용한 검사방법에서 정한 판정기준에 적합한 경우에 하는 판정을 말한다(조달청 검사 및 이화학시험 업무규정 제35조 제1항 참조).

나) 감가조건부합격 판정

감가조건부합격 판정이란 검사결과, 합격은 아니지만 원래 물품가격보다 감액하는 조건이라면 합격으로 하는 판정이다.

즉, 검사결과, 합격으로 판정할 수 없는 물품이지만, 계약 내용에 감가조건부합격이 명시되어 있을뿐더러, 부적합 정도가 감가규정상 허용범위에 들어가는 때 또는 계약담당공무원이 불합격 판정된 물품을 감가조건부로 납품하게 하겠다는 통지가 있을 때 중 어느 하나에 해당하는 물품은 감가조건부로 합격 판정할 수 있다(조달청 검사 및 이화학시험 업무규정 제36조 제1항 제1호, 제2호).

하나의 로트나 객관적으로 로트 구분이 불가능한 검사대상 수량(전량을 한 로트로 봄)에서 채취한 샘플이 2편 이상일 때는 따로 정한 기준이 없다면 그 중 1편이라도 감가조건부합격에 해당하면 그 전량을 감가조건부합격으로 판정하여, 그 물품의 감가대상 수량은 전 샘플수 대 검사대상 샘플수 비율에 따라 산정한다(조달청 검사 및 이화학시험 업무규정 제36조 제2항).

---

1) 서울행정법원 2022. 11. 25. 선고 2021구합81974 판결.

다) 불합격 판정

(1) 기준

불합격 판정이란 검사결과, 검사물품이 계약 내용과 다르고, 검사에 적용한 검사방법에서 정한 판정기준에 부적합한 경우에 하는 판정을 말한다(조달청 검사 및 이화학시험 업무규정 제35조 제1항 참조). 특히 이화학시험 결과, 하나의 로트나 객관적으로 로트 구분이 불가능한 검사대상 수량(전량을 한 로트로 봄)에서 채취한 샘플이 2편 이상일 때, 따로 정한 기준이 없다면, 그 중 1편이라도 불합격에 해당하면 그 전량을 불합격으로 판정한다(조달청 검사 및 이화학시험 업무규정 제35조 제2항).

(2) 단가계약 물품의 불합격 판정

특히 단가계약 물품 중 조달청검사나 전문기관검사 결과 불합격이 발생하면 결함 정도(경결함, 중결함, 치명결함)을 포함하여 판정해야 한다(물품구매계약 품질관리 특수조건 제14조의2 제1항). 여기서 단가계약은 국가계약법 제22조, 지방계약법 제25조에 따른 단가계약은 물론 조달사업법 시행령 제12조 제3자를 위한 단가계약, 다수공급자계약을 포함한다(물품구매계약 품질관리 특수조건 제2조 제11호).

〔결함 정도의 의미〕

① 경결함

물품의 실용성이나 유효한 사용, 조작 등에는 거의 지장이 없다고 예상되는 부적합을 말한다(물품구매계약 품질관리 특수조건 제2조 제13호 가목).

② 중결함

물품의 실용성을 실질적으로 낮추고, 초기 목적 달성이 곤란하다고 예상되는 부적합을 말한다(물품구매계약 품질관리 특수조건 제2조 제13호 나목).

③ 치명결함

물품을 사용, 유지, 보관하는 사람에게 위험이 미치거나, 안전하지 않은 상황을 초래하리라 예상되는 부적합이나 최종 물품의 기본적 기능에 중대한 영향을 미치리라 예상되는 부적합을 말한다(물품구매계약 품질관리 특수조건 제2조 제13호 다목).

3) 판정 통보

납품검사과장이나 지방청장은 감가조건부 합격이나 불합격으로 판정한 물품대비표에 검사결과 부적합을 모두 기재하여 계약담당공무원과 계약상대자에게 통지해야 한다(조달청

검사 및 이화학시험 업무규정 제37조 제1항).

4) 검사증 통지

검사공무원은 검사결과보고서에 따라 검사증을 작성하여 계약상대자와 해당 부서에 통지한다(조달청 검사 및 이화학시험 업무규정 제38조).

아. 검사 불합격에 따른 조치

1) 검사 불합격품의 처리

가) 보수·개조·선별이 가능한 물품

조달품질원장이나 지방청장은 불합격된 물품을 보수, 개조하거나 선별하여 납품하더라도 품질이나 사용(본래 목적)에 지장이 없고, 경제적이라고 판단되는 품목인 경우 계약상대자로부터 불합격품을 보수, 개조, 선별을 위한 계획서를 제출받아 검토한 후 물품 봉인을 해제하고 계약상대자로 하여금 보수, 개조, 선별한 후 재검사 요청하도록 조치할 수 있다(조달청 검사 및 이화학시험 업무규정 제35조 제3항, 물품구매계약 품질관리 특수조건 제14조 제1항). 불합격한 물품을 재검사하고자 할 때는 계약상대자에게 불합격 통보 당시 보수, 개조, 선별 계획서를 제출하도록 요청해야 한다(조달청 검사 및 이화학시험 업무규정 제37조 제2항).

나) 불합격·교체된 물품의 처분방법

계약상대자는 검사결과 불합격된 물품이나 대체 납품요구에 따라 교체된 물품을 처분하고자 할 경우, 조달청의 수요기관이 아닌 자에게만 처분해야 하고, 물품이나 포장에 표시된 정부물품이라는 표시를 반드시 제거하고 처분해야 한다(물품구매계약 품질관리 특수조건 제14조 제2항).

2) 단가계약 물품검사 불합격에 대한 처리

가) 개요

계약담당공무원이나 검사공무원은 검사 불합격된 단가계약 해당 세부품명(물품분류번호 10자리)를 대상으로, 불합격 횟수와 결함 정도에 따라 경고, 거래정지·배정중지 처분을 한다(물품구매계약 품질관리 특수조건 제14조의2 제1항 본문). 경고란 조심하거나 삼가도록 하는 주의조치를 말하고, 거래정지란 종합쇼핑몰을 이용한 거래를 일정기간 동안 중단하는 조치를 말하며, 배정중지란 납품할 물량을 일정기간 동안 배정하지 않는 조치를 말한다. 경고, 거래정지, 배정중지는 모두 행정처분에 해당한다. 조합과 계약 체결한 세부품명은 조합원사별로 아래 내용을 적용한다(물품구매계약 품질관리 특수조건 제14조의2 제4항).

나) 일반적인 불합격에 대한 처리

(1) 1회 불합격

① 경결함 : 경고

② 중결함 : 1개월 종합쇼핑몰 거래정지 · 배정중지

③ 치명결함 : 3개월 종합쇼핑몰 거래정지 · 배정중지

(2) 2회 불합격

① 경결함 : 1개월 종합쇼핑몰 거래정지 · 배정중지

② 중결함 : 3개월 종합쇼핑몰 거래정지 · 배정중지

③ 치명결함 : 6개월 종합쇼핑몰 거래정지 · 배정중지

(3) 3회 이상 불합격

① 경결함 : 2개월 종합쇼핑몰 거래정지 · 배정중지

② 중결함 : 6개월 종합쇼핑몰 거래정지 · 배정중지

③ 치명결함 : 12개월 종합쇼핑몰 거래정지 · 배정중지

〔결함 판정의 법적 성격 성격〕

㉮ 문제점

위와 같은 결함 판정, 즉 경결함, 중결함, 치명결함 판정이 어떤 성격을 갖는지, 특히 그 불복절차와 관련하여 행정소송으로 그 위법성을 다툴 수 있는지 문제된다. 이러한 결함 판정은 검사나 품질점검 결과에 따른 경고, 거래정지, 배정중지 처분을 위한 전제사유로 활용될 뿐만 아니라, 예를 들면 다수공급자계약 2단계경쟁에서 납품대상업체 선정을 위한 평가항목으로 활용되기 때문이다.

㉯ 결함 판정이 행정처분인지

우선, 검사나 품질점검 결과인 경결함, 중결함, 치명결함 판정 자체가 행정소송 대상인 처분에 해당하는지 문제이나, 이는 불합격 판정에 따른 조치인 경고, 거래정지, 배정중지 처분(물품구매계약 품질관리 특수조건 제14조의2 제1항 참조)을 하기 위한 중간 판정에 불과하고, 특히 전문기관검사인 경우 행정청인 조달청장이 하는 처분이 아니라는 점에서 행정처분으로 해석하기 곤란하다. 따라서 실무에서는 경결함, 중결함, 치명결함 판정을 대상으로 제기한 취소소송 등 항고소송을 부적법하다고 본다. 이에 경결함, 중결함, 치명결함 판정 자체를 대상으로 취소소송 등 항고소송을 제기할 수는 없고, 경고, 거래정지, 배정중지를 대상으로 행정소송을 제기할 수밖에 없다. 또한, 경고, 거래정지, 배정중지를 대상으로 신청한 집행정지 효력은 그 사유인 결함 판정에 직접 미치지 않기 때문에, 결함 판정 자체를 대상으로 별도 소송을 제기하지 않는다면, 경고, 거래정지 배정중지 등에 대한 집행정지만으로는, 결함 판정에 따른 감점 등 효력발생에 영향을 미칠 수 없다고 본다.

(4) 횟수산정

불합격 검사횟수는 조달청에 통보된 동일계약번호(수정계약 포함)의 납품 건에 한정하며, 누적하여 산정한다. 다만, 동일납품요구건에서 재검사에 불합격한 경우에는 재검사 횟수와 관계없이 1회 불합격으로 산정한다(물품구매계약 품질관리 특수조건 제14조의2 제5항).

(5) 중간검사인 경우

중간검사를 실시하여 불합격이 발생하더라도 (1), (2), (3)에 따라 조치한다. 다만, 해당 중간검사건의 납품검사 결과에 따라, ① 납품검사 결과가 중간검사 결과보다 더 무거운 결함으로 불합격한 경우, 그 차이만큼 추가로 거래정지 등 조치를 하고, ② 납품검사 결과가 합격이거나 중간검사 결과와 같거나 중간검사 결과보다 가벼운 결함으로 불합격한 경우, 중간검사 결과에 따른 조치로 갈음한다(물품구매계약 품질관리 특수조건 제14조의2 제6항 제1호, 제2호).

(6) 감경

계약담당공무원이나 검사공무원은 불합격 내용이나 위해 정도 등을 고려하여 거래정지나 배정중지 기간을 2분의 1 범위에서 감경할 수 있되, 이때에도 거래정지나 배정중지 기간은 1개월 이상으로 한다(물품구매계약 품질관리 특수조건 제14조의2 제1항 단서). 그러나 안전관리물자에 해당하는 물품은 거래정지·배정중지 기간을 감경하지 않는다(물품구매계약 품질관리 특수조건 제14조의2 제2항).

(7) 연속적용

종전계약에서 위에 따른 거래정지나 배정중지 조치를 받은 해당 세부품명은 계약기간 만료로 거래정지나 배정중지 기간이 남은 경우 종전계약의 거래정지나 배정중지를 해당계약에 연속하여 적용한다(물품구매계약 품질관리 특수조건 제14조의2 제3항). 가령, 2023. 1. 31. 계약기간 만료인 A 세부품명에 2022. 12. 31.에 6개월 거래정지 처분을 했으면, 이미 집행된 1개월을 제외하고 나머지 5개월 거래정지 기간이 남는데, 그 후, 같은 A 세부품명을 대상으로 계약이 체결될 경우, 해당 계약에 위 5개월 거래정지를 적용한다는 취지이다.

다) 유해물질검출에 따른 불합격에 대한 처리

계약담당공무원이나 검사(점검)공무원은 단가계약 물품의 1차 불합격 사유가 각 세부품명별 규격서나 다른 법령 등에서 정한 유해물질(폼알데히드, 중금속 등)의 검출과 관련되는 경우, 위 물품구매계약 품질관리 특수조건 제14조의2 제1항을 적용하지 않고 다음에 따라 처리한다(물품구매계약 품질관리 특수조건 제17조의4 제1항).

첫째, 유해물질이 규격서나 다른 법령 등에서 정한 기준치보다 초과 방출된 경우 계약상대자의 해당 세부품명을 대상으로 물품 다수공급자계약 특수조건 제17조나 물품구매(제조)계약 추가특수조건 제22조의5에 따라 즉시 판매중지를 실시하고, 중·치명결함 여부와 관계없이 초과방출비율에 따라 거래정지나 배정중지를 차등 적용한다. 다만, 기준치 항목이 복수인 경우에는 초과방출비율이 높은 항목을 대상으로 거래정지 등 기간을 산정한다(물품구매계약 품질관리 특수조건 제17조의4 제1항 제1호).

	기준치 대비 초과방출비율	거래정지 기간
기준치 대비 초과방출비율에 따른 거래정지 기간 산정	기준치 대비 50% 미만	1개월
	기준치 대비 50% 이상 100% 미만	2개월
	기준치 대비 100% 이상	3개월

둘째, 규격서나 다른 법령 등에서 유해물질의 불검출을 기준으로 정하는 경우 유해물질 검출에 따른 규격미달이 발생하면 계약상대자의 해당 세부품명을 대상으로 물품 다수공급자계약 특수조건 제17조나 물품구매(제조)계약 추가특수조건 제22조의5에 따라 판매중지를 실시하고, 중·치명결함 여부와 관계없이 거래정지나 배정중지 3개월을 적용한다(물품구매계약 품질관리 특수조건 제17조의4 제1항 제2호).

한편, 신빙성 있는 반증자료 제출 등으로 품질관리상 정당한 사유가 인정되는 경우에는 품질관리업무심의회나 구매업무심의회 등 심의를 거쳐 거래정지나 배정중지 대상, 기간을 결정할 수 있다(물품구매계약 품질관리 특수조건 제17조의4 제2항).

그리고 유해물질검출에 따른 규격미달 횟수가 2회 이상이면 물품구매계약 품질관리 특수조건 제14조의2를 준용하여 처리하되, 결함 정도는 ① 유해물질이 규격서나 다른 법령 등에서 정한 기준치보다 초과 방출된 경우, 기준치 대비 초과비율이 50% 미만이면 경결함, 50% 이상 100% 미만이면 중결함, 100% 이상이면 치명결함을 기준으로 처리하고, ② 규격서나 다른 법령 등에서 유해물질의 불검출을 기준으로 정하는 경우, 치명결함을 기준으로 처리한다(물품구매계약 품질관리 특수조건 제17조의4 제3항 제1호, 제2호).

자. 사후관리

1) 기록처리·보존과 검사견품 정리

검사공무원이나 시험담당공무원은 검사절차에서 작성된 각종 기록을 처리 보존해야 한다(조달청 검사 및 이화학시험 업무규정 제42조). 계약담당공무원으로부터 받은 견품은 견품대장에 기재하고 검사에 사용한 후 해당 연도 경과 후 6개월 동안 보존한다. 다만, 계약담당공무원이 요구하면 지체없이 이를 반환한다(조달청 검사 및 이화학시험 업무규정 제43조).

2) 자료요구

검사공무원은 납품 당시 불량품 혼입을 방지하기 위해 계약상대자로부터 불합격 물품이나 선별 후 잔여 불량품을 처리한 증빙자료를 요구할 수 있다(조달청 검사 및 이화학시험 업무규정 제44조).

3) 샘플보관과 폐기

시험에 필요하여 제출된 샘플은 시험의뢰 접수대장에 기재하고 그 성질이나 종류에 따라 일정 기간 보관한다(조달청 검사 및 이화학시험 업무규정 제45조). 보관기간이 만료되거나 보관하지 않는 샘플은 샘플폐기 보고서에 기재하고 폐기처분한다. 그러나 계약상대자가 요청하면 샘플을 반환할 수 있되, 그 비용은 계약상대자가 부담한다(조달청 검사 및 이화학시험 업무규정 제46조).

4) 수수료 납입

검사공무원은 조사분석과장에게 시험을 의뢰하고 조사분석과장이 산정한 시험수수료를 확인하여 계약상대자 등에게 고지한다. 해당 수수료는 조달품질원 수입으로 한다(조달청 검사 및 이화학시험 업무규정 제49조 제1항 제2항).

5) 사후품질관리

조달품질원장이나 지방청장은 수요기관이 조달물자의 사후품질관리를 요청한 경우 계약내용에 정한 바에 따라 계약상대자로 하여금 즉시 수요기관의 요청에 응하도록 계약담당공무원에게 통보하고, 품질점검을 실시할 수 있다(조달청 검사 및 이화학시험 업무규정 제50조).

〔품질관리 특례 : 수요기관 자체조달 물품·용역에 대한 납품검사 대행〕

1. 의의

조달청장은 ① 국가기관의 장(공공기관의 장을 포함한다)이 자체 조달한 물품·용역, ② 지방자치단체의 장이 자체 조달한 물품·용역, ③ 방위사업청장이 자체 조달한 물품·용역 중 어느 하나에 해당하는 물품·용역에 대하여 해당 기관의 장으로부터 납품검사를 요청받으면, 국가계약법 제14조, 지방계약법 제17조, 방위사업법 제28조에도 불구하고 그 기관의 장을 대신하여 납품검사를 실시할 수 있다(조달사업법 제20조). 이를 납품검사 대행제도라 한다. 여기서 말하는 납품검사는 조달청검사와 전문기관검사를 포함한다.

2. 문제점과 활성화 방안

조달청장의 납품검사 대행은 수요기관 필요에 따라 요청이 있을 때만 실시하는데, 그 수요가 적기 때문에 2012. 12. 18. 제도 도입 이후로도 실적이 저조했다. 이에 조달청은 기준금액을 5천만원 소액물품까지 확대하고, 수요기관이 계약상대자와 계약체결 이후에 별도로 합의한 경우에도 대행검사를 요청할 수 있도록 하는 방안, 맞춤형 마케팅을 실시하고 대행검사 기준금액을 삭제하는 방안 등을 시행했다. 최근에는 ① 입찰공고서상 검사기관을 사전에 명시하도록 한 의무조항을 삭제하고, ② 검사불합격 이후 재검사, 선납품, 품질관련 이의처리 등 납품 전·후로 발생할 수 있는 문제의 처리절차 등을 추가, 확대했으며, ③ 수요기관 자체조달 물품 등에 대해서는 대행검사 대상품명이나 기준금액을 현행 조달물자 검사 대상물품 및 검사기준과 맞추는 등 제도개선을 꾀했다.

3. 납품검사 요청과 반려

가. 납품검사 요청대상

납품검사는 검사를 대행하는 주체에 따라 조달청 직접검사와 전문기관검사로 구분하며, 수요기관의 장이 납품검사를 요청할 수 있는 대상품명과 기준금액은 조달물자 검사 대상 물품 및 검사기준 제3조 제2항, 제3항에 따른다(수요기관 자체조달 물품·용역에 대한 납품검사 대행 기준 제4조 제1항).

나. 납품검사 요청반려

조달청장은 납품검사 대행을 요청할 수 있는 대상품명과 기준금액에 해당하지 않더라도 수요기관의 장이 요청하는 경우 전문검사기관 등과 협의하여 납품검사를 대행할 수 있다. 다만, 납품검사를 할 수 있는 전문검사기관이 없거나 대행이 불가능한 경우에는 예외로 한다(수요기관 자체조달 물품·용역에 대한 납품검사 대행 기준 제4조 제2항).

4. 신청요건

수요기관의 장은 입찰공고서나 계약서에 별도로 검사기관을 특정해 두지 않은 경우, 대행검사를 요청할 수 있다(수요기관 자체조달 물품·용역에 대한 납품검사 대행 기준 제5조 제1항). 나아가 입찰공고서나 계약서에 검사기관을 별도로 명시했더라도 계약상대자와 협의했다면 대행검사를 요청할 수 있다(수요기관 자체조달 물품·용역에 대한 납품검사 대행 기준 제5조 제2항). 수요기관은 장은 대행검사에 필요한 일체 시험·검사 비용을 계약상대자가 부담한다는 사실을 계약상대자에게 안내해야 한다(수요기관 자체조달 물품·용역에 대한 납품검사 대행 기준 제5조 제3항).

5. 대행검사 요청

수요기관의 장이 조달청장에게 납품검사 대행을 요청하려는 경우, 계약을 체결한 즉시 국가종합전자조달시스템(나라장터)에서 계약서류(계약서와 규격서 등을 포함)를 포함한 납품검사 대행요청서를 작성하여 송신해야 한다(수요기관 자체조달 물품·용역에 대한 납품검사 대행 기준 제6조 제1항). 조달청장은 납품검사 대행을 요청받은 경우, 계약서류를 검토하여 대행 가능 여부를 회신해야 하며, 계약서류가 불분명하여 검사대행이 곤란하면 그 보완을 요청할 수 있다(수요기관 자체조달 물품·용역에 대한 납품검사 대행 기준 제6조 제2항). 조달청장은 검사 대상물품에 대한 전문검사기관이 없는 경우 등 납품검사 대행이 불가능한 경우에는 납품검사 대행요청서를 반려해야 한다(수요기관 자체조달 물품·용역에 대한 납품검사 대행 기준 제6조 제3항).

6. 검사방법 등 결정

조달청장은 대행검사를 요청받은 품명에 대한 검사가 가능한 경우 조달청 직접검사 또는 전문기관검사를 결정해야 한다(수요기관 자체조달 물품·용역에 대한 납품검사 대행 기준 제7조 제1항). 조달청장은 전문기관검사로 대행검사를 진행해야 할 경우 전문검사기관에 검사를 의뢰해야 하며, 검사대상물품에 대하여 지정 전문기관검사기관이 둘 이상인 경우에는 계약상대자와 협의해야 한다(수요기관 자체조달 물품·용역에 대한 납품검사 대행 기준 제7조 제2항).

7. 검사실시와 결과통보

조달청장은 조달청 직접검사로 검사대행을 진행하는 경우 조달청 검사 및 이화학시험 업무규정에 따라 검사를 실시하고, 그 결과를 수요기관의 장과 계약상대자에게 통보해야 한다(수요기관 자체조달 물품·용역에 대한 납품검사 대행 기준 제8조 제1항). 한편, 전문기관검사로 검사대행을 진행하는 경우에는 전문검사기관의 장이 조달물자 전문기관검사 업무규정과 조달물자 전문기관검사 세부업무처리기준에 따라 검사를 실시하고 그 결과를 조달청장, 수요기관의 장, 계약상대자에게 각각 통보해야 한다(수요기관 자체조달 물품·용역에 대한 납품검사 대행 기준 제8조 제2항).

다만, 자체조달 물품에 대한 대행검사와 관련해서는, 수요기관의 장과 협의하여 조달청 검사 및 이화학시험 업무규정 제26조와 조달물자 전문기관검사 세부업무 처리기준 제3조의2에 따른 이화학시험 생략을 적용하지 않을 수 있다(수요기관 자체조달 물품·용역에 대한 납품검사 대행 기준 제8조 제3항).

8. 검사 중 물품의 봉인

조달청장이나 전문검사기관의 장은 검사결과가 확정되기 전까지 대행검사를 실시하는 물품을 봉인해야 한다(수요기관 자체조달 물품·용역에 대한 납품검사 대행 기준 제9조 제1항). 다만, 물품의 성질상 봉인이 곤란하거나 불가능한 경우나 봉인하지 않더라도 검사 대상물품을 대체할 우려가 없는 경우에는 봉인을 생략할 수 있다(수요기관 자체조달 물품·용역에 대한 납품검사 대행 기준 제9조 제2항).

9. 선납품

수요기관의 장은 검사결과가 나오기 전에 긴급하게 납품이 필요한 경우 선납품을 요청할 수 있고, 이때에는 계약상대자의 대체납품확약서를 제출해야 한다(수요기관 자체조달 물품·용역에 대한 납품검사 대행 기준 제10조 제1항). 여기서 선납품이란 수요기관 사정으로 미리 납품받아야 할 필요가 있는 경우 검사결과 통보 전에 납품하는 것을 말한다(수요기관 자체조달 물품·용역에 대한 납품검사 대행 기준 제2조 제8호).

그리고 수요기관의 장은 검사결과 불합격이 나왔을 때 대체납품을 할 수 있도록 선납품을 받은 물품을 관리해야 한다(수요기관 자체조달 물품·용역에 대한 납품검사 대행 기준 제10조 제2항).

10. 납품검사 대행수수료

조달청장은 이 기준에 따라 납품검사를 대행한 경우 검사결과를 통보한 날로부터 3일 안에 조달청 고시인 조달수수료 고시에 따라 납품검사 대행을 요청한 수요기관의 장에게 납품검사 대행 수수료를 부과할 수 있다(수요기관 자체조달 물품·용역에 대한 납품검사 대행 기준 제11조).

8. 전문기관검사

가. 의의

전문기관검사란 조달청장이 조달물자 검사업무를 위탁한 전문검사기관 소속 검사담당자가 검사현장을 방문하여 검사를 실시하고 직접 합격이나 불합격 여부를 판정하는 것을 말한다(조달물자 검사 대상물품 및 검사기준 제2조 제3호). 계약상대자는 전문기관검사로 계약을 체결한 경우 지정된 전문검사기관에게 검사를 요청하고, 검사가 완료되면 납품기한 내에 지정된 납품장소에서 수요기관에게 검수를 요청해야 한다(물품구매계약 품질관리 특수조건 제9조 제1항). 전문기관검사 대상품명이나 지정 전문검사기관은 조달물자 검사 대상물품 및 검사기준 별표2에 따른다(조달물자 검사 대상물품 및 검사기준 제3조 제3항 별표1). 조달청장은 조달물자의 기술개발을 촉진하고, 동일한 품명에 대한 검사의 형평성과 일관성을 확보하기 위해 전문기관검사 대상물품으로 지정·공고한 물품의 검사표준서를 작성하여 공고할 수 있다(조달물자 전문기관검사 업무규정 제7조 제3항).

그 밖에도 검사의뢰를 받은 전문검사기관이 처리해야 하는 세부기준은 조달물자 전문기관검사 세부업무 처리기준으로 정한다.

나. 특징

전문기관검사는 조달청장으로부터 조달물자 검사업무를 위탁받은 전문검사기관이 검사업무를 수행한다는 부분을 제외하고는 대부분 조달청검사와 내용이 유사하다.[1] 따라서 아래에서는 전문기관검사 가운데 조달청검사와 다른 내용을 중심으로 살펴보도록 한다.

---

1) 검사종류, 검사방법, 검사절차 등.

다. 내용

1) 일반

가) 전문기관검사 대상물품의 전문기관검사 제외

전문기관검사 대상물품으로 지정·공고된 물품일지라도 관련법령에 따라 납품할 때마다 검정이나 검사를 받도록 지정된 경우, 조달청검사 대상일 경우, 그 밖에 필요에 따라 조달품질원장이 수요기관 검사로 전환한 경우 중 어느 하나에 해당하면, 전문기관검사를 실시하지 않을 수 있다(조달물자 전문기관검사 업무규정 제7조 제2항 제1호부터 제4호).

나) 전문검사기관 지정

조달청장은 조달물자 전문기관검사업무를 실시하는 기관을 지정할 수 있다(조달물자 전문기관검사 업무규정 제8조 제1항). 지정을 받으려는 자는 검사를 위해 필요한 설비와 인력 등 조달물자 전문기관검사 업무규정 별표1이 정하는 기준을 확보한 후 조달청장에게 전문기관 지정신청서에 정관(이에 준하는 약정서), 사업계획서, 자체 업무규정(단, 조달물자 전문기관검사 업무규정 내용과 충돌하면 안 됨), 전문기관검사 가능한 물품목록, 전문기관검사 가능 물품의 검사를 위한 설비, 인력 보유현황을 증명할 수 있는 서류 등을 첨부하여 제출해야 한다(조달물자 전문기관검사 업무규정 제8조 제2항, 제3항 제1호부터 제5호). 조달청장은 신청자가 지정기준에 적합하면, 검사가능물품 중 실효성과 중요도 등을 검토하여 검사대상물품을 선정한 뒤, 신청자에게 전문검사기관지정서를 교부한다(조달물자 전문기관검사 업무규정 제8조 제4항). 다만, 조달청장은 전문검사기관별 검사대상물품은 필요하면 조정할 수 있고(조달물자 전문기관검사 업무규정 제8조 제5항), 이를 수요기관의 장이나 계약상대자가 숙지할 수 있도록 공고해야 한다(조달물자 전문기관검사 업무규정 제8조 제8항).

그리고 전문검사기관으로 지정받은 자가 검사가능 물품목록을 변경하려는 경우, 조달청장에게 전문기관검사 가능품목 변경신청서를 제출해야 하며, 그 변경에 따라 제출서류 중 추가하거나 보완할 서류가 있으면 이를 첨부해야 한다(조달물자 전문기관검사 업무규정 제8조 제6항).

다) 검사 분야 공인기관 인정 정지나 취소에 따른 업무중단

전문검사기관의 장은 산업통상자원부 등 관련기관으로부터 받은 검사 분야 공인기관 인정이 정지되거나 취소된 경우 즉시 정지·취소 분야에 해당하는 검사 위탁 품명의 검사업무를 중단해야 하고, 지체없이 이를 조달청장에게 통지해야 한다(조달물자 전문기관검사 업무규정 제8조의2).

라) 재검사와 합동검사

조달청장은 전문기관의 장이 재검사를 하는 경우, 공정성을 기하기 위하여 전문검사기관의 장에게 조달청이나 수요기관의 담당 직원과 합동으로 검사를 실시하게 할 수 있다(조달물자 전문기관검사 업무규정 제9조 제3항 제4호).

2) 전문기관검사 절차

가) 검사의뢰

조달청장은 전문기관검사에 필요한 계약서, 규격서(도면 그 밖에 자료 포함), 그 밖에 검사에 필요한 자료(부대조건 등), 검사표준서가 있는 품명은 해당 검사표준서를 첨부하여 지정·공고한 전문검사기관의 장에게 검사를 의뢰한다(조달물자 전문기관검사 업무규정 제10조 제1호부터 제4호).

나) 검사계획수립

검사의뢰를 받은 전문검사기관의 장은 그 내용을 검토하여 검사요청서 수신일로부터 2일 안에 검사계획서를 작성하여 수요기관의 장과 계약상대자에게 송부해야 한다(조달물자 전문기관검사 업무규정 제11조 제1항). 만약 검사의뢰 내용을 검토한 결과 검사가 불가능하다고 판단하면 그 사유를 구체적으로 작성하여 신속하게 조달청장에게 통보해야 하고(조달물자 전문기관검사 업무규정 제11조 제3항), 이를 통보받은 조달청장은 검사가 가능한 다른 전문검사기관이나 수요기관으로 검사기관을 변경하여 수정계약을 체결할 수 있다(조달물자 전문기관검사 업무규정 제11조 제4항).

다) 검사실시

전문검사기관의 장은 검사업무 수행 중 필요한 사항이 있으면 수요기관의 장이나 조달청장에게 협조를 요청할 수 있다(조달물자 전문기관검사 업무규정 제14조 제3항). 그리고 수요기관의 장이나 조달청장의 검사과정 참여나 설명 요청이 있으면 이에 응해야 한다(조달물자 전문기관검사 업무규정 제14조 제4항).

라) 이화학시험

(1) 시료채취와 검사·시험업무

시료채취는 검사담당자가 실시하며, 검사와 시험업무를 같은 사람이 수행해서는 안 된다. 다만, 검사현장에서 직접 시험하는 경우에는 검사담당자가 시험업무를 수행할 수 있다(조달물자 전문기관검사 업무규정 제17조 제3항). 참고로, 계약담당공무원이나 검사(점검)공무원은 계약상대자(대리인, 지배인 등을 포함)가 채취된 시료를 검사(점검)공무원의 승인 없이 교체하거나 시료에 표기된 서명이나 도장을 위조하는 등 부정행위 사실을 확인한 경우 해당 세부품명을 대상으로 12개월 이내 종합쇼핑몰 거래정지나 배정중지 조치를 한다(물품구매계약 품질관리 특수조건 제17조의3 제1항). 종전계약에서 위 거래정지나 배정중지 조치를 받은 해당 세부품명은 계약기간 만료로 거래정지나 배정중지 기간이 남는 경우 종전계약의 조치사항(거래정지나 배정중지)을 해당 계약에도 연속하여 적용한다(물품구매계약 품질관리 특수조건 제17조의3 제2항).

(2) 재위탁

한편, 전문검사기관의 장은 일정한 사유가 있으면 다른 공인시험기관의 장에게 재위탁할 수 있으며, 그 사항을 구체적 사유와 함께 검사계획서에 명시해야 한다. 그 사유는 ① 검사업무를 수탁받은 기관의 장이 직접 시험하는 것보다 다른 공인시험기관의 장에게 시험업무를 재위탁하는 것이 시험수수료나 검사 일수가 감소되는 등 계약상대자 부담이 감소된다고 판단하는 경우, ② 검사업무를 수탁받은 기관의 시험설비가 일시적으로 작동 불가할 경우(설비 이전, 고장 등), ③ 산업통상자원부 등 관련기관으로부터 검사 분야에 대한 공인기관 인정이 정지나 취소되어 이에 해당하는 전문기관검사 대상 품명을 시험할 수 없는 경우, ④ 그 밖에 시험설비 미보유 등 재위탁이 불가피하다고 판단하는 경우인데, 특히 ③ 사유가 있으면 반드시 재위탁해야 한다(조달물자 전문기관검사 업무규정 제17조 제5항 제1호부터 제4호). 그런데 위와 같은 재위탁이 있더라도 시험결과의 모든 책임은 전문검사기관의 장이 부담하므로, 손해배상, 손실보상 등 사유가 발생하면 분쟁조정과 소송당사자가 된다(조달물자 전문기관검사 업무규정 제17조 제6항).

(3) 이의제기와 확인시험

계약상대자가 이화학시험 결과에 이의를 제기하면, 조달청장은 전문검사기관의 장과 협의하여 확인시험이 필요한 사유가 있다고 판단하면, 1회에 한하여 전문검사기관의 장에게 확인시험을 요청하고, 해당 기관은 확인시험을 실시하여 그 결과를 적용한다. 다만, 조달청장은 해당 전문검사기관의 장보다 제3의 기관의 장이 확인시험하는 것이 적합하다고 판단하면, 제3의 기관의 장에게 시험을 의뢰할 수 있다(조달물자 전문기관검사 업무규정 제23조 제1항).

확인시험이 필요한 사유는 ① 이화학시험 시료와 동일한 로트에서 채취한 시료를 대상으로 한 공인시험기관이나 자체시험 결과가 이화학시험 결과와 다를 경우, ② 시료채취, 운송, 보관 등 과정에서 시료가 손상되었다고 추정되는 경우를 말한다(조달물자 전문기관검사 업무규정 제23조 제3항). 더욱이 확인시험을 위해서는 검사결과가 확정되기 전까지 이의를 제기할 것, 이화학시험을 위해 채취한 시료와 동일한 로트의 시료가 있을 것이라는 조건을 모두 충족해야 한다(조달물자 전문기관검사 업무규정 제23조 제4항). 이에 따른 시험수수료는 계약상대자가 부담한다(조달물자 전문기관검사 업무규정 제23조 제2항).

그러나 계약상대자가 전문검사기관의 이화학시험 결과 등에 문제가 있다는 점을 명백하게 증명했다면, 해당 전문검사기관의 장은 확인시험을 반드시 실시해야 하며, 그 비용은 해당 전문검사기관에서 부담한다(조달물자 전문기관검사 업무규정 제23조 제5항).

마) 검사결과서

전문검사기관의 장은 조달청장의 요청이 있으면 검사결과서를 지체없이 제출해야 한다(조달물자 전문기관검사 업무규정 제19조 제3항). 그리고 검사가 완료되면 계약담당공무원, 조달청장, 계약상대자에게 검사결과서를 통보한다. 다만, 계약내용에서 수요기관의 장에게 공인시험기관의 시험성적서를 제출하도록 규정한 물품은 시험성적서를 추가로 발급한다(조달물자 전문기관검사 업무규정 제20조 제1항). 전문검사기관의 장은 계약상대자 책임이 아닌 사유로 검사가 지연되면 그에 따른 지연일수를 검사결과서에 명시해야 한다(조달물자 전문기관검사 업무규정 제20조 제5항).

한편, 전문검사기관의 장은 불합격 통보를 할 경우 검사결과서에 불합격 사유의 구체적 설명과 문제해결을 위한 기술지원을 해야 하며, 재검사를 위한 준비사항을 안내해야 한다(조달물자 전문기관검사 업무규정 제20조 제3항).

〔전문검사기관의 검사과정이나 검사결과가 쟁송대상에 해당하는지〕

전문검사기관의 장은 그 자체로 독자적인 납품검사 등 권한을 갖지 않고, 다만, 조달청장으로부터 해당 업무를 위탁받아 수행하는 기관에 불과하다(조달사업법 제33조 제1항, 같은 법 시행령 제43조 제3항 참조). 이러한 업무위탁은 조달청장이 조달사업법에 근거해 가지는 납품검사 및 품질점검 권한이 행정권한인지에 따라 단순한 사법상 위임에 불과한지, 아니면 행정권한의 위탁인지로 달리 판단될 수 있다. 이러한 쟁점을 정면으로 판단한 판결례가 없으므로 단언하기는 조심스럽지만, 조달사업법이 조달청장이 수행할 수 있는 사무나 사업범위로 품질관리 업무를 규정하는 만큼, 품질관리는 조달청장이 보유한 행정권한 중 하나로 보고, 그 결과 조달청장이 전문검사기관의 장에게 품질관리 사무 중 일부를 위탁하는 것은 행정권한의 위탁으로 이해할 필요가 있다. 다만, 행정기관은 국민의 권리·의무와 직접 관계되는 사무를 위탁할 수 없고, 단순 사실행위인 행정작용, 특수한 전문지식이나 기술이 필요한 사무 등만 위탁할 수 있기 때문에(행정권한의 위임 및 위탁에 관한 규정 제11조 제1항 제1호, 제3호 참조), 조달청장이 전문기관의 장에게 위탁하는 납품검사 등 사무 역시 단순한 사실행위인 행정작용 또는 특수한 전문지식이나 기술이 필요한 사무에 해당한다고 본다.

이러한 관점에서 보면, 조달청장으로부터 검사를 위탁받은 전문기관의 장은 별도로 행정처분 권한을 가진다고 볼 수 없을 뿐만 아니라, 검사결과에 따라 내린 결함 정도 판정은 조달청장이 계약상대자에게 경고나 거래정지 등 종국적인 행정처분을 하기 위한 중간 판단에 불과하다. 따라서 이러한 결함 판정만으로는 계약상대자에게 직접적인 효력이 발생한다고 보기 어려우므로, 결함 판정이라는 행정처분을 별도로 상정하기는 곤란하다(서울행정법원 2019. 4. 25. 선고 2018구합63860 판결, 서울행정법원 2022. 11. 25. 선고 2021구합81974 판결). 결국 전문기관의 장이 내린 결함 정도 판정이나 조달청장이 전자조달시스템에 그 판정 결과를 입력하는 행위는 항고소송 대상인 처분등에 해당할 수 없고, 조달청장이 해당 판정을 기초로 거래정지 등 종국적인 행정처분을 하면, 계약상대자는 그 행정처분을 대상으로 다투면서 검사과정이나 검사결과의 하자를 주장할 수 있을 뿐이라고 해석된다.

3) 전문검사기관 관리·감독

가) 지휘·감독

조달청장은 전문기관검사업무와 관련하여 전문검사기관의 장을 지휘·감독하며, 전문검사기관의 장에게 위탁한 업무에 필요한 지시를 하거나 조치를 명하고, 그 처리결과를 보고받을 수 있다(조달물자 전문기관검사 업무규정 제28조 제1항). 또한, 전문검사기관을 대상으로 확인점검이나 현장점검을 하고 그에 따른 시정조치 등을 요구할 수 있다(조달물자 전문기관검사 업무규정 제28조 제2항). 조달청장은 전문검사기관의 업무수행 결과를 평가하고, 이를 해당 기관의 전문기관검사 대상물품 지정 등에 반영할 수 있다(조달물자 전문기관검사 업무규정 제28조 제3항).

나) 경고

조달청장은 정당한 사유 없이 전문기관검사를 거부하거나 고의나 중대한 과실로 검사를 지연하여 계약상대자 등에게 손해를 가한 경우, 조달청장의 시정조치를 미흡하게 이행한 경우, 업무수행 평가결과가 부진한 경우에 전문검사기관에게 경고할 수 있다(조달물자 전문기관검사 업무규정 제29조 제1호부터 제4호). 조달청장은 사전에 그 사유를 전문검사기관의 장에게 통보하고 의견진술 기회를 주어야 한다(조달물자 전문기관검사 업무규정 제28조의5 본문).

다) 검사업무 정지

(1) 의의

검사업무 정지란 조달청장이 위반행위를 한 전문검사기관에게 일정기간 동안 검사업무를 하지 못하게 하는 처분을 말한다.

(2) 정지사유

(가) 임의적 정지사유

다음 사유가 있으면, 조달청장은 해당 전문검사기관에게 검사업무를 정지할 수 있다(조달물자 전문기관검사 업무규정 제28조의3 제1항 제1호부터 제7호). 즉, ① 거짓이나 부정한 방법으로 검사를 실시한 경우, ② 시험성적서를 허위로 작성하여 발급한 경우, ③ 검사업무와 관련하여 금품·향응을 요구하거나 제공받은 경우, ④ 전문검사기관의 검사 분야 공인기관 인정 정지나 취소에 따라 검사업무를 중단하여야 하는데도 고의로 해당 검사업무를 계속한 경우, ⑤ 조달청장으로부터 제28조의2 제1호부터 제3호까지 사유로 경고를 받은 날부터 1년 안에 다시 경고사유가 발생한 경우, ⑥ 조달청장으로부터 제28조의2 제4를 사유로 2년 연속하여 경고를 받은 경우, ⑦ 국민안전 조달물자 품질관리 업무규정에 따라 선정된 안전관리물자에 대한 전문기관검사 결과 합격된 물품이 납품된 후 검사방법이나 절차 등 전문검사기관의 책임 있는 사유로 불량품으로 확인된 경우 중 어느 하나에 해당하면 검사업무를 정지할 수 있다.

(나) 필요적 정지사유

전문검사기관의 장이 검사분야 공인기관 인정 정지나 취소를 통지한 경우에는 산업통산자원부 등 관계기관으로부터 받은 정지기간 동안 검사업무를 정지해야 한다. 이때는 임의적 정지사유와 경합하지 않으며, 기간 감경도 적용하지 않는다(조달물자 전문기관검사 업무규정 제28조의3 제2항).

(3) 정지기간

1월 이상 1년 이하 범위 안에서 조달물자 전문기관검사 업무규정 별표4 정지기간을 적용한다(조달물자 전문기관검사 업무규정 제28조의3 제1항).

그런데 검사업무 정지를 받은 자가 그 처분일로부터 그 정지기간 종료 후 6월이 경과하는 날까지 기간 내에 다시 임의적 정지사유가 발생한 경우에는 그 위반행위 동기, 내용, 횟수 등을 고려하여 별표4 해당 호에서 정한 기간의 2분의 1 범위 내에서 정지기간을 가중할 수 있되, 최대 정지기간은 1년을 초과할 수 없다(조달물자 전문기관검사 업무규정 제28조의3 제3항).

한편, 조달청장은 위반행위 동기, 내용, 횟수 등을 고려하여 검사업무 정지기간을 별표4 해당 호에서 정한 기간의 2분의 1 범위 내에서 감경할 수 있되, 최소 정지기간은 1월 이상으로 한다(조달물자 전문기관검사 업무규정 제28조의3 제4항).

그런데 위와 같은 가중사유와 감경사유가 모두 있으면, 정지기간을 가중한 후에 감경한다(조달물자 전문기관검사 업무규정 제28조의3 제6항).

끝으로, 위반행위가 여러 개 있는 경우, 별표4 해당 사유에서 가중·감경한 정지기간 중 가장 무거운 기간을 적용한다(조달물자 전문기관검사 업무규정 제28조의3 제5항).

(4) 일부정지

조달청장은 전문검사기관 업무정지로 검사업무에 지장이 초래되는 등 불가피한 경우, 위탁한 검사품명 중 일부와 관련해서만 업무정지를 할 수 있다(조달물자 전문기관검사 업무규정 제28조의3 제7항).

(5) 절차

임의적 정지사유가 있는 경우, 조달청장은 사전에 그 사유를 전문검사기관의 장에게 위 사유를 통보하고 의견진술 기회를 주어야 한다(조달물자 전문기관검사 업무규정 제28조의5 본문). 그러나 필요적 정지사유가 있는 경우에는 그렇지 않다(조달물자 전문기관검사 업무규정 제28조의5 단서).

(6) 관계기관 통보

조달청장은 전문검사기관의 인·허가를 담당하는 기관에게 검사업무 정지 사실을 통보하고 이에 상응하는 조치를 요청할 수 있다(조달물자 전문기관검사 업무규정 제28조의6).

라) 지정취소

(1) 의의

지정취소란 조달청장이 전문검사기관 지정을 취소하는 것이다.

(2) 취소사유

(가) 필요적 취소

조달청장은 거짓이나 그 밖에 부정한 방법으로 전문검사기관으로 지정받은 경우, 전문검사기관 지정을 취소해야 한다(조달물자 전문기관검사 업무규정 제28조의4 제1항 단서 제1호).

(나) 임의적 취소

조달청장은 전문검사기관이 관련기관으로부터 검사분야 공인기관 인정이 전부 취소된 경우, 폐업이나 해산, 부도로 검사업무를 수행할 수 없는 경우, 업무 수탁기관의 장이 위탁 취소를 요청하는 경우, 검사업무 관리체계 부실 등 전문검사기관으로서 신뢰를 떨어뜨린 경우, 제28조의2 제4호에 따라 3년 연속하여 경고를 받은 경우, 전문검사기관 지정을 취소할 수 있다(조달물자 전문기관검사 업무규정 제28조의4 제1항 제2호부터 제6호).

(3) 일부취소

조달청장은 전문검사기관의 장이 산업통산자원부 등 관련기관으로부터 받은 검사 분야

공인기관 인정이 일부 취소된 경우, 해당 분야에만 한정하여 지정을 취소할 수 있다(조달물자 전문기관검사 업무규정 제28조의4 제3항). 또한, 조달청장은 전문검사기관 지정취소로 말미암아 검사업무에 지장이 초래되는 등 불가피한 경우에는 위탁한 검사업무 일부만 지정을 취소할 수 있다(조달물자 전문기관검사 업무규정 제28조의4 제4항).

(4) 절차

조달청장은 사전에 그 사유를 전문검사기관의 장에게 통보하고 의견진술 기회를 주어야 한다(조달물자 전문기관검사 업무규정 제28조의5 본문). 그러나 업무 수탁기관의 장이 위탁 취소를 요청한 경우에는 그럴 필요가 없다(조달물자 전문기관검사 업무규정 제28조의5 단서).

(5) 관계기관 통보

조달청장은 전문검사기관의 인·허가를 담당하는 기관에게 전문검사기관 지정취소 사실을 통보하고 이에 상응하는 조치를 요청할 수 있다(조달물자 전문기관검사 업무규정 제28조의6).

9. 수요기관검사

수요기관검사란 조달물자 검사업무를 수요기관의 장이 직접 수행하는 것을 말한다(조달물자 전문기관검사 업무규정 제3조 제15호). 따라서 계약상대자는 수요기관검사로 계약을 체결할 경우 수요기관에 검사와 검수를 요청해야 한다(물품구매계약 품질관리 특수조건 제10조 제1항). 다만, 계약상대자가 물품다수공급자계약 특수조건 제25조 제1항에 따라 변경납품하는 경우에는 수요기관이 아닌 계약담당공무원에게 규격변경 검사요청서를 제출해야 한다(물품구매계약 품질관리 특수조건 제10조 제3항).

Ⅱ. 품질점검

1. 의의

조달청장은 계약규격에 맞는 제품생산이나 납품확인을 위해 품질점검을 수행할 수 있다(조달사업법 제18조 제1항 제2호). 품질점검이란 점검을 수행하는 공무원(점검공무원)이 제조현장, 수요기관 납품장소 등을 직접 방문하여 표본이나 전수를 대상으로 관능검사를 실시하고, 계약상대자와 서로 협의한 기준에 따라 시료를 채취하여 그 시료에 대한 시험결과에 따라 적합 여부를 판정하는 것을 말한다(조달물자 품질점검 업무규정 제2조 제3호). 관능검사와 이화학시험 개념은 이미 살펴본 바와 같다.

2. 구별개념

품질점검은 납품장소뿐만 아니라 제조현장 등에서 수시·정기로 품질관리를 위해 관능검사와 이화학시험을 실시하는 제도이므로, 앞에서 살펴본 검사등과 구별된다. 따라서 품질점검은 계약물품 인수를 위한 검사등과 별도로 조달물자의 품질을 확보하기 위한 절차이다.[1] 전문기관검사에는 조달물자 전문기관검사 업무규정 등이 적용되나, 품질점검에는 조달물자 품질점검 업무규정이 적용된다.

3. 품질점검 수행기관

조달청 조달품질원장은 조달물자의 점검업무를 종합 조정하고 필요하면 업무처리 기준을 수립하여 시행할 수 있다(조달물자 품질점검 업무규정 제4조). 그리고 조달품질원장과 각 지방조달청장은 소속 공무원 가운데 점검공무원을 지명하되(조달물자 품질점검 업무규정 제5조 제1항), 점검공무원이 전보나 면제되었을 때 지명을 해제한다. 점검공무원은 원칙적으로 발령일자를 기준으로 진행 중인 모든 업무를 중지하고 후임자에게 점검업무를 인계해야 한다(조달물자 품질점검 업무규정 제5조 제2항). 이때, 인수자는 필요하다고 인정하면 인계자가 점검한 부분을 확인할 수 있다(조달물자 품질점검 업무규정 제5조 제3항).

점검공무원은 신속, 정확히 점검업무를 수행하되, 공정하게 해야 하며, 부당한 점검으로 국가나 계약상대자에게 손실을 끼치지 않도록 해야 한다. 또한, 계약내용이나 규정과 다른 사항을 발견하면 지체없이 계약담당공무원에게 통보해야 한다(조달물자 품질점검 업무규정 제6조 제1호부터 제3호).

한편, 조달청장은 필요한 경우 점검업무 일부를 조달사업법 제33조와 같은 법 시행령 제43조에 근거해 시험·검사기관에 위탁할 수 있는데(조달물자 품질점검 업무규정 제23조 참조), 전문기관검사에 적용되는 조달물자 전문기관검사 업무규정은 품질점검에 적용되지 않기 때문에, 점검업무를 위탁받은 시험·검사기관이 수행하는 품질점검에서는 조달물자 품질점검 업무규정이 정한 절차에 따라야만 한다.[2]

4. 점검면제

안전관리물자가 아닌 물자 중 조달청 종합쇼핑몰에서 유통되는 일반 조달물자는 ① 계약 후 납품실적이 전무하거나 소액인 경우, ② 점검계획일 기준으로 최근 1년 동안 같은 품

1) 서울행정법원 2020. 10. 16. 선고 2019구합62635 판결.
2) 서울행정법원 2020. 10. 16. 선고 2019구합62635 판결.

명으로 점검을 받은 경우, ③ 그 밖에 조달품질원장이 과거 납품검사 합격 빈도, 품질관리 능력 등을 고려하여 면제가 가능하다고 인정한 경우, 품질점검을 면제할 수 있다(조달물자 품질점검 업무규정 제22조 제1항 제1호부터 제3호). 그러나 안전관리물자는 품질관리를 위해 품질점검 면제대상에서 제외한다(조달물자 품질점검 업무규정 제22조 제2항).

5. 점검실시

가. 점검대상

점검공무원은 계약부서에서 점검을 요청한 조달물자나 그 밖에 품질관리 필요성이 있어서 조달품질원장이 정한 조달물자를 대상으로 품질점검을 한다(조달물자 품질점검 업무규정 제7조). 품질점검 대상은 구매계약되거나 납품요구된 물품(완제품)이어야 하므로, 가공 전 원재료를 대상으로 점검할 수는 없다.[1] 왜냐하면 품질점검은 원재료가 아닌 완제품의 안정성을 점검하기 위한 절차이므로, 완제품 시험편으로 검사를 해야 품질점검의 목적을 달성할 수 있기 때문이다.[2]

나. 점검방법

점검공무원은 제조현장, 수요기관 납품장소 등에서 시험용 시료를 선정할 수 있다(조달물자 품질점검 업무규정 제8조 제1항). 점검공무원이 수요기관 납품장소에서 시험용 시료를 채취한 경우, 계약상대자는 해당 수요기관에 같은 물품을 무상으로 대체 공급해야 한다(조달물자 품질점검 업무규정 제8조 제2항). 수요기관이 점검 때문에 물품을 사용하지 못하는 결과를 방지하기 위한 취지이다.

한편, 점검공무원은 계약상대자의 계약서, 규격서에 검사나 시험방법 등이 명시되지 않았을 경우 한국산업규격(KS규격)이나 국제표준 등을 적용하여 점검할 수 있다(조달물자 품질점검 업무규정 제8조 제3항). 그리고 필요하다면, 사전에 계약상대자에게 통보하지 않고서도 수요기관이나 국가공인시험기관과 합동으로 점검할 수 있다(조달물자 품질점검 업무규정 제8조 제4항).

다. 점검계획서

점검공무원은 관능검사 항목과 그 점검기준, 이화학시험 항목과 그 시험방법, 점검에 필요한 시료개수, 제조물품 직접생산 확인을 병행할 경우 직접생산 확인을 위한 필요서류, 그 밖에 점검과 관련하여 필요한 사항 등을 포함한 품질점검 계획 통보서를 작성하여 계약

1) 서울행정법원 2020. 10. 16. 선고 2019구합62635 판결.
2) 서울고등법원 2021. 4. 14. 선고 2020누59873 판결.

상대자에게 송부해야 한다. 하지만, 불시점검 등 긴급한 경우에는 이를 생략할 수 있다(조달물자 품질점검 업무규정 제9조 제1항).

그리고 점검공무원은 관련 KS규격이 있는 품명인 경우, KS 표시제품 시험결과 규격미달에 따른 처리기준을 활용하여, 관련 KS규격이 없는 품명인 경우, 유사 KS규격 품명을 준용하거나 국가공인시험기관 의견 등을 수렴하여, 시험항목의 중요도(경결함, 중결함, 치명결함)를 결정한다는 내용을 점검계획서에 명시해야 한다(조달물자 품질점검 업무규정 제9조 제2항).

라. 점검절차

품질점검은 원칙적으로 계약상대자 참여 아래 실시한다. 또한, 점검공무원은 점검물품이 계약물품과 동일한지 여부를 확인한 후 계약상대자로부터 시료채취확인서 및 위임장 제출을 요구하여 받고, 시험용 시료를 채취하고 시료에 서명하며, 시험용 시료에 시료번호를 명기 후 해당 국가공인시험기관에 시험을 의뢰하고, 시험결과와 계약규격을 비교하여 규격적합 여부를 판정한 후 점검결과를 통보하되, 제조물품 직접생산 확인을 같이 수행할 경우 생산설비·관련서류를 검토하여 직접생산 여부를 확인하는 절차를 거친다(조달물자 품질점검 업무규정 제10조 제1호부터 제5호).

마. 시료채취

점검공무원은 ① KS규격(KS Q ISO 2859-1 : 계수형 샘플링검사 절차에 따라 시험용 시료를 채취하는 방법{한국산업규격(랜덤샘플링법)에 따른 채취}, ② 시료비용과 시험·분석비용 등을 감안하여 점검계획서에서 정한 최소 수량에 시료의 대표성을 부여하여 채취하는 방법 중 계약상대자가 선택한 방법으로 시료를 채취하고, 해당 방법을 시료채취확인서 및 위임장에 기재한다(조달물자 품질점검 업무규정 제11조 제1항 제1호, 제2호). 이에 계약상대자가 시료를 직접채취하여 점검공무원에게 전달하고, 점검공무원이 계약상대자로부터 전달받은 시료를 대상으로 품질점검을 실시했다면, 서로 협의한 시료채취 방법에 따랐다고 보아야 하므로, 1개 부품 중 특정 부위가 아닌 다양한 부위에서 여러 개 시료를 채취하지 않았다는 이유만으로 그러한 시료채취가 부적법한 방법에 해당한다고 볼 수 없다.[1)]

또한, 점검공무원은 시료단가, 중량품 등을 고려하여 점검일 기준 최근 1년 동안 납품실적이 가장 많은 품목을 시험용 시료로 선정할 수 있는 한편(조달물자 품질점검 업무규정 제11조 제2항), 채취한 시료가 고가품, 화학약품 등으로 취급이 어려운 경우에는 전문가나 계약상대자로 하여금 시료채취와 운반을 하게 할 수 있다(조달물자 품질점검 업무규정 제11조 제5항).

점검공무원은 시험용 시료를 시험한 후 계약상대자에게 반환해야 한다. 다만, 시험에

---

1) 서울행정법원 2020. 10. 16. 선고 2019구합62635 판결.

사용한 시료가 시험과정에서 분해, 소모, 파손 등으로 상품가치가 소멸한 결과 계약상대자가 그 인수를 원하지 않을 경우 폐기처분할 수 있으며, 시료 인수여부는 시료채취확인서 및 위임장에 기재한다(조달물자 품질점검 업무규정 제11조 제3항). 계약상대자가 반환된 시험용 시료나 그 밖에 임의 시료로 사용하여 시험한 결과는 점검결과에 반영할 수 없다(조달물자 품질점검 업무규정 제11조 제4항).

계약상대자(대리인, 지배인 등을 포함)가 품질점검에 따라 채취된 시료를 검사(점검)공무원의 승인 없이 교체하거나 시료에 표기된 서명이나 도장을 위조하는 등 부정행위 사실이 있는 경우, 계약담당공무원이나 검사(점검)공무원은 해당 세부품명을 대상으로 12개월 이내 종합쇼핑몰 거래정지나 배정중지 조치를 한다(물품구매계약 품질관리 특수조건 제17조의3 제1항). 종전계약에서 위 거래정지나 배정중지 조치를 받은 해당 세부품명은 계약기간 만료로 거래정지나 배정중지 기간이 남는 경우 종전계약의 조치사항(거래정지나 배정중지)을 해당 계약에도 연속하여 적용한다(물품구매계약 품질관리 특수조건 제17조의3 제2항).

바. 이화학시험

1) 시험기관 선정

점검공무원은 점검 전 국가공인시험기관 중 시험가능 여부, 시험수수료, 시험 소요일수 등을 고려하여 국가공인시험기관을 선정해야 한다(조달물자 품질점검 업무규정 제13조 제1항). 고가품, 중량물, 화학약품 등 운반 취급이 어려운 물품은 점검현장에서 가까운 국가공인시험기관에 의뢰할 수 있다(조달물자 품질점검 업무규정 제13조 제2항).

2) 비용부담

계약상대자는 품질점검에 발생하는 비용 중 시험·분석비용(시험수수료)을 제외하고 제품제공비·운반비 등을 부담해야 한다(조달사업법 제18조 제2항, 같은 법 시행령 제23조 제1항 본문). 다만, 품질점검 결과 규격이 기준에 미달하여 재점검하는 경우, 계약상대자가 시험·분석비용을 포함한 모든 시험·검사 비용을 부담한다(같은 법 시행령 제23조 제1항 단서). 즉, 재점검이나 확인점검인 경우, 계약상대자는 시험수수료와 그 밖에 추가 시험·검사·규격미달 대체납품 등 일체 비용을 부담한다(조달물자 품질점검 업무규정 제14조 단서).

3) 이화학시험 생략

점검공무원은 시험기간이 장시간 들어가거나 시험수수료가 고가인 경우, 이화학시험 전부나 일부항목의 시험을 생략할 수 있고, 이때, 미리 점검계획서에 그 뜻을 명시해야 한다(조달물자 품질점검 업무규정 제15조).

4) 점검장소에서 시험

점검공무원은 중량품 등 시료운반이 곤란할 경우, 점검현장에서 계약상대자의 시험장비나 시설 등을 이용해 이화학시험 전부나 일부항목을 시험할 수 있다(조달물자 품질점검 업무규정 제16조 제1항). 이때, 계약상대자가 보유한 시험(계측)장비에 대한 국가교정기관의 교정성적서를 확인해야 한다(조달물자 품질점검 업무규정 제16조 제2항). 위 시험결과는 국가공인시험기관 시험결과와 똑같다고 인정한다(조달물자 품질점검 업무규정 제16조 제3항).

5) 이화학시험 판정

점검공무원은 채취한 시료가 규격미달에 해당하면 그 시료의 세부품명 전체를 규격미달로 판정한다(조달물자 품질점검 업무규정 제17조 제1항). 그리고 계약규격이나 시험성적서에 허용공차[1]가 명시되지 않았을 경우, 공인된 규정이나 문헌에서 인정하는 허용공차를 준용할 수 있다(조달물자 품질점검 업무규정 제17조 제2항).

사. 점검결과서

점검공무원은 점검종료 후 지체없이 품질점검 결과서를 작성해야 하고, 당초 점검계획서와 다르게 점검을 실시했다면 그 내용과 사유도 구체적으로 기술해야 한다(조달물자 품질점검 업무규정 제12조 제1항, 제2항).

6. 점검결과에 따른 조치

가. 거래정지 · 배정중지

1) 사유

점검공무원은 품질점검 결과 규격미달이 발생하면, 결함 정도(경결함, 중결함, 치명결함), 규격미달 발생횟수 등에 따라 계약상대자의 해당 세부품명을 대상으로 국가종합전자조달시스템 종합쇼핑몰운영규정 제7조의 종합쇼핑몰 거래정지(조합인 경우 배정중지)를 할 수 있다(물품구매계약 품질관리 특수조건 제17조 제2항 본문).[2] 다만, 결함 정도가 경결함이면 경고조치하고, 물품구매계약 품질관리 특수조건 제17조 제4항에 따라 해당 기간을 가중할 수 있다(조달물자 품질점검 업무규정 제19조 제1항 단서). 규격미달이란 점검결과가 계약규격에 미치지 못하는 경우를 말한다(조달물자 품질점검 업무규정 제2조 제8호).

한편, 계약상대자가 점검을 회피하기 위해 현장확인, 시료채취 등을 거부한 경우, 계약

---

1) 설계상 규격과 비교하여 실용상 허용되는 범위 오차를 말한다.
2) 이러한 처분은 계약의 일부인 품질관리 특수조건에 근거한 처분으로서 품질관리 특수조건에서 정한 제재조치의 발동요건조차 갖추지 못하였다면 위법하다고 보아야 한다(대법원 2018. 11. 29. 선고 2015두52395 판결).

상대자가 재점검을 위한 국가공인시험기관 부과 시험수수료를 납입기간 경과 후 10일 이내에 납부하지 않을 경우, 점검공무원은 그 원인이 해소될 때까지 거래정지를 할 수 있다(조달물자 품질점검 업무규정 제19조 제3항 제1호부터 제3호).

2) 방법

가) 일반적인 규격미달에 대한 처리

규격미달 발생횟수, 결함 정도(경결함, 중결함, 치명결함)에 따른 해당 세부품명에 가하는 제재조치 또는 제재기간은 다음과 같다(물품구매계약 품질관리 특수조건 제17조 제1항 제1호부터 제3호 참조). 규격미달 횟수는 같은 계약자가 해당 세부품명으로 계약한 종전계약을 포함하되 그 누적횟수의 산입기간은 1회 규격미달 조치일로부터 3년으로 한다(물품구매계약 품질관리 특수조건 제17조 제6항).

그런데 아래에서 보는 거래정지 사유와 같은 사유로 이미 판매중지 조치를 한 경우에는 그 판매중지 기간은 거래정지 기간에 포함되었다고 본다(물품구매계약 품질관리 특수조건 제17조 제9항).

(1) 1회 규격미달

경결함 : 경고

중결함 : 1개월 종합쇼핑몰 거래정지 또는 배정중지

치명결함 : 3개월 종합쇼핑몰 거래정지 또는 배정중지

(2) 연속하여 2회 규격미달(두 번째 규격미달 정도)

경결함 : 1개월 종합쇼핑몰 거래정지 또는 배정중지

중결함 : 3개월 종합쇼핑몰 거래정지 또는 배정중지

치명결함 : 6개월 종합쇼핑몰 거래정지 또는 배정중지

(3) 연속하여 3회 규격미달(세 번째 규격미달 정도)

경결함 : 2개월 종합쇼핑몰 거래정지 또는 배정중지

중결함 : 6개월 종합쇼핑몰 거래정지 또는 배정중지

치명결함 : 12개월 종합쇼핑몰 거래정지 또는 배정중지

(4) 감경

그런데 규격미달 내용이나 위해 정도 등을 고려해 거래정지 또는 배정중지 기간을 2분의 1 범위에서 감경할 수 있으며, 이때도 최소 거래정지 또는 배정중지 기간은 1개월 이상으로 한다(물품구매계약 품질관리 특수조건 제17조 제2항 단서). 그럼에도 안전관리물자에 해당하는 물품이나 조달품질원장이 공고한 납품검사 면제 업무처리 기준에 따라 선정된 납품검사 면

제 대상물품은 거래정지 또는 배정중지 기간을 감경하지 않는다(물품구매계약 품질관리 특수조건 제17조 제3항). 안전관리물자는 공공에 미치는 영향이 크기 때문이고, 납품검사 면제 대상물품은 납품에서 혜택을 받은 만큼 품질관리를 소홀히 한 책임을 엄격히 묻기 위해서이다.

(5) 연속적용

종전계약에서 거래정지 또는 배정중지 조치를 받은 해당 세부품명은 계약기간 만료로 거래정지(배정중지) 기간이 남은 경우 종전계약의 거래정지 등을 해당 계약에도 연속하여 적용한다(물품구매계약 품질관리 특수조건 제17조 제4항).

나) 유해물질검출에 따른 규격미달에 대한 처리

계약담당공무원이나 검사(점검)공무원은 단가계약 물품의 1차 규격미달 사유가 각 세부품명별 규격서나 다른 법령 등에서 정한 유해물질(폼알데하이드, 중금속 등)의 검출과 관련되는 경우, 위 물품구매계약 품질관리 특수조건 제17조 제2항을 적용하지 않고 다음에 따라 처리한다(물품구매계약 품질관리 특수조건 제17조의4 제1항).

첫째, 유해물질이 규격서나 다른 법령 등에서 정한 기준치보다 초과 방출된 경우 계약상대자의 해당 세부품명을 대상으로 물품 다수공급자계약 특수조건 제17조나 물품구매(제조)계약 추가특수조건 제22조의5에 따라 즉시 판매중지를 실시하고, 중·치명결함 여부와 관계없이 초과방출비율에 따라 거래정지나 배정중지를 차등 적용한다. 다만, 기준치 항목이 복수인 경우에는 초과방출비율이 높은 항목을 대상으로 거래정지 등 기간을 산정한다(물품구매계약 품질관리 특수조건 제17조의4 제1항 제1호).

	기준치 대비 초과방출비율	거래정지 기간
기준치 대비 초과방출비율에 따른 거래정지 기간 산정	기준치 대비 50% 미만	1개월
	기준치 대비 50% 이상 100% 미만	2개월
	기준치 대비 100% 이상	3개월

둘째, 규격서나 다른 법령 등에서 유해물질의 불검출을 기준으로 정하는 경우 유해물질 검출에 따른 규격미달이 발생하면 계약상대자의 해당 세부품명을 대상으로 물품 다수공급자계약 특수조건 제17조나 물품구매(제조)계약 추가특수조건 제22조의5에 따라 판매중지를 실시하고, 중·치명결함 여부와 관계없이 거래정지나 배정중지 3개월을 적용한다(물품구매계약 품질관리 특수조건 제17조의4 제1항 제2호).

한편, 신빙성 있는 반증자료 제출 등으로 품질관리상 정당한 사유가 인정되는 경우에는 품질관리업무심의회나 구매업무심의회 등 심의를 거쳐 거래정지나 배정중지 대상, 기간을 결정할 수 있다(물품구매계약 품질관리 특수조건 제17조의4 제2항).

그리고 유해물질검출에 따른 규격미달 횟수가 2회 이상이면 물품구매계약 품질관리 특수조건 제17조를 준용하여 처리하되, 결함 정도는 ① 유해물질이 규격서나 다른 법령 등에서 정한 기준치보다 초과 방출된 경우, 기준치 대비 초과비율이 50% 미만이면 경결함, 50% 이상 100% 미만이면 중결함, 100% 이상이면 치명결함을 기준으로 처리하고, ② 규격서나 다른 법령 등에서 유해물질의 불검출을 기준으로 정하는 경우, 치명결함을 기준으로 처리한다(물품구매계약 품질관리 특수조건 제17조의4 제3항 제1호, 제2호).

납품검사 결과 불합격이나 품질점검 결과 규격미달 사유가 ① 규격서나 다른 법령 등에서 정한 유해물질 기준치 대비 100% 초과 검출된 경우, ② 규격서나 다른 법령 등에서 불검출 대상으로 정한 유해물질이 검출된 경우 중 어느 하나에 해당하고, 그 원인이 해당 물자의 구성품이라고 명백히 판정되는 때에는 조달청과 체결된 단가계약 중 해당 구성품을 사용한 세부품명 전체에도 물품구매계약 품질관리 특수조건 제17조 제7항, 제8항에 따른 사후조치를 할 수 있다(물품구매계약 품질관리 특수조건 제17조의4 제4항 제1호, 제2호).

3) 절차

점검공무원은 위 제재조치 전에 계약상대자에게 제재사유와 최대 제재기간, 제재에 대한 의견제출 기한(서면이나 대면으로 가능하며, 10일 이내 의견을 제출하지 않으면 의견이 없다고 본다는 내용을 포함) 등이 포함된 의견청취 통지서를 통보해야 하며, 그와 별도로 제재조치를 최종 확정한 후에도 서면으로 제재조치를 통보한다(조달물자 품질점검 업무규정 제19조의2 제1항).

4) 통보·등재

점검공무원은 거래정지 사유가 발생하면, 점검결과서 작성 후 30일 이내에 제재조치를 하고, 계약담당공무원에게 통보해야 한다. 또한, 거래정지를 하면 그 결과를 종합쇼핑몰상 물품별 상품상세정보창에 있는 종합쇼핑몰 거래정지현황에 관련 내용을 등재한다(조달물자 품질점검 업무규정 제19조 제4항 제1호, 제2호).

나. 품질점검 결과 등을 유관기관에 통보

국민안전 등을 위해 필요한 경우에는 계약담당공무원이 점검공무원이 품질점검 결과 등을 유관기관에 통보할 수 있는데, 구체적으로 계약담당공무원은 대체납품이나 환급 조치 대상인 물자를 납품받은 수요기관에, 점검공무원은 소관부처와 인증기관에 각 통보할 수 있다(물품구매계약 품질관리 특수조건 제17조의5 제1호, 제2호).

다. 대체납품·환급

점검공무원은 규격미달이 발생하면 해당 계약의 같은 세부품명으로서 시료채취일 이후 재점검 결과 합격 판정일까지 납품된 물품 전체를 계약규격에 적합한 물품으로 대체납품하거나 환급조치하도록 계약상대자에게 요청해야 한다. 다만, 안전관리물자에 규격미달(치명결함)이 발생한 경우나 유해물질이 검출된 경우 중 어느 하나에 해당하면 시료채취일 이전에 납품된 물품에 대해서도 조달품질원 품질관리업무심의회를 거쳐 대체납품이나 환급조치를 요청할 수 있다(물품구매계약 품질관리 특수조건 제17조 제7항 제1호, 제2호).

그런데 안전관리물자에 대한 품질점검결과 치명결함이 발생하고, 그 원인이 해당 물자의 구성품이라고 명백히 판정되는 경우, 계약담당공무원이나 점검공무원은 조달청과 체결된 단가계약 중 해당 구성품을 사용한 세부품명(안전관리물자에 한정) 전체를 대상으로 일정한 조치를 할 수 있다. 즉, 계약담당공무원은 즉시 판매중지를 실시하고, 점검공무원은 계약규격에 적합한 규격으로 대체납품하거나 환급하도록 계약상대자에게 요청한다(물품구매계약 품질관리 특수조건 제17조 제8항 제1호, 제2호). 안전관리물자에 품질문제가 발생한 경우 사후조치 정도를 더 강하게 규정했다.

라. 그 밖에 계약상대자의 조치사항

계약상대자는 품질점검 결과 규격미달이 발생하면, ① 품질점검 당시 보유한 물품 중 대체납품이나 환급처리하도록 요청받은 물품과 같은 세부품명에 해당하는 보유물품은 조달물자로 납품할 수 없고, 해당 물품은 물품구매계약 품질관리 특수조건 제14조에 따라 처리하고, ② 품질점검 당시 이미 납품된 물품 중 대체납품이나 환급처리 하도록 요청받은 물품은 계약규격에 적합한 물품으로서 즉시 대체납품 하거나 환급하고, 수요기관으로부터 그 조치결과 확인서를 발급받아 조달청(계약담당공무원과 점검공무원)에 제출한다(물품구매계약 품질관리 특수조건 제17조 제10항 제1호, 제2호). 이러한 조치를 이행하기 위한 일체 비용과 그 밖에 추가 시험비용 등은 계약상대자가 부담한다(물품구매계약 품질관리 특수조건 제17조 제12항). 그리고 계약상대자가 위와 같은 의무를 이행하지 않으면, 그 이행 완료를 확인할 때까지 거래정지나 배정중지 기간을 당초 거래정지나 배정중지 기간만큼 연장할 수 있다(물품구매계약 품질관리 특수조건 제17조 제11항). 거래정지 해제 전 사후조치 현황을 확인하기 위한 규정이다.

마. 확인점검

점검공무원은 계약상대자가 제출한 의견서를 검토한 결과 확인점검을 해야 할 상당한 이유가 있다고 판단하면 10일 이내에 확인점검을 실시한다(조달물자 품질점검 업무규정 제19조의2 제2항). 이처럼 확인점검이란 이의신청 내용을 검토한 결과 이유가 있다고 판단하여 확인하는 점검을 말한다(조달물자 품질점검 업무규정 제2조 제7호). 점검공무원은 확인점검 결과 규격합격, 즉 점검결과가 계약규격과 같거나 동등 이상인 경우, 최초점검 결과를 원인무효로 처리한다(조달물자 품질점검 업무규정 제19조의2 제3항).

바. 재점검

한편, 점검결과 규격미달에 따른 재점검은 경고일이나 거래정지 시작일(조합인 경우 배정중지일) 이후 10일 안에 실시한다(조달물자 품질점검 업무규정 제19조 제2항). 여기서 재점검이란 점검에서 규격미달이 확정된 후 다시 점검하는 것을 말하므로, 규격미달 확정 전 이의신청에 따라 하는 확인점검과 구별해야 한다(조달물자 품질점검 업무규정 제2조 제6호).

7. 점검결과 공개와 기록처리·보존

조달청장은 조달물자의 품질 향상을 위하여 점검결과 규격적합·미달 물품의 계약상대자, 규격미달 사유, 규격미달 횟수 등 정보를 조달청 홈페이지와 국가종합전자조달시스템에 게시할 수 있다(조달물자 품질점검 업무규정 제20조 제1항). 또한, 점검공무원은 이화학시험의뢰서, 시험성적서 및 점검결과서, 규격미달 품명과 계약상대자, 그 밖에 점검업무 처리에 필요한 기록을 조달청 기록관리기준표를 준용하여 처리 보존하여야 한다(조달물자 품질점검 업무규정 제24조 제1호부터 제4호).

제 4 절 하자처리 등 사후관리

Ⅰ. 개설

1. 일반 민사계약에서의 하자담보책임

가. 의미

매도인의 담보책임이란 매매 목적인 권리에 흠결이 있거나 권리 객체인 물건에 하자가 있는 경우, 유상계약인 매매의 특성, 특히 출연의 등가성 등을 고려하여 매도인에게 무거운 책임을 지우고, 매수인을 보호하려는 제도를 말한다. 이러한 담보책임 중에서도 권리에 흠결이 있는 경우에 성립하는 담보책임을 추탈담보책임이라 하고, 물건에 하자가 있는 경우에 성립하는 담보책임을 하자담보책임이라고 한다.[1] 그리하여 민법은 제569조부터 제584조까

---

1) 지원림, 앞의 책, 1454쪽.

지에서 담보책임을 규정하고, 이러한 담보책임 규정은 매매가 아닌 다른 유상계약(가령, 도급)에도 준용하도록 한다(민법 제567조).

나. 하자의 개념

한편, 하자담보책임에서 하자란 물건에 존재하는 물질적인 결점, 즉 실제 있는 상태와 있어야 하는 상태가 일치하지 않는 것을 말한다. 이러한 결점이 있는지는 거래관념상 보통 그와 같은 종류의 물건이 지녀야 할 품질·성능·안전성 등을 갖추지 못하여 그 가치나 접합성이 일정한 기준에 미치지 못하는지 여부, 계약당사자가 계약에서 의도(목적)한 바를 두루 고려하여 판단해야 한다.[1] 따라서 매도인이 견본이나 광고로 목적물의 특수한 품질이나 성능을 표시(보증)했다면, 통상 표준이 아니라 그 특수한 표준에 따라 하자 유무를 결정해야 한다.[2] 그리고 이러한 하자가 존재하는지는, 채무자(매도인)가 계약 성립 후 물건을 인도할 때까지 발생하는 위험을 부담해야 한다는 점을 고려해(민법 제537조 참조), 그 위험이 이전하는 시점(인도 당시)을 기준으로 판단해야 한다.

다. 법적 성격

불특정물[3]을 대상으로 체결하는 계약에서 담보책임은 대체로 매도인이 하자 없는 완전한 물건을 인도하지 않은 것을 이유로 한 채무불이행책임의 성질을 가진다고 보는 반면, 특정물[4]을 대상으로 체결하는 계약에서 담보책임은 법이 정한 무과실책임이라고 보는 견해(법정책임설)와 매도인의 과실을 요구하지 않는다는 의미에서 특별한 채무불이행책임이라고 보는 견해(채무불이행설)가 대립한다. 법정책임설은 담보책임과 채무불이행책임의 경합을 인정하지 않지만, 채무불이행설은 두 책임의 경합을 인정하는 차이가 있다. 생각건대 특정물매매라고 하더라도 '하자 있는 물건'을 인도한 행위를 채무 내용에 좇은 의무이행으로 평가하기는 곤란하므로, 원칙적으로 특정물매매에서 하자담보책임은 채무불이행책임에 해당한다고 보아야 한다. 다만, 민법은 매수인을 두텁게 보호하기 위해 설령 물건 하자와 관련하여 매도인에게 과실이 없더라도 하자담보책임을 인정했고, 이러한 하자담보책임은 특별한 채무불이행책임의 성질을 가지기 때문에, 일반 채무불이행책임과도 경합할 수 있다고 해석된다. 다만, 하자담보책임과 함께 일반 채무불이행책임이 성립하려면, 매도인의 고의·과실이 필요할 뿐이다.

---

1) 같은 취지로, 지원림, 앞의 책, 1466쪽.
2) 대법원 2000. 10. 27. 선고 2000다30554·30561 판결.
3) 불특정물이란 급부 목적물이 종류로만 지정한 것이다.
4) 특정물이란 급부 목적물을 특정하여 지정한 한 것이다.

〔하자담보책임과 채무불이행책임의 경합 가능성〕

토지 매도인이 성토작업을 기화로 다량의 폐기물을 은밀히 매립하고 그 위에 토사를 덮은 다음 도시계획사업을 시행하는 공공사업시행자와 사이에서 정상적인 토지임을 전제로 협의취득절차를 진행하여 이를 매도함으로써 매수자로 하여금 그 토지의 폐기물처리비용 상당의 손해를 입게 하였다면 매도인은 이른바 불완전이행으로서 채무불이행으로 인한 손해배상책임을 부담하고, 이는 하자 있는 토지의 매매로 인한 민법 제580조 소정의 하자담보책임과 경합적으로 인정된다(대법원 2004. 7. 22. 선고 2002다51586 판결). 또한, 액젓 저장탱크의 제작·설치공사 도급계약에 의하여 완성된 저장탱크에 균열이 발생한 경우, 보수비용은 민법 제667조 제2항에 의한 수급인의 하자담보책임 중 하자보수에 갈음하는 손해배상이고, 액젓 변질로 인한 손해배상은 위 하자담보책임을 넘어서 수급인이 도급계약의 내용에 따른 의무를 제대로 이행하지 못함으로 인하여 도급인의 신체·재산에 발생한 손해에 대한 배상으로서 양자는 별개의 권원에 의하여 경합적으로 인정된다(대법원 2004. 8. 20. 선고 2001다70337 판결).

〔하자로 인한 확대손해 배상청구와 매도인의 고의·과실 필요성〕

매매목적물 하자로 인한 확대손해에 대하여 매도인에게 배상책임을 지우기 위해서는 하자 없는 목적물을 인도하지 못한 의무위반 사실 외에 그러한 의무위반에 대하여 매도인에게 귀책사유가 있어야 한다(대법원 2003. 7. 22. 선고 2002다35676 판결).

《 하자담보책임과 채무불이행책임 비교 》

	하자담보책임	채무불이행책임
과실 필요 여부	무과실책임	과실책임
매수인 선의·무과실	필요	불요
내용	손해배상(대금감액), 계약해제, 완전물급부청구	손해배상, 강제이행, 계약해제
행사기간	제척기간 1년·6개월	소멸시효

라. 내용

하자담보책임으로는 손해배상과 계약해제가 있고, 그 밖에 완전물급부청구도 인정된다. 또한, 매수인은 하자 사실을 안 날부터 6월 안에 위에서 열거한 권리를 행사해야 하는데(민법 제582조), 위 6개월은 매수인이 재판상·재판외에서 행사해야만 그 권리를 보전할 수 있는 제척기간에 해당한다.1)

---

1) 대법원 2003. 6. 27. 선고 2003다20190 판결.

1) 하자추완청구권

매수인은 목적물을 인도받은 후에 매도인에게 하자를 보완하도록 청구할 수 있는데, 이를 하자추완청구권이라 부른다. 매매계약에서 하자추완청구를 인정할 수 없다는 견해도 있지만, 수급인은 하자보수의무를 부담하는 점(민법 제667조 참조)을 고려할 때, 굳이 매수인의 선택에 따른 추완청구를 부정할 이유가 없다. 이러한 하자추완청구권은 이행청구권의 연장된 권리로 이해하면 충분하다.

2) 손해배상청구권

매수인은 하자가 있으면 계약목적 달성 여부와 관계없이 손해배상을 청구할 수 있고, 그 범위는 하자보수비용(하자로 말미암아 발생하는 가치하락)이다. 그리고 하자담보책임이 비록 무과실책임이기는 하지만, 민법의 지도이념인 공평의 원칙에 기초한 제도인 만큼, 하자발생이나 확대에 기여한 매수인의 잘못은 손해배상 범위를 판단할 때 고려해야 한다.[1)]

3) 계약해제권

목적물 하자로 계약목적을 달성할 수 없으면, 매수인은 계약을 해제할 수 있다. 다만, 매매목적물 수량을 분리할 수 있고, 그 일부에만 하자가 있는 경우에는, 나머지 수량만으로 계약목적을 달성할 수 있는지 여부에 따라 해제 여부를 판단해야 한다. 따라서 나머지 부분만으로도 계약목적을 달성할 수 있다면, 원칙적으로 하자 있는 일부 수량만 해제할 수 있다고 해석해야 한다.[2)]

4) 완전물급부청구권

매수인은 계약해제나 손해배상을 청구하지 않고 하자 없는 물건을 청구할 수 있는데(민법 제581조 제2항), 이를 완전물급부청구권이라고 한다.

2. 조달물자계약에서의 하자담보책임

가. 의미

조달청장은 조달물자 품질향상을 위해 납품물품의 사후관리를 수행할 수 있는데(조달사업법 제18조 제1항 제3호), 납품물품의 사후관리에서 가장 중요한 업무는 하자처리이다. 하자처리에 따라 계약상대자가 부담하는 다양한 책임은 위에서 살펴 본 민사계약에서의 하자담보책임과 다르지 않은데, 물품구매계약 품질관리 특수조건, 조달물자의 하자처리 등 사후관

1) 대법원 1995. 6. 30. 선고 94다23920 판결.
2) 지원림, 앞의 책, 1469쪽.

리에 관한 규정, 감가규정, 조달청 군수품 감액업무 처리지침, 조달물자 검사 대상물품 감액업무 처리기준 등은 하자담보책임 내용과 효과를 별도로 규정하므로, 이를 살펴볼 필요가 있다. 다만, 조달물자계약에도 위 특약에서 달리 정한 사항을 제외하고는 민법이 정한 하자담보책임 규정을 적용한다.

나. 하자의 개념

조달물자의 하자처리 등 사후관리에 관한 규정에서 정의하는 하자란, 조달물자를 사용하기 전이나 사용하던 중에 치수·재질상이, 기능불량, 부품고장 등 흠이나 결함이 발생하여 규격서나 계약조건 등과 일치하지 않는 상태를 말한다(조달물자의 하자처리 등 사후관리에 관한 규정 제2조 제4호).

다. 법적 성격

물품구매계약 품질관리 특수조건 등 조달물자계약이 정하는 하자담보책임은 민법이 정하는 하자담보책임과 성립요건, 권리행사기간, 내용 등에서 다소 차이가 있다.

첫째, 민법이 정한 하자담보책임은 무과실책임이기 때문에, 매도인에게 고의·과실이 있는지를 묻지 않고 성립하지만, 조달물자의 하자처리 등 사후관리에 관한 규정에 따르면 계약당사자는 하자 등 원인이나 책임 있는 사유가 그에게 있다고 판정받은 경우에 하자처리 의무를 부담한다(조달물자의 하자처리 등 사후관리에 관한 규정 제8조 제3항, 제11조 제1항 참조). 따라서 계약상대자는 하자 발생에 고의나 과실이 없다는 점을 스스로 증명하여 책임을 면할 수 있다. 이 부분만 보면, 일반적인 채무불이행책임 성립요건과 유사하다.

둘째, 민법은 하자담보책임기간을 “매수인이 그 사실을 안 날로부터 6월”이라고 규정하지만(민법 제582조), 물품구매계약 품질관리 특수조건은 하자담보책임기간을 “납품일(시운전조건부계약은 시운전 완료일)로부터 계약서 특기사항에 명시된 기간(하자기간이 다른 복수물품은 품명별 하자기간) 동안”이라고 규정한다(물품구매계약 품질관리 특수조건 제18조 제1항). 다만, 조달물자계약이라고 하더라도 계약당사자가 계약서 특기사항에 하자담보책임기간을 명시하여 합의하지 않았다면, 민법 제582조에 따라 제척기간 6개월을 적용해야 한다. 그러나 물품구매계약 품질관리 특수조건 제18조 제2항은 계약상대자가 고의나 중과실로 하자를 야기한 경우 하자담보책임기간과 관계 없이 하자보수의무를 부담한다고 규정하므로, 이는 민법이 전혀 예정하지 않은 특약사항에 해당한다. 이러한 내용은 민법 제582조의 전부나 일부와 다른 특약에 해당하지만, 민법 제582조 규정이 강행규정이라는 등 특별한 사정이 없다면, 그 효력을 부정하기 어렵다.[1)]

---

1) 다만, 조달물자계약서 특기사항에 명시된 하자담보책임기간이 경과했지만, 민법상 하자담보책임기간은 경과하지

셋째, 민법이 정한 하자담보책임 내용은 하자추완청구, 손해배상청구, 계약해제, 완전물급부청구이고, 물품구매계약 품질관리 특수조건에서 이에 대응하여 정한 하자담보책임 내용은 하자보수청구, 물품대금 반환청구(그 밖에 감액 포함) 또는 하자보수보증금 귀속, 대체납품청구다. 따라서 하자담보책임 내용은 민법과 조달물자계약이 실질적으로 다르다고 보기는 곤란하다.

위와 같은 내용을 종합해 볼 때, 조달물자계약에서 정한 하자담보책임은 성립요건이나 권리행사기간 등에서 차이가 있지만, 그 내용은 실질적으로 다르지 않기 때문에, 민법상 하자담보책임과 마찬가지로 특별한 채무불이행책임으로서 성질을 가진다고 이해하면 충분하다. 따라서 조달물자계약상 하자담보책임은 일반적인 채무불이행책임과 경합할 수 있다고 본다.

라. 내용

1) 하자보수청구

계약상대자는 납품일(시운전조건부계약은 시운전 완료일)로부터 계약서 특기사항에 명시된 기간(하자기간이 다른 복수물품은 품명별 하자기간) 동안 납품한 물품에 대해 하자보수책임이 있다(물품구매계약 품질관리 특수조건 제18조 제1항 본문). 이러한 하자보수청구는 민법상 하자담보책임 중 하나인 하자추완청구와 다르지 않다. 다만, 하자담보책임기간이 경과했을지라도 계약상대자가 하자담보책임기간 안에 하자보수 요청을 받았다면, 수요기관의 장이 하자보수 완료를 확인한 날에 하자담보책임기간이 종료된다(물품구매계약 품질관리 특수조건 제18조 제1항 단서 참조). 그러나 단가계약(인도조건이 현장설치도인 계약에 한정)에서는 납품요구와 관련하여 수요기관이 계약상대자와 협의하여 계약서 특기사항에 명시된 기간과 달리 하자담보책임기간을 정할 수 있는데, 이때는 연장된 하자담보책임기간에 따른 정산 금액, 방법 등을 수요기관과 계약상대자가 협의하여 정해야 한다(물품구매계약 품질관리 특수조건 제18조 제6항 본문, 제7항). 다만, 협의에 이르지 못한 경우에는 계약서 특기사항에 명시된 기간을 적용한다(물품구매계약 품질관리 특수조건 제18조 제6항 단서).

한편, 계약상대자는 자신의 고의·중과실로 하자가 발생한 경우, 위에서 본 하자담보책임기간과 관계없이 하자보수의무를 부담한다(물품구매계약 품질관리 특수조건 제18조 제2항).

하자보수를 청구받은 계약상대자는 즉시 보수작업을 해야 하고, 그에 따른 일체 경비를 부담한다(물품구매계약 품질관리 특수조건 제18조 제4항).

않은 경우, 민법에 근거한 하자담보책임을 물을 수 있는지 문제된다. 생각건대, 민법상 하자담보책임과 계약조건에서 정한 하자담보책임이 실질적으로 다르지 않다고 이해하는 만큼, 물품구매계약 품질관리 특수조건 제18조는 민법 제582조를 배제하는 특약에 해당하므로, 물품구매계약 품질관리 특수조건 제18조의 하자담보책임 기간이 경과했다면 더 이상 하자담보책임을 물을 수 없다고 보아야 한다.

2) 계약해제

물품구매계약 품질관리 특수조건을 보면, 종합낙찰제에 따라 계약을 체결한 계약상대자가 입찰 당시 제출한 품질 등 표시서나 성능평가표시서, 환경평가표시서 등에서 명시한 내용이 허위나 사실과 다른 경우, 해당 계약상대자가 납품한 물품을 시험한 결과 품질이 표시서상 품질에 미달하여 납품기한 내에 시험 합격품을 납품할 가능성이 명백히 없는 경우에 계약 전부나 일부를 해제·해지할 수 있다고 규정하고(물품구매계약 품질관리 특수조건 제21조 제4항), 계약기간 중 품질불량으로 반품사례가 빈번하게 발생하여 계약목적 달성이 될 수 없다고 인정되는 경우에 계약 전부나 일부를 해지할 수 있다고 규정한다(물품구매계약 품질관리 특수조건 제22조 제5항). 이에 위에서 열거한 해제·해지사유가 아니라, 일반적인 하자담보책임으로서 계약해제를 인정할 수 있는지 문제된다. 그러나 위 특수조건 각 규정이 민법 제580조, 제581조, 제668조 등 담보책임을 배제하는 취지라고 해석하기는 어려우므로, 조달청장은 납품된 물품의 하자로 수요기관이 계약목적을 달성하기 어렵다고 판단하는 경우, 민법 규정을 적용하여 계약상대자에게 하자담보책임 중 하나인 계약해제·해지권을 할 수 있다고 본다.

3) 손해배상청구

가) 물품대금 반환청구

계약담당공무원이나 조달품질원장은 납품물품의 규격과 품질이 계약내용과 다르다는 사실을 발견하면 계약상대자에게 그 사실을 통지하고, 물품대금 반환을 청구할 수 있다(물품구매계약 품질관리 특수조건 제18조 제3항). 이러한 물품대금 반환청구는 민법상 하자담보책임 중 하나인 손해배상청구와 다르지 않다. 다만, 물품대금 반환청구는 계약상대자가 하자보수를 거부하거나 하자보수 등 통지를 받은 후 미리 정한 기일 안에 하자보수나 물품 대체납품을 완료하지 못할 경우에 할 수 있다(물품구매계약 품질관리 특수조건 제18조 제5항 참조).

한편, 물품구매계약 품질관리 특수조건이 별도로 규정하지 않지만, 계약담당공무원 등이 계약상대자에게 물품대금 반환을 청구한 경우에는 당연히 납품받은 물품을 반환해 주어야 하며, 이러한 물품대금 반환과 물품 반환은 동시이행관계에 있다고 본다.

나) 감가 또는 감액

앞에서 본 물품대금 반환은 납품받은 하자 있는 물품을 다시 반환하면서 청구하는 개념이라면, 수요기관의 장이 규격조건과 다른 물품을 그대로 납품받는 조건으로, 하자에 상응하는 부분만큼 계약금액을 감액하여 지급하는 것을 감가라고 한다. 이처럼 감가란 물품이 계약규격이나 견본과 부합하지 않지만 사용목적이나 효용가치를 고려할 때 사용상 지장이 없다고 인정할 경우 계약금액 또는 검사요청금액에 대한 지급금액을 삭감하는 것이다(감가규정 제3조 제2호). 따라서 감가는 그 실질이 하자담보책임 중 하나인 대금감액(일부 손해배상)의 성질을 가진다. 조달청은 ① 섬유, 피복, 제화류품에 적용하기 위한 감가규정, ② 종이류, 금속제울타리에 해당하는 물품을 감액조건부로 체결한 단가계약에서 적용하기 위한 조달물자 검사 대상물품 감액업무 처리기준, ③ 군수품 중 품질보증기관에서 규격불일치품목으로 판정했으나 면제승인으로 납품이 수락된 품목에 적용하기 위한 조달청 군수품 감액업무 처리지침 등을 별도로 둔다.

그 밖에도, 국가계약법 시행령 제44조에 따른 종합낙찰제로 계약을 체결한 계약상대자는 계약물품을 납품할 때 수요기관에게 대한민국 소재 국가공인 시험기관이나 수요기관이 인정하는 국제공인 시험기관의 시험에서 합격하였다는 사실을 증명하는 시험성적서 등 증명서류를 제출해야 하는데, 이러한 증명서류를 확인한 결과, 계약상대자가 입찰 당시 제출한 품질 등 표시서나 성능평가표시서, 환경표시서에 명시한 내용에 미달하는 경우, 수요기관은 해당 물품을 인수해서는 안 된다. 다만, 수요기관은 불가피한 사유가 있어서 인수할 때는 조달청에 그 내용을 통보하되, 해당 계약의 입찰당시 최저가격으로 입찰한 자의 입찰금액과 계약금액의 차액을 계약금액에서 감액해야 한다(물품구매계약 품질관리 특수조건 제21조 제1항, 제2항, 제3항).

다) 하자보수보증금

계약상대자가 하자담보책임기간 중 수요기관으로부터 하자보수를 요구받고도 정당한 이유 없이 이에 불응하면 하자보수보증금을 국고에 귀속한다. 다만, 계약상대자가 원하여 단가계약 물품에 대한 하자보수보증금을 일괄하여 납부한 경우 개별납품요구건별로 하자보수보증금을 국고에 귀속한다(물품구매계약 품질관리 특수조건 제19조 제4항, 제19조의2 제1항). 하자보수보증금은 특별한 사정이 없으면 손해배상의 예정으로 추정되기 때문에,[1] 그 실질은 손해배상과 다르지 않다. 따라서 민법상 하자담보책임 중 하나인 손해배상청구의 특칙에 해당한다. 그 밖에 하자보수보증금 납부, 면제, 지급각서 제출, 반환, 적용범위 등은 물품구매계약 품질관리 특수조건 제19조 제1항부터 제7항까지에서 정한다.

---

1) 대법원 2002. 7. 12. 선고 2000다17810 판결 참조. 한편, 하자보수보증금이 손해배상액의 예정인지 위약벌인지는 도급계약서와 약관 등을 종합하여 구체적 사건에서 개별적으로 결정할 의사해석의 문제이고, 위약금은 민법 제398조 제4항에 따라 손해배상액의 예정으로 추정되므로, 위약금이 위약벌로 해석되기 위해서는 특별한 사정이 주장·증명되어야한다(대법원 2001. 9. 28. 선고 2001다14689 판결). 다만, 하자보수보증금은 특성상 실손해가 하자보수보증금을 초과하는 경우 그 초과액을 손해배상으로 구할 수 있다는 명시적 규정이 없더라도 도급인은 수급인의 하자보수의무 불이행을 이유로 하자보수보증금 몰취 외에 그 실손해액을 증명하여 수급인으로부터 그 초과액 상당 손해배상을 받을 수도 있는 특수한 손해배상액의 예정으로 보아야 한다(대법원 2002. 7. 12. 선고 2000다17810 판결).

4) 대체납품청구

계약담당공무원이나 조달품질원장은 납품물품의 규격과 품질이 계약내용과 다르다는 사실을 발견하면 계약상대자에게 그 사실을 통지하고, 대체납품을 청구할 수 있다(물품구매계약 품질관리 특수조건 제18조 제3항). 대체납품을 청구받은 계약상대자는 즉시 대체 납품해야 하고, 그에 따른 일체 경비를 부담한다(물품구매계약 품질관리 특수조건 제18조 제4항).

한편, 하자담보책임기간 중에 3회 이상 같은 하자가 발생하면, 계약상대자는 수요기관의 요청에 따라 그 하자물품을 새로운 물품으로 교체해야 한다(물품구매계약 품질관리 특수조건 제20조 제3항).

《 민법상 하자담보책임과 조달물자계약상 하자담보책임 비교 》

	민법상 하자담보책임	조달물자계약상 하자담보책임
성립요건	매도인 고의·과실 불요 (무과실책임)	계약상대자 고의·과실 필요 (과실책임)
행사시간	사실을 안 날로부터 6월	납품일로부터 계약서 특기사항에 명기한 기간 (단, 계약상대자 고의·중과실이 있으면 기간 적용 X)
내용	하자추완청구	하자보수청구
	계약해제·해지	계약해제·해지 (민법 규정 적용)
	손해배상	물품대금 반환청구 대금감액 하자보수보증금
	완전물급부청구	대체납품청구

Ⅱ. 하자처리 등

1. 하자 등 신고

가. 의의

수요기관의 장은 계약서 등에 명시된 하자담보책임기간 내에 해당하는 조달물자와 이에 수반되는 계약상대자 서비스에 발생한 하자 등을 신고 할 수 있다(조달물자의 하자처리 등 사후관리에 관한 규정 제4조 제1항 전문).

나. 신고구분

수요기관의 장은 ① 하자가 발생한 조달물자로서 국내에서 생산 또는 공급되는 물품, ② 조달물자의 설치나 수리 지연, 배송관리 소홀, 불친절 등 계약상대자의 서비스에 대한 불만으로 구분하여 신고해야 한다(조달물자의 하자처리 등 사후관리에 관한 규정 제4조 제1항 제1호, 제2호).

다. 신고절차

1) 신고방법

수요기관의 장은 조달품질신문고를 이용하거나 하자신고서를 작성하여 공문으로 신고해야 한다(조달물자의 하자처리 등 사후관리에 관한 규정 제4조 제2항). 여기서 조달품질신문고란 조달품질원장이 하자 등의 신속한 신고와 접수, 처리결과 통보 등을 위해 운영하는 시스템을 말한다(조달물자의 하자처리 등 사후관리에 관한 규정 제5조).

2) 신고접수·통보

조달품질원장은 하자 등 신고를 접수하면 지체없이 계약담당공무원과 계약상대자에게 통보해야 한다. 다만, 수요기관의 검사·검수 부실, 조달물자 관리 미흡이나 부주의 등으로 하자가 발생한 경우에는 신고를 반려하거나 종결할 수 있다(조달물자의 하자처리 등 사후관리에 관한 규정 제6조 제1항).

3) 자료요구

조달품질원장은 하자 등의 원인을 규명하고 책임 있는 사유를 확인·조사하기 위해 자료를 요구할 수 있고, 수요기관의 장과 계약상대자는 이에 적극 협조해야 한다(조달물자의 하자처리 등 사후관리에 관한 규정 제6조 제2항). 만약 조달품질원장이 수요기관의 장에게 2회 이상 자료를 요구했는데, 수요기관의 장이 자료를 제출하지 않으면, 조달품질원장은 신고를 반려하거나 종결로 처리할 수 있다(조달물자의 하자처리 등 사후관리에 관한 규정 제6조 제3항).

4) 신고제외

수요기관의 장은 하자신고 대상 조달물자로 인해 하자신고 대상 조달물자가 아닌 물품 등에 손상이나 손해가 발생한 경우라도, 해당 물품 등은 하자신고 대상에서 제외해야 한다. 다만, 손상·손해가 발생한 해당 물품 등과 관련해서는 필요한 경우 제조물 책임법 제3조 제1항에 따라 계약상대자에게 손해배상 청구 등을 할 수 있다(조달물자의 하자처리 등 사후관리에 관한 규정 제4조 제3항).

2. 자발적 하자 등 치유와 거부

가. 발적 하자 등 치유

계약상대자는 조달품질원장으로부터 하자 등 신고접수를 통보받은 경우 수요기관의 장과 협의하여 지체없이 치유하고, 조달품질원장에게 그 결과를 문서로 통지해야 한다(조달물자의 하자처리 등 사후관리에 관한 규정 제7조 제1항). 이처럼 계약상대자는 조달품질원장으로부터 하자 등 신고접수 통지를 받으면, 자발적으로 하자를 치유해야 한다.

나. 하자 등 치유거부

그러나 하자 등 원인이 꼭 계약상대자에게 있는 것만은 아니다. 예를 들어, 수요기관의 장이 물품을 잘못 관리했다든지, 자연력과 같은 외부 요인으로 하자가 발생할 가능성도 배제하기 어렵기 때문이다. 따라서 자신에게 하자 등 원인이 없다고 판단하는 계약상대자는 그 사유를 명백히 하여 조달품질원장과 수요기관의 장에게 하자치유 거부의사를 통지해야 한다(조달물자의 하자처리 등 사후관리에 관한 규정 제7조 제2항). 다만, 그 증명책임은 계약상대자가 스스로 부담하며,[1] 이에 따라 계약상대자는 수요기관의 장으로부터 하자 등 원인이 자신에게 없다는 사실을 확인받아 조달품질원장에게 제출해야 한다(조달물자의 하자처리 등 사후관리에 관한 규정 제7조 제3항).

3. 하자 등 원인 조사·판정

가. 의의

계약상대자가 자발적으로 하자를 치유하지 않고, 하자 등 원인이 자신에게 없다는 사유를 붙여 하자치유 거부통지를 한 경우, 조달품질원장은 계약서, 시험성적서, 검사조서 등 관련 자료와 수요기관, 계약상대자 의견 등을 종합하여 하자 등 원인을 조사·판정해야 한다(조달물자의 하자처리 등 사후관리에 관한 규정 제8조 제1항).

나. 조사

1) 일반

조달품질원장은 하자 등 원인을 조사하여 하자접수일로부터 6개월 안에 하자원인과 책

---

1) 한편, 민사계약에서의 매도인은 원칙적으로 과실이 없더라도 하자담보책임을 부담하지만, 다만, 매수인에게 악의·과실이 있으면 그 책임을 면하되(민법 제580조 제1항 단서), 매수인에게 악의·과실이 있는지는 매도인이 증명해야 한다.

임 있는 사유 등을 판정해야 하며, 수요기관의 장과 계약상대자는 이에 적극 협조해야 한다. 다만, 전문기관의 시험결과가 지연되는 등 불가피한 사유가 있으면 조사하여 판정하는 기간이 늘어날 수 있다(조달물자의 하자처리 등 사후관리에 관한 규정 제8조 제3항).

2) 합동조사단 조사

가) 의의

합동조사단이란 조달품질원, 수요기관의 장, 계약상대자 등이 협의하여 구성하는 임시조직체를 말한다(조달물자의 하자처리 등 사후관리에 관한 규정 제8조 제2항). 따라서 조달품질원장은 하자 등 원인을 조사하기 위해 조달품질원, 수요기관 소속 관계공무원, 계약상대자로 구성된 합동조사단을 운영할 수 있으며, 필요한 경우 전문기관 소속 직원, 계약담당공무원을 포함할 수 있다(조달물자의 하자처리 등 사후관리에 관한 규정 제9조 제1항).

나) 구성·운영을 위한 합의

합동조사단 구성·운영을 위해서는 신의성실 원칙에 따른 수요기관의 장과 계약상대자의 합의를 전제하며, 합의에 대한 신뢰를 확보하기 위해 각각 서명이 날인된 합의서를 작성해야 한다(조달물자의 하자처리 등 사후관리에 관한 규정 제9조 제3항). 따라서 수요기관의 장과 계약상대자는 합동조사단의 합의사항을 이행해야 하며, 이를 이행하지 않으면 그 책임은 합의사항을 불이행한 자가 진다(조달물자의 하자처리 등 사후관리에 관한 규정 제9조 제4항).

다) 조사방법

합동조사단은 성능시험 등이 필요하면 협의하여 선정한 시료를 전문기관에게 시험을 의뢰해야 한다(조달물자의 하자처리 등 사후관리에 관한 규정 제9조 제2항). 성능시험 등에 들어간 비용은 하자 원인을 야기한 자가 부담해야 한다. 다만, 수요기관과 계약상대자 모두에게 책임이 있으면 서로 합의하여 부담한다(조달물자의 하자처리 등 사후관리에 관한 규정 제10조 제1항).

라) 분쟁해결

합동조사단을 구성하고서도 합동회의에서 합의에 이르지 못한 경우에는 당사자 협의 → 중재법에 따른 중재(별도로 정한 경우에는 국가계약분쟁조정위원회 조정)에 따라 해결하고, 분쟁처리절차 수행기간 중 물품계약 수행을 중지해서는 안 된다{조달물자의 하자처리 등 사후관리에 관한 규정, 제9조 제5항, 물품구매(제조)계약일반조건 제31조}.

마) 조사결과

수요기관의 장과 계약상대자는 합동조사단이 하자 등 원인을 명백히 밝힌 경우 그 조사결과에 이의를 제기할 수 없다(조달물자의 하자처리 등 사후관리에 관한 규정 제8조 제4항). 이러한 규정이 이른바 부제소합의에 해당하는지 문제되나, 조달물자의 하자처리 등 사후관리에 관한 규정 제8조 제5항이 수요기관의 장과 계약상대자가 조사결과에 불복하는 경우 조달품질원장이 처리해야 하는 방법을 규정하는 만큼, 조달물자의 하자처리 등 사후관리에 관한 규정 제8조 제4항은 선언적 의미에 불과할 뿐, 부제소합의로 해석하기는 곤란하다.

바) 불복

합동조사단이 하자 등 원인을 명백히 규명하였는데도 수요기관의 장이나 계약상대자가 조사결과에 불복하는 경우에는 어떻게 처리해야 하는지 문제된다. 이때, 조달품질원장은 불복하는 주체를 기준으로, 수요기관의 장이 조사결과에 불복하면 해당 하자신고 건을 반려하거나 종결 처리하고, 계약상대자가 조사결과에 불복하면 계약상대자에게 하자를 치유하도록 재차 요구하되, 이를 이행하지 않은 계약상대자에게는 부정당업자 입찰참가자격제한 처분을 하고, 아울러 전자조달시스템에 해당 하자 내역 등을 공개하며, 그 밖에 계약관련 규정에 따라 처리해야 한다(조달물자의 하자처리 등 사후관리에 관한 규정 제8조 제5항). 또한, 합동조사단 조사결과에 불복한 당사자는 그 비용을 전액 부담해야 한다(조달물자의 하자처리 등 사후관리에 관한 규정 제10조 제2항).

다. 판정

조달품질원장이 위와 같은 조사절차를 거쳐 하자 등 원인이 계약상대자에게 있다고 판정한 경우, 계약상대자는 하자보수 등을 조치해야 한다. 하자 등 처리와 그 방법은 아래에서 살펴본다.

4. 하자 등 처리

가. 하자 등 원인이 계약상대자에게 있다고 판정한 경우

1) 하자조치요구서 통보

조달품질원장은 하자 등 원인이 계약상대자에게 있다고 판정한 경우 계약상대자에게 하자조치요구서를 통보해야 한다(조달물자의 하자처리 등 사후관리에 관한 규정 제11조 제1항).

2) 하자조치계획서 통보

계약상대자는 하자조치요구서 통보를 받은 날부터 3근무일 이내에 조달품질원장에게 하자조치계획서를 제출해야 한다. 다만, 제출기한 연장이 필요한 경우에는 그 사유와 기한을 명시하여 연장을 요청해야 한다(조달물자의 하자처리 등 사후관리에 관한 규정 제11조 제2항).

계약상대자는 하자 등을 처리하고자 하는 경우 대체납품, 정비, 수리, 부품교환, 물품대금 환불 등을 명시해야 한다. 조달물자와 관련한 서비스인 경우 A/S 이행요구, 친절교육, 사용자교육, 사용설명서 보완 등으로 한다(조달물자의 하자처리 등 사후관리에 관한 규정 제12조 제1항).

3) 하자조치계획서 승인·보완

조달품질원장은 수요기관의 장에게 하자조치계획서를 승인할지 보완을 요구할지 결정하도록 요청해야 하고, 수요기관의 장은 요청일로부터 5근무일 이내에 조달품질원장에게 제출해야 한다(조달물자의 하자처리 등 사후관리에 관한 규정 제11조 제3항).

4) 하자조치결과서 제출

계약상대자는 하자조치계획서 내용과 기한에 따라 조치를 완료한 후 지체없이 조달품질원장에게 하자조치결과서를 제출해야 한다(조달물자의 하자처리 등 사후관리에 관한 규정 제11조 제4항). 다만, 계약상대자가 하자조치 기한을 연장하고자 하려면 그 사유를 명백히 기재하여 조달품질원장과 수요기관의 장과 협의해야 한다(조달물자의 하자처리 등 사후관리에 관한 규정 제11조 제6항).

5) 하자조치결과확인서 제출

수요기관의 장은 하자치유가 완료된 경우 7근무일 안에 하자조치결과확인서를 제출해야 한다(조달물자의 하자처리 등 사후관리에 관한 규정 제11조 제5항).

6) 하자신고 종결

조달품질원장은 ① 계약상대자가 생산 곤란 등을 사유로 납품대금을 반환하고자 하는 경우, ② 계약상대자가 하자조치 요구에 불응하거나 사실상 하자처리를 하지 못한 경우, ③ 계약상대자가 부도, 파산, 폐업 등으로 하자처리가 불가능한 경우 중 어느 하나에 해당하면, 그 내용을 계약담당공무원과 수요기관의 장에게 통보하고, 하자 신고를 종결한다(조달물자의 하자처리 등 사후관리에 관한 규정 제12조 제2항 제1호부터 제3호, 제3항).

7) 품질점검 실시 등 추가조치

조달품질원장은 하자 등이 발생한 조달물자를 대상으로 필요하다고 인정하면, 품질점검을 실시할 수 있다(조달물자의 하자처리 등 사후관리에 관한 규정 제14조 제1항). 한편, 조달품질원장은 하자가 발생한 조달물자가 우수조달물품 등에 해당하거나 다수공급자계약이 체결된 목적물에 해당하면, 계약담당공무원에게 관련 규정에 따른 조치를 요구할 수 있다(조달물자의 하자처리 등 사후관리에 관한 규정 제14조 제2항). 또한, 하자 보수 비율 산정가능, 하자처리 불이행 등 부정당업자 입찰참가자격제한 사유가 있다고 판단하면, 계약담당공무원에게 그 사유를 통보해야 한다(조달물자의 하자처리 등 사후관리에 관한 규정 제13조).

나. 하자 등 원인이 수요기관의 장에게 있다고 판정한 경우

조사결과 하자 등 원인이 수요기관의 장에게 있는 경우와 관련한 별도 규정은 없지만, 조달품질원장은 계약상대자와 수요기관의 장에게 이를 통지하고 하자 등 신고를 종결해야 한다고 본다. 따라서 수요기관의 장이 조사결과에 불복하더라도, 조달품질원장은 해당 하자 신고 건을 반려하거나 종결로 처리해야 한다(조달물자의 하자처리 등 사후관리에 관한 규정 제8조 제5항 유추적용).

다. 하자 등 원인이 누구에게 있는지 규명하지 못한 경우

조사결과 하자 등 원인을 명백히 규명하지 못한 경우에 처리방법을 정한 규정은 없다. 생각건대 '하자의 존재'가 아니라 일단 하자는 있되, 그 하자가 발생한 원인이 무엇인지를 밝히는 과정은 결국 책임 있는 사유가 수요기관의 장과 계약상대자 중 누구에게 있는지를 판단하기 위한 것이다. 민사계약 관점에서는 물품 자체에 내재한 원시적 하자는 원칙적으로 그 원인 여하를 불문하고 계약상대자가 부담해야 하되(무과실책임), 수요기관의 장이 계약상대자로부터 물품을 인도받은 후 그 책임 있는 사유로 물품에 하자가 발생한 경우에만 계약상대자가 책임을 면할 수 있다고 해석될 수 있고(민법 제580조 제1항 단서 참조), 다만 수요기관의 장에게 하자 발생에 책임 있는 사유가 있는지, 즉, 악의나 과실이 있는지는 계약상대자가 직접 증명해야 하므로, 결국 하자 등 원인을 규명하지 못한 불이익은 계약상대자에게 돌아간다고 볼 여지가 있다. 그러나 조달물자의 하자처리 등 사후관리에 관한 규정은 "하자 등 원인이 계약상대자에 있는 것으로 판정한 경우"에만 계약상대자에게 하자조치요구서 통지 등 처리절차를 밟도록 규정하므로, 이러한 특약에 따라 하자 등 원인을 규명하지 못했다면 계약상대자에게 하자담보책임을 물을 수 없다고 해석해야 한다. 다만, 수요기관의 장과 계약상대자가 합동조사와 전문기관의 성능시험 등에 들어간 비용을 반씩 부담(50:50)할 뿐이다(조달물자의 하자처리 등 사후관리에 관한 규정 제10조 제3항 참조).

Ⅲ. 사후관리

1. A/S

계약상대자는 물품을 납품하거나 설치 완료한 날로부터 하자담보책임기간 동안 무상으로 A/S를 해야 한다(물품구매계약 품질관리 특수조건 제20조 제1항). 따라서 수요기관으로부터 A/S 요청을 받으면, 그로부터 24시간 이내에 A/S를 완료해야 하지만, 부득이한 사정으로 위

기간 내에 A/S를 완료할 수 없으면 수요기관과 협의하여 그 기간을 조정할 수 있다(물품구매계약 품질관리 특수조건 제20조 제2항). 그리고 계약상대자는 납품기종 생산이 중단된 이후에도 물품관리법 제16조의2와 같은 법 시행령 제18조에 따라 정한 내용연수 이상 유지보수에 차질이 없도록 주요 부품을 사전 확보해야 한다(물품구매계약 품질관리 특수조건 제20조 제4항).

한편, 계약상대자는 조달청 A/S 신고 전화번호, 계약상대자 A/S 신고 전화번호, 제품하자보증기간, 제품 사용 관리상 유의사항을 표시한 스티커를 납품하는 물품에 부착해야 한다. 다만, 물품에 부착하는 것이 불가능하면 인쇄물로 대신할 수 있다(물품구매계약 품질관리 특수조건 제20조 제5항 제1호부터 제4호).

2. 리콜제

가. 의의

리콜제란 어떤 물품에 결함이 있을 때 생산 기업이 그 물품을 회수하여 점검·교환·수리해 주는 제도를 말한다. 조달물자계약에서는 나라장터 종합쇼핑몰에 등재된 물품의 하자가 A/S 등을 실시하고도 치유되지 않고, 그로 인해 생명·신체에 위해가 발생할 우려가 있거나 제품본래 기능을 발휘할 수 없어 행정목적을 달성하기 곤란한 경우에 하는 조치로 규정한다(물품구매계약 품질관리 특수조건 제22조 제1항).

나. 법적 성격

자동차관리법 제31조 등 법률이 정한 리콜제도는 그 위반행위가 있으면 제재하거나 처벌하는 등 실효성확보수단을 별도로 규정한다. 그리고 그 법적 성격 역시 행정처분에 해당한다. 반면, 물품구매계약 품질관리 특수조건 제22조가 정한 리콜제는 약정에 따른 조치에 불과하므로, 시정명령과 같은 공권력 행사라고 보기 어렵고, 계약상대자가 이를 위반하더라도 계약에 따라 손해배상 등 책임만 부담할 뿐이다.

다. 요건

리콜은 ① 납품된 물품에 결함이 있어야 하고, ② 그 물품을 대상으로 A/S나 하자보수 등을 먼저 실시해야 하며, ③ 그럼에도 하자가 치유되지 않아야 하고, ④ 그 하자로 인해 생명·신체에 위해가 발생할 우려가 있거나 제품 본래 기능을 발휘할 수 없는 등 행정목적을 달성하기 곤란해야 한다는 요건을 모두 갖추어야 한다.

라. 대상

리콜대상은 중대한 결함이 있거나 변질로 고유한 기능을 수행할 수 없어서 조달청 구매업무심의회에서 리콜대상으로 결정한 물품을 말한다. 다만, 사용자의 부주의로 고장이 발생한 제품은 제외한다(물품구매계약 품질관리 특수조건 제22조 제2항). 가령, 관능으로 중대한 결함 등을 확인할 수 있는 제품, 기계적·화학적·구조적 결함이 있는 제품, 규격서 내용과 다른 제품, 그 밖에 사유로 제품 고유기능을 수행할 수 없는 제품 등이 있다.

마. 기간

리콜 요청기간은 수요기관이 물품을 인수한 날로부터 1년으로 한다(물품구매계약 품질관리 특수조건 제22조 제3항). 이는 제척기간에 해당한다.

바. 방법

조달청 구매업무심의회 심의결과 리콜대상으로 결정되면, 계약상대자는 리콜결정일로부터 2주일 안에 수요기관에게 이미 납품한 해당 불량품을 수거한 후 보완, 대체납품, 물품대금반환을 해야 하며, 리콜완료 즉시 수요기관과 조달청에 통보해야 한다(물품구매계약 품질관리 특수조건 제22조 제4항).

3. 제조물책임

계약상대자는 수요기관에 납품한 물품으로 인해 제조물책임이 발생하지 않도록 사용설명서 제공, 주의·경고 표시, 그 밖에 일체 노력을 다해야 한다. 특히 납품 당시 계약물품에 제조업체나 공급업체를 명확히 표기해야 한다(물품구매계약 품질관리 특수조건 제23조 제1항). 계약상대자가 제조 또는 공급한 제조물 때문에 피해가 발생했다고 주장되는 제조물책임 사고가 있으면 계약상대자는 그에 따른 분쟁을 방어해야 하며, 관련 책임을 부담해야 한다. 또한, 수요기관이나 조달청이 제공한 규격·사양 등에 이상이 있다는 사실을 알았으면 이를 수요기관 등에 고지해야 하며, 규격·사양 등과 관련한 수요기관 등의 제조물책임 여부에 대한 증명책임도 계약상대자가 진다(물품구매계약 품질관리 특수조건 제23조 제2항). 계약상대자는 제조물책임법에 따라 책임을 부담할 자가 따로 있으면 그 사유와 책임질 자와 관련한 내용을 수요기관 등에 통보해야 한다(물품구매계약 품질관리 특수조건 제23조 제3항).

4. 품질검사 결과·사후관리내용 공개

조달청장은 조달물자 품질향상을 위해 남품검사, 시제품 검사, 품질점검 등 과정에서 발생한 불합격(규격미달 포함) 물품의 자료를 수집하여 데이터베이스화할 수 있고, 불합격(규격미달 포함) 물품과 관련한 계약상대자, 제작자, 불합격 사유, 불합격 횟수 등 정보를 종합하여 정기적으로 조달청 홈페이지와 나라장터에 게시할 수 있다(물품구매계약 품질관리 특수조건 제25조 제1항, 제2항). 그리고 같은 사유에 따른 검사 불합격을 예방하고 관련 업계를 지원하기 위해 불합격 물품 정보를 유형별, 사유별, 원인별로 분석하여 관련 업계에 제공, 설명할 수 있다(물품구매계약 품질관리 특수조건 제25조 제3항).

한편, 조달품질원장은 수요기관의 조달물자의 합리적 선택과 계약상대자의 품질향상을 유도하기 위해 하자 발생·처리, 하자처리 지연 등 사후 품질관리 관련 내용을 전자조달시스템에 공개할 수 있다. 또한, 하자로 판명되었는데도 별도로 조치하지 않은 계약상대자의 하자 내역은 반드시 공개하되, 하자 조치하지 않는 것으로 확정된 날부터 12개월 동안 공개한다(조달물자의 하자처리 등 사후관리에 관한 규정 제15조 제1항, 제2항). 또한, 조달품질원장은 3회 이상 하자 신고를 받은 업체를 6개월 동안 전자조달시스템에 공개할 수 있다. 다만, 같은 수요기관, 같은 하자 내용으로 이미 신고되어 계약상대자가 그 하자를 조치 완료했는데도 다시 하자신고가 있는 경우에는 1회로 보며, 3회 이상 하자신고 기준일은 하자신고 접수일 기준으로 하며, 그 기간은 최근 1년 내로 한다(조달물자의 하자처리 등 사후관리에 관한 규정 제15조 제3항). 그리고 3회 이상 하자 신고 접수를 받은 건은 조달품질원 품질관리업무심의회의 심의를 거쳐 공개 여부를 결정한다(조달물자의 하자처리 등 사후관리에 관한 규정 제15조 제4항).

제 5 절 품질보증조달물품 지정·관리

Ⅰ. 의의

품질보증이란 수요자가 요구하는 품질을 충분히 만족하는지를 보증하기 위해 생산자가 실시하는 체계적인 활동을 말한다(품질보증조달물품 지정 및 관리규정 제2조 제1호). 이에 조달청장은 조달물자의 품질향상을 위해 조달업체의 품질경영·공정관리 등 품질관리 능력을 평가하여 우수한 품질보증체계 아래 생산된 제품(품질보증조달물품)을 지정·관리하고, 품질보증조달물품 지정업체(품질보증기업)에게 납품검사 면제 등 일정한 혜택을 부여한다.

Ⅱ. 심사기관과 심사원관리

1. 심사기관

가. 의의

조달청장은 산업표준화법 제32조에 따라 설립된 한국표준협회 또는 구 품질경영 및 공산품안전관리법 제7조 제1항에 따라 산업통상자원부장관이 지정한 재단법인 한국인정지원센터에 등록된 구 품질경영 및 공산품안전관리법 제7조 제2항에 따른 인증기관으로서 공직유관단체(자회사 포함), 재단법인, 비영리 사단법인에 해당하는 자와 그 밖에 자로서 조달청장이 그 자격을 인정한 기관 중 하나를 심사기관으로 지정할 수 있다(품질보증조달물품 지정 및 관리규정 제4조 제1호, 제2호). 여기서 심사기관이란 품질보증조달물품 지정을 위한 현장 심사업무를 위탁받은 기관을 말한다(품질보증조달물품 지정 및 관리규정 제2조 제3호).

나. 지정신청

심사기관 지정을 신청하려는 자는 심사원을 15명 이상 상근인력으로 보유해야 하며, 조달품질원장에게 품질보증조달물품 심사기관 지정신청서와 첨부서류를 제출해야 한다(품질보증조달물품 지정 및 관리규정 제4조 제2항).

다. 지정서 발급

조달청장은 심사기관 지정을 요청한 자가 심사기관으로 적합하다고 판단하면, 품질보증조달물품 심사기관지정서를 발급해야 한다(품질보증조달물품 지정 및 관리규정 제4조 제3항).

라. 심사기관 지정취소 등

1) 의의

조달청장이 이미 심사기관 지정을 취소하거나 그 자격을 정지하는 것을 말한다. 수익적 행정행위의 철회로서 침익적 처분에 해당한다. 다만, 재량행위이다.

2) 사유

조달청장은 ① 거짓 그 밖에 부정한 방법으로 심사기관 지정을 받은 경우, ② 소속 심사원이 부정한 방법으로 심사 업무를 수행한 경우, ③ 소속 심사원의 고의 또는 중대한 과실로 품질보증조달물품이 지정된 경우, ④ 무자격 심사원에게 심사업무를 수행하게 한 경우, ⑤ 관련법령에 따라 인증기관으로서 인정이 취소되거나 정지되는 경우, ⑥ 심사기관의 책임을 다하지 않아 심사 업무에 지장을 초래한 경우 중 어느 하나에 해당하면 그 지정을 취소하거나 자격을 정지할 수 있다(품질보증조달물품 지정 및 관리규정 제5조 제1항 제1호부터 제6호).

3) 효과

조달품질원장은 지정취소나 자격정지를 받을 심사기관이 배정받은 심사업무를 다른 심사기관에 배정할 수 있다(품질보증조달물품 지정 및 관리규정 제5조 제2항).

2. 심사원

가. 자격

심사원은 심사기관에 소속된 자로서 ① ISO 9001 또는 KS 인증심사자격을 보유한 자로서 조달청장이 실시하는 품질보증조달물품 지정제도 심사원양성 교육을 이수한 자, ② 그 밖에 자로서 조달청장이 그 자격을 인정하는 자 중 어느 하나에 해당하는 자격을 갖추어야 한다(품질보증조달물품 지정 및 관리규정 제6조 제1항 제1호, 제2호).

나. 위촉과 임기

조달청장은 위 자격을 갖춘 자에게 심사원 위촉장을 발급하며, 임기는 3년으로 한다. 다만, 해당 임기 내 심사원 보수교육을 이수할 경우 임기를 연장할 수 있다(품질보증조달물품 지정 및 관리규정 제6조 제2항).

다. 위촉취소

조달청장은 심사원 자격을 상실한 자, 국가공무원법 제33조 각호 결격사유가 발생한 자, 회피사유가 있는데도 회피신청을 하지 않고 심사에 참여한 자, 해당 임기 내 심사원 보수교육을 이수하지 않은 자, 해당 임기 내 품질보증조달물품 심사를 수행하지 않은 자 중 어느 하나에 해당하는 자에게 심사원 위촉을 취소할 수 있다(품질보증조달물품 지정 및 관리규정 제6조 제3항 제1호부터 제5호).

3. 심사기관과 심사원 책임

가. 내용

1) 성실의무

심사기관은 ① 소속심사원에 대한 교육과 관리, ② 소속심사원의 심사활동에 대한 관리·감독, ③ 소속심사원의 pool 운영과 심사원 배정, ④ 심사보고서 제출, ⑤ 그 밖에 심사와 심사원 운영에 필요한 사항을 성실히 수행해야 한다(품질보증조달물품 지정 및 관리규정 제7조 제1항 제1호부터 제5호).

2) 비밀준수의무

심사기관과 심사원은 심사업무와 관련하여 알게 된 경영·영업상 비밀정보를 해당업체 등으로부터 서면동의를 받지 않고 공개해서는 안 된다(품질보증조달물품 지정 및 관리규정 제7조 제2항).

3) 기록 작성·보관의무와 자료제출 등 의무

심사기관과 심사원은 해당 업무 수행과 관련한 기록을 작성·보관해야 하고, 조달청장은 필요하면 심사기관이나 심사원에게 그 업무와 관련한 자료를 제출하게 하거나 소속 공무원으로 하여금 해당 사무소, 사업장 등에 출입하여 업무수행 상황을 점검하게 할 수 있으므로(품질보증조달물품 지정 및 관리규정 제7조 제3항, 조달사업법 제33조 제4항, 제5항), 심사기관과 심사원은 이에 응할 의무가 있다.

4) 회피의무

심사원은 심사 전 ① 심사원이 신청자로부터 최근 3년 이내 하도급을 포함하여 용역, 자문, 연구, 교육 등을 수행한 경우, ② 심사원이 최근 5년 이내 당해 신청자 소속으로 재직한 경력이 있는 경우, ③ 그 밖에 위에 준하는 경우로서 공정한 심사를 수행할 수 없다고 판단되는 경우, 즉시 심사기관과 조달품질원에게 알리고 스스로 그 심사 평가를 회피해야 한다(품질보증조달물품 지정 및 관리규정 제7조 제4항 제1호부터 제3호).

5) 윤리강령 준수의무

심사원은 별표1에서 정한 심사원 윤리강령을 준수해야 한다(품질보증조달물품 지정 및 관리규정 제7조 제5항).

나. 위반효과

1) 형사처벌과 과태료

심사기관과 심사원은 형법 제129조부터 제132조까지 규정을 적용할 때 공무원으로 본다(품질보증조달물품 지정 및 관리규정 제7조 제3항, 조달사업법 제34조). 그리고 심사기관과 심사원이 기록을 작성·보관하지 않거나 거짓으로 작성·보관한 경우, 자료제출을 하지 않거나 거짓 자료를 제출한 경우, 점검을 정당한 사유 없이 거부·방해·기피하면, 300만 원 이하의 과태료를 부과받는다(품질보증조달물품 지정 및 관리규정 제7조 제3항, 조달사업법 제35조 제1항 제1호부터 제3호).

2) 자격정지, 제명 등

조달청장은 심사원 윤리강령을 위반한 심사원에게 자격정지, 제명 등 조치를 할 수 있다(품질보증조달물품 지정 및 관리규정 제7조 제5항).

4. 심사업무 배정과 심사비용·일수

가. 심사업무 배정

조달품질원장은 해당 심사기관에 소속된 심사원 수 등을 고려하여 신청업체를 배정한다. ① 심사기관은 신규, 재지정 심사 당시 2인 이상 심사원 배정. 다만, 신청업체 종업원 수 등을 고려하여 조달품질원장과 협의를 거친 경우에는 심사원 1인으로 배정, ② 해당 세부품명의 관련 전공, 경력, 심사분야 등에 적합한 심사원을 1인 이상 배정(품질보증조달물품 지정 및 관리규정 제8조 제1항 제1호, 제2호).

나. 심사비용

심사에 들어가는 현장심사비용과 시험·검사 수수료 등 비용은 원칙적으로 신청자가 부담한다(품질보증조달물품 지정 및 관리규정 제8조 제2항).

다. 심사일수

심사일수는 별표2에 따라 심사기관이 신청자와 협의·결정하여 조달품질원에 제출하고, 현장심사비용은 조달품질원장이 별표2-1에 따라 정한다(품질보증조달물품 지정 및 관리규정 제8조 제3항).

Ⅲ. 품질조달물품 지정기준과 현장심사

1. 품질보증조달물품 지정신청

가. 신청자격

품질보증조달물품 지정을 신청한 업체(신청자)는 신청 세부품명이 조달청 경쟁입찰참가자격등록증에 제조로 등록된 중견·중소기업인으로서 ① 신청 세부품명에 대하여 최근 1년 이내 물품구매계약 품질관리 특수조건 제8조, 제9조에 따른 조달청검사나 전문기관검사 실적이 있는 자, ② 신청 세부품명이 국가종합전자조달시스템의 종합쇼핑몰에 등재되어 있는 자 중 어느 하나에 해당하는 요건을 갖추어야 한다(품질보증조달물품 지정 및 관리규정 제2조 제7호, 제9조 제1항 제1호, 제2호).

여기서 중견기업은 중견기업 성장촉진 및 경쟁력 강화에 관한 특별법 제25조 제2항에 따라 발급된 확인서로 확인하고, 중소기업은 중소기업제품 공공구매 종합정보망에 등재된 자료로 확인한다(품질보증조달물품 지정 및 관리규정 제9조 제3항).

나. 신청서 제출

신청자는 조달품질원장에게 공고에서 정한 서류, 품질보증조달물품 지정신청서, 품질보증조달물품 준수서약서를 제출해야 한다(품질보증조달물품 지정 및 관리규정 제9조 제2항).

다. 결격사유와 지정신청 제한

① 부정당업자로서 입찰참가자격제한 중에 있는 경우, ② 부도, 파산, 폐업 등이 확인된 경우(다만, 법원에 의한 회생절차가 개시된 때에는 심사대상에 포함), ③ 심사 관련서류를 위조·변조하거나 허위로 제출한 경우, ④ 제품이동·설치·시공 과정에서 제품성질·상태 등에 변형 가능성이 있어서 품질관리 확보가 곤란한 경우, ⑤ 조달물자로 공급하기 곤란한 음·식료품류, 동·식물류, 농·수산물류, 무기·총포·화약류와 그 구성품, 유류나 의약품(농약) 등, ⑥ 그 밖에 품질보증조달물품 지정이 곤란하다고 인정되는 경우 중 어느 하나에 해당하면 심사대상에서 제외한다(품질보증조달물품 지정 및 관리규정 제10조 제1호부터 제7호).

라. 기간계산

신청서류에 대한 기간은 법령 등 다른 규정에서 정한 바가 없으면 품질보증조달물품 지정신청서 접수 마감일을 기준으로 계산한다(품질보증조달물품 지정 및 관리규정 제11조).

2. 품질보증조달물품 지정기준

가. 공고

조달품질원장은 품질보증조달물품 지정을 위한 대상물품, 심사기준, 심사일정, 제출서류 등을 공고해야 한다. 특히 지정대상물품 범위는 품명(세부품명)으로 한다(품질보증조달물품 지정 및 관리규정 제12조 제1항, 제3항).

나. 심사기준

품질보증조달물품 지정심사는 생산 단계별 품질검사, 완제품 품질검사, 품질개선 활동 등 생산현장에서 품질관리능력을 평가하는 ① 현장심사와 신청자의 신용평가, 품질점검 등을 평가하는 ② 서류심사로 구분하여 한다(품질보증조달물품 지정 및 관리규정 제2조 제4호, 제12조의2 제1항).

한편, 심사항목은 품질경영시스템, 생산공정, 성과지표, 신인도 평가로 구분하며, 심사기준의 세부 심사항목 및 항목별 배점 등은 별표5에 따른다(품질보증조달물품 지정 및 관리규정 제12조의2 제2항). 그리고 세부 심사기준은 조달품질원장이 공고하는 해당연도 품질보증조달물품 지정계획에 따른다(품질보증조달물품 지정 및 관리규정 제12조의2 제3항).

3. 현장심사

가. 심사계획 수립·통보

심사업무를 배정받은 심사기관은 배정업체와 협의하여 심사계획을 수립하고 심사개시일 10일 전까지 조달품질원장에게 통보한다(품질보증조달물품 지정 및 관리규정 제13조 제1항).

나. 방법

조달품질원장은 소속공무원을 관찰 심사원 자격으로 현장심사에 참여하게 할 수 있다(품질보증조달물품 지정 및 관리규정 제13조 제2항). 그리고 심사기관은 현장심사 전에 신청자에게 심사에 필요한 자료를 요구할 수 있다(품질보증조달물품 지정 및 관리규정 제13조 제3항).

다. 부적합보고서 작성·제출

심사기관은 현장심사가 완료된 경우 다음에 해당하는 부적합 사항에 대한 부적합보고서를 작성하여 신청자에게 제출해야 한다(품질보증조달물품 지정 및 관리규정 제13조 제4항). ① 핵심품질 부적합 : 핵심품질 항목으로 심사기준에 명시한 자체 품질검사(인수, 공정, 완제품) 등에 대한 실행미흡 및 설비부족, ② 부적합 : 핵심품질 이외의 심사기준 항목의 실행미흡 및 설비부족, ③ 권고사항 : 부적합은 아니나 향후 부적합으로 진행될 우려가 있는 경우와 보건, 안전, 환경에 관한 경미한 사항 등.

라. 현장심사보고서 등 제출

심사기관은 심사완료일로부터 7일 안에 조달품질원장에게 현장심사보고서와 심사기준의 항목별평가서를 제출해야 한다(품질보증조달물품 지정 및 관리규정 제13조 제5항).

4. 품질개선보고서

신청자는 현장심사 완료일로부터 14일 이내에 부적합 사항을 보완하고 품질개선보고서를 작성하여 심사기관에 제출해야 한다. 다만, 부적합사항 보완에 14일 이상 장기간이 소요될 경우 시정조치계획으로 제출할 수 있다(품질보증조달물품 지정 및 관리규정 제14조 제1항). 신청자가 위 기한 안에 품질개선보고서를 제출하지 않으면 부적합 사항이 보완되지 않았다고 본다(품질보증조달물품 지정 및 관리규정 제14조 제3항).

품질개선보고서를 제출받은 심사기관은 이를 검토·평가하여 지체없이 조달품질원장에게 제출해야 한다(품질보증조달물품 지정 및 관리규정 제14조 제2항).

Ⅳ. 품질보증조달물품 지정

1. 계약심사협의회 심의

가. 부의

조달품질원장은 심사보고서, 품질개선보고서 등을 종합하여 심의(안건)을 작성한 후 조달청 계약심사협의회에 부의한다(품질보증조달물품 지정 및 관리규정 제15조 제1항). 조달품질원장은 산하 품질관리업무심의회에서 현장심사 결과의 적정성을 검토한 후 그 의견을 반영하여 계약심사협의회에 상정한다(품질보증조달물품 지정 및 관리규정 제15조 제8항).

나. 의견청취

계약심사협의회는 필요한 경우 안건 심의를 위하여 신청자와 심사원의 의견을 청취할 수 있다(품질보증조달물품 지정 및 관리규정 제15조 제4항).

다. 판정

1) 적격

계약심사협의회는 품명별로 종합평점을 결정하여, 심사배점(1,000점) 중 종합평점이 600점 이상인 경우, 특별한 사유가 없으면, 적격으로 판정한다(품질보증조달물품 지정 및 관리규정 제15조 제2항).

2) 부적격

계약심사협의회는 품명별로 종합평점을 결정하여 심사배점(1,000점) 중 종합평점이 600점 미만이면 부적격으로 판정한다(품질보증조달물품 지정 및 관리규정 제15조 제2항). 다만, 종합평점이 600점 이상인 경우라도 ① 품질과 관련하여 사회적 물의를 야기한 경우, ② '핵심품질 부적합'에 대한 '품질개선보고서'의 평가가 부적합으로 판정된 경우, ③ 제품의 하자나 민원이 반복적으로 발생하여 신뢰성에 중대한 문제가 있다고 판단이 되는 경우, ④ 그 밖에 부적절하다고 판단되는 경우에 부적격으로 할 수 있다(품질보증조달물품 지정 및 관리규정 제15조 제3항).

2. 등급부여

조달청장은 특별한 사정이 없으면 계약심사협의회에서 적격으로 판정한 물품을 대상으로 종합평점에 따라 다음과 같이 3등급을 부여한다(품질보증조달물품 지정 및 관리규정 제15조 제5항). 즉, ① 종합평점이 750점 이상인 경우 : S등급, ② 종합평점이 700점 이상 750점 미만

인 경우 : A등급, ③ 종합평점이 670점 이상 700점 미만인 경우 : B+등급, ④ 종합평점이 630점 이상 670점 미만인 경우 : B0등급, ⑤ 종합평점이 600점 이상 630점 미만인 경우 : B-등급.

3. 유효기간

품질보증조달물품 유효기간은 등급에 따라 S등급 5년, A등급 4년, B등급 3년으로 한다(품질보증조달물품 지정 및 관리규정 제16조).

4. 지정증서 교부와 전자조달시스템 등 공표

조달청장은 등급을 부여받은 자에게 품질보증조달물품 지정증서를 교부하고 그 사실을 홈페이지와 국가종합전자조달시스템에 공표한다(품질보증조달물품 지정 및 관리규정 제15조 제6항).

5. 중소기업 특례

가. 품질보증조달예비물품 지정요건

조달청장은 중소기업기본법 시행령 제3조에 해당하는 중소기업이 신청하여 신규심사한 결과 종합평점이 550점 이상인 물품에 대하여 1년 동안 품질보증조달예비물품으로 지정할 수 있되, 1회에 한정한다(품질보증조달물품 지정 및 관리규정 제16조의2 제1항, 제2항). 또한, 종합평점이 550점 이상이면서 계약심사협의회에서 적합으로 판정한 물품도 품질보증조달예비물품으로 지정할 수 있다(품질보증조달물품 지정 및 관리규정 제15조 제7항).

나. 품질보증조달예비물품 지정효과

조달청장은 품질보증조달예비물품에 대하여 납품검사를 면제할 수 있다(품질보증조달물품 지정 및 관리규정 제16조의2 제1항). 다만, 우수조달물품 지정 과정에서 품질심사 점수 부여와 같은 어떠한 입찰·계약상 가점도 부여하지는 않는다(품질보증조달물품 지정 및 관리규정 제16조의2 제2항).

다. 품질보증조달예비물품 지정증서 교부

조달청장은 위 중소기업 특례업체에게 품질보증조달예비물품 지정증서를 교부할 수 있고, 그 관리는 품질보증조달물품과 같다(품질보증조달물품 지정 및 관리규정 제16조의2 제3항).

라. 부적합 사항 개선·보완 등 컨설팅

조달품질원장은 품질보증조달예비물품을 지정받은 중소기업의 품질관리 수준 향상을 위해 심사 당시 부적합 사항의 개선·보완 등에 필요한 컨설팅을 실시할 수 있다(품질보증조달물품 지정 및 관리규정 제16조의2 제4항).

6. 이의신청

신청자는 지정결과에 이의가 있으면, 통지 받은 날로부터 10일 안에 조달품질원장에게 이의를 제기할 수 있다(품질보증조달물품 지정 및 관리규정 제17조 제1항). 조달품질원장은 이의내용에 이유가 있다고 판단하면, 지체없이 계약심사협의회에 부의한다(품질보증조달물품 지정 및 관리규정 제17조 제2항).

Ⅴ. 품질보증조달물품 관리

1. 납품검사 면제

가. 원칙

조달청장은 품질보증조달물품의 유효기간 내 납품 건에 대하여 납품검사를 면제할 수 있다(품질보증조달물품 지정 및 관리규정 제18조 본문).

나. 예외

그러나 국민안전 조달물자 품질관리 업무규정에 따라 안전관리물자로 지정된 물품, 주요공정을 외부 위탁하여 생산하는 물품으로서 국민안전 등을 위해 검사가 필요하다고 인정되는 물품은 납품검사를 면제하지 않으며, 품질점검 결과(국가기술표준원 포함) 부적합 판정 물품(중결함 1회 또는 경결함 2회), 직접생산확인 결과 부적합 판정 물품은 1년 동안 납품검사 면제에서 제외한다(품질보증조달물품 지정 및 관리규정 제18조 단서 제1호부터 제3호).

2. 군수품의 정부품질보증

조달청장은 방위사업법 시행령 제29조에 따라 방위사업청에서 조달청으로 위탁되는 군수품 정부품질보증에 대하여 해당 군수품이 품질보증조달물품(품질보증조달예비물품 포함)인 경우에도 조달청 군수품 정부품질보증 업무규정에 따라 업무를 수행한다(품질보증조달물품 지정 및 관리규정 제18조의2).

3. 품질보증기업의 의무 등

가. 품질보증과 기록보존

품질보증기업은 품질경영을 지속적으로 수행하여 품질보증조달물품의 품질을 보증해야 하며, 품질관리 관련 기록은 3년 이상 보존해야 한다(품질보증조달물품 지정 및 관리규정 제19조 제1항).

나. 품질보증조달물품 마크표시

품질보증기업은 품질보증조달물품에 품질보증조달물품마크의 표시 등을 할 수 있지만, 품질보증조달물품이 아닌 물품에는 품질보증조달물품으로 오인할 수 있는 어떠한 표시도 해서는 안 된다(품질보증조달물품 지정 및 관리규정 제19조 제2항).

다. 양도제한

품질보증기업은 임의로 그 권리를 양도하지 못한다(품질보증조달물품 지정 및 관리규정 제19조 제3항).

4. 유지관리 현장심사와 불시점검

가. 의의

유지관리 현장심사란 품질보증기업이 품질보증조달물품 지정 후 1년마다 받는 현장심사를 말한다. 다만, 품질보증기업이 생산시설을 이전한 경우에는 이전 완료일로부터 30일 이내에 유지관리 현장심사를 받아야 하며, 이때는 해당연도 유지관리 현장심사를 면제받을 수 있다(품질보증조달물품 지정 및 관리규정 제20조 제1항).

반면, 불시점검이란 품질보증기업의 높은 품질관리 수준 유지를 위해 조달품질원장이 필요에 따라 품질보증조달물품의 품질관리 현황과 품질 등을 불시에 하는 점검을 말한다(품질보증조달물품 지정 및 관리규정 제20조 제9항).

나. 절차

조달품질원장은 해당 품질보증기업과 심사기관에 유지관리 심사기간이 도래하였다는 사실을 통지하고, 해당 심사기관은 심사일을 기준으로 10일 이전에 해당 품질보증기업별 심사계획서를 품질보증기업과 조달품질원장에게 제출해야 한다(품질보증조달물품 지정 및 관리규정 제20조 제2항).

다. 비용

유지관리 현장심사의 비용은 별표2 심사원 및 심사일수 산정기준표에 따라 조달품질원장이 정한다(품질보증조달물품 지정 및 관리규정 제20조 제3항).

라. 범위

유지관리 현장심사는, 품질개선보고서의 대책 이행수준, 지정등급 수준 유지 정도, 유지기간 중 자재·공정·완제품 대상 검사와 관리내용을 포함한다(품질보증조달물품 지정 및 관리규정 제20조 제4항 제1호부터 제3호).

마. 조치

심사기관은 유지관리 현장심사에서 부적합사항을 발견하면 부적합보고서를 작성하여 신청자에게 교부한다(품질보증조달물품 지정 및 관리규정 제20조 제5항). 신청자는 심사기관으로부터 부적합사항을 통보받은 경우, 유지관리 현장심사 완료일로부터 14일 안에 부적합 사항을 보완하고 품질개선보고서를 작성하여 심사기관에 제출해야 한다(품질보증조달물품 지정 및 관리규정 제20조 제6항). 만약 신청자가 위 기한 내에 품질개선보고서를 제출하지 않거나, 품질개선이 미흡하면 부적격 처리할 수 있다(품질보증조달물품 지정 및 관리규정 제20조 제8항).

한편, 심사기관은 품질개선보고서를 검토·평가하여 심사완료일로부터 20일 안에 조달품질원장에게 유지관리심사보고서를 제출해야 한다(품질보증조달물품 지정 및 관리규정 제20조 제7항).

5. 지정취소

가. 사유

조달청장은 다음 중 어느 하나에 해당하는 경우 해당 세부품명의 품질보증조달물품을 지정 취소할 수 있다(품질보증조달물품 지정 및 관리규정 제21조 제1항). ① 허위 또는 부정한 방법으로 지정된 경우, ② 중대한 결함이 있는 제품이 납품 된 경우, ③ 지정 유효기간 중 조달품질원의 품질점검 결과(국가기술표준원 포함) 중결함(2회 이상) 또는 치명결함이 발생한 경우, ④ 유지관리심사를 신청하지 않거나 심사에서 '부적격' 판정을 받은 경우, ⑤ 부도, 파산, 폐업 등이 확인된 경우(다만, 법원에 의한 회생절차가 게시된 때에는 회생절차의 종료 결과에 따라 취소 여부 결정), ⑥ 품질보증조달물품의 하자로 인하여 신체 손상, 재산 손실 등이 발생한 경우, ⑦ 품질보증기업의 지정물품과 동일 세부 품명인 물품으로 부정당업자 제재를 받은 경우 또는 뇌물, 국민 안전 위해, 담합, 허위·부정서류 제출 등 행위로 부정당업자 제재를 받은 경우, ⑧ 그 밖에 품질보증기업의 의무를 위반하는 등 품질보증조달물품의 유지에 중대한 부적합 사유가 발생한 경우.

나. 절차

조달청장은 품질보증조달물품 지정취소를 하려는 경우, 품질보증기업에게 의견제출 기회를 부여해야 한다. 다만, ⑦ 사유로 부정당업자 제재를 받은 품질보증기업에게는 의견제출 기회 부여를 생략할 수 있다(품질보증조달물품 지정 및 관리규정 제21조 제3항). 부정당업자 제재 절차에서 의견제출 기회를 부여받았기 때문으로 보인다.

한편, 품질보증조달물품 지정 취소는 품질관리업무심의회 심의를 거쳐 결정한다. 다만, 위 ③, ④, ⑤, ⑦ 사유가 있거나 그 밖에 지정 취소 사유가 명백하다고 인정되는 경우에는 품질관리업무심의회 심의를 생략할 수 있다(품질보증조달물품 지정 및 관리규정 제21조 제2항).

6. 재지정 심사 관련 특례

품질보증조달물품 유효기간에도 불구하고 품질보증조달물품의 지위를 계속 유지하고자 하는 품질보증기업은 유효기관 만료일 90일 이전까지 조달품질원장에게 품질보증조달물품 재지정 심사 신청서를 제출해야 한다(품질보증조달물품 지정 및 관리규정 제22조 제1항). 재지정 심사 절차가 진행 중인 경우에는 품질보증조달물품 재지정 효력 시작일 전일까지 유효기간이 연장된 것으로 본다(품질보증조달물품 지정 및 관리규정 제22조 제3항).

재지정 심사의 심사기준과 지정방법 등은 신규지정과 같다(품질보증조달물품 지정 및 관리규정 제22조 제2항). 재지정 심사 결과가 S, A, B+ 등급인 경우에는 지정유지하고 B0, B- 등급은 심사결과가 각각 상위 등급일 경우에만 해당 등급을 부여하여 재지정한다는 종전 규정을 개정하여 재지정 요건을 완화한 취지이다.

7. 품질보증기업 정보변경

품질보증기업은 상호나 대표자 변경, 본사나 제조공장 이전, 사업체 양도·합병·폐업 중 어느 하나에 해당하는 사유가 있으면 증빙자료를 첨부하여 조달품질원장에게 통보해야 한다(품질보증조달물품 지정 및 관리규정 제23조 제1호부터 제3호).

8. 교육·홍보

조달청장은 조달업체에게 품질보증조달물품 지정제도 교육을 실시할 수 있다. 그리고 품질보증기업이 조달청의 품질보증조달물품 지정제도 교육을 이수하지 않은 경우에는 지정 후 6개월 안에 같은 교육을 이수할 수 있도록 교육과정을 운영할 수 있다(품질보증조달물품 지정 및 관리규정 제24조 제1항, 제2항).

한편, 조달청장은 조달업체의 품질보증 체계구축을 통한 품질관리 수준 향상을 위하여 중소기업 제조 현장을 방문하고 생산공정 개선 등에 대한 맞춤형 컨설팅을 제공할 수 있고, 품질보증조달물품을 홍보하거나 각종 전시회에 참여하도록 지원할 수 있다(품질보증조달물품 지정 및 관리규정 제24조 제3항, 제4항).

제 6 절 안전관리물자 품질관리

Ⅰ. 의의

안전관리물자는 국민의 생활안전, 생명보호, 보건위생과 관련된 조달물자로서 조달청장이 지정하여 고시하는 물자이다(조달사업법 제2조 제4호, 국민안전 조달물자 품질관리 업무규정 제2조 제1호). 따라서 조달청장은 국민의 안전을 위해 안전관리물자의 품질관리업무를 해야 한다(조달사업법 제19조 제1항). 일반 조달물자의 품질관리업무는 "할 수 있다."고 하여 재량으로 규정하지만(조달사업법 제18조 제1항), 안전관리물자의 품질관리업무는 "하여야 한다."고 하여 기속·의무로 규정한다(조달사업법 제19조 제1항). 이에 조달물자 품질점검 업무규정 제22조 제2항은 점검면제 대상에서 안전관리물자를 제외하도록 규정한다.

Ⅱ. 안전관리물자 선정·지정 등

1. 의의

조달청장은 관계기관과 협의하여 안전관리물자 품목을 선정·폐지·변경에 필요한 사항을 작성·고시한다(조달사업법 제19조 제2항). 해당 조달청고시는 과거 국민안전 조달물자 품질관리 업무규정이라는 명칭을 사용했으나, 법령에서 사용하는 용어인 안전관리물자와 통일하기 위해, 2023. 11. 1. 조달청 안전관리물자 품질관리 업무규정으로 명칭을 변경했다.

2. 선정

조달품질원장은 조달실적이 일정규모 이상으로서 국내 안전 관련법령에 따라 지정·관리되는 물자, 물품 속성에 따른 안전·위협 파급정도가 큰 물자, 사회적 현안 등 정책적 고려에 따라 관리가 필요한 물자에 해당하는 조달물자를 안전관리물자로 선정하되, 이때 관계

기관과 협의할 수 있다(국민안전 조달물자 품질관리 업무규정 제4조 제1항). 다만, 조달실적이 없더라도, 국민의 생활안전, 생명보호, 보건위생 등을 위해 품질관리 필요성이 높은 조달물자는 안전관리물자로 선정할 수 있다(조달청 안전관리물자 품질관리 업무규정 제4조 제2항).

위에 따라 선정된 안전관리물자는 (Ⅰ등급)과 (Ⅱ등급)으로 구분하는데, 이 중 안전관리물자(Ⅰ등급)은 국민의 생명보호, 보건위생 등과 관련성이 큰 안전관리물자로서 주기적인 품질관리 필요성이 인정되는 물자를, 안전관리물자(Ⅱ등급)은 (Ⅰ등급)을 제외한 안전관리물자를 말한다(조달청 안전관리물자 품질관리 업무규정 제4조 제3항).

3. 지정

조달청장은 위에 따라 선정한 안전관리물자를 대상으로 계약심사협의회 심의를 거쳐 최종 지정한다(조달청 안전관리물자 품질관리 업무규정 제5조 제1항). 조달청장은 2023. 11. 1. 기준으로 10개 분야(어린이안전, 보건위생안전, 도로안전, 소방안전, 공공안전, 수질안전, 생활안전, 수해안전, 동절기안전, 서비스안전)별로 Ⅰ등급, Ⅱ등급으로 나누어 합계 125개 품명과 19개 세부품명을 안전관리물자로 지정·고시했다(조달청 안전관리물자 품질관리 업무규정 별표).

Ⅲ. 안전관리물자 품질관리 절차

1. 품질관리계획

가. 수립

조달품질원장은 안전관리물자(Ⅰ등급)의 품질관리를 위해 매년 직접생산확인, 품질점검 등 품질관리계획을 수립하고 조달청 제조물품 직접생산확인 기준, 조달물자 품질점검 업무규정 등에 따라 품질관리를 시행한다. 다만, 계약상황 변동이나 사회적 문제 발생 등 필요한 경우에는 점검대상, 점검주기 등을 조정할 수 있다(조달청 안전관리물자 품질관리 업무규정 제6조 제1항).

한편, 안전관리물자(Ⅱ등급)과 관련한 사회적 문제 발생 등 필요한 경우에는 품질관리계획 점검대상에 안전관리물자(Ⅱ등급)을 포함할 수 있다(조달청 안전관리물자 품질관리 업무규정 제6조 제2항). 또한, 조달품질원장은 안전관리물자 중 용역계약과 관련한 품질관리특수조건 제정, 시설안전점검 실시, 계약이행 과정에서 안전항목 준수여부 확인 등 품질관리 계획을 수립·시행해야 한다(조달청 안전관리물자 품질관리 업무규정 제9조).

나. 공개

조달품질원장은 해당 연도 안전관리물자를 대상으로 한 직접생산확인, 품질점검 등 품질관리계획을 국가종합전자조달시스템에 공개해야 한다(조달청 안전관리물자 품질관리 업무규정 제10조 제1항). 품질관리계획을 공개할 때는 시기, 방법 등을 포함하되, 이를 포함하지 않을 필요가 있는 경우에는 예외로 한다(조달청 안전관리물자 품질관리 업무규정 제10조 제2항).

2. 품질점검 시기

안전관리물자 품질점검은 수요시기가 도래하기 전에 실시한다. 다만, 수요시기를 특정할 수 없는 등 사전에 실시할 수 없는 경우에는 점검시기를 조정할 수 있다(조달청 안전관리물자 품질관리 업무규정 제6조 제3항).

3. 납품검사에 갈음한 품질점검

조달품질원장은 수요기관과 협의하여 수요기관이 직접 납품검사 하는 안전관리물자를 대상으로, 납품검사에 갈음한 품질점검을 실시할 수 있다(조달청 안전관리물자 품질관리 업무규정 제6조 제4항).

4. 비대면 품질관리

조달품질원장은 태풍, 지진, 집중호우, 폭설 등 자연재난이 발생한 경우, 전염병 확산 등으로 출장·이동이 제한되는 경우, 단기간에 품질관리 건수가 급증하거나, 점검장소가 원거리로서 품질관리업무를 효율적으로 수행할 필요가 있는 경우, 그 밖에 비대면 품질관리가 필요하다고 조달품질원장이 인정하는 경우와 같이 필요성이 있는 경우에는 안전관리물자의 품질관리를 비대면으로 수행할 수 있다(조달청 안전관리물자 품질관리 업무규정 제6조 제5항 제1호부터 제4호).

5. 전문검사기관의 납품검사

조달품질원장은 조달물자 검사 대상물품 및 검사기준에도 불구하고, 해당 전문검사기관의 검사역량, 전문성 등을 고려하여 안전관리물자에 대한 전문검사기관 지정을 조정할 수 있다(조달청 안전관리물자 품질관리 업무규정 제7조 제1항). 조달품질원장은 전문검사기관이 위탁받아 수행한 검사업무를 확인점검하는 경우, 안전관리물자 검사의 적정성을 확인해야 한다(조달청 안전관리물자 품질관리 업무규정 제7조 제2항).

Ⅳ. 안전관리물자 품질관리 내용

안전관리물자 품질관리도 제조업체의 직접생산 여부 확인을 위한 생산시설, 인력 등 점검, 계약규격에 맞는 제품생산과 납품확인을 위한 품질점검·납품검사, 납품 물품의 사후관리, 조달물자 표준규격 개발과 검토, 그 밖에 조달물자의 품질관리를 위해 필요한 업무 등으로 일반 조달물자의 품질관리와 같다(조달사업법 제8조 제1항 제1호부터 제5호, 제19조 제1항).

Ⅴ. 납품검사 결과 불합격·품질점검 결과 규격미달에 따른 처리

1. 거래정지·배정중지

안전물자도 일반 조달물자와 마찬가지로, 납품검사나 품질점검을 실시하여 불합격이나 규격미달이라고 판단되면, 거래정지나 배정중지를 할 수 있다. 다만, 원칙적으로 거래정지나 배정중지 기간을 감경하지 않는다(조달청 안전관리물자 품질관리 업무규정 제8조 제1항). 안전관리물자가 공중과 공익에 미치는 중대한 영향을 반영한 규정이다.

2. 결과통보

조달품질원장은 직접생산확인이나 품질점검 결과 결함이 국민안전에 위해를 가할 우려가 있으면, 해당 안전관리물자 소관부처와 인증기관에 그 결과를 통보할 수 있다(조달청 안전관리물자 품질관리 업무규정 제8조 제2항).

〔안전관리물자의 직접생산위반과 입찰참가자격등록취소〕

현재는 삭제되었지만, 2020. 11. 16. 시행된 조달청고시 제2020-47호 국민안전 조달물품 품질관리 업무규정 제5조는 다음과 같이 직접생산확인 절차 등을 규정했다.

> 제5조(직접생산확인) ① 조달품질원장은 제조물품인 안전관리물자에 대하여 매년 12월말까지 다음 연도 직접생산확인을 위한 세부시행 계획을 수립하여 시행한다. 다만, 계약상황 변동이나 사회적 문제 발생 등 필요한 경우에는 점검대상, 점검주기 등을 조정할 수 있다.
> ② 조달품질원장은 「조달청 제조물품 직접생산확인 기준」에 따라 제조공장·생산인력·생산시설 등에 대한 현장조사를 실시하고 전기 사용실적, 원부자재 구입내역 등을 확인하여 직접생산여부를 확인한다.
> ③ 조달품질원장은 제2항에 따른 직접생산확인 기준을 충족하지 못한 제조물품에 대하여는 입찰참가자격등록을 취소한다.

특히 제5조 제3항은 직접생산확인 기준을 충족하지 못한 제조제품에 대해 입찰참가자격등록을 취소하도록 규정하는데, 이것이 행정소송 대상인 처분등에 해당하는지와 부정당업자 입찰참가자격제한 처분과 중복제재에 해당하는지가 문제되었다.

이와 관련하여 하급심 판결은 "… 조달청장이 국가종합전자조달시스템에서 어떤 업체의 입찰참가자격 등록을 말소하는 것은 입찰참가자격을 제한하는 것과 유사한 결과를 야기한다."는 전제한 뒤, "조달사업법 위임을 받아 제정된 국민안전 조달물자 품질관리 업무규정 제5조 제3항에서 직접생산확인 기준을 충족하지 못한 제조물품에 대해 입찰참가자격등록을 취소하도록 하는데, 이는 입찰참가자격 등록을 제한하는 것"이라고 판단하여, 입찰참가자격등록 취소는 행정소송법 제2조 제1호가 정한 '처분등'에 해당한다고 하였다.[1)] 따라서 조달청장이 입찰참가자격등록 취소를 하려면, 행정절차법에 따른 처분절차를 준수해야 하고, 입찰참가자격등록 취소의 위법성을 다투려는 처분상대방은 행정소송을 제기해야 한다.

한편, 안전관리물자의 직접생산확인 기준 위반을 이유로, 위와 같이 입찰참가자격등록 취소와 아울러 입찰참가자격 제한을 할 수 있는지에 대하여 처분상대방은 입찰참가자격등록 취소 뒤에 입찰참가자격 제한처분까지 하는 것은 중복제재라고 주장했는데, 하급심 판결은 ① 직접생산 조건 위반을 이유로 한 입찰참가자격등록 취소와 입찰참가자격 제한은 사실상 비슷한 효과가 발생한다는 전제 아래, 입찰참가자격등록 취소처분을 전혀 고려하지 않거나 감경사유로 삼지 않은 입찰참가자격 제한처분은 과중한 제재에 해당하여 위법하다는 판결[2)]과 ② 설령 직접생산 조건 위반을 원인으로 하더라도, 입찰참가자격등록 취소와 입찰참가자격제한 처분은 그 처분사유가 같다고 볼 수 없고, 목적과 법적 근거, 요건도 다르기 때문에 입찰참가자격 취소에 이은 입찰참가자격 제한은 중복제재가 아니라서 적법하다는 판결[3)]로 대립했다.

그러나 현재 조달청 안전관리물자 품질관리 업무규정은 더 이상 위와 같은 내용을 규정하지 않으므로, 위반행위에 대한 제재로서 의미가 있는 입찰참가자격등록취소는 적용되지 않는다. 다만, 국가종합전자조달시스템 입찰참가자격등록규정 제19조 제1항 제9호의 "등록된 제조물품에 대한 직접생산확인 결과 직접생산하지 않는 것으로 판정한 경우(등록담당공무원이 제조등록 요건 충족 여부를 재확인하여 요건을 충족하지 못하는 것으로 확인한 자에 한함)에는 등록을 말소할 수 있다."는 규정에 따라, 최초 제조등록요건을 충족하지 못한다고 확인된 자에게만 등록말소를 할 수 있을 뿐이다. 결국, 현재 규정 아래에서는 입찰참가자격등록취소와 입찰참가자격제한처분이 모두 부과되는 경우가 없으므로, 중복제재 논란은 종식되었다.

---

1) 서울행정법원 2021. 2. 5. 선고 2019구합76498 판결.
2) 서울행정법원 2020. 9. 18. 선고 2019구합77576 판결.
3) 서울행정법원 2021. 2. 5. 선고 2019구합76498 판결.

제 7 절 군수품[1] 정부품질보증

Ⅰ. 개요

1. 의의

군수품 정부품질보증이란 담당공무원, 즉 조달품질원장(그 위임을 받은 공무원·임직원 포함, 아래에서는 담당공무원이라고 지칭)이 정부품질보증계획에 따라 획득하고자 하는 군수품이 계약에서 정한 요구조건에 맞는지 확인하기 위한 일체 활동을 말한다(조달청 군수품 정부품질보증 업무규정 제2조 제1호, 제2호). 그리고 이와 같은 정부품질보증업무를 수행하는 기관을 품질보증기관이라 하는데, 여기에는 조달청(조달품질원), 국방기술품질원(국방기술진흥연구소), 소요군이 있다(조달청 군수품 정부품질보증 업무규정 제2조 제3호). 특히 소요군 혹은 수요기관이란 조달청에 계약물품을 조달요청한 기관이나 계약상대자로부터 물품을 인수할 기관으로서, 육군, 해군, 공군, 해병대(각 군)와 국방부, 그 직할기관이나 직할부대를 말한다(조달청 군수품 정부품질보증 업무규정 제2조 제4호).

2. 적용범위

군수품 정부품질보증업무는 다른 법령에서 특별히 따로 정한 것을 제외하고는 조달청 군수품 정부품질보증 업무규정이 정하는 바에 따르고, 여기에도 별도로 정하지 않은 사항은 물품구매(제조)계약일반조건, 계약특수조건, 조달청 내부기준 등을 적용하여 집행할 수 있으며, 계약특성에 따라 별도로 필요한 사항은 입찰공고서나 입찰설명서 등에 반영하여 시행할 수 있다(조달청 군수품 정부품질보증 업무규정 제3조 제1항, 제2항, 제3항).

3. 품질보증형태 분류

품질보증형태란 군수품의 품목별 특성, 각종 인증 여부, 상용화 정도, 업계의 품질관리 수준, 요구되는 신뢰성 정도 등을 종합적으로 고려하여 품질보증활동의 심도를 정하는 것을 말한다(조달청 군수품 정부품질보증 업무규정 제2조 제5호).

계약상대자에게 요구되는 품질보증형태는 품질보증기관이 조달청으로 확정된 국내 계약 품목을 대상으로 하며 다음과 같이 분류한다(조달청 군수품 정부품질보증 업무규정 제4조 제1항).

---

1) 과거 군수품 품질보증업무는 방위사업청 산하 기타공공기관인 국방기술품질원에서 담당해 왔으나, 2022. 7. 1.자로 비무기체계(전력지원체계)에 속하는 급식, 피복, 항공유 등 일반물자에 대한 정부품질보증업무는 조달청으로 이관되었다. 따라서 이 절에서 군수품은 조달청의 품질보증업무 대상인 일반물자 군수품을 의미한다.

단순품질보증형(I 형)	공인된 우수품질 표시품, 대량자동화 전문생산품 등과 같이 품질이 단순하고 안정된 다음과 같은 품목 ① 국가통합인증마크(KC) 등 법정강제인증 품목 ② 한국산업표준(KS)등 법정임의인증 품목 ③ 부품·소재 전문기업 등의 육성에 관한 특별조치법에 따른 신뢰성 인증품목 ④ 대량자동화 전문생산품목과 같이 품질이 단순하고 안정된 품목
선택품질보증형(Ⅱ 형)	국방품질경영체제 인증업체 생산품 중 품질이 안정되어 계약상대자가 자체적으로 품질보증활동을 수행하는 품목
표준품질보증형(Ⅲ 형)	상용품목과 군전용품목 중 장비성능과 군사업무수행에 영향을 미치는 통상적인 신뢰성이 요구되는 품목
체계품질보증형(Ⅳ 형)	군전용품목 중 무기체계장비 등 고도의 정밀성과 신뢰성이 요구되는 긴요·복잡 품목

그리고 위와 같은 품질보증형태 분류를 위해 규정한 품목의 성질은 다음과 같이 구분한다(조달청 군수품 정부품질보증 업무규정 제4조 제2항).

상용품목	시장에서 일반대중 또는 업계에 상당량의 매매거래가 이루어진 정규 생산품으로서 카탈로그, 산업체 설계도 또는 규격 등을 적용하는 경우에 상용품목으로 분류한다.
군 전용품목	방위사업청 표준화 업무규정에 따라 제정된 국방규격 또는 외국군사규격 등을 적용하는 경우에 군 전용품목으로 분류한다.
복잡품목	제품의 구조가 복잡하고 완성품으로서는 품질을 판정할 수 없는 성질을 갖고 있기 때문에 제조 과정에서 품질적합 여부의 확인이 필요한 경우 복잡품목으로 분류한다.
단순품목	제품의 구조가 단순하여 완성품에 대한 품질확인으로 그 품질을 적절하게 판정할 수 있는 경우에 단순품목으로 분류한다.
긴요품목	요구하는 기능을 발휘하지 못할 경우, 신체·생명의 안전이나 군사임무 수행에 위해를 미칠 수 있는 성질(긴요성)을 지닌 품목을 긴요품목으로 분류한다.

4. 품질보증형태 검토

담당공무원은 품질보증기관이 조달청으로 확정된 군수품의 품질보증형태를 다음 절차에 따라 검토하는데, 첫째, 정부품질보증 수행결과와 품목의 특성을 참고하여 품질보증형태를 검토한 후 품질관리업무심의회를 거쳐 결정하되, 둘째, 계약부서나 방위사업청장으로부터 변경요청이 있으면 품질보증형태를 재검토하여 그 결과를 요청 기관에게 통보한다(조달청 군수품 정부품질보증 업무규정 제5조 제1항 제1호, 제2호). 한편, 같은 품목에 반복하여 하자가 발생하면, 품질보증형태 변경의 필요성을 검토하고, 그 결과를 계약부서에 통보한다(조달청 군수품 정부품질보증 업무규정 제5조 제2항).

5. 업체생산능력 확인

가. 의의

업체생산능력 확인이란 담당공무원이 업체에게 생산능력이 있는지 확인하는 일련의 절차를 말한다. 직접생산확인과 비슷한 제도이다.

나. 확인기준서 작성·제출

담당공무원은 계약부서로부터 업체 생산능력 확인기준서(이하 기준서) 작성 요청을 접수하면, 생산·검사 설비, 기술자격, 추가기준을 고려하여 일정한 서식에 따라 기준서를 작성하고(조달청 군수품 정부품질보증 업무규정 제6조 제1항 제1호부터 제3호), 기준서 작성(안) 내용의 적절성 검토가 필요하면 품질관리업무심의회를 거쳐 확정할 수 있다(조달청 군수품 정부품질보증 업무규정 제6조 제2항). 한편, 담당공무원은 특별한 사유가 없으면 접수받은 날부터 30일 안에 계약부서에 확정된 기준서를 제출한다(조달청 군수품 정부품질보증 업무규정 제6조 제3항).

다. 생산능력 확인 요청 접수

담당공무원은 계약부서로부터 업체 생산능력 확인을 요청받으면, 생산능력 확인을 위해 업체 생산능력 확인 의뢰서(결과 통보), 생산능력 자체 확인표, 기준서에 명시된 생산설비, 기술자격, 추가기준 등 업체 생산능력 보유를 증명할 수 있는 서류, 임차로 보유한 경우에는 임대차계약서 등 임차 증빙서류를 확인하고, 미비하다고 판단하면 계약부서에 추가 보완서류를 요청한다(조달청 군수품 정부품질보증 업무규정 제7조 제1항).

라. 생산능력 확인

생산능력 확인은 다음과 같은 요령으로 진행한다. 첫째, 업체 생산능력 확인자(이하 확인자)는 원칙적으로 2명 이상 1개조로 구성한다(조달청 군수품 정부품질보증 업무규정 제8조 제1항). 둘째, 확인자는 사전에 각종 기술자료를 검토하여 대상품목에 대한 기술지식을 습득하고, 사전에 업체 담당자와 확인일자와 시간을 협의하여 결정한다(조달청 군수품 정부품질보증 업무규정 제8조 제2항). 셋째, 확인자는 생산·정비공장 등록 주소지에서 확정된 최신 기준서 내용에 따라 업체의 생산·검사설비, 기술자격의 유효성을 확인한다. 다만, 시제품 검사대상 품목의 이화학시험 및 측정 등이 기준서에 명시되지 않은 경우에는 제24조에 따라 실시하며, 필요하면 업체가 자체적으로 시험한 결과를 확인한다(조달청 군수품 정부품질보증 업무규정

제8조 제3항). 넷째, 설비나 인력 등 보유기준일은 입찰공고 당시 명시한 업체 생산능력 보유를 증명할 수 있는 서류제출 마감일 전일로 한다(조달청 군수품 정부품질보증 업무규정 제8조 제4항).

마. 생산능력 확인 결과 작성·제출

확인자는 ① 업체 생산능력 확인서, ② 업체 생산능력 확인결과, ③ 생산능력 보유현황 등 양식에 따라 확인 결과를 작성하고(조달청 군수품 정부품질보증 업무규정 제9조 제1항 제1호부터 제3호), 특별한 사유가 없으면 업체 생산능력 확인을 요청받은 날로부터 10근무일 안에 계약부서에게 업체 생산능력 확인결과를 제출하되, 시제품 검사 대상품목일 경우에는 계약부서와 협의하여 그 기간을 별도로 정할 수 있다(조달청 군수품 정부품질보증 업무규정 제9조 제2항).

한편, 확인자는 해당업체가 업체 생산능력 확인 결과에 대한 설명을 요청하는 경우 이에 응해야 한다(조달청 군수품 정부품질보증 업무규정 제9조 제3항).

바. 기술경력 인정

기준서에서 기술자격을 규정하는 경우 경력기술자는 경력 기술자 인정기준표상 국가기술자격별로 구분하여 기술경력을 인정할 수 있다(조달청 군수품 정부품질보증 업무규정 제10조).

Ⅱ. 내용

1. 계약상대자 이행사항

가. 품질보증형태별 이행사항

계약상대자는 계약요구조건에 규정된 의무를 이행할 책임이 있으며, 계약품목이 계약요구조건에 일치한다는 것을 증명해야 한다. 계약상대자가 품질보증형태별로 수행해야 할 사항은 다음과 같다(조달청 군수품 정부품질보증 업무규정 제11조 제1항 제1호부터 제3호).

단순품질보증형(Ⅰ형)	계약상대자의 품질보증을 인정하는 형태로서, 계약상대자는 규격에 따라 자체적으로 품질보증활동을 수행하고, 조달품질원장에게 품질보증 입증서류(품질보증서, 자체 또는 공인기관 최종 제품(성능) 검사/시험성적서)를 제출한다. 다만, 계약상대자는 계약부서에서 정부품질보증 강화 요구시 또는 조달품질원장이 정부품질보증의 필요성을 제기할 경우 제품확인감사 등을 수행할 수 있도록 조치하여야 한다.

선택품질보증형(Ⅱ형)	계약상대자는 선택품질보증형으로 확정되기 이전의 해당 품목 품질보증형태별로 [별표 제1호] “국방품질경영체제(KDS 0050-9000) 실행 조견표” 요구사항에 따라 품질경영체제를 수립하고 이행하여야 하며, 자체적으로 품질보증활동을 수행하고 조달품질원장에게 품질보증 입증서류(품질보증서, 자체 또는 공인기관 최종 제품(성능) 검사/시험성적서)를 제출하여야 한다.
표준품질보증형(Ⅲ형), 체계품질보증형(Ⅳ형)	계약상대자는 계약품목의 생산 및 요구품질의 충족을 위해 품질보증형태별로 [별표 제1호] “국방품질경영체제(KDS 0050-9000) 실행 조견표” 요구사항에 따라 품질경영체제를 수립하고 이행하여야 한다.

나. 납품지체(예상) 통보의무

한편, 계약상대자는 불량발생, 수입지연 등 사유로 계획한 생산 일정에 따라 납기를 준수하기 어렵다고 판단하면, 지체사유를 명시하여 조달품질원장에게 통보해야 하고, 담당공무원은 납품지체(예상)통보서를 작성하여 계약부서에 통보한다(조달청 군수품 정부품질보증 업무규정 제26조).

다. 하도급품 보증책임

계약상대자는 하도급업체(협력업체)로부터 공급받는 모든 생산품이나 용역이 계약요구조건에 일치한다는 것을 보증해야 한다(조달청 군수품 정부품질보증 업무규정 제31조 제1항). 따라서 업체품질보증계획서에 하도급계획(하도급 대상과 협력업체, 하도급 품질보증 방안)을 포함해야 하며, 담당공무원은 업체품질보증계획서를 접수·검토할 때 계약상대자의 하도급 품질보증 내용이 타당한지를 검토해야 하며, 필요하면 그 보완을 요구해야 한다(조달청 군수품 정부품질보증 업무규정 제31 제2항).

그리하여 계약상대자는 제품 특성, 협력업체 생산능력, 품질보증 수준을 고려해 업체를 선정해야 하며, 협력업체를 평가, 관리하는 방법으로 하도급품 품질보증 효율성과 적합성을 검증해야 한다(조달청 군수품 정부품질보증 업무규정 제31조 제3항). 수입 부품·구성품의 국제품질보증 협정 적용과 관련한 업무절차는 국제품질보증협정 및 협력업무지침에 따른다(조달청 군수품 정부품질보증 업무규정 제31조 제5항).

2. 품질보증형태별 정부품질보증

담당공무원은 계약서에 명시된 품질보증형태별 계약상대자 이행사항 범위 안에서 다음과 같이 정부품질보증을 수행한다(조달청 군수품 정부품질보증 업무규정 제12조).

단순품질보증형(I 형)	담당공무원은 업체가 제출한 품질보증 증빙서류(품질보증서 및 자체 또는 공인기관 최종 제품(성능) 검사/시험성적서)가 계약요구조건에 일치될 경우 검사조서를 발급한다. 다만, 계약부서 또는 방위사업청장이 정부품질보증 강화를 요구하거나 조달품질원장이 정부품질보증의 필요성을 제기할 경우 담당공무원은 제품확인감사 등을 수행할 수 있다. 또한, 제14조 제2호에 따른 계약문서 검토 시 업체별 위험요소(하자, 법규위반 등)를 고려하여 강화된 품질보증활동을 수행할 수 있다.
선택품질보증형(II 형)	담당공무원은 별도의 정부품질보증은 생략하고 업체가 제출한 품질보증 증빙서류 (품질보증서 및 자체 또는 공인기관 최종 제품(성능) 검사/시험성적서)를 확인하여 계약요구조건에 일치될 경우 검사조서를 발급한다.
표준품질보증형(III 형), 체계품질보증형(IV 형)	가. 담당공무원은 위험식별 및 평가 결과를 기본으로 정부품질보증계획을 수립한다. 나. 담당공무원은 수립된 정부품질보증계획에 따라 정부품질보증을 실시한다. 다. 담당공무원은 정부품질보증 중에 발견된 미흡사항에 대해서 업체에 시정조치를 요구한다.

Ⅲ. 절차

1. 개요

군수품 정부품질보증 기본절차는 ① 정부품질보증 준비, ② 업체품질보증계획서 검토와 승인, ③ 위험식별과 위험평가, ④ 정부품질보증계획 수립, ⑤ 정부품질보증 실시(품질경영체제 평가, 프로세스 검토, 제품확인감사, 시정조치), ⑥ 검사조서 발급, ⑦ 위험추적과 피드백, ⑧ 품질정보관리 순서와 같다(조달청 군수품 정부품질보증 업무규정 제13조).

2. 정부품질보증 준비

담당공무원은 계약문서 접수와 검토, 정부품질보증 준비 협의라는 순서에 따라 정부품질보증을 준비한다(조달청 군수품 정부품질보증 업무규정 제14조 제1호부터 제3호).

3. 업체품질보증계획서 검토와 승인

계약상대자는 계약이행을 위한 업체품질보증계획서를 조달품질원장에게 제출하되, 원칙적으로 국가종합전자조달시스템을 이용해 제출해야 한다. 그러나 품질보증형태 I 형은 제외한다. 다만, 조달품질원장은 업체나 품목특성을 고려하여 제출범위를 가감할 수 있다(조달청 군수품 정부품질보증 업무규정 제11조 제2항).

담당공무원은 계약상대자로부터 업체품질보증계획서를 접수하고, 다음 내용에 따라 이를 검토한다(조달청 군수품 정부품질보증 업무규정 제11조 제2항, 제15조 제1항).

1. 생산계획
   가. 원자재, 구입부품 확보방안 및 일정(계약서 특수조건에 명시된 국산화완료품목 의무 사용계획, 소프트웨어 확보계획 등)
   나. 하도급 계획(하도급 대상 및 협력업체, 하도급 품질보증 방안 등)
   다. 생산 및 품질보증 계획
2. 생산 및 품질보증 준비현황
   가. 계약품목에 대한 주요 제조시설 / 시험 및 검사장비 현황(전용장비 소프트웨어 포함)
   나. 계약품목에 대한 소프트웨어 현황
   다. 품질관리 인력현황
   라. 위조부품 방지방안
3. 품질경영체제 문서 : 해당 품질보증형태별 KDS 0050-9000에 따른 품질경영체제 문서
4. 업체일반현황(신규업체) : 주요생산품, 인허가현황, 연 매출액, 자본금, 종업원수, 임원 현황, E-Mail 주소 등

그리고 담당공무원은 업체품질보증계획서가 불충분하거나 미흡하면 보완을 요구하고, 보완 또는 검토를 완료한 후에는 품목별 품질보증형태에 따라 업체에게 승인 여부를 통보한다(조달청 군수품 정부품질보증 업무규정 제15조 제2항, 제3항). 원칙적으로 업체품질보증계획서는 제출받은 날부터 10근무일 안에, 수정된 계획서는 제출받은 날부터 5근무일 안에 검토결과(승인, 보완요구 등)를 통보하되, 검토 지연이 발생하면 사전에 계약상대자에게 그 사유와 검토완료예정일을 통보한다. 다만, 장기계속계약인 경우에는 이미 제출받은 사항 중 변동사항만 추가로 받는다(조달청 군수품 정부품질보증 업무규정 제15조 제4항).

4. 위험식별 및 처리방안

담당공무원은 계약상대자에게 계약품목의 위험관리 업무수행에 필요한 자료를 요구할 수 있으며, 계약상대자는 담당공무원의 요구사항에 특별한 사유가 없으면 응해야 한다(조달청 군수품 정부품질보증 업무규정 제16조 제9항).

가. 위험식별

위험식별이란 계약품목에 대해 위험관련 품질자료를 수집하여 위험을 구체적으로 파악

하는 활동으로 계약정보, 제품 및 프로세스 특성, 품질경영체제 운영, 과거 계약이행 정보, 고객 불만과 피드백 정보로 구분한다(조달청 군수품 정부품질보증 업무규정 제2조 제25호). 위험식별은 계약문서, 연구개발자료, 기술자료묶음, 업체품질보증계획서, 품질경영체제 문서나 이행자료, 과거 계약이행 정보, 고객 운용과 피드백 정보, 대외기간 정부품질보증 강화 요청, 그 밖에 필요한 자료를 활용하여 수행한다(조달청 군수품 정부품질보증 업무규정 제16조 제1항 제1호부터 제9호). 담당공무원은 위험식별 항목별로 해당 내용을 기록한다(조달청 군수품 정부품질보증 업무규정 제16조 제2항).

나. 처리방안

담당공무원은 위험식별 항목별로 위험통제 또는 위험회피 등 위험관리 방법을 정하고 해당 관리방법에 따라 조치한다(조달청 군수품 정부품질보증 업무규정 제16조 제6항). 위험통제란 위험발생 가능성을 제거하거나 줄이는 방법이며, 처리방안은 식별된 위험요소와 등급에 따라 품질경영체제 평가, 프로세스 검토, 제품확인감사 등 정부품질보증 방법과 심도 등을 결정하고, 고위험 사항에 대해서는 반드시 정부품질보증 대상으로 선정한다. 위험회피란 위험발생 가능성을 제거하는 방법이며, 처리방안은 식별된 위험요소를 계약부서와 계약상대자에게 통보하여 조치하도록 한다(조달청 군수품 정부품질보증 업무규정 제16조 제6항 제1호, 제2호).

같은 업체가 같은 품목을 계약한 경우에는 이미 평가된 내용을 활용할 수 있고, 유사품목류는 대표품목을 정하여 위험식별과 위험평가를 수행할 수 있다(조달청 군수품 정부품질보증 업무규정 제16조 제7항). 계약기간이 2년 이상인 품목은 최초 위험평가 수행 후 6개월 단위로 재평가해야 하며, 평과결과 변동사항이 발생할 경우에는 정부품질보증계획에 반영해야 한다(조달청 군수품 정부품질보증 업무규정 제16조 제8항).

5. 정부품질보증계획 수립

담당공무원은 계약품목의 위험식별 및 처리방안에 따라 정부품질보증계획서를 수립한다. 이는 품질경영체제 평가, 프로세스 검토, 제품확인감사 등을 포함하며, 위험식별과 위험평가 결과에 따라 확인 범위와 심도를 조정할 수 있다(조달청 군수품 정부품질보증 업무규정 제17조 제1항). 승인된 정부품질보증계획은 정부품질보증 수행 중 위험요소의 변경이 필요하거나, 국가재난이나 천재지변으로 계약상대자 방문이 어려운 경우 담당 과장 승인 아래 변경할 수 있다(조달청 군수품 정부품질보증 업무규정 제17조 제3항). 품질보증형태 I 형인 경우 제12조 제1호 사유로 현장 정부품질보증 수행이 필요한 경우를 제외하고는 정부품보계획 수립을 생략한다(조달청 군수품 정부품질보증 업무규정 제17조 제4항). 장기계속계약에서 2년차 이후에는 정부품질보증계획을 새로 작성하지 않고 위험평과 결과를 반영하여 기존 계획을 변경할 수 있다(조달청 군수품 정부품질보증 업무규정 제17조 제5항).

6. 정부품질보증 실시

가. 품질경영체제 평가

품질경영체제 평가란 담당공무원이 계약상대자의 품질보증형태별 국방품질경영체제 요구사항을 문서화하고 이행여부를 평가하는 것이다(조달청 군수품 정부품질보증 업무규정 제2조 제28호). 업체 품질경영체제 평가는 ① 제24조 제1항 제1호에 따라 이화학시험 및 측정 등을 업체 자체 시험시설이나 협력업체의 시험시설으로 이용하려는 경우, ② 규격서나 계약서에 명시된 경우, ③ 그 밖에 조달품질원장이 필요하다고 정하는 경우 중 어느 하나에 해당하는 때에 한정하여, 품질보증형태별로 별표1 “국방품질경영체제(KDS 0050-9000)실행 조견표” 요구사항에 대한 문서화 및 이행여부에 대하여 평가한다(조달청 군수품 정부품질보증 업무규정 제18조 제1항 제1호부터 제3호). 담당공무원은 업체가 제출한 품질경영체제 문서의 적합성과 타당성을 검토하여, 미흡한 사항은 업체에 보완을 요구한다(조달청 군수품 정부품질보증 업무규정 제18조 제2항). 세부사항은 국방품질경영체제 인증업무규정 등을 참고하여 평가하되, 정부품질보증 과정 중 발견되는 문제점을 중심으로 해당되는 항목을 부분적으로 평가하며, 미흡한 사항은 제21조 제5항에 따라 업체에 시정조치를 요구한다(조달청 군수품 정부품질보증 업무규정 제18조 제3항). 담당공무원은 국방품질경영체제 인증업체를 포함한 ISO9001(품질경영시스템) 인증, KS와 조달물품 품질보증 인증, HACCP 인증 등 공인된 품질인증을 받은 업체에 대해 인증서를 제출받아 품질경영체제 평가를 면제할 수 있다(조달청 군수품 정부품질보증 업무규정 제18조 제4항). 품질경영체제 미수립 업체이거나 납기가 촉박한 계약체결로 말미암아 계약 납기 안에 품질경영체제 수립(평가)를 할 수 없는 경우에는 품질경영체제가 조기에 수립될 수 있도록 계약상대자에게 요구하고, 업체 품질경영체제 수립 이전에도 제품확인감사 활동을 실시할 수 있다(조달청 군수품 정부품질보증 업무규정 제18조 제5항).

나. 프로세스 검토

프로세스 검토란 완성품을 만들어 내기 위해 중간 생산 과정에서 투입되는 요소(인력, 주요자재, 설비·장비, 측정시스템, 환경요인 등)의 적절성을 검토하는 활동이다(조달청 군수품 정부품질보증 업무규정 제2조 제29호). 프로세스 검토는 ① 신규 계약업체나 하자, 법규위반, 시정조치 이력 등 위험요소가 존재하여 별도 품질관리가 필요한 경우, ② 규격서나 계약서에 명시된 경우, ③ 그 밖에 조달품질원장이 필요하다고 정하는 경우 중 어느 하나에 해당하는 때에 한정하여 특정 프로세스를 대상으로 그에 따라 적절한 방법이나 심도 등을 정하여 수행하고, 수행내용과 결과는 정부품질보증일지에 기록한다(조달청 군수품 정부품질보증 업무규정 제19조 제2항). 담당공무원은 선정된 프로세스 검토 결과 미흡한 사항에 대하여 업체에게 시정조치를 요구하며, 프로세스 검토로써 품질개선 활동을 실시한다(조달청 군수품 정부품질보증 업무규정 제19조 제3항).

다. 제품확인감사

담당공무원은 정부품질보증계획에 포함된 대상이나 항목과 방법에 따라 제품확인감사를 실시한다(조달청 군수품 정부품질보증 업무규정 제20조 제1항). 여기서 제품확인감사란 검사, 시험, 검증, 입회 확인 등으로 제품생산 중 품질에 영향을 미치는 요소의 적합성을 확인하는 행위이다(조달청 군수품 정부품질보증 업무규정 제2조 제26호). 이를 위한 이화학시험과 측정 등은 조달청 군수품 정부품질보증 업무규정 제24조에 따른다.

이에 계약상대자는 계획된 생산일정에 따라 자체 검사결과 합격한 제품을 담당공무원에게 제출하여 다음과 같은 제품확인감사를 받아야 한다(조달청 군수품 정부품질보증 업무규정 제20조 제2항).

1. 제품확인감사 의뢰
   가. 업체는 자체 검사결과 합격된 제품(또는 로트)에 한하여 제품감사 요구일 3근무일 전에 조달품질원장에게 제품확인감사(최종 납품을 위한 완성품인 경우에는 품질보증서 포함)를 의뢰하며, 이때 검사성적서는 계약상대자가 보관하는 것을 원칙으로 한다. 단, 업체의 제반 품질경영활동기록 보관이 어렵다고 판단될 경우에는 검사성적서를 첨부하여 제품확인감사를 의뢰하도록 업체품보계획 승인 시 사전 통보한다.
   나. 제품의 생산 진행 중 수시 제품감사를 실시하도록 계획된 경우에는 별도의 제품확인감사 의뢰없이 제출된 생산 및 감사 일정계획에 따라 제품확인감사를 실시할 수 있다.
2. 최초생산품 제품확인감사
   가. 최초생산품 제품확인감사는 아래 품목에 대하여 실시하며, 제품확인감사의 방법 및 시험항목 등은 승인된 정부품보계획에 따른다.
      1) 계약서 또는 규격서에 명시된 경우
      2) 사회적 물의를 유발하여 언론보도, 민원 등이 발생된 경우
      3) 계약부서 및 방위사업청장이 요구하는 경우
      4) 기타 최초생산품에 대한 별도의 제품확인 감사가 필요하다고 조달품질원장이 판단한 경우
   나. 담당공무원은 계약규격에 따라 최초생산품에 대한 제품확인감사를 실시하며, 아래 사항을 확인한다.

1) 품질 충족여부
2) 생산장비, 치공구, 시설 및 시험장비 등의 완비여부
3) 자동시험장비를 포함한 시험 및 측정장비의 유효성과 검교정 체계

다. 최초생산품에 대한 제품확인감사 결과 규격에 불일치되는 경우 담당공무원은 제21조에 따라 시정조치하며, 정부품질보증 수행이 곤란하다고 판단될 경우 계약부서에 관련 내용을 통보한다.

3. 양산제품 제품확인감사

가. 담당공무원은 계약상대자가 의뢰한 제품확인감사 의뢰내용과 검사성적서를 검토한다.

나. 담당공무원의 정부품질보증은 정부품보계획에 의거 실시하며, 내용 및 결과는 "정부품질보증일지"에 기록하며 납품전에 기록 누락여부를 확인한다.

다. 계약상대자와 별도로 담당공무원이 제품확인감사를 실시하는 것이 추가적인 시험기간 또는 비용이 소요될 경우에 담당공무원은 계약상대자가 검사를 행하는 장소 및 시기에 입회하여 수행할 수 있다.

라. 하도급품의 품질보증은 계약상대자의 책임이며, 하도급품이 최종제품의 안전성, 호환성, 신뢰성 등에 영향을 미치는 품목으로 담당공무원이 직접 제품에 대한 품질확인이 필요하다고 판단되는 경우 제품확인감사 등을 실시한다. 다만, 계약상대자의 생산시설 등에서 품질의 확인이 곤란하거나 비경제적인 경우에는 협력업체에서 품질확인을 할 수 있다.

마. 구입부품 및 원자재가 품질에 영향을 미치는 주요(취약) 품목으로서 완제품 상태로는 품질특성의 판단이 불가능할 경우 담당공무원은 제품확인감사 대상으로 선정하고, 부품 및 원자재에 대한 제품확인감사를 실시한다. 단, 제품확인감사 대상으로 선정된 구입부품 및 원자재가 다음 어느 하나에 해당되는 경우 시험항목의 일부 또는 전부를 생략할 수 있다.

1) KS 등 기타 국내·외 국가공인 품질표시품
2) 국가기관 또는 이에 준하는 공인기관의 검사 및 시험결과 합격품
3) 외국에서 수입되는 물품으로 품질확인에 필요한 증빙서류가 확인된 경우
4) 외자로 도입되어 관급되는 물품

바. 담당공무원은 6개월 주기로 자동시험장비를 포함한 시험 및 측정장비의 유효성과 검교정 체계를 확인한다.

라. 시정조치

1) 의의

시정조치란 계약상대자에게 정부품질보증 과정 중 발견한 불합리한 사항이나 규격위반 사항, 계약조건 위반 사항을 대상으로 시정, 재발방지대책을 요구하는 것을 말한다(조달청 군수품 정부품질보증 업무규정 제2조 제19호). 따라서 담당공무원은 정부품질보증 과정 중 불합리한 사항이나 규정위반 사항, 계약조건 위반사항 등을 발견하면, 전자조달시스템을 이용해

계약상대자에게 시정조치를 요구할 수 있고, 그 결과를 기록·관리한다(조달청 군수품 정부품질보증 업무규정 제21조 제1항).

2) 절차

시정조치 요구는 원칙적으로 문서로 하되, 간단한 사항은 구두로 요구할 수 있으며, 시정조치 내용을 검토하여 후속조치한다(조달청 군수품 정부품질보증 업무규정 제21조 제2항). 계약상대자는 성실히 시정조치할 의무를 부담하며, 재발방지대책을 포함한 조치 내용도 서면으로 제출해야 한다. 다만, 시정조치 요구사항이 불합리하다고 판단하는 경우, 그 사유를 명시하여 서면으로 이의제기할 수 있다(조달청 군수품 정부품질보증 업무규정 제21조 제3항). 이는 협력업체 등에도 똑같이 적용된다(조달청 군수품 정부품질보증 업무규정 제21조 제4항).

시정조치는 요청사유, 발생일자, 회신기간 등을 정하여 요구한다(조달청 군수품 정부품질보증 업무규정 제21조 제5항 참조).

3) 효과

가) 시정조치 방법

시정조치 방법은 요구내용의 중요성과 시정조치 빈도에 따라 다음 표와 같이 4가지 방법으로 분류하고, 납품품목에 해당하는 사항은 납품 전까지 완료되어야 한다(조달청 군수품 정부품질보증 업무규정 제21조 제5항).

1. 제1방법
   현장에서 즉시 결함시정이 가능한 경미한 사항에 대한 시정조치 방법으로서, 담당공무원은 구두로 계약상대자에게 요구하고 요구사항 및 시정조치 결과를 "정부품질보증일지"에 기록 유지한다.
2. 제2방법
   현장에서 결함에 대한 원인을 즉시 제거할 수 없는 다음과 같은 사항에 대한 시정조치로서, 문서로 계약상대자에게 시정사항을 요구한다.
   가. 미흡한 업체 품보계획서의 보완 요구
   나. 계약상대자 품질경영체제 평가 및 프로세스 검토 결과 시정요구사항
   다. 정부 제품확인감사에 대한 계약상대자의 준비미흡 및 발견된 규격불일치품의 결함시정
   라. 제1방법에 의한 시정조치를 이행하지 않을 경우
3. 제3방법
   중요품질 문제에 대하여 결함 및 원인의 제거를 요구하는 시정조치로서. 담당공무원은 문서로 계약상대자의 대표자에게 통보하며 그 해당내용은 다음과 같다.
   가. 중요한 품질결함 사항

나. 제출하여야 할 업체 품보계획서를 제출하지 않은 경우
다. 반복되는 동일한 품질결함의 시정
라. 제2방법에 의한 시정조치를 이행하지 않을 경우
4. 제4방법
계약요구조건에 일치하는 제품생산이 불가능하거나, 업체가 품질보증 노력이 없어 제품 품질보증이 어려울 경우 또는 계약조건에 위배되는 사항(단순 행정착오 등 제외)을 발견하였을 경우의 시정조치로서, 담당공무원은 계약상대자에게 해당 계약건에 대한 모든 품질보증활동의 일시 중단을 통보하고, 계약이행 불가사항을 검토하여 계약부서에 통보한다.

나) 경고장 발부

급식류인 경우, 별표6과 같은 계약조건 위반사항이 발생하면, 계약담당공무원은 계약상대자에게 위에서 경고장을 발부하고, 계약부서에 그 사실을 통보해야 한다. 이는 계약특수조건에 조달품질원이 경고장을 발부할 수 있다고 명시한 경우에만 적용된다(조달청 군수품 정부품질보증 업무규정 제21조 제6항).

마. 그 밖에 조치

1) 규격불일치품

계약상대자는 계약이행 과정에서 원자재, 제조 프로세스, 제품 특성이 계약기술요구조건과 일치하다는 것을 보증해야 하며, 규격불일치품 생산과 위조부품 사용 방지를 위해 최선의 노력을 해야 한다(조달청 군수품 정부품질보증 업무규정 제22조 제1항). 따라서 규격불일치품은 수락될 수 없다. 그러나 규격불일치품이라도 방위사업청이나 각 군에서 경제성, 긴급성 등을 고려해 국가에 이익이 된다고 판단하면, 방위사업청 표준화 업무지침에 근거한 규격완화나 면제 처리 결과에 따를 수 있다(조달청 군수품 정부품질보증 업무규정 제22조 제2항).

한편, 계약상대자는 자체 생산, 검사 단계에서 발생한 규격불일치품이나 담당공무원의 제품확인감사에서 발견된 규격불일치품을 규격일치품과 식별·분류하여 관리해야 한다(조달청 군수품 정부품질보증 업무규정 제22조 제3항). 또한, 위조부품을 식별한 경우에는 즉시 담당공무원에게 발견현황을 제출해야 하며, 이를 별도로 분류하여 생산에 유입되지 않도록 관리해야 하고, 담당공무원은 계약부서에 발견현황을 제출해야 한다(조달청 군수품 정부품질보증 업무규정 제22조 제6항). 담당공무원은 사용자의 생명·신체에 위해를 끼치거나 끼칠 우려가 있다고 판단되는 결함을 인지하면, 즉시 계약부서에 그 현황을 제출해야 한다(조달청 군수품 정부품질보증 업무규정 제22조 제7항).

그 밖에 수정·보완이 곤란한 규격불일치품 처리절차는 다음과 같다(조달청 군수품 정부

품질보증 업무규정 제22조 제5항).

1. 계약상대자는 확인된 규격불일치품에 대해 자체 검토, 심의 후 방위사업청장(국방기술진흥연구소장)에게 불합격 조치나 수락을 위한 면제 제안을 할 수 있으며, 불합격이나 수락을 위한 면제 여부는 방위사업청장의 판정 결과에 따른다. 여기서 면제란 제품생산 도중이나 검사를 받기 위해 제출한 후, 규격서나 시방서와 다른 것이 발견되었으나 그 상태 그대로 수정 보완 후 사용 가능하다고 보아 그 제품을 합격으로 인정하는 것을 말한다.
2. 규격불일치품이 불합격품으로 판정되면 불합격품 처리방법에 따른다.
3. 업체가 규격불일치품을 대상으로 면제를 제안하면, 형상관리부서(방위사업청, 각 군)의 판정에 따른다.
4. 위 면제 심의에 따라 감액수납이 결정된 경우에는 방위사업청장이 별도로 정한 "감액처리절차"에 따른다.

2) 외부기관 시험의뢰

계약상대자는 자체 품질확인을 할 때, 자체 시설이나 인력으로 제품의 성능이나 품질확인을 할 수 없다면, 공인시험기관 등에 해당 시험을 의뢰할 수 있다. 다만, 이화학시험은 원칙적으로 공인시험기관 등 외북관을 이용한다(조달청 군수품 정부품질보증 업무규정 제23조 제1항).

동일계약번호로 계약된 동일품목의 금액이 3,000만 원 이하인 계약품목(협력업체는 하도급계약품목)인 경우나 공인시험기관 시험분석 의뢰에 따라 발생하는 비용이 해당 계약금액(협력업체는 하도급계약금액)의 2% 이상인 경우에는 협력업체나 업체 자체시험성적 확인으로 대체할 수 있다(조달청 군수품 정부품질보증 업무규정 제23조 제2항 제1호, 제2호).

업체가 제출한 성적서의 신뢰성 검증이 필요한 경우에는 담당공무원이 공인시험기관에 시험분석을 의뢰할 수 있고, 그에 들어가는 비용은 계약상대자가 부담한다(조달청 군수품 정부품질보증 업무규정 제23조 제3항).

3) 정부품질보증활동을 위한 이화학시험 및 측정 등

정부품보계획에서 제품확인감사 대상으로 선정한 품목의 이화학시험 및 측정 등 일반사항은 다음과 같다. 즉, ① 이화학시험 및 측정 등은 원칙으로 공인시험기관을 이용하되 업체 자체나 협력업체의 시험시설 등도 이용할 수 있다. 다만, 업체 자체 시험시설과 협력업체 시험시설을 이용할 경우 국방품질경영체제 요구사항(KDS 0050-9000) 7.1.5.3(내부시험) 요건을 충족해야 한다. 그리고 ② 모든 시험에 사용되는 시료는 로트별로 구분 채취해야 하며, 채취된 시료는 로트의 품질특성을 대표할 수 있어야 한다(조달청 군수품 정부품질보증 업무규정 제24조 제1항 제1호, 제2호).

담당공무원은 정부품보계획서에 따라 시료를 채취한 후 식별표시를 하고, 봉인하며(조달청 군수품 정부품질보증 업무규정 제24조 제2항 제1호), 시험기관에 시험을 의뢰하고, 시험결과의 검증을 위하여 시료 보관기간 기준표와 같이 일정기간 동안 시험기관이나 계약상대자가 예비시료를 보관한다. 다만, 업체 자체 시험시설을 이용할 경우는 별도 시험의뢰 절차를 생략할 수 있다(조달청 군수품 정부품질보증 업무규정 제24조 제2항 제2호).

4) 합·불합격품 처리

계약상대자는 품질경영체제문서를 제출할 때 국방품질경영체제 요구사항(KDS 0050-9000) 8.7.3.(불합격품의 관리)요건을 충족하는 내용을 반드시 포함해야 한다. 또한, 납품 후 재고량은 품질이 변질되지 않은 경우 다음 계약에 사용할 수 있으며, 업체는 업체품질보증계획서에 재고품의 사용계획을 포함하여 제출한다(조달청 군수품 정부품질보증 업무규정 제25조 제1항).

담당공무원은 필요한 경우 업체품질보증계획서의 불합격품 관리 방안의 이행상태를 확인한다. 다만, 업체는 불합격 품목을 민수용으로 전환할 경우 군용표시를 제거해야 하며, 군복 및 군용장구의 단속에 관한 법률 적용대상에 해당하면 같은 법에서 정한 바에 따라야 한다(조달청 군수품 정부품질보증 업무규정 제25조 제2항).

5) 선납후검

군의 긴급소요에 따라 방위사업청장이 조달품질원장의 제품 합격 판정 이전에 납품을 요청하는 경우, 담당공무원은 납품 기간 내에 확인할 수 없는 시험항목 등의 사후 제품확인감사를 위해 시료를 채취한 후 납품 조치한다(조달청 군수품 정부품질보증 업무규정 제32조 제1항). 이에 따라 납품하는 업체는 제품보증서를 제출해야 하며, 납품 후 채취된 시료를 대상으로 제품확인감사나 시험을 실시한 결과 규격불일치가 나온 경우 앞에서 본 규격불일치품 처리절차에 따라야 한다(조달청 군수품 정부품질보증 업무규정 제32조 제2항). 담당공무원은 선납후검에 대한 정부품질보증 완료 후 계약부서에 해당 결과를 통보해야 한다(조달청 군수품 정부품질보증 업무규정 제32조 제3항).

7. 정보품질보증결과 보고서와 검사조서 발급

담당공무원은 정부품질보증이 완료되면 정부품질보증결과보고서를 작성하여 계약특수조건에 따라 검사조서나 물품 및 납품영수증을 발급한다(조달청 군수품 정부품질보증 업무규정 제27조). 계약상대자는 계약이행 관련 품질보증서류의 보관이나 보존 책임을 부담하며, 담당공무원의 열람을 보장해야 한다(조달청 군수품 정부품질보증 업무규정 제28조).

8. 위험추적과 피드백

담당공무원은 계약품목의 정부품질보증을 완료한 후 정부품질보증 결과, 하자 등 품질 자료를 수집·분석하여 이미 식별된 위험이 정부품질보증을 거쳐 적절히 처리되었는가를 추적하며, 필요하면 추적결과를 위험식별 및 처리방안에 반영한다. 그리고 정부품질보증 과정에서 계약상대자의 주요 품질경영체제나 생산 프로세스 변경에 따라 추가 위험이 식별된 경우에는 수시로 위험식별 및 처리방안에 이를 반영할 수 있다. 결국 담당공무원은 위와 같은 위험추적을 거쳐 위험처리나 변경 여부를 파악하여 정부품질보증에 반영하는 등 지속적인 위험관리를 수행해야 한다(조달청 군수품 정부품질보증 업무규정 제29조 제1항부터 제3항).

9. 품질정보관리

담당공무원은 향후 정부품질보증과 품질개선 자료로 활용하기 위해 정부품질보증 과정에서 수집한 위조부품 현황 등 다양한 품질정보를 전자조달시스템으로 관리할 수 있다. 계약상대자는 담당공무원이 요청하면 생산과정 등에서 획득한 품질정보를 제공해야 한다(조달청 군수품 정부품질보증 업무규정 제30조 제1항, 제2항).

Ⅳ. 전시동원물자 품질보증

1. 기본방침

전시 정부품질보증활동은 원칙적으로 평시와 똑같이 수행하나, 전시 중앙조달 물자의 소요 긴급도를 고려하여, ① 초긴급(정부 품질보증활동 전체 생략 시 납품가능)인 경우, 일체 품질보증활동을 생략하고, ② 긴급(정부 품질보증활동 일부 생략 시 납품가능)인 경우, 일부 품질보증활동을 생략하며, ③ 정상인 경우, 평시 절차를 적용하는 방법으로 조정하여 수행한다(조달청 군수품 정부품질보증 업무규정 제34조 제1항 제1호부터 제3호). 담당공무원은 전시 품질보증활동 수행을 위해 품질보증계획을 수립한다(조달청 군수품 정부품질보증 업무규정 제34조 제2항).

2. 전시 품질보증계획수립

담당공무원은 매년 전시 동원물자와 방산물자 소요가 국방부장관, 방위사업청장으로부터 통보되면 접수 후 1개월 안에 전시품질보증계획을 수립한다(조달청 군수품 정부품질보증 업무규정 제35조 제1항). 담당공무원은 통보된 전시 품질보증 대상 품목별 정부품보계획을 수립하여 방위사업청장에게 통보한다(조달청 군수품 정부품질보증 업무규정 제35조 제2항).

Ⅴ. 하자처리

1. 의의

하자처리란 하자품이 발생했을 때 보고절차, 보고된 하자품에 대한 기술조사와 분석, 군 재산권 복구를 위한 요구와 이행상태 감독, 행정조치 등 과정을 총칭한다(조달청 군수품 정부품질보증 업무규정 제2조 제32호). 여기서 하자란 계약 요구조건과 일치하지 않는 사항으로, 계약상대자 잘못으로 발생한 제품의 결함, 수량 부족, 손상, 다른 종류 물품, 기능이나 성능의 미충족 등을 말하고(조달청 군수품 정부품질보증 업무규정 제2조 제31호), 하자품이란 군수품의 치수, 재질, 성능, 시험결과 확인된 품질 따위가 기술자료에서 규정한 수치나 수준에 미달하여 계약조건을 충족하지 못하는 제품을 말한다(조달청 군수품 정부품질보증 업무규정 제2조 제33호).

국방기술진흥연구소장은 계약서에 명시된 품질보증기간 중에 배치·운영단계에서 성능, 신뢰도, 사용편의성 등 사용자의 요구를 충족하지 못한다고 제기된 불만사항 중 '하자'를 분류하여 조달품질원장에게 통보한다(조달청 군수품 정부품질보증 업무규정 제36조).

2. 처리방법

하자를 처리하는 방법은 ① 제품을 별도로 생산·구매하여 납품하거나, 품질이 보증되는 재고품으로 교체하는 신품교체, ② 하자발생 장소에서 정비, 수리, 구성품 교환 등으로 하자를 해소하는 정비·수리, ③ 하자가 발생한 제품을 수거하여 잘못된 부분을 수정하여 납품하는 수정납품, ④ 하자내용이 수량부족, 일부 부품 누락이어서 해당 품목을 보충하는 보충이 있다(조달청 군수품 정부품질보증 업무규정 제37조 제1항 제1호부터 제4호).

다만, 소요군이 수납하면서 결함 여부를 판단할 수 있는 포장, 표시, 수량, 육안식별이 가능한 다른 종류 물품, 부품 누락 사항 등은 각 군과 업체가 직접 협조하여 처리한다. 그러나 납품 후에 발생한 하자는 제37조가 정한 방법과 절차에 따라 처리한다(조달청 군수품 정부품질보증 업무규정 제38조 제1항, 제2항).

한편, 선납후검 품목은 납품 후 시험결과 불합격 판정이 있으면 제37조에 따라 처리하되, 소요군에서 이미 사용하여 1:1 교체나 수정납품이 불가능하면 해당 내용을 계약부서에 통보한다(조달청 군수품 정부품질보증 업무규정 제39조).

3. 처리절차

하자 처리절차는 다음과 같다(조달청 군수품 정부품질보증 업무규정 제37조 제2항 제1호부터 제7호).

첫째, 담당공무원은 국방기술진흥연구소장으로부터 하자처리 요청을 받으면 해당 업체에게 하자조치요구서(하자내용 명시, 필요한 경우 기술검토 내용 포함)를 통보하고, 7근무일 안에 하자조치계획서를 제출하도록 요청한다. 계약상대자는 하자조치계획서에 같은 제조방법이나 같은 로트의 제품 등과 같이 같은 하자가 있으리라 예상되는 제품에 대한 조치계획도 포함해야 한다.

둘째, 업체는 하자 내용에 따라 하자조치계획서에 명시한 처리방법으로 하자처리를 완료하고, ① 신품교체인 경우 정부품질보증활동이 완료된 제품으로 하자품을 교체 후 부대 출납관이나 정비/보급관계관의 확인서를, ② 정비·수리인 경우 해당부대 지휘관이나 정비/보급 관계관의 확인서를 첨부하여, 그 처리결과(하자처리결과보고서)를 조달품질원장에게 제출한다.

셋째. 담당공무원은 업체에서 제출한 하자처리결과보고서를 하자요청 기관과 계약부서에 통보한다. 다만, 수량부족, 다른 종류 물품 혼입 등과 같이 후속조치가 불필요할 경우에는 기술검토 결과서를 생략할 수 있다.

넷째, 담당공무원은 업체의 하자처리가 조치 예정일 이내에 이행되지 않을 경우 최단기간 내에 처리하도록 업체를 독려한다.

다섯째, 담당공무원은 ① 계약상대자나 보증업체의 현물보상이 불가능하여 현금으로 변제하고자 하는 경우, ② 계약상대자나 보증업체가 하자처리를 거부하여 법에 따라 조치해야 하는 경우, ③ 계약상대자나 보증업체의 도산, 폐업 등으로 사실상 하자처리가 불가능한 경우 중 어느 하나에 해당하면, 계약부서에 하자내용과 처리불가 사유서, 증명서류 등을 통보한다.

여섯째, 담당공무원은 업체의 하자처리 결과를 검토·확인 후 확인서와 후속조치 계획 내용을 포함한 하자처리 결과서를 하자요청 기관과 계약부서에 통보한다.

일곱째, 담당공무원은 단순품질보증형(Ⅰ형), 선택품질보증형(Ⅱ형)에서 발생한 하자에 대하여 품질보증형태의 전환 필요성 여부를 검토하고, 전환이 필요하다고 판단하는 경우에 품질보증형태 결정절차에 따라 변경 처리한다.

제4장 / 특수한 물품조달제도

제1절 우수조달물품등 조달제도

Ⅰ. 서론

1. 의의

조달청장은 조달물자의 품질향상을 위해 성능·기술·품질이 일정 기준을 충족하는 물품이나 공동상표를 지정하여 고시할 수 있는데(조달사업법 제제26조 제1항), 여기서 물품은 우수조달물품을(이하 '우수제품'), 공동상표는 우수조달공동상표를 말한다(우수제품과 우수조달공동상표를 통칭하여 '우수제품등'이라고 표시한다).

이처럼 조달청장은 우수제품등 제도를 운영하는 주체로서, 효율적 제도 운영을 위해 수탁기관에게 지정기간 연장신청, 규격 추가 신청, 계약요청 서류 접수 등 사무를 위탁할 수 있다(우수조달물품 지정관리 규정 제27조). 이에 따라 조달청장은 전문성이나 수행능력 등을 고려해 해당 업무를 수행하기에 적합하다고 인정하는 다른 행정기관, 법인·단체, 개인에게 위탁할 수 있다(조달사업법 제33조 제1항, 같은 법 시행령 제43조 제2항 제2호 참조).

2. 연혁

우수제품등 지정제도는 성능·기능·품질 등이 뛰어난 중소기업 물품과 중소기업 공동브랜드를 지원하기 위한 것으로서, 2009. 12. 29. 법률 제9830호로 개정된 구 조달사업법은 조달청장으로 하여금 우수제품등을 지정하여 공공조달시장 진출을 정책적으로 지원하도록 하여 이를 처음 도입했다.

3. 개념

1) 우수제품

우수제품은 다음과 같은 요건을 갖춘 물품을 말한다.

가) 중소기업이나 일정한 중견기업이 생산한 물품

첫째, 우수제품은 ① 중소기업기본법 제2조 제1항에 따른 중소기업 또는 ② 중견기업 성장촉진 및 경쟁력 강화에 관한 특별법 제2조에 따른 중견기업 중 매출액 규모, 중견기업이 된 이후 기간 등 대통령령으로 정하는 기준을 충족하는 기업이 생산한 물품이다.

이 가운데 ② 중견기업 성장촉진 및 경쟁력 강화에 관한 특별법 제2조에 따른 중견기업 중 매출액 규모, 중견기업이 된 이후 기간 등 대통령령으로 정하는 기준을 충족하는 기업이란, ㉮ 해당 기업이 판로지원법 제6조에 따라 지정된 중소기업자간 경쟁제품을 우수조달물품으로 지정받으려는 중견기업인 경우에는, 규모 확대 등으로 중소기업에 해당하지 않게 된 사유가 발생한 연도의 다음 연도부터 3년이 종료된 연도까지 연속하여 3년 이상 중소기업자간 경쟁입찰에 참여하여 납품한 실적이 있으면서도 위 기간이 종료된 연도의 매출액이 2천억 원 미만이라는 요건을 모두 갖춘 기업을 말하고, ㉯ 해당 기업이 그 밖에 중견기업인 경우에는, 규모 확대 등으로 중소기업에 해당하지 않게 된 사유가 발생한 연도의 다음 연도부터 3년 동안 중소기업으로 보는 기업으로서, 그 기간 만료 이후 3년이 지나지 않은 기업과 우수제품 지정연도 직전 3년 동안 연간 평균 매출액이 3천억 원 미만인 기업 중 어느 한 기업을 말한다(조달사업법 제26조 제1항 제1호 가목, 나목, 같은 법 시행령 제30조 제2항 제1호, 제2호 가목, 나목).

나) 성능·기술·품질 기준을 충족하는 물품

둘째, 우수제품은 일정한 성능·기술·품질 기준을 갖추어야 한다(조달사업법 제26조 제1항 제1호). 따라서 우수제품은 ① 특허발명(특허법), 등록실용신안(실용신안법), 등록디자인(디자인보호법)을 실시하여 생산한 물품 또는 신기술 적용 물품, 우수품질 물품, 환경친화적 물품, 자원재활용 물품 등 법령에 따라 주무부장관(주무부장관으로부터 위임받은 자 포함)이 인증·추천하는 물품 중 어느 하나에 해당하는 것이면서도, 아울러 ② 기술 중요도와 품질 우수성 등을 고려해 조달청장이 정하여 고시하는 기준을 충족해야 한다(조달사업법 시행령 제30조 제1항 제1호 가목, 나목).

그러나 음료품류·식료품류, 동물류·식물류, 무기·총포·화약류 등으로서 조달청장이 적합하지 않다고 인정하여 고시하는 물품은 제외한다(조달사업법 시행령 제30조 제1항 단서).

다) 물품, 소프트웨어

셋째, 우수제품은 조달사업법 시행령 제30조 제1항에 해당하는 물품이나 소프트웨어로 신청인의 경쟁입찰참가자격등록증에 제조물품으로 등록된 것으로 한정한다(조달사업법 제26조 제1항 제1호, 우수조달물품 지정관리 규정 제4조 제1항 참조). 따라서 물품이나 소프트웨어가 아닌 용역과 공사는 포함되지 않는다.

2) 우수조달공동상표

우수조달공동상표란, 5인 이상 중소기업자가 판매활동을 강화하기 위해 개발·보유한 공동상표로서, 기술과 품질인증 등이 우수제품 지정기준을 충족하고, 공동상표에 참여하는 중소기업자 중 우수제품을 생산하는 자가 조달청장이 정하는 수 이상이라는 요건을 모두 충족하는 것을 말한다(조달사업법 제26조 제1항 제2호, 같은 법 시행령 제31조 제1항, 제2항 제1호, 제2호).

4. 내용

조달청장은 신청에 따라 법령상 기간을 정하여 우수제품등을 지정할 수 있고, 지정된 우수제품등을 전자조달시스템에 등록한다. 또한, 우수제품등의 구매증대와 판로 확대를 위해 국내외 홍보, 수출지원, 수요기관을 위한 계약체결 등 조치를 할 수 있다(조달사업법 시행령 제30조, 제31조 참조). 그 밖에 우수제품등 지정기준, 지정절차, 지정기간 연장 등 필요한 사항은 조달청장이 고시하는 우수조달물품 지정관리 규정과 우수조달공동상표 물품 지정 관리규정에서 자세히 정하므로, 아래에서 우수제품제도와 우수조달공동상표제도를 구분하여 살펴보기로 한다.

Ⅱ. 우수제품제도

1. 개요

우수제품제도는 ① 지정, ② 계약, ③ 관리로 구성된다. 특히, 우수제품 지정은 공법 영역에, 우수제품 계약은 사법 영역에 각각 해당하기 때문에, 두 절차를 구분할 실익이 크다.

〔우수조달물품 지정·관리 규정 개정내용〕

가. 개정목적

우수제품기업이 단순히 변경·개량한 기술제품을 우수제품으로 지정받는 한편, 수의계약에 지나치게 안주하는 경향에 따라 기술개발을 장려한다는 본래 우수제품 취지를 살리기 부족하다는 문제와 일부 기업이 지나치게 수주를 독점하거나 추가선택품목을 과도하게 납품하는 문제 등을 해결하여, 기업의 기술혁신과 적극적인 해외시장 개척 등을 유도하고, 기술력 있는 우수제품을 지정해 경쟁력 있는 조달 강소기업을 육성한다는 정책적 목표에 따라 개정했다.

나. 주요 개정사항

1) 지정심사를 기술 위주 평가항목으로 정비하고, 심사방식도 개선했다.
2) 신규 지정기업에게는 심사기준을 완화하여 성장을 유도하고, 기존 기업에게는 지정심사나 지정기간 연장 등을 위한 심사기준을 강화하여 진입 장벽을 낮추었다.
3) 특정 기업이 장기간 과도하게 납품하거나 특정 세부품명의 우수제품 납품비중이 과도한 경우, 이러한 과점구조를 해소하기 위해 경쟁을 강화하려는 조치를 규정했다.
4) 추가선택품목을 포함하여 우수제품을 지정하려는 경우, 핵심기술 구현에 필수적인 구성품과 예비품 등으로 추가선택품목을 한정했다.
5) 우수제품업체에게 유리하도록 지정기간을 최대한 보장하도록 개선했다.

2. 우수제품 지정제도

가. 의의

조달청장은 조달물자 품질향상을 위하여 우수제품등을 지정하여 고시할 수 있다(조달사업법 제26조 제1항). 이처럼 우수제품 지정은 조달물자의 품질향상과 중소·벤처기업의 판로를 지원하기 위해 성능·기술이나 품질이 뛰어난 물품을 지정하는 제도이다.[1] 우수제품 지정제도 운영과 관련한 주요사항은 조달청 계약심사협의회(이하 '계약심사협의회')에서 심의한다(우수조달물품 지정관리 규정 제23조).

한편, 조달청장은 우수제품지정관리제도를 운용하면서 정부 시책 등 국가적 정책방향을 반영할 수 있다(우수조달물품 지정관리 규정 제47조 제2항).

나. 법적 성격

우수제품은 일반경쟁제품과 달리 국내외 홍보, 수출지원, 수요기관을 위한 계약체결 등 구매증대, 판로확대를 위한 조달청장의 지원을 받을 수 있으며,[2] 그 지정을 받으면 수의계약을 체결할 수 있는 등 여러 가지 혜택이 따른다. 따라서 우수제품 지정은 수익적 행정처분으로서 성질을 가진다고 본다.[3]

---

1) 대전고등법원 2023. 1. 12. 선고 2022누11079 판결.
2) 우수조달물품 지정관리 규정 제28조(우수제품 홍보 등) 조달청장은 우수제품의 종합적인 판로지원 및 홍보를 위하여 다음 각 호와 같은 활동을 할 수 있다.
   1. 우수제품 전시회 주최
   2. 우수제품제도의 안내를 위한 인쇄물, 제품목록 등의 제작·배포
   3. 우수제품의 기술 및 품질에 대한 지속적인 개선·개량 등을 위하여 필요한 지원사항
   4. 국가종합전자조달시스템(www.g2b.go.kr)의 조달우수제품 클럽 운영·관리 지원
   5. 우수제품 해외시장 판로개척을 위한 홍보
3) 대전지방법원 2018. 11. 14. 선고 2017구합100153 판결.

다. 지정신청

1) 우수제품 지정계획 공고

우수제품 지정과 관련한 세부사항은 우수제품 지정계획 공고에 따른다(우수조달물품 지정관리 규정 제6조 제1항).

2) 신청인

가) 자격

신청인은 조달사업법 제26조 제1항 가·나목, 같은 법 시행령 제30조 제2항 제1호, 제2호 가·나목에서 정한 기업이다. 협업체인 경우에는 추진기업이 신청인이 된다(우수조달물품 지정관리규정 제3조 제1항).

한편, 신청인은 특허, 등록실용신안 권리자(전용실시권자 포함)이거나 주무부장관(주무부장관으로부터 위임받은 자 포함)이 지정하는 기술인증을 받은 자로서 신청제품 제조와 조달 납품에 필요한 모든 인증, 권리, 권한을 보유한 자여야 한다(우수조달물품 지정관리규정 제3조 제1항). 이 경우 특허·실용신안 등록권리자는 법인명이나 개인사업자 대표자명으로 등록되어 있어야 하며, 전용실시권자라면 실시지역은 '대한민국', 실시내용은 '특허법, 실용신안법 제2조 제3호에서 정한 일체 실시행위'여야 한다.

적용기술(신제품, 신기술에 수반된 기술 포함)의 권리자가 공동권리자인 경우, 신청인은 나머지 공동권리자와 '조달청 우수제품 신청, 지정 후 계약체결 등 모든 행위를 신청인만 한다.'는 약정서를 작성하여, 조달청장에게 해당 약정서를 제출해야 한다. 그러나 공동권리자가 대기업이라면, 위 약정서를 제출하지 않을 수 있다(우수조달물품 지정관리 규정 제3조 제3항).

나) 부적격

중소기업자간 경쟁입찰 참가자격 유지나 공공조달시장 점유율 확대 등을 목적으로 분할 등을 하였다고 중소벤처기업부장관이 인정한 중소기업은 분할일로부터 3년 동안 우수제품을 신청할 수 없다(판로지원법 제8조의2 제1항 제1호 나목, 우수조달물품 지정관리 규정 제3조 제4항).

그리고 신용평가등급에 따른 경영상태 평가 결과 '부적합'인 자와 입찰참가자격제한 중인 자 중 어느 하나에 해당하는 자는 우수제품 지정을 신청할 수 없다(우수조달물품 지정관리 규정 제3조 제5항 제1호, 제2호).

다) 협업승인

(1) 협업체와 협업사업

신청인은 다른 기업과 협업하여 원자재 구매, 제품개발, 생산, 판매할 수도 있는데, 이러한 협업을 위해 2개 기업이 협업계약을 체결하여 결성한 기업군을 협업체라 한다(우수조달물품 지정관리 규정 제2조 제8호). 즉, 협업체 추진기업은 참여기업과 제품개발, 원자재 구매, 생산, 판매 등에서 각각 전문적인 역할을 분담하고 상호보완하여 제품을 개발·생산·판매하거나 서비스를 제공하는 협업사업을 수행한다(우수조달물품 지정관리 규정 제2조 제8호). 여기서 추진기업이란 중소기업 기본법 제2조에 해당하는 중소기업자로서 협업사업을 주도하여 추진하는 기술보유기업을, 참여기업이란 중소기업 기본법 제2조에 해당하는 중소기업자나 중견기업 성장촉진 및 경쟁력 강화에 관한 특별법 제2조 제1호에 해당하는 중견기업으로서 협업체에 참여하여 협업사업을 수행하는 제조기업을 각 지칭한다(우수조달물품 지정관리 규정 제2조 제9호, 제10호).

(2) 협업승인신청과 제외

조달청장은 협업승인을 신청한 협업체(추진기업과 1개 참여기업)에게 협업을 승인을 할 수 있다(우수조달물품 지정관리 규정 제5조 제1항). 따라서 협업승인을 받으려는 추진기업은 1차 심사 통과사실을 통보받은 후 7일 이내에 협업승인신청을 해야 한다(우수조달물품 지정관리 규정 제5조 제2항 본문).

다만, ① 신청제품(세부품명)을 위한 직접생산증명서가 유효하지 않은 경우, ② 신청제품과 관련한 소송 등이 진행 중인 경우, ③ 신청제품이 중소기업자간 경쟁제품이면서, 참여기업이 중소기업 성장 촉진 및 경쟁력 강화에 관한 특별법 제2조 제1호에 따른 중견기업인 경우, ④ 추진기업이 생산물품에 대한 제조등록을 보유한 경우 중 어느 하나에 해당하면 협업승인신청 대상에서 제외한다(우수조달물품 지정관리 규정 제5조 제2항 단서 제1호부터 제4호).

(3) 협업승인변경

협업체로서 우수제품 지정을 받은 추진기업은 ① 폐업·부도, 부정당업자제재 등으로 참여기업이 우수제품 생산·공급을 지속할 수 없는 경우, ② 협업체 사이에 협업계약서 내용변경 등이 있는 경우, ③ 그 밖에 우수제품 생산 등과 관련하여 협업체 유지가 곤란한 경우 중 어느 하나에 해당하면, 조달청장에게 협업승인변경을 신청할 수 있다(우수조달물품 지정관리 규정 제5조 제3항 제1호부터 제3호). 과거에는 협업승인변경 범위에 협업승인 취소까지도 포함하는지 논란이 있었으나, 우수조달물품 지정관리 규정 제5조 제3항은 '신청에 의한 협업 취소를 포함한다.'고 명시했으므로, 협업승인 변경신청은 협업승인 취소신청까지 포함하는 개념이다.

(4) 추진기업의 책임

추진기업은 우수제품 신청·지정·관리 그 밖에 협업체 관리 등 모든 사항을 책임진다(우수조달물품 지정관리 규정 제5조 제4항).

3) 신청대상

신청대상은 조달사업법 시행령 제30조 제1항에 해당하는 물품과 소프트웨어로, 신청인의 경쟁입찰참가자격등록증에 제조물품으로 등록된 제품에 한정한다(우수조달물품 지정관리 규정 제4조 제1항 본문).

가) 세부요건

조달사업법 시행령 제30조 제1항에 따른 지정 대상의 세부 요건은 다음과 같다(우수조달물품 지정관리 규정 제4조 제2항 제1호부터 제6호).

① 최초 지정일로부터 3년 이내에 산업기술혁신 촉진법에 따라 주무부장관(주무부장관으로부터 위임받은 자 포함, 이하 같음)으로부터 인증받은 신제품(NEP)이나 신제품(NEP)을 포함한 제품
② 최초 지정일로부터 3년 이내에 산업기술혁신촉진법 등에 따라 주무부장관으로부터 인증받은 신기술(NET 등)이 적용된 제품
③ 특허법에 따른 등록일로부터 7년 이내의 특허 또는 실용신안법에 따른 등록일로부터 3년 이내의 등록실용신안이 적용된 제품
④ 저작권법에 따른 저작권등록된 소프트웨어로서 소프트웨어 산업 진흥법에 따른 우수품질 소프트웨어 인증제품(GS)
⑤ 과학기술기본법 등 관계 법령에 따른 연구개발 사업을 추진하는 기관장과 조달청장이 공동으로 시행한 기술개발 지원사업에 따라 기술개발에 성공한 제품
⑥ 조달청장이 구매하여 실증한 결과 성공으로 판정한 혁신제품으로서 판정일로부터 3년이 경과하지 않은 것

그리고 조달청 공고 공공조달최소녹색기준제품에 해당하는 제품은 최소녹색기준에 적합해야 한다(우수조달물품 지정관리 규정 제4조 제4항).

〔신청제품 특례〕

조달청장은 위에서 나열한 신청제품 말고도, 다양한 기술개발제품의 판로를 지원하기 위해 ① 특허법에 따른 특허발명·실용신안법에 따른 등록실용신안·디자인보호법에 따른 등록디자인을 실시하여

생산한 물품과 신기술 적용 물품·우수품질 물품·환경친화적 물품·자원재활용 물품 등 법령에 따라 주무부장관이나 주무부장관 위임을 받은 자가 인증하거나 추천하는 물품 중 어느 하나에 해당하는 물품으로서, ② 기술 중요도와 품질 우수성 등을 고려해 조달청장이 정하여 고시하는 기준을 충족하는 물품(조달사업법 제26조 제4항, 조달사업법 시행령 제30조 제1항 본문 제1호 가목, 나목, 제2호)을 대상으로 우수제품을 지정할 수 있다(우수조달물품 지정관리 규정 제4조의2 제1항). 이를 우수제품 시범사업이라 하는데, 조달청장은 위 시범사업을 실시하려면, 조달청 홈페이지에 시범실시 대상 제품의 종류, 신청절차, 지정기준을 사전 공고해야 한다(우수조달물품 지정관리 규정 제3조의2 제2항).

나) 추가선택품목

추가선택품목이란 우수제품에 포함된 구성품이나 예비품 등으로서 본품과 구분되는 제품을 말하는데(우수조달물품 지정관리 규정 제2조 제14호), 신청인은 신청대상 제품의 핵심기술 구현에 필수적인 구성품이나 예비품 등을 추가선택품목으로 포함하여 지정신청 할 수 있다(우수조달물품 지정관리 규정 제4조 제5항 본문). 따라서 핵심기술 구현에 필수적이지 않은 구성품이나 예비품 등은 지정신청 대상이 아니다. 또한, 다수공급자계약이 체결된 물품(물품식별번호 기준)도 신청대상인 추가선택품목에서 제외한다(우수조달물품 지정관리 규정 제4조 제5항 단서). 나아가 추가선택품목이 중소기업자간 경쟁제품에 해당하면, 신청인은 해당 제품을 직접 생산해야 한다(우수조달물품 지정관리 규정 제4조 제6항).

다) 제외

위와 달리, ① 핵심 적용기술이 시공·설치 등과 관련한 기술인 제품, ② 같은 세부품명번호(10자리)를 기준으로 4회 이상 1차 심사에서 탈락한 기술이 적용된 제품, ③ 기존 우수제품과 용도나 적용기술, 물품식별번호가 같은 제품(다만, 같은 용도의 제품이라고 새로운 적용기술이 추가된 경우는 제외), ④ 이동이나 설치·시공 과정에서 성질이나 상태 등의 변형 가능성이 높은 제품, ⑤ 조달사업법 시행령 제30조 제1항 단서에 해당하는 물품이나 그 구성품, 유류, 의약품, 농약 등, ⑥ 제품규격서상 주요자재소요량에 기재된 부품 중 외국산 부품에 대한 원가계산서상 직접재료비 비율이 50%를 초과하는 제품(다만, 신기술서비스업무심의회 심의를 거쳐 예외로 인정되는 경우는 제외), ⑦ 적용된 특허나 실용신안의 실시지역이 대한민국이 아닌 제품은 신청대상에서 제외한다(우수조달물품 지정관리 규정 제4조 제3항 제1호부터 제7호).

라) 물품식별번호 발급

신청인은 2차 심사 전까지 신청제품을 대상으로 물품목록법에 따른 물품식별번호를 발급받아야 한다(우수조달물품 지정관리 규정 제4조 제1항 단서). 협업체가 신청하는 경우, 물품식별번호는 추진기업에게 부여한다.

4) 신청서류

가) 의의

신청인은 신청서류를 갖추어 우수제품 지정계획 공고에서 정한 방법에 따라 우수제품 지정을 신청해야 한다(우수조달물품 지정관리 규정 제6조 제1항). 우수제품 지정신청을 할 때 제출해야 하는 서류는 별표1로 정한다.

제출서류는 우수제품지정신청서 접수마감일 이전에 인정(발급)받은 것에 한정하며, 접수마감일 이후에는 제출받지 않는다. 다만, 보완요구에 따라 보완하는 서류는 접수마감일까지 제출한 것만 제출받는다.

특히 기술소명자료와 품질소명자료 중 어느 하나만 제출하거나 소프트웨어와 하드웨어로 구성된 물품인데도 하드웨어와 관련한 품질소명자료를 제출하지 않으면 이를 반려한다.

나) 중소기업 확인서 등

중소기업은 중소기업기본법 제2조에 따른 중소기업 확인서, 소기업 및 소상공인 지원을 위한 특별조치법 시행령 제2조에 따른 소상공인 확인서를 제출해야 하고, 조달사업법 시행령 제30조 제2항 제2호 가, 나목이 정한 각 중견기업은 중견기업성장촉진 및 경쟁력 강화에 관한 특별법 제25조에 따른 신청일 기준 1개월 이내 중견기업확인서를 제출하되, 조달사업법 시행령 제30조 제2항 제1호가 정한 기업은 해당 증명자료를 제출해야 한다. 그 밖에 경쟁입찰참가자격등록증, 신용평가등급확인서도 필수서류로 제출해야 한다.

다) 기술소명자료

기술소명자료란 우수제품 기술이 제품에 적용되었다는 사실을 소명하는 자료를 말하고(우수조달물품 지정관리 규정 제2조 제16호), 구체적인 내용은 아래와 같다.

신청제품	기술소명자료
① 산업기술혁신 촉진법에 따라 주무부장관(주무부장관으로부터 위임받은 자 포함)이 인증한 신제품(NEP)이나 신제품(NEP)을 포함한 제품 ② 산업기술혁신 촉진법 등에 따라 주무부장관이 인증한 신기술(NET 등)이 적용된 제품	인증서 사본과 관련 종합평가보고서(인증에 적용된 특허 등 등록증, 등록원부(등본)과 등록공보 사본 포함). 다만, 교통신기술 및 건설신기술 종합평가서(의견서) 제출 생략
특허법에 따른 특허나 실용신안법에 따른 등록실용신안이 적용된 제품	권리증서(등록증), 등록원부(등본)와 등록공보 사본

신청제품	기술소명자료
저작권법에 따른 저작권등록이 된 소프트웨어로서 소프트웨어 산업 진흥법에 따른 우수품질 소프트웨어 인증제품(GS)	GS인증서, 시험결과서, 저작권등록증(구 프로그램등록증), 프로그램등록부(접수 마감일 기준 최근 3개월 이내)
과학기술기본법 등 관계 법령에 따른 연구개발 사업을 추진하는 기관장과 조달청장이 공동으로 시행한 기술개발 지원사업에 따라 기술개발에 성공한 제품	관련기관이 발행한 연구개발사업 관련 증서나 평가보고서
조달청장이 구매하여 실증 결과 성공으로 판정된 혁신제품	성공판정을 받은 혁신제품 인증서, 성공 판정 공문, 혁신제품 규격서

특허나 실용신안등록원부는 신청서 접수일 기준 1개월 이내 발행분으로 제출해야 하며, 특허·실용신안 등록권리자는 법인이면 법인명으로, 개인사업자면 대표자명으로 등록되어야 한다. 전용실시권자는 실시지역 대한민국, 실시내용 특허법, 실용신안법이 정한 일체 실시행위여야 한다.

라) 품질소명자료

품질소명자료란 그 기술이 제품에 적용된 결과 발생하는 차별적인 품질·성능·조달제품으로서 별표1 '나'에 열거된 시험성적서·평가보고서에 해당하는 것을 말한다(우수조달물품 지정관리 규정 제2조 제17호).

품질소명자료는 ① 판로지원법에 따른 성능인증(EPC), ② 자원의 절약과 재활용촉진에 관한 법률에 따른 우수재활용인증(GR), ③ 환경기술 및 환경산업 지원법에 따른 환경표지(환경마크), ④ 산업기술혁신 촉진법에 따른 성능인증(K마크), ⑤ 소프트웨어산업 진흥법에 따른 우수품질 소프트웨어 인증(GS)(단, 물품으로 신청한 경우 GS인증을 제외한 추가 품질소명자료를 제출해야 인정), ⑥ 에너지이용 합리화법에 따른 고효율에너지 인증대상기자재(고효율에너지기자재)의 인증 표시, ⑦ 조달사업법 제18조에 따라 조달청장이 고시한 품질관리능력 평가기준에 적합한 자가 제조한 물품, ⑧ 소재·부품·장비산업 경쟁력 강화를 위한 특별조치법에 따른 신뢰성 인증, ⑨ 정보통신 진흥 및 융합 활성화 등에 관한 특별법 제17조에 따라 인증된 ICT 융합 품질인증제품에 대한 각 시험성적서·평가보고서를 말한다. 따라서 신청인은 각 해당하는 품질인증서 사본과 인증 관련 종합평가보고서, 공인시험기관(국가, 지방자치단체)의 시험성적서 등을 제출해야 하고, 다만, 품질보증조달물품인 경우 현장심사보고서 제출을 생략한다.

또한, 품질소명과 관련해 해당 인증을 받을 수 없거나 인증 취득에 오랜 기간이 들어가는 등 품질소명자료를 제출하지 못할 특별한 사정이 있다면, 국가표준기본법 제23조나 그 밖에 다른 법률에 따라 인정된 시험기관의 시험성적서(신청서 접수마감일 기준 2년 이내 자료에 한정)와 그 밖에 품질소명자료로 적합하다고 인정되는 자료(신청서 접수마감일 기준 2년 이내 자료에 한정) 중 어느 하나에 해당하는 자료를 품질소명자료로 제출할 수 있다. 다만, 시험성적서는 고가인 시험비용이 수반되고 제품 품질 변동이 없다고 인정할 수 있는 등 불가피한 때에는 2년 이상 경과한 것도 인정한다.

마) 관련법령상 인증 등

관련법령에 따라 사전에 형식등록, 안전 인증, 전자파적합등록 등이 필요한 제품을 신청하려는 자는 관련 등록이나 인증서 사본, 법적 의무 인증/지침 자가확인서를 제출해야 한다.

바) 그 밖에 신청서류

그 밖에도 신청인은 외국산 부품 사용 관련 확약서, 외국산 부품 사용 관련 지정제외 예외 신청서, 신청모델(규격)내역, 제품설명서, 구성대비표, 제품규격서, 기술·성능비교표, 약정서·기술적용확인표, 해외 진출실적 증빙서류, 신인도심사서 증빙서류, 별표5 서식에 따른 증빙서류(연장기간평가 기업만 제출), 제출서류 자가점검표, 사적 이해관계자 신고 서약서 등을 제출한다.

5) 규격서

신청자는 인증·특허등 적용기술, 기술소명자료와 품질소명자료에 맞도록 규격서를 작성해야 한다(우수조달물품 지정관리 규정 제12조 제3항).

6) 서류보완·신청반려·서류반환 등

조달청장은 신청서류 보완이 필요하면 기한을 정하여 신청인에게 그 보완을 요구할 수 있으며, 신청인이 이에 응하지 않거나 신청서류를 갖추지 못한 경우에는 해당 신청을 반려할 수 있다(우수조달물품 지정관리 규정 제6조 제3항). 신청제품이 우수제품이 아니거나 신청인이 기술소명자료나 품질소명자료를 제출하지 않은 경우에도 마찬가지다.

한편, 조달청장은 제출받은 신청서와 첨부서류를 신청인에게 반환하지 않되, 심사 등에 필요한 경우를 제외하고는 신청인의 동의 없이 그 내용을 공개하지 않는다. 다만, 심사에 앞서 이해관계인의 의견제출이 필요한 경우에는 이해관계인에게만 그 내용을 열람하게 할 수 있다(우수조달물품 지정관리 규정 제6조 제4항).

7) 신청기한

신청서류 제출기한은 지정신청서 접수마감일로 한다. 그리고 신청서류의 기간계산 등은 법령 등 다른 규정에서 달리 정한 것을 제외하고 우수제품 지정신청서 접수마감일을 기준으로 한다(우수조달물품 지정관리 규정 제6조 제5항).

라. 이해관계인 의견제출

1) 의의

조달청장은 우수제품 지정신청 제품에 대한 이해관계인의 의견을 제출받아서 지정 심사(규격추가 포함) 등에 활용할 수 있다(우수조달물품 지정관리 규정 제7조 제1항). 이해관계인은 신청제품과 관련이 있는 자나 신청제품의 적용 기술과 본인이 가진 기술이 서로 관련이 있는 자를 말한다(우수조달물품 지정관리 규정 제2조 제13호). 가령, 신청제품에 적용된 특허 등이 자신의 특허권을 침해한다고 주장하는 자와 같이 우수제품 지정에 따라 법적 이해관계를 가지는 자가 여기에 해당한다.

2) 절차

조달청장은 신청서류 접수마감일부터 1차 심사 전까지 일정기간 동안 조달청 인터넷 홈페이지에 제품 규격서를 공개할 수 있다(우수조달물품 지정관리 규정 제7조 제1항).

이에 따라 이해관계인은 신청제품에 대한 이해관계를 소명하고 의견을 제출할 수 있는데, 만약 이해관계 소명이 부족하면 조달청장이 제출 의견을 반려할 수 있다(우수조달물품 지정관리 규정 제7조 제3항).

조달청장은 위와 같이 이해관계인으로부터 의견을 접수하면, 신청인에게 이를 통보하고 소명기회를 주어야 한다(우수조달물품 지정관리 규정 제7조 제4항).

한편, 조달청장은 이해관계인의 의견이 있는 경우, 신청인과 의견제출인에게 신청제품에 대한 시험성적서, 유사제품과의 비교평가서 등 공인 시험기관이 발행한 객관적인 증빙자료 제출을 요구할 수 있다(우수조달물품 지정관리 규정 제7조 제6항).

3) 활용

조달청장은 제출받은 이해관계인 의견이나 소명을 심사에 활용할 수 있고, 필요하면 이해관계인에게 부가설명이나 추가 자료를 제출해 달라고 요구할 수 있다(우수조달물품 지정관리 규정 제7조 제5항).

마. 지정심사

1) 개요

우수제품 심사는 기술·품질, 신인도 등을 평가하는 1차 심사와 조달품목으로서 적합성 등을 평가하는 2차 심사로 구분하여 단계별로 실시한다(우수조달물품 지정관리 규정 제8조 제1항). 조달청장은 심사 과정에서 추가 설명·자료가 필요하다고 판단하면 관련자에게 추가 설명이나 자료를 요구할 수 있고, 여기서 추가 설명이나 자료는 제출된 제품규격서 내용과 같아야 한다(우수조달물품 지정관리 규정 제8조 제5항).

〔연장기간평가〕

조달청장은 ① 신청인이 같은 물품분류번호(8자리)에 속하는 제품으로 이미 지정받은 제품에 대한 기본 지정기간(지정연장기간은 제외)을 합하고, ② 합한 기간에서 지정이 중복된 기간을 제외하는 순서로 계산한 기본 지정기간의 누적이 7년 이상에 해당하면, 연장기간평가 대상으로 한다(우수조달물품 지정관리 규정 제8조의2 제1항).

연장기간평가는 지정심사와 함께 실시하며, 해당 평가 결과에 따라 최대 지정연장 허용기간을 정한다(우수조달물품 지정관리 규정 제8조의2 제2항). 평가항목이나 방법은 별표5에 따르는데(우수조달물품 지정관리 규정 제8조의2 제3항), 수출, 고용증가율, 기술개발 투자비율, 품질보증 조달물품으로 평가항목을 구분하고, 해당 평가항목을 충족하는 수에 따라 최대 3년까지 지정연장을 허용한다.

2) 1차 심사

가) 심사대상

(1) 분야별 분류

신청제품은 제품용도, 적용기술 등을 고려해, 전기전자, 정보통신, 기계장치, 건설환경, 화학섬유, 사무기기, 과기의료, 지능정보 등으로 분야를 분류하고, 분야별로 심사한다(우수조달물품 지정관리 규정 제9조 제2항).

(2) 신기술서비스국심의회 통과제품

심사대상은 신청제품 중 신기술서비스국심의회를 통과한 제품으로 한다(우수조달물품 지정관리 규정 제9조 제3항).

나) 심사방식

(1) 대면심사와 비대면심사

조달청장은 1차 심사 진행 전에 대면심사와 비대면 심사 중에서 심사방식을 결정하여 조달청 인터넷 홈페이지에 공지할 수 있다(우수조달물품 지정관리 규정 제9조 제1항).

(2) 심사과정 공개

조달청장은 심사의 공정성과 투명성을 위해 1차 심사과정을 개인정보나 경영·영업비밀을 보호하는 범위에서 공개·기록할 수 있다(우수조달물품 지정관리 규정 제9조 제7항).

다) 심사항목

(1) 기술·품질평가

기술·품질평가는 기술심의회 심사와 결정에 따른다(우수조달물품 지정관리 규정 제8조 제2항). 기술·품질심사를 위한 심사위원은 제품별로 미리 정해 둔 양식인 우수제품 지정 심사서에 따라 서류평가를 실시한다. 다만, 신청인이 같은 제품(물품식별번호 기준)으로 다시 지정신청한 경우에는 전회(前回)차 심사점수와 그 내용, 제품의 실질적 기술·품질 개선사항 등을 고려하여 평가해야 한다(우수조달물품 지정관리 규정 제9조 제4항).

그리고 기술·품질심사는 기술 개선 정도(현재 기술수준 대비 개선 정도)와 기술 차별화 정도(기존 우수제품 기술 대비 기술개발 수준) 등 기술심사와 해당 기술이 적용되어 발생되는 특별한 효과 등 품질심사, 그리고 4차산업혁명(지능정보기술) 기술관련성과 혁신성, 수요창출 가능성 등 기술가점으로 구성된다. 기존에는 기술배점과 품질배점이 50:50 이었는데, 기술 위주 평가를 위해 60:40으로 변경되었다. 기술가점은 최대 3점까지이다. 또한, 핵심기술 성능 확인이 어렵거나 기술과 품질의 소명자료 사이에 연계성이 부족하면 최대 3점 범위에서 감점할 수 있다.

한편, 지정신청 접수마감일 직전 1년 동안 신청제품과 같은 제품으로 기술·품질심사를 받은 경험이 있는 신청인은 기술·품질심사 생략을 요청할 수 있고, 이때는 직전 1년 동안 받은 심사 점수 중에 가장 높은 점수를 반영한다(우수조달물품 지정관리 규정 제10조 제1항). 다만, 위 요건에 해당하는데도 기술·품질심사 생략을 요청하지 않은 신청인은 지정신청 접수마감일 직전 1년 동안 심사점수와 이번 회차 심사점수 중 더 높은 점수를 선택할 수 있다(우수조달물품 지정관리 규정 제10조 제2항).

(2) 신인도 평가

신인도 평가는 소관부서 장의 심사에 따른다(우수조달물품 지정관리 규정 제8조 제2항). 수출실적, 기술·품질 인증, 기술개발 정책, 창업·혁신형 기업, 사회적 책임, 조달업무 유공업체 등은 가점항목이고, 우수조달물품 지정관리 규정 제29조 제2항에 따른 통보의무위반, 체불사업주 명단 공개자, 산업안전보건법 제10조에 따라 고용노동부장관이 공표한 사업장 소유자 등은 감점항목에 해당하며, 이를 합산하여 신인도 점수를 매긴다. 그리고 협업체는 추진기업을 대상으로 신인도를 평가한다(우수조달물품 지정관리 규정 제9조 제5항).

한편, 신용은 신용정보의 이용 및 보호에 관한 법률 제2조 제8호의2, 제2조 제8호의3, 자본시장과 금융투자에 관한 법률 제9조 제26항의 업무를 영위하는 신용정보업자가 지정신청서 접수마감일 이전에 평가한 유효기간 내에 있는 회사채, 기업어음, 기업신용평가등급을 가장 최근 신용평가등급으로 평가한다. 다만, 신용평가등급확인서를 제출하지 않거나 신용평가등급이 CCC+, C 이하일 때는 "부적합" 처리하되, 창업초기기업으로서 기술신용등급확인서상 기술등급이 T4(양호) 이상이면 "적합"처리한다. 회사채나 기업어음을 대상으로 한 신용평가등급 및 기업신용평가에 따른 평점이 다른 경우 더 높은 평점으로 평가한다. 그리고 합병한 업체는 합병 후 새로운 신용평가등급으로 심사해야 하며, 합병 후 새로운 신용평가등급이 없으면 합병대상 업체 중 가장 낮은 신용평가등급을 받은 업체의 것으로 심사한다.

라) 심사결과와 통보

기술·품질심사 결과 심사위원이 평가한 점수 중 최고·최저 점수를 제외하고 평균한 점수와 신인도 점수를 합한 점수가 70점 이상일 경우 1차 심사를 통과하였다고 본다(우수조달물품 지정관리 규정 제9조 제6항 본문). 다만, 저작권법에 따른 저작권등록된 소프트웨어로서 소프트웨어 산업 진흥법에 따른 우수품질 소프트웨어 인증제품(GS)(우수조달물품 지정관리 규정 제4조 제2항 제4호), 과학기술기본법 등 관계법령에 따른 연구개발사업을 추진하는 기관장과 조달청장이 공동으로 시행한 기술개발 지원사업에 따라 기술개발에 성공한 제품(우수조달물품 지정관리 규정 제4조 제2항 제5호), 조달청장이 구매하여 실증 결과 성공으로 판정한 혁신제품(우수조달물품 지정관리 규정 제4조 제2항 제6호)을 대상으로 실시한 심사는 심사위원 3분의 2 이상이 '적절'로 평가한 경우에 1차 심사를 통과했다고 본다(우수조달물품 지정관리 규정 제9조 제6항 단서). 조달청장은 1차 심사 결과 확정일부터 10일 이내에 신청인에게 통보할 수 있다(우수조달물품 지정관리 규정 제9조 제8항).

마) 심사 이월·보류

(1) 심사 이월

심사 이월이란 신청제품에 일정한 사유가 있을 때 심사를 다음 회차로 넘기는 것을 말한다. 즉, 조달청장은 신청제품과 관련해, ① 기술, 품질 등에 대한 정밀조사나 추가확인 등이 필요하여 해당 심사에서 판정이 곤란한 경우, ② 외국산 부품을 50% 초과 사용하는 사유에 대한 소명이 불명확한 경우 중 어느 하나에 해당하면 다음 회차로 이월하여 심사할 수 있다(우수조달물품 지정관리 규정 제11조 제1항 제1호, 제2호). 조달청장은 심사 이월을 판단하기 위한 자료를 신청인에게 요구할 수 있고, 신청인은 이에 따라야 한다(우수조달물품 지정관리 규정 제11조 제3항).

(2) 심사 보류

① 신청제품 적용기술과 관련한 심판·소송 등 법률상 분쟁이 발생한 경우, ② 신청인에 대한 부정당업자제재 처분이 집행정지 중일 경우, ③ 신청제품의 물품식별번호를 부여받지 못한 경우에는 해당 사유 보완이 완료될 때까지 2차 심사 상정을 보류할 수 있다(우수조달물

품 지정관리 규정 제11조 제2항 제1호부터 제3호). 조달청장은 심사 보류를 판단하기 위한 자료를 신청인에게 요구할 수 있고, 신청인은 이에 따라야 한다(우수조달물품 지정관리 규정 제11조 제3항).

바) 기술·규격 확인

조달청장은 1차 심사를 통과한 제품 중 특허가 적용된 물품인 경우, 신청인에게 특허적용확인서를 제출하라고 요청할 수 있고, 특허적용확인서에 따라 특허적용이 확인되지 않는 제품이나 규격은 2차 심사 대상에서 제외한다(우수조달물품 지정관리 규정 제12조 제1항, 제2항). 여기서 특허적용확인서란 한국특허기술진흥원으로부터 발급받은 '우수제품 지정을 위한 정부조달우수제품 특허기술 적용확인서'를 말한다. 신청인은 제품 적용기술, 기술소명자료, 품질소명자료에 부합하도록 규격서를 작성해야 한다(우수조달물품 지정관리 규정 제12조 제3항).

한편, 신청인은 1차 심사를 통과한 후 해당 심사결과와 제출한 심사자료 등을 반영하여 수정한 규격서를 조달품질원장에게 제출해야 한다(우수조달물품 지정관리 규정 제12조 제4항).

사) 실태조사

조달품질원장은 1차 심사를 통과한 제품의 생산현장 실태를 조사하고 그 결과를 작성하여 우수제품구매과에 송부한다(우수조달물품 지정관리 규정 제13조 제1항). 다만, 계약이행확인시스템 등으로 해당 물품의 제조물품 직접생산확인기준 충족 여부를 확인할 수 있거나 직접생산확인증명서 등 관계법령 등에 따라 직접생산 충족 여부를 확인한 경우에는 서면으로 실태조사를 대체할 수 있다(우수조달물품 지정관리 규정 제13조 제2항 제1호).

3) 2차 심사

계약심사협의회는 기술·규격확인과 실태조사를 통과한 제품을 대상으로 2차 심사를 진행한다(우수조달물품 지정관리 규정 제14조 제1항). 특히 공공조달품목으로서 적합성이나 적정성 여부, 우수제품 지정요건에 부합하는지 여부, 신청인의 계약·제품관리 역량, 그 밖에 심사위원이 필요하다고 인정하는 항목을 심의한다(우수조달물품 지정관리 규정 제14조 제2항 제1호부터 제4호). 계약심사협의회는 보완할 수 있는 경미한 미흡사항이 있는 제품인 경우, 심의에 재상정하도록 결정할 수 있다(우수조달물품 지정관리 규정 제14조 제3항).

바. 지정결정

1) 의의

조달청장은 1차와 2차 심사결과를 바탕으로 최종 지정제품을 결정한다(우수조달물품 지정관리 규정 제15조 제1항). 즉, 조달청장은 지정신청서를 제출받으면, 우수제품이 지정기준을 만족하는지를 심사하여 신청서 접수 마감일부터 90일 안에 그 지정 여부를 결정해야 한다. 다만, 90일 안에 지정 여부를 결정하기 어려운 사유가 있다면, 결정기간을 연장할 수 있고, 그 연장사유와 결정 예정일 등을 신청인에게 알려야 한다(조달사업법 시행령 제30조 제4항, 제31조 제4항).

2) 지정결과 통보·게시

조달청장은 지정 여부를 결정한 후 우수제품지정심사 최종 결과를 신청자에게 문서로 통보하고, 조달청 인터넷 홈페이지에 게시해야 한다(조달사업법 시행령 제30조 제5항, 우수조달물품 지정관리 규정 제16조 제1항).

3) 지정증서 교부

조달청장은 2차 심사에 통과한 제품의 신청인에게 우수제품지정증서를 교부해야 한다. 다만, 협업체는 추진기업에게만 우수제품지정증서를 교부한다(우수조달물품 지정관리 규정 제16조 제2항). 따라서 참여기업은 독자적으로 우수제품 지정효력을 향유할 수 없다.

4) 지정증서 재교부·반납

우수제품업체나 우수제품 권리를 승계받은 자는 ① 상호나 대표자가 변경된 경우, ② 포괄적 양수나 합병으로 우수제품의 모든 권리를 승계받은 경우, ③ 지정증서를 분실하였거나 규격추가 등 변경사항이 발생한 경우, ④ 협업변경승인이 있는 경우, 기존에 교부받았던 우수제품지정증서와 관련 증빙서류를 첨부하여 우수제품지정증서 재교부를 신청할 수 있다(우수조달물품 지정관리 규정 제16조 제3항 제1호부터 제4호). 조달청장은 위 신청을 받으면 적용기술의 승계 여부를 확인한 후 재교부 사유 등을 등재하여 지증정서를 재교부할 수 있다(우수조달물품 지정관리 규정 제16조 제4항).

한편, 우수제품 생산을 중단했거나 사업을 양도하면서도 우수제품에 대한 권리를 양도하지 않은 우수제품업체는 우수제품지정증서를 반납해야 한다(우수조달물품 지정관리 규정 제16조 제5항).

5) 공고·등록

조달청장은 지정증서 교부 후에 우수제품 지정내용을 조달청 인터넷 홈페이지에 게재하고, 우수제품을 전자조달시스템에 등록해야 한다(조달사업법 시행령 제31조 제5항, 우수조달물품 지정관리 규정 제16조 제1항).

사. 우수제품 심의회

1) 기술심의회

가) 기술심의회 구성

조달청장은 ① 우수제품 지정이나 규격추가 신청제품을 위한 기술·품질 심사, ② 우수제품 지정취소나 재지정을 위한 기술·품질 심사, ③ 특정 기술의 우수제품 적용 여부 판단 등 기능을 수행하는 기술심의회를 구성할 수 있다(우수조달물품 지정관리 규정 제18조 제1항 제1호부터 제3호까지).

나) 운영

기술심의회는 위촉된 심사위원 명부에서 심사분야별로 5인 이상 10인 이하로 구성하며, 위원장은 심사위원 호선으로 결정한다. 다만, 정족수 미달일 때는 기술심의회를 연기하고, 교섭과 선정을 새롭게 하여 심사를 진행한다(우수조달물품 지정관리 규정 제18조 제2항).

다) 심사위원 위촉·관리

기술심의회 심사위원의 모집, 선발, 임기, 해촉 등 관리에 필요한 일체 사항은 조달청 평가위원 통합관리규정에 따르는데(우수조달물품 지정관리 규정 제19조 제1항), 심사위원이 심사와 관련한 부정행위에 가담할 경우에는 향후 해당 심사위원 선정에서 배제할 수 있다(우수조달물품 지정관리 규정 제19조 제2항). 조달청장은 예산 범위 내에서 내부 지침 등으로 정한 금액을 심사위원 보수로 지급할 수 있다(우수조달물품 지정관리 규정 제19조 제3항).

라) 비밀유지의무

심사위원은 직무상 알게 된 비밀이나 관련 업체에 손해를 끼칠 우려가 있는 내용을 누설해서는 안 된다(우수조달물품 지정관리 규정 제20조 제1항). 이에 따라 심사위원은 비밀유지와 공정한 평가를 위해 조달청장에게 청렴서약서를 제출해야 한다(우수조달물품 지정관리 규정 제20조 제2항).

마) 심사위원 제척·회피

심사위원은 ① 위원 본인 또는 위원의 배우자·4촌 이내 혈족·2촌 이내 인척인 사람이나 그 사람이 속한 기관·단체와 심사대상이 이해관계가 있는 경우, ② 위원 본인 또는 위원이 속한 기관·법인·단체 등이 신청제품의 감정, 변리사무에 참여하거나 대리인으로 관여한 경우, ③ 우수제품 신청인의 경영에 관여하고 있거나 신청제품 개발에 참여한 경우, ④ 평가대상과 직접적 이해관계가 있는 자, ⑤ 그 밖에 조달청 평가위원 통합관리규정 제17조 제1항 각호에 해당하는 경우 중 어느 하나에 해당하는 사유가 있으면 해당 심사에 관여할 수 없으며, 스스로 해당 심사업무를 회피해야 한다(우수조달물품 지정관리 규정 제21조 제1항 제1호부터 제5호까지). 따라서 조달청장은 심사위원 선정을 할 때 심사위원에게 위 사항을 안내해야 한다(우수조달물품 지정관리 규정 제21조 제2항).

2) 기술서비스업무심의회

소관부서의 장은 ① 우수제품 지정(규격추가 포함)이나 지정기간 연장, 보류 등과 관련한 사항, ② 우수제품 지정효력 정지와 지정취소와 관련한 사항, ③ 계약심사협의회에 상정할 사항, ④ 그 밖에 기술 서비스 업무 심의회 운영규정 제3조 각호에 해당하는 사항이 있으면, 기술서비스업무심의회에 해당 안건을 상정해야 한다(우수조달물품 지정관리 규정 제22조 제1호부터 제4호까지).

3) 계약심사협의회

소관부서의 장은 ① 우수제품 지정(규격추가 포함)이나 취소 등 주요사항, ② 우수제품에 대한 이의제기, 사후관리 등 주요사항, ③ 우수제품 지정제도 운영과 관련한 주요사항, ④ 조달청 계약심사협의회 운영규정 제2조 각호에 해당하는 사항, ⑤ 그 밖에 우수제품 제도와 관련한 주요사항이 있으면, 계약심사협의회에 해당 안건을 상정해야 한다(우수조달물품 지정관리 규정 제23조 제1호부터 제5호까지).

아. 지정효력

1) 적용기술 등 유지

우수제품 지정을 받은 업체(이하 '우수제품업체')는 지정기간이나 계약이행(납품)이 완료될 때까지 우수제품 적용기술, 권리, 규격, 자격 등 지정 근거가 된 일체사항을 유효하게 관리해야 한다(우수조달물품 지정관리 규정 제29조 제1항). 이를 '적용기술 등 유지의무'라 한다. 따라서 적용기술이나 권리, 규격, 자격 등에 변동사항이 발생하거나 관련 법규 제·개정 등으로 변경해야 할 경우에는 해당 사유가 발생한 날로부터 7일 안에 소관부서의 장에게 그 내용을 통보해야 한다(우수조달물품 지정관리 규정 제29조 제2항 본문). 이를 '변동사항 통보의무'라고 한다. 다만, 적용기술의 권리·인증 등이 ① 우수제품 지정 효력에 영향이 없는 경우, ② 최초 지정 당시 명기되었던 유효기간에 따라 만료된 경우 중 어느 하나에 해당하면, 변동사항 통보의무가 없다(우수조달물품 지정관리 규정 제29조 제2항 제1호, 제2호).

한편, 조달청장은 적용기술 등 유지의무와 관련하여 그 시정을 요구할 수 있다(우수조달물품 지정관리 규정 제29조 제3항).

2) 마크사용

조달청장은 우수제품업체로 하여금 우수제품에 지정표시(지정마크)를 사용하게 할 수 있다(우수조달물품 지정관리 규정 제17조 제1항). 지정마크는 우수제품 관련 제품이나 용기, 포장, 홍보물에 사용할 수 있지만, 그 밖에 물품이나 다른 목적으로 사용할 수 없다(우수조달물품 지정관리 규정 제17조 제2항).

3) 지정기간

장기 지정기업은 증가하는데, 일률적으로 지정심사를 실시하고, 지정기간 연장 기준을 유지하여 신규기업은 우수제품 지정을 받거나 그에 따라 성장하기 어려운 환경이 조성되었다. 이에 우수조달물품 지정관리 규정은 지정 경험이 없는 기업을 대상으로 신인도 평가에서 우대하고, 연장요건을 우대하여 기업 역량 등을 고려해 지정이나 연장기준을 차등 적용하도록 한다. 특히 장기 지정기업은 과거 지정기간 10년 이상에서 7년으로 낮추었고, 해당 기업을 대상으로 한 연장기간 평가요건을 강화했다.

가) 지정일

우수제품 지정일은 ① 신규지정, ② 합병 등 우수제품업체의 상태 변동이 있는 경우, ③ 우수제품업체의 상태 변동이 있지만 우수제품지정증서 재교부가 없는 경우로 나누어 살펴보아야 한다.

우선, 신규지정이 있는 경우, 계약심사협의회에서 정한 날이나 계약심사협의회에서 정한 날로부터 60일, 90일, 120일 중 우수제품업체가 원하는 날을 지정일로 한다(우수조달물품 지정관리 규정 제24조 제1항 제1호). 우수제품 지정일을 별도로 정하려는 우수제품업체는 조달청에 지정일을 통보해야 한다(우수조달물품 지정관리 규정 제24조 제2항).

다음으로, 합병, 분할, 포괄적 양도·양수계약 체결 등으로 우수제품업체의 상태 변동이 있는 경우에는 우수제품지정증서 재교부일을 지정일로 한다(우수조달물품 지정관리 규정 제24조 제1항 제2호).

끝으로, 위와 같이 우수제품업체의 상태 변동은 있지만 우수제품지정증서 재교부가 없는 경우에는 상태 변동일을 지정일로 한다(우수조달물품 지정관리 규정 제24조 제1항 제3호).

나) 지정기간 연장

(1) 의의

조달청장은 우수제품의 판매실적, 계약이행 내용, 향후 수요예측 등을 심사하여 지정기간을 연장할 필요가 있다고 인정하는 경우, 3년 범위에서 지정기간을 연장할 수 있다(조달사업법 시행령 제30조 제6항 단서, 제31조 제6항 단서). 따라서 우수제품 지정기간은 지정효력 발생일로부터 3년으로 하되, 최대 3년 범위에서 이를 연장할 수 있다(우수조달물품 지정관리 규정 제25조 제1항). 지정기간 연장신청을 위해 제출해야 하는 서류는 별표3이 정한다.

(2) 연장신청

우수제품 지정기간을 연장받고자 하는 우수제품업체는 지정기간 만료일 1년 전부터 만료일 전까지 공고상 온라인 시스템에 연장신청서와 증빙서류를 제출해야 한다(우수조달물품 지정관리 규정 제26조 제1항). 기술서비스국심의회는 지정기간 연장신청에 따른 심의를 진행하고, 연장 또는 연장 보류를 결정할 수 있다(우수조달물품 지정관리 규정 제26조 제2항). 한편, 지정기간 만료일 30일 전부터 만료일 사이에 지정기간 연장신청서를 제출한 경우, 우수제품 지정기간 연장 결정을 보류한 경우 중 어느 하나에 해당하는 경우를 제외하고는 지정기간 만료 후에 연장을 위한 심의를 진행할 수 없다. 이때 연장심사에 따라 들어가는 기간은 연장기간에 포함한다(우수조달물품 지정관리 규정 제26조 제3항 제1호, 제2호).

(3) 연장사유와 기간

지정기간을 연장할 수 있는 사유와 그 기간은 별표6에 따른다. 다만, 그 사유가 중복하여 해당하는 경우에는 최대 3년 범위에서 합산할 수 있다(우수조달물품 지정관리 규정 제25조 제2항 별표6).

① 지정기간 중 수요기관 납품실적이 있는 경우 : 연장신청일로부터 1년 (신규 지정기업에 한정하여 인정)
② 우수제품 지정기간 연장 신청일을 기준으로 최근 1년(또는 3년) 동안 해당 우수제품과 같은 품명(물품분류번호 8자리 기준) 제품의 수출실적이 최근 1년(또는 3년) 동안 우수제품의 공공조달 실적 대비 3% 이상인 경우 : 연장신청일로부터 1년
③ 우수제품 지정기간 연장 신청일을 기준으로 최근 3년 동안 해외 수출 총실적이 1천만불 이상이거나 총매출 대비 30% 이상인 경우 : 연장신청일로부터 1년
④ 우수제품 지정일 대비 전체 고용인원(지정일 기준) 대비 청년고용증가인원이 3% 이상인 기업이거나 우수제품 지정일 대비 전체 고용인원 증가율이 5% 이상인 소기업, 4% 이상인 중기업 : 연장신청일로부터 1년
⑤ ④에 따라 연장했거나 연장신청을 한 기업이라도 우수제품 지정일 대비 연장 신청일을 기준으로 전체 고용인원 증가율이 20% 이상인 소기업, 15% 이상인 중기업이면서 정규직 등 신규채용 실적에 따른 기간 동안 고용한 신규 채용인력의 95% 이상이 정규직인 경우 : 연장신청일로부터 1년
⑥ 연장신청 직전 연도 총매출액 대비 기술개발 투자 비율이 5% 이상인 경우(다만, 신규 지정기업인 경우 총매출액 대비 기술개발 투자비율이 3% 이상인 경우) : 연장신청일로부터 1년

⑦ 지정기간 안에 정부부처나 유관기관 기술개발사업(범부처 통합 연구지원 시스템 공모사업, 중소기업 기술개발 통합 공모사업)에 참여하여 사업을 완료한 경우[1] : 지정기간 내를 전제로 1년

기산일과 관련한 별도 언급이 없는 경우, 기산일은 우수제품 지정기간 연장신청일을 기준으로 한다. 품명은 물품분류번호 8자리를 의미한다. 지정기간(연장기간 포함) 중 우수제품 관련 소송 등에서 승소한 경우에는 우수제품업체가 지정기간 소급적용을 신청할 수 있다. 지정연장을 신청할 때에는 각 사유에 해당하는 증빙자료를 첨부해야 한다.

한편, 한 번 지정기간이 연장된 경우에는 같은 사유로 다시 지정기간을 연장할 수 없다(우수조달물품 지정관리 규정 제25조 제2항 단서). 그리고 우수조달물품 지정관리 규정 제8조의2에 따른 연장기간평가 대상인 경우에는 별표5 평가에 따라 정한 기간 안에서 지정기간을 연장할 수 있다(우수조달물품 지정관리 규정 제25조 제3항).

(4) 연장불허

한편, 지정 후 2년 이내에 수요기관 만족도평가 결과 '미흡'이 있는 기업이나 산업안전보건법 제10조에 따라 고용노동부 장관이 공표한 사업장을 소유한 자[2](다만, 접수 직전년도 공표사실 기준)는 연장을 불허한다.

(5) 연장 여부 결정

(가) 연장결정

우수제품 지정은 그 기간 경과에 따라 지정효력이 장래를 향해 소멸하기 때문에 조달청장은 우수제품 지정기간을 연장할지 여부를 결정할 폭넓은 재량을 가진다.[3]

(나) 연장보류

우수제품 지정이나 계약체결·이행 등과 관련하여 관계법령에 따른 이의신청, 조사, 심판, 소송, 재심사 등을 이유로 지정기간 연장 결정을 보류한 경우에는 지정기간 만료 이후에도 그 결과에 따라 지정기간 연장 여부를 결정할 수 있다(우수조달물품 지정관리 규정 제25조 제5항). 이는 우수제품 지정이나 계약체결·이행 등과 관련한 분쟁이 계속된 우수제품업체에게는 연장 결정을 보류할 수 있다는 근거에 해당한다. 지정기간 연장결정은 수익적 처분으로서 재량행위에 해당하는 만큼, 분쟁이 있는 우수제품업체에게 지정기간 연장을 보류한다는 규정이 위법·부당하다고 해석하기는 어려우며, 특히 분쟁해결절차의 결과에 따라 지정기간 만료 후에도 연장 여부를 결정할 수 있도록 했으므로, 재량권 일탈·남용 가능성까지도

1) 정부부처 기술개발사업 참가를 기술개발 노력으로 인정하기 위한 취지이다.
2) 산업재해 등 위법사실이 있는 사업장은 발생건수, 재해율, 그 순위 등을 공표한다.
3) 대전지방법원 2017. 3. 8. 선고 2016구합105564 판결.

줄였다고 본다.

(다) 소송 등 기간 반영

우수제품업체는 지정기간(연장기간 포함) 중 우수제품 관련 소송 등에서 승소할 경우, 지정기간 소급을 신청할 수 있다(우수조달물품 지정관리 규정 제25조 제6항).

(6) 연장제외

(가) 연장제외 사유

조달청장은 ① 우수제품에 적용된 기술의 유효기간이 만료되었거나 우수제품 지정기간 만료일 다음 날부터 기산하여 잔여 유효기간이 6월 미만인 경우, ② 지정신청 당시 제출한 품질인증 유효기간이 만료된 경우, ③ 지정기간 연장신청 기한 안에 연장신청을 하지 않은 경우, ④ 지정기간 동안 우수조달물품 지정관리 규정 제35조 제1항에 따른 경고를 2회 이상 받은 경우, ⑤ 우수제품업체가 지정기간 연장신청일을 기준으로 근로기준법에 따라 고용노동부장관이 공개 중인 체불사업주 명단의 사업장을 보유한 경우, ⑥ 지정 직후 2년 동안 수요기관 만족도 평가결과 '미흡'이 2회 이상 발생한 경우, ⑦ 산업안전보건법 제10조에 따라 고용노동부장관이 공표한 사업장을 소유한 자(다만, 접수 직전년도 공표사실을 기준으로 함), ⑧ 우수제품 지정증서에 명시된 우수제품과 관련하여 지정기간 중에 부정당업자 제재를 받은 경우[1]나 우수제품 관련 성능미달이 확인된 경우 중 어느 하나에 해당하는 경우, ⑨ 지정기업이 아닌 다른 기업이 수익약정 등을 바탕으로 우수제품의 제품관리나 납품관리 등을 주도하여 수행한 경우, ⑩ 협업체의 추진기업이 해당 세부품명에 대한 제조등록을 보유한 경우 중 어느 하나에 해당하면, 지정기간을 연장하지 않을 수 있다(우수조달물품 지정관리 규정 제25조 제4항 별표7).

〔지정기간 연장 여부에 대한 폭넓은 재량〕

우수제품으로 지정되면 국가계약법과 그 시행령에 따라 일반경쟁이 아닌 수의계약을 체결할 수 있는 등의 특별한 혜택을 부여받고, 우수조달물품의 성능·기술, 품질의 중요도와 우수성 등을 유지하기 위해 우수제품업체는 각종 의무를 부담한다. 따라서 기간을 정한 우수제품 지정은 해당 기간 경과 후 지정효력이 장래를 향해 소멸하므로, 조달청장은 우수제품 지정기간 연장 여부를 판단하기 위해 우수제품업체의 의무위반 여부 등을 심사할 때 폭넓은 재량을 가진다(대전지방법원 2017. 3. 8. 선고 2016구합105564 판결).

---

1) 여기서 부정당업자 제재를 받은 경우가, 법원 등으로부터 '집행정지'를 받은 경우까지도 포함하는 개념인지 논란이 있다. 일부 견해는 문언을 그대로 해석하여, 일단 부정당업자 제재 처분서를 받은 자이기만 하면 집행정지를 받은 자라도 여기에 해당한다고 주장하지만, 우수조달물품 지정관리 규정 제12조 제5항 취지와 집행정지의 기속력을 고려하면, 부정당업자 제재를 받았지만 집행정지를 받고 소송절차에서 처분의 위법성을 다투는 자는 부정당업자 제재를 받은 자에 해당하지 않는다고 해석해야 한다.

(나) 연장제외 예외

연장제외 사유 가운데, ① 우수제품에 적용된 기술의 유효기간이 만료되었거나 우수제품 지정기간 만료일 다음 날부터 기산하여 잔여 유효기간이 6월 미만인 경우에는 관계법령에 따른 적용기술의 유효기간 연장 제한 등으로 우수제품 적용기술의 유효기간 연장이 불가능하다면, 해당 우수제품 기간 연장 신청일을 기준으로 2년 이내에 국가표준기본법 제23조나 그 밖에 다른 법률에 따라 인정된 시험기관이 발급한 시험성적서로 품질·성능 등을 확인할 수 있다면, 예외적으로 기간을 연장할 수 있고, 또한, ② 지정신청 당시 제출한 품질인증 유효기간이 만료된 경우에는 해당 우수제품 기간연장 신청일을 기준으로 2년 이내에 국가표준기본법 제23조나 그 밖에 다른 법률에 따라 인정된 시험·검사기관이 발급한 검사합격증명서·시험성적서로 품질·성능 등을 확인할 수 있다면 예외적으로 기간을 연장할 수 있다(우수조달물품 지정관리 규정 제25조 제4항 제1호, 제2호).

4) 규격추가와 규격서 확정·수정

가) 규격추가

(1) 의의

규격추가란 우수제품 지정 후 수요 확대를 위해 규격을 추가하는 것을 말한다. 이미 지정된 우수제품에 모델(규격)만 추가한다는 점에서 우수제품 지정과는 구별해야 한다. 우수제품 계약기간 중에 규격이 추가 지정되면, 계약상대자는 수정계약을 체결할 수 있다. 규격추가를 신청하기 위해 제출해야 하는 서류는 별표4로 정한다.

[별표4]

《 우수제품 규격(모델)추가신청 제출서류 》

분류	번호	서 류 명	비고
가. 신청서	1	우수제품 규격추가 신청 체크리스트	해당되는 사항에 대해 필수 제출
	2	우수제품 지정 평가자료	
	3	우수제품 지정(연장·규격추가)신청 서류제출 신뢰서약서	
	4	정보공개동의서, 개인정보 수집·이용 동의서	
	5	우수제품 규격(모델)추가신청서	
	6	우수제품 지정규격(모델)과의 규격비교표	
	7	구성대비표	필수제출
	8	신청제품 목록(엑셀파일)	필수제출
	9	모델별 적용내역	

<table>
<tr><th>분류</th><th>번호</th><th colspan="2">서 류 명</th><th>비고</th></tr>
<tr><td rowspan="12">나.
소명
자료</td><td rowspan="6">10</td><td colspan="2">• 기술소명자료</td><td rowspan="9">필수제출</td></tr>
<tr><td>특허 및
실용등록신안</td><td>권리증서(등록증), 등록원부(등본) 및 등록공보 사본</td></tr>
<tr><td>NEP, NET</td><td>인증서 사본 및 관련 종합평가보고서(인증에 적용된 특허 등의 등록증, 등록원부(등본) 및 등록공보 사본 포함)
※ 교통신기술 및 건설신기술 종합평가서(의견서) 제출 생략</td></tr>
<tr><td>GS인증 적용
저작권등록
SW</td><td>GS인증서, 시험결과서, 저작권 등록증(구 프로그램등록증) 및 프로그램 등록부(최근 3개월이내)</td></tr>
<tr><td>기술개발지원
사업
성공제품</td><td>관련기관이 발행한 연구개발사업 관련 증서 및 평가보고서</td></tr>
<tr><td>혁신제품</td><td>성공판정을 받은 혁신제품 인증서 및 성공판정 공문, 혁신제품 규격서</td></tr>
<tr><td rowspan="3">11</td><td colspan="2">• 품질소명자료</td></tr>
<tr><td>인정자료</td><td>성능인증(EPC), 우수재활용인증(GR), 환경표지(환경마크), K마크 우수품질소프트웨어(GS), 고효율에너지 인증대상기자재, 법 제18조에 따라 품질보증조달물품, 신뢰성 인증, ICT 융합 품질인증제품</td></tr>
<tr><td colspan="2">– 품질 인증서 사본, 인증 관련 종합평가보고서, 공인시험기관(국가, 지자체)의 시험성적서 등
※ 품질보증조달물품의 경우, 현장심사보고서 제출 생략</td></tr>
<tr><td>12</td><td colspan="2">• 관련법령에 따라 사전에 형식등록, 안전 인증, 전자파적합등록 등이 필요한 제품의 경우 관련 등록 또는 인증서 사본, 법적 의무 인증/지침 자가확인서(별지 제1호의 6 서식)</td><td>해당 시
제출</td></tr>
<tr><td>13</td><td colspan="2">변경된 추가규격(모델)에 대한 규격서</td><td>필수제출</td></tr>
<tr><td>14</td><td colspan="2">경쟁입찰참가자격등록증</td><td>필수제출</td></tr>
<tr><td rowspan="2">다.
신청</td><td>15</td><td colspan="2">• 사업자등록증 : S/W제품의 경우
• 직접생산확인증명서, 사업자등록증 : 중소기업자간 경쟁제품의 경우
• 공장등록증명서, 사업자등록증 : 일반물품의 경우</td><td>필수제출</td></tr>
<tr><td>16</td><td colspan="2">• 중소기업 : 중·소기업·소상공인 확인서(공공기관 입찰 확인용)
• 중견기업
① 조달사업법시행령 제30조 제2항 제2호 가목의 기업
– 「중견기업성장촉진 및 경쟁력 강화에 관한 특별법」 제25조에 따른 신청일 기준 1개월 이내의 중견기업확인서
② 조달사업법시행령 제30조 제2항 제2호 나목의 기업
– 「중견기업성장촉진 및 경쟁력 강화에 관한 특별법」 제25조에 따른 신청일 기준 1개월 이내의 중견기업확인서
※ 조달사업법시행령 제30조 제2항 제1호의 기업은 해당 입증자료 제출</td><td>필수제출</td></tr>
</table>

분류	번호	서 류 명	비고
	17	우수제품 지정증서 사본	필수제출
	18	한국특허기술진흥원으로부터 발급받은 '우수제품 지정을 위한 정부조달 우수제품 특허기술 적용확인서'	필수제출
	19	외국산 부품 사용 관련 확약서	필수제출
	20	지정제외 예외 신청서 및 증빙자료	해당 시 제출
	21	사적 이해관계자 신고 서약서	필수제출

※ 위에 명시된 일체의 서류는 조달청 홈페이지-조달업무-우수제품-서식자료 메뉴에서 서식을 다운로드 한 후, 내용을 작성하여 PDF 형식으로 제출(단, 8번은 엑셀파일로 제출)

<주>

1. 제출 서류는 규격 추가 신청서 접수일 이전에 인정(발급)받은 건에 한하며, 신청서 접수일 이후는 받지 않음(단, 조달청의 보완요구에 따른 보완은 가능)
2. 특허, 실용신안 등록원부는 신청서 접수일 기준 1개월 이내 발행분으로 제출하여야 함
3. 위 [별표4]에 명시된 제출서류 이외는 제출받지 않음
4. 경쟁입찰참가자격등록증은 신청 물품의 세부품명번호 10자리가 제조 물품으로 등록된 것이어야 함
5. 정부조달우수제품 특허기술 적용확인서에 '특허기술 적용여부'가 일부적용 또는 미적용으로 체크되거나 '특허기술 적용수준'이 일부적용으로 체크된 경우 규격추가 제외
6. 제출서류의 보완·보관 등의 이유로 파일형식과 용량 제한을 할 수 있으며, 관련 내용은 조달청 홈페이지에 공지함
7. 개인정보보호를 위해 우수제품 규격추가신청 서류 제출 시 주민등록번호는 7자리(생년월일, 성별)를 제외한 뒷자리를 비식별화 처리 후 제출
8. 협업체로 신청하는 경우 물품식별번호는 추진기업에서 부여받아야 함

(2) 요건

우수제품업체가 우수제품의 규격을 추가하려면, ① 추가하려는 제품(규격)이 기존 우수제품과 같은 세부품명으로서 규격이 유사해야 하고, ② 추가하려는 규격의 규격서가 지정규격의 기술·품질소명자료에 부합하면서 동등 이상의 기술·품질 수준을 가져야 하며, ③ 기존 우수제품에 재심사, 부정당업자제재, 지정취소 등 사유가 발생하지 않아야 한다(우수조달물품 지정관리 규정 제28조 제1항 제1호부터 제3호). 최초 우수제품 지정과 달리 계약심사협의회가 아닌 기술심의회 심의나 기술서비스업무심의회 심의 등 간단한 절차만으로도 규격을 추가할 수 있으므로, 위 요건을 모두 갖추어야만 한다.

(3) 절차

(가) 신청과 심사일정

우수제품 규격을 추가로 지정받고자 하는 우수제품업체는 온라인 시스템에 규격추가신청서와 구비 서류를 제출해야 한다(우수조달물품 지정관리 규정 제28조 제2항). 규격추가 신청

은 수시로 할 수 있지만, 규격추가 지정심사는 우수제품 지정공고에 있는 1차 심사일정에 따른다(우수조달물품 지정관리 규정 제28조 제3항).

(나) 기술심의회 심의 등

조달청장은 기술심의회에서 심사위원 3분의 2 이상이 '적합'으로 판정하면 해당 규격을 추가로 지정한다. 다만, 규격별 차이가 단순·경미하여 사실관계가 명확한 경우에는 기술서비스업무심의회 심사를 거쳐 규격추가 지정 여부를 결정할 수 있다(우수조달물품 지정관리 규정 제28조 제4항).

(다) 기술소명자료 또는 품질소명자료 제출요구

조달청장은 우수제품 규격추가 심의를 위해 필요하다고 인정하면, 해당 우수제품업체에게 추가 지정을 신청한 규격의 기술소명자료나 품질소명자료 제출을 요구할 수 있다(우수조달물품 지정관리 규정 제28조 제5항).

(4) 절차중지

조달청장은 규격추가 절차 진행 중이라도 규격추가를 진행하지 않을 상당한 이유가 있으면 절차를 중지할 수 있다(우수조달물품 지정관리 규정 제28조 제6항). 과거에는 규격추가 절차중지 사유로 ① 지정취소 사유가 발생하거나 우수제품 지정증서에 명시된 우수제품과 관련하여 부정당업자제재 사유가 발생한 경우, ② 위와 관련한 수사나 조사, 행정처분 절차, 심판, 소송, 형사재판이 진행 중인 경우, ③ 재심사가 진행 중인 경우로 명시했지만, 현재는 '규격추가를 진행하지 않을 상당한 이유'라는 불확정 개념을 사용한다. 그러나 이러한 규정에도 담당공무원은 종래 규정의 절차중지 사유에 준하여 해당 요건을 충족하는지 판단할 재량을 갖는다고 해석해야 한다.

규격추가 절차중지 기간은 수사·조사 결과, 행정처분, 재결, 판결 (하급심 포함) 등에 따라 규격추가를 진행하지 않을 특별한 사정이 있는 경우를 제외하고는, 규격추가 신청일로부터 3개월을 초과할 수 없다(우수조달물품 지정관리 규정 제28조 제7항). 처분 예정, 수사, 재판 등을 이유로 기약 없이 규격추가 절차를 중지하는 폐해를 방지하려는 취지이다.

나) 규격서 확정과 수정

(1) 규격서 확정

조달품질원장은 계약체결 전에 우수제품의 사전규격서와 기술·품질 심사자료를 종합적으로 검토하고, 계약상대자와 합의하여 납품가능규격을 최종 규격서로 확정한다(우수조달물품 지정관리 규정 제30조 제1항). 조달품질원장은 계약상대자와 의견 차이 등으로 최종 규격서를 확정할 수 없는 경우 소관부서의 장에게 지정효력 정지를 요청할 수 있다(우수조달물품 지정

관리 규정 제30조 제2항).

(2) 규격서 재검토

소관부서의 장은 최종 규격서가 확정된 경우에도 계약체결 과정에서 품질 확보에 문제가 있으면 조달품질원장에게 최종 규격서를 재검토하도록 요청할 수 있다(우수조달물품 지정관리 규정 제30조 제3항).

(3) 규격서 수정

조달청장은 ① 규격추가가 있는 경우, ② 추가선택품목의 추가·변경 요청이 있는 경우, ③ 산업표준화법 제24조의 한국산업표준 변경이 있는 경우, ④ 핵심기술과 관련이 없는 외국산 부품을 국산 부품이나 직접 생산한 부품으로 변경하여 규격서 변경을 요청할 경우, ⑤ 일부 지정취소를 포함한 지정 범위 조정이 필요한 경우, ⑥ 그 밖에 경미한 사항으로 규격서에 있는 오기, 불분명, 모순된 부분을 정정할 필요가 있는 경우, 확정 규격서를 수정할 수 있다(우수조달물품 지정관리 규정 제30조 제4항 제1호부터 제6호까지).

우수제품업체는 핵심기술과 관련 없는 외국산 부품을 국산 부품이나 직접 생산한 부품으로 변경할 경우 사전에 지정담당공무원이나 계약담당공무원에게 통보해야 하며, 통보하지 않거나 허위로 통보하였다가 적발되면 물품구매(제조)계약추가특수조건에 따라 거래정지 처분을 받을 수 있다(우수조달물품 지정관리 규정 제30조 제5항). 이에 지정담당공무원이나 계약담당공무원은 위 사유에 따라 규격서 변경을 할 때, 관련 제조요건, 인증, 계약금액 변동요인 등을 누락없이 반영하도록 사전에 업체에게 고지해야 한다(우수조달물품 지정관리 규정 제30조 제6항). 우수제품은 기술·품질 수준을 유지하기 위해 규격서 수정·변경을 엄격히 제한하지만, 국산 부품산업의 활성화를 위해 외국산 부품을 국산 부품으로 교체하도록 규격서 변경을 허용한 취지이다.

자. 지정제외

1) 의의와 법적 성격

조달청장은 우수제품 심사 중인 제품이 다음 어느 하나에 해당하면 우수제품으로 지정하지 않을 수 있다(우수조달물품 지정관리 규정 제15조 제2항). 지정제외는 신청반려행위이므로, 강학상 거부처분에 해당한다. 따라서 지정제외의 위법성은 행정소송으로 다투어야 한다. 다만, 실무는 지정제외를 심사제외 형태로 운용하기도 한다.

법원도 "동일한 세부품명번호(10자리)를 기준으로 4회 이상 1차 심사에서 탈락한 적용기술인 경우 등을 심사항목에서 제외한다."는 구 규정 제8조 제5항을 해석한 사안에서, "우수제품 심사는 우수제품 지정신청서, 제품설명서, 제품규격서 등을 토대로 그 심사 대상과 범위 등이 결정되는 점, 신청 횟수를 제한하는 취지는 우수제조달물품 지정신청이 다수 접수되는 반면 이를 심사할 수 있는 행정력에 현실적인 한계가 있음을 고려하여 신청인들 사이의 형평을 확보하면서 충실한 심사를 하기 위한 것인 점 등을 종합하여 보면, 위에서 본 신청 횟수는 우수제품 지정신청서, 제품설명서, 제품규격서 등의 내용을 기준으로 산정해야 함이 타당하므로, 최초 신청 당시 심사를 청구하여 실제로 이에 대한 심사가 진행된 만큼, 이를 신청 횟수에 포함하여야 한다."고 판단했다.[1)]

2) 사유

가) 심사 중 제출된 신청서류의 위조·변조, 허위를 확인한 경우(제1호)

신청서류는 지정신청서, 특허적용확인서, 기술소명자료, 품질소명자료, 제품설명서, 구성대비표, 법적 의무 인증/지침 가가 확인서, 제품규격서, 기술 적용 확인표, 기술·성능 비교표, 약정서, 해외진출실적, 신청모델(규격)내역, 사적 이해관계자 신고 서약서 등 신청인이 신청 단계에서 제출하는 일체 서류를 포함한다. 또한, 위조란 작성 권한이 없는 자가 작성한 것을, 변조란 권한이 없는 자가 문서의 동일성을 해하지 않는 범위에서 내용을 변경하는 것을, 허위란 문서에 표시된 내용과 진실이 일치하지 않는 것을 의미한다. 따라서 조달청장은 심사 중 제출된 신청서류가 위조·변조, 허위서류로 확인되면, 신청제품을 우수제품 지정에서 제외할 수 있다.

나) 조달수요가 없는 것이 명백하거나, 조달물자로서 부적합한 경우(제2호)

우수제품 제도는 조달물자 품질향상과 중소기업 기술개발제품 판로지원을 위한 제도이므로, 그 취지를 고려하면 조달수요가 전혀 없거나 조달물자로서 부적합한 제품은 그 자체로 지정요건을 충족하지 못한다고 보아야 한다. 따라서 이러한 신청제품은 지정에서 제외하도록 규정했다.

다) 신청인이 신청인 자격을 갖추지 못한 경우(제3호)

신청인이 조달사업법 제26조 제1항 제1호 가, 나목이 정한 자격을 갖추지 못한 경우, 신청제품에 대한 인증, 권리, 권한 등을 보유하지 못한 경우, 판로지원법 제8조의2 제1항 제1호 나목에 해당하는 기업이 분할일로부터 3년 안에 우수제품 신청을 한 경우, 그 밖에 우수조달물품 지정관리 규정 제3조 제5항에서 정한 부적격 사유가 있는 경우([별표2] 신용평가등급에 따른 경영상태 평가 결과 '부적합'인 경우, 입찰참가자격제한 중인 경우)가 여기에 해당한다.

---

1) 서울고등법원 2021. 10. 7. 선고 2020누48132 판결, 대법원 2022. 1. 27. 선고 2021두54330 판결.

라) 심사 중인 제품이 신청대상 요건을 갖추지 못하거나 우수조달물품 지정관리 규정 제4조 제3항 각호에 해당하는 경우(제4호)

최초 인증일부터 3년이 경과한 신기술 인증, 신제품 인증 등 심사항목에서 제외해야 하는 적용기술을 포함한 제품, 등록일부터 7년이 경과한 특허나 등록일부터 3년이 경과한 실용신안이 적용된 제품, 조달청장이 구매하여 실증한 결과, 성공으로 판정한 날로부터 3년이 경과한 혁신제품, 이미 지정을 받은 우수제품과 물품목록번호(16자리)가 같은 제품을 신청한 경우 등이 위 지정제외 사유에 해당한다.

마) 특허적용확인서에 따른 특허적용이 확인되지 않은 제품이나 규격(제5호)

기존에는 특허적용확인서에 따른 특허적용이 확인되지 않은 제품인 경우, 1차 심사를 통과하더라도 최종 지정에서 제외했으나 이를 위한 근거 규정이 없었다. 이에 1차 심사 이후 실태조사나 규격추가를 할 때 특허적용확인서를 제출하고, 이를 확인하도록 규정을 마련하여, 실무 절차를 명확히 하였다.

바) 신청인이 직접 혹은 제3자를 이용해 심사위원을 사전접촉한 사실이 확인된 경우(제6호)

사전접촉이란 기술심의회 개최 전 정보통신기기, 우편, 방문 등을 활용해 심사위원에게 우수제품 신청인이나 신청제품을 인식하게 하는 행위를 말한다(우수조달물품 지정관리 규정 제2조 제11호). 신청인이 직접 사전접촉하는 경우는 물론 제3자를 이용한 사전접촉도 위 사유에 해당한다. 그리고 설령 심사위원이 신청인 등의 사전접촉 사실을 알지 못하더라도 위 사유는 성립한다.

사) 그 밖에 우수제품으로 지정하는 것이 부적합하다고 기술서비스업무심의회나 계약심사협의회에서 의결한 경우(제7호)

지정제외 사유를 정한 일반조항에 해당한다. 가령, 신청제품이 이동이나 설치·시공 과정에서 성질, 상태 등이 변형할 가능성이 높아 우수제품으로서 관리가 곤란한 경우, 조달물자로 공급하기 곤란한 음·식료품류, 동·식물류, 농·수산물류, 무기·총포·화약류와 그 구성품, 유류와 의약품(농약) 등을 신청한 경우, 제품규격서에 있는 '주요자재소요량' 기재 부품 가운데 외국산 부품과 관련하여 원가계산서 직접재료비 비율 50%를 초과한 제품인 경우(다만, 품목 특성을 고려해 외국산 부품 사용이 불가피한 경우에는 기술서비스업무심의회 심의를 거쳐 예외로 결정)가 여기에 해당한다.

차. 이의신청과 처리

1) 이의신청인

우수제품 지정 등에 이의가 있는 이해관계인은 의견서를 작성하여 우수제품구매과에 제출해야 한다(우수조달물품 지정관리 규정 제27조 제1항).

2) 처리기한

소관부서의 장은 이의신청을 접수하면, 접수일부터 30일 안에 처리해야 한다. 다만, 연장이 불가피하다고 인정하면, 30일 안에서 연장할 수 있다(우수조달물품 지정관리 규정 제27조 제2항).

3) 처리절차

소관부서의 장은 이의신청 대상자인 당사자에게 소명기회를 주어야 한다(우수조달물품 지정관리 규정 제27조 제3항). 그리고 이의신청 내용에 따라 기술·품질 등을 판단할 필요가 있으면 기술심의회에 심사를 요청할 수 있고, 기술심의회는 이를 심사한다(우수조달물품 지정관리 규정 제27조 제4항). 다만, 기술심의회 심사결과가 명백하지 않으면 계약심사협의회에 상정하여 심의한다(우수조달물품 지정관리 규정 제27조 제5항).

4) 처리결과

이의신청 심사결과는 우수제품 지정결과 통보 절차에 준하여 처리한다. 따라서 조달청장은 신청인에게 심사결과를 통보하고, 조달청 인터넷 홈페이지에 게시해야 한다(우수조달물품 지정관리 규정 제16조 제1항, 제27조 제6항).

4. 우수제품 관리

가. 시험검사·품질점검

조달청장은 수요기관으로부터 우수제품과 관련한 불만을 제기 받거나 그 밖에 필요하다고 판단한 경우, 해당 제품을 대상으로 시험검사를 실시할 수 있다(우수조달물품 지정관리 규정 제31조 제1항). 시험검사는 조달품질원이나 공인시험기관에 의뢰할 수 있고, 시험검사결과 문제가 있으면 우수제품업체에게 그 시정을 요구할 수 있다(우수조달물품 지정관리 규정 제31조 제2항). 따라서 우수제품업체는 조달청장(조달청장이 지정한 용역조사기관 포함)이 실시하는 가격조사, 우수제품 적용기술 변동사항 확인, 소관부서의 계약관련 자료제출 요구 등에 협조해야 한다(우수조달물품 지정관리 규정 제32조 제1항).

그 밖에도 조달청장은 우수제품의 지속적인 품질관리를 위해 생산·납품 현장, 납품 물품을 대상으로 품질이나 적용기술 관리상태, 공장 변경, 부정·부당 납품(원산지 위반, 하청생산, 직접생산위반 등), 관련법령 위반사항 등을 사후점검할 수 있다(우수조달물품 지정관리 규정 제31조 제3항). 그리고 우수제품이 산업표준화법에 따른 표준규격보다 동등 이상이 되도록 규격서 보완, 관련 시험성적서 제출, 인증취득 등 시정을 요구할 수도 있다(우수조달물품 지정관리 규정 제31조 제4항).

조달청장은 시험검사나 사후점검 결과를 우수제품 지정이나 계약관리 등에 활용할 수 있다(우수조달물품 지정관리 규정 제31조 제5항).

나. 의견수렴과 만족도 조사·평가

조달청장은 신청인과 우수제품업체를 상대로 의견수렴을 실시할 수 있다(우수조달물품 지정관리 규정 제32조 제2항). 또한, 조달청장은 매년 2회 수요기관을 상대로 지정 우수제품의 납품, 품질, 하자보수 상태 등 만족도 조사를 실시할 수 있고, 그 평가 결과를 등급으로 표시하여 우수제품 관리와 계약에 활용할 수 있다(우수조달물품 지정관리 규정 제32조 제3항).

다. 집중도 관리

조달청장은 특정 기업에게 장기간 과도한 납품 집중이 발생하거나 특정 세부품명의 납품 비중이 과도한 경우 등에 단가계약 중단, 납품요구 차단 등 경쟁을 강화하기 위한 조치를 할 수 있다(우수조달물품 지정관리 규정 제46조). 일부 기업만 집중적으로 수주하는 것을 막고, 신규기업을 지원하기 위한 규정이다. 다만, 기술이나 물품, 시장 특성 등에 따라 납품 집중의 합리적 근거가 있다면 예외적으로 위와 같은 조치를 하지 않을 수 있다.

라. 재심사

소관부서의 장은 우수제품 지정 이후라도 ① 해당 우수제품에 적용기술을 적용하지 않았거나 적용할 수 없다는 사실이 상당하다고 판단하는 경우, ② 그 밖에 재심사가 필요한 상당한 이유가 있다고 판단하는 경우 중 어느 하나에 해당하여 기술·품질과 관련한 전문적인 판단이 필요하면, 기술심의회에 재심사를 요청할 수 있다(우수조달물품 지정관리 규정 제34조 제1항 제1호, 제2호). 그리고 재심사 결과가 1차 심사 통과 기준에 미달할 경우에는 계약심사협의회 심의를 거쳐 우수제품 지정을 취소한다. 다만, 1차 심사 통과 기준을 충족했는지 판단할 경우 신인도 점수는 지정심사 당시 점수를 적용한다(우수조달물품 지정관리 규정 제34조 제2항).

소관부서의 장이 하는 재심사 요청이나 기술심의회가 하는 재심사 자체는 절차나 그 내용을 고려할 때 행정처분으로 보기 곤란하지만, 우수제품업체는 재심사 결과에 따라 우수제품 지정취소라는 침익적 처분을 받을 수 있으므로, 재심사 절차나 결과에 하자가 있다면 우수제품 지정취소를 다투는 과정에서 이를 주장할 수 있다고 보아야 한다.

마. 경고

1) 의의

경고는 그 자체만으로 우수제품업체의 법익이나 그 지위에 직접 영향을 미치지 않으므로 시정요구와 같은 행정지도 정도로 오해할 우려가 있으나, 아래에서 보듯이 지정기간(연장기간 포함) 동안 경고조치를 3회 이상 받으면 우수제품 지정취소 사유에 해당하고(우수조달물품 지정관리 규정 제37조 제1항 제4호 가목 참조), 경고라는 행위는 대등한 사경제 주체 사이에서 취할 수 있는 사법상 조치로 설명하기 어렵기 때문에 항고소송 대상인 처분등에 해당한다고 본다. 따라서 조달청장은 계약상대자에게 경고조치를 하려면 사전통지, 의견제출, 처분서 송달 등 행정절차법에 따른 절차를 적법하게 준수해야만 한다고 본다.

2) 사유

조달청장은 우수제품과 관련하여, ① 협업체 사이에 협업계약서 내용변경이 있거나 그 밖에 생산 등에서 협업체 유지 곤란 등 협업승인변경 신청 사유가 발생했는데도, 해당 사유 발생일로부터 30일 안에 협업변경승인 신청을 하지 않은 경우, ② 적용기술 또는 그 권리에 변동사항이 발생했거나 관련 법규 제·개정 등으로 적용기술이나 그 권리를 변경해야 하는데도 해당 사유 발생일부터 7일 안에 조달청 소관부서의 장에게 통보하지 않은 경우(다만, 경미한 변동사항으로 우수제품 지정이나 해당 계약에 영향이 없다고 조달청장이 인정하면 제외), ③ 적용기술 등 유지의무와 관련한 시정요구, 표준규격에 맞추기 위한 시정요구 등에 응하지 않는 경우, ④ 조달청장이 실시하는 가격조사, 우수제품 적용기술 변동사항 확인, 조달청 소관부서의 계약관련 자료제출 요구 등 조사에 협조를 거부한 경우, ⑤ 조달청장이 실시한 수요기관 만족도 조사에서 연속 3회 이상 '미흡' 평가를 받은 경우, ⑥ 수익배분 약정 등을 바탕으로 우수제품업체가 해당 우수제품 관리나 납품관리 등을 직접 수행하지 않고, 다른 업체가 이를 수행하는 경우, ⑦ 성능 미달 등이 확인된 경우, ⑧ 우수제품업체가 우대가격 통보의무를 위반한 경우, ⑨ 우수제품업체가 계약변경 없이 납품요구 받은 본품 외에 다른 제품을 추가하여 납품한 경우 중 어느 하나에 해당하면, 계약상대자에게 경조조치를 할 수 있다(우수조달물품 지정관리 규정 제35조 제1항 제5호부터 제9호).

다만, 우수제품업체가 계약변경 없이 납품요구 받은 본품 외에 다른 제품을 추가하여 납품한 행위(위 ⑨)를 처분사유로 규정한 것은 그 타당성에 의문이 있다. 이러한 행위는 대부분 수요기관의 요청에 따른 것이고, 우수제품업체가 본품 외에 다른 제품을 추가하여 납품하면서 계약금액을 올려받았다면 문제이지만, 그렇지 않은 경우가 많기 때문이다. 예를 들어, 우수제품업체가 의자를 구매한 수요기관에게 '무상'으로 방석을 추가 납품했다면, 스스로 영업이익을 낮춘 행위에 불과한데, 굳이 이를 제재할 필요가 있는지 생각해 보아야 한다. 따라서 공정거래법 제5조 등이 정하는 위법한 끼워팔기가 아니라면, 본품 외에 다른 제품을 추가하여 납품한 행위를 제재하도록 정한 규정은 재고할 일이다.

3) 효과

지정기간(연장기간 포함) 동안 경고조치를 3회 이상 받은 우수제품기업은 지정취소 처분을 받을 수 있다(우수조달물품 지정관리 규정 제37조 제1항 제4호 가목 참조).

바. 지정효력정지

1) 의의와 법적 성질

조달청장은 지정된 우수제품이 최초 지정기준에 미달하는 등 일정한 사유가 있는 경우, 그 효력을 정지할 수 있다(조달사업법 제26조 제3항). 법은 효력정지기간을 명시하지 않지만, 우수조달물품 지정관리 규정 제36조 제1항은 해당 사유가 해소될 때까지 지정효력을 정지하도록 규정한다. 이처럼 지정효력정지란 우수제품 지정 후에 발생한 사유로, 일정기간 동안 우수제품 지정효력을 멈추는 조치를 말한다. 따라서 지정효력정지는 지정효력을 소급하여 또는 장래를 향해 소멸하게 하는 지정취소제도와 구별해야 한다.

지정효력정지는 우수제품 지정이라는 수익적 처분을 제한하는 조치이므로 침익적 처분에 해당하지만, 문언상 재량행위로서 성격을 가진다.

2) 법적 근거

과거 조달사업법에는 지정효력정지를 별도로 규정하지 않았지만, 현재 조달사업법 제26조 제3항은 지정효력정지를 명시하여 법적 근거를 마련했다.

3) 사유

조달청장은 ① 우수제품 계약과 관련하여 물품구매(제조)계약 추가특수조건에 따른 거래정지 사유가 발생한 경우, ② 법원이나 특허심판원 등 권한 있는 기관이 우수제품의 적용기술이 지정기준을 충족하지 못하였다고 확인한 경우, ③ 우수제품이나 우수제품업체에 지정취소 사유가 발생한 경우, ④ 우수제품업체가 신청인 자격을 상실한 경우, ⑤ 협업체 변경승인 절차가 진행 중인 경우, ⑥ 조달품질원장이 계약상대자와 의견 차이 등으로 최종 규격서를 확정할 수 없다는 이유로 지정효력 정지를 요청한 경우, ⑦ 우수제품 지정·계약·납품 등과 관련한 브로커의 불법행위를 이유로 수사·공판 등 절차가 진행 중이고 해당 절차에서 우수제품 업체의 관여 사실이 특정된 경우, ⑧ 그 밖에 우수제품 지정효력 유지가 곤란하다고 판단한 경우 중 어느 하나에 해당하면, 해당 사유가 해소될 때까지 지정효력을 정지할 수 있다(우수조달물품 지정관리 규정 제36조 제1항 제1호부터 제8호까지).

4) 절차

조달청장이 계약상대자에게 우수제품 지정효력정지 조치를 하려면, 당사자에게 지정효력정지 사유, 지정효력정지 기간, 의견제출 기한 등을 미리 문서로 통지해야 하며, 지정효력정지를 결정한 후에도 그 내용을 문서로 통지해야 한다(조달사업법 시행령 제32조 제2항).

5) 효과

지정효력정지 처분이 있으면, 해당 사유가 소멸할 때까지, 우수제품 지정에 따른 모든 절차와 효력은 정지된다.

해당 사유가 소멸할 때까지라는 효력정지기간은 개별 사유에 따라 검토해야 하는데, ① 우수제품 계약과 관련하여 물품구매(제조)계약 추가특수조건에 따른 거래정지 사유가 발생한 경우에는 거래정지 조치 해제일까지, ② 법원이나 특허심판원 등 권한 있는 기관이 우수제품의 적용기술이 지정기준을 충족하지 못하였다고 확인한 경우에는 해당 사유가 확정될 때까지, ③ 우수제품이나 우수제품업체에 지정취소 사유가 발생한 경우에는 지정취소할 때까지, ④ 우수제품업체가 신청인 자격을 상실한 경우에는 신청인 자격을 회복할 때까지, ⑤ 협업체 변경승인 절차가 진행 중인 경우에는 협업변경 승인일까지, ⑥ 조달품질원장이 계약상대자와 의견 차이 등으로 최종 규격서를 확정할 수 없다는 이유로 지정효력 정지를 요청한 경우에는 최종 규격서 확정일까지, ⑦ 우수제품 지정·계약·납품 등과 관련한 브로커의 불법행위를 이유로 수사·공판 등 절차가 진행 중이고 해당 절차에서 우수제품 업체의 관여 사실이 특정된 경우에는 수사·공판절차에 따라 해당 사실 유무가 확정될 때까지, ⑧ 그 밖에 우수제품 지정효력 유지가 곤란하다고 판단한 경우에는 해당 사유가 소멸될 때까지로 한다.

특히 법원이나 특허심판원 등 권한 있는 기관에서 우수제품의 적용기술이 지정기준을 충족하지 못하였다고 확인한 경우로 보고 해당 사유가 확정될 때까지 지정효력을 정지했으나, 우수제품업체가 최종 승소하였다면 기존 지정기간에 지정효력정지 기간만큼을 추가한다(우수조달물품 지정관리 규정 제36조 제2항).

사. 지정취소

1) 의의와 법적 성질

조달청장은 지정된 우수제품이 최초 지정기준에 미달하는 등 일정한 사유가 있으면, 우수제품 지정을 취소할 수 있다(조달사업법 제26조 제3항). 이처럼 지정취소란 우수제품 지정

전·후에 발생한 사유를 이유로 우수제품 지정효력을 과거로 소급하거나 장래를 향해 소멸하게 하는 조치를 말한다. 즉, 지정취소는 그 사유가 무엇인지에 따라 소급효를 갖는 직권취소나 장래효를 갖는 철회 중 어느 하나에 해당한다.

우수조달물품 지정은 일종의 특혜로서 그에 합당한 기술과 품질을 갖추어야 하며, 그에 상응하는 기술과 품질을 갖추지 못한 제품이 특혜를 받아서는 안 되므로, 지정취소 제도에 의미가 있다.[1)]

한편, 지정취소는 침익적 행정처분으로서 성질을 가지며, 문언상 재량행위에 해당한다고 본다.

2) 법적 근거

지정취소 절차·기준 등 필요한 사항은 조달청장이 기획재정부장관과 협의를 거쳐 정하여 고시한다(조달사업법 시행령 제32조 제3항). 이에 우수조달물품 지정관리 규정은 직권취소에 필요한 절차·기준 등을 규정하는데, 이는 상위 법령과 결합하여 법규명령으로서 효력을 가지는 행정규칙에 해당한다.

3) 사유

조달청장은 다음 중 어느 하나에 해당하는 사유를 확인하면, 우수제품 지정을 취소할 수 있다(우수조달물품 지정관리 규정 제37조 제1항). 우수조달물품 지정관리 규정이 정한 지정취소 사유는 조달사업법 시행령 제32조 제3항의 위임에 따른 것으로서 각 사유는 해당 물품과 관련하여 조달업무의 공정한 집행이나 계약의 적절한 이행을 해칠 우려가 있는 경우를 구체적으로 정한 것이라고 해석해야 한다.[2)]

조달사업법 시행령은 지정취소 사유를 ① 지정기준에 미달하게 되는 경우, ② 거짓이나 그 밖에 부정한 방법으로 지정을 받은 경우, ③ 그 밖에 우수제품 지정을 받은 자가 해당 우수제품과 관련하여 조달업무의 공정한 집행이나 계약의 적절한 이행을 해칠 우려가 있는 경우로 나눈다(조달사업법 시행령 제32조 제1항 제1호부터 제3호까지).

가) 신청서류를 위·변조하거나 거짓으로 서류를 작성하여 제출하는 등 거짓이나 부정한 방법으로 우수제품 지정을 받은 경우(조달사업법 시행령 제32조 제1항 제2호, 우수조달물품 지정관리 규정 제37조 제1항 제1호)

객관적 진실과 맞지 않는 서류(허위서류)나 위·변조한 서류를 제출하여 우수제품을 지정받은 경우가 여기에 해당한다. 이는 애당초 우수제품으로 지정받을 수 없었는데도 신청인

1) 서울행정법원 2018. 8. 31. 선고 2017구합86408 판결.
2) 대전지방법원 2016. 6. 9. 선고 2015구합103172 판결.

이 위계 등 위법한 수단을 사용하여 우수제품을 지정받은 경우에 해당하기 때문에 여기서 지정취소는 우수제품 지정효력을 소급하여 소멸하게 하는 취소로 이해해야 한다.[1] 특히 수익적 행정처분에 이른 하자가 처분상대방의 사실은폐, 그 밖에 사위(詐僞)에 따른 것이라면 처분상대방은 처분에 따른 이익을 위법하게 취득했다는 점을 예상했다고 보아야 하므로, 그 처분과 관련한 신뢰이익을 원용할 수 없을뿐더러, 행정청이 이를 고려하지 않고 수익적 행정처분을 취소하더라도 재량권 남용에 해당하지 않는다고 본다.[2] 따라서 특별한 사정이 없다면, 거짓이나 그 밖에 부정한 방법으로 우수제품 지정을 받은 자는 신뢰이익을 원용하면서 조달청장의 지정취소가 위법하다고 다투기 곤란하다.

나) 우수제품이 다음 어느 하나에 해당하는 경우(조달사업법 제32조 제1항 제1호)

(1) 적용기술 중 핵심 적용기술의 하나 이상에 취소·무효 그 밖에 이에 준하는 사유가 발생한 경우(우수조달물품 지정관리 규정 제37조 제1항 제2호 가목)

우수제품은 유효한 특허발명을 실시하여 생산한 제품이어야 하는데(조달사업법 시행령 제30조 제1항 제1호 가목), 핵심 적용기술 중 하나 이상에 취소·무효 그 밖에 이에 준하는 사유가 발생하여 유효한 특허발명을 적용할 수 없다면, 당연히 우수제품 지정기준에 미달하는 결과가 발생한다. 특허법은 특허취소사유와 특허무효사유를 제한적으로 열거한다.

| 특허취소 : 특허법 제132조의2 |

제132조의2(특허취소신청) ① 누구든지 특허권의 설정등록일부터 등록공고일 후 6개월이 되는 날까지 그 특허가 다음 각 호의 어느 하나에 해당하는 경우에는 특허심판원장에게 특허취소신청을 할 수 있다. 이 경우 청구범위의 청구항이 둘 이상인 경우에는 청구항마다 특허취소신청을 할 수 있다.
1. 제29조(같은 조 제1항 제1호에 해당하는 경우와 같은 호에 해당하는 발명에 의하여 쉽게 발명할 수 있는 경우는 제외한다)에 위반된 경우
2. 제36조 제1항부터 제3항까지의 규정에 위반된 경우

② 제1항에도 불구하고 특허공보에 게재된 제87조 제3항 제7호에 따른 선행기술에 기초한 이유로는 특허취소신청을 할 수 없다.

| 특허무효 : 특허법 제133조 |

제133조(특허의 무효심판) ① 이해관계인(제2호 본문의 경우에는 특허를 받을 수 있는 권리를 가진 자만 해당한다) 또는 심사관은 특허가 다음 각 호의 어느 하나에 해당하는 경우에는 무효심판을 청

1) 김연태·김남진, 행정법 I (제20판), 박영사, 2016, 345쪽.
2) 대법원 2014. 11. 27. 선고 2013두16111 판결.

구할 수 있다. 이 경우 청구범위의 청구항이 둘 이상인 경우에는 청구항마다 청구할 수 있다.

1. 제25조, 제29조, 제32조, 제36조 제1항부터 제3항까지, 제42조 제3항 제1호 또는 같은 조 제4항을 위반한 경우
2. 제33조 제1항 본문에 따른 특허를 받을 수 있는 권리를 가지지 아니하거나 제44조를 위반한 경우. 다만, 제99조의2 제2항에 따라 이전등록된 경우에는 제외한다.
3. 제33조 제1항 단서에 따라 특허를 받을 수 없는 경우
4. 특허된 후 그 특허권자가 제25조에 따라 특허권을 누릴 수 없는 자로 되거나 그 특허가 조약을 위반한 경우
5. 조약을 위반하여 특허를 받을 수 없는 경우
6. 제47조 제2항 전단에 따른 범위를 벗어난 보정인 경우
7. 제52조 제1항에 따른 범위를 벗어난 분할출원 또는 제52조의2 제1항 각 호 외의 부분 전단에 따른 범위를 벗어난 분리출원인 경우
8. 제53조 제1항에 따른 범위를 벗어난 변경출원인 경우

② 제1항에 따른 심판은 특허권이 소멸된 후에도 청구할 수 있다.

③ 특허를 무효로 한다는 심결이 확정된 경우에는 그 특허권은 처음부터 없었던 것으로 본다. 다만, 제1항 제4호에 따라 특허를 무효로 한다는 심결이 확정된 경우에는 특허권은 그 특허가 같은 호에 해당하게 된 때부터 없었던 것으로 본다.

④ 심판장은 제1항에 따른 심판이 청구된 경우에는 그 취지를 해당 특허권의 전용실시권자나 그 밖에 특허에 관하여 등록을 한 권리를 가지는 자에게 알려야 한다.

(2) 산업재산권 등 타인의 권리를 침해한 사실이 확인된 경우(우수조달물품 지정관리 규정 제37조 제1항 제2호 나목)

산업재산권이란 특허권, 실용신안권, 디자인권, 상표권, 의장권을 총칭한다. 마찬가지로 우수제품은 유효한 특허, 등록실용신안, 등록디자인을 실시하여 생산한 물품이어야 하는데 (조달사업법 시행령 제30조 제1항 제1호 가목), 만약, 이러한 실시가 다른 사람의 권리를 침해한다면 배타적인 산업재산권을 누리는 자라 할 수 없고, 이때는 결국 우수제품 지정기준에 미달하는 경우에 해당하기 때문에, 이를 지정취소 사유로 규정했다.

(3) 우수조달물품 지정관리 규정 제4조 제3항에 따라 심사항목에서 제외해야 하는 적용기술이 포함된 경우(우수조달물품 지정관리 규정 제37조 제1항 제2호 다목)

심사항목에서 제외해야 하는 적용기술이 포함된 제품은 처음부터 신청제품이 아닌데도 이를 우수제품으로 지정했다면, 지정 당시 하자를 이유로 지정행위를 취소할 수 있다. 다만, 구체적 사실관계에 따라 신뢰보호원칙에 근거해 지정취소가 제한되는 경우는 있을 수 있다.

(4) 신청제품이 이동, 설치·시공 과정에서 성질이나 상태 등 변형가능성이 높아 관리가 곤란한 경우(우수조달물품 지정관리 규정 제37조 제1항 제2호 라목)

이동이나 설치·시공 과정에서 성질이나 상태 등 변형가능성이 높은 제품은 공공조달품목으로서 적합성이나 적정성을 인정하기 곤란하고(우수조달물품 지정관리 규정 제14조 제2항 제1호 참조), 본질적으로 우수제품 신청제품 요건에 부합하지 않기 때문에(우수조달물품 지정관리 규정 제4조 제3항 제4호 참조), 지정취소 사유로 규정했다.

(5) 심사 이월제품이 이전 회차 신청제품과 다르다는 사실이 확인된 경우(우수조달물품 지정관리 규정 제37조 제1항 제2호 마목)

심사 이월이란 기술, 품질 등에 대한 정밀조사나 추가확인 등이 필요하여 해당 심사에서 판정이 곤란한 경우 등에 다음 회차로 이월하여 심사하는 것을 말하므로(우수조달물품 지정관리 규정 제11조 제1항 제1호 참조), 심사 이월제품은 이전 회차 신청제품과 같다는 전제가 있어야 한다. 이에 따라 신청인이 이전 회차 기술·품질점수 중 가장 높은 점수로 대체를 원하여 기술·품질 심사를 생략했거나 기술·품질 심사 점수를 다른 점수로 대체하여, 이전 회차 점수를 적용하여 우수제품을 지정했는데, 이러한 우수제품이 이전 회차 신청제품과 다르다면, 평가 자체에 하자가 있는 결과와 다르지 않다. 따라서 이를 지정취소 사유로 규정했다.

(6) 이의신청에 따른 심사결과 이의신청이 이유 있다고 인정되는 경우(우수조달물품 지정관리 규정 제37조 제1항 제2호 바목)

우수제품 지정에 이의가 있는 이해관계인이 이의를 신청하고(우수조달물품 지정관리 규정 제27조 제1항 참조), 그것이 이유가 있다면 우수제품 지정에 하자가 있다고 보는 취지이다.

(7) 외국산 부품의 비율이 50%를 초과한 제품이 외국산 부품 사용제품에 대한 예외사유에 해당하지 않은 경우(우수조달물품 지정관리 규정 제37조 제1항 제2호 사목)

제품규격서상 주요자재소요량에 기재된 부품 중 외국산 부품의 원가계산서상 직접재료비 비율이 50%를 초과한 제품은 신청대상이 될 수 없고, 다만, 기술서비스업무심의회 심의를 거쳐 예외로 인정되는 경우에만 우수제품으로 지정할 수 있는데(우수조달물품 지정관리 규정 제4조 제3항 제6호), 신청인이 별표8에 따른 예외사유 소명이 없으면, 결국 심사 이월 대상에 해당하거나(우수조달물품 지정관리 규정 제11조 제1항 제2호), 지정거부 대상에 해당하는데, 그럼에도 우수제품으로 지정되었다면, 그 지정을 취소할 수 있도록 한 취지이다.

다) 우수제품업체가 다음 어느 하나에 해당하여 계약의 적정한 이행을 해칠 우려가 있는 경우(조달사업법 시행령 제32조 제1항 제3호)

우수제품 지정은 그 자체가 목적이라기보다 그에 따라 계약을 체결한 우수제품업체로 하여금 우수제품을 납품하게 하여야 기술개발제품 판로지원 등 우수제품제도 취지를 살릴 수 있다. 따라서 조달사업법 시행령은 계약의 적정한 이행을 해칠 우려가 있는 경우에도 지정취소 사유로 정할 수 있도록 근거를 마련했다. 따라서 아래에서 열거하는 사유가 있으면, 조달청장은 계약상대자가 법률상·사실상 적정한 계약을 이행하기 어렵다고 보고, 우수제품 지정을 취소할 수 있다.

(1) 부도, 파산, 폐업 등이 확인된 경우(다만, 법원에서 회생절차가 개시된 때는 회생절차 종료 결과에 따라 취소 여부를 결정)(우수조달물품 지정관리 규정 제37조 제1항 제3호 가목)

(2) 제품생산이나 판매에 필요한 관계법령상 허가 등을 취득하지 못하였다는 사실이 일부라도 확인된 경우(우수조달물품 지정관리 규정 제37조 제1항 제3호 나목)

제품생산이나 판매에 필요한 관계법령상 허가 등을 취득하지 못했다면, 계약이행이 불능에 빠지기 때문에, 계약의 적정한 이행을 해칠 우려가 발생한다. 따라서 이를 지정취소 사유로 규정했다.

(3) 우수제품으로 지정된 규격이 다수공급자계약이나 소프트웨어 제3자단가계약으로 체결되었거나 우수조달공동상표로 지정된 경우(다만, 우수제품 계약을 체결하지 않고 다수공급자계약이나 소프트웨어 제3자단가계약을 체결하는 경우는 제외)(우수조달물품 지정관리 규정 제37조 제1항 제3호 다목)

우수제품으로 지정된 규격이 다수공급자계약, 소프트웨어 제3자 단가계약으로 체결되었거나 우수조달공동상표로 지정되었다면, 우수제품업체로 하여금 수의계약이라는 특혜를 주어 계속 납품하게 할 이유가 없고, 다수공급자계약 물품 등과 실질적 경쟁이 어려운 등 우수제품 계약의 적정한 이행 확보가 곤란하므로 지정취소 사유로 규정했다.

(4) 관계법령에 따라 우수제품을 직접생산하지 않음이 확인된 경우(우수조달물품 지정관리 규정 제37조 제1항 제3호 라목)

우수제품업체는 우수제품 계약을 이행하기 위해 직접생산의무를 부담하는데, 판로지원법에 따라 직접생산확인이 취소되거나(중소기업자간 경쟁제품), 조달청장이 직접생산조건 위반을 확인한 경우(일반제품), 적정한 계약이행을 할 수 없다. 따라서 이를 취소사유로 규정했다.

라) 우수제품업체가 다음 어느 하나에 해당하여 조달업무의 공정한 집행을 해칠 우려가 있는 경우(조달사업법 시행령 제32조 제1항 제3호)

이 사유는 우수제품업체가 법령이나 규정을 위반한 데에 따른 제재로서 성격이 강하다.

(1) 총지정기간(연장기간 포함) 중 경고조치를 3회 이상 받은 경우(우수조달물품 지정관리 규정 제37조 제1항 제4호 가목)

여기서 경고조치 사유는 우수조달물품 지정관리 규정 제35조 제1호부터 제9호까지에서 정한다.

(2) 우수제품 지정마크를 부정한 내용이나 방법으로 사용했을 경우(우수조달물품 지정관리 규정 제37조 제1항 제4호 나목)

여기서 지정마크는 우수조달물품 지정관리 규정 제17조 제1항이 정한 것을 뜻하고, 부정한 내용과 부정한 방법의 의미를 엄격하게 구별하기는 어렵지만, 일단 부정한 내용으로 사용한다는 의미는 별지 제5호의4 서식과 다르게 사용하거나 본래 목적과 다른 목적으로 사용하는 것을, 부정한 방법으로 사용한다는 의미는 우수제품 자체, 용기, 포장, 홍보물이 아닌 물품에 사용하는 것을 뜻한다고 보아야 한다.

(3) 우수제품업체가 지정기간 중에 우수제품 지정증서에 명시된 우수제품과 관련하여 2회 이상 또는 제재기간 합산 6개월 이상 부정당업자 제재를 받은 경우(우수조달물품 지정관리 규정 제37조 제1항 제4호 다목)

(4) 우수제품업체가 같은 세부품명에 대해 담합, 부당한 공동행위 등 공정한 경쟁을 저해하는 행위에 가담하였다는 사실이 확인된 경우(우수조달물품 지정관리 규정 제37조 제1항 제4호 라목)

이와 관련하여, 반드시 담합이나 부당한 공동행위 등을 이유로 국가계약법령 등에 따른 부정당업자제재, 공정거래법령에 따른 경고·시정조치·과징금 등 처분을 받아야만 지정취소를 할 수 있는지 논란이 있으나, 우수제품 지정취소 제도와 부정당업자제재, 경고·시정조치·과징금 제도는 서로 근거 법령과 제도취지, 효력범위 등이 서로 다르므로, 조달청장은 담합 등을 이유로 한 부정당업자제재 등이 별도로 없더라도, 지정취소를 할 수 있다. 다만, 우수제품업체가 담합이나 부당한 공동행위 등 공정한 경쟁을 저해하는 행위에 가담한 사실은 공정거래위원회 의결서나 처분통보를 받고 비로소 확인할 수 있는 경우가 많으므로, 실무에서는 보통 그 이후에 지정취소를 한다.

4) 절차

조달청장이 우수제품 지정을 취소하려면, 그 사유, 기간(효력정지만 해당)과 의견제출 기한 등을 당사자에게 미리 문서로 통지해야 하고(조달사업법 시행령 제32조 제2항), 우수제품업체에게 의견제출 기회를 주어야 한다(우수조달물품 지정관리 규정 제37조 제2항). 지정취소는 조달청 계약심사협의회를 거쳐 결정하나, 취소사유가 명백하면 이를 생략할 수 있다(우수조달물품 지정관리 규정 제37조 제3항). 또한, 지정취소를 결정한 후에 상대방에게 그 내용을 문서로 통지해야 하고(조달사업법 시행령 제32조 제2항), 지정취소 후에는 지체없이 조달청 인터넷 홈페이지에 공고해야 한다(우수조달물품 지정관리 규정 제37조 제4항).

5) 효과

수익적 행정행위의 직권취소로서 성격을 가지는 지정취소는 우수제품 지정효력을 과거로 소급하여 소멸하게 하나, 수익적 행정행위의 철회로서 성격을 가지는 지정취소는 우수제품 지정 효력을 장래로 향해 소멸하게 한다.

아. 브로커의 불공정행위 방지

계약담당공무원이나 조사담당공무원은 계약상대자의 우수제품 계약체결, 계약이행 등 과정이나 수요기관의 납품대상업체 선정 등에 부당하게 개입하여 공정한 조달질서를 저해하는 행위를 한 브로커를 형사고발 할 수 있다(우수조달물품 지정관리 규정 제46조 제1항). 여기서 브로커란 계약상대자가 아닌데도 우수제품 계약체결, 이행 과정, 수요기관의 납품대상업체 선정 등에 개입하여 직접 이익을 얻거나 계약상대자나 제3자로 하여금 이익을 얻게 하는 자를 뜻한다(우수조달물품 지정관리 규정 제2조 제12호).

형사고발 대상행위는 ① 납품대상업체 선정 등에 관여하고 계약상대자 등에게 그 대가를 받거나 요구한 경우, ② 납품대상업체 선정 등에 영향력을 미칠 수 있다고 암시하는 등 부정한 방법으로 사례를 받고 알선행위를 한 경우, ③ 우수제품 지정 심사위원에게 접촉하여 그 직무에 속하는 사항과 관련하여 알선하거나 부당한 영향력을 행사하는 등 우수제품 지정과정에 개입한 경우, ④ 그 밖에 우수제품 지정, 계약체결·이행 등 과정, 수요기관의 납품대상 업체 선정 등에 부당하게 개입하여 공정한 조달질서를 저해한 경우를 말한다(우수조달물품 지정관리 규정 제46조 제1항 제1호부터 제4호). 이러한 유형은 대체로 변호사법 제111조, 특정범죄 가중처벌 등에 관한 법률 제3조 등이 정한 '알선수재'와 유사하다. 더욱이 공무원이 위와 같은 행위를 하면 알선수뢰 등 뇌물죄가 성립한다. 나아가 위와 같은 브로커 행위는 '위계에 의한 공무집행방해'가 성립할 수도 있다.

계약담당공무원이나 조사담당공무원은 위 위반행위를 확인하기 위해 계약상대자에게 관련 자료제출을 요청할 수 있고(우수조달물품 지정관리 규정 제46조 제2항), 조달청장은 브로커의 불공정행위와 관련한 세부기준과 그 밖에 운영에 필요한 사항을 별도 지침으로 마련하여 운영할 수 있다(우수조달물품 지정관리 규정 제46조 제3항).

한편, 브로커가 위와 같은 불법행위로 형사처벌을 받고 이것이 확정되면, 조달청장이 브로커를 상대로 민사상 손해배상을 청구할 수 있는데(우수조달물품 지정관리 규정 제46조 제4

항), 브로커 행위로 계약금액이나 납품금액이 정상적인 금액보다 높게 지급되는 등 특별한 사정이 없으면, 손해액 증명이 쉽지 않아 보인다.

자. 그 밖에 제도운영과 홍보

조달청장은 우수제품지정이나 관리 등을 위해 필요한 사항을 별도로 정할 수 있다(우수조달물품 지정관리 규정 제47조 제1항).

또한, 조달청장은 우수제품 전시회 주최와 지원, 우수제품 제도 안내를 위한 홍보물 등 제작·배포, 우수제품 기술·품질의 지속직 개선을 위해 필요한 지원사항, 신규 지정기업[1]의 판로확보를 위한 지원, 그 밖에 필요하다고 인정되는 활동 등 우수제품 홍보와 관련한 활동을 할 수 있다(우수조달물품 지정관리 규정 제48조 제1항 제1호부터 제5호까지). 그리고 우수제품 지정을 희망하는 기업에게 상담 등 지원을 할 수 있다(우수조달물품 지정관리 규정 제48조 제2항).

5. 우수제품 계약

가. 의의

조달청장은 우수제품업체가 계약을 요청하거나 수요기관이 구매요청을 하면, 관계 계약법령(국가계약법 시행령 제26조, 지방계약법 시행령 제25조)에 따라 제3자 단가계약이나 총액계약 등 우수제품 계약을 체결한다(우수조달물품 지정관리 규정 제38조 제1항 본문). 우수제품 계약은 수의계약으로 체결하기 때문에, 우수제품 지정을 업체가 부여받는 특혜에 해당한다고 본다.[2]

우수제품 계약이행이나 관리에 필요한 사항은 조달청 내자업무처리규정, 물품구매(제조)계약 일반조건, 물품구매(제조)계약 특수조건, 물품구매(제조)계약 추가특수조건에 따른다(우수조달물품 지정관리 규정 제38조 제8항).

나. 계약방법 결정기준

1) 수의계약 사유

우수제품은 수의계약 대상에 해당한다{국가계약법 시행령 제26조 제1항 제3호 바목, 지방계약법 시행령 제25조 제1항 제6호 라목 5) 참조}.

2) 제3자 단가계약이나 총액계약 방법

조달청장은 우수제품업체와 수의계약을 체결하면서, 제3자 단가계약이나 총액계약 방법

1) 신규 지정기업이란 사업자등록증 기준 개업일 이후 처음으로 우수제품 지정을 받은 기업을 말한다(우수조달물품 지정관리 규정 제2조 제15호).
2) 대전지방법원 2018. 11. 14. 선고 2017구합100153 판결.

으로 체결할 수 있다(우수조달물품 지정관리 규정 제38조 제1항). 조달청장은 제3자 단가계약을 체결하고자 하는 경우 적정한 계약관리를 위해 계약규격 수를 제한할 수 있다(우수조달물품 지정관리 규정 제38조 제7항).

3) 협업체와 계약을 체결하는 경우

협업체가 우수제품업체로서 계약을 요청하는 경우 협업체가 아닌 추진기업이 계약상대자로서 책임 주체가 된다. 그리고 판로지원법 제6조에 해당하는 중소기업자간 경쟁제품을 우수제품으로 지정받은 협업체가 수의계약을 체결하려고 하는 경우에는 협업기업의 직접생산확인증명서를 제출해야 한다(우수조달물품 지정관리 규정 제40조 제1항). 추진기업은 우수제품 계약의 모든 책임을 진다(우수조달물품 지정관리 규정 제40조 제2항).

다. 계약체결 절차

1) 계약요청

계약상대자는 신규지정과 관련한 계약심사협의회가 정한 날부터 계약을 요청할 수 있다(우수조달물품 지정관리 규정 제24조 제1항, 제38조 제2항). 이 경우 계약체결 효력은 지정기간 시작일부터 발생한다(우수조달물품 지정관리 규정 제38조 제2항).

2) 가격자료 등 제출

한편, 계약상대자는 계약체결을 요청할 때 ① 특허등록원부, ② 원가계산서와 거래실례가격, 구매실례가격 등 계약담당자가 필요하다고 인정하는 가격자료(추가선택품목 자료를 포함), ③ 산업표준화법 제24조의 한국산업표준과 법적 의무인증 관련 증빙자료,[1] ④ 시스템장비의 구성품 등이 수입품일 경우 공급확약서나 이에 준하는 서류,[2] ⑤ 관련 기술·품질인증서, 면허 등과 관련한 증빙자료, ⑥ 그 밖에 계약담당자가 요구하는 자료를 제출해야 한다(우수조달물품 지정관리 규정 제38조 제3항 제1호부터 제6호).

특히 ② 가격자료는 계약요청일 전월을 기준으로 3개월 동안 자료를 규격(모델)별로 제출해야 한다. 다만, 제출하는 자료가 원가계산자료이면 투입되는 자재별 거래자료를 확인할 수 있어야 하고, 수명주기가 짧거나 거래빈도가 낮은 경우에는 기간을 조정하여 제출할 수 있다(우수조달물품 지정관리 규정 제38조 제4항).

3) 계약단가 산정

계약예정자는 투찰금액 등을 제출할 때 정부 입찰·계약 집행기준 제2조의2 제2항에 따

1) 물품구매(제조)계약일반조건 제12조는 납품제품이 산업표준화법 제24조가 정한 한국산업표준을 준수하도록 규정하므로, 계약체결 단계부터 산업표준 준수 여부를 확인하기 위해, 필요한 서류를 받는다는 취지이다.
2) 안정적인 공급이나 원활한 하자보수 등을 위해서 제출받는 서류에 해당한다.

른 설치비용 등 부수적인 목적물 비용, 건설산업기본법 제22조 제7항에 따른 고용보험, 산업재해보상, 국민연금, 건강보험 등 관련 비용, 산업안전보건법 제72조에 따른 산업안전보건관리비, 건설기술진흥법 제66조 제3항에 따른 환경관리비, 그 밖에 법령이나 계약조건에서 의무적으로 가입이 요구되는 보험의 보험료나 일체 비용을 모두 포함해야 한다(우수조달물품 지정관리 규정 제39조 제1호부터 제5호까지).

4) 최종 규격서 확정과 계약조건 편입

계약담당공무원은 최종 규격서가 확정되어야 계약을 체결할 수 있고(우수조달물품 지정관리 규정 제30조 참조), 계약서에 첨부된 확정 규격서는 계약조건의 일부가 된다{물품구매(제조)계약추가특수조건 제28조 제1항}.

5) 계약기간

제3자 단가계약이나 단가계약 기간은 우수제품 지정기간 범위 안에서 정할 수 있고(우수조달물품 지정관리 규정 제41조 제1항), 총액계약은 우수제품 지정기간 내에 체결되어야 한다(우수조달물품 지정관리 규정 제41조 제2항).

이에 따라 우수제품 계약 유효기간은 계약체결 후 연단위로 별도 약정에 따라 정한다. 다만, 우수제품 지정기간이 계속 유효하여 계약상대자가 재계약을 요청하였는데, 차기계약 체결이 지연되어 약정 계약기간을 경과하는 경우에는 계약종료일로부터 2개월까지 계약기간을 연장할 수 있다{물품구매(제조)계약추가특수조건 제5조 제2항}. 그리고 계약상대자가 재계약을 요청하여 계약을 체결한 경우에는 재계약 시작일부터 기존 계약 효력이 상실된다{물품구매(제조)계약추가특수조건 제5조 제2항}.

6) 계약수량과 1회 납품요구 최소량

계약상대자는 계약기간 동안 구매예상량을 추정한 총 수량을 계약수량으로 설정해야 한다{물품구매(제조)계약추가특수조건 제6조 제1항}. 그러나 우수제품 계약은 원칙적으로 제3자 단가계약에 해당하므로, 품목 선정과 구매 여부는 수요기관에서 결정한다. 따라서 납품량이 계약량에 미달하거나 초과하더라도 계약상대자는 계약을 성실히 이행해야 하며, 이에 따른 이의를 제기하지 않아야 한다{물품구매(제조)계약추가특수조건 제6조 제2항}.

한편, 누적 납품요구 수량은 계약수량을 초과할 수 없는데, 예상되는 누적 납품요구 수량이 계약수량을 초과할 경우에는 신규 납품요구를 받을 수 없다{물품구매(제조)계약추가특수조건 제6조 제3항}. 그리고 계약이행 중인 누적 납품요구금액은 1회 최대납품요구금액을 초과할 수 없고, 계약이행 중인 누적 납품요구금액이 1회 최대납품요구금액을 초과하면 신규 납품요구를 받을 수 없다{물품구매(제조)계약추가특수조건 제6조 제4항}. 다만, 조달청장과 수정계약을 체결하면 신규 납품요구를 받을 수 있다{물품구매(제조)계약추가특수조건 제6조 제5항}.

한편, 물품구매(제조)계약추가특수조건은 계약당사자 합의로 1회 납품요구 최소량을 정하도록 규정하고, 계약상대자가 동의하면 최소량 미만인 때에도 납품요구할 수 있도록 한다{물품구매(제조)계약추가특수조건 제7조 제1항}.

7) 계약보증금 납부와 종합쇼핑몰 물품등록

계약상대자는 조달사업법 시행령 제13조의2에 따라 산출한 금액의 100분의 10 이상을 계약보증금으로 납부해야 하며, 계약상 의무를 이행하지 않는 등 계약보증금 국고귀속 사유가 발생하면 국가계약법 제12조 제3항, 같은 법 시행령 제51조 제5항에 따른 처리에 이의하지 않아야 한다{물품구매(제조)계약추가특수조건 제3조}.

한편, 계약담당공무원은 우수조달물품 지정관리 규정 제38조에 따라 계약이 체결된 물품을 종합쇼핑몰에 등록해야 한다{물품구매(제조)계약추가특수조건 제4조 제1항}. 계약상대자는 종합쇼핑몰 물품 등록 이후 물품의 원산지, 상품속성정보, 규격 등을 규격서에 맞추어 관리해야 하며, 변동사항이 있으면 즉시 계약담당공무원에게 통보해야 한다{물품구매(제조)계약추가특수조건 제4조 제2항}. 계약담당공무원은 위 통보를 받으면 관련 사항을 변경할 수 있다{물품구매(제조)계약추가특수조건 제5조 제3항}.

라. 계약변경

1) 수정계약과 재계약

가) 수정계약

계약담당공무원은 계약기간 중 ① 우수제품 지정규격이 추가·삭제된 경우, ② 계약상대자가 계약품목별 계약수량과 단가 조정, 계약품목 추가나 삭제, 1회 최대납품요구량 조정, 계약기간 변경, 그 밖에 계약조건 변경 등 계약내용 수정을 요청한 경우, ③ 재계약 이후 지정기간 연장이 발생한 경우에 수정계약을 체결할 수 있다(우수조달물품 지정관리 규정 제42조 제1항 제1호부터 제3호까지). 또한, 계약상대자는 계약 중인 우수제품의 규격서가 수정된 경우 계약담당공무원에게 수정계약을 요청해야 한다{물품구매(제조)계약추가특수조건 제10조 제3항}. 다만, 계약금액을 감액하는 수정계약을 체결하려는 경우에는 수정 계약금액이 당초 계약의 누적된 납품요구금액 이상일 때만 수정계약을 체결해야 한다{물품구매(제조)계약추가특수조건 제10조 제1항}.

나) 재계약

계약담당공무원은 우수제품 기본 지정기간인 3년이 종료한 후 처음으로 지정기간을 연장할 때 재계약을 체결할 수 있다(우수조달물품 지정관리 규정 제42조 제2항). 재계약을 체결할 때는 이전 계약과 계약조건이 완전히 동일한 경우 계약상대자가 계약체결을 요청하면서 제출해야 하는 서류 중에 계약내용 등 변동 여부를 확인할 용도의 서류를 요구할 수 있다(우수조달물품 지정관리 규정 제42조 제3항). 계약기간 중인 우수제품의 지정기간이 연장된 경우 본 계약기간의 만료일로부터 60일 전부터 재계약을 요청할 수 있다{물품구매(제조)계약추가특수조건 제10조 제4항}.

2) 계약단가 조정

계약담당공무원은 계약상대자가 우대가격 통보의무를 위반하면 위반내용을 고려하여 계약단가를 인하해야 한다{물품구매(제조)계약추가특수조건 제11조 제1항}. 계약상대자는 일반조건 등에 따라 물가변동 등을 사유로 단가를 인상한 품목에 대해 물가 하락으로 원자재 등 가격이 안정된 경우 계약담당공무원에게 단가인하를 요청해야 한다{물품구매(제조)계약추가특수조건 제11조 제2항}. 만약 단가인하를 요청하지 않으면 특수조건 제20조에 따라 물가변동으로 인한 계약금액 조정방법을 적용한다{물품구매(제조)계약추가특수조건 제11조 제3항}.

3) 계약품목 추가·삭제

계약상대자는 추가로 지정받은 우수제품을 대상으로, 계약담당공무원에게 계약품목 추가를 요청할 수 있다{물품구매(제조)계약추가특수조건 제12조 제1항}. 계약상대자는 품목 추가를 요청할 때 지정담당공무원이 수정한 규격서와 원가계산자료 등 계약담당공무원이 요구하는 자료를 제출해야 한다{물품구매(제조)계약추가특수조건 제12조 제2항}.

한편, 계약상대자는 계약품목 중 일부에 대하여 생산중단 계획이 있는 경우 사전에 계약담당공무원에게 이를 통보해야 한다{물품구매(제조)계약추가특수조건 제12조 제3항}. 이에 따라 생산중단 계획을 통보받은 계약담당공무원은 통보된 내용을 검토하여 수정계약을 체결할 수 있다. 다만, 공장 이전 등으로 인한 일시적인 생산중단인 경우에는 계약상대자가 종합쇼핑몰에서 해당 품목에 대한 판매 중지를 요청해야 한다{물품구매(제조)계약추가특수조건 제12조 제4항}. 그러나 계약상대자는 이때에도 수정계약 체결 이전이나 판매중지 이전에 접수한 납품요구를 기존 계약조건대로 이행해야 한다{물품구매(제조)계약추가특수조건 제12조 제5항}.

4) 추가선택품목 등록과 추가

계약상대자는 계약대상인 우수제품의 규격서에 추가선택품목으로 등재된 제품에 한정하여 추가선택품목으로 계약을 요청할 수 있다. 다만, 다수공급자계약 중인 품목은 추가선택품목 등록 요청을 할 수 없다{물품구매(제조)계약추가특수조건 제13조 제1항}. 계약상대자는 추가선택품목의 가격을 최저가로 유지해야 하며 민간 거래 등에서 같은 조건에 더 낮은 금액으로 판매하는 것이 확인될 경우 계약담당공무원은 해당 추가선택품목의 단가를 인하하고 차액을 환수할 수 있다{물품구매(제조)계약추가특수조건 제13조 제2항}. 계약상대자는 추가선택품목 단가 조정·추가·삭제·변경 등을 요청할 경우 계약담당공무원이 요구하는 자료를 제출해야 한다{물품구매(제조)계약추가특수조건 제13조 제3항}.

마. 계약체결 장애

1) 계약요청 반려

계약담당공무원은 제출받은 자료가 불명확하면, 일정 기한을 정하여 계약상대자에게 보완을 요구할 수 있고, 계약상대자가 보완하지 않으면, 계약요청을 반려할 수 있다(우수조달물품 지정관리 규정 제38조 제5항). 또한, 아래에서 보는 계약체결 제한 사유가 있거나 계약체결 절차를 진행하지 않을 특별한 사정이 있는 경우에도 계약요청을 반려할 수 있다(우수조달물품 지정관리 규정 제38조 제6항).

2) 계약체결 절차 중지

계약담당공무원은 우수제품에 대한 제3자 단가계약(재계약, 수정계약 등을 포함)을 체결하는 절차 중에 ① 우수제품과 관련한 부정당업자 제재 사유가 발생한 경우, ② 재심사 절차나 우수제품과 관련한 수사·조사·심판·소송·행정처분 등 법적 절차가 개시된 경우, ③ 지정효력 정지나 지정취소 사유가 발생한 경우, ④ 우수제품 재심사가 진행 중인 경우, ⑤ 외부인의 부당한 청탁이 있거나 브로커 등의 개입이 발생하였다고 확인된 경우, ⑥ 그 밖에 계약체결을 중단할 만한 사유가 있다고 판단될 경우 중 어느 하나에 해당하는 사유가 발생하면 계약체결을 중지할 수 있다(우수조달물품 지정관리 규정 제43조 제1항 제1호부터 제6호까지). 다만, 계약체결 절차 중지는 수사나 조사 결과, 행정처분, 재결이나 판결(하급심 포함) 등으로 계약체결 절차를 진행하지 않을 특별한 사정이 있는 경우를 제외하고는 계약체결 요청일로부터 3개월을 초과할 수 없다(우수조달물품 지정관리 규정 제43조 제2항).

3) 계약체결 제한

조달청장은 ① 계약을 요청한 우수제품에 부정당업자제재 사유, 지정취소 사유가 발생한 경우, ② 계약을 요청한 우수제품과 관련하여 재심사, 수사·조사·심판·소송·행정처분 등 법적 절차가 진행 중인 경우, ③ 최종 규격서가 확정되지 않은 경우 중 어느 하나에 해당하면, 계약을 체결하지 않을 수 있다(우수조달물품 지정관리 규정 제38조 제1항 제1호부터 제3호).

한편, 계약담당공무원은 ① 계약조건에 따른 거래정지 기간이 경과하지 않은 경우, ② 계약상대자가 관계법령에 따른 부정당업자제재 중인 경우로서 그 제재기간이 경과되지 않은 경우 중 어느 하나에 해당하면, 계약기간 연장이나 재계약을 체결해서는 안 된다(우수조달물품 지정관리 규정 제44조 제2항 제1호, 제2호).

바. 계약관계

1) 계약상대자 의무 일반

가) 개요

계약상대자는 계약기간 동안 물품구매(제조)계약추가특수조건과 관련법령에서 정한 계약상 의무를 이행해야 한다{물품구매(제조)계약추가특수조건 제8조 제1항}. 만약 이를 이행하지 않으면, 계약해제·해지, 계약보증금 국고귀속, 부정당업자제재, 거래정지 등 불이익을 받는다{물품구매(제조)계약추가특수조건 제8조 제2항}.

나) 우대가격통보의무

계약상대자는 조달청 계약단가보다 낮은 가격으로 수요기관과 계약을 체결하는 경우, 계약체결 후 7일 안에 조달청에 그 사실을 통보해야 한다. 이를 우대가격통보의무라고 한다. 다만, 물품구매(제조)계약추가특수조건 제15조에 따른 할인행사는 여기에 해당하지 않는다{물품구매(제조)계약추가특수조건 제8조의2 제1항}. 계약담당공무원은 계약상대자로부터 우대가격통보를 받은 경우나 계약상대자가 조달청 계약단가보다 낮은 가격으로 직접 수요기관과 계약을 체결했다는 사실을 안 경우, 계약단가를 인하할 수 있다{물품구매(제조)계약추가특수조건 제8조의2 제2항}. 계약상대자가 우대가격통보의무를 위반하거나 계약담당공무원의 가격인하 조치에 불응하는 경우, 거래정지 조치를 받을 수 있다{물품구매(제조)계약추가특수조건 제8조의2 제3항}.

다) 직접생산의무

계약상대자는 계약기간 동안 조달청 제조물품 등록 직접생산확인 기준(중소기업자간 경쟁제품인 경우에는 중소기업자간 경쟁제품 직접생산 확인기준)에 따라 직접 생산하여 납품해야 한다. 이를 직접생산의무라 한다{물품구매(제조)계약추가특수조건 제8조의3 제1항}. 조달청장은 계약상대자가 직접생산의무를 위반하여 납품한 사실을 확인한 경우 계약해지, 계약보증금 국고귀속, 입찰참가자격제한 등 조치를 할 수 있되, 해당 직접생산확인기준을 위반했으나 계약물품을 납품한 사실이 없으면 입찰참가자격제한 조치는 제외할 수 있다{물품구매(제조)계약추가특수조건 제8조의3 제2항}.

라) 상품정보 등록의무

계약상대자는 국가종합전자조달시스템 종합쇼핑몰 운영규정에 따라 수요기관의 구매의사결정에 필요한 상품정보를 제공해야 한다{물품구매(제조)계약추가특수조건 제8조의4 제1항}. 만약 위 사항을 위반하거나 상품정보를 허위로 혹은 과장하여 기재한 경우에는 조달사업법 시행령 제25조 제1항 제3호에 따른 거래정지 조치를 받을 수 있다{물품구매(제조)계약추가특수조건 제8조의4 제2항}.

마) 변동사항 통보의무

계약상대자는 계약품목에 대한 권리관계, 관련 인허가, 인증 정보 등에 변동이 있으면 7일 안에 계약담당공무원에게 통보해야 한다{물품구매(제조)계약추가특수조건 제8조의5 제1항}. 우수조달물품 지정관리 규정 제30조 제4항과 제5항에 따라 규격서가 수정된 경우에도 같다{물품구매(제조)계약추가특수조건 제8조의5 제2항}. 계약담당공무원은 계약상대자가 위 각 사항을 위반하면 위반내용을 고려해 조달사업법 시행령 제25조 제1항 제4호에 따라 거래정지 조치를 할 수 있다{물품구매(제조)계약추가특수조건 제8조의5 제3항}.

바) 품질관리 통보의무

계약상대자는 계약품목이 제3자 단가계약이 아닌 방법으로 수요기관에 납품하는 과정(수요기관과의 직접계약을 포함)에서 공인기관 검사 불합격이나 규격미달이 발생한 경우, 공인기관으로부터 해당 사실을 통보받은 후 7일 안에 계약담당공무원에게 통보해야 한다{물품구매(제조)계약추가특수조건 제8조의6 제1항}. 그리고 계약상대자는 위에 따라 계약담당공무원에게 통보한 날로부터 7일 안에 누적된 납품요구금액과 관계없이 해당 품목에 대하여 조달청 검사나 전문기관검사를 받아야 한다. 물론 검사에 필요한 일체 비용은 스스로 부담해야 한다{물품구매(제조)계약추가특수조건 제8조의6 제2항}. 계약담당공무원은 계약상대자가 위 각 사항을 위반한 경우 위반내용을 고려하여 조달사업법 시행령 제25조 제1항 제1호에 따라 거래정지 조치를 할 수 있다{물품구매(제조)계약추가특수조건 제8조의6 제3항}.

사) 규격준수의무와 예외

계약상대자는 납품할 때 규격서에 명시된 목적이나 적용범위를 준수해야 한다{물품구매(제조)계약추가특수조건 제8조의7 제1항}. 그리고 적용기술, 도면, 주요자재소요량, 규격 등 우수제품 규격서에 기재된 내용과 다른 내용으로 납품해서는 안 된다. 다만, 수요기관이 현장여건(주변 환경이나 외관과의 조화, 설치장소의 특수성 등)에 따라 우수제품의 본질을 훼손하지 않는 경미한 외형이나 재질의 변경 등을 서면으로 요구하는 경우, 계약상대자는 조달청과 협의하여 우수제품 규격을 변경하여 납품할 수 있다{물품구매(제조)계약추가특수조건 제8조의7 제2항}. 이러한 의무는 본 계약의 납품요구건과 관련하여 지정기간 만료 이후에 납품하더라도 준수해야 한다{물품구매(제조)계약추가특수조건 제8조의7 제2항}.

특히 우수제품 계약 실무에서는 규격변경과 관련한 분쟁이 가장 많이 발생하는데, 계약상대자가 수요기관 요청에 따라, 조달청장과 별도 협의 없이 규격을 변경하여 납품하는 사례가 매우 빈번하기 때문이다. 따라서 보다 자세히 살펴보면, 일단 규격변경납품이 적법하려면, ① 주변 환경이나 외관과 조화, 설치 장소의 특수성 등 현장 여건을 고려할 때 규격변경이 필요해야 하고, ② 해당 규격변경이 우수제품 본질을 훼손하지 않는 경미한 외형이나 재질 변경에 불과해야 하며, ③ 수요기관이 '서면'으로 이를 요청했어야 하고, ④ 계약상대자는 반드시 수요기관이 아닌 조달청장과 협의하고, 조달청장으로부터 승인을 얻어야 한다. 따라서 수요기관의 요청이 있었다거나 계약상대자가 수요기관과 협의했더라도 조달청장과 별도로 협의하지 않으면, 해당 규격변경 납품은 계약조건 위반 등에 해당한다. 계약상대자가 일정한 사유가 있을 때 수요기관과 합의를 거쳤다면 계약규격을 변경하여 납품할 수 있도록 정한 물품 다수공급자계약 특수조건 제25조 제1항 요건과는 구별해야 한다. 제3자단가계약 방법으로 체결한 우수제품 계약은 원칙적으로 제3자를 위한 계약에 해당하므로, 물품 다수공급자계약 특수조건 제25조 제1항과 같은 특별한 규정이 없다면, 수익자에 불과한 수요기관은 규격변경 승인권한을 갖지 못하기 때문이다. 다만, 대법원은 계약상대자가 조달청장과 협의하지 않고 수요기관 요청에 부응하여 우수제품보다 고가·고급 사양을 가진 일반제품을 납품한 사안에서 해당 규격변경 납품은 위법하지만, 3개월 입찰참가자격제한은 지나치게 과도하므로 재량권 일탈·남용에 해당한다고 보았다.[1)]

〔조달청장 승인 없는 우수제품 규격변경 납품이 위법한지〕

甲 주식회사가 조달청장과 우수조달물품으로 지정된 고정식 연결의자를 수요기관인 지방자치단체에 납품하는 내용의 물품구매계약을 체결한 후 각 지방자치단체에 지정된 우수조달물품보다 품질이 뛰어난 프리미엄급 의자를 납품하였는데, 조달청장이 甲 회사가 수요기관에 납품한 의자가 우수조달물품이 아닌 일반제품이라는 이유로 3개월간 입찰참가자격을 제한하는 처분을 한 사안에서, 위 물품구매계약은 甲 회사와 조달청장이 당사자이고 수요기관인 지방자치단체들이 계약상 수익자인 제3자를 위한 계약인데, 제3자인 지방자치단체들이 계약 내용을 임의로 변경할 수 없으므로, 甲 회사가 임의로 위 계약에서 정한 제품과 다른 제품을 납품한 행위 자체가 계약위반에 해당하는 점, 甲 회사가 수의계약이 가능한 제품으로 계약을 체결한 후에 수의계약이 불가능한 제품을 대신 수요기관에 납품한 것은 그 자체로 국가를 당사자로 하는 계약에 관한 법률의 취지에 반하는 것으로 부당하거나 부정한 행위로 평가할 수 있는 점, 결과적으로 같은 제품을 생산하는 다른 중소기업자들의 납품 기회를 박탈하였다는 점에서 보면 甲 회사가 납품한 제품이 물품구매계약에서 정한 제품보다 효용

1) 대법원 2018. 11. 29. 선고 2018두49390 판결.

성이 크다거나 고가·고급 사양의 제품이라는 이유만으로 甲 회사의 계약위반 행위가 정당화되지 않는 점 등을 종합하면, 원심이 위 처분에 처분사유가 인정되지 않는다고 판단한 부분은 수긍하기 어려우나, 위 처분이 비례원칙 등을 위반하여 재량권을 일탈·남용하였으므로 결과적으로 위법하다고 판단한 원심의 결론은 정당하다(대법원 2018. 11. 29. 선고 2018두49390 판결).

아) 다량구매 할인율 제시

단가계약인 경우, 계약상대자는 1회 납품요구를 기준으로 계약수량, 이행기간, 수급상황, 계약조건, 그 밖에 제반여건을 고려하여 규모별 다량구매 할인율을 2단계 이상 제시(1단계 : %, 2단계 : %)해야 하며, 이를 준수해야 한다{물품구매(제조)계약추가특수조건 제14조}.

자) 할인행사와 기획전

계약상대자는 계약기간 중 각 세부품명(10자리)을 대상으로 1년에 최대 3회 이내에서 1회당 7일에서 15일까지 할인행사를 실시할 수 있는데, 다만, 그 시작일 3일 이전에 계약담당공무원에게 할인행사를 요청해야 한다{물품구매(제조)계약추가특수조건 제15조 제1항}. 그러나 계약상대자가 계약기간 동안 실시하는 세부품명별 할인행사기간 합산 일수가 계약기간의 6분의 1을 초과하는 경우, 계약담당공무원은 할인행사를 허용하지 않는다{물품구매(제조)계약추가특수조건 제15조 제4항}. 또한, 계약담당공무원은 할인행사 기간이 지나거나, 할인행사 수량이 소진될 경우 계약상대자로 하여금 해당 할인행사를 종료하게 하며, 종료 후 20일 이내에는 같은 세부품명을 대상으로 한 할인행사를 허용하지 않는다{물품구매(제조)계약추가특수조건 제15조 제2항}. 나아가 계약상대자가 할인행사를 신청한 후 할인행사기간 중에는 같은 세부품명을 대상으로 한 할인행사를 허용하지 않으며, 할인행사를 취소하거나 행사내용을 변경하게 할 수 없다. 그러나 수량을 늘리기 위한 내용변경은 예외적으로 허용한다{물품구매(제조)계약추가특수조건 제15조 제3항}.

계약상대자는 위에 따른 할인행사 외에 국가종합전자조달시스템 종합쇼핑몰 운영규정 제16조에 따라 조달청 주관으로 별도 기간을 정하여 실시하는 계약단가 할인, 상품 홍보 등을 위한 기획전에 참여할 수 있고, 이는 할인행사 횟수에 포함하지 않는다{물품구매(제조)계약추가특수조건 제15조 제5항}. 그런데 계약상대자는 기획전 참여기간 중에 할인행사를 중복 실시하는 행위, 같은 세부품명에 대하여 기획전에 중복하여 참여신청하는 행위, 기획전에 참여 취소나 변경하는 행위 중 어느 하나에 해당하는 행위를 할 수 없다{물품구매(제조)계약추가특수조건 제15조 제6항 제1호부터 제3호}.

차) 자원순환과 재활용

계약상대자가 전기·전자제품 및 자동차의 자원순환에 관한 법률과 전기·전자제품의 재활용 및 회수의무이행에 관한 업무처리지침 대상에 해당하는 경우에는 해당 법 제15조의 재활용의무를 이행해야 한다{물품구매(제조)계약추가특수조건 제27조}.

2) 납품

가) 납품요구 대응

계약상대자는 수요기관 납품요구를 하면, 계약조건에 따라 이행해야 한다. 이때 수요기관의 장이 협의를 요청하면 희망하는 납품기한을 별도로 설정할 수 있다{물품구매(제조)계약추가특수조건 제16조 제1항}. 수요기관의 장은 본 계약의 계약조건 외에 추가하거나 변경된 계약조건을 제시해서는 안 된다{물품구매(제조)계약추가특수조건 제16조 제2항}. 또한, 계약상대자는 납품요구서에 명시되지 않은 물품이나 서비스를 추가로 제공해서는 안 된다{물품구매(제조)계약추가특수조건 제16조 제3항}.

나) 추가선택품목 납품

계약상대자는 1회 추정가격 2천만 원을 초과하여 추가선택품목을 납품하지 못한다{물품구매(제조)계약추가특수조건 제17조 제1항}. 아울러 수요기관은 본품을 구매하거나 본품 구매이력이 있는 경우에만 선택부품을 구매할 수 있다{물품구매(제조)계약추가특수조건 제17조 제2항}. 우수제품 아닌 추가선택품목을 본품과 관계없이 구매하는 편법을 방지하기 위한 규정이다.

다) 납품요구 취소·변경

계약상대자는 수요기관의 장이 납품요구 취소나 납품요구수량 변경을 요구하는 경우 상호 협의하여 기존 납품요구서를 취소·변경할 수 있다{물품구매(제조)계약추가특수조건 제18조 제1항}. 그런데 납품요구수량 증가에 따른 총 납품요구금액은 해당 계약의 1회 최대납품요구금액을 초과할 수 없다{물품구매(제조)계약추가특수조건 제18조 제2항}. 그리고 본 계약 종료 후에도 미이행된 납품요구에 대한 납품수량은 감량할 수 있으나 증량할 수는 없다{물품구매(제조)계약추가특수조건 제18조 제3항}.

라) 납품기한

분할납품요구 및 통지서상 기준납품기한은 납품요구 후 특정일까지 별도 약정으로 정하되, 수요기관이 요청한 납품기한이 기준납품기한을 초과할 경우에는 수요기관이 요청한 납품기한으로 한다. 다만, 수요기관이 한꺼번에 많은 양을 발주하는 경우에는 계약상대자와 협의하여 납품기한을 조정할 수 있다{물품구매(제조)계약추가특수조건 제19조}.

마) 대금지급

(1) 특정관리 수요기관에 대한 대금지급

계약상대자는 조달요청서 접수 후 물품을 납품하기 전에 해당 수요기관이 특정관리 대상기관인지 확인해야 하며, 확인결과 특정관리 대상기관일 경우에는 선납 대상기관이므로 물품대금을 선납한 사실을 확인한 후에 물품을 납품해야 한다{물품구매(제조)계약추가특수조건 제20조 제1항}. 만일 확인하지 않고 특정관리 대상기관에게 물품을 납품한 후 대금을 청구하면, 물품대금이 선납되지 않은 경우 청구한 대금지급은 수요기관이 조달청에 해당 대금을 납입할 때까지 보류하며, 그 지연에 따른 손해는 스스로 부담한다{물품구매(제조)계약추가특수조건 제20조 제2항}.

(2) 제3자단가 납품절차와 대금청구

수요기관은 나라장터에서 납품요구를 하며, 계약상대자는 대급지급방법이 수요기관 직접 지급조건인 경우, 수요기관에게 직접 대금을 청구해야 한다{물품구매(제조)계약추가특수조건 제21조 제1항}. 그러나 대금지급방법이 대지급일 경우에는 조달청에 대금을 청구한다{물품구매(제조)계약추가특수조건 제21조 제2항}.

바) 인도

(1) 인도조건과 납품장소 등

인도조건은 별도 약정으로 정하고, 납품장소는 수요기관에서 지정한 장소로 한다{물품구매(제조)계약추가특수조건 제22조}.

(2) 설치·시공

계약상대자는 우수제품을 설치하거나 시공하려면 관련법령에서 정한 공사업 등록이나 면허 등이 필요한 경우, 계약기간 중 그러한 등록이나 면허를 소지하고, 직접 설치·시공해야 한다{물품구매(제조)계약추가특수조건 제23조 제1항}. 따라서 이를 준수하지 않으면 직접생산의무 위반에 해당한다. 그러나 직접생산확인기준 등 다른 법령이나 규정에서 설치·시공을 제조공정으로 포함하지 않는 경우에는 관련 공사업 등록이나 면허를 소지한 자에게 설치·시공을 맡길 수 있다{물품구매(제조)계약추가특수조건 제23조 제2항}.

(3) 시험성적서 제출

계약상대자는 수요기관에게 계약물품을 납품할 때 수요기관의 요청에 따라 조달청 우수제품 지정 규격을 확인할 수 있는 공인시험기관(조달청에서 지정한 조달물자 품질대행검사기관 등)의 시험성적서를 첨부하여 납품해야 한다{물품구매(제조)계약추가특수조건 제24조 제1항}.

따라서 수요기관의 요청이 별도로 없다면, 납품 당시 시험성적서를 제출하지 않았더라도 계약위반이라고 해석할 수 없다. 또한, 단일 납품건당(납품요구를 포함) 2천만 원 미만인 경우에는 공인시험기관의 시험성적서 제출을 생략할 수 있다{물품구매(제조)계약추가특수조건 제24조 제2항}.

사) 사용방법교육

운전이나 조작이 필요한 우수제품인 경우, 계약상대자는 수요기관에 이를 설치한 후에 사용설명서를 제공해야 하며, 사용방법 교육을 1회 이상 실시하여 수요기관이 원활하게 이를 조작할 수 있도록 해야 한다{물품구매(제조)계약추가특수조건 제25조}.

아) 물품의 사적 사용금지와 경구표시

계약상대자는 우수제품에 아래에서 보는 사적용도 사용금지 문안 중 하나를 선택하여 표시하되, 물품 형태에 따라 해당 문안 크기, 색상, 표시위치 등을 적정하게 정하고, 물품별로 표시할 수 있는 품목은 개별 물품별로, 표시하기 곤란한 품목은 포장단위로 인쇄, 스탬프, 스티커를 부착한 후 납품해야 한다{물품구매(제조)계약추가특수조건 제26조}. 사적용도 사용금지 문안은 아래와 같다.

① 소형 물품용

정부휘장	개인용도로 사용금지

② 중·대형 물품용

정부휘장	이 물품은 정부재산이므로 개인용도로 사용할 수 없습니다

자) 특허분쟁책임

계약상대자는 당연히 계약기간 동안 특허권을 적법·유효하게 보유해야 하고, 우수제품 계약과 관련한 특허권 침해분쟁이 발생하면 그 일체 책임을 부담한다{물품구매(제조)계약추가특수조건 제30조}.

차) 제품 규격변경

본 제품의 규격과 기준 등이 관련 부처의 법규 제·개정 등으로 변경될 경우, 계약상대자는 조달청의 계약규격 변경 등 일체 필요한 조치에 응해야 한다{물품구매(제조)계약추가특수조건 제31조}.

사. 계약해제·해지

1) 계약상대자의 책임 있는 사유에 따른 계약해제·해지

계약해제·해지 사유는 우수제품 계약을 체결할 때 계약내용으로 편입되는 물품제조(구매)계약일반조건, 물품제조(구매)계약추가특수조건 등에서 별도로 정한다. 또한, 우수조달물품 지정관리 규정도 계약해제·해지 사유를 규정한다.

즉, ① 우수제품 지정이 취소된 경우, ② 관계법령이나 계약조건에서 정한 해제·해지사유가 있는 경우(다만, 판로지원법 제11조 제6항에 따라 계약을 해제나 해지하는 경우에는 해당 우수제품 계약과 같은 세부품명의 직접생산위반 행위로 직접생산 확인이 취소된 경우로 한정), ③ 종결되지 않은 납품요구건이 없고 부도·파산·폐업 등으로 해당 계약을 이행하기 어렵다고 판단되는 경우 중 어느 하나에 해당하는 사유가 있으면, 계약담당공무원은 계약상대자에게 해당 우수제품 계약의 전·일부를 해제·해지할 수 있다{물품구매(제조)계약추가특수조건 제9조 제1항 제1호부터 제3호}. 그 밖에 직접생산의무위반, 허위·부정한 방법으로 서류를 제출한 경우에도 계약을 해제·해지할 수 있다{물품구매(제조)계약추가특수조건 제8조의3 제2항, 제32조 제1항 참조}.

한편, 위와 같은 계약해제·해지 사유가 있으면, 계약담당공무원은 일정기간 신규계약, 재계약, 수정계약 등 계약체결 절차를 중지할 수 있다. 그러나 해당 중지기간은 계약체결 요청일로부터 3개월을 초과할 수 없다{물품구매(제조)계약추가특수조건 제15조 제2항}.

2) 계약상대자 요청에 따른 계약해지

계약담당공무원은 조달사업법 제12조 제2항에 따른 경영악화로 인한 폐업, 원자재 수급곤란, 같은 법 시행령 제12조 제2항 각호 중 어느 하나에 해당하는 사유가 있는 경우, 계약상대자에게 종결되지 않은 납품요구 건이 없고, 종합쇼핑몰 거래정지나 부정당업자제재 사유가 발생하지 않은 경우 등 우수제품 지정이나 단가계약 제도의 적절한 운영을 해칠 염려가 없다고 판단하는 경우, 계약상대자 요청에 따라 계약을 해지할 수 있다{물품구매(제조)계약추가특수조건 제9조 제3항, 제4항}. 이는 '합의해지'를 명시한 취지로, 위와 같은 사유가 있는 때까지 계약상대자에게 책임을 묻는 것은 지나치다는 뜻을 반영한 규정이다. 따라서 계약상대자 요청에 따라 계약을 해지하는 경우에는 국가계약법 제12조에 따른 계약보증금 국고귀속이나 같은 법 제27조에 따른 입찰참가자격제한을 적용하지 않는다{물품구매(제조)계약추가특수조건 제9조 제5항 본문}. 다만, 해당 계약상대자와는 계약해지일로부터 1년 동안 해당 계약에 포함된 세부품명을 대상으로 우수제품 제3자단가계약을 체결하지 않는다{물품구매(제조)계약추가특수조건 제9조 제5항}.

한편, 계약상대자가 위 사유로 해지를 요청하더라도, 조달청장이 해당 계약을 해지하기까지는 검토하거나 결정하는 기간이 상당히 필요하다. 그런데 계약상대자가 해지를 요청한 후 조달청장이 계약을 해지하기 전까지 기간에 수요기관이 해당 계약상대자에게 납품요구를 하면, 계약상대자는 이에 응할 의무를 부담하게 되고, 그럼에도 납품을 하지 못하는 채무불이행 상황에 처할 수 있다. 그리하여 계약담당공무원은 계약상대자가 계약해지를 요청하면 1개월 동안 판매중지 조치를 하여{물품구매(제조)계약추가특수조건 제9조 제6항}, 수요기관이나 계약상대자가 불이익을 입지 않도록 한다.

아. 환수

계약상대자가 입찰·계약체결·계약이행 등 과정에서 부정한 행위를 한 경우에는 별표2에 따라 조달청에 계약금액 일부를 지급해야 한다{물품구매(제조)계약추가특수조건 제39조 제1항}.

[별표2] 부당한 행위에 대한 환수금액 산정기준(제39조)

부정한 행위의 유형	산정기준
1. 허위 서류, 위조·변조 또는 기타 부정한 방법으로 서류를 제출하는 행위	다음의 금액 중 가장 높은 금액. 가. 이행이 완료된 물품대금에 평균 영업이익률*을 곱한 금액 * 평균 영업이익률 : 납품을 개시한 년도부터 납품이 종료한 년도까지 연도별 손익계산서 영업이익률의 평균 나. 이행이 완료된 물품대금에 100분의 10을 곱한 금액 다. 허위 가격자료 등을 제출하여 고가로 계약한 경우에는 납품금액과 실제거래금액과의 차액
2. 직접생산 기준을 위반하여 납품 하는 행위	직접생산기준을 위반하여 납품한 수량에 상응하는 물품대금에 100분의 15를 곱한 금액. 단, 계약상대자가 그 물품대금에서 직접생산기준을 위반하여 납품한 물품을 위한 비용(이윤을 제외한다)을 공제한 금액이 그 물품대금에 100분의 15를 곱한 금액보다 더 적다는 증빙자료를 제출한 경우에는 이를 반영하여 그 금액으로 감액할 수 있다.
3. 원산지를 거짓으로 표시하여 납품하는 행위	원산지를 거짓으로 표시하여 납품한 수량에 상응하는 물품대금에 100분의 15를 곱한 금액. 단, 계약상대자가 그 물품대금에서 원산지를 거짓으로 표시하여 납품한 물품을 위한 비용(이윤을 제외한다)을 공제한 금액이 그 물품대금에 100분의 15를 곱한 금액보다 더 적다는 증빙자료를 제출한 경우에는 이를 반영하여 그 금액으로 감액할 수 있다.
4. 지정규격과 상이한 제품을 납품하는 행위	지정규격과 상이한 제품에 대한 물품대금. 단, 계약의 목적달성에 영향이 없고, 계약상대자가 계약을 위반하여 납품한 물품의 공급비용(이윤을 포함한다)에 대한 증빙자료를 제출한 경우에는 이를 반영하여 그 해당 공급비용을 공제할 수 있다.

부정한 행위의 유형	산정기준
5. 추가선택품목을 동일한 조건에 계약가격보다 낮게 판매하는 행위	추가선택품목계약단가에서 시장공급 물품단가를 공제한 금액에 이행이 완료된 수량을 곱한 금액. 단, 제13조제2항을 위반하기 이전에 이행이 완료된 수량과 계약단가를 인하한 이후에 이행이 완료된 수량은 산정에서 제외한다.
6. 기타 관련법령, 계약규정 또는 계약조건 위반 등으로 인해 공정한 조달질서를 훼손한 행위	이행이 완료된 물품대금에 평균 영업이익률*을 곱한 금액 또는 이행이 완료된 물품대금에 100분의 10을 곱한 금액 중 더 높은 금액 * 평균 영업이익률 : 납품을 개시한 년도부터 납품이 종료한 년도까지 연도별 손익계산서 영업이익률의 평균

Ⅲ. 우수조달공동상표 물품제도

1. 개요

우수조달공동상표 물품제도는 ① 지정, ② 계약, ③ 사후관리로 구성되는데, 이러한 기본구조는 앞에서 본 우수제품제도와 대체로 비슷하다.

2. 우수조달공동상표 물품지정

가. 일반

조달청장은 우수조달공동상표 물품 지정제도를 소관한다. 다만, 그 효율적 운영을 위해 중소기업중앙회에게, 우수조달공동상표 물품 지정 신청업체나 지정업체의 실태조사, 우수조달공동상표 물품의 판로촉진 등 홍보에 필요한 사항, 우수조달공동상표 물품 전시회 개최 등에 필요한 사항, 그 밖에 조달청장이 위임한 사항 등을 위탁할 수 있다(우수조달공동상표 물품 지정 관리규정 제41조 제1호부터 제4호 참조).

나. 신청제품

1) 중소기업기본법 제2조 제1항에 해당하는 기업이 생산하는 물품·소프트웨어

신청제품은 ① 산업기술혁신 촉진법에 따라 주무부장관(주무부장관으로부터 위임받은 자를 포함)이 인증한 신제품(NEP)이나 신제품을 포함한 제품, ② 산업기술혁신 촉진법, 환경기술 및 환경사업 지원법, 건설기술관리법, 보건의료기술 진흥법에 따라 주무부장관이 인증한 신기술(NET, 보건신기술을 말한다)이 적용된 제품, 농업기계화 촉진법에 따른 신기술 농업기계 지정제품이나 저탄소 녹색성장 기본법에 따른 녹색기술 인증이 적용된 제품, ③ 특허법, 실용신안법, 디자인법에 따라 등록된 특허, 실용신안, 디자인(가구제품에 한정)을 적용하여 생산한 제품을 말한다.

그 밖에도 위 ②, ③의 기술을 적용한 제품으로서 중소기업진흥 및 제품구매촉진에 관한 법률에 따른 성능인증제품, 자원의 절약과 재활용촉진에 관한 법률에 따른 품질인증을 받은 우수재활용제품(GR), 산업기술혁신 촉진법에 따라 설립된 한국산업기술시험원의 품질인증 제품(K마크), 소프트웨어산업 진흥법에 따른 소프트웨어 품질인증 제품(GS), 에너지이용 합리화법에 따른 에너지소비효율 1등급 제품, 대기전력저감우수제품(에너지절약), 고효율에너지인증대상기자재 인증표시 제품(고효율기자재), 신에너지 및 재생에너지 개발·이용·보급 촉진법에 따른 신·재생에너지 설비인증 제품, 환경기술 및 환경사업 지원법에 따른 환경표지 인증제품(환경표지), 산업표준화법에 따른 한국산업표준 제품인증표시 제품(KS), 산업표준화법에 따른 단체표준인증 제품, 소방시설 설치·유지 및 안전관리에 관한 법률에 따른 소방용품 우수품질인증 제품, 산업디자인진흥법에 따른 우수산업디자인표지 제품(GD) 중, 최근 3년 이내 (신청서 제출마감일 기준) 우수상 이상을 수상한 제품, 국가표준기본법에 따라 설립된 시험인증기관의 품질인증 제품(Q마크), 조달사업법 시행령에 따른 자가품질보증제품, 국가표준기본법에 따른 제품인정기구 또는 제품인정기관의 인증제품(KAS인증), 정보통신 진흥 및 융합 활성화 등에 관한 특별법 제17조에 따라 인증된 ICT 융합 품질인증제품 중 어느 하나에 해당하는 제품을 말한다(우수조달공동상표 물품 지정 관리규정 제3조 제1항).

그리고 공공조달최소녹색기준제품 (조달청 공고) 제1항에 따른 신청제품은 한편, 조달청 공고에 적합해야 한다(우수조달공동상표 물품 지정 관리규정 제3조 제7항). 또한, 물품목록정보의 관리 및 이용에 관한 법률 시행령 제7조에 따라 부여된 품명의 물품으로 한정한다(우수조달공동상표 물품 지정 관리규정 제4조 제3항).

2) 지정제외 제품

위 1)에 해당하는 제품이라도 ① 현장 시공에 따라 구매 목적물이 완성되는 반제품 등 품질확보가 곤란한 제품·의약품(농약을 포함), ② 조달물자로 공급하기 곤란한 음·식료품류, 동·식물류, 농·수산물류, 무기·총포·화약류와 그 구성품, 유류 등은 우수조달공동상표 물품 지정 대상에서 제외한다. 다만, 물품의 특성 등을 고려하여 필요한 경우 우수조달공동상표 물품 지정 심사위원회(이하 '심사위원회') 심의를 거쳐 지정 여부를 결정할 수 있다(우수조달공동상표 물품 지정 관리규정 제3조 제2항).

다. 지정신청

1) 신청자격

가) 중소기업기본법 제2조 제1항에 해당하는 기업

우수조달공동상표 물품 지정을 신청하는 자(이하 신청자)는 중소기업기본법 제2조 제1항에 해당하는 기업이다. 따라서 ① 업종별로 매출액이나 자산총액 등이 대통령령으로 정하는 기준에 맞을 것과 지분 소유나 출자 관계 등 소유와 경영의 실질적인 독립성이 대통령령으로 정하는 기준에 맞을 것이라는 요건을 모두 갖추고 영리를 목적으로 사업을 하는 기업, ② 사회적기업 육성법 제2조 제1호에 따른 사회적기업 중에서 대통령령으로 정하는 사회적기업, 협동조합 기본법 제2조에 따른 협동조합, 협동조합연합회, 사회적협동조합, 사회적협동조합연합회, 이종(異種)협동조합연합회(중소기업기본법법 제2조 제1항 각 호에 따른 중소기업을 회원으로 하는 경우로 한정) 중 대통령령으로 정하는 자, 소비자생활협동조합법 제2조에 따른 조합, 연합회, 전국연합회 중 대통령령으로 정하는 자, 중소기업협동조합법 제3조에 따른 협동조합, 사업협동조합, 협동조합연합회 중 대통령령으로 정하는 자 중 어느 하나에 해당하는 기업이나 조합 등을 영위하는 자여야 하고, 다만, 공정거래법 제31조 제1항에 따른 공시대상기업집단에 속하는 회사나 같은 법 제33조에 따라 공시대상기업집단의 소속회사로 편입·통지된 것으로 보는 회사는 제외한다(중소기업기본법 제2조 제1항 참조).

나) 5 이상 중소기업자가 판매활동을 강화하기 위해 개발·보유한 공동상표 소유권을 보유한 대표법인

공동상표란 5 이상 중소기업자가 생산·판매활동을 강화하기 위해 공동으로 도입·이용하는 상표로서 상표법에 따라 등록된 단체표장을 말하므로(우수조달공동상표 물품 지정 관리규정 제2조 제6호), 지정을 받으려는 자는 공동상표 소유권을 보유한 법인이어야 하고(우수조달공동상표 물품 지정 관리규정 제4조 제1항), 특히 해당 법인은 5 이상 중소기업자가 설립하거나 소속된 별도 법인으로서 공동상표를 매개한 공동사업을 총괄·선도하는 중소기업자를 뜻하는 대표법인이어야 한다(우수조달공동상표 물품 지정 관리규정 제2조 제11호 참조).

다) 공동상표 운영체

이처럼 우수조달공동상표는 대표법인이 지정신청을 하는데, 대표법인과 나머지 참여기업은 공동상표 운영체를 구성한다. 즉, 공동상표 운영체란 5 이상 중소기업자가 설립하거나 소속된 별도 법인으로서 공동상표를 매개로 한 공동사업을 총괄·선도하는 중소기업자에 해당하는 대표법인과 중소기업기본법 제2조에 해당하는 중소기업자로서 공동상표 사업에 참여하여 공동상표 물품을 생산하는 제조업체에 해당하는 참여기업을 말한다(우수조달공동상표 물품 지정 관리규정 제2조 제10호).

이러한 공동상표 운영체는 특허, 실용신안, 디자인의 권리자(전용실시권자, 통상실시권자를 포함)이거나 주무부장관이 지정하는 기술인증을 받은 자로서 신청물품의 제조나 조달납품에 필요한 모든 권한을 보유한 자여야 한다. 다만, 특허·실용신안·디자인등록의 권리자는, 법인인 경우 그 명의로, 개인사업자인 경우 대표자명의로 등록되어야 하며, 공동권리자인 경우에는 우수조달공동상표 물품 신청, 지정 후 계약에결 등 모든 행위를 특정 권리자만 행사하겠다는 약정서를 제출해야 한다(우수조달공동상표 물품 지정 관리규정 제4조 제4항 참조).

2) 신청서류

가) 일반

우수조달공동상표 물품 지정 신청서류는 ① 별표1 우수조달공동상표 물품 지정신청 제출서류와 ② 공증받은 정관, ③ 공동상표 관리·운영규정(별지 제6호에 따라 작성) 등이며, 품명별(물품분류번호 8자리)로 신청해야 한다(우수조달공동상표 물품 지정 관리규정 제6조 제2항).

나) 기술소명자료와 품질소명자료

신청자는 기술이 제품에 적용되었다는 사실을 소명하는 자료인 기술소명자료와 그 기술이 제품에 적용된 결과 발생하는 차별적인 품질·성능, 조달제품으로서 우수조달공동상표 물품 지정 관리규정 제1항 제4호에 해당하는 자료인 품질소명자료를 제출해야 한다(우수조달공동상표 물품 지정 관리규정 제3조 제3항).

그러나 해당 인증을 받을 수 없거나 인증 취득에 오랜 기간이 들어가는 등 특별한 사정이 있다고 인정되는 경우에는 기술소명자료나 품질소명자료를 갈음하는 자료를 제출할 수 있다.

우선, ① 국가표준기본법 제23조나 그 밖에 다른 법률에 따라 인정된 시험기관의 시험성적서를 기술소명자료나 품질소명자료로 제출할 수 있는데, 이는 신청서 접수마감일 기준 2년 이내 자료만으로 한정한다. 다만, 고가의 시험비용이 수반되고 제품 품질의 변동이 없다고 인정할 수 있는 등 불가피한 경우에는 2년 이상 경과한 시험성적서라 하더라도 인정할 수 있다.

다음으로, 그 밖에 기술소명자료나 품질소명자료로 적합하다고 인정되는 자료를 제출할 수 있는데, 이는 신청서 접수마감일 기준 2년 이내 자료만으로 한정하지만, 역시 고가의 시험비용이 수반되고 제품 품질의 변동이 없다고 인정할 수 있는 등 불가피한 경우에는 2년 이상 경과한 자료라 하더라도 인정할 수 있다(우수조달공동상표 물품 지정 관리규정 제3조 제4항 제1호, 제2호).

이와 관련하여 특별한 사정이 있는지 여부나 기술소명자료, 품질소명자료를 인정할지 여부는 기술서비스업무심의회 심의를 거쳐 결정한다(우수조달공동상표 물품 지정 관리규정 제11조의4 제1호).

3) 신청행위

신청자는 매년 말 조달청 인터넷 홈페이지에 게재하는 지정계획 일정에 따라 조달청 우수조달공동상표 물품 지정 담당부서에 신청해야 한다(우수조달공동상표 물품 지정 관리규정 제6조 제1항).

4) 추가 지정신청

이미 지정된 우수조달공동상표 물품과 동일한 용도의 물품이라도 새로운 기술, 품질인증 등이 추가되어 다른 특성이 있는 경우에는 우수조달공동상표 물품 지정을 신청할 수 있다. 이 경우 우수조달공동상표 물품과 신청 물품과의 특성을 비교한 비교표를 제출해야 한다. 이때 이미 지정된 공동상표명도 가능하다(우수조달공동상표 물품 지정 관리규정 제6조 제5항).

5) 신청기간

신청서류의 기간계산 등 기준일은 법령 등 다른 규정에서 정한 것을 제외하고는 우수조달공동상표 물품 지정신청서 접수마감일을 기준으로 한다. 다만, 우수조달공동상표 물품 심사·지정의 제외와 관련해서는 우수조달공동상표 물품 지정일을 기준으로 한다(우수조달공동상표 물품 지정 관리규정 제6조 제7항).

6) 신청반려 등

조달청장은 신청제품에 해당하지 않거나 기술소명자료·품질소명자료가 제출되지 않은 경우 해당 신청을 반려할 수 있다(우수조달공동상표 물품 지정 관리규정 제3조 제5항). 또한, 신청서류를 검토한 결과 구비서류가 미비하거나 보완해야 할 사항이 있으면 보완을 요구하되, 제출기한까지 보완을 하지 않으면 신청서류를 반려할 수 있다(우수조달공동상표 물품 지정 관리규정 제6조 제3항). 또한, 신청자가 신청을 철회하는 때에도 신청서류를 반환할 수 있다(우수조달공동상표 물품 지정 관리규정 제6조 제4항).

라. 심사

1) 심사제외

2회 이상 우수조달공동상표 물품 지정에서 제외된 물품으로서 심사에 영향을 미칠 수 있는 서류가 추가로 제출되지 않은 경우, 신청서류가 위조, 변조 등 허위서류로 확인된 경우, 신청자가 부도, 파산되었거나 그 밖에 우수조달공동상표 물품 지정이 곤란하다고 인정되는 경우, 신청물품에 대한 생산공장이 없는 경우, 부정당업자 제재기간 중인 경우, 대표법인과 참여기업은 동일물품이나 동일한 기술을 적용한 물품으로 '우수조달물품'과 중복하여 지정받을 수 없는데 이를 위반한 경우에는 우수조달공동상표 물품 심사에서 제외할 수 있다(우수조달공동상표 물품 지정 관리규정 제7조 제1호부터 제6호). 우수조달공동상표 물품 심사·지정 제외 여부는 기술업무심의회 심의를 거쳐 결정한다(우수조달공동상표 물품 지정 관리규정 제11조의4 제2호).

2) 의견수렴

심사에 참고하기 위해 심사 전에 우수조달공동상표 물품 지정 신청내용을 조달청 인터넷 홈페이지에 공개하고 공개일로부터 7일 이상 기한을 정하여 이해관계인의 의견을 수렴할 수 있다. 의견이 있는 자는 우수공동상표 물품 지정관련의견서(이의서) 양식에 따라 의견을 제출해야 한다(우수조달공동상표 물품 지정 관리규정 제8조 제1항). 위에 따라 수렴된 의견은 해당 신청자에게 통보할 수 있으며 신청자는 그 의견에 대한 의견을 제출할 수 있다(우수조달공동상표 물품 지정 관리규정 제8조 제2항). 이에 따라 제출받은 각 의견은 심사과정에서 참고할 수 있으며, 제출된 의견에 대한 설명이나 자료 등이 필요한 경우에는 이해관계인에게 이를 요구할 수 있다(우수조달공동상표 물품 지정 관리규정 제8조 제3항).

3) 심사방법

가) 설명·자료제출 요구

심사과정에서 필요한 경우에는 신청자에게 물품에 대한 설명이나 자료 제출을 요구할 수 있다(우수조달공동상표 물품 지정 관리규정 제9조 제2항).

나) 심사이월

심사와 관련하여 기술, 품질 등에 대한 정밀조사나 추가 확인 등이 필요하여 해당 심사에서 판정이 곤란한 경우에는 차기 심사로 이월하여 심사할 수 있다. 이 경우 심사에 필요한 자료를 신청자에게 요구할 수 있다(우수조달공동상표 물품 지정 관리규정 제9조 제3항).

4) 심사절차

가) 개요

심사는 신청제품 생산실태 등을 조사하는 현장실태조사와 지정기준 충족 여부를 심사하는 지정심사, 조달물자의 적합성 등을 심사하여 우수조달공동상표 물품을 지정하는 최종심사로 구분하여 단계별로 진행한다(우수조달공동상표 물품 지정 관리규정 제9조 제1항).

나) 현장실태조사

지정심사를 신청한 운영체를 대상으로 현장실태조사를 실시하여 그 결과를 업체실태조사서(대표법인용), 업체실태 조사서(참여기업)에 따라 각각 작성하되, 중소기업중앙회나 조달품질원에 현장실태조사를 의뢰할 수도 있다(우수조달공동상표 물품 지정 관리규정 제10조).

다) 지정심사

(1) 주체

지정심사는 기술심의회에서 한다(우수조달공동상표 물품 지정 관리규정 제11조 제1항). 여기서 기술심의회란 우수조달공동상표 물품 지정기술심의회를 말한다(우수조달공동상표 물품 지정 관리규정 제2조 제14호). 기술심의회는 조달청장이 우수조달공동상표 물품 지정 심사위원으로 위촉한 대학교수, 특허심사관, 변리사, 공인회계사, 경영전문가(MBA) 등 위원 중에서 매회 심사를 할 때마다 심사분야별로 5인 이상 10인 이하로 구성한다(우수조달공동상표 물품 지정 관리규정 제11조 제2항).

(2) 구분

지정심사는 심사체계와 심사기준에 따라 물품평가와 법인평가로 구분하며, 물품평가를 먼저 실시한 다음 물품평가 적합자를 대상으로 법인평가를 실시한다(우수조달공동상표 물품 지정 관리규정 제11조 제3항).

(가) 물품평가

물품평가란 참여기업이 생산하는 공동상표 물품의 기술·품질 우수성과 규격 적정성을 심사하는 것이다(우수조달공동상표 물품 지정 관리규정 제11조의2 제1항).

따라서 신청물품을 용도, 적용기술 등을 고려해 적용기술이 신청물품의 기능구현과 제품에 미친 영향도 등을 우수조달공동상표 물품평가 심사서에 따라 항목별로 평가하고(우수조달공동상표 물품 지정 관리규정 제11조의2 제2항), 심사위원이 평가한 최고·최저점수를 제외한 평균이 60점 이상인 경우에만 통과하였다고 판정한다. 그런데 통과 판정을 받은 참여기업 수가 5개 이상이어야 법인평가를 실시하며 통과하지 못한 참여기업은 우수조달공동상표 물품 지정에서 제외한다(우수조달공동상표 물품 지정 관리규정 제11조의2 제3항).

그리고 신청서류 중 ① 최초 인증일로부터 3년이 경과된 신기술 인증, 신제품 인증인 경우, ② 등록일로부터 7년이 경과된 특허인 경우, ③ 등록일로부터 4년이 경과된 디자인인 경우, ④ 등록일로부터 4년이 경과된 실용신안인 경우, ⑤ 기술심의회 심사결과 시공, 설치 등과 관련한 기술 인증인 경우, ⑥ 이미 지정된 우수조달공동상표 물품 심사에 적용된 동일 기술인증인 경우로서 신청품명(물품분류번호 8자리)이 동일한 경우 중 어느 하나에 해당하는 기술이면, 물품평가에서 제외한다(우수조달공동상표 물품 지정 관리규정 제11조의2 제4항 제1호부터 제6호).

한편, 소관부서의 장은 심사 편의를 위해 신청자로 하여금 기술심의회에 출석하여 다음 기준에 따라 신청물품을 설명하게 할 수 있다. 첫째, 설명순서는 신청서 접수순으로 정하며, 발표자는 다른 회사의 설명을 청취할 수 없다. 둘째, 설명은 우수조달공동상표 물품 신청책임자나 책임기술자가 발표하는 것을 원칙으로 하며, 3인 이내에서 보조기술자나 평가자료 작성자 등이 배석하여 심사위원의 질의에 응답하게 할 수 있다. 다만, 심사의 특성상 필요하다고 인정되는 경우에는 배석자 수를 조정할 수 있다. 셋째, 설명은 지정된 시간 안에서 유인물 등을 활용하여 진행할 수 있으며, 신청 당시 제출한 설명자료와 다른 내용이 들어간 추가 설명자료를 제출할 수 없다(우수조달공동상표 물품 지정 관리규정 제11조의2 제5항 제1호부터 제3호).

(나) 법인평가

법인평가란 대표법인이 참여기업 간에 기술개발, 품질 향상 등 시너지 효과를 창출한 실적이나 창출할 역량을 보유하는지 여부를 심사하는 것이다(우수조달공동상표 물품 지정 관리규정 제11조의3 제1항).

참여기업의 40% 이상은 우수조달공동상표 물품 지정 관리규정 제3조 제1항의 제1호부터 제3호에서 정한 기술인증을 1개 이상 보유(제3호인 경우 전용실시권 포함)해야 하며, 이를 보유하지 않은 참여기업은 신청물품에 적용된 우수조달공동상표 물품 지정 관리규정 제3조 제1항 제3호에서 정한 기술인증에 대한 1개 이상 통상실시권을 보유해야 한다(우수조달공동상표 물품 지정 관리규정 제11조의3 제2항). 또한, 참여기업의 40% 이상은 품질인증(우수조달공동상표 물품 지정 관리규정 제3조 제1항 제4호 각 목 어느 하나에 해당)을 보유해야 한다(우수조달공동상표 물품 지정 관리규정 제11조의3 제3항). 위에 따른 참여기업에 대한 기술인증이나 품질인증 보유비율은 별지 제1호의 붙임 2에 있는 법인 평가지표별 평가방법에 따른다(우수조달공동상표 물품 지정 관리규정 제11조의3 제4항).

한편, 참여기업의 40% 이상은 중소기업기본법 시행령 제8조에서 정한 소기업이어야 한다(우수조달공동상표 물품 지정 관리규정 제11조의3 제5항).

법인평가는 공동상표 참여기업 간 협력정도와 시너지효과 등을 우수조달공동상표 법인평가 심사서에 따른 평가항목별로 평가하고, 평가항목별로 적합여부와 평점으로 판정하며, 6개 평가항목 모두 적합 판정을 한 심사위원 수가 참석 심사위원의 2/3 이상이고, 적합 판정을 한 각 심사위원이 평가한 점수 중 최고점수와 최저점수를 제외한 점수를 평균한 값이 70점 이상이면 합격으로 판정한다(우수조달공동상표 물품 지정 관리규정 제11조의3 제6항, 제7항).

(3) 증빙자료 제출요구

이해관계인의 의견이 있는 신청물품은 신청자와 의견제출인에게 공인시험기관 발행 시험성적서 등 객관적인 증빙자료를 제출하도록 요구할 수 있다(우수조달공동상표 물품 지정 관리규정 제11조 제9항).

(4) 지정심사 결과

지정심사 결과는 지정심사 종료일부터 10일 안에 신청자에게 통보해야 한다(우수조달공동상표 물품 지정 관리규정 제11조 제10항).

라) 최종심사

(1) 조달청 계약심사협의회 상정

우수조달공동상표 물품 구매담당부서는 최종심사 대상 물품이 조달물자로서 적합한지(적합성), 계약을 체결하면 예상되는 문제점 등을 검토하여 그 결과를 우수조달공동상표 물품 지정에 대한 검토서 양식에 따라 작성한다(우수조달공동상표 물품 지정 관리규정 제12조 제2항). 이에 따라 소관부서의 장은 지정심사 결과, 이해관계인이나 신청자가 제출한 의견, 현장실태조사결과, 구매담당부서 검토의견을 기초로 기술서비스업무심의 심의를 거친 뒤 심의내용을 첨부하여 조달청 계약심사협의회(이하 계약심사협의회)에 상정한다(우수조달공동상표 물품 지정 관리규정 제12조 제3항).

(2) 계약심사협의회 심사·심의

최종심사는 지정심사를 통과한 물품을 대상으로 계약심사협의회에서 심의한다(우수조달공동상표 물품 지정 관리규정 제12조 제1항). 특히 계약심사협의회는 우수조달공동상표 물품 지정제도 운영과 관련하여 ① 우수조달공동상표 물품 지정제도 운영 관련 주요사항, ② 우수조달공동상표 물품에 대한 이의제기 관련 주요사항, ③ 우수조달공동상표 물품의 재심사 관련 주요사항, ④ 우수조달공동상표 물품 지정취소 등과 관련한 주요사항(다만, 명백한 경우 심의를 생략), ⑤ 그 밖에 지정업체 사후관리 등 주요사항을 심의한다(우수조달공동상표 물품 지정 관리규정 제13조 제2항 제1호부터 제5호).

(3) 재상정 결정

계약심사협의회는 규격사항 등을 보완할 수 있는 제품인 경우 보완 후 다시 상정하도록 결정할 수 있다(우수조달공동상표 물품 지정 관리규정 제13조 제1항 단서).

(4) 지정결정

계약심사협의회는 여러 기준을 종합적으로 검토하여 우수조달공동상표 물품 지정을 결정한다(우수조달공동상표 물품 지정 관리규정 제13조 제1항 본문). 지정 여부를 결정할 때는 조달품목으로서 타당성(다만, 신성장 산업제품은 해당 제품이 신성장 산업분야로서 적합하다고 판단되는 경우 지정함), 우수조달공동상표 물품 지정요건에 부합하는지 여부, 신청자의 불공정 행위 등 우수조달공동상표로서 적정성 여부, 그 밖에 심사위원이 필요하다고 인정하는 항목을 검토한다.

마. 지정결과 통보

우수조달공동상표 물품 지정결과는 최종심사 후에 신청자에게 통보해야 하며, 지정 제외하거나 재심사로 결정한 물품을 신청한 자에게도 그 내용을 통보해야 한다(우수조달공동상표 물품 지정 관리규정 제14조 제1항).

그리고 신청자는 우수조달공동상표 물품평가 합격 목록 양식에 우수조달공동상표 물품으로 지정된 물품에 대한 물품목록정보의 관리 및 이용에 관한 법률 시행령 제9조에 따른 물품식별번호를 기재하여 제출해야 한다. 다만, 수요기관의 주문에 따라 제작하는 물품등과 같이 지정 시점에 물품식별번호 부여되기 곤란한 규격은 물품식별번호 항목을 공란으로 하여 제출할 수 있다(우수조달공동상표 물품 지정 관리규정 제14조 제2항).

바. 이의신청제도

1) 의의

이의신청이란 우수조달공동상표 물품 지정, 심사결과 등에 이의가 있는 이해관계인이 이의하는 절차를 말한다(우수조달공동상표 물품 지정 관리규정 제21조 제1항).

2) 방법

이의신청하려는 자는 우수조달공동상표 물품 지정관련의견서(이의서) 양식을 작성하여 소관부서에 제출해야 한다(우수조달공동상표 물품 지정 관리규정 제21조 제2항).

3) 절차

소관부서의 장은 이의신청을 접수받으면, ① 이의내용과 관련한 해당 대표법인과 참여기업의 의견제출 기회 부여, ② 소관부서나 구매담당부서 검토, ③ 기술심의회 심사(다만, 기술·품질 등을 판단할 필요가 있는 경우를 말하며, 이때는 심의위원 중 5~10인 내외로 구성한 기술심의회가 우수조달공동상표 물품 이의신청 심사서에 따라 심사), ④ 계약심사협의회 심의·결정(다만, 검토결과 사실 판단이 명백한 경우는 제외)이라는 과정을 거쳐 검토·심사·결정할 수 있으며, 접수일로부터 30일 이내에 이를 처리해야 한다. 다만, 검토, 심사 등에 오랜 시간이 걸리는 경우에는 30일 안에서 연장할 수 있다(우수조달공동상표 물품 지정 관리규정 제21조 제3항 제1호부터 제4호). 계약심사협의회는 우수조달공동상표 물품의 이의제기와 관련한 주요사항을 심의한다(우수조달공동상표 물품 지정 관리규정 제13조 제2항 제2호).

4) 결과

이의신청에 대한 심사결과는 우수조달공동상표 물품 지정결과 통보 절차에 준하여 처리한다(우수조달공동상표 물품 지정 관리규정 제21조 제4항). 즉, 이의신청한 이해관계인에게 최종 심사결과(지정, 지정 제외, 재심사 등)를 통보해야 한다(우수조달공동상표 물품 지정 관리규정 제14조 제1항).

사. 지정효과

1) 지정증서 발급 등

가) 지정증서 발급과 홈페이지 게재

조달청장은 우수조달공동상표 물품으로 지정된 물품의 신청자에게 우수조달공동상표 물품 지정증서를 발급하고(우수조달공동상표 물품 지정 관리규정 제14조 제3항), 그 내용을 조달청 인터넷 홈페이지에 게재한다(우수조달공동상표 물품 지정 관리규정 제14조 제4항).

나) 지정증서 재발급

지정업체나 우수조달공동상표 물품의 권리를 승계받은 업체는 ① 상호나 대표자가 변경된 경우, ② 포괄적 양수, 합병으로 우수조달공동상표 물품의 모든 권리를 승계받은 경우, ③ 지정증서를 분실하였거나 규격추가 등 변경사항이 있는 경우 중 어느 하나에 해당하면, 지정증서와 관련 증빙서류를 첨부하여 지정증서 재발급을 신청해야 한다(우수조달공동상표 물품 지정 관리규정 제39조 제1항). 특히 조달청장은 포괄적 양수나 합병에 따라 우수조달공동상표 물품의 모든 권리를 승계받았다는 사유로 지정증서 재발급을 신청받은 경우, 우수조달공동상표 물품에 적용된 기술·품질인증 등 승계 여부를 확인한 후 지정증서를 재발급하되, 재발급한 지정증서에 재발급 사유 등을 등재한다(우수조달공동상표 물품 지정 관리규정 제39조 제2항).

다) 지정증서 반납과 지정신청 제한

우수조달공동상표 물품 관련 사업을 양도하면서 우수조달공동상표 물품의 권리를 양도하지 않은 자는 자신의 지정증서를 반납해야 한다(우수조달공동상표 물품 지정 관리규정 제39조 제3항). 그 밖에 특별한 사유 없이 지정증서를 반납한 자는 우수조달공동상표 물품 지정 취소일로부터 1년 동안 우수조달공동상표 물품 지정신청을 할 수 없다(우수조달공동상표 물품 지정 관리규정 제39조 제4항).

2) 적용기술 등 유지

우수조달공동상표 대표법인은 지정심사 당시 적용기술이나 그 권리, 규격 등 제반사항을 지정기간이 종료할 때까지 유효하게 관리해야 하고(우수조달공동상표 물품 지정 관리규정 제15조 제1항), 지정기간 동안 지정심사 당시 평가받은 생산·사후관리의 적정성 등 제반사항을 우수조달공동상표 물품 생산 이나 관리에 반영해야 한다(우수조달공동상표 물품 지정 관리규정 제15조 제2항).

한편, 대표법인은 적용기술이나 그 권리에 변동사항이 발생하거나 관련 법규의 제·개정 등으로 적용기술이나 그 권리를 변경해야 할 경우, 해당 사유가 발생한 날로부터 30일 안에 소관부서의 장에게 통보해야 한다(우수조달공동상표 물품 지정 관리규정 제15조 제3항 본문). 만약 이를 이행하지 않으면 조달청장이 그 시정을 요구할 수 있다(우수조달공동상표 물품 지정 관리규정 제15조 제5항). 다만, 적용기술에 대한 권리가 유지되어 우수조달공동상표 물품 지정 효력에 영향이 없는 경우, 적용기술에 대한 권리, 인증 등이 최초 지정 당시 명기되었던 유효기간에 따라 만료된 경우, 그 밖에 경미한 변동사항으로서 우수조달공동상표 물품의 지정이나 계약에 영향이 없다고 조달청장이 인정하는 경우에는 통보의무가 없다(우수조달공동상표 물품 지정 관리규정 제15조 제3항 단서). 특히 적용기술의 유효기간 연장이 불가능한 경우에는 2년 이내에 발행한 동등 이상의 시험성적서로 적용기술을 대체할 수 있다(우수조달공동상표 물품 지정 관리규정 제15조 제4항).

3) 지정기간과 기간연장

가) 지정기간

우수조달공동상표 물품의 지정기간은 지정일로부터 3년으로 한다(우수조달공동상표 물품 지정 관리규정 제16조).

나) 지정기간 연장

지정기간은 연장심사를 거쳐 3년 범위에서 1회 연장할 수 있다(우수조달공동상표 물품 지정 관리규정 제16조).

이에 따라 우수조달공동상표 물품의 지정기간을 연장받고자 하는 공동상표의 대표법인은 지정기간 만료일 150일 전부터 120일 전까지 지정기간 연장 신청서에 증빙서류를 첨부하여 우수조달공동상표 물품 지정 담당부서에 지정기간 연장을 신청해야 한다(우수조달공동상표 물품 지정 관리규정 제19조 제1항). 우수조달공동상표 물품 지정기간 연장심사는 최초 지정심사에 준하여 물품평가와 법인평가를 실시한다. 다만, 물품평가는 참여기업이 추가지정을 요청한 신규물품(적용기술 또는 규격)을 대상으로만 실시한다(우수조달공동상표 물품 지정 관리규정 제19조 제3항).

그러나 우수조달공동상표 물품 지정기간을 연장심사하는 경우, 물품평가를 생략하는 최초 지정물품을 기준으로, ① 적용 기술의 유효기간이 만료되었거나 유효기간의 잔여기간이 1년 미만인 경우(단, 2개 이상의 기술이 적용된 물품으로 그 중 잔여기술의 유효기간이 1년 이상인 물품은 연장할 수 있음), ② 공공기관에 납품한 실적이 없는 경우, ③ 제37조에 따른 경고처분을 받았거나 그 사유가 발생한 경우 중 어느 하나에 해당하는 경우에는, 지정기간 연장에서 제외할 수 있으며, 기술의 유효 여부 판단 기산일은 지정기간 만료일 다음날부터로 한다(우수조달공동상표 물품 지정 관리규정 제19조 제4항).

4) 참여기업 추가신청과 탈퇴

가) 참여기업 추가신청

기존 운영체에 신규기업이 참여하려는 경우, 대표법인은 매년 말 조달청 인터넷 홈페이지에 게재하는 지정계획 일정에 따라 소관부서에 참여기업 추가를 신청해야 한다(우수조달공동상표 물품 지정 관리규정 제17조 제1항). 신청방법은 지정심사 신청방법을 따른다(우수조달공동상표 물품 지정 관리규정 제17조 제2항). 그리고 참여기업 추가신청은 지정기간이 6월 이상 남아 있어야 할 수 있지만, 연장심사를 신청하는 경우에는 그와 함께 참여기업 추가신청을 할 수 있다(우수조달공동상표 물품 지정 관리규정 제17조 제3항).

추가신청에 따른 추가기업 심사는 최초 지정심사에 준하여 물품평가와 법인평가를 실시한다. 다만, 법인평가는 (1) 기술·품질 확보, (3) 소기업의 참여지원, (6) 공동상표 사업 성공가능성 중 ⓐ 신용평가등급 등 3개 항목을 소관부서에서 평가하여 1개 항목이라도 부적합 판정이 나오면 불합격 처리한다(우수조달공동상표 물품 지정 관리규정 제17조 제4항).

나) 참여기업 탈퇴

우수조달공동상표 물품 참여기업 중 탈퇴기업이 발생한 경우에는 그 사실을 소관부서에 지체없이 통보해야 한다. 소관부서의 장은 나머지 참여기업을 대상으로 기술인증과 품질인증 보유 비율, 소기업의 참여 비율을 기초로 최초 지정요건에 준하여 지정유지 여부를 결정한다(우수조달공동상표 물품 지정 관리규정 제17조 제5항).

5) 규격·인증 등 추가

가) 의의

지정업체는 우수조달공동상표 물품 수요확대를 위해 규격·인증을 추가로 지정할 수 있다(우수조달공동상표 물품 지정 관리규정 제20조 제1항 본문).

나) 규격추가 요건

지정업체가 규격을 추가로 지정받으려면, ① 그 규격이 우수조달공동상표 물품의 품명과 같고, 똑같은 용도로 사용하는 것이어야 하며, ② 그 규격에 우수조달공동상표 물품에 적용한 인증과 같은 인증을 적용했어야 하며, ③ 그 규격이 우수조달공동상표 물품 지정규격과 유사한 규격이어야 한다(우수조달공동상표 물품 지정 관리규정 제20조 제1항 단서).

다) 신청

우수조달공동상표 물품 규격·인증을 추가로 지정받고자 하는 대표법인은 소관부서에 규격(인증)추가 신청서를 제출해야 한다. 그 접수마감일은 지정계획 일정에 따른 지정심사 신청서 접수마감일을 기준으로 한다(우수조달공동상표 물품 지정 관리규정 제20조 제2항).

라) 심사

규격이나 인증 추가는 참석 심사위원 2/3 이상이 각 항목에 모두 '적합'으로 판정하면 합격으로 본다. 다만, 위에서 본 요건을 모두 충족하는 규격이나 인증 추가인 경우에는 해당 심사를 생략할 수 있다(우수조달공동상표 물품 지정 관리규정 제20조 제3항).

마) 절차중지와 그 한계

① 지정취소 사유가 발생했거나 우수조달공동상표 지정증서에 명시된 우수조달공동상표와 관련하여 부정당업자제재 사유가 발생한 경우, ② 지정취소 사유나 부정당업자제재 사유와 관련한 관계기관 수사·조사절차, 행정처분절차가 진행 중이거나 심판·소송, 형사재판이 진행 중인 경우, ③ 재심사가 진행 중인 경우 중 어느 하나에 해당하는 경우에는 규격추가 절차를 진행해서는 안 된다(우수조달공동상표 물품 지정 관리규정 제20조 제4항).

그러나 위 규격추가 절차중지는 수사·조사결과, 행정처분, 재결·판결(하급심 포함) 등으로 규격추가를 진행하지 않을 특별한 사정이 있는 경우를 제외하고는 규격추가 신청일로부터 6개월을 초과할 수 없다(우수조달공동상표 물품 지정 관리규정 제20조 제5항).

6) 우수조달공동상표 물품 지정마크

조달청장은 우수조달공동상표 물품으로 지정받은 물품에 지정표시 즉, 우수조달공동상표 물품 지정마크를 사용하도록 할 수 있다(우수조달공동상표 물품 지정 관리규정 제40조 제1항). 이에 따라 지정업체는 우수조달공동상표 물품 지정마크는 물품, 용기, 포장, 홍보물 등에 사용할 수 있다(우수조달공동상표 물품 지정 관리규정 제40조 제2항). 그러나 우수조달공동상표 물품에만 홍보 등 목적으로 우수조달공동상표 물품 지정마크를 사용해야 하며, 다른 목적으로는 이를 사용할 수 없다(우수조달공동상표 물품 지정 관리규정 제40조 제3항).

3. 기술심의회 구성와 운영기준

가. 통칙

기술심의회의 심사위원 모집, 선발, 해촉 등 관리에 필요한 일체 사항은 조달청 평가위원 통합관리규정(이하 "통합관리규정")을 따른다(우수조달공동상표 물품 지정 관리규정 제2조 제17호, 제21조 제5항 참조).

나. 기술심의회 구성

기술심의회는 위원장 1인을 포함한 5인 이상 10인 이내 심사위원으로 구성한다. 다만 심사의 특성상 필요하다고 인정하는 경우에는 15인 이내에서 구성할 수 있다. 그리고 위원장은 선정된 심사위원 중에서 심사위원들이 호선하여 선임한다(우수조달공동상표 물품 지정 관리규정 제23조 제1항, 제2항).

다. 심사위원 회피

심사위원이 기술심의회 개최 전에 평가 기피를 신청해야 하는 사유는 ① 우수조달공동상표 물품 신청업체의 경영에 관여하거나 신청물품의 개발에 참여한 경우, ② 신청물품의 기술인증, 품질인증, 특허 등 사무에 참여한 경우, ③ 공공기관에서 신청물품에 대한 계약·품질관리 등 업무를 담당한 경우, ④ 우수조달공동상표 물품 신청업체의 경영자와 친족관계에 있거나 그 밖에 사정 등으로 심사에 공정을 기하기 어려운 경우, ⑤ 해당 평가 대상과 관련하여 용역, 자문, 연구 등을 수행한 경우, ⑥ 심사일을 기준으로 최근 3년 이내 해당 심의대상 업체에 재직한 경우, 그 밖에 통합관리규정 제17조 제1항 각 호에 해당하는 경우를 말한다(우수조달공동상표 물품 지정 관리규정 제24조 제1항).

소관부서의 장은 기술심의회를 개최하기 전에 심사위원에게 위 회피사유를 알려야 하며, 이에 따라 심의기피를 신청하는 위원은 해당 안건의 심사위원에서 배제해야 한다(우수조달공동상표 물품 지정 관리규정 제24조 제2항). 만약 심사위원이 이를 위반한 사실을 확인한 경우에는 통합관리규정에 따라 모집, 선발, 해촉 등 평가위원 관리·시스템 운영사무를 수행하는 부서의 장에게 해당 사실을 통보해야 한다(우수조달공동상표 물품 지정 관리규정 제24조 제3항).

라. 기술심의회 진행

기술심의회 평가자료는 원칙적으로 평가 전일로부터 5일에서 7일 전에 배포된다(우수조달공동상표 물품 지정 관리규정 제25조 제2항).

기술심의회는 위원장을 포함한 3분의 2 이상 출석으로 개의하며, 소관부서의 장은 심사위원에게 심사기준의 특성이나 중점 평가사항 등을 설명할 수 있다(우수조달공동상표 물품 지정 관리규정 제25조 제1항). 각 심사위원은 공정한 평가와 비밀유지 등을 확약하는 청렴서약서를 제출해야 한다(우수조달공동상표 물품 지정 관리규정 제25조 제3항). 심사위원은 예산 범위 안에서 수당과 여비를 지급 받을 수 있다(우수조달공동상표 물품 지정 관리규정 제28조).

마. 심사점수 산정

심사는 별지 1호 평가체계 및 심사기준에 따른다. 심사점수는 각 평가위원이 작성한 평가표를 집계하여 산출하며, 산출 결과 최종(평균)점수에 소수점 이하의 숫자가 있는 경우에는 소수점 셋째 자리에서 반올림한다(우수조달공동상표 물품 지정 관리규정 제27조 제1항, 제2항).

4. 계약

가. 원칙

우수조달공동상표 물품계약은 지정업체가 단가계약을 요청하거나 수요기관이 구매요청한 경우, 관련법령에 따라 구매담당부서가 대표법인과 해당 물품 계약체결을 추진한다(우수조달공동상표 물품 지정 관리규정 제29조).

나. 계약방법 결정기준

우수조달공동상표 물품은 국가계약법 시행령 제26조, 지방계약법 시행령 제25조에 따라 수의계약방법으로 총액계약이나 제3자 단가계약을 체결할 수 있다. 다만, 제3자 단가계약은 다수공급자계약과 중복하여 체결할 수 없다(우수조달공동상표 물품 지정 관리규정 제30조 제1항). 그러나 경고처분 사유가 있거나 부정당업자 제재기간 중인 경우, 그 밖에 상당한 이유가 있는 경우에는 계약을 체결하지 않을 수 있다(우수조달공동상표 물품 지정 관리규정 제30조 제2항).[1]

다. 계약기간

제3자 단가계약기간은 1년을 원칙으로 하되, 우수조달공동상표 물품 지정기간 이내에서 정할 수 있다(우수조달공동상표 물품 지정 관리규정 제31조).

---

1) 부정당업자 제재기간 중인 경우에는 법령상 계약을 체결하지 않을 근거가 있지만(가령, 국가계약법 시행령 제76조 제8항 본문 참조), 경고처분 사유나 그 밖에 상당한 이유가 있는 경우까지 계약체결을 거부할 수 있는지는 법령상 근거가 없으므로 논란이 있다. 우수조달공동상표 물품계약은 수의계약으로 체결하고, 더구나 국가계약은 사법상 계약으로서 성질을 가지기 때문에, 국가 등은 상대방 선택의 자유를 폭넓게 누린다는 이유로 위 사유에 따른 계약체결 거부가 정당하다고 해석하는 견해도 없지 않지만, 우수조달공동상표 물품계약은 우수조달공동상표 물품지정이라는 수익적 행정처분을 전제하기 때문에, 신뢰보호원칙 등에 따라 법령상 근거 없는 계약체결 거부는 재량권 일탈·남용에 해당할 가능성을 배제하기 어렵다고 본다.

라. 계약절차

1) 가격자료 제출

대표법인은 참여기업별 가격자료를 취합하여 가격총괄표를 작성하고 증빙자료를 구비하여 제출한다(우수조달공동상표 물품 지정 관리규정 제32조).

2) 품질확보

조달청장은 조달물자의 품질확보를 위해 필요한 경우, 우수조달공동상표 물품이 산업표준화법에 따른 표준규격보다 동등 이상이도록 규격서 보완, 관련 시험성적서 제출, 인증취득 등 시정을 요구할 수 있다(우수조달공동상표 물품 지정 관리규정 제35조의2 제1항). 그리고 조달품질원장은 우수조달공동상표 물품계약 체결 전에 계약상대자가 작성한 사전규격서를 검토한 후 계약상대자와 합의하여 최종 규격서를 확정한다(우수조달공동상표 물품 지정 관리규정 제35조의2 제2항). 계약담당공무원은 위에 따른 최종 규격서가 확정되지 않은 경우, 계약을 체결해서는 안 된다(우수조달공동상표 물품 지정 관리규정 제35조의2 제3항).

3) 재계약

제3자 단가계약의 기간 만료 후 재계약을 할 경우에는 납품실적, 수요기관 의견, 품질관리상태, 납품 후 사후서비스(이하 "A/S") 등 계약이행 실태를 고려하여 재계약 여부를 결정하며, 총액계약을 한 경우에도 이에 준하여 계약 여부를 결정할 수 있다(우수조달공동상표 물품 지정 관리규정 제35조 제2항).

마. 계약이행

1) 연대책임

계약상대자인 대표법인과 참여기업은 납품, 사후관리 등 계약이행에서 연대책임을 진다(우수조달공동상표 물품 지정 관리규정 제33조 제1항).

2) 물품식별번호 제출

계약상대자는 물품식별번호를 기재하지 않고 우수조달공동상표 물품으로 지정된 규격이 계약대상에 포함된 경우, 계약체결 전에 해당 규격의 물품식별번호를 부여받아 계약담당부서와 소관부서에 제출해야 한다(우수조달공동상표 물품 지정 관리규정 제33조 제3항).

3) 종합쇼핑몰 등록과 상품정보 유지·관리

계약상대자가 제3자 단가계약을 체결하여 종합쇼핑몰에 등록할 경우, 계약자(대표법인)와 공급자(참여기업)를 구분하여 등록하고, 대표법인이 참여기업의 상품정보 등을 유지·관리해야 한다(우수조달공동상표 물품 지정 관리규정 제34조).

바. 계약해제·해지

조달청장은 ① 수의계약 사유가 소멸한 때, ② 부정당업자 제재처분을 받았거나 제재기간 중에 있을 때, ③ 그 밖에 중대한 계약불성실 이행 등 사유가 발생한 때에 우수조달공동상표 물품계약을 해제·해지할 수 있다(우수조달공동상표 물품 지정 관리규정 제35조 제1항 제1호부터 제3호).

5. 사후관리

가. 사후 확인조사 등

1) 검사·점검

조달청장은 지정된 우수조달공동상표 물품과 관련하여 수요기관으로부터 불만을 제기받은 경우나 그 밖에 필요하다고 판단하는 경우, 해당 물품을 대상으로 시험검사를 실시하여 계약관리 등에 활용할 수 있다. 시험검사는 조달품질원이나 공인시험기관에게 의뢰할 수 있고, 시험검사 결과에 따라 문제가 있는 경우에는 지정업체에게 시정을 요구할 수 있다(우수조달공동상표 물품 지정 관리규정 제36조 제1항, 제2항). 또한, 우수조달공동상표 물품의 지속적인 품질관리를 위해 생산현장이나 납품현장에서 품질 등 사후점검을 실시할 수 있다(우수조달공동상표 물품 지정 관리규정 제36조 제3항).

한편, 조달청장이나 그가 지정한 용역조사기관은 우수조달공동상표 물품 적용기술의 변동사항을 확인하기 위해 사후 확인조사를 실시할 수 있고, 대표법인과 참여업체는 사후 확인조사에 협조해야 한다(우수조달공동상표 물품 지정 관리규정 제36조 제4항).

계약상대자는 시험검사나 사후 확인조사에 들어가는 비용을 부담한다(우수조달공동상표 물품 지정 관리규정 제36조 제7항).

2) 대표법인의 통보의무

대표법인은 우수조달공동상표 물품의 사후관리를 위해 우수조달공동상표 물품 참여기업이 탈퇴 등으로 변동된 경우, 지정심사 당시 적용한 기술·품질인증 등이 변동된 경우, 연락체제 유지에 필요한 주소, 전화번호 등이 변경된 경우, 그 밖에 제도운영상 필요하여 소관부서가 자료를 요구한 경우에, 즉시 소관부서에 통보해야 한다(우수조달공동상표 물품 지정 관리규정 제36조 제5항).

3) 실태조사와 결과활용

조달청장은 수요기관 등에게 지정제품의 기술, 품질, A/S 상태와 관련한 실태조사나 여론조사를 실시할 수 있고, 그 결과를 우수조달공동상표 물품 관리와 계약에 활용할 수 있다(우수조달공동상표 물품 지정 관리규정 제36조 제6항).

나. 재심사

소관부서의 장은 우수조달공동상표 물품 지정 이후라도 적용기술이 해당 우수조달공동상표 물품에 적용되지 않았거나, 적용할 수 없다는 점이 상당하다고 판단하는 경우, 기술심의회에 재심사를 요청할 수 있다(우수조달공동상표 물품 지정 관리규정 제36의2조 제1항). 재심사 결과, 60점 이상이나 '적합' 평가를 획득하지 못한 경우에는 계약심사협의회 심의를 거쳐 우수조달공동상표 물품 지정을 취소한다(우수조달공동상표 물품 지정 관리규정 제36의2조 제2항). 계약심사협의회는 우수조달공동상표 물품의 재심사와 관련한 주요사항을 심의한다(우수조달공동상표 물품 지정 관리규정 제13조 제2항 제3호).

다. 경고

조달청장은 ① 대표법인이 적용기술이나 그 권리에 변동사항이 발생했거나 관련 법규의 제·개정 등으로 적용기술이나 그 권리를 변경해야 하는데도, 해당 사유가 발생한 날로부터 30일 안에 소관부서의 장에게 통보하지 않은 경우, ② 위 통보의무 해태를 이유로 시정을 요구받고서도 이에 따르지 않은 경우, ③ 대표법인이나 참여기업이 우수조달공동상표 물품 적용기술의 변동사항을 확인하기 위한 사후 확인조사에서 협조를 거부한 경우 중 어느 하나에 해당하면, 해당 위반자에게 경고조치를 할 수 있다(우수조달공동상표 물품 지정 관리규정 제37조 제1항 제4호, 제6호). 그리고 경고를 받은 자 가운데 시정조치를 해야 하는 자는 경고조치를 받은 날부터 30일 안에 소관부서에게 시정결과를 통보해야 한다(우수조달공동상표 물품 지정 관리규정 제37조 제2항). 이처럼 경고조치는 그 상대방이 시정조치 의무까지 부담할 수 있고, 2회 이상 경고조치를 받은 경우 지정취소 사유에도 해당하므로(우수조달공동상표 물품 지정 관리규정 제38조 제1항 제8호 참조), 상대방의 권익을 제한하는 침익적 행정처분으로 이해해야 한다. 따라서 조달청장은 경고조치를 할 때 행정절차법 등을 준수해야 한다.

라. 지정취소

1) 사유

조달청장은 다음 어느 하나에 해당하는 사유가 있으면, 우수조달공동상표 물품의 지정을 취소할 수 있다(우수조달공동상표 물품 지정 관리규정 제38조 제1항 전문).

가) 허위 또는 부정한 방법으로 우수조달공동상표 물품 지정을 받은 경우
나) 적용인증이 취소되거나 이에 준하는 사유가 발생한 경우. 다만, 적용인증 심사항목 중 2개 이상의 인증이 적용된 경우에는 핵심인증의 인증 지정취소 여부 등을 종합 검토하여 지정취소 여부를 결정한다.
다) 산업재산권 등 타인의 권리를 침해한 것으로 확인된 경우
라) 부도, 파산, 폐업 등이 확인된 경우(다만, 법원 결정에 따라 회생절차가 개시된 때에는 회생절차의 종료 결과에 따라 취소 여부 결정)
마) 물품 생산이나 판매를 위해서는 관련 법령에 따른 허가 등이 선행되어야 하는데도 허가 등을 받지 않은 경우
바) 이의신청에 따른 심사결과 이유가 있다고 인정되는 경우
사) 우수조달공동상표 물품과 다른 규격물품 납품했거나 납품을 지연했거나 품질불량(사후검사 불합격 포함) 등으로 계약관리가 곤란한 경우
아) 경고조치를 2회 이상 받은 경우
자) 우수조달공동상표 업체가 지정물품과 동일 세부품명인 물품으로 부정당업자 제재를 받은 경우
차) 다음 어느 하나에 해당하는 행위로 부정당업자 제재를 받은 경우
(1) 관계공무원 등에게 뇌물을 준 경우
(2) 담합
(3) 허위·부정서류 제출
(4) 조달청장이 고시한 안전관리물자로 부정당제재를 받은 경우
카) 참여기업 중 자격상실자를 제외하면 참여기업수가 5 미만인 경우
타) 대표법인과 참여기업 사이에 혹은 참여기업 사이에 분쟁 등으로 우수조달공동상표 물품 사업의 정상적인 추진이 어렵다고 판단되는 경우
파) 우수조달공동상표 물품 지정마크를 원래 내용이나 목적과 다르게 부정한 방법으로 사용했을 경우
하) 우수조달공동상표 물품 참여기업이 해당 물품으로 우수조달물품 지정을 받은 경우

2) 절차

우수조달공동상표 물품 지정취소는 소관부서 검토와 계약심사협의회 심의를 거쳐 결정한다. 다만, 취소사유가 산업재산권 등 타인의 권리를 침해한 것으로 확인된 경우, 부도, 파산, 폐업 등이 확인된 경우, 물품 생산이나 판매를 위해서는 관련법령에 따른 허가 등이 선행되어야 하는데도 허가 등을 받지 않은 경우, 경고조치를 2회 이상 받은 경우, 뇌물·담합·허위나 부정서류 제출·안전관리물자로 부정당업자제재를 받은 경우, 참여기업 중 자격상실자를 제외하면 참여기업수가 5 미만인 경우 중 어느 하나에 해당하면, 계약심사협의회 심의를 생략한다(우수조달공동상표 물품 지정 관리규정 제13조 제2항 제4호, 제38조 제3항).

한편, 우수조달공동상표 물품 지정취소를 위해 기술·품질 등을 판단할 필요가 있으면, 기술심의회 심사를 거치되, 이때는 앞에서 본 기술심의회 심사규정을 준용한다(우수조달공동상표 물품 지정 관리규정 제38조 제4항).

우수조달공동상표 물품 지정취소를 할 때는, 대상자에게 의견제출 기회를 주어야 한다(우수조달공동상표 물품 지정 관리규정 제38조 제5항). 지정취소는 침익적 행정처분에 해당하므로, 당연한 규정이다.

3) 효과

대표법인에게 취소사유가 있으면, 우수조달공동상표 물품 전체를 취소할 수 있고, 참여기업에게 취소사유가 있으면 우수조달공동상표 물품 전체를 취소하거나 해당 참여기업의 지정을 취소할 수 있다(우수조달공동상표 물품 지정 관리규정 제38조 제1항 후문).

조달청장은 우수조달공동상표 물품 지정을 취소한 경우, 지체없이 조달청 인터넷 홈페이지에 이를 공고해야 한다(우수조달공동상표 물품 지정 관리규정 제38조 제2항).

마. 홍보

조달청장은 우수조달공동상표 물품의 종합적인 판로지원과 홍보를 위해, 우수조달공동상표 물품 전시회 주최, 우수조달공동상표 물품 지정제도 안내를 위한 인쇄물, 지정물품 목록등 제작·배포, 우수조달공동상표 물품 기술과 품질의 지속적 개선 등을 위해 필요한 지원사항과 같은 활동을 할 수 있다(우수조달공동상표 물품 지정 관리규정 제42조 제1호부터 제3호).

제 2 절 혁신제품 조달제도

Ⅰ. 개관

1. 의의와 취지

혁신제품이란 공공서비스 향상과 기술혁신을 위해 공공성, 혁신성 등이 인정되는 제품으로서 공공서비스 향상과 기술혁신을 위한 공공수요 발굴과 구매 대상 선정 등을 심의하는 기획재정부장관 소속 조달정책심의위원회 심의를 거쳐 지정된 제품을 말한다(조달사업법 제5조 제1항 제2호, 제27조 제1항 참조).

오스트리아, 네덜란드 등 EU 회원국을 비롯해 미국, 캐나다 등 해외 주요국에서 도입한 혁신조달(PPCI, Public Procurement with Contracted Innovation)이란 입찰단계에서 사회적 문제를 해결하기 위한 과제를 제시하고, 이를 해결할 혁신기술 적용제품을 공공조달로써 구입하거나 기술개발을 위한 자금을 지원하는 제도를 말한다.[1] 이에 국가는 막대한 구매력을 활용해 국민 요구에 부응하는 서비스를 제공하고 민간의 기술혁신이나 혁신성장을 지원하기 위해 앞장서서 혁신제품을 구매한다.

2. 연혁

우리나라는 2019년부터 조달청 예산으로 혁신제품을 구매하여 공공기관으로 하여금 시범 사용하게 하여 혁신제품 상용화를 지원하는 시범사업을 실시하다가, 2020년 조달사업법 개정으로 법적 근거를 마련한 후, 계속하여 예산 규모를 확대해 왔다.

3. 도입취지

우리나라 연간 공공조달 규모는 계속 성장하는 중이다. 그러나 기존 조달시장에는 검증받은 제품을 위주로 구매하는 관행이 있어서, 공공기관 역시 기성제품을 선호했으므로, 가격이 높고 조달실적이 부족한 혁신제품은 공공조달 시장에 진입하기 어려웠고, 중소기업도 기술혁신을 하는 데 한계가 있었다. 그리하여 정부는 혁신제품이 공공조달 시장 문턱을 쉽게 넘어 진출하고, 그에 따라 중소기업이 성장하여 획기적인 공공서비스를 제공하도록, 2019. 7. 2. 혁신지향 공공조달 방안을 발표했다. 그리고 혁신조달 추진 체계를 구축하기 위해 2020. 5. 모든 중앙부처(43개), 지방자치단체(17개), 공공기관(331개), 지방공기업(151개)에 혁신조달 전담부서를 지정해 공공부문 전 영역에 혁신조달 네트워크를 구축했다. 그 후, 조달사업법, 국가계약법 시행령, 물품관리법 시행령 등 관련법령을 개정하여 혁신조달 제도를 정비했다.[2]

Ⅱ. 혁신제품 종류

1. 개요

조달정책심의위원회는 심의를 거쳐, ① 국가 우수연구개발 혁신제품, ② 혁신시제품, ③ 그 밖에 공공성과 혁신성을 인정한 제품 중에 혁신제품을 지정한다(조달사업법 시행령 제33조 제1항 제1호부터 제3호).

---

1) 허라윤 · 박인환, 앞의 글, 2쪽.
2) 허라윤 · 박인환, 앞의 글, 4쪽.

2. 지정대상

혁신제품 지정대상은 ① 국가 우수연구개발 혁신제품, ② 혁신시제품, ③ 그 밖에 조달정책심의위원회가 공공성과 혁신성을 인정한 제품으로 구분한다.

가. 국가 우수연구개발 혁신제품

국가 우수연구개발 혁신제품이란 과학기술기본법 등 관련법령에 따른 연구개발사업으로 개발한 제품 중 각 중앙관서의 장이 기획재정부장관과 협의하여 정한 기준과 절차에 따라 기술의 혁신성을 인정한 제품을 말한다(혁신제품 지정 및 구매촉진 등에 관한 규정 제6조 제1호). 여기서 기술의 혁신성을 인정한 제품이란 ① 국내에서 개발한 제품으로서 성능과 품질이 동종·유사 제품보다 우수하여 경제적·기술적 파급효과가 큰 제품, ② 이미 존재하는 기술(외국에서 도입한 기술을 포함)을 개선·개량하여 발전된 제품으로서 성능과 품질이 동종·유사 제품보다 우수하여 경제적·기술적 파급효과가 큰 제품 중 어느 하나에 해당하는 제품을 말한다(혁신제품 지정 및 구매촉진 등에 관한 규정 제3조 제1항 제1호 가목, 나목).

나. 혁신시제품

혁신시제품이란 조달청에서 공고한 제안 분야의 상용화 직전 제품으로 혁신성 평가 등을 통과한 제품을 말한다. 즉, 상용화 전 시제품(試製品) 중 초기판로 확보와 상용화 지원이 필요하여 조달청장이 기획재정부장관과 협의하여 정한 기준과 절차에 따라 혁신성을 인정한 제품을 말한다(혁신제품 지정 및 구매촉진 등에 관한 규정 제6조 제2호). 여기서 혁신성을 인정한 제품이란 앞에서 본 기술의 혁신성을 인정한 제품과 같은 개념이다. 혁신시제품은 다시 공급자제안형과 수요자제안형으로 나누는데, 공급자제안형은 혁신기업이 조달청 공고 분야에 적합한 제품을 대상으로 시제품 지정을 먼저 신청하는 방식인 반면, 수요자제안형은 공공기관이 공공서비스 개선에 필요한 혁신 수요를 제시한 다음 기업이 해결방안을 제안하는 방식이다.

다. 그 밖에 조달정책심의위원회가 공공성과 혁신성을 인정한 제품

조달정책심의위원회가 공공성과 혁신성을 인정한 제품으로서 조달정책심의위원회나 공공수요발굴위원회가 심의하여 지정한 제품을 말한다(혁신제품 지정 및 구매촉진 등에 관한 규정 제6조 제1항 제3호). 그리고 여기서 공공성을 인정한 제품이란 ① 다수 국민에게 활용될 수 있는 제품으로서 국민생활편의 향상, 공공업무 혁신 등 공공서비스 개선효과가 큰 제품과 ② 친환경, 신산업, 국민안전 등 사회적 가치 실현 효과가 큰 제품 중 어느 하나에 해당하는 경우를 말하고(혁신제품 지정 및 구매촉진 등에 관한 규정 제3조 제2호 가목, 나목), 혁신성을 인정한 제품이란 앞에서 살펴본 개념과 같다.

Ⅲ. 혁신제품 지정

1. 의의

조달정책심의위원회나 공공수요발굴위원회는 심의하여 ① 국가 우수연구개발 혁신제품, ② 혁신시제품, ③ 그 밖에 혁신제품 중에서 혁신제품을 최종 지정한다(조달사업법 시행령 제33조 제1항 제1호부터 제3호, 혁신제품 지정 및 구매촉진 등에 관한 규정 제6조 제1항 제1호부터 제3호). 다만, 중앙관서의 장은 위 ①, ②에 해당하지 않는 제품 중에서 혁신성을 인정한 제품을 관련분야 전문가와 관계공무원으로 구성한 평가위원회의 혁신성, 공공성 심사를 거쳐 제품을 선정할 수 있으며, 선정한 제품을 조달정책심의위원회에 상정할 수 있다(혁신제품 지정 및 구매촉진 등에 관한 규정 제6조 제2항). 그리고 중앙관서의 장이 아닌 공공기관의 장도 중앙관서의 장에게 혁신제품으로 지정하려는 제품을 추천할 수 있다(혁신제품 지정 및 구매촉진 등에 관한 규정 제6조 제3항).

2. 법적 성격

혁신제품 지정행위는 그 상대방이나 대상물에 공공구매 지원 등 권리·이익을 부여하는 수익적 행정행위에 해당한다고 본다.

3. 지정기간

혁신제품 지정기간은 지정 고시한 날부터 3년으로 한다. 다만, 대상 제품의 특성 등을 고려해 조달청정책심의위원회가 심의를 거쳐 지정기간을 별도로 정할 수 있고, 이때는 해당 중앙관서의 장이나 조달청장이 이를 고시한다(조달사업법 시행령 제33조 제2항, 제4항). 지정기간을 별도로 정할 수 있는 사유는 ① 해당 중앙관서의 장이나 조달청장이 제품 특성 등을 고려하여 지정기한을 별도로 정할 필요가 있다고 인정하는 경우, ② 그 밖에 조달정책심의위원회에서 지정기한을 별도로 정할 필요가 있다고 인정하는 경우를 말한다(혁신제품 지정 및 구매촉진 등에 관한 규정 제6조 제4항 제1호, 제2호).

한편, 위 지정기간은 혁신제품의 공공부문 시장안착과 판로개척 지원 등을 강화하기 위해 필요한 경우 위원회 심의를 거쳐 3년 범위에서 연장할 수 있다(조달사업법 시행령 제33조 제3항). 지정기간 연장은 혁신제품 지정 및 구매촉진 등에 관한 규정 제6조의2에서 정한 바에 따른다.

4. 지정절차

가. 공공성, 혁신성 등 평가

지정대상 제품을 주관하는 중앙관서의 장은 위원회나 공공수요발굴위원회의 심의를 받기 위해서 공공성, 혁신성 등의 평가를 수행해야 한다(혁신제품 지정 및 구매촉진 등에 관한 규정 제7조 제1항). 이와 관련하여, 각 중앙관서의 장은 평가업무를 전담하는 기관(평가기관)을 지정할 수 있되, 중앙관서의 장이나 평가기관은 공공성, 혁신성 등을 평가하기 위해 산업계, 학계, 연구계, 공무원 등 관련 전문가로 구성한 평가위원회를 둔다(혁신제품 지정 및 구매촉진 등에 관한 규정 제7조 제2항, 제3항).

혁신제품 지정기준, 절차, 평가기관 업무와 운영, 평가위원회 구성과 운영, 그 밖에 제품 평가에 필요한 사항은 각 중앙관서의 장이 세부기준으로 마련할 수 있다(혁신제품 지정 및 구매촉진 등에 관한 규정 제7조 제4항).

나. 조달적합성 검토

조달청장은 국가 우수연구개발 혁신제품이나 혁신시제품, 그 밖에 공공성과 혁신성이 인정되는 제품을 대상으로 조달적합성을 검토하고, 조달정책심의위원회나 공공수요발굴위원회는 이를 심의에 활용할 수 있다(혁신제품 지정 및 구매촉진 등에 관한 규정 제8조). 여기서 조달적합성이란 중앙조달이 적합한 제품(조달사업법 시행규칙 제6조 제1항 제1호 참조), 관계법령에 따라 제품 출시나 사용을 위한 각종 의무(인증·허가의 획득, 신고, 검사 통과, 관련서류 제출 등)를 이행한 제품, 그 밖에 조달청장이 원활한 조달계약 업무이행을 위해 필요하다고 인정하는 사항을 충족한 기업이나 제품을 모두 만족한 제품을 말한다(혁신제품 지정 및 구매촉진 등에 관한 규정 제3조 제3호 가목부터 다목).

다. 심의예정공고

지정대상 제품을 주관하는 중앙관서의 장은 조달정책심의위원회 심의를 받기 위해서 혁신제품 심의예정공고를 거쳐 이해관계자로부터 의견을 들어야 하며, 이해관계자의 이의가 없으면 그대로 심의를 받을 수 있되, 이해관계자의 이의가 있으면 재심사를 거쳐야만 심의를 받을 수 있다(혁신제품 지정 및 구매촉진 등에 관한 규정 제9조).

라. 지정

1) 인증서 발급

지정대상 제품을 주관하는 중앙관서의 장 등은 조달정책심의위원회나 공공수요발굴위원회 심의를 통과한 혁신제품을 대상으로 인증서를 발급할 수 있다(혁신제품 지정 및 구매촉진 등에 관한 규정 제10조 제1항).

2) 지정정보 통보와 전자조달시스템 등록

지정대상 제품을 주관하는 중앙관서의 장 등은 혁신제품 지정이 있으면, ① 제품명과 제품 등록업체 정보, ② 제품 규격서, ③ 혁신제품 지정 정보(지정일, 유효기간, 지정기관 등), ④ 그 밖에 혁신제품 성능, 품질 등 각 중앙관서의 장이 필요하다고 인정하는 정보를 포함한 지정정보를 조달청장에게 통보하고, 조달청장은 이를 전자조달시스템에 등록해야 한다(혁신제품 지정 및 구매촉진 등에 관한 규정 제10조 제2항 제1호부터 제4호).

5. 지정취소

가. 의의

지정취소란 취소사유가 있는 경우 혁신제품 지정을 취소하는 것이다. 즉, 조달청장은 지정된 혁신제품이 최초 지정기준에 미달하는 등 일정한 사유가 있는 경우 그 지정을 취소할 수 있다(조달사업법 제27조 제3항).

나. 법적 성격

혁신제품 지정취소는 행정처분에 해당하고, 특히 침익적 처분으로 보아야 한다.

다. 사유

① 지정된 혁신제품이 최초 지정기준에 미달하는 경우(조달사업법 시행령 제33조 제10항 제1호), ② 거짓이나 그 밖에 부정한 방법으로 지정을 받은 경우(조달사업법 시행령 제33조 제10항 제2호), ③ 그 밖에 지정을 받은 자가 해당 혁신제품과 관련하여 공정한 조달업무 집행이나 적절한 계약이행을 해칠 우려가 있는 경우로서 조달청장이 정하여 고시하는 사유에 해당하는 경우(조달사업법 시행령 제33조 제10항 제3호)에는 혁신제품 지정을 취소할 수 있다.

라. 절차

1) 조달청정책심의위원회 심의

조달청장은 혁신제품 지정을 취소하려는 경우 조달청정책심의위원회 심의를 거쳐야 한다. 그런데 국가 우수연구개발 혁신제품으로서 혁신제품으로 지정된 제품을 취소할 때는 조달청정책심의위원회 심의를 거치기 전에 해당 중앙관서의 장과 협의를 거쳐야 한다(조달사업법 시행령 제33조 제11항).

2) 사전통지 · 의견제출

조달청장은 혁신제품 지정을 취소하려면, 지정받은 자에게 취소사유와 의견제출 기한 등을 미리 서면으로 통지해야 하며, 조달청정책심의위원회 심의를 거쳐 지정취소가 확정되는 경우에는 그 내용을 서면으로 통지해야 한다(조달사업법 시행령 제33조 제12항).

마. 효과

혁신제품 지정취소가 있으면 혁신제품 지정에 따라 부여된 권리나 이익, 가령 수의계약 체결이나 그 밖에 공공구매 지원 등 혜택을 받을 수 없다. 그러나 혁신제품 지정취소가 있더라도, 일반제품으로 공공시장에 납품되는 것이 제한되지 않는다.

6. 후속지원

각 중앙관서의 장은 혁신제품에 대한 후속지원에 필요한 사항을 기획재정부장관과 협의하여 세부사항을 정할 수 있다(혁신제품 지정 및 구매촉진 등에 관한 규정 제11조). 후속지원 내용으로는 ① 혁신제품 홍보, ② 공공조달 연계를 위한 활동 지원, ③ 그 밖에 혁신제품 구매촉진 등이 있다.

〔조달청이 소관하는 혁신시제품 지정제도〕

가. 개념

혁신시제품이란 상용화 전 시제품 중 초기 판로확보와 상용화 지원이 필요하여 조달청장이 기획재정부장관과 협의하여 정한 기준과 절차에 따라 혁신성을 인정한 제품이다(조달사업법 시행령 제33조 제1항 제2호). 따라서 혁신시제품은 조달청장이 별도로 지정행위를 해야 효력이 생긴다(혁신제품 구매 운영 규정 제16조 참조). 다만, 혁신시제품 지정과 혁신제품 지정은 구별해야 하는 개념이다.

조달청장은 혁신시제품 지정 총괄기관장으로서, 사업계획 수립, 예산확보와 지원, 업무조정과 협조, 혁신시제품평가 심의회 구성·운영 등을 수행한다(혁신제품 구매 운영 규정 제3조 제1호부터 제4호).

나. 지정요건

1) 지정분야

혁신시제품 지정분야는 혁신성장지원 분야과 국민생활문제 해결 분야로 구분하고, 필요하다면 추가로 정할 수도 있다(혁신제품 구매 운영 규정 제10조 제1항). 가령, 수요기관 제안공모를 거쳐 선정된 과제나 공공수요 숙성지원 과제를 대상으로 문제해결 제품 공모를 할 경우 지정분야는 수요기관이 제안한 과제나 공공수요 숙성지원 과제로 하는데(혁신제품 구매 운영 규정 제9조 제2항, 제10

조 제3항 본문 전단 참조). 조달청장은 대상 과제 선정을 위한 전문가 자문위원회를 구성하여 별표1 수요자 제안형 공공기관 제안과제 평가기준에 따라 사전평가를 실시할 수 있고, 계약심사협의회 심의를 거쳐 지정대상 과제를 확정한다. 공공수요 숙성지원에 따라 발굴된 과제는 사전평가를 생략할 수 있다(혁신제품 구매 운영 규정 제10조 제3항 본문 후단, 단서). 대상 과제 선정을 위한 전문가 자문위원회는 혁신제품 추천위원으로 구성하고, 혁신제품 추천위원은 지정될 제품을 추천한다. 추천제품 자격 등은 별도로 정한다.

- 혁신제품 추천위원
  혁신제품 추천위원이란 기업이나 제품의 기술력과 시장전망, 제품의 공공조달 수요 등을 종합적으로 분석하여 혁신제품 지정 대상을 발굴하고 추천하는 전문가를 말한다(혁신제품 구매 운영 규정 제2조 제15호). 조달청장은 혁신제품 추천을 위해 혁신기술연구, 제품개발, 공공조달 분야 등에서 전문성을 갖춘 자를 추천위원으로 위촉할 수 있고, 혁신시제품평가 심의회 평가위원 해촉사유를 준용하여 해촉할 수 있다(혁신제품 구매 운영 규정 제5조 제6항 제1호부터 제4호, 제43조 제2항).

- 추천제품 유효기간과 국내생산
  발표심사회를 통과한 추천제품은 통과일 기준 1년 내 혁신제품 지정 신청을 해야 한다(혁신제품 구매 운영 규정 제44조). 이러한 지정신청을 위해서는 세부품명번호를 제조나 공급으로 입찰참가 등록을 해야 하며, 공급인 경우 추천제품의 국내 생산 확인을 위해 규격서 서식에 원산지를 명기하여 제출해야 한다(혁신제품 구매 운영 규정 제45조 제1항). 조달청장은 원산지 확인이 필요하면 지정기업에게 대외무역법 제37조에 따른 원산지증명서를 제출하도록 할 수 있고(혁신제품 구매 운영 규정 제45조 제2항), 그 확인 결과 국내생산이 아니면 혁신제품 지정취소, 부당이득 환수 등 조치를 할 수 있다(혁신제품 구매 운영 규정 제45조 제3항). 그 밖에 신청자격은 혁신제품 신청자격과 같다(혁신제품 구매 운영 규정 제45조 제4항).

- 신산업기술개발제품제조
  신산업기술개발제품이란 공공서비스를 혁신적으로 개선하리라 기대되는 미래첨단사업제품으로서 조달청 소속 신성장조달 업무심의회를 거쳐 결정한 제품을 말한다(혁신제품 구매 운영 규정 제2조 제17호). 신산업기술개발제품은 공동수급체(분담이행방식)를 구성하여 지정신청할 수 있고, 신청제품에 대한 기술권리{특허, 실용실안(전용실시권 포함)}는 협정서에 따르며, 신청제품의 제조는 공동수급체 구성원 중 일부의 입찰참가등록증으로 확인한다(혁신제품 구매 운영 규정 제46조).

2) 지정대상

혁신시제품은 상업적 거래가 없는 제품을 대상으로 지정한다. 다만, 필요한 경우 한시적으로 예외사항을 정하여 공고할 수 있다(혁신제품 구매 운영 규정 제10조 제2항). 지정대상을 판단하는 기준은 혁신시제품 지정 신청서 접수마감일을 기준으로 판단한다. 다만, 지정공고에서 달리 정할 수 있다(혁신제품 구매 운영 규정 제11조 제9항).

한편, 혁신시제품 지정을 신청하려는 자(신청자)는 이미 지정된 혁신제품과 우수조달물품, 우수공동상표 물품, 다수공급자계약 물품과 같은 용도인 제품(세부품명번호 동일)이라도 새로운 적용기술이 추가되거나 다른 특성이 있다면 혁신시제품 지정을 신청할 수 있으며, 이때 이미 지정되거나 계약된 제품과 신청제품의 특성을 비교한 기술·성능 비교표를 제출해야 한다(혁신제품 구매 운영 규정 제11조 제7항).

3) 신청자격

신청자는 신청제품에 적용된 특허나 실용신안(특허 등) 권리자(전용실시권자 포함)로서 신청제품의 제조나 조달납품에 필요한 모든 권한을 보유한 자여야 한다. 다만, 기술의 이전 및 사업화 촉진에 관한 법률에 따른 공공연구기관의 기술을 직접 사업화하기 위하여 기술이전을 받는 경우에는 혁신시제품 평가단계에서 '기술이전 업무협약서'로 대체할 수 있으나, 지정을 위한 심사와 지정 전까지 특허 등 권리(전용실시권과 통상실시권 포함) 등록을 완료해야 한다(혁신제품 구매 운영 규정 제11조 제5항).

특허 등의 등록권리자가 법인이면 법인명으로, 개인사업자이면 대표자명으로 등록되어야 하며, 적용기술의 권리자가 공동권리자이거나 통상실시권자인 경우와 같이 같은 특허 등에 여러 권리자가 있는 경우에는 신청자만 신청, 지정 후 계약체결 등과 관련한 모든 행위를 할 수 있다는 복수 권리자간 약정서를 제출해야 한다(혁신제품 구매 운영 규정 제11조 제6항).

신청자격을 판단하는 기준은 혁신시제품 지정 신청서 접수마감일을 기준으로 판단한다. 다만, 지정공고에서 달리 정할 수 있다(혁신제품 구매 운영 규정 제11조 제9항).

4) 지정기간

혁신시제품 지정기간은 지정·고시일로부터 3년까지로 하되, 지정대상 제품에 적용된 특허 등의 전용실시권이나 통상실시권의 허용기간이나 허가나 실증특례 기간 등이 있는 경우에는 3년 이내에 있는 그 기간까지로 하며, 만약 지정기간 안에 연장사유가 발생하면 전체 지정기간 3년 범위에서 지정기간을 연장할 수 있다(혁신제품 구매 운영 규정 제22조 제2항).

다. 지정절차

1) 지정공고

조달청장은 혁신시제품 지정을 위해 지정분야, 지정대상, 신청자격, 추진일정 등 주요내용을 혁신장터에 공고해야 한다(혁신제품 구매 운영 규정 제9조 제1항).

한편, 조달청장은 혁신시제품 지정을 위해 수요기관 제안공모에 따라 선정된 과제나 공공수요 숙성지원 과제를 대상으로 문제해결 제품 공모를 할 수 있는데(혁신제품 구매 운영 규정 제9조 제2항), 여기서 공공수요 숙성지원이란 수요기관·기업·국민이 제안한 아이디어 차원의 공공수요를 실행 가능한 수준의 과제로 구체화하는 것을 말한다(혁신제품 구매 운영 규정 제2조 제14호). 위와 같이 문제해결 제품 공모를 할 때는 지정 공고 전에 수요기관의 제안 요청 사항을 혁신장터에 사전 공개할 수 있다(혁신제품 구매 운영 규정 제9조 제3항). 이처럼 수요기관 제안공모에 따라 선정된 과제 등에 문제해결을 제시하여 지정받은 혁신제품을 실무상 '수요자제안형 혁신제품'이라 칭한다.

2) 지정신청

가) 신청서류

(1) 제출

신청자는 공고에서 별도로 지정한 서식에 따라 작성한 제안서와 관련서류를 조달청에 제출해야 한다(혁신제품 구매 운영 규정 제11조 제1항). 혁신제품 지정 신청서류는 별표2로 정한다(혁신제품 구매 운영 규정 제11조 제2항).

(2) 보완

조달청장은 제출 서류가 누락되었거나 불명확한 경우 기한을 정하여 보완을 요구할 수 있고, 보완 요구 기한까지 제출되지 않으면 당초 제출된 서류만으로 심사하되, 당초 제출된 서류가 불명확하여 평가나 심사가 곤란한 경우에는 평가나 심사에서 제외한다(혁신제품 구매 운영 규정 제11조 제3항).

(3) 반환

신청자가 신청서류 보완요구 기한까지 신청을 철회하면 반환할 수 있으며, 심사에 필요한 경우를 제외하면 신청자의 동의 없이 내용을 공개하지 않는다. 다만, 신청제품에 대한 이해관계인의 의견제출을 위해서는 이해관계인만 그 내용을 열람할 수 있다(혁신제품 구매 운영 규정 제11조 제4항).

3) 입찰참가자격등록 등

혁신시제품 지정 신청을 위해서는 해당 시제품을 대상으로 조달청 입찰참가자격 등록과 함께 목록정보시스템에 목록화 요청을 하여 물품목록번호를 부여받아야 한다. 다만, 혁신시제품 지정 신청 전 물품목록번호를 부여받지 못한 신청제품이라도 혁신시제품 평가 대상에는 포함하고, 혁신시세품 평가를 통과한 후에도 물품목록번호를 부여받지 못한 경우에는 지정을 위한 심사나 지정 대상에서 제외한다. 이때는 물품목록번호를 부여받은 후에야 심사를 신청할 수 있다(혁신제품 구매 운영 규정 제11조 제8항).

4) 협업승인 등

가) 협업승인 신청

조달청장은 협업승인신청을 한 협업체에게 협업 승인을 할 수 있다(혁신제품 구매 운영 규정 제12조 제1항). 여기서 협업체란 사업을 이행하기 위해 2개 업체가 협업계약을 체결하여 결성한 기업군을 말한다(혁신제품 구매 운영 규정 제2조 제8호). 이에 따라 조달청장은 혁신제품 구매 운영 규정 제12조 제1항이나 중소기업진흥에 관한 법률 제39조의2에 따른 협업승인을 받은 협업체가 생산한 제품을 대상으로 혁신시제품으로 지정할 수 있다(혁신제품 구매 운영 규정 제12조 제2항).

나) 계약상대자 : 추진기업

협업체로 혁신시제품을 지정받은 업체와 수의계약을 체결하는 경우 계약상대자는 추진기업이며, 추진기업은 혁신시제품 구매계약의 모든 책임을 진다(혁신제품 구매 운영 규정 제12조 제3항).

다) 협업변경승인 신청

협업체로서 혁신시제품으로 지정을 받은 추진기업은 참여기업이 폐업·부도, 부정당업자 제재 등으로 혁신시제품 생산·공급을 지속할 수 없는 경우, 협업체 간 협약계약서 내용의 변경 등이 있는 경우, 그 밖에 혁신시제품 생산 등과 관련하여 협업체의 유지가 곤란한 경우 중 어느 하나에 해당하는 경우에는 협업변경승인을 신청할 수 있다(혁신제품 구매 운영 규정 제12조 제4항 제1호부터 제4호). 다만, 중소기업진흥에 관한 법률 제39조의2에 따라 협업계획 변경승인을 받은 협업체는 확인서 제출로써 그 신청을 갈음할 수 있다(혁신제품 구매 운영 규정 제12조 제5항).

라) 사전검토

조달청장은 신청서류의 구비요건, 신청자의 자격요건 등을 사전검토하여 혁신시제품평가 대상 여부를 결정한다(혁신제품 구매 운영 규정 제13조 제1항). 사전검토에서 탈락한 경우에는 신청자에게 탈락 여부와 그 사유를 통보할 수 있다(혁신제품 구매 운영 규정 제13조 제2항).

5) 혁신시제품 평가

가) 의의

조달청장은 지정신청 당시 제출받은 제안서의 평가를 위해 혁신시제품평가 심의회를 구성하여 사전검토를 통과한 제안서를 대상으로 평가를 실시하여야 한다(혁신제품 구매 운영 규정 제14조 제1항). 여기서 혁신시제품평가 심의회란 혁신시제품 지정 신청 제품의 공공성·혁신성평가 등을 위한 심의회를 말한다(혁신제품 구매 운영 규정 제2조 제5호).

[참고] 혁신시제품평가 심의회

- 운영

  조달청장은 혁신시제품 지정 신청 등에 대한 공공성·혁신성 평가를 위해 해당 분야의 전문가로 구성된 심의회를 구성하여 다음 각 호의 사항을 운영할 수 있다.

  1. 혁신시제품 지정 신청에 대한 공공성·혁신성 평가
  2. 제37조에 따른 시범사용 결과의 판정
  3. 그 밖에 혁신시제품평가 심의회의 심사가 필요하다고 인정하는 사항

- 구성

  혁신시제품평가 심의회는 혁신시제품 신청 분야별 전문가 9인 내외의 위원(평가위원)으로 구성한다.

  1) 평가위원 위촉

  조달청장이 평가위원을 위촉할 때에는 분야별 전문기관의 추천을 받거나 「조달청 평가위원 통합관리규정」에 따라 평가위원 관리부서장이 모집·선발하는 평가위원을 활용할 수 있다.

  2) 평가위원 자격

  혁신시제품평가 심의회 위원의 자격은 위 통합관리규정 제9조를 따른다. 다만, 필요한 경우 다음 각 호의 어느 하나에 해당하는 자 중에서 기술분야와 경력 등의 전문성을 검토하여 관계기관의 추천을 받아 모집할 수 있다.

  1. 산업계(기업, 업종별 단체 및 민간협회 등 포함)

     가. 박사학위 소지자

     나. 부장급 또는 이에 상당한 직급 이상인 자

다. 변리사 또는 기술사 등 관련분야의 전문자격증 소지자
2. 학계
가. 2년제 대학 이상에서 조교수 이상의 교수
3. 연구계
가. 정부출연구기관의 관련 분야 연구책임자
나. 정부 부처 별 전문연구기관의 관련 분야 연구책임자
4. 수요기관
가. 국가기관, 지방자치단체의 6급 이상(군인인 경우 대위 이상) 공무원으로서 해당 직무 관련 입무를 수행한 경험이 있는 자
나. 평가대상 제품의 구매가 가능한 공공기관의 실무담당자로서 해당 분야의 전문성이 인정되는 자
5. 그 밖에 위와 동등한 전문성이 있다고 인정되는 자로서 해당 분야 관련부처에서 추천받은 자

3) 평가위원의 의무
조달청장이 위촉하여 평가에 참여하는 평가위원은 공정한 평가와 비밀유지 등을 확약하는 청렴서약서[별지 제1호의서식]를 제출하여야 한다. 다만, 평가위원이 다음 각 호의 어느 하나에 해당하는 경우에는 해당 제품의 평가에서 제척되며, 스스로 평가를 회피하여야 한다.
1. 신청자의 경영에 관여하고 있거나 신청제품의 연구개발에 참여한 경우
2. 신청 제품의 특허 등의 변리 사무에 참여한 경우
3. 국가연구개발사업에 참여제한을 받고 있는 위원
4. 신청자의 경영자와 친족관계에 있거나, 그 밖의 사정 등으로 평가에 공정을 기하기 어려운 경우
5. 그 밖에 통합관리규정 제17조 제1항 각호에 해당되는 위원
소관부서의 장은 심의회 위원이 위 각호를 위반한 사실을 확인한 경우 평가위원관리부서의 장에게 통합관리규정 제17조 제2항에 따라 통보하여야 한다.

4) 평가위원 해촉
조달청장은 다음 각 호에 해당하는 평가위원을 해촉할 수 있다.
1. 사망, 이민, 퇴직, 본인 고사, 연락 두절, 기본 정보 미제공이나 미흡으로 평가참여가 불가능한 위원
2. 위원 선정 당시 허위사실을 기재한 위원
3. 불성실하거나 불공정하게 평가를 행한 사실이 있는 위원
4. 그 밖에 혁신시제품평가 심의회 위원으로 활용하기에 적합하지 않거나 통합관리규정 제11조에 해당되는 위원

• 심의
혁신시제품평가 심의회는 평가위원 5인 이상 출석으로 개의하고, 이 기준에서 특별히 정하고 있는 경우를 제외하고는 출석 평가위원 과반수의 찬성으로 의결한다. 필요한 경우 서면으로 심의할 수 있으며, 이 경우 분야별 평가위원 5인 이상 참여와 참여위원 과반수 찬성으로 의결한다.

나) 평가방법

혁신시제품평가는 지정공고에서 제시한 지정분야나 상품의 용도, 적용기술 등을 고려해 산업기술분류체계로 분류하여 분야별로 진행할 수 있다(혁신제품 구매 운영 규정 제14조 제2항).

한편, 같은 제품(물품식별번호 기준)을 다시 지정신청한 경우에는 전회(前回)차 심사점수와 그 내용, 제품의 실질적 기술 개선사항 등을 고려하여 평가할 수 있다(혁신제품 구매 운영 규정 제14조 제6항). 또한, 신청제품이 이미 지정된 혁신제품, 우수조달물품, 다수공급자계약 물품과 같은 세부품명일 경우 혁신성평가에서 이미 지정되거나 계약된 규격을 참고할 수 있다(혁신제품 구매 운영 규정 제14조 제7항).

다) 평가항목

공공성평가와 혁신성평가로 구분하여 평가하며, 공공성평가를 먼저 심사하여 적합판정을 받은 경우에만 혁신성평가를 실시한다(혁신제품 구매 운영 규정 제14조 제3항).

공공성평가는 세부항목별로 평가위원 2/3 이상이 적합하다고 인정하는 경우에 적합으로 판정하고, 혁신성평가는 항목별 심사 합산점수가 70점(평가위원이 평가한 점수 중 최고·최저 점수를 제외하고 평균한 점수) 이상인 경우 혁신성평가를 통과하였다고 보며, 이에 따라 지정심사 대상이 된다(혁신제품 구매 운영 규정 제15조 제4항).

라) 평가면제

① 산업융합 촉진법, 정보통신 진흥 및 융합 활성화 등에 관한 특별법, 금융혁신지원 특별법, 규제자유특구 및 지역특화발전특구에 관한 규제특례법, 스마트도시 조성 및 산업진흥등에 관한 법률, 연구개발특구의 육성에 관한 법률에 따른 임시허가나 실증특례 제품, ② 과학기술기본법 등 관계 법령에 따른 연구개발 사업을 추진하는 기관의 장과 조달청장이 공동으로 시행한 기술개발 지원 사업결과 성공한 제품 중 어느 하나에 해당하는 경우에는 혁신시제품 평가를 면제할 수 있다(혁신제품 구매 운영 규정 제14조 제5항 제1호, 제2호).

6) 신청제품에 대한 이해관계인의 의견제출

조달청장은 혁신시제품 지정 심사에 참고하기 위해 혁신시제품 지정 신청규격서와 혁신시제품 평가 통과 여부를 일정기간 동안 조달청 인터넷 홈페이지와 혁신장터에 심의 예정공고를 실시하여, 이해관계인이 의견을 제출하도록 할 수 있다(혁신제품 구매 운영 규정 제15조 제1항). 위에 따라 의견을 제출하는 자는 이해관계를 소명해야 하며, 조달청장은 그 소명이 부족한 경우 제출된 의견을 반려할 수 있다(혁신제품 구매 운영 규정 제15조 제2항). 한편, 조달청장은 이해관계인으로부터 제출받은 의견을 신청자에게 통보한 다음 소명기회를 부여해야 한다(혁신제품 구매 운영 규정 제15조 제3항).

위와 같은 의견이나 소명은 심사과정에서 참고할 수 있으며, 제출받은 의견에 대한 설명이나 자료 등이 필요하면 해당 이해관계인에게 요구할 수 있다(혁신제품 구매 운영 규정 제15조 제4항).

7) 심사와 지정

가) 심사

조달청장은 혁신시제품 평가를 통과한 심사 대상의 혁신시제품 지정 여부를 결정하기 위해 계약심사협의회 심의를 거쳐 조달정책심의위원회나 공공수요발굴위원회에 혁신제품 지정 심의안을 상정해야 한다(혁신제품 구매 운영 규정제16조 제1항). 그리고 계약심사협의회 심사에 앞서, 심사 대상에 대한 생산현장 실태조사, 기업면담을 실시할 수 있고, 필요하다면 조달품질원이나 각 지방조달청에 생산현장 실태조사나 기업면담을 의뢰할 수 있으며, 생산현장 실태조사와 기업면담 결과는 별도 서식에 따른다(혁신제품 구매 운영 규정 제16조 제2항). 조달청장은 심사안을 상정할 때 혁신시제품 평가결과를 계약심사협의회에 제공해야 하고, 생산현장 실태조사와 기업면담을 실시하는 경우에는 생산현장 실태조사와 기업면담 결과도 함께 제공할 수 있으며, 혁신시제품 평가 면제제품은 별도 서식에 따른 조달적합성 검토의견서를 제공할 수 있다(혁신제품 구매 운영 규정 제16조 제3항).

한편, 계약심사협의회는 상정된 심사안에 대하여 지정대상이나 지정제외 대상 여부, 혁신시제품으로서의 적합성이나 파급성 등을 종합적으로 검토하여 조달정책심의위원회나 공공수요발굴위원회에 상정할 심의대상을 결정해야 한다(혁신제품 구매 운영 규정 제16조 제4항).

나) 지정

조달정책심의위원회나 공공수요발굴위원회는 조달청장이 상정한 제품을 심의하여 혁신제품으로 지정한다(혁신제품 구매 운영 규정 제16조 제5항).

(1) 제외

조달청장은 혁신시제품 지정 신청에 일정한 사유가 있으면 위와 같은 지정에서 제외할 수 있다. 다만, 이해관계인의 의견제출 등 그 이전 단계에서 해당 사실을 확인한 경우에는 사전검토, 혁신시제품 평가대상, 심사대상 등에서 제외할 수 있다(혁신제품 구매 운영 규정 제17조). 지정제외 사유는 ① 혁신시제품 지정 신청 관련 서류를 위조·변조하거나 허위서류를 제출한 경우, ② 휴·폐업, 부도, 파산 상태에 있는 업체인 경우, ③ 부정당업자 제재 중인 업체인 경우, ④ 우수조달물품 등, 다수공급자계약을 체결한 물품이나 서비스와 같은 제품(물품식별번호 동일)인 경우, ⑤ 신청제품이 이미 시중에 판매되거나, 해당 업체가 시중에 판매하는 상품과 같다고 판단하는 경우, ⑥ 이미 지정된 혁신제품과 같은 제품(물품식별번호 동일)인 경우, ⑦ 같은 제품(물품식별번호 동일)으로 4회 이상 혁신시제품 평가에서 탈락한 경우, ⑧ 그 밖에 계약심사협의회에서 혁신시제품으로 부적합하다고 판단하는 경우를 말한다(혁신제품 구매 운영 규정 제17조 제1호부터 제8호).

(2) 지정결과 통보와 지정증서 교부

조달청장은 혁신시제품 신청에 대한 혁신시제품 평가와 혁신시제품 지정 결과를 신청자에게 통보하고 별도 공지한다. 이때 심사에서 탈락한 신청자에게는 탈락 여부와 그 사유를 통보할 수 있다(혁신제품 구매 운영 규정 제18조 제1항). 혁신시제품으로 지정된 제품과 관련한 신청자에게는 지정 인증서를 교부해야 하고, 다만, 협업체인 경우 지정 인증서는 추진기업에게만 교부하며, 지정 증서에 참여기업으로 표시된 기업에게는 협업체로서만 지정 효력을 인정한다(혁신제품 구매 운영 규정 제18조 제2항). 조달청장이 위 지정 인증서를 교부한 때에는 혁신시제품의 지정내용을 조달청 인터넷 홈페이지와 혁신장터에 게재해야 한다(혁신제품 구매 운영 규정 제18조 제3항).

라. 지정효과

1) 적용기술 등 유지

혁신시제품 지정기업은 혁신시제품 지정 심사 당시 적용기술에 대한 권리, 규격 등 제반사항을 혁신시제품 지정기간이 종료할 때까지 유효하게 관리해야 한다(혁신제품 구매 운영 규정 제19조 제1항). 따라서 적용기술이나 적용기술에 대한 권리에 변동사항이 발생하거나 관련 법규의 제·개정 등으로 변경해야 할 경우에는 해당 사유가 발생한 날로부터 7일 안에 소관부서의 장에게 통보해야 하며, 다만, ① 적용기술에 대한 권리가 유지되어 혁신시제품 지정 효력에 영향이 없는 경우, ② 적용기술에 대한 권리 등이 최초 지정 당시 명기되었던 유효기간에 따라 만료한 경우 중 어느 하나에 해당하면 예외로 한다(혁신제품 구매 운영 규정 제19조 제2항 제1호, 제2호). 조달청장은 통보의무를 이행하지 않은 자에게 그 시정을 요구할 수 있다(혁신제품 구매 운영 규정 제19조 제3항).

2) 이의신청과 처리

혁신시제품 지정이나 심사결과 등에 이의가 있는 이해관계인은 의견서를 작성하여 소관부서에 제출할 수 있다(혁신제품 구매 운영 규정 제20조 제1항).

위 의견서를 접수한 소관부서의 장은 그 날로부터 30일 안에 처리해야 한다. 다만, 연장이 불가피한 경우에는 30일 범위에서 처리기한을 연장할 수 있다(혁신제품 구매 운영 규정 제20조 제2항).

소관부성의 장은 이의신청을 처리하려는 경우 이의신청 대상인 당사자에게 소명제출 기회를 부여해야 한다. 한편, ① 제품의 공공성 등을 판단할 필요가 있으면 심사위원 5인 이상으로 구성된 공공성평가 심의회가 심사하고, ② 기술의 혁신성 등을 판단할 필요가 있으면 심사위원 5인 이상으로 구성된 혁심성평가 심의회가 심사하되, 각각 심사결과는 지정 취소·유지·규격서 보완, 판정 유보 등으로 한다(혁신제품 구매 운영 규정 제20조 제3항 제1호, 제2호). 이의신청에 대한 심사결과는 혁신시제품 지정결과 통보 절차에 준하여 처리한다(혁신제품 구매 운영 규정 제20조 제4항).

3) 규격

가) 확정과 변경

조달청장은 혁신시제품의 지정 전에 해당 기업이 작성한 사전규격서를 검토한 후 해당 기업과 합의하여 혁신장터에 등록할 규격서를 확정한다(혁신제품 구매 운영 규정 제21조 제1항). 규격서 확정 전에는 지정 심의대상 혁신시제품이 산업표준화법에 따른 표준 규격과 동등 이상이 되도록 요구하거나 제안서에 제시한 혁신성이 명시적으로 나타나도록 보완을 요구할 수 있다(혁신제품 구매 운영 규정 제21조 제2항).

한편, 확정 규격의 변경이 필요한 경우에는 조달정책심의위원회나 공공수요발굴위원회 심의를 거쳐야 하고, 다만, ① 단순오기 등 규격서의 경미한 사항의 변경, ② 관련 공인 품질기준 등의 변경에 따라 변경내용 반영이 필요한 경우, ③ 성능 보완 등으로 이미 등록된 규격을 상향된 규격으로 변경하고자 하는 경우, ④ 핵심기술과 관련 없는 부품의 단종, 외국산에서 국산으로 전환, 외주구매에서 직접생산 전환 등에 변경을 하고자 하는 경우 중 어느 하나에 해당하는 경우에는 조달청 소속 신성장조달 업무심의회에서 결정할 수 있다(혁신제품 구매 운영 규정 제21조 제3항 제1호부터 제4호).

나) 추가와 삭제

혁신제품 지정기업의 규격추가 요청이 있으면, ① 혁신시제품의 세부품명과 같은 경우, ② 지정당시 기술소명자료나 품질소명자료에 부합하도록 규격서가 작성된 경우, ③ 혁신시제품 지정규격과 유사한 규격인 경우, ④ 최초 지정 제품과 동등 이상의 기술·품질 수준인 경우라는 요건을 모두 충족한 경우에만 혁신시제품의 규격(모델)을 추가로 지정할 수 있다(혁신제품 구매 운영 규정 제21조의2 제1항 제1호부터 제4호). 규격을 추가하려는 지정기업은 규격추가 신청서류를 작성하여 제출해야 하고, 규격추가 신청은 수시로 할 수 있으나 그에 대한 업무처리는 지정계획 일정에 따라 진행한다(혁신제품 구매 운영 규정 제21조의2 제2항). 또한, 최종 규격추가는 조달정책심의위원회나 공공수요발굴위원회의 심의를 거쳐 결정하는데, 혁신성평가 심사에 준하여 심사위원 2/3 이상이 '적합'으로 판정한 경우에만 규격추가 지정을 상정할 수 있다(혁신제품 구매 운영 규정 제21조의2 제3항). 조달청장은 혁신시제품 규격추가 심의를 위해 필요하다고 인정하는 경우 해당 혁신시제품 업체에게 추가되는 규격에 대한 기술소명자료나 품질소명자료를 제출하게 할 수 있다(혁신제품 구매 운영 규정 제21조의2 제5항).

한편, 지정기업이 규격추가 후 이전 규격의 삭제를 요청할 경우에는 지정취소 요청에 따른 지정취소와 같이 처리한다(혁신제품 구매 운영 규정 제21조의2 제4항).

다) 규격추가 절차 중지

소관부서의 장은 ① 지정제외 사유가 발생한 경우나 혁신시제품 지정증서에 명시된 혁신시제품과 관련하여 부정당업자제재 처분사유가 발생한 경우, ② ①과 관련한 관계기관의 수사나 조사, 행정처분 절차가 진행 중이거나 그와 관련한 심판, 소송, 형사재판이 진행 중인 경우 중 어느 하나에 해당하면, 규격추가 절차를 진행해서는 안 된다(혁신제품 구매 운영 규정 제21조의3 제1호, 제2호).

4) 혁신장터 등록

조달청장은 지정된 혁신시제품을 혁신장터에 등록해야 한다. 다만, 정보공개 전에 신청자와 협의하여 공개 범위를 결정할 수 있다(혁신제품 구매 운영 규정 제22조 제1항).

마. 지정취소

1) 의의와 성격

혁신시제품 지정취소란 지정된 혁신제품이나 지정을 받은 당사자에게 일정한 사유가 있을 때 혁신시제품 지정효력을 상실하게 하는 조치를 말한다. 따라서 혁신시제품 지정취소도 행정처분이고, 특히 국민의 권리·이익을 제한하는 침익적 처분에 해당한다.

2) 사유

① 지정된 혁신시제품이 최초 지정기준에 미달하게 된 경우, ② 거짓이나 그 밖에 부정한 방법으로 지정받은 경우, ③ 그 밖에 지정을 받은 자가 해당 혁신시제품에 대하여 조달업무의 공정한 집행

이나 계약의 적절한 이행을 해칠 우려가 있는 경우, ④ 지정기업에서 혁신시제품 지정취소를 요청하는 경우를 말한다.

특히 ③ 그 밖에 지정을 받은 자가 해당 혁신시제품에 대하여 조달업무의 공정한 집행이나 계약의 적절한 이행을 해칠 우려가 있는 경우는 ㉮ 휴·폐업, 부도, 파산 등이 확인된 경우(다만, 법원에서 회생절차가 개시된 때에는 회생절차의 종료 결과에 따라 결정), ㉯ 혁신시제품이 품질·안전성과 관련하여 사망사고, 부상사고 등 인명사고가 발생하거나 신뢰를 훼손시킨 경우, ㉰ 해당 혁신제품의 시범사용과 관련하여 지정기간 중에 2회 이상 또는 제재기간의 합이 6개월 이상인 부정당업자 제재를 받은 경우로 나눈다(혁신제품 구매 운영 규정 제23조 제1항 제1호부터 제3호, 가목부터 다목까지 참조).

3) 절차

조달청장은 혁신시제품 지정을 취소하고자 하는 경우 대상기업에게 의견제출 기회를 부여해야 하며, 계약심사협의회 심사를 거쳐 조달정책심의위원회나 공공수요발굴위원회 심의를 거쳐 취소 여부를 최종 확정한다(혁신제품 구매 운영 규정 제23조 제2항).

4) 효과

조달청장은 혁신시제품 지정을 취소하면 혁신장터를 이용해 해당 내용을 공고해야 한다(혁신제품 구매 운영 규정 제23조 제3항).

Ⅳ. 혁신제품 구매촉진

1. 서론

가. 의의

조달청장은 ① 혁신제품 시범구매·공급과 ② 혁신제품 공공구매 지원 시스템 구축·운영의 방법으로, 혁신제품 공공구매를 지원할 수 있고(조달사업법 제27조 제1항 제1호, 제2호), 기획재정부장관과 미리 공공구매 지원방법을 협의해야 한다(조달사업법 제27조 제2항). 조달청장은 혁신시제품 지정, 혁신제품 시범구매와 공급, 혁신제품 지정취소 등에 필요한 사항을 정하기 위해 혁신제품 구매 운영 규정을 고시한다.

한편, 모든 공공기관의 장도 조달계약을 체결하려는 경우 혁신제품 구매를 우선 검토하도록 노력해야 한다(혁신제품 지정 및 구매촉진 등에 관한 규정 제4조).

나. 내용

혁신제품 구매촉진을 위한 구체적인 내용을 살펴보면, ① 혁신시제품 지정, ② 혁신제품 시범구매와 시범사용, ③ 구매실적 점검, ④ 수요기관 구매 책임자 면책제도 등이 있다. 이 중 ① 혁신시제품 지정은 이미 살펴보았다.

1) 구매실적 점검

기획재정부장관은 혁신제품 구매 증대를 위해 구매실적을 점검할 수 있다(혁신제품 지정 및 구매촉진 등에 관한 규정 제5조).

2) 수요기관 구매 책임자 면책

혁신제품을 구매한 수요기관의 구매 책임자는 고의나 중대한 과실이 증명되지 않으면 그 제품 구매로 생긴 손실에 책임을 지지 않는다(조달사업법 제27조 제4항). 수요기관 구매 책임자의 책임을 경감하여 수요기관의 혁신제품 구매를 장려하려는 취지이다.

3) 혁신제품 시범구매와 시범사용

항을 바꾸어 바로 아래에서 살펴본다.

2. 혁신제품 시범구매와 시범사용

가. 의의

조달청장은 혁신제품 공공구매를 지원하기 위해 혁신제품을 시범구매하여 수요기관에 공급하고, 기획재정부장관과 협의한 바에 따라 그 사용 결과를 공개하는 시범구매 계약을 체결할 수 있다(조달사업법 시행령 제33조 제5항 본문). 다만, ① 주무기관의 장이 공공기관운영법 제4조에 따른 공공기관에게 필요한 제품을 공급하는 경우, ② 조달청정책심의위원회에서 각 중앙관서의 장이 직접 시범구매 계약을 체결할 필요가 있다고 인정한 경우 중 어느 하나에 해당하는 경우에는, 각 중앙관서의 장으로 하여금 직접 시범구매 계약을 체결하도록 할 수 있다(조달사업법 시행령 제33조 제6항 제1호, 제2호).

이에 조달청장은 혁신제품 시범구매의 총괄기관장으로서, 사업계획 수립, 예산확보와 지원, 업무조정과 협조, 혁신시제품평가 심의회 구성·운영 등을 수행한다(혁신제품 구매 운영 규정 제3조 제1호부터 제4호).

나. 혁신제품 시범구매

1) 의의

혁신제품 시범구매란 혁신제품을 구매하여 수요기관에 공급하고, 그 사용 결과를 공개하는 제도를 말한다(혁신제품 구매 운영 규정 제2조 제1호). 조달청장은 공공구매 초기판로 지원과 공공서비스 개선 촉진을 위해 혁신제품 시범구매 계약을 체결할 수 있다(혁신제품 구매 운영 규정 제24조 제1항 전문).

2) 시범구매 대상

가) 원칙

구매대상 제품은 중소기업기본법 제2조에 해당하는 중소기업이 국내에서 제조한 제품(지정서에 명시된 협업 포함)으로 제한하되, 수요자제한형 혁신제품이거나 감염병 예방·확산방지 등 긴급을 요하는 경우로서 계약심사협의회에서 의결한 제품은 중소기업의 것으로 제한하지 않는다(혁신제품 구매 운영 규정 제24조 제2항).

나) 우선순위 결정

조달청장은 수요매칭을 할 때 사업예산을 고려하여 필요한 경우 시범구매 대상 혁신제품의 우선순위를 정할 수도 있다(혁신제품 구매 운영 규정 제24조 제3항). 수요매칭의 의미는 뒤에서 자세히 살펴본다.

혁신제품 시범구매 대상의 우선순위는 혁신제품 지정을 위한 혁신성평가 점수나 혁신제품 지정 및 구매촉진 등에 관한 규정 제10조 제2항에 따라 각 기관의 장이 조달청장에게 통보한 우선순위로 갈음할 수 있다(혁신제품 구매 운영 규정 제24조 제4항).

위 각 우선순위는 조달청 소속 신성장조달업무심의회에서 결정한다(혁신제품 구매 운영 규정 제24조 제5항).

다) 제외

혁신제품 구매 운영 규정은 다음 표와 같이 시범구매 대상에서 제외할 사항을 규정한다. 제외 판단 기준일은 제1호에서 제7호까지는 수요조사 시작일 전일로 하고, 제8호는 시범구매 계약체결일로 한다(혁신제품 구매 운영 규정 제24조 제1항 후문).

1. 이미 시범구매 계약 진행 중이거나 계약체결된 제품인 경우(영 제33조 제5항에 따른 타 부처 시범구매 포함) 다만, 제9조 제2항에 따라 혁신시제품으로 지정된 후 과제를 제안한 수요기관이 시범사용하는 경우는 그러하지 아니한다.
2. 혁신장터에 등록되지 않았거나, 제24조의2에 따른 시범사용 기본계획서가 제출되지 않은 제품인 경우
3. 4회 이상 수요조사를 실시하였으나, 시범사용을 신청한 수요기관이 없는 제품인 경우
4. 이미 시범구매 계약 진행 중이거나 계약 체결된 제품과 동일한 기술이 적용되는 제품(영 제33조 제5항에 따른 타 부처 시범구매 포함) 다만, 제9조 제2항에 따라 혁신시제품으로 지정된 후 과제

를 제안한 수요기관이 시범사용하는 경우는 그러하지 아니한다.
5. 이미 지정된 우수조달물품 등 또는 다수공급자계약 등을 체결한 물품 및 서비스와 동일 제품(물품식별번호 동일)인 경우
6. 혁신제품 지정 전 이미 상용화가 이루어졌다고 판단되는 제품인 경우
7. 혁신제품 지정기업(이하 "지정기업"이라 한다)의 사정으로 시범사업 수행이 불가능하다고 판단되는 경우
8. 지정기업이 부정당업자 제재 중인 경우
9. 그 밖에 중대한 사정변경이 있어 신성장조달 업무심의회에서 시범구매 대상으로 부적합하다고 판단하는 경우

3) 시범구매 절차

혁신제품 시범구매 절차는 조달청장이나 각 중앙관서의 장이 기획재정부장관과 협의하여 정한다(조달사업법 시행령 제33조 제7항).

가) 시범사용 기본계획서 제출

조달청장은 지정기업으로부터 ① 혁신제품명과 규격 등 제품 설명자료, 기업정보, ② 혁신제품 규격서에 명시된 혁신성을 검증하기 위해 필요한 적정수량(산정근거 포함), 수행항목·방법 등을 기재한 시범사용계획, ③ 혁신제품의 예상 수요기관 범위, ④ 시범사용기관 협조사항 등을 포함한 시범사용 기본계획서를 제출받아 검토하고, 필요하다면 해당 기업에게 보완을 요청할 수 있다(혁신제품 구매 운영 규정 제24조의2 제1호부터 제4호).

나) 시범사용 수요조사

조달청장은 시범구매 대상 혁신제품을 대상으로 매 분기마다 혁신장터를 이용하여 수요기관으로부터 시범사용 신청을 받을 수 있다. 다만, 감염병 예방이나 확산방지 등 긴급을 요하는 경우에는 별도로 수요조사를 실시할 수 있다(혁신제품 구매 운영 규정 제25조 제1항). 위 수요조사를 위해 조달청장은 시범사용 기본계획서 및 규격서, 시범사용신청서, 체크리스트가 포함된 서약서 양식을 혁신장터에 게시한다(혁신제품 구매 운영 규정 제25조 제2항).

다) 시범사용 신청

수요기관의 장은 시범사용 희망제품을 신청하기 전에 조달청장이 제공하는 시범사용 기본계획서 등을 숙지하고, ① 시범사용 필요성과 시범사용 종료 후 추가 구매와의 연계성, ② 지정기업과 협의한 시범사용 목적 적합성과 실증 가능 여부(설치가능여부, 적정 시범사용 수량, 지원금액외의 비용분담과 협조사항 등), ③ 여러 제품을 신청하는 경우 시범사용 우선순

위, ④ 수요매칭 배제기준 사유(시범사용 기관 선정 배제 사유)에 해당하는지 여부 등을 신청서에 포함해야 한다(혁신제품 구매 운영 규정 제25조 제3항). 수요기관의 장은 지정기업과 시범사용 목적 적합성 및 실증 가능 여부를 협의 완료했는지, 체크리스트가 사실과 다르지 않게 작성되었는지 등을 확인하고, 수요조사 신청 기한 안에 시범사용 신청 관련 서류를 혁신장터를 거쳐 제출해야 한다(혁신제품 구매 운영 규정 제25조 제5항 제1호, 제2호).

한편, 수요기관의 장은 시범사용 신청을 위해 추가 자료가 필요하면 지정기업에게 이를 요청할 수 있다. 이때, 지정기업은 수요기관의 장이 요청하는 추가 자료를 제공해야 하며, 필요하다면 수요기관에게 별도 제품 설명회 등을 실시할 수 있다(혁신제품 구매 운영 규정 제25조 제4항).

라) 시범사용 기관 선정 배제

조달청장은 수요매칭 전 다음 중 어느 하나에 해당하는 사유가 있으면 시범사용 기관 선정에서 배제할 수 있다(혁신제품 구매 운영 규정 제26조).

1. 신청기관의 기관장(신청기관이 지방자치단체인 경우 해당 지방의원을 포함한다)과 지정기업 대표자가 친인척 그 밖의 이해관계가 있는 경우
2. 시범사용 신청일로부터 최근 5년 이내 신청기관과 지정기업이 「조달사업에 관한 법률」 제2조 제5호의 어느 하나에 해당하는 기관의 지원사업 등에 공동으로 참여한 적이 있는 경우. 다만, 신청기관이 시행하는 연구개발사업 등에 지정기업이 공모절차를 통해 참여하여 자금을 지원받은 경우는 예외로 한다.
3. 제35조 제2항이 정한 사업참여 배제 기간 중에 있는 신청기관인 경우
4. 시범사용과 관련하여 신청기관 재직자가 「부정청탁 및 금품등 수수의 금지에 관한 법률」 제21조부터 제24조에 해당하는 경우
5. 제27조 제4항에 따른 시범사용신청서 평가 점수가 평균 30점 미만인 경우
6. 그 밖에 시범사용의 공정성에 영향을 줄 수 있어 신성장조달 업무심의회에서 배제가 필요하다고 판단하는 경우

4) 수요매칭

가) 의의

수요매칭이란 혁신제품을 시범사용할 기관을 선정하고, 시범구매할 제품의 수량과 예산 규모를 정하는 절차를 말한다(혁신제품 구매 운영 규정 제2조 제12호). 조달청장은 시범사용 수요조사와 시범사용 신청기관 검토를 종료하면 계약심사협의회 심의를 거쳐 수요매칭을 해야 한다(혁신제품 구매 운영 규정 제27조 제1항).

나) 방법

(1) 시범사용 기관, 제품별·기관별 규모 책정

조달청장은 수요매칭을 할 때 ① 혁신제품 시범사용으로써 검증항목 실증에 필요한 적정 기관수와 기관별 적정 배정수량, ② 시범사용 대상 혁신제품에 대한 수요 확장성과 해당 사업예산, ③ 해당 심의가 있는 회계연도 안에 선정된 기관의 소재지를 고려한 지역 사이 균형, ④ 우대하는 신청기관과 불리하게 대우하는 신청기관, ⑤ 혁신제품 사이 시범구매 규모의 형평성 등 그 밖에 고려사항 등을 종합적으로 고려하여 시범사용 기관, 제품별·기관별 사업예산 규모를 정한다(혁신제품 구매 운영 규정 제27조 제2항 1문).

(2) 시범사용 기관과 기관별 매칭 제품수 제한

제품별로 시범사용 기관은 최대 5개를 초과할 수 없으며, 신청기관이 여러 혁신제품을 신청하더라도 기관별 제품 매칭은 1개로 제한한다(혁신제품 구매 운영 규정 제27조 제2항 2문). 특정 제품이나 기관에 매칭이 몰리지 않게 하여, 더 많은 제품이나 더 다양한 기관을 시범사용 제도에서 활용하려는 취지이다. 다만, 신청기관을 우대할 사유가 있는 경우에는 제품별 시범사용 기관과 기관별 매칭할 수 있는 제품수를 제한하지 않는다(혁신제품 구매 운영 규정 제27조 제2항 단서).

(3) 제품별 적정 시범사용 기관수나 사업예산을 초과하였을 경우

특정 혁신제품에 여러 기관이 시범사용을 신청하여 제품별 적정 시범사용 기관수(5개)나 사업예산을 초과했다면, 해당 신청기관이 제출한 시범사용신청서를 평가하여 고득점 순으로 시범사용 기관을 선정할 수 있다. 평가요소는 ① 시범사용 대상 혁신제품의 수요 필요성, ② 시범사용 목적과 기대효과의 명확성, ③ 시범사용에 따른 핵심 검증항목 수행의 적합성, ④ 시범사용 대상 혁신제품의 수요 확장성, ⑤ 시범사용신청서 작성의 충실도, ⑥ 시범사용 신청 수량의 적정성, ⑦ 그 밖에 조달청장이 필요하다고 인정하는 사항이다(혁신제품 구매 운영 규정 제27조 제3항 제1호부터 제7호). 해당 평가는 조달청 소속 신성장조달업무심의회 구성원 중 3분의 2 이상 위원이 평가하고, 각각 득점을 산술평균하는 방법으로 실시한다(혁신제품 구매 운영 규정 제27조 제4항).

(4) 예산배정 기준금액 한도 조정

조달청장은 수요매칭 심의과정에서 혁신제품의 단가를 고려하여 필요한 경우 제품당 예산배정 기준금액 한도를 조정할 수 있다(혁신제품 구매 운영 규정 제27조 제5항).

(5) 수요기관 제안공고로 선정된 과제의 특칙

수요자제안형 혁신제품은 과제를 제시한 수요기관에게 시범사용 우선순위가 부여된다.

따라서 위에서 언급한 수요매칭 방법은 적용되지 않는다. 같은 과제에 지정된 제품이 여럿일 경우 해당 수요기관의 장은 혁신성 평가점수 상위 업체 순으로 업체 제안 내용에 따라 추가협상을 실시할 수 있으며, 협상이 성립하면 시범사용기관으로 선정되었다고 본다. 다만, 그 밖에 제품은 공급자제안형 혁신제품과 똑같이 수요매칭을 진행하고, 공공수요 숙성지원 과제 발굴 제품은 과제발굴참여 기관에 수요매칭을 진행할 수 있다(혁신제품 구매 운영 규정 제27조 제6항).

다) 수요매칭에서의 우대와 불리한 대우

(1) 우대

① 전년도 혁신조달 관련 기관평가에서 최우수 등급을 받은 기관, ② 탄소중립, 감염병 예방이나 확산방지 등 주요 정책 관련 사업의 추진에 사용할 목적으로 시범사용을 신청한 기관, ③ 시범사용 후 추가 구매로의 연계 가능성이 높은 기관, ④ 전년도 시범사용 완료보고서를 평가한 결과 '우수'등급을 받은 기관, ⑤ 신산업기술개발제품을 시범사용한 기관, ⑥ 그 밖에 조달청장이 우대 필요성을 인정한 기관 중 어느 하나에 해당하는 기관은 수요매칭 심의과정에서 우대를 받을 수 있다(혁신제품 구매 운영 규정 제27조 제7항 제1호, 제2호).

한편, 조달청장은 수요매칭 심의과정에서 국정과제·첨단선도기술·해외실증 관련 제품 등 그 필요성이 인정되는 경우 우대할 수 있다(혁신제품 구매 운영 규정 제27조 제9항).

(2) 불리한 대우

① 해당 심의가 있는 회계연도에 1회 이상 시범사용 기관으로 선정된 기관(다만, 우대기관에 해당하는 경우에는 2회 이상 시범사용 기관으로 선정된 기관), ② 시범사용 기관의 사정으로 사업수행이 불가능하여 선정 취소되거나 시범사용 기관이 변경된 사례가 있는 경우, ③ 시범사용 수행 완료 후 해당 제품의 소유권 이전을 거부한 사례가 있는 경우(다만, 혁신제품 구매 운영 규정 제40조 제3항에 따라 계약상대자가 제품을 회수한 경우는 제외), ④ 시범사용 기관의 사정으로 시범사용수행계획서의 내용(수량, 설치비 분담 등)이 변경된 사례가 있는 경우, ⑤ 그 밖에 시범사용 기관이 협조하지 않아 시범사용 수행이 원활하게 진행되지 않았다고 판단된 사례가 있는 경우 중 어느 하나에 해당하는 기관은 수요매칭 심의과정에서 불리하게 대우할 수 있다(혁신제품 구매 운영 규정 제27조 제8항 제1호부터 제5호).

라) 협약체결

조달청장은 수요매칭 후 1개월 이내에 사용기관의 장과 협약을 체결해야 한다. 협약에는 ① 시범사용 제품명, 사용 계획서 작성에 관한 협조사항, ② 시범사용 수행을 위한 인력, 시설, 장비, 행정지원, ③ 시범사용 수행 결과 보고와 관리와 관련한 사항, ④ 성과물의 귀속·활용, 자산 이전과 관련한 사항, ⑤ 협약의 변경과 해약과 관련한 사항, ⑥ 그 밖에 사업수행을 위하여 필요하다고 인정하는 사항을 포함해야 한다(혁신제품 구매 운영 규정 제28조 제1항 제1호부터 제6호).

조달청장은 협약을 체결하는데 필요한 서류를 시범사용기관의 장에게 제시해야 하며, 시범사용기관의 장이 정당한 사유 없이 시범사용 희망 통보일로부터 1개월 안에 협약을 체결하지 않거나 필요한 서류를 제출하지 않는 경우 조달청장은 해당 제품의 계약 절차를 중지할 수 있다(혁신제품 구매 운영 규정 제28조 제2항). 또한, ① 시범사용기관의 장이 협약 내용 변경이 필요하다고 요청한 경우, ② 지정기업이 사업참여를 포기하여 구매가 불가능한 경우, ③ 시범사용기관의 시범사용 목적과 혁신제품의 목적이 부합하지 않아 사업수행이 불가능한 경우, ④ 지정기업의 납품이행 능력에 문제가 있다고 판단하는 경우, ⑤ 그 밖에 사업이 현저히 불가능할 경우 중 어느 하나에 해당하는 사유가 발생하면 협약이 정하는 바에 따라 협약 내용을 변경하거나 계약 절차를 중지할 수 있다(혁신제품 구매 운영 규정 제28조 제3항 제1호부터 제5호).

5) 시범사용 수행계획서

가) 작성요청

조달청장은 협약이 체결된 혁신제품을 대상으로 협약체결일로부터 7일 안에 시범사용기관과 지정기업에게 시범사용 수행계획서 작성을 요청해야 한다{혁신제품 구매 운영 규정 제29조 제1항, 혁신제품 시범구매(제조)계약 추가특수조건 제13조 제1항}.

나) 작성·제출

시범사용 수행계획서 작성을 요청받은 시범사용기관은 지정기업과 협의하여 규격서와 시범사용 기본계획서를 바탕으로 요청일로부터 1개월 안에, ① 혁신제품명, 기업정보, 시범사용기관 정보, 책임자 등, ② 혁신제품 규격서에 명시된 혁신성을 검증하기 위한 수행항목과 방법, ③ 시범사용 장소, 매칭수량과 금액, 시범사용 세부일정, 결과제출물 등을 포함한 시범사용계획, ④ 시범사용기관과 해당 지정기업 협의사항 등을 포한한 시범사용 수행계획서를 작성하여 조달청장에게 제출해야 한다{혁신제품 구매 운영 규정 제29조 제2항 제1호부터 제4호, 혁신제품 시범구매(제조)계약 추가특수조건 제13조 제2항}.

다) 승인·확정

조달청장은 접수받은 시범사용 수행계획서를 검토한 후 이를 승인하고 확정한다(혁신제품 구매 운영 규정 제29조 제3항). 다만, 필요하면 시범사용 수행계획서의 보완을 요구하거나 실태조사를 실시할 수도 있다(혁신제품 구매 운영 규정 제29조 제4항).

한편, 시범사용기관의 장과 계약상대자는 시범구매 계약 후 수행계획서 변경이 필요한 경우 변경된 수행계획서를 조달청장에게 제출하고 승인을 받아야 한다(혁신제품 구매 운영 규정 제29조 제5항).

6) 시범구매 계약

가) 의의

조달청장은 시범사용 수행계획서를 확정하면 혁신제품 시범구매 계약을 체결한다(혁신제품 구매 운영 규정 제30조 제1항). 계약상대자는 계약을 체결하기 위해 조달청장에게 가격자료 등 필요한 자료를 제출해야 하며, 정당한 이유 없이 자료를 제출하지 않으면 계약을 체결할 수 없다(혁신제품 구매 운영 규정 제30조 제2항).

나) 내용

(1) 일반

시범구매 계약에는 혁신제품 시범구매(제조)계약 추가특수조건이 적용되며, 혁신제품 시범사용 수행계획서는 계약문서의 일부로 보고 다른 계약문서와 상호보완의 효력을 갖는다{혁신제품 시범구매(제조)계약 추가특수조건 제2조}. 그 밖에 혁신제품 시범구매(제조)계약 추가특수조건에서 따로 정한 경우를 제외하면 물품구매(제조)계약 일반조건, 물품구매(제조)계약 특수조건, 물품구매계약 품질관리 특수조건, 혁신제품 구매 운영 규정이 정하는 바에 따른다{혁신제품 시범구매(제조)계약 추가특수조건 제1조}.

계약내용은 계약서(갑·을지), 혁신제품 시범구매(제조)계약 추가특수조건, 물품구매 규격서(시방서 및 보완규격 포함) 및 시범사용 수행계획서, 물품구매계약 품질관리 특수조건, 물품구매(제조)계약 특수조건, 물품구매(제조)계약 일반조건 순서에 따라 해석한다{혁신제품 시범구매(제조)계약 추가특수조건 제24조 제1호부터 제6호}.

(2) 납품기한

계약서상 납품기한은 혁신제품을 납품장소에 납품하는 기한을 말하며, 시범사용기간은 시범사용 수행계획서에서 정한 기간을 말한다. 다만, 계약서에서 따로 기재한 경우에는 그 기간으로 한다{혁신제품 시범구매(제조)계약 추가특수조건 제3조 제1항}. 그리고 계약의 납품기한은 시범사용 수행계획서에 따라 계약담당공무원와 계약상대자가 협의하여 정할 수 있다{혁신제품 시범구매(제조)계약 추가특수조건 제3조 제2항}.

(3) 인도조건과 납품장소

인도조건은 협의하여 별도로 정하고, 납품장소는 시범사용기관이 지정한 장소로 한다

{혁신제품 시범구매(제조)계약 추가특수조건 제4조}.

(4) 대금지급

계약상대자는 시범사용기관에 혁신제품 납품을 끝낸 후 물품구매계약 품질관리 특수조건 제11조, 물품구매(제조)계약 일반조건 제19조에 따른 검사에 합격한 경우 대가지급청구서를 제출하는 등 일정한 절차에 따라 계약담당공무원에게 대가지급을 청구할 수 있다{혁신제품 시범구매(제조)계약 추가특수조건 제12조 제1항}. 계약담당공무원은 검사에 합격한 혁신제품의 시범사용 수행결과와 관계없이 물품 및 납품영수증을 발행하여 대금을 지급한다{혁신제품 시범구매(제조)계약 추가특수조건 제12조 제2항}. 이때 조달청장은 물품대금과 시범사용 비용으로 나누어 대금을 지급할 수 있다(혁신제품 구매 운영 규정 제31조 제1항). 특히 시범사용 비용은 물품대금의 15% 이내에서 지급할 수 있고, 다만, 물품의 특성상 시범사용 비용이 물품대금의 15%를 초과하는 경우에는 신성장조달업무심의회 심의를 거쳐 허용 여부를 결정한다(혁신제품 구매 운영 규정 제31조 제2항).

혁신제품 시범사용에 필요한 자재, 인력, 경비 등은 계약금액에 포함되고, 계약상대자는 납품한 혁신제품의 시범사용 수행을 끝낸 후, 수행내역에 따라 계약금액에 포함된 시범사용 비용을 청구할 수 있다. 다만, 계약금액에 포함되지 않는 시범사용 비용은 계약상대자와 시범사용기관이 협의하여 부담한다{혁신제품 시범구매(제조)계약 추가특수조건 제12조 제3항}. 그리고 계약상대자는 대금을 청구하는 경우 시범사용 수행 중에 발생한 제비용의 증명 자료(세금계산서, 영수증 등)를 포함한 청구서(정산서)를 계약담당공무원에게 제출해야 한다{혁신제품 시범구매(제조)계약 추가특수조건 제12조 제4항}.

(5) 시범사용 성실이행 의무

계약상대자와 시범사용기관의 장은 시범사용 기간 동안 성실히 시범사용을 수행해야 한다(혁신제품 구매 운영 규정 제34조).

(6) 직접생산의무

계약상대자는 계약기간 동안 조달청 제조물품 직접생산확인 기준과 중소기업자간 경쟁제품 직접생산 확인기준에 따라 직접 제조하여 납품해야 한다. 다만, 혁신제품 지정기업이 협업체이면 참여기업이 직접생산 의무를 부담한다{혁신제품 시범구매(제조)계약 추가특수조건 제5조 제1항}. 계약담당공무원은 계약상대자가 직접생산의무를 위반하여 납품한 사실을 확인했다면 계약해지, 계약보증금 국고귀속, 입찰참가자격제한 등 조치를 할 수 있다{혁신제품 시범구매(제조)계약 추가특수조건 제5조 제2항}.

(7) 설치

혁신제품 설치(공사)가 제조공정에 포함된 경우 계약상대자는 관련법령에 따라 해당 공사업 등록이나 면허 등 자격을 갖추고 직접 설치·시공해야 한다{혁신제품 시범구매(제조)계약 추가특수조건 제6조 제1항}. 다만, 설치(공사)가 제조공정에 포함되지 않은 경우 계약상대자는 관련법령이나 규정에 따라 해당 공사업으로 등록하거나 면허를 보유한 자에게 혁신제품 설치·시공을 맡길 수 있다{혁신제품 시범구매(제조)계약 추가특수조건 제6조 제2항}.

(8) 사용방법 교육 등

운전이나 조작이 필요한 혁신제품인 경우, 계약상대자는 설치를 끝낸 후 시범사용기관에게 사용설명서를 제공해야 하며, 사용방법 교육을 1회 이상 실시하여 시범사용기관이 원활하게 이를 사용할 수 있도록 조치해야 한다{혁신제품 시범구매(제조)계약 추가특수조건 제7조}.

(9) 홍보문구 표시

계약상대자는 혁신제품에 [혁신제품마크 | 이 물품은 정부 혁신제품입니다] 문구를 표시하되, 문안의 크기, 색상, 표시위치 등은 혁신제품 형태에 따라 적정하게 정한다{혁신제품 시범구매(제조)계약 추가특수조건 제8조 제1항}. 위 표시와 관련하여 물품별로 표시할 수 있는 것은 개별 물품별로 표시하되, 개별 물품별로 표시하기 곤란한 것은 포장단위로 인쇄하거나 스탬프를 찍거나 스티커 등을 부착하여 납품해야 한다{혁신제품 시범구매(제조)계약 추가특수조건 제8조 제2항}.

(10) 납품에 따른 준수의무 등

계약상대자는 혁신제품 규격과 다른 물품을 시범사용기관에게 납품해서는 안 된다{혁신제품 시범구매(제조)계약 추가특수조건 제9조 제1항}. 그럼에도 시범사용기관의 장이 현장 여건(주변환경이나 외관과 조화, 설치장소의 특수성 등)에 따라 혁신제품의 본질을 훼손하지 않는 외형이나 재질의 경미한 변경 등을 서면으로 요청하면, 계약상대자는 계약담당공무원과 협의하여 혁신제품의 규격을 변경하여 납품할 수 있다{혁신제품 시범구매(제조)계약 추가특수조건 제9조 제2항}.

(11) 시험성적서 제출

계약상대자는 시범사용기관에 혁신제품을 납품하면서 혁신제품 지정규격이라는 사실을 확인할 수 있는 공인시험기관(조달청장이 지정한 조달물자 품질대행 검사기관 등)의 시험성적서를, 만약 공인시험기관이 없으면 자체 시험성적서를 제출해야 한다{혁신제품 시범구매(제조)계약 추가특수조건 제10조}.

(12) 시범사용 이행보증과 계약보증금 국고귀속

계약상대자는 시범사용기관에 납품한 혁신제품 시범사용의 이행을 보증해야 한다{혁신제품 시범구매(제조)계약 추가특수조건 제11조 제1항}. 시범사용 이행을 보증하기 위해 국가계약법 시행령 제50조에 따른 계약보증금을 납품할 때는 그 보증기간을 시범사용기간 종료일까지로 설정해야 한다{혁신제품 시범구매(제조)계약 추가특수조건 제11조 제2항}.

한편, 계약담당공무원은 계약상대자에게 일정한 사유가 발생하면, 계약보증금 전액을 국고에 귀속할 수 있다{혁신제품 시범구매(제조)계약 추가특수조건 제11조 제3항}. 계약보증금 국고귀속 사유는 아래와 같다.

1. 계약상대자의 부도 또는 파산 등으로 시범사용 이행이 불가능한 경우
2. 계약담당공무원 및 시범사용기관의 시범사용 이행 요구에 응하지 않거나 계약상대자에게 책임이 있는 사유로 시범사용을 끝내지 못한 경우
3. 시범사용기간이 연장되어 보증기간의 연장을 계약상대자에게 요청하였으나 이에 응하지 않는 경우
4. 해당 혁신제품의 기본적인 성능이 유지되지 않아 시범사용을 수행할 수 없어 계약상대자에게 보완을 요구하였으나 조치하지 않는 경우

(13) 시범사용 수행 중간점검

시범사용기관과 계약상대자는 시범기간 동안 시범사용 수행계획서에 따라 성실히 현장실증을 수행해야 하고{혁신제품 시범구매(제조)계약 추가특수조건 제15조 제1항}, 계약담당공무원(검사공무원과 점검공무원을 포함)은 혁신제품에 대한 시범사용 수행의 적정성을 확보하기 위해 필요하다고 인정하는 경우 시범사용 진행상황을 점검할 수 있으며, 계약상대자와 시범사용기관의 장에게 필요한 조치를 요구할 수 있다(혁신제품 구매 운영 규정 제33조 제1항). 조달청장은 필요한 경우 조달품질원이나 각 지방조달청에 시범사용 수행의 중간점검을 의뢰할 수 있다(혁신제품 구매 운영 규정 제33조 제2항).

한편, 시범사용기관의 장과 계약상대자는 시범구매 계약 후 수행계획서 변경이 필요한 경우 조달청장에서 변경된 수행계획서를 제출하고 승인을 받아야 한다{혁신제품 시범구매(제조)계약 추가특수조건 제15조 제2항}.

다) 효과

(1) 시범사용 수행에 따른 책임

계약상대자는 혁신제품 시범사용을 수행할 때 안전관리에 각별히 신경써야 하고, 자신의 부주의, 무성의, 태만, 계약조건 및 유의사항 위반 등으로 발생하는 각종 사고·사건으로

문제가 생기면 관계법령과 일반관례에 따라 민·형사상 모든 책임을 진다{혁신제품 시범구매(제조)계약 추가특수조건 제16조 제1항}. 계약상대자는 시범사용 수행과 관련한 시범사용기관의 요청사항에 적극 협조해야 하며 시범사용 진행과정에 직접 참여하여 그 결과를 함께 확인·점검해야 한다. 만약 이를 소홀히 하여 제반경비와 손해 등이 발생하면 계약상대자가 그 책임을 진다{혁신제품 시범구매(제조)계약 추가특수조건 제16조 제2항}.

(2) 계약의 유효기간

시범구매 계약은 혁신제품 납품완료 사실에도 불구하고 혁신제품에 대한 시범사용기관과 계약상대자의 시범사용이 진행 중인 동안 유효하다{혁신제품 시범구매(제조)계약 추가특수조건 제17조 제1항}. 만약 계약상대자는 시범사용기간 연장이 필요하면 시범사용기관과 협의하여 계약담당공무원에게 서면으로 요청해야 한다{혁신제품 시범구매(제조)계약 추가특수조건 제17조 제2항}. 다만, 연장하더라도 총 시범사용기간은 1년을 넘을 수 없지만, 천재지변, 비상재해, 환경 미조성 등으로 실증이 불가능할 경우는 예외로 한다{혁신제품 시범구매(제조)계약 추가특수조건 제17조 제4항}.

한편, 계약상대자에게 책임 있는 사유로 시범사용기간이 연장되었다면 추가로 발생하는 시범사용비용은 모두 계약상대자가 부담한다{혁신제품 시범구매(제조)계약 추가특수조건 제17조 제3항}.

(3) 계약해제·해지

계약담당공무원은 계약상대자에게 해제·해지사유가 발생하는 경우 해당 혁신제품을 대상으로 한 계약의 전부나 일부를 해제·해지할 수 있다(혁신제품 구매 운영 규정 제32조 제1항). 이러한 해제·해지는 손해배상의 청구에 영향을 미치지 않는다(혁신제품 구매 운영 규정 제32조 제2항).

해제·해지 사유는 아래와 같다(혁신제품 구매 운영 규정 제32조 제1항 제1호부터 제4호, 혁신제품 시범구매(제조)계약 추가특수조건 제19조 제1호부터 제4호).

1. 조달사업법 시행령 제33조 제9항에 따라 혁신제품 지정이 취소된 경우
2. 관계법령 또는 계약조건에서 정한 해제 또는 해지사유에 해당하는 경우. 다만, 판로지원법 제11조 제6항에 따라 계약을 해제 또는 해지하는 경우에는 해당 시범구매 대상 시제품 계약과 동일한 세부품명의 직접생산위반 행위로 직접생산 확인이 취소된 경우에 한한다.
3. 계약상대자가 제출한 가격자료가 위조 또는 변조되었거나 허위 서류 제출 등 그 밖에 부정한 방법으로 제출된 경우
4. 납품한 혁신제품의 품질·성능 불량, 시범사용수행 과정에서의 불성실·비협조 등 계약상대자에게 책임이 있는 사유로 혁신제품에 대한 시범사용을 정상적으로 진행할 수 없는 경우

(4) 계약목적물 귀속

시범사용을 완료한 혁신제품과 시범사용 수행과정에서 발생하는 제품, 장비, 관련 시설물 등 유형적 성과물은 해당 시범사용기관의 소유로 할 수 있다. 다만, 조달청장과 시범사용기관의 장이 체결하는 업무협약에서 이와 다르게 정할 수 있다{혁신제품 시범구매(제조)계약 추가특수조건 제23조 제1항, 혁신제품 구매 운영 규정 제28조 제1항 제4호}.

한편, 시범사용기관의 장이 혁신제품 소유권 이전을 희망하지 않으면 계약상대자는 자기 비용으로 해당 혁신제품을 회수해야 한다. 다만, 시범사용 결과가 성공으로 판정된 경우에는 해당 시범기관의 장이 회수·복구비용을 부담한다{혁신제품 시범구매(제조)계약 추가특수조건 제23조 제2항}. 그리고 시범사용 결과가 실패로 판정되어 추가개발 등 성능개선이 필요한 경우 계약담당공무원은 시범사용기관의 장으로부터 동의를 받아 계약상대자로 하여금 해당 혁신제품을 회수하게 할 수 있다. 이때 발생하는 회수·복구비용은 계약상대자가 부담한다{혁신제품 시범구매(제조)계약 추가특수조건 제23조 제3항}.

위에 따라 혁신제품을 회수하는 계약상대자는 시범사용기관의 장이나 계약담당공무원이 사면으로 요청한 날로부터 60일 안에 필요한 조치를 해야 하고, 계약담당공무원은 회수한 혁신제품을 물품관리법 등 관련법령에서 정하는 바에 따라 처리할 수 있다{혁신제품 시범구매(제조)계약 추가특수조건 제23조 제4항, 제5항}.

조달청장은 다른 기관에서 시범사용이 완료된 혁신제품을 추가로 사용할 의향이 있는 시범사용기관에서 시범사용이 완료된 혁신제품의 소유권을 이전할 수 있고, 이때 절차나 비용은 시범사용 결과가 실패로 판정된 경우를 준용한다{혁신제품 시범구매(제조)계약 추가특수조건 제23조 제3항, 제6항}.

7) 사업참여 제한

가) 의의와 성질

사업참여 제한이란 계약상대자나 시범사용기관의 장에게 일정한 위반사유가 발생하는 경우, 조달청장이 해당 계약상대자나 시범사용기관의 장을 상대로 시범구매사업 참여나 시범사용 신청을 제한하는 조치를 말한다. 사업참여 제한은 행정처분이고, 특히 침익적 처분에 해당한다고 본다.

나) 사유

첫째, 계약상대자가 시범사용 과정 전반을 불성실하게 이행하여 시범사용 수행계획서에 따른 시범사용을 진행할 수 없거나 제품 하자에 따른 시정조치 등을 이행하지 않은 경우이다(혁신제품 구매 운영 규정 제35조 제1항 참조).

둘째, 수요기관의 장이 시범사용을 불성실하게 수행하는 경우를 말한다. 여기서 시범사용을 불성실하게 수행한 경우란 ① 시범사용 기관의 인력, 시설, 장비 확보 등 행정지원에 협조하지 않아 시범사용 수행이 되지 않은 경우, ② 시범사용 수행의 중간점검 과정에서 발견된 미비점에 대하여 시정조치가 이행되지 않고 시범사용이 완료된 경우, ③ 시범사용 완료보고서가 미흡하여 보완을 요구했으나 시정이 되지 않은 경우, ④ 시범사용 신청 당시 제출한 자료가 거짓으로 판명된 경우, ⑤ 시범사용과 관련하여 신청기관 재직자가 부정청탁 및 금품 등 수수의 금지에 관한 법률 제21조부터 제24조에 해당하는 경우, ⑥ 혁신제품 구매 운영 규정 제25조 제2항에 따른 서약서 위반 사실이 객관적으로 드러날 경우, ⑦ 그 밖에 불성실하게 시범사용을 수행하였다고 판단된 경우 중 어느 하나에 해당하는 것을 말한다(혁신제품 구매 운영 규정 제35조 제2항 제1호부터 제7호).

다) 절차

사업참여 제한은 조달청 계약심사협의회에서 정한다(혁신제품 구매 운영 규정 제35조 제3항).

라) 효과

조달청장은 사업참여 제한 사유가 있는 계약상대자 또는 시범사용기관(수요기관)을 상대로 조달청 계약심사협의회가 결정한 날로부터 3년 동안 혁신제품 시범구매사업 참여를 제한할 수 있다. 구체적인 사업참여 제한 방법은 ① 계약상대자를 상대로 3년 동안 혁신제품 시범구매사업 참여를 배제하는 것과 ② 시범사용기관(수요기관)을 상대로 3년 동안 혁신제품 시범사용 신청을 제한하는 것으로 나눈다(혁신제품 구매 운영 규정 제35조 제1항, 제2항).

3. 사용결과 통지와 판정 등 사후관리

가. 시범사용 완료보고

수요기관은 조달청장에게 혁신제품 사용 결과를 통지해야 한다(조달사업법 시행령 제33조 제5항 후문). 즉, 시범사용기관의 장은 시범사용 수행 종료일로부터 1개월 안에 계약상대자의 협조를 받아 시범사용 완료보고서(외부전문가가 참여한 자체심의위원회 개최결과 포함)를 작성하여 조달청장에게 제출해야 한다(혁신제품 구매 운영 규정 제36조 제1항). 계약상대자도 이에 적극 협조해야 한다{혁신제품 시범구매(제조)계약 추가특수조건 제18조 제1항}.

다만, 조달청장은 시범사용기관의 장이나 계약상대자에게 ① 시범사용 수행과정에서 나타난 문제점, ② 시범사용 수행계획서에 제시한 기대효과와 실제 사용 과정에서 나타난 성과, ③ 시범사용 결과에 따른 개선 계획을 구분하여 시범사용 완료보고서 작성을 요청할 수 있으며, 제출한 시범사용 완료보고서 내용이 미흡하면 보완을 요청할 수 있고(혁신제품 구매 운영 규정 제36조 제2항), 시범사용 결과와 수행과정을 명확하게 파악하는 데에 도움이 되는 추가자료 제출도 요구할 수 있다{혁신제품 시범구매(제조)계약 추가특수조건 제18조 제2항}.

나. 시범사용 결과 판정

혁신시제품평가심의회는 시범사용기관의 장이 제출한 시범사용 완료보고서의 적정성 여부를 판단하여 해당 혁신제품의 시범사용 성공 여부를 판정한다(혁신제품 구매 운영 규정 제37조 제1항). 판정기준은 아래 표와 같다{혁신제품 시범구매(제조)계약 추가특수조건 제20조 제1항}.

구분	판정 기준
성공	시범사용을 성실하게 수행하면서도 성능 체크리스트의 필수 항목을 모두 충족하고, 시범사용기관의 제품에 대한 성능만족도가 80점 이상인 경우로서 조달물자로서의 성능 품질의 신뢰성이 있다고 인정되는 경우
보완	① 시범사용을 성실하게 수행하면서도 성능 체크리스트의 필수 항목을 모두 충족하고, 시범사용기관의 제품에 대한 성능만족도가 80점 이상이지만 조달물자로서의 성능 품질의 신뢰성이 있다고 인정할 수 없는 경우 ② 시범사용을 성실하게 수행하면서도 성능 체크리스트의 필수 항목에 미 충족이 하나라도 있거나 시범사용기관의 제품에 대한 성능만족도가 50점 이상에서 80점 미만인 경우로서 시범사용 결과로 조달물자로서의 성능 품질의 신뢰성 확인이 어려운 경우
실패	① 시범사용을 성실하게 수행하면서도 시범사용기관의 제품에 대한 성능만족도가 50점 미만인 경우로서 시범사용 결과로 조달물자로서의 성능 품질의 신뢰성 확인이 어려운 경우 ② 시범사용 결과판정이 보완인 경우로 참여업체가 시범사용 재 수행을 희망하지 않거나, 보완 계획이 적절하지 않아 시범사용 재 수행을 하지 못하는 경우, 또는 보완계획서를 제출하고 기 납품한 제품을 보수 등의 방법으로 2차 시범사용 한 결과 판정이 성공에 해당하지 않는 경우
이행 불성실	시범사용 과정 전반을 불성실하게 이행하는 등 시범사용 수행계획서에 따른 시범사용을 진행할 수 없거나 제품 하자에 따른 시정조치 등을 이행하지 않은 경구(하자 시정조치를 성실히 이행하였으나 성능을 충족하지 않는 경우는 실패로 판정)

혁신시제품평가심의회는 복수 시범사용기관에서 혁신제품의 시범사용이 진행될 때 시범사용기관의 장이 제출한 시범사용 완료보고서 결과를 종합적으로 심사하여 성공 여부를 판정하고(혁신제품 구매 운영 규정 제37조 제2항), 필요하면 해당 시범사용기관 담당자의 의견을 직접 청취할 수 있다(혁신제품 구매 운영 규정 제37조 제3항). 이에 따라 혁신시제품평가심의회가 위 판정을 할 경우 각 시범사용기관의 장이 제출한 시범사용 완료보고서를 평가하여 등급을 부여할 수 있다(혁신제품 구매 운영 규정 제37조 제4항).

다. 사용결과에 따른 조치

조달청장은 위 판정 결과에 따라 다음과 같이 조치한다(혁신제품 구매 운영 규정 제38조 제1호부터 제4호까지, 혁신제품 시범구매(제조)계약 추가특수조건 제21조 제1호부터 제4호까지).

1. 성공 : 우수조달물품 지정관리 규정 제3조 제1항 제6호에 따라 우수조달물품 지정 신청자격 부여 및 제8조의2에 따른 심사특례 적용
2. 보완 : 계약상대자는 판정결과 통보받은 날로부터 30일 이내에 성능미충족 항목의 보완을 포함한 시범사용 보완계획서를 제출하여야 하며, 시범사용참여기관은 시범사용 보완계획서의 적정성을 판단하여 추가 시범사용 수행
3. 실패 : 계약상대자로부터 미충족 항목에 대한 추가개발 계획서를 제출받아 혁신제품의 성능 개선 유도
4. 이행불성실 : 국가계약법 제27조 제1항 제9호에 따라 부정당업자 입찰참가자격제한 등 행정조치 및 혁신제품 구매 운영 규정 제34조에 따른 혁신제품 시범구매사업 참여 제한

라. 사용결과 공개와 비공개

조달청장은 혁신제품 사용 결과를 공개할 때 수요기관이 통지한 시범사용 완료보고서를 바탕으로 해당 수요기관의 시범사용 결과를 정리·종합하여 혁신장터에 공개한다(조달사업법 시행령 제33조 제7항 본문, 혁신제품 구매 운영 규정 제39조 제1항). 다만, 보완판정을 받은 제품은 추가개발 계획서와 그에 따른 성능 개선 결과를 증빙할 자료(규격, 공인기관의 시험성적서 등)를 제출받아 함께 공개할 수 있다(혁신제품 구매 운영 규정 제39조 제2항). 그리고 성공판정을 받은 제품도 시범사용 완료보고서에 시범사용기관의 개선의견이 있다면 추가로 개선결과를 공개할 수 있다(혁신제품 구매 운영 규정 제39조 제3항).

그러나 ① 계약상대자에게 책임이 없는 사유로 혁신제품 시범사용이 정상적으로 진행되지 못한 경우, ② 공개 자료가 계약상대자의 정당한 권리나 영업상 비밀을 해칠 우려가 있어 계약상대자가 비공개할 것을 요청한 경우, ③ 그 밖에 조달청 신성장조달업무심의회에서 비공개하기로 결정한 경우에는 사용결과를 공개하지 않을 수 있다(조달사업법 시행령 제33조 제7항 단서, 혁신제품 구매 운영 규정 제39조 제4항 제1호부터 제3호). 이처럼 조달청장이 혁신제품 사용결과를 공개하지 않는 경우, 성공 판정에 따라 우수조달물품 지정관리 규정 제3조 제1항 제6호, 제8조의2에 따른 우수조달물품 지정 심사에서 그 내용을 참고할 수 있다(혁신제품 구매 운영 규정 제39조 제5항).

4. 혁신제품 공공구매 지원 시스템 구축·운영

조달청장은 공공서비스 향상과 기술혁신을 위해 혁신제품의 공공구매 지원 시스템 구축·운영을 할 수 있고(조달사업법 제27조 제1항 제2호), 위 시스템을 활용하여 혁신제품 등록·거래·홍보, 혁신조달제품 운영정보화 등을 지원할 수 있다(조달사업법 시행령 제33조 제9항). 이러한 시스템을 혁신장터라 하는데, 혁신장터는 따로 살펴보기로 한다.

〔혁신제품 지원센터 신설〕

2024. 1. 2. 개정 조달사업법은 혁신제품 지원센터 근거를 신설했다. 혁신제품 지원센터는 혁신제품의 공공구매 지원을 위해 조달청장이 지정하는 단체다(조달사업법 제27조의2 제1항).

혁신제품 지원센터는 혁신제품 발굴과 추천, 수요기관과 조달기업 대상 교육·홍보, 컨설팅, 혁신제품 지정을 받은 조달기업의 해외 조달시장 진출 지원, 혁신제품의 공공구매 활성화를 위한 정책연구와 해외 사례 조사 등 업무의 전부나 일부를 수행한다(조달사업법 제27조의2 제1항 제1호부터 제4호).

조달청장은 지원센터 지정 등을 위해 기획재정부장관과 미리 협의해야 한다(조달사업법 제27조의2 제2항).

조달청장은 지원센터가 거짓이나 그 밖에 부정한 방법으로 지정받은 경우, 업무나 사업을 수행할 능력을 상실한 경우, 지정 기준에 미달한 경우 중 어느 하나에 해당하면 그 지정을 취소하거나 6개월 이내 기간을 정하여 업무정지를 명할 수 있는데, 특히 거짓이나 그 밖에 부정한 방법으로 지정받은 경우에는 반드시 지정을 취소해야 한다(조달사업법 제27조의2 제3항 제1호부터 제3호). 조달청장은 지원센터 지정을 취소하려면 청문을 해야 한다(조달사업법 제27조의2 제4항).

그 밖에 조달청장은 지원센터가 그 업무 수행에 드는 비용의 전부나 일부를 예산 범위에서 지원할 수 있다(조달사업법 제27조의2 제5항).

제5장 / 각종 공공조달플랫폼

제 1 절 전자조달시스템

Ⅰ. 개념

1. 전자조달의 의의

전자조달이란 국가종합전자조달시스템을 이용·활용하여 조달업무를 전자적으로 처리하는 것을 말한다(전자조달법 제2조 제5호).

전자조달의 근거로서 전자조달법은 수요기관의 조달업무를 전자적으로 처리하는 데에 필요한 사항을 정하여 조달업무의 안정성·신뢰성·공정성을 확보하고 전자조달업무의 원활한 수행과 촉진을 도모할 목적으로 제정되어 현재 시행 중이다(전자조달법 제1조).

2. 국가종합전자조달시스템 : 나라장터

조달청장은 수요기관의 장에게 필요한 물자나 용역의 구매·공급과 관련한 업무, 시설공사 계약업무 등 조달업무를 관장하고, 이러한 조달업무를 전자적으로 처리하기 위해 정보시스템을 구축·운영하는데, 여기서 말하는 정보시스템을 국가종합전자조달시스템이라 한다(이하 '전자조달시스템', 전자조달법 제2조 제4호). 이러한 전자조달시스템은 온라인상 나라장터로 운용된다. 이처럼 나라장터는 기업의 모든 조달업무를 인터넷에서 처리하는 국가종합전자조달시스템(G2B)으로서, 조달청장이 구축·운영 주체이다. 나라장터는 수요기관에게 공공조달 단일창구를 제공하는 한편 조달업체에게 입찰정보를 통합 제공하는 기능을 수행하며, 조달업체는 나라장터에 이용자등록을 한 후에 공공입찰에 참여할 수 있다.

Ⅱ. 조달업무의 전자화

1. 조달업무의 전자적 처리

수요기관의 장은 전자조달시스템을 이용·활용하여 조달업무를 전자적으로 처리하도록 노력해야 하므로(전자조달법 제5조 제1항), 조달청장은 전자조달을 촉진하기 위한 시책을 마련해야 하는데(전자조달법 제5조 제2항), 그러한 시책에는 ① 전자조달을 촉진하기 위한 기본 방향, ② 전자조달시스템의 발전과 운영방안, ③ 전자조달을 위한 통계 수집·분석과 활용 방안, ④ 그 밖에 전자조달 관련 교육·훈련 등 전자조달을 촉진하기 위해 필요한 사항이 포함되어야 한다(전자조달법 법 시행령 제3조).

수요기관이나 수요기관이 아닌 자(이하 '수요기관 등')는 계약사무를 처리할 때 전자조달시스템이 제공하는 전자적 처리수단을 이용하여야 한다(국가종합전자조달시스템을 이용한 계약사무처리요령 제4조).

2. 수요기관 등 등록과 인증서 관리

가. 수요기관 등 등록

전자조달시스템을 이용하여 수요기관 등으로 등록하려는 수요기관 등의 장은 전자정부법 시행령 제59조 제1항 제2호의 행정코드 중 해당기관 행정표준기관코드를 수요기관코드로 하여 전자조달시스템이 정한 절차와 방법에 따라 등록을 신청해야 한다. 다만, 행정표준기관코드의 부여 대상이 아닌 별표1의 수요기관인 경우에는 같은 코드 없이 신청할 수 있으며 조달청장이 수요기관코드를 부여하여 관리한다. 수요기관 등의 등록은 수요기관 등의 소속 업무담당자 1인 이상이 전자조달시스템이 정한 절차와 방법에 따라 이용자등록을 하면 완료된다(국가종합전자조달시스템을 이용한 계약사무처리요령 제6조 제1항, 제2항).

나. 이용자 등록

수요기관 등의 업무담당자는 전자문서 교환 등 전자조달시스템 이용을 위해 지정전자서명인증사업자로부터 발급받은 인증서(서명자의 실명의를 확인할 수 있는 것)를 이용하여 독립된 1인의 업무단위(이하 '전자문서사용자ID')로 이용자 등록을 해야 한다(국가종합전자조달시스템을 이용한 계약사무처리요령 제7조 제1항).

이용자는 ① 총액계약이나 단가계약물품 요청 등 조달청 조달요청업무 담당자, ② 입찰공고, 개찰, 낙찰자 선정 등 입찰업무 담당자, ③ 기초금액, 복수예비가격 등 예정가격 작성업무 담당자, ④ 계약체결과 관리를 담당하는 계약업무 담당자, ⑤ 기술검토, 현장설명회집행, 실적심사 등 기술검토업무 담당자, ⑥ 계약 소요제기를 담당하는 사업부서 업무담당자, ⑦ 계약완료 여부를 확인하는 검사·검수, 준공확인 업무담당자, ⑧ 물품관리, 구매업무 지원을 위한 규격검토 등 목록업무 담당자, ⑨ 계약대금 지불, 회계처리업무 등 담당자, ⑩ 그 밖에 견적에 의한 소액구매 등 수요기관 등 장의 판단에 따라 별도 이용자 등록이 필요한 업무담당자를 포함한다(국가종합전자조달시스템을 이용한 계약사무처리요령 제7조 제2항 제1호부터 제10호까지).

다만, 위 각 업무담당자 중 해당 업무 빈도가 적어 별도 전자문서 사용자ID 등록이 불합리한 자는 다음 예에 따라 문서로 통보·확인한 후 입찰업무 담당자 등이 이미 등록한 전자문서사용자ID로 실제 업무담당자를 대신하여 필요한 업무를 처리할 수 있다(국가종합전자조달시스템을 이용한 계약사무처리요령 제7조 제3항). 즉, 기술검토, 현장설명회집행, 실적심사 등 기술검토업무 담당자는 별도 근거에 따라 입찰업무 담당자의 인증서를 이용하여 업무를 처리하거나, 입찰업무 담당자에게 문서로 통보한 후 입찰업무 담당자가 처리하고, 계약완료 여부를 확인하는 검사·검수, 준공확인 업무담당자는 검사·검수 등을 완료한 후 이를 계약부서에 문서로 통보하고 계약업무 담당자가 해당 업무담당자를 명기하고 본인 인증서로 검사·검수 등을 처리한다. 그러나 예정가격 작성, 지출업무 등 관련법령에서 업무담당자를 따로 정하도록 규정하는 경우에는 전자문서사용자ID를 따로 등록하여 독립적으로 업무를 수행해야 한다(국가종합전자조달시스템을 이용한 계약사무처리요령 제7조 제4항).

다. 인증서 추가등록

이용자는 ① 분실 또는 유효기간 경과 등으로 기존 인증서를 사용할 수 없어 기존 이용자가 새로 인증서를 등록하고 계속 같은 업무를 수행하는 경우, ② 여러 이용자가 한 개 업무를 공통으로 처리할 때 각자 별도 인증서를 등록해 이를 이용하여 같은 업무를 처리하는 경우(담당 직원이 입찰을 공고하고 팀장이 집행하는 경우 등)에 해당하여 필요하면 한 개의 전자문서사용자ID에 여러 인증서를 등록할 수 있다. 다만 ② 사유가 있으면, 제10조 제1항에 따라 복사된 인증서를 이용할 수도 있다(국가종합전자조달시스템을 이용한 계약사무처리요령 제8조 제1호, 제2호).

라. 이용자 관리

각 수요기관 등의 장은 이용자나 등록된 인증서를 별표2의 내용으로 관리해야 하며, 그 세부내용을 달리 정할 수 있다(국가종합전자조달시스템을 이용한 계약사무처리요령 제9조 제1항). 각 수요기관 등의 장은 주소, 전화번호 변경 등 등록된 기관정보의 변경이 있을 경우, 소속 이용자 중 1인으로 하여금 전자조달시스템을 이용하여 직접 정보를 변경하게 해야 한다(국가종합전자조달시스템을 이용한 계약사무처리요령 제9조 제2항). 이용자는 인사이동 등 사유로 정보가 변경되는 경우, 별표2의 양식에 변경사실을 기재하고, 이용자가 직접 전자조달시스템을 이용하여 정보를 변경해야 한다(국가종합전자조달시스템을 이용한 계약사무처리요령 제9조 제3항).

마. 인증서 관리

이용자는 업무 효율성과 보안·관리 등을 적절히 고려하여 여러 인증서를 복사하여 이용할 수 있다. 다만, 인증서의 비밀번호를 분실하였을 때는 인증서를 새로 등록해야 한다(국가종합전자조달시스템을 이용한 계약사무처리요령 제10조 제1항). 인증서는 보안토큰, 하드디스크, 그 밖에 이동식 저장장치 등에 저장할 수 있으며 분실 등에 대비하여 최소한 하나의 복사본을 생성하여 따로 보관해야 한다(국가종합전자조달시스템을 이용한 계약사무처리요령 제10조 제2항). 이용자는 인사이동, 퇴직 등 사유로 인증서를 인수할 경우에는 보안성을 높이기 위해 비밀번호를 변경해야 한다(국가종합전자조달시스템을 이용한 계약사무처리요령 제10조 제3항). 전자서명인증사업자 정책에 따라 인증서 유효기간은 최초발급일자에서 1년까지로 한다. 이용자는 유효기간 30일 전부터 만료 전까지 인증서를 갱신해야 한다. 유효기간이 경과한 인증서는 인증서를 새로 등록해야 한다(국가종합전자조달시스템을 이용한 계약사무처리요령 제10조 제4항).

3. 입찰·계약 관련 특별규정

가. 전자조달시스템을 이용한 계약체결 요청

수요기관의 장은 조달사업법에 따라 조달청장에게 조달물자 구매·공급계약, 시설공사 계약 체결을 요청하려는 경우 전자조달시스템을 이용해야 한다. 다만, 천재지변이나 전산장애 등으로 불가피한 사유가 발생한 경우에는 그렇지 않다(전자조달법 제13조).

나. 전자문서 효력과 보관, 송·수신

1) 전자문서 효력과 보관

전자조달시스템을 이용한 계약사무는 전자서명법 제2조 제2호에 따른 전자서명(서명자의 실명의를 확인할 수 있는 것)을 하여 처리한다. 전자서명은 같은 법 제3조 제1항과 제2항에 따라 입찰, 계약, 지급 등 관련법령상 서명, 서명날인, 기명날인을 한 것으로 보며, 전자서명 후 해당 문서 내용이 변경되지 않은 것으로 추정한다(국가종합전자조달시스템을 이용한 계약사무처리요령 제5조 제1항). 전자조달시스템에서 사용하는 전자문서는 전자문서 및 전자거래 기본법 제4조에 따라 서류형태의 문서와 같은 효력을 갖는다(국가종합전자조달시스템을 이용한 계약사무처리요령 제5조 제2항). 전자문서는 출력하지 않으나 불가피하게 출력된 전자문서는 전자조달시스템이 제공하는 원본확인 기능을 이용하여 반드시 확인해야 한다(국가종합전자조달시스템을 이용한 계약사무처리요령 제5조 제3항). 전자조달시스템에서 처리된 전자문서는 전자문서법 제5조에 따라 전자적인 방법으로 보관하며, 별도 출력된 형태로 보관할 필요가 없다(국가종합전자조달시스템을 이용한 계약사무처리요령 제5조 제4항).

2) 전자문서 송·수신

전자조달시스템에서 전자적 형태로 작성, 송신·수신, 저장되는 문서, 즉 전자문서에는 전자서명법 제2조 제2호에 따른 전자서명(서명자 실명의를 확인할 수 있는 것을 말하며, 전자정부법 제2조 제9호에 따른 행정전자서명을 포함)이 있어야 한다(전자조달법 제11조 제1항). 전자문서는 전자조달시스템에 입력된 때 송신·수신되었다고 본다. 다만, 전자조달이용자가 제출하는 전자입찰인 경우, 전자조달시스템에 입력된 시점이 확인되지 않더라도 전자서명법 제18조에 따라 전자서명인증사업자에게 제시된 시점이 확인되었다면 해당 시점을 수신시점으로 할 수 있다(전자조달법 제11조 제2항).

전자문서 및 전자거래 기본법 제6조 제2항 제1호 단서에도 불구하고 전자조달시스템이 아닌 전산장비에 입력된 전자문서는 그 출력 여부와 상관없이 수신되지 않았다고 본다(전자조달법 제11조 제3항). 그리고 전자문서 및 전자거래 기본법 제7조 제2항과 제3항에도 불구하고 전자조달시스템에 입력된 전자문서는 그 송신자의 진의(眞意)와는 관계없이 송신되었다고 본다(전자조달법 제11조 제4항). 전자문서 및 전자거래 기본법 제9조에도 불구하고 전자문서 송신자는 전자문서의 수신확인통지를 요청하거나 그 효력 발생에 조건을 붙일 수 없다. 다만, 수요기관의 장이나 계약담당자가 따로 정한 경우에는 그에 따른다(전자조달법 제11조 제5항).

다. 전자입찰

1) 경쟁입찰의 전자적 공고

수요기관의 장이나 계약담당자는 경쟁입찰을 전자적으로 처리하려는 경우 입찰 관련 사항을 전자조달시스템에서 공고해야 한다(전자조달법 제6조 제1항, 국가종합전자조달시스템을 이용한 계약사무처리요령 제11조 제항). 따라서 전자입찰서 접수시작 일시, 전자입찰서 제출마감 일시, 공동수급협정서 제출마감 일시(국가계약법 제25조나 지방계약법 제29조에 따른 공동계약인 경우로 한정), 전자입찰서 제출마감 후 개찰 일시 등을 포함한 전자입찰에 필요한 사항을 전자조달시스템에 입력해야 한다(전자조달법 시행규칙 제2조 제1항 제1호부터 제4호). 그리고 전자입찰서 접수시작 일시부터 전자입찰서 제출마감 일시까지는 최소한 48시간 이상이 되도록 정해야 한다(전자조달법 시행규칙 제2조 제2항). 전자입찰서의 제출마감 일시는 근무일(토요일과 관공서의 공휴일에 관한 규정 제2조에 따른 공휴일, 수요기관이 정한 휴무일을 제외한 날을 의미) 오전 10시부터 오후 5시까지로 하되, 전자입찰의 목적과 특수성 등을 고려하여 전자입찰서 제출마감 일시를 달리 적용할 때는 그 사유를 입찰공고문에 명시해야 한다(전자조달법 시행규칙 제2조 제3항). 끝으로 개찰 일시는 전자입찰서 제출마감 일시부터 1시간이 지난 때로 한다(전자조달법 시행규칙 제2조 제4항).

공고방법과 시기는 국가계약법 시행령 제33조부터 제36까지, 지방계약법 시행령 제33조부터 제36조까지 규정에 따른다(전자조달법 제6조 제2항, 같은 법 시행령 제4조 제1항). 그리고 특정조달을 위한 국가를 당사자로 하는 계약에 관한 법률 시행령 특례규정 제11조에 따른 입찰을 공고할 때는 국제입찰로 구분하며, 같은 특례규정 제8조 제2항 각호 시항을 진자조달시스템에서 공고해야 한다(전자조달법 시행령 제4조 제2항, 국가종합전자조달시스템을 이용한 계약사무처리요령 제11조 제2항).

전자조달시스템에 게시된 내용과 붙임 파일 형태의 입찰공고문(이하 "입찰공고문"이라 한다) 내용이 서로 다른 경우에는 입찰공고문이 우선한다. 다만, 전자조달시스템에 게시한 날과 입찰공고문에 적힌 입찰공고일이 다른 경우 입찰공고일은 전자조달시스템에 게시한 날이 우선한다(전자조달법 시행령 제4조 제3항).

2) 입찰참가자격과 낙찰예정자 확인

수요기관 등 장이 전자조달시스템을 이용하여 입찰을 집행할 경우 입찰참가자격은 국가종합전자조달시스템에 입찰참가자격을 등록한 업체(이하 '등록업체')로 한다(국가종합전자조달시스템을 이용한 계약사무처리요령 제13조 제1항). 그리고 입찰공고는 전자조달시스템을 이용하지만 서류방식으로 입찰을 집행하는 경우에도 국가계약법 시행규칙 제15조 제4항이나 지방계약법 시행규칙 제15조 제4항에 따라 수요기관 등 장은 별도로 입찰참가자격을 등록하지 않고 등록업체를 대상으로 입찰참가자격을 정할 수 있다. 이때 입찰참가자격요건 증명은 국가계약법 시행규칙 제14조 제3항이나 지방계약법 시행규칙 제14조 제3항, 이용약관 제11조 제3항에 따라 경쟁입찰참가자격등록증 접수와 확인으로 갈음한다(국가종합전자조달시스템을 이용한 계약사무처리요령 제13조 제2항).

이용자는 전자조달시스템을 이용하여 자동으로 입찰참가자격을 확인하는 경우를 제외하고는 전자조달시스템에서 제공하는 등록업체 정보를 이용하여 국가계약법 시행규칙 제14조 제3항이나 지방계약법 시행규칙 제14조 제3항에 따라 입찰집행 당시나 입찰종료 후에 입찰참가자격을 확인·판정할 수 있다. 다만, 입찰집행을 할 때 부적격으로 판정한 입찰자의 입찰은 개찰결과 부적격으로 표시되고, 같은 입찰자의 예비가격추첨은 예비가격 추첨결과에 반영되지 않는다(국가종합전자조달시스템을 이용한 계약사무처리요령 제13조 제3항).

3) 입찰보증금 적용

국가계약법 시행령 제37조 제2항이나 지방계약법 시행령 제37조 제2항에 따라 현금으로 입찰보증금을 납부하게 하는 경우 전자조달시스템이 제공하는 기능을 이용하여 처리할 수 있다(국가종합전자조달시스템을 이용한 계약사무처리요령 제14조 제1항). 국가계약법 시행령 제37조 제2항이나 지방계약법 시행령 제37조 제2항에 따라 입찰보증금을 보증서로 납부하게 하는 경우에는 같은 항 제3호나 제4호의 보증기관 중 조달청과 협의된 기관이 발급하는 보증서에 한정하여 전자조달시스템을 이용하여 이를 제출할 수 있다(국가종합전자조달시스템을 이용한 계약사무처리요령 제14조 제2항). 국가계약법 시행령 제37조 제4항이나 지방계약법 시행령 제37조 제4항에 따른 지급확약서는 전자적으로 입찰을 집행하는 경우, 전자입찰서에 포함되어 제출되므로 별도로 접수받지 않는다(국가종합전자조달시스템을 이용한 계약사무처리요령 제14조 제3항).

국가종합전자조달시스템 보증서 수납에 관한 협약 제9조 제1항에 따라 입찰보증서의 유효기간은 입찰일이 변경된 경우, 보증서상 보증기간에도 불구하고 낙찰되지 않은 자가 제출한 보증서는 낙찰자가 결정될 때까지, 낙찰자가 제출한 보증서는 해당 입찰에 따른 계약이 체결될 때까지 계속 유효한 것으로 본다(국가종합전자조달시스템을 이용한 계약사무처리요령 제14조 제4항). 국가종합전자조달시스템 보증서 수납에 관한 협약 제7조에 따라 보증사나 입찰자가 전자조달시스템에 송신한 입찰보증서를 취소하기 위해 사전에 문서로 통보하면 이를 승인할 수 있다(국가종합전자조달시스템을 이용한 계약사무처리요령 제14조 제5항). 전자보증서는 채권자명으로 보증 대상인 입찰을 자동으로 확인해 전송되므로 이용자는 입찰공고 당시 채권자명을 각 기관장명으로 정확히 입력해야 한다(국가종합전자조달시스템을 이용한 계약사무처리요령 제14조 제6항).

4) 복수예비가격 입력

복수예비가격이 적용되는 입찰인 경우 총 예비가격 개수와 추첨 예비가격 개수, 기초금액 기준 상·하위 분포 등은 각 수요기관 등이 달리 정할 수 있다(국가종합전자조달시스템을 이용한 계약사무처리요령 제15조 제1항). 복수예비가격이 적용되는 입찰에서 국가계약법 시행령 제20조 제3항이나 지방계약법 시행령 제19조 제3항의 최초 입찰에 부칠 때에 정한 가격은 기초금액으로 본다. 재입찰이나 재공고입찰에 참가할 때 입찰자는 복수예비가격 번호를 다시 추첨해야 하며, 필요할 경우 이용자는 복수예비가격을 다시 산출할 수 있다. 국가계약법 시행령 제20조 제2항이나 지방계약법 시행령 제19조 제2항의 재공고입찰을 하면서 최초 입찰에서 결정된 예정가격을 변경하지 않고자 하는 경우, 재공고입찰을 공고할 때 예가방식을 단일예가로 입력하고 최초 입찰에서 결정된 예정가격을 유지하여 집행할 수 있다. 복수예비가격을 결정할 때에는 10원 단위에서 절상한다. 다만, 국가계약법 제22조 등에서 규정한 단가계약 입찰인 경우에는 소수점 셋째 자리에서 절상한다(국가종합전자조달시스템을 이용한 계약사무처리요령 제15조 제1항부터 제4항까지).

5) 수요기관 등의 입찰참가수수료 적용

수요기관 등이 부과하는 입찰참가수수료는 전자조달시스템을 이용하여 징수할 수 있으며, 이를 접수하려는 수요기관 등 장은 사전에 수수료 입금계좌를 등록해야 한다. 입찰참가수수료 납부 후 입찰 미참가자에게 입찰참가수수료를 반환할지 등은 각 수요기관 등이 결정하여 운영할 수 있으며, 반환 방법 등은 입찰참가수수료 납부서비스를 제공하는 금융결제원에 확인해야 한다(국가종합전자조달시스템을 이용한 계약사무처리요령 제16조 제1항, 제2항).

6) 암호화인증서 관리

이용자는 전자입찰 공고 당시 발급받는 암호화인증서를 암호화하여 입찰을 집행하는데 사용하며, 각 입찰마다 다른 암호화인증서가 적용된다. 암호화인증서는 파일 형태로 이용자의 개인용 컴퓨터로 내려받으며, 이용자는 개인용 컴퓨터에 하나의 암호화인증서를 저장한 후 반드시 다른 저장매체에 하나 이상의 복사본을 저장해 관리해야 한다. 다만, 세부적인 관리방법은 각 수요기관 등의 장이 달리 정할 수 있다(국가종합전자조달시스템을 이용한 계약사무처리요령 제17조 제1항, 제2항).

한편, 암호화인증서는 원칙적으로 재발급되지 않지만, 암호화인증서가 분실되거나 손상된 경우에는 조달청과 발급기관인 국가정보자원관리원이 정한 절차에 따라 복사본을 수령하여 입찰을 집행할 수 있다(국가종합전자조달시스템을 이용한 계약사무처리요령 제18조 제1항). 복사본은 조달청에 문서로 신청해야 하며 입찰공고번호, 입찰공고명, 자세한 인출요청사유, 담당자명과 담당자 전자우편주소가 반드시 명시되어야 한다(국가종합전자조달시스템을 이용한 계약사무처리요령 제18조 제2항 제1호부터 제4호까지).

7) 전자입찰서 제출

가) 의의

전자조달이용자는 전자조달시스템을 이용하여 진행되는 경쟁입찰이나 수의계약(이하 "전자입찰"이라 한다)에 참가할 경우 전자적 형태의 입찰서나 견적서를 제출해야 한다(전자조달법 제7조).

나) 전자입찰서 제출

전자조달이용자는 경쟁입찰의 전자적 공고에서 지정한 기간 안에 전자조달시스템을 이용해 전자입찰서를 제출해야 한다(전자조달법 시행령 제5조 제1항). 그런데 같은 입찰에서는 같은 컴퓨터에서 한 개 전자입찰서만을 제출할 수 있다(전자조달법 시행령 제5조 제2항).

다) 공동수급협정서 제출

전자조달이용자는 공동수급체를 구성하여 전자입찰에 참가하는 경우, 전자입찰서 제출 마감일 전일까지 공동수급협정서(계약상대자를 둘 이상으로 하는 공동계약을 할 때 공동수급체 구성원 상호간 권리·의무 등에 필요한 중요 사항을 규정한 협정서)를 전자조달시스템을 이용해 제출해야 한다(전자조달법 시행규칙 제3조 제1항). 위 공동수급협정서는 전자조달시스템을 이용하여 전자입찰서를 제출한 후에는 제출할 수 없고, 제출된 공동수급협정서 내용을 변경하려는 경우에도 같다(전자조달법 시행규칙 제3조 제2항).

라) 입찰관련 부대서류의 전자적 접수

산출내역서 등 입찰서와 함께 제출받아야 할 서류는 입찰서의 첨부파일 형태로 접수할 수 있다(국가종합전자조달시스템을 이용한 계약사무처리요령 제19조 제1항). 여러 첨부서류를 접수할 경우에는 하나의 파일로 묶어서 송신하도록 공고할 수 있으며, 하나의 파일 크기가 4Mbyte를 초과할 경우에는 이를 분할하여 제출하도록 공고사항에 반영해야 한다(국가종합전자조달시스템을 이용한 계약사무처리요령 제19조 제2항). 첨부파일은 입찰서와 함께 전자서명과 암호화를 거쳐 송신되므로 입찰서와 같은 법적 효력을 갖는다(국가종합전자조달시스템을 이용한 계약사무처리요령 제19조 제3항).

마) 전자입찰서 취소

전자조달이용자는 전자조달시스템으로 제출한 전자입찰서를 교환·변경하거나 취소할 수 없지만, 전자입찰서상 입찰금액 등 중요한 입력사항에 오류가 있으면 수요기관의 장이나 계약담당자에게 전자입찰을 취소할 수 있고(전자조달법 시행령 제5조 제3항), 공고한 개찰 일시 이전까지 수요기관의 장이나 계약담당자에게 전자조달시스템을 이용하거나 직접 또는 팩스 전송 등 방법으로 전자입찰 취소 신청서를 제출해야 한다(전자조달법 시행규칙 제4조 제1항). 만약 전자입찰 취소 신청서를 직접 또는 팩스 전송 등 방법으로 제출할 때는 전자조달시스템에 등록된 도장을 찍어야 하되, 전자조달시스템에 등록된 도장이 없으면 상업등기법에 따른 법인 인감도장이나 인감증명법에 따라 신고한 인감도장을 찍고 인감증명서를 함께 제출해야 한다(전자조달법 시행규칙 제4조 제2항).

취소신청을 받은 수요기관의 장이나 계약담당자는 신청자의 전자입찰을 취소하고, 해당 전자입찰서를 무효로 처리할 수 있다(전자조달법 시행령 제5조 제4항).

전자조달이용자는 전자입찰 취소를 신청하여 전자입찰서가 무효로 처리되면 그 전자입찰에 참여할 수 없다. 다만, 수요기관의 장이나 계약담당자가 국가계약법 시행령 제20조이나 지방계약법 시행령 제19조에 따른 재입찰, 재공고입찰에 부치는 경우에는 예외로 한다(전자조달법 시행령 제5조 제5항).

바) 부속서류 미제출 의제

전자입찰서와 함께 제출한 전자입찰 부속서류에 암호가 설정되었거나 컴퓨터 바이러스가 감염되는 등 사유로 전자입찰 부속서류를 판독하기 곤란한 경우에는 전자입찰 부속서류가 제출되지 않았다고 본다(전자조달법 시행령 제5조 제6항).

8) 낙찰선언

낙찰선언은 국가계약법 시행령 제40조 제3항이나 지방계약법 시행령 제40조 제3항에 따라 최종낙찰자를 전자조달시스템에 공고하는 방법으로 한다(국가종합전자조달시스템을 이용한 계약사무처리요령 제20조).

라. 전자수의계약

1) 개요

수요기관의 장이나 계약담당자는 국가계약법 시행령 제30조나 지방계약법 시행령 제30조에 따라 2인 이상으로부터 견적서를 받아야 하는 수의계약을 위해 전자조달시스템을 이용해 계약상대자를 결정하려면, 전자견적서 제출에 필요한 사항을 분명하게 적어 전자조달시스템에 안내공고를 해야 한다. 여기서 전자견적서 제출과 안내공고는 전자입찰서 제출 등 내용을 준용하므로, 입찰공고문은 안내공고문으로, 전자입찰서는 전자견적서로 본다(전자조달법 시행령 제6조 제1항, 제2항).

2) 수의계약 공고

계약사무의 공정성을 높이기 위해 국가계약법 시행령 제26조 제1항이나 지방계약법 시행령 제25조 제1항 각 호 사유에 따른 수의계약은 전자조달시스템에 공고할 수 있다(국가종합전자조달시스템을 이용한 계약사무처리요령 제21조).

3) 전자조달시스템 이용특례

국가계약법 시행령 제26조 제1항 제5호나 지방계약법 시행령 제25조 제1항 제5호 사유에 따른 수의계약은 계약체결의 공정성, 편의성을 위해 전자조달시스템을 이용하여 체결할 수 있으며, 이를 전자공개수의계약이라 한다(국가종합전자조달시스템을 이용한 계약사무처리요령 제22조 제1항). 전자입찰 규정은 대부분 전자공개수의계약에도 적용된다(국가종합전자조달시스템을 이용한 계약사무처리요령 제22조 제2항). 이처럼 전자공개수의는 입찰 방법으로 집행하지만, 그럼에도 경쟁입찰이 아닌 수의계약이며, 이때 제출된 입찰서는 국가계약법 시행령 제30조 제1항이나 지방계약법 시행령 제30조 제1항의 견적서로 본다(국가종합전자조달시스템을 이용한 계약사무처리요령 제22조 제3항). 전자조달시스템을 이용하여 견적서를 제출한 참가자가 1인인 경우로서 다른 참가자로부터 전자조달시스템을 이용하지 않고 견적서를 받은 경우에는 2인 이상으로부터 견적서를 받았다고 본다(국가종합전자조달시스템을 이용한 계약사무처리요령 제22조 제4항).

4) 시담공고와 집행

이용자는 전자조달시스템에 수의계약을 공고한 후 전자조달시스템을 이용하여 시담[1]을 집행할 수 있다(국가종합전자조달시스템을 이용한 계약사무처리요령 제23조 제1항). 공고를 할 때는 입찰방법을 전자시담으로 선택하고 계약대상 업체를 선택해야 하며, 전자조달시스템이 제공하는 온라인 대화 기능을 이용하여 시담한다(국가종합전자조달시스템을 이용한 계약사무처리요령 제23조 제2항). 계약상대자가 최종 가격을 입력하면 이를 저장하면서 시담은 종료된다(국가종합전자조달시스템을 이용한 계약사무처리요령 제23조 제3항).

마. 계약상대자의 전자적 공고

수요기관의 장이나 계약담당자는 전자입찰 결과 계약상대자로 결정된 자, 즉 계약상대자를 전자조달시스템에서 공고할 수 있다(전자조달법 제8조).

바. 전자계약서 작성과 계약의 성립

이용자는 전자조달시스템을 이용하여 입찰이나 시담처리한 계약건과 전자조달시스템을 이용하지 않고 입찰이나 시담한 계약건을 전자적으로 계약 체결할 수 있다(국가종합전자조달시스템을 이용한 계약사무처리요령 제24조 제1항).

수요기관의 장이나 계약담당자는 전자조달시스템을 이용하여 계약상대자와 계약을 체결하려는 경우, 계약목적, 계약금액, 이행기간, 계약보증금, 지연배상금(遲延賠償金) 등 사항, 그 밖에 필요한 사항이 입력된 전자적 형태의 계약서, 즉 전자계약서를 전자조달시스템에서 작성해야 한다(전자조달법 제9조 제1항). 이에 ① 수요기관의 장이나 계약담당자는 전자계약서를 계약상대자에게 전자조달시스템으로 송신하고, ② 계약상대자가 수요기관의 장이나 계약담당자에게 위에 따라 수신한 전자계약서 내용에 동의한다는 뜻을 전자조달시스템으로 송신하며, ③ 수요기관의 장이나 계약담당자가 위에 따라 수신한 전자계약서를 확정하여 계약상

1) 시담은 협의나 협상이라는 뜻을 가진 일본식 한자어로 전자시담은 전자상으로 가격협상을 하는 것을 가리킨다. 일반국민이 쉽게 이해할 수 있는 가격 협의라는 표현으로 변경할 필요가 있다.

대자에게 전자조달시스템으로 송신하면 비로소 계약이 성립한다(전자조달법 제9조 제2항 제1호부터 제3호, 국가종합전자조달시스템을 이용한 계약사무처리요령 제24조 제2항). 전자조달시스템을 이용하여 전자계약을 체결하려는 경우에는 인지세법에 따라 인지세를 납부해야 한다(국가종합전자조달시스템을 이용한 계약사무처리요령 제24조 제3항).

사. 하도급 관리의 전자적 처리

1) 의의

수요기관의 장이나 계약담당자는 계약상대자와 계약을 체결할 때 하도급 관련 사항을 전자적으로 처리하려는 경우 전자조달시스템이나 수요기관의 장이 전자적으로 하도급 관리를 위하여 구축·운영·이용하는 시스템을 활용해야 한다(전자조달법 제9조의2 제1항).

이러한 전자조달시스템 등은 ① 계약상대자가 하수급인, 노무자, 자재·장비업자에게 지급해야 할 금액이나 하수급인이 노무자, 자재·장비업자에게 지급해야 할 금액의 청구·승인·지급 기능, ② 위 청구·승인·지급을 수요기관의 장이나 계약담당자가 실시간 확인할 수 있는 기능, ③ 계약체결자가 건설산업기본법 등 관련 법률에 따라 수요기관의 장이나 계약담당자로부터 하도급과 관련해 받아야 할 승낙·확인 등을 위한 전자적 처리기능, ④ 계약체결자가 건설산업기본법 등 관련 법률에 따라 수요기관의 장이나 계약담당자에게 하는 통보의 전자적 처리기능, ⑤ 그 밖에 조달청장과 수요기관의 장이 하도급 관리의 전자적 처리를 위해 필요하다고 인정하는 기능을 포함해야 한다(전자조달법 시행령 제7조 제2항 각호).

계약체결자나 하수급인은 위 금액 지급을 위한 전용계좌를 개설하여 전자조달시스템등에 등록해야 한다(전자조달법 시행령 제7조 제3항). 그리고 국가계약법이나 공공기관운영법의 적용받는 수요기관의 장은 전자적으로 하도급 관리를 위하여 운영하는 시스템을 구축하려는 경우, 미리 기획재정부장관과 협의해야 한다(전자조달법 시행령 제7조 제4항).

2) 하도급 관리의 전자적 처리의무 대상

국가기관, 지방자치단체, 공공기관운영법 제4조부터 제6조까지 규정에 따라 지정·고시된 공공기관(해당 연도 예산규모가 250억 원 미만인 기타공공기관은 제외), 지방공기업법에 따른 지방직영기업, 지방공사, 지방공단, 지방자치단체출자·출연기관법 제5조에 따라 지정·고시된 출자·출연기관(같은 법 제2조 제3항과 같은 법 시행령 제12조 제2항에 따라 지방계약법 시행령을 준용하지 않는 출자·출연기관은 제외) 등 수요기관의 장 또는 계약담당자는 계약상대자와 체결하는 계약 중 계약 규모와 기간 등을 고려하여 일정한 계약의 하도급 대금·임금 등 계약대금의 청구·지급 등과 관련한 사항을 전자조달시스템등을 이용해 처리해야 한다(전자조달법 제9조의2 제2항, 같은 법 시행령 제7조의2 제1항 제1호부터 제4호). 여기서 일정한 계약이란 ① 건설산업기본법 제34조 제9항에 따른 건설공사계약, ② 그 밖에 계약 규모, 기간, 계약특성 등을 고려하여 기획재정부령으로 정하는 계약을 말한다(전자조달법 시행령 제7조의2 제2항 제1호, 제2호).

아. 각종 보증금의 전자적 납부

1) 의의

수요기관의 장이나 계약담당자는 입찰참가자나 계약상대자로 하여금 계약법률 등에 따른 입찰보증금, 계약보증금, 하자보수보증금 등을 전자조달시스템을 이용하여 납부하게 할 수 있다(전자조달법 제10조 제1항). 위에 따른 입찰보증금, 계약보증금, 하자보수보증금 등 납부는 전자적 형태의 보증서로 제출하는 방법으로 한다. 다만, 관계법령에 따라 현금 등으로 납부하는 경우에는 예외로 한다(전자조달법 제10조 제2항).

2) 납부방법과 절차

수요기관의 장이나 계약담당자가 등을 입찰참가자나 계약상대자로부터 입찰보증금, 계약보증금, 하자보수보증금을 전자조달시스템을 이용해 전자적 형태의 보증서로 제출받을 때, 국가계약법 시행령 제37조 제2항에 따른 보증서등을 전자적 형태로 제출받는다. 다만, 수요기관의 장이나 계약담당자는 전자조달시스템의 장애 등으로 보증서등을 전자적 형태로 제출받는 것이 불가능한 경우, 직접 제출받을 수 있다(전자조달법 시행령 제8조 제1항).

한편, 보증기관은 전자서명법 제2조 제2호에 따른 전자서명(서명자의 실지명의를 확인할 수 있는 것으로 한정)이 포함된 전자적 형태의 보증서를 전자조달시스템을 이용해 해당 수요기관의 장이나 계약담당자에게 전송하고, 정상적으로 송신되었는지를 확인해야 한다(전자조달법 시행령 제8조 제2항).

전자적 형태의 입찰보증서는 입찰공고문에서 따로 정한 경우를 제외하고는 전자입찰서 제출마감일 전날까지 전자조달시스템에 접수되어야 한다(전자조달법 시행령 제8조 제3항).

자. 계약이행 등

1) 선금의 전자적 지급

전자조달시스템을 이용하여 국고금 관리법 제26조나 지방회계법 제35조에 따른 선금을 지급하고자 할 때는, 계약상대자가 선금지급신청서를 전자조달시스템을 이용하여 제출하면 이용자는 이를 접수하고 제14조 제1항, 제2항, 제5항, 제6항의 입찰보증금 규정을 준용하여 선금지급 보증금을 납부하게 해야 한다. 전자조달시스템을 이용하여 계약상대자의 금융기관 계좌로 선금을 직접 이체하는 경우에는 약관 제15조에 따라 수요기관 등의 장은 건당 이체수수료를 이용금융기관에 지불해야 한다. 다만, 각 수요기관 등의 장은 보유계좌의 이체수수료 지불에 대하여 각 금융기관과 별도로 협의하여 정할 수 있다(국가종합전자조달시스템을 이용한 계약사무처리요령 제27조 제1항, 제2항).

2) 계약변경

이용자가 이미 체결된 계약 내용을 변경하고자 할 경우, 전자조달시스템에 계약변경 내용을 입력하고 제24조 제2항의 계약체결 절차에 준하여 처리하면 계약내용이 변경된다(국가종합전자조달시스템을 이용한 계약사무처리요령 제28조).

3) 검사·검수

이용자는 전자조달시스템을 이용하여 국가계약법 시행령 제55조나 지방계약법 시행령 제64조에 따른 검사를 하고자 할 경우, 계약상대자로 하여금 검사·검수신청서를 전자조달시스템으로 제출하게 하여 접수하고 검사·검수 처리를 완료한 후 계약자에게 물품납품및영수증을 송신해야 한다(국가종합전자조달시스템을 이용한 계약사무처리요령 제29조).

4) 대가의 전자적 지급

계약상대자로부터 전자조달시스템으로 대금지급 신청을 받은 때에는 세금계산서 첨부 여부와 세금체납 여부, 하자보수보증금 납부 여부 등을 전자조달시스템으로 확인하고 전자지급결의서를 작성하여 선금의 전자적 지급을 준용하여 지급처리한다(국가종합전자조달시스템을 이용한 계약사무처리요령 제30조).

5) 계약보증금 국고귀속

전자조달시스템을 이용하여 체결한 계약에서 국가계약법 제12조나 지방계약법 제15조에 따라 계약보증금을 국고나 각 수요기관 등에 귀속하는 경우에는 전자조달시스템으로 계약을 해제·해지하고 계약상대자에게 그 사유를 통보해야 한다(국가종합전자조달시스템을 이용한 계약사무처리요령 제31조).

Ⅲ. 전자조달시스템 운용·관리

1. 전자조달시스템 구축·운영

조달청장은 조달업무를 전자적으로 처리하기 위해 전자조달시스템을 구축해야 한다(전자조달법 제12조 제1항). 그리고 조달청장은 수요기관 등 관계기관의 장에게 전자조달시스템을 구축·운용하는 데 필요한 자료나 정보를 서면, 팩스, 전자적 방법으로 제공하라고 요청할 수 있다(전자조달법 제12조 제2항 전문, 같은 법 시행령 제9조 제2항). 이때 자료나 정보 제공을 요청받은 기관의 장은 특별한 사유가 없으면 이에 따라야 한다(전자조달법 제12조 제2항 후문). 요청자료나 정보는 다음과 같다(전자조달법 시행령 제9조 제1항 제1호부터 제9호).

1. 예정가격의 결정기준과 관련된 자료 또는 정보
2. 경쟁입찰의 참가자격과 관련된 자료 또는 정보
3. 입찰 참가자격의 사전심사와 관련된 자료 또는 정보
4. 계약 이행 능력의 심사와 관련된 자료 또는 정보
5. 「국가를 당사자로 하는 계약에 관한 법률」 제27조 또는 「지방자치단체를 당사자로 하는 계약에 관한 법률」 제31조에 따른 부정당업자의 입찰참가자격 제한과 관련된 자료 또는 정보
6. 계약 및 계약 이행, 계약의 해제·해지와 관련된 자료 또는 정보
7. 계약 실적 및 계약 이행 실적과 관련된 자료 또는 정보
8. 전자조달이용자의 휴업·폐업 등에 관한 정보
9. 그 밖에 수의계약, 계약 내용의 변경, 대금의 지급 및 계약 관련 정보의 공개 등과 관련하여 「국가를 당사자로 하는 계약에 관한 법률 시행령」 또는 「지방자치단체를 당사자로 하는 계약에 관한 법률 시행령」에 따라 계약 사무를 수행할 때 조달청장이 필요하다고 인정하여 고시하는 자료 또는 정보

조달청장은 수요기관의 원활한 계약사무 수행을 지원하기 위해 필요한 범위에서 계약 관련 정보 등을 수집하여 제공하거나 전자거래에 필요한 역무를 제공할 수 있고(전자조달법 시행령 제9조 제3항), 전자조달시스템의 구축·운용에 필요한 기준인 국가종합전자조달시스템 구축 및 운용에 관한 규정을 고시한다(전자조달법 제12조 제3항). 또한, 조달청장은 국가종합전자조달시스템에서 관리하는 입찰과 계약정보 등을 제공받아 이용하고자 하는 이용자가 정보서비스를 이용하는데 필요한 사항을 정한 국가종합전자조달시스템 정보제공서비스 이용에 대한 이용약관을 별도로 고시한다.

2. 자체전자조달시스템[1) 구축·운영

기획재정부장관은 수요기관의 장이 새롭게 자체전자조달시스템을 구축하려는 경우 ① 다른 법령에서 자체전자조달시스템을 구축·운영할 수 있도록 규정하거나, ② 국가보안 유지를 목적으로 자체전자조달시스템 구축·운영이 필요하다고 인정되거나, ③ 전자조달시스템으

1) 현재 자체전자조달시스템을 운영하는 수요기관은 28개이나, 장래 차세대 나라장터로 이용 전환을 추진 중에 있고 이를 위한 협의기구인 전자조달협의체가 2021. 9. 마련되어 운영 중에 있다.

로는 해당 수요기관의 주요 사무를 위한 조달목적을 달성할 수 없다고 인정되는 경우 중 어느 하나를 충족하는 수요기관의 장에게만 한정하여 전자조달시스템과 연계되는 자체전자조달시스템을 구축·운영하게 할 수 있다(전자조달법 제14조 제1항, 같은 법 시행령 제9조 제1항 각호). 수요기관의 장이 자체전자조달시스템을 구축·운영할 할 때는 국가종합전자조달시스템 구축 및 운용에 관한 규정에서 정한 기준을 최대한 반영해야 한다(전자조달법 제14조 제4항).

한편, 기존에 구축된 자체전자조달시스템을 운영하는 수요기관의 장이 위 ①, ②, ③ 중 어느 하나도 충족하지 못하는 경우, 기획재정부장관은 해당 수요기관의 장에게 전자조달법 제12조에 따른 전자조달시스템 이용으로 전환하도록 요구할 수 있다(전자조달법 제14조 제3항, 같은 법 시행령 제9조 제2항).

기획재정부장관은 조달청장에게 위에서 본 권한을 위임한다(전자조달법 제14조 제5항, 같은 법 시행령 제9조 제3항 본문 각호). 다만, 조달청장은 자체전자조달시스템 신규 구축을 허용하거나 기존에 구축된 자체전자조달시스템을 전자조달시스템으로 이용전환하도록 요구할 때 미리 기획재정부장관과 협의해야 한다(같은 법 시행령 제9조 제3항 단서).

3. 수요기관이 아닌 자의 전자조달시스템 이용·활용

수요기관이 아닌 자는 조달청장으로부터 승인을 받아 전자입찰을 실시하거나 전자조달시스템을 이용하여 새로운 서비스를 개발·제공하는 등 전자조달시스템을 이용·활용할 수 있다(전자조달법 제15조 제1항). 그러나 수요기관이 아닌 자가 ① 전자조달시스템의 이용·활용을 위한 신청내용을 허위로 기재한 경우, ② 건전한 입찰질서를 훼손하거나 관계법령을 위반할 목적으로 이용·활용하고자 하는 경우, ③ 그 밖에 수요기관 아닌 자가 전자조달시스템을 이용·활용하는 것이 적절하지 않은 경우로서 최근 3년 이내에 전자조달법 제18조부터 제20조까지를 위반하여 처벌을 받았거나 국세나 지방세를 체납하였거나 국가계약법이나 지방계약법에 따라 부정당업자제재를 받은 경우에는 각 해당하는 자에게 전자조달시스템의 이용·활용을 승인하지 않을 수 있다(전자조달법 제15조 제2항 각호, 같은 법 시행령 제10조 제1호부터 제3호).

4. 전자조달이용자 정보 관리와 보호

가. 계약 관련 정보 등 관리·제공

조달청장은 입찰정보, 계약 관련 정보, 물품목록정보의 관리 및 이용에 관한 법률 제2조 제3호에 따른 물품목록정보를 전자조달시스템에서 체계적으로 관리해야 하고(전자조달법 제16조 제1항), 전자조달시스템으로 처리한 전자기록물을 5년 동안 보존해야 한다(같은 법 시행령 제16조). 그리고 전자조달이용자는 전자조달시스템에서 관리되는 물품목록정보를 등록하거나 수정할 필요가 있는 경우 조달청장에게 물품목록정보의 등록이나 변경을 요청하여야 한다(전자조달법 제16조 제2항).

한편, 조달청장은 수요기관의 장이나 전자조달시스템 이용·활용을 위한 승인을 받은 자가 입찰정보, 계약 관련 정보, 물품목록정보를 제공해 달라고 요청하는 경우, 개인정보보호법에 따라 이를 제공한다(전자조달법 제16조 제3항).

그리고 전자조달시스템을 이용한 계약 관련 정보는 공개를 원칙으로 한다. 다만, 공공기관의 정보공개에 관한 법률이나 국가계약법, 지방계약법 등 개별 법령에서 달리 정한 경우에는 예외로 한다(국가종합전자조달시스템을 이용한 계약사무처리요령 제34조 제1항). 각 수요기관 등 장이 입찰이나 계약을 조달청에 요청하는 경우, 계약 관련 정보 공개 여부를 미리 정한 다음에 계약체결을 요청해야 하고, 전자조달시스템에는 입찰, 계약, 계약이행 등 전체 과정을 조달요청서와 같은 공개기준으로 처리한다(국가종합전자조달시스템을 이용한 계약사무처리요령 제34조 제2항). 또한, 각 수요기관 등 장이 전자조달시스템을 이용하여 입찰이나 계약을 직접 체결하거나 등록하는 경우, 수요기관 등 장이 공개여부를 결정하여 등록하고 입찰, 계약, 계약이행 등 전체 과정을 같은 공개기준으로 처리해야 한다(국가종합전자조달시스템을 이용한 계약사무처리요령 제34조 제3항).

각 수요기관 등 장은 전자조달시스템을 이용한 계약 관련 정보를 비공개하는 경우, 근거 법령을 명시해야 하며 계약 관련 정보 공개 여부를 변경하려는 경우에도 관련법령을 명시하여 조달청장에게 문서로 요청해야 한다(국가종합전자조달시스템을 이용한 계약사무처리요령 제34조 제4항). 계약 관련 정보의 세부적인 공개처리기준은 별표4로 정한다(국가종합전자조달시스템을 이용한 계약사무처리요령 제34조 제5항).

나. 전자조달이용자의 이용자등록

전자조달시스템을 이용하여 수요기관이나 수요기관이 아닌 자와 전자적으로 계약을 체결하려는 자는 전자입찰서 제출마감일까지 전자조달시스템에 이용자등록을 해야 한다(전자조달법 제17조 제1항, 같은 법 시행령 제11조 제1항). 그리고 전자조달이용자는 등록된 정보에 잘못이 있거나 정보가 변경된 경우, 이를 수정·변경하여 등록해야 하는데, 전자서명법 제2조 제6호에 따른 인증서(서명자의 실지명의를 확인할 수 있는 것으로 한정)로 전자조달시스템을 이용해 신청해야 한다(전자조달법 제17조 제2항, 같은 법 시행령 제11조 제2항). 조달청장은 전자조달시스템 이용자등록이나 변경 등에 필요한 사항을 정하기 위해 국가종합전자조달시스템 이용약관을 고시한다(전자조달법 시행령 제11조 제3항).

다. 비밀보호

조달청장은 전자조달이용자의 개인정보, 영업상 비밀 등을 보호하기 위해 영업비밀관리규정의 제정·운용, 영업비밀 표시, 종사자 교육 등 대책을 수립해야 한다(전자조달법 제18조 제1항, 같은 법 시행령 제12조 제2항 제1호부터 제3호). 여기서 영업상 비밀이란 ① 전자조달시스템에서 있었던 거래가 아닌 개별 거래처의 성명·상호·주소 등을 식별할 수 있는 사항, ② 전자조달시스템에서 있었던 거래가 아닌 개별 거래처로부터 공급받은 재화나 용역의 가격·수량 관련 사항, ③ 제조원가 관련 사항, ④ 그 밖에 상당한 노력으로 비밀로 유지된 생산방법, 판매방법, 영업활동에 유용한 기술상·경영상 정보로서 공개될 경우 전자조달이용자에게 손실을 초래하거나 영업에 지장을 줄 우려가 있는 사항을 말한다(전자조달법 시행령 제12조 제1항 제1호부터 제4호).

한편, 수요기관의 장과 계약담당자는 계약상대자의 동의를 받지 않고는 계약상대자의 영업상 비밀을 타인에게 제공하거나 누설해서는 안 된다(전자조달법 제18조 제2항). 전자조달시스템을 관리·운영하는 자나 관리·운영했던 자는 직무상 알게 된 전자문서, 그 밖에 관련 정보를 누설하거나 직무상 목적이 아닌 다른 용도로 이를 자신이 이용하거나 제3자로 하여금 이용하게 해서는 안 된다(전자조달법 제18조 제3항).

라. 전자조달업무의 방해행위 금지

누구든지 전자조달시스템에 거짓 정보나 부정한 명령을 입력하는 등 방법으로 전자조달업무를 방해하여서는 안 된다(전자조달법 제19조 제1항). 또한, 누구든지 전자조달시스템에 보관된 전자문서 그 밖에 관련 정보를 위조·변조하거나 위조·변조된 정보를 행사해서는 안 된다(전자조달법 제19조 제2항).

마. 부정한 전자조달행위의 금지

누구든지 전자입찰에 참여하게 할 목적으로 다른 사람에게 전자서명법 제2조 제6호에 따른 인증서(서명자의 실지명의를 확인할 수 있는 것을 말한다)를 양도·대여하거나 전자입찰에 참여할 목적으로 다른 사람의 인증서를 양도·대여받아서는 안 된다(전자조달법 제20조).

5. 전자조달업무 촉진과 지원

가. 전자조달 교육훈련

조달청장은 전자조달업무를 담당하는 수요기관의 공무원이나 임직원, 전자조달이용자나 그 소속 임직원에게 전자조달시스템 이용·활용과 관련하여 교육훈련을 실시할 수 있다(전자조달법 제21조).

나. 국제협력과 국외수출 촉진

조달청장은 전자조달과 관련하여 국제협력과 전자조달시스템의 국외수출을 촉진하기 위해 ① 전자조달 홍보, ② 기술·인력 교류, ③ 공동조사·연구·기술협력, ④ 국제 표준화, ⑤ 국내기업의 외국정부 전자조달시장 진출 지원·협력, 그 밖에 조달청장이 필요하다고 인정하는 사업을 각각 할 수 있다(전자조달법 제22조).

다. 전자조달지원센터

1) 의의

조달청장은 전자조달시스템의 발전과 안정적인 운영지원 등을 위해 전자조달지원센터를 지정할 수 있다(전자조달법 제23조 제1항). 따라서 조달청장은 전자조달법 제23조, 같은 법 시행령 제13조, 같은 법 시행규칙 제5조 등에서 조달청장에게 위임한 사항과 전자조달지원센터 지정·운영 등에 필요한 사항을 정하기 위해 전자조달지원센터 지정·운영에 관한 고시를 둔다(전자조달지원센터 지정·운영에 관한 고시 제1조).

2) 지정절차

조달청장은 운영사업자를 지정하려면 그 계획을 공고해야 한다. 공고기간은 특별한 사정이 없다면 90일 이상 해야 한다(전자조달지원센터 지정·운영에 관한 고시 제5조 제1항). 전자조달지원센터로 지정받으려는 자는 조달청장에게 기획재정부령으로 정하는 지정신청서를 제출해야 하고,[1] 지정신청서에 법인등기부등본과 정관 등 일정한 서류를 첨부해야 한다(전자조달법 시행령 제13조 제2항, 전자조달지원센터 지정·운영에 관한 고시 제5조 제2항). 지정사항 중 법인명, 대표자, 주된 사무소의 주소를 변경하려는 때에도 지정변경신청서를 제출해야 한다(전자조달법 제23조 제4항, 같은 법 시행령 제13조 제2항, 같은 법 시행규칙 제5조 제1항 각호, 제6조 제1항 각호).[2] 조달청장은 전자정부법 제36조 제1항에 따른 행정정보의 공동이용을 이용하여 법인등기사항증명서를 확인할 수 있다(전자조달법 시행규칙 제5조 제2항).

한편, 조달관리국장은 지정신청을 받으면, 지정요건 충족 여부나 제출서류 기재사항이 사실인지 조사해야 한다(전자조달지원센터 지정·운영에 관한 고시 제6조 제1항). 그리고 지정요건을 충족하는 신청자를 평가한 후 그 결과를 계약심사협의회에 제출해야 한다(전자조달지원센터 지정·운영에 관한 고시 제6조 제2항). 다만, 위에 따른 조사나 평가를 위해 5인 이상으로

---

1) 정관(定款), 사업추진계획서, 자산, 전문 인력, 실적 등 조달청장이 정하는 기준에 적합한지를 확인할 수 있는 서류와 증명자료를 첨부해야 한다(전자조달법 시행규칙 제5조 제1항 각호).
2) 지정서, 변경 사실을 확인할 수 있는 서류를 첨부해야 한다(전자조달법 시행규칙 제6조 제2항 각호).

구성한 지정평가반을 구성하여 운영한다(전자조달지원센터 지정·운영에 관한 고시 제6조 제3항). 마지막으로 계약심사협의회는 제출된 평가결과를 바탕으로 지정여부를 심의해야 한다(전자조달지원센터 지정·운영에 관한 고시 제7조 제1항).

3) 지정기준

전자조달지원센터로 지정받으려면, ① 명확한 사업목표와 현실성 있는 추진계획을 가진 비영리법인일 것, ② 재원조달계획이 합리적일 것, ③ 전자조달법 제23조 제2항에 따른 지원센터 사업수행에 필요한 자산, 전문 인력, 실적 등을 조달청장이 정하는 기준 이상 보유할 것이라는 요건을 충족해야 한다(전자조달법 제23조 제4항, 같은 법 시행령 제13조 제1항 제1호부터 제3호). 조달청장이 정하는 자산, 전문 인력과 실적 등을 살펴보면, 자산은 신청일 기준 2억 원 이상, 전문 인력과 실적은 석사학위 이상이나 국가기술자격법에 따른 기사 이상 등 4인 이상을 갖추거나, 최근 3년 동안 공공분야 정보화시스템 운영이나 공공분야 연구용역 분야 10억 원 이상 수행 경험이 있는 자이다(전자조달지원센터 지정·운영에 관한 고시 제4조 제1호, 제2호).

4) 지정결정

조달청장은 위 지정기준에 적합한 자를 전자조달지원센터로 지정하고, 기획재정부령으로 정한 지정서를 발급해야 한다(전자조달법 제23조 제4항, 같은 법 시행령 제13조 제3항, 같은 법 시행규칙 제5조 제3항, 전자조달지원센터 지정·운영에 관한 고시 제7조 제2항). 이와 같이 전자조달지원센터로 지정받은 자를 운영사업자라고 한다(전자조달지원센터 지정·운영에 관한 고시 제2조 제2호). 이처럼 조달청장이 전자조달지원센터를 지정하는 행위는 해당 사업을 수행할 수 있는 자격을 주는 수익적 행정행위이자 재량행위로 보아야 한다.

한편, 전자조달지원센터를 2개 이상 복수로 지정할 수 있는지 문제되는데, 법령 등에는 기관 개수를 제한하지 않았고, 법문상 전자조달지원센터 지정행위는 재량행위이며, 아래에서 보는 바와 같이 지정결정을 받은 자라 하여 당연히 전자조달지원센터 사업을 할 수 있는 것도 아니다. 또한, 별도 사업위탁과 계약을 체결해야만 비로소 사업을 할 수 있다고 해석해야 하므로, 조달청장은 전자조달지원센터를 2개 이상 지정할 수도 있다고 본다.

5) 사업위탁과 계약

전자조달지원센터 지정을 받은 자가 당연히 지원센터 사업을 수행할 수 있다고 볼 수는 없다. 지원센터 사업은 전자조달법령에서 정한 조달청장의 권한에 포함되기 때문에, 조달청장은 법령에 따라 사업위탁을 받을 사업자를 선정할 뿐이며, 사업계획이나 사업범위 등을 확정하여 이를 위탁한 뒤 계약을 체결해야만 운영사업자가 구체적인 사업을 수행할 수 있다고 본다(전자조달지원센터 지정·운영에 관한 고시 제8조 제5항). 왜냐하면 전자조달지원센터로 지정받은 자가 조달청장에게 사업계획서를 제출했다 하더라도, 조달청장이 사업 수행에 지장이 있다고 판단하는 경우에는 사업위탁과 계약을 하지 않을 수도 있기 때문이다(전자조달지원센터 지정·운영에 관한 고시 제8조 제3항 반대해석). 이처럼 조달청장이 전자조달지원센터 지정을 받은 자에게 지원센터 사업을 위탁하는 행위는 전자조달법이라는 법률에 있는 조달청의 사무 가운데 일부를 국가기관이나 지방자치단체가 아닌 법인·단체나 그 기관이나 개인에게 맡겨서 그 명의와 책임 아래 행사하도록 하는 민간위탁에 해당한다(행정권한의 위임 및 위탁에 관한 규정 제2조 제3호 참조).

이에 조달청장은 운영사업자에게 사업범위에 속하는 사무 전부나 일부를 위탁할 수 있는데, 원칙적으로 안정적인 운영을 위해 3년 단위로 위탁한다. 그리고 매년 사업개시 전에 사업범위와 사업예산 등 사업계획을 운영사업자에게 통지해야 한다(전자조달지원센터 지정·운영에 관한 고시 제8조 제1항). 위 통지를 받은 운영사업자는 통지받은 날부터 30일 안에 조달청장에게 '조직 및 사업관리 계획' 등이 포함된 사업계획서를 제출해야 한다(전자조달지원센터 지정·운영에 관한 고시 제8조 제2항). 조달청장은 제출받은 사업계획서를 검토하여 사업수행에 지장이 없다고 판단하면 운영사업자에게 사업을 위탁할 수 있고(전자조달지원센터 지정·운영에 관한 고시 제8조 제3항), 국가계약법 제7조와 같은 법 시행령 제26조 제1항 제5호 마목에서 정하는 바에 따라 계약을 체결한다(전자조달지원센터 지정·운영에 관한 고시 제8조 제5항).

한편, 사업위탁을 받은 운영사업자는 위탁받은 업무 중 일부를 제3자에게 재위탁할 수도 있지만, 조달청장으로부터 사전 승인을 받아야 하므로(전자조달지원센터 지정·운영에 관한 고시 제8조 제4항), 사전 승인 없는 재위탁은 위법하다. 따라서 조달청장은 운영사업자에게 필요한 지시나 조치를 명령할 수 있고(행정권한의 위임 및 위탁에 관한 규정 제10조, 제14조 제1항), 이에 불응하면 위탁을 취소하거나 정지할 수도 있다(행정권한의 위임 및 위탁에 관한 규정 제14조 제3항).

6) 사업범위

전자조달지원센터는 ① 전자조달시스템의 관리와 운영지원, ② 전자조달시스템의 안정적 운영을 위한 기술연구, ③ 전자조달시스템 이용자 교육지원, ④ 전자조달시스템의 국외시장 개척과 수출지원, ⑤ 조달업무의 전자화 촉진·활성화에 필요한 연구개발, ⑥ 전자조달과 관련한 국제협력과 홍보 지원, ⑦ 국내기업의 외국정부 전자조달시장 진출 지원과 협력사업, ⑧ 그 밖에 수요기관의 장이 위탁하는 사업, ⑨ 위 각 사업을 수행하는 데 필요한 경비를 조달하기 위한 수익사업을 각 수행한다(전자조달법 제23조 제2항 각호, 전자조달지원센터 지정·운영에 관한 고시 제3조 제1호부터 제9호). 그리고 전자조달지원센터는 위 사업을 수행하는 데 필요한 경비를 조달하기 위하여 수익사업을 할 수 있다(전자조달법 제23조 제3항). 또한, 조달청장은 전자조달지원센터가 수행하는 사업에 드는 경비 전부나 일부를 예산의 범위에서 지원할 수 있다(전자조달법 시행령 제13조 제4항).

경비 지원을 받은 전자조달지원센터는 해당 연도 사업이 끝난 후 2개월 안에 조달청장에게 해당 연도 사업추진실적, 예산집행실적, 다음 연도 사업계획을 제출해야 한다(전자조달법 시행령 제13조 제5항).

7) 관리감독

조달청장은 운영사업자에게 위탁사무 운영과 관련하여 감독에 필요한 명령을 할 수 있고(전자조달지원센터 지정·운영에 관한 고시 제9조 제1항), 매년 계약체결 전과 그 밖에 필요한 때에 운영사업자가 지정요건을 갖추었는지 조사할 수 있다(전자조달지원센터 지정·운영에 관한 고시 제9조 제2항). 또한, 조달청장은 필요한 경우 운영사업자에게 전문기관에서 보안과 운영상태의 진단을 받도록 요구할 수 있다(전자조달지원센터 지정·운영에 관한 고시 제11조 제2항).

반대로 운영사업자는 매년 결산 후 30일 안에 조달청장에게 ① 지원센터 운영사업 관련 신규·계속 사업, ② 지원센터 운영사업 관련 매출액·총비용, 사업추진실적을 보고해야 한다(전자조달지원센터 지정·운영에 관한 고시 제9조 제3항 제1호, 제2호). 그리고 운영사업자는 이용자에게 최상의 서비스를 제공하기 위해 만족도 조사 등으로 지속적인 서비스 개선을 위해 필요한 조치를 해야 하고, 그 결과를 조달청장에게 보고해야 한다(전자조달지원센터 지정·운영에 관한 고시 제9조 제4항). 아울러, 전자문서의 보안을 위해 안전관리체계, 물리적 안전대책, 기술적 안전대책, 개인정보보호 대책, 보안교육 및 훈련을 포함한 보호대책을 수립하여 지정받은 날부터 30일 안에 조달청장의 승인을 받아 시행해야 한다(전자조달지원센터 지정·운영에 관한 고시 제11조 제1항 제1호부터 제5호).

8) 지정·위탁취소 등

조달청장은 전자조달지원센터가 ① 정당한 사유 없이 계속하여 2년 이상 사업추진 실적이 없는 경우, ② 전자조달법 제23조 제2항에 따른 사업을 수행할 능력을 상실한 경우, ③ 제23조 제5항에 따른 지정기준에 적합하지 않은 경우 그 지정을 취소하거나 6개월 이내 기간을 정하여 업무정지를 명할 수 있다(전자조달법 제24조 제2호, 제3호, 제4호). 그 밖에도 사무처리가 위법하거나 부당하다고 인정할 때도 사업위탁을 정지할 수 있다(행정권한의 위임 및 위탁에 관한 규정 제10조, 제14조 제3항).

한편, 위 전자조달지원센터가 거짓이나 그 밖에 부정한 방법으로 지원센터로 지정받은 경우, 조달청장은 지원센터 지정을 취소해야 한다(전자조달법 제24조 제1호). 그리고 사무처리가 위법하거나 부당하다고 인정할 때는 조달청장이 재량에 따라 사업위탁을 취소할 수 있다(행정권한의 위임 및 위탁에 관한 규정 제10조, 제14조 제3항).

위와 같은 지정취소나 업무정지, 사업위탁 정지는 모두 침익적 행정처분에 해당한다. 따라서 조달청장이 사업위탁을 취소·정지할 때는 운영사업자에게 그 사유를 문서로 통보하고, 사전 의견진술 기회를 주어야 하고(행정권한의 위임 및 위탁에 관한 규정 제14조 제4항). 전자조달지원센터 지정을 취소할 때는 행정절차법에 따른 청문을 실시해야 한다(전자조달지원센터 지정·운영에 관한 고시 제12조).

제 2 절 유형별 공공조달플랫폼

Ⅰ. 나라장터 종합쇼핑몰

1. 의의

나라장터 종합쇼핑몰(이하 '종합쇼핑몰')이란, 조달청장이 국가계약법 제22조, 조달사업법 제12조, 제13조, 제14조에 따른 단가계약 등 방법으로 체결한 수요물자를 수요기관에게 공급하기 위해 나라장터에 개설한 온라인 쇼핑몰이다. 조달청장은 종합쇼핑몰 등록이나 관리에 필요한 사항을 정하기 위해 국가종합전자조달시스템 종합쇼핑몰 운영규정을 고시한다. 따라서 수요물자의 종합쇼핑몰 등록과 관리에 필요한 사항은 다른 법령 등에서 별도로 정하는 것을 제외하고는 국가종합전자조달시스템 종합쇼핑몰 운영규정에 따른다(국가종합전자조달시스템 종합쇼핑몰 운영규정 제3조). 그 밖에 시스템 운영, 구성, 변경, 성능, 보안, 장애, 백업 등의 관리에 필요한 사항은 국가종합전자조달시스템 관리규정을 따른다(국가종합전자조달시스템 종합쇼핑몰 운영규정 제18조 제1항).

2. 서비스 범위

종합쇼핑몰은 ① 조달청과 단가계약이 체결된 수요물자의 종합쇼핑몰 등록, 계약상대자 요청에 따른 등록내용 변경, 상품판매 중지 등, ② 수요기관의 수요물자 납품요구, 납품요구 변경, 교환이나 사후관리 신청, 검사 검수, 대금지급 등에 따른 전자적 조달업무 지원, ③ 수요기관의 수요물자 구매에 필요한 계약상품의 계약정보, 상품정보, 계약상대자 정보 등 제공, ④ 종합쇼핑몰 운영에 필요한 관련사항 공지와 다수공급자계약 대상 수요물자의 구매공고 제공 등, ⑤ 다수공급자계약 희망물품 신청, ⑥ 계약상품 홍보를 위한 할인행사, 기획전 등 지원과 같은 서비스를 제공한다(국가종합전자조달시스템 종합쇼핑몰 운영규정 제4조 제1호부터 제6호).

3. 종합쇼핑몰 상품등록

가. 의의

종합쇼핑몰 상품등록이란 계약담당공무원이 계약상대자와 단가계약한 수요물자를 전자적으로 거래하도록 종합쇼핑몰에 등록하는 것을 말한다(국가종합전자조달시스템 종합쇼핑몰 운영규정 제2조 제1항 제7호).

나. 내용

1) 상품등록 유지

계약담당공무원은 계약조건에 따라 계약을 해제·해지하거나 거래정지가 있는 경우를 제외하고 수요기관이 언제든지 주문할 수 있도록 상품등록을 유지해야 한다. 다만, 계약품목 단종 등으로 수정계약이 진행 중이거나 거래정지 여부를 심의 중인 품목은 예외로 하고(국가종합전자조달시스템 종합쇼핑몰 운영규정 제5조 제1항), 여기에 해당하는 품목은 공공기관 구매담당자가 사전에 인지하도록 종합쇼핑몰 게시판 등에 단종모델 예고와 공급중단품목 등 공지를 해야 한다(국가종합전자조달시스템 종합쇼핑몰 운영규정 제5조 제2항).

2) 중소기업자 상품

계약담당공무원은 종합쇼핑몰을 활용한 수요물자 공급에서 국가계약법 제4조 제1항 제2호에 해당하는 경우, WTO 정부조달협정이나 우리나라가 체결한 자유무역협정에 반하지 않는 범위에서 판로지원법 제9조에 따라 직접생산이 확인된 중소기업자 상품에 한정하여 등록할 수 있다. 다만, 중소벤처기업부장관이 중소기업자간 경쟁입찰의 예외로 인정한 상품은 판로지원법 제2조에 따른 중소기업이 아닌 자가 생산한 상품도 등록할 수 있다(국가종합전자조달시스템 종합쇼핑몰 운영규정 제5조 제3항).

3) 제조자 정보 입력

계약담당공무원은 제조자와 계약상대자가 다른 경우, 계약상대자로 하여금 제조자 정보를 입력하게 할 수 있다(국가종합전자조달시스템 종합쇼핑몰 운영규정 제5조 제4항).

4) 상품정보 등록·수정

상품정보란 '상품일반정보(계약상대자가 목록정보시스템에 계약상품을 등록한 정보)', '상품상세정보', '인증정보', '유의어정보', '원산지정보' 등 수요기관의 구매의사결정에 필요한 정보를 말한다(국가종합전자조달시스템 종합쇼핑몰 운영규정 제2조 제1항 제6호).

계약담당공무원은 수요기관의 구매의사결정에 필요한 상품정보를 정할 수 있으며, 계약상대자는 해당 상품정보를 등록해야 한다(국가종합전자조달시스템 종합쇼핑몰 운영규정 제6조 제1항). 따라서 계약상대자는 최신 '상품정보'를 유지해야 하며, 등록된 상품정보가 기재 오류, 누락 등으로 사실과 다를 경우 지체없이 계약담당공무원에게 상품정보의 수정이나 변경을 요청해야 한다(국가종합전자조달시스템 종합쇼핑몰 운영규정 제6조 제2항). 그리고 계약상대자가 상품정보 변경사항 중 '상품일반정보'를 변경하려면 사전에 계약담당공무원과 목록정보 변경사항을 협의해야 한다(국가종합전자조달시스템 종합쇼핑몰 운영규정 제6조 제3항).

따라서 계약담당공무원은 정기·수시로 등록된 상품정보를 점검하며 기재 오류, 누락 등이 있어 사실과 다른 것을 확인하면 지체없이 수정 등 조치를 해야 한다(국가종합전자조달시스템 종합쇼핑몰 운영규정 제5조 제5항).

4. 종합쇼핑몰 상품 원산지 정보 관리

가. 원산지 개념

원산지란 자유무역협정의 이행을 위한 관세법의 특례에 관한 법률 제2조 제4호에서 정한 국가를 말한다(국가종합전자조달시스템 종합쇼핑몰 운영규정 제2조 제1항 제9호).

나. 원산지 입력과 신고

종합쇼핑몰에 상품등록을 원하는 계약상대자는 다수공급자계약인 경우 협상품목을 등록할 때 나라장터에 입력, 일반 단가계약이나 제3자 단가계약인 경우 계약서를 작성할 때 나라장터에 입력하는 방법으로 해당 상품의 원산지를 신고해야 한다(국가종합전자조달시스템 종합쇼핑몰 운영규정 제9조 제1항 제1호, 제2호). 원산지는 국내 생산상품인 경우 "원산지 : 대한민국"으로, 수입상품인 경우 "원산지 : 해당국명"으로, 제10조 제1항 제3호에 따라 수입원료를 사용하여 국내 생산·유통되거나 판매되는 상품인 경우 "원산지 : 대한민국"으로, 제10조 제2항에 따라 수입원료를 사용하여 국내 생산·유통되거나 판매되는 상품인 경우 "가공국(또는 조립국) : 대한민국"으로 각 명시한다(국가종합전자조달시스템 종합쇼핑몰 운영규정 제9조 제2항 제1호, 제2호).

다. 원산지 판정 기준

종합쇼핑몰 등록상품의 원산지는 대외무역법 시행령 제61조, 대외무역관리규정 제85조, 제86조에 따라 다음과 같이 결정한다(국가종합전자조달시스템 종합쇼핑몰 운영규정 제10조 제1항).

다만, 원산지 판정기준으로 원용한 대외무역법 시행령이나 대외무역관리규정 등이 개정된 경우에는 개정기준에 따른다(국가종합전자조달시스템 종합쇼핑몰 운영규정 제10조 제3항).

첫째, 해당 상품 전부가 우리나라에서 채취·생산되는 경우에는 대한민국을 원산지로 한다.

둘째, 수입상품 중 ① 해당 상품 전부가 1개국에서 채취·생산되는 경우에는 해당 국가를, ② 생산·가공 과정에서 둘 이상 국가가 관련된 경우에는 최종적으로 실질적 변형을 가한 국가를 원산지로 한다.

셋째, 수입원료를 사용하여 국내 생산·유통되고 판매되는 상품으로서 ① 우리나라에서 제조·가공과정을 거쳐 수입원료의 세번과 다른 세번(HS 6단위 기준)의 상품을 생산하거나 세번 HS 4단위에 해당하는 상품의 세번이 HS 6단위에서 전혀 분류되지 아니한 상품으로서, 해당 상품의 총 제조원가 중 수입원료의 수입가격(CIF가격 기준)을 공제한 금액이 총 제조원가의 100분의 51 이상인 경우, ② 우리나라에서 단순한 가공활동이 아닌 제조·가공과정을 거쳐 세번 변경이 안 된 상품을 최종 생산하고, 해당 상품의 총 제조원가 중 수입원료의 수입가격(CIF가격 기준)을 공제한 금액이 총 제조원가의 100분의 85 이상인 경우 중 어느 하나에 해당하면 대한민국을 원산지로 한다.

넷째, 수입원료를 사용한 국내 생산상품 중 위와 같은 원산지 규정을 충족하지 않으면 대한민국을 "가공국"이나 "조립국"으로 한다.

라. 원산시 명시 방법 특례

계약담당공무원은 수요물자의 품질관리 등을 위해 필요하면, 제10조 제1항 제3호와 제2항에 따른 상품 중에서 해당 상품의 원산지 외에 주요부품[1]이나 핵심부품[2]의 원산지를 명시할 상품을 WTO 정부조달협정이나 우리나라가 체결한 자유무역협정에 위배되지 않는 범위에서 지정할 수 있으며 자세한 대상 상품은 별표1로 정한다(국가종합전자조달시스템 종합쇼핑몰 운영규정 제11조 제1항). 여기에 해당하는 상품은 전년도 수입상품 공급현황, 공급상품의 품질 등을 종합적으로 고려하여 지정하며 구매업무심의회 심의를 거쳐 정하여야 한다(국가종합전자조달시스템 종합쇼핑몰 운영규정 제11조 제2항). 계약담당공무원은 위 상품을 지정할 때 해당상품의 품명, 특별히 관리하려고 하는 대상(주요부품이나 핵심부품, 핵심부품인 경우 그 명칭 등)을 명확히 하여야 한다(국가종합전자조달시스템 종합쇼핑몰 운영규정 제11조 제3항).

이에 따라 제10조 제1항 제3호에 해당하는 수입원료를 사용하여 국내 생산·유통되거나

1) 주요부품이란 해당 상품의 제조원가에서 차지하는 구성비율이 높은 상위 2개 부품을 말한다(국가종합전자조달시스템 종합쇼핑몰 운영규정 제2조 제1항 제10호).
2) 핵심부품이란 해당 상품의 기술적인 성능을 결정하는 부품으로 계약담당공무원이 지정공고한 것을 말한다(국가종합전자조달시스템 종합쇼핑몰 운영규정 제2조 제1항 제11호).

판매되는 상품은 "원산지 : 대한민국(주요부품 또는 핵심부품의 원산지 : ○○(국명), ○○(국명))"으로, 제10조 제2항에 해당하는 수입원료를 사용하여 국내 생산·유통되거나 판매되는 상품은 "가공국 또는 조립국 : 대한민국(주요부품 또는 핵심부품의 원산지 : ○○(국명), ○○(국명))"으로 각 명시한다(국가종합전자조달시스템 종합쇼핑몰 운영규정 제11조 제4항 제1호, 제2호).

그리고 계약담당공무원은 종합쇼핑몰에 등록되는 상품의 입찰이나 구매 공고를 할 때 입찰에 참가하는 조달업체가 해당 상품의 원산지와 주요부품의 원산지를 신고하도록 공고하는 등 원산지 명시를 위해 필요한 조치를 하여야 한다(국가종합전자조달시스템 종합쇼핑몰 운영규정 제11조 제5항).

마. 원산지 규정 위반에 따른 조치

계약담당공무원은 조달업체가 원산지를 허위로 명시하면, 국가계약법령이나 관련 규정·조건 등에 따라 거래정지, 부정당업자제재 등 조치를 할 수 있다(국가종합전자조달시스템 종합쇼핑몰 운영규정 제12조).

5. 종합쇼핑몰 운영·관리

가. 구성

종합쇼핑몰 인터넷주소는 'http://shopping.g2b.go.kr'이고, 조달청장은 수요기관이 구매하기에 편리하도록 종합쇼핑몰의 상품카테고리를 구성하여 운영해야 한다(국가종합전자조달시스템 종합쇼핑몰 운영규정 제13조 제1항, 제2항).

나. 상품과 업체 정렬 기준

종합쇼핑몰의 상품리스트에서 상품이 정렬되는 기준은 낮은 가격 순으로 한다. 다만, 상품 검색에서 정렬기준은 세부품명단위로 하되, 숫자(오름차순), 영문(알파벳순), 국문(가, 나, 다순) 순으로 하고, '기타+세부품명'은 각 정렬 기준의 마지막 순으로 한다(국가종합전자조달시스템 종합쇼핑몰 운영규정 제14조 제1항). 종합쇼핑몰의 "업체리스트"에서 업체명이 정렬되는 기준은 우수조달물품, 일반상품, 기술품질 인증상품 등 분류기준 내에서 매 3일마다 무작위로 변경하는 것을 우선으로 한다(국가종합전자조달시스템 종합쇼핑몰 운영규정 제14조 제2항). 다만, 조달청장은 필요하면 정렬 기준을 변경하여 운영할 수 있다(국가종합전자조달시스템 종합쇼핑몰 운영규정 제14조 제3항).

다. 할인행사

계약담당공무원은 ① 다수공급자계약 상품은 물품 다수공급자계약 특수조건 제12조나 용역 다수공급자계약 특수조건 제14조(다만, 다수공급자계약 상품 중 할인행사와 관련한 별도 규정이 있으면 해당 규정을 우선 적용)에 따라, ② 정부조달 문화상품은 정부조달 문화상품 구매계약 특수조건 제13조에 따라, ③ 우수조달물품은 우수조달물품 지정관리 규정 제18조의4에 따라, ④ 상용소프트웨어 제3자단가계약 상품은 상용소프트웨어 제3자단가계약 추가특수조건 제15조에 따라, 계약상대자로 하여금 계약상품을 대상으로 할인행사를 실시하도록 할 수 있다(국가종합전자조달시스템 종합쇼핑몰 운영규정 제15조 제1호부터 제3호, 제5호).

라. 기획전

조달청장은 종합쇼핑몰에 등록된 상품을 대상으로 위에서 본 할인행사가 아닌 조달청 주관으로 가격 할인, 상품 홍보 등 내용이 포함된 기획전을 실시할 수 있다(국가종합전자조달시스템 종합쇼핑몰 운영규정 제16조 제1항). 기획전 기간은 조달청장이 종합쇼핑몰 게시판 등에 공고하는 바에 따르며, 가격 할인이 포함된 할인상품기획전을 실시하려면 참여할 계약상대자의 신청을 받는 기간을 종합쇼핑몰 게시판 등에 별도로 공고한다(국가종합전자조달시스템 종합쇼핑몰 운영규정 제16조 제2항). 할인상품기획전에 참여한 횟수는 할인행사 가능횟수에서 차감하지 않는다(국가종합전자조달시스템 종합쇼핑몰 운영규정 제16조 제3항). 계약담당공무원은 할인상품기획전 기간 중에계약상대자로 하여금 같은 세부품명을 대상으로 중복하여 기획전에 참여하지 못하게 하며, 기획전 참여를 취소하거나 참여내용을 변경하게 할 수 없다. 다만, 할인대상 수량이 소진될 경우 판매종료로 처리하거나 계약상대자 요청이 있으면 할인대상 수량을 늘릴 수 있다(국가종합전자조달시스템 종합쇼핑몰 운영규정 제16조 제4항). 할인상품기획전 기간 중에는 제15조에 따른 할인행사를 중복하여 실시할 수 없다(국가종합전자조달시스템 종합쇼핑몰 운영규정 제16조 제5항). 계약담당공무원은 할인상품기획전에 참가한 계약상품에 대해 각 수요물자별 계약규정에 따른 우대가격유지의무를 적용하지 않는다(국가종합전자조달시스템 종합쇼핑몰 운영규정 제16조 제6항).

마. 홍보물과 콘텐츠 제작

조달청장은 종합쇼핑몰에 등록된 이미지 등 상품정보를 종합쇼핑몰 내 화면콘텐츠 제작, 제16조에 따른 기획전 홍보물 제작 등에 사용할 수 있다(국가종합전자조달시스템 종합쇼핑몰 운영규정 제17조).

6. 디지털서비스몰 운영·관리

디지털서비스몰의 인터넷주소는 'http://digitalmall.g2b.go.kr'로 하고(국가종합전자조달시스템 종합쇼핑몰 운영규정 제19조 제1항), 조달청장은 ① 조달사업법 시행령 제16조 제3항에 따른 카탈로그 계약상품, ② 상용소프트웨어 제3자단가계약과 다수공급자계약 상품, ③ 그 밖에 조달청장이 디지털서비스몰에 등록하는 것이 적합하다고 판단하는 단가계약 상품을 대상으로 단가계약을 체결한 계약상대자의 수요물자를 수요기관이 전자적으로 구매할 수 있도록 디지털서비스몰을 운영할 수 있다(국가종합전자조달시스템 종합쇼핑몰 운영규정 제19조 제2항). 디지털서비스몰 운영도 종합쇼핑몰 운영 등과 관련한 규정인 제2조부터 제18조까지를 똑같이 적용한다(국가종합전자조달시스템 종합쇼핑몰 운영규정 제19조 제3항).

Ⅱ. 혁신장터

1. 의의

혁신장터란 공공서비스 질 향상과 기술혁신을 촉진하기 위해 조달청에서 구축·운영하는 혁신제품 전용몰, 공공 연구개발 수요조사 통합 창구, 수요공급 커뮤니티, 혁신조달제도 운영정보화로 구성된 전자조달시스템을 말한다(조달청 혁신장터 운영규정 제2조 제1호).

즉, 조달청장은 혁신제품의 공공구매를 지원할 수 있고, 그 방법 가운데 하나로 혁신제품 공공구매 지원 시스템을 구축하고 운영할 수 있으므로(조달사업법 제27조 제1항 제2호). 이에 따라 구축·운영한 전자조달시스템을 혁신장터라 한다. 혁신제품 구축·운영에 필요한 사항은 조달청장이 기획재정부장관과 협의하여 정하며(조달사업법 시행령 제33조 제12항), 조달청은 조달청 혁신장터 운영규정과 조달청 혁신장터 이용약관을 마련했다.

2. 구성

혁신장터는 도메인명 http://ppi.g2b.go.kr과 ① 혁신제품 전용몰, ② 공공 연구개발 수요조사 통합창구, ③ 수요공급 커뮤니티, ④ 혁신조달제도 운영정보화로 구성된다(조달청 혁신장터 운영규정 제3조).

첫째, 혁신제품 전용몰이란 혁신장터 안에 있는 혁신제품 전용 온라인 제품몰을 말한다(조달청 혁신장터 운영규정 제2조 제2호). 혁신제품의 의미는 앞에서 살펴본 바와 같다.

둘째, 공공 연구개발 수요조사 통합창구란 부처별로 분산된 공공 연구개발 수요조사를 통합 운영하기 위해 구축한 창구를 말한다(조달청 혁신장터 운영규정 제2조 제4호).

셋째, 수요공급 커뮤니티란 혁신수요와 공급정보를 양방향으로 소통할 수 있는 창구를 말한다(조달청 혁신장터 운영규정 제2조 제5호).

넷째, 혁신조달제도 운영정보화란 혁신조달제도의 온라인 운영을 위해 정보화하는 것을 말한다(조달청 혁신장터 운영규정 제2조 제6호).

아래에서는 혁신장터에서 가장 중요한 구성 부분인 혁신제품 전용몰을 중심으로 살펴본다.

3. 기능

조달청장은 혁신장터에서 혁신제품 등록·거래·홍보, 혁신조달제품 운영정보화 등을 지원할 수 있다(조달사업법 시행령 제33조 제8항). 이에 주요 서비스 범위는 혁신제품 등록·거래·홍보 지원, 국가연구개발사업 수요조사 통합 지원을 위한 공공 수요조사 창구 운영, 도전적 조달수요발굴을 위한 수요공급 커뮤니티 운영·관리, 혁신시제품 시범구매사업, 단계적 협의에 따른 과업확정방식(경쟁적 대화방식) 계약절차, 혁신조달 경진대회 운영 등 혁신조달제도 운영정보화를 포함한다(조달청 혁신장터 운영규정 제4조 제1호부터 제4호).

4. 혁신제품 전용몰

가. 서비스 범위

조달서업법 제2조 제5호에 따른 수요기관으로서 조달업무를 수행하기 위해 나라장터에 등록힌 기관 가운데 조달청 혁신장터 이용약관에 동의하고 혁신장터를 이용하는 기관(이하 '이용기관')은 혁신제품 전용몰에서 혁신제품 구매와 계약, 혁신제품 테스트와 공급협약, 업체정보와 제품정보, 가격정보 등 정보이용과 그 밖에 처리기능을 이용할 수 있다(조달청 혁신장터 이용약관 제6조 제1호부터 제3호).

그리고 이용약관에 동의하고 혁신장터를 이용하는 조달업체(이하 '이용업체')는 혁신제품 전용몰에서 혁신제품을 등록하여 업체와 제품을 홍보하고, 혁신제품 판매와 현황을 조회하며, 혁신제품 공급 업체별 거래 실적 통계 정보 등 정보이용과 그 밖에 처리기능을 이용할 수 있다(조달청 혁신장터 이용약관 제10조 제1호부터 제3호).

나. 혁신제품 등록

1) 입찰참가자격등록 등 사전절차

신청업체는 혁신제품 전용몰 등록신청 전에 국가종합전자조달시스템 입찰참가자격등록규정 제13조에 따라 입찰참가자격등록을 하여야 하고, 그와 별개로 대상 혁신제품을 위해 상품정보시스템에 목록화 요청을 하여 물품목록번호를 부여받아야 한다. 신청업체는 혁신제품 전용몰 등록신청 서류제출 신뢰서약서와 등록신청자료 공개동의서를 제출하여야 한다(조달청 혁신장터 운영규정 제7조 제1항부터 제3항).

2) 업체정보 등록신청

신청업체는 업체정보 등록신청을 할 때 사업자등록번호, 업체명, 주소, 전화번호, 담당자정보 등 업체 일반정보를 등록신청해야 한다. 다만, 혁신장터에 나라장터 입찰참가자격정보가 연계된 경우에는 업체 일반정보 등록절차를 생략할 수 있다. 또한, 신청업체는 위 기본정보와 아울러 회사소개, 홍보이미지, 홍보동영상 등 기업 홍보를 위한 별도의 자료를 업체 홍보정보로 등록할 수 있다(조달청 혁신장터 운영규정 제8조 제1항부터 제3항).

3) 등록대상과 등록제외

혁신제품 전용몰 등록대상은 조달정책심의위원회의 심의를 거쳐 지정받은 혁신제품이다. 신청업체는 등록신청일 기준 혁신제품 관련 인증이나 지정기간이 1개월 이상 남은 제품을 혁신제품 전용몰에 등록신청할 수 있다(조달청 혁신장터 운영규정 제5조 제1항 제2항).

다만, ① 신청서류를 위조·변조하거나 허위서류를 제출한 경우, ② 휴·폐업, 부도, 파산 상태에 있는 업체, ③ 부정당업자 제재 중인 업체, ④ 소비재 완성품이 아닌 반제품에 해당하는 제품, ⑤ 혁신제품 전용몰 제품등록이 취소된 제품을 등록취소 후 6개월 안에 다시 등록신청한 경우, ⑥ 등록신청일 기준으로 혁신제품 관련 인증이나 지정기간이 1개월 미만으로 남은 경우, ⑦ 그 밖에 조달청장이 부적합하다고 판단하는 경우 가운데 하나에 해당하면, 혁신제품 전용몰 등록자격 검토과정에서 제외할 수 있다(조달청 혁신장터 운영규정 제6조 제1호부터 제7호).

4) 제품정보 등록신청

조달청장은 이용기관의 구매의사 결정을 돕기 위해 등록 제품별로 각각 물품식별번호 등 제품 기본정보, 인증정보, 가격정보 등 정보 등록이 필요한 사항을 정할 수 있다(조달청 혁신장터 운영규정 제9조 제1항). 이에 따라 신청업체가 제품 기본정보를 입력하는 경우, 제품의 특징을 잘 설명하고 이용기관이 이해하기 쉽도록 제품명과 모델명, 규격내용, 제품설명을 작성하고, 희망가격, 납품조건을 입력해야 한다(조달청 혁신장터 운영규정 제9조 제2항). 신청업체는 물품분류번호, 물품식별번호와 별도로 이용기관이 원활히 제품을 검색할 수 있도록 제품카테고리를 선택하고, 키워드를 입력할 수 있다(조달청 혁신장터 운영규정 제9조 제3항).

한편, 신청업체는 혁신제품인증소명자료, 규격서와 법정의무인증자료를 반드시 제출하여야 한다(조달청 혁신장터 운영규정 제9조 제4항). 여기서 혁신제품인증소명자료란 등록신청한 제품이 인증이나 지정을 받았다는 사실을 소명하기 위해 해당 인증·지정기관으로부터 발급·확인받은 문서를, 규격서란 해당 인증·지정기관으로부터 발급·확인받은 해당 신청제품 규격서를, 법정의무인증자료란 관계법령과 규정에 따라 허가·인가·면허·등록·신고 등이 필요하거나 자격요건을 갖추어야 하는 경우, 해당 허가·인가·면허·등록·신고 등을 받았거나 해당 자격요건에 적합하다는 사실을 증빙할 수 있는 자료와 법정인증제품 납품 확약서를 각각 말한다(조달청 혁신장터 운영규정 제9조 제5항부터 제7항). 조달청장은 위와 같이 제출받은 등록신청자료를 등록신청자료 공개동의서에 근거하여 구매 의사결정에 참고할 수 있도록 이용기관에게 공개할 수 있다(조달청 혁신장터 운영규정 제10조).

나아가, 신청업체는 등록 신청제품과 관련 있는 인증이 있으면, 관련 인증명, 유효기간, 인증서 사본을 등록하여야 한다(조달청 혁신장터 운영규정 제9조 제8항). 또한, 신청업체는 등록제품과 관련한 상세 이미지, 3D나 VR을 활용한 그 밖에 제품 소개 이미지, 제품 소개 동영상을 제품 홍보용으로 등록할 수도 있다(조달청 혁신장터 운영규정 제9조 제9항).

5) 등록자격검토와 결과통보

조달청장은 제출받은 등록신청자료의 구비요건, 신청업체의 자격조건 등을 기초로 등록자격을 검토하여 승인 여부를 결정할 수 있고, 신청업체는 등록자격 검토를 위해 조달청장이 요청하는 사항에 협조해야 한다(조달청 혁신장터 운영규정 제11조 제1항). 다만, 혁신장터 등록자격 검토나 승인 권한은 혁신제품 인증·지정기관(전담기관)에 줄 수 있다(조달청 혁신장터 운영규정 제11조 제2항).

조달청장이나 등록자격검토 등 권한을 받은 인증·지정기관(전담기관)은 제출받은 서류가 누락되었거나 불명확하면, 신청업체에게 기한을 정하여 보완을 요구할 수 있다. 다만, 신청업체가 그 기간 안에 요청받은 내용을 보완하지 않거나 신청업체 스스로 신청서류 반려를 요청하면, 신청서류를 반려할 수 있다(조달청 혁신장터 운영규정 제11조 제3항).

조달청장이나 등록자격검토 등 권한을 받은 인증·지정기관(전담기관)은 등록자격검토 과정에서 반려한 신청 건의 신청업체에게 반려 여부와 사유를 통보한다(조달청 혁신장터 운영규정 제11조 제4항). 신청서류는 신청업체가 서류보완 기한까지 신청을 철회하면 반환할 수 있으며, 신청업체 동의 없이 그 내용을 공개하지 않는다(조달청 혁신장터 운영규정 제11조 제5항).

6) 업체정보 등 관리

이처럼 등록자격검토를 거쳐 혁신제품 전용몰에 제품을 등록한 업체는 업체정보 등에 변동사항이 생기면, 지체 없이 해당 정보를 수정해야 하며, 항상 이를 최신 상태로 관리해야 한다(조달청 혁신장터 운영규정 제12조).

7) 등록기간과 연장

혁신제품 전용몰 제품 등록기간은 수의계약 할 수 있는 기간으로 한다(조달청 혁신장터 운영규정 제13조 제1항). 다만, 혁신제품 인증기간이나 지정기간이 연장되었다면, 수의계약 할 수 있는 범위에서 등록기간을 연장할 수 있다(조달청 혁신장터 운영규정 제13조 제2항).

혁신제품 전용몰 등록기간을 연장하려는 혁신제품 전용몰 등록기업은 등록기간연장신청서에 증빙서류를 첨부하여 조달청장에게 등록기간 연장을 신청해야 한다(조달청 혁신장터 운영규정 제13조 제3항). 조달청장은 혁신제품 인증기간이나 지정기간(연장기간 포함) 정보를 해당 인증·지정기관으로부터 연계 받아 등록기간을 검토·수정하면서 활용할 수 있다(조달청 혁신장터 운영규정 제13조 제4항).

8) 희망가격등록과 조정

혁신제품 전용몰 등록기업은 제품 단가를 최초 등록할 때 희망가격을 입력하고, 이용기관이 구매 의사결정에 참고할 수 있도록 원가계산가격, 업체공표가격 등 가격자료와 관련 증빙자료를 함께 제출할 수 있다(조달청 혁신장터 운영규정 제14조 제1항). 그러나 물가변동 등에 따라 희망가격을 조정할 필요가 있으면 희망가격을 변경할 수 있다(조달청 혁신장터 운영규정 제14조 제2항).

혁신장터 시스템 관리자는 가격자료와 혁신제품 전용몰 등록 이후 해당 물품이 포함된 계약의 총계약금액, 수요기관, 거래일자, 위에 따라 조정된 희망가격 변동 추이를 혁신장터에 표시할 수 있다(조달청 혁신장터 운영규정 제14조 제3항).

다. 혁신제품 구매·계약

1) 구매·계약

이용기관은 나라장터를 이용하여 계약서를 작성하고 혁신제품 전용물 등록기업에게 등록 제품 납품을 요구할 수 있다(조달청 혁신장터 운영규정 제15조).

단, 혁신제품 전용몰에 등록된 제품 희망가격은 조달청 단가계약이나 조달청장이 조사하여 통보한 가격이 아니므로, 이용기관은 혁신제품을 구매하면서 예정가격 결정 등 필요한 절차를 거쳐 구매가격을 결정해야 한다(조달청 혁신장터 이용약관 제16조 제2항). 혁신제품은 조달청에서 계약체결한 품목이 아니므로, 이용기관은 구매요청이나 계약체결 전에 이용업체 정보나 제품정보, 그 밖에 이용업체가 등록한 자료 등을 충분히 확인한 후에 구매를 결정해야 한다(조달청 혁신장터 이용약관 제16조 제3항). 따라서 이용기관이 위와 같은 절차를 수행하지 않아 손해가 발생하더라도 조달청은 책임지지 않는다. 그 밖에 조달청이 면책되는 사유는 조달청 혁신장터 이용약관 제16조에서 규정한다.

2) 검사·검수, 대금지급 등

검사·검수, 대금지급 등은 일반 구매절차와 다르지 않다(조달청 혁신장터 운영규정 제16조).

3) 권리의무 양도금지

이용업체는 조달청장의 사전 서면 동의가 없다면 조달청 혁신장터 이용약관에 따른 권리와 의무 전부나 일부를 제3자에게 양도하거나 증여할 수 없으며, 담보제공 등 목적으로 이용할 수 없다(조달청 혁신장터 이용약관 제13조). 이를 위반한 양도 등은 효력이 없으나, 선의의 제3자에게 대항하지 못한다(민법 제449조 제2항 단서 참조).

라. 등록제품관리와 사후관리 등

1) 적용기술과 제품등록 유지

혁신제품 전용몰 등록기업은 등록기간이 끝날 때까지 적용기술을 변동 없이 계속 유효하도록 관리해야 한다. 다만, 법령개폐, 제도 변경, 유효기간 만료, 그 밖에 혁신제품 전용몰 등록기업에게 책임 없는 경우는 적용기술 변동에 따른 책임을 지지 않는다(조달청 혁신장터 운영규정 제17조 제1항). 나아가 이용정지나 등록취소를 받은 때를 제외하고는 이용기관이 언제든지 구매할 수 있도록 제품등록을 유지해야 한다(조달청 혁신장터 운영규정 제17조 제2항).

2) 업체현황조사와 등록정보 정비·정검

조달청장은 필요하면, 혁신제품 전용몰 등록기업을 대상으로 업체현황조사를 실시할 수 있으며, 해당 업체는 이에 성실히 응하여야 한다(조달청 혁신장터 운영규정 제18조). 이는 행정조사의 근거에 해당한다(행정조사기본법 제5조). 만약 업체가 사실확인을 위한 자료제출을 거부하거나 지연하면 아래에서 보는 바와 같이 이용정지 처분을 받는다(조달청 혁신장터 운영규정 제19조 제1항 제6호 참조).

한편, 조달청장은 정기·수시로 등록제품 정보를 정비·정검할 수 있다(조달청 혁신장터 운영규정 제25조).

3) 이용정지

가) 의의

조달청장은 이용정지 사유가 있으면 처분대상자나 대상제품을 기준으로 혁신제품 전용몰 이용을 정지할 수 있다(조달청 혁신장터 운영규정 제19조 제1항). 혁신제품 전용몰 등록을 수익적 행정행위로 파악하는 만큼, 이용정지는 일정 기간 그 지위를 강제로 정지한다는 의미에서 침익적 행정처분에 해당한다고 본다.

나) 사유와 기간

① 업체 정보를 허위로 기재하거나 과장한 경우, 해당 업체를 6월(제1호), ② 제품 정보

를 허위로 기재하거나 과장한 경우, 해당 제품을 6월(제2호), ③ 부정당업자 제재를 받은 경우, 등록한 모든 제품을 제재기간이 종료할 때까지(제3호), ④ 제출된 법정의무인증자료 유효기간이 만료된 경우, 해당 인증이 유효하다고 확인될 때까지(제4호), ⑤ 적용기술이나 제품등록에 변동사항이 발생했는데도 해당 정보를 수정하지 않은 경우, 그 정보가 업체 정보라면 모든 제품을 해당 정보 변경 신청과 승인이 있을 때까지, 그 정보가 제품 정보라면 해당 제품을 정보 변경 신청과 승인이 있을 때까지[제5호 (1), (2)], ⑥ 업체현황조사에 정당한 이유 없이 사실확인을 위한 자료 제출을 거부하거나 지연하는 경우, 해당 업체가 등록한 모든 제품을 1월, ⑦ 등록취소 사유를 믿을만한 근거자료가 있는 경우, 등록취소 대상에 등록취소 심사 결정이 있을 때까지 각각 혁신장터 이용을 정지할 수 있다.

다만, 그 위반행위 동기·내용과 횟수 등을 고려하여 위에서 각 정한 기간의 2분의 1의 범위에서 이용정지 기간을 줄일 수 있다(조달청 혁신장터 운영규정 제19조 제6항).

나아가, 혁신제품 전용몰 등록기업이 여러 개 위반행위를 하여 2개 이상 이용정지 사유에 해당하면, 그 가운데 무거운 정지기간을 적용해야 한다(조달청 혁신장터 운영규정 제19조 제3항). 입찰참가자격제한 처분과 같은 취지 규정이다(국가계약법 시행규칙 제76조 별표2 1 일반기준 나목 참조).

다) 절차

조달청장은 원칙적으로 이용정지를 하기 전에 구매업무심의회 심의를 거치지만, 제3호, 제4호에서 정한 이용정지 사유가 있으면, 구매업무심의회 심의를 생략할 수 있다(조달청 혁신장터 운영규정 제19조 제2항, 제22조 제2호).

조달청장은 이용정지 사유가 발생하면 해당 혁신제품 전용몰 등록기업에게 이용정지 사유와 최대 이용정지 기간, 의견제출 기간(서면이나 대면으로 할 수 있으며, 그 기한 안에 의견이 없으면 의견이 없다고 본다는 내용 포함) 등을 사전에 통보해야 하며, 이용정지가 최종 확정되면, 이를 서면으로 통보해야 한다(조달청 혁신장터 운영규정 제19조 제4항). 이용정지도 행정처분으로 보는 만큼, 위와 같은 절차를 엄격히 지켜야 적법하다고 본다.

그리고 조달청장은 이용정지를 한 다음 혁신장터 이용기관 공지사항에 해당 내용을 공고해야 한다(조달청 혁신장터 운영규정 제19조 제5항).

라) 효과

이용정지 기간 동안 처분 대상인 업체나 제품 전·일부는 혁신장터 이용을 제한받는다.

4) 등록취소

가) 의의

조달청장은 등록취소 사유가 있으면 처분대상자나 대상제품을 기준으로 혁신제품 등록을 취소할 수 있다(조달청 혁신장터 운영규정 제20조 제1항). 혁신제품 전용몰 등록을 수익적 행정행위로 파악하는 만큼, 등록취소는 그 지위를 강제로 박탈하는 의미에서 침익적 행정처분으로 본다.

나) 사유

등록취소 사유는 ① 허위나 부정한 방법으로 혁신제품 전용몰 등록자격 검토를 받아 등록한 경우(제1호), ② 휴·폐업, 부도, 파산 등이 확인된 경우(다만, 법원에서 회생절차가 개시되면 회생절차 종료 결과에 따라 결정)(제2호), ③ 업체 사이 법률분쟁에서 법원(하급심 포함)이 등록제품 적용기술을 무효나 취소, 침해 등으로 판결한 경우(제3호), ④ 혁신제품 전용몰 등록 제품의 품질·안전성이나 이용기관과 계약에 따라 납품된 제품 등과 관련하여 사망사고, 부상사고 등 인명사고가 발생하거나 혁신장터 등록제품에 대한 신뢰를 훼손한 경우(제4호), ⑤ 혁신제품으로 인증·지정받은 당시 구성품과 다른 구성품으로 판매하였을 경우(제5호), ⑥ 제품 생산이나 판매를 위해 관련법령에 따른 허가 등이 있어야 하는데 허가 등을 받지 않았다고 확인된 경우(제6호), ⑦ 등록기간(연장기간 포함) 중 이용정지를 3회 이상 받은 경우(단, 제19조 제1항 제7호로 이용정지를 받았으나 추후 등록취소 사유가 없다는 결론이 있었다면 이용정지 이력에 포함하지 않는다)(제7호), ⑧ 혁신제품 전용몰 등록제품 생산을 중단한 경우나 사업을 양도하면서 혁신제품 전용몰 등록제품을 위한 권리를 양도하지 않은 경우(제8호)를 말한다.

다) 절차

등록취소 절차 등은 이용정지에서 본 바와 같다(조달청 혁신장터 운영규정 제20조 제2항, 제22조 제2호). 혁신제품을 등록취소 한 다음에는 혁신장터 이용기관 공지사항에 해당 내용을 공고하여야 한다(조달청 혁신장터 운영규정 제20조 제3항).

라) 효과

처분받은 업체는 혁신장터를 이용하여 등록제품을 판매할 수 없다.

5) 이의신청

이용정지, 등록취소를 각 받은 업체는 그 결과를 통보받은 날로부터 10일 안에 이의를 신청할 수 있다(조달청 혁신장터 운영규정 제21조 제1항). 간이불복절차이지만 행정심판 절차는 아니다. 따라서 처분을 받은 업체는 이의신청을 하지 않고 곧바로 행정심판이나 행정소송 등 쟁송절차로 나아갈 수 있다.

한편, 이의신청이 있으면, 조달청장은 사실 판단이 명백한 경우 말고는 구매업무심의회의 심의를 거쳐 7일 안에 심사해야 하고, 해당 업체에게 결정을 통보해야 한다(조달청 혁신장터 운영규정 제21조 제2항, 제22조 제3호).

5. 공공수요조사 통합창구 운영

공공수요조사 통합창구는 연구개발(개발과 실증 포함)지원 사업을 추진하기 위한 공공수요조사를 실시하는 공간이다. 여기서 수요조사를 실시하는 기관을 조사기관이라 한다(조달청 혁신장터 운영규정 제2조 제17호). 다만, 한 사업에 여러 조사기관이 수요조사를 관리하는 경우에는 주관조사기관과 공동조사기관을 구성할 수 있는데, 주관조사기관은 조달청으로부터 수요조사 등록권한을 받아 수요조사를 주도하여 추진·관리하는 기관으로서 공동조사기관을 승인할 권한을 가지고, 공동조사기관은 주관조사기관 승인을 받아 해당 사업의 등록·열람·수정·관리 권한을 가진다(조달청 혁신장터 운영규정 제2조 제17호, 제18호, 제19호).

주관조사기관은 공고와 사업 관리책임을 진다(조달청 혁신장터 운영규정 제27조 제3항). 조사기관은 수요조사 대상, 기간, 조사 항목, 조사 내용, 필수자료 종류 등 수요조사에 필요한 사항을 정하여 수요조사공고를 등록할 수 있다(조달청 혁신장터 운영규정 제27조 제4항). 공공기관 제안자와 민간제안자 모두 수요조사에 응답할 수 있고(조달청 혁신장터 운영규정 제2조 제20호), 공공수요조사 통합창구를 활용해 조사기관이 공고한 수요조사서식으로 수요조사 의견을 등록할 수 있다(조달청 혁신장터 운영규정 제28조 제1항). 조사기관은 제출받은 서류를 검토·확인하여 해당 사업수행에 활용할 수 있고(조달청 혁신장터 운영규정 제29조 제1항), 그 내용은 공공수요조사 통합창구에 등록할 수 있다(조달청 혁신장터 운영규정 제30조 제1항).

Ⅲ. 벤처나라

1. 의의와 취지

벤처나라(http://venture.g2b.go.kr)는 벤처·창업기업의 공공구매판로 확대를 지원하기 위해 조달청에서 구축·운영하는 벤처·창업기업 전용 온라인 상품몰이다(벤처나라 등록 물품·서비스 지정 관리 규정 제2조 제1호). 즉, 구매자인 공공기관은 벤처나라를 이용해 판매자인 벤처·창업기업의 상품을 구매할 수 있다. 따라서 벤처나라는 구매자와 판매자가 온라인에서 직접 거래하는 이른바 '오픈마켓'이다. 또한, 벤처나라는 공공기관 구매 절차 지원은 물론 G-PASS

제도 등을 활용한 해외조달시장 진출 지원도 수행한다.

벤처나라는 벤처·창업기업 전용 온라인 홍보 판매공간을 제공하여 공공판로 확보에 따른 안정적 수요기반을 마련하고, 벤처 붐 확산과 정착을 위한 선순환 체계를 형성하여 공공시장에서 민간시장으로 연쇄적 파급효과를 거두려는 제도이다.

2. 연혁

조달청은 2016. 10.경부터 정부 차원에서 우수한 벤처기업과 창업기업의 공공구매 판로 확대를 지원하기 위해 위와 같은 벤처나라를 구축하여 운영·관리해 왔다.

3. 구성과 서비스

벤처나라 시스템 관리자는 이용기관이 구매하기에 편리하도록 벤처나라의 상품카테고리를 구성하여 운영해야 한다(벤처나라 등록 물품·서비스 지정 관리 규정 제3조 제2항).

한편, 벤처나라는 ① 벤처·창업기업 상품의 벤처나라 등록 지원, ② 벤처나라 상품에 대한 견적서 제출 요청, 규격변경 제작 요청, 주문이나 계약 등에 따른 전자적 거래업무 지원, ③ 벤처나라 등록상품 홍보와 상품기획전 지원, ④ 벤처나라 등록상품 선정을 위한 벤처창업기업제품 지정 계획, 그 밖에 벤처나라 운영에 필요한 관련 사항 공지 등의 서비스를 제공한다(벤처나라 등록 물품·서비스 지정 관리 규정 제4조 제1호부터 제4호).

4. 벤처창업기업제품 지정

가. 벤처창업기업제품의 의미

벤처창업기업제품이란 벤처·창업기업이 생산·공급한 상품 중 기술과 품질이 우수하여 관련기관의 추천과 조달청의 심사를 거쳐 조달청장이 벤처나라에 등록하는 상품으로 지정한 물품과 서비스를 말한다(벤처나라 등록 물품·서비스 지정 관리 규정 제2조 제4호).

나. 지정대상

벤처창업기업제품의 지정은 벤처기업이나 창업기업에서 직접 생산하거나 국내 제조기업에 주문자상표부착위탁생산 방식으로 생산한 물품과 서비스를 그 대상으로 한다(벤처나라 등록 물품·서비스 지정 관리 규정 제5조). 여기서 벤처기업이란 벤처기업육성에 관한 특별조치법 제2조의2의 요건을 갖춘 기업을, 창업기업이란 중소기업창업 지원법 제2조 제2호에 따라 중소기업을 창업하는 자와 중소기업을 창업하여 사업을 개시한 날부터 7년이 지나지 않은 자를 의미한다(벤처나라 등록 물품·서비스 지정 관리 규정 제2조 제2호, 제3호).

다만, 조달청장은 위에 따른 지정대상 외에도 다양한 물품과 서비스를 지원하기 위해 조달청장이 인정하는 물품과 서비스를 대상으로 벤처창업기업제품 지정업무를 실시할 수 있다(벤처나라 등록 물품·서비스 지정 관리 규정 제5조의2 제1항). 위에 따른 시범사업을 실시하는 경우에는 시범실시 대상 제품의 종류, 신청절차, 지정기준을 벤처나라 홈페이지 등에 사전 공고해야 한다(벤처나라 등록 물품·서비스 지정 관리 규정 제5조의2 제2항).

한편, 포괄적 양수, 합병, 분할 등으로 벤처창업기업제품의 모든 권리를 승계받는 업체는 벤처기업이나 창업기업으로 벤처창업기업제품을 직접 생산하거나, 국내 제조기업에 주문자상표부착위탁생산 방식으로 생산한 경우에 지정효력을 유지할 수 있다(벤처나라 등록 물품·서비스 지정 관리 규정 제5조의3).

다. 지정제외

추천기관의 장이나 조달청 신성장조달업무심의회는 다음 사유 중 어느 하나에 해당하면 벤처창업기업제품 후보 추천, 벤처창업기업제품 심사나 지정에서 제외할 수 있다(벤처나라 등록 물품·서비스 지정 관리 규정 제6조).

1) 벤처창업기업제품 지정 관련 서류를 위조·변조하거나 허위서류를 제출한 경우
2) 휴·폐업, 부도, 파산 상태에 있는 업체인 경우
3) 부정당업자 제재 중인 업체인 경우
4) 「중소기업기본법」 제2조 제1항에 따른 중소기업에 해당하지 않는 업체 또는 「중소기업제품 구매촉진 및 판로지원에 관한 법률」 제8조의2 제1항에 해당하는 업체인 경우
5) 단가계약 또는 카탈로그 계약을 체결하여 나라장터 종합쇼핑몰 또는 디지털서비스몰에 등록한 물품 및 서비스와 동일한 물품식별번호의 상품인 경우
6) 조달물자로 공급하기 곤란한 음·식료품류, 동·식물류, 농·수산물류, 무기·총포·화약류와 그 구성품, 유류 및 의약품(농약) 등
7) 소비재 완성품이 아닌 반제품에 해당하는 상품인 경우
8) 제31조에 따라 벤처창업기업제품의 지정이 취소된 상품이 지정취소 후 6개월 이내에 벤처창업기업제품으로 재신청된 경우
9) 기타 신성장조달업무심의회에서 벤처창업기업제품으로 부적합하다고 판단하는 경우

라. 추천

1) 벤처창업기업제품 후보 추천의 의미

벤처창업기업제품 후보 추천이란 추천 상품을 대상으로 지정대상이나 지정제외 대상 여부 검토, 기술의 우수성과 품질, 성능의 신뢰성 등을 종합 평가하여 벤처나라에 등록할 후보를 추천하는 행위를 말한다(벤처나라 등록 물품·서비스 지정 관리 규정 제2조 제9호).

2) 지정계획 공지

벤처나라 담당과장은 매년 말까지 벤처창업기업제품 지정계획을 수립하여 벤처나라에 공지할 수 있다(벤처나라 등록 물품·서비스 지정 관리 규정 제7조 제1항). 여기서 벤처나라 담당과장이란 조달청 첨단융복합제품구매 과장을 말한다(벤처나라 등록 물품·서비스 지정 관리 규정 제2조 제7호).

3) 모집공고 등

벤처나라 담당과장과 추천기관의 장은 위 지정계획 일정에 따라 합동으로 벤처창업기업제품 후보 모집공고를 할 수 있다(벤처나라 등록 물품·서비스 지정 관리 규정 제7조 제2항 본문). 여기서 추천기관은 벤처창업기업제품 후보를 추천하는 기관으로서 벤처·창업기업이나 신성장산업제품의 공공판로를 지원하는 산업통상자원부, 중소벤처기업부, 창조경제혁신센터, 조달청, 광역자치단체, 그 밖에 조달청장이 별도로 인정한 기관을 말한다(벤처나라 등록 물품·서비스 지정 관리 규정 제2조 제14호).

4) 추천방식

추천기관의 장이 벤처창업기업제품 후보를 추천하고자 하는 경우, ① 추천기관에서 다른 법령이나 규정에 따라 관리 중인 중소기업이 생산한 상품, ② 추천기관이 광역자치단체인 경우에는 해당 광역시·도에 본사를 둔 중소기업이 생산한 상품 중 어느 하나에 해당하는 상품을 대상으로 지정대상, 지정제외 대상 여부 검토, 종합평가 절차를 거쳐 벤처창업기업제품 후보로 선정해야 하며, 벤처나라 담당과장에서 추천 결과를 통보해야 한다(벤처나라 등록 물품·서비스 지정 관리 규정 제7조 제3항 제1호, 제2호, 제4항, 제5항). 특히 추천기관의 장은 지정대상으로서 결격 사유가 없는 상품이 자체 평가기준에 따라 기술·품질평가한 결과 '적격'인 경우 벤처창업기업제품 후보로 선정해야 하고, 기관별 자체평가기준은 벤처창업기업제품 후보 추천 시 평가기준을 준용해야 한다(벤처나라 등록 물품·서비스 지정 관리 규정 제7조 제5항 참조). 다만, 평가항목의 일부 면제는 아래에서 보는 기술·품질평가 면제(벤처나라 등록 물품·서비스 지정 관리 규정 제8조), 기술평가 면제(벤처나라 등록 물품·서비스 지정 관리 규정 제

9조), 품질평가 면제(벤처나라 등록 물품·서비스 지정 관리 규정 제10조) 규정을 각 따른다(벤처나라 등록 물품·서비스 지정 관리 규정 제7조 제6항). 추천기관의 장이 자체 평가기준에 따라 종합평가를 진행할 수 없는 경우에는 지정대상, 지정제외 대상 여부에 대한 검토만을 거쳐 벤처창업기업제품 후보를 선정하고, 벤처나라 담당과장에서 추천 결과를 통보하면서 아울러 조달청 기술·품질평가를 요청해야 한다(벤처나라 등록 물품·서비스 지정 관리 규정 제7조 제8항, 제7조의3).

한편, 추천기관의 장이 품질이나 성능의 신뢰성을 평가할 경우, 국가표준기본법에 따른 공인인증시험기관에서 발급한 시험성적서나 품질관리계획서를 제출받아 평가한다(벤처나라 등록 물품·서비스 지정 관리 규정 제7조 제7항).

마. 지정신청

벤처창업기업제품의 지정을 받으려는 자(신청자)는 지정신청서류를 갖추어 벤처창업기업제품 지정공고상 명기된 곳으로 신청해야 한다(벤처나라 등록 물품·서비스 지정 관리 규정 제7조의2 제1항, 제2항). 추천기관의 장과 벤처나라 담당과장은 제출서류가 누락되었거나 불명확하여 인지할 수 없는 경우에는 기한을 정하여 보완을 요구할 수 있고, 보완요구 기한까지 제출되지 않으면 당초 제출받은 서류만으로 평가나 심사를 진행하되, 당초 제출받은 서류가 불명확하여 평가나 심사가 곤란한 경우에는 평가나 심사에서 제외한다(벤처나라 등록 물품·서비스 지정 관리 규정 제7조의2 제3항). 여기서 기간계산 등 기준일은 법령 등 다른 규정에서 정한 것을 제외하고 벤처창업기업제품 지정신청서 접수마감일을 기준으로 한다. 다만, 지정대상 결격 여부는 벤처창업기업제품 지정일을 기준으로 한다(벤처나라 등록 물품·서비스 지정 관리 규정 제7조의2 제5항).

신청서류는 신청자가 위에서 본 서류보완 기한까지 신청을 철회하면 반환할 수 있고, 평가와 관련한 경우를 제외하고는 신청자의 동의 없이 그 내용을 공개하지 않는다(벤처나라 등록 물품·서비스 지정 관리 규정 제7조의2 제4항).

바. 조달청 기술·품질평가

1) 평가위원회 구성

벤처나라 담당과장은 지정신청한 상품을 대상으로 기술·품질 평가위원회를 구성하여 평가할 수 있다(벤처나라 등록 물품·서비스 지정 관리 규정 제7조의3 제1항). 여기서 기술·품질평가는 신청상품을 용도, 적용기술 등을 고려하여 전기전자, 정보통신, 기계장치, 건설환경, 화학섬유, 사무기기, 과기의료분야 등으로 분류하여 분야별로 진행할 수 있다(벤처나라 등록 물품·서비스 지정 관리 규정 제7조의3 제3항). 해당 평가위원회는 벤처나라 담당과장이 평가위원으로 위촉한 대학교수, 특허심사관, 변리사, 수요기관 관계자 등으로 3인 이상 5인 이하로 구성할 수 있으며, 위원장은 평가위원 중에서 호선으로 결정한다(벤처나라 등록 물품·서비스 지정 관리 규정 제7조의3 제4항). 벤처나라 담당과장이 평가위원을 위촉할 때는 조달청 평가위원 통합관리 규정에 따라 관리·운용하는 조달청평가위원 명부를 활용할 수 있다(벤처나라 등록 물품·서비스 지정 관리 규정 제7조의3 제5항).

한편, 추천기관의 장이 벤처나라 담당과장에게 기술·품질평가를 요청하는 경우 벤처나라 담당과장은 평가위원회를 구성하여 평가를 할 수 있다(벤처나라 등록 물품·서비스 지정 관리 규정 제7조의3 제2항).

벤처나라 담당과장은 평가에 참석한 평가위원에게 예산 범위에서 수당과 여비를 지급할 수 있다(벤처나라 등록 물품·서비스 지정 관리 규정 제40조).

2) 평가위원 제척·회피

벤처나라 담당과장이 위촉하여 평가에 참여하는 평가위원은 공정한 평가와 비밀유지 등을 확약하는 청렴서약서를 제출해야 한다. 다만, 평가위원이 다음 중 어느 한 사유에 해당하면 해당 상품의 평가에서 제척되며, 스스로 평가를 회피해야 한다(벤처나라 등록 물품·서비스 지정 관리 규정 제7조의3 제6항). 즉, ① 벤처창업기업제품 신청업체의 경영에 관여 중이거나 신청 상품의 개발에 참여한 경우, ② 신청 상품의 특허 등 변리 사무에 참여한 경우, ③ 벤처창업기업제품 신청업체의 경영자와 친족관계에 있거나 그 밖에 사정 등으로 평가에 공정을 기하기 어려운 경우 중 어느 하나에 해당하면, 제척·회피사유가 된다. 위 제척사유에도 불구하고, 평가에 참여한 평가위원은 벤처창업기업제품 평가위원으로 재위촉하지 않을 수 있다(벤처나라 등록 물품·서비스 지정 관리 규정 제7조의3 제7항).

3) 기술·품질평가 방법

기술·품질평가는 기술의 혁신성 등을 평가하는 기술평가와, 품질과 성능의 신뢰성을 평가하는 품질평가로 나누어 진행하며, 평가결과는 평가서에 항목별로 기재한다(벤처나라 등록 물품·서비스 지정 관리 규정 제7조의3 제8항). 같은 업체, 같은 제품의 지정신청이 다시 있는 경우에는 전회차 심사 점수와 그 내용, 제품의 실질적 기술·품질 개선사항 등을 고려하여 평가해야 한다(벤처나라 등록 물품·서비스 지정 관리 규정 제7조의3 제9항). 기술·품질평가의 평점은 평가위원이 평가한 점수의 산술평균한 점수에 벤처나라 담당과장이 평가한 정책지원 등 효과 점수를 더한 점수로 하며, '적격'인 상품(평점 70점 이상인 상품)에 한정하여 제11조에 따른 심사 대상으로 인정한다(벤처나라 등록 물품·서비스 지정 관리 규정 제7조의3 제10항).

4) 기술·품질평가 면제

벤처나라 담당과장은 다음 중 어느 하나에 해당하는 상품을 평가하려고 할 때 별도 기술·품질평가를 면제하고 심사할 수 있다(벤처나라 등록 물품·서비스 지정 관리 규정 제8조).

1) 「중소기업제품 구매촉진 및 판로지원에 관한 법률」에 따른 성능인증(EPC)을 받은 제품
2) 「산업기술혁신 촉진법」에 따라 주무부장관(주무부장관으로부터 위임받은 자를 포함한다)이 인증한 신제품(NEP)으로 인증된 제품
3) 「소프트웨어 진흥법」에 따른 우수품질 소프트웨어 인증(GS)을 받은 것으로서 산업통상자원부령으로 정하는 기준에 해당하는 소프트웨어
4) 「산업기술혁신촉진법」 등에 따라 주무부장관(주무부장관으로부터 위임받은 자를 포함한다)이 인증한 신기술(NET)을 이용하여 제조한 제품으로서, 관계 중앙행정기관의 장이 상용화 단계에서 성능을 확인한 제품
5) 「기후위기 대응을 위한 탄소중립·녹색성장 기본법」에 따라 중소기업이 녹색기술을 실제 상용화한 녹색인증제품
6) 「정보통신 진흥 및 융합 활성화 등에 관한 특별법」에 따라 인증된 ICT 융합 품질인증제품
7) 기타 다른 법령 및 규정에 따라 기술·품질 평가를 거쳐 기술·품질 우수 제품으로 인정받은 인증제품 또는 추천기관의 중소기업 지원 사업 대상 선정 제품 등으로서 조달청장이 별도의 기술·품질 평가 면제를 인정한 제품

5) 기술평가 면제

벤처나라 담당과장은 다음 중 어느 하나에 해당하는 상품을 평가하고자 할 때 별도 기술평가를 면제하고, 품질이나 성능의 신뢰성만을 평가하여 적격인 상품을 심사할 수 있다(벤처나라 등록 물품·서비스 지정 관리 규정 제9조).

1) 「중소기업기술혁신촉진법」에 따른 중소기업 기술개발 지원사업을 통해 기술개발에 성공한 제품
2) 「산업융합촉진법」에 따라 중소기업 등의 산업융합 관련 역량강화를 위해 산업통상자원부장관이 산업융합품목으로 지정한 제품으로서 중소기업이 생산한 제품
3) 「공기업·준정부기관 계약사무규칙」 및 「공공기관의 개발선정품 지정 및 운영에 관한 기준」에 따라 공공기관에서 중소기업과 공동으로 추진한 연구개발 성공제품 중 '개발선정품'으로 지정된 제품으로서 「중소기업기술개발제품 우선구매제도 운영 등에 관한 시행세칙」에 따라 중소벤처기업부장관이 우선구매대상 기술개발제품으로 지정한 제품
4) 「대중소기업 상생협력 촉진에 관한 법률」 및 「산업통상자원부 성과공유 확인제 운영요령」에 의

한 성과공유 기술개발 과제(공공부문)로 등록되어 기술개발에 성공한 제품으로서 「중소기업기술개발제품 우선구매제도 운영 등에 관한 시행세칙」에 따라 중소벤처기업부장관이 우선구매대상 기술개발제품으로 지정한 제품

5) 기타 다른 법령 및 규정에 따라 기술 평가를 거쳐 기술 우수 제품으로 인정받은 인증 제품 또는 추천기관의 중소기업 지원 사업 대상 선정 제품 등으로서 조달청장이 별도의 기술 평가 면제를 인정한 제품

6) 품질평가 면제

벤처나라 담당과장은 다음 중 어느 하나에 해당하는 상품을 평가하고자 할 때 별도 품질평가를 면제하고, 기술의 우수성만을 평가하여 적격인 상품을 심사할 수 있다(벤처나라 등록 물품·서비스 지정 관리 규정 제10조).

1) 「자원의 절약과 재활용촉진에 관한 법률」에 따른 우수재활용인증제품(GR)
2) 「환경기술 및 환경산업 지원법」에 따른 환경표지(환경마크) 제품
3) 「산업기술혁신 촉진법」에 따른 성능인증(K마크) 제품
4) 「에너지이용 합리화법」에 따른 고효율에너지 인증대상기자재의 인증 표시 제품
5) 「조달사업에 관한 법률 시행령」에 따른 품질보증조달물품
6) 「소재·부품·장비산업 경쟁력강화를 위한 특별조치법」에 따른 신뢰성 인증 제품
7) 기타 다른 법령 및 규정에 따라 품질·성능 평가를 거쳐 품질 또는 성능 우수 제품으로 인정받은 인증 제품 또는 추천기관의 중소기업 지원 사업 대상 선정 제품 등으로서 조달청장이 별도의 품질 평가 면제를 인정한 제품

사. 심사와 지정

벤처나라 담당과장은 기술·품질평가하여 심사 대상으로 인정하는 벤처창업기업제품 후보를 대상으로 지정대상과 지정제외 대상 여부와 규정에 따라 적합하게 추천되었는지 여부 등을 검토해야 한다(벤처나라 등록 물품·서비스 지정 관리 규정 제11조 제1항).

벤처나라 담당과장은 벤처창업기업제품 지정 여부를 결정하기 위해 신성장조달업무심의회에 심사를 상정해야 하며, 경미한 사안 등 별도의 대면 회의가 필요하지 않은 경우 서면으로 심사할 수 있다(벤처나라 등록 물품·서비스 지정 관리 규정 제11조 제2항). 이때는 제1항에서 정한 검토사항과 검토의견을 포함해야 한다(벤처나라 등록 물품·서비스 지정 관리 규정 제11조 제3항).

신성장조달업무심의회는 상정된 상품을 대상으로 지정대상과 지정제외 대상 여부, 조달물자로서의 적합성 등을 검토하여 벤처창업기업제품 지정 여부를 결정해야 한다(벤처나라 등록 물품·서비스 지정 관리 규정 제11조 제4항).

아. 신정장조달업무심의회

다음 사항은 신성장조달업무심의회에 상정하여 심의해야 하며, 경미한 사안 등 별도의 대면 회의가 필요하지 않은 경우에는 서면으로 심사할 수 있다(벤처나라 등록 물품·서비스 지정 관리 규정 제12조).

1) 제13조에 따른 계약심사협의회에 상정할 사항
2) 제6조 제9호에 규정한 지정 제외 대상으로 판단할 사항
3) 제8조 제8호, 제9조 제5호, 제10조 제9호에 따른 별도의 기술·품질 평가, 기술 또는 품질 평가를 면제하는 상품으로 인정 여부
4) 제15조에 따른 지정기간의 연장과 관련된 사항
5) 제30조에 따른 벤처나라 이용정지 및 제31조에 따른 지정취소, 제32조에 따른 경고조치와 관련된 사항. 단, 제30조 제1항 제3호, 제5호에서 제9호의 사유에 해당하는 경우 및 제31조 제1항 제2호, 제3호, 제9호, 제10호, 제11호 사유에 해당하는 경우에는 벤처나라 담당과장의 결정으로 갈음할 수 있다.
6) 제33조에 따른 이의신청 심사. 단, 벤처나라 담당과장의 검토결과 사실 판단이 명백한 경우에는 벤처나라 담당과장의 결정으로 갈음할 수 있다.
7) 그 밖에 벤처나라 운영 관련 신성장조달업무심의회가 필요한 사항

자. 계약심사협의회

벤처나라 담당과장은 벤처나라에 등록하는 물품과 서비스를 지정·관리하고 벤처나라 운영과 관련한 주요사항에 대해 필요한 경우 계약심사협의회에 상정할 수 있다(벤처나라 등록 물품·서비스 지정 관리 규정 제13조).

차. 심사와 지정결과 통보

벤처나라 담당과장은 벤처창업기업제품의 심사와 지정결과를 벤처창업기업제품 지정일에 추천기관과 지정업체에게 통보하고, 벤처나라 공지사항에 게재해야 한다. 반대로 지정에서 탈락한 상품은 탈락 여부와 그 사유를 통보할 수 있다(벤처나라 등록 물품·서비스 지정 관리 규정 제14조 제1항).

벤처창업기업제품 지정효력은 벤처나라에 상품 등록을 완료한 이후에 발생한다. 다만,

지정효력 종료일은 최초 지정일부터 기산한다(벤처나라 등록 물품·서비스 지정 관리 규정 제14조 제2항).

카. 지정기간

벤처창업기업제품의 지정기간은 지정일로부터 3년으로 한다(벤처나라 등록 물품·서비스 지정 관리 규정 제15조 제1항). 그러나 벤처나라 담당과장은 지정기간 만료일 1년 전부터 만료일 전까지 벤처창업기업으로부터 지정기간 연장신청을 받은 경우 신성장조달업무심의회의 심의를 통해 1회에 한정하여 2년 동안 지정기간을 연장할 수 있다. 다만, 다음 중 어느 하나에 해당하는 경우에는 지정기간 연장 대상에서 제외할 수 있으며, 지정기간 만료일 기준 30일 전부터 만료일 사이에 지정기간 연장신청서를 제출한 경우, 지정기간 만료일이 지난 이후 연장 심사를 할 수 있고, 이때 지정기간 만료일 이후의 연장 심사에 따른 소요 기간은 연장 기간에 포함한다(벤처나라 등록 물품·서비스 지정 관리 규정 제15조 제2항).

1) 지정기간 연장 신청기한 내에 연장 신청을 하지 아니한 경우
2) 지정기간 내에 제30조에 따른 이용정지 또는 제32조에 따른 경고 조치를 2회 이상 받았거나 해당 제재 사유가 2회 이상 발생한 경우
3) 제6조에 따른 지정제외 대상으로 확인된 경우
4) 그밖에 신성장조달업무심의회를 통해 지정기간 연장이 곤란하다고 판단한 경우

지정 당시 벤처기업이나 창업기업으로서 지정자격을 갖춘 벤처창업기업이 생산·공급하는 상품은 지정 이후 창업기업이 창업 7년을 초과한 경우 또는 창업기업확인서 및 벤처기업확인서 유효기간이 만료된 경우에도 위에서 본 지정기간(연장기간 포함)까지는 그 지정이 유효하다고 본다(벤처나라 등록 물품·서비스 지정 관리 규정 제15조 제3항). 지정 이후 기술·품질 관련 인증의 유효기간이나 중소벤처기업부 기술개발사업 등 지원사업의 지원기간이 만료된 경우에도 위에서 본 지정기간(연장기간 포함)까지는 그 지정이 유효하다고 본다(벤처나라 등록 물품·서비스 지정 관리 규정 제15조 제4항).

타. 규격 추가

벤처나라 담당과장은 ① 지정된 벤처창업기업제품의 세부품명과 동일한 경우, ② 지정된 벤처창업기업제품의 적용기술과 품질이 동등하거나 그 이상인 경우, ③ 지정된 벤처창업기업제품 규격과 유사한 규격인 경우라는 요건을 모두 갖추었다면, 벤처창업기업제품의 수요 확대를 위해 벤처창업기업제품의 규격(모델)을 추가로 지정할 수 있다(벤처나라 등록 물품·

서비스 지정 관리 규정 제16조 제1항).

이에 따라 규격을 추가하려는 벤처창업기업은 벤처나라 담당과장에게 규격 추가 신청서를 제출한 후 벤처나라 시스템을 이용하여 규격 추가 승인을 요청해야 한다(벤처나라 등록 물품·서비스 지정 관리 규정 제16조 제2항). 규격 추가 신청을 받은 벤처나라 담당과장은 승인 여부를 결정하되, 기술적 판단이 필요한 경우에는 해당 업체 추천기관이나 외부 전문가 등에게 자문을 구한 후 이를 결정할 수 있다(벤처나라 등록 물품·서비스 지정 관리 규정 제16조 제3항).

5. 벤처나라 상품등록과 거래

가. 입찰참가자격등록

벤처창업기업은 벤처나라 서비스를 제공받기 위해 국가종합전자조달시스템 입찰참가자격등록규정 제13조에 따라 입찰참가자격을 등록해야 한다(벤처나라 등록 물품·서비스 지정 관리 규정 제17조 제1항). 다만, 생산하는 물품이나 서비스를 벤처창업기업제품으로 지정되기 이전에 나라장터에 입찰참가자격으로 등록한 업체는 위에 따른 입찰참가자격등록을 했다고 본다(벤처나라 등록 물품·서비스 지정 관리 규정 제17조 제2항).

이처럼 입찰참가자격등록을 한 벤처창업기업은 국가종합전자조달시스템 입찰참가자격등록규정 제22조와 제23조에 따라 등록하려는 상품과 관련된 세부품명을 제조물품으로 등록해야 한다(벤처나라 등록 물품·서비스 지정 관리 규정 제17조 제3항). 다만, 벤처나라 시스템 관리자는 주문자상표부착위탁생산 상품인 경우나 제17조 제2항에 해당하는 경우에는 등록 희망 상품과 관련된 세부품명을 공급물품으로 등록해도 벤처나라 등록을 제한하지 않을 수 있다(벤처나라 등록 물품·서비스 지정 관리 규정 제17조 제4항).

나. 등록대상 특례

조달청장은 지정되거나 규격 추가된 벤처창업기업제품 외에도 청년기업 지원 등 주요 정책 추진을 위해 벤처기업이나 창업기업에서 직접 생산하거나 국내 제조기업에게 위탁하여 생산한 주문자상표부착위탁생산 물품이나 서비스를 벤처나라에 등록하여 벤처기업이나 창업기업의 판로를 지원할 수 있다(벤처나라 등록 물품·서비스 지정 관리 규정 제17조의2 제1항). 이에 따라 벤처창업기업제품이 아닌 상품을 벤처나라에 등록한 벤처기업이나 창업기업은 벤처창업기업과 동일하게 입찰참가자격등록 규정과 벤처창업기업제품 홍보 등 규정을 적용받는다(벤처나라 등록 물품·서비스 지정 관리 규정 제17조의2 제2항).

다. 협업승인 등

벤처나라 담당과장은 협업 승인 신청을 한 협업체에게 참여기업의 공장등록증, 입찰참가자격등록증 등을 검토하여, 참여기업이 벤처창업기업제품을 생산할 능력을 가졌다고 인정하는 경우 협업승인을 할 수 있다(벤처나라 등록 물품·서비스 지정 관리 규정 제18조 제1항). 그리고 벤처나라 담당과장은 협업승인을 받은 협업체나 중소기업 진흥에 관한 법률 제39조의2에 따른 협업기업이 생산한 제품이 벤처창업기업제품으로 지정된 경우 추진기업에게 생산능력을 인정하고, 추진기업을 벤처창업기업으로 인정할 수 있다(벤처나라 등록 물품·서비스 지정 관리 규정 제18조 제2항).

그럼에도 불구하고 벤처나라 담당과장은 협업체나 협업기업의 직접생산능력을 확인하기 위해 조달품질원이나 각 지방청에게 생산현장 실태조사를 의뢰할 수 있다(벤처나라 등록 물품·서비스 지정 관리 규정 제18조 제3항).

한편, 협업체로서 벤처창업기업제품 지정을 받은 추진기업은 다음 중 어느 하나에 해당하는 경우에 협업승인의 변경을 신청할 수 있으며, 벤처나라 담당과장은 협업변경의 필요성과 참여기업의 생산능력 등을 검토하여 승인 여부를 결정해야 한다(벤처나라 등록 물품·서비스 지정 관리 규정 제18조 제4항).

1) 휴·폐업, 부도, 파산, 부정당제재 등으로 인하여 참여기업이 벤처창업기업제품 생산·공급을 지속할 수 없는 경우
2) 협업체 간 협약계약서 내용의 변경 등이 있는 경우
3) 그 밖에 벤처창업기업제품 생산 등과 관련하여 협업체의 유지가 곤란한 경우

다만, 중소기업간 협업지원사업 운영요령 제13조에 따라 협업계획의 변경승인을 받은 협업기업은 확인서 제출로써 협업변경에 대한 신청과 그 승인을 갈음할 수 있다(벤처나라 등록 물품·서비스 지정 관리 규정 제18조 제5항).

라. 물품목록번호등록

벤처창업기업은 입찰참가자격등록과 별개로 해당 상품을 대상으로 조달청 목록정보시스템에 목록화 요청을 하여 물품목록번호를 부여받아야 한다(벤처나라 등록 물품·서비스 지정 관리 규정 제19조 제1항). 다만, 벤처창업기업제품으로 지정받기 이전에 나라장터와 목록정보시스템에 해당 상품에 대한 물품목록번호를 부여받은 경우에는 위에 따른 물품목록번호를 등록했다고 본다(벤처나라 등록 물품·서비스 지정 관리 규정 제19조 제2항).

마. 업체정보등록

벤처창업기업은 이용기관의 업체 정보 확인을 돕기 위해 업체 일반정보(사업자등록번호, 업체명, 주소, 전화번호, 팩스번호, 홈페이지 등), 이용약관 동의, 공급확약정보, 등록상품, 업체인증정보(인증명, 유효기간, 인증서 사본 등), 규격변경 제작 가능 여부, 담당자 정보 등 업체의 기본정보를 등록하고 승인 요청해야 한다(벤처나라 등록 물품·서비스 지정 관리 규정 제20조 제1항). 벤처창업기업은 위 기본정보 외에 회사소개, 홍보이미지, 홍보동영상 등 기업 홍보를 위한 별도 자료를 업체 홍보정보로 등록할 수 있다(벤처나라 등록 물품·서비스 지정 관리 규정 제20조 제5항). 다만, 벤처나라에 나라장터의 입찰참가자격 정보가 연계된 경우에는 업체 일반정보 등록절차를 생략할 수 있다(벤처나라 등록 물품·서비스 지정 관리 규정 제20조 제2항).

이에 대하여 벤처나라 담당과장은 벤처창업기업이 등록한 기본정보나 등록한 홍보정보를 확인하여 승인 여부를 결정해야 한다(벤처나라 등록 물품·서비스 지정 관리 규정 제20조 제6항). 다만, 업체 등록정보의 보완이나 변경이 필요한 경우에는 해당 업체에게 해당 사항을 안내하고, 반려할 수 있다(벤처나라 등록 물품·서비스 지정 관리 규정 제20조 제7항). 반려받은 업체는 해당 내용을 보완하거나 변경하여 재승인 요청을 할 수 있고, 재승인 여부 결정은 승인 결정에 준한다(벤처나라 등록 물품·서비스 지정 관리 규정 제20조 제8항).

한편, 벤처창업기업은 업체 기본정보에 변동사항이 생길 경우 지체없이 관련 정보를 수정해야 하며, 수정사항은 벤처나라 담당과장이 승인한 후 반영된다(벤처나라 등록 물품·서비스 지정 관리 규정 제20조 제9항). 또한, 벤처창업기업은 업체 홍보정보에 변동사항이 생길 경우에도 수시로 관련 정보를 수정할 수 있으며, 수정사항 반영 역시 벤처나라 담당과장 승인에 따른다(벤처나라 등록 물품·서비스 지정 관리 규정 제20조 제10항).

벤처창업기업은 벤처나라 이용약관에 동의하고, 지정기간 동안 이용약관에 따라 등록상품을 공급한다는 공급확약서를 등록해야 한다(벤처나라 등록 물품·서비스 지정 관리 규정 제20조 제3항). 그리고 벤처창업기업은 이용기관의 별도 요청에 따라 상품의 규격변경 제작이 가능한 경우 규격변경 제작 가능 여부를 명시하고, 관련 설명내용을 등록할 수 있다(벤처나라 등록 물품·서비스 지정 관리 규정 제20조 제4항).

바. 상품정보등록

1) 의의

벤처나라 담당과장은 이용기관의 구매의사 결정을 돕기 위해 등록 상품별로 각각 상품기본정보, 옵션 상품정보, 인증정보, 품질정보 등 정보 등록이 필요한 사항을 정할 수 있으며, 벤처창업기업은 이를 등록하고 승인을 요청해야 한다(벤처나라 등록 물품·서비스 지정 관리 규정 제21조 제1항).

2) 벤처창업기업의 등록

벤처창업기업은 위에 따라 상품 기본정보를 입력할 경우 상품의 특징을 잘 설명하고 이용기관이 이해하기 쉽도록 상품명과 모델명, 규격내용, 상품설명을 작성하고, 등록단가, 등록단가 적용 납품조건을 입력해야 한다(벤처나라 등록 물품·서비스 지정 관리 규정 제21조 제2항).

그리고 벤처창업기업은 물품분류번호, 물품식별번호와 별도로 이용기관의 원활한 상품검색이 가능하도록 상품카테고리를 선택하고, 키워드를 입력할 수 있다(벤처나라 등록 물품·서비스 지정 관리 규정 제21조 제3항).

한편, 벤처창업기업은 지정 상품과 관련된 옵션 상품이 있는 경우 옵션 상품정보를 등록할 수 있다(벤처나라 등록 물품·서비스 지정 관리 규정 제21조 제4항).

또한, 벤처창업기업은 지정 상품과 관련된 인증이 있는 경우 관련 인증명, 유효기간, 인증서 사본을 등록할 수 있다. 단, 별도 기술·품질평가를 면제받고 추천받은 상품은 평가면제 사유에 해당하는 인증에 대하여 관련 인증명, 유효기간, 인증서 사본을 등록해야 한다(벤처나라 등록 물품·서비스 지정 관리 규정 제21조 제5항).

벤처창업기업은 등록한 인증이 품질인증을 포함하지 않는 경우에는 국가표준기본법에 따른 공인시험기관이 발급한 시험성적서를 등록하되 불가피한 경우에는 품질관리계획서 등 품질 관련 서류를 품질정보로 등록해야 한다(벤처나라 등록 물품·서비스 지정 관리 규정 제21조 제6항).

벤처창업기업은 지정 상품과 관련된 상세 이미지, 기타 상품 소개 이미지, 상품 소개 동영상을 상품 홍보용으로 등록할 수 있다(벤처나라 등록 물품·서비스 지정 관리 규정 제21조 제7항).

3) 벤처나라 담당과장의 승인 등

벤처나라 담당과장은 벤처창업기업이 등록한 정보를 확인하여 승인 여부를 결정하여야 한다(벤처나라 등록 물품·서비스 지정 관리 규정 제21조 제8항). 벤처나라 담당과장은 위 승인 여부를 결정할 때 지정받은 벤처창업기업제품과 관련이 없는 상품정보를 등록하여 승인 요청한 경우나 상품 정보에 대한 보완, 변경이 필요한 경우, 벤처창업기업에게 이를 안내하고 반려할 수 있다(벤처나라 등록 물품·서비스 지정 관리 규정 제21조 제9항). 반려받은 벤처창업기업은 해당 내용을 보완하거나 변경하여 재승인을 요청할 수 있다(벤처나라 등록 물품·서비스 지정 관리 규정 제21조 제10항).

4) 등록정보유지

벤처창업기업은 최신의 '상품정보'를 유지해야 하며, 상품 기본정보, 인증정보, 품질정보에 변동사항이 생길 경우 지체없이 상품정보를 수정해야 한다. 수정사항은 벤처나라 담당과장 승인으로 반영된다(벤처나라 등록 물품·서비스 지정 관리 규정 제21조 제11항).

벤처창업기업은 위에서 열거한 것 외에 상품정보에 변동사항이 생길 경우 수시로 관련 정보를 수정할 수 있으며, 수정사항은 벤처나라 담당과장 승인으로 반영된다(벤처나라 등록 물품·서비스 지정 관리 규정 제21조 제12항).

벤처창업기업은 벤처나라에 등록하려는 상품이 관계법령과 규정에 따라 허가·면허·등록·신고 등을 요하거나 자격요건을 갖추어야 할 경우, 해당 허가 등을 갖추었다는 사실을 증명할 서류와, 같은 자격요건에 적합한 제품을 납품하겠다는 확약서를 반드시 제출해야 한다(벤처나라 등록 물품·서비스 지정 관리 규정 제21조 제13항).

사. 상품가격등록과 조정

벤처창업기업은 벤처나라 등록상품의 단가를 최초 등록하는 경우, 거래 희망 가격을 입력하고 이용기관이 구매의사결정에 참고할 수 있도록 원가계산가격, 업체공표가격 등 가격자료와 관련 증빙자료를 함께 제출할 수 있다(벤처나라 등록 물품·서비스 지정 관리 규정 제22조 제1항). 그리고 벤처창업기업은 물가변동 등에 따라 등록단가를 조정할 필요가 있는 경우, 등록단가를 변경하여 승인 요청을 할 수 있다(벤처나라 등록 물품·서비스 지정 관리 규정 제22조 제2항). 이에 벤처나라 담당과장은 등록단가의 조정승인을 요청받은 경우 단가변경 사유서와 관련 증빙 자료 제출을 요청할 수 있다(벤처나라 등록 물품·서비스 지정 관리 규정 제22조 제3항). 다만, 벤처나라 담당과장은 벤처창업기업이 벤처나라에 등록된 최초 등록단가의 인하를 요청하는 경우, 별도 승인 절차 없이 벤처나라에 이를 즉시 반영한다(벤처나라 등록 물품·서비스 지정 관리 규정 제22조 제4항).

한편, 벤처나라 시스템 관리자는 최초 등록단가와 조정된 등록단가 변동 추이를 벤처나라 상품 상세페이지에 있는 "가격 추이"에 표시할 수 있다(벤처나라 등록 물품·서비스 지정 관리 규정 제22조 제5항).

아. 견적

이용기관은 국가종합전자조달시스템 종합쇼핑몰운영규정 제2조 제1항 제1호에도 불구하고 벤처나라 등록상품을 나라장터 종합쇼핑몰이나 벤처나라를 이용하여 검색할 수 있으며, 검색상품에 대한 구매수량과 납품조건에 따른 공급단가를 확인하기 위해 벤처나라를 이용해 벤처창업기업에 견적을 요청할 수 있다(벤처나라 등록 물품·서비스 지정 관리 규정 제23조

제1항). 이에 따라 이용기관이 견적 요청하면, 해당 업체는 벤처나라를 이용해 견적서를 제출할 수 있다(벤처나라 등록 물품·서비스 지정 관리 규정 제23조 제2항). 이용기관은 업체가 제출한 견적서를 접수하고, 견적 비교 등의 방법으로 검토할 수 있다(벤처나라 등록 물품·서비스 지정 관리 규정 제23조 제3항).

자. 규격변경 제작

이용기관은 벤처나라 등록 상품의 일부 규격을 변경하여 구매를 희망하는 경우, 해당 벤처창업기업이 규격변경 제작 가능한 상품으로 등록했을 때에만 규격변경 제작을 요청할 수 있다(벤처나라 등록 물품·서비스 지정 관리 규정 제24조 제1항). 그리고 벤처창업기업은 이용기관의 규격변경 제작 요청 내용을 확인하여 요청 규격대로 제작이 가능한지 여부를 답변하는 규격변경 제작 확인서를 이용기관에게 제출해야 한다(벤처나라 등록 물품·서비스 지정 관리 규정 제24조 제2항). 이용기관은 규격변경 제작 확인서 내용을 확인하여 해당 벤처창업기업이 요청 규격대로 제작 가능하다고 응답한 경우, 견적을 요청할 수 있다(벤처나라 등록 물품·서비스 지정 관리 규정 제24조 제3항). 견적 요청에 따른 견적서 제출과 접수는 앞에서 본 바와 같다(벤처나라 등록 물품·서비스 지정 관리 규정 제24조 제4항).

차. 주문과 계약

이용기관은 견적서를 접수하고 검토한 후 국가계약법 시행령 제30조 제1항이나 지방계약법 시행령 제30조 제1항에 따라 1인 견적에 의한 수의계약을 체결할 수 있고, 국가계약법 시행령 제49조나 지방계약법 시행령 제50조에 따라 계약서 작성 생략이 가능한 경우, 벤처나라를 이용하여 주문 요청할 수 있다(벤처나라 등록 물품·서비스 지정 관리 규정 제25조 제1항). 이에 따라 이용기관이 주문 요청한 경우, 해당 업체는 벤처나라를 이용해 주문확인서를 제출할 수 있다(벤처나라 등록 물품·서비스 지정 관리 규정 제25조 제2항). 이용기관은 업체가 제출한 주문확인서를 접수하고, 납품을 지시할 수 있다(벤처나라 등록 물품·서비스 지정 관리 규정 제25조 제3항). 그리고 이용기관은 견적서를 접수하고 검토한 후 국가계약법 시행령 제26조나 지방계약법 시행령 제25조에 따라 수의계약을 체결할 수 있는 경우, 벤처나라와 나라장터를 이용하여 계약서를 작성하고 납품을 지시할 수 있다. 다만, 국가계약법 시행령 제30조 제2항이나 지방계약법 시행령 제30조 제2항에 따라 전자조달시스템(지정정보처리장치)을 이용하여 견적서를 제출받아야 하는 경우에는 예외로 한다(벤처나라 등록 물품·서비스 지정 관리 규정 제25조 제4항).

카. 검사·검수, 대금지급 등

위에 따른 주문이나 계약 이후 검사, 검수, 대금지급 등 관련된 사항은 각 이용기관의 일반적인 구매 절차를 따른다(벤처나라 등록 물품·서비스 지정 관리 규정 제26조).

6. 등록상품 관리와 사후관리 등

가. 적용기술유지의무

벤처창업기업은 벤처창업기업제품 지정기간이 종료될 때까지 적용기술을 변동 없이 계속 유효하도록 관리해야 한다. 다만, 법령개폐, 제도의 변경, 유효기간 만료 등으로 인하여 벤처창업기업의 책임이 없는 경우에는 예외로 한다(벤처나라 등록 물품·서비스 지정 관리 규정 제27조).

나. 등록상품유지의무

벤처창업기업은 원자재 수급 차질 등을 이유로 이용정지나 지정취소되는 경우를 제외하면, 이용기관이 언제든지 주문할 수 있도록 상품등록을 유지해야 한다(벤처나라 등록 물품·서비스 지정 관리 규정 제28조).

다. 등록단가와 업체실태조사 등

벤처나라 담당과장은 필요한 경우 등록단가와 벤처창업기업에 대한 실태조사를 실시할 수 있으며, 해당 업체는 이에 성실히 응해야 한다(벤처나라 등록 물품·서비스 지정 관리 규정 제29조).

라. 벤처나라 이용정지

1) 의의와 법적성격

벤처나라 이용정지란 벤처나라 담당과장이 벤처창업기업의 벤처나라 상품등록을 일정기간 정지하도록 하는 행위를 말한다(벤처나라 등록 물품·서비스 지정 관리 규정 제30조 제1항). 침익적 처분에 해당한다고 본다.

2) 사유와 기간

이용정지 사유와 그 기간은 다음과 같다.

가) 제20조에 따른 업체 정보를 허위로 기재하거나 과장한 경우 : 해당 업체가 등록한 모든 상품에 대해 6월
나) 제21조에 따른 상품 정보를 허위로 기재하거나 과장한 경우 : 해당 상품에 대해 6월
다) 벤처창업기업이 부정당업자 제재를 받은 경우 : 해당 업체가 등록한 모든 상품에 대해 제재기

간 종료 시까지

라) 제18조 제4항 제2호 또는 제3호에서 규정한 사유가 발생하였음에도 불구하고, 사유가 발생한 날로부터 7일 이내에 협업 변경 승인 신청을 하지 않은 경우 : 해당 상품에 대해 협업 변경 승인 신청 및 승인 시까지

마) 다음 각 조항에서 규정한 변동사항이 발생하였음에도 불구하고 해당 정보를 수정하지 않은 것으로 확인된 경우 :

(1) 제20조 제9항 관련 : 해당 업체가 등록한 모든 상품에 대해 해당정보 변경 신청 및 승인 시까지

(2) 제21조 제11항 관련 : 해당 상품에 대해 정보 변경 신청 및 승인 시까지

(3) 제22조 제2항 관련 : 해당 상품에 대해 단가 인하 신청 및 승인 시까지

바) 제29조에 따라 등록단가 및 업체실태조사 시 정당한 이유 없이 사실 확인을 위한 자료 제출을 거부하거나 지연하는 경우 : 해당 업체가 등록한 모든 상품에 대해 1월

사) 제25조 제2항에 따라 주문확인서를 제출한 이후 정당한 이유 없이 납품에 응하지 아니한 경우 : 해당업체가 등록한 모든 상품에 대해 1월

아) 기간이 6개월 미만인 휴업이 확인된 경우 : 영업을 재개(6개월 이내)하거나, 지정취소 처리 시까지

자) 그 밖에 벤처나라 담당과장이 벤처창업기업제품이 원자재 수급 차질 등으로 등록 상품 유지가 곤란하다고 판단한 경우 : 해당 사유가 소멸될 때까지

3) 절차

벤처나라 담당과장은 위 사유가 있으면 이용정지를 결정할 수 있다(벤처나라 등록 물품·서비스 지정 관리 규정 제30조 제1항 참조). 다만, 심의가 필요한 경우에는 신성장조달업무심의회 심의를 거쳐 이용정지할 수 있다(벤처나라 등록 물품·서비스 지정 관리 규정 제30조 제2항).

한편, 벤처나라 담당과장은 이용정지 사유가 발생한 경우, 해당 벤처창업기업에게 이용정지 사유와 최대 이용정지 기간, 이용정지에 대한 의견 제출기간(서면이나 대면으로 가능하며, 해당 기한 안 의견이 없으면 의견이 없다고 본다는 내용을 포함) 등을 사전에 통보해야 하며, 이용정지가 최종 확정된 경우에는 서면으로 통보해야 한다(벤처나라 등록 물품·서비스 지정 관리 규정 제30조 제4항 본문). 다만, 성질상 의견청취가 필요하지 않거나 공공의 안전 등을 위해 긴급한 정지가 필요한 경우에는 사전통보를 하지 않을 수 있다(벤처나라 등록 물품·서비스 지정 관리 규정 제30조 제4항 단서).

4) 여러 위반행위가 있는 경우

벤처창업기업이 여러 위반행위를 하여 위 각 사유 중 2개 이상에 해당하는 경우에는 그

중 무거운 정지기간을 적용해야 한다(벤처나라 등록 물품·서비스 지정 관리 규정 제30조 제3항).

5) 공고

벤처창업기업의 벤처나라 이용을 정지한 경우에는 벤처나라 이용기관 공지사항에 해당 내용을 공고해야 한다(벤처나라 등록 물품·서비스 지정 관리 규정 제30조 제5항).

마. 지정취소

1) 의의와 법적 성격

벤처나라 담당과장이 벤처창업기업제품의 지정을 취소하고 벤처나라 상품등록을 취소하는 처분을 말한다(벤처나라 등록 물품·서비스 지정 관리 규정 제31조 제1항). 침익적 처분에 해당한다고 본다.

2) 사유

지정취소 사유는 다음과 같다.

가) 허위 또는 부정한 방법으로 벤처창업기업제품 지정을 받은 경우
나) 폐업, 부도, 파산, 기간이 휴업(6개월 초과) 등이 확인된 경우(다만, 법원에 의한 회생절차가 개시된 때에는 회생절차의 종료 결과에 따라 결정)
다) 벤처창업기업이 「중소기업기본법」 제2조 제1항에 따른 중소기업에 해당하지 않게 되는 경우 또는 「중소기업제품 구매촉진 및 판로지원에 관한 법률」 제8조의2 제1항에 해당하게 되는 경우
라) 산업재산권 등 타인의 권리를 침해하거나 적용기술 등의 무효 또는 취소가 확인된 경우
마) 벤처나라 등록 상품의 품질·안전성 또는 이용기관의 주문 또는 계약에 따라 납품된 가격 등과 관련하여 사망사고, 부상사고 등 인명사고가 발생하거나 벤처나라 등록상품의 신뢰를 훼손시킨 경우
바) 벤처창업기업이 「조달청 제조물품 등록 직접생산 확인기준」 또는 「중소기업자간 경쟁제품 직접생산 확인기준(중소벤처기업부 고시)」에 위반하여 제품을 납품하거나, 추진 기업이 협업체로 승인받은 참여기업 외의 타 기업이 생산한 제품을 납품한 경우 또는 제18조 제3항에 따른 생산현장 실태조사 결과 등에 의거하여 벤처창업기업제품을 직접 생산하지 않는 것으로 확인되는 경우
사) 제품의 생산 또는 판매에 있어 관련 법령에 따른 허가 등이 선행되어야 함에도 허가 등을 받지 아니한 것으로 확인된 경우
아) 제18조 제4항 제1호의 사유가 발생하였음에도 불구하고, 사유가 발생한 날로부터 7일 이내에 협업 변경 승인 신청을 하지 않은 경우
자) 지정기간(연장기간 포함) 중 제30조 제1항에 따른 이용정지 또는 제32조 제1항에 따른 경고조치를 3회 이상 받은 경우

차) 벤처창업기업이 등록 상품의 단종 등 불가피한 사유로 벤처창업기업제품의 지정취소를 요청한 경우로서 필요하다고 인정한 경우
카) 제38조 제4항에 따라 벤처창업기업제품의 생산을 중단한 경우 또는 사업을 양도한 경우로서 벤처창업기업제품에 대한 권리를 양도하지 아니하거나, 제5조의3에 따른 포괄적 양수, 합병, 분할 등 요건을 충족하지 못한 경우
타) 벤처나라 등록상품과 동일한 물품식별번호의 상품이 우수조달물품 또는 다수공급자 계약 등 단가 계약에 의해 나라장터 종합쇼핑몰에 등록된 경우

3) 절차

벤처나라 담당과장은 지정취소 사유가 발생한 경우, 해당 벤처창업기업에게 그 사유와 그 범위, 지정취소에 대한 의견 제출기간(서면이나 대면으로 가능하며, 해당 기한 안에 의견이 없으면 의견이 없다고 본다는 내용을 포함) 등을 사전에 통보해야 하며, 지정취소가 최종 확정된 경우에는 서면으로 통보해야 한다. 다만, 성질상 의견청취가 필요하지 않거나 공공의 안전 등을 위해 긴급한 지정취소가 필요한 경우에는 사전통보를 하지 않을 수 있다(벤처나라 등록 물품·서비스 지정 관리 규정 제30조 제4항, 제31조 제2항). 한편, 위에서 열거한 지정취소 사유 중 나), 다), 자), 차), 카)에 해당하는 경우에는 신성장조달업무심의회 심의를 생략하고 벤처나라 담당과장 결정으로 갈음할 수 있다(벤처나라 등록 물품·서비스 지정 관리 규정 제31조 제4항).

4) 공고

지정취소를 한 경우에는 벤처나라 이용기관 공지사항에 해당 내용을 공고해야 한다(벤처나라 등록 물품·서비스 지정 관리 규정 제31조 제3항).

바. 경고조치

1) 의의와 법적성격

벤처나라 담당과장이 벤처창업기업에게 경고하는 행위를 말한다. 경고조치는 권력적 사실행위에 해당할 여지가 있다.

2) 사유

경고조치 사유는 다음과 같다.

가) 이용기관의 주문 또는 계약에 따라 등록 상품을 납품한 후 상품의 품질·사후 관리 등과 관련하여 이용기관으로부터 불만이 제기된 경우 : 해당 업체가 등록한 모든 상품에 대해 경고조치

나) 정당한 이유 없이 이용기관의 견적서 제출 요청, 규격변경 제작 요청에 답변하지 아니한 경우 : 해당 업체가 등록한 모든 상품에 대해 경고조치
다) 제39조 제3항에 따라 벤처창업기업제품 지정마크를 벤처창업기업제품 홍보 이외의 목적으로 사용한 경우 : 해당업체가 등록한 모든 상품에 대해 경고조치
라) 그 밖에 이용약관 또는 공급확약서 등의 위반 사실이 있는 경우 : 해당 업체가 등록한 모든 상품에 대해 경고조치

3) 절차

벤처나라 담당과장은 경고조치 사유가 발생한 경우, 해당 벤처창업기업에게 그 사유와 그 범위, 경고조치에 대한 의견 제출기간(서면이나 대면으로 가능하며, 해당 기한 안에 의견이 없으면 의견이 없다고 본다는 내용을 포함) 등을 사전에 통보해야 하며, 경고조치가 최종 확정된 경우에는 서면으로 통보해야 한다. 다만, 성질상 의견청취가 필요하지 않거나 공공의 안전 등을 위해 긴급한 경고조치가 필요한 경우에는 사전통보를 하지 않을 수 있다(벤처나라 등록 물품·서비스 지정 관리 규정 제30조 제4항, 제32조 제2항 본문). 다만, 경고조치 사유가 명백한 경우에는 신성장조달업무심의회의 심의를 생략하고 벤처나라 담당과장 결정으로 갈음할 수 있다(벤처나라 등록 물품·서비스 지정 관리 규정 제32조 제2항 단서).

아. 이의신청

벤처나라 이용정지, 벤처창업기업제품 지정취소, 경고조치 등을 받은 업체는 그 결과를 통보받은 날로부터 10일 안에 이의를 신청할 수 있다(벤처나라 등록 물품·서비스 지정 관리 규정 제33조 제1항). 이처럼 이의신청이 있는 경우에는 신성장조달업무심의회 심의를 거쳐 7일 안에 심사하고, 벤처나라 담당과장은 그 결과를 해당 업체에게 통보해야 한다. 다만, 벤처나라 담당과장이 검토한 결과, 외부기관 결정에 따라 사실 판단이 명백하다고 인정되는 경우 등에는 신성장조달업무심의회 심의를 생략하고 벤처나라 담당과장 결정으로 갈음할 수 있다(벤처나라 등록 물품·서비스 지정 관리 규정 제33조 제2항).

자. 그 밖에 사후관리

1) 거래실적관리

벤처창업기업은 분기별로 벤처나라 등록 상품별 공공기관 납품 실적을 등록하고 승인 요청할 수 있다(벤처나라 등록 물품·서비스 지정 관리 규정 제34조 제1항). 이에 따른 공공기관 납품 실적을 등록할 때에는 물품납품(판매) 실적증명서를 증빙자료로 제출해야 한다(벤처나라 등록 물품·서비스 지정 관리 규정 제34조 제2항).

벤처나라 담당과장은 벤처창업기업이 등록한 공공기관 납품 실적과 증빙자료를 확인하여 승인 여부를 결정해야 하되(벤처나라 등록 물품·서비스 지정 관리 규정 제34조 제3항), 이때 납품 실적 등록 정보에 대한 보완이 필요한 경우 해당 업체에 해당 사항을 안내하고, 반려할 수 있는데(벤처나라 등록 물품·서비스 지정 관리 규정 제34조 제4항), 반려받은 업체는 해당 내용을 보완하여 재승인 요청을 할 수 있으며, 재승인 여부의 결정도 위에서 본 승인방법에 따른다(벤처나라 등록 물품·서비스 지정 관리 규정 제34조 제5항).

위 규정에도 불구하고, 이용기관이 벤처나라나 나라장터를 이용해 전자적인 견적, 주문이나 계약 등의 방법으로 납품요구하여 「국가재정법」, 「디지털예산회계시스템 운영 지침」에 따른 디지털예산회계시스템을 이용한 지출이 완료된 경우에는 별도의 승인 없이 자동으로 거래실적으로 등록될 수 있다(벤처나라 등록 물품·서비스 지정 관리 규정 제34조 제6항).

2) 통계관리

이용기관은 벤처나라 등록 상품의 가격과 품질 신뢰도 등을 확인하기 위해 벤처나라 등록상품별 거래실적 통계, 상품평을 확인할 수 있다(벤처나라 등록 물품·서비스 지정 관리 규정 제35조 제1항). 또한, 이용기관은 벤처나라 등록 상품의 생산 업체 신뢰도를 확인하기 위해 벤처나라 등록 벤처창업기업별 거래실적 통계를 확인할 수 있다(벤처나라 등록 물품·서비스 지정 관리 규정 제35조 제2항). 벤처창업기업은 벤처나라 등록상품별 홍보계획을 수립하기 위해 해당 업체의 등록상품별 거래실적, 주문 기관별 구매성향 통계를 확인할 수 있다(벤처나라 등록 물품·서비스 지정 관리 규정 제35조 제3항). 벤처나라 시스템 관리자는 위에서 본 통계를 이용기관이나 벤처나라 업체에게 제공하고, 벤처나라 시스템의 효과적인 운영과 벤처창업기업제품의 효율적인 관리를 위해 벤처나라 이용 내역에 대한 통계관리를 할 수 있다(벤처나라 등록 물품·서비스 지정 관리 규정 제35조 제4항).

3) 등록정보의 정비와 점검

벤처나라 담당과장은 정기 또는 수시로 등록상품의 정보를 정비·점검한다(벤처나라 등록 물품·서비스 지정 관리 규정 제36조).

4) 벤처창업기업제품 홍보 등

조달청장은 벤처창업기업제품의 종합적인 판로지원과 홍보를 위해 아래와 같은 활동을 할 수 있다(벤처나라 등록 물품·서비스 지정 관리 규정 제37조).

1) 조달청 나라장터 엑스포 등 벤처창업기업제품 전시회 운영
2) 벤처창업기업제품의 안내를 위한 인쇄물, 제품목록 등의 제작·배포
3) 벤처나라 운영·관리 지원
4) 벤처창업기업제품의 국내 공공구매판로 개척을 위한 제도 개선, 교육 등 공공구매 촉진 지원
5) 벤처창업기업제품 해외시장 판로개척을 위한 홍보
6) 기타 벤처창업기업의 판로 개척 및 홍보 지원을 위해 필요하다고 인정되는 사항

5) 지정증서교부

벤처나라 담당과장은 벤처창업기업제품 지정 이후 벤처나라에 등록을 완료한 상품을 대상으로 지정업체에게 벤처창업기업제품 지정증서를 교부해야 한다. 다만, 협업체인 경우에는 지정증서를 추진기업에만 교부하며, 지정증서에 참여기업으로 표시된 기업에게는 협업체로서만 지정 효력을 인정한다(벤처나라 등록 물품·서비스 지정 관리 규정 제38조 제1항).

벤처창업기업이나 벤처창업기업제품의 권리를 승계받은 업체는 다음 중 어느 하나에 해당하는 경우 교부받은 벤처창업기업제품 지정증서와 관련 증빙서류를 첨부하여 벤처창업기업제품 지정증서의 재교부를 신청할 수 있다(벤처나라 등록 물품·서비스 지정 관리 규정 제38조 제2항).

1) 상호 또는 대표자가 변경된 경우
2) 포괄적 양수, 합병, 분할 등으로 벤처창업기업제품에 대한 모든 권리를 승계 받은 경우
3) 지정증서를 분실 등 변경사항이 있는 경우
4) 제18조 제4항에 따라 협업 변경 승인을 받은 경우

벤처나라 담당과장은 포괄적 양수, 합병, 분할 등으로 벤처창업기업제품에 대한 모든 권리를 승계받았다는 이유로 벤처창업기업제품 지정증서 재교부 신청이 있는 경우 벤처창업기업제품에 적용된 기술·품질 인증 등의 승계 여부를 확인한 후 지정증서를 재교부해야 한다. 이때에는 벤처창업기업제품 지정증서에 재교부 사유 등을 등재해야 한다(벤처나라 등록 물품·서비스 지정 관리 규정 제38조 제3항).

한편, 벤처창업기업제품의 생산을 중단한 경우나 사업을 양도한 경우로서 벤처창업기업제품에 대한 권리를 양도하지 않은 경우에는 벤처창업기업제품지정증서를 반납해야 한다(벤처나라 등록 물품·서비스 지정 관리 규정 제38조 제4항).

6) 표시

조달청장은 지정증서를 교부받은 벤처창업기업제품에 지정표시를 사용하게 할 수 있다(벤처나라 등록 물품·서비스 지정 관리 규정 제39조 제1항). 해당 표시는 상품, 그 용기, 포장, 홍보물에 사용할 수 있다(벤처나라 등록 물품·서비스 지정 관리 규정 제39조 제2항). 벤처창업기업은 벤처창업기업제품인 경우에만 표시를 사용해야 하며, 그 밖에 목적으로 표시를 사용해서는 안 된다(벤처나라 등록 물품·서비스 지정 관리 규정 제39조 제3항).

7) 비밀유지

벤처나라 관련 업무를 수행하는 조달청 직원이나 추천기관 직원은 직무상 알게 된 비밀이나 관련업계에 손해를 끼칠 우려가 있는 내용을 누설해서는 안 된다(벤처나라 등록 물품·서비스 지정 관리 규정 제41조).

Ⅳ. 이음장터

1. 개요

가. 의의

이음장터는 조달사업법 제25조에 따라 용역(이하 '서비스 상품')을 제공하는 업체의 공공조달 판로 확대를 지원하고, 수요기관이 서비스 상품을 편리하게 구매하도록 조달청장이 구축·운영하는 서비스 전용 온라인 쇼핑몰을 말한다(조달청 이음장터 운영규정 제1조, 제2조 제1호).

나. 구성과 운영

이음장터의 인터넷 주소는 'https://service.g2b.go.kr'으로 한다(조달청 이음장터 운영규정 제3조 제1항). 시스템 관리자는 등록업체, 이용기관 등이 이용하기에 편리하도록 이음장터를 구성·운영해야 한다(조달청 이음장터 운영규정 제3조 제2항). 여기서 시스템 관리자는 이음장터를 관리하고 운영하는 조달청장(관련 업무를 담당하는 자를 포함)을 말한다(조달청 이음장터 운영규정 제2조 제2호).

다. 이용범위

이음장터에서 제공하는 주요 서비스 범위는 다음과 같다.

첫째, 등록업체에게는 상품판매등록, 거래 등 전자적 업무와 홍보지원을 제공한다. 여기서 등록업체는 전자조달법 제17조에 따라 나라장터에 이용자등록을 한 자로서 등록자격 검토를 거쳐 이음장터에 업체정보와 상품정보를 등록한 기업을 말한다(조달청 이음장터 운영규정 제2조 제6호).

둘째, 이용기관에게는 상품구매등록, 거래 등 전자적 업무 지원를 제공하고, 아울러 계약관련 정보 공유를 위한 소통 창구 등 부가서비스도 제공한다. 여기서 이용기관은 조달사업법 제2조 제5호에 따른 수요기관으로서 조달업무를 수행하기 위해 나라장터에 등록한 기관 중 조달청 이음장터 이용약관에 동의하고 이음장터를 이용하는 기관을 말한다(조달청 이음장터 운영규정 제2조 제4호).

셋째, 일반이용자에게는 상품구매등록, 견적요청 등 전자적 업무 지원을 제공하고, 아울러 계약 관련 정보 공유를 위한 소통 창구 등 부가서비스도 제공한다. 여기서 일반이용자는 이용기관에 소속된 자로서 이음장터 이용을 위해 사용자정보를 시스템에 등록한 자를 말한다(조달청 이음장터 운영규정 제2조 제5호).

넷째, 이음장터 운영을 위해 필요한 이용기관 공지사항 등 운영자가 제공하는 그 밖에 서비스도 제공한다.

2. 상품판매등록

가. 의미

상품판매등록이란 등록업체가 판매하고자 하는 서비스 상품을 전자적 거래 등을 할 수 있도록 이음장터에 등록하는 것을 말한다(조달청 이음장터 운영규정 제2조 제7호).

나. 업체등록

이음장터에 상품판매등록을 하고자 하는 업체는 국가종합전자조달시스템 입찰참가자격 등록규정 제13조에 따라 입찰참가자격 등록을 하고 이음장터에 업체 일반정보를 등록해야 한다(조달청 이음장터 운영규정 제5조 제1항). 다만, 이음장터에 나라장터 입찰참가자격 정보가 연계된 경우에는 업체 일반정보 등록 절차를 생략할 수 있다(조달청 이음장터 운영규정 제5조 제2항).

다. 등록대상상품

등록업체는 ① 국가계약법 시행령 제30조 제1항 제2호나 지방계약법 시행령 제30조 제1항 제2호에 따른 추정가격이 2천만 원 이하인 경우, ② 국가계약법 시행령 제30조 제1항 제2호 단서나 지방계약법 시행령 제30조 제1항 제2호 단서에 해당하는 경우로서 추정가격 5천만 원 이하인 경우 중 어느 하나에 해당하는 서비스 상품을 등록할 수 있다(조달청 이음장터 운영규정 제6조).

라. 상품등록 신청

1) 방법

등록업체는 상품별로 기본정보, 인증정보, 가격정보 등 등록에 필요한 사항을 작성하여 상품 등록을 신청해야 한다(조달청 이음장터 운영규정 제7조 제1항). 신청업체는 제1항에 따라 상품 기본정보를 입력할 경우, 상품범주를 선택하고 서비스 상품명, 상품설명, 상품가격, 납품일수 등을 입력해야 한다(조달청 이음장터 운영규정 제7조 제2항). 또한, 등록신청상품이 관련 법령 등의 규정에 따라 허가, 인가, 면허, 등록, 신고, 인증 등이 필요한 경우에는 해당 증명, 유효기간, 증명서 사본 등을 등록해야 한다(조달청 이음장터 운영규정 제7조 제3항). 나아가 등록상품과 관련한 상품 소개 이미지, 상품설명 등을 등록할 수 있다(조달청 이음장터 운영규정 제7조 제4항).

2) 신청제한

등록업체가 ① 신청 관련 서류를 위조·변조하거나 허위서류를 제출한 업체, ② 휴·폐업, 부도, 파산 상태에 있는 업체, ③ 부정당업자 제재 중인 업체, ④ 조세포탈 등을 한 업체로서 유죄판결이 확정된 날로부터 2년이 지나지 않은 업체, ⑤ 등록한 상품에 필요한 해당 허가, 인가, 면허, 등록, 신고 등에 취소, 유효기한 만료, 정지 등이 발생해 자격을 상실한 업체, ⑥ 그 밖에 기술서비스업무심의회에서 부적합하다고 판단하는 업체 중 어느 하나에 해당하면, 상품등록을 신청할 수 없다(조달청 이음장터 운영규정 제7조 제5항 제1호부터 제6호까지).

마. 상품가격 등록과 변경

서비스 상품가격이란 이음장터에 상품을 등록하는 업체가 제시한 거래 희망가격을 말한다(조달청 이음장터 운영규정 제2조 제8호). 따라서 신청업체는 서비스 상품가격을 최초 등록하는 경우 희망가격을 입력해야 하며 필요하면, 희망가격을 변경할 수 있다(조달청 이음장터 운영규정 제8조 제1항). 그리고 시스템 관리자는 희망가격 변동 추이 등 상품별 희망가격과 관련된 정보를 이음장터에 표시할 수 있다(조달청 이음장터 운영규정 제8조 제2항).

바. 등록기간과 등록 상품수

이음장터의 상품 등록기간은 12개월로 한다. 다만, 조달청장은 이음포인트 관리 기준에 따라 해당 기간을 연장할 수 있다(조달청 이음장터 운영규정 제9조 제1항). 여기서 이음포인트란 이음장터 이용기관과 등록업체의 이음장터 활용실적에 따라 시스템 관리자가 이용기관과 등록업체에 부여한 점수를 말한다(조달청 이음장터 운영규정 제2조 제12호).

한편, 이음장터의 상품 등록 수는 제한을 두지 않는다. 다만, 시스템의 원활한 운영을 위해 이음장터 담당과장이 이음장터에 공지하여 상품 등록 수를 제한할 수 있다(조달청 이음장터 운영규정 제9조 제2항).

사. 등록사항 검토와 등록

이음장터 담당과장은 등록업체가 제출한 등록 신청자료, 신청업체 자격 등을 검토하여 상품등록 여부를 결정할 수 있다. 신청업체는 이때 등록자격 검토를 위해 이음장터 담당과장이 요청하는 사항에 협조해야 한다(조달청 이음장터 운영규정 제10조 제1항). 이음장터 담당과장은 신청업체가 제출한 자료를 보완하거나 변경할 필요가 있다고 판단하면, 기한을 정하여 신청업체에게 보완이나 변경을 요청할 수 있다. 다만, 신청업체가 그 기한 안에 요청받은 내용을 보완·변경하지 않거나 신청업체가 신청을 반려해 달라고 요청하면, 해당 신청을 반려할 수 있다(조달청 이음장터 운영규정 제10조 제2항).

그리고 신청업체가 등록하고자 하는 서비스 상품이 ① 조달청이 체결한 디지털서비스 카탈로그계약, 상용소프트웨어 제3자단가계약, 용역 다수공급자계약 상품과 같은 경우, ② 그 밖에 조달청장이 부적합하다고 판단하는 서비스 상품에 해당하는 경우 중 어느 하나에 해당하면, 이음장터에 해당 상품을 등록하지 않을 수 있다(조달청 이음장터 운영규정 제10조 제3항).

아. 변동사항 관리

이음장터에 서비스 상품을 등록한 업체는 업체정보 등에 변동이 발생하면 지체 없이 해당 정보를 수정해야 하며, 항상 최신 상태로 관리해야 한다(조달청 이음장터 운영규정 제11조).

3. 상품구매등록

가. 의미

상품구매등록이란 이용기관이 구매할 서비스 상품을 전자적 거래 등으로 하도록 이음장터에 등록하는 것을 말한다(조달청 이음장터 운영규정 제2조 제9호).

나. 이용기관 등록과 승인

이음장터를 이용하고자 하는 기관은 국가종합전자조달시스템 이용약관 제4조에 따라 전자조달시스템에서 수요기관 이용자 등록을 해야 한다(조달청 이음장터 운영규정 제12조 제1항). 이용기관 담당자는 소속 기관의 일반이용자가 신청한 이음장터 사용자 신청을 확인하여 승인해야 한다(조달청 이음장터 운영규정 제12조 제2항).

다. 일반이용자 등록

이음장터를 이용하고자 하는 일반이용자는 이음장터에서 정한 방법에 따라 사용자 정보를 등록하고, 소속 이용기관의 사용 승인을 받아야 한다(조달청 이음장터 운영규정 제13조).

라. 상품구매등록

이용기관은 구매하고자 하는 서비스 상품을 이음장터에 등록할 수 있으며, 등록기간은 이용기관이 해당 서비스 상품이 필요한 시기를 고려하여 정하되 최장 3개월로 한다(조달청 이음장터 운영규정 제14조 제1항). 일반이용자는 교육, 출장 등 기관 업무수행에 필요한 서비스 상품을 이음장터에 구매등록할 수 있으며, 등록 기간은 1개월로 한다(조달청 이음장터 운영규정 제14조 제2항).

4. 상품거래

가. 견적과 협의

이용기관은 서비스 상품거래를 위해 구매조건 등을 등록업체와 협의하고 이음장터를 이용해 등록업체에게 견적을 요청하거나 등록업체와 구매조건 등을 협의할 수 있다(조달청 이음장터 운영규정 제15조 제1항). 이용기관이 제1항에 따라 견적을 요청하면, 해당 등록업체는 이음장터를 이용해 견적서를 제출할 수 있다(조달청 이음장터 운영규정 제15조 제2항). 이용기관은 업체가 제출한 견적서를 접수하고, 견적 비교 등 방법으로 검토할 수 있다(조달청 이음장터 운영규정 제15조 제3항). 등록업체가 제출한 견적서의 유효기간은 견적요청일로부터 30일까지로 한다. 다만, 등록업체가 견적유효기간을 별도로 정한 경우에는 해당 기간까지를 유효기간으로 한다(조달청 이음장터 운영규정 제15조 제4항).

나. 주문과 계약

이용기관은 등록상품을 대상으로 주문하거나 계약체결을 진행할 수 있다(조달청 이음장터 운영규정 제16조 제1항). 이용기관은 이음장터를 이용하여 주문하고 해당 업체가 주문확인서를 제출하면, 주문확인서를 접수한 다음 이행을 지시할 수 있다(조달청 이음장터 운영규정 제16조 제2항). 이용기관은 위에 따라 계약체결을 진행하는 경우, 이음장터에 연동된 나라장터에서 계약체결을 요청하고, 해당업체가 계약응답서를 제출하는 방식으로 계약서를 작성하고 이행을 지시할 수 있다(조달청 이음장터 운영규정 제16조 제3항). 일반이용자는 주문이나 계약이 필요한 서비스 상품을 대상으로 소속 이용기관에게 주문이나 계약을 요청해야 한다(조달청 이음장터 운영규정 제16조 제4항).

다. 검사·검수, 대금지급 등

주문 및 계약 이후 검사·검수, 대금지급 등과 관련한 사항은 각 이용기관의 일반적인 구매 절차를 따른다(조달청 이음장터 운영규정 제17조).

5. 상품관리와 사후관리 등

가. 현황조사와 구매정보 수집

이음장터 담당과장은 필요하면 등록업체 현황조사를 실시할 수 있으며, 해당 업체는 방문, 관련 자료의 요구 등에 성실하게 응해야 한다(조달청 이음장터 운영규정 제18조 제1항). 이음장터 담당과장은 등록한 서비스 상품의 판로지원과 이음장터 이용 활성화 등을 위해 이용기관 등의 장이 나라장터에 등록한 발주계획정보를 활용할 수 있으며, 필요하면 구매정보 등을 추가로 수집할 수 있으므로, 이용기관의 장은 특별한 사유가 없으면 이에 협조해야 한다(조달청 이음장터 운영규정 제18조 제2항).

나. 이용정지

1) 의의와 법적 성격

이용정지란 등록업체가 위반행위를 하거나 등록업체에게 거래하기 어려운 사유가 발생하는 등 일정한 사유가 있을 때, 해당 업체나 상품을 대상으로 일정기간 동안 이용장터 이용을 정지하는 조치를 말한다. 그 형태는 거래정지나 판매중지와 다르지 않기 때문에 침익적 처분으로서 성격을 가진다고 보아야 한다. 다만, 재량행위에 해당하므로, 조치 여부나 시기와 종기는 재량으로 결정할 수 있다.

2) 사유와 기간

① 업체 정보를 허위로 기재하거나 과장한 경우에는 해당 업체에게 6월까지, ② 상품정보를 허위로 기재하거나 과장한 경우에는 해당 상품을 대상으로 6월까지, ③ 등록한 상품에 필요한 해당 허가, 인가, 면허, 등록, 신고, 인증 등이 취소, 유효기한 만료, 정지 등으로 자격을 상실한 경우에는 해당 사유 소멸할 때까지, ④ 등록업체가 부정당업자 제재를 받은 경우에는 해당 업체가 등록한 모든 상품을 제재기간이 종료할 때까지, ⑤ 이음장터 등록업체가 조세포탈 등을 하여 유죄판결이 확정된 경우에는 해당 업체가 등록한 모든 상품에 유죄판결이 확정된 날로부터 2년까지, ⑥ 제11조에서 정한 변동사항이 발생하였는데도 정보를 수정하지 않았다고 확인된 경우에는 해당 업체가 등록한 모든 상품을 대상으로 해당 정보 변경완료가 있을 때까지, ⑦ 등록업체현황을 조사할 때 정당한 이유 없이 사실 확인을 위한

자료 제출을 거부하거나 지연하는 경우에는 해당 업체가 등록한 모든 상품을 대상으로 1월까지, ⑧ 이음장터 등록상품과 같은 상품이 조달청 디지털서비스 카탈로그계약, 상용소프트웨어 제3자단가계약, 용역 다수공급자계약으로 체결된 경우에는 해당 상품의 계약기간이 종료할 때까지, ⑨ 휴·폐업, 부도, 파산 등으로 거래가 불가능하다고 확인된 경우에는 해당 사유가 소멸할 때까지 이음장터 이용을 정지할 수 있다(조달청 이음장터 운영규정 제19조 제1항 제1호부터 제9호까지).

3) 기간산정

등록업체가 여러 개 위반행위를 하여 위에서 본 제재사유 중 2개 이상에 해당하는 경우, 가장 긴 정지 기간을 적용해야 한다(조달청 이음장터 운영규정 제19조 제3항). 그리고 이음장터 담당과장은 제재사유로 이용정지하는 경우 그 위반행위 동기·내용 및 횟수 등을 고려해 제1항에서 정한 기간의 2분의 1의 범위에서 이용정지 기간을 줄일 수 있다(조달청 이음장터 운영규정 제19조 제3항).

4) 절차

이음장터 이용정지는 기술서비스업무심의회에 상정하여 심의해야 하나(조달청 이음장터 운영규정 제22조 제2호), ③부터 ⑨까지에 해당하는 사유가 있는 경우에는 기술서비스업무심의회의 심의를 생략하고 이음장터 담당과장의 결정으로 갈음할 수 있다(조달청 이음장터 운영규정 제19조 제2항).

한편, 이음장터 담당과장은 제재사유가 발생하면 해당 등록업체에게 이용정지 사유와 최대 이용정지 기간, 이용정지에 대한 의견 제출기간(서면이나 대면으로 가능하며, 정해진 기한 안에 의견이 없으면 의견 없음으로 본다는 내용을 포함) 등을 10일 이상 의견제출 기한을 부여하여 사전에 통보해야 하며, 이용정지를 최종 확정한 후에는 그 사실을 서면으로 통보해야 한다(조달청 이음장터 운영규정 제19조 제5항). 또한, 등록업체의 이음장터 이용을 정지한 경우에는 이음장터 이용기관 공지사항에 해당 내용을 공고해야 한다(조달청 이음장터 운영규정 제19조 제6항).

5) 효과

이용정지 조치를 받은 등록업체나 상품은 해당 이용정지 기간 동안 이음장터에서 거래할 수 없다.

다. 경고조치

1) 의의

이음장터 담당과장은 일정한 사유가 있으면 기술서비스업무심의회의 심의를 거쳐 등록업체에 경고조치할 수 있다(조달청 이음장터 운영규정 제20조 제1항).

2) 사유

경고조치 사유로, ① 이용기관의 주문이나 계약에 따라 등록 서비스를 이행한 후 서비스 상품의 품질·사후관리 등과 관련하여 이용기관으로부터 불만이 제기되고 그 사유가 인정되는 경우, ② 정당한 이유 없이 이용기관의 견적서 제출 요청에 응하지 않은 경우, ③ 그 밖에 이용약관 등을 위반한 경우가 있다(조달청 이음장터 운영규정 제20조 제1항 제1호부터 제3호까지).

3) 절차

경고조치는 기술서비스업무심의회에 상정하여 심의해야 하나(조달청 이음장터 운영규정 제22조 제2호), 경고조치 사유가 명백한 경우에는 기술서비스업무심의회의 심의를 생략하고 이음장터 담당과장의 결정으로 갈음할 수 있다(조달청 이음장터 운영규정 제20조 제2항). 그 밖에 경고조치 절차 등은 이용정지 규정을 준용한다(조달청 이음장터 운영규정 제20조 제3항).

4) 효과

경고조치를 받은 등록업체는 이음포인트 감점을 받을 수 있다(조달청 이음장터 운영규정 제20조 제4항).

라. 이의신청과 처리

이음장터 이용정지나 경고조치를 받은 업체는 그 결과를 통보받은 날로부터 10일 이내에 이의를 신청할 수 있다(조달청 이음장터 운영규정 제21조 제1항). 제1항에 따른 이의신청이 있는 경우에는 7일 이내에 기술서비스업무심의회 심의를 거쳐 심사하고, 이음장터 담당과장은 그 결과를 해당 업체에 통보해야 한다. 다만, 이용정지나 경고조치 사유가 명백한 경우에는 기술서비스업무심의회 심의를 생략하고 이음장터 담당과장의 결정으로 갈음할 수 있다(조달청 이음장터 운영규정 제21조 제2항).

마. 거래실적 관리

등록업체는 이음장터로 이용기관과 주문·계약하여 이행한 실적의 증명을 신청하고 승인 요청할 수 있다(조달청 이음장터 운영규정 제24조 제1항). 이행실적 증명신청이나 승인요청을 할 때는 이행 실적증명서를 제출해야 한다(조달청 이음장터 운영규정 제24조 제2항).

이용기관은 등록업체가 신청한 내용을 확인하여 이행실적증명서를 승인해야 하고(조달청 이음장터 운영규정 제24조 제3항), 승인 여부를 결정하기 전에 이행실적증명 신청 정보에 대한 보완이 필요하면, 해당 업체에게 그 사항을 안내하고 보완을 요청할 수 있다(조달청 이음장터 운영규정 제24조 제4항). 보완을 요청받은 업체는 해당 내용을 보완하여 재승인 요청을 할 수 있고, 재승인 여부의 결정은 승인 여부 결정 절차와 같다(조달청 이음장터 운영규정 제24조 제5항).

이와 같은 이행실적 증명신청, 승인, 발급 업무는 이음장터 내에서 전자적으로 처리할 수 있다(조달청 이음장터 운영규정 제24조 제6항).

바. 거래정보 관리

시스템 관리자는 시스템의 효과적인 운영과 등록상품의 효율적인 관리를 위해 이음장터 거래정보를 관리할 수 있으며, 거래정보를 이용기관이나 등록업체에 제공할 수 있다(조달청 이음장터 운영규정 제25조 제1항). 이용기관은 등록업체와 상품의 신뢰도 등을 확인하기 위해 등록업체, 상품별 거래실적, 상품평 등을 확인할 수 있다(조달청 이음장터 운영규정 제25조 제2항).

한편, 등록업체는 등록 상품별 홍보계획을 수립하기 위해 해당 업체의 등록상품별 거래실적, 주문기관별 구매실적 등을 확인할 수 있다(조달청 이음장터 운영규정 제25조 제3항).

사. 이음포인트 관리

시스템 관리자는 이음장터 이용기관과 이음장터 등록업체의 견적, 주문 실적, 협상 참여 등에 따라 이음장터 이용기관과 이음장터 등록업체에게 이음포인트를 부여할 수 있다(조달청 이음장터 운영규정 제26조 제1항). 이음장터 이용기관과 이음장터 등록업체는 부여된 이음포인트를 해당 기관과 업체의 홍보, 서비스 상품 등록기간 연장 등에 사용할 수 있다(조달청 이음장터 운영규정 제26조 제2항). 이음장터 담당과장은 이음포인트 부여나 사용을 위한 이음포인트 관리 기준을 정하여 이음장터에 공지해야 한다(조달청 이음장터 운영규정 제26조 제3항).

아. 그 밖에 관리 규정

1) 등록정보 정비·점검

이음장터 담당과장은 정기·수시로 등록상품 정보를 정비·점검할 수 있다(조달청 이음장터 운영규정 제27조).

2) 등록상품 홍보 등

조달청장은 이음장터 등록상품의 종합적인 판로지원과 홍보를 위해 조달청 나라장터 엑스포 등 이음장터 등록상품 전시회 운영, 이음장터 등록상품의 안내를 위한 자료 제작·배포, 이음장터 등록상품의 국내·외 공공구매판로 개척을 위한 제도 개선, 교육 등 지원, 그 밖에 이음장터 등록업체의 판로 개척이나 홍보 지원을 위해 필요하다고 인정되는 사항과 같은 활동을 할 수 있다(조달청 이음장터 운영규정 제28조 제1호부터 제4호까지).

3) 일반이용자 지원

시스템 관리자는 이음장터 일반이용자를 위해 일반이용자간 정보 공유 등을 위한 이음장터 내 소통 창구 제공, 계약업무 지원을 위한 업무 설명 등 자료 제공, 그 밖에 계약업무와 관련하여 일반이용자 지원을 위해 필요하다고 인정되는 사항과 같은 활동을 할 수 있다(조달청 이음장터 운영규정 제29조 제1호부터 제3호까지).

4) 분쟁조정

조달청장은 이용기관과 등록업체와 분쟁이 발생하면 조정을 권고할 수 있으며, 필요하면 분쟁조정위원회를 설치하여 운영할 수 있다(조달청 이음장터 운영규정 제30조).

6. 조달청 해외조달시장 진출지원시스템

조달청 해외조달시장 진출지원시스템, 즉 수출지원시스템은 조달사업법 제3조 제5호에 따라 G-PASS기업의 해외조달시장 진출을 지원하기 위해 운영·관리하는 시스템을 말한다. 수출지원시스템은 해외조달정보센터와 글로벌코리아마켓으로 구성된다. 해당 시스템 이용 등은 조달청 해외조달시장 진출지원시스템 이용약관으로 규율한다.

7. 그 밖에 공공조달플랫폼

가. 국방상용물자쇼핑몰

국방상용물자쇼핑몰이란 국방상용물자 거래를 위해 조달청이 운영하는 온라인 쇼핑몰을 말한다. 여기서 국방상용물자란 무기체계가 아니라 전력지원체계로 분류되는 군수품이고, 가령, 무기류가 아닌 급식류, 피복류, 유류, 일반물자류, 의무물자류, 훈련·전투지원장비 등이 있다.

나. 누리장터

누리장터는 공공기관 조달업무를 위한 나라장터 서비스를 일반 국민도 사용하도록 민간에 개방한 시스템이다. 누리장터에서는 전자입찰 뿐만 아니라 전자계약, 대금청구, 납품확인, 견적입찰 서비스 등 다양한 기능을 활용할 수 있다.

제4편 / 공공조달의 실효성확보수단

제1장 / 개요

제 1 절 행정의 실효성확보수단

Ⅰ. 의의

행정권은 법을 집행하거나 공익을 실현하기 위한 수단으로서, 국민에게 어떤 의무를 부과하거나 일정한 행위를 금지하기도 한다. 그런데 행정주체가 일방적으로 국민에게 의무를 부과하거나 일정한 행위를 금지하는 경우, 그 행위형식은 대부분 권력작용에 해당하기 때문에 여기에서 국민이 부담하는 작위·부작위 의무는 공법상 의무에 해당한다. 또한, 행정권은 행정목적을 효율적으로 달성하기 위해서 국민의 의무위반이나 불이행을 방지하고, 사후에라도 의무를 준수·이행하게 하는 절차와 수단도 필요하다. 이처럼 행정의 실효성을 확보하기 위해 인정되는 법적 수단을 통틀어 행정의 실효성확보수단 혹은 의무이행확보수단이라고 표현한다.[1)]

Ⅱ. 종류

가. 전통적 이론

과거에는 행정의 실효성확보수단을, 행정목적을 실현하기 위해 사람의 신체나 재산에 실력을 가하여 행정상 필요한 상태를 실현하는 행정권의 사실상 작용을 뜻하는 행정강제와 행정법상 의무위반을 대상으로 일반통치권에 근거해 과하는 제재로서의 행정벌로만 나누었다.

특히 행정강제는 행정주체가 행정법상 의무를 이행하지 않은 자에게 장래를 향해 의무를 이행하게 하거나 그 자가 의무를 이행한 것과 같은 상태를 실현하는 작용을 뜻하는 행정상 강제집행과 행정주체가 행정위반 사항에 대처하여 목전의 긴박한 장해를 제거하기 위해 또는 스스로 의무이행을 명하면 그 목적을 달성할 수 없어 직접 사람의 신체나 재산에 실력을 가하여 행정상 필요한 상태를 실현하기 위해 발동하는 작용인 행정상 즉시강제로 다시

---

1) 장태주, 앞의 책, 465쪽.

나눌 수 있고, 행정상 강제집행은 비금전적 의무 강제이행수단으로서 대집행, 직접강제, 이행강제금과 금전적 의무 강제이행수단으로서 강제징수로 세분했다. 한편, 행정벌은 행정형벌과 행정질서벌(과태료)로 나누었다.

나. 새로운 경향

그러나 전통적인 행정강제나 행정벌만으로는 행정의 실효성을 확보하기는 충분하지 못하고, 나아가 효과적이지 못한 경우가 많았다. 그리하여 새로운 실효성확보수단이 법률과 행정 실무에서 등장했는데, 가령, 수익적 행정행위 철회, 명단·사실 공표, 수익적 행정행위 거부(관허사업 제한, 제재적 행정처분), 과징금, 가산세, 행정조사 등이 그것이다.[1] 그런데 엄격히 말하면 위와 같은 새로운 수단은 행정상 의무불이행에 대처하여 그 의무를 강제로 이행하게 하는 수단이 아니라, 과거 위반행위를 대상으로 행정제재를 부과하는 성격을 가진다. 따라서 전통적 이론이 말하는 행정벌과 유사하게 간접적으로 행정법상 의무이행을 확보하는 수단에 해당한다.[2]

다. 정리

위와 같은 내용을 기준으로, 행정의 실효성확보수단을 도표로 정리하면 다음과 같다.

구분		
행정강제	행정상 강제집행	대집행
		직접강제
		이행강제금
	행정상 즉시강제	
행정벌	행정형벌	
	행정질서벌	
새로운 수단	과징금	
	가산금, 가산세	
	공급거부	
	명단·사실공표	
	제재적 행정처분	
	행정조사	

1) 박균성, 행정법강의 (제6판), 박영사, 2009, 390쪽.
2) 김남진·김연태, 앞의 책, 513쪽.

제 2 절 공공조달의 실효성확보수단

Ⅰ. 의의

비록 공공조달은 사법상 계약의 성질을 가진 공공계약을 주요 수단으로 삼지만, 관련법령에는 국가 등이 조달행정 목적을 달성하는 데에 필요한 다양한 행위형식을 규정하기도 한다. 즉, 다른 행정영역과 마찬가지로 공공조달 과정에서 발생한 위반행위나 그 행위자를 통제할 효율적인 수단이 필요하다. 물론 계약내용에 따른 다양한 사법상 조치, 가령 계약해제·해지, 계약보증금·지체상금·하자보수보증금 등 국고귀속, 부당이득환수 등도 계약목적을 달성하기 위한 수단이라고 이해할 수 있지만, 계약위반이나 법규위반행위가 단순히 계약목적 달성을 저해할 뿐만 아니라 국가·사회와 관련된 이익에 직접 영향을 미치는 경우라면, 공권력이 개입하여 이를 회복할 수밖에 없다. 그리하여 공공조달법 역시 여러 가지 행정상 실효성확보수단을 마련해 두었다.

Ⅱ. 종류

공공조달법에는 행정강제와 관련한 내용이 없다. 다만, 행정벌, 새로운 수단 중 제재적 행정처분, 법위반사실 공표, 과징금, 행정조사 등 다양한 실효성 확보수단을 규정한다.

첫째, 행정벌의 예로, 조달사업법 제35조의 행정질서벌, 전자조달법 제27조부터 제30조까지의 행정형벌, 판로지원법 제35조, 제36조의 행정형벌과, 제37조의 행정질서벌 등이 있다. 다만, 행정형벌과 행정질서벌은 형법과 질서위반행위규제법 영역에 해당하기 때문에, 이 책에서는 자세히 다루지 않되, 제7장에서 부당한 공동행위에 대한 고발요청제도만 간략히 살펴보기로 한다.

둘째, 제재적 행정처분과 관련하여, 국가계약법 제27조 등의 부정당업자 입찰참가자격제한, 판로지원법 제8조의2의 중소기업자간 경쟁입찰 참여제한, 같은 법 제11조의 직접생산확인취소, 조달사업법 제22조의 거래정지 그 밖에 계약조건에 근거한 판매중지 등이 있다. 이 중 판로지원법상 제재적 행정처분은 제3편에서 살펴보았으므로, 이 편에서는 제2장에서 부정당업자 입찰참가자격제한제도를, 제5장에서 거래정지제도를, 제6장에서 판매중지제도를 차례로 살펴본다.

셋째, 법위반사실공표과 관련하여, 국가계약법 제27조 제5항 등의 부정당업자 입찰참가자격제한 내용 공개 등이 있다. 이는 제2장 부정당업자 입찰참가자격제한제도에 포함하여 함께 다루기로 한다.

넷째, 과징금과 관련하여, 국가계약법 제27조의2의 입찰참가자격제한에 갈음한 과징금, 판로지원법 제11조의2의 과징금 등이 있다. 판로지원법 제11조의2에 따른 과징금은 제3편에서 간략히 보았으므로, 이 편 제3장에서는 입찰참가자격제한에 갈음한 과징금제도를 자세히 다루기로 한다.

다섯째, 행정조사의 예로, 조달사업법 제21조의 불공정조달행위 조사가 있다. 불공정조달행위 조사는 입찰참가자격제한, 거래정지, 판매중지 등 제재적 행정처분뿐만 아니라 계약해제·해지, 계약보증금 귀속, 부당이득환수 등 사법상 제재를 위한 단서를 제공하기도 한다. 따라서 불공정조달행위 조사제도는 그 성격을 규명하는 것과 아울러 계약상대자 등의 절차권을 어떻게 보장할지가 중요하다. 따라서 이 편 제4장에서는 불공정조달행위 조사제도를 다루기로 한다.

제 3 절 작용원리

이 책에서 설명하는 공공조달의 실효성확보수단은 대체로 공법상 제도에 해당한다. 따라서 국가 등이 사경제 주체로서 계약상대자에게 가하는 사법상 조치, 즉, 계약해제·해지, 손해배상청구, 각종 보증금 국고귀속, 부당이득환수 등과는 달리 법률이나 원리를 적용할 때 주의할 필요가 있다. 즉, 공공조달의 실효성확보수단은 주로 행정처분이나 권력적 사실행위 등에 해당하기 때문에, 행위주체인 국가기관은 원칙적으로 법률이 허용하는 범위에서 법률에 근거해 이를 행사할 수 있으며(법치행정원칙), 아울러 적법한 절차에 따라 행사해야 하고(적법절차원칙), 그 요건에 대한 유추해석이나 확대해석이 허용되지 않으며(엄격해석원칙), 그 내용을 결정할 때에도 평등원칙이나 비례원칙 등과 같은 공법상 일반원칙을 준수해야 한다.

제2장 / 부정당업자 입찰참가자격제한제도

제 1 절 서론

Ⅰ. 의의

1. 개념

가. 부정당업자

여기서 부정당업자가 무엇을 뜻하는지 논란이 있다. 국가계약법은 명시적인 정의를 규정하지 않지만, 같은 법 제27조 제1항에서 “다음 각 호의 어느 하나에 해당하는 자”를 부정당업자라고 규정하기 때문에, 일단 법률과 그 위임에 따른 시행령 등이 정하는 사유가 있는 자를 부정당업자라고 해석해야 한다. 즉, 1995. 7. 6. 제정되어 같은 날 시행된 이래 2016. 9. 3. 법률 제14038호로 시행되기 전까지 국가계약법은 부정당업자를 ‘경쟁의 공정한 집행이나 계약의 적정한 이행을 해칠 염려가 있거나 그 밖에 입찰에 참가시키는 것이 적합하지 아니하다고 인정되는 자’로 한정했지만, 그 이후부터 현재까지 법 제27조 제1항은 ‘다음 각 호의 어느 하나에 해당하는 자’를 부정당업자라고 정의하므로, 반드시 경쟁의 공정한 집행이나 계약의 적정한 이행을 해칠 염려가 있거나 그 밖에 입찰에 참가시키는 것이 적합하지 아니하다고 인정되는 자가 아니라도 법령이 정한 사유에 해당하는 자는 부정당업자에 해당한다고 해석해야 한다.[1)]

나. 입찰참가자격제한

부정당업자 입찰참가자격제한(이하 ‘입찰참가자격제한’)은 입찰, 계약체결, 이행 과정에서 위법행위를 한 입찰참가자나 계약상대자 등이 일정기간 공공조달 입찰에 참가하지 못하게 제한하는 조치를 말한다. 이에 국가계약법 제27조 제1항은 “각 중앙관서의 장은 부정당업자에게는 2년 이내의 범위에서 입찰참가자격을 제한하여야 한다.”고 규정하고, 지방계약법이나

1) 서울고등법원 2021. 6. 4. 선고 2020누66314 판결은 현행 국가계약법 제27조 제1항 제9호 각목을 제외한 나머지 사유는 ‘경쟁의 공정한 집행이나 계약의 적정한 이행을 해칠 염려가 있거나 그 밖에 입찰에 참가시키는 것이 적합하지 아니하다고 인정되는지’를 따지지 않고 제재할 수 있다고 보았다.

공공기관운영법 등도 비슷한 규정을 둔다(지방계약법 제31조 제1항, 공공기관운영법 제39조 제2항 참조). 앞에서 살펴본 바와 같이 사법관계로 규율되는 공공계약도 시장질서에 맞게 공정하고 적정하게 집행되어야 하므로, 이를 위반한 자를 부정당업자로 보고, 일정기간 동안 입찰과 계약에 참여하지 못하게 제재한다는 취지이다.[1)]

2. 제도취지

입찰참가자격제한제도는 입찰의 공정이나 계약질서를 어지럽히는 행위를 한 자를 일정기간 입찰에 참가하지 못하게 하여, 공공계약 체결의 공정성과 그 충실한 이행을 확보하고 아울러 부정당업자의 무분별한 입찰참가로 국가 등이 입을지 모를 불이익을 미리 방지하려는 제도이다.[2)]

Ⅱ. 구별제도

1. 하도급대금 직불조건부 입찰참가

각 중앙관서의 장은 계약상대자가 건설산업기본법 제34조 제1항이나 하도급거래 공정화에 관한 법률 제13조 제1항, 제3항을 위반한 사실을 확인하면, 해당 계약상대자와 위반행위를 다른 중앙관서의 장에게 지체 없이 통보해야 한다(국가계약법 제27조의4 제1항). 위 통보를 받은 각 중앙관서의 장이나 계약담당공무원은 계약상대자가 통보일로부터 1년 안에 입찰공고일이 도래하는 입찰에 참가하려는 경우, "발주기관이 대가를 지급할 때 하도급 대금을 하수급인에게 직접 지급한다."는 확약서를 제출하는 때에만 입찰참가를 허용해야 한다(국가계약법 제27조의4 제2항).

이처럼 하도급대금 직불조건부 입찰참가는 확약서 제출을 전제로 입찰참가를 제한하는 제도이지만, 조건부 제한일뿐만 아니라, 별도로 처분을 하지 않는다는 면에서 원래 의미의 입찰참가자격제한과는 차이가 있다.

---

1) 장훈기, 공공계약 부정당업자 제재제도 해설, 대한경제, 2021, 14쪽.
2) 대법원 2000. 10. 13. 선고 99두3201 판결, 헌법재판소 2005. 4. 28.자 2003헌바40 결정, 헌법재판소 2005. 6. 30.자 2005헌가1 결정, 대법원 2007. 11. 29. 선고 2006두16458 판결, 대법원 2014. 12. 11. 선고 2013두26811 판결, 대법원 2020. 2. 27. 선고 2017두39266 판결.

2. 조세포탈 등에 따른 입찰참가자격제한

가. 의의와 성질

조세포탈 등으로 유죄판결이 확정된 날부터 2년이 지나지 않은 자는 국가가 발주하는 사업에서 입찰참가자격을 제한한다. 즉, 각 중앙관서의 장은 조세포탈 등을 한 자로서 유죄판결이 확정된 날부터 2년이 지나지 않은 자에게 입찰참가자격을 제한해야 한다(국가계약법 제27조의5 제1항).

그런데 실무에서는 이 규정을, 행정청으로 하여금 입찰참가자격제한을 하라는 적극적 의미가 아니라, 발주기관으로 하여금 개별 입찰절차에서 해당 사유를 확인한 다음 그 사유가 있는 자를 입찰에서 배제하라는 소극적 의미로 해석한다. 따라서 부정당업자 입찰참가자격제한 처분과는 구별되는 제도로 이해한다.[1] 이에 따르면, 조세포탈 등에 따른 입찰참가자격제한은 행정처분이 아니라 입찰 중 확인절차에 불과하므로, 행정절차법에 따른 절차(사전통지, 의견제출, 처분문서 송달 등)를 거치지 않더라도 문제가 없다. 생각건대 위 규정 취지와 국가계약법 시행령 제12조 제4항과 제5항 등을 고려하면 위와 같은 해석이 불가피하지만, 법 제27조의5 제1항 문언 자체는 "각 중앙관서의 장은 … 입찰 참가자격을 제한하여야 한다."고 규정하므로, 입찰참가자격제한 행정처분을 정한 국가계약법 제27조 제1항과 크게 다르지 않아 보인다. 따라서 입법론으로는, "조세포탈 등으로 유죄판결이 확정된 날부터 2년이 지나지 아니한 자는 입찰참가자격이 없다."는 정도로 개정할 필요가 있다.

나. 적용사유

조세포탈 등을 한 자는 다음 어느 하나에 해당하는 자이다. 즉, ① 조세범처벌법 제3조에 따른 조세 포탈세액이나 환급 공제받은 세액이 5억 원 이상인 자, ② 관세법 제270조에 따른 부정한 방법으로 관세를 감면받거나 면탈하거나 환급받은 세액이 5억 원 이상인 자, ③ 지방세기본법 제102조에 따른 지방세 포탈세액이나 환급 공제 세액이 5억 원 이상인 자, ④ 국세조세조정에 관한 법률 제34조에 따른 해외금융계좌의 신고의무를 위반하고, 그 신고의무 위반금액이 같은 법 제34조의2 제1항에 따른 금액을 초과하는 자, ⑤ 외국환거래법 제18조에 따른 자본거래의 신고의무를 위반하고, 그 신고의무 위반금액이 같은 법 제29조 제1항 제6호에 해당하는 자 중 하나를 말한다(국가계약법 제27조의5 제1항, 같은 법 시행령 제12조 제3항 제1호부터 제5호).

1) 양창호, 앞의 책, 249쪽.

다. 절차

각 중앙관서의 장이나 계약담당공무원은 형의 실효 등에 관한 법률 제2조 제5호에 따른 범죄경력자료의 회보서나 판결문 등 입증서류를 제출하게 하는 등 방법으로 계약상대방이 위 적용사유 중 어느 하나에 해당하는지를 계약체결 전까지 확인해야 한다(국가계약법 시행령 제12조 제4항).

각 중앙관서의 장이나 계약담당공무원은 계약상대방이 입찰에 참가할 때에 위에 따른 입증서류를 제출하기 어려운 경우, 해당 참가자로부터 위 적용사유 중 어느 하나에 해당하지 않는다는 사실을 적은 서약서를 제출받을 수 있다. 해당 서약서는, 서약서에 적은 내용과 다른 사실이 발견되면 계약을 해제·해지할 수 있고, 부정당업자제재 처분을 받을 수 있다는 내용을 포함해야 한다(국가계약법 시행령 제12조 제5항).

라. 효과

국가계약법 제27조의5와 같은 법 시행령 제12조는 같은 법 제27조 제3항, 같은 법 시행령 제76조 제5항, 제6항, 제8항, 제9항을 준용하므로, 조세포탈 등에 따른 입찰참가자격제한 효과는 부정당업자 입찰참가자격제한 처분을 한 경우와 거의 같다. 따라서 그 사유에 해당하는 자는 입찰에 참가하지 못하고, 수의계약도 체결하지 못한다. 다만, 같은 법 시행령 제76조 제10항과 제11항을 준용하지 않기 때문에, 각 중앙관서의 장이 제한사실을 전자조달시스템에 게시하거나 공개할 의무가 없을 뿐이다.

3. 방위사업법상 입찰참가자격제한

국방부장관이나 방위사업청장은 대통령령이 정하는 바에 따라 방위사업의 수행에서 투명성과 공정성을 높이기 위하여 방위산업체 대표와 임원 등 일정한 자에게 청렴서약서를 제출하도록 하여야 한다(방위사업법 제6조 제1항). 청렴서약서에는 금품·향응 등의 요구·약속, 수수 금지 등 사항, 방위사업과 관련된 특정정보의 제공 금지 등 사항, 그 밖에 방위사업의 투명성과 공정성을 높이기 위하여 대통령령이 정하는 사항을 포함해야 한다(방위사업법 제6조 제2항). 이에 청렴서약서를 제출한 자가 그 내용을 지키지 않으면, 국방부장관과 방위사업청장은 대통령령이 정하는 바에 따라 해당 자에게 5년 범위에서 입찰참가자격을 제한하는 등 제재를 할 수 있다(방위사업법 제59조). 위 입찰참가자격제한은 국가계약법 시행령 제76조를 준용하기 때문에 국가계약법상 입찰참가자격제한 효과와 같다(방위사업법 시행령 제70조 제2항). 방위사업법에 따른 입찰참가자격제한과 국가계약법에 따른 입찰참가자격제한은 근거 법률과 취지, 제재기간의 상한이 서로 다르므로 별개 처분이라고 이해해야 하겠지만, 위에서 본 바와 같이 방위사업법령이 국가계약법령을 준용하여 그 효과가 같기 때문에, 같은 위반행위를 대상으로 방위사업법에 따른 입찰참가자격제한을 한 후에 다시 국가계약법에 따른 입찰참가자격제한을 추가할 수 없다고 본다.

4. 국가연구개발사업 참여제한

국가연구개발사업 참여제한은 국가연구개발사업에 참여한 업체 등이 연구개발에 실패하거나 연구개발 내용을 누설하거나 사용용도 외로 연구개발비를 사용하는 등 제한사유 중 어느 하나에 해당하는 자에게 국가연구개발사업 참여를 일정기간 제한하는 제도이다. 여기서 국가연구개발사업이란 중앙행정기관이 과학기술기본법 등 법령에 근거해 연구개발과제를 특정하여 그 연구개발비 전·일부를 출연하거나 공공기금 등으로 지원하는 과학기술 분야 연구개발사업을 말한다. 국가연구개발사업의 근거는 과학기술기본법, 산업기술혁신 촉진법 등이며, 계약이 아닌 협약으로 체결하기 때문에 원칙적으로 국가계약법을 적용하지 않는다. 따라서 국가계약법에 따른 입찰참가자격제한과 국가연구개발사업 참여제한은 별개 처분에 해당하기 때문에, 국가계약법에 따른 입찰참가자격제한을 받은 자라 할지라도 국가연구개발사업에는 참여할 수 있다고 본다.

Ⅲ. 법적 성격

1. 쟁점

대법원 판례는 공공계약을 사법상 계약으로 보고, 그 본질적인 내용이 사인 간 계약과 다를 바 없다고 한다.[1)] 그리하여 입찰·낙찰가처분을 비롯해 대금지급, 계약보증금, 지체상금, 물가변동·설계변경·과업변경·공기연장 등에 따른 계약금액 조정과 같은 여러 사건 유형을 민사절차로 다룬다. 따라서 공공계약의 당사자 중 하나인 발주기관이 그 상대방에게 부과하는 거래제한조치 등도 민사절차로 다투면 충분한지 의문이 있을 수 있다. 공공계약을 사법상 계약이라 보고, 두 당사자가 대등한 관계라고 이해하면, 한쪽 당사자가 상대방에게 가하는 불이익 역시 민사조치에 불과하다고 보는 것이 논리 일관적이기 때문이다.

그러나 대법원 판례는 일찍부터 국가, 지방자치단체, 공기업·준정부기관이 하는 입찰참가자격제한 등을 행정처분으로 파악해 왔다. 다만 기타공공기관이 하는 입찰참가자격제한은 해당 기관에만 효력을 가지는 사법상 조치에 불과하다고 보았고, 공기업·준정부기관이라도

1) 대법원 2012. 9. 20.자 2012마1097 결정.

법령이 아닌 계약에 근거한 입찰참가자격제한은 의사해석에 따라 사법상 조치에 해당할 수도 있다는 태도를 보인다.

2. 각 중앙관서장의 입찰참가자격제한

국가기관이 하는 입찰참가자격제한은 행정처분에 해당한다. 따라서 중앙관서 장이 한 입찰참가자격제한을 다투기 위해서는 행정쟁송을 제기해야 한다. 대법원 역시 중앙관서장의 입찰참가자격제한을 행정처분으로 본다.[1)]

3. 지방자치단체장의 입찰참가자격제한

지방자치단체장이 하는 입찰참가자격제한 역시 행정처분에 해당한다. 따라서 지방자치단체장이 한 입찰참가자격제한을 다투기 위해서는 행정쟁송을 제기해야 한다. 대법원 역시 지방자치단체장의 입찰참가자격제한을 행정처분으로 본다.[2)]

4. 공기업·준정부기관의 입찰참가자격제한

가. 사법상 조치로 본 과거 판례

과거 대법원은 한국토지개발공사나 한국전력공사의 입찰참가자격제한이 정부투자기관회계규정에 근거한 것으로서, 해당 회계규정은 상위 법률과 결합하여 대외적 구속력이 있는 법규명령으로 보기 어렵고, 위 공사를 중앙행정기관이라거나 행정청으로부터 제재처분 권한을 위임받은 자로 볼 수 없으므로, 해당 입찰참가자격제한은 행정처분이 아니라 향후 상대방이 위 공사가 실시하는 입찰에 참가하지 못하게 하겠다는 사법상 통지에 불과하다고 보았다.[3)] 그리고 공기업이 뇌물을 제공한 계약상대자에게 3개월의 입찰참가자격제한과 2년의 해당 공기업 한정 입찰참가자격제한조치를 한 사안에서, 공공계약은 사법상 계약으로, 계약의 적정한 이행을 위하여 계약상대방과의 계약에 근거하여 계약당사자 사이에만 효력이 있는 계약특수조건 등을 부가하는 것이 금지되거나 제한된다고 할 수는 없고, 사적 자치와 계약자유의 원칙상 그러한 계약내용이나 조치의 효력을 함부로 부인할 것은 아니라고 하여,[4)] 공기업도 행정처분이 아닌 사법상 조치로서 입찰참가자격제한 조치를 할 수 있다는 취지로 판단했다.

---

1) 대법원 1986. 3. 11. 선고 85누793 판결, 대법원 1994. 6. 24. 선고 94누958 판결.
2) 대법원 2008. 2. 28. 선고 2007두13791 판결.
3) 대법원 1995. 2. 28. 선고 94두36 판결, 대법원 1999. 11. 26.자 99부3 결정.
4) 대법원 2014. 12. 24. 선고 2010다83182 판결.

나. 행정처분으로 본 판례

그러나 공기업·준정부기관장이 하는 입찰참가자격제한은 원칙적으로 공공기관운영법 제39조 제2항에 근거한 행정처분에 해당한다고 본다. 따라서 이를 다투기 위해서는 행정쟁송을 제기해야 한다. 대법원도 1999. 2. 5. 정부투자기관관리기본법 개정 이후 정부투자기관의 입찰참가자격제한 조치를 행정처분으로 인정했는데, 이는 정부투자기관 관리기본법에 입찰참가자격제한을 위한 근거가 마련되었기 때문으로 보이며, 이와 같은 정부투자기관 관리기본법은 2007. 1. 19. 공공기관운영법 시행과 함께 폐지되었는데, 공공기관운영법 역시 제39조 제2항에서 공기업·준정부기관이 입찰참가자격제한을 할 수 있다고 규정한 만큼, 공기업·준정부기관이 하는 입찰참가자격제한 역시 행정처분으로 보았다.[1)]

① 청구인은 정부투자기관의 계약행위는 사적 계약으로서 계약당사자가 계약의 위반 및 부정당한 행위를 한 경우 당사자의 형사처벌을 요구하거나 민사상의 책임을 추궁할 수 있을 뿐임에도, 심판대상조항들은 계약당사자인 정부투자기관에게 입찰참가자격제한이라는 행정상의 제재처분 권한까지 부여하여 부당하게 정부투자기관을 보호하고 사인과 차별적 대우를 하고 있다고 주장한다. 무릇 정부투자기관은 국가의 출자에 의해 설립되어 대부분 국민생활과 밀접한 국가공익사업을 담당하고 있는 기관이므로 정부투자기관의 계약이 그 성질, 목적, 규모, 사회적 영향력 등에 있어서 단순한 사인의 계약과는 많은 차이가 있다. 외견상 국가의 행위는 아닐지라도 정부투자기관의 계약체결의 효과는 국민에게 직접적인 영향을 미칠 수 있고 계약이행의 대가로 지급되는 예산도 국민의 세금에 의해 조성된 것인 탓에, 정부투자기관의 계약을 기관 자체의 영리적 이익추구만을 목적으로 한 주관적인 판단에만 의존하게 방치할 수 없으며 정부투자기관을 일반사인과 마찬가지로 계약자치를 자유롭게 향유하는 주체로 인정할 수도 없다. 그러므로 정부투자기관의 계약을 국가계약과 동일시하여 일반경쟁입찰원칙을 적용하고 일정한 요건을 갖춘 자는 제한 없이 입찰에 참여할 수 있게 함으로써 정부투자기관의 자의에만 의존한 계약자 선정을 금하고 있으며 계약의 전 과정에 있어서 공정하고 투명한 절차의 확립을 도모하고 있는 것이다. 나아가 이와 같은 정부투자기관의 계약에 있어서의 공정성과 투명한 절차의 보장이나 계약 후 그것의 적정한 이행의무는 단지 투자기관에만 적용되는 것이 아니라 계약당사자인 입찰참가자 또는 낙찰자 등에도 적용되어야 한다. 앞서 살핀 바와 같이 정부투자기관의 계약상 일반경쟁입찰원칙의 목적은 공정한 경쟁원리에 따라 계약의 상대자가 될 것을 희망하는 자로 하여금 동일한 조건으로 공평한 경쟁을 시키고 정부투자기관이 요구하는 품질을 만족시킬 수 있는 적격자를 선정함으로써 공공사업의 시행과 공공서비스의 제공을 원활하게 하기 위한 것이다. 그런데 입찰자가 서로 담합을 한다든지, 고의로 무효의 입찰을 한다든지, 뇌물을 통해 낙찰을 받는다든지 또는 정당

1) 대법원 2014. 11. 27. 선고 2013두18964 판결.

한 이유 없이 계약의 체결 또는 이행에 관한 사항을 이행하지 않는 등의 행위를 하는 경우에는 정부투자기관의 계약목적을 달성하기 어려워질 것이 예상되고 이는 궁극적으로 한 개인의 문제로 귀착되는 것이 아니라 사회적, 국가적 공익과 관련하여 커다란 폐해를 초래하게 될 것이기 때문이다. 따라서 정부투자기관이 계약의 목적달성에 중대한 차질을 가져올 수 있는 부정당업자들에 대하여 일정기간 공개입찰에 참가할 자격을 제한할 수 있도록 하는 것은 합리적 차별의 범위를 벗어난 것이라 하기 어렵다(헌법재판소 2005. 4. 28.자 2003헌바40 결정).

② 대법원은 공기업이 계약상대자에게 담합행위를 이유로 2년의 입찰참가자격제한처분을 한 후 공급자등록 취소와 10년의 공급자등록제한 조치(이하 "거래제한조치")를 한 사안에서, 공기업 내부기준에 따른 거래제한조치라 하더라도 이는 행정처분으로 보아야 한다고 했다. 즉, 계약당사자 사이에서 계약의 적정한 이행을 위하여 일정한 계약상 의무를 위반하는 경우 계약해지, 위약벌이나 손해배상액 약정, 장래 일정 기간의 거래제한 등의 제재조치를 약정하는 것은 상위법령과 법의 일반원칙에 위배되지 않는 범위에서 허용되며, 그러한 계약에 따른 제재조치는 법령에 근거한 공권력의 행사로서의 제재처분과는 법적 성질을 달리 하지만, 공공기관의 어떤 제재조치가 계약에 따른 제재조치에 해당하려면 일정한 사유가 있을 때 그러한 제재조치를 할 수 있다는 점을 공공기관과 그 거래상대방이 미리 구체적으로 약정하였어야 하는데, 공공기관이 여러 거래업체들과의 계약에 적용하기 위하여 거래업체가 일정한 계약상 의무를 위반하는 경우 장래 일정 기간의 거래제한 등의 제재조치를 할 수 있다는 내용을 계약특수조건 등의 일정한 형식으로 미리 마련하였다고 하더라도, 약관의 규제에 관한 법률 제3조에서 정한 바와 같이 계약상대방에게 그 중요 내용을 미리 설명하여 계약내용으로 편입하는 절차를 거치지 않았다면 계약의 내용으로 주장할 수 없으므로, 이 사건 공급자등록제한은 원고와 피고 사이의 공공조달 계약의 이행 혹은 계약의 위반과 관련된 것이 아니라, 피고가 고권적 내지 우월적 지위에서 일방적으로 원고의 계약 당사자가 될 권리인 입찰참가자격에 제한을 가하는 행위이고, 한편, 이 사건 공급자등록제한에 따른 원고의 입찰참가자격제한의 효력이 원·피고 사이의 입찰에만 한정된다고 하여도 이는 원고와 피고 사이의 합의에 의한 것이 아니고 다만 피고가 일방적으로 그 내부규정인 공급자관리지침에서 그 효력을 정하였기 때문인데, 그와 같은 이유로 그 효력이 한정된다는 사정만으로 이 사건 공급자등록제한의 처분성이 부정된다고 보기는 어려우며, 거기에다가 피고는 국내 모든 원자력 발전소를 관리하는 공기업으로서 상당수 원고 생산 제품의 사실상의 독점적 수요자인 점까지 더하여 보면, 이 사건 공급자등록제한이 대세효를 갖는지 여부는 이 사건 처분성의 인정에 있어 문제가 되지 않는다고 하여 원심판결을 받아들였다(서울고등법원 2017. 9. 22. 선고 2017누38050 판결, 대법원 2020. 5. 28. 선고 2017두66541 판결).

다. 의사해석에 따라 행정처분과 사법상 조치 중 하나로 볼 수 있다는 판례

다만, 대법원은 공기업·준정부기관이 법령이나 계약에 근거하여 선택적으로 입찰참가자격제한 조치를 할 수 있는 경우, 계약상대방에 대한 입찰참가자격 제한 조치가 법령에 근거한 행정처분인지 아니면 계약에 근거한 권리행사인지는 원칙적으로 의사표시의 해석 문제라고 보면서, 이때는 공기업·준정부기관이 계약상대방에게 통지한 문서의 내용과 해당 조치에 이르기까지 과정을 객관적·종합적으로 고찰하여 판단해야 하고, 그럼에도 공기업·준정부기관이 법령에 근거를 둔 행정처분으로서의 입찰참가자격 제한 조치를 한 것인지 아니면 계약에 근거한 권리행사로서의 입찰참가자격제한 조치를 한 것인지가 여전히 불분명하면, 그에 대한 불복방법 선택에 중대한 이해관계를 가지는 그 조치 상대방의 인식가능성이나 예측가능성을 중요하게 고려하여 규범적으로 확정해야 한다고 본다.[1] 이러한 법리에 따라, 통지 문서에 입찰참가자격제한과 관련한 계약을 전제한 내용과 행정처분을 전제한 내용이 혼재하고, 행정절차법에 따라 입찰참가자격제한 절차를 진행하면서 상대방에게 행정심판을 청구하거나 행정소송을 제기하도록 안내한 사정 등이 있을 경우, 그와 같은 입찰참가자격제한은 행정처분에 해당한다고 했다.

5. 기타공공기관의 입찰참가자격제한

공공기관운영법 제39조 제2항은 입찰참가자격제한 주체를 공기업과 준정부기관으로 한정하였으므로, 공공기관운영법에는 기타공공기관이 입찰참가자격제한을 할 수 있다는 근거가 없다. 따라서 기타공공기관이 기획재정부 훈령인 기타공공기관 계약사무 운영규정에 근거해 입찰참가자격제한 조치를 했더라도 해당 운영규정의 법적 근거가 없는 만큼 이는 해당 기관이 실시하는 입찰에 참가하지 못하게 하겠다는 사적 의사를 표시한 것에 불과하고, 행정처분으로 보기 어렵다. 대법원도 수도권매립지관리공사가 한 입찰참가자격제한은 사법상 통지에 불과하고, 이와 같은 통지로써 국가에서 시행하는 모든 입찰참가자격이 제한되는 효력이 발생하지 않으므로, 이를 대상으로 한 집행정지 신청은 부적법하다고 보았다.[2]

이에 기타공공기관 중에서 전년도 기준 자산규모가 500억 원 이상이고, 해당연도 예산규모가 250억 원 이상인 기관은 기타공공기관 계약사무 운영규정 제14조에 따라, 그 밖에 기타공공기관은 자체 계약규정에 따라 사법상 조치로서 입찰참가자격제한을 할 수 있다.[3]

---

1) 대법원 2018. 10. 25. 선고 2016두33537 판결.
2) 대법원 2010. 11. 26.자 2010무137 결정.
3) 장훈기, 앞의 공공계약 부정당업자 제재제도 해설, 38쪽.

6. 지방공사와 지방공단의 입찰참가자격제한

지방공기업법 제47조 제1항에 따르면 지방자치단체는 제2조에 따른 사업을 효율적으로 수행하기 위하여 필요한 경우 지방공사(이하 "공사"라 한다)를 설립할 수 있고, 같은 법 제64조의2 제4항에 따르면, 공사는 계약을 체결하는 경우 공정한 경쟁 또는 계약의 적정한 이행을 해칠 것이 명백하다고 판단되는 자에 대하여는 2년 이내의 범위에서 입찰참가자격을 제한할 수 있다고 규정하며, 같은 법 제76조에서 제64조의2를 준용하므로, 지방공기업 중 지방공사의 장과 지방공단의 장이 하는 입찰참가자격제한은 행정처분으로서 성질을 갖는다고 보아야 한다.

7. 지방자치단체출자·출연기관의 입찰참가자격제한

지방자치단체출자·출연기관운영법 제17조 제4항에 따르면 출자·출연 기관은 공정한 경쟁이나 계약의 적정한 이행을 해칠 것이 명백하다고 판단되는 자에 대해서는 2년의 범위에서 입찰참가자격을 제한할 수 있다고 규정하므로, 출자·출연기관의 장이 하는 입찰참가자격제한은 행정처분의 성격을 가진다고 본다.

Ⅳ. 입찰참가자격제한 주체와 근거법령

1. 중앙관서의 장

국가계약법을 적용하는 입찰참가자격제한 주체는 각 중앙관서의 장이다(국가계약법 제27조 제1항 참조). 각 중앙관서의 장은 헌법과 정부조직법 등 그 밖에 법률에 따라 설치된 중앙행정기관을 말하는데(국가계약법 제4조, 국가재정법 제6조), 중앙행정기관으로는 부·처·청이 있다. 한편, 헌법기관인 국회·대법원·헌법재판소·중앙선거관리위원회 등은 국회 사무총장, 법원 행정처장, 헌법재판소 사무처장, 중앙선거관리위원회 사무총장이 중앙관서의 장에 해당한다. 참고로, 중앙관서의 장이 국가계약법에 근거해 입찰참가자격을 제한할 때는 국가계약법과 같은 법 시행령, 시행규칙을 적용한다.

2. 지방자치단체의 장

지방계약법을 적용하는 입찰참가자격제한 주체는 지방자치단체의 장이 원칙이지만, 지방자치단체의 장이 중앙행정기관의 장이나 다른 지방자치단체의 장에게 계약사무를 위임·위탁하여 처리하는 경우에는 그 위임 또는 위탁을 받은 중앙행정기관의 장이나 다른 지방자치단체장도 주체가 될 수 있다(지방계약법 제31조 제1항 참조).

지방계약에서 지방자치단체의 장이 입찰참가자격을 제한할 때는 지방계약법과 같은 법 시행령, 시행규칙을 적용하고, 아울러 지방자치단체의 장으로부터 계약사무를 위임·위탁받은 중앙행정기관의 장이 입찰참가자격을 제한할 때에도 국가계약법령이 아닌 지방계약법과 같은 법 시행령, 시행규칙을 적용해야 한다(지방계약법 제7조 제2항 단서 참조).

3. 공기업·준정부기관

공공기관운영법에 따라 국가계약법을 준용하는 입찰참가자격제한 주체는 공기업·준정부기관이다(공공기관운영법 제39조 제2항). 다만, 기타공공기관은 행정처분인 입찰참가자격제한을 할 수 없고, 사법상 조치로서 입찰참가자격제한만 할 수 있다. 참고로, 공기업·준정부기관 계약사무규칙 제15조는 기관장이 입찰참가자격을 제한할 수 있는 주체라고 규정하나, 공공기관운영법 제39조에서는 공기업·준정부기관 자체를 주체로 규정한다. 용어를 정리할 필요가 있다.

공기업이나 준정부기관은 공공기관운영법에 따라 국가계약법을 준용하여 입찰참가자격제한을 한다. 종전에는 공기업·준정부기관 계약사무규칙 제15조에 공기업·준정부기관의 입찰참가자격제한조치 대상과 기준 등을 자세히 규정했으나, 2016. 9. 12. 공적 기능을 수행하는 공공기관의 설립취지에 따라 계약사무 처리와 관련한 국가기관과의 형평성을 고려해 입찰참가자격제한 대상과 기준 등을 국가계약법이 정하는 내용과 일치하도록 개정했다.[1]

4. 지방공사·지방공단

지방공기업법에 따른 입찰참가자격제한 주체는 지방공사와 지방공단이다(지방공기업법 제64조의2 제4항, 제76조 제2항). 이때 입찰참가자격제한은 지방공기업법과 지방계약법을 준용하여 조치한다.

5. 지방자치단체출자·출연기관

지방자치단체출자·출연기관운영법에 따른 입찰참가자격제한 주체는 출자·출연기관이다. 이때 입찰참가자격제한은 지방자치단체출자·출연기관운영법을 적용하되, 대부분은 지방계약법을 준용한다.

1) 장훈기, 앞의 공공계약 부정당업자 제재제도 해설, 35쪽.

6. 특수문제

가. 민간발주자가 국가계약법에 근거한 입찰참가자격제한을 할 수 있는지

행정처분인 입찰참가자격제한의 주체는 공권력 주체만으로 한정된다. 또한, 민간에서 발주하는 공사, 용역, 물품 구매계약에서는 국가계약법 등이 적용되지 않기 때문에, 결국 공공계약이 아닌 일반 민사계약의 당사자 사이에서는 국가계약법 등에 근거한 입찰참가자격제한 처분을 할 수 없다.[1] 다만, 사립대학, 병원, 공사업자 등이 발주자인 대형 민간사업 중 다수는 국가계약법령 등에 따른 입찰참가자격제한을 받지 않은 자를 입찰참여자격 중 하나로 요구하여 사실상 국가계약법령 등에 근거한 입찰참가자격제한이 민간 영역까지 확장되는 측면이 있다.

〔민간발주처나 기타공공기관의 계약사무규정에 국가계약법 등을 준용하는 문제〕

사립병원, 사립학교, 기타공공기관과 같이 법령상 행정청에 해당하지 않지만, 기관 내부 계약사무규정에 따라 국가계약법을 준용하여 입찰을 실시하고, 입찰참가자격제한을 경우가 많다. 또한, 해당 계약사무규정에 국가기관 등으로부터 입찰참가자격제한을 받은 자의 입찰을 제한하는 규정을 두는 경우도 있다. 가령, 기타공공기관 계약사무운영 규정 제14조 제11항에 따르면, 기관장은 국가계약법이나 지방계약법, 공기업·준정부기관 계약사무규칙에 따라 입찰참가자격제한 사실을 통보받거나 지정정보처리장치에 게재된 자에게도 입찰에 참가할 수 없도록 할 수 있다고 규정한다. 그러나 내부 계약사무규정에 국가계약법 등을 준용하거나 국가계약법 등에 따라 제재받은 자의 입찰참가를 제한하는 규정을 두었다 하더라도, 민간발주처가 행정청으로서 지위를 갖는다고 볼 수는 없다. 따라서 다른 법령에 따라 입찰참가자격제한을 받은 자를 민간발주처 자신의 입찰에 참가하지 못하도록 막는 조치는 법령에 따른 행정처분이 아니라, 입찰참가자격을 설정하는 사법상 조치에 불과하다고 이해해야 한다.

나. 기타공공기관이 행정처분 주체인지

앞에서 언급했지만, 공공기관운영법은 공공기관 중 공기업, 준정부기관을 제외한 기타공공기관은 입찰참가자격제한 부과주체로 명시하지 않았으므로(공공기관운영법 제39조 제2항 참조), 기타공공기관이 한 입찰참가자격 제한 조치는 단지 상대방을 해당 기타공공기관이 시행하는 입찰에 참가하지 못하게 하겠다는 사법상 통지행위에 불과하다. 기타공공기관의 입찰참가자격제한은 기획재정부 훈령인 기타공공기관 계약사무 운영규정 제14조에서 규정한다. 이에 따라 기타공공기관은 입찰참가자격 제한 조치를 하더라도 나라장터에 이를 게재할

---

1) 계약제도과-794, 2015. 6. 23.도 같은 취지.

의무가 없고, 기타공공기관의 입찰참가자격제한 효력 역시 해당 기관의 입찰과 계약에만 미친다. 나아가, 이러한 조치는 행정소송 대상이 아니기 때문에, 민사소송 절차에 따라 권리구제를 받을 수밖에 없다.

다. 조달청장이 계약사무를 위임·위탁받아 계약을 체결한 경우 입찰참가자격제한 주체

1) 문제점

수요기관의 장은 조달사업법 시행령 제11조가 정한 기준에 해당할 경우 조달청장에게 수요물자나 공사 관련 계약체결을 요청해야 하고(조달사업법 제11조 제1항 참조), 그렇지 않더라도 계약체결을 요청할 수 있는데(조달사업법 제11조 제2항 참조), 이때 조달청장이 수요기관의 장을 대신하여 입찰을 실시했거나 계약을 체결했다면, 조달청장과 수요기관의 장 중 누가 계약상대자등에게 입찰참가자격제한을 할 수 있는지 문제된다. 그런데 판례는 계약사무를 위임·위탁한 수요기관의 장이 누구인지에 따라 다음과 같이 제재 주체와 적용법률을 구분한다.

2) 국가기관이 위임·위탁한 경우

국가계약법 제6조 제3항은 "각 중앙관서의 장은 대통령령이 정하는 바에 의하여 그 소관에 속하는 계약에 관한 사무를 다른 관서에 위탁할 수 있다."고 규정하는데, 국가계약법에 계약업무 위탁 관련 규정을 별도로 둔 취지는 조달청에서 운영하는 전문적이고 체계적인 조달시스템을 완전하게 이용하도록 하려는 것인 점, 요청조달계약의 수요기관이 중앙관서의 장이라면 위탁 전 독자적인 입찰참가자격제한 처분권한을 보유하던 점, 중앙관서의 장이 조달청장에게 계약업무를 전적으로 위탁한 만큼, 조달청장은 국가계약법에서 정한 절차에 따라 위탁기관의 계약사무를 처리해야만 하는 점 등을 종합해 보면, 국가계약법 제6조 제3항의 '계약에 관한 사무 위탁'에는 국가계약법이 정한 중앙관서장의 입찰참가자격제한 처분권한 수권도 포함된다고 볼 수 있다. 따라서 조달청장은 국가계약법 제27조 제1항에 따라 계약상대방에게 입찰참가자격제한 처분을 할 권한이 있다.[1)]

3) 지방자치단체가 위임·위탁한 경우

과거 대법원은 2013. 8. 6. 개정 전 지방계약법 제7조 제1항, 제2항, 제31조 제1항, 구 조달사업법 제5조의2 제1항, 제2항 등 관련 규정을 모두 종합하여 보면, 지방자치단체의 장이 조달청장에게 수요물자 구매계약 체결을 요청한 경우라도 그 계약사무 처리에는 지방계약법이 적용되고 그 계약의 이행 등과 관련한 입찰참가자격제한 권한은 지방계약법 제31조

---

1) 대법원 2017. 10. 12. 선고 2016두40993 판결, 대법원 2019. 12. 27. 선고 2017두48307 판결.

제1항에 따라 지방자치단체의 장에게 있다고 보았다.[1] 그러나 2013. 8. 6. 개정 지방계약법 제31조 제1항은 계약사무를 위탁받은 중앙행정기관의 장이 직접 처분권한을 행사할 수 있도록 규정했으므로, 지방자치단체가 계약사무를 위탁하면서 처분권한 위탁을 유보했다는 등 특별한 사정이 없다면, 조달청장이 직접 제한처분을 할 수 있다고 본다.

4) 공기업·준정부기관이 위임·위탁한 경우

공공기관운영법 제44조 제2항은 "공기업·준정부기관은 필요하다고 인정하는 때에는 수요물사 구매나 시설공사계약의 체결을 조달청장에게 위탁할 수 있다."라고 규정하는데, 이처럼 공공기관운영법에 계약체결 업무위탁 규정을 별도로 둔 취지는 조달청에서 운영하는 전문적이고 체계적인 조달시스템을 완전하게 이용하도록 하려는 것인 점, 요청조달계약의 수요기관이 공기업이나 준정부기관인 경우 공공기관운영법 제39조 제2항에 따라 독자적인 입찰참가자격제한 처분권한을 보유하는 점, 조달청장에게 계약체결 업무가 전적으로 위탁된 만큼, 조달청장은 국가계약법에서 정한 절차에 따라 위탁기관의 계약 관련 사무를 처리해야 하는 점 등을 종합하여 보면, 공공기관운영법 제44조 제2항은 국가계약법상 입찰참가자격제한 처분의 수권 취지가 포함된 업무 위탁 근거에 해당한다. 이러한 법리와 관련 규정 내용, 취지를 고려하면, 공기업이나 준정부기관으로부터 공공기관운영법 제44조 제2항에 따라 계약체결 업무를 위탁받은 조달청장에게도 '국가계약법 제27조 제1항'에 따라 입찰참가자격제한 처분을 할 권한이 있다고 본다.[2]

5) 기타공공기관이 위임·위탁한 경우

그러나 공공기관운영법 제44조 제2항은 "공기업·준정부기관은 필요하다고 인정하는 때에는 수요물자 구매나 시설공사계약의 체결을 조달청장에게 위탁할 수 있다."고 하여, 공기업·준정부기관에게는 입찰참가자격제한 처분의 수권 취지가 포함된 업무위탁 근거를 규정하는 반면, 기타공공기관은 여기에서 제외한다. 따라서 수요기관이 기타공공기관인 요청조달계약인 경우에는 입찰참가자격제한 처분의 수권 등 법령상 근거가 없으므로, 조달청장이 국가계약법 제27조 제1항에 따라 계약상대방에게게 입찰참가자격제한 처분을 할 수 없다.[3] 따라서 기타공공공기관은 조달청장에게 계약체결을 위탁했더라도, 스스로 입찰참가자격제한을 할 수밖에 없고, 그 법적 성격은 행정처분이 아닌 사법상 통지행위에 불과하다고 본다.

한편, 기타공공기관이 공기업으로 변경된 경우, 변경 전의 위반행위에 대한 행정처분 권한이 발생하는지 문제된다. 그러나 공공기관운영법 제39조 제2항은 공기업·준정부기관이

1) 대법원 2012. 11. 15. 선고 2011두31635 판결.
2) 대법원 2017. 12. 28. 선고 2017두39433 판결.
3) 대법원 2017. 6. 29. 선고 2014두14389 판결.

공정한 경쟁이나 계약의 적정한 이행을 해칠 것이 명백하다고 판단되는 행위를 한 부정당업자를 향후 일정 기간 입찰에서 배제하는 조항으로서, 공적 계약의 보호라는 일반예방적 목적을 달성하고 아울러 해당 부정당업자를 배제하기 위한 규정이다. 따라서 위 조항이 적용되는 부정당행위는 공기업·준정부기관을 상대로 하는 행위에 한정된다. 결국 부정당업자의 위반행위 당시 발주기관이 기타공공기관에 불과했다면, 해당 위반행위는 공기업·준정부기관을 상대로 한 부정당행위에 해당하지 않으므로, 입찰참가자격제한 처분은 공공기관운영법 제39조 제2항이 정하는 입찰참가자격제한 처분의 요건을 충족하지 못한다. 따라서 기타공공기관이 사후에 공기업으로 변경되었더라도, 해당 기관은 처분권한을 행사할 수 없다.[1)]

7. 적용법률 비교

〔국가계약법과 다른 법령 등의 차이〕

• **지방계약법**

① **계약심의회와 계약심의위원회**

국가계약법상 계약심의회는 중앙관서 장의 의사결정을 돕는 자문기구에 불과하지만, 지방계약법상 계약심의위원회는 필수 심의기구이다. 다만, 하도급 위반, 공정거래위원회 요청, 계약불이행, 입찰미참가, 입찰참가방해, 감독검사방해, 계약이행능력 심사포기, 실시설계서 미제출 중 어느 하나에 해당하는 사유는 계약심의위원회 심의를 거치지 않고 처분을 할 수 있다(지방계약법 제31조 제2항, 같은 법 시행령 제92조 제1항).

② **처분주체**

지방계약법은 계약당사자인 지방자치단체의 장뿐만 아니라 지방자치단체의 장이 중앙관서의 장이나 다른 지방자치단체의 장에게 계약사무를 위임·위탁하여 처리하는 경우, 위임·위탁 받은 중앙관서의 장이나 지방자치단체의 장도 입찰참가자격제한을 할 수 있도록 규정한다(지방계약법 제31조 제1항).

③ **특수한 제재사유**

국가계약법과 달리 지방계약법은 '지방자치단체의 장 또는 지방의회의원은 그 지방자치단체와 영리를 목적으로 하는 계약을 체결할 수 없고, 지방자치단체의 장 또는 지방의회의원의 가족이거나 기타 특수관계에 있는 사업자인 경우에는 그 지방자치단체와 영리를 목적으로 하는 수의계약을 체결할 수 없다. 이를 위반하여 계약을 체결한 자에 대하여 입찰참가자격을 제한한다.'고 규정한다(지방계약법 제33조). 이는 지방계약에서 영향력을 행사할 수 있는 자의 계약 체결이나 이행과정에서 부당한 영향력을 행사할 수 있는 여지를 사전에 차단하여 투명성을 높이려는 취지이다. 따라서 지방자

1) 대법원 2018. 10. 25. 선고 2016두33537 판결, 대법원 2019. 2. 14. 선고 2016두33223 판결.

치단체는 법 제33조 제2항 각호에 해당하는 사업자와 수의계약을 체결할 수 없고, 계약상대자의 부당한 영향력 행사 가능성을 개별 심사하여 수의계약 체결 여부를 결정할 수 있다거나, 경쟁입찰방식을 일부 혼합한 절차를 거친다고 하여 수의계약을 체결하는 것이 허용된다고 할 수 없다(대법원 2014. 5. 29. 선고 2013두7070 판결).

⑤ 그 밖에 제재사유상 차이

	국가계약법	지방계약법
하도급 제한	하도급통지의무위반 포함 X	하도급통지의무위반 포함 O
계약조건 위반	주요조건 한정 O 입찰공고와 계약서에 명시한 사항에 한정 O	주요조건 한정 X 입찰공고와 계약서에 명시한 사항에 한정 X
허위서류 제출	허위서류 제출	거짓서류 제출
뇌물	뇌물을 준 자	금품 또는 그 밖에 재산상 이익을 제공한 자
사기	사기 그 밖의 부정한 행위로 국가에 손해를 끼친 자	사기 그 밖의 부정한 행위로 지방자치단체에 손해를 끼친 자
제재기간 가중 범위	2분위 1 범위에서 가중	2배까지 가중
제재기간 감경 범위	2분의 1 범위에서 감경	6개월 이내로 감경

• **공공기관운영법**

국가계약법은 제재대상을 경쟁의 공정한 집행이나 계약의 적정한 이행에 대한 침해 염려나 입찰에 참가시키는 것이 부적합하다고 인정되는 경우 등으로 넓게 규정하면서도, 해당 사유가 있으면 입찰참가자격을 제한하여야 한다는 기속행위로 규정하지만(국가계약법 제27조 제1항 제9호 가, 나, 다목 참조), 공공기관운영법은 제재대상을 공정한 경쟁이나 계약의 적정한 이행을 해칠 것이 명백한 경우로 한정하면서도, 해당 사유가 있으면 입찰참가자격을 제한할 수 있다는 재량행위로 규정한다(공공기관운영법 제39조 제2항 참조). 따라서 행위 양태(樣態)가 같더라도, 국가계약법을 적용할 때는 입찰참가자격을 제한해야 하지만, 공공기관운영법을 적용할 때는 입찰참가자격을 제한하지 않는 경우도 있을 수 있다(대법원 2013. 9. 12. 선고 2011두10584 판결).

• **기타공공기관 계약사무 운영규정**

기타공공기관의 장이 하는 입찰참가자격제한은 행정처분이 아닌 사법상 통지에 불과하므로, 국가계약법에 따라 중앙관서의 장이 하는 입찰참가자격제한과 다르고, 그 사유도 공정한 경쟁이나 계약의 적정한 이행을 해칠 것이 명백한 경우로서 담합, 하도급위반, 공정거래위원회 요청, 뇌물공여, 허위서류로 한정하며, 해당 사유가 있더라도 입찰참가자격제한을 할지 재량으로 결정할 수 있다(기타공공기관 계약사무 운영규정 제14조 참조).

Ⅴ. 입찰참가자격제한 상대방

1. 계약상대자, 입찰자, 전자조달시스템을 이용해 견적서를 제출한 자

가. 계약상대자

계약상대자란 경쟁계약 상대자뿐만 아니라 수의계약 상대자를 포함하는 개념이다. 따라서 입찰절차에 따라 낙찰자로 선정되어 계약을 체결한 자와 수의계약을 체결한 자 모두 계약상대자에 해당한다. 그리고 계약상대자는 주계약자뿐만 아니라 이행보증계약을 체결한 자, 즉 이행보증인까지도 포함된다.[1] 다만, 계약상대자와 하도급 계약을 체결한 하수급인은 계약상대자에 해당하지 않기 때문에 부정당업자가 될 수 없다.

나. 입찰자

입찰자란 해당 경쟁입찰에 참가하여 입찰서를 제출한 자를 말한다.[2] 따라서 애당초 경쟁입찰에 참가하지 않는 방법으로 경쟁입찰 성립을 방해한 자는 입찰자에 해당하지 않기 때문에 부정당업자가 될 수 없다.[3] 또한, 입찰참가자격등록만 한 자, 입찰참가자격사전심사에 참가한 자 역시 입찰자라 보기 어렵다. 다만, 입찰무효 사유가 있는 자라고 하더라도 일단 입찰에 참가하여 위반행위를 했다면 부정당업자가 된다.

다. 전자견적서 제출자

수의계약에서 견적서를 제출하는 자도 입찰자와 비슷한 지위를 가진다고 보아야 하는데, 일정한 수의계약에서는 전자조달시스템을 이용해 견적서를 제출하도록 하므로(국가계약법 시행령 제30조 제2항), 여기서 전자조달시스템을 이용해 견적서를 제출하는 자 역시 부정당업자가 될 수 있다. 다만, 침익적 행정처분 사유는 엄격하게 해석해야 하므로, 전자조달시스템이 아닌 다른 수단을 이용해 견적서를 제출한 자는 부정당업자가 될 수 없다고 해석해야 한다. 아울러 소액수의계약 상대자로 결정된 자가 계약체결을 포기했다 하더라도, 이는 입찰절차가 아닌 수의계약절차에 해당하므로, 정당한 이유 없이 계약을 체결하지 않았다는 제재사유가 성립하지 않는다.

---

1) 대법원 2013. 5. 23. 선고 2011두19666 판결.
2) 입찰서 제출 전의 입찰참가신청서를 제출한 자도 입찰자로 보아야 한다는 견해가 있으나(장훈기, 앞의 공공계약 부정당업자 제재제도 해설, 50쪽), 이는 현행 국가계약법 시행령과 맞지 않는 해석이다.
3) 대법원 2008. 2. 28. 선고 2007두13791, 13807 판결.

2. 공정거래위원회나 중소벤처기업부장관으로부터 입찰참가자격제한 요청이 있는 자 – 민간계약에서 위반행위자도 제재대상자에 포함

입찰자, 계약상대자 등에 해당하지 않더라도, 예외적으로 부정당업자가 될 수 있다. 즉, 국가계약법 시행령 제76조 제3항 제2호는 법 제27조 제1항 제5호, 제6호에 해당하는 자를 부정당업자로 규정한다. 따라서 독점규제 및 공정거래에 관한 법률이나 하도급거래 공정화에 관한 법률을 위반하여 공정거래위원회로부터 입찰참가자격 제한 요청이 있는 자, 대·중소기업 상생협력 촉진에 관한 법률 제27조 제2항에 따라 중소벤처기업부장관으로부터 입찰참가자격 제한 요청이 있는 자 역시 부정당업자에 해당한다(국가계약법 시행령 제76조 제3항 제2호). 가령, 담합한 자,[1] 하도급법 위반자, 수탁기업에게 납품대금을 지급하지 않은 자 등이 포함된다. 이러한 규정은 공공계약뿐만 아니라 민간계약에서 발생한 위반사실이 있는 자까지도 공정거래위원회나 중소벤처기업부가 요청하기만 하면 부정당업자에 해당하여 입찰참가자격제한을 받게 되는 특이한 구조다. 과거에는 국가계약법령 등에 따른 입찰참가자격제한은 공공계약의 입찰자 등에 한정해서만 부과된다는 원칙이 있었으나, 2019. 9. 17. 국가계약법 시행령 제76조 제3항 제2호의 신설에 따라 민간계약에 발생한 특정 위반행위도 그 대상이 된 셈이다.

3. 부정당업자의 대리인·지배인 그 밖에 사용인

가. 의의와 취지

부정당업자의 대리인, 지배인 그 밖에 사용인(이하 '대리인 등')이 입찰참가자격 제한사유에 해당하는 행위를 하면, 대리인 등이 아닌 해당 부정당업자가 제재상대방에 해당한다. 다만, 부정당업자가 그 행위를 방지하기 위해 상당한 주의와 감독을 게을리하지 않았다면 해당 부정당업자를 제재하지 않는다(국가계약법 시행령 제76조 제3항 단서).

부정당업자는 대리인 등을 사용하여 이익을 얻기 때문에 그에 따른 위험도 함께 부담해야 한다. 따라서 대리인 등의 위반행위를 원칙적으로 부정당업자의 행위로 보고, 부정당업자의 책임을 확대할 필요가 있다. 다만, 대리인 등의 모든 행위를 사업주의 행위로 의제하여 책임을 물으면 책임주의 원칙에 반할 우려가 있으므로, 2010. 10. 22. 개정된 국가계약법 시행령은 부정당업자가 대리인 등의 위반행위를 방지하기 위해 상당한 주의와 감독의무

---

1) 국가계약법 제27조 제1항 제2호에 따른 담합행위자는 계약상대자 등으로 제한되지만, 국가계약법 시행령 제76조 제3항 제2호에 따라 공정거래위원회로부터 제한요청을 받은 자는 계약상대자 등은 물론 그 밖에 자도 해당할 수 있다. 가령, 경쟁입찰의 성립 자체를 방해하기 위해 경쟁입찰에 참가하지 않은 자는 계약상대자 등은 아니지만, 공정거래위원회 제한요청에 따른 제재대상자에는 해당한다(대법원 2008. 2. 28. 선고 2007두13791, 13807 판결 참조).

를 이행한 경우에는 면책할 수 있도록 규정했다.

〔양벌규정과 책임주의원칙의 관계〕

이 사건 법률조항은 법인이 고용한 종업원 등이 업무에 관하여 위반행위를 저지른 사실이 인정되면, 법인이 그와 같은 종업원 등의 범죄에 대해 어떠한 잘못이 있는지를 전혀 묻지 않고 곧바로 그 종업원 등을 고용한 법인에게도 종업원 등에 대한 처벌조항에 규정된 벌금형을 과하도록 규정하고 있는바, 오늘날 법인의 반사회적 법익침해활동에 대하여 법인 자체에 직접적인 제재를 가할 필요성이 강하다 하더라도, 입법자가 일단 "형벌"을 선택한 이상, 형벌에 관한 헌법상 원칙, 즉 법치주의와 죄형법정주의로부터 도출되는 책임주의원칙이 준수되어야 한다. 그런데 이 사건 법률조항에 의할 경우 법인이 종업원 등의 위반행위와 관련하여 선임·감독상의 주의의무를 다하여 아무런 잘못이 없는 경우까지도 법인에게 형벌을 부과될 수밖에 없게 되어 법치국가의 원리 및 죄형법정주의로부터 도출되는 책임주의원칙에 반하므로 헌법에 위반된다(헌법재판소 2009. 7. 30.자 2008헌가17 결정 등 참조).

나. 대리인·지배인·그 밖에 사용인 개념

여기서 대리인은 본인으로부터 대리권을 받아 본인을 대리할 자격이 있는 자이고, 지배인은 영업주에 갈음하여 그 영업과 관련한 재판상·재판 외의 모든 행위를 할 수 권한을 가지는 상업사용인을 말한다.

그 밖에 사용인이란 계약상대자나 입찰자로부터 업무를 위탁받아 수행하면서 그 지시·감독을 받는 자로 일단 정의할 수 있다. 다만, 정식 고용계약을 체결하고 근무하는 자뿐만 아니라 그 법인의 업무를 직접·간접으로 수행하면서 법인의 통제·감독을 받는 자까지도 포함하는 개념이다.[1] 따라서 부정당업자 스스로 처리해야 할 업무를 제3자에게 위탁하여 처리하게 하는 등 부정당업자의 책임 아래 그 의무를 대신하여 처리하는 자 등을 두루 말한다.[2] 이런 정의에 따르면 계약상대자의 하수급인은 부정당업자 그 자체는 될 수 없지만, 그 밖에 사용인에는 해당할 수 있다. 다만, 조합의 사원에 불과한 조합원은 그 행위가 법률상 조합의 행위이거나 그와 같다고 볼 수 있는 특별한 사정이 없다면 조합원의 행위를 근거로 조합을 제재할 수 없다.[3]

최근 대법원은 계약상대자의 국내외 협력업체도 그 밖에 사용인에 해당할 수 있으므로, 협력업체가 시험성적서를 위·변조한 경우, 계약상대자가 상당한 주의와 감독을 게을리했다면 부정당업자로서 책임을 진다고 보았다.[4]

1) 대법원 2006. 2. 24. 선고 2003도4966 판결.
2) 서울고등법원 2016. 12. 7. 선고 2016누38589 판결.
3) 대법원 2007. 10. 11. 선고 2005두6027 판결.
4) 대법원 2020. 2. 27. 선고 2017두39266 판결.

〔협력업체도 그 밖에 사용인에 해당한다고 본 사례〕

1. 국가를 당사자로 하는 계약에 관한 법률 시행령 제76조 제1항 중 '그 밖의 사용인' 부분의 해석과 적용(상고이유 제1, 4점)

가. 법률유보원칙 등에 반하는지 여부

구 국가를 당사자로 하는 계약에 관한 법률(2016. 3. 2. 법률 제14038호로 개정되기 전의 것, 이하 '국가계약법'이라 한다) 제27조 제1항은 경쟁의 공정한 집행이나 계약의 적정한 이행을 해칠 염려가 있거나 그 밖에 입찰에 참가시키는 것이 적합하지 아니하다고 인정되는 자(이하 '부정당업자'라 한다)에게는 2년 이내의 범위에서 대통령령으로 정하는 바에 따라 입찰참가자격을 제한하도록 규정하고 있다. 그 위임에 따라 구 국가를 당사자로 하는 계약에 관한 법률 시행령(2016. 9. 2. 대통령령 제27475호로 개정되기 전의 것) 제76조 제1항(이하 '이 사건 시행령 조항'이라 한다)은 본문에서 '계약상대자, 입찰자 등(이하 '계약상대자 등'이라 한다)이나 계약상대자 등의 대리인, 지배인 또는 그 밖의 사용인이 각호의 어느 하나에 해당하는 경우에는 부정당업자인 해당 계약상대자 등에게 입찰참가자격을 제한하여야 한다'고 규정하면서, 단서에서 "계약상대자 등의 대리인, 지배인 또는 그 밖의 사용인이 다음 각호의 어느 하나에 해당하는 행위를 하여 입찰참가자격의 제한 사유가 발생한 경우로서 계약상대자 등이 그 행위를 방지하기 위하여 상당한 주의와 감독을 게을리하지 아니한 경우에는 그러하지 아니하다."라고 규정하고 있다. 그리고 같은 항 제8호는 '입찰 또는 계약에 관한 서류를 위·변조하거나 부정하게 행사한 자 또는 허위서류를 제출한 자'를 입찰참가자격 제한 사유의 하나로 규정하고 있다.

이러한 부정당업자의 입찰참가자격을 제한하는 제도를 둔 취지는 국가를 당사자로 하는 계약에서 공정한 입찰 및 계약질서를 어지럽히는 행위를 하는 사람에 대하여 일정 기간 입찰참가를 배제함으로써 국가가 체결하는 계약의 성실한 이행을 확보함과 동시에 국가가 입게 될 불이익을 미리 방지하기 위한 데 있다(대법원 2014. 12. 11. 선고 2013두26811 판결 참조).

입찰참가자격 제한 처분은 위와 같은 입법 목적을 달성하기 위하여 경쟁의 공정한 집행이나 계약의 적정한 이행을 해칠 염려가 있거나 그 밖에 입찰에 참가시키는 것이 적합하지 아니하다는 객관적 사실 및 평가에 착안하여 가하는 제재이므로 반드시 현실적인 행위자가 아니라도 법령상 책임자로 규정된 자에게 부과될 수 있다. 이는 대리인 등 타인을 사용하여 이익을 얻는 부정당업자는 그로 인한 위험이나 불이익을 감수하는 것이 타당하다는 점에서도 그러하다.

이 사건 시행령 조항 단서 중 '그 행위를 방지하기 위하여 상당한 주의와 감독'을 해야 하는 것은 입찰참가자격 제한 사유의 발생을 방지하기 위한 계약상대자 등 자신의 의무이다. 이 사건 시행령 조항 단서에 의하여 입찰참가자격 제한 사유의 발생에 관하여 독자적인 책임이 없는 계약상대자 등은 제재의 대상에서 제외된다.

이처럼 이 사건 시행령 조항은 국가계약법의 위임에 따라 입찰참가자격 제한 요건을 구체화하면서, 계약상대자 등의 독자적인 책임이 인정되지 않는 경우에는 입찰참가자격을 제한하지 않도록 규정하고 있으므로, 법률유보원칙이나 자기책임원칙에 반하여 무효라고 볼 수 없다.

나. 원고의 '사용인'이 시험성적서를 위·변조한 것으로 볼 수 있는지 여부

(1) 원심은, 원고가 자신의 의무 이행을 위하여 이용한 협력업체는 이 사건 시행령 조항의 '그 밖의 사용인'에 해당하고, 따라서 원고의 협력업체들이 시험성적서를 위·변조한 것은 원고의 사용인이 시험성적서를 위·변조한 경우에 해당한다고 판단하였다.

(2) 원심이 원고의 협력업체가 이 사건 시행령 조항의 '그 밖의 사용인'에 해당한다고 본 근거는 다음과 같다.

(가) 이 사건 시행령 조항의 '그 밖의 사용인'은 반드시 부정당업자와 고용계약을 체결하는 등 일반적인 업무 전반에 관하여 직접적인 지휘·감독을 받는 자에 한정되는 것이 아니라, 부정당업자 스스로 처리해야 하는 의무가 있는 업무를 제3자에게 위탁하여 처리하도록 함으로써 부정당업자의 책임하에 그의 의무를 대신하여 처리하는 자 등을 포함한다.

(나) 원고는 피고와의 이 사건 각 계약의 계약상대자로서 이 사건 각 계약에서 부과된 의무를 부담하는 자이고, 원고의 협력업체들은 피고에 대하여 그와 같은 의무를 부담하는 자가 아니다.

(다) 원고는 이 사건 각 계약의 이행을 위하여 자신이 선정한 협력업체들에 물품을 제작·납품하도록 하였으므로 위 협력업체들은 원고의 영역과 책임 범위 내에 있다고 볼 수 있다.

(라) 원고는 협력업체들로부터 납품받은 품목에 대하여 직접 시험검사를 실시하거나 공인시험기관에 시험검사를 의뢰하여 시험성적서를 제공받아 제출함으로써 피고에 대한 계약상 품질보증의무를 이행할 수 있었음에도 불구하고 그 대신 협력업체들로부터 시험성적서를 받아 피고에게 제출하는 방법을 택하였다.

(3) 원심이 들고 있는 위와 같은 근거에다가 기록에 의하여 알 수 있는 다음과 같은 사정, 즉 이 사건 처분이 있기 전 원고는 국내외 협력업체의 일부 납품과 관련하여 시험성적서의 진위 여부를 확인하였고, 협력업체를 직접 방문하여 품질심사 및 제품검사를 하는 등의 관리감독을 하였다고 피고에게 주장하였던 점 등을 더하여 보면, 이 사건에서 원고의 협력업체는 원자재의 납품 및 시험성적서 제출과 관련하여 원고의 감독 아래에 있었음을 알 수 있다.

(4) 따라서 원고의 협력업체가 이 사건 시행령 조항의 '그 밖의 사용인'에 해당한다는 원심의 판단에 이 사건 시행령 조항 중 '그 밖의 사용인'의 해석·적용에 관한 법리를 오해하는 등의 잘못이 없다.

(중략)

3. 이 사건 시행령 조항 단서에 의한 면책, 제재처분의 필요 여부(상고이유 제5, 6점)

원심은, 원고는 협력업체들로부터 품질보증에 관한 적정한 이행을 담보받았어야 하는데, 만연히 협력업체가 제출한 시험성적서를 믿었다는 사정만으로는 원고가 협력업체들에 대한 주의·감독 의무를 게을리하지 않았다거나 시험성적서 제출에 필요한 주의의무를 다하였다고 보기 부족하다는 점 등을 근거로 원고가 협력업체의 시험성적서 위·변조 행위를 방지하기 위하여 상당한 주의와 감독을 다하였다고 보기 어렵고, 원고는 계약의 적정한 이행을 해칠 염려가 인정되는 자에 해당한다고 판단하였다.

관련 법리와 기록에 따라 살펴보면, 원심의 위와 같은 판단에 국가계약법 제27조 제1항, 이 사건 시행령 조항 단서의 해석·적용에 관한 법리를 오해하거나, 자유심증주의의 한계를 벗어난 잘못이 없다. (후략) (대법원 2020. 2. 27. 선고 2017두39266 판결).

다. 상당한 주의와 감독에 따른 면책

부정당업자가 대리인 등의 위반행위를 방지하기 위한 관리·감독상 주의를 게을리하지 않았는데도 이를 제재한다면, 이른바 책임주의 원칙[1]에 어긋날 수 있다. 따라서 법은 본인이 상당한 주의와 감독을 게을리하지 않은 경우 면책을 인정한다(국가계약법 시행령 제76조 제3항 단서 참조). 다만, 사용인의 행위를 방지하기 위해 상당한 주의와 감독을 게을리하지 않았다는 점은 계약상대자 등이 증명해야 한다.[2] 상당한 주의와 감독을 게을리하였는지는 해당 법령의 입법 취지, 사용인의 위반행위와 관련하여 법인에게 행정제재를 하도록 마련한 취지 등은 물론 위반행위의 구체적인 모습, 법인의 영업 규모, 행위자를 감독할 수 있었는지, 구체적인 지휘·감독관계, 법인이 위반행위 방지를 위해 실제 취한 조치 등을 종합적으로 판단해야 한다.[3]

〔교육이나 서약서 제출만으로는 부족하고 구체적·적극적 조치가 필요하다고 본 사례〕

원고는 자체적으로 '임직원 윤리행동 지침'을 제정·시행하고, 전체 직원을 대상으로 온라인을 통한 윤리경영 교육을 실시하거나 신입사원들로부터 윤리서약서 등을 제출받아 온 사실은 인정되나, 원고의 이러한 조치는 원고와 같은 통상의 기업들이 일반적으로 실시하는 교육 내지 지도에 해당할 뿐, 원고가 A의 이 사건 위반행위 방지를 위하여 실제 행한 구체적인 조치라 볼 수 없으므로, 원고가 주장하는 사유만으로는 원고가 사용인의 뇌물공여와 같은 위반행위를 방지하기 위하여 상당한 주의와 감독을 게을리하지 아니하였다는 점을 인정하기에 부족하고, 달리 이를 인정할 만한 증거가 없다. 따라서 원고의 이 부분 주장은 이유 없다(인천지방법원 2013. 4. 25. 선고 2012구합3488 판결).

4. 개인사업자

부정당업자가 개인사업자이면 해당 개인을 대상으로 제재한다. 실무는 마치 법인과 마

---

1) 헌법재판소 2009. 7. 30.자 2008헌가18 결정 참조.
2) 서울고등법원 2013. 4. 19. 선고 2012누8856 판결.
3) 같은 취지로, 대법원 2018. 7. 12. 선고 2015도464 판결 참조.

찬가지로 개인 역시 사업자번호에 따라 사업장을 중심으로 제재이력 등을 관리하지만, 어디까지나 제재효력이 미치는 상대방은 개인일 뿐이지 사업장(명)이 아니다.

5. 원인을 제공한 공동수급체의 구성원

공동수급체가 위반행위를 했다면 그 원인을 제공한 자만 제재한다(국가계약법 시행령 제76조 제5항). 공동수급체 형식이 공동이행방식이든, 분담이행방식이든, 주계약자관리방식이든 불문한다. 공동수급체는 발주기관에게 계약상 의무에 따른 연대책임을 부담하면 충분하므로, 일부 구성원이 다른 구성원의 위법행위에 따른 행정책임까지 연대하여 부담할 필요가 없다는 취지로 보인다.[1)]

구 국가계약법 시행령 제76조 제4항은 '법 제25조에 따른 공동계약의 공동수급체가 법 제27조 제1항 각 호의 어느 하나에 해당하는 경우에는 입찰참가자격 제한의 원인을 제공한 자에 대해서만 제2항을 적용한다'고 규정하고 있다. 한편, 국가계약법 시행령 제72조의 위임에 따른 공동계약운용요령 제2조의2에 의하면, 공동계약은 공동수급체가 도급받아 이행하는 방식에 따라 공동수급체 구성원이 일정 출자비율에 따라 연대하여 공동으로 계약을 이행하는 공동이행방식과 공동수급체 구성원이 일정 분담내용에 따라 나누어 공동으로 계약을 이행하는 분담이행방식 등으로 구분되는바, 위와 같은 법령의 문언 및 체계상 구 국가계약법 시행령 제76조 제4항에서 말하는 '공동계약'에는 공동이행방식의 공동계약도 포함되는 점, 법적 제재가 위반행위에 대한 책임의 소재와 전혀 상관없이 이루어지도록 법률 등이 규정하고 있다면 이는 자기책임의 범위를 벗어나는 것으로서 헌법 위반의 문제를 야기할 수 있는 점, 침익적 행정처분의 근거가 되는 행정법규는 엄격하게 해석·적용하여야 하는 점 등을 고려하면, 계약상의 채무불이행책임을 구성원이 연대하여 부담하는 공동이행 방식의 경우에도 행정상 제재처분인 입찰참가자격 제한처분에 대해서는 구 국가계약법 시행령 제76조 제4항에 따라 입찰참가자격 제한의 원인을 제공한 자에 대하여만 적용된다고 보아야 한다(서울행정법원 2020. 6. 25. 선고 2019구합80558 판결, 대전지방법원 2021. 4. 7. 선고 2019구합107134 판결).

6. 법인(중소기업협동조합 포함), 단체와 그 대표자

가. 의의와 취지

입찰참가자격제한을 받은 자가 법인이나 단체에 해당하면, 그 대표자도 제한한다(국가계약법 시행령 제76조 제6항 제1호). 다만, 대표자가 여러 명이라면 해당 입찰이나 계약 업무를 소관하는 대표자로 제재대상을 한정한다. 한편, 중소기업협동조합이 부정당업자이면, 그 원

1) 서울행정법원 2020. 6. 25. 선고 2019구합80558 판결, 대전지방법원 2021. 4. 7. 선고 2019구합107134 판결.

인을 제공한 조합원도 함께 제재한다(국가계약법 시행령 제76조 제6항 제2호).[1]

이는 이른바 양벌규정으로 보아야 하는데, 만약 법인, 단체, 조합만 제재하고, 업무를 소관한 대표자나 원인을 제공한 조합원을 제재하지 않는다면 직접 행위한 대표자나 조합원은 언제든지 자기 이름으로 혹은 다른 법인을 설립하여 그 대표자로서 입찰에 참가하거나 공공계약을 체결할 수 있으므로, 그러한 불합리한 결과를 시정하려는 취지로 보인다.

나. 처분대상 확장문제

1) 문제점

위와 같이 입찰참가자격을 제한받은 자가 법인이나 단체인 경우, 법률과 달리 하위규범에서 그 대표자까지도 제재하도록 규정한 것이 위임입법 한계를 벗어나 위법한지 문제된다. 이는 국가계약법, 지방계약법과 공공기관운영법으로 구분하여 살펴볼 필요가 있다.

2) 국가계약법, 지방계약법

최근 대법원은 법인을 제재할 때 그 대표까지 제재하도록 확장한 국가계약법 시행령 제76조 제6항 제1호와 지방계약법 시행령 제92조 제6항 제1호가 위임입법 한계를 준수했다고 보았다.[2]

> 특정 사안과 관련하여 법률에서 하위 법령에 위임을 한 경우 하위 법령이 위임의 한계를 준수하고 있는지 여부를 판단할 때는 법률 규정의 입법 목적과 규정 내용, 규정의 체계, 다른 규정과의 관계 등을 종합적으로 살펴보아야 한다. 위임 규정 자체에서 그 의미 내용을 정확하게 알 수 있는 용어를 사용하여 위임의 한계를 분명히 하고 있는데도 그 문언적 의미의 한계를 벗어났는지, 또한 수권 규정에서 사용하고 있는 용어의 의미를 넘어 그 범위를 확장하거나 축소하여서 위임 내용을 구체화하는 단계를 벗어나 새로운 입법을 하였는지 등도 아울러 고려되어야 한다(대법원 2010. 4. 29. 선고 2009두17797 판결 등 참조). 지방계약법 제31조 제1항은 입찰참가자격 제한 대상을 계약당사자로 명시하지 않고 '경쟁의 공정한 집행 또는 계약의 적정한 이행을 해칠 우려가 있는 자' 또는 '그 밖에 입찰에 참가시키는 것이 부적합하다고 인정되는 자'로 규정한 다음, 이러한 부정당업자에 대해서는 대통령령으로 정하는 바에 따라 입찰참가자격을 제한하여야 한다고 정한다. 따라서 시행령 제92조 제1항부터 제3항까지의 규정에 따라 입찰 참가자격의 제한을 받은 법인이나 단체(이하 '법인 등'이라 한다)의 대표자가 입찰 참가자격 제한 대상에 포함되는 것으로 본다하여 이 문언의 통상적인 의미에 따른 위임의 한계를 벗어난 것으로 단정할 수 없다. 법인 등의 행위는 법인 등을 대표하는

1) 그러나 조합원의 행위를 이유로 중소기업협동조합을 함께 제재할 수는 없다(대법원 2007. 10. 11. 선고 2005두6027 판결 참조).
2) 대법원 2022. 7. 14. 선고 2022두37141 판결, 대법원 2022. 9. 29. 선고 2022두45401 판결.

자연인인 대표기관의 의사결정에 따른 행위를 매개로 하여서만 실현된다. 만일 법 제31조 제1항이 입찰 참가자격 제한 대상을 계약당사자로 한정하고 있는 것으로 해석한다면, 입찰 참가자격 제한처분을 받은 법인 등의 대표자가 언제든지 새로운 법인 등을 설립하여 입찰에 참가하는 것이 가능하게 되어 위 규정의 실효성이 확보될 수 없다. 따라서 법 제31조 제1항이 정한 '그 밖에 입찰에 참가시키는 것이 적합하지 아니하다고 인정되는 자'의 위임범위에 법인 등의 대표자도 포함된다고 보는 것이 그 위임 취지에 부합한다. 다른 감독기관이 없는 대표자의 행위에 대하여 누군가의 감독상 과실을 인정할 수 없고, 대표자의 책임과 분리된 법인 등의 책임을 상정하기도 어려운 사정 등을 고려하면, 이 사건 시행령 조항이 부정당업자로서 입찰 참가자격 제한을 받은 법인의 대표자가 단 한 명인 경우에 별도의 예외 없이 그 대표자에 대하여 입찰 참가자격을 제한해야 한다고 정하고 있다고 해서 위임의 범위를 부당하게 확장하였다고 볼 수도 없다(대법원 2022. 7. 14. 선고 2022두37141 판결). 위 법리는 규정 내용 및 체계를 같이 하는 국가계약법 제27조 제1항, 같은 법 시행령 제76조 제4항의 관계에서도 마찬가지이므로, 위 시행령 제76조 제4항은 위 법 제27조 제1항의 위임범위를 벗어났다고 할 수 없다(대법원 2022. 9. 29. 선고 2022두45401 판결).

3) 공공기관운영법

그러나 공공기관운영법 제39조 제2항은 입찰참가자격제한 대상을 공정한 경쟁이나 계약의 적정한 이행을 해칠 것이 명백하다고 판단되는 사람·법인·단체 등으로 규정하기 때문에, 그 하위규범인 계약사무규칙에서 입찰참가자격을 제한받은 자가 법인이나 단체인 경우 그 대표자까지도 제재하도록 규정했다면, 위임입법의 한계를 벗어난 규정이기 때문에 대외적 효력을 인정하기 어렵다고 판단했다.[1)]

공공기관의 운영에 관한 법률(이하 '공공기관운영법'이라 한다) 제39조 제2항은 입찰참가자격 제한 대상을 '공정한 경쟁이나 계약의 적정한 이행을 해칠 것이 명백하다고 판단되는 사람·법인 또는 단체 등'으로 규정하여 입찰참가자격 제한 처분 대상을 해당 부정당행위에 관여한 자로 한정하고 있다. 반면, 구 공기업·준정부기관 계약사무규칙(2016. 9. 12. 기획재정부령 제571호로 개정되기 전의 것, 이하 '계약사무규칙'이라 한다) 제15조 제4항(이하 '위 규칙 조항'이라 한다)은 '입찰참가자격을 제한받은 자가 법인이나 단체인 경우에는 그 대표자'에 대하여도 입찰참가자격 제한을 할 수 있도록 규정하여, 부정당행위에 관여하였는지 여부와 무관하게 법인 등의 대표자 지위에 있다는 이유만으로 입찰참가자격 제한 처분의 대상이 될 수 있도록 함으로써, 법률에 규정된 것보다 처분대상을 확대하고 있다. 그러나 공공기관운영법 제39조 제3항에서 부령에 위임한 것은 '입찰참가자격의 제한기준 등에 관하여 필요한 사항'일 뿐이고, 이는 규정의 문언상 입찰참가자격을 제한하면서 그 기

1) 대법원 2017. 6. 15. 선고 2016두52378 판결.

간의 정도와 가중·감경 등에 관한 사항을 의미하는 것이지 처분대상까지 위임한 것이라고 볼 수는 없다. 따라서 위 규칙 조항에서 위와 같이 처분대상을 확대하여 정한 것은 상위법령의 위임 없이 규정한 것이므로 이는 위임입법의 한계를 벗어난 것으로서 대외적 효력을 인정할 수 없다. 이러한 법리는 계약사무규칙 제2조 제5항이 '공기업·준정부기관의 계약에 관하여 계약사무규칙에 규정되지 아니한 사항에 관하여는 국가를 당사자로 한 계약에 관한 법령을 준용한다.'고 규정하고 있다고 하여 달리 볼 수 없다(대법원 2017. 6. 15. 선고 2016두52378 판결).

7. 제재받은 자를 대표자로 사용하는 자

입찰참가자격 제한을 받은 자가 대표자인 법인이나 단체도 제재대상에 해당한다(국가계약법 시행령 제76조 제9조 본문). 다만, 대표자가 여러 명 있는 경우로서 입찰참가자격이 제한된 대표자가 입찰에 관여하지 않은 경우, 입찰참가자격이 제한된 대표자가 중소기업협동조합법에 따른 중소기업협동조합의 이사장(협동조합연합회나 중소기업중앙회의 경우에는 회장을 말함)인 경우로서 해당 중소기업협동조합이 입찰참가자격 제한 사유와 관련 없는 경우에는 예외로 한다(국가계약법 시행령 제76조 제9항 단서 제1호, 제2호). 특히 국가계약법 시행령 제76조 제9항 단서 제2호는 여러 개 중소기업자가 1개 법인을 구성하는 중소기업협동조합인 경우, 입찰참가자격 제한사유와 관련 없는 조합이나 조합원까지 제재하지 않도록 하여, 입찰참가자격제한 확장범위를 개선한 규정이다.

제 2 절 입찰참가자격 제한사유

Ⅰ. 개요

1. 의미 : 열거주의

국가계약법 제27조 제1항과 같은 법 시행령 제76조 제2항은 입찰참가자격 제한사유를 총 19개로 나열한다. 그런데 입찰참가자격 제한처분은 그 제한기간 동안 부정당업자의 일정한 영업활동을 제한하는 침익적 처분에 해당하므로, 위와 같은 제재사유는 예시가 아니라 열거사항에 해당한다고 보아야 한다. 따라서 예측가능성과 신뢰를 보호하기 위해, 계약상대자 등의 행위가 법령에서 정한 사유에 해당하지 않으면 입찰참가자격제한처분을 할 수 없다.

2. 해석·판단기준

가. 확장·유추·자의적 해석금지

입찰참가자격제한은 침익적 행정처분에 해당한다. 즉, 국민의 권익을 제한하거나 상대방에게 의무를 부과하는 처분이기 때문에 헌법상 요구되는 명확성 원칙에 따라 그 근거인 행정법규를 더욱 엄격하게 해석·적용해야 하고, 처분상대방에게 지나치게 불리한 방향으로 확장해석하거나 유추해석해서는 안 되며, 비록 입법 취지와 목적 등을 고려한 목적론적 해석이 전적으로 배제되지 않지만, 그 해석이 통상적인 문언의 의미를 벗어나서도 안 된다.[1)]

〔경쟁입찰에 참가하지 않는 방법으로 경쟁입찰 성립 자체를 방해하는 행위를 한 자가 계약상대자 또는 입찰자에 해당하는지〕

국가계약법 시행령 제76조 제1항 본문이 입찰참가자격제한 대상을 '계약상대자 또는 입찰자'로 정하고 있는 점에 비추어 보면, 같은 항 제7호에 규정된 '특정인의 낙찰을 위하여 담합한 자'는 '당해 경쟁입찰에 참가한 자'로서 당해 입찰에서 특정인이 낙찰되도록 하기 위한 목적으로 담합한 자를 의미한다고 봄이 상당하고, 당해 경쟁입찰에 참가하지 아니함으로써 경쟁입찰의 성립 자체를 방해하는 담합행위는 설사 그 경쟁입찰을 유지시켜 수의계약이 체결되도록 하기 위한 목적에서 비롯된 것이라 하더라도 위 '계약상대자 또는 입찰자'에 해당한다고 할 수 없다(대법원 2008. 2. 28. 선고 2007두13791, 13807 판결).

〔청렴계약특수조건 위반이 제재사유에 해당하는지〕

처분사유는 법령이 정하고 있는 사유로 한정되는데, 피고가 이 사건 제3처분 사유의 근거로 삼은 이 사건 청렴계약특수조건 위반은 법령이 정한 입찰참가자격제한 사유에 해당하지 아니하므로, 이 사건 제3처분 사유는 적법한 처분사유가 될 수 없다(대법원 2015. 9. 10. 선고 2013두13372 판결).

〔공공기관운영법 제39조 제3항의 위임범위〕

공공기관의 운영에 관한 법률(이하 '공공기관법'이라 한다) 제39조 제2항, 제3항 및 그 위임에 따라 기획재정부령으로 제정된 '공기업·준정부기관 계약사무규칙' 제15조 제1항(이하 '이 사건 규칙 조항'이라 한다)의 내용을 대비해 보면, 입찰참가자격 제한의 요건을 공공기관법에서는 '공정한 경쟁이나 계약의 적정한 이행을 해칠 것이 명백할 것'을 규정하고 있는 반면, 이 사건 규칙 조항에서는 '경쟁의 공정한 집행이나 계약의 적정한 이행을 해칠 우려가 있거나 입찰에 참가시키는 것이 부적

---

1) 대법원 2008. 2. 28. 선고 2007두13791, 13807 판결.

합하다고 인정되는 자'라고 규정함으로써, 이 사건 규칙 조항이 법률에 규정된 것보다 한층 완화된 처분요건을 규정하여 그 처분대상을 확대하고 있다. 그러나 공공기관법 제39조 제3항에서 부령에 위임한 것은 '입찰참가자격의 제한기준 등에 관하여 필요한 사항'일 뿐이고, 이는 그 규정의 문언상 입찰참가자격을 제한하면서 그 기간의 정도와 가중·감경 등에 관한 사항을 의미하는 것이지 처분의 요건까지를 위임한 것이라고 볼 수는 없다. 따라서 이 사건 규칙 조항에서 위와 같이 처분의 요건을 완화하여 정한 것은 상위법령의 위임 없이 규정한 것이므로 이는 행정기관 내부의 사무처리준칙을 정한 것에 지나지 않는다(대법원 2013. 9. 12. 선고 2011두10584 판결).

나. 제재적 처분이 재량권 일탈·남용에 해당하는지 판단하는 기준

제재적 행정처분이 재량권 범위를 일탈하였거나 남용했는지는 처분사유인 위반행위 내용과 위반정도, 처분으로 달성하려는 공익상 필요와 처분상대방이 입게 될 불이익, 이에 따르는 제반 사정 등을 객관적으로 심리하고 공익침해 정도와 비교·형량하여 판단해야 한다.

이러한 제재적 행정처분 기준이 부령 형식으로 규정되어 있더라도 그것은 행정청 내부의 사무처리준칙을 규정한 것에 지나지 않기 때문에 대외적으로 국민이나 법원을 기속하는 효력이 없다. 따라서 그 처분이 적법한지는 처분기준만이 아니라 관계법령의 규정 내용과 취지에 따라 판단해야 한다. 그러므로 처분기준에 부합한다고 하여 곧바로 처분이 적법한 것이라고 할 수는 없지만, 처분기준이 그 자체로 헌법이나 법률에 합치되지 않거나 그 기준을 적용한 결과가 처분사유인 위반행위의 내용이나 관계법령의 규정과 취지에 비추어 현저히 부당하다고 인정할 만한 합리적인 이유가 없다면, 섣불리 그 기준에 따른 처분이 재량권 범위를 일탈하였다거나 재량권을 남용했다고 판단해서도 안 된다.[1)]

다만, 재량준칙이 정한 바에 따라 되풀이 시행되어 행정관행이 되었다면 평등원칙이나 신뢰보호원칙에 따라 행정청은 상대방과 관계에서 그 규칙에 따라야 할 자기구속을 받으므로, 이때는 특별한 사정이 없다면 그에 반하는 처분은 평등원칙이나 신뢰보호원칙에 어긋나 재량권을 일탈·남용한 위법한 처분으로 평가될 수는 있다.[2)]

다. 국가계약법 시행규칙 별표2 규정의 법적 성질론

학설은 입찰참가자격제한 처분기준을 정한 국가계약법 시행규칙이 법령의 위임에 따른 것이므로 법규명령으로 해석해야 한다는 견해[3)]와 재량준칙으로서 행정청 내부 구속력만 가지는 행정규칙에 불과하다고 해석해야 한다는 견해가 대립하지만, 대법원은 일관하여 행정

---

1) 대법원 2018. 5. 15. 선고 2016두57984 판결.
2) 대법원 2014. 11. 27. 선고 2013두18964 판결.
3) 윤대해, 앞의 책, 271쪽, 정태학 외 3인, 앞의 책, 430쪽.

기관 내부 사무처리 기준에 불과하다고 본다.[1] 그럼에도 실무는 대체로 국가계약법 시행규칙 별표2에 따라서 제재 여부나 사유, 기간 등을 결정한다.

〔부정한 행위를 국가계약법 시행규칙 제76조 제1항 별표2 제3호 나목에서 열거한 사유로만으로 제한해서 인정해야 하는지〕

구 국가계약법 제27조 제1항은 '각 중앙관서의 장은 부정당업자에게는 2년 이내의 범위에서 입찰참가자격을 제한하여야 한다'고 규정하면서 제1호부터 제8호까지 부정당업자의 유형을 나누어 규정하고 있다. 그 중 제1호는 '계약을 이행함에 있어서 부실·조합 또는 부당하게 하거나 부정한 행위를 한 자'라고 하여 계약 이행 과정에서 발생할 수 있는 다양한 유형의 부정행위를 폭넓게 포섭할 수 있도록 정하고 있다. 구 국가계약법 시행규칙 제76조 제1항 [별표2]는 입찰참가자격 제한기준에 관하여 규정하면서 제3호 나목에서 부정한 시공의 예로 '설계서상의 기준규격보다 낮은 다른 자재를 쓰는 등'의 행위를 들어 위반행위를 보다 구체화하고 있다. 그런데 계약 이행 과정에서 발생할 수 있는 부정한 행위의 유형은 매우 다양하여 이를 일일이 열거하기가 현실적으로 불가능하다. 따라서 구 국가계약법 시행규칙에서 '설계서상의 기준규격보다 낮은 다른 자재를 쓰는 등' 부분은 부정한 시공의 예시로 보아야 하고, 구 국가계약법 제27조 제1항 제1호가 위 예시와 유사한 유형의 부정한 행위만을 제재대상으로 규정하고 있다고 제한적으로 해석하여야 할 이유는 없다(대전고등법원 2019. 5. 8. 선고 2018누11591 판결, 대전고등법원 2020. 10. 23. 선고 2019누13037 판결, 서울행정법원 2021. 2. 9. 선고 2019구합87160 판결).

정리하면, 판례는 "국가계약법 시행규칙 제76조 별표2는 비록 부령 형식이나 그 규정의 성질과 내용은 행정청이 하는 입찰참가자격 제한처분과 관련한 내부 재량준칙을 정한 것에 지나지 않으므로, 대외적으로 국민이나 법원을 기속하는 효력이 없다. 따라서 입찰참가자격 제한 처분이 적법한지 여부는 이러한 규칙에서 정한 기준에 적합한지 여부만에 따라 판단할 것이 아니라 법률이 정한 입찰참가자격제한 처분 규정과 그 취지에 적합한지 여부에 따라 판단해야 한다."고 본다.[2] 따라서 입찰참가자격제한 처분이 적법한지는 시행규칙 별표가 아니라 기본적으로 국가계약법 등 모법 규정과 그 취지에 따라 판단되어야 한다.[3] 다만, 그 재량준칙이 정한 바에 따라 되풀이 시행되어 행정관행이 이루어지게 되면 평등의 원칙이나 신뢰보호의 원칙에 따라 행정청은 상대방에 대한 관계에서 그 규칙에 따라야 할 자기구속을 받게 되므로, 이러한 경우에는 특별한 사정이 없는 한 그에 반하는 처분은 평등의 원칙이나 신뢰보호의 원칙에 어긋나 재량권 일탈·남용에 해당할 수 있으므로, 국가계약 시행규칙 제

1) 대법원 2018. 5. 15. 선고 2016두57984 판결.
2) 대법원 2014. 11. 27. 선고 2013두18964 판결.
3) 대법원 2007. 9. 20. 선고 2007두6946 판결.

76조 별표2에 따른 반복적이고 관행적인 처분은 존중되어야 한다.

라. 법규성 없는 규정에 근거한 행정처분이 적법한지 판단하는 기준

법령에서 행정처분 요건 중 일부 사항을 부령으로 정하도록 위임한 데에 따라 시행규칙 등 부령에서 이를 정했다면, 그 부령 규정은 국민에게도 구속력이 있는 법규명령에 해당하지만, 법령의 위임이 없는데도 법령에 규정된 처분 요건에 해당하는 사항을 부령에서 변경하여 규정했다면 그 부령 규정은 행정청 내부의 사무처리 기준 등을 정한 것으로서 행정조직 내에서 적용되는 행정명령으로서 성격을 지닐 뿐 국민에 대한 대외적 구속력은 없다. 따라서 어떤 행정처분이 그와 같이 법규성 없는 시행규칙 등에 위배된다고 하더라도 그 이유만으로 처분이 위법하다고 보기 어렵고, 또 그 규칙 등에서 정한 요건에 부합한다고 하여 반드시 그 처분이 적법하다고 할 수도 없다. 이때 처분이 적법한지는 그러한 규칙 등에서 정한 요건에 합치하는지가 아니라 일반 국민에게 구속력을 가지는 법률 등 법규성이 있는 관계법령의 규정을 기준으로 판단해야 한다.[1]

Ⅱ. 입찰참가자격제한 개별사유[2]

1. 서론

국가계약법령이 열거한 제재사유는 다음과 같이 19개이다. 그리고 공기업과 준정부기관은 공기업·준정부기관 계약사무규칙 제15조, 기타공공기관은 기타공공기관 계약사무 운영규정 제14조에 따라 국가계약법 제27조를 준용하여 제재사유를 적용한다.

근거	사유
법 제27조 제1항 제1호	계약을 이행할 때 부실·조잡·부당하게 하거나 부정한 행위
법 제27조 제1항 제2호	담합한 자
법 제27조 제1항 제3호	무단으로 하도급 또는 하도급조건 변경
법 제27조 제1항 제4호	사기 그 밖에 부정한 행위로 국가에 손해
법 제27조 제1항 제5호	공정거래위원회 입찰참가자격제한 요청
법 제27조 제1항 제6호	중소벤처기업부장관 입찰참가자격제한 요청
법 제27조 제1항 제7호	뇌물을 준 자

1) 대법원 2013. 9. 12. 선고 2011두10584 판결.
2) 국가계약법을 중심으로 살펴보되, 필요한 경우 지방계약법과 공공기관운영법을 함께 서술한다.

근거	사유
법 제27조 제1항 제8호 시행령 제76조 제1항	산업안전보건법 위반에 따른 근로자 사망 등 중대한 위해를 가한 자
법 제27조 제1항 제9호 시행령 제76조 제2항 제1호 가목	경쟁의 공정한 집행을 저해할 염려가 있는 자로서, 서류 위조·변조, 부정행사, 허위서류 제출
법 제27조 제1항 제9호 시행령 제76조 제2항 제1호 나목	경쟁의 공정한 집행을 저해할 염려가 있는 자로서, 고의 무효입찰
법 제27조 제1항 제9호 시행령 제76조 제2항 제1호 라목	경쟁의 공정한 집행을 저해할 염려가 있는 자로서, 입찰참가 방해, 낙찰자의 계약체결·이행 방해
법 제27조 제1항 제9호 시행령 제76조 제2항 제2호 가목	계약의 적정한 이행을 해칠 염려가 있는 자로서, 정당한 이유 없이 계약체결·이행을 하지 않거나 주요조건 위반
법 제27조 제1항 제9호 시행령 제76조 제2항 제2호 나목	계약의 적정한 이행을 해칠 염려가 있는 자로서, 조사설계금액, 원가계산금액 부적정 산정
법 제27조 제1항 제9호 시행령 제76조 제2항 제2호 다목	계약의 적정한 이행을 해칠 염려가 있는 자로서, 타당성조사 부실수행에 따른 발주기관 손해
법 제27조 제1항 제9호 시행령 제76조 제2항 제2호 라목	계약의 적정한 이행을 해칠 염려가 있는 자로서, 감독·검사 직무수행 방해
법 제27조 제1항 제9호 시행령 제76조 제2항 제2호 마목	계약의 적정한 이행을 해칠 염려가 있는 자로서, 건설사업관리기술인 위법·부당한 교체
법 제27조 제1항 제9호 시행령 제76조 제2항 제3호 가목	다른 법령을 위반하는 등 입찰에 참가시키는 것이 적합하지 않다고 인정되는 자로서, 안전대책 소홀로 공중에 위해
법 제27조 제1항 제9호 시행령 제76조 제2항 제3호 나목	다른 법령을 위반하는 등 입찰에 참가시키는 것이 적합하지 않다고 인정되는 자로서, 누출금지정보 무단누출
법 제27조 제1항 제9호 시행령 제76조 제2항 제3호 다목	다른 법령을 위반하는 등 입찰에 참가시키는 것이 적합하지 않다고 인정되는 자로서, 정보시스템 등에 무허가 접속, 무단 정보수집 프로그램 설치 등

한편, 구 국가계약법 시행령은 2019. 12. 18. 이전에 ① 입찰참가신청서 등을 제출하고도 정당한 이유 없이 해당 회계연도 중 3회 이상 입찰에 참가하지 않은 자(같은 시행령 제76조 제1항 제1호 다목), ② 정당한 이유 없이 적격심사서류를 제출하지 않거나 서류제출 후 낙찰자 결정 전에 심사를 포기한 자(같은 시행령 제76조 제1항 제1호 마목), ③ 정당한 이유 없이 종합심사서류를 제출하지 않거나 서류제출 후 낙찰자 결정 전에 심사를 포기한 자(같은 시행령 제76조 제1항 제1호 바목), ④ 일괄입찰의 실시설계적격자 선정 후 정당한 이유 없이 기한 내에 실시설계서를 제출하지 않은 자(같은 시행령 제76조 제1항 제1호 사목)도 제재하도록 규정했으나, 2019. 9. 17. 대통령령 제300078호로 개정되면서 입찰의 공정성·적정성을 저해할

소지가 낮은 유형이라는 이유로 삭제되었다. 따라서 단지 적격심사서류를 제출하지 않았다는 사실만으로는 입찰참가자격제한 처분대상에 해당하지 않는다.1)

하지만 지방계약법 시행령은 현재도 여전히 적격심사서류 미제출(지방계약법 시행령 제92조 제2항 제1호 마목), 종합심사서류 미제출(지방계약법 시행령 제92조 제2항 제1호 바목), 일괄입찰 실시설계서 미제출(지방계약법 시행령 제92조 제2항 제1호 사목)을 제재하도록 규정하므로, 주의할 필요가 있다. 이러한 규정은 입찰에 참가한 자에게 심사나 평가에 필요한 서류를 제출해야 할 의무를 부담하게 하여, 들러리 입찰 등을 방지하고 공정한 경쟁입찰 질서를 확립하려는 취지이다.2)

〔지방계약법 시행령 제42조 제1항 본문에 따른 적격심사서류 미제출의 법적 의미〕

지방계약법 시행령 제42조에 따른 계약이행능력심사에서 그 심사에 필요한 서류제출을 포기한 행위의 법률효과를 정한 별도 규정이 없으므로, 원고가 피고에게 이 사건 포기서를 제출한 것은 결국 이미 제출한 입찰서를 취소하는 의사표시로 보인다. … 다만, 적격심사 포기서 제출은 제출한 입찰서를 취소할 수 있는 경우에 해당하지 않으므로, 입찰서를 취소하는 효력이 없다. … 입찰 참가신청서 또는 입찰 참가승낙서를 제출한 자는 정당한 이유가 없으면 입찰에 참가해야 하고, 입찰에 참가한 자는 정당한 이유가 없으면 계약이행능력의 심사에 필요한 서류나 구 지방계약법 시행령 제42조의3 제2항의 규정에 의한 평가에 필요한 서류를 제출해야 하고 위 심사나 평가를 받아야 할 의무를 부담하게 되는바, 이는 들러리 입찰 등을 방지하여 공정한 경쟁 입찰의 질서를 확립하기 위한 취지이다. 따라서 원고가 입찰공고에 따라 투찰하여 계약이행능력의 심사대상자가 된 이상 정당한 이유가 없으면 계약이행능력의 심사에 필요한 서류를 제출하여 심사를 받을 의무를 부담한다고 보는 것이 기업 활동의 자유를 지나치게 제한하여 비례원칙에 위반된다고 볼 수 없고, 원고의 후순위업체에게 바로 계약이행능력의 심사를 시행할 수 있다는 사정만으로 원고가 위와 같은 의무를 부담하지 않는다고 할 수 없다(수원지방법원 2019. 5. 2. 선고 2018구합73110 판결).

2. 제재필요성

원래 제재필요성이란, 경쟁의 공정한 집행이나 계약의 적정한 이행을 해칠 염려가 있거나 그 밖에 입찰에 참가시키는 것이 적합하지 않는 경우를 말한다. 2016. 9. 3. 개정 전 국가계약법 제27조 제1항은 '경쟁의 공정한 집행이나 계약의 적정한 이행을 해칠 염려가 있거나 그 밖에 입찰에 참가시키는 것이 적합하지 아니하다고 인정되는 자'를 '부정당업자'라고 정의했으므로, 제재사유에 해당하고 더불어 제재필요성까지 있어야만 제재했다.3) 그러나

1) 광주지방법원 2020. 11. 12. 선고 2019구합14650 판결.
2) 수원지방법원 2019. 5. 2. 선고 2018구합73110 판결.

2016. 9. 3. 법률 제14038호로 개정된 이래 국가계약법과 같은 법 시행령은 제재사유 있는 자를 '부정당업자'로 규정할 뿐이고, 같은 법 제27조 제1항 제1호부터 제8호까지 8개 사유는 경쟁의 공정한 집행이나 계약의 적정한 이행을 해칠 염려 그 밖에 입찰에 참가시키는 것이 적합하지 않은지와 무관하게 제재하도록 규정하되, 법 제27조 제1항 제9호에 근거한 같은 법 시행령 제76조 제2항 제1호, 제2호, 제3호의 12개 사유에만 제재필요성을 요구한다.

이에 대하여 개정 국가계약법 아래에서는 제재필요성이 없더라도 제재사유만 있으면 제재할 수 있다는 견해와 여전히 제재필요성이 있어야 제재할 수 있다는 견해가 대립한다. 그러나 하급심 판결례는 개정 법 문언에 부합하게, 법 제27조 제1항 제1호부터 제8호까지 사유는 공정한 집행이나 계약의 적정한 이행을 해칠 염려 그 밖에 입찰에 참가시키는 것이 적합하지 않는지와 무관하게 제재할 수 있다고 본다.[1]

다만, 공공기관운영법 제39조 제2항은 여전히 "경쟁이나 계약의 적정한 이행을 해칠 것이 명백하다고 판단되는 사람 등에 대하여 … 제한할 수 있다."라고 규정하므로, 부정당업자를 정의하는 국가계약법과 문언이 다르고, 국가계약법상 '염려'나 '부적합' 등과 같이 완화된 표현이 아니라 '명백'이라는 더 엄격한 표현을 사용한다. 나아가 국가계약법상 '제한하여야 한다.'는 기속규정이 아니라 '제한할 수 있다.'는 재량규정을 두었다. 따라서 같은 위반행위 유형이라도, 국가계약법을 적용하는 경우와 공공기관운영법을 적용하는 경우에 제재 여부가 다를 수 있다.[2]

〔공공기관운영법과 국가계약법의 규정 구별〕

공공기관운영법 제39조 제2항, 제3항 및 그 위임에 따라 기회재정부령으로 제정된 구 공기업계약사무규칙 제15조 제1항의 내용을 대비해 보면, 입찰참가자격 제한의 요건을 공공기관운영법에서는 '공정한 경쟁이나 계약의 적정한 이행을 해칠 것이 명백할 것'을 규정하고 있는 반면, 구 공기업계약사무규칙에서는 '경쟁의 공정한 집행이나 계약의 적정한 이행을 해칠 우려가 있거나 입찰에 참가시키는 것이 부적법하다고 인정되는 자'라고 규정함으로써, 구 공기업계약사무규칙이 법률에 규정된 것보다 한층 완화된 처분요건을 규정하여 그 처분대상을 확대하고 있다. 그러나 공공기관운영법 제39조 제3항에서 부령에 위임한 것은 '입찰참가자격의 제한기준 등에 관하여 필요한 사항'일 뿐이고, 이는 그 규정의 문언상 입찰참가자격을 제한하면서 그 기간의 정도와 가중·감경 등에 관한 사항을 의미하는 것이지 처분의 요건까지 위임한 것이라고 볼 수는 없다. 따라서 구 공기업계약사무규칙 제15조 제1항에서 위와 같이 처분의 요건을 완화하여 정한 것은 상위법령의 위임 없이 규정한 것이

3) 대법원 2007. 11. 29. 선고 2006두16458 판결, 대법원 2014. 12. 11. 선고 2013두26811 판결.
1) 서울고등법원 2021. 6. 4. 선고 2020누66314 판결.
2) 가령, 대법원 2013. 9. 12. 선고 2011두10584 판결.

므로 이는 행정기관 내부의 사무처리준칙을 정한 것에 지나지 않는다. 따라서 이 사건 처분이 적법한지 여부는 구공기업계약사무규칙에 적합한지 여부가 아니라 공공기관운영법의 규정과 입법 목적 등에 적합한지 여부에 따라 판단해야 한다. 그런데 다 같이 입찰참가자격 제한에 관하여 규정한 국가계약법과 공공기관운영법을 대비해 보면, 그 규정 내용이나 규정 방식에 상당한 차이가 있다. 우선 국가계약법은 그 목적을 계약업무의 원활한 수행만을 들고 있는 것과 달리 공공기관운영법은 공공기관의 사경제 주체성에도 주목하여 공공기관의 경영합리화와 대국민서비스 증진을 목적으로 하고 있다(각 제1조). 입찰참가자격 제한의 요건 등과 관련해서도 국가계약법은 경쟁의 공정한 경쟁 또는 계약의 적정한 이행에 대한 입해의 '염려'나 입찰에 참가시키는 것이 '부적합'하다고 인정되는 경우 등 그 대상을 폭넓게 규정하면서도, 그 요건에 해당하면 입찰참가자격을 제한하여 한다고 기속규정의 형식을 취한 반면, 공공기관운영법은 공정한 경쟁이나 계약의 적정한 이행을 해칠 것이 '명백'한 경우로 요건은 더 제한적으로 규정하면서고 제한 여부에 대해서는 '제한할 수 있다'고 하여 처분 재량을 인정하고 있다. 따라서 행위 태양이 동일하더라도 국가계약법이 적용될 경우에는 입찰참가자격이 제한되지만 공공기관운영법이 적용될 경우에는 제한되지 않는 경우를 법률이 이미 예정하고 있다고 할 수 있다(대법원 2013. 9. 12. 선고 2011두10584 판결).

3. 사유별 검토

가. 계약을 이행할 때 부실·조잡·부당하게 하거나 부정한 행위

국가계약법 제27조 제1항 제1호

계약을 이행할 때에 부실·조잡 또는 부당하게 하거나 부정한 행위를 한 자

국가계약법 시행규칙 제76조 별표2

2. 개별기준

입찰참가자격 제한사유	제재기간
1. 법 제27조 제1항 제1호에 해당하는 자 중 부실시공 또는 부실설계·감리를 한 자	
가. 부실벌점이 150점 이상인 자	2년
나. 부실벌점이 100점 이상 150점 미만인 자	1년
다. 부실벌점이 75점 이상 100점 미만인 자	8개월
라. 부실벌점이 50점 이상 75점 미만인 자	6개월
마. 부실벌점이 35점 이상 50점 미만인 자	4개월
바. 부실벌점이 20점 이상 35점 미만인 자	2개월
2. 법 제27조 제1항 제1호에 해당하는 자 중 계약의 이행을 조잡하게 한 자	
가. 공사	

입찰참가자격 제한사유	제재기간
1) 하자비율이 100분의 500 이상인 자	2년
2) 하자비율이 100분의 300 이상 100분의 500 미만인 자	1년
3) 하자비율이 100분의 200 이상 100분의 300 미만인 자	8개월
4) 하자비율이 100분의 100 이상 100분의 200 미만인 자	3개월
나. 물품	
1) 보수비율이 100분의 25 이상인 자	2년
2) 보수비율이 100분의 15 이상 100분의 25 미만인 자	1년
3) 보수비율이 100분의 10 이상 100분의 15 미만인 자	8개월
4) 보수비율이 100분의 6 이상 100분의 10 미만인 자	3개월
3. 법 제27조 제1항 제1호에 해당하는 자 중 계약의 이행을 부당하게 하거나 계약을 이행할 때에 부정한 행위를 한 자	
가. 설계서(물품제조의 경우에는 규격서를 말한다. 이하 같다)와 달리 구조물 내구성 연한의 단축, 안전도의 위해를 가져오는 등 부당한 시공(물품의 경우에는 제조를 말한다. 이하 같다)을 한 자	1년
나. 설계서상의 기준규격보다 낮은 다른 자재를 쓰는 등 부정한 시공을 한 자	6개월
다. 가목의 부당한 시공과 나목의 부정한 시공에 대하여 각각 감리업무를 성실하게 수행하지 않은 자	3개월

1) 의의

가) 계약이행을 부실하게 한 것

계약이행을 부실하게 한 것이란 부실시공, 부실설계, 부실감리 등을 뜻한다. 부실 유무와 정도는 부실벌점으로 평가하며, 부실벌점은 건설기술진흥법 제53조 제1항 각호 외의 부분에 따라 산정한다(국가계약법 시행규칙 제76조 별표2 2 개별기준 비고 1 참조).

나) 계약이행을 조잡하게 한 것

계약이행을 조잡하게 한 것이란 공사는 하자비율이 100% 이상인 경우, 물품은 보수비율이 6% 이상인 경우를 말한다. 따라서 하자비율이나 보수비율이 위 기준보다 낮으면 제재할 수 없다. 하자비율이란 하자담보책임기간 중 하자검사결과 하자보수보증금에 대한 하자발생 누계금액비율을 말하며(국가계약법 시행규칙 제76조 별표2 2 개별기준 비고 2 참조), 하자비율을 산정할 때는 하자보수보증금과 하자발생 누계금액은 공종별이 아니라 계약건별로 산정한다. 그리고 보수비율이란 물품보증기간 중 계약금액에 대한 보수비용 발생 누계금액비율을 말하고(국가계약법 시행규칙 제76조 별표2 2 개별기준 비고 3 참조), 물품구매계약을 연간 단가계약으로 체결했다면, 계약금액은 해당 물품에 대한 납품요구금액이 아니라 계약단가에 해당 연도 안에 사용할 이행예정수량을 곱한 총 계약금액을 말한다. 보수비율은 계약건별로 적용한다.

다만, 국가계약법 시행규칙 제76조 별표2는 하자비율이나 보수비율에 따라 제재기간을 달리 적용하도록 규정하므로, 실무에서는 하자비율이나 보수비율을 정확히 산정하기 어려운 경우 위 규정을 적용하지 않는다.

〔부실·조잡의 의미〕

입찰참가자격의 제76조 제1항 세1호 소정의 '부실·조잡'이라 함은 납품된 물품에 객관적 하자가 있어 이를 그대로 사용할 수 없거나 조악하여 보수를 하지 않고는 사용될 수 없는 경우 등을 말한다(서울행정법원 2007. 10. 16. 선고 2006구합29256 판결).

다) 계약이행을 부당하게 하거나 계약을 이행할 때에 부정한 행위를 한 것

계약이행을 부당하게 한 것이란 설계서나 규격서와 달리 구조물 내구성 연한의 단축, 안전도 위해를 가져오는 등 부당한 시공이나 제조를 하는 행위를 말한다.[1] 그리고 계약을 이행할 때에 부정한 행위를 한 것이란 설계서상 기준규격보다 낮은 다른 자재를 쓰는 등 부정한 시공이나 제조를 하는 행위를 말한다. 아울러 부당한 시공이나 부정한 시공의 감리업무를 성실하게 수행하지 않은 자도 위 사유로 제재받을 수 있다. 예를 들어, 납품한 목적물에 질적 문제가 있을 경우에는 계약이행을 부당하게 한 것으로, 납품한 목적물이 계약내용과 형식적 차이가 있는 경우에는 계약을 이행할 때에 부정한 행위를 한 것으로 제재할 수 있다.[2]

〔우수제품보다 효용성이 크거나 고가·고급 사양의 일반제품을 납품한 행위가 제재사유에 해당하는지〕

이 사건 계약은 그 당사자가 원고와 피고이고, 수요기관은 계약상 수익자인 제3자를 위한 계약이다. 제3자인 수요기관은 이 사건 계약 내용을 임의로 변경할 수 없으므로, 원고가 임의로 이 사건 계약에서 정한 제품과 다른 제품을 납품한 행위 자체는 계약위반에 해당한다. 국가계약법은 국민에게 공정하고 공평한 기회를 제공하고 국가계약의 투명성을 제고하기 위하여 경쟁입찰을 원칙으로 규정하고 있고, 예외적으로만 수의계약을 허용하고 있다. 이러한 점에 비추어 보면, 원고가 수의계약이 가능한 제품으로 계약을 체결한 후에 수의계약이 불가능한 제품을 대신 수요기관에 납품한 것은 그 자체로 국가계약법의 취지에 반하는 것으로 부당하거나 부정한 행위로 평가할 수 있다. 원고가 납품한 제품이 이 사건 계약에서 정한 제품보다 효용성이 크다거나 고가·고급 사양의 제품인 사정이 있더라도,

1) 안전도의 위해 등 요건은 해당 부정한 행위 자체로부터 야기될 수 있는 위험을 객관적·규범적으로 판정하여야 하는 것이고, 실제 부정한 행위로 야기될 수 있는 위험이 현실화 되었을 것까지 요구된다고 보기 어려운 점 등을 종합하여 보면, 이 사건 처분의 적극적 사유는 인정된다(서울고등법원 2013. 4. 19. 선고 2012누8856 판결).
2) 서울행정법원 2015. 11. 6. 선고 2015구합2055 판결, 서울행정법원 2017. 3. 10. 선고 2016구합8883 판결.

원고는 궁극적으로 자신의 영리를 목적으로 그러한 행위를 한 것이고, 그로 인해 결과적으로 같은 제품을 생산하는 다른 중소기업자들의 납품 기회를 박탈하였다는 점에서 보면, 그러한 이유만으로 원고의 계약위반 행위가 정당화되지 않는다(대법원 2018. 11. 29. 선고 2018두49390 판결).
☞ 다만, 해당 중소기업이 우수제품보다 품질이 뛰어난 대체품을 납품한 것으로서 납품된 제품 역시 해당 중소기업에서 직접 생산한 것이었고, 수요기관인 각 지방자치단체의 담당자가 더 우수한 품질의 대체품 납품을 적극 요구하였던 사정이 있으므로, 이를 이유로 과도하게 제재하는 것은 재량권 일탈·남용에 해당한다고 보았다.

2) 적용범위

부실·조잡·부당·부정한 행위는 국가계약법 시행규칙 제76조 별표2에 나열된 사유로 제한되는지 문제이다. 그러나 국가계약법 시행규칙 제76조 별표2는 재량준칙에 불과하고, 국가계약법과 시행령에서 정한 바에 따라 처분의 적법 여부를 판단하는 대법원 판례에 따르면, 시행규칙에서 정한 사유만으로 행위 유형이 한정된다고 해석하기는 어렵다. 즉, 국가계약법 제27조 제1항은 '각 중앙관서의 장은 부정당업자에게는 2년 이내의 범위에서 입찰참가자격을 제한하여야 한다.'고 규정하면서 제1호부터 제8호까지 부정당업자 유형을 나누어 규정하고, 그 중 제1호는 '계약을 이행함에 있어서 부실·조합 또는 부당하게 하거나 부정한 행위를 한 자'라 하여 계약이행 과정에서 발생할 수 있는 다양한 부정행위 유형을 폭넓게 포섭할 수 있도록 규정한다. 따라서 국가계약법 시행규칙 제76조 제1항 별표2는 입찰참가자격 제한기준을 규정하면서 제3호 나목에서 부정한 시공의 예로 '설계서상의 기준규격보다 낮은 다른 자재를 쓰는 등' 행위로 위반행위를 정하나, 계약이행 과정에서 발생할 수 있는 부정한 행위의 유형은 매우 다양하여 이를 일일이 열거하기가 현실적으로 불가능하기 때문에, 결국 국가계약법 시행규칙에서 '설계서상의 기준규격보다 낮은 다른 자재를 쓰는 등' 부분은 부정한 시공이나 제조의 예시로 보아야 하고, 국가계약법 제27조 제1항 제1호가 위 예시와 같은 유형의 부정한 행위만을 제재 대상으로 규정한다고 제한 해석하기는 어렵다. 가령, 실무는 계약상대자가 직접생산의무를 위반하여 다른 업체가 제조한 물품을 스스로의 생산시설과 인력을 활용하여 생산한 것처럼 납품한 행위는, 물품의 성능이나 품질 유지와는 무관하게 그 자체로 국가계약법 제27조 제1항 제1호가 정한 '계약을 이행함에 있어서 부실·조잡 또는 부당하게 하거나 부정한 행위를 한 경우'에 해당한다고 보아 입찰참가자격제한을 부과한다.[1)]

1) 대전고등법원 2019. 5. 8. 선고 2018누11591 판결, 대전고등법원 2020. 10. 23. 선고 2019누13037 판결, 서울행정법원 2021. 2. 9. 선고 2019구합87160 판결.

3) 관련문제

가) 목적(의도)이나 고의·과실 등이 필요한지

행정법규 위반에 가하는 제재는 행정목적 달성을 위해 행정법규 위반이라는 객관적인 사실에 착안하여 가하는 제재이므로 위반자의 의무 해태를 탓할 수 없는 정당한 사유가 있는 등 특별한 사정이 없다면 위반자에게 고의나 과실이 없더라도 부과될 수 있다.[1] 따라서 계약상대자 등이 허위, 기망, 사기, 은폐 등 부정한 의도나 고의가 있는 적극적인 작위행위를 하여야만 '계약을 이행할 때에 부정한 행위를 한 자'에 해당한다고 볼 근거가 없으므로, 부정한 의도나 고의와 관계없이 국가계약법 제27조 제1항 제1호에 따라 제재할 수 있다. 법원 역시 부정당업자의 고의나 과실이 없더라도 위반사실만으로 제재할 수 있다고 해석한다.[2]

나) 계약불이행(하자보수의무불이행)과 관계

민법상 불완전이행과 하자담보책임에 해당하는 유형은 국가계약법 제27조 제1항 제1호는 물론 같은 법 시행령 제76조 제2항 제2호 가목도 적용될 수 있다.[3] 따라서 계약이행에 따른 목적물에 하자가 발생했고, 행정청이 계약상대자에게 하자보수를 요구했으나 계약상대자가 정당한 이유 없이 이를 이행하지 않으면, 부실·조잡행위와 하자담보책임 불이행이 함께 성립하기 때문에 제재기간이 더 긴 부실·조잡행위로 제재하면 된다. 다만, 계약상대자가 하자담보책임을 이행했을 때에도 제재할 수 있을지 문제된다. 이에 대하여 기획재정부는 하자 있는 물품을 전량 대체 납품하였거나 물품 대금을 전액 반납했다고 하더라도 그와 별개로 부정당업자제재를 할 수 있다고 해석한다.[4] 그러나 계약상대자가 하자담보책임을 이행하여 그로 말미암아 더 이상 국가에 손해가 남지 않은 경우까지도 계약상대자를 제재하는 것은 지나치게 과도한 규제다. 따라서 계약상대자가 하자담보책임을 성실히 이행했다면, 부실·조잡 등을 사유로 더 이상 제재할 수 없다고 해석해야 한다.

---

1) 대법원 2003. 9. 2. 선고 2002두5177 판결.
2) 대전지방법원 2017. 1. 19. 선고 2016구합100255 판결, 대전고등법원 2017. 7. 5. 선고 2017누10300 판결.
3) 대전고등법원 2019. 7. 10. 선고 2018누13474 판결.
4) 회계제도과-2062, 2005. 10. 4.

나. 담합한 자[1)]

국가계약법 제27조 제1항 제2호

경쟁입찰, 계약 체결 또는 이행 과정에서 입찰자 또는 계약상대자 간에 서로 상의하여 미리 입찰가격, 수주 물량 또는 계약의 내용 등을 협정하였거나 특정인의 낙찰 또는 납품대상자 선정을 위하여 담합한 자

국가계약법 시행규칙 제76조 별표2

2. 개별기준

입찰참가자격 제한사유	제재기간
4. 법 제27조 제1항 제2호에 해당하는 자	
가. 담합을 주도하여 낙찰을 받은 자	2년
나. 담합을 주도한 자	1년
다. 입찰자 또는 계약상대자 간에 서로 상의하여 미리 입찰가격, 수주 물량 또는 계약의 내용 등을 협정하거나 특정인의 낙찰 또는 납품대상자 선정을 위하여 담합한 자	6개월

1) 의의

담합이란 경쟁입찰, 계약체결·이행 과정에서 입찰자 또는 계약상대자 간에 서로 상의하여 미리 입찰가격, 수주 물량, 계약 내용 등을 협정하거나 특정인의 낙찰이나 납품대상자 선정을 위해 합의하는 것을 말한다.[2)]

〔담합의 개념〕

담합이란 입찰자가 입찰을 즈음하여 실질적으로는 단독입찰인 것을 그로 인한 유찰을 방지하기 위하여 경쟁자가 있는 것처럼 제3자를 시켜 형식상 입찰하게 하는 소위 들러리를 세운다거나, 입찰자들끼리 특정한 입찰자로 하여금 낙찰받게 하거나 해당 입찰에 있어서 입찰자들 상호간에 가격경쟁을 하는 경우 당연히 예상되는 적정한 가격을 저지하고 특정 입찰자에게 부당한 이익을 주고 입찰 실시자에게 그 상당의 손해를 입히는 결과를 가져올 정도로 싼 값으로 낙찰되도록 하기 위한 사전 협정으로서 그 어느 경우이든 매수인이 된 입찰자에게 책임을 돌릴 수 있는 경우를 말한다(대법원 1982. 11. 9. 선고 81다537 판결, 대법원 1994. 12. 2. 선고 94다41454 판결).

---

1) 담합은 입찰참가자격제한처분 외에 청렴계약조건 위반에 따른 계약해제·해지, 가격담합으로 발생한 계약대금 차액 등과 관련한 손해배상(위약금), 공정거래위원회 고발이나 조달청 등의 의무고발요청 등 형사적 제재까지도 할 수 있는 위반사유이다.

2) 건설산업기본법 제95조 제1호는 "건설공사의 입찰에 있어 부당한 이익을 취득하거나 공정한 가격 결정을 방해할 목적으로 입찰자가 서로 공모하여 미리 조작한 가격으로 입찰한 것"이라고 규정한다.

경쟁입찰 과정뿐만 아니라 계약체결·이행 과정에서 발생한 담합도 제재하도록 규정하므로, 예를 들어 다수공급자계약 2단계 경쟁절차에서 발생한 사전합의 등도 담합에 해당한다.

〔독점규제및공정거래에관한법률상 부당한 공동행위 개념과 관계〕

공공계약법이 정한 담합과 공정거래법이 정한 부당한 공동행위가 완전히 같은 개념인지 논란이 있고, 같은 개념이라고 보는 견해도 물론 있다. 그러나 공정거래법과 공공계약법은 그 목적이 다르고, 두 법률에 따른 제재 주체와 제재 목적이 다르며, 공정거래법상 부당한 공동행위 성립요건인 이른바 경쟁제한성은 공공계약법상 담합의 성립에는 필요한 요건이 아니므로, 담합과 부당한 공동행위는 구별할 필요가 있다.[1] 다만, 부당한 공동행위와 담합은 매우 비슷한 개념이기 때문에, 실무상 공정거래위원회가 부당한 공동행위로 의결한 행위는 공공계약법상 담합에도 해당한다고 평가한다. 물론 객관적이고 명확한 증거가 있다면 공정거래위원회 의결이 없더라도, 행정청은 담합한 자를 부정당업자로 제재할 수 있다.

한편, 입찰자가 실질적으로 단독입찰이지만 그로 말미암아 유찰이 발생하는 것을 방지하기 위해 경쟁자가 있는 것처럼 가장하려고 제3자로 하여금 형식상 입찰을 하게 하는 소위 들러리를 세우거나, 여러 입찰자끼리 특정한 입찰자를 낙찰받게 하거나, 입찰자끼리 가격경쟁을 하는 경우 당연히 예상되는 적정한 가격을 저지하고 특정 입찰자에게 부당한 이익을 주고 입찰실시자에게 그에 상당하는 손해를 가하는 결과를 가져올 정도로 싼 값으로 낙찰되도록 하려는 사전협정으로서, 그 어느 경우이든 최저가입찰자가 된 입찰자에게 책임을 돌릴 수 있는 경우를 말하고, 단지 기업이윤을 고려한 적정선에서 무모한 출혈경쟁을 방지하기 위해 일반거래 통념상 인정되는 범위에서 입찰자 상호간에 의사의 타진과 절충을 한 것에 불과하다면 위에서 말하는 담합이라 보기 어렵다.[2] 다만, '특정인의 낙찰을 위하여 담합한 자'는 '해당 경쟁입찰에 참가한 자'로서 해당 입찰에서 특정인이 낙찰받게 할 목적으로 담합한 자를 의미하므로, 해당 경쟁입찰에 참가하지 않는 방법으로 경쟁입찰의 성립 자체를 방해하는 행위는 설령 그 경쟁입찰이 유찰되도록 하여 수의계약을 체결할 목적에서 비롯되었다 하더라도 제재대상에 해당하지 않는다.[3]

2) 유형

국가계약법 시행규칙 제76조 별표2 2 개별기준 제4호는 '담합을 한 자'를, ① 담합을 주도하여 낙찰받은 자, ② 담합을 주도한 자, ③ 입찰자 또는 계약상대자 간에 서로 상의하여 미리 입찰가격, 수주 물량 또는 계약의 내용 등을 협정하거나 특정인의 낙찰 또는 납품대상

1) 서울고등법원 2021. 1. 29. 선고 2020누49784 판결, 대법원 2021. 5. 27. 선고 2021두34480 판결.
2) 대법원 1982. 11. 9. 선고 81다537 판결, 대법원 1994. 12. 2. 선고 94다41454 판결.
3) 대법원 2008. 2. 28. 선고 2007두13791 판결.

자 선정을 위하여 담합한 자로 세분하고, 각 유형마다 제재기간을 2년, 1년, 6개월로 달리 정한다. 따라서 담합의 주도는 제재기간 결정을 위한 핵심요소이기 때문에, 과연 '주도'가 무엇을 뜻하는지, 이를 판단하는 기준이 무엇인지가 중요하다. 판례를 중심으로 살펴본다.

가) 주도의 뜻

사전적 의미에서 주도란 주동적인 처지에서 어떤 일을 이끄는 행위를 말하지만, 공공계약법상 담합을 주도한 자는 단순 가담자보다 입찰질서를 더욱 흐리고 행위태양을 고려할 때 비난가능성이 높다는 이유로 중한 제재기간을 적용받기 때문에, 주도는 엄격하게 판단할 필요가 있다. 따라서 입찰에서 투찰가격 범위를 제시하거나 낙찰자를 예정하는 등 경쟁을 제한하거나 배제하는 구체적인 내용을 주도적으로 제시하여 관련자의 참여나 동조를 이끌어 내는 자를 뜻한다고 보아야 한다. 다만, 이런 정의만으로는 개별 사실관계에서 주도 여부를 가려내기 쉽지 않으므로, 결국 개별 사건과 관련한 판례에서 제시하는 기준을 기초로 판단할 수밖에 없다.

나) 판례 동향

과거 대법원은 "공정거래위원회의 공동행위 신고자 등에 대한 감면제도 운영지침 제5조 제2항 제4호에 따르면, 독점규제 및 공정거래에 관한 법률 제19조 제1항의 부당한 공동행위에 대하여 과징금을 적용할 때 신고자 또는 조사협조자에 대해 과징금을 감면하기 위한 요건 중 하나로서 '당해 부당한 공동행위의 주도적 역할을 하지 아니하였을 것'이 요구되므로, 여기에서 '주도적 역할'이란 다른 사업자를 설득·종용하거나 거부하기 어렵도록 회유함으로써 공동으로 당해 행위에 나아가도록 이끄는 역할을 의미한다."고 하였고,[1] 일부 하급심 역시 공공계약법상 담합이 문제된 사례에서도 위 대법원 판례를 그대로 인용하여 '주도성'을 판단했다. 이러한 해석은 주도적 역할을 매우 엄격하게 인정한 것인데, 공정거래법 영역에서는 주도적 역할이 인정되면 과징금을 감면받지 못하므로, 주도적 역할을 좁게 해석하는 것이 처분상대방에게 유리하기 때문으로 보인다.

다만, 최근 하급심을 중심으로, 국가계약법상 주도를 달리 판단하려는 경향을 보이는데, 즉, "입찰에서 투찰가격의 범위를 제시하거나 낙찰자를 예정하는 등으로 경쟁을 제한하거나 배제하는 구체적인 내용을 주도적으로 제시하여 관련자의 참여나 동조를 이끌어 내는 자"를 의미한다고 전제한 다음, 공정거래법상 '주도적 역할'과 국가계약법상 '주도한 자'를 구별하기도 한다.[2] 공정거래법과 공공계약법은 서로 목적이 다르고, 제재 목적과 주체 역시 다르다는 근거를 든다.

---

1) 대법원 2010. 3. 11. 선고 2008두15169 판결.
2) 대전지방법원 2017. 7. 12. 선고 2016구합104202 판결, 서울행정법원 2017. 7. 13. 선고 2016구합75005 판결, 대법원 2019. 2. 28. 선고 2018두49680 판결, 서울고등법원 2019. 9. 26. 선고 2019누37600 판결.

다만, 행정청은 위반행위자가 담합을 주도했다는 사실을 증명할 구체적·객관적 자료를 확보하지 못한 경우, 섣불리 '담합을 주도한 자'로 평가하지 말아야 한다. 그런 이유로, 실무는 여전히 공정거래위원회 의결서에 '주도'라는 표현이 있는지에 따라 '담합을 주도한 자' 여부를 판단하는 경향이 있다.

3) 제재시기 : 공정거래위원회 부당한 공동행위 의결과 관계

공정거래위원회에서 부당한 공동행위를 판단한 의결서가 없더라도, 조달청장 등 행정청이 담합을 이유로 제재할 수 있는지 문제된다. 생각건대 공정거래법과 국가계약법은 그 목적과 제재 주체가 다르기 때문에, 국가계약법에 따른 제재 여부를 결정할 때 반드시 공정거래위원회 의결이 있을 때까지 처분을 보류할 근거가 없다. 따라서 담합을 인정할 객관적이고 명백한 증거가 있다면, 공정거래위원회 의결이나 검찰 처분, 법원 판결 등이 없더라도 행정청은 즉시 제재할 수 있다. 그러나 공정거래위원회를 제외한 다른 행정청은 담합 여부를 확인하기 위한 조사권이 없기 때문에, 담합이나 주도성 여부를 판단할 증거를 확보하지 못한 경우가 많고, 그 결과 공정거래위원회의 의결서 통보를 받을 때까지 입찰참가자격제한 처분을 보류하는 경향이다.

4) 공정거래위원회 입찰참가자격제한 요청과의 관계

국가계약법 제27조 제1항 제2호(담합을 한 자)와 같은 조항 제5호(공정거래위원회로부터 입찰참가자격제한 요청을 받은 자)는 어떤 관계인지 문제된다. 위에서 언급했지만, 실무는 공정거래위원회의 부당한 공동행위 의결이 있을 때까지 기다렸다가 공정거래위원회로부터 의결서를 통보받은 다음에야 비로소 입찰참가자격제한을 한다. 이처럼 공정거래위원회 의결서 통보가 있는 경우, 국가계약법 제27조 제1항 제2호는 물론 제5호도 함께 적용할 수 있는지가 문제이다. 그러나 국가계약법상 각 중앙관서의 장은 공정거래위원회와는 별개 주체로서, 독자적으로 담합 여부를 판단할 수 있고, 담합을 사유로 한 제재는 공정거래위원회 의결을 전제하지 않는다. 따라서 공정거래위원회가 부당한 공동행위 판단을 한 의결서를 행정청에 통보하면서, '명시적'으로 입찰참가자격제한을 요청했다면 별론으로 하되, 그렇지 않다면 제2호만을 근거로 제재하면 충분하다. 실무에서도 공정거래위원회가 각 행정청에 부당한 공동행위 의결서를 통보하면서, '명시적'으로 입찰참가자격제한 처분을 요청하는 사례는 거의 없다.

다만, 대법원 2008. 2. 28. 선고 2007두13791, 13807 판결은 비록 담합행위에 가담했더라도 해당 경쟁입찰에 참가하지 않은 자는 계약상대자 등에 해당하지 않기 때문에 제재할 수 없다고 하므로, 경쟁입찰에 참가하지 않더라도 담합행위에 가담한 자는 공정거래위원회가 제재요청을 하면 국가계약법 제27조 제1항 제5호에 근거하여 제재할 수 있다.

5) 담합 관련 주요판례

〔담합을 주도하여 낙찰받은 자를 2년 제재하도록 정한 처분기준이 현저히 부당한지〕

담합을 주도하여 낙찰을 받은 자에 대한 제재기간을 원칙적으로 2년으로 정하고 있다. 이러한 처분기준이 그 자체로 헌법 또는 법률에 합치되지 아니하거나 위 처분기준에 따라 제재적 행정처분을 하는 것이 현저히 부당하다고 볼 수 없다(대법원 2019. 2. 28. 선고 2018두49444 판결).

〔무모한 출혈경쟁을 방지하기 위해 입찰자 상호간 의사를 조정한 경우〕

단지 기업이윤을 고려한 적정선에서 무모한 출혈경쟁을 방지하기 위하여 일반거래 통념상 인정되는 범위 내에서 입찰자 상호간에 의사의 타진과 절충을 한 것에 불과한 경우는 담합에 포함되지 않는다(대법원 1994. 12. 2. 선고 94다41454 판결).

〔담합행위에 가담했으나 해당 입찰에 참가하지 않은 자도 제재대상인지〕

경쟁입찰에 참가하지 않은 자는 비록 담합행위에 가담했더라도 계약상대자 등에 해당하지 않으므로 제재할 수 없다(대법원 2008. 2. 28. 선고 2007두13791, 13807 판결).

다. 하도급 규정 위반

ı 국가계약법 제27조 제1항 제3호 ı

건설산업기본법, 전기공사업법, 정보통신공사업법, 소프트웨어 진흥법 및 그 밖의 다른 법률에 따른 하도급에 관한 제한규정을 위반(하도급통지의무위반의 경우는 제외한다)하여 하도급한 자 및 발주관서의 승인 없이 하도급을 하거나 발주관서의 승인을 얻은 하도급조건을 변경한 자

ı 국가계약법 시행규칙 제76조 별표2 ı

2. 개별기준

입찰참가자격 제한사유	제재기간
5. 법 제27조 제1항 제3호에 해당하는 자	
가. 전부 또는 주요부분의 대부분을 1인에게 하도급한 자	1년
나. 전부 또는 주요부분의 대부분을 2인 이상에게 하도급한 자	8개월
다. 면허·등록 등 관련 자격이 없는 자에게 하도급한 자	8개월
라. 발주기관의 승인 없이 하도급한 자	6개월
마. 재하도급금지 규정에 위반하여 하도급한 자	4개월
바. 하도급조건을 하도급자에게 불리하게 변경한 자	4개월

1) 의의

하도급 규정 위반은 ① 법률에 따른 하도급 제한규정을 위반하여 하도급한 경우, ② 발주관서 승인 없이 하도급한 경우, ③ 발주관서 승인을 얻은 하도급조건을 변경한 경우를 포함한다. 그런데 국가계약법은 하도급통지의무 위반을 제외하는 반면, 지방계약법은 거짓으로 하도급을 통지한 경우도 제재범위에 포함한다(지방계약법 시행규칙 제76조 별표2 제5호 사목).

2) 내용

가) 법률에 따른 하도급 제한규정을 위반하여 하도급한 자

건설산업기본법, 전기공사업법, 정보통신공사업법, 소프트웨어 진흥법 그 밖에 다른 법률에 따른 하도급에 관한 제한규정을 위반하여 하도급한 자는 제재대상에 해당한다. 하도급 제한 규정이 있는 그 밖에 법률로는 문화재수리 등에 관한 법률, 소방시설사업법, 승강기시설 안전관리법, 시설물의 안전 및 유지관리에 관한 특별법 등이 있다. 가령, 건설산업기본법 제29조는 일괄하도급 금지, 동일업종간 하도급 금지, 재하도급 금지 등 하도급 제한 사유를 규정한다. 이처럼 하도급 제한규정이 있는 법률은 하도급 행위 자체를 제한하는 법률을 의미하고, 하도급이 있은 후에 하도급거래로 발생한 불공정 행위를 규율하는 법률을 의미하지 않으므로, 하도급거래공정화에 관한 법률은 포함되지 않는다.1)

한편, 국가계약법 시행규칙 별표2 제5호는 전부 또는 주요부분의 대부분을 1인에게 하도급한 자(가목), 전부 또는 주요부분의 대부분을 2인 이상에게 하도급한 자(나목), 면허·등록 등 관련 자격이 없는 자에게 하도급한 자(다목), 재하도급금지 규정에 위반하여 하도급한 자(마목), 하도급조건을 하도급자에게 불리하게 변경한 자(바목)를 세부유형으로 구분한다.

하도급 규정 위반을 판단하는 중요 요소인 공사의 전부나 주요부분 여부를 판단할 때는 원도급금액과 하도급금액, 하도급금액이 원도급금액에서 차지하는 비중, 그 밖에 발주자로부터 도급받은 전체 공사와 하도급한 공사 내용, 하도급한 공사가 전체 공사에서 차지하는 위치, 하도급한 공사의 수급인과 하수급인이 실제 시공한 공사 내역 등을 종합적으로 고려해야 한다.2) 가령, 계약상대자가 도급받은 전기공사 전부나 대부분을 1인에게 하도급 했다면, 이를 발주기관에게 통지했거나 발주기관으로부터 승인을 받았다고 하더라도 제재사유에 해당한다.3)

한편, 국가계약법 시행규칙 별표2 제5호 가, 나목은 '전부 또는 주요부분의 대부분'을 하도급한 자라고만 규정하고, '일부'만 하도급한 자 역시 제재대상인지를 별도로 규정하지

1) 김성근, 앞의 책(Ⅱ), 535쪽.
2) 대법원 2008. 4. 24. 선고 2006두8198 판결.
3) 서울행정법원 2014. 8. 13. 선고 2013구합7131 판결.

않는다. 그러나 앞에서 보았듯이, 제재적 행정처분 기준은 행정청 내부 사무처리준칙을 정한 것에 불과하고, 시행령이 시행규칙에 위임한 사항은 제재사유가 아닌 제재기간만으로 한정하기 때문에, 시행규칙 별표에서 정하지 않은 사항도 법률이나 시행령에 근거해 처분할 수 있다. 그런 취지에서, 국가계약법 제27조 제1항 제3호는 "법률에 따른 하도급에 관한 제한규정을 위반하여 하도급한 자"라고 규정하므로, '일부'만 하도급했더라도 관련 법률 위반에 해당한다면 제재대상으로 해석할 여지가 있다.

나) 발주관서의 승인 없이 하도급을 한 자

건설산업기본법 등 관련법령에서 직접 발주관서의 승인 없는 하도급을 제한한 경우만이 아니라, 입찰공고문이나 계약조건에서 발주관서의 승인 없는 하도급을 제한한 경우도 포함한다.[1] 따라서 하도급을 위한 발주관서 승인이 계약상대자의 계약상 의무에 불과한 때라도, 계약상대자가 그러한 계약상 의무를 위반하여 발주관서의 승인 없이 하도급 했다면, 해당 계약상대자를 제재할 수 있다.

다) 발주관서의 승인을 얻은 하도급조건을 변경한 자

하도급조건이란 당연히 발주관서의 승인을 얻은 적법·유효한 하도급조건만을 말한다. 국가계약법 제27조 제1항 제3호는 "발주관서의 승인을 얻은 하도급조건을 변경한 자"를 제재하도록 규정하지만, 국가계약법 시행규칙 제76조 별표2 2 개별기준 제5호 바목은 "하도급조건을 하도급자에게 불리하게 변경한 자"라고 규정하여 제재범위를 좁혔다. 이에 하도급조건을 하도급자에게 유리하게 변경한 것은 제재사유가 아니고 불리하게 변경한 것만 제재사유라고 해석하는 견해가 유력하다.[2]

3) 공정거래위원회 입찰참가자격제한 요청과 관계

공정거래위원회는 행정청에게 하도급거래 공정화에 관한 법률을 위반한 자를 제재하도록 요청할 수 있는데, 이는 계약상대자 등에 해당하지 않는 자라도 입찰참가자격제한을 할 수 있다는 것에 의미가 있다.

라. 사기 그 밖에 부정행위로 국가에 손해

국가계약법 제27조 제1항 제4호

사기, 그 밖의 부정한 행위로 입찰·낙찰 또는 계약의 체결·이행 과정에서 국가에 손해를 끼친 자

---

1) 그 밖에 공동계약운용요령 제13조 제5항도 참조.
2) 장훈기, 앞의 공공계약 부정당업자 제재제도 해설, 99쪽.

국가계약법 시행규칙 제76조 별표2

2. 개별기준

입찰참가자격 제한사유	제재기간
6. 법 제27조 제1항 제4호에 해당하는 자(사기, 그 밖의 부정한 행위로 입찰·낙찰 또는 계약의 체결·이행 과정에서 국가에 손해를 끼친 자)	
가. 국가에 10억원 이상의 손해를 끼친 자	2년
나. 국가에 10억원 미만의 손해를 끼친 자	1년

1) 의의

사기, 그 밖의 부정한 행위로 입찰·낙찰, 계약체결·이행 과정에서 국가에 손해를 끼친 자는 제재사유에 해당한다. 위 규정은 2010. 7. 21. 대통령령 제22282호로 개정된 국가계약법 시행령 제76조 제1항 제17호에 처음 들어왔는데, 기존에는 관련 근거가 없어서 계약이행 과정 등에서 사기 등으로 국가에 손해를 끼치는 자를 제재할 수 없었던 한계를 보완하기 위한 취지이다.

다만, 국가계약법은 '사기 그 밖의 부정행위'가 무엇인지 별도로 정의하지 않는다. 사기 그 밖의 부정행위는 계약이행을 부실, 조잡, 부당, 부정하게 하고서도 계약대금을 모두 지급받은 행위, 담합하여 낙찰가를 높인 행위, 허위서류를 제출하여 계약대금을 지급받은 행위 등 다른 위반행위 유형과도 함께 성립하는 성격을 지니므로, 처분청이 임의로 확장 해석을 할 경우 국가 등에 손해가 발생한 결과 전반에 폭넓게 적용될 수 있다는 문제가 있다. 아울러 상대적으로 제재기간이 긴 중대 처분사유인 만큼 '사기 그 밖의 부정행위'의 개념이 무엇인지, 사기 등에 대한 적극적 행위가 필요한지와 관련한 입법적 해결이 필요하다. 국가계약법 시행규칙 제76조 별표2에 따르면, 국가에 10억 원 이상 손해를 끼친 자는 2년, 10억 원 미만 손해를 끼친 자는 1년 제재기간을 적용하도록 규정하므로, 제재 정도를 정할 때는 손해액이 중요한 기준이 된다.

2) 사기 그 밖에 부정한 행위에 대한 실무 운용상 개념

조세범처벌법 제3조는 사기나 그 밖의 부정한 행위란 장부의 거짓 기장 등 조세의 부과와 징수를 불가능하게 하거나 현저히 곤란하게 하는 적극적 행위를 말한다고 규정한다. 또한, 대법원은 "구 국세기본법 시행령 제27조 제2항 제6호가 정한 사기, 그 밖의 부정한 행위라고 함은 조세의 부과와 징수를 불가능하게 하거나 현저히 곤란하게 하는 위계 기타 부정한 적극적인 행위를 말하고, 적극적 은닉의도가 나타나는 사정이 덧붙여지지 않은 채 단순히 세법상의 신고를 하지 아니하거나 허위의 신고를 함에 그치는 것은 여기에 해당하지 않는다."고 하

여, 단순한 부작위는 사기 그 밖에 부정한 행위에 해당하지 않는다는 취지로 판결했다.[1)]

그런데 이러한 해석을 국가계약법상 '사기 그 밖에 부정한 행위'를 해석할 때 그대로 적용할 수 있는지는 논란이 있다. 조세범처벌법이나 국세기본법과 국가계약법은 그 취지와 목적을 달리할 뿐만 아니라, 조세범처벌법 등이 적극적 행위가 아닌 소극적 행위를 사기 그 밖의 부정한 행위에 포함하지 않는 이유가 조세범의 특수성을 반영한 것에 불과하다고 보는 관점에서는 국가계약법상 '사기 그 밖에 부정한 행위'가 반드시 적극적인 작위 행위일 것을 요구하지 않는다고 본다. 또한, 대법원은 조세범처벌법이 아닌 영유아보육법상 '거짓이나 그 밖의 부정한 방법'을 해석하면서, 처분의 성격이나 대상, 요건 등을 고려해 보면 반드시 적극적인 부정행위가 있어야만 하는 것이 아니라고 했고,[2)] 보조금 관리에 관한 법률과 관련한 사안에서도 허위의 신청 그 밖의 부정한 방법이란 정상적인 절차에 따라서는 보조금을 지급받을 수 없는데도 위계 그 밖에 사회통념상 부정하다고 인정되는 행위로 보조금 교부의 의사결정에 영향을 미칠 수 있는 적극적·소극적 행위를 의미한다고 했다.[3)] 그러므로 국가계약법상 '사기 그 밖에 부정한 행위'란 적극적 기망수단뿐만 아니라 소극적 기망수단을 널리 포함할 뿐만 아니라, 사기행위와 유사한 횡령, 배임 등도 '부정한 행위'라는 문언에 포함된다고 해석할 수 있다. 대법원은 악성프로그램을 이용하여 나라장터 전자입찰에서 낙찰 하한가를 알아낸 행위도 사기 그 밖의 부정한 행위에 해당한다고 본다.[4)]

따라서 사기란 민법이나 형법에서 설명하는 개념과 비슷하고, 신의칙에 반하여 사람을 기망하여 착오에 빠지게 하는 적극적·소극적 행위를 지칭한다고 해석해야 한다. 다만, 사기는 '고의'를 전제하므로, 행위자는 발주기관을 기망하여 착오에 빠지게 하려는 고의가 있어야 하며, 이러한 고의는 미필적 고의만으로도 충분하다고 본다. 하급심 판결도 입찰참가자격제한 처분사유인 사기가 성립하려면 고의가 필요하다고 보았다.[5)]

3) 손해의 뜻

국가에 손해를 끼친 자에서 손해란 재산상 손해이거나 적어도 금전으로 측정할 수 있는 구체적인 손해를 뜻한다. 따라서 금전으로 측정할 수 없는 막연하고 추상적인 손해, 가령 명예훼손과 같은 정신적 손해는 여기서 말하는 손해에 해당하지 않는다. 그런데 국가계약법 제27조 제1항 제4호는 '손해의 발생'이라고만 규정하지, '손해의 범위'까지 요건으로 규정하지 않으므로, 손해 발생이 분명하다면 구체적인 손해액이 증명되지 않더라도 일단 제재

1) 대법원 2017. 4. 13. 선고 2015두44518 판결.
2) 대법원 2012. 12. 27. 선고 2011두30182 판결.
3) 대법원 2016. 11. 24. 선고 2016도8419 판결.
4) 대법원 2018. 5. 15. 선고 2016두57984 판결.
5) 대전고등법원 2019. 7. 10. 선고 2018누13474 판결.

사유는 성립한다고 해석해야 한다.[1] 그리고 손해액을 정확히 산정하기 곤란한 때에는, 국가계약법 시행규칙 별표2 제6호 나목의 '국가에 10억 원 미만의 손해를 끼친 자'를 기준으로 제재기간을 정할 수 있다고 본다.

〔손해의 범위가 명확히 증명되지 않더라도 제재사유가 성립한다고 본 사례〕

국가계약법 시행령 제76조 제1항 제4호에는 '손해의 발생'만을 요건으로 하고 '손해의 범위'를 요건으로 하지 않으므로, 국가에 손해가 발생하였음이 분명하다면 그 손해의 범위가 명확하게 입증되지 않더라도 제재할 수 있다(서울행정법원 2015. 8. 28. 선고 2013구합63193 판결).

〔직접생산의무를 위반하여 외자물품을 직접생산한 물품인 것처럼 납품한 경우, 손해액 산정이 필요한지〕

원고가 직접생산의무를 위반하여 외자물품인 이 사건 OO을 직접 생산한 물품인 것처럼 납품한 행위는 기술력이 있는 건전·성실한 국내 제조업체가 입찰에 참가하거나 납품하는 기회를 박탈하고 이로써 공공조달 입찰의 공정성을 침해하는 행위이므로, 설령 그 손해액이 구체적으로 산정되지 않는다고 가정하더라도, 그 자체로 부정한 행위로 국가에 손해를 끼친 경우에 해당한다(대전고등법원 2019. 5. 8. 선고 2018누11591 판결).

마. 공정거래위원회 입찰참가자격제한 요청

| 국가계약법 제27조 제1항 제5호 |

독점규제 및 공정거래에 관한 법률 또는 하도급거래 공정화에 관한 법률을 위반하여 공정거래위원회로부터 입찰참가자격 제한의 요청이 있는 자

| 국가계약법 시행규칙 제76조 별표2 |

2. 개별기준

입찰참가자격 제한사유	제재기간
7. 법 제27조 제1항 제5호 또는 제6호에 따라 공정거래위원회 또는 중소기업청장으로부터 입찰참가자격제한 요청이 있는 자	
가. 이 제한기준에서 정한 사유로 입찰참가자격제한 요청이 있는 자	해당 각호에 따름
나. 이 제한기준에 해당하는 사항이 없는 경우로서 입찰참가자격제한 요청이 있는 자	6개월

1) 서울행정법원 2015. 8. 28. 선고 2013구합63193, 서울고등법원 2016. 9. 1. 선고 2015누58234 판결.

1) 의의

공정거래위원회가 공정거래법이나 하도급법을 위반한 자를 입찰참가자격제한 해달라고 각 중앙관서의 장에게 요청하는 경우를 말한다. '입찰참가자격제한 요청'이 제재사유 요건에 해당하기 때문에, 단순히 공정거래위원회가 행정청에 어떤 법 위반 사실을 통보한 경우만으로는 부족하고, 공정거래위원회 업무기준에 따른 벌점 5점 초과 등 사유에 해당하여 해당 부정당업자에게 입찰참가자격제한을 해달라고 명시적으로 요청한 경우로만 한정한다.

담합은 앞서 본 바와 같이 국가계약법 제27조 제1항 제2호로, 하도급 규정 위반은 같은 법 제27조 제1항 제3호로 제재하도록 각 규정하는데 이와 별개로 각 실체 사유에 더해 공정거래위원회의 제한 요청이 있는 경우에도 제재사유에 해당한다는 점을 명시했다.

2) 내용

가) 공정거래법 위반에 따른 제재요청

우선, 입찰참가자격제한 요청을 규정하고 있는, '입찰에 있어서의 부당한 공동행위 심사지침'에 따르면, 공정거래위원회는 법 위반행위를 한 자에 대한 조치 외에 필요한 경우 법위반행위의 정도, 횟수 등을 고려하여 발주기관에 입찰참가자격제한을 요청할 수 있는데, 다만 아래 표 기준으로 계산하여 과거 5년간 입찰담합으로 받은 벌점 누계가 5점을 초과한 자에 대해서는 원칙적으로 입찰참가자격제한 요청을 하여야 하며, 이때 과거 5년간의 기간은 해당 입찰담합에 대한 위원회 시정조치일로부터 과거 5년을 거꾸로 계산하되 초일을 산입한다(4. (2)항).

《 시정조치 유형별 점수 》[1]

유형	경고	시정권고	시정명령	과징금	고발
점수	0.5	1.0	2.0	2.5	3.0

공정거래위원회로부터 입찰참가자격제한 요청을 받은 해당 중앙관서의 장은 국가계약법 제27조 제1항 제5호, 같은 법 시행령 제76조 제3항에 따라 제재해야 한다. 이때 제재대상자는 계약상대자 등만이 아니라 그러한 지위에 있지 않는 자까지도 포함한다.

나) 하도급법 위반에 따른 제재요청

하도급법도 공정거래위원회로 하여금 관련 규정을 위반한 원사업자나 수급사업자를 대상으로 그 위반이나 피해 정도를 고려하여 벌점을 부과하고, 그 누적 벌점이 일정기준을 초

1) 1개의 사건에서 서로 다른 유형의 시정조치가 동시에 있었던 경우에는 최상위 조치유형의 점수만 반영한다.

과하면 관계 행정기관의 장에게 입찰참가자격 제한, 영업정지, 그 밖에 하도급거래 공정화를 위하여 필요한 조치를 취할 것을 요청하도록 규정한다(하도급법 제26조 제2항, 같은 법 시행령 제17조). 하도급법상 벌점 부과는 위와 같이 입찰참가자격 제한요청 등을 위한 것으로서, 하도급법 제26조 제2항, 같은 법 시행령 제17조 별표3 등에 따라, 기산일로부터 과거 3년간 해당 사업자가 받은 모든 벌점을 더한 점수에서 해당 사업자가 받은 모든 경감점수를 더한 점수를 빼고 모든 가중점수를 더한 점수를 더한 점수인 누산점수가 5점을 초과하는 경우 입찰참가자격제한을 요청해야 한다. 따라서 3년간의 벌점들이 모여 누산점수를 구성하게 되므로, 그동안 개별 벌점을 대상으로 다투고자 하는 시도가 있었다. 그러나 대법원은 하도급법상 벌점 부과는 향후 입찰참가자격 제한요청의 기초자료로 사용하기 위한 내부 행위에 불과하기 때문에 처분이 아니라고 보았다.[1)]

공정거래위원회로부터 입찰참가자격제한 요청을 받은 해당 중앙관서의 장은 국가계약법 제27조 제1항 제5호, 같은 법 시행령 제76조 제3항에 따라 제재해야 한다. 이때 제재대상자는 계약상대자 등만이 아니라 그러한 지위에 있지 않는 자까지도 포함한다.

3) 관련문제

가) 입찰참가자격제한 요청의 법적 성질

공정거래법에는 공정거래위원회가 발주기관에게 입찰참가자격제한 요청을 할 수 있는 직접적 근거가 없다. 따라서 공정거래위원회는 관계기관 등에 대한 협조 의뢰 규정인 공정거래법 제121조 제3항[2)]에 근거해 발주기관에게 입찰참가자격제한을 요청하는데, 대법원은 위 입찰참가자격제한 요청은 협조의뢰로서, 행정기관 상호간의 행위에 불과하여 항고소송 대상인 행정처분이라고 할 수 없다고 보았다.[3)] 따라서 현재 판례에 따르면, 공정거래법 위반을 이유로 한 공정거래위원회 입찰참가자격제한 요청은 행정처분으로 보기 어렵다.

그러나 하도급법 제26조 제1항은 위 공정거래법 제121조 제3항과 유사한 내용을 규정하면서도 나아가, 같은 조 제2항에서 공정거래위원회가 일정한 경우 벌점을 부과하고 그 벌점이 일정한 기준을 초과하면 관계 행정기관의 장에게 입찰참가자격제한 등을 요청해야 한다고 규정하므로,[4)] 입찰참가자격 제한요청을 위한 법률상 근거가 있다. 이에 대법원은 최근

1) 대법원 2023. 1. 12. 선고 2020두50683 판결.
2) 제121조(관계 기관 등의 장의 협조) ③ 공정거래위원회는 이 법에 따른 시정조치의 이행을 확보하기 위하여 필요하다고 인정하는 경우에는 관계 행정기관의 장이나 그 밖의 기관 또는 단체의 장에게 필요한 협조를 의뢰할 수 있다.
3) 대법원 2000. 2. 11. 선고 98두5941 판결.
4) 제26조(관계 행정기관의 장의 협조) ① 공정거래위원회는 이 법을 시행하기 위하여 필요하다고 인정할 때에는 관계 행정기관의 장의 의견을 듣거나 관계 행정기관의 장에게 조사를 위한 인원의 지원이나 그 밖에 필요한 협조를 요청할 수 있다.
② 공정거래위원회는 제3조 제1항부터 제4항까지 및 제9항, 제3조의4, 제4조부터 제12조까지, 제12조의2, 제12

공정거래위원회가 하도급법 제26조 제2항 후단에 따라 관계 행정기관의 장에게 원사업자나 수급사업자에 대한 입찰참가자격제한을 요청한 결정이 항고소송 대상인 행정처분에 해당한다고 보았다.[1)]

구 하도급거래 공정화에 관한 법률(2022. 1. 11. 법률 제18757호로 개정되기 전의 것, 이하 '구 하도급법'이라 한다) 제26조 제2항은 입찰참가자격제한 등 요청의 요건을 시행령으로 정한 기준에 따라 부과한 벌점의 누산점수가 일정 기준을 초과하는 경우로 구체화하고, 위 요건을 충족하는 경우 공정거래위원회는 구 하도급법 제26조 제2항 후단에 따라 관계 행정기관의 장에게 해당 사업자에 대한 입찰참가자격제한 등 요청 결정을 하게 되며, 이를 요청받은 관계 행정기관의 장은 특별한 사정이 없는 한 그 사업자에 대하여 입찰참가자격제한 등의 처분을 해야 하므로, 사업자로서는 입찰참가자격제한 등 요청 결정이 있으면 장차 후속 처분으로 입찰참가자격이 제한되고 영업이 정지될 수 있는 등의 법률상 불이익이 존재한다. 이때 입찰참가자격제한 등 요청 결정이 있음을 알고 있는 사업자로 하여금 입찰참가자격제한처분 등에 대하여만 다툴 수 있도록 하는 것보다는 그에 앞서 직접 입찰참가자격제한 등 요청 결정의 적법성을 다툴 수 있도록 함으로써 분쟁을 조기에 근본적으로 해결하도록 하는 것이 법치행정의 원리에도 부합하므로, 공정거래위원회의 입찰참가자격제한 등 요청 결정은 항고소송의 대상이 되는 처분에 해당한다(대법원 2023. 4. 27. 선고 2020두47892 판결).

나) 제척기간

공정거래위원회 요청에 따른 제재의 제척기간 기산점은 위반행위가 종료된 때가 아니라 공정거래위원회로부터 요청을 받은 때이다. 따라서 원인행위 자체의 제척기간이 도과했더라도 공정거래위원회로부터 요청을 받은 때가 제척기간 내에 있다면 각 중앙관서의 장은 제재할 수 있다.

바. 중소벤처기업부장관 입찰참가자격제한 요청

국가계약법 제27조 제1항 제6호

대 · 중소기업 상생협력 촉진에 관한 법률 제28조의2 제2항에 따라 중소벤처기업부장관으로부터 입찰참가자격 제한의 요청이 있는 자

조의3, 제13조, 제13조의2, 제14조부터 제16조까지, 제16조의2제7항 및 제17조부터 제20조까지의 규정을 위반한 원사업자 또는 수급사업자에 대하여 그 위반 및 피해의 정도를 고려하여 대통령령으로 정하는 벌점을 부과하고, 그 벌점이 대통령령으로 정하는 기준을 초과하는 경우에는 관계 행정기관의 장에게 입찰참가자격의 제한, 「건설산업기본법」 제82조 제1항 제7호에 따른 영업정지, 그 밖에 하도급거래의 공정화를 위하여 필요한 조치를 취할 것을 요청하여야 한다.

1) 대법원 2023. 2. 2. 선고 2020두48260 판결, 대법원 2023. 4. 27. 선고 2020두47892 판결'.

ı 국가계약법 시행규칙 제76조 별표2 ı

2. 개별기준

입찰참가자격 제한사유	제재기간
7. 법 제27조 제1항 제5호 또는 제6호에 따라 공정거래위원회 또는 중소기업청장으로부터 입찰참가자격제한 요청이 있는 자	
가. 이 제한기준에서 정한 사유로 입찰참가자격제한 요청이 있는 자	해당 각호에 따른
나. 이 세안기순에 해당하는 사항이 없는 경우로서 입찰참가자격제한 요청이 있는 자	6개월

위 제재사유는 앞에서 본 제5호의 하도급법 위반에 따른 공정거래위원회 입찰참가자격 제한요청과 비슷한 형태이다. 상생협력법 제28조의2 제2항, 같은 법 시행령 제18조의2 제1항 별표3에 따르면, 중소벤처기업부장관은 상생협력법 제21조, 제21조의2 제1항, 제22조, 제22조의2, 제23조 또는 제25조 제1항부터 제3항까지 규정을 위반한 위탁기업에게 그 위반과 피해의 정도에 따라 벌점을 부과할 수 있고, 기준일로부터 과거 3년간 모든 벌점을 합산한 점수에서 3년간 모든 경감점수를 합산한 점수를 뺀 누산벌점이 5점을 초과하는 경우 국가계약법 제27조에 따른 입찰참가자격 제한을 해당 중앙관서의 장에게 요청할 수 있으며, 위 요청을 할 때 그 요청 여부에 대해 공정거래위원회위원장과 미리 협의해야 한다.

그런데 하도급법은 '관계 행정기관의 장'이라고 하여 포괄적으로 규정하는 반면, 상생협력법은 중앙관서, 지방자치단체, 공공기관으로 한정했다는 차이가 있다.

중소벤처기업부장관으로부터 입찰참가자격제한 요청을 받은 해당 중앙관서의 장은 국가계약법 제27조 제1항 제6호, 같은 법 시행령 제76조 제3항에 따라 제재해야 한다. 이때 제재대상자는 계약상대자 등만이 아니라 그러한 지위에 있지 않는 자까지도 포함한다.

ı 대·중소기업 상생협력 촉진에 관한 법률 시행령 [별표3] ı

<u>벌점의 부과기준</u>(제18조의2 제1항 관련)

1. 용어의 정의

가. "벌점"이란 법 제28조의2 제2항에 따른 입찰참가자격 제한 요청 등의 기초자료로 활용하기 위해 법을 위반한 위탁기업에 대하여 중소벤처기업부장관이 제2호에 따른 벌점의 부과기준에 따라 부과한 점수를 말한다.

나. "경감점수"란 위탁기업이 받은 벌점에서 제3호에 따른 벌점의 경감기준에 따라 경감하는 점수를 말한다.

다. "누산점수"란 벌점을 부과하려는 법 위반행위에 대한 개선요구, 시정권고, 시정명령 또는 공표

(이하 “시정조치”라 한다)가 있은 날을 기준으로 과거 3년 간 모든 벌점을 합산한 점수에서 과거 3년 간 모든 경감점수를 합산한 점수를 뺀 점수를 말한다.

2. 벌점의 부과기준

가. 벌점은 법 위반행위가 속하는 위반유형에 대하여 시정조치 유형별 점수를 산출하고, 각 시정조치 유형별 점수(동일한 유형에 속하는 법 위반행위에 대하여 서로 다른 유형의 시정조치를 받은 경우에는 가장 중한 시정조치 유형의 점수만 반영하되, 서로 다른 유형의 시정조치 중 하나가 공표인 경우에는 그에 해당하는 점수를 합산한다)를 모두 합산하여 결정한다. 시정조치의 유형별 점수는 다음과 같다.

1) 법 제28조 제3항에 따른 시정권고 : 1.5점

2) 법 제27조 제1항 또는 제4항에 따른 개선요구 : 2.0점

3) 법 제27조 제2항 · 제4항 또는 제28조 제3항에 따른 시정명령 : 2.0점

4) 법 제27조 제3항 · 제4항 또는 제28조 제4항에 따른 공표 : 3.1점

나. 가목에서 법 위반행위가 속하는 위반유형은 다음과 같다.

1) 서면 관련 위반 : 법 제21조 제1항, 제2항, 제3항 각호 외의 부분 단서 및 같은 조 제6항을 위반한 경우

2) 납품대금 조정 협의 및 납품대금 감액 관련 위반 : 법 제22조의2 제7항, 제25조 제1항 제1호 및 제25조 제3항을 위반한 경우

3) 대금지급 관련 위반 : 법 제22조 및 제25조 제1항 제2호, 제4호, 제6호, 제8호를 위반한 경우

4) 기술자료 관련 위반 : 법 제21조의2 제1항, 제25조 제1항 제12호 및 제25조 제2항을 위반한 경우

5) 그 밖의 위반 : 법 제23조 및 제25조 제1항 제1호의2, 제3호, 제5호, 제7호, 제9호부터 제11호까지, 제13호의2를 위반한 경우

다. 가목 및 나목에도 불구하고 다음의 법 위반행위에 따른 벌점은 시정조치의 유형에 관계없이 다음과 같다.

1) 납품대금 연동에 관한 약정서 발급 규정의 적용을 회피하려는 행위(법 제21조 제4항 위반행위) : 3.1점. 다만, 위탁기업이 법 제21조제4항을 위반하여 같은 조 제3항제4호에 따른 합의를 하는 경우에는 5.1점을 부과한다.

2) 보복조치 금지 위반 행위(법 제25조 제1항 제13호 또는 제14호 위반행위) : 5.1점

라. 법 제22조의2에 따른 납품대금의 조정을 위한 제도(이하 “납품대금조정제도”라 한다)의 도입 · 운영 계획을 제출하여 이 별표 제3호가목5)에 따라 벌점을 경감받은 후 이행기간 내에 그 계획을 이행하지 않은 경우에는 벌점의 경감을 취소하고 이행기간이 끝난 날의 다음 날에 벌점 5.1점을 부과한다.

마. 조사 대상기업이 중소벤처기업부장관으로부터 법 제28조의3 제2항에 따라 시정조치(공표는 제

외한다)를 받기 전에 법 위반행위에 따른 피해를 구제한 경우에는 다음의 구분에 따른 점수를 경감하여 벌점을 부과한다.

1) 법 위반행위가 법 제22조에 따른 납품대금을 미지급한 경우로서 조사 대상 위탁기업이 법 제40조에 따른 조사가 개시된 날부터 30일 이내에 미지급한 납품대금과 이자, 할인료 또는 수수료를 100퍼센트 지급한 경우: 해당 위반행위에 따른 벌점의 100퍼센트에 해당하는 점수

2) 1) 외의 경우: 법 위반행위에 따른 피해구제 비율이 100퍼센트인 경우에는 해당 위반행위에 따른 벌점의 50퍼센트에 해당하는 점수, 50퍼센트 이상 100퍼센트 미만인 경우에는 해당 위반행위에 따른 벌점의 25퍼센트에 해당하는 점수

바. 위탁기업이 과거 3년 간 법 위반행위로 2회 이상 시정조치를 받은 경우 이후 시정조치의 대상이 되는 법 위반행위에 대해서는 가목부터 마목까지에서 결정되는 벌점에 100분의 50을 가중하여 벌점을 부과한다.

3. 벌점의 경감기준

가. 유형별 벌점의 경감 점수는 다음과 같다.

1) 법 제15조 제3항에 따른 동반성장지수 평가에서 우수 이상의 등급을 받은 경우 : 다음의 구분에 따른 점수

가) 최우수 : 2점

나) 우수 : 1점

2) 법 제16조 제1항에 따라 포상을 받은 경우(해당 위탁기업의 임직원이 포상을 받은 경우를 포함한다) : 1점

3) 법 제27조 제5항에 따라 공정한 수탁·위탁거래 관계를 확립하기 위해 노력한 것으로 평가된 기업이나 관계 행정기관의 장으로부터 공정한 수탁·위탁거래 관계의 확립과 관련한 포상을 받은 기업으로 중소벤처기업부장관이 인정하는 경우 : 2점

4) 법 제28조의4에 따른 교육명령을 이행한 경우 : 다음의 구분에 따른 점수. 다만, 가)와 나) 모두에 해당하는 경우에는 가)에 따른 점수만 인정한다.

가) 위탁기업의 대표자가 교육명령을 이행한 경우 : 0.5점

나) 수탁·위탁거래 관련 업무 담당 임원이 교육명령을 이행한 경우 : 0.25점

5) 납품대금조정제도를 도입·운영하고 있는 경우(1년 이내의 이행기간을 정하여 납품대금조정제도의 도입·운영 계획을 중소벤처기업부장관에게 문서로 제출한 경우를 포함한다) : 기본점수(둘 이상에 해당하는 경감 사유가 있는 경우에는 가장 높은 점수만 반영한다)와 추가점수를 합산한 점수

가) 기본점수

(1) 수탁·위탁계약서(표준계약서를 포함한다), 수탁기업 대상 설명회, 홈페이지 게재 등을 통해 납품대금조정제도를 도입·운영하고 있음을 중소벤처기업부장관이 인정할

수 있는 경우 : 0.25점

(2) 과거 3년 간 수탁기업의 신청에 따라 납품대금의 조정을 위한 협의를 개시한 사실이 있는 경우 : 0.5점

(3) 과거 3년 간 납품대금의 조정에 관한 합의에 따라 납품대금을 인상한 실적이 있는 경우 : 과거 3년을 1년 단위의 세 구간으로 나누었을 때 실적이 있는 구간이 1개인 경우 1.0점, 2개인 경우 1.25점, 3개인 경우 1.5점

나) 추가점수

(1) 과거 3년 간 납품대금조정제도를 통해 납품대금을 인상한 수탁기업의 수가 10개 이상 20개 미만인 경우: 0.25점

(2) 과거 3년 간 납품대금조정제도를 통해 납품대금을 인상한 수탁기업의 수가 20개 이상인 경우: 0.5점

다) 가) 및 나)에 따른 납품대금 인상 실적은 다음의 계산식에 따른 인상반영률(하나의 수탁기업이 둘 이상의 품목에 대하여 납품대금의 조정을 신청한 경우에는 물량가중평균 인상반영률을 말한다)이 30퍼센트 이상인 것에 한하여 산정한다.

(1) 인상반영률의 계산식

$$인상반영률 = \frac{위탁기업이\ 인상한\ 금액}{수탁기업이\ 인상을\ 요구한\ 금액} \times 100$$

(2) 물량가중평균 인상반영률의 계산식

$$물량가중평균\ 인상반영률 = (품목별\ 인상반영률 \times \frac{품목별\ 납품물량}{조정을\ 신청한\ 전체품목의\ 납품물량})의\ 합계$$

6) 납품대금 연동제를 도입·운영하고 있는 경우: 다음의 구분에 따른 점수(둘 이상에 해당하는 경감 사유가 있는 경우에는 가장 높은 점수를 말한다)

가) 납품대금 연동계약 체결비율[위탁기업이 체결한 전체 계약건수 중 납품대금 연동계약(원재료 가격 상승분 대비 납품대금 반영비율이 50퍼센트 이상인 계약만 인정한다)을 포함한 계약건수의 비율을 말한다. 이하 같다]이 10퍼센트 이상 50퍼센트 미만인 경우 : 1점

나) 납품대금 연동계약 체결비율이 50퍼센트 이상인 경우 : 2점

다) 법 제22조의3에 따른 납품대금 연동 우수기업등으로 선정된 경우(해당 위탁기업의 임직원이 선정된 경우를 포함한다): 2점

나. 가목에 따른 벌점의 경감은 해당 사유별로 한 번씩만 적용한다.

사. 뇌물을 준 자

| 국가계약법 제27조 제1항 제7호 |

입찰·낙찰 또는 계약의 체결·이행과 관련하여 관계 공무원(제27조의3 제1항에 따른 과징금부과심의위원회, 제29조 제1항에 따른 국가계약분쟁조정위원회, 건설기술 진흥법에 따른 중앙건설기술심의위원회·특별건설기술심의위원회 및 기술자문위원회, 그 밖에 대통령령으로 정하는 위원회의 위원을 포함한다)에게 뇌물을 준 자

| 국가계약법 시행규칙 제76조 별표2 |

2. 개별기준

입찰참가자격 제한사유	제재기간
8. 법 제27조 제1항 제7호에 해당하는 자	
가. 2억 원 이상의 뇌물을 준 자	2년
나. 1억 원 이상 2억 원 미만의 뇌물을 준 자	1년
다. 1천만 원 이상 1억 원 미만의 뇌물을 준 자	6개월
라. 1천만 원 미만의 뇌물을 준 자	3개월

1) 의의와 취지

입찰·낙찰, 계약체결·이행과 관련하여 관계 공무원에게 뇌물을 주는 경우를 말한다. 관계공무원에게 증뢰하는 것은 그 자체로 공정한 입찰, 계약체결업무를 방해하거나 계약이행 과정에서 부정이 발생할 위험을 초래하기 때문에 제재사유로 규정했다.

2) 요건

가) 관계공무원의 의미

관계공무원이란 입찰과 계약업무를 담당하는 공무원뿐만 아니라, ① 국가계약법인 경우, 같은 법 제27조의3에 따른 과징금부과심의위원회, 같은 법 제29조 제1항에 따른 국가계약분쟁조정위원회, 같은 법 시행령 제42조 제7항에 따른 종합심사낙찰제심사위원회, 같은 법 시행령 제43조 제8항에 따른 협상에 의한 계약에서 제안서평가위원회, 같은 법 시행령 제43조의3 제6항에 따른 경쟁적 대화에 의한 계약에서 제안서평가위원회, 같은 법 시행령 제94조 제1항에 따른 계약심의위원회 위원을 포함하고(국가계약법 시행령 제118조 참조), ② 지방계약법인 경우 같은 법 제7조 제1항에 따라 위임·위탁을 받아 계약사무를 처리하는 기관의 계약 관련 업무를 수행하는 자(그 계약사무 처리와 관련하여 설치된 위원회 등의 위원을 포함), 같은 법 제16조 제2항에 따른 주민참여감독자, 같은 법 제31조의3 제1항에 따른 과징금

부과심의위원회의 위원, 같은 법 제32조 제1항에 따른 계약심의위원회의 위원, 같은 법 제35조 제1항에 따른 지방자치단체 계약분쟁조정위원회의 위원, 같은 법 제42조에 따른 전문기관의 평가담당자, 건설기술진흥법에 따른 건설기술심의위원회와 기술자문위원회의 위원, 같은 법 시행령 제42조의3 제4항에 따른 입찰자종합평가위원회, 같은 법 제43조 제9항에 따른 제안서평가위원회 각 위원이 포함된다. 그 밖에도 건설기술진흥법 제84조에 따른 중앙건설심의위원회·특별건설기술심의위원회, 기술자문위원회 위원도 포함한다(국가계약법 제27조 제1항 제7호 참조). 또한, 형법상 뇌물죄 적용에서 공무원으로 의제되는 자(특정범죄가중처벌등에관한법률 제4조, 같은 법 시행령 제2조 참조)도 해당 입찰이나 계약업무와 관련이 있다면 관계공무원에 해당할 수 있고,[1] 공기업·준정부기관이 계약당사자라면, 해당 입찰, 계약업무를 담당하거나 그와 관계있는 공공기관 임직원, 운영위원회 위원은 여기서 말하는 관계공무원에 포함된다(공공기관운영법 제53조).

나) 뇌물

(1) 개념

국가계약법에는 별도로 뇌물의 개념을 정의하지 않기 때문에, 형법 제129조 아래에서 정한 뇌물과 같은 개념으로 이해할 수밖에 없다.

〔뇌물의 개념〕

법 제27조 제1항 제7호의 "뇌물"의 개념에 대한 별도의 정의조항이 없으므로, 기본적으로 형법 제129조 이하에서 정의한 뇌물의 개념과 같다고 해석된다(수원지방법원 2011. 10. 13. 선고 2011구합6524 판결). 뇌물은 형법상 뇌물에 해당한다고 할 것이므로, 법원의 확정판결이 있은 후에 법원에 대한 부정당업자 제재를 하는 것이 타당할 것이나, 부정당업자 제재에 반드시 법원의 확정판결을 요한다고 볼 수 없으므로 소속 직원의 금품제공에 대하여 기소유예가 있는 경우에도 발주기관의 판단에 따라 법인에 대한 부정당업자 제재는 가능하다(계약제도과-622, 2010. 12. 31.).

특히 국가계약법은 '뇌물'로, 지방계약법은 '금품등'으로 달리 규정하지만, 두 개념은 다르지 않다고 이해해야 한다. 여기서 뇌물이란 직무와 관련한 부당한 이익을 말하고, 이익은 금전, 물품과 같은 재산상 이익뿐만 아니라 사람의 수요나 욕망을 충족하기에 충분한 일체 유·무형의 이익을 포함한다.[2] 가령, 음식과 술 접대 등 향응 제공, 해외여행, 승진, 취직알선 등이 있다. 뇌물죄는 직무집행의 공정과 이에 대한 사회의 신뢰에 기초하여 직무행위의

1) 수원지방법원 2011. 10 13. 선고 2011구합6524 판결.
2) 대법원 2001. 9. 18. 선고 2000도5438 판결.

불가매수성을 보호법익으로 하고, 직무 관련 청탁이나 부정한 행위를 요건으로 하지 않으므로, 뇌물성을 인정하는데 특별히 의무위반 행위나 청탁 유무 등을 고려할 필요가 없고, 금품수수 시기와 직무집행 행위 전후를 가릴 필요도 없다.[1)]

한편, 국가계약법 시행규칙은 뇌물액을 기준으로 제재기간을 달리 정하므로, 뇌물액을 어떻게 산정하는지가 중요하다. 우선, 관계공무원이 서로 다른 시기에 다른 방법으로 계약상대자로부터 뇌물을 수수하였다는 이유로 포괄일죄가 아닌 수뢰죄 4건으로 경합범 처벌을 받았다면, 뇌물액은 입찰·낙찰, 계약 단위별로 판단해야지, 형사판결 죄수에 따라 판단할 필요는 없기 때문에 각 공여행위를 별개로 구분하지 말고 이를 합쳐서 별표 기준에 따른 공여액수를 결정해야 한다.[2)] 그러나 위반행위자가 여러 계약관계에서 여러 관계공무원에게 여러 차례에 걸쳐 뇌물을 제공했다는 사실을 근거로 같은 시점에 이를 한꺼번에 제재할 경우, 제재사유가 여러 개 있는 것에 불과하기 때문에 개별 뇌물제공액을 기준으로 각각 제재기간을 산정한 뒤 그 중 가장 길게 규정한 제한기간을 적용하면 된다. 다만, 기획재정부는 이러한 경우에도 뇌물제공총액을 기준으로 제재해야 한다고 해석한다.[3)]

(2) 직무관련성

뇌물수수죄가 성립하려면 공무원이 그 직무에 관하여 뇌물을 수수해야 하므로, 공무원이 뇌물을 수수한 행위가 그 직무와 관련이 없다면 뇌물수수죄가 성립하지 않는다.[4)] 따라서 직무관련성은 뇌물이 성립하기 위한 필수 요건에 해당한다.

여기서 직무란 법령이나 관례에 따라 관계공무원이 담당하는 일체 입찰·계약사무를 말한다. 법령에서 명시한 직무뿐만 아니라 그와 관련 있는 직무, 과거에 담당했거나 장래에 담당할 직무, 그 밖에 사무분장에 따라 현실적으로 담당하지 않는 직무라도 법령상 일반적인 직무권한에 속하는 직무 등 공무원이 그 직위에 따라 공무로 담당할 일체 직무로서, 직무와 밀접한 관련이 있는 행위, 관례상이나 사실상 소관하는 직무행위, 결정권자를 보좌하거나 영향을 줄 수 있는 직무를 널리 포함한다.[5)] 따라서 공무원이 전직하여 다른 사무를 맡은 경우라도 과거에 담당했던 사무는 여기서 말하는 직무에 해당한다.

또한, 뇌물과 직무는 서로 관련이 있어야 한다. 따라서 국가계약법상 뇌물의 성립요건인 직무관련성은 곧 '입찰·낙찰, 계약체결·이행 사무와의 관련성'을 뜻한다. 직무관련성이 있다면, 뇌물제공 시점은 중요하지 않다. 이와 같은 직무관련성은 공무원의 직무내용, 직무

1) 대법원 2017. 12. 22. 선고 2017도12346 판결.
2) 서울고등법원 2014. 6. 27. 선고 2013누26660 판결.
3) 계약제도과-1263, 2012. 9. 28.
4) 대법원 2017. 12. 22. 선고 2017도12346 판결.
5) 대법원 2001. 1. 5. 선고 2000도4717 판결, 대법원 2002. 3. 15. 선고 2001도970 판결.

와 이익제공자와 관계, 사적 친분관계가 있는지, 이익의 다과, 이익을 수수한 경위와 시기 등 모든 사정을 고려하여 판단해야 한다.[1] 앞에서 보았듯이 특별한 청탁이나 부정한 행위가 있어야 한다는 요건은 필요 없다.

결국 공무원이 장래에 담당할 직무에 대한 대가로 이익을 수수했다면 뇌물수수죄가 성립한다. 그러나 그 이익을 수수할 당시 장래에 담당할 직무에 속하는 사항이 그 수수한 이익과 관련된 것을 확인할 수 없을 정도로 막연하고 추상적이거나, 장차 그 수수한 이익과 관련지을 만한 직무권한을 행사할지 자체를 알 수 없다면, 그 이익에 장래에 담당할 직무에 관하여 수수되었다거나 그 대가로 수수되었다고 단정하기 어렵다.[2]

〔사교적 의례 형식을 빌어 금품을 주고받은 행위와 직무관련성〕

공무원이 그 직무의 대상이 되는 사람으로부터 금품 기타 이익을 받은 때에는 사회상규에 비추어 볼 때 의례상의 대가에 불과한 것이라고 여겨지거나, 개인적인 친분관계가 있어서 교분상의 필요에 의한 것이라고 명백하게 인정할 수 있는 경우 등 특별한 사정이 없는 한 직무와의 관련성이 없는 것으로 볼 수 없으며, 공무원이 직무와 관련하여 금품을 수수하였다면 비록 사교적 의례의 형식을 빌어 금품을 주고받았다 하더라도 그 수수한 금품은 뇌물이 된다(대법원 1998. 2. 10. 선고 97도2836 판결, 대법원 2001. 10. 12. 선고 2001도3579 판결).

(3) 대가관계 또는 대가성

뇌물이 성립하려면, 직무와 금원등 수수가 전체적으로 대가관계가 있으면 충분하다. 따라서 특별한 청탁 유무, 개개 직무행위의 대가관계를 고려할 필요가 없으며, 그 직무행위가 특정될 필요도 없다.[3] 그리하여 직무와 관련 없는 다른 목적이 있거나 개인적 친분관계에 따른 교분상 필요에 따른 것이라고 명백하게 인정할 수 있는 경우 등 특별한 사정이 없다면, 앞에서 본 직무관련성은 물론 대가관계도 인정된다.

다) 뇌물을 준 자

뇌물을 준 자는 원칙적으로 관계공무원에게 뇌물을 제공한 당사자(뇌물공여자)를 말한다. 따라서 법인은 대표기관을 기준으로 뇌물을 준 자를 판단한다. 다만, 법인의 대표자가 아닌 임직원이라도 법인 업무와 관련하여 법인의 대리인·지배인 그 밖에 사용인 지위에서 관계공무원에게 뇌물을 제공했다면, 해당 법인은 원칙적으로 부정당업자에 해당한다.

---

1) 대법원 2001. 9. 18. 선고 2000도5438 판결.
2) 대법원 2017. 12. 22. 선고 2017도12346 판결.
3) 대법원 1997. 12. 26. 선고 97도2609 판결.

건설회사의 현장소장이 해당 공사와 관련하여 편의를 보아 달라는 명목으로 관계공무원에게 금원을 제공하였다면 이는 동 회사를 위한 것으로 보여지므로 그 증뢰가 회사의 자금 또는 회사 대표이사의 지시에 의하여 이루어진 것이 아니라 하더라도 위와 같은 증뢰행위는 그 계약의 이행과 관련하여 관계공무원에게 증뢰한 경우에 해당한다(대법원 1985. 7. 23. 선고 85누136 판결).

3) 특수효과 : 감경제한

국가계약법 시행규칙 제76조 별표2 1 일반기준 다목에 따르면, 그 위반행위 동기·내용, 횟수 등을 고려하여 2분의 1 범위에서 줄일 수 있으나, 제재사유가 '뇌물을 준 자'이면 제재기간을 감경할 수 없다.

4) 관련문제

가) 부정청탁 및 금품등 수수의 금지에 관한 법률과 관계

부정청탁 및 금품등 수수의 금지에 관한 법률(이하 '부정청탁금지법')에 따르면, 공무원이 1회에 100만 원 또는 매 회계연도에 300만 원을 초과하는 금품등을 수수, 요구, 약속한 경우, 해당 공무원과 제공자 모두 형사처벌을 받고(부정청탁금지법 제8조 제1항과 제5항, 제22조 제1항 제1호와 제3호), 공무원이 직무와 관련하여 대가성 여부를 불문하고 위에서 정한 금액 이하의 금품등을 수수, 요구, 약속한 경우, 해당 공무원과 제공자 모두 과태료 처분을 받는다(부정청탁금지법 제8조 제2항과 제5항, 제23조 제5항 제1호와 제3호).

그런데 실무에서는 부정청탁금지법위반인 경우 직무관련성이나 대가성이라는 요건이 필요하지 않으므로, 제재사유로서 '뇌물을 준 자'라는 제재사유가 성립하지 않는다는 주장이 제기되기도 한다. 그러나 부정청탁금지법 규정은 형법상 뇌물죄 규정을 배제하는 규정이 아니다(부정청탁금지법 제23조 제5항 단서 참조). 가령, 부정청탁금지법 위반행위로 형사처벌을 받는 경우라도 사실관계에 따라 직무관련성과 대가성까지 인정되는 사안이라면 형법상 뇌물죄도 함께 적용되어 상상적 경합범이 성립하고, 부정청탁금지법 위반행위로 과태료 처분을 받는 경우라도 대가성까지 인정된다면 형법상 뇌물죄가 성립하기 때문에, 과태료 처분을 추가로 받지 않거나 이미 부과받은 과태료 처분이 취소될 수 있을 뿐이다.

그러므로 부정청탁금지법위반에 해당하기 때문에 제재사유로서 뇌물을 준 자가 성립하지 않는다는 주장이 모두 타당하지는 않고, 해당 금품등이 형법상 뇌물로 판단되는 경우에는 제재사유에 해당할 수 있다.

나) 형사처벌과 관계

행정제재와 형사처벌은 별개이므로, 행정청은 검사의 공소제기나 법원의 판결이 없더라도 객관적인 증거에 따라 뇌물을 사유로 제재할 수 있다.[1] 직무관련자로부터 받은 향응 등 부정한 이익이 경미한 사례에서는 형사처벌 없이 내부 징계절차로만 끝나는 경우가 많은데, 이때는 공무원징계령에 따라 청렴의무 위반이 성립하며, 나아가 제재사유로서 뇌물이 성립한다고 해석하더라도 부당하다고 볼 수는 없다. 다만, 제재사유는 '뇌물을 준 자'이므로, 단순히 뇌물제공을 약속, 요구한 단계에 그쳤다면 제재하기 어렵다고 볼 여지는 있다.

다) 제재필요성과의 관계

대법원은 계약상대자가 과거 계약이행과 관련하여 관계공무원에게 증뢰하는 것만으로는 부족하고 그로 말미암아 적정한 계약이행을 해할 우려까지 인정되어야 한다고 본다.[2] 그러나 현행 국가계약법은 계약의 적정한 이행을 해할 우려 등 제재필요성을 별도로 요구하지 않기 때문에, 위와 같은 대법원 판례가 현행법에도 그대로 적용되는지는 실무상 논란이 있다.

아. 산업안전보건법 위반에 따른 근로자 사망 등 중대한 위해

국가계약법 제27조 제1항 제8호

계약을 이행할 때에 산업안전보건법에 따른 안전·보건 조치 규정을 위반하여 근로자에게 대통령령으로 정하는 기준에 따른 사망 등 중대한 위해를 가한 자

국가계약법 시행령 제76조 제1항

법 제27조 제1항 제8호에서 "대통령령으로 정하는 기준에 따른 사망 등 중대한 위해"란 산업안전보건법 제38조, 제39조 또는 제63조에 따른 안전 및 보건조치 의무를 위반하여 동시에 2명 이상의 근로자가 사망한 경우를 말한다.

국가계약법 시행규칙 제76조 별표2

2. 개별기준

입찰참가자격 제한사유	제재기간
9. 영 제76조 제1항에 해당하는 자(계약을 이행할 때에 「산업안전보건법」 제38조, 제39조 및 제63조를 위반하여 동시에 2명 이상의 근로자가 사망한 재해를 발생시킨 자)	2년
가. 동시에 사망한 근로자수가 10명 이상	1년
나. 동시에 사망한 근로자수가 6명 이상 10명 미만	6개월
다. 동시에 사망한 근로자수가 2명 이상 6명 미만	1년

1) 수원지방법원 2011. 10. 13. 선고 2011구합6524 판결.
2) 대법원 1984. 4. 24. 선고 83누574 판결.

계약을 이행할 때에 산업안전보건법에 따른 안전·보건 조치 규정을 위반하여 근로자에게 사망 등 중대한 위해를 가한 자는 부정당업자에 해당한다. 위 규정은 2021. 1. 5. 법률 제17816호로 개정된 국가계약법에 새롭게 들어온 내용으로, 과거 시행령 제76조 제1항 제3호 가목을 법률로 상향한 것이다. 국가가 근로자의 안전·보건 문제를 개선하고, 이를 적극적으로 해결하기 위해, 계약을 체결할 때 계약이행 과정에서 안전·보건 조치 규정을 위반하여 근로자에게 사망 등 중대한 위해를 가한 자를 입찰에 참가하지 못하도록 제한하려는 취지이고, 이를 법률에 명시하여, 국가가 선도적으로 기업의 고용환경을 개선할 수 있다고 본다. 부칙 제2조에 따르면 개정규정은 법 시행 후 최초로 입찰참가자격을 제한하는 사례부터 적용한다. 다만, 지방계약법에는 아직 해당 규정이 없다.

'계약을 이행할 때' 중 계약이, 공공계약은 물론 민간계약까지 포함한 계약을 의미하는지, 공공계약만 한정하는지 분명하지 않지만, 산업안전보건법의 보호영역이 공공계약으로 제한되지 않으며 국가가 선도적으로 기업의 고용환경을 개선하기 위해서라는 개정 취지를 고려하면, 전자에 해당한다고 해석할 여지가 높다. 다만, 침익적 처분의 근거는 그 문언을 엄격히 해석해야 한다는 반대 견해가 있을 수 있다.

한편, 사망 등 중대한 위해란 산업안전보건법 제38조에 따른 안전조치, 제39조에 따른 보건조치, 제63조에 따른 도급인의 안전·보건조치 의무를 위반하여 동시에 2명 이상 근로자가 사망한 경우를 의미한다(국가계약법 시행령 제76조 제1항 참조). 그리고 동시에 사망한 근로자 수가 10명 이상이면 2년, 6명 이상 10명 미만이면 1년 6개월, 2명 이상 6명 미만이면 1년으로 제재기간을 달리 적용한다(국가계약법 시행규칙 제76조 별표2 2 개별기준 제9호 가목부터 다목 참조).

〔중대재해처벌등에관한법률 시행과 국가계약법 등 개정법률안 발의〕

중대재해처벌에관한법률은 사업이나 사업장, 공중이용시설, 공중교통수단을 운영하거나 인체에 해로운 원료나 제조물을 취급하면서 안전·보건 조치의무를 위반하여 인명피해를 발생하게 한 사업주, 경영책임자, 공무원, 법인의 처벌 등을 규정하여 중대재해를 예방하고 시민과 종사자의 생명과 신체를 보호할 목적으로 제정되어 시행 중이다.

이에 최근 산업안전보건법상 중대재해와 중대재해 처벌에 관한 법률상 중대산업재해의 개념을 고려하여, 사망자가 1인이라도 발생한 업체에게 입찰참가자격제한을 하는 국가계약법 등 개정안이 발의되었다. 그 내용은 "계약의 이행에 있어서 안전대책을 소홀히 하여 공중에게 위해를 가한 자 또는 사업장에서 산업안전보건법에 따른 안전·보건 조치를 소홀히 하여 근로자 등에게 사망 등 중대한 위해를 가한 자"를 제재하는 것으로, 향후 입법 경과를 지켜볼 필요가 있다.

자. 그 밖에 경쟁의 공정한 집행을 저해할 염려가 있는 자, 계약의 적정한 이행을 해칠 염려가 있는 자, 다른 법령을 위반하는 등 입찰에 참가시키는 것이 적합하지 않다고 인정되는 자

1) 개요

과거 국가계약법은 “대통령령으로 정하는 바에 따라” 제재사유를 자세히 정하도록 하고(제27조 제1항), 그에 따라 시행령에서 구체적인 제한사유를 정했다. 그런데 2016. 3. 2. 법률 제14038호로 개정된 국가계약법은 시행령에서 정하던 구체적인 제재사유를 법률에 직접 규정하는 방식으로 변경하였다(시행령에는 2016. 9. 2. 대통령령 제27475호로 반영). 법률 제14038호 구 국가계약법 제27조 제1항 제8호 원안에는 “그 밖에 경쟁의 공정한 집행이나 계약의 적정한 이행을 해칠 염려가 있거나 입찰에 참가시키는 것이 적합하지 아니하다고 대통령령으로 정하는 자”라고 포괄적으로 규정하였으나 심사 과정에서 대통령령에 규정할 내용 대강을 법률에 명시하는 것이 바람직하다는 의견에 따라 일부 내용도 함께 규정하였다.

현행 국가계약법 제27조 제1항 제9호는 가목에서 입찰·계약 관련 서류를 위조 또는 변조하거나 입찰·계약을 방해하는 등 경쟁의 공정한 집행을 저해할 염려가 있는 자를, 나목에서 정당한 이유 없이 계약의 체결 또는 이행 관련 행위를 하지 아니하거나 방해하는 등 계약의 적정한 이행을 해칠 염려가 있는 자를, 다목에서 다른 법령을 위반하는 등 입찰에 참가시키는 것이 적합하지 아니하다고 인정되는 자를 각 규정하고, 같은 법 시행령 제76조 제2항 제1호 가, 나, 라목에서 법 제27조 제1항 제9호 가목 사유를, 같은 법 시행령 제76조 제2항 제2호 가목부터 마목까지에서 법 제27조 제1항 제9호 나목 사유를, 같은 법 시행령 제76조 제2항 제3호 가목부터 다목까지에서 법 제27조 제1항 제9호 다목 사유를 구체적으로 정한다.

2) 경쟁의 공정한 집행을 저해할 염려가 있는 자

가) 서류 위조·변조, 부정행위, 허위서류 제출

국가계약법 제27조 제1항 제9호 가목

입찰·계약 관련 서류를 위조 또는 변조하거나 입찰·계약을 방해하는 등 경쟁의 공정한 집행을 저해할 염려가 있는 자

국가계약법 시행령 제76조 제2항 제1호 가목

법 제27조 제1항 제9호 각 목 외의 부분에서 “대통령령으로 정하는 자”란 다음 각 호의 구분에 따른 자를 말한다.

1. 경쟁의 공정한 집행을 저해할 염려가 있는 자로서 다음 각 목의 어느 하나에 해당하는 자

가. 입찰 또는 계약에 관한 서류[제39조에 따라 전자조달시스템을 통해 입찰서를 제출하는 경우 전자서명법 제2조 제6호에 따른 인증서(서명자의 실지명의를 확인할 수 있는 것으로 한정한다)를 포함한다]를 위조·변조하거나 부정하게 행사한 자 또는 허위서류를 제출한 자

국가계약법 시행규칙 제76조 별표2

2. 개별기준

입찰참가자격 제한사유	제재기간
10. 영 제76조 제2항 제1호 가목에 해당하는 자	
가. 입찰에 관한 서류(제15조 제2항에 따른 입찰참가자격 등록에 관한 서류를 포함한다)를 위조·변조하거나 부정하게 행사하여 낙찰을 받은 자 또는 허위서류를 제출하여 낙찰을 받은 자	1년
나. 입찰 또는 계약에 관한 서류(제15조 제2항에 따른 입찰참가자격등록에 관한 서류를 포함한다)를 위조·변조하거나 부정하게 행사한 자 또는 허위서류를 제출한 자	6개월

(1) 의의와 취지

위 규정은 입찰이나 계약 관련 서류를 위조·변조하거나 부정하게 행사하거나 허위서류를 제출하여 공정한 입찰과 계약질서를 어지럽히는 행위를 하는 자를 제재하여 성실한 계약이행을 확보하고 아울러 사전에 국가가 입을 불이익을 방지하려는 것이다.

국가계약법 시행규칙 제76조 별표2 2 개별기준 제10호 가목과 나목은 위 와 같은 위반행위로 낙찰을 받은 자를 1년, 위 행위를 하였지만 낙찰받지 않은 자를 6개월로 제재하도록 규정한다. 따라서 허위서류 제출 등으로 위반행위를 한 자를 낙찰받았다는 이유로 더 중하게 제재하려면, 서류 위조·변조·부정행사나 허위서류 제출이라는 원인과 낙찰자 결정이라는 결과 사이에 상당인과관계가 인정되어야만 한다.

(2) 입찰·계약 관련 서류

우선, 입찰 관련 서류는 가령, 입찰참가자격 사전심사(PQ) 신청, 입찰참가신청, 입찰서 제출 단계에서 각 제출하는 서류를 통칭한다. 가령, 시공실적증명서류, 경영상태 심사서류, 책임기술자 참여경력과 실적증명서 등(용역), 입찰참가신청서, 해당 공사에 해당하는 면허수첩이나 자격등록증 서류, 그 밖에 공고나 통지로 요구하는 서류, 인감증명서, 입찰참가자격 등록에 필요한 서류, 입찰서, 산출내역서, 납품실적증명서(물품) 등이 있다. 또한, 전자조달시스템으로 입찰서를 제출하는 경우 전자서명법 제2조 제6호에 따른 인증서[1](서명자의 실지명

1) 인증서란 전자서명생성정보가 가입자에게 유일하게 속한다는 사실 등을 확인하고 이를 증명하는 전자적 정보를

의를 확인할 수 있는 것으로 한정)를 포함한다(국가계약법 시행령 제76조 제2항 제1호 가목 참조).

한편, 계약 관련 서류는 계약체결이나 이행과 관련하여 작성하여 제출한 서류를 말한다. 가령, 계약서, 설계서, 산출내역서, 품질보증서, 시험성적서, 원가 관련 자료, 각종 보증서, 공사예정표, 준공신고서, 대가지급신청서 등이 있다. 과거 계약에 관한 서류가 계약체결 관련 서류만으로 제한되는지, 계약이행 관련 서류까지 포함되는지 논란이 있었으나, 최근 대법원은 계약에 관한 서류에는 계약체결 관련 서류는 물론 계약이행 관련 서류도 포함된다고 보았다.[1] 따라서 계약에 관한 서류는 계약상대방이 계약을 체결하기 위해 제출하는 서류는 물론 계약의 적정한 이행을 위한 전제조건이나 고려요소로서 필요한 서류도 포함된다. 그러나 법원에 증거서류로 제출하는 서류는 입찰이나 계약 관련 서류라고 해석하기 곤란하다.[2]

〔계약에 관한 서류의 범위〕

이 사건 시행령 조항은 제8호에서 '입찰 또는 계약에 관한 서류를 위·변조하거나 부정하게 행사한 자 또는 허위서류를 제출한 경우'를 입찰참가자격 제한 사유로 규정하고 있다. 이 사건 시행령 조항의 다른 호는 '계약의 체결 또는 이행'(제6, 7, 10, 12, 17호)과 '계약의 이행'(제1, 5호)을 명확히 구분하고 있으나 제8호는 '계약에 관한 서류'라고 포괄적으로 규정하고 있다. 계약의 적정한 이행을 확보하기 위해서는 계약의 체결에 관한 서류뿐만 아니라 계약의 이행에 관한 서류의 위·변조 등 행위에 대해서도 제재할 필요가 있다. 문언의 통상적 의미에 비추어 보더라도 '계약에 관한 서류'가 '계약의 체결에 관한 서류' 또는 '계약상 제출 의무가 있는 서류'로 한정된다고 보기 어렵다. 따라서 이 사건 시행령 조항 중 제8호에서 말하는 '계약에 관한 서류'에는 계약체결에 관한 서류뿐만 아니라 계약의 적정한 이행 확보와 관련된 서류도 포함된다고 보아야 한다. 원심은, 원고 내지 원고의 협력업체가 이 사건 각 계약 대상 부품이 자체 품질검사 결과 계약에서 요구되는 성능 등을 제대로 갖추고 있음이 인정되었다는 점을 뒷받침할 객관적 증거로서 이 사건 시험성적서를 제출하였다면, 위·변조된 이 사건 시험성적서는 원고가 자신의 계약상 의무를 적절히 이행하고 있음을 증명하기 위하여 제출한 계약의 이행에 관한 서류로서 이 사건 시행령 조항 중 제8호의 '계약에 관한 서류'에 해당한다고 판단하였다. 위 법리와 기록에 따라 살펴보면, 원심의 이러한 판단에 이 사건 시행령 조항 중 제8호의 해석·적용에 관한 법리를 오해하는 등의 잘못이 없다(대법원 2020. 2. 27. 선고 2017두39266 판결).

(3) 위조, 변조, 부정행사, 허위서류 제출

(가) 위조

위조란 다른 사람 명의로 서류를 제출하거나 작성권한 없는 자가 다른 사람 명의를 도

말한다(전자서명법 제2조 제6호 참조).

1) 대법원 2020. 2. 27. 선고 2017두39266 판결.

2) 장훈기, 앞의 공공계약 부정당업자 제재제도 해설, 130쪽.

용하여 다른 사람 명의 서류를 작성하는 이른바 유형위조를 말한다. 따라서 기존에 진정하게 성립한 문서라도 그 동일성을 상실할 정도로 변경하는 행위 역시 변조가 아닌 위조에 해당한다. 허위서류 제출을 별도로 규정하지 않던 과거 국가계약법령을 적용할 때는 위조는 허위도 포함하는 개념이라고 해석했으나[1], 현행 국가계약법 시행령은 '위조'와 별도로 '허위서류 제출'도 규정하므로, 그와 같이 해석할 실익이 없다.

(나) 변조

변조란 권한 없는 자가 이미 진정하게 성립한 다른 사람 명의 문서를 그 동일성을 상실하지 않을 정도로만 변경하는 행위를 말한다. 따라서 문서를 변경한 결과 사실상 새로운 문서가 작성되었다고 평가할 정도로 동일성을 상실했다면 변조가 아닌 위조에 해당한다.

(다) 부정행사

부정행사란 진정하게 성립된 문서를 권한 없는 자가 원래 용도에 따라 사용·행사하는 행위, 권한이 있는 자가 원래 용도를 위반하여 사용·행사하는 행위, 권한 없는 자가 원래 용도를 위반하여 사용·행사하는 행위를 포함한다.[2] 즉, 서류 자체는 진정하게 성립된 것이지만, 그 행사방법이 부정한 경우를 통칭한다. 따라서 부정행사 대상인 서류는 사용권한자와 용도가 특정된 것이어야 한다.

(라) 허위서류 제출

허위서류란 객관적 진실에 반하는 내용으로 작성된 서류를 말한다. 그런데 형사처벌 대상인 허위문서작성죄와 달리, 입찰참가자격 제한사유로서 허위서류 제출 여부를 판단할 때는 행위자가 문서 내용이 허위라는 사실을 인용(認容)하지 않았더라도, 즉 고의가 없더라도 제재사유는 성립한다고 본다.[3] 다만, 단순한 착오나 오기로 사실과 다른 서류가 작성·제출되었고, 그러한 서류가 전체 계약에 미치는 실질적 영향이 적다면, 경쟁의 공정한 집행을 저해할 염려가 없다고 판단할 여지는 있다.[4] 대법원은 허위서류 제출을 판단할 때 계약체결 경위와 그 내용, 허위서류 작성과 제출 경위, 허위서류 내용, 허위서류가 계약에서 차지하는 비중 등을 고려해야 한다고 본다.[5]

---

1) 대법원 2000. 10. 13. 선고 99두3201 판결.
2) 대법원 1998. 8. 21. 선고 98도1701 판결, 대법원 1999. 5. 14. 선고 99도206 판결, 대법원 2001. 4. 19. 선고 2000도1985 판결, 대법원 2007. 3. 30. 선고 2007도629 판결.
3) 대법원 2003. 9. 2. 선고 2002두5177 판결, 서울고등법원 2016. 12. 7. 선고 2016누38589 판결. 특히, 장훈기, 앞의 공공계약 부정당업자 제재제도 해설, 134쪽은 허위서류 제출에 반드시 고의가 필요하다고 전제한 뒤 만약 고의가 없으면 제재사유 자체가 아니라는 취지로 서술하지만, 일반적이라고 보기는 어려운 내용이다.
4) 서울행정법원 2012. 12. 20. 선고 2011구합43522 판결.
5) 대법원 2007. 11. 29. 선고 2006두16458 판결.

〔허위서류 제출 판단기준〕

상고이유를 판단한다.

1. 구 국가를 당사자로 하는 계약에 관한 법률(2012. 3. 21. 법률 제11377호로 개정되기 전의 것. 이하 '구 국가계약법'이라 한다) 제27조 제1항에서 부정당업자의 입찰참가자격을 제한하는 제도를 둔 취지는 국가를 당사자로 하는 계약에서 공정한 입찰 및 계약질서를 어지럽히는 행위를 하는 사람에 대하여 일정 기간 입찰참가를 배제함으로써 국가가 체결하는 계약의 성실한 이행을 확보함과 동시에 국가가 입게 될 불이익을 미연에 방지하기 위한 것이므로, 같은 법 시행령(2011. 12. 31. 대통령령 제23477호로 개정되기 전의 것) 제76조 제1항 제8호의 '허위서류를 제출한 자'에 해당하기 위해서는 구체적인 사안에서 계약체결의 경위와 그 내용, 허위서류의 작성 및 제출의 경위, 허위서류의 내용, 허위서류가 계약에서 차지하는 비중 등을 고려할 때 허위서류의 제출이 경쟁의 공정한 집행 또는 계약의 적정한 이행을 해할 염려가 있거나 기타 입찰에 참가시키는 것이 부적절하다고 인정되어야 한다(대법원 2007. 11. 29. 선고 2006두16458 판결 참조).

2. 원심판결 이유에 의하면, 원심은 ① 원심 판시 이 사건 계약과 같이 계약금액이 계약당사자 간 협의와 정산절차를 거쳐서 확정되는 개산계약에서 계약금액 정산을 위하여 제출되는 원심 판시 이 사건 작업일보는 계약의 주요 내용이나 계약 진행 여부의 판단에 영향을 미치지 아니하고 단지 일정 범위 내에서 계약금액 조정에만 관계되는 점, ② 피고는 계약상대방이 제출하는 정산자료를 계약금액에 모두 반영하여야 하는 것이 아니라 노무공수를 삭감하거나 예가율을 적용하여 조정할 수 있는 권한을 가지고 있는 점, ③ 피고는 원고 소속 연구원들의 노무량을 산정하면서 1일 노무시간을 8시간으로 한정함으로써 위 연구원들이 8시간을 초과하여 근무하더라도 그 초과시간은 노무비 산정에 반영되지 아니하도록 정해 놓은 점, ④ 이에 위 연구원들이 원심 판시 이 사건 사업을 위해 8시간 이상을 작업하였어도 이 사건 작업일보에는 8시간을 한도로 기재해 왔으므로, 해당 연구원이 하루에 실제로 8시간을 초과하여 근무하였을 가능성도 있고, 따라서 이 사건 작업일보와 원심 판시 이 사건 병행사업의 작업일보에 중복 기재되었다고 하여 이 사건 작업일보에 기재된 해당 연구원의 작업시간 전부가 허위 기재라고 단정할 수는 없는 점, ⑤ 위 연구원들은 이 사건 작업일보를 매일 작성하거나 정확히 작성하지 아니하고 1~2주 혹은 그 이상 기간의 작업내용을 몰아서 형식적으로 작성하기도 하였고, 피고 측에서는 실질적으로 이 사건 작업일보를 검증하지 아니한 채 1일 기준 8시간을 넘는 노무시간을 삭감하는 정도로만 정산관리를 해온 점, ⑥ 원고와 피고의 이 사건 작업일보의 작성 및 확인이 이처럼 부실하고 형식적으로 이루어지다 보니 이 사건 사업과 이 사건 병행사업의 작업일보 작성에 관한 체계적인 관리가 이루어지지 아니하였고, 위 두 사업은 서로 관련되어 있는 데다가 사업기간이 겹쳐 있어 두 작업을 동시에 수행하는 연구원들로서는 정확한 작업내용과 시간을 구분하여 작업일보를 작성하는 것이 용이하지 아니하였던 점 등 그 판시와 같은 사정을 들어, 이 사건 작업일보는 피고의 용인과 개산계약의 특성으로 인해 작업일보 기재가 사실상 형식화되어 있는 상황에서 원고 소속 연봉제 연구원들의 단순한 착오와 오기로 인하여 사실과 다르게 작성

된 것으로서 전체 계약에 미치는 영향이 경미하므로, 이 사건 작업일보의 중복 기재로 인하여 경쟁의 공정한 집행 또는 계약의 적정한 이행을 해칠 염려가 있거나 기타 입찰에 참가시키는 것이 부적법하다고 보기 어렵다는 이유로, 원심 판시 이 사건 처분이 위법하다고 판단하였다.

앞서 본 법리와 기록에 비추어 살펴보면, 원심의 위와 같은 판단은 정당하고, 거기에 논리와 경험의 법칙에 반하여 자유심증주의의 한계를 벗어나거나 구 국가계약법 제27조 제1항에 관한 법리를 오해한 잘못이 없다(대법원 2014. 12. 11. 선고 2013두26811 판결).

나) 고의 무효입찰

국가계약법 제27조 제1항 제9호 가목

입찰·계약 관련 서류를 위조 또는 변조하거나 입찰·계약을 방해하는 등 경쟁의 공정한 집행을 저해할 염려가 있는 자

국가계약법 시행령 제76조 제2항 제1호 나목

법 제27조 제1항 제9호 각 목 외의 부분에서 "대통령령으로 정하는 자"란 다음 각 호의 구분에 따른 자를 말한다.

1. 경쟁의 공정한 집행을 저해할 염려가 있는 자로서 다음 각 목의 어느 하나에 해당하는 자
   나. 고의로 무효의 입찰을 한 자. 다만, 입찰서상 금액과 산출내역서상 금액이 일치하지 않은 입찰 등 기획재정부령으로 정하는 입찰무효사유에 해당하는 입찰의 경우는 제외한다.

국가계약법 시행규칙 제75조의2

영 제76조 제2항 제1호 나목 단서에서 "입찰서상 금액과 산출내역서상 금액이 일치하지 않은 입찰 등 기획재정부령으로 정하는 입찰무효사유에 해당하는 입찰"이란 제44조 제1항 제6호 및 제6호의3에 따른 입찰을 말한다.

국가계약법 시행규칙 제76조 별표2

2. 개별기준

입찰참가자격 제한사유	제재기간
11. 영 제76조 제2항 제1호 나목에 해당하는 자(고의로 무효의 입찰을 한 자)	6개월

여기서 고의란 입찰무효 요건이 되는 구체적인 의무위반사실을 인식하면서도 감히 그와 같은 의무위반행위를 하는 것을 말하지만, 입찰을 무효로 하려는 목적이 필요하지는 않

다.[1] 고의는 행위자의 내심상태이기 때문에 입찰 동기, 목적, 경위, 방법, 결과 등을 종합적으로 고려하여 판단할 수밖에 없다. 국가계약에서 입찰무효 사유는 국가계약법 시행령 제39조 제4항, 같은 법 시행규칙 제44조, 공사입찰유의서 제15조 등에서 규정하는데, 법은 해당 입찰무효 사유 중 산출내역서 제출 관련 국가계약법 시행규칙 제44조 제1항 제6호, 등록사항 변경 관련 국가계약법 시행규칙 제6조의3을 입찰참가자격제한 사유에서 제외한다(국가계약법 시행규칙 제75조의2 참조). 다만, 지방계약법은 그와 같은 예외를 인정하지 않는다.

다) 입찰참가 방해, 낙찰자의 계약체결·이행 방해

국가계약법 제27조 제1항 제9호 가목

입찰·계약 관련 서류를 위조 또는 변조하거나 입찰·계약을 방해하는 등 경쟁의 공정한 집행을 저해할 염려가 있는 자

국가계약법 시행령 제76조 제2항 제1호 라목

법 제27조 제1항 제9호 각 목 외의 부분에서 "대통령령으로 정하는 자"란 다음 각 호의 구분에 따른 자를 말한다.

1. 경쟁의 공정한 집행을 저해할 염려가 있는 자로서 다음 각 목의 어느 하나에 해당하는 자
   라. 입찰참가를 방해하거나 낙찰자의 계약체결 또는 그 이행을 방해한 자

국가계약법 시행규칙 제76조 별표2

2. 개별기준

입찰참가자격 제한사유	제재기간
12. 영 제76조 제2항 제1호 라목에 해당하는 자(입찰참가를 방해하거나 낙찰자의 계약체결 또는 그 이행을 방해한 자)	3개월

(1) 취지와 구분

위 규정은 입찰이나 낙찰자의 계약체결·이행을 방해하는 행위를 제재하려는 취지이기 때문에, 수의계약에는 적용하지 않는다고 본다. 위반행위 유형은 입찰참가를 방해한 자, 낙찰자의 계약체결을 방해하거나 그 계약이행을 방해한 자로 나눈다.

(2) 입찰참가 방해

여기서 입찰참가란 입찰참가신청, 입찰서 제출까지 포함하는 개념이다. 또한, 방해란 위

---

1) 대법원 1986. 10. 14. 선고 84누314 판결.

계나 위력 그 밖에 어떤 방법을 불문하고 입찰에 참가하려는 사람을 참가하지 못하도록 하는 행위를 말하며, 방해행위가 있으면 충분하고, 현실적으로 그 방해행위를 한 결과가 발생할 필요는 없다.[1] 가령, 입찰장소 주변을 에워싸고 출입을 막는 행위나 입찰참가신청서, 입찰서 송달을 막는 경우가 이에 해당한다. 문언상 입찰에 참가하려는 사람이 아닌 발주기관의 입찰업무를 방해하는 경우에는 적용하기 곤란하다.

(3) 낙찰자의 계약체결·이행 방해

낙찰자의 계약체결이나 그 이행을 방해한 행위란 낙찰자 결정 이후 낙찰자가 계약을 체결하거나 이행하는 것을 막는 행위를 말한다. 다만, 적격심사낙찰제, 종합심사낙찰제에서 심사과정, 협상에 의한 계약이나 경쟁적 대화에 의한 계약에서 제안서 평가과정, 기술제안입찰에서 기술제안서 평가과정 등은 그 심사나 평가 대상자가 낙찰자로 결정된 상태가 아니기 때문에, 각 심사 등 절차에서 심사 등 대상자를 방해했더라도 위 규정을 적용하여 제재하기는 어렵다.[2] 마찬가지로, 수의계약은 입찰이나 낙찰이라는 개념이 없으므로, 수의계약 대상자가 견적서를 제출하거나 계약체결, 이행할 때 그를 방해한 자는 위 규정에 따라 제재하기 곤란하다.

3) 계약의 적정한 이행을 해칠 염려가 있는 자

가) 정당한 이유 없이 계약을 체결·이행하지 않거나 주요조건 위반

국가계약법 제27조 제1항 제9호 나목

정당한 이유 없이 계약의 체결 또는 이행 관련 행위를 하지 아니하거나 방해하는 등 계약의 적정한 이행을 해칠 염려가 있는 자

국가계약법 시행령 제76조 제2항 제2호 가목

법 제27조 제1항 제9호 각 목 외의 부분에서 "대통령령으로 정하는 자"란 다음 각 호의 구분에 따른 자를 말한다.

2. 계약의 적정한 이행을 해칠 염려가 있는 자로서 다음 각 목의 어느 하나에 해당하는 자
   가. 정당한 이유 없이 계약을 체결 또는 이행(제42조 제5항에 따른 계약이행능력심사를 위하여 제출한 하도급관리계획, 외주근로자 근로조건 이행계획에 관한 사항의 이행과 제72조 및 제72조의2에 따른 공동계약에 관한 사항의 이행을 포함한다)하지 아니하거나 입찰공고와 계약서에 명시된 계약의 주요조건(입찰공고와 계약서에 이행을 하지 아니하였을 경우 입찰참가자격 제한을 받을 수 있음을 명시한 경우에 한정한다)을 위반한 자

1) 대법원 1967. 12. 29. 선고 67도1195 판결.
2) 장훈기, 앞의 공공계약 부정당업자 제재제도 해설, 146쪽.

국가계약법 시행규칙 제76조 별표2

2. 개별기준

입찰참가자격 제한사유	제재기간
13. 영 제76조 제2항 제2호 가목에 해당하는 자	
가. 계약을 체결 또는 이행(하자보수의무의 이행을 포함한다)하지 않은 자	6개월
나. 공동계약에서 정한 구성원 간의 출자비율 또는 분담내용에 따라 시공하지 않은 자	
1) 시공에 참여하지 않은 자	3개월
2) 시공에는 참여하였으나 출자비율 또는 분담내용에 따라 시공하지 않은 자	1개월
다. 계약상의 주요조건을 위반한 자	3개월
라. 영 제52조 제1항 단서에 따라 공사이행보증서를 제출해야 하는 자로서 해당 공사이행보증서 제출의무를 이행하지 않은 자	1개월
마. 영 제42조 제5항에 따른 계약이행능력심사를 위하여 제출한 사항을 지키지 않은 자	
1) 외주근로자 근로조건 이행계획에 관한 사항을 지키지 않은 자	3개월
2) 하도급관리계획에 관한 사항을 지키지 않은 자	1개월

(1) 유형

위 규정은 정당한 이유 없이 ① 계약을 체결하지 않은 자, ② 계약을 이행하지 않은 자, ③ 입찰공고와 계약서에 명시된 계약의 주요조건을 위반한 자를 제재하도록 규정한다.

(2) 정당한 이유 없이

정당한 이유란 계약상대자가 계약을 이행하지 않은 것에 책임 있는 사유가 없어 그 책임을 계약상대자가 부담하는 것이 부당한 경우를 의미한다.[1] 가령, 천재·지변, 화재, 전화 그 밖에 재해, 도난 등 불이행 결과를 계약상대자 책임으로 돌릴 수 없는 사유가 있거나 계약이행을 상대방에게 기대하는 것이 어렵다고 인정되는 사유가 있는 경우나[2] 천재지변이나 예상하지 못한 돌발사태 등을 포함하여 명백한 객관적인 사유에 따른 경우를 말한다.[3] 그러나 원칙적으로 자금사정, 파산, 해산, 부도, 법정관리, 워크아웃 등은 정당한 이유라고 보기 어렵고, 지진, 해일, 태풍과 같은 불가항력은 정당한 이유에 해당할 수 있지만, 화재는 사람의 힘으로 막을 수 없는 천재·지변에 준하는 것이라면 정당한 이유라 하겠으나, 시설관리 소홀 등 과실로 발생한 화재라면 여기서 말하는 천재·지변에 준하는 사유로 보기 어렵다. 다만, 공사계약일반조건 제32조 제1항, 용역계약일반조건 제24조 제1항은 태풍, 홍수, 그 밖에 악천후, 전쟁, 사변, 지진, 화재, 전염병, 폭동 그 밖에 계약당사자의 통제범위를 벗어난 사태를 불가항력으로 정의하므로, COVID-19와 같은 전염병이 직접 원인으로 작용하여 계약체결이나 이행을 할

1) 서울행정법원 2013. 10. 11. 선고 2013구합7032 판결.
2) 대법원 2007. 11. 15. 선고 2007도7482 판결.
3) 회계제도과-1116, 207. 6. 14.

수 없는 결과가 발생했다면, 불가항력으로 해석할 수 있다. 기획재정부 역시 COVID-19를 직접 원인으로 하는 계약불이행을 불가항력에 따른 것으로 보고 계약해제, 지체상금 몰수 등은 물론 입찰참가자격제한을 하지 않도록 하는 계약지침을 내린 바 있다. 또한, 발주기관이 입찰공고 전에 물품공급이나 기술지원협약을 먼저 체결해야 하지만, 이를 체결하지 않고 발주하는 바람에 계약상대자가 물품공급이나 기술지원을 받지 못해 계약을 체결하지 못하거나 이행하지 못하는 결과가 발생했다면, 이는 정당한 이유라고 해석해야 한다.

〔참고 판례〕

① 계약수행 중 뇌물수수 등이 있는 경우 계약해지 사유로 규정한 계약일반조건에 따라 해당 계약을 해지하고 정당한 이유 없이 계약을 이행하지 않았다는 사유로 입찰참가자격을 제한하였다면, 정당한 이유 없이 계약을 이행하지 아니한 경우에 해당한다 할 수 없으므로, 해당 제재처분은 위법하다(서울고등법원 1998. 10. 27. 선고 98누10419 판결). ☞ 주된 급부의무불이행이 아닌 부수적 의무불이행은 정당한 이유 없이 계약을 이행하지 아니한 자에 해당하지 않는다는 취지이다.

② 피고는 이 사건 물품의 국내독점판매권이 B사에 있다는 점을 알지 못하여, 이 사건 입찰공고 전에 제조사인 A사와 물품공급협약을 체결하지 않았고, 그러한 내용을 이 사건 입찰공고에 명시하여 낙찰자로 하여금 제조사로부터 물품공급서를 발급받을 수 있도록 하는 등 조치도 전혀 취하지 않았으므로, 비록 원고가 이 사건 계약에서 정한 납품기일까지 피고에게 이 사건 물품을 공급하지 못하였다고 하더라도 '정당한 이유 없이 계약을 이행하지 아니한 자'에 해당하지 않는다(대구지방법원 2014. 7. 18. 선고 2013구합3469 판결).

③ 계약상대자가 계약이행 중 회생절차개시결정을 받은 경우, 회생회사의 관리인이 채무자회생법 제119조 제1항이 정한 적법한 절차에 따라 해당 계약을 해지했다면, 계약불이행에 정당한 이유가 있다고 본 사례(서울고등법원 2014. 4. 30. 선고 2013누28130 판결). ☞ 다만, 명백성이 요건인 공공기관운영법을 적용한 사안으로, 국가계약법이나 지방계약법을 적용하여 제재하였을 때도 그대로 적용될지는 분명하지 않다.

(3) 계약을 체결하지 아니한 자

입찰절차에서 낙찰자로 선정되어 발주기관과 계약을 체결할 의무를 부담하고 있는데도 정당한 이유 없이 계약을 체결하지 않은 자를 말한다.

다만, 전자조달시스템을 이용하여 견적서를 제출해야 하는 수의계약에서도 계약상대자로 결정된 자가 정당한 이유 없이 계약을 체결하지 않을 경우, 이 사유를 근거로 제재할 수 있는지 논란이 있다. 그러나 국가계약법 시행령 제26조 제1항 제5호 가목에 따른 소액수의 계약을 체결할 때 최저가격으로 견적서를 제출한 자는 경쟁입찰의 낙찰자와 달리 계약을 체결할 의무가 발생한다고 보기 어려우므로, 해당 견적서 제출자는 위 규정을 근거로 제재할 수 없다.[1] 수의계약은 그 요건을 갖추었다 하더라도 수의계약 체결의무가 발생하지 않기 때문이다. 또한, 협상에 의한 계약에서 우선협상대상자가 협상을 포기하거나 협상이 성립되지 않았다면, 아직 낙찰자라 보기 어려우므로 계약체결 의무가 발생했다고 보기 곤란하다. 나아가 실시설계적격자에 불과한 자는 낙찰자가 아니기 때문에 계약체결 의무가 없으므로, 제재대상자에 해당하지 않는다.[2]

그러나 공동계약에서 공동수급체 구성원 중 일부가 정당한 이유 없이 계약을 체결하지 않았다면, 그 구성원은 입찰참가자격제한 대상에 해당한다. 공동계약운용요령 제6조 위반에 해당하기 때문이다. 그리고 국가계약법 시행령 제52조 제1항 단서에 따라 공사이행보증서를 제출해야 하는 자로서 공사이행보증서 제출의무를 이행하지 않아서 계약을 체결하지 못한 자도 포함되고, 여기에는 정당한 이유 없이 기한 안에 같은 보증서를 제출하지 못하여 계약을 체결하지 못한 경우도 포함된다.

한편, 대법원은 "원고의 대리인이 입찰금액을 60,780,000원으로 기재한다는 것이 착오로 금 6,078,000원으로 잘못 기재한 것은 시설공사 입찰유의서(재무부회계예규 1201, 04-101) 제10조 제10호가 정한 입찰서에 기재한 중요부분의 착오가 있는 경우에 해당되어 이를 이유로 즉시 입찰취소의 의사표시를 한 이상 피고(조달청장)는 본건 입찰을 무효로 선언함이 마땅하므로 원고가 이 사건 공사계약체결에 불응하였음에는 정당한 이유가 있다."고 하여,[3] 입찰서에 기재한 중요부분의 착오로 입찰서 제출을 취소하면, 해당 입찰서 제출 취소행위는 적법·유효하므로, 해당 취소자가 계약체결을 거부하더라도 제재할 수 없다고 본다.

(4) 계약을 이행하지 아니한 자

여기서 계약이행은 적격심사낙찰제에 따른 계약이행능력 심사를 위해 제출한 하도급관리계획, 외주근로자 근로조건 이행계획과 관련한 사항의 이행과 공동계약 관련 사항의 이행을 포함한다. 특히 공동계약 관련 사항을 이행하지 않은 자란 실제 시공에 참여해야 하는데도 이와 다르게 시공하거나 시공에 참여조차 하지 않은 자를 말하고, 이때는 제재사유를 야기한 모두가 제재대상에 해당한다. 물론 공동계약은 지식기반사업의 공동계약까지 포함한다. 또한, 발주기관과 나머지 구성원 전원으로부터 동의를 받고 탈퇴한 자라 하더라도, 당초 계약한 내용대로 이행을 하지 않은 자라면 그 불이행에 정당한 이유가 있다고 볼 수 없으므로, 제재사유에 해당한다.

나아가 하자보수의무이행도 여기서 말하는 계약이행에 포함된다(국가계약법 시행규칙 별

1) 계약제도과-210, 2011. 3. 4.
2) 서울고등법원 2005. 9. 7. 선고 2003누9734 판결.
3) 대법원 1983. 12. 27. 선고 81누366 판결.

표2 제16호 가목).[1] 따라서 하자보수를 이행하지 않은 자에게는 하자보수보증금을 몰수하거나 하자보수보증금으로 하자보수를 마쳤더라도 위반행위 경중에 따라 제재할 수 있다.

특히 '계약을 이행하지 아니한 자'란 민법상 채무불이행을 말하기 때문에, 이행지체, 이행불능, 불완전이행을 모두 포함하고, 계약내용 전부뿐만 아니라 일부를 이행하지 않은 경우까지 포함한다. 그러나 모든 채무불이행을 대상으로 무조건 입찰참가자격을 제한하는 것은 비례원칙에 위반될 가능성이 있으므로, 개별적이고 구체적인 사안에서 계약 내용, 체결 경위, 이행과정 등을 고려하여 채무불이행에 정당한 이유가 없고, 그것이 경쟁의 공정한 집행이나 계약의 적정한 이행을 해할 염려가 있거나 그 밖에 입찰에 참가시키는 것이 부적법한 경우에 한정하여 입찰참가자격을 제한해야 한다.[2]

특히 채무불이행 중 불완전이행은 하자담보책임과 경합할 수 있으므로[3], 불완전이행에 대한 제재 근거는 국가계약법 제27조 제1항 제1호와 같은 법 시행령 제76조 제2항 제2호 가목이 모두 적용될 수도 있으며, 그런 경우에는 제재기간 중 가장 길게 정한 기간을 적용하면 된다. 대법원은 과거 공사를 약정준공기일보다 1개월 또는 17일 지연한 이행지체 사례에서 예산회계법령상 '정당한 이유 없이 계약을 이행하지 아니한 때'에 해당한다고 보았는데[4], 실무에서는 단순한 이행지체를 이유로 입찰참가자격제한까지 하는 경우는 드물다. 생각건대 지체상금 등 손해배상으로 국가가 이행지체에 따른 손해를 전보할 수 있고, 이행지체로 말미암아 계약목적 달성에 중대한 문제가 생기지 않았으며, 별도로 계약해제·해지를 하지 않아서 향후 계약이행에도 차질을 빚지 않는 경우라면, 단순 이행지체만으로 제재하는 것은 재량권 일탈·남용의 가능성이 있다.

한편, 계약을 이행하지 않은 자는 주된 급부의무를 이행하지 않은 자로 제한 해석할 필요가 있다. 여기서 주된 급부의무란 해당 의무가 계약 목적 달성을 위해 필요불가결하고 이를 이행하지 않으면 계약 목적을 달성하지 못하여 발주기관이 계약을 체결하지 않았으리라고 여겼을 정도인 것을 말한다.[5] 만약 주된 급부의무가 아닌 부수적 의무위반 등이 발생한 사안에서는 아래 입찰공고와 계약서에 명시된 계약의 주요조건 위반에 해당하는 경우에만 제재하도록 운영할 필요가 있다.[6]

---

1) 지방계약법 시행령 제92조 제1항 제6호의 계약을 체결한 후 계약이행을 하지 않은 자에 하자보수의무를 이행하지 않은 자도 포함된다는 대법원 2012. 2. 23. 선고 2011두16117 판결 참조.
2) 대법원 2007. 11. 29. 선고 2006두16458 판결.
3) 대법원 2004. 7. 22. 선고 2002다51586 판결.
4) 대법원 1991. 11. 22. 선고 91누551 판결.
5) 대법원 1994. 12. 22. 선고 93다2766 판결.
6) 비슷한 취지로, 윤대해, 앞의 책, 328쪽도 참조.

(5) 입찰공고와 계약서에 명시된 계약의 주요조건을 위반한 자

국가계약법 시행령 제76조 제2항 제2호 가목은 입찰공고와 계약서에 일정한 계약조건을 이행하지 않으면 입찰참가작격제한을 받을 수 있다고 명시한 사항만 계약의 주요조건이라고 규정한다. 그러나 지방계약법은 그와 같은 제한이 없으므로, 입찰공고와 계약서에 명시하지 않은 사항 위반도 제재대상인 계약조건 위반에 해당할 수 있다. 어쨌든 국가계약에서 입찰공고나 계약서 중 어느 하나에만 명시한 사항의 위반은 제재사유에 해당하지 않고, 입찰공고와 계약서 모두에 '만약 이행하지 않으면 입찰참가자격제한을 받을 수 있다.'고 명시한 사항을 위반한 경우에만 계약의 주요조건 위반에 해당한다. 기획재정부는 별도 입찰공고가 없는 수의계약에서 계약상대자가 계약서에 명시된 주요조건을 위반한 사안에서, "입찰공고와 계약서 모두에 계약의 주요조건과 함께 해당 조건을 이행하지 않으면 입찰참가자격제한을 받는다는 사실을 명시하지 않은 경우에는 입찰공고와 계약서에 명시된 계약의 주요조건을 위반한 자로 제재할 수 없다."고 해석한다. 대법원 역시 같은 취지로, "공기업·준정부기관이 입찰을 거쳐 계약을 체결한 상대방에 대해 위 규정들에 따라 계약조건 위반을 이유로 입찰참가자격제한처분을 하기 위해서는 입찰공고와 계약서에 미리 계약조건과 그 계약조건을 위반할 경우 입찰참가자격 제한을 받을 수 있다는 사실을 모두 명시해야 한다. 계약상대방이 입찰공고와 계약서에 기재되어 있는 계약조건을 위반한 경우에도 공기업·준정부기관이 입찰공고와 계약서에 미리 계약조건을 위반할 경우 입찰참가자격이 제한될 수 있음을 명시해두지 않았다면, 위 규정들을 근거로 입찰참가자격제한처분을 할 수 없다."고 판결했다.[1)]

한편, 계약의 주요조건이란 주된 급부의무는 아니지만, 계약이행에 필요한 부수적 의무를 지칭한다고 본다. 가령, 직접생산의무는 주된 급부의무는 아닐지라도 주요조건에 해당할 수 있다.[2)]

〔지방계약법 제33조의 입찰 및 계약체결의 제한규정을 위반하여 계약을 체결한 자〕

지방자치단체를 당사자로 하는 계약에 관한 법률(이하 '지방계약법'이라 한다) 제33조는 지방자치단체를 당사자로 하는 계약에 관하여 영향력을 행사할 수 있는 자들의 계약 체결을 제한하여 계약의 체결 및 이행과정에서 부당한 영향력을 행사할 수 있는 여지를 사전에 차단함으로써 투명성을 높이려는 것이므로, 체결을 금지하는 대상 계약의 범위는 명확하여야 하고, 이를 위반한 부정당업자에

1) 대법원 2021. 11. 11. 선고 2021두43491 판결.

2) 다만, 최근 하급심은 직접생산조건이나 의무는 단순히 계약이행방법에 부과된 특수조건이 아니라 중소기업자간 경쟁입찰에 참여하기 위한 기본적이고 필수적인 요건으로서 계약의 성립이나 체결의 전제라 볼 수 있기 때문에 그 계약의 목적은 단순한 '물품 구매'가 아니라 '중소기업자가 직접 생산한 물품의 구매'라고 했다(대전지방법원 2021. 1. 14. 선고 2019나101371 판결).

대한 입찰참가자격 제한은 엄격하게 집행될 필요가 있는 점, 지방계약법은 지방자치단체는 수의계약에 부칠 사항에 대하여도 미리 예정가격을 작성하도록 하고(제11조 제1항), 지방자치단체를 당사자로 하는 계약에 관한 법률 시행령은 지방자치단체의 장 또는 계약담당자는 수의계약을 체결하려는 경우에는 원칙적으로 2인 이상으로부터 견적서를 받도록 하고(제30조 제1항), 견적제출자의 견적가격과 계약이행능력 등 안전행정부장관이 정하는 기준에 따라 수의계약대상자를 결정하도록 규정하는 등(같은 조 제5항) 지방자치단체가 수의계약을 하는 경우에도 공정성과 투명성을 확보하기 위하여 경쟁입찰에 부치는 경우와 유사한 절차를 취하도록 하고 있는 점 등에 비추어 보면, 지방자치단체는 지방계약법 제33조 제2항 각 호에 해당하는 사업자를 계약상대자로 하여서는 어떤 내용의 수의계약도 체결할 수 없고, 계약상대자의 부당한 영향력 행사의 가능성을 개별적으로 심사하여 수의계약 체결 여부를 결정할 수 있다거나, 경쟁입찰방식을 일부 혼합한 절차를 거친다고 하여 수의계약을 체결하는 것이 허용되는 것은 아니다(대법원 2014. 5. 29. 선고 2013두7070 판결).

나) 조사설계금액, 원가계산금액 부적정 산정

| 국가계약법 제27조 제1항 제9호 나목 |

정당한 이유 없이 계약의 체결 또는 이행 관련 행위를 하지 아니하거나 방해하는 등 계약의 적정한 이행을 해칠 염려가 있는 자

| 국가계약법 시행령 제76조 제2항 제2호 나목 |

법 제27조 제1항 제9호 각 목 외의 부분에서 “대통령령으로 정하는 자”란 다음 각 호의 구분에 따른 자를 말한다.

2. 계약의 적정한 이행을 해칠 염려가 있는 자로서 다음 각 목의 어느 하나에 해당하는 자
    나. 조사설계용역계약 또는 원가계산용역계약에 있어서 고의 또는 중대한 과실로 조사설계금액이나 원가계산금액을 적정하게 산정하지 아니한 자

| 국가계약법 시행규칙 제76조 별표2 |

2. 개별기준

입찰참가자격 제한사유	제재기간
14. 영 제76조 제2항 제2호 나목 또는 다목에 해당하는 자	
가. 고의에 의한 경우	6개월
나. 중대한 과실에 의한 경우	3개월

발주기관과 조사설계용역계약이나 원가계산용역계약을 체결한 자가 고의나 중대한 과

실로 조사설계금액이나 원가계산금액을 적정하게 산정하지 않은 경우에는 위 규정에 따라 제재를 받는다. 조사설계용역계약이나 원가계산용역계약으로 한정하므로, 그 밖에 다른 용역계약에서 부적절하게 금액을 산정한 자는 제재사유에 해당하지 않는다. 가령, 발주기관이 계약금액을 사후정산하는 조건으로 행사대행용역을 협상에 의한 계약으로 체결했는데, 계약상대자가 사후정산을 하면서 계약금액을 과다계상하여 청구했다 하더라도, 위 규정에 따라 제재할 수 없다.[1]

부적정한 금액산정이라는 추상적인 기준으로 제재 범위가 지나치게 확대되는 것을 방지하기 위해, 고의나 중대한 과실이라는 주관적 요건을 요구하므로, 경미한 과실로 금액을 적정하게 산정하지 못한 자에게는 제재할 수 없다. 고의란 구체적인 의무위반사실을 인식하면서도 의무위반을 하더라도 어쩔 수 없다고 용인하는 내심 상태를 말하고, 중대한 과실이란 약간만 주의를 기울였다면 쉽게 결과 발생을 예견할 수 있었는데도 만연히 이를 게을리하여 고의에 가깝게 현저히 주의를 결여한 상태를 말한다.

다) 타당성조사 부실수행에 따른 발주기관 손해

ı 국가계약법 제27조 제1항 제9호 나목 ı

정당한 이유 없이 계약의 체결 또는 이행 관련 행위를 하지 아니하거나 방해하는 등 계약의 적정한 이행을 해칠 염려가 있는 자

ı 국가계약법 시행령 제76조 제2항 제2호 다목 ı

법 제27조 제1항 제9호 각 목 외의 부분에서 "대통령령으로 정하는 자"란 다음 각 호의 구분에 따른 자를 말한다.

2. 계약의 적정한 이행을 해칠 염려가 있는 자로서 다음 각 목의 어느 하나에 해당하는 자
   다. 건설기술진흥법 제47조에 따른 타당성 조사 용역의 계약에서 고의 또는 중대한 과실로 수요예측 등 타당성 조사를 부실하게 수행하여 발주기관에 손해를 끼친 자

ı 국가계약법 시행규칙 제76조 별표2 ı

2. 개별기준

입찰참가자격 제한사유	제재기간
14. 영 제76조 제2항 제2호 나목 또는 다목에 해당하는 자	
가. 고의에 의한 경우	6개월
나. 중대한 과실에 의한 경우	3개월

---

1) 회계제도과-361, 2005. 2. 21.

발주기관은 건설공사 시행계획을 수립하기 전에 종합적인 측면에서 적정성을 검토하기 위해 건설기술진흥법 제47조에 따라 건설기술용역업자와 타당성 조사용역계약을 체결해야 한다. 이때, 건설기술용역업자가 고의나 중대한 과실로 수요예측 등 타당성 조사를 부실하게 수행하여 발주기관에 손해를 끼쳤다면 제재사유에 해당한다. 적정한 타당성 조사를 담보하여 국가재정 손실을 방지하려는 취지이다.

위 규정은 건설기술진흥법에 따른 타당성 조사 용역만을 대상으로 하며, 수요예측의 적정성이라는 추상적인 기준을 보완하기 위해 고의나 중대한 과실과 발주기관의 손해라는 요건을 추가로 요구한다. 부실한 타당성 조사와 발주기관 손해발생 사이에는 상당인과관계가 있어야 한다.

건설기술진흥법에 따르면, 발주청은 타당성을 조사하는 과정에서 수요예측과 이용실적의 차이가 100분의 30 이상인 경우 건설엔지니어링사업자의 고의나 중과실 여부를 조사해야 하고, 이에 따라 발주기관에게 손해를 끼친 사실을 확인하면 관할 시·도지사에게 사업자에 대한 영업정지처분 등 조치를 요구할 수 있다. 이러한 과정에 따라 제재사유가 확인된다.

라) 감독·검사 직무수행 방해

국가계약법 제27조 제1항 제9호 나목

정당한 이유 없이 계약의 체결 또는 이행 관련 행위를 하지 아니하거나 방해하는 등 계약의 적정한 이행을 해칠 염려가 있는 자

국가계약법 시행령 제76조 제2항 제2호 라목

법 제27조 제1항 제9호 각 목 외의 부분에서 "대통령령으로 정하는 자"란 다음 각 호의 구분에 따른 자를 말한다.

2. 계약의 적정한 이행을 해칠 염려가 있는 자로서 다음 각 목의 어느 하나에 해당하는 자
   라. 감독 또는 검사에 있어서 그 직무의 수행을 방해한 자

국가계약법 시행규칙 제76조 별표2

2. 개별기준

입찰참가자격 제한사유	제재기간
15. 영 제76조 제2항 제2호 라목에 해당하는 자(감독 또는 검사에 있어서 그 직무의 수행을 방해한 자)	3개월

발주기관 등은 계약체결 후 계약이행 과정에서 적절한 이행을 담보하기 위해 감독·검사업무를 수행하는데(국가계약법 제13조, 제14조, 같은 법 시행령 제55조부터 제57조까지 참조), 그 직무수행을 방해한 자는 제재대상자에 해당한다. 여기서 감독이란 계약을 적절하게 이행하도록 관리·지시하는 것을, 검사란 계약상대자가 계약의 전·일부를 제대로 이행했는지 확인하는 것을 말한다. 그리고 방해란 직무집행 자체를 직접 방해하는 행위뿐만 아니라 널리 직무수행에 장애를 가져올 위험을 초래하는 행위를 포함한다. 따라서 직무수행 방해라는 결과가 실제로 발생하지 않더라도 위 규정에 따른 제재사유는 성립한다.

마) 건설사업관리기술인 위법·부당한 교체

국가계약법 제27조 제1항 제9호 나목

정당한 이유 없이 계약의 체결 또는 이행 관련 행위를 하지 아니하거나 방해하는 등 계약의 적정한 이행을 해칠 염려가 있는 자

국가계약법 시행령 제76조 제2항 제2호 마목

법 제27조 제1항 제9호 각 목 외의 부분에서 “대통령령으로 정하는 자”란 다음 각 호의 구분에 따른 자를 말한다.

2. 계약의 적정한 이행을 해칠 염려가 있는 자로서 다음 각 목의 어느 하나에 해당하는 자
   마. 시공 단계의 건설사업관리 용역계약 시 「건설기술진흥법 시행령」 제60조 및 계약서 등에 따른 건설사업관리기술인 교체 사유 및 절차에 따르지 아니하고 건설사업관리기술인을 교체한 자

국가계약법 시행규칙 제76조 별표2

2. 개별기준

입찰참가자격 제한사유	제재기간
16. 영 제76조 제2항 제2호 마목에 해당하는 자(시공 단계의 건설사업관리 용역계약 시 「건설기술진흥법 시행령」 제60조 및 계약서 등에 따른 건설사업관리기술자 교체 사유 및 절차에 따르지 않고 건설사업관리기술자를 교체한 자)	8개월

시공 단계에서 건설사업관리를 수행하는 건설사업관리용역업자는 해당 건설공사 규모와 공종에 적합하다고 인정하는 건설기술인을 건설사업관리 업무에 배치해야 하고, 책임건설사업관리기술인을 건설공사 규모 등을 고려해 건설기술진흥법 시행규칙 제35조에서 정한 기준에 따라 배치해야 한다(건설기술진흥법 시행령 제60조 제1항). 또한, 발주기관은 감독권한

대행 등 건설사업관리를 통합하여 시행하는 경우 배치기준 이하로 조정하여 배치할 수 있고, 공사예정가격의 70% 미만으로 낙찰된 공사의 시공단계에 건설사업관리기술인을 배치하는 경우 국토교통부장관이 정한 기준 이상으로 늘려 배치해야 한다(건설기술진흥법 시행령 제60조 제3항). 이와 관련해 국가계약법 시행령 제54조 제2항은 그 배치기준의 50% 범위에서 추가하여 배치할 수 있도록 규정한다. 발주기관은 이미 배치되었거나 배치될 건설사업관리기술인이 해당 건설공사의 건설사업관리 업무 수행에 적합하지 않다고 인정하면 그 이유를 구체적으로 밝혀 건설사업관리용역사업자에게 건설사업관리기술인 교체를 요구할 수 있고, 건설사업관리용역사업자가 스스로 건설사업관리기술인을 교체하려는 경우 미리 발주기관으로부터 승인을 받아야 한다(건설기술진흥법 시행령 제60조 제4항).

이와 같은 건설기술진흥법 시행령 제60조와 계약서 등에서 정한 건설사업관리기술인 교체사유와 그 절차에 따르지 않고 건설사업관리기술인을 부당하게 교체한 건설사업관리용역업자는 제재대상자에 해당한다. 부정한 방법으로 건설사업관리기술자를 교체하여 발생하는 부실감리를 방지하고, 부실공사를 억제하려는 취지이다. 즉, 법령상 교체사유, 절차, 계약서상 교체사유, 절차 등을 따르지 않고 건설사업관리기술자를 교체한 자를 제재하기 위한 것이다.

4) 입찰에 참가시키는 것이 적합하지 않다고 인정되는 자

가) 안전대책 소홀로 공중에 위해

국가계약법 제27조 제1항 제9호 다목

다른 법령을 위반하는 등 입찰에 참가시키는 것이 적합하지 아니하다고 인정되는 자

국가계약법 시행령 제76조 제2항 제3호 가목

법 제27조 제1항 제9호 각 목 외의 부분에서 “대통령령으로 정하는 자”란 다음 각 호의 구분에 따른 자를 말한다.

3. 다른 법령을 위반하는 등 입찰에 참가시키는 것이 적합하지 아니하다고 인정되는 자로서 다음 각 목의 어느 하나에 해당하는 자
   가. 계약을 이행하면서 안전대책을 소홀히 하여 공중에게 위해를 가한 자

국가계약법 시행규칙 제76조 별표2

2. 개별기준

입찰참가자격 제한사유	제재기간
17. 영 제76조 제2항 제3호 가목에 해당하는 자	
가. 안전대책을 소홀히 하여 사업장 근로자 외의 공중에게 생명·신체상의 위해를 가한 자	1년
나. 안전대책을 소홀히 하여 사업장 근로자 외의 공중에게 재산상의 위해를 가한 자	6개월

계약을 이행하면서 안전대책을 소홀히 하여 공중에게 위해를 가한 자는 제재사유에 해당한다. 여기서 안전대책이란 재난 및 안전관리 기본법이나 시공관련 개별법, 계약서 등에서 규정한 것으로서, 안전사고를 방지하려는 계획이나 조치를 말한다. 따라서 안전대책을 소홀히 했다는 의미는 계약이행 과정에서 발생할 우려가 있거나 발생가능성이 있는 안전사고를 방지하기 위해 관련법령이나 계약서 등에서 정한 계획을 적절히 수립하지 않거나 그에 필요한 조치를 적절히 취하지 않고 게을리한 경우를 말한다. 공중에게 위해를 가한 자란 사업장 근로자가 아닌 불특정·특정 다수인의 생명, 신체, 재산에 위협이나 피해를 끼친 자를 말한다.

다만, 공중이 아닌 사업장 근로자에게 위해가 발생한 경우에는 산업안전보건법이 적용되고, 그에 따른 입찰참가자격제한 근거는 국가계약법 제27조 제1항 제8호와 이에 따른 국가계약법 시행령 제76조 제1항이다.

국가계약법 시행규칙 제76조 별표2에 따르면, 안전대책을 소홀히 하여 사업장 근로자 외의 공중에게 생명·신체상의 위해를 가한 자와 재산상의 위해를 가한 자를 구분하고 있다.

나) 누출금지정보 무단누출

국가계약법 제27조 제1항 제9호 다목

다른 법령을 위반하는 등 입찰에 참가시키는 것이 적합하지 아니하다고 인정되는 자

국가계약법 시행령 제76조 제2항 제3호 나목

법 제27조 제1항 제9호 각 목 외의 부분에서 “대통령령으로 정하는 자”란 다음 각 호의 구분에 따른 자를 말한다.

3. 다른 법령을 위반하는 등 입찰에 참가시키는 것이 적합하지 아니하다고 인정되는 자로서 다음 각 목의 어느 하나에 해당하는 자

나. 전자정부법 제2조 제13호에 따른 정보시스템의 구축 및 유지·보수 계약의 이행과정에서 알게 된 정보 중 각 중앙관서의 장 또는 계약담당공무원이 누출될 경우 국가에 피해가 발생할 것으로 판단하여 사전에 누출금지정보로 지정하고 계약서에 명시한 정보를 무단으로 누출한 자

국가계약법 시행규칙 제76조 별표2

2. 개별기준

입찰참가자격 제한사유	제재기간
18. 영 제76조 제2항 제3호 나목에 해당하는 자(「전자정부법」 제2조 제13호에 따른 정보시스템의 구축 및 유지·보수 계약의 이행과정에서 알게 된 정보 중 각 중앙관서의 장 또는 계약담당공무원이 누출될 경우 국가에 피해가 발생할 것으로 판단하여 사전에 누출금지정보로 지정하고 계약서에 명시한 정보를 무단으로 누출한 자)	
가. 정보 누출 횟수가 2회 이상인 경우	3개월
나. 정보 누출 횟수가 1회인 경우	1개월

전자정부법 제2조 제13호에 따른 정보시스템의 구축, 유지·보수 계약의 이행과정에서 알게 된 정보 중 누출될 경우 국가에 피해가 발생할 것으로 판단하여, 사전에 누출금지정보로 지정하고 계약서에 명시한 정보를 무단으로 누출한 자는 제재사유에 해당한다. 국가기관이 제3자에게 정보시스템 구축이나 유지, 보수 업무를 수행하게 할 때, 제3자가 누출금지정보를 인지하여 무단으로 누출할 염려가 있는데, 이를 예방하려는 취지이다. 국가계약법 시행규칙 제76조 별표2에 따르면 정보 누출 횟수가 1회인 경우 1개월, 2회 이상인 경우 3개월로 제재기간을 구분한다.

여기서 정보시스템이란 정보의 수집·가공·저장·검색·송신·수신, 그 활용과 관련되는 기기와 소프트웨어의 조직화된 체계를 말하고(전자정부법 제2조 제13호 참조), 무단누출은 발주기관으로부터 사전 동의나 승낙을 받지 않고 정보를 밖으로 새어 나가게 행위를 말한다. 특히 누출을 금지하는 정보는 단순히 누출되면 국가에 피해가 발생하는 정보가 아니라, 중앙관서의 장이나 계약담당공무원이 여러 사정을 고려해 사전에 누출금지정보로 지정하고 이를 계약서에 명시한 것을 뜻한다.

다) 정보시스템 등에 무허가 접속, 무단 정보수집 프로그램 설치 등

국가계약법 제27조 제1항 제9호 다목

다른 법령을 위반하는 등 입찰에 참가시키는 것이 적합하지 아니하다고 인정되는 자

국가계약법 시행령 제76조 제2항 제3호 다목

법 제27조 제1항 제9호 각 목 외의 부분에서 "대통령령으로 정하는 자"란 다음 각 호의 구분에 따른 자를 말한다.

3. 다른 법령을 위반하는 등 입찰에 참가시키는 것이 적합하지 아니하다고 인정되는 자로서 다음 각 목의 어느 하나에 해당하는 자
   다. 전자정부법 제2조 제10호에 따른 정보통신망 또는 같은 조 제13호에 따른 정보시스템(이하 이 목에서 "정보시스템등"이라 한다)의 구축 및 유지·보수 등 해당 계약의 이행과정에서 정보시스템등에 허가 없이 접속하거나 무단으로 정보를 수집할 수 있는 비(非)인가 프로그램을 설치하거나 그러한 행위에 악용될 수 있는 정보시스템등의 약점을 고의로 생성 또는 방치한 자

국가계약법 시행규칙 제76조 별표2

2. 개별기준

입찰참가자격 제한사유	제재기간
19. 영 제76조 제2항 제3호 다목에 해당하는 자(「전자정부법」 제2조 제10호에 따른 정보통신망 또는 같은 조 제13호에 따른 정보시스템(이하 이 호에서 "정보시스템등"이라 한다)의 구축 및 유지·보수 등 해당 계약의 이행과정에서 정보시스템등에 허가 없이 접속하거나 무단으로 정보를 수집할 수 있는 비인가 프로그램을 설치하거나 그러한 행위에 악용될 수 있는 정보시스템 등의 약점을 고의로 생성 또는 방치한 자)	2년

이 규정은 전자정부법 제2조 제10호에 따른 정보통신망이나 같은 조 제13호에 따른 정보시스템의 구축, 유지·보수 등 해당 계약이행 과정에서 정보시스템 등에 허가 없이 접속하거나 무단으로 정보를 수집할 수 있는 비(非)인가 프로그램을 설치하거나 그러한 행위에 악용될 수 있는 정보시스템 등의 약점을 고의로 생성하거나 방치한 행위를 제재한다. 이는 2016. 9. 2. 대통령령 제27475호로 새롭게 정한 내용으로, 2016. 9. 3. 이전에 체결된 국가계약이라면 시행일 당시 이행과정에 있는 것에도 적용된다(부칙 제27475호 제3조 제2항). 지방계약법에는 아직 도입되지 않은 제재사유이다.

여기서 정보통신망이란 전기통신기본법 제2조 제2호에 따른 전기통신설비를 활용하거나 전기통신설비와 컴퓨터, 컴퓨터 이용기술을 활용하여 정보를 수집·가공·저장·검색·송신·수신하는 정보통신체제를 말한다(전자정부법 제2조 제10호). 위반행위는 발주기관 허가 없이 정보시스템 등에 접속하는 행위, 무단으로 정보를 수집할 수 있는 인가받지 않은 프로그

램을 설치하는 행위, 위와 같은 행위에 악용될 수 있는 정보시스템 등의 약점을 고의로 생성·방치하는 행위를 포함한다.

제 3 절 입찰참가가격제한 방법과 기간

Ⅰ. 입찰참가자격제한 방법

1. 처분시점

가. 즉시

국가계약법 시행령은 부정당업자에게 '즉시' 입찰참가자격을 제한해야 한다고 규정하는 반면(국가계약법 시행령 제76조 제3항), 지방계약법 시행령은 부정당업자에게 '지체없이' 입찰참가자격을 제한해야 한다고 규정한다(지방계약법 시행령 제92조 제1항). 따라서 행정청은 부정당업자 제재사유를 확인하면 지체없이 대상자를 제재해야 하고, 처분시점을 임의로 조정할 수는 없다고 해석해야 한다. 다만, '즉시'나 '지체없이'는 훈시규정에 불과하므로, 행정청이 즉시 혹은 지체없이 처분하지 않았다는 이유만으로 해당 처분을 위법하다고 평가하기는 곤란하다.[1)]

실무에서는 계약담당자가 위반가능성을 인지하면, 조사 등을 진행하여 사실관계를 확정하고, 사전통지 등 절차와 아울러 법리 판단 등을 거쳐 계약심사협의회에 안건을 상정하며, 그 결과에 따라 위반자에게 최종 처분을 내린다. 다만, 이러한 단계를 모두 거치는 동안 어느 정도 시간이 흘렀다고 가정하더라도, 행정청이 부정당업자에게 향후 처분을 하지 않겠다고 표시하는 등 특별한 신뢰를 부여한 사실이 없고, 제척기간도 도과하지 않았다면, 처분권을 행사할 수 있다고 본다.

나. 형사법 위반행위(범죄행위)에 대한 처분시점

행정제재와 형사처벌은 완전히 다른 제도이므로, 부정당업자의 행위가 범죄를 구성하는 경우 검사가 이를 기소하거나 법원이 범죄 유무를 확정하는 판결을 내리기 전이라도, 처분청은 관련 증거에 기초하여 부정당업자에게 입찰참가자격을 제한할 수 있다.

1) 대법원 2013. 2. 14. 선고 2012두25101 판결.

〔행정처분과 형사처벌의 관계〕

행정처분과 형벌은 각각 그 권력적 기초, 대상, 목적이 다르다. 일정한 법규 위반 사실이 행정처분의 전제사실이자 형사법규의 위반 사실이 되는 경우에 동일한 행위에 관하여 독립적으로 행정처분이나 형벌을 부과하거나 이를 병과할 수 있다. 법규가 예외적으로 형사소추 선행 원칙을 규정하고 있지 않은 이상 형사판결 확정에 앞서 일정한 위반사실을 들어 행정처분을 하였다고 하여 절차적 위반이 있다고 할 수 없다(대법원 2017. 6. 19. 선고 2015두59808 판결).

2. 제척기간

가. 행정기본법

행정기본법 제23조 제1항은 제재처분의 제척기간을 규정하는데, 여기서 제척기간 제도란 법령등 위반행위가 종료된 날부터 5년이 지나면 해당 위반행위를 제재할 수 없는 것을 말한다. 다만, 거짓이나 그 밖에 부정한 방법으로 인·허가를 받거나 신고한 경우(행정기본법 제23조 제2항 제1호), 당사자가 인·허가나 신고의 위법성을 알고 있었거나 중대한 과실로 알지 못한 경우(행정기본법 제23조 제2항 제2호), 정당한 사유 없이 행정청의 조사·출입·검사를 기피·방해·거부하여 제척기간이 지난 경우(행정기본법 제23조 제2항 제3호), 제재처분을 하지 않으면 국민의 안전·생명, 환경을 심각하게 해치거나 해칠 우려가 있는 경우(행정기본법 제23조 제2항 제4호)에는 위와 같은 제척기간을 적용하지 않는다.

그러나 행정심판 재결이나 법원 판결에 따라 제재처분이 취소·철회된 경우에는 비록 제척기간이 도과했더라도 재결이나 판결이 확정된 날부터 1년(합의제 행정기관은 2년)이 지나기 전까지 그 취지에 따른 새로운 제재처분을 할 수 있고(행정기본법 제23조 제3항), 다른 법률에서 제1항이나 제3항의 기간보다 짧거나 긴 기간을 규정하고 있으면 그 법률에서 정하는 기간에 따라 제척기간을 적용한다(행정기본법 제23조 제4항).

행정기본법은 2021. 3. 23. 법률 제17979호로 제정되어 2021. 9. 24.부터 시행되었는데, 위 제척기간 조항은 공포된 날인 2021. 3. 23.부터 2년이 경과한 날인 2023. 3. 24.부터 시행되고(부칙 제1조), 시행일 이후 발생하는 위반행위부터 적용된다(부칙 제3조). 따라서 2023. 3. 24. 이전에 발생한 위반행위에는 행정기본법이 정한 제척기간 규정이 적용되지 않는다.

나. 국가계약법

1) 의의

국가계약법은 2016. 3. 2. 법률 제14038호 개정에 따라 제27조 제4항에 제척기간을 새롭게 규정했다. 즉, 국가계약법 제27조 제4항은 “각 중앙관서의 장은 제1항 각 호 행위가 종료된 때(제5호, 제6호의 경우에는 중소벤처기업부장관 또는 공정거래위원회로부터 요청이 있었던 때)부터 5년이 지난 경우에는 입찰참가자격을 제한할 수 없다. 다만, 제2호, 제7호의 행위에 대하여는 위반행위 종료일부터 7년으로 한다.”고 규정한다. 참고로, 지방계약법 역시 2018. 12. 24. 법률 제16042호 개정에 따라 제31조 제6항에 제척기간을 새롭게 규정했다. 그 밖에 법령은 제척기간을 별도로 규정하지 않지만, 공공기관운영법은 국가계약법을 준용하고(공공기관운영법 제39조 제3항, 계약사무규칙 제2조 제5항), 지방공기업법은 지방계약법 제31조를 준용하며(지방공기업법 시행령 제57조의8 제1항), 지방출자출연법 역시 지방계약법을 준용하므로(지방자치단체출자·출연기관법 시행령 제12조 제1항), 결과적으로 행정처분으로서 입찰참가자격 제한은 모두 제척기간이 적용된다.

2) 구분

국가계약법은 제재사유가 담합이나 뇌물이면 위반행위 종료일로부터 7년을, 그 밖에 사유이면 위반행위 종료일로부터 5년을 각 제척기간으로 규정한다. 다만, 공정거래위원회나 중소벤처기업부장관의 입찰참가자격제한 요청을 사유로 제재할 때는 해당 요청이 있었던 때로부터 5년을 제척기간으로 규정한다(국가계약법 제27조 제4항).

3) 구별개념

제척기간은 소멸시효와 구별해야 하는 개념이다. 소멸시효는 권리자가 권리를 행사할 수 있는데도 일정기간 권리를 행사하지 않는 경우 그 권리 소멸을 인정하는 민사상 제도인 반면, 제척기간은 법률에서 권리나 권한의 존속기간을 정한 제도이다. 제척기간은 소멸시효와 달리 중단이 없고, 확정판결에 따라 늘어나지도 않는다. 따라서 부정당업자 위반행위 종료일로부터 5년 또는 7년이 경과한 경우, 행정기본법 제23조 제2항, 제3항이 정하는 예외사유가 없는 이상, 행정청은 더 이상 처분할 수 없다.

4) 위반행위가 종료된 때

제척기간 기산점은 위반행위가 종료된 때이다. 다만, 위반행위가 종료된 때가 구체적으로 언제를 의미하는지 명확한 규정이 없으므로, 개별 사유에 맞게 구체적으로 판단하는 방법밖에는 없다고 생각된다.

〔담합의 위반행위 종료시점〕

독점규제 및 공정거래에 관한 법률 제19조 제1항 제1호에 정한 가격 결정 등의 합의와 그에 기초한 실행행위가 있었던 경우 '부당한 공동행위가 종료한 날'은 합의가 있었던 날이 아니라 합의에 기초한 실행행위가 종료한 날을 말한다. 따라서 합의에 참가한 일부 사업자가 부당한 공동행위를 종료하기 위해서는 다른 사업자에 대하여 합의에서 탈퇴하였음을 알리는 명시적 내지 묵시적인 의사표시를 하고 독자적인 판단에 따라 담합이 없었더라면 존재하였을 가격 수준으로 인하하는 등 합의에 반하는 행위를 하여야 한다. 또한 합의에 참가한 사업자 전부에 대하여 부당한 공동행위가 종료되었다고 하기 위해서는 합의에 참가한 사업자들이 명시적으로 합의를 파기하고 각 사업자가 각자의 독자적인 판단에 따라 담합이 없었더라면 존재하였을 가격 수준으로 인하하는 등 합의에 반하는 행위를 하거나 또는 합의에 참가한 사업자들 사이에 반복적인 가격 경쟁 등을 통하여 담합이 사실상 파기되었다고 인정되는 행위가 일정 기간 계속되는 등 합의가 파기되었다고 볼만한 사정이 있어야 한다(대법원 2015. 2. 12. 선고 2013두6169 판결, 대법원 2021. 1. 14. 선고 2019두59639 판결).

5) 관련 문제 : 소급적용

제척기간 제도를 처음 도입한 2016. 3. 2. 개정법률 제14038호 구 국가계약법은 공포 후 6개월이 경과한 날부터 시행한다는 부칙 조항만 있었을 뿐 적용례나 경과조치를 별도로 규정하지 않았다. 그런데 제척기간을 도입한 취지가 권리관계의 조속한 확정이라고 보면, 제척기간 규정은 시행일 이후에 발생한 제재사유 뿐만 아니라 시행일 이전에 발생한 제재사유에도 적용된다고 해석해야 한다. 법원 역시 제척기간 규정을 개정 법률 시행일 이전의 위반행위에도 소급하여 적용할 수 있다고 보았다.[1)]

〔제척기간 조항의 적용범위〕

피고는 공기업으로서 그 계약사무 등에 관하여는 공공기관운영법 제39조와 그 위임에 따라 제정된 계약사무규칙에 따라야 한다. 위 계약사무규칙은 2016. 9. 12. 기획재정부령 제571호로 개정되면서 '부정당업자에 대해서는 국가계약법 제27조에 따라 입찰참가자격을 제한할 수 있다(제15조).'고 규정함으로써 구 국가계약법 제27조 제4항에서 신설된 제척기간 조항을 적용하도록 하였다. 다만, 위 개정된 계약사무규칙의 부칙 제2조는 경과조치로써 '제15조의 개정규정에도 불구하고 이 규칙 시행 전에 한 행위에 따른 입찰참가자격의 제한에 대해서는 종전의 규정에 따른다.'는 제한을 두었다. 이 사건에서 '종전의 규정'에 해당하는 구 계약사무규칙이나 그 준용법령인 구 국가계약에 관한 법령에는 입찰참가자격제한처분에 관한 제척기간 조항이 없다가, 2016. 9. 3. 신설된 구 국가계약법 제27조 제4항의 시행에 따라 비로소 국가계약 등에 제척기간 제도가 도입되었다. 그러나 다음과 같은 이유에서 구 국가계약법 제27조 제4항에서 신설된 제척기간 규정은 이 사건과 같이 2016. 9. 2. 이전의 공기업계약 관련 부정당행위에 대하여 2016. 9. 3. 이후에 처분을 하는 경우에도 적용되어야

1) 대구고등법원 2018. 5. 4. 선고 2017누6113 판결.

할 것이다. 구 국가계약법 제27조 제4항의 제척기간 규정은, 종래 입찰참가자격제한 처분에 제척기간을 두지 않아 지나치게 오랜 기간 동안 입찰업체의 법적 지위를 불안정한 상태로 둠으로써 발생할 수 있는 기본권 침해 소지를 해소하려는 반성적 고려에서 신설된 것이고, 단순한 정책변경에 따라 개정된 것이 아니므로, 그 시행일 이전의 위반행위에 대하여 그 시행일 이후에 입찰참가자격제한 처분을 하는 경우에도 예외적으로 개정 법령을 적용하는 것이 타당하기 때문이다(대구고등법원 2018. 5. 4. 선고 2017누6113 판결). ☞ 대법원 2018. 9. 13. 선고 2018두46094 심리불속행 기각판결로 확정

3. 적용법령 선택

입찰참가자격 제한사유나 제한기준이 법령 개정에 따라 변경되었을 경우, 부칙에 별도 규정이 있다면 그에 따르면 된다. 그러나 부칙에 별다른 규정이 없을 때에는 구법과 신법 가운데 어떤 것을 적용해야 하는지 논란이 있을 수 있다. 특히 제재사유 발생 후에 근거 법령이 행위자에게 불리하게 개정된 경우에 문제된다. 그런데 대법원은, 제재적 행정처분은 위반행위 당시 법령을 적용해야 한다고 보며, 이러한 법리는 처분 당시 법령이 위반행위 당시 법령보다 행위자에게 유리하게 변경되었더라도 마찬가지라고 한다.[1] 그러나 행정기본법은 "법령등을 위반한 행위 후 법령등의 변경에 따라 그 행위가 법령등을 위반한 행위에 해당하지 않거나 제재처분 기준이 가벼워진 경우로서 해당 법령등에 특별한 규정이 없는 경우에는 변경된 법령등을 적용한다."고 규정한다(행정기본법 제14조 제3항).

Ⅱ. 입찰참가자격제한 기간

1. 제한기준 설정

입찰참가자격 제재기간과 관련한 사항은 국가계약법 제27조 제1항 각 호에 해당하는 행위별로 부실벌점, 하자비율, 부정행위 유형, 고의·과실 여부, 뇌물 액수, 국가에 손해를 끼친 정도 등을 고려하여 기획재정부령으로 정하고(국가계약법 시행령 제76조 제4항), 국가계약법 시행규칙 제76조 별표2에서 그 세부기준을 정한다.

앞에서 언급한대로 국가계약법 시행규칙 제76조 별표2는 행정청 내부 사무처리준칙을 정한 것에 지나지 않아 대외적으로 국민이나 법원을 기속하는 효력이 없고, 해당 처분의 적법 여부는 위 처분기준만이 아니라 관계법령의 내용과 취지에 따라 판단해야 하므로, 위 처

1) 대법원 2019. 2. 14. 선고 2016두33292 판결.

분기준에 적합하다는 이유만으로 곧바로 해당 처분이 적법하다 할 수 없지만, 위 처분기준이 그 자체로 헌법이나 법률에 합치되지 않거나 위 처분기준에 따른 행정처분이 현저히 부당하다고 인정할만한 합리적인 이유가 없다면 섣불리 그 처분이 재량권 범위를 일탈하였다거나 남용했다고 판단해서는 안 된다고 본다.[1)]

2. 제재기간

각 제한사유에 대응한 제재기간은 앞에서 이미 살펴보았다. 즉, 국가계약법 시행규칙 제76조 별표2는 제재사유를 세분하고, 해당 제재사유에 대응한 제재기간의 상한을 각각 규정한다. 이는 처분청으로 하여금 해당 재량준칙에 따른 제재기간을 산정하도록 하여 재량권의 자의적 행사를 줄이고 투명성을 높이려는 취지로, 이로써 국민은 미리 제재처분과 그 정도를 어느 정도 예측할 수 있다.[2)]

3. 제재기간 가중, 감경

가. 제재기간 가중

1) 의의와 취지

각 중앙관서의 장은 입찰참가자격의 제한을 받은 자에게 그 처분일부터 입찰참가자격제한기간 종료 후 6개월이 경과하는 날까지의 기간 중 다시 부정당업자에 해당하는 사유가 발생한 경우에는 그 위반행위의 동기·내용, 횟수 등을 고려하여 해당 제재기간의 2분의 1 범위에서 제재기간을 늘릴 수 있다. 이 경우 가중한 기간을 합산한 기간은 2년을 넘을 수 없다(국가계약법 시행규칙 제76조 별표2 1 일반기준 가목).

이미 제재처분을 받은 자가 그 경고적 기능을 무시한 채 일정한 기간 안에 또 다시 위반행위를 했다는 점에서 비난가능성이 높다는 이유로 가중 처분하려는 취지이다.

2) 적용범위

제재기간 가중조항은 제재처분을 받은 자가 일정 기간 안에 다시 위반행위를 하여 제재사유가 발생한 경우에 적용될 뿐, 처분 당시 이미 2개 이상 제재사유가 있어서 한꺼번에 제재할 수 있는 경우에는 적용되지 않는다.

한편, 위 조항은 '입찰참가자격의 제한을 받은 자'라고만 규정할 뿐, 누구로부터 제재처분을 받았는지는 규정하지 않으므로, 선행처분과 해당 처분의 근거 법률이 같은 한, 다른

---

1) 대법원 2007. 9. 20. 선고 2007두6946 판결.
2) 장훈기, 앞의 공공계약 부정당업자 제재제도 해설, 172쪽.

행정청으로부터 입찰참가자격제한을 받은 자가 그 처분일로부터 입찰참가자격제한기간 종료 후 6개월이 경과하는 날까지의 기간 중 현재 행정청과 관계에서 부정당행위를 한 경우에는, 현재 행정청이 해당 위반행위자에게 제재기간을 가중할 수 있다고 본다.[1)]

다만, 선행처분과 해당 처분의 근거 법률이 다른 경우, 가령 선행처분이 지방자치단체의 장이 지방계약법에 따라 제재한 것인 반면, 해당 처분은 중앙관서의 장이 국가계약법에 따라 제재하려는 것이라면, 제재기간 가중조항은 적용되지 않는다고 해석해야 한다.[2)]

3) 관련문제

가) 선행처분에 집행정지 결정이 있는 경우

법원이 선행처분에 대하여 집행정지 결정을 한 경우, 행정청이 집행정지 된 선행처분을 근거로 제재기간을 가중할 수 있는지 논란이 있다. 생각건대, 원칙적으로 선행처분에 집행정지가 있으면 처분은 없었던 것과 같은 상태가 되므로, 그 선행처분을 근거로 제재기간을 가중할 수 없다고 본다. 다만, 선행처분이 일부라도 집행된 후에 법원의 집행정지 결정이 있었거나 소송절차 중에 집행정지 효력이 미치지 않는 공백기간이 생겨 처분이 유효하게 집행되었다는 등 특별한 사정이 있다면, 제재기간을 가중할 수 있다고 해석해야 한다. 본래 집행정지 결정은 소급효가 없을 뿐만 아니라, 행정처분에는 공정력 또는 구성요건적 효력이 있으므로, 집행정지 결정 전 이미 집행된 선행처분은 적법·유효하다고 보기 때문이다.[3)]

나) 가중한 제재기간을 감경할 수 있는지

제재기간을 가중한 경우에도 이를 감경하지 못한다는 규정은 별도로 없다. 따라서 국가계약법 시행규칙 제76조 별표2 1 일반조건 다목에 정한 감경사유가 있다면 가중된 제재기간의 2분의 1 범위에서 감경할 수 있다고 본다.

나. 제재기간 감경

1) 의의와 취지

각 중앙관서의 장은 부정당업자에게 입찰참가자격을 제한하는 경우 자격제한 기간을 그 위반행위의 동기·내용, 횟수 등을 고려해 해당 제재기간의 2분의 1 범위에서 줄일 수 있으며, 감경 후 제한기간은 1개월 이상이어야 한다(국가계약법 시행규칙 제76조 별표2 1 일반

---

1) 같은 취지로 양창호, 앞의 책, 51쪽은 다른 행정청의 제재기간 중 다시 부정당행위가 있는 경우에도 비난가능성이 증가된다는 점을 근거로 든다. 그러나 장훈기, 앞의 공공계약 부정당업자 제재제도 해설, 178쪽은 다른 행정청의 입찰참가자격제한 처분을 근거로, 해당 행정청이 가중 처분할 수 있다고 해석하는 것은 위법하다고 주장한다.

2) 계약제도과-767, 2014. 6. 16.

3) 같은 결론으로, 서울행정법원 2023. 3. 9. 선고 2022구합69629 판결 참조.

기준 다목). 법률의 위임규정 내용과 취지, 헌법상 과잉금지 원칙과 평등원칙 등을 고려해 보면, 같은 유형의 위반행위라 하더라도 그 규모나 기간, 사회적 비난 정도, 위반행위에 따라 다른 법률로 처벌받은 사정, 행위자의 개인적 사정과 위반행위로 얻은 불법이익 규모 등 여러 요소를 종합적으로 고려하여 사안에 따라 적정한 기간을 정해야 하므로, 별표2에서 정한 기간은 확정적인 것이 아니라 최고한도에 불과하다고 본다.[1] 따라서 "2분의 1 범위에서 줄일 수 있다."는 문언에도, 행정청이 별표2에서 정한 제재기간의 2분의 1보다 더 많이 감경하는 것이 위법하다고 보기는 어렵다.[2] 다만, 감경 여부와 정도는 원칙적으로 행정청의 재량에 속한다.

〔합병 전 회사의 위반행위 후 회사가 합병되었다는 사정이 감경사유에 해당하는지〕

① 국가계약법 시행규칙 제76조 제4항에서는 '각 중앙관서의 장은 부정당업자에 대한 입찰참가자격을 제한하는 경우 자격제한기간을 그 위반행위의 동기·내용 및 횟수 등을 고려하여 별표2의 해당 호에서 정한 기간의 2분의 1의 범위 안에서 감경할 수 있다.'고만 규정하여, 감경사유를 특정하지는 않고 있고, 다만 그 자격제한기간을 감경할 수 있는 요소로 '위반행위의 동기, 내용 및 횟수' 등을 예시하고 있을 뿐인 점, ② 합병 전 회사의 위반행위를 이유로 합병 후 존속회사에 대하여 입찰참가자격 제한처분을 하는 경우 합병 전 회사의 사업부문에 한정되지 아니하고 합병 후 존속회사의 전 사업부문에 걸쳐 입찰참가자격이 제한되는 효과가 생기나, 이러한 결과는 회사가 합병된 경우뿐만 아니라 하나 이상의 사업부문을 가지는 회사가 그중 하나의 사업부문에서 입찰참가자격 제한처분의 원인이 되는 위반행위를 한 경우에도 마찬가지로 발생하는 현상인 점, ③ 합병 전 회사가 위반행위를 저지른 후 합병 후 존속회사에 합병되어, 합병 후 존속회사에 대하여 합병 전 회사의 위반행위를 이유로 입찰참가자격 제한처분을 하는 경우에도 합병 전 회사의 위반행위의 동기, 내용 및 횟수뿐만 아니라 합병이 이루어진 동기와 경위, 합병 전 회사와 합병 후 존속회사의 관계, 합병 전 회사와 합병 후 존속회사의 영업 내용의 유사성, 합병 전 회사의 사업부문 매출이 합병 후 존속회사의 전체 매출에서 차지하는 비중 등의 다양한 사정을 합병 후 존속회사에 대한 입찰참가자격 제한기간을 정할 때 그 고려요소로서 참작하여, 처분청이 그러한 사정을 참작한 결과 제한기간을 감경할 필요가 있다고 판단할 때에 감경하면 충분한 점 등을 종합하면, 합병 전 회사의 위반행위를 이유로 합병 후 존속회사에 대하여 입찰참가자격 제한처분을 하는 경우 합병 전 회사의 위반행위 후 그 회사가 합병되었다는 사정은 국가계약법 시행규칙 제76조 제4항에 따라 자격제한기간의 감경 여부를 결정하는 참작사유에 불과할 뿐이고, 합병되었다는 사정 자체만으로 국가계약법 시행규칙 제76조 제4항에서 정하고 있는 감경사유에 해당한다고 볼 수는 없다(대법원 2016. 6. 28. 선고 2014두13072 판결).

---

1) 대법원 2006. 2. 9. 선고 2005두11982 판결.
2) 다만, 기획재정부는 2분의 1을 초과하여 자격제한기간을 감경할 수 없다고 해석한다(계약제도과-1120, 2011. 9. 23.).

2) 적용범위

한편, 국가계약법 시행규칙 제76조 별표2 1 일반기준 다목에 따르면 국가계약법 제27조 제1항 제7호의 뇌물을 준 자에 해당하는 부정당업자에게는 입찰참가자격제한 기간을 줄여서는 안 된다고 규정하므로, 실무상 뇌물을 사유로 제재할 경우에는 제재기간을 감경하지 않는다. 왜냐하면, 뇌물공여 행위는 입찰 등의 공정한 경쟁이나 적정한 이행을 해치는 가장 중대한 행위 중 하나이기 때문에, 처분을 감경하지 않겠다는 원칙을 처분기준으로 규정했다고 하여, 그 자체로 합리성을 잃었다고 단정할 수 없다.[1)]

3) 관련문제 : 처분이 취소되어 다시 처분할 경우 이미 집행된 제재기간을 재처분 기간에서 공제해야 하는지

가령, 입찰참가자격제한 처분을 다투는 소송에서 행정청이 재량권 일탈·남용으로 패소한 경우, 행정청은 하자를 보완해 상대방에게 다시 처분을 할 때가 있는데(가령, 제재기간을 감축하여 다시 처분), 이때 기존 처분이 이미 일부 집행된 사실이 있다면, 행정청이 다시 처분하는 제재기간에서 이미 집행된 제재기간을 공제해야 하는지 문제된다. 실무는 다시 처분하는 제재기간에서 이미 집행된 기간을 공제한다.

4. 여러 제재사유의 제재기간 산정

가. 의의와 취지

각 중앙관서의 장은 부정당업자가 위반한 여러 개의 행위에 대하여 입찰참가자격을 제한하는 경우 입찰참가자격제한 기간은 해당 위반행위에 대한 제한기간 중 제한기간을 가장 길게 규정한 제한기준에 따른다(국가계약법 시행규칙 제76조 별표2 1 일반기준 나목).

부정당업자가 여러 개 위반행위를 하여 2개 이상 제재사유가 성립하는 경우, 행정청이 제재하는 방법을 임의로 정하도록 한다면 자칫 2년 이내 범위에서 제재하도록 위임한 국가계약법 제27조 제1항이 잠탈될 우려가 있다. 가령, A가 허위서류 제출로 낙찰받고, 사기 그 밖에 부정한 행위로 국가에 10억 원 이상 손해를 끼쳤고, 행정청이 이를 사유로 A를 제재한다고 가정할 때, 만약 위 규정이 없다면 모든 제재사유를 한꺼번에 묶어서 제재할 수도 있고, 각 제재사유별로 시차를 두고 제재할 수도 있다.

우선, 모든 제재사유를 한꺼번에 묶어서 제재할 경우라면, 허위서류 제출로 낙찰받은 자 1년, 사기 그 밖에 부정한 행위로 국가에 10억 원 이상 손해를 끼친 자 2년을 합산하여 3년을 제재기간으로 정할 수 있지만, 국가계약법 제27조 제1항이 정한 '2년 범위 내에서'라

---

1) 대법원 2017. 12. 22. 선고 2017두58779 판결.

는 한계를 적용하여 최장 2년만을 제재할 수 있다. 그와 달리 각 제재사유별로 시차를 두고 제재한다면, 행정청이 언제 제재하는지에 따라 최장 3년까지 제재기간을 정할 수 있다. 이처럼 2개 이상 제재사유가 있는 경우, 행정청이 제재사유를 선택적으로 적용하고, 나아가 처분시점을 임의적으로 정하면, 국가계약법 제27조 제1항이 정한 제재기간 한도를 실질적으로 초과할 우려가 있고, 이에 따라 재량권 남용가능성이 있다.

이에 국가계약법 시행규칙 제76조 별표2 1 일반기준 나목은 2개 이상 제재사유가 있으면 한꺼번에 제재하도록 하되, 그 중 가장 중한 기간만 적용하도록 하여, 행정청이 임의로 제재사유와 제재시점을 선택하지 못하도록 제한했다.

〔형법상 경합범 형벌 산정방법과 비교〕

형법도 범죄행위가 2개 이상 있을 경우 처벌하는 방법을 규정한다. 우선, ① 판결이 확정되지 않은 수개의 죄나 ② 금고 이상의 형에 처한 판결이 확정된 죄와 그 판결확정 전에 범한 죄를 실체적 경합범이라고 하는데(형법 제37조), 형법은 ① 판결이 확정되지 않은 수개의 죄를 동시에 판결할 때는, 가장 무거운 죄에 대하여 정한 형이 사형, 무기징역, 무기금고인 경우에는 무거운 죄에 대하여 정한 형으로 처벌하고, 각 죄에 대하여 정한 형이 그 밖에 형인 경우에는 가장 무거운 죄에 대하여 정한 형의 장기 또는 다액에 그 2분의 1까지 가중하되 각 죄에 대하여 정한 형의 장기 또는 다액을 합산한 형기 또는 액수를 초과할 수 없도록 규정한다(형법 제38조 제1항 제1호, 제2호 참조). 여기서 ① 판결이 확정되지 않은 수개의 죄는 국가계약법 시행규칙 제76조 별표2 1 일반기준 나목에서 말하는 "부정당업자가 위반한 여러 개의 행위"와 비슷한 개념으로, 국가계약법 시행규칙은 "가장 길게 규정한 제한기준에 따른다."라고 하여, 형법 제38조 제1항 제1호와 유사하게 가장 무겁게 정한 기준에 따라 제재기간을 정하도록 규정했다(이를 흡수주의라 한다).

한편, 형법은 ② 금고 이상의 형에 처한 판결이 확정된 죄와 그 판결확정 전에 범한 죄도 위와 같은 경합범에 포함하고, 강학상 이를 사후적 경합범이라고 지칭하는데, 여기서 판결확정 전에 범한 죄는 그 죄와 판결이 확정된 죄를 동시에 판결할 경우와 형평을 고려하여 그 죄에 대하여 형을 선고하되, 그 형을 감경 또는 면제할 수 있도록 한다(형법 제39조 제1항). 그러나 2023. 11. 2. 개정 전 국가계약법 시행규칙 제76조 별표2 1 일반기준 나목은 위와 같이 여러 개 제재사유를 한꺼번에 처분할 경우만을 상정하여 규정할 뿐, 행정청이 그 중 일부만 처분한 다음 나머지를 사유에 대하여 추가로 처분할 경우에는 어떻게 처리해야 할지를 별도로 규정하지 않았고, 그 처리방법에 대해서는 대법원 판례와 기획재정부 해석이 충돌했었다. 그러나 2023. 11. 2. 개정 국가계약법 시행규칙은 제76조 별표2 1 일반기준에서 라목을 신설하여, 입찰참가자격 제한을 한 후 그 처분 이전에 발생한 위반행위를 적발한 경우에는, 만일 그 처분 전에 위반행위를 적발했더라도 당초의 입찰참가자격 제한기간보다 긴 기간으로 처분했을 것으로 판단되는 경우에 한정하여 당초 입찰참가자격 제한기간을 초과하는 기간만 추가로 입찰참가자격을 제한하도록 했다. 기획재정부가 대법원 판례 법리를 받아들인 결과다. 지극히 타당한 개정이다.

나. 적용범위

국가계약법 시행규칙 제76조 별표2 1 일반기준 나목에서 정한 '부정당업자가 위반한 여러 개의 행위'가 제재사유가 다른 여러 위반행위만으로 한정하는 개념인지, 아니면 제재사유가 같은 여러 위반행위도 포함하는 개념인지 논란이 있다. 물론 제재사유가 다른 2개 이상 위반행위만으로 문리해석하는 견해도 있다.[1] 그러나 이 기준은 여러 위반행위를 한 처분상대방에게 유리한 규정이기 때문에, 확장·유추해석 하더라도 부당하다고 보기 곤란하다. 따라서 '부정당업자가 위반한 여러 개의 행위'란 ① 2개 이상 행위가 2개 이상 제재사유에 해당하는 경우뿐만 아니라, ② 2개 이상 행위가 1개의 같은 제재사유에 해당하는 경우, ③ 1개 행위가 2개 이상 제재사유에 해당하는 경우에도 모두 적용하는 것이 바람직하다.[2] 각 사례마다 처리방법을 아래에서 살펴보기로 한다.

다. 처리방법

1) 2개 이상 행위가 2개 이상 제재사유에 해당하는 경우

2개 이상 제재사유에 해당하는 2개 이상 행위를 제재하는 경우는 국가계약법 시행규칙 제76조 별표2 1 일반기준 나목을 직접 적용할 수 있다. 예를 들어, A가 허위서류를 제출하여 계약을 체결한 다음에 관계공무원에게 뇌물을 제공하고, 나아가 계약이행 과정에서 직접생산의무를 위반하여 납품했다면, 허위서류 제출, 뇌물, 부정한 행위, 계약의 주요조건 위반 중 가장 중한 제재기간을 적용한다. 특히 위와 같은 2개 이상 행위가 같은 계약건에서 발생했든 다른 계약건에서 각각 발생했든 처리방법은 다르지 않다.

한편, 실무는 이러한 사안에서 처분서에 2개 이상 제재사유를 모두 적시하되, 제재기간만 가장 긴 기간을 적용하여 집행한다.

2) 2개 이상 행위가 1개 제재사유에 해당하는 경우

2개 이상 행위가 1개 제재사유에 해당하는 경우에도 국가계약법 시행규칙 제76조 별표2

---

1) 장훈기, 앞의 공공계약 부정당업자 제재제도 해설, 181쪽.

2) 특히 장훈기, 앞의 공공계약 부정당업자 제재제도 해설, 182쪽은 "동일 계약에서 발생된 유형"과 "서로 다른 여러 계약에서 발생된 유형"으로 나누어 적용례를 세분하지만 그와 같이 나눌 실익이 있는지 의문이고, 국가계약법 시행규칙 제76조 별표2 1 일반기준 나목 역시 위반행위가 발생한 계약이 같은지 다른지를 적용기준으로 삼지 않는다. 따라서 국가계약법 시행규칙 제76조 별표2 1 일반기준 나목은 원칙적으로 처분시점을 기준으로 위반행위가 발생한 계약이 무엇인지를 불문하고, 제재사유가 여러 개일 때 이를 한꺼번에 제재할 경우에 적용하는 일반조항이라고 해석하면 충분하다고 본다.

1 일반기준 나목을 적용할 수 있다. '부정당업자가 위반한 여러 개의 행위'라고만 규정했지, 그 행위가 여러 제재사유에 해당하여야 한다고 규정하지 않기 때문이다. 따라서 가령, A가 수차례에 걸쳐 관계공무원에게 뇌물을 제공한 경우[1]나 제1계약에서 허위서류를 제출한 다음에 제2계약에서 또 다른 허위서류를 제출한 경우도 가장 중한 제재기간을 적용하면 된다.

다만, 국가계약법 시행규칙 제76조 별표2 2 개별기준에 따르면, '사기 그 밖에 부정한 행위로 국가에 손해를 끼친 자', '뇌물을 준 자', '동시에 2명 이상 근로자가 사망한 재해를 발생시킨 자', '정보를 무단으로 누출한 자' 등은 위반금액, 사망한 사람 수, 누출정보횟수 등을 기준으로 제재기간을 달리 정하기 때문에, 2개 이상 행위가 1개 제재사유에 해당하는 경우라도 위반에 따른 결과, 즉 위반금액, 사망한 사람 수, 누출정보횟수 등은 원칙적으로 모두 합산한 것을 기준으로 제재기간을 적용할 필요가 있다.[2]

3) 1개 행위가 2개 이상 제재사유에 해당하는 경우

1개 행위가 2개 이상 제재사유에 해당하는 경우는 '부정당업자가 위반한 여러 개의 행위'와 정확히 같지는 않다. 그러나 1개 행위가 2개 이상 제재사유에 해당하는 경우에 각 제재사유별 제재기간을 모두 적용하면 처분상대방에게 불합리한 결과가 발생한다. 위와 같이 2개 이상 행위가 2개 이상 제재사유에 해당하는 경우에도 가장 중한 기간으로 제재받는 것과 비교하면 당연하다. 따라서 이때는 국가계약법 시행규칙 제76조 별표2 1 일반기준 나목을 '유추'적용할 수 있다. 예를 들어, 실무는 직접생산의무위반행위에 대하여 '계약을 이행할 때 부정한 행위를 한 자', '계약의 주요조건을 위반한 자', 나아가 사안에 따라서는 '사기 그 밖에 부정한 행위로 국가에 손해를 끼친 자'까지 모두 적용하여 제재하는데, 이때는 국가계약법 시행규칙 제76조 별표2 1 일반기준 나목을 '유추'적용하여 가장 길게 규정한 제한기준에 따라 처분한다. 물론 처분서에는 2개 이상 제재사유를 모두 적시하되, 제재기간만 가장 긴 기간을 적용하여 집행한다는 것은 가)에서 본 바와 같다.

라. 관련문제

1) 처분 당시 2개 이상 제재사유가 있었지만 행정청이 이를 인지하지 못하여 그 중 일부 사유만 제재한 경우, 그 후 나머지 제한사유를 추가로 제재할 수 있는지

가) 문제점

행정청이 같은 절차에서 한 번에 제재할 수 있는 여러 개 위반행위가 이미 발생했는데, 제재 당시 모든 사유를 인지하지 못한 결과, 그 중 일부 사유에 대해서만 제재한 경우, 그

1) 사실 이 경우는 규범적으로 1개 행위라고 평가할 수도 있고, 형법에서는 일정한 기준에 따라 포괄일죄로 다루기도 한다.

2) 같은 취지로, 장훈기, 앞의 공공계약 부정당업자 제재제도 해설, 182쪽.

후 나머지 제재사유를 추가로 인지했다면 추가 제재를 할 수 있는지 문제였다. 실무는 이를 '선행처분 문제'나 '추가제재 문제'라 불렀다.

나) 견해 대립

(1) 제1설

행정청이 여러 개 제재사유 중 일부 사유에 대해서만 제재했다면 그 나머지 제재사유는 선행처분 대상인 제재사유와는 별개이기 때문에, 선행처분과 관계없이 별도로 제재하면 문제가 없다는 견해이다.

(2) 제2설

행정청이 선행처분을 할 당시 여러 개 제재사유를 모두 인지하지 못하여 그 중 일부 사유에 대해서만 제재했다면, 선행처분 후에 인지한 나머지 제재사유에 대하여 추가 제재를 할 수 있다는 견해이다.

(3) 제3설

국가계약법 시행규칙 제76조 별표2 1 일반기준 나목의 취지를 고려하면, 선행처분 사유와 나머지 제재사유를 한 번에 제재했을 때를 가정한 제재기간을 산정한 후, 그 제재기간이 선행처분 제재기간보다 길다면 그 차이만큼 추가 제재하되, 선행처분 제재기간보다 짧거나 그와 같다면 별도로 제재하지 않는다는 견해이다.

다) 기획재정부 해석

기획재정부는 2023. 11. 2. 개정 전 국가계약법 시행규칙 별표2 1 일반기준 나목에서 "같은 시기에 입찰참가자격을 제한하는 경우"란 발주기관이 위반행위를 인지하여 동일한 시점에 입찰참가자격 제한을 하는 경우를 의미하므로, 발주기관이 처분 시까지 인지하지 못한 위반행위는 동 조항의 적용대상이 아니라고 보고,[1] 제2설과 같은 태도였다.

라) 대법원 판례

그러나 대법원은 구 국가계약법 시행규칙(2016. 9. 23. 기획재정부령 제573호로 개정되기 전의 것) 제76조 제3항[2]을 해석하면서, "국가계약법 시행규칙 제76조 제3항은 수개의 위반행위에 대하여 그 중 가장 무거운 제한기준에 의하여 제재처분을 하도록 규정하고 있고, 이는 가장 중한 위반행위에 대한 입찰참가자격 제한처분만으로도 입법 목적을 충분히 달성할 수 있다는 취지로 보이며, 또한 행정청이 입찰참가자격 제한처분을 할 때 그 전에 발생한 수

1) 계약제도과-1516, 2011. 12. 14., 계약제도과-858, 2017. 7. 6.

2) 부정당업자가 수개의 위반행위를 하여 별표2 각호의 사유 중 2 이상에 해당하는 경우에는 그 중 무거운 제한기준에 의한다.

개의 위반행위를 알았거나 알 수 있었는지 여부를 구별하여 적용기준을 달리 정하고 있지도 아니하다. 나아가 수개의 위반행위에 대하여 한 번에 제재처분을 받을 경우와의 형평성 등을 아울러 고려하면, 이 사건 규칙조항은 행정청이 입찰참가자격 제한처분을 한 후 그 처분 전의 위반행위를 알게 되어 다시 입찰참가자격 제한처분을 하는 경우에도 적용된다."고 하여[1], 제3설과 같은 태도였다.

〔선행처분 후 그 처분 전 발생한 위반사유를 제재하는 경우, 처리방법〕

관할 행정청이 여러 가지 위반행위를 인지했다면 전부에 대하여 일괄하여 하나의 과징금을 부과하는 것이 원칙이고, 인지한 여러 가지 위반행위 중 일부에 대해서만 우선 과징금 부과처분을 하고 나머지에 대해서는 차후에 별도의 과징금 부과처분을 하는 것은 다른 특별한 사정이 없는 한 허용되지 않는다. 만약 여러 가지 위반행위를 인지하였음에도 임의로 몇 가지로 구분하여 각각 별도로 과징금 부과처분을 할 수 있다고 보면, 여러 위반행위에 대하여 부과할 수 있는 과징금의 최고한도액을 정한 구 여객자동차 운수사업법 시행령 제46조 제2항 적용을 회피하는 수단으로 악용될 수 있기 때문이다. 관할 행정청이 여러 위반행위 중 일부만 인지하여 과징금 부과처분을 하였는데 그 후 과징금 부과처분 시점 이전에 이루어진 다른 위반행위를 인지하여 이에 대하여 별도의 과징금 부과처분을 하게 되는 경우에도 종전 과징금 부과처분의 대상이 된 위반행위와 추가 과징금 부과처분의 대상이 된 위반행위에 대하여 일괄하여 하나의 과징금 부과처분을 하는 경우와의 형평을 고려하여 추가 과징금 부과처분의 처분양정이 이루어져야 한다. 다시 말해, 행정청이 전체 위반행위에 대하여 하나의 과징금 부과처분을 할 경우에 산정되었을 정당한 과징금액에서 이미 부과된 과징금을 뺀 나머지 금액을 한도로 하여서만 추가 과징금을 부과할 수 있다. 행정청이 여러 가지 위반행위를 언제 인지했느냐는 우연한 사정에 따라 처분상대방에게 부과되는 과징금의 총액이 달라지는 것은 그 자체로 불합리하기 때문이다(대법원 2021. 2. 4. 선고 2020두48390 판결).

마) 검토

그러나 위와 같은 문제는 2023. 11. 2. 국가계약법 시행규칙 개정에 따라 해결되었다. 즉, 기획재정부는 대법원 판례 법리를 받아들이고, 국가계약법 시행규칙 제76조 별표2 1 일반기준 나목에서 "같은 시기에"라는 문구를 삭제했고, 아울러 라목을 신설하면서 "각 중앙관서의 장이 나목에 따라 입찰참가자격 제한을 한 후 그 처분 이전에 발생한 위반행위를 적발한 경우에는, 만일 그 처분 전에 해당 위반행위를 적발했더라면 당초의 입찰참가자격 제한기간보다 긴 기간으로 처분했을 것으로 판단되는 경우에 한정하여 당초의 입찰참가자격 제한기간을 초과하는 기간만 추가로 입찰참가자격을 제한할 수 있다."고 명시했다.

---

1) 대법원 2014. 11. 27. 선고 2013두18964 판결.

이에 살펴보면, 과거 기획재정부 해석은 다음과 같은 문제가 있었다.

첫째, 행정청이 처분 당시 '인지'했는지에 따라 국가계약법 시행규칙 별표2 1 일반기준 나목 적용 여부가 달라진다고 해석하나, 문리해석에 정면으로 반한다. 국가계약법 시행규칙 별표2 1 일반기준 나목은 '인지'라는 용어를 그 어디에서도 사용하지 않는다. 구 시행규칙과 비교하여, '같은 시기에'라는 문구가 추가되었다 하여도 다르지 않다.

둘째, '인지'라는 주관적 요소을 기준으로 제재 여부와 제재기간을 결정한다면, 행정청에게 자의적인 권한행사를 허용하는 결과를 초래하여 법적 안정성을 해친다. 즉, '인지'라는 용어는 다른 법률에서 사용하지 않는 것으로 명확한 법적 정의가 확립되지 않았고, 행정청이 선행처분 당시 나머지 제재사유를 인지했는지를 판단할 객관적인 기준이 존재하지 않는다. 가령, 조달청 내부에서 제재를 주관하는 계약부서가 제재사유를 인지하지 못했지만, 조사담당부서는 이를 인지했다고 가정할 때, 과연 조달청장은 선행처분 당시 제재사유를 인지했다고 보아야 하는지 의문이다. 조달청이 특정 계약건에서 담합 의심이 있어 공정거래위원회에 조사를 의뢰했다고 가정할 때, 조사를 의뢰한 시점에 위반행위를 인지했다고 보아야 하는지, 아니면 조사결과가 나왔을 때 인지했다고 보아야 하는지도 명확하지 않다. 나아가 담당공무원이 특정 업체에 불이익을 주기 위해 여러 제재사유를 인지하고 있으면서도 이를 숨기고, 제재사유를 나누어 처분할 때는 도대체 어떻게 할 것인지도 의문이다.

셋째, 행정청이 선행처분 사유와 나머지 제재사유를 한 번에 제재했을 때와 비교하면 기획재정부 유권해석은 형평에 어긋나며, 행정청이 선행처분 당시 다른 제재사유를 인지하지 못했다는 이유로 나머지 제재사유를 추가로 제재할 수 있다면, 마치 처분상대방이 선행처분을 받을 때 그 밖에 나머지 제재사유까지 자백하지 않았다는 이유로 가중처분을 받는 것과 같은 결론에 도달한다. 이는 자기부죄금지 원칙에 어긋날 우려가 있다.

이러한 문제점을 고려하면, 2023. 11. 2. 국가계약법 시행규칙 별표2 개정은 매우 타당하다고 본다.

2) 2개 이상 제재사유가 있는 경우 제재기간을 감경할 수 있는지

2개 이상 제재사유가 있는 경우에도 제재기간을 감경하지 못한다는 규정은 별도로 없다. 따라서 국가계약법 시행규칙 제76조 별표2 1 일반조건 나목에 따라 제재기간을 산정한 경우에도, 감경사유가 있다면 제재기간의 2분의 1 범위에서 감경할 수 있다고 본다.

제 4 절 입찰참가자격제한 절차

Ⅰ. 개요

1. 법적 근거

입찰참가자격제한은 국민의 권리와 이익을 제한하는 침익적 처분이므로, 국가계약법 등에서 별도로 정하지 않는 절차는 행정절차법에 따른다(행정절차법 제3조 제1항).

과거 국가계약법 제27조 제2항은 의견제출과 필요에 따른 청문규정을 별도로 규정했으나, 이는 행정절차법 시행에 따라 삭제되었다. 따라서 현행 국가계약법령에는 소속 중앙관서의 장에 대한 보고, 전자조달시스템 게재를 제외하고는 절차 규정이 없다.

다만, 지방계약법에는 계약심의위원회 심의(지방계약법 제31조 제2항, 같은 법 시행령 제92조 제12항), 필요적 청문(지방계약법 시행규칙 제76조의2) 등 절차규정이 있다(지방계약법 시행령 제92조 제12항).

2. 개관

국가계약법령에 따르면, 부정당업자 입찰참가자격제한은 ① 처분권자에게 보고, ② 처분 사전통지, ③ 의견청취(의견제출, 청문, 공청회 등), ④ 계약심의위원회(계약심사협의회), ⑤ 제재처분서 통지, ⑥ 전자조달시스템 게재라는 순서로 진행된다. 다만, 아래에서는 행정절차법에 따른 그 밖에 절차도 함께 살펴보기로 한다.

Ⅱ. 구체적인 내용

1. 처분기준 설정·공표

행정청은 필요한 처분기준을 해당 처분의 성질에 비추어 되도록 구체적으로 정하여 공표해야 한다(행정절차법 제20조 제1항). 앞에서 보았듯이, 국가계약법 시행령 제76조, 국가계약법 시행규칙 제76조 등은 처분기준을 자세히 규정한다.

다만, 공공조달 실무에서는 재량준칙에 해당하는 국가계약법 시행규칙을 제외하고, 그 밖에 행정청 내부에서만 적용되는 집행기준, 지침 등을 별도로 공표하지 않는 경우가 많은데, 처분기준의 공표를 원칙으로 정한 행정절차법 취지를 고려하면, 이는 국민에게 공표하는 방향이 바람직하다고 본다.

2. 보고

계약담당공무원은 국가계약법 제27조 제1항에 따른 부정당업자에 해당된다고 인정하는 자가 있을 경우, 지체없이 그 소속 중앙관서의 장에게 보고해야 한다(국가계약법 시행규칙 제77조 제1항). 실무에서는 위임전결 규정에 따라 보고절차를 간략히 한다.

3. 이유제시

가. 의의

행정청은 처분을 할 때 당사자에게 그 근거와 이유를 제시해야 한다(행정절차법 제23조 제1항). 여기서 '근거와 이유'란 해당 처분의 기초가 된 사실관계와 그에 해당하는 법령을 말한다.[1] 이와 같은 이유제시는 본래 처분 전에 사전통지처분을 할 때도 지켜야 하는 필수절차이다. 이유제시 제도는 공정하고 신중한 행정작용을 보장하고, 처분의 위법 여부 판단과 불복 여부 결정을 도우며, 해당 처분을 명확하게 하는 기능을 수행한다. 대법원도 처분서에 그 결정이유를 명시하도록 한 취지는 행정청의 자의적 결정을 배제하고 이해관계인으로 하여금 행정구제절차에서 적절히 대처할 수 있게 하려는 것이라고 한다.[2]

보통 처분이유는 처분서에 기재되며, 처분 발령 당시 함께 제시된다. 또한, 이유는 사실적·법적 근거를 검토하여 그 적법·타당성을 확인할 수 있는 정도로 제시되어야 한다. 가령, 근거법령이나 그에 해당하는 사실관계를 전혀 적시하지 않은 경우,[3] 근거법령에 해당하는 사실관계가 다양하여 그 적시만으로는 해당 사실관계를 특정할 수 없는 경우,[4] 근거법령이나 사실관계를 부실하게 기재하여 어떤 위반행위인지 특정할 수 없는 경우,[5] 단순히 처분결과만 통보한 경우[6]는 위법하다.

그러나 근거법령은 기재하지 않았더라도 해당 사실관계와 의무위반이 무엇인지 인식할 수 있을 정도로 적시한 경우,[7] 당사자가 처분 근거를 알 수 있을 정도로 상당한 이유를 제시했지만 해당 처분의 근거와 이유를 구체적 조항이나 내용까지 명시하지 않은 경우,[8] 사

---

1) 하명호, 앞의 책, 278쪽.
2) 대법원 1990. 9. 11. 선고 90누1786 판결.
3) 대법원 1987. 5. 26. 선고 86누788 판결.
4) 대법원 1985. 7. 10. 선고 82누551 판결. 다만, 근거법령에 따라 그에 해당하는 사실관계를 명확하게 특정할 수 있으면 적법하다고 본 대법원 2002. 2. 5. 선고 2001두7138 판결도 참조.
5) 대법원 1990. 9. 11. 선고 90누1786 판결.
6) 대법원 2017. 8. 29. 선고 2016두44186 판결.
7) 대법원 1993. 9. 10. 선고 93누5741 판결.
8) 대법원 2002. 5. 17. 선고 2000두8912 판결.

전통지, 청문, 공청회, 의견제시 등 절차를 거치면서 당사자가 근거 등을 충분히 알 수 있었고, 처분에 불복하는 데에 별다른 지장이 초래되지 않은 경우[1]는 절차상 위법이 있다고 보기 어렵다.

나. 입찰참가자격제한 관련 이유제시 정도

하급심은 행정청이 계약불이행을 사유로 제재한 사안에서, 처분상대방이 행정청으로부터 계약해지 예정통보를 받았고, 처분 사전통지를 받은 후 구체적으로 의견을 제출한 사정 등을 종합하면, 처분상대방은 사전통지 절차를 거치면서 이 사건 처분의 근거인 법령이나 사실관계를 충분히 알 수 있었으므로 처분서에 처분 근거와 이유가 구체적으로 명시되어 있지 않은 부분이 있더라도 그 사정만으로 이 사건 처분이 위법하다고 보기는 어렵다고 보았다.[2]

그러나 행정청이 처분상대방에게 계약을 이행할 때 부실·조잡, 부당하게 하거나 부정한 행위를 한 자와 허위서류를 제출한 자라는 두 가지 사유 중 더 중한 제재기간을 적용하면서 허위서류 제출만을 처분사유로 기재한 사안에서는 부실시공 관련 처분사유는 처분상대방이 유효·적절하게 다툴 기회를 제공받지 못하였으므로, 해당 처분은 행정절차법 제23조 제1항을 위반한 절차상 위법이 있다고 보았다.[3]

4. 사전통지

가. 의의

행정청은 당사자에게 의무를 부과하거나 권익을 제한하는 처분을 할 때 당사자 등에게, 미리 처분의 제목, 당사자의 성명이나 명칭, 주소, 처분하려는 원인 사실이나 처분 내용, 법적 근거, 의견을 제출할 수 있다는 뜻과 의견을 제출하지 않을 경우 처리방법, 의견제출기관의 명칭과 주소, 의견제출기한, 그 밖에 필요한 사항을 통지해야 한다(행정절차법 제21조 제1항).

이러한 사전통지는 당사자에게 처분 사실을 미리 알리고 변명이나 권리구제 기회를 주는 절차이므로, 매우 엄격하고 제한적으로 해석해야 한다.[4] 이처럼 사전통지는 처분상대방에게 미리 처분을 예고하여 방어권을 보장하는 한편, 투명한 행정작용을 담보하려는 제도이다.

나. 형식

사전통지는 서면으로 해야 하고, 구두로 하는 등 그 형식을 갖추지 못하면 무효이다.[5]

---

1) 대법원 2006. 7. 28. 선고 2004두3380 판결.
2) 서울행정법원 2012. 2. 20. 선고 2011구합43522 판결, 서울행정법원 2016. 11. 11. 선고 2016구합58239 판결.
3) 서울행정법원 2015. 7. 3. 선고 2014구합67055 판결.
4) 대법원 1992. 2. 11. 선고 91누11575 판결.

즉, 사전통지는 처분의 방식을 준용하므로, 특별한 규정이 없으면 문서로 해야 하며, 전자문서로 하려면 상대방으로부터 동의를 얻어야 한다(행정절차법 제24조 제1항 본문 참조). 그러므로 행정청이 사전동의를 얻지 않고 처분상대방에게 이-메일이나 팩스로 사전통지를 했다면 효력이 없다고 보아야 한다.

다. 내용

사전통지 내용 중 처분하려는 원인 사실은 당사자의 방어권행사를 보장하기 위해 충분한 정도로 구체적으로 적어야 한다. 또한, 의견제출 기한은 10일 이상으로 고려하여 정해야 한다(행정절차법 제21조 제3항).

라. 생략

① 공공안전이나 복리를 위해 긴급히 처분을 할 필요가 있는 경우, ② 법령등에서 요구된 자격이 없거나 없어지게 되면 반드시 일정한 처분을 해야 하는 경우에 그 자격이 없거나 없어지게 된 사실이 법원 재판 등에 따라 객관적으로 증명된 경우, ③ 해당 처분의 성질상 의견청취가 현저히 곤란하거나 명백히 불필요하다고 인정될 만한 상당한 이유가 있는 경우에는 사전통지를 생략할 수 있다(행정절차법 제21조 제4항). 사전통지를 하지 않는 경우 행정청은 처분을 할 때 당사자등에게 통지를 하지 않은 사유를 서면으로 알려야 한다. 다만, 신속한 처분이 필요한 경우에는 처분 후 그 사유를 알릴 수 있다(행정절차법 제21조 제6항, 제7항).

마. 효과

행정청이 침익적 행정처분을 하면서 상대방에게 사전통지나 의견 제출 기회를 주지 않았다면, 이를 생략할 수 있는 예외 사유가 아닌 한, 그 처분은 위법하여 취소를 면할 수 없다.[1]

바. 입찰참가자격제한 관련

입찰참가자격제한 역시 계약상대자 등에게 의무를 부과하거나 권익을 제한하는 처분이므로, 처분권자는 미리 처분상대방에게 처분의 제목, 당사자의 성명이나 명칭과 주소, 처분하려는 원인 사실과 처분 내용, 법적 근거, 의견을 체결할 수 있다는 뜻과 의견을 제출하지 않은 경우의 처리방법, 의견제출 기관의 명칭과 주소, 의견제출 기한, 그 밖에 필요한 사항을 통지해야 한다(행정절차법 제21조, 같은 법 시행령 제13조).

앞에서 본 바와 같이, 행정절차법 제21조 제4항과 같은 법 시행령 제13조는 사전통지를 하지 않을 수 있는 예외사유를 정하나, 입찰참가자격제한은 그 성질을 고려할 때 사전통

5) 대법원 1996. 6. 14. 선고 95누16666 판결.

1) 대법원 2013. 1. 16. 선고 2011두30687 판결.

지를 생략할 수 있는 요건을 충족하기 어렵다. 따라서 사전통지나 의견제출 기회를 주지 않았다면 해당 입찰참가자격제한은 원칙적으로 위법하다.1)

5. 의견청취

가. 개요

의견청취는 국민에게 불이익을 주는 처분을 하거나 다수 국민의 이해관계가 대립하는 처분을 할 때 이의신청, 청문, 공정회 등 행정과정에서 국민이 참여할 수 있는 기회를 제공하여 혹시 있을지 모를 위법·부당한 권익 침해를 미리 방지하려는 절차를 말한다.2) 따라서 행정청이 당사자에게 의무를 부과하거나 권익을 제한하는 처분을 할 때는 예외적인 경우를 제외하면 당사자 등에게 사전통지를 하고, 의견제출 기회를 주어야 한다. 그리고 행정청은 제출받은 의견이 상당한 이유가 있다고 인정하면 그 의견을 반영해야 하고, 만약 해당 의견을 반영하지 않고 처분한 경우에는 당사자 등이 처분이 있음을 안 날부터 90일 이내에 그 이유를 설명해 달라고 요청할 수 있으므로, 그에 따라 당사자 등에게 서면으로 이유를 알려야 한다. 다만, 당사자 등이 동의하면 구두, 정보통신망 그 밖에 방법으로 알릴 수도 있다(행정절차법 제27조의2).

행정절차법은 의견청취절차를 의견제출, 청문, 공청회라는 세 유형으로 나눈다. 이 중 약식절차인 의견제출 방식이 원칙이고(행정절차법 제22조 제3항), 청문, 공청회는 일정한 요건을 갖추었을 때 적용한다(행정절차법 제22조 제1항, 제2항 참조). 여기서 의견제출이란 행정청이 어떠한 행정작용 전에 당사자등이 의견을 제시하는 절차로서 청문이나 공청회에 해당하지 않는 절차를, 청문이란 행정청이 어떠한 처분 전에 당사자 등으로부터 의견을 직접 듣고 증거를 조사하는 절차를, 공청회란 행정청이 공개토론을 하여 행정작용과 관련해 당사자 등, 전문지식과 경험을 가진 사람, 그 밖에 일반인으로부터 널리 의견을 수렴하는 절차를 말한다.

나. 의견제출

당사자등은 처분 전에 의견제출을 할 수 있는데(행정절차법 제27조 제1항), 그 주장을 증명하기 위한 증거자료 등을 첨부할 수 있다(행정절차법 제27조 제2항). 한편, 행정청은 당사자 등이 말로 의견제출을 하였을 경우 서면으로 그 진술 요지와 진술자를 기록해야 한다(행정절차법 제27조 제3항). 당사자등이 정당한 이유 없이 의견제출기한까지 의견제출을 하지 아니한 경우에는 의견이 없는 것으로 본다(행정절차법 제27조 제4항).

---

1) 대법원 2000. 11. 14. 선고 99두5870 판결.
2) 하명호, 앞의 책, 285쪽.

한편, 행정청은 처분을 할 때, 당사자등이 제출한 의견이 상당한 이유가 있다고 인정하는 경우에는 이를 반영하여야 하며(행정절차법 제27조의2 제1항), 행정청이 당사자등이 제출한 의견을 반영하지 아니하고 처분을 한 경우 당사자등이 처분이 있음을 안 날로부터 90일 이내에 그 이유의 설명을 요청하면 서면으로 그 이유를 알려야 한다(행정절차법 같은 조 제2항).

의견제출에 필요한 기간은 10일 이상으로 고려하여 정해야 한다(행정절차법 제21조 제3항).

다. 청문

1) 의의와 취지

청문은 국민의 권익을 보장하기 위해 행정청이 처분 전에 당사자에게 처분의 원인인 사실 등을 통지하여 청문주재자의 주재 아래 당사자 구술로 그 주장을 청취하고, 행정청과 당사자 사이, 당사자 서로 사이에 반증을 허용하며, 증거조사를 하여, 사실 규명과 법령 해석·적용을 명확히 하려는 절차를 말한다. 다만, 당사자 출석이 청문절차 개시의 필수요건은 아니다.[1] 따라서 청문은 이해관계인에게 의견진술, 자료제출, 증거제시 등 변론기회를 보장하는 한편, 행정청에게 결정을 위한 자료수집 기회를 제공하는 과정에 해당한다.

청문제도는 행정처분으로 인해 영업자의 기존 권리가 부당하게 침해받지 않도록 하려는 것이고, 그 처분의 사유와 관련해 해당 영업자에게 변경과 유리한 자료를 제출할 기회를 주어, 위법사유의 시정가능성을 감안하고 처분의 신중과 적정을 기하려는 취지이다.[2]

2) 대상

행정청은 처분을 할 때, ① 다른 법령등에서 청문을 하도록 규정한 경우, ② 행정청이 필요하다고 인정하는 경우, ③ 인허가 등 취소, 신분·자격 박탈, 법인이나 조합 등 설립허가를 취소 중 어느 하나에 해당하는 처분을 할 경우에 청문을 한다(행정절차법 제22조 제1항 제1호부터 제3호). 따라서 위 각 사유에 해당하면 설령 당사자 등이 신청하지 않더라도 행정청은 청문을 실시해야 한다.

3) 생략

① 공공안전이나 복리를 위해 긴급히 처분을 할 필요가 있는 경우, ② 법령등에서 요구된 자격이 없거나 없어지게 되면 반드시 일정한 처분을 해야 하는 경우에 그 자격이 없거나 없어지게 된 사실이 법원 재판 등에 따라 객관적으로 증명된 경우, ③ 해당 처분의 성질상 의견청취가 현저히 곤란하거나 명백히 불필요하다고 인정될 만한 상당한 이유가 있는 경우, ④ 당사자가 의견진술 기회를 포기한다는 명백한 뜻을 표시한 경우에는 청문을 생략할 수

1) 대법원 2001. 4. 13. 선고 2000두3337 판결.
2) 대법원 1983. 6. 14. 선고 83누14 판결.

있다(행정절차법 제21조 제4항, 제22조 제4항). 특히 당사자가 의견진술 기회를 포기하려면 행정청에 의견진술포기서나 이에 준하는 문서를 제출해야 한다(행정절차법 시행령 제14조). 따라서 설령, 행정청이 사전에 처분상대방과 청문을 포기한다는 협약을 체결했더라도, 그러한 협약을 근거로 청문을 배제할 수는 없다.[1)] 청문주재자는 당사자등이 정당한 사유 없이 청문기일에 출석하지 않은 경우 그에게 다시 의견진술과 증거제출 기회를 주지 않고 청문을 마칠 수 있지만, 만약 당사자 등이 정당한 사유로 청문기일에 출석하지 못했다면 그에게 10일 이상 기간을 정하여 의견진술과 증거제출을 요구하여야 하며, 해당 기간이 지났을 때에 청문을 마칠 수 있다(행정절차법 제35조 제2항, 제3항).

4) 절차

행정절차법은 청문주재자 선정(제28조), 청문주재자 제척·기피·회피(제29조), 청문 공개(제30조), 청문 진행(제31조), 병합·분리(제32조), 증거조사(제33조), 청문조서(제34조), 청문주재자 의견서(제34조의2), 청문 종결(제35조), 청문결과 반영(제35조의2), 청문 재개(제36조), 문서열람과 비밀유지(제37조) 등을 자세히 규정한다.

특히 행정청은 청문을 하려면 청문 시작일 10일 전까지 당사자등에게 통지해야 하고(행정절차법 제21조 제2항), 이 경우 사전통지는 생략한다. 또한, 행정청은 청문을 실시하면 신속히 처분하여 해당 처분이 지연되지 않도록 해야 하고(행정절차법 제22조 제5항), 처분 후 1년 안에 당사자등이 요청하면 청문을 위해 제출받은 서류나 그 밖에 물건을 반환해야 한다(행정절차법 제22조 제6항).

5) 효과

행정청은 청문절차에서 나온 청문결과를 검토하여 상당한 이유가 있다고 인정하면 이를 처분에 반영해야 하지만(행정절차법 제35조의2), 청문결과에 기속된다고 해석할 수는 없으므로 그에 따르지 않은 처분도 청문절차에 위반한 것이라고 볼 수 없다.

한편, 판례는 행정처분 상대방에게 한 청문통지서가 반송되었다거나, 행정처분 상대방이 청문일시에 출석하지 않았다는 이유로 청문을 실시하지 않고 처분했다면 위법하다고 본다.[2)]

6) 입찰참가자격제한 관련

가) 문제점

입찰참가자격제한은 당사자에게 의무를 부과하거나 권익을 제한하는 침익적 처분이므로 행정청은 처분 전에 재량으로 청문을 실시할 수도 있다. 다만, 행정청이 반드시 청문을

1) 대법원 2004. 7. 8. 선고 2002두8350 판결.
2) 대법원 2001. 4. 13. 선고 2000두3337 판결.

실시해야 하는지, 즉 청문이 의무사항인지는 논란이 있다.

나) 국가계약법

국가계약법, 같은 법 시행령과 시행규칙은 행정청으로 하여금 입찰참가자격제한 전에 청문을 실시하도록 규정하지 않는다. 따라서 원칙적으로는 처분 전에 청문절차를 거치지 않아도 된다. 다만, 일부 견해는 입찰참가자격제한이 국민이 누리는 영업의 자유를 제한하는 조치이므로, 행정절차법 제22조 제1항 제3호 나목이 정한 '신분·자격 박탈을 위한 처분'에 해당한다는 주장을 제기하기도 한다. 그러나 입찰참가자격제한은 입찰참가자격을 영구히 박탈하는 조치가 아니라 일정기간(2년) 범위에서 참가자격을 제한하는 처분에 불과하기 때문에, 행정절차법 제22조 제1항이 정한 '필요적 청문 대상'에 해당하지는 않는다고 보아야 한다. 따라서 행정청이 국가계약법에 근거하여 처분을 할 때 청문절차를 거치지 않았다 하더라도, 해당 처분이 위법하다고 해석할 수는 없다.

다) 지방계약법

국가계약법령과 달리 지방계약법 시행규칙은 입찰참가자격을 제한하는 경우에는 청문을 하여야 한다고 규정한다(지방계약법 시행규칙 제76조의2 참조). 따라서 행정청이 지방계약법령에 근거해 입찰참가자격제한을 할 때는 반드시 청문절차를 거쳐야 하는지 문제된다. 그런데 대법원은 과거부터 법률이나 시행령에서 청문절차를 규정하지 않으면, 행정청이 제재적 처분을 하면서 청문을 거치지 않더라도, 이는 적법하다고 해석해 왔다.[1] 이러한 판례는, 법규명령이 아닌 단지 행정규칙에서 청문절차를 거치도록 규정한 경우라면 이를 결여한 처분이 반드시 위법하지 않다는 취지로 이해할 수 있다.[2] 그리고 지방계약법 시행규칙 제76조의2를 법규명령이 아닌 행정규칙에 불과하다고 보면, 행정청이 이를 위반하여 청문절차를 거치지 않고 입찰참가자격제한을 하더라도 해당 처분이 적법하다고 해석할 여지가 생긴다. 그러나 위와 같은 지방계약법 시행규칙 조항은 상위 법률과 시행령이 위임한 범위에서 처분절차를 규정하였다고 해석해야 하고, 이에 상위 법령과 결합하여 법규성을 가진다고 볼 수 있다.[3] 따라서 행정청이 지방계약법령에 근거하여 입찰참가자격을 제한할 때는 같은 법 시

1) 대법원 1994. 3. 22. 선고 93누18969 판결, 대법원 1994. 8. 9. 선고 94누3414 판결.

2) 하명호, 앞의 책, 289쪽.

3) 법령에서 행정처분의 요건 중 일부 사항을 부령으로 정할 것을 위임한 데 따라 시행규칙 등 부령에서 이를 정한 경우에 그 부령의 규정은 국민에 대해서도 구속력이 있는 법규명령에 해당한다고 할 것이지만, 법령의 위임이 없음에도 법령에 규정된 처분 요건에 해당하는 사항을 부령에서 변경하여 규정한 경우에는 그 부령의 규정은 행정청 내부의 사무처리 기준 등을 정한 것으로서 행정조직 내에서 적용되는 행정명령의 성격을 지닐 뿐 국민에 대한 대외적 구속력은 없다고 보아야 한다. 따라서 어떤 행정처분이 그와 같이 법규성이 없는 시행규칙 등의 규정에 위배된다고 하더라도 그 이유만으로 처분이 위법하게 되는 것은 아니라 할 것이고, 또 그 규칙 등에서 정한 요건에 부합한다고 하여 반드시 그 처분이 적법한 것이라고 할 수도 없다. 이 경우 처분의 적법 여부는 그러한 규칙 등에서 정한 요건에 합치하는지 여부가 아니라 일반 국민에 대하여 구속력을 가지는 법률 등

행규칙 제76조의2에서 정한 청문절차를 준수해야 하고, 만약 이를 거치지 않았다면 해당 처분은 위법하다고 해석해야 한다.[1] 법제처도 같은 취지에서, 지방자치단체의 장이 부정당업자에게 입찰참가자격을 제한할 경우 먼저 청문을 거친 다음에 계약심의위원회 심의를 해야 한다고 해석한다.[2]

라. 공청회

법령에서 공청회를 개최하도록 규정하거나 해당 처분의 영향이 광범위하여 널리 의견을 수렴할 필요가 있다고 인정하는 경우 등에는, 행정청이 처분 전에 공청회를 개최한다(행정절차법 제22조, 제38조부터 제39조의2 참조). 그러나 국가계약법이나 지방계약법은 처분 전에 공청회를 거치도록 규정하지 않으며, 실무에서도 입찰참가자격을 제한하면서 공정회를 진행하는 사례는 거의 없다.

6. 계약심의위원회 심의

각 중앙관서의 장이나 그 소속기관의 장은 물품·공사·용역 등 입찰참가자격 제한처분과 관련하여 자문에 응하도록 하기 위하여 계약심의위원회를 설치·운영할 수 있다(국가계약법 시행령 제94조 제1항 각 호 참조). 이처럼 국가계약법은 계약심의위원회 운영은 임의적 절차로 규정한다. 다만, 지방계약법은 계약심의위원회 운영을 필수적 절차로 규정하되(지방계약법 제32조 참조), 일정한 제재사유는 계약심의위원회를 거치지 않고도 처분할 수 있다고 규정한다(지방계약법 시행령 제92조 제3항). 그러나 실무는 대부분 처분 전에 계약심의위원회를 거치며, 특히 조달청은 계약심의위원회라는 명칭 대신에 계약심사협의회라는 명칭을 사용하여 해당 제도를 운용한다.

7. 처분결정

행정청은 부정당업자 제재사유가 있는 경우 2년 이내 범위에서 대통령령으로 정하는 바에 따라 입찰참가자격을 제한해야 한다(국가계약법 제27조 제1항, 지방계약법 제31조 제1항 참조). 이처럼 문언상 입찰참가자격제한은 제재사유가 있으면 반드시 제재해야 하는 기속행위로 이해할 여지가 있지만, 행정청은 제재사유가 성립하는지 여부를 판단할 때 판단여지 혹은 재량을 행사할 수 있고, 2년 범위에서 제재기간을 최종 결정할 재량 역시 가진다.[3] 또

법규성이 있는 관계 법령의 규정을 기준으로 판단하여야 한다(대법원 2013. 9. 12. 선고 2011두10584 판결).

1) 같은 취지로, 서울행정법원 2016. 11. 25. 선고 2016구합62030 판결 참조.

2) 법제처 2016. 2. 24. 회신 15-0765 해석례.

3) 장훈기, 앞의 공공계약 부정당업자 제재제도 해설, 197쪽은 시행규칙 제76조 별표2가 사유별 제한기간을 확정하여 규정하기 때문에 감경이나 가중을 제외하고는 재량이 없는 것처럼 서술하지만, 대법원 판례는 시행규칙 제

한, 국가계약법과 달리 공공기관운영법은 공기업·준정부기관의 장에게 입찰참가자격제한을 하거나 하지 않을 수 있는 재량을 부여한다(같은 법 제39조 제2항).[1]

한편, 앞에서 언급한 계약심의위원회는 자문기구에 불과하기 때문에, 심의결과가 처분권자를 법적으로 구속하지 않지만, 실무에서 처분권자는 대체로 계약심의위원회 심의결과에 따라 제재 여부와 그 정도를 확정한다.

8. 처분서

가. 방식

1) 일반

행정처분은 다른 법령등에 특별한 규정이 있을 때를 제외하고 문서로써 해야 하며, 이와 달리 전자문서로 할 때는 반드시 당사자등으로부터 동의를 받아야만 한다. 다만, 신속히 처리할 필요가 있거나 사안이 경미한 경우에는 구두나 그 밖에 방법으로 할 수 있다(행정절차법 제24조 제1항).

행정청은 처분에 오기나 오산, 그 밖에 이에 준하는 명백한 잘못이 있으면, 직권이나 당사자 신청에 따라 지체없이 정정하고 그 사실을 당사자에게 통지해야 한다(행정절차법 제25조). 처분을 정정하면, 원래 처분은 그대로 유지되기 때문에, 불복기간 등은 원처분이 송달된 때부터 그대로 진행한다.

행정청은 처분할 때 행정심판과 행정소송을 제기할 수 있는지 여부, 그 밖에 불복할 수 있는지 여부, 청구절차나 청구기간, 그 밖에 필요한 사항을 알려야 한다(행정절차법 제26조). 그런데 이러한 고지절차 규정은 행정처분의 상대방이 그 처분에 대한 행정심판의 절차를 밟는 데 편의를 제공하려는 것이어서 처분청이 위 규정에 따른 고지의무를 이행하지 아니하였다고 하더라도 경우에 따라 행정심판의 제기기간이 연장될 수 있을 뿐, 그 때문에 심판의 대상이 되는 행정처분이 위법하다고 할 수는 없다.[2]

2) 입찰참가자격제한 관련

입찰참가자격제한은 신속히 처리할 필요가 있거나 사안이 경미한 처분이 아니므로, 구두나 그 밖에 방법으로 할 수는 없고, 반드시 문서로 하거나 당사자등으로부터 동의를 받아 전자문서로 할 수 있는 처분이다. 따라서 문서로 하지 않은 처분이나 당사자등의 동의 없이

76조 별표2는 재량준칙에 불과하다고 보기 때문에, 해당 사유별 제재기간을 그대로 적용하지 않더라도 그 자체만으로 위법하다고 보기 어렵다.

1) 대법원 2013. 9. 12. 선고 2011두10584 판결.

2) 대법원 2018. 2. 8. 선고 2017두66633 판결.

전자문서로 한 처분은 당연무효이다.[1)]

나. 이유제시

1) 일반

행정청은 처분을 할 때 행정절차법이 정한 특별한 사유가 없다면 당사자에게 그 근거와 이유를 제시해야 한다(행정절차법 제23조 제1항). 다만, 처분서에 기재한 근거나 이유가 다소 부족하더라도, 기재 내용과 관계법령, 해당 처분에 이르기까지 전체 과정 등을 종합적으로 고려하여, 처분 당시 당사자가 어떤 근거와 이유로 처분이 있었는지를 충분히 알 수 있어 그에 불복하여 구제절차로 나아가는 데 별다른 장애가 없었다면, 해당 처분을 위법하다 할 수 없다.[2)] 그러나 처분서 문언만으로도 행정청이 어떤 처분을 하였는지가 분명한데도, 처분 경위, 처분 이후 상대방 태도 등 그 밖에 다른 사정을 고려하여 처분서 문언과 다른 내용까지 포함한다고 확대해석 해서는 안 된다고 본다.[3)]

2) 입찰참가자격제한 관련

행정청이 입찰참가자격제한을 한 후에 당초 처분서에 기재한 사유를 변경하거나 추가할 수 있는지 문제된다. 당초 처분서에 기재한 처분 근거나 사유와 기본적 사실관계가 같다고 인정되는 범위에서는 다른 사유를 추가하거나 변경할 수 있다고 본다.[4)]

가령, 정당한 이유 없이 계약을 이행하지 않았다는 처분사유와 뇌물을 준 자라는 처분사유는 기본적 사실관계가 같지 않으므로 사후에 추가·변경을 할 수 없으나,[5)] 담합을 주도했다는 사유와 담합을 했다는 사유는 기본적 사실관계가 같으므로 사후에 추가·변경을 할 수 있다.[6)]

다. 송달

1) 방법

송달은 우편, 교부, 정보통신망 이용 등 방법으로 하되, 송달받을 자(대표자 나 대리인을 포함)의 주소·거소(居所)·영업소·사무소나 전자우편주소(이하 "주소등"이라 한다)로 한다. 다만, 송달받을 자가 동의하면, 그를 만나는 장소에서 송달할 수 있다(행정절차법 제14조 제1항).

교부송달은 수령확인서를 받고 문서를 교부하는 방법으로 하고, 송달하는 장소에서 송

1) 대법원 2011. 11. 10. 선고 2011도11109 판결.
2) 대법원 2013. 11. 14. 선고 2011두18571 판결.
3) 대법원 2005. 7. 28. 선고 2003두469 판결.
4) 대법원 1995. 12. 12. 선고 95누9051 판결.
5) 대법원 1999. 3. 9. 선고 98두18565 판결.
6) 대법원 2008. 2. 28. 선고 2007두13791 판결.

달받을 자를 만나지 못한 경우에는 그 사무원·피용자(被傭者)나 동거인으로서 사리를 분별할 지능이 있는 사람(이하 이 조에서 "사무원등"이라 한다)에게 문서를 교부할 수 있다. 다만, 문서를 송달받을 자나 그 사무원등이 정당한 사유 없이 송달받기를 거부하면, 그 사실을 수령확인서에 적고, 문서를 송달할 장소에 놓아둘 수 있다(행정절차법 제14조 제2항).

정보통신망을 이용한 송달은 송달받을 자가 동의하는 경우에만 한다. 이 경우 송달받을 자는 송달받을 전자우편주소 등을 지정해야 한다(행정절차법 제14조 제3항).

송달받을 자의 주소등을 통상적인 방법으로 확인할 수 없는 경우, 송달이 불가능한 경우 중 어느 하나에 해당하면, 송달받을 자가 알기 쉽도록 관보, 공보, 게시판, 일간신문 중 하나 이상에 공고하고 인터넷에도 공고해야 한다(행정절차법 제14조 제4항). 이에 따라 공고를 할 때에는 민감정보와 고유식별정보 등 송달받을 자의 개인정보를 개인정보 보호법에 따라 보호해야 한다(행정절차법 제14조 제5항). 행정청은 송달하는 문서의 명칭, 송달받는 자의 성명이나 명칭, 발송방법, 발송 연월일을 확인할 수 있는 기록을 보존해야 한다(행정절차법 제14조 제6항).

2) 효력 발생

송달은 다른 법령등에 특별한 규정이 있는 경우를 제외하고는 해당 문서가 송달받을 자에게 도달되어야 그 효력이 발생한다(행정절차법 제15조 제1항). 정보통신망을 이용하여 전자문서로 송달하는 경우에는 송달받을 자가 지정한 컴퓨터 등에 입력된 때에 도달된 것으로 본다(행정절차법 제15조 제2항). 공시송달 방법에 따를 때에는 다른 법령등에 특별한 규정이 있는 경우를 제외하고는 공고일부터 14일이 지난 때에 그 효력이 발생한다. 다만, 긴급히 시행하여야 할 특별한 사유가 있어 효력 발생 시기를 달리 정하여 공고한 경우에는 그에 따른다(행정절차법 제15조 제3항).

3) 입찰참가자격제한 관련

실무에서는 상대방이 정보통신망(이-메일, 팩스 등)으로 처분서를 송달받는 데에 동의하지 않았는데도, 행정청이 임의로 문서가 아닌 정보통신망으로 처분서를 송달하는 예가 있다. 이때는 처분이 상대방에게 도달하지 않았다고 보기 때문에, 해당 처분은 아예 효력이 발생하지 않는다. 따라서 계약담당공무원은 이 부분을 유의할 필요가 있다.

한편, 부정당업자가 법인인 경우에는 국가계약법 시행령 제76조 제6항 제1호에 따라 그 대표자까지도 제재하는데, 법인과 대표자는 별개 법인격이기 때문에, 반드시 처분서를 각 주체에게 별도로 송달해야 한다. 따라서 한 개의 처분서에 법인을 기재하고 그 밑에 대표기관 이름을 기재하여 법인에게만 송달했다면, 법인을 제외한 대표기관에게는 처분서가 송달되었다고 보기 곤란하다.

9. 제한사실 통보와 전자조달시스템 게재·공개

가. 법 위반사실 공표

행정청은 법령에 따른 의무를 위반한 자의 성명·법인명, 위반사실, 의무위반을 이유로 한 처분사실 등을 법률로 정하는 바에 따라 일반에게 공표할 수 있다(행정절차법 제40조의3 제1항).

나. 입찰참가자격제한 관련

각 중앙관서의 장은 입찰참가자격 제한을 한 후에 그 제한사실을 즉시 다른 중앙관서의 장에게 통보해야 하고(국가계약법 제27조 제1항), 업체(상호)명, 주소, 성명(법인이라면 대표자 성명과 법인등록번호), 주민등록번호, 사업자등록번호, 관계법령상 면허나 등록번호, 입찰참가자격 제한기간, 제한사유, 처분이 집행정지된 경우 그 사실이나 해제사실을 명백히 하여 제재 개시일 전까지 다른 중앙관서의 장이나 계약담당공무원이 알 수 있도록 전자조달시스템에 게재해야 한다(국가계약법 시행령 제76조 제10항). 해당 게재는 부정당업자제재확인서를 전자조달시스템에 게재하는 방법으로 한다(국가계약법 시행규칙 제77조 제3항).

그리고 위 게재사항 가운데, 업체(상호)명, 주소, 성명(법인이라면 대표자 성명과 법인등록번호), 사업자등록번호, 입찰참가자격 제한기간, 제한사유, 처분이 집행정지된 경우 그 사실이나 해제사실을 전자조달시스템에 공개해야 한다(국가계약법 시행령 제76조 제11항). 해당 공개는 부정당업자제재 확인서를 입찰참가자격제한 기간 동안 전자조달시스템에 공개하는 방법으로 한다(국가계약법 시행규칙 제77조 제5항). 그리고 각 중앙관서의 장은 전자조달시스템을 이용해 입찰참가자의 참가자격이 제한되는지를 확인해야 한다(국가계약법 시행규칙 제77조 제4항).

참고로, 공기업·준정부기관도 입찰참가자격을 제한하면 그 제한사실을 명백히 하여 전자조달시스템에 게재해야 하나(공기업·준정부기관 계약사무규칙 제15조 제6항), 기타공공기관은 전자조달시스템에 이를 게재하거나 공개할 의무와 권한이 없다고 본다.[1]

---

1) 계약제도과-398, 2018. 3. 28.

제 5 절 입찰참가자격제한 효력

Ⅰ. 의의

1. 규정과 취지

입찰참가자격제한을 받은 자는 그 제한기간 동안 공공입찰에 참가할 수 없다(국가계약법 시행령 제76조 제3항, 제5항, 제6항, 제7항 참조).

또한, 이미 입찰에 참가하여 낙찰받은 자라 하더라도 계약을 체결하기 전에 입찰참가자격제한을 받으면 해당 계약을 체결할 수 없다. 다만, 장기계속계약의 낙찰자가 최초로 계약을 체결한 이후 입찰참가자격제한을 받은 경우로서 해당 장기계속계약에 대한 연차별계약을 체결하는 경우에만 계약을 체결할 수 있을 뿐이다(국가계약법 시행령 제76조 제8항).

나아가 입찰참가자격제한을 받은 자는 수의계약도 체결할 수 없다. 다만, 그 자를 제외하면 적합한 시공자, 제조자가 없는 경우와 같이 부득이한 사유가 있는 때에만 수의계약이 허용된다(국가계약법 제27조 제3항).

이처럼 입찰참가자격제한을 받은 자는 제한기간 동안 국가 등이 발주하는 입찰에 참가할 수 없을 뿐만 아니라 계약도 체결하지 못하기 때문에, 주로 공공사업을 수주하여 수익을 창출하는 기업은 치명적인 영향을 받는다.

2. 입찰참가자격제한 받은 자의 입찰효력

입찰참가자격이 없는 자가 한 입찰은 무효이므로(국가계약법 시행규칙 제44조 제1항 제1호), 입찰참가자격제한을 받은 자가 참가한 입찰도 무효이다. 만약 발주기관이 위 사실을 간과하고 입찰참가자격제한을 받은 자와 계약을 체결했다면, 이는 입찰절차의 공공성과 공정성이 현저히 침해될 정도로 중대하고 국가계약법 취지를 몰각하는 결과를 가져오므로 무효라고 보아야 한다.[1] 이에 각 중앙관서의 장이나 계약담당공무원은 입찰참가자격제한을 받은 자와 전자조달시스템에 게재된 자가 상호·대표자 변경 등 방법으로 제한기간 안에 입찰에 참가하는 것을 방지하기 위해 입찰참가자의 주민등록번호, 법인등록번호, 관계법령상의 면허나 등록번호 등을 확인해야 한다(국가계약법 시행령 제76조 제13항).

---

1) 해당 계약을 해제해야 한다는 견해(장훈기, 앞의 공공계약 부정당업자 제재제도 해설, 212쪽)도 있지만, 해제는 유효하게 성립한 계약을 전제하고, 법령이나 계약에 열거된 사유가 있을 때에 할 수 있으므로, 입찰참가자격제한을 받은 자와 체결한 계약을 해제해야 한다는 해석에는 논란이 있을 수 있다.

Ⅱ. 효력범위

1. 물적 범위

가. 해당 행정청이 집행하는 입찰참가 등 제한

1) 입찰참가 제한

입찰참가자격을 제한받은 자는 제한기간 동안 처분을 한 해당 관서에서 집행하는 입찰에 참가할 수 없다(국가계약법 시행령 제76조 제7항). 여기서 입찰은 일반경쟁입찰, 제한경쟁입찰, 지명경쟁입찰 등 모든 입찰절차를 포함한다.

2) 계약체결 제한

부정당업자가 입찰에 참가하여 낙찰받은 후 계약체결 전에 입찰참가자격제한을 받았다면, 해당 계약을 체결할 수 없다. 다만, 장기계속계약의 낙찰자가 최초로 계약을 체결한 이후 입찰참가자격제한을 받은 경우로서 해당 장기계속계약에 대한 연차별계약을 체결하는 경우에만 예외적으로 계약체결이 허용된다(국가계약법 시행령 제76조 제8항). 비록 낙찰 자체는 정당한 것이므로 효력을 인정할 수 있지만, 부정당업자를 배제하려는 입찰참가자격제한 제도 취지를 고려하여 제한기간 중인 자의 계약체결을 제한하려는 취지이다. 위 내용은 과거 기획재정부 유권해석이었지만, 2006. 5. 25., 2008. 12. 31. 각 개정 시행령에 명시되었다고 한다.[1] 이러한 취지에 따르면, 협상에 의한 계약에서 우선협상대상자 지위에 있는 자, 적격심사낙찰제에서 적격심사대상자 통보를 받은 자 등은 낙찰자가 아니므로 그 단계에서 입찰참가자격제한을 받았다면 당연히 계약을 체결할 수 없다. 그러나 낙찰받은 후 계약체결 전에 입찰참가자격제한을 받았지만, 계약체결 전일까지 제한기간이 만료된 자라면 계약체결 당시 현재 입찰참가자격제한을 받은 자가 아니므로, 계약을 체결할 수 있다. 그리고 공동수급체가 낙찰받은 후 계약체결 전에 대표자 아닌 구성원이 입찰참가자격제한을 받은 경우, 나머지 구성원만으로 입찰공고 등에서 정한 면허, 시공능력 등 해당 계약이행 요건을 충족한다면 출자비율 변경 등 공동수급협정서를 보완하게 하여 해당 공동수급체와 계약을 체결할 수 있다.[2]

3) 수의계약체결 제한

입찰참가자격을 제한받은 자는 제한기간 동안 처분을 한 해당 관서의 장과 수의계약을 체결하지 못한다. 다만, 해당 부정당업자를 제외하면 적합한 시공자, 제조자가 없다는 등 부

1) 장훈기, 앞의 공공계약 부정당업자 제재제도 해설, 201쪽.
2) 회계 41301-264, 1998. 2. 7.

득이한 사유가 있을 때는 예외로 한다(국가계약법 제27조 제4항). 공공계약은 경쟁입찰 방법은 물론 수의계약 방법으로도 체결할 수 있으므로, 입찰참가자격제한 효력범위를 경쟁입찰뿐만 아니라 수의계약까지도 확장했다.

〔지방자치단체는 지방계약법 제33조 제2항 각 호에 해당하는 사업자를 계약대상자로 하여 어떤 내용의 수의계약도 체결할 수 없는지〕

지방계약법 제33조는 지방자치단체를 당사자로 하는 계약에 관하여 영향력을 행사할 수 있는 자들의 계약 체결을 제한하여 계약의 체결 및 이행과정에서 부당한 영향력을 행사할 수 있는 여지를 사전에 차단함으로써 투명성을 높이려는 것이므로, 체결을 금지하는 대상 계약의 범위는 명확하여야 하고, 이를 위반한 부정당업자에 대한 입찰참가자격 제한은 엄격하게 집행될 필요가 있는 점, 지방계약법은 지방자치단체는 수의계약에 부칠 사항에 대하여도 미리 예정가격을 작성하도록 하고(제11조 제1항), 지방자치단체를 당사자로 하는 계약에 관한 법률 시행령은 지방자치단체의 장 또는 계약담당자는 수의계약을 체결하려는 경우에는 원칙적으로 2인 이상으로부터 견적서를 받도록 하고(제30조 제1항), 견적제출자의 견적가격과 계약이행능력 등 안전행정부장관이 정하는 기준에 따라 수의계약대상자를 결정하도록 규정하는 등(같은 조 제5항) 지방자치단체가 수의계약을 하는 경우에도 공정성과 투명성을 확보하기 위하여 경쟁입찰에 부치는 경우와 유사한 절차를 취하도록 하고 있는 점 등에 비추어 보면, 지방자치단체는 지방계약법 제33조 제2항 각 호에 해당하는 사업자를 계약상대자로 하여서는 어떤 내용의 수의계약도 체결할 수 없고, 계약상대자의 부당한 영향력 행사의 가능성을 개별적으로 심사하여 수의계약 체결 여부를 결정할 수 있다거나, 경쟁입찰방식을 일부 혼합한 절차를 거친다고 하여 수의계약을 체결하는 것이 허용되는 것은 아니다(대법원 2014. 5. 29. 선고 2013두7070 판결).

나. 다른 행정청이 집행하는 입찰참가 등 제한

1) 확장제재 조항의 문제

국가계약법 시행령 제76조 제12항(이하 '확장제재 조항'이라 한다)은 다른 법률에 따라 입찰참가자격제한을 받은 자도 입찰에 참가할 수 없도록 하여 입찰참가자격제한의 효력을 다른 행정주체가 집행하는 입찰이나 계약에도 미치도록 규정하고 있다. 이에 대하여 대법원은 "이 사건 확장제재 조항은 최초 입찰참가자격 제한 처분에 직접 적용되는 근거 규정이 아니라, 입찰참가자격 제한 처분이 있은 후에 그 처분에 기초하여 다른 처분청이 새로운 제재를 할 수 있는 근거 조항일 뿐이다. 따라서 어떤 처분청이 부정당업자의 입찰참가자격을 제한하는 처분을 한 경우 이 사건 확장제재 조항에 따라 다른 처분청에 의한 별도의 제재 없이도 그 효력이 당연히 확장되는 것은 아니다."라고 한다.[1)] 이런 대법원 판례에 따르면 해당 처분청이 다른 처분청으로부터 입찰참가자격제한 처분을 받은 자의 입찰참가자격을 제한하기 위해서는 별도로 새로운 처분을 해야 한다. 그러나 실무는 현재까지 대법원 판례와 다른 방식으로 확장제재 조항을 운용해 왔다. 즉, 어떤 행정청이 부정당업자에게 입찰참가자격을 제한한 다음 이러한 사실을 전자조달시스템 등에 게재하면, 해당 부정당업자는 그 밖에 다른 행정청이 집행하는 입찰에도 당연히 참가하지 못하는 제한을 받는다. 따라서 실무는 국가계약법 시행령 제76조 제12항 등을 대법원 판례와 같은 새로운 제재조치(확장제재 조치) 근거가 아니라 당연 확장효(확장제재 효력) 근거로 이해해 온 셈이다. 더욱이 최근 헌법재판소는 확장제재 조항을 대법원과 달리 해석하여 실무를 지지하는 듯한 태도를 보인다(헌법재판소 2023. 7. 20.자 2017헌마1376 결정). 이에 혼란이 있는 상황이다.

한편, 위와 같은 확장제재 문제는 ① 같은 법령을 적용하는 행정청 사이와 ② 다른 법령을 적용하는 행정청 사이로 나누어 살펴볼 필요가 있다. 가령, 국가기관 A가 부정당업자에게 제재한 경우, 국가기관 B가 해당 부정당업자의 입찰참가를 제한할 수 있는가 하는 문제(같은 법령을 적용하는 행정청 사이)와 지방자치단체 C가 부정당업자에게 제재한 경우, 국가기관 A나 공기업 D가 해당 부정당업자의 입찰참가를 제한할 수 있는가 하는 문제(다른 법령을 적용하는 행정청 사이)로 나누어 검토해야 한다. 이와 관련하여 여러 하급심은 국가계약법 시행령 제76조 제12항이 위헌무효라는 판결을 하여 사실상 실무가 운영하는 확장제재 방식에 제동을 걸었지만, 최근 헌법재판소는 국가계약법 제27조 제1항과 같은 법 시행령 제76조 제12항이 모두 합헌이라고 결정하여 현행 실무 운영방식을 지지했다.

아래에서는 대법원 판례와 이에 기초한 하급심 판결례, 그와 구별되는 헌법재판소 결정례를 중심으로 이른바 확장제재 조항의 의미를 분석해 보고, 구체적 사례에 따라 확장제재 조항을 적용한 결론을 도출해 본다.

| 각 법령상 확장제재 조항 |

- **국가계약법 제27조 제1항**

  각 중앙관서의 장은 부정당업자에게는 2년 이내의 범위에서 대통령령으로 정하는 바에 따라 입찰참가자격을 제한하여야 하며, 그 제한사실을 즉시 다른 중앙관서의 장에게 통보하여야 한다. 이 경우 통보를 받은 다른 중앙관서의 장은 대통령령으로 정하는 바에 따라 해당 부정당업자의 입찰참가자격을 제한하여야 한다.

- **국가계약법 시행령 제76조 제12항**

  각 중앙관서의 장 또는 계약담당공무원은 지방자치단체를 당사자로 하는 계약에 관한 법률 또는

1) 대법원 2017. 4. 7. 선고 2015두50313 판결.

공공기관의 운영에 관한 법률 등 다른 법령에 따라 입찰참가자격 제한을 한 사실을 통보받거나 전자조달시스템에 게재된 자에 대해서도 입찰에 참가할 수 없도록 해야 한다.

- **지방계약법 제31조 제4항**

입찰 참가자격을 제한받은 자는 그 제한기간 동안 각 지방자치단체에서 시행하는 모든 입찰에 대하여 참가자격이 제한된다. 다른 법령에 따라 입찰 참가자격의 제한을 받은 자도 또한 같다.

- **공기업·준정부기관 계약사무규칙 제15조**

법 제39조제3항에 따라 기관장은 공정한 경쟁이나 계약의 적정한 이행을 해칠 것이 명백하다고 판단되는 자에 대해서는 국가를 당사자로 하는 계약에 관한 법률 제27조에 따라 입찰참가자격을 제한할 수 있다.

- **기타공공기관 계약사무 운영규정 제14조 제11항**

기관장은 국가를 당사자로 하는 계약에 관한 법률, 지방자치단체를 당사자로 하는 계약에 관한 법률, 공기업·준정부기관 계약사무규칙에 따라 입찰참가자격 제한 사실을 통보받거나 지정정보처리장치에 게재된 자에 대하여도 입찰에 참가할 수 없도록 할 수 있다.

- **지방공기업법 시행령 제57조의8 제1항**

법 제64조의2 제6항에 따른 회계처리, 계약의 기준 및 절차와 입찰참가자격의 제한 등에 관하여는 그 성질에 반하지 않는 범위에서 지방자치단체를 당사자로 하는 계약에 관한 법률 제31조 및 제31조의5와 같은 법 시행령 제2조, 제6조, 제6조의2, 제7조부터 제32조까지, 제32조의2, 제33조부터 제42조까지, 제42조의3, 제42조의4, 제43조, 제44조, 제44조의2, 제45조부터 제49조까지, 제51조, 제52조, 제54조부터 제56조까지, 제64조, 제64조의2, 제66조부터 제71조까지, 제71조의2, 제71조의3, 제72조부터 제75조까지, 제75조의2, 제76조부터 제78조까지, 제78조의2, 제79조, 제81조부터 제86조까지, 제87조부터 제89조까지, 제89조의2, 제90조부터 제92조까지, 제93조, 제94조부터 제97조까지, 제97조의2, 제98조, 제98조의2, 제99조, 제100조, 제100조의2, 제101조 및 제103조를 준용한다. 이 경우 "지방자치단체"는 "공사"로, "회계관계공무원"은 "회계관계담당자"로, "소속공무원"은 "소속직원"으로, "지방자치단체의 장"은 "공사의 사장"으로, "공무원"은 "직원"으로, "관계 공무원"은 "관계 직원"으로 본다.

- **지방자치단체 출자·출연 기관의 운영에 관한 법률 시행령 제12조 제1항**

법 제17조 제6항에 따른 계약의 기준 및 절차와 입찰참가자격의 제한 등에 관하여는 그 성질에 반하지 않는 범위에서 지방자치단체를 당사자로 하는 계약에 관한 법률 제31조 및 제31조의5와 같은 법 시행령 제2조, 제7조부터 제32조까지, 제32조의2, 제33조부터 제42조까지, 제42조의3, 제42조의4, 제43조, 제44조, 제44조의2, 제45조부터 제49조까지, 제51조, 제52조, 제54조부터 제56조까지, 제64조, 제64조의2, 제66조부터 제71조까지, 제71조의2, 제71조의3, 제72조부터 제75조까지, 제75조의2, 제76조부터 제78조까지, 제78조의2, 제79조, 제81조부터 제86조까지, 제87조부터 제89조까지, 제89조의2, 제90조부터 제92조까지, 제93조, 제94조부터 제97조까지, 제97조의2, 제98조, 제98조의2, 제99조, 제100조, 제100조의2, 제101조 및 제103조를 준용한다. 이 경우 "지방자치단체"는 "출자·출연 기관"으로, "소속공무원"은 "소속직원"으로, "지방자치단체의 장"은 "출자·출연 기관의 장"으로, "공무원"은 "직원"으로, "관계 공무원"은 "관계 직원"으로 본다.

2) 판결례 소개

가) 대법원 판례

대법원은 국가계약법 시행령 제76조 제12항과 같은 확장제재 조항은 최초 입찰참가자격제한에 직접 적용되는 근거 규정이 아니라, 입찰참가자격제한이 있은 후에 그 처분에 기초하여 다른 처분청이 새로운 제재를 할 수 있는 근거 조항에 불과하므로, 이러한 확장제재 조항에 의해 최초 입찰참가자격제한 효력이 다른 국가기관이나 지방자치단체, 다른 공공기관에 당연히 확장되는 것은 아니라고 보았다.[1)]

나) 하급심 판결례

하급심은, 어떤 처분청이 부정당업자의 입찰참가자격을 제한하는 처분을 한 경우 국가계약법 시행령 제76조 제12항에 따라 다른 처분청에 의한 별도의 제재 없이도 그 효력이 당연히 확장된다고 볼 수 없다는 대법원 2017. 4. 7. 선고 2015두50313 판결 법리를 전제한 다음, 국가계약법 시행령 제76조 제12항은 상위 법률에 근거가 없기 때문에 법률유보원칙에 위배되어 그 효력을 인정할 수 없다고 보았다.[2)]

다) 헌법재판소 결정례

헌법재판소는 국가계약법 제27조 제1항 전단과 후단이 합헌이라고 본다.[3)] 즉, 각 중앙관서의 장이 입찰참가자격제한을 한 후 그 사실을 즉시 다른 중앙관서의 장에게 통보하고, 통보를 받은 다른 중앙관서의 장도 해당 부정당업자의 입찰참가자격을 제한하더라도, 과잉금지원칙에 위배되지 않는다는 취지이다.

나아가 헌법재판소는 최근 국가계약법 시행령 제76조 제12항 역시 법률유보원칙이나 과징금지원칙에 위배되지 않으므로, 합헌이라고 결정했다.[4)] 특히 이 결정은 기존 하급심 판결례와는 정면으로 충돌하므로, 법률의 심사권한은 헌법재판소에, 하위 법령의 심사권한은 대

1) 대법원 2017. 4. 7. 선고 2015두50313 판결 등 참조.
2) 서울중앙지방법원 2018. 7. 25.자 2018카합20966 결정, 서울중앙지방법원 2020. 2. 24.자 2020카합20191 결정, 서울중앙지방법원 2021. 9. 8.자 2021카합21348 결정 등 참조.
3) 헌법재판소 2016. 6. 30.자 2015헌바125, 290 결정.
4) 헌법재판소 2023. 7. 20.자 2017헌마1376 결정.

법원에 있다고 선언한 헌법 제107조 제1항, 제2항을 고려해, 그 의미를 살펴볼 필요가 있다.

어쨌든 현재 헌법재판소 판례는 이른바 확장제재를 규정한 국가계약법 제27조 제1항은 물론 같은 법 시행령 제76조 제12항 모두를 합헌으로 본다.

3) 검토

앞에서 언급했듯이, 현행 법령 중 확장제재 조항은 국가계약법 제27조 제1항, 같은 법 시행령 제76조 제12항, 지방계약법 제31조 제4항, 기타공공기관 계약사무 운영규정 제14조 제11항, 지방공기업법 시행령 제57조의8 제1항, 지방자치단체 출자·출연 기관의 운영에 관한 법률 시행령 제12조 제1항을 예로 들 수 있다.

첫째, 확장제재 조항이 최초 처분을 한 행정청의 입찰참가자격제한 효력이 다른 처분청에도 당연히 미치는 것인지에 대하여, 대법원과 하급심은 부정하고, 헌법재판소는 명백한 법리를 제시하지 않는다. 따라서 현재 판례 아래에서는 확장제재 조항이 당연한 확장효력을 가지는 의미라고 해석하기는 곤란하고 최초 처분을 기초로 새로운 처분을 할 수 있다는 의미로 볼 수밖에 없다.

둘째, 법률인 국가계약법 제27조 제1항과 지방계약법 제31조 제4항, 지방계약법 제31조 제4항을 그대로 준용하는 지방공기업법 시행령 제57조의8 제1항, 지방자치단체 출자·출연 기관의 운영에 관한 법률 시행령 제12조 제1항은 모두 합헌이라는 점에 의문이 없다. 법률의 위헌 여부는 헌법재판소가 심사할 수 있는 만큼, 국가계약법 제27조 제1항을 합헌이라고 결정한 헌법재판소 결정에 따를 필요가 있기 때문이다.

셋째, 법률이 아닌 하위 법령에 해당하는 국가계약법 시행령 제76조 제12항이 법률유보 원칙에 위배되어 무효인지에 대하여는, 하급심은 긍정하고, 헌법재판소은 부정한다. 하위 법령의 위헌 여부는 구체적 사건과 관련하여 대법원이 심사하므로, 향후 실무는 위 하급심 판결례와 헌법재판소 결정 중 어떤 것을 따라야 할지 혼란이 있으리라 본다. 이런 혼란을 없애기 위해 국가계약법 시행령 제76조 제12항을 상위 법률, 즉 국가계약법에 명시하고 확장제재 조항의 의미와 효과를 분명히 할 필요가 있다.

4) 구체적 고찰

가) 같은 법령을 적용하는 기관 사이 확장제재 문제

(1) 국가기관 – 국가기관

A라는 중앙관서의 장이 국가계약법에 따라 부정당업자에게 입찰참가자격제한을 하면, 이를 즉시 다른 중앙관서의 장에게 통보해야 하고, 통보를 받은 다른 중앙관서의 장은 해당 부정당업자의 입찰참가를 제한해야 한다(국가계약법 제27조 제1항). 그리고 헌법재판소 결정에

따르면 이러한 국가계약법 제27조 제1항은 합헌이다.

이때 통보를 받은 다른 중앙관서의 장은 A의 최초 입찰참가자격제한 처분과는 별도로 새로운 입찰참가자격제한 처분을 해야 비로소 해당 부정당업자의 입찰참가를 제한할 수 있다는 것이 대법원 판례 취지이다.[1] 그러나 대법원 판례에 따르더라도, 국가계약법 제27조 제1항 후문은 다른 중앙관서의 장이 "대통령령으로 정하는 바에 따라" 입찰참가자격제한을 하도록 규정하는데, 국가계약법 시행령에는 해당 위임에 따른 규정이 없으므로, 결국 다른 중앙관서의 장이 국가계약법 제27조 제1항에만 근거해 새로운 처분을 할 수 있다고 해석할 수 있을지는 의문이다.

(2) 지방자치단체 – 지방자치단체

A라는 지방자치단체의 장이 지방계약법에 근거해 부정당업자에게 입찰참가자격제한을 하면, 해당 부정당업자는 그 제한기간 동안 각 지방자치단체에서 시행하는 모든 입찰에서 참가자격이 제한된다(지방계약법 제31조 제4항 전문). 이러한 지방계약법 제31조 제4항이 당연한 확장효력을 규정한 것인지, 아니면 국가계약법 제27조 제1항과 같이 새로운 처분의 근거에 불과한 것인지 논란이 있고, 아직까지는 이를 정면으로 판단한 판례가 없다.

〔지방공기업 사이, 지방자치단체출자·출연기관 사이〕

지방공기업법과 그 시행령, 지방자치단체 출자·출연기관운영법과 그 시행령은 입찰참가자격제한과 관련하여 지방계약법 제31조를 준용하기 때문에, 위에서 본 결론은 지방공기업 사이나 지방자치단체출자·출연기관 사이에서도 그대로 적용된다.

(3) 공공기관 – 공공기관

(가) 공기업·준정부기관 – 공기업·준정부기관

현행 공공기관운영법에 따른 공기업·준정부기관 계약사무규칙 제15조는 입찰참가자격제한과 관련한 국가계약법 제27조를 준용한다. 따라서 위 (1) 국가기관 - 국가기관 부분에서 본 법리와 결론과 문제점이 여기에 그대로 적용된다.

(나) 공기업·준정부기관 – 기타공공기관

앞에서 자세히 살펴보았지만, 현재 대법원 판례에 따르면 기타공공기관의 장이 한 입찰참가자격제한은 행정처분이 아닌 사법상 조치에 불과하므로, 공기업·준정부기관의 장이 기타공공기관의 장이 한 선행 입찰참가자격제한에 기초해 해당 부정당업자의 입찰참가를 제한할 수 없다.

---

1) 대법원 2017. 4. 7. 선고 2015두50313 판결 등 참조.

그러나 기타공공기관의 장은 사법상 조치로써 공기업·준정부기관으로부터 입찰참가자격제한을 받은 부정당업자의 입찰참가를 제한할 수 있다(기타공공기관 계약사무 운영규정 제14조 제11항).

나) 다른 법령을 적용하는 기관 사이 확장제재 문제

(1) 국가기관 – 지방자치단체

우선, 국가계약법 시행령 제76조 제12항에 따르면, 각 중앙관서의 장은 지방계약법령에 따라 입찰참가자격 제한을 한 사실을 통보받거나 전자조달시스템에 게재된 자를 입찰에 참가하지 못하도록 해야 한다. 그런데 대법원 판례에 따르면, 국가계약법 시행령 제76조 제12항은 당연한 확장효력 규정이 아니라 새로운 처분 근거에 불과하기 때문에, 각 중앙관서의 장은 지방자치단체의 장으로부터 입찰참가자격제한을 받은 부정당업자에게 입찰참가를 제한하려면, 국가계약법 시행령 제76조 제12항에 따라 새로운 처분을 해야 한다. 이때, 헌법재판소는 국가계약법 시행령 제76조 제12항을 합헌으로 보기 때문에 문제가 없지만, 여러 하급심 판결례는 같은 규정을 법률유보원칙 위배에 따라 무효로 본다. 결국 헌법재판소 결정에 따르면, 각 중앙관서의 장은 지방자치단체의 장으로부터 입찰참가자격제한을 받은 부정당업자에게 입찰참가를 제한할 수 있지만, 하급심 결정례에 따르면 그렇게 할 수 없다.

반대로, 지방계약법 제31조 제4항에 따르면, 다른 법령에 따라 입찰참가자격의 제한을 받은 자는 그 제한기간 동안 각 지방자치단체에서 시행하는 모든 입찰에서 참가자격이 제한된다. 따라서 국가계약법령에 따라 각 중앙관서의 장으로부터 입찰참가자격제한을 받은 부정당업자는 각 지방자치단체에서 시행하는 모든 입찰에 참가하지 못한다.

(2) 국가기관 – 공공기관

(가) 국가기관 – 공기업·준정부기관

공공기관운영법 위임에 따른 공기업·준정부기관 계약사무규칙 제15조가 국가계약법 제27를 준용하는 만큼, 일단 국가계약법 시행령 제76조도 준용된다고 본다. 따라서 국가계약법 시행령 제76조 제12항을 그대로 적용하면, 각 중앙관서의 장으로부터 입찰참가자격제한을 받은 부정당업자는 공기업·준정부기관이 시행하는 입찰에도 참가하지 못하고, 공기업·준정부기관의 장으로부터 입찰참가자격제한을 받은 부정당업자는 국가기관이 시행하는 입찰에도 참가하지 못한다고 해석할 수 있겠으나, 앞에서 언급했듯이 헌법재판소 결정과 법원 판결례는 충돌한다.

(나) 국가기관 – 기타공공기관

기타공공기관의 장은 각 중앙관서의 장으로부터 입찰참가자격제한을 받은 부정당업자에게 기타공공기관이 시행하는 입찰에 참가하지 못하게 제한할 수 있으나(기타공공기관 계약사무 운영규정 제14조 제11항), 이는 행정처분이 아닌 사법상 조치에 불과하다.

반대로 각 중앙관서의 장은 기타공공기관의 장으로부터 입찰참가자격제한을 받은 부정당업자에게 다시 입찰참가자격을 제한할 수 없다. 기타공공기관 계약사무 운영규정은 법률상 근거가 없는 기관 내부규정에 불과하므로, 국가계약법 시행령 제76조 제12항이 말하는 "다른 법령"에 해당하지 않기 때문이다.

(3) 지방자치단체 – 공공기관

(가) 지방자치단체 – 공기업·준정부기관

공기업·준정부기관의 장으로부터 입찰참가자격제한을 받은 부정당업자는 그 제한기간 동안 각 지방자치단체에서 시행하는 모든 입찰에서 참가자격이 제한된다(지방계약법 제31조 제4항 후문).

반대로, 공기업·준정부기관의 장은 지방자치단체의 장으로부터 입찰참가자격제한을 받은 부정당업자에게 입찰에 참가할 수 없도록 해야 하나(공공기관운영법 제39조 제2항, 제3항, 공기업·준정부기관 계약사무규칙 제15조, 국가계약법 시행령 제76조 제12항), 국가계약법 시행령 제76조 제12항이 무효라고 보는 하급심 판결례에 따르면 그렇게 할 수 없다.

(나) 지방자치단체 – 기타공공기관

기타공공기관의 장은 지방자치단체의 장으로부터 입찰참가자격제한을 받은 부정당업자에게 기타공공기관이 시행하는 입찰에 참가하지 못하게 제한할 수 있으나(기타공공기관 계약사무 운영규정 제14조 제11항), 이는 행정처분이 아닌 사법상 조치에 불과하다.

반대로 각 중앙관서의 장은 기타공공기관의 장으로부터 입찰참가자격제한을 받은 부정당업자에게 다시 입찰참가자격을 제한할 수 없다. 기타공공기관 계약사무 운영규정은 법률상 근거가 없는 기관 내부규정에 불과하므로, 지방계약법 제31조 제4항이 말하는 "다른 법령"에 해당하지 않기 때문이다.

2. 시적 범위

가. 장래효

부정당업자가 입찰참가자격을 제한받기 전에 이미 계약을 체결한 다음 이를 이행하던 중에 다른 계약건과 관련한 입찰참가자격제한을 받은 경우에는 현재 계약에 아무런 영향을 미치지 못한다. 따라서 해당 부정당업자는 현재 계약을 계속 이행해야 하고, 향후 실시되는 입찰 등에만 참가하지 못할 뿐이다. 입찰참가자격제한은 소급하여 효력이 발생하지 않으므로 당연한 결론이다.

나. 개시일과 종료일

실무상 입찰참가자격제한은 처분서에 개시시점과 종료시점을 특정하여 부과하므로, 그 범위에서만 효력을 가진다. 따라서 행정청은 처분 개시일을 기재한 후 상대방에게 처분서를 송달한다.[1] 공공입찰에서 입찰참가자격 판단기준일은 입찰참가신청서류 접수마감일이고, 입찰참가자는 입찰서제출마감일까지 해당 입찰참가자격을 계속 유지해야 하므로, 그 이후에 처분이 개시되는 자는 참가자격을 제한받지 않는다. 또한, 입찰참가자격제한을 받았더라도 입찰참가등록마감일 전일까지 제재기간이 만료된 자는 해당 입찰에 참가할 수 있다.

그런데 보통은 처분서 송달 후에 해당 개시일이 도래하지만, 처분서 송달 전에 개시일이 도래한 경우에는 효력발생시점이 처분서에 기재된 개시일인지 아니면 처분서 송달일인지 문제된다. 대법원은 처분서 송달 이후부터 처분효력이 발생한다고 본다.[2] 처분서 송달은 처분의 효력발생요건이기 때문이라는 근거를 제시한다. 입찰참가자격제한은 상대방이 있는 처분이므로 의사표시의 일반적 법리에 따라 상대방에게 고지되어야 효력이 발생하는데,[3] 상대방이 처분서에 기재된 개시일보다 뒤늦게 처분서를 송달받으면, 해당 처분은 상대방에게 송달된 이후부터 효력이 발생한다고 보아야 하며, 송달되기 전 기간은 그 효력이 발생하지 않는다고 보는 판례 해석이 타당하다고 본다. 다만, 처분서가 개시일 전에 송달되든 그 이후에 송달되든 종료일은 처분서에 기재한 시점으로 보아야 하므로, 그날이 경과하면 처분효력은 소멸한다.

〔집행정지 결정과 처분개시·종료일〕

실무에서는 위와 같이 행정청이 처분서에 개시일과 종료일을 특정하여 상대방에게 통보했으나, 상대방이 법원에 집행정지를 신청하여 해당 처분에 대한 효력정지 결정을 받는 사례가 빈번하다. 이때는 처분이 개시되기 전에 집행정지 결정이 있었든 처분이 개시된 후에 집행정지 결정이 있었든, 본안판결 결과에 따라 집행정지 결정 효력이 소멸한 장래에 나머지 제재기간을 집행할 수밖에 없다. 즉, 집행정지 결정이 있는 사례에서는 처분서에 기재된 개시일과 종료일은 큰 의미가 없고, 그 기간이 중요하다는 뜻이다.

그런데 집행정지 효력은 해당 결정의 주문에 표시된 시기까지 존속하다가 그 시기의 도래에 따라 당연히 소멸한다. 같은 맥락에서 부정당업자가 집행정지를 받은 다음 본안소송을 취하하면, 그 즉시

---

1) 조달청 실무는 보통 계약심사협의회 심의 결정일로부터 7일이 경과한 날을 처분 개시일로 정한다.
2) 대법원 2012. 11. 15. 선고 2011두31635 판결 참조.
3) 대법원 1990. 7. 13. 선고 90누2284 판결.

집행정지 결정은 효력을 상실한다(대법원 2007. 6. 28.자 2005무75 결정). 이처럼 집행정지 결정이 실효하면 그때부터 당초 기간(이미 일부 진행되었다면 나머지 기간)이 다시 진행한다고 보아야 한다(대법원 2003. 7. 11. 선고 2002다48023 판결, 대법원 2005. 6. 10. 선고 2005두1190 판결).

3. 인적 범위

가. 원칙

법인격이란 권리의무 주체가 될 수 있는 지위나 자격을 말한다.[1] 원칙적으로 법인격은 살아있는 모든 사람을 뜻하는 자연인과 일정한 목적과 조직 아래 결합한 사람의 단체(사단) 혹은 일정한 목적에 바친 재산의 실체(재단)를 통칭하는 법인에게 인정된다.

입찰참가자격제한은 부정당업자에게 부과하는 처분이고, 여기서 부정당업자는 공법상 의무주체가 될 수 있는 주체, 즉 법인격을 갖춘 자여야만 한다. 따라서 법령에 특별한 규정이 없다면 원칙적으로 처분을 받은 부정당업자에게만 그 효력이 미친다.

가령, 부정당업자가 법인인 경우, 해당 법인을 제외한 임직원 등에게는 처분의 효력이 미치지 않으며, 법인의 모회사, 자회사 등 다른 관계 회사도 처분 효력을 받지 않는다. 또한, 입찰참가자격제한은 법인이 보유한 특정 업종에 가하는 조치가 아니고 법인 그 자체에 가하는 제재이므로, 해당 법인이 보유한 모든 업종의 입찰참가가 제한된다.[2]

한편, 부정당업자가 개인인 경우, 해당 개인이 직접 제한효력을 받을 뿐이지, 그 개인이 운영하는 사업체가 제한효력을 받지 않는다. 개인이 아닌 사업체는 독자적인 법인격이 없기 때문이다.

나. 부정당업자의 대표자, 조합원

국가계약법 시행령은 법인이나 단체가 부정당업자에 해당하는 경우, 그 대표자를 제재하도록 규정하는 한편(대표자가 여럿이면 해당 입찰이나 계약을 소관하는 대표자로 한정), 중소기업협동조합이 부정당업자에 해당하는 경우, 제재 원인을 제공한 조합원 역시 제재하도록 규정한다(국가계약법 시행령 제76조 제6항 제1호, 제2호). 이처럼 법령은 부정당업자가 법인 등인 경우에 그 대표자 등까지 제재하도록 인적 범위를 확장한다.

다만, 상위 법률에서 위와 같이 제재대상 범위 확장을 예정하지 않았는데도, 하위 규범인 시행령에서 제재대상자를 확장한 것이 위법인지 논란이 있고, 일부 하급심 판결은 국가

---

1) 곽윤직, 앞의 민법개설, 43쪽.
2) 예를 들어, 업종별 등록을 여러 개 가진 법인이 한 업종과 관련한 업무를 수행하다가 입찰참가자격제한을 받았다면, 해당 법인은 다른 업종으로도 입찰에 참가할 수 없다.

계약법 시행령 제76조 제6항 제1호가 법률유보원칙 위반으로서 무효라고 판결한 바 있다.[1] 다만, 앞에서 살펴본 바와 같이 대법원은 법인이 부정당업자일 때 그 대표자를 제재하도록 규정한 지방계약법 시행령 제92조 제6항 제1호와 국가계약법 시행령 제76조 제6항 제1호가 법률 위임에 따른 것이므로 법률유보원칙 위반이 아니라고 본다.[2]

국가계약법 시행령은 더 나아가, 입찰참가자격제한을 받는 자가 대표자인 법인이나 단체까지도 입찰참가자격제한을 하도록 규정한다(국가계약법 시행령 제76조 제9항).

다. 공동수급체인 경우 입찰참가자격제한 원인을 제공한 자 등

한편, 국가계약법 시행령은 제한효력을 받는 인적 범위를 축소하기도 한다. 가령, 공동수급체가 부정당업자에 해당하더라도 입찰참가자격제한 원인을 제공한 구성원만 제재하고(국가계약법 시행령 제76조 제5항), 법인이나 단체, 중소기업협동조합이 부정당업자에 해당하여 그 대표자나 조합원을 제재할 때는 입찰·계약업무를 소관하는 대표자와 입찰참가자격제한 원인을 제공한 조합원만 제재하도록 규정한다(국가계약법 시행령 제76조 제6항).

그리고 입찰참가자격제한을 받은 자를 대표자로 하는 법인이나 단체 역시 제재하도록 하면서도, 대표자가 여러 명 있는 경우로서 입찰참가자격제한을 받은 대표자가 입찰에 관여하지 않은 경우, 입찰참가자격제한을 받은 대표자가 중소기업협동조합법에 따른 중소기업협동조합의 이사장(협동조합연합회나 중소기업중앙회는 회장)인 경우로서 해당 중소기업협동조합이 입찰참가자격 제한 사유와 관련 없는 경우에는 예외로 규정한다(국가계약법 시행령 제76조 제9항 제1호, 제2호).

라. 입찰참가자격제한에 대한 집행정지를 받은 자

행정처분에 대한 집행정지 결정이 있으면, 그 처분은 아직 확정되지 않은 것일 뿐만 아니라 그 집행정지기간 중에는 처분이 없었던 원래 상태와 같은 상태가 되고, 위 집행정지 결정은 당사자인 행정청을 기속한다.[3] 따라서 행정청은 집행정지를 받은 부정당업자의 입찰참가나 계약체결, 수의계약을 막을 수 없다.

마. 이미 입찰에 참가한 이후에 다른 법령에 따라 제재받은 자

국가계약법 시행령 제76조 제12항은 지방계약법이나 공공기관운영법 등 다른 법령에 따라 입찰참가자격제한을 받은 자도 국가계약법에 따른 입찰참가를 제한하도록 하는 규정이지만, 이는 같은 시행령 제76조 제8항에는 적용되지 않으므로, 이미 국가계약법에 따른 입찰에 참가한 자는 계약체결 전에 다른 법령에 근거해 입찰참가자격제한을 받았다 하더라도

1) 서울고등법원 2022. 5. 18. 선고 2021누57058 판결.
2) 대법원 2022. 7. 14. 선고 2022두37141 판결, 대법원 2022. 9. 29. 선고 2022두45401 판결.
3) 대법원 2007. 3. 29. 선고 2006두17543 판결, 대법원 2020. 9. 3. 선고 2020두34070 판결.

그대로 국가계약을 체결할 수 있다. 기획재정부도 마찬가지로 해석한다.[1)]

Ⅲ. 관련문제

1. 특별사면과 입찰참가자격제한 효력

특별사면이란 대통령이 형을 선고받은 자를 대상으로 형 집행을 면제하는 행위를 말한다(사면법 제3조 제2호, 제5조 제1항 제2호, 제9조). 특별한 사정이 있으면 형 선고 효력을 상실하게 할 수도 있다(사면법 제5조 제1항 제2호 단서). 이처럼 특별사면은 형벌을 받은 자를 대상으로 하지만, 대통령은 특별사면과 아울러 특별사면 대상자에게 행정제재를 해제하는 조치를 시행하기도 한다. 2015. 8. 13.에 실시한 광복 70주년 특별사면 및 특별감면조치 사례가 대표적이다. 해당 조치를 위한 지침인 '건설업체 등에 대한 제재조치의 해제범위 공고(2015. 8. 22.)'에 따르면, 해제대상 행정처분은 2015. 8. 13. 이전에 부과된 것으로 한정하고, 그 이전 위반행위에 대해 2015. 8. 13. 이전까지 처분을 하지 않은 경우에도 해제범위에 해당하지 않는다고 규정한다. 이에 대법원은 특별사면이 있은 후 행정청이 그 이전 범죄사실에 따른 입찰참가자격제한을 한 경우, 처분을 지연하지 않았다면 특별사면이 대상이 될 수 있다는 사정만으로는 해당 처분이 위법하다고 볼 수 없다면서, "특별사면은 사면권자의 고도의 정치적·정책적 판단에 따른 시혜적인 조치이고, 특별사면 진행 여부와 그 적용 범위는 사전에 예상하기 곤란할 뿐 아니라, 처분청에 처분상대방이 특별사면 대상이 되도록 신속하게 절차를 진행할 의무까지 인정된다고 보기도 어렵다."고 했다.[2)] 다만, 법원은 처분이 지연된 경위, 지연된 처분에 따른 사면 대상 제외 이외에 처분상대방이 입은 특별한 불이익이 있는지, 그 밖의 감경사유는 없는지, 처분상대방에 대한 제재필요성, 처분상대방이 처분 지연으로 인해 특별사면의 혜택을 누리지 못한 점이 처분 양정에 고려되었는지, 처분 결과가 비례와 형평에 반하는지 등을 종합적으로 고려하여 입찰참가자격제한이 재량권 일탈·남용에 해당하는지 판단할 수 있을 뿐이다.

한편, '건설업체 등이 이전에 받은 부정당업자 제재처분 등을 2015. 8. 14.자로 해제한다'는 '2015년 광복절 특별사면 및 특별감면조치'가 원심 재판이 진행 중이던 2015. 8. 13.에 있었던 경우라도, 그러한 특별조치는 해당 제재처분 등의 기성 효과나 위법 여부에 아무런 영향을 미칠 수 없다고 보아야 한다.[3)]

---

1) 계약정책과-279, 2020. 6. 24.
2) 대법원 2018. 5. 15. 선고 2016두57984 판결.
3) 대법원 2017. 10. 12. 선고 2016두40993 판결.

2. 제재사유와 제재효과 승계

1) 문제점

행정처분은 그 대상이 어떤 것인지에 따라 대물적 처분과 대인적 처분으로 나누기도 한다. 여기서 대물적 처분이란 오로지 대상물의 객관적 사정을 이유로 발하는 행정행위를 말하고, 대인적 처분이란 오로지 그 상대방의 주관적 사정을 이유로 발하는 행정행위를 말한다.[1)] 그런데 입찰참가자격제한은 특정한 면허나 업종 등 물적 대상에 하는 처분이 아니라 위반행위자라는 인적 대상에 하는 처분이다. 따라서 대물적 처분보다는 대인적 처분에 가깝다.

한편, 위반행위를 한 처분상대방 지위를 제3자가 승계한 경우, 행정청이 원래 위반행위자인 부정당업자와 그 지위를 승계한 제3자 중 누구에게 입찰참가자격을 제한해야 하는지 문제이고, 나아가 이미 입찰참가자격제한을 한 이후에 부정당업자의 지위를 제3자가 승계했다면 그 효과가 제3자에게 미치는지 역시 문제이다. 학계는 전자를 제재사유 승계라 하고, 후자를 제재효과 승계라 부른다.

이와 관련하여, 대법원은 과거부터 대인적 처분인 경우 제재사유 승계를 인정하지 않지만, 대물적 처분인 경우에는 제재사유 승계를 인정해 왔다. 따라서 대인적 처분에 가까운 입찰참가자격제한의 경우에도 제새사유 승계를 부정해야 하는지 논란이 있고, 이는 국가계약법령 등에 제재사유나 제재효과가 승계되는지를 별도로 규정하지 않기 때문에 발생하는 문제이다.

아래에서는 제재승계 개념과 이를 해석하는 일반이론을 우선 살펴보고, 입찰참가자격제한은 제재승계 문제를 어떻게 해결해야 하는지 검토하고자 한다. 특히 당사자 지위는 영업양도, 회사합병, 회사분할에 따라 주로 이전되기 때문에, 각 지위승계 형태를 기준으로 입찰참가자격제한 사유나 효과승계 여부를 살펴본다.

2) 개념과 일반이론

가) 제재승계 개념

제재승계란 크게 제재사유 승계와 제제효과 승계로 나눈다. 제재사유 승계란 제재사유 있는 자가 제재받기 전에 영업양도, 분할, 합병 등에 따라 제3자에게 지위 등을 이전한 경우, 행정청이 그 제3자를 대상으로 제재할 수 있는지 문제이고, 제재효과 승계란 제재사유 있는 자가 제재받은 후에 영업양도, 분할, 합병 등에 따라 제3자에게 지위 등을 이전한 경우, 그 제3자도 제재효력을 받는지 문제이다. 이것은 제재사유 있는 자가 개인이든 법인이

1) 장태주, 앞의 책, 212쪽.

든 마찬가지이고, 개인도 상속 등에 따라 지위이전이 발생하는 것은 물론이지만, 제재사유 있는 자가 법인일 때에 제재를 회피하기 위한 수단으로 영업양도, 분할, 합병 등을 악용하는 사례가 많은 만큼, 제재사유나 제재효과 승계는 법인을 중심으로 살펴보기로 한다.

나) 제재승계 일반이론

법령에 제재사유나 제재효과의 승계를 규정하고 있으면, 행정청은 그 내용에 따라 조치하면 된다. 그러나 개별 법령에서 제재사유나 제재효과의 승계를 별도로 규정하지 않으면, 이를 어떻게 해결해야 하는지 논란이 있다.

우선, 상속이나 합병과 같은 포괄승계가 있는 경우에는 개별 법령에 규정이 없더라도, 민법(제1005조)과 상법(제235조)에 일반조항이 있으므로, 이에 따라 제재승계를 인정할 수 있다고 보아야 한다. 그러나 상속이나 합병이 아닌 다른 원인으로 지위승계가 발생하는 경우에는 어떻게 처리해야 하는지 문제이다.

이에 대하여, 학설이나 대법원 판례[1]는 대체로 해당 처분이 대물적 성격을 지니고 있으면 제재승계를 인정하고, 대인적 성격을 지니고 있으면 제재승계를 부정한다. 대물적 처분의 승계를 인정하는 이유는 제재 직전에 사업을 양도하여 양도인과 양수인이 모두 제재를 피하는 부당한 결과를 막기 위한 것인 반면, 대인적 처분의 승계를 부정하는 이유는 대인적 처분은 일신전속적 성격이 강하므로 원래 처분대상자의 책임을 제3자에게 전가할 수 없다고 보기 때문이다.

다) 입찰참가자격제한의 제재승계

(1) 서론

국가계약법령 등에는 제재사유나 제재효과 승계를 명시한 규정이 없다. 물론 행정절차법 제10조에 따라 공법상 의무승계를 인정할 수 있는지 논의되지만, 이는 상속, 합병과 같은 포괄승계를 원인으로 당사자 지위가 변동되는 것을 전제하므로, 일반적으로 제재승계를 인정한 규정이라고 해석하긴 곤란하다. 따라서 입찰참가자격제한의 승계도 민법상 상속이나 상법상 합병 조항에 따라 인정할 수 있을 뿐이다. 다만, 상속이나 합병이 아닌 다른 원인에 따라 지위승계가 발생한 경우에는 어떻게 해결할지 문제된다. 앞에서 본 학설과 판례처럼 입찰참가자격제한은 대물적인지 대인적인지에 따라 제재승계 여부를 결정할 수도 있다. 그러나 입찰참가자격제한이 대인적 처분인지, 대물적 처분인지 그 성격이 분명하지 않다. 물론 개별 제재사유를 살펴보면 대체로 인적 요소가 강한 측면이 있지만, 제재효과로 입찰참가가 제한되는 특성은 물적 요소에 해당하기 때문에 두 가지 중에 어느 하나의 성질만을 갖

1) 대법원 2001. 6. 29. 선고 2001두1611 판결, 대법원 2003. 10. 23. 선고 2003두8005 판결, 대법원 2005. 8. 19. 선고 2003두9817 판결.

는다고 단정하기 어렵기 때문이다.

(2) 영업양도

건설업 양도와 같이, 양도인이 그 영업상 지위를 양수인에게 이전하는 경우에 제재사유나 제재효과가 승계될 수 있는지 문제된다.

이와 관련하여 하급심은 영업양도 방법에 따라 양수인이 양도인의 지위를 승계할 경우, 영업양도 전에 있었던 법규 위반행위 효과도 그대로 승계하기 때문에 양도 전에 있었던 사유로 양수인에게 제재처분을 할 수 있다는 대법원 판례[1]를 근거로, "양수인이 양도인으로부터 사업 관련 권리·의무 일체와 자산, 부채를 양수하며 위 영업과 관련된 일체 책임도 양수하기로 약정하였고, 더욱이 양수인의 대표이사가 양도인의 사내이사로 재직하고 있었으므로, 양수인은 양도인이 부정당 행위를 하였다고 충분히 인식한 상태에서 양도인으로부터 그 지위를 양수하였다고 보인다. 따라서 처분청은 양도인의 부정당행위를 이유로 양수인에게 제재처분을 할 수 있다."고 했고,[2] 해당 판결은 대법원에서 심리불속행으로 확정되었다.[3] 이를 고려할 때, 현재 판례는 부정당업자가 영업양도를 원인으로 양수인에게 영업상 지위를 이전한 경우, 양도인의 제재사유를 인식한 양수인에게 입찰참가자격제한 사유가 승계된다는 태도로 보인다. 그러나 영업양도라 하더라도 제재사유가 발생했던 영업이 아니라 특정 영업만을 승계한 양수인에게는 제재사유나 제재효과를 인정하지 말아야 한다.

(3) 합병

대법원은 일단 "회사합병이 있는 경우에는 피합병회사의 권리의무는 사법상의 관계나 공법상의 관계를 불문하고 그 성질상 이전을 허용하지 않는 것을 제외하고는 모두 합병으로 인하여 존속한 회사에게 승계되는 것으로 보아야 한다."고 하여,[4] 합병에 따른 제재사유와 제재효과 승계를 긍정한다.

또한, 부정당업자에 대한 제재 전에 합병이 있어 합병 후 법인에게 부정당업자의 제재사유를 이유로 제재할 수 있는지 문제된 사안에서, "① 국가계약법 시행규칙 제76조 제4항은 "각 중앙관서의 장은 부정당업자에 대한 입찰참가자격을 제한하는 경우 자격제한기간을 그 위반행위의 동기·내용 및 횟수 등을 고려하여 별표2의 해당 호에서 정한 기간의 2분의 1의 범위 안에서 감경할 수 있다."라고 규정하여, 감경사유를 특정하지는 않았고, 다만 그 자격제한 기간을 감경할 수 있는 요소로 '위반행위의 동기, 내용 및 횟수' 등을 예시하고 있을 뿐인 점, ② 합병 전 회사의 위반행위를 이유로 합병 후 존속회사에 대하여 입찰참가자

1) 대법원 2001. 6. 29. 선고 2001두1611 판결 등 참조.
2) 서울고등법원 2018. 9. 19. 선고 2017누72906 판결.
3) 대법원 2019. 1. 31. 선고 2018두60700 판결.
4) 대법원 1994. 10. 25. 선고 93누21231 판결.

격 제한처분을 하는 경우 합병 전 회사의 사업부문에 한정되지 아니하고 합병 후 존속회사의 전 사업부문에 걸쳐 입찰참가자격이 제한되는 효과가 생기나, 이러한 결과는 회사가 합병된 경우뿐만 아니라 하나 이상의 사업부문을 가지는 회사가 그 중 하나의 사업부문에서 입찰참가자격 제한처분의 원인이 되는 위반행위를 한 경우에도 마찬가지로 발생하는 현상인 점, ③ 합병 전 회사가 위반행위를 저지른 후 합병 후 존속회사에 합병되어, 합병 후 존속회사에 대하여 합병 전 회사의 위반행위를 이유로 입찰참가자격 제한처분을 하는 경우에도 합병 전 회사의 위반행위의 동기, 내용 및 횟수뿐만 아니라 합병이 이루어진 동기와 경위, 합병 전 회사와 합병 후 존속회사의 관계, 합병 전 회사와 합병 후 존속회사의 영업 내용의 유사성, 합병 전 회사의 사업부문 매출이 합병 후 존속회사의 전체 매출에서 차지하는 비중 등의 다양한 사정을 합병 후 존속회사에 대한 입찰참가자격 제한기간을 정할 때 그 고려요소로서 참작하여, 처분청이 그러한 사정을 참작한 결과 제한기간을 감경할 필요가 있다고 판단할 때에 감경하면 충분한 점 등을 종합하면, 합병 전 회사의 위반행위를 이유로 합병 후 존속회사에 대하여 입찰참가자격 제한처분을 하는 경우 합병 전 회사의 위반행위 후 그 회사가 합병되었다는 사정은 국가계약법 시행규칙 제76조 제4항에 따라 자격제한기간의 감경 여부를 결정하는 참작사유에 불과할 뿐이고, 합병되었다는 사정 자체만으로 국가계약법 시행규칙 제76조 제4항에서 정하고 있는 감경사유에 해당한다고 볼 수는 없다."하여,[1] 합병 전 위반행위를 이유로 합병 후 회사에게 제재할 수 있다고 보았다.

(4) 분할

(가) 제재사유 승계

우선, 부정당업자에게 제재사유가 있었으나 아직 제재하지 않은 상태에서 회사분할이 있었던 경우, 기존 법인과 신설 법인 중 누구에게 처분해야 하는지 문제된다. 즉, 제재사유 승계부터 살펴본다.

이와 관련하여 하급심은 "회사 분할과 제재처분에 관한 법리 오해 주장에 대하여 살피건대, 앞서 본 바와 같이 이 사건 처분의 사유가 된 행위는 1999. 3. 15.부터 2006. 10. 31.까지 A에 의하여 이루어졌고 원고는 그 이후인 2008. 7. 1. 회사 분할로 신설되었음에도, 피고는 원고에 대하여 분할 전 회사인 A의 위반행위를 이유로 이 사건 처분을 하였는데, 아래에서 보는 여러 사정을 고려할 때 신설회사인 원고에 대하여 분할 전 회사의 위반행위를 이유로 이 사건 처분을 할 수는 없다고 할 것이므로, 이 사건 처분은 위법하므로 취소되어야 한다. (1) 계약사무규칙 제15조 제1항은 '기관장은 경쟁의 공정한 집행이나 계약의 적정한 이행을 해칠 우려가 있거나 입찰에 참가시키는 것이 부적합하다고 인정되는 자로서 국

1) 대법원 2016. 6. 28 선고 2014두13072 판결.

가를 당사자로 하는 계약에 관한 법률 시행령 제76조 제1항 각 호의 어느 하나에 해당되는 계약상대자 또는 입찰참가자(계약상대자 또는 입찰참가인의 대리인, 지배인, 그 밖의 사용인을 포함한다)에 대하여는 1개월 이상 2년 이상의 범위에서 그 입찰참가 자격을 제한하여야 한다.' 고 규정하고 있고, 위 규정에 의하면 입찰참가자격제한 처분의 대상자는 경쟁의 공정한 집행이나 계약의 적정한 이행을 해칠 우려가 있는 소정의 행위를 한 계약상대자 또는 입찰참가자라 할 것인데, 이 사건 처분의 사유가 된 위반행위를 한 계약당사자 또는 입찰참가자는 원고가 아니라 분할 전 회사인 A이고 분할 이후의 존속 회사는 B이다. (2) 상법은 회사분할에 있어서 분할되는 회사의 채권자를 보호하기 위하여, 분할로 인하여 설립되는 신설회사와 존속회사는 분할 전의 회사 채무에 관하여 연대책임을 지는 것을 원칙으로 하고 있으나(제530조의 9 제1항), 한편으로는 회사분할에 있어서 당사자들의 회사분할 목적에 따른 자산 및 채무 배정의 자유를 보장하기 위하여 소정의 특별의결 정족수에 따른 결의를 거친 경우에는 신설회사가 분할되는 회사의 채무 중에서 출자한 재산에 관한 채무만을 부담할 것을 정할 수 있다고 규정하고 있고(제530조의 9 제2항), 신설회사 또는 존속회사는 분할하는 회사의 권리와 의무를 분할계획서가 정하는 바에 따라서 승계하도록 규정하고 있으므로(제530조의10), 신설회사 또는 존속회사가 승계하는 것은 분할하는 회사의 권리와 의무라 할 것이고, 분할하는 회사의 분할 전 법 위반행위를 이유로 과징금 부과나 부정당업자제재처분 등이 있기 전까지는 단순한 사실행위만 존재할 뿐 그 과징금 등과 관련하여 분할하는 회사에게 승계의 대상이 되는 어떠한 의무가 있다고 할 수 없고, 특별한 규정이 없는 한 신설회사에 대하여 분할하는 회사의 분할 전 법 위반행위를 이유로 과징금 등을 부과하는 것은 허용되지 않는다(과징금과 관련해서는 대법원 2007. 11. 29. 선고 2006두18928 판결, 대법원 2009. 6. 25. 선고 2008두17035 판결 등 참조). 그리고 신설회사가 법 위반행위와 관련된 사업을 승계하였다고 하여 위에서 본 법리에 관계없이 당연히 법 위반행위에 대한 재제처분까지 승계하는 것으로 볼 수도 없다. (3) 피고는, 과징금 부과처분은 과거 행위를 대상으로 한 금전제재이고, 입찰참가자격제한은 과거 행위에 대한 제재의 의미와 함께 장래에 대한 예방의 의미가 있으며, 또한 입찰참가자격제한의 실효성을 확보하기 위해서도 분할되어 나온 신설회사에 대하여 입찰참가자격제한 처분을 하여야 한다고 주장하나, 과징금 부과처분과 입찰참가자격제한처분은 모두 과거의 법 위반행위에 대한 제재라는 점에서는 그 본질적 성격이 동일하다고 볼 것이고, 처분의 실효성 확보만을 위해서 개별적 사안마다 입찰참가자격제한처분의 상대방이 달라지는 것은 법치행정의 원리에도 위배된다."고 판결하여 신설 법인에 대한 제재사유 승계를 부정했고,[1] 항소심과 상고심은 이러한 1심 판결을 모두 받아들였다.[2]

1) 서울행정법원 2010. 6. 24. 선고 2010구합7369 판결.
2) 서울고등법원 2011. 2. 9. 선고 2010누22841 판결, 대법원 2014. 11. 27. 선고 2011두7342 판결.

(나) 제재효과 승계

한편, 부정당업자가 제재를 받은 후에 회사분할이 있었던 경우, 제재효력이 분할 후 회사에도 승계되는지 문제된다.

이와 관련하여 대법원은 "주식회사 A가 입찰시장에서 담합행위를 함으로써 2017. 4. 4. 청주시장으로부터 6개월간 입찰참가자격을 제한하는 처분(이하 '이 사건 처분'이라 한다)을 받은 후 얼마 지나지 않은 2017. 4. 18. 임시주주총회에서 전기경보 및 신호장치 제조업 부문 등을 분할하여 원고를 신설하기로 하는 분할계획서를 승인하였고, 2017. 5. 24. 분할등기 및 원고에 대한 설립등기가 마쳐진 사실, 피고는 2017. 6. 23. 두 건의 입찰을 각 공고하여 원고를 낙찰자로 결정하였으나, 2017. 8. 30. 이미 이 사건 처분이 내려진 후에 원고가 A로부터 분할되었으므로 제재처분의 효과가 원고에 승계된다는 이유로 위 각 입찰을 무효처리 한 사실을 인정한 후, ① 상법 제530조의10은 "단순분할신설회사는 분할회사의 권리와 의무를 분할계획서에서 정하는 바에 따라 승계한다."라고 규정하고 있고, I 의 분할계획서에는 "분할되는 회사의 일체의 적극, 소극재산과 공법상의 권리 의무를 포함한 기타의 권리의무 및 재산적 가치가 있는 사실관계(인허가, 근로관계, 계약관계, 소송 등을 포함한다)는 분할대상 부문에 관한 것이면 분할신설회사에게 귀속되는 것을 원칙으로 한다.", "분할되는 회사의 사업과 관련하여 분할기일 이전의 행위 또는 사실로 인하여 분할기일 이후에 발생, 확정되는 채무 또는 분할기일 이전에 이미 발생, 확정되었으나 이를 인지하지 못하는 등의 여하한 사정에 의하여 분할계획서에 반영되지 못한 채무(공, 사법상의 우발채무, 기타 일체의 채무를 포함한다)에 대해서는 그 원인이 되는 행위 또는 사실이 분할대상 부문에 관한 것이면 분할신설회사에게 귀속한다."라고 한 점, ② 분할계획서에 의하면, A의 15개 사업 부문 중 '부동산 임대 및 전대업'을 제외한 나머지 전 사업 부문이 원고에게 승계되었는데, 이 사건 처분을 받은 것과 관련된 부문은 원고에게 승계된 사업 부문인 점, ③ 만약 분할 전 회사의 법 위반행위가 분할신설회사에 승계되지 않는다고 한다면 법 위반행위를 한 회사가 법인분할을 통하여 제재처분을 무력화할 여지가 있어 입찰참가자격 제한 제도의 실효성을 확보할 수 없는 점 등을 종합하여 이 사건 처분의 효과는 원고에게 승계된다."고 판결하여,[1] 제재효과 승계를 긍정했다.

1) 대법원 2019. 4. 25. 선고 2018다244389 판결.

제3장 / 입찰참가자격제한에 갈음하는 과징금

제 1 절 서론

Ⅰ. 일반론

1. 개념

과징금이란 행정청이 일정한 행정법상 의무 위반에 대하여 제재로써 부과하는 금전 부담이나 행정법상 의무를 위반한 자에게 발생한 경제적 이익을 박탈하여 경제적 불이익을 가하기 위한 제도를 말한다.[1] 대법원도 "원칙적으로 행정법상의 의무를 위반한 자에 대하여 당해 위반행위로 얻게 된 경제적 이익을 박탈하기 위한 목적으로 부과하는 금전적인 제재"를 과징금이라고 한다.[2]

2. 성질

과징금은 근거 법률에 따라 그 기능과 형태가 다르지만, 행정제재로서 성격과 부당이득 환수로서 성격을 모두 가진다고 본다.

3. 유형

학설은 과징금의 목적이 무엇인지에 따라, ① 경제법상 의무를 위반한 자가 해당 의무위반행위로 경제적인 이익을 얻을 경우, 그에 따른 불법적 이익을 박탈하기 위해 이익액에 따라 부과하는 행정제재(본래 의미로서 과징금) 유형[3]과 ② 인·허가사업에서 사업정지 등을 명해야 하는 경우, 공익적 피해를 줄이기 위하거나 과도한 제재를 피하기 위해 사업정지 등을 대신하여 위반행위에 따라 얻은 이익을 박탈하는 행정제재금(변형된 과징금) 유형[4]으로

---

1) 하명호, 앞의 책, 381쪽.
2) 대법원 2002. 5. 28. 선고 2000두6121 판결 등 참조.
3) 가령, 독점규제 및 공정거래에 관한 법률 제6조, 제24조의2, 부동산 실권리자명의 등기에 관한 법률 제5조 등 참조.
4) 가령, 대기환경보전법 제37조, 여객자동차 운수사업법 제88조, 식품위생법 제82조, 국가를 당사자로 하는 계약에

나누기도 한다.

그러나 본래 의미로서 과징금과 변형된 과징금이라는 구분은 도입취지를 설명하기 위한 것이고, 기본적으로 행정제재금으로서 성격과 부당이득환수로서 성격을 함께 가진 제도라는 점에서는 크게 다르지 않다.[1)]

Ⅱ. 공공조달과 과징금

1. 의미

계약체결이나 이행과정 등에서 일정한 위반행위가 발생한 경우, 행정청은 부정당업자에게 입찰참가자격을 제한해야 하지만, 부정당업자의 책임이 경미하거나 그에게 입찰참가자격을 제한하면 유효한 경쟁이 명백히 성립할 수 없을 때에는 입찰참가자격제한 처분에 갈음하여 과징금을 부과할 수 있다.

따라서 국가계약법이 정한 과징금제도는 '공공계약 관련 위반행위자에게 입찰참가자격제한 처분을 대신하여 부과하는 금전제재'를 말하므로, 위에서 언급한 변형된 과징금 중 하나라고 평가할 수 있다.

그리고 행정청은 과징금제도를 운영하면서, 첫째, 입찰참가자격제한에 갈음하여 과징금 부과를 할 수 있을지를 검토해야 하고, 둘째, 제재수준의 객관성과 신뢰성을 확보해야 한다는 기본방향을 추구해야 한다.[2)]

2. 연혁과 도입배경

국가계약법은 2012. 12. 18. 개정 법률에, 지방계약법은 2013. 8. 6. 개정 법률에, 과징금 조항을 처음 도입했다(국가계약법 제27조의2, 지방계약법 제31조의2 참조).

과징금 조항을 도입하기 전에는 부정당업자에게 무조건 입찰참가자격을 제한하고, 위반정도, 공익상 필요 등 구체적 타당성을 고려한 대체수단을 두지 않았기 때문에, 행정청이 입찰참가자격제한 제도를 지나치게 경직적으로 운영할 수밖에 없었다. 또한, 위반행위 내용과 경중에 따라 탄력적으로 제재하는 방안이 마땅하지 않았다. 나아가 입찰참가자격제한을

관한 법률 제27조의2, 지방자치단체를 당사자로 하는 계약에 관한 법률 제31조의2, 석유 및 석유대체연료 사업법 제14조, 해운법 제19조, 도시가스사업법 제10조, 의료법 제67조, 약사법 제81조, 국민건강보험법 제99조 등 참조.

1) 대법원 2000. 2. 9. 선고 2000두6206 판결, 헌법재판소 2003. 7. 24.자 2001헌가25 결정, 대법원 2004. 3. 12. 선고 2001두7220 판결 등 참조.

2) 기획재정부, 부정당업자에 대한 과징금 부과 업무가이드, 2021, 9쪽.

받은 업체는 제한기간 동안 공공조달 시장에 진입할 수 없고, 건설업체는 대외 신인도 부분에서도 영향을 받아 해외건설공사 수주에도 제약을 받는 문제도 등장했다.[1] 이와 같은 여러 문제를 해결하기 위해, 국가계약법과 지방계약법은 입찰참가자격제한을 대체하는 과징금 제도를 도입하여 부정당업자제재의 실효성과 적정성을 함께 도모하고자 했다.[2]

3. 법적 성격

가. 변형된 과징금

과징금은 의무위반자에게 입찰참가자격제한을 명해야 하는 경우, 공익적 피해를 줄이기 위해 입찰참가자격제한 처분을 대신하여 의무위반자로부터 그 위반행위로 얻은 이익을 박탈하는 행정제재금이므로, 이른바 변형된 과징금에 해당한다. 따라서 행정법상 의무이행 실효성확보수단의 성격과 아울러 부당이득환수로서 성격도 갖는다.

나. 행정처분

한편, 과징금 부과는 입찰참가자격제한을 대체하는 처분으로서, 침익적 행정행위이고, 공권력 행사인 금전적 제재이므로, 행정쟁송법이 정한 처분등에 해당한다. 따라서 행정심판, 행정소송에서 대상적격을 가진다.

다. 재량행위

나아가 과징금 부과사유에 해당하더라도, 행정청은 입찰참가자격제한을 할지, 아니면 과징금으로 갈음할지 결정할 수 있는 재량을 가진다. 즉, 과징금 부과처분은 재량행위이다. 다만, 중앙관서의 장은 과징금 부과대상에 해당한다는 전제 아래 제반사정을 종합 비교교량하여 입찰참가자격제한을 할지 아니면 그에 갈음하는 과징금 부과를 할지를 결정해야 하고, 그럼에도 과징금 부과대상 행위에 해당하지 않는다고 오인하거나 과징금 부과를 할지를 검토하지 않은 채 입찰참가자격제한 처분을 하였다면, 재량권을 일탈·남용한 위법한 처분에 해당한다.[3]

4. 법적 근거

가. 국가계약법·지방계약법

국가계약법 제27조의2, 지방계약법 제31조의2는 각각 입찰참가자격제한 처분에 갈음하는 과징금 제도를 규정한다.

1) 장훈기, 앞의 공공계약 부정당업자 제재제도 해설, 269쪽.
2) 양창호, 앞의 책, 228쪽.
3) 서울행정법원 2018. 8. 24. 선고 2018구합1893 판결.

나. 공공기관운영법

공공기관운영법에는 과징금 근거가 없다. 그리고 공공기관운영법 제39조 제2항의 위임에 따른 공기업·준정부기관 계약사무규칙 제15조도 입찰참가자격제한 처분의 근거로 국가계약법 제27조를 준용하도록 하면서도, 그에 갈음하는 과징금은 별도로 국가계약법을 준용하지 않는다. 따라서 현재 법령상 공기업이나 준정부기관은 과징금을 부과할 수 없고, 공기업이나 준정부기관으로부터 계약사무를 위임·위탁받은 조달청장 역시 해당 계약과 관련해서는 입찰참가자격제한만 할 수 있을 뿐, 과징금을 부과할 수 없다.[1] 다만, 입법론으로 공공기관운영법에 과징금 근거를 신설할 필요성이 있다.

5. 관련문제

가. 소급적용가능성

가령, 개정 국가계약법 시행일인 2013. 6. 19. 이전이나 개정 지방계약법 시행일인 2014. 2. 7. 이전에 입찰참가자격제한 사유가 발생했을 경우, 개정 법률을 소급적용하여 과징금을 부과할 수 있는지 문제된 적이 있었다. 그러나 개정 국가계약법 부칙 제3조는 "제27조의2의 개정규정은 같은 개정규정 시행 후 최초로 제27조의 개정규정에 따른 입찰참가자격제한 사유가 발생하는 경우부터 적용한다."고 규정하고, 개정 지방계약법 부칙 제4조 역시 "제31조의2의 개정규정은 이 법 시행 후 최초로 입찰참가자격제한 사유가 발생하는 경우부터 적용한다."고 규정하여, 과징금 조항을 개정법률 시행 이후에 발생한 입찰참가자격제한 사유에만 적용할 수 있을 뿐, 그 이전에 발생한 사유에는 소급 적용할 수 없도록 했다. 법제처 역시 "법률상 근거도 없이 개정법률 부칙의 명문 규정과 다르게 소급하여 과징금을 부과할 수는 없다."고 해석한다.[2]

다만, 각 법률개정 이전에 발생한 부정당업자제재 사유는 현재 모두 제척기간이 도과하여 더 이상 제재할 수 없으므로 위와 같은 논의는 중요하지 않아 보인다.

나. 입찰참가자격제한과의 관계

국가계약법 제27조와 제27조의2 문언을 고려할 때, 행정청은 우선 입찰참가자격제한 사유를 검토하여 제재 여부를 결정한 다음, 제재를 할 수 있을 때에만 과징금으로 대체할지 결정할 수 있다. 따라서 제재사유가 없어서 입찰참가자격제한을 할 수 없는 경우에는 과징금 부과 여부를 검토할 이유가 없다.

---

1) 법제처 15-0134, 2015. 3. 27, 법제처 19-0084, 2019. 5. 29.
2) 법제처 15-0309, 2015. 7. 13.

다. 처분상대방 신청이 필요한지

국가계약법은 부정당업자에게 과징금 부과 신청권을 부여하고 있지 않은 반면, 지방계약법 제31조의2 제1항은 부정당업자 신청에 따라 과징금을 부과하도록 규정한다. 이에 국가계약법을 적용할 때에도 과징금 부과를 위해 부정당업자 신청이 필요한지 논란이 있다. 물론 과징금제도 도입 취지를 고려할 때, 각 중앙관서의 장이 일방적으로 결정하지 않고 그 제한대상 업체의 의사를 고려하여 조치하도록 운영하는 것이 타당하다는 견해도 있고,[1] 조달청 실무도 국가계약법에 근거해 제재할 때 부정당업자로부터 신청서나 이에 준하는 과징금부과동의서를 받아 과징금 부과를 결정한다. 다만, 제재적 행정처분의 유형을 그 상대방의 의사에 따라 결정하는 방식이 바람직한지는 생각해 볼 문제다.

제 2 절 적용요건

Ⅰ. 개관[2]

과징금 부과가능 대상 여부	• 부정당업자의 책임이 경미한 경우 (법이 정한 위반행위 유형에 부과 가능) • 입찰참가자격 제한으로 유효한 경쟁입찰이 명백히 성립하지 않는 경우 (모든 위반행위 유형에 부과 가능)
과징금 부과요건	• 부정당업자의 책임이 경미한 경우 1. 천재지변이나 그 밖에 이에 준하는 부득이한 사유로 인한 경우 2. 국내·국외 경제 사정의 악화 등 급격한 경제 여건 변화로 인한 경우 3. 발주자에 의하여 계약의 주요 내용이 변경되거나 발주자로부터 받은 자료의 오류 등으로 인한 경우 4. 공동계약자나 하수급인 등 관련 업체에도 위반행위와 관련된 공동의 책임이 있는 경우 5. 입찰금액 과소산정으로 계약체결·이행이 곤란한 경우로서 법령이 정한 기준·비율을 적용하는 등 책임이 경미한 경우 6. 금액단위의 오기 등 명백한 단순착오로 가격을 잘못 제시하여 계약을 체결하지 못한 경우 7. 입찰의 공정성과 계약이행의 적정성이 현저하게 훼손되지 아니한 경우로서 부정당업자의 책임이 경미하며 다시 위반행위를 할 위험성이 낮다고 인정되는 사유가 있는 경우 - 적용제외 사유 - ① 담합한 자 ② 공정거래위원회 요청

1) 장훈기, 앞의 공공계약 부정당업자 제재제도 해설, 270쪽.
2) 기획재정부, 앞의 책, 6-7쪽.

	③ 중소벤처기업부장관 요청 ④ 뇌물을 준 자 ⑤ 고의로 무효 입찰을 한 자 ⑥ 고의나 중대한 과실로 조사설계금액이나 원가계산금액을 적정하게 산정하지 않은 자 ⑦ 고의나 중대한 과실로 수요예측 등 타당성 조사를 부실하게 수행하여 발주기관에 손해를 끼친 자 • 입찰참가자격 제한으로 유효한 경쟁입찰이 명백히 성립되지 아니하는 경우
그 밖에 고려사항	• 과징금 부과의 제척기간 • 과징금 부과금액 산정방법 • 하나의 부정당업자가 행한 여러 개의 위반행위에 과징금 부과를 신청하는 경우
감경사항	• 동기·책임 • 내용 • 횟수 • 자진신고, 조사협력의 정도 • 그 밖에 고려사항

Ⅱ. 과징금 부과 주체와 상대방

1. 주체

① 각 중앙관서의 장(국가계약법 제27조의2 제1항 참조), ② 지방자치단체의 장(지방계약법 제31조의2 제1항 참조), ③ 시·도지사 또는 시·도지사로부터 계약사무를 위임·위탁받은 중앙행정기관의 장 또는 지방자치단체의 장(지방계약법 제31조의2 제1항, 제31조의3 제1항 참조)은 각 법령에 따라 과징금을 부과할 수 있다.

또한, 과징금 부과 권한을 가진 행정청이 법령에 따라 그 사무와 권한을 위임한 경우에는 위임받은 기관의 장 역시 과징금 부과 권한을 가진다.[1] 다만, 앞에서 언급했듯이 현행 공공기관운영법에 따르면 공기업·준정부기관은 입찰참가자격제한에 갈음한 과징금을 부과할 수 없고, 그로부터 계약사무를 위임·위탁받은 중앙행정기관의 장 역시 해당 계약사무와 관련하여 과징금을 부과할 수 없다.

2. 상대방

과징금 부과 상대방은 부정당업자이다. 따라서 행정청이 상대방에게 과징금을 부과하려

---

1) 계약제도과-230, '19. 07. 19.

면, 그 전제로 반드시 입찰참가자격제한 사유가 성립해야 한다.

Ⅲ. 과징금 부과사유

1. 개요

과징금 부과 사유는 크게 ① 부정당업자의 책임이 경미한 경우, ② 입찰참가자격 제한으로 유효한 경쟁입찰이 성립하지 않는 경우로 나눈다. 그런데 ② 입찰참가자격제한으로 유효한 경쟁입찰이 성립하지 않는 경우에는 위반행위 유형에 따른 과징금 부과 제한이 없으나, ① 부정당업자의 책임이 경미한 경우에는 일정한 위반행위 유형에 대하여 과징금 부과를 할 수 없다는 제한도 있다.

2. 부정당업자의 책임이 경미한 경우

가. 적용 사유

입찰참가자격 제한사유 총 19개 가운데 7개 사유를 제외하면 부정당업자의 책임이 경미하다는 이유로 입찰참가자격제한에 갈음한 과징금을 부과할 수 있다(국가계약법 시행령 제76조의2 제1항 단서). 즉, ① 담합한 자(국가계약법 제27조 제1항 제2호), ② 공정거래위원회 요청(국가계약법 제27조 제1항 제5호), ③ 중소벤처기업부장관 요청(국가계약법 제27조 제1항 제6호), ④ 뇌물을 준 자(국가계약법 제27조 제1항 제7호), ⑤ 고의로 무효 입찰을 한 자(국가계약법 시행령 제76조 제2항 제1호 나목), ⑥ 고의나 중대한 과실로 조사설계금액이나 원가계산금액을 적정하게 산정하지 않은 자(국가계약법 시행령 제76조 제2항 제2호 나목), ⑦ 고의나 중대한 과실로 수요예측 등 타당성 조사를 부실하게 수행하여 발주기관에 손해를 끼친 자(국가계약법 시행령 제76조 제2항 제2호 다목)는 과징금 부과 사유에서 제외된다.[1] 여기서 열거한 입찰참가자격제한 사유는 그 자체로 부정당업자의 책임이 경미한 경우라고 볼 수 없으므로 과징금 사유에서 배제한다는 취지이다.

나. 요건

1) 부정당업자의 위반행위가 예견할 수 없음이 명백한 경제여건 변화에 기인하는 경우(법 제27조의2 제1항 제1호)

원래 행정법규 위반에 가하는 제재조치는 행정목적 달성을 위해 행정법규 위반이라는

---

1) 다만, 이러한 사유가 있더라도 아래에서 보는 '입찰참가자격 제한으로 유효한 경쟁입찰이 명백히 성립되지 아니하는 경우'에 해당하면 입찰참가자격제한에 갈음한 과징금을 부과할 수 있다.

객관적 사실에 착안하여 하는 것이므로, 위반자에게 그 의무 해태를 탓할 수 없는 정당한 사유가 있는 경우 등 특별한 사정이 없다면, 설령 고의나 과실이 없다고 하더라도 부과할 수 있다.[1] 그러나 "명백히 예견할 수 없는 경제여건 변화에 따른 위반행위인 경우", 비록 위반자에게 그 의무 해태를 탓할 수 없는 정당한 사유가 있다는 등 특별한 사정이 있다고 볼 수는 없을지라도, 그 책임이 경미하다고 평가할 수 있다.

2) 천재지변이나 그 밖에 이에 준하는 부득이한 사유로 인한 경우(법 제27조의2 제1항 제1호, 시행령 제76조의2 제1항 제1호)

천재지변이란 가령, 지진, 홍수, 태풍 따위와 같이 자연 현상으로 발생한 사태를 말한다. 그런데 보통은 법률관계에서 천재지변이 개입되면 그에 따른 위반행위는 면책대상으로 평가한다. 따라서 천재지변이나 그 밖에 이에 준하는 부득이한 사유로 위반을 하였다면 그 위반자에게 의무 해태를 탓할 수 없는 정당한 사유가 있다고 보아야 한다. 그럼에도 천재지변이나 그 밖에 이에 준하는 부득이한 사유가 있는 경우를 부정당업자의 책임이 없는 경우가 아니라 경미한 경우로 규정했다는 점에서 특징이 있다. 실무는 대체로 천재지변이나 그 밖에 이에 준하는 사유가 있을 경우 제재할 수 없다고 판단하므로, 천재지변 등을 이유로 과징금을 부과하는 사례는 빈번하지 않다. 다만, 코로나19와 같은 전세계적·국가적 전염병 발생으로 경제적 곤란에 처한 업체가 계약을 이행하지 못한 사례와 같이, 전염병 발생과 계약불이행 사이에 상당인과관계를 인정하기는 어렵지만 참작할 사정이 있는 때에는 부정당업자의 책임이 경미한 경우로 평가할 수 있다.[2]

3) 국내·국외 경제 사정의 악화 등 급격한 경제 여건 변화로 인한 경우(법 제27조의2 제1항 제1호, 시행령 제76조의2 제1항 제2호)

천재지변에 준하는 경제사정의 급박한 변동은 불가항력으로 보아야 하므로[3] 이 역시 위반자에게 의무 해태를 탓할 수 없는 정당한 사유로 평가해야 한다. 따라서 천재지변에 준하는 급격한 경제 여건 변화가 있는 경우에는 과징금을 부과하기 곤란하다. 따라서 여기서 말하는 "국내·국외 경제 사정의 악화 등 급격한 경제 여건 변화"란 불가항력이라고 평가하기는 곤란하지만 위반행위자에게 그 결과책임을 묻는 것이 지나치다고 볼만한 급박한 경제 여건 변화라고 해석할 수 있다. 참고로, 대법원은 "IMF 사태와 그에 따른 자재 수급 차질은 불가항력이 아니"라고 보았는데,[4] 이 판례가 타당한지 여부는 차치하고서라도, 위 사유를

1) 대법원 2012. 6. 28. 선고 2010두24371 판결 등 참조.
2) 기획재정부는 코로나19가 직접 원인으로 작용하여 계약을 이행하지 못한 사안이 발생한 경우, 해당 부정당업자에게 제재를 유예하도록 하는 한시적 지침을 시행한 바 있다.
3) 대법원 2002. 9. 4. 선고 2001다1386 판결 등 참조.
4) 대법원 2002. 9. 4. 선고 2001다1386 판결 등 참조.

판단할 때 참고할만한 기준은 된다고 보므로, IMF와 같이 불가항력에 해당하지 않는 급격한 경제 여건 변화는 부정당업자의 책임이 경미한 경우에 해당한다.

실무는 원자재 등 가격이 급등한다는 상황을 전혀 예측할 수 없었고, 지난 연도와 비교하여 가격이 현저히 급등하여 계약포기서를 제출한 사안에서 부정당업자의 책임이 경미하다고 보았다.[1]

4) 발주자에 의하여 계약의 주요 내용이 변경되거나 발주자로부터 받은 자료의 오류 등으로 인한 경우(법 제27조의2 제1항 제1호, 시행령 제76조의2 제1항 제3호)

가령, 수요기관의 조달요청에 따라 조달청과 계약상대자가 체결하는 제3자를 위한 계약에서는 계약상대자가 수요기관 요청에 따라 규격을 변경한 물품을 납품했더라도, 계약당사자인 조달청과 별도로 합의하거나 승인을 얻지 않았다면, 법령이나 계약에 다른 규정이 있는 때를 제외하고, 부정당업자제재 사유가 성립할 수 있다. 그러나 계약상대자가 수요기관 요청에 따라 기준규격과 비슷하거나 제품사양이 더 좋은 제품을 납품한 사안에까지 입찰참가자격을 제한하면 재량권 일탈·남용이 성립할 수 있으므로,[2] 이때는 과징금으로 갈음하는 방안을 고려해야 한다.[3]

실무는 ① 계약체결 후 현장확인 단계에서 설계도면에 일부 오류가 있다는 사실을 확인하고 재설계 요청을 했지만, 발주기관이 재설계를 지연하자 계약상대자가 공사포기 의사를 표시했는데, 발주기관이 계약해제 전 재설계를 마친 사안, ② 비록 계약상대자에게 입찰공고 당시 과업지시서를 면밀히 살피지 못한 과실이 있지만, 발주기관에게도 과업지시서에 사양자료가 없다는 부분을 기재하지 않은 잘못이 있고, 사양자료 없이는 작업할 수 없는 상황이어서 계약상대자가 그러한 사실 파악 즉시 계약체결 포기의사를 밝힌 사안,[4] ③ 수요기관의 납품물품 변경요구에 동의하여 계약이행을 하던 가운데 일부 규격을 직접생산하지 못하는 바람에 다른 회사 제품을 대체 납품한 결과 직접생산 계약조건을 위반한 사안에서 과징금 부과를 검토할 수 있다고 보았다.[5]

5) 공동계약자나 하수급인 등 관련 업체에도 위반행위와 관련한 공동의 책임이 있는 경우(법 제27조의2 제1항 제1호, 시행령 제76조의2 제1항 제4호)

계약상대자가 위반행위를 했지만, 그 위반행위를 한 경위나 과정을 살펴볼 때 공동계약자나 하수급인 등 계약이행에 관여한 제3자에게도 공동책임이 있는 경우를 말한다.

1) 기획재정부, 앞의 책, 14쪽.
2) 예를 들어, 대법원 2018. 11. 29. 선고 2018두49390 판결 참조.
3) 기획재정부, 앞의 책, 15쪽.
4) 서울행정법원 2018. 12. 6. 선고 2017구합82895 판결 참조.
5) 기획재정부, 앞의 책, 15-17쪽.

실무는 ① 계약불이행에서 부실시공액이 총 공사대금과 비교하여 미미한 수준에 그치고, 하도급업체가 기망 등을 사용하여 부실시공 사실을 인지하기 어려웠으며, 시설물 안정과 사용에 문제가 없고, 하자보수까지 모두 완료한 사안, ② 공동계약 당사자 가운데 한 회사가 계약조건을 위반했는지 확인하는 과정에서 다른 공공계약 당사자가 공동출자 최소비율 기준 충족을 위해 부득이 출자비율을 위반한 사실을 발견한 사안에서 과징금 부과를 검토할 수 있다고 본다.[1)]

6) 입찰금액 과소산정으로 계약체결·이행이 곤란한 경우로서 제36조 제16호에 따른 기준 및 비율을 적용하는 등 책임이 경미한 경우(법 제27조의2 제1항 제1호, 시행령 제76조의2 제1항 제5호)

공공계약 목적인 물품·공사·용역 등을 구성하는 재료비·노무비·경비의 책정기준, 일반관리비율과 이윤율 등 기획재정부장관이 정하는 일정한 기준과 비율을 적용한 결과, 입찰금액이 지나치게 적게 산정되는 바람에 계약체결·이행이 곤란한 때를 말한다. 다만, 대법원은 계약담당공무원이 회계예규에 어긋나게 기초예비가격을 산정하고 이에 따라 입찰 등이 진행되었는데, 이를 신뢰한 계약상대자가 지나치게 낮은 가격으로 계약을 체결하여 이행하던 중 추가 공사비를 지출할 수밖에 없었다면, 국가는 해당 계약상대자에게 손해를 배상해야 한다고 보았다.[2)]

실무는 발주기관이 정부 입찰·계약 집행기준을 위반하여 예정가격을 상당히 낮게 책정하여, 업체가 계약체결을 포기했다면 과징금 부과를 검토할 수 있다고 본다.[3)]

7) 금액단위의 오기 등 명백한 단순착오로 가격을 잘못 제시하여 계약을 체결하지 못한 경우(법 제27조의2 제1항 제1호, 시행령 제76조의2 제1항 제6호)

입찰자가 투찰 당시 1억 원을 1천만 원으로 기재하는 등 한 자리 숫자를 누락하여 기재했는데, 착오를 이유로 취소하지 못한 채 낙찰자 결정을 받은 경우가 여기에 해당한다.

실무도 수요기관 예산이 1억 원인 용역입찰에서, 입찰자가 실수로 숫자 하나를 누락한 1천만 원이라고 입찰금액을 기재·입력하는 바람에 낙찰 후 부득이 계약을 포기할 수밖에 없던 경우는 과징금 부과 대상이라고 본다.

---

1) 기획재정부, 앞의 책, 18, 19쪽.
2) 대법원 2016. 11. 10. 선고 2013다23617 판결.
3) 기획재정부, 앞의 책, 20쪽.

8) 입찰의 공정성과 계약이행의 적정성이 현저하게 훼손되지 아니한 경우로서 부정당업자의 책임이 경미하며 다시 위반행위를 할 위험성이 낮다고 인정되는 사유가 있는 경우(법 제27조의2 제1항 제1호, 시행령 제76조의2 제1항 제7호)

제1호부터 제6호까지 정한 각 사유에 정확히 들어맞지 않더라도, ① 입찰의 공정성과 계약이행의 적정성이 현저하게 훼손되지 않을 것, ② 부정당업자의 책임이 경미할 것, ③ 다시 위반행위를 할 위험성이 낮을 것이라는 요건을 모두 충족하는 경우에는 부정당업자의 책임이 경미하다고 보아 과징금을 부과할 수 있다. 이는 이른바 '일반규정'이다.

실무는 일정기간 안에 입찰참가자격제한을 받았거나 과징금 부과를 받은 전력이 있는지, 위반행위의 재발방지를 위한 조치를 했거나 재발방지 이행계획서를 제출했는지, 부정당업자가 위반행위로 취득한 이익이 얼마인지, 위반 정도나 결과가 어떠한지, 계약이행을 위해 노력한 사실이 있는지 등 다양한 사정을 고려하여 위 요건에 부합하는지를 판단한다.

가령, ① 관급자재 납품업체가 수요기관이 선정한 공사업체의 긴급한 요청에 따라 부득이 전체 납품량 가운데 극히 일부를 수요기관 승인 없이 납품했고, 부당이행한 부분은 부당이득환수 조치에 따라 모두 반환한 사안, ② 계약이행 완료 후 일부 미비한 부분에서 규격서와 달리 제작한 잘못이 발견되었지만, 그 하자수준이 경미하고 계약상대자도 하자보수를 성실히 이행한 사안, ③ 행사용역을 위해 일부 사용된 제작물이 전도하는 사고가 발생하여 부실이행이 있었지만, 이 사고로 안전에 심각한 위해가 발생하지는 않았고 그 밖에 차질 없이 행사가 끝났으며, 계약상대자가 책임을 지기 위해 계약금액 일부를 차감 청구한 사안, ④ 설계서나 공인시험기관에서 발행한 시험성적서와 달리 후면지지대가 없는 제품을 납품하였지만, 납품제품에 사용한 기술과 공인기술의 차이를 알 수 없고, 발주기관도 우수제품으로만 지정했으며 납품한 지 상당한 기간이 났는데도 하자가 발생하지 않은 사안, ⑤ 특허권이 소멸한지 인지하지 못한 상태에서 납품한 잘못은 있지만, 우수조달물품 지정기간 연장신청 서류 보완 과정에서 특허 소멸사실을 인지하고 자진신고한 사안, ⑥ 발주기관 승인 없는 하도급 비중이 낮고 하도급한 부분에 전문기술이 없어 계약을 적정하기 위해 부득이 하도급을 한 사안, ⑦ 계약당사자가 과실로 입찰금액을 잘못 산정하여 계약을 체결하지 못하였으나, 원도급자가 아닌 담당 업무를 주도한 하도급자에게 주된 책임이 있었던 사안, ⑧ 입찰공고 내용을 오해하여 자신이 제공할 수 없는 제품에 응찰한 사실을 알자마자 낙찰 당일 바로 계약체결을 포기한 사안, ⑨ 납품 물품에 발생한 하자(이물질 발생 등)의 비중이 낮고 고의·중과실이 없으며, 사건 발생 전후로 하자발생 방지를 위해 설비추가, 인력증원 등 노력을 한 사안, ⑩ 계약불이행 원인이 거래처의 비협조, 기상악화 등에 따라 발생했고, 발주기관에게 즉시 통보하여 후속계약을 체결할 수 있게 한 사안, ⑪ 자격증 보유자 확보가 어려워 계약이행에 필수적인 업종허가를 더 이상 보유하지 못하는 결과가 발생했고, 그에 따라 계약이행이 어렵게 되었으나 계약금액이 적고 그동안 계약을 성실히 이행했으며, 사전에 계약불이행 가능성을 통보한 사안, ⑫ 계약체결 이후 상당 부분을 납품한 다음 일부 품목에서 국내생산 조달이 어렵고 해외수입도 어려워 나머지 계약이행을 포기한 사안, ⑬ 발주기관이 입찰공고 당시 부품조달이 어렵다고 공지하긴 했지만, 계약체결 후 특정업체만 제작하는 부품 등에 불량이 발생했으며 계약상대자가 납품을 위한 노력을 기울여도 해당 부품이 단종되어 계약을 불이행할 수밖에 없던 사안, ⑭ 입찰공고 당시 계약물품 가운데 일부를 납품하지 못한다는 사실을 면밀히 살피지 못한 과실이 있지만 납품할 수 있는 나머지를 성실히 이행한 사안, ⑮ 약정 기한 안에 제조·납품을 할 수 있는지 심사숙고하지 않고 계약을 체결했지만, 샘플이나 설계도를 입수하지 못해 자체설계·제작에 상당기간이 필요했고 제1차 계약보증금 납부 후 계약이행을 위한 노력을 기울이다가 제2차 계약보증금 미납부로 계약해제를 통보받은 사안, ⑯ 용역계약을 완료한 후에 위반한 계약조건(발주기관 승인 후 대외 공개 등)이 계약의 주된 의무에 해당하지 않는 사안, ⑰ 직접생산의무를 위반한 비중이 낮고 직접생산 제품보다 품질이 낮지 않을 뿐만 아니라 수요기관이 그 사실을 인지하고도 이의제기를 하지 않고 수용한 사안, ⑱ 계약이행 과정에서 담당직원이 실수하여 계약물품 가운데 일부 제품에 법정의무인증조건인 안전인증이 취소되어 입찰참가자격이 상실되었으나, 인증 없이 납품한 제품이 없었고 계약이행률이 상당한 수준에 도달한 사안, ⑲ 계약서 주요조건에는 정확히 맞지 않지만 수요기관이 요구한 규격에는 맞는 사안에서 각각 위 사유에 따른 과징금 부과를 검토한 바 있다.[1)]

다. 제재사유별 적용사례

1) 계약의 부실·조잡·부당·부정 이행

① 관급자재 납품업체가 수요기관이 선정한 공사업체로부터 받은 긴급한 요청에 따라 부득이 전체 납품량의 극히 일부에 해당하는 물량을 계약규격과 다른 제품으로 납품한 경우, ② 계약이행 완료 후 과실에 따른 경미한 계약규격 위반 사실을 발견했지만, 하자 수준이 경미하고 계약상대자가 성실히 하자보수를 이행한 경우, ③ 계약을 부실하게 이행했지만, 그 결과가 경미하고 계약상대자가 책임을 지기 위해 계약금액 일부를 차감하여 청구한 경우, ④ 특허권이 소멸한 사실을 알지 못한 상태에서 우수제품을 납품했으나, 우수제품 지정기간 연장신청 서류보완 과정에서 특허소멸 사실을 인지하고 자진신고한 경우에는 과징금 부과 사유로 볼 수 있다.

---

1) 기획재정부, 앞의 책, 23-43쪽.

2) 하도급 관련 의무 위반

발주기관 승인 없는 하도급 비중이 낮고 해당 부분에 대한 전문기술이 없어서 계약을 적정하게 이행하기 위해 부득이 하도급을 한 경우에는 과징금 부과 사유로 볼 수 있다.

3) 정당한 사유 없는 계약미체결, 계약불이행, 계약의 주요조건 위반

① 계약당사자가 과실로 입찰금액을 잘못 산정하여 계약을 체결하지 못했는데, 이러한 잘못이 원도급자가 아닌 담당 업무를 주도한 하도급자에게 주로 있었던 경우, ② 입찰공고 내용을 오인하여 자기가 이행하지 못할 입찰에서 응찰하여 낙찰받았으나 낙찰 당일 바로 계약체결을 포기한 경우, ③ 납품물품에서 발생한 하자 비중이 낮고, 계약상대자에게 고의나 중과실이 없으며, 계약상대자가 사건 발생 전후로 하자발생 방지를 위해 설비추가, 인력증원 등 노력을 기울인 경우, ④ 계약불이행 원인이 거래처의 비협조적 대응, 기상악화 등에 따라 발생했고, 계약상대자가 즉시 발주기관에게 이러한 사실을 통보하여 후속계약을 체결하도록 한 경우, ⑤ 자격증 보유자를 확보하기 어려워 계약이행에 필요한 업종허가를 보유하지 못하는 바람에 더 이상 계약을 이행하지 못하는 결과가 발생했으나, 계약금액이 적고 계약을 성실히 이행했으며 사전에 계약불이행 가능성을 통보한 경우, ⑥ 계약체결 후 상당부분을 납품한 후 일부 품목은 국내생산이 어렵고, 소량이어서 해외수입이 불가능하다는 이유로 나머지 계약이행을 포기한 경우, ⑦ 발주기관이 입찰공고 당시 부품조달이 어렵다는 사실을 공지했지만 계약체결 후 특정업체만 제작하는 부품 등에 불량이 발생했고, 계약상대자가 납품을 위한 노력을 했지만 해당 부품이 단종된 경우, ⑧ 입찰공고 당시 계약물품 중 일부를 납품할 수 없다는 사실을 면밀히 검토하지 못한 과실이 있었지만, 납품할 수 있는 물품은 성실히 납품한 경우, ⑨ 용역계약을 완료한 후 사후에 위반한 계약조건이 주된 의무가 아닌 경우, ⑩ 직접생산의무를 위반한 비중이 낮고, 납품한 제품이 직접생산한 제품보다 품질이 낮지 않을 뿐만 아니라, 수요기관도 이를 인지하고 이의제기 없이 수용한 경우, ⑪ 계약이행 중 담당직원 실수로 계약물품 중 일부 제품에 대한 법정의무인증조건인 안전인증이 취소되어 입찰참가자격이 상실되었으나, 인증없이 납품한 제품이 없었고 계약이행률도 상당한 수준에 달한 경우, ⑫ 계약서 주요조건에는 부합하지 않지만 수요기관의 요구 규격에는 부합하는 경우에는 과징금 부과사유로 볼 수 있다.

3. 입찰참가자격제한으로 유효한 경쟁입찰이 성립하지 않는 경우

입찰참가자격제한으로 유효한 경쟁입찰이 성립하지 않는 경우란 입찰자가 2인 미만이 되리라고 예상할 수 있는 경우를 말한다(국가계약법 제27조의2 제1항 제2호, 같은 법 시행령 제

76조의2 제2항). 만약 특정 부정당업자에게 입찰참가자격제한을 한 결과 해당 분야에서 유효한 경쟁이 성립하지 않는다면, 공공조달 시장의 왜곡이 발생하거나 일정기간 특정 업체가 시장을 독식하는 등 오히려 공공계약의 공정성과 효율성이 저해될 위험이 있기 때문에, 이를 방지하기 위해 입찰참가자격제한 대신 과징금을 부과하도록 했다.

따라서 설령 과징금 적용제외 사유인 국가계약법 시행령 제76조의2 제1항 단서가 정한 각 사유에 해당하더라도, 위 요건에 해당하면, 입찰참가자격제한 대신 과징금을 부과할 수 있다.[1] 예를 들어, 특정 제품을 제조하여 국가기관에 이를 납품하는 기업이 국내에서 A, B 2개 업체밖에 없는데, A, B가 과징금 적용제외 사유인 담합행위를 했다고 가정하면, 국가계약법 시행령 제76조의2 제1항 단서에 따라 담합행위에는 부정당업자의 책임이 경미한 경우라 하여 과징금을 부과할 수 없기 때문에 원칙적으로 입찰참가자격제한 처분을 해야 하지만, A, B 업체 모두에게 입찰참가자격제한을 하면 해당 제품과 관련한 유효한 경쟁입찰이 성립할 수 없기 때문에, 결국 같은 법 시행령 제76조의2 제2항에 따라 A, B 업체에게 과징금을 부과할 수 있다고 본다.

Ⅳ. 제척기간

과징금 부과에도 입찰참가자격제한 처분의 제척기간이 그대로 적용된다. 따라서 행정청은 원칙적으로 위반행위 종료일부터 5년(공정거래위원회나 중소벤처기업부장관의 요청에 따른 사유는 그 요청이 있었던 때로부터 5년)이 지나면 과징금을 부과하지 못하며, 다만, 담합이나 뇌물 사유인 경우에는 위반행위 종료일로부터 7년이 지나면 과징금을 부과하지 못한다.[2] 그리고 제척기간은 부정당업자의 책임이 경미한 경우이든 입찰참가자격제한으로 유효한 경쟁입찰이 성립하지 않는 경우이든 모두 적용한다.

1) 기획재정부도 그와 같이 해석한다. 기획재정부, 앞의 책, 11쪽 참조.
2) 기획재정부, 앞의 책, 44쪽.

제 3 절 과징금 부과금액과 부과기준

Ⅰ. 개요

1. 부정당업자의 책임이 경미한 경우

각 중앙관서의 장 등은 부정당업자에게 위반행위와 관련된 계약의 계약금액(계약을 체결하지 아니한 경우에는 추정가격을 말한다)의 100분의 10에 해당하는 금액을 부과할 수 있다(국가계약법 제27조의2 제1항 제1호).

한편, 국가계약법 제27조의2 제3항은 과징금액을 대통령령으로 정하도록 하였고, 같은 법 시행령 제76조의2 제3항은 과징금 부과비율 그 밖에 필요한 사항은 법 제27조 제1항 각 호에 해당하는 행위별로 부실벌점, 하자비율, 부정행위의 유형, 고의·과실 여부 등을 고려하여 기획재정부령으로 정한다고 하여 다시 시행규칙에 위임하였다. 이에 따라 자세한 과징금 부과율은 국가계약법 시행규칙 제77조의2 제1항 제1호 별표3에서 규정하고, 부정당업자 세부유형에 따라 최소 1%에서 최대 10%로 하였다.

2. 입찰참가자격 제한으로 유효한 경쟁입찰이 성립하지 않는 경우

각 중앙관서의 장 등은 부정당업자에게 위반행위와 관련된 계약의 계약금액(계약을 체결하지 아니한 경우에는 추정가격을 말한다)의 100분의 30에 해당하는 금액을 부과할 수 있다(국가계약법 제27조의2 제1항 제1호). 따라서 책임이 경미한 경우보다 과징금 부과액수가 더 많다. 한편, 자세한 과징금 부과율은 국가계약법 시행규칙 제77조의2 제1항 제2호 별표4에서 규정하고, 부정당업자 세부유형에 따라 최소 1.5%에서 최대 30%로 하였다.

Ⅱ. 제재사유별 과징금 부과율

1. 부정당업자의 책임이 경미한 경우

《 부정당업자의 책임이 경미한 경우의 과징금 부과기준(제77조의2 제1항 제1호 관련) 》

과징금 부과사유	과징금 부과율
1. 법 제27조 제1항 제1호에 해당하는 자 중 부실시공 또는 부실설계·감리를 한 자	
가. 부실벌점이 150점 이상인 자	10%
나. 부실벌점이 100점 이상 150점 미만인 자	5%
다. 부실벌점이 75점 이상 100점 미만인 자	4%

과징금 부과사유	과징금 부과율
라. 부실벌점이 50점 이상 75점 미만인 자	3%
마. 부실벌점이 35점 이상 50점 미만인 자	2%
바. 부실벌점이 20점 이상 35점 미만인 자	1%
2. 법 제27조 제1항 제1호에 해당하는 자 중 계약의 이행을 조잡하게 한 자	
가. 공사	
1) 하자비율이 100분의 500 이상인 자	10%
2) 하자비율이 100분의 300 이상 100분의 500 미만인 자	5%
3) 하자비율이 100분의 200 이상 100분의 300 미만인 자	4%
4) 하자비율이 100분의 100 이상 100분의 200 미만인 자	1.5%
나. 물품	
1) 보수비율이 100분의 25 이상인 자	10%
2) 보수비율이 100분의 15 이상 100분의 25 미만인 자	5%
3) 보수비율이 100분의 10 이상 100분의 15 미만인 자	4%
4) 보수비율이 100분의 6 이상 100분의 10 미만인 자	1.5%
3. 법 제27조 제1항 제1호에 해당하는 자 중 계약 이행을 부당하게 하거나 계약을 이행할 때에 부정한 행위를 한 자	
가. 설계서(물품제조의 경우에는 규격서를 말한다. 이하 같다)와 달리 구조물 내구성 연한의 단축, 안전도의 위해를 가져오는 등 부당한 시공(물품의 경우에는 제조를 말한다. 이하 같다)을 한 자	5%
나. 설계서상의 기준규격보다 낮은 다른 자재를 쓰는 등 부정한 시공을 한 자	3%
다. 가목의 부당한 시공과 나목의 부정한 시공에 대하여 각각 감리업무를 성실하게 수행하지 않은 자	1.5%
4. 법 제27조 제1항 제3호에 해당하는 자	
가. 전부 또는 주요부분의 대부분을 1인에게 하도급한 자	5%
나. 전부 또는 주요부분의 대부분을 2인 이상에게 하도급한 자	4%
다. 면허·등록 등 관련 자격이 없는 자에게 하도급한 자	4%
라. 발주기관의 승인 없이 하도급한 자	3%
마. 재하도급금지 규정에 위반하여 하도급한 자	2%
바. 하도급조건을 하도급자에게 불리하게 변경한 자	2%
5. 영 제76조 제1항에 해당하는 자(계약을 이행할 때에 「산업안전보건법」 제38조, 제39조 및 제63조를 위반하여 동시에 2명 이상의 근로자가 사망한 재해를 발생시킨 자)	
1) 동시에 사망한 근로자수가 10명 이상	10%
2) 동시에 사망한 근로자수가 6명 이상 10명 미만	7.5%
3) 동시에 사망한 근로자수가 2명 이상 6명 미만	5%
6. 영 제76조 제2항 제2호 가목에 해당하는 자	
가. 계약을 체결 또는 이행(하자보수의무의 이행을 포함한다)하지 않은 자	3%
나. 공동계약에서 정한 구성원 간의 출자비율 또는 분담내용에 따라 시공하지 않은 자	
1) 시공에 참여하지 않은 자	1.5%
2) 시공에는 참여하였으나 출자비율 또는 분담내용에 따라 시공하지 않은 자	0.5%
다. 계약상의 주요조건을 위반한 자	1.5%

과징금 부과사유	과징금 부과율
라. 영 제52조 제1항 단서에 따라 공사이행보증서를 제출해야 하는 자로서 동 공사이행보증서 제출의무를 이행하지 않은 자	0.5%
마. 영 제42조 제5항에 따른 계약이행능력심사를 위하여 제출한 사항을 지키지 않은 자	
1) 외주근로자 근로조건 이행계획에 관한 사항을 지키지 않은 자	1.5%
2) 하도급관리계획에 관한 사항을 지키지 않은 자	0.5%
7. 영 제76조 제2항 제2호라목에 해당하는 자(감독 또는 검사에 있어서 그 직무의 수행을 방해한 자)	1.5%
8. 영 제76조 제2항 제2호 마목에 해당하는 자(시공 단계의 건설사업관리 용역계약 시 「건설기술 진흥법 시행령」 제60조 및 계약서 등에 따른 건설사업관리기술자 교체 사유 및 절차에 따르지 않고 건설사업관리기술자를 교체한 자)	4%
9. 영 제76조 제2항 제3호 가목에 해당하는 자	
가. 안전대책을 소홀히 하여 사업장 근로자 외의 공중에게 생명·신체상의 위해를 가한 자	5%
나. 안전대책을 소홀히 하여 사업장 근로자 외의 공중에게 재산상의 위해를 가한 자	3%
10. 영 제76조 제2항 제3호 나목에 해당하는 자(「전자정부법」 제2조 제13호에 따른 정보시스템의 구축 및 유지·보수 계약의 이행과정에서 알게 된 정보 중 각 중앙관서의 장 또는 계약담당공무원이 누출될 경우 국가에 피해가 발생할 것으로 판단하여 사전에 누출금지정보로 지정하고 계약서에 명시한 정보를 무단으로 누출한 자)	
가. 정보 누출 횟수가 2회 이상이 경우	1.5%
나. 정보 누출 횟수가 1회인 경우	0.5%
11. 영 제76조 제2항 제3호 다목에 해당하는 자[「전자정부법」 제2조 제10호에 따른 정보통신망 또는 같은 조 제13호에 따른 정보시스템(이하 이 호에서 "정보시스템등"이라 한다)의 구축 및 유지·보수 등 해당 계약의 이행과정에서 정보시스템등에 허가 없이 접속하거나 무단으로 정보를 수집할 수 있는 비인가 프로그램을 설치하거나 그러한 행위에 악용될 수 있는 정보시스템등의 약점을 고의로 생성 또는 방치한 자]	10%

비고
1. 위 표에서 "부실벌점"이란 「건설기술진흥법」 제53조 제1항 각호 외의 부분에 따른 벌점을 말한다.
2. 위 표에서 "하자비율"이란 하자담보책임기간 중 하자검사결과 하자보수보증금에 대한 하자발생 누계금액비율을 말한다.
3. 위 표에서 "보수비율"이란 물품보증기간 중 계약금액에 대한 보수비용발생 누계금액비율을 말한다.
4. 「조달사업에 관한 법률」 제12조에 따른 제3자를 위한 단가계약, 같은 법 제13조에 따른 다수공급자계약, 같은 법 제14조 제1항 및 같은 법 시행령 제16조에 따른 카탈로그 계약의 경우 연평균 계약금액에 위 표의 과징금 부과율을 적용한다. 이 경우 계약기간이 1년 미만인 경우에는 총 계약금액에 위 표의 과징금 부과율을 적용한다.
5. 비고 제4호의 연평균 계약금액은 총 계약금액을 총 개월 수로 나눈 후 12를 곱하여 산출한다. 이 경우 1개월이 되지 않는 잔여일수는 총 개월 수에 산입하지 않는다.

2. 입찰참가자격제한으로 유효한 경쟁입찰이 명백히 성립되지 않는 경우

《 입찰참가자격 제한으로 유효한 경쟁입찰이 명백히 성립되지 않는 경우 과징금 부과기준 (제77조의2 제1항 제2호 관련) 》

과징금 부과사유	과징금 부과율
1. 법 제27조 제1항 제1호에 해당하는 자 중 부실시공 또는 부실설계·감리를 한 자	
가. 부실벌점이 150점 이상인 자	30%
나. 부실벌점이 100점 이상 150점 미만인 자	15%
다. 부실벌점이 75점 이상 100점 미만인 자	12%
라. 부실벌점이 50점 이상 75점 미만인 자	9%
마. 부실벌점이 35점 이상 50점 미만인 자	6%
바. 부실벌점이 20점 이상 35점 미만인 자	3%
2. 법 제27조 제1항 제1호에 해당하는 자 중 계약의 이행을 조잡하게 한 자	
가. 공사	
1) 하자비율이 100분의 500 이상인 자	30%
2) 하자비율이 100분의 300 이상 100분의 500 미만인 자	15%
3) 하자비율이 100분의 200 이상 100분의 300 미만인 자	12%
4) 하자비율이 100분의 100 이상 100분의 200 미만인 자	4.5%
나. 물품	
1) 보수비율이 100분의 25 이상인 자	30%
2) 보수비율이 100분의 15 이상 100분의 25 미만인 자	15%
3) 보수비율이 100분의 10 이상 100분의 15 미만인 자	12%
4) 보수비율이 100분의 6 이상 100분의 10 미만인 자	4.5%
3. 법 제27조 제1항 제1호에 해당하는 자 중 계약 이행을 부당하게 하거나 계약을 이행할 때에 부정한 행위를 한 자	
가. 설계서(물품제조의 경우에는 규격서를 말한다. 이하 같다)와 달리 구조물 내구성 연한의 단축, 안전도의 위해를 가져오는 등 부당한 시공(물품의 경우에는 제조를 말한다. 이하 같다)을 한 자	15%
나. 설계서상의 기준규격보다 낮은 다른 자재를 쓰는 등 부정한 시공을 한 자	9%
다. 가목의 부당한 시공 또는 나목의 부정한 시공에 대하여 감리업무를 성실하게 수행하지 않은 자	4.5%
4. 법 제27조 제1항 제2호에 해당하는 자	
가. 담합을 주도하여 낙찰을 받은 자	30%
나. 담합을 주도한 자	15%
다. 입찰자 또는 계약상대자 간에 서로 상의하여 미리 입찰가격, 수주 물량 또는 계약의 내용 등을 협정하거나 특정인의 낙찰 또는 납품대상자 선정을 위하여 담합한 자	9%
5. 법 제27조 제1항 제3호에 해당하는 자	
가. 전부 또는 주요부분의 대부분을 1명에게 하도급한 자	15%
나. 전부 또는 주요부분의 대부분을 2명 이상에게 하도급한 자	12%

과징금 부과사유	과징금 부과율
다. 면허·등록 등 관련 자격이 없는 자에게 하도급한 자	12%
라. 발주기관의 승인 없이 하도급한 자	9%
마. 재하도급금지 규정에 위반하여 하도급한 자	6%
바. 하도급조건을 하도급자에게 불리하게 변경한 자	6%
6. 법 제27조 제1항 제4호에 해당하는 자(사기, 그 밖의 부정한 행위로 입찰·낙찰 또는 계약의 체결·이행 과정에서 국가에 손해를 끼친 자)	
가. 국가에 10억원 이상의 손해를 끼친 자	30%
나. 국가에 10억원 미만의 손해를 끼친 자	15%
7. 법 제27조 제1항 제5호 또는 제6호에 따라 공정거래위원회 또는 중소기업청장으로부터 입찰참가자격제한 요청이 있는 자	해당 각 호의
가. 이 제한기준에서 정한 사유로 입찰참가자격제한 요청이 있는 자	기준에 의함
나. 이 제한기준에 해당하는 사항이 없는 경우로서 입찰참가자격제한 요청이 있는 자	9%
8. 법 제27조 제1항 제7호에 해당하는 자	
가. 2억원 이상의 뇌물을 준 자	30%
나. 1억원 이상 2억원 미만의 뇌물을 준 자	15%
다. 1천만원 이상 1억원 미만의 뇌물을 준 자	9%
라. 1천만원 미만의 뇌물을 준 자	4.5%
9. 영 제76조 제1항에 해당하는 자(계약을 이행할 때에 「산업안전보건법」 제38조, 제39조 및 제63조를 위반하여 동시에 2명 이상의 근로자가 사망한 재해를 발생시킨 자)	30%
1) 동시에 사망한 근로자수가 10명 이상	22.5%
2) 동시에 사망한 근로자수가 6명 이상 10명 미만	15%
3) 동시에 사망한 근로자수가 2명 이상 6명 미만	
10. 영 제76조 제2항 제1호 가목에 해당하는 자	
가. 입찰에 관한 서류(제15조제2항에 따른 입찰참가자격 등록에 관한 서류를 포함한다)를 위조·변조하거나 부정하게 행사한 자 또는 허위서류를 제출하여 낙찰을 받은 자	15%
나. 입찰 또는 계약에 관한 서류(제15조 제2항에 따른 입찰참가자격등록에 관한 서류를 포함한다)를 위조·변조하거나 부정하게 행사한 자 또는 허위서류를 제출한 자	9%
11. 영 제76조 제2항 제1호 나목에 해당하는 자(고의로 무효의 입찰을 한 자)	9%
12. 영 제76조 제2항 제1호 라목에 해당하는 자(입찰참가를 방해하거나 낙찰자의 계약체결 또는 그 이행을 방해한 자)	4.5%
13. 영 제76조 제2항 제2호 가목에 해당하는 자	
가. 계약을 체결 또는 이행(하자보수의무의 이행을 포함한다)하지 않은 자	9%
나. 공동계약에서 정한 구성원 간의 출자비율 또는 분담내용에 따라 시공하지 않은 자	
1) 시공에 참여하지 않은 자	4.5%
2) 시공에는 참여하였으나 출자비율 또는 분담내용에 따라 시공하지 않은 자	1.5%
다. 계약상의 주요조건을 위반한 자	4.5%

과징금 부과사유	과징금 부과율
라. 영 제52조 제1항 단서에 따라 공사이행보증서를 제출해야 하는 자로서 해당 공사이행보증서 제출의무를 이행하지 않은 자	1.5%
마. 영 제42조 제5항에 따른 계약이행능력심사를 위하여 제출한 사항을 지키지 않은 자	
1) 외주근로자 근로조건 이행계획에 관한 사항을 지키지 않은 자	4.5%
2) 하도급관리계획에 관한 사항을 지키지 않은	1.5%
14. 영 제76조 제2항 제2호 나목 또는 다목에 해당하는 자	
가. 고의에 의한 경우	9%
나. 중대한 과실에 의한 경우	9%
15. 영 제76조 제2항 제2호 라목에 해당하는 자(감독 또는 검사에 있어서 그 직무의 수행을 방해한 자)	4.5%
16. 영 제76조 제2항 제2호 마목에 해당하는 자(시공 단계의 건설사업관리 용역계약 시 「건설기술 진흥법 시행령」 제60조 및 계약서 등에 따른 건설사업관리기술자 교체 사유 및 절차에 따르지 않고 건설사업관리기술자를 교체한 자)	12%
17. 영 제76조 제2항 제3호 가목에 해당하는 자	
가. 안전대책을 소홀히 하여 사업장 근로자 외의 공중에게 생명·신체상의 위해를 가한 자	15%
나. 안전대책을 소홀히 하여 사업장 근로자 외의 공중에게 재산상의 위해를 가한 자	9%
18. 영 제76조 제2항 제3호 나목에 해당하는 자(「전자정부법」 제2조 제13호에 따른 정보시스템의 구축 및 유지·보수 계약의 이행과정에서 알게 된 정보 중 각 중앙관서의 장 또는 계약담당공무원이 누출될 경우 국가에 피해가 발생할 것으로 판단하여 사전에 누출금지정보로 지정하고 계약서에 명시한 정보를 무단으로 누출한 자)	
가. 정보 누출 횟수가 2회 이상인 경우	4.5%
나. 정보 누출 횟수가 1회인 경우	1.5%
19. 영 제76조 제2항 제3호 다목에 해당하는 자(「전자정부법」 제2조 제10호에 따른 정보통신망 또는 같은 조 제13호에 따른 정보시스템(이하 이 호에서 "정보시스템등"이라 한다)의 구축 및 유지·보수 등 해당 계약의 이행과정에서 정보시스템등에 허가 없이 접속하거나 무단으로 정보를 수집할 수 있는 비인가 프로그램을 설치하거나 그러한 행위에 악용될 수 있는 정보시스템 등의 약점을 고의로 생성 또는 방치한 자)	30%

비고

1. 위 표에서 "부실벌점"이란 「건설기술진흥법」 제53조 제1항 각호 외의 부분에 따른 벌점을 말한다.
2. 위 표에서 "하자비율"이란 하자담보책임기간 중 하자검사결과 하자보수보증금에 대한 하자발생 누계금액비율을 말한다.
3. 위 표에서 "보수비율"이란 물품보증기간 중 계약금액에 대한 보수비용발생 누계금액비율을 말한다.
4. 「조달사업에 관한 법률」 제12조에 따른 제3자를 위한 단가계약, 같은 법 제13조에 따른 다수공급자계약, 같은 법 제14조 제1항 및 같은 법 시행령 제16조에 따른 카탈로그 계약의 경우 연평균 계약금액에 위 표의 과징금 부과율을 적용한다. 이 경우 계약기간이 1년 미만인 경우에는 총 계약금액에 위 표의 과징금 부과율을 적용한다.
5. 비고란 제4호의 연평균 계약금액은 총 계약금액을 총 개월 수로 나눈 후 12를 곱하여 산출한다. 이 경우 1개월이 되지 않는 잔여일수는 총 개월 수에 산입하지 않는다.

Ⅲ. 과징금 부과기준

1. 계약유형별 산정방법[1)]

가. 장기계속계약

과징금 부과 사유가 발생한 연차의 계약금액×과징금부과율

나. 공동이행방식 공동계약

계약금액×부정당업자의 출자비율×과징금부과율

다. 국제입찰에 따른 계약

계약금액×매매기준환율×과징금부과율
(매매기준환율은 계약심의위원회 심의일 기준)

라. 일반 단가계약

총 계약금액×과징금부과율

마. 제3자를 위한 단가계약, 다수공급자계약, 카탈로그계약

연평균 계약금액(단, 계약기간이 1년 미만이면 총 계약금액) × 과징금부과율

여기서 연평균 계약금액은 총 계약금액을 총 개월 수로 나눈 다음, 12를 곱하여 산출하되, 1개월 미만인 잔여일수는 총 개월 수에 산입하지 않는다. 한편, 2021. 7. 6. 개정 국가계약법 시행규칙 부칙 제2조는 시행 전 위반행위에 대해서도 위와 같이 연평균 계약금액을 적용하여 과징금을 산정하도록 소급효를 인정한다.

2. 단일 부정당업자가 여러 위반행위를 한 경우 과징금 부과기준

가. 같은 계약에서 여러 개 위반행위를 한 경우

각 중앙관서의 장은 부정당업자가 같은 계약에서 2개 이상 위반행위를 한 경우, 국가계약법 시행규칙 제76조 별표2 1 일반기준 나목 계산방법을 따라 제한기간을 가장 길게 규정한 제한기준에 대응하는 과징금 부과율을 적용한다.[2)]

나. 여러 계약에서 각각 위반행위를 한 경우

기획재정부는 여러 개 위반행위를 함께 조사하여 1건으로 병합하여 과징금을 부과할

1) 기획재정부, 앞의 책, 44쪽.
2) 기획재정부, 앞의 책, 45쪽.

경우 각 위반행위별로 과징금을 산정한 다음 이를 합산해야 한다고 해석한다.[1] 그러나 과징금은 본질적으로 입찰참가자격제한에 갈음한 처분이고 계약이 같은지 여부에 따라 부과기준을 달리할 이유가 없다고 보인다. 따라서 이때에도 같은 계약에서 여러 개 위반행위를 한 때와 같이, 국가계약법 시행규칙 제76조 별표2 1 일반기준 나목에 따라 가장 길게 규정한 제한기준에 대응하는 과징금 부과율을 적용하는 해석이 타당하다. 기획재정부 해석은 재고할 필요가 있다.

또한, 여러 개 위반행위를 함께 조사하여 1건으로 병합하여 과징금을 부과할 경우뿐만 아니라, 여러 개 위반행위가 있어서 1건으로 병합하여 처분할 수 있었지만, 행정청이 미처 알지 못하여 일부 위반행위에만 과징금을 부과한 다음 나중에 다른 위반행위도 발견하여 별도로 과징금을 부과하는 경우에도 입찰참가자격제한 부분 논의에서 본 바와 마찬가지로 해결해야 한다. 따라서 먼저 부과한 과징금액과 가장 길게 규정한 제한기준에 대응한 과징금 부과율을 적용한 과징금액을 비교하여, 전자가 후자보다 적다면 그 차액을 추가로 부과할 수 있되, 전자가 후자보다 많거나 같다면 추가로 부과할 수 없다고 해석해야 한다.[2]

3. 과징금 감경기준과 고려사항

가. 감경기준

각 중앙관서의 장 등은 위반행위의 동기·내용과 횟수 등을 고려하여 2분의 1 범위 안에서 과징금을 감경할 수 있다(국가계약법 시행규칙 제77조의2 제2항). 참고로, 입찰참가자격제한과 달리 과징금 가중은 인정하지 않는다. 또한, 1개월 등을 감경 하한으로 규정한 입찰참가자격제한과 달리 감경에 따른 과징금 하한은 별도로 규정하지 않는다.

나. 고려사항

첫째, 동기와 책임을 고려할 수 있다. 가령, 위반행위에 고의나 중과실이 없고 위반행위에 비난가능성이 '상당히' 낮은 경우, 발주기관이나 수요기관이 실거래 가격보다 낮은 예정가격을 산정하거나 물품의 단종 여부를 확인하지 않는 등 위반행위 발생에 발주기관이나 수요기관에게 '상당한' 책임이 있는 경우,[3] 정부시책이나 관련법령 준수(공동출자비율 준수 등)를 위해 부정당업자가 위반행위 인식을 충분히 못한 경우에는 고려요소가 있다고 본다.[4]

둘째, 위반행위 내용을 고려할 수 있다. 즉, 위반행위 정도가 전체 계약에서 차지하는

1) 기획재정부, 앞의 책, 46쪽.
2) 대법원 2021. 2. 4. 선고 2020두48390 판결.
3) 위반행위 발생원인에 발주기관에게 책임이 있다면 일단 과징금 부과사유에 해당할 수 있는데, 그보다 나아가 발주기관에게 책임이 '상당히' 크다면 감경까지 할 수 있다는 취지이다(기획재정부, 앞의 책, 47쪽).
4) 기획재정부, 앞의 책, 47쪽.

비중이 '상당히' 낮은 경우, 계약이행 비율이 '상당한' 수준 이상인 경우, 변상조치 등 후속조치로 계약이행을 위해 '상당히' 노력한 경우, 위반행위 방지조치 등 재발방지를 위해 '상당히' 노력한 경우, 계약불이행 등 부정당업자 위반행위로 발주기관이나 수요기관이 입은 피해나 사업차질이 '상당히' 미미한 경우에는 고려요소가 있다.[1)]

셋째, 위반 횟수도 고려할 수 있다. 가령, 최근 5년 동안 부정당업자로 제재를 받지 않았거나 여러 위반행위로 제재를 받는 사안이 아닌 경우에는 고려요소가 될 수 있다.

넷째, 자진신고나 조사협력 정도를 고려할 수 있다. 즉, 위반행위자 스스로 위반사실을 신고했거나 조사에 협력하여 자료를 성실히 제출한 경우에는 고려요소가 있다.

다섯째, 그 밖에 영세한 기업인지, 과징금을 실제로 부담할 능력이 있는지, 계약금액과 비교하여 과징금이 적정한지, 위반행위 전까지 공공계약에서 성실히 이행한 실적, 위반행위로 다른 법령에 따라 벌금, 영업정지 등 제재를 받았는지, 업무특성, 계약의 성격, 부당이득 유무 등을 고려할 수 있다.

제 4 절 과징금 부과절차

Ⅰ. 의의

과징금 부과도 침익적 제재처분인 만큼, 행정절차법에 따른 절차를 모두 준수해야 한다. 따라서 처분이유제시, 사전통지, 의견제출이나 청문, 처분서 송달 등을 거쳐야 한다. 즉, 중앙관서의 장은 과징금을 부과하려는 경우 위반행위의 종류와 과징금액을 분명하게 적은 서면으로 알려야 한다(국가계약법 시행령 제76조의3 제1항).

Ⅱ. 계약심의위원회

각 중앙관서의 장이나 그 소속기관의 장은 물품·공사·용역 등과 관련하여 일정한 사항을 자문하는 계약심의위원회를 설치·운영할 수 있다(국가계약법 시행령 제94조 제1항 제1호). 따라서 국가계약법령상 계약심의위원회는 임의적 자문기구에 해당한다. 또한, 지방계약법과 달리 국가계약법에는 중앙관서의 장이 과징금을 부과할 때 계약심의위원회를 반드시 거치도록 하는 규정이 없다(국가계약법 제27조의2 제1항, 지방계약법 제31조의2 제2항 참조). 다만, 조달청 실무는 계약심사협의회에서 과징금 부과 여부를 심사하여 최종 결정한다.

1) 기획재정부, 앞의 책, 48쪽.

Ⅲ. 과징금부과심의위원회

국가계약법 제27조의2 제2항과 제27조의3은 2023. 7. 18. 개정으로 삭제되었다. 따라서 종래 각 중앙관서의 장이 과징금 부과를 하려면 기획재정부 과징금부과심의위원회의 심의를 거쳐야 한다는 절차 규정은 더 이상 효력이 없으므로, 이제 각 중앙관서의 장은 자체적으로 과징금 대체부과를 결정할 수 있다. 과거 각 중앙관서의 장이 과징금 대체부과에 소극적인 이유 중 하나가 기획재정부에 설치된 과징금부과심의위원회를 추가로 거쳐야 한다는 행정 소요 때문이었던 점을 고려하면 향후 각 중앙관서의 과징금 대체부과가 활성화되리라고 기대된다.

Ⅳ. 납부

과징금 통지를 받은 자는 통지받은 날부터 60일 안에 과징금을 부과권자가 정하는 수납기관에 내야 한다. 다만, 천재지변이나 그 밖에 부득이한 사유로 그 기간 내에 과징금을 낼 수 없을 때에는 그 사유가 해소된 날부터 30일 안에 내야 한다(국가계약법 시행령 제76조의3 제2항). 그 밖에 부득이한 사유란 화재, 전화(戰禍)나 이와 비슷한 재해를 말한다.[1)]

한편, 과징금을 받은 수납기관은 과징금을 낸 자에게 영수증을 내줘야 한다(국가계약법 시행령 제76조의3 제3항). 수납기관이 과징금을 받았을 때는 지체없이 그 사실을 부과권자에게 통보해야 한다(국가계약법 시행령 제76조의3 제4항).

Ⅴ. 납부기간 연장·분할납부

각 중앙관서의 장은 부정당업자가 납부하여야 할 과징금이 계약금액의 10퍼센트를 초과하는 경우나 중소기업기본법 제2조에 따른 중소기업자에게 10억 원을 초과하여 과징금을 부과하는 경우, 일정한 사유로 부정당업자가 과징금 전액을 일시에 납부하기가 어렵다고 인정하는 때에는 그 납부기한을 연장하거나 분할납부하게 할 수 있다(국가계약법 시행령 제76조의4 제1항). 여기서 일정한 사유란 ① 재해 또는 도난 등으로 재산에 현저한 손실을 입은 경우, ② 사업 여건의 악화로 사업이 중대한 위기에 처한 경우, ③ 과징금을 일시납부하면 자금 사정에 현저한 어려움이 예상되는 경우, ④ 그 밖에 이와 유사한 사유가 있는 경우를 말한다(국가계약법 시행령 제76조의4 제1항 각호).

---

1) 천재·지변·화재·전화(戰禍), 기타 재해를 구 국민연금법 제104조 제2항 제1호의 납부기한 내 연금보험료를 납부하지 않은 정당한 사유로 판단한 대법원 2008. 6. 12. 선고 2006도6445 판결 참조.

이처럼 납부기한 연장이나 분할납부를 신청하려는 자는 과징금 납부를 통지 받은 날부터 30일 안에 납부기한 연장이나 분할납부 사유를 증명하는 서류를 첨부하여 각 중앙관서의 장에게 신청해야 한다(국가계약법 시행령 제76조의4 제2항). 그리고 납부기한 연장은 그 납부기한의 다음 날부터 1년을 초과할 수 없다(국가계약법 시행령 제76조의4 제3항). 분할납부하게 하는 경우 분할된 납부기한 사이 간격은 3개월을 초과할 수 없고, 분할 횟수는 3회를 초과할 수 없다(국가계약법 시행령 제76조의4 제4항).

Ⅵ. 징수

각 중앙관서의 장은 과징금을 부과받은 자가 납부기한까지 과징금을 내지 않으면 국세체납처분의 예에 따라 징수한다(법 제27조의2 제4항). 즉, 체납자 재산을 압류하여 매각하고, 청산하는 절차를 거쳐 과징금을 확보한다.

제4장 / 거래정지

제1절 서론

Ⅰ. 개념

1. 의의

조달청장은 조달업무를 전자적으로 처리하기 위해 국가종합전자조달시스템을 구축하여 운용하고(전자조달법 제12조 제1항 참조), 이를 나라장터라고 부른다는 것은 제3편에서 설명했다. 또한, 조달청장은 국가계약법 제22조에 따른 단가계약과 조달사업법 시행령 제12조, 제13조, 제14조에 따른 제3자를 위한 단가계약, 다수공급자계약, 카탈로그 계약, 비축물자 계약을 각 체결한 상대자의 수요물자를 수요기관이 전자적으로 구매할 수 있도록 위 나라장터에 온라인 쇼핑몰(shopping.g2b.go.kr)을 개설하여 운영하는데(국가종합전자조달시스템 종합쇼핑몰 운영규정 제2조 제1항 제1호 참조), 이를 나라장터 종합쇼핑몰이라고 한다. 이에 조달청장과 단가계약 등을 체결한 상대자는 위 나라장터 종합쇼핑몰에 상품을 등록하고, 수요기관의 납품요구에 따라 이를 납품할 수 있다.

그러나 계약상대자가 해당 계약을 이행할 때 조달사업법령 등에서 정한 부정·부당, 계약조건위반 등 행위를 하면, 조달청장은 해당 계약상대자나 세부품명, 품목을 대상으로 2년 이내 범위에서 나라장터 종합쇼핑몰을 이용한 거래를 중단하도록 조치할 수 있는데(조달사업법 제22조 제1항 참조), 이러한 거래중단 조치를 통틀어 거래정지라 한다. 이처럼 거래정지는 단가계약 등에서 발생하는 부정한 행위나 계약조건위반에 제재를 가하여 공정성을 확보하려는 제도이다.

〔입찰참가자격제한과 거래정지의 구별〕

구 다수공급자계약 특수조건 제22조의5에 의하면, 제22조의2에 따른 종합쇼핑몰에서의 거래정지는 구 국가계약법 시행령 제76조의 적용을 배제하지 아니한다. 이 사건 처분은 구 국가계약법 시행령

제76조에 따라 원고의 입찰참가자격을 제한한 것으로 구 다수공급자계약 특수조건에 따른 거래정지와는 그 요건과 효과를 달리한다(대전고등법원 2020. 10. 23. 선고 2019누13037 판결).

2. 법적 근거

가. 변천

조달사업법은 2020. 3. 31. 법률 제17153호로 전부개정되기 전까지 거래정지 조항이 없었다. 따라서 당시 거래정지는 법률에 명시적 근거가 없는 규제조치에 불과했다. 특히 거래정지가 행정처분인지와 관련해 논란이 있었는데, 행정처분이라고 주장하는 견해와 하급심 판결은 거래정지가 법률상 근거를 두지 않기 때문에 법률유보원칙에 반한다고 했다. 그러나 대법원은 거래정지가 행정처분성을 가진다고 하면서도, 전자조달법이나 조달청 고시 등에 근거한 것으로서 법률유보원칙에 위배되지 않는다고 보았다.[1] 그 후, 위와 같은 논란을 해소하기 위해 2020. 3. 31. 법률 제17153호로 전부개정 된 조달사업법 제22조는 거래정지 제도를 명시했고, 법률과 시행령에 그 사유와 기간, 절차 등을 규정하면서, 조달청장에게 구체적인 사항을 정하도록 위임했다. 그리하여 현행 거래정지제도는 조달사업법령에 직접 근거한 행정처분에 해당한다.

나. 개별 근거

1) 조달사업법

조달사업법에 따르면, 조달청장은 같은 법 제12조, 제13조에 따른 계약을 체결한 계약상대자가 계약을 이행할 때 다음 각 호의 어느 하나에 해당하는 경우 해당 계약상대자, 세부 품명이나 품목을 대상으로 2년 이내 범위에서 대통령령으로 정하는 바에 따라 거래를 정지할 수 있다(조달사업법 제22조 제1항 제1호부터 제4호). 그리고 조달청장은 위반행위 내용·정도, 그 결과와 위반행위 횟수 등을 고려하여 거래정지 대상과 기간을 정하며(조달사업법 시행령 제25조 제2항), 거래정지를 하려는 경우 사유별 대상, 기간, 의견제출 기한 등을 미리 계약상대자에게 통지하고, 거래정지가 확정되는 경우 계약상대자에게 그 내용을 서면으로 통지해야 한다(조달사업법 시행령 제25조 제3항, 제4항).

2) 전자조달법

전자조달법에 따르면, 조달청장은 조달업무를 전자적으로 처리하기 위하여 전자조달시

1) 대법원 2018. 11. 29. 선고 2015두52395 판결, 대법원 2018. 11. 29. 선고 2017두34940 판결, 대법원 2019. 3. 28. 선고 2018두46490 판결 참조.

스템을 구축해야 하고, 전자조달시스템 구축·운용 기준을 정하여 고시할 수 있다(전자조달법 제12조 제1항, 제3항). 수요기관의 장은 전자조달시스템을 이용하여 조달업무를 전자적으로 처리하도록 노력해야 하고(전자조달법 제5조 제1항), 경쟁입찰을 전자적으로 처리하려는 경우에는 입찰 관련 사항을 전자조달시스템을 이용해 공고해야 한다(전자조달법 제6조 제1항). 또한, 수요기관의 장은 조달사업법에 따라 조달청장에게 조달물자 구매 등 계약체결을 요청하려는 경우 천재지변이나 전산장애 등 불가피한 사유가 없다면 전자조달시스템을 이용하여야 하고(전자조달법 제13조 제1항), 전자조달시스템을 이용하여 수요기관 등과 계약을 전자적으로 체결하려는 자는 대통령령으로 정하는 바에 따라 전자조달시스템에 이용자등록을 해야 한다(전자조달법 제17조 제1항). 이용자등록을 마친 전자조달이용자는 전자조달시스템에서 진행되는 경쟁입찰, 수의계약 상대자 결정에 참가할 때 대통령령으로 정하는 바에 따라 전자적 형태의 입찰서나 견적서를 제출해야 한다(전자조달법 제7조).

3) 국가종합전자조달시스템 종합쇼핑몰운영규정

조달청 고시인 국가종합전자조달시스템 종합쇼핑몰운영규정 제2조 제1항 제1호는 국가계약법 제22조나 조달사업법 시행령 제12조, 제13조, 제14조에 따라 조달청이 단가계약을 체결한 계약상대자의 수요물자를 수요기관이 전자적으로 구매할 수 있도록 나라장터에 개설한 온라인 쇼핑몰을 종합쇼핑몰이라 규정한다. 그리고 같은 고시 제7조 제1항 각호는 조달청장이 나라장터 종합쇼핑몰에서 상품거래를 정지할 수 있는 사유를 규정한다.

4) 그 밖에 계약조건, 업무처리규정 등

그 밖에도 물품 다수공급자계약 특수조건, 용역 다수공급자계약 특수조건, 물품구매(제조)계약 추가특수조건, 상용소프트웨어 제3자단가계약 추가특수조건, 용역 카탈로그계약 특수조건, 디지털서비스 카탈로그계약 특수조건, 물품구매계약 품질관리 특수조건, 정부조달 문화상품 업무처리 규정, 정부조달 전통주 업무처리 규정 등에서도 거래정지를 규정한다.

Ⅱ. 법적 성격

1. 문제점

앞에서 본 바와 같이, 2020. 3. 31. 법률 제17153호로 전부개정되기 전 조달사업법에는 거래정지 근거가 없었으므로, 조달청장이 계약상대자등에게 하는 거래정지가 사법상 조치에 불과한지, 행정처분에 해당하는지 논란이 있었다. 특히 공공계약은 사법상 계약에 해당한다는 대법원 판례를 근거로, 조달청장이 나라장터 종합쇼핑몰에서 거래를 정지하는 것은 계약당사자로서 하는 사법상 조치에 불과하다는 주장이 강했다.

2. 하급심 판결례

하급심 판결 중에는 "이 사건 추가특수조건은 계약의 일부로서 당사자가 그 적용에 동의한 경우에만 계약당사자 사이에서 구속력이 있을 뿐 법규로서 효력이 없는데 거래정지는 입찰참가자격 제한과 달리 법률이 아닌 특수조건에만 근거를 두었기 때문에 입찰참가자격 제한과 근본적인 차이가 있는 점, 사인이 운영하는 인터넷쇼핑몰에서도 계약 내용에 따라 거래정지를 할 수 있으므로 사경제 주체로서 계약을 체결하는 조달청장 역시 공권력과 무관하게 계약 내용에 따라 거래정지 조치를 할 수 있는 점, 사경제 주체 사이의 계약에서 인정될 수 있는 다양한 의무이행 수단까지 모두 행정처분으로 파악하면 행정청은 사경제 주체인데도 불구하고 사적 자치 영역에서까지 법령상 근거를 확보해야 하므로 계약자유의 원칙을 훼손하는 점 등에 비추어 거래정지는 행정처분이 아닌 사법상 조치에 불과하다."고 하여, 거래정지의 처분성을 부정한 것이 있었다.[1]

3. 대법원 판례

그러나 대법원은 비록 거래정지 조치가 계약추가특수조건 등이라는 사법상 계약에 근거한 것이지는 하지만 행정청인 조달청장이 행하는 구체적 사실에 관한 법집행인 공권력의 행사로서 그 상대방의 권리·의무에 직접 영향을 미치므로, 항고소송 대상인 행정처분에 해당한다고 보았다.[2]

〔종합쇼핑몰 거래정지가 행정처분인지〕

1. 위와 같은 관련법령 및 고시, 추가특수조건의 규정 내용과 함께 원심판결 이유와 원심이 적법하게 채택한 증거에 의하여 알 수 있는 다음과 같은 사정 등을 종합하면, 이 사건 거래정지 조치는 비록 추가특수조건이라는 사법상 계약에 근거한 것이기는 하지만 행정청인 피고가 행하는 구체적 사실에 관한 법집행으로서의 공권력의 행사로서 그 상대방인 원고의 권리·의무에 직접 영향을 미치므로 항고소송의 대상에 해당한다고 봄이 타당하다.

(1) 국가종합전자조달시스템인 나라장터에 등록한 전자조달이용자는 나라장터를 통하여 수요기관의 전자입찰에 참가하거나 나라장터 종합쇼핑몰에서 등록된 물품을 수요기관에 직접 판매할 수 있

1) 서울고등법원 2018. 5. 24. 선고 2018누30695 판결. 해당 판결은 거래정지가 항고소송 대상이 아니라고 하여 소를 각하했다.
2) 대법원 2018. 11. 29. 선고 2015두52395 판결.

는 지위를 취득하게 된다. 이러한 지위는 전자조달법, 조달사업법 등에 의하여 보호되는 직접적이고 구체적인 법률상 이익이다. 따라서 피고가 계약상대자에 대하여 나라장터 종합쇼핑몰에서의 거래를 일정기간 정지하는 조치는 계약상대자의 법률상 이익을 직접적으로 제한하거나 침해하는 행위에 해당한다.

(2) 피고가 각 수요기관에서 공통적으로 필요로 하는 수요물자에 관하여 제3자 단가계약 또는 다수공급자계약을 체결하고 이를 나라장터 종합쇼핑몰에 등록하면, 수요기관은 나라장터 종합쇼핑몰에서 필요한 물품을 직접 선택하여 구매할 수 있게 된다. 그런데 피고가 종합쇼핑몰 거래정지 조치를 할 경우 계약상대자는 피고와의 거래관계뿐 아니라 수요기관인 국가기관·지방자치단체 및 공공기관 등과의 거래관계가 모두 정지되는 불이익을 받게 된다.

(3) 피고는 거래정지 조치를 통해 물품구매계약을 위반한 계약상대자를 종합쇼핑몰에서 배제함으로써 성실한 계약의 이행을 확보함과 동시에 자신이 구축·운용하는 종합쇼핑몰의 안전성, 신뢰성 및 공정성 확보라는 공익도 달성할 수 있게 된다.

(4) 피고가 이 사건 거래정지 조치를 하면서 원고에게 보낸 문서에는 이를 행정처분으로 볼 수 있는 기재가 없기는 하다. 그러나 ① 나라장터 종합쇼핑몰 거래정지 조치를 하는 피고가 행정기관인 점, ② 추가특수조건 제22조 제6항이 행정절차법 제21조와 유사한 처분의 사전통지절차를, 쇼핑몰운영고시 제10조가 이의신청절차를 각각 규정하고 있고, 피고가 실제로 거래정지 조치의 상대방에게 '행정절차법 제21조 제1항'이 기재된 의견제출통지서를 보내기도 하였던 점, ③ 전자조달법 제12조에 근거한 쇼핑몰운영고시 제9조 제1항은 피고가 나라장터 종합쇼핑몰을 통한 상품거래를 정지할 수 있는 사유들을 규정하고 있는 점, ④ 조달업체들 역시 피고의 나라장터 종합쇼핑몰 거래정지 조치가 행정처분에 해당하는 것으로 인식하고 그에 대하여 항고소송을 제기하여 온 점 등을 고려하면, 이 사건 거래정지 조치는 행정처분으로서의 외형을 갖추었다고 볼 수 있다.

(5) 나라장터 종합쇼핑몰 거래정지의 대상이 계약인 경우, 추가특수조건 제22조의3 제1호에 의하여 해당 계약의 품명이 포함된 모든 형태의 계약이 연계적으로 거래정지 대상이 된다. 즉 계약상대자가 동일 품명에 해당하는 여러 품목의 물품에 관하여 2개 이상의 제3자 단가계약을 체결한 경우 거래정지 사유가 1개의 계약과 관련하여서만 인정되는 경우에도 나머지 계약까지 거래정지 대상이 될 수 있으므로, 거래정지 조치는 계약상대자에게 중대한 불이익이 될 수 있다. 또한 거래정지 기간 경과 후 계약상대자가 피고와 새로운 다수공급자계약을 체결하려고 하거나 피고에게 우수조달물품 지정신청을 할 때, 거래정지를 받은 사실 자체가 계약체결 거부사유 또는 감점사유로 불이익하게 작용할 수 있다.

2. 이처럼 추가특수조건에 근거하여 이루어지는 종합쇼핑몰 거래정지 조치는 피고가 계약상대자에게 부과하는 대표적인 불이익 조치 중 하나로서 계약상대자에게 중대한 영향을 미치므로, 이 사건 거래정지 조치는 항고소송의 대상이 되는 행정처분에 해당한다. 다만 추가특수조건에서 정한 제재조치의 발동요건조차 갖추지 못한 경우에는 이 사건 거래정지 조치는 위법하다고 인정할 수 있다. 따

라서 원심으로서는 원고의 행위가 추가특수조건에서 정한 거래정지 조치의 사유에 해당하는지, 추가특수조건의 내용이나 그에 기한 거래정지 조치가 국가계약법령 등을 위반하였거나 평등원칙, 비례원칙, 신뢰보호 원칙 등을 위반하였는지 등에 관하여 나아가 살폈어야 할 것이다.

3. 그런데도 원심은 이와 달리, 이 사건 거래정지 조치가 사법상 계약에 근거한 의사표시에 불과하고 항고소송의 대상이 되는 행정처분으로 볼 수 없다고 판단하여 이 사건 소를 각하하였다. 이러한 원심판결에는 항고소송의 대상인 처분에 관한 법리를 오해하여 판결에 영향을 미친 잘못이 있다(대법원 2018. 11. 29. 선고 2015두52395 판결).

4. 검토

대법원 판례가 나온 이후 2020. 3. 31. 개정 조달사업법령에 근거를 명시한 현재는 거래정지가 항고소송 대상인 처분이 아니라고 주장하는 견해는 없으며, 조달청 실무 역시 처분성을 전제로 거래정지 제도를 운용한다.

제 2 절 거래정지 사유·대상과 기간

Ⅰ. 개요

거래정지 사유는 ① 우대가격유지의무를 위반한 경우, ② 조달청장이 구축한 전자조달시스템에 상품의 원산지를 허위로 등록한 경우, ③ 다른 계약상대자의 입찰·계약체결·계약이행 과정에서 전자세금계산서 등 관련 서류를 허위 작성하거나 위조·변조 등 부정한 행위를 하는 것에 가담한 경우, ④ 품질점검이나 납품검사 당시 조달물자가 계약규격에 미달하거나 불합격한 경우, ⑤ 불공정 조달행위 조사에 정당한 사유 없이 응하지 않은 경우, ⑥ 계약된 품목에 거짓 정보의 등록·유포 등으로 계약업무를 방해한 경우, ⑦ 계약된 품목과 관련한 권리관계, 인·허가, 인증 등에 대한 점검에 응하지 않거나 변동사항을 통보하지 않은 경우, ⑧ 계약된 품목을 원인으로 인명사고가 발생하는 등 안전성에 대한 신뢰가 훼손된 경우, ⑨ 그 밖에 계약체결 당시 정한 계약조건을 위반하는 경우이다(조달사업법 제22조 제1항 제1호부터 제4호, 같은 법 시행령 제25조 제1항 제1호부터 제6항). 특히 그 밖에 계약체결 당시 정한 계약조건을 위반하는 경우는 일반사유에 해당하고, 각종 계약조건에서 자세히 규정한다. 한편, 조달청장은 위반행위 내용·정도, 그 결과와 위반행위 횟수 등을 고려하여 거래정지 대상과 기간을 정하는데(조달사업법 시행령 제25조 제2항), 마찬가지로 각종 계약조건에 해당 규정이 있다.

아래에서는 거래정지 사유와 그 대상, 기간을 자세히 살펴보기로 한다.

Ⅱ. 거래정지 사유

1. 우대가격유지의무를 위반한 경우

우대가격유지의무란 다수공급자계약을 체결한 계약상품(성능·사양이 계약상품과 동등 이상인 계약상대자의 상품을 포함)의 가격을 시장거래가격(계약상대자가 수요기관과 직접 계약을 체결하는 경우의 가격이나 계약상대자가 직접 판매한 가격이나 총판에 공급한 가격 등 시장에 공급한 가격)과 같거나 시장거래가격보다 낮게 유지해야 한다는 계약상대자의 의무를 말한다(조달사업법 제13조 제2항, 물품 다수공급자계약 특수조건 제12조의2 제1항 본문). 따라서 다수공급자계약의 상대자가 계약상품을 시장거래가격보다 높은 가격으로 공급했다면 거래정지 사유에 해당한다(조달사업법 제22조 제1항 제1호).

다만, 시장거래가격이 다수공급자계약 단가보다 낮더라도, 그 가격이 물품 다수공급자계약 특수조건 제29조 제1항에 따른 할인행사나 같은 특수조건 제29조 제6항에 따른 할인상품기획전에 참여하는 기간 중에 할인된 가격보다는 높은 경우, 다수공급자계약 2단계경쟁을 거쳐 공급한 경우 등에는 우대가격유지의무 대상에서 제외한다(물품 다수공급자계약 특수조건 제12조의2 제1항 단서). 또한, 시장거래가격이 다수공급자계약 단가 대비 100분의 3 이내이고, 계약기간 동안 세부품명 기준 최초로 우대가격유지의무 위반으로 적발된 경우라면 거래정지나 환수를 면제할 수 있고, 우대가격유지의무 적발 횟수 산정에서 제외한다(물품 다수공급자계약 특수조건 제12조의2 제3항 제1호, 제2호).

2. 조달청장이 구축한 전자조달시스템에 상품의 원산지를 허위로 등록한 경우

종합쇼핑몰에 상품등록을 원하는 계약상대자는 해당 상품의 원산지를 입력하거나 계약담당공무원에게 신고해야 한다. 즉, 다수공급자계약의 상대자는 협상품목등록을 할 때, 일반단가계약이나 제3자를 위한 단가계약의 상대자는 계약서를 작성할 때, 각각 해당 상품의 원산지를 나라장터에 입력해야 한다(국가종합전자조달시스템 종합쇼핑몰 운영규정 제9조 제1항 제1호, 제2호). 여기서 원산지란 관세의 부과·징수·감면, 수출입물품의 통관 등을 할 때 협정에서 정하는 기준에 따라 물품 생산·가공·제조 등을 한 것으로 보는 국가를 말하고(자유무역협정의 이행을 위한 관세법의 특례에 관한 법률 제2조 제4호, 국가종합전자조달시스템 종합쇼핑몰 운영규정 제2조 제9호 참조), 허위 등록이란 객관적인 진실에 어긋나는 사실을 등록한 것을 말한다. 따라서 계약담당공무원은 조달업체가 원산지를 허위로 명시하면, 거래정지 조치를 할 수 있다(조달사업법 제22조 제1항 제2호, 국가종합전자조달시스템 종합쇼핑몰 운영규정 제12조).

- **원산지 명시 방법**

  원산지는 종합쇼핑몰에 다음과 같이 명시한다.

  ① 국내 생산상품 : "원산지 : 대한민국"

  ② 수입상품 : "원산지 : 해당국명"

  ③ 수입원료를 사용하여 국내 생산·유통되거나 판매되는 상품 : "원산지 : 대한민국"

  ④ 수입원료를 사용하여 국내 생산·유통되거나 판매되는 상품 : "가공국(또는 조립국) : 대한민국"

- **원산지 판정 기준**

  ① 종합쇼핑몰에 등록되는 상품의 원산지는 대외무역법 시행령 제61조, 대외무역관리규정 제85조 및 제86조에 의하여 다음 각 호와 같이 결정한다.

  1. 해당 상품 전부가 우리나라에서 채취 또는 생산된 경우 : 대한민국
  2. 수입 상품

     가. 해당 상품 전부가 1개국에서 채취·생산된 경우 : 당해국가

     나. 생산·가공과정에 둘 이상의 국가가 관련된 경우 : 최종적으로 실질적 변형을 가한 국가
  3. 수입원료를 사용하여 국내 생산·유통되거나 판매되는 상품으로서 다음 하나에 해당되는 경우 : 대한민국

     가. 우리나라에서 제조·가공과정을 통해 수입원료의 세 번과 상이한 세 번(HS 6단위 기준)의 상품을 생산하거나 세 번 HS 4단위에 해당하는 상품의 세 번이 HS 6단위에서 전혀 분류되지 아니한 상품으로, 해당 상품의 총 제조원가 중 수입원료의 수입가격(CIF가격 기준)을 공제한 금액이 총 제조원가의 100분의 51 이상인 경우

     나. 우리나라에서 단순한 가공활동이 아닌 제조·가공과정을 통해 세 번 변경이 안 된 상품을 최종적으로 생산하고, 해당 상품의 총 제조원가 중 수입원료의 수입가격(CIF가격 기준)을 공제한 금액이 총 제조원가의 100분의 85 이상인 경우

  ② 수입원료를 사용한 국내 생산상품 중 제1항 제3호의 원산지 규정을 충족하지 아니하는 경우에는 우리나라를 "가공국" 또는 "조립국"으로 한다.

  ③ 제1항 및 제2항에서 원산지 판정기준으로 원용한 대외무역법 시행령 및 대외무역관리규정 등이 개정된 경우에는 개정기준에 의한다.

- **원산지 명시 방법 특례**

  ① 계약담당공무원은 수요물자의 품질관리 등을 위하여 필요한 경우 제10조 제1항 제3호 및 제2항에 해당하는 상품 중에서 해당 상품의 원산지 외에 주요부품 또는 핵심부품의 원산지를

명시할 상품을 WTO 정부조달협정 및 우리나라가 체결한 자유무역협정에 위배되지 않는 범위 내에서 지정할 수 있다.

② 제1항에 의한 상품은 전년도 수입상품 공급현황, 공급상품의 품질 등을 종합적으로 고려하여 지정하며 구매업무심의회 심의를 거쳐서 정하여야 한다.

③ 계약담당공무원은 제1항에 의한 상품을 지정할 경우 해당상품의 품명, 특별히 관리하려고 하는 대상(주요부품 또는 핵심부품, 핵심부품인 경우 그 명칭 등)을 명확히 하여야 한다.

④ 제1항에 해당하는 상품의 원산지는 종합쇼핑몰에 다음 각 호와 같이 명시한다.

1. 수입원료를 사용하여 국내 생산·유통되거나 판매되는 상품 : "원산지 : 대한민국(주요부품 또는 핵심부품의 원산지 : ○○(국명), ○○(국명))"
2. 수입원료를 사용하여 국내 생산·유통되거나 판매되는 상품 : "가공국 또는 조립국 : 대한민국(주요부품 또는 핵심부품의 원산지 : ○○(국명), ○○(국명))"

⑤ 계약담당공무원은 종합쇼핑몰에 등록되는 상품의 입찰 또는 구매 공고 시 입찰에 참가하는 조달업체가 해당 상품의 원산지 및 주요부품의 원산지를 신고하도록 공고하는 등 원산지 명시를 위해 필요한 조치를 하여야 한다.

3. 다른 계약상대자의 입찰·계약체결·계약이행 과정에서 전자세금계산서 등 관련 서류를 허위 작성하거나 위조·변조 등 부정한 행위에 가담한 경우

자기가 참여한 입찰·계약체결·계약이행 과정에서 직접 허위서류를 작성하거나 위조·변조 등 부정한 행위를 한 자는 입찰참가자격제한을 받으나(국가계약법 시행령 제76조 제2항 제1호 가목 참조), 계약상대자의 허위서류 작성, 위조·변조 등 부정한 행위에 가담한 자는 해당 계약의 상대자나 입찰자, 전자조달시스템을 이용해 견적서를 제출한 자가 아니기 때문에 원칙적으로 입찰참가자격제한을 받지 않는다(국가계약법 시행령 제76조 제3항 제1호).[1] 그러나 자신의 입찰·계약체결·계약이행 과정에서 전자세금계산서 등 관련 서류를 허위로 작성하거나 위조·변조 등 부정한 행위를 한 자 못지않게 그 행위에 가담한 자 역시 위법성과 비난가능성이 높다. 따라서 자신이 아닌 다른 계약상대자의 입찰·계약체결·계약이행 과정에서 허위서류를 작성하거나 위조·변조하는 등 부정한 행위에 가담한 경우를 거래정지 사유로 규정했다(조달사업법 제22조 제1항 제3호). 특히 가담한 경우란 공모하거나 행위를 분담하여 실행한 경우뿐만 아니라, 부정한 행위를 교사하거나 방조한 경우까지 포함하는 의미라고 해석된다.

그러나 기본적으로 거래정지는 조달청장이 운영하는 나라장터 종합쇼핑몰에 상품을 등

1) 대법원 2008. 2. 28. 선고 2007두13791 판결 참조.

록하고, 수요기관에게 이를 납품하는 '계약상대자'에게 부과할 때에만 실효성을 거둘 수 있다. 그런데 위와 같은 부정한 행위에 가담한 자가 조달청과 단가계약 등을 체결한 계약상대자가 아닌 경우에는 그에게 거래정지를 하더라도 별다른 실익이 없다. 가령, 조달청장과 다수공급자계약을 체결한 A가 조달청과 아무런 계약관계 없는 B와 공모하여 계약이행 과정에 필요한 서류를 위조했다고 가정할 때, B는 나라장터 종합쇼핑몰에 상품을 등록하고 납품하는 자가 아니기 때문에, 조달청장이 B에게 거래정지를 하더라도 제재효과를 거두기 힘들다. 다만, 처분이력을 누적·관리하여, 향후 입찰·계약에 참가하려는 B에게 불이익을 주는 부수적 효과만 거둘 수 있을 뿐이다.

4. 품질점검이나 납품검사 당시 조달물자가 계약규격에 미달하거나 불합격한 경우

여기서 품질점검이란 점검공무원이 제조현장, 수요기관 납품장소 등을 방문하여 표본이나 전수를 대상으로 관능검사를 실시하고, 계약상대자와 서로 협의한 기준에 따라 시료를 채취하여 그 시료에 대한 시험결과에 따라 적·부를 판단하는 것이고(물품구매계약 품질관리특수조건 제2조 제8호), 납품검사란 검사공무원이 납품 당시 계약목적물이 관련법령에 적합하고 구매규격·시방서대로 제조·설치되었는지를 확인하는 것을 말한다(물품구매계약 품질관리특수조건 제2조 제2호). 이처럼 품질점검이나 납품검사 과정에서 조달물자가 계약규격에 미달하거나 불합격 판정을 받았다면 거래정지 사유에 해당한다(조달사업법 시행령 제25조 제1항 제1호).

5. 불공정 조달행위 조사에 정당한 사유 없이 응하지 않은 경우

불공정 조달행위 조사란 조달청 소속 공무원이 조달과정에서 공정성을 해하는 불공정 조달행위에 대한 신고를 접수하고, 그 신고 내용을 조사하기 위해 계약상대자, 입찰자, 국가종합전자조달시스템을 이용하여 견적서를 제출하는 자에게 자료 제출을 요구하거나 사무소·사업장·공장 등을 방문하여 시설·서류 등을 조사하는 행위를 말한다. 자세한 내용은 본편 제6장에서 살펴보겠지만, 불공정 조달행위 조사는 행정조사에 해당하고, 행정조사기본법은 근거법령이 있을 때를 전제하여, 조사대상자가 정당한 사유 없이 조사에 응하지 않을 경우에 제재가능성을 인정한다(행정조사기본법 제9조 제1항 제5호, 제10조 제1항 제4호, 제2항 제5호, 제11조 제1항 제6호 참조). 그런데 조달사업법 제22조 제1항 제4호와 같은 법 시행령 제25조 제1항 제2호는 그와 같은 근거법령에 해당한다. 따라서 불공정 조달행위 조사에 정당한 사유 없이 응하지 않은 경우에는 거래정지를 할 수 있다(조달사업법 시행령 제25조 제1항 제2호).

여기서 '정당한 사유 없이'란 불공정 조달행위 조사에 응하지 않은 대상자에게 고의·과실이 있는 경우를 말하고, '조사에 응하지 않는 경우'란 예를 들어, 자료 제출을 거부·지연하는 행위, 직접생산 여부 확인 등 실태조사를 거부하는 행위, 현장 확인점검, 시료채취, 품질검사 등 요구를 거부하거나 그 직무수행을 방해하는 행위, 유형력(有形力)을 행사하여 조사를 방해하는 행위 등을 말한다. 참고로, 조사에 응하지 않는 수단으로 폭행·협박을 사용했다면, 공무집행방해죄로 처벌받을 수 있다(형법 제136조 제1항 참조).

여기에 나아가 조사대상자가 조사에 응하여 자료를 제출했지만 해당 자료가 허위인 경우, 조사에 응하지 않았다고 해석할 수 있는지 문제된다. 하급심은 물품구매계약 추가특수조건 제22조 제1항 제5호의 "정당한 이유 없이 사실 확인을 위한 계약 관련 자료의 제출을 거부하거나 지연하는 경우"란 계약상대자가 정당한 이유 없이 사실 확인을 위한 계약관련 자료 제출 요청에 응하지 않거나 제출을 미루는 경우를 의미할 뿐, 허위서류를 제출한 경우까지 포함하는 의미로 볼 수 없다고 보았다.[1] 생각건대 거래정지는 침익적 처분이기 때문에 엄격해석의 원칙에 따라야 한다. 그러므로 조사에 응하지 않는 경우란 '부작위'를 의미할 뿐, 서류를 위조하거나 허위서류를 제출한 '작위'까지 포함하는 의미로 해석할 수 없다고 본다. 다만, 물품구매(제조)계약추가특수조건은 2019. 7. 23. 개정으로 '자료 제출 거부·지연한 경우'와 별도로 '허위서류를 제출하는 경우'를 규정한다.

〔정당한 이유 없이 사실 확인을 위한 거래관련 자료의 제출을 거부하거나 지연하는 경우의 의미〕

구 물품구매(제조)계약추가특수조건 제22조 제1항 제6호 가목의 '정당한 이유 없이 사실 확인을 위한 거래관련 자료의 제출을 거부하거나 지연하는 경우'는 그 문언상 계약상대자가 정당한 이유 없이 사실 확인을 위한 계약관련 자료의 제출 요청에 응하지 않거나 제출을 미루는 것을 뜻한다고 할 것이므로, 이는 계약상대자가 해당 자료를 제출할 수 있음을 전제로 한다(서울고등법원 2021. 7. 23. 선고 2020누62282 판결).

6. 계약된 품목에 거짓 정보의 등록·유포 등으로 계약업무를 방해한 경우

계약담당공무원은 수요기관의 구매의사 결정에 필요한 상품정보를 정할 수 있고, 계약상대자는 해당 상품정보를 등록해야 한다(국가종합전자조달시스템 종합쇼핑몰 운영규정 제6조 제1항). 또한, 계약상대자는 최신 상품정보를 유지해야 하며, 등록된 상품정보가 기재 오류, 누락 등으로 사실과 다를 경우에는 지체없이 계약담당공무원에게 상품정보 수정이나 변경을 요청해야 한다(국가종합전자조달시스템 종합쇼핑몰 운영규정 제6조 제2항). 이처럼 나라장터 종합쇼핑몰에 상품을 등록하여 판매하는 계약상대자는 상품정보를 정확하게 등록할 의무를 부담

1) 서울행정법원 2020. 4. 24. 선고 2019구합72601 판결.

하며, 이는 수요기관의 구매의사 결정에 중요한 역할을 미치기 때문에, 만약 거짓 정보를 등록하거나 유포하는 경우에는 상품정보 점검, 관리업무나 등 계약업무를 방해하는 결과를 초래한다. 따라서 계약된 품목에 거짓 정보 등록·유포 등으로 계약업무를 방해한 경우를 거래정지 사유로 규정했다(조달사업법 시행령 제25조 제1항 제3호).

7. 계약된 품목과 관련한 권리관계, 인·허가, 인증 등에 대한 점검에 응하지 않거나 변동 사항을 통보하지 않은 경우

계약상대자는 계약된 품목과 관련한 권리관계, 인·허가, 인증 정보 등에 변동이 있을 경우 7일 안에 계약담당공무원에게 통보해야 한다(물품 다수공급자계약 특수조건 제12조의6 제1항). 또한, 계약담당공무원은 다수공급자계약기간이 1년을 초과하는 경우 구매입찰공고 게시일로부터 매 1년이 되는 날을 기준으로 30일 이내 중간점검 기간을 설정하여 계약의 변동사항이나 계약가격의 적정 여부를 점검할 수 있다(물품 다수공급자계약 특수조건 제13조 제1항). 그럼에도 계약상대자가 위 통보의무를 위반하거나 정당한 이유 없이 계약담당공무원의 점검에 응하지 않는 경우에는 거래정지 사유에 해당한다(조달사업법 시행령 제25조 제1항 제4호, 물품 다수공급자계약 특수조건 제12조의7 제3항, 제13조 제2항).

8. 계약된 품목을 원인으로 인명사고가 발생하는 등 안전성에 대한 신뢰가 훼손된 경우

계약품목 자체의 결함 등으로 인명사고가 발생하는 경우, 해당 품목은 안전성을 담보하기 어려워 공공을 위한 조달물자로서 적합하지 않기 때문에 거래정지 사유로 규정했다(조달사업법 시행령 제25조 제1항 제5호). 다만, 계약품목을 원인으로 인명사고가 발생해야 하므로, 계약품목 자체의 결함 등과 인명사고 발생 사이에 상당인과관계가 인정되어야 한다. 그리고 계약품목을 원인으로 인명사고가 발생했다는 것은 안정성에 대한 신뢰가 훼손된 예시에 해당하므로, 그에 준하는 사유로서 계약된 품목의 안전성에 대한 신뢰가 훼손되었다고 평가할 만한 경우라면 위 사유를 적용할 수 있다고 본다.

9. 그 밖에 계약체결 당시 정한 계약조건을 위반하는 경우

구분		거래정지 사유
다수공급자 계약 상품	물품	[물품 다수공급자계약 특수조건 제15조 제1항] 1. 「조달사업법」 제22조 제1항 제1호에 해당하는 경우(「조달사업법」 제13조 제2항에 따른 우대가격 유지의무를 위반한 경우) 2. 「조달사업법」 제22조 제1항 제2호에 해당하는 경우(나라장터 및 종합쇼핑몰

구분		거래정지 사유
		에 상품의 원산지를 허위로 등록한 경우) 3. 「조달사업법」 제22조 제1항 제3호에 해당하는 경우(다른 계약상대자의 입찰·계약체결·계약이행 과정에서 전자세금계산서 등 관련 서류를 허위 작성하거나 위조·변조 등의 부정한 행위를 하는 것에 가담한 경우) 4. 「조달사업법 시행령」 제25조 제1항 제2호에 해당하는 경우(「조달사업법」 제21조에 따른 불공정 조달행위의 조사에 정당한 사유없이 응하지 않은 경우) 5. 「조달사업법 시행령」 제25조 제1항 제3호에 해당하는 경우(계약된 품목에 대한 거짓 정보의 등록 또는 유포 등으로 계약업무를 방해한 경우) 6. 「조달사업법 시행령」 제25조 제1항 제4호에 해당하는 경우(계약된 품목과 관련된 권리관계, 인허가, 인증 등에 대한 점검에 응하지 않거나 변동사항을 통보하지 않은 경우) 7. 「조달사업법 시행령」 제25조 제1항 제5호에 해당하는 경우(계약된 품목을 원인으로 인명사고가 발생하는 등 안전성에 대한 신뢰를 훼손시킨 경우) 8. 「조달사업법 시행령」 제25조 제1항 제6호에 따른 계약체결 시 정하는 계약조건을 위반하는 경우로 다음 각 목의 어느 하나에 해당하는 경우 가. 정당한 사유없이 상품정보를 등록하지 아니한 경우 나. 제12조의7(품질관리 통보의무)를 위반한 경우 다. 정당한 사유없이 납품요구에 응하지 아니한 경우 라. 계약조건 등에서 납품시 시험성적서 등의 서류 제출을 요구하였음에도 이를 이행하지 아니한 경우 마. 제18조 제4항에 따른 불공정한 공동행위의 확인을 위한 자료요구에 정당한 사유 없이 응하지 않는 경우 바. 종합쇼핑몰에 등록된 인증, 우선(의무)구매대상 물품 등의 상품정보에 부합하지 않는 제품을 납품한 경우 사. 기타 정당한 사유 없이 계약조건을 위반하여 수요기관의 사업추진에 지장을 초래한 경우
	용역	[용역 다수공급자계약 특수조건 제25조 제1항] 1. 제17조(우대가격 유지의무)를 위반한 경우 2. 정당한 이유 없이 상품정보를 등록하지 아니한 경우 3. 상품일반정보, 상품상세정보, 인증정보 등을 허위로 기재하거나 과장한 경우 4. 제21조(변동사항 통보의무)를 위반한 경우 5. 제22조(품질관리 통보의무)를 위반한 경우 6. 제23조 제2항에 따른 다수공급자계약의 중간점검 기간 동안 중간점검을 신청하지 않은 경우 7. 정당한 이유 없이 제24조에 따른 가격 및 실태조사에 불성실하거나 협조하지 아니한 경우 8. 제29조 제2항에 따라 다른 계약상대자의 다수공급자계약의 입찰·계약체결·계약이행 등의 과정에서 전자세금계산서 등 계약관련 서류의 허위 작성 또는 위조·변조, 그 밖에 부정한 행사에 협조하거나, 관련 서류를 발급해준 경우 9. 정당한 이유없이 제30조에 따른 불공정한 공동행위 등에 대한 사실 확인을 위한 계약관련 자료의 제출을 거부하거나 지연하는 경우

구분	거래정지 사유
	10. 정당한 이유 없이 납품요구에 따르지 않은 경우 11. 계약조건 등에서 납품 시 시험성적서 등의 서류 제출을 요구하였음에도 이를 이행하지 아니한 경우 12. 구체적 증거자료의 제시 없이 다른 계약상대자나 계약담당공무원을 비방하거나 허위사실을 유포하여 계약업무를 방해한 경우 13. 품질·가격·안전성 등과 관련하여 조달물자의 신뢰를 훼손시킨 경우 14. 그 밖에 계약조건 등 관련규정에 따른 계약위반 사실이 있는 경우
정부조달 문화상품	[정부조달 문화상품 업무처리 규정 제16조 제1항] 1. 사회적인 물의를 일으킨 경우 2. 문화상품과 다른 규격제품 납품 또는 납품지연, 품질불량(사후 검사 불합격 포함) 등으로 계약관리가 곤란한 경우 3. 납품 후 제품의 기술 및 품질에 문제가 있어 수요기관 또는 구매자로부터 불만이 제기되거나 A/S를 실시하지 않은 경우 4. 제11조의 통보 및 판매 수수료 납부를 이행하지 않은 경우 5. 제13조의2 제2항에 의한 변동사항 통보의무를 위반한 경우 6. 공공기관과의 계약, 납품, 판매 등 직거래 후 조달청 또는 문화상품협회에 통지하지 아니한 경우 7. 기타 사실과 다르거나 근거 없는 이의를 제기하는 등, 문화상품 및 계약 관리에 상당한 곤란을 초래한 경우
정부조달 전통주	[정부조달 전통주 업무처리 규정 제18조] 1. 사회적인 물의를 일으킨 경우 2. 정부조달 전통주와 다른 규격제품 납품 또는 납품지연, 품질불량(사후 검사 불합격 포함) 등으로 계약관리가 곤란한 경우 3. 납품 후 제품의 품질에 문제가 있어 수요기관 또는 구매자로부터 불만이 제기되거나 품질에 문제가 있음에도 불구하고 교환을 실시하지 않은 경우 4. 제14조에 의한 변동사항 통보의무를 위반한 경우 5. 국가, 지방자치단체 및 공공기관 등과의 계약, 납품, 판매 등 직거래 후 조달청에 통지하지 아니한 경우 6. 기타 사실과 다르거나 근거 없는 이의를 제기하는 등 정부조달 전통주의 계약관리에 상당한 곤란을 초래한 경우
우수조달물품	[물품구매(제조)계약추가특수조건 제37조 제1항] 1. 조달사업법 제22조 제1항 제2호에 해당하는 경우(「전자조달의 이용 및 촉진에 관한 법률」 제12조에 따라 조달청장이 구축한 전자조달시스템에 상품의 원산지를 허위로 등록한 경우) 2. 조달사업법 제22조 제1항 제3호에 해당하는 경우(다른 계약상대자의 입찰·계약체결·계약이행 과정에서 전자세금계산서 등 관련 서류를 허위 작성하거나 위조·변조 등의 부정한 행위를 하는 것에 가담한 경우) 3. 조달사업법 시행령 제25조 제1항 제2호에 해당하는 경우(법 제21조에 따른 불공정조달행위의 조사에 정당한 사유 없이 응하지 않은 경우) 4. 조달사업법 시행령 제25조 제1항 제3호에 해당하는 경우(계약된 품목에 대한

<table>
<tr><th>구분</th><th>거래정지 사유</th></tr>
<tr><td></td><td>거짓 정보의 등록 또는 유포 등으로 계약업무를 방해한 경우)
5. 조달사업법 시행령 제25조 제1항 제5호에 해당하는 경우(계약된 품목을 원인으로 인명사고가 발생하는 등 안전성에 대한 신뢰가 훼손된 경우)
6. 조달사업법 시행령 제25조 제1항 제6호에 따른 “그 밖에 계약체결 시 정하는 계약조건을 위반하는 경우”로 다음 각 목의 어느 하나에 해당하는 경우
가. 정당한 이유 없이 사실 확인을 위한 계약 관련 자료의 제출을 거부·지연하거나 허위서류를 제출하는 경우 또는 제조물품 직접 생산 여부 확인 등의 실태조사를 거부한 경우
나. 계약조건 등에서 납품 시 시험성적서 등의 서류 제출을 요구하였음에도 이를 이행하지 않은 경우
다. 조달청 또는 수요기관의 계약·검사담당공무원의 현장 확인점검, 시료채취, 품질검사 등의 요구에 대하여 정당한 이유 없이 거부하거나 그 직무의 수행을 방해한 경우
라. 정당한 이유 없이 납품요구에 응하지 않은 경우
마. 제8조의2(우대가격 통보의무)를 위반한 경우
바. 품질확보를 위하여 규격서 보완, 관련 시험성적서 제출, 인증취득 등의 시정을 요구하였으나 이에 응하지 않은 경우
사. 제8조의7(납품 시 준수의무)를 위반한 경우
아. 제8조의5(변동사항 통보의무)를 위반한 경우
자. 제8조의6(품질관리 통보의무)를 위반한 경우
차. 제16조(납품요구 대응)을 위반하여 납품한 것이 확인된 경우</td></tr>
<tr><td>상용소프트웨어 제3자단가계약 상품</td><td>[상용소프트웨어 제3자 단가계약 추가특수조건 제13조 제1항]
1. 조달사업법 제22조 제1항 제2호에 해당하는 경우(「전자조달의 이용 및 촉진에 관한 법률」 제12조에 따라 조달청장이 구축한 전자조달시스템에 상품의 원산지를 허위로 등록한 경우)
2. 조달사업법 제22조 제1항 제3호에 해당하는 경우(다른 계약상대자의 입찰·계약체결·계약이행 과정에서 전자세금계산서 등 관련 서류를 허위 작성하거나 위조·변조 등의 부정한 행위를 하는 것에 가담한 경우)
3. 조달사업법 시행령 제25조 제1항 제2호에 해당하는 경우(법 제21조에 따른 불공정조달행위의 조사에 정당한 사유없이 응하지 않은 경우)
4. 조달사업법 시행령 제25조 제1항 제3호에 해당하는 경우(계약된 품목에 대한 거짓 정보의 등록 또는 유포 등으로 계약업무를 방해한 경우)
5. 조달사업법 시행령 제25조 제1항 제4호에 해당하는 경우(계약된 품목과 관련된 권리관계, 인허가, 인증 등에 대한 점검에 응하지 않거나 변동사항을 통보하지 않은 경우)
6. 조달사업법 시행령 제25조 제1항 제5호에 해당하는 경우(계약된 품목을 원인으로 인명사고가 발생하는 등 안전성에 대한 신뢰가 훼손된 경우)
7. 조달사업법 시행령 제25조 제1항 제6호에 따른 “그 밖에 계약체결 시 정하는 계약조건을 위반하는 경우”로 다음 각 목의 어느 하나에 해당하는 경우
가. 정당한 이유 없이 사실 확인을 위한 계약 관련 자료의 제출을 거부하거나 지연하는 경우</td></tr>
</table>

구분		거래정지 사유
		나. 계약조건 등에서 납품 시 시험성적서 등의 서류 제출을 요구하였음에도 이를 이행하지 아니한 경우 다. 정당한 이유 없이 납품요구에 응하지 아니한 경우 라. 제8조(우대가격 유지 및 가격조사)를 위반한 경우 마. 제11조(계약의 중간점검) 제1항에 따른 중간점검을 실시하는 경우 점검기간 내에 중간점검을 신청하지 않은 경우
카탈로그 계약 상품	용역	[용역 카탈로그계약 특수조건 제18조 제1항] 1. 정당한 이유없이 상품정보를 등록하지 아니한 경우 2. 상품일반정보, 상품상세정보, 인증정보 등을 허위로 기재하거나 과장한 경우 3. 제14조(변동사항 통보의무)를 위반한 경우 4. 제15조(품질관리 통보의무)를 위반한 경우 5. 제16조 제2항에 따른 카탈로그 계약의 중간점검 기간 동안 중간점검을 신청하지 않은 경우 6. 정당한 이유 없이 제17조에 따른 가격 및 실태조사에 불성실하거나 협조하지 아니한 경우 7. 제21조 제2항에 따라 다른 계약상대자의 카탈로그 계약의 입찰·계약체결·계약이행 등의 과정에서 전자세금계산서 등 계약관련 서류의 허위 작성 또는 위조·변조, 그 밖에 부정한 행사에 협조하거나, 관련 서류를 발급해준 경우 8. 정당한 이유없이 제22조에 따른 불공정한 공동행위 등에 대한 사실 확인을 위한 계약관련 자료의 제출을 거부하거나 지연하는 경우 9. 정당한 이유 없이 납품요구에 따르지 않은 경우 10. 계약조건 등에서 납품 시 시험성적서 등의 서류 제출을 요구하였음에도 이를 이행하지 아니한 경우 11. 구체적 증거자료의 제시 없이 다른 계약상대자나 계약담당공무원을 비방하거나 허위사실을 유포하여 계약업무를 방해한 경우 12. 품질·가격·안전성 등과 관련하여 조달물자의 신뢰를 훼손시킨 경우 13. 그 밖에 계약조건 등 관련규정에 따른 계약위반 사실이 있는 경우
	디지털 서비스	[디지털서비스 카탈로그계약 특수조건 제15조 제1항] 1. 계약담당공무원 또는 수요기관을 속이거나 이들로 하여금 잘못 알게 할 우려가 있는 상품정보의 표시·기재행위로 공정한 거래에 반하는 다음 각 목의 경우 가. 사실과 다르거나 사실을 지나치게 부풀리는 허위·과장의 표시·기재행위 나. 사실을 은폐하거나 축소하는 등의 기만적인 표시·기재행위 다. 비교대상 및 기준을 분명하게 밝히지 아니하거나 객관적인 근거없이 자기의 상품을 다른 계약상대자 또는 다른 사업자의 상품과 비교하여 우량 또는 유리하다고 부당하게 표시·기재하는 행위 라. 제12조(상품정보의 등록의무) 제2항을 위반한 경우 2. 계약담당공무원이나 다른 계약상대자의 계약업무를 방해하는 다음 각 목의 경우 가. 다른 계약상대자의 상품에 관하여 객관적인 근거가 없는 내용으로 표시·기재·광고하여 비방하거나 불리한 사실만을 표시·기재하여 비방하는 행위 나. 허위사실을 유포하는 행위 다. 위계 또는 위력, 그 밖의 방법으로 계약업무를 방해한 행위

구분		거래정지 사유
		3. 정당한 이유 없이 사실 확인을 위한 계약관련 자료의 제출을 거부하거나 지연시키는 경우 4. 조달청 또는 수요기관의 계약·검사담당공무원의 현장 확인점검, 품질검사 등의 요구에 대하여 정당한 이유 없이 이를 거부하거나 그 직무의 수행을 방해한 경우 5. 정당한 이유없이 납품요구에 응하지 아니한 경우 6. 제13조(변동사항 통보의무)를 위반한 경우 7. 제14조(품질유지의무)를 위반한 경우 8. 제18조 제2항에 따라 다른 계약상대자의 디지털서비스 카탈로그계약의 가격협의(수의시담)·계약체결·계약이행 등의 과정에서 계약관련 서류의 허위 작성 또는 위조·변조, 그 밖에 부정한 행사에 협조하거나 관련 서류를 발급해준 경우 9. 정당한 이유없이 제19조에 따른 불공정한 공동행위 등에 대한 사실 확인을 위한 계약관련 자료의 제출을 거부하거나 지연하는 경우 10. 계약상대자의 귀책사유로 제10조 제1항을 위반하여 보안사고가 발생한 경우 11. 품질·가격·안전성 등과 관련하여 조달물자의 신뢰를 훼손시킨 경우 12. 그 밖에 계약조건 등 관련규정에 따른 계약위반 사실이 있는 경우
모든 상품 공통		검사 및 품질점검 결과에 따른 불합격 (경결함·중결함·치명결함)

Ⅲ. 거래정지 세부기준 : 대상과 기간

1. 거래정지 대상

거래정지 대상은 거래정지 세부사유에 따라, ① 해당 계약상대자(업체), ② 세부품명, ③ 품목으로 나눈다(조달사업법 제22조 제1항 참조). 다만, 조합계약을 체결한 조합원사가 거래정지 사유 중 하나에 해당하는 경우에는 해당 조합원사에 한정하여 거래정지를 한다(물품 다수공급자계약 특수조건 제15조 제1항 단서 참조).

2. 거래정지 기간

조달청장은 거래정지의 세부 사유별 대상과 기간, 거래정지 절차와 기준, 그 밖에 거래정지에 필요한 세부적인 사항을 정할 수 있다(조달사업법 제22조 제2항, 같은 법 시행령 제25조 제4항). 따라서 조달청 고시인 각 계약특수조건 별표에서는 거래정지 사유별로 기간을 규정한다.

3. 거래정지 세부기준

가. 다수공급자계약 특수조건

1) 물품

《 [별표1] 거래정지사유에 따른 정지기간 및 정지대상(제15조 제1항 관련) 》

거래정지사유	거래정지	
	기간	대상
1. 「조달사업법」 제22조 제1항 제1호에 해당하는 경우(「조달사업법」 제13조 제2항에 따른 우대가격 유지의무를 위반한 경우)		
가. 우대가격 유지의무를 위반한 경우		
(1) 1차 적발	1월	세부품명
(2) 2차 적발	3월	세부품명
(3) 3차 이상 적발	6월	세부품명
나. 단가인하요구에 불응할 경우 : 단가인하 시까지 거래정지	-	세부품명
다. 환수 요구에 불응할 경우 : 환수 시까지 거래정지	-	세부품명
2. 「조달사업법」 제22조 제1항 제2호에 해당하는 경우(나라장터 및 종합쇼핑몰에 상품의 원산지를 허위로 등록한 경우)	6월	세부품명
3. 「조달사업법」 제22조 제1항 제3호에 해당하는 경우(다른 계약상대자의 입찰·계약체결·계약이행 과정에서 전자세금계산서 등 관련 서류를 허위 작성하거나 위조·변조 등의 부정한 행위를 하는 것에 가담한 경우)	6월	업체
4. 「조달사업법 시행령」 제25조 제1항 제2호에 해당하는 경우(제14조에 따른 불공정조달행위와 관련된 가격 및 실태조사에 정당한 사유없이 응하지 않은 경우) : 정지기간 종료일까지 거래정지 사유가 해소되지 아니하는 경우 정지기간이 1개월씩 추가되며 총 정지기간이 3개월 초과시 계약해지 및 계약보증금 국고 귀속	1월	계약
5. 「조달사업법 시행령」 제25조 제1항 제3호에 해당하는 경우(계약된 품목에 대한 허위정보 등록이나 허위사실 유포 등으로 계약업무를 방해한 경우)		
가. 상품일반정보, 상품상세정보, 인증정보 등을 허위로 기재하거나 과장한 경우	6월	세부품명
나. 구체적 증거자료의 제시 없이 다른 계약상대자나 계약담당공무원을 비방하거나 허위사실을 유포하여 계약업무를 방해한 경우	6월	계약
6. 「조달사업법 시행령」 제25조 제1항 제4호에 해당하는 경우(계약된 품목과 관련된 권리관계, 인·허가, 인증 등에 대한 점검에 응하지 않거나, 변동사항을 통보하지 않은 경우)		
가. 제12조의6에 따른 변동사항 통보의무를 위반한 경우		
(1) 1차 위반	1월	계약
(2) 2차 이상 위반	3월	계약
나. 제13조 제2항에 따른 다수공급자계약의 중간점검 기간 동안 중간점검을 신청하지 않은 경우 : 중간점검 완료시까지 위반한 경우)	-	계약
7. 「조달사업법 시행령」 제25조 제1항 제5호에 해당하는 경우(계약된 품목의 원인으로 인명사고가 발생하는 등 안전성에 대한 신뢰를 훼손시킨 경우)		

거래정지사유	거래정지	
	기간	대상
가. 제품의 원인으로 인명사고가 있는 경우		
(1) 사망사고	12월	계약
(2) 부상사고	9월	계약
나. 기타 조달물자의 신뢰를 훼손시킨 경우	6월	계약
8. 제15조 제1항 제8호 가목에 해당하는 경우(정당한 사유없이 상품정보를 등록하지 아니한 경우) : 상품정보 제공시까지	-	품목
9. 제15조 제1항 제8호 나목에 해당하는 경우(제12조의7(품질관리 통보의무)를 위반한 경우)		
가. 7일 이후에 통보한 경우 : 지체일수만큼 정지	-	세부품명
나. 통보하지 않은 경우		
(1) 1차 위반	1월	세부품명
(2) 2차 위반	3월	세부품명
(3) 3차 위반 : 해당 계약 해지	-	-
다. 품질검사요구에 불응할 경우 : 품질검사 시까지 거래정지	-	세부품명
10. 제15조 제1항 제8호 다목에 해당하는 경우(정당한 이유없이 납품요구에 응하지 아니한 경우) : 정지기간 종료일까지 거래정지 사유가 해소되지 아니하는 경우 정지기간이 1개월씩 추가되며 납기지연에 따른 지체상금이 납품요구금액의 100분의 10을 초과 시 계약해지 및 계약보증금 국고귀속	1월	계약
11. 제15조 제1항 제8호 라목에 해당하는 경우(계약조건 등에서 납품시 시험성적서 등의 서류 제출을 요구하였음에도 이를 이행하지 아니한 경우) : 정지기간 종료일까지 거래정지 사유가 해소되지 아니하는 경우 정지기간이 1개월씩 추가되며 총 정지기간이 3개월 초과 시 계약해지 및 계약보증금 국고귀속	1월	계약
12. 제15조 제1항 제8호 마목에 해당하는 경우(제19조 제4항에 따른 불공정한 공동행위의 확인을 위한 자료요구에 정당한 사유 없이 응하지 않는 경우) : 정지기간 종료일까지 거래정지 사유가 해소되지 아니하는 경우 정지기간이 1개월씩 추가되며 총 정지기간이 3개월 초과시 계약해지 및 계약보증금 국고 귀속	1월	계약
13. 제15조 제1항 제8호 바목에 해당하는 경우(종합쇼핑몰에 등록된 인증, 우선(의무)구매대상 물품 등의 상품정보에 부합하지 않는 제품을 납품한 경우)	2월	계약
14. 제15조 제1항 제8호 사목에 해당하는 경우(기타 정당한 사유 없이 계약조건을 위반하여 수요기관의 사업추진에 지장을 초래한 경우)	1월	계약

※ [주]

① 위 표에서 “세부품명”이라 함은 해당 계약상대자가 체결한 다수공급자계약 품목 중 계약조건 위반 사항과 관련된 품목과 세부품명이 동일한 품목이 거래정지대상임을 의미한다.

② 위 표에서 “계약”이라 함은 해당 계약상대자가 체결한 다수공급자계약 품목 중 계약조건 위반 사항과 관련된 품목과 동일 계약서에 포함된 품목이 거래정지대상임을 의미한다.

③ 위 표에서 “업체”라 함은 해당 계약상대자가 체결한 모든 다수공급자계약 품목이 거래정지대상임을 의미한다.

④ 위 표에서 “보수비율”이라 함은 물품보증기간 중 총 납품금액에 대한 보수비용 발생 누계금액비율을 말한다.

2) 용역

《【별표2】 거래정지사유에 따른 정지기간 및 정지대상(제25조 제1항 관련)》

거래정지사유	거래정지	
	기간	대상
1. 제25조 제1항 제1호에 해당하는 경우	-	-
가. 7일 이후에 통보한 경우	-	-
: 지체일수만큼 정지	-	세부품명
나. 우대가격 유지 의무를 위반한 경우	-	-
(1) 1차 위반	경고	업체
(2) 2차 위반	1월	세부품명
(3) 3차 위반	3월	세부품명
(4) 4차 이상 위반	6월	세부품명
다. 단가 인하요구에 따르지 않을 경우	-	-
: 단가인하 시까지 거래정지	-	세부품명
라. 환수 요구에 따르지 않을 경우	-	-
: 환수 시까지 거래정지	-	세부품명
2. 제25조 제1항 제2호에 해당하는 경우	-	-
: 상품정보 제공시까지 거래정지	-	세부품명
3. 제25조 제1항 제3호에 해당하는 경우	6월	세부품명
4. 제25조 제1항 제4호에 해당하는 경우	-	-
: 지체일수만큼 거래정지	-	세부품명
5. 제25조 제1항 제5호에 해당하는 경우	-	-
가. 7일 이후에 통보한 경우	-	-
: 지체일수만큼 거래정지	-	세부품명
나. 통보하지 않은 경우	-	-
(1) 1차 위반	경고	업체
(2) 2차 위반	1월	세부품명
(3) 3차 위반 : 해당 계약 해지	-	계약
다. 품질검사요구에 따르지 않을 경우	-	-
: 품질검사 시까지 거래정지	-	세부품명
6. 제25조 제1항 제6호에 해당하는 경우	-	-
: 중간점검 완료시 까지	-	계약
7. 제25조 제1항 제7호에 해당하는 경우	-	-
: 정지기간 종료일까지 거래정지 사유가 해소되지 아니하는 경우 정지기간이 1개	1월	계약
월씩 추가되며 총 정지기간이 3개월 초과시 계약해지 및 계약보증금 국고 귀속	-	-
8. 제25조 제1항 제8호에 해당하는 경우	6월	업체
9. 제25조 제1항 제9호에 해당하는 경우	-	-
: 정지기간 종료일까지 거래정지 사유가 해소되지 아니하는 경우 정지기간이 1개	1월	계약

거래정지사유	거래정지	
	기간	대상
월씩 추가되며 총 정지기간이 3개월 초과 시 계약해지 및 계약보증금 국고귀속	-	-
10. 제25조 제1항 제10호에 해당하는 경우 : 정지기간 종료일까지 거래정지 사유가 해소되지 아니하는 경우 정지기간이 1개월씩 추가되며 납기지연에 따른 지체상금이 납품요구금액의 100분의 10을 초과 시 계약해지 및 계약보증금 국고귀속	- 1월 - -	- 계약 - -
11. 제25조 제1항 제11호에 해당하는 경우 : 정지기간 종료일까지 거래정지 사유가 해소되지 아니하는 경우 정지기간이 1개월씩 추가되며 총 정지기간이 3개월 초과 시 계약해지 및 계약보증금 국고귀속	- 1월 - -	- 계약 - -
12. 제25조 제1항 제12호에 해당하는 경우	6월	계약
13. 제25조 제1항 제13호에 해당하는 경우 가. 제품의 원인으로 인명사고가 있는 경우 (1) 사망사고 (2) 부상사고 나. 그 밖에 조달물자의 신뢰를 훼손시킨 경우	- - 12월 9월 6월	- - 계약 계약 계약
14. 제25조 제1항 제14호에 해당하는 경우 가. 종합쇼핑몰에 등록된 인증, 우선(의무)구매대상 물품 등의 상품정보에 부합하지 않는 제품을 납품한 경우 나. 그 밖에 정당한 사유 없이 계약조건을 위반하여 수요기관의 사업추진에 지장을 초래한 경우	- 2월 - 1월	- 계약 - 계약

※ [주]

① 위 표에서 "세부품명"이라 함은 해당 계약상대자가 체결한 다수공급자계약 품목 중 계약조건 위반 사항과 관련된 품목과 세부품명이 동일한 품목이 거래정지대상임을 의미한다.

② 위 표에서 "계약"이라 함은 해당 계약상대자가 체결한 다수공급자계약 품목 중 계약조건 위반 사항과 관련된 품목과 동일 계약서에 포함된 품목이 거래정지대상임을 의미한다.

③ 위 표에서 "업체"라 함은 해당 계약상대자가 체결한 모든 다수공급자계약 품목이 거래정지대상임을 의미한다.

나. 물품구매(제조)계약추가특수조건

《[별표1] 거래정지사유에 따른 정지기간 및 정지대상》

거래정지사유	거래정지	
	기간	대상
1. 법 제22조 제1항 제2호에 해당하는 경우(「전자조달의 이용 및 촉진에 관한 법률」 제12조에 따라 조달청장이 구축한 전자조달시스템에 상품의 원산지를 허위로 등록한 경우)	6월	품명
2. 법 제22조 제1항 제3호에 해당하는 경우(다른 계약상대자의 입찰·계약체결·계약이행 과정에서 전자세금계산서 등 관련 서류를 허위 작성하거나 위조·변	6월	업체

거래정지사유	거래정지	
	기간	대상
조 등의 부정한 행위를 하는 것에 가담한 경우)		
3. 영 제25조 제1항 제2호에 해당하는 경우(법 제21조에 따른 불공정조달행위의 조사에 정당한 사유없이 응하지 않은 경우) ☞ 정지기간 종료일까지 거래정지 사유가 해소되지 않을 경우 정지기간이 1개월씩 추가되며 총 정지기간이 3개월 초과 시 계약해지 및 계약보증금 국고 귀속	1월	계약
4. 영 제25조 제1항 제3호에 해당하는 경우(계약된 품목에 대한 거짓 정보의 등록 또는 유포 등으로 계약업무를 방해한 경우)		
가. 상품일반정보, 상품상세정보, 인증정보 등을 허위로 기재하거나 과장한 경우	6월	품명
나. 구체적 증거자료의 제시 없이 다른 계약상대자나 계약 담당공무원을 비방하거나 허위사실을 유포하여 계약 업무를 방해한 경우	6월	계약
5. 영 제25조 제1항 제5호에 해당하는 경우(계약된 품목을 원인으로 인명사고가 발생하는 등 안전성에 대한 신뢰가 훼손된 경우)		
가. 제품의 원인으로 인명사고가 있는 경우	12월	계약
(1) 사망사고	9월	계약
(2) 부상사고	6월	계약
나. 기타 조달물자의 신뢰가 훼손 된 경우	1월	계약
6. 제37조 제1항 제6호 가목에 해당하는 경우 ☞ 정지기간 종료일까지 거래정지 사유가 해소되지 않을 경우 정지기간이 1개월씩 추가되며 총 정지기간이 3개월 초과 시 계약해지 및 계약보증금 국고 귀속	1월	계약
7. 제37조 제1항 제6호 나목에 해당하는 경우 ☞ 정지기간 종료일까지 거래정지 사유가 해소되지 않을 경우 정지기간이 1개월씩 추가되며 총 정지기간이 3개월 초과 시 계약해지 및 계약보증금 국고 귀속	1월	계약
8. 제37조 제1항 제6호 다목에 해당하는 경우 ☞ 정지기간 종료일까지 거래정지 사유가 해소되지 않을할 경우 정지기간이 1개월씩 추가되며 총 정지기간이 3개월 초과 시 계약해지 및 계약보증금 국고 귀속	1월	계약
9. 제37조 제1항 제6호 라목에 해당하는 경우 ☞ 정지기간 종료일까지 거래정지 사유가 해소되지 않을 경우 정지기간이 1개월씩 추가되며 총 정지기간이 3개월 초과 시 계약해지 및 계약보증금 국고 귀속	1월	계약
10. 제37조 제1항 제6호 마목에 해당하는 경우		
가. 7일 이후에 통보한 경우 ☞ 지체일수만큼 정지		
나. 통보하지 않은 경우 ☞ 1차 위반	1월	품명

거래정지사유	거래정지	
	기간	대상
☞ 2차 위반 ☞ 3차 위반 : 해당 계약 해지 다. 단가인하요구에 불응할 경우 ☞ 단가인하 시까지 거래정지	3월	품명
11. 제37조 제1항 제6호 바목에 해당하는 경우	시정완료 시까지	품명
12. 제37조 제1항 제6호 사목에 해당하는 경우	3월	계약
13. 제37조 제1항 제6호 아목에 해당하는 경우(변동사항 통보) 가. 제8조의5에 따른 변동사항 통보의무를 위반한 경우 (1) 1차 위반 (2) 2차 이상 위반	 1월 3월	 계약 계약
14. 제37조 제1항 제6호 자목에 해당하는 경우(품질관리 통보) 가. 7일 이후에 통보한 경우 : 지체일수만큼 정지 나. 통보하지 않은 경우 (1) 1차 위반 (2) 2차 위반 (3) 3차 위반 : 해당 계약 해지	 1월 3월 -	 세부품명 세부품명 -
15. 제37조 제1항 제6호 차목에 해당하는 경우 납품요구서에 명시되지 않은 물품의 추가제공	 3월	 계약

다. 상용소프트웨어 제3자 단가계약 추가특수조건

《[별표] 거래정지사유에 따른 정지기간 및 정지대상(제13조 제1항 관련)》

거래정지사유	거래정지	
	기간	대상
1. 「조달사업법」 제22조 제1항 제2호에 해당하는 경우(「전자조달의 이용 및 촉진에 관한 법률」 제12조에 따라 조달청장이 구축한 전자조달시스템에 상품의 원산지를 허위로 등록한 경우)	6월	품명
2. 「조달사업법」 제22조 제1항 제3호에 해당하는 경우(다른 계약상대자의 입찰·계약체결·계약이행 과정에서 전자세금계산서 등 관련 서류를 허위 작성하거나 위조·변조 등의 부정한 행위를 하는 것에 가담한 경우)	6월	업체
3. 「조달사업법 시행령」 제25조 제1항 제2호에 해당하는 경우(법 제21조에 따른 불공정조달행위의 조사에 정당한 사유없이 응하지 않은 경우) ☞ 정지기간 종료일까지 거래정지 사유가 해소되지 아니할 경우 정지기간이 1개월씩 추가되며 총 정지기간이 3개월 초과 시 계약해지 및 계약보증금 국	1월	계약

거래정지사유	거래정지	
	기간	대상
고 귀속		
4. 「조달사업법 시행령」 제25조 제1항 제3호에 해당하는 경우(계약된 품목에 대한 거짓 정보의 등록 또는 유포 등으로 계약업무를 방해한 경우)		
가. 상품일반정보, 상품상세정보, 인증정보 등을 허위로 기재하거나 과장한 경우	6월	품명
나. 구체적 증거자료의 제시 없이 다른 계약상대자나 계약 담당공무원을 비방하거나 허위사실을 유포하여 계약 업무를 방해한 경우	6월	계약
5. 「조달사업법 시행령」 제25조 제1항 제4호에 해당하는 경우(계약된 품목과 관련된 권리관계, 인허가, 인증 등에 대한 점검에 응하지 않거나 변동사항을 통보하지 않은 경우)		
가. 제12조에 따른 변동사항 통보의무를 위반한 경우	1월	계약
☞ 정지기간 종료일까지 제재사유가 해소되지 아니할 경우 정지기간이 1개월씩 추가되며 총 정지기간이 3개월을 초과시 계약해지 및 계약보증금 국고귀속		
나. 기타 계약담당공무원의 관련 권리관계, 인허가, 인증 등에 대한 점검요청사항에 대하여 응하지 않은 경우		계약
☞ 계약의 점검 시까지		
6. 「조달사업법 시행령」 제25조 제1항 제5호에 해당하는 경우(계약된 품목을 원인으로 인명사고가 발생하는 등 안전성에 대한 신뢰가 훼손된 경우)		
가. 제품의 원인으로 인명사고가 있는 경우		
(1) 사망사고	12월	계약
(2) 부상사고	9월	계약
나. 기타 조달물자의 신뢰가 훼손 된 경우	6월	계약
7. 제13조 제1항 제7호 가목에 해당하는 경우(정당한 이유 없이 사실 확인을 위한 계약 관련자료의 제출을 거부하거나 지연하는 경우) ☞ 정지기간 종료일까지 거래정지 사유가 해소되지 아니할 경우 정지기간이 1개월씩 추가되며 총 정지기간이 3개월 초과 시 계약해지 및 계약보증금 국고 귀속	1월	계약
7. 제13조 제1항 제7호 나목에 해당하는 경우(계약조건 등에서 납품 시 시험성적서 등의 서류 제출을 요구하였음에도 이를 이행하지 아니한 경우) ☞ 정지기간 종료일까지 거래정지 사유가 해소되지 아니할 경우 정지기간이 1개월씩 추가되며 총 정지기간이 3개월 초과 시 계약해지 및 계약보증금 국고 귀속	1월	계약
8. 제13조 제1항 제7호 다목에 해당하는 경우(정당한 이유 없이 납품요구에 응하지 아니한 경우) ☞ 정지기간 종료일까지 거래정지 사유가 해소되지 아니할 경우 정지기간이 1개월씩 추가되며 총 정지기간이 3개월 초과 시 계약해지 및 계약보증금 국고 귀속	1월	계약
10. 제13조 제1항 제7호 라목 해당하는 경우(제8조(우대가격 유지 및 가격조사)를 위반한 경우		

거래정지사유	거래정지	
	기간	대상
가. 7일이 경과한 후에 통보한 경우 : 지체일수만큼 정지	-	업체
나. 우대가격 유지의무를 위반한 경우		
(1) 1차 위반	1차경고	업체
(2) 2차 위반	2차경고	업체
(3) 3차 위반	3월	품명
(4) 4차 이상 위반	6월	품명
다. 단가인하 요구에 불응할 경우 : 단가인하 시까지 거래정지	-	품명
13. 제13조 제1항 제7호 마목에 해당하는 경우(제11조(계약의 중간점검)에 따른 중간점검 기간 동안 중간점검을 신청하지 않은 경우) ☞ 계약의 중간점검 시까지	-	계약

※ 비고
- "품명"이라 함은 해당 세부품명이 거래정지대상임을 의미한다.
- "업체"라 함은 해당 계약상대자가 체결한 모든 제3자단가계약이 거래정지대상임을 의미한다.

라. 카탈로그계약 특수조건

1) 용역

《【별표1】 거래정지사유에 따른 정지기간 및 정지대상(제18조 제1항 관련)》

거래정지사유	거래정지	
	기간	대상
1. 제18조 제1항 제1호에 해당하는 경우		-
: 상품정보 제공시까지 거래정지	-	세부품명
2. 제18조 제1항 제2호에 해당하는 경우	6월	세부품명
3. 제18조 제1항 제3호에 해당하는 경우 : 지체일수만큼 거래정지	-	세부품명
4. 제18조 제1항 제4호에 해당하는 경우	-	-
가. 7일 이후에 통보한 경우	-	-
: 지체일수만큼 거래정지	-	세부품명
나. 통보하지 않은 경우	-	-
(1) 1차 위반	경고	업체
(2) 2차 위반	1월	세부품명
(3) 3차 위반 : 해당 계약 해지	-	계약
다. 품질검사요구에 따르지 않을 경우	-	-
: 품질검사 시까지 거래정지	-	세부품명
5. 제18조 제1항 제5호에 해당하는 경우	-	-

거래정지사유	거래정지	
	기간	대상
: 중간점검 완료 시까지	-	계약
6. 제18조 제1항 제6호에 해당하는 경우 : 정지기간 종료일까지 거래정지 사유가 해소되지 아니하는 경우 정지기간이 1개월씩 추가되며 총 정지기간이 3개월 초과시 계약해지 및 계약보증금 국고 귀속	1월 -	계약 -
7. 제18조 제1항 제7호에 해당하는 경우	6월	업체
8. 제18조 제1항 제8호에 해당하는 경우 : 정지기간 종료일까지 거래정지 사유가 해소되지 아니하는 경우 정지기간이 1개월씩 추가되며 총 정지기간이 3개월 초과 시 계약해지 및 계약보증금 국고귀속	1월 -	계약 -
9. 제18조 제1항 제9호에 해당하는 경우 : 정지기간 종료일까지 거래정지 사유가 해소되지 아니하는 경우 정지기간이 1개월씩 추가되며 납기지연에 따른 지체상금이 납품요구금액의 100분의 10을 초과 시 계약해지 및 계약보증금 국고귀속	- 1월 - -	- 계약 - -
10. 제18조 제1항 제10호에 해당하는 경우 : 정지기간 종료일까지 거래정지 사유가 해소되지 아니하는 경우 정지기간이 1개월씩 추가되며 총 정지기간이 3개월 초과 시 계약해지 및 계약보증금 국고귀속	- 1월 - -	- 계약 - -
11. 제18조 제1항 제11호에 해당하는 경우	6월	계약
12. 제18조 제1항 제12호에 해당하는 경우 가. 제품의 원인으로 인명사고가 있는 경우 (1) 사망사고 (2) 부상사고 나. 그 밖에 조달물자의 신뢰를 훼손시킨 경우	- - 12월 9월 6월	- - 계약 계약 계약
13. 제18조 제1항 제13호에 해당하는 경우 가. 종합쇼핑몰에 등록된 인증, 우선(의무)구매대상 물품 등의 상품정보에 부합하지 않는 제품을 납품한 경우 나. 그 밖에 정당한 사유 없이 계약조건을 위반하여 수요기관의 사업추진에 지장을 초래한 경우	- 2월 - 1월	- 계약 - 계약

※ [주]

① 위 표에서 "세부품명"이라 함은 해당 계약상대자가 체결한 카탈로그 계약 품목 중 계약조건 위반 사항과 관련된 품목과 세부품명이 동일한 품목이 거래정지대상임을 의미한다.

② 위 표에서 "계약"이라 함은 해당 계약상대자가 체결한 카탈로그 계약 품목 중 계약조건 위반 사항과 관련된 품목과 동일 계약서에 포함된 품목이 거래정지대상임을 의미한다.

③ 위 표에서 "업체"라 함은 해당 계약상대자가 체결한 모든 카탈로그계약 품목이 거래정지대상임을 의미한다.

2) 디지털서비스

《[별표1] 거래정지 사유에 따른 정지기간 및 정지대상 등(제15조 제1항 관련)》

거래정지 사유	거래정지	
	기간	대상
1. 제15조 제1항 제1호에 해당하는 경우	6월	세부품명
2. 제15조 제1항 제2호에 해당하는 경우	6월	계약
3. 제15조 제1항 제3호에 해당하는 경우	1월	계약
- 정지기간 종료일까지 제재사유가 해소되지 아니할 경우 정지기간이 1개월씩 추가되며 총 정지기간이 3개월을 초과 시 계약해지 및 계약보증금 국고귀속		
4. 제15조 제1항 제4호에 해당하는 경우	1월	계약
- 정지기간 종료일까지 제재사유가 해소되지 아니할 경우 정지기간이 1개월씩 추가되며 총 정지기간이 3개월을 초과 시 계약해지 및 계약보증금 국고귀속		
5. 제15조 제1항 제5호에 해당하는 경우	1월	계약
- 정지기간 종료일까지 제재사유가 해소되지 아니할 경우 정지기간이 1개월씩 추가되며 납기지연에 따른 지체상금이 계약보증금을 초과 시 계약해지 및 계약보증금 국고귀속		
6. 제15조 제1항 제6호에 해당하는 경우	1월	계약
- 위반횟수가 1회인 경우	3월	계약
- 위반횟수가 2회 이상인 경우		
7. 제15조 제1항 제7호에 해당하는 경우	1월	세부품명
- 1차 위반	3월	세부품명
- 2차 위반	-	
- 3차 위반 : 해당 계약 해지	6월	업체
8. 제15조 제1항 제8호에 해당하는 경우	1월	계약
9. 제15조 제1항 제9호에 해당하는 경우		
- 정지기간 종료일까지 거래정지 사유가 해소되지 아니하는 경우 정지기간이 1개	6월	계약
월씩 추가되며 총 정지기간이 3개월 초과 시 계약해지 및 계약보증금 국고귀속	3월	계약
10. 제15조 제1항 제10호에 해당하는 경우	6월	계약
- 계약상대자에게 중대한 과실이 있는 경우		
- 계약상대자에게 경미한 과실이 있는 경우	2월	계약
11. 제15조 제1항 제11호에 해당하는 경우		
12. 제15조 제1항 제12호에 해당하는 경우	1월	계약
가. 디지털서비스몰에 등록된 인증, 원산지 등의 상품정보에 부합하지 않는 제품을 납품한 경우		
나. 그 밖에 정당한 사유 없이 계약조건을 위반하여 수요기관의 사업추진에 지장을 초래한 경우		

※ 주석

① 위 표에서 "세부품명"이라 함은 해당 계약상대자가 체결한 계약 품목 중 계약조건 위반 사항과 관련된 품목과 세부품명이 동일한 품목이 거래정지대상임을 의미한다.

② 위 표에서 "계약"이라 함은 해당 계약상대자가 체결한 계약 품목 중 계약조건 위반 사항과 관련된 품목과 동일 계약서에 포함된 모든 품목이 거래정지대상임을 의미한다.

③ 위 표에서 "업체"라 함은 해당 계약상대자가 체결한 모든 계약 품목이 거래정지대상임을 의미한다.

마. 물품구매계약 품질관리 특수조건

| 물품구매계약 품질관리 특수조건 제14조의2 제1항 |

계약담당공무원 또는 검사공무원은 단가계약 물품 중 조달청검사 및 전문기관 검사 결과 불합격이 발생하면 결함의 정도(경결함, 중결함, 치명결함)를 포함하여 판정하여야 하고, 검사 불합격된 단가계약의 해당 세부품명(물품분류번호 10자리, 이하 "해당 세부품명"이라 한다)에 대하여 다음 각 호와 같이 조치한다. 다만, 불합격의 내용 또는 위해의 정도 등을 고려하여 거래정지 또는 배정중지 기간을 1/2의 범위 내에서 감경할 수 있으며, 이 경우 최소 거래정지 또는 배정중지 기간은 1개월 이상으로 한다.

1. 1회 불합격
   - 경결함 : 경고
   - 중결함 : 1개월 종합쇼핑몰 거래정지 또는 배정중지
   - 치명결함 : 3개월 종합쇼핑몰 거래정지 또는 배정중지
2. 2회 불합격(두 번째 불합격의 정도)
   - 경결함 : 1개월 종합쇼핑몰 거래정지 또는 배정중지
   - 중결함 : 3개월 종합쇼핑몰 거래정지 또는 배정중지
   - 치명결함 : 6개월 종합쇼핑몰 거래정지 또는 배정중지
3. 3회 이상 불합격 (세 번째 또는 그 이후 발생한 불합격의 정도)
   - 경결함 : 2개월 종합쇼핑몰 거래정지 또는 배정중지
   - 중결함 : 6개월 종합쇼핑몰 거래정지 또는 배정중지
   - 치명결함 : 12개월 종합쇼핑몰 거래정지 또는 배정중지

| 물품구매계약 품질관리 특수조건 제17조 제2항 |

점검공무원은 품질점검결과 규격미달이 발생하면 결함의 정도(경결함, 중결함, 치명결함)에 따라 계약상대자의 해당 세부품명에 대하여 다음 각호와 같이 조치한다. 다만, 규격미달의 내용 또는 위해의 정도 등을 고려하여 거래정지 또는 배정중지 기간을 1/2의 범위 내에서 감경할 수 있으며, 이 경우 최소 거래정지 또는 배정중지 기간은 1개월 이상으로 한다.

1. 1회 규격미달
   - 경결함 : 경고
   - 중결함 : 1개월 종합쇼핑몰 거래정지 또는 배정중지
   - 치명결함 : 3개월 종합쇼핑몰 거래정지 또는 배정중지
2. 연속하여 2회 규격미달(두 번째 규격 미달의 정도)
   - 경결함 : 1개월 종합쇼핑몰 거래정지 또는 배정중지

– 중결함 : 3개월 종합쇼핑몰 거래정지 또는 배정중지
– 치명결함 : 6개월 종합쇼핑몰 거래정지 또는 배정중지
3. 연속하여 3회 규격미달(세 번째 규격 미달의 정도)
– 경결함 : 2개월 종합쇼핑몰 거래정지 또는 배정중지
– 중결함 : 6개월 종합쇼핑몰 거래정지 또는 배정중지
– 치명결함 : 12개월 종합쇼핑몰 거래정지 또는 배정중지

〔거래정지와 별도로 결함 정도 판정을 행정소송으로 다툴 수 있는지〕

조달청이 계약의 일방 당사자로서 사경제적 주체의 지위에서 체결한 물품계약은 기본적으로 사법상 계약의 성질을 가지고, 조달물품의 품질관리 또한 계약의 당사자로서 계약의 적정한 이행을 위하여 이루어진다. 이 사건 계약의 계약서의 계약조건에서는 전문기관검사조건부 계약이라는 점이 기재되어 있고 도로교통공단 교통과학연구원이 전문검사기관으로서 이 사건 제품을 검사한 것 또한 이러한 계약의 내용에 따른 것이므로, 이 사건 중결함판정 행위는 사법상 계약인 이 사건 계약에 기초한 것이다. 이 사건 검사업무규정 제23조는 전문검사기관의 시험결과에 대한 이의절차에 관하여 규정하고 있고, 제27조는 전문검사기관의 장은 검사업무 전반의 적정성을 보증할 책임을 지며 만약 부당한 행위를 하여 계약상대자 등에게 부당한 손해가 발생한 경우에는 법적 책임을 진다고 규정하고 있는 점, 거래정지처분은 별도의 처분에 해당하는 점 및 조달사업법, 이 사건 품질업무규정, 이 사건 업무처리기준의 문언과 체계를 종합하면, 전문검사기관이 해당 제품에 관하여 한 결함 판정을 다투려는 경우에는 이 사건 검사업무규정에 따라 이의절차를 거쳐 재검사 실시를 요청하거나 검사가 적정하게 이루어지지 않음으로써 손해를 입은 경우 이를 직접 다투는 방식에 의하여야 하고, 쇼핑몰 거래정지처분을 한 피고를 상대로 거래정지처분이 아니라 중결함판정 자체의 취소를 직접 구할 수는 없다고 보는 것이 타당하다. 또한, 피고가 '중결함의 판정행위'를 하였다고 보기도 어렵다. 전문검사기관은 피고의 위탁에 따라 조달물품에 관한 품질검사를 실시하고 그 검사결과를 피고나 계약상대자 등에게 통보하고, 전문검사기관의 검사결과 결함의 정도가 확인·판정된 경우 물품 다수공급자계약의 계약담당공무원이나 피고는 이 사건 업무처리기준이나 이 사건 특수조건에 배점 감점 또는 종합쇼핑몰 거래정지 처분을 할 수 있게 된다. 따라서 전문검사기관이 조달물품에 결함이 있다고 판정하는 것이 공법상 법률관계와 무관하다고 단정하기 어려우나, 결함의 판정행위는 중간단계에 불과하여 판정행위가 있다는 사실만으로 곧바로 이 사건 특수조건에 따른 거래정지 처분이 내려지거나 이 사건 업무처리기준에 따라 다수공급자계약의 계약상대방이 될 수 없게 되는 것은 아니다. 따라서 이 사건 중결함판정 행위가 계약상대방인 원고에 대하여 미치는 효력은 간접적·사실상의 것이고, 직접적·법률적인 것으로 보기 어렵다. 결국 이 사건 중결함판정 행위는 피고가 공권력의 주체로서 행하는 구체적 사실에 관한 법집행으로서 항고소송의 대상이 되는 행정처분이라고 보기 어렵다(서울행정법원 2022. 8. 23. 선고 2021구합86023 판결).

Ⅳ. 구체적 거래정지 기간산정

1. 수개 위반행위로 2개 이상 거래정지 사유에 해당하는 경우

거래정지를 받은 계약상대자(조합계약인 경우 해당 조합원사)가 수개 위반행위를 하여 거래정지 사유 중 2개 이상에 해당하는 경우에는 그 중 무거운 정지기간을 적용한다(물품 다수공급자계약 특수조건 제15조 제1항 후문). 국가계약법 시행규칙 제76조 별표2 1 일반기준 나목, 라목과 같은 취지로 보인다.

2. 거래정지 기간 가중·감경

가. 의의

계약담당공무원은 거래정지를 하는 경우 동기, 내용, 횟수 등을 감안하여 가중·감경할 수 있다. 이때, 거래정지에 대한 가중이나 감경기준 등에 필요한 사항을 별도 지침으로 마련하여 운영할 수 있다(물품 다수공급자계약 특수조건 제15조 제2항).

나. 가중

거래정지가 시작된 날로부터 거래정지 기간 종료 후 3개월이 경과하는 날까지의 기간 중 다시 거래정지에 해당하는 사유가 발생한 경우나 위반행위에 대한 조사지연을 초래하여 조사기간 중 수요기관이 납품요구를 하여 피해가 발생하는 경우에 거래정지 기간을 가중한다. 이때 정지기간은 그 위반행위의 동기·내용, 수요기관의 피해정도 등을 고려하여 세부기준이 정한 기간의 2분의 1의 범위 안에서 가중하며, 가중한 기간을 합산한 기간은 24개월을 초과할 수 없다(물품 다수공급자계약 특수조건 제15조 제2항 제1호).

다. 감경

위반행위의 동기·내용, 횟수와 위반행위 조사에 협조하는 정도, 불공정행위 등 자진신고 여부 등을 고려하여 거래정지 기간을 감경할 수 있다. 이때 정지기간은 세부기준에서 정한 기간의 2분의 1의 범위 안에서 감경하며, 거래정지 대상이 계약상대자인 경우에는 해당 계약으로, 해당 계약인 경우에는 해당 세부품명으로, 해당 세부품명인 경우에는 해당 품목으로 감경하여 정지할 수 있고, 감경 후 정지기간은 1개월 이상이어야 한다(물품 다수공급자계약 특수조건 제15조 제2항 제2호).

제 3 절 거래정지 절차

Ⅰ. 행정절차법 적용

거래정지는 침익적 처분에 해당하므로, 행정절차법이 정한 절차를 준수해야 한다. 따라서 처분이유제시, 사전통지, 의견제출이나 청문, 처분서 통지 등 절차를 거쳐야 한다. 다만, 조달사업법령에서 별도로 정한 절차 규정이 있으므로 이를 우선 적용한다.

〔처분이유 제시 미비에 따른 절차상 하자를 판단하는 기준〕

조사담당자가 직접생산의무 위반 여부를 조사한 점, 원고는 조사과정에서 조사담당자에게 하청생산 납품 사실과 함께 납품요구번호, 수요기관, 납품금액을 직접 기재한 확인서를 작성하여 제출했던 점, 처분알림에 공고번호와 구매의결번호, 직접생산확인 조사결과에 따라 특수조건에 따라 1개월간 종합쇼핑몰에서 긴급 사전거래정지함을 알리고, 향후 진행 가능한 조치도 고지한 점 등을 종합하면, 원고는 이 사건 처분 당시 어떤 근거와 이유로 처분이 있었는지 충분히 알 수 있었으므로, 그에 불복하여 행정구제절차로 나아가는 데에 별다른 지장이 없었던 것으로 봄이 타당하다(서울고등법원 2019. 8. 28. 선고 2017누54069 판결).

Ⅱ. 사전통지

조달청장은 거래정지를 하려는 경우 거래정지 사유, 사유별 대상, 최대 거래정지 기간, 의견제출 기한(의견제출은 서면이나 대면으로 할 수 있으며, 미리 정한 기한 내에 의견을 제출하지 않으면 의견이 없다고 본다는 내용을 포함) 등을 10일 이상 기한을 두고 계약상대자에게 사전통지해야 한다(조달사업법 제22조 제2항, 같은 법 시행령 제25조 제3항).

Ⅲ. 처분서 통지

조달청장은 거래정지가 확정된 경우 계약상대자에게 그 사유와 제한 내용을 서면으로 통지해야 한다(조달사업법 제22조 제2항, 같은 법 시행령 제25조 제3항, 국가종합전자조달시스템 종합쇼핑몰 운영규정 제7조 제7항).

Ⅳ. 나라장터 종합쇼핑몰 등재

계약담당공무원은 종합쇼핑몰에서 상품거래를 정지한 경우 종합쇼핑몰에 있는 상품상세정보 중 '종합쇼핑몰 거래정지현황'에 관련 내용을 등재한다(국가종합전자조달시스템 종합쇼핑몰 운영규정 제7조 제7항).

제 4 절 거래정지 효과

Ⅰ. 거래정지 대상에 따라 종합쇼핑몰에서 연계적으로 거래정지

1. 의의

거래정지가 된 경우에는 해당 계약이 종료되더라도 거래정지 등 기간이 종료되기 전까지는 거래정지 대상에 따라 종합쇼핑몰에서 연계적으로 거래정지를 적용한다(국가종합전자조달시스템 종합쇼핑몰 운영규정 제7조 제3항). 단, 우수제품계약에서 거래정지를 하는 경우에는 계약상대자가 우수제품으로 계약체결하여 종합쇼핑몰에 등록한 제품에 한정하여 연계적 거래정지를 적용한다{물품구매(제조)계약추가특수조건 제38조 제1항 단서}.

2. 거래정지 대상이 계약상대자인 경우

거래정지 대상이 계약상대자인 경우, 해당 계약상대자가 계약체결한 모든 형태의 종합쇼핑몰 등록 계약품목을 대상으로 거래정지를 적용한다(국가종합전자조달시스템 종합쇼핑몰 운영규정 제7조 제3항 제1호).

3. 거래정지 대상이 계약인 경우

거래정지 대상이 계약인 경우, 해당 계약의 세부품명이 포함된 모든 형태의 종합쇼핑몰 등록 계약품목을 대상으로 거래정지를 적용한다(국가종합전자조달시스템 종합쇼핑몰 운영규정 제7조 제3항 제2호). 여기서 세부품명이란 품명의 하위개념으로 물품분류번호 8자리를 용도, 재질, 형태 등에 따라 세부적으로 추가 분류한 세부품명번호 10자리에 대응하는 분류명을 말한다(국가종합전자조달시스템 종합쇼핑몰 운영규정 제2조 제1항 제8호).

4. 거래정지 대상이 세부품명인 경우

거래정지 대상이 세부품명인 경우, 해당 세부품명으로 계약한 모든 형태의 종합쇼핑몰 등록 계약품목을 대상으로 거래정지를 적용한다(국가종합전자조달시스템 종합쇼핑몰 운영규정 제7조 제3항 제3호).

5. 거래정지 대상이 품목인 경우

거래정지 대상이 품목인 경우, 해당 계약 품목을 대상으로 거래정지를 적용한다(국가종합전자조달시스템 종합쇼핑몰 운영규정 제7조 제3항 제4호).

Ⅱ. 종전 계약의 거래정지 사유에 따라 해당 계약에 거래정지 적용

종전 계약에 따른 거래정지 사유가 발생하거나 확인된 경우, 그 거래정지 사유에 따른 조치사항을 해당 계약에도 적용할 수 있다(국가종합전자조달시스템 종합쇼핑몰 운영규정 제7조 제4항). 계약담당공무원은 계약상대자의 종전 계약에서 거래정지 등 사유가 발생된 경우, 거래정지 등 사유에 따른 조치사항을 해당 계약에도 적용할 수 있다(국가종합전자조달시스템 종합쇼핑몰 운영규정 제7조 제5항).

Ⅲ. 종전 계약기간 만료로 거래정지 기간이 남은 경우 해당 계약에 연속하여 적용

계약담당공무원은 계약상대자의 종전 계약에 대한 거래정지 등이 계약기간 만료로 인하여 그 기간이 남은 경우, 종전 계약의 남은 거래정지 기간을 해당 계약에도 연속하여 적용한다. 다만, Ⅰ에서 본 바와 같이 종합쇼핑몰에서 연계적으로 거래정지를 한 경우에는 남은 거래정지 기간에서 해당 연계 거래정지 기간을 제외할 수 있다(국가종합전자조달시스템 종합쇼핑몰 운영규정 제7조 제6항).

〔종전 계약기간 만료로 거래정지 기간이 남은 경우 해당 계약에 적용하는 시점〕

특수조건은 '종전계약에서 제1항에 따른 거래정지 조치를 받은 해당 세부품명에 대하여는 계약기간 만료로 인해 거래정지기간이 남아있는 경우 종전계약의 조치사항을 해당 계약에도 연속하여 적용한다'고 규정하고 있을 뿐이고, 종전계약의 조치사항을 해당 계약에 적용하는 시기나 이를 위한 집행 절차에 관하여는 아무런 규정이 없다. 위와 같은 특수조건의 문언·체계 및 침익적 행정처분의 근거가 되는 제재규정은 엄격하게 해석·적용해야 하는 점 등을 고려하면, 이 사건 제1처분 중 잔여 정지기간은 이 사건 해당 계약들의 계약기간이 시작될 때부터 연속하여 적용되는 것으로 보아야 하고, 처분청이 이와 달리 임의로 그 시기를 특정할 수 있다고 보기 어렵다(대전지방법원 2020. 7. 9. 선고 2019구합102818 판결).

Ⅳ. 그 밖에 거래정지에 따른 계약상 불이익

1. 계약기간 연장요청 제한

계약상대자는 계약기간 동안 해당 계약에서 거래정지를 받으면 계약기간 연장을 요청할 수 없다(물품 다수공급자계약 특수조건 제5조 제2항 참조).

2. 계약해지 요청 제한

계약상대자는 경영악화로 인한 폐업, 원자재 수급 곤란, 재난 등 사유로 업종을 변경하려고 하거나 경영을 포기하는 경우, 수요 급감 등 계약상대자의 책임 없는 사유로 계약을 지속하기 곤란한 경우에 계약기간 중 계약해지를 요청할 수 있지만, 위 요건을 충족하더라도 거래정지 사유가 있으면, 위와 같은 계약해지를 요청할 수 없다(물품 다수공급자계약 특수조건 제6조 제4항 참조).

3. 수정계약 제한

계약상대자는 계약기간 중 계약품목별 계약수량, 계약단가 조정, 계약품목의 추가나 삭제, 1회 최대납품요구금액 조정, 납품요구금액별 할인율 조정, 계약기간 변경, 공급지역 변경, 그 밖에 계약조건 변경 등 계약내용 수정을 요청할 수 있으나, 계약담당공무원은 거래정지 사유가 있으면 위와 같은 수정계약 요청을 반려할 수 있다(물품 다수공급자계약 특수조건 제7조 제1항, 제2항 참조).

4. 불공정행위 이력 평가반영

계약상대자는 입찰, 낙찰, 계약체결, 계약이행 등 과정에서 뇌물, 담합, 허위서류나 부정한 방법으로 서류 발급·제출, 안전사고 등 불법·불공정한 행위를 한 이력이 있는 경우, 계약담당공무원으로부터 불공정행위 이력을 평가받을 수 있다(물품 다수공급자계약 특수조건 제

21조 제1항 별표2). 계약담당공무원은 불공정행위 누적점수가 일정 점수 이상인 계약상대자에게 계약연장, 재계약, 차기계약, 입찰참가자격 사전심사, 다수공급자계약 2단계경쟁 평가[1] 등에서 불이익 조치를 할 수 있다(물품 다수공급자계약 특수조건 제21조 제1항). 이에 따라 물품 다수공급자계약 특수조건 제21조 제1항 별표2는 각 불공정행위로 조달청장으로부터 종합쇼핑몰 거래정지 조치를 받은 경우로서, 해당 조치 종료일이 이력 평가 기준일로부터 2년 이내에 있는 경우 평가에 반영한다고 규정한다.

《 물품 다수공급자계약 특수조건 [별표2] 불공정행위 이력 평가 기준 》

불공정행위	세부 위반 내용	부과점수
뇌물	관계 공무원에게 뇌물을 준 자 가. 2억원 이상의 뇌물 나. 1억원 이상 2억원 미만의 뇌물 다. 1천만원 이상 1억원 미만의 뇌물 라. 1천만원 미만의 뇌물	 10 5 3 2
담합	가. 담합하여 낙찰을 받은 자 나. 담합에 참여한 자	10 5
허위서류 등	가. 허위 서류, 위조·변조, 기타 부정한 방법으로 서류를 제출하여 낙찰을 받은 자 나. 허위 서류, 위조·변조, 기타 부정한 방법으로 서류를 제출한자 다. 다른 계약상대자의 계약관련 서류의 허위 작성 또는 위조·변조, 기타 부정한 행사에 협조하거나 관련 서류를 발급해준 자	5 3 3
안전사고	가. 안전대책을 소홀히 하여 공중에게 생명, 신체상의 위해를 가한 자 나. 안전대책을 소홀히 하여 공중에게 재산상의 위해를 가한 자 다. 안전, 보건조치를 소홀히 하여 근로자가 사망하는 재해를 발생시킨 자 (1) 동시에 사망한 근로자 수가 10명 이상 (2) 동시에 사망한 근로자 수가 6명 이상 10명 미만 (3) 동시에 사망한 근로자 수가 2명 이상 6명 미만	5 3 8 5 3

※ [주]

① 불공정행위 이력 평가 기준일은 다음 각 목에 따른다.
가. 계약연장, 재계약, 또는 차기계약에서 배제 : 계약종료일 기준
나. 입찰참가자격 사전심사 신인도 감점 : 사전심사 신청일 기준
다. 다수공급자계약 2단계경쟁 평가 신인도 감점 : 제안서 제출 마감일 전일 기준

② 상기 불공정행위로 각 중앙관서의 장(지방자치단체의 장, 공공기관의 장을 포함한다)으로부터 부정당업자 입찰참가자격 제한 처분을 받아 나라장터에 그 사실이 등록·확인된 경우 또는 종합쇼핑몰 거래정지 조치를 받은 경우로서, 해당 처분 또는 조치 종료일이 제1항에 따른 기준일로부터 2년 이내에 있는 경우 평가에 반영한다.

1) 물품 다수공급자계약 업무처리규정 제53조 제1항 별표5에 따르면, 신인도 항목에서 불공정 거래행위 이력 평가 결과가 반영된다.

제5장 / 판매중지

제 1 절 서론

Ⅰ. 의의

1. 개념

판매중지란 거래정지 사유를 제외한 사유로 나라장터 종합쇼핑몰에서의 판매를 일시적으로 중지하는 조치를 말한다(물품 다수공급자계약 특수조건 제2조 제16호 참조). 판매중지는 나라장터 종합쇼핑몰에서 거래하지 못하게 막는다는 측면에서 거래정지와 유사하지만, 그 사유나 대상, 기간, 효과가 다르다.

2. 근거

앞에서 본 바와 같이 거래정지는 현행 조달사업법령에 근거가 있지만, 판매중지는 조달사업법령은 물론 다른 법령에도 직접적인 근거가 없다. 다만, 전자조달법령에 간접적인 근거를 두고(전자조달법 제5조, 제6조, 제7조, 제12조, 제13조, 제17조 등 참조), 조달청 고시인 국가종합전자조달시스템 종합쇼핑몰 운영규정, 그 밖에 계약조건 등에 규정이 있을 뿐이다.

〔각종 특수조건상 판매중지 규정〕

1. 다수공급자계약 상품 : 「물품 다수공급자계약 특수조건」 제16조 각 호에 해당하는 경우 또는 「용역 다수공급자계약 특수조건」 제28조 각 호에 해당되는 경우
2. 우수조달물품 : 「물품구매(제조)계약추가특수조건」 제36조 각 호나 제40조 제2항에 해당되는 경우
3. 상용소프트웨어 제3자 단가계약 상품 : 「상용소프트웨어 제3자 단가계약 추가특수조건」 제10조 제4항 각 호에 해당되는 경우
4. 일반단가계약 그 밖에 제3자 단가계약 상품 : 「물품 다수공급자계약 특수조건」 제16조 제10호를 준용하여 이에 해당되는 경우

5. 카탈로그 계약 상품 : 「용역 카탈로그계약 특수조건」 제20조 각 호에 해당되는 경우 또는 「디지털서비스 카탈로그계약 특수조건」 제17조 각 호에 해당되는 경우

Ⅱ. 법적 성격

1. 문제점

위와 같이 법령이 아니라 개별 계약특수조건·추가특수조건 등에 직접적으로 근거하여 내린 판매중지 조치가 행정처분인지, 아니면 사법상 조치에 불과한지 견해가 대립한다.

2. 견해 대립

가. 사법상 조치라는 견해

이 견해는, 판매중지는 거래정지와 달리 그 기간이 일시적이기 때문에 상대방의 지위에 미치는 영향이 적고, 그 사유 역시 거래정지 사유와 달리 반드시 계약상대자의 책임 있는 사유를 전제하지 않는다고 한다. 따라서 인터넷 쇼핑몰 사업자와 마찬가지로 사경제 주체에 불과한 조달청장은 계약내용에 따라 종합쇼핑몰에서의 판매를 중지할 수 있다고 한다. 특히 거래정지는 조달사업법령에 사전통지나 이유제시, 의견제출, 처분서 통지 등 처분 절차 조항이 있는 반면, 판매중지는 법령은 물론 개별 특수조건에서도 처분 절차 조항을 별도로 규정하지 않는다는 이유도 든다.

나. 행정처분이라는 견해

이 견해는, 판매중지 기간은 그 사유에 따라 거래정지 기간보다 반드시 짧다고 단정할 수 없고, 계약상대자가 나라장터 종합쇼핑몰에서 거래할 수 없도록 하는 효과는 판매중지와 거래정지 모두 같기 때문에, 거래정지의 처분성을 인정하는 만큼 판매중지의 처분성 역시 인정해야 한다고 본다. 특히 판매중지 사유 중에는 계약상대자의 책임 있는 사유를 전제하는 것도 있다면서, 판매중지 조치는 공권력 주체인 조달청장이 계약상대자의 법률상 이익[1]을 직접적·구체적으로 제한하는 행위로 이해한다. 이 견해에 따르면, 법령에 직접 근거하지 않은 판매중지는 그 자체로 법률유보원칙에 반하며, 침익적 처분에 필요한 절차를 준수하지 않는 경우 절차상 하자에 해당한다고 본다.

---

1) 즉, 계약상대자가 나라장터에 상품을 등록하고 수요기관의 납품요구에 따라 등록 물품을 판매하는 이익을 조달사업법령과 전자조달법령이 보호하는 직접적·구체적 이익이라고 본다.

3. 하급심 판결례

판매중지가 처분성을 갖는다고 판단한 대법원 판례는 현재 없다. 다만, 다수 하급심은 "판매중지 조치는 계약상대자의 법률상 이익을 직접적으로 제한하거나 침해하는 행위인 점, 조달청장이 판매중지 조치를 할 경우 계약상대자는 조달청장과의 거래관계뿐 아니라 수요기관 등과 거래관계를 모두 형성할 수 없는 불이익을 받는 점, 조달청장은 판매중지 조치로 입찰참가자격 요건을 충족했는지 불분명한 사업자를 나라장터에서 배제하여 자신이 구축·운용하는 종합쇼핑몰의 안정성, 신뢰성, 공정성 확보라는 공익을 달성하는 점, 판매중지 조치를 하는 조달청장은 행정기관인 점, 국가종합전자조달시스템 종합쇼핑몰운영규정이 판매중지 조치 근거를 마련한 점 등을 고려할 때 행정처분으로서 외형도 갖추었다."는 이유로 행정처분성을 인정했다.[1)]

다만, 일부 하급심 판결은 "이 사건 계약은 원고와 피고가 대등한 지위에서 체결한 사법상 계약이고, 계약의 일부인 특수조건 역시 계약당사자의 합의에 따라 계약 내용으로 편입되어 당사자 사이에 구속력이 생기는 것일 뿐 법규로서 효력이 있지 않고, 피고에게 이 사건 판매중지 조치를 할 수 있는 권한을 부여하고 있다고 볼 만한 명시적인 법률 규정은 없고 그와 같이 해석할 만한 근거 법령도 없으며, 나라장터 운영주체인 피고가 이 사건 계약에 따라 물품 판매중지 조치를 하는 것과 사인이 운영하는 인터넷쇼핑몰 운영주체가 이용자와 체결한 계약 내용에 따라 물품 판매중지 조치를 하는 것 사이에 본질적인 차이가 없고, 이행확보 수단이 한쪽 당사자인 원고의 권리를 제한하거나 원고에게 의무를 부과한다는 이유만으로 이를 모두 행정처분으로 보면, 사적 자치의 영역에서도 법률유보원칙에 따라 법령상 근거를 반드시 확보하여 계약내용을 정해야 하는 불합리한 결과가 초래되며, 거래정지는 차기계약 배제, 다수공급자계약 2단계 경쟁 및 특정물품 사전심사 감점사유 등 해당 계약과 관계없는 추가 불이익이 예정되어 있는 반면, 판매중지 조치는 계약 효력 유지를 전제로 물품 판매만 일시 중지할 뿐 그 계약과 관계없는 다른 추가 불이익이 발생하지 않고, 판매중지 조치가 위법하더라도 원고는 민사상 손해배상청구나 가처분 신청 등으로 신속하게 권리를 구제받을 수 있다."면서 행정처분성을 부정하기도 한다.[2)]

4. 검토

아래와 같은 이유로 판매중지 조치는 행정처분으로 이해해야 한다.

1) 서울행정법원 2019. 8. 30.자 2019아12358 결정, 대전지방법원 2019. 12. 12.자 2019아819 결정, 서울행정법원 2021. 10. 28. 선고 2021구합51263 판결.
2) 서울행정법원 2018. 7. 20. 선고 2018구합52860 판결, 대전지방법원 2021. 9. 16. 선고 2020구합102944 판결.

첫째, 판매중지든 거래정지든 나라장터 종합쇼핑몰에서의 거래를 제한한다는 효과에서 다르지 않은데도, 그 사유나 대상, 기간, 효력범위 등이 다소 다르다는 이유만으로 행정처분성을 부정하는 논거가 빈약하다.

둘째, 판매중지의 행정처분성을 부정하는 견해는 조달청장이 계약상대자에게 하는 판매중지 조치는 민간 온라인 플랫폼 쇼핑몰 사업자가 판매자에게 하는 판매중단과 그 성질이 같다고 주장하지만, 민간 온라인 플랫폼 사업자로부터 판매중단 조치를 받은 사업자는 해당 쇼핑몰을 제외한 다른 쇼핑몰에서는 여전히 물품을 판매할 수 있지만, 조달청장으로부터 판매중지를 받은 자는 그 기간 동안 온라인 쇼핑몰을 통해 공공시장에 물품을 납품할 수 없다.

셋째, 조달청장이 일방적으로 판매중지 사유를 판단하여 계약상대자에게 판매중지라는 불이익한 조치를 하였을 경우, 행정법원은 그 위법성을 신속히 통제할 수 있어야 한다. 특히 민사가처분이나 민사본안소송 등은 증명책임 구조나 판매중지 기간 등을 고려할 때 실효성 있는 구제수단으로 보기 어렵다. 그러므로 민사소송절차보다는 행정소송절차가 국민의 권리구제 측면에서 실효성이 더 높다.

Ⅲ. 판매중지 제도의 문제점

1. 법률유보원칙 문제

현행 판매중지 제도는 법률유보원칙 위반가능성이 있다. 왜냐하면 조달사업법에 근거를 둔 거래정지와 달리 법령에 아무런 근거가 없기 때문이다. 물론 하급심은 법령에 직접 근거가 없는 거래정지 처분이라도 법률유보원칙에 반하지 않는다는 대법원 2018. 11. 29. 선고 2015두52395 판결 등을 근거로[1] 판매중지 역시 법률유보원칙 위반에 해당하지 않는다고 보지만, 과연 법치행정 관점에서 적합한 결론인지 의문이다. 즉, 국민의 권리를 제한하는 중요사항은 반드시 법률에 근거해야 한다는 법률유보원칙은 판매중지에도 그대로 적용되어야 한다. 따라서 거래정지와 별도로 판매중지를 계속 운영하기 위해서는 조달사업법령 등에 그 근거를 마련할 필요가 있다.

2. 절차상 하자 문제

한편, 실무는 사전통지나 처분서 통지 등 침익적 처분을 위한 절차법을 따르지 않고 판매중지 조치를 한다. 판매중지 사유를 보면 대체로 긴급히 판매를 중지해야 할 때가 많기

1) 서울행정법원 2021. 10. 28. 선고 2021구합51263 판결.

때문에 사전통지 등 절차를 거칠 여유가 없다는 근거를 든다. 그러나 이는 특별한 사정이 없으면 절차상 하자에 해당할 수 있다. 따라서 현행 계약특수조건 등에서 별도로 판매중지를 위한 사전통지나 의견제출 그 밖에 처분에 필요한 절차 조항을 규정하지 않았더라도, 판매중지를 행정처분으로 본다는 전제 아래, 계약담당공무원은 행정절차법을 준수할 필요가 있다(행정절차법 제3조 제1항 참조).

3. 제재기간 문제

판매중지는 거래정지와 달리 '일시적'으로 종합쇼핑몰 판매를 중지하는 조치다. 그러나 판매중지 사유에 따라 기간의 종기를 특정·확정할 수 없어서, 오히려 거래정지나 심지어 입찰참가자격제한보다 더 오랜 기간 판매중지 조치가 단행되는 경우가 발생한다. 가령, 물품다수공급자계약 특수조건 제16조 제12호는 "계약상대자의 위반행위(담합, 품질불량, 직접생산위반, 원산지 위반 등)를 추정할 신빙성 있는 근거자료가 있어 사실 여부를 조사 중인 경우에는 계약담당공무원이 조사 결과를 통보받을 때까지" 판매를 중지하도록 규정하는데, 중소기업자간 경쟁제품이 계약상품인 경우 중소기업유통센터(기존에는 중소기업중앙회가 담당)에서 직접생산위반을 판정하고, 그 결과를 조달청 계약담당공무원에게 통보할 때까지 2년이 넘게 걸리는 사례도 있었으므로, 오히려 판매중지가 입찰참가자격제한보다 더 가혹한 결과를 초래했다. 특히 위와 같은 판매중지 조치가 있은 후 조사를 실시한 결과, 별다른 혐의가 없는 경우에도, 계약상대자는 판매중지 기간 동안 상품을 판매하지 못하는 손해를 입는데, 국가를 상대로 그 배상을 받는 것은 현실적으로 쉽지 않다. 그리하여 다수 하급심은 "계약담당공무원이 조사결과를 통보받을 때까지"라는 불확정 기한을 정한 판매중지 조치가 재량권 일탈·남용에 해당하여 위법하다고 판결해 왔다.[1] 생각건대 판매중지 조치는 재량행위이므로, 조달청장은 제재 여부는 물론 제재기간도 결정할 재량을 가진다. 따라서 위 사례와 같이 판매중지가 오히려 거래정지나 입찰참가자격제한보다 가혹한 결과를 초래하는 결과를 방지하기 위해서는, 최소한 기간을 특정하여 처분할 필요가 있다. 참고로, 이처럼 과도한 규제를 일부 해소하기 위해, 물품구매(제조)계약추가특수조건은 거래정지와 같은 사유로 판매중지를 한 경우, 이미 집행된 판매중지 기간은 거래정지 기간에 포함한다{물품구매(제조)계약추가특수조건 제37조 제8항}.

---

1) 서울행정법원 2021. 10. 28. 선고 2021구합51263 판결 등.

〔판매중지 조치가 재량권 일탈·남용에 해당하는 경우〕

국가종합전자조달시스템 종합쇼핑몰 운영규정 제8조 제1호는 '물품 다수공급자계약 특수조건 제17조 각 호에 해당하는 경우 해당 계약상품을 종합쇼핑몰에서 판매중지시킬 수 있다'고 하고, 물품 다수공급자계약 특수조건 제16조 제13호는 '계약상대자의 위반행위를 추정할 신빙성 있는 근거자료가 있어 사실여부를 조사 중인 경우 종합쇼핑몰에서의 판매를 중지할 수 있다'고 규정한다. 이러한 문언에 비추어 이 사건 처분은 재량행위에 해당한다. 판매중지의 종기에 관하여는 위 특수조건에서 '계약담당공무원이 조사 결과를 통보받을 때까지'로 정하지만, 피고는 판매중지 처분을 할지에 관한 결정재량을 행사할 수 있으므로, 중지기간에 관한 재량 또한 당연히 행사할 수 있다. 이 사건 처분은 피고의 직접 조사 결과를 기초로 한다. 피고는 중소기업중앙회의 판단을 받기 위해 조사 의뢰하였고 이 사건 처분을 하였다. 피고는 스스로의 판단에 따라 처분을 개시하였으나, 그 종기는 스스로 통제할 수 없는 사유를 기준으로 삼았다. 중소기업중앙회의 조사절차 및 기간이 정형화되어 있는 것도 아니어서 원고로서는 처분의 종기를 짐작할 수 없다. 피고는 통상 2개월 정도가 소요된다고 말하나, 변론종결일 현재 이 사건 처분 시부터 약 9개월이 경과하였음에도 중소기업중앙회의 조사결과는 나오지 않았다. 원고에게 이 사건 처분은 임시적·잠정적 조치에 불과하지 않다. 이 사건 처분은 원고의 직접생산의무 위반 여부가 아직 구체적으로 조사·확인되지 않은 단계에서 이루어진다. 한편, 이 사건 물품공급계약에는 '원고가 직접생산확인 기준을 위반하여 제조·납품한 경우 국가를 당사자로 하는 계약에 관한 법령에 따라 부정당업자로서 입찰참가자격 제한 처분을 받을 수 있다'는 내용이 포함되어 있다. 이에 따라 원고의 위반행위가 확인된다면 피고는 원고에게 입찰참가자격 제한처분을 할 수 있는데, 이 경우 정해진 제재기간이 변론종결일 현재까지 계속되고 있는 이 사건 처분 기간보다 짧다. 이 사건 판매중지 처분이 입찰참가자격 제한처분과 달리 특정 물품에 국한되는 조치이기는 하나, 계약상대방에 따라서는 그 물품이 회사 전체 매출에서 차지하는 비중이 상당하여 사실상 입찰참가자격 제한과 같은 정도의 불이익이 될 수 있다. 원고는 이 사건 물품이 주력제품이며, 코로나19로 인한 경기침체·민간시장의 위축으로 공공기관 외의 매출이 급감한 사정 등을 들며 같은 취지로 주장한다. 원고와 피고가 체결한 계약기간은 2016. 7. 28.부터 2023. 7. 28.까지이다. 이 사건 처분이 계속되는 동안 원고는 계약기간을 보장받지 못하는데, 중소기업중앙회의 조사결과 원고의 직접생산확인 위반이 없는 것으로 확인되더라도 침해된 계약기간에 대한 보상에 관하여는 아무런 정함이 없다. 이 사건과 같이 중소기업중앙회의 조사가 기약 없이 지연되는 경우, 위반행위의 확인이 없는 상태에서 피고의 일방적 조치로 원고의 계약기간을 단축시키거나 원고가 갖는 지위를 형해화시킬 수 있다. 따라서 이 사건 판매중지는 재량권 일탈·남용에 해당한다(서울행정법원 2021. 10. 28. 선고 2021구합51263 판결 참조).

제 2 절 판매중지 사유

Ⅰ. 다수공급자계약 상품

1. 물품

물품 다수공급자계약 특수조건 제16조에서 규정한다.

1. 종합쇼핑몰에 등록된 계약상대자가 세부품명 기준으로 1인만 남는 경우(단, 「물품 다수공급자계약 업무처리규정」 제21조 제4항에 해당하는 경우 품명 기준) : 종합쇼핑몰에 세부품명 기준으로 2개사 이상이 등록될 때까지(단, 「물품 다수공급자계약 업무처리규정」 제21조 제4항에 해당하는 경우 품명 기준)
2. 중소기업자간경쟁제품의 세부품명별 분기별 조합의 납품실적 점유율이 해당 세부품명 해당 분기 납품실적의 100분의 50을 초과하는 경우 : 조합의 점유율이 100분의 50 이하가 될 때까지
3. 제6조 제7항에 따라 계약상대자가 계약해지를 요청하는 경우 : 계약해지 요청 후 1개월
4. 제9조 제3항에 따라 공장이전 등으로 인하여 일시적으로 생산을 중단하는 경우 : 계약상대자의 판매재개 요청 시까지
5. 계약 상품과 관련된 법령 및 기준의 제·개정, 관련 인증·면허의 유효기간 만료 또는 자진반납 등으로 일시적으로 구매입찰공고서에서 정한 입찰참가자격 요건을 충족하지 못하게 되는 경우(단, 인증·면허 등이 취소된 상태에서 납품한 건이 있는 경우는 제외한다) : 입찰참가자격 요건을 충족했다는 것이 확인될 때까지
6. 계약이행 중인 누적 납품요구금액이 1회 최대 납품요구금액을 초과하게 되는 경우(단, 계약이행 중인 누적 납품요구금액은 납품기한이 경과하지 아니한 납품요구건 중 '물품납품 및 영수증'이 접수, 처리되어 종결된 건을 제외한 총 납품요구금액을 말한다.) : 일부 납품요구 이행이 완료되거나 1회 최대 납품요구금액을 증가시켜 수정계약을 체결하는 등 계약이행 중인 누적 납품요구금액이 1회 최대 납품요구금액에 못 미치게 될 때까지
7. 부도, 파산 또는 휴·폐업, 기타 계약상대자 책임으로 인한 계약불이행 등 계약이행이 불가능한 사실을 확인한 경우 : 계약해지시까지
8. 종합쇼핑몰에 등록되어 있는 다수공급자계약품목이 우수조달물품 등으로 지정되어 제3자 단가계약이 체결된 경우 : 해당 품목을 다수공급자계약에서 제외하여 수정계약 체결할 때까지
9. 누적 납품요구금액이 계약금액을 초과하게 되는 경우 : 계약금액을 증가시켜 수정계약을 체결하는 등 누적 납품요구금액이 계약금액에 못 미치게 될 때까지
10. 계약체결한 세부품명에 대하여 직접생산 위반 사유가 없음에도 불구하고 「조달청 제조물품 직접생산확인기준」 제14조 또는 「중소기업제품 구매촉진 및 판로지원에 관한 법률」 제11조 제5항

에 따라 다른 세부품명의 직접생산 위반으로 인하여 해당 세부품명의 제조등록이 말소 또는 직접생산 확인이 취소된 경우 : 제조등록 또는 직접생산확인이 유효한 것으로 확인될 때까지

11. 계약상대자가 계약기간 중 부정당업자제재를 받은 경우 : 부정당업자제재기간 종료시까지
12. 계약상대자의 위반행위(담합, 품질불량, 직접생산 위반, 원산지 위반 등)를 추정할 신빙성 있는 근거자료가 있어 사실여부를 조사중인 경우 : 계약담당공무원이 조사 결과를 통보받을 때까지
13. 계약상품에 유해물질이 검출되는 등 긴급하게 판매 정지를 하지 않을 때에 국민의 생명·안전이 위협되는 경우 : 위협이 되는 요인이 해소됨이 확인될 때까지
14. 계약체결·이행과정에서 공고규격과 맞지 않는 상품이 등록되거나 상품정보가 잘못 기재된 경우(단, 수요기관의 사업목적 달성에 영향이 없는 경우에 한함) : 품목삭제 또는 상품정보 수정 등 오류·착오 사항이 정정될 때까지

2. 용역

용역 다수공급자계약 특수조건 제28조에서 규정한다.

1. 종합쇼핑몰에 등록된 계약상대자가 세부품명 기준으로 1인만 남는 경우(단, 업무처리규정 제18조 제4항에 해당하는 경우 품명 기준) : 종합쇼핑몰에 세부품명 기준으로 2개사 이상이 등록될 때까지(단, 업무처리규정 제18조 제4항에 해당하는 경우 품명 기준)
2. 제8조 제4항에 따라 계약상대자가 계약해지를 요청하는 경우 : 계약해지 요청 후 1개월
3. 제13조 제2항에 따라 공급을 중단하는 경우 : 계약상대자의 판매재개 요청 시까지
4. 계약 상품과 관련된 법령 및 기준의 제·개정, 관련 인증·면허의 유효기간 만료 또는 자진반납 등으로 일시적으로 구매입찰공고에서 정한 입찰참가자격 요건을 충족하지 못하게 되는 경우(단, 위반행위 발생으로 인증·면허 등이 취소되는 경우는 제외한다) : 입찰참가자격 요건을 충족했다는 것이 확인될 때까지
5. 〈삭제〉
6. 계약이행 중인 누적 납품요구금액이 1회 최대 납품요구금액을 초과하게 되는 경우 : 1회 최대 납품요구금액을 증가시켜 수정계약을 체결하는 등 납품요구금액이 1회 최대 납품요구금액에 못 미치게 될 때까지
7. 부도, 파산 또는 휴·폐업, 그 밖에 계약상대자 책임으로 인한 계약불이행 등 계약이행이 불가능한 사실을 확인한 경우 : 계약해지시까지
8. 종합쇼핑몰에 등록되어 있는 다수공급자계약품목이 우수조달물품 등으로 지정되어 제3자 단가계약이 체결된 경우 : 해당 품목을 다수공급자계약에서 제외하여 수정계약 체결할 때까지
9. 누적 납품요구금액이 계약금액을 초과하게 되는 경우 : 계약금액을 증가시켜 수정계약을 체결하

는 등 누적 납품요구금액이 계약금액에 못 미치게 될 때까지

10. 계약 체결한 세부품명에 대하여 직접생산 위반 사유가 없음에도 불구하고 「조달청 제조물품 직접생산확인기준」 [별표1] 또는 「중소기업제품 구매촉진 및 판로지원에 관한 법률」 제11조 제5항에 따라 다른 세부품명의 직접생산 위반으로 인하여 해당 세부품명의 제조등록이 말소 또는 직접생산 확인이 취소된 경우 : 제조등록 또는 직접생산 확인이 유효한 것으로 확인 될 때까지
11. 계약상대자가 계약기간 중 부정당업자제재를 받은 경우 : 부정당업자제재기간 종료 시까지
12. 계약상대자의 위반행위(담합, 품질불량, 직접생산 위반, 원산지 위반 등)를 추정할 신빙성 있는 근거자료가 있어 사실여부를 조사중인 경우 : 계약담당공무원이 조사 결과를 통보받을 때까지
13. 계약상품에 유해물질이 검출되는 등 긴급하게 판매 정지를 하지 않을 때에 국민의 생명·안전이 위협되는 경우 : 위협이 되는 요인이 해소됨이 확인될 때까지
14. 계약체결·이행과정에서 발생한 오류·착오로 인하여 공고규격과 맞지 않는 상품이 등록되거나 상품정보가 잘못 기재된 경우(단, 고의성이 없고 수요기관의 사업목적 달성에 영향이 없는 경우에 한함) : 품목삭제 또는 상품정보 수정 등 오류·착오 사항이 정정될 때까지

Ⅱ. 우수제품

물품구매(제조)계약추가특수조건 제36에서 규정한다.

1. 다음 각 목의 어느 하나에 해당하는 경우로 계약상대자가 판매중지에 동의하거나 요청한 경우
   가. 제조 공장의 이전, 필수 제조 시설·장비의 보수·교체, 천재지변, 그 밖의 이에 준하는 사유 등으로 인하여 일시적인 생산중단이 불가피하거나 재고부족이 현저할 경우 : 계약상대자의 판매재개 요청 시까지
   나. 계약상대자가 제9조에 따라 계약해지를 요청한 경우 : 계약해지 요청 후 1개월
   다. 관련 인증·면허 등의 취소 또는 유효기간 만료 등을 계약담당 공무원이 확인한 경우(단, 인증·면허 등이 취소된 상태에서 납품한 건이 있는 경우는 제외한다) : 해당 사유가 해소될 때까지 또는 행정처분시까지
2. 계약상대자가 다음 각 목의 어느 하나에 해당하는 경우
   가. 계약물품이 지정관리규정 제36조에 따라 지정효력 정지된 경우 : 지정효력정지 해제시까지
   나. 계약제품이 관련법령 또는 기준의 제·개정 등에 따라 품질기준 등을 일시적으로 충족하지 못함을 계약담당공무원이 확인한 경우(단, 기준 미충족 상태에서 납품한 건이 있는 경우는 제외한다) : 해당 기준을 충족한 것이 확인될 때까지
   다. 부도, 파산 또는 휴·폐업 등 계약이행이 불가능한 사실을 확인한 경우 : 계약해지 시까지

라. 긴급하게 판매 정지를 하지 않을 때에 국민의 생명·안전이 위협되는 경우 : 위협이 되는 요인이 해소됨이 확인될 때까지

Ⅲ. 상용소프트웨어 제3자단가계약 상품

상용소프트웨어 제3자단가계약 추가특수조건 제10조 제4항에서 규정한다.

1. 계약상대자의 불가피한 사정으로 인한 일시적인 제작 중단의 경우 : 계약상대자의 판매 재개 요청 시까지
2. 부도, 파산 또는 휴·폐업, 그 밖의 계약상대자 책임으로 인한 계약불이행 등 계약이행이 불가능한 사실이 확인된 경우 : 계약해지시까지
3. 계약상대자가 계약기간 중 부정당업자제재를 받은 경우 : 부정당업자제재기간 종료 시까지
4. 국가정보원 등 관계기관이 상용소프트웨어의 보안 취약점에 대해 시정 요청을 하였음에도 계약상대자가 이를 이행하지 않아 수요기관이 그 사실을 계약담당공무원에게 통보한 경우 : 계약상대자가 보안 취약점 제거 등 시정조치 완료 후 판매 재개 요청 시까지
5. 계약상대자의 위반행위(보안사고 발생, 담합, 품질불량, 직접생산위반 등)를 추정할 신빙성 있는 근거자료가 있고, 판매중지 조치를 취하지 않을 경우 수요기관의 피해가 예상되는 경우 : 행정처분 시까지
6. 상용소프트웨어와 관련된 법령 및 기준의 제·개정, 관련 인증서 등의 유효기간 만료 등으로 일시적으로 업무처리규정 제5조의2에 따른 계약신청 제품의 요건을 충족하지 못하게 되는 경우(단, 위반행위 발생으로 인증 등이 취소되는 경우는 제외한다) : 계약신청 제품 요건 충족 시까지

Ⅳ. 일반단가계약 그 밖에 제3자단가계약 상품

물품 다수공급자계약 특수조건 제16조 제10호를 준용한다(국가종합전자조달시스템 종합쇼핑몰 운영규정 제8조 제4호).

계약체결한 세부품명에 대하여 직접생산 위반 사유가 없음에도 불구하고 「조달청 제조물품 직접생산확인기준」 제14조 또는 「중소기업제품 구매촉진 및 판로지원에 관한 법률」 제11조 제5항에 따라 다른 세부품명의 직접생산 위반으로 인하여 해당 세부품명의 제조등록이 말소 또는 직접생산 확인이 취소된 경우 : 제조등록 또는 직접생산확인이 유효한 것으로 확인될 때까지

Ⅴ. 카탈로그계약 상품

1. 용역

용역 카탈로그계약 특수조건 제20조에서 규정한다.

1. 종합쇼핑몰에 등록된 계약상대자가 세부품명 기준으로 1인만 남는 경우(단, 업무처리규정 제8조 제4항에 해당하는 경우 품명 기준) : 종합쇼핑몰에 세부품명 기준으로 2개사 이상이 등록될 때까지(단, 업무처리규정 제8조 제5항에 해당하는 경우 품명 기준)
2. 제8조에 따라 계약상대자가 계약해지를 요청하는 경우 : 계약해지 요청 후 1개월
3. 계절적 수요 증가 등으로 인하여 일시적으로 공급을 중단하는 경우 : 계약상대자의 판매재개 요청 시까지
4. 계약 상품과 관련된 법령 및 기준의 제·개정, 관련 인증·면허의 유효기간 만료 또는 자진반납 등으로 일시적으로 구매입찰공고에서 정한 입찰참가자격 요건을 충족하지 못하게 되는 경우(단, 위반행위 발생으로 인증·면허 등이 취소되는 경우는 제외한다) : 입찰참가자격 요건을 충족했다는 것이 확인될 때까지
5. 계약이행 중인 누적 납품요구금액이 1회 최대 납품요구금액을 초과하게 되는 경우 : 1회 최대 납품요구금액을 증가시켜 수정계약을 체결하는 등 납품요구금액이 1회 최대 납품요구금액에 못 미치게 될 때까지
6. 부도, 파산 또는 휴·폐업, 그 밖에 계약상대자 책임으로 인한 계약불이행 등 계약이행이 불가능한 사실을 확인한 경우 : 계약해지시까지
7. 종합쇼핑몰에 등록되어 있는 카탈로그 계약 품목이 우수조달물품 등으로 지정되어 제3자 단가계약이 체결된 경우 : 해당 품목을 카탈로그 계약에서 제외하여 수정계약 체결할 때까지
8. 누적 납품요구금액이 계약금액을 초과하게 되는 경우 : 계약금액을 증가시켜 수정계약을 체결하는 등 누적 납품요구금액이 계약금액에 못 미치게 될 때까지
9. 계약 체결한 세부품명에 대하여 직접생산 위반 사유가 없음에도 불구하고 「조달청 제조물품 직접생산확인기준」 [별표1] 또는 「중소기업제품 구매촉진 및 판로지원에 관한 법률」 제11조 제5항에 따라 다른 세부품명의 직접생산 위반으로 인하여 해당 세부품명의 제조등록이 말소 또는 직접생산 확인이 취소된 경우 : 제조등록 또는 직접생산 확인이 유효한 것으로 확인 될 때까지
10. 계약상대자가 계약기간 중 부정당업자제재를 받은 경우 : 부정당업자제재기간 종료 시까지
11. 계약상대자의 위반행위(담합, 품질불량, 직접생산 위반, 원산지 위반 등)를 추정할 신빙성 있는 근거자료가 있어 사실여부를 조사중인 경우 : 계약담당공무원이 조사 결과를 통보받을 때까지
12. 계약상품에 유해물질이 검출되는 등 긴급하게 판매 정지를 하지 않을 때에 국민의 생명·안전이 위협되는 경우 : 위협이 되는 요인이 해소됨이 확인될 때까지

13. 계약체결·이행과정에서 발생한 오류·착오로 인하여 공고규격과 맞지 않는 상품이 등록되거나 상품정보가 잘못 기재된 경우(단, 고의성이 없고 수요기관의 사업목적 달성에 영향이 없는 경우에 한함) : 품목삭제 또는 상품정보 수정 등 오류·착오 사항이 정정될 때까지

2. 디지털서비스

디지털서비스 카탈로그계약 특수조건 제17조에서 규정한다.

1. 제7조 제4항에 따라 계약상대자가 계약해지를 요청하는 경우 : 계약해지 요청 후 1개월
2. 관련법령 및 기준의 개정, 신규 적용 등으로 계약신청 요건을 충족하지 못하게 되는 경우 : 입찰참가자격 요건을 충족했다는 것이 확인될 때까지
3. 계약신청 자격의 유효기간 만료, 자진반납 등에 따른 단순취소 등 일시적으로 계약신청 요건을 충족하지 못하게 되는 경우 : 계약신청 요건을 충족했다는 것이 확인될 때까지
4. 계약이행 중인 누적 납품요구금액이 1회 최대 납품요구금액을 초과하게 되는 경우 : 1회 최대 납품요구금액을 증가시켜 수정계약을 체결하는 등 납품요구금액이 1회 최대 납품요구금액에 못 미치게 될 때까지
5. 부도, 파산 또는 휴·폐업, 그 밖에 계약상대자 책임으로 인한 계약불이행 등 계약이행이 불가능한 사실을 확인한 경우 : 계약해지시까지
6. 디지털서비스몰에 등록되어 있는 디지털서비스 카탈로그계약이 우수조달물품 등으로 지정되어 제3자 단가계약이 체결된 경우 : 계약해지시까지
7. 누적 납품요구금액이 계약금액을 초과하게 되는 경우 : 계약금액을 증가시켜 수정계약을 체결하는 등 누적 납품요구금액이 계약금액에 못 미치게 될 때까지
8. 계약상대자가 계약기간 중 부정당업자제재를 받은 경우 : 부정당업자제재기간 종료 시까지
9. 계약상대자의 위반행위(담합, 품질유지의무 위반 등)를 추정할 신빙성 있는 근거자료가 있어 사실 여부를 조사 중인 경우 : 계약담당공무원이 조사 결과를 통보받을 때까지
10. 디지털서비스 공급장소(데이터센터) 이전, 장애 발생 등으로 서비스를 일시적으로 중단하는 경우 : 서비스의 일시중단 사유가 해소되어 계약상대자가 판매 재개를 요청할 때까지

제 3 절 판매중지 절차·효과

Ⅰ. 절차

앞에서 살펴본 대로, 현행 실무는 판매중지를 할 때 사전통지나 의견 진술기회 부여 등 행정절차를 따르지 않는다. 그러나 판매중지 조치는 침익적 행정처분에 해당한다고 보아야 하고 특히 나라장터 종합쇼핑몰에 등록상품을 판매하는 계약상대자의 법적 지위와 이익을 개별적·직접적·구체적으로 제한하는 행위이므로, 판매중지를 할 때는 행정절차법이 정한 사전통지(제21조), 의견청취(제22조), 이유제시(제23조), 처분서 통지(제24조) 등 절차를 준수할 필요가 있다.

Ⅱ. 효과

판매중지 조치가 있으면, 계약상대자는 판매중지 기간 동안 나라장터 종합쇼핑몰에서 해당 상품을 판매하지 못한다. 그러나 거래정지와 달리 추가적인 불이익은 없다.

제6장 / 불공정 조달행위 조사

제1절 서론

Ⅰ. 개념

불공정 조달행위 조사란 조달청장이 공정성을 해하는 위반행위를 조사하기 위해 계약상대자 등에게 자료 제출을 요구하거나 사무소 등을 방문하여 시설·서류 등을 조사하는 행위를 말한다. 따라서 개념 요소를 ① 불공정 조달행위와 ② 조사로 나누어 살펴볼 필요가 있다.

1. 불공정 조달행위

불공정 조달행위란 수요물자 조달과정에서 발생하는 공정성을 해치는 행위를 말한다(불공정조달행위 조사 및 부당이득 환수 절차 등에 관한 규정 제2조 제1호). 조달사업법은 불공정 조달행위 유형으로, ① 입찰 또는 계약, 납품검사 등에 관한 서류를 위조·변조하거나 거짓 서류를 제출하는 행위, ② 직접생산기준을 위반하여 납품하는 행위, ③ 원산지를 거짓으로 표시하여 납품하는 행위, ④ 수요기관 등의 사전 승인 없이 계약규격과 다른 제품을 납품하는 행위, ⑤ 우대가격유지의무를 위반하는 행위, ⑥ 거짓이나 부정한 방법으로 우수제품등을 지정받은 행위를 규정한다(조달사업법 제21조 제1항 제1호부터 제6호).

위와 같은 불공정 조달행위 유형은 열거적이며, 법령에 특별한 규정이 없으면 그 밖에 행위는 불공정 조달행위에 포함되지 않는다. 법령이 나열하지 않은 위반행위 유형, 가령 담합 등까지도 불공정 조달행위에 포함한다면, 조달청장의 불공정 조달행위 조사권이 제한 없이 확장될 우려가 있기 때문이다. 다만, 물품구매(제조)계약특수조건 제12조 제1항 제6호, 제7호는 계약상대자가 직접이행의무를 위반하거나 브로커의 불공정행위에 대한 개입금지의무를 위반한 행위를 앞에서 본 불공정 조달행위 유형과 함께 나열하는데, 이는 엄밀한 의미에서 불공정 조달행위라기보다는 개별 계약조건이 정한 의무위반행위 정도로 이해해야 한다.

가. 입찰 또는 계약, 납품검사 등에 관한 서류를 위조·변조하거나 거짓 서류를 제출하는 행위

입찰 또는 계약, 납품검사 등 개념은 이미 살펴보았다. 위조란 작성 권한이 없는 자가 문서를 작성하는 것을, 변조란 작성 권한이 없는 자가 문서의 동일성을 해하지 않는 범위에서 문서내용에 변경을 가하는 것을, 거짓 서류란 객관적 진실에 반하는 내용을 기재한 서류를 각 의미한다.

나. 직접생산기준을 위반하여 납품하는 행위

입찰참가자격 중 제조업체 조건으로 계약을 체결한 상대방이, 계약목적물이 일반제품인 경우 '조달청 제조물품 직접생산확인 기준'을, 중소기업자간 경쟁제품인 경우 '중소기업자간 경쟁제품 직접생산 확인기준'을 각 위반하여 완제품을 납품하거나 직접생산 필수공정을 하도급하여 납품한 경우 등을 말한다.

다. 원산지를 거짓으로 표시하여 납품하는 행위

원산지란 자유무역협정의 이행을 위한 관세법의 특례에 관한 법률 제2조 제4호에서 규정한 바와 같이, 관세의 부과·징수 및 감면, 수출입물품의 통관 등을 할 때 협정에서 정하는 기준에 따라 물품의 생산·가공·제조 등이 있었다고 보는 국가를 말한다. 원산지 판정기준 등은 아래와 같이 국가종합전자조달시스템 종합쇼핑몰 운영규정에서 자세히 정한다(국가종합전자조달시스템 종합쇼핑몰 운영규정 제9조부터 제12조).

라. 수요기관 등의 사전 승인 없이 계약규격과 다른 제품을 납품하는 행위

조달청장이 수요기관으로부터 조달요청을 받아 계약상대자와 체결하는 계약은 제3자를 위한 계약이므로, 계약당사자는 수요기관이 아니라 대한민국(조달청장)이다.[1] 따라서 계약상대자는 조달청장의 사전 승인 없이 계약규격과 다른 제품을 납품할 수 없다. 다만, 조달사업법 제21조 제1항 제4호는 '수요기관 등의'라고 규정하므로, 수요기관이 계약규격 변경을 승인할 권리를 갖는지 문제된다. 그러나 이 규정은 수요기관 등에게 규격변경과 관련한 사전 승인 권한을 부여한 규정이 아니라 수요기관 등에게 사전 승인 권한이 있는 경우를 전제한 것일 뿐이고, 수요기관에게 규격변경과 관련한 사전 승인 권한이 없는 경우에는 설령 수요기관 요청에 따라 계약상대자가 계약규격과 다른 제품을 납품했더라도 이는 불공정 조달행위에 해당한다고 보아야 한다.[2]

---

1) 대법원 2022. 3. 31. 선고 2017다247145 판결.
2) 대전고등법원 2021. 12. 9. 선고 2020누13088 판결.

〔수요기관 등의 사전 승인 없이 계약규격과 다른 제품을 납품하는 행위의 의미〕

수요기관의 장이나 그 위임을 받은 공무원은 우수조달물품을 다른 물품으로 변경하는 것과 관련하여 계약담당공무원이라 볼 수 없고, 제3자를 위한 계약에 해당하는 이 사건 계약에서 수익자 지위에 있을 뿐이므로, 계약목적물을 다른 물품으로 변경할 권한이 없다. 조달사업법 제21조 제1항 제4호는 "수요기관 등의 사전 승인 없이 계약규격과 상이한 제품을 납품하는 행위"를 불공정 조달행위로 규정하나, 이 규정은 수요기관 등에게 규격변경과 관련한 사전 승인 권한을 부여한 규정이 아니라 수요기관 등에게 사전 승인 권한이 있는 경우를 전제한 것이고, 수요기관에게 규격변경과 관련한 사전 승인 권한이 없는 경우에는 설령 수요기관 요청에 따라 계약상대자가 계약규격과 상이한 제품을 납품했더라도 허용될 수 없다(대전고등법원 2021. 12. 9. 선고 2020누13088 판결).

마. 우대가격유지의무를 위반하는 행위

우대가격유지의무란 계약상대자가 계약가격을 계약상품(성능·사양이 계약상품과 동등 이상인 계약상대자의 상품을 포함)의 시장거래가격(계약상대자가 수요기관과 직접 계약을 체결하는 경우의 가격이나 계약상대자가 직접 판매한 가격, 총판에 공급한 가격 등 시장에 공급한 가격을 말함)과 같거나 시장거래가격보다 낮게 유지해야 한다는 계약상 의무를 말한다.

바. 거짓이나 부정한 방법으로 우수제품등을 지정받은 행위

거짓으로 작성하거나 위조·변조한 신청서류를 제출하거나 그 밖에 정당하지 않은 방법으로 조달사업법 제26조 등에 따른 우수제품등을 지정받은 행위를 말한다.

2. 조사

조달청장은 불공정 조달행위 신고를 접수하고, 신고 내용을 조사할 수 있다. 여기서 조사는 계약상대자, 입찰자, 전자조달시스템을 이용하여 견적서를 제출한 자에게 자료 제출을 요구하거나 사무소·사업장·공장 등을 방문하여 시설·서류 등을 살펴보는 방법으로 할 수 있다(조달사업법 제21조 제1항 참조).

Ⅱ. 법적 성격

1. 행정조사

가. 문제점

그런데 조달사업법 제21조 제1항 등이 정한 불공정 조달행위 조사가 어떤 성격을 갖는지 논란이 있다. 공공계약은 사법상 성질을 가지는데, 계약당사자인 대한민국(조달청장)이 대등·평등한 계약상대자에게 행사하는 조사행위를 계약에 근거한 사법상 조치로 볼지, 아니면 행정조사로 볼지에 대하여 견해가 대립하기 때문이다.

나. 견해 대립

1) 사법상 권리라는 견해

조달청장은 계약상대자와 대등한 계약당사자에 불과하고, 대등한 계약당사자가 그 상대방에게 권력적 사실행위 등에 해당하는 조사권을 행사한다는 것은 모순이므로, 불공정 조달행위 조사는 조달청장이 계약당사자로서 가지는 사법상 권리에 불과하다는 견해이다.

이 견해에 따르면, 불공정 조달행위 조사는 법령등에 근거가 없더라도 계약조건으로만 정하여 실시할 수 있고, 그 위법 여부는 행정쟁송이 아닌 민사소송으로 다투어야 한다고 본다.

2) 행정조사라는 견해

조달청장은 계약당사자이기도 하지만, 거래정지나 입찰참가자격제한 등 처분권을 가지는 행정청에도 해당한다. 또한, 조달청장은 불공정 조달행위 조사에 따라 시정요구, 거래정지 등 행정처분을 할 수 있기 때문에, 불공정 조달행위 조사는 행정상 실효성확보수단 중 하나인 행정조사로 보아야 한다는 견해이다.

이 견해에 따르면, 불공정 조달행위 조사는 법령등에 근거가 있어야만 실시할 수 있고 (행정조사기본법 제5조 참조), 그 근거가 바로 조달사업법 제21조라고 본다. 따라서 불공정 조달행위 조사의 유형에 따라 그 위법 여부를 행정쟁송으로 다툴 수 있다고 본다.

다. 판례

대법원 판례는 없지만, 하급심 판결은 불공정 조달행위 조사가 행정조사기본법이 정한 행정조사에 해당한다는 태도로 보인다.[1)]

---

1) 가령, 서울행정법원 2020. 5. 1. 선고 2018구합90626 판결.

라. 검토

생각건대 조달사업법 제21조 등이 불공정 조달행위 조사를 별도로 규정한 이유는 행정조사기본법 제5조 "행정기관은 법령등에서 행정조사를 규정하고 있는 경우에 한하여 행정조사를 실시할 수 있다."에 따른 것이기 때문이라고 이해할 수 있다. 행정조사는 행정기관이 정책을 결정하거나 직무를 수행하는 데 필요한 정보나 자료를 수집하기 위하여 현장조사·문서열람·시료채취 등을 하거나 조사대상자에게 보고요구·자료제출요구와 출석·진술요구를 하는 활동을 말하는데(행정조사기본법 제2조 제1호 참조), 여기서 '직무'는 반드시 강제적 성질을 가진 사무로 한정할 수 없고, 권력적 작용뿐만 아니라 사경제 주체로서 활동을 비롯한 비권력적 작용도 포함된다고 해석할 수 있으므로, 결국 불공정 조달행위 조사는 행정조사로서 성격을 갖는다고 보아야 한다. 다만, 조달사업법 제21조 등은 조달청장이 자료제출요구, 사무소 등 방문, 시설·서류 등 조사를 행정행위(처분) 형식이나 권력적 사실행위로 할 수 있는 근거라고 보기 어려우므로, 불공정 조달행위 조사는 대체로 비권권력 사실행위 형식(비권력적 조사)으로 실시할 수 있을 뿐이라고 본다. 또한, 필요한 자료 수집을 위해 실시하는 준비적·보조적 수단이라는 측면에서 직접 개인의 신체나 재산에 실력을 행사하여 행정상 필요한 상태를 실현하는 행정상 즉시강제와는 그 성격을 달리한다고 보아야 한다.[1)]

2. 행정행위·사실행위

불공정 조달행위 조사가 행정조사에 해당한다고 볼 때, 그 법적 성질이 무엇인지 문제된다. 불공정 조달행위 조사방법 중 자료제출 요구는 행정행위나 권력적 사실행위에 해당할 여지도 있으나 대체로 비권력적 사실행위이고, 사무소·사업장·공장 등을 방문하여 시설·서류 등을 조사하는 것이나 계약상대자의 자발적 협조 아래 실시하는 조사 역시 비권력적 사실행위에 해당할 수 있다.

Ⅲ. 법적 근거

행정기관은 법령등에서 행정조사를 규정하고 있는 경우에 한하여 행정조사를 실시할 수 있다. 다만, 조사대상자의 자발적인 협조를 얻어 실시하는 행정조사인 경우에는 그러하지 아니하다(행정조사기본법 제5조).

1) 하명호, 앞의 책, 304쪽.

1. 조달사업법

조달사업법 제21조는 불공정 조달행위 조사의 개념, 절차, 방법, 효과 등을 규정하고, 같은 법 시행령 제24조는 시정요구에 대한 이의제기 방법을 규정하며, 조달사업법령의 위임을 받은 불공정조달행위 조사 및 부당이득 환수 절차 등에 관한 규정은 조사방법과 절차, 부당이득환수 절차 등을 자세히 규정한다.

2. 행정조사기본법

행정조사기본법은 조사대상자의 자발적인 협조를 얻어 실시하는 경우를 제외하면 행정기관이 행정조사를 실시하기 위해서는 법령상 근거가 필요하다고 규정하는데(행정조사기본법 제5조), 조달사업법 제21조 등은 불공정 조달행위 조사의 근거에 해당한다. 다만, 개별법에 행정조사의 법적 근거나 방법 등을 규정하는 경우를 제외하면, 행정기관은 행정조사기본법을 준수해야 하므로(행정조사기본법 제3조 제1항), 조달청장은 불공정 조달행위 조사를 하는 과정에서 조달사업법은 물론 행정조사기본법도 준수해야 한다.

제 2 절 불공정 조달행위 조사의 기본원칙

Ⅰ. 실체법적 원칙

1. 비례원칙

조사를 수행하는 공무원(이하 '조사공무원'이라 한다)은 필요한 최소한의 범위에서 조사를 하여야 한다. 즉, 비례원칙에 따르는 한계를 지켜야 한다(조달사업법 제21조 제3항, 행정조사기본법 제4조 제1항). 여기서 조사공무원이란 불공정조달행위 조사와 부당이득한수 업무를 수행하는 조달청 소속 공무원을 말한다(불공정조달행위 조사 및 부당이득 환수 절차 등에 관한 규정 제2조 제4호).

2. 평등원칙

불공정 조달행위 조사를 위한 대상자를 선정할 때 합리적인 이유 없이 차별해서는 안된다. 가령, 조달청장은 조사목적, 법령준수 실적, 자율적 준수를 위한 노력, 규모와 업종 등을 고려하여 명백하고 객관적인 기준에 따라 대상자를 선정해야 한다(행정조사기본법 제8조

제1항).

3. 목적부합 원칙

조사공무원은 조사목적에 적합하도록 조사대상자를 선정하여 불공정 조달행위 조사를 실시해야 한다(행정조사기본법 제4조 제2항). 아울러 법령등 위반에 대한 처벌보다는 법령등을 준수하도록 유도하는 데 중점을 두어야 한다(행정조사기본법 제4조 제4항). 나아가 행정조사로 알게 된 정보를 다른 법률에 따라 내부에서 이용하거나 다른 기관에 제공하는 경우를 제외하고는 원래 조사목적이 아닌 용도로 이용하거나 타인에게 제공해서도 안 된다(행정조사기본법 제4조 제6항).

4. 권한남용금지 원칙

조사공무원은 다른 목적 등을 위해 권한을 남용해서는 안 된다(조달사업법 제21조 제3항, 행정조사기본법 제4조 제1항, 불공정조달행위 조사 및 부당이득 환수 절차 등에 관한 규정 제4조). 특히 불공정 조달행위 조사를 수사목적으로 이용할 경우 영장주의를 우회하는 수단으로 악용될 우려가 있으므로 주의해야 한다.[1)]

5. 중복조사제한 원칙

조달청장은 유사하거나 동일한 사안에 대한 공동조사 등을 실시하여 행정조사가 중복되지 않도록 해야 한다(행정조사기본법 제4조 제3항). 즉, 조사를 실시한 조달청장은 같은 사안에서 같은 조사대상 업체를 다시 조사해서는 안 된다. 다만, 이미 조사를 받은 조사대상 업체의 위법행위가 의심되는 새로운 증거를 확보한 경우에는 예외로 한다(행정조사기본법 제15조 제1항).

조달청장은 조사를 실시하기 전에 다른 행정기관에서 같은 조사대상 업체에게 똑같거나 비슷한 사안에서 조사를 실시했는지 확인할 수 있고(행정조사기본법 제15조 제2항), 이를 위하여 조사결과 자료를 요청할 수 있다. 이때 요청받은 다른 행정기관의 장은 특별한 사유가 없다면, 조달청장에게 관련 자료를 제공해야 한다(행정조사기본법 제15조 제3항).

6. 비밀준수 원칙

조달청장은 다른 법률에 따르지 않고는 조사대상자나 조사내용을 공표하거나 직무상

1) 하명호, 앞의 책, 307쪽.

알게 된 비밀을 누설해서는 안 된다(행정조사기본법 제4조 제5항). 따라서 조사공무원은 직무상 알게 된 조사대상 업체의 비밀을 누설하거나 조사목적 외에 이를 이용해서는 안 된다(불공정조달행위 조사 및 부당이득 환수 절차 등에 관한 규정 제6조 제1항). 여기서 행정조사기본법 제4조 제5항이 정한 다른 법률에는 정보공개법이 포함되나, 반대로 정보공개법 제9조 제1항 제1호가 정한 다른 법률에 행정조사기본법이 포함된다고 볼 수 없으므로, 불공정 조달행위 조사내용 등이 정보공개법상 비공개정보라고 해석하기는 곤란하다.[1)]

한편, 사건 처리과정에서 신고자 관련 정보를 인지한 자는 신고자의 인적사항이나 그가 신고자임을 미루어 알 수 있는 사실을 다른 사람에게 알려주거나 공개해서는 안 된다(불공정조달행위 조사 및 부당이득 환수 절차 등에 관한 규정 제6조 제2항).

Ⅱ. 절차법적 원칙

1. 증표 휴대와 제시원칙

조사를 수행하는 공무원은 그 권한을 표시하는 증표를 관계인에게 제시해야 한다(조달사업법 제21조 제2항). 이는 헌법상 기본원칙인 적법절차 원칙을 규정한 것이다.

2. 영장주의 문제

영장주의란 형사절차인 체포·구속·압수·수색을 하는 경우 법관이 발부한 영장을 제시해야 한다는 원칙이다(헌법 제12조 제3항). 이처럼 영장주의는 원칙적으로 형사절차에 적용되지만, 공무원이 불공정 조달행위 조사과정에서 압수·수색에 준하는 방법을 사용하는 경우에도 영장주의가 적용되는지 문제이다. 그러나 헌법 제12조 제3항은 형사피의자나 피고인을 대상으로 강제처분 하는 절차에만 적용되므로, 형사상 강제처분이 아닌 불공정 조달행위 조사에는 원칙적으로 영장주의가 적용되지 않는다고 본다.

〔압수·수색영장 없는 행정조사가 위법하지 않다고 본 사례〕

우편물 통관검사절차에서 이루어지는 우편물의 개봉, 시료채취, 성분분석 등의 검사는 수출입물품에 대한 적정한 통관 등을 목적으로 한 행정조사의 성격을 가지는 것으로서 수사기관의 강제처분이라고 할 수 없으므로, 압수·수색영장 없이 우편물의 개봉, 시료채취, 성분분석 등 검사가 진행되었다 하더라도 특별한 사정이 없는 한 위법하다고 볼 수 없다(대법원 2013. 9. 26. 선고 2013도7718 판결).

---

1) 서울행정법원 2020. 5. 1. 선고 2018구합90626 판결.

3. 실력행사 가능성

조사를 수행하는 공무원이 사무소 등 현장조사를 실시할 때 상대방이 이를 저지하거나 거부하면, 유형력 혹은 실력을 행사하여 조사를 강행할 수 있는지 문제된다. 그러나 행정조사 과정에서 강제력 행사는 법률상 근거를 가져야 하므로, 조달사업법과 행정조사기본법에 특별한 규정이 없는 만큼, 실력행사는 할 수 없다고 본다.[1]

제 3 절 불공정 조달행위 신고

Ⅰ. 의의

신고란 국민이 법령 규정에 따라 행정기관에게 일정한 사실을 진술·보고하는 행위를 말한다. 특히 국민이 불공정 조달행위와 관련해 조달청장에게 조사권 발동을 촉구한 행위를 불공정 조달행위 신고라고 한다.

불공정 조달행위 신고자는 법령상 그 자격에 제한이 없지만, 조달사업법 제21조 제7항은 특히 수요기관의 장도 필요하다고 인정하는 경우 조달청장에게 불공정 조달행위 조사를 요청할 수 있다고 규정한다. 조사를 요청한 수요기관의 장은 조달청장이 조사를 위해 자료제출 등을 요구하면 특별한 사유가 없는 한 이에 협조해야 한다(조달사업법 제21조 제7항). 다만, 아래에서는 수요기관의 장을 제외한 일반 국민이 조달청장에게 불공정 조달행위를 신고하고 조사권 발동을 촉구한 경우를 전제로 설명한다.

〔구별개념〕 자율신고제도와 자율관리체계

1. 자율신고제도

행정기관의 장은 법령등에서 규정하는 조사사항을 조사대상자로 하여금 스스로 신고하도록 하는 제도를 운영할 수 있다. 조사대상자가 신고한 내용이 거짓 신고라고 인정할 만한 근거가 있거나 신고내용을 신뢰할 수 없는 경우를 제외하고는 그 신고 내용을 행정조사에 갈음할 수 있다(행정조사기본법 제25조 제1항, 제2항).

2. 자율관리체계

행정기관의 장은 조사대상자가 자율적으로 행정조사사항을 신고·관리하고, 스스로 법령준수사항을 통제하도록 하는 체제 기준을 마련하여 고시할 수 있다. 그리하여 조사대상자, 조사대상자가 법

---

1) 하명호, 앞의 책, 308쪽.

령등에 따라 설립하거나 자율적으로 설립한 단체나 협회는 위 기준에 따라 자율관리체제를 구축하여 일정한 절차와 방법에 따라 행정기관의 장에게 신고할 수 있다. 국가와 지방자치단체는 행정사무의 효율적인 집행과 법령등 준수를 위해 조사대상자의 자율관리체제 구축을 지원해야 한다(행정조사기본법 제26조 제1항부터 제3항).

3. 자율신고 등에 대한 혜택 부여

행정기관의 장은 자율신고를 하는 자와 자율관리체제를 구축하고 자율관리체제 기준을 준수한 자에게 법령등으로 규정한 바에 따라 조사감면이나 행정·세제상 지원을 하는 등 필요한 혜택을 부여할 수 있다(행정조사기본법 제27조).

Ⅱ. 신고자

누구든지 불공정 조달행위를 확인하면 그 사실을 조달청장에게 신고할 수 있다(불공정 조달행위 조사 및 부당이득 환수 절차 등에 관한 규정 제16조 제1항). 따라서 신고자 자격은 제한이 없다.

다만, 조달청장은 수사, 재판, 형 집행 중인 사항, 행정심판이나 행정소송 등 불복구제 절차가 진행 중인 사항, 감사원 감사가 착수되었거나 감사 중인 사항, 중소벤처기업부, 수요기관 등에서 이미 조사가 진행 중인 사항 중 어느 하나에 해당하면, 접수대상에서 제외할 수 있다(불공정조달행위 조사 및 부당이득 환수 절차 등에 관한 규정 제16조 제2항 제1호부터 제4호).

Ⅲ. 신고방법

1. 신고센터 설치와 운영

조달청장은 불공정 조달행위 신고 접수를 위해 불공정 조달 신고센터를 설치·운영할 수 있다(불공정조달행위 조사 및 부당이득 환수 절차 등에 관한 규정 제17조 제1항).

2. 신고서와 증빙자료 제출

불공정 조달행위를 신고하려는 자는 조달청 홈페이지 신고센터, 우편 등을 이용해 조사담당부서의 장에게 신고서를 제출하고, 신고내용을 증빙하는 자료를 제출한다(불공정조달행위 조사 및 부당이득 환수 절차 등에 관한 규정 제18조 제1항). 신고하려는 자는 성명, 주소, 전화번호를 반드시 기재해야 한다(불공정조달행위 조사 및 부당이득 환수 절차 등에 관한 규정 제18조

제2항). 조사담당부서의 장은 신고내용이 불분명하거나 증빙자료가 불충분하면 신고자에게 신고내용을 보완하도록 요구할 수 있고, 신고자는 보완 요구를 받은 날부터 15일 안에 신고 내용을 보완하여 다시 제출해야 한다(불공정조달행위 조사 및 부당이득 환수 절차 등에 관한 규정 제18조 제3항).

3. 익명제보

조사담당부서의 장은 신고자가 신분을 밝히지 않고 신고하기를 원하는 경우에 익명으로 제보하도록 할 수 있다(불공정조달행위 조사 및 부당이득 환수 절차 등에 관한 규정 제18조의2 제1항). 이처럼 신고자가 익명으로 제보하는 경우, 조사담당부서의 장은 신고 접수사실 안내, 조달청 내 다른 부서나 다른 기관으로 신고 이첩 통지, 신고내용 보완요구, 조사불개시 결정 통지, 조사 종결 통지, 조사결과 통지(부당이득 환수 결정 포함), 그 밖에 신고자의 기명신고가 전제되는 행위를 하지 않아도 된다(불공정조달행위 조사 및 부당이득 환수 절차 등에 관한 규정 제18조의2 제2항 제1호부터 제7호).

4. 신고접수

조사담당부서의 장은 불공정 조달행위 신고가 접수되면 신고자에게 문자서비스나 홈페이지를 이용하여 접수사실을 안내해야 한다(불공정조달행위 조사 및 부당이득 환수 절차 등에 관한 규정 제19조 제1항). 그러나 신고 건이 납품 완료(대금지급 기준) 이전이면 계약담당부서로 이첩하며, 이러한 사실을 신고자에게 통지해야 한다(불공정조달행위 조사 및 부당이득 환수 절차 등에 관한 규정 제19조 제2항). 조사담당부서의 장은 신고내용의 전·일부가 다른 기관의 소관사항인 경우 관련기관에 이첩할 수 있고, 이러한 사실을 신고자에게 통지해야 한다(불공정조달행위 조사 및 부당이득 환수 절차 등에 관한 규정 제19조 제4항).

만약 불공정 조달행위 신고 건이 조사담당부서가 아닌 다른 부서나 외부기관에 접수되어 조사담당부서로 이첩된 경우에는 조사담당부서에서 수신한 일시를 신고일시로 본다(불공정 조달행위 신고자에 대한 포상금 지급에 관한 규정 제4조 제4항). 같은 신고자가 같은 업체를 다수 건으로 신고하여 함께 조사 후 조사결과보고서를 작성한 경우에는 신고 건을 1건으로 본다(불공정 조달행위 신고자에 대한 포상금 지급에 관한 규정 제4조 제5항).

한편, 조사담당부서의 장은 신고내용의 사실관계를 확인하기 위해 계약담당부서의 장에게 관련 자료 제출을 요청할 수 있고, 요청을 받은 계약담당부서의 장은 자료 제출 요청에 적극 협조해야 한다(불공정조달행위 조사 및 부당이득 환수 절차 등에 관한 규정 제19조 제3항).

5. 신고 취소요청

신고자는 조사담당부서의 장이 계약담당공무원이나 관련기관에 신고 건을 이첩하기 전까지 취소요청할 수 있고, 이때 조사담당부서의 장은 신고 건을 이첩하지 않고 종결처리할 수 있다(불공정조달행위 조사 및 부당이득 환수 절차 등에 관한 규정 제19조 제5항 본문).

그러나 신고자는 신고 건이 이첩된 이후에 신고 취소를 요청할 수 없다(불공정조달행위 조사 및 부당이득 환수 절차 등에 관한 규정 제19조 제5항 단서). 또한, 신고 건이 조사 개시된 이후에도 신고 취소를 요청할 수 없다(불공정조달행위 조사 및 부당이득 환수 절차 등에 관한 규정 제20조 제2항).

Ⅳ. 신고처리

1. 조사개시 결정

조사담당부서의 장은 신고 접수한 날부터 15일 안에 신고내용과 관련 증빙 자료 등을 검토하여 불공정 조달행위 혐의가 있거나 조사 필요성이 있다고 인정하면, 조사를 개시해야 한다(불공정조달행위 조사 및 부당이득 환수 절차 등에 관한 규정 제20조 제1항). 다만, 증빙자료 진위 검토에 오랜 기간이 소요되는 등 정당한 사유가 있으면 조사개시를 연기할 수 있다(불공정조달행위 조사 및 부당이득 환수 절차 등에 관한 규정 제20조 제3항). 한편, 일단 조사담당부서의 장이 신고 건에 대한 조사를 개시하면, 신고자는 더 이상 신고 건을 취소 요청할 수 없다(불공정조달행위 조사 및 부당이득 환수 절차 등에 관한 규정 제20조 제2항). 신고자가 일방적인 의사로써 불공정조달행위 조사를 좌우하는 것을 막기 위한 규정이다. 다만, 조사개시 이전에 신고자가 신고 건을 취소 요청하면 조사를 개시하지 않을 수 있을 뿐, 조사를 개시하면 안 된다는 규정도 없기 때문에, 위와 같은 제20조 제2항이 반드시 필요한 규정인지는 의문이 든다.

〔조사개시 결정이 행정처분인지〕

대법원은 세무조사결정[1]이나 친일반민족행위자재산조사위원회의 재산조사개시결정[2] 등을 항고쟁송 대상인 처분으로 보지만, 불공정조달행위 조사는 그 개시결정에 따라 상대방이 검사를 수인할 '법적' 의무를 부담하는지 의문이 들고, 불공정조달행위 조사로 상대방의 재산권이나 영업의 자유 등을

---

1) 대법원 2011. 3. 10. 선고 2009두23617, 23624 판결.
2) 대법원 2009. 10. 15. 선고 2009두6513 판결.

심각하게 침해할 위험이 있다고 보기 어려우며, 상대방은 조사결과에 따른 부당이득환수 조치나 거래정지, 입찰참가자격제한 등을 대상으로 다투어 권리구제를 받을 수 있으므로, 불공정조달행위 조사개시 결정을 행정처분이라고 보기는 곤란하다.

2. 조사불개시 결정

조달청장은 신고접수 제외 사유가 있는 경우, 신고자가 자료보완 요구에 따르지 않은 경우, 이미 처리한 사건과 같은 위반사실을 다시 신고한 경우로서 새로운 사실이나 증거자료 등이 없는 경우, 신고내용이 불공정 조달행위에 해당하지 않은 경우, 입찰참가자격제한 처분의 제척기간이 지난 경우, 불공정 조달행위 혐의 없음이 명백한 경우, 신고자가 조사개시 전에 신고 건을 취소요청한 경우 중 어느 하나에 해당하면, 조사를 개시하지 않을 수 있다(불공정조달행위 조사 및 부당이득 환수 절차 등에 관한 규정 제21조 제1항 제1호부터 제7호). 조사담당부서의 장은 조사불개시 결정이 있는 경우 신고자에게 그러한 사실을 서면으로 통지해야 한다(불공정조달행위 조사 및 부당이득 환수 절차 등에 관한 규정 제21조 제2항).

3. 조사중단

조사담당부서의 장은 조사대상 업체의 폐업 등으로 조사가 불가능하다고 인정하면 조사를 중단할 수 있다(불공정조달행위 조사 및 부당이득 환수 절차 등에 관한 규정 제21조의2 제1항). 다만, 폐업 등으로 조사를 불가능하게 한 업체 행위에 고의가 있다고 의심이 드는 경우에는 형사고발을 할 수 있다(불공정조달행위 조사 및 부당이득 환수 절차 등에 관한 규정 제21조의2 제2항). 다만, 형사고발에 적용할 죄명이 마땅하지 않으므로, 그 실효성에 의문이 든다.

4. 조사종결

조사담당부서의 장은 조사개시 결정 이후 해당 조사 건에 조사불개시 결정 사유 중 하나가 발생하면 조사를 종결할 수 있다(불공정조달행위 조사 및 부당이득 환수 절차 등에 관한 규정 제21조의3 제1항). 그리고 조사를 종결하면 신고자에게 그 사실을 서면으로 통지해야 한다(불공정조달행위 조사 및 부당이득 환수 절차 등에 관한 규정 제21조의3 제2항).

Ⅴ. 신고포상금 지급

1. 의의

조달청장은 불공정 조달행위를 신고하거나 제보하고 그 신고나 제보를 증명할 수 있는 증거자료를 제출한 사람에게 예산 범위에서 포상금을 지급할 수 있다(조달사업법 제23조 제1항, 불공정조달행위 조사 및 부당이득 환수 절차 등에 관한 규정 제16조의2 제1항, 불공정 조달행위 신고자에 대한 포상금 지급에 관한 규정 제4조 제8항). 신고포상금은 불공정 조달행위 신고자에 대한 포상금 지급에 관한 규정에 따라 지급한다(불공정조달행위 조사 및 부당이득 환수 절차 등에 관한 규정 제16조의2 제2항).

2. 포상금 지급대상자

가. 적용요건

포상금 지급대상자는 ① 불공정 조달행위를 조사담당부서에 신고할 것, ② 조달사업법 제21조 제1항에 따른 불공정 조달행위의 감사·조사 업무 관련기관이나 수사기관이 인지하기 전에 불공정 조달행위를 최초로 신고하거나 제보하고 자료를 제공했을 것, ③ 조사기관 등의 감사·조사 업무에 종사했던 공직자가 자기 직무이거나 직무였던 사항과 관련하여 신고하거나 제보한 경우가 아닐 것, ④ 불공정 조달행위 당사자가 아닐 것, ⑤ 신고 내용이 불공정 조달행위 위반 증명에 필요한 직접적인 근거로서 증거자료를 제출한 것, ⑥ 불공정 조달행위 신고에 따른 조사 결과, 조달청장이 조달사업법 제22조에 따른 거래정지를 확정하거나 조달청 계약심사협의회에서 과징금 부과, 부정당업자 입찰참가자격제한 처분이나 부당이득환수 결정을 할 것, ⑦ 신고 당시 성명, 연락처 등 신고자 정보를 밝힐 것이라는 요건을 모두 갖춘 자로 한다(조달사업법 제23조 제3항, 같은 법 시행령 제26조 제1항 제1호부터 제3호, 불공정 조달행위 신고자에 대한 포상금 지급에 관한 규정 제3조 제1항 제1호부터 제4호).

또한, 조사 결과에 따른 거래정지나 계약심사협의회 결정 내용에 행정심판, 행정소송, 민사소송 등 소송이 제기되더라도 그와 관계없이 포상금을 지급한다(불공정 조달행위 신고자에 대한 포상금 지급에 관한 규정 제3조 제2항).

나. 제외

① 신고 내용이 신고 전에 언론매체 등에 공개된 내용으로서 새로운 사실이나 증거가 없는 경우, ② 불공정 조달행위 감사·조사 업무 관련 기관이나 수사기관이 인지하여 조사·수사 중이거나 조사·수사 완료된 경우, ③ 신고자가 불공정 조달행위 관련 감사·조사 업무

또는 수사기관에 종사하거나 종사했던 자로서 본인의 직무이거나 직무였던 사항과 관련하여 신고한 경우, ④ 신고자가 불공정 조달행위 당사자인 경우(다만, 법인, 개인사업자 등 업체에 소속된 임직원이 자신이 소속된 업체를 신고한 경우는 당사자로 보지 않음), ⑤ 그 밖에 공정조달국업무심의회에서 포상금을 지급하는 것이 적절하지 않다고 결정한 경우에는 포상금을 지급하지 않는다(불공정 조달행위 신고자에 대한 포상금 지급에 관한 규정 제3조 제3항 제1호부터 제4호). 나아가 신고자가 익명제보를 한 경우에는 신고포상금 지급대상에서 제외한다(불공정조달행위 조사 및 부당이득 환수 절차 등에 관한 규정 제16조의2 제3항).

3. 포상금 지급기준

가. 원칙

포상금 지급금액은 불공정 조달행위 규모, 조달사업에 미치는 영향, 예산 등을 고려하여 조달청장이 정하되, 포상금 지급한도는 2천만 원으로 한다(조달사업법 제23조 제3항, 같은 법 시행령 제26조 제2항). 포상금은 신고자 등의 비밀을 보장하기 위해 현금 지급을 원칙으로 한다(조달사업법 제23조 제3항, 같은 법 시행령 제26조 제항).

나. 내용

포상금 지급 기준은 다음과 같다(불공정 조달행위 신고자에 대한 포상금 지급에 관한 규정 제4조 제1항 별표 참조).

첫째, 불공정 조달행위 신고에 대한 조사결과에 따라 거래정지, 과징금 부과나 부정당업자 제재 처분을 한 경우 다음과 같이 신고포상금을 지급하되, 1천만 원 이내에서 다음 각 호에 따라 합산하여 산정한다.

포상금 산정기준	신고포상금
거래정지, 과징금 부과 또는 부정당제재기간이 3개월 이하	50만원
부정당제재기간이 3개월 초과 1년 미만	70만원
부정당제재기간이 1년 이상	100만원

둘째, 불공정 조달행위 신고에 대한 조사결과에 따라 부당이득을 환수하기로 결정한 경우 다음 부당이득 환수결정금액 구간별 산정한 합산 금액을 신고포상금으로 지급한다.

부당이득 환수 결정 금액	신고포상금
1천만원 이하	10만원
1천만원 초과~1억원 이하	부당이득 환수 결정금액×1%(최대 90만원)
1억원 초과~5억원 이하	부당이득 환수 결정금액×0.4%(최대 160만원)
5억원 초과~15억원 이하	부당이득 환수 결정금액×0.16%(최대 160만원)
15억원 초과~30억원 이하	부당이득 환수 결정금액×0.06%(최대 90만원)
30억원 초과	부당이득 환수 결정금액×0.02%

만약 하나의 신고에 대한 조사결과로 첫째 사유와 둘째 사유가 모두 발생하면, 신고포상금을 각각 또는 합산하여 지급할 수 있다(불공정 조달행위 신고자에 대한 포상금 지급에 관한 규정 제4조 제2항).

한편, 2인 이상이 같은 업체의 같은 위반행위를 신고한 경우, 먼저 신고한 자에게 포상금을 지급한다(불공정 조달행위 신고자에 대한 포상금 지급에 관한 규정 제4조 제3항). 그리고 같은 신고 건으로 2개 업체 이상에게 부정당업자 제재, 과징금 부과, 부당이득 환수를 결정한 경우에는 각 업체별로 산정한 포상금을 합산하여 지급한다(불공정 조달행위 신고자에 대한 포상금 지급에 관한 규정 제4조 제7항).

4. 포상금 지급절차

가. 포상금 지급신청

공정조달총괄과장은 신고 건의 조사결과에 따라 거래정지, 과징금 부과, 부정당업자제재 처분, 부당이득환수 결정이 있는 경우, 신고자에게 그 사실을 통지해야 하는데, 위 통지를 받은 신고자는 불공정 조달행위 신고포상금 지급신청서를 작성하여 조달청장에게 포상금을 신청해야 한다. 다만, 신고자가 통지받은 날로부터 5년 동안 포상금을 신청하지 않으면, 국가재정법 제96조 제2항에 따라 시효로 소멸한다(조달사업법 제23조 제3항, 같은 법 시행령 제26조 제4항, 불공정 조달행위 신고자에 대한 포상금 지급에 관한 규정 제5조 제1항, 제2항, 제3항).

나. 포상금 지급결정

포상금 지급대상이나 지급액은 불공정 조달행위 조사가 끝난 후 결정한다(조달사업법 제23조 제3항, 같은 법 시행령 제26조 제4항). 조달청장은 불공정 조달행위 신고포상금 지급신청서를 접수하면 공정조달국 업무심의회를 거쳐 포상금 지급 여부를 결정한다(불공정 조달행위 신고자에 대한 포상금 지급에 관한 규정 제6조 제1항). 이에 따라 포상금 지급 여부를 결정하면,

그 결정일로부터 15일 안에 신고자에게 불공정 조달행위 신고포상금 지급결정서를 송부하거나 미지급 사유를 통지해야 한다(불공정 조달행위 신고자에 대한 포상금 지급에 관한 규정 제6조 제2항). 만약 불공정 조달행위 신고포상금 지급결정서를 송부했다면, 그로부터 15일 안에 신고자가 제출한 예금계좌로 포상금을 입금해야 한다(불공정 조달행위 신고자에 대한 포상금 지급에 관한 규정 제6조 제3항).

다. 포상금 심의

공정조달국 업무심의회는 포상금 지급대상자 해당 여부, 포상금 지급기준 충족 여부, 포상금액, 그 밖에 포상금 지급과 관련한 사항을 심의한다(불공정 조달행위 신고자에 대한 포상금 지급에 관한 규정 제7조 제1호부터 제4호).

라. 포상금 환수

조달청장은 ① 같은 신고 내용으로 다른 기관에서 포상금을 중복 지급한 사실을 확인한 경우, ② 그 밖에 착오 등으로 포상금을 잘못 지급한 경우 중 어느 하나에 해당하면 이를 환수할 수 있다(불공정 조달행위 신고자에 대한 포상금 지급에 관한 규정 제8조 제1호, 제2호). 포상금 환수는 민법상 부당이득반환청구로서 성질을 가진다(민법 제741조 참조).

5. 비밀유지

신고나 제보를 받은 사람은 신고자의 신분 등과 관련한 비밀을 유지해야 한다(조달사업법 제23조 제2항). 즉, 불공정 조달행위 신고 건에 관여한 공무원은 신고자의 신원 등 비밀을 유지해야 한다(불공정 조달행위 신고자에 대한 포상금 지급에 관한 규정 제9조).

제 4 절 불공정 조달행위 조사 방법과 절차

Ⅰ. 조사계획 수립과 조사대상 선정

1. 조사범위

조사공무원은 조달청장이 체결한 수요물자 계약에서 발생한 불공정 조달행위를 조사한다(불공정조달행위 조사 및 부당이득 환수 절차 등에 관한 규정 제3조). 따라서 조달청장이 체결한 수요물자 계약이 아니라 가령, 다른 중앙관서의 장이나 지방자치단체의 장 등이 직접 체결한 계약에서 발생한 불공정 조달행위는 조사범위가 아니다.

2. 조사계획 수립

조사공무원은 수요기관 등의 제보, 언론보도, 공정조달관리시스템 등을 토대로 조사계획을 수립할 수 있다(불공정조달행위 조사 및 부당이득 환수 절차 등에 관한 규정 제5조 제1항). 조사계획을 수립할 때에는 객관적이고 합리적인 기준에 따라 조사대상 업체를 선정해야 하며, 조사계획서에는 조사목적·근거·기간·방법, 조사대상 선정기준, 선정기준의 근거, 선정된 조사대상 업체 명단, 조사공무원 구성 등을 명시해야 한다(불공정조달행위 조사 및 부당이득 환수 절차 등에 관한 규정 제2항).

한편, 조달청장은 매년 12월 말까지 다음 연도 행정조사운영계획을 수립해야 한다(행정조사기본법 제6조 제1항, 같은 법 시행령 제2조 제1항 제1호). 조달청장이 행정조사운영계획을 수립하는 때에는 행정조사 기본원칙에 따라야 하고(행정조사기본법 제6조 제2항), 행정조사운영계획에는 조사의 종류·조사방법·공동조사 실시계획·중복조사 방지계획, 그 밖에 조사의 근거, 조사의 목적, 조사대상자의 범위, 조사의 기간과 시기 등을 포함해야 한다(행정조사기본법 제6조 제3항, 같은 법 시행령 제2조 제2항 제1호부터 제4호).

3. 조사대상 선정

조사공무원은 조사계획을 수립할 때 계약규모, 시장점유율, 공공질서에 미치는 영향 등을 종합적으로 검토하여 조사대상 업체를 선정할 수 있다(불공정조달행위 조사 및 부당이득 환수 절차 등에 관한 규정 제5조 제3항). 조사는 특별한 사정이 없다면 조사개시 일부터 최근 5년 이내에 조사대상 업체가 수요기관에 납품을 완료(대금지급일 기준)한 건을 대상으로 한다(불공정조달행위 조사 및 부당이득 환수 절차 등에 관한 규정 제5조 제4항).

한편, 조달청장은 조사목적, 법령준수 실적, 자율적인 준수를 위한 노력, 규모와 업종 등을 고려하여 명백하고 객관적인 기준에 따라 행정조사 대상을 선정해야 한다(행정조사기본법 제8조 제1항). 조사대상자는 조사대상 선정기준의 열람을 조달청장에게 신청할 수 있다(행정조사기본법 제8조 제2항). 열람신청을 받은 조달청장은 조사업무를 수행할 수 없을 정도로 조사활동에 지장을 초래하는 경우, 내부고발자 등 제3자를 보호할 필요가 있는 경우 중 어느 하나에 해당하는 경우를 제외하고 신청인이 조사대상 선정기준을 열람할 수 있도록 해야 한다(행정조사기본법 제8조 제3항).

4. 조사계획 보고와 보안 유지

조사공무원은 수립한 조사계획을 조달청장에게 보고해야 한다(불공정조달행위 조사 및 부당이득 환수 절차 등에 관한 규정 제5조 제5항). 그리고 조사계획이나 조사 관련 정보가 외부에 유출되지 않도록 보안을 유지해야 한다(불공정조달행위 조사 및 부당이득 환수 절차 등에 관한 규정 제5조 제6항).

한편, 조달청장은 수립한 행정조사운영계획을 국무조정실장에게 제출해야 한다(행정조사기본법 제6조 제1항, 같은 법 시행령 제2조 제1항 제1호). 국무조정실장은 조달청장이 제출한 행정조사운영계획을 검토한 후 그에 대한 보완을 요청할 수 있고, 조달청장은 특별한 사정이 없다면 이에 응해야 한다(행정조사기본법 제6조 제4항).

Ⅱ. 조사방법

1. 자료제출 요구·보고요구

가. 자료제출 요구

조사담당부서의 장은 조사대상 업체에게 불공정 조달행위 확인과 부당이득 환수에 필요한 계약물품 생산과 관련한 거래내역서, 원·부자재 구매명세서, 운송내역서, 전산자료 등 자료제출을 요구할 수 있다(불공정조달행위 조사 및 부당이득 환수 절차 등에 관한 규정 제8조 제1항). 자료제출요구는 제출기간, 제출요청사유, 제출서류(제출서류 반환 여부 포함), 제출근거, 제출거부에 따른 제재, 그 밖에 해당 조사와 관련하여 필요한 사항을 기재한 서면으로 해야 한다(행정조사기본법 제10조 제2항, 불공정조달행위 조사 및 부당이득 환수 절차 등에 관한 규정 제8조 제2항).

한편, 조사담당부서의 장은 자료제출 요구와 별개로 수요기관의 협조를 얻어 수요기관이 보유한 자료 중 조사에 필요한 자료를 제출받을 수 있다(불공정조달행위 조사 및 부당이득 환수 절차 등에 관한 규정 제8조 제3항). 수요기관의 장은 조달청장이 조사를 위해 자료제출 등을 요구하면 특별한 사유가 없는 한 이에 협조해야 하기 때문이다(조달사업법 제21조 제7항 참조).

그리고 조달청장은 인터넷 등 정보통신망을 활용하여 조사대상자로 하여금 자료제출 등을 하게 할 수 있다(행정조사기본법 제28조 제1항). 이와 같이 정보통신망으로 자료제출 등을 받은 경우에는 조사대상자의 신상이나 사업비밀 등이 유출되지 아니하도록 제도적·기술적 보안조치를 강구해야 한다.

나. 보고요구

조달청장은 위와 같은 자료제출 요구와 별개로, 조사대상업체에 보고를 요구할 수도 있다. 즉, 조사대상 업체에게 일시와 장소, 조사목적과 범위, 보고해야 하는 내용, 보고 거부에 따른 제재(근거법령과 조항 포함), 그 밖에 해당 조사에 필요한 사항을 적은 보고요구서를 발송하여 조사사항과 관련한 보고를 요구할 수 있다(행정조사기본법 제10조 제1항 제1호부터 제5호).

2. 현장조사

가. 의의

조사공무원은 조사대상 업체의 사무소·공장 등을 방문하여 불공정 조달행위 확인과 부당이득 환수에 필요한 업무자료, 회계서류, 전산자료와 수요물자 등을 조사할 수 있다(불공정조달행위 조사 및 부당이득 환수 절차 등에 관한 규정 제9조 제1항). 조사공무원은 현장조사와 별개로 수요기관의 협조를 얻어 조사와 관련된 물품이나 용역의 납품 현장 등을 조사할 수도 있다(불공정조달행위 조사 및 부당이득 환수 절차 등에 관한 규정 제9조 제11항).

나. 통지

현장조사 통지를 할 때는 조사목적, 조사기간과 장소, 조사근거, 조사공무원의 성명과 직위, 조사받는 기업의 권리를 서면에 기재해야 한다(행정조사기본법 제11조 제1항 제1호부터 제7호). 다만, 증거인멸이 우려되는 경우에는 현장조사 당일에 교부할 수 있다(불공정조달행위 조사 및 부당이득 환수 절차 등에 관한 규정 제9조 제2항 제1호부터 제5호). 특히 조사목적에는 불공정 조달행위 위반 혐의도 함께 기재해야 한다(불공정조달행위 조사 및 부당이득 환수 절차 등에 관한 규정 제9조 제3항).

다. 한계

1) 야간조사 제한

현장조사는 해가 뜨기 전이나 해가 진 뒤에 할 수 없다. 다만, ① 조사대상자(대리인이나 관리책임이 있는 자를 포함)가 동의한 경우, ② 사무실이나 사업장 등의 업무시간에 행정조사를 실시하는 경우, ③ 해가 뜬 후부터 해가 지기 전까지 행정조사를 실시하면 조사목적을 달성할 수 없거나 증거인멸로 조사대상자의 법령등 위반 여부를 확인할 수 없는 경우 중 어느 하나에 해당하면 예외로 한다(행정조사기본법 제11조 제2항 제1호부터 제3호).

2) 추가 장소 조사가능성

조사공무원은 조사목적상 필요하면 조사대상 업체의 협조를 받아 조사공문에 기재한 장소가 아닌 장소에서도 추가로 조사할 수 있다(불공정조달행위 조사 및 부당이득 환수 절차 등에 관한 규정 제9조 제5항). 따라서 조사대상 업체의 협조를 전제하기 때문에, 조사대상 업체가 동의하지 않으면 원래 기재한 장소가 아닌 장소를 추가로 조사할 수 없다.

라. 증표휴대·제시

현장조사를 하는 조사공무원은 그 권한을 나타내는 증표를 지니고 이를 조사대상자에게 내보여야 한다(행정조사기본법 제11조 제3항).

마. 조사기간 연장

조사공무원은 조사기간 내에 조사목적 달성을 위한 충분한 조사를 하지 못한 경우, 조사기간을 연장할 수 있다. 이때는 조사대상 업체에게 조사기간 연장 사실을 통지해야 한다(불공정조달행위 조사 및 부당이득 환수 절차 등에 관한 규정 제9조 제6항).

바. 조사종료

조사공무원은 현장조사를 종료하는 경우 조사과정 확인서를 작성하고, 조사대상 업체에게 확인을 받아야 한다(불공정조달행위 조사 및 부당이득 환수 절차 등에 관한 규정 제9조 제7항). 그리고 조사대상 업체로부터 직접 수집하거나 제출받은 자료가 있으면 수집·제출 자료목록을 작성하고, 조사대상 업체에게 이를 통지해야 한다(불공정조달행위 조사 및 부당이득 환수 절차 등에 관한 규정 제9조 제8항). 그리고 조사대상 업체의 방어권을 보장하기 위해 조사대상업체에게 현장조사 이후 사건처리절차를 충분히 설명해야 한다(불공정조달행위 조사 및 부당이득 환수 절차 등에 관한 규정 제9조 제1항).

사. 진술조서나 확인서 등사

조사공무원은 조사대상업체가 진술조서나 확인서 복사를 요구하면 이에 협조해야 한다(불공정조달행위 조사 및 부당이득 환수 절차 등에 관한 규정 제9조 제9항).

3. 시료채취

조사담당부서의 장은 조사목적 달성을 위해 조사대상업체의 정상적인 경제활동을 방해하지 않는 범위에서 최소한도로 시료를 채취할 수 있다(행정조사기본법 제12조 제1항, 불공정조달행위 조사 및 부당이득 환수 절차 등에 관한 규정 제10조 제1항). 시료채취는 조사대상업체의 협조 아래 진행해야 한다(불공정조달행위 조사 및 부당이득 환수 절차 등에 관한 규정 제10조 제2항). 만약 시료채취로 조사대상업체에게 손실을 입혔다면, 조달청장은 행정조사기본법 시행령 제7조가 정하는 절차와 방법에 따라 그 손실을 보상해야 한다(행정조사기본법 제12조 제2항).

한편, 조사담당부서의 장은 시료채취와 별개로 수요기관의 협조를 얻어 납품현장의 시료를 채취할 수 있다(불공정조달행위 조사 및 부당이득 환수 절차 등에 관한 규정 제10조 제3항).

4. 출석 및 진술·확인요구

가. 출석요구

조달청장은 조사대상업체에게 출석·진술을 요구하려면, 일시와 장소, 출석요구 취지, 출석하여 진술해야 하는 내용, 제출자료, 출석거부에 따른 제재(근거 법령과 조항 포함), 그 밖에 조사에 필요한 사항을 기재한 출석요구서를 발송해야 한다(행정조사기본법 제9조 제1항 제1호부터 제6호). 조사대상 업체는 지정 출석일시에 출석하면 업무나 생활에 지장을 받을 경우 조달청장에게 출석일시를 변경하여 달라고 신청할 수 있으며, 변경신청을 받은 조달청장은 행정조사 목적을 달성할 수 있는 범위 안에서 출석일시를 변경할 수 있다(행정조사기본법 제9조 제2항). 출석한 조사대상업체가 출석요구서에 기재된 내용을 이행하지 않아 행정조사 목적을 달성할 수 없는 경우를 제외하고는 조사공무원은 조사대상자의 1회 출석으로 해당 조사를 종결해야 한다(행정조사기본법 제9조 제3항).

나. 진술·확인요구

조사담당부서의 장은 조사대상업체에게 조사와 관련한 사항을 진술하거나 확인하도록 요구할 수 있다(불공정조달행위 조사 및 부당이득 환수 절차 등에 관한 규정 제11조 제1항). 다만, 진술·확인을 요구할 때는 조사대상업체에게 협조를 구해야 한다(불공정조달행위 조사 및 부당이득 환수 절차 등에 관한 규정 제11조 제2항).

5. 그 밖에 조사방법

가. 제3자에 대한 보충조사

조달청장은 조사대상업체를 대상으로 한 조사만으로는 해당 조사목적을 달성할 수 없거나 조사대상업체의 행위인지 등을 증명하는 데 과도한 비용 등이 들어가는 경우로서 다른 법률에서 제3자에 대한 조사를 허용하는 경우와 제3자의 동의가 있는 경우 중 어느 하나에 해당하면, 제3자에 대해서도 보충조사를 할 수 있다(행정조사기본법 제19조 제1항 제1호, 제2호). 이에 따라 조사담당부서의 장은 조사대상업체를 조사해서는 해당 조사목적을 달성할 수 없어 이해관계인 등 제3자의 진술이나 확인 조사가 필요하다고 판단하면, 제3자의 동의를 받아 조사할 수 있다(불공정조달행위 조사 및 부당이득 환수 절차 등에 관한 규정 제11조 제3항).

조사담당부서의 장은 위와 같이 보충조사를 실시하는 경우 조사개시 7일 전까지 해당 제3자에게 보충조사 일시, 장소, 조사취지 등을 서면으로 통지해야 한다(행정조사기본법 제19조 제2항, 불공정조달행위 조사 및 부당이득 환수 절차 등에 관한 규정 제11조 제4항). 또한, 보충조사 전에 그 사실을 조사대상업체에게 통지해야 하되, 사전에 통지할 경우 조사목적을 달성할 수 없거나 조사목적 달성이 현저히 곤란한 때에는 제3자에 대한 조사결과를 확정하기 전에 그 사실을 통지해야 한다(행정조사기본법 제19조 제3항, 불공정조달행위 조사 및 부당이득 환수 절차 등에 관한 규정 제11조 제5항). 조사대상업체는 위 통지를 받으면 의견을 제출할 수 있다(행정조사기본법 제19조 제4항).

나. 자료등 영치

조사공무원은 현장조사 중에 자료·서류·물건 등을 영치하려면 조사대상 업체나 그 대리인을 입회하게 해야 한다(행정조사기본법 제13조 제1항). 다만, 자료등을 영치하는 경우에 조사대상자의 생활이나 영업이 사실상 불가능하게 될 우려가 있으면, 조사공무원은 자료등을 사진으로 촬영하거나 사본을 작성하는 등 방법으로 영치에 갈음할 수 있다. 다만, 증거인멸의 우려가 있는 자료등을 영치하는 경우에는 예외로 한다(행정조사기본법 제13조 제2항).

이에 따라 조사공무원이 영치를 완료하면, 영치조서 2부를 작성하여 입회인과 함께 서명날인하고 그 중 1부를 입회인에게 교부해야 한다(행정조사기본법 제13조 제3항).

그리고 조달청장은 영치한 자료등이, ① 검토결과 해당 조사와 관련이 없다고 인정하는 경우, ② 해당 조사목적의 달성 등으로 영치 필요성이 소멸한 경우 중 어느 하나에 해당하면, 즉시 이를 반환해야 한다(행정조사기본법 제13조 제4항 제1호, 제2호).

다. 공동조사

조달청장은 ① 소속 2개 이상 부서가 같거나 유사한 업무분야에서 같은 조사대상 업체에게 조사를 실시하는 경우와 ② 다른 행정기관이 일정한 분야에서 같은 조사대상업체에게 조사를 실시하는 경우 중 어느 하나에 해당하는 행정조사를 실시하는 경우, 공동조사를 해야 한다(행정조사기본법 제14조 제1항, 같은 법 시행령 제9조 제1항 제1호부터 제4호).

위와 관련하여 사전통지를 받은 조사대상업체는 관계 행정기관의 장에게 공동조사를 실시해 달라고 신청할 수 있다. 이때, 조사대상업체는 신청인의 성명·조사일시·신청이유 등을 기재한 공동조사신청서를 관계 행정기관의 장에게 제출해야 하고(행정조사기본법 제14조 제2항), 공동조사를 요청받은 조달청장은 이에 응해야 한다(행정조사기본법 제14조 제3항).

라. 자발적인 협조에 따라 실시하는 조사

조달청장이 조사대상업체의 자발적인 협조를 얻어 조사를 실시하고자 하는 경우 조사대상업체는 문서·전화·구두 등 방법으로 해당 조사를 거부할 수 있다(행정조사기본법 제20조 제1항). 조사대상업체가 이러한 조사에 응할지를 응답하지 않은 경우, 법령등에 특별한 규정이 없다면 그 조사를 거부했다고 본다(행정조사기본법 제20조 제2항). 조달청장은 조사거부자의 인적사항 등 기초자료를 특정 개인을 식별할 수 없는 형태로 통계를 작성하는 경우에 한정하여 이용할 수 있다(행정조사기본법 제20조 제3항).

6. 조사권 행사 제한

가. 조사공무원 자세

조사공무원은 조사 진행 중에 공무원증 등 그 권한을 표시하는 증표를 제시하는 등 책임감 있고 효율적인 조사를 하도록 한다(불공정조달행위 조사 및 부당이득 환수 절차 등에 관한 규정 제12조 제1항). 또한, 조사대상업체에게 위압적이거나 모욕적인 언사를 사용해서는 안된다(불공정조달행위 조사 및 부당이득 환수 절차 등에 관한 규정 제12조 제2항).

나. 추가조사 제한과 예외

조사공무원은 사전통지 한 사항에 한정하여 조사대상업체를 조사하되, 사전통지한 사항과 관련하여 추가적인 조사가 필요할 경우에는 조사대상업체에게 추가조사의 필요성과 조사내용 등 사항을 서면이나 구두로 통보한 후 추가조사를 실시할 수 있다(행정조사기본법 제23조 제1항).

다. 전문조력인 참여보장

조사대상업체는 조사받는 과정에 법률·회계 등 전문지식이 있는 관계 전문가로 하여금 입회하게 하거나 의견을 진술하게 할 수 있다(행정조사기본법 제23조 제2항).

라. 녹음·녹화

조사대상업체와 조사공무원은 조사과정을 방해하지 아니하는 범위에서 조사과정을 녹음하거나 녹화할 수 있다. 녹음·녹화 범위 등은 서로 협의하여 정한다(행정조사기본법 제23조 제3항). 조사대상업체와 조사공무원이 녹음이나 녹화를 하는 경우에는 사전에 이를 조달청장에게 통지해야 한다(행정조사기본법 제23조 제4항).

Ⅲ. 조사절차

1. 사무분장

우선, 조달청 소속 조달가격조사과장은 불공정 조달행위 중 우대가격유지의무를 위반하는 행위를 조사한다(불공정조달행위 조사 및 부당이득 환수 절차 등에 관한 규정 제17조 제2항 제1호).

다음으로, 조달청 소속 조달품질원 조사분석과장은 일반제품의 직접생산기준을 위반하여 납품하는 행위를 조사한다(불공정조달행위 조사 및 부당이득 환수 절차 등에 관한 규정 제17조

제2항 제2호).

끝으로, 조달청 소속 공정조달총괄과장은 ① 입찰·계약, 납품검사 등과 관련한 서류를 위조·변조하거나 거짓 서류를 제출하는 행위, ② 원산지를 거짓으로 표시하여 납품하는 행위, ③ 수요기관 등의 사전 승인 없이 계약규격과 다른 제품을 납품하는 행위를 조사한다(불공정조달행위 조사 및 부당이득 환수 절차 등에 관한 규정 제17조 제2항 제3호).

2. 조사주기

행정조사는 원칙적으로 법령등이나 행정조사운영계획으로 정하는 바에 따라 정기적으로 실시하되, 다만, 법률에서 수시조사를 규정하고 있는 경우, 법령등의 위반 혐의가 있는 경우, 다른 행정기관으로부터 법령등 위반 혐의를 통보받거나 이첩받은 경우, 법령등 위반 신고를 받거나 민원이 접수된 경우, 그 밖에 행정조사의 필요성이 인정되는 사항으로서 행정기관이 조사대상자의 법령위반행위 예방이나 확인을 위해 긴급하게 실시하는 것이고 일정한 주기나 시기를 정하여 정기적으로 실시해서는 그 목적을 달성하기 어려운 경우 중 어느 하나에 해당하면 수시로 실시할 수 있다(행정조사기본법 제7조, 같은 법 시행령 제3조).

이와 관련하여 조달사업법령은 불공정 조달행위 조사시기를 별도로 규정하지 않는다. 다만, 불공정 조달행위 특징을 고려하면, 법령등의 위반 혐의가 있는 경우, 법령등 위반 신고를 받거나 민원이 접수된 경우, 행정조사의 필요성이 인정되는 사항으로서 행정기관이 조사대상자의 법령위반행위 예방이나 확인을 위해 긴급하게 실시하는 것이고 일정한 주기나 시기를 정하여 정기적으로 실시해서는 그 목적을 달성하기 어려운 경우에 해당할 수 있으므로, 불공정 조달행위 조사는 수시로 실시할 수 있다고 본다.

3. 개별 조사계획 수립

조달청장은 사전통지 전에 개별조사계획을 수립해야 한다. 다만, 조사의 시급성으로 행정조사계획을 수립할 수 없는 경우에는 조사결과보고서로 개별조사계획을 갈음할 수 있다. 위와 같은 개별조사계획에는 조사목적·종류·대상·방법·기간 등이 포함되어야 한다(행정조사기본법 제16조 제1항, 제2항).

4. 사전통지

조사담당부서의 장은 조사대상업체를 대상으로 자료제출요구, 현장조사, 시료채취 등 조사를 하는 경우, 조사개시 7일 전까지 조사대상업체에게 자료제출요구서에 기재할 사항이나 현장조사통지서에 기재할 사항 등을 적어 서면으로 통지해야 한다. 다만, 증거인멸이 우려되는 경우에는 현장조사 등 개시와 함께 서면으로 통지할 수 있다(행정조사기본법 제17조 제1항, 불공정조달행위 조사 및 부당이득 환수 절차 등에 관한 규정 제7조 제1항). 자료제출요구서에 기재할 사항과 현장조사통지서에 기재할 사항은 아래에서 살펴본다. 이와 같은 사전통지 사실은 조사대상업체로부터 사전고지 확인서로 확인받아야 한다(불공정조달행위 조사 및 부당이득 환수 절차 등에 관한 규정 제9조 제4항). 한편, 조사담당부서의 장은 조사대상자에게 사전통지를 발송하는 경우 그 내용이 외부에 공개되지 아니하도록 필요한 조치를 해야 한다(행정조사기본법 제17조 제2항). 이와 같은 사전통지는 조사절차의 적법성을 담보하고, 조사대상업체에게 방어권을 보장하기 위한 장치이다.

5. 조사연기 신청

사전통지를 받은 조사대상업체는 천재지변이나 부득이한 사유로 조사를 받을 수 없으면 연기하려는 기간과 사유를 명시하여 조사담당부서의 장에게 서면으로 조사연기를 신청할 수 있으며, 조사담당부서의 장은 조사목적을 달성할 수 있는 범위에서 조사를 연기할 수 있다(행정조사기본법 제18조 제1항, 제2항, 불공정조달행위 조사 및 부당이득 환수 절차 등에 관한 규정 제7조 제2항). 조사연기 요청을 받은 조사담당부서의 장은 그 요청을 받은 날부터 7일 안에 조사연기 여부를 결정하여 조사대상업체에게 통지해야 한다(행정조사기본법 제18조 제3항).

6. 의견제출

조사대상업체는 사전통지 내용과 관련해 조사담당부서의 장에게 서면으로 의견을 제출할 수 있으며, 조사담당부소의 장은 제출된 의견이 타당하다고 인정하면 조사에 반영할 수 있다(행정조사기본법 제21조 제1항, 제2항, 불공정조달행위 조사 및 부당이득 환수 절차 등에 관한 규정 제7조 제3항).

7. 조사공무원 교체신청

조사대상업체는 조사공무원에게 공정한 행정조사를 기대하기 어려운 사정이 있다고 판단하면, 그 이유를 명시한 서면으로 조달청장에게 해당 조사공무원의 교체를 신청할 수 있다(행정조사기본법 제22조 제1항, 제2항).

교체신청을 받은 조달청장은 즉시 이를 심사해야 하는데(행정조사기본법 제22조 제3항), 교체신청이 타당하다고 인정하면, 다른 조사원으로 하여금 조사하게 하되(행정조사기본법 제

22조 제4항), 반대로 교체신청이 조사를 지연할 목적으로 한 것이거나 그 밖에 교체신청에 타당한 이유가 없다고 인정하면, 그 신청을 기각하고 그 취지를 신청인에게 통지해야 한다(행정조사기본법 제22조 제5항).

8. 제재요구 등

조사담당부서의 장은 불공정 조달행위 조사과정에서 조사대상업체가 일정한 행위를 하면, 관련규정이나 계약조건에서 정하는 바에 따라 계약담당부서의 장 등에게 거래정지 등 제재조치를 요구할 수 있다(불공정조달행위 조사 및 부당이득 환수 절차 등에 관한 규정 제13조 제1항). 제재사유는 ① 조사 당시 자료 은닉·폐기, 접근거부, 위조·변조 등으로 조사를 거부·방해·기피하는 경우, ② 조사 당시 폭언·폭행, 현장진입 저지·지연 등으로 조사를 거부·방해·기피하는 경우, ③ 그 밖에 정당한 사유 없이 조사에 응하지 않는 경우 중 어느 하나에 해당하는 경우를 말한다(불공정조달행위 조사 및 부당이득 환수 절차 등에 관한 규정 제13조 제1항 제1호부터 제3호).

또한, 조사담당부서의 장은 위 각 행위가 범죄행위에 해당한다고 판단하면 수사기관에게 수사의뢰, 형사고소·고발 등을 할 수 있다(불공정조달행위 조사 및 부당이득 환수 절차 등에 관한 규정 제13조 제2항).

제 5 절 불공정 조달행위 조사 결과처리

Ⅰ. 조사결과 보고

조서담당부서의 장은 조사대상업체에게 의견을 확인하는 등 조사를 완료한 경우, 조달청장에게 조사대상업체, 조사내용, 위반사항, 조치계획, 그 밖에 필요한 사항을 구체적으로 기재하여 조사결과를 보고해야 한다(불공정조달행위 조사 및 부당이득 환수 절차 등에 관한 규정 제14조 제1항 제1호부터 제5호).

위 조사결과 보고는 원칙적으로 조사개시 후 4개월 안에 해야 하나, 조사대상업체가 많거나 관련 사실관계가 복잡한 경우 등 정당한 사유가 있으면 그 기간을 연장할 수 있다(불공정조달행위 조사 및 부당이득 환수 절차 등에 관한 규정 제14조 제2항). 따라서 조사담당부서의 장은 조사기간을 연장할 정당한 사유를 판단할 재량을 가진다.

Ⅱ. 조사결과 통지

1. 의의

조사담당부서의 장은 조사를 완료하면 조사대상업체에게 그 내용을 통지해야 한다(불공정조달행위 조사 및 부당이득 환수 절차 등에 관한 규정 제15조 제1항).

2. 시기

조달청장은 특별한 사정이 없으면 조사결과를 확정한 날부터 7일 안에 조사대상업체에게 그 결과를 통지해야 한다(행정조사기본법 제24조).

3. 의견제출

조사대상업체는 조사완료 내용을 통지받은 날부터 10일 안에 조사담당부서의 장에게 그에 대한 의견을 제출할 수 있다(불공정조달행위 조사 및 부당이득 환수 절차 등에 관한 규정 제15조 제2항).

조사담당부서의 장은 조사대상업체의 의견제출이 있는 경우, 조달청장에게 그 의견을 포함한 조사결과를 보고하며, 제출된 의견을 심의할 필요가 있으면 공정조달국이나 조달품질원 자체 심의를 거쳐 재조사, 기각 등을 결정할 수 있다. 다만, 업체 의견이 없거나 조사내용을 인정하는 의견이 제출된 경우에는 심의 없이 최종 조사결과를 확정할 수 있다(불공정조달행위 조사 및 부당이득 환수 절차 등에 관한 규정 제15조 제2항).

4. 최종 조사결과 통지

조사담당부서의 장은 최종 조사결과를 신고자, 관계기관, 소관 계약담당부서의 장에게 통지해야 한다(불공정조달행위 조사 및 부당이득 환수 절차 등에 관한 규정 제15조 제4항). 최종 조사결과는 이와 같은 조사결과 통보 대상자가 아닌 자에게 공개하지 않는다(불공정조달행위 조사 및 부당이득 환수 절차 등에 관한 규정 제15조 제5항).

제 6 절 불공정 조달행위 조사 효과

Ⅰ. 의의

조달청장은 불공정 조달행위를 확인하면 계약상대자 등에게 시정을 요구할 수 있고, 국가계약법 등 관계법령이나 계약조건에 따라 처분 등 조치를 해야 한다(조달사업법 제21조 제4항). 즉, 계약담당부서의 장은 최종 조사결과 통지를 받은 후 국가계약법 등 관계법령이나 계약조건에 따라 처분 등 조치를 해야 하며, 그 결과를 공정조달관리시스템에 등록해야 한다(불공정조달행위 조사 및 부당이득 환수 절차 등에 관한 규정 제15조 제6항).

거래정지나 입찰참가자격제한의 절차와 내용, 부당이득환수의 내용은 앞에서 자세히 보았으므로, 아래에서는 시정요구 내용과 절차, 부당이득환수 절차만 살펴보기로 한다.

Ⅱ. 시정요구

1. 의의

시정요구란 조달청장이 계약상대자 등에게 불공정 조달행위 결과 등을 바로잡으라고 명령하는 행위를 말한다.

2. 법적 성격

시정요구는 처분등에 해당하므로, 조달사업법 제21조 제5항과 같은 법 시행령 제24조에 따른 이의제기와 별개로 행정쟁송으로 다툴 수 있다.

3. 이의제기

가. 의미

시정요구를 받은 계약상대자등은 조달청장에게 이의를 제기할 수 있다(조달사업법 제21조 제5항). 이는 행정심판과 구별되는 간이불복절차에 해당한다.

나. 방법

이의를 제기하려는 계약상대자, 입찰자, 국가종합전자조달시스템을 이용하여 견적서를 제출하는 자는 그 시정요구를 받은 날부터 30일 안에 이의신청서에 이의를 제기하는 내용을 확인할 수 있는 자료를 첨부하여 조달청장에게 제출해야 한다(조달사업법 시행령 제24조

제1항). 여기서 이의신청서에는 이의신청자의 성명, 전화번호와 주소(전자주소 포함)나 거소, 이의신청과 시정요구 내용을 포함해야 한다(조달사업법 시행령 제24조 제2항 제1호, 제2호).

다. 보정요구

조달청장은 이의신청 내용이나 절차가 적합하지 않는 등 보정이 필요하다고 인정하면 20일 이내 기간을 정하여 해당 신청인에게 보정을 요구할 수 있다. 다만, 보정할 사항이 경미하면 직권으로 보정할 수 있다(조달사업법 시행령 제21조 제4항). 보정을 요구할 때는 보정할 사항, 보정을 요구하는 이유, 보정할 기간, 그 밖에 필요한 사항을 적은 문서로 한다(조달사업법 시행령 제21조 제5항 제1호부터 제4호).

라. 심사

조달청장은 이의신청을 받으면 그 내용을 심사하여 이의신청을 받은 날부터 30일 안에 상대방에게 심사 결과를 통지해야 한다. 다만, 조사과정에서 새로운 자료가 제출되어 확인하는 데에 시일이 걸리는 등 부득이한 사정으로 그 기간 안에 결정할 수 없으면 30일 범위에서 기간을 연장할 수 있다(조달사업법 시행령 제21조 제3항). 이의신청 내용이나 절차를 보정하는 데 들어간 기간은 이의신청 결정 기간을 계산할 때 산입하지 않는다(조달사업법 시행령 제21조 제6항).

Ⅲ. 부당이득환수

1. 의의

조달청장은 불공정 조달행위로 이득을 얻은 계약상대자로부터 이를 환수할 수 있고(조달사업법 제21조 제6항), 이때 관련 규정과 계약조건에서 정하는 바에 따라 조달청 계약심사협의회 심의를 거쳐야 한다(불공정조달행위 조사 및 부당이득 환수 절차 등에 관한 규정 제22조 제1항). 이러한 부당이득환수는 행정처분이 아니라, 사법상 손해배상청구 혹은 손해배상의 예정에 해당한다. 조달청장은 부당이득환수액 산정과 관련한 사항을 별도 지침으로 운영할 수 있고(불공정조달행위 조사 및 부당이득 환수 절차 등에 관한 규정 제22조 제2항), 가령 물품 다수공급자계약 특수조건 별표3 등은 부당이득환수액 산정기준을 규정한다. 부당이득환수의 자세한 내용은 제3편에서 자세히 살펴보았으므로, 여기서는 절차를 중심으로 살펴본다.

2. 환수조사 요청

계약담당부서의 장은 불공정 조달행위에 따른 부당이득금 환수가 필요하면 조사담당부서로 환수조사를 요청할 수 있다(불공정조달행위 조사 및 부당이득 환수 절차 등에 관한 규정 제23조).

3. 환수조사계획 수립

조사담당부서의 장은 위 요청건을 대상으로, 조사대상업체, 조사대상, 조사방법 등을 포함한 부당이득금환수 조사계획을 수립해야 한다(불공정조달행위 조사 및 부당이득 환수 절차 등에 관한 규정 제24조 제1항 제1호부터 제3호). 조사방법은 앞에서 살펴본 불공정 조달행위 조사방법을 준용한다(불공정조달행위 조사 및 부당이득 환수 절차 등에 관한 규정 제7부터 제13조, 제24조 제2항). 다만, 조사담당부서의 장은 불공정 조달행위 신고접수 제외사유 중 하나에 해당하여 조사가 곤란한 경우, 그 사유가 해소될 때까지 조사계획 수립을 보류할 수 있다(불공정조달행위 조사 및 부당이득 환수 절차 등에 관한 규정 제16조 제2항 제1호부터 제4호, 제24조 제3항).

조사담당공무원은 조사계획을 수립하면, 조사대장에 기재하고 조사 진행사항을 점검·관리해야 한다(불공정조달행위 조사 및 부당이득 환수 절차 등에 관한 규정 제24조 제4항).

4. 환수조사 장애

가. 환수조사 불개시

조사담당부서의 장은 부당이득금 환수조사 요청에도 ① 불공정 조달행위가 확인되지 않는 경우, ② 수요기관이 환수조치를 완료한 경우, ③ 채권소멸시효가 완성된 경우, ④ 폐업 등으로 부당이득 환수조사가 불가능하다고 인정될 경우, ⑤ 조사대상이 확정되지 않아 환수조사가 불가능하다고 인정될 경우 중 어느 하나에 해당하면, 조사절차를 개시하지 않을 수 있다(불공정조달행위 조사 및 부당이득 환수 절차 등에 관한 규정 제25조 제1호부터 제5호).

나. 환수조사 중지

조사담당부서의 장은 환수조사계획을 수립하여 조사를 개시한 이후 해당 조사건이 신고접수 제외 사유 중 어느 하나에 해당하거나 조사를 계속하기 곤란한 경우 그 사유가 해소될 때까지 조사를 중지할 수 있다. 그리고 조사를 중지한 때에는 그 중지사유 등을 조사대장에 기재하고 점검·관리해야 한다(불공정조달행위 조사 및 부당이득 환수 절차 등에 관한 규정 제25조의2 제1항).

다. 환수조사 종결

조사담당부서의 장은 환수조사계획을 수립하여 조사를 개시한 이후 ① 환수조사 불개시 사유가 발생한 경우, ② 조사계획을 수립하여 조사한 결과 환수할 부당이득이 없는 경우 중 어느 하나에 해당하면 조사절차를 종결할 수 있다(불공정조달행위 조사 및 부당이득 환수 절차 등에 관한 규정 제25조의3 제1호, 제2호).

5. 환수조사 결과

가. 조사결과 보고

조사담당부서의 장은 환수예정액 산정을 완료한 경우 조달청장에게 환수대상 업체, 위반사항과 조사내용, 환수예정액, 조치계획, 그 밖에 필요한 사항을 구체적으로 기재하여 조사결과를 보고해야 한다(불공정조달행위 조사 및 부당이득 환수 절차 등에 관한 규정 제26조 제1호부터 제5호).

나. 의견제출

조사담당부서의 장은 환수대상업체에게 환수예정액을 통지하고 의견제출 기회를 주어야 하고, 환수대상업체는 환수예정액을 통지받은 날부터 10일 안에 의견을 제출할 수 있다(불공정조달행위 조사 및 부당이득 환수 절차 등에 관한 규정 제27조 제1항, 제2항).

다. 계약심사협의회 상정

조사담당부서의 장은 부당이득 환수액 산정을 완료하면 계약심사협의회에 법 위반 협의사항, 부당이득 환수 여부, 환수액과 산정근거, 그 밖에 계약심사협의회 판단에 필요한 사항을 기재한 심사 자료를 안건으로 상정해야 한다(불공정조달행위 조사 및 부당이득 환수 절차 등에 관한 규정 제27조 제3항, 제28조 제1항). 만약 환수대상업체로부터 의견을 제출받았다면, 이 역시 포함하여 환수액 산정결과를 계약심사협의회에 상정한다(불공정조달행위 조사 및 부당이득 환수 절차 등에 관한 규정 제27조 제3항).

6. 부당이득환수 통지

조사담당부서의 장은 계약심사협의회에서 부당이득환수를 결정할 때 그 결정일로부터 7일 안에 그 결과를 계약담당부서의 장, 신고자, 조사대상업체에게 통지해야 한다(불공정조달행위 조사 및 부당이득 환수 절차 등에 관한 규정 제29조 제1항). 위 결과는 부당이득환수 결과 통보 대상자가 아닌 자에게 공개하지 않는다(불공정조달행위 조사 및 부당이득 환수 절차 등에 관한 규정 제29조 제2항).

7. 이의신청

조사담당부서의 장은 조사대상업체가 환수통지를 받은 날로부터 7일 안에 이의신청을 하도록 할 수 있고(불공정조달행위 조사 및 부당이득 환수 절차 등에 관한 규정 제29조의2 제1항), 공정조달국업무심의회를 거쳐 수용 여부를 결정할 수 있다. 다만, 환수금액 재산정 등이 필요한 경우에는 조달청 계약심사협의회 심사를 거쳐 그 결과를 해당 조사대상업체에게 통지해야 한다(불공정조달행위 조사 및 부당이득 환수 절차 등에 관한 규정 제29조의2 제2항).

제 7 절　불공정 조달행위 조사에 따른 손실·손해와 권리구제수단

Ⅰ. 적법한 조사에 따른 손실보전방안

적법한 불공정 조달행위 조사로 특별한 재산상 손실을 입은 사람이 국가로부터 손실보상을 받을 수 있는지 문제된다. 그러나 현행 조달사업법에는 손실보상과 관련한 규정 없다.

Ⅱ. 위법한 조사에 기초한 후속 행정행위 효력

1. 문제점

불공정 조달행위 조사가 법령등을 위반하여 위법한 경우 그에 따라 수집한 정보에 기초한 행정행위가 곧바로 위법한지 문제된다. 즉, 불공정 조달행위 조사절차가 위법한 경우, 조달청장이 그에 절차로 얻은 정보에 기초해 상대방에게 거래정지나 부정당업자제재 처분을 했을 때, 해당 처분 역시 위법하다고 평가할 수 있는지를 살펴볼 필요가 있다. 특히 위법하게 수집한 정보가 진실에 부합하는 경우에도 후속 행정행위를 위법하다고 볼지가 핵심이다.

2. 견해 대립

위법한 행정조사가 있으면 그 위법성은 행정행위에 승계된다는 견해와 행정조사와 행정행위는 별개이므로 위법성이 승계되지 않는다고 견해가 대립한다.

3. 판례

불공정 조달행위 조사와 관련한 명확한 판례는 없지만, 대법원은 세무조사대상 선정 사유가 없는데도 세무조사대상으로 선정하여 과세자료를 수집한 경우,[1] 국세징수법령에서 금지하는 중복조사를 한 경우[2] 등에 그에 기초한 과세처분이 위법하다고 보았다. 다만, 행정조사 절차상 하자가 경미하면 위법사유가 아니라고 판단한 사례도 있다.[3]

4. 검토

행정조사는 원칙적으로 행정행위를 준비하기 위한 보조·준비절차에 불과하고, 행정행위를 위한 필수절차가 아니므로, 설령 선행 조사절차에 하자가 있더라도 그 하자가 후속 행정행위에 당연히 승계된다고 보기 곤란하다. 다만, 조사절차에서 발생한 위법이 조사대상 업체의 절차적 권리를 근본적으로 침해하여, 그에 기초한 후속 행정행위 효력을 인정하기 어려울 정도로 중대한 하자가 있을 때에는, 위법한 조사에 기초한 후속 행정행위도 위법하다고 평가해야 한다. 왜냐하면 형사법에 적용되는 독수독과 원칙을 행정법 영역에 그대로 적용하여 위법한 행정조사에 따른 행정처분을 일률적으로 위법하게 보아야 하는지 의문이 들지만, 한편 행정절차법과 행정조사기본법은 행정행위에 내용상 정당성뿐만 아니라 절차상 정당성까지 요구하는 취지이므로, 결국 절차적 정당성과 실체적 진실을 조화롭게 추구할 필요가 있기 때문이다.

Ⅲ. 권리구제방안

행정조사가 행정처분에 해당하면, 위법한 행정조사는 행정쟁송 대상이 될 수 있다. 판례는 세무조사결정[4] 등을 처분으로 본다. 한편, 위법한 행정조사로 조사대상 업체가 손해를 입었다면, 해당 업체는 국가를 상대로 손해배상을 청구할 수 있다.

따라서 불공정 조달행위 조사행위가 행정처분의 성격을 가진다면 행정쟁송으로 그 위법성을 다툴 수 있으나, 조달사업법이 정한 조사방법은 대체로 상대방의 동의와 협조를 전제하기 때문에 원칙적으로 처분성을 갖는다고 해석하기는 곤란하다. 다만, 위법한 불공정 조달행위 조사로 손해를 입은 국민은 국가배상을 청구할 수 있다.

---

1) 대법원 2014. 6. 26. 선고 2012두911 판결.
2) 대법원 2015. 9. 10. 선고 2013두6206 판결.
3) 대법원 2009. 1. 30. 선고 2006두9498 판결.
4) 대법원 2011. 3. 10. 선고 2009두23617, 23624 판결.

제7장 / 담합에 대한 고발요청제도

제1절 서론

Ⅰ. 공정거래법 규정

사업자는 계약·협정·결의 그 밖에 어떤 방법으로도 다른 사업자와 공동으로 부당하게 경쟁을 제한하는 행위, 즉 부당한 공동행위를 합의하거나 다른 사업자로 하여금 이를 하도록 해서는 안 된다(공정거래법 제40조 제1항). 공정거래위원회는 부당한 공동행위에 대해 시정조치(공정거래법 제42조), 과징금(공정거래법 제43조) 등 행정처분을 할 수 있고, 자진신고자에게 처분 등을 감면할 수도 있다(공정거래법 제44조).

나아가 불공정 거래행위나 부당한 공동행위 등을 한 자는 형사처벌 대상이 되고(공정거래법 제124조, 제125조), 이러한 죄는 공정거래위원회의 고발이 있어야 공소를 제기할 수 있다(공정거래법 제129조 제1항). 공정거래위원회는 위와 같은 죄 중 그 위반 정도가 객관적으로 명백하고 중대하여 경쟁질서를 현저히 해친다고 인정하는 경우, 검찰총장에게 고발해야 하고(공정거래법 제129조 제2항), 검찰총장은 고발요건에 해당하는 사실을 공정거래위원회에 통보하여 고발을 요청할 수 있다(공정거래법 제129조 제3항). 그런데 공정거래위원회가 위와 같은 고발요건에 해당하지 않는다고 결정하더라도 감사원장, 중소벤처기업부장관, 조달청장은 사회적 파급효과, 국가재정에 끼친 영향, 중소기업에 미친 피해 정도 등 다른 사정을 이유로 공정거래위원회에 고발을 요청할 수 있고(공정거래법 제129조 제4항), 이러한 고발요청을 받은 공정거래위원회는 검찰총장에게 고발해야만 한다(공정거래법 제129조 제5항). 공정거래위원회의 전속고발권으로 인해 제기되는 여러 논란을 완충하고자 마련한 이른바 의무고발요청제도이다. 그리고 공정거래위원회는 공소제기 후에 고발을 취소할 수 없다(공정거래법 제129조 제6항).

Ⅱ. 공공계약과 담합

위와 같이 공정거래법은 부당한 공동행위 등에 대한 행정제재와 함께 형사처벌을 규정한다. 그런데 공공계약법도 "경쟁입찰, 계약 체결, 이행 과정에서 입찰자나 계약상대자가 서로 상의하여 미리 입찰가격, 수주 물량, 계약 내용 등을 협정하거나 특정인의 낙찰이나 납품대상자 선정을 위해 담합하는 행위"를 엄격히 금지하고, 이를 위반한 자에게, 계약해제·해지, 계약보증금 몰수 등 사법상 제재와 부정당업자 입찰참가자격제한 등 행정상 제재를 가하도록 한다. 나아가 공공계약 영역에서 발생한 담합은 대부분 공정거래법이 정한 부당한 공동행위에도 해당하기 때문에,[1] 국가계약법 등에서 정한 규정을 제외하고는 공정거래법도 적용된다.

Ⅲ. 조달청장의 고발요청권

공공계약은 경쟁입찰이 원칙이고, 그 과정에서 빈번하게 담합이 일어난다. 그 밖에 다수공급자계약 2단계 경쟁 등 절차에서도 납품대상자 선정을 위한 담합이 발생한다. 이러한 담합은 경쟁의 공정한 집행을 해칠 염려가 있는 전형적인 행위에 해당하는데[2], 부정당업자 입찰참가자격제한 등 계약법상 제재 외에도 중앙조달기관인 조달청장이 고발요청권을 행사할 수 있다. 공정거래법 제129조 제4항은 공정거래위원회의 전속고발권을 통제하는 수단으로서 조달청장 등의 고발요청권을 명시했다. 따라서 조달청은 공정거래위원회, 중소벤처기업부와 MOU(「독점규제 및 공정거래에 관한 법률 위반행위 등의 고발요청 및 고발에 관한 업무협약」)를 체결하고, 이와 별도로 부당한 공동행위 고발요청 업무에 필요한 내부기준을 마련하여 공정거래위원회가 고발하지 않기로 결정한 담합 사건도 사회적 파급효과 등을 고려해 고발이 필요하다고 판단하는 경우에는 내부심의를 거쳐 공정거래위원회에 고발을 요청하는 제도를 운용한다.

---

1) 다만, 서울행정법원 2020. 7. 24. 선고 2019구합86464 판결, 서울고등법원 2021. 1. 29. 선고 2020누49784 판결, 대법원 2021. 5. 27. 선고 2021두34480 판결은 공정거래법상 부당한 공동행위의 성립요건 중 하나인 경쟁제한성이 국가계약법상 담합의 성립에서는 반드시 필요한 요소라고 볼 수 없다고 한다.

2) 헌법재판소 2016. 6. 30 자 2015헌바125, 290(병합) 결정.

제 2 절 부당한 공동행위 고발제도 일반

Ⅰ. 의의

고발은 수사의 단서에 불과하므로 검사는 원칙적으로 고발이 없더라도 공소를 제기할 수 있다. 그러나 법률에서 소추요건으로 행정기관의 고발을 규정하는 경우가 있는데, 이를 전속고발제도라 한다. 공정거래법 제129조 제1항은 "제124조 및 제125조의 죄는 공정거래위원회의 고발이 있어야 공소를 제기할 수 있다."고 하여, 전속고발제도를 규정한다.

Ⅱ. 법적 성격

고발은 수사의 단서에 불과할 뿐 그 자체로 국민의 권리의무에 어떤 영향을 미치는 것이 아니고, 특히 법 제129조는 공정거래위원회의 고발을 위 법률위반죄의 소추요건으로 규정하는데 공정거래위원회의 고발조치는 사법 당국에 대하여 형벌권 행사를 요구하는 행정기관 상호간의 행위에 불과하여 항고소송 대상에 해당하는 행정청이라 할 수 없고, 더욱이 고발하기로 하는 공정거래위원회 의결은 행정청 내부의 의사결정에 불과할 뿐 최종적인 처분은 아니기 때문에 이 역시 항고소송 대상인 행정처분에 해당하지 않는다.[1)]

Ⅲ. 고소불가분 원칙 적용 여부

형사소송법 제233조는 "친고죄의 공범 중 그 1인 또는 수인에 대한 고소 또는 그 취소는 다른 공범자에 대하여도 효력이 있다."고 규정한다. 이처럼 법 위반행위자 중 일부를 대상으로 고소한 경우에 그 고소 효력이 나머지 법 위반행위자에게도 미친다는 것을 고소불가분 원칙이라고 한다. 형사소송법 제233조에 따르면 고소불가분 원칙은 친고죄에만 적용되는데, 공정거래법 제129조에 따른 고발에도 위와 같은 불가분 원칙을 적용할 수 있는지 문제된다.

이에 대하여 대법원은 "공정거래법은 제129조 제1항에서 '제124조 제1항 제9호 소정의 부당한 공동행위를 한 죄는 공정거래위원회의 고발이 있어야 공소를 제기할 수 있다'고 규정함으로써 그 소추조건을 명시하고 있는데, 이와 관련하여 공정거래위원회가 공정거래법 위반행위자 중 일부에 대하여만 고발을 한 경우에 그 고발의 효력이 나머지 위반행위자에게도 미치는지 여부, 즉 고발의 주관적 불가분 원칙의 적용 여부에 관하여는 아무런 명시적

1) 대법원 1995. 5. 12. 선고 94누13794 판결, 헌법재판소 1995. 7. 21.자 94헌마136 결정.

규정을 두지 않고 있고, 친고죄에 관한 고소의 주관적 불가분 원칙을 규정한 형사소송법 제233조도 공정거래법 제129조 제1항의 고발에 준용된다고 볼 아무런 명문의 근거가 없으며, 죄형법정주의의 원칙에 비추어 그 유추적용을 통하여 공정거래위원회의 고발이 없는 위반행위자에 대해서까지 형사처벌의 범위를 확장하는 것도 허용될 수 없으므로, 위반행위자 중 일부에 대하여 공정거래위원회의 고발이 있다고 하여 나머지 위반행위자에 대하여도 위 고발의 효력이 미친다고 볼 수 없다."고 하여, 불가분원칙을 적용할 수 없다고 본다.[1)]

이러한 판례에 따르면, 공정거래위원회가 부당한 공동행위 공범자 중 1인만 고발하고, 나머지 공범은 고발하지 않은 경우, 검사는 고발된 1인만을 공소제기할 수 있다.

Ⅳ. 고발취소 제한

공정거래위원회는 고발에 따라 공소제기된 후에 고발을 취소하지 못한다(공정거래법 제129조 제6항). 즉, 공소제기 전까지만 공정거래위원회가 고발을 취소할 수 있다.

Ⅴ. 자진신고자 감면제도와 고발권 불행사

자진신고자 감면제도는 부당한 공동행위에 참여한 사업자가 위법행위 사실을 자진신고하면, 과징금 등을 감면해 주는 제도이다. 공정거래법 제44조 제1항은 "부당한 공동행위의 사실을 자진신고한 자, 증거제공 등의 방법으로 공정거래위원회의 조사 및 심의·의결에 협조한 자 중 어느 하나에 해당하는 자(소속 전·현직 임직원을 포함)에 대해서는 제42조에 따른 시정조치나 제43조에 따른 과징금을 감경 또는 면제할 수 있고, 제129조에 따른 고발을 면제할 수 있다."고 규정한다. 자진신고자 감면제도는 실무상 리니언시 프로그램(leniency program)이라고 부른다.

특히 자진신고 사업자에게 고발을 면제할 수 있다는 규정은 2013년 법 개정 과정에서 추가되었고, 고발면제는 공정거래위원회 재량사항에 해당한다. 대법원은 리니언시에 대한 감면불인정 통지를 항고소송 대상인 행정처분이라고 보았다.[2)]

---

1) 대법원 2010. 9. 30. 선고 2008도4762 판결, 대법원 2011. 7. 28. 선고 2008도5757 판결.
2) 대법원 2012. 9. 27. 선고 2010두3541 판결.

제 3 절 부당한 공동행위 고발요청

Ⅰ. 취지

앞에서 본 바와 같이 공정거래법에 따르면, 부당한 공동행위는 공정거래위원회의 고발이 있어야 공소를 제기할 수 있다(공정거래법 제129조 제1항). 따라서 공정거래위원회는 위와 같은 죄 중 그 위반 정도가 객관적으로 명백하고 중대하여 경쟁질서를 현저히 해친다고 인정하는 경우, 검찰총장에게 고발해야 한다(공정거래법 제129조 제2항). 그러나 이처럼 공정거래위원회가 전속고발권을 가지고도 고발요건에 해당하는 사실을 고발하지 않는 경우 통제장치를 마련할 필요가 있었다. 이에 검찰총장도 고발요건에 해당하는 사실을 공정거래위원회에 통보하여 고발을 요청할 수 있도록 규정했지만(공정거래법 제129조 제3항), 실제로 검찰총장의 고발요청은 잘 활용되지 않는다고 한다.

그리하여 공정거래위원회가 위와 같은 고발요건에 해당하지 않는다고 결정하더라도 감사원장, 중소벤처기업부장관, 조달청장이 사회적 파급효과, 국가재정에 끼친 영향, 중소기업에 미친 피해 정도 등 다른 사정을 이유로 공정거래위원회에 고발을 요청할 수 있도록 하고(공정거래법 제129조 제4항), 이러한 고발요청을 받은 공정거래위원회는 검찰총장에게 고발해야 하도록 규정했다(공정거래법 제129조 제5항). 이처럼 부당한 공동행위 고발요청은 고발요청권자를 검찰총장에서 감사원장, 중소벤처기업부장관, 조달청장까지로 확대하여 공정거래위원회가 고발 권한을 소극적으로 행사할 때를 대비한 제도라고 하겠다.

Ⅱ. 공정거래위원회에 조사의뢰

조달청 소속 계약부서의 장은 입찰·낙찰, 계약체결, 이행 등 과정에서 담합 혐의가 있다고 판단하는 경우, 담당 부서인 조달가격조사과를 거쳐 공정거래위원회에 조사의뢰할 수 있다.

Ⅲ. 고발요청 대상

조달청장은 공정거래위원회가 부당한 공동행위를 이유로 시정명령이나 과징금 등 행정처분을 하고서도 검찰에 고발하지 않은 경우로서, 조달청이나 공공기관이 발주한 입찰·계약건을 대상으로 고발요청한다. 실무는 고발요청 여부를 결정할 때 대상자에게 그 사실을 통지한다. 조달청장의 고발요청 결정은 대상자의 법적 지위에 직접 영향을 미치는 처분이라 볼 수 없지만, 대상자에게 방어권을 보장하고 진술 기회를 주기 위한 절차다.

Ⅳ. 고발요청 기준

조달청장은 사회적 파급효과, 국가재정에 끼친 영향, 중소기업에 미친 피해 정도 등을 항목으로 평가하여, 고발요청 여부를 결정한다(공정거래법 제129조 제4항). 따라서 조달청은 각 항목에 해당하는 세부기준을 마련하지만, 대외적으로는 공개하지는 않는다.

Ⅴ. 고발요청 절차

1. 계약심사협의회 심사

조달청은 고발요청 여부를 결정하기 위해 계약심사협의회 심사를 거친다.

2. 고발요청기한

공정거래위원회, 중소벤처기업부, 조달청이 체결한 업무협약을 보면, 조달청 등이 공정거래위원회에게 고발요청할 수 있는 기한은 4개월이다. 이는 기존 6개월에서 2개월 단축한 것으로, 사업자의 법적 불안정성을 신속히 해소하려는 취지이다. 다만, 고발요청에 추가 기간이 필요하면, 그 사유와 예상시점 등을 사업자에게 통지하여 그 예측가능성을 보장하는 범위에서 고발요청기한을 연장할 수 있다.[1)]

3. 자료제공과 사실확인

공정거래위원회는 중소벤처기업부, 조달청에게 고발요청 검토에 필요한 자료를 제공한다. 즉, ① 사업자의 공정거래법 등 법 위반 이력, ② 공정거래위원회 심사보고서 증거목록, ③ 피해기업 일반현황, ④ 입찰 계약일자(의결서 통지와 함께 제공), ⑤ 담합 사건 자진신고자 정보(자진신고자 동의가 있는 경우에 한정)를 제공한다.

또한, 중소벤처기업부와 조달청은 신속하고 면밀히 사건을 파악하고, 사업자가 제출한 자료를 검증하기 위해, 공정거래위원회에게 사건자료 등의 진위 확인과 아울러 미고발 사유 등을 알려달라고 요청할 수 있다.[2)]

---

1) 공정거래위원회, 중소벤처기업부, 조달청 2023. 1. 2.자 보도참고자료 참조.
2) 공정거래위원회, 중소벤처기업부, 조달청 2023. 1. 2.자 보도참고자료 참조.

4. 고발요청 결정통지

조달청장은 고발요청을 결정하면 대상자에게 이를 통지한다.

Ⅵ. 자진신고자에 대한 고발요청권 행사 가능성

공정거래위원회가 고발요건에 해당하지 않는다고 결정하더라도 검찰총장, 감사원장, 중소벤처기업부장관, 조달청장은 사회적 파급효과, 국가재정에 끼친 영향, 중소기업에 미친 피해 정도 등 다른 사정을 이유로 공정거래위원회에 고발을 요청할 수 있고, 고발요청을 받은 공정거래위원회는 반드시 검찰총장에게 고발해야 한다(공정거래법 제129조 제4항, 제5항).

그런데 조달청장 등이 자진신고자를 대상으로 고발요청한 경우, 공정거래위원회는 공정거래법 제129조 제5항에 따라 고발의무를 부담하는지 논란이다. 즉, 공정거래법 제44조 제1항에 따르면, 공정거래위원회는 자진신고자에 대한 고발을 면제할 수 있다고 규정하고, 이에 따라 공정거래위원회가 고발면제를 결정했는데, 그 후에 조달청장이 해당 자진신고자에 대한 고발을 요청하면 공정거래법 제129조 제5항에 따라 공정거래위원회가 반드시 고발을 해야 하는지 문제된다.

그런데 부당한 공동행위 고발과 관련해서는 공정거래법 제129조가 일반규정이고, 제44조 제1항은 특별규정에 해당하므로, 고발요청권이 있더라도 공정거래위원회는 자진신고자에 대한 고발을 면제할 수 있다고 본다. 이에 따라 공정거래위원회 자진신고자 지위 확인과 고발면제 결정→조달청 등 고발요청권 행사→공정거래위원회 고발면제 재결정과 같은 비효율이 발생하는데, 최근 공정거래위원회, 중소벤처기업부, 조달청은, '자진신고자 동의'를 전제하여 공정거래위원회가 조달청 등에 부당한 공동행위 자진신고자 정보를 제공하는 내용으로 업무협약을 개선했다. 다만, 자진신고자가 동의하지 않으면, 과거와 같은 업무상 비효율은 여전히 반복될 우려가 있다.

제8장 / 공공조달에서 무분별한 중개·대리행위를 근절하는 방안 – 이른바 '브로커' 근절대책

제 1 절 도입배경

계약상대자가 아닌데도 입찰·계약체결·계약이행 등 과정에 개입하여 이익을 얻거나 계약상대자나 제3자로 하여금 이익을 얻게 하는 행위는 널리 사법상 계약 영역에서는 금지하거나 그 효력을 부정할 이유가 없다. 일반·특별사법은 대리행위(민법 제114조 이하), 대리상(상법 제87조 이하), 중개업(상법 제93조 이하)을 적법한 법률행위로 규정하기 때문이다. 그러나 공공조달은 엄격한 경쟁절차로 공정하게 계약상대자를 선택하는 절차를 거치기 때문에, 그러한 제도취지를 잠탈하는 행위는 결코 정당하다고 보기 어렵다.

가령, 입찰에 참가하지 않는 자가 여러 조달업체를 모집하여 입찰에 참가하게 한 다음, 그 중 낙찰받은 자에게 일부 수수료만 지급하고 그로부터 명의를 빌려 실제 계약이행을 하도록 허용한다면, 그 자체로 경쟁입찰 제도의 본질을 침해하는 행위이다. 더욱이 이러한 행태는 법이 금지하는 담합에 해당할 여지마저 있다.

그리하여 조달청은 계약상대자가 아닌데도 입찰·계약체결·계약이행 등 과정에 개입하여 이익을 얻거나 계약상대자나 제3자로 하여금 이익을 얻게 하는 자를 '브로커'라 정의하고 {국가종합전자조달시스템 전자입찰특별유의서 제2조 제16호, 물품구매(제조)계약특수조건 제2조 제9호}, 브로커 등을 상대로 일정한 규제를 가한다.

제 2 절 근거규정

국가종합전자조달시스템 전자입찰특별유의서, 국가종합전자조달시스템 입찰참가자격등록규정, 물품구매(제조)계약특수조건에 관련 규정을 둔다.

제 3 절 적용범위

조달청이 입찰공고한 물품 공급입찰에 한정하여 적용한다(국가종합전자조달시스템 전자입찰특별유의서 제18조 제4항). 따라서 조달청이 아닌 다른 국가기관이나 지방자치단체, 공공기관 등이 공고한 입찰에는 적용되지 않으며, 조달청이 공고한 입찰이라도 용역이나 공사입찰에는 적용되지 않는다.

제 4 절 브로커의 불공정행위 유형

전자입찰자나 국가종합전자조달시스템에 입찰참가자격을 등록한 자는 브로커의 불공정행위(이하 '제한행위'라 한다)에 개입하거나 협조, 공모 등을 해서는 안 된다. 여기서 제한행위란 다음과 같다(국가종합전자조달시스템 전자입찰특별유의서 제18조 제1항 제1호부터 제5호, 국가종합전자조달시스템 입찰참가자격등록규정 제18조의2 제1항 제1호부터 제5호).

① 낙찰에 따른 계약금액 일부 지급을 조건으로 입찰참여를 교사하는 행위
② 특정 제조사·공급사와의 계약이나 협약서 체결 등을 교사하여 계약상대자로 하여금 직접이행의무의 전부 또는 일부를 회피하게 하거나 제3자에게 전가하도록 하는 행위
③ 계약상대자로 하여금 조달청 사전 승인 없이 채권양도 승인규정(조달청 훈령)에 반하여 계약이행을 완료하지 않은 채권을 지정계좌 등에 지급하게 하거나 이를 위한 사전배분 약정을 체결하도록 하는 행위
④ 조달청장이 계약상대자에게 직접이행의무 준수 여부 등을 확인하기 위해 자료제출 등을 요구한 것에 대하여 허위서류제출이나 허위진술, 조사 및 참석에 응하지 않도록 교사하는 행위 등 계약상대자의 협조를 방해하는 행위
⑤ 그 밖에 계약상대자의 입찰·계약체결·계약이행 등 과정에 부당하게 개입하여 공정한 조달질서를 저해하는 행위

제 5 절 브로커의 불공정행위 확인을 위한 조사

조달청 계약담당자나 조사담당자는 제한행위를 위반하였는지를 확인하기 위하여 관련 자료제출, 현장조사, 심의회 참석 등을 요청할 수 있고, 전자입찰자나 계약상대자는 이에 협조해야 한다{국가종합전자조달시스템 전자입찰특별유의서 제18조 제2항, 물품구매(제조)계약특수조건 제26조의5 제2항}. 전자입찰유의서는 국가와 입찰에 참가한 자를 모두 구속하는 규정이므로, 전자입찰자는 이에 따라야 할 의무를 부담한다.

제 6 절 브로커의 불공정행위를 근절하기 위한 계약상 의무

Ⅰ. 종류

1. 직접이행의무

구매(공급)계약을 체결한 계약상대자는 당사자의 책임 아래 제조자(업체)나 공급자(업체) 선정·관리 등 계약상 모든 의무를 직접 이행해야 한다{물품구매(제조)계약특수조건 제7조의3 제1항}. 이를 직접이행의무라고 한다. 만약 계약상대자가 제한행위 중 어느 한 행위를 했다면, 이와 같은 직접이행의무를 회피하는 행위로 본다. 다만, 조달청이나 수요기관으로부터 사전승인을 받았다면 예외로 한다{물품구매(제조)계약특수조건 제7조의3 제2항}.

2. 개입금지의무

계약상대자는 제한행위(브로커의 불공정행위)에 개입하거나 협조하지 않아야 한다{물품구매(제조)계약특수조건 제26조의5 제1항}.

Ⅱ. 확약서 제출

계약상대자는 계약 체결 전에 위와 같은 계약상 의무를 이행하고, 해당 의무를 준수하지 않으면 불이익 조치를 받겠다는 확약서를 제출해야 한다{물품구매(제조)계약특수조건 제7조의3 제4항, 제26조의5 제4항}.

제 7 절 실효성 확보수단

Ⅰ. 사법상 조치

계약상대자가 직접이행의무나 개입금지의무를 위반하면, 계약보증금 국고귀속, 계약해제·해지, 부당이득환수 등 불이익을 받을 수 있다{물품구매(제조)계약특수조건 제7조의3 제3항 제1, 2, 4호, 제26조의5 제3항 제1, 2, 4호}. 특히 직접이행의무를 위반하는 행위와 브로커의 불공정행위에 개입하는 행위는 특수조건에 따라 불공정 조달행위와 '유사'하게 취급된다{물품구매(제조)계약특수조건 제12조 제1항 제6호, 제7호}.

전자입찰자 역시 낙찰을 받더라도 제한행위를 위반했다는 사실이 확인되면 해당 계약해제·해지, 계약보증금 국고귀속, 부당이득환수 등 관련법령이나 계약조건에 따른 불이익을 받을 수 있다(국가종합전자조달시스템 전자입찰특별유의서 제18조 제3항).

Ⅱ. 행정상 조치

1. 입찰참가자격등록말소

계약담당공무원이나 조사담당공무원은 브로커가 계약상대자의 입찰·계약체결·계약이행 등 과정에 부당하게 개입하여 공정한 조달질서를 저해하는 재한행위를 한 경우, 국가종합전자조달시스템 입찰참가자격등록규정 제19조 제1항 제11호에 따라 해당 브로커의 입찰참가자격등록을 말소할 수 있다{물품구매(제조)계약특수조건 제26조의4, 국가종합전자조달시스템 입찰참가자격등록규정 제19조 제1항 제11호).

2. 부정당업자 입찰참가자격제한

계약상대자나 전자입찰자는 제한행위를 위반한 경우 부정당업자 입찰참가자격제한을 받을 수 있다{물품구매(제조)계약특수조건 제7조의3 제3항 제3호, 제26조의5 제3항 제3호, 국가종합전자조달시스템 전자입찰특별유의서 제18조 제3항}. 이때 제재사유가 무엇인지 논란이 있으나, 실무는 입찰공고와 계약서에 위와 같은 위반행위가 발생하면 입찰참가자격제한을 받을 수 있다고 명시하므로, '계약의 적정한 이행을 해칠 염려가 있는 자로서 입찰공고와 계약서에 명시된 계약의 주요조건을 위반한 자'로 제재할 수 있다고 본다(국가계약법 시행령 제76조 제2항 제2호 가목 참조).

제5편 / 공공조달과 분쟁해결수단

제1장 / 서론

제 1 절 분쟁해결수단 일반

Ⅰ. 분쟁해결수단과 공·사법 구별의 실익

1. 공·사법 구별기준

제1편에서 살펴본 바와 같이, 공법이란 행정주체와 사인 사이, 행정주체나 행정기관 사이의 공법상 법률관계를 규율하는 법을, 사법은 사인 사이의 법률관계를 규율하는 법을 말한다. 우리나라는 대륙법을 계승한 법체계를 갖추고 있으므로, 일반적인 견해는 우리 법을 공법과 사법으로 구별한다. 실체법이든 절차법이든 다르지 않다.[1] 다만, 공법과 사법의 구별기준을 어떻게 보는지에 따라, ① 주체설,[2] ② 이익설,[3] ③ 성질설,[4] ④ 생활관계설,[5] ⑤ 사적자치설,[6] ⑥ 다원설[7]이 대립하지만, 아직까지 정설은 없고, 우리나라는 주체설을 기본으로 성질설, 이익설 등을 모두 적용하여 공법과 사법을 구별하는 견해가 많다. 관련 판례에 대해 주체설이라고 보는 견해[8]와 성질설이라고 보는 견해[9]가 대립하지만, 대법원 판례가 어떤 특정한 견해를 지지한다고 해석하기는 곤란하다. 다만, 어떤 견해도 현행 법률 중 민법, 상법이 사법이고, 헌법, 행정법, 형사소송법, 민사소송법이 공법이라는 결론에는 크게 이의를 제기하지 않는다.

그렇다면 우리가 여태껏 살펴본 국가계약법이나 조달사업법 등은 공법인지 아니면 사

---

1) 송덕수, 민법총칙(제3판), 박영사, 2015, 3쪽.
2) 국가 그 밖에 공동단체 간 또는 이와 개인과의 관계를 규율하는 법이 공법이고, 개인 간의 관계를 규율하는 법이 사법이라고 이해하는 견해이다.
3) 공익을 목적으로 하는 법이 공법이고, 사익보호를 목적으로 하는 법이 사법이라는 견해이다. 목적설이라고도 한다.
4) 불평등한 관계를 규율하는 법이 공법이고, 평등·대등한 관계를 규율하는 법이 사법이라는 견해이다.
5) 사람의 생활관계 중 국민으로서 생활관계를 규율하는 법이 공법이고, 인류로서 생활관계를 규율하는 법이 사법이라는 견해이다.
6) 사적 자치 적용을 받는 법이 사법이고, 그 밖에 나머지 법이 공법이라는 견해이다.
7) 여러 기준에 따라 공법과 사법을 구별하는 견해이다.
8) 지원림, 앞의 책, 4쪽.
9) 송덕수, 앞의 민법총칙, 4쪽.

법인지 문제된다. 그러나 제1편에서 자세히 언급했지만, 공공조달법은 사법적 요소와 공법적 요소를 모두 지닌 법체계로 이해해야 하므로 어느 하나에 해당한다고 단정하기 곤란하다. 따라서 각 법령에 있는 제도나 규정을 개별적·구체적으로 고찰하여 해당 규정이 가진 법적 성질이 무엇인지를 가려내는 일이 공공조달법의 해석과 적용에서 매우 중요한 과제에 해당한다. 예를 들면, 국가나 지방자치단체가 개인과 물품매매계약, 건물임대차계약, 공사도급계약 등을 체결하거나 국·공유 일반재산을 대부·매각·교환·양여하는 행위는 국가나 지방자치단체가 사경제주체로서 상대방과 대등한 위치에서 하는 사법상 계약에 해당한다. 따라서 국가가 당사자인 공공계약은 국가계약법의 적용을 받더라도 본질적으로 사법상 계약에 해당하므로 사적 자치와 계약자유 원칙 등 사법상 원리가 그대로 적용된다.[1] 그러나 부정당업자 입찰참가자격제한은 비록 국가계약법에서 규정하는 제도지만 공법행위로서 항고소송 대상인 처분에 해당한다.[2] 한편, 조달사업법이 개정되기 전 과거에는 조달청장이 계약상대자에게 나라장터 종합쇼핑몰 거래를 제한하는 거래정지 조치가 민사사건인지, 행정사건인지 논란이 있었고, 하급심은 거래정지가 행정처분에 해당한다는 대법원 판례[3]가 나오기 전까지 처분성을 부정하며 민사사건으로 보기도 했다.[4] 이처럼 처분성 인정과 관련한 연혁과 선례 등을 고려해 볼 때, 공공조달 관련 분쟁해결수단을 논하기 위해서는, 그 분쟁이 행정사건인지, 민사사건인지를 먼저 검토할 필요가 있다. 과거 공기업이 행한 입찰참가자격제한 통지의 처분성을 부정하였던 대법원 판례[5]와 같이 공공계약법에 내재한 각 제도와 규정의 법적 성질이 무엇이냐에 따라 권리보호의 가능성이나 분쟁해결수단이 달라진다는 점에서도 공법·사법의 구별은 실익을 갖는다.

2. 공·사법 구별 필요성

위와 같이 공법과 사법은 이를 구별하는 보편타당한 기준을 찾기 어렵지만, 다음과 같은 이유로 여전히 구별 필요성이 있다.

첫째, 공법과 사법은 지배하는 법원리가 서로 다르다. 가령, 법치행정은 공법에, 사적 자치는 사법에 적용되는 원리이다. 따라서 당사자 사이에 법적 분쟁이 발생했을 때, 법관이 그 분쟁을 해결하기 위해 적용할 법원리를 확정하기 위해서라도 공법과 사법은 구별할 필요

1) 대법원 2016. 6. 10. 선고 2014다200763, 200770 판결.
2) 대법원 1979. 6. 26. 선고 79누34 판결, 대법원 1979. 10. 30. 선고 79누253 판결 등.
3) 대법원 2018. 11. 29. 선고 2015두52395 판결.
4) 가령, 서울고등법원 2018. 5. 24. 선고 2018누30695 판결, 서울중앙지방법원 2018. 9. 13.자 2018카합21252 결정.
5) 사법상 통지행위에 불과한 입찰참가자격제한 통지는 그 상대방에게 장래의 입찰에 참가할 수 없다고 알려주는 것에 불과하기 때문에 새로운 법률관계가 형성되거나 기존 법률관계가 변경·소멸되지 않으므로, 민사소송에서 확인의 이익이 부정된다(대법원 1998. 3. 24. 선고 97다33867 판결 참조).

가 있다.

둘째, 구체적인 법률관계를 규율하는 명문 규정이 없는 경우에 적용해야 할 법령이나 법원칙을 결정하기 위해서도 공법과 사법은 구별해야 한다.[1)]

셋째, 현행 소송법상 행정사건인지, 민사사건인지에 따라 재판관할과 청구취지를 달리하기 때문에, 공법과 사법은 구별할 필요가 있다.

공공조달 영역에서 빈번히 발생하는 분쟁 유형은 항을 바꾸어 자세히 살펴본다.

Ⅱ. 분쟁 유형

1. 사법상 분쟁

가. 입찰절차 관련

입찰참가자 지위보전, 입찰절차진행금지, 입찰절차중지, 입찰효력정지, 우선협상대상자 지위보전, 적격심사대상자지위보전, 낙찰자지위보전, 협상절차속행금지, 계약절차중지(계약체결금지, 계약이행금지, 계약효력정지) 등과 같이, 입찰에 참가한 자가 그 지위를 보전하거나 입찰진행, 평가결과 등 절차상 존재하는 하자를 다투면서 권리를 보호받기 위해 제기하는 각종 가처분 소송이 있다. 마찬가지로, 우선협상대상자 지위확인 청구의 소, 낙찰자 지위확인 청구의 소와 같은 본안소송으로 입찰절차 진행, 낙찰자 결정과 관련한 하자를 다투는 유형이 있다.

다만, 입찰절차와 낙찰자 결정은 비교적 짧은 기간 안에 진행·완료되기 때문에, 본안소송으로 다투는 일이 법률적으로는 물론 시간적·경제적으로 실익이 없을 때가 많다. 따라서 입찰절차와 관련한 많은 분쟁은 민사가처분 절차만으로 종결되는 사례가 많다.

나. 계약이행 관련

대금지급 유보조치 효력정지 등과 같은 가처분을 제기하는 경우도 있지만, 계약이행 청구의 소, 물품대금 청구의 소, 용역대금 청구의 소, 공사대금 청구의 소, 구상금 청구의 소, 양수금 청구의 소, 전부금 청구의 소 등과 같이, 계약상 의무이행 그 자체를 청구하거나 그 이행과 관련하여 파생된 금전급부를 청구하는 유형이 다수를 차지한다. 특히 공사계약에서는 물가변동, 설계변경, 그 밖에 계약내용 변경에 따른 계약금액 조정이 빈번하고 그 다툼에 따른 공사대금 청구 사건이 주를 이룬다.

---

1) 송덕수, 앞의 민법총칙, 6쪽.

다. 계약효력 관련

발주기관이 계약상대자에게 해제·해지를 했을 때, 우선 그 효력을 다투면서 계약자 지위를 보전하는 가처분이나 계약해제·해지 무효확인 청구의 소와 같이, 계약효력의 존부를 다투는 유형이다.

라. 손해배상 관련

계약보증금 환수절차 중지를 구하는 가처분이나 각종 보증금 청구의 소(입찰보증금 청구의 소, 계약보증금 청구의 소, 하자보수보증금 청구의 소 등), 지체상금 청구의 소, 채무부존재확인 청구의 소, 그 밖에 손해배상청구의 소와 같이, 계약상 발생한 채무불이행이나 불법행위를 이유로 책임 있는 상대방에게 금전급부를 청구하거나 그 채무의 부존재를 주장하는 유형이다.

2. 공법상 분쟁

공공조달 영역에서 발생하는 공법상 분쟁은 행정처분을 받은 상대방이 그 위법성을 다투는 유형이 가장 많다. 가령, 부정당업자 입찰참가자격제한, 과징금부과를 비롯해 거래정지, 판매중지 등 공공조달 플랫폼 이용정지, 우수제품 지정·지정거부·연장거부·지정취소·효력정지, 입찰참가자격등록거부나 등록말소, 직접생산증명확인취소, 물량배정중지, 경고 등은 행정처분에 해당하므로, 그 위법성을 다투려는 자는 행정심판이나 행정소송 중 항고소송을 제기할 수 있고, 본안재결이나 판결 전까지 처분의 절차 계속이나 집행, 효력을 정지하는 집행정지를 신청할 수 있다.

나아가 개별 공공조달법령에서 범죄행위를 규정하고 이에 형사처벌을 가하도록 정하는 경우나(전자조달법 제27조, 제28조, 제29조, 제30조, 판로지원법 제35조, 제36조 참조), 부당한 공동행위, 위계에 의한 공무집행방해, 사기 등과 같이 입찰, 계약 과정에서 범죄행위가 발생하면, 고소·고발, 수사, 기소, 공판이라는 형사절차를 거치고, 이에 대해 무혐의 등을 다투는 유형이 있을 수 있다.

그리고 국가계약법, 지방계약법, 조달사업법 등 공공조달법의 개별 법률이 헌법에 위반되는지 여부가 재판의 전제가 된 경우, 해당 사건을 담당하는 법원은 직권이나 당사자 신청에 따른 결정으로 헌법재판소에 위헌 여부 심판을 제청할 수 있고(헌법재판소법 제41조 제1항), 헌법재판소는 제청된 법률이나 법률 조항의 위헌 여부를 결정한다(헌법재판소법 제45조). 그리고 공공조달 과정에서 행정주체가 공권력을 행사하거나 행사하지 않아 그 상대방의 헌법상 보장된 기본권을 침해했다면, 헌법재판소에 헌법소원심판을 청구할 수 있고(헌법재판소법 제68조 제1항), 헌법재판소법 제41조 제1항에 따라 일반법원에 위헌법률심판 제청을 신청했지만, 해당 법원으로부터 기각을 받은 자는 헌법재판소에 직접 그 법률을 대상으로 헌법소원심판을 청구할 수 있다(헌법재판소법 제68조 제2항). 특히 법률이나 시행령, 시행규칙이 별도 처분을 매개하지 않고 직접 국민의 기본권을 침해하는 효력을 가지면, 그에 따라 기본권을 침해받았다고 주장하는 자는 해당 법률이나 시행령, 시행규칙을 대상으로 헌법소원심판을 청구할 수도 있다.

제 2 절 공공조달 분쟁해결수단 개요

Ⅰ. 민사상 분쟁해결수단 개요

1. 민사보전·집행

가. 개념

민사집행법은 강제집행, 담보권 실행을 위한 경매, 민법·상법 그 밖에 법률 규정에 따른 경매, 보전처분을 규정한다. 특히 보전처분을 제외한 나머지 절차를 좁은 의미의 민사집행이라고 한다.

첫째, 강제집행이란 채권자의 신청에 따라 국가의 집행기관이 채권자를 위해 집행권원에 표시된 사법상 이행청구권을 국가권력에 기초하여 강제적으로 실현하는 법적 절차를 말한다.[1]

둘째, 담보권 실행 등을 위한 경매란 그 실행에 집행권원이 필요하지 않은 경매를 통틀어 말하며, 강제경매에 대응하는 개념으로 임의경매라 부른다.[2]

셋째, 보전처분절차는 보전명령을 얻기 위한 보전소송절차와 그 보전명령을 집행하기 위한 보전집행절차로 구성된다. 즉, 보전명령을 받기 전까지 진행하는 절차를 보전소송절차라 하고, 보전명령을 집행권원으로 하는 절차를 보전집행절차라 한다.[3] 그 중 보전집행절차에는 강제집행절차를 준용한다(민사집행법 제291조, 제301조 참조).

---

1) 사법연수원, 법원실무제요 민사집행 Ⅰ -집행총론-, 2020, 8쪽.
2) 사법연수원, 앞의 책, 17쪽.
3) 사법연수원, 앞의 책, 19쪽.

나. 공공조달에서의 활용

공공조달에서 민사보전·집행은 계약대금이나 손해배상금 등 금전채권을 보전하기 위한 채권가압류과 확정판결 정본에 기초한 압류 및 추심명령 등 강제집행도 두루 활용되지만, 가장 큰 비중과 의미를 차지하는 분쟁해결수단은 위에서 언급한 바와 같은 각종 가처분소송(보전소송)이다.

2. 민사소송

가. 개념

민사소송은 민사분쟁을 대상으로 국민의 권리나 법률관계를 확정·실현하기 위한 제도이다. 위에서 본 보전소송이나 강제집행도 넓은 의미에서는 민사소송에 포함할 수 있지만, 여기서 말하는 민사소송은 이른바 본안소송으로서의 판결절차만 지칭한다. 다만, 독촉절차(지급명령)나 소액사건심판절차(소액사건) 역시 민사소송절차로 볼 수 있다.

나. 공공조달에서의 활용

공공조달의 핵심인 공공계약은 사법상 계약으로서의 성질을 가지기 때문에, 민사소송을 거쳐 법률분쟁을 최종 해결할 수 있다. 즉, 공공계약관계에서 발생하는 분쟁의 당사자는 법원에 그 분쟁을 해결해 달라는 재판을 청구할 수 있고, 이에 따라 당사자와 이해관계 없는 제3자로서 법원이 개입하여 대등한 당사자의 각 주장과 증거를 판단해 최종 결론(판결)을 내린다. 특히 민사본안소송은 이행청구소송, 확인청구소송, 형성소송으로 구분하는데, 공공조달에서 계약이행과 관련한 소송은 이행청구소송으로, 각종 지위, 계약효력 등과 관련한 소송은 확인청구소송으로 제기한다.

3. 소송에 갈음하는 분쟁해결제도(ADR)

가. 의의와 취지

소송에 갈음하는 분쟁해결제도(Alternative Dispute Resolution, 이하 'ADR'이라 한다)는 재판 제도가 아닌 대안적 분쟁해결 절차를 말한다. ADR에는 화해, 조정, 중재 등이 있다. ADR은 소송 지연이나 소송비용 과다 지출, 절차의 경직성 등 재판절차의 단점을 보완하는 제도로서 주목을 받는다.

나. 화해

화해에는 재판외 화해와 재판상 화해가 있다. 재판외 화해는 민법에 따른 화해로서(민법 제731조), 당사자가 서로 양보하여 당사자 사이 분쟁을 끝내자고 약정하는 것을 말하고, 재판상 화해는 소송계속 전에 당사자가 법원에 출석하여 화해하는 제소전 화해(민사소송법 제385조)와 소송계속 중 당사자가 서로 양보하여 합의한 내용을 법원에 진술하여 재판 없이 소송을 종료하는 소송상 화해로 나눈다. 그 밖에도 서면화해제도(민사소송법 제148조 제3항), 화해권고결정(민사소송법 제225조) 등도 있다.

공공조달 분쟁에서, 특히 한쪽 당사자가 국가인 경우에는 법무부장관으로부터 지휘를 받아 소송을 수행하기 때문에(국가를 당사자로 하는 소송에 관한 법률 제2조 참조), 국가기관이나 그 소속 공무원은 법무부장관의 사전지휘 없이 임의로 화해할 수 없다. 따라서 공공조달 분쟁 실무에서 화해 제도는 활용 사례가 많지 않다.

다. 조정

조정이란 조정담당기관이 민사분쟁을 간이한 절차에 따라 당사자 사이의 양해를 통해 조리를 바탕으로 실정에 맞게 해결하는 절차를 말한다(민사조정법 제1조). 다만, 조정이 성립하지 않거나 성립된 합의가 상당하지 않은 때에도 법원이 직권으로 조정을 갈음하는 결정(강제조정)을 하는데, 이에 대하여 당사자가 이의를 신청하지 않으면 이 역시 임의조정과 같은 효력을 가진다. 조정은 관여하는 기관이 어디인지에 따라 법원의 조정과 법원 외 조정으로 나눈다. 한편, 조정은 당사자 사이에 합의한 사항을 조서에 기재하면 성립하고, 이러한 조정조서는 재판상 화해와 같은 효력이 있다.

국가계약법은 국가계약분쟁조정위원회가 관장하는 특별한 조정제도를 별도로 규정하므로(국가계약법 제28조의2 제2항 제1호), 양 계약당사자가 합의하면 해당 조정절차를 거쳐 분쟁을 해결할 수 있다.

라. 중재

중재란 당사자 사이의 합의로 재산권상 분쟁이나 당사자가 화해로 해결할 수 있는 비재산권상 분쟁을 법원의 재판이 아닌 중재인의 판정에 따라 해결하는 절차를 말한다(중재법 제3조 제1호). 중재는 중재인이 하는 사적 재판으로, 단심제이며 비공개로 심리된다.[1] 상사중재 관련 상설중재기관으로서 산업통상자원부장관이 지정하는 사단법인 대한상사중재원이 있고, 대한상사중재원은 별도로 중재규칙을 두고 있다. 중재판정은 양쪽 당사자 사이에 법원의 확정판결과 같은 효력을 가진다(중재법 제35조 참조). 이처럼 중재판정은 구속력을 가지기 때문에, 당사자가 수락하지 않으면 구속력이 없는 조정안과 차이가 있다. 만약 분쟁 당사자 사이에 중재합의가 있는데도, 이러한 중재합의를 위반하여 소송을 제기한 경우에는 그 상대

---

1) 김홍엽, 민사소송법 (제6판), 박영사, 2016, 19쪽.

방은 본안에서 최초 변론을 할 때까지 중재합의 존재의 항변을 할 수 있고, 법원은 해당 중재합의가 부존재하거나 무효인 경우 혹은 그 효력을 상실하거나 그 이행이 불가능한 경우 등과 같이 특별한 사정이 있을 때를 제외하고는, 소를 각하해야 한다(중재법 제9조 참조).

발주기관은 국가계약에서 발생하는 분쟁을 효율적으로 해결하기 위해 계약을 체결할 때 계약당사자간 분쟁의 해결방법을 정할 수 있고(국가계약법 제28조의2 제1항), 여기에 따른 분쟁해결방법으로는 국가계약분쟁조정위원회 조정과 중재법에 따른 중재가 있으므로, 계약당사자는 합의로 분쟁해결방법을 정할 수 있다(국가계약법 제28조의2 제2항 제1호, 제2호). 따라서 중재 역시 공공계약 분쟁의 해결수단 중 하나이지만, 한쪽 당사자의 부동의로 실효될 수 있는 선택적 중재합의 조항을 계약서에 담는 수준에 머물고 있고 현재 실무에서는 이를 활용하는 사례가 드물다.

Ⅱ. 행정상 분쟁해결수단 개요

1. 의의

행정구제절차란 행정작용으로 권리·이익을 침해받은 국민이 국가기관에게 원상회복, 손해전보, 해당 행정작용의 취소·변경, 그 밖에 피해구제, 예방조치 등을 요구하여 이를 심리·판정하는 일련의 절차를 말한다.[1)]

행정기본법이 2021. 3. 23. 법률 제17979호로 제정되어 시행 중이므로, 우리나라 행정법은 행정기본법을 기초로 다양한 행정실체법과 그 절차를 규정한 행정절차법, 관련 분쟁해결절차를 규정한 행정소송법, 행정심판법으로 분류할 수 있다. 행정기본법은 행정 의사를 결정하여 표시하는 국가나 지방자치단체 그 밖에 법령등에 따라 행정 의사를 결정하여 표시하는 권한을 가지고 있거나 그 권한을 위임·위탁받은 공공단체나 그 기관, 사인을 '행정청'이라 하고(행정기본법 제2조 제2호), 행정청이 구체적 사실과 관련하여 행하는 법 집행으로서 공권력의 행사나 그 거부, 그 밖에 이에 준하는 행정작용을 '처분'이라고 하며(행정기본법 제2조 제4호), 법령등에 따른 의무를 위반하거나 이행하지 않았다는 이유로 당사자에게 의무를 부과하거나 권익을 제한하는 처분을 '제재처분'(행정기본법 제2조 제5호), 처분의 상대방을 '당사자'라고 각 규정한다(행정기본법 제2조 제3호). 이는 행정소송법, 행정심판법, 행정절차법에서 정한 내용과 크게 다르지 않다.

---

1) 하명호, 앞의 책, 675쪽.

2. 종류

가. 행정심판

1) 넓은 의미의 행정심판

행정소송 전단계에서 행정기관이 국민의 권리나 이익을 구제하는 절차도 널리 행정심판으로 이해할 수 있다. 여기에는 행정심판법이 정한 행정심판뿐만 아니라, 이의신청, 재결신청, 심사청구, 심판청구, 고충민원처리, 청원, 진정, ADR 등과 사전적 구제수단이라 할 수 있는 행정절차도 포함할 수 있다. 이러한 행정심판은 행정상 불복절차, 행정기관이 실시하는 구제절차, 쟁송절차라는 요소를 포괄하는 개념이다.

2) 좁은 의미의 행정심판

행정심판법의 적용을 받는 행정심판을 말한다. 즉, 위법하거나 부당한 처분, 부작위로 침해된 국민의 권리나 이익을 구제하기 위해 행정기관이 진행하는 심판절차를 말한다(행정심판법 제1조).

3) 공공조달에서의 활용

공공조달 실무에서는 부정당업자 입찰참가자격제한, 과징금부과, 우수제품지정취소나 지정거부, 지정효력정지 등, 입찰참가자격등록말소, 거래정지, 판매중지, 직접생산확인증명취소, 물량배정중지 등 침익적 처분에 대한 행정심판이 다수이다.

나. 행정소송

1) 의의와 기능

행정소송이란 법원이 행정사건을 대상으로 정식 소송절차에 따라 진행하는 재판을 말한다. 행정소송은 국민의 권리구제기능과 행정의 적법성 보장기능을 수행한다.

2) 종류

가) 항고소송

행정청의 처분등이나 부작위를 대상으로 제기하는 소송을 말한다(행정소송법 제3조 제1호).

나) 당사자소송

행정청의 처분등을 원인으로 하는 법률관계 관련 소송 그 밖에 공법상 법률관계 관련 소송으로서 그 법률관계의 한쪽 당사자를 피고로 하는 소송을 말한다(행정소송법 제3조 제2호).

다) 민중소송

국가나 공공단체의 기관이 법률에 위반되는 행위를 한 때에 직접 자기의 법률상 이익과 관계없이 그 시정을 구하기 위해 제기하는 소송을 말한다(행정소송법 제3조 제3호).

라) 기관소송

국가나 공공단체의 기관 상호간에 권한의 존부나 그 행사와 관련한 다툼이 있을 때 이를 대상으로 제기하는 소송을 말하되, 헌법재판소법 제2조에 따라 헌법재판소 관장사항으로 정한 소송을 제외한다(행정소송법 제3조 제4호).

3) 민사소송과 구별

행정소송은 공법상 법률관계의 분쟁(행정사건)을 대상으로 하고, 민사소송은 사법상 법률관계의 분쟁(민사사건)을 대상으로 한다. 다만, 행정소송에는 다른 법률에 특별한 규정이 있는 경우를 제외하고는 행정소송법이 정하는 바에 따르되(행정소송법 제8조 제1항), 행정소송법에 행정소송과 관련한 특별한 규정이 없다면 법원조직법과 민사소송법 민사집행법 규정을 준용한다(행정소송법 제8조 제2항). 따라서 행정소송법에서 규정한 특칙을 제외하면 민사소송법을 준용하여 소송절차를 진행한다.

그러나 행정사건과 민사사건은 그 대상인 법률관계의 성질에 따라 엄격히 구별해야 하고, 행정소송이 민사소송과 다른 특수한 기능, 가령, 행정통제기능(적법성 보장기능) 등은 민사소송절차로 구현할 수 없기 때문에 단순히 행정소송을 민사소송의 한 종류로 이해해서는 곤란하다. 즉, 행정소송은 민사소송과 동등한 독자적인 소송유형이므로, 행정소송법은 민사소송법의 특별법이 아니라 행정소송에 적용되는 일반법에 해당한다고 본다.[1)]

4) 공공조달에서의 활용

부정당업자 입찰참가자격제한, 우수제품지정취소 등, 거래정지, 판매중지, 직접생산확인증명취소, 물량배정중지 등 침익적 처분을 받은 상대방이 그 위법성을 다투면서 제기하는 항고소송이 다수를 차지한다.

공공계약법과 관련해서는 주로 부정당업자 입찰참가가격제한이 주요 처분이고, 그에 갈음하는 과징금부과 역시 처분에 해당하는데, 입찰참가자격제한은 입찰에 참가할 수 있는 '권익'을 제한한다는 의미에서, 과징금부과는 금전을 납부할 '의무'를 부과한다는 의미에서 각각 제재처분 혹은 침익적 처분에 해당한다.

위 처분에 대해서는 행정소송법상 항고소송(제3조 제1호)으로서 취소소송(제4조 제1호),

1) 하명호, 앞의 책, 470쪽.

그 위법성이 중대·명백한 경우 무효등 확인소송(같은 조 제2호), 행정심판법상 취소심판(제5조 제1호), 무효등확인심판(같은 조 제2호)을 제기할 수 있는데, 이와 같은 형태가 공공계약법 관련 행정쟁송에 포함된다.

다. 집행정지

1) 의의

집행정지란 처분 등이나 그 집행·절차의 속행으로 인하여 생길 회복하기 어려운 손해를 예방하기 위해 긴급한 필요가 있을 때 명하는 결정을 말한다. 행정심판법 제30조, 행정소송법 제23조는 각각 집행정지제도를 규정한다. 당사자가 행정심판이나 소송에서 승소하더라도 그 사이에 분쟁의 대상인 법률관계 내용이 실현된다거나 처분의 공정력과 집행력으로 말미암아 판결을 받기도 전에 집행이 종료되면, 당사자는 많은 시일과 비용을 들였을 뿐 실질적인 권리구제를 받지 못하므로,[1] 이를 방지하기 위한 잠정적인 조치로서 마련한 임시적인 구제제도이다.

2) 공공조달에서의 활용

공공조달 실무에서는 부정당업자 입찰참가자격제한, 우수제품지정취소 등, 거래정지, 판매중지, 직접생산확인증명취소, 물량배정중지 등 침익적 처분을 받은 상대방이 본안소송으로 그 위법성을 다투면서 집행정지를 신청하는 경우가 많다.

〔집행정지와 가처분의 구별〕

1. 문제점

행정실무에서는 행정심판법이나 행정소송법이 정한 '집행정지'를 '가처분'이라 부르기도 한다. 아마도 임시적인 구제제도라는 비슷한 특성 때문인 듯하다. 그러나 집행정지와 가처분은 다른 제도이다. 특히 집행정지는 행정처분의 위법성을 다투는 항고소송에서의 임시구제절차인 반면, 가처분은 민사집행법에서 정한 보전처분절차이다. 따라서 민사가처분과 구별하기 위해서라도 집행정지라는 용어는 정확히 사용할 필요가 있다.

한편, 행정소송에서도 집행정지 외에 가처분을 인정할 수 있는지 논란이 있는데, 아래에서는 이와 관련한 논의를 간단히 살펴본다.

2. 행정소송에서 가처분 인정 여부

대법원은, 행정청의 처분 등이나 부작위를 대상으로 제기하는 항고소송(행정소송법 제3조 제1호)에는 행정소송법 제8조 제2항에도 불구하고 민사소송법 규정 중 가처분 규정이 준용되지 않는다고

---

1) 하명호, 앞의 책, 603쪽.

하므로(대법원 1980. 12. 22.자 80두5 결정 참조), 항고소송에서는 가처분을 신청할 수 없다. 다만, 당사자소송과 관련하여 행정소송법 제23조 제2항의 집행정지 규정이 준용되지 않으므로, 이를 본안으로 하는 가처분은 행정소송법 제8조 제2항에 따라 민사집행법상 가처분 규정을 준용할 수 있다고 본다(대법원 2015. 8. 21.자 2015무26 결정).

결국 행정처분과 관련이 있는 항고소송(취소소송, 무효확인소송, 부작위위법확인소송)에는 가처분이 허용되지 않지만, 행정처분과 관련이 없는 당사자소송 등에는 가처분이 허용된다고 본다.

Ⅲ. 형사상 관련 절차 개요

1. 의의

형사상 절차란 국가가 형법을 적용·실현하는 절차, 즉 범죄행위자에게 형벌권을 행사하는 사건(형사사건)을 대상으로 수사·재판절차를 통틀어 말한다. 이러한 형사절차를 규율하는 일반법으로는 형사소송법이 있고, 이는 형벌권을 실현하기 위한 일반법에 해당한다.[1)]

2. 형사판결과 민사판결의 관계

확정된 형사판결은 민사재판에서 유리한 증거자료로 활용되기 때문에, 민사재판에 제출된 다른 증거에 비추어 형사재판의 사실 판단을 채용하기 어렵다는 등 특별한 사정이 없다면 형사판결에서 인정한 것과 반대되는 사실을 인정할 수 없다.[2)] 다만, 확정된 형사판결이 유죄판결인지 무죄판결인지, 유죄판결이라면 약식명령절차에 따라 확정되었는지 보통 재판절차에 따라 확정되었는지, 보통 재판절차에 따라 확정되었더라도 피고인이 자백한 경우인지 아닌지 등에 따라 형사판결의 증거자료에 대한 평가에서 차이가 있다.[3)] 그런데 검사의 무혐의결정은 확정된 형사판결이 아니므로, 그와 같은 증거가치를 부여할 수 없다.[4)]

3. 공공조달에서의 활용

담합 혹은 부당한 공동행위는 공공조달 영역에서 발생하는 대표적인 범죄행위에 해당한다(공정거래법 제124조, 형법 제137조, 제315조). 그 밖에 관계공무원에게 뇌물을 제공하는 행

1) 이재상·조균석·이창온, 형사소송법 (제13판), 박영사, 2021, 3쪽.
2) 대법원 2008. 2. 14. 선고 2007다69148, 69155 판결.
3) 대법원 1998. 9. 8. 선고 98다25368 판결, 대법원 2005. 12. 23. 선고 2004다46366 판결, 대법원 2006. 9. 14. 선고 2006다27055 판결.
4) 대법원 2001. 5. 8. 선고 2000다43284, 43307, 43291 판결.

위(형법 제129조 이하), 입찰이나 계약서류를 위조·변조하여 제출하는 행위(형법 제225조 이하), 직접생산의무를 위반하거나 외국산 제품을 국산 제품으로 속이고 납품하는 등 발주기관 등을 기망하여 재산상 이익을 취득하는 행위(형법 제347조), 계약이행 과정에서 근로자 사망과 같은 중대한 위해를 야기하는 행위(중대재해 처벌 등에 관한 법률 제10조 이하, 산업안전보건법 제167조 이하, 형법 제268조 등) 등도 범죄행위로서 형사처벌 대상에 해당할 여지가 있으며, 전자조달의이용및촉진에관한법률위반죄(전자조달법 제27조부터 제29조), 중소기업제품구매촉진및판로지원에관한법률위반죄(판로지원법 제35조)와 같은 특별형법이 적용되는 경우도 있다.

특히 부당한 공동행위는 공정거래위원회가 전속고발권을 가지며, 이를 제한하기 위한 검찰총장, 중소벤처기업부장관, 조달청장 등의 고발요청제도, 그 밖에 자진신고자 등에 대한 고발면제 제도는 형사절차와 관련한 내용이다(공정거래법 제44조, 제129조 참조). 다만, 이와 관련한 내용은 본서 제4편 제7장에서 자세히 서술했으므로, 해당 부분을 참조하길 바란다.

Ⅳ. 헌법상 분쟁해결수단 개요

1. 의의와 종류

헌법상 분쟁해결수단은 곧 헌법재판을 말한다. 헌법재판은 헌법소송이라 부르기도 하는데, 이는 헌법적인 분쟁을 해결하려는 절차로서 국가작용의 합헌성을 보장하기 위한 사법(司法)적 통제절차를 말한다.

헌법재판으로는 위헌법률심판, 탄핵심판, 정당해산심판, 권한쟁의심판, 헌법소원심판이 있다.

2. 공공조달에서의 활용

공공조달 영역에서는 법률 등 규범을 통제하는 위헌법률심판이나 위헌소원, 위헌·위법적인 공권력 작용으로부터 국민의 기본권 침해를 구제하는 헌법소원이 주로 활용된다.

제2장 / 민사상 분쟁해결수단

제 1 절 보전처분절차

Ⅰ. 서론

앞에서 언급했듯이, 민사집행은 보통 ① 강제집행, ② 담보권실행을 위한 경매, ③ 민법·상법 그 밖에 법률 규정에 따른 경매를 말하지만, 넓은 의미에서는 ④ 보전처분 절차까지 포함한 절차를 말한다. 네 가지 모두 사법상 권리를 강제적으로 실현하는 절차라는 특징은 같으나, 보전처분 절차는 잠정적 집행절차에 불과하므로, 권리를 종국적으로 집행하는 절차인 강제집행 등과는 차이가 있다. 특히 보전처분의 집행절차는 강제집행절차를 준용하지만, 그 명령절차는 소송절차를 준용한다. 따라서 실무에서는 보전처분사건을 일반 민사집행사건과 구별하여 민사신청사건이라 부른다.

공공조달은 사법상 계약으로서 성질을 가지는 공공계약이 중심이고, 공공계약은 원칙적으로 경쟁입찰을 거치기 때문에 입찰참가자나 계약상대자가 발주기관과의 사이에서 분쟁이 발생하면 긴급하게 권리를 보전해야 할 필요가 많다. 미리 권리를 보전하지 않으면 본안소송에서 소의 이익을 인정받지 못할 가능성이 높기 때문이다. 따라서 아래에서는 보전처분을 중심으로 살펴보고자 한다.

Ⅱ. 보전처분

공공조달에서의 보전처분을 이해하기 위해 우선 가압류와 가처분의 일반 개념을 살펴보고자 한다. 가압류·가처분 집행은 장래에 판결에서 이기면 행할 강제집행에 대비하여 판결에 앞서 행하는 잠정조치이다.[1] 가압류·가처분 집행을 할 때는 특별한 집행권원(執行權原)으로 가압류명령이나 가처분명령이 필요하므로, 엄격하게는 가압류신청이나 가처분신청에 따라 법원이 그 당부를 심사하여 명령을 발령하는 가압류소송·가처분소송 등 보전소송절차와 그

1) 이시윤, 신민사집행법 (제6판), 박영사, 2013, 17쪽.

뒤에 발령된 가압류명령·가처분명령에 따라 집행하는 절차로서 보전집행절차로 나눈다.

가압류는 금전채권을 장래에 집행하기 위해 보전하는 절차인 반면, 가처분은 특정물청구권(비금전채권)을 장래에 집행하기 위해 보전하는 절차와 임시지위를 정하는 절차로 다시 나눈다. 가압류·가처분은 가집행과 다른데, 가압류·가처분은 집행보전에 그치지만, 가집행은 압류 → 현금화 → 만족까지 가는 종국적인 집행이다. 다만, 가집행은 본집행과 달리 확정적이지 않으며, 상급심에서 가집행선고 있는 판결이 취소·해제되는 것을 해제조건으로 집행효력이 발생할 뿐이다.[1)]

〔판결절차와 보전처분절차 비교〕[2)]

	판결절차(본안소송)	가압류·가처분절차(보전처분)
적용법	민사소송법	민사집행법
소송물	확정적인 이행·확인·형성판결 요구	잠정적인 권리보전·임시조치 요구
증거	완전증명 (고도의 개연성 확신)	소명 (확실하리라 추측되는 심증)
재판	판결	결정
불복	상소(항소, 상고)	① 인용결정 - 이의신청 ② 각하·기각결정 - 즉시항고 ③ 별도 취소사유 - 사정변경·제소명령위반·제소기간도과
패소시 배상 책임	원칙적으로 부정	본안패소시 과실추정 배상책임(대법원 2010. 2. 11. 선고 2009다 82046, 82053 판결 등)

Ⅲ. 가압류

1. 의의

가압류란 금전채권자가 장래 강제집행에 대비하여 미리 채무자의 책임재산을 묶어 놓고 잠정적으로 그 처분권을 빼앗는 조치를 말한다. 따라서 가압류 명령과 집행이 있으면 처분금지효가 발생한다.

1) 이시윤, 앞의 책, 18쪽.
2) 이시윤, 앞의 책, 535쪽.

2. 요건

가압류는 금전채권이나 적어도 금전으로 환산할 수 있는 채권에 해당하는 피보전채권이 있어야 하고, 가압류를 하지 않으면 나중에 집행불능이나 집행곤란에 이를 정도라는 의미에서 보전의 필요성이 있어야 한다.

3. 절차

가. 가압류명령

가압류신청 → 심리 → 재판 → 불복(기각·각하 결정은 즉시항고, 가압류명령은 이의신청), 그 밖에 가압류취소 등 순서로 진행되는 가압류 절차를 말한다.

나. 가압류집행

가압류결정(보전권원)을 실현하기 위한 절차로서, 본집행에 대응하는 것이다. 따라서 강제집행 규정을 준용한다.

4. 효과

가압류가 집행되면 채무자는 목적물을 처분해서는 안 되는 처분금지효가 생긴다. 다만, 처분금지효는 가압류채권자에게만 미치기 때문에, 채무자가 처분금지효에 반하여 목적물을 처분하면, 가압류채권자에 대한 관계에서만 무효이다.[1] 가압류가 있으면 피보전권리의 소멸시효 진행이 중단된다(민법 제168조 참조).

5. 공공조달에서의 가압류

실무에서는 계약상대자가 발주기관을 상대로 계약대금을 확보하기 위해 가압류 제도를 이용하는 사례가 거의 없다. 국가 등 발주기관은 자력이 충분하므로, 본안소송에서 패소하더라도 대금지급 불능 혹은 집행불능에 빠질 위험이 없기 때문이다. 그러나 발주기관은 계약상대자로부터 손해배상금(계약보증금 등 각종 보증금 포함)이나 부당이득금 등을 확보하기 위해 계약상대자의 책임재산을 대상으로 가압류를 신청하는 경우가 종종 있다.

한편, 계약상대자의 금전채권자가 계약상대자를 채무자로 하고, 발주기관을 제3채무자로 하여, 채무자가 발주기관에게 가지는 계약대금 등을 가압류 해 두는 경우도 많다. 이와 관련하여, 채권자가 소관청을 잘못 지정하여 가압류를 신청하고, 결정이 잘못 지정된 소관

1) 대법원 1994. 11. 29. 선고 94마417 결정.

청에 송달되어도 해당 가압류가 유효한지 문제이다. 예를 들어, 가압류를 신청하면서 제3채무자를 대한민국으로 기재하고 아울러 소관청을 조달청으로 기재해야 하는데, 방위사업청으로 잘못 기재한 경우를 말한다. 그런데 일반적으로 채무자가 국가인 채무에 대한 강제집행으로 국고금을 압류할 때는 채무자가 국가인 만큼 집행문에 표시된 관서의 소관 국고금이 아니더라도 압류할 수 있고, 또한 채권의 가압류는 제3채무자에게 가압류 결정 정본을 송달하여 집행하는데, 국가소송법 제9조 제1항에 따르면 국가소송에서 송달은 수소법원에 대응하는 검찰청의 장에게 하도록 규정하고, 국가를 제3채무자로 하는 채권가압류에서 위 법 규정을 준용할 수 있으므로, 결국 국가를 제3채무자로 하는 가압류결정을 받았고, 그 결정문이 수소법원에 대응하는 검찰청의 장에게 송달되었다면, 위 결정서에 제3채무자인 국가의 소관청이 잘못 기재되어 있다고 하더라도 해당 가압류는 적법하게 집행되었다고 본다.[1)]

Ⅳ. 가처분

1. 의의

가처분이란 금전채권을 보전하려는 가압류 절차와는 달리 금전채권이 아닌 것을 보전하는 절차이다. 따라서 가압류는 어떤 경우든 보전의 방법으로 채무자의 재산처분을 금지하는 압류 형태를 취하지만, 가처분은 보전할 권리의 종류와 필요성이 다양하다. 가처분 절차도 집행권원에 해당하는 가처분명령(보전권원)을 발령하는 가처분명령 절차와 이에 기초하여 집행하는 가처분집행 절차로 나눈다.

2. 유형

가처분은 기본유형으로 다툼의 대상에 관한 가처분과 임시지위를 정하기 위한 가처분이 있다.

가. 다툼의 대상에 관한 가처분

현상이 바뀌면 당사자가 권리를 실현하지 못하거나 이를 실행하는 것이 매우 곤란할 염려가 있을 경우에 발령하는 가처분이다(민사집행법 제300조 제1항). 피보전권리가 금전채권이 아닌 채권인 것으로, 가령 물건인도, 소유권이전등기, 특정물과 관련한 작위·부작위와 참고 견디는 인용(認容), 의사의 진술 청구 등에 대한 판결이 났을 때 장래의 강제집행 불능·

1) 서울중앙지방법원 2005. 5. 20. 선고 2003나62599 판결.

곤란에 대비하기 위해 현상유지를 명하는 가처분이다.[1] 즉, 점유이전금지가처분, 처분금지가처분이 대표적인 예이다.

공공조달 실무에서는 국유재산을 대상으로 한 가처분 사건이 많은데, 가령 총괄청이 국유재산을 무단점유하는 자를 상대로 등기말소나 등기이전을 위한 본안소송을 제기하기 전에 무단점유자가 해당 부동산을 임의로 처분하지 못하도록 막기 위해 처분금지가처분을 신청하는 사례가 많다.

나. 임시지위를 정하기 위한 가처분

임시지위를 정하기 위한 가처분이란 다툼 있는 권리관계 특히 계속하는 권리관계에 대하여 본안소송이 끝날 때까지 채권자에게 끼칠 현저한 손해를 피하거나 급박한 위험을 막기 위해, 그 밖에 필요한 이유가 있을 경우에 한정하여 응급적·잠정적으로 발령하는 가처분을 말한다(민사집행법 제300조 제2항). 법원은 본안판결이 있을 때까지 잠정적·임시적 조치를 취하지 않으면 채권자가 회복할 수 없는 손해를 입을 우려가 있을 때 위와 같은 가처분을 발령한다. 예를 들어, 직무집행정지 및 대행자 선임의 가처분, 방해물의 철거단행가처분, 건축공사중지가처분, 퇴거나 시위·출입금지가처분, 명단공개금지가처분, 통행방해·업무방해금지가처분, 겸업금지가처분, 지위보전가처분, 가옥명도단행가처분, 임금지급가처분, 주주의결권행사중지가처분, 상품판매금지가처분, 출판물판매금지가처분 등이 있다.[2]

공공조달 실무에서는 경쟁입찰이나 계약절차에서 발생하는 수많은 분쟁을 위와 같은 임시지위를 정하기 위한 가처분으로 해결한다. 특히 입찰절차에서 발생하는 문제는 입찰이 그대로 종료하여 계약체결에 따른 이행이 완료되면, 소의 이익이 소멸할 수 있으므로, 미리 지위를 보전할 필요가 크다. 그리하여 입찰참가자격지위확인가처분, 입찰절차중지가처분, 적격심사대상자지위보전가처분, 우선협상대상자지위보전가처분, 낙찰예정자지위보전가처분, 계약체결금지가처분, 계약이행금지가처분, 계약당사자지위확인가처분, 계약해지효력정지가처분 등 다양한 가처분 사건이 진행된다.

3. 요건

다툼의 대상에 대한 가처분이든 임시지위를 정하기 위한 가처분이든 피보전권리와 보전의 필요성이라는 요건이 필요하다.

1) 이시윤, 앞의 책, 594쪽.
2) 이시윤, 앞의 책, 597쪽.

가. 다툼의 대상에 대한 가처분

1) 피보전권리

이 가처분에서 피보전권리는 금전채권이 아닌 특정물에 관한 이행청구권이다. 따라서 다툼의 대상은 금전 이외의 특정 물건이나 권리를 말한다.

2) 보전의 필요성

대상물의 현상을 바꾸면 장래에 권리실행이 불가능하거나(집행실행불능) 곤란할 염려가 있는 경우를 말한다. 다만, 만족적 가처분과 달리 다툼의 대상에 대한 가처분은 피보전권리가 소명되면 보전처분의 잠정성, 신속성 등에 비추어 보전의 필요성이 인정된다.[1)]

나. 임시지위를 정하기 위한 가처분

1) 피보전권리

이 가처분에서 피보전권리는 다툼이 있는 권리관계이다. 여기서 권리관계에는 현존하는 다툼이 있어야 하므로, 이미 효력을 잃은 과거의 권리관계를 대상으로 한 가처분은 허용되지 않는다.[2)] 또한, 채권자와 채무자 사이의 권리관계여야 하고, 민사절차인 사법(私法)상 관계여야 한다. 그리고 다툼이란 권리관계와 관련하여 당사자의 주장이 대립하기 때문에 소송에 따른 권리보호가 필요한 경우를 말한다.

2) 보전의 필요성

여기서 보전의 필요성이란 다툼이 있는 권리관계에 미리 손쓰지 않으면 채권자에 생길 현저한 손해나 급박한 위험을 피하기 위한 경우를 말한다. 즉, 권리관계에 대한 다툼 때문에 현저한 손해나 급박한 위험에 직면하여, 본안소송으로 권리관계의 확정을 기다리자면 소송목적을 달성할 수 없고, 중대한 불이익을 입을 수 있어, 일단 응급적·잠정적인 법적 상태로 놓아두어야 하는 경우이다.[3)] 현저한 손해란 본안판결 확정까지 기다리는 것이 가혹하다고 생각될 정도의 불이익이나 고통을 말하고, 재산적 손해뿐만 아니라 명예, 신용 등 정신적 손해, 공익적 손해까지 포함한다.[4)] 급박한 위험을 피하기 위한 경우란 장래의 승패 예상을 고려한 것이다. 끝으로 가처분으로 말미암아 채권자가 받는 이익과 채무자가 받는 고통이나 불이익을 비교하여, 비례원칙에 맞아야 한다.

---

1) 대법원 2005. 10. 17.자 2005마814 결정.
2) 대법원 1966. 12. 19.자 66마516 결정, 대법원 1995. 3. 10.자 94마605 결정.
3) 이시윤, 앞의 책, 604쪽.
4) 대법원 1967. 7. 4.자 67마424 결정.

〔이른바 만족적 가처분에서 피보전권리와 보전의 필요성〕

본안판결로써 얻고자 하는 내용과 실질적으로 같은 내용의 권리관계를 형성하는 이른바 만족적 가처분인 경우, 본안판결 전에 채권자의 권리가 종적으로 만족을 얻는 것과 같은 결과에 이르는 반면, 채무자는 본안소송으로 다투어 볼 기회를 가져보기도 전에 그러한 결과에 이르기 때문에, 피보전권리나 보전의 필요성은 보통 보전처분보다 높은 정도로 소명되어야 한다(인천지방법원 2015. 3. 18. 자 2015카합10019 결정 등 참조).

4. 절차

가. 가처분명령

가처분명령은 가처분 신청 → 심리(변론) → 결정 → 불복 등 순서로 진행된다. 여기서 불복절차는 별도 항으로 살펴본다.

한편, 가처분명령은 일정한 사유가 있으면 취소할 수도 있는데, 본안의 제소명령위반, 제소기간 도과, 사정변경, 특별사정에 따른 담보제공조건 등을 사유로 취소할 수 있다.

〔본안소송과 관계 – 특히 임시지위를 정하는 가처분인 경우〕

임시지위를 정하는 가처분이 대다수를 차지하는 공공조달 관련 가처분에서는 가처분신청과 본안소송이 같은 내용인 경우가 많다. 그런데 이때 가처분 집행에 따라 피보전권리가 실현된 것과 마찬가지 상태가 사실상 달성되었다 하더라도 그것은 어디까지나 임시적·잠정적인 것에 지나지 않기 때문에 이러한 가처분 집행에 따른 이행상태는 본안소송 당부를 판단할 때 참작할 요소가 아니다(대법원 2011. 2. 24. 선고 2010다75754 판결). 다만, 가처분집행 후 생긴 목적물의 훼손·멸실 등 별개의 사실상태 변동은 특별한 사정이 없다면 본안소송에서 참작해야 한다.[1)]

나. 불복방법

1) 구분

가처분재판에 대한 불복방법은 크게 가처분신청이 배척(기각)되었을 때 채권자가 불복하는 방법과 가처분명령(인용)이 있었을 때 채무자가 불복하는 방법으로 나눌 수 있다.

2) 즉시항고

법원이 가처분신청을 기각·각하하면, 가처분신청을 한 채권자는 즉시항고로 다툴 수 있

1) 이시윤, 앞의 책, 632쪽.

다(민사집행법 제281조 제2항, 제301조). 항고법원 결정에 대해서는 대법원에 재항고할 수 있다.

3) 이의신청

법원이 가처분명령, 즉 가처분신청을 인용하는 결정을 하면, 채무자는 가처분취소·변경을 신청하는 이유를 기재하여 이의신청을 할 수 있다(민사집행법 제283조 제1항, 제2항, 제301조). 따라서 이때는 항고·재항고가 허용되지 않는다. 그리고 이의신청은 가처분명령을 내린 같은 법원에 서면으로 한다. 이의신청은 상소가 아닌 구제절차이므로, 상급심으로 이심되는 효력이나 집행정지 효력이 발생하지 않는다. 또한, 이의신청은 시기적 제한이 없으므로 가처분결정을 집행한 뒤에도 할 수 있다. 가처분이의절차에서 법원이 심리하는 대상은 가처분신청의 당부이기 때문에 가처분신청이 이유가 있으면 기존 가처분결정을 유지한다.[1] 이의신청에 따른 결정에 대해서는 그 결정이 무엇인지에 따라 채권자나 채무자가 즉시항고할 수 있다(민사집행법 제286조, 제301조).

〔부당한 가처분집행과 손해배상책임〕

집행채권자가 가처분 인용결정을 받은 후 본안소송에서 피보전권리 부존재로 패소판결을 받았다면, 가처분 집행으로 채무자가 입은 손해를 배상해야 한다는 견해가 있다.[2] 이 견해에 따르면 가처분권자가 고의나 과실이 없다는 특단의 사정이 없으면, 손해배상책임을 부담한다고 본다. 그러나 채권자가 고의·과실로 가처분제도를 악용했다는 등 특별한 사정이 없으면, 가처분신청을 인용받고 본안소송에서는 패소한 채권자에게 손해배상책임을 물을 수 있는지 의문이 있다.

다. 가처분집행

가처분집행신청 → 집행 순서로 진행된다. 다만, 가처분명령을 발령한 법원이 곧 가처분집행법원인 경우에는 가처분명령신청과 함께 가처분명령의 발령을 정지조건으로 가처분집행을 신청하였다고 본다. 가처분집행은 원칙적으로 본집행과 같은 방법으로 한다.

5. 본안소송과의 관계

가처분명령은 법원이 피보전권리를 잠정적·가정적으로 판단하는 것이기 때문에, 그 본안소송과 관계에서 기판력 등 구속력을 인정할 수 없다. 즉 가처분명령에는 피보전권리의 존부에 대한 기판력이 생기지 않는다.[3] 법원은 피보전권리 존부와 같은 본안판단이 아니라

1) 대법원 2006. 5. 26. 선고 2004다62597 판결.
2) 이시윤, 앞의 책, 642쪽.
3) 대법원 1977. 12. 27. 선고 77다1698 판결.

피보전권리와 보전의 필요성 등 보전요구를 판단했을 뿐이기 때문이다.[1] 그러므로 가처분 소송에서 패소한 채권자가 같은 내용으로 본안소송을 제기하더라도 해당 본안소송이 부적법하다고 볼 수는 없다.

6. 공공조달에서의 가처분

공공계약은 국가 등이 사경제 주체로서 상대방과 대등한 위치에서 체결하는 사법상 계약으로서 그 본질적인 내용은 사인 간의 계약과 다를 바가 없으므로, 그에 관한 법령에 특별한 정함이 있는 경우를 제외하고는 사적 자치와 계약자유의 원칙 등 사법의 원리가 그대로 적용되고, 단순히 계약담당공무원이 입찰절차에서 국가계약법령이나 그 세부심사기준에 어긋나게 적격심사를 하였다는 사유만으로 당연히 낙찰자 결정이나 그에 기한 계약이 무효가 되는 것은 아니고, 이를 위배한 하자가 입찰절차의 공공성과 공정성이 현저히 침해될 정도로 중대할 뿐 아니라 상대방도 이러한 사정을 알았거나 알 수 있었을 경우 또는 누가 보더라도 낙찰자의 결정 및 계약 체결이 선량한 풍속 기타 사회질서에 반하는 행위에 의하여 이루어진 것임이 분명한 경우 등 이를 무효로 하지 않으면 그 절차에 관하여 규정한 국가계약법의 취지를 몰각하는 결과가 되는 특별한 사정이 있는 경우에 한하여 무효가 된다.[2] 따라서 재판 실무례는 입찰절차에 공공성과 공정성이 현저히 침해될 정도로 중대한 하자가 있다거나 선량한 풍속 기타 사회질서에 반하는 행위가 있다는 소명을 엄격히 요구하고 이것이 없다는 이유로 가처분신청을 기각하는 경향이 강하다. 이러한 경향은 공공계약을 사법상 계약으로 이해하는 데에 따른 불가피한 결론이지만, 보전의 필요성을 너무 좁게 파악한다는 비판에 직면할 수 있다.

〔가처분결정 주문례〕

- **적격심사대상자지위보전 가처분**

  1. 채무자 산하 ○○지방조달청장이 . . . 제 호로 공고하여 . . . 개찰한 ○○공사 입찰에 있어서 채권자가 적격심사대상자 지위에 있음을 임시로 정한다.
  2. 채무자는 제1항 기재 공사에 관하여 채권자 이외의 자와 계약을 체결하여서는 아니 된다.

- **우선협상대상자지위보전 가처분**

  채무자가 . . . 제 호로 공고한 ○○입찰에 관하여 채권자가 우선협상대상자의 지위에 있음을 임시로 정한다.

---

1) 이시윤, 앞의 책, 651쪽.
2) 대법원 2001. 12. 11. 선고 2001다33604 판결.

• **낙찰자지위보전 가처분**

1. 채무자가 . . . 제 호로 공고한 ○○입찰에 있어서 채권자가 낙찰자의 지위에 있음을 임시로 정한다.
2. 채무자는 제1항 기재 입찰에 관하여 . . . ○○○과 체결한 ○○계약을 이행하거나, 위 ○○○으로 하여금 위 계약을 이행하게 하는 등 일체의 후속절차를 진행하여서는 아니 된다.

• **계약체결금지 가처분**

채무자는 ○○○○과 . . . 제 호로 입찰공고한 ○○○사업에 관한 계약을 체결하여서는 아니 된다.

• **계약효력정지 가처분**

채무자 대한민국이 . . . 채무자 보조참가인 ○○○과 사이에 체결한 ○○계약의 효력을 정지한다.

• **계약절차중지 가처분**

채무자는 . . . 구매입찰 공고된 ○○구매입찰에서 . . . 낙찰자로 선정된 채무자 보조참가인 ○○○과 사이에 체결한 . . .자 ○○계약에 따른 선금지급 등 후속절차를 진행해서는 아니 된다.

제 2 절 본안소송

Ⅰ. 서론

공공조달과 관련한 사법상 권리관계 분쟁은 대체로 채무부존재확인소송, 계약무효확인소송, 계약해지무효확인소송, 계약보증금등청구소송, 손해배상청구소송, 부당이득금반환소송, 물품·용역·공사대금청구소송, 양수금청구소송, 추심금청구소송, 선금지급청구소송, 설계보상비반환청구소송, 지위확인소송과 같은 다양한 본안소송으로 해결된다. 아래에서는 이 책 제1편부터 제3편에서 이미 소개한 판결례는 제외하고 의미 있는 몇 가지 쟁점과 판결례를 살펴본다.

Ⅱ. 민사본안 판결례

1. 공동수급체 대표자가 당사자적격을 가지는지

조합 업무를 수행할 권한을 받은 업무집행조합원은 조합재산에 관하여 조합원으로부터 임의적 소송신탁을 받아 자기 이름으로 소송을 수행할 수 있는데,[1] 원고가 원고 공동수급

1) 대법원 1997. 11. 28. 선고 95다35302 판결.

체의 대표사이고, 나머지 구성원이 원고가 소송을 수행하는 데 동의한다는 확인서를 제출했다면 원고는 나머지 조합원으로부터 재산관리에 관한 소송을 신탁받은 업무집행조합원으로서 원고 명의로 이 사건 소를 제기할 당사자적격을 갖는다.[1)]

2. 조달청(장)이 민사소송의 당사자능력을 갖는지

조달청(장)은 대한민국의 산하기관에 불과하여 민사소송법상 당사자능력이 없으므로 조달청을 상대로 제기한 소는 당사자 능력이 없는 자를 상대로 제기한 것이므로 부적법하다.[2)] 따라서 민사소송 당사자는 조달청(장)이 아니라 대한민국이고, 조달청은 소관청에 불과하다.

3. 확인의 이익 관련

국가나 지방자치단체가 실시하는 공사입찰에서 적격심사 과정의 하자로 인하여 낙찰자결정이 무효이고, 하자 없는 적격심사에 따른다면 정당한 낙찰자가 된다고 주장하는 자는 낙찰자로서 지위의 확인을 구할 수 있고, 이러한 법리는 위 입찰에 터 잡아 낙찰자와 계약이 체결된 경우에도 같으나, 낙찰자와 체결된 계약에 기초하여 그 이행까지 완료된 경우에는 더 이상 낙찰자결정이 무효라고 주장하여 낙찰자지위에 대한 확인을 구할 이익이 없다.[3)]

한편, 확인의 소에서 피고는 원고의 권리나 법률관계를 다툼으로써 원고의 법률적 지위에 불안을 초래할 염려가 있는 자, 다시 말하면 원고의 보호법익과 대립·저촉되는 이익을 주장하는 자여야 하고, 그와 같은 피고를 상대로 해야 확인의 이익이 인정된다.[4)]

계약보증금 국고귀속이나 입찰참가자격제한 가능성을 이유로 계약당사자 지위확인의 소를 제기한 사안에서는 원고가 설령 승소판결을 얻더라도 계약보증금 국고귀속이나 부정당업자 입찰참가자격제한 가능성을 제거할 수 없으므로, 원고의 권리나 법률상 지위에 현존하는 위험이나 불안을 제거할 수 있는 경우라 할 수 없다.[5)]

4. 도급계약에 상법 제69조가 적용되는지

상법 제69조[6)]의 하자통지의무는 상사매매에 적용되므로, 명백히 도급계약으로서 성질

1) 대전지방법원 2016. 4. 6. 선고 2015가합102778 판결.
2) 대전지방법원 2016. 4. 6. 선고 2015가합102778 판결.
3) 대법원 2004. 9. 13. 선고 2002다50057 판결.
4) 대법원 2013. 2. 15. 선고 2012다67399 판결.
5) 대전지방법원 2019. 4. 4. 선고 2018가합101813 판결.
6) 제69조(매수인의 목적물의 검사와 하자통지의무) ① 상인간의 매매에 있어서 매수인이 목적물을 수령한 때에는 지체없이 이를 검사하여야 하며 하자 또는 수량의 부족을 발견한 경우에는 즉시 매도인에게 그 통지를 발송하지 아니하면 이로 인한 계약해제, 대금감액 또는 손해배상을 청구하지 못한다. 매매의 목적물에 즉시 발견할 수

을 갖는 공급계약에는 위 조항이 그대로 적용되지 않는다.[1]

5. 공사대금 직접 지급 의무자

수요기관의 장이 조달청장에게 공사계약 체결을 요청하여 조달청장이 공사계약을 체결했더라도, 공사계약 특수조건에서 대가 지급 등 공사계약 이행과 관련한 사항에 대해서는 수요기관의 장을 계약담당공무원으로 규정하고, 공사계약 일반조건에서 계약담당공무원이 대가 등을 지급한다고 규정하며, 이에 따라 수요기관이 계약상대자에게 공사대금을 직접 지급해 왔고, 계약변경 역시 수요기관과 계약상대자가 협의하였을 뿐 대한민국에게 그 사실을 통보하지 않았다면, 계약체결 당시 대한민국, 계약상대자, 수요기관 사이에 수요기관이 계약상대자에게 공사대금을 직접 지급하기로 합의했다고 보아야 하므로, 공사대금을 지급해야 하는 주체는 대한민국이 아닌 수요기관이다.[2]

6. 행정처분의 위법성이 민사본안 판단을 위한 선결문제인 경우

행정처분의 효력 유무나 존재 여부가 민사소송의 선결문제인 경우에는 해당 민사소송의 수소법원은 이를 심리·판단할 수 있다(행정소송법 제11조 제1항). 따라서 민사소송에서 어느 행정처분의 당연무효가 선결문제인 때에는 민사법원은 이를 판단하여 당연무효를 전제로 판결할 수 있고, 반드시 행정소송 등 절차를 거쳐 무효확인을 받지 않아도 된다.[3]

그러나 행정처분이 무효에 이르지 않고 단지 위법성 여부가 선결문제인 경우에는 어떻게 해야 하는지 논란이 있는데, 민사법원은 원칙적으로 행정처분의 하자가 당연무효에 이르지 않은 취소사유에 불과한 경우라면 그 처분의 효력을 부정할 수 없다.[4] 다만, 처분이 집행완료, 기간만료 등으로 그 목적을 달성한 특별한 경우에만 행정처분을 대상으로 별도로 취소를 구할 소의 이익이 없으므로, 이러한 예외적인 경우에만 처분상대방은 행정처분이 취소되었는지와 관계없이 행정처분의 위법을 이유로 손해배상을 청구할 수 있을 뿐이다.[5]

없는 하자가 있는 경우에 매수인이 6월내에 이를 발견한 때에도 같다.

② 전항의 규정은 매도인이 악의인 경우에는 적용하지 아니한다.

1) 서울중앙지방법원 2019. 4. 10. 선고 2017가합566971 판결.
2) 서울중앙지방법원 2016. 12. 1. 선고 2016가합534908 판결 등 다수 판결례 참조.
3) 대법원 2012. 10. 18. 선고 2010다103000 전원합의체 판결.
4) 대법원 1991. 10. 22. 선고 91다26690 판결.
5) 대법원 1972. 4. 28. 선고 72다337 판결, 대법원 1974. 3. 12. 선고 73누228 판결.

제 3 절 계약분쟁조정제도

Ⅰ. 서론

1. 의의와 취지

분쟁은 보통 재판절차에 따라 해결하지만, 시간과 비용, 전문성 등 단점으로 말미암아 대체적 분쟁해결수단인 조정이나 중재 등을 활용하기도 한다. 한편, 정부가 WTO 협정에 가입하면서 국내 조달시장이 개방되고, 그에 따라 외국업체가 공공입찰에 참여하는 과정에서 여러 분쟁이 발생할 가능성이 증가했다. 이에 정부조달협정에 이의신청절차, 기구, 협의·분쟁해결 관련 규정을 두었으므로, 공공계약법에도 관련 분쟁해결에 필요한 규정을 두어야 했다. 이처럼 국제계약 분쟁조정을 위해 마련한 제도를 확대하여 국가계약법에는 국가계약분쟁조정제도를, 지방계약법에는 지방계약분쟁조정제도를 각기 도입했다.[1]

원래 계약이란 두 당사자 사이의 합의에 따라 성립하는 만큼, 그 해석이나 적용 과정에서 분쟁이 발생하면 계약당사자 사이의 합의로 이를 해결하거나 그 해결방법을 정하는 것이 가장 합리적이다. 그리하여 공공계약법은 계약에서 발생하는 분쟁을 효율적으로 해결하기 위해 계약을 체결할 때 계약당사자 사이에 분쟁해결 방법을 정할 수 있다면서(국가계약법 제28조의2 제1항, 지방계약법 제34조의2 제1항), 계약분쟁조정위원회 조정과 그 밖에 중재를 규정한다(국가계약법 제28조의2 제2항 제1호, 제2호, 지방계약법 제34조의2 제2항 제1호, 제2호).

2. 유형

계약분쟁조정제도에는 국가계약법에서 정한 국가계약분쟁조정제도와 지방계약법에서 정한 지방계약분쟁조정제도가 있다. 개정 전 국가계약법과 지방계약법은 각각 이의신청 범위나 조정에 따른 효력에서 차이가 있었으나,[2] 현행 국가계약법 제28조 이하, 현행 지방계약법 제34조 이하에서 각 정한 내용은 거의 같으므로, 두 유형을 비교할 실익이 적다. 아래에서는 국가계약분쟁조정제도를 중심으로 살펴본다.

---

1) 김성근, 앞의 책(Ⅱ), 773쪽.
2) 김성근, 앞의 책(Ⅱ), 775-776쪽.

Ⅱ. 국가계약분쟁조정제도

1. 의의

국제입찰을 시행하는 경우를 포함하여, 계약체결이나 이행과 관련하여 분쟁이 발생하면 이를 해결하는 기구를 두는 것이 계약의 공정성이나 적정성, 신뢰성을 확보하는 방안이므로, 국가계약법은 국가계약분쟁조정과 관련한 내용을 규정한다.

2. 이의신청

가. 개념

이의신청이란, 대통령령으로 정하는 금액(국제입찰은 제4조에 따름) 이상의 정부조달계약 과정에서 해당 중앙관서의 장이나 계약담당공무원의 행위로 불이익을 받은 자가 그 행위를 취소하거나 시정하기 위해 신청하는 이의절차를 말한다(국가계약법 제28조 제1항, 국가계약법 시행령 제110조 제1항, 제2항).

나. 요건

1) 이의신청을 할 수 있는 정부조달계약의 최소 금액 기준(국가계약법 시행령 제110조 제1항)

① 공사계약인 경우 : 다음 구분에 따른 금액

㉮ 건설산업기본법에 따른 종합공사 계약의 경우 : 추정가격 10억 원

㉯ 건설산업기본법에 따른 전문공사 계약의 경우 : 추정가격 1억 원

㉰ 위 ㉮, ㉯ 외의 공사계약인 경우 : 추정가격 8천만 원

② 물품계약인 경우 : 추정가격 5천만 원

③ 용역계약인 경우 : 추정가격 5천만 원

2) 이의신청 사유(국가계약법 제28조 제1항, 국가계약법 시행령 제110조 제2항)

① 국가계약법 제4조 제1항의 국제입찰에 따른 정부조달계약의 범위와 관련된 사항

② 국가계약법 제5조 제3항에 따른 부당한 특약등과 관련된 사항

③ 국가계약법 제7조에 따른 입찰 참가자격과 관련된 사항

④ 국가계약법 제8조에 따른 입찰 공고 등과 관련된 사항

⑤ 국가계약법 제10조 제2항에 따른 낙찰자 결정과 관련된 사항

⑥ 그 밖에 대통령령으로 정하는 사항

㉮ 국가계약법 시행령 제38조, 제51조에 따른 입찰보증금, 계약보증금의 국고귀속과

관련한 사항

㉯ 국가계약법 시행령 제64조부터 제66조까지, 제91조, 제108조에 따른 계약금액 조정과 관련한 사항

㉰ 국가계약법 시행령 제70조 제3항, 제73조 제3항에 따른 정산과 관련한 사항

㉱ 국가계약법 시행령 제74조에 따른 지체상금과 지체일수 산입범위와 관련한 사항

㉲ 국가계약법 시행령 제75조에 따른 계약해제·해지와 관련한 사항

다. 신청기간과 처리

이의신청은 이의신청의 원인이 되는 행위가 있었던 날부터 20일 이내나 그 행위가 있음을 안 날부터 15일 이내에 각 발주기관에게 해야 한다(국가계약법 제28조 제2항). 두 기간 중 먼저 도래하는 날을 기준으로 신청해야 하며, 위 기간을 초과한 후에 한 이의신청은 부적법하다.

한편, 해당 발주기관은 이의신청을 받은 날부터 15일 안에 심사하여 시정 등 필요한 조치를 하고 그 결과를 신청인에게 통지해야 하나(국가계약법 제28조 제3항), 이는 훈시규정에 불과하므로, 그 기한을 경과하여 통지했더라도 이를 위법하다고 볼 수 없다.

라. 불복절차

이의신청에 따른 발주기관의 조치에 이의가 있는 자는 그 통지를 받은 날부터 20일 안에 국가계약분쟁조정위원회에 조정(調停)을 위한 재심(再審)을 청구할 수 있다(국가계약법 제28조 제4항). 재심청구는 '적법한' 이의신청이 전제되어야 한다. 따라서 이의신청이 부적법한 경우에는, 재심청구의 전제조건인 이의신청 자체가 없다고 보아야 하므로, 그에 따른 재심청구도 부적법하다고 본다.

3. 국가계약분쟁조정위원회

가. 구성

국가계약에서 발생하는 분쟁을 심사·조정하기 위해 기획재정부에 국가계약분쟁조정위원회를 둔다(국가계약법 제29조 제1항). 위원회는 위원장 1명을 포함하여 15명 이내 위원으로 구성한다(국가계약법 제29조 제2항).

위원회의 위원장은 기획재정부장관이 지명하는 고위공무원단에 속하는 공무원이 되고, 위원은 기획재정부·과학기술정보통신부·국방부·행정안전부·산업통상자원부·국토교통부·조달청과 그 밖에 기획재정부장관이 필요하다고 인정하는 중앙행정기관의 고위공무원단에 속하는 공무원으로서 해당 기관의 장이 지명하는 공무원 각 1명과 다음 중 어느 하나에 해당

하는 사람으로서 성별을 고려하여 기획재정부장관이 위촉하는 사람이 된다(국가계약법 제29조 제3항, 국가계약법 시행령 제111조 제1항).

① 고등교육법에 따른 대학에서 법학·재정학·무역학·회계학의 부교수 이상의 직에 5년 이상 근무한 경력이 있는 사람
② 변호사의 자격을 가진 사람으로서 그 자격과 관련된 업무에 5년 이상 재직 중이거나 재직한 사람
③ 정부회계나 조달계약 업무와 관련한 학식과 경험이 풍부한 사람으로서 ①이나 ②의 기준에 상당하다고 인정되는 사람

위원은 비상근으로 하고(국가계약법 시행령 제11조 제2항), 위촉위원의 임기는 2년으로 하되, 연임할 수 있고(국가계약법 제29조 제4항), 위촉위원의 사임 등으로 인하여 새로 위촉된 위원의 임기는 전임위원 임기의 남은 기간으로 한다(국가계약법 제29조 제5항). 위촉위원은 금고 이상의 형의 선고를 받거나 장기간의 심신쇠약으로 직무를 수행할 수 없게 된 때를 제외하고는 임기 중 그 의사에 반하여 해촉되지 아니한다(국가계약법 제29조 제6항). 위원회의 위원은 그 위원과 직접 이해관계가 있는 안건의 심사·조정에 참여할 수 없다(국가계약법 제29조 제7항).

나. 위원장의 직무

위원장은 위원회 업무를 총괄하고 위원회를 대표하며, 위원장이 부득이한 사유로 직무를 수행할 수 없으면, 위원 중 기획재정부장관이 지정하는 자가 그 직무를 대행한다(국가계약법 시행령 제111조의2 제1항, 제2항).

다. 제척·기피·회피

위원은 ① 자신이나 그 배우자, 배우자였던 사람이 해당 안건의 당사자(당사자가 법인이나 단체 등인 경우는 그 임원을 포함)이거나 그 안건의 당사자와 공동권리자·공동의무자인 경우, ② 자신이 해당 안건의 당사자와 친족이거나 친족이었던 경우, ③ 자신이나 자신이 속한 기관 또는 법인이 해당 안건과 관련하여 증언, 진술, 자문, 연구, 용역, 감정을 한 경우, ④ 해당 안건이 자신이나 자신이 속한 중앙관서가 발주한 계약과 관련된 경우, ⑤ 자신이 각 중앙관서의 소속 공무원으로서 해당 안건과 관련된 조사나 심사를 한 경우 중 어느 하나에 해당하면, 해당 안건 심사·조정에서 제척된다(국가계약법 시행령 제111조의3 제1항).

해당 안건의 당사자는 위원에게 공정한 심사·조정을 기대하기 어려운 사정이 있는 경우 기피신청을 할 수 있다. 이때 위원장은 기피 신청에 대해 위원회 의결을 거치지 않고 기

피 여부를 결정할 수 있다(국가계약법 시행령 제11조의3 제2항).

위원이 제척사유나 기피사유에 해당하는 경우, 스스로 그 안건의 심사·조정에서 회피해야 한다(국가계약법 시행령 제111조의3 제3항).

라. 위원 지명철회

위원을 지명한 자는 해당 위원이 ① 심신쇠약으로 직무를 수행할 수 없는 경우, ② 직무와 관련된 비위사실이 있는 경우, ③ 직무태만, 품위손상이나 그 밖에 사유로 위원으로서 적합하지 않은 경우, ④ 위원 스스로 직무를 수행하기 어렵다는 의사를 밝히는 경우, ⑤ 제척사유나 기피사유가 있는데도 회피하지 않은 경우 중 어느 하나에 해당하면 그 지명을 철회할 수 있다(국가계약법 시행령 제11조의4 제1호부터 제5호).

마. 위원회 회의

위원장은 회의를 소집하고, 그 의장이 된다(국가계약법 시행령 제111조의5 제1항). 위원회 회의는 재적위원 과반수 출석으로 개의하고, 출석위원 과반수 찬성으로 의결한다(국가계약법 시행령 제111조의5 제2항). 위원회는 그 사무를 처리하기 위해 간사 1인을 둔다(국가계약법 시행령 제111조의5 제3항). 그 밖에 위원회 운영에 필요한 사항은 위원장이 정한다(국가계약법 시행령 제111조의5 제4항).

바. 소위원회

위원회는 업무를 효율적으로 처리하기 위해 위원회에 공사분야소위원회와 물품·용역분야소위원회를 각각 둘 수 있다(국가계약법 시행령 제111조의6 제1항). 공사분야소위원회는 건설·전기통신 등 공사계약 관련 분쟁의 심사·조정과 관련한 사항을 담당한다(국가계약법 시행령 제111조의6 제2항). 물품·용역분야소위원회는 물품제조·구매계약, 용역계약 관련 분쟁의 심사·조정과 관련한 사항을 담당한다(국가계약법 시행령 제111조의6 제3항).

한편, 소위원회는 소위원회 위원장을 포함해 10명 이내 위원으로 구성하고(국가계약법 시행령 제111조의6 제4항), 위원장과 위원은 위원회 위원 중에서 위원회 위원장이 지명한다(국가계약법 시행령 제111조의6 제5항).

소위원회는 위원회에 심사·조정청구된 안건에 대해 미리 심사하여 조정안을 작성할 수 있다. 이때 조정안을 작성하기 전에 청구인이나 해당 중앙관서의 장과 그 대리인에게 의견을 진술할 기회를 주어야 하며, 필요한 때에는 청구인이나 해당 중앙관서의 장과 그 대리인, 증인, 관계 전문가로 하여금 소위원회에 출석하게 하여 그 의견을 들을 수 있다(국가계약법 시행령 제111조의6 제6항). 소위원회는 조정안을 작성한 경우 이를 위원회에 상정해야 한다(국가계약법 시행령 제111조의6 제7항).

4. 국가계약분쟁조정

가. 대상

국가계약분쟁조정신청은 국가계약법 제28조 제4항에 따른 재심청구에 해당한다. 따라서 그 대상은 이의신청 대상과 일치하므로, 그와 다른 사항으로 불이익을 받은 자는 국가계약분쟁조정을 신청할 수 없다.

나. 절차

1) 조정신청서 제출

재심을 청구하려는 자는 신청서 등 관련 서류를 첨부하여 국가계약분쟁조정위원회에 제출해야 한다.

2) 수리와 각하

위원회는 조정청구가 적법하면 청구를 수리하지만, 기한이 도과한 청구나 정당한 청구인이 아닌 청구 등은 각하할 수 있다.

3) 계약절차 중지

위원회는 심사·조정을 시작하는 경우 청구인과 발주기관에게 그 사실을 통지해야 하며(국가계약법 제30조 제1항), 발주기관의 의견을 고려하여 필요하다고 인정하면 조정이 완료될 때까지 해당 입찰절차를 연기하거나 계약체결을 중지할 것을 명할 수 있다(국가계약법 제30조 제2항). 조정을 신청했는데도 조정결과가 나오기 전에 입찰절차나 계약체결 절차가 진행되어 다른 입찰자가 낙찰자가 되거나 계약체결과 이행을 완료하면 조정청구의 실익이 없기 때문이다.[1] 다만, 이러한 연기 또는 중지명령은 해당 발주기관에게 구속력을 가지지 않으므로 발주기관이 해당 명령을 거부하더라도 이를 규제할 수단이 없다.

4) 조정 중지

위원회는 위원회에 조정청구된 것과 같은 사안에 대하여 법원의 소송이 진행 중인 경우 그 심사·조정을 중지할 수 있다. 이때 중지 사유를 청구인과 발주기관에게 알려야 한다(국가계약법 시행령 제114조).

5) 심사·조정

심사·조정 청구의 사실을 통지받은 발주기관은 통지를 받은 날부터 14일 이내에 이에

---

1) 김성근, 앞의 책(Ⅱ), 784쪽.

대한 의견을 서면으로 위원회에 제출해야 한다(국가계약법 시행령 제112조 제1항).

위원회는 특별한 사유가 없으면 심사·조정청구를 받은 날부터 50일 이내에 심사·조정해야 한다(국가계약법 제31조 제1항). 위원회는 심사·조정의 완료 전에 청구인과 해당 중앙관서의 장, 그 대리인에게 의견진술 기회를 주어야 하며, 필요한 경우에는 청구인과 해당 중앙관서의 장, 그 대리인, 증인이나 관계 전문가로 하여금 위원회에 출석하게 하여 그 의견을 들을 수 있다(국가계약법 제31조 제2항). 위원회는 필요한 경우 청구인 및 해당 중앙관서의 장에게 심사·조정이 요청된 사항에 관한 서류의 제출을 요구할 수 있으며, 관계 전문기관에 감정·진단과 시험 등을 의뢰할 수 있다(국가계약법 시행령 제112조 제2항).

위원회는 조정청구의 심사 결과에 대하여 조정안을 작성하여 이를 청구인 및 해당 중앙관서의 장에게 알려야 한다(국가계약법 시행령 제113조 제1항). 조정안을 작성할 때 국가계약법 제28조 제1항에 따른 행위로 청구인이 불이익을 받았다고 인정되는 경우에는 해당 중앙관서의 장이나 계약담당공무원이 행한 행위를 취소, 시정하거나 그에 따른 손해배상, 손실보상을 하도록 해야 한다(국가계약법 시행령 제113조 제2항). 손해배상, 손실보상은 입찰 준비와 조정청구 과정에서 드는 비용으로 한정할 수 있다(국가계약법 시행령 제113조 제3항).

6) 소송 관련 사실 통지

발주기관은 조정 결과에 불복한 소송이 제기되거나 조정청구된 것과 같은 사안이 법원에서 계속 중인 경우, 기획재정부장관에게 그 사실과 소송결과를 알려야 한다(국가계약법 시행령 제114조의2).

7) 비용부담

청구인은 위원회의 심사·조정과 관련한 비용을 부담한다. 다만, 청구인과 해당 중앙관서의 장 사이에 약정이 있는 경우에는 그 약정에 따른다(국가계약법 시행령 제115조 제1항). 심사·조정 청구인이 부담할 비용은 감정·진단과 시험에 드는 비용, 증인과 증거 채택에 드는 비용, 검사와 조사에 드는 비용, 녹음·속기록과 통역 등 그 밖에 심사·조정에 드는 비용이 있다(국가계약법 시행규칙 제86조 제1항 제1호부터 제4호). 위원회는 필요하다고 인정하면 청구인으로 하여금 위 비용을 미리 내게 할 수 있다(국가계약법 시행규칙 제86조 제2항). 만약 위 비용을 미리 받은 경우, 위원회는 심사·조정안이 당사자에게 제시된 날부터 30일 안에 미리 받은 금액과 비용의 정산서를 청구인에게 통지해야 한다. 다만, 청구인과 발주기관 사이에 약정이 있으면 그 약정에 따라 정산서를 통지한다(국가계약법 시행규칙 제86조 제3항).

다. 조정의 효력

국가계약분쟁조정위원회 조정은 청구인과 해당 중앙관서의 장이 조정이 완료된 후 15

일 안에 이의를 제기하지 아니한 경우 재판상 화해(和解)와 같은 효력을 갖는다(국가계약법 제31조 제2항). 여기서 이의를 제기할 곳은 위원회로 보아야 하나, 이에 갈음하여 바로 법원에 소송을 제기하더라도 역시 이의를 제기하였다고 본다.[1] 재판상 화해는 확정판결과 같은 효력이 있으므로 기판력이 발생하기 때문에, 설령 그 내용이 강행법규에 반하는 것이더라도 준재심절차로 취소되지 않는 이상, 효력을 부정할 수 없다.[2]

제 4 절 중재

Ⅰ. 의의

중재란 사인인 당사자 사이에 발생한 분쟁을 법원의 재판에 의하지 아니하고 사인인 중립적 제3자에게 의뢰하여, 그 제3자의 판정에 따르기로 미리 합의한 분쟁해결방안을 말한다.[3] 따라서 분쟁당사자 사이에 합의가 있어야 하고, 중재인은 분쟁당사자와 같은 사인이어야 하며, 당사자는 중재판정을 따라야 하는 구속력을 받는다.

Ⅱ. 중재합의

중재합의란 현재 발생하거나 장래 발생할지 모르는 분쟁을 중재에 따라 해결하기로 하는 당사자 사이의 약정을 말한다. 따라서 계약상 분쟁인지 여부에 관계없이 일정한 법률관계와 관련하여 당사자 사이에 이미 발생했거나 앞으로 발생할 수 있는 분쟁의 전부나 일부를 중재에 따라 해결하도록 하는 당사자 사이의 합의라고 정의할 수 있다(중재법 제3조 제2호). 국가계약법도 중재합의를 인정한다(국가계약법 제28조의2 제1항, 제2항 제2호).

Ⅲ. 중재판정 효력과 불복

중재판정은 두 당사자 사이에 법원의 확정판결과 같은 효력을 가진다. 다만, 중재법 제38조에 따라 승인이나 집행이 거절되는 경우는 예외로 한다(중재법 제35조). 중재판정에 대한 불복은 법원에 중재판정 취소의 소를 제기하는 방법으로만 할 수 있는데(중재법 제36조 제1항), 법원이 중재판정을 취소할 수 있는 사유는 중재판정 대상 분쟁이 대한민국 법에 따라

1) 김성근, 앞의 책(Ⅱ), 787쪽.
2) 대법원 1999. 10. 8. 선고 98다38760 판결.
3) 목영준·최승재, 상사중재법 (개정판), 박영사, 2018, 6쪽.

중재로 해결될 수 없는 경우 등으로 엄격히 제한된다(중재법 제36조 제2항 제1호, 제2호).

Ⅳ. 공공조달에서 중재제도의 활용 가능성

국가계약법 제28조의2 제1항과 제2항 제2호와 같은 법적 근거에도 불구하고, 현재까지 실무에서는 중재제도를 거의 활용하지 않는다. 국가소송은 법무부장관이 국가를 대표하고(국가를 당사자로 하는 소송에 관한 법률 제2조), 일정한 지휘 체계와 절차 아래에서 진행되기 때문에, 발주기관이나 그 담당공무원은 내·외부 감사 등과 관련하여 큰 부담 없이 소송을 수행할 수 있고, 법원 판결에 따라 분쟁을 해결하는 방식에 익숙한 반면, 중재합의에 따른 중재판정은 불복이 엄격히 제한되는 등(중재법 제36조 참조) 재판절차와는 다른 특성이 있으므로, 중재판정에 따라 분쟁을 해결하는 방식에는 상당한 부담이 있기 때문으로 보인다. 다만, 대한상사중재원 등 관련 기관이 중재제도의 활성화를 위해 여러 노력을 기울이고 있으므로 향후 실무의 변화를 지켜볼 부분이다.

제3장 / 행정상 분쟁해결수단

제1절 행정심판

Ⅰ. 개관

1. 의의

여기서 행정심판은 행정청의 위법·부당한 처분(處分)이나 부작위(不作爲)로 권리나 이익을 침해받은 국민이 행정심판위원회에 권리구제를 청구하는 절차를 말한다. 개별 법률에서 이의신청제도를 규정하면서도 행정심판과의 관계를 별도로 정하지 않은 경우에는 이의신청과 행정심판청구 중 어느 하나만 거쳐 행정소송을 제기할 수 있을 뿐만 아니라 이의신청 후 다시 행정심판을 청구하고, 그 다음 행정소송을 제기할 수도 있다.1)

행정심판은 행정권 스스로가 행정의 적법성을 자율적으로 보장하는 기능, 법원의 능력을 보충하고, 법원이나 당사자의 시간·노력을 절약하여 그 부담을 덜어주는 기능, 신속·간편한 분쟁해결기능을 수행한다.

2. 행정소송과의 차이

가. 담당기관

행정심판을 관장하는 기관은 행정기관이지만 행정소송을 관장하는 기관은 법원이다.

나. 대상

행정심판 대상은 처분 등의 위법성뿐만 아니라 부당성도 포함하지만, 행정소송 대상은 처분 등의 위법성으로 한정한다.

다. 심리방식

행정심판은 원칙적으로 구술 또는 서면심리로 진행하나, 행정소송은 구술심리주의에

---

1) 대법원 2010. 1. 28. 선고 2008두19987 판결.

따른다.

라. 의무이행 유무

행정소송에서는 의무이행소송을 인정되지 않지만, 행정심판에서는 의무이행심판이 인정된다.

3. 종류

행정심판은 행정청의 위법·부당한 처분을 취소하거나 변경하는 취소심판(행정심판법 제5조 제1호), 행정청 처분의 효력 유무나 존재 여부를 확인하는 무효등확인심판(행정심판법 제5조 제2호), 당사자 신청에 대한 행정청의 위법·부당한 거부처분이나 부작위를 대상으로 일정한 처분을 하도록 하는 의무이행심판(행정심판법 제5조 제3호)이 있다.

행정심판 중 부정당업자 입찰참가자격제한, 거래정지, 판매중지, 우수제품 지정취소 등 공공조달 관련 행정처분을 다투는 절차는 주로 취소심판(행정심판법 제5조 제1호)과 무효등확인심판(행정심판법 제5조 제2호)이다. 행정심판은 법원에서 진행하는 행정소송과 달리, 국민권익위원회 소속 중앙행정심판위원회나 시·도지사 소속 행정심판위원회 등에서 진행한다.

Ⅱ. 행정심판 제기

1. 청구기간

심판청구는 무효등확인심판과 부작위의무이행심판을 제외하면, 원칙적으로 처분이 있음을 안 날부터 90일 안에, 처분이 있었던 날부터 180일 안에 제기해야 한다. 다만, 정당한 사유가 있는 경우에는 그렇지 않다(행정심판법 제27조 제1항, 제3항). 이 기간은 불변기간으로 본다(행정심판법 제27조 제4항).

그러나 예외도 인정된다. 즉, 청구인이 천재지변, 전쟁, 사변(事變), 그 밖에 불가항력으로 위에서 정한 기간에 심판청구를 할 수 없었을 경우에는 그 사유가 소멸한 날부터 14일 안에 행정심판을 청구할 수 있고, 국외에서 행정심판을 청구하는 경우에는 그 기간을 30일로 한다(행정심판법 제27조 제2항, 제3항 단서).

그런데 행정청이 심판청구 기간을 90일보다 기간보다 긴 기간으로 잘못 알린 경우에는 그 잘못 알린 기간에 심판청구가 있으면 그 행정심판은 기간에 맞게 청구되었고 보고(행정심판법 제27조 제5항), 행정청이 심판청구 기간을 알리지 않은 경우에는 처분이 있었던 날부터 180일 안에 심판청구를 할 수 있다(행정심판법 제27조 제6항).

이와 같은 청구기간 규정은 무효등확인심판청구와 부작위에 대한 의무이행심판청구에는 적용하지 않는다(행정심판법 제27조 제7항).

2. 심판청구서 작성·제출

행정심판 청구는 일정한 사항을 기재한 서면으로 해야 하고(행정심판법 제28조 제1항, 제2항), 피청구인이나 행정심판위원회에 이를 제출해야 한다(행정심판법 제23조 제1항). 청구인은 대리인을 선임하여 심판청구를 제기할 수도 있다. 행정심판법은 국선대리인 제도를 인정한다(행정심판법 제18조의2 참조).

3. 집행정지 등

행정심판법도 집행부정지 원칙을 규정한다. 즉, 심판청구는 처분의 효력이나 그 집행, 절차의 속행에 영향을 주지 않는다(행정심판법 제30조 제1항). 따라서 행정심판위원회는 처분이나 그 집행, 절차의 속행으로 인하여 생길 회복하기 어려운 손해를 예방하기 위해 긴급한 필요가 있다고 인정할 경우, 당사자 신청이나 직권으로 행정심판위원회 심리·의견을 거쳐 처분의 효력이나 그 집행, 절차의 속행 전부 또는 일부를 정지하도록 결정할 수 있다(행정심판법 제30조 제2항). 집행정지는 아래에서 더 자세히 살펴본다.

한편, 행정심판에서는 집행정지를 제외하고도 행정청의 처분이나 부작위 때문에 발생할 수 있는 당사자의 불이익이나 급박한 위험을 막기 위해 당사자에게 임시지위를 부여할 수 있는 임시처분제도를 규정한다(행정심판법 제31조). 다만, 임시처분은 집행정지로 목적을 달성할 수 있는 경우에는 허용되지 않는다(행정심판법 제31조 제3항).

Ⅲ. 심리

행정심판의 심리란 재결의 기초인 사실관계나 법률관계를 명백히 할 목적으로 행정심판위원회가 당사자나 관계인의 주장과 반박을 듣고 증거와 그 밖에 자료를 수집·조사하는 절차를 말한다.[1] 요건심리와 본안심리로 구분한다. 심리절차는 당사자주의적 구조(대심주의)를 취하며, 구술심리주의와 서면심리를 병행하며, 직권탐지주의를 가미한다.

1) 하명호, 행정쟁송법(제4판), 박영사, 2019, 242쪽.

Ⅳ. 재결

재결이란 심판청구사건을 심리한 결과에 따라 최종 판단을 내리는 행위이다. 따라서 공법상 법률관계에서 발생한 분쟁을 대상으로 일정한 절차를 거쳐 판단·확정하는 행위이므로 확인행위로서 성질을 가지고, 재량이 허용되지 않는 기속행위에 해당한다.[1]

재결에는 심판청구가 청구요건을 갖추지 못하여 부적법한 때에 하는 각하재결(행정심판법 제43조 제1항), 심판청구가 이유 없다고 인정할 때에 하는 기각재결(행정심판법 제43조 제2항), 심판청구가 이유 있더라도 이를 인용하면 현저히 공공복리에 적합하지 않을 때에 하는 사정재결(행정심판법 제44조 제1항), 심판청구가 이유 있다고 인정하여 청구인의 청구취지를 받아들이는 인용재결이 있다. 인용재결은 다시 취소·변경재결(행정심판법 제43조 제3항), 확인재결(제43조 제4항), 의무이행재결(행정심판법 제43조 제5항)으로 나눈다.

재결은 ① 청구기간이 경과하면 누구든지 그 효력을 다툴 수 없는 구속력으로서 불가쟁력, ② 일단 재결을 하면 행정심판위원회 스스로도 그 재결을 취소, 변경할 수 할 수 없는 구속력으로서 불가변력, ③ 재결 내용대로 새로운 법률문제 발생이나 과거 법률관계의 변경·소멸을 가져오는 구속력으로서 형성력을 가지고, 특히 인용재결은 피청구인인 행정청과 그 밖에 관계행정청이 그 재결 취지에 따라 행동해야 하는 기속력을 가진다(행정심판법 제49조 제1항).

Ⅴ. 조정

조정이란 법원이나 심판기관이 판결이나 재결 대신에 독자적으로 분쟁해결을 위한 타협방안을 마련하여 당사자의 수락을 권고하는 분쟁해결방식이다. 행정소송에서는 행정청과 관계에서 권력분립 문제가 발생할 수 있고, 행정소송법이 민사조정법을 준용하지 않기 때문에 원칙적으로는 조정이 허용되지 않으나, 행정심판은 행정소송과 달리 권력분립 문제가 발생하지 않기 때문에 행정심판법은 명시적으로 조정제도를 도입했다(행정심판법 제43조의2). 조정이 성립하면 재결의 기속력과 같은 효력이 발생한다.

---

1) 하명호, 앞의 행정쟁송법, 245쪽.

Ⅵ. 불복

1. 재심판청구 금지

재결이 있으면 해당 재결이나 같은 처분·부작위를 대상으로 다시 심판청구를 제기할 수 없다(행정심판법 제51조).

2. 재결에 대한 행정소송

재결을 대상으로 한 취소소송과 무효등확인소송은 재결 자체에 고유한 위법이 있을 때만 제기할 수 있다. 행정소송법은 원처분주의를 취하므로, 행정심판을 청구했지만 각하나 기각재결을 받아서 행정소송을 제기하는 경우에도 행정소송 대상은 재결이 아닌 원처분이다.

한편, 재결에 불복하는 행정소송은 청구인만 제기할 수 있고, 행정청은 제기할 수 없다. 즉, 행정심판에서 인용재결이 있는 경우에는 행정청이 이에 불복하는 방법이 없다. 심판청구의 상대방인 행정청에게 재결을 대상으로 한 항쟁수단을 별도로 인정하는 것은 행정상 통제를 스스로 파괴하고, 국민의 신속한 권리구제를 막는 결과를 초래하기 때문이다. 따라서 처분행정청은 재결에 기속되어 재결 취지에 따른 처분의무를 부담할 뿐 이에 불복하여 행정소송을 제기할 수 없다.[1)]

제 2 절 행정소송

Ⅰ. 서론

1. 의의

행정소송법은 행정소송을 항고소송, 당사자소송, 민중소송, 기관소송으로 나눈다. 다만, 민중소송과 기관소송은 특수한 소송이므로, 결국 행정소송은 행정청의 처분 등이나 부작위를 대상으로 제기하는 항고소송과 행정청의 처분 등을 원인으로 하는 법률관계와 관련한 소송 그 밖에 공법상 법률관계와 관련한 소송으로서 그 법률관계의 한쪽 당사자를 피고로 하는 당사자소송으로 나눈다.[2)]

공공조달 영역에서 공법상 법률관계와 관련한 소송수단은 대부분 항고소송이지만, 간혹

1) 대법원 1998. 5. 8. 선고 97누15432 판결.
2) 하명호, 앞의 행정쟁송법, 8쪽.

당사자소송에 따라 분쟁을 해결하는 경우도 있다.

2. 민사소송·행정소송 중 선택 가능성

공공조달법은 사법상 법률관계와 공법상 법률관계를 모두 포괄하는 내용을 규정하기 때문에, 권리구제를 구하는 사람이 관련 분쟁의 해결을 위해 항고소송과 당사자소송, 민사소송 중 소송유형을 선택하여 제기해야 하는 문제가 발생한다. 그러나 항고소송과 당사자소송은 행정법원에, 민사소송은 민사법원에 제기해야 하므로, 당사자가 관할법원은 잘못 선택하여 소를 제기하면 각하 판결을 받을 우려가 있다. 그럼에도 항고소송과 당사자소송, 민사소송 중 어느 소송유형으로 제기해야 할지를 구별하기 쉽지 않고, 종종 법률전문가도 판단하기 어려운 문제에 해당한다.[1] 가령, 과거에는 사법상 행위로 취급해 왔던 물량배정 혹은 물량배정 중지조치[2]를 최근에는 처분으로 해석하는 것처럼,[3] 법원조차도 민사사건인지 행정사건인지 심리를 마친 뒤에야 결론을 도출할 수 있는 경우가 많다. 따라서 당사자가 민사사건인지 행정사건인지 소송유형을 선택하도록 하여, 구별을 잘못하여 제소한 책임을 당사자에게 돌리지 못하게 하자는 이른바 민소·행소 병용설도 등장하지만, 대법원은 민사소송이나 행정소송을 선택적으로 제소할 수 있다고 해석할 수 없다고 한다.[4]

Ⅱ. 항고소송

1. 의의

항고소송이란 행정청의 처분등이나 부작위를 대상으로 제기하는 소송이다(행정소송법 제3조 제1호). 항고소송은 취소소송, 무효등확인소송, 부작위위법확인소송으로 다시 나눈다.

2. 유형

가. 취소소송

행정청의 위법한 처분 등을 취소·변경하는 소송을 말한다(행정소송법 제4조 제1호). 여기서 처분등은 처분과 재결을 지칭한다. 다만, 앞에서 보았듯이 행정소송법은 원처분주의를 채택하므로, 재결의 취소·변경은 해당 재결 자체에 고유한 위법이 있을 때만 인정된다(행정

1) 하명호, 앞의 행정쟁송법, 10쪽.
2) 대전지방법원 2016. 6. 23. 선고 2015구합104748 판결, 서울중앙지방법원 2017. 7. 31.자 2017카합80467 결정.
3) 대법원 2019. 5. 10. 선고 2015두46987 판결.
4) 대법원 1989. 6. 15. 선고 88누6436 전원합의체 판결.

소송법 제19조). 또한, 변경은 일부취소를 의미할 뿐 적극적으로 처분 내용을 변경하는 형성소송은 인정되지 않는다.

처분(행정행위)은, 위법하더라도 정당한 권한을 가진 기관(처분행정청, 행정심판위원회, 법원)이 상대방이나 이해관계인에게 취소하지 않으면 유효하다고 취급하는 특수한 구속력(구성요건적 효력 혹은 공정력)을 가지는데,[1] 취소소송은 이러한 잠정적 통용력을 배제하여 처분효력을 소멸하게 하는 소송이다.

취소소송은 개인의 권리나 법적 지위에 직접 영향을 미치는 행정행위(처분)가 대상이고, 아울러 그 처분으로 말미암아 법률상 이익을 침해받은 사람만을 정당한 당사자로 취급한다.

〔무효를 선언하는 의미의 취소소송〕

취소소송은 하자가 있지만 그 하자가 취소사유에 불과하여 유효하다고 통용되는 처분의 효력을 판결로써 배제하는 소이므로, 애초부터 효력이 발생하지 않거나 존재하지 않는 처분을 대상으로 하는 무효등확인의 소와 구별해야 한다. 그러나 처분이 존재하지 않는지, 성립은 했지만 하자가 중대·명백하여 무효인지, 아니면 취소사유에 불과한지를 구분하기가 쉽지 않으므로, 취소사유를 넘어 무효사유 등이 있더라도 취소소송을 제기할 수 있다. 다만, 취소소송은 무효등확인소송과 달리 제소기간 등 소송요건을 갖추어야 하므로, 무효등확인소송 대신에 취소소송을 제기하는 자는 제소기간, 전심절차 등 소송요건을 준수해야 한다(대법원 1990. 8. 28. 선고 90누1892 판결, 대법원 2018. 10. 25. 선고 2015두38856 판결).

나. 무효등확인소송

행정청 처분 등의 효력 유무나 존재 여부를 확인하는 소송을 말한다(행정소송법 제4조 제2호). 무효등확인소송은 취소소송에서와 같은 제소기간, 행정심판 전치주의 등의 제약을 받지 않는다. 무효등확인소송도 취소소송과 마찬가지로 처분등을 대상으로 한다. 또한, 재결의 무효등확인소송은 재결 자체에 고유한 위법이 있을 때만 제기할 수 있다(행정소송법 제19조 단서, 제38조 제1항). 무효등은 무효뿐만 아니라 부존재를 포함하는 용어이고, 여기서 무효는 하자가 중대·명백하여 처분의 효력을 인정할 수 없는 경우를, 부존재는 처분 자체가 성립하지 않은 경우를 말한다.

1) 대법원 1994. 4. 12. 선고 93누21088 판결.

〔부존재·무효·취소의 구별〕

행정행위는 일단 성립하고, 성립한 후에야 효력이 발생한다. 따라서 성립 요건과 효력요건은 일단 구별해야 한다. 대법원도 행정처분이 유효하게 성립하기 위해서는 정당한 권한 있는 자가 그 권한 범위 내 사항과 관련하여 정상적인 의사에 기초하여 실현가능한 사항으로서 법이 정한 절차에 따라 형식을 갖추어 행해야 하고, 이를 외부에 표시해야만 한다. 이렇게 성립된 행정처분은 보통 그 성립과 아울러 효력이 생기지만 상대방에게 고지해야 하는 행정행위는 이를 고지해야 비로소 그 효력이 발생하고 그 고지는 상대방이 양지할 수 있는 상태에 두어야 하며, 그 방법에는 특별한 제한이 없으므로 객관적으로 보아 행정처분으로 인식할 수 있게 고지되면 된다고 한다(대법원 1976. 6. 8. 선고 75누63 판결).

또한, 일단 성립된 행정처분에 하자가 있는 경우, 그 행정처분에 내재하는 하자가 중요한 법규에 위반하고, 객관적으로 명백한 것이면, 그 행정처분은 효력을 발생하지 못하는 무효사유가 있고, 하자가 그 정도에 이르지 못하면 그 행정처분은 취소사유가 있을 뿐이므로, 하자가 중대하고도 객관적으로 명백하여 그 행정처분이 당연무효인가, 아니면 취소할 수 있을 뿐인가를 구별할 때는 그 법규의 목적, 의미, 기능 등을 목적론적으로 고찰하고 아울러 구체적 사안 자체의 특수성도 합리적으로 고찰해야 한다(대법원 1965. 10. 19. 선고 65누83 판결).

결국 처분으로서 형식조차 갖추지 못한 경우에는 처분이 아예 성립하지 못하기 때문에 존재하지 않는다고 보아야 하고(부존재), 처분이 성립했지만 그 하자가 중대·명백하면 무효로 보아야 하며(무효사유), 무효에 이르지 않는 하자가 있으면 취소대상으로 보아야 한다(취소사유).

다. 부작위위법확인소송

행정청의 부작위가 위법하다는 것을 확인하는 소송이다(행정소송법 제4조 제3호). 여기서 부작위란 행정청이 당사자 신청에 대하여 상당한 기간 안에 일정한 처분을 해야 할 법률상 의무가 있는데도 신청을 인용하는 적극적 처분이나 각하·기각 등 소극적 처분을 하지 않은 것을 말한다(행정소송법 제2조 제1항 제2호).

3. 관할

취소소송의 제1심 관할법원은 피고인 행정청의 소재지를 관할하는 행정법원이고(행정소송법 제9조 제1항), 이는 당사자소송에 준용한다(행정소송법 제40조). 다만, 중앙행정기관, 중앙행정기관의 부속기관과 합의제행정기관이나 그 장, 국가의 사무를 위임·위탁받은 공공단체나 그 장을 상대로 제기하는 경우에는 대법원 소재지를 관할하는 행정법원인 서울행정법원에 제기할 수 있다(행정소송법 제9조 제2항). 행정사건은 성질상 행정법원의 전속관할에 속한다.

4. 당사자

가. 당사자능력

당사자능력이란 소송당사자인 원고·피고, 참가인이 될 수 있는 소송법상 능력이나 자격을 말한다. 행정소송법에 특별한 규정이 없는 사항은 민사소송법을 준용해야 하므로, 행정소송에서도 민사소송의 당사자능력과 다르지 않다(행정소송법 제8조 제2항). 다만, 행정소송법은 항고소송에서 그 처분등을 한 행정청을 피고로 한다고 규정하여(행정소송법 제13조 제1항, 제38조), 민사소송법상 당사자능력이 없는 행정기관에게도 당사자능력을 부여하는 특별한 규정을 둔다.

나. 원고적격

당사자적격이란 특정 소송사건에서 당사자로서 소송을 수행하고 본안판결을 받기에 적합한 자격을 말한다. 항고소송은 처분 등의 취소, 처분등 효력의 유무나 존재 여부 확인, 부작위위법확인을 구할 법률상 이익이 있는 자가 제기할 수 있다(행정소송법 제12조 전단, 제35조, 제36조). 여기서 법률상 이익이란 해당 행정처분의 근거법률에 기초하여 보호되는 직접적이고 구체적인 이익을 말하므로, 간접적이거나 사실적·경제적 이해관계를 가지는 데 불과하다면 법률상 이익이 있다고 평가할 수 없다.[1] 또한, 해당 처분의 근거법규 규정에 따라 보호받는 법률상 이익뿐만 아니라 해당 처분의 근거법규에 따라 보호받지는 않지만 해당 처분의 행정목적을 달성하기 위한 일련의 단계적인 관련처분의 근거법규, 관련법규에서 명시적으로 보호받는 법률상 이익, 해당 처분의 근거법규나 관련법규의 합리적 해석상 그 법규에서 행정청을 제약하는 이유가 순수한 공익 보호만이 아니라 개별적·직접적·구체적 이익을 보호하는 취지를 포함한다고 해석할 수 있다면, 법률상 이익을 인정할 수 있다고 본다.[2]

〔우수제품 업체가 신규업체에 대한 조달청장의 우수제품 지정처분을 다툴 수 있는지〕

우수제품 지정처분은 수익적 행정행위로서 강학상 특허로서 성격을 가지기 때문에, 기존업자가 제기한 신규업자에 대한 우수제품 지정처분 취소소송에서 기존업자가 원고적격을 가질 수 있다고 해석할 수도 있으나(경업자소송), 하급심 판결은 기존업체의 법률상 이익을 인정하지 않는다(서울행정법원 2020. 2. 6. 선고 2019구합5410 판결).

이와 관련하여, 우수제품 지정을 신청한 여러 사람이 있는 경우, 지정을 받지 못한 사람이 다른 신청인에 대한 지정처분을 대상으로 취소를 구할 법률상 이익을 가질 수 있는지 논란이 있으나, 한

1) 대법원 2010. 5. 13. 선고 2009두19168 판결.
2) 대법원 2015. 7. 23. 선고 2012두19496 판결.

쪽 신청인에 대한 지정처분이 다른 신청인에 대한 지정거부 등을 야기한다고 보기 어려우므로, 지정받지 못한 사람에게 법률상 이익을 인정하기 어렵다고 본다. 따라서 지정처분을 받지 못한 사람은 다른 사람에 대한 지정처분이 아니라 자신에 대한 지정거부처분 자체를 대상으로 직접 소송을 제기해야 한다.

다. 소의 이익

취소소송에서는 처분 등의 효과가 기간 경과, 처분 집행 그 밖에 사유로 소멸한 뒤에서 그 처분 등의 취소로 인해 회복되는 법률상 이익이 있는 자도 소의 이익을 가진다(행정소송법 제12조 후문).[1] 여기서 법률상 이익에는 명예, 신용 등 인격적인 이익은 포함되지 않는다고 본다.[2]

가령, 국가계약법 시행규칙 제76조 별표2 1 일반기준 가목은 제재적 처분을 받은 것을 가중사유로 삼아 장래의 제재적 처분을 하도록 규정하므로, 후행처분을 받을 우려가 현실적으로 존재한다면 제재적 처분의 제재기간 경과 후 그 취소를 구할 소의 이익을 인정할 수 있다.[3] 나아가 최근 하급심은 부정당업자 입찰참가자격제한이 정부의 특별감면조치에 따라 해제[4]된 경우에도 관련 민사소송에 영향을 미칠 수 있다는 이유 등으로 소의 이익을 쉽게 부정할 수 없다고 보았다.[5] 그러나 해당 사건은 상고심 계속 중[6]이므로 추후 대법원 판례를 확인할 필요가 있다.

한편, 무효등확인소송에서는 무효등 확인을 구할 법률상 이익이 있으면 소의 이익을 인정할 수 있고, 이와 별도로 무효확인소송의 보충성이 요구되지 않으므로, 행정처분의 무효를 전제로 한 이행소송 등과 같은 직접적인 구제수단이 있는지는 따질 필요가 없다.[7] 그러나 절차상·형식상 하자로 무효인 처분을 한 행정청이 적법한 절차나 형식을 갖추어 다시 같은 처분을 했다면, 기존 무효인 처분을 대상으로 한 무효확인청구는 과거의 법률관계 효력을 다투는 소송이므로 소의 이익을 인정하기 어렵다.[8]

---

1) 대법원 2007. 7. 19. 선고 2006두19297 판결.
2) 대법원 1995. 10. 7. 선고 94누14148 판결.
3) 대법원 2006. 6. 22. 선고 2003두1684 전원합의체 판결.
4) 다만, '해제'는 부적절한 용어다. 처분의 효력을 소급하여 상실하게 하는 조치라면 '취소'라는 용어를 사용해야 한다. 그러나 사면법에 따른 특별사면은 장래를 향해 집행을 면제하는 효력만 있을 뿐이므로(사면법 제3조 제2호, 제4조), 정부가 실시하는 특별감면조치로서 '처분 해제'가 타당한지 의문이 들 수 있다.
5) 서울고등법원 2023. 12. 21. 선고 2022누31794 판결.
6) 대법원 2024두31437 사건.
7) 대법원 2008. 3. 20. 선고 2007두6342 전원합의체 판결.
8) 대법원 2010. 4. 29. 선고 2009두16870 판결.

라. 피고적격

행정소송 중 항고소송에서 피고는 처분을 한 행정청이다(행정소송법 제13조 제1항, 제38조).

마. 당사자 변경

1) 의의

당사자 변경이란 소송계속 중 종래 당사자가 소송에서 탈퇴하고 그를 대신하여 새로운 당사자가 소송에 가입하거나 기존 당사자에 추가하여 새로운 당사자가 소송에 가입하는 현상을 말한다.[1] 당사자 변경은 당사자 표시에 의문이 있거나 당사자가 정확히 표시되지 않았을 때 그 표시를 정정하는 당사자표시정정과는 구별해야 한다.

2) 소송승계

행정소송 진행 중 상속, 합병 등에 따른 포괄승계와 계쟁물 양도에 따른 특정승계 등이 발생한 경우 당사자 지위 승계가 있을 수 있다. 한편, 처분 등이 있은 뒤에 그 처분에 관계되는 권한이 다른 행정청에 승계된 때에는 이를 승계한 행정청이(행정소송법 제13조 제1항 단서), 처분 등이 있은 뒤에 그 처분등을 한 행정청이 소멸한 때에는 그 처분 관련 사무가 귀속되는 국가나 공공단체가 피고이다(행정소송법 제13조 제2항). 따라서 항고소송을 제기한 후에 그 처분 등에 관계되는 권한이 다른 행정청에 승계되거나 처분등을 한 행정청이 소멸하면, 법원은 당사자 신청이나 직권에 따라 피고를 경정해야 한다(행정소송법 제14조 제6항).

3) 피고경정

원고가 피고를 잘못 지정한 때에는 법원은 원고의 신청에 따라 결정으로써 피고경정을 허가할 수 있다(행정소송법 제14조 제1항). 법원은 결정 정본을 새로운 피고에게 송달해야 한다(행정소송법 제14조 제2항). 만약 법원이 피고경정 신청을 각하하면 원고는 즉시항고 할 수 있다(행정소송법 제14조 제3항).

피고경정 결정이 있으면, 새로운 피고에 대한 소송은 처음에 소를 제기한 때에 제기되었다고 보되(행정소송법 제14조 제4항), 종전 피고에 대한 소송은 취하되었다고 본다(행정소송법 제14조 제5항).

4) 공동소송

여러 명의 청구나 여러 명에 대한 청구가 처분등의 취소, 무효등 확인, 부작위위법확인과 관련이 있는 청구라면, 그 여러 명은 공동소송인이 될 수 있다(행정소송법 제15조, 제38조).

---

1) 하명호, 앞의 행정쟁송법, 142쪽.

5) 소송참가

법원은 소송결과에 따라 권리나 이익의 침해를 받을 제3자가 있으면, 당사자나 제3자의 신청, 직권에 따라 결정으로써 그 제3자를 소송에 참가하도록 할 수 있다. 이때는 미리 당사자와 제3자의 의견을 들어야 한다(행정소송법 제16조 제1항, 제2항). 제3자 소송참가를 신청한 제3자는 각하 결정에 대하여 즉시항고할 수 있다(행정소송법 제16조 제3항). 소송에 참가한 제3자에게는 민사소송법 제67조를 준용한다(행정소송법 제16조 제4항).[1)]

한편, 법원은 다른 행정청을 소송에 참가하도록 할 필요가 있으면 당사자나 해당 행정청의 신청, 직권에 따라 결정으로써 그 행정청을 소송에 참가하도록 할 수 있다(행정소송법 제17조 제1항). 법원은 위 결정을 하고자 하는 경우 당사자와 해당 행정청의 의견을 들어야 한다(행정소송법 제17조 제2항). 위 결정에 따라 소송에 참가한 행정청에게는 민사소송법 제76조를 준용한다(행정소송법 제17조 제3항).

5. 소송대상

항고소송 대상은 처분과 재결이다. 공공조달 영역에서는 제도에 따라 사법상 행위와 공법상 행위가 혼재하므로, 어떤 것을 처분으로 볼지가 매우 중요한 쟁점이다. 판례에 따르면, 입찰참가자격등록·등록거부·등록말소, 부정당업자 입찰참가자격제한,[2)] 과징금 부과, 나라장터 종합쇼핑몰 거래정지, 판매중지, 그 밖에 공공조달플랫폼 이용제한 조치, 우수제품 지정·지정거부·지정효력정지·지정취소, 직접생산확인증명과 그 취소, 물량배정과 그 중지 등은 처분으로 본다. 그러나 입찰평가 과정에서 감점조치나 불이익 조치, 수의계약 선정업체 배제조치 등 공공계약을 위한 다양한 행위형식이 처분에 해당하는지는 여전히 논란이 있다.

다만, 적격심사대상자 제외조치, 협상적격자 제외조치, 계약해제·해지, 계약보증금 국고귀속, 불공정 조달행위에 따른 부당이득환수조치 등은 사법상 행위에 불과하므로, 행정소송 대상이 아니다고 본다.

6. 소송제기

가. 제소기간

취소소송은 처분이 있음을 안 날부터 90일 이내에 제기하여야 하고(행정소송법 제20조 제

---

1) 행정청은 당사자능력이나 소송능력이 없기 때문에 민사소송법상 보조참가를 할 수 없고, 행정소송법 제17조 제1항에 근거한 소송참가를 할 수 있을 뿐이다(대법원 2002. 9. 24. 선고 99두1519 판결).

2) 다만, 기타공공기관은 법적 근거가 없어서 행정처분을 할 수 없으므로, 기타공공기관의 입찰참가자격제한조치는 사법상 통지행위에 불과하다. 따라서 행정소송 대상이 아닌 민사소송 대상이다.

1항 본문), 처분이 있은 날부터 1년을 경과하면 더 이상 소송을 제기할 수 없다(행정소송법 제20조 제2항). 행정심판청구를 한 경우에는 위 각 기간의 기산일을 재결서 정본을 송달받은 날로 한다(행정소송법 제20조 제1항 단서). 이 기간은 불변기간이므로 법원이 직권으로 단축할 수 없다. 그러나 무효등확인소송은 무효인 상태를 확인하는 것이어서 제소기간의 제한이 없다.

나. 청구병합

취소소송에는 사실심 변론종결시까지 관련청구소송을 병합하거나 피고 외의 자를 상대로 관련청구소송을 취소소송이 제기된 법원에 병합하여 제기할 수 있다(행정소송법 제10조 제2항). 병합된 관련청구소송의 피고는 원래 소송의 피고와 같을 필요가 없다.

나아가 재판실무는 행정소송에서 민사소송법에 따른 병합도 인정한다.[1] 따라서 단순병합·선택적 병합·예비적 병합이 허용된다. 다만, 행정청은 항고소송 피고일 뿐이므로, 행정청이 항고소송에서 반소를 제기할 수는 없다.

한편, 사정판결과 관련한 주관적·예비적 병합을 허용하므로(행정소송법 제28조 제3항), 처분의 취소청구가 사정판결에 따라 기각될 것에 대비하여 예비적으로 국가 등을 피고로 손해배상청구를 병합할 수도 있다.[2]

7. 심리·종료

가. 심리

소송심리란 법원이 소에 응답(판결)하기 위해 그 기초가 되는 소송자료를 수집하는 것을 말한다.[3] 항고소송에서도 민사소송과 마찬가지로 처분권주의, 변론주의가 적용되나, 행정소송의 특성상 예외적으로 직권주의가 적용된다. 처분이 위법한지는 '처분 당시'를 기준으로 판단한다.[4] 그리고 침익적 행정행위의 적법성은 원칙적으로 처분청이 이를 주장·증명해야 한다. 그러나 재량처분이 재량권 일탈·남용으로써 위법하다고 다투는 경우에는 그 증명책임은 이를 주장하는 사람이 부담한다.[5] 수익적 행정행위를 직권취소하는 경우, 직권취소사유나 취소필요성은 행정청이 증명해야 하나,[6] 그 예외사유는 그 사유를 주장하는 자가 증명해야 한다.[7]

---

1) 하명호, 앞의 행정쟁송법, 제288쪽.
2) 대법원 1997. 11. 11. 선고 95누4902, 4919 판결.
3) 하명호, 앞의 행정쟁송법, 321쪽.
4) 대법원 2005. 4. 15. 선고 2004두10883 판결.
5) 대법원 2018. 6. 15. 선고 2016두57564 판결.
6) 대법원 2012. 3. 29. 선고 2011두23375 판결.
7) 대법원 2003. 7. 22. 선고 2002두11066 판결.

한편, 법원은 당사자 신청이 있는 경우 결정으로써 재결을 한 행정청에게 행정심판기록 제출을 명할 수 있고, 이러한 제출명령을 받은 행정청은 지체 없이 해당 행정심판 기록을 법원에 제출해야 한다(행정소송법 제25조).

나. 종료

항고소송은 종국판결, 소취하, 조정 등에 따라 종료된다. 처분등을 취소하는 확정판결은 제3자에게도 효력이 있고(행정소송법 제29조 제1항), 그 사건의 당사자인 행정청과 그 밖에 관계행정청을 기속한다(행정소송법 제30조 제1항). 이는 무효등확인소송, 부작위위법확인소송에 준용된다(행정소송법 제38조).

한편, 행정소송법에는 소송상 화해와 관련하여 명문규정을 두지 않으므로 민사소송법상 소송상 화해를 준용할지 논란이 있지만, 행정청이나 개인이 소송물인 처분을 임의로 취소·변경할 수는 없고, 공무원의 부정과 편법을 조장할 우려가 있으므로 소송상 화해는 허용되지 않는다고 보아야 한다. 마찬가지 이유로 청구의 포기·인낙도 허용할 수 없다. 다만, 재판실무에서는 행정청이 직권으로 처분을 취소하거나 변경하고, 원고가 이에 응하여 소를 취하하는 방법으로 조정권고나 소송상 화해를 사실상 활용한다.

〔본안판결 이후 후속 변경처분 가능성〕

효력기간이 정해져 있는 제재적 행정처분의 효력이 발생한 이후에도 행정청은 특별한 사정이 없는 한 상대방에 대한 별도의 처분으로써 효력기간의 시기와 종기를 다시 정할 수 있다. 이는 당초의 제재적 행정처분이 유효함을 전제로 그 구체적인 집행시기만을 변경하는 후속 변경처분이다. 이러한 후속 변경처분도 특별한 규정이 없는 한 의사표시에 관한 일반법리에 따라 상대방에게 고지되어야 효력이 발생한다. 위와 같은 후속 변경처분서에 효력기간의 시기와 종기를 다시 특정하는 대신 당초 제재적 행정처분의 집행을 특정 소송사건의 판결 시까지 유예한다고 기재되어 있다면, 처분의 효력기간은 원칙적으로 그 사건의 판결 선고 시까지 진행이 정지되었다가 판결이 선고되면 다시 진행된다. 다만 이러한 후속 변경처분 권한은 특별한 사정이 없는 한 당초의 제재적 행정처분의 효력이 유지되는 동안에만 인정된다. 당초의 제재적 행정처분에서 정한 효력기간이 경과하면 그로써 처분의 집행은 종료되어 처분의 효력이 소멸하는 것이므로(행정소송법 제12조 후문 참조), 그 후 동일한 사유로 다시 제재적 행정처분을 하는 것은 위법한 이중처분에 해당한다(대법원 2022. 2. 11. 선고 2021두40720 판결).

Ⅲ. 당사자소송

1. 의의

당사자소송이란 행정청 처분등을 원인으로 하는 법률관계와 관련한 소송 그 밖에 공법상 법률관계와 관련한 소송으로서 그 법률관계의 한쪽 당사자를 피고로 하는 소송을 말한다(행정소송법 제3조 제2호). 당사자소송에는 이행소송, 형성소송, 확인소송 등 다양한 유형이 있다.

2. 공공조달에서의 활용

최근 대법원은 국가연구개발사업규정에 근거하여 대한민국 산하 중앙행정기관의 장과 참여기업인 원고 사이에 체결된 협약이 공법상 법률관계에 해당하기 때문에, 당사자소송 대상이 될 수 있다고 보았다.[1] 다만, 공공조달 실무에서도 다른 행정 분야와 마찬가지로 당사자소송이 잘 활용되지는 않는다. 참고로, 항고소송의 피고는 행정청인 반면, 당사자소송의 피고는 국가, 지방자치단체와 같이 행정주체 혹은 공법인 그 자체이다.

제 3 절　집행정지

Ⅰ. 서론

처분등을 대상으로 한 항고소송이 제기되어도 처분효력이나 집행, 절차 속행에는 영향을 주지 않으므로(행정소송법 제23조 제1항, 집행부정지 원칙), 만약 처분등이 그대로 집행된다면 행정소송 진행 중에 분쟁의 대상인 법률관계 내용이 실현되거나 처분의 공정력과 집행력 때문에 본안판결을 받기도 전에 집행이 종료될 수 있으며, 이때 처분상대방은 많은 시간과 비용을 들어 행정소송에서 승소하더라도 실질적으로 권리구제를 받기 곤란하다. 이에 행정소송법은 임시구제제도로서 항고소송이 제기된 경우 처분의 효력이나 절차, 집행을 정지하도록 할 수 있는 집행정지제도를 인정하였고(행정소송법 제23조 제2항), 행정심판법에도 마찬가지 규정을 둔다(행정심판법 제30조). 다만, 행정심판법상 집행정지제도와 행정소송법상 집행정지제도는 크게 다르지 않으므로, 아래에서는 행정소송법상 집행정지를 중심으로 살펴본다.

---

1) 대법원 2017. 11. 9. 선고 2015다215526 판결.

1. 의의

처분상대방은 취소소송을 제기하면서 처분등이나 그 집행, 절차 속행으로 인하여 생길 회복하기 어려운 손해를 예방하기 위해 긴급한 필요가 있을 경우 법원에 집행정지결정을 신청할 수 있고, 1심 법원이 처분취소 판결을 하면서 항소심 판결선고시까지의 집행정지 주문을 포함하는 경우와 같이 당사자 신청이 없더라도 법원이 직권으로 집행정지결정을 할 수 있다(행정소송법 제23조 제2항).

2. 성질

집행정지결정은 원고의 권리를 보전하기 위해 법원이 쟁점 처분의 효력이나 집행, 절차 속행을 잠정 정지하는 조치이므로, 사법(司法)작용에 해당한다. 또한, 집행정지는 본안소송이 종결될 때까지 잠정적으로 처분 등의 효력이나 그 집행, 절차 속행을 정지하도록 하는 조치이므로, 민사집행법에 따른 가처분과 비슷하지만, 임시지위를 적극적으로 정하는 결정이 아니라 처분 등의 효력이나 집행 등을 정지하는 소극적 성격에 불과하기 때문에, 가처분과 같다고 볼 수 없다. 더욱이 대법원은 항고소송에서 민사소송법에 따른 가처분을 허용하지 않으므로,[1] 행정소송법상 집행정지제도는 일반 가처분과는 구별해야 한다.

3. 적용범위

집행정지는 본안소송이 적극적인 처분등에 대한 취소소송이나 무효등확인소송에 적용되나(행정소송법 제23조, 제38조 제1항), 거부처분 취소소송,[2] 부작위위법확인소송에서는 적용되지 않는다.

Ⅱ. 적용요건

1. 형식적 요건

집행정지 이익이 존재해야 하고, 적법한 본안소송이 계속 중이어야 한다. 가령, 이미 처분의 집행이 완료되어 회복이 불가능하면 집행정지 신청은 그 이익이 없기 때문에 부적법하다고 보아야 한다. 또한, 집행정지만 신청해 놓고 별도로 본안소송을 제기하지 않은 경우에는 해당 집행정지 신청이 부적법하다.

---

1) 대법원 1980. 12. 22.자 80두5 결정.
2) 대법원 1995. 6. 21.자 95두26 결정.

〔본안소송 취하와 집행정지 효력〕

행정처분의 집행정지는 행정처분집행 부정지의 원칙에 대한 예외로서 인정되는 일시적인 응급처분이라 할 것이므로 집행정지결정을 하려면 이에 대한 본안소송이 법원에 제기되어 계속 중임을 요건으로 하는 것이므로 집행정지결정을 한 후에라도 본안소송이 취하되어 소송이 계속하지 아니한 것으로 되면 집행정지결정은 당연히 그 효력이 소멸되는 것이고 별도의 취소조치를 필요로 하는 것이 아니다(대법원 1975. 11. 11. 선고 75누97 판결).

2. 실질적 요건

가. 본안청구의 이유 없음이 명백하지 않을 것

본안소송이 적법하게 계속 중이어야 하고 이유 없음이 명백하지 않아야 한다. 즉, 집행정지제도는 신청인이 본안소송에서 승소판결을 받을 때까지 그 지위를 보호하고 아울러 후에 받을 승소판결 의미를 살리려는 것이므로, 본안소송에서 처분에 대한 취소가능성이 없는데도 처분 효력이나 그 집행정지를 인정하면 제도 취지에 반하기 때문에 집행정지사건 자체만 보더라도 신청인의 본안청구가 이유 없음이 명백하다면 집행정지를 허용할 수 없다.[1)]

나. 회복하기 어려운 손해를 예방하기 위한 긴급한 필요 존재

여기서 회복하기 어려운 손해란 집행부정지 원칙을 관철할 경우 권리구제의 의미가 심각하게 훼손되어 본안판결에 따른 권리구제가 무색하게 되는 정도에 이르는 유·무형의 손해를 말한다. 따라서 금전으로 보상할 수 없는 손해로서 금전보상이 불가능한 경우나 금전보상만으로는 사회관념상 행정처분을 받은 당사자가 참고 견딜 수 없거나 참고 견디기가 현저히 곤란한 유·무형의 손해를 일컫는다.[2)]

한편, 긴급한 필요는 처분의 성질과 태양, 내용, 처분상대방이 입는 손해의 성질·내용과 그 정도, 원상회복·금전배상의 방법과 그 난이도 등은 물론 본안청구의 승소가능성 등을 종합적으로 고려하여 구체적·개별적으로 판단하여야 한다. 따라서 처분 등이나 그 집행, 절차 속행으로 인한 손해발생의 우려 등 적극적 요건의 주장·소명책임은 원칙적으로 신청인 측에 있으며, 이러한 요건을 결여하였다는 이유로 효력정지 신청을 기각한 결정에 대하여 행정처분 자체의 적법 여부를 가지고 불복사유로 삼을 수 없다.[3)]

특히 대법원은 입찰참가자격제한처분 효력이 정지되지 않은 채 본안소송이 진행되면

---

1) 대법원 1992. 6. 8.자 92두14 결정, 대법원 1994. 10. 11.자 94두23 결정.
2) 대법원 1992. 4. 29.자 92두7 결정.
3) 대법원 2011. 4. 21.자 2010무111 전원합의체 결정.

처분상대방은 그동안 국가기관등의 입찰에 참가하지 못하는 결과를 초래하고, 만일 본안소송에서 승소하더라도 그동안 위 입찰등에 참가하지 못하여 입은 손해는 금전으로 쉽사리 보상받을 수 있는 성질이 아니므로 사회관념상 회복하기 어려운 손해에 해당한다고 본다.[1]

다. 집행정지가 공공복리에 중대한 영향을 미칠 우려가 없을 것

집행정지는 공공복리에 중대한 영향을 미칠 우려가 있을 때에는 허용되지 않다(행정소송법 제23조 제3항). 여기서 공공복리는 그 처분의 집행과 관련한 구체적이고도 개별적인 공익을 말하는 것으로서 이 요건의 주장·증명책임은 행정청이 부담한다.[2]

Ⅲ. 신청과 심리

1. 신청·직권

법원은 당사자 신청뿐만 아니라 직권에 따라 집행정지결정을 할 수 있다. 집행정지신청은 구술로도 할 수 있지만, 보통은 서면으로 제출한다.

2. 관할

본안소송이 계속 중이 법원이 관할한다(행정소송법 제23조 제2항). 상소를 한 경우에는 상소심이 관할법원이지만, 아직 소송기록이 원심법원에 있는 경우에는 원심법원이 관할한다.

> 행정소송에 있어서 본안판결에 대하여 상소를 한 경우에 소송기록이 원심법원에 있으면 원심법원이 민사소송법 제501조, 제500조 제4항의 예에 따라 행정소송법 제23조 제2항의 규정에 의한 집행정지에 관한 결정을 할 수 있다고 봄이 상당하다. 행정소송에 있어서 본안판결에 대한 상소 후 본안의 소송기록이 송부되기 전에 원심법원이 한 집행정지에 관한 결정은 원심법원이 상소심법원의 재판을 대신하여 하는 2차적 판단이 아니라 그 소송기록을 보관하고 있는 원심법원이 집행정지의 필요 여부에 관하여 그 고유권한으로 하는 1차적 판단이고, 그에 대한 행정소송법 제23조 제5항 본문의 즉시항고는 성질상 원심법원의 집행정지에 관한 결정에 대한 것으로서 그에 관한 관할법원은 상소심법원이다(대법원 2005. 12. 12.자 2005무67 결정).

1) 대법원 1986. 3. 21.자 86두5 결정.
2) 대법원 1999. 12. 20.자 99무42 결정.

3. 심리

재판실무는 집행정지 결정 전에 심문기일을 열어 심문기일을 진행하는 것이 일반적이나 서면심리로 진행하기도 한다.

Ⅳ. 결정

1. 각하·기각

개념상 각하는 형식적 요건을 갖추지 못한 경우, 기각은 실질적 요건을 갖추지 못한 경우에 해야 하나, 재판실무는 대체로 각하와 기각을 엄격히 구별하지는 않는다.

2. 인용결정

가. 종류

인용결정은 처분등 효력정지에 해당하는 효력정지, 처분 등 집행정지에 해당하는 집행정지, 처분절차 속행정지에 해당하는 절차 속행정지로 나눌 수 있고, 재판실무에서는 효력정지와 집행정지를 엄격히 구분하지 않는다. 다만, 효력정지는 집행정지나 절차 속행정지만으로 목적을 달성할 수 있는 경우에는 허용되지 않는다(행정소송법 제23조 제2항 단서).

나. 효력

1) 형성력

집행정지결정은 고지되면 별도 후속조치가 없더라도 결정 내용대로 효력이 발생한다. 따라서 처분이 없는 것과 같은 상태가 되므로,[1] 가령 발주기관은 그때부터 입찰참가자격제한 처분이 있다는 전제 아래 상대방에게 불이익한 조치를 하면 안 되고 여기에는 입찰참여제한, 계약체결 금지 등 본래적 불이익 외에 감점 등 부수적 조치를 포함한다.

한편, 집행정지결정은 잠정적·일시적 성질을 가지지만, 그 효력 자체는 종국적이므로 본안에서 원고가 승소할 것을 조건으로 하지 않는다. 따라서 입찰참가자격제한처분에 대한 집행정지결정이 있은 후 본안에서 원고가 패소했더라도 위 정지기간 중에 한 입찰참가는 무효라고 볼 수 없다.

---

1) 대법원 1961. 11. 23. 선고 4294행상3 판결.

2) 기속력

집행정지 결정이 있으면 결정문에 명시된 기간 동안 처분 효력이나 집행, 절차 속행이 정지되고 그 결정은 그 사건의 당사자인 행정청과 그 밖에 관계행정청을 기속한다(제23조 제6항, 제30조 제1항). 따라서 행정청은 같은 내용으로 새로운 처분을 하거나 그와 관련된 처분을 반복할 수 없다. 이를 위반한 처분은 중대·명백한 하자가 있다고 보아 무효로 취급한다.[1)]

3) 장래효

집행정지결정은 소급효가 없으므로,[2)] 가령, 처분상대방이 입찰참가자격제한을 받은 후 집행정지 결정을 받기 전에 집행이 개시되었고 그 후에 집행정지 결정을 비로소 받았다면, 기왕에 받은 처분집행은 그대로 적법, 유효하다고 보아야 한다. 행정처분에는 공정력이 인정되기 때문이다.

다. 효력상실

집행정지결정에서 정한 집행정지 기간이 도과하면, 처분의 효력은 즉시 회복되어 그때부터 나머지 처분이 집행된다.

한편, 집행정지결정은 본안소송 계속 중을 요건으로 하므로, 비록 집행정지결정에서 정한 집행정지 기간이 남았더라도 본안소송이 취하되었다면 별도 취소조치 없이도 집행정지결정의 효력은 당연히 소멸한다.

〔집행정지와 처분효력과의 관계〕

① 행정소송법 제23조에 의한 집행정지결정의 효력은 결정주문에서 정한 시기까지 존속하며 그 시기의 도래와 동시에 효력이 당연히 소멸하는 것이므로, 일정기간 동안 영업을 정지할 것을 명한 행정청의 영업정지처분에 대하여 법원이 집행정지결정을 하면서 주문에서 당해 법원에 계속중인 본안소송의 판결선고시까지 처분의 효력을 정지한다고 선언하였을 경우에는 처분에서 정한 영업정지기간의 진행은 그때까지 저지되는 것이고 본안소송의 판결선고에 의하여 당해 정지결정의 효력은 소멸하고 이와 동시에 당초의 영업정지처분의 효력이 당연히 부활되어 처분에서 정하였던 정지기간(정지결정 당시 이미 일부 진행되었다면 나머지 기간)은 이때부터 다시 진행한다(대법원 1999. 2. 23. 선고 98두14471 판결).

② 일정한 납부기한을 정한 과징금부과처분에 대하여 '회복하기 어려운 손해'를 예방하기 위하여 긴급한 필요가 있고 달리 공공복리에 중대한 영향을 미치지 아니한다는 이유로 집행정지결정이

---

1) 하명호, 앞의 행정쟁송법, 310쪽.

2) 법원실무제요 행정, 법원행정처, 2016, 309쪽.

내려졌다면 그 집행정지기간 동안은 과징금부과처분에서 정한 과징금의 납부기간은 더 이상 진행되지 아니하고 집행정지결정이 당해 결정의 주문에 표시된 시기의 도래로 인하여 실효되면 그 때부터 당초의 과징금부과처분에서 정한 기간(집행정지결정 당시 이미 일부 진행되었다면 그 나머지 기간)이 다시 진행하는 것으로 보아야 한다(대법원 2003. 7. 11. 선고 2002다48023 판결).

③ 효력기간이 정해져 있는 제재적 행정처분에 대한 취소소송에서 법원이 본안소송의 판결 선고 시까지 집행정지결정을 하면, 처분에서 정해 둔 효력기간(집행정지결정 당시 이미 일부 집행되었다면 그 나머지 기간)은 판결 선고 시까지 진행하지 않다가 판결이 선고되면 그때 집행정지결정의 효력이 소멸함과 동시에 처분의 효력이 당연히 부활하여 처분에서 정한 효력기간이 다시 진행한다. 이는 처분에서 효력기간의 시기와 종기를 정해 두었는데, 그 시기와 종기가 집행정지기간 중에 모두 경과한 경우에도 특별한 사정이 없는 한 마찬가지이다. 이러한 법리는 행정심판위원회가 행정심판법 제30조에 따라 집행정지결정을 한 경우에도 그대로 적용된다. 행정심판위원회가 행정심판 청구 사건의 재결이 있을 때까지 처분의 집행을 정지한다고 결정한 경우에는, 재결서 정본이 청구인에게 송달된 때 재결의 효력이 발생하므로(행정심판법 제48조 제2항, 제1항 참조) 그때 집행정지 결정의 효력이 소멸함과 동시에 처분의 효력이 부활한다(대법원 2022. 2. 11. 선고 2021두40720 판결).

④ 행정처분의 집행정지는 행정처분집행 부정지의 원칙에 대한 예외로서 인정되는 일시적인 응급처분이라 할 것이므로 집행정지결정을 하려면 이에 대한 본안소송이 법원에 제기되어 계속중임을 요건으로 하는 것이므로 집행정지결정을 한 후에라도 본안소송이 취하되어 소송이 계속하지 아니한 것으로 되면 집행정지결정은 당연히 그 효력이 소멸되는 것이고 별도의 취소조치를 필요로 하는 것이 아니다(대법원 1975. 11. 11. 선고 판결).

라. 본안소송 결과와의 관계

집행정지결정은 처분의 집행으로 회복하기 어려운 손해를 예방하기 위하여 긴급한 필요가 있고 달리 공공복리에 중대한 영향을 미치지 않을 것을 요건으로 하여 본안판결이 있을 때까지 해당 처분의 집행을 잠정적으로 정지함으로써 위와 같은 손해를 예방하는 데 취지가 있으므로, 항고소송을 제기한 원고가 본안소송에서 패소확정판결을 받았더라도 집행정지결정의 효력이 소급하여 소멸하지 않는다. 그러나 제재처분에 대한 행정쟁송절차에서 처분에 대해 집행정지결정이 이루어졌더라도 본안에서 해당 처분이 최종적으로 적법한 것으로 확정되어 집행정지결정이 실효되고 제재처분을 다시 집행할 수 있게 되면, 처분청으로서는 당초 집행정지결정이 없었던 경우와 동등한 수준으로 해당 제재처분이 집행되도록 필요한 조치를 취하여야 한다. 집행정지는 행정쟁송절차에서 실효적 권리구제를 확보하기 위한 잠정적 조치일 뿐이므로, 본안 확정판결로 해당 제재처분이 적법하다는 점이 확인되었다면 제재처분의 상대방이 잠정적 집행정지를 통해 집행정지가 이루어지지 않은 경우와 비교하여 제재를 덜 받게 되는 결과가 초래되도록 해서는 안 된다. 반대로, 처분상대방이 집행정지결정을 받지 못했으나 본안소송에서 해당 제재처분이 위법하다는 것이 확인되어 취소하는 판결이 확정되면, 처분청은 그 제재처분으로 처분상대방에게 초래된 불이익한 결과를 제거하기 위하여 필요한 조치를 취하여야 한다.[1)]

〔취소 대상인 허가기간이 제재처분에 대한 집행정지 동안 모두 경과한 경우, 새롭게 받아 유효기간이 남은 허가기간에 취소를 적용하도록 변경처분 할 수 있는지〕

직접생산확인을 받은 중소기업자가 공공기관의 장과 납품 계약을 체결한 후 직접생산하지 않은 제품을 납품하였다. 관할 행정청은 중소기업제품 구매촉진 및 판로지원에 관한 법률 제11조 제3항에 따라 당시 유효기간이 남아 있는 중소기업의 모든 제품에 대한 직접생산확인을 취소하는 1차 취소처분을 하였다. 중소기업자는 1차 취소처분에 대하여 취소소송을 제기하였고, 집행정지 결정이 이루어졌다. 그러나 결국 중소기업자의 패소판결이 확정되어 집행정지가 실효되고, 취소처분을 집행할 수 있게 되었다. 그런데 1차 취소처분 당시 유효기간이 남아 있었던 직접생산확인의 전부 또는 일부는 집행정지기간 중 유효기간이 모두 만료되었고, 1차 취소처분 당시 유효기간이 남아 있었던 직접생산확인 제품 목록과 취소처분을 집행할 수 있게 된 시점에 유효기간이 남아 있는 직접생산확인 제품 목록은 다르다. 위와 같은 경우 관할 행정청은 1차 취소처분을 집행할 수 있게 된 시점으로부터 상당한 기간 내에 직접생산확인 취소 대상을 '1차 취소처분 당시' 유효기간이 남아 있었던 모든 제품에서 '1차 취소처분을 집행할 수 있게 된 시점 또는 그와 가까운 시점'을 기준으로 유효기간이 남아 있는 모든 제품으로 변경하는 처분을 할 수 있다. 이러한 변경처분은 중소기업자가 직접생산하지 않은 제품을 납품하였다는 점과 중소기업제품 구매촉진 및 판로지원에 관한 법률 제11조 제3항 중 제2항 제3호에 관한 부분을 각각 궁극적인 '처분하려는 원인이 되는 사실'과 '법적 근거'로 한다는 점에서 1차 취소처분과 동일하고, 제재의 실효성을 확보하기 위하여 직접생산확인 취소 대상만을 변경한 것이다(대법원 2020. 9. 3. 선고 2020두34070 판결).

Ⅴ. 집행정지 취소

법원은 집행정지결정이 확정된 후 집행정지가 공공복리에 중대한 영향을 미치거나 그 정지사유가 소멸한 경우 당사자의 신청이나 직권에 따른 결정으로써 집행정지 결정을 취소할 수 있다(제24조 제1항). 다만, 행정소송법 제24조 제1항에서 정한 집행정지결정 취소사유는 특별한 사정이 없다면 집행정지 결정이 확정된 이후에 발생한 것이어야 하고, 그 중 '집

1) 대법원 2020. 9. 3. 선고 2020두34070 판결.

행정지가 공공복리에 중대한 영향을 미치는 때'란 일반적·추상적인 공익침해 가능성이 아니라 해당 집행정지 결정과 관련된 구체적·개별적인 공익에 중대한 해를 입힐 개연성을 말하는 것이다.[1)]

Ⅵ. 집행정지 결정에 대한 불복

집행정지 결정이나 기각 결정에 대해서는 즉시항고할 수 있다. 다만, 집행정지 결정에 대한 즉시항고는 결정의 집행을 정지하는 효력이 없다(행정소송법 제23조 제5항 본문). 즉시항고는 상급심 법원에 해야 한다.

1) 대법원 2005. 7. 15.자 2005무16 결정.

제4장 / 헌법상 분쟁해결수단

제 1 절 헌법재판 일반론

Ⅰ. 헌법재판의 개념과 기능

1. 개념

헌법재판은 헌법상 분쟁을 다루는 재판으로, 국가작용의 합헌성을 보장하기 위한 사법(司法)적 통제절차이다. 특히 헌법재판소법은 헌법 실현을 위한 헌법재판을 정한 절차법으로서, 민사·형사·행정재판 등을 위한 절차법과는 그 본질을 달리한다. 헌법재판은 단순한 분쟁해결 수단이 아니라 헌법철학에 기초하는 사회통합을 위한 절차법이기 때문이다.[1)]

2. 기능

헌법재판은 헌법을 보호하는 기능(헌법보호기능), 직접적인 헌법문제와 관련된 분쟁을 유권적으로 해결하는 기능(헌법의 유권적 해석기능), 입법·행정·사법이라는 3권의 기계적 분리만으로는 기대했던 권력통제 효과가 나타나지 않는 시대상황의 변화에 대응하여 국가권력을 기능적·효율적으로 통제하는 기능(기능적 권력통제기능), 국민의 기본권을 보호하는 기능(기본권 보호기능), 유권적인 헌법해석에 따라 헌법 분쟁을 조정·해결하여 사회안정과 헌법질서를 유지하는 기능(사회안정과 정치적 평화보장기능)을 각각 수행한다.

Ⅱ. 헌법재판의 성격

헌법재판의 법적 성격이 무엇인지는 논란이 있다. 사법작용이라는 견해, 정치작용이라는 견해, 정치적 사법작용이라는 견해, 소극적 입법작용이라는 견해, 입법·행정·사법작용과는 다른 제4의 국가작용이라는 견해가 대립한다. 그러나 앞에서 살펴본 헌법재판의 기능과

---

1) 허영, 헌법소송법론 (제12판), 박영사, 2017, 3쪽.

목적을 고려하면, 국가권력(입법 · 행정 · 사법)을 통제하여 헌법을 실현하는 절차라는 의미에서 제4의 국가작용이라고 이해하는 견해가 타당하다고 본다.[1)]

헌법재판소와 대법원의 기능분담

헌법재판소는 사법부 형태로 조직되고 사법부와 마찬가지로 법 인식작용을 바탕으로 국가권력을 통제하는 권한을 행사하지만, 대법원을 최고법원으로 하는 법원과는 그 성질을 달리한다.[2)] 법원은 국민의 일상생활에서 발생하는 민사·형사·행정 등 생활분쟁을 조정하고 해결하는 권한을 행사하지만, 헌법재판소는 정치형성적·정책적·기본적인 분쟁에서 나타나는 권력의 한계나 권력남용 여부를 가리는 권한을 행사하기 때문이다. 물론 헌법은 대법원을 최고법원이라고 규정하지만(헌법 제101조 제2항 참조), 헌법재판소가 사법부 조직 아래 있다고 보기는 곤란하다. 결국 헌법재판소와 법원은 각각 헌법상 기능을 달리하는 독립된 헌법기관이므로, 활동 분야에 따라 헌법해석과 헌법재판 영역에서는 헌법재판소가 우월한 지위에 있고, 사실판단과 일상분쟁조정 영역에서는 대법원이 우월한 지위에 있다고 이해해야 한다.

Ⅲ. 헌법재판의 종류

1. 위헌법률심판

가. 의의

위헌법률심판이란 법률의 위헌 여부를 심사해서 위헌인 법률의 효력을 상실하게 하는 헌법재판을 말한다. 즉, 헌법은 법률의 위헌 여부가 재판의 전제가 되는 경우, 그 법률의 위헌 여부를 심판하는 구체적 규범통제제도를 채택한다(헌법 제107조 제1항, 제111조 제1항 제1호).

나. 절차

1) 제청

사건담당 법원은 직권이나 당사자 신청에 따른 결정으로 헌법재판소에 법률의 위헌 여부를 심판하도록 제청한다(헌법재판소법 제41조 제1항). 대법원이 아닌 하급법원이 제청하려면 대법원을 거쳐야 한다(헌법재판소법 제41조 제5항). 법원이 헌법재판소에 법률의 위헌 여부 심판을 제청하면, 헌법재판소의 결정이 있을 때까지 해당 소송사건 재판은 정지된다(헌법재판소법 제42조 제1항 본문). 다만, 법원은 긴급한 경우 종국재판이 아닌 소송절차를 진행할 수

1) 허영, 앞의 책, 21쪽.
2) 허영, 앞의 책, 98쪽.

있다(헌법재판소법 제42조 제1항 단서). 위헌법률심판 제청에 따라 해당 소송 사건 재판이 정지되면, 그 정지기간은 형사소송절차인 경우 구속기간에, 민사소송절차인 경우 종국판결 선고기간에 각 산입하지 않는다(헌법재판소법 제42조 제2항).

2) 대상

위헌법률심판 대상은 법률, 부진정입법부작위,[1] 긴급명령,[2] 조약, 국제법규, 관습법 등이다. 그러나 헌법규정 그 자체나 법규명령, 조례는 위헌법률심판 대상에 해당하지 않는다.

다. 종국결정과 그 효과

위헌법률심판에 따른 종국결정은 각하결정, 합헌결정, 위헌결정으로 나누고, 위헌결정은 다시 단순위헌결정, 한정합헌결정, 한정위헌결정, 헌법불합치결정으로 세분한다. 특히 위헌결정(단순위헌결정, 한정합헌결정, 한정위헌결정, 헌법불합치결정 포함)은 법원 그 밖에 국가기관, 지방자치단체를 기속하는 효력을 가진다(헌법재판소법 제47조 제1항, 제75조 제6항). 여기서 기속력이란 법원과 국가기관, 지방자치단체가 위헌으로 결정된 법률을 공권력 작용을 위한 기초로 삼아서는 안 된다는 의미이다. 위헌결정이 있는 법률이나 법률조항은 헌법재판소 결정이 있는 날로부터 효력을 상실하지만, 형법과 관련한 법률이나 법률조항은 소급하여 그 효력을 상실한다(헌법재판소법 제47조 제2항).

2. 탄핵심판

탄핵심판제도는 대통령을 비롯한 고위공직자의 권력형 하향식 헌법 침해로부터 헌법을 보호하고 그 헌법 침해로부터 발생한 헌법적 갈등을 해결하여 헌정질서의 안정과 헌정생활의 평화를 유지하려는 소추절차적인 헌법재판제도이다.[3]

3. 정당해산심판

정당해산심판이란 헌법질서를 보호하기 위해서 헌법이 지향하는 자유민주적 기본질서를 부인하거나 침해하는 정당을 헌법소송절차로 해산하는 제도이다.[4]

---

1) 국회의 입법행위가 불완전하거나 불충분해서 결함이 있는 경우를 말한다.
2) 대통령이 헌법에 따라 발하는 긴급재정경제명령, 긴급명령을 말한다(헌법 제76조).
3) 허영, 앞의 책, 263쪽.
4) 허영, 앞의 책, 283쪽.

4. 권한쟁의심판

권한쟁의심판은 국가기관 상호간, 국가기관과 지방자치단체간 그리고 지방자치단체 상호간에 헌법과 법률에 따른 권한과 의무의 범위와 내용과 관련하여 분쟁이 생긴 경우 헌법소송절차로 심판하여, 국가기능의 원활한 수행을 도모하고, 국가기관과 지방자치단체 상호간의 견제와 균형을 유지하여 헌법이 정한 권능질서의 규범적 효력을 보호하는 제도이다.[1]

5. 헌법소원심판

헌법소원심판이란 공권력 작용으로 발생한 기본권 침해를 헌법소송절차로 구제하여 기본권을 보장하고 사회통합을 추구하는 제도이다.[2] 여기서 헌법소원은 본래 의미의 헌법소원뿐만 아니라, 집행행위를 매개하지 않고 국민의 기본권을 직접 침해하는 법령을 대상으로 청구·심판하는 법령소원, 일반 소송절차에서 당사자가 법원에 위헌법률심판 제청신청을 했으나 법원이 그 신청을 기각했을 때 당사자가 직접 헌법재판소에 법률의 위헌 여부 심판을 청구하는 규범통제형 헌법소원, 즉 위헌소원(헌법재판소법 제68조 제2항)을 포함한다.

Ⅳ. 공공조달과 헌법재판

공공조달행정이나 공공조달법과 관련하여 발생하는 헌법상 분쟁을 해결하는 수단으로서, 탄핵심판과 정당해산심판은 생각하기 곤란하다. 중앙조달기관과 수요기관 등 사이에서 권한 분쟁이 있을 수 있지만, 주로 사경제 활동으로 이해되는 공공조달 영역에서 권한쟁의심판이 필요한 경우를 생각하기도 어렵다. 결국 공공조달법 등 법규범을 통제하는 수단으로서 위헌법률심판과 위헌소원, 공공조달을 소관하는 행정청의 공권력 작용으로 기본권을 침해받은 국민을 구제하기 위한 수단으로서 헌법소원이 중요한 분쟁해결수단에 해당한다고 본다. 아래에서는 절을 바꾸어 공공조달과 관련한 헌법재판소 결정례를 살펴보고자 한다.

---

1) 허영, 앞의 책, 303쪽.
2) 허영, 앞의 책, 345쪽.

제 2 절 공공조달과 관련한 헌법재판소 결정례

Ⅰ. 위헌법률심판

1. 헌법재판소 2017. 7. 27.자 2016헌가9 결정 : 구 판로지원법 제33조 제1항 위헌제청 사건

가. 심판대상

구 판로지원법(2011. 3. 30. 법률 제10504호로 개정되고, 2016. 1. 27. 법률 제13866호로 개정되기 전의 것) 제33조 제1항 제2호 중 제11조 제3항 가운데 제11조 제2항 제3호 부분 : 국가계약법 제7조 단서에 따라 국가와 수의계약의 방법으로 납품계약을 체결할 수 있는 자로서 국가유공자 등 단체설립에 관한 법률에 따라 설립된 단체 중 상이를 입은 자들로 구성된 단체는 제11조 제3항을 적용하는 경우 중소기업자로 본다. 중소기업청장은 조사결과 중소기업자가 공공기관의 장과 납품계약을 체결한 후 하청생산 납품, 완제품에 대한 타사상표 부착납품(대기업 제품 또는 해외 수입완제품 납품을 포함한다) 등 부당한 방법으로 직접 생산하지 않은 제품을 납품하는 경우에는 그 중소기업자가 받은 모든 제품에 대한 직접생산 확인을 취소하여야 한다.

나. 쟁점

심판대상조항이 직업수행의 자유를 침해하는지

다. 결정요약

심판대상조항은 수익사업을 운영하는 상이단체에게 중소기업자간 경쟁 제도에 참여할 수 있는 혜택을 부여하면서, 제도의 공정성과 신뢰성을 확보하기 위하여 직접생산 확인 취소에 대한 엄격한 규정 역시 상이단체에게 적용하도록 한 것이다. 판로지원법 제33조 제1항 제2호에 따라 상이단체가 중소기업청장으로부터 직접생산 확인을 받아 중소기업자간 경쟁 제도에 참여할 수 있는 기회를 가진 이상, 상이단체도 그 제도를 공정하고 투명하게 운영하기 위한 의무를 부담해야 한다. 또한, 국가유공자단체법은 이미 상이단체가 수익사업을 직접 운영하는 것을 당연한 전제로 하므로, 심판대상조항이 상이단체에게 특별한 부담을 지운다고 볼 수도 없다. 상이단체는 지부나 특별지회의 행위를 인지하고 감독할 수 있으므로 지부나 특별지회가 하청생산 납품 등을 한 경우 단체 명의로 받은 직접생산 확인 전체를 취소하도록 하는 것을 단체 스스로 결정할 수 없는 것에 대한 책임을 지우는 것이라 할 수 없고, 직접생산 확인이 취소된 후 6개월이 경과하면 상이단체가 다시 직접생산 확인을 신청할 수 있는 등 이로 인한 불이익이 과다하다고 보이지 않으며, 직접생산확인의 취소와 관련하여 적절한 절차적 기회 역시 보장된다. 따라서 심판대상조항은 직업수행의 자유를 침해하지 않는다.

라. 결론 : 합헌

2. 헌법재판소 2005. 6. 30.자 2005헌가1 결정 : 구 국가계약법 제27조 제1항 위헌제청 사건

가. 심판대상

구 국가계약법(2002. 12. 30. 법률 제6836호로 일부 개정된 것) 제27조 제1항 : 각 중앙관서의 장은 대통령령이 정하는 바에 의하여 경쟁의 공정한 집행 또는 계약의 적정한 이행을 해칠 염려가 있거나 기타 입차에 참가시키는 것이 부적합하다고 인정되는 자에 대하여서는 일정기간 입찰참가자격을 제한하여야 하며, 이를 다른 중앙관서의 장에게 통보하여야 한다. 이 경우 통보를 받은 다른 중앙관서의 장은 대통령령이 정하는 바에 의하여 해당자의 입찰참가자격을 제한하여야 한다.

나. 쟁점

구 국가계약법(2002. 12. 30. 법률 제6836호로 일부 개정된 것) 제27조 제1항에서 정한 "일정기간" 부분이 헌법 제75조가 정한 위임입법 한계를 일탈하였는지

다. 결정요약

1) 명확성원칙 위반 여부

입찰참가자격 제한기간을 대통령령이 정하는 일정기간으로 규정하는 부분은 기간을 특정하지 않은 채 단지 "일정기간"이라고만 규정하여, 입찰참가자격제한 기간의 상한을 정하지 않았다. (중략) 이에 따르면 기간의 상한을 전혀 예측할 수 없을 뿐 아니라 국가계약법의 입법목적과 다른 규정과의 상호관계를 고려해 보더라도 제한기간의 상한을 미루어 알 수 있는 단서를 찾아보기 어렵다. 입찰참가자격 제한기간은 제한사유 못지않게 자격제한의 핵심적·본질적 요소인데도 이 사건 법률조항은 그 상한을 전혀 규정하지 않은 결과 자격제한사유에 해당하는 자로 하여금 이 조항만으로는 자격제한 기간을 전혀 예측할 수 없게 하고, 아울러 국가기관의 자의적인 집행을 가능하게 하므로, 명확성 원칙에 위반된다.

2) 포괄위임금지원칙 위반 여부

이 사건 법률조항은 부정당업자의 입찰참가자격제한 규정으로서 직업의 자유를 제한하

는 내용이므로 위임을 할 때 구체성과 명확성을 요구하는 정도가 더 강하다고 보아야 한다. 그런데 "일정기간"이라는 개념은 매우 불명확하여 수범자인 국민으로 하여금 대통령령에서 정하는 기간의 상한이 어느 정도일지 전혀 그 대상을 예측할 수 없게 하고, "일정기간"은 사실상 기간의 제한이 없는 것과 다를 바 없어 결국 하위법령에 자격제한기간을 전적으로 모두 위임하는 결과와 다르지 않으며, 관련 법조항을 종합적으로 살펴보아도 '일정기간의 상한'을 예측할 수 없으므로 이 사건 법률조항은 포괄위임금지원칙에 위반된다.

라. 결론

잠정적용 헌법불합치(단순위헌결정을 하면 당장 입찰참가자격제한을 할 수 없어 부정당업자의 계약 관여에 따라 발생할 공적 폐해의 예방이 불가능하므로, 이 사건 법률조항을 대체할 합헌적 법률을 입법할 때까지 위헌적인 법규정을 존속하고 잠정적용할 필요가 있다).

〔유사결정례〕

정부투자기관이 계약을 체결함에 있어서 공정한 경쟁 또는 계약의 적정한 이행을 해칠 것이 명백하다고 판단되는 자에 대하여 일정기간 입찰참가자격을 제한할 수 있도록 한 정부투자기관관리기본법 제20조 제2항은 입찰참가자격제한의 핵심적·본질적 요소라고 할 수 있는 자격제한기간을 특정하지 않은 채 단지 '일정기간'이라고만 규정하여 입찰참가자격 제한기간의 상한을 정하지 않고 있는바, 이는 자격제한사유에 해당하는 자로 하여금 위 조항의 내용만으로 자격제한의 기간을 전혀 예측할 수 없게 하고 동시에 법집행당국의 자의적인 집행을 가능하게 하는 것이므로 위 법률조항은 명확성의 원칙에 위반되고, 같은 조 제3항 중 '입찰참가자격의 제한기간을 재정경제부령으로 정하도록 한 부분'은 정부투자기관의 입찰참가자격제한처분권한을 규정한 정부투자기관관리기본법 제20조 제2항에서 자격제한기간의 상한을 정하지 않은 채 '일정기간'이라고 불명확하게 규정함으로 말미암아 하위법령인 재정경제부령에 자격제한기간을 전적으로 모두 위임한 것과 같은 결과를 초래하게 되었으므로 포괄위임금지원칙에 위반된다(헌법재판소 2005. 4. 28.자 2003헌바40 결정).

Ⅱ. 위헌소원

1. 헌법재판소 2018. 11. 29.자 2016헌바353 결정 : 구 판로지원법 제11조 제2항 제3호 등 위헌소원 사건

가. 심판대상

1) 구 판로지원법(2011. 3. 30. 법률 제10504호로 개정되고, 2015. 1. 28. 법률 제13094호로 개

정되기 전의 것) 제11조 제2항 제3호(이하 '필요적 취소 조항') : 중소기업청장은 조사결과 중소기업자가 공공기관의 장과 납품 계약을 체결한 후 하청생산 납품, 완제품에 대한 타사상표 부착 납품(대기업 제품 또는 해외 수입완제품 납품을 포함한다) 등 부당한 방법으로 직접 생산하지 않은 제품을 납품한 경우에는 그 중소기업자가 받은 직접생산 확인을 취소하여야 한다.

2) 구 판로지원법(2011. 3. 30. 법률 제10504호로 개정되고, 2017. 7. 26. 법률 제14839호로 개정되기 전의 것) 제11조 제3항 중 제2항 제3호 부분(이하 '전부 취소 조항') : 중소기업청장은 제2항 제3호에 해당하는 경우에는 그 중소기업자가 받은 모든 제품에 대한 직접생산 확인을 취소하여야 하며 (생략)

3) 구 판로지원법(2011. 3. 30. 법률 제10504호로 개정되고, 2017. 7. 26. 법률 제14839호로 개정되기 전의 것) 제11조 제5항 제3호 중 제2항 제3호 부분(이하 '확인신청 기간제한 조항') : 제2조 제3호에 해당하는 중소기업자는 직접생산 확인이 취소된 날부터 직접생산 여부의 확인을 신청하지 못하고, 그 대상과 기간은 모든 제품에 대하여 6개월을 적용한다. 이 경우 직접생산확인증명서의 유효기간이 만료된 자에 대하여는 그 취소사유에 해당함을 확인한 날부터 직접생산 여부의 확인신청을 제한한다.

나. 쟁점

1) 확인신청 기간제한 조항이 직접생산 확인 취소 처분을 다투는 사건에서 재판의 전제성을 충족하는지
2) 필요적 취소 조항이 과잉금지원칙에 위배되어 직업의 자유를 침해하는지
3) 전부 취소 조항이 과잉금지원칙에 위배되어 직업의 자유를 침해하는지

다. 결정요약

1) 확인신청 기간제한 조항이 재판의 전제성을 충족하는지

위 조항은 직접생산 확인 취소 처분을 다투는 사건에 적용되지 않고, 그 위헌 여부에 따라 해당 사건의 재판 주문이나 내용·효력과 관련한 법률적 의미가 달라지지 않기 때문에, 재판의 전제성 요건이 인정되지 않는다.

2) 필요적 취소 조항이 과잉금지원칙에 위배되어 직업의 자유를 침해하는지

필요적 취소 조항은 (중략) 직접생산 확인 제도를 관철하고, 궁극적으로 경쟁력 있는 중소기업을 보호하고 육성하려는 것이다. 하청생산 납품은 (중략) 그 자체를 부당한 방법으로 직접 생산하지 아니한 제품을 납품한 경우로 보아 직접생산 확인을 취소할 필요가 있으며,

이를 지나친 제약이라 보기 어렵다. (중략) 직접생산 확인 제도가 가지는 공익적 목적을 위해 중소기업자가 납품 계약 체결 후 하청생산 납품 등 직접 생산하지 않은 물품을 납품한 경우 일률적으로 직접생산 확인을 취소해야 할 필요가 있고, 보다 완화된 수단인 임의적 취소와 같은 방법으로는 그와 같은 목적을 충분히 달성하기에 미흡하며, 필요적 취소 조항으로 인하여 중소기업자가 받는 불이익이 위 조항으로 달성하려는 공익과 비교하여 더 중하다고 할 수 없으므로, 위 조항은 과잉금지원칙에 위반하여 중소기업자의 직업의 자유를 침해한다고 할 수 없다.

3) 전부 취소 조항이 과잉금지원칙에 위배되어 직업의 자유를 침해하는지

헌법재판소는 2015. 9. 24.자 2013헌바393 결정에서 전부 취소 조항이 과잉금지원칙에 위반되지 않는다고 판단했고, 그와 달리 판단해야 할 사정변경이 있다고 할 수 없으므로, 위 조항은 과잉금지원칙에 위반하여 중소기업자의 직업의 자유를 침해한다고 할 수 없다.

라. 결론

확인신청 기간 제한 조항은 각하, 필요적 취소 조항과 전부 취소 조항은 합헌

2. 헌법재판소 2017. 8. 31.자 2015헌바388 결정 : 공공기관운영법 제39조 제2항 위헌소원 사건

가. 심판대상

1) 공공기관운영법(2007. 1. 19. 법률 제8258호로 제정된 것) 제39조 제2항(이하 '이 사건 제한조항') : 공기업·준정부기관은 공정한 경쟁이나 계약의 적정한 이행을 해칠 것이 명백하다고 판단되는 사람·법인 또는 단체 등에 대하여 2년의 범위 내에서 일정기간 입찰참가자격을 제한할 수 있다.
2) 공공기관운영법(2008. 2. 29. 법률 제8852호로 개정된 것) 제39조 제3항(이하 '이 사건 위임조항') : 제1항과 제2항의 규정에 따른 회계처리의 원칙과 입찰참가자격의 제한기준 등에 관하여 필요한 사항은 기획재정부령으로 정한다.

나. 쟁점

1) 이 사건 제한조항이 명확성원칙에 위배되는지
2) 이 사건 제한조항이 과잉금지원칙을 위반하여 직업수행의 자유를 침해하는지
3) 이 사건 위임조항이 의회유보원칙에 위배되는지
4) 이 사건 위임조항이 포괄위임금지원칙에 위배되는지

다. 결정요약

1) 이 사건 제한조항의 명확성원칙 위배 여부

이 사건 제한조항은 계약당사자가 계약체결과 그 이행과정에서 불공정한 행위를 하여, 계약의 공정성과 적정성을 해치고 계약으로 달성하려는 목적을 해할 수 있는 자에게 2년의 범위 내에서 공공기관이 발주하는 모든 입찰에 참가할 수 없도록 하려는 규정이라는 점을 충분히 알 수 있으므로, 명확성원칙에 위배되지 않는다.

2) 이 사건 제한조항의 과잉금지원칙 위배 여부

공기업·준정부기관이 발주하는 입찰에 참가하는 자격을 2년의 범위 내에서만 제한할 뿐 그 자격을 완전히 박탈하지 않고, 제한처분을 할지 여부를 공기업·준정부기관의 재량에 맡겼으며, 입법자가 반드시 제척기간 제도나 과징금 대체 제도를 도입해야 한다고 볼 수 없고, 이 사건 제한조항으로 발생하는 피해가 계약의 공정성과 적정한 이행의 담보라는 공익보다 훨씬 중요하다고 볼 수 없으므로, 이 사건 제한조항이 과잉금지원칙에 위배하여 직업의 자유를 침해한다고 볼 수 없다.

3) 이 사건 위임조항의 의회유보원칙 위배 여부

이 사건 위임조항은 이 사건 제한조항에 따른 제재처분을 위해 세부적으로 필요한 사항을 기획재정부령으로 정하도록 위임한 것인데, 제재처분의 본질적인 사항인 처분 주체, 사유, 대상, 기간, 내용 등은 이미 이 사건 제한조항에서 규정하므로, 이 사건 위임조항은 의회유보원칙에 위배되지 않는다.

4) 이 사건 위임조항의 포괄위임금지원칙 위배 여부

이 사건 위임조항은 문언상 하위법령에서 공정한 경쟁이나 계약의 적정한 이행을 해칠 것이 명백하다고 판단되는 경우를 구체적으로 정하고, 제한기간의 범위 내에서 개별적·구체적으로 어떠한 처분을 할 것인지 등 내용이나 그 자세한 절차 등을 정하리라 충분히 예측할 수 있다. 따라서 이 사건 위임조항은 포괄위임금지원칙에 위배되지 않는다.

라. 결론 : 합헌

3. 헌법재판소 2016. 6. 30.자 2015헌바125, 290 (병합) 결정 : 구 국가계약법 제27조 제1항 위헌소원 사건

가. 심판대상

구 국가계약법(2005. 12. 14. 법률 제7722호로 개정되고, 2012. 12. 18. 법률 제11547호로 개정되기 전의 것) 제27조 제1항 : 각 중앙관서의 장은 경쟁의 공정한 집행 또는 계약의 적정한 이행을 해칠 염려가 있거나 기타 입찰에 참가시키는 것이 부적합하다고 인정되는 자에 대하여서는 2년 이내의 범위에서 대통령령이 정하는 바에 따라 입찰참가자격을 제한하여야 하며, 이를 즉시 다른 중앙관서의 장에게 통보하여야 한다. 이 경우 통보를 받은 다른 중앙관서의 장은 대통령령이 정하는 바에 의하여 해당자의 입찰참가자격을 제한하여야 한다.

나. 쟁점

1) 심판대상조항이 과잉금지원칙을 위반하여 직업의 자유를 침해하는지
2) 심판대상조항이 평등원칙에 위배되는지
3) 심판대상조항이 자기책임원칙에 위배되는지

다. 결정요약

1) 심판대상조항이 과잉금지원칙을 위반하여 직업의 자유를 침해하는지

경쟁의 공정한 집행 또는 계약의 적정한 이행을 해칠 염려가 있는 행위들은 그 형태가 매우 다양하고 사회·경제적 환경에 따라 수시로 변하므로, 행정입법으로 이를 구체적으로 정할 필요성이 인정된다. 구 국가계약법의 입법목적과 관련 법규정의 내용 등에 비추어 보면, 경쟁의 공정한 집행을 해칠 염려가 있는 행위는 입찰방해행위, 담합행위, 뇌물공여행위 등을 포함하리라 예측할 수 있고, 계약의 적정한 이행을 해칠 염려가 있는 행위와 관련하여 민법상 채무불이행책임, 불법행위책임과 관련한 내용이 하위 법령에 규정되리라고 예측할 수 있다. 기타 입찰에 참가시키는 것이 부적합하다고 인정되는 자는 경쟁의 공정한 집행 또는 계약의 적정한 이행을 해칠 염려가 있는 자에 준하는 자로서 국가계약업무의 원활한 수행을 저해하거나 저해할 우려가 있는 자를 의미한다고 이해할 수 있다. 따라서 심판대상조항은 법률유보원칙이나 포괄위임금지원칙에 위배되지 않는다.

심판대상조항은 계약체결의 공정성과 이행의 충실성을 확보하고 국가가 입을 불이익을 방지하기 위한 것이므로 입법목적이 정당하고, 입찰참가자격제한은 입법목적을 달성하기 위한 효과적인 수단이다. 공익 침해 정도가 막대한 부정행위가 끊이지 않았던 점을 감안할 때 부정당업자를 강력하고 명확하게 제재할 필요가 있으므로, 임의적 제재가 아닌 필요적 제재

형식을 취한 것은 필요성을 인정할 수 있다. 부정당업자에게 국가의 다른 입찰참가를 허용한다면 제재실효성이 감소할 가능성이 크므로, 국가가 발주하는 모든 입찰에 참가를 제한하는 것 역시 필요성이 인정된다. 입찰참가자격제한을 받더라도 여전히 민간시장에서 영업활동을 할 수 있고, 최대 2년 범위 내에서 제재사유, 위반행위 태양, 위법성, 책임 정도에 상응하여 제재기간이 결정된다. 낙찰자 선정에 따른 이익이 큰 경우가 많으므로 과징금, 과태료 부과 등 제재는 입찰참가자격제한과 동등한 실효적 수단이라 볼 수 없다. 따라서 심판대상조항은 침해의 최소성 원칙에 반하지 않고, 법익의 균형성도 갖추었으므로, 직업의 자유를 침해한다고 볼 수 없다.

2) 심판대상조항이 평등원칙에 위배되는지 (소극)

입찰참가자격 제한제도는 징계나 업무정지와는 제도취지나 목적이 전혀 다른 제도이므로, 징계나 업무정지를 규정하는 다른 법령과 달리 제척기간을 두지 않더라도 평등원칙에 반하지 않는다.

3) 심판대상조항이 자기책임원칙에 위배되는지 (소극)

부정당업자는 제재처분 사유인 행위 책임을 자신에게 돌릴 수 없다는 점 등을 증명하여 제재처분에서 벗어날 수 있으므로, 심판대상조항은 자기책임원칙에 위배되지 않는다.

라. 결론 : 합헌

4. 헌법재판소 2015. 9. 24.자 2013헌바393 결정 : 판로지원법 제11조 제3항 위헌소원 사건

가. 심판대상

판로지원법(2011. 3. 20. 법률 제10504호로 개정된 것) 제11조 제2항 중 제2항 제3호 부분 : 중소기업청장은 제2항 제3호에 해당하는 경우에는 그 중소기업자가 받은 모든 제품에 대한 직접생산 확인을 취소하여야 하며 (생략)

나. 쟁점

심판대상조항이 직업수행의 자유를 침해하는지

다. 결정요약

심판대상조항은 직접 제품을 생산하는 중소기업을 보호하고, 중소기업자간 경쟁제도의 실효성을 확보하여 종국에는 중소기업의 경쟁력을 확보하려는 것이다. 중소기업자가 직접생산하지 않은 제품을 부당한 방법으로 직접생산한 것처럼 납품하는 행위는 직접생산 확인제도의 근간을 흔드는 것이고, 직접생산 확인은 중소기업자간 경쟁입찰에 참여할 수 있는 혜택을 받기 위한 조건이므로, 입법자는 정책적 목표 내에서 그 제재의 범위를 선택할 수 있다. 또한, 직접생산 확인이 취소되더라도 중소기업자는 중소기업자간 경쟁입찰이 아닌 다른 방법으로 제품을 판매하는 데에는 아무런 제한이 없고, 직접생산 확인 신청이 제한되는 기간이 6개월로서 길지 않으며, 그 기간이 경과하면 다시 직접생산 확인을 신청할 수 있으므로, 심판대상조항은 과잉금지원칙에 위반하여 직업수행의 자유를 침해한다고 할 수 없다.

라. 결론 : 합헌

5. 헌법재판소 2014. 3. 27.자 2011헌바126 결정 : 형법 제315조 위헌소원 사건

가. 심판대상

형법(1995. 12. 29. 법률 제5057호로 개정된 것) 제315조 중 '입찰' 부분 : 위계 또는 위력 기타 방법으로 경매 또는 입찰의 공정을 해한 자는 2년 이하의 징역 또는 700만 원 이하의 벌금에 처한다.

나. 쟁점

이 사건 입찰조항이 명확성원칙이나 과잉금지원칙에 위반되어 사적자치의 원칙을 침해하는지

다. 결정요약

1) 명확성원칙 위반 여부

입찰의 공정을 해하는 행위란 공정한 자유경쟁을 방해할 염려가 있는 상태를 야기하는 것, 즉 공정한 자유경쟁을 거친 적정한 가격형성에 부당한 영향을 주는 상태를 야기하는 것으로 그 행위에는 가격결정뿐 아니라 적법하고 공정한 경쟁방법을 해하는 행위도 포함된다(대법원 2001. 2. 9. 선고 2000도4700 판결, 대법원 2007. 5. 31. 선고 2006도8070 판결). (중략) 입찰은 반드시 최고가나 최저가 낙찰이라는 가격만을 중심으로 하는 것이 아니라 경쟁의 공정성이 유지되는 가운데 입찰자 중 입찰 시행자에게 가장 유리한 입찰참가인을 낙찰자로 하는 것까지를 포괄하는 개념이고, 결국 이 사건 입찰조항 중 입찰은 경쟁계약에서 경쟁에 참가한 다수인으로 하여금 문서로써 계약의 내용을 표시하게 하여 가장 유리한 청약자를 상대방으로 하여 계약을 체결하는 것으로서, 최저가 낙찰이 아닌 협상에 의한 계약체결도 포함하는 것으로 해석할 수 있다. 따라서 이 사건 입찰조항은 유추해석금지원칙이나 명확성원칙에

위배되지 않는다.

2) 사적자치원칙 침해 여부

사인도 입찰을 시행하는 만큼 입찰참여자의 자유경쟁에 대한 신뢰나 입찰시행자의 최적 조건의 계약자 선택을 보호할 필요가 있고, 형사처벌로써 이를 확보하려는 것이 입법자의 의사인데, 이는 입법형성의 자유를 벗어나지 않고, 입찰의 공정성을 확보하여 자유경쟁을 활성하려는 취지이므로, 이 사건 입찰조항은 과잉금지원칙을 위반하여 사적자치원칙을 침해한다고 볼 수 없다.

라. 결론 : 합헌

6. 헌법재판소 2004. 4. 29.자 2002헌바58 결정 : 지방재정법 제69조 제2항 위헌소원 사건

가. 심판대상

지방재정법(1988. 4. 6. 법률 제4006호로 전문개정된 것) 제69조 제1항, 제2항 : 금전의 지급을 목적으로 하는 지방자치단체의 권리로서 시효에 관하여 다른 법률에 특별한 규정이 없는 것은 5년간 이를 행사하지 아니하면 소멸시효가 완성한다. 금전의 지급을 목적으로 하는 지방자치단체에 대한 권리도 제1항과 같다.

나. 쟁점

1) 이 사건 법률조항이 사법상 원인에 기초한 채권에도 민법이 정한 기간보다 그 시효기간을 단축하여 평등권을 침해하는지
2) 이 사건 법률조항이 재산권을 침해하는지

다. 결정요약

1) 평등권 침해 여부

지방자치단체의 재정을 합리적으로 운영할 필요성이 있는 점, 공공기관 기록물 중 일반사항과 관련한 예산·회계관련 기록물은 보존기간이 5년이므로 지방자치단체 채무의 변제를 둘러싼 분쟁을 방지하기 위해 시효기간을 장기로 정하는 것은 적절하지 않고 이는 공법상 원인에 기초한 채권이든 사법상 원인에 기초한 채권이든 마찬가지인 점, 단기시효기간은 채권자와 채무자 사이의 이해관계를 상호 조정하는 역할을 하는 점, 사법상 부당이득반환청구와 같이 그 발생이 성질상 우발적이어서 채권채무 확정이 예측불가능한 경우 단기간에 법률관계를 안정시켜야 할 필요성이 상대적으로 큰 점, 공법과 사법의 구분이 항상 명확하지는

않으므로 입법기술상 지방자치단체에 대한 채권을 공법적인 것인지 사법적인 것인지 명확히 구분하기 어려운 점 등을 고려하면, 입법자가 상당한 범위에서 입법재량을 가지고 소멸시효 기간을 정하면서, 이 사건 법률조항에서 지방자치단체에 대한 금전채권을 공법상 원인에 기초한 것과 사법상 원인에 기초한 것을 구분하지 않고 사법상 채권에도 공법상 채권과 마찬가지로 5년의 소멸시효로 규정하였더라도, 이는 합리적인 이유가 있으므로 평등권을 침해하지 않는다.

2) 재산권 침해 여부

5년의 단기시효기간이 채권자의 재산권을 본질적으로 침해할 정도로 지나치게 짧고 불합리하다고 할 수 없으므로, 이 사건 법률조항이 기본권제한의 한계를 벗어난 것으로 볼 수 없다.

라. 결론 : 합헌

Ⅲ. 헌법소원

1. 헌법재판소 2023. 7. 20.자 2017헌마1376 결정 : 구 국가계약법 시행령 제76조 제8항 단서 등 위헌확인 사건

가. 심판대상

1) 구 공기업·준정부기관 계약사무규칙(2011. 8. 23. 기획재정부령 제230호로 개정되고, 2013. 9. 17. 기획재정부령 제360호로 개정되기 전의 것) 제15조 제7항 중 '경쟁입찰에 있어서 입찰자간에 서로 상의하여 미리 입찰가격을 협정하였거나 특정인의 낙찰을 위하여 담합한 자' 부분 : 기관장은 제6항에 따라 입찰참가자격제한 사실이 지정정보처리장치에 게재된 자에 대하여 해당 제한 기간에는 그 공기업·준정부기관에서 집행하는 모든 입찰에 참가할 수 없도록 하여야 한다.

2) 구 국가계약법 시행령(2011. 2. 9. 대통령령 제22660호로 개정되고, 2013. 9. 17. 대통령령 제24728호로 개정되기 전의 것) 제76조 제8항 단서 중 제7호 부분 : 각 중앙관서의 장은 지방자치단체를 당사자로 하는 계약에 관한 법률 또는 공공기관의 운영에 관한 법률에 따른 입찰참가자격제한을 한 사실을 통보받거나 지정정보처리장치에 게재된 자에 대하여도 입찰에 참가할 수 없도록 할 수 있다. 다만, 제1항 제1호부터 제5호까지, 제7호, 제8호 및 제10호의 사유로 입찰참가자격제한을 받은 자에 대하여는 반드시 제한하여야 한다.

나. 쟁점

1) 심판대상조항이 법률상 근거가 없어 법률유보원칙에 위반하여 청구인의 기본권을 침해하는지
2) 심판대상조항이 과잉금지원칙을 위반하여 청구인의 직업의 자유를 침해하는지

다. 결정요약

심판대상조항에 따라 입찰참가자격을 제한받는 자는 국가 중앙관서, 공기업 등과 계약을 체결할 때 공개입찰에서 다른 사업자와 자유롭게 경쟁하여 기업활동을 할 수 있는 자유를 제한받으므로, 직업수행의 자유가 제한된다.

1) 법률유보위반 여부

구 국가계약법 시행령 제76조 제8항 단서는, 구 국가계약법 제27조 제1항에 따라 입찰참가자격제한을 받은 사람은 구 국가계약법이 규정한 '경쟁의 공정한 집행 또는 계약의 적정한 이행을 해칠 염려가 있거나 기타 입찰에 참가시키는 것이 적합하지 아니하다고 인정되는 자(부정당업자)'에 해당한다고 볼 수 있고, 구 지방계약법이나 공공기관운영법에 따라 입찰참가자격제한을 한 사실을 통보받거나 그 사실이 지정정보처리장치에 게재되었다는 점은 부정당업자에 해당한다는 사실을 확인하는 의미를 가진다. (중략) 따라서 이 사건 시행령 조항이 상위 법률의 위임범위를 벗어난 것으로서 법률유보원칙에 위배된다고 볼 수는 없다. (중략) 같은 취지에 따라서 구 공기업·준정부기관 계약사무규칙 제15조 제1항과 제7항 역시 상위법률의 위임범위를 벗어난 것으로서 법률유보원칙에 위배된다고 볼 수는 없다.

2) 과잉금지원칙위배 여부

심판대상조항은 입찰의 공정성과 계약질서를 어지럽히는 행위를 하여 입찰참가자격제한처분을 받은 자에 대하여 다른 국가 중앙관서, 공기업 등에서 집행하는 입찰참가를 배제하도록 하여, 국가나 공기업 등의 계약 체결의 공정성과 그 충실한 이행을 확보하고 국가, 공기업 등이 입을 불이익을 미연이 방지하기 위한 것으로서, 국가나 공기업 등의 사업이 갖는 공공성과 중요성을 고려해 볼 때 입법목적이 정당하고, 그 목적을 달성하는 데 기여하는 수단으로서 적합하다.

국가사업의 공정성에 대한 신뢰, 제재실효성, 부당한 영업이익 수취를 방지하기 위한 과징금·과태료만으로는 입법목적 달성이 어려운 점, 형사처벌이나 과징금, 민사상 손해배상 청구 등은 심판대상조항과는 그 목적과 취지를 달리하는 점을 고려할 때 그 필요성이 인정되므로, 심판대상조항은 침해의 최소성을 충족한다.

심판대상조항은 입찰참가자격제한 처분을 받은 자의 모든 경제 활동이나 모든 영역에서의 입찰참가자격을 완전히 박탈하거나 제한하는 것이 아니라 국가 중앙관서나 공기업 등이 집행하는 입찰에 참가하는 자격만을 일정기간 동안 제한할 뿐이므로, 입찰참가자격제한 처분을 받는 사람이 입는 피해가 입찰참가자격제한으로써 달성하려는 공익보다 더 중요하다고 볼 수 없으므로, 법익의 균형성도 갖추었다.

라. 결론 : 청구기각

2. 헌법재판소 2018. 5. 31.자 2015헌마835 결정 : 지방자치단체를 당사자로 하는 계약에 관한 법률 시행령 제30조 제5항 등 위헌확인 사건

가. 심판대상

1) 구 지방계약법 시행령(2014. 11. 19. 대통령령 제25751호로 개정되고, 2017. 7. 26. 대통령령 제28211호로 개정되기 전의 것) 제30조 제5항(이하 '이 사건 시행령조항') : 지방자치단체의 장 또는 계약담당자는 견적제출자의 견적가격과 계약이행능력 등 행정자치부장관이 정하는 기준에 따라 수의계약대상자를 결정한다.

2) 구 지방자치단체 입찰 및 계약 집행기준(2016. 11. 14. 행정자치부예규 제70호로 개정되고, 2017. 7. 26. 행정안전부예규 제1호로 개정되기 전의 것) 제5장 수의계약 운용요령 〈별표1〉 수의계약 배제사유 제3항(이하 '이 사건 예규조항') : 견적서 제출 마감일을 기준으로 시행령 제92조 또는 다른 법령에 따라 부실이행, 담합행위, 입찰·계약 서류의 허위·위조 제출, 입찰·낙찰·계약이행 관련 뇌물 제공으로 부정당업자 제재 처분을 받고 그 종료일로부터 6개월이 지나지 아니한 자(법 제31조 제5항에 해당하는 경우 예외)

나. 쟁점

1) 이 사건 시행령조항이 기본권을 직접 침해하는지
2) 이 사건 예규조항이 헌법소원 대상인 공권력의 행사에 해당하는지
3) 이 사건 예규조항이 법률유보원칙에 반하여 직업수행의 자유를 침해하는지
4) 이 사건 예규조항이 과잉금지원칙에 반하여 직업수행의 자유를 침해하는지

다. 결정요약

1) 이 사건 시행령조항이 기본권침해의 직접성을 충족하는지

이 사건 시행령조항은 행정자치부장관에게 하위규범을 제정·시행할 권한을 부여할 뿐 청구인에게 법적 효과를 발생하게 하는 내용을 직접 규정하지 않으므로 기본권 침해의 직접

성이 인정되지 않는다.

2) 이 사건 예규조항이 헌법소원 대상인 공권력 행사에 해당하는지

이 사건 예규조항은 상위법령의 위임에 따라 지방계약법상 수의계약 상대자 선정 기준을 구체적으로 정한 것이고, 국가가 일방적으로 정한 기준에 따라 지방자치단체와 수의계약을 체결할 자격을 박탈하는 것은 상대방의 법적 지위에 영향을 미치므로, 이 사건 예규조항은 헌법소원 대상인 공권력 행사에 해당한다.[1)]

3) 이 사건 예규조항이 법률유보원칙에 반하여 직업수행의 자유를 침해하는지

지방계약법 제9조 제3항의 위임에 따라 이 사건 시행령조항이 행정자치부장관이 정하도록 이 사건 예규조항에 위임하는 '계약이행능력'에는 계약질서 준수 정도, 성실도 등이 포함된다고 볼 수 있으므로, 이 사건 예규조항이 계약체결·이행 등과 관련한 금품 제공 등으로 부정당업자 제재처분을 받은 자를 일정 기간 수의계약상대자에서 배제한 것이 모법의 위임한계를 일탈하여 법률유보원칙에 위배된다고 볼 수 없다.

4) 이 사건 예규조항이 과잉금지원칙에 반하여 직업수행의 자유를 침해하는지

이 사건 예규조항은 지방계약법상 수의계약 체결의 공정성과 충실한 이행을 확보하기 위한 것으로 입법목적의 정당성이 인정되고, 계약체결·이행 등과 관련한 금품 제공 등으로 제재 처분을 받은 자를 일정기간 계약상대자에서 배제하는 것은 입법목적 달성을 위한 효과적인 수단에 해당한다. 계약체결·이행 등과 관련한 금품 제공 등은 계약업무의 공정성과 신뢰성을 중대하게 침해하는 것이고, 이 사건 예규조항은 새로운 수의계약을 체결할 자격만 일시로 제한하며, 이 사건 예규조항은 침해의 최소성과 법익의 균형성에도 위반되지 않는다. 따라서 이 사건 예규조항은 직업수행의 자유를 침해하지 않는다.

라. 결론

이 사건 시행령조항에 대한 심판청구 각하, 이 사건 예규조항에 대한 심판청구 기각

---

1) 다만, 헌법재판소 2013. 11. 28.자 2012헌마763 결정은 낙찰자의 계약이행능력 심사기준인 방위사업청 지침이 국가와 사인 사이의 계약관계를 공정하고 합리적·효율적으로 처리할 수 있도록 관계 공무원이 지켜야 할 계약사무처리에 필요한 사항을 규정한 것으로서 국가의 내부규정에 불과하여 공권력 행사에 해당하지 않는다고 보았다.

3. 헌법재판소 2013. 11. 29.자 2012헌바763 결정 : 방위사업청 물품적격심사기준 부칙 제2조 등 위헌확인 사건

가. 심판대상

방위사업청 물품적격심사기준(2011. 12. 30. 방위사업청 지침 제2011-53호)

나. 쟁점

방위사업청이 입찰로써 조달하는 물품의 제조·구매계약 낙찰자 결정에 적용되는 계약이행능력 심사기준인 방위사업청 지침이 공권력 행사에 해당하는지

다. 결정요약

행정규칙은 일반적으로 행정조직 내부에서만 효력을 가지고 대외적인 구속력을 갖지 않으므로 원칙적으로 헌법소원 대상이 아니며, 다만 행정규칙이 법령에 따라 행정관청에 법령의 구체적 내용을 보충할 권한을 부여한 경우나 재량권행사의 준칙인 규칙이 그 정한 바에 따라 되풀이 시행되어 행정관행이 형성되고 행정기관이 그 상대방과 관계에서 그 규칙에 따라야 할 자기구속을 당하는 때에만 헌법소원 대상이 된다. (중략) 그러나 법령 규정이나 낙찰자 결정에 적용할 계약이행능력 심사를 위한 세부사항을 정한 이 사건 지침은 국가가 사인과의 계약관계를 공정하고 합리적·효율적으로 처리하기 위해 관계 공무원이 지켜야 할 계약사무처리에 필요한 사항을 규정한 것으로서 국가 내부규정에 불과하고, 법령 규정에 따라 행정관청에 법령의 구체적 내용을 보충할 권한을 부여한 경우에도 해당하지 않으며, 대외적 구속력도 갖지 않는다. 나아가 그 자체로 국민에게 어떤 권리를 설정하거나 의무를 부과하는 등 법률상 지위 변동을 야기하거나 영향을 주는 내용으로 볼 수도 없다. 따라서 헌법소원 대상인 공권력 행사에 해당하지 않는다.

라. 결론 : 각하

판례색인

[대법원]

[고등법원]

[지방법원]

[헌법재판소]

사항색인

ㅎ

저자소개

정무경 [경제와 재정, 공공조달 전문가]

1987년 제31회 행정고시(재경직) 합격 후 30년 이상의 공직생활을 경제기획원, 기획예산처, 대통령비서실, 기획재정부, 조달청 등에서 경제와 재정정책, 공공조달 업무에 대한 정책대안을 제시하면서 이론과 현실에 대한 전문성을 겸비하였다. 조달청장 재임 시 혁신조달을 통해 조달의 적극적 역할을 제고하고 벤처기업의 판로기회 확대에 기여하였다. 고려대학교 경제학과를 졸업하고 영국 University of Warwick에서 법학 석사(LLM), 다시 고려대학교에서 행정학 박사학위를 취득했다. 현재 민간과 학계에서 공공조달 역할과 ESG 경영 확산을 위해 힘쓰고 있다.

이응주 [조달청 조달송무팀장]

현재 조달청 조달송무팀 관리자(과장)로서 소송·자문 등을 총괄하는 공공조달 분야의 법률전문가이다. 상소심의위원회, 계약심의회 등의 외부위원과 법제처, 공공조달역량개발원 등의 법교육 강사를 역임했다. 한양대 법학과를 졸업하고 고려대 대학원 석사과정에서 행정법을 전공했으며, 제53회 사법시험에 합격하여 제43기 사법연수원을 수료했다. 기업법무, 송무기획, 소송지휘, 행정심판, 법률구조 등 다양한 실무경험을 갖추었다.

김태완 [김앤장법률사무소 공공조달 전문변호사]

현재 김앤장법률사무소에서 공공계약팀을 구성하여 조달분야에 대한 폭넓은 자문업무를 수행하고 있다. 군법무관 근무시 방위사업청 계약심의 법무간사로 보직했고, 기획재정부 국가계약법령해석자문위원회, 국가계약분쟁조정위원회 및 국회입법조사처 외교국방분과, 조달청 공정조달심의회, 계약심사협의회 자문위원을 역임했으며, 조달교육원, 유관 협회에서의 조달기업을 위한 실무강의와 함께 공공계약 법률산책이라는 정기 언론기고를 병행하면서 공공계약 이슈를 연구하고 그 해법을 찾기 위해 노력하고 있다.

손금주 [법무법인(유) 율촌 에너지, 공공조달 전문변호사]

현재 법무법인(유) 율촌 에너지, IT, 방송통신, 공공계약 분야의 전문변호사 및 고려대학교 정보보호대학원 겸임교수로 활동하고 있으며, 20대 국회의원으로 산업통상중소벤처기업위원회 법안심사위원장, 대통령 직속 4차산업혁명위원회 위원, 법제처 국민법제관, 서울중앙지방법원, 서울행정법원 판사 등을 역임했다. 사법연수원 30기로 서울대학교 법학석사를 마쳤고, 사법부, 국회, 로펌 근무경험을 토대로 공공조달을 통한 기술혁신, ESG 등 사회적 가치 실현에 앞장서고 있다.

강경훈 [공공조달 전문가]

1995년 제39회 행정고시(재경직) 합격 후 27년 이상 조달청에서 공직생활을 보내는 동안, 경남지방조달청장, 인천지방조달청장, 서울지방조달청장, 구매사업국장, 신기술서비스국장 등 요직을 두루 거치며 구매계약, 우수조달, 혁신조달 그리고 기획과 인사 등 조달업무 전반을 경험했고, 2022년 11월 공직생활을 마쳤다. 현재 공공기관의 조달업무 자문과 조달기업의 공공조달시장 진입을 지원하는 조달법인강산의 대표로 활동 중이다.

공공조달법의 이론과 실무

초판발행 2024년 4월 30일

지은이 정무경 · 이응주 · 김태완 · 손금주 · 강경훈
펴낸이 안종만 · 안상준
편 집 김선민
기획/마케팅 조성호
표지디자인 벤스토리
제 작 우인도 · 고철민 · 조영환

펴낸곳 (주) 박영사
서울특별시 금천구 가산디지털2로 53, 210호(가산동, 한라시그마밸리)
등록 1959. 3. 11. 제300-1959-1호(倫)
전 화 02)733-6771
f a x 02)736-4818
e-mail pys@pybook.co.kr
homepage www.pybook.co.kr
ISBN 979-11-303-4682-3 93360

정 가 100,000원